RÉPERTOIRE GÉNÉRAL.

JOURNAL DU PALAIS.

Le RÉPERTOIRE DU JOURNAL DU PALAIS est publié sous la direction de Messieurs

J.-A. LÉVESQUE, docteur en droit, substitut du procureur général près la Cour d'appel de Paris ;
F. NOBLET, avocat à la Cour d'appel de Paris ;
AM. BOULLANGER, avocat à la Cour d'appel de Paris ;
GOUGET, substitut du procureur de la République près le tribunal de la Seine ;
TH. GELLE, ancien magistrat, avocat à la Cour d'appel de Paris.

AVEC LA COLLABORATION DE

MM.

AD. BILLEQUIN, avocat à la Cour d'appel de Paris ;
LIGNIER, ancien conseiller d'État ;
BERTIN, avocat à la Cour d'appel de Paris ;
D'AUVILLIERS, avocat à la Cour d'appel de Paris ;
X. BENOIT, avocat, auteur du *Traité de la Dot*, etc.
CH. ROYER, avocat à la Cour d'appel de Paris ;
DOMENGET, docteur en droit, avocat à la Cour d'appel de Paris ;
A. FABRE, ancien avocat, avoué à la Cour d'appel de Paris ;
TIXIER DE LA CHAPELLE, doct. en droit, procureur de la République à Châlons-sur-Marne ;
RÉQUÉDAT, docteur en droit, avocat à la Cour d'appel de Paris ;
FAVERIE, avocat à la Cour d'appel de Paris ;
H. CAUCHOIS, avocat à la Cour d'appel de Paris ;
PEYRUSSE, avocat à la Cour d'appel de Paris ;
HECTOR LECONTE, ancien avocat à la Cour d'appel de Paris ;
C.-V. RICHARD, ancien préfet, avocat à la Cour d'appel de Paris ;
F. HOUSSET, docteur en droit, avocat à la Cour d'appel de Paris ;
ANT. GOUIFFÈS, docteur en droit, avocat à la Cour d'appel de Paris ;
A. JAFFARD, avocat à la Cour d'appel de Paris ;

MM.

GARNIER-DUBOURGNEUF, ancien directeur des affaires civiles et du sceau au Ministère de la Justice ;
MEYNARD DE FRANC, avocat général près la Cour d'appel de Paris ;
JOUAUST, président du tribunal civil de Rennes ;
SOUEF, procureur général près la Cour d'appel de Colmar ;
MONGIS, substitut du procureur général près la Cour d'appel de Paris ;
SULPICY, ancien procureur de la République à Coulommiers ;
MOURIEZ, procureur de la République à Vire ;
CHEVILLOTTE, docteur en droit, substitut du procureur de la République à Philippeville (Algérie), ancien avocat à la Cour d'appel de Paris ;
AD. HAREL, ancien magistrat, avocat à Paris ;
O. LABBÉ, substitut du procureur de la République à Fougères ;
AD. BEAUFILS, juge de paix, ancien avocat à Paris ;
CAPMAS, professeur suppléant à la Faculté de droit de Toulouse ;
MAILHER DE CHASSAT, avocat à la Cour d'appel de Paris, auteur de différens ouvrages ;
Et plusieurs autres magistrats et jurisconsultes.

PARIS. — TYPOGRAPHIE PLON FRÈRES, RUE DE VAUGIRARD, 36.

JOURNAL DU PALAIS.

RÉPERTOIRE GÉNÉRAL

CONTENANT

LA JURISPRUDENCE DE 1791 A 1850,

L'HISTOIRE DU DROIT,

LA LÉGISLATION ET LA DOCTRINE DES AUTEURS,

PAR

UNE SOCIÉTÉ DE JURISCONSULTES ET DE MAGISTRATS.

PUBLIÉ

Par M. D'AUVILLIERS, Avocat a la Cour d'appel de Paris.

TOME NEUVIÈME.

K. — O.

PARIS,

AU BUREAU DU JOURNAL DU PALAIS,
Rue des Grands-Augustins, 5 (ancien 7).

1850

—◦◉◦—

RÉPERTOIRE GÉNÉRAL.

K

KAOLIN ET PÉTUNZÉ.

1.—Personnes exploitant une usine à pulvériser le kaolin;—patentables soumis à un droit fixe de 45 fr., par chaque usine, jusqu'au maximum de 100 fr. (ce droit est réduit de moitié pour les usines qui sont forcées, par manque ou crue d'eau, de chômer pendant une partie de l'année équivalente au moins à quatre mois), et à un droit proportionnel du 20e de la valeur locative de l'habitation, des magasins de vente complétement séparés de l'établissement, et du 40e de l'établissement industriel.

2.—Marchands de kaolin et pétunzé, patentables de 6e classe: droit fixe basé sur la population; droit proportionnel du 20e de la valeur locative de l'habitation et des lieux servant à l'exercice de la profession.—V. PATENTE.

KARIKAL.

V. INDE (Établissemens de l').

L

LABOUREURS ET CULTIVATEURS.

1.—L'art. 13-4° de la loi du 25 avril 1844 exempte de la patente les laboureurs et cultivateurs, seulement pour la vente et la manipulation des récoltes et fruits provenant des terrains qui leur appartiennent ou par eux exploités, et pour le bétail qu'ils y élèvent, qu'ils y entretiennent ou qu'ils y engraissent.

2.—Ont droit à l'exemption, aux termes d'une instruction ministérielle du 14 août 1844, les laboureurs et cultivateurs qui vendent des récoltes et fruits provenant de leur exploitation, lors même que la vente est effectuée hors de leur domicile et de la situation des terrains par eux exploités.—Ceux qui convertissent leurs vins ou cidres en eaux-de-vie.—Ceux qui exploitent et vendent leurs bois, même débités en planches ou convertis en charbons.—Les propriétaires qui ne font filer que les cocons provenant de leurs récoltes.—Enfin, les propriétaires ou fermiers qui ne vendent que le bétail élevé, entretenu ou engraissé sur les terrains par eux exploités.

3.—Mais la même circulaire refuse l'exemption au laboureur et cultivateur qui vend plus de grains qu'il n'en a récolté.—A celui qui, indépendamment des raisins, des pommes, olives et autres fruits provenant de ses récoltes, en achète d'autres, qu'il manipule, pour vendre les produits de cette manipulation.—Au propriétaire qui, avec le produit de ses bois, la pierre calcaire extraite de ses carrières ou la terre prise sur son fonds, fabrique de la chaux, des tuiles ou des briques pour les livrer au commerce.—A l'éducateur de vers à soie qui achète des cocons et en vend la soie après les avoir filés.—Au propriétaire ou fermier qui vend des bestiaux autres que ceux élevés, entretenus ou engraissés sur son exploitation, et à l'engraisseur qui n'exploite aucun terrain.—V. PATENTE.—V. encore APPROBATION DE SOMMES, ÉMIGRÉS.

LAC.

1.—Masse toujours assez considérable d'eaux réunies et perpétuées soit par des sources ou courans, soit par des pluies ou infiltrations qui y affluent.—*Lacus est quod habet perpetuam aquam*, l. 1, § 3, ff., *ut in flum. publ.*

2.—On confond parfois dans l'usage le lac avec l'étang et même la mare (V. ÉTANG, n°s 2 et 5). Il y a cependant cette différence caractéristique que le lac est toujours l'œuvre de la nature, tandis que l'étang, s'il n'est pas entièrement l'ouvrage de l'homme, exige toujours néanmoins des travaux d'art qui viennent en aide à la disposition des lieux.—D'un autre côté, le lac n'étant point destiné à être desséché retient perpétuellement les eaux qui y arrivent; l'étang, au contraire, ne les conserve que temporairement.—V. ÉTANG.

3.—Quant aux mares naturelles que les Romains nommaient *lacusculus aquilegium*, elles ne diffèrent guère que par l'étendue, des lacs qui consistent toujours en un vaste et profond réservoir semblable plutôt à une petite mer d'eau douce enclavée dans les terres: une mare, au contraire, ne signifie jamais qu'un amas d'eau de peu d'importance, que le travail de l'homme pourrait aisément faire disparaître.

4.—M. Dumay (sur Proudhon, *Domaine publ.*, ch. 64, sect. 1, note a, t. 4, p. 577) distingue quatre sortes de lacs: 1° ceux qui sont traversés par une rivière, tels que le lac Léman, celui de Lucerne, de Brientz, de Wallenstadt, etc.;—2° ceux qui forment une rivière sans en recevoir ostensiblement aucune, tels que les lacs du mont Cenis, de Liens, de l'Oncet, etc.;—3° ceux qui reçoivent des rivières sans leur rendre d'issue, comme la mer Caspienne, le lac Asphaltite ou mer Morte;—4° enfin, ceux qui ne reçoivent ou rendent aucune rivière: ces derniers sont, pour la plupart, formés dans les cratères d'anciens volcans, notamment le lac Averne. Quelques-uns restent toujours en eau, d'autres au contraire se dessèchent.

5.—Les lacs peuvent indistinctement faire partie du domaine public ou du domaine privé, selon que, par leur étendue et leur position, ils sont ou non susceptibles d'être possédés à titre particulier.

6.—Dans la première catégorie viennent naturellement se ranger les grands lacs où aboutissent ou d'où sortent des fleuves ou des rivières non susceptibles de propriété privée. Ici, en effet, s'appliquent nécessairement les dispositions de l'art. 538 Code civ., qui considèrent comme dépendances du domaine public, « généralement toutes les portions du territoire français qui ne sont pas susceptibles d'une propriété privée. »

7.—Le Code civil du canton de Vaud, en Suisse, plus explicite sur ce point que le Code français, dispose en termes exprès que, « les routes, les rivières, les *lacs*, les rivages, les ports, et généralement toutes les portions du territoire cantonal qui ne sont pas susceptibles d'une propriété privée, sont susceptibles comme des dépendances du domaine public. »—Code civ. du canton de Vaud, art. 342.

8.—Dans les lacs qui dépendent du domaine public, le revenu de la pêche, comme dans les rivières navigables, appartient à l'État.—Proudhon, *Dom. publ.*, n° 1565.

9.—Mais la navigation doit y être permise, dans tous les sens, librement et gratuitement, sauf toutefois les règlemens que l'autorité administrative croirait nécessaires.—*Ibid.*

10.—Comme d'ailleurs les eaux des lacs publics peuvent, par leur nature et leur abondance, suffire à tous les besoins du voisinage, sans nuire à la navigation, toutes prises d'eau doivent y être permises aux riverains.—*Ib.*, n° 1566.

11.—A l'égard des lacs qui appartiennent à des particuliers, tous les droits utiles qui s'y rattachent compétent naturellement et sans restriction à leurs propriétaires.

12.—Ainsi, il ne peut être permis aux riverains d'y pratiquer, sans le consentement du propriétaire, des rigoles ou saignées, pour se procurer un cours d'eau que peut-être il ne voudraient pas faire s'il s'agissait d'une eau courante.—Proudhon, *Dom. publ.*, n° 1568.

13.—Ainsi encore, le propriétaire du lac a seul le droit d'y exercer la pêche et peut la défendre à tout autre.—L. 13, § 7, *in fin.* ff., *De injuriis*, lib. 47, tit. 10.

14.—Lorsque le propriétaire d'un lac y a placé des barques pour l'exercice de la pêche, on doit les considérer comme des objets immobilisés par leur destination au service du fonds: en conséquence, elles doivent appartenir à l'acquéreur, à l'usufruitier ou au fermier, quand l'étang est légué en usufruit, ou quand la pêche en est amodiée.—Cœpolla, *De servit.*, tractatu 2, cap. 30, n° 7 ; Proudhon, *Dom. publ.*, n° 1569.

15.—Conformément aux principes qui précèdent, le propriétaire d'un lac ne doit point de passage au moyen de barques pour l'exploitation des fonds situés dans le voisinage, à moins d'un titre formel de servitude.—L. 23, § 1er, ff., *De servit. rust. præd.*, lib. 8, tit. 3.

16.—Cependant, ainsi que le remarque justement Proudhon, il y aurait exception à cette règle, si le trajet était nécessaire pour cause d'enclave. Dans ce cas, en effet, le passage pourrait être exigé, moyennant une juste indemnité, par application de l'art. 682 Cod. civ.

17.—Le décroissement des eaux des lacs ne peut donner lieu au droit d'alluvion que l'art. 556 du Code civil a consacré à l'égard des atterrissemens qui se forment sur le bord des fleuves et rivières. La raison en est qu'à la différence des fleuves et rivières, qui n'ont jamais de fixité absolue dans leur lit, le lac a une position constante et invariable, et doivent par conséquent conserver toujours leurs limites.—L. 24, § 3, ff., *De aqua et aquæ pluv. arcend.*—Proudhon, *Dom. publ.*, n° 1566.

18.—C'est, au surplus, ce que l'art. 558 Cod. civ. a consacré en ces termes: « L'alluvion n'a pas lieu à l'égard des *lacs* et étangs, dont le propriétaire conserve toujours le terrain que l'eau couvre, quand elle est à la hauteur de la décharge de l'étang, encore que le volume de l'eau vienne à diminuer.—Réciproquement, le propriétaire de l'étang (ou du lac, bien entendu) n'acquiert aucun droit sur les terres riveraines que son eau vient à couvrir dans des crues extraordinaires. »

19.—Le dessèchement des lacs, lorsqu'il est possible, peut être exigé par l'autorité administrative, dans l'intérêt de la salubrité publique, confor-

4

mément aux art. 1er et 3, tit. 11 de la loi des 16-24 août 1790. Il y aurait lieu alors d'appliquer aux lacs les règles qui concernent, à cet égard, les étangs.

20. — Le propriétaire d'un lac aurait d'ailleurs évidemment, de même que le propriétaire d'un étang, la faculté de le dessécher et de le détruire, sans que les voisins pussent s'y opposer, à moins qu'ils n'eussent acquis sur ce lac des droits que cette innovation leur ferait perdre, ou que le cours donné aux eaux ne devînt pour eux une cause de servitude ou d'aggravation de servitude à laquelle ils ne sont pas assujettis. — V. ÉTANG, nos 138 et suiv.

21. — Lorsque le desséchement d'un lac est entrepris par les propriétaires dans leur intérêt privé et sans autorisation administrative, les contestations qui s'élèvent entre les desséchans et les usiniers qui s'opposent au desséchement, sont de la compétence de l'autorité judiciaire. — *Cons. d'Etat*, 11 août 1824, Ruelle c. Davin.

LACÉRATION DE PIÈCES ET ACTES.

V. BANQUEROUTE, DESTRUCTION DE TITRES ET ACTES, FAUX INCIDENT, PREUVE TESTIMONIALE, TESTAMENT.

LACUNE.

1. — Vide qui se trouve dans un acte, dans un ouvrage, et qui en interrompt la suite.

2. — Les actes notariés doivent être écrits sans lacune, sous peine d'amende. — L. 25 vent. an XI, an XIII. — V. ACTE NOTARIÉ, nos 276 et suiv.; BLANC.

3. — Il en est de même des livres de commerce. — C. comm., 10.

LADRERIE.

1. — Maladie qui corrompt la masse du sang.

2. — La ladrerie est rangée par la loi au nombre des vices rédhibitoires qui motivent l'annulation de la vente de certains animaux. — V. VICES RÉDHIBITOIRES.

LAIES.

On appelle laies ou tranchées les routes pratiquées par un arpenteur autour d'un canton de bois destiné à être vendu, et dont les coupes doivent être mesurées conformément au procès-verbal d'assiette. — V. FORÊTS.

LAINES, LAINEURS.

1. — Battage en grand et journalier de la laine et de la bourre; — 3e classe des établissemens insalubres. — V. ce mot (nomenclature).

2. — Marchands en gros de laine brute ou lavée; — marchands en gros de laine filée ou peignée; — patentables de 1re classe; — droit fixe basé sur la population, et droit proportionnel du 15e de la valeur locative de l'habitation et des lieux servant à l'exercice de la profession.

3. — Marchands en demi-gros de laine filée ou peignée; — patentables de 2e classe; — même droit fixe, sauf la différence de classe; — droit proportionnel du 20e de la valeur locative de l'habitation et des lieux servant à l'exercice de la profession.

4. — Marchands en détail de laine brute ou lavée; — marchands en détail de laine filée; — laineurs; — patentables de 4e classe; — mêmes droits fixe (sauf la différence de classe) et proportionnel que les précédens. — V. PATENTE.

LAIS ET RELAIS DE LA MER.

1. — On appelle *lais* les atterrissemens ou alluvions que forme la mer aux fonds riverains; et *relais*, les terrains que la mer abandonne insensiblement en se retirant.

2. — On voit par cette définition qu'il ne faut pas, comme l'ont fait à tort quelques auteurs, confondre les *lais* et *relais* de la mer, qui forment en quelque sorte des terrains de création nouvelle, affranchis de l'action des eaux, avec les *rivages* ou *bords* de la mer qui sont au contraire les terrains que les marées couvrent et découvrent alternativement, et forment par cela même comme une dépendance de la mer.

3. — Il a d'ailleurs été jugé dans le sens de cette observation, qu'on ne peut même pas considérer comme lais et relais de mer des terrains qui sont encore dans de certains temps couverts par les eaux de la mer. — *Cass.*, 4 mai 1836, préfet de la Charente-Inférieure c. Mariocheau et commune de l'Houmeau.

4. — Aux termes de l'art. 538 C. civ., les lais et relais de la mer sont, de même que les bords du rivage et autres dépendances maritimes, rangés au nombre des choses qui, n'étant pas susceptibles d'une propriété privée, sont considérés comme des dépendances du domaine public. C'est ce qu'avait déjà disposé; antérieurement, l'art. 2, § 1, de la loi du 22 nov.-4 déc. 1790, sur la propriété domaniale.

5. — Il résulte de là qu'en principe, le droit d'alluvion établi par l'art. 557 C. civ. en faveur des riverains des fleuves et rivières, n'a pas lieu à l'égard des relais de la mer. — C. civ., art. 557.

6. — ... Et par suite, il faut même décider que si des accrues de cette nature s'étaient déjà formées vers l'embouchure d'une rivière qui viendrait les traverser, les alluvions latérales du fleuve et contiguës aux accrues maritimes auxquelles l'Etat a seul droit, seraient elles-mêmes nationales aussi. — Proudhon, *Dom. publ.*, t. 3, n° 718.

7. — Toutefois, comme ces terrains, bien que considérés comme dépendances du domaine public, sont évidemment d'une nature différente que les parties du domaine dont la possession est nécessairement interdite aux particuliers par la force même des choses, et notamment que les rivages ou bords de la mer; qu'on ne voit, d'après le droit naturel, aucun obstacle à ce qu'ils soient possédés privativement, la législation, tant ancienne que moderne, les a rangés dans une classe particulière qui fait que leur propriété échappe au principe d'inaliénabilité et d'imprescriptibilité qui régit en général les propriétés du domaine public.

8. — Ainsi, dans notre ancien droit, les lais et relais de la mer étaient classés parmi les biens formant le petit domaine de l'Etat, lequel était aliénable, d'où la conséquence qu'ils étaient susceptibles d'être acquis par prescription même depuis l'ordonnance de 1566, laquelle ne s'appliquait qu'aux biens du grand domaine. — Ord. 1681, liv. 4, tit. 7, art. 1 et 2; édit de 1710. — *Cass.*, 18 mai 1830, Haranchipy; 15 novembre 1842 (t. 1er 1843, p. 46), préfet de la Vendée c. Kugler; 2 janv. 1844 (t. 1er 1844, p. 371), l'Etat c. Gendronneau.

9. — Jugé d'ailleurs que le droit de concession reconnu à cet égard au pouvoir royal par les édits précités, ne s'appliquait pas moins aux crémens futurs qu'aux lais et relais en état de maturité. — *Cass.*, 15 nov. 1842 (t. 1er 1843, p. 46), préfet de la Vendée c. Kugler.

10. — Jugé encore que cette règle s'applique même aux lais et relais pris en dehors des digues établies pour favoriser leur formation. — *Cass.*, 2 janvier 1844 (t. 1er 1844, p. 371), l'Etat c. Gendronneau.

11. — Il résulte de ces différentes solutions que la demande en revendication formée par l'Etat de ces lais et relais d'origine ancienne, est mal fondée toutes les fois qu'il est constant que, même dès avant 1790, les possesseurs avaient, soit par eux, soit par leurs auteurs, une jouissance plus que suffisante pour acquérir la prescription. — Même arrêt.

12. — La législation moderne autorise également le gouvernement à concéder, tant les lais et relais de la mer que le droit d'endiguer pour arriver plus promptement à la maturité des crémens futurs. — *Cass.*, 15 nov. 1842 (t. 1er 1843, p. 46), préfet de la Vendée c. Kugler.

13. — « Le gouvernement, porte à cet égard la loi du 16 sept. 1807, concédera, aux conditions qu'il aura réglées,... les lais et relais de la mer, le droit d'endiguage,... quant à ceux de ces objets qui forment propriété publique et domaniale. » — L. 16 sept. 1807, art. 41.

14. — Il résulte de cette disposition que non-seulement les lais et relais de la mer sont, aujourd'hui comme autrefois, aliénables et prescriptibles; mais encore que leur concession n'est pas soumise aux formalités prescrites pour l'aliénation des biens du domaine de l'Etat, et notamment à la nécessité d'une loi. Une ordonnance royale du 23 septembre 1825 a seulement réglé les dispositions qui doivent être observées. — V. DOMAINE PUBLIC.

15. — Par suite de nombreuses demandes en concession qui furent faites à une certaine époque, demandes qui embrassaient plusieurs milliers d'hectares de lais et relais, on a pensé néanmoins un instant à modifier cet état de choses, et cette pensée a même fait naître un projet de loi que la chambre des députés avait adopté à l'unanimité dans la séance du 8 avril 1835.

16. — Aux termes de ce projet, les lais et relais, dont la concession est autorisée par l'art. 41 de la loi du 16 sept. 1807, n'auraient plus été concédés qu'aux enchères publiques, et avec les formes prescrites pour l'aliénation des autres biens de l'Etat.

17. — L'opportunité de la concession aurait été préalablement constatée par une enquête, dans les formes établies par un règlement d'administration publique.

18. — Comme bases de ce règlement, la commission de la chambre chargée de l'examen du projet de loi demandait 1° que toutes les administrations compétentes fussent appelées à donner leur avis : celle de la guerre, dans l'intérêt de la défense du pays; celle de la marine, dans l'intérêt de la navigation; celle de l'intérieur et du commerce, dans les intérêts de l'agriculture et de l'industrie; celle des ponts et chaussées, sous le rapport des travaux à exécuter; celle des finances, enfin, dans l'intérêt du trésor; — 2° que les parties intéressées fussent entendues et les autorités locales consultées, c'est-à-dire non-seulement les préfets et sous-préfets, mais les conseils de commune, d'arrondissement, de département, et aussi les chambres de commerce.

19. — Le projet que nous venons d'analyser n'ayant pas eu de suite, la concession des lais et relais de la mer reste donc placée sous le régime créé par la loi du 16 sept. 1807 et l'ordonn. roy. du 23 sept. 1825. L'exécution de ces dispositions rentre du reste évidemment dans les cas de responsabilité ministérielle. C'est au gouvernement à apprécier les demandes en concession qui peuvent être accueillies, et celles qui doivent être au contraire rejetées, comme à fixer, dans l'intérêt de l'Etat et suivant les circonstances, les conditions qui doivent être imposées aux concessionnaires. — V. MER.

20. — Les questions de propriété auxquelles peuvent donner naissance les concessions légalement faites par le gouvernement d'une partie du domaine public et du domaine de l'Etat sont de la compétence exclusive de l'autorité judiciaire. — En conséquence, si des concessions successives du même relais de mer ont été faites à diverses personnes, l'autorité judiciaire est compétente pour apprécier la valeur de ces concessions au point de vue de la propriété, et ne peut, dès lors, renvoyer cette appréciation à l'autorité administrative. — *Cass.*, 2 mai 1848 (t. 2 1848, p. 111), de Gouvello c. l'Etat. — L. 16 août 1790, art. 4, tit. 4; 16 fruct. an III, 11 avril 1838.

LAISSEZ-PASSER.

V. BOISSONS, BARRIÈRES DE DÉGEL, HUILES, TABACS, VOITURES PUBLIQUES.

LAIT. — LAITIERS.

1. — Marchands de lait d'ânesse; — patentables de 7e classe; droit fixe basé sur la population; — droit proportionnel du 40e de la valeur locative de tous les locaux qu'ils occupent, mais seulement dans les communes de 20,000 âmes et au-dessus.

2. — Laitiers; — patentables de 7e classe; — mêmes droits fixe et proportionnel. — V. CRÉMIERS. — V. aussi PATENTE.

LAMANAGE, LAMANEUR.

V. PILOTE.

LAMIERS-ROTIERS.

1. — Lamiers-rotiers par procédés mécaniques; — patentables soumis à un droit fixe de 50 fr. et à un droit proportionnel du 20e de la valeur locative de l'habitation, des magasins de vente complétement séparés de l'établissement, et du 40e de l'établissement industriel.

2. — Lamiers-rotiers pour leur compte; — lamiers-rotiers à façon; — patentables, les premiers de 7e et les derniers de 8e classe; — droit fixe basé sur la population; droit proportionnel du 40e de la valeur locative de tous les locaux qu'ils occupent, mais seulement dans les communes de 20,000 âmes et au-dessus. — V. PATENTE.

LAMINEURS.

1. — Entrepreneurs de laminerie; patentables soumis à un droit fixe de 300 fr. pour trois paires de cylindres et au-dessus; — de 250 fr. pour deux paires de cylindres de grande dimension; — de 200 fr. pour une seule paire de cylindres de grande dimension, ou deux paires de cylindres de petite dimension, au-dessous d'un mètre de longueur; — de 100 fr. pour une seule paire de cylindres de petite dimension, au-dessous d'un mètre de longueur; — et à un droit proportionnel du 20e de la valeur locative de l'habitation, des magasins de vente complétement séparés de l'établissement, et du 40e de l'établissement industriel.

2. — Lamineurs, par les procédés ordinaires; — patentables de 6e classe; — droit fixe basé sur la population; — droit proportionnel du 20e de la valeur locative de l'habitation et des lieux servant à l'exercice de la profession. — V. PATENTE.

LAMPISTES.

Patentables de 5e classe; — droit fixe basé sur la population; — droit proportionnel du 20e de la valeur locative de l'habitation et des lieux servant à l'exercice de la profession.

LANDES.

Nom que, dans une partie de la France, on donne aux terres vaines et vagues. — V. TERRES VAINES ET VAGUES.

LANGUE FRANÇAISE.

V. ACTE NOTARIÉ, ACTES DE L'ÉTAT CIVIL, ACTE SOUS SEING PRIVÉ, ARBITRAGE, CORSE, ÉCRITS PÉRIODIQUES, ENREGISTREMENT, EXPLOIT (mat. civ.), INTERPRÈTE, INGÉNIEUR (mat. crim.), JUSTICE DE PAIX, TESTAMENT.

LANGUEYEURS DE PORCS.

Patentables de 8e classe; — droit fixe basé sur la population; — droit proportionnel du 40e de la valeur locative de tous les locaux qu'ils occupent, mais seulement dans les communes de 20,000 âmes et au-dessus. — V. PATENTE.

LANTERNIERS.

Patentables de 6e classe; — droit fixe basé sur la population; — droit proportionnel du 20e de la valeur locative de l'habitation et des lieux servant à l'exercice de la profession. — V. PATENTE.

LAPIDAIRES.

1. — Marchands ou fabricans lapidaires en pierres fausses, ayant boutique ou magasin; — patentables de 5e classe; — droit fixe basé sur la population, et droit proportionnel du 20e de la valeur locative de l'habitation et des lieux servant à l'exercice de la profession.

2. — Lapidaires à façon, — patentables de 7e classe; — même droit fixe, sauf la différence de classe; — droit proportionnel du 40e de la valeur locative de tous les locaux qu'ils occupent, mais seulement dans les communes de 20,000 âmes et au-dessus. — V. PATENTE.

LAPINS.

1. — Les lapins de garenne peuvent être immeubles par destination. — V. BIENS, no 95.

2. — Les lapins qui passent dans une autre garenne, appartiennent au propriétaire de cette garenne; pourvu qu'ils n'y aient point été attirés par fraude et artifice. — C. civ., 564.

3. — Ainsi qu'on l'a déjà vu, vo ANIMAUX, no 90, le propriétaire d'un bois où il existe beaucoup de lapins peut être déclaré responsable du dommage causé par eux sur les terres voisines, s'il a négligé de les détruire. — Cass., 3 janvier 1840, Montmorency c. Massy; 14 novemb. (et non sept.) 1816, Coupigny c. Ducatel; 2 janvier 1839 (t. 1er 1839, p. 351), d'Havrincourt c. Podevin; 13 décembre 1844 (t. 1er 1845, p. 738), Desancy c. Durainey. — Merlin, Rép., vo Gibier; Toullier, t. 2, no 307 et suiv.; Fournel, Du voisinage, vo Garenne; Favard, Rép., vo Délit, no 7; Rolland de Villargues, Rép. du notar., vo Garenne, no 12 et suiv.; de Valserre, Manuel du droit rural, p. 251; Perrin, Code des construct. et de la contiguité, vo Garenne, no 1652.

4. — Ou bien, faute par lui d'autoriser les propriétaires voisins à les faire détruire chez lui. — C. civ., 1382. — Cass., 14 nov. (et non sept.) 1816, Coupigny c. Ducatel.

5. — Il en est de même, à plus forte raison, quand le propriétaire fait ce qu'il peut pour multiplier les lapins.

6. — C'est d'après les circonstances que le propriétaire est réputé favoriser cette multiplication. — Cass., 23 mars 1837 (t. 1er 1837, p. 374), d'Havrincourt c. Tétart.

7. — Tel est le cas où le propriétaire entretient et fait garder des lapins pour le plaisir de la chasse. — Cass., 31 déc. 1844 (t. 1er 1845, p. 738), de Sancy c. Durainey.

8. — Ou bien, lorsque, dans une garenne ouverte, il fait pratiquer des terriers artificiels pour y attirer les lapins. — Rouen, 29 thermid. an XI, N. c. N. — V. GARENNE.

9. — Il en est de même encore quand il existe dans le bois une multitude de terriers où les lapins habitent et se multiplient, et qui, par leur étendue et leur ancienneté, annoncent de la part du propriétaire l'intention formelle de conserver les lapins. — Cass., 2 janv. 1839 (t. 1er 1839, p. 351), d'Havrincourt c. Podevin.

10. — Le propriétaire d'un bois contenant des lapins qui fait détruire une certaine quantité de terriers, mais en conserve d'autres, dans l'intention d'habituer dans les terriers maintenus les lapins qui les peuplent actuellement et de leur ménager des demeures permanentes, fait de son bois une garenne ouverte, et est dès lors responsable du dégât causé par ces lapins. — Cass., 23 novemb. 1846 (t. 1er 1847, p. 410), Lepelletier c. Grangé.

11. — De tout ce qui précède, il faut conclure que le propriétaire n'est responsable qu'autant que le bois est constitué en garenne; et que si, loin d'avoir fait quelque chose pour attirer les lapins, ce propriétaire a employé tous les moyens propres à les détruire et a donné aux voisins permission de les tuer, il n'y a aucune faute ou négligence à lui imputer; et les lapins étant alors réputés animaux sauvages, il n'est tenu d'aucune responsabilité. — Cass., 13 janv. 1829, Dassonvillez c. Perrot.

12. — Les lapins domestiques ne sont pas compris dans le mot Gibier de l'art. 14, § 4, de la loi du 3 mai 1844, qui ne comprend que les animaux dont on prend à la chasse et non pas les animaux domestiques et privés servant à la nourriture de l'homme. Dès lors la prohibition de transport en temps de chasse prohibée ne leur est point applicable. — Bordeaux, 12 févr. 1845 (t. 2 1845, p. 253), Barbouteau. — V. CHASSE.

LAQUES.

Fabrication des laques. — 3e classe des établissemens insalubres. — V. ce mot (nomenclature).

LARCIN.

1. — Le larcin, au point de vue pénal, n'est autre chose qu'une variété du vol. Seulement, comme celui de filouterie, le mot de larcin signifie plus spécialement un vol exécuté en secret et par ruse. « Le vol diffère du larcin, dit Jousse (Tr. de just. crim., t. 4, p. 166), en ce que le larcin à proprement parler se fait par surprise ou industrie ou en cachette, au lieu que le vol se fait par force ou violence. »

2. — Mais le mode d'exécution n'influe nullement sur les élémens constitutifs du délit; ces élémens sont les mêmes que ceux du vol, et dès lors il ne peut exister de larcin qu'autant qu'il y a soustraction frauduleuse de la chose d'autrui. — C'est là un point que la jurisprudence de la cour de cassation a fréquemment décidé.

3. — L'état de cette jurisprudence, ainsi que les règles relatives aux larcins et à la pénalité qui les concerne, sont exposés au mot vol.

LARD.

Ateliers à enfumer le lard. — 2e classe des établissemens insalubres. — V. ce mot (nomenclature).

LARRIS.

Ce nom désigne dans des titres anciens les terres vaines et vagues. — V. TERRES VAINES ET VAGUES.

LATTES (Marchands de).

Marchands en gros; — marchands en détail; — patentables, les premiers, de 3e, et les derniers de 6e classe; — droit fixe basé sur la population; — droit proportionnel du 20e de la valeur locative de l'habitation et des lieux servant à l'exercice de la profession. — V. PATENTE.

LAVOIR.

1. — Lieu destiné au lavage des linges, laines et autres objets.

2. — On ne peut établir de lavoir sur un cours d'eau dépendant du domaine public sans l'autorisation de l'administration, ni sur un cours d'eau appartenant à autrui sans la permission du propriétaire.

3. — Le droit de se servir du lavoir d'autrui constitue une servitude discontinue et non apparente, qui, aux termes de l'art. 691, ne peut s'acquérir que par titres.

4. — Les questions qui s'élèvent à l'occasion des lavoirs, soit publics, soit privés, doivent être résolues comme celles relatives aux ABREUVOIRS. — V. ce mot. — V. aussi SERVITUDES.

5. — On donne aussi le nom de lavoirs ou patouillets à des établissemens dépendant des exploitations de mines, qui servent à faire subir aux minerais une première opération pour les dégager des matières terreuses qu'ils contiennent. — V. MINES. — V. aussi FORGES ET HAUTS FOURNEAUX.

6. — Les maîtres de lavoir sont soumis à la patente. — V. BOCARD (maîtres de).

7. — Il en est de même des laveurs de laine, qui font partie de la 5e classe et sont imposés, comme tels, à un droit fixe basé sur la population, et à un droit du 20e de la valeur locative de l'habitation et des lieux servant à l'exercice de la profession.

8. — Les personnes qui tiennent un lavoir public sont seulement rangées dans la 6e classe, mêmes droits fixe (sauf la différence de classe) et proportionnel que les précédens. — V. PATENTE.

9. — Les lavoirs des blanchisseurs, quand ils n'ont pas un écoulement constant de leurs eaux, font partie de la 2e classe des établissemens insalubres.

10. — Les mêmes lavoirs, quand il y a écoulement de leurs eaux, sont rangés dans la 3e classe seulement.

11. — Font encore partie de la 2e classe les établissemens de lavage et de séchage des éponges.

12. — ..... Et de la 3e classe les lavoirs à laine qui doivent être placés sur les rivières et les ruisseaux au-dessous des villes et villages. — V. ÉTABLISSEMENS INSALUBRES (nomenclature).

LAYETTES D'ENFANS (Marchands de).

Patentables de 7e classe; — droit fixe basé sur la population; — droit proportionnel du 40e de la valeur locative de tous les locaux qu'ils occupent, mais seulement dans les communes de 20,000 âmes et au-dessus. — V. PATENTE.

LAYETIERS.

Layetiers, layetiers-emballeurs; — patentables, les premiers de 6e classe et les derniers de 5e. — Droit fixe basé sur la population; — droit proportionnel du 20e de la valeur locative de l'habitation et des lieux servant à l'exercice de la profession. — V. PATENTE.

LAZARET.

V. POLICE SANITAIRE.

LEÇONS.

V. ÉCOLE, ENSEIGNEMENT, INSTRUCTION PRIMAIRE, PROPRIÉTÉ LITTÉRAIRE.

LECTURE.

V. ACTE AUTHENTIQUE, ACTE NOTARIÉ, ACTES DE L'ÉTAT CIVIL, CONTUMACE, COUR D'ASSISES, COUR DES PAIRS, DÉFENSE, ENQUÊTE, JUGEMENT (mat. crim.), TESTAMENT.

LÉGALISATION.

1. — C'est l'attestation donnée par un fonctionnaire public ayant mission à cet effet, de la vérité des signatures apposées à un acte et des qualités de ceux qui l'ont fait ou expédié.

2. — En général les actes qui doivent être légalisés sont tous ceux qui sont émanés d'un officier public, quand on les transporte hors du lieu où cet officier exerce ses fonctions. — Rolland de Villargues, Rép. du notar., vo Légalisation, no 5.

3. — On peut légaliser non-seulement les actes expédiés par les officiers qui sont encore vivans, mais aussi ceux qui ont été expédiés anciennement par des officiers qui sont morts au temps de la légalisation, pourvu que la qualité, le sceau et la signature de ces officiers soient connus, par la tradition ou autrement. — Rolland de Villargues, Rép. du notar., vo Légalisation, no 9.

4. — Les actes qui doivent être légalisés sont principalement: 1o Les actes notariés; savoir: ceux des notaires à la résidence des cours d'appel, lorsqu'on s'en sert hors de leur ressort, et ceux des autres notaires, lorsqu'on s'en sert hors de leur département. — L. 25 vent. an XI, art. 28.

La légalisation ne s'appose point sur les minutes, qui, à moins de circonstances spéciales, ne doivent pas quitter l'étude du notaire, mais seulement sur les brevets, grosses ou expéditions.

6. — ... 2o Les certificats de propriété de rentes sur l'État ou autres effets publics. — V. CERTIFICAT DE PROPRIÉTÉ, no 35 et suiv.

7. — ... 3o Les certificats de vie. — V. CERTIFICAT DE VIE, nos 61 et 71.

8. — ... 4° Les actes de l'état civil (C. civ., 45), lorsqu'on doit s'en servir hors du ressort. — *Discuss. Cons. d'Etat.* — Rolland de Villargues, n° 7. — V. ACTES DE L'ÉTAT CIVIL, n°s 183 et suiv.

9. — ... 5° Les actes administratifs, émanés des sous-préfets ou des maires, qui doivent être envoyés hors du département. — Rolland de Villargues, n° 28.

10. — Les jugemens ne sont point soumis à la légalisation (Merlin, *Rép.*, v° *Légalisation*), à moins qu'il ne s'agisse d'en faire usage en pays étranger. — Rolland de Villargues, n° 10.

11. — De ce que la légalisation a pour objet de confirmer l'authenticité d'un acte, il suit qu'elle ne doit s'appliquer qu'à des actes émanés d'officiers publics. Si l'acte est sous seing privé, la légalisation n'aboutirait à rien puisque celui contre qui on ferait usage de l'acte peut le dénier ou ne pas le reconnaître s'il est présenté comme signé par un autre. — Rolland de Villargues, n° 11.

12. — Aussi les administrateurs doivent-ils se garder de légaliser les signatures de simples individus apposées aux actes sous seings privés dans la crainte de favoriser des faussaires, en donnant aux actes une créance qu'ils ne méritent point. — Circ. du préfet de la Seine, 18 fév. 1818 et 13 nov. 1816; décis. du min. des fin., 30 oct. 1822. — Rolland de Villargues, n°s 12 et suiv.

13. — Toutefois, l'on reconnaît aux maires le droit de légaliser des actes d'administration, d'ordre ou d'intérêt général, délivrés par certaines personnes, comme les commissaires de police, médecins, chirurgiens, membres des bureaux de charité, receveurs des contributions, etc., parce que toutes ces personnes ont un caractère public ou remplissent des fonctions publiques qui rendent déjà leur signature authentique. — Même décis. — Rolland de Villargues, n° 15.

14. — On peut, au surplus, relativement à la légalisation de signatures apposées sur des actes sous seing privé, voir AGRÉÉ, n°s 45 et suiv.; AVOCAT A LA COUR DE CASSATION, n° 38; CONSUL, n° 308; ÉLECTIONS DÉPARTEMENTALES, n° 426; ENREGISTREMENT, n° 4490; FAILLITE, n° 307; SAISIE IMMOBILIÈRE.

15. — Les actes doivent être légalisés, savoir entre autres: 1° les actes notariés, par le président (ou, en cas d'empêchement, par un juge) du tribunal de première instance de la résidence du notaire, ou du lieu où est délivré l'acte ou l'expédition. — L. 25 vent. an XI, art. 28.

16. — Si un notaire de première classe délivre un acte ou une expédition hors de sa résidence, mais dans son ressort, il peut faire légaliser sa signature par le président du tribunal du lieu de sa résidence. — Rolland de Villargues, n° 24.

17. — ... 2° Les certificats de vie des rentiers viagers et des pensionnaires de l'Etat, délivrés par les notaires des départemens autres que celui de la Seine, par les préfets des départemens ou sous-préfets des arrondissemens de la résidence des notaires. — V. le modèle annexé au décret du 21 août 1806.

18. — ... 3° Les extraits des actes de l'état civil, par les présidens des tribunaux civils. — C. civ., 45. — V. ACTES DE L'ÉTAT CIVIL, n°s 187 et suiv.

19. — ... 4° Les actes administratifs émanés des sous-préfets ou des maires, par le préfet. — Rolland de Villargues, n° 28.

20. — ... 5° Les actes des agens inférieurs de l'administration, par les préfets ou sous-préfets (avis Cons. d'Etat, 26 nov. 1819). Ces fonctionnaires ne doivent pas se refuser à légaliser la signature des maires, lors même que ceux-ci se sont bornés à certifier les signatures des habitans de leurs communes. — Même avis.

21. — ... 6° Les actes émanés d'agens de l'administration des finances, par les receveurs généraux et autres fonctionnaires semblables, selon la nature des actes. — Lerat de Magnitot, *Dict. de droit administratif*, v° *Légalisation*.

22. — ... 7° La signature de l'imprimeur des journaux où sont insérés les placards pour les ventes judiciaires d'immeubles, par le maire. — C. proc., 698. — V. SAISIE IMMOBILIÈRE.

23. — ... 8° Les signatures des membres du tribunal de commerce et celles des membres du syndicat des agens de change et courtiers, par le président du tribunal de commerce. — V. COMPÉTENCE COMMERCIALE, n° 624.

24. — ... 9° Les signatures du courtier indiquant les cours des marchandises, par le commissaire de police de la Bourse. — V. COURTIER, n° 102.

25. — ... 10° Les brevets de capacité pour l'instruction primaire, par les recteurs. — V. INSTRUCTION PRIMAIRE, n° 145.

26. — Les actes publics destinés aux colonies et particulièrement les actes notariés, doivent, indépendamment de la légalisation à laquelle ils sont soumis en France, lorsqu'ils sont produits hors du ressort du fonctionnaire qui les a passés, être légalisés par le ministre dans les attributions duquel se trouve ce fonctionnaire et visés par celui de la marine. — Lettre du garde des sceaux, 16 mars 1837.

27. — Jugé, en ce sens, que les actes provenant de France ou des pays étrangers ne peuvent être employés dans les transactions passées à la Guadeloupe, ni produits devant les tribunaux de cette colonie, ni signifiés par les huissiers, à moins qu'ils ne soient légalisés par l'autorité compétente de la colonie. — *Cass.*, 10 mai 1825, Lalanne c. Després. — V. aussi GUADELOUPE, n° 28.

28. — Quant aux actes venant des colonies, ils doivent, après avoir été légalisés par l'autorité ordinaire, l'être par le gouverneur de la colonie. — V. COLONIES, n° 410.

29. — Lorsqu'un acte est destiné aux pays étrangers, la signature du fonctionnaire qui a fait la légalisation doit à son tour être légalisée par les autorités supérieures. Ainsi la signature du président du tribunal doit être légalisée par le garde des sceaux, la signature de ce ministre lui-même doit être attestée par le ministre des affaires étrangères; enfin cette attestation doit aussi elle-même être certifiée vraie par l'ambassadeur, agent diplomatique ou consul de la puissance dont il s'agit. — Ord. 25 oct. 1833.

30. — Toutefois les trois premières légalisations sont inutiles pour les actes notariés qui sont expédiés aux États-Unis d'Amérique. Ces actes sont légalisés directement par le Conseil de ce pays, pourvu que le notaire lui justifie de sa qualité et qu'il lui fasse le dépôt de la signature. — Lettre du consul Barnet aux notaires de Paris, 14 sept. 1832.

31. — Les actes reçus en pays étrangers et qui doivent être exécutés en France, doivent être légalisés par les agens diplomatiques qui représentent la nation. — V. AGENT DIPLOMATIQUE, n° 224. — Par exemple par les consuls. — V. CONSUL, n°s 306 et suiv.

32. — La signature des consuls doit elle-même être légalisée par le ministre des affaires étrangères ou par les fonctionnaires qu'il a délégués. — V. CONSUL, n° 309.

33. — Les actes reçus par le chancelier du consulat doivent être légalisés par le consul ou celui qui le remplace. — Pardessus, *Dr. comm.*, n° 1461; Rolland de Villargues, n° 43.

34. — La légalisation s'écrit au-dessous ou en marge de l'acte lui-même.

35. — Il est attribué aux greffiers 25 cent. pour chaque légalisation. — L. 21 vent. an VII, art. 14. — V. DROITS DE GREFFE, n° 182.

36. — Il n'est dû aucun droit pour les légalisations par les préfets et sous-préfets des actes des agens inférieurs de l'administration. — Avis Cons. d'Etat, 26 nov. 1819.

37. — La légalisation des actes au ministère des affaires étrangères donne lieu à des droits dont la perception est autorisée chaque année par la loi sur le budget. Ainsi, pour le budget de 1848, V. L. 8 août 1847, art. 5, § 2.

38. — Lorsqu'on agit en vertu d'un acte qui a été légalisé, il convient de faire mention de cette formalité; de plus les notaires qui délivrent expédition ou extrait d'actes légalisés, doivent transcrire la légalisation ou, du moins, annoncer par qui elle a été faite. — V. *Stat. not.* Paris, 25 sept. 1817.

39. — La légalisation d'un acte n'est point constitutive de son authenticité; elle n'en est que la preuve. — V. ACTE AUTHENTIQUE, n° 8; ACTES DE L'ÉTAT CIVIL, 197 et suiv.; EXÉCUTION DES ACTES ET JUGEMENS, n°s 280 et suiv.

40. — Ainsi la légalisation n'est pas exigée pour la validité des certificats de vie. — *Cass.*, 22 oct. 1822, Boschi.

41. — La formalité de la légalisation des actes notariés n'étant pas exigée, à peine de nullité, il s'ensuit que le défaut de cette formalité n'entraîne pas la nullité de la procédure suivie sur l'exécution de ces actes. — *Cass.*, 10 juillet 1817, Jouenne c. St-Julien. — Merlin, *Répert.*, v° *Légalisation*; Toullier, *Droit civil*, t. 6, n° 213, et t. 8, n° 59; Berriat, *Procédure*, p. 90, note 85; Rolland de Villargues, *Répert.*, v° *Légalisation*, n° 29; Pigeau, *Procéd.*, t. 2, p. 36; Gagnereaux, *Comment. sur la loi du 25 vent. an XI*, art. 28, n° 4; Sebire et Carteret, *Encyclop. du droit*, v° *Acte authentique*, n° 5 (art. de Teste).

42. — Seulement le défaut de légalisation peut autoriser le juge à suspendre les poursuites. — V. EXÉCUTION DES ACTES ET JUGEMENS, n° 291. — V. aussi, dans ses motifs, *Cass.*, 18 juin 1817, Bretocq c. Montbosq.

43. — Jugé, en ce sens, qu'un acte notarié ne peut être exécuté dans un autre département que celui où il a été reçu, s'il n'a été préalablement légalisé. — *Colmar*, 26 mars 1808, Brion c. Gougenheim.

44. — Tout ce qu'on vient de dire est, à plus forte raison, applicable au sujet de la légalisation d'un acte sous seing privé. — V. ACTES RESPECTUEUX, n° 69.

LÉGATAIRE.

On appelle ainsi celui à qui est faite, par testament ou tout autre acte de dernière volonté, une donation dont l'héritier doit lui faire la délivrance. — V. LEGS.

LÉGION ÉTRANGÈRE.

V. ARMÉE, n°s 50 et suiv., et ALGÉRIE, n° 20.

LÉGION D'HONNEUR.

1. — L'ordre de la Légion d'honneur a son principe dans l'art. 87 de la Constitution du 22 frim. an VIII, lequel portait: « qu'il sera décerné des récompenses nationales aux guerriers qui auront rendu des services éclatans en combattant pour la République. » — Cet ordre, quoique institué par la loi du 29 flor. an X, ne fut inauguré qu'en 1804, après l'établissement du gouvernement impérial; Bonaparte avait, du reste, préludé à son institution par la création des sabres d'honneur.

2. — Mais, d'après la loi même d'institution (art. 1er), l'ordre de la Légion d'honneur n'est pas seulement consacré à récompenser le mérite militaire: il s'applique aussi aux vertus et aux services civils.

3. — Aux termes de cette loi, l'ordre était composé d'un grand conseil d'administration et de quinze cohortes dont chacune avait son chef-lieu particulier (art. 2). — Ces cohortes n'existent plus depuis longtemps. Le grand conseil fut organisé par le sénatus-consulte du 28 flor. an XII.

4. — Un grand nombre de dispositions législatives ont été rendues sur l'ordre de la Légion d'honneur pendant le consulat et sous l'empire. L'ordre, maintenu par la Charte de 1814, art. 72, modifié par les ordonn. des 19 juill., 3 août et 27 déc. 1814, fut rétabli sur ses anciennes bases par le décret du 13 mars 1815, période des Cent-Jours, qui annula les promotions faites pendant la première restauration. Cet ordre reçut une nouvelle organisation par l'ordonn. du 26 mars 1816, qui résuma toutes les lois et ordonn. antérieures, et forma un code à peu près complet de cette institution. — Cette ordonnance rappela, dans son art. 1er, que la Légion d'honneur est instituée pour récompenser les services civils et militaires. L'art. 108 de la Constitution de 1848 dispose que « la Légion d'honneur est maintenue; » mais le même article ajoute que ses statuts seront revisés et mis en harmonie avec la Constitution. — Jusqu'à ce que cette révision ait eu lieu, les lois existantes continueront d'avoir effet.

5. — Sous la monarchie, la Légion d'honneur, dont le roi était chef et grand maître, avait le titre d'*ordre royal de la Légion d'honneur*. Aujourd'hui elle a celui d'*ordre national*. L'ordre est composé de légionnaires, d'officiers, de commandeurs (autrefois commandans), de grands officiers et de grands-croix (autrefois grands cordons). — Art. 3 et 4.

6. — Les membres de l'ordre le sont à vie. Le nombre des simples légionnaires ou chevaliers est illimité. — Celui des officiers est fixé à 2,000; celui des commandeurs, à 400; celui des grands officiers, à 160; et celui des grands-croix, à 80. — Art. 6.

7. — Les étrangers auxquels est conférée la grande décoration ne sont pas compris dans les nombres fixés par cet article. — Même ordonn., art. 8. — Il en était de même des princes de la famille royale.

8. — Les marques distinctives de la décoration, déterminées d'abord par les décrets des 22 mess. an XII et 13 pluv. an XIII, modifiées par l'ordonn. de 1816, ont reçu encore une modification des ordonn. des 13-25 août 1830; puis, enfin, de l'arrêté du 12 sept. 1848. — Aux termes de cet arrêté, la couronne qui surmontait l'étoile a été supprimée: le centre de la décoration présente, d'un côté, la tête de Bonaparte, 1er consul, avec cet exergue: *Bonaparte, Ier consul, 19 mai 1802*, et, de l'autre, deux drapeaux tricolores, avec cet exergue: *République française*, et, au centre, la devise: *Honneur et Patrie.* La plaque de grand officier et de grand-croix porte l'effigie de Bonaparte, avec cet exergue: *Bonaparte, Ier consul. Honneur et Patrie.*

9. — Les membres de l'ordre portent toujours la décoration. Nul ne peut porter que les marques distinctives de son grade. Tous les membres de l'ordre doivent porter la décoration de leur grade lorsqu'ils sont dûment convoqués par les autorités aux cérémonies publiques, religieuses et civiles, revues, parades, etc. — Ord. 1816, art. 13 et 14.

10. — L'ordonn. 1816, dans ses art. 15 et suiv., détermine les conditions d'admission dans la Légion d'honneur. — V. aussi ord. du 18 oct. 1829. — Mais ces dispositions sont en quelque sorte absorbées par l'art. 20, aux termes duquel, en tout temps, les services extraordinaires tant civils que militaires peuvent également dispenser de ces conditions. Ce qui laisse au gouvernement un pouvoir discrétionnaire.

11. — Aux termes des art. 16 et 17, on ne peut passer d'un grade à un autre : si on n'est resté 4 ans dans le grade de chevalier; deux ans dans celui d'officier; trois ans dans celui de commandeur, et cinq ans dans celui de grand officier (art. 16 et 17). — Et l'art. 20 rappelle la prohibition de ne franchir aucun grade. — On sait, néanmoins, que, dans une circonstance récente, le gouvernement crut pouvoir nommer immédiatement *officier* un illustre savant (M. Leverrier) qui n'avait pas passé par le grade de chevalier.

12. — Chaque campagne est comptée double aux militaires, dans l'évaluation des années exigées; mais on ne peut compter qu'une campagne par année : sauf les cas d'exception, qui doivent être déterminés par une ordonnance spéciale. Outre les cas extraordinaires, il pouvait, sous la monarchie, y avoir une nomination et promotion dans l'année, à la fête du roi.

13. — L'administration de l'ordre est confiée au grand chancelier, qui travaille directement avec le chef du gouvernement. Ce chancelier entre au Conseil toutes les fois qu'il y est appelé pour discuter les intérêts de l'ordre. Il est toujours choisi parmi les grands officiers de la Légion. — Ord. 26 mars 1816, art. 63, 64. — Il a dans ses attributions tous les ordres étrangers (art. 66 et suiv.). — Un secrétaire général est attaché à la grande chancellerie. Il a la signature en cas d'absence ou de maladie du grand chancelier, et le représente (art. 65).

14. — Les membres de la Légion d'honneur prêtent serment entre les mains du chancelier ou du légionnaire par lui délégué à cet effet. — Les militaires, les membres des administrations qui dépendent de l'armée et les gardes nationaux sont reçus à la parade (art. 32, 33). — Autrefois les grands-croix prêtaient serment dans les mains du roi, et recevaient de lui leur décoration. En cas d'empêchement du roi, il était procédé à la réception du serment par un prince de la famille royale, ou du sang, ou par le grand chancelier de la Légion d'honneur (art. 30, 31).

15. — Nul ne peut porter la décoration du grade auquel il a été nommé ou promu, avant sa réception. — Ordonn. 26 mars 1816, art. 29.

16. — Les étrangers sont *admis* et non reçus; ils ne prêtent aucun serment (art. 9).

17. — L'ordonnance qui nomme un membre de la Légion d'honneur peut être révoquée par une autre ordonnance tant qu'il n'a pas été procédé à la réception de ce membre, bien que le grand chancelier lui ait notifié l'avis de sa nomination. — Ord. Cons. d'Et., 22 fév. 1838, aff. Gérard. — Et l'ordonnance qui prononce cette révocation ne peut être attaquée devant le Conseil d'Etat par la voie contentieuse. — Même ord.

18. — Les décisions du grand chancelier de la Légion d'honneur n'ont le caractère de décisions contre lesquelles on puisse se pourvoir directement au Conseil d'Etat qu'autant que le ministre de la justice déclare se les approprier. — Arrêt du Cons. d'Et., 16 déc. 1842, aff. Parquin.

19. — Pour les honneurs funèbres et militaires : les grands-croix et les grands officiers de la Légion d'honneur sont traités comme les lieutenans généraux employés, lorsqu'ils n'ont point un grade militaire supérieur; les commandeurs, comme les colonels; les officiers, comme les capitaines; les chevaliers, comme les lieutenans. — Art. 49. — V. décr. 24 mess. an XII.

20. — On porte les armes aux grands officiers, commandeurs, officiers et chevaliers; on les présente aux grands-croix. — Art. 51.

21. — La qualité de membre de la Légion d'honneur se perd par les mêmes causes qui font perdre la qualité de citoyen français, et est suspendue par les causes qui suspendent l'exercice des droits de citoyen. — Arrêté du 24 vent. an XII, art. 1 et 2; ordonn. 26 mars 1816, art. 53, 54. — V. à cet égard DÉGRADATION, n° 14.

22. — Aucune peine infamante ne peut être mise à exécution contre un membre de la Légion d'honneur qu'il n'ait été préalablement dégradé : la formule de la dégradation est lue par le président; mais l'omission, à cet égard, n'opère point une nullité. — *Cass.*, 14 avril 1815, Leclerc. — Carnot, *Instr. crim.*, t. 2, p. 791, n° 2.

23. — Les ministres de la justice, de la guerre et de la marine doivent transmettre au grand chancelier des copies de tous les jugemens en matière criminelle, correctionnelle et de police relatifs à des membres de l'ordre. — Même ordonnance, art. 55. — De même, toutes les fois qu'il y a un recours en cassation contre un jugement rendu en matière criminelle, correctionnelle ou de police, relatif à un légionnaire, le procureur général près la cour de cassation en rendra compte sans délai au ministre de la justice, qui en donnera avis au grand chancelier. — Même ordonnance, art. 56.

24. — Les chefs militaires de terre et de mer et les commandans des corps et des bâtimens de l'Etat rendent aux ministres de la guerre et de la marine un compte particulier de toutes les peines de discipline qui ont été infligées à des légionnaires sous leurs ordres. Ces communications sont transmises au grand chancelier. — Même ordonnance, art. 59.

25. — Suivant l'art. 60 (même ordonnance), la cassation d'un chevalier de la Légion d'honneur sous-officier en activité, et le renvoi d'un soldat ou d'un marin chevalier de la Légion, ne pouvaient avoir lieu que d'après l'autorisation du ministre de la guerre ou de la marine; et ceux-ci ne pouvaient donner cette autorisation qu'après en avoir informé le grand chancelier, qui prenait les ordres du roi. — Cet article a été modifié par l'ordonnance du 25 nov. 1818, qui ne permet plus de casser un sous-officier membre de la Légion d'honneur sans une autorisation spéciale du roi (maintenant, du président de la République).

26. — Suivant l'art. 61, le roi pouvait suspendre en totalité ou en partie l'exercice des droits et prérogatives attachés à la qualité de membre de la Légion d'honneur, et même exclure un membre de la Légion, selon la nature du délit et la gravité de la peine correctionnelle encourue.

27. — Un règlement particulier détermine les peines à infliger pour les actions qui ne peuvent être l'objet d'aucune poursuite de la part des tribunaux ou des conseils de guerre, et qui cependant attentent à l'honneur d'un membre de la Légion. — Ordonn. 26 mars 1816, art. 62.

28. — Les maires sont tenus d'informer, dans le mois, le grand chancelier de la Légion d'honneur, du décès des membres de l'ordre arrivé dans leur commune. — Circ. 22 janv. 1818. — V. aussi ACTES DE L'ÉTAT CIVIL, n° 121.

29. — Le port illégal de la Légion d'honneur constitue un délit. — V. DÉCORATIONS, n° 31 et suiv.

30. — La loi organique du 29 flor. an X, qui divisait l'ordre en 15 cohortes, déclarait qu'il serait affecté à chaque cohorte, des biens nationaux portant 200,000 fr. de rente (art. 3). — Cette dotation fut plus tard réduite à cent mille francs par cohorte, par la loi du 11 pluviôse an XIII, qui la déclarait inaliénable sans l'intervention de la loi.

31. — Le traitement était de 5,000 fr. pour chaque grand officier, de 2,000 fr. pour chaque commandant, de 1,000 fr. pour chaque officier, et de 250 fr. pour les légionnaires. — L. 29 flor. an X, art. 7.

32. — L'ord du 19 juill. 1814, en maintenant les traitemens au profit des titulaires alors existans dans la proportion de la rente des revenus dont la Légion d'honneur a la jouissance, disposa qu'à l'avenir, et jusqu'à ce qu'il en fût autrement ordonné, les nominations ou promotions ne donneraient droit à aucun traitement.

33. — Plus tard intervint une loi, du 6 juillet 1820, dont l'art. 1er porte que « tous les membres de la Légion d'honneur qui, antérieurement au 6 avril 1814, recevaient un traitement de 250 fr. sur les fonds de cet ordre, et les militaires des armées de terre et de mer, soit retirés, soit en activité de service qui, *étant soldats* ou *sous-officiers*, ont été nommés chevaliers depuis la même époque, recevront à partir du 2e semestre de 1820, sur les fonds du trésor, une somme de 125 fr. par an, pour compléter leur traitement, et le porter au taux annuel de 250 fr. »

34. — L'exécution de cette loi, déterminée par des dispositions spéciales, a souffert, comme on le sait, des difficultés, qui ne sont pas entièrement vidées. — Ajoutons qu'une loi du 26 avril 1832 a accordé un traitement aux membres nommés par l'ord. du 28 nov. 1831 qui, aux dates désignées dans l'état annexé à cette ordonnance (du 20 mars au 7 juillet 1815), étaient sous officiers ou soldats en activité de service.

35. — Comme on le voit, aux termes de l'ord. de 1814 et de la loi de 1820, les sous-officiers et soldats n'avaient droit au traitement qu'autant qu'ils étaient encore en activité de service au moment où la décoration leur était accordée. — Une loi du 16 juin 1837 a accordé le bénéfice du traitement aux sous-officiers et soldats des armées de terre et de mer amputés par suite de leurs blessures, qui auraient été nommés membres de la Légion d'honneur postérieurement à l'ordonn. du 19 juill. 1814, et depuis leur admission à la retraite.

36. — La jouissance du traitement du légionnaire est suspendue pendant sa résidence en pays étranger, sans autorisation du gouvernement. — *Cons. d'Etat*, 5 fév. 1841 (Moreau); 16 déc. 1842 (Parquin); — et le permis qui lui est donné de toucher sa solde de congé, nonobstant son séjour momentané à l'étranger, n'équivaut pas à cette autorisation pour continuer à toucher la pension de légionnaire. — Même ord. 16 déc. 1842.

37. — Les membres de l'ordre devenus étrangers par les traités de 1814 et de 1815 ne peuvent demander le traitement qu'autant qu'ils produisent des lettres de déclaration de naturalité obtenues : soit dans le délai de la loi du 15 oct. 1814, s'ils sont non-militaires; soit dans celui de la loi du 26 mai 1824, s'ils sont militaires. — V. L. 26 mai 1824 (art. 6). — *Cons. d'Et.*, 20 juin 1837 (Anselme).

38. — La prescription quinquennale prononcée par l'art. 2277 C. civ. est applicable au légionnaire qui laisse passer 5 ans sans faire reconnaître son titre et sans demander le traitement qui lui est dû en sa qualité de chevalier de la Légion d'honneur. — *Cons. d'Et.*, 5 fév. 1841 (Moreau).

39. — Le traitement des membres de la Légion d'honneur est inaliénable et insaisissable (avis Cons. d'Et. 2 fév. 1808). Mais, après leur mort, les créanciers peuvent exercer des droits sur les arrérages échus et encore dus. Car ces arrérages sont alors un capital mobilier dépendant de leur succession. — V. Favard de Langlade, *Ordres royaux*, n° 13.

40. — Le principe d'inaliénabilité reçoit exception au profit des légionnaires qui s'embarquent pour le service de l'Etat, et de ceux que la même cause oblige à résider dans les colonies : la loi les autorise à déléguer leur traitement à leurs femmes ou à leur enfans, ou à d'autres personnes, mais pour un an seulement, et la délégation doit être renouvelée chaque année (décr. 16 thermid. an XIII).

41. — En outre la saisie peut avoir lieu sur le titulaire pour pensions ou provisions alimentaires adjugées par les tribunaux, ou stipulées par acte authentique. — V. Favard de Langlade, *Ordres royaux*, n° 13.

42. — Un décret du 24 fructidor an XIV avait ordonné l'établissement de maisons d'éducation destinées aux filles des membres de la Légion d'honneur. Les décrets des 6 mai 1806 et 25 mars 1809 fondèrent les maisons d'Ecouen et de Saint-Denis, qui furent organisées par le décret du 29 du même mois. — Par un autre décret du 15 juillet 1810, six maisons ou couvens furent destinés à recueillir et élever les orphelines dont les pères étaient morts officiers ou chevaliers de la Légion d'honneur au service de l'Etat dans quelque grade que ce fût.

43. — Une ordonnance du 19 juillet 1814 réunit la maison d'Ecouen à celle de Saint-Denis, et une autre ordonnance du 27 nov. suivant statua que les établissemens formés à Paris, aux Barbeaux et aux Loges, pour l'éducation des orphelines de la Légion d'honneur, d'abord supprimés par l'ordon. précitée du 19 juill., demeureraient affectés à cette destination.

44. — L'ordonnance du 3 mars 1816 organisa définitivement la maison de Saint-Denis; fixa le nombre des élèves, les conditions de leur admission, le mode d'éducation; institua des dames de la maison, dont elle précisa les fonctions et les obligations; posa des règles pour le régime intérieur, mit la chapelle sous la direction du grand aumônier, créa un conseil d'administration et régla les traitemens et les dépenses.

45. — Quant aux maisons d'orphelines, elles ont pris le titre de *succursales de la maison de Saint-Denis*, et été réglées par l'ordonnance du 16 mai 1816, qui ne conserva que celles de Paris et des Loges.

46. — La répartition des places gratuites, tant à Saint-Denis que dans les succursales, a été réglée par ordonn. des 20 mars 1820 et 23 av. 1821.

47. — La comptabilité de la Légion d'honneur (dont les revenus se composent de rentes sur l'Etat, de fonds de subvention du trésor et de produits divers et accidentels) est régie par le ch. 23 de l'ordonn. du 31 mai 1838, portant règlement général de la comptabilité publique.

48. — Le budget de la Légion d'honneur est présenté annuellement au gouvernement par le grand chancelier. Il se compose de recettes et de dépenses qui sont portées, pour ordre, dans les tableaux du budget général de l'Etat. Ce service spécial est soumis à toutes les règles prescrites par les lois de finance pour les crédits supplémentaires et les règlemens définitifs du budget de chaque exercice. Le budget et le compte détaillé de ce service sont annexés au budget et au compte du département ministériel auquel ils ressortissent.—Ord. 31 mai 1838, art. 556; L. 9 juillet 1836, art. 17.—V. en outre CAISSE DES DÉPÔTS ET CONSIGNATIONS, nos 9 et 24.

LÉGISLATION.

V. ALGÉRIE, COLONIES, LOIS.

LÉGITIMAIRE.

C'était, sous l'ancien droit, celui à qui la loi transmettait une portion des biens du défunt, abstraction faite de la volonté de celui-ci. — V. LÉGITIME. — Sous le droit actuel, on donne aussi quelquefois ce nom à celui au profit de qui la loi a établi une réserve sur les biens du défunt. — V. QUOTITÉ DISPONIBLE.

LÉGITIMATION.

Table alphabétique.

LÉGITIMATION. — 1. — C'est l'attribution à un enfant naturel de l'état et des droits d'enfant légitime.

LÉGITIMATION, sect. 1re, § 2.

Sect. 1re. — Historique.

§ 1er. — Divers modes de légitimation.

2. — Les lois romaines avaient admis jusqu'à six modes de légitimation : 1° par oblation à la curie, L. 3, 4 et 9, *Cod., De natur.* lib., nov. 89, ch. 2 et suiv. ; — 2° par adoption, L. 6, *Cod., De natur. lib.* ; — 3° par testament, nov. 74, ch. 2 ; — 4° par reconnaissance authentique du père, nov. 117, ch. 2 ; — 5° par rescrit du prince, nov. 74, ch. 1 et 2, nov. 89, ch. 7, 9 et 13 ; — 6° par mariage subséquent des père et mère (V. no 23 et suiv.).—Merlin, *Rép.*, vo *Légitimation*, sect. 1er ; Loiseau, *Traité des enfans naturels*, p. 51.

3. — Au moyen âge, le droit canonique autorisa la légitimation des enfans naturels, mais seulement par le mariage des père et mère. — D'Aguesseau, *Dissert. sur les bâtards*, t. 7, p. 402, édit. 1772; Loiseau, p. 59.

4. — En France, on reconnut la légitimation par mariage subséquent, et la légitimation par lettres ou rescrit du prince. — Cette dernière n'attribuait à l'enfant naturel aucun droit de successibilité, mais le relevait de certaines incapacités politiques et civiles dont le frappaient les anciennes lois. — Denisart, vo *Légitimation*, no 2 ; Merlin, sect. 3e ; Loiseau, p. 72 et suiv. ; Toullier, t. 2, no 923.

5. — La cour de Rome, en accordant des dispenses pour mariage, y insérait quelquefois la clause de légitimation des enfans déjà nés. Mais cette clause était réputée inutile, abusive et sans effet ; car c'est un des articles de nos libertés gallicanes, qu'*en France le pape ne peut légitimer un bâtard au temporel, mais seulement pour les affaires spirituelles.* — Art. 21 des *Lib. gallic.* ; Arrêt du 11 août 1738 ; Arrêt du 4 juin 1725 ; Denisart, vo *Légitim.*, no 9 et 10 ; d'Héricourt, *Lois ecclés.*, l. D. 4, 47.

6. — Aujourd'hui, la légitimation ne peut avoir lieu que par le mariage subséquent des père et mère de l'enfant qui prétend en invoquer le bénéfice. — Le Code civil a rejeté tous les autres modes de légitimation admis en droit romain et sous l'ancienne jurisprudence. — Art. 31 C. civ. ; *Exposé des motifs*, Locré, t. 6, p. 241, no 30. — V. cependant ADOPTION, nos 79 et suiv. ; ENFANT NATUREL, no 498.

7. — Ainsi une légitimation par lettres du prince et, par exemple, par un ukase impérial de Russie, en faveur d'un enfant né Français, n'aurait aucun effet en France. — *Paris*, 11 février 1808, Cardon c. Champeaux. — Rolland de Villargues, *Traité des enfans naturels*, no 188.

§ 2. — Légitimation par mariage subséquent.

8. — La légitimation par mariage subséquent fut introduite par Constantin, et successivement développée par diverses constitutions des empereurs chrétiens, dans le but d'encourager le mariage et de détruire le *concubinat*, union licite, quoique privée de tout effet civil. — L. 5, 6, 10 et 11, *Cod., De natur. lib.*, nov. 12, ch. 4 ; nov. 18, ch. 11 ; nov. 78, ch. 3 et 4 ; nov. 89, ch. 8.

9. — Mais ce n'était qu'aux enfans nés *ex concubinatu*, et non aux enfans *spurii, vulgò quæsiti, ex nefario coïtu nati*, que le bénéfice de la légitimation pouvait être conféré. — L. 10 et 11, *Cod., De natur. lib.*, nov. 12, ch. 4, et nov. 89, ch. 8.—De telle sorte que, depuis l'abolition du concubinat par la novelle 91 de l'empereur Léon, ce bénéfice devint sans application possible. — Merlin, sect. 2, § 1er ; Loiseau, p. 232 et suiv. ; Rolland de Villargues, no 181.

10. — Le droit canonique, reprenant le principe, devenu stérile, de la loi romaine, l'appliqua aux enfans dont la naissance avait précédé le mariage des père et mère, et voulut que ce mariage les légitimât de plein droit. *Tanta vis est matrimonii, ut qui antea nati fuerint, post contractum matrimonium, legitimi habeantur.* — *Decret., Qui filii sunt legit.*, cap. 6, tit. 4, tit. 17 ; Pothier, *Contrat de mariage*, nos 408 à 411.

11. — L'ancienne jurisprudence adopta complètement sur ce point les principes des Décrétales. Plusieurs de nos coutumes, telles que celle de Troyes (art. 108), de Sens (art. 92), de Bar (art. 33), d'Auxerre (art. 34), de Melun (art. 397), contenaient à ce sujet des dispositions expresses ; et tel était, dit Merlin, le droit commun de toute la France. — Merlin, sect. 2, no 1 ; Pothier, no 412 ; Rolland de Villargues, no 181.

12. — La légitimation par mariage subséquent reposait, suivant les docteurs, sur une espèce de fiction rétroactive qui faisait remonter le mariage des père et mère au moment même de la conception des enfans, et supposait que, dès cette époque, le mariage avait été contracté, sinon de fait, au moins d'intention.

LÉGITIMATION, sect. 2e, § 1er.

13. — Le Code civil n'a point eu recours à ces fictions toujours inutiles et souvent dangereuses. Il a considéré que l'*ordre public, le devoir du père, l'intérêt de la mère, la faveur due à l'enfant, tout concourt à faire maintenir la légitimation par mariage subséquent*, et il l'a maintenue. Il donne aux enfans naturels légalement reconnus tous les droits de la légitimité, lorsque leur père et mère réparent, en contractant un mariage solennel, le scandale qu'ils ont donné à la société : *c'est la récompense de leur repentir.*—Toullier, no 922 ; Duranton, no 168.

14. — Il faut donc examiner, non pas quelles peuvent être les conséquences de la fiction créée par les anciens interprètes du droit canonique, mais : 1° quelles sont les conditions exigées par la loi pour la légitimation ; — 2° quels sont les effets attachés par la loi à la légitimation.

15. — Observons seulement que la légitimation, étant une institution de droit civil et un statut purement personnel, profite aux Français même résidant en pays étranger, et non aux étrangers même résidant en France.

16. — Ainsi, un enfant naturel né de parens anglais ne sera pas légitimé par le mariage subséquent de ses père et mère, quoique le mariage soit célébré en France et que l'enfant soit né en France, et même qu'il soit devenu Français, si ses parens ne sont pas eux-mêmes devenus Français avant leur union. — Merlin, *Quest. de dr.*, vo *Légitimation*, § 1 et 2.

17. — Au contraire, un enfant naturel né de parens français sera légitimé par le mariage subséquent, quoiqu'il soit né en Angleterre et que le mariage soit célébré dans ce même pays, à moins qu'avant cette union lui-même ou ses parens ne soient devenus Anglais.—Merlin, *ib.*—V. *infrà* à no 32.

Sect. 2e. — Conditions de la légitimation.

18. — Quatre conditions sont nécessaires pour attribuer à l'enfant naturel le bénéfice de la légitimation, savoir : 1° le mariage de ses père et mère (V. *infrà* nos 23 et suiv.) ; — 2° une filiation certaine (V. *infrà* no 35 et suiv.) ; — 3° une filiation naturelle simple (V. *infrà* no 52 et suiv.) ; — 4° une reconnaissance antérieure au mariage de ses père et mère (V. *infrà* no 75 et suiv.).

19. — Ces conditions accomplies, la légitimation de l'enfant s'opère de plein droit et par une conséquence nécessaire du mariage des père et mère : *Tanta vis est matrimonii.*

20. — La légitimation est bien facultative en ce sens que les père et mère sont libres de se marier ou de ne pas se marier l'un avec l'autre, et par conséquent d'accomplir le fait sans lequel l'enfant ne saurait être légitimé. — Mais si le mariage est en lui-même facultatif, il n'en est pas de même des effets que la loi y attache. La légitimation s'opère en vertu de la loi même, indépendamment de la volonté des père et mère et du consentement de l'enfant. — Pothier, no 422 ; Delvincourt, t. 1er, p. 218 ; Favard, § 2, no 5 ; Lassaulx, t. 1er, p. 384 ; Duranton, t. 3, no 194 ; Zachariæ, t. 3, p. 670 ; Cadrès, no 280. — *Contra* Richefort, *Des enfans naturels*, art. 330.

21. — L'enfant naturel ne peut donc pas répudier directement la légitimation. — Pothier, no 423 ; Rolland de Villargues, no 490.—Le seul moyen indirect qui lui soit offert est de contester la reconnaissance. — Duranton, no 289 ; Delvincourt, t. 1er, p. 249 ; Zachariæ, t. 3, § 548, note 6.

22. — Le même droit appartient aux tiers qui ont un intérêt à l'exercer.—V. *infrà* no 105 et suiv.

§ 1er. — Mariage des père et mère.

23. — La première condition de la légitimation par mariage subséquent est évidemment l'existence même de ce mariage.

24. — Il faut que ce mariage soit valable et qu'il produise les effets civils, la légitimation n'étant elle-même qu'un de ces effets.—Pothier, no 418 ; Merlin, sect. 2e, § 2, no 2 ; Rolland de Villargues, no 195.

25. — Ainsi, sous l'ancienne jurisprudence, les enfans naturels n'étaient pas légitimés. — Par les simples fiançailles de leurs père et mère. — Merlin, sect. 2, § 2, no 4.—*Arrêt de Rouen*, 9 déc. 1604. — Ni par un mariage clandestin. — Pothier, no 418.— Ni par un mariage in extremis. — Déclar. de 1639 ; édit de 1697.— V. toutefois *infrà* no 34 et 31.— Ces unions étant alors privées de tous effets civils.

26. — Ils ne seraient pas légitimés aujourd'hui par un mariage nul, ni même par le mariage d'un condamné à la mort civile.

27. — Seraient-ils légitimés par un mariage putatif ? — Cette question divise les auteurs depuis plusieurs siècles. Il semble que la bonne foi des époux, faisant produire au mariage nul tous ses effets civils, doit conférer la légitimation aux enfans nés avant ce mariage, comme elle confère la légitimité aux enfans nés depuis. — V. nombreux docteurs cités par Merlin, sect. 2e, § 2e, n° 4; Delvincourt, t. 1er, p. 145 et 146; Duranton, t. 2, n° 256, et t. 3, n° 175; Zachariæ, t. 3, § 460, notes 10 et 11.

28. — Mais n'est-il pas plus rigoureusement vrai de dire que, pour la légitimation, la loi exige un mariage réel; qu'on ne peut étendre une faveur exceptionnelle d'un cas à un autre, et que d'ailleurs il n'y a jamais bonne foi dans le concubinage? — Pothier, n° 419; Furgole, n° 184; Merlin, sect. 2e, § 2, n° 4; Loiseau, p. 321; Rolland de Villargues, n° 197; Proudhon, t. 2, p. 109 et 110; Vazeille, t. 1er, n° 275; Toullier, t. 1er, n° 657, et t. 2, n° 934. — *Arrêt de Bordeaux*, 14 févr. 1617; *de Paris*, 15 mars 1674.

29. — Seraient-ils légitimés par un mariage contracté avec dispense? — Nul doute, si l'empêchement levé par les dispenses n'existait pas à l'époque de la conception; par exemple, si, à cette époque, les père et mère de l'enfant n'étaient point encore alliés au degré prohibé. — Dans le cas contraire, V. *infrà* nos 61 et suiv.

30. — Peu importe que le mariage ait été tenu secret. — L'art. 5 de la déclaration du 25 novembre 1639, qui privait des effets civils les mariages tenus secrets, a été abrogé par les lois des 20 sept. 1792, 12 brum. et 17 niv. an II. — *Cass.*, 15 pluv. an XIII, Sainson; *Agen*, 18 nov. 1822, Vieillescases.

31. — ... Ou qu'il ait été célébré *in extremis*. L'art. 6 de la déclaration de 1639 et l'édit de mars 1697, qui privaient des effets civils les mariages contractés à l'extrémité de la vie, ont été abrogés par l'art. 7 de la loi du 30 vent. an XII, et une disposition semblable a été retranchée du projet du Code civil après une assez longue discussion au Conseil d'Etat. — Locré, t. 6, p. 29, 98 et suiv.; Merlin, sect. 2e, § 2, n° 3; Rolland de Villargues, n° 196; Proudhon, t. 2, p. 109; Toullier, t. 2, n° 923. — V. *suprà* n° 25.

32. — Il est encore indifférent que le mariage ait été célébré à l'étranger et même dans un pays où la légitimation par mariage subséquent n'est pas admise : par exemple, en Angleterre. — Il s'agit ici d'un statut personnel qui suit le Français partout où il se trouve; et il suffit que le mariage soit valable pour qu'il confère aux enfans déjà nés les bienfaits de la légitimation. — Boullenois, *Observ. sur Rodenburg*; Merlin, *Quest. de dr.*, v° *Légitimation*; Rolland de Villargues, n° 189; Arrêt du juin 1668. — V. *suprà* n° 47.

33. — Peu importe enfin que dans l'intervalle de la naissance de l'enfant au mariage de ses père et mère, ceux-ci aient contracté d'autres unions. *Intermedium matrimonium non nocet legitimationi.* La disposition du Code civil est générale et ne fait aucune distinction. — Pothier, n° 421; Furgole, ch. 6, sect. 2e, n° 183; Merlin, sect. 2e, § 2, n° 11; Rolland de Villargues, n° 198; Toullier, t. 2, n° 923; Duranton, t. 3, n° 172; Arr. des 12 juin 1578 et 23 nov. 1582. — V. *contrà* Charondas; *Arrêt de Bretagne* de 1588.

34. — Il en serait de même d'une incapacité quelconque intermédiaire. — Loiseau, p. 282.

§ 2. — *Filiation certaine.*

35. — La deuxième condition requise pour la légitimation, est que les enfans soient réellement issus des deux époux.

36. — En général : la déclaration par laquelle des parens légitiment un enfant né avant leur mariage, atteste suffisamment l'identité de cet enfant avec celui qui est né d'eux. — *Cass.*, 22 janv. 1812, de Virgile c. Rebecqui.

37. — Cette déclaration doit même prévaloir sur le silence ou la fausse énonciation de l'acte de naissance. — Rolland de Villargues, n° 194.

38. — Ainsi la légitimation d'enfans naturels a été jugée valable : 1° sous l'ancienne jurisprudence, — Quoique ces enfans eussent été baptisés sous le nom de leur mère seule. — Arrêt du 5 sept. 1675. — Quoiqu'ils eussent été baptisés comme nés de père et mère inconnus. — Arrêt du 5 mars 1777. — « Nonobstant les variations où étaient tombés le père et la mère, lorsqu'ils les avaient légitimés ou fait baptiser. » — Arrêt du 7 juin 1707.

39. — ... 2° Sous le Code civil, — Quoique l'acte de naissance indiquât à l'enfant un autre père, l'acte n'étant pas signé par celui-ci. — *Paris*, 2 juin 1809, Lebas c. Delput. — Et que la preuve de son mariage avec la mère de l'enfant ne fût pas rapportée. — *Cass.*, 9 déc. 1829, Ducayla; *Orléans*, 7 janvier 1831, *id.* — En effet, l'acte de naissance n'établit la filiation légitime que lorsqu'il est accompagné de la preuve du mariage des père et mère, et la filiation naturelle que lorsqu'il est signé du père lui-même.

40. — Mais la légitimation ne pourrait avoir lieu, s'il était prouvé, par l'âge réciproque des parties, ou par toute autre circonstance, que les enfans n'ont pas pu avoir pour père et mère ceux qui veulent les reconnaître et les légitimer. — Rolland de Villargues, n° 194; Loiseau, p. 258. — *Arrêt de Paris*, 13 fév. 1664.

41. — Par exemple, si à un acte de naissance indiquant un autre père se joignait une possession d'état conforme. — *Paris*, 28 décembre 1811, Tissèdre c. Delétang. — Ou si l'enfant avait été déjà reconnu par une autre personne, à moins qu'on ne fit tomber cette première reconnaissance. — Loiseau, p. 259.

42. — A plus forte raison, un enfant né, ou réputé conçu, pendant le mariage de la mère avec un premier mari ne peut-il être reconnu et légitimé plus tard par un tiers qui épouse la mère en secondes noces.

43. — Mais la présomption de légitimité établie par l'art. 315 C. civ., en faveur de l'enfant né dans les trois cents jours de la dissolution du mariage, peut-elle céder à une présomption contraire? L'enfant né deux cent quatre-vingt-trois jours après le décès du premier mari de sa mère, et qui a été reconnu par le second mari de celle-ci, puis légitimé par leur mariage subséquent, peut-il se prévaloir de cette légitimation pour repousser la prétention tendant à le faire considérer comme enfant légitime du premier mariage? Cette question est très délicate.

44. — La cour royale de Paris l'avait résolue négativement, 13 juill. 1839 (t. 2 1839, p. 150), Vallée c. Xavier. — Mais son arrêt a été cassé le 23 nov. 1842 (t. 2 1843, p. 12). — Et la cour royale d'Orléans, devant laquelle l'affaire avait été renvoyée, a jugé le 10 août 1843 (t. 2 1843, p. 638), conformément à la doctrine de la cour de cassation, que la présomption de légitimité établie par l'art. 315 du C. civ. n'était introduite que dans l'intérêt de l'enfant, et que dès lors elle ne pouvait être invoquée contre lui quand elle s'appuyait sur des présomptions contraires pour faire prévaloir une légitimation résultant en sa faveur de la reconnaissance émanée du second mari de sa mère.

45. — On peut encore citer dans le même sens un arrêt de la cour de cassation du 9 nov. 1809, Hédoin c. Brunet.

46. — De telle sorte que la jurisprudence semble à peu près fixée sur la question. Cependant de graves objections peuvent être présentées.

47. — Il résulte, en effet, des discussions qui ont eu lieu lors de la rédaction du titre *De la paternité et de la filiation*, qu'en fixant à 6 mois les naissances précoces et à 10 mois les naissances tardives, le législateur a voulu faire cesser les vacillations de la jurisprudence ancienne, et poser aux juges modernes une règle dont ils ne pussent jamais s'écarter; et c'est pour atteindre ce but qu'il a posé en principe : 1° que, jusqu'à désaveu, tout enfant conçu pendant le mariage avait de droit pour père le mari de sa mère, — 2° et que celui-là devait être réputé conçu pendant le mariage toutes les fois qu'il était né dans le 6e mois de sa célébration ou dans les 10 mois de sa dissolution. C'est ce qui résulte de la combinaison des art. 312, 314 et 315 C. civ. — C'est là une présomption absolue qui ne peut tomber que devant un désaveu régulièrement formé de la part du mari ou de ses héritiers. Admettre le système contraire, c'est rouvrir la porte à toutes les incertitudes de l'ancienne jurisprudence sur la légitimation des enfans, ainsi qu'aux nombreux procès qui avaient lieu à cette occasion, et rendre illusoires toutes les précautions que le législateur a prises pour y mettre un terme. — Il est vrai que cette présomption peut céder devant ces deux circonstances : celle de la naissance d'un enfant le 6e mois d'un second mariage contracté avant les 10 mois de veuvage, et celle où la veuve serait accouchée deux fois dans les 10 mois de la mort de son mari. — Mais dans le premier cas l'enfant naît à l'abri d'un second mariage dont la validité n'est plus en question aujourd'hui; il a donc en sa faveur une autre présomption légale, d'après laquelle il est aussi réputé de droit l'enfant du second mariage. Ainsi, en présence de deux présomptions légales, la préférence est nécessairement due à celle que régit le mariage subsistant. Quant à l'autre espèce, elle sort tellement des règles ordinaires, qu'elle ne peut servir de fondement à une objection tant soit peu sérieuse.

48. — On ajoute que la présomption de légitimité dont il s'agit n'ayant été introduite qu'en faveur de l'enfant, elle ne peut lui être opposée quand il a intérêt à la repousser. — N'est-ce point une erreur? la règle *Pater is est quem nuptiæ demonstrant*, règle qui a pris naissance avec la civilisation, a été établie tout autant dans l'intérêt particulier du repos et de la tranquillité des familles que dans l'intérêt général de la société. Elle est donc essentiellement d'ordre public, et dès lors il ne dépend pas de l'enfant d'en repousser à son gré les conséquences et de choisir la famille qui lui offrirait de plus grands avantages. C'est pourtant à cette conséquence que conduirait le système consacré par la jurisprudence de la cour de cassation.

49. — La légitimation peut avoir lieu, même après le décès ou la mort civile de l'enfant naturel, au profit des enfants qu'il a laissés. — Art. 332 C. civ. — *Legitimatio omnes personas comprehendit, et, unâ deficiente, operatur suum effectum in aliis.* — Pérèse, p. 326. — La question était controversée parmi les docteurs, quoique la jurisprudence eût adopté le principe qui a été consacré par le Code. — Denisart, nos 15 et 16; Pothier, n° 413; Merlin, sect. 2, § 2, n° 12.

50. — Cette légitimation posthume ne profite qu'aux descendans légitimes ou légitimés de l'enfant décédé, mais non à ses descendans naturels; aucune parenté n'existant, aux yeux de la loi, entre l'enfant naturel et les ascendans de ses père et mère. — Loiseau, p. 327; Favard, v° *Legitim.*, § 1er, n° 3; Proudhon, t. 2, p. 108.

51. — Les descendans....... se trouvent, par le mariage de leurs aïeux et aïeules, placés dans la même position que si l'enfant dont ils sont issus avait été légitimé de son vivant. — Zachariæ, t. 3, § 548, p. 672.

§ 3. — *Filiation naturelle simple.*

52. — La troisième condition de la légitimation est que les enfans ne soient ni incestueux ni adultérins. (art. 331 C. civ.) — V. ENFANS ADULTÉRINS OU INCESTUEUX.

53. — La légitimation des enfans incestueux et adultérins était impossible sous le droit romain, puisqu'il n'admettait à ce bénéfice que les enfans nés du concubinat. — L. 10 et 11, *Cod.*, *De natur. lib.*; nov. 12, ch. 4, et nov. 89, ch. 8.

54. — Elle était également prohibée sous le droit canonique, qui fondait la légitimation sur la fiction rétroactive du mariage à l'époque de la conception. — *Décret.*, *Qui filii*, cap. *Tanta vis.*

55. — Et par notre ancien droit français, qui avait adopté les fictions du droit canonique. Les coutumes de Troyes et de Sens étaient expresses, les auteurs unanimes, la jurisprudence constante. — Pothier, n° 415; Merlin, sect. 2, § 2, n° 6; Rolland de Villargues, n° 183; Loiseau, p. 260. — Arrêts, 20 juin 1562, 5 juill. 1567, 14 fév. 1617, 24 oct. 1651, 3 fév. 1661, 1678.

56. — Alors comme aujourd'hui, on ne pouvait déroger par aucune convention particulière à cette prohibition d'ordre public. — Arrêt parl. *Toulouse*, 1778, dans Catelan; *Bourges*, 14 mars 1809, de Virgile c. Rebecqui.

57. — Pour savoir si l'enfant à légitimer est incestueux ou adultérin il faut se reporter à l'époque de la conception, et non pas à celle de la naissance. — Arg. de l'art. 331 C. civ. — L'existence d'un premier mariage, au moment de la conception, s'opposerait donc à la légitimation, quoiqu'il eût cessé d'exister au moment de la naissance de l'enfant. Mais l'existence d'un pareil empêchement, au moment de la naissance, ne ferait aucun obstacle à la légitimation, s'il n'avait pas existé lors de la conception. — Merlin, sect. 2, § 2, nos 7 et 6; Delvincourt, sur l'art. 331; Rolland de Villargues, n° 184; Loiseau, p. 275 et suiv.

58. — Il en était ainsi sous l'ancienne jurisprudence. — Pothier, n° 417; Furgole, ch. 6, sect. 2, n° 181; Denisart, n° 7. — Arrêt parl. *Bordeaux*, 14 février 1617; parl. *Paris*, 10 mai 1773.

59. — Ainsi l'enfant conçu dans l'adultère ne peut pas être légitimé, quoique sa naissance n'ait été constatée, par l'inscription sur les registres de l'état civil, qu'à une époque où ses père et mère se trouvaient tous deux libres. — *Angers*, 13 août 1806, Duchesne c. Revelière. — Duranton, t. 3, n° 171.

60. — ... Ni même, quoique sa naissance soit postérieure au mariage de ses père et mère, si la conception remonte nécessairement à une époque où l'un d'eux était engagé dans les liens d'un premier mariage. — Duranton, t. 3, nos 24, 25 et 173.

61. — Un enfant né de personnes parentes ou alliées au degré prohibé, mais qui obtiennent des dispenses de mariage, peut-il être légitimé? — Sous l'ancien droit, après de longues controverses, le principe favorable à la légitimation avait triomphé. La dispense levait l'empêchement au mariage pour le passé comme pour l'avenir et rétroagissait au jour même de la conception. « *Eò quòd subsecuta legis civilis prohibentis laxatio licitam effecit, vel saltem vitio purgavit retrò conjunctionem illam quæ secundùm jus naturæ interdicta non est.* » (Voet, *Dig.*, lib. 25, tit. 7, n° 9.) — Denisart, n° 8; Pothier, n° 414; d'Héricourt, *L. eccl.*, l. G, p. 69, 70; Lebrun, *Success.*, liv. 1er, ch. 2, sect. 1, dist. 1, n° 12. — Arrêts du parlem. de *Paris*, 20 août 1711, 4 juin 1725, 11 août 1738. — Voyez cependant, quand l'empêchement était de ceux que l'Église ne levait qu'avec peine, 11 déc. 1664.

62. — Pourquoi n'en serait-il pas de même aujourd'hui? Les mêmes raisons subsistent encore; les anciens principes n'ont pas été modifiés. L'objet de la dispense est d'habiliter au mariage pour le passé comme pour l'avenir, de lever l'obstacle comme s'il n'avait jamais existé, de réparer et d'effacer le scandale. — Maleville, sur l'art. 331; Loiseau, p. 261 et 262; Rolland de Villargues, n° 199; Magnin, *Des minorités*, t. 1er, n° 255; Toullier, t. 2, n° 933; MM. Dupin et Roger, ch. des députés, 29 janv. 1832 et 3 mars 1838; dissert. de M. Pont, *Rev. de Législ.*, t. 8, p. 150.

63. — Ainsi le mariage de l'oncle et de la nièce légitime l'enfant conçu antérieurement, surtout lorsque cet enfant est né dans l'intervalle de l'obtention des dispenses au mariage. — *Grenoble*, 8 mars 1838 (t. 1er 1838, p. 433), André; V. aussi *Bourges*, 14 mars 1809, de Virgile c. Rebecqui.

64. — Cependant on répond qu'il ne s'agit pas de savoir ce que le législateur aurait dû faire, mais ce qu'il a fait; que la tolérance de l'ancien droit ne peut plus être admise contre la prohibition formelle de l'art. 331 du C. civ.; que la légitimation est une faveur qu'on ne doit pas étendre au delà des termes de la loi; qu'enfin les dispenses n'ont pas d'effet rétroactif, et que, si elles lèvent l'empêchement au mariage, elles n'effacent pas la tache de la conception. — Merlin, sect. 2, § 2, n° 9; Favard, v° *Légitim.*, § 1er, n° 4; Delvincourt, t. 1er, p. 219 et 220; Lassaulx, t. 1er, p. 380; Proudhon, t. 2, p. 109; Zachariæ, t. 3, § 548, note 11; M. Barthe, ch. des députés, 29 janv. 1832; dissert. de MM. Valette et Thierriet, *Rev. de Législ.*, t. 8, p. 37 et 451; Zachariæ, t. 3, p. 672; Cadrès, n° 290; V. aussi Duranton, t. 3, nos 176 et 177.

65. — Jugé, dans ce sens, que ne sont point légitimés par le mariage subséquent de leurs père et mère, les enfans nés d'un beau-frère et d'une belle-sœur avant la loi du 16 avril 1832. — *Orléans*, 25 avr. 1833, Godeau c. maire de Briare. — Il en serait de même, quoiqu'ils fussent conçus et nés depuis cette loi. — Motifs de l'arrêt.

66. — Mais cette dernière opinion nous paraît pousser à l'extrême la rigueur du principe. — On ne saurait méconnaître que, souvent, c'est précisément l'existence d'un enfant issu de proches parents qui détermine le roi à accorder des dispenses pour le mariage, et ce serait aller contre le but que s'est proposé le législateur, que d'empêcher, dans ce cas, la légitimation.

67. — Quoi qu'il en soit, les prohibitions de l'art. 331 C. civ., uniquement relatives à l'inceste et à l'adultère, ne doivent pas être étendues. — Ainsi seraient légitimés par le mariage subséquent de leurs père et mère : 1° l'enfant conçu et né avant l'âge où ses père et mère peuvent se marier. — Loiseau, p. 270. — 2° L'enfant issu d'une personne engagée dans les ordres sacrés.

68. — L'ancienne jurisprudence flétrissait, il est vrai, le commerce d'un prêtre avec une personne libre ou avec une religieuse, comme un adultère ou un inceste spirituel. — Cependant si des dispenses venaient plus tard autoriser le mariage des coupables, ce mariage légitimait les enfans jusque-là réputés adultérins ou incestueux. La tache originelle n'était par indélébile. — Merlin, sect. 2, § 2, n° 8; Dupin aîné, aff. Rebecqui et ch. des députés. — Arrêt du parlem. de *Paris*, 18 mars 1666, aff. Chauvelin. — *Contrà* Loiseau, p. 263 et suiv.; arrêt de l'échiq. de Normandie, 13 févr. 1507.

69. — Les lois abolitives des vœux religieux (13 févr. 1790, etc.), en autorisant d'une manière générale le mariage des prêtres, ont par cela même autorisé la légitimation de leurs enfans, — soit que la naissance de ces enfans fût postérieure, — Loiseau, p. 263 et suiv., — soit même qu'elle fût antérieure aux nouvelles lois. — *Cass.*, 22 janv. 1812, de Virgile c. Rebecqui. — *Grenoble*, 14 vent. an XII, Brunel; *Bourges*, 14 mars 1809, de Virgile c. Rebecqui. — Merlin, sect. 2, § 2, n° 8; Rolland de Villargues, n° 185; *contrà* Loiseau, p. 263 et suiv.

70. — Le Code civil n'a pas changé cet état de choses. « L'art. 331 n'a désigné comme indignes de la légitimation que les enfans adultérins et incestueux; d'où il suit que toute autre exception ne peut être admise. » — *Grenoble*, 14 vent. an XII, Brunel. — « Une qualification d'adultère, fondée sur les vœux religieux, est hors des termes de la loi et du domaine des tribunaux. » — *Bourges*, 14 mars 1809, Rebecqui c. de Virgile. — Merlin, *ib.*

71. — Le concordat (18 germ. an X) semble avoir fait revivre plusieurs points de l'ancienne jurisprudence ecclésiastique, et notamment la prohibition du mariage des prêtres. — *Cass.*, 21 févr. 1833, Dumonteil. — *Paris*, 27 déc. 1828, mêmes parties; 14 janv. 1832, mêmes parties. — V. MARIAGE. — Mais, dans ce cas, l'impossibilité de la légitimation de l'enfant ne résulterait pas du vice de sa naissance, elle proviendrait de l'impossibilité du mariage subséquent de ceux auxquels il doit le jour.

72. — Si donc des dispenses de mariage pouvaient être valablement accordées, ou si le mariage contracté sans dispenses était valable aux yeux de la loi civile; l'empêchement étant plutôt prohibitif que dirimant, l'enfant serait légitimé. — Merlin, *ib.* et v° *Célibat*, n° 3; Rolland de Villargues, n° 185; *contrà* Loiseau, p. 279; Delvincourt, t. 1er, p. 218.

73. — On a prétendu que la bonne foi du père ou de la mère de l'enfant adultérin ou incestueux, c'est-à-dire l'ignorance, au moment de la conception, du fait qui constituait l'inceste ou l'adultère, suffisait pour rendre l'enfant susceptible de légitimation. — V. anciens auteurs cités par Merlin, sect. 2, § 2, n° 10. — La morale et la loi s'élèvent contre une pareille doctrine. Il n'y a pas de bonne foi dans le concubinage : *Dabant operam rei illicitæ.* — Pothier, n° 416; d'Aguesseau, 47e plaid.; Merlin, *ib.*; Rolland de Villargues, n° 186; Loiseau, p. 307; Duranton, n° 174, et t. 2, n° 354. — Arrêt du parl. de *Paris*, 4 juin 1697, aff. Scaramouche.

74. — Il faut au surplus poser comme principe que ceux-là seuls peuvent être légitimés, de qui la loi permet la reconnaissance; et réciproquement, que tout enfant naturel qui peut légalement être reconnu par ses père et mère est susceptible d'être légitimé. — V. ENFANT NATUREL, nos 70 et suiv.

§ 4. — *Reconnaissance préalable.*

75. — La quatrième et dernière condition de la légitimation par mariage subséquent est que l'enfant ait été légalement reconnu avant ce mariage, ou le soit dans l'acte même de célébration. — C. civ., art. 331.

76. — Avant le code, la légitimation de l'enfant était un effet nécessaire du mariage des père et mère, et indépendant .... de toute reconnaissance préalable. *Tanta vis est...* Il était seulement d'usage, dans quelques pays, de mettre sous le poêle les enfans déjà nés à l'époque du mariage, solennité qui assurait leur état, comme l'aurait fait une reconnaissance formelle. — Denisart, n° 5; d'Aguesseau, *ib.*; Pothier, n° 422; Merlin, sect. 2, § 2, n° 15; Rolland de Villargues, n° 192; Loiseau, p. 295.

77. — Ainsi, sous l'ancienne jurisprudence, les enfans naturels étaient légitimés de plein droit par le mariage de leurs parens, quoique leur filiation ne fût prouvée que par des actes postérieurs à ce mariage. — *Cass.*, 7 juill. 1824, Rousse c. Anceau; 12 avril 1820, Salomon c. Lassiat; 5 mai 1836, Colin c. Letissier; *Bordeaux*, 20 mars 1830, Duroc c. Lejunie; *Paris*, 15 déc. 1834, Colin c. Letissier; *Dijon*, 30 juill. 1840, Guibaudel; et implic., *Nîmes*, 15 juill. 1819, Louis c. Lassiat.

78. — Les lois intermédiaires n'ont pas modifié ce principe. — Jugé en conséquence : 1° Que tout mariage antérieur au Code civil, et spécialement un mariage purement civil contracté en 1792, a opéré de plein droit la légitimation, comme l'aurait fait autrefois un mariage religieux. — *Bordeaux*, 20 mars 1830, Duroc c. Lejunie.

79. — ... 2° Que l'art. 10 de la loi du 12 brumaire an II, d'après lequel l'état et les droits des enfans nés hors mariage dont les parens existaient lors de la promulgation du Code civil ont dû être réglés par ce Code, ne concerne que les enfans qui avaient encore à cette époque la qualité d'enfans naturels, et non ceux qui avaient été déjà légitimés par le mariage antérieur de leurs père et mère.

80. — ... 3° Qu'il importe peu que l'enfant naturel dont les père et mère se sont mariés sous l'empire de la loi du 12 brum. an II n'ait été reconnu par eux que depuis le Code civil. — *Dijon*, 30 juill. 1840, Guibaudel.

81. — ... 4° Ou que ses père et mère ne soient décédés que depuis le Code civil. — *Cass.*, 7 juill. 1824, Rousse c. Anceau; *Paris*, 15 déc. 1834, Colin c. Letissier; *Cass.*, 5 mai 1836, mêmes parties; *contrà Nîmes*, 15 juill. 1819, Louis c. Lassiat; *Cass.*, 12 avril 1820, Salomon c. Lassiat.

82. — Mais pour que les enfans nés hors mariage soient légitimés par le mariage de leurs père et mère contracté depuis le Code civil, il est impérieusement nécessaire qu'ils aient été reconnus avant le mariage ou dans l'acte même de célébration. — *Cass.*, 12 avril 1820, Salomon c. Lassiat.

83. — La reconnaissance postérieure au mariage vaudrait bien comme reconnaissance d'enfant naturel, mais n'entraînerait pas la légitimation, alors même qu'elle serait soutenue de la possession d'état. — *Douai*, 13 mai 1816, Potel c. Lassiat. — Toullier, n° 924; Duranton, t. 3, n° 178.

84. — Cette reconnaissance doit être authentique (C. civ., art. 334); ainsi une reconnaissance sous seing privé serait nulle. — Loiseau, p. 297; Merlin, sect. 2, § 2, n° 15; Locré, *Esp. du C. civ.*, t. 4, p. 169.

85. — Elle doit être expresse : ainsi l'acte de naissance de l'enfant non signé de ses père et mère n'aurait aucune valeur. — Discuss. au Cons. d'État; Rolland de Villargues, n° 193; Loiseau, p. 300; Merlin, sect. 2, § 2, n° 15; Locré, t. 4, p. 171; Toullier, n° 927. — V. d'ailleurs ENFANT NATUREL, nos 87 et suiv.

86. — Elle doit émaner des deux époux, sans avoir cependant besoin d'être simultanée. — Toullier, nos 925 et 928.

87. — Mais il n'est pas nécessaire qu'elle ait été rendue publique avant le mariage, soit par son insertion dans les registres de l'état civil, soit par tout autre moyen. Il vaut mieux souvent que la faute ne soit connue qu'au moment même où elle est réparée. — Disc. au Cons. d'État; Rolland de Villargues, n° 193; Loiseau, p. 297; Merlin, n° 15; Toullier, n° 926; Locré, t. 4, p. 169.

88. — Cependant, à l'égard de la mère, les principes ci-dessus rappelés sont moins absolus. — La reconnaissance du père, avec l'indication et l'aveu de la mère, suffit. — C. civ., art. 336. — Cet aveu peut n'être ni authentique ni même formel, et résulter seulement des soins donnés à l'enfant antérieurement au mariage. — Toullier, nos 925 et 927; Proudhon, t. 2, p. 108; Cadrès, n° 282. — V. ENFANT NATUREL, nos 154, 218 et suiv.

89. — Ainsi, est légitimé par le mariage subséquent de ses père et mère, quoique non formellement reconnu par celle-ci : 1° L'enfant naturel reconnu par son père dans son acte de naissance avec indication de sa mère, lorsqu'à la filiation résultant de cet acte de naissance il joint une possession d'état tant antérieure que postérieure au mariage. — *Paris*, 20 avril 1839 (t. 1er 1839, p. 537), Margraff c. Dumesnil.

90. — 2° L'enfant reconnu authentiquement par son père, et dont la mère a été indiquée par l'accoucheur dans l'acte de naissance et par le père dans l'acte de reconnaissance, lorsqu'il justifie avoir été traité comme fils par sa mère, antérieurement au mariage. — *Cass.*, 22 janvier 1839 (t. 1er 1839, p. 74), Bout c. Leloup; *Bordeaux*, 19 janv. 1830, Eyriand c. Desvergnes.

91. — La reconnaissance forcée, dans les cas où elle est admise, équivaut à la reconnaissance volontaire. — Loiseau, p. 303; Delvincourt, t. 1er, p. 218; Lassaulx, t. 1er, p. 383; Favard, v° *Légitim.*, § 2, n° 1; Duranton, t. 3, n° 180. — V. ENFANT NATUREL, nos 226 et suiv.

92. — Elle est soumise aux mêmes conditions. — En principe, elle doit par conséquent être antérieure au mariage : car le jugement déclaratif de la paternité ou de la maternité ne saurait avoir d'effet rétroactif plus que n'en aurait la reconnaissance volontaire. — Un enfant naturel, quoique reconnu par son père avant le mariage de celui-ci, ne serait pas légitimé, si, depuis ce mariage seulement, un jugement lui donnait pour mère la femme que son père a épousée. — Favard, v° *Légitim.*, § 2, n° 1; Delvincourt, t. 1er, p. 218; Zachariæ, t. 3, p. 671; Cadrès, n° 283; *contrà* Duranton, t. 3, n° 180.

93. — Toutefois il en serait autrement si le jugement n'était que déclaratif d'une reconnaissance antérieure au mariage, ou, à l'égard de sa mère, de faits et circonstances équivalant à une reconnaissance. — V. *suprà* nos 88 et suiv.

Sect. 3e. — *Effets de la légitimation.*

94. — La légitimation a pour effet de conférer aux enfans légitimés les mêmes droits que s'ils étaient nés du mariage qui les légitime. — Art. 333 C. civ. — Merlin, sect. 2, § 3, n° 1.

95. — Les enfans légitimés ont en conséquence droit à des alimens; ils sont héritiers et même réservataires; ils font nombre pour régler la quotité disponible; ils peuvent exercer le retrait successoral, etc... — Merlin, sect. 2, § 3, n° 3; Rolland de Villargues, n° 200; Duranton, t. 3, n° 186.

96. —Ils profitent d'une donation ou d'une substitution faite en termes généraux au profit des enfans. — Arr. parl. Paris, veille de la Pentecôte 1558; — Rolland de Villargues, n° 201.

97. —Ils font cesser la condition : *si sine liberis;* apposée à une substitution, même dans le cas où l'auteur de la substitution a formellement exprimé que les enfans dont l'existence la ferait cesser devraient être nés en légitime mariage. — Arr. parl. Paris, 10 mars 1583; arr. du Conseil, 1773. — Merlin, sect. 2, § 3, n° 2; Rolland de Villargues, n° 201.

98. — Enfin, ils révoquent, par le fait de leur légitimation, les donations antérieurement faites par leur père ou mère. — 960 C. civ. — L'article 39 de l'ordonnance de 1731 prononçait la révocation de ces donations, par cela seul qu'elles étaient antérieures à la légitimation, et sans distinguer si elles étaient postérieures ou non à la naissance des enfans. — Cass., 28 frimaire an XIII, Villiers-Lafaye c. Lebrun. — Furgole, *Quest.* 17, n° 63; Merlin, sect. 2e, § 3, n° 4; Rolland de Villargues, n° 202. — Mais le Code civil, conforme à la jurisprudence qui avait précédé l'ordonn. de 1731, ne révoque ces donations que si les enfans légitimés sont nés depuis, quoiqu'ils fussent déjà conçus. — 960 et 961 C. civ. — Merlin, *ib.*, Loiseau, p. 334 et 337; Rolland de Villargues, n° 202; Grenier, t. 4, p. 408 et 409.

99. — La légitimation entraîne donc la révocation d'une donation même alimentaire, alors même que le donataire se dirait, mais sans pouvoir rapporter d'acte de reconnaissance, enfant naturel du donateur. — *Paris,* 2 juin 1809, Lebas c. Delporte.

100. —Mais la légitimation n'a jamais d'effet rétroactif, c'est-à-dire qu'elle ne remonte ni au jour de la conception ni même à celui de la naissance des enfans légitimés. Elle ne date et ne produit les conséquences légales qui y sont attachées qu'à partir du mariage : *Dies nuptiarum est dies conceptionis et nativitatis legitima.* — Art. 333 C. civ. — Merlin, sect. 2, § 3, n° 4; Rolland de Villargues, n°s 200 à 205; Delvincourt, t. 4er, p. 218; Toullier, n° 929; Duranton, n° 187.

101. — Il faut donc rejeter les fictions et les incertitudes de l'ancienne jurisprudence sur l'effet rétroactif de la légitimation, et décider : 1° Que l'enfant légitimé n'a aucun droit aux successions collatérales qui se sont ouvertes avant le mariage de ses père et mère, quoiqu'il fût conçu et même né au moment de l'ouverture de ces successions. — Cass., 11 mars 1811, Hainault c. Guilbert; *Paris,* 21 déc. 1812, mêmes parties; contra *Orléans,* 16 févr. 1809, mêmes parties. — Merlin, *ib.*, n° 5, et ve *Succession,* sect. 1, § 2, art. 5; Loiseau, p. 339; Rolland de Villargues, n° 204; Toullier, n° 930; Duranton, n° 183; Proudhon, p. 108; Duvergier, *Cons. d'Etat.*

102. — ...2° Que l'usufruit légal des père et mère sur les biens de l'enfant légitimé ne commence que du jour de leur mariage. — Duranton, n° 188; Zachariæ, t. 3, p. 673.

103. —...3° Que l'enfant légitimé est bien l'aîné des enfans nés du mariage qui a opéré sa légitimation; mais qu'il ne serait pas l'aîné des enfans issus d'un mariage antérieur, quoique leur naissance fût postérieure à la sienne. « L'âge seul, dit Lemaître, ne fait pas l'aîné, mais la capacité de succéder joint à la priorité de la naissance; et comme l'aîné d'un mariage intermédiaire à un premier réuni en sa personne ces deux qualités, il est le premier à qui la coutume défère les avantages de l'aînesse. » — Nouv. Denisart, ve *Aînesse,* § 6, n° 4; Merlin, sect. 2, § 3, n° 4; Pothier, *Succession,* ch. 1er, sect. 2, art. 3, § 5, n° 9; Loiseau, p. 285; Rolland de Villargues, n° 203; Toullier, n° 930; Duranton, n° 184; Favard, § 3, n° 8.

104. —Si donc un legs a été fait à l'aîné de sa famille, ou s'il existe un majorat ou tout autre droit transmissible par ordre de primogéniture, c'est l'époque du mariage des père et mère et non celle de la conception ou de la naissance de l'enfant légitimé qui détermine son droit.

Sect. 4e. — Droit de contester la légitimation.

105. —Aux termes de l'art. 339 du Code civil, toute reconnaissance de la part du père ou de la mère peut être contestée par tous ceux qui y ont intérêt. — V. enfant naturel, n° 100 et suiv. — Ce principe est applicable à la légitimation comme à la simple reconnaissance des enfans naturels.

106. —On comprend, en effet, que le mariage subséquent du père et de la mère qui ont reconnu un enfant ne saurait enlever le droit de contester la reconnaissance à ceux auxquels la loi attribuait ce droit. — V. *ib.*, n°s 302, 303.

107. —Ainsi l'enfant peut combattre la reconnaissance, et par suite la légitimation, en prouvant qu'il n'est pas né de ceux qui se disent ses père et mère, et en exciperd soit d'une impossession d'état, soit d'un acte de naissance contraires à la filiation qu'il répudie. — *Paris,* 28 décembre 1811, Tissidre c. Deletang.

108. — Pourrait-il exciper de l'adultérinité de la filiation qu'on veut lui imposer ? — V. enfans adultérins, n°s 48 et suiv.

109. —Les tiers qui ont intérêt à contester la légitimation peuvent également le faire, soit en prouvant que toutes les conditions de la loi n'ont pas été accomplies, soit en attaquant la reconnaissance. — V. enfant naturel, n° 302.

110. —De ce nombre est évidemment celui qui se prétend le père de l'enfant, quoique un autre homme eût précédemment reconnu cet enfant et l'ait légitimé en épousant sa mère. — *Cass,* 10 févr. 1847 (t. 1er 1847, p. 470), Robelin c. Leroux.

111. — Celui qui a reconnu la légitimation d'un enfant à une époque où il était sans droit de la contester n'en est pas moins pour cela sans qualité pour la critiquer et est recevable à la critiquer lorsque son droit a pris naissance. — *Orléans,* 10 août 1843 (t. 2 1843, p. 638), Vallier c. Henri et Querriau.

112. —C'est, du reste, à ceux qui contestent à justifier leur contestation : *Actori incumbit onus probandi.* L'enfant n'a rien à prouver.

113. — La déclaration par laquelle des parens reconnaissent un enfant né avant leur mariage, atteste, jusqu'à preuve contraire, l'identité de cet enfant avec celui qui est né d'eux. — *Bourges,* 14 mars 1809, de Virgile c. Rebecqui.

114. —L'acte de reconnaissance et de célébration de mariage suffit à l'enfant pour lui valoir titre d'enfant légitime, sans qu'il lui soit nécessaire de rapporter un acte de naissance régulier. — C'est à ceux qui contestent la légitimation à prouver que l'enfant est adultérin ou incestueux. — *Bruxelles,* 19 janv. 1813, Boys.

LÉGITIME.

Table alphabétique.

LÉGITIME. — 1. —C'est une portion que la loi donne à certains héritiers présomptifs dans les biens qu'ils auraient recueillis en totalité, sans les dispositions que le défunt a faites à leur préjudice.

2. — Cette expression de *légitime,* consacrée dans l'ancien droit, est quelquefois employée dans le même sens sous la législation nouvelle; mais elle est généralement remplacée par celle de *réserve.* — V. ce mot.

3. —Nous ne nous occuperons ici que de la légitime de l'ancien droit. Quant à ce qui concerne la légitime ou la *réserve* sous le droit actuel, V. quotité disponible. —On y rapporte aussi, comme y étant mieux à leur place, plusieurs dispositions ou décisions sur la légitime même de l'ancien droit.

4. — Indépendamment de la légitime proprement dite, ou légitime résultant de la loi, il y avait encore, sous notre ancien droit, la légitime *conventionnelle.* C'était une clause par laquelle un père ou une mère chargeait l'héritier institué de payer aux autres enfans du disposant une somme d'argent pour leur tenir lieu de légitime.

§ 1er. — *Origine, nature et quotité de la légitime* (n° 5).

§ 2. — *Au profit de qui elle avait lieu* (n° 32).

§ 3. — *Action en réclamation de la légitime* (n° 49).

§ 4. — *Du supplément de la légitime.* (n° 107).

—

§ 1er. — *Origine, nature et quotité de la légitime.*

5. — A Rome un testament ne pouvait être considéré comme inofficieux (V. plainte d'inofficiosité) lorsque le testateur avait laissé à son héritier du sang une part suffisante de ses biens sous forme soit de legs, soit de fidéicommis ou autrement. Cette part, d'abord indéterminée, puis fixée au quart en vertu de la loi Falcidie (V. quarte falcidie), fut nommée *portion légitime,* ou la *légitime.* — *Inst. Just.,* liv. 2, tit. 18, § 3. — V. Ortolan, *Explic. hist.,* p. 458 et seq. — V. aussi *Code Théodosien,* 16, 7, 28; *Cod. Just.,* 9, 8, 5, 53.

6. —L'origine du droit de légitime a donné naissance à plusieurs opinions : Cujas, trompé par l'intitulé très-probablement altéré de la *Loi* 4, *D.,* liv. 5, tit. 2, attribuait l'origine de la légitime à une loi *Glicia* dont l'existence est problématique. — Mais tout concourt à prouver que cette institution, en ce qui concerne les héritiers du sang, dérive, soit directement, soit par extension, de la loi Falcidie. — Loi romaine des Bourguignons, 24; Savigny, *Hist. du Dr. rom. au moy. âge,* t. 2, ch. 9, § 41, vol. 4, p. 72, note 5 de la traduction; Ortolan, *Explic. hist.,* p. 460, note 2; Coin-Delisle, *Donat. et test.,* introd., n° 22.

7. — La légitime des Romains fut adoptée par les pays de droit écrit. — Ord. 1735.

8. — L'institution expresse de la légitime était exigée si rigoureusement par les art. 50 s., ord. 1735, pour la validité des testamens faits en pays de droit écrit, qu'elle ne pouvait être remplacée soit par une substitution de l'hérédité, soit par une simple institution fiduciaire. — Montpellier, 22 avril 1831, Pons et Dupin c. Privat.

9. —Outre les réserves coutumières, le principe de la légitime fut admis par les pays coutumiers. — Paris, art. 298; Orléans, art. 274; Bourgogne, chap. 7; Auvergne, chap. 12, art. 14; Berri, chap. 7, art. 10; Nivernais, chap. 7, art. 27; Anjou, art. 20 et 21. — V. Merlin, *Répert.,* ve *Légitime,* sect. 1, n° 3.

2

10. — Dans les pays de droit écrit, la légitime n'était pas une portion de l'hérédité; mais une part dans les biens, laquelle du reste portait sur les biens de toute nature. — L. 6, *Cod.*, *De inoffic. test.*; L. 5, *De inoff. donat.*, et nov. 18, cap. 1. — *Besançon*, 7 germ. an IX, Raillard c. Dussillet. — Merlin, *Rép.*, v° *Légitime*, sect. 2, § 1, n° 1; Coin-Delisle, *Donat.*, introd. n° 24.

11. — Et il était également de principe que la légitime ne dépendait pas de la qualité d'héritier. — V. Menochius, *De præsump.*, lib. 4, *præs.* 101, nos 39 et suiv.; Charondas, liv. 12, *Réponse* 52; Furgole, *Testam.*, ch. 8, sect. 3, nos 77 et 79, et ch. 10, sect. 2, n° 40; Serres, *Inst. du dr. franç.*, p. 290; Coin-Delisle, *Donat et test.*, n° 4 des Observ. génér. ch. 3.

12. — Dans les pays coutumiers, les auteurs étaient divisés: suivant les uns, il fallait, de toute nécessité, être héritier pour obtenir la légitime, *non habet legitimam nisi qui hæres est.* — Dumoulin, *Ancienne Cout. de Paris*, note sur l'art. 125; Mornac, sur la L. 36, *Cod.*, *De inoff. test.*; Ricard, *Donat.*, part. 3, nos 978 et suiv.; Argon, *Inst. du dr. franç.*, liv. 3, chap. 13; Pothier, *Cout. d'Orléans*, introd. au tit. 15, n° 73; Lebrun, *Succ.*, liv. 2, ch. 3, sect. 1re, nos 9 et suiv.; V. aussi Domat, *Lois civiles*, 2e part., tit. 3, sect. 1re, n° 1; Denisart, *Collect. de Jurisp.*, v° *Légitime*; Merlin, *Rép.*, v° *Légitime*, sect. 2, § 1er.

13. — D'autres, au contraire, pensaient que la légitime ne constituait pas un droit successif, mais un véritable droit de créance auquel on pouvait prétendre, même en répudiant la succession. — V. Dumoulin, *Consult.* 35, nos 15 et suiv.; Coquille, *Cout. du Nivernais*, ch. 27, note sur l'art. 7; Renusson, *Traité des propres*, ch. 3, sect. 6, n° 9; Lemaître, *Sur la Cout. de Paris*, art. 298.

14. — Dans les mêmes pays de coutume la légitime différait des *réserves* coutumières, qui s'exerçaient seulement sur certaines natures de biens et à titre de succession. — Domat, *Lois civiles*, 2e part., liv. 3, t. 3. — V. RÉSERVES COUTUMIÈRES.

15. — Ainsi, par exemple, c'était à titre de succession que, dans la plupart des Coutumes, les héritiers de la ligne d'où étaient provenus les propres avaient le droit de s'appliquer les quatre *quints* (4/5) indisponibles dans ces propres; le droit de disposer ne subsistant que sur l'autre *quint*, sur les meubles, les acquêts et les conquêts. — V. Merlin, *Rép.*, v° *Réserves coutumières*, § 1; Coin-Delisle, *Donat. et test.*, introd., n° 24, et nos 3 et 4 des Obs. gén. sur le ch. 3.

16. — Justinien (nov. 18) fixa ainsi les diverses légitimes: 1° Pour les enfans, au tiers de tous les biens, s'il y avait quatre enfans au moins, et à la moitié, s'il y en avait cinq au plus; — 2° Pour les ascendans successibles, au tiers de l'hérédité. — Nov. 18, cap. 1, *in fine*. — Domat, *Lois civiles*, 2e partie, liv. 3, tit. 3, sect. 2, n° 6; — 3° Pour les frères et sœurs, s'ils n'étaient pas plus de quatre, au tiers de leur part héréditaire, et à la moitié, s'ils excédaient ce nombre.

17. — A Paris, Orléans, Saint-Omer, Calais, la légitime était de la moitié de ce que l'enfant eût recueilli si son auteur n'avait pas disposé soit par acte entre-vifs, soit à cause de mort. — *Cout. de Paris*, 298.

18. — Elle était inférieure à celle fixée par la nov. 18, dans les Coutumes de Bordeaux, de Normandie, de Montpellier.

19. — Lorsqu'une Coutume, sans s'expliquer sur la quotité de la légitime, renvoyait pour en faire la fixation, soit à la novelle 18, soit à la Coutume de Paris, on appliquait la quotité de l'une ou de l'autre, suivant l'indication.

20. — Lorsqu'elle ne s'expliquait pas à cet égard, la jurisprudence adoptait la fixation tantôt de la nov., tantôt de la Coutume de Paris. — V. Merlin, *Rép.*, v° *Légitime*.

21. — Mais, le plus souvent, celle de la Coutume de Paris. — V. les arrêts cités par Denisart, v° *Légitime*, n° 14, pour les Coutumes de Troyes, de Touraine, Anjou et La Rochelle.

22. — La légitime dépendait du nombre des enfans que le père laissait en état de concourir à sa succession. Dans ce nombre on comptait: 1° les enfans qui renonçaient à la succession du père pour s'en tenir à leur don (Lebrun, sect. 6, n° 3; Ricard, n° 1063); 2° les filles qui en se mariant avaient renoncé à la succession future de leurs père et mère, ou qui par la coutume du pays étaient exclues du droit de succéder dès qu'elles avaient été dotées; 3° enfin les enfans qui renonçaient à prix d'argent (Dumoulin, *Sur Bourbon*, 310). — Mais on ne comptait pas les enfans qui renonçaient purement et simplement, ceux incapables de succéder ou justement exhérédés, enfin les religieuses quoique non dotées. — Lebrun, liv. 3, ch. 8, sect. 2, n° 76; L. 17, *Cod.*, *De inoff. testam.*; Ricard, n° 1068.

23. — La légitime des enfans au premier degré se fixait par portions égales, sans distinction de sexe. — Domat, *Lois civ.*, 2e partie. liv. 3, tit. 3, sect. 1, art. 3; Denisart, *Collect. de jurisp.*, v° *Légitime*, n° 30.

24. — Tous les enfans d'un même père ou d'une même mère, quoique de divers lits, avaient droit à une légitime égale calculée sur le nombre total des enfans. — V. Domat, *ibid.*, sect. 3, art. 8.

25. — S'il y avait des enfans vivans et des petits-enfans qui venaient par représentation de leur père ou de leur mère, la légitime se fixait selon le nombre des enfans au premier degré qui survivaient et des prédécédés représentés par des enfans, lesquels n'avaient à eux tous que la légitime qu'aurait eue l'ascendant qu'ils représentaient. — Domat, *ibid.*, sect. 1, art. 3; Denisart, *ibid.*

26. — S'il n'y avait que des petits-enfans, leur légitime se réglait par souches. — Mêmes auteurs.

27. — Toutefois les dispositions qui précèdent devaient s'entendre en ce sens que si, entre les enfans, il s'en trouvait un plus favorisé, comme les aînés en pays coutumier, sa légitime était plus forte, par la raison que sa part dans la succession l'était davantage. — V. Denisart, *ibid.*, n° 69; Lebrun, liv. 2, ch. 2.

28. — Du principe, que la légitime ne peut être diminuée ni directement ni indirectement par la volonté du *de cujus*, il résulte qu'il ne pouvait l'entamer ni par des donations entre-vifs ni par des dispositions testamentaires. — Domat, *ibid.*, sect. 3; Denisart, *ibid.*, n° 33. — V. Cependant EXHÉRÉDATION OFFICIEUSE.

29. — Que la légitime ne pouvait être diminuée par aucune charge quelconque imposée par le testateur. — L. 32, *Cod.*, *De inoff. testam.* — V. Domat, *Lois civiles*, 2e part., liv. 3, tit. 3, sect. 3, art. 7.

30. — Que la condition, s'il y en avait une, était réputée non écrite. — *Agen*, 1er mars 1809, Bourdères c. Lannelongue.

31. — Dès lors qu'un legs fait par un père à l'un de ses enfans pour lui tenir lieu de légitime, sous la condition qu'il s'en contenterait et ne prétendrait pas à une part héréditaire dans sa succession, a dû être réputé pur et simple. — Même arrêt.

§ 2. — *Au profit de qui la légitime avait lieu.*

32. — La légitime était établie aussi bien pour les ascendans que pour les descendans, mais elle ne s'appliquait qu'aux descendans, dans les principes du droit coutumier. — Nov. 123, chap. 19. — Lebrun, *Success.*, liv. 2, chap. 3, sect. 2; Merlin, *Rép.*, v° *Légitime*, sect. 3, § 1 et 2; Coin-Delisle, *Donat.*, n° 3, Observ. génér. sur le chap. 3; Levasseur, nos 4 à 7; Denisart, *Collect. de jurisp.*, v° *Légitime*, n° 5.

33. — Toutefois sous la Coutume de Saint-Sever il était admis en jurisprudence que les ascendans d'une ligne avaient droit à une légitime dans la succession de leurs petits-enfans, composée seulement de biens provenant de l'autre ligne, lorsqu'ils concouraient avec des collatéraux seulement. — *Cass.*, 29 déc. 1830, Destubo c. Camors.

34. — Bien plus, le droit romain accordait même, dans certains cas, aux frères et sœurs, à défaut de descendans, le droit d'exiger une légitime concurremment avec les ascendans. — Merlin, *Rép.*, v° *Légitime*, sect. 3, § 3, n° 1.

35. — Mais différentes causes d'exclusion pouvaient exister contre ceux que leur naissance appelait à la légitime. Ainsi, la légitime ne pouvait être réclamée:

36. — ... 1° Par l'enfant qui se trouvait incapable ou indigne de succéder. — Ricard, *Donat.*, 3e partie, chap 8, sect. 4; Denisart, v° *Légitime*, n° 45; Merlin, *Rép.*, v° *Légitime*, sect. 5, § 2.

37. — ... 2° Par l'enfant justement exhérédé. — L. 17, *Cod.*, *De inoffic. testam*; Denisart, *Collect. de jurisp.*, v° *Légitime*, n° 45; Merlin, *Rép.*, v° *Légitime*, sect. 5, § 1er. — V. EXHÉRÉDATION.

38. — ... 3° Par l'enfant qui, dans les pays coutumiers, avait renoncé à la succession de son père, la légitime étant, comme on l'a vu *suprà* n° 12, dans ces pays, une portion de l'hérédité et par conséquent attachée à la qualité d'héritier, — Argon, liv. 2, chap. 13, p. 327.

39. — La légitime ne pouvait être réclamée par l'enfant qui renonçait à la qualité d'héritier. — *Bordeaux*, 30 janvier 1816, Laroque.

40. — Au contraire, dans les pays de droit écrit, où la légitime n'était pas due à l'enfant en qualité d'héritier, mais en qualité d'enfant (V. *suprà* nos 10 et 11), l'enfant qui renonçait à la succession pouvait néanmoins demander sa légitime. — Furgole, *Testam.*, chap. 8, sect. 3, nos 77, 79; et chap. 10, sect. 2, nos 39 et suiv; Serres, p. 290; Toullier, t. 5, n° 107.

41. — Sous la Coutume de Normandie l'enfant légitimaire ne pouvait se plaindre d'excès dans les avantages faits à son préjudice, tant qu'il ne déclarait pas formellement s'en tenir à sa légitime. — *Caen*, 14 sept. 1824, de Puisaye c. de Coulonges.

42. — ... 4° Par les descendans qui se trouvaient atteints par les exclusions coutumières. — V. EXCLUSION COUTUMIÈRE.

43. — ... 5° Par l'enfant qui avait approuvé le testament de son père ou fait quelque autre acte emportant renonciation au droit de légitime, comme si, par exemple, il avait reçu un legs à lui fait par son père. — Domat, liv. 3, tit. 2, sect 3.

44. — Cependant si le legs n'était pas suffisant pour parfaire sa légitime, l'enfant était admis par un motif d'humanité et d'équité à en demander le supplément. — L. 35, § 2, *C.*, *De inoffic. test.*; nov. 115, ch. 5; Ricard, *Donat.*, ch. 8, sect. 4, n° 990. — V. *infrà* n° 107 et suiv.

45. — ... 6° Par l'enfant qui avait reçu des dons entre-vifs de la libéralité de son père; car ces dons n'étant qu'une succession anticipée, étaient sujets à rapport et par conséquent imputables sur la légitime. — Ricard, n° 1149.

46. — Quand la mère survivante, héritière instituée de son mari, a elle-même institué l'un des enfans par contrat de mariage son héritier universel, à la charge de payer aux autres enfans une somme en deniers pour tenir lieu de leurs légitimes paternelle et maternelle, cette convention de famille, indivisible dans ses effets, oblige les enfans réduits à leurs légitimes, à se tenir aux légitimes en deniers pour l'un ou l'autre estoc, ou à venir également à partage des deux successions. — *Riom*, 8 fév. 1817, Petit c. Marnat.

47. — L'institution contractuelle, à la charge de payer aux autres enfans une légitime en deniers, n'a pu être modifiée ensuite par le contrat de mariage de l'un des enfans légitimaires, lors duquel la mère instituante aurait déterminé la quotité de chacune des légitimes paternelle et maternelle. — Même arrêt.

48. — Un créancier pouvait demander la légitime due à son débiteur. — Arrêts 12 juill. 1587, 28 mars 1589, 27 janv. 1627 et 29 mai 1652. — Merlin, *Rép.*, v° *Légitime*, sect. 3, § 5.

§ 3. — *Action en réclamation de la légitime.*

49. — Le légitimaire, contre lequel n'existaient point de motifs d'exclusion, était fondé à demander sa légitime toutes les fois qu'il était constant qu'il se trouvait frustré de son droit.

50. — Mais un fils ne pouvait se plaindre de l'injustice des dispositions de son père, lorsqu'il n'était pas privé de ses droits légitimaires; et si sa légitime était lésée, il n'avait, pour ce fait, que l'action en supplément de légitime, et non celle en nullité de testament. — *Cass.*, 8 av. 1806, Nauthon c. Pellet.

51. — L'action en expédition de la légitime par voie de retranchement sur les biens donnés, compétait à l'héritier bénéficiaire aussi bien qu'à celui qui avait répudié la succession *ab intestat*. — *Grenoble*, 2 juin 1818, Voisin c. d'Audiffret.

52. — Sous l'empire du droit écrit, le bénéfice de l'action en retranchement était personnel aux enfans. A moins de clause expresse, une pareille action n'était point comprise dans une vente de droits successifs. — *Grenoble.*, 29 niv. an XIII, Faure-Durif c. Chaix.

53. — Sous l'empire du même droit écrit, un enfant pouvait renoncer à une disposition faite en sa faveur, dans un acte contenant institution contractuelle, pour s'en tenir à sa légitime. — L. 3, *C.*, *De inoff. donat.*; L. 13, *C.*, *De hæred. instit.* — *Besançon*, 7 germ. an IX, Raillard. c. Dusillet.

54. — Les enfans succédant à leur auteur qui avait accepté purement et simplement la succession du testateur, n'étaient pas recevables à demander la distraction de sa légitime. — *Paris.*, 17 avril 1812, Petit c. Bottard.

55. — La demande en délivrance de la légitime se formait contre l'héritier légitime ou institué du défunt, contre son légataire universel, et quelquefois même, comme on va le voir, contre le détenteur des biens de cette même succession.

56. — La délivrance de la légitime pouvait se faire à l'amiable, mais elle ne devait point avoir lieu au préjudice des tiers intéressés.

57. — Ainsi, lorsque l'expédition que l'héritier avait faite, à titre de légitime, était excessive, ses créanciers pouvaient la faire réduire, et cela quand bien même la légitime aurait été expédiée d'après la valeur assignée par le défunt lui-même. — *Nîmes*, 19 flor. an XIII, Villevielle.

58. — Pour trouver la légitime, on formait une masse tant des biens qui se trouvaient dans la succession du défunt que de ceux dont il avait disposé entre-vifs (Domat, tit. 3, sect 3); on les estimait suivant leur valeur au jour du décès, et on déduisait, sur le prix total de la masse, les dettes de la succession et les frais funéraires. La moitié de la part virile de l'enfant dans ce qui restait était la légitime. — Denisart, v° *Légitime*, n° 76; Ferrou, p. 188 et 225; Prévot de la Jannès, *Princ. de jurispr.*, t. 1, p. 112.

59. — Toutefois il n'y a pas ouverture à cassation contre l'arrêt décidant que les frais de testament ne devraient pas être prélevés sur la masse de la succession, même ouverte avant le C. civ., afin de ne pas entamer la légitime de l'héritier. — *Cass.*, 24 nov. 1841 (t. 1er 1842, p. 372), Roussel c. Dornier.

60. — La légitime devait être prise d'abord sur les biens que le défunt laissait dans sa succession, soit qu'il en eût ou non disposé par testament. Tous les légataires devaient contribuer au prorata de leurs legs au paiement de la légitime, à l'exception toutefois des légataires universels, lesquels étaient seuls tenus de l'acquitter. — Ord. *Des donat.*, art. 34; Lebrun, *Success.*, liv. 2, chap. 3, sect. 8.

61. — Si cela ne suffisait pas pour remplir la légitime, elle devait être prise sur la dernière des donations entre-vifs, et subsidiairement sur les autres en remontant des dernières aux premières (ord. *Des donat.*, art 34). Au reste il n'y avait point de donations quelque favorables qu'elles pussent être, qui fussent exemptes de la charge de la légitime (Ricard, nos 1091 et 1098). Les dots même y étaient assujetties (ord. *Des donat.*, art 35). Les donataires, qui n'avaient pu ignorer que la légitime était une charge inhérente aux donations d'immeubles à eux faites, étaient obligés de subir les conséquences des actions réelles qui pouvaient par suite être dirigées contre eux. — Domat, *Lois civ.*, tit. 3, sect. 1.

62. — Sous l'ancien droit, le donataire de biens présents et à venir, qui répudiait les biens à venir, s'exonérait de l'obligation de payer les légitimes ainsi que les dettes du donateur, postérieures à la donation; et s'il ne se trouvait pas, dans la succession *ab intestat*, des biens suffisans pour compléter ces légitimes, alors les légitimaires avaient une action pour se faire expédier, par voie de retranchement sur les biens donnés, leurs légitimes, qui, dans ce cas, ne devaient pas être calculées sur la masse des biens présens et de ceux de la succession *ab intestat*, mais sur ceux compris dans la donation des biens présens, autres que ceux réservés ou exceptés, et sous la distraction seulement des dettes passives existant à l'époque de la donation. — *Grenoble*, 2 juin 1818, Voisin c. d'Audiffret.

63. — L'enfant donataire à titre particulier de la nue propriété d'une partie des biens de sa mère, n'étant pas héritier de celle-ci, ne peut être tenu au paiement de la légitime de ses frères et sœurs ou au supplément de cette légitime; il est seulement soumis à l'action en retranchement des objets compris dans la donation pour le complément de la légitime. — *Montpellier*, 29 mai 1835, Parès c. Castellio.

64. — Le donataire de biens présens, qui n'est tenu d'acquitter les légitimes que par voie de retranchement, ne peut être considéré comme grevé des légitimes. — *Toulouse*, 9 fév. 1832, Pujo c. Batmalle.

65. — Lorsqu'un père a légué l'usufruit de ses biens à sa femme et la nue propriété à l'un de ses enfans, et qu'il a fait aux autres enfans un legs à titre de légitime, c'est l'usufruitier et non le propriétaire qui doit l'intérêt de ce legs à titre de légitime, à compter du jour de l'ouverture de la succession; le nu propriétaire n'en devient passible que du jour de la cessation de l'usufruit. — *Montpellier*, 13 novembre 1828, Villanova.

66. — La transaction par laquelle un père de famille avait traité sur la succession d'un fils prédécédé qu'il avait avantagé par contrat de mariage, peut être annulée dans l'intérêt de ses autres enfans, s'il apparaît que cette transaction avait eu pour objet de les priver de leur légitime. — La nullité doit être prononcée, à l'égard même d'une seconde transaction portant renonciation, moyennant un prix, au droit de faire prononcer pour cause de lésion, la rescision de la première. — *Riom*, 1er décemb. 1818, Menesloux c. Icher-Labarthe.

67. — En général, les avantages et gains de survie stipulés entre époux par leur contrat de mariage étaient sujets au retranchement de la légitime des enfans nés du mariage qui avait suivi le contrat. — *Cass.*, 21 flor. an X, Saint-Martin. — Furgole, sur l'art. 34, ord. 1731; Boucher d'Argis, *Traité des gains nuptiaux*, chap. 18; Lebrun, *Success.*, liv. 2, chap. 3, sect. 5, n° 7; Merlin, *Quest.*, v° *Légitime*, § 4.

68. — Néanmoins, le don mutuel, par contrat de mariage, des conquêts de communauté au profit du survivant des époux était, dans l'ancienne jurisprudence, une simple convention de mariage et non pas une libéralité sujette à retranchement pour la légitime des enfans. — *Cass.*, 20 janv. 1830, Vanvincq.

69. — Avant le Code civil, les biens substitués par l'aïeul à son petit-fils ne devaient pas être distraits de la masse de la succession comme les dettes, pour opérer la fixation de la légitime. — *Nîmes*, 7 mars 1806, Peytavin

70. — De ce que, dans certains pays, la légitime était une quote des biens et non une quote de l'hérédité, il s'ensuit que le légitimaire ne pouvait être contraint par action personnelle au paiement des dettes de la succession. — *Besançon*, 7 germ. an IX, Raillard c. Dusillet.

71. — Jugé, d'après ce principe, que, sous l'empire du droit écrit, l'enfant à qui sa légitime était léguée, devenait un créancier ordinaire, à l'égard de l'héritier universel qui avait accepté purement et simplement la succession, qu'en conséquence, il a pu recevoir le paiement de sa légitime, sans être tenu au rapport envers les créanciers du défunt. — *Cass.*, 2 prair. an XII, Buisson c. Rouy. — V. aussi, pour le principe général, *Cass.*, 9 déc. 1823, Seillier et Campion c. Rouxel. — Guillaume de Champagne, *De la légitime*, chap. 25; Merlin, *Quest.*, v° *Paiement*, § 2.

72. — Toutefois, de ce que la légitime ne faisait pas partie de l'hérédité, mais formait une portion des biens du décédé, c'est-à-dire de ce qui restait, déduction faite des dettes, et, par suite, des profits que l'héritier institué avait pu faire par son industrie, on ne saurait cependant conclure qu'il y a eu violation de ces principes par un jugement décidant que l'héritier qui a payé en papier-monnaie une dette héréditaire ne peut réclamer la distraction de celle-ci que proportionnellement à la valeur du papier-monnaie d'après l'échelle de dépréciation des assignats. — *Cass.*, 30 avr. 1846 (t. 2 1846, p. 161), Unal c. Molinier,

73. — Le légitimaire conventionnel d'une somme de deniers qui, acceptait cette légitime, ne pouvait être considéré comme héritier et grevé des dettes de la succession. — *Riom*, 8 fruct. an XI, Perissel. — V. DONATION PAR CONTRAT DE MARIAGE, n° 337.

74. — La soumission d'un légitimaire, après option et réception de sa légitime, de contribuer au paiement des dettes dans la proportion de la part qu'il avait reçue dans les biens, ne devait pas être considérée comme une acceptation d'hérédité, et pouvait être révoquée si elle n'avait pas été acceptée. — Lib. 4, *C.*, *De repud. vel abstin. hæred.* — *Besançon*, 7 germ. an IX, Raillard c. Dusillet.

75. — Le légitimaire n'était tenu d'imputer sur la légitime que ce qui était expressément soumis par la loi à cette imputation (lib. 20., *C.*, *De collat.*), tel, par exemple, que ce qu'il tenait du défunt à titre d'institution ou de legs. — Lib. 30 et 35, § 2, *C.*, *De inoffic. testam.*; Merlin, *Rép.*, v° *Légitime*, sect. 8, § 3, art. 1er.

76. — Dès lors on ne peut imputer sur les intérêts de la légitime d'un enfant l'entretien et la nourriture qu'il a reçus dans la maison paternelle pendant qu'il y a travaillé. — *Agen*, 1er mars 1809, Bourdères c. Lannelongue.

77. — Jugé, toutefois, qu'en supposant que le légitimaire qui demeurait dans la maison paternelle et travaillait pour le compte de l'héritier eût eu le droit d'exiger les intérêts de sa légitime, il est présumé en avoir fait l'abandon à l'héritier, pour n'avoir rien réclamé de son vivant, et, après son décès, une pareille demande ne saurait être formée par son représentant. — *Toulouse*, 27 juill. 1809, Bourtoumieu. — Laviguerie, *Arrêts inédits*, v° *Légitime*, art. 4; Duport-Lavillette, *Quest. de droit*, t. 4, p. 355.

78. — D'après la jurisprudence du parlement de Toulouse, l'enfant légitimaire qui était demeuré depuis l'ouverture de la succession dans la maison du défunt, où il avait été nourri, ne pouvait réclamer la restitution des fruits de sa légitime; ces fruits étant censés s'être compensés avec les frais de sa nourriture et de son entretien. — *Montpellier*, 6 mai 1841 (t. 2 1841, p. 713), Lagarrigue c. Mashon. — Roussilhe, *Inst. du droit de légit.*, n° 109; Vedel, sur *Catellan*, liv. 5 et 36

79. — Cependant, si le légitimaire avait travaillé pendant ce temps au profit de la succession, il pouvait réclamer les fruits jusqu'à concurrence de la valeur de son travail. Et dans ce cas, les juges pouvaient évaluer et fixer *ex æquo et bono* les bases de la restitution des fruits. — Même arrêt.

80. — Quant au cumul de la légitime ou de la réserve avec la quotité disponible, V. QUOTITÉ DISPONIBLE.

81. — En règle générale, la légitime devait être payée des propres biens du défunt: *ex ipsâ substantiâ patris* (lib. 36, *C.*, *De inoffic. testam.*). Par conséquent, elle devait être fournie en fonds ou corps héréditaires. — Merlin, *Rép.*, v° *Légitime*, sect. 9, § 2, n° 1.

82. — Sous l'empire des lois romaines, les héritiers d'un légitimaire dont la légitime avait été fixée en argent pouvaient exiger que les droits de légitime leur fussent délivrés en fonds héréditaires; à moins que leur auteur n'eût renoncé à demander cette délivrance en nature. — *Cass.*, 9 nov. 1842 (t. 2 1843, p. 493), Valorge.

83. — L'art. 17, cout. Paris, qui voulait que la légitime des puînés se prît sur le fief, n'était applicable que lorsqu'il s'agissait d'un fief consistant seulement en un manoir et un enclos d'un arpent, et qu'il n'y avait pas d'autres biens, ou qu'ils étaient d'une valeur trop modique pour faire face aux droits de légitime. — *Cass.*, 26 août 1818, De Rohan-Rochefort.

84. — Sous l'empire de l'ancienne législation et dans le ressort du parlement de Toulouse, la fille qui s'était constitué en dot sa légitime ne pouvait, au décès de ses père et mère, répudier la dot pour demander la légitime en fonds héréditaires; et si la dot constituée en argent était insuffisante pour la remplir de ses droits, elle n'avait que l'action en supplément qui ne pouvait être réclamée autrement qu'en argent. — *Nîmes*, 3 déc. 1839 (t. 1er 1840, p. 656), Bastide c. André

85. — Suivant la jurisprudence du parlement de Bordeaux, la fille dotée n'avait pas le droit de répudier la dotation pour demander la totalité de sa légitime en corps héréditaires; elle ne pouvait exiger en biens-fonds que ce qui lui revenait au-dessus de ce qu'elle avait perçu. — *Bordeaux*, 2 juin 1838 (t. 2 1838, p. 557), Gentil c. Chapelou.

86. — La fille normande n'est pas recevable à demander sa légitime en biens-fonds héréditaires, lorsque les immeubles de la succession ont été vendus par l'héritier avant qu'elle ait intenté cette action et demandé la séparation de patrimoines. — *Caen*, 20 août 1824, Morin c. Breton.

87. — L'art. 8 de la loi du 3 vend. an IV et les art. 14 et suiv. de celle du 18 pluv. an V permettent aux légitimaires de réclamer, dans certains cas, en biens héréditaires le montant de leurs portions légitimaires et supplémentaires.

88. — La faculté accordée au légitimaire par la loi du 3 vendém. an IV de retenir en biens héréditaires le montant de la légitime et du supplément, pouvait être exercée, pour l'un et pour l'autre, dans le cas même où la légitime avait été reçue en entier avant ou après l'ouverture de la succession, et rapportée à la masse lors d'un partage effectué en exécution de la loi du 17 niv. an II. — *Cass.*, 15 frim. an VIII, Courty c. Saint-Pierre.

89. — Le légitimaire qui a reçu de son père une dot en argent ne peut, d'après la loi du 18 pluv. an V, être admis à rapporter à la masse de la succession ce qu'il a reçu, pour demander la légitime entière en corps héréditaires. Il n'est fondé à réclamer qu'un supplément s'il lui en est dû. — *Toulouse*, 19 août 1807, Fournès c. Peyrussel; 3 déc. 1807, Maraval; 19 janv. 1813, Durand; 13 déc. 1813, Gondal; 16 déc. 1818, Siblanc c. Coursières; 25 mars 1819, Ramade.

90. — Suivant la jurisprudence du parlement de Bordeaux, la réception faite du vivant du constituant, de tout ou partie de la dot, n'empêchait pas la fille de *légitimer en corps héréditaires*. Elle n'était déchue de ce droit que lorsque le paiement en argent en avait été effectué après la mort du constituant. Il y avait alors approbation du mode de paiement. — En ce dernier cas, s'il y avait lieu à supplément de légitime, ce supplément n'était dû qu'en argent. — *Bordeaux*, 2 juin 1838 (t. 2 1838, p. 557), Gentil c. Chapelou.

91. — Mais, depuis la loi du 18 pluv. an V, la renonciation d'un légitimaire à ce que sa légitime lui fût délivrée en fonds héréditaires, n'a pu s'induire de la réception pure et simple par lui d'un à-compte en argent. La renonciation doit être expresse, car ce droit conféré par la loi du 18 pluv. est indépendant des lois et de la jurisprudence antérieures. — *Cass.*, 10 fév. 1840 (t. 1er 1840, p. 572) Vidal, C. Villevielle; 9 nov. 1842 (t. 2 1843, p. 493), Valorge.

92. — Lorsque le légitimaire a accepté sur sa légitime un à-compte en argent, le surplus lui est dû néanmoins en corps héréditaires, de telle sorte que, s'il existe des immeubles, ce supplément de légitime a un caractère immobilier. — *Cass.*, 28 fév. 1825, Poux c. Raynaud.

93. — L'enfant légataire d'une somme déterminée pour lui tenir lieu de *légitime*, devait être colloqué par préférence aux autres légataires de son père, à la succession duquel il n'était point appelé. — *Paris*, 12 mars 1806, Omahony c. Duludre.

94. — Mais les enfans légitimaires d'un légataire universel ne doivent pas être préférés pour le montant de leur légitime, sur ce qui fait l'objet du legs universel, aux légataires particuliers. — *Paris*, 30 nov. 1824, Sorin de Tournon c. Bouquillard.

95. — Lorsqu'un père, en donnant ses biens à un de ses enfans, le charge de payer aux autres une somme pour leur tenir lieu de légitime, cette disposition n'empêche pas que l'enfant avantagé ne doive être considéré comme seul donataire. — *Limoges*, 29 av. 1817, Boutot.

96. — La légitime produisait de plein droit des intérêts à compter du jour du décès de celui qui la devait. — Denisart, *Collect. de jurisp.*, v° *Légitime*, n° 44; Domat, *Lois civiles*, 2e part., liv. 3, tit. 3, sect. 3, art. 6.

97. — Jugé dans ce sens, que, dans une succession ouverte sous l'empire des lois anciennes, l'héritier légitimaire peut, avec sa légitime, en réclamer les fruits ou intérêts du jour où ses droits ont pris naissance. — *Cass.*, 16 août 1825, de Saint-Priest Saint-Maur c. de Saint-Priest Saint-Agne.

98. — ... Que les intérêts des fruits sont dus au légitimaire à partir de la demande par l'héritier bénéficiaire aussi bien que par l'héritier pur et simple. — Même arrêt.

99. — Un acte de règlement de légitime en deniers devant être considéré comme un acte de partage ou de licitation, les intérêts sont nécessairement assimilés aux jouissances et doivent courir de plein droit du jour de cet acte. — *Riom*, 7 fév. 1814, d'Anglard c. Rivet-Reynal.

100. — Toutefois, si le supplément de légitime doit être expédié en fonds et corps héréditaires, il n'en est pas de même des fruits que les légitimaires peuvent avoir à réclamer. — *Agen*, 30 av. 1823, Blanzac. — V. *contrà*, d'après les principes du droit romain et de la loi du 18 pluv. an V, *Cass.*, 7 déc. 1847 (t. 1er 1848, p. 125), mêmes parties.

101. — De même, le légitimaire à qui il est dû une restitution de fruits par l'héritier qui a joui de toute la succession n'a qu'une action personnelle contre celui-ci et non un droit réel sur les biens. Il ne peut donc réclamer ni délivrance de corps héréditaires, ni privilége. — *Montpellier*, 24 août 1827, Dissez, c. Viala. — V. pour l'analogie du principe, *Toulouse*, 9 juin 1824, Avison c. Bousquet; *Aix*, 12 juil. 1826, Laugier c. Seranon; *Grenoble*, 21 juil. 1826, Belluard, c. Perrichon. — V. aussi Vazeille, *Successions*, art. 830, n° 3.

102. — Lorsque les droits d'un enfant légitimaire dans une succession ancienne lui sont délivrés en nature, et qu'à raison de ce mode de délivrance, l'évaluation en est faite eu égard à l'augmentation de valeur que les biens ont éprouvée, c'est avec raison que les intérêts de la légitime sont calculés, comme représentatifs de fruits d'après le taux du produit des immeubles (2 et demi pour 100), et non d'après celui de l'intérêt de l'argent (5 pour 100.) — *Cass.*, 21 mars 1843 (t. 2 1843, p. 452), Borie c. Dejoux.

103. — Le légitimaire qui a reçu sa légitime en corps héréditaires est censé avoir succédé seul et immédiatement aux biens qui lui sont assignés. En conséquence, tous ces biens lui sont transmis libres de toute hypothèque du chef de l'héritier. — *Nîmes*, 19 flor. an XIII, Villevielle.

104. — L'action en paiement de la légitime n'étant arrêtée qu'au moment de la mort naturelle ou civile de celui sur les biens duquel elle devait être prise, ce n'était que de ce moment que la prescription pouvait courir contre le légitimaire (ord. 1731, art. 38); sauf, toutefois, les cas légaux d'interruption ou de suspension. — Merlin, *Rép.*, v° *Légitime*, sect. 5, § 6, art. 3.

105. — L'action en délivrance de légitime était, sous l'empire du parlement de Toulouse comme sous le Code civil, prescriptible par trente ans. *Montpellier*, 1er juin 1831 (V. *sous Cass.*, 16 avr. 1834), Despinay Saint-Luc c. de Montvallat. — V. au surplus PRESCRIPTION.

106. — Sous l'ancien droit, et particulièrement dans le ressort du parlement de Toulouse, l'enfant qui, moyennant une somme déterminée, renonçait à rien demander ultérieurement dans les successions de ses père et mère, conservait néanmoins, pendant trente ans, le droit de réclamer ce qui lui manquait pour former la part que la loi lui attribuait. — *Cass.*, 4 fév. 1830, Garonne c. Baron.

§ 4. — *Du supplément de la légitime.*

107. — Le principe de l'action en supplément de légitime remonte au droit romain : en effet, sous l'empire de ce droit, le testateur devait, il est vrai, donner lui-même le quart complet, ou, au moins, déclarer que ce quart devait être complété, en cas d'insuffisance (*C. Théod.*, 2, 19, 4); mais Justinien décida que, dans le cas même où le testateur n'aurait rien dit à cet égard l'héritier, devrait se borner à faire compléter ce quart. — *Inst.*, liv. 2, tit. 18, § 3. — V. aussi *suprà* n° 44.

108. — En pays de droit écrit, le légitimaire qui avait reçu partie de la légitime en argent, ne pouvait réclamer le paiement du supplément en corps héréditaires. — *Nîmes*, 10 juin 1835 [V. *sous Cass.*, 26 fév. 1840 (t. 1er 1840, p. 697)], Roche c. Roudil.

109. — La renonciation au supplément de légitime n'a pas besoin d'être exprimée d'une manière formelle et littérale. — Du moins, c'est là une décision en fait qui échappe à la censure du tribunal de cassation. — *Cass.*, 3 mess. an IX, Peysson c. Défînod. — Merlin, *Quest.*, v° *Légitime*, § 3.

110. — Jugé, d'une part, que le légitimaire qui a donné quittance de sa légitime d'après la fixation arrêtée par procédure faite entre ses frères et sœurs et l'héritier, ne renonce point au droit de réclamer le supplément. — *Grenoble*, 28 juin 1810, Sorel c. Chevrier.

111. — ... Que, sous l'empire du droit écrit, la renonciation à tous droits paternels et maternels que la fille avait faite, mais d'un manière vague et générale, dans son contrat de mariage, ne l'excluait pas de la demande en supplément de sa légitime. — L. *Si quandò*, § 2, *C.*, *De inoff. test.* — *Toulouse*, 30 juill. 1813, Escach; *Pau*, 4 fév. 1830, Garonne c. Baron.

112. — ... Que, dans le ressort du parlement de Bordeaux, l'acceptation, sans réserve, par le légitimaire, du legs qui lui était laissé pour lui tenir lieu de sa légitime ne l'excluait pas du droit de réclamer un supplément, si cette légitime était supérieure au montant du legs. Qu'on ne peut induire une renonciation *expresse* à un supplément de légitime dans la succession paternelle de ce qu'on aurait déclaré recevoir le don ou le legs *pour tous droits paternels*. — *Bordeaux*, 3 août 1841 (t. 2 1841, p. 636), Audière et Vandier c. Faure.

113. — ... Que la femme apanagée sous l'ancien droit qui a donné quittance de sa dot n'a pas par cela même renoncé à l'action en supplément de légitime. — *Bourges*, 26 déc. 1838 (t. 2 1840, p. 614), Chaumien c. Dupuis.

114. — ... Que la constitution d'un titre clérical pour tous droits légitimaires à échoir, et la réception des revenus depuis l'ouverture des successions, n'ôtent pas le droit de demander le partage. — *Riom*, 18 août 1810, Bonhours c. Delfraissy.

115. — Jugé, d'autre part, qu'un légitimaire qui a donné quittance de ses droits dans les successions de ses père et mère, et qui a déclaré se tenir content et satisfait, n'est pas recevable à exercer l'action en supplément de légitime, quoiqu'il n'y ait pas expressément renoncé. — *Cass.*, 3 mess. an IX, Peysson c. Défînod.

116. — ... Que l'enfant à qui le père avait légué la légitime telle que de droit, et qui, après la mort de ce dernier, en avait fixé la valeur avec l'héritier, ne pouvait plus demander un supplément de légitime : qu'il n'avait contre ce traité que l'action rescisoire, qu'il devait exercer dans les dix ans. — L. 35, § 2, *C.*, *De inoffic. testam.* — *Toulouse*, 7 flor. an XI, Jourde c. Calmettes. — Guillaume de Champagne, *Traité de la légitime*, chap. 32.

117. — ... Et que, lorsqu'une fille, à qui son père a légué sa légitime, à titre d'institution, se constitue en dot le montant de ce legs, en déclarant qu'il lui est dû par l'héritier institué de son père, et que celui-ci, présent à l'acte, a même fait à cette fille une donation moyennant laquelle elle a déclaré renoncer à tout supplément de légitime, il y a eu, dans ce cas, exécution du testament qui la rend non recevable à demander rien de plus dans la succession paternelle. — *Toulouse*, 18 mai 1824, Anglas.

118. — Le légitimaire peut toujours opter entre les legs qui lui ont été assignés par testament, et sa légitime en corps héréditaires; mais il ne peut plus demander qu'un supplément lorsqu'il a reçu une partie, quelque faible qu'elle soit, de son legs ou de sa légitime. — *Grenoble*, 19 mai 1819, Peyret c. Rolbet.

119. — La question de savoir si le supplément de la légitime conventionnelle pouvait être demandé après l'acceptation et la réception de la légitime conventionnelle étant très-controversée dans l'ancienne jurisprudence, un arrêt de cour d'appel ne peut être cassé par la cour suprême, pour avoir admis l'une ou l'autre des deux opinions opposées. — *Cass.*, 28 fév. 1831, Thalamy.

120. — La femme qui a été dotée et apanagée, sous l'ancienne coutume de Nivernais, et qui exerce l'action en supplément de légitime, n'a pas le droit de demander le partage des biens délaissés par les auteurs communs; elle ne peut qu'en demander l'estimation à l'époque du décès, à l'effet de reconnaître s'il y avait lieu à supplément de légitime. — *Cout. Nivernais*, ch. 23, art. 24. — *Bourges*, 26 déc. 1838 (t. 2 1840, p. 614), Chaumien c. Dupuis.

121. — Le légitimaire qui, ayant reçu sa légitime, se borne à réclamer un supplément, est tenu de faire les avances des frais pour la composition du patrimoine. — *Toulouse*, 19 mai 1813, Guiraud c. Sablairolles.

122. — La demande en supplément de légitime n'est point une fin de non-recevoir contre l'action en nullité d'une donation. — *Grenoble*, 15 vent. an IX, Souve c. Bellon.

123. — En général, la demande de droits légitimaires peut être convertie en supplément de légitime. — *Grenoble*, 28 août 1810, Vernay c. Meunier.

124. — ... D'où il résulte qu'on peut, en instance d'appel, convertir une demande en partage en supplément de légitime. — *Grenoble*, 9 avril 1806, Peinon et Robert c. Debouille.

125. — Les lois de la Révolution qui se proposaient d'introduire la plus grande égalité possible entre les frères et sœurs, devaient nécessairement s'occuper du sort des légitimaires. Entre autres dispositions à cet égard, on remarque principalement la loi du 18 pluviôse an V dans ses art. 13 et suiv. — V. *suprà* nos 87 et suiv.

126. — Sous la loi du 3 vendémaire an IV, l'enfant doté qui réclamait un supplément de légitime était autorisé à retenir en corps héréditaires, non-seulement cette portion supplémentaire, mais encore le montant de la dot elle-même. — L. 3 vendémiaire an IV, art. 8. — *Cass.*, 23 fructidor an VI, Ravard c. Dutour.

127. — Avant la loi du 18 pluviôse an V, le supplément des légitimes payées en argent était payable en argent, sans que le légitimaire pût exiger des biens-fonds. Dès lors ceux-ci n'avaient point d'action en revendication contre les tiers détenteurs des biens de la succession dont le titre remontait à la loi ancienne, et ces acquéreurs n'étaient passibles que de l'action hypothécaire prescriptible par 30 ans. — *Grenoble*, 17 août 1824, Gonon c. Chapuis.

128. — Mais le supplément de légitime que l'art. 16 de la loi du 18 pluv. an V autorise à demander est exigible en biens héréditaires, quand bien même la légitime aurait été constituée et reçue en argent. — *Cass.*, 25 juin 1834, Chomette c. Panem.

129. — ... Ou bien que le légitimaire eût déjà reçu une partie du supplément en argent. — *Bordeaux*, 3 août 1841 (t. 2 1841, p. 636), Audière et Vandier c. Faure.

130. — De plus, cette action en supplément de légitime étant devenue une action réelle, les légitimaires peuvent agir par voie de revendication contre les tiers détenteurs qui ont acquis depuis la loi de pluviôse. — *Grenoble*, 17 août 1824, Gonon c. Chapuis.

131. — Jugé, au contraire, qu'ils ne peuvent exercer leur recours contre le tiers acquéreur, et n'ont qu'une action personnelle contre l'héritier. — *Toulouse*, 24 juin 1810, Bellude c. Foissac.

132. — Celui qui a droit à un supplément de légitime a également droit à la restitution des jouissances. — *Riom*, 30 mai 1821, Falgères c. Queuille.

133. — Ces jouissances, ainsi que leurs intérêts, sont dues du jour de la demande. — Loi du 18 pluv. an V, art 16. — Même arrêt.

134. — De même, d'après le dernier état de la jurisprudence du parlement de Bordeaux, les fruits et intérêts du *supplément* de légitime étaient dus, comme les fruits et intérêts de la légitime elle-même, à compter du jour de l'ouverture de la succession, et non pas seulement du jour de la demande. — *Bordeaux*, 3 août 1841 (t. 2 1841, p. 636), Audière et Vandier c. Faure.

135. — Jugé cependant que le supplément de légitime devant être expédié en fonds et corps héréditaires, les enfans légitimaires qui y ont droit sont fondés à réclamer aussi en biens de la succession les fruits qui doivent leur être restitués. — *Toulouse*, 22 août 1822, Lafond c. Foulcher. — V. pour l'analogie, *Toulouse*, 10 mars 1821, Lemasire c. Barbe; et les motifs d'un arrêt *Cass.* 18 déc. 1839 (t. 2 1839, p. 620), de Basterot c. de Lur-Saluces.

136. — Lorsqu'une fille, mariée sous l'ancien droit, a renoncé expressément à ses droits légitimaires au moyen de la dot qui lui a été constituée par son contrat de mariage, et qu'elle a reçu le montant de cette dot sans réserves ni réclamations, qu'en outre il s'est écoulé plus de dix ans depuis l'ouverture de la succession de son père, elle n'est plus recevable à former une action en supplément de légitime. — *Cass.*, 18 juin 1822, Girard c. Brunel.

137. — L'action en supplément de légitime ne dure pas au delà de trente ans, bien que, dans l'intervalle, le légitimaire ait donné des quittances à compte de la légitime fixée par son père. Ces quittances n'interrompent pas la prescription de l'action en supplément. — *Riom*, 28 janvier 1815, Soulier c. Gire.

138. — La prescription de dix ans ne peut être invoquée par les tiers acquéreurs, à l'égard du légitimaire dont le supplément a été fixé en argent. — *Limoges*, 23 fév. 1810, Marche c. Lafont

139. — Lorsque l'héritier institué qui a possédé pendant plus de trente ans l'hérédité à l'occasion de laquelle il ne doit à son cohéritier qu'un supplément de légitime, a obtenu (depuis moins de trente ans antérieurs à cette action en supplément), contre un tiers, le désistat d'un immeuble dépendant de cette hérédité, avec restitution des jouissances perçues pendant l'indue possession, il est présumé avoir toujours possédé cet immeuble depuis l'ouverture de la succession, et, par suite, il en a acquis la prescription contre le demandeur en supplément de légitime. — *Limoges*, 16 juillet 1840 (t. 2 1840, p. 574), Decous c. Devillemoune et de Standack.

LÉGITIME DÉFENSE.

Table alphabétique.

LÉGITIME DÉFENSE. — 1. — La défense est naturelle à l'homme et lui est, dès lors, permise quand il en use d'une manière irréprochable. — Si, injustement attaqué, on n'a pu conserver sa vie qu'aux dépens de celle de son agresseur, on n'est point coupable de lui avoir donné la mort.

2. — Ce principe a été reconnu dans tous les temps et consacré par toutes les législations. — L. 3, ff., *De justitiâ et jure;* Cicéron, *Oratio pro Milone C. 4.* — Et il n'est permis, dit Jousse (*Inst. crim.*, t. 3, p. 503), d'y déroger par aucune loi civile et humaine.

3. — Il est proclamé expressément par notre Code pénal, dont l'art. 328 est ainsi conçu :

« Il n'y a ni crime ni délit lorsque l'homicide, les blessures et les coups étaient commandés par la *nécessité actuelle* de la légitime défense de *soi-même* ou d'*autrui*. »

4. — Les mots de cet article « légitime défense de *soi-même* ou *d'autrui* » tranchent la question, qui s'élevait autrefois, de savoir si la justification s'étendait à la défense, non de sa personne, mais de *ses biens.* — Quelques auteurs et glossateurs décidaient l'affirmative (Farinacius, *Quæst.*, 126, nos 212 et 213; Grotius, liv. 2, ch. 1, § 11); mais, plus tard, on avait contesté cette solution (Puffendorf, *Dr. de la nat. et des gens*, t. 2, ch. 5, § 32; Muyart de Vouglans, *L. cr.* p. 32), sur laquelle les termes de l'art. 328 ne laissent plus aucun doute.

5. — Les outrages faits à l'honneur ne seraient point non plus une cause de justification, du moins en règle générale : cela résulte formellement de la discussion qui eut lieu au sein du conseil d'état lors de la rédaction du Code pénal (*Réponse de M. Faure*, procès-verbal du C. d'état, séance du 8 nov. 1808) et virtuellement de l'art. 325, qui ne voit dans les outrages violens à la pudeur qu'un motif d'excuse.

6. — Toutefois, il faudrait, suivant nous, faire une exception en faveur de ces outrages qui, une fois consommés, laissent une trace ineffaçable, tel que le viol. — En pareil cas, les blessures, le meurtre même commis pour le repousser, seraient non plus seulement excusés, mais justifiés : telle était la solution adoptée par la loi romaine et dans notre ancien droit (L. 1, C. *De raptu virginum;* L. 1 ff. § 4, *ad Legem Corn. De sicariis;* Grotius, *De jure pac. et bel.* l. 2, c. 1, § 7; Puffendorf, *Dr. de la nat. et des gens,* trad. de Barbeyrac, l. 2, ch. 5, § 11; Farinacius, *Quæst.*, 125, n° 44, 211; Jousse, t. 3, p. 743), et nous croyons qu'elle doit encore être suivie aujourd'hui. — Chauveau et Hélie, *Th. C. pen.* t. 6, p. 73.

7. — Néanmoins, si le viol était consommé, la femme ne serait plus dans le cas de légitime défense; et le meurtre ou les blessures qu'elle commettrait, n'étant plus qu'un acte de vengeance, ne seraient plus couverts que de la protection de l'art. 321, qui se contente de les excuser.

8. — La défense, en effet, doit être *actuellement nécessaire* : ce sont les propres expressions de la loi : c'est-à-dire, se produire au moment même où l'attaque commence; car, comme le dit l'exposé des motifs, « il ne s'agit que du moment même où l'on est obligé de repousser la force par la force. »

9. — De simples menaces ne pourraient donc jamais justifier, moins encore qu'elles ne pourraient excuser, l'homicide ou les blessures, à moins qu'elles ne fussent accompagnées d'actes de nature à dénoter d'une manière certaine la résolution d'attenter à la vie. — Dans ce cas, on peut agir sans attendre même que l'assaillant ait porté les premiers coups, s'il y a lieu de craindre qu'il ne soit trop tard. — « Ce ne sont pas, en effet, disent Chauveau et Hélie (*Th. C. pén.*, t. 6, p. 77), les coups ni les blessures qui rendent la défense légitime, c'est le péril qui naît de l'agression; le seul point à constater est donc l'existence et le caractère menaçant de cette agression. »

10. — Il suit de là que dès que le péril a cessé et que l'attaque est repoussée, ou que l'agresseur s'est retiré, le droit de défense n'est plus nécessaire, les violences deviennent alors des actes de vengeance que ne peut justifier ni même excuser la loi. — Chauveau et Hélie, *ibid*, p. 78; M. Monseignat, rapporteur au Corps législatif.

11. — La défense n'est point *nécessaire* dans le sens de la loi, si elle va au delà même de l'attaque, si, par exemple, l'assailli se sert d'une arme quand l'agresseur n'en avait pas (Farinacius, *Quæst.*, 125, n° 354), et qu'il pouvait le repousser sans cela, ou lorsque après l'avoir mis hors d'état de nuire, il le blesse, ou quand il le tue alors qu'il avait pris la fuite. — Chauveau et Hélie, *ibid.*, p. 79.

12. — Mais si la personne attaquée avait pu fuir et se soustraire ainsi au danger, pourrait-on lui reprocher d'avoir volontairement repoussé la violence par la violence et, refusant de la considérer comme en état de légitime défense, se dispenser de l'absoudre pour le meurtre ou les blessures qui en auraient été la suite? — Cela était controversé dans l'ancien droit. — Jul. Clarus, § *Homicidium*, n° 32; Farinacius, *Quæst.*, 125, nos 121 et 127; Baldus, *in leg.* 3, ff., *De justitiâ et jure;* Damhouderius, *Praxis crim.*, c. 76, n° 7. — Nous pensons que, aujourd'hui, le meurtre et les blessures seraient, même dans ce cas, justifiés en vertu de l'art. 328 du C. pén. — Les auteurs de la Théorie du Code pénal, qui partagent cette opinion, expriment néanmoins quelques doutes pour le cas où l'agression provient d'un insensé, d'un homme ivre, d'un enfant ou, enfin, d'un agent de la force publique qui se tromperait d'individu en exerçant ses fonctions (t. 6, p. 81). — En principe, il ne nous paraît point qu'il y ait lieu de faire des distinctions; et, à moins qu'il n'y ait de la part de la personne assaillie faute évidente ou imprudence grave, la défense n'a point cessé d'être nécessaire.

13. — Pour que la défense soit légitime, il faut que l'attaque ait été injuste, c'est-à-dire faite sans droit, abstention faite de l'intention de l'assaillant et alors même qu'il n'aurait point conscience de son action (comme un enfant, un fou), ou qu'il croirait agir légalement ; par exemple : un agent de la force publique, etc.

14. — Ainsi jugé que les coups portés par un chasseur à un agent de la maréchaussée qui use de violence pour le désarmer peuvent être considérés comme la suite d'une légitime défense et ne constituent ni crime, ni délit. — *Liége*, 5 avril 1826, Guillaume Beck. — Cette décision est d'autant plus remarquable que lors de la promulgation de la loi du 30 août 1790, par arrêté des représentants du peuple du 17 brumaire an IV, dans les neuf départemens réunis, la défense de désarmer les chasseurs fut retranchée de son art. 5. — V. sur cette défense de désarmement, CHASSE, nos 572 et suiv.

15. — Au reste, sur le point de savoir si la résistance opposée avec voies de fait à un agent de la force publique voulant procéder à une arrestation illégale, est ou non punissable, V. RÉBELLION.

16. — Quant aux agents de la force publique, fonctionnaires, exécuteurs des mandats de justice ou jugements, etc., ils ne sont punissables si, dans l'exercice ou à l'occasion de l'exercice de leurs fonctions, ils ont usé ou fait user de violence envers les personnes, qu'autant qu'ils l'ont fait *sans motifs légitimes* (C. pén., 186). — V. ABUS D'AUTORITÉ, nos 12 et suiv.

17. — Jugé que le meurtre commis par un gendarme dans l'exercice de ses fonctions sur un accusé contumax qui l'avait provoqué par des coups ou des violences graves envers sa personne, n'est pas simplement excusable, qu'il ne constitue ni crime ni délit. — *Cass.*, 20 janvier 1825, Maître.

18. — Mais l'arrêt par lequel une cour de justice criminelle déclare excusable le meurtre commis par un gendarme sur un accusé contumax, sans s'expliquer sur la circonstance élémentaire que ce gendarme était dans l'exercice de ses fonctions, n'est pas régulier. — Même arrêt.

19. — Jugé que le gendarme prévenu d'avoir, hors le cas de légitime défense, et sans excuse légale, commis un homicide sur la personne d'un déserteur, au moment où il l'arrêtait, est justiciable de la juridiction ordinaire et non de la juridiction militaire. — *Cass.*, 21 novembre 1811, Bournarel. — V. GENDARME, TRIBUNAUX MILITAIRES.

20. — On s'est demandé si le complice d'un adultère surpris par le mari en flagrant délit et menacé de mort, aurait le droit de se défendre et de tuer le mari? — Jousse (t. 3, p. 503) soutenait la négative : mais son sentiment ne saurait être suivi aujourd'hui. — Il est bien vrai que la loi excuse le meurtre commis en pareil cas par le mari, mais elle ne le justifie point; elle ne lui abandonne point la vie du complice, et, quoique moins rigoureusement, elle le punit : il faut donc reconnaître que le mari agit sans droit, et que dès lors le complice peut se défendre. — Chauveau et Hélie, *Th. C. pén.*, t. 6, p. 87.

21. — La loi romaine ne voyait de défense légitime que dans la défense de *soi-même* ou des *siens.* — L. 1, § 4, ff., *ad leg. Corn. De sicariis.* — Insensiblement, on y avait compris celle des amis, des hôtes, des voisins. — Baldus, *in leg.* 29, *C., Unde vi;* Barthole, *in leg.* 3, ff., *De justitiâ et jure;* Jul. Clarus, § *Homicidium*, n° 28; Farinacius, *Quæst.*, 125, n° 267 et seq. — Enfin, dans l'ancien droit, on n'hésitait point à considérer comme légitime la défense même des étrangers quand ils couraient risque de la vie (Jousse, t. 3, p. 505). — C'est la doctrine que consacre l'art. 328, C. pén.

22. — « Sont compris dans les cas de nécessité actuelle de défense les deux cas suivans : 1° si l'homicide a été commis, si les blessures ont été faites, si les coups ont été portés en repoussant, pendant la nuit, l'escalade ou l'effraction de clôtures, murs ou entrée d'une maison ou d'un appartement habités ou de leurs dépendances; 2° si le fait a eu lieu en se défendant contre les auteurs de vols ou de pillages exécutés avec violences. » — C. pén., art. 329.

23. — Le but de cette assimilation n'est point de protéger la propriété, qu'il est plus difficile de défendre ou de recouvrer contre un malfaiteur que les ténèbres empêcheraient plus tard de reconnaître. — Puffendorf, l. 2, ch. 5, n° 18. — Elle ne se base même pas précisément sur la présomption que l'assaillant a usé de violences envers le maître de la maison ou des objets volés, qui, dès lors, n'a fait, en le tuant, que défendre sa vie. — Grotius, l. 2, ch. 1er, § 12, n° 2. — La véritable raison s'en puise dans l'incertitude où l'on est si le malfaiteur a le dessein de voler ou de commettre soit des violences, soit même un meurtre — En pareil cas, le maître, qui n'a aucun moyen de discerner son intention réelle, doit se croire en état de légitime défense. — Farinacius, *Quæst.*, 125, n° 199; Chauveau et Hélie, *Th. C. pén.*, t. 6, p. 90.

24. — Or, puisque la loi, en légitimant le meurtre ou les blessures dans les cas prévus par l'art. 329, n'a eu en vue que la sûreté des personnes et non la conservation de la propriété, il en résulte que les règles générales auxquelles est soumise la légitime défense d'après l'art. 328 sont également applicables aux espèces particulières mentionnées dans l'art. 329, lesquelles sont, d'après le rapport de la commission du Corps législatif, « *indicatives*

mais non *restrictives* de l'homicide légitimement commis. »

25. — En conséquence, l'homicide ou les blessures ne sont légitimes qu'autant que l'agression était menaçante pour la sûreté des personnes, qu'elle était illégale, enfin que la défense n'a point excédé les bornes d'une *nécessité actuelle*. — Chauveau et Hélie, *Th. C. pén.*, t. 6, p. 92. — Tels étaient les principes en vigueur sous la loi romaine, et qui se sont perpétués jusqu'à nous sans modification. — L. 4, ff., *ad leg. Aquiliam* ; L. 8, ff., *ad leg. Cornel. De sicariis* ; L. 1, C., *quandò liceat unicuique*.

26. — Ainsi, l'introduction de voleurs, la nuit, à l'aide d'escalade dans un jardin attenant à une maison habitée, n'autoriserait point les habitans de cette maison à leur donner la mort si, aucune communication n'étant possible avec la maison, la sûreté de ses habitans n'a nullement été compromise. — Chauveau et Hélie, *Th. C. pén.*, t. 6, p. 94.

27. — Mais si les voleurs poursuivis par les habitans de la maison les attaquaient pour assurer leur fuite, ceux-ci alors rentreraient dans le droit de défense légitime, et l'art. 329 serait applicable. — L. 52, § 1, ff., *ad leg. Aquil.* — Chauveau et Hélie, *Th. C. pén.*, t. 6, p. 95.

28. — Ainsi encore, l'homicide ou les blessures seraient imputables à leur auteur s'ils avaient été commis sur les malfaiteurs au moment où, se voyant découverts, ils prenaient la fuite, ou bien avant qu'aucun acte d'exécution fût venu rendre certaine leur volonté de s'introduire dans la maison habitée. — Chauveau et Hélie, *ibid.*

29. — Il en serait toujours ainsi, alors même que les voleurs, ayant consommé l'escalade et accompli le vol, se retireraient chargés de leur butin. — Cependant un arrêt de la cour d'Amiens a consacré une doctrine contraire en jugeant que les blessures faites et les coups portés par le maître d'une maison à un malfaiteur qui s'était introduit chez lui la nuit et à l'aide d'escalade ne constituent ni crime ni délit aux termes de l'art. 329, C. pén., alors même que ce malfaiteur, se voyant découvert, fuyait au moment où il a été blessé et frappé. — *Amiens*, 16 mars 1843 (t. 2 1843, p. 145), Prophète. — Il nous est impossible de nous ranger en droit à la doctrine de cet arrêt, que des considérations de fait ont sans doute déterminé. Le malfaiteur qui fuit d'une maison dans laquelle il s'était introduit nuitamment ne met point en péril la sûreté des habitans, et, dès lors, les actes de violence qu'exercent ces derniers sur sa personne ne s'expliquent plus que par le désir de la vengeance et non par la nécessité de la défense ; ils ne peuvent donc être légitimés.

30. — Mais il a été jugé que l'arrêt qui déclare qu'un individu n'en a frappé un autre que pour l'empêcher d'entrer dans sa maison, et au moment où celui-ci, après avoir escaladé les murs de clôture, se dirigeait vers une croisée de cette maison pour s'y introduire, peut, sans que sa décision encoure la censure de la cour de cassation, conclure de ces faits que l'auteur des coups a agi dans la nécessité actuelle d'une légitime défense, et lui accorder, dès lors, le bénéfice de l'art. 329, C. pén. — *Cass.*, 11 juill. 1844 (t. 2 1844, p. 358), Braquet.

31. — ... Peu importerait d'ailleurs qu'il fût établi que l'escalade avait lieu (au su même de l'auteur des coups) non pour favoriser un projet de vol, mais pour servir les rapports criminels de la victime avec la femme de celui qui l'a frappé. — Même arrêt.

32. — La défense n'étant légitime que si l'attaque est injuste, il en résulte qu'elle est nécessairement injustifiable contre les agens de l'autorité ou de la force publique agissant légalement et dans l'exercice de leurs fonctions. Mais comme le domicile de tout citoyen est inviolable pendant la nuit, sauf les cas d'incendie, d'inondation ou de secours réclamés de l'intérieur, les agens de l'autorité agissent nécessairement illégalement en cherchant alors à y pénétrer, et le citoyen qui en défend l'accès se trouve toujours en état de légitime défense. — Chauveau et Hélie, *Th. C. pén.*, t. 6, p. 96. — V. au reste RÉBELLION.

33. — Peu importerait du reste le crime que se proposeraient ceux qui escaladent une maison, qu'il s'agisse de rapt, de violences ou de vol, la défense ne cesse point pour cela d'être légitime, et l'art. 329 d'être applicable. — Chauveau et Hélie, *ibid.*, p. 97. — V. aussi l'arrêt précité du 11 juill. 1844, Braquet.

34. — Il pourrait arriver que le prévenu, bien que ne se trouvant pas dans le cas de la légitime défense d'après la loi, pût du moins invoquer l'excuse de la provocation ; alors il faudrait en poser la question au jury. — V. PROVOCATION.

35. — Si la personne assaillie avait excédé les bornes de la légitime défense, et que, par exemple, après avoir mis hors de combat l'agresseur, elle l'ait blessé ou tué sans nécessité, emportée encore par la chaleur du combat, sans doute cette personne ne pourrait être punie comme auteur d'un meurtre ou de blessures volontaires, mais nous pensons qu'elle pourrait, même en cas d'acquittement, être condamnée envers l'assaillant ou ses proches à des dommages-intérêts. C'est ce que décidaient déjà les anciens criminalistes : Farinacius, *Quæst.*, 125, n° 397 ; Menochius, *De arbitr.*, *quæst. casu* 278, n° 1 ; Jul. Clarus, § *Homicidium*, n° 27 ; Jousse, *Mat. cr.*, t. 1er, p. 128 ; et ce qu'enseignent les auteurs modernes : Mangin, *Act. publ.*, t. 2, n° 433 ; Toullier, t. 11, n° 119 ; Merlin, *Quest.*, v° *Réparation civile*, § 2, n° 6 ; Carnot, *C. pén.*, 328, n° 1er ; Chauveau et Hélie, *Th. C. pén.*, t. 6, p. 98 ; et t. 1er, p. 281.

36. — Il a été décidé à la vérité par la cour de cassation que la défense légitime de soi-même étant autorisée par la loi positive comme par la loi naturelle, et excluant toute faute, il n'en peut résulter une action en dommages-intérêts en faveur de celui qui l'a rendue nécessaire par son agression. — *Cass.*, 19 déc. 1817, Carmaniet c. Court. — Mais il importe de remarquer que le jury, dans l'affaire qui a donné lieu à cet arrêt, avait formellement déclaré que les coups portés et les blessures faites l'avaient été *dans la nécessité de la légitime défense* de soi ou d'autrui ; ce qui excluait nécessairement toute faute imputable à l'auteur de ces coups et blessures.

37. — En tout cas, MM. Chauveau et Hélie (*Théorie du Code pénal*, t. 6, p. 100) font observer avec raison que la question, d'après le dernier état de la jurisprudence de la cour de cassation, ne pourrait plus s'élever. — En effet, la question de légitime défense ne constituant point, comme nous le verrons plus bas, une question d'excuse qui doive être posée séparément sur la demande de l'accusé, et se trouvant nécessairement comprise dans celle de culpabilité ; d'autre part, l'accusé pouvant toujours, malgré son acquittement, être condamné à des dommages-intérêts envers la partie civile (*Cass.*, 5 mai 1832) : il en résulte que, quelle que soit la cause de cet acquittement, le préjudice qu'il a causé peut toujours motiver une condamnation civile pécuniaire. — *Cass.*, 13 nov. 1835, Ginesto c. Bourgade. — V. cependant *contrà* : *Rennes*, 25 avr. 1836, Paillusson et Drouin c. Huet. — Mangin, *Act. publ.*, t. 2, n° 433.

38. — La justification résultant de la légitime défense peut être invoquée par le fils qui a frappé ou tué son père et par l'époux qui a commis un homicide sur son conjoint : les art. 323 et 324, spéciaux pour le cas d'excuse, ne sont plus applicables lorsqu'il s'agit de légitime défense. — Chauveau et Hélie, *Th. C. pén.*, t. 6, p. 101.

39. — L'art. 374 du Code du 3 brum. an IV voulait que toutes les questions relatives à des faits constituant la défense de l'accusé fussent posées au jury : ainsi, lorsqu'un accusé d'homicide soutenait avoir agi dans le cas de légitime défense, le président devait, à peine de nullité, soumettre cette excuse à la décision du jury. — *Cass.*, 16 prair. an VII, Bernois ; 9 vendém. an VII, Gex ; 14 avr. 1808, Fallito.

40. — De même, lorsqu'il résultait de l'acte d'accusation qu'un accusé de meurtre soutenait que le coup d'arme à feu qui avait causé la mort était parti dans un moment où il se trouvait assailli et renversé à terre par l'homicide, le tribunal criminel ne pouvait pas se borner à poser au jury une question sur la provocation violente, il devait aussi lui poser la question de légitime défense. — C. 3 brum. an IV, art. 373. — *Cass.*, 24 vent. an XII, Quichaud-Lion.

41. — Et, comme les questions les plus favorables devaient être posées les premières, il y avait nullité lorsque dans une accusation de meurtre la question relative à la légitime défense avait été posée avant celle de savoir si les coups avaient été portés volontairement. — *Cass.*, 17 frim. an XII, Griffet.

42. — Il y avait aussi nullité, à raison de la connexité, lorsque la question au jury comprenait à la fois le cas de légitime défense, et celui d'excuse par suite de provocation violente. — *Cass.*, 6 brum. an XI, Jacquin.

43. — Les questions d'excuse ne devaient être posées au jury que d'une manière précise et positive. — Ainsi était nulle la position d'une question par laquelle, au lieu de demander au jury s'il y avait légitime défense ou provocation, on lui demandait seulement s'il était constant que l'accusé eût agi hors le cas de légitime défense et sans excuse suffisante. — *Cass.*, 1er frim. an XIV, Brulez.

44. — Lorsqu'il résultait de la déclaration du jury que l'accusé n'avait porté le coup à raison duquel il était poursuivi que dans le cas de la légitime défense de lui-même ou d'autrui, il ne restait aucun délit et il ne pouvait être appliqué aucune peine. — *Cass.*, 12 niv. an VIII, Saner.

45. — La déclaration du jury qui disait, d'un côté, que l'accusé a commis un homicide volontairement, hors le cas de légitime défense, et, de l'autre, qu'il n'avait pas commis cet homicide méchamment et à dessein, était contradictoire et nulle. — *Cass.*, 4 brum. an VII, Royer et Bosquet.

46. — Sous l'empire du Code d'instruction criminelle, qui ne renouvelle point la même obligation que la loi du 3 brum. an IV, des doutes se sont élevés sur la nécessité, pour les cours d'assises, de poser cette question. Mais la jurisprudence de la cour de cassation est contraire à l'obligation qu'on voudrait imposer aux cours d'assises. — *Cass.*, 13 janv. 1827, Rogen. — En effet, si la question de légitime défense se trouve nécessairement comprise dans celle de culpabilité, il est évident qu'il n'y a pas lieu d'en faire l'objet d'une question spéciale, et que, dès lors, la cour d'assises peut toujours refuser de la poser.

47. — Ainsi jugé que la question de légitime défense ne constitue point une question d'excuse qui doive être posée séparément sur la demande de l'accusé et qu'elle se trouve nécessairement comprise dans celle de culpabilité. C'est ce qui a été jugé par divers arrêts. — *Cass.*, 19 mars 1835, Marganie ; 3 mars 1826, Ferrin ; 4 oct. 1827, Lartet. — De Grattin, *Comment. loi de la presse*, t. 1er, p. 474.

48. — Toutefois, la même cour a reconnu au jury le droit d'ajouter d'office une déclaration sur le fait de la légitime défense. — *Cass.*, 29 avril 1819, Maurice.

49. — Jugé que la déclaration que l'accusé est coupable d'homicide volontaire exclut l'excuse tirée d'une prétendue légitime défense. — *Cass.*, 4 sept. 1828, Bernardini.

50. — On a jugé que l'accusé qui demande la position d'une question de légitime défense, *ou tout au moins d'une question d'excuse*, reconnaît par là même que la question d'excuse est seule proposable, et qu'il n'y a pas eu légitime défense. — *Cass.*, 4 oct. 1827, Lartet.

51. — Mais la conséquence ne nous paraît pas parfaitement exacte, car, en supposant qu'il y eût incompatibilité entre les deux questions, il suffirait que l'une fût seulement subsidiaire pour qu'elle n'emportât aucune renonciation à la position de l'autre. La défense de l'accusé doit être libre ; elle cesse de l'être, si, pour nous servir d'une locution en usage, on ne lui permet pas de conclure à *toutes fins*.

52. — Jugé que lorsque, dans une accusation d'homicide volontaire, il avait été soumis au jury une question sur le point de savoir si cet homicide avait été commandé par la nécessité actuelle de soi ou d'autrui, cette question, réunie à celle sur l'homicide, constituerait le fait principal : en conséquence, avant la loi du 4 mars 1831, la cour d'assises devait en délibérer lorsque le jury l'avait résolue à la majorité simple. — *Cass.*, 22 août 1816, Audoyneau.

53. — Les faits d'excuse ne peuvent point être appréciés par les chambres du conseil ni par les chambres d'accusation ; mais il n'en est pas de même de la légitime défense, et l'exception qu'en pourrait tirer l'accusé doit être appréciée et jugée par ces chambres. — Carnot, *C. pén.*, art. 328, n° 1er ; Merlin, *Question*, v° *Duel* ; Bourguignon, *C. pén.*, art. 328. — V. au reste CHAMBRE DES MISES EN ACCUSATION, n° 65.

54. — Et il a été jugé que, la légitime défense ayant pour objet d'exclure tout crime et tout délit, une cour d'appel ne peut pas mettre en accusation un prévenu d'homicide volontaire, qu'elle reconnaît avoir agi dans le cas d'une légitime défense. — *Cass.*, 27 mars 1818, Rosay.

LÉGITIMITÉ.

Table alphabétique.

LÉGITIMITÉ. — 1. — C'est l'état d'un enfant né d'un légitime mariage. — *Fitium eum definimus qui ex viro et uxore ejus nascitur.* (L. 6, *Dig., De his qui sui vel alieni juris sunt.*)

CHAPITRE Ier. — De la filiation des enfans légitimes.

2. — La nature fait connaître la mère; mais le mystère dont elle enveloppe le fait de la paternité force d'avoir recours aux présomptions : *Mater certa, pater incertus.*

3. — La filiation maternelle résulte de la preuve de l'accouchement de la femme dont l'enfant se prétend issu, et de l'identité de cet enfant avec celui dont elle est accouchée.

4. — Si cette femme est mariée, l'enfant a pour père le mari, et il est légitime. Le mariage de la mère opère une présomption légale de paternité et de légitimité.

5. — Un enfant n'est légitime qu'en vertu d'une présomption attachée au fait de sa conception pendant le mariage. La légitimité repose donc : 1° sur le fait du mariage de la mère;—2° sur l'époque de la conception de l'enfant.

Sect. 1re. — De la source de la légitimité. — Mariage. — Conception. — Pater is est.

6. — Il faut d'abord, pour qu'un enfant soit légitime, qu'il ait existé un mariage valable, ou tout au moins contracté de bonne foi entre l'homme et la femme dont il est né : « Le mariage est regardé, parmi toutes les nations, comme la seule source légitime de la filiation.» — Merlin, *Rép.* v° *Légitimité,* sect. 1re, § 1er, n° 4 et 3 s.

7. — Si le mariage est nul, il suffit même que l'un ou l'autre des père et mère ait été de bonne foi au moment de la célébration, pour que la légitimité appartienne à l'enfant à l'égard de tous, l'état des choses étant par lui-même indivisible. — Merlin, *Rép., ib.,* n° 4 et 5; Portalis, *Exposé des motifs;* Toullier, t. 1er, n° 606; Duranton, t. 2, n° 332. — *Contrà* Pothier, *Contr. de mariage,* n° 440; Proudhon, t. 2, p. 3 et 5. — V. MARIAGE PUTATIF.

8.—Ainsi: 1° la femme d'un homme marié en pays étranger avec un émigré frappé de mort civile, rend les enfans légitimes et leur donne le droit de succéder dans la famille de leur père comme dans celle de leur mère. — *Cass.,* 15 janv. 1846, d'Orsay c. Duval.—*Rouen,* 7 déc. 1820, mêmes parties.

9.— L'enfant qu'un émigré a eu depuis le divorce obtenu contre lui pour cause d'émigration est néanmoins légitime, si sa femme lui a laissé ignorer le divorce. — *Douai,* 16 nov. 1810, d'Herbecourt c. Destombes.

10.— 3° La femme qui, tout en demandant la nullité de son mariage, a reconnu qu'il avait été contracté par elle de bonne foi, n'est pas recevable, après cet aveu, à contester l'état de l'enfant issu de ce mariage, en prétendant que ni elle ni son mari n'étaient de bonne foi. — *Paris,* 18 janv. 1819, Kellermann.

11.— Pour que le mariage putatif produise tous les effets civils, faut-il que la nullité provienne d'un empêchement de fait qu'il est permis d'ignorer, et non d'un empêchement de droit dont l'ignorance n'est point excusable? — V. MARIAGE.

12. — La présomption légale est en faveur de la bonne foi. La preuve contraire est à la charge de celui qui conteste la légitimité de l'enfant. — *Douai*, 13 nov. 1819, d'Herbecourt c. Destombes. — Merlin, *ib.*, n° 8. — Cependant, V. *Paris*, 18 mai 1818, Jacquin c. Jolliot.

13. — Il faut, en outre, que l'enfant ait été conçu pendant le mariage. C'est de l'époque de la conception plutôt que de l'époque de la naissance que dépend la légitimité.

14. — Mais l'obscurité dont est couvert le fait de la conception, oblige de recourir à des conjectures. — Les lois romaines (L. 12, *Dig.*, *De statu hom.*; l. 3, § 11 et 12, *De suis et legit. hæred.*) indiquaient le 182e jour comme le terme le plus court et le 300e comme le terme le plus long de la grossesse, et plaçaient par conséquent entre ces deux termes l'époque de la conception. — Merlin, *Rép.*, v° *Légitimité*, sect. 2, § 1er et 3; Duranton, t. 3, nos 12, 13, 14 et 15.

15. — Cependant la *Novelle* 39 vint jeter quelque incertitude dans les esprits : de là, jusqu'à nos jours, les variations de la jurisprudence et la contrariété des arrêts nombreux recueillis sur les naissances tardives. — Nouveau Denisart, v° *Grossesse*; Code matrimonial, *Sur les naissances tardives*; Dissert. de Fourcroy, Locré, t. 5, p. 57.

16. — Le Code civil a fixé cette incertitude en érigeant en loi les règles tracées par les jurisconsultes romains, auxquelles il a fait une modification; il a placé la conception entre le 180e jour et le 300e jour qui précèdent la naissance de l'enfant. — C. civ., art. 312.

17. — Cette présomption, fondée sur l'opinion des physiologistes les plus accrédités, n'admet pas de preuve contraire, de telle sorte que la loi ne permet, en aucun cas, de placer la conception hors de ces deux termes; et qu'elle la considère comme possible à chaque instant écoulé dans cet intervalle, en laissant à l'enfant la faculté de la reporter au moment le plus favorable à ses intérêts. — Zachariæ, t. 3, p. 622, § 546.

18 — La présomption existe donc en faveur de l'enfant né plus de neuf mois, mais moins de dix mois, après le décès de son père, et le fait réputer conçu au moment de ce décès et habile à succéder. — *Cass.*, 8 févr. 1821, N...; *Paris.*, 19 juill. 1819, Bouvet c. Carré.

19. — L'enfant né deux cent quatre-vingt-seize jours après le décès de sa sœur, fille d'un précédent mariage, est présumé conçu au moment de l'ouverture de sa succession, et se trouve habile à lui succéder. — *Orléans*, 16 mars 1832, Chesne c. Mesnard (v. sous *Cass.*, 28 déc. 1833).

20. — Toutefois, la présomption établie par la loi en faveur de l'enfant est exclusivement introduite dans son intérêt et ne peut être invoquée que par lui.

21. — Le mari ne saurait s'en emparer pour établir qu'un enfant dont sa femme est accouchée depuis la demande en séparation de corps formée par celle-ci, a été conçu postérieurement aux faits de sévices ou injures sur lesquels est fondée la demande en séparation, et pour en conclure qu'il est intervenu entre lui et sa femme une réconciliation qui rend l'action en séparation non recevable.

22. — Dans ce cas, les juges peuvent fixer l'époque de la conception en attribuant à la gestation la durée ordinaire, qui est de neuf mois. — *Rouen*, 27 juin 1844 (t. 2 1844, p. 290), Lainé.

23. — Le fait du mariage et l'époque de la conception établis, la filiation paternelle est prouvée. « L'enfant conçu pendant le mariage a pour père le mari. *Pater is est quem nuptiæ demonstrant.* » — C. civ., art. 312.

24. — Trois hypothèses peuvent se présenter : — 1° l'enfant est conçu et né pendant le mariage; — 2° il est né pendant le mariage, mais conçu auparavant; — 3° il est né depuis le mariage, mais conçu avant sa dissolution. — Nous examinerons ces diverses hypothèses dans les trois sections suivantes.

Sect. 2e. — *De l'enfant conçu et né pendant le mariage.*

Art. 1er. — *De la présomption légale de paternité.*

25. — L'enfant conçu et né pendant le mariage a pour père le mari. Il est légitime de plein droit.

26. — Cette présomption légale n'est pas détruite par les énonciations contraires de l'acte de naissance ni même par l'aveu de la mère. — Ainsi, elle subsiste dans toute sa force, malgré la déclaration faite dans l'acte de naissance que l'enfant a pour père un étranger qui n'est pas le mari de la mère. — *Paris*, 6 janv. 1834, Minoggio c. Louvard.

27. — La loi s'oppose même à ce que l'enfant d'une femme mariée soit inscrit sur les registres de l'état civil comme né de cette femme et d'un autre que son mari. — *Besançon*, 4 août 1808, Bridier c. Guillardet.

28. — Cependant cette présomption est, d'après la nature même des choses, étrangère au cas où l'enfant ne justifie sa filiation maternelle qu'indirectement et à l'aide de la possession d'état; elle s'applique seulement au cas où la filiation se trouve directement établie par la preuve de l'accouchement. — Zachariæ, t. 3, p. 635, § 546, 3°.

29. — Dans ce cas-là même, cette présomption n'est pas absolument irréfragable; son degré de force varie suivant que la filiation maternelle est constatée par un acte de naissance ou ne se trouve établie que par la preuve testimoniale.

30. — Si la filiation maternelle n'est établie que par la preuve testimoniale, la présomption qui milite en faveur de l'enfant peut être combattue par tous les moyens tendant à justifier que le mari n'est pas le père de l'enfant. — C. civ., art. 325.

31. — Si la filiation maternelle est constatée par un acte de naissance, la présomption, comme toute présomption légale, ne peut cesser que dans les cas déterminés par la loi. Hors ces cas, l'enfant est invinciblement protégé par le principe : *Pater is est quem nuptiæ demonstrant*

Art. 2 — *Des exceptions à la présomption de paternité.*

32. — La présomption légale de paternité est détruite ou balancée par la preuve de l'impossibilité physique ou morale de cohabitation des deux époux au moment de la conception, c'est-à-dire du 180e au 300e jour avant la naissance.

33. — La loi romaine (L. 6, *Dig. De his qui sui vel alieni juris sunt*) admettait quatre exceptions : 1° l'impuissance absolue et perpétuelle du mari; 2° l'éloignement du mari pendant que la femme était devenue enceinte; 3° l'impuissance passagère causée par une maladie grave survenue au mari; 4° enfin *toute autre* circonstance prouvant que le mari n'a pas cohabité avec sa femme : *aliâ ex causâ*. — Merlin, *Rép.*, v° *Légitimité*, sect. 2e, § 2; Duranton, nos 16 et 17.

34. — On a prétendu que ces mots *ex aliâ causâ* s'appliquaient dans leur généralité à l'impossibilité morale comme à l'impossibilité physique de cohabitation. Mais la jurisprudence des pays de droit écrit était contraire à cette interprétation.

35. — Elle décidait que les lois romaines n'admettaient d'autre exception à la règle *Pater is est* que celle résultant d'une impossibilité physique de la part du mari de cohabiter avec sa femme au temps de la conception de l'enfant. — *Cass.*, 4 sept. 1811, Salis-Haldeinstein c. N...

36. — ...Qu'elles n'admettaient pas celle résultant d'une impossibilité morale. — *Bordeaux*, 4 therm. an XI, Daisson c. Dejean; 12 fév. 1838, (t. 2 1838, p. 559), Tronquoy c. Dutiers; 20 avril 1841 (t. 2 1841, p. 202), Messine c. Chassac.

37. — Dans les pays de droit coutumier, les seules preuves opposables à la présomption de paternité étaient : l'absence certaine et continuelle du mari au moment de la conception; son impuissance naturelle et accidentelle. — D'Aguesseau, t. 2, p. 542 : arrêts du 15 juin 1673, de Vinantes; et du 29 juin 1712, de la Plissonnière.

38. — Jugé cependant que la présomption de paternité dans le mariage, fondée sur la maxime *Pater is est*, n'était pas tellement forte qu'elle ne pût être détruite que par des impossibilités physiques de cohabitation et qu'elle repoussât, par conséquent, les impossibilités morales. — *Paris*, 11 mars 1826, Bucheron c. Bugnot et Soret. — Nouveau Denisart, v° *Questions d'état*, t. 8, p. 8.

39. — Le Code civil a déterminé avec précision les exceptions admissibles : il conserve celles relatives à l'impossibilité physique, en rejetant néanmoins l'allégation d'impuissance naturelle; il n'admet l'exception fondée sur l'impossibilité morale qu'en prouvant 1° l'adultère de la femme, 2° le recel de la naissance de l'enfant.

40. — Toutes autres exceptions sont proscrites : *la présomption capable d'attaquer celle de la loi devant être écrite dans la loi même.* — D'Aguesseau, 23e plaidoyer; Merlin, v° *Légitimité*, sect. 2, § 2, n° 3; Toullier, t. 2, nos 818 et suiv.; Duranton, t. 3, n° 54.

§ 1er. — *De l'impossibilité physique de cohabitation.*

41. — L'impossibilité physique résulte, 1° d'un éloignement continuel et certain; 2° d'une impuissance accidentelle postérieure au mariage.

42. — L'*éloignement* doit avoir été tel que toute réunion, même momentanée, entre les époux, ait été physiquement impossible dans l'intervalle de temps où se place la conception : *In dubio prævaleat favor partûs.* — Duranton, t. 3, n° 40.

43. — Ainsi, une invraisemblance de cohabitation ne suffit pas pour servir de fondement à une action en désaveu; elle n'équivaut pas à l'impossibilité exigée par les art. 312 et 313 C. civ. — *Cass.*, 2 juin 1840 (t. 2 1840, p. 420), Riou.

44 — Jugé en conséquence qu'on ne peut considérer comme ayant été dans l'impossibilité physique de cohabiter avec sa femme, celui qui justifie avoir été éloigné d'elle de 560 lieues en France, à l'époque où la conception est présumée se placer. La maxime *Pater is est* lui est applicable. — *Paris*, 9 avr. 1813, Texier.

45. — ... Ni le militaire qui serait revenu plusieurs fois en France pendant le temps de son service. — *Lyon*, 7 fév. 1839 (t. 1er 1839, p. 625), Duvivier c. Lambert.

46. — ...Ni même celui qui a été fait prisonnier en pays étranger, à une époque correspondant à celle de la conception, si d'ailleurs la distance n'a pas créé une impossibilité matérielle de rapprochement entre les époux. — *Paris*, 19 juin 1826, Paulard.

47. — Cependant, la réclusion du mari, à l'époque de la conception de l'enfant, peut servir de fondement à une action en désaveu, lorsque, d'ailleurs, se joignent à ce fait des circonstances morales de nature à déterminer la conviction du juge. — *Toulouse*, 20 juill. 1808, Consy c. Basile-Edouard. — Duranton, t. 3, n° 41; Chardon, *De la fraude*, n° 155. — *Contrà* Toullier, t. 2, n° 809.

48. — Mais la femme ne peut invoquer la possibilité physique de rapprochement, qu'autant qu'elle établit, d'une manière certaine, le fait de la naissance à une époque concordant avec celle où le rapprochement a été possible. — *Paris*, 2 janv. 1815, Texier.

49. — Du reste, l'appréciation de cette impossibilité physique de rapprochement est abandonnée au pouvoir discrétionnaire des magistrats : *est quæstio facti.* — Merlin, v° *Légitimité*, sect. 2, § 2, n° 2; Locré sur 312, Malleville *sur* 312; Toullier, t. 2, nos 808 et 809; Duranton, t. 3, nos 40 et 41.

50. — Le désaveu peut être admis dès qu'il est reconnu que l'éloignement du mari, à l'époque de la conception, était tel que toute cohabitation était impossible; un arrêt ne saurait être cassé pour avoir admis l'action en désaveu, sans déclarer qu'il était constant que la femme ne s'était pas rendue près de son mari. — *Cass.*, 25 janv. 1831, Auguste c. Lecellier.

51. — Jugé également qu'il suffit, pour constater l'impossibilité physique de cohabitation dans le sens de l'art. 312 C. civ., que les faits et circonstances de la cause ainsi que de la correspondance des parties, établissent que dans le temps couru depuis le 300e jusqu'au 180e jour avant la naissance de l'enfant, il n'a pu, à raison de leur éloignement, exister aucun rapprochement entre le mari et la femme. — C. civ., art. 312. — *Paris*, 18 févr. 1843, (t. 1er 1843, p. 532), Desportes c. de N.

52. — Le jugement qui a admis le divorce entre deux époux pour cause d'adultère de la femme résultant de ce qu'elle a donné naissance à un enfant conçu à une époque où la cohabitation était impossible, n'a pas l'autorité de la chose jugée, même sur l'existence de cette impossibilité physique de cohabitation, lorsqu'il s'agit du désaveu de l'enfant; de telle sorte que le désaveu peut, malgré ce jugement, être rejeté, sur les motifs que l'impossibilité physique de cohabitation n'est pas suffisamment établie. — *Grenoble*, 21 déc. 1830, L.... c. G....

53. — *Impuissance.* — L'accident doit avoir été tel qu'il ait rendu le mari absolument incapable d'engendrer à l'époque de la conception. Le doute qui s'élèverait sur l'impuissance accidentelle devrait se résoudre en faveur de l'enfant : *In dubio prævaleat favor partûs.*

54. — On peut conclure de la discussion au Conseil d'Etat, qu'il faut attacher au mot *accident* l'idée d'une impuissance évidente et matérielle, résultant, par exemple, d'une blessure ou d'une mutilation, et non d'un maladie interne. — Locré, *Législ. civ.*, t. 6, p. 36, 37 et 149; Duranton, n° 42; Proudhon, t. 2, p. 23; Zachariæ, p. 636, note 41. — *Contrà* Duveyrier (Locré, p. 290).

55. — L'impuissance même accidentelle, mais antérieure au mariage, ne peut, en général, être invoquée à l'appui d'un désaveu. — Delvincourt, t. 1er, p. 206. — Il en serait néanmoins autrement s'il s'agissait d'une impuissance temporaire de sa nature. — Zachariæ, *ib.*, note 42.

56. — La loi n'ayant, d'ailleurs, ni défini ni énuméré les accidens susceptibles de produire l'impuissance, a par cela même abandonné ce

point au pouvoir discrétionnaire des tribunaux. — Duranton, t. 3, n° 42; Proudhon, t. 2, p. 23.

57. — Les deux causes d'empêchement physique de cohabitation peuvent concourir, de manière que ce qui manquerait à la première serait suppléé par la seconde. — Duranton, n° 43.

58. — C'est au demandeur en désaveu à prouver l'impossibilité physique de cohabitation. Mais cette preuve faite détruit complétement la présomption légale de paternité. Le désaveu du mari est péremptoire et l'illégitimité de l'enfant doit être nécessairement prononcée. — Duranton, t. 3, n° 39.

59. — Observons 1° que si le mariage a été dissous à une époque où le mari se trouvait dans l'impossibilité physique de cohabiter avec sa femme, on peut, pour compléter cet intervalle, joindre au temps qui s'est écoulé depuis cette impossibilité jusqu'à la dissolution du mariage, tout le temps postérieur à cette dernière époque.

60. — ...2° Et réciproquement, que si le mariage a été célébré à une époque où le mari se trouvait dans l'impossibilité physique de cohabiter avec sa femme, on peut joindre au temps qui s'est écoulé depuis la célébration du mariage jusqu'à la cessation de cette impossibilité, tout le temps antérieur à la célébration.

61. — Mais, dans les deux cas, l'enfant ne saurait être privé du bénéfice de légitimité que par l'action en désaveu. — Duranton, t. 3, nos 61 et 62.

§ 2. — *De l'impossibilité morale de cohabitation.*

62. — *Cas où l'impossibilité peut être invoquée.* — L'impossibilité morale de cohabitation n'est admise par le Code que dans le cas où à l'adultère de la femme se joint le recel de la naissance de l'enfant. Ces deux circonstances prouvées ne détruisent même pas la présomption légale, mais la balancent; et le mari peut achever de la détruire en proposant tous les faits propres à établir qu'il n'est pas le père de l'enfant.

63. — Il faut la réunion de ces deux circonstances. Ainsi : — 1° L'action en désaveu n'est admissible qu'autant que le mari prouve non-seulement l'adultère, mais encore le recel de la naissance de l'enfant. — *Nîmes*, 13 juillet 1827, Pontou c. Jalatte.

64. — ...2° Le recel de la naissance est une condition essentielle pour l'admission de l'action en désaveu pour cause d'adultère. — *Aix*, 20 avril 1837 (t. 2 1837, p. 543), Brémond c. Brémond et Lalis; *Rouen*, 2 avril 1840 (t. 1er 1842, p. 211.) Barbier.

65. — Toutefois la loi, en autorisant le désaveu dans le cas où à l'adultère de la femme vient se joindre le recel de la *naissance* de l'enfant, n'a pas attaché au mot *naissance* son acception littérale et restrictive; cette expression est employée comme le résumé d'un fait complexe, à savoir, le fait de l'existence d'un enfant, comprenant la conception, la grossesse et l'accouchement. — *Paris*, 18 févr. 1843 (t. 1er 1843, p. 532), Desportes c. de N..

66. — C'est au demandeur en désaveu à prouver, non pas qu'il a ignoré la naissance de l'enfant, mais qu'on la lui a cachée. — *Nîmes*, 13 juil., Pantou c. Jalatte. — Duranton, t. 3, n° 50; Zachariæ, *ib.*, notes 47 et 48. — *Contrà* Delvincourt, t. 1er, p. 207.

67. — Il peut faire cette preuve par tous les moyens admis par la loi et notamment par de simples présomptions. — 1353 C. civ. — Zachariæ, *ib.*, note 46.

68. — Ainsi : 1° Lorsque des lettres écrites par la femme à un membre de la famille qui les a remises volontairement au mari, sont invoquées par celui-ci pour prouver l'adultère de sa femme et faire accueillir son action en désaveu de l'enfant dont elle est accouchée, aucune loi n'impose aux juges l'obligation de les rejeter, et dès lors leur admission ne peut constituer ni violation de la loi ni excès de pouvoir. — *Cass.*, 31 mai 1842 (t. 2 1842, p. 645), Smith.

69. — ... 2° Le recel peut résulter de toutes les précautions prises pour que le mari ignore la grossesse et l'accouchement de sa femme. — *Rouen*, 2 avril 1840 (t. 1er 1842, p. 211), Barbier.

70. — ... 3° Ou de ce que l'enfant a été inscrit sur les registres de l'état civil sous le nom de sa mère et comme né de père inconnu. — *Paris*, 28 juin 1819, Alligre c. Bonnafoux; *Paris*, 4 déc. 1820, mêmes parties.

71. — ... Ou sous des noms supposés. — *Bordeaux*, 5 juill. 1843 (t. 2 1844, p. 168), Lestrade de Conty c. Lestrade de Conty et de la Chapelle.

72. — ...Mais non 1° de ce que l'enfant né en l'absence du mari aurait été soustrait à ses regards lors de son retour, alors surtout qu'il est né dans le domicile conjugal, au vu et au su de tous les voisins, et qu'il a été inscrit sur les registres de l'état civil comme enfant légitime. — *Paris*, 19 juin 1826, Paulard.

73. — ... 2° Et lorsque la grossesse de la femme a été notoire dans la commune, d'ailleurs peu importante, que les époux, quoique séparés l'un de l'autre, habitaient tous deux et lorsque l'enfant a été publiquement présenté sous le nom du mari, aussitôt après sa naissance, tant à l'état civil qu'au baptême, toutes ces circonstances étant exclusives du recel. — *Aix*, 20 avr. 1837 (t. 2 1837, p. 543), Brémont.

74. — Il n'est pas nécessaire que l'adultère de la femme et le recel de la naissance de l'enfant soient judiciairement établis avant l'introduction de l'action en désaveu. — Duranton, t. 3, n° 51. — *Contrà* Toullier, t. 2, nos 812 et 815; Proudhon, t. 2, p. 23; Malleville, sur 314.

75. — ... Ni même qu'ils soient reconnus par un jugement préalable à la décision du fond. Le vœu de la loi est suffisamment rempli lorsque l'un et l'autre se trouvent constatés dans le jugement qui admet le désaveu.

76. — Jugé en ce sens, 1° que l'adultère de la femme n'a pas besoin d'être constaté par un jugement préalable. — *Cass.*, 8 juill. 1812, Duchollet c. Bougarel; 25 janvier 1831, mêmes parties; 31 mai 1838 (t. 2 1838, p. 360), Rignoux; *Metz*, 29 déc. 1825, l'Hoste; *Paris*, 29 juillet 1826, Louis-Gustave c. Monniot; *Rouen*, 5 mars 1828, Auguste c. Leullier; *Bordeaux*, 5 juill. 1843 (t. 2, 1844, p. 168), Lestrade de Conty c. Lestrade de Conty et Lachapelle.

77. — ... 2° Non plus que le recel de la naissance de l'enfant. — *Cass.*, 9 mai 1838, Rignoux; *Metz*, 29 déc. 1825, l'Hoste. — Merlin, *Rép.*, v° *Légitimité*, sect. 2, § 2, n° 5.

78. — ... 3° En conséquence, que les faits relatifs aux trois conditions prévues par l'art. 313 C. civ., l'adultère de la femme, le recel de la naissance de l'enfant et la non-paternité, peuvent être établis simultanément par le même acte et ne faire que l'objet d'une seule et même enquête. — *Metz*, 29 déc. 1825, l'Hoste. — V. aussi *Cass.*, 4 avr. 1837 (t. 1er 1837, p. 542), Ducasse c. Lacase.

79. — Mais l'adultère, ainsi que le recel, doit être *spécialement* et positivement prouvé; il ne peut l'être par voie de conséquence et comme résultant des faits justifiés par le mari et propres à établir qu'il n'est pas le père de l'enfant. — Duranton, t. 3, n° 52; Merlin, *Quest. de dr.*, v° *Légitimité*, § 2. — *Contrà*, *Paris*, 29 juill. 1826, Louis-Gustave c. Monniot.

80. — La preuve de l'adultère et celle du recel ne suffisent pas pour justifier l'action en désaveu: *cum possit et mater adultera esse et impuber defunctum patrem habuisse* (L. 11, § 9, ff., *ad legem Juliam*). — Toullier, t. 2, n° 814; Duranton, t. 3, n° 49; Proudhon, t. 2, p. 24.

81. — L'adultère et le recel une fois constatés, la preuve des faits tendant à établir que le mari n'est pas le père de l'enfant, se résout en une preuve d'impossibilité morale de cohabitation. Cette preuve peut résulter entre autres de l'âge avancé du mari, de son état valétudinaire, de l'éloignement qui existait entre sa résidence et celle de sa femme, de la mésintelligence qui régnait entre les époux, enfin de l'état de séparation de corps qui avait fait cesser toute relation entre eux. — Toullier, t. 2, nos 817 et 818; Duranton, t. 3, nos 53 et 54, et t. 2, n° 632; Delvincourt, t. 1er, p. 208; Bedel, *De l'adultère*, n° 77.

82. — L'appréciation de ces faits, que le défendeur à l'action en désaveu est admis à combattre par des indices contraires, est abandonnée au pouvoir discrétionnaire des tribunaux. — Toullier, t. 2, n° 817; Delvincourt, t. 1er, p. 208.

83. — Ainsi les juges saisis d'une action en désaveu peuvent, lorsque l'adultère et le recel leur paraissent établis et que les circonstances de la cause leur donnent la conviction de l'illégitimité de l'enfant, déclarer cette illégitimité, sans être obligés d'ordonner la preuve testimoniale. — *Cass.*, 4 avr. 1837, Ducasse c. Lacase.

84. — Lorsqu'à la preuve du recel se joint celle de l'adultère de la mère, de sa cohabitation constante avec un autre que le mari à l'époque de la conception, et de l'entretien de l'enfant dans le domicile de celui avec lequel la mère a cohabité, cela suffit pour justifier le désaveu du mari et pour faire déclarer l'enfant illegitime. — *Paris*, 4 déc. 1820, Alligre c. Bonnafoux.

85. — Dans tous les cas, il n'est pas nécessaire que les faits qui tendent à établir la non-paternité du mari soient articulés avant l'admission de l'action en désaveu. — *Cass.*, 8 juill. 1812, Duchollet c. Bougarel.

86. — *Cas où l'impossibilité ne peut pas être invoquée.* — L'enfant dont la filiation maternelle est constatée par son acte de naissance, ne peut être désavoué que dans les deux hypothèses ci-dessus. « La présomption capable d'attaquer celle de la loi doit être écrite dans la loi même. » — Toullier, t. 2, nos 818 et suiv.; Merlin, *Rép.*, v° *Légitimité*, sect. 2, § 2; Duranton, t. 3, nos 53 et suiv.; Locré, *Espr. C. civ.*, sur l'art. 313.

87. — Ainsi la loi n'admet pas parmi les causes de désaveu : 1° l'*impuissance naturelle du mari*, parce que la preuve en est incertaine et immorale.

88. — Peu importe qu'elle résulte de la faiblesse latente des parties sexuelles ou d'un vice apparent de conformation. — Merlin, *Rép.*, v° *Impuissance*, n° 2; et v° *Légitimité*, sect. 2, § 2, n° 4; *Disc.* de M. Duveyrier (Locré, t. 6, p. 36, 37 et 292); Duranton, t. 3, n° 47; Zachariæ, t. 3, § 546, n° 47.

89. — Alors même que la naissance de l'enfant aurait été cachée au mari : une disposition conçue dans ce sens a été retranchée du projet de Code par le tribunat. — Locré, t. 6, p. 156, n° 2.

90. — ... 2° L'*adultère* de la femme, même juridiquement constaté, parce que la femme peut être coupable et l'enfant légitime. — V. *suprà* n° 80.

91. — ... 3° La déclaration faite par la mère dans l'acte de naissance, qu'un autre que son mari est le père de l'enfant. — *Paris*, 6 janvier 1834, Minoggio. — Merlin, v° *Légitimité*, sect. 2, § 2, nos 5 et 6; Zachariæ, *ib.*, note 61; Duranton, n° 48.

92. — Si les déclarations d'un père et d'une mère ne peuvent jamais préjudicier à l'état d'un enfant, à plus forte raison il doit en être de même de celles qui sont faites par des tiers. — Merlin, *Rép.*, v° *Légit.*, sect. 2, § 2, n° 7.

93. — C'est seulement dans le cas où l'enfant n'a point été inscrit sous le nom de sa mère et n'établit sa filiation maternelle que par la preuve testimoniale, que l'impossibilité morale de cohabitation peut être invoquée par le mari contre la présomption de paternité. — *Bordeaux*, 12 février 1838, Tronquoy c. Dutiers; 28 avril 1841 (t. 2 1841, p. 202), Messine c. Chassac. — Merlin, *Rép.*, v° *Légitim.*, sect. 2, § 4, n° 7; Toullier, t. 2, nos 894 et 895; Duranton, t. 3, n° 137.

94. — ... 4° Enfin, d'après la plupart des auteurs, la séparation de corps prononcée contre la femme pour cause d'adultère, pourvu qu'il n'en résulte pas impossibilité de cohabitation. — Merlin, *Rép.*, v° *Légitimité*, sect. 2, § 2 nos 5 à 7; Toullier, t. 2, n° 811; Duranton, t. 3, nos 54 et 55; Locré, *Espr. du C. civ.*, t. 4, p. 19. — *Contrà* Anc. jurisprudence; art. 19, l. du 12 brum. an II, et *infrà* nos 96 et suiv.

95. — Cependant la jurisprudence ne paraît pas avoir toujours respecté ce principe que l'impossibilité morale de cohabitation ne peut être une cause de désaveu que dans le cas unique indiqué par la loi, c'est-à-dire lorsqu'il y a adultère de la femme et recel de la naissance de l'enfant. — Ainsi il a été jugé :

96. — ... 1° Que l'enfant conçu et né depuis la séparation de corps prononcée pour cause d'adultère de la femme peut, alors surtout que la grossesse et la naissance ont été cachées au mari, être désavoué par lui et déclaré illégitime, quoiqu'il y ait toujours eu possibilité physique de rapprochement entre les époux. — *Rouen*, 18 juin 1819, T...

97. — ... 2° Que la séparation de corps affaiblit la présomption de paternité du mari; et que, dans ce cas, le mari peut, en se fondant sur l'inconduite de sa femme et sur l'impossibilité morale de rapprochement, être admis à exercer l'action en désaveu d'un enfant né plus d'un an après la séparation, alors même que la naissance ne lui aurait pas été cachée. — *Rouen*, 28 décembre 1814, Allaume. — Rolland de Villargues, *Enf. naturels*, p. 87; Malleville sur 312.

98. — ... 3° Que l'impossibilité morale de rapprochement peut être une cause de désaveu, alors même qu'il n'y a pas séparation de corps. — *Corse*, 24 mars 1825, Mattei.

99. — ... 4° Et même, qu'il suffit qu'à l'époque présumée de la conception, les époux fussent dans un tel état d'hostilité que tout rapprochement fût entre eux impossible. Qu'il n'est pas nécessaire que l'adultère de la femme soit positivement et spécialement prouvé. — *Paris*, 29 juil. 1826, Louis-Gustave c. Monniot.

100. — Le mari ne pourrait pas, même dans les cas indiqués par la loi, désavouer l'enfant, — 1° s'il avait renoncé à son action d'une manière expresse ou même tacite; — 2° si l'enfant n'avait pas été déclaré viable : Sans intérêt, point d'action. — Art. 314, 2° et 3°. — Duranton, t. 3, n° 34. — *Contrà* Proudhon, t. 2, p. 25; Delvincourt, t. 1er, p. 206.

101. — ...A moins, dans ce dernier cas, qu'il n'intentât l'action pour faire condamner sa femme pour adultère. — Toullier, t. 2, n° 822. — V. aussi Proudhon, t. 2, p. 25; Delvincourt, t. 1, p. 206.

RÉP. GÉN. — IX. 3

Sect. 3e. — *De l'enfant né pendant le mariage, mais conçu auparavant.*

102. — C'est la conception et non la naissance, pendant le mariage, qui détermine la légitimité. L'enfant né avant le 180e jour du mariage, étant réputé conçu avant le mariage, n'est donc pas légitime. — Toullier, t. 2, nº 791 et 792; Duranton, t. 3, nº 20.

103. — Cependant comme il est possible que cet enfant ait pour père le mari de sa mère, et comme cela même est probable, si ce dernier ne le désavoue pas, le législateur a érigé en présomption légale la *paternité du mari*. Cette présomption de paternité cesse par l'effet du désaveu, mais ne peut être détruite que par ce moyen. — Zachariæ, t. 3, § 546, p. 624.

104. — A côté de cette présomption qui attribue au mari la paternité de l'enfant non désavoué, vient se placer une fiction légale analogue à celle sur laquelle est fondée la légitimation par mariage subséquent; fiction par suite de laquelle l'enfant quoique conçu avant le mariage est réputé légitime. — Zachariæ, *ibid.*

105. — Mais sa légitimité ne remonte, comme celle de l'enfant légitimé, qu'au jour du mariage et c'est seulement à partir de cette époque qu'il est admis à s'en prévaloir : L'effet ne peut précéder la cause, surtout au préjudice des tiers. — Zachariæ, t. 3, p. 626; Merlin, *Quest. de droit*, vº *Légitimité*, § 4; et vº *Succession*, § 13. — V. *Anal. Cass.*, 11 mars 1811, Aubert c. Guilbert.

106. — Jugé, au contraire, que l'enfant conçu avant le mariage, mais né dans le mariage même et reconnu par le mari, est habile à recueillir la succession d'un frère utérin, ouverte dans l'intervalle de sa conception au mariage de sa mère. — *Orléans*, 19 août 1808, Aubert c. Guilbert; 19 août 1809, mêmes parties.

107. — La fiction de légitimité admise en faveur de l'enfant ne peut, en général, comme la présomption de paternité, être détruite que par le désaveu. — *Liége*, 12 fruct. an XIII, de Grady c. Victoire-Joséphine. — Duranton, nº 22.

108. — A moins qu'à l'époque de la conception, un empêchement dirimant, non susceptible d'être levé par des dispenses et fondé soit sur l'existence d'une première union, soit sur la parenté ou l'alliance, se fût invinciblement opposé à la célébration du mariage qui depuis a été régulièrement contracté. — Duranton, t. 3, nos 24 et 26; Zachariæ, t. 3, p. 626; Merlin, *Rép.*, vº *Légitimation*, sect. 2, § 2. — V. LÉGITIMATION.

109. — Quoique, dans ce dernier cas, la fiction ne cesse pas de plein droit, l'enfant peut être privé de sa légitimité, par une simple contestation de légitimité. Un désaveu n'est pas nécessaire, parce que la question ne porte pas sur la paternité du mari et qu'en admettant cette paternité, l'illégitimité de l'enfant n'en serait pas moins constante. — Duranton, t. 3, nº 25; Zachariæ, p. 627, § 546, note 11.

110. — L'action intentée par le mari ou par ses héritiers pour faire déclarer illégitime l'enfant né avant le 180e jour du mariage, étant une véritable action en désaveu, est soumise aux conditions, formes et délais des art. 316 et 318 C. civ. — *Liége*, 12 fruct. an XIII, de Grady c. Victoire-Joséphine. — Duranton, t. 3, nº 22.

111. — De telle sorte que la légitimité d'un enfant né dans le mariage, mais moins de six mois depuis la célébration, et même depuis la dissolution d'une première union, ne peut être attaquée par les héritiers du mari que par voie d'action en désaveu formée contre un tuteur *ad hoc* et non par une simple demande en rectification de l'acte de naissance de l'enfant dirigée contre la mère-tutrice; la nullité peut même dans ce cas être déclarée d'office par le juge. — *Colmar*, 15 juin 1831, Ultard.

112. — ... Et que le désaveu tardif du mari contenu dans un testament mystique n'autorise pas les héritiers à contester l'état de l'enfant qui bien que né avant le 180e jour du mariage a toujours eu pour lui le titre et la possession de légitime. — *Turin*, 30 janv. 1811, Bronzino.

113. — Le demandeur en désaveu n'a aucune preuve à faire pour établir qu'il n'est pas père de l'enfant né avant le 180e jour du mariage. Son désaveu joint à l'époque de la naissance de l'enfant suffit pour faire évanouir toute présomption de paternité, et replacer l'enfant désavoué dans la position d'un enfant naturel dont la filiation paternelle est incertaine. — *Cass.*, 25 août 1806, mêmes parties; *Liége*, 12 fruct. an XIII, de Grady c. Victoire Joséphine. — Merlin, *Rép.*, vº *Légitimité*, sect. 2, § 2, nº 4; Duranton, nº 23; Proudhon, t. 2, p. 27; Zachariæ, p. 631, note 26.

114. — Cet enfant n'est pas même admis à prouver la paternité du mari, si ce n'est dans le cas exceptionnel de l'art. 340 C. civ. — Argum. *à fortiori*, de 340, Proudhon, t. 2, p. 19; Zachariæ, p. 631.

115. — Lorsque, dans ce cas, le mari est déclaré père de l'enfant, celui-ci doit être réputé légitime en vertu de la fiction légale de légitimité qui s'applique à la reconnaissance forcée comme à la reconnaissance volontaire de l'enfant né, sinon conçu, pendant le mariage. — Zachariæ, p. 631, note 29.

116. — L'aveu de la mère que l'enfant dont elle est accouchée, moins de 180 jour après la célébration du mariage, n'est pas des œuvres de son mari, est de nature à produire effet. — *Liége*, 12 fruct. an XIII, de Grady c. Victoire-Joséphine.

117. — Le désaveu de l'enfant né avant le 180e jour du mariage n'est pas admissible : — 1º Lorsque le mari a eu connaissance de la grossesse avant le mariage, parce que cette circonstance fait supposer que, par son mariage, il a voulu reconnaître et légitimer l'enfant. — Art. 314. — Duranton, nº 28.

118. — ... 2º Lorsqu'il a concouru, en qualité de déclarant ou de témoin, à la rédaction de l'acte de naissance qui désigne sa femme comme mère de l'enfant, et que, sans faire de réserves, il a signé cet acte ou déclaré ne savoir signer. — Art. 314. — Zachariæ, t. 3, p. 627; Duranton, nº 31.

119. — Il en serait autrement si le mari, quoique présent à l'acte, n'y avait pas concouru ou s'il y avait consigné des réserves; ou si l'acte ne désignait pas sa femme comme mère de l'enfant, ou s'il désignait l'enfant comme né d'un père inconnu. — Zachariæ, *ib.*, notes 12 et 13; Richefort sur 314.

120. — Les faits indiqués au nº 2 de l'art. 314 sont les seuls dont on puisse faire résulter, de la part du mari, sinon de la part de ses héritiers, une reconnaissance tacite de paternité. — Toullier, t. 2, nº 824; Disc. de M. Duveyrier (Locré, t. 6, p. 296); Zachariæ, t. 3, p. 328, note 15.

121. — ... 3º Lorsqu'après la naissance de l'enfant ou même auparavant, il s'en est expressément reconnu le père ou lorsqu'il a explicitement renoncé à son droit de désaveu, une reconnaissance expresse de paternité doit au moins valoir une reconnaissance tacite. — Disc. de M. Duveyrier, Toullier, t. 2, nº 824; Duranton, t. 3, nº 32; Proudhon, t. 2, p. 12, note 16.

122. — Une reconnaissance consignée dans un acte sous seing privé serait même suffisante. L'art. 334 C. civ., est, d'après la lettre et l'esprit de la loi, étranger à la filiation légitime. — Mêmes autorités.

123. — 4º Si l'enfant n'est pas déclaré viable : car la non-viabilité empêche souvent de préciser l'époque de la conception et rend d'ailleurs le désaveu inutile. — art. 314 C. civ., 3º. — Duranton, nº 33.

124. — La question de viabilité se trouvait autrefois tranchée par la loi qui subordonnait l'admissibilité du désaveu à la condition de survie de l'enfant pendant dix jours au moins à dater de sa naissance. Elle est aujourd'hui abandonnée à l'expérience des gens de l'art. Ces derniers doivent puiser les principaux éléments de leur décision dans la durée de la gestation et dans la conformation des organes nécessaires à la vie, plutôt encore que dans la durée plus ou moins longue de la vie de l'enfant. — Disc. au C. d'État, Observ. du tribunat, Disc. de M. Duveyrier (V. Locré, t. 6, p. 296, et suiv.); Merlin, *Rép.*, vº *Légitimité*, sect. 2, § 1er, nº 6; Proudhon, t. 2, p. 11.

125. — La preuve des faits sur lesquels reposent les fins de non-recevoir qui viennent d'être énumérées est, dans tous les cas, à la charge du défendeur à l'action en désaveu : *Reus excipiendo fit actor*. C'est donc à lui à prouver que le mari a eu connaissance de la grossesse avant le mariage. — Duranton, t. 3, nos 23 et 29; Delvincourt, sur 314; Locré, t. 4, p. 61.

126. — La connaissance de la grossesse peut être établie par toutes sortes de preuves, par témoins et même par de simples présomptions, sans commencement de preuve par écrit. — Disc. au C. d'Etat (Locré, t. 6, p. 156 et 157); Merlin, *Rep.*, vº *Légitimité*, sect. 11, § 1er, nº 6; Toullier, t. 2, nº 826; Duranton, t. 3, nos 23 et 29; Proudhon, t. 2, p. 19 et 20; Locré, *Esprit du C. civ.*, t. 4, p. 61.

127. — Jugé, mais à tort, que la preuve testimoniale n'est pas admissible contre le serment du mari qu'il n'a pas connu la grossesse de sa femme avant le mariage. — *Besançon*, 29 prair. an XIII, Parricot.

128. — Cette offre de preuve testimoniale serait toutefois contraire à l'art. 340 C. civ., si elle portait, non sur la connaissance de la grossesse, mais sur le fait de la paternité dans la personne du désavouant. — Même arrêt.

129. — La preuve des faits de fréquentation intime antérieurs au mariage peut, suivant les cas, être admise par les tribunaux, comme une preuve que le mari a eu, avant le mariage, connaissance de la grossesse de sa femme. — Merlin, *loc. cit.*; Duranton, t. 3, nº 30; Zachariæ, note 22. — Selon Proudhon (t. 2, p. 18), cette preuve ne suffit jamais; au contraire, elle suffit toujours d'après Toullier (t. 2, nº 826).

130. — La preuve contraire réservée au demandeur doit porter sur la non-existence des faits auxquels sont attachés les fins de non-recevoir de l'art. 314 C. civ.; on ne pourrait repousser ces exceptions à l'aide de circonstances qui, sans détruire les faits sur lesquels elles reposent, tendraient seulement à prouver que le mari n'est pas le père de l'enfant. — Toullier, t. 2, nº 823; Duranton, t. 3, nº 28; Zachariæ, note 23.

Sect. 4e. — *De l'enfant né depuis la dissolution du mariage.*

131. — L'enfant né depuis la dissolution du mariage, mais avant la fin du 300e jour qui suit cette dissolution, est réputé conçu pendant le mariage et par conséquent légitime. — Arg. de 315 C. civ.

132. — Ainsi, sous l'ancienne jurisprudence, l'enfant conçu avant l'émigration de son père était légitime, quoiqu'il fût né depuis. — *Caen*, 3 fév. 1813, Montalembert c. de Gresson.

133. — L'enfant né dans les dix mois de la dissolution du mariage et de la mort du mari était de droit légitime; cette légitimité ne pouvait être attaquée par l'offre de prouver que le mari avait été dans l'impossibilité physique de cohabiter avec sa femme pendant les derniers temps de son existence. — *Pau*, 10 fév. 1821, Ronge.

134 — De même sous l'empire du C. civ., serait légitime l'enfant né le 298e jour après la mort du mari, encore bien que cette mort eût été précédée d'une maladie de plus de deux jours. — *Bruxelles*, 15 juillet 1822, Bernard c. Henneton.

135. — Il ne suffirait pas, dans ce cas, d'une simple contestation de légitimité, il faudrait un désaveu formel. — Duranton, nos 61 et 62.

136. — La cour d'appel de Paris avait décidé, par application de ces principes, que l'enfant né moins de 300 jours et plus de 180 jours après la dissolution d'un premier mariage appartient nécessairement à ce mariage, sauf désaveu, et ne peut conséquemment pas être reconnu par un tiers comme enfant naturel. — Que dès lors si, postérieurement à la naissance de cet enfant, sa mère et celui qui l'a reconnu comme fils naturel, contractent mariage, ce mariage ne modifie pas l'état de l'enfant fixé par une présomption légale et ne lui confère pas la légitimation. — *Paris*, 13 juill. 1839 (t. 2 1839, p. 150), Vallier c. Stanislas-Xavier.

137. — Mais cette doctrine a été, avec raison selon nous, condamnée par la cour de cassation. En effet, l'art. 315 C. civ., suivant lequel l'enfant né moins de 300 jours après la dissolution du mariage est réputé conçu dans le mariage, constitue bien au profit de cet enfant une présomption de légitimité; mais cette présomption n'est pas tellement absolue qu'elle puisse être invoquée contre lui alors qu'il la repousse pour conserver un autre état légitime. — *Cass.*, 23 nov. 1842 (t. 2 1843, p. 12), même affaire; *Orléans* (aud. sol.), 10 août 1843 (t. 2 1843, p. 638), même affaire.

138. — *Quid*, si, en contravention à l'art. 22 C. civ., un second mariage a été contracté dans les dix mois de la dissolution du premier? — Deux présomptions légales également puissantes se trouvent alors en collision. Nos anciens docteurs attribuaient l'enfant au second mari plutôt qu'au premier. Il appartient aux tribunaux de décider, d'après les circonstances et, dans le doute, d'après le plus grand intérêt de l'enfant, quel est celui des deux maris qui doit en être réputé le père. — Rousseau-Lacombe, vº *Enfant*, nº 8; Toullier, t. 2, nº 666; Duranton, t. 3, nº 63; Proudhon, t. 2, p. 37; Delvincourt, t. 1er, p. 127; Zachariæ, t. 3, p. 643, note 64.

139. — La présomption légale établie par l'art. 315 C. civ. en faveur de l'enfant dont la légitimité est contestée s'étend au cas où il s'agit non plus de son état, mais de sa capacité pour succéder. — Ainsi elle peut être invoquée pour établir qu'un enfant né plus de neuf mois, mais moins de dix mois après le décès de son parent, était conçu au moment de l'ouverture de la succession et se trouve habile à succéder. — *Cass.*, 8 fév. 1821, Bouvet c. Carré; *Paris*, 19 juillet 1819, mêmes parties; *Orléans*, 16 mars 1832, Chesne c. Mesnard, *sous Cass.* 28 nov. 1833.

140. — En supposant même que l'art. 315 C. civ. ne dût pas, dans ce cas, recevoir son application, il suffit que les faits tendant à établir l'impossibilité de cohabitation avant l'ouverture de la succession aient été déclarés non concluants ni admissibles, pour que cette décision, abandonnée au pouvoir discrétionnaire des tribunaux, ne puisse être atteinte par la cour de cassation. — *Cass.*, 28 nov. 1833. Chesne c. Mesnard.

141. — Mais l'enfant qui naît après le 300e jour à dater de la dissolution ou de l'annulation du mariage n'est pas réputé conçu pendant le mariage. La présomption est en elle-même absolue. — Art. 315 C. civ.

142. — Toutefois elle ne rend pas illégitime de plein droit l'enfant contre lequel elle s'élève. Il faut que la légitimité dont cet enfant est en possession lui soit contestée par une partie intéressée, et qu'elle lui soit enlevée par un jugement. — Observat. du Tribunat, Rapport de M. Duveyrier (Locré, t. 6, p. 172 et 298).

143. — Il résulte de là : 1° Que si l'enfant se trouve de fait en possession des avantages et des droits attachés à la légitimité, il continuera d'en jouir tant que sa légitimité ne sera pas judiciairement contestée; — 2° Que s'il vient à les réclamer, on ne pourra repousser sa réclamation qu'en le faisant, par voie d'exception, déclarer illégitime; — 3° Que sa légitimité ne peut plus être contestée par ceux qui l'ont reconnu pour légitime, ou qui ont renoncé à l'action que la loi leur ouvrait. — Zachariæ, p. 632 et 633.

144. — Mais dès que la légitimité de l'enfant est contestée à raison de sa naissance tardive, le juge n'a plus qu'à examiner si cet enfant est né hors du délai indiqué par l'art. 315; et en cas d'affirmative, il doit nécessairement déclarer son illégitimité. C'est pour mettre un terme aux incertitudes des physiologistes et aux variations de la jurisprudence que la loi a tracé une règle contre laquelle ne peut prévaloir aucune autre présomption. — Toullier, t. 2, nos 828 et 829; Duranton, t. 3, nos 56 à 59; Proudhon, t. 2, p. 29 et suiv.; Delvincourt, t. 1er, p. 202 et 203; Chabot, *Succession*, sur 725.

145. — L'effet de la contestation de légitimité est donc péremptoire et absolu. — Ainsi, l'enfant né plus de 300 jours après la dissolution du mariage doit être déclaré illégitime sur la simple demande des héritiers, alors surtout qu'on n'articule aucune circonstance extraordinaire d'où l'on puisse conjecturer qu'il a été conçu pendant le mariage, et que sa naissance a été retardée par des causes surnaturelles. — *Grenoble*, 12 avril 1809, Chapelet c. Bérard; *Aix*, 8 janv. 1812, Frédy.

146. — Ainsi encore la possession des biens pendant le procès ne doit pas appartenir à l'enfant. — Duranton, t. 3, n° 60.

147. — Cependant on ne saurait dissimuler que ce système a été vivement combattu. La loi, a-t-on dit, déclare seulement que la légitimité de l'enfant né plus de 300 jours après la dissolution du mariage *pourra être contestée*. L'expérience indique d'ailleurs que, dans certains cas extraordinaires, les naissances peuvent avoir lieu plus de 300 jours après la conception. La solution de la question de légitimité doit donc dépendre uniquement des faits et circonstances dont la loi confie l'appréciation à la prudence du juge. — Merlin, *Rép.*, v° *Légitimité*, sect. 2, § 3, n° 5; Favard, v° *Paternité*, n° 6; Locré, *Esprit du C. civ.*, sur art. 315.

148. — On a jugé, dans ce sens, que l'enfant né plus de 300 jours après la dissolution du mariage n'est pas de droit illégitime, et que les juges peuvent, suivant les circonstances, admettre ou rejeter la légitimité. — *Aix*, 6 avril 1807, Frédy.

149. — ... Qu'il ne doit pas être déclaré illégitime sur la simple demande des héritiers. Qu'il peut soutenir sa légitimité par tous les moyens et circonstances propres à l'établir. — Mais que les tribunaux ne doivent faire fléchir la présomption légale qu'autant que la preuve contraire repose sur des faits irrésistibles pour la conscience du juge. — *Limoges*, 18 juin 1840 (t. 2 1840, p. 638), Champemand c. Dugand.

150. — ... Qu'il n'en a pas moins droit, pendant l'instance, à une provision alimentaire sur les biens de la succession, sans être tenu de donner caution, soit que sa légitimité seule (*Besançon*, 23 mai 1806, Margeret), soit que sa filiation même soit contestée. — *Aix*, 6 avril 1807, Frédy.

151. — Quoi qu'il en soit, le juge ne pourrait proclamer la légitimité de l'enfant en se fondant sur la circonstance que les deux époux auraient continué de vivre ensemble depuis la dissolution du mariage, et même que le père aurait expressément reconnu sa paternité. — Il ne faut pas confondre la filiation paternelle et la légitimité. — Toullier, t. 2, n° 237; Duranton, t. 3, n° 57; Proudhon, t. 2, p. 32 et suiv.; Zachariæ, t. 3, note 36. — V. cependant Rapp. de MM. Labary et Duveyrier (Locré, t. 6, p. 244 et 298).

CHAPITRE II. — *De l'action en désaveu et de la contestation de légitimité.*

152. — L'action en désaveu a pour objet de faire sortir de la famille légitime l'enfant placé sous la protection de la règle *Pater is est.* — Elle est dirigée contre l'enfant auquel on ne conteste ni son identité ni le mariage de sa mère, mais qu'on prétend issu d'un autre que le mari. — Duranton, t. 3, nos 64 et 65.

153. — La contestation de légitimité a pour objet d'empêcher un enfant d'entrer dans une famille en usurpant la présomption légale qu'il n'a pas en sa faveur; par exemple, lorsqu'il est né plus de 300 jours après la dissolution du mariage. — Duranton, n° 66.

Sect. 1re — *A qui appartiennent les actions en désaveu ou en contestation de légitimité.*

154. — L'action en désaveu n'est pas une véritable action de famille appartenant à toute partie intéressée. — Duranton, n° 72.

155. — Elle appartient principalement au mari. Il est le premier juge du fait sur lequel repose le désaveu; s'il garde le silence, personne n'a le droit de se plaindre. — Duranton, n° 68.

156. — L'action en désaveu n'appartient ni à la femme ni à ses héritiers, ni en général aux parens maternels. « *La mère ne peut, en dévoilant sa propre turpitude, provoquer contre son enfant une déclaration d'adultérinité.* » — Locré, *Esprit du C. civ.*, t. 4, p. 73; Duranton, t. 3, nos 76 et 77; Proudhon, t. 2, *loc. cit.*; Zachariæ, p. 644, § 546 *bis*, note 3. — *Contrà* Merlin, *Rép.*, v° *Légitimité*, sect. 4, § 1er, n° 1; Delvincourt, t. 1er, p. 210.

157. — Elle n'appartient pas à l'enfant. — Duranton, t. 3, n° 78; Zachariæ, note 3. — *Anal. Cass.*, 8 prair. an VII, Lespinaist c. Carles. — *Pasri*, 6 juill. 1812, Provost contre Marie-Liberté; *Rouen*, 6 juin 1820, Belot c. Legros; *Montpellier*, 2 mars 1832, Griffantière. — V. cependant *Nouveau Denisart*, v° *Bâtard*, § 2.

158. — Du vivant du mari, le droit de désaveu ne peut en général être exercé par personne en son nom : ni par ses créanciers (V. ci-dessous, nos 170 et suiv.), ni par les envoyés en possession provisoire de ses biens. — Zachariæ, p. 645, note 4.

159. — Ainsi, les héritiers présomptifs d'un absent n'ont pas qualité, même après avoir obtenu l'envoi en possession provisoire de ses biens, pour intenter l'action en désaveu contre un enfant né de la femme depuis l'absence. — *Toulouse*, 14 juill. 1827, Gayrand c. Vernus; 29 déc. 1828, Beyres c. Seguy. — V. ABSENCE, n° 185.

160. — Il en serait autrement s'ils avaient été envoyés en possession définitive : ce sont alors de véritables héritiers. — Toullier, t. 1er, n° 422; Duranton, t. 1er, n° 439. — V. ABSENCE.

161. — Elle n'appartient pas aux parens du mari en leur seule qualité de parens, mais comme héritiers. — Toullier, t. 2, n° 825; Proudhon, t. 2, p. 42 et 147; Zachariæ, p. 644, note 1. — V. *contrà* Delvincourt, t. 1er, p. 209.

162. — *Quid* du tuteur du mari interdit? — MM. Malleville (*Anal. C. civ.* sur art. 316), Duranton (t. 3, p. 68), Proudhon (t, 2, p. 43), Zachariæ (t. 2, p. 625) se prononcent contre la recevabilité de l'action en désaveu intentée par le tuteur du mari, et ils se fondent sur ce que cette action est exclusivement attachée à la personne du mari. — Mais cette opinion, combattue par Merlin (*Quest. de droit*, v° *Légitimité*, § 8), est repoussée, avec raison selon nous, par la cour de cassation. En effet, le tuteur a non-seulement le droit, mais le devoir de représenter l'interdit dans tous les actes civils; il a donc qualité pour agir toutes les fois qu'il y a lieu de prévenir ou de repousser une atteinte à la personne, à l'état ou aux biens de celui qu'il représente. Et de même qu'en cas de réclamation d'état par l'enfant, il serait seul partie pour établir, la maternité prouvée, que le réclamant n'est pas le fils du mari de la mère; en cas de filiation légitime constatée par l'acte de naissance, il doit être admis à repousser par une action en désaveu la paternité attribuée au mari par l'acte de naissance de l'enfant. — *Cass.*, 24 juill. 1844 (t. 1er, 1844, p. 365), Taillandier c. Landwertin.

163. — Le droit de désaveu est transmissible aux héritiers du mari (*Liége*, 12 fruct. an XIII, de Grady c. Victoire-Joséphine), mais dans le cas seulement où le mari jouit encore de ce droit au moment de son décès. — Zachariæ, *id.*; Duranton, n° 69.

164. — Il appartient aux héritiers testamentaires comme aux héritiers ab intestat (Locré, t. 6, p. 247 et 299; Duranton, t. 3, nos 69 et 80; Proudhon, t. 2, p. 51 et 52), si l'enfant toutefois veut faire réduire les libéralités. — Duranton, n° 81.

165. — ... A tous donataires ou légataires universels ou à titre universel, lors même qu'ils n'auraient pas la saisine légale. — Zachariæ, p. 644, § 546 *bis*, note 2. — *Contrà* Toullier, t. 2, n° 835.

166. — ... Mais non aux donataires ou légataires à titre particulier, qui n'ont à ce titre que l'action en contestation de légitimité. — Duranton, t. 3, nos 82 et 83; Proudhon, t. 2, p. 51 et 52; Zachariæ, *ibid.*, note 2.

167. — Cette transmission a lieu quel que soit le fait qui motive le désaveu. — Ainsi, les héritiers peuvent exercer l'action en désaveu fondée soit sur l'impuissance accidentelle du mari, soit sur l'adultère de la femme et le recel de la naissance de l'enfant. — Toullier, t. 2, n° 841; Duranton, t. 3, n° 73; Zachariæ, p. 645 et 646, notes 7 et 8. — *Contrà* Proudhon, t. 2, p. 41 et 42; Locré, *Esprit du C. civ.*, sur 312; aussi Merlin, v° *Légitimité*, sect. 2, § 2, n° 4.

168. — Ils peuvent aussi l'exercer contre l'enfant né avant le 180e jour du mariage, si l'on ne prouve contre eux que le mari avait connu la grossesse avant la célébration. — Duranton, n° 74.

169. — Ils en jouissent individuellement, de telle sorte que la renonciation faite ou la déchéance encourue par quelques-uns d'entre eux ne peut pas être opposée aux autres. — Duranton, n° 71; Zachariæ, p. 646.

170. — Ils la transmettent à tous ceux qui ont le droit d'exercer leurs actions, et notamment à leurs créanciers, parce que cette action ne repose, relativement aux héritiers du mari, que sur un intérêt pécuniaire. — Zachariæ, p. 645, note 5.

171. — Mais les créanciers n'ont pas qualité pour intervenir dans une instance en désaveu de paternité dirigée contre leur débiteur, alors surtout qu'aucun fait de collusion entre lui et les autres membres de la famille n'est allégué. Le droit de défendre à l'action qui tend à fixer l'état et la qualité d'un individu dans une famille est un droit exclusivement attaché à sa personne et qui ne peut être exercé par ses créanciers. — *Cass.*, 6 juill. 1836, Delamotte c. Dubois de Pacé. — Duranton, t. 3, n° 160.

172. — La contestation de légitimité au contraire est une véritable action de famille, et, le plus souvent, une exception à une action en réclamation d'état; imprescriptible comme cette action même, appartenant à toute partie intéressée, en vertu de son seul intérêt, et sans tenir compte des jugemens déjà rendus avec d'autres intéressés.

173. — Ainsi cette action appartient aux parens maternels comme aux parens paternels. — Duranton, n° 75.

174. — Elle peut même être exercée par l'enfant qui préférerait la qualité d'enfant naturel à celle d'enfant légitime. — Duranton, t. 3, nos 75, 79 et 83; Toullier, t. 2, n° 833; Zachariæ, t. 3, p. 651, note 36.

Sect. 2e. — *Dans quels délais doivent être intentées les actions en désaveu ou en contestation de légitimité.*

175. — Avant le Code, il n'existait pas de délai fatal pour le désaveu de paternité; le mari était recevable à le former, tant qu'il ne s'était pas reconnu le père de l'enfant. — *Toulouse*, 28 juill. 1808, Cousy c. Édouard.

176. — Mais aujourd'hui le désaveu doit, à peine de déchéance, être formé dans un délai dont la durée et le point de départ varient suivant les circonstances.

177. — Ce délai court contre toute personne et même contre les mineurs. — Duranton, t. 3, n° 89 et t. 21, n° 290. — Et la déchéance qui résulte de son expiration peut être opposée en tout état de cause, et même pour la première fois en appel. — *Agen*, 28 mai 1821, Destoust c. Duchemin.

178. — Il faut... distinguer entre le mari et ses héritiers. Le *mari*... doit réclamer, dans le mois de la naissance, s'il est sur les lieux; dans les deux mois après son retour, si, à la même époque, il était absent; dans les deux mois après la découverte de la fraude, si la naissance lui a été cachée. — C. civ., art. 316.

179. — Le dernier jour du terme est compris *dans* le délai; la loi dit *dans* le mois. — Les mois ne se comptent pas par trente jours, mais de quantième à quantième. — Duranton, n° 24; Zachariæ, *ib.*, notes 11 et 12.

180. — La faveur exceptionnelle d'un délai de deux mois accordé au mari, *lorsqu'il n'est pas sur les lieux*, ne doit pas être restreinte au cas d'absence déclarée ou présumée. — Toullier, t. 2, n° 839; Duranton, t. 3, n° 85.

181. — Cependant la non-présence du mari dans la commune où l'accouchement a eu lieu ne suffirait pas, si, à raison de la proximité de sa résidence, il n'était pas permis de supposer qu'il eût ignoré l'événement. — Locré sur 316; Toullier, t. 2, n° 839; Duranton, t. 3, n° 85; Zachariæ, p. 646, note 13.

182. — Le délai ne court contre lui... que du jour de son retour au domicile conjugal ou au lieu de la naissance de l'enfant, et non de l'époque de son arrivée dans le royaume. — *Paris*, 9 août 1813, Texier.

183. — ... Même dans le cas où il aurait été antérieurement averti de la naissance de l'enfant. — Même arrêt. — Bedel, *De l'adult.*, n° 80; Zachariæ, note 14.

184. — La même exception est acquise au mari, lorsque la femme lui a dérobé, ainsi qu'à sa famille, la connaissance de sa grossesse et de son accouchement; lorsqu'elle s'est fait donner d'autres prénoms que les siens, dans l'acte de naissance de l'enfant, et lorsqu'au lieu de déclarer sa qualité de femme mariée, elle n'a indiqué le père que sous le nom de père inconnu. — *Cass.*, 25 janvier 1831, Auguste c. Lecellier.

185. — Le délai de deux mois, à partir de la découverte de la fraude, court, non pas du jour où le mari a pu la soupçonner, mais seulement du jour où il en a acquis la preuve complète. — *Angers*, 18 juin 1807, Loze c. Frédéric; *Rouen*, 5 mars 1828, Auguste c. Lecellier; *Bordeaux*, 5 mai 1836, Rignoux c. Didelot, *sous Cass.*, 31 mai 1838 (t. 2 1848, p. 360). — Locré, *Esprit du C. civ.*, sur 316; Zachariæ, p. 647, n° 15.

186. — La découverte de la fraude peut ne pas être considérée comme résultant de la demande formée contre le mari par celui qui se prétend né de sa femme pendant le mariage, à fin de rectification de l'acte de naissance qui le désigne comme né de père inconnu. — *Cass.*, 25 janv. 1831, Auguste c. Lecellier.

187. — Mais, la fraude une fois découverte, l'action en désaveu doit être intentée dans les deux mois, à peine de déchéance, alors même que le mari alléguerait avoir fait, dans ce délai, les démarches nécessaires pour faire nommer un curateur destiné à défendre à l'action en désaveu. — *Corse*, 24 mars 1825, Mattei.

188. — Toutefois la déchéance prononcée par la loi contre l'action en désaveu, lorsqu'elle n'est pas formée dans le délai, prescrit par l'art. 316 C. civ., de deux mois après la découverte de la fraude, ne s'applique qu'au cas où l'enfant a le titre de filiation légitime, et non pas à celui où cet enfant a été inscrit sous des noms supposés. — *Bordeaux*, 5 juillet 1843 (t. 2 1844, p. 168), Lestrade de Conty c. de Lachapelle.

189. — C'est au mari à prouver qu'il est dans les cas d'exception prévus par la loi, et par exemple qu'il était absent au moment de la naissance, ou que cette naissance lui a été cachée; et que son retour ou la découverte de la fraude ne remontent pas à deux mois au delà de son désaveu. — Duranton, t. 3, n° 36; Zachariæ, *ib.*, note 15.

190. — Les tribunaux sont souverains appréciateurs de la question de savoir si le père a eu connaissance de la naissance de l'enfant, et par suite, si le désaveu est tardif. — *Cass.*, 9 mai 1838 (t. 2 1838, p. 360), Rignoux c. Didelot.

191. — Il semble que, par analogie, le délai ne doive courir contre le mari qui n'a pu, à raison de son état mental, avoir connaissance de l'accouchement de sa femme, ou du moins apprécier cet événement qu'à dater du moment où il a recouvré ses facultés intellectuelles. — Malleville, sur 316; Bedel, *ib.*, n° 80; Zachariæ, p. 647, note 16.

192. — Mais, sauf les restrictions qui résultent des dispositions des articles 316 et 317 C. civ., le désaveu peut être formé à toute époque. — Ainsi le mari est autorisé à désavouer l'enfant avant sa naissance. — *Cass.*, 25 août 1806, Grady. — *Liège*, 12 fruct. an XIII, Grady. — Chardon, *Fraude*, t. 2, n° 141; Zachariæ, *ib.*, note 21.

193. — ... Ou après sa mort. — *Besançon*, 29 prair. an XIII, Parricot.

194. — Si le mari est mort avant d'avoir fait sa réclamation, mais étant encore dans le délai utile pour la faire, les *héritiers* ont deux mois pour contester la légitimité de l'enfant, à compter de l'époque où cet enfant se serait mis en possession des biens du mari ou de l'époque où les héritiers seraient troublés. — Art. 317 C. civ.

195. — Les héritiers du mari peuvent exercer l'action en désaveu et jouir des délais prescrits tant dans le cas où leur auteur a déjà introduit son action que dans le cas où il serait mort avant de l'avoir introduite. — Duranton, n° 90.

196. — Ils peuvent notamment exercer l'action en désaveu de leur propre chef, lorsque le mari est décédé avant la naissance de l'enfant. — *Cass.*, 25 avril 1806, Grady.

197. — Ils ne sont pas tenus pour agir d'attendre que l'enfant se soit mis en possession des biens de son prétendu père ou les ait troublés dans leur possession. — Même arrêt.

198. — La simple connaissance que les héritiers auraient des prétentions de l'enfant à se faire reconnaître pour l'enfant du mari, de ses démarches et des actes qu'il a faits, sans les diriger contre eux, ne serait pas un trouble de nature à faire courir les délais de l'action en désaveu. — Duranton, n° 88.

199. — Mais il n'est pas nécessaire que le trouble résulte d'une demande directe et par acte judiciaire formée par l'enfant contre les héritiers du mari. Le délai commence à courir du jour où l'enfant a énoncé, dans un acte même extrajudiciaire signifié aux héritiers, ses prétentions à la légitimité et au partage des biens héréditaires. — *Cass.*, 21 mai 1817, Fraise c. Canville. — *Orléans*, 6 fév. 1818, mêmes parties; *contrà Rouen*, 2 mai 1815, mêmes parties.

200. — Ce délai court, à plus forte raison, de la signification faite à l'héritier détenteur des biens de la succession, d'une demande en rectification de l'acte de naissance de l'enfant avec déclaration expresse que cette demande a pour fin ultérieure la revendication de l'hérédité paternelle. — *Cass.*, 31 déc. 1834, Jacob c. Galamin.

201. — ... Ou de la signification faite à cet héritier du jugement de rectification de l'acte de naissance de l'enfant qui se trouve par suite appelé à recueillir l'hérédité; encore bien que l'héritier détenteur ait interjeté appel de ce jugement. — Même arrêt.

202. — ... Ou de l'assignation donnée par l'enfant en dépossession des biens de celui qu'il prétend être son père. — *Agen*, 28 mai 1821, Destoust c. Duchemin.

203. — La durée de l'action peut être prolongée d'un mois par un acte extrajudiciaire contenant désaveu. — C. civ., art. 318. — V. ci-après nos 225 et suiv.

204. — Mais lorsque le mari à qui la grossesse et l'accouchement de sa femme ont été célés, et qui n'a connu que par la réclamation des mois de nourrice la naissance de l'enfant, non inscrit d'ailleurs sur les registres de l'état civil, a, aussitôt cette connaissance acquise, déclaré par acte extrajudiciaire qu'il désavouait l'enfant, il doit, à peine de déchéance, former dans le mois son action en désaveu contre le tuteur *ad hoc* nommé audit enfant, encore bien qu'il ait réservé l'exercice de cette action en désaveu pour le cas où la maternité serait prouvée contre sa femme, s'il est évident, d'après les circonstances de la cause et l'aveu de la femme, que cet enfant a réellement celle-ci pour mère. — C. civ., 318, 325. — *Riom*, 7 juin 1844 (t. 2 1844, p. 324), Raymond c. Colas.

205. — La contestation de légitimité n'est pas soumise aux mêmes délais que l'action en désaveu; elle ne se prescrit que par 30 ans, à dater du jour où l'enfant s'est mis de fait en possession des droits et avantages attachés à la légitimité. — Toullier, t. 2, n° 834; Duranton, t. 3, n° 91; Zachariæ, p. 651, note 37.

206. — La prescription de 30 ans ne serait même pas opposable à la contestation de légitimité proposée par voie d'exception, toutes les fois qu'il y a lieu à l'application de la règle *Quæ temporalia...* — Ainsi, l'enfant se trouvât-il depuis plus de 30 ans en possession des biens, les personnes intéressées à contester sa légitimité seraient toujours admises à le faire par voie d'exception, si jusque-là elles avaient été sans intérêt à se pourvoir par voie d'action. — Zachariæ, *ib.*, note 38.

207. — Jugé, au contraire, que la contestation de la légitimité d'un enfant né 300 jours après le mariage doit être formée par les héritiers du mari dans les deux mois du trouble apporté par l'enfant à leur possession; que l'art. 317 est applicable à la contestation de légitimité comme au désaveu. — *Agen*, 28 mai 1821, Destoust c. Duchemin.

Sect. 3e. — *Dans quelles formes doivent être intentées les actions en désaveu ou les contestations de légitimité.*

208. — Le désaveu peut être formé soit par voie d'action, soit par voie d'exception.

209. — Il est régulièrement formé incidemment à la demande en séparation de corps introduite par la femme et par un simple acte d'avoué à avoué, et l'instance se trouve suffisamment liée à l'égard de toutes les parties par l'assignation donnée au tuteur. — *Paris*, 9 fév. 1846 (t. 1er 1846, p. 294), Benoît c. Chalette et Benoît.

210. — L'intervention des héritiers du premier mari dans la contestation élevée par les héritiers du second contre l'enfant, équivaut à une action en désaveu de paternité qui les rend recevables à prouver l'impossibilité physique de cohabitation entre ce premier mari et la mère de l'enfant. — *Cass.*, 11 janv. 1843 (t. 2 1843, p. 11), Enregistrement c. Boggio.

211. — On doit considérer comme renfermant un véritable désaveu l'exception par laquelle, pour repousser la demande formée par un enfant en rectification de son acte de naissance, qui lui donne pour père un autre que le mari de sa mère, on oppose qu'à l'époque de sa naissance les époux étaient dans l'impossibilité physique de cohabiter et que la naissance a été cachée au mari. — *Cass.*, 31 déc. 1834, Jacob c. Galamin; *Grenoble*, 5 fév. 1836, mêmes parties.

212. — Il suffit, pour qu'il y ait désaveu, que, sur la demande en conciliation par laquelle un individu se prétend l'enfant légitime du défunt, l'héritier détenteur des biens déclare qu'il n'a jamais reconnu le demandeur pour son cohéritier, et qu'il sait que le défunt n'a pas laissé d'autre enfant légitime que lui. — *Lyon*, 23 décem. 1835, Verchère c. Lamoureux.

213. — Il peut même être formé par acte extrajudiciaire, et par exemple par un acte notarié, par un exploit d'huissier, par un simple écrit sous seing privé ayant une date certaine. — Il n'est pas nécessaire que cet acte soit notifié aux personnes contre lesquelles la demande en désaveu devra être dirigée. — Duranton, t. 3, p. 94 et 95; Bedel, *De l'adultère*, n° 83; Zachariæ, p. 648, note 24.

214. — Ainsi est valable le désaveu fait par le mari à son lit de mort devant le président du tribunal civil appelé pour recevoir une demande en divorce fondée sur ce que la femme était, avant le mariage, enceinte des œuvres d'autrui. — *Liège*, 12 fruct. an XIII, de Grady c. Victoire-Joséphine.

215. — Jugé, au contraire, qu'il ne suffit pas que le désaveu soit formé par acte extrajudiciaire ayant date certaine, et qu'il faut encore qu'il soit signifié. — *Rouen*, 5 août 1841 (t. 2 1841, p. 212), Renard.

216. — Lorsqu'un enfant, inscrit à l'état civil comme légitime, s'est présenté après le décès de celui que son acte de naissance lui donne pour père et a requis l'apposition des scellés, le dire consigné en sa présence sur le procès-verbal de levée de scellés, au nom de la sœur du défunt instituée sa légataire universelle, et par lequel cette dernière proteste contre la qualité d'enfant légitime, articule des faits à l'appui de sa protestation, déclare méconnaître le réclamant et se réserve de le désavouer dans les formes et délais de la loi, constitue un véritable désaveu extrajudiciaire. — Même arrêt.

217. — Les réserves qui terminent un semblable dire sont applicables à l'action judiciaire dont le désaveu doit être suivi, et non à un désaveu extrajudiciaire à formuler ultérieurement. — Dès lors l'action en validité du désaveu doit être formée dans le mois qui a suivi le dit acte extrajudiciaire ou du moins dans les deux mois du trouble, à peine de déchéance. — Même arrêt.

218. — Cependant le désaveu ou contestation de légitimité ne résulte pas suffisamment de la constitution d'avoué faite par les héritiers du mari, sur la demande en pétition d'hérédité formée par l'enfant, quoique la constitution d'avoué porte: *protestant de la nullité et du rejet de ladite assignation.* — *Agen*, 28 mai 1821, Destoust c. Duchemin.

219. — Au surplus, la loi n'ayant pas défini le caractère précis du désaveu de paternité, la question de savoir si un acte présente ou non un désaveu rentre dans l'appréciation souveraine des juges du fond. — *Cass.*, 31 mai 1838 (t. 2 1838, p. 360), Rignoux c. Didelot.

220. — Dans l'ancienne jurisprudence, le désaveu

fait par le mari, d'un enfant né de sa femme peu de temps après le mariage, n'avait pas besoin, pour être valable, d'être suivi d'une action dirigée contre l'enfant pour le faire déclarer illégitime. — *Aix*, 31 janvier 1812, Ranquet c. Barjeton.

221. — Sous le droit actuel, lorsque le désaveu a été formé par acte extrajudiciaire, il est réputé non avenu, s'il n'est suivi, dans le délai d'un mois, d'une action en justice. — C. civ., art. 318.

222. —...Ou du moins d'une citation en conciliation suivie elle-même dans le mois, à partir de la non-conciliation ou de la non-comparution, d'une demande en justice. — Merlin, *Quest. de dr.*, vo *Légitimité*, § 2; Zachariæ, note 26. — V. cependant Delvincourt, sur 318; Duranton, t. 3, no 93.

223. — Ainsi l'acte extrajudiciaire de désaveu est valable, bien qu'il n'ait pas été suivi d'une assignation dans le délai d'un mois prescrit par l'art. 318 C. civ., si, d'ailleurs, il y a eu, dans ce délai, citation en conciliation. — *Cass.*, 9 nov. 1809, Brudien c. Brunet.

224. — L'inefficacité de l'acte extrajudiciaire qui n'a pas été suivi dans le mois d'une demande judiciaire, ne forme pas obstacle à l'exercice ultérieur du droit de désaveu, si le délai de deux mois indiqué par les art. 316 et 317 C. civ. n'est pas encore expiré. — *Cass.*, 4 av. 1837 (t. 1er 1837, p. 256 et 542), Lacase. — Rapport de M. Lahary; Merlin, *Quest. de dr.*, vo *Légitimité*, § 2; Toullier, t. 2, no 842; Duranton, t. 3, no 92; Delvincourt, t. 1er, p. 386.

225. — Pourrait-on, avant l'expiration des deux mois du trouble, renouveler un aveu extrajudiciaire dans le but de proroger d'un mois le délai indiqué par l'art. 318 pour intenter l'action? — Non: *Rouen*, 5 août 1841 (t. 2 1841, p. 212), Renard. — Toullier, t. 2, no 842. — Oui: Rapport de M. Lahary.

226. — La demande en désaveu, qu'elle soit formée par voie d'action ou par voie d'exception, doit être dirigée contre l'enfant, s'il est majeur. — Richefort, sur 318 C. civ.; Bedel, no 84; Zachariæ, p. 649, note 27.

227. — Ainsi le désaveu par acte extrajudiciaire signifié à la mère seulement, ne peut être opposé à l'enfant majeur auquel il n'a pas été signifié. — *Rouen*, 5 août 1841 (t. 2 1841, p. 212), Renard.

228. — La demande, si l'enfant est mineur ou interdit, doit être dirigée contre un tuteur *ad hoc* (art. 318 C. civ.), alors même que cet enfant serait déjà pourvu d'un tuteur général. — *Colmar*, 15 juin 1831, Uttard. — Zachariæ, p. 649, note 28.

229. — Ce tuteur *ad hoc* doit être nommé par le conseil de famille, conformément aux règles ordinaires, et non pas, comme le dit Delvincourt sur l'art. 318, par justice. — *Cass.*, 25 août 1806, de Grady; *Montpellier*, 12 mars 1833, R... — Toullier, t. 2, no 843; Duranton, t. 3, no 96; Zachariæ, p. 649, note 29. — V. CONSEIL DE FAMILLE.

230. — Le désaveu du mari n'empêche pas qu'on ne doive appeler au conseil de famille des parens de sa ligne, puisque, jusqu'à preuve contraire, il est considéré comme le père de l'enfant. — Toullier, t. 2, no 843; Duranton, t. 3, no 96.

231. — La nomination de ce tuteur *ad hoc* serait nulle, si, bien qu'il existât des parens dans le rayon déterminé par la loi, le conseil de famille n'était composé que d'amis. — *Montpellier*, 12 mars 1833, R... c. R...

232. — Toutefois, l'action en désaveu et les procédures faites jusqu'alors, pourraient être déclarées valables, si les parties avaient procédé de bonne foi et que la nullité n'eût été opposée qu'après un long délai. — Même arrêt. — V. TUTELLE.

233. — Le fait même que la nomination serait émanée d'un conseil de famille composé uniquement de parens maternels n'entraînerait pas la nullité de la procédure en désaveu, une pareille nomination devant être considérée comme faite dans le plus grand intérêt de l'enfant. — *Cass.*, 25 août 1806, Grady.

234. — Il n'est pas nécessaire d'adjoindre un subrogé-tuteur au tuteur *ad hoc*; en conséquence, il suffit, pour faire courir le délai d'appel que le jugement qui admet le désaveu soit signifié à ce dernier. — Peu importe d'ailleurs que les parens de l'enfant désavoué soient ou non divorcés au moment où le désaveu est formé. — *Colmar*, 14 juin 1832, Hertrog c. Hey.

235. — La mère doit, dans tous les cas, être mise en cause, quand elle existe encore; car elle a son honneur et l'état de son enfant à défendre. — Toullier, t. 2, no 843; Proudhon, t. 2, p. 45; Zachariæ, p. 649, no 30; Duranton, no 96.

236. — Il a même été jugé que la mère qui n'a pas été intimée sur l'appel interjeté du jugement qui admet le désaveu, a le droit d'intervenir dans l'instance pendante devant la cour. — *Paris*, 18 fév. 1843 (t. 1er 1843, p. 532), Desportes c. de N...

237. — Mais elle n'est pas partie principale au procès. Ainsi la légitimité d'un enfant né dans le mariage, mais moins de six mois depuis ce mariage et même depuis la dissolution d'une première union, ne peut être contestée par les héritiers du mari que par voie d'action en désaveu formée contre un tuteur *ad hoc*, et non par une simple demande en rectification de l'acte de naissance de l'enfant dirigée contre sa mère-tutrice. Dans ce cas, la nullité peut être déclarée d'office par le juge. — *Colmar*, 15 juin 1831, Uttard.

Sect. 4e. — *Des effets des actions en désaveu et en contestation de légitimité. — Chose jugée. — Fins de non-recevoir. — Décisions diverses.*

238. — *Effets.* — Si la demande en désaveu formée par le mari ou par tous ses héritiers est admise, l'enfant est rejeté de sa famille: il lui est interdit de porter le nom du mari. — Duranton, no 99.

239. — *Chose jugée.* — Si la demande est rejetée, le jugement rendu avec le mari ou ses héritiers fait loi pour toute la famille; en sorte que l'enfant pourra venir à la succession, même des collatéraux, sans que son état puisse jamais être contesté même par ses parens maternels, car le mari ou ses héritiers étaient les seuls contradicteurs légitimes. — Duranton, no 100.

240. — Cependant le jugement qui n'a été rendu qu'entre l'enfant et quelques-uns des héritiers du mari n'a aucune force pour ou contre les autres héritiers: en vain invoquerait-on l'indivisibilité de l'état. — Merlin, *Rép.*, vo *Quest. d'état*, § 3, art. 1er, nos 5, 11 et 14; Toullier, t. 10, nos 232 et 233; Duranton, t. 3, no 102, et t. 13, no 527; Zachariæ, t. 3, p. 649 et 650.

241. — Lorsque le jugement, dit Zachariæ, a été rendu entre le mari ou tous ses héritiers d'une part et l'enfant ou tous ses héritiers d'autre part, il a au profit de toutes les personnes intéressées à affirmer l'illégitimité de l'enfant, l'autorité de la chose jugée. — S'il n'a été rendu que contre quelques-uns des héritiers de l'enfant, il a bien l'autorité de chose jugée en faveur de toutes les personnes intéressées à soutenir l'illégitimité, mais il ne l'a que contre ceux de ses héritiers qui y ont été parties. — Enfin si le jugement n'a été rendu qu'en faveur de quelques-uns des héritiers du mari, les personnes intéressées à prétendre que l'enfant est illégitime ne sont admises à invoquer ce jugement ni comme ayant à leur égard l'autorité de chose jugée, ni même comme devant les autoriser à attaquer de leur côté la légitimité de l'enfant. — Zachariæ, t. 3, p. 650 et 651.

242. — Quant à la contestation de légitimité qui peut être élevée par toute partie intéressée, la règle générale de l'art 1351 C. civ. est uniquement applicable; et le jugement qui déclare la légitimité ou l'illégitimité de l'enfant n'a d'effet qu'entre les personnes qui y ont été parties et entre leurs héritiers, successeurs ou ayans cause. — *Cass.*, 9 mai 1821, de Saint-Lieux c. de Pageze; *Montpellier*, 24 janvier 1822, mêmes parties. — Merlin, *Rép.*, vo *Quest. d'état*, § 3, art. 1er, nos 6, 7 et 9, et art. 2, no 2; Duranton, t. 3, no 101 et 102; Toullier, t. 10, no 238.

243. — Le jugement qui, sur une action en délaissement des biens d'une succession, dirigée contre le possesseur de ces biens, les conserve à celui-ci, par le motif que d'après les preuves par lui fournies, il est fils légitime de celui de la succession duquel il s'agit, a force de chose jugée, même à l'égard de la question d'état, lorsqu'il n'a pas été attaqué. Cette question ne peut plus être renouvelée par action principale entre les mêmes parties. — *Cass.*, 15 juin 1818, Boiste c. Allain et Barbé.

244. — *Fins de non-recevoir.* — Quoique l'état des personnes ne dérive que de la loi, rien n'empêche cependant que ceux qui veulent le contester à celui qui en est en possession, trouvent dans leurs propres faits des obstacles à leur action. Ainsi, l'enfant qui a reconnu dans plusieurs actes authentiques l'union légitime de ses père et mère, et par suite la légitimité de ses frères et sœurs issus de la même union, n'est pas recevable à contester cette légitimité, d'autant plus qu'en la contestant, il conteste la sienne propre. — *Montpellier*, 2 mars 1832, Griffaulière.

245. — Celui qui a concouru aux opérations d'un conseil de famille faites au profit d'un enfant considéré comme légitime, n'est pas recevable plus tard à lui contester sa légitimité. — *Montpellier*, 4 février 1824, Calmel c. Picou.

246. — La non-contestation de légitimité dans une instance rend-elle non recevable à la contester dans une autre, et, par exemple, au sujet d'une autre succession ouverte postérieurement? — Oui, à moins qu'on ait ignoré le fait qui pouvait donner lieu à cette contestation.

247. — Ainsi, lorsqu'un enfant, né plus de 300 jours après la dissolution du mariage, a été admis, sans contestation, par les héritiers de sa mère à représenter cette dernière dans la succession de l'aïeul, ces héritiers ne sont plus recevables à lui contester sa qualité de légitime et les droits qui en résultent dans une nouvelle succession. — *Cass.*, 13 avril 1820, Remy c. Lecamus.

248. — Toutefois, le légataire qui demande à l'enfant du défunt la délivrance de son legs ne se rend pas non recevable à lui contester ensuite sa qualité de légitime et de successible. — *Cass.*, 15 janvier 1816, d'Orsay; *Rouen*, 7 décembre 1820, mêmes parties.

249. — ... Et le fait qu'un enfant aurait été reconnu légitime par son frère, lorsqu'il était illégitime, n'ôterait pas aux héritiers de ce dernier la faculté de critiquer cet état. — *Cass.*, 22 janvier 1812, de Virgile c. Rebecqui.

250. — *Décisions diverses.* — Pendant l'instance en désaveu intenté par les héritiers du mari, la possession doit appartenir à l'enfant conçu pendant le mariage. — Toullier, t. 2, no 844.

251. — L'enfant dont la légitimité seule et non la filiation est contestée par les héritiers de son père, a droit, durant l'instance, à une provision alimentaire sur les biens de ce dernier. Il n'est pas tenu de donner caution, si l'importance de ses droits successifs suffit pour répondre de la valeur de cette provision. — *Besançon*, 23 mai 1806, Margerel.

252. — De même, l'enfant désavoué comme né plus de 300 jours après le décès du mari a droit, sans être tenu de donner caution, à une pension alimentaire, pendant l'instance en désaveu. — *Aix*, 6 avril 1807, Frédy.

253. — Le décès de l'enfant pendant l'instance n'arrête pas le cours de l'action en désaveu. — *Besançon*, 20 prairial an XIII, Parricol.

254. — Lorsque les premiers juges ont rejeté l'action en désaveu par une fin de non-recevoir, les juges d'appel, en infirmant cette décision, peuvent évoquer et juger le fond. — *Cass.*, 8 juill. 1812, Duchollet c. Bougarel.

255. — En matière de désaveu de paternité l'action est indivisible, en telle sorte que l'appel régulièrement interjeté par le tuteur *ad hoc* conserve les droits de l'appelant contre la femme, nonobstant l'irrégularité de l'appel qui a été signifié à celle-ci. — *Paris*, 9 février 1846 (t. 1 1846, p. 294), Benoît c. Chalette et Benoît. — V. APPEL, § 603, nos 1574 et suiv.

256. — Lorsque celui qui a demandé et obtenu un jugement de désaveu de paternité ne l'a pas fait exécuter et ne conteste même pas sur l'appel, la cour peut faire résulter de ce silence le désistement de l'action et annuler le jugement. — *Lyon*, 7 février 1839 (t. 1er 1839, p. 625), Duvivier c. Lambert.

257. — L'action en désaveu intentée par le mari ne le rend pas irrecevable, pendant le litige, a rendre plainte en adultère contre sa femme. Les juges ne peuvent ordonner qu'il sera sursis au jugement de la deuxième action jusqu'après le jugement de la première. — *Metz*, 14 août 1819, G.... c. G.....

CHAPITRE III. — *Preuve de la filiation des enfans légitimes.*

258. — On entend ici par enfans légitimes les enfans en faveur desquels milite la présomption de légitimité attachée à la conception et même à la naissance pendant le mariage.

259. — C'est à l'enfant qui invoque cette présomption à prouver qu'elle lui est applicable. — La preuve qu'il doit faire à cet égard renferme la démonstration de trois choses: 1o que la femme dont il se prétend issu est ou a été mariée, c'est la preuve du mariage des père et mère; — 2o qu'elle a mis au monde un enfant pendant son mariage ou dans les 300 jours qui en ont suivi la dissolution, c'est la preuve de la naissance; — 3o qu'il est lui-même cet enfant, c'est la preuve de la filiation.

260. — La filiation des enfans légitimes se prouve: 1o par l'acte de naissance; — 2o par la possession d'état; — 3o par la preuve testimoniale, lorsqu'il existe un commencement de preuve par écrit, ou lorsque les présomptions ou indices résultant de faits dès lors constans, sont assez graves pour en déterminer l'admission. — Art. 319, 320 et 323 C. civ.

Sect. 1re. — *De la preuve de la légitimité. — Mariage des père et mère.* (Art. 194 et 197 C. civ.)

261. — Le mariage des père et mère étant la source unique de la légitimité de l'enfant, l'enfant doit d'abord établir l'existence du mariage de ses père et mère; et il ne peut établir cette existence que par la représentation de l'acte de célébration. —Art. 195 C. civ.

262. — Ainsi l'indication faite dans un acte de naissance qu'un enfant est issu de deux personnes mariées, ne suffit pas pour lui constituer l'état d'enfant légitime, lorsque l'acte de naissance n'est pas signé des personnes ainsi désignées comme ses père et mère, et que leur acte de mariage n'est pas représenté. — *Cass.*, 9 déc. 1829, Ducayla; *Orléans*, 7 janv. 1831, mêmes parties.

263. — L'acte de naissance d'un enfant non signé du père, ne forme par lui-même ni preuve ni commencement de preuve par écrit de sa filiation légitime, alors que cet enfant ne justifie ni de l'existence du mariage, ni de sa possession d'état d'enfant légitime. — *Paris*, 17 mars 1836, Melzger c. Bullion.

264. — La déclaration faite dans l'acte de naissance, par un officier de santé, qu'un enfant est fils légitime de deux époux qu'il désigne, prouve bien un fait matériel, la naissance de l'enfant, mais est impuissante à prouver sa légitimité. — *Toulouse*, 28 juill. 1808, Cousy c. Basile Edouard.

265. — La présentation de l'acte de mariage ne peut être suppléée par aucunes pièces ou certificats émanés d'individus sans qualité pour les délivrer. — *Bourges*, 17 mars 1830, Saxy.

266. — Cependant, si les père et mère sont tous deux décédés, et s'ils ont vécu publiquement comme mari et femme, la légitimité des enfans ne peut être contestée sous le seul prétexte du défaut de représentation de l'acte de mariage, toutes les fois que cette légitimité est prouvée par une possession d'état qui n'est point contredite par l'acte de naissance. — C. civ., art. 197.

267. — L'acte de naissance, lors même qu'il désigne l'enfant comme légitime, ne fait pas pleine foi de cette légitimité. Il ne dispense pas l'enfant de représenter l'acte de célébration du mariage de ses père et mère, ou tout au moins, s'ils sont tous deux décédés, la preuve qu'ils ont vécu publiquement comme mari et femme, et que l'enfant a eu la possession d'état d'enfant légitime. — *Paris*, 20 mai 1808, Furst; 7 février 1809, Rossary c. Thourel; *Aix*, 28 mai 1810, Arnaud; *Paris*, 9 mars 1811, Savin et Buhot c. Renard; *Toulouse*, 24 fév. 1826, Bajean c. Gravin.

268. — ... Alors surtout que l'indication de légitimité contenue dans l'acte de naissance est contredite par des actes postérieurs émanés des père et mère. — *Paris*, 11 mai 1816, Delacour c. Meurin.

269. — L'enfant ne peut être dispensé de représenter l'acte de mariage de ses père et mère, que s'ils sont décédés *tous deux*.

270. — Il doit rapporter cet acte, si l'un d'eux existe encore. — *Paris*, 20 mai 1808, Furst; 7 fév. 1809, Rossary c. Thourel; *Toulouse*, 24 fév. 1826, Bajean c. Gravin; *Bourges*, 17 mars 1830, Saxy.

271. — ... Et alors même que le survivant serait en état d'absence, si l'enfant a déclaré savoir dans quel lieu le mariage a été célébré. — *Toulouse*, 24 juin 1820, Legrand c. Dubois.

272. — Mais, en général, on doit assimiler au décès l'absence, la démence, ou tout autre fait qui place les père et mère dans l'impossibilité de désigner le lieu où leur mariage a été célébré. — *Paris*, 23 févr. 1822, Tillard c. Anfrye.

273. — Si les père et mère sont tous deux décédés, l'enfant est, par cela même, dispensé de rapporter l'acte de célébration de leur mariage, sans avoir même besoin de prouver la perte, la lacération ou la non-existence des registres. — *Cass.*, 8 mai 1810, Poutiant.

274. — Mais il faut alors suppléer à l'acte de mariage par la double possession d'état des père et mère comme mari et femme, et de l'enfant comme légitime. — Merlin, vº *Légitimité*, section 1re, § 2.

275. — Ainsi, l'enfant qui réclame la qualité d'enfant légitime n'est dispensé de représenter l'acte de mariage de ses père et mère décédés que lorsqu'il prouve tout à la fois : 1º que ses père et mère ont vécu publiquement comme mari et femme; — 2º qu'il a lui-même une possession d'état d'enfant légitime non contredite par son acte de naissance. — *Cass.*, 8 mai 1810, Poutian; 10 juill. 1823, Saunier c. Lambert; 30 août 1832, Dumas c. Debézieux; 27 nov. 1833, Delamarine c. de Bernis; *Aix*, 28 mai 1810, Arnaud; *Paris*, 9 mars 1811, Savin et Buhot c. Renard; 11 mai 1816, Delacour c. Meurin; 30 déc. 1816, Boiste c. Barbé et Allain; 23 févr. 1822, Tillard c. Anfrye; 1er fév. 1836, Imbert c. Dubois de Chemant.

276. — Ces principes étaient déjà consacrés par l'ancienne jurisprudence. — Ainsi, avant le Code civil, la qualification d'enfant légitime donnée par l'acte de naissance ne dispensait pas l'enfant de rapporter l'acte de mariage de ses père et mère, lorsqu'il ne prouvait pas sa possession d'état comme enfant légitime, et celle de ses père et mère comme époux. — *Cass.*, 18 vent. an XI, Maynard; *Paris*, 29 brum. an XI, Renou c. Lucas.

277. — Si l'acte de mariage des père et mère n'était pas représenté après leur décès, la légitimité de l'enfant ne pouvait être établie que par la double possession d'état des père et mère comme époux et de l'enfant comme légitime. — *Cass.*, 18 vent. an XI, Maynard; *Paris*, 29 brum. an XI, Renou c. Lucas 23 février 1822, Tillard c. Anfrye; 1er fév. 1836, Imbert c. Dubois de Chemant.

278. — Cependant il a été jugé que, sous l'ancienne jurisprudence, la double possession d'état exigée par le Code civil n'était pas nécessaire; — qu'ainsi l'enfant qui avait le titre et la possession d'état d'enfant légitime devait, après le décès de ses père et mère, être considéré comme tel, bien qu'il ne représentât pas leur acte de mariage. — *Cass.*, 8 janv. 1806, Robin. — Et bien que des écrits émanés du père fissent présumer qu'il n'y avait pas eu mariage. — *Paris*, 16 germ. an XII, Robin. — Et qu'il eût été qualifié d'enfant naturel dans le testament de son père. — *Grenoble*, 5 févr. 1807, Breton c. Thieriot. — Et qu'il ne prouvât pas que ses père et mère avaient vécu publiquement comme mari et femme. — *Bourges*, 4 juin 1829, Debierre c. Mignon et Marcillac.

279. — L'enfant n'est pas obligé de produire un acte de naissance qui ne détruise pas sa possession d'état : il suffit qu'on ne lui en oppose pas un contraire à cette possession. — *Toulouse*, 4 juillet 1843 (t. 2 1843, p. 693), Demarc c. Haulié. — Duranton, nº 110.

280. — La double possession d'état établit une présomption légale de légitimité qui ne doit céder qu'à la preuve contraire. — Mêmes autorités.

281. — Ainsi, la présomption de légitimité ne serait pas détruite : 1º Par une déclaration de la mère constatant le défaut de célébration. — *Montpellier*, 4 fév. 1824, Calmel c. Picou.

282. — ... 2º Par un acte émané du père, dans lequel l'enfant serait qualifié d'enfant naturel. — *Bordeaux*, 28 janv. 1835, Laquille c. Lapeyrouse; *Paris*, 16 germ. an XII, Robin; *Grenoble*, 5 fév. 1807, Breton c. Thieriot.

283. — ... 3º Par la production d'un acte de mariage contracté au lit de mort de l'un des époux, c'est-à-dire postérieurement à la naissance du réclamant. — *Toulouse*, 4 juil. 1843 (t. 2 1843, p. 693), Demarc c. Haulié.

284. — La présomption légale de légitimité ne doit céder qu'à la preuve de l'impossibilité du mariage des père et mère. — Duranton, nos 111 et 112.

285. — Elle peut être invoquée par l'enfant, encore bien que l'on produise un acte irrégulier de célébration de mariage, si une autre célébration n'a pas été impossible — *Cass.*, 11 août 1841 (t. 2 1841, p. 431), Ernouf c. Sehuchard; *Paris*, 18 déc. 1837, mêmes parties.

286. — Cependant l'enfant qui, à défaut d'acte de célébration de mariage de ses père et mère décédés, établit qu'ils ont vécu publiquement comme mari et femme et qu'ils l'ont toujours traité comme enfant légitime, n'est pas admissible à se prévaloir de cette possession d'état, s'il résulte en même temps de l'enquête par lui faite que ses père et mère n'ont été mariés que suivant la loi religieuse. — *Rennes*, 5 mars 1812, Marguerite c. Lainé et Moriceau. — Merlin, *Rép.*, vº *Légitimité*, sect. 1re, § 2, quest. 5.

287. — Au surplus, l'obligation imposée aux enfans qui prétendent à la légitimité, de prouver que leurs père et mère ont vécu publiquement comme mari et femme, ne s'étend pas aux petits-enfans à l'égard de ceux qu'ils désignent comme leurs aïeux légitimes. — *Bourges*, 4 juin 1823, Debierre c. Mignon et Marcillac. — Merlin, *Rép.*, vº *Légitimité*, sect 1re, § 2.

Sect. 2e. — *De la preuve de la filiation par l'acte de naissance.*

288. — La filiation des enfans légitimes se prouve d'abord par l'acte de naissance.

289. — Pour que la preuve soit complète, il faut : 1º que l'acte de naissance ait été régulièrement inscrit sur les registres de l'état civil; — 2º que l'identité de l'enfant qui invoque cet acte avec celui qui y est désigné soit établie.

290. — Ainsi : 1º L'acte de naissance ne fait pas preuve complète de la filiation lorsqu'il a été inscrit sur une feuille volante, ou que la déclaration n'a pas été faite par l'une des personnes auxquelles l'art. 56 du C. civ. donne mission à cet effet; il pourrait tout au plus servir, en pareil cas, de commencement de preuve par écrit. — Toullier, t. 2, nos 863 et 867; Duranton, t. 3, nos 120, 121 et 126.

291. — 2º Lorsque l'acte de naissance n'est pas accompagné de la possession d'état, il faut que l'enfant qui invoque cet acte prouve son identité avec celui qui s'y trouve désigné. — Merlin, vº *Légitimité*, sect. 2, § 4, nº 5; Toullier, t. 2, nº 854; Duranton, t. 3, nº 122; Proudhon, t. 2, p. 58.

292. — La preuve de l'identité peut, en général, se faire par témoins, quoiqu'il n'existe pas de commencement de preuve par écrit, ni de présomption de nature à y suppléer; l'art. 323 du C. civil n'est pas opposable : car autre chose est de justifier une action en réclamation d'état à l'appui de laquelle aucun acte de naissance n'est représenté, autre chose est de prouver qu'un acte de naissance est applicable à celui qui le produit. — Toullier, t. 2, nº 883; Duranton, t. 3, nº 123; Merlin, vº *Légitimité*, sect. 3, nº 3.

293. — Jugé, dans ce sens, que la preuve par témoins est admissible, sans commencement de preuve par écrit, lorsqu'il s'agit, non pas d'établir la filiation, mais l'identité; c'est-à-dire de prouver que le réclamant est le même que l'enfant porté dans l'acte de naissance qu'il produit. — *Bruxelles*, 9 juillet 1821, Vigy c. Thyry.

294. — ... Alors surtout, que des faits constans paraissent assez graves pour déterminer l'admission de cette preuve. — *Paris*, 13 flor. an XIII, Lavoine c. Hennecart; *Bordeaux*, 25 août 1825, Thomas c. Roux.

295. — ... Que les présomptions sont graves et que la naissance et la perte de l'enfant sont reconnues. — *Cass.*, 27 janv. 1818, Duvan de Chavagne c. Clémentine.

296. — En pareille matière, le témoignage des parens doit être admis. — *Toulouse*, 17 août 1809, Pradics c. Combettes.

297. — Jugé cependant, qu'en matière de réclamation d'état, les juges ne peuvent, alors qu'il n'existe ni commencement de preuve par écrit, ni présomptions graves, admettre sur la simple représentation d'un acte de naissance qu'on soutient ne pas être applicable au réclamant, la preuve testimoniale de l'identité de celui-ci avec l'individu porté dans l'acte de naissance. — *Bordeaux*, 27 août 1828, Bourbo c. Robert.

298. — ... Que celui qui réclame l'état et les droits d'un individu dont on lui oppose l'acte de décès doit prouver son identité avec cet individu avant que d'être admis à s'inscrire en faux contre l'acte de décès qui lui est opposé; et que l'arrêt qui, en l'absence de possession d'état, de commencement de preuve par écrit et d'indices graves qui puissent faire présumer cette identité, déclare l'inscription de faux non recevable, échappe à la censure de la cour de cassation. — *Cass.*, 5 avril 1820, Paul c. Melet.

299. — Dans tous les cas, l'acte de naissance que l'enfant produit ne peut être invoqué par lui comme commencement de preuve par écrit de l'identité. — *Cass.*, 28 mai 1810, Cozon c. Hamelin; *Paris*, 16 mai 1809, Biaye c. Champion; *Bordeaux*, 25 août 1825, Thomas c. Roux; 27 août 1828, Bourbo c. Robert. — Merlin, *Quest. de dr.*, vº *Maternité*; Toullier, t. 2, nº 948; Duranton, t. 3, nº 237; Locré, *Espr. du C. civ.*, t. 4, p. 221.

300. — ... Alors surtout que l'acte de naissance, contient des énonciations contraires à la prétention de l'enfant; de telle sorte que pour lui donner effet, il serait nécessaire de le faire rectifier. — *Paris*, 5 mars 1814, Marie-Louise c. Hantraye.

301. — En conséquence, jusqu'à ce qu'un acte de naissance, qui attribue à une personne la qualité d'enfant naturel, ait été légalement rectifié, cette personne ne peut réclamer que l'état que cet acte lui attribue, et non se prétendre *de plano* enfant légitime d'un individu qui n'y est pas désigné comme son père. — *Colmar*, 29 nov. 1843 (t. 1er 1844, p. 624), Sorg c. OErtlé.

302. — Toutefois, l'énonciation contenue dans un acte de naissance, qu'un individu est né de deux personnes désignées, est détruite quant au fait de la paternité qu'elle constate, par la représentation d'actes authentiques prouvant qu'à l'époque de la naissance, la mère était engagée avec une autre personne dans les liens d'un mariage qui n'a été dissous que postérieurement. — Les juges peuvent donc reconnaître la paternité résultant du mariage et écarter celle indiquée par l'acte de naissance sans qu'il soit nécessaire de suivre sur l'inscription de faux formée contre cet acte. — *Cass.*, 7 déc. 1842 (t. 1er 1843, p. 130), Lalande c. Deputiers.

303. — L'identité reconnue, l'acte de naissance prouve, jusqu'à inscription de faux, la maternité de la femme mariée inscrite comme mère de l'enfant. — Merlin, *Rép.*, vo *Maternité*, no 6, et vo *Faux*, § 2; *Quest. de dr.*, vo *Quest. d'état*, § 2; Toullier, t. 2, nos 854, 855 et 860.

304. — ... Nonobstant toute dénégation de la part de celle-ci. — Toullier, t. 2, no 859; Zachariæ, p. 654, § 547, note 7. — Et malgré l'admission du désaveu formé par le mari ou de ses héritiers. — Zachariæ, note 8.

305. — L'acte de naissance prouve, jusqu'à désaveu, la paternité du mari de la femme qui est indiquée comme mère de l'enfant. — Toullier, t. 2, no 857.

306. — ... Peu importe que la femme n'ait été désignée dans l'acte que sous son nom de famille, ou même qu'elle ait été dite non mariée. — Toullier, t. 2, no 863; Duranton, t. 3, nos 114 et 115; Delvincourt, t. 1, p. 208; Zachariæ, t. 3, p. 654, § 547, note 10.

307. — ... Peu importe également que l'enfant ait été inscrit comme né d'un père inconnu ou de tout autre père que le mari. — *Paris*, 28 juin 1819, Bonafoux. — Zachariæ, *ib.*; Merlin, vo *Légitimité*, sect. 2, § 2, no 7; Toullier, t. 2, no 861; Duranton, t. 3, no 115.

308. — Ainsi la présomption légale que l'enfant conçu pendant le mariage a pour père le mari n'est pas détruite par la déclaration faite dans l'acte de naissance que l'enfant a pour père un étranger. — L'enfant est donc admissible à réclamer contre cette déclaration, sans qu'on puisse lui opposer son titre de naissance ni même une possession conforme à ce titre. — *Paris*, 6 janvier 1834, Minoggio c. Louvard.

309. — L'acte de naissance qui attribue un enfant né d'un père inconnu à *Angélique de Laage de Beaumanoir*, peut être considéré comme établissant la preuve de la maternité d'Angélique-Ursule-Constance de Laage, épouse de Carvoisin; — si donc il est démontré, dans cette circonstance, que le mari a connu, plus de deux mois avant sa mort, la naissance de l'enfant attribué à sa femme et qu'il n'a pas réclamé, ses héritiers ne sont pas recevables soit à désavouer cet enfant, soit à contester sa légitimité, conformément à l'art. 325 C. civ., leur action se trouvant alors repoussée par la présomption légale *Pater is est.* — *Cass.*, 19 mai 1840 (t. 2 1840, p. 250), de Lauzon c. princesse de Salm-Salm.

310. — Il suffit, pour autoriser le désaveu du mari, que l'enfant soit inscrit sur les registres de l'état civil sous les noms de sa femme, quoique celle-ci désavoue la maternité. — *Paris*, 9 août 1813, Texier.

Sect. 3e. — *De la preuve de la filiation par la possession d'état.*

311. — L'individu qui se trouve, par quelque cause que ce soit, dans l'impossibilité de produire son acte de naissance, peut prouver sa filiation en justifiant de la possession constante de l'état d'enfant légitime des époux du mariage desquels il se prétend issu. — Art. 320 C. civ.

312. — C'est *à défaut de titre* que l'enfant peut invoquer la possession d'état; il n'est pas obligé d'indiquer la cause qui l'empêche de le produire, ni de prouver, par exemple, que les registres ont été perdus ou qu'il n'en a pas été tenu. — Toullier, t. 2, nos 871, 872 et 880; Duranton, t. 3, no 127; Locré, *Espr. du C. civ.*, sur l'art. 320; Delvincourt, t. 1, p. 213.

313. — Avant comme depuis l'ordonnance de 1667, la filiation légitime, à défaut de preuve résultant des registres publics, se prouvait suffisamment par une possession d'état constante, appuyée sur des titres authentiques, tels que des actes de mariage et de décès; surtout lorsque ceux qui contestaient l'état de l'enfant ne rapportaient ni titres ni preuves contraires. — *Cass.*, 29 novemb. 1826, de Bussenil c. de Vauban.

314. — On jugeait même, avant le Code civil, que la filiation légitime pouvait, à défaut de titre, être prouvée, comme elle le serait aujourd'hui, par la possession d'état résultant des circonstances indiquées par l'art. 321 du Code. — *Cass.*, 28 mars 1825, Cussy.

315. — C'est, au surplus, par le Code civil que doivent être appréciés et réglés les effets d'une possession d'état qui s'est continuée sous l'empire de ce Code, quoiqu'elle ait commencé sous l'ancienne loi. — *Paris*, 6 février 1819, Poitrinau c. Ernouf.

316. — La possession d'état s'établit par une réunion suffisante de faits qui indiquent le rapport de filiation et de parenté entre un individu et la famille à laquelle il prétend appartenir: *Nomen, tractatus, fama.* — C. civ., art. 321.

317. — Les principaux de ces faits sont: — que l'individu a toujours porté le nom du père auquel il prétend appartenir; — que le père l'a traité comme son enfant, et a pourvu, en cette qualité, à son éducation, à son instruction et à son établissement; — qu'il a été reconnu constamment pour tel dans la société; — qu'il a été reconnu pour tel par la famille. — C. civ., art. 321.

318. — Cette disposition, rédigée d'une manière purement énonciative, n'a pour but ni d'exclure les faits qui ne s'y trouvent pas indiqués, ni de subordonner la possession d'état à la réunion de tous ceux qui s'y trouvent rappelés. — *Cass.*, 25 août 1812, Abel c. Schwartz. — Duranton, t. 3, no 132; Locré, *Esp. du C. civ.*, sur l'art. 321; Favard, vo *Filiation*, § 1er, no 3.

319. — Quoique la plupart des faits énumérés dans l'art. 321 ne se rapportent qu'au père, la preuve de la possession d'état doit se faire simultanément et indivisément tant à l'égard de la mère qu'à l'égard du père. — Zachariæ, p. 657, notes 14 et 15.

320. — La preuve des faits à l'aide desquels s'établit la possession d'état peut se faire tant par des titres personnels à l'enfant que par des actes qui lui sont étrangers, tels que les actes de naissance de ses frères et sœurs et l'acte de décès de sa mère. — *Grenoble*, 5 février 1807, Breton c. Thieriot.

321. — Elle peut aussi se faire par témoins, même en l'absence de commencement de preuve par écrit ou de présomptions de nature à y suppléer: le 2e alinéa de l'art. 323 C. civ. n'étant applicable qu'au cas où la possession d'état ne peut pas être invoquée. — *Pau*, 9 mai 1829, Haitre c. David; *sous Cass.*, 19 mai 1830; *Toulouse*, 4 juin 1842 (t. 1 1848, p. 79), Dangie c. Sorbé. — Duranton, t. 3, no 130; Zachariæ, *ibid*, note 17.

322. — On doit, en cette matière, admettre le témoignagne de la famille. — *Toulouse*, 17 août 1809, Pradies c. Combettes.

323. — Les adversaires de l'enfant sont toujours admis, non-seulement à faire la preuve contraire des faits de possession par lui articulés, mais encore à combattre les conséquences qu'il veut en tirer, en prouvant de leur côté des faits qui établissent une possession d'état différente de celle qu'il prétend s'attribuer. — Zachariæ, p. 657. — *Cass.*, 27 nov. 1833, Delamarine c. de Bernis.

324. — Il ne suffit pas, pour avoir la possession d'état d'enfant légitime d'un individu, d'avoir constamment porté son nom, alors surtout que le fait a eu lieu à l'insu du prétendu père et dans un lieu éloigné de lui. — *Paris*, 11 juin 1814, Conmiobeux c. Dargence.

325. — Au surplus, la question de savoir si la possession d'état est constante, c'est-à-dire si les faits à l'aide desquels on prétend l'établir sont en nombre suffisant, s'ils sont même justifiés, et s'ils ne sont pas détruits par des faits contraires, est entièrement abandonnée au pouvoir discrétionnaire des tribunaux. — *Cass.*, 8 janvier 1806, Robin; 25 août 1812, Abel c. Schwartz; 19 mai 1830, Haitre c. David; 27 nov. 1833, Delamarine c. de Bernis.

326. — Ainsi, 1o les tribunaux ont plein pouvoir pour admettre ou rejeter la preuve testimoniale, suivant que les faits sur lesquels on fonde la possession d'état sont ou non, à leurs yeux, pertinens et admissibles. — *Cass.*, 19 mai 1830, Haitre c. David.

327. — 2o Quoique la réunion de tous les élémens indiqués par l'art. 321 C. civ. ne soit pas de rigueur pour l'existence de la possession d'état, cependant si une partie seulement de ces faits est articulée, les juges peuvent, suivant les circonstances, les réputer insuffisans pour l'admission de la preuve testimoniale. — *Cass.*, 25 août 1812, Abel c. Schwartz.

328. — 3o Ils peuvent également rejeter la preuve des faits de possession d'état d'enfant légitime, en se fondant sur ce que les personnes dont l'enfant se prétend issu étaient l'une et l'autre mariées à d'autres personnes après sa naissance, et qu'il en résulte que cet enfant n'a ni acte de naissance ni possession d'état d'enfant légitime des parens qu'il s'attribue. — *Cass.*, 27 novembre 1833, Delamarine c. de Bernis.

329. — Lorsque la possession d'état est établie, on peut encore combattre la preuve de la paternité ou de la maternité qui en résulte, soit en démontrant qu'il n'existe aucun enfant issu du mariage, ou que les enfans qui en étaient nés sont décédés, soit en produisant un acte de naissance qui donne à l'enfant une filiation différente de celle qu'il prétend s'attribuer. — Zachariæ, t. 3, p. 658, et note 19; Toullier, t. 2, no 880, note 2; Proudhon, t. 2, p. 61.

330. — Le droit de prouver sa filiation, ou du moins sa filiation paternelle, par la possession d'état, n'est attribué qu'à l'enfant du mariage. Les art. 320 et 321 C. civ. supposent que le mariage des père et mère que se donne l'enfant est prouvé. — Duranton, t. 3, no 128 et 129.

Sect. 4e. — *Des effets de la réunion de l'acte de naissance et de la possession d'état conforme.* (Art. 322 C. civ.)

331. — Nul ne peut réclamer un état contraire à celui que lui donnent son titre de naissance et la possession conforme à ce titre; — et réciproquement, nul ne peut contester l'état de celui qui a une possession conforme à son titre de naissance. — C. civ., art. 322.

332. — Ainsi, l'action en réclamation d'état et l'action en contestation d'état sont également irrecevables, lorsque l'état de l'enfant se trouve établi au moyen d'un acte de naissance inscrit sur les registres de l'état civil et d'une possession d'état conforme à cet acte.

333. — Jugé, que l'enfant qui réclame l'état d'enfant légitime ne peut être repoussé par l'exception de l'art. 322 C. civ., qu'autant que l'état qu'il réclame serait contraire tout à la fois et à son titre de naissance et à sa possession d'état conforme à ce titre. — *Bordeaux*, 12 février 1838 (t. 2 1838, p. 559), Tronquoy c. Dutiers.

334. — Toutefois, la présomption légale en vertu de laquelle il n'est pas permis de contester la légitimité de l'enfant qui a eu sa faveur une possession d'état conforme à son acte de naissance, et de lui opposer le défaut de représentation de l'acte de mariage de ses père et mère lorsque ceux-ci sont décédés, cesse d'avoir lieu lorsqu'il résulte d'un acte de l'état civil que, lors de la conception de cet enfant, sa mère était engagée avec un autre individu dans les liens du mariage. — *Douai*, 8 mars 1845 (t. 1er 1846, p. 24), Poitou c. Vasseur.

335. — Le titre de naissance n'est autre que l'acte de naissance inscrit sur les registres de l'état civil. Si donc le réclamant est désigné dans cet acte comme né de père et mère inconnus, il peut être admis à la preuve de la filiation légitime qu'il revendique, quoiqu'un acte de reconnaissance postérieur lui ait attribué une filiation naturelle et qu'il ait une possession conforme. Dans ce cas, l'enfant n'a pas de titre de naissance; et dès lors l'une des conditions manquant, la fin de non-recevoir de l'art. 322 C. civ. ne peut pas lui être opposée. — *Bordeaux*, 12 février 1838 (t. 2 1838, p. 559), Tronquoy c. Dutiers.

336. — Mais l'exception serait opposable, quoique le titre de naissance et la possession conforme n'attribuassent à l'enfant qu'une filiation naturelle. Il suffit qu'il réclame l'état d'enfant légitime, pour qu'on puisse lui opposer un état contraire fondé sur titre et sur possession; l'art. 322 C. civ. ne distinguant pas si l'état contraire à l'état réclamé est un état d'enfant légitime ou un état d'enfant naturel. — *Rouen*, 26 juill. 1838, Deschamps c. Imps; *Bordeaux*, 12 fév. 1838 (t. 2 1838, p. 559), Tronquoy c. Dutiers. — Merlin, vo *Légitimité*, sect. 3, no 4.

337. — Elle est opposable, quand même on prétendrait que l'enfant a été inscrit sous de faux noms. Autrement l'art. 322 serait complétement neutralisé par l'art. 323 C. civ. — Merlin, vo *Légitimité*, sect. 3, § 4; Duranton, t. 3, no 133; Zachariæ, p. 665, note 17; *contrà* Malleville, sur 323 C. civ.

338. — Ainsi: 1o Lorsqu'un enfant, né pendant le mariage et inscrit seulement sous le nom de sa mère, jouit, dans la maison du mari, de la possession d'état d'enfant légitime, les héritiers collatéraux sont non recevables, après la mort du mari, à prouver par témoins que cet enfant est le fruit de l'adultère, et que l'adultère résulte de l'impuissance du mari. — *Aix*, 14 juillet 1808, Ange-Marie c. Guzanno.

339. — 2o L'enfant qui, par jugement passé en force de chose jugée, rendu sur sa propre demande, a été mis en possession d'un état dont il a joui depuis longtemps, est non recevable à réclamer un état contraire. — Ord. 1667, tit. 27, art. 5

et tit. 35, art. 34. — *Cass.*, 8 prair. an VII, Lépinaist c. Carle.

340. — 3° L'enfant conçu pendant le mariage, qui, par cela seul, est réputé légitime et auquel ce titre n'a jamais été contesté, ne peut, en demandant à changer d'état, se prévaloir d'une reconnaissance de paternité adultérine faite en sa faveur, par un tiers, pour réclamer des alimens contre la succession de celui qui l'a ainsi reconnu. — *Rouen*, 6 juill. 1820, Belot c. Legros.

341. — 4° L'enfant qui a titre et possession d'enfant légitime d'un individu, ne peut se prétendre fils naturel ou adultérin d'un autre, décédé depuis le Code civil, pour réclamer des alimens, encore que l'acte de naissance soit antérieur à la loi de l'an II. — *Cass.*, 27 nov. 1833, Delamarine c. de Bernis.

342. — 5° L'enfant qui a titre et possession d'enfant légitime ne peut, en contestant la légitimité d'un de ses frères, attaquer son propre état d'enfant légitime. — *Montpellier*, 2 mars 1832, Griffaulière.

343. — 6° L'enfant qui a titre et possession d'enfant légitime, ne peut être admis à nier le mariage de ses père et mère, même du vivant de l'un d'eux, et par conséquent à répudier sa propre légitimité pour ne se présenter à leur succession que comme enfant naturel reconnu, et écarter un enfant posthume sous le prétexte qu'il ne serait pas reconnu et qu'il ne produirait pas l'acte de mariage des père et mère communs. Il ne le peut pas surtout lorsqu'il n'attaque pas la légitimité de ceux de ses frères et sœurs ayant même titre que lui, l'état de tous ces enfans étant indivisible. — *Paris*, 6 juill. 1812, Provost et Lallemand c. Liberté.

344. — 7° Les collatéraux ne peuvent, sans commencement de preuve par écrit, être admis, surtout en présence d'un acte de naissance et d'une possession d'état conforme, à prouver par témoins que celui qui se présente comme fils et héritier d'un de leurs parens est une personne supposée. — Si, en première instance, la contestation n'a porté que sur certains faits articulés par eux, ils ne peuvent en articuler de nouveaux en cause d'appel. — *Colmar*, 12 fructidor an II, Beyer c. Kress.

345. — La fin de non-recevoir résultant de l'art. 322 C. civ., ne s'applique qu'aux actions en contestation d'état proprement dites, et ne s'étend pas aux actions en désaveu ni aux actions en contestation de légitimité, fondées soit sur la tardiveté de la naissance de l'enfant, soit sur son adultérinité, soit enfin sur la non-existence ou la nullité du mariage dont il se prétend issu. — Zachariæ, p. 665, note 18; Toullier, t. 2, n° 881 et 882; Duranton, t. 3, n° 134. — V. toutefois, *Montpellier*, 2 mars 1832, Griffaulière.

346. — Les art. 321 et 322 C. civ. ne sont applicables qu'au cas où il s'agit de fixer un état civil, et non lorsqu'il s'agit de savoir si un individu a ou non le droit de porter le nom qu'il s'attribue. — Ainsi, de ce qu'un enfant aurait toujours porté le nom que lui donne son acte de naissance, il ne résulte pas qu'il ne puisse en être dépouillé, s'il est établi que son père n'avait pas le droit de le prendre. — Dans tous les cas, l'arrêt qui décide en fait qu'un acte de mariage produit par une veuve prouve contre le nom qu'elle attribue à son mari, et que les enfans issus de ce mariage n'ont pas porté ce nom assez longtemps pour qu'à défaut de droit de la part de leur père ils puissent invoquer une possession suffisante, échappe à la censure de la cour de cassation. — *Cass.*, 16 mars 1841 (t. 1er 1841, p. 481), Constant c. Tarlenson. — V. NOM.

Sect. 5e. — *De la preuve de la filiation par témoins.* (Art. 323, 324 et 325 C. civ.)

347. — A défaut de titre et de possession constante, ou si l'enfant a été inscrit sous de faux noms ou comme né de père et mère inconnus, la preuve de filiation peut se faire par témoins. — C. civ., art. 323.

348. — La preuve testimoniale est admissible dans ces cas : 1° Quoique l'enfant ne justifie pas de la non-existence et de la perte des registres de l'état civil, et qu'il n'indique pas la cause à raison de laquelle l'acte de naissance n'est pas produit. — Zachariæ, p. 638, note 21.

349. — A plus forte raison, en cas de non-existence ou de perte des registres de l'état civil, on ne peut pas écarter les actes et documens produits pour établir une filiation par l'unique motif qu'ils ne sont pas authentiques; il suffit, pour que ces actes et documens soient appréciés, qu'ils aient acquis date certaine. — *Cass.*, 10 juin 1833, Fariac c. Laubadère.

350. — ... 2° Encore bien que sa possession d'état soit contraire à la filiation qu'il réclame, si d'ailleurs cette possession d'état n'est pas conforme à son acte de naissance. — Zachariæ, p. 659, note 24; Locré, *Espr. du C. civ.*, sur 323 C. civ.

351. — Jugé toutefois, que celui à qui l'on oppose un acte de naissance contraire à l'état qu'il réclame, ne peut, dans le cours de l'instance, attaquer cet acte par la voie de l'inscription de faux incident, et démontrer par témoins la fausseté des noms sous lesquels il a été inscrit, lorsqu'il n'existe en sa faveur ni commencement de preuve par écrit, ni concours de présomptions supplétives. — *Cass.*, 28 mai 1809, Faudoas c. Christian; *Paris*, 7 août 1810, mêmes parties.

352. — ... 3° Lors même qu'on lui oppose un acte de naissance contraire à sa prétention, pourvu qu'il attaque cet acte par la voie de faux incident ou civil; car la voie de faux principal ou criminel lui est interdite. — Merlin, *Rép.*, v° *Maternité*, n° 611, et *Quest. de droit*, v° *Question d'état*, § 1er et 2; Duranton, t. 3, nos 139 et 140; Proudhon, t. 2, p. 68.

353. — Néanmoins, la preuve par témoins ne peut être admise que lorsqu'il y a commencement de preuve par écrit, ou lorsque les présomptions ou indices résultant de faits dès lors constans sont assez graves pour en déterminer l'admission. — C. civ., art. 213.

354. — Il en était ainsi sous l'ancienne législation. Ainsi, sous l'ordonnance de 1667, l'enfant ne pouvait être admis à prouver par témoins l'état qu'il réclamait s'il n'avait pas un commencement de preuve par écrit. — *Cass.*, 21 vent. an VII, Monchard-Beauharnais c. Sophie.

355. — ... Ou des présomptions résultant de faits déjà constans. — Cochin, t. 4, p. 358; Merlin, *Rép.*, v° *Légitimité*, sect. 2.

356. — Sous l'empire du Code civil, on ne peut établir par témoins la filiation d'une personne dont on se prétend héritier, et qui est morte longtemps après sa majorité, sans avoir réclamé. — *Paris*, 19 août 1813, Lemazurier c. Demaisonneuve.

357. — L'enfant qui n'a ni titre, ni possession d'état, ou qui a été inscrit comme né de père et mère inconnus, peut être admis à prouver sa filiation par témoins, lorsqu'il existe en sa faveur des présomptions graves résultant de faits déjà constans. — *Bordeaux*, 28 avril 1841 (t. 2 1841, p. 202), Messine c. Chassac.

358. — Celui qui réclame contre la suppression de son état, peut également prouver sa filiation par témoins, lorsqu'il existe de fortes présomptions et des indices résultant d'écrits privés émanés de ceux qu'il désigne comme ses parens. — *Paris*, 31 juill. 1807, Jeanne-Sophie c. Sirot.

359. — « Le commencement de preuve par écrit résulte des titres de famille, des registres et papiers domestiques du père ou de la mère, des actes publics et même privés émanés d'une partie engagée dans la contestation ou qui y aurait intérêt, si elle était vivante. » Cette disposition est limitative. — C. civ., art. 324.

360. — Avant le code, si la reconnaissance faite par un mari et sa femme de la légitimité d'un enfant inscrit sous des noms étrangers ne suffisait pas pour lui conférer la qualité et les droits d'enfant légitime, elle a dû au moins, alors surtout que l'enfant avait été élevé et nourri par la femme, être considérée comme une présomption grave et un commencement de preuve par écrit de nature à autoriser la preuve testimoniale. — *Paris*, 21 vent. an IX, Ducloson c. Colson.

361. — On peut considérer comme commencement de preuve par écrit l'acte par lequel le mari s'oblige à payer une somme à un enfant. — *Paris*, 31 juillet 1807, Jeanne-Sophie c. Sirot.

362. — ... Les lettres de la femme à laquelle la maternité est attribuée, si la signature est vérifiée; mais sans que ces lettres fassent preuve complète de l'identité de l'enfant qui réclame avec celui dont serait accouchée la femme qu'il indique comme sa mère. — *Rennes*, 29 juillet 1816, Barbier c. Mathilde.

363. — ... La reconnaissance que le mari a faite de la grossesse de sa femme et le témoignage de celle-ci en faveur de l'enfant, lorsque d'ailleurs tous deux articulent des faits graves qui ont empêché de faire constater la naissance. — *Metz*, 16 août 1816, Plagnieux c. Campanella. — V. ENFANT NATUREL, RECHERCHE DE MATERNITÉ.

364. — Mais on ne peut considérer comme commencement de preuve par écrit : 1° La déclaration de la femme seule, surtout si cette déclaration n'a eu lieu qu'après la dissolution du mariage. — *Poitiers*, 29 juillet 1808, Brudien c. Brunet; *Paris*, 11 juin 1814, Coumiobeux c. d'Argence.

365. — ... 2° Ni le legs fait à un individu par un membre de la famille à laquelle il prétend appartenir, lorsque surtout le testament ne donne à cet individu d'autre qualification que celle d'*enfant de l'hospice*. — *Aix*, 22 déc. 1825, S... c. de Gadevel et Caillot.

366. — Lorsqu'il résulte des circonstances de la cause qu'une lettre missive est l'effet de l'erreur de la personne qui l'a écrite, les juges peuvent refuser de l'admettre comme commencement de preuve par écrit, surtout en matière de filiation. — *Cass.*, 11 avril 1826, de Beauveau c. Delannet.

367. — Au surplus, les tribunaux sont appréciateurs souverains de la gravité des présomptions et indices nécessaires pour faire admettre la preuve par témoins de la filiation légitime. — *Cass.*, 16 nov. 1825, de Cairon; 28 fév. 1828, Sire c. de Gavedet. *Paris*, 28 avril 1809, Adrienne-Bathilde c. Rossignol

368. — Ils apprécient de même souverainement si un acte réunit les caractères nécessaires pour constituer un commencement de preuve par écrit. — *Cass.*, 11 avril 1826, de Beauveau c. Delannet; 28 février 1828, Sire c. de Gavedet; 6 août 1839 (t. 2 1839, p. 203), Lachèvre-Lemonnier.

369. — Ainsi, l'arrêt qui décide qu'un enfant qui demande à prouver sa filiation légitime n'a en sa faveur ni titre, ni possession d'état, ni commencement de preuve par écrit, et que dès lors sa demande ne peut être accueillie, échappe, comme fondé sur une simple appréciation de faits et d'actes, à la censure de la cour de cassation. — Même arrêt.

370. — Une cour d'appel a pu refuser le caractère de commencement de preuve par écrit à un interrogatoire dans lequel se trouvaient des déclarations favorables à une filiation contestée, si ces déclarations étaient émanées d'un simple légataire devenu étranger à la famille de celui dont on se disait enfant légitime, et si, d'ailleurs elles ont été reconnues être le résultat de manœuvres frauduleuses. — Même arrêt.

371. — Elle a pu rejeter une preuve par témoins de filiation légitime, en déclarant que les faits articulés sont d'une invraisemblance telle, que cette invraisemblance doit équipoller à une impossibilité de prouver. — *Cass.*, 20 mars 1838 (t. 2 1838, p. 245), Roche.

372. — L'individu qui veut prouver sa filiation par témoins doit établir l'accouchement de la femme mariée qu'il réclame pour sa mère, et son identité avec l'enfant qu'elle a mis au monde. — C. civ., art. 341.

373. — Jugé cependant, que l'art. 341 C. civ. n'est applicable qu'en matière de filiation naturelle; et, en conséquence, que l'enfant qui, à l'aide de la possession d'état, réclame la qualité d'enfant légitime, n'est pas tenu de prouver explicitement la grossesse et l'accouchement de celle dont les faits constituent cette possession et qu'il prétend sa mère. — *Toulouse*, 4 juin 1842 (t. 1er 1843, p. 79), Danglu c. Sorbé.

374. — La maternité prouvée, le mari de la mère est présumé le père de l'enfant. — *Bordeaux*, 12 fév. 1838 (t. 2 1838, p. 559), Tronquoy c. Dutiers; 28 avril 1841 (t. 2 1841, p. 202), Messine c. Chassac; *Toulouse*, 4 juin 1842 (t. 1er 1843, p. 79), Danglu c. Sorbé. — Toullier, t. 2, n° 893; Proudhon, t. 2, p. 56 et 57.

375. — Mais la preuve contraire à la filiation réclamée pourra se faire par tous les moyens propres à établir que le réclamant n'est pas l'enfant de la mère qu'il prétend avoir, ou même, la maternité prouvée, qu'il n'est pas l'enfant du mari de la mère. — C. civ., art. 352.

376. — Cette preuve peut donc se faire par témoins, même sans commencement de preuve par écrit. — Delvincourt, sur l'art. 325; Zachariæ, p. 660, § 547, n° 29.

377. — Elle peut, même en dehors des cas prévus par les art. 312 et 313 C. civ, détruire la présomption de paternité qui s'élève contre le mari de la femme dont la maternité est prouvée.

378. — Ainsi, la simple impossibilité morale de cohabitation, quoique non accompagnée des circonstances exigées par l'art 313 C. civ., suffit pour faire admettre, en pareil cas, la non-paternité du mari. — Merlin, v° *Légitimité*, sect. 2, § 4, n° 7; Toullier, t. 2, nos 894 et 895; Duranton, t. 2, n° 137; Bédel, *De l'adult.*, n° 90.

379. — Pour être admis à la preuve de sa non-paternité, le mari n'est pas obligé de justifier qu'il y a eu impossibilité physique de cohabitation entre lui et sa femme : il suffit d'une impossibilité morale. Néanmoins, les doutes du mari ou la déclaration d'adultère de la part de sa femme ne suffiraient pas pour enlever à l'enfant la présomption de légitimité attachée au fait de sa naissance pendant le mariage. — *Bordeaux*, 12 février 1838 (t. 2 1838, p. 559), Tronquoy c. Dutiers.

380. — La déclaration faite par une femme divorcée, qu'elle est mère d'un enfant inscrit comme né de père et mère inconnus à une date antérieure au divorce, n'entraîne pas nécessairement avec elle une présomption légale de paternité contre le mari, lorsque l'enfant n'a pas la possession d'enfant légitime. Le mari ou ses héritiers peuvent, dans ce cas, en se fondant sur des circonstances qu'il appartient aux juges d'apprécier, soutenir que l'enfant n'est pas né du mariage dont il se prétend issu. — *Cass.*, 9 novemb. 1809, Brudien c. Brunet. — Merlin, vo *Légitimité*, sect. 2, § 2.

381. — Il en est de même de la déclaration faite par une femme mariée, qu'elle est mère d'un enfant inscrit sur les registres comme né d'une fille libre et de père inconnu, alors surtout que cette déclaration n'a lieu qu'après le décès du mari. — *Paris*, 11 juin 1814, Coumiobeux c. Dargence.

382. — Les règles relatives aux conditions et aux délais de l'action en désaveu sont inapplicables à l'exception ou même à l'action au moyen de laquelle on conteste, dans le cas de l'art. 325 C. civ., la filiation paternelle que l'enfant prétend s'attribuer. — Merlin, *Quest. de droit*, vo *Légitimité*, § 2; Zachariæ, p. 661, note 32.

383. — La nécessité d'un commencement de preuve par écrit cesse : 1o Lorsque l'enfant a la possession d'état d'enfant légitime et veut établir sa filiation par la preuve de cette possession d'état. — *Pau*, 9 mai 1829, Haitre c. David.

384. — ... 2o Lorsque tel est l'usage du pays de la naissance de l'enfant : par exemple, lorsque l'enfant est né en Hollande, où l'usage des registres publics n'était pas connu. — *Paris*, 9 août 1813, Texier.

385. — ... 3o Lorsqu'on se trouve dans le cas de l'art. 46 du C. civ., c'est-à-dire que les registres de l'état civil ont été perdus ou n'ont jamais existé. — *Cass.*, 10 juin 1833. — Zachariæ, p. 658, note 21; Duranton, t. 1er, no 293; *contrà* Toullier, t. 2, nos 884 à 887.

386. — Sous l'ancien droit, et encore bien qu'en cas de perte des registres de l'état civil l'ordonn. de 1667 (tit. 20, art. 14) permît indéfiniment et sans restriction la preuve par témoins des naissances, mariages et décès, cependant les parlemens, et spécialement le parlement de Toulouse, ne l'admettaient souvent qu'autant qu'il existait un commencement de preuve écrite. — *Cass.*, 12 déc. 1827, S... L... c. Lagnens.

387. — Sous l'ancienne législation, en cas de perte des registres de l'état civil, la preuve des naissances, mariages et décès pouvait, comme aujourd'hui sous l'empire du Code civil, être suppléée par des présomptions tirées des papiers domestiques et d'une réunion d'actes de famille contenant la reconnaissance des rapports de parenté de la personne dont la filiation était contestée. — *Cass.*, 23 mars 1825, Honel de Cussy c. Lonvel; 29 novemb. 1826, de Bussenil c. de Vauban.

388. — Lorsqu'en raison de l'éloignement des temps et d'autres circonstances de force majeure, les parties ne peuvent établir leur parenté par des actes de filiation réguliers, les tribunaux peuvent se déterminer par des actes de famille authentiques, quoiqu'ils ne soient pas émanés des père et mère, sans qu'il soit nécessaire d'ordonner la preuve testimoniale. — *Cass.*, 8 novemb. 1820, Petit c. Pourradier.

389. — En conséquence, on peut, pour prouver sa parenté et son droit de successibilité, suppléer à un acte de filiation ancien, qu'on ne retrouve pas, par une série d'actes de famille qui établissent cette filiation. — *Cass.*, 14 mars 1824, N... c. N...; 18 déc. 1838 (t. 1er 1839, p. 121), Cadroy c. Delazars; *Paris*, 3 janvier 1825, Ratel c. Levraux.

390. — Les actes et documens de famille peuvent être appréciés, s'ils ont date certaine, alors même qu'ils ne sont pas authentiques. — *Cass.*, 10 juin 1833, Sariac c. Laubadère; *Paris*, 2 mars 1814, Petit-Jean c. Lagille.

391. — Mais, en l'absence de tout écrit, de simples présomptions ou preuves morales, telles que la ressemblance de noms et prénoms, seraient insuffisantes pour établir la filiation. — *Lyon*, 27 juin 1833, Buisson c. Paulo. — Alors même que l'éloignement de temps rendrait impossible la représentation des registres de l'état civil. — Merlin, vo *Généalogie*; Duranton, t. 1er, nos 294 et 295.

RÉP. GÉN. — IX.

CHAPITRE IV. — *De l'action en réclamation d'état et de l'action en contestation d'état.*

Sect. 1re. — *A qui ces actions appartiennent.*

392. — En principe, l'action en réclamation d'état n'appartient qu'à l'enfant.

393. — Si l'enfant n'a pas réclamé, l'action ne peut être intentée par ses héritiers qu'autant qu'il est décédé mineur, ou dans les cinq années après sa majorité. — Art. 329 C. civ.

394. — Lorsque l'enfant meurt après 26 ans révolus et sans avoir réclamé, la loi suppose qu'il a reconnu, par son silence, n'avoir jamais eu de droit; et que, par conséquent, il n'a pu en transmettre, même à ses enfans.

395. — En vain ses héritiers offriraient-ils de prouver qu'il n'a pas connu son véritable état : *Lex non distinguit.* — Toullier, t. 2, no 910; Duranton, t. 3, no 151; Zachariæ, p. 662, § 547 *bis*, note 3.

396. — Si, au contraire, l'action a été commencée par l'enfant, elle passe à ses héritiers comme tous les autres droits de sa succession, à moins qu'il ne s'en soit désisté formellement ou qu'il n'ait laissé passer trois années sans poursuites à compter du dernier acte de la procédure. — C. civ., art. 330.

397. — Le désistement et la péremption n'entraînent que l'extinction de l'instance, et non celle de l'action; de telle sorte que les héritiers pourraient encore renouveler la demande s'ils se trouvaient dans les conditions et les délais indiqués par l'art. 329 du C. civ., c'est-à-dire si l'action elle-même n'était pas éteinte. — Duranton, t. 3, nos 156 et 157; Zachariæ, t. 3, p. 663, note 7; *contrà* Delvincourt, t. 1er, p. 217.

398. — Il en serait autrement si le désistement avait porté sur l'action même. — Duranton, t. 3, no 156.

399. — L'art. 329 C. civ. n'est opposable aux héritiers de l'enfant qu'autant que cet enfant n'a eu de son vivant ni titre ni possession d'état. — Duranton, t. 3, no 152.

400. — En conséquence de ce que l'art. 329 C. civ. ne permet l'action en réclamation d'état de l'enfant qui n'a pas réclamé, qu'autant qu'il est décédé mineur ou dans les cinq années de sa majorité, il n'en résulte pas qu'après ce délai les héritiers soient non recevables : 1o A prouver, incidemment à une action en pétition d'hérédité, que l'enfant qu'ils représentent était, au moment de son décès, en possession de l'état de fils légitime de celui dont ils revendiquent l'hérédité. — *Pau*, 9 mai 1829, *sous Cass.*, 19 mai 1830, Haitre c. David.

401. — ... 2o A faire rectifier l'acte de naissance dans lequel il s'est seulement glissé des erreurs ou omissions : dans ce cas, l'action n'est point une action en réclamation d'état, mais une rectification des registres. — *Aix*, 17 août 1808, Courteron c. Madier. — Duranton, t. 3, no 152.

402. — Cependant si l'enfant n'avait pas joui de la possession d'état, s'il avait seulement un titre dont il n'eût pas fait usage et que son identité avec l'individu dénommé au titre ne fût pas constante; l'action qu'il avait n'étant en réalité qu'une action en réclamation d'état, elle serait éteinte par sa mort, s'il était décédé à l'âge de 26 ans accomplis sans l'avoir intentée. — Duranton, t. 3, no 152.

403. — Les donataires et légataires universels ou à titre universel, et même l'enfant naturel légalement reconnu, peuvent, comme les héritiers, intenter une action en réclamation d'état. Toutefois, ils ne le peuvent qu'autant qu'ils y ont un intérêt pécuniaire et dans les limites seulement de cet intérêt. — Toullier, t. 2, no 914; Duranton, t. 3, nos 158, 159, 160; Proudhon, t. 2, p. 83; Zachariæ, t. 3, p. 662, note 1.

404. — Ainsi les parens de l'enfant, qui ne sont pas ses héritiers, ne le peuvent pas. — Toullier, t. 2, no 914; Proudhon, t. 2, p. 82.

405. — Les donataires et légataires à titre particulier ne le peuvent pas, parce qu'ils ne sont pas héritiers. — Duranton, t. 3, no 160.

406. — Il en est de même des créanciers. — *Cass.*, 6 juillet 1836, Delamotte c. Dubois de Pacé. — Duranton, t. 3, no 160, et t. 10, no 563; *contrà* Zachariæ, t. 3, p. 663, et t. 2, p. 338, note 27; Merlin, *Quest. de droit*, vo *Hypothèque*, § 4; Favard, vo *Nullité*.

407. — Jugé cependant, qu'un créancier a le droit de contester, du chef de son débiteur, une demande en réclamation d'état formée par un tiers, si cette réclamation, étant le résultat d'un concert frauduleux entre le réclamant et le débiteur, peut porter atteinte à ses intérêts; mais que le créancier ne peut plus contester la réclamation d'état dont l'effet serait d'enlever à son débiteur une succession à lui échue, dès que le réclamant a déclaré renoncer à toute prétention sur cette succession. — *Amiens*, 10 avril 1839 (t. 2 1840, p. 664), Dubaret c. Paillet.

408. — A la différence de l'action en réclamation d'état, l'action en contestation d'état compète à toute personne intéressée; il n'est même pas nécessaire que l'intérêt soit actuel et pécuniaire. — Merlin, vo *Quest. d'état*, § 3, art. 2, no 6; Zachariæ, p. 663 et 664, note 9.

409. — Ainsi, lorsqu'un individu s'attribue les noms, les titres qui forment l'apanage d'une famille, tout membre de cette famille a le droit de contester à cet individu l'état auquel il prétend, afin de lui faire interdire d'en prendre le nom et les titres. — *Cass.*, 25 fév. 1823, de Croy-Chanel c. de Croy; 3 av. 1826, de Latour d'Auvergne c. de Latour-Saint-Paulet; 18 mars 1834, de la Châtaigneraie c. de Tourzel.

410. — Lorsqu'un individu se donne, dans des actes, une filiation qui n'est pas la sienne, les membres de la famille qu'il s'attribue sont recevables à lui intenter *hic et nunc* une action, afin de lui interdire d'usurper cette filiation et de provoquer la rectification des actes dans lesquels il se l'est donnée, sans qu'il leur faille avoir pour cela un intérêt pécuniaire actuel. — *Bruxelles*, 25 nov. 1829, Vandershelt c. Vanweyenberg. — V. NOM.

Sect. 2e. — *De la nature des actions en réclamation et en contestation d'état.*

411. — Résultat de la nature des choses, l'état des hommes est un objet placé hors du commerce, sur lequel on ne peut ni transiger ni compromettre, que l'on ne saurait ni aliéner ni prescrire.

412. — L'action en réclamation d'état est donc imprescriptible. — Art. 328 C. civ.

413. — Mais cette imprescriptibilité est particulière à la question d'état et ne s'étend pas aux actions d'un intérêt pécuniaire qui y sont subordonnées, telles qu'une action en pétition d'hérédité ou en partage de succession qui se prescrivent comme toutes autres. — Toullier, t. 2, no 909; Duranton, t. 3, nos 148, 149, 150; Proudhon, t. 2, p. 87 et 89; Delvincourt, t. 1er, p. 216.

414. — Cette imprescriptibilité est particulière à l'enfant et ne passe pas à ses héritiers ni même à ses enfans, contre lesquels court la prescription ordinaire : c'est-à-dire celle de 30 ans, à dater du décès de leur auteur. — Toullier, t. 2, nos 910 et 913; Duranton, t. 3, no 154; Proudhon, t. 2, p. 86 et 87; Delvincourt, sur l'art. 329 C. civ.

415. — Quant à l'action en contestation d'état, elle est imprescriptible tant contre l'enfant que contre ses héritiers. L'état ne peut s'acquérir ni se perdre par prescription. — Toullier, t. 2, no 868; Duranton, t. 3, nos 145 et 146; Proudhon, t. 2, p. 81 et 92.

416. — Par suite des mêmes principes, l'action en réclamation d'état ne peut pas faire l'objet d'une transaction.

417. — Ainsi, la renonciation faite par l'enfant à une action en réclamation d'état ne le lie pas lui-même; mais elle peut être opposée à ses héritiers. — Toullier, t. 2, no 914; Duranton, t. 3, no 144; Delvincourt, sur l'art. 330; Locré, *Législ. civ.* t. 6, p. 178, no 15, et *Espr. du C. civ.*, t. 5, p. 188.

418. — La renonciation à une action en contestation d'état n'est obligatoire ni pour celui qui l'a faite, ni à plus forte raison pour les autres personnes intéressées à contester l'état de l'enfant qui se prévaut de cette renonciation. — Zachariæ, t. 3, p. 665.

419. — Ainsi, le consentement des parties ne suffit pas, en matière d'état, pour prononcer sur la filiation d'un enfant dont l'acte de naissance est contesté. — *Besançon*, 12 juillet 1811, Bonnet c. Grenot.

420. — Toutefois, quoiqu'il soit vrai que l'état des personnes ne peut dériver que de la loi, cependant rien ne s'oppose à ce que ceux qui veulent contester cet état à celui qui en est en possession, trouvent dans leur propre fait des obstacles à leur action. — *Montpellier*, 2 mars 1832, Griffaulière. — V. ENFANT NATUREL, *et suprà* no 342.

421. — Ainsi, les parens d'un enfant qui l'ont volontairement reconnu comme légitime, sont non recevables à contester son état. — *Cass.*, 13 av. 1820, Rémy c. Lecamus; 18 av. 1820, Magon de St-Ilier c. Emma; *Angers*, 11 avr. 1821, Vandolon c. Bourreau; *Montpellier*, 4 fév. 1824, Calmel c. Picou;

4

Cass., 27 déc. 1831, expert c. de Brugière; *Montpellier*, 2 mars 1832, Griffaulière; *Cass.*, 24 juill. 1835, Mas-Saint-Maurice c. Boscary; *Pau*, 20 janv. 1837 (t. 1er 1837, p. 514), Fouron c. Clerc et Perrin.

422. — ... Par exemple, s'ils l'ont admis, en qualité d'enfant légitime, à un partage de famille. — *Cass.*, 13 avril 1820, Remy c. Lecamus.

423. — ... S'ils ont concouru à une délibération du conseil de famille, prise dans l'intérêt de l'enfant considéré comme légitime. — *Montpellier*, 4 fév. 1824, Calmel c. Picou.

424. — ... S'ils ont, en stipulant conjointement avec l'enfant et dans le même intérêt, ratifié un paiement précédemment fait à d'autres cohéritiers de cet enfant, paiement moyennant lequel ces cohéritiers, qui semblaient vouloir contester sa légitimité, ont consenti à le reconnaître. — *Cass.*, 24 juill. 1835, Mas-St-Maurice c. Boscary.

425. — ... S'ils ont reconnu la qualité de l'enfant à une époque où ils avaient intérêt à la contredire. — *Pau*, 20 janvier 1837 (t. 1er 1837, p. 514), Fouron c. Clerc et Perrin.

426. — Ainsi encore, l'époux qui, tout en demandant la nullité de son mariage, a reconnu qu'il avait été contracté de bonne foi et que les enfans qui en étaient issus devaient être déclarés légitimes, ne peut plus ensuite contester l'état de ces mêmes enfans et demander qu'ils soient déclarés bâtards — *Paris*, 18 janvier 1819, Kellermann; *Douai*, 15 nov. 1819, d'Herbecourt c. Destombes.

427. — Mais des actes impliquant reconnaissance d'une filiation sont inefficaces pour opérer cette reconnaissance, s'ils sont intervenus à une époque où le droit de la contester n'était même pas ouvert. — *Douai*, 8 mars 1845 (t. 1er 1846, p. 24), Poitou c. Vasseur.

428. — Les ayans cause à titre universel ne sont pas recevables à contester une filiation reconnue par leurs auteurs. — *Paris*, 3 janv. 1825, Ratel c. Levraux.

429. — Jugé au contraire, que les héritiers de celui qui a formellement reconnu un individu pour son frère légitime, sont recevables à contester la légitimité de cet individu. — *Bourges*, 15 mars 1809, de Virgile c. Rebecqui; *sous Cass.*, 22 janv. 1812.

430. La contestation d'état soulevée par un enfant contre un autre enfant ne peut être repoussée comme immorale lorsqu'elle est fondée sur un acte de l'état civil ayant pour conséquence de conférer à cet enfant une autre filiation légitime. — *Douai*, 8 mars 1845 (t. 1er 1846, p. 24), Poitou c. Vasseur.

431. — Au contraire, la recherche de la maternité étant interdite toutes les fois qu'elle aurait pour résultat d'établir une filiation adultérine, il en résulte que, lorsqu'un enfant, inscrit dans son acte de naissance avec l'indication d'une filiation qu'il prétend fausse ou erronée, demande à faire preuve qu'il a pour mère telle femme mariée (preuve qui ne résulte pas de l'acte de naissance), il peut être déclaré non recevable par la raison qu'il serait déjà établi au procès qu'il n'a pas pour père le mari de cette femme, et que, dès lors, la preuve que cette femme est sa mère est réprouvée par les art. 335 et 342 C. civ., comme conduisant à la preuve d'une filiation adultérine. — *Cass.*, 22 fév. 1843 (t. 1er 1843, p. 680), Desbordes-Borgnis-Gallanty c. Béligard.

432. — Mais ce n'est pas, en principe, rechercher une maternité adultérine que se prétendre l'enfant d'une femme mariée, et par suite l'enfant du mariage même. — *Cass.*, 13 fév. 1839 (t. 1er 1840, p. 84), Tronquoy c. Duliers — V. ENFANS ADULTÉRINS, no 80.

433. — La réclamation d'un enfant qui prétend avoir pour mère une femme mariée ne peut être repoussée par la fin de non-recevoir, tirée de ce que la filiation adultérine ne saurait être recherchée qu'autant qu'il est préalablement établi avec le réclamant qu'il a pour père un autre individu que le mari de sa prétendue mère. — V. ENFANS ADULTÉRINS, no 81.

Sect. 3e. — *Devant quels tribunaux doivent être portées les actions en réclamation ou en contestation d'état.*

434. — Sous l'ancien droit, les questions d'état ne pouvaient être jugées que par les parlemens et contradictoirement avec les procureurs généraux. — *Cass.*, 25 fév. 1823, de Croy-Chanel c. de Croy.

435. — Aujourd'hui, les tribunaux civils sont seuls compétens pour statuer sur les actions soit en réclamation, soit en contestation d'état, art. 326 C. civ. — Les tribunaux de commerce et les juges de paix ne pourraient donc statuer, même incidemment, sur une question d'état. — Merlin, *Rép.*, vo *Question d'état*, § 1er, nos 2 et 3.

436. — Sous l'ancien droit, l'action criminelle contre un délit de suppression d'état pouvait commencer avant le jugement définitif de la question d'état. — *Cass.*, 25 brum. an XIII, Sirey c. Roquelaure.

437. — Ainsi, celui qui réclamait contre une suppression d'état pouvait choisir entre l'action civile et l'action criminelle. Si donc il n'avait pas les commencemens de preuve exigés par la loi, il ne manquait pas de prendre la voie criminelle, afin d'acquérir par ses informations la preuve qu'il lui était interdit de se procurer par des enquêtes. — Locré, *Législ. civ.*, t. 6, p. 161, 208 et 308.

438. — Cet abus n'existe plus aujourd'hui. Par exception au principe que *le criminel tient le civil en état*, et pour maintenir l'interdiction de prouver la filiation par témoins, sans commencement de preuve par écrit ou sans présomptions assez graves pour y suppléer, l'art. 327 C. civ. veut que le *civil tienne le criminel en état*. L'auteur d'un délit de suppression d'état ne peut donc être poursuivi devant les tribunaux criminels avant le jugement définitif de la question d'état par les tribunaux civils. — Art. 327 C. civ. — V. ENFANT (Crimes et délits contre l'), nos 80 et suiv.

439. — L'art. 327 C. civ. s'applique au crime de supposition de part comme au délit de suppression d'état, puisqu'on ne peut attribuer un état faux à un enfant qu'en supprimant son état véritable. — Merlin, *Rép.*, vo *Supposition de part*, § 2, no 2; Zachariæ, p. 666, § 547 *bis*, note 20.

440. — On ne peut donc, avant le jugement définitif sur la question d'état, diriger des poursuites criminelles pour suppression ou pour supposition d'état et pour crimes qui se rattachent essentiellement à cette suppression ou à cette supposition. — *Cass.*, 30 mars 1813, min. public c. M...; 9 juin 1838 (t. 2 1838, p. 546), Dubarret c. Paillet.

441. — ... Et, par exemple, des poursuites en faux contre l'acte de naissance qui attribue à l'enfant une filiation différente de celle qui lui appartient. — *Cass.*, 10 mess. an XII, Christian c. Faudous; 9 fév. 1810, Desroziers; 24 juillet 1823, Boussac. — Merlin, *Quest. de dr.*, vo *Question d'état*, § 1er; Carnot, sur 345 C. pén., n. 8; Mangin, *De l'act. publ.*, t. 1er, no 186. — V. FAUX, nos 779 et suiv.

442. — ... Ou même des poursuites à raison d'un faux commis dans un acte de mariage, lorsqu'elles tendent à priver de l'état d'enfant légitime l'enfant issu du mariage dont l'acte de célébration est incriminé. — *Grenoble*, 9 déc. 1822, Bouzon c. Guy et Deroux. — *Contrà* Mangin, *De l'act. publ.*, t. 1er, no 192.

443. — Mais l'art. 327 ne s'applique pas au délit d'exposition d'enfant, ni même au délit d'enlèvement ou de suppression de la personne d'un enfant sur l'état duquel il ne s'élève aucune difficulté. *Cass.*, 26 sept. 1823, Roger; 12 déc. 1823, Bouland. — Locré, *Législ. civ.*, t. 6, p. 161 et 162. — V. ENFANT (Crimes et délits contre l'), nos 118 suiv.

444. — Il ne s'applique pas au cas où, toutes les parties intéressées étant d'accord pour se plaindre de la suppression d'état, il n'y a plus de question d'état à juger. Alors le motif de la loi cesse, et le principe général que le ministère public doit poursuivre sans entraves la répression des crimes et délits reprend son empire. — Duranton, t. 3, no 165.

445. — Il a même été décidé que l'action criminelle n'avait pas lieu, lorsque l'accusé avait gardé un silence absolu sur l'arrêt d'accusation, et qu'il avait intérêt à être jugé. — *Ass. Maine-et-Loire*, 27 nov. 1829, Dupondraye.

446. — La prohibition est absolue et est imposée à la partie publique comme à la partie civile. Le ministère public ne peut donc poursuivre d'office, par la voie criminelle, le délit de suppression ou de supposition d'état d'un enfant, avant qu'il ait été statué sur la question d'état par les tribunaux civils. — *Cass.*, 10 mess. an XII, Bergeret et Honel; 23 nov. 1808, Jourdain; 2 mars 1809, Jourdain; 9 fév. 1810, Desroziers; 21 août 1812, Goorband; 30 mars 1813, M...; 21 mai 1813, Mangis; 24 juill. 1823, Boussac; 21 juill. 1831, Bernard; impl. 9 juin 1838, Dubarret c. Paillet (t. 2 1838, p. 546) *C. d'assises* (Haute-Garonne), 12 mai 1823, Deschamps. — Duranton, t. 3, no 163; *contrà* Merlin, *Quest. de droit*, vo *Question d'état*, § 2. — V. ENFANT (Crimes et délits contre l'), nos 19 et suiv.

447. — Lors même que, laissant de côté l'acte de naissance constitutif de la fausse filiation, le ministère public restreindrait sa poursuite en faux à des actes de mariage et de décès postérieurs. — *Cass.*, 30 mars 1813, M... — Mangin, t. 1er, no 186; *contrà* Merlin, *loc. cit.*; Legraverend, t. 1er, ch. 1er, p. 39.

448. — Quant à l'action en dommages-intérêts fondée sur une suppression d'état, elle est non recevable, lorsqu'elle n'a été précédée ni d'une action en réclamation civile, ni d'une action criminelle. — *Paris*, 20 février 1810, Hippolyte c. Raray.

449. — La disposition exceptionnelle de l'art. 327 C. civil s'étend à la suppression d'état des enfans naturels comme à celle des enfans légitimes; *Ubi eadem ratio, idem jus.* — *Cass.*, 25 nov. 1808, Jourdain; *Cour d'assises* (Haute-Garonne), 12 mai 1834, Deschamps. — Mangin, t. 1er, no 387. — V. ENFANT (Crimes et délits contre l'), nos 96 et suivans.

Sect. 4e. — *Des effets des jugemens en matière d'état.*

450. — Les jugemens qui ont statué sur une demande en réclamation ou en contestation d'état, ont, comme tous autres, l'autorité de la chose jugée entre les personnes qui y ont été parties ou dûment représentées : *Res judicata pro veritate habetur.* — C. civ., art. 100 et 1351.

451. — Il faut que la question d'état soit l'objet du jugement; qu'elle soit décidée par le dispositif et non pas seulement par les motifs; qu'elle ait été présentée non par forme de simple exception, mais par forme de demande incidente. — Ainsi un jugement qui accorde des alimens à un enfant préjuge bien la question de paternité et de filiation; mais il ne la juge pas positivement, et l'état des hommes ne peut s'établir par un simple préjugé. — *Cass.*, 10 mai 1808, Monty c. Mayre. — Merlin, *Rép.*, vo *Quest. d'état*, § 2; Toullier, t. 10, nos 228 et 229.

452. — Mais il suffit qu'elle soit jugée incidemment. Ainsi le jugement rendu sur une question d'état, proposée incidemment par voie d'exception, a l'effet de la chose jugée tout aussi bien que si elle avait été proposée par voie d'action principale. — Toullier, t. 10, nos 230 et suiv. V. aussi Merlin, *Rép.*, vo *Quest. d'état*, § 2.

453. — Il y a chose jugée sur l'état d'un enfant : 1o Par le jugement qui, sans le déclarer bâtard d'une manière explicite, le déboute d'une demande en délaissement de biens qu'il ne pouvait former qu'en qualité d'enfant légitime, alors surtout que, dans les conclusions des parties, cette qualité a été respectivement soutenue et contestée. — Ord. 1667, tit. 27, art. 5. — *Cass.*, 25 pluv. an II, Masson c. Nugent.

454. — ... 2o Par le jugement qui, sur une demande en délaissement de biens, lui attribue ces biens par le motif qu'il justifie être fils légitime du défunt; quoique ce jugement ait été rendu par défaut et même sans audition du ministère public, s'il n'a pas été attaqué dans les délais. — *Cass.*, 15 juin 1818, Boiste c. Allain et Darbé.

455. — ... 3o Par le jugement qui, sur une demande en rectification d'acte de naissance, a rejeté, après examen, l'exception tirée de faits qui constituent un véritable désaveu de paternité. — *Cass.*, 31 déc. 1834, Jacob c. Galamin.

456. — Il suffit, dans ce cas, pour qu'il y ait chose jugée sur la légitimité de l'enfant, que la cour ait, par le dispositif de son arrêt, adopté les motifs du jugement qui déclarait non recevable une action incidente en contestation de légitimité fondée sur l'adultère de la mère; encore bien que sur l'exception d'incompétence tirée de ce que l'appelant avait formé, depuis l'appel et devant un autre tribunal, une action principale en désaveu de paternité, la cour ait déclaré, dans ses motifs, que l'examen de cette action principale ne pouvait appartenir qu'au tribunal qui en était saisi. — *Cass.*, 31 déc. 1834, Jacob c. Galamin.

457. — Dans tous ces cas, la question d'état ne peut être soulevée, même par voie d'action principale, entre les mêmes parties. — Mêmes arrêts.

458. — Mais il n'y a pas chose jugée sur la question d'état par l'arrêt qui, pour déclarer une demande en pétition d'hérédité non recevable, ne se fonde pas uniquement sur le défaut de justification de la qualité héréditaire du demandeur et qui lui attribue sans nécessité, *mais dans ses motifs seulement* et *non dans son dispositif*, une filiation autre que celle en vertu de laquelle il agit. — *Cass.*, 30 août 1832, Dumas c. Debezieux.

459. — L'autorité de la chose jugée n'est opposable qu'à ceux qui ont été parties ou dûment représentés au jugement. Ainsi : 1o Le jugement rendu, après la mort de l'enfant, sur l'action en contestation d'état dirigée contre quelques-uns de ses héritiers, ne profite ni ne préjudicie aux autres. — Merlin, *Rép.*, v° *Quest. d'état*, § 3, art. 1, n° 2 à 11, et art. 2, n°° 4 à 5.

460. — 2° Le jugement qui déclare un individu enfant légitime d'une femme mariée n'a pas l'autorité de la chose jugée contre le mari, s'il a été rendu en l'absence de ce dernier. — *Cass.*, 7 déc. 1808, Voyneau c. Auguste. — Merlin, v° *Tierce opposition*, § 2, art. 9, n° 2; Toullier, t. 10, n° 225; Duranton, t. 3, n° 102, et t. 13, n° 526.

461. — 3° Le jugement qui, sur la demande des parens paternels, a déclaré un enfant illégitime, n'a point l'autorité de la chose jugée en faveur des parens maternels qui n'y étaient pas parties. — Ceux-ci ne sont pas recevables à se prévaloir de ce jugement, et ne pourraient pas même être admis à contester la légitimité de l'enfant, s'ils l'avaient déjà reconnue. — *Cass.*, 26 août 1823, Vandolon c. Bourreau; 28 juin 1824, mêmes parties; *Angers*, 11 avril 1821, mêmes parties. — Toullier, t. 10, n° 238; Merlin, *Rép.*, v° *Question d'état*, § 3, art. 1°°.

462. — 4° Le jugement qui statue sur l'action en réclamation d'état formée contre quelques membres de la famille seulement, ne peut pas être opposé aux parens qui n'y ont pas figuré, soit par eux-mêmes, soit par leur auteur, ni être invoqué par eux. — Zachariæ, p. 668.

463. — Il en serait ainsi quoique le mari et la femme dont l'enfant se prétend issu eussent été parties au procès. Dans ce cas-là même le jugement ne profite ni ne préjudicie aux membres de la famille qui n'y ont pas été parties ou représentés. — Comment admettre que l'état de l'enfant qui ne saurait être assuré d'une manière irréfragable par la reconnaissance volontaire et formelle de ses père et mère, devienne inattaquable par suite de la mauvaise défense de ces derniers sur l'action en réclamation d'état dirigé contre eux seuls? — Merlin, *Rép.*, v° *Quest. d'état*, § 3, art. 1°°, n° 2 à 11; Zachariæ, p. 668, § 547 *bis*, note 26.

464. — Ainsi, les enfans nés d'un mariage légitime ont des droits de famille propres et personnels qu'il ne faut pas confondre avec ceux qui peuvent leur appartenir dans les successions de leurs auteurs. — Ainsi, lorsqu'un enfant obtient contre son père un jugement qui le déclare légitime, ce jugement a bien contre les enfans d'un premier lit l'autorité de la chose jugée quant aux droits héréditaires, mais non quant aux droits de famille tels que le nom et la parenté. En conséquence, ces enfans ont le droit de former tierce opposition au jugement et à contester la légitimité de leur frère. — *Cass.*, 9 mai 1821, de Saint-Lieux c. de Pagère; *Montpellier*, 24 janvier 1822, mêmes parties. — Merlin, *Rép.*, v° *Quest. d'état*, § 3, art. 1°°, n° 7, et art. 2, n° 4 à 11.

465. — Cependant la plupart des auteurs enseignent qu'en matière d'état, les jugemens rendus avec le contradicteur légitime, c'est-à-dire avec la personne qui a le principal intérêt à la contestation, ont l'autorité de la chose jugée à l'égard des tiers qui n'y ont pas été parties. — Toullier, t. 10, n° 216 à 233; Duranton, t. 3, n° 161, et t. 13, n° 527; Proudhon, t. 2, p. 30. — V. d'ailleurs *supra*.

466. — Il a même été jugé qu'en cette matière, ce qui a été décidé contre un héritier l'étant avec tous, l'intervention est toujours admissible, même en cause d'appel, de la part de ceux qui ont intérêt à contester cet état. — *Pau*, 20 janvier 1837 (t. 1°° 1837, p. 534), Fouron c. Clerc et Perrin.

LEGS.

Table alphabétique.

LEGS.—1.—C'est en général toute libéralité faite par testament.

2. — Suivant Ulpien (*Fragm.*, tit. 24 , § 1er), le mot *legs* (*legatum*) vient de *lex*, parce que cette disposition était faite en termes impératifs, à dif-

férence du fidéicommis, pour lequel on employait des expressions précatives.

SECT. 1re. — *Historique et dispositions générales* (n° 3).

SECT. 2e. — *Legs universel* (n° 98).

§ 1er. — *Caractères et étendue du legs universel* (n° 98).

§ 2. — *Droits et obligations qui naissent du legs universel* (n° 150).

SECT. 3e. — *Legs à titre universel* (n° 278).

§ 1er. — *Caractères et étendue du legs à titre universel* (n° 278).

§ 2. — *Droits et obligations qui naissent du legs à titre universel* (n° 325).

SECT. 4e — *Legs à titre particulier* (n° 375).

§ 1er. — *Ce qu'on peut léguer* (n° 378).

§ 2. — *Délivrance des legs particuliers* (n° 464).

§ 3. — *Effets des legs particuliers* (n° 561).

§ 4. — *Paiement des legs particuliers, leur étendue, et droits des légataires entre eux* (n° 614).

SECT. 5e. — *Modalité des legs* (n° 690).

§ 1er. — *Legs pur et simple et legs à terme ou conditionnel* (n° 691).

§ 2. — *Legs avec charge* (n° 729).

§ 3. — *Legs avec démonstration ou assignat* (n° 755).

—

Sect. 1re. — *Historique et dispositions générales.*

3. — Dans l'ancien droit romain, on distinguait quatre espèces de legs, pour chacune desquelles on avait introduit des actions différentes : 1° les legs *per vindicationem* ; — 2° les legs *per damnationem* ; — 3° les legs *sinendi modo* ; — 4° et les legs *per præceptionem*. On peut voir la définition et l'effet de chacun de ces legs dans Merlin, *Rép.*, v° *Légataire*, § 5, n° 2.

4. — Mais ces legs perdirent plus tard leur influence en tant que formule ; et tout légataire eut, par quelque formule qu'il fût appelé, une action personnelle et une action réelle. L. 21, *C. de legat.* ; l. 4, *C., communia. de legat* ; Merlin, *ibid.*

5. — Pour éviter des redites inutiles, en ce qui concerne l'historique du mot *legs* et sa comparaison avec les autres modes de disposer, nous ne pouvons que renvoyer à ce qui a été dit sous chacun des mots DISPOSITION A TITRE GRATUIT, n° 3 et suiv.; DONATION A CAUSE DE MORT, n° 5 et suiv.; DONATION PAR CONTRAT DE MARIAGE (institution contractuelle), n° 92 et suiv., et enfin INSTITUTION D'HÉRITIER.

6.—A la différence de la jurisprudence des pays de droit écrit, le droit coutumier appliquant la dénomination de *legs* à toutes les dispositions testamentaires relatives aux biens du disposant, qu'elles eussent d'ailleurs pour objet l'universalité ou une quote-part de l'universalité de ces biens, ou bien qu'elles ne portassent que sur des biens spécialement déterminés.

7. — Le Code civil a donné, en ce qui concerne le caractère essentiel et les effets des dispositions testamentaires, la préférence aux principes du droit coutumier.

8.—L'art. 967 porte que « toute personne pourra disposer par testament, soit sous le titre d'institution d'héritier, soit sous le titre de legs, soit sous toute autre dénomination propre à manifester sa volonté. »

9.—D'un autre côté, après avoir distingué dans son premier paragraphe les dispositions testamentaires en legs universels, à titre universel, ou à titre particulier, l'art. 1002 ajoute : « Chacune de ces dispositions, soit qu'elle ait été faite sous la dénomination d'institution d'héritier, soit qu'elle ait été faite sous la dénomination de legs, pro-

duira son effet suivant les règles ci-après établies pour les legs universels, pour les legs à titre universel et pour les legs particuliers. »

10. — *Lois applicables.*—En ce qui concerne les lois qui régissent les legs, soit quant à la capacité des parties , soit quant à la quotité des biens dont le testateur a pu disposer, soit enfin quant à la forme des actes, V. DISPOSITION A TITRE GRATUIT, n° 81 et suiv.; DONATION DÉGUISÉE, n° 261 et suiv.; TESTAMENT.

11. — *Qui peut léguer.* — V. à cet égard DISPOSITION A TITRE GRATUIT, n° 112 et suiv. — V. aussi TESTAMENT.

12.—*A qui on peut léguer.*—On peut voir (DISPOSITION A TITRE GRATUIT, n° 352 et suiv.) quelles personnes sont incapables de recevoir à titre gratuit, et par conséquent par legs. — En ce qui concerne particulièrement les legs, il y a lieu d'ajouter les décisions suivantes :

13. — La loi du 5 frim. an 11, qui maintenait les legs faits aux domestiques, a été abrogée par la loi du 17 niv. suivant. — *Cass.*, 26 thermid. an 11, Drlencourt c. Gourdin. — V. DISPOSITION A TITRE GRATUIT, n° 370 et suiv.

14.—Sur la capacité pour les enfans adultérins de recevoir par legs et sur la reconnaissance de l'adultérité du légataire, V. DISPOSITION A TITRE GRATUIT, n° 374; ENFANT ADULTÉRIN. — A quoi il faut ajouter :

15. — La reconnaissance d'un enfant adultérin faite par le testateur dans le testament qui contient un legs au profit de cet enfant, n'est pas de nature à entraîner la nullité de cette libéralité comme reposant sur une cause illicite, lorsque d'ailleurs ce legs ne dépasse pas les alimens dus à l'enfant.— *Cass.*, 15 juill. 1846 (t. 1er 1847, p. 49), Tronnet c. Forbras ; *Amiens* , 26 mars 1843, mêmes parties.

16. — Un legs d'immeuble fait par un père à son enfant adultérin peut être maintenu par les tribunaux lorsque la valeur de ce legs n'excède pas les limites d'une pension alimentaire.— *Cass.*, 15 juill. 1846 (t. 1er 1847, p. 49), Tronnet c. Forbras.

17. — Le legs d'alimens fait à un individu par le testament qui contient en même temps reconnaissance de sa filiation adultérine peut ne pas être annulé comme reposant sur une cause illicite, alors que cette filiation est établie, en dehors de la reconnaissance, par les circonstances de la cause et l'aveu même de ceux qui critiquent le legs. Même arrêt.

18. — Comme la reconnaissance de paternité adultérine ne peut, en général, être invoquée ni au profit ni au préjudice de l'enfant désigné par cette reconnaissance, et que l'aveu fait par l'enfant de sa filiation adultérine ne saurait produire plus d'effet que la reconnaissance, le legs fait à un individu par celui qui l'avait antérieurement reconnu pour son enfant adultérin doit recevoir son exécution, sans que les héritiers soient admis, pour le faire annuler ou réduire, à se prévaloir soit de la reconnaissance faite par le prétendu père, soit de l'aveu du légataire quant à sa filiation.— *Cass.*, 18 mars 1846 (t. 1er 1847, p. 48), Bouchayer c. Girard.

19.—Sur la capacité pour les établissemens publics de recevoir par legs, V. ÉTABLISSEMENS PUBLICS, n° 74 et suiv., et DISPOSITION A TITRE GRATUIT, n° 432 et suiv.

20. — Le legs fait au profit d'un établissement public, ne devant produire effet que lorsqu'il est autorisé par une ordonnance royale, n'est pas un empêchement, tant que cette autorisation n'est point intervenue, à ce que les héritiers collatéraux du testateur, décédé depuis plus de six mois, s'attribuent dans leur sens électoral une quotité des contributions assises sur les biens de leur auteur, proportionnelle pour chacun d'eux à sa quote-part héréditaire. — *Angers*, 23 nov. 1843 (t. 1er 1844, p. 556), Gousselin-Lacroix c. préfet de la Mayenne.

21. — Sur la capacité pour les communautés religieuses de recevoir par legs, V. COMMUNAUTÉS RELIGIEUSES, n° 290 et suiv., et DISPOSITION A TITRE GRATUIT, n° 493.—A quoi il faut ajouter :

22.—Quelque association de cinq personnes s'est fondée pour instruire les enfans et soigner les malades, sans être liée ni par des vœux, ni par des statuts quelconques, on ne peut les considérer comme une congrégation religieuse non autorisée et incapable de recevoir par testament. — *Grenoble*, 4 juin 1835, David c. Crozet.

23. — Une communauté religieuse de femmes, bien qu'autorisée, est incapable de recevoir un legs universel. — Il en est de même, à plus forte raison, d'une communauté non autorisée. — *Bordeaux*, 8 déc. 1847 (t. 1er 1848, p. 872), de Scorbiac c. Lamarque.

24. — Toute disposition faite au profit des communautés religieuses non autorisées est nulle. — En conséquence, doit être annulé le legs fait à des membres de ces communautés, s'il est établi que le don n'est pas destiné aux légataires désignés, pour leur compte personnel, mais que ceux-ci ne sont que personnes interposées pour la communauté religieuse non autorisée. — *Agen*, 12 août 1842 (t. 2 1843, p. 47), Treillis c. Mandiberon; *Caen*, 31 mars 1846 (t. 2 1846, p. 420), Ursulines de Mortain et Laisné c. Robert.—V. DONATION DÉGUISÉE, nos 212 et suiv.

25. — L'art. 5, L. 24 mai 1825, qui permet aux membres des communautés religieuses de femmes de disposer, en faveur soit d'un autre membre de la même communauté, soit de la communauté elle-même, du quart de leurs biens ou d'une somme de 10,000 fr. au plus, n'a pas dérogé à l'art. 4 de la même loi, qui prohibe toute disposition universelle ou à titre universel au profit de ces communautés. En conséquence, le legs universel ou à titre universel en faveur d'une pareille communauté, par l'une des personnes qui en faisaient partie, est nul d'une manière absolue, et non pas seulement réductible à la portion de biens à laquelle la libéralité eût pu s'élever, si elle avait eu lieu à titre particulier. — *Caen*, 31 mars 1846 (t. 2 1846, p. 420), Ursulines de Mortain et Laisné c. Robert.

26. — Lorsqu'un legs est fait à un individu pour un établissement religieux et charitable dont ce légataire est directeur, il y a lieu d'induire que le legs est fait, non à la personne de l'individu, mais à l'établissement lui-même. — Il en est de même, à plus forte raison, si, dans un codicille postérieur, par lequel il augmente le chiffre du legs, le testateur ajoute que c'est au légataire désigné qu'il désire qu'on remette la somme qu'il lègue pour l'établissement en question — Dès lors un pareil legs est nul, s'il est fait : 1° soit à une communauté religieuse non autorisée ; 2° soit à un être moral et collectif constituant un établissement d'utilité publique, tel qu'un établissement d'orphelins, mais n'ayant pas été autorisé à recevoir.—*Orléans*, 3 avr. 1846 (t. 2 1846, p. 383), Arnold c. de Montblanc.

27. — Sur la capacité pour les pauvres de recevoir par legs, V. DISPOSITION A TITRE GRATUIT, nos 527 et suiv. — A quoi il faut ajouter :

28. — La disposition par laquelle un testateur charge son légataire de faire la distribution de ses biens aux pauvres qu'il croira les plus nécessiteux doit être considérée comme une charge du legs, et non comme un legs fait à personnes incertaines. — Dès lors l'acceptation d'un semblable legs n'est pas soumise à l'autorisation du gouvernement. — *Toulouse*, 29 déc. 1843 (t. 1er 1845, p. 319), Amat c. Treilhou.

29.—Jugé, au contraire, que le legs consenti à certaines personnes afin qu'elles aient à en faire la distribution, même à une classe de pauvres déterminée, est soumis à l'autorisation du gouvernement, qui peut prendre des mesures pour en régler l'exécution, spécialement ordonner que les capitaux seront placés en rentes sur l'Etat, pour les intérêts en être annuellement distribués aux pauvres.—Mais que ces intérêts doivent être remis aux intermédiaires désignés par le testateur, afin qu'ils les emploient conformément à ses intentions. — Qu'il n'y a pas lieu d'ordonner la restitution des sommes que les intermédiaires ont, avant l'autorisation du gouvernement, employées de bonne foi conformément aux volontés du testateur. — *Douai*, 11 fév. 1845 (t. 1er 1845, p. 593), Hospices de Dunkerque c. Olivier.

30. — ...Que le legs fait aux sœurs d'un hospice pour être distribué aux malades les plus pauvres de leur établissement est soumis, pour son acceptation, à l'autorisation préalable du gouvernement comme étant fait, dans la réalité, non aux intermédiaires ainsi désignés, mais aux pauvres.—Qu'un pareil legs doit être délivré à la commission administrative de l'hospice, à la charge par elle de faire parvenir le legs aux plus pauvres malades de l'hôpital, par l'entremise des sœurs de charité. — Qu'en un tel cas, le gouvernement peut, en même temps qu'il autorise l'acceptation du legs, ordonner que les sommes dont il se compose seront capitalisées et placées en rente sur l'Etat, sauf à remettre les arrérages entre les mains des sœurs de l'hospice pour être distribués et employés conformément aux volontés du testateur. — *Bordeaux*, 26 juin 1845 (t. 2 1846, p. 462), Giraudeau c. hospices de Bordeaux.

31. — Le legs fait, même par interposition de personnes, en faveur des pauvres, de l'église ou du séminaire, n'est pas nul comme étant fait à des personnes incapables ou incertaines. — Le légataire institué a qualité pour agir en l'absence de ces personnes, et à défaut de l'autorisation nécessaire à l'acceptation du legs. — *Metz*, 10 mai 1844 (t. 2 1844, p. 378), Cune c. Guillemin. — V. DONATION DÉGUISÉE, nos 210 et suiv.

32. — Le bureau de bienfaisance de la commune où le testateur était domicilié peut et doit surveiller l'exécution d'un legs d'argent fait *à tel pauvre qu'il plaira à l'exécuteur testamentaire de choisir*. — Un pareil legs, s'il ne concerne pas exclusivement les pauvres de cette commune, doit être réputé les avoir plus particulièrement en vue. — *Douai*, 23 juin 1846 (t. 2 1846, p. 398), Bureau de bienfaisance de Sarens c. Hanotte et Revette.

33. — Un legs ne peut être fait à une personne incertaine. — V. DISPOSITION A TITRE GRATUIT, nos 531 et suiv. — A quoi il faut ajouter :

34. — Un legs n'est pas nul, par cela seul que le légataire est désigné en termes qui peuvent s'appliquer à plusieurs personnes. — Du moins l'incertitude peut être levée par la preuve de tous les faits quelconques, même puisés hors du testament, et tendant à constater le véritable légataire. — *Bruxelles*, 19 janvier 1833, Thomas c. Ermans.

35. — Le legs fait au profit d'un individu pour exécuter les intentions secrètes du testateur, doit être annulé comme ne désignant pas le véritable légataire. — En conséquence le légataire apparent est tenu de restituer tout ce qu'il a reçu, dans ce but, du testateur. — *Limoges*, 20 déc. 1830, Assolant c. Benassy.

36. — La disposition par laquelle le testateur lègue le tiers de ses biens à l'église ou au séminaire, à la volonté du légataire désigné dans le testament, n'est pas valable. — *Metz*, 10 mai 1844 (t. 2 1844, p. 378), Cune c. Guillemin. — V. toutefois EXÉCUTEUR TESTAMENTAIRE, nos 171 et suiv.

37. — Sur la capacité pour les concubins de recevoir par legs, V. DON ENTRE CONCUBINS.

38. — Le legs au profit d'un incapable est nul non-seulement lorsqu'il a été fait directement, mais encore lorsqu'il a été fait au moyen d'une personne interposée. — V. les règles exposées à cet égard v° DONATION DÉGUISÉE, nos 126 et suiv. — A quoi il faut ajouter :

39. — L'art. 1099 comprend dans le mot *donation* qui y est employé toute espèce de disposition à titre gratuit entre époux, par conséquent les donations testamentaires aussi bien que les donations entre-vifs. — Dès lors, le *legs* fait à la *petite-fille* de la seconde femme du testateur est nul comme fait à personne interposée, lorsque d'ailleurs il est constant que le testateur a épuisé, par des libéralités directes, la quotité dont il pouvait disposer en faveur de sa veuve. — *Caen*, 6 janv. 1845 (t. 1er 1845, p. 608), Ceffray et Enregistrement c. Ceffray et Thomères.

40. — Le legs fait à un enfant d'un premier lit du conjoint du testateur ne saurait être réputé fait à personne interposée, s'il est constant que le conjoint n'en pourra jamais recueillir le profit, par exemple, si ce legs ne doit recevoir son exécution qu'à compter du décès dudit conjoint. — *Cass.*, 7 fév. 1849 (t. 1er 1849, p. 213), Lalonde c. Ville-d'Avray ; *Caen*, 13 nov. 1847 (t. 1er 1849, p. 213), mêmes parties.

41. — L'appréciation des circonstances établissant qu'une disposition testamentaire a été faite au profit d'un incapable sous le nom d'une personne interposée, rentre dans le domaine souverain des cours d'appel, dont la décision à cet égard échappe à la censure de la cour de cassation. — *Cass.*, 20 avr. 1847 (t. 1er 1847, p. 543), Larrey c. Jamme.

42. — Un legs a pu être annulé comme fait à un incapable par personne interposée, lorsqu'il est établi que le légataire apparent était dans une dépendance absolue à l'égard de la personne que le testateur voulait indûment gratifier, et qu'au moyen de cet ascendant le bénéfice du legs devait passer en entier à l'incapable. — *Cass.*, 20 juill. 1846 (t. 1er 1847, p. 359), Toussaint c. Hamelin.

43. — Celui qui veut attaquer un legs comme contenant un fidéicommis qui oblige le légataire à restituer la libéralité, ne doit pas se borner à prouver que le legs est destiné à parvenir à un tiers ; il faut encore qu'il prouve que ce tiers est un incapable. — *Douai*, 9 août 1847 (t. 2 1847, p. 264), Abraham c. Pluchard et Lescut.

44. — Dès lors un legs universel n'est point vicié par des dispositions secrètes mises à la charge du légataire. — *Cass.*, 14 déc. 1819, de Broé c. Thiesset, confirmatif de *Paris*, 30 mars 1819.

45. — ...Et la mention ajoutée à une institution universelle, que *le légataire connaît les intentions du testateur, qui a la plus grande confiance en lui*, est insuffisante pour vicier cette institution. — *Lyon*, 13 fév. 1836, Chausson c. Bibet.

46. — La prétention que le legs de la quotité disponible, fait par le testateur à un de ses héritiers, était réellement destiné à un autre héritier auquel le légataire apparent était chargé de le rendre, ne peut être admise à l'aide de la preuve testimoniale. — *Aix*, 6 fév. 1835, Gastinel. — La jurisprudence est contraire lorsqu'il s'agit de prouver que le legs doit être remis à un incapable. — V. DONATION DÉGUISÉE, nos 231 et suiv.

47. — Lorsqu'un testateur a institué son ami légataire d'une certaine somme, pour en faire l'emploi qu'il lui a indiqué, en interdisant à ses héritiers, et à tous autres, toute réclamation à ce sujet, voulant, qu'en cas de réclamation, le legs tourne au profit du légataire, chargé de la disposition secrète, l'individu qui prétend être l'objet de ce legs peut néanmoins être admis à faire la preuve à l'appui de sa prétention. — *Pau*, 17 juill. 1822, L. c. Hautmont. — La preuve de la destination de ce legs peut être faite contre le légataire chargé de le transmettre, surtout s'il existe des présomptions qu'il le retient frauduleusement. — Même arrêt. — Ce légataire n'est pas recevable à opposer à celui qui réclame le legs secret, qu'il est incapable de le recueillir. — Même arrêt.

48. — Si, d'après les termes du testament, la pleine propriété a été léguée, et qu'il n'y ait, d'ailleurs, aucun indice de dol ou de fraude de la part du légataire, celui-ci ne peut être obligé à prêter serment qu'il n'a point promis verbalement au testateur de faire rendre la succession aux héritiers *ab intestat*. — *Trèves*, 13 nov. 1809, Werlé.

49. — Après la prononciation du jugement qui rejette la demande en nullité d'un testament, les juges ne peuvent interpeller l'héritier institué présent à l'audience, et donner acte de sa réponse sur l'effet qu'il entend donner à la promesse qu'il a faite verbalement à quelques-uns d'entre eux, de laisser après sa mort aux héritiers légitimes du testateur les biens compris dans son institution. — *Cass.*, 11 juin 1810, Debazarnes c. Héreau.

50. — *Forme des legs.* — Les legs se font par l'acte appelé *testament* ; ils ne sont en eux-mêmes soumis à aucune forme particulière ou sacramentelle. — Merlin, *Rép.*, v° *Legs*, sect. 2, § 2, n° 2.

51. — Toute latitude est donc laissée au testateur relativement aux termes dont il peut se servir pour disposer de ses biens. Il n'a point à craindre que l'emploi impropre de telle ou telle expression influe sur la validité de ses dispositions, pourvu toutefois que la rédaction ne soit point vicieuse et n'entraîne pas des contradictions. — Duranton, *Droit français*, t. 9, n° 178; Merlin, *ibid.*; Zachariæ, *Cours de droit civil français*, t. 5, § 710, p. 375.

52. — Ainsi, aujourd'hui, peu importe que le testateur ait institué un héritier, ou qu'il ait fait un legs universel; la disposition aura absolument le même effet, sauf à voir, pour le régler, s'il y a, ou non, des héritiers à réserve en concours avec l'héritier institué ou le légataire. — Duranton, *loc. cit.*

53. — Ces mots *héritier institué*, que l'on trouve notamment dans les art. 896, 1037, 1040 s., 1043 du C. civ., font donc double emploi, sous l'empire de la législation actuelle, avec la dénomination de *légataire universel*. Le tribunat nous a révélé, à cet égard, toute la pensée de la loi. « Il est à propos, a dit le tribunat, de laisser subsister la dénomination d'*institution d'héritier*, qui est en si grand usage..... Mais, en même temps, il est convenable d'annoncer bien précisément qu'il n'y aura désormais aucune différence entre la dénomination d'héritier et celle de légataire..... » — Fenet, t. 12, p. 459.

54. — Ainsi, comme on l'a vu, v° INSTITUTION D'HÉRITIER, n° 6, la loi n'exige pour l'institution d'héritier aucune formule sacramentelle; la reconnaissance de la manifestation de la volonté du testateur est seule nécessaire. — *Cass.*, 25 janvier 1837 (t. 1er 1837, p. 402), Esparbès c. Duffaut. V. dans le même sens, *Cass.*, 29 juin 1842 (t. 2 1842, p. 98), Mondénic c. Sadron.

55. — ...Et, par exemple, cette reconnaissance résulte suffisamment de la clause d'un codicille dans laquelle le testateur, en faisant un legs particulier, charge du paiement de ce legs une *telle* personne, qu'il qualifie en même temps son *héritière universelle*, se référant ainsi à l'institution qu'il a précédemment faite dans un premier testament dont la nullité a été prononcée depuis le décès du testateur. — *Cass.*, 25 janvier 1837 (t. 1er 1837, p. 402), Esparbès c. Duffaut.

56. — On peut induire de l'ensemble d'un testament l'intention du testateur de faire un legs à une personne. — Ainsi, encore que le testateur ait omis de dire qu'il *donne* ou *lègue*, on peut faire résulter l'intention de donner des autres termes de la disposition, tels que ceux-ci : *voulant témoigner ma reconnaissance,... 20,000 fr. à prendre, après mon décès, à la charge de....*, et le legs doit être déclaré valable. — *Aix*, 25 août 1825, Portal c. Boyer.

57. — Une disposition testamentaire n'en serait pas moins un legs, quoique le testateur eût dit : *Je donne*, au lieu de : *Je lègue*. — *Caen*, 8 février 1826, B...

58. — Est valable le legs fait en termes précaires, lorsque d'ailleurs la volonté du testateur de disposer est constante. — *Angers*, 7 mars 1822, Hunaul c. Gaugain.

59. — Une testatrice a suffisamment exprimé son choix en désignant ses légataires collectivement, par l'indication certaine de leur origine, par exemple, en désignant pour ses légataires ceux de ses parents qui seraient en ordre de lui succéder suivant les règles de la représentation à l'infini. — *Riom*, 14 août 1809, Millavaud c. Cordenis.

60. — Bien plus, jugé qu'un testateur peut, pour manifester sa volonté, se référer d'une manière générale aux dispositions d'une ancienne coutume abrogée; l'art. 1390 C. civ., spécial aux contrats de mariage ne peut être appliqué en matière de testament. — *Cass.*, 19 juill. 1810, Mirlavaud c. Chuzerol; 23 déc. 1828, Lanos; *Riom*, 14 août 1809; *Gand*, 6 juill. 1833, V...

61. — ... Surtout si le testateur n'a invoqué une ci-devant coutume que par forme d'instruction, et uniquement pour faire mieux connaître le mode de représentation d'après lequel il appelle ses parents à la succession. — *Bruxelles*, 16 février 1822, Demanet c. Watripont.

62. — *Interprétation et étendue des legs.* — La volonté du testateur étant l'unique cause des legs, ce qu'on doit faire avant tout, c'est de s'attacher à découvrir cette volonté. — L. 96, ff., *De reg. jur.*

63. — C'est d'après les circonstances et surtout d'après la relation des diverses clauses testamentaires entre elles, qu'il faut chercher à connaître les intentions du testateur. — L. 57, § 1, ff., *ad Senatus c. Trebell.* — Cette volonté doit ensuite être largement interprétée. — L. 12, ff., *De reg. juris.*

64. — On peut voir, ci-après *passim*, une foule d'exemples du mode suivi pour cette interprétation (V. surtout nos 628 et suiv.); et de plus, en ce qui concerne les règles générales d'interprétation en pareille matière, V. TESTAMENT.

65. — Cependant nous ferons remarquer ici que dans l'interprétation des termes dont le testateur s'est servi, il faut, à moins de justes raisons pour croire le contraire, décider qu'il les a employés dans le sens qu'on leur donne habituellement. — L. 96, ff., *De Legat.* 3o.

66. — Ainsi, comme on l'a vu, vo ENFANT, nos 7 et suiv., le legs fait aux *enfans* s'applique en général à tous les descendans, à quelque degré qu'ils soient. — *Bruxelles*, 7 mai 1834, Hannaert; *Grenoble*, 15 mai 1834, Borel c. Gras.

67. — ..... A moins que l'intention contraire ne résulte des circonstances. — *Grenoble*, 15 mai 1834, Borel c. Gras.

68. — ..... Et à plus forte raison quand l'intention du testateur est évidente à cet égard. — *Bruxelles*, 7 mai 1834, Hannaert.

69. — Jugé, au contraire, que le legs fait aux *enfans* d'une personne qui a des enfans au premier degré et des descendans issus d'autres enfans prédécédés, ne peut être réclamé par ces derniers comme par les premiers. Le mot *enfans* ne comprend alors que les enfans au premier degré. — *Toulouse*, 1er mars 1820, Gavès c. Caubel.

70. — Toutefois, le mot *enfans* employé dans une disposition testamentaire ne comprend pas l'enfant naturel reconnu. Spécialement, le testateur qui a fait un legs à ses frères et sœurs, et, en cas de prédécès, à leurs *enfans*, n'est point censé avoir appelé à recueillir ce legs l'enfant naturel reconnu d'une de ses sœurs, alors surtout qu'il est prescrit par le testateur que sa succession sera partagée entre ces enfans par *souche*, l'enfant naturel ne pouvant être considéré comme formant une souche ou branche de la famille. — *Besançon*, 7 février 1846 (t. 2 1847, p. 232), Desjardins c. Rousseau. — V. aussi ENFANT, no 5.

71. — Dans le cas de legs faits par un propriétaire à chacun de ses fermiers, locataires et sous-locataires, on doit réputer faire partie de ces derniers celui qui partage à prix d'argent, et en y tenant un ménage distinct et séparé, la chambre d'un locataire principal. — *Rennes*, 25 juin 1835, hospices de Nantes c. Aubin.

72. — *Accroissement des legs.* — Lorsqu'un legs est fait à plusieurs individus conjointement, si l'un d'eux est incapable ou refuse d'accepter la portion qui lui a été destinée ou déférée, cette portion appartient à ses légataires par droit d'accroissement. Ainsi, le droit d'accroissement n'étant que la conséquence de la révocation ou de la caducité du legs, à l'égard d'un des légataires, V. RÉVOCATION ET CADUCITÉ DES TESTAMENS.

73. — *Acceptation et répudiation des legs.* — L'acceptation d'un legs n'a pas besoin d'être expresse; elle peut se faire tacitement; par exemple, si le légataire agit en propriétaire de la chose léguée, s'il forme la demande en délivrance contre l'héritier ou l'exécuteur testamentaire. — Merlin, *Rép.*, vo *Légataire*, § 4, no 1er.

74. — Ainsi l'acceptation de la qualité de légataire universel peut résulter au profit d'un légataire particulier, d'une lettre dans laquelle le premier reconnaît avoir accepté cette qualité de légataire universel. — *Cass.*, 24 août 1834, Boissel c. Arrivet.

75. — La veuve, légataire universelle de son mari, qui n'a été laissée en possession du contenu en l'inventaire que comme gardienne, et qui, après la clôture de cet inventaire, a sollicité et obtenu en justice, contradictoirement avec l'héritier, une prorogation de délai pour délibérer sur l'acceptation de son legs, ne peut être réputée l'avoir accepté, soit parce que, le lendemain du décès de son mari, elle a notifié son testament au juge de paix, afin qu'il eût à se pénétrer de ses dispositions et à s'abstenir, si bon lui semblait, d'apposer les scellés; soit parce que, outre sa qualité de commune en biens, de donataire et de créancière de son mari, elle a pris dans l'inventaire celle de légataire universelle de ce dernier; soit enfin parce que, dans le cours de cet inventaire, elle a fait, concurremment avec l'héritier du sang, délivrance d'un legs particulier fait par son mari, mais sous la réserve expresse d'accepter ou de répudier son legs universel. — *Orléans*, 25 nov. 1847 (t. 1er 1848, p. 665), Edeline c. Royer.

76. — La répudiation d'un legs a lieu aussi expressément ou tacitement. Ainsi est considéré comme répudiation de son legs, le consentement du légataire à la vente par l'héritier de la chose léguée, à moins qu'il n'ait consenti à la vente que pour en recevoir le prix à la place de la chose léguée. — L. 120, § 1, ff., *De legat.*, 1o; Pothier, *Donat. testam.*, chap. 6, sect. 3, § 3.

77. — Celui qui ne peut s'obliger ne peut valablement ni accepter, ni répudier un legs. — Merlin, *ib.*, no 4.

78. — Si le legs est conditionnel, le légataire ne peut l'accepter, ni le répudier, avant l'événement de la condition; car jusque-là il ne peut y avoir de droit ouvert. — L. 74, § 1er, ff., *De reg. juris*; L. 45, § 1er, ff., *De legat.*, 2o.

79. — Soit qu'il s'agisse d'accepter ou de répudier, le légataire doit avoir connaissance du testament qui renferme son legs; autrement l'acceptation qu'il pourrait en avoir faite ne l'empêcherait pas de répudier, et *vice versâ*. — L. 6, ff., *De transact.* — Rolland de Villargues, vo *Legs.*, no 134.

80. — Jugé, de plus, que la renonciation qui est faite à un legs n'est valable qu'autant que le testament a été lu et reconnu par le légataire. — *Poitiers*, 23 thermid. an XI, Garreau c. Servanteau.

81. — Mais le légataire qui a déclaré renoncer au legs fait en sa faveur ne peut revenir plus tard sur sa renonciation, sous prétexte qu'il ne connaissait pas l'étendue et l'importance de ce legs. — *Paris*, 30 nivôse an XI, Boucher.

82. — Si le légataire n'accepte ni ne répudie et que le legs emporte des charges, la personne intéressée à ces charges peut contraindre en justice le légataire de déclarer son intention dans un délai déterminé. — *Arrêt parl.*, *Toulouse*, fév. 1726. — Rolland de Villargues, *Rép. du not.*, vo *Legs*, no 122.

83. — L'acceptation nulle n'empêche pas le créancier qui l'a faite de répudier, et réciproquement la répudiation non valable ne forme pas d'obstacle à l'acceptation; et par la raison contraire, l'acceptation valable empêche de répudier, et la répudiation régulière empêche d'accepter. — Merlin, *Rép. de jurisp.*, vo *Légataire*, § 4, no 6.

84. — Sur tout ce qui concerne la forme et les effets de l'acceptation ou de la répudiation, il convient, au reste, de se reporter vo SUCCESSION.

85. — L'acceptation d'un legs peut-elle se faire sous bénéfice d'inventaire? — V. *infrà* nos 256 et suiv., 360. — V. aussi DÉLAI POUR FAIRE INVENTAIRE, nos 58 et suiv., SUCCESSION BÉNÉFICIAIRE.

86. — *Enregistrement et droit de mutation.* — En ce qui concerne l'enregistrement du testament et des legs, et les droits de mutation à la charge soit des légataires universels ou héritiers institués, soit des légataires à titre particulier, soit enfin des légataires particuliers, V. ENREGISTREMENT.

87. — *Réduction des legs.* — On verra, *infrà*, dans quels cas et comment il y a lieu de procéder à la réduction des legs, soit entre les légataires entre eux, soit entre des légataires et des héritiers non réservataires. — Quant à la réduction des legs qui se trouvent excéder la quotité disponible pour le testateur, V. QUOTITÉ DISPONIBLE.

88. — *Révocation ou caducité des legs* — V. RÉVOCATION ET CADUCITÉ DES TESTAMENS.

89. — *Différentes espèces de legs.* — Les espèces des legs varient à l'infini, selon leur objet, leur forme, le but que se propose le testateur, etc. Il serait donc impossible d'en donner une nomenclature exacte. — Outre ceux dont on parle dans le cours de ce mot et dont il serait inutile de reproduire une définition anticipée, nous dirons qu'on remarque principalement :

90. — Le legs *conjoint*, qui appelle plusieurs individus à recueillir conjointement une chose, de telle sorte que la portion de l'un puisse, en cas de caducité, profiter à l'autre. — V. PARTICULE CONJONCTIVE ET DISJONCTIVE, RÉVOCATION ET CADUCITÉ DES TESTAMENS.

91. — ... Le legs *alternatif*, ou celui qui donne une chose à choisir entre plusieurs. — V. OBLIGATION ALTERNATIVE.

92. — ... Le legs *annuel*, c'est-à-dire le legs d'une certaine somme, ou d'une certaine quantité de grains ou autres choses à payer ou à livrer chaque année au légataire, pendant un temps déterminé ou pendant sa vie; ce qui est bien différent d'un legs d'usufruit. — Domat, *Lois civ.*, *Des legs*, sect. 5, no 6.

93. — ... Le legs *mutuel*, ou la disposition testamentaire par laquelle deux personnes veulent se faire une libéralité mutuelle.

94. — ... Le legs *secret*, ou celui par lequel le testateur charge quelqu'un, par exemple son exécuteur testamentaire, d'accomplir des volontés à lui connues, et qui ne sont point exprimées dans le testament. — V. DISPOSITION A TITRE GRATUIT, nos 533 et suiv., DONATION DÉGUISÉE.

95. — ... Le *legs pie*. — V. ce mot.

96. — ... Le *legs rémunératoire*. — V. ce mot.

97. — Mais la division la plus importante des legs est celle qu'a faite la loi elle-même en legs universel, legs à titre universel, et legs particulier. — C. civ., 1002. — Ces legs sont l'objet des trois sections suivantes.

Sect. 2e. — *Legs universel.*

§ 1er. — *Caractères et étendue du legs universel.*

98. — « Le legs universel est la disposition testamentaire par laquelle le testateur donne à une ou plusieurs personnes l'universalité des biens qu'il laissera à son décès. » — C. civ., 1003.

99. — Pour qu'une disposition testamentaire ait le caractère de legs universel, il n'est pas nécessaire qu'elle comprenne *actuellement* l'universalité des biens du testateur : il suffit qu'elle confère un droit *éventuel* à cette universalité. — Demante, no 374; Marcadé, sur l'art. 1003. C. civ., no 1er.

100. — Ainsi, quoique le testateur ait appelé à l'universalité de ses biens plusieurs personnes concurremment, et que, par suite, chacune d'elles ne doive avoir qu'une fraction, cette circonstance n'ôte pas à la disposition son caractère de legs universel : chaque légataire, en effet, à défaut du droit actuel à l'universalité des biens, y a du moins un droit éventuel. C'est ce qui a lieu non-seulement quand il n'y a qu'une seule et même disposition, mais encore quand il y a plusieurs dispositions universelles distinctes, alors que les premières ne sont pas révoquées par les dernières. — Duranton, no 180. — V. aussi Favard, vo *Testament*, sect. 2, § 1er, nos 1er et 2; Toullier, t. 5, nos 505 et suiv.; Grenier, t. 2, nos 288 et suiv.; Delvincourt, t. 2, p. 345.

101. — Il a même été jugé que lorsqu'un testament contient l'institution de plusieurs légataires, avec la dénomination de légataires *universels*, cette qualité de *légataires universels* ne peut pas leur être refusée par le motif qu'ils ne seraient pas conjoints dans les dispositions du testament qui les institue, ni par celui qu'une attribution de parts aurait été faite entre eux par le testateur, qui aurait omis de comprendre dans cette distribution quelques parties peu importantes de ses biens. — *Limoges*, 8 décembre 1837 (t. 1er 1839, p. 240), Tramont c. Magenest.

102. — Le testament ainsi conçu : « J'institue pour mes légataires universels en toute propriété: 1o conjointement pour moitié les enfans de telle personne, et 2o pour l'autre moitié telle autre personne, à la charge par eux et elle de se conformer aux conditions ci-après...,» contient, nonobstant la division de parts, de véritables dispositions universelles, et non à titre universel. — *Cass.*, 22 février 1841 (t. 2 1841, p. 18), Sinson c. Laillet.

103. — Au reste, l'attribution faite par une cour d'appel à un légataire de la qualité de légataire universel, quoiqu'il ne fût que légataire à titre universel, ne peut être mise en question devant

LEGS, sect. 2e, § 1er.
LEGS, sect. 2e, § 1er.

a cour de cassation. — *Cass.*, 5 juin 1834, Peyron c. Peyroncelli.

104. — Une disposition faite au profit de plusieurs personnes ne cesse d'être un legs universel que lorsque, d'après l'intention du testateur, elle ne peut, même dans l'hypothèse où elle deviendrait caduque, par rapport à tous les autres légataires, avoir pour effet d'attribuer au légataire restant l'universalité des biens du défunt. — Aubry et Rau, sur Zachariæ, t. 5, p. 376, en note; Delvincourt, t. 2, p. 345; Toullier, Grenier, Duranton, *loc. cit.*

105. — Quant aux cas de deux ou plusieurs legs universels successifs faits dans des testaments de différentes dates, et dont le dernier ne porte point révocation expresse, il ne peut y avoir de difficulté que sur le point de savoir si la première disposition se trouve révoquée par la seconde. — V. RÉVOCATION DE TESTAMENT.

106. — Pour décider si le légataire institué par un testament doit être considéré comme légataire universel ou seulement comme légataire à titre universel, il faut moins s'attacher à la dénomination que lui a donnée le testateur qu'à l'intention de ce dernier, manifestée par l'ensemble de ses dispositions.

107. — Ainsi, lorsqu'une femme institue son mari son héritier universel, ou son légataire à titre universel, en ajoutant que c'est lui qui *doit disposer en toute propriété de la succession*, distraction faite de la réserve légale léguée par le même testament à l'héritier réservataire, le mari doit profiter seul, à l'exclusion des héritiers du sang, par voie d'accroissement, de la caducité du legs fait au profit de l'héritier légitimaire.—*Cass.*, 11 avril 1838 (t. 1er 1838, p. 507), Mengelle c. Julien.

108. — La disposition universelle, faite par un époux au profit de son conjoint, comprend l'usufruit de la réserve légale des ascendants, lors même que le disposant ne s'est pas expliqué à cet égard. — *Grenoble*, 8 avril 1829, Clément c. Didier-arrichon.

109. — Jugé toutefois que la disposition testamentaire faire par un époux au profit de son conjoint et ainsi conçue : « *Je lègue à mon mari mon entière succession, telle qu'elle se composera à l'époque de mon décès, et au moyen de quoi je l'institue pour mon héritier ou pour mon légataire universel et général,* » ne comprend pas l'usufruit de la réserve légale.—*Agen*, 28 novembre 1827, Cathala-Couture c. Bayle.

110. — On doit considérer comme legs universels non-seulement les dispositions exprimées en ces termes ou en termes analogues : « *Je lègue à Pierre tous les biens que je laisserai. Je donne à Pierre et à Paul tous mes biens;* » mais encore les dispositions par lesquelles le testateur aurait légué l'universalité de ses biens à deux ou plusieurs personnes, avec cette clause additionnelle, « *pour par les légataires jouir et disposer de mes biens, ou en faire le partage par portions égales.* » — Zachariæ, t. 5, p. 377.

111. — Ainsi, la disposition par laquelle le testateur lègue à trois personnes l'*universalité de ses biens, pour être partagés entre elles par tiers*, constitue un legs universel. — *Cass.*, 18 octobre 1809, iarette et Larmanger c. Roger.

112. — Mais jugé que le legs universel fait par égales portions à deux légataires, dont un est appelé par la loi à recueillir moitié de la succession, ne confère au successible rien au delà de la moitié que la loi lui assure. — *Turin*, 30 août 1809, ondino c. Ricolfi.

113.—Le legs de *tout ce dont il est permis de disposer* ou du *disponible* est un legs universel; en effet, une pareille disposition confère, au moins éventuellement, au légataire un droit à l'universalité des biens, puisque s'il n'y a pas d'héritiers à réserve, ou si ceux qui restent renoncent à la succession, ou en sont exclus comme indignes, le disponible se trouvera être alors (C. civ., art. 946) de la totalité des biens. — Duranton, n° 181; Grenier, t. 1er, n° 289; Toullier, n° 507; Favard, v° *Testament*, sect. 2, § 1er.

114. — Ainsi jugé que la disposition testamentaire par laquelle le mari déclare léguer à sa femme tout ce dont il lui est permis de disposer par l'art. 1094 C. civ., constitue non un legs à titre universel, mais bien un legs universel, qui comprend dans sa généralité la réserve des ascendans pour le cas où ceux-ci viendraient à prédécéder ou à renoncer à la succession de l'époux testateur, alors surtout que le testament exprime formellement que la moitié réservée aux ascendans du testateur n'appartiendra au légataire qu'en usufruit. — *Bordeaux*, 30 novembre 1843 (t. 1er 1844, p. 770), Ratinaud c. Faveyrac.

115. — Mais *quid*, si le testateur avait simplement légué la portion ou quotité disponible? Ce serait là une question d'intention, appréciable d'après les faits. Les tribunaux auraient à décider si le testateur a entendu léguer tout ce qui se trouvera disponible à son décès, auquel cas le legs est universel, ou seulement la partie de ses biens disponible au jour de la confection du testament, auquel cas le legs pourrait n'avoir plus le caractère de legs universel. — Duranton, n° 182; Marcadé, sur l'art. 1003 C. civ., n° 1.

116. — Toutefois, il est à remarquer qu'en thèse générale, les expressions *quotité disponible* ou *portion disponible* doivent avoir les mêmes effets que celles de : *mon disponible*, ou *tout ce dont il m'est permis de disposer*. Car bien que l'expression *quotité* soit exclusive de la totalité, néanmoins, le testateur n'ayant point déterminé l'étendue de cette quotité, a très-probablement voulu léguer par là le disponible lui-même.— Duranton, *ibid.*

117. — Il en serait autrement si le testateur avait légué *son quart, son tiers*, la *moitié*, etc., *disponibles*; ces expressions, en effet, ne pouvant indiquer qu'une fraction, et jamais l'universalité, l'objet du legs se trouve alors irrévocablement déterminé. — Marcadé, *loc. cit.*

118. — Si le testateur avait dit : « *Je lègue à Paul la moitié des biens que je laisserai à mon décès, et à Jean l'autre moitié*, il n'y aurait pas de legs universels, mais deux legs à titre universel, et par conséquent il ne pourrait être question de droit d'accroissement.— Duranton, n° 184; Zachariæ, p. 377.

119.—Mais la disposition par laquelle un testateur après avoir institué conjointement deux personnes ses héritières générales et universelles, ajoute que l'une aura la moitié de ses biens, et la seconde l'autre moitié, doit être considérée comme legs universel, l'attribution de part étant relative à l'exécution de la libéralité, et ne la modifiant en aucune sorte. — *Bordeaux*, 27 fév. 1844 (t. 2 1844, p. 468), Reignac c. Dantin.

120. — Il y a legs universel dans le legs de la nue propriété de l'universalité des biens du testateur, sauf qu'ici il y a un legs universel affecté d'une charge. — *Cass.*, 7 août 1827, de Lavens c. Thieffries de Beauvois.—Duranton, n° 189; Zachariæ, *loc. cit.*—V. cependant *Paris*, 21 février 1826, de Lavens c. Thieffries de Beauvois.

121. — Quant au legs de l'usufruit de l'universalité des biens, comme il ne comprend pas, même éventuellement, l'universalité du patrimoine du testateur, et qu'il n'y a pas d'événement qui puisse le convertir en legs de l'universalité, il est bien certain que ce n'est pas un legs universel.

122. — Une disposition qui porte sur l'universalité des biens constitue un legs universel, bien que le testateur ait fait, soit par le même acte, soit par un acte antérieur, soit par un acte postérieur, des legs à titre universel ou particulier. — Duranton, n° 188; Zachariæ, *Dr. civ. fr.*, t. 5, § 711, p. 378 *in fine, s.*; Favard, *Rép.*, v° *Testament*, sect. 2, § 1er, n° 2. — Tel est le cas où après avoir donné à Pierre le tiers de ses biens, un individu institue Paul légataire de l'universalité de ses biens. Ce dernier legs constitue un legs universel. — Delvincourt, t. 2, p. 343.

123. — Jugé, en ce sens, que le légataire institué pour tous les immeubles, aux charges héréditaires, et qualifié par le testateur d'héritier universel, peut être considéré comme légataire universel, nonobstant la disposition du même testament qui lègue à un autre l'universalité des meubles. — *Cass.*, 25 nov. 1818, Chomat c. Balleydier.

124. — Si, après avoir fait un legs à titre universel, l'on faisait dans un second testament un legs universel, cette dernière disposition pourrait être considérée, suivant les circonstances, comme impliquant révocation du legs précédent. — Duranton, n° 188. — V. RÉVOCATION DE TESTAMENT.

125. — Le legs serait encore universel, si le testateur avait commencé par instituer Paul son légataire universel, et que dans le même acte, ou dans un acte postérieur, il léguât à Pierre le tiers de ses biens. — Duranton, n° 188.

126. — Suivant Zachariæ (*loc. cit.*, p. 378), qui invoque en faveur de son opinion un passage de l'*exposé des motifs* (v. Locré, *Leg.*, t. 11, p. 407, n° 66), lorsque après avoir légué à une personne une quote-part de ses biens, le testateur lègue à une autre personne le *surplus* de ses biens, cette dernière disposition ne forme, comme la première, qu'un legs à titre universel. — Conf. Toullier, t. 5, n° 512; Delvincourt, t. 2, p. 745; Duranton, n° 186.

127. — Cette opinion, ce nous semble, est trop absolue; elle ne doit être admise qu'autant qu'il est évident que l'intention du testateur a été que tous les biens ne dussent pas revenir au légataire du surplus du patrimoine, dans le cas où le premier légataire ne les recueillerait pas. — Marcadé, *loc. cit.*

128. — Si, après avoir fait à une ou à plusieurs personnes des legs particuliers, le testateur avait légué le surplus de ses biens à une autre personne, quel serait le caractère de cette dernière disposition?

129. — D'après Zachariæ (*ubi suprà*), il y aurait là legs universel, quelle que fût, du reste, l'importance des objets légués en particulier, eu égard à la totalité de l'hérédité. — Conf. Toullier, t. 5, n° 5, n°s 512 et suiv.; Duranton, n°s 186 et suiv.

130. — Jugé, en ce sens, que la disposition par laquelle un testateur, après avoir fait divers legs particuliers, institue un légataire universel de tous les autres biens qu'il laissera à son décès, était considérée, sous l'ancienne législation, comme un legs universel. — *Paris*, 30 nov. 1824, Sorin de Tournon c. Bouquillard.

131. — ... Que la clause par laquelle un testateur, après avoir fait des legs particuliers, institue, *en tout ce qui reste*, les pauvres de sa commune, contient un legs universel. — *Toulouse*, 10 juillet 1827, Danizan et Roquebrune c. Commission des hospices.

132. — ... Que la clause testamentaire qui, après l'énumération de divers legs particuliers, est ainsi conçue : Le surplus de ma fortune disponible sera partagé entre les sept filles de mon frère, en sept portions égales, constitue un legs universel, et non pas simplement un legs à titre universel, lors même que le testateur aurait un enfant adoptif, et par conséquent un héritier à réserve. — *Colmar*, 26 mai 1830, Lotzbeck c. Sander.

133. — Doivent être considérés comme légataires universels; les légataires particuliers que le testateur a appelés, en les qualifiant de légataires universels, à recueillir concurremment le surplus de ses biens, au marc le franc de leurs legs particuliers. — *Douai*, 26 août 1847 (t. 1er 1848, p. 81), Bouche c. Roels.

134. — La disposition par laquelle un testateur, après avoir fait plusieurs legs particuliers, et avoir légué ses biens maternels à ses parents maternels, déclare que sa volonté est que le surplus de ses biens retombe sur la tête d'une parente paternelle dénommée, constitue un legs universel en faveur de cette dernière. — *Orléans*, 7 avril 1848 (t. 1er 1848, p. 732), Boscheron c. Boinloup.

135.—Toutefois, il nous semble encore que cette opinion, en faveur du legs universel, ne doit être admise que sauf interprétation d'une volonté contraire de la part du testateur, d'après les diverses énonciations ou dispositions du testament.

136. — Ainsi jugé, que lorsqu'un legs universel est fait après les legs particuliers, et porte seulement sur le surplus des biens du testateur, cette universalité n'est pas absolue, et ne donne pas droit à l'institué de prétendre que le testateur ait voulu que les legs particuliers caducs accrussent à son profit, par préférence aux héritiers légitimes. — *Aix*, 5 juin 1809, Mérendol c. Laugier.

137. — ... Que la disposition par laquelle le testateur, après avoir fait divers legs particuliers, déclare instituer un tel son unique héritier *dans le restant de ses biens, droits et actions*, ne doit pas être considérée comme un legs universel. — *Bruxelles*, 29 juillet 1809, Vanderbreckem c. Jorris.

138. — .....Et qu'on ne peut davantage considérer comme constituant un legs universel la disposition par laquelle un testateur, après avoir fait divers legs particuliers, ajoute que ce qui restera de sa succession, après le paiement de ces legs, appartiendra, par accroissement et au marc le franc, à ceux de ses légataires à qui il a fait des legs en argent, sauf réduction entre eux, en cas d'insuffisance. — *Orléans*, 31 août 1831, Jahan.

139. — Le concours de legs universels avec des legs particuliers dans le même testament peut, au reste, avoir lieu d'après d'autres combinaisons que celles que l'on vient de faire connaître : ainsi jugé, par exemple, qu'un legs particulier de la bibliothèque du testateur, qualifié d'*outre part*, ne présente rien d'incompatible avec la disposition qui institue un legs universel. — *Paris*, 31 juillet 1819, Bruère.

140. — ... Que le légataire universel, institué conjointement avec d'autres personnes, peut d'ailleurs cumuler un legs particulier avec son legs universel.—*Turin*, 24 mars 1806, Belli c. Mocalli.

141. — Lorsqu'un testateur a légué à plusieurs personnes des sommes déterminées, avec la clause que, dans le cas d'événemens malheureux qui empêcheraient que les legs fussent acquittés en entier, ils éprouveraient une diminution au marc le franc, et que dans le cas contraire ils jouiraient d'une augmentation également au marc le franc, ces legs doivent être considérés comme dispositions universelles.—La décision des juges du fond sur cette question ne peut donner ouverture à cassation. — *Cass.*, 13 août 1817, Brémont c. Bagot; *Bordeaux*, 29 mai 1816, mêmes parties.

142. — Jugé même qu'une cour d'appel peut, sans violer aucune loi, décider qu'un testateur qui a légué tous ses biens meubles et immeubles à une personne, avec prière de les distribuer à ses légataires particuliers, et d'accepter pour ce bon office une tabatière d'or, a institué non pas un exécuteur testamentaire, mais un légataire universel. — *Cass.*, 14 juillet 1830, Colot.

143. — Un legs universel, ou institution d'héritier, peut exister en même temps qu'un ou plusieurs legs, soit à titre universel, soit à titre particulier, alors même que ces legs iraient jusqu'à absorber la succession, et à ne laisser subsister au profit du légataire universel qu'une simple éventualité. — Ainsi un légataire universel ne perd point ce titre par cela seul que le testateur aurait spécifié qu'il lui donnait et léguait tous les biens immeubles qui lui appartiendraient au jour de son décès, et que d'autres legs mis à sa charge absorberaient la totalité des biens meubles. — *Bourges*, 9 mai 1848 (t. 2 1848, p. 271), hospice de Vierzon c. Avond, Vigneron.

144. — Le légataire universel profite, aussi bien que l'héritier du sang, de tout ce qui advient à la succession, à quelque titre que ce soit. Par exemple, si l'époux survivant est privé, pour cause de recel, de sa part dans certains objets de la communauté, cette part, qui accroît la succession de l'autre époux, profite au légataire universel et à l'héritier naturel dans la proportion de leurs droits. — *Paris*, 8 nov. 1836 (t. 1er 1837, p. 165), Garat c. Deschamps

145. — Le légataire universel a droit à la totalité de la succession, alors même qu'au moment de la confection du testament il existât un héritier à réserve de la portion duquel le testateur déclarait qu'il n'entendait pas disposer, si cet héritier est mort avant le testateur. — *Aix*, 26 avril 1843 (t. 2 1844, p. 87), André c. Ardisson.

146. — Lorsqu'un testament contient l'institution d'une personne comme héritier, pour, par cette personne, être recueilli *tout ce qui constituera la succession, sous la seule exception* de certains immeubles dont le testateur se réserve de disposer ultérieurement; si le testateur n'a pas disposé de ces immeubles, ils font partie du legs universel comme tout le reste de la succession, et ne doivent pas être recueillis par les héritiers naturels. — *Liége*, 9 mai 1821, Woot-Detixhe c. Jérôme.

147. — Lorsque, après avoir institué un légataire de la totalité de son mobilier, et un légataire universel, le testateur vient à vendre tous ses immeubles, en stipulant que partie déterminée du prix sera payable à ses héritiers, l'arrêt qui, en interprétant les termes et la corrélation de la disposition testamentaire et de l'acte d'aliénation, juge que ce prix, bien que mobilier, doit revenir au légataire universel comme suffisamment désigné par le mot *héritier*, contient seulement une appréciation d'acte et de volonté, et est, comme tel, à l'abri de la censure de la cour de cassation. — *Cass.*, 9 mars 1836, Latil c. hospice de la Charité de Toulon.

148. — Le légataire universel ne peut, lorsque les immeubles seuls lui ont été laissés, et les meubles à des tiers, profiter, même jusqu'à concurrence des dettes de la succession mises à sa charge, du prix des immeubles vendus par le testateur, postérieurement à la confection de son testament. — *Bourges*, 9 mai 1848 (t. 2 1848, p. 271), hospice de Vierzon c. Avond et Vigneron.

149. — Lorsqu'en instituant un légataire universel, un testateur excepte du legs une somme déterminée, dont il se réserve de disposer au profit de qui il jugera à propos, tout en en laissant l'usufruit au légataire universel pendant sa vie, une pareille disposition a pu être interprétée en ce sens, que le testateur étant décédé sans avoir disposé de la somme en question, cette somme a été, quant à la nue propriété, exclue du legs universel, et, par suite, qu'elle appartient aux héritiers légitimes du testateur. — En pareil cas, les héritiers du légataire universel, poursuivis en restitution de la somme, en doivent les intérêts du jour de la cessation de l'usufruit, et non du jour seulement de la demande judiciaire. — *Cass.*, 11 mars 1846 (t. 2 1846, p. 268), Richard c. Quillot.

§ 2. — *Droits et obligations qui naissent du legs universel.*

150. — Le legs universel est un mode d'acquérir, *per universitatem*, qui confère au légataire un droit sur l'ensemble des biens laissés par le testateur.

151. — Et ce droit n'embrasse pas seulement les biens qui existent en nature, mais encore les biens incorporels, comme les créances et les actions qui appartenaient au testateur, à l'exception toutefois de ceux attachés à la personne ou qui s'éteignent avec lui.

152. — Ainsi, notamment le droit d'attaquer une vente faite à vil prix par un testateur appartient au légataire universel, et non à l'héritier qui n'a pas droit à une réserve. — *Bourges*, 9 août 1824, Davigneau c. Levasseur; *Colmar*, 7 août 1834, Allimann c. Habermacher.

153. — Toutefois le légataire doit être déclaré mal fondé dans son action en rescision, bien que la vileté du prix de la vente soit prouvée, s'il résulte des circonstances de la cause que le testateur a voulu, par cet acte de vente, avantager indirectement une personne capable de recevoir directement. — *Colmar*, même arrêt.

154. — Le légataire universel de tous les biens non donnés n'a pas qualité pour demander la nullité d'une donation faite par le testateur, lorsqu'il résulte des termes du testament, ainsi que de diverses autres circonstances, que le testateur n'a entendu conférer aucun droit au légataire universel sur les biens compris dans la donation. — *Nîmes*, 19 mai 1830, Barlier c. Chaleil.

155. — Jugé ainsi qu'un individu institué légataire universel des biens laissés par un testateur, à l'exception de ceux dont ce dernier a disposé par acte entre-vifs, est non recevable à demander, en sa qualité de légataire, la nullité, pour substitution, d'une donation faite antérieurement par le testateur. — *Riom*, 25 février 1825, Mourguy c. Mauret.

156. — Lorsque le testateur a laissé la propriété de ses biens aux enfans à délaisser par une telle personne, les enfans de cette personne n'ont pas, avant le décès de celle-ci, qualité pour intenter une action en revendication, du chef des biens qui leur ont été légués de cette manière. — *Bruxelles*, 25 nov. 1826, D..... c. Amand.

157. — Jugé encore que les héritiers ne peuvent opposer aux créanciers d'un légataire, exerçant ses droits, le défaut de représentation du testament dont ils excipent, lorsqu'il est constant que cet acte est tenu secret par suite d'un concert frauduleux entre eux et ce légataire. — *Cass.*, 16 nov. 1836, Juin c. Thouin Beaupré.

158. — ...Que lorsqu'un legs a été accepté par les légataires, les droits qui en résultent peuvent, à son défaut, être exercés par ses créanciers; qu'on ne saurait les considérer comme attachés inclusivement à sa personne. — Même arrêt. — Cette solution ne doit point, au reste, se restreindre aux legs universels.

159. — Dans le cas d'un legs universel fait à une ville et ayant pour objet la fondation d'un hospice, il suffit que l'acceptation ait été autorisée par le gouvernement, pour que la commune dont le testateur a désigné le territoire pour faire cette fondation puisse, sans nouvelle autorisation, réclamer l'exécution du legs, lors même que dans l'ordonnance il ne serait nullement question de cette commune. Elle a un intérêt légal à exiger l'accomplissement de cette disposition testamentaire, lors même que l'hospice ne serait point destiné à ses habitans, mais à une classe d'individus qui lui seraient totalement étrangers. — *Cass.*, 7 juillet 1834, hospice de Paris c. commune de Garches.

160. — Le Code civil accorde au legs universel des effets plus ou moins étendus suivant la qualité des héritiers légitimes du testateur, et suivant la forme du testament dans lequel il est contenu.

161. — « Lorsqu'au décès du testateur, porte l'art. 1004 du C. civ., il y a des héritiers auxquels une quotité de ses biens est réservée par la loi, ces héritiers sont saisis de plein droit, par sa mort, de tous les biens de la succession; et le légataire universel est tenu de leur demander la délivrance des biens compris dans le testament. »

162. — Dans l'ancienne jurisprudence, le légataire universel était tenu de demander la délivrance même quand il n'y avait pas d'héritier à réserve. Cette nécessité de la demande en délivrance était une conséquence, en quelque sorte, forcée de la saisine héréditaire, dont les effets ne pouvaient être neutralisés par un fait unilatéral du légataire. — Pothier, *Donat. testam.*, chap. 2, § 2, n° 68; Ricard, *Donat.*, 2e part., chap. 1, sect. 1 et 2; Zachariæ, *loc. cit.*, § 718, p. 404, note 1.

163. — Sous la coutume de Ponthieu, celui qui se trouvait à la fois seul héritier légal et légataire universel du testateur n'était point tenu de demander la délivrance de son legs, et dès lors on ne pouvait lui opposer qu'ayant agi contre les débiteurs des choses léguées, avant d'avoir obtenu la délivrance, il avait opté pour la qualité d'héritier et renoncé à celle de légataire. — *Cass.*, 2 juin 1813, Deaucourt c. de Bichecourt.

164. — Le légataire qui demande à l'enfant du défunt la délivrance de son legs ne se rend point par là non recevable à lui contester ensuite la qualité de légitime et de successible. — *Cass.*, 15 janv. 1816, d'Orsay c. Duval.

165. — La demande en délivrance d'un legs doit être portée devant le tribunal de l'ouverture de la succession du testateur. — *Turin*, 18 avr. 1816, Guilini c. Ponte-Lombriasco. — Carré, *Lois de la procéd.*, t. 3, p. 391, édit. de Foucher.

166. — Toutefois, les légataires peuvent toujours attaquer les tiers détenteurs, soit par l'action réelle, soit par l'action hypothécaire, devant le tribunal de la situation des biens. — Merlin, *Rép.*, v° *Légataire*, § 6, n° 20; Pigeau, *Comment.*, t. 1er, p. 166.

167. — Mais le légataire universel seul appelé à recueillir la succession peut être actionné par les créanciers du défunt devant le tribunal de son domicile, quoique ce tribunal ne soit pas celui dans le ressort duquel la succession s'est ouverte. — *Paris*, 26 février 1820, Duplessis c. Dechampeaux.

168. — Bien que le légataire universel soit tenu de s'adresser aux héritiers réservataires pour se faire délivrer la quotité disponible, il n'en est pas moins devenu propriétaire de cette quotité du jour de la mort du testateur. C'est la conséquence nécessaire de l'art. 711 C. civ., d'après lequel la propriété des biens s'acquiert et se transmet, notamment « par donation entre-vifs ou *testamentaire.* » — Delvincourt, p. 92; Zachariæ, § 722, p. 416; Marcadé, sur l'art. 1004 C. civ. V. aussi Pothier, *loc. cit.*, § 234.

169. — Jugé également que, d'après le droit romain, l'héritier testamentaire était saisi de droit au moment de l'ouverture de la succession, et n'avait pas besoin de demander la délivrance. — *Cass.*, 3 vent. an XI, Enregistrement c. Anthennis.

170. — L'action par laquelle les légataires universels, en concours avec des réservataires, demandent la délivrance de leurs legs, se confond avec la pétition d'hérédité, puisque, par elle, on demande la délivrance de partie de l'hérédité. — Duranton, n° 374.

171. — Le légataire universel étant saisi de la propriété de la quotité disponible à partir du jour même de la mort du testateur, il s'ensuit qu'avant même la demande en délivrance, l'héritier réservataire n'a eu de droit que sur la portion constituant le montant de sa réserve; et que s'il avait fait des aliénations, le légataire universel serait autorisé à faire comprendre dans le partage les biens aliénés, et même à les revendiquer, le cas échéant, entre les mains des tiers détenteurs. — Zachariæ, *loc. cit.*

172. — Une fois la délivrance du legs consentie ou ordonnée, les héritiers et le légataire sont *loco cohæredum*, et il faut appliquer au partage qui a lieu entre eux, toutes les règles du partage entre cohéritiers. — Delvincourt, note 7 sur la p. 94; Marcadé, *loc. cit.*

173. — Toutefois, tant que le partage n'a pas été effectué, le légataire universel ne peut contraindre l'héritier à réserve à partager avec lui les capitaux dus à la succession au fur et à mesure de leur remboursement, mais il peut exiger le partage des intérêts échus depuis l'ouverture de la succession. — *Toulouse*, 27 juin 1835, d'Orgeix et Rigal c. de Fajac.

174. — Cette disposition, que, quand il y a un héritier à réserve, le légataire est tenu de lui demander la délivrance, est tellement de rigueur, que le testateur ne pourrait pas dispenser le légataire de cette obligation, et ordonner qu'il sera saisi de plein droit. Ainsi, la volonté de l'homme ne saurait neutraliser les effets de la saisine légale de l'héritier réservataire. — Ricard, *Des donat.*, 2e partie, chap. 1er, sect. 2, n° 11; Pothier, *Des donat. testam.*, chap. 5, sect. 2, § 2, n° 239; Delvincourt, *loc. cit.*; Duranton, n° 191; Chabot, *Success.* sur l'art. 724; Grenier, t. 1er, n° 290; Toullier, t. 5, n° 494; Favard, *Rép.*, v° *Testament*, sect. 2, § 1er, n° 3.

175. — L'obligation de demander la délivrance est également imposée aux légataires quand ils sont, à un titre quelconque, copropriétaires des biens par indivis, ou lorsqu'ils sont héritiers légataires par préciput. — Ricard, *loc. cit.*; Zachariæ, p. 405. V. cependant Grenier, t. 1er, n° 305; Toullier, n° 542.

176. — Jugé toutefois, à l'égard de ces derniers, que le défaut d'opposition des cohéritiers à la jouissance de l'héritier légataire par préciput pouvait être considéré comme un consentement volontaire à sa mise en possession. — *Limoges*, 12 déc. 1837 (t. 2 1839, p. 323), Masuya c. Finet.

177. — La veuve, légataire universelle, doit demander la délivrance de son legs; elle ne peut profiter de la qualité qu'elle a eue, dès l'origine, d'usufruitière légale des biens de son fils mineur (alors surtout qu'elle l'a perdue depuis), pour faire déclarer qu'elle a été dispensée de former la demande en délivrance — *Limoges*, 17 juin 1822, Biabaud c. Bonnet.

178. — L'action en délivrance d'un legs se prescrit, comme toutes les autres actions, par 30 ans à compter du jour du décès, ou à compter de l'échéance du terme ou de l'événement de la condition, suivant que le legs était conditionnel ou à terme. — Delvincourt, t. 2, notes, p. 345. — V. PRESCRIPTION.

179. — Bien que l'enfant naturel ait droit à une réserve, lorsqu'il y a concours entre un enfant naturel et un légataire universel, celui-ci n'est pas tenu de demander au premier la délivrance; car l'enfant naturel n'est point héritier. — Delvincourt, t. 2, note 6, p. 94; Duranton, n° 194.

180. — Lorsque le légataire universel d'un mineur s'est mis en possession de toute l'hérédité, il n'y a que les héritiers, ou à défaut, l'Etat, qui puissent se prévaloir contre le légataire de l'art. 904 C. civ., qui réduit alors la quotité disponible à la moitié des biens de la succession. — *Cass.*, 25 juin 1834, Maraval c. Salm-Salm.

181. — Bien que le légataire universel, lorsqu'il est en concours avec des héritiers réservataires, soit tenu de leur demander la délivrance, il n'en a pas moins droit aux fruits ou intérêts des biens compris dans le testament, à compter du jour du décès du testateur, pourvu que, dans l'année, à partir de cette époque, il forme sa demande en délivrance: au cas contraire, les fruits ou intérêts ne lui sont dus qu'à dater du jour de la demande. — C. civ., 1005.

182. — Le légataire, même universel, qui s'est trouvé en possession de son legs, lors du décès du testateur, et qui n'a pas formé dans l'année sa demande en délivrance contre l'héritier légitime, est tenu indéfiniment à la restitution de tous les fruits perçus jusqu'au jour où il forme cette demande en délivrance. — *Riom*, 1er déc. 1818, Menesloux c. Icher-Labarthe.

183. — Sous la coutume de Paris, le légataire universel ne pouvait faire siens les fruits et revenus de la succession qu'il avait recueillis comme héritier *ab intestat*, depuis l'ouverture de la succession jusqu'à la découverte et le dépôt du testament, en se fondant sur ce qu'il les avait perçus de bonne foi et dans l'ignorance de son titre de légataire. — *Paris*, 25 mars 1829, de Champgrand c. de Sauzet.

184. — Le légataire universel aurait droit aux fruits ou intérêts, à compter du jour du décès du testateur, si, dans le courant de l'année, il obtenait, sans demande, la délivrance volontaire des biens. — Grenier, t. 1er, n° 298; Zachariæ, § 719, p. 410 et suiv.

185. — Il y a cependant des cas où le légataire aurait droit aux fruits ou intérêts à compter du jour du décès, bien qu'il n'eût pas formé de demande en délivrance dans l'année depuis cette époque. 1° Par exemple, si les héritiers avaient caché ou tenu secret le testament. Toutefois, le légataire devrait former sa demande en délivrance dans l'année, du jour où il aurait eu connaissance du testament. Les fruits ou intérêts seraient alors dus, à partir du décès, au moins à titre de dommages-intérêts. — Duranton, n° 192.

186. — ...2° si la demande avait été précédée d'une citation en conciliation avant l'expiration de l'année; pourvu que la demande eût été depuis formée dans le mois de la non-comparution ou de la non-conciliation. — Duranton, *ib.*

187. — Le légataire universel qui, devant demander la délivrance de son legs, ne l'a pas fait, non-seulement ne jouit plus, quant aux fruits, que d'un droit restreint, mais en outre il est non recevable à former des actions quelconques relatives à la chose léguée. Cette règle, au surplus, est également applicable au légataire à titre universel et au légataire particulier. — Zachariæ, § 718, p. 408; Pothier, *loc. cit.*, ch. 5, sect. 2.

188. — Ainsi, par exemple, il ne pourrait pas poursuivre les débiteurs de l'hérédité. — Duranton, n° 200; Zachariæ, *loc. cit.* — ... Ni intenter une action en revendication contre des tiers détenteurs. — Zachariæ, *loc. cit.*

189. — Cependant il pourrait faire les actes conservatoires de son droit, et notamment prendre inscription conformément à l'art. 2111 C. civ., provoquer la séparation des patrimoines, et agir en justice pour interrompre le cours des prescriptions. — Zachariæ, *ib.*

190. — Le fait par le légataire de s'être mis en possession de son legs universel, sans attendre la délivrance, n'entraîne pas la déchéance du legs. — *Cass.*, 11 (et non 18) fruct. an XIII, Quesnay. — On avait cru autrefois trouver dans les lois romaines l'annulation du legs, pour ce motif. — Merlin, *Rép.*, v° *Légataire*, § 5, n° 14.

191. — « Lorsqu'au décès du testateur il n'y aura pas d'héritiers auxquels une quotité de ses biens soit réservée par la loi, le légataire universel sera saisi de plein droit par la mort du testateur, sans être tenu de demander la délivrance. » — C. civ., art. 1006.

192. — La loi sarde, comme la loi française, prononce la saisine en faveur du légataire universel, à défaut d'héritiers à réserve du testateur. — *Paris*, 24 novembre 1840 (t. 2 1840, p. 549), Poniatowski c. Orsini.

193. — L'action qui compète au légataire est surtout alors la pétition d'hérédité, quels que soient les détenteurs, parens ou étrangers, puisque, le légataire étant saisi, il ne demande pas qu'on lui fasse une délivrance des biens, mais qu'on les lui restitue, tout comme s'il était l'héritier légitime du défunt. — Duranton, n° 375.

194. — L'existence d'ascendans ne fait obstacle à ce que le légataire universel ne soit saisi de plein droit et dispensé de la demande en délivrance, qu'autant qu'il s'agit d'ascendans ayant droit à la réserve. — Duranton, n° 193, et t. 8, nos 340 et suiv.; Grenier, n° 572; Toullier, t. 5, n° 114, *in fine*; Vazeille, sur l'art. 915, n° 3; Poujol, sur l'art. 1004, n° 9.

195. — Mais le légataire universel ne serait pas saisi de plein droit, s'il avait été institué par un testateur qui ne pouvait, en raison de la minorité, disposer que de la moitié de sa fortune. — C. civ., art. 904.

196. — ... En effet, il y aurait là des héritiers réservataires en vertu de la loi. — Duranton, n° 195.

197. — Jugé toutefois que dans ce dernier cas les collatéraux n'ont pas la saisine des biens dont la loi n'a pas permis au mineur de disposer, et par suite que le légataire universel n'est pas tenu de leur demander la délivrance. — *Poitiers*, 22 janvier 1828, Martineau. — Zachariæ, § 719, p. 410, texte et note 2.

198. — Il y aurait encore lieu à demande en délivrance dans le cas où le légataire se trouverait, comme enfant naturel du testateur, incapable, d'après les art. 757 et 908 C. civ., de recevoir au delà d'une certaine quotité de biens. — Duranton, *loc. cit.*; *contrà* Zachariæ, *ubi suprà* note 3.

199. — Suivant Zachariæ (*loc. cit.*), si le légataire universel avait été institué sous une condition suspensive, l'héritier légitime devrait rester provisoirement, et jusqu'à l'événement de la condition, saisi de l'hérédité.

200. — Jugé cependant que la saisine conférée ainsi par la loi au légataire universel lui appartient quand le legs est conditionnel, comme quand il est pur et simple, et qu'en conséquence il n'y aurait pas lieu de nommer un curateur à la succession vacante jusqu'à l'accomplissement de la condition. — *Turin*, 13 avril 1807, Cantone c. Gusco.

201. — Le légataire universel, institué sous condition, peut seulement être condamné à donner caution, surtout si, de la combinaison des dispositions faites en sa faveur et des actes qu'il a passés avec l'héritier, il résulte qu'il doit être considéré comme héritier. — Même arrêt.

202. — Quoique, en principe, le légataire universel soit saisi de plein droit de l'hérédité toutes les fois qu'il ne se trouve pas en concours avec des héritiers réservataires, néanmoins il ne peut se mettre de lui-même en possession de la succession que si le testament est par acte public.

203. — A cet égard, jugé que le testament authentique, non attaqué dans sa forme, doit être provisoirement exécuté, quoique les héritiers, l'arguant de nullité pour démence et captation, demandent que la succession soit séquestrée comme litigieuse. — *Liége*, 11 juillet 1822, N. c. N.

204. — .... Que le légataire universel, institué par un testament authentique non attaqué, qui veut se mettre en possession de tous les biens de la succession, en vertu de l'art. 1006 du C. civ., n'est pas tenu de donner aux héritiers légitimes caution de la valeur du mobilier. — *Rouen*, 21 mai 1810, Duval c. Véron.

205. — .... Que lorsque le défunt n'a point laissé d'héritier à réserve, et qu'il a institué un légataire universel par acte authentique, ses héritiers n'ont pas le droit de faire apposer les scellés sur les effets de la succession. — *Paris*, 19 messidor an XI, Surgères c. Beaumanoir.

206. — Jugé, d'autre part, que lorsqu'un légataire universel par testament authentique a été saisi de plein droit de la succession, à défaut d'héritiers à réserve, les héritiers naturels du testateur ne peuvent s'opposer à la levée des scellés, et requérir la confection d'un inventaire, sous prétexte qu'ils sont créanciers de la succession, que des papiers de famille sont restés au pouvoir du testateur, et que d'ailleurs ils ont le projet de demander la nullité du testament. — *Riom*, 31 décembre 1827, Lespineux c. Ducreuzet.

207. — « Si le testament est olographe ou mystique, le légataire doit se faire envoyer en possession par une ordonnance du président du tribunal de l'ouverture de la succession, mise au bas d'une requête, à laquelle doit être jointe expédition de l'acte de dépôt du testament. » — C. civ., art. 1008.

208. — A cet effet, tout testament olographe, avant d'être mis à exécution, doit être présenté au président du tribunal de première instance de l'arrondissement dans lequel la succession est ouverte. Ce testament doit être ouvert s'il est cacheté. Le président dresse procès-verbal de la présentation, de l'ouverture et de l'état du testament, dont il ordonne le dépôt entre les mains d'un notaire par lui commis. — C. civ., art. 1007, 1er alinéa.

209. — Si le testament est dans la forme mystique, sa présentation, son ouverture, sa description et son dépôt doivent être faits de la même manière; mais l'ouverture ne peut se faire qu'en présence de ceux des notaires et des témoins signataires de l'acte de suscription, qui se trouveront sur les lieux, ou eux appelés. — Même article, 2e alinéa.

210. — L'ordonnance d'envoi en possession rendue par le président n'est point un jugement de délivrance; ce n'est qu'une mesure de précaution pour prévenir les tentatives d'envahissement frauduleux au préjudice des héritiers légitimes, qu'un acte nécessaire pour donner au testament la publicité ainsi que la force exécutoire. — Toullier, t. 5, n° 496 et suiv.; Grenier, t. 1er, n° 295; Duranton, n° 196.

211. — La délivrance du legs et l'accomplissement des formalités prescrites par les art. 1007 et 1008, C. civ., peuvent être suppléés par l'exécution volontaire donnée au testament par les parties intéressées. — *Cass.*, 16 nov. 1836, Juin c. Thouin Beaupré.

212. — Le légataire universel doit être envoyé en possession de son legs, encore bien que le testateur ait épuisé tout l'actif de sa succession par des legs particuliers ou à titre universel. — *Orléans*, 22 avril 1847 (t. 1er 1847, p. 496), Bergeron.

213. — D'après l'art. 916, C. procéd., « si, lors de l'apposition des scellés, il s'est trouvé un testament ou autres papiers cachetés, le juge de paix doit en constater, dans son procès-verbal, la forme extérieure, le sceau et la suscription, s'il y en a, parapher l'enveloppe, avec les parties, si elles le savent ou le peuvent, et indiquer les jour et heure où le paquet sera par lui présenté au président du tribunal de première instance. Il fait du tout mention sur son procès-verbal, qui est signé par les parties; sinon mention est faite de leur refus. »

214. — Suivant l'art. 917 du même Code, « sur la réquisition de toute partie intéressée le juge de paix fera, avant l'apposition des scellés, la perquisition du testament dont l'existence sera annoncée; et s'il le trouve, il procédera ainsi qu'il est dit ci-dessus. » — V. au surplus SCELLÉS.

215. — Le président à qui est demandé l'envoi en possession ne doit l'accorder qu'en connaissance de cause, et après avoir constaté que l'acte a tout au moins l'apparence d'un testament olographe valable et contenant un legs universel, sauf à l'héritier ou au légataire à attaquer l'ordonnance, suivant qu'elle accorde ou refuse l'envoi en possession. — Marcadé, sur l'art. 1008, n° 1er; Duranton, n° 199.

216. — Si le testament est attaqué pour vice de forme, la possession provisoire doit être refusée au légataire, attendu que la volonté du testateur n'est pas légalement certaine. — Mais si le testament n'est critiqué que pour quelque vice intrinsèque, comme la volonté n'est pas douteuse, l'acte doit provisoirement recevoir son exécution, et l'envoi en possession être ordonné. — Toullier, t. 5, nos 498 et suiv; Merlin, *Quest. de dr.*, v° *Légataire*, § 2; Favard, v° *Testament*, sect. 2e, § 1er, n° 5.

217. — La loi n'ayant pas déterminé la nature des vices qui peuvent faire suspendre l'exécution d'un testament olographe, elle a laissé par cela même aux magistrats la faculté de décider, d'après les circonstances, s'il y a lieu d'en ordon-

RÉP. GÉN. — IX. 5

ner ou d'en suspendre l'exécution. — *Liége*, 19 fév. 1810, Paquis.

218. — En conséquence, lorsqu'il existe des héritiers en faveur desquels la loi fait une réserve, l'exécution d'un testament olographe peut être suspendue, encore que le testament soit revêtu de toutes les formes voulues par la loi et que l'écriture n'en soit pas contestée ; il suffit que les héritiers légitimes prétendent que le testateur n'était pas sain d'esprit au moment où il a fait sa disposition. — Même arrêt.

219. — Jugé aussi que lorsque le testament olographe est méconnu par l'héritier, les tribunaux peuvent refuser au légataire universel l'envoi en possession provisoire. — *Cass.*, 13 nov. 1816, Lafont c. Gounon.

220. — Jugé toutefois que lorsqu'il n'y a pas d'héritier à réserve, le légataire institué par un testament olographe doit être mis en possession, quoique les héritiers méconnaissent l'écriture et la signature du testament, si d'ailleurs il existe de fortes présomptions en faveur de la sincérité de ce testament. — *Amiens*, 25 janv. 1824, Dutron c. l'évêque d'Amiens.

221. — Favard (v° *Testament*, sect. 2e, § 1er, n° 5) pense, en outre, que la possession provisoire devrait même être refusée, soit au légataire, soit à l'héritier, s'il y avait lieu de craindre la dilapidation de sa part. Mais il est à croire que cette circonstance seule paraîtrait insuffisante.

222. — Jugé qu'on ne saurait voir une contradiction entre deux clauses d'un testament, dont l'une contient un legs particulier, l'autre un legs universel au profit de la même personne. En conséquence, le président du tribunal de première instance auquel ce légataire demande l'envoi en possession en vertu de ce testament ne peut, sous prétexte de la contradiction des deux dispositions, refuser cet envoi, ni obliger le légataire à le faire ordonner avec les parties intéressées. — *Paris*, 25 juin 1825, Dupriez.

223. — Mais le président du tribunal civil auquel un légataire demande une ordonnance d'envoi en possession a le droit d'examiner le mérite de la disposition qu'on lui présente comme constituant un legs universel, et il peut refuser son ordonnance s'il pense que cette disposition forme seulement un legs particulier. — *Orléans*, 31 août 1841, Jahan.

224. — L'ordonnance du président portant envoi en possession du légataire universel, institué par testament olographe, est susceptible d'opposition devant le tribunal, car c'est là un acte de juridiction contentieuse, et non pas un acte de juridiction volontaire. — *Bordeaux*, 29 nov. 1834, Ladignac c. Hébrard; *Nancy*, 26 juin 1839 (t. 2 1839, p. 515), Avocour c. Longeans; *Nîmes*, 3 janv. 1844, sous *Cass.*, 24 avr. 1844 (t. 2 1844, p. 407), Quatrefages du Fesque c. Latour-Lisside. *Contrà Toulouse*, 1er août 1842 (t. 1er 1844, p. 10), Viguier c. Francazal.

225. — Le sursis à l'exécution de l'ordonnance pourrait même être prononcé s'il s'élevait de graves soupçons sur la sincérité du testament. — Même arrêt.

226. — Jugé cependant que cette même ordonnance n'est point susceptible d'appel. — *Bruxelles*, 3 janv. 1823, N... — Mais la question est controversée. — V. APPEL, nos 447 et suiv. ; TESTAMENT.

227. — Les créanciers de la succession ont droit d'intervenir dans l'instance engagée sur la question d'envoi en possession entre le légataire universel et les héritiers naturels, et de demander la vente immédiate du mobilier, sauf au tribunal à ordonner le dépôt du prix à la caisse des consignations. — *Toulouse*, 16 nov. 1839 (t. 1er 1840, p. 50), Hawarden c. Bonnet et Martin.

228. — Le testament étant un acte sous seing privé, l'héritier peut déclarer qu'il ne connaît pas l'écriture ou la signature de son auteur. — C. civ., art. 1323. — Mais alors à la charge de qui est la vérification? Est-ce à la charge du légataire qui produit le testament, ou de l'héritier qui le méconnaît? V. TESTAMENT.

229. — Lorsqu'un légataire universel, institué par un testament olographe, a été envoyé en possession, et que le dépôt du testament a eu lieu en l'étude d'un notaire, les héritiers légitimes ne peuvent faire rétracter l'envoi en possession, sous prétexte qu'ils dénient l'existence du testament et s'inscrivent en faux. — *Nîmes*, 17 fév. 1824, Arrau c. Chanavas.

230. — L'héritier institué ou légataire, envoyé en possession par l'ordonnance du juge, doit être maintenu pendant la contestation, à moins qu'il n'existe des motifs graves pour en décider autrement. — *Gênes*, 23 déc. 1811, Ghilini c. Sambuy.

231. — Lorsque, par ordonnance du président, un légataire universel, institué par un testament olographe, a été envoyé en possession des biens du testateur, il ne suffit point aux héritiers du sang non-réservataires de déclarer, même dans l'inventaire ou par un acte extrajudiciaire, méconnaître l'écriture et la signature du défunt, pour réclamer provisoirement la saisine de la succession. — *Cass.*, 2 fév. 1818, Lesouef c. Robino; *Rouen*, 23 mai 1842 (t. 2 1843, p. 604), d'Osmoy c. de Pillon.

232. — En conséquence, dans ce cas, le légataire universel peut faire procéder à la vente des arbres de haute futaie existant sur les biens légués, nonobstant l'opposition formée à cette vente par les héritiers du sang. — Cette opposition ne pourrait être recevable qu'autant qu'ils auraient attaqué le testament même par voie d'action. — *Rouen*, 23 mai 1842 (t. 2 1843, p. 604), d'Osmoy c. de Pillon.

233. — Si les héritiers, non-réservataires, ont pris la voie de l'inscription de faux, les juges peuvent prescrire toutes mesures conservatoires, telles qu'apposition de scellés, inventaire, etc. — Le droit de requérir ces moyens appartient même aux héritiers collatéraux, lorsque le titre est contesté, surtout s'il s'agit d'un testament olographe ou mystique. — Delvincourt, t. 2, p. 350; Toullier, t. 5, n° 504; Merlin, t. 17, p. 782, 4e édit.

234. — Jugé, en ce sens, et alors même que les héritiers attaquent le testatment sans prendre la voie d'inscription de faux. — *Nîmes*, 27 déc. 1810, Boyer c. Sévenne; *Paris*, 11 août 1809, Dejouy c. Coutant; *Bruxelles*, 9 mars 1811, Bergoyk et Goubaut c. Dormer. — Berriat Saint-Prix, p. 698, n° 7; Pigeau, *Comment.*, t. 2, p. 617. — *Contrà Bordeaux*, 15 déc. 1828, Boucheron.

235. — Jugé aussi que, lorsqu'un légataire universel par testament olographe a été envoyé en possession, on peut ordonner le séquestre des biens composant ses legs, sur le motif que l'écriture et la signature du testament étant contestée, il y a litige sur la propriété. — *Bourges*, 18 déc. 1820, Pouillat c. Chatelain.

236. — Les héritiers naturels ont le droit de faire tous actes conservatoires, surtout tant que le légataire, saisi de plein droit, ne leur a pas fait notifier son titre. — *Amiens*, 25 janv. 1823, Dutron c. évêque d'Amiens.

237. — De même, nonobstant la saisine déférée au légataire universel, à défaut d'héritiers réservataires, l'héritier légitime peut toujours requérir, à titre de mesure conservatoire, l'apposition des scellés sur les effets et papiers de la succession, sauf à en supporter les frais, si, en définitive, le testament sortit. — *Douai*, 28 mai 1845 (t. 2 1848, p. 209), Glorieux-Philippo c. Franchomme.

238. — Jugé toutefois, dans le cas de saisine de plein droit, que le légataire universel n'est pas tenu d'appeler les héritiers naturels à la levée des scellés. — *Dijon*, 30 frim. an XII, Coquart.

239. — ... Que s'il n'existe point d'héritier légitimaire, le légataire universel ne peut être contraint à faire inventaire de la succession, avant de se mettre en possession, lorsque l'écriture du testament olographe est vérifiée et que le légataire consent à ce qu'en procédant à la levée des scellés, on s'assure s'il n'y a pas un second testament révocatoire du premier. — *Metz*, 31 août 1813, Lhote c. N.

240. — ... Mais qu'il peut toutefois y être contraint, quand bien même il n'existerait pas d'héritiers légitimaires, si l'héritier le plus proche est absent, ou s'il ne s'est point encore expliqué sur la validité du testament. — *Metz*, 26 août 1812, Marcon.

241. — Lorsqu'un légataire universel a été envoyé en possession en vertu d'un testament olographe, et qu'un héritier non légitimaire demande contre lui le délaissement des biens de l'hérédité, jusqu'à ce que l'écriture du testament ait été vérifiée, le légataire est fondé à invoquer l'authenticité que le testament a acquise par le dépôt chez le notaire, et c'est à l'héritier demandeur à fournir toutes les preuves de la nullité. — *Turin*, 10 janv. 1809, Sannazar c. Vallino.

242. — Dans le ci-devant Piémont, le légataire universel institué par un testament de nuncupation implicite fait avant le Code, n'a pas été tenu, depuis le Code, de faire procéder à l'ouverture du testament par le président du tribunal et de demander l'envoi en possession. — *Turin*, 30 avril 1806, Reno c. Gattino.

243. — Le testateur qui ne laisse point d'héritiers à réserve peut valablement, même en instituant des légataires universels, donner à son exécuteur testamentaire le pouvoir de vendre les immeubles de la succession dans la forme de la vente de biens de mineurs, pour le prix en être versé auxdits légataires, après le paiement des charges. — *Cass.*, 8 août 1848 (t. 2 1848, p. 649), Bouche c. Roels.

244. — Le légataire universel est sans droit pour pratiquer des saisies-arrêts entre les mains des débiteurs de la succession. Le droit de réclamer et de retirer les sommes dont la succession est créancière n'appartient qu'à l'héritier à réserve, qui seul a la saisine de la succession. — *Bastia*, 8 avril 1846 (t. 2 1846, p. 118), Giuseppi c. Corbara.

245. — Un légataire universel ne peut demander la cassation d'un arrêt qui annule le testament qui l'institue, par le motif que la nullité s'étend même aux legs particuliers, et que les légataires particuliers n'étaient pas en cause. — *Cass.*, 30 mai 1826, Dunand c. Truchet.

246. — Le légataire universel a le droit de retenir tous les titres dépendant de l'hérédité, spécialement des lettres de noblesse que le testateur se serait fait délivrer. — *Paris*, 7 déc. 1847 (t. 1er 1848, p. 29), de Favre.

247. — Le légataire universel a-t-il qualité pour exercer le retrait successoral? — V. RETRAIT SUCCESSORAL.

248. — Suivant l'art. 1009 C. civ., « Le légataire universel qui est en concours avec un héritier auquel la loi réserve une quotité des biens, est tenu des dettes et charges de la succession du testateur, personnellement pour sa part et portion, et hypothécairement pour le tout; et il est tenu d'acquitter tous les legs, sauf le cas de réduction, ainsi qu'il est expliqué aux art. 926 et 927. »

249. — Cette obligation pour le légataire universel de contribuer aux dettes et charges de la succession, existait dans notre ancienne jurisprudence, et fut consacrée par l'art. 334 de la nouvelle coutume de Paris. — Cette disposition devint bientôt de droit commun, et fut la source de l'action personnelle que l'on accorda aux créanciers de la succession contre les légataires, en la limitant toutefois à l'émolument que ceux-ci retiraient de leurs legs. — Ricard, *Des donations*, 3e part., ch. 11, nos 1508 et suiv.; Pothier, *Cout. d'Orléans*, introd. au tit. 16, n° 120; Merlin, *Rép.*, v° *Légataire*, § 7, art. 1er.

250. — D'après l'art. 871 C. civ., les légataires à titre universel, auxquels il faut assimiler les légataires universels non saisis, contribuent avec les héritiers *au prorata de leur émolument*; au contraire, d'après les art. 1009 et 1012, les légataires universels ou à titre universel sont tenus des dettes et charges de la succession *personnellement pour leur part et portion*. — Faut-il en conclure que les légataires universels non saisis, qui acceptent purement et simplement, sont tenus des dettes et charges *ultra vires*, et sur leur propre patrimoine, ou qu'ils n'en sont tenus que jusqu'à concurrence de leur émolument? — On répond que les légataires universels non saisis, et les légataires à titre universel ne représentant pas la personne du défunt, et n'étant tenus de ses dettes qu'en qualité de successeurs universels aux biens, ils ne peuvent y être soumis que jusqu'à concurrence de la valeur des biens qu'ils sont appelés à recueillir. — Duranton, t. 7, nos 14 et 433, et t. 9, n° 201; Chabot, *Comment. des successions*, art. 774, n° 14; Favard, *Rép.*, v° *Testament*, sect. 2, § 2, n° 9; Delvincourt, t. 2, p. 355; Aubry et Rau, sur Zachariæ, t. 5, § 723, p. 425, note 4. — *Contrà* Toullier, t. 5, n° 520; Merlin, *Rép.*, v° *Légataire*, § 7, art. 1er, n° 17; Vazeille, *Des successions*, sur l'art. 793, n° 10; Belost-Jolimont, sur Chabot, observ. 3e sur l'art. 774.

251. — Le légataire universel en concours avec des héritiers à réserve et le légataire à titre universel peuvent, au surplus, être recherchés exceptionnellement pour la totalité d'une dette héréditaire, lorsque cette dette est indivisible ou hypothécaire. Mais, dans ce cas même, ils ne seraient tenus que jusqu'à concurrence de l'émolument de leurs legs. — Zachariæ, *loc. cit.*

252. — Le droit pour les créanciers de la succession d'actionner directement les légataires d'universalité dans la limite de leur émolument, n'exclut pas le droit pour ces mêmes créanciers de poursuivre les héritiers réservataires, comme étant les seuls saisis, chacun pour sa part héréditaire (C. civ., 724, 873 et 1220), sauf alors le recours de ces héritiers contre les légataires, à raison de la part pour laquelle ceux-ci doivent contribuer aux dettes. — Duranton, t. 9, n° 202; Zachariæ, *loc. cit.*, p. 427, et § 636, note 5; Delvincourt, t. 2, p. 93, note 1re.

253. — La proportion dans laquelle les légataires d'universalité et les héritiers légitimes contribuent entre eux au paiement des dettes héréditaires, peut être modifiée, soit par une disposition du testateur lui-même, soit par des arrangemens particuliers, sans toutefois pouvoir porter préjudice au droit de poursuite des créanciers héréditaires. — Merlin, *Rép.*, v° *Légataire*, § 7, art. 1er, n° 17; Delvincourt, t. 2, p. 165, notes; Toullier, t. 5, n° 554; Zachariæ, *loc. cit.*, p. 428.

254. — D'autre part, si un testateur peut décharger son légataire de l'obligation aux dettes, il ne le peut toutefois que sous la condition de ne point par là porter atteinte à la réserve légale. — Merlin, *Rép.*, v° *Légataire*, § 7, art. 1er, n° 18.

255. — Quand, à défaut d'héritiers réservataires, le légataire universel se trouve saisi, est-il tenu des dettes *ultrà vires*, comme un héritier? Oui : car il représente la personne du défunt d'une manière absolue. — Grenier, t. 1er, n° 313; Toullier, t. 5, n° 495; Duranton, t. 7, nos 14 et 433, t. 9, n° 201; Merlin, *Rép.*, v° *Légataire*, § 7, art. 1er, n° 17; Favard, v° *Testament*, sect. 2, § 1er, n° 9; Delvincourt, t. 2, p. 351.

256. — Jugé dès lors qu'un légataire universel peut accepter sous bénéfice d'inventaire la succession à lui léguée. — *Rennes*, 25 avril 1820, Guénéa c. Riou-Kerhallet; V. *contrà Turin*, 14 août 1809, Borsarelli c. Vaglienti.

257. — ... Et que, pendant les délais qui lui sont accordés pour délibérer, il ne peut être condamné à la délivrance des legs, quand même les légataires offriraient de donner caution. — *Turin*, arrêt précité.

258. — L'institution universelle de la part d'un mari à sa femme, à la charge de rendre le *fidéicommis*, quand bon lui semblera, à l'un de leurs enfans, n'est pas simplement fiduciaire; elle saisit la mère instituée et l'oblige, elle ou ses héritiers, au paiement des dettes. — La renonciation par la mère à cette institution est devenue sans effet par la vente d'immeubles qu'elle a faite comme héritière, et en vertu du pouvoir que le testament contenait. — *Riom*, 4 avril 1818, Rivier c. Souteyran.

259. — Lorsqu'un père a légué l'usufruit de ses biens à sa femme et la nue propriété à l'un de ses enfans, et qu'il a fait aux autres enfans un legs à titre de légitime, c'est l'usufruitier et non le nu propriétaire qui doit l'intérêt de ce legs à titre de légitime, à compter du jour de l'ouverture de la succession; le nu propriétaire n'en devient passible que du jour de la cessation de l'usufruit. — *Montpellier*, 13 nov. 1828, Villanova.

260. — Les legs ne peuvent, en aucune manière, entamer la réserve; aussi la dernière partie de l'art. 1009 porte-t-elle que les légataires universels, en concours avec des héritiers réservataires, doivent acquitter tous les legs. Ainsi s'est trouvée abrogée l'application de la loi Falcidie, suivie dans les pays de droit écrit, et d'après laquelle l'héritier testamentaire devait avoir au moins le quart franc de l'hérédité, toutes dettes déduites. — V. QUARTE FALCIDIE.

261. — Jugé que l'héritier à réserve, en concours avec un légataire universel, n'est pas tenu de contribuer à l'acquit des donations à cause de mort, que le défunt a faites par son contrat de mariage. — *Paris*, 5 fév. 1811, Dufour de Villeneuve c. Dabos.

262. — Par suite de l'abrogation de la quarte falcidie, si les legs se trouvent absorber tout l'actif de la succession, il est bien clair que le légataire universel, qui doit les acquitter tous, n'a guère d'autre rôle que celui d'exécuteur testamentaire; mais remarquons qu'il lui reste, comme avantage éventuel, le droit de profiter de la caducité des legs qui pourrait survenir. — Grenier, t. 1er, n° 310; Toullier, t. 5, n° 557; Delvincourt, t. 2, p. 349; Duranton, t. 9, n° 204.

263. — ... D'où la conséquence que les héritiers légitimes n'ont point qualité pour demander, par exemple, la nullité d'un legs entaché de substitution fidéicommissaire.

264. — ... C'est ce qui a été jugé, même dans une espèce où le légataire universel était compris dans la substitution. — *Cass.*, 22 juillet 1835, Albe c. Pélissier et Pierrefeu.

265. — ... Et bien qu'il fût dit que, dans un cas prévu, les biens grevés de substitution tourneraient au profit de la succession. — *Montpellier*, 10 fév. 1836, Albe.

266. — Jugé également que, lorsqu'une disposition testamentaire est faite conjointement au profit de plusieurs légataires, les héritiers naturels n'ont pas qualité pour contester la capacité de quelques-uns des institués, si la capacité des autres est reconnue et incontestable. — *Bordeaux*, 7 janv. 1841 (t. 1er 1841, p. 545), Chapuzé c. Guérineau.

267. — Il a été jugé que l'héritier universel institué, grevé du legs d'une somme payable après son décès, ne peut être contraint à donner caution, alors même que la succession ne consiste qu'en objets mobiliers, et qu'il se livre à une dissipation notoire. — *Nîmes*, 22 avr. 1812, de Vinezac c. Morangier.

268. — Si, après que le légataire universel a payé les legs, le testament venait à être déclaré nul, la seule obligation de ce légataire universel envers l'héritier consisterait à remettre à celui-ci ce qui reste des biens de la succession, sauf à l'héritier à se pourvoir d'autre part en restitution contre les légataires particuliers. — L. 17, ff., *De hæredit. petit.*; Delvincourt, t. 2, p. 353.

269. — L'exécution volontaire, par le légataire universel, de quelques legs particuliers contenus dans un codicille nul comme n'ayant pas de date, ne peut profiter à d'autres légataires particuliers, auxquels le légataire universel oppose la nullité de ce codicille, qu'il n'a ni exécuté ni ratifié à leur égard. — *Paris*, 15 oct. 1829, Robert c. Labau.

270. — On n'a parlé jusqu'ici que des obligations ordinaires imposées au légataire universel, mais il est évident que le testateur peut ajouter à ces obligations des charges particulières; seulement si ces charges sont excessives elles entraîneront la répudiation du legs. — V. *infrà* nos 728 et suiv.

271. — Jugé que l'obligation imposée par le testateur au légataire de payer une somme ou de donner une chose à un tiers, constitue, quelque minime que soit la somme à payer, un véritable legs plutôt que l'acquittement d'une dette du testateur. La circonstance que le testateur aurait géré les biens de ce tiers ne serait pas suffisante pour faire considérer cette disposition comme une restitution qu'il aurait voulu faire. — *Cass.*, 27 nov. 1833, Lapp c. Brumpter; et sous cet arrêt, *Colmar*, 10 mars 1832, mêmes parties.

272. — Jugé aussi que la reconnaissance d'une dette contenue dans un testament ne fait point, à elle seule, preuve complète du droit du créancier; et qu'elle doit, jusqu'à preuve contraire, être plutôt considérée comme un legs. — *Paris*, 7 fév. 1832, Peruzzi.

273. — ... Que le testament authentique contenant reconnaissance d'une dette au profit de l'un des témoins instrumentaires est nul, lorsque cette reconnaissance forme le seul titre de la dette; ou qu'elle n'est autre chose qu'une libéralité déguisée. — *Bordeaux*, 3 avr. 1841 (t. 2 1841, p. 73), Cunnière.

274. — Toutefois, si l'héritier établissait que la reconnaissance n'a été faite que dans la fausse persuasion de l'existence d'une dette, il y aurait lieu, par application de l'art. 1131 du C. civ., d'annuler cette reconnaissance. — Duranton, n° 258 *bis*.

275. — Si la dette existait réellement, la reconnaissance ne vaudrait que comme reconnaissance de dette, et non plus comme legs. Si l'on suppose enfin que le testament ait été révoqué et que néanmoins il subsiste encore, cette reconnaissance ne peut valoir que comme reconnaissance de dette, et la preuve qu'en pourrait tirer le tiers dépendrait beaucoup des termes dont le testateur se serait servi et de la circonstance que le testament serait authentique ou olographe. — Duranton, *ibid.*

276. — Dans le cas où la personne au profit de laquelle la reconnaissance a été faite serait incapable de recevoir du testateur, et où encore la quotité disponible se trouverait dépassée par cette reconnaissance, en la supposant un legs, comme la déclaration du testateur pourrait avoir été faite en vue de faire fraude à la loi ou aux héritiers réservataires, le tiers devrait prouver l'existence de la dette, sauf à voir dans l'acte testamentaire, s'il n'avait pas été révoqué, un commencement de preuve par écrit, qui pourrait faire admettre la preuve testimoniale. — Duranton, *ibid.*

277. — Lorsqu'un testateur impose à son légataire universel l'obligation de faire payer à ses héritiers naturels une somme d'argent à prendre sur les deniers les plus clairs de la succession que lui, légataire, laissera en mourant, et de fournir en garantie une hypothèque, ce legs particulier est indivisible, et doit être pris, par forme de prélèvement, avant tout partage. — En conséquence, les héritiers du légataire ne peuvent se libérer par portions, et doivent acquitter la dette en totalité. — *Angers*, 23 déc. 1841 (t. 1er 1843, p. 425), Couet.

Sect. 3e. — *Legs à titre universel.*

§ 1er. — *Caractères et étendue du legs à titre universel.*

278. — « Le legs à titre universel est celui par lequel le testateur lègue une quote-part des biens dont la loi lui permet de disposer, telle qu'une moitié, un tiers, ou tous ses immeubles, ou tout son mobilier, ou une quotité fixe de tous ses immeubles ou de tout son mobilier. — Tout autre legs ne forme qu'une disposition à titre particulier. » — C. civ., art. 1010.

279. — Il y a encore legs à titre universel dans la disposition par laquelle un testateur aurait légué une quote-part de tous ses biens indistinctement. — Marcadé, sur l'art. 1010, n° 2; Duranton, t. 9, n° 207.

280. — Le legs d'une quote-part des biens du testateur comprend ceux qui lui sont advenus depuis la confection du testament. — *Grenoble*, 3 fév. 1832, Giraud.

281. — Spécialement, le legs du quart, par exemple, des biens que le testateur laissera à son décès, ne doit être calculé que sur les biens existant à l'époque du décès. — *Bordeaux*, 27 juin 1831, Chassaigne.

282. — Il y a, d'après ce qu'on vient de voir, six espèces de legs à titre universel : 1° le legs d'une quote-part de tous les biens indistinctement; — 2° celui d'une quotité de la portion disponible; — 3° le legs de tous les immeubles; — 4° celui de tout le mobilier; — 5° le legs d'une quotité fixe de tous les immeubles; — 6° enfin celui d'une quotité de tout le mobilier. — Duranton, *loc. cit.*

283. — Jugé, du reste, que la disposition faite par testament de tout le mobilier, lorsqu'il n'y a point d'immeubles dans la succession, ne constitue pas un legs universel. — *Bruxelles*, 19 nov. 1812, Hennepin c. Olivier.

284. — En parlant de tous les immeubles ou de tout le mobilier, le législateur suppose que la disposition porte sur les meubles ou sur les immeubles considérés en masse et dans leur ensemble; si la disposition, quoique portant sur tous les immeubles, ne les comprenait intégralement que par suite d'une énumération successive, elle ne formerait qu'un legs à titre particulier. — Delvincourt, t. 2, notes, p. 354; Marcadé, *loc. cit.* — Par suite, si, depuis le testament, le testateur venait à acquérir d'autres meubles ou immeubles, la libéralité ne les comprendrait pas; ce qui n'aurait pas lieu, au contraire, si, les meubles ou les immeubles ayant été légués en bloc, il s'agissait d'un legs à titre universel. — Delvincourt, t. 2, notes, p. 354.

285. — Le légataire à titre universel des immeubles n'a pas droit au prix de ceux vendus par la testatrice postérieurement à la confection de son testament, et qu'elle a stipulé payable à ses héritiers. — Ce prix doit être attribué soit à l'héritier légal, soit au légataire à titre universel du mobilier. — *Douai*, 24 février 1845 (t. 1er 1845, p. 594), Brochery c. Goy.

286. — Sous la coutume de Cambrai, l'action en remploi n'appartenait point au successeur de l'universalité des meubles, lorsque, dans la personne du défunt, à qui elle appartenait, elle concourait avec le droit de revendiquer l'immeuble dont la vente y donnait lieu. Dans ce cas, l'héritier immobilier était préféré pour l'exercice du droit de revendication. — *Cass.*, 11 vent. an XI, Bourdon c. Franqueville.

287. — Le legs d'un ou de plusieurs immeubles spécialement désignés n'est qu'un legs particulier, quand même le testateur n'aurait pas laissé d'autres immeubles; mais le legs de tous les immeubles est un legs à titre universel, quand même le testateur n'aurait laissé qu'un seul immeuble. — Zachariæ, p. 381; Proudhon, n° 1830; Duranton, n° 228.

288. — D'un autre côté, le legs, soit des immeubles, soit des meubles, n'est vraiment à titre universel qu'autant qu'aucune expression n'en restreint l'étendue à une portion autre qu'une quotité fixe de chacune de ces espèces de biens. — Ainsi, n'est point à titre universel le legs de tous les immeubles d'une certaine espèce, par exemple, de toutes les vignes du testateur, de tous ses bois ou forêts, ou de tous les meubles meublants, quoique le testateur n'eût pas, lors de la disposition, d'autre espèce de biens. — Grenier, t. 1er, n° 288; Toullier, t. 5, n° 510; Delvincourt, t. 2, notes, p. 354; Duranton, nos 229 et suiv; Chabot, sur l'art. 871, n° 1; Proudhon, *Usufruit*, t. 4, nos 1845 et suiv.; Zachariæ, § 711, p. 380.

289. — Ainsi encore le legs de tous les effets mobiliers qui se trouveront dans la maison du testateur au jour de son décès ne forme point un legs à titre universel. — *Turin*, 24 mars 1806, Belli c. Mocaffi.

290. — De même, lorsqu'un testateur a légué les immeubles situés dans un lieu déterminé, une telle disposition ne forme qu'un legs particulier. — *Paris*, 26 juin 1824, Montaud c. Bazerque. — Auteurs précités.

291. — .....Et cette disposition ne comprendrait pas les acquisitions postérieures dans le même lieu, ni même celles d'immeubles contigus ou indivis avec ceux existant à l'époque de la confection du testament. — Même arrêt. — Ricard, 3e part., n° 1526; Merlin, *Rép.*, v° *Légataire*, § 1er, n° 1; Delvincourt, Duranton, *loc. cit.*

292. — Lorsqu'un testateur a légué tous les immeubles qu'il possédait dans certaines communes désignées, l'arrêt qui décide que ce legs est simplement à titre particulier et ne comprend point les nouveaux biens acquis par le testateur dans les mêmes communes, postérieurement à la date du testament, ne donne point ouverture à cassation. — *Cass.*, 10 juin 1835, de Mons c. Dauxais.

293. — Le legs de tous les meubles et effets, linge et argenterie, n'est qu'un legs particulier qui doit être restreint aux objets spécialement désignés par le disposant. — *Nîmes*, 25 avril 1811, Coulet c. Martel.

294. — Le legs de la totalité des biens meubles et immeubles, dont il a été précédemment fait réserve, dans une donation universelle, n'est ni un legs universel, ni un legs à titre universel; ce n'est qu'un legs particulier exempt de contribution aux dettes de la succession. — *Bordeaux*, 7 juillet 1827, Dupuy.

295. — Quant à la question de savoir si le legs des *meubles*, sans autre addition ni désignation, comprend tout ce qui est meuble, et forme, par suite, un legs à titre universel, elle doit être résolue négativement par application de l'article 533 C. civ. qui, combiné avec l'art. 1010, imprime, au contraire, à la disposition le caractère de legs à titre particulier. — Duranton, n° 227; Zachariæ, *loc. cit.*, p. 379, note 13. — V. cependant *Bruxelles*, 9 mars 1813, Dery c. Derieux.

296. — .....A moins toutefois qu'il ne résulte de l'ensemble du testament que le testateur s'est servi du mot *meubles* comme équivalent du terme *mobilier*.

297. — En ce qui concerne, au surplus, le sens de cette expression *meubles*, employée seule dans les dispositions de l'homme, V. pour les détails v° BIENS, n°s 265 et suiv.

298. — Le legs de l'universalité de tous les biens meubles et effets mobiliers, droits, crédits et actions que possédera le testateur au moment de son décès, de quelque nature qu'ils soient, est un legs purement mobilier. — *Rennes*, 21 fév. 1831, Lanjamet c. Monmuron. — Du moins l'arrêt qui décide, en se fondant sur la volonté du testateur, que les immeubles ne sont pas compris dans un tel legs, échappe à la censure de la cour de cassation. — *Cass.*, 26 juin 1832, mêmes parties.

299. — Le legs de la totalité des meubles, moins un meuble déjà compris dans un legs précédent, est réputé legs à titre universel. — *Poitiers*, 2 juin 1824, Romieux c. Verd. — Le pourvoi contre cet arrêt a été rejeté le 9 juin 1825. — Il est à remarquer que, dans l'espèce de cet arrêt, l'expression *biens meubles* n'était point employée seule sans autre désignation ni addition, et qu'ainsi, cette expression ne devait pas être interprétée dans un sens restrictif.

300. — Il y a legs à titre universel, et non pas simplement à titre particulier, dans le legs de la généralité des biens meubles et effets mobiliers que laissera le testateur, bien que la disposition soit ensuite restreinte par ces mots: A l'exception de l'or, de l'argent, des créances et actions en remploi. — *Nancy*, 23 mars 1843 (t. 1er 1844, p. 42), Martin c. Gillet.

301. — Décidé toutefois, mais dans une espèce qui ne nous semble pas identique avec la précédente, qu'un legs consistant dans le quart des biens meubles et effets mobiliers du testateur, mais en exceptant quelques espèces d'effets, par exemple, le numéraire, les grains, etc., ne peut être regardé comme un legs à titre universel. — *Rennes*, 21 juill. 1824, des Nétumières.

302. — Le legs du quart des meubles et immeubles du testateur en propriété, ou de la moitié desdits meubles et immeubles en usufruit, comprend non-seulement les meubles meublans, mais l'universalité des biens mobiliers. — *Paris*, 6 janvier 1807, de Roisin c. Girardin.

303. — Lorsque, après avoir disposé, par un premier testament, de l'usufruit de tous ses biens, et fait un legs particulier d'une somme d'argent, le testateur fait un second testament, par lequel il lègue de nouveau à une personne, autre que celle primitivement instituée, l'usufruit de tous ses biens, cette dernière disposition doit être réputée comprendre aussi la jouissance du legs particulier contenu au premier testament. La délivrance immédiate de ce legs après le décès du testateur serait incompatible avec le legs universel d'usufruit fait postérieurement. — *Aix*, 3 juill. 1838 (t. 2 1838, p. 589), Toucas c. Espanet et Fabre.

304. — La disposition par laquelle un testateur déclare laisser à sa femme la propriété pleine et entière des meubles et de tout ce qui est réputé tel, à l'exception des rentes et obligations, ne peut être considérée comme renfermant, en faveur de ses héritiers *ab intestat*, un legs de ces mêmes rentes et obligations, lesquelles appartiennent à sa femme, en sa qualité d'épouse survivante, d'après la coutume sous laquelle elle s'est mariée. — *Bruxelles*, 9 avril 1829, N.....

305. — Le legs de tous les fruits et revenus échus, et généralement de tout le mobilier qui composera la succession du testateur, ne comprend pas la portion des fermages ou loyers courus depuis le dernier terme échu avant le décès du testateur, jusqu'à l'époque de ce décès, mais seulement les revenus exigibles au décès de ce dernier. Du moins, l'arrêt qui le décide ainsi ne renferme qu'une interprétation du testament qui ne peut donner ouverture à cassation. — *Cass.*, 1er août 1832, Lehugeur c. Delalande; V. cependant *Rouen*, 22 janv. 1828, Lebreton et Brissel c. Damonille. — Proudhon, *Usufr.*, t. 2, p. 907 à 912.

306. — La clause d'un testament ainsi conçue: «Je donne et lègue à... tous les biens meubles qui m'appartiendront le jour de mon décès; je comprends dans ce legs l'argent comptant, l'argenterie, foin, vin, blé et grains de toute espèce,» comprend les créances, rentes constituées et autres droits incorporels, alors même que ces créances et droits, montant à une somme considérable, n'existaient pas lors de la confection du testament, et ne sont nés que de la vente postérieure d'une partie des immeubles légués à l'héritier institué. — *Bourges*, 9 mai 1848 (t. 2 1848, p. 271), hospice de Vierzon c. Avond et Vigneron

307. — Le légataire des biens meubles peut réclamer, comme faisant partie de son legs, les animaux attachés à la culture et les ustensiles aratoires, alors surtout que le testateur a manifesté que telle était son intention, en exceptant du legs un des animaux attachés à la culture, dont il a fait l'objet d'un autre legs particulier. — *Liége*, 10 mars 1813, Steinhener c. Schotten.

308. — Il n'y a pas ouverture à cassation contre un arrêt qui décide en fait, et par interprétation de la volonté du testateur, que le legs par lui fait du mobilier ne comprend que les meubles proprement dits. — *Cass.*, 3 mars 1836, Dubois c. Garnier de Laboissière.

309. — .... Que le legs du mobilier, des meubles de toute espèce, et généralement de tout ce qui se trouve dans la maison, les titres de famille et de créance seulement exceptés, comprend l'argent comptant. — *Paris*, 27 juillet 1822, Darnaudat.

310. — .... Que le legs des meubles, effets, linges et bijoux, ne comprend pas les titres de créance et l'argent comptant. — Même arrêt.

311. — Lorsqu'il s'agit de déterminer l'étendue que doit avoir un legs à titre universel fait par préciput à un héritier, avec indication des biens qui doivent composer ce legs, on doit faire entrer dans l'estimation de la masse générale la valeur d'immeubles qui, avant tout partage, auraient été abandonnés par tous les héritiers à un créancier de la succession, en paiement de ce qui lui était dû. — *Caen*, 14 déc. 1824, le Mengnonnet c. Bernard.

312. — On ne peut, du reste, expliquer qu'historiquement la disposition législative qui considère comme legs d'universalité le legs de tous les immeubles ou de tous les meubles. Ce système était logique sous l'empire de nos coutumes qui distinguaient la succession aux immeubles et la succession aux meubles, en sorte que chacune de ces espèces de biens formait en effet une *universalité*, une masse à part, ayant son passif séparé. Mais maintenant que les immeubles et les meubles ne forment plus deux successions distinctes, mais une succession unique, il eût peut-être fallu, pour être logique, s'écarter du droit coutumier en ne considérant de pareils legs que comme des legs à titre particulier. — Marcadé, *loc. cit.*

313. — Jugé que le legs de tous les biens dépendant d'une succession distincte de celle du testateur, est un legs particulier et non universel, alors même que le testateur aurait reçu tous ces biens à titre de légataire universel. — *Cass.*, 9 avril 1834, Carnus c. Borie.

314. — En pareil cas, le légataire ne peut pas, plus que ne l'aurait pu le testateur, opposer la prescription de dix ans à l'action en nullité du premier testament, formée par les héritiers naturels. En vain dirait-il que le legs est à son égard un legs particulier. — Même arrêt.

315. — De même il n'y aurait qu'un legs particulier dans la disposition que ferait une femme, mariée sous la communauté, de tous ses droits dans cette communauté. — Delvincourt, t. 2, p. 354, notes; Proudhon, sur l'art. 1010, n° 2.

316. — De même que la disposition par laquelle le testateur lègue la portion de ses biens qu'il a acquis avec le légataire, ne renferme pas un legs à titre universel; elle n'est qu'un legs particulier. — *Poitiers*, 27 juill. 1824, Bariera c. Blaizeau.

317. — Doivent être réputés legs à titre universel, et donnant droit à la totalité de la succession, après paiement des legs particuliers, les dispositions testamentaires de sommes déterminées suivies d'une clause conçue en ces termes: «La vraie valeur des legs ci-dessus sera fixée par l'actif total de ma succession après mon décès et celui de mon mari (usufruitier), au marc le franc, tous les legs et charges ci-après expliqués prélevés. Les legs (particuliers) ci-après seront fixes et n'auront pas droit au marc le franc. — *Paris*, 18 décemb. 1845 (t. 1er 1846, p. 164), Fortier c. Franchet.

318. — Il n'y a point de legs à titre universel dans aucune des dispositions d'usufruit, si étendues qu'elles puissent être. En effet, le legs de l'usufruit de l'universalité ou d'une fraction de l'universalité des biens ne rentre dans aucun des cas de l'art. 1010 C. civ. puisque le légataire ne doit jamais avoir une fraction aliquote de la succession, ni les meubles ni les immeubles, ni une fraction aliquote des uns ou des autres. — Marcadé, *loc. cit.*; Proudhon, *De l'usufruit*, t. 2, n°s 475 et suiv.; Zachariæ, § 711, p. 380 et suiv.; *contrà* Duranton, n° 208.

319. — C'est donc improprement que les art. 610 C. civ. et 942 C. proc. parlent expressément des *légataires à titre universel en usufruit*; il n'y a aucun argument sérieux à tirer de ces termes, car, dans ces mêmes articles, le législateur parle des *légataires universels en usufruit*: or, cette dernière forme de langage, de l'aveu de M. Duranton lui-même (*loc. cit.* n° 189), est manifestement inexacte et ne saurait être prise à la lettre.

320. — Jugé cependant, que le légataire de l'usufruit de la totalité ou d'une quote-part du mobilier est légataire à titre universel; et, par suite, est tenu personnellement au paiement des dettes de la succession pour sa part et portion. — *Bruxelles*, 8 mai 1816, van Eeke.

321. — ...Que la disposition testamentaire qui donne au père l'usufruit de tous les biens, et à la fille la nue propriété des mêmes biens, comprend deux legs distincts à titre universel, sujets à délivrance par les héritiers du sang. — *Paris*, 21 fév. 1826, Thieffries.

322. — Mais, d'autre part, il a été jugé, que la disposition par laquelle un testateur, après avoir donné l'usufruit de tous ses biens, spécifie les objets sur lesquels doit porter cet usufruit, et ajoute plusieurs autres libéralités en pleine propriété en faveur du même légataire, peut être considérée comme ne formant qu'un legs particulier, et, dès lors, affranchi du paiement des legs de sommes d'argent, sans qu'une semblable décision, fondée sur l'appréciation de l'intention du testateur et l'interprétation des termes du testament, puisse tomber sous la censure de la cour de cassation. — *Cass.*, 10 août 1842 (t. 2 1842, p. 591), Duboys.

323. — Quoi qu'il en soit, il a été jugé que le légataire en usufruit, dispensé par le testateur de faire inventaire, ne peut empêcher l'héritier de la nue propriété de faire procéder à cet inventaire à ses frais. — *Poitiers*, 29 avril 1807, Durand c. Ruyot; V. dans le même sens, *Toulouse*, 23 mai 1831, Prevost c. Bonn. — V. au surplus INVENTAIRE, n°s 96 et suiv.

324. — ... Ou d'exiger contre le légataire la description des titres relatifs seulement aux immeubles de la succession, en offrant de la faire à ses frais. — *Bruxelles*, 18 déc. 1811, Vandendriessch.

§ 2. — *Droits et obligations qui naissent du legs à titre universel.*

325. — «Les légataires à titre universel sont tenus de demander la délivrance aux héritiers auxquels une quotité des biens est réservée par la loi; à leur défaut, aux légataires universels; et à défaut de ceux-ci, aux héritiers appelés dans l'ordre établi au titre *des Successions*.» — C. civ., 1011.

326. — Qu'importe que les différens legs à titre universel, qui ont pu être faits, absorbent la totalité de la succession; les légataires à titre universel n'en seraient pas moins tenus de former une demande en délivrance, laquelle se confond avec l'action en pétition d'hérédité. — Duranton, n°s 209 et 374.

327. — Toutefois, l'héritier du sang qui fait délivrance du legs à titre universel ne renonce pas, par là, aux créances qu'il a contre le testateur, surtout s'il a fait des réserves. — *Paris*, 21 mars 1815, Biancourt c. Fontette.

328. — Si les héritiers légitimes, les seuls saisis, renoncent à la succession, les légataires à titre universel doivent s'adresser aux parens auxquels l'hérédité se trouve dévolue. — Zachariæ, *loc. cit.*, § 720, p. 411; *contrà* Duranton, *ubi suprà*.

329. — Si, par suite de la renonciation des héritiers du degré supérieur, les parens qui se trouvent en ordre utile pour succéder n'étaient pas connus, les légataires devraient faire nommer un curateur à la succession pour obtenir la délivrance de leurs legs. — Zachariæ, *loc. cit.*

330. — L'héritier du sang qui prend la place d'un institué est saisi de la succession, en telle sorte que les autres institués réputés légataires à titre universel seulement, sont tenus de lui demander la délivrance. — *Agen*, 3 (et non 13) mars 1806, Dubrana c. Planté.

331. — Quand la succession est recueillie intégralement par un ou plusieurs héritiers réservataires ou non, et qui se partagent tout le disponible, c'est à cet héritier unique, ou à tous ces héritiers ensemble, que la délivrance doit être demandée. Mais si la succession était partagée entre divers héritiers dont les uns seulement seraient réservataires, le légataire à titre universel devrait demander la délivrance seulement aux héritiers non-réservataires, puisque ceux-ci seuls détiennent le disponible. — Marcadé, sur l'art. 1011.

332. — Bien que le légataire à titre universel, ayant obtenu la délivrance contre l'héritier à réserve, ait la saisine et par suite l'administration de sa quote-part dans la succession, les tribunaux peuvent, durant l'instance en partage, laisser l'administration provisoire entre les mains de l'héritier à réserve. — *Toulouse*, 27 juin 1835, d'Orgeix et Rigali c. de Fajac.

333. — Lorsque la succession se trouve dévolue à des successeurs irréguliers, tels qu'un enfant naturel reconnu, l'époux survivant ou l'État, le légataire à titre universel est-il toujours tenu de demander la délivrance? Non; en ce sens du moins qu'il serait admis à agir contre des tiers, sans avoir préalablement obtenu cette délivrance, et qu'il pourrait *de plano* demander le partage de l'hérédité. — Zachariæ, t. 5, § 720, p. 411. — Au contraire, suivant d'autres auteurs, les successeurs irréguliers, lorsqu'il n'y a pas de parens au degré successible, ni de légataire ou donataire universel, sont, une fois qu'ils ont obtenu l'envoi en possession, *loco hæredum*, en ce qui concerne l'obligation imposée au légataire à titre universel de demander la délivrance. — Duranton, *loc. cit.*; Marcadé, *loc. cit.*; Delvincourt, t. 2, notes, p. 355; Toullier, t. 5, n° 55; Favard, *Rép.*, v° *Testament*, sect. 2, § 2, n° 3.

334. — Si les successeurs irréguliers refusaient de se faire envoyer en possession ou même mettaient de la lenteur à le faire, les légataires à titre universel pourraient, après sommation et un délai raisonnable, faire nommer un curateur, auquel ils demanderaient la délivrance. — Mêmes auteurs.

335. — Le légataire à titre universel qui se trouve en possession de l'objet légué au jour de l'ouverture de son legs n'est pas tenu d'en demander la délivrance. — *Nîmes*, 5 janvier 1838 (t. 2 1838, p. 274), Portanier c. Puivat-Garilhe; *Limoges*, 5 juin 1846 (t. 1er 1849, p. 35), Legay et Charles c. Duchez. — Furgole, *Test.*, chap. 10, n° 69; Pothier, *Donat. testament.*, ch. 5, sect. 2, § 2; Toullier, t. 5, n° 541; Grenier, t. 1er, n° 301; Merlin, *Rép.*, v° *Légataire*, § 5, n° 7; Proudhon, nos 385 et 686; Delvincourt, t. 2, p. 580; Poujol, t. 2, p. 164, n° 5; Vazeille, art. 1015, n° 4; Coin-Delisle, *ibid.*, n° 27; Marcadé, *ibid.*, n° 2.

336. — Jugé aussi que le légataire à titre universel qui s'est mis en possession de son legs, sans en avoir demandé la délivrance à l'héritier légitime, ne peut, en se fondant sur ce défaut de délivrance, échapper aux poursuites en expropriation forcée à raison d'une créance hypothéquée sur un immeuble faisant partie de son legs. — *Bruxelles*, 25 août 1814, Baydaels c. H....

337. — Quant à la clause du testament qui dispenserait le légataire à titre universel de demander la délivrance du legs, elle devrait être réputée non écrite. — *Bruxelles*, 2 décembre 1830, Foslier.

338. — De même, le testateur ne saurait dispenser le légataire d'une charge inhérente à sa qualité, et résultant des dispositions de la loi. — Ainsi, le legs d'un usufruit universel ne peut être fait avec dispense de payer les intérêts des dettes de la succession. — *Montpellier*, 12 janvier 1822, Julien c. Maurin.

339. — Une femme peut, en léguant à son mari, conformément à l'art. 1094 C. civ., l'usufruit de la moitié de tous ses biens, le dispenser de fournir caution, quoiqu'elle laisse à son décès des enfans réservataires. — *Rouen*, 13 juin 1840 (t. 2 1840, p. 218), Lhuintre.

340. — Remarquons, au reste, qu'un tribunal ne peut, sous prétexte du défaut d'inventaire des meubles et d'état contradictoire des immeubles, entre le légataire et les héritiers du testateur, s'abstenir d'ordonner la levée des scellés apposés sur le mobilier qui a été légué en propriété, et la délivrance des immeubles qui l'ont été en usufruit. — *Rennes*, 12 décembre 1810, Krani c. Perron.

341. — Nul doute qu'on ne doive de même appliquer aux légataires à titre universel les solutions que nous avons établies plus haut (nos 172 et suiv.), en ce qui concerne le mode et l'exécution du partage de l'hérédité entre le légataire universel et l'héritier-réservataire.

342. — Jugé que le legs d'une quotité, par exemple du *sixième disponible*, ne peut être remboursé en argent; il doit être acquitté en nature sur les biens de la succession. — *Cass.*, 13 janv. 1807, Gibert-Mittaut.

343. — Mais si la quotité léguée avait été évaluée dans le testament à une somme d'argent, le légataire ne pourrait demander rien autre chose que la somme déterminée. — *Cass.*, 2 vent. an XII, Darrigron c. Couton.

344. — Lorsqu'un testateur lègue le cinquième des biens meubles et immeubles qu'il laissera à son décès, cette disposition doit être calculée sur la valeur des biens qui composent effectivement la succession du testateur, sans que le légataire soit admis à y réunir fictivement, comme en matière de fixation de quotité disponible, des biens précédemment donnés à des enfans, en avancement d'hoirie. — *Caen*, 4 fév. 1843 (t. 2 1843, p. 808), Marie c. Bauquet-Lapaumerie.

345. — Le légataire d'une quote-part des biens en nature n'est pas fondé à demander sa collocation sur le prix des biens héréditaires vendus par expropriation forcée sur la tête de l'héritier. — Ce légataire a seulement une action en partage ou en distraction ou revendication de la part qui lui serait échue par l'événement du partage. — *Montpellier*, 6 juill. 1830, Delheuse c. Portes.

346. — Le légataire à titre universel n'a point droit, comme l'héritier bénéficiaire, à l'administration des biens du défunt. — *Paris*, 1er juill. 1813, Gerboux c. Bonneville.

347. — Mais les légataires à titre universel ont le droit de demander communication de tous les actes et pièces dépendant de la succession, encore bien qu'ils n'aient point assisté à l'inventaire. — *Rouen*, 16 fév. 1843 (t. 1er 1843, p. 660), Levacher c. Lemelle.

348. — Bien que l'exécuteur testamentaire ait été chargé par le testateur de vendre tous les biens meubles et immeubles pour en distribuer le prix aux légataires, les légataires à titre universel ont le droit de s'opposer à ce que cette vente ait lieu avant qu'il ait été procédé à la délivrance des legs. — *Bruxelles*, 2 août 1809, d'Outreligne c. Jacquard.

349. — Le légataire à titre universel peut-il exercer le retrait successoral, et ce retrait successoral peut-il être exercé contre lui? — V. RETRAIT SUCCESSORAL.

350. — La loi ne disant rien sur la question des fruits, en ce qui concerne le légataire à titre universel, ce légataire a-t-il droit aux fruits à compter du décès, comme le légataire universel, à la condition de former sa demande en délivrance dans l'année, ou n'y a-t-il droit que du jour de sa demande en délivrance, ou du jour où la délivrance lui a été volontairement consentie?

351. — Jugé que lors même qu'il a formé sa demande en délivrance dans l'année, le légataire à titre universel n'a point droit aux fruits à compter du jour décès. — *Bourges*, 1er mars 1821, Bouchard.

352. — Mais l'opinion contraire est généralement adoptée. En effet, il y a, à cet égard, mêmes motifs pour placer sur la même ligne les legs de l'universalité de la succession et les legs d'une fraction de cette universalité. Les légataires des deux espèces étant assimilés sous le rapport des charges, ils doivent également l'être sous le rapport des bénéfices. — Delvincourt, t. 2, p. 354 et suiv., notes; Duranton, n° 211; Zachariæ, § 720, texte et note 3; Toullier, t. 5, n° 545; V. aussi Favard, v° *Testament*, sect. 2e, § 2, n° 5; Grenier, t. 1er, n° 297.

353. — Jugé cependant qu'en admettant que le légataire de l'usufruit qui est en possession des biens soit tenu de demander la délivrance de son legs à l'héritier institué ou à réserve, il n'en devrait pas moins percevoir les fruits échus depuis l'ouverture de la succession jusqu'à la demande en délivrance. — *Cass.*, 29 mars 1837 (t. 2 1837, p. 69), Franceschini.

354. — Toutefois, il n'y a plus de difficulté possible dans le cas de l'art. 1015 C. civ., lequel est applicable aussi bien aux légataires à titre universel qu'aux légataires particuliers, et les légataires à titre universel jouissent, comme les légataires particuliers, des intérêts ou fruits de la chose léguée dès le jour du décès du testateur, lorsque celui-ci a expressément déclaré sa volonté à cet égard. — *Bruxelles*, 16 mai 1829, d'Hoye c. Dezadeleer.

355. — La disposition par laquelle le testateur déclare qu'il entend que ses légataires soient saisis de leur legs dès l'instant et par le seul fait de sa mort, exprime la volonté formelle du disposant de faire courir les fruits et intérêts au profit des légataires, sans qu'ils soient astreints à former une demande en délivrance. — *Bourges*, 3 fév. 1837 (t. 1er 1838, p. 418), Bezave c. Pignon.

356. — Jugé, d'autre part, que le légataire d'un usufruit qui a pris possession avant d'avoir fait inventaire, est tenu à la restitution des fruits jusqu'au jour de l'inventaire. — *Toulouse*, 29 juil. 1820, Bilas c. Durantin.

357. — Le légataire à titre universel est tenu, comme le légataire universel, des dettes et charges de la succession du testateur, personnellement pour sa part et portion, et hypothécairement pour le tout. — C. civ., 1012.

358. — Par *charges* il faut entendre les frais funéraires, ceux de dernière maladie, d'apposition de scellés, d'inventaire et autres analogues. — Duranton, n° 212.

359. — Les légataires à titre universel sont, en ce qui concerne le paiement des dettes et des charges de la succession autres que les legs, dans une position analogue à celle des légataires universels en concours avec des héritiers à réserve; d'où il suit que tout ce que nous avons dit *suprà*, nos 248 et suiv., sur la position de cette dernière classe de légataires, soit envers les créanciers héréditaires, soit envers leurs colégataires ou les héritiers, est applicable aux légataires à titre universel. — Zachariæ, *loc. cit.*, § 723, 2°; Delvincourt, t. 2, notes, p. 355.

360. — Le légataire à titre universel n'étant qu'un successeur aux biens, ne saurait être tenu de payer les dettes *ultra vires*; il n'a donc pas besoin d'accepter, sous bénéfice d'inventaire; la prudence lui conseille de faire inventorier ce qu'il a reçu, pour n'être point recherché par les créanciers. — Favard, v° *Testam.*, sect. 2, § 2, n° 9; Delvincourt, t. 2, notes, p. 355. — V. *suprà* n° 256.

361. — Jugé cependant que le légataire à titre universel qui s'est mis en possession des biens sans faire inventaire, est tenu indéfiniment des dettes. — *Paris*, 21 mars 1815, Biancourt c. Fontette.

362. — Lorsque la femme, légataire des meubles existant dans la maison de son mari, n'a point fait d'inventaire, les héritiers du mari qui revendiquent contre elle le surplus du mobilier laissé par leur auteur, peuvent faire preuve, tant par témoins que par commune renommée, de l'existence et de l'importance de ce mobilier. — *Nîmes*, 11 mars 1830, Sinard.

363. — Quand le legs à titre universel a pour objet soit l'universalité des immeubles ou des meubles, soit une fraction seulement de cette universalité, il y a lieu de procéder à une ventilation; alors, si l'objet de ce legs se trouve être, par exemple, du tiers de la valeur totale de la succession, le légataire sera chargé du tiers des dettes. — Duranton, n° 213; Zachariæ, *loc. cit.*; Marcadé, sur l'art. 1012 C. civ.

364. — Peu importe que le legs ne comprenne que les meubles; le légataire n'aura toujours à sa charge que le tiers des dettes, sans qu'il y ait de distinction entre les dettes mobilières et les dettes immobilières. — Nos anciennes coutumes, au contraire, recherchaient l'origine et la cause des dettes, surtout en matière de succession *ab intestat*, pour mettre les dettes mobilières exclusivement à la charge de l'héritier aux meubles, et les dettes immobilières exclusivement à la charge de l'héritier aux immeubles. — Duranton, Zachariæ, *loc. cit.*

365. — Le légataire en usufruit du seul immeuble qui se trouve dans une succession est tenu ou de payer les dettes, sauf répétition à la fin de l'usufruit, ou de souffrir que l'héritier vende une portion de cet immeuble, jusqu'à concurence des dettes à acquitter. — *Cass.*, 4 fruct. an XIII, Guigo c. Mana.

366. — Quant au paiement des legs particuliers, il faut distinguer entre ceux qui ont pour objet des sommes d'argent ou des choses déterminées seulement quant à leur espèce, et ceux qui ont pour objet des choses déterminées dans leur individualité. — Zachariæ, *loc. cit.*

367. — Les legs de la première espèce sont, en principe, à la charge de tous les légataires à titre universel indistinctement, dans la proportion de leur legs à l'hérédité tout entière. — Zachariæ, *loc. cit.*, V. cependant Duranton, nos 218 et suiv.

368. — Au contraire, les legs particuliers de la seconde espèce sont à la charge exclusive des légataires appelés à recueillir, soit le mobilier, soit les immeubles seulement. La raison en est que de pareils legs forment naturellement une délibation du legs à titre universel du mobilier ou des immeubles. — Delvincourt, *loc. cit.*, notes, p. 356; Duranton, n° 217; Zachariæ, *loc. cit.*; Vazeille, sur l'art. 1013, n° 3; Marcadé, sur le même article, n° 2; Toullier, n° 559. — D'ailleurs, il est probable que l'intention du testateur a été qu'il en fût ainsi.

369. — Jugé, en conséquence, que le légataire à titre universel du mobilier ne peut être tenu de contribuer à l'acquittement du legs particulier d'une ferme. — *Bruxelles*, 25 nov. 1811, Roncerez.

370. — De même, l'on devrait décider que le legs d'une somme demeurerait à la charge du légataire de *tous les deniers comptans*. — Toullier, t. 5, n° 559; Delvincourt, t. 2, notes, p. 356; Duranton, n° 218.

371. — Le légataire universel de l'usufruit n'est pas tenu du paiement des legs particuliers, alors même que les légataires de la nue propriété en sont exempts, comme n'étant légataires que de corps certains. — *Toulouse*, 14 juill. 1840 (t. 1er 1841, p. 283), Dubois.

372. — Lorsque le testateur n'a disposé que d'une quotité de la portion disponible, et qu'il l'a fait à titre universel, le légataire est tenu d'acquitter les legs particuliers par contribution avec les héritiers naturels. — C. civ., 1013.

373. — L'héritier-réservataire, en concours avec un légataire à titre universel d'une partie du disponible, doit contribuer au paiement du legs particulier en proportion de son émolument dans la succession totale, et non pas seulement en proportion de ce qu'il prend dans le disponible. — Grenier, n° 310; Duranton, t. 9, n° 222

374. — Si des legs de corps certain, meubles ou immeubles, avaient été faits concurremment avec un legs à titre universel, ces legs seraient à la charge de la succession entière, en ce sens qu'il y aurait un prélèvement fictif à faire des objets légués pour calculer la portion disponible, et ensuite la quotité qui en a été léguée à titre universel; de cette manière, le légataire à titre universel contribuerait virtuellement et proportionnellement à leur acquittement comme les héritiers légitimes. — Duranton, n° 223.

Sect. 4e. — *Du legs à titre particulier.*

375. — Le legs particulier est tout legs qui n'est pas de l'universalité ou d'une quote-part de l'universalité des biens, du disponible ou d'une portion du disponible, de tous les meubles ou de tous les immeubles, ou enfin d'une quote-part des uns ou des autres. — Arg. C. civ., 1003, 1010, 1013.

376. — Un testateur peut aussi imposer à son héritier, ou même à son légataire quelconque, la charge de faire quelque chose pour un tiers, ou de lui donner, compter ou payer telle chose de ses propres biens, par exemple, de lui faire une rente viagère. Bien que le tiers ne reçoive pas directement la rente sur les biens du testateur, et qu'ainsi cette rente ne soit pas une *délibation* proprement dite de l'hérédité, cependant, comme c'est, en réalité, du testateur qu'émane la libéralité, et que c'est comme si le testateur avait légué tel ou tel objet, moins la somme nécessaire pour servir de rente au tiers, cette clause de rente viagère et autres semblables peuvent être assimilées aux legs particuliers proprement dits. — Duranton, n° 252. — V. aussi *infrà* nos 728 et suiv.

377. — C'est l'intention du testateur qui donne au legs particulier, comme aux autres, toute sa force. Il n'y a point à cet égard de termes sacramentels.

§ 1er. — *Ce qu'on peut léguer.*

378. — On peut, en général, léguer toute sorte de biens, meubles ou immeubles... pourvu toutefois que l'objet légué soit dans le commerce. — Pothier, *Don. testam.*, ch. 4, § 4, n° 170; Merlin, *Rép.*, v° *Legs*, sect. 3, § 1er, n° 3; Duranton, n° 233. — V. CHOSES HORS DU COMMERCE.

379. — Quant au temps auquel il faut se reporter pour savoir si une chose est dans le commerce, l'on applique la règle catonienne. Or, d'après cette règle, il ne suffit pas que la chose léguée soit dans le commerce au moment de la mort du testateur, il faut qu'elle s'y trouve au moment où le legs est fait. — L. 41, § 1er, ff., *De leg.*, 1°; Duranton, n° 233; V. aussi Merlin, *loc. cit.*, n° 12. — Et il y aurait lieu de décider ainsi, même au cas d'un legs conditionnel. — Duranton, *ibid.*

380. — Il faut de plus que le légataire puisse avoir la chose léguée et en jouir. Dès lors, si on léguait à une personne qui est simplement en possession d'un fonds et que l'on en croit propriétaire, un droit de servitude pour ce fonds, et que ce possesseur fût évincé avant que la servitude pût être acquise au fonds par l'usage, le legs serait nul. — Duranton, n° 235.

381. — Toutefois on pourrait léguer à une personne non encore propriétaire d'un fonds un droit de servitude pour ce fonds, au cas où elle viendrait à l'acquérir. Ce serait un legs conditionnel. — Duranton, *ibid.*

382. — En général, lorsque le legs est nul par l'indisponibilité de son objet qui n'est pas dans le commerce, l'héritier n'est même pas obligé d'en fournir l'estimation au légataire. Et cela, peu importe que la chose soit hors du commerce d'une manière absolue, ou par rapport à la personne du légataire. — *Inst.*, § 4, *De legatis*; L. 49, § 2, ff., *De leg.*, 2°; Théophile, 2, 20, § 4; Vangerow, *Pand.*, t. 2, p. 441; Etienne, *Instit. de Just.*, t. 1er, p. 427; Ducaurroy, t. 1er, p. 698; Merlin, *Rép.*, v° *Legs*, sect. 3, § 1er, nos 5 et suiv.

383. — On peut léguer non-seulement des choses corporelles, mais aussi des choses incorporelles, telles que des droits; à l'exception toutefois, dans ce dernier cas, des droits exclusivement attachés à la personne. — L. 24, § 1er, ff., *De leg.*, 1°.

384. — L'héritier présomptif qui a obtenu l'envoi en possession provisoire des biens d'un absent déclaré absent, étant, à l'égard des tiers, réputé propriétaire des biens dont il fait les fruits siens, peut valablement léguer ses droits à cette jouissance. — *Angers*, 28 août 1828, Delaunay.

385. — Un testateur peut léguer non-seulement des choses actuellement existantes, mais encore des choses futures, telles que la récolte à faire dans une ferme. — *Instit. de Justin.*, § 7, *De legatis.*; Pothier, *loc. cit.*, n° 158; Toullier (nos 508 et 514), ajoute, avec raison, que la prohibition de vendre les blés encore verts n'empêcherait pas de les léguer.

386. — Le legs d'une chose future ne serait sans effet qu'autant que la chose léguée ne se trouverait pas et ne pourrait pas se trouver plus tard dans la succession. — Pothier, *Don. testam.*, ch. 4, art. 1er, § 1er; Toullier, t. 5, nos 508 et 514.

387. — L'on peut aussi léguer des faits, c'est-à-dire que le testateur peut charger son héritier, ou toute autre personne qu'il peut grever, du legs de faire ou de ne pas faire une chose. — *Instit.*, § 21, *De leg.* — Toutefois, il faut que le fait légué soit possible, licite, et que le légataire y ait intérêt. — Pothier, ch. 4, art. 1er, § 6, n° 177. — A cet égard, les dispositions des lois 49 et 66, ff., *De legat.*, 1°, seraient encore applicables sous le Code civil. — Merlin, *Rép.*, v° *Legs*, sect. 3, § 5; Toullier, t. 5, nos 518 et suiv.; Delvincourt, t. 2, p. 358, notes. — V. aussi *infrà* nos 728 et suiv.

388. — Aux colonies, on pouvait léguer la liberté à un esclave. — *Cass.*, 25 mars 1841 (t. 2 1841, p. 22), Barral c. Lemaître.

389. — Les legs sont ou des corps certains, ou des choses indéterminées, ou d'une certaine somme d'argent, ou d'une certaine quantité. — Pothier, *Donat. testam.*, ch. 4, art. 1er, § 1er, n° 158.

390. — Cette distinction est importante sous plusieurs rapports, notamment en ce que, quand c'est un corps certain et déterminé qui a été légué, il s'opère au profit du légataire une translation de propriété immédiate, ce qui n'a pas lieu lorsque le legs a pour objet l'une des autres choses.

391. — Le legs de la dot de la mère du testateur et des biens maternels de ce dernier ne constitue pas le legs d'un corps certain, alors surtout que ces biens sont confondus dans la masse de la succession. — *Orléans*, 7 avril 1848 (t. 1er 1848, 732), Boscheron c. Poinloup.

392. — Jugé d'autre part, 1° que les legs de corps certain doivent être acquittés de préférence aux autres legs. — *Cass.* (solut. impl.), 18 août 1842 (t. 2 1842, p. 591), Duboys; *Paris*, 25 fév. 1836, Derieux c. Maille et Lubersac. — Toullier, t. 5, n° 558; *contrà* Delvincourt, t. 2, notes, p. 350.

393. — Toutefois, si, en général, le legs d'un corps certain est, par sa nature même, présumé fait par préférence aux autres legs, il en est autrement lorsqu'il résulte de l'ensemble du testament que le testateur n'a pas entendu lui accorder cette préférence. — *Orléans*, 7 avril 1848 (t. 1er 1848, 732), Boscheron c. Poinloup.

394. — Le légataire d'un corps certain ne peut jamais souffrir réduction de son legs; quand il vient avec d'autres que des héritiers à réserve. — *Toulouse*, 18 avril 1834, Lonmède c. Dario; *Grenoble*, 13 déc. 1834, Charignon, etc., c. Chamon; *Nîmes*, 21 mai 1841 (t. 1er 1842, p. 135), de Lincel c. de Massillan. V. cependant *Cass.*, 11 janvier 1830, hosp. de Sainte-Marie c. Foissy.

395. — Si les legs de corps certain épuisent tout l'actif d'une succession, les legs de sommes d'argent doivent être déclarés caducs; les premiers ne sont pas soumis à une réduction proportionnelle au profit des seconds. — *Toulouse*, 14 juillet 1840 (t. 1er 1841, p. 283), Dubois.

396. — Avant le Code civil, le successible qui avait renoncé à la succession, et qui cependant avait pris les biens qui lui étaient légués en corps certains par le défunt, n'était pas tenu des legs de sommes d'argent. — *Paris*, 29 novembre 1808, Faventine-Lacondamine c. de Calvierre.

397. — Le legs d'une inscription de rente d'une valeur déterminée ne doit point être annulé comme constituant le legs d'un corps certain, bien qu'il ne se trouve dans la succession qu'une inscription d'une valeur supérieure, alors qu'il est constant qu'au moment de la confection du testament l'inscription était telle qu'elle a été léguée. Dans ce cas on doit faire au légataire délivrance de la rente, jusqu'à concurrence du montant spécifié par le testateur. — *Paris*, 2 août 1836, Mournaud c. Angot.

398. — Quand des choses indéterminées ou des quantités ont été léguées, en principe la disposition est valable, lors même que le testateur ne laisserait aucune de ces choses dans son patrimoine, et sans que l'on puisse opposer au légataire l'article 1021 relatif au legs de la chose d'autrui. — V. *infrà* nos 408 et suiv.

399. — Dans cette hypothèse d'un legs d'une chose indéterminée, l'héritier n'est pas obligé de la donner de la meilleure qualité, mais il ne peut pas non plus l'offrir de la plus mauvaise (C. civ. 1022), d'où il suit que le choix appartient à l'héritier, et c'était aussi ce que décidait l'ancienne jurisprudence française. — *Domat*, liv. 4, tit. 2, sect. 7, et liv. 3, tit. 1er, sect. 7, n° 6.

400. — L'art. 1022 C. civ., qui, dans le cas de legs d'une chose indéterminée, oblige l'héritier de la donner de moyenne qualité, n'est pas applicable au legs d'une somme déterminée, fait avec faculté pour l'héritier de l'acquitter en argent ou en immeubles. Si donc l'héritier opte pour ce dernier mode de paiement, il est libre de donner les immeubles que bon lui semble, pourvu qu'ils soient de la valeur de la somme léguée. — *Aix*, 18 avril 1833, Textoris c. Dogny.

401. — Quand les choses léguées sont des corps *in genere* et que le testateur en a de semblables dans ses biens, le choix appartient encore à l'héritier, s'il n'a pas été réservé au légataire; car c'est l'héritier qui est débiteur en vertu du testament (C. civ., 1190). — Duranton, nos 240 et 260; Ricard, 1re part., n° 159; Toullier, t. 5, n° 528; Delvincourt, t. 2, p. 358, notes; Etienne, *loc. cit.*, p. 453.

402. — Si le choix avait été déféré au légataire par la volonté du testateur, il pourrait, parmi les choses du même genre ou de la même classe, choisir la meilleure; il le pourrait aussi, si le legs était sous une alternative. — Duranton, n° 260.

403. — Quant à la question de savoir si l'intention du testateur a été de conférer le choix au légataire, elle est abandonnée au pouvoir discrétionnaire des tribunaux. — Duranton, n° 261; Toullier, t. 5, n° 528; Delvincourt, t. 2, p. 358, notes.

404. — La disposition par laquelle un testateur permet de faire choix de ce qui peut lui faire plaisir dans son mobilier, pour mémoire de lui, ne donne pas droit au légataire d'exercer son choix sur toutes les choses que la loi répute meubles, et d'en prélever le nombre qu'il lui plaît, mais cette disposition doit être restreinte à la faculté de choisir un seul objet. — *Bruxelles*, 15 juin 1815, Pitry c. bureau de bienfaisance.

405. — Si le légataire, auquel le choix a été déféré par le testateur, décédait avant d'avoir exercé son droit d'option, ce droit passerait à ses héritiers; et si ceux-ci ne s'accordaient pas, le sort ou plutôt le juge devrait décider à qui, en définitive, appartiendra le choix. — Il en est de même du cas où le legs ayant été fait primitivement à plusieurs, les ayans droit ne s'accorderaient pas entre eux; et aussi, à l'inverse, à celui où ce serait du côté de plusieurs codébiteurs d'un legs qu'existerait le dissentiment relativement au choix de l'objet à délivrer. — L. 3, C., *Comm. de leg. et fidcic.*; Delvincourt, t. 2, p. 358, notes; Duranton, n° 264.

406. — Le droit d'option, une fois exercé par celui qui l'avait, est définitif, ne peut plus varier, si ce n'est du consentement de l'autre partie. — L. 20, ff., *De opt. vel. elect. leg.* — Ricard, part. 2, n° 153; Delvincourt, *loc. cit.*; Duranton, n° 263.

407. — Outre les objets individuels ou *in genere*, et les choses incorporelles, l'on peut encore léguer une universalité, comme, par exemple, un troupeau, une bibliothèque, etc.

408. — *Chose d'autrui.* — Suivant l'art. 1021 C.

civ., « Lorsque le testateur aura légué la chose d'autrui, le legs sera nul, *soit que le testateur ait connu ou non qu'elle ne lui appartenait pas.* »

409. — Dans le droit romain, suivi en ce point par l'ancienne jurisprudence, le legs de la chose d'autrui était, au contraire, valable, pourvu que le testateur léguât un objet dont il savait n'être pas propriétaire. Si le testateur ne le savait pas, comme alors on présumait qu'il n'aurait pas légué la chose d'autrui, s'il l'eût connue pour telle, le legs était réputé nul. — *Instit. Justin.*, § 4, *De legatis*; Pothier, *Donat. testam.*, n° 160; Ducaurroy, n° 698.

410. — Jugé en conséquence que, sous l'ancien droit, on ne pouvait léguer la chose d'autrui quand on ne croyait léguer que sa propre chose; toutefois, et par exception à ce principe, on validait, selon les circonstances, le legs de la chose d'autrui qui se trouvait fait à une personne proche et dans le besoin. — *Paris*, 21 germ. an XIII, du Muy c. Créqui.

411. — L'effet du legs de la chose d'autrui consistait uniquement, d'après le droit romain, en ce que si l'héritier ne voulait ou ne pouvait se procurer la chose, pour la délivrer au légataire, il lui en devait l'estimation; mais le tiers propriétaire n'était pas pour cela obligé de se défaire de sa chose malgré lui. Ainsi, le testateur ne disposait pas du bien d'autrui; il n'imposait qu'une charge à l'héritier. — *Instit.*, *loc. cit.*; Pothier, n° 159; Ducaurroy, *ubi suprà*; Duranton, n° 244.

412. — Toutefois la disposition de l'art. 1021, C. civ., n'est point applicable aux legs de genre qui, lorsque la désignation faite par le testateur n'est pas trop vague, ne laisseraient pas que d'être valables, bien qu'il n'y eût pas dans la succession des objets du genre de la chose léguée. — Toullier, t. 5, n° 516.

413. — ... Ni au cas où le testateur, sachant, par exemple, qu'une personne veut acquérir une terre de 30,000 fr., lui ferait, dans la limite de cette valeur, un legs de pareil objet *in genere*. Ce ne serait là, en dernière analyse, qu'un legs de somme d'argent, avec indication de l'usage auquel le testateur destine cette somme. — Toullier, *ibid.*; Delvincourt, t. 2, notes, p. 359; Duranton, t. 9, n° 245.

414. — De même si le testateur avait dit plus simplement: *Je lègue à Philippe, mon neveu, la maison de Jean ou dix mille francs*; ou *Je lègue à mon neveu Philippe dix mille francs ou la maison de Jean*; ou enfin *Mon héritier livrera à mon neveu Philippe la maison de Jean, ou il lui paiera la valeur de cette maison*, toutes ces dispositions seraient parfaitement valables. En effet, il y a là, simplement pour le légataire, une obligation alternative: or, dans les obligations alternatives, quoique l'une des choses qui en font la matière n'y pût être comprise, l'obligation n'en est pas moins valable. — C. civ., art. 1192. — Mêmes auteurs.

415. — Il n'y aurait pas legs de la chose d'autrui dans celui de l'usufruit d'un fonds dont le testateur n'avait que la nue propriété. Un pareil legs serait censé fait pour le temps où l'usufruit qui existe doit s'éteindre. — L. 72, ff., *De usuf. et quem.* — Duranton, n° 255, Delvincourt, *loc. cit.*

416. — Le legs que le testateur fait de sa propre chose pour le cas où le legs qu'il fait de la chose d'autrui serait contesté, doit être réputé valable et avoir effet, encore que la contestation ne provienne que du fait de ses héritiers. Un tel legs n'est pas pénal pour le cas où les héritiers contesteraient: il est conditionnel pour le cas où le premier legs restera sans effet. En tout cas, le sens d'une telle clause est une question de volonté, dont la solution ne peut offrir un moyen de cassation. — *Cass.*, 17 janv. 1811, Rioult-d'Avenay c. de Gonneville.

417. — Lorsque des testamens faits par deux époux ordonnent de comprendre dans le partage à faire, après la mort du survivant, entre les héritiers des deux époux, les biens qui auront été acquis en état de viduité, ils ne peuvent être attaqués comme contenant une disposition sur la chose d'autrui. — *Bruxelles*, 20 mars 1823, Dezautère.

418. — Il est cependant deux dispositions du Code civil qui consacrent le même principe que le droit romain relativement au legs de la chose d'autrui. — Ainsi d'abord, suivant l'art. 1020, lorsque la chose léguée est grevée d'un droit d'usufruit au profit d'un tiers, et que le testateur a ordonné à son héritier de la dégrever, celui-ci doit le faire, et s'il ne le peut, parce que l'usufruitier ne voudrait pas céder son droit, il doit évidemment payer au légataire la valeur de l'usufruit, ou mieux, encore, une somme annuelle égale à la valeur du revenu net de la chose pendant la durée de l'usufruit; autrement la disposition pourrait devenir insignifiante.

419. — En second lieu, d'après l'art. 1423, quand le mari a légué un objet faisant partie de la communauté, si cet objet, par le partage, tombe au lot de la femme, le légataire, il est vrai, ne peut le réclamer en nature, mais la valeur totale lui en est due par les héritiers du mari, soit sur leur part dans la communauté, soit sur les autres biens de leur auteur. Or, comme le partage, en matière de communauté aussi bien qu'en matière de succession, est simplement déclaratif, il s'ensuit que, par l'événement, le mari se trouve avoir légué la chose de sa femme, c'est-à-dire la chose d'autrui. — Duranton, n° 247.

420. — Des époux qui, dans la vue de partager plus facilement leurs biens entre leurs enfans, commencent par se diviser entre eux les immeubles de la communauté, font un acte licite susceptible de ratification par le survivant, et le legs que, sur la foi de cette division, le mari a fait par préciput à l'un de ses enfans d'un des immeubles attribués à son lot, est valable si l'acte précité n'est point attaqué par la femme. — *Douai*, 10 fév. 1828, Barbier c. Cuilliers.

421. — Quand bien même l'acte serait attaqué, et qu'ainsi l'objet désigné par le testament ne tomberait point dans le lot des héritiers du mari, le legs serait toujours valable, sauf au légataire à se contenter de la valeur de l'effet donné. — Même arrêt.

422. — Du principe que, sous le Code, le legs de la chose d'autrui est nul, il suit que le légataire évincé de l'objet qui lui a été légué, n'a point d'action en indemnité contre celui qui a fait la délivrance. — Duranton, n° 253; Zachariæ, § 722, p. 118. — Cette règle comporte pourtant quelques exceptions.

423. — Un héritier n'est tenu de garantir le légataire de l'éviction de la chose léguée, que quand le testateur, en faisant le legs de la chose qu'il croyait lui appartenir, est présumé avoir voulu donner au légataire une chose de même valeur, dans le cas où il aurait connu que la chose ne lui appartenait pas. Cette présomption ne peut résulter que des liens de parenté ou d'alliance qui existeraient entre le testateur et le légataire, ou bien encore des services que ce dernier aurait rendus au premier, tellement que la réunion des circonstances fasse présumer que le testateur avait eu plutôt en vue les intérêts du légataire que ceux de ses héritiers. — *Grenoble*, 31 janvier 1815, Genissière c. Couchou.

424. — Lorsque le testateur a légué sa part dans un immeuble indivis, il ne peut y avoir de difficulté pour le cas où l'indivision existe encore au moment du décès du testateur; le légataire se trouve alors en communauté avec les autres copropriétaires. — L. 5, § ult., ff., *De leg.*, 1°; Duranton, n° 248.

425. — Ainsi jugé, que le legs d'une portion déterminée dans une chose commune et indivise est valable, lorsque la portion léguée n'excède point celle qui devait être attribuée au testateur; et que si la chose commune n'est point partageable, le légataire doit se contenter de recevoir la valeur de la portion léguée. — *Metz*, 30 mars 1816, Delattre c. Lecomte.

426. — Lorsque l'indivision a cessé du vivant du testateur, il faut distinguer: si, par l'effet du partage, le testateur possède au moment de sa mort la part qui lui est échue, le légataire a droit à cette part; si le testateur a vendu sa part, le legs se trouve révoqué (C. civ. 1038), sans que le prix soit subrogé à la chose pour le légataire; enfin, si c'est le testateur qui s'est rendu adjudicataire, ou qui a simplement acheté la part de son copropriétaire, le legs sera valable, mais seulement pour la part qu'avait le testateur dans l'objet légué, au moment de la confection du testament. — Duranton, n° 248.

427. — Jugé, en conséquence, que le legs, fait à un individu, de moitié d'une métairie indivise entre le testateur et un tiers, et de moitié d'un moulin aussi indivis entre le testateur et un tiers, doit, si par le partage le testateur devient propriétaire de la totalité de la métairie, mais ne conserve aucun droit sur le moulin, être restreint à la moitié de la métairie; il est caduc, comme legs de la chose d'autrui, à l'égard du moulin. — *Poitiers*, 16 juill. 1824, Desplands c. Lamurault; *Cass.*, 28 fév. 1826, mêmes parties.

428. — *Chose de l'héritier ou du légataire.* — Suivant le droit romain et l'ancienne jurisprudence, cette condition, pour la validité du legs de la chose d'autrui, que le testateur devait savoir que la chose léguée ne lui appartenait pas, n'était pas même exigée, lorsque le testateur avait légué une chose qui appartenait à son héritier; le motif en était que, en ce cas, *nullâ redemptione oneratur hæres.* — De plus, l'héritier ne pouvait se dispenser de livrer la chose en offrant l'estimation. — L. 67, § 8, ff., *De leg.*, 2°; Pothier, n° 160; Ricard, t. 1er, p. 527; Furgole, *Des testamens*, ch. 7, sect. 1re, n° 46; Merlin, *Rép.*, v° *Legs*, sect. 3, § 3, n° 3. — Suivant Grenier, n° 310, de Malleville, sur l'art. 1021, et Merlin, *Rép.*, t. 16, p. 602, la disposition n'est plus applicable aujourd'hui, en présence de l'art. 1021, qui ne fait aucune distinction. — Au contraire, Duranton, n° 251, et Toullier, t. 5, n° 517, pensent que le legs de la chose de l'héritier est valable, alors surtout que la chose léguée appartient à l'héritier institué ou au légataire universel, le legs constituant, dans ce cas, une véritable condition ou une charge de l'institution. — Quant à l'héritier légitime, ajoute Toullier, comme le testateur pouvait le priver de tout ou partie de sa succession, le legs de la chose de l'héritier semble devoir être validé, alors surtout que le legs est conçu sous forme de condition.

429. — Jugé que, sous le Code civil, on ne peut valablement léguer la chose de son héritier ou de son légataire universel. — *Cass.*, 19 mars 1822, Loiseau c. Roland; *Caen*, 4 juin 1826, Morel c. Coltée.

430. — Que par suite, le légataire qui se refuse à abandonner ses biens propres, en vertu d'une clause du testament, sur ce fondement, que le testateur n'a pu vouloir en disposer, ne peut être déclaré indigne du legs, comme ayant critiqué et combattu la volonté du testateur. — *Cass.*, 9 fév. 1808, Wischer-Celles c. Brouchoven.

431. — Jugé, au contraire, qu'il n'y a pas lieu d'annuler, comme legs de la chose d'autrui, la charge imposée à l'héritier institué de donner sa propre chose à un tiers. — *Turin*, 26 août 1806, Gianazo.

432. — .....Que le legs de la chose de l'héritier ou du légataire (universel) est valable, en ce sens, que le testateur a pu apposer, comme condition au legs, la renonciation à l'effet d'une institution contractuelle précédemment faite. — *Cass.*, 29 mars 1837 (t. 2 1837, p. 69), Francoschini, et, sous cet arrêt, *Bastia*, 3 février 1836.

433. — En tout cas, un testateur peut léguer des objets certains dont il n'est que propriétaire indivis pour moitié avec son héritier. — *Rouen*, 25 janv. 1808, Leprévost-Duval c. Manoury.

434. — ... Et le legs de la chose de l'héritier doit avoir son effet jusqu'à concurrence de la portion indivise qui appartient au testateur dans la chose commune avec l'héritier. — *Caen*, 4 juin 1826, Morel c. Coltée.

435. — Si c'était au légataire lui-même que fût légué un objet qui lui appartenait déjà, le legs se trouverait nul, non seulement dans le cas où l'objet légué aurait continué d'appartenir au légataire jusqu'à l'époque de l'ouverture de son droit, mais encore dans le cas où cet objet ne ferait plus partie de son patrimoine à cette époque, parce que alors ce serait le legs de la chose d'autrui. — Duranton, n° 252. — Le droit romain et l'ancienne jurisprudence admettaient, à cet égard, des distinctions. — *Instit. Justin.*, § 10, *De legatis*, et sur ce texte, Etienne, *Instit. trad. et expl.*, t. 1er, p. 437; Ducaurroy, *Instit. expl.*, t. 1er, n° 706; Pothier, *Donat. testam.*, chap. 4, art. 1er, § 3, n° 165; Furgole, chap. 7, sect. 1, n° 55; Merlin, *Rép.*, v° *Legs*, sect. 3, § 2.

436. — *Chose grevée d'une hypothèque ou d'un usufruit.* — En droit romain, si la chose léguée était grevée d'un droit de gage ou d'hypothèque, à l'époque de la confection du testament, l'héritier devait, si le testateur avait su qu'elle fût engagée, la dégager, à moins toutefois qu'il n'y eût, dans le testament, une clause spéciale qui l'en dispensât. — *Instit. Justin.*, § 5; Ducaurroy, *Instit.*, t. 1er, n° 701.

437. — Suivant l'art. 1020 C. civ.: « Si, avant le testament ou depuis, la chose léguée a été hypothéquée pour une dette de la succession, ou même pour la dette d'un tiers, ou si elle est grevée d'un usufruit, celui qui doit acquitter le legs n'est point tenu de la dégager, à moins qu'il n'ait été chargé de le faire par une disposition expresse du testateur. »

438. — La loi ne distinguant pas entre l'usufruit appartenant à un tiers et l'usufruit appartenant à l'héritier, le légataire doit supporter l'un et l'autre. — D'un autre côté, ce qui est dit de l'usufruit est également applicable au cas où l'immeuble serait grevé de servitude. — Toullier, t. 5, n° 537; Merlin, *Rép.*, v° *Legs*, sect. 4, § 3, n°s 3 et 4.

439. — La disposition de l'art. 1020 est applicable au cas où l'héritage légué aurait été cédé ou vendu au testateur moyennant une rente perpétuelle, dont il serait resté grevé. — Toullier, t. 5, n° 539; Delvincourt, t. 2, p. 370, notes; Duranton, n° 257; Grenier, *Donat.*, t. 1er, n° 309. — Mais si, par l'effet de l'hypothèque, le légataire avait servi les arrérages de la rente, il aurait son recours contre les héritiers. — Mêmes auteurs.

440. — L'art. 1020 suppose une créance non échue, ou une condition non accomplie. Mais si, avant l'échéance du terme ou l'événement de la condition, le légataire paie le créancier, il est subrogé aux droits du créancier, en vertu de l'art. 874 C. civ. — Grenier, t. 1er, n° 318; Toullier, t. 5, n° 358; Merlin, *Rép.*, v° *Legs*, § 7, art. 2, n° 4. — Ainsi disparaît l'antinomie qu'ont prétendu trouver entre les art. 874 et 1020 C. civ., Malleville (*Anal.* sur ces art.) et Favard (*Rép.*, v° *Testament*, sect. 2, § 3, n° 6).

441. — *Legs à un créancier de sa créance.* — Un legs ne peut être valable s'il ne procure aucun avantage au légataire; d'où l'on concluait, en droit romain, que si un débiteur avait légué sa dette à son créancier, la disposition était nulle, à moins toutefois que la créance étant à terme ou sous condition, le legs n'eût été fait purement et simplement, parce qu'alors il y avait plus d'avantage à se prévaloir du legs que de la créance. — *Instit. Justin.*, § 14, *De leg.*; L. 5, ff., *ad leg. Falcid*; V. cependant L. 82, ff., *De leg.*, 2°; Ducaurroy, n° 710; Étienne, p. 445 et suiv.

442. — Quant à la question de savoir si c'était la dette elle-même que le testateur avait entendu léguer à son créancier, ou si son intention avait été que le créancier profitât de l'émolument du legs, indépendamment de ce qui lui était dû en vertu de sa créance, il n'y avait à cet égard qu'obscurité et incertitude. — Merlin, *Rép.*, v° *Légataire*, § 7, art. 2, n° 15.

443. — « Le legs fait au créancier, porte l'art. 1023 C. civ., ne sera pas censé en compensation de sa créance, ni le legs fait au domestique en compensation de ses gages. » — Ainsi le créancier ou le domestique légataire pourra demander à la fois contre l'héritier le paiement de son legs et de la créance ou de ses gages.

444. — En conséquence, celui qui, débiteur d'une rente envers un tiers, impose à son légataire universel l'obligation de payer une rente à ce tiers, est censé, s'il n'exprime pas une intention contraire, avoir légué une nouvelle rente qui doit être ajoutée à l'ancienne. — *Paris*, 19 juillet 1809, Henry c. Perrot.

445. — Le créancier d'une rente qui, avant d'avoir eu communication d'un testament qui lui confère le legs d'une rente, énonce dans la quittance des arrérages qu'il les a reçus en vertu du testament, n'est pas pour cela non recevable à demander, après avoir connu le testament, que le legs de la rente ne soit point confondu avec sa créance. — Même arrêt.

446. — La règle établie par l'art. 1023 n'est, du reste, qu'une présomption de volonté dont évidemment le testateur pourrait prévenir l'effet par une déclaration contraire de sa part. — Duranton, n° 258; Delvincourt, t. 2, notes, p. 360; Toullier, t. 5, n° 333; Malleville, sur l'art. 1023. — Dans le doute, le legs doit être présumé fait *animo donandi*.

447. — Le legs fait au créancier doit être censé fait en compensation de la créance, si le testateur dit : « Je lègue à M... la somme de... que je lui dois, ou pour lui tenir lieu de ce que je lui dois. » C'est la somme *due*, et non une autre, qui est l'objet de ce legs. Le testateur a pu disposer ainsi pour donner au créancier un titre qui lui manquait, ou un titre plus régulier, ou le privilége attaché au legs, ou enfin pour rendre exigible de suite une dette à terme. — Mais il ne suffirait pas, pour autoriser la compensation, que la somme léguée fût égale à la somme due. — Duranton, n° 258.

448. — Lorsqu'il est évident que le testateur a voulu compenser avec la créance le legs fait à son créancier, celui-ci a le choix entre le legs et la créance. Son option fixe irrévocablement ses droits, à moins que son consentement n'ait été le résultat de l'erreur, du dol ou de la violence.

449. — Lorsqu'un legs à terme a été fait au créancier en compensation de sa créance actuellement exigible, il ne peut, s'il opte pour le legs, se réserver les intérêts jusqu'à l'époque de son exigibilité; cette option entraîne de sa part une renonciation pure et simple à sa créance. — *Turin*, 19 mai 1813, Ferrandi.

450. — L'art. 1023 s'applique-t-il aux créances résultant de dispositions à titre gratuit? Tout dépend de l'intention du testateur. Dans le doute, il faut distinguer : Si le testament est postérieur à la donation, les deux libéralités doivent être annulées; car la donation ayant conféré au donataire des droits actuels et irrévocables, et le legs ne pouvant y rien ajouter, serait inutile. Si, au contraire, la donation est postérieure au testament, la présomption est que le donateur a voulu accélérer et rendre irrévocable sa libéralité, les deux dispositions n'en doivent donc faire qu'une, et il y a lieu à compensation au moins jusqu'à due concurrence. — Delvincourt, t. 2, p. 360, note; Malleville, sur l'art. 1023. V. cependant Toullier, t. 5, n° 533.

451. — *Legs de libération.* — Sous le droit romain, le legs de libération ou le legs par le créancier au débiteur de l'objet de la dette était considéré comme valable. Seulement, comme les obligations ne pouvaient être éteintes que par certains modes déterminés, dans lesquels n'étaient pas comprises les dispositions testamentaires, le légataire restait soumis à l'action de l'héritier, mais il pouvait la paralyser par l'exception *doli mali*. Il pouvait encore agir directement, *ex testamento*, contre l'héritier, pour forcer celui-ci à dissoudre le lien de l'obligation. — *Instit. Justin.*, § 13, *De leg.*; Ducaurroy, nos 708 et suiv.; Étienne, p. 444 et suiv.; Duranton, n° 252 *bis*.

452. — Le legs de libération est également valable dans notre droit, avec cette différence, toutefois, que le légataire est libéré non par voie indirecte, *exceptionis ope*, mais de plein droit, comme s'il y avait eu remise conventionnelle. — Duranton, *loc. cit.*

453. — Si le créancier qui a fait un legs de cette nature recevait le paiement de son vivant, le legs serait caduc. — Delvincourt, t. 2, p. 361, notes.

454. — Si un malade remettait à un de ses amis le billet de son débiteur, avec ordre de le restituer à lui créancier en cas de retour à la santé, et de le remettre au débiteur en cas de mort, une pareille disposition serait valable. — L. 3, § 2, ff., *De liber. leg.*; Delvincourt, *ibid.*, p. 360.

455. — Le legs de libération fait à l'un des débiteurs solidaires éteint la dette à l'égard de tous, à moins que le testateur n'ait manifesté une volonté contraire. — Arg. C. civ., 1285, al. 1er; Delvincourt, p. 361. — V. REMISE DE LA DETTE.

456. — Le legs de libération fait au débiteur principal libère la caution, mais celui qui est fait à la caution ne libère pas le débiteur principal, ni celui au profit de l'une des cautions ne libère non plus les autres. — Arg. C. civ., 1287.

457. — *Offices.* — Les offices, tels que ceux de notaire, d'avoué, etc., étant considérés comme renfermant le droit de présenter un successeur (V. OFFICE), peuvent être légués, en ce sens que le légataire aura le droit de présenter à son profit un successeur à l'agrément du gouvernement. — Duranton, *ibid.*

458. — Ces offices étant aujourd'hui des choses mobilières, ils feraient partie du legs du mobilier. — Il en serait de même d'un fonds de commerce, des droits d'auteur, des priviléges attachés aux brevets d'invention, et de tout droit quelconque sur les productions de l'esprit et du talent, sauf toujours volonté contraire de la part du testateur. — Duranton, n° 238.

459. — *Matériaux.* — Un sénatus-consulte rendu sous le règne d'Adrien avait interdit aux propriétaires la faculté de léguer leurs matériaux employés dans un édifice quelconque. On exceptait toutefois le cas où un testateur n'aurait légué les matériaux de son bâtiment que pour servir à la construction d'un ouvrage public dans le territoire où il était domicilié. — L. 41, § 1 et 5, ff., *De leg.* 1°; Merlin, *Rép.*, v° *Legs*, sect. 3, § 14.

460. — Aucun texte de nos lois n'ayant reproduit cette prohibition, un pareil legs serait valable, sans distinction. Seulement, comme le remarque Pothier (*loc. cit.*, n° 172), si les matériaux légués ne pouvaient être séparés sans dommage, il serait de l'équité que l'héritier chargé des legs fût recevable à payer au légataire l'estimation à la place de l'objet légué. Delvincourt (t. 2, notes, p. 359 et suiv.) pense même que, d'après l'esprit de l'art. 554 C. civ., l'héritier pourrait toujours se libérer en payant cette estimation. Mais cette opinion nous paraît trop absolue.

§ 2. — *Délivrance des legs particuliers.*

461. — Le droit du légataire particulier, se réalise à son profit du moment du décès du testateur, si le legs est pur et simple, et du moment de l'accomplissement de la condition, si ce legs est conditionnel. Cependant le légataire n'est point, pour cela, saisi de plein droit, à partir des mêmes époques, des biens compris dans les dispositions faites en sa faveur.

462. — « Le légataire particulier, porte l'art. 1014 C. civ., ne peut se mettre en possession de la chose léguée, ni en prétendre les fruits ou intérêts qu'à compter du jour de sa demande en délivrance, formée suivant l'ordre établi par l'art. 1011, ou du jour où cette délivrance lui aurait été volontairement consentie. »

463. — Bien que les fruits ou les intérêts n'aient pas été réclamés spécialement dans la demande en délivrance de la chose ou somme principale, ils n'en sont pas moins dus du jour de cette demande, et non pas seulement du jour où le légataire y a depuis conclu; car c'est du jour même de la demande principale qu'il y a eu mise en demeure de l'héritier. — Pothier, *Donat. testam.*, n° 280.

464. — Suivant Duranton, n° 272, la demande en délivrance n'en ferait pas moins courir, au profit du légataire, les intérêts de la valeur de la chose léguée, encore que cette chose ne produisît ni fruits, ni intérêts.

465. — Cette opinion est admissible sans doute, quand le testateur a prescrit, par exemple, que l'objet fût vendu par le légataire, pour, avec le produit, acquitter quelques charges, ou faire d'autres dépenses; mais dans les autres cas, et alors que rien ne démontre que le légataire ait souffert du retard, on est généralement d'accord que les intérêts ou fruits ne sont pas dus *ex morâ*. — L. 3, § 4, ff., *De usuris*; Pothier, *Donat. testam.*, n° 282; Ricard, *Donat.*, part. 2, n° 119; Delvincourt, t. 2, notes, p. 363; Merlin, *Rép.*, v° *Legs*, sect. 5, § 1er, n° 33.

466. — Les intérêts d'un legs fait pour tenir lieu de légitime couraient de plein droit dans le ressort de l'ancien parlement de Toulouse. — *Cass.*, 13 fév. 1833, Albarel.

467. — Ce que nous avons dit *suprà*, nos 325 et suiv., relativement aux personnes auxquelles les légataires à titre universel doivent demander la délivrance de leurs legs, s'applique également aux légataires particuliers.

468. — Le légataire universel ne cesse point d'être tenu de l'acquittement des legs particuliers, bien que la délivrance en ait été consentie par l'héritier naturel. — *Paris*, 30 nov. 1824, Forin de Tournon c. Bouquillard.

469. — Sous la coutume de Namur, le mari pouvait être seul assigné et condamné en délivrance d'un objet compris dans une succession échue à sa femme et légué à un tiers. — Cout. de Namur, art. 59. — *Bruxelles*, 30 prair. (et non fruct.) an XIII, Linois c. Lambru.

470. — Si un légataire à titre universel, ou un légataire particulier, avait été spécialement grevé de certains legs, ce serait contre lui que devrait être dirigée la demande en délivrance. — Toullier, n° 554; Delvincourt, t. 2, notes, p. 363.

471. — Jugé que lorsqu'un testateur a expressément chargé son légataire à titre universel du paiement de legs particuliers, un légataire particulier ne peut demander la délivrance que contre les héritiers légitimes, si ceux-ci ne l'ont pas encore faite au légataire à titre universel. — *Bruxelles*, 5 juill. 1821, Æris et Speekaert c. Peterbrouk.

472. — Ce n'est pas contre le légataire universel qui a consenti la remise d'un legs particulier, et qui, par conséquent, se trouve dessaisi, que doit être formée la demande en délivrance intentée par un tiers qui prétend droit à ce legs, mais bien contre les détenteurs des biens revendiqués. — *Colmar*, 18 janv. 1837 (t. 2 1838, p. 603), Siégel c. Utard.

473. — Quant à la question de savoir jusqu'à quel point et dans quelles circonstances un légataire pourrait être chargé par le testateur de la prestation d'autres legs, elle se résout, en général, par ce principe, que l'on doit rechercher quelle a été la volonté du testateur, et se conformer à cette volonté une fois connue. — A cet égard, les lois romaines et leurs interprètes entraient dans une foule de détails qu'a résumés Merlin, *Rép.*, v° *Legs*, § 6, nos 3 et suiv.

474. — Un légataire particulier qui a demandé la délivrance de son legs au légataire universel, détenteur de la quotité disponible, n'est pas non recevable à opposer à ce dernier, par voie d'exception, qu'il est sans qualité pour réclamer la réduction de son legs, en ce que l'institution universelle faite à son profit est nulle. — *Cass.*, 11 mars 1834, De Moyria c. de Vogué.

475. — L'action en délivrance peut-elle être valablement intentée contre l'exécuteur testamentaire, lorsque le testateur lui a conféré la saisine? — Les coutumes ne résolvaient pas cette question d'une manière uniforme (V. à cet égard, Merlin, *Rép.*, v° *Légataire*, § 5, n° 12; Pothier, *Donat. testam.*, nos 245 et suiv.), autorisant l'action, soit contre l'exécuteur testamentaire, à la charge par lui de dénoncer la demande aux héritiers débiteurs du legs, soit contre ces derniers directement, qui devaient alors avoir délai pour mettre en cause l'exécuteur : telle est aussi l'opinion qu'admet Toullier, t. 5, n° 533, mais en la restreignant toutefois aux legs *mobiliers*, parce qu'en effet, ainsi qu'on l'a expliqué v° EXÉCUTEUR TESTAMENTAIRE, l'art. 1026 C. civ. ne permet au testateur de donner à l'exécuteur que la saisine de tout ou partie du mobilier.

476. — Il semble pourtant plus conforme aux principes de ne permettre alors l'action que contre les héritiers, en faisant rendre le jugement commun avec l'exécuteur testamentaire. Ce sont, en effet, les héritiers qui ont la saisine de droit, quoique l'exécuteur testamentaire ait une saisine, comme mandataire chargé d'acquitter les legs ; ce sont donc les héritiers qui peuvent consentir ou contester l'exécution du testament. — Grenier, n° 338 ; Delvincourt, t. 2, notes, p. 361.

477. — L'action en délivrance étant personnelle, ne doit être intentée, en principe, contre les héritiers ou autres débiteurs du legs qu'au prorata de leur émolument ; cette action n'est donc pas solidaire. — *Cass.*, 7 nov. 1810, Dutauque c. Perpin et Fauge.

478. — Toutefois, comme le font observer Toullier (t. 5, n° 555) et Merlin (*Rép.*, v° *Légataire*, § 6, nos 9 et 14), le testateur qui peut charger l'un de ses héritiers ou légataires d'acquitter seul un legs, peut, à plus forte raison, le soumettre à une poursuite solidaire, sauf son recours, bien entendu, contre les autres héritiers ou légataires.

479. — L'héritier ne peut refuser la délivrance d'un legs sous le prétexte d'insuffisance de la succession, sauf à justifier de cette insuffisance lors de la demande en paiement du legs. — *Paris*, 2 pluv. an XI, la Jonchère c. Lerouge.

480. — ..... Ni, sous le prétexte que les opérations relatives à la liquidation de la succession ne sont pas encore terminées ; il suffit que les délais pour faire inventaire et délibérer soient expirés. — *Paris*, 23 fév. 1813, Puissan c. Daubrebis et Lefebvre.

481. — Mais la demande en délivrance devrait être rejetée, si, d'un acte passé avec l'héritier, il résultait que le légataire a déclaré n'avoir plus rien à réclamer pour *aucune cause quelconque*. — *Cass.*, 21 mai 1838, Escudier.

482. — Il n'est pas d'une nécessité absolue que le dépôt du testament olographe, prescrit par l'article 1007 C. civ., ait été effectué avant que le légataire particulier puisse être admis à intenter l'action en délivrance de son legs, lorsque d'ailleurs le but que s'est proposé la loi en ordonnant ce dépôt est suffisamment rempli d'une autre manière, notamment par le dépôt du testament au greffe d'un tribunal civil, en vertu d'un jugement, et après qu'il a été dressé procès-verbal de son état. — *Bruxelles*, 3 mars 1824, N...

483. — On doit ordonner l'exécution provisoire, sans caution, d'un jugement qui prononce la délivrance d'un legs contenu dans un testament notarié, quoique ce testament soit attaqué pour vice de forme et pour cause de suggestion et de captation, si, du reste, dans ses formes apparentes, le testament présente tous les caractères d'authenticité énoncés en l'art. 1317 C. civ. — *Orléans*, 11 fév. 1835, Courtemanche c. Joly.

484. — L'héritier légitime étant saisi de plein droit et ayant l'administration légale de tous les biens de la succession, ne peut être obligé à fournir caution des valeurs mobilières sur la demande des légataires ou donataires du défunt, pendant les contestations élevées entre eux et l'héritier. — *Angers*, 16 mai 1816, Ferrei c. Tonnesse.

485. — La délivrance d'un legs mobilier subordonné au paiement des dettes du testateur doit être suspendue jusqu'au règlement d'un compte de tutelle dû par celui-ci. — *Rennes*, 14 juill. 1819, Collet c. Ameline.

486. — Doit être également rejetée comme prématurée, la demande en délivrance éventuelle d'un legs, pour le cas où il aurait effet par suite de la résolution d'une donation conditionnelle qui épuise la portion disponible. — *Amiens*, 22 déc. 1838, Mesnard.

487. — Les créanciers d'une succession sont recevables à s'opposer à ce que l'héritier fasse à un légataire particulier d'un objet déterminé la délivrance de son legs. — *Liége*, 20 janv. 1823, N...

488. — Il a même été décidé, que les créanciers de l'héritier ont qualité pour contester un legs qui tend à diminuer l'actif de la succession, quand bien même la délivrance de ce legs aurait été faite. — *Paris*, 21 messid. an VIII, Buche c. N...

489. — La délivrance d'un legs fait aux héritiers d'un individu envers lequel le testateur s'était regardé comme obligé dans le for intérieur, ne peut être demandée par ses enfans aussitôt le décès de celui qui a disposé par testament, et tandis que leur père est encore vivant. — Les enfans, en qualité d'héritiers présomptifs de celui qui est désigné dans l'acte testamentaire, ne peuvent même demander que le montant du legs leur soit délivré provisoirement, à la charge d'une caution suffisante pour en garantir la valeur. — *Orléans*, 11 fév. 1825, Glaslenil de Plaisance c. Vantelon.

490. — Lorsqu'une ordonnance a refusé d'autoriser la fondation à laquelle un legs était destiné, ce n'est pas porter atteinte au pouvoir de l'autorité administrative que de rejeter définitivement la demande en délivrance de ce legs, par le motif qu'il appartiendrait encore à l'autorité de réformer l'ordonnance qui a refusé d'autoriser la fondation. — *Cass.*, 18 nov. 1834, de Feuchères c. d'Aumale.

491. — Le principe du Code civil, relatif à la nécessité de la demande en délivrance est affranchi des limitations qui en restreignaient autrefois l'application : ainsi, par exemple, nul doute qu'il n'atteigne aujourd'hui les legs pieux et ceux faits à un mineur. — Merlin, *Rép.*, v° *Legs*, sect. 4, § 3, n° 23.

492. — Ce principe est toutefois soumis à des exceptions. — Ainsi, d'abord, aux termes mêmes de l'art. 1015 C. civ., le légataire aurait droit aux fruits ou intérêts dus le jour du décès, si le testateur avait expressément déclaré sa volonté à cet égard dans le testament.

493. — Mais il faut pour cela une déclaration qui ne laisse aucun doute sur la volonté du testateur. Il ne suffirait pas, par exemple, que le testateur eût ordonné que le legs fût payé tel jour ou à tel terme. — Malleville, sur l'art. 1015 C. civ. ; Grenier, t. 1er, n° 300.

494. — Ainsi, la clause d'un testament par laquelle il est fait legs d'une somme d'argent et d'une partie de mobilier, pour le tout être remis dans l'an du décès du testateur, ne fait pas courir les intérêts de la somme léguée à partir du jour du décès. — *Cass.*, 16 août 1843 (t. 2 1843, p. 715), Montat c. Richard.

495. — De même, les intérêts d'une somme ou d'une rente léguée ne sont dus que du jour de la demande judiciaire, bien que le testateur ait indiqué une époque antérieure pour le paiement, surtout si le légataire a lui-même soutenu que les héritiers ne devaient être considérés à son égard que comme de simples débiteurs d'une somme. — *Liége*, 13 mai 1808, Frankinet c. Cornet.

496. — Jugé, au contraire, que les legs faits par le testateur pour, par les légataires, disposer des objets en toute propriété et jouissance, aussitôt après sa mort, expriment suffisamment sa volonté de faire courir à leur profit les fruits et intérêts du jour du décès, sans qu'il soit besoin de demande préalable en délivrance. — *Douai*, 8 mai 1847 (t. 1er 1848, p. 334), Deulin c. Durigneux.

497. — En tout cas, les intérêts d'une somme léguée pour faire étudier des mineurs dont le légataire universel est déclaré tuteur, sont dus du jour du décès du testateur. — *Cass.*, 23 août 1817, Salicis.

498. — La clause par laquelle le testateur déclare que ses légataires particuliers seront saisis dès l'ouverture et connaissance de son testament, ne leur donne point droit aux fruits de la chose léguée avant la demande en délivrance. — *Bourges*, 16 janvier 1821, Deschamps c. Debréchard ; *contrà Bourges*, 9 fév. 1837 (t. 1er 1838, p. 318), Bezari. — Merlin, *Rép.*, v° *Legs*, sect. 4e, § 3, n° 28.

499. — Le testateur pourrait-il dispenser les légataires particuliers de toute demande en délivrance ? Non ; car il y a même raison que pour les légataires d'universalité. — V. *suprà* nos 174 et 337. — Pothier, *Test.*, n° 239 ; Delvincourt, t. 2, notes, p. 363. — Toutefois, Toullier (t. 5, n° 540) soutient la doctrine opposée, pour le cas, du moins, où le testateur n'aurait pas laissé d'héritiers à réserve. — En tout cas, on pourrait voir dans cette clause l'équivalent de celle par laquelle un testateur ferait courir au profit du légataire les fruits et intérêts du jour du décès, et non du jour de la demande en délivrance. — Delvincourt, *loc. cit.*

500. — Une seconde exception, qui fait courir de plein droit les fruits et intérêts du jour du décès du testateur, c'est lorsqu'une rente viagère ou une pension a été léguée à titre d'alimens. — C. civ., art. 1013.

501. — Les légataires en usufruit d'objets particuliers n'ont-ils aussi, comme les légataires en pleine propriété, droit aux fruits qu'à compter de la demande en délivrance ? — La raison de douter est que, d'après les art. 585 et 604 C. civ., l'usufruitier a droit aux fruits à compter du jour où l'usufruit est ouvert ; ce qui s'applique tout aussi bien au cas où l'usufruit a été légué qu'à celui où il a été constitué par convention : or, dit-on, l'usufruit *est ouvert* par la mort du testateur.

502. — Mais on répond, et avec raison : Pour faire une saine application des art. 585 et 604, il faut les combiner avec l'art. 1014 C. civ. Or, ce dernier article, qui, par la généralité de ses termes, comprend tout aussi bien les legs d'usufruit que ceux de propriété, distingue nettement entre l'acquisition du droit légué en lui-même et son ouverture pour ce qui concerne la perception des fruits ; d'où la conséquence, suivant MM. Aubry et Rau (sur Zachariæ, *loc. cit.*, note 5), que si un legs d'usufruit constitue pour le légataire un droit acquis du jour du décès du testateur, l'ouverture du droit de jouissance qui y est attaché est cependant subordonnée à la demande en délivrance du legs. — *Toulouse*, 29 juill. 1829, Bilas c. Durantin ; *Bordeaux*, 23 avr. 1844 (t. 2 1844, p. 536), Mazerat c. Mazerat-Delor. — Duranton, t. 4, n° 521. — V. cependant *Bastia*, 3 fév. 1836, Francheschini. — Toullier, t. 3, n° 423, et Grenier, dernière édit., t. 1, n° 503 *bis*.

503. — Une mise en possession illégale ne dispenserait pas d'une demande en délivrance, et laisserait, jusqu'à cette demande, le légataire dans l'obligation de restituer à l'héritier les fruits indûment perçus. — Merlin, *Rép.*, v° *Légataire*, § 5, n° 7.

504. — Ainsi jugé, que le légataire qui, avant le partage, s'est mis en possession de son legs, quoique sujet à réduction, doit la restitution des fruits pour ce qui excède la portion disponible, du jour de son entrée en jouissance, et non pas seulement du jour de la demande en restitution et partage. — *Cass.*, 13 novembre 1816, Besson c. Joubert.

505. — D'un autre côté, il est incontestable que le légataire n'encourt pas la déchéance pour s'être mis en possession de son legs, sans en avoir préalablement demandé la délivrance. — V. dans ce sens, *Cass.*, 18 (et non 11) fruct. an XIII, Quesnoy. — V. *suprà* n° 190.

506. — Jugé que l'exécution d'un jugement, confirmé par arrêt, devant être considérée comme nulle lorsqu'elle a eu lieu sur la signification de l'arrêt confirmatif seulement, et non sur celle du jugement, l'on doit considérer comme illégale la possession prise de vive force par le légataire particulier, d'une maison d'habitation, en vertu d'un jugement confirmé par arrêt, si elle n'a été précédée de la signification du jugement confirmé aux exécuteurs testamentaires résistans, et si le légataire s'est borné à faire signifier l'arrêt confirmatif. — *Bordeaux*, 29 février 1840 (t. 1er 1841, p. 129), Niort c. Bermont.

507. — Le légataire qui, sans attendre la délivrance de son legs de la part de l'héritier à réserve, enlève les fruits de la chose léguée (une vigne que cet héritier avait donnée à colonage), ne commet pas un vol, alors même que ce legs serait contesté, si d'ailleurs l'enlèvement a eu lieu après qu'un jugement non encore attaqué avait prononcé la validité du legs. Le légataire est, dans ce cas, censé avoir agi dans la croyance qu'il avait droit de le faire, et, par conséquent, sans intention criminelle. Mais cet enlèvement constitue une voie de fait qui constitue une contravention prévue et punie par les art. 605 et 606 du code du 3 brum. an IV. — *Bastia*, 9 octobre 1846 (t. 1er 1847, p. 551), N... c. N...

508. — Suivant quelques auteurs, lorsque le légataire se trouve en possession de la chose léguée, lors du décès du testateur, par exemple comme fermier, il est par cela même dispensé de demander la délivrance de son legs. On se fonde sur ce qu'ici, la demande en délivrance serait sans objet. — Delvincourt, sur l'art. 1014 ; Proudhon, *Usuf.*, nos 385 et suiv. ; Grenier, t. 1er, n° 30 ; Merlin, *Rép.*, v° *Légataire*, § 5, n° 7 ; Rolland de Villargues, *Rép.*, v° *Délivrance de legs*, nos 11 et suiv. ; Toullier, t. 5, p. 41 ; Zachariæ, t. 4, § 717, note 2.

509. — Jugé, en ce sens, que la règle qui veut que le légataire demande la délivrance, sous peine de perdre les fruits, n'est pas applicable au cas où le légataire est en possession du legs au jour de l'ouverture de la succession. — *Bruxelles*, 24 mai 1830, V... ; *Nîmes*, 5 janv. 1838 (t. 2 1838, p. 274), Portanier c. Puival-Garlhe ; *Limoges*, 21 fév. 1839 (t. 2 1839 p. 324), Reyt.

510. — .... D'où l'on a conclu spécialement que la veuve qui, lors du décès de son mari, se trouve en possession, comme copropriétaire par indivis, des objets que celui-ci a légués, peut se dispenser d'en demander la délivrance aux héritiers du sang, et que ces derniers, sous prétexte de l'inobservation de cette formalité de la part de la veuve, ne sont pas fondés à exiger la restitution des fruits qu'elle a perçus. — *Bourges*, 27 janvier 1838 (t. 2 1840, p. 27), Brossard c. Roumier.

511. — Toutefois, cette exception n'étant point dans la loi nous paraît difficilement admissible. Il y aurait quelque chose d'exorbitant à reconnaître ainsi aux légataires le pouvoir d'intervertir la cause ou le caractère de leur possession, en faisant unilatéralement et par leur seule volonté cesser la saisine de l'héritier. — V. dans ce sens, *Riom*, 1er déc. 1818, Menesloux c. Icher Labarthe ;

Toulouse, 29 juillet 1829, Bilas c. Durantin. — Aubry et Rau, sur Zachariæ, § 718, note 6; Duranton, n° 172; Ricard, *Donation*, 2e part., chap. 1er, sect. 2, n° 11; Henrys, t. 2, liv. 6.

512. — Néanmoins, dans ce cas, le légataire qui détient la chose léguée pourra, lorsque l'héritier viendra en réclamer la restitution ou le fermage, demander, par voie d'exception, la délivrance de son legs, pour se dispenser de délaisser à l'héritier la chose léguée, ou d'en payer le fermage à l'avenir. — Mêmes auteurs.

513. — Lorsque le légataire qui se trouve en possession de son legs, lors du décès du testateur, ne forme point sa demande en délivrance dans le délai prescrit par la loi, il ne peut pas invoquer sa bonne foi pour prétendre qu'il a dû gagner les fruits. — *Poitiers*, 27 juillet 1824, Bariéra c. Blaizeau.

514. — La longue possession, de la part du légataire de la chose léguée, peut être considérée comme la preuve d'une délivrance volontairement consentie, susceptible de donner au légataire un droit aux fruits dans les termes de l'article 1014 C. civ. — *Cass.*, 18 novembre 1840 (t. 2 1840, p. 648), de Bonnemain c. Fajon.

515. — La demande en délivrance ne doit s'entendre que d'une action intentée en justice. Des sommations ou interpellations extrajudiciaires n'en peuvent tenir lieu et sont insuffisantes pour remplir le vœu de la loi. — *Dijon*, 14 mai 1847 (t. 1er 1848, p. 469), Forneret c. hospices de Beaune.

516. — Toutefois la délivrance volontaire peut résulter d'un consentement tacite, comme d'un consentement exprès. — *Bordeaux*, 23 avril 1844 (t. 2 1844, p. 553), Mazerat c. Mazerat-Delor.

517. — De même, le consentement donné par les légataires à titre universel à l'exécution du testament du défunt, dispense les légataires particuliers de l'obligation de former leur demande en délivrance, et leur donne le droit d'intervenir dans les contestations survenues entre lesdits légataires à titre universel et les héritiers du testateur, à l'occasion de la liquidation de la succession. — *Orléans*, 15 déc. 1846 (t. 1er 1847, p. 405), Menou c. Lepelletier et Donlevy.

518. — Une pareille convention intervenue entre les parties, étant tout à l'avantage du légataire, il s'ensuit que la délivrance d'un legs consentie, au profit d'un mineur, peut être valablement acceptée par le conseil de famille, sans tuteur ni subrogé tuteur, et n'a pas besoin de l'homologation du tribunal. — *Riom*, 8 déc. 1829, Bourderie c. de Douhet.

519. — Le paiement partiel d'un legs est, de la part de l'héritier, un consentement à la délivrance du legs, et fait, par suite, courir les intérêts de ce qui reste dû, aux termes de l'art. 1014 C. civ. — *Montpellier*, 3 août 1825, Bataillé c. Illat.

520. — Le légataire particulier qui a obtenu la délivrance de son legs, non de l'héritier du sang, mais d'un tiers possesseur, profite des fruits par lui perçus, s'il est de bonne foi, et l'héritier est sans action pour en obtenir la restitution. — *Paris*, 29 août (et non 27 avril) 1834, Mondet c. Colaud.

521. — Le consentement donné par un héritier à la délivrance d'un legs qui comprend, entre autres, une chose qui ne se trouve actuellement ni dans son domaine, ni dans celui du défunt auquel il succède, et par exemple, des biens confisqués, est nul et sans effet; l'héritier n'en est pas moins recevable à exercer les droits qui lui échoient *postérieurement* à cette chose. — *Amiens*, 6 juin 1821, Dupille c. de Biancourt.

522. — Il suffit que les fruits d'un legs particulier aient dû être perçus par un donataire pour que, dans le cas où la délivrance du legs a été faite par ce donataire, au lieu de l'avoir été par l'héritier légitime, ce dernier soit sans intérêt et sans qualité pour se prévaloir de cette irrégularité, et prétendre, par suite, avoir droit aux fruits de la chose léguée, jusqu'à ce que la délivrance en ait été régulièrement faite. — *Cass.*, 5 avril 1836, Mondet c. Colaud.

523. — L'on doit considérer comme exécution le paiement opéré par le légataire universel au profit d'un légataire particulier d'usufruit, des intérêts de son legs pendant plusieurs années, et, par suite, ce légataire universel n'est plus recevable à refuser la continuation des intérêts, sur le fondement qu'il n'y a pas eu de demande en délivrance. — *Bordeaux*, 29 mai 1839, Barbet.

524. — Si les héritiers avaient tenu secret ou caché le testament, nul doute qu'alors le légataire particulier n'eût droit aux fruits; l'on doit supposer, en effet, que la demande en délivrance eût été intentée aussitôt après le décès, si le légataire avait connu le testament. — *Bruxelles*, 12 avril 1817, N... c. Jacquemans. — Duranton, t. 9, n° 192; Merlin, *Rép.*, v° *Legs*, sect. 4, § 3, n° 23; Grenier, t. 1er, n° 297.

525. — L'héritier légataire par préciput est-il tenu, sous peine de perdre les fruits, de former une demande en délivrance?

526. — Jugé, dans le sens de la négative, que le légataire qui est de plus héritier, n'a que l'action en partage pour se faire payer de son legs : dès lors son action peut être exercée pendant trente ans, et la prescription quinquennale ne peut lui être utilement opposée pour les intérêts. — *Bordeaux*, 23 mai 1840 (t. 1er 1841, p. 333), Michalin. — V. dans le même sens, un ancien arrêt du 9 août 1604 (Brodeau, lettre H, somm. 16, n° 2; Choppin *De privil. rustic.*, l. 3, ch. 7, in fine); Lebrun, *Des success.*, liv. 4, ch. 2, sect 1re, n° 43; Furgole, *Testament*, ch. 10, n° 58; Grenier, *Donat.*, t. 1er, p. 533; Delvincourt, t. 2, notes, p. 362.

527. — Mais il nous semble que puisque, en définitive, l'héritier prélégataire n'est saisi que pour sa part dans la succession, il doit, au contraire, être astreint à former la demande en délivrance contre ses cohéritiers, chacun pour sa part. — Ricard, *Donat.*, part. 2, nos 11 et suiv.; Merlin, *Rép.*, v° *Légataire*, § 5, n° 6; Toullier, t. 5, n° 543.

528. — L'héritier prélégataire qui, au décès de son auteur, s'est mis en possession des biens légués, et a continué à en jouir sans opposition de la part de ses cohéritiers, peut être réputé avoir obtenu d'eux une délivrance volontaire, et être, en conséquence, dispensé de rapporter les fruits qu'il a perçus. — Jugem. trib. *Aubusson*, 16 nov. 1836 (sous *Limoges*, 12 déc. 1837 [t. 2 1839, p. 328], Masuyac c. Finet).

529. — Quant à l'exécuteur testamentaire, qui est investi de la saisine, il semble que lorsqu'il est légataire d'une chose mobilière il ne doit pas être astreint à l'obligation de demander la délivrance de son legs. — Toullier, n° 542; Merlin, *Rép.*, v° *Légataire*, § 5, n° 13.

530. — En supposant que la chose léguée soit un bien rural ayant des fruits pendans au moment du décès, et que la demande en délivrance n'ait été formée que postérieurement à la récolte, les fruits recueillis appartiendront-ils au légataire? Oui : Domat, part. 2, n° 117. — Non : Pothier, *Coutume d'Orléans, Des testam.*, sect. 6, art. 2, § 4. — Suivant Delvincourt (t. 2, p. 353, notes), ni l'une ni l'autre de ces opinions n'est à adopter. Mais l'on doit comprendre dans le legs l'augmentation de valeur que les fruits pendans lors du décès donnaient à l'immeuble à cette époque.

531. — Dans le cas où le fonds légué est délivré au légataire avec les fruits pendans, le légataire doit tenir compte à l'héritier des frais de labour et semences qui peuvent avoir été faits par celui-ci. — Delvincourt, *loc. cit.*, p. 363.

532. — Quand une chose léguée consiste en fruits (par exemple en grains) à percevoir chaque année, si le légataire ne forme la demande en délivrance que plusieurs années après le décès du testateur, l'héritier ou le légataire universel qui a perçu ces fruits ne peut les offrir en nature pour toutes les années qui ont précédé la dernière. Il est tenu au contraire de les restituer d'après le taux commun du prix pendant chaque année. — *Metz*, 16 août 1822, N... c. N...

533. — Le légataire particulier d'un corps certain ne peut se pourvoir contre le tiers détenteur de l'objet légué qu'il a acquis de l'héritier légitime, sans avoir, au préalable, obtenu, soit de l'héritier, soit de la justice, la délivrance de son legs. — *Cass.*, 4 avril 1837 (t. 2 1837, p. 15), Coustau c. Sancet. — Zachariæ, t. 5, § 718; V. cependant Merlin, *Rép.*, v° *Légataire*, § 5, n° 10; Grenier, *Donat.*, t. 1er, n° 306; Toullier, t. 5, nos 546, 572, 574.

534. — .... Et il ne peut obtenir, même sur incident dans un ordre, la remise de l'objet à lui légué et contesté par l'héritier. — *Toulouse*, 22 mars 1839 (t. 2 1842, p. 317), Galis.

535. — Lorsque le légataire qui s'est mis en possession de divers biens à lui légués, tant en propriété qu'en usufruit, vient à décéder, les héritiers du testateur, demandeur, contre les héritiers du légataire, en délaissement d'un des immeubles, comme n'ayant été légué qu'en usufruit, sont tenus de prouver qu'en effet ce bien faisait partie du legs d'usufruit, et non pas du legs de propriété. — *Toulouse*, 25 août 1831, Chantot c. Plantade.

536. — Le legs d'une créance oblige seulement l'héritier à livrer les titres au légataire, qui poursuit alors le débiteur à ses risques et périls (V. L. 105, ff., *De leg.* 1°), mais après avoir toutefois demandé ou obtenu la délivrance, conformément à l'art. 1014. — Duranton, n° 355.

537. — La question de savoir dans quel lieu doit se faire la délivrance ne peut donner lieu à des difficultés, si le testateur a déterminé lui-même le lieu où l'objet légué doit être délivré au légataire; il faut alors se conformer à son intention.

538. — Si le testament ne contient aucune indication du lieu, et que le legs ait d'ailleurs pour objet un corps certain, la délivrance doit se faire au lieu où la chose se trouvait au moment du décès du testateur. — L. 47, § 1, ff., *De leg.*, 2°; Pothier, *Don. testam.*, n° 274; Merlin, *Rép.*, v° *Légataire*, § 6, n° 21; Toullier, t. 5, nos 547 et suiv.; Delvincourt, t. 2, notes, p. 369.

539. — La délivrance se ferait au lieu où l'héritier a transporté la chose, si c'était sans fraude que le déplacement eût été opéré; mais dans le cas où ce déplacement de la chose léguée dans un lieu plus éloigné aurait eu lieu frauduleusement, le légataire pourrait réclamer de l'héritier des dommages-intérêts. — Loi précitée. — Pothier, *ubi suprà*.

540. — Si le legs était d'une somme d'argent, ou de toute autre quantité, le paiement devrait s'en faire au lieu où la succession est ouverte. — V. Cod. proc., 59; Pothier et les auteurs cités n° 538.

541. — En ce qui concerne la forme de l'exercice de l'action en délivrance, l'on suit les règles ordinaires. Ainsi, le légataire à titre particulier ne peut (à cet égard il y avait autrefois dissentiment, V. Merlin, *Rép.*, v° *Légataire*, § 6, n° 19) procéder par voie de commandement et d'exécution forcée. Il doit préalablement obtenir un jugement en délivrance. — Toullier, t. 5, n° 566.

542. — L'instance, que clôt ce jugement, s'engage, du reste, comme toute autre, par une assignation qui a dû être précédée d'un essai de conciliation. — Toullier, n° 547.

543. — Le tribunal compétent pour connaître des actions en délivrance formées par les légataires contre les héritiers est celui du lieu où la succession est ouverte. — C. proc., 59; Zachariæ, t. 5, § 718.

544. — ... Et non celui du lieu où le testament du défunt est déposé, la demande en délivrance fût-elle d'ailleurs formée incidemment à un ordre. — *Toulouse*, 22 mars 1839 (t. 2 1842, p. 347), Galis.

545. — La demande en délivrance d'un legs fait à un Français, par un étranger décédé à l'étranger, contre l'héritier étranger, est valablement portée devant les tribunaux français. — *Paris*, 11 décembre 1847 (t. 2 1848, p. 577), Kuhn c. Stacpoole.

546. — Lorsque la succession est dévolue en entier à deux légataires, l'un de la nue propriété, et l'autre de l'usufruit, un légataire particulier ne peut les actionner en délivrance de son legs que devant le tribunal de l'ouverture de la succession. — *Toulouse*, 25 janvier 1838 (t. 2 1838, p. 346), Ruffié et Bonnac c. Lagarde.

547. — S'il s'agissait non plus d'actions en délivrance formées contre les héritiers, mais d'actions réelles formées par les légataires contre des tiers, ce serait devant le juge de la situation des biens qu'elles devraient être portées. — Merlin, *Rép.*, v° *Légataire*, § 6.

548. — Les frais de la demande en délivrance sont à la charge de la succession, sans néanmoins qu'il puisse en résulter de réduction de la réserve légale. — C. civ., 1016.

549. — Cette disposition, au reste, paraît être applicable à toute autre espèce de legs; les expressions de l'article qui la consacre sont, en effet, générales, et n'ont rien de contraire à cette extension.

550. — Jugé que les frais de délivrance d'un legs particulier ne peuvent pas être mis à la charge du légataire, quoiqu'il ait réclamé plus que ce qui lui avait été légué. — *Bordeaux*, 9 mars 1830, Moulin c. Lapeyronie.

551. — Cependant, lorsque le légataire élève des prétentions exorbitantes et mal fondées, les frais de la demande en délivrance doivent rester à sa charge. — *Bruxelles*, 15 juin 1815, Pifry c. bureau de bienfaisance de Tournai; *Cass.*, 4 févr. 1829, Labbé c. Sauville.

552. — Les frais de la demande en délivrance d'un legs sont à la charge de la succession, quoiqu'il puisse en résulter une réduction de la réserve légale, lorsque les héritiers légitimaires ont mal à propos résisté à cette demande. — *Metz*, 14 février 1820, Adami.

553. — Les frais d'enregistrement, à la différence de ceux de la demande en délivrance, sont à la charge du légataire; mais, du reste, chaque legs peut être enregistré séparément au profit seulement du légataire ou de ses ayans cause. — C. civ., 1016.

554. — Le motif qui a fait décider que chaque legs pouvait être enregistré séparément, c'est qu'autrefois le testament ne pouvant être enregistré qu'en son entier, la délivrance des legs modiques faits à des gens sans fortune devenait souvent impossible. — Malleville, sur l'art. 1016.

555. — Le paiement du droit de mutation, fait par un légataire, suffit pour autoriser à le poursuivre et à s'inscrire en faux contre le testament. — *Rennes*, 12 juin 1820, Lesergent c. Lepriost.

556. — La volonté du testateur peut déroger à la disposition de la loi qui règle le paiement des frais de délivrance et d'enregistrement; mais il ne saurait en résulter une réduction de la réserve légale : cette réserve est, en effet, au-dessus des atteintes du testateur. — C. civ., 1016 ; Duranton, no 274 ; Malleville, sur l'art. 1016 ; Grenier, t. 1er, no 307. V. cependant *suprà* no 552.

557. — Le légataire du tuteur qui a besoin de produire en justice la transaction passée entre ce dernier et son pupille, doit être remboursé des droits d'enregistrement qu'il a avancés à cet effet. — *Rennes*, 14 juillet 1819, Collet c. Ameline.

558. — Lorsque pour exécuter le testament de leur auteur, léguant à un tiers une rente sur l'Etat, rente dont la transmission est exempte de tout droit de mutation, des héritiers ont été obligés d'acheter une rente de cette espèce, ils ne sont pas fondés à répéter contre le légataire le montant des droits de mutation qu'ils ont acquittés sur les valeurs de la succession qui ont servi à l'acquisition. — *Caen*, 18 mars 1846 (t. 1er 1849, p. 33), Maire de Sourdeval-les-Bois c. Laurence.

559. — Le légataire universel chargé par le testateur de vendre les biens meubles et immeubles de la succession, pour en distribuer le prix aux légataires particuliers ou aux héritiers légitimes, est, personnellement et seul, tenu du paiement des droits de mutation. — En conséquence, il peut se faire autoriser à emprunter, sur les immeubles de la succession, les fonds nécessaires pour acquitter ces droits, surtout si l'exécution du testament est entravée par les héritiers. — Mais les sommes qu'auraient payées ces derniers, en leur qualité, viennent en déduction des droits dus personnellement par le légataire universel. — *Douai*, 10 mars 1845 (t. 2 1845, p. 180), Fossaert c. Charles.

560. — L'action en délivrance de legs se prescrit par trente ans. — *Paris*, 21 avr. 1815, Varanchou.

§ 3. — *Effets des legs particuliers*.

561. — Le legs particulier transfère ou un droit de propriété ou un droit de créance, suivant que la disposition testamentaire porte sur des objets déterminés dans leur individualité, ou bien qu'elle porte soit sur des sommes d'argent, soit sur des objets quelconques, déterminés seulement quant à leur espèce. — Pothier, nos 237 et 241.

562. — Dans le premier cas, et si le legs est pur et simple, la propriété passe de plein droit, et sans aucuns frais ni tradition, de la personne du testateur à celle du légataire. — C. civ., 711 et 1014, § 1er; Duranton, no 271 ; Zachariæ, § 722, p. 417 ; Pothier, no 237.

563. — D'où il suit : 1o Que l'héritier ne peut pas aliéner la chose léguée ; — 2o que si l'héritage légué était chargé d'un droit de servitude envers l'héritage voisin, appartenant à l'héritier, ou réciproquement, il ne se ferait aucune confusion à l'égard de ce droit, l'héritage légué étant censé n'avoir jamais appartenu à l'héritier. — Pothier, *ibid*.

564. — Dans le second cas, le droit de créance existe non seulement lorsqu'il s'agit du legs d'une somme d'argent ou d'objets déterminés par leur espèce, mais encore lorsque le legs a pour objet un fait ou l'abstention d'un fait.

565. — Mais soit qu'il s'agisse d'un legs de propriété, soit qu'il s'agisse d'un legs de créance, le droit du légataire devient transmissible à ses héritiers, du moment que celui-ci en a été saisi, c'est-à-dire, du jour de la mort du testateur, si la disposition est pure et simple, ou du jour de l'événement de la condition, si elle est conditionnelle (C. civ., 1014 et 1040), en supposant, toutefois, que la nature viagère du droit du légataire ne s'oppose pas à sa transmissibilité.

566. — Les légataires particuliers n'ont que des actions spéciales dont la nature varie suivant les objets légués. — A la différence des légataires d'universalité, ils n'ont point l'action en pétition d'hérédité, à moins, toutefois, qu'il ne s'agisse du legs d'une succession échue au testateur ; en pareil cas, le légataire a, contre les tiers détenteurs de cette succession, l'action que le défunt aurait eue lui-même. — Duranton, no 376.

567. — Lorsque le legs est un legs de propriété, il peut donner lieu à l'action en revendication; dans les autres cas, il n'engendre qu'une action personnelle. Ces actions en revendication et personnelle, contre les débiteurs du legs, se confondent avec les demandes en délivrance. Mais, de plus, la revendication peut, s'il y a lieu, être exercée contre les tiers détenteurs. — Duranton, nos 377 et suiv.

568. — Dans tous les cas, la circonstance qu'eu égard à la nature de l'objet légué, le légataire peut le revendiquer comme en étant devenu propriétaire, ne le dispense pas de la nécessité de demander la délivrance de son legs à qui de droit. — Antonin, sur le tit. 43, lib. 6, *Cod.*, *Comm. de leg.*; Bacquet, *Traité des droits de justice*, chap. 8, no 24 ; Pothier, no 287 ; Duranton, *loc. cit.*

569. — Si entre plusieurs cohéritiers, débiteurs personnels du legs, l'un devient insolvable, les autres cohéritiers ne sont point, par suite de cette insolvabilité, tenus personnellement envers le légataire pour une part plus forte (L. 38, ff., *De leg.*, 2o; Voët, *ad Pand.*, tit. *De leg.*, no 41), pas plus qu'ils ne le seraient s'il s'agissait d'une dette de la succession. Chacun ne devrait que sa part primitive, sauf l'effet de l'action hypothécaire dont il va être question. — Duranton, no 381.

570. — Les legs particuliers étant affranchis de toute contribution aux charges de l'hérédité, si un legs par préciput était fait à l'un des héritiers légitimes ou institués, il ne faudrait, pour fixer la part contributive de ce dernier dans le paiement des autres legs, considérer que la portion héréditaire qui lui est attribuée par la loi ou par la volonté du testateur. — Duranton, no 382.

571. — Indépendamment de l'action réelle ou personnelle accordée aux légataires, pour le recouvrement de leurs legs, ils ont une action hypothécaire. C'est ce qui résulte de l'art. 1017, al. 2, C. civ., conforme, du moins quant au principe général, à l'une des constitutions de Justinien. — L. 1, *Cod. Comm. de leg.*

572. — D'après les termes mêmes de cette constitution, l'hypothèque n'avait lieu, sur la part des biens du testateur auquel chaque héritier succédait, que pour la part dont cet héritier était tenu du legs. — Néanmoins l'ancienne jurisprudence ne laissa pas d'admettre qu'à raison du principe de l'indivisibilité de l'hypothèque, chaque héritier, détenteur d'immeubles héréditaires, devait pouvoir être actionné hypothécairement pour le tout. — Bacquet, *Tr. des droits de just.*, chap. 8, no 26 ; Mornac, *ad leg.*, 18, *C. De pactis*, t. 1er, p. 158 ; Renusson, *Tr. des propres*, chap. 3, sect. 12, nos 10 et suiv.

573. — Jugé, en conséquence, que sous l'empire de la coutume de Paris, l'hypothèque résultant du legs autorisait l'action solidaire contre chaque héritier détenteur d'immeubles de la succession. — *Cass.*, 11 brum. an XI, Vissec c. Leclerc.

574. — Cependant l'opinion contraire était admise par beaucoup d'auteurs, par ces motifs que la part à laquelle chacun des héritiers succédait n'avait jamais été hypothéquée au total du legs ; qu'elle ne l'avait été qu'à la part dont cet héritier avait été chargé, et que par conséquent elle n'était hypothéquée que pour cette part. — Pothier, *Donat. testam.*, no 289 ; Henrys, t. 2, part. 2e, quest. 57 ; Ferrière sur Bacquet, *loc. cit.*; Lebrun, *Des successions*, liv. 4, chap. 2, sect. 4, no 4 ; Ricard, *Des donations*, part. 2, chap. 1er, sect. 4, no 25.

575. — La première de ces deux opinions a été consacrée par le 2e al. de l'art. 1017 C. civ. : « Ils (les héritiers du testateur, ou autres débiteurs du legs) en seront tenus hypothécairement *pour le tout*, jusqu'à concurrence de la valeur des immeubles de la succession dont ils seront détenteurs. »

576. — Cette action hypothécaire atteindrait même ceux des héritiers ou autres successeurs à titre universel qui, par la volonté du testateur, auraient été affranchis de la charge de contribuer à l'acquittement de tel ou tel legs. — Duranton, no 385 ; *contrà* Toullier, t. 5, no 567.

577. — ... A moins, toutefois, que le testateur, en les affranchissant de toute obligation personnelle, ne les eût en même temps affranchis des suites de l'action hypothécaire, ce qui ne devrait pas s'induire de la seule circonstance que le testateur n'a mis aucune portion du legs à la charge personnelle de tel ou tel héritier. — Duranton, no 385 ; V. aussi Voët, *ad Pand.*, tit. *De legatis*, no 41.

578. — Le testateur pourrait même priver le légataire de toute hypothèque sur les biens de sa succession, car *imponere modum liberalitati suæ unicuique licet.* — Duranton, *ib.*; Voët, *loc. cit.*

579. — Suivant Grenier (*Donations*, t. 1er, nos 311 et suiv.; *Hypothèques*, t. 2, nos 421 et suiv.) et Toullier (t. 5, nos 567 à 569), l'art. 1017 C. civ. ne confère pas aux légataires une hypothèque distincte du droit de préférence résultant de la séparation des patrimoines. — Mais un plus grand nombre d'auteurs pensent, et avec raison, ce nous semble, qu'il y a là une hypothèque légale, distincte de ce droit de préférence que produit la séparation des patrimoines. — Merlin, *Rép.*, vo *Hypothèque*, sect. 2, § 3, art. 4, no 5 ; Battur, *Des hypothèques*, L. 382 ; Persil, *Régime hypothécaire*, sur l'art. 2121, nos 44 à 47 ; Delvincourt, t. 2, p. 364 ; Troplong, *Des hypothèques*, t. 2, no 432 *ter*; Duranton, t. 19, no 288 ; Cabantous, *Esquisse d'une théorie de la séparation des patrimoines*, Revue de législation, t. 4, p. 39 et suiv.

580. — Jugé en conséquence que, d'après l'art. 1017 C. civ., le légataire particulier a pour sûreté de son legs une hypothèque légale sur tous les biens dépendans de la succession du testateur. — *Grenoble*, 14 fév. 1817, Montegin c. Peyrot ; *Bruxelles*, 26 avril 1817, Deridder c. Maenhoudt.

581. — ... Et que par suite il peut, pour sûreté de l'acquittement de son legs, prendre une inscription valable, sans avoir obtenu de condamnation judiciaire. — *Bruxelles*, 26 avril 1817, mêmes parties.

582. — Toutefois, l'hypothèque légale du légataire ne frappe que les biens recueillis dans la succession par les débiteurs des legs, et non leurs biens personnels. — Pothier, *Don. testam.*, ch. 5, sect. 3, art. 2, § 2 ; Toullier, t. 5, no 571. — Les biens personnels des débiteurs des legs ne pourraient être grevés que par une hypothèque résultant du jugement qui les condamnerait à payer, ou d'un acte notarié portant stipulation d'hypothèque. — Merlin, *Rép.*, vo *Légataire*, § 6, no 16 ; Toullier, no 567.

583. — Suivant la jurisprudence du parlement de Grenoble, le légataire n'acquérait hypothèque sur les biens propres de l'héritier que du jour où celui-ci avait reconnu la dette par acte séparé, ou avait subi un jugement de condamnation. — *Grenoble*, 16 juill. 1810, Billon de Rivoire c. Trenonay.

584. — Jugé cependant, que le légataire a encore le droit de réclamer une hypothèque sur tous les biens personnels de l'héritier, sauf à celui-ci à demander la réduction de l'inscription conformément aux art. 2162 et suiv. C. civ. — *Grenoble*, 14 fév. 1817, Montzein c. Peyrot.

585. — L'hypothèque des légataires étant créée directement par la loi, est, par cela même, indépendante de la forme testamentaire, et a lieu, par conséquent, quand même le testament serait un simple testament olographe. Telle était aussi l'opinion qui avait prévalu dans l'ancien droit. — Pothier, no 289 ; Merlin, *Rép.*, vo *Légataire*, § 6, nos 13 et 15.

586. — Ainsi, le légataire peut prendre inscription pour son legs, quand même le testament ait été fait dans la forme mystique, et sans qu'il soit nécessaire d'obtenir un jugement de vérification de l'écriture du testateur. — *Grenoble*, 14 fév. 1817, Montzein c. Peyrot.

587. — Jugé que les légataires qui ont pris inscription sur les biens du testateur, ne doivent pas être colloqués avant ceux qui ne se sont point inscrits, surtout lorsque la succession n'est acceptée que sous bénéfice d'inventaire. — *Paris*, 12 mars 1806, Omahony c. Duluds.

588. — ... Que le légataire qui a pris inscription sur les biens de la succession dans les termes de l'art. 2113 du Code civil, n'acquiert pas pour cela un droit de préférence sur ses colégataires non inscrits. — *Paris*, 14 nov. 1838 (t. 1er 1839, p. 57), Guéland c. Provent.

589. — Indépendamment de l'hypothèque légale, les légataires peuvent encore exercer un droit de préférence, au moyen de la séparation des patrimoines du défunt et de l'héritier. — « Les créanciers et légataires, porte l'art. 2111 Code civil, qui demandent la séparation du patrimoine du défunt, conformément à l'art. 878, au titre *des Successions*, conservent à l'égard des créanciers des héritiers ou représentans du défunt, leur privilége sur les immeubles de la succession, par les inscriptions faites sur chacun de ces biens, dans les six mois à compter de l'ouverture de la succession. — Avant l'expiration de ce délai, aucune hypothèque ne peut être établie avec effet sur ces biens, par les héritiers ou représentans, au préjudice de ces créanciers ou légataires. » — V. SÉPARATION DES PATRIMOINES.

590. — Jugé que le légataire particulier d'un individu peut demander la séparation du patrimoine de l'héritier chargé de payer son legs, d'avec le patrimoine du légataire universel de ce dernier. — *Agen*, 11 juin 1809, Lavignan c. Mascasas.

591. — Le légataire particulier a le droit de requérir l'apposition des scellés sur les meubles de la succession. — *Bruxelles*, 26 avril 1817, Deridder c. Maenhoudt.

592. — Les actes conservatoires, faits par le légataire universel dans son intérêt, profitent aux légataires particuliers, de telle sorte que ceux-ci doivent être payés de leurs legs avant qu'il puisse rien recueillir de son institution. — *Paris*, 30 nov. 1824, Forni de Tournon c. Bouquillard.

593.—Le légataire à titre particulier a-t-il qualité pour exercer le retrait successoral? — V. RETRAIT SUCCESSORAL.

594. — En règle générale, le légataire particulier n'est pas tenu personnellement des dettes et charges de la succession. — C. civ., art. 1024. — *Douai*, 8 févr. 1840 (t. 2 1840, p. 541), Debore c. Legrand.

595. — Les légataires de corps certain ne sont pas tenus, en cas d'insuffisance des valeurs de la succession pour l'acquit des legs de sommes d'argent, de contribuer et de souffrir, au marc le franc, une réduction proportionnelle de leurs legs. — Ils ne peuvent souffrir cette réduction que lorsqu'il s'agit de satisfaire au paiement d'une réserve. —*Nîmes*, 11 mars 1841 (t. 1er 1842, p. 135), de Lincel c. de Massillau.

596. — Un légataire à titre particulier qui, en sa qualité d'étranger, est réputé n'avoir point de droit sur les immeubles de la succession, mais sur le mobilier seulement, n'est pas tenu de contribuer au paiement des dettes et charges héréditaires, sous prétexte que s'il prenait son legs sur le mobilier affranchi de toutes dettes, les dettes refluant en totalité sur les immeubles, ce légataire participerait par le fait à la succession immobilière. — *Cass.*, 19 fév. 1821, Layton c. Desanbon.

597. — Toutefois la règle ne s'étend pas au cas où un testateur chargerait expressément un légataire à titre particulier du paiement de certaines dettes. Ce légataire, par le fait de son acceptation, serait tenu personnellement de les acquitter, lors même que la chose léguée viendrait à périr entre ses mains.—Merlin, *Rép.*, vº *Légataire*, § 6, nº 5 *bis;* Zachariæ, § 723, 3º, t. 5, p. 430; V. aussi § 728 et suiv.

598.—Jugé que l'obligation imposée au légataire de payer les dettes du testateur dont les biens légués sont grevés, ne comprend pas le remboursement des capitaux des rentes. — *Bruxelles*, 8 août 1811, Salmon.

599. — La clause par laquelle un testateur lègue une pièce de terre, *à charge de payer sur icelle telles charges qu'elle peut devoir aux créanciers à qui elles sont dues*, n'a pas pour effet d'assujettir le légataire aux dettes hypothécaires dont les biens du testateur, autres que le bien légué, sont grevés. — *Liége*, 30 juill. 1812, Balwir c. Bounam.

600. — En l'absence de dispositions contraires et formelles tracées par le testateur, la charge imposée à un legs particulier, de payer une somme dont l'immeuble légué se trouve grevé, n'est pas une charge personnelle du légataire, mais une dette de la communauté et de la succession. — *Aix*, 24 janv. 1839 (t. 2 1839, p. 478), Arnaud.

601. — Ainsi, la femme commune en biens et en même temps légataire du mobilier et de l'usufruit général des immeubles délaissés par son mari, doit, en cette double qualité, contribuer, suivant sa part dans la succession, au paiement de ladite somme. — Par suite, si les immeubles de la succession sont vendus, le paiement de cette dette doit en être fait par prélèvement sur le prix provenant de la vente. — Même arrêt.

602. — Le légataire particulier est, au reste, tenu personnellement de la charge imposée sur le legs qu'il a recueilli, indépendamment des circonstances qui lui ont fait perdre plus tard les biens composant son legs. — *Cass.*, 17 mai 1809, Vullat-Labretonnière c. Vuclat.

603. — Plus particulièrement, un émigré a pu, depuis l'amnistie, être contraint personnellement d'acquitter une charge imposée sur un legs d'immeubles qu'il avait recueillis avant son émigration, quoique, par suite de cette émigration, les immeubles légués aient été confisqués et vendus nationalement. — Même arrêt.

604. — Il est même possible que le légataire particulier soit obligé, en raison de la nature de la chose léguée, de supporter certaines dettes, ou de contribuer à leur paiement.

605. — C'est ainsi que le légataire de l'usufruit de la totalité ou d'une quote-part des biens du défunt, peut, par cela même que son usufruit porte sur une universalité juridique, subir, d'après le mode indiqué en l'art. 612 C. civ., un retranchement proportionnel au montant des dettes et charges de la succession. — Zachariæ, *loc. cit.*, p. 431.

606. — Le légataire à titre universel de l'usufruit doit l'intérêt des avances faites par l'héritier nu propriétaire pour rembourser les dettes de la succession, sans distinction des sommes qui produisaient des intérêts de plein droit ou par suite de stipulations, et de celles à raison desquelles il n'y avait point eu de stipulation. — *Toulouse*, 9 déc. 1833, Blanc.

607. — Après avoir dit que le légataire particulier n'était pas tenu des dettes de la succession, l'art. 1024 ajoute: « sauf la réduction du legs (en cas de réserve), et sauf l'action hypothécaire des créanciers. » En effet, dans ce dernier cas, comme l'héritier n'est pas tenu de dégager l'immeuble hypothéqué, qui a été l'objet du legs, il en résulte que le légataire se trouve alors exposé, comme tout autre tiers détenteur, aux poursuites des créanciers hypothécaires.

608. — Le légataire particulier qui a acquitté la dette dont l'immeuble légué était grevé, demeure *subrogé* aux droits du créancier contre les héritiers et successeurs à titre universel. — C. civ., 874.

609. — Il est à remarquer que cet article ne fait que consacrer l'application à un cas particulier du principe sanctionné par l'art. 1251, 3º, C. civ. Mais il faut compléter sa rédaction: il est possible, en effet, que la dette ne concerne pas le défunt, soit parce qu'il a acquis l'immeuble déjà grevé pour la dette d'un autre, soit parce qu'il l'a hypothéqué pour la dette d'un tiers, sans s'obliger personnellement (V. Cod. civ., art. 2077); or, dans ce cas, ce ne serait pas contre les héritiers ou autres successeurs universels que le légataire aurait à exercer un recours garanti par la subrogation, mais contre le tiers qui est personnellement tenu de l'acquittement de la dette. — Duranton, nº 275.

610. — Bien que les légataires ne soient pas tenus personnellement des dettes et charges de la succession, ils sont cependant primés sur les biens du défunt par les créanciers héréditaires, lorsque ceux-ci ont demandé la séparation des patrimoines. — Zachariæ, § 723, p. 432. — V. SÉPARATION DES PATRIMOINES.

611. — Il en est de même lorsque la succession a été acceptée sous bénéfice d'inventaire, ou qu'elle est devenue vacante. — C. civ., art. 809, 814. — Zachariæ, *ibid.*

612. — Jugé que lorsqu'un immeuble a été l'objet d'un legs particulier, soit en propriété, soit en usufruit, l'héritier bénéficiaire qui n'a point fait réduire le legs, ne peut, en sa qualité d'héritier bénéficiaire, faire vendre l'immeuble légué sous prétexte qu'il y aurait des dettes à payer; ainsi, si l'usufruit seul a été légué, il ne peut requérir la vente de l'usufruit avec celle du fonds. — *Bordeaux*, 8 juillet 1828, Baille et Joanne c. Brisard.

613. — On a vu, *suprà* nºs 313 et 384, que le legs d'une succession ouverte était un legs particulier. Comment se réglera le paiement des dettes, alors que le testateur, ayant déjà fait acte d'héritier, est devenu personnellement débiteur envers les créanciers héréditaires? Comme il n'y a de biens que dettes déduites, le légataire, dans l'espèce, n'en est pas moins tenu d'acquitter les dettes de la succession, à la décharge des héritiers du testateur, tout comme serait tenu de le faire un acheteur de l'hérédité. — Duranton, nº 230; Delvincourt, *loc. cit.;* Proudhon, *Usufruit*, t. 4, nºs 184 et suiv.; Zachariæ, § 723, 3º, p. 431, et note 15.

§ 4. — *Paiement des legs particuliers; leur étendue; droits des légataires entre eux.*

614. — Un legs ne peut être acquitté que par la prestation réelle et effective de ce qui a été légué. — L. 11, § 17, ff., *De leg.*, 3º.

615. — Dès lors le légataire d'une somme d'argent ne peut être forcé de recevoir des biens de la succession. — L. 12, ff., *De leg.*, 2º.

616. — Par la même raison, l'héritier ne peut, lorsqu'un objet a été légué en nature, se libérer en donnant du numéraire à la place de l'objet légué qu'il voudrait conserver par des motifs d'affection ou autres. — L. 71, § 4, ff., *De leg.*, 1º; Toullier, t. 5, nºs 524 et suivans; Merlin, *Rép.*, vº *Legs*, sect. 5, § 2.

617. — Jugé, en conséquence, que le legs d'une somme d'argent fait à un établissement de charité ne peut être acquitté par l'héritier en rentes sur l'État. — *Cass.*, 8 fructid. an XIII (Int. de la loi), Capelle.

618. — ... Que l'héritier chargé par le testament de payer une somme ou de l'assigner en rente, ne peut se libérer en offrant au légataire des rentes dues à la succession par des tiers. — *Liége*, 13 mai 1808, Frankinet c. Cornet.

619. — Jugé toutefois que des légataires particuliers ne peuvent demander la nullité du paiement de leur legs à eux fait en assignats par un tiers, au nom et en l'acquit du légataire universel. — *Paris*, 25 mars 1829, de Champgrand c. de Sauzet.

620. — Cependant il peut arriver que le légataire soit contraint de recevoir autre chose que ce qui a été légué, par exemple, l'estimation de la chose léguée. C'est lorsque cette chose a péri par la faute ou le fait de l'héritier, ou l'héritier étant en demeure, à moins cependant qu'il ne soit démontré que la chose aurait également péri entre les mains du légataire. — Pothier, *Donat. testam.*, nº 284; Duranton, t. 9, nº 494, 5º.

621. — Si l'héritier avait le choix de s'acquitter en nature ou de payer l'estimation, il devrait opter pour l'un ou pour l'autre mode; mais il ne pourrait pas acquitter le legs partie en nature, partie en fournissant la valeur de l'estimation.— Merlin, *Rép.*, vº *Legs*, sect. 5, § 2, nº 2.

622. — Le légataire universel qui a été chargé par le testateur d'acquitter, en quatre années, le legs particulier d'une somme déterminée, en créances de la succession de son choix, est tenu de garantir au légataire particulier la solvabilité du débiteur qu'il lui délègue au moment de la délivrance des créances. — *Cass.*, 14 mai 1834, Berger c. Dechampeaux.

623. — Les tribunaux peuvent rectifier une disposition testamentaire, en y substituant un chiffre à un autre, lorsque l'ensemble de la disposition démontre que la quotité du legs telle qu'elle est écrite dans le testament, a été mise par erreur, et que celle substituée était dans l'intention du disposant. — *Paris*, 29 frim. an XII, Lacharme c. Daucourt.

624. — Ainsi, par exemple, lorsqu'un testateur a légué une rente viagère de 5,000 liv., ou au choix du légataire l'usufruit d'un fonds de terre rapportant 540 liv. de revenu, et qu'il a permis à ses héritiers de racheter soit la rente viagère, soit l'usufruit, moyennant un capital de 5,000 liv., les tribunaux peuvent déclarer que la rente viagère n'est que de 500 liv. — Même arrêt.

625. — Le légataire d'une rente peut se faire subroger aux droits de la succession du testateur en réclamation des objets affectés au legs. — *Rennes*, 14 juill. 1819, Collet c. Ameline.

626. — S'il est vrai qu'en règle générale le legs annuel finisse au décès du légataire, ce principe reçoit exception quand la durée du legs a été déterminée. — *Grenoble*, 5 juin 1809, Vincent c. Arnoux.

627. — La règle admise par la loi du 22 frim. an VII, art. 14, nº 9 (en matière d'enregistrement), et suivant laquelle le capital d'une rente viagère est déterminé par dix années de rente, ne saurait être appliquée au cas où, après l'extinction des annuités, le capital a été légué à un tiers; car alors le legs est constitutif d'une somme pouvant produire, au taux ordinaire de l'intérêt, ce qui est nécessaire à l'acquit du viager, et doit, à l'égard du légataire, être fixé à vingt fois la valeur de la rente. — *Bordeaux*, 7 janv. 1840 (t. 1er 1840, p. 432), Saint-Loubès c. Arnauld.

628. — L'art. 1018 C. civ. porte que « la chose léguée sera délivrée avec les accessoires nécessaires, et dans l'état où elle se trouvera au jour du décès du testateur. » — Il est, en effet, probable que telle a été l'intention du testateur. — Pothier, *loc. cit.*, nº 264.

629. — Par *accessoires*, il faut entendre ceux sans lesquels la chose léguée ne pourrait servir à son usage ordinaire, et ceux qui y sont attachés par une disposition de la loi. — Delvincourt, t. 2, notes, p. 368.

630.—Par suite, il faut décider qu'au cas de legs de l'usufruit d'un héritage auquel on ne peut aborder que par un autre héritage de la succession, l'héritier doit délivrer, avec l'usufruit de cet héritage, un passage par l'héritage par lequel il faut passer pour y arriver. — L. 2, § 2, ff., *Si servit. vindic.* — Pothier, *Don. testam.*, nº 275.

631. — ... Que le legs d'une maison comprend celui du jardin qui en dépend, lors même qu'il en est séparé par une rue ou un chemin. — Merlin, *Rép.*, vº *Legs*, sect. 4, § 3, nº 15; Grenier, t. 1er, nº 316; Delvincourt, t. 2, p. 368; Toullier, t. 5, nº 531.

632. — ... Que le legs d'une maison comprend celui de toutes les choses qui y sont fixées à perpétuelle demeure.

633. — ... Que le legs d'une ferme, spécialement, contient implicitement celui des bestiaux et ustensiles servant à faire valoir les terres. — Ordonn. de 1747, sur les substitutions. — *Contrà* Pothier, qui, conformément aux lois romaines, considérait comme meubles les choses dont il s'agit. — C. civ., art. 1064; Duranton, nº 269.

634. — Le légataire du mobilier a droit aux fermages échus jusqu'au jour du décès du testateur, quelle que soit l'époque de leur exigibilité. — *Rouen*, 22 janv. 1828, Lebreton c. Damonille.

635. — Pour les exemples fournis par la jurisprudence, 1° soit jusqu'à quel point l'accessoire doit être réputé légué avec le principal; 2° soit sur ce que comprend le legs du *mobilier*, des *meubles*, des *meubles meublans*, d'une *maison avec tout ce qui s'y trouve*, V. BIENS, nos 265 et suiv. — A quoi nous ajouterons les décisions suivantes:

636. — Le legs de *tous mes meubles et effets* comprend tout ce qui est censé meuble aux termes de l'art. 535 C. civ. — *Poitiers*, 21 (et non 25) juin 1825, Bénéteau c. de Théronneau.

637. — Jugé, au contraire, que le testateur qui n'a que des biens meubles, et qui lègue à son neveu tous ses meubles et effets, n'est censé lui avoir légué que ce qu'on entend par le mot meubles pris dans le sens exprimé par l'art. 533 C. civ., alors surtout que le legs a été fait par préciput et hors part. — En conséquence, un pareil legs ne comprend pas l'argent comptant et les dettes actives qui se trouvent dans la succession. — *Caen*, 28 mars 1846 (t. 2 1846, p. 611), Leguerney.

638. — Le legs d'une maison avec tous les meubles et effets mobiliers qui s'y trouveront, sans en rien excepter ni réserver, ne comprend pas les créances actives, fermages et rentes, dont les titres se trouveraient dans la maison léguée. — *Caen*, 17 nov. 1847 (t. 1er 1848, p. 326), Auzeraie c. Vannier.

639. — Il en est de même du legs de tout le *mobilier présent chez le testateur, à son décès*. — *Caen*, 14 déc. 1847 (t. 1er 1848, p. 326), d'Avrilly c. Lebas.

640. — De même encore, la disposition testamentaire qui ordonne que « tout le mobilier du testateur, argenterie, linge de table, habillemens, etc., sera vendu, pour le prix à en venir être distribué aux pauvres, » ne comprend pas les titres de créances et les rentes constituées appartenant au testateur. — *Douai*, 23 juin 1846 (t. 2 1846, p. 398), bureau de bienfaisance de Sarcus c. Hanotte et Devette.

641. — Mais la clause d'un testament ainsi conçue: « Je donne et lègue à... tous les biens meubles qui m'appartiendront le jour de mon décès; je comprends dans ce legs l'argent comptant, l'argenterie, foin, vin, blé et grains de toute espèce, » comprend les créances, rentes constituées et autres droits incorporels, alors même que ces créances et droits, montant à une somme considérable, n'existaient pas lors de la confection du testament, et ne sont nés que de la vente postérieure d'une partie des immeubles légués à l'héritier institué. — *Bourges*, 9 mai 1848 (t. 2 1848, p. 271), hospice de Vierzon c. Avond et Vigneron.

642. — Un legs de billets a pu, sans qu'il en résulte une violation de loi donnant ouverture à cassation, être déclaré comprendre des reconnaissances souscrites au profit du testateur et faisant partie de sa succession. — *Cass.*, 6 juill. 1847 (t. 1er 1849, p. 63), Desfeux c. Heudelet.

643. — Les titres de propriété étant des accessoires nécessaires aux légataires pour défendre leurs droits, doivent leur être livrés. — Pothier, *loc. cit.*; arg. C. civ., 842. — Au contraire, suivant Ricard (*Donat.*, part. 2, n° 54), les héritiers représentant le défunt avaient le droit de conserver les titres de propriété, sauf à en aider le légataire chaque fois qu'il en avait besoin, et le légataire ne devait avoir que les titres relatifs à la jouissance. — V. Delvincourt, t. 2, notes, p. 368 et suiv.

644. — Quant au legs d'un office, il nous paraît conforme à l'intention du testateur d'admettre qu'il ne comprend pas la somme nécessaire pour les frais de réception. — Pothier, *loc. cit.* — V. cependant L. 102, § 3, ff., *De leg.*, 3°.

645. — ... Ni les recouvremens à faire pour actes ou avances faits au jour du décès du testateur, à moins que le contraire ne résultât des termes mêmes du testament. — Duranton, n° 237.

646. — Jugé cependant que le legs d'un fonds de commerce comprend les droits, créances et recouvremens en dépendant. — *Paris*, 12 avr. 1833, Hennet c. Labiche.

647. — La règle que les accessoires de la chose léguée appartiennent au légataire, souffre une restriction relativement aux fruits; ces sortes d'accessoires n'appartiennent au légataire qu'à partir de la demande en délivrance. — V. *suprà* nos 462 et suiv.

648. — L'accessoire cesse-t-il d'être dû quand la chose principale a péri? Il faut distinguer. — Si la chose principale a péri du vivant du testateur, rien n'est dû au légataire, l'objet du legs n'existant plus au moment où naît le droit de celui-ci; mais si la chose n'a péri que depuis l'ouverture de la succession, le légataire ayant été saisi de la propriété, peut réclamer ce qui reste, comme partie

LEGS, sect. 4e, § 4.

de ce qui lui appartenait. — Delvincourt, *loc. cit.*; Duranton, n° 494.

649. — *Quid*, si, au décès du testateur, la chose léguée avait changé de forme sans changer de matière, et réciproquement? — Si la forme est changée, la matière subsistant encore, le legs est nul. Ainsi, un bateau a été légué; ultérieurement on a fait un hangar avec les planches de ce bateau; le légataire n'a rien à réclamer (L. 88, § 2, ff., *De leg.*, 3°; L. 6, § 1er, ff., *De auro, argento*, etc.). — Si la chose a conservé sa forme, la matière en ayant été changée depuis le testament, le legs serait, au contraire, valable; tel serait le cas, où depuis qu'ils ont été légués, une maison ou un navire auraient été tellement réparés qu'il ne resterait plus un seul des matériaux qui les composaient au moment de la confection du testament (L. 65, § 2, ff., *De leg.*, 1°). — Grenier, t. 1er, n° 316; Delvincourt, t. 2, notes, p. 366. — Toutefois, ces deux règles seraient évidemment subordonnées, dans leur application, à l'intention contraire manifestée par le testateur.

650. — Les augmentations naturelles des immeubles, telles que celles qui proviendraient, par exemple, d'une alluvion, profiteraient au légataire. — L. 16, ff., *De leg.*, 3°; Pothier, *loc. cit.*; Toullier, n° 534; Grenier, t. 1er, n° 316; Malleville, sur l'article 1018 C. civ.

651. — Quant aux augmentations provenant du fait du testateur, elles donnent lieu à des distinctions: si le legs est d'une universalité, comme une bibliothèque, un troupeau, les livres achetés par le testateur, et les bestiaux ajoutés par lui à ceux qu'il avait déjà, font, à moins de manifestation d'une intention contraire, partie du legs de la bibliothèque ou du troupeau. — *Instit.*, § 18, *De legat.*; Étienne, *Inst. expliq.*, t. 1er, p. 449; Merlin, *Rép.*, v° *Legs*, sect. 4, § 3, n° 17. — Et cela, quand même tous les livres ou tous les bestiaux auraient été remplacés. — Delvincourt, t. 2, p. 371, note; Grenier, n° 316.

652. — Si le testateur avait créé des embellissemens ou élevé des constructions nouvelles sur le fonds légué, le légataire y aurait droit comme au fonds lui-même. — C. civ., art. 1019, § 2.

653. — Il en serait de même à l'égard d'un enclos légué et dont le testateur aurait depuis augmenté l'enceinte. — Même article. — Un fonds doit être considéré comme enclos, quand il est entouré de murs, ou lorsqu'il est exactement fermé et entouré de palissades, ou de treillages, ou d'une haie ou d'un fossé. — L. 6 oct. 1791, sect. 4, art. 4; Proudhon, *Traité du domaine de propriété*, n° 529.

654. — Au contraire, le légataire ne pourrait, sans une nouvelle disposition, prétendre aux acquisitions que le testateur n'aurait pas unies ou incorporées à la chose léguée. Ces acquisitions, fussent-elles contiguës, ne sont pas censées faire partie du legs. — C. civ., art. 1019, § 1er.

655. — Ainsi, il n'y aurait pas lieu, comme sous l'ancienne jurisprudence, d'attribuer au légataire d'une métairie une pièce de terre acquise depuis la confection du testament, à moins qu'elle n'eût été incorporée à la métairie par la destruction des clôtures qui l'en séparaient, et jointe à des terrains clos, de manière à en augmenter l'enceinte. — Toullier, t. 5, n° 535; V. cependant Pothier, n° 265, et note de M. Bugnet.

656. — Pour que le légataire profite de l'augmentation résultant des acquisitions nouvelles, la loi se contente du fait de la clôture, sans exiger en outre que l'enclos ait été légué comme tel. Mais cette présomption de l'intention du testateur peut céder devant d'autres présomptions contraires. — Proudhon, *loc. cit.*, n° 530.

657. — Au surplus, la disposition contenue dans le § 1er de l'art. 1019 s'appliquerait également au cas où ce serait l'usufruit qui aurait été légué, le mot *propriété* ne se trouvant ici employé que dans un sens purement énonciatif, et nullement restrictif. — Duranton, n° 265.

658. — Jugé toutefois que le legs de l'usufruit des biens possédés par le testateur dans une commune, a pu être déclaré comprendre des immeubles acquis par celui-ci dans cette commune depuis la confection du testament, sans que l'arrêt, qui le décide ainsi en se fondant sur les termes de la disposition, sur le sens que lui ont donné les parties, et sur les autres faits et circonstances de la cause, soit sujet à censure. — *Cass.*, 22 janv. 1839 (t. 1er 1839, p. 82), Lascoups c. Paulhicie.

659. — Lorsqu'après avoir légué un simple emplacement, *area*, le testateur élève ensuite des constructions sur ce terrain, le légataire doit-il profiter des constructions? Ou bien le fait de ces constructions n'emporte-il pas plutôt révocation du legs? — Les jurisconsultes romains étaient divisés à cet égard. — L. 39, ff., *De leg.*, 2°; 44, ff., *De leg.*, 1°; 98, § *ult.*, ff., *De solut.*, 75, § 2, ff., *De leg.*, 2°. — Mais

il nous semble qu'à moins de circonstances particulières dans la cause, le fait des constructions n'implique point révocation du legs. Le testateur, en effet, pouvait aisément révoquer autrement le legs; s'il ne l'a pas fait, c'est qu'il a voulu maintenir la disposition avec l'accroissement de valeur provenant des constructions.

660. — Le légataire est tenu de souffrir les détériorations survenues du vivant du testateur. — Quant à celles survenues depuis le décès, et avant la délivrance, elles seraient à la charge des héritiers ou autres personnes chargées de l'acquittement des legs, si elles étaient dues à leur faute ou à leur négligence, ou si elles étaient arrivées après leur mise en demeure, à moins que, dans ce dernier cas, les dégradations n'eussent également eu lieu lors même que la chose léguée aurait été livrée au légataire. — C. civ., art. 1018, 1136; L. 24, § 3 et 4, ff., *De leg.*, 1°; Pothier, n° 265; Grenier, t. 1er, n° 316; Toullier, t. 5, n° 536; Malleville, sur l'article 1018.

661. — La perte totale de la chose léguée entraîne la caducité du legs, C. civ., 1042. — V. RÉVOCATION ET CADUCITÉ DES TESTAMENS. — Duranton, n° 492. — Quant à la perte partielle, elle donne lieu à plusieurs questions qui soulevaient des difficultés sous les lois romaines (V. Ricard, part. 3me, nos 357 et suiv.), mais qui doivent être résolues aujourd'hui d'après les principes du Code civil.

662. — Ainsi, dans le cas où un troupeau ayant été légué, le nombre des bêtes aurait été réduit, du vivant du testateur, à une ou deux, le légataire aurait-il droit à celles qui restent? Sous le droit romain, on était divisé sur la solution à donner à cette question (*Instit.*, § 18, *De leg.*, et sur ce §, Étienne, t. 1er, p. 449). Aujourd'hui, elle devrait être résolue affirmativement; car il y a lieu de croire que le testateur en léguant un troupeau a entendu léguer chacune des bêtes qui le composaient. — Delvincourt, t. 2, p. 371, notes.

663. — De même, si une maison léguée s'écroule ou est brûlée pendant la vie du testateur, le légataire peut réclamer les matériaux et tout ce qui reste de l'édifice. — Grenier, t. 1er, n° 322.

664. — Delvincourt (*loc. cit.*, p. 367) pense même que si la maison est brûlée, 1° le terrain est dû au légataire; le legs d'une maison comprend, en effet, le legs du terrain; c'est même le terrain qui est le principal, et ce n'est que l'accessoire qui a péri; — 2° la nouvelle maison, même bâtie sur l'emplacement de l'ancienne, appartiendrait également au légataire.

665. — Au surplus, la plupart des solutions qui précèdent ne sont qu'interprétatives de la volonté du défunt; la grande règle, en effet, à suivre en matière de legs, c'est que, quelle que soit d'ailleurs la nature de ces legs, il faut, avant tout, rechercher l'intention du testateur. — V. *suprà* nos 62 et suiv. — Cette règle est surtout applicable lorsqu'il s'agit de fixer l'étendue du legs particulier. Aux exemples d'application qu'en donnent le Code civil et la jurisprudence, l'on peut en ajouter d'autres fournis par la doctrine.

666. — Ainsi, c'est se conformer à l'intention probable du testateur que de décider qu'un legs général de toutes les choses d'une certaine matière renferme celles qui ne sont pas entièrement de cette matière, et dans lesquelles il entre quelque autre matière comme accessoire. — Par exemple, si quelqu'un avait légué *ses boîtes d'écaille*, le legs comprendrait celles qui auraient des charnières ou des clous d'or ou d'argent. — L. 100, § fin., ff., *De leg.*, 3°; Pothier, n° 369.

667. — Il faut encore décider que si le testateur, qui, en faisant un legs général des choses d'une certaine espèce, exprime qu'il les lègue avec certaine chose qui en est accessoire, le legs renferme tant celles qui ont cet accessoire que celles qui ne l'ont pas. — Pothier, nos 371 et suiv.

668. — .....Qu'un legs général ne renferme point les choses de ce genre qui n'appartenaient point au testateur, ni les choses comprises dans ce genre, qui ont été léguées en particulier à d'autres personnes. — L. 24, ff., *De instuct. vel instrum.*; 22, ff., *De trit. vin. leg.*; Pothier, nos 375 et 377.

669. — .....Que ces termes, *une telle chose*, signifiant cette chose entière, ils signifient aussi la pleine propriété de cette chose. — L. 62 et 65, § 6, ff., *De leg.*, 3°; Pothier, n° 384.

670. — .....Qu'à défaut de circonstances propres à faire connaître la plus ou moins grande quantité de ce qui a été légué, on doit ne faire entrer dans le legs que la moins grande: *Semper in obscuris quod minimum est sequimur*. — L. 9, ff., *De reg. jur.*; Duranton, nos 368 et suiv.

671. — Le testateur qui donne à sa femme sa portion dans tous les meubles, effets, etc., dépendans de leur communauté, est censé comprendre dans cette portion le montant d'un prélèvement qu'il a à faire pour remboursement de propres aliénés. — *Rennes*, 24 août 1812, Porcher.

672. — Une disposition exprimée au futur se réfère au temps de la mort du testateur; par suite, un legs fait par un testateur à sa femme de tous les bijoux et joyaux qui *seront* à l'usage de cette dernière, renferme tous ceux qui se trouvent à son usage lors de la mort du *de cujus*. — L. 34, § 1er et seq., ff., *De aur. leg.*; Pothier, no 396.

673. — Une disposition qui, dans ses termes, n'exprime ni temps présent, ni temps passé, ni temps futur, se rapporte ordinairement au temps de la confection du testament: par exemple, si on a légué à quelqu'un son argenterie; le legs ne comprend que celle qu'avait le testateur lors de la confection du testament.—L. 7, ff., *De aur. leg.*; Pothier, no 398.

674. — Une disposition conçue au présent ou au passé ne s'étend pas à ce qui survient depuis; par conséquent, si quelqu'un avait légué à Pierre ce que celui-ci lui doit, ce legs ne s'étendrait pas aux nouvelles dettes que Pierre aurait contractées depuis le testament envers le testateur. — L. 28, § 2, ff., *De lib. leg.*; Pothier, nos 390 et suiv. — Toutefois, cette décision n'est point absolue: ainsi, par exemple, elle souffre exemption à l'égard des legs de choses qui seraient de nature à se subroger les unes aux autres. — L. 19, ff., *De instruct. vel instrum. leg.*; 28, *Quandò dies leg. vel fideic. cedat*; Pothier, no 392.

675. — La répétition du même legs en faveur de la même personne ne donne pas, en règle générale, au légataire le droit de réclamer le legs autant de fois qu'il est écrit, alors qu'il s'agit de corps certains et déterminés. — Il y a plus de difficulté lorsque c'est un legs de quantité ou de somme d'argent. Il faut alors s'en référer aux autres clauses du testament, et à toutes les circonstances qui peuvent faire connaître l'intention du testateur.—L. 34, § 5 et seq., ff., *De leg.*, 1o, et 12, ff., *De probat.* — C'est là une question d'interprétation abandonnée au pouvoir discrétionnaire des tribunaux.

676. — Ainsi jugé que deux legs de sommes d'argent, quoique faits dans deux testamens différens à la même personne, peuvent être exigés cumulativement, surtout lorsque les sommes léguées dans les deux testamens ne sont pas identiques. — *Grenoble*, 22 juin 1827, Joubert c. Roux-la-Mazelière.

677. —...Que la mère d'un enfant naturel à qui un legs a été fait sans qu'aucune condition ou option lui ait été imposée par le testateur, peut cumuler ce legs avec ses droits légaux dans la succession. — *Bordeaux*, 24 avr. 1834, Boutet.

678. — Lorsqu'il a été légué une somme en capital pour l'érection d'une maison hospitalière, ainsi qu'une rente annuelle pour l'entretien de diverses prestations en denrées, un arrêt a pu décider, par interprétation de la volonté du testateur, que la rente annuelle serait acquittée du jour de la demande, encore que la maison hospitalière dont elle avait l'entretien pour objet ne fût point encore bâtie. — *Cass.*, 5 déc. 1831, Bréchard c. commune d'Acham.

679.—D'après l'ancienne jurisprudence du parlement de Bordeaux, l'usufruit légué par un mari à sa femme n'était réductible à de simples alimens qu'autant que, dans la pensée du testateur, manifestée par les termes du testament, le legs avait été subordonné à l'obligation pour la femme de rester en viduité. — *Cass.*, 19 août 1828, Vivié c. Gay.

680. — Lorsqu'un testateur, en léguant une somme de... à des enfans mineurs impose au père ou à la mère des légataires l'obligation de leur servir l'intérêt de cette somme jusqu'à leur majorité, les tribunaux peuvent, sans excès de pouvoir, décider que le testateur a entendu qu'il serait fait placement du legs, avec garantie de conservation. — *Cass.*, 30 avr. 1833, Bonnet c. Playe.

681.—Il a été aussi jugé que lorsqu'une femme, donataire en usufruit des biens de son mari décédé, contracte un nouveau mariage, avec donation réciproque entre les époux, de l'usufruit de tous les biens du prémourant, lorsque plus tard, et par testament, elle institue son mari héritier universel, et dispose que les biens dont son premier mari lui avait donné la jouissance *retourneront, comme il est juste*, à la famille de ce dernier; cette clause ne fixant point l'époque du retour laisse subsister la disposition du contrat de mariage par laquelle le second mari est donataire de l'usufruit, et qu'en conséquence les héritiers du premier mari ne reprendront les biens qu'à la mort de ce dernier, et non à celle de la testatrice. — *Bordeaux*, 16 déc. 1846, Descorps c. Baudin.

682. — Quant aux droits des légataires entre eux, il résulte de tout ce qu'on a vu : 1o que les légataires particuliers, en concours avec un légataire universel, sont payés de préférence à ce dernier (C. civ., art. 1009); — 2o que, s'il y a un légataire universel en concours avec un légataire à titre universel et des légataires particuliers, ceux-ci sont payés par les deux autres, qui doivent contribuer proportionnellement (C. civ., art. 1012); — 3o qu'enfin, en cas de concours d'héritiers légitimes avec des légataires à titre universel, sans épuisement de la quotité disponible, ils sont tenus d'acquitter les legs particuliers par contribution au marc le franc (C. civ., art. 1013), si toutefois le testateur n'a pas manifesté d'intention contraire.

683. — A quoi il faut ajouter qu'il peut y avoir lieu de réduire les legs particuliers pour le complément de la réserve. — Pour ce qui concerne le mode de réduction, et les questions qui s'y rattachent, V. QUOTITÉ DISPONIBLE.

684. — Si, abstraction faite de toute réserve légale, les biens laissés par le testateur étaient insuffisans pour acquitter tous les legs particuliers, les légataires devraient alors supporter encore une réduction, laquelle serait faite au marc le franc, le testateur étant présumé avoir voulu l'égalité entre eux. — Merlin, *Rép.*, vo *Légataire*, § 6, no 24; Toullier, t. 5, no 558; Delvincourt, t. 2, notes, p. 350.

685. — Jugé, en ce sens, qu'un legs, même d'une pension alimentaire, ne peut être acquitté de préférence à un autre, qu'autant que le testateur s'en est formellement expliqué. Des présomptions ne sauraient donc à cet égard suppléer à une déclaration expresse. — *Caen*, 6 janv. 1845 (t. 1er 1845, p. 608), Ceffray.

686. — Toutefois, il en serait autrement s'il résultait de la volonté, soit expresse, soit présumée, du testateur, qu'il dût y avoir une préférence entre les légataires. — Ainsi le légataire à qui le testateur aurait donné par forme de restitution, pourrait être payé avant les autres, un legs de cette nature étant moins une libéralité que l'acquittement d'une dette. — Merlin, Toullier, Delvincourt, *loc. cit.*

687. — Mais les termes d'un testament par lesquels le testateur dispose d'une somme d'argent à prendre sur le plus clair et le plus net des biens qu'il laissera à son décès, n'expriment pas suffisamment sa volonté que ce legs soit acquitté de préférence aux autres, surtout si l'on rapproche ces expressions d'une clause relative à un autre legs où la préférence est indiquée de la manière la plus formelle. — *Paris*, 25 fév. 1836, Derieux c. Maillé et Lubersac.

688. — Il est aussi à remarquer que l'ordre suivant lequel les noms des légataires sont écrits dans le testament n'indique aucun motif de préférence. — L. 6, ff., *De solut.*; Toullier, *loc. cit.*

689. — Lorsque la totalité de la fortune d'un testateur se trouve épuisée par différens legs particuliers, les tribunaux peuvent prononcer d'office, et sans qu'il ait été pris à cet égard de conclusions par les parties, la caducité des legs de sommes d'argent pour cause d'insuffisance des deniers héréditaires, alors d'ailleurs que cette insuffisance est reconnue par toutes les parties — *Cass.*, 10 août 1842 (t. 2 1842, p. 591), Duboys.

Sect. 5e. — *Modalités des legs.*

690. — Les legs peuvent être, selon la volonté du testateur, affectés de diverses modalités qui influent sur leurs effets. — Les principales de ces modalités consistent dans les suivantes :

§ 1er. — *Legs pur et simple, et legs à terme ou conditionnel.*

691. — *Legs pur et simple.* — Un legs est fait purement et simplement quand son effet n'est subordonné à aucune condition, et que son exécution n'est retardée par aucun terme. — L. 5, § 1er, ff., *Quandò dies legati*, etc. — Quelquefois, au reste, suivant la remarque de M. Duranton, t. 9, no 277, l'on regarde aussi le legs à terme comme fait purement et simplement, mais par opposition alors au legs conditionnel, dont il diffère essentiellement, en ce qui concerne sa transmissibilité aux héritiers du légataire qui a survécu au testateur.

692. — Il appartient aux juges du fond d'apprécier souverainement et sans qu'il puisse en résulter une ouverture à cassation, si, d'après l'ensemble des dispositions d'un testament, un legs doit être déclaré pur et simple ou conditionnel, bien que la condition n'y soit pas littéralement exprimée. — *Cass.*, 21 avril 1834, Gilas c. Châteauneuf.

693. — Un legs fait par un père à l'un de ses enfans pour lui tenir lieu de légitime, sous la condition qu'il s'en contentera et ne prétendra pas à une part héréditaire dans sa succession, est réputé pur et simple. — *Agen*, 1er mars 1809, Bourderer c. Lamelongue.

694. — Tout legs pur et simple est acquis de plein droit au légataire dès le moment du décès du testateur, sauf, bien entendu, l'application des règles qui concernent la délivrance. — V. *suprà*.

695. — Le légataire a donc un droit acquis au legs, à partir du décès du disposant, pourvu d'ailleurs, comme on l'a vu vo DISPOSITION A TITRE GRATUIT, nos 352 et suiv., qu'il soit capable à cette époque, et ce droit est transmissible à ses héritiers : *In legato purè relicto*, dit la loi romaine précitée, *dies cedit à morte testatoris*. ...... Lors même que le légataire serait mort sans l'avoir accepté, sans même avoir connu le legs. — Duranton, *ibid.*

696. — *Legs à terme.* — Le legs est fait à terme lorsque son effet ne doit se réaliser qu'à partir d'une époque déterminée.

697. — Lorsque le terme est certain, la transmissibilité du legs au profit du légataire est la même que dans le cas du legs pur et simple. — Pothier, no 234; Duranton, no 279.

698. — Mais il n'en est pas de même de l'exigibilité du legs; le légataire ne peut en demander la délivrance qu'à l'échéance du terme: alors seulement a lieu le *dies venit*. — Duranton, *ibid.*

699. — Lorsque c'est un legs universel qui a été fait avec terme, le légataire ne peut jouir des fruits avant l'échéance du jour fixé; sauf volonté contraire déclarée par le disposant. — M. Duranton (no 280) étend même cette décision au cas où il n'y aurait pas d'héritiers à réserve, tout en reconnaissant d'ailleurs que l'apposition d'un terme n'empêcherait point, dans l'hypothèse, le légataire d'être saisi conformément à l'art. 1006.

700. — Par application du principe général, posé en l'art. 1187 C. civ., le terme, en matière de legs, doit être présumé avoir été apposé en faveur de l'héritier. Cependant, comme le décide la loi 17, ff., *De reg. jur.*, la volonté du testateur pourrait avoir été de l'apposer dans l'intérêt du légataire; alors celui-ci pourrait y renoncer et demander le paiement du legs avant le jour fixé. — Duranton, *loc. cit.*

701. — *Legs conditionnel.* — Le legs est conditionnel, lorsque sa validité est subordonnée à l'accomplissement d'une condition, que cette condition dépende ou non de la volonté du légataire.

702. — On a vu, vo CONDITION, ce qu'on doit entendre par ce mot, en matière de disposition à titre gratuit, et, par conséquent, de legs, quelles conditions peuvent ou non être apposées aux actes de libéralité, et quel est l'effet de la nullité de la condition relativement au sort de la disposition principale. — Aux décisions que nous avons citées à cet égard, nous ajouterons les suivantes :

703. — Le legs d'une somme d'argent payable à l'époque de l'établissement du légataire, constitue un legs conditionnel, et doit s'entendre du mariage de l'institué. — *Montpellier*, 13 déc. 1834, Dalbis c. Pascal.

704. — La condition de ne pas se remarier, imposée dans un testament par un époux à son conjoint, n'est contraire ni aux lois ni aux bonnes mœurs. — *Limoges*, 31 juillet 1839 (t. 2 1843, p. 559), Beauvit c. Laporte. — V. CONDITION, nos 166 et suiv.

705. — Lorsqu'un legs a été fait, sous la condition imposée au légataire, à peine de déchéance, d'ajouter à son nom celui du testateur, les enfans de ce légataire ont pu, sans qu'il en résulte aucune violation de loi, être déclarés habiles à demander l'autorisation d'opérer l'addition de nom, addition qui avait eu lieu de fait, du vivant de leur père. — *Cass.*, 21 août 1848 (t. 1er 1849, p. 14), Delmas et Ribes c. de Niort. — V. CONDITION, nos 213 et suiv.

706. — La condition d'embrasser l'état ecclésiastique, imposée au légataire par le testateur, doit être réputée non écrite, comme gênant la liberté de conscience. — *Grenoble*, 11 août 1847 (t. 1er 1848, p. 715), de Choin c. Emery. — V. CONDITION, nos 187 et suiv.

707. — La condition imposée à un légataire, et surtout à une femme mariée, de fixer son domicile dans un lieu déterminé, est illicite, et doit, par suite, être considérée comme non écrite. — *Poitiers*, 3 juin 1842 (t. 1er 1843, p. 102), Esmain c. Sarail. — V. CONDITION, nos 209 et suiv.

708. — La clause d'un testament fait au profit d'une femme commune en biens, par laquelle cette femme est autorisée à toucher les revenus des objets légués sur ses simples quittances et sans avoir besoin de l'autorisation de son mari, n'est contraire ni à l'ordre public ni aux droits essentiels de la puissance maritale. — *Paris*, 29 mars 1843 (t. 1er 1843, p. 487), Thinel; 5 mars 1846 (t. 1er 1846, p. 483), Chéron. — V. CONDITION, nos 241 et suiv.

709. — De même on peut imposer au legs fait à une femme mariée, qui s'est constitué en dot tous ses biens présens et à venir, la condition qu'elle jouira des biens donnés à titre de biens libres et paraphernaux. — *Aix*, 16 juillet 1846 (t. 2 1846, p. 554), Tardieu.

710. — Un testateur peut, en léguant ses biens à un enfant mineur, sous la puissance de son père, disposer que les biens seront administrés par un exécuteur testamentaire, jusqu'à la majorité du légataire. — *Rennes*, 9 févr. 1828, Dusable c. Lebouc. — V. CONDITION, nos 233 et suiv.

711. — Est nulle, comme portant atteinte à la puissance paternelle, et en conséquence à l'ordre public, la clause d'un testament qui, chargeant un tiers, en le dispensant de toute responsabilité, du placement des capitaux laissés à un mineur, et de la capitalisation des intérêts jusqu'à la majorité ou l'émancipation de ce dernier, enlève ainsi au père de ce mineur l'administration d'une partie de ses biens. — Et il en est ainsi alors même que ladite clause ne devrait avoir effet qu'après la dissolution du mariage, cette dissolution ne diminuant en aucune façon l'autorité paternelle. — *Rouen*, 29 mai 1845 (t. 1er 1848, p. 568), Broques c. Delamarre.

712. — Le testateur, en léguant la quotité disponible à ses petits-enfans mineurs, peut imposer pour condition du legs que l'administration des biens qui le composent n'appartiendra pas au père des légataires; il n'y a pas lieu de réputer cette condition non écrite comme attentatoire à la puissance paternelle. — *Nîmes*, 20 déc. 1837 (t. 2 1838, p. 343), Bonnefoi c. Mille.

713.—Lorsque, dans un testament, le testateur nomme au mineur qu'il institue son héritier un tuteur, et charge ce tuteur de la gestion des biens légués, ces dispositions ne doivent point être considérées comme indivisibles. En conséquence, si la première disposition doit être annulée et réputée non écrite comme contraire à la loi, le pouvoir d'administrer le bien légué n'en doit pas moins être maintenu à la personne désignée. — Néanmoins, dans ce cas, cet administrateur doit être soumis, pour sa gestion, aux obligations imposées par la loi au tuteur. — *Paris*, 22 fév. 1838 (t. 1er 1838, p. 388), Limousin c. Hersant.

714. — La condition *si elle n'a pas quitté mon service*, apposée à un legs fait à une domestique, doit être considérée comme impossible, et par conséquent comme non écrite, si c'est par suite de la démence furieuse du testateur que la légataire a été obligée de quitter son service. — Du moins, une telle interprétation donnée à la condition échappe, comme rentrant dans les attributions exclusives de la cour d'appel, à la censure de la cour de cassation. — *Cass.*, 24 janv. 1846 (t. 2 1846, p. 185), Dubois de Lamotte c. Hervé. — V. CONDITION, no 223.

715. — Un legs fait sous la condition que le légataire qui était commis du testateur habiterait la maison de ce dernier au moment du décès, a pu être maintenu, bien que le légataire résidât ailleurs à l'époque indiquée, et fût seulement attaché à la maison du testateur et à ses affaires commerciales, sans qu'une pareille interprétation de la part des juges du fait contienne un excès de pouvoir ni la violation d'aucune loi. — *Cass.*, 21 janv. 1835, Dezeimeris c. Courregeoles.

716. — La condition insérée dans un testament que les biens légués seront insaisissables par les créanciers du légataire antérieurs à l'institution, doit être considérée comme non écrite et nulle. — *Riom*, 23 janv. 1847 (t. 2 1847, p. 243), Subert c. Laroche. — Merlin, *Rép.*, vo *Legs*, sect. 3, § 3, no 4.

717. — Le légataire d'une pension alimentaire incessible et insaisissable ne peut transiger sur cette pension ni, par suite, renoncer au droit de préférence que lui aurait accordé le testateur. — *Caen*, 6 janv. 1845 (t. 1er 1845, p. 608), Ceffray.

718. — Doit être réputée non écrite la condition imposée purement et simplement par un testateur à son légataire, de ne pas aliéner les choses léguées avant une époque déterminée, notamment avant que ce légataire ait atteint l'âge de trente ans. — En tout cas, le légataire est non recevable à exciper de cette prohibition pour faire annuler les ventes ou hypothèques par lui consenties au mépris de la clause du testament, alors surtout que rien ne prouve que les tiers avec lesquels il a contracté aient eu connaissance de cette clause. — *Douai*, 29 déc. 1847 (t. 2 1848, p. 15), Thelu et Thuillier c. Pétain. — V. CONDITION, nos 204 et suiv.

719. — Un legs conditionnel n'est pas un fidéicommis; il n'est donc pas défendu par le Code civil. — *Grenoble*, 14 mars 1808, Chabrière de Laroche c. Payen-Lagarde.

720. — Quelquefois il y a incertitude sur la question de savoir si un legs n'est simplement que conditionnel ou s'il renferme une substitution prohibée. — V. à cet égard SUBSTITUTION.

721. — Un legs conditionnel ne peut dégénérer en une substitution prohibée, parce que le temps qui y est apposé est plus ou moins long. — *Paris*, 23 juin 1825, Souchet c. Renand.

722. — La clause par laquelle un testateur déclare, en pleine volonté, et dans le but de mettre ses dispositions à l'abri de toute critique, que si l'un de ses légataires vient à contester quelqu'une d'entre elles, son legs deviendra nul et de nul effet, est licite et doit recevoir son exécution, alors même que la contestation soulevée par le légataire aurait porté sur le point de savoir si le testament était l'œuvre de la volonté libre du testateur. — *Amiens*, 17 décembre 1846 (t. 2 1847, p. 96), Duquesnel c. Mounier et Lecacheux. — V. CONDITION, nos 225 et suiv., 245 et suiv.

723. — De même, il n'y a rien de contraire à la loi, à l'ordre public ni aux bonnes mœurs, dans la clause pénale par laquelle le testateur, en cas de contestations sur l'exécution de son testament, institue un légataire universel. — *Amiens*, 13 août 1846 [*sous Cass.*, 5 juillet 1847 (t. 2 1847, p. 332)], Florin.

724.—...Ou bien attribue aux non-contestans la quotité disponible.—*Cass.*, 7 avril 1847 (t. 1er 1847, p. 466), Bouvard c. Frot.

725. — Si, dans un intérêt de moralité et de sécurité publique, une telle clause pénale doit être déclarée inapplicable à une contestation qui aurait pour fondement une cause légitime, on doit entendre par cause légitime celle prise en dehors de la volonté du testateur, comme l'erreur, la tromperie, la fraude, qui auraient vicié cette volonté; mais il en doit être autrement lorsque l'héritier, bien que respectant la volonté du testateur dans son principe, la méconnaît, tout en protestant de sa bonne foi, dans ses effets ou dans l'un de ses effets. — *Amiens*, 13 août 1846 [*sous Cass.*, 5 juillet 1847 (t. 2 1847, p. 332)], Florin.

726. — En tout cas, l'arrêt qui, par interprétation de la volonté du testateur, ainsi que des faits, actes et circonstances de la cause, décide qu'une contestation élevée, non sur l'existence du legs, mais sur son étendue, a fait encourir la clause pénale, ne contient la violation d'aucune loi. — Même arrêt.

727. — Un legs fait pour le cas où le légataire serait dans le besoin est exigible en totalité, dès que ce besoin est prouvé, et non partiellement au fur et à mesure des besoins divers. — Ce besoin peut être réputé suffisamment constaté par la représentation d'un commandement dirigé contre le légataire pour cause d'engagemens contractés par lui. — *Agen*, 7 juin 1806, Claire Fontaine c. Carbonneau et d'Auxion.

728. — La caducité du legs peut résulter, soit de l'inaccomplissement de la condition, si le legs est fait sous une condition suspensive, soit de l'accomplissement même de la condition, si ce même legs est fait sous une condition résolutoire. — V. à cet égard, RÉVOCATION ET CADUCITÉ DES TESTAMENS. — V. aussi CONDITION, nos 257 et suiv.

§ 2. — *Legs avec charge.*

729. — Un legs est fait sous une charge, lorsque le testateur a prescrit au légataire de donner quelque chose à un tiers, ou de faire quelque chose (L. 17, § 4, ff., *De condit. et demonstr.* — Ricard (*Des disposit. condit.*, no 5), en raison de la *charge* que renferment ces sortes de dispositions testamentaires, les appelle *onéreuses*.

730. — Le legs d'une somme d'argent, à la charge par le légataire de l'employer au profit d'une maison d'éducation privée, rend ce légataire réellement propriétaire de la somme léguée, et est dès lors valable. — *Orléans*, 19 avril 1844 (t. 1er 1844, p. 626), Durand c. de Montblanc.

731. — Le legs fait sous une charge diffère du legs conditionnel, en ce que dans le legs fait avec charge, l'effet de la disposition n'est nullement suspendu, comme dans le legs conditionnel, et que le légataire peut demander de suite la délivrance de son legs. — Duranton, no 314.

732. — Un legs doit au reste être considéré comme fait avec charge, et non comme affecté d'une condition, bien que, pour exprimer cette charge, le testateur, en léguant sa maison, ait dit *à condition* que le légataire fera telle chose au profit d'un tiers.

733. — Ainsi est valable la condition apposée à un legs de souscrire une obligation au profit d'une personne déterminée. — *Riom*, 1er mars 1830, Courbon c. Faure.

734. — Il ne faut pas confondre la *charge* avec le *mode* de legs exprimé dans l'intérêt du légataire seulement. Par exemple, une somme est léguée à Paul pour l'aider à reconstruire sa maison incendiée ou pour acheter des livres. Paul ne sera point tenu de se conformer à cette destination. Mais il en serait autrement, si un tiers avait intérêt à la destination de la somme léguée, par exemple si elle avait été léguée pour faire apprendre un métier à ce tiers. — L. 71, ff., *De condit. et demonst.*; Duranton, nos 333 et 334.

735. — L'héritier du sang, même non-réservataire, a qualité pour demander contre le légataire universel l'exécution des charges imposées par le testament lorsque ces charges intéressent l'honneur ou la mémoire du défunt, comme un monument à élever sur son tombeau, ou la publication de dessins archéologiques laissés par lui. — Il en serait autrement des charges de cette nature que le défunt aurait imposées à son héritier légitime: à l'égard de celui-ci, nul n'aurait qualité pour le contraindre. — *Grenoble*, 16 mai 1842 (t. 1er 1845, p. 161), Cotton c. Chapel.

736. — Lorsque la charge dont est affecté le legs consiste dans l'obligation imposée au légataire de procurer un avantage à un tiers, par exemple de lui payer telle somme, elle constitue un legs véritable, quoique indirect, au profit de ce tiers. — Duranton, no 320.

737. — Jugé que, pour la constitution d'un legs particulier, la loi n'exige pas une disposition directe, mais que cette constitution peut résulter de la seule obligation imposée à un légataire à titre universel de payer une somme ou de livrer une chose, comme *je le charge de livrer ou de payer*. — *Colmar*, 10 mars 1832 (*sous Cass.*, 27 oct. 1833), Lapp c. Brumpter. — V. *suprà* no 271.

738. — Si, par quelque cause que ce soit, le tiers ne recueille point le bénéfice de la charge, ce sera au légataire qui en était tenu que profitera cette caducité: *Quem sequuntur incommoda, eumdem debent sequi commoda.* — L. 17, ff., *De legat.*, 2o, et L. unic., § 7, *Cod.*, *De cad. toll.*; Ricard, *Des donat.*, part. 2e, no 504, et *Des disposit. condit.*, nos 144 et suiv.; Duranton, no 317.

739. — Si au contraire c'est le legs principal qui devient caduc, la charge dont il était grevé devra être acquittée par celui qui profitera de la caducité de ce legs principal. — Duranton, *loc. cit.*

740.—Comme le tiers au profit de qui la charge est stipulée tient son droit du testateur, il importe peu qu'il soit incapable de recevoir du légataire; il lui suffit d'être capable à l'égard du testateur. — Duranton, no 318.

741. — Le tiers qui survit au testateur transmet son droit à ses propres héritiers; mais si la charge mise à son profit l'a été sous condition, il faut de plus que la condition se soit réalisée de son vivant. — Duranton, no 320.

742. — Le refus du légataire d'exécuter la charge ne donnerait pas au tiers le droit de demander la révocation du legs, mais l'autoriserait seulement à en demander la délivrance à son profit jusqu'à concurrence de ce qui serait nécessaire pour l'exécution de la charge. — Duranton, no 322.

742. — Celui qui, après avoir accepté l'institution testamentaire qui lui a été faite, à la charge d'employer une somme fixée par le testament à faire étudier les mineurs dont le testateur le déclare tuteur, loin d'accomplir cette obligation, ne met les mineurs en état de faire ni même d'entreprendre aucune espèce d'études, et les occupe à des travaux forcés de son ménage, autant que leurs forces peuvent le comporter, est tenu envers ces mineurs non-seulement des intérêts de la somme léguée pour leurs études, mais, de plus, à une indemnité proportionnée au dommage qu'a pu leur faire éprouver le défaut d'éducation qu'il a été dans l'intention du testateur de leur procurer. — *Cass.*, 23 avr. 1847, Salicis.

744. — Dans cette espèce, le tuteur ne peut d'ailleurs être déchargé de l'obligation de payer des dommages-intérêts, sous prétexte qu'il aurait agi sans dessein de nuire, et en se méprenant sur la véritable intention du testateur. Il y a de sa part ignorance de la loi et des devoirs qu'elle impose, et cette ignorance ne saurait être excusée. — Même arrêt.

745. — L'obligation imposée à un père de déléguer à son fils mineur une somme dans un legs qui lui est fait à lui-même est une charge, non de la tutelle, mais du legs, et n'est garantie par aucune hypothèque légale. — *Douai*, 4 mai 1846 (t. 2 1846, p. 724), Panthou et Duquesne c. de Montmaux.

746. — Si la charge avait été mise en faveur de la personne qui devait acquitter le legs, celle-ci, sur le refus du légataire d'exécuter la clause, pourrait, par application des articles 1046 et 954 du Code civil, demander la révocation ; l'héritier, si le légataire avait déjà accepté le legs, aurait même le choix ou de poursuivre cette révocation, ou d'exiger l'exécution de la charge. — L. 70, § 1er, ff., *De leg.*, 2° ; L. 22 pr., ff., *De fideic. libert.* ; Duranton, *loc. cit.*

747. — Si deux legs ont été faits à la même personne, l'un avec charge, l'autre sans charge, le légataire doit les accepter ou les répudier tous les deux (L. 5 pr., § 1er, ff., *De leg.*, 2° ; Voët, *ad Pandect.*, tit. *De legatis*, n° 37), à moins qu'il n'apparaisse que le testateur a voulu faire les deux legs sans relation de l'un à l'autre ; ce qui se présumerait, s'ils se trouvaient dans des actes différents. — Duranton, n° 323.

748. — Lorsque le légataire avec charge ne reçoit pas tout le legs, la charge, si elle se réfère à un objet divisible, doit aussi être réduite proportionnellement d'après la volonté présumée du testateur (L. 44, § 9, ff., *De condit. et dem.*). — Spécialement, si le legs était réduit pour fournir les réserves, la charge, comme legs accessoire, devrait subir une réduction corrélative. — Ricard, *Disp. condit.*, n° 126 ; L. 32, § 4, ff., *ad leg. Falcid.*

749. — La charge cesserait d'être due, si le légataire était évincé de l'objet du legs ; elle serait reductible, si l'éviction n'avait eu lieu que pour partie, et, dans les deux cas, le légataire pourrait répéter les déboursés contre le tiers, par l'action *condictio sine causa*. — Duranton, n° 324.

750. — La perte totale ou partielle de la chose léguée, même par cas fortuit, *depuis* la mort du testateur, est sans influence sur le droit du tiers ; il n'y a lieu, dans ce cas, ni à la répétition de ce qui aurait été payé en exécution de la charge, ni à une diminution. — Duranton, n° 325.

751. — S'il y a deux colégataires à qui une charge divisible ait été imposée, chacun doit l'accomplir pour sa part. — Duranton, n° 326. — Mais un seul légataire ne pourrait, en remplissant une partie de la charge, demander la délivrance du legs pour partie. — L. 56, ff., *De condit. et demonstr.* ; Duranton, n° 327.

752. — Nul doute aussi que si la charge imposée au légataire était contraire aux lois et aux bonnes mœurs, elle devrait être réputée non écrite, comme le serait aux termes de l'art. 900 C. civ., la condition elle-même. — V. CONDITION, n°s 101 et suiv.

753. — La charge devrait également être considérée comme non avenue, s'il ne dépendait pas du légataire d'en réaliser l'acquittement (L. 37, ff., *De condit. et dem.*, et 92, § 1er, ff., *De leg.*, 1° ; 1, *Cod. De his quæ sub modo*) ; mais il en serait autrement si l'impossibilité d'exécuter la charge était seulement relative à la personne du légataire, qui n'aurait pas les moyens de faire la chose prescrite (L. 4, § 1, ff., *De statu lib.*), à moins toutefois qu'il ne s'agisse du cas où cette impuissance serait absolue ; comme, par exemple, si un legs avait été fait à une personne sous la charge d'épouser la nièce du testateur, et qu'au moment de la mort de celui-ci, le légataire, qui ignorait la disposition, se trouvât engagé dans les ordres sacrés ; dans ce cas, la charge, bien que l'impossibilité d'exécution se réfère seulement à la personne du légataire, devrait être encore réputée non avenue. — Duranton, n°s 331 et suiv.

754. — Le légataire sous charge doit, avant d'obtenir la délivrance, fournir caution pour sûreté de l'accomplissement de la volonté du défunt, à moins qu'il ne résulte des circonstances et des termes du testament, que le testateur a entendu le dispenser de cette caution. — Duranton, n° 334.

§ 3. — *Legs fait avec démonstration ou assignat.*

755. — *Legs avec démonstration.* — Le but de la démonstration dans les legs est de mieux faire connaître, de mieux désigner soit la personne à qui on lègue, soit la chose léguée.

756. — A cet égard, la règle à suivre est que *falsa demonstratio legatum non perimit* (*Instit. Just.*, § 30, *De leg.*) ; une seule chose importe, c'est que l'intention du testateur soit suffisamment manifestée ; sous cette condition le legs sera valable : 1° nonobstant la fausse indication des noms, prénoms, qualités, professions, lieu de naissance ou domicile du légataire (L. 4, *Cod. De test.* ; L. 48, § 3, ff., *De condit. et dem.*). — 2° Nonobstant la fausse énonciation de ses rapports de parenté, d'alliance ou de confraternité avec le disposant (L. 33, ff., *eod. tit.*, et L. 58, § 1er, ff., *De hæred. instit.*). — 3° Quand même le légataire n'aura été désigné, à défaut de son nom, que par les rapports qui l'unissaient au défunt, ou par sa profession, ou enfin par telle ou telle circonstance : *Non demonstratio plerumque vice nominis fungitur* (L. 4, ff., *De condit. et demonstr.*). — Pothier, *Donat. testam.*, n°s 76 et 77.

757. — Toutefois, bien qu'en général l'erreur sur la qualité du légataire ne vicie pas le legs, il en serait autrement s'il était prouvé, en fait, que c'est en considération de cette qualité, crue vraie par le testateur, que le legs a été fait. — Duranton, n° 381.

758. — La règle *Falsa demonstratio legatum non perimit*, s'applique également à la chose léguée. — A moins que la fausseté de la démonstration ne tombe sur la substance même du legs. — Furgole, ch. 7, sect. 3 ; Ricard, part. 3e, n°s 329 et suiv.

759. — Dès lors est valable, du moment que l'on peut reconnaître l'objet légué, 1° le legs d'un fonds sous un autre nom que celui qu'il a (L. 4, ff., *De leg.*, 1° ; L. 7, § 1er, *Cod. De leg.*) ; — 2° le legs d'un fonds avec de fausses indications de ses confins ou du nom de la commune où il est situé. — Pothier, *ibid.*, n° 81.

760. — Le legs fait au débiteur du titre de la créance, *lequel est de telle somme*, ne renferme qu'une fausse démonstration, si la somme est plus forte, et il doit recevoir son exécution pour la somme exprimée au titre. — *Nîmes*, 26 nov. 1824, Labrely c. Chalamel. — V. aussi Duranton, n° 354.

761. — Le legs d'un *diamant* de telle somme peut, d'après les usages locaux, être considéré comme un legs de la somme et non pas d'un diamant en nature. — *Cass.*, 3 juill. 1832, Darriule c. Huart.

762. — Si un testateur ayant légué, par exemple, sa maison, ajoute faussement qu'elle lui vient de la succession de son père, cette erreur ne nuira point à la validité du legs. — L. 17, pr., ff., *De dom. et cond.* ; 28, ff., *De reb. dub.* ; Pothier, *ibid.* — Mais il en serait autrement si le testateur possédait plusieurs maisons, dont aucune ne lui fût provenue de la succession de son père, et que le testament n'en désignât aucune spécialement. — Duranton, n° 350.

763. — Le legs serait encore nul si le testateur avait légué ce qui lui est dû par un tiers, et que ce tiers ne fût pas son débiteur ; ou s'il avait dit : *Je lègue les cent que Titius me doit* ; ou encore : *Je lègue cent que Titius me doit*, et que Titius ne lui dût rien (L. 51 et 75, § 1er et 2, ff., *De leg.*, 1°). — Dans ces divers cas, les expressions employées impliquent non plus une simple démonstration, mais bien une restriction ou détermination d'un tout autre caractère, dont le but est de marquer les termes hors desquels la volonté du testateur s'arrête, ce qui laisse la disposition sans objet. — Duranton, n° 354.

764. — Quand l'objet du legs n'est pas entièrement incertain, et qu'on ignore seulement quelle est celle de deux ou plusieurs choses que le testateur a entendu comprendre dans sa disposition, le legs est valable, et, dans ce cas, c'est au choix de l'héritier de donner au légataire celle qu'il voudra. — L. 32 et 33, § 1er, ff., *De leg.*, 2° ; Pothier, *ibid.*, n° 80.

765. — *Legs avec assignat.* — On distingue en droit les legs faits avec *assignat démonstratif* de ceux faits avec *assignat limitatif*.

766. — Le legs avec assignat démonstratif est celui qui contient la désignation de la chose qui doit servir à l'acquitter, mais sans, cependant, que le testateur ait entendu subordonner l'effet du legs à l'existence de cette chose, voulant, au contraire, indiquer seulement ce qui devait de préférence fournir de quoi le payer, *undè potiùs solveretur*. — Duranton, n° 356.

767. — Dans les cas de legs d'une rente viagère à prendre dans une rente plus forte que le testateur avait sur l'Etat, la réduction subie par cette rente ne peut pas être étendue à celle qui a été léguée. — *Paris*, 2 pluv. an XI, Leblond c. Baron.

768. — Le legs d'une certaine somme à prendre sur une rente 3 p. 0/0 due par l'Etat à un tiers, débiteur du testateur, et qui doit lui en faire la remise, n'est pas limitatif, en telle sorte que le légataire n'ait droit qu'à une portion de rente représentée par un capital nominal ; il n'est, au contraire, que démonstratif, tellement que, si la rente est insuffisante pour fournir la somme léguée, elle peut être exigée sur les autres valeurs de la succession. — *Bordeaux*, 15 juill. 1831, Dufaure de Lajarthe c. Gères.

769. — On doit également considérer comme démonstratif le legs d'une rente à prendre sur les revenus d'un domaine désigné. — *Paris*, 19 vent. an XI, de Muy c. Crequy.

770. — Le legs fait à un couvent de filles, à la charge d'un service religieux, d'une inscription de rente 5 p. 0/0, portée sur le grand-livre, sous un numéro désigné, ne doit pas être considéré comme un legs *certi corporis* ou comme le legs connu en droit romain sous le nom de *legatum nominis*, et, par suite, comme non avenu, si, au décès du testateur, ou même à l'époque du testament, l'inscription de rente déterminée n'existait pas dans ses biens et ne lui appartenait plus. — On ne doit, au contraire, voir dans cette disposition que le legs d'une valeur suffisante pour assurer l'exécution des volontés du testateur, alors surtout qu'il laisse d'autres rentes sur l'Etat, de même nature, au moyen desquelles il est facile de remplir son vœu. — *Toulouse*, 10 juill. 1837 (t. 2 1837, p. 379), Brault c. le couvent de Notre-Dame d'Albi.

771. — Le legs particulier d'une somme d'argent à prendre sur une plus forte somme due à l'auteur de la libéralité constitue simplement un assignat démonstratif. — Néanmoins, le légataire universel qui a perdu la créance sur laquelle devait être pris le montant du legs particulier, est tenu personnellement de payer la somme léguée. — La circonstance du paiement de l'intérêt de cette somme au légataire particulier, par celui qui en est le débiteur direct, ne produit point une véritable novation capable d'opérer la libération du légataire universel. — *Metz*, 5 fév. 1822, Rocher c. Boulanger.

772. — Jugé cependant que, dans le cas de legs d'une rente viagère à prendre dans une créance due par un tiers, l'insolvabilité du débiteur de la créance est une cause de caducité du legs. — *Cass.*, 4 vent. an XI, Dauvergne c. N...

773. — Le legs est fait avec *assignat limitatif*, lorsque la désignation de la chose destinée à l'acquitter présente un sens restrictif d'après lequel l'effet du legs doit être limité à cette chose, sans pouvoir s'étendre au delà. — L. 5, ff., *De tritico, vino et oleo legato*.

774. — Ainsi, le legs conçu en ces termes : *Je lègue à mon neveu le restant d'une créance sur un tel*, qui se monte encore à 4,000 fr., est limitatif. — *Colmar*, 31 déc. 1831, Kretz c. Schœffer.

775. — Lorsque l'assignat est limitatif, l'héritier qui a délivré les titres au légataire et lui a cédé toutes les actions nécessaires pour se faire payer, est quitte envers le légataire, qui doit se faire payer à ses frais. — Ricard, part. 3, n°s 331 et suiv. ; Merlin, *Rép.*, v° *Legs*, sect. 4, § 3, n° 8 ; Delvincourt, t. 2, notes, p. 330.

776. — Le meilleur moyen pour distinguer si l'assignat est limitatif ou démonstratif est de peser attentivement toutes les clauses du legs, et de considérer la position du testateur et du légataire ; car, le plus souvent, ce sont les circonstances qui décident ces sortes de questions. — Merlin, *Rép.*, v° *Legs*, sect. 4, § 3, n° 12.

LEGS PARTICULIER OU A TITRE PARTICULIER.

V. LEGS.

LEGS PIE, PIEUX.

1. — On appelle ainsi les legs destinés aux œuvres de piété et de charité, soit au spirituel, soit au temporel.

2. — Sous notre législation, les dispositions ayant pour objet des œuvres pies ont été généralement reçues avec faveur. — *Turin*, 30 janv. 1808, Tournon c. Garino ; *Paris*, 30 mars 1818, de Broé c. Thiesset, confirmé par *Cass.*, 14 déc. 1819. — Merlin, *Rép.*, v° *Légataire*, § 2.

3. — Jugé en conséquence que le legs dont un testateur charge son exécuteur testamentaire, sans en préciser la somme, mais avec la seule recommandation de l'employer en bonnes œuvres, ne doit pas être annulé comme fait en faveur de personnes incertaines. — *Bordeaux*, 19 août 1814, Martial c. Bouquier.

4. — Jugé cependant que, lorsqu'un testateur a ordonné à son exécuteur testamentaire de mettre une certaine somme à la disposition d'un ecclésiastique, pour qu'il en fasse emploi, selon des intentions pieuses et secrètes, ce legs pieux est nul, comme n'étant pas fait en faveur d'un légataire certain. — *Aix*, 5 juin 1809, Mérendol c. Laugier.

5. — L'autorisation préalable du gouvernement est indispensable pour l'exécution d'une disposition testamentaire par laquelle le défunt a ordonné que tous ses biens seraient vendus et que le prix en serait employé à des messes, pour le repos de son âme. — *Cass.*, 26 nov. 1828, Guimet c. Isante.

6. — Jugé, au contraire, que l'autorisation du gouvernement n'est pas nécessaire pour l'exécution d'une semblable disposition. — *Cass.*, 16 juill. 1834, Solyer c. Durand. — V. au surplus DIEU (institution), DISPOSITION A TITRE GRATUIT, nos 533 et suiv., FABRIQUES D'ÉGLISE.

LEGS RÉMUNÉRATOIRE.

1. — C'est le legs qui n'a été fait qu'en vue de récompenser les services que le légataire a rendus au testateur, ou de l'indemniser de quelque dépense qu'il aurait faite dans son intérêt. — Duranton, t. 9, no 335.

2. — Outre les principes qui régissent les legs rémunératoires comme tous les legs en général (V. LEGS), il en est d'autres qui les concernent spécialement. — V. DONATION RÉMUNÉRATOIRE.

3. — Le Code civil s'occupe des legs rémunératoires dans deux articles : 1° Dans l'art. 909, où il permet exceptionnellement de faire cette espèce de libéralité au profit des médecins et ministres du culte, malgré l'incapacité dont les frappe cette disposition. — V. DISPOSITION A TITRE GRATUIT, nos 445 et suiv. — 2° Et dans l'art. 1083, qui permet de disposer, pour sommes modiques, à titre de *récompense*, des objets compris dans une institution contractuelle. — V. DONATION PAR CONTRAT DE MARIAGE, nos 310 et suiv. ; DONATION ENTRE ÉPOUX.

4. — Un legs rémunératoire fait par un testament olographe à une personne dont le testateur a, pendant un grand nombre d'années, reçu des marques d'amitié, ne peut être annulé, par le motif que le légataire, père du médecin qui a soigné le testateur durant sa dernière maladie, pourrait être réputé personne interposée. — *Rouen*, 25 janv. 1808, Leprévost-Duval c. Manoury. — V. DONATION DÉGUISÉE.

5. — En autorisant les dispositions rémunératoires faites à titre particulier par un malade au profit du médecin qui lui a donné des soins pendant la maladie dont il meurt, l'art. 909, § 2 C. civ. a entendu parler d'une disposition à titre gratuit renfermée dans de certaines limites, et non de la reconnaissance d'une dette. — Le paiement des honoraires dus au légataire comme médecin, n'est que l'acquit d'une dette pour laquelle il a son action en justice. — *Cass.*, 13 août 1844 (t. 2 1844, p. 449), Gentex c. Laurenceau.

6. — En pareil cas, et alors que les légataires universels offrent au médecin une somme déterminée pour lui tenir lieu du legs, les juges qui reconnaissent à ce legs un caractère rémunératoire doivent, s'ils le jugent excessif, le réduire dans une juste proportion ; mais ils ne peuvent se borner à condamner les légataires universels au paiement, à titre d'honoraires, de la somme offerte par eux, sauf règlement, si le médecin croit devoir le provoquer. — Même arrêt.

7. — Le legs fait à un prêtre par la personne qu'il a assistée dans sa dernière maladie, ne peut être maintenu comme rémunératoire, si le testateur ne l'a pas formellement exprimé. — *Montpellier*, 19 mai 1813, Hébrard c. Seguret.

8. — En règle générale, la fausseté du motif exprimé ne nuit pas à la validité du legs ; par exemple, si le testateur, en me faisant un legs, a déclaré que *c'était par reconnaissance des soins que j'avais pris de ses affaires*, quoique je n'aie pris aucune part à ses affaires, le legs ne laissera pas que d'être valable. — L. 17, § 2, ff., *De condit. et demonstr.*, et *Instit. Justin.*, § 31, *De leg.*

9. — Jugé que la fausseté de la cause n'entraîne la nullité d'un legs qu'autant que la cause est finale et déterminante, et non purement impulsive. — A cet égard, les juges doivent se décider d'après les circonstances, selon qu'il en résulte, ou non, que la volonté du testateur a été de faire dépendre le legs de la vérité des faits par lui indiqués. — *Turin*, 7 juin 1809, Servetti c. Ellena ; *Liége*, 5 mars 1816, Bœsens ; *Bruxelles*, 9 janv. 1823, Vanterghen ; *Pau*, 24 janv. 1837 (t. 1er 1837, p. 545), Tastet c. Darles.

10. — Ainsi, le legs rémunératoire diffère du legs fait avec charge, en ce que, tandis que celui-ci a son motif dans le *futur*, il a, au contraire, son motif dans le *passé* ; de plus, il diffère du legs conditionnel, en ce que son effet ne dépend pas de la réalité du motif qui a poussé le testateur à léguer, au lieu que l'effet du legs conditionnel proprement dit dépend de l'événement dont le testateur a fait l'objet de la condition. — Duranton, no 335.

11. — L'héritier qui, dans l'ignorance de la fausseté du fait, aurait acquitté le legs rémunératoire, pourrait en répéter le montant par l'action *condictio indebiti*. — L. 40 ff., *De condict. indeb.* ; Duranton, no 338.

12. — Toutefois, le motif de la fausseté du fait ne pourrait être que très-difficilement opposé, dans les cas où il devrait être à peu près indifférent au testateur que le motif exprimé dans son testament fût vrai ou faux. — Duranton, no 340.

13. — D'un autre côté, si le testateur s'est servi du pronom indicatif *qui*, au lieu d'employer la conjonction *parce que*, on doit plus facilement encore décider en faveur du legs, nonobstant la fausseté du fait exprimé par le testateur. — Duranton, no 341.

14. — Lorsque le motif, exprimé ou non, du legs fait à une personne, est une chose à faire par cette personne, pour une cause finale, comme, par exemple, quand je lègue à Paul 10,000 fr. pour vouloir bien être mon exécuteur testamentaire, le legs doit être censé fait sous une condition dont l'accomplissement entraînerait la nullité. — Duranton, no 341. — V. aussi RÉVOCATION ET CADUCITÉ DES TESTAMENS.

15. — Les legs rémunératoires peuvent-ils être acquittés au préjudice de la réserve des héritiers légitimes ? — V. QUOTITÉ DISPONIBLE.

LEGS A TITRE UNIVERSEL.

V. LEGS.

LEGS UNIVERSEL.

V. LEGS.

LÉGUMES SECS (March. de).

1. — Marchands de légumes secs en gros ; patentables de 4e classe ; — droit fixe basé sur la population et droit proportionnel du 20e de la valeur locative de l'habitation et des lieux servant à l'exercice de la profession.

2. — Les marchands en détail sont patentables de 7e classe. — Même droit fixe, sauf la différence de classe, droit proportionnel du 40e de la valeur locative de tous les locaux qu'ils occupent, mais seulement dans les communes de 20,000 âmes et au-dessus. — V. PATENTE.

LÈSE-MAJESTÉ.

1. — On distinguait, dans l'ancien droit, le crime de lèse-majesté divine, qui se commettait envers la Divinité et la religion, tel que les blasphèmes, les sortiléges, les impiétés, les sacriléges, et le crime de lèse-majesté humaine, qui se commettait contre la personne ou la majesté du roi, contre la personne de ses enfans et de sa postérité, et contre l'Etat.

2. — Tous les juges, même ceux des seigneurs hauts justiciers, pouvaient connaître des crimes de lèse-majesté divine, mais les crimes de lèse-majesté humaine étaient déférés aux seuls juges royaux.

3. — Les crimes de lèse-majesté humaine comprenaient deux chefs principaux.

4. — Il y avait crime de lèse-majesté au premier chef dans la conjuration ou conspiration contre l'Etat ou la personne du prince ou des enfans de France. Il en était de même des faits qui sont aujourd'hui prévus et punis (sauf quelques exceptions) par les art. 75 et suiv., 86 et suiv., 91 et suiv. C. pén. 1810.

5. — La peine à prononcer par les cours de parlement était, pour les hommes, d'être tenaillés vifs et tirés à quatre chevaux ; pour les femmes, d'être brûlées vives, avec confiscation des biens, rasement de la maison, bannissement des descendans et anéantissement du nom pour la famille, sans prescription possible par aucun laps de temps. — Morin, *Dict. de dr. crim.*, vo *Crimes contre la chose publique*, p. 238.

6. — Etaient réputés crimes de lèse-majesté au second chef : 1° les faits punis aujourd'hui par les art. 84, 85, 86 *in fine*, 92 et 93 C. pén. ; — 2° les crimes et délits contre la paix publique, prévus et punis par les art. 209 et suiv., 139 et suiv., 145 et suiv. C. pén. ; — 3° les résistances envers l'autorité et autres faits punis par les art. 209 et suiv., 222 et suiv., 237 et suiv., 258 et suiv. C. pén. ; — 4° les faits punis par les art. 169 et suiv., 174 et suiv., 177 et suiv., 184 et suiv., 188 et suiv., et 196 et suiv. C. pén. — Morin, *ibid.*

7. — La peine à prononcer par les cours de parlement, baillis ou sénéchaux, étaient la confiscation de corps et de biens, le fouet, le bannissement. — L. 1, 2, 3, 4, ff., *ad leg. Juliam majest.* ; L. 1, *C. théod. ad leg. Cornel. de Sicariis* ; L. 9, ff., *ad leg. Cornel. de Falsis* ; Edits de nov. 1483, 1540, 1548, 1549, 1559, 1560, 1561, 1566, 1571, 1572, 1577, 1582, 1601, 1609, 1666, 1717, 1726 ; Ordonnances de 1477, 1483, juill. 1493, 1531, 1534, 1535, 1536, 1539, 1545, 1560, 1563, 1579, 1587, 1605, 1629, 1667, 1670 ; Lettres patentes du 12 mars 1563 et de sept. 1599 ; Déclarations des 27 mai 1610, 5 mai 1690, 3 mai 1692, 3 juin 1711, 5 oct. 1715, 8 fév. 1716, 14 mai et 18 juill. 1724, 23 mars 1728, 8 fév. 1731, 13 août 1737, 19 avr. 1739, et 16 avr. 1757.

8. — Le crime de lèse-majesté ne permettait pas aux parens en ligne directe ou collatérale de recueillir, dans la succession du condamné, les biens substitués dont il jouissait comme grevé, ces biens étaient déférés aux fisc et domaine du roi, sans aucune charge. — Ordonn. de Villers-Cotterets de 1531, art. 2.

9. — Dans les accusations de lèse-majesté, à la différence des autres crimes, on punissait la simple volonté, le dessein même non suivi d'effets. On punissait non-seulement les complices, mais encore ceux qui ayant eu connaissance du dessein ne l'avaient pas révélé. — V. RÉVÉLATION. — La punition ne s'arrêtait pas à la personne du coupable, elle s'étendait à ses père, frères, femme et enfans, qui étaient bannis du royaume. Le crime de lèse-majesté ne s'éteignait pas par la mort des coupables, parce qu'ils pouvaient être accusés et condamnés après leur mort, et la punition exécutée sur leur cadavre et contre leur mémoire, par la suppression et l'anéantissement de leur nom et de leurs armes ; confiscation de leurs maisons et châteaux, et coupe de leurs bois de haute futaie jusqu'à une certaine hauteur.

10. — Depuis 1789, ces crimes ont été punis d'abord par le Code pénal de 1791, par celui du 3 brumaire an IV, par celui de 1810, revisé en 1832. — V. ATTENTAT, COMPLOT, CRIMES CONTRE LA SURETÉ DE L'ÉTAT.

LÉSION.

1. — Dommage, préjudice qu'on éprouve dans quelque contrat ou par suite de quelque fait.

2. — La lésion peut être envisagée sous le rapport des *contrats* ou des faits et sous le rapport des *personnes*.

3. — La lésion, envisagée sous le rapport des contrats, est le résultat d'une erreur sur l'appréciation des choses qui font l'objet de ces contrats.

4. — En pareil cas, quoique l'équité doive régner dans les conventions, la lésion n'est pas toujours une cause qui permette de demander la rescision du contrat.

5. — La lésion rend l'action en rescision recevable : 1° Dans les partages de succession, lorsqu'un des copartageans établit, à son préjudice, une lésion de plus du quart, — C. civ., 887. — V. PARTAGE.

6. — ... Ce qui s'applique nécessairement aux partages de communauté, — C. civ., 1476. — V. COMMUNAUTÉ.

7. — ... Et aux partages entre associés, — C. civ., 1872. — V. SOCIÉTÉ.

8. — ... 2° Dans les partages d'ascendans, lorsqu'elle s'élève à plus du quart, — C. civ., 1079. — V. PARTAGE D'ASCENDANS. — V. aussi DÉMISSION DE BIENS.

9. — ... 3° Dans les ventes d'immeubles, lorsqu'il y a, pour le vendeur, un préjudice de plus des sept douzièmes, — C. civ., 1674 et suiv., 1683. — V. VENTE. — V. aussi DOT.

10. — Mais la lésion n'est plus une cause de nullité ou de rescision, 1° dans les acceptations de succession par un majeur, excepté toutefois dans le cas où la succession se trouverait absorbée ou diminuée de plus de moitié, par la découverte d'un testament inconnu au moment de l'acceptation. — C. civ., 783. — V. SUCCESSION.

11. — ... 2° Dans les échanges, — C. civ., 1706. — V. ÉCHANGE. — V. cependant DOMAINES ENGAGÉS, nos 24 et 41.

12. — ... 3° Dans les contrats réellement aléatoires, — V. CONTRAT ALÉATOIRE. — V. aussi RENTE VIAGÈRE.

13. — ... Par exemple, dans les ventes de droits successifs. — *Paris*, 12 juin 1846 (t. 2 1846, p. 99), Clermantel c. Habert.

14. — ... A moins, toutefois, qu'une pareille vente ne doive être réputée partage ou licitation, ou bien qu'elle n'ait conservé le caractère d'une vente ordinaire. — V. DROITS SUCCESSIFS, nos 22 et suiv., 59.

15. — Les ayant-droit à l'indemnité des émigrés ne pourraient obtenir d'être restitués contre des cessions faites par eux à des agens d'affaires, antérieurement ou postérieurement à la loi du 27 avril 1825, sous prétexte qu'ils seraient lésés par ces cessions. — Circ. min. fin., 5 juin 1825.

16. — ... 4° Dans les transactions. — C. civ., 2052. — V. TRANSACTION.

17. — Relativement à la lésion ou préjudice résultant de quelque fait ou encore de quelque crime ou délit, V. ACTION CIVILE, COMPÉTENCE ADMINISTRATIVE, RESPONSABILITÉ.

18. — La lésion ne doit être réparée envers celui qui l'a soufferte que par celui qui l'a commise. — *Cass.*, 4 juin 1810, Grand c. Grandmaison.

19. — La lésion considérée sous le rapport des personnes est celle qui résulte d'une sorte d'incapacité ou défaut de discernement et d'intelligence; elle a trait alors au consentement et elle le vicie.

20. — Cette lésion n'est admise qu'à l'égard de certaines personnes. — C. civ., 1118. — Ces personnes sont les mineurs (C. civ., 1305) et ceux qui leur sont assimilés.

21. — La simple lésion donne lieu à la rescision en faveur du mineur non émancipé, contre toutes sortes de conventions; et en faveur du mineur émancipé, contre toutes conventions qui excédent les bornes de sa capacité. — V. ÉMANCIPATION, MINEUR, TUTELLE.

22. — En principe, le législateur, pour protéger les intérêts du mineur non émancipé, n'a pas voulu qu'il ne pût jamais contracter seul, mais qu'il ne fût pas lésé en contractant. — *Cass.*, 18 juin 1844 (t. 2 1844, p. 607), Rovel c. Simon.

23. — Mais quelle est la lésion suffisante pour que le mineur puisse obtenir d'être restitué contre l'acte qu'il a consenti? C'est là, on le comprend, une question abandonnée à la prudence du juge. — Toullier, t. 7, n° 577. — V. RESCISION.

24. — Toutefois, quoique l'art. 1305 porte que le mineur doit être restitué pour *simple lésion*, on n'en doit pas moins décider que cette lésion doit être de quelque importance, *etenim de minimis non curat prætor*. Le juge verra à apprécier (Discussion au Conseil d'État). — Rolland de Villargues, *Rép. du not.*, v° *Rescision*, n° 84.

25. — La lésion n'est pas restituable pour cause de lésion, lorsqu'elle ne résulte que d'un événement casuel et imprévu. — C. civ., 1306.

26. — Quant aux majeurs, la règle est qu'ils ne peuvent invoquer la lésion pour faire résilier leurs engagements. — C. civ., 1313 comb. avec 1118. — La loi ne leur donne cette faculté que *dans certains contrats*; ce sont ceux qu'on a indiqués plus haut.

27. — La lésion ne se présume pas. C'est à celui qui l'invoque à la prouver. — Rolland de Villargues, *Rép. du not.*, v° *Rescision*, n° 87.

Rép. — Cette règle s'applique au mineur. — Toulouse, 13 fév. 1830, Lasserre c. Bordères.

28. — Même dans le cas de simple lésion, le mineur n'est pas présumé avoir été lésé par cela seul qu'il est mineur : *Nec enim utique qui minor est, statim et circumscriptus ac docuit* (L. 9, § 4, ff., *De jurejurando*). — Il ne peut donc obtenir d'être restitué qu'en prouvant la lésion (L. 5, *Cod. de in integ. restit. min.*). — Rolland de Villargues, v° *Rescision*, n° 83.

30. — La lésion ne se prouve pas par témoins, et, comme elle consiste en dol réel, elle ne s'établit que par l'objet du contrat. — Solon, *Théorie des nullités*, t. 1er, n° 507.

31. — Les juges peuvent, sans expertise préalable, et alors même qu'il s'agit de l'intérêt d'un mineur, prononcer le rejet d'une action en rescision pour cause de lésion, lorsque la nature et les circonstances de l'acte leur paraissent devoir écarter toute présomption de dol et de fraude. — *Cass.*, 7 déc. 1819, Bosch c. Pujarniole; *Limoges*, 15 déc. 1830, Blanc c. Dupuy. — Troplong, *Vente*, n° 831; Duvergier, *Vente*, n° 406. — *Contrà* Delvincourt, t. 3, p. 166, notes. — V. aussi *Riom*, 3 août 1840 (t. 1er 1841, p. 330), Durand c. Rebolsson.

32. — Jugé en tout cas que les juges ne sont pas, même en cette matière, obligés de suivre l'avis des experts. — *Grenoble*, 18 avr. 1831, Sarpalle c. Imbert; *Cass.*, 31 mars 1840 (t. 1er 1840, p. 555), Desbois c. Lecorgne. — V. en outre, APPEL, COMPTE DE TUTELLE, CRÉANCIER, DEMANDE NOUVELLE, EMPHYTÉOSE, ENREGISTREMENT.

LÉSION (vente).

1. — Dans le langage ordinaire, la lésion, en matière de vente, peut s'entendre du dommage que l'une des parties (vendeur ou acquéreur) souffre dans les conditions du marché.

2. — Toutefois (sauf le cas, toujours excepté, du dol ou de la fraude), la lésion n'a de conséquences *légales* qu'autant qu'elle existe contre le vendeur: lui seul, en effet, peut s'en plaindre.

3. — La lésion peut ouvrir, au profit du vendeur, l'action en rescision du contrat; mais il faut, pour cela, qu'elle soit de plus des 7/12es. Autrefois il suffisait de l'outre moitié.

4. — L'action en rescision, pour cause de lésion, existait sous l'ancien droit. Elle fut abolie par la

---

loi du 11 fruct. an III. Les auteurs, en présence des lois du 3 germ. an V, 19 flor. an VI, 2 et 24 prair. an VII, sont en désaccord sur le point de savoir si elle fut ou non rétablie par ces lois. Quoi qu'il en soit, elle fut, après une très-vive discussion, admise dans le Code civil.—V. VENTE.

5. — Le principe de cette action est *d'ordre public*: on ne peut y renoncer ni directement ni indirectement, C. civ. 1674. — Seulement l'action est soumise à une prescription particulière. C. civ., 1676. — V. au surplus, sur la rescision pour cause de lésion, sur l'action et ses effets, v° VENTE.

LETTRES D'ABOLITION.

V. ABOLITION, AMNISTIE, n°s 22 et suiv., GRACE ET COMMUTATION DE PEINE.

LETTRES D'ATTACHE.

V. ATTACHE.

LETTRE D'AVIS.

On appelle ainsi la lettre par laquelle le tireur d'une lettre de change prévient le tiré qu'une traite a été tirée sur lui, et lui donne toutes les indications nécessaires pour que cette traite puisse être acceptée et payée ensuite. — On l'appelait autrefois *aviso*. — V. LETTRE DE CHANGE, n°s 66 et suiv., 325 et suiv., 337, 351.

LETTRES DE CACHET.

1. — On appelait ainsi, sous l'ancienne législation, des lettres écrites par ordre du roi, contresignées par un secrétaire d'État, et cachetées du cachet du roi.

2. — Les lettres de cachet avaient, en général, pour objet d'envoyer quelqu'un en exil ou de le faire enlever et renfermer dans une prison d'État.

3. — Cependant quelquefois elles n'avaient d'autre but que d'enjoindre à certains corps-politiques de s'assembler et de faire quelque chose, ou de fixer l'ordre à garder dans une cérémonie religieuse. — Merlin, *Rép.*, v° *Lettres de cachet*, n°s 2 et 3.

4. — Mais, dans ce dernier cas, les lettres de cachet prenaient plutôt le nom de *lettres closes*. La dénomination de *lettres de cachet* ne s'employait guère dans l'usage que pour désigner celles de la première espèce.

5. — Les lettres de cachet commençaient par le nom de celui à qui elles étaient adressées, et étaient rédigées de la manière suivante : *M.* (nom et qualités), *je vous fais cette lettre pour vous dire que ma volonté est que vous fassiez telle chose; si n'y faites faute. Sur ce je prie Dieu qu'il vous ait en sa sainte et digne garde.* — Merlin, *ib.*, n° 1er.

6. — Ces lettres étaient portées à leur destination par un officier de police ou même par une personne qualifiée, selon la qualité de ceux à qui elles étaient adressées.

7. — Le porteur de la lettre dressait un procès-verbal d'exécution en tête duquel il transcrivait la lettre, et au bas duquel il se faisait donner, par celui à qui cette lettre était adressée, une reconnaissance attestant qu'il avait fidèlement accompli sa commission.

8. — Celui qui avait été privé injustement de sa liberté en vertu d'une lettre de cachet surprise à l'autorité souveraine, pouvait demander à faire preuve de cette injustice, et obtenir des dommages-intérêts proportionnels à l'offense et au préjudice soufferts par lui. — Ord. Orléans de 1560, art. 94; Parlem. Paris, 9 av. 1770.

9. — Au commencement du règne de Louis XVI, de vives réclamations s'élevaient de toutes parts contre les abus intolérables auxquels donnait lieu l'usage des lettres de cachet.

10. — Dans sa déclaration du 23 juin 1789 aux états généraux, le roi, reconnaissant la justice de ces réclamations, invita les états à chercher et à lui proposer les moyens les plus convenables de concilier l'abolition des ordres connus sous le nom de *lettres de cachet* avec le maintien de la sûreté publique, et avec les précautions nécessaires soit pour ménager, dans certains cas, l'honneur des familles, soit pour réprimer avec célérité les commencemens de sédition, soit pour garantir l'État des effets d'une intelligence criminelle avec les puissances étrangères. — Art. 15.

11. — Un des premiers travaux de l'assemblée fut, en effet, de s'occuper de cette matière, et le décret du 16-26 mars 1790 supprima définitivement les lettres de cachet. — « Les ordres arbitraires, porte l'art. 10 de ce décret, important exil, et tous autres de la même nature, ainsi que toutes lettres de cachet, sont abolis, et il n'en sera plus donné à

---

l'avenir. Ceux qui en ont été frappés sont libres de se transporter partout où ils le jugeront à propos.»

12. — La charte de 1830 consacre ce même principe par son art. 4, ainsi conçu : « La liberté individuelle de tous les Français est garantie, personne ne pouvant être poursuivi ni arrêté que dans les cas prévus par la loi et dans la forme qu'elle prescrit. »

LETTRE DE CHANGE.

Table alphabétique.

LETTRE DE CHANGE. — 1. — La lettre de change est un acte rédigé dans les formes légales, par lequel une personne (*tireur*), moyennant une valeur reçue, mande à une autre personne (*tiré*) de payer, dans un certain lieu, une somme déterminée à celui qui est désigné dans cet acte (*preneur* ou *bénéficiaire*) ou à celui qui exercera ses droits (*porteur*).

2. — Quelquefois le prix de la lettre n'a pas été fourni par le preneur, l'est par un tiers (*donneur de valeur*), et quelquefois aussi le tireur agit non pas pour son propre compte, mais pour celui d'un tiers (*donneur d'ordre*).

3. — Dans le commerce, la lettre de change porte encore le nom de *traite*, quand on la considère par rapport au tireur, et de *remise*, en la considérant par rapport au preneur. — Delvincourt, *Instit. commerc.*, t. 2, p. 96.

CHAPITRE 1er. — *Origine, nature et caractères de la lettre de change.*

1. — La lettre de change n'est qu'un moyen d'exécution du contrat de change qu'elle suppose nécessairement, et avec lequel il ne faut pas la confondre.—Pardessus, *Contr. de change*, n°15, 66 et 138. — V. CHANGE. — Elle occupe le premier rang parmi les papiers de crédit.—Pardessus, *ibid.*, n° 2. — Elle est même une sorte de monnaie. — Pardessus, *ibid.*, n° 200.

5. — Bien que le billet à domicile soit également, dans certains cas, un moyen d'exécution du contrat de change, il ne faut pas le confondre avec la lettre de change. Dans la lettre de change, l'exécution du contrat ou paiement est indiquée comme devant être faite par un tiers, et ce n'est qu'à défaut de ce tiers que le recours est ouvert contre le souscripteur. Dans le billet à domicile, au contraire, l'exécution du contrat ou paiement reste toujours principalement à la charge du souscripteur. — V. BILLET A DOMICILE.

6. — Les lettres de change n'étaient point connues des Romains. — Dupuy, *Art des lettres de change*, ch. 2; Pothier, *Contrat de change*, n° 6. — Leur origine ne paraît pas très-certaine. Les uns l'attribuent aux juifs, lors de leur expulsion de la France; d'autres, aux Florentins chassés de leurs pays par les Gibelins et retirés en France. Depuis , les Gibelins chassés par les ' Guelfes s'étant retirés à Amsterdam , auraient établi le commerce des lettres de change, qu'ils appelèrent *polizza di combio*. Ce seraient eux pareillement qui auraient inventé le rechange. — De Rubis, *Hist. de la ville de Lyon*, p. 389; Savary, *Parf. négoc*, parère 87.

7. — Mais dans une dissertation assez étendue, M. Dupuy (*Lett. de ch.*, t. 1er, p. 38) établit que d'après des lois alors en vigueur, les lettres de change existaient au moment de l'expatriation des Florentins. Ainsi il faut conclure avec Merlin (*Rép.*, v° *Lettre et billet de change*, § 1er), que les juifs retirés en Lombardie ont probablement inventé le commerce des lettres de change, et que les Italiens et négociants d'Amsterdam en ont établi l'usage en France.

8. — Le premier monument de notre législation qui fasse mention des lettres de change est l'édit de Louis XI du mois de mars 1462. Mais il y a tout lieu de croire que l'usage en existait depuis longtemps. — Les vastes dispositions législatives qui réglaient la matière furent complétées par l'ordonnance dite *du Commerce*, du mois de mars 1673. Cette ordonnance a continué d'être en vigueur jusqu'à l'époque à laquelle le Code de commerce a été déclaré exécutoire, c'est-à-dire jusqu'au 1er janv. 1808.—L. 15-25 sept. 1807.

9. — L'écriture est de l'essence de la lettre de change. Ainsi, à la différence du contrat de change en lui-même, l'existence d'une lettre de change ne saurait être prouvée par témoins. — Delvincourt, *Instit. commerc.*, t. 2, p. 95.

10. — Les lettres de change sont le plus souvent rédigées par écriture privée. Cependant elles peuvent être rédigées devant notaires. — *Grenoble*, 17 nov. 1836, Magnand c. Génard. — V. aussi BILLET A ORDRE.

11.—Dans ce cas, elles doivent être enregistrées dans le même délai que les autres actes notariés, tandis que celles qui sont faites sous seing privé peuvent n'être enregistrées qu'avec le protêt. — L. 28 avril 1816, art. 50; Décr. min. fin., 20 novembre 1808.

12. — Si le tireur ne savait pas écrire , il serait indispensable que la lettre de change fût notariée. Alors l'acte serait un procès-verbal constatant que la lettre de change a été dictée par le tireur, dont la signature serait suppléée par celle du notaire. — Pardessus, *Dr. Comm.*, n° 330.

13. — Lorsque la lettre de change est faite par acte notarié, l'acceptation peut être écrite sur l'expédition (ou plutôt sur la grosse) et le paiement se faire sur la représentation de la même pièce. — Merlin, *Rép.*, v° *Lettre et billet de change*, § 2, n° 7. — Mais, en pareil cas, la lettre de change doit le plus souvent se délivrer en brevet.

14. — La lettre de change doit être revêtue de la signature du tireur, ou s'ils sont plusieurs, de celle de chacun d'eux, à moins qu'elle ne soit tirée au nom d'une société, auquel cas la signature sociale suffit. — Pardessus, *Dr. comm.*, n° 330.

15. — Divers auteurs enseignent que si la lettre n'est pas écrite en entier par le tireur, une approbation de sa main n'est pas nécessaire , quand même il ne serait pas commerçant de profession, et que dès qu'il est reconnu en fait que l'acte qualifié lettre de change a toutes les autres formalités prescrites, il est acte de commerce, attendu que celui qui l'a souscrit, s'est momentanément et pour cette négociation, rangé dans la classe des commerçans. — *Toulouse*, 4 janvier 1813, Moulès c. Bauduer; *Montpellier*, 20 janvier 1835, Guittard c. Gozion. — Pardessus, *Dr. comm.*, n° 330, *Contr. de change*, n° 74; E. Vincens, *Législ. comm.*, t. 2, p. 174 ; E. Persil, *Lettres de change*, art. 110, n° 40. — V. d'autres décisions sur la question, v° BILLET A ORDRE.

16.—Il nous semble, au contraire, que la lettre de change souscrite par un non-négociant doit porter l'approbation du tireur comme toute reconnaissance ordinaire. Dire qu'en signant une lettre de change régulière, le non-négociant a fait acte de commerce et s'est rangé momentanément dans la classe des commerçans, c'est résoudre la question par la question. Pour le commerçant de profession ou pour l'artisan, etc., la présomption légale est que la signature n'a pas été surprise, puisqu'il est dispensé de l'approbation de la somme. Pour le non-commerçant, la présomption de surprise existe au contraire, puisqu'on exige cette même approbation. Or, du moment que le non-commerçant appose sa signature, il doit le faire de manière à détruire la présomption légale existant en sa faveur. Ce n'est que quand il est constant que sa signature a été apposée, qu'il a fait momentanément acte de commerce. L'opération commerciale est la conséquence de la signature non contestée, mais ne peut servir à prouver la sincérité de cette signature. — Nouguier, *Lettres de change*, t. 1er, p. 78.

17.—La lettre de change qui, émanée d'un non-commerçant, est réputée simple promesse, doit contenir, à peine de nullité, un *bon* ou *approuvé* de la somme qui y est mentionnée, conformément à la disposition de l'art. 1326 C. civ. ...... Et les juges peuvent décider, à raison des circonstances, qu'un acte semblable ne constitue pas un commencement de preuve par écrit. — *Cass.*, 15 mars 1847 (t. 2 1848, p. 679), Deveran c. Dieuzelde. — V. au reste, sur la question, APPROBATION DE SOMME, n° 58.

18. — La lettre de change est assujettie à certaines formes, ainsi qu'on va le voir. Mais il n'y a pas de termes sacramentels prescrits par la loi.— Pardessus, *Contr. de change*, n° 70 et 285. — Ainsi, lorsque toutes les conditions exigées se réunissent dans un acte, il est lettre de change, sans qu'on ait eu besoin d'y insérer ce nom. — Dupuy, *Art des lettres de change*, chap. 1; Delvincourt, *Instit. commerc.*, t. 2, p. 97; Pardessus, *Contr. de change*, n° 33 et 497; *Dr. commerc.*, n° 331.

19. — Jugé par suite qu'on eut plein effet ainsi conçu. *Au...., il vous plaira payer, contre le présent mandat, à l'ordre de M. Julien, la somme de..., valeur en mar-*

chandises qu'il vous a livrées ce jour, et embarquées..., suivant avis de... Signé Destigny. A M. Dauge, à Paris..., constitue une lettre de change. — *Rouen*, 30 juill. 1825, Grenet et Desvaux c. Eyriès ; *Cass.*, 4 mai 1831, Destigny c. Julien. — V. cependant nos observations sur ces arrêts, v° MANDAT DE PAIEMENT.

20. — Bien que la loi n'ait pas prononcé la nullité en cas d'omission d'une ou de plusieurs conditions prescrites pour la lettre de change, l'effet en est le même. La lettre de change étant un acte exceptionnel ne peut exister qu'avec les formes que la loi lui donne. Si ces formes n'ont pas été observées, il n'y a pas de lettre de change. — Favard, *Rép.*, v° *Lettres de change*, sect. 5, n° 1. — Quant aux effets des lettres de change imparfaites, V. COMPÉTENCE COMMERCIALE, n° 136 et suiv., et MANDAT DE PAIEMENT.

21. — L'imperfection d'une lettre de change résultant de l'omission d'une ou de plusieurs des conditions prescrites ne peut être réparée par aucune preuve étrangère à l'acte. — Pardessus, *Dr. commerc.*, n° 330 et 463.

22. — La lettre de change imparfaite ne constitue plus qu'une obligation ordinaire; quelquefois cette obligation est commerciale. En tout cas, elle vaut comme reconnaissance que le tireur a reçu la somme y énoncée.—Pardessus, *Contr. de change*, n° 29, 90 et 126.

23. — Le concours de trois personnes est-il nécessaire pour l'existence d'une lettre de change? Non, car dans la lettre de change, comme dans le billet à domicile, il n'y a que deux personnes qui traitent, qui contractent, qui s'obligent. Le tiers qu'on emploie pour l'exécution de la lettre de change et qui s'appelle *payeur* ou *tiré*, n'est point partie nécessaire; il ne figure que comme instrument; il n'est que le mandataire du tireur. — Merlin, *Quest.*, v° *Billet à domicile*, n° 4; Favard, *Rép.*, v° *Lettre à change*, sect. 1re, § 4er, n° 1er; Nouguier, t. 1er, p. 148 et 493.

24. — La lettre de change doit être sur papier timbré. Rédigée sur papier libre, elle n'est pas nulle, mais il y a lieu à l'amende contre quelques-uns des signataires. — V. TIMBRE.

Sect. 1re. — *Remise d'un lieu sur un autre.*

25. — La lettre de change doit être tirée d'un lieu sur un autre (C. com. 110). Autrement, il n'y aurait pas de contrat de change, car le change n'existe qu'à cause des risques assumés par celui qui s'engage à faire payer dans un autre lieu que celui où il est. — Pothier, *Contr. de change*, n° 30; Merlin, *Quest.*, v° *Intérêts*, § 2.

26. — Bien que l'ordonnance de 1673 n'eût pas de disposition textuelle concernant la remise de place en place, il était constant que cette remise était un des caractères essentiels des lettres de change. — *Cass.*, 2 vendém. an X, Frésou c. Roques et Guénot; 6 brum. an XIV, St-Andéol c. Nathan Lorich.

27. — Lors de la discussion du Code de commerce, le tribunal proposa de ne pas prescrire comme essentielle la formalité de remise de place en place, par le motif qu'il était extrêmement facile de l'éluder, mais on n'eut pas égard à cette proposition.

28. — En exigeant que la lettre soit tirée d'un lieu sur un autre, la loi n'exige pas que ces lieux soient tous deux (places de commerce. — *Toulouse*, 2 déc. 1839, Desbiaux c. Leculère; *Grenoble*, 25 août 1838 (t. 1er 1839, p. 370), Denolly c. Deville. — Pardessus, *Contr. de change*, n° 29, et 21 comm., n° 332; Locré, *Espr. C. comm.*, art. 110. — Tel est aussi l'avis que nous avons adopté, v° BILLET A DOMICILE, n° 17.—V. cependant, *Riom*, 7 avr. 1845 (t. 1er 1846, p. 321), André c. de Villeneuve.

29. — La loi ne déterminant pas une distance nécessaire entre le lieu où la lettre de change est tirée et celui où elle est payable, il en résulte que les tribunaux ont à examiner si, d'après les besoins du commerce ou toute autre circonstance, les parties ont pu et voulu sérieusement faire une remise de place en place. — Pardessus, *Dr. comm.*, n° 332; Nouguier, t. 1er, p. 78.

30. — Ainsi jugé que deux communes distinctes, telles que Paris et la Villette, ne peuvent, quelle que soit leur proximité, être considérées comme une seule et même place de commerce. — *Paris* , 22 avr. 1826, Contant et Dermenon; *Paris* 1833, Dupont-Blondel c. Poisson ; *Cass.*, 6 mars 1833, Poisson c. Dupont-Blondel.

31. — Il y a remise d'un lieu sur un autre, lorsqu'une lettre de change est tirée d'un bourg sur une ville qui n'en est distante que de deux lieues et demie. — *Bruxelles*, 24 sept. 1814, Vanbever c. L.....

32. — Mais il n'y a pas remise d'un lieu sur un autre, quand la lettre est tirée sur un individu domicilié dans la même commune que le tireur, encore bien que l'un habite l'intérieur de la ville et l'autre un château hors de cette ville. — *Bordeaux*, 23 avr. 1830, de Lajonie c. Rivière.

33. — Quoique tirée d'une place sur une autre, une lettre de change peut, sans perdre sa qualité, être payée dans le lieu même d'où on l'a tirée par une convention ultérieure entre l'accepteur et le porteur. En pareil cas, c'est une seconde négociation de change qui succède à la première. — Lettre du grand juge, 31 oct. 1808; Pardessus, *Dr. comm.*, n° 332.

34. — Jugé, en ce sens, qu'une traite tirée d'un lieu sur un autre est valable comme lettre de change, encore bien que l'accepteur ait indiqué pour lieu de paiement celui-là même d'où la lettre était tirée. — *Paris*, 8 août 1833, Leroy de Saint-Arnaud c. Faillod.

35. — Mais, lorsqu'une traite tirée d'un lieu sur un autre, à l'ordre du tireur, a été indiquée par lui payable par l'accepteur dans le lieu même de la confection de cette traite, elle ne saurait, malgré l'acceptation du tiré, être considérée comme une véritable lettre de change. — *Bruxelles*, 21 juill. 1819, Devries c. Gontier.

36. — La lettre de change tirée d'un lieu sur un autre à l'ordre du tireur lui-même ne constitue qu'une simple promesse, si ce tireur ne l'a négociée que par un endossement daté du lieu où elle doit être payée. — V. *infrà* n° 133.

37. — ... En conséquence, le paiement n'en peut être poursuivi par la voie de la contrainte par corps. — *Paris*, 8 mars 1842 (t. 1er 1842, p. 734), Cerfbeer c. Dufaud.

38. — Il en est de même si l'endossement est daté d'un lieu dépendant de la commune où la lettre est payable. — *Toulouse*, 4 juill. 1835, Boivin c. Timbal.

39. — ... Ou bien encore si la lettre tirée à Rouen, à l'ordre du tireur lui-même, et par lui endossée en blanc, a été négociée par le porteur de l'endos en blanc à Paris à un tiers demeurant à Paris, où la traite est payable. — *Paris*, 6 nov. 1840 (t. 2 1840, p. 628), Combarel c. Lepelletier et Bourgoin. — V. cependant (sous l'ord. 1673), *Turin*, 29 août 1807, Marentino c. Mongenet.

40. — C'est aux juges du fait à décider par appréciation des circonstances si des effets de commerce contiennent remise de place en place, et si, par suite, ils sont de véritables lettres de change. — *Cass.*, 10 juill. 1839 (t. 2 1839, p. 198), Bousquet c. de Castellane et Davessens de Montcal.

41. — Une traite nulle comme lettre de change, à défaut de remise de place en place, peut, si elle réunit tous les autres caractères de la lettre de change, valoir comme billet à ordre. — *Bruxelles*, 20 janv. 1830, Attenelle c. Kessel.

42. — La loi n'exige nullement que le tireur soit domicilié dans le lieu d'où la lettre est tirée, ni que le tiré ait son domicile dans le lieu où elle est payable. — Persil, art. 110, n° 6.

Sect. 2e. — *Date de la lettre de change.*

43. — La lettre de change doit être datée (C. comm. 110). Cette disposition a un double but : constater la capacité du tireur, et servir à prouver s'il y a eu supposition de lieu.

44. — Sous l'ord. de 1673, la date n'était pas une des formalités constitutives de la lettre de change. — Merlin, *Rép.*, v° *Date*, n° 8. — Il en est autrement sous le Code. Si la date est omise, il y a bien une simple obligation, mais il n'y a pas de lettre de change. — Merlin, *Rép.*, v° *Lettre et billet de change*, § 2, n° 2.

45. — Jugé toutefois que, sous l'ord. de 1673, comme sous le Code de comm., le défaut de date dans une lettre de change n'en entraîne pas la nullité, lorsque ce défaut de date est sans importance relativement à la qualité du tireur. — *Nîmes*, 5 juill. 1819, Oudan c. Picault.

46. — Le défaut de date ne peut être suppléé par aucun moyen. Ainsi, la substance qui en serait constatée dans un acte authentique ne pourrait la régulariser, en lui donnant la date certaine de cet acte. — Pardessus, *Dr. comm.*, n° 333.

47. — La disposition de l'art. 1328 qui porte que les actes sous seing-privé ne font foi à l'égard des tiers que du jour où ils ont acquis date certaine n'est point rigoureusement applicable aux lettres de change. — *Cass.*, 28 juin 1825, Orinel c. Leroy.

48. — D'un autre côté, de ce que l'antidate dans la lettre peut être considérée comme un faux (C. comm., 139), on n'en doit pas conclure que la date fasse la même foi que celle d'un acte authentique, et ne puisse être impugnée que par une inscription de faux. — Pardessus, *ibid.*

49. — Il suit donc de là, que pour déterminer la véritable date d'une lettre de change, les juges peuvent admettre tel genre de preuve que bon leur semble.

50. — La preuve qu'une lettre de change acceptée en blanc a été postdatée est admissible, lorsqu'il résulte de cet acte de fortes présomptions de fraude. — *Riom*, 27 déc. 1830, Ricard c. Jaubert. — V. en ce qui concerne la date des lettres de change souscrites par des individus interdits ou pourvus de conseil judiciaire, INTERDICTION, CONSEIL JUDICIAIRE.

Sect. 3e. — *Enonciation de la somme à payer.*

51. — La lettre de change doit énoncer la somme à payer (C. comm., art. 110). — Cette énonciation doit être précise. — Pardessus, *Dr. comm.*, n° 334.

52. — Il faut que ce soit une somme d'argent. — Locré, *Procès-verbal de la discussion du C. de Comm.*, t. 1er, p. 237; Merlin, *Rép.*, v° *Lettre et billet de change*, § 2, n° 2; Pardessus, *Contr. de ch.*, nos 75 et 500.

53. — Si on avait omis d'indiquer en quelle monnaie la lettre est payable, ce serait dans la monnaie qui aura cours au jour de l'échéance. — Heineccius, *Elem. juris cambii*, cap. 4, § 12; Pardessus, *Contr. de ch.*, n° 73, et *Dr. comm.*, n° 334.

54. — Pour éviter des altérations, il convient d'écrire la somme en lettres plutôt qu'en chiffres; mais une lettre où la somme ne serait désignée qu'en chiffres ne laisserait pas d'être valable (le contraire avait été proposé, mais sans succès, lors de la discussion). — Pothier, *Contr. de change*, n° 35; Merlin, *Rép.*, v° *Lettre et billet de change*, § 4, n° 6.

55. — Si la somme écrite, comme d'ordinaire, en chiffres, au haut de la lettre, présente une différence avec celle qui est énoncée dans le corps de la traite, c'est cette dernière qui doit faire foi. — E. Vincens, t. 2, p. 171; E. Persil, art. 110, n° 12.

56. — Si, sur la lettre de change écrite par un tiers, le tireur avait fait précéder sa signature d'un *bon pour la somme de....* mais en énonçant une somme différente de celle portée dans le corps de l'acte, il faudrait, suivant l'art. 1327 C. civ., s'arrêter à la somme moindre, sauf la preuve de l'erreur.

57. — L'erreur dans la somme énoncée et dont l'évidence ne résulte pas du titre lui-même, ne peut être opposée par le tireur ou l'accepteur qu'au preneur ; elle ne saurait l'être aux tiers porteurs de bonne foi. — Pardessus, *Dr. comm.*, n° 334.

Sect. 4e. — *Mention du nom de celui qui doit payer.*

58. — La lettre de change doit énoncer le nom de celui sur qui elle est tirée (C. comm., 110).

59. — Cette énonciation doit être assez exacte pour qu'il n'y ait aucune incertitude. En cas d'indication inexacte, les conséquences en retomberaient sur le tireur. — Pardessus, *Dr. comm.*, n° 335.

60. — Bien que le nom du tiré fût omis, la lettre de change ne serait pas nulle, s'il existait d'ailleurs une désignation telle que le porteur ne dût pas se tromper sur la personne du tiré. — Nouguier, t. 1er, p. 85.

61. — Le tireur peut-il tirer la lettre de change sur lui-même? Oui; quand il y a remise de place en place, car la loi n'exige nullement que celui qui paiera soit autre que celui qui a tiré. — *Nîmes*, 30 mess. an XIII, Rubichon c. Desgrand; *Cass.*, 1er mai 1809, Mougener c. Garda; *Toulouse*, 22 juill. 1826, Cabarré c. Peilagord; *Cass.*, 14 mai 1828, Mougener c. Garda; *Nîmes*, 22 juin 1829, Mauselou c. Lapierre. — Horson, *Quest. sur le C. comm.*, n° 51; Persil, art. 110, n° 15.

62. — Des traites du caissier général du trésor de la marine sur lui-même (arrêté du 3 therm. an XI), ne sont point des lettres de change, mais seulement des billets à ordre. Cependant, un décret du 11 janvier 1808 veut qu'elles soient assimilées à des lettres de change. — Merlin, *Rép.*, v° *Lettre et billet de change*, § 2, n° 5.

63. — Suivant d'autres auteurs et d'autres arrêts, le tireur ne peut se désigner lui-même, car un acte ainsi rédigé ne constitue qu'une obligation directe revêtue des apparences d'une lettre de change, et ne peut avoir l'effet que d'un billet à domicile. D'ailleurs, le preneur est présumé avoir voulu un tiré distinct du tireur. — *Cass.*, 1er therm. an XI, Schrick c. Mock; *Toulouse*, 22 juill. 1825, Olive c. Palaucade. — V. aussi *Bordeaux*, 17 nov. 1843, Allarier c. Sepet (t. 2 1844, p. 319). — Pardessus, *Contr. de change*, nos 76 et 501; *Dr. comm.*, n° 335; Favard, *Rép.*, v° *Lettres de change*, sect. 1re, § 1er, n° 6; Nouguier, t. 1er, p. 85.

64. — Toutefois, ces auteurs exceptent le cas où un individu ayant deux maisons de commerce, tirerait de l'une sur l'autre. Mais ils considèrent comme tirée sur lui-même, la lettre tirée par le tireur sur son commis ou sur sa femme avec laquelle il serait en communauté. — *Contrà*, dans cette dernière hypothèse, si le commis tiré habite un autre lieu que le tireur. — *Rouen*, 20 août 1845 (t. 1er 1846, p. 449), Hellot-Vimard c. Alexandre.

65. — Quoi qu'il en soit, le tireur, qui aurait tiré sur lui-même, serait non recevable à exciper de l'imperfection de la lettre. — Pardessus, *Dr. comm.*, n° 335.

66. — En général, on ne tire pas sur un individu, et même sur un débiteur, sans lui donner un avertissement suffisant; c'est ce qui se fait par une *lettre d'avis*. Quoique cette marche soit ordinairement suivie, il existe cependant des circonstances où l'on peut s'en dispenser. — Pardessus, *Contr. de change*, n° 175. — Au reste, la lettre d'avis n'est pas nécessaire pour la validité de la lettre de change. — Merlin, *Rép.*, v° *Lettre et billet de change*, § 4, n° 7. — Elle ne constitue qu'une mesure de précaution indifférente au porteur, car son titre est complet. — E. Vincens, t. 2, p. 186.

67. — La lettre d'avis contient les diverses indications qui peuvent faire connaître au tiré, la date, le nombre et le montant des traites; si, ou non, elles sont par première, deuxième et troisième, quand et comment elles sont payables, et au profit de quelle personne. — Pardessus, *Dr. comm.*, n° 357.

68. — Lorsque l'indication d'un *besoin* porte chez *tel ou tel*, il est probable que celui qui a fait l'énonciation, n'a indiqué un second besoin que pour le cas où le premier ne paierait pas. Il faut donc d'abord s'adresser à celui-ci. — Pardessus, *loc. cit.*, n° 421; Nouguier, t. 1er, p. 139.

Sect. 5e. — *Indication de l'époque et du lieu du paiement.*

69. — La lettre de change doit énoncer à quelle époque elle sera payée. — C. comm., 110; Ord. 1673, tit. 5, art. 1er.

70. — Si l'époque du paiement était omise, le titre ne constituerait pas une lettre de change, mais vaudrait comme simple mandat (Pothier, *Contr. de change*, n° 32). — ... Ou comme reconnaissance qu'on a reçu la somme qui y est mentionnée. — *Toulouse*, 6 janv. 1837 (t. 2 1837, p. 415), Bruel c. Belou. — Merlin, *Rép.*, v° *Lettre et billet de change*, § 4, n° 4.

71. — ... Tel serait un effet stipulé payable après le décès d'un individu désigné. — *Toulouse*, 6 janv. 1837, même arrêt.

72. — Le défaut de cette indication ne pourrait être suppléé par les circonstances. — Pardessus, *Dr. comm.*, n° 336.

73. — L'omission de l'époque du paiement ne peut plus être réparée par l'acceptation ; car la lettre doit, en sortant des mains du tireur, être revêtue de toutes ses formalités substantielles, autrement il en résulterait une foule d'inconvéniens.

74. — Jugé, au contraire, que l'omission de l'époque de paiement dans le corps d'une lettre de change peut être réparée et suppléée par l'acceptation. — *Paris*, 14 mai 1829, Lardos et Lafontaine c. Veret. — Mais, en pareil cas, la lettre de change n'a véritablement une existence légale qu'à partir de cette acceptation. C'est une lettre de change autre que celle sortie des mains du tireur.

75. — L'obligation souscrite sous la forme d'une lettre de change n'a pas le caractère d'une lettre de change, si le tireur se réserve la faculté de renouveler au lieu de payer à l'échéance. — *Paris*, 2 fév. 1830, Belon c. Montolé.

76. — L'époque du paiement une fois indiquée ne peut plus être changée que du consentement de tous les intéressés. — Pardessus, *Contr. de ch.*, nos 80 et 191.

77. — L'échéance d'une lettre de change ne saurait être subordonnée à une condition suspensive, à celle, par exemple, que le montant en sera exigible un an après l'admission encore incertaine et indéterminée d'un remplaçant à l'armée. — Un tel effet ne vaut que comme simple promesse. — *Riom*, 1er juin 1846 (t. 2 1848, p. 333), Astaix-Taché c. Armingaud.

78. — La lettre de change doit indiquer le lieu du paiement. — C. comm., 110.

79. — A défaut de désignation spéciale, ce lieu se trouve implicitement énoncé par l'indication que fait le tireur du nom et de la demeure du tiré.

80. — La lettre de change tirée sur un individu peut être payable au domicile d'un tiers. — C. comm., art. 111.

81. — Quelquefois, le lieu du paiement n'est indiqué que par l'acceptation; c'est même une obligation imposée à l'accepteur, lorsque la lettre doit être payée ailleurs qu'à son domicile. — C. comm., 123. — Pardessus, *Dr. comm.*, n° 337.

82. — L'indication d'un domicile énoncée dans une lettre de change, comme *adresse*, n'équivaut point à une élection de domicile. — *Rennes*, 13 mai 1814, N...

83. — Lorsque le lieu du paiement a été indiqué par le tireur, le tiré ne peut en indiquer un autre qu'à ses risques et périls. — Nouguier, t. 1er, p. 114.

84. — Quant à la question de savoir si l'indication du lieu, pour le paiement de la lettre de change, est attributive de juridiction, V. DOMICILE ÉLU, n° 412.

Sect. 6e. — *Enonciation de la valeur fournie.*

85. — La lettre de change doit énoncer la valeur fournie en espèces, en marchandises, en compte, ou de toute autre manière (C. comm., art. 110). Il en était de même sous l'ord. de 1673 (tit. 5, art. 1). Cette indication a pour but d'empêcher de déguiser d'autres contrats sous celui de change, de diminuer les cas de fraude, et de tranquilliser les tiers-porteurs. — Savary, *Parf. négoc.*, t. 1er, p. 146; Pothier, *Contr. de ch.*, n° 34; Locré, sur l'art. 110; Merlin, *Rép.*, v° *Lettre et billet de change*, § 2, n° 2; Pardessus, *Dr. comm.*, n° 340; Persil, art. 110, n° 21.

86. — L'indication doit porter non-seulement sur le fait qu'une valeur a été fournie, mais encore sur la nature de cette valeur fournie.

87. — L'expression de *valeur reçue* est insuffisante. — *Colmar*, 23 mars 1814, Puffinger c. Paraviccini. — Pardessus, *Contr. de change*, nos 82 et 504; *Dr. comm.* n° 340; E. Vincens, t. 2, p. 177.

88. — Jugé que ne peut être réputé lettre de change, l'effet tiré d'un lieu sur un autre à l'ordre d'un tiers et causé *valeur que vous avez reçue en espèces*; et qu'en supposant que cet effet pût être considéré comme tiré à l'ordre du tireur lui-même, il ne vaudrait comme lettre de change qu'autant que le tireur aurait énoncé dans l'endossement la valeur fournie par celui à qui l'effet serait passé. — *Bruxelles*, 26 déc. 1816, Langlet c. David.

89. — Toutefois, la mention *valeur reçue* fait preuve que le preneur a versé les fonds et vaut quittance à son égard. — *Bruxelles*, 28 thermidor an XI, Beydaels c. Walkiers.

90. — L'expression *valeur reçue comptant* équivaut aux mots *argent* ou *espèces*, et remplit le vœu de la loi. — *Toulouse*, 10 avril 1820, Ribourg c. Couffin du Valès. — Pardessus, *Contr. de ch.*, n° 82; *Dr. comm.*, n° 340.

91. — L'énonciation *valeur en compte*, que la loi répute suffisante, indique une valeur fournie et à fournir, et oblige le preneur à se régler avec le tireur, d'après leur situation respective. — Pardessus, *Dr. comm.*, n° 340; Favard, *Rép.*, v° *Lettres de change*, sect. 1re, § 1er, n° 10; E. Vincens, t. 2, p. 176.

92. — Une lettre de change causée *valeur en compte* prouve suffisament que celui au profit duquel elle est tirée en a fait les fonds. — *Cass.*, 20 août 1818, Mellis c. Lamothe.

93. — Lorsqu'un négociant a souscrit au profit d'un autre, des effets *valeur en compte courant*, et que ces effets, portés à son crédit, sont protestés à l'échéance, le souscripteur ne peut se faire un titre de créance contre son correspondant, du reliquat du compte courant, résultant à son profit des effets qu'il n'a point payés. — *Cass.*, 15 janv. 1823, Delcourt c. Delahalle et Lemoyne.

94. — L'expression *valeur en moi-même* n'est pas suffisante quand la lettre est tirée à l'ordre d'un tiers. — Savary, *Parf. négoc.*, parère 35; Pothier, *Contr. de ch.*, n° 10; Pardessus, *Contr. de ch.*, n° 83; *Dr. comm.*, n° 340; Merlin, *Rép.*, v° *Lettre et billet de change*, § 2, n° 2.

95. — Il en est autrement, quand la lettre est à l'ordre du tireur, et que celui-ci l'a endossée pour valeur reçue en marchandises. — *Turin*, 31 mars 1813, Boldrini c. Jeannin. — Car alors la lettre qui n'était qu'un projet tant qu'elle n'a pas été endossée par le tireur, a reçu son complément par cet endossement. — Merlin, *ibid.*; et *Rép.*, v° *Faux*, sect. 1, § 5.

96. — Une lettre de change causée *valeur entre nous* n'exprime pas suffisamment la nature de la valeur fournie. — *Paris*, 1er déc. 1831, Baudouin c. Pronier. — Cette expression n'équivaut pas à celle de valeur en compte. — Merlin, *Quest.*, v° *Lettres de change*, § 8; Pardessus, *Dr. comm.*, n° 340; *contrà* Delvincourt, *Inst. de dr. comm.*, t. 2, p. 95.

97. — Il en est de même de l'expression *valeur entendue*. — Pothier, *Contr. de ch.*, n° 11; Merlin, *Rép.*, v° *Lettre et billet de change*, § 2, n° 2; Pardessus, *Dr. comm.*, n° 340. — *Contrà*, comme se référant à un compte fait ou à faire, Favard, *Rép.*, v° *Lett. de change*, sect. 1re, § 1er, n° 11; Pardessus, *Contr. de ch.*, n° 84.

98. — ... Ou *en rencontre d'affaires*. — Savary, *Parf. négoc.*, parère 17.

99. — A Gênes et sur quelques autres places étrangères, les lettres de change portent quelquefois l'énonciation de *valeur changée*; ce qui signifie qu'elles sont livrées par le tireur qui n'en touche pas la valeur, mais qui reçoit seulement une promesse de payer donnée par le preneur. La lettre ainsi livrée est négociée par le preneur avant même qu'il ait payé sa promesse. Or, jusqu'à ce paiement, la lettre est imparfaite; mais cette imperfection ne peut être opposée au tiers porteur, car il ignore, et il ne peut s'informer, si le bénéficiaire a rempli ou non la condition sous laquelle la traite lui a été remise. — E. Vincens, t. 2, p. 176.

100. — La valeur peut consister en une chose étrangère aux opérations commerciales, pourvu que cette chose soit appréciable. — Pardessus, *Dr. comm.*, n° 340; Nouguier, t. 1er, p. 97.

101. — Ainsi, une lettre de change est valable, bien qu'elle ait été créée par suite de la radiation d'une inscription hypothécaire, si d'ailleurs elle est tirée d'un lieu sur un autre. — *Pau*, 11 nov. 1834, Semmartin c. Bogué.

102. — Mais des lettres de change qui, sans contenir aucune simulation, n'ont néanmoins pour cause que l'acquittement d'un prêt précédemment constaté par acte notarié, n'ont pas le caractère du contrat de change, qui est de faire toucher dans un lieu une somme reçue dans un autre. Ce sont de simples promesses. — *Rouen*, 5 nov. 1825, Dufour c. Delabarre.

103. — L'énonciation de la valeur fournie suffit, sans qu'il soit besoin d'indiquer par qui cette valeur a été fournie. — Pardessus, n° 340. — C'était, au contraire, une disposition expresse de l'ord. de 1673, tit. 5, art. 1er.

104. — Le défaut d'énonciation de la nature de la valeur fournie n'entraîne pas la nullité de la lettre de change; il en résulte seulement la nécessité d'établir quelle est cette valeur. — *Cass.*, 30 août 1826, Leduc c. Guignet.

105. — ... Ou bien la lettre devient parfaite, lorsqu'il y est apposé un endossement régulier contenant la mention et indiquant l'espèce de la valeur fournie. — *Toulouse*, 4 juin 1825, Pomarède c. Cassaing.

106. — Une lettre de change souscrite *entre commerçans*, quoique nulle pour ne pas exprimer la nature de la valeur fournie, n'en constitue pas moins, à l'égard du souscripteur, une obligation dont il appartient au tribunal de commerce de connaître. — *Toulouse*, 28 mai 1825, Pomarède c. Fazeuille.

107. — Jugé, au contraire, qu'un effet qui n'énonce pas la valeur fournie n'est ni une lettre de change, ni un billet à ordre. — ... Que dès lors, le souscripteur non-commerçant peut décliner la compétence du tribunal de commerce, quand bien même l'effet porterait des signatures de commerçans. — *Toulouse*, 2 mai 1826, Gilède c. Ferras et Garrigues; — V. aussi *Nanci*, 5 avr. 1845 (t. 1er 1845, p. 740), Hennequin c. Husson.

108. — Jugé en ce sens, alors que cette traite n'est point le résultat d'une opération commerciale. — *Caen*, 17 août 1825, Legorgeu c. Busnel; *Cass.*, 31 janv. 1826, Debonnevalière c. Foubert-Delaisse. — Horson, *Quest. sur le C. comm.*, n° 52.

109. — ... Et cela quand bien même la traite aurait circulé dans le commerce par la voie de l'endossement. — *Turin*, 13 mars 1811, Pecchio c. Morano.

110. — En pareil cas, il y a lieu à une incompétence à raison de la matière, et qui peut être opposée, même pour la première fois, en appel. — *Caen*, 17 août 1825, Legorgeu c. Busnel; 31 janv. 1826, Debonnevalière c. Foubert-Delaisse.

111. — Mais jugé encore qu'une obligation ainsi conçue : « Nous soussignés, tous deux marchands, reconnaissons devoir à M... la somme de..., que nous nous obligeons solidairement à lui rembourser, à lui ou à son ordre, en nous avertissant six mois d'avance, à son domicile, à Paris. Fait triple à Rouen le... » peut, bien que n'indiquant pas la nature de la valeur fournie, mais alors qu'il est constant que cette valeur a été fournie, être considérée comme un effet de commerce à ordre, dont la propriété peut être valablement transmise par endossement. — *Paris*, 18 août 1848 (t. 2 1848, p. 424), Marsolet c. Guérin.

112. — Malgré l'énonciation que la valeur a été fournie, le tireur et les tiers intéressés peuvent cependant être admis à prouver que la valeur est encore due par le preneur. Seulement l'énonciation milite en faveur de ce dernier, en ce sens qu'il n'a rien à prouver. — Pardessus, *Dr. comm.*, n° 340.

113. — En pareil cas, lorsque le tireur de la lettre soutient n'en avoir pas reçu la valeur, les juges peuvent, suivant les circonstances, refuser d'ordonner la production des livres à celui au profit duquel la traite est tirée, bien que le tireur offre de s'en rapporter à leur contenu. — *Cass.*, 20 août 1818, Mellis c. Lamothe.

114. — Le défaut d'énonciation de la valeur fournie peut être opposé par tous ceux qui y ont intérêt; mais il ne peut l'être par ceux dont il est le fait ou par ses représentans... Ainsi, par l'accepteur au tiers porteur. — *Paris*, 15 mars 1826, Goddes Dumesnil c. Chaucerel.

115. — Sur la nécessité et les effets de l'énonciation de la valeur fournie, on peut au surplus consulter les décisions rendues en ce qui concerne spécialement les billets à ordre. — V. BILLET A ORDRE, nos 21 et suiv.

Sect. 7e. — *Ordre que la lettre de change doit contenir.*

116. — La lettre de change doit énoncer à l'ordre de qui elle est payable. — C. comm., art. 110. — Autrement, elle ne pourrait être mise en circulation.

117. — Le mot *ordre* n'est pas impérieusement exigé. Il peut être remplacé par un équivalent. Tel serait le cas de ces expressions : Payez à un tel *ou à sa disposition*, ou bien encore : A un tel ou *au porteur légitime*. — Mais les termes : A un tel *ou en sa faveur* ne seraient pas suffisans. Dans ce dernier cas, il y aurait pouvoir de toucher, mais non de négocier. — Pardessus, *Dr. comm.*, n° 339; Nouguier, t. 1er, p. 102.

118. — Le défaut d'indication de l'ordre ne pourrait être suppléé par la présomption que le tireur a voulu que la lettre fût payée à celui qui lui en a compté la valeur. Car souvent une lettre n'est pas fournie au profit de celui qui en a payé la valeur. — Pardessus, *Dr. comm.*, n° 338; *Contr. de ch.*, n° 89. — *Contrà* Heineccius, *Element. juris cambii*, cap. 4, § 11; Pothier, *Contr. de ch.*, n° 31. — Ce ne serait alors qu'une simple rescription non négociable par la voie de l'endossement. — Merlin, *Rép.*, v° *Lettre et billet de change*, § 2, n° 2. — M. Nouguier (t. 1er, p. 99) pense que les circonstances doivent être prises en considération.

119. — La lettre peut être à l'ordre du preneur, ou d'un tiers, ou du tireur lui-même. — C. comm., art. 110.

120. — Par *tiers*, on ne peut entendre qu'une personne autre que celle dont le nom est déjà compris dans la rédaction; d'où il suit que la lettre tirée sur une personne, pour payer à elle-même où à son ordre ne serait pas une véritable lettre de change. — Pardessus, *Dr. comm.*, n° 339.

121. — Lorsque la lettre est à l'ordre du tireur, elle n'est parfaite qu'au moment où le tireur l'a endossée au profit d'un tiers ou de celui qui en a compté la valeur. Car le tireur ne peut négocier avec soi-même. — Pardessus, *Dr. comm.*, n° 339; Favard, *Rép.*, v° *Lettres de change*, § 1er, n° 13; Persil, art. 110, n° 32; E. Vincens, t. 2, p. 180. — *Contrà Montpellier*, 15 nov. 1839 (t. 1er 1840, p. 78), Rey c. Boutonnet.

122. — Quoique à l'ordre du tireur, la lettre de change serait pourtant parfaite à l'instant qu'elle a été tirée, si le tireur, agissant comme mandataire du propriétaire de la provision, tirait à son ordre propre, d'après les invitations de son mandant, et pour se couvrir de ce que celui-ci lui doit. — Pardessus, *Dr. comm.*, n° 339.

123. — Puisque la lettre tirée à l'ordre du tireur n'est parfaite que par l'endossement qui est son complément, il s'ensuit que les omissions ou les inexactitudes de la lettre peuvent être réparées par l'endossement. — Pothier, *Contr. de change*, n° 10; Pardessus, *Contr. de change*, n° 88.

124. — Ainsi jugé, quant à l'omission du nom du preneur. — *Cass.*, 10 messid. an XI, Conte

c. Noyès; 14 thermid. an XI, Mercken c. Lievens. — ... Quant au défaut d'énonciation de la valeur fournie. — *Paris*, 6 juill. 1826, Grangent c. Bossey.

125. — Jugé encore qu'une lettre de change à l'ordre du tireur peut être considérée comme régulière, encore que celui-ci n'y ait pas apposé sa signature, s'il en a signé l'endossement. — *Cass.*, 16 juin 1846 (t. 2 1846, p. 742), Tassel-Godeau.

126. — Il en est de même de la lettre de change tirée par le tireur à son ordre et contre *valeur en lui-même.* — *Turin*, 31 mars 1813, Boldrini c. Jeannin.

127. — De même, une traite tirée par un individu, *valeur en lui-même*, est valable, quoiqu'elle ne contienne pas l'expression de l'ordre, si cette mention se trouve dans l'endossement passé par le tireur en faveur d'un tiers. — *Toulouse*, 14 janv. 1828, Vignaux c. Durand.

128. — Alors, d'irrégulière qu'elle était, la traite prend le caractère et la nature d'une véritable lettre de change. — *Bruxelles*, 30 mars 1809, Rousseau c. Masquelier; *Cass.*, 20 janvier 1814, Devoi-Powis c. Deman.

129. — De ce que le contrat de change ne se forme que par l'endossement que fait le tireur d'une lettre tirée à son ordre, il s'ensuit encore que cet endossement doit contenir toutes les formalités prescrites par l'art. 137 C. comm., pour en transmettre la propriété au porteur. Ainsi, cet endossement doit être daté, encore bien que la lettre de change elle-même le soit. — *Cass.*, 23 juin 1817, Fauveau c. Lagrange et Depras; 14 nov. 1821, Roussel c. Dumoustier. *Contrà*, sous l'ord. 1673, *Cass.*, 2 prair. an XIII, Lauchere c. Worms; et, sous le C. comm., *Paris*, 30 août 1836, Soubeyran c. Vaudoré. — Pardessus, *Contr. de ch.*, nos 112 et 127 (sauf le cas de lésion pour les tiers).

130. — Jugé encore que la lettre ne peut constituer une obligation quelconque qu'autant qu'un endossement régulier prouverait la valeur fournie par un tiers au tireur, ou qu'un endossement aurait été régulièrement suivi d'une négociation par le mandataire du souscripteur. — *Cass.*, 9 nov. 1842 (t. 1er 1843, p. 117), Delpon c. Bouys et Lautier; V. aussi *Toulouse*, 14 janvier 1828, Viguaux c. Durand.

131. — Jugé toutefois qu'une lettre de change, tirée par un individu à son ordre pour valeur en lui-même, et dont le premier endossement est irrégulier, faute d'énoncer l'espèce de valeur fournie, est valablement transmise par un second endossement régulier. — *Lyon*, 22 mars 1825, Bellati c. Beau-Larat.

132. — Enfin, pour qu'il y ait contrat de change, il faut que l'endossement constate la remise de place en place.

133. — Dès lors, une lettre de change, à l'ordre du tireur lui-même, est nulle, comme ne contenant pas remise de place en place, si l'endossement souscrit par le tireur est daté du lieu même où la lettre est payable, bien qu'il soit dit que la lettre est tirée d'un lieu sur un autre. Le titre ne vaut plus alors que comme simple promesse. — *Toulouse*, 6 mars 1830, Duclos c. Gleizes; 30 juin 1835, Lissencou c. de Castellane; *Montpellier*, 19 mars 1836, Bessier c. Tindel; *Paris*, 2 janv. 1840 (t. 1er 1840, p. 161), Ste-Aldegonde c. Assire Deschamps; 9 juillet 1840 (t. 2 1840, p. 687), Druyer c. Bretèche; 12 février 1841 (t. 2 1841, p. 550), Michel c. Arnaud; 1er avr. 1841 (t. 1er 1841, p. 596), David c. Deville-Chabrolle; 20 août 1841 (t. 2 1841, p. 550), Brincart c. Poulailler; 27 oct. 1841 (t. 2 1841, p. 550), Lamartinière c. Brocard; 8 mars 1842 (t. 1er 1842, p. 734), Cerfbeer c. Dufaud; 30 mars 1843 (t. 1er 1843, p. 512), Barthe c. Perrotte; 12 juillet 1843 (t. 2 1843, p. 308), Desmazines c. Raynard. *Contrà Cass.*, 28 fév. 1810, Guilbert c. Dargrencour. — Pardessus, *Dr. comm.*, no 339.

134. — Ce vice de forme peut être invoqué contre les tiers porteurs, puisqu'il résulte du contexte même du titre. — *Paris*, 9 juillet 1840 (t. 2 1840, p. 687), Druyer c. Bertèche.

135. — Une lettre de change peut-elle être tirée à l'ordre du porteur? Non, parce qu'elle doit indiquer le nom du preneur. — *Contrà Cass.*, 17 août 1812, Deschamps c. Duval. — Pardessus, *Dr. comm.*, no 338; Merlin, *Rép.*, vo *Lettre et billet de change*, § 2, no 2.

136. — L'endosseur d'une lettre de change, tirée à son ordre propre, a la qualité de tireur à l'égard des tiers. — Pardessus, *Dr. comm.*, no 339.

Sect. 8e. — *Divers exemplaires d'une lettre de change.*

137. — Il est d'usage de délivrer plusieurs exemplaires d'une lettre de change, pour faciliter les négociations, en faisant circuler un des exemplaires, tandis qu'on envoie l'autre à l'acceptation. En pareil cas, l'exemplaire négocié indique où est celui qui est envoyé à l'acceptation. Ce dernier exemplaire est rendu par le dépositaire au porteur d'un duplicata (Pardessus, no 342). Dans quelques villes on n'exige pas que le duplicata soit endossé au profit du porteur.

138. — On délivre aussi des duplicata d'une lettre de change lorsqu'elle est destinée à être envoyée au loin, et qu'on craint les inconvénients d'une perte.

139. — Il est important de mentionner, sur chacun des exemplaires, s'il est premier, deuxième, troisième, quatrième, etc., pour éviter que chacun d'eux ne passe dans le commerce pour une lettre originale. — Pardessus, *Contr. de change*, no 91; *Dr. comm.*, no 342.

140. — Chacun des deuxième, troisième, quatrième exemplaire de la lettre ne devant faire et ne faisant effectivement qu'un avec le premier, ils doivent être parfaitement conformes. — Pardessus, *Dr. comm.*, no 342; Vincens, t. 2, p. 278. — Si cependant, par inadvertance, l'un d'eux contenait quelque omission, la régularité du second ou du subséquent serait une rectification suffisante. — Savary, *Parfait négoc.*, parère 95; Pardessus, *Contr. de change*, no 192, et *Dr. comm.*, no 342; Nouguier, t. 1er, p. 106.

141. — On met ordinairement sur le deuxième (ou troisième, etc.) exemplaire: *Payez cette seconde lettre de change* (ou troisième, etc.), « la première ne l'étant pas. » Mais cette énonciation n'est pas indispensable. — Vincens, t. 2, p. 170.

142. — Sous l'ordonnance de 1673, lorsque des lettres de change étaient tirées par première, deuxième, troisième, elles étaient censées représenter une seule et même valeur, bien qu'après les expressions de: *Payez par cette deuxième ou troisième de change*, ne se trouvassent pas celles de: *si vous ne l'avez fait par la première*, employées ordinairement dans le commerce. — *Pau*, 26 nov. 1807, Dubasque c. Lanelongue et Dupeyron.

143. — L'ordre numérique des duplicata ne donne aucune préférence; c'est l'original présenté le premier que le tiré accepte; c'est au porteur qui arrive le premier muni d'un titre endossé que l'acceptation déposée appartient. — Vincens, t. 2, p. 250.

144. — Lorsqu'une lettre de change a été tirée par *première et seconde*, avec cette mention sur la seconde, *qu'il n'y aura lieu à la payer qu'autant que la première ne serait pas acquittée*, si celui au profit de qui la traite est tirée négocie les deux exemplaires par un endossement pur et simple, à un individu qui les passe ensuite à deux personnes différentes, il ne peut être garant vis-à-vis du porteur de la *seconde*, de ce que, par suite du paiement fait au porteur de la *première*, le tiré se refuse à acquitter cette *seconde*. — Le porteur de cette *seconde*, qui a suivi la foi de son cédant, ne doit s'imputer qu'à lui-même de n'avoir pas exigé de ce cédant la remise de la *première*. — *Cass.*, 4 avril 1832, Chevalier c. Audiffret.

145. — S'il n'existe qu'un seul exemplaire, aucune indication n'est nécessaire. Une lettre de change est présumée seule ou première, lorsqu'elle n'a pas une autre dénomination. — Pardessus, *Dr. comm.*, no 342.

146. — Il existe encore un cas où on tire un duplicata de la lettre de change, acceptée ou non; c'est lorsque la lettre originale a été perdue, et qu'on en veut demander le paiement. — V. *infrà* nos 520 et suiv., 531 et suiv., 558.

147. — Les copies de lettres de change ne doivent pas être confondues avec les *duplicata* dont il vient d'être parlé. Il peut se faire qu'au moment où une lettre de change a été tirée, les contractans n'aient pas senti ou prévu l'utilité dont pourraient être une *seconde, troisième*, etc., faite et signée par le tireur. Alors, un endosseur trop éloigné souvent de la demeure de celui-ci, pour se procurer un *duplicata* dont il sent la nécessité, transcrit littéralement la lettre de change, avec tous les endossemens qu'elle porte, y compris le sien: puis il certifie véritable cette copie en indiquant où se trouve l'original. Le but de cette copie, est de pouvoir la négocier en l'absence de l'original et pendant que cet original est envoyé à l'acceptation par l'auteur de la copie. — Pardessus, *Dr. comm.*, no 342; Nouguier, t. 1er, p. 107.

148. — Cet usage de négocier des lettres de change par copies certifiées, bien que non consacré explicitement par la loi, doit être maintenu dans l'intérêt du commerce, par cela seul qu'il n'est pas prohibé. — *Paris*, 14 janvier 1830, Chevalier c. Thuret.

149. — La copie ne remplace un duplicata qu'autant qu'elle porte toutes les signatures originales. Alors elle est elle-même un duplicata. Seulement au lieu d'être qualifiée seconde, elle est intitulée *copie pour servir de seconde.* — E. Vincens, t. 2, p. 274.

150. — Celui qui fait et met en émission la copie, contracte, par cela même, l'obligation de ne plus disposer de l'original et de le tenir à la disposition de la personne qui sera porteur de la copie. — Pardessus, *Dr. comm.*, no 342.

151. — Le créateur de la copie de la traite, qui a négocié en même temps l'original de la traite, doit comprendre son endossement dans la copie de la traite qu'il délivre, et non le placer après le *certifié copie* signé de lui. — En négociant à la fois l'original et la copie de la traite, et en plaçant son endossement après le *certifié copie*, il crée deux titres, et il est responsable des suites de la création de ces deux titres négociables. — *Paris*, 14 janv. 1830, Chevalier c. Thuret. — Pardessus, *Dr. comm.*, no 342; Horson, *Quest. sur le C. de comm.*, no 55; E. Vincens, t. 2, p. 280; Persil, art. 110, no 38.

152. — Une fois que la traite a été remise au cessionnaire, l'endosseur n'a plus le droit d'en tirer de copie; car la copie ayant pour objet de l'obliger à faire remettre l'original à celui à qui il la délivre, il ne peut s'engager à livrer ce dont il s'est dessaisi. — Vincens, t. 2, p. 280.

Sect. 9e. — *Lettre de change tirée par ordre et pour le compte d'un tiers.*

153. — La lettre de change peut être tirée par ordre et pour le compte d'un tiers. — C. comm., 111.

154. — On peut voir *infrà* nos 310 et suiv., au sujet de la provision, et au mot PROTÊT, quelles sont les obligations du tireur pour compte d'autrui et celles du donneur d'ordre, soit vis-à-vis du tiers porteur, soit vis-à-vis du tiré.

Sect. 10e. — *Suppositions dans les lettres de change.*

155. — L'art. 112 C. comm. porte: « Sont réputées simples promesses, toutes lettres de change contenant supposition soit de nom, soit de qualité, soit de domicile, soit des lieux d'où elles *sont* tirées ou dans lesquels elles *sont* payables. »

156. — L'ordonn. de 1673 ne contenait aucune disposition à cet égard. Aussi a-t-il été jugé que, sous cette ordonn., les lettres de change, quoique renfermant une supposition du lieu d'où elles étaient tirées, n'étaient point réputées simples promesses. — *Cass.*, 5 juill. 1836, des Etangs c. Laudinat-Nicard; *contrà Cass.*, 22 juin 1825, Mevolhon c. Besson.

157. — Si la loi ne parle que de *supposition* et non d'*omission*, la raison en est simple. Les formalités prescrites pour la lettre de change étant substantielles, il n'y a point de lettre de change quand l'une d'elles a été omise.

158. — Toute supposition dans une lettre de change ne doit pas la faire réputer simple promesse. Car l'effet de la simulation doit cesser, si cette simulation cache un fait qui, mis au lieu et place de celui qui est faussement articulé, laisserait à la convention l'ensemble des conditions nécessaires à sa validité. — Nouguier, t. 1er, p. 154.

159. — Ainsi, lors même qu'une lettre de change contiendrait supposition de lieu, si elle a été réellement tirée d'un lieu sur un autre, elle conserve son caractère de lettre de change. — *Toulouse*, 15 déc. 1814, Guibert c. Aliquier. — Pardessus, *Dr. comm.*, no 458. — *Contrà Metz*, 1er déc. 1836, B... c. N..

160. — Lorsqu'il est prouvé qu'une lettre de change contient supposition de lieu, et que les fonds en ont été fournis, non au souscripteur, mais à un tiers, pour lequel celui-ci a consenti à s'obliger, cette lettre ne constitue qu'une simple promesse dont les tribunaux de commerce ne peuvent connaître, si aucun des signataires n'est commerçant. — *Colmar*, 15 juin 1813, Wolff c. Rott.

161. — Lorsque l'accepteur s'oblige à payer à son domicile dans un lieu où il n'a réellement pas de domicile, une pareille énonciation est moins une supposition de lieu qu'une élection de domicile. — *Turin*, 31 mars 1813, Boldrini c. Jeannin.

162. — Jugé, et avec raison, ce nous semble, que la disposition de l'art. 112 C. comm., relativement aux suppositions de noms, de qualités, de domicile ou de lieu, ne s'applique pas à la supposition de valeur. — *Toulouse*, 19 mai 1820, Dubois c. Resseguier. — Persil, art. 112, no 7; Nouguier, t. 1er, p. 153. — *Contrà Cass.*, 22 janvier 1815, Descantures c. Laseynie.

163. — En effet, la loi ne parle point de le cause. — Merlin, *Rép.*, vo *Lettre et billet de change*,

§ 2, n° 2 *bis*; Vincens, t. 2, p. 367; Pardessus, *Dr. comm.*, n° 458. — Ainsi jugé que, bien qu'une lettre de change exprime une fausse cause, elle est néanmoins valable, si elle a une cause réelle et licite. — *Cass.*, 19 juin 1832, Bradel c. Busnot; *Pau*, 11 nov. 1834, Semmartin c. Begué.

164. — ... Qu'on ne peut attaquer comme ayant une cause illicite, la lettre de change créée pour remplacer une convention civile entachée d'usure, lorsque cette convention elle-même n'a pas été attaquée. — *Pau*, même arrêt.

165. — Jugé toutefois qu'on doit réputer simple promesse la lettre de change souscrite à l'occasion d'un remplacement militaire par le remplacé, à l'ordre de celui qui a procuré le remplacement, lorsqu'il est constant que cette lettre de change n'a pas eu d'autre cause que le prix du remplacement. — *Aix*, 5 nov. 1830, Sauvat c. Roure.

166. — Une lettre de change, qui énonce une cause ou valeur fournie, peut cependant être annulée, s'il est reconnu qu'elle n'a point une cause vraie et réelle. — *Cass.*, 20 nov. 1817, Raymond c. Ladonne.

167. — Une lettre de change ne peut être réputée sans cause, par cela qu'elle a été tirée au profit d'un prête-nom du donneur de valeur. — *Rouen*, 11 février 1808, Beauchamp c. Boursier.

168. — ... Elle est valable, bien que la valeur fournie appartienne à un tiers qui n'y a point figuré. — *Pau*, 11 nov. 1834, Semmartin c. Begué.

169. — Une lettre de change causée *valeur en la facture du tiré de tel jour* ne doit pas être réputée sans cause par cela seul que la facture n'est pas produite, alors surtout que le tiré consent à payer. — *Bordeaux*, 30 juin 1841 (t. 2 1841, p. 287), Lecourt c. Gonest.

170. — Des lettres de change souscrites pour déguiser des trafics usuraires doivent être réduites au capital prêté augmenté des intérêts légaux. Elles n'emportent pas contrainte par corps. — *Limoges*, 10 mars 1808, Bertrand c. Gauthier.

171.—La preuve de la supposition de nom, de qualité, etc., peut se faire non-seulement par la preuve littérale, par la correspondance et les livres des parties, mais même par la preuve testimoniale et par de simples présomptions. On peut encore déférer le serment et faire interroger sur faits et articles. — Salviat, *Jurispr. du Parlem. de Bordeaux*, v° *Lettres de change*, § 2; Merlin, *Rép.*, v° *Lettre et billet de change*, § 2, n° 2 *bis*; Pardessus, *Dr. comm.*, n° 459. — Persil (art. 112, n° 8) pense que la preuve littérale est seule admissible, attendu qu'il s'agit de savoir, non pas si la somme est réellement due, mais si la preuve de l'obligation, c'est-à-dire la lettre de change elle-même, réunit les conditions nécessaires à son existence.

172.— Ainsi jugé, que l'individu non-commerçant, poursuivi en paiement d'une lettre de change, peut, pour prouver la supposition de lieu qu'il prétend qu'elle renferme, demander la représentation des livres du commerçant, auxquels il offre d'ajouter foi, à l'effet d'en extraire ce qui concerne cette lettre de change. — *Cass.*, 20 juin 1810, Marimpoey c. Dandurain; *Bruxelles*, 25 février 1830, G.... c. P....

173. — Toutefois, le pouvoir des juges est facultatif à cet égard. Ainsi, lorsque le tireur de la lettre de change soutient n'en avoir pas reçu la valeur, les juges peuvent, suivant les circonstances, refuser d'ordonner la production des livres de celui au profit de qui la traite est tirée, bien que le tireur offre de s'en rapporter à leur contenu. —*Cass.*, 20 août 1818, Mellis c. Lamothe.

174. — Jugé que la preuve testimoniale est admissible pour établir la véritable cause d'une lettre de change. — *Cass.*, 20 juin 1810, Marimpoey c. Dandurain. — Chardon, *Dol et fraude*, n° 154.

175. — .... Ou pour établir la supposition de lieu. — *Bruxelles*, 3 juillet 1812, N...; *Bordeaux*, 21 février 1831, Rolland c. Espinasse. — *Contrà Riom*, 5 juillet 1813, Gardraud c. Albanet.

176.—De simples présomptions sont également admissibles. — *Cass.*, 20 juin 1810, Marimpoey c. Dandurain. — Ainsi, par exemple, pour établir la supposition de remise de place en place. — *Bruxelles*, 28 juin 1810, Powilz c. Moulard; *Cass.*, 1er août 1810, Musnier c. Desmoges. — Ou la supposition fausse de valeur fournie. — *Cass.*, 9 juin 1814, Ardent c. Collin.

177. — Le serment supplétif peut aussi être déféré. — *Cass.*, 20 juin 1810, Marimpoey c. Dandurain. — Et, *à fortiori*, le serment décisoire, surtout entre deux endosseurs. — *Turin*, 30 frim. an XIV, Dutto c. Hugon.

178. — Enfin la comparution en personne peut être ordonnée. Tel serait le cas où le porteur d'une lettre de change et les endosseurs immédiats seraient appelés par le tireur, l'accepteur et les endosseurs précédens, pour répondre sur des faits dont ceux-ci veulent induire que la traite a une cause illicite. — *Colmar*, 25 mai 1808, Juillerat c. Imhoff et Gass.

179. — Dans le cas où une partie déclare s'inscrire en faux contre les énonciations d'une lettre de change, les juges peuvent apprécier dans quelles circonstances cette déclaration est faite, et ils sont libres de ne pas surseoir au jugement du fond. — *Riom*, 21 nov. 1846, Bellut c. Valicon.

180. — Le tireur, le preneur et l'accepteur d'une lettre de change peuvent opposer respectivement la supposition de lieu, de nom, etc. — Merlin, *Rép.*, v° *Lettre et billet de change*, § 2, n° 2 *bis*. — Ainsi jugé pour le tireur. — *Colmar*, 21 janv. 1812, Soulié c. Toussaint; *Agen*, 19 déc. 1836 (t. 2 1837, p. 555), Delsel c. Tompeyret. — Et pour l'accepteur. — *Bordeaux*, 21 fév. 1831, Rolland c. Espinasse.

181. — Mais l'accepteur d'une lettre de change n'est pas recevable à arguer l'effet de simulation, ou à s'inscrire en faux incident, par le motif que le tireur est une personne inconnue ou supposée. — *Bourges*, 16 fév. 1816, Serreau c. Poulin; *Paris*, 29 août 1825, Saint-Sauveur c. Taillepied.

182. — Le porteur est également recevable à prouver la supposition de nom, etc., s'il y a intérêt, par exemple, pour que, la lettre étant reconnue simple promesse, on ne puisse opposer que la prescription de trente ans. — *Cass.*, 22 juin 1825, Mevolhon c. Besson. — Horson, *Quest. sur le C. comm.*, n° 134.

183. — Mais le vice d'une lettre de change résultant de l'exagération de la cause est opposable au tiers porteur, lorsqu'il a connu l'existence de la fraude. — *Cass.*, 22 nov. 1847 (t. 2 1848, p. 659), Fairmaire et Martin c. de Praingy.

184. — La nullité d'une lettre de change résultant de ce qu'elle contient une supposition de lieu peut être opposée à celui à l'ordre duquel elle a été souscrite. — *Bordeaux*, 21 fév. 1831, Rolland c. Espinasse.

185. — En général, la supposition de lieu, etc., non plus que la simulation, ne peuvent être opposées au tiers porteur de bonne foi. La présomption de bonne foi existe en sa faveur, par cela même que la lettre est régulière dans sa forme. — *Bruxelles*, 18 juin 1808, Puttemans c. Claes; 20 août 1812, Depaepe c. Dubois; 21 janv. 1813, N... c. N...; 30 déc. 1814, N... c. N...; 8 janvier 1819, N... c. N...; *Cass.*, 18 mars 1819, Héraud c. Hue; *Bruxelles*, 16 avril 1819, N... c. N...; 28 juill. 1820, N... c. N...; 12 fév. 1822, Schoeder c. N...; *Bordeaux*, 21 fév. 1831, Rolland c. Espinasse; *Caen*, 22 déc. 1846 (t. 1er 1847, p. 274), Vesque c. Devaux. V. aussi *Caen*, 29 mai 1838 (sous *Cass.*, 31 déc. 1839 [t. 1er 1840, p. 47], Gonthier c. Fromage); *Bourges*, 26 mars 1839, Fiocre c. Fontette sous *Cass.*, 11 mars 1840 [t. 2 1840, p. 791]). — Merlin *Rép.*, v° *Lettre et billet de change*, § 2, n° 2 *bis*; Pardessus, *Contr. de ch.*, n° 515, et *Dr. comm.*, n° 460; Horson, *Quest. sur le C. comm.*, n° 49; E. Vincens, t. 2, p. 367; E. Persil, art. 110, n° 41.

186. — Dans ce cas, le tiré est admis à établir par tous les genres de preuve que le tiers porteur a été remboursé en partie par le tireur, et la contrainte par corps ne peut plus être exercée que pour le solde de la traite. — Dans ce cas encore, s'il apparaît qu'il y ait compte à faire entre le tireur et le tiré, les tribunaux peuvent remettre à prononcer sur tout recours entre eux jusqu'à l'apurement du compte, en ordonnant néanmoins que le tireur sera tenu par corps de garantir le tiré de la condamnation prononcée au profit du tiers porteur. — *Caen*, 22 déc. 1846 (t. 1er 1847, p. 274), Vesque c. Devaux et Martin.

187. — Mais on peut opposer au tiers porteur la supposition de lieu, lorsqu'on prouve qu'il en a eu connaissance. — *Paris*, 9 déc. 1808, Leavenworth c. Fraix; *Cass.*, 25 janv. 1815, Descouture c. de Lascynie; *Paris*, 22 mai 1828, Vieyra-Molina c. Barré; *Cass.*, 22 nov. 1847 (t. 2 1848, p. 659), Fairmaire et Martin c. de Praingy. — Merlin, *Rép.*, v° *Lettre et billet de change*, § 2, n° 2 *bis*; Pardessus, *Contr. de change*, n° 515, et *Dr. comm.*, n° 460; Chardon, *Dol et fraude*, n° 434.

188. — De même le porteur ne serait plus recevable à arguer de simulation des lettres de change, s'il en avait d'abord reconnu explicitement ou implicitement la sincérité, par exemple en saisissant le tribunal de commerce. — *Agen*, 8 janv. 1814, Pagès et Constant c. Rayet.

189. — C'est devant le tribunal saisi de la demande en paiement de la lettre de change, c'est-à-dire devant le tribunal de commerce, que l'exception de supposition doit être présentée. Car la présomption est en faveur de l'acte revêtu des formes extérieures. — Nouguier, t. 1er, p. 158. — Mais la supposition une fois reconnue ou déclarée constante, la lettre de change n'étant plus alors qu'une simple promesse, la juridiction commerciale ne doit plus rester saisie, à moins que la cause de la promesse ne soit commerciale, ou qu'un des signataires ne soit commerçant. La contrainte par corps ne peut pas être prononcée contre le non-commerçant. — *Cass.*, 26 déc. 1808, Belz c. Porta; *Aix*, 5 nov. 1830, Sauvat c. Rouze; *Lyon*, 6 déc. 1845 (t. 2 1846, p. 207), Bifferi c. Pitiot. — Merlin, *Rép.*, v° *Lettre et billet de change*, § 2, n° 2 *bis*; Pardessus, *Contr. de change*, nos 29 et suiv., 499 et suiv. — V. au surplus COMPÉTENCE COMMERCIALE, nos 144 et suiv.

190. — Bien qu'elle ne puisse être qualifiée lettre de change, la promesse est néanmoins un titre suffisant pour donner au porteur le droit d'exiger du tireur le remboursement de ce qui lui a été payé. — Delvincourt, *Instit. de dr. comm.*, t. 2, p. 103.

Sect. IIe. — *Qui peut faire ou signer des lettres de change.*

191. — Dans l'origine, les lettres de change n'étaient souscrites que par les marchands et les banquiers. Depuis, elles le furent également par les receveurs des finances; enfin, toute personne a été admise à prendre part au contrat de change et à le réaliser au moyen d'effets négociables. — Merlin, *Rép.*, v° *Lettre et billet de change*, § 3, n° 1.

192. — Cependant la loi a proclamé certaines incapacités fondées soit sur l'état, soit sur la qualité des signataires. Ainsi les agens de change et les courtiers ne peuvent souscrire, endosser, accepter ou garantir des lettres de change, sous peine de destitution et d'amende. — L. 21 avril, 8 mai 1791; C. comm., art. 85, 86 et 87. — Il en était de même sous l'ord. 1673 (tit. 2, art. 1er et 2).

193. — Toutefois les signatures qu'ils donneraient ne laisseraient pas de les engager valablement; car la loi ne prononce pas la nullité de leurs engagemens, mais une autre peine. — Merlin, *Rép.*, v° *Lettre et billet de change*, § 3, n° 6; Pardessus, *Contr. de change*, n° 53. — On décidait de même sous l'ord. 1673. — Savary, *Parf. négoc.*, t. 2, p. 377; Pothier, *Contr. de change*, n° 29.

194. — Autrefois le commerce était défendu aux ecclésiastiques; on en concluait qu'ils ne pouvaient signer de lettres des change. — Savary, *Parf. négoc.*, parère 19; Pothier, *Contr. de ch.*, n° 27. — V. cependant Denisart, v° *Lettres de change*, n° 52, qui rapporte des arrêts contraires; Pardessus, *Contr. de ch.*, n° 34. — Aujourd'hui, cela ne peut plus faire question, puisque les ecclésiastiques sont régis par la loi commune.

195. — La profession d'avocat étant incompatible avec toute espèce de négoce (Décr. 14 déc. 1810, art. 18; ord. 20 nov. 1822, art. 42), il s'ensuit que les avocats ne peuvent signer des lettres de change. Toutefois, les engagemens qu'ils prendraient ne laisseraient pas que d'être valables, sauf à eux à répondre, devant qui de droit, sur la question disciplinaire.

196. — Bien qu'il ne convienne point à ceux qui ont des bienséances à garder dans leur état de tirer, endosser ou accepter des lettres de change, cependant, toutes sortes de particuliers peuvent, sans aucun inconvénient, être porteurs d'une lettre de change tirée à leur profit. — Merlin, *Rép.*, v° *Lettre et billet de change*, § 3, n° 1.

197. — La signature des femmes et des filles non négociantes ou marchandes publiques sur lettres de change ne vaut à leur égard que comme simple promesse (C. com. 113). — D'où la conséquence que les femmes négociantes ou marchandes publiques qui ont donné leur signature, sont obligées de la même manière que tous autres signataires.

198. — De plus, la femme mariée doit avoir l'autorisation de son mari (C. civ., art. 215). Cependant, comme la femme marchande publique peut, sans l'autorisation de son mari, s'obliger pour ce qui concerne son négoce (C. comm., art. 5.), il s'ensuit qu'elle n'a pas besoin, dans ce cas, d'être autorisée pour signer des lettres de change. — Mais, pour tous les autres cas, la femme marchande publique et, toujours, la femme non marchande publique, ont besoin de l'autorisation de leur mari pour s'obliger par leur signature sur des lettres de change. — V. AUTORISATION DE FEMME MARIÉE.

199. — Toutefois cette autorisation peut n'être que tacite, et la preuve en résulter des circonstances. — Par exemple le mari qui tire des lettres de change à l'ordre de sa femme, l'autorise par cela même à endosser ces traites. — *Toulouse*, 12 juillet 1811, Bellerive c. Mignard.

200. — ... Et celui qui tire des lettres de

change sur sa femme, l'autorise suffisamment à les accepter. — *Caen*, 2 août 1814, Lamotte c. Lacauve; *Paris*, 2 fév. 1830 (sol. implic.), Belon c. Monvolé. — Persil, art. 113, n° 3.

201. — Jugé toutefois, dans ce dernier cas, que l'acceptation mise par la femme seule et sans le concours ou l'autorisation de son mari, n'engage la femme que comme mandataire du mari. — Paris, 10 avril 1810, L. c. De Volder. — Savary, *Parf. négoc.*, parère 2; Pothier, *Contr. de ch.*, n° 28.

202. — L'acceptation par le mari d'une lettre de change que sa femme a tirée sur lui, ne peut être considérée comme un concours dans l'acte ou un consentement de nature à valider l'obligation prise par la femme. — *Paris*, 12 janv. 1815, Joly c. Renet.— Duranton, *Droit fr.*, t. 2, n° 518. — *Contrà* Persil, art. 113, n° 4, par le motif que le mari, avant d'accepter, a connu l'engagement, et qu'en l'acceptant, il l'a ratifié. — V. au surplus AUTORISATION DE FEMME MARIÉE, AVAL.

203. —L'incapacité des femmes mariées, résultant du défaut d'autorisation, n'est relative qu'à leur intérêt ou à celui de leur mari, elle ne saurait donc être opposée par les tiers. — C. civ., art. 225, 1125; Delvincourt, *Instit. commerc.*, t. 2, p. 97; Pardessus, *Contr. de ch.*, n° 47.

204. — S'il était justifié que la femme n'a signé une lettre de change que comme mandataire de son mari, et par suite de l'habitude qu'elle a de signer pour lui, elle ne serait pas personnellement obligée. — V. *infrà* nos 498 et suiv.

205. — Si la lettre signée de la femme non marchande ne constitue à son égard qu'une simple promesse, c'est cependant toujours une lettre de change, et par conséquent la juridiction commerciale est compétente pour en connaître. — *Cass.*, 26 juin 1839 (t. 2 1839, p. 12), Sauguier c. Villard; 6 nov. 1843 (t. 1er 1844, p. 194), Devaux c. Lebourgeois. — Merlin, *Rép.*, v° *Lettre et billet de change*, § 3, n° 5; Pardessus, *Contr. de change*, nos 395, 522 et 600. — V. COMPÉTENCE COMMERCIALE, nos 187 et suiv.

206. — Sous l'ord. 1673, le mineur marchand étant réputé majeur pour les faits de son commerce (tit. 1er, art. 6), il en résultait que les lettres de change signées par lui étaient valables. — Jousse, *Comment.*— A l'égard des mineurs non marchands, Pothier (*Contr. de ch.*, n° 28) pense, d'après Heineccius et un arrêt du 19 avril 1717, qu'ils sont restituables contre l'obligation qu'ils auraient contractée en souscrivant, endossant ou acceptant des lettres de change. — *Contrà* Arrêt du parlement de Paris, du 30 août 1702, maintenu par le conseil privé du roi, le 12 août 1704. — Dupuy, *Art des lettres de change*, p. 333. — V. en ce sens, en ce qui concerne les titres de bonne foi, *Paris*, 24 niv. an IX, Thurot c. Hucher.

207. — Aujourd'hui, le mineur commerçant peut valablement souscrire des lettres de change (C. civ., art. 1308; C. comm., art. 2). — Quant aux lettres de change souscrites par des mineurs non-négociants, elles sont nulles à leur égard; lorsque les mineurs sont admis en cette qualité à se faire restituer contre leurs engagements, le remboursement de ce qui a été, en conséquence, payé pendant la minorité, ne peut en être exigé, à moins qu'il ne soit prouvé que ce qui a été payé a tourné à leur profit. — C. comm. 114; C. civ. 1312. — Pardessus, *Contr. de change*, n° 38 et 521; Toullier, *Dr. civ.*, t. 7, nos 576 et suiv.

208. — Enfin, la simple déclaration de majorité faite par le mineur, ne fait point obstacle à sa restitution. — C. civ., 1307.

209. — Le décret du 17 mars 1808, concernant les juifs, porte, art. 4 : « Aucune lettre de change, aucun billet à ordre, aucune obligation ou promesse, souscrite par un de nos sujets, non-commerçant, au profit d'un juif, ne pourra être exigée, sans que le porteur prouve que la valeur en a été fournie entière et sans fraude. » Mais ce décret a reçu de nombreuses modifications. — V. JUIF.

CHAP. 2e. — *Provision.*

210. — Les valeurs qui sont ou doivent se trouver entre les mains du tiré ou de l'accepteur pour servir au paiement de la lettre de change, constituent la provision.

211. — Les principes concernant la provision varient suivant que la lettre est tirée pour le compte du tireur lui-même, ou bien, lorsqu'elle est tirée d'ordre et pour le compte d'un tiers.

Sect. 1re. — *Provision quand la lettre est tirée pour le compte du tireur.*

212. — Le tireur ayant contracté l'obligation de faire payer la lettre dans tel lieu et à telle époque, c'est à lui à faire sa provision à l'échéance (C. comm. 115); il doit donc prendre ses mesures pour que les fonds soient à la libre disposition du tiré lorsque le porteur présentera la lettre pour être payé. — Pardessus, *Dr. comm.*, n° 391.

213.—Quel que soit le motif pour lequel la traite n'a pas été acquittée à l'échéance par le tiré ou l'accepteur, le tireur est responsable du défaut de paiement, sauf son recours contre son mandataire, s'il y avait eu réellement provision.

214. — Dans un seul cas, comme on le verra nos 250 et suiv., le tireur échappe à la responsabilité; c'est lorsque le porteur a négligé de faire, en temps utile, les actes nécessaires pour constater le défaut de paiement. Alors le tireur qui prouve que le tiré avait provision lors de l'échéance, est déchargé de toute garantie envers le porteur.

215. — Le banquier qui, après avoir reçu des valeur négociables contre une somme d'argent qu'il a prêtée, accepte ensuite, en renouvellement de ces valeurs, des billets à plus longue échéance, est tenu, si les premiers effets ont été par lui mis en circulation, d'en assurer le paiement, et conséquemment d'en faire la provision, ce paiement ne pouvant plus rester à la charge du tireur. Dès lors, en cas de faillite du tiré, c'est à la charge de ce banquier, et non à celle du tireur, que demeure la perte de la provision. — *Douai*, 29 janv. 1844 (t. 2 1844, p. 375), Serret c. Gellé.

216. — Il y a provision, si, à l'échéance de la lettre de change, celui sur qui elle est fournie est redevable au tireur d'une somme au moins égale au montant de la lettre de change. — C. comm., art. 116.

217. — ...Sans qu'il soit nécessaire qu'il y ait une affectation spéciale sur des marchandises ou des valeurs déterminées. — *Rouen*, 20 août 1845 (t. 1er 1846, p. 449), Hellot-Vimard c. Alexandre et Chedeville.

218. — Il résulte de quelques arrêts que la provision est réputée exister par cela seul qu'au moment de l'échéance le tireur est créancier du tiré de valeur suffisante pour le paiement, encore que sa créance soit à terme ou conditionnelle. — *Cass.*, 3 août 1835, Gilbert c. Saint-Jores; 1er fév. 1836, Roulland c. Augier; *Bordeaux*, 30 juin 1841 (t. 2 1841, p. 287), Lecourt c. Gouest. — Alors cette créance est susceptible d'être transportée commercialement. — *Cass.*, 1er août 1835, Gilbert c. Saint-Jores.

219. — Cependant, il nous semble que la dette du tiré non exigible à l'échéance de la lettre, ne saurait constituer la provision. Car jusqu'au terme fixé, le tiré ne pouvant être contraint de payer, c'est comme s'il ne devait pas : *Qui a terme, ne doit rien.* L'exigibilité est donc une condition essentielle de la provision.

220. — Aussi la cour de cassation a-t-elle décidé, depuis, que, lorsque la loi déclare le porteur d'une lettre de change, non protestée dans les délais, déchu de tout recours, même contre le tireur, si celui-ci justifie qu'il y avait provision à l'échéance, elle entend parler d'une provision réelle, disponible et exigible au moment même de l'échéance. — *Aix*, 2 juin 1837, Samuel c. Gérin; et *Cass.*, 30 mars 1841 (t. 1er 1841, p. 559), mêmes parties.

221. — Par la même raison, pour que le tiré puisse être censé avoir provision, il ne suffit pas qu'il lui ait été envoyé d'autres effets dont il aurait reçu le montant par endossement ou autrement, lorsque d'ailleurs il peut encore être poursuivi ou inquiété, à raison de ces effets, par celui qui en est porteur. — *Bruxelles*, 15 février 1827, Mahutte c. M.....

222. — De même, la provision n'existe pas lorsqu'il est reconnu en fait qu'il y a compte à faire entre le tiré et le tireur, en sorte que l'on ne peut savoir si le premier est le débiteur du second, surtout lorsqu'il n'y a eu aucune affectation spéciale de la provision au paiement des traites, mais, au contraire, simple indication d'en porter le montant au compte courant existant entre les parties. — *Cass.*, 9 juin 1841 (t. 2 1841, p. 341), Mérian et Bénard c. Delaroche et Delessert.

223. — La provision est censée ne plus exister du moment que le tiré débiteur du tireur qui l'a avisé d'une traite sur lui, a déclaré qu'il n'accepterait pas cette traite et a créé, pour se libérer envers son créancier, des billets à ordre payables même après l'échéance de la traite. — *Paris*, 18 avril 1833, Hollandu c. Beaudot.

224. — Lorsque, sur l'avis qui lui est donné d'une traite tirée sur lui, un commerçant auquel sont remis en même temps pour la provision de la traite des effets en compte courant, promet de payer cette traite par le crédit du tireur, en accusant en outre réception des effets, sauf rentrée, on ne saurait considérer cette réponse comme constituant une acceptation pure et simple de la traite, mais bien comme une acceptation conditionnelle pour le cas où, à l'échéance, la provision résulterait du crédit du tireur. — Dès lors si, au jour de l'échéance, le défaut de paiement des effets envoyés en compte courant a mis le tiré à découvert vis-à-vis du tireur, la provision n'existant pas, le tiré peut refuser le paiement de la traite. — *Cass.*, 4 juill. 1843 (t. 2 1843, p. 445), Antoine c. Thibaux.

225. — Il n'y a pas provision lorsque le tiré est débiteur d'une somme moindre que le montant de la traite. — *Liége*, 9 mai 1812, Gauland c. Preugruber.

226. — Le porteur peut exiger que la provision consiste en une somme d'argent liquide. — Nouguier, *Lett. de ch.*, t. 1er, p. 191. — *Contrà* Pardessus, *Dr. comm.*, n° 393.

227. — Ainsi, quand des marchandises ont été envoyées par le tireur au tiré pour les vendre, et en appliquer le prix au paiement de la traite, il n'y a pas provision; car, jusqu'à la vente, le tiré est simplement dépositaire. — Vincens, t. 2, p. 335; Nouguier, t. 1er, p. 192. — Il en serait autrement si le tiré avait accepté les marchandises comme l'équivalent de la provision qu'il s'engageait à faire. — Nouguier, *ibid.*

228. — Cette distinction sert à résoudre la question de savoir sur qui doit retomber la perte de la provision entre les mains du tiré. Si le tiré est débiteur de sommes envers le tireur, la perte retombe sur lui; mais s'il n'a la provision entre les mains qu'à titre de dépôt ou de nantissement, et qu'il n'y ait pas faute de la part du tiré, la perte doit être pour le tireur : car *res perit domino.* — Pardessus, *Dr. comm.*, n° 390; Nouguier, t. 1er, p. 197.

229. — La provision doit exister au moment même de l'échéance. Dès lors, il ne suffirait pas au tireur d'une lettre de change non protestée, pour échapper à l'action en garantie du porteur, de prouver que la provision existait antérieurement à l'échéance. — *Bordeaux*, 13 juillet 1832, Lejouteux c. Puilboreau.

230. — A plus forte raison, il n'y a pas provision quand elle n'existe que postérieurement à l'échéance. — *Liége*, 9 mai 1812, Gauland c. Preugruber.

231. — Le tireur ne peut être réputé avoir fait provision, par cela seul qu'il a accepté, à découvert, pour le compte du tiré, une traite d'une somme plus élevée que la sienne, mais qui n'est payable qu'à une époque plus éloignée. — *Paris*, 20 mai 1828, Berte-Hamoir c. Pietro et Cochino.

232. — Lorsqu'il existe entre le tireur et le tiré un compte courant qui n'a point subi d'interruption, et qu'aucune convention formelle n'a affecté telle somme déterminée au paiement de la lettre de change, il faut, pour savoir s'il y a provision, rechercher si, d'après le compte, le tiré se trouve redevable envers le tireur d'une somme au moins égale au montant de la traite. — *Lyon*, 9 août 1848 (t. 2 1848, p. 457), Ganneron c. Mayet et Bunot.

233. — Le porteur n'a pas le droit de s'enquérir d'avance si la provision est faite ou sera faite à l'échéance. — Pardessus, *Dr. comm.*, nos 392 et 393; Nouguier, t. 1er, p. 193.

234. — De plus, la provision doit être faite où le paiement doit s'effectuer. — Dès lors, il ne suffit pas à celui qui tire une lettre de change payable dans un autre lieu que le domicile du tiré, de prouver qu'il était, à l'échéance, créancier de celui-ci d'une somme égale au montant de la lettre de change. — *Aix*, 11 déc. 1838 (t. 1er 1839, p. 363), Delcorral c. Braquetty.

235. — Il en serait autrement si la lettre tirée sur une place avait été acceptée par le tiré payable dans une autre. Le tireur ne devant répondre que des engagemens qu'il a pris, n'est pas, en cas de protêt tardif, obligé de prouver qu'il y avait provision dans le lieu où la lettre a été indiquée payable par l'accepteur. Il lui suffit de prouver que le tiré avait provision. — *Cass.*, 24 févr. 1812, Debray et Valfresne c. Martin Puech; *Rouen*, 31 mars 1813, mêmes parties. — Pardessus, *Dr. comm.*, n° 393; E. Vincens, t. 2, p. 339; Nouguier, t. 1er, p. 206; Persil, art. 116, n° 6. — *Contrà Paris*, 17 mai 1811, Debray Valfresne c. Gros-Davilliers.

236. — Quant à la provision pour les billets à ordre payables à un domicile indiqué, V. BILLET A DOMICILE.

237. — La provision d'une lettre de change est détruite par le fait de la faillite du tiré survenue avant l'échéance. — Dans ce cas le porteur conserve son recours contre le tireur, encore bien que la lettre de change n'ait pas été protestée en temps utile. — *Paris*, 18 nov. 1813, et *Cass.*, 17 fév. 1816, Wilkins c. Schereret Finguerlin ; *Bordeaux*, 10 fév. 1824, Charvet c. Monmejean ; *Cass.*, 31 juill. 1832, Assy-Jalabert c. Cousin Jullion ; *Bordeaux*, 12 août 1837 (t. 2 1837, p. 395), Delamarre c. Mouret ; *Aix*, 2 juin 1837, Samuel c. Gérin ; *Cass.*, 30 mars 1841 (t. 1er 1841, p. 559), mêmes parties. — *Contrà* Horson, *Quest. sur le C. de comm.*, nos 58 et 59.

238. — Peu importe que l'état de faillite existant lors de l'échéance n'ait été déclaré que postérieurement à l'échéance de la lettre, si l'ouverture en est fixée avant cette même échéance. Car la déclaration de faillite n'est pas l'état de faillite, mais seulement la constatation d'un état de chose préexistant. — *Bordeaux*, 10 fév. 1824, Charvet c. Monméjean ; *Aix*, 2 juin 1837 (t. 1er 1841, p. 559), Samuel c. Gérin ; *Cass.*, 30 mars 1841 (t. 1er 1841, p. 559), mêmes parties.

239. — En supposant qu'une créance sur un négociant (de Gibraltar) puisse être considérée comme constituant la provision d'une lettre de change payable dans un lieu voisin du domicile de ce négociant (Cadix, par exemple), le porteur doit être relevé de toute déchéance relative au protêt, lorsque le tiré a fait faillite avant l'échéance et que le tireur a touché, en exécution du concordat consenti au profit du tiré, un dividende proportionnel au montant de la lettre de change. — *Aix*, 11 déc. 1838 (t. 1er 1839, p. 363), del Corral c. Braquetty.

240. — Des marchandises expédiées au tiré par le tireur d'une lettre de change ne peuvent faire provision, bien qu'affectées spécialement au paiement du titre, si le tiré a refusé justement d'en prendre livraison. — En conséquence ces marchandises, en cas de faillite du tireur, tombent dans la masse de la faillite. — *Cass.*, 19 janv. 1847 (t. 1er 1847, p. 567), Gouin c. Lemaître.

241. — Jugé encore que le porteur d'une lettre de change ne peut prétendre à la propriété de la somme destinée par le tireur à servir de provision à ladite lettre de change, si cette somme n'est sortie de ses mains ou de celles de son mandataire, et si elle n'est parvenue dans celles du tiré que depuis la faillite du tireur. — *Orléans*, 7 mai 1847 (t. 2 1847, p. 690), Steiger c. Bory.

242. — En admettant que la provision d'une lettre de change entre les mains du tiré emporte saisine au profit du porteur à partir de l'émission de la traite, nonobstant la survenance de la faillite du tireur avant l'échéance, il n'en saurait être ainsi lorsque cette provision n'a été réalisée par le failli que dans les dix jours qui ont précédé sa faillite ou depuis. Dans ce cas, la provision reste la propriété de la faillite. — *Amiens*, 10 juin 1848 (t. 2 1848, p. 468), Drevelle c. Duvette.

243. — Sous l'ordonnance de 1673, l'acceptation emportait preuve suffisante de la provision. — *Paris*, 8 germin. an XIII, Jullian c. Bodin.

244. — Aujourd'hui, l'acceptation suppose la provision ; elle en établit la preuve à l'égard des endosseurs. — *Orléans*, 29 déc. 1813, Naban c. Bellamy.

245. — Si le tiré a avisé le tireur qu'il acceptait les traites à lui envoyées par premières copies et qu'il les tenait à la disposition des porteurs de secondes, il ne peut refuser au porteur de ces secondes copies de les payer, sous prétexte que le tireur n'en a pas fait la provision. — *Montpellier*, 29 juill. 1836, Opperman c. Raymond.

246. — Soit qu'il y ait ou non acceptation, le tireur est tenu de prouver, en cas de dénégation, que ceux sur qui la lettre était tirée avaient provision à l'échéance : sinon il est tenu de la garantir, quoique le protêt ait été fait après les délais fixés. — C. comm., 117.

247. — Ainsi l'acceptation d'une lettre de change ne dispense pas le tireur de prouver qu'il y avait provision à l'échéance. — *Bruxelles*, 21 mars 1810, Allard c. Vanmaldor ; *Bordeaux*, 13 juill. 1831, Lejouteux c. Puilboreau. — Pardessus, *Contr. de change*, no 376.

248. — Décidé de même au sujet d'une lettre de change tirée à vue et sur laquelle le tiré a donné une acceptation antérieure à la date de la souscription de la lettre. — *Cass.*, 29 août 1836, Chevré c. Talon et Gaillard.

249. — Malgré le défaut de protêt, le porteur conserve son recours contre le tireur, s'il est constant que le tiré n'a point eu provision. — *Cass.*, 25 août 1813, Pinot c. Rouxel.

250. — Mais si le tireur prouve qu'il y avait provision à l'échéance, il peut invoquer la déchéance contre le porteur et les endosseurs pour défaut de poursuites en temps utile. — C. comm., 170.

251. — L'accepteur d'une lettre de change actionné par les tiers porteurs ne peut exercer un recours en garantie contre le tireur, par le motif qu'il n'y aurait point eu de provision faite lors de l'acceptation, et que ce serait à ce dernier à faire la preuve de l'existence de la provision, surtout si la forme particulière du titre contenait la preuve de la provision. — *Paris*, 29 sept. 1825, Wilmott c. Gaillard et Lelégard.

252. — Toutefois, le tireur d'une lettre de change tardivement protestée peut être affranchi de tout recours de la part du porteur en démontrant que la provision avait été envoyée au tiré pour l'échéance, mais que, par force majeure, elle n'a pu parvenir à celui-ci qu'après cette époque. — *Pau*, 17 avril 1837 (t. 2 1837, p. 420), Lahirigoyen c. Nunez et Bastiat.

253. — Le porteur d'une lettre de change qui ne l'a pas fait protester dans le délai de la loi, ne peut, dans le cas où il est justifié qu'il y avait provision à l'échéance entre les mains du tiré, être relevé de la déchéance de son action contre le tireur, sous le prétexte que la traite ayant été faite sur papier libre, il n'était pas tenu d'avancer les droits de timbre. — *Cass.*, 2 juill. 1828, Guérin-Roussel c. Bonnaire.

254. — Les donneurs d'aval ou cautions du tireur d'une lettre de change sont tenus, tout aussi bien que le tireur lui-même, de prouver qu'il y avait provision à l'échéance, pour pouvoir exciper de la tardivité du protêt. — *Riom*, 3 juin 1809, Bec c. Tantillon ; *Limoges*, 18 juin 1810, Ramnoux c. Dupuy des Baiges et Maublanc.

255. — Mais il n'en est pas de même quant aux endosseurs. En cas de protêt tardif d'une lettre de change non acceptée, ils ne sont pas tenus de prouver que le tiré avait provision à l'échéance. — *Cass.*, 21 juin 1810, Salignon c. Vollan. — *Contrà* (sous l'ord. 1673), *Cass.*, 1er fruct. an VI, Tisannée c. Gros ; 25 prair. an X, Botte c. Folquin-Pierron ; 23 therm. an X, Semm c. Gotschler ; 14 therm. an XI, Nerken c. Lievens ; 9 prair. an XII, Roger c. Batailler ; *Nîmes*, 16 mars 1812, Chamboredon c. Dumas) même pour une lettre *échue* depuis le C. de comm.).

256. — Sous l'ord. de 1673, le tireur ou l'endosseur d'une lettre de change qui, depuis le protêt, avait retiré des mains de l'accepteur les objets formant la provision, ne pouvait opposer au porteur le défaut de poursuites dans le délai fixé par la loi. — Il ne le pouvait pas, quand même il fût resté créancier de l'accepteur d'une somme égale ou supérieure au montant de la lettre de change, si l'accepteur était en faillite au moment du protêt. Toutefois, ce défaut de poursuites pouvait être invoqué par les autres endosseurs pour être déchargés de toute garantie. — *Cass.*, 7 germin. an XI, Desprez c. Germond, Athenet et Hachin.

257. — Cette obligation pour le tireur et les endosseurs de prouver que le tiré avait provision à l'échéance, ne concernait que les lettres de change et n'était point applicable aux billets à ordre. — *Cass.*, 24 pluv. an III, Levasseur c. Bigot et Froment ; 28 janvier 1811, Bremant c. Branchu.

258. — Comment peut être faite la preuve de l'existence de la provision ? — Suivant Jousse, sur l'art. 16, tit. 5, ordonn. 1673, la preuve doit se faire entre négocians au moyen des livres, et entre les autres personnes par la déclaration ou l'affirmation du tiré, et par tous écrits. — Pardessus, *Contr. de change*, no 98. — Ainsi jugé sous l'ordonn. de 1673. — *Bruxelles*, 19 fév. 1808, Woulers c. Danéels.

259. — Toutefois, jugé que les dispositions des lois romaines sur l'effet, relativement aux tiers, des écrits privés n'ayant pas date certaine, ne s'appliquent pas aux preuves de la provision que le tireur d'une lettre de change annonce avoir faite chez le tiré. — *Cass.*, 3 décembre 1806, Lacoste c. Boffiac.

260. — On peut être admis à prouver par témoins, et par suite par de simples présomptions, qu'il y avait provision pour le paiement d'une lettre de change. — *Bruxelles*, 12 février 1822, D... c. B.... — *Contrà*, Nouguier, t. 1er, p. 401.

261. — En tout cas, lorsqu'une cour d'appel juge, par appréciation des faits du procès qu'à l'échéance d'une lettre de change il n'y avait pas provision entre les mains du tiré, cette décision échappe à la censure de la cour de cassation. — *Cass.*, 23 février 1831, Lanelle c. Grenet.

262. — Lorsque le tireur tombe en faillite avant l'échéance, à qui la provision qui se trouve entre les mains du tiré appartient-elle ? Est-ce au tiers porteur ou à la masse de la faillite ? Il peut se présenter trois cas : 1° ou la lettre a été acceptée ; 2° ou bien la provision a été spécialement affectée au paiement de la lettre ; 3° ou enfin il n'y a eu ni acceptation ni affectation.

263. — Si la lettre a été acceptée, on est unanimement d'avis que la provision appartient au tiers porteur ; car l'acceptation est censée faite sous la condition tacite de la fourniture de la provision. La faillite ultérieure du tireur ne peut enlever des droits acquis.

264. — Il faut en dire autant quand la provision a été spécialement affectée par le tireur au paiement de la lettre non acceptée. Car le tireur pouvait aliéner de suite les objets destinés à la provision ; il a pu à plus forte raison les aliéner dans l'avenir, ou, si l'on veut, restreindre son droit de propriété sur ces mêmes objets, en faveur de créanciers spéciaux. Il y a droit acquis pour ceux-ci ; la faillite ultérieure du tireur ne peut le leur enlever.

265. — Dans le cas où il n'y a eu ni acceptation de la lettre ni affectation spéciale de la provision, la question présente plus de difficultés, et la jurisprudence et les auteurs sont partagés.

266. — Jugé que la provision est acquise au preneur ou porteur dès l'instant de la transmission de la traite, de telle sorte que, nonobstant la faillite du tireur survenue avant l'échéance, la provision reste la propriété du porteur, à l'exclusion de la masse de la faillite. — *Paris*, 19 mai 1830, Jacquet c. Darricarère ; 19 mai 1830, Jaquet c. Haraiague, Serre et Hayon ; *Cass.*, 22 nov. 1830, Duval c. Sauvan ; 6 décembre 1831, Mackensie c. Daly ; 15 février 1832, Vic c. Leray ; *Poitiers*, 25 juillet 1832, Augier c. Drouhet et Gaultier ; *Bordeaux*, 30 juin 1841 (t. 2 1841, p. 287), Lecourt c. Gouest ; *Toulouse*, 24 décembre 1841 (t. 2 1842, p. 468), Lucien d'Artaud c. Brunet. — Persil, art. 116, no 3 ; Nouguier, t. 1er, p. 201.

267. — Tout en reconnaissant le porteur propriétaire de la provision, M. Pardessus (*Dr. comm.*, no 392) pense que ce n'est que d'une manière subordonnée, c'est-à-dire pour le cas où elle aura continué de rester entre les mains du tiré, le tireur restant toujours maître d'en disposer.

268. — Jugé que le porteur a un droit exclusif sur la provision à partir de la souscription de la lettre faite sans fraude. — *Rennes*, 6 fév. 1822, Leray c. Orinel ; *Cass.*, 28 juin 1825, mêmes parties ; 3 fév. 1835, Caldayron c. Barre-Pin ; *Rouen*, 17 août 1838 (t. 2 1838, p. 628), Monnier c. Chagot ; 11 janv. 1844 (t. 1er 1844, p. 227), Alexandre c. Cadot.

269. — ... Et alors même que cette provision n'aurait pas été spécialement affectée au paiement de la lettre. — *Limoges*, 15 fév. 1839 (t. 2 1839, p. 227), Tharaud et Lambert c. Deschamps.

270. — ... Qu'en conséquence le porteur a un droit exclusif sur le prix des marchandises dont le produit était destiné au paiement de la traite, lors même que ces marchandises, expédiées par le tireur avant sa faillite, n'auraient été reçues et vendues par le tiré que depuis la déclaration de cette même faillite. — *Cass.*, 3 fév. 1835, Caldayron c. Barre-Pin ; *Nîmes*, 13 juill. 1835, mêmes parties.

271. — ... Que, si le tiré est consignataire de marchandises destinées à être vendues, le porteur a, sur leur produit, un droit de préférence aux autres créanciers, quoique la traite soit payable en deniers, et ne mentionne pas que ces marchandises doivent servir de provision. — *Cass.*, 3 août 1835, Guilbert c. Saint-Jores.

272. — Dans tous les cas que nous venons de rapporter, peu importe qu'il n'y ait pas eu acceptation de la part du tiré. — *Paris*, 11 fruct. an VIII, André Neveu c. Devinck ; 31 déc. 1827, Livio c. de Ségur ; 19 mai 1830, Jacquet c. Darricarère ; *Cass.*, 15 fév. 1832, Vic c. Leray ; *Poitiers*, 25 juillet 1832, Auger c. Drouhet et Gaultier ; *Cass.*, 3 août 1835, Guilbert c. Saint-Jores ; *Limoges*, 15 février 1839 (t. 2 1839, p. 227), Tharaud et Lambert c. Deschamps ; *Bordeaux*, 30 juin 1841 (t. 2 1841, p. 187), Lecourt c. Gouest.

273. — Jugé encore que la provision appartient exclusivement au porteur, de préférence à l'héritier bénéficiaire du tireur et à ses autres créanciers..., en telle sorte que les frais de l'opposition par lui formée entre les mains du tiré à ce qu'il se dessaisisse de cette provision, doivent être considérés comme faits à ses risques et périls, et demeurer à sa charge. — *Rouen*, 20 août 1845 (t. 1er 1846, p. 449), Hellot-Vimard c. Alexandre et Chedeville.

274. — Que le droit à la propriété de la provision d'une lettre de change est acquis au porteur à partir du jour du contrat de change, et sans qu'il y ait besoin de l'indication d'une destination spéciale à cet égard. — D'où il suit, 1° que des créanciers du tireur ne peuvent saisir-arrêter le montant de la provision entre les mains du tiré, et en demander la répartition au marc le franc entre eux et le porteur ; — 2° Qu'au sujet de cette même provision, le porteur doit avoir la priorité sur les porteurs d'autres lettres de change postérieures en date. — *Rouen*, 25 avril 1845 (t. 1er 1848, p. 226), Rham c. Lizardy.

275. — Mais jugé aussi que la provision n'existant, au profit du tireur vis-à-vis du tiré, qu'autant que les valeurs existant entre les mains de ce dernier ont été spécialement affectées au paiement de la traite, une telle affectation ne saurait résulter de ce qu'en donnant avis de la traite au tiré, le tireur lui aurait en même temps annoncé l'envoi de marchandises pour le couvrir, alors que le tireur et le tiré étaient en compte courant, et que les envois ainsi faits par le premier au second avaient constamment eu pour objet de tenir le compte à peu près en équilibre. —Même arrêt.

276. — Le tribunal de commerce saisi de la contestation entre les porteurs de diverses lettres de change qui se disputent la propriété d'une provision est incompétent pour prononcer la mainlevée des saisies-arrêts formées par d'autres créanciers sur cette provision; mais il peut décider, par application de l'art. 146 C. comm., qui ne permet d'opposition au paiement qu'en cas de perte de la lettre de change ou de faillite du tiers porteur, que ces mêmes saisies-arrêts ne font point obtacle au paiement de la provision à qui de droit. — Même arrêt.

277. — La provision devient la propriété exclusive du porteur à l'instant du transport qui lui est fait de la lettre par la voie de l'endossement, quand bien même il y aurait eu refus d'acceptation de la part du tiré. — *Paris*, 6 déc. 1831, Mackebsie c. Daly.

278. — La transmission de la propriété de la provision s'opère entre le tireur et le preneur, lors même que cette provision n'aurait pas réellement existé entre les mains du tiré, en totalité ou en partie, au moment de la négociation. — *Cass.*, 15 fév. 1832, Vic c. Leray.

279. — ... Si, d'ailleurs, elle existait lors de son échéance. — *Cass.*, 7 déc. 1835, Pouget c. Trouchaud-Lambert et Barre-Pin.

280. — Le porteur d'une lettre de change peut réclamer la propriété de la provision destinée à l'acquitter, lors même que cette provision n'est arrivée dans les mains du tiré qu'après l'échéance et le protêt, et consistait en effets de commerce d'une échéance postérieure. — *Lyon*, 22 mars 1825, Bellati c. Beau-Larat.

281. — L'avis donné au tiré par le tireur, de lui faire retour de la somme fournie à titre de provision, ne peut avoir pour effet de dépouiller le porteur de son droit à cette provision. — *Cass.*, 7 déc. 1835, Pouget c. Trouchaud-Lambert et Barre-Pin.

282. — Si le porteur d'une lettre de change a un privilége sur la provision qui se trouve entre les mains du tiré, il n'en est pas ainsi quand ce dernier s'en est valablement libéré entre les mains du débiteur avant l'échéance de la lettre de change non acceptée. Dès lors, le porteur n'est point fondé à demander la restitution de cette provision aux syndics de la faillite du débiteur. — *Bordeaux*, 28 avril 1835, Requenne c. Vieu.

283. — Si le tiré a, postérieurement à l'échéance, payé entre les mains des syndics de la faillite du tireur, le porteur n'a d'action en répétition que contre ces derniers. — *Rouen*, 17 août 1838 (t. 2 1838, p. 628), Monnier c. Chagot.

284. — Le porteur d'une lettre de change est saisi de la provision par le protêt fait avant la faillite du tireur, ou avant que cette faillite ait pu être connue au lieu du paiement; en conséquence, nonobstant la faillite, il a seul droit au prélèvement de la provision. — *Paris*, 31 déc. 1827, Livio c. de Ségur.

285. — Jugé également que le porteur d'une lettre de change est définitivement saisi de la provision par la signification de l'endossement faite au tiré ou par le protêt fait sur ce dernier, lequel protêt équivaut à signification. — *Aix*, 9 juillet 1828, Armand et Nalin c. Bordier.

286. — *Quid*, si plusieurs lettres avaient été successivement tirées par le même tireur sur la même personne, et que les porteurs se disputassent la provision existant entre les mains du tiré au moment de l'échéance? — Si aucune de ces lettres n'avait été acceptée, il n'y aurait lieu de suivre aucun ordre de date, ni même à distinguer entre les lettres de change tirées avant que la provision fût faite, et celles qui l'ont été depuis. Les porteurs devraient entrer en concours, s'il y avait insuffisance. Mais si quelques-unes de ces lettres avaient été acceptées, l'accepteur devrait les payer de préférence; car il y aurait droit acquis contre lui à cet égard. — Pardessus, *Dr. comm.*, n° 392.

287. — Contrairement aux principes consacrés par les arrêts qui précèdent, il a été jugé que la délivrance de la lettre de change n'a pour effet de transporter au porteur ni privilége ni droit de propriété sur la provision entre les mains du tiré qui n'a pas accepté. — *Toulouse*, 17 avr. 1821, Candellé c. Domecq et Boscus; *Aix*, 12 juin 1823, Paillasson c. Marabout; *Paris*, 16 juin 1828, Sauvan c. Duval; *Bruxelles*, 19 fév. 1829, Guyot c. Bedène; *Paris*, 18 avr. 1833, Hollandu c. Beaudot; *Rouen*, 11 juin 1838 (t. 2 1838, p. 534), Follin c. Monnier, Férey et Druaux. — E. Vincens, t. 2, p. 357; Horson, *Quest. sur le C. comm.*, nos 364 et suiv.

288. — ...Qu'il n'y a provision, au profit du tireur, sur la marchandise existant aux mains du tiré, qu'autant qu'il y a eu affectation spéciale de ladite marchandise, déclarée par le tireur et acceptée par le tiré. — *Cass.*, 9 juill. 1849 (t. 1er 1841, p. 79), Lalanne c. Chauvin.

289. — ...Que lorsque la valeur destinée à former la provision d'une lettre de change consiste en marchandises expédiées par le tireur avant l'échéance, mais qui ne sont parvenues au tiré que postérieurement, le porteur n'est pas propriétaire exclusif de cette provision, quoique le tireur soit tombé en faillite après le protêt, faute d'acceptation et de paiement. — *Aix*, 25 août 1822, Torrentz c. Brès.

290. — ... Que, dès lors, le tiré se libère valablement entre les mains du tireur ou de ses syndics, avant l'échéance de la lettre de change, alors surtout qu'en mettant au bas de cette lettre les mots non acceptable, le tireur a prouvé qu'il n'avait pas l'intention de faire faire la provision. — *Rouen*, 11 juin 1838 (t. 2 1838, p. 534), Follin c. Monnier, Férey et Druaux.

291. — Il a été jugé que l'acceptation d'une lettre de change par le tiré ne confère au porteur qu'une action personnelle contre l'accepteur; qu'il n'en résulte, pour le porteur, ni droit de propriété ni privilége sur la provision. — *Paris*, 4 fév. 1822, Rotschild et Goldschmith c. Martin-Puech; *Toulouse*, 30 mars 1830, Lacals et Evesque c. Dumas et Rey.

292. — ...Et que, dès lors, en cas de faillite de l'accepteur, le porteur ne peut réclamer un privilége sur cette provision. — *Paris*, 4 février 1822, Rotschild et Goldschmith c. Martin-Puech.

293. — Toutefois, ces décisions supposent que la provision était devenue la propriété du tiré. Mais on sent qu'il en serait autrement si le tiré n'était qu'un simple dépositaire des objets destinés à cette provision. L'état de faillite du tiré ne change rien à leur propriété, qui a continué d'appartenir au tireur; par conséquent, le porteur conserve son droit acquis sur cette provision, à l'exclusion des créanciers du tiré. — Nouguier, t. 1er, p. 203.

294. — Jugé, cependant, que la provision annoncée par le tireur, et qui depuis a été consignée en mains tierces par suite de la faillite du tiré survenue avant l'échéance, n'est point la propriété exclusive du porteur. — *Bordeaux*, 13 mai 1834, Balguerie c. de Parny.

295. — Un créancier du tireur peut-il saisir-arrêter entre les mains du tiré les deniers destinés à la provision? La négative ne saurait être douteuse, quand il y a acceptation par le tiré ou bien affectation spéciale de la provision au paiement de la traite. Quand il n'y a ni acceptation, ni affectation, la solution de la question doit suivre la divergence qui existe entre les décisions et les opinions sur le sort de la provision en pareil cas. — V. *suprà* nos 265 et suiv.

296. — Ainsi, décidé que le porteur étant définitivement saisi de la provision par la signification de l'endossement faite au tiré ou par le protêt fait sur ce dernier, les tiers ou les créanciers du tireur ne peuvent plus pratiquer à son préjudice aucune saisie-arrêt sur la provision. — *Paris*, 11 fruct. an VIII, André neveu c. Devink; *Aix*, 9 juill. 1828, Armand et Nalin c. Bordier.

297. — ... Que le porteur, ayant un droit exclusif sur les valeurs destinées à la provision, les saisies-arrêts faites depuis la délivrance de la traite et avant l'échéance, par les créanciers du tireur failli, ne peuvent produire aucun effet au préjudice de ce porteur. — *Rennes*, 6 févr. 1822, Leray c. Orinel.

298. — Dans le système de ceux qui nient que, par la délivrance ou la négociation de la traite, la provision soit transmise ou du moins tacitement affectée en faveur du porteur, il est évident que des saisies-arrêts peuvent être faites par les créanciers du tireur jusqu'à l'échéance. Toutefois, M. E. Vincens (t. 2, p. 357) pense qu'il n'en peut plus être ainsi après protêt; mais on ne voit pas pourquoi. Le protêt ne change nullement la condition de la provision; car le protêt étant fait par le porteur, se trouve émaner justement d'une personne à qui on refuse toute espèce de droit sur cette provision. Elle doit donc rester, après, ce qu'elle était avant.

299. — La provision n'existant pas lorsqu'il est reconnu en fait qu'il y a compte à faire entre le tiré et le tireur, de sorte que l'on ne peut savoir si le premier est le débiteur du second, si, après le protêt des traites, il intervient des saisies-arrêts de la part des créanciers du tireur sur les sommes dont le tiré pourra être débiteur, le tribunal ne peut, sur la demande des porteurs des traites, ordonner la mainlevée de ces oppositions, sans appeler les opposans. — *Cass.*, 9 juin 1841 (t. 2 1841, p. 341), Mérian et Benard c. Delaroche et Delessert.

300. — Lorsque la provision d'une lettre de change se trouve frappée d'une saisie-arrêt entre les mains du tiré, le tribunal de commerce est compétent pour statuer, même à l'égard du saisissant, bien que celui-ci ne soit son justiciable ni à raison de la personne, ni à raison de son domicile. — En pareille circonstance, la juridiction consulaire ne doit pas surseoir, jusqu'à ce qu'il soit statué par les tribunaux civils sur le mérite de la saisie-arrêt. — *Rouen*, 11 janvier 1844 (t. 1er 1844, p. 227), Alexandre et Baussard c. Cadot. — V. au reste COMPÉTENCE COMMERCIALE, nos 221, 715 et suiv.

301. — Jusqu'à présent, nous avons considéré la provision en général, et en ce qui concerne principalement le tireur et le porteur; il nous reste à la considérer d'une manière plus spéciale relativement au tiré, soit qu'il ait accepté ou non.

302. — Comme l'acceptation du tiré suppose la provision et en établit la preuve à l'égard des endosseurs (C. comm., 117), une fois que le tiré a accepté, il est obligé de tenir la provision prête pour l'échéance, qu'il l'ait ou non reçue du tireur.

303. — Lorsque l'acceptation est donnée à découvert, le tireur est tenu de garantir le tiré de toutes les obligations que celui-ci contracte, et de le rembourser de ses avances. Mais le tiré ne peut, après avoir accepté, contraindre le tireur à lui remettre d'avance les fonds nécessaire. — Pardessus, *Dr. comm.*, n° 389.

304. — L'acceptation que le tiré a donnée n'établit contre lui aucune présomption ou supposition qu'il ait reçu de quoi remplir son engagement. — Pardessus, n° 389. — Mais si le tiré, ayant accepté à découvert, sous la promesse qu'on le couvrirait à l'échéance, a été obligé de payer sans avoir reçu de provision, peut-il se rembourser de ses avances au moyen d'une traite sur le tireur? Oui, car le tireur ayant manqué à son engagement relativement à un contrat de change, n'est pas fondé à se plaindre qu'on le fasse figurer malgré lui dans un autre contrat de change. —Jousse, sur l'art. 4, tit. 5, Ordon. 1673; E. Vincens, t. 2, p. 191; Savary, *Parf. négoc.*, t. 1er, liv. 5, ch. 2.

305. — Bien que l'acceptation établisse la preuve de la provision; à l'égard des endosseurs, la loi n'entend parler que des endosseurs dont la position est distincte de celle du tireur; autrement, on pourrait leur opposer les exceptions qu'on opposerait à celui-ci. Tel serait le cas où la lettre de change tirée à l'ordre du tireur lui-même aurait été négociée par un endossement irrégulier. L'endosseur n'est alors considéré que comme le mandataire du tireur, à moins qu'il ne justifie qu'il a fourni la valeur de la traite.

306. — Le tiré qui n'a point accepté, n'est tenu de payer qu'autant qu'il a provision. Si la provision vient à périr, sans sa faute, il a droit d'en exiger une nouvelle, même avant l'échéance de la traite. — Pardessus, *Dr. comm.*, n° 390.

307. — Seulement, c'est envers le tireur que le tiré, qui n'a point accepté, mais qui a reçu provision, a contracté l'obligation de payer la traite. Car, tant qu'il n'a pas signé, il ne saurait, en règle générale, être obligé envers le tiers porteur. Cependant, s'il avait reçu la provision avec une affectation spéciale, il serait passible de dommages-intérêts envers qui de droit, s'il n'avait pas donné à cette provision la destination fixée.

308. — Jugé, en conséquence, que lorsque le tiré, se fondant sur la faillite du tireur, a refusé d'acquitter, à leurs échéances, deux lettres de change pour la première desquelles il avait une provision spéciale, et n'a ensuite versé la provision au porteur de la deuxième traite qu'en vertu d'un jugement contradictoire entre lui et le porteur, mais par défaut contre le porteur de la première, il doit être condamné envers ce dernier au paiement de la lettre de change, pour n'avoir point fait connaître la spécialité de la provision, et avoir refusé de payer à l'échéance, et qu'il n'a qu'un recours personnel contre celui à qui il a indûment payé. — *Cass.*, 22 juin 1824, Fitler et Darnale. Lombard.

309. — Le tiré qui, sans avoir de provision entre les mains, a payé la lettre à l'échéance, a son recours contre le tireur. Mais cette action dérive non plus du contrat de change, mais du contrat de mandat. — Pardessus, *Dr. comm.*, n° 390.

Sect. 2e. — *Provision quand la lettre est tirée d'ordre et pour compte d'un tiers.*

310. — Il y a lieu d'examiner quelles sont les obligations : 1° de celui qui a tiré la lettre de change par ordre et pour le compte d'autrui, ou du *tireur pour compte d'un tiers ;* 2° de celui pour le compte de qui la lettre a été tirée, ou du *donneur d'ordre.*

§ 1er. — *Obligations du tireur pour compte d'un tiers.*

311. — Sous l'ord. 1673, quand le tireur ne désignait que par des lettres initiales celui par ordre et pour compte de qui il tirait, on n'avait jamais douté qu'il ne fût personnellement obligé envers les endosseurs et le porteur ; autrement, quand il avait désigné en toutes lettres le donneur d'ordre, quelques auteurs pensaient qu'en pareil cas il ne s'obligeait envers les endosseurs et le porteur qu'à garantir l'existence de son mandat.—Savary, *Parf. négoc.*, parère 45. — V. cependant Merlin, *Rép.*, v° *Lettre et billet de change,* § 4, n° 10 bis.

312. — Vint, depuis, l'art. 115 du C. comm. qui fut ainsi rédigé : « La provision doit être faite par le tireur ou par celui pour le compte de qui la lettre de change sera tirée, sans que le tireur cesse d'être personnellement obligé. » Cette disposition, qui anéantissait la distinction à faire entre les traites contenant ou seulement les lettres initiales des noms des donneurs, ou ces noms tout entiers, donna lieu à la question de savoir si le tireur pour compte restait personnellement obligé, non-seulement envers les endosseurs et le porteur, mais encore envers le tiré ou l'accepteur ?

313. — Le 22 nov. 1811, la section de l'intérieur proposa un projet d'avis portant que l'art. 115 devait être entendu de manière que, dans le cas où une lettre de change était tirée par ordre et pour compte d'un tiers, le tireur restait personnellement obligé vis-à-vis des endosseurs, mais non point vis-à-vis de l'accepteur, auquel il n'était tenu ni de fournir, ni de garantir la provision. — Mais la majorité du Conseil d'Etat pensa qu'il n'y avait pas lieu à interpréter les articles du Code de comm., sauf aux tribunaux à juger les questions particulières qui se présentaient, suivant leur conviction, d'après les termes et l'esprit du Code, et, en cas de silence de la loi, d'après le droit commun et les usages du commerce.

314. — En cet état, des décisions opposées furent rendues par les cours d'appel qui ne voyaient dans le tireur pour compte qu'un mandataire à l'égard du tiré ou de l'accepteur, et par la cour de cassation qui, en présence des termes précis de l'art. 115, pensait qu'on ne pouvait distinguer là où la loi ne distinguait pas.—V., dans le premier sens, *Paris,* 29 juin 1812, Hasselgreen c. Rougemont de Lowemberg ; *Rouen,* 8 août 1815, mêmes parties ; *Colmar,* 7 déc. 1815, Seck c. Boucherot.

315.—Jugé, au contraire, que le tireur par ordre et pour compte d'autrui était personnellement obligé envers l'accepteur à faire provision ou à en justifier. — *Paris,* 13 juin 1811, Sabaton c. Carrare-Duveluz ; *Cass.*, 27 avril 1812, Laignadier c. Pescarole ; 23 (et non 25) juin 1812, Carrare-Duveluz c. Sabaton.—V. aussi *Cass.*, 25 mai 1814, Hasselgreen c. Rougemont.

316. — ... Et qu'ainsi l'acceptation ne faisait pas preuve de la provision à l'égard du tireur pour compte d'autrui. — *Paris,* 13 juin 1811, Sabaton c. Carrare-Duveluz.—A moins qu'il ne résultât de la correspondance que le tireur pour compte n'avait pas entendu s'obliger envers l'accepteur.—*Cass.*, 22 mai 1817, Hasselgreen c. Rougemont ; 1er déc. 1818, Coudert c. Lebaroy.

317.—La loi du 19 mars 1817 est venue faire cesser cette divergence, en portant que le tireur pour compte ne restait personnellement obligé qu'*envers les endosseurs et le porteur seulement.* Ainsi toute garantie a cessé vis-à-vis du tiré.

318.—Dans son rapport à la Chambre des pairs, M. Desèze présenta cette loi comme purement interprétative. — Elle a au contraire été présentée comme corrective par le ministre de l'intérieur, lors de sa présentation du projet à la Chambre des députés. Cette dernière opinion doit prévaloir, puisque la loi porte que l'art. 115 est *modifié,* etc., ce qui exclut l'apparence d'une loi interprétative et conséquemment rétroactive. — Merlin, *Rép.*, v° *Effet rétroactif*, sect. 3, § 13.

319. — Le tireur d'une lettre de change par ordre ou pour compte d'autrui est personnellement obligé, à ce titre, envers le porteur, bien qu'il n'ait pas reçu de valeurs, et que l'effet déclare que les valeurs ont été fournies au donneur d'ordre lui-même. — *Cass.*, 4 mai 1831, Destigny c. Jullien.

320.—Le tireur pour compte, qui a été forcé de rembourser, a une action contre le tiré qui a accepté et qui est ainsi devenu débiteur direct et principal, et ce recours a lieu lors même que la provision n'a point été faite. — Fremery, *Études de Droit commerc.*, p, 142 ; Pardessus, *Dr. comm.*, 4e édit., n° 340 (Il avait professé l'opinion contraire dans la 2e édition).

321. — En cas de protêt tardif, le tireur d'une lettre qui n'énonce pas qu'elle a été tirée pour le compte d'autrui, peut-il prétendre que la provision a été faite par un tiers, pour se dispenser de rembourser ? M. Horson soutient la négative, par le motif que, pour invoquer une déchéance, il faut se trouver dans les termes de la loi, et que le tireur n'a qu'à se reprocher son imprudence.—*Quest. sur le C. comm.*, nos 68 et 69.—Mais on peut répondre pour l'affirmative que l'art. 170 impose seulement au tireur l'obligation de prouver qu'il y avait provision à l'échéance, sans distinguer par qui cette provision devra être fournie.

§ 2. — *Obligations du donneur d'ordre.*

322. — Sous l'ord. 1673, quelques auteurs pensaient que le tiers porteur avait une action personnelle contre le donneur d'ordre, quand celui-ci était nommément désigné dans la lettre. — Savary, *Parf. négoc.*, parère 45 ; Rogue, *Jurisp. consulaire*, chap. 63, n° 53 ; Dupuy de la Serra, *Art des lettres de change*, ch. 16. — Aujourd'hui tous les auteurs sont d'accord que le tiers porteur ne saurait avoir d'action contre le donneur d'ordre *non signataire de la lettre.* — Merlin, *Rép.*, v° *Lettre et billet de change*, § 4, n° 10 *bis* ; Vincens, t. 2, p. 178 et 349 ; Pardessus, *Contr. de change*, nos 563 et 580 ; Favard, *Rép.*, v° *Lettres de change*, sect. 1re, § 1er, n° 15 ; Nouguier, t. 1er, p. 118 ; Persil, art. 111, n° 3.

323.—Jugé, dans ce dernier sens, par plusieurs arrêts qui décident que le porteur n'a contre le donneur d'ordre, que l'action du mandat, par subrogation au tireur, son garant, sauf à subir les exceptions que le donneur d'ordre aurait à faire valoir contre ce dernier. — *Contrà, Paris*, 31 août 1819, Martin d'André c. Garagnon ; *Cass.*, 19 déc. 1821, mêmes parties ; *Rouen*, 1er mai 1822, mêmes parties ; *Paris,* 15 juill. 1822, Favacilh c. Desprez ; *Pau*, 8 juill. 1826, Corréges-Peynadeau c. Praden et Fittère ; *Paris,* 9 mars 1832, Millot c. Lejeune ; *Cass.*, 27 août 1832, Steinmann et Fort c. Desprez.

324. — Le donneur d'ordre peut n'être cependant pas tout à fait étranger au porteur. Car, en cas de protêt tardif, c'est avec ce mandant donneur d'ordre que le porteur a à discuter l'existence de la provision, si le tireur pour compte invoque la tardiveté du protêt pour dégager sa garantie. — Horson, *Quest. sur le C. comm.*, n° 69.

325. — Lorsque le tiré a accepté, sans avis du donneur d'ordre, il n'a contre le tireur pour compte qu'une action pour le contraindre à justifier de l'ordre en vertu duquel il a agi. — Nouguier, t. 1er, p. 212.

326.—Le tiré, qui a acquitté la lettre de change tirée par un tiers pour le compte d'autrui, sans en avoir reçu l'avis de celui pour le compte duquel elle a été tirée, est fondé à en répéter le montant, lors même que celui-ci n'aurait aucunement profité des fonds. — Il lui suffit, dans ce cas, de prouver, par la correspondance ou autrement, que le tireur avait reçu le mandat de tirer. — *Cass.*, 14 août 1817, Gazay c. Vidal.

327. — Si le tiré ne veut pas avoir affaire au donneur d'ordre, il peut intervenir et déclarer accepter ou payer pour le tireur seul. — Nouguier, t. 1er, p. 212. — Alors le tiré a contre le tireur pour compte, non plus l'action *mandati contraria,* puisqu'il a refusé d'accepter le mandat aux conditions énoncées, mais l'action *negotiorum gestorum contraria.* — Merlin, *Rép.*, v° *Lettre et billet de change,* § 4, n° 10 *bis.*

328. — Lorsqu'une lettre de change a été tirée et acceptée pour compte d'un donneur d'ordre, il n'existe point entre le tireur et l'accepteur un droit de préférence sur les dividendes de la faillite du donneur d'ordre, mais ils doivent venir concurremment pour se faire rembourser chacun de ce qu'il a payé sur le montant de la lettre de change, comme mandataire de ce failli. — *Cass.*, 27 août 1832, Steinmann et Fort c. Desprez ; 23 déc. 1834, Beaucousin-Gence c. Martin-Puech. — V. au surplus, sur cette question, Horson, n° 50 et suiv.

329. — Lorsque le porteur d'une lettre de change s'est fait admettre successivement dans la faillite du tireur et de l'accepteur, et que, par suite, ceux-ci exercent leur recours contre la faillite du donneur d'ordre, ils ne peuvent être admis simultanément comme créanciers du montant total de la traite. Il n'en est pas de même quand l'accepteur réclame seulement le solde d'un compte courant, dans lequel ce n'est que pour ordre que cet accepteur, qui avait reçu provision d'ailleurs, a fait figurer la traite au débit et au crédit du donneur d'ordre. — *Cass.*, 25 mars 1839 (t. 2 1839, p. 473), Lausseure c. Noualhier, Rebattu et Morelet.

330. — En cas de faillite du tireur pour compte d'autrui, les tiers porteurs ne peuvent recourir contre le donneur d'ordre, comme subrogés aux droits du tireur ; la créance du tireur contre le donneur d'ordre appartient à la masse de la faillite du tireur, et les tiers porteurs ne peuvent réclamer dans cette faillite qu'un dividende comme tous les autres créanciers. — *Cass.*, 27 août 1832, Steinmann et Fort c. Desprez.

331. — Le négociant qui charge un commissionnaire d'acheter pour son compte et de tirer sur un tiers des lettres de change en paiement de marchandises, ne saurait être considéré comme tireur de ces mêmes traites. — Il est, comme simple obligé, tenu de rembourser au vendeur le prix des marchandises, en cas de protêt ou de non-paiement des lettres de change tirées par son ordre, quoiqu'on ne l'ait point actionné dans le temps fixé pour le recours en garantie contre le tireur et les endosseurs. — *Cass.*, 16 août 1809, Pouyet c. Delon.

CHAPITRE III. — *Acceptation.*

332.—L'acceptation d'une lettre de change est la déclaration par laquelle le tiré contracte l'engagement de la payer. Elle a pour objet d'assurer l'exécution du contrat de change, en donnant une garantie de plus au preneur.

Sect. 1re. — *Obligations des tireur et endosseurs, du porteur et du tiré, relativement à l'acceptation.*

§ 1er. — *Obligations des tireur et endosseurs.*

333. — Sous l'ord. de 1673, les endosseurs n'étaient point soumis à l'obligation de procurer l'acceptation au porteur. Cette obligation ne concernait que le tireur, et encore était-elle plutôt consacrée par la jurisprudence qu'écrite dans l'ordonnance elle-même.—Jousse, sur l'ord. 1673, tit. 5, art. 2, n° 4 ; Pothier, *Contr. de change*, n° 70.

334. — Sous le Code de commerce (art. 118), le tireur et les endosseurs d'une lettre de change sont garans solidaires de l'acceptation.

335. — Le tireur n'est point dispensé de procurer l'acceptation par cela qu'un aval aurait été apposé sur la lettre. En ce cas, le donneur d'aval est, comme celui qu'il garantit, tenu de fournir caution ou de rembourser à l'instant. — *Toulouse,* 12 déc. 1827, Maupas c. Orliac.

336. — A défaut d'acceptation, le tireur et les endosseurs sont respectivement tenus, sur la notification du protêt faute d'acceptation, de donner caution pour assurer le paiement de la lettre de change à son échéance, ou d'en effectuer le remboursement. — C. comm., art. 120.

337.—Il est d'usage que le tireur, aussitôt qu'il livre des traites, en donne connaissance au tiré par une *lettre d'avis*. Cette lettre contient les diverses indications qui peuvent faire connaître au tiré le nombre et le montant des traites, quand, comment et à qui elles sont payables. Le tireur peut être obligé de donner un double de cette lettre au preneur, si celui-ci l'exige. — Pardessus, *Contrat de change,* n° 192.

§ 2. — *Obligations du porteur relativement à l'acceptation.*

338. — Bien qu'il soit presque toujours de l'intérêt du porteur de requérir l'acceptation, il n'en est pas tenu, s'il n'y est obligé par la loi, la convention ou les instructions de son commettant.

339. — L'obligation de requérir l'acceptation est imposée par la loi, lorsque la lettre n'est point payable à un jour certain, et que le délai commence à l'instant qu'elle est vue.

340. — Le porteur d'une lettre de change payable à un ou plusieurs jours, mois ou usances de vue, doit en exiger l'acceptation dans les six mois de sa date, sous peine de perdre son recours sur les endosseurs et même sur le tireur, si celui-ci a fait provision. — C. comm., art. 160.

341. — Ce délai de six mois pour l'acceptation des lettres de change tirées du continent ou des îles de l'Europe et payables dans les possessions européennes de la France, a été augmenté, en raison des distances, pour les lettres de change tirées des autres pays ou de l'étranger sur la France et réciproquement. — C. comm., art. 160; L. 19 mars 1817, art. 2. — Comme ces délais sont les mêmes que pour le paiement, voy. *infrà* nos 586 et suiv.

342. — Toutefois, des stipulations contraires peuvent intervenir entre le preneur, le tireur, et même les endosseurs. — L. 19 mars 1817, art. 2.

343. — Le porteur est encore tenu de requérir l'acceptation, lorsque le tireur lui en a imposé l'obligation, pour être certain que le tiré ne refusera pas de payer à l'échéance.

344. — Il en est de même si l'obligation a été imposée par les endosseurs. — Ainsi, un endosseur a pu valablement apposer à son endossement la condition de *faire accepter au besoin* par un tiers, *avant protêt*. — *Cass.*, 3 juin 1839 (t. 2 1839, p. 419), Pelissier c. Michel.

345. — Si néanmoins le porteur négligeait de faire accepter, perdrait-il son recours contre ses garans? Non. Car il n'est pas, en sa qualité de porteur, obligé de se munir de l'acceptation. Si cette acceptation importait au cédant, celui-ci pouvait y pourvoir avant de faire sortir la lettre de ses mains; si le preneur s'est expressément ou tacitement chargé du mandat de faire accepter, ce n'est qu'à titre de mandataire qu'il est passible des dommages réels et constatés, suite directe de sa négligence. — *Bruxelles*, 20 avr. 1811, Klaust c. Seenkest. — E. Vincens, t. 2, p. 248.

346. — Celui qui ayant reçu et promis le mandat de faire accepter une lettre de change ou de faire protester en cas de non-acceptation, a négligé de remplir ce mandat, est responsable, en cas de faillite du tireur — *Aix*, 23 avr. 1813, Contamine c. Jourdan-Serané.

347. — Le mandat donné au tiers porteur d'une traite de la présenter à l'acceptation du tiré, n'emporte pas, de plein droit, et en l'absence de toute prescription formelle à cet égard, l'obligation de la présenter avant le jour de l'échéance. — Dans ce cas, le tiers porteur ne peut être responsable, vis-à-vis des endosseurs, des conséquences de la non-présentation immédiate. — *Cass.*, 5 nov. 1835, Buffet c. Devinck.

348. — Le porteur de traites revêtues d'une garantie d'acceptation, mais non acceptées à l'échéance, n'est point déchu de ladite garantie, à défaut par lui de les avoir présentées à l'acceptation avant l'échéance. — L'usage où seraient les preneurs de traites ainsi garanties de les présenter *sans délai* à l'acceptation, n'est que facultatif et ne pourrait être réputé obligatoire que par une stipulation expresse. — *Bordeaux*, 23 fév. 1836, banque de Bordeaux c. Lafargue.

349. — Le tireur peut interdire au porteur de requérir l'acceptation. Cette défense, qui s'énonce ordinairement par ces mots : *non susceptible d'acceptation*, a lieu quand il s'agit de petites sommes, et que l'échéance est trop rapprochée pour que le tireur ait eu le temps de faire la provision. — Nouguier, t. 1er, p. 221. — Si, malgré cette défense, le porteur persistait à présenter la lettre à l'acceptation, le porteur n'aurait aucun recours à exercer pour défaut d'acceptation, et il devrait supporter les frais du protêt.

350. — A moins qu'on n'ait fixé un délai dans lequel elle devra être demandée, l'acceptation peut être requise en tout temps, même la veille de l'échéance; le terme arrivé, le droit de la requérir se confond avec celui d'exiger le paiement. — Savary, *Parf. négoc.*, parère 16; Pardessus, *Dr. comm.*, n° 359.

351. — Si un porteur de mauvaise foi se hâtait de requérir l'acceptation avant que le tireur eût pu donner avis au tiré, les tribunaux pourraient, suivant les circonstances, le punir par la perte des frais qu'il aurait faits. — Pardessus, *ibid.*

352. — L'acceptation peut être requise non-seulement par le porteur, mais par tout détenteur de la lettre; il n'est besoin pour cela d'aucun endossement ni régulier, ni même irrégulier. — Pardessus, *Contr. de ch.*, n° 138, et *Dr. comm.*, n° 360; E. Vincens, t. 2, p. 248; Nouguier, t. 1er, p. 219.

§ 3. — *Obligations du tiré relativement à l'acceptation.*

353. — La lettre présentée au tiré, il doit donner ou refuser son acceptation sur-le-champ, ou au plus tard dans les 24 heures de la présentation (C. comm., 125). — La loi fixant ainsi un nombre d'*heures*, on doit avoir égard aux fractions de jour. — Pardessus, *Contr. de ch.*, n° 250.

354. — Lorsque le tiré retient la lettre qui lui est présentée, le porteur a droit d'en exiger un reçu et de faire constater sur ce reçu l'heure du dépôt. — Rogue, *Jurisp. consulaire*, t. 2, ch. 65, n° 1er; Nouguier, t. 1er, p. 244. — Cependant, dans l'usage, cela se pratique rarement.

355. — Sous l'ordonnance de 1673, quelques auteurs pensaient que si le tiré retenait, sous un prétexte quelconque, la lettre qui lui était présentée, et qu'il la rendît ensuite sans être acceptée, cette rétention équivalait à acceptation. — Scaccia, *Tractat. de cambiis et commercio*, § 2, gloss. 4, n° 335; Dupuy, *Art des lettres de change*, ch. 10, max. 4; Jousse, sur l'ord. 1673, tit. 5, art. 2. — D'autres, au contraire, pensaient qu'il y avait lieu seulement à dommages-intérêts, en cas de dol. — Pothier, *Contr. de change*, n° 46; Merlin, *Rép.*, v° *Acceptation de lettres de change*, n° 6.

356. — Aujourd'hui, l'art. 125 C. comm. porte que si, dans les 24 heures, la lettre n'est pas rendue acceptée ou non acceptée, celui qui l'a retenue est passible de dommages-intérêts envers le porteur.

357. — Si le tiré niait que la lettre lui eût été remise ou contestait l'heure du dépôt, le porteur pourrait être admis à la preuve par livres, correspondance, par témoins, etc. Il pourrait déférer le serment. — Pardessus, *Contr. de ch.*, n° 141. — En tout cas, il serait prudent de faire protester immédiatement.

358. — Lorsque le porteur ou son correspondant ne réclame pas la traite dans les 24 heures, le tiré n'est pas tenu de la lui reporter. — Horson, *Quest. sur C. comm.*, n° 79; Persil, art. 125, n° 3.

359. — Dans le cas où le tiré refuse d'accepter, il ne doit pas écrire son refus sur la lettre même, et encore moins le motiver sur des causes qui pourraient nuire au crédit du tireur. — Pardessus, *Dr. Comm.*, n° 361.

360. — Quelquefois le tireur adresse la lettre au tiré lui même, avec ou sans endossement; si celui-ci ne juge pas à propos d'accepter, il proteste la lettre sur lui-même et la renvoie à son cédant.

361. — Tant que le tiré n'a pas délivré la lettre qui lui a été remise pour l'accepter, il peut rayer son acceptation; car ce n'est qu'au moment de la délivrance que se forme le contrat qui lie l'accepteur. — *Liége*, 26 mars 1811, Rulland c. Vassal et Neuville; *Lyon*, 9 août 1848 (t. 2 1848, p. 457), Ganneron c. Mayet et Brunot. — Dupuy de la Serra, *Art des lettres de ch.*, ch. 10; Becane, *Obs. sur Dupuy*, ibid.; Rousseau de la Combe, v° *Lettres de change*, p. 407, n° 5; Pothier, *Contr. de change*, n° 44; Pardessus, nos 156 et 157, *Dr. comm.*, n° 377; E. Vincens, t. 2, p. 257, n° 15; Gautier-Ménars, sur 26, n° 889; Nouguier, t. 1er, p. 252; E. Persil, art. 125, n° 4.

362. — Mais une fois que la lettre de change est délivrée, l'accepteur ne peut plus rayer sa signature, quand même la lettre reviendrait entre ses mains, par suite de négociations. — Dupuy, *ibid.*

363. — Cependant le droit pour le tiré de biffer son acceptation, tant qu'il n'a pas remis la lettre, n'est pas absolu. Ce droit peut être restreint suivant les circonstances : par exemple, s'il résultait des registres et de la correspondance que l'acceptation signée n'était pas le fruit de l'erreur; que le tiré l'avait enregistrée et avisée, et que ce n'est qu'ensuite, en apprenant la faillite du tireur, qu'il a dénaturé le titre, en biffant l'acceptation. — Horson, *Quest. sur C. comm.*, n° 76; Pardessus, *Dr. comm.*, n° 377.

364. — De même, le tiré ne reste pas maître de biffer son acceptation par cela seul qu'il demeure en possession des lettres de change sur lesquelles elle est apposée, lorsqu'il a donné avis de son acceptation au tireur, en déclarant qu'il les tenait à la disposition des porteurs des secondes. — *Montpellier*, 29 juill. 1836, sous *Cass.*, avril 1837 (t. 1er 1837, p. 308), Oppermann c. Raymond; *Paris*, 10 nov. 1847 (t. 1er 1848, p. 209), Ely c. Galazza.

365. — Le tiré n'aurait le droit de biffer son acceptation au préjudice de ces porteurs, qu'autant qu'il se trouverait encore dans le délai de 24 heures que la loi lui accorde pour accorder ou refuser son acceptation. — *Montpellier*, 29 juillet 1836, mêmes parties.

366. — Le tiré qui a valablement biffé l'acceptation par lui apposée, n'étant point tenu au paiement de la lettre de change, ne peut, dès lors, être assigné par action principale devant d'autres juges que ceux de son domicile en paiement de cette traite non acceptée. — *Liége*, 26 mars 1811, Ruland c. Vassal et Neuville.

367. — Le tiré n'est pas plus obligé d'accepter qu'on n'est tenu à remplir un mandat que l'on reçoit. — Pardessus, *Dr. comm.*, n° 361. — Dès lors, la lettre de change, non acceptée, ne forme point un titre contre lui. — *Cass.*, 7 nivôse an VII, Bonamy c. Devinck; *Liége*, 11 juin 1812, Tops c. Weyer.

368. — Le tiré, débiteur du tireur, n'est point tenu d'accepter la lettre tirée par son créancier s'il n'est point négociant ou s'il ne s'agit pas d'une dette commerciale, car sa condition ne peut être aggravée, puisqu'il se trouverait soumis à la juridiction commerciale, passible de la contrainte par corps, et qu'il ne pourrait plus invoquer le bénéfice d'un délai pour le paiement. — Pothier, *Contr. de ch.*, n° 92; Merlin, *Rép.*, v° *Lett. de ch.*, § 4, n° 10; Pardessus, *Contr. de ch.*, nos 97 et 176; Favard, *Rép.*, v° *Lettre de change*, sect. 2, § 2, n° 5; Persil, art. 119, n° 6; Nouguier, t. 1, p. 215.

369. — Lors même que la dette serait commerciale, le tiré négociant, débiteur du tireur, ne peut être passible de dommages-intérêts envers le tireur pour refus d'acceptation, car la condition du tiré serait encore aggravée en ce qu'il pourrait être distrait de ses juges naturels au cas de non-paiement, et exposé à des droits de rechange et de compte de retour. Dans ce cas encore il ne pourrait invoquer le bénéfice d'un délai pour le paiement. — Merlin, *ibid.*; Pardessus, *Dr. comm.*, n° 364; E. Vincens, t. 2, p. 191.

370. — Mais le tiré est passible de dommages-intérêts lorsqu'après avoir permis à un correspondant de tirer sur lui, ou s'être engagé à faire honneur aux lettres qu'on tirerait sur lui, il refuse de les accepter. — Conf. sous l'ord. de 1673., *Cass.*, 22 vent. an XII, Parthou c. Lebre. — Merlin, *Rép.*, v° *Lettre de change*, § 4, n° 10; Pardessus, *Dr. comm.*, n° 362; E. Vincens, t. 2, p. 201, n° 10.

371. — Jugé aussi sous le C. comm., que le négociant qui a promis, dans une lettre missive adressée à une maison de commerce, de *faire honneur* à ses traites, est obligé, s'il ne les a pas acceptées, d'en rembourser le montant au tireur pour compte qui les a acquittées. — *Cass.*, 16 mars 1825, Worms de Romilly c. Oppenheim.

372. — La réception, que fait le tiré, de la provision qui lui est adressée, produit pour lui l'obligation d'accepter. — Pardessus, *Contr. de change*, n° 100.

373. — Le tiré à qui des remises sont faites au crédit d'un tiers, mais avec avis de traites tirées sur lui pour le compte de ce dernier, ne peut s'appliquer les remises par compensation d'une autre dette de ce tiers et refuser l'acceptation. — Horson, *Quest. sur le C. de comm.*, nos 56 et 57.

374. — L'obligation d'accepter n'existe point en faveur du tiers porteur; il n'a de droit que contre ceux qui ont signé son titre; il ne saurait donc puiser contre le tiré une action fondée sur un titre particulier existant entre celui-ci et le tireur. — Horson, *Quest. sur le C. de comm.*, n° 62; Persil, art. 122, n° 8.

375. — Si la lettre était présentée à l'acceptation par le débiteur du tiré, celui-ci ne pourrait la retenir à titre de compensation; car la créance ne serait pas exigible. Il faut toutefois excepter le cas où la lettre serait payable à vue.

376. — Lorsqu'après être devenu cessionnaire de la lettre, le tiré l'accepte, il ne peut plus la négocier; car la dette est éteinte par la réunion des deux qualités de créancier et de débiteur dans la même personne. — Vincens, t. 2, p. 258.

Sect. 2e. — *Comment l'acceptation doit être donnée.*

377. — Suivant M. E. Vincens (*Législ. comm.*, t. 2, p. 259), l'acceptation doit être demandée au domicile indiqué, comme au lieu où l'on doit remplir toutes les obligations; au contraire, M. Pardessus (*Dr. comm.*, n° 360), pense qu'elle doit être demandée au domicile du tiré, lors même que la lettre est payable dans un autre lieu. Cette dernière opinion nous paraît préférable, car, d'une part, le domicile indiqué n'est obligatoire pour l'accepteur que quand il l'a agréé par sa promesse; or, cette promesse, il faut bien la demander à son domicile réel; et, d'autre part, comment exiger qu'une promesse personnelle puisse être exigée du tiré, à un domicile étranger, et quand on ignore le moment où se présentera le porteur?

378. — Mais, si la lettre de change n'indiquait pas le domicile du tiré, ou l'indiquait d'une manière absolument insuffisante, tandis qu'elle indiquerait le lieu de paiement, c'est là que devrait être requise l'acceptation. — Pardessus, *Dr. comm.*, n° 360.

379. — Sous l'ord. 1673, l'acceptation ne pouvait se faire que *par écrit*, tit. 5, art. 2 (Ferrière, *Dict. de Droit*, t. 1er, p. 16, col. 2). Le Code de commerce reproduit implicitement cette prescription, en exigeant que l'acceptation soit signée. — Pardessus, *Contr. de change*, nº 144; *Dr. comm.*, nº 365; Favard, *Rép.*, vº *Lettres de change*, sect. 2, § 2, nº 1er.

380. — Dès lors, l'acceptation ne peut être suppléée par l'un des moyens de droit à l'aide desquels on prouve ordinairement les conventions, et particulièrement par le serment décisoire. — *Turin*, 14 mai 1810, Rouzo et Rosetti c. Bon et Pogliani.

381. — A plus forte raison, on ne peut présumer d'acceptation tacite (Pardessus, *Contr. de change*, nº 145), même par le fait que le tiré serait convenu, par écrit, qu'il avait provision. — Pardessus, *Dr. comm.*, nº 365.

382. — Toutefois, comme l'écriture n'est requise que pour fermer la porte à la preuve par témoins, une acceptation verbale subsistant en elle-même, constitue toujours une obligation de celui qui l'a donnée envers celui qui l'a reçue, et peut être le fondement d'une action. — Pothier, *Contr. de change*, nº 43; Merlin, *Rép.*, vº *Lettres de change*, § 4, nº 10; Pardessus, *Contr de change*, nº 147. — Mais ce serait, en pareil cas, une action en dommages-intérêts; le jugement obtenu n'équivaudrait pas à acceptation. — Pardessus, nº 171.

383. — L'acceptation doit être signée (C. comm., 122). Ainsi est abrogé l'usage où étaient certains négocians de mettre le mot *accepté* sans signature. — Dans quelques villes d'Italie, la signature est considérée comme inutile; l'accepteur met seulement les lettres initiales de son nom. A Genève, on écrit plutôt son nom qu'on ne le signe.

384. — Le tiré doit signer de la même manière qu'il le fait pour ses engagemens commerciaux. — Pardessus, *Droit comm.*, nos 243 et 367. — Ainsi, dans certains cas, un paraphe pourrait être considéré comme signature, si tel était l'usage habituel du négociant qui l'a employé.

385. — La date de l'acceptation n'est exigée que dans le cas où la lettre est payable après un certain temps de vue. Toutefois, dans ce dernier cas, le défaut de date n'annule pas l'acceptation; seulement il rend la lettre exigible au terme y exprimé à compter de sa date. — C. comm., art. 122.

386. — Est nulle l'acceptation d'une lettre de change tirée à plusieurs jours de vue, lorsqu'elle porte une date antérieure à celle de la souscription de la lettre. — *Cass.*, 29 août 1836, Chevré c. Talon et Gaillard.

387. — En général, la date donnée à l'acceptation par le tiré fait foi, et n'a pas besoin, pour être réputée véritable à l'égard des tiers, d'acquérir une certitude par les moyens qu'indique le droit commun. — Pardessus, *Dr. comm.*, nº 368.

388. — Lorsque l'acceptation d'une traite à un certain temps de vue n'est pas datée, le porteur perd-il son recours, à défaut de protêt à l'échéance calculée d'après la date de la lettre, ou bien est-il admis à prouver l'époque réelle de l'acceptation? M. Horson se prononce contre le porteur comme devant subir la peine de sa négligence à faire dater l'acceptation. Cependant cet auteur ajoute que l'opinion contraire n'est pas dénuée de fondement. — *Quest. sur C. comm.*, nos 71, 72, 73. — Et elle a été en effet consacrée. — *Cass.*, 24 mars 1808, Cabarrus et Béchade c. Gérard.

389. — Si quelqu'un avait intérêt à prouver que la date de l'acceptation a été changée, par exemple, pour proroger contre les endosseurs un recours qui serait perdu, il pourrait en faire la preuve. — Pardessus, *Dr. comm.*, nº 368.

390. — L'acceptation est exprimée par le mot *accepté* (C. comm., art. 122). Mais cette expression peut être remplacée par des termes équivalens, comme : *Je ferai honneur, je paierai, j'acquitterai*, etc. — Locré, sur l'art. 122; Merlin, *Rép.*, vº *Acceptation de lettre de change*; Pardessus, *Droit comm.*, nº 366; Favard, *Rép.*, vº *Lettres de change*, sect. 2, § 2, nº 1er; E. Persil, art. 122, nº 4; Nouguier, t. 1er, p. 220.

391. — Cependant jugé sous l'ord. de 1673, et sous le C. de comm., que la promesse faite au tireur par le tiré que la lettre de change recevrait le meilleur accueil de sa part, n'avait pu équivaloir à une acceptation. — *Cass.*, 16 (et non 6) juin 1807, Albrecht et Delbruck c. Feronce et Crayen; *Bruxelles*, 23 déc. 1809, Fould c. Proost.

392. — Jugé encore que la réponse faite par le tiré, lors du protêt de la lettre de change par duplicata, qu'il a en main des valeurs propres à s'en assurer le paiement, mais qu'il ne peut l'acquitter dans l'état d'imperfection où se trouve le titre qu'on lui présente, n'est point une acceptation qui lie le tiré à l'égard du tiers porteur. — *Paris*, 20 fév. 1830, Collon c. Blanc-Colin. — V. aussi *Lyon*, 9 août 1848 (t. 2 1848, p. 457), Ganneron c. Mayet et Bunot. — V. encore *infrà* nº 407.

393. — Si, par suite de négociations, le tiré était devenu endosseur de la traite, il ne faudrait pas en conclure qu'il a voulu accepter. Car en pareil cas il a deux qualités distinctes, qui ne doivent pas être confondues. — Horson, *Quest. sur le C. de comm.*, nº 78; E. Persil, art. 122, nº 9; Nouguier, t. 1er, p. 223.

394. — Toutefois cette opinion ne doit être admise qu'avec réserve; et elle peut se modifier en raison des circonstances de fait : par exemple si le tiré avait gardé le silence sur la diminution des garanties pour les endosseurs, et qu'il voulût ensuite, en sa qualité de tiers porteur, exercer son recours contre ces mêmes endosseurs. Sans doute, il n'y aurait pas par cela acceptation de la part du tiré; mais il pourrait être passible de dommages-intérêts qui replaceraient les parties dans la même position que s'il y avait eu acceptation.

395. — Une simple signature, même émanée d'un négociant, ne saurait constituer l'acceptation. — *Cass.*, 20 mars 1832, Lemière c. Sarot. — Pardessus, *Dr. comm.*, nº 366; Nouguier, t. 1er, p. 229. — Il en est autrement en Angleterre.

396. — Toutefois une telle signature peut faire naître la présomption que celui qui l'a donnée est débiteur, et former contre lui un commencement de preuve par écrit. — *Caen*, 12 août 1830, Lemière c. Sarot (sous *Cass.*, 20 mars 1832). — Pardessus, *ibid.*

397. — Les mots « accepté payer la somme de 1,519 fr. aux domicile et échéance ci-dessus, » mis au dos d'une lettre de change en blanc ne peuvent constituer un titre de créance contre le souscripteur, lorsque le corps de la lettre de change n'a pas été rempli, que d'ailleurs cette sorte d'acceptation ne porte point énonciation d'une valeur fournie, et que le porteur ne justifie pas qu'il en ait fourni une. — *Caen*, 31 (et non 13) mars 1827, Saussey c. Lemoyne.

398. — Un *vu* daté et non signé, apposé sur une lettre de change par le tiré, n'équivaut point à acceptation. — *Turin*, 14 mai 1810, Rouzo et Rosetti c. Bon et Pogliani. — Un pareil visa n'a d'autre effet que de rendre hommage à la diligence du porteur et de déterminer le jour de l'échéance. — Horson, *loc. cit.*, nº 77; Nouguier, t. 1er, p. 229.

399. — Jugé, en ce sens, même quand le visa indiquerait l'époque du paiement, et que ce fût l'usage de la place de considérer ce genre de visa comme suffisant. — *Cass.*, 28 déc. 1824, Steigner c. salines de l'Est. — *Contrà* Pardessus, *Dr. comm.*, nº 366.

400. — Faudrait-il en dire autant du visa même signé? — Oui, suivant Horson (nº 76). Car il n'en résulte pas de la part du tiré l'intention évidente de s'obliger. — Merlin, *Rép.*, vº *Acceptation de lettre de change*. — *Contrà*, *Turin*, 8 nov. 1809, Puglièse c. Pescarolo.

401. — Un *vu pour payer* équivaut à acceptation. — Horson, *Quest. sur le C. de comm.*, nº 77; E. Persil, art. 122, nº 6. — Mais un *vu sans accepter* serait un refus d'acceptation. — Favard, *Rép.*, vº *Lettres de change*, sect. 2, § 2, nº 2 *bis*. — Cette locution était proscrite par l'ord. 1673, tit. 5, art. 2.

402. — L'accepteur, lors même qu'il n'est pas commerçant, n'a pas besoin d'énoncer la somme à payer. Néanmoins cela est d'usage. — Pardessus, *Dr. comm.*, nº 367; Persil, art. 122, nº 12.

403. — L'acceptation non écrite, mais signée par l'accepteur, est valable. — *Paris*, 9 nov. 1825, de Saint-Sauveur c. Taillepied de Bondy.

404. — ... Elle suffit, même sans *bon* ou *approuvé*, encore que la lettre de change soit réputée simple billet, pour donner lieu à une obligation civile. *Bruxelles*, 11 janvier 1808, Lefebvre c. Gradner.

405. — ... En tout cas, dans cette dernière hypothèse, le défaut d'approbation peut être couvert par la reconnaissance postérieure de la dette. — *Paris*, 21 nov. 1817, Prier c. Prevost; *Cass.*, 28 avril 1819, mêmes parties.

406. — Lorsque la lettre est payable dans un autre lieu que celui de la résidence de l'accepteur, l'acceptation doit indiquer le domicile où doit s'effectuer le paiement, et où les diligences devront se faire. — C. comm., art. 123.

407. — Jugé que la promesse d'accepter des lettres de change, contenue dans une correspondance adressée au tireur, ne forme point contrat entre le porteur et le tiré, et qu'elle peut être rétractée par celui-ci, alors qu'il a appris que la solvabilité du tireur devient de plus en plus douteuse, et que les marchandises dont l'envoi lui avait été annoncé n'ont pas été expédiées en totalité. — *Lyon*, 9 août 1848 (t. 2 1848, p. 457), Ganneron c. Mayet et Bunot.

408. — L'acceptation doit être pure et simple. Ainsi, l'accepteur ne peut à son gré changer le lieu du paiement, ni indiquer des *besoins*, ni reculer l'époque du paiement, etc.; il ne le peut que du consentement du porteur. Toutefois, en acceptant ces modifications à la convention primitive, ce dernier s'expose à perdre son recours contre le tireur et les endosseurs. — Pardessus, *Contr. de ch.*, nos 152, 209 et 400; *Dr. comm.*, nº 370; Favard, *Rép.*, vº *Lettre de change*, sect. 2, § 2, nº 3; Persil, art. 110, nos 1er 5, 118, 1. 124.

409. — De même, l'acceptation ne peut être conditionnelle (C. comm., 124; Ord. 1673, tit. 5, art. 2), c'est-à-dire dépendre de conditions, circonstances ou obligations qui ne seraient point insérées dans la lettre. — Pardessus, *Dr. comm.*, nº 370.

410. — La déclaration d'accepter, *pourvu que le tireur fasse provision*, n'est point une acceptation pure et simple. — Pardessus, *Dr. comm.*, nº 373.

411. — Il en serait autrement de la déclaration du tiré qu'il accepte, sous toutes réserves contre le tireur, de qui il prétend n'avoir pas reçu provision, ou envers qui il dénie être débiteur des valeurs que le contenu de la lettre suppose entre ses mains. — Pardessus, *Contr. de ch.*, nos 154 et 170; *Dr. comm.*, nº 373.

412. — Une acceptation ainsi conçue : *Accepté pour payer à l'échéance sur telles fournitures à faire dans tel mois*, est une acceptation conditionnelle, même à l'égard des tiers porteurs. — *Paris*, 31 mars 1838 (t. 2 1840, p. 40), Richard c. Liévin et Godard.

413. — Une pareille acceptation doit être considérée comme refus d'accepter, et dès lors le porteur, qui ne l'a pas fait protester, n'a action contre l'accepteur qu'au cas de l'accomplissement de la condition énoncée, et jusqu'à concurrence seulement du montant des fournitures livrées par le tireur. — *Paris*, 31 mars 1838 (t. 2 1840, p. 40), mêmes parties.

414. — Lorsque le tiré, créancier du porteur, a mis *accepté pour payer à moi-même*, ce n'est point là une acceptation conditionnelle, pourvu que la créance soit liquide, et le porteur n'a point de recours contre le tireur. — Dupuy, *Art des lettres de ch.*, ch. 8; Pothier, *Contr. de ch.* nº 47; Merlin, *Rép.*, vº *Acceptation de lettre de change*, nº 5. — *Contrà*, Pardessus, *Contr. de ch.*, nº 155; *Dr. comm.*, nº 372; E. Vincens, t. 2, p. 264; Persil père cité par E. Persil, art. 124, nº 3; Nouguier, t. 1er, p. 234.

415. — N'est point conditionnelle l'acceptation *pour payer à qui sera par justice ordonné*, faite par le tiré entre les mains duquel une saisie-arrêt a été pratiquée. — Dupuy, *ibid.*; Pothier, *Contr. de ch.*, nº 47; Merlin, *Rép.*, vº *Acceptation de lettre de change*, nº 5; Nouguier, t. 1er, p. 240.

416. — Mais l'acceptation peut être restreinte quant à la somme acceptée. Dans ce cas, le porteur est tenu de faire protester la lettre de change pour le surplus. — C. comm., art. 124.

417. — Une acceptation ainsi restreinte doit être écrite et signée; on ne pourrait l'induire de ce que le tiré aurait répondu, dans le protêt fait pour le surplus de la somme. — Pardessus, *Droit comm.*, nº 374.

418. — ... Elle ne résulterait pas non plus de ce que le tiré aurait refusé de payer, par le motif qu'il n'a entre les mains pour le compte du tireur qu'une somme inférieure au montant de la traite, et non liquide. — *Cass.*, 6 mars 1837 (t. 1er 1837, p. 463), Moreau c. Dallemagne.

419. — L'acceptation pour une somme plus forte que celle qui serait exprimée dans la lettre est valable, le moins étant contenu dans le plus. — Pothier, *Contr. de ch.*, nº 48.

420. — L'acceptation peut-elle être donnée par acte séparé? par exemple, par lettre missive? — Pour la négative, on dit que si le Code de commerce autorise l'aval par acte séparé, il ne le permet pas pour l'acceptation; que d'ailleurs un tel mode d'acceptation serait un embarras pour la circulation des traites. — *Cass.*, 16 avr. 1823, Raba c. Ollivieri; *Lyon*, 21 août 1827, Chavannes et Burdet c. Eyrioux. — Persil, art. 122, nº 7.

421. — Jugé, en conséquence, que le porteur ne pourrait se prévaloir contre le tiré d'une pareille acceptation. — *Paris*, 14 mai 1847 (t. 1er 1847, p. 591), Mallen c. Forest.

422. — Que la lettre missive, eût-elle été adressée au porteur, pourrait bien être réputée obligatoire pour le tiré, mais non comme acceptation. — *Lyon*, 21 août 1827, Chavannes et Burdet c. Eyrioux.

423. — Jugé encore que l'autorisation donnée par lettre missive de tirer une lettre de change ne remplace pas l'acceptation qui doit être donnée sur le titre même; que, en conséquence, le porteur ne saurait s'en prévaloir contre le tiré. — *Paris*, 13 mai 1846 (t. 1er 1847, p. 591), Mallen c. Forest-Marlier.

424. — Pour l'affirmative on répond : Lors de la discussion au Conseil d'Etat la question ayant été agitée, il fut répondu que, bien que ce mode d'acceptation fût contre l'usage, cependant aucune loi ne le prohibait. Sans doute un tel écrit peut se perdre, et est susceptible d'autres inconvéniens; mais le porteur en sera plus réservé. Enfin un tel acte n'a rien de contraire à l'ordre public. — *Liége*, 10 août 1814, Kelleter c. Bettendorff; arg. *Cass.* (motifs), 4 juill. 1843 (t. 2 1843, p. 445), Antoine c. Chibaux. — Locré, sur l'art. 122, procès-verbal du 27 janv. 1807; Merlin, *Rép.*, vo *Lettres de change*, § 4, no 10 ; Pardessus, *Contr. de change*, no 146, et *Dr. comm.*, no 367 ; E. Vincens, t. 2, p. 260, no 18; Nouguier, t. 1er, p. 226.

425. — Toutefois il faut qu'il résulte bien clairement de l'acte que le tiré s'est obligé envers des tiers à payer la traite. — Horson, *loc. cit.* no 62. — Cela ne résulterait pas d'un accusé de réception des effets *sauf rentrée*, et on ne devrait voir là qu'une acceptation conditionnelle. — *Cass.*, 4 juill. 1843 (t. 2 1843, p. 445), Antoine c. Chibaux.

426. — Le créancier ne peut point tirer une lettre de change sur son débiteur sans l'autorisation expresse de ce dernier, surtout s'il s'est réservé le moyen de se libérer de la façon qui lui conviendrait le mieux. — *Lyon*, 20 décembre 1845 et 12 mai 1847 (t. 1er 1848, p. 104), Delorme c. Clunet-Réveillon, Grandvoinet c. Clunet-Réveillon.

427. — L'accepteur n'est pas tenu de réitérer son acceptation une fois qu'il l'a donnée. Ainsi, il ne peut être tenu d'accepter plusieurs exemplaires de la même lettre. — Pardessus, *Dr. comm.*, no 365.

428. — Le tiré peut refuser de mettre son acceptation sur la lettre, si elle n'est pas écrite sur papier timbré ou si le papier n'a pas le timbre proportionnel. — Favard, *Rép.*, vo *Lettres de change*, sect. 2, § 2, no 11.

Sect. 3e. — *Effets de l'acceptation.*

429. — L'effet immédiat de l'acceptation vis-à-vis du porteur est de rendre celui qui l'a donnée débiteur direct du montant de la lettre telle qu'elle est conçue (C. comm., 121). — Les autres signataires ne sont plus que garants solidaires du paiement.

430. — Aussi l'ordonnance 1673 portait (tit. 5, art. 11) qu'après le protêt faute de paiement, l'accepteur pouvait toujours être poursuivi à la requête du porteur. — Quoique cette disposition ne soit pas répétée dans le Code de commerce, elle est toujours en vigueur d'après le droit commun. — Becane sur l'Ord. 1673.

431. — Lorsqu'une lettre tirée sur deux individus n'a été acceptée que par l'un d'eux; il n'y a que le signataire d'obligé. — *Secùs* si les tirés étaient associés. — Pardessus, *Contr. de change*, no 142; Nouguier, t. 1er, p. 215 et 231.

432. — Si le tiré commettait l'imprudence de réitérer son acceptation sur plusieurs exemplaires d'une même lettre, il serait tenu de payer à tous les porteurs des copies acceptées par lui. — Pardessus, *Dr. comm.*, no 365.

433. — L'accepteur ne pourrait alléguer qu'étant commissionnaire du tireur, il n'a accepté qu'en cette qualité et non en son propre nom. — Savary, *Parf. nég.* parère 48; Pothier, *Contr. de change*, no 48. — D'ailleurs, le commissionnaire et le correspondant sont toujours engagés personnellement, à la différence du simple commis, qui ne fait qu'engager son maître. — Pardessus, *Contr. de change*, no 276. — V. *infrà* no 502.

434. — L'accepteur ne peut opposer sa minorité au tiers porteur de bonne foi. — *Paris*, 24 niv. an IX, Thurot c. Huchet. — V. cependant *suprà* no 207.

435. — L'acceptation délivrée au porteur est irrévocable. Mais l'accepteur peut être restitué contre son acceptation, s'il y a eu dol de la part du porteur. — Merlin, *Rép.*, vo *Acceptation des lettres de change*, no 9; Dupuy, *Art des lettres de change*, ch. 10; Pothier, *Contr. de change*, no 118; Pardessus, *Contr. de change*, no 211; Favard, *Rép.*, vo *Lettres de change*, sect. 2, § 2, no 6.

436. — Toutefois, l'accepteur ne peut exciper, contre les tiers porteurs, de l'escroquerie commise à son égard par celui au profit de qui la lettre de change a été créée, lorsqu'il est constant que les tiers porteurs ont réellement fourni la valeur. — *Cass.*, 15 mars 1816, Briot c. Laurent et Maître. — V. cependant *Bruxelles*, 4 mai 1822, Meulemans c. Longis.

437. — Il n'y a pas, de la part du porteur, dol donnant lieu à restitution, s'il ne fait que cacher au tiré un fait dont il avait connaissance : par exemple, la faillite imminente du tireur. — E. Persil, art. 122, no 3.

438. — L'accepteur ne peut être restitué contre son acceptation par le motif qu'elle serait le résultat de l'erreur. — Nouguier, t. 1er, p. 249. — Mais cette opinion est sujette à critique.

439. — L'acceptation d'une lettre de change, envisagée comme une sorte de monnaie commerciale, peut équivaloir à une dation en paiement de la part de l'accepteur ou tiré, en telle sorte que si cet accepteur ou tiré a acquitté ainsi une obligation naturelle, il ne peut plus être restitué contre son engagement. — *Paris*, 29 sept. 1825, Willmott c. Gaillard et Lelégard.

440. — L'acceptation ne peut être rétractée, même du consentement du tireur. — Pardessus, *Dr. comm.*, no 377. — ... Ni même du consentement du porteur; car l'acceptation n'obligeait pas simplement le tiré envers celui-ci, elle formait encore un contrat entre le tiré et les tireur et endosseurs. — Pardessus, *Contr. de ch.*, no 210; *Dr. comm.*, no 377.

441. — L'accepteur n'est point restituable contre son acceptation, quand même le tireur aurait failli, à son insu, avant qu'il eût accepté. — C. comm., 121.

442. — Si le tiré, connaissant la faillite du tireur, accepte néanmoins la lettre, il peut, s'il y a lieu, être passible de dommages-intérêts envers la masse des créanciers du failli, pour avoir rendu la position du porteur plus favorable que celle des autres. — Scaccia, *Tract. de cambiis et commercio*, § 2, gloss. 5, no 391 et seq.; Dupuy, *Art des lett. de ch.*, no 22; Pothier, *Contr. de ch.*, no 96; Pardessus, *Contr. de ch.*, no 178.

443. — L'accepteur d'une lettre de change ne peut en refuser le paiement, sous prétexte qu'il n'avait pas provision au moment de l'acceptation. — *Aix*, 9 fév. 1845, Fauveau c. Lagrange et Depras. — ... Ou qu'il n'aurait pas reçu celle sur laquelle il comptait. — Sous l'ordonn. 1673, *Paris*, 12 nov. 1808, Delance et Belin c. Lapeyrière. — Pardessus, *Dr. comm.*, no 378; Savary, *Parf. nég.*, parères 12 et 16.

444. — ...Ou sous prétexte qu'il n'a accepté que conditionnellement et à la charge par le tireur de lui fournir la provision. — *Montpellier*, 29 juill. 1836, Oppermann c. Raymond.

445. — ....Ou sous prétexte qu'il y a compte à faire entre lui et le tireur. — Sous l'ordonn. 1673, *Cass.*, 10 pluv. an XIII, Mariette c. Dupont; *Metz*, 15 juill. 1817, Pillard c. Jobert Ternaux; 15 juill. 1817, Varnesson-Baudesson c. Pillard.

446. — Mais l'associé qui a accepté une lettre de change tirée sur lui, *pour les affaires de la société*, par son coassocié, lequel s'en trouve encore porteur au moment de la dissolution de la société même, peut en refuser le paiement jusqu'à ce que, par le résultat du compte à rendre, il soit constaté lequel des deux associés doit à l'autre. — *Cass.*, 11 brum. an IX, Marana c. Fabre.

447. — Jugé aussi que l'acceptation écrite sur une lettre de change peut être biffée par le tiré tant qu'il n'a pas encore rendu le titre au porteur. — *Lyon*, 9 août 1848 (t. 2 1848, p. 457), Ganneron c. Mayet et Bunot. — V. *suprà* no 361.

448. — Mais le tiré qui a donné son acceptation sur une lettre de change ne peut plus la biffer lorsque avis a été par lui transmis au tireur du dépôt de la traite acceptée entre les mains d'un tiers, pour y demeurer à la disposition du porteur de la seconde. — *Paris*, 10 nov. 1847 (t. 1er 1848, p. 209), Ely c. Galazza. — V. *suprà* no 364.

449. — L'accepteur est tenu de payer, sans pouvoir exiger un délai, dans le but d'appeler le tireur en garantie. — *Bruxelles*, 1er déc. 1832, Gillet c. White.

450. — L'accepteur d'une lettre de change qui en a payé le montant peut en répéter le remboursement contre le bénéficiaire, s'il est établi, notamment par les livres et la correspondance des parties, que la lettre de change avait été tirée uniquement dans l'intérêt de ce dernier, et que l'accepteur n'avait pas reçu de provision. — *Cass.*, 21 mars 1842 (t. 1er 1842, p. 577), Moisson c. Dauge et Junch.

451. — Sous l'ord. de 1673, celui qui s'était obligé d'accepter les lettres de change tirées sur lui, pour le paiement d'un solde de compte, ne pouvait se prévaloir de ce que le fondé de pouvoir qui aurait tiré les traites n'avait pas mandat de tirer sur lui spécialement, si ce mandat renfermait pouvoir de souscrire toutes lettres de change en général. — *Cass.*, 22 vent. an XII, Parthou c. Hèbre-Saint-Clément et Rouzeau.

452. — Lorsqu'une lettre de change est tirée en plusieurs exemplaires, à un nombre déterminé de jours de vue, le tireur qui n'est point intervenu à l'acceptation peut être admis à justifier, autrement que par une preuve littérale directe, que l'exemplaire représenté et chargé d'une acceptation n'est point celui primitivement accepté, lequel n'a pas été protesté à l'échéance, par collusion entre les porteurs et l'accepteur. — *Cass.*, 21 mars 1808, Cabarrus et Béchade c. Guérard.

453. — La novation résultant d'un délai accordé à l'accepteur après l'échéance de l'acceptation première, peut être opposée, en cas de retraite, au tiers porteur des nouveaux effets et de l'exemplaire de la traite acceptée en second lieu, quoiqu'il n'ait eu aucune part à tout ce qui s'est passé. — *Cass.*, 21 mars 1808, mêmes parties.

454. — Le négociant qui accepte un effet de commerce pour être payé en un lieu indiqué, constitue en ce même lieu, pour raison de cet effet, son domicile commercial, et peut y être assigné. — *Cass.*, 4 fév. 1808, Mariette c. Lachenez; *Paris*, 26 nov. 1808, Commerson c. Piéplu, Froidot et Amiel.

455. — De même l'accepteur peut être assigné au domicile indiqué par cet effet, bien que depuis l'acceptation il ait changé de domicile. — *Paris*, 11 juillet 1810, Soue de la Garlie c. Cholois.

456. — En pareil cas, il n'est pas nécessaire, pour les délais de l'assignation, d'avoir égard à la distance du domicile réel de l'accepteur. — *Paris*, 26 nov. 1808, Commerson c. Piéplu, Froidot et Amiel.

457. — Mais l'accepteur qui n'a point indiqué de domicile pour le paiement doit être, en cas de non-paiement, cité non devant le tribunal de commerce du lieu où la lettre indique qu'elle est payable, mais devant celui de son domicile. — *Liége*, 7 juin 1813, Desbilles c. Barthélemi.

458. — Quant aux effets que produit l'acceptation entre le tireur et l'accepteur, ils dépendent de la position dans laquelle ils se trouvent entre eux. — Pardessus, *Dr. comm.*, no 379.

459. — Du moment que le tiré accepte, il acquiert sur les valeurs ou marchandises du tireur qu'il a entre les mains, et qui se trouvent alors constituer la provision, un droit de préférence ou privilége, à l'exclusion des autres créanciers du tireur, si celui-ci vient à tomber en faillite. — Savary, *Parf. négoc.*, parère 39; Pardessus, *Contr. de ch.*, no 206.

460. — Une lettre de change qui est devenue la propriété du tiré accepteur, par suite d'endossement passé à son profit, a produit tous ses effets possibles par la confusion, dans la personne de celui-ci, des deux qualités de débiteur et de créancier de la lettre de change. — Dès lors le tiré ne peut plus valablement, même avant l'échéance, endosser cet effet au profit d'un tiers, de manière à lui donner recours contre le tireur originaire ou contre les autres endosseurs à défaut de paiement. — *Rouen*, 7 déc. 1846 (t. 1er 1847, p. 285); Guillot et Battement c. de Courcy; *Cass.*, 19 avril 1848 (t. 1er 1848, p. 536), mêmes parties.

Sect. 4e. — *Refus d'acceptation. — Acceptation par intervention.*

461. — Le refus d'acceptation est constaté par un acte que l'on nomme *protêt faute d'acceptation*. — C. comm., 119.

462. — Sur la notification de ce protêt, les endosseurs et le tireur sont respectivement tenus de donner caution pour assurer le paiement de la lettre à son échéance, ou d'en effectuer le remboursement. — C. comm., art. 120.

463. — Pour les formes et les effets du protêt faute d'acceptation, V. PROTÊT.

464. — Lors du protêt faute d'acceptation, la lettre de change peut être acceptée par un tiers intervenant pour le tireur ou pour l'un des endosseurs. — C. comm., art. 126. — Le protêt est une condition essentielle à ce mode d'acceptation. — Mais, une fois ce protêt fait, il n'est pas nécessaire qu'il ait été signifié pour que l'acceptation par intervention soit valablement donnée. — Pardessus, *Dr. comm.*, no 383.

465. — La promesse de payer une lettre de change non acceptée, *avant que le refus du tiré fût constaté*, serait considérée comme un simple aval. — Heineccius, *Elem. juris cambii*, cap. 11, § 16; Pothier, *Contr. de ch.*, no 114; Pardessus, *Dr. comm.*, no 383.

466. — L'acceptation par intervention peut être donnée, ou pour tous les signataires de la lettre, ou seulement pour quelqu'un d'eux : à défaut d'indication particulière, elle est censée donnée pour tous. — Pardessus, *Dr. comm.*, no 384.

467. — ....Elle ne peut être donnée que par un

tiers, c'est-à-dire par une personne étrangère à la lettre qui se trouve entre les mains du porteur. Le tireur ni les endosseurs ne pourraient accepter par intervention, puisque, comme signataires, ils sont déjà obligés au paiement. — Pardessus, *ibid.*

468. — L'individu indiqué *au besoin* peut accepter par intervention, car n'ayant pas été nommément chargé d'acquitter la lettre, il est un tiers. — Pardessus, *ibid.*

469.—Le tiré, tout en refusant d'accepter directement, peut intervenir pour le compte d'un des endosseurs dont il ne veut pas laisser la signature en souffrance.

470. — De même, lorsqu'une traite est tirée pour compte d'un tiers qui n'a point donné d'avis au tiré, le tiré peut accepter pour l'honneur de la signature du tireur, en le prévenant, par correspondance, que c'est pour son compte, à lui tireur, qu'il accepte. Dans ce cas, le tiré, pour conserver son recours contre le tireur, n'est pas obligé de laisser protester la traite, et de faire mentionner dans le protêt que son acceptation n'est pas pour le compte du tiers donneur d'ordre, mais pour le compte du tireur. — *Paris*, 11 avril 1834, Goutard c. Schroder et Schiller; *Cass.*, 22 déc. 1835, mêmes parties.

471. — Il n'est pas permis d'accepter sous protêt pour l'honneur des signataires, lorsqu'il y a défense de le faire. — Scaccia, *Tractatus de cambiis et commercio*, § 2, gloss. 5, nº 390; Dupuy, *Art des Lett. de ch.*, ch. 8.

472. — L'acceptation par intervention doit être signée par l'intervenant, et mention en est faite à la suite du protêt. L'énonciation qu'un *tel* est intervenu, sans signature de sa part, ne suffirait pas. — C. comm., 126. — Pardessus, *Dr. comm.*, nº 385.

473. — Plusieurs personnes peuvent se présenter pour accepter une lettre par intervention. — Il est évident que celle dont l'acceptation éteint le plus d'engagemens doit être préférée (arg. 159 C. comm.). — En tout cas, la préférence est due à la personne qui a été indiquée *au besoin.* — Pardessus, *Dr. comm.*, nº 385.

474. — L'intervenant est tenu de notifier sans délai son intervention à celui pour qui il est intervenu (C. comm., 127); car il peut se faire que dans l'ignorance du refus du tiré, on lui envoie la provision nécessaire. — Pardessus, *Dr. comm.*, nº 386.

475. — L'acceptation par intervention peut ne pas équivaloir pour le porteur à l'acceptation par le tiré; il a compté sur celui-ci et non sur un autre. Il conserve donc, nonobstant l'acceptation par intervention, tous les droits contre le tireur et les endosseurs (C. comm. 128). — Favard, *Rép.*, vº *Lett. de ch.*, sect. 2, § 2, nº 11; Pardessus, *Contr. de ch.*, nº 161 et *Dr. comm.*, nº 387.

476. — ... D'où il suit que l'accepteur intervenant n'est pas subrogé dans les droits du porteur. — E. Persil, art. 128, nº 2.

477. — L'acceptation par intervention peut n'être donnée que pour partie de la lettre. — Pardessus, *Dr. comm.*, nº 387.

478. — L'obligation de l'accepteur par intervention n'est pas de la même nature que celle d'un accepteur pur et simple, mais elle suit celle du signataire pour qui il est intervenu. — E. Vincens, t. 2, p. 298; Nouguier, t. 1er, p. 273; E. Persil, art. 128, nº 3.

479. — Quant à l'intervenant, il n'a point d'action, comme *negotiorum gestor*, contre celui pour qui il est intervenu, tant que l'engagement éventuel qu'il a pris ne se réalisera point par le nonpaiement de la part du tiré à l'échéance.

CHAPITRE IV. — *Échéance.*

480. — L'échéance d'une lettre de change est l'époque à laquelle le paiement doit en être fait.

481. — Une lettre de change peut être tirée à jour fixe ou à jour déterminé (C. comm., 129) sans qu'il y ait lieu à la distinction établie par l'ord. de 1673, qui accordait, suivant les localités, un certain délai lorsqu'il s'agissait de lettres payables *à un jour déterminé.*

482. — Une lettre de change peut être tirée à un ou plusieurs jours, à un ou plusieurs mois, à une ou plusieurs usances de date (C. comm. 129).

483. — Pour les lettres tirées à un ou plusieurs jours, la computation a lieu à partir du jour qui suit celui de la date.

484. — Les mois sont tels qu'ils sont fixés par le calendrier grégorien (C. comm., 132). — V. CALENDRIER.

485. — Lorsqu'il s'agit de supputer l'époque de l'échéance d'un effet de commerce payable à plusieurs mois de *date*, le délai doit être compté *date par date*, d'un quantième à un autre quantième, sans aucune distinction des mois qui ont plus ou moins de trente jours. — Ainsi, une lettre de change datée du 28 févr., et payable à neuf mois de date, échoit le 28 nov., et non fin novembre. — *Bourges*, 28 déc. 1816, Nabon c. Guébin; *Cass.*, 13 août 1817, Nabon c. Martin; 16 févr. 1818, Blot-Vallée c. N...; 16 févr. 1818, Prevel c. Nabon; 21 juill. 1818, Jauge et Robin c. Foulon et Nabon; *Orléans*, 3 mars 1819, Jauge et Robin c. Foulon et Nabon. — Horson, nºs 80 et suiv.; E. Vincens, t. 2, p. 173.

486. — Toutefois, la lettre de change tirée payable *fin d'un mois*, a pour échéance le dernier jour du mois, quel que soit le nombre des jours de ce mois.

487. — Les usances sont, en France, une série de trente jours, qui se comptent du lendemain de la date de la lettre de change, sans avoir égard à la plus ou moins longue durée du mois dans lequel elles se trouvent. — Ainsi, une lettre à deux usances, datée du 29 juin, sera échue le 30 août. — Pardessus, *Dr. comm.*, nº 336.

488. — Une lettre peut encore être tirée *à vue.* Alors, l'échéance est le jour même de la présentation. — C. comm., 129, 130; Ord. 1673, tit. 5, art. 4.

489. — Elle peut l'être également à un ou plusieurs jours, à un ou plusieurs mois, à une ou plusieurs usances de vue. Dans ces cas, l'échéance est fixée par la date de l'acceptation ou par celle du protêt faute d'acceptation. — C. comm. 129, 131. — Savary, *Parf. négoc.*, parère, 47; Pothier, *Contr. de ch.*, nº 15. — Il en serait de même pour une lettre tirée à douze ou vingt-quatre heures de vue. — Pardessus, *Dr. comm.*, nº 336.

490. — Enfin, une lettre de change peut être tirée payable en foire. En pareil cas, elle est échue la veille du jour fixé pour la clôture de la foire, ou le jour de la foire si elle ne dure qu'un jour. — C. comm., 229, 133.

491. — Pourrait-on indiquer comme échéance à une lettre de change celle d'un événement quelconque ou l'accomplissement d'un acte? Oui; car aucune loi ne le défend. — Heineccius, *Elem. jur. camb.*, cap. 2, § 19; Pardessus, *Contr. de change*, nº 253.

492. — Jugé cependant qu'on ne saurait considérer comme lettre de change, bien qu'il en ait d'ailleurs tous les caractères, un effet stipulé payable après le décès d'un individu désigné. — *Toulouse*, 6 janv. 1837 (t. 2 1837, p. 415), Bruel c. Bélou.

493. — Lorsque l'échéance d'une lettre de change est à un jour férié légal, elle est payable la veille. — C. comm., 134. — Mais à défaut de paiement, le protêt ne doit être fait que le lendemain du jour férié. — C. comm., 162. — V. JOUR FÉRIÉ.

494. — Tous délais de grâce, de faveur, d'usage ou d'habitude locale, pour le paiement des lettres de change, sont abrogés. — C. comm., 135. — Cette disposition est applicable même aux effets souscrits avant la promulgation du Code de commerce. — *Bordeaux*, 11 janv. 1810, Mantz et Stechelin c. Balguerie. — V. sur la supputation de délai de grâce sous l'ord. de 1673, *Cass.*, 18 brum. an XI, Coppens c. Neef.

495. — Toutefois l'exécution de la loi fut suspendue en 1830, lors de la révolution de juillet. Un arrêté de la commission municipale de Paris, du 31 juillet, dont le tribunal de commerce de la Seine ordonna le même jour la transcription sur ses registres, prorogea de dix jours les échéances des effets de commerce payables à Paris depuis le 26 juillet jusqu'au 15 août inclusivement. — La révolution de février 1848, donna lieu également à différentes prorogations d'échéances, savoir: — Décr. 26 fév. qui proroge de dix jours les effets de commerce payables à Paris depuis le 22 fév. jusqu'au 15 mars inclusivement; — Décr. 28 fév., qui applique la même prorogation aux effets de commerce payables dans les départemens de la Seine et de la Seine-Inférieure; — Décr. 3 mars, *id.*, aux effets de commerce payables en France; — Décr. 25 juin, qui proroge de cinq jours les échéances des effets de commerce, payables à Paris et dans les départemens, depuis le 23 jusqu'au 27 juin lors courant; — Décr. 20 juin qui proroge de cinq jours les échéances des mêmes effets payables depuis le 23 juin jusqu'au 5 juill. — Ces mêmes décrets contiennent également des prorogations pour les délais de protêt. — V. PROTÊT.

CHAPITRE V. — *Endossement.*

496. — La propriété de la lettre de change se transmet par la voie de l'endossement (C. comm., art. 136). — V. ENDOSSEMENT.

CHAPITRE VI. — *Solidarité.*

497. — Tous ceux qui ont signé, accepté ou endossé une lettre de change, sont tenus à la garantie solidaire envers le porteur. (C. comm., art. 140). — La solidarité résultait de l'ordonnance 1673, mais elle n'y était pas explicitement établie. — Dupuy de la Serra, *Art des lettres de change*, ch. 16; E. Vincens, t. 2, p. 303.

498. — Les effets de la solidarité sont cependant modifiés, soit par la qualité de l'un des signataires, par exemple s'il est incapable de s'obliger, soit par la faveur de la loi, si c'est une femme ou un mineur émancipé, soit par la convention des parties. — Pardessus, *Dr. comm.*, nº 413. — Le signataire n'est donc pas obligé, lorsqu'il a été convenu que sa signature était mise, non pour son compte personnel, mais pour celui d'un autre.

499. — Ainsi, la femme qui gère habituellement et même exclusivement le commerce et les affaires de son mari (qui ne sait ni lire ni signer) oblige celui-ci, par sa signature, au paiement des billets de commerce souscrits ou endossés par elle *au nom et pour le compte de son mari.* — *Angers*, 27 février 1819, Belleuvre c. Rogeron. — Pothier, *Contr. de change*, nº 28; Merlin, *Rép.*, vº *Lettre et billet de change*, § 3, nº 5; Pardessus, *Contr. de change*, nº 49.

500. — De même une femme marchande publique qui accepte des traites *par procuration de son mari* n'est pas obligée personnellement au paiement de ces effets. — *Bruxelles*, 18 fév. 1818, Mylas c. Coché; 10 juillet 1819, mêmes parties.

501. — Jugé que la femme non marchande publique qui souscrit un billet à ordre conjointement avec son mari, commerçant, ou qui endosse des lettres de change tirées à son ordre par ce dernier, est tenue solidairement au paiement. — *Toulouse*, 12 juillet 1811, Bellerive c. Mignard; *Paris*, 8 fév. 1820, Cohanin c. Bauchet.

502. — Le commis ou facteur qui signe une lettre de change ne contracte point d'obligation personnelle, du moment qu'il indique qu'il n'agit que par procuration de son maître. En ce cas, c'est ce dernier seul qui est obligé par la signature de son mandataire. — Heineccius, *Elem. jur. camb.*, cap. 6, § 35; Pardessus, *Contr. de change*, nºs 142, 214 et 276. — Il en est autrement du correspondant: sa signature l'engage personnellement. — Pardessus, *loc. cit.*

503. — Quoique les divers signataires d'une lettre de change en soient débiteurs solidaires, c'est cependant moins comme obligés principaux que comme cautions les uns des autres, mais cautions solidaires. — Pardessus, *Dr. comm.*, nº 413. — Et c'est le confectionnaire qui en reste seul débiteur réel et direct. — *Rouen*, 8 déc. 1826, Carbonnier c. Troussel.

504. — Un tribunal ne peut (alors d'ailleurs qu'il ne se fonde sur aucunes circonstances de fraude reconnues par lui précises et concordantes) refuser de condamner l'endosseur d'un billet à ordre au paiement envers le porteur, par le motif que cet endosseur a dû penser, en raison de certaines circonstances, ne devoir être soumis à aucun recours de la part de celui-ci. — *Cass.*, 19 janv. 1841 (t. 1er 1841, p. 315), Aigoin c. Masson.

505. — La remise forcée que le porteur d'une lettre de change pour laquelle il y avait provision a faite à l'accepteur tombé en faillite, l'empêche de demander la totalité de la dette au tireur, alors même qu'il s'est expressément réservé tous ses droits contre lui. — Dans ce cas, le tireur condamné solidairement avec l'accepteur au paiement de la traite, doit être considéré comme un débiteur solidaire, contre lequel le créancier ne peut plus répéter la dette que sous la déduction de la part de celui à qui la remise a été faite. — *Cass.*, 30 nov. 1819, Daigremont c. Pepin-Dufeugray.

506. — Jugé que lorsque le tireur et l'accepteur d'une lettre de change ayant fait faillite, le porteur a pris dans les deux masses, l'une de ces masses ne peut avoir un recours contre l'autre. — *Cass.*, 22 mars 1814, Volquaert c. de Mulders. —

V. cependant *Bruxelles*, 20 mai 1812, mêmes parties.

507. — Dans le cas de faillite de deux négocians qui ont fait des affaires en compte courant, et dont les remises respectives ont été protestées, les tiers porteurs seuls ont le droit de se présenter dans chacune des deux masses, sans que le prétendu créancier par compte courant puisse y figurer à raison de remises protestées. — *Rouen*, 16 nov. 1820, Delcourt c. Delahalle et Lemoyne.

508. — Lorsque le donneur d'ordre, le tireur et l'accepteur d'une lettre de change, sont tous trois tombés en faillite avant l'échéance de la lettre de change, les masses du tireur pour compte et de l'accepteur, qui ont payé un dividende au porteur, ne peuvent être admises à la faillite du donneur d'ordre, chacune pour le montant de la traite.

509. — En ce cas, la masse du donneur d'ordre doit payer seulement à chacune des deux autres masses un dividende représentant la moitié du montant de la traite. — *Cass.*, 1er déc. 1824, Desprez, Damemme, Steinmann et Fort.

CHAPITRE VII. — *Aval.*

510. — Le paiement d'une lettre de change peut, indépendamment de l'acceptation et de l'endossement, être garanti par un aval. — C. comm., art. 141. — V. AVAL.

CHAPITRE VIII. — *Paiement.*

511. — Le paiement de la lettre de change est le but définitif du contrat de change. Nous verrons : 1° qui peut demander le paiement; 2° qui doit le faire; 3° quand, où et comment le paiement doit être fait; 4° enfin, nous parlerons du paiement par intervention. — Il est à remarquer que la plus grande partie des dispositions que nous allons rappeler est applicable au billet à ordre.

Sect. 1re. — *Qui peut demander le paiement.*

512. — Le paiement de la lettre de change peut être demandé par le porteur de la lettre en justifiant qu'il en est propriétaire, ou qu'il a mandat d'en faire le recouvrement. — Pardessus, *Dr. comm.*, n° 390.

513. — La preuve de la propriété en faveur du porteur résulte d'un endossement régulier passé en son nom. Toutefois, nous verrons dans le paragraphe suivant quelles exceptions le débiteur peut élever relativement à l'identité du porteur ou à la légitimité de son titre.

514. — Sous l'ord. 1673, le porteur d'un effet de commerce était présumé par le fait même avoir procuration pour en toucher le montant. — *Cass.*, 18 messidor an X, Piane c. Morin.

515. — Aujourd'hui, il faut plus que cela. Le porteur doit justifier d'un mandat quelconque qui l'autorise à recouvrer; mais il suffit d'un simple acte qui justifie la détention de titres entre ses mains. Tel est un endossement irrégulier, un endossement en blanc, une simple lettre, etc.

516. — Le porteur est présumé avoir reçu le mandat de toucher quand la lettre est revêtue du *pour acquit* du dernier endosseur.

517. — Lorsqu'une lettre de change a été acquittée entre les mains de celui à qui elle avait été déposée avec mandat tacite pour en faire le recouvrement, le propriétaire de cette lettre ne saurait se plaindre qu'elle ait été remise au débiteur ni en demander de nouveau le paiement. — *Cass.*, 10 prair. an XI, Souchard c. Lachasnée.

518. — L'endosseur d'une lettre de change échue doit, pour en réclamer le paiement, justifier de son titre de propriété ou de son pouvoir de poursuivre, s'il est constant qu'à son échéance la lettre était entre les mains d'un autre porteur qui a fait le protêt et des poursuites. — *Paris*, 4 janv. 1817, Delarue c. Alliette.

519. — Le tiers porteur qui sait que la signature d'un billet à ordre a été extorquée par violence, n'est pas fondé à en réclamer le paiement; car alors il est de mauvaise foi. — *Cass.*, 26 janv. 1819, Petit c. Bellonde.

520. — En cas de perte d'une lettre de change non acceptée, celui à qui elle appartient peut en poursuivre le paiement sur une seconde, troisième, quatrième, etc. (C. com., 150). Si la lettre de change perdue est revêtue de l'acceptation, le paiement ne peut en être exigé sur une seconde, troisième, quatrième, etc., que par ordonnance du juge, et en donnant caution (C. comm., art. 151). — La caution était toujours due en cas de perte, sous l'ord. de 1673. — *Cass.*, 15 pluv. an XI, Delou c. Maytre.

521. — Si celui qui a perdu la lettre de change, qu'elle soit acceptée ou non, ne peut représenter la seconde, troisième, quatrième, etc., il peut demander le paiement de la lettre de change perdue, et l'obtenir par l'ordonnance du juge, en justifiant de sa propriété par ses livres, et en donnant caution (C. comm., 152).

522. — Entre non-commerçans qui n'ont, par conséquent, point de livres, la propriété de la lettre de change adirée se prouve par la correspondance et par tous autres moyens légaux. — Persil, art. 152, n° 4; Nouguier, t. 1er, p. 339.

523. — Par *ordonnance du juge* (mots copiés dans l'art. 19, tit. 5, ordonn. 1673, sous laquelle il n'y avait pas de tribunal, mais seulement des *juges consulaires*), il faut entendre le tribunal de commerce, et c'est celui du lieu où la lettre est payable. — Nouguier, t. 1er, p. 468.

524. — En cas de refus de paiement, sur la demande formée en vertu des art. 151 et 152 C. comm., le propriétaire de la lettre de change perdue conserve tous ses droits par un acte de protestation. — Cet acte doit être fait le lendemain de l'échéance de la lettre de change perdue (C. comm. 153).

525. — L'ordonnance du juge, qui statue sur la justification de la propriété et sur l'offre d'une caution, doit-elle précéder la demande en paiement, et, par conséquent, l'acte de protestation? doit-elle aussi être rendue avant l'échéance? Oui. — *Lyon*, 15 mars 1826, Broleman c. Juif; *Cass.*, 3 mars 1834, mêmes parties; *Paris*, 7 déc. 1843 (t. 1er 1844, p. 71), Fillion c. OEschger; *Cass.*, 17 déc. 1844 (t. 1er 8145, p. 241), mêmes parties. — Horson, *Quest. sur le C. de comm.*, n° 100.

526. — Jugé, néanmoins, que la rigueur de cette règle fléchit en cas de force majeure, et que l'acte de protestation peut, quoique non précédé de l'ordonnance du juge, conserver les droits du propriétaire de l'effet perdu vis-à-vis des endosseurs, si l'intervalle entre la perte du billet et l'heure fatale pour la signification de cet acte de protestation est reconnu avoir été insuffisant pour se pourvoir de l'ordonnance. — Arrêt précité de Paris et de Cass., aff. Fillion. — V. nos observations sous l'arrêt de Cassation.

527. — Jugé, en sens contraire, sur le principe, par le motif que les formalités prescrites par l'art. 152 du C. comm. ne sont prescrites que pour la sûreté des débiteurs et pour qu'ils ne paient l'effet qu'au véritable propriétaire. — *Cass.*, 10 nov. (et non déc.) 1828, Pitrat c. Papin et Moret; *Toulouse*, 29 avr. 1829, Carayon c. Jammes. — Nouguier, t. 1er, p. 377.

528. — L'acte de protestation dont parle l'art. 153 C. comm., n'est point un acte de procédure dont la nullité ne puisse être proposée sur l'appel, lorsqu'elle ne l'a point été devant le premier juge. — *Toulouse*, 29 avr. 1829, Carayon c. Jammes.

529. — L'acte de protestation doit être notifié aux tireur et endosseurs, dans les formes et délais prescrits pour la notification du protêt (C. comm. 153). — V. PROTÊT. — Seulement, la copie de la lettre de change n'y est pas transcrite. — Nouguier, t. 1er, p. 424.

530. — Au reste, jugé que celui qui demande le paiement d'une lettre de change perdue ou non représentée peut, alors même qu'il prouve par ses livres avoir été propriétaire de cette lettre, être déclaré non recevable, lorsqu'un long laps de temps (deux ans et demi par exemple) s'étant écoulé entre l'échéance et la demande en paiement, il n'établit pas que la lettre lui ait été soustraite, ou qu'elle ait été acquittée entre les mains d'un individu qui n'en était pas régulièrement porteur. — *Paris*, 16 mai 1843 (t. 2 1843, p. 203), Bourget c. Pilhan; *Cass.*, 19 mars 1845 (t. 1er 1848, p. 582), mêmes parties.

531. — Le propriétaire de la lettre de change égarée doit, pour s'en procurer la seconde, s'adresser à son endosseur immédiat, qui est tenu de lui prêter son nom et ses soins pour agir envers son propre endosseur; et ainsi en remontant d'endosseur en endosseur jusqu'au tireur de la lettre. Le propriétaire de la lettre de change égarée supporte les frais. — C. comm., art. 154.

532. — L'usage détermine de quelle manière doivent être constatées les demandes qu'il faut faire à ces divers signataires. La nature des choses ne permet pas qu'elles soient faites autrement que par écrit, mais il est clair que de simples lettres missives seraient suffisantes. — Pardessus, *Dr. comm.*, n° 409.

533. — L'endosseur d'une lettre de change qui est égarée ne peut refuser au porteur son nom et ses soins pour en obtenir une seconde, sous le prétexte que le délai de la notification du protêt est expiré. — *Turin*, 9 juill. 1813, Rittalore et Gioannini c. Paillasson.

534. — Lorsque celui qui a perdu une lettre de change assigne un endosseur pour en obtenir un second exemplaire, il ne peut le faire que devant le tribunal du domicile de celui-ci. — Pardessus, *Contr. de ch.*, n° 537, et *Dr. comm.*, n° 1356. — Car c'est là une action personnelle, et c'est d'ailleurs dans cet endroit que l'endosseur a ses livres et papiers. — Nouguier, t. 1er, p. 460.

535. — En mettant les frais à la charge du propriétaire de la lettre de change égarée, l'art. 154 C. comm. suppose que les endosseurs et le tireur ne se sont pas refusés à en exécuter la disposition. S'ils ont résisté, ils doivent supporter tous les frais faits depuis leur refus. — Arrêt de règlement du 30 août 1714. — Pothier, *Contr. de ch.*, n° 130.

536. — Le porteur d'une lettre de change endossée à son profit n'est pas fondé, dans le cas où il l'aurait adirée, à poursuivre les endosseurs en paiement. Il n'a, au contraire, d'action que contre l'accepteur. — *Paris*, 22 janvier 1813, Bonnet c. Lebègue.

537. — L'objet de la caution est de garantir le montant de la lettre à celui qui viendra le réclamer, en prouvant qu'il en était légitime propriétaire. — Pardessus, *Dr. comm.*, n° 411.

538. — La contrainte par corps ne peut être prononcée contre la caution non-commerçante d'un contraignable, si elle ne s'y est point soumise. — *Cass.*, 21 juillet 1824, Deguin c. Bourryaud. — V. CONTRAINTE PAR CORPS.

539. — L'engagement de la caution est éteint après trois ans, si, pendant ce temps, il n'y a eu ni demandes ni poursuites juridiques (C. comm., art. 156). — Il en était de même sous l'ord. 1673, tit. 5, art. 20, qui n'assimile pas, du reste, l'endosseur à la caution. — *Cass.*, 9 brum. an XIII, Gouzy c. Boreldat.

540. — Indépendamment de l'action en paiement ou en délivrance d'un second exemplaire du titre, le propriétaire d'une lettre de change qui l'a adirée, ou à qui elle a été volée, a toujours un droit de revendication contre le tiers détenteur.

541. — Ainsi jugé que lorsqu'une lettre de change portant un endossement *en blanc* a été volée, celui à l'ordre duquel elle a été transmise par l'auteur du vol peut être tenu, pendant trois ans, de remettre l'effet au véritable propriétaire, s'il ne justifie ni de l'existence ni de l'individualité de celui qui lui en a passé l'ordre. — *Rouen*, 14 janv. 1820, Pettzer c. Delarue.

542. — Les dispositions des art. 150 et suivans C. comm., relativement à la perte d'un effet de commerce, ne sont point applicables en cas de perte de la grosse d'une obligation notariée stipulée négociable par voie d'endossement. Pour que le cessionnaire qui ne représente pas la grosse du contrat puisse être payé, il suffit qu'il justifie de sa propriété. — *Cass.*, 13 mars 1828, Lemarois c. Gallien.

543. — Les dispositions des art. 150 et suivans C. comm., ne sont pas non plus applicables au cas de perte d'action au porteur. — V. BILLET ET OBLIGATION AU PORTEUR.

Sect. 2e. — *Qui doit faire le paiement.*

544. — Le tiré ne peut refuser de payer à celui qui est porteur en vertu d'un endossement régulier. — Pardessus, *Contr. de ch.*, n° 289.

545. — Mais comme, pour être sûr de payer valablement, il a intérêt de connaître celui qui reçoit, il peut demander que le porteur se fasse connaître pour la personne au profit de qui le dernier ordre est passé. — Dupuy, *Art des lettres de ch.*, chap. 13; Merlin, *Rép.*, v° *Endossement*, n° 3; Pardessus, *Droit comm.*, n° 401; Horson, *Quest. sur le C. comm.*, n° 99.

546. — Il peut également contester la qualité de propriétaire que le titre paraît donner au porteur. — *Paris*, 4 août 1831, Alli-Perret c. Viguerie. — Et, à cet effet, il peut exiger l'affirmation du porteur qu'il est propriétaire, ou qu'il n'est pas le prête-nom d'un endosseur qui veut éviter une exception personnelle: par exemple, la compensation de la lettre avec ce qu'il doit au débiteur. — Merlin, *Rép.*, v° *Endossement*, n° 3; Pardessus, *ibid.*, nos 282 *bis* et 283 *bis*.

547. — Mais le tiré ne peut critiquer la forme des endossemens qui précèdent et soutenir que la chaîne de propriété est rompue. — Pardessus, *Contr. de ch.*, nos 282 *bis*, 290 et 291 ; *Dr. comm.*, no 401. — Par conséquent, il ne peut exiger que celui qui vient demander le paiement fasse vérifier ou même certifier la vérité des endossemens. — Merlin, *Rép.*, vo *Endossement*, no 3.

548. — Si le porteur n'est saisi qu'en vertu d'un endossement irrégulier, le débiteur ne peut se dispenser de payer, puisque le porteur a qualité pour recevoir comme mandataire. Seulement, dans ce cas, le débiteur peut opposer les exceptions personnelles au véritable propriétaire. — Pardessus, *Dr. comm.*, no 399.

549. — Le tiré à qui la lettre est présentée doit s'assurer si la signature est bien celle du tireur, ou si c'est bien sa propre signature à lui-même qu'il a apposée lors de l'acceptation. S'il est convaincu que la signature est fausse, il doit refuser de payer. — Pardessus, *Dr. comm.*, no 448.

550. — Si le tiré avait réellement apposé son acceptation sur une lettre de change fausse, il faudrait distinguer si cette acceptation a été donnée avant ou depuis les endossemens.

551. — Lorsque l'acceptation est antérieure aux endossemens, du moins à celui qui a saisi le porteur de la propriété de la lettre, l'accepteur ne peut opposer à ce porteur, s'il est de bonne foi, la fausseté du titre. Le porteur est censé avoir pris l'effet à la négociation en considération de la signature de l'accepteur. Celui-ci se doit à son acceptation, sauf son recours contre l'auteur du faux. — Pardessus, *ibid.* — *Contrà*, Nouguier, t. 1er, p. 170.

552. — Mais l'accepteur d'une lettre de change n'est pas recevable à s'inscrire en faux-incident contre cette lettre, par le motif que le tireur est une personne supposée. — *Paris*, 29 août 1825, Saint-Sauveur c. Taillepied.

553. — Si l'acceptation est postérieure aux endossemens, sans doute elle engage l'accepteur ; mais c'est en tant qu'il existe une lettre de change. Si donc elle est fausse, il n'est pas obligé, puisqu'il n'y a plus de mandat, ni par conséquent de cause : son acceptation n'est plus que l'effet d'une erreur. Or, *qui errat non contrahit.* — *Bruxelles*, 12 sept. 1812, Massel c. Perregaux ; *Paris*, 24 févr. 1825, Perrin c. Vassal. — Pothier, *Contr. de change*, no 100, et E. Vincens, t. 2, p. 263.

554. — Dans ce cas, le porteur peut contraindre son endosseur au remboursement définitif. — — *Bruxelles*, 12 sept. 1812, Messel c. Perregaux.

555. — Si l'acceptation est fausse, le prétendu accepteur ne peut être tenu au paiement ; mais si, trompé par la ressemblance de la signature, il payait et découvrait ensuite le faux, il ne pourrait rien répéter contre le porteur, à moins de prouver que celui-ci était de mauvaise foi. — Pardessus, *Dr. comm.*, no 453.

556. — Le souscripteur d'un billet à ordre est non recevable à opposer au tiers porteur que la signature qui se trouve au bas de l'endossement fait à son profit est fausse, lorsque cette signature est reconnue par les héritiers de l'endosseur. — *Bruxelles*, 26 mars 1829, Claes c. Mergen.

557. — Les endosseurs d'un billet à ordre altéré ne sont pas obligés de recourir à l'inscription préalable de faux-incident, pour pouvoir opposer au tiers porteur, même de bonne foi, toutes leurs exceptions, lorsque l'état matériel de la pièce prouve évidemment le faux ou la fraude. — *Riom*, 4 août 1838 (t. 1er 1839, p. 634), Jourde et Maigne c. Pascon.

558. — Le tiré doit payer le montant de la lettre au porteur, encore bien que des oppositions ou saisies-arrêts aient été formées entre ses mains, à l'exception toutefois des oppositions formées en cas de perte de la lettre de change ou de la faillite du porteur (C. comm., art. 149). — Roger, *Saisie-arrêt*, no 224. — Et ce paiement le libère. — *Bruxelles*, 10 mai 1808, Huwaert c. Poorter ; *Agen*, 21 juin 1811, Lurgie c. Iffernel.

559. — ... Et même le souscripteur d'un billet à ordre, qui en a payé le montant en exécution d'un jugement prononçant la validité d'une saisie-arrêt faite entre ses mains par un créancier de celui en faveur de qui le billet avait été souscrit, n'est pas libéré envers le porteur auquel le billet a été transmis par le saisi au moyen d'un endossement régulier. — *Cass.*, 5 avril 1826, Avias c. Planchet.

560. — ... Mais la saisie-arrêt formée sur le tiers porteur débiteur du saisissant serait valable. — *Bruxelles*, 10 mai 1808, Huwaert c. Poorter (solut. implicite). — Savary, *Parf. négoc.*, parère 24.

561. — Le paiement d'une lettre de change fait sur une seconde, troisième, quatrième, etc., est valable, lorsque la seconde, troisième, quatrième, etc., porte que ce paiement annule l'effet des autres. — C. comm., art. 147.

562. — Celui qui paie une lettre de change sur une seconde, troisième, quatrième, etc., sans retirer celle sur laquelle se trouve son acceptation, n'opère point sa libération à l'égard du tiers porteur de son acceptation. — C. comm., art. 148.

563. — Si, par suite d'une erreur ou d'une imprudence, le tiré avait mis une acceptation pure et simple sur chacun des exemplaires, il ne pourrait refuser le paiement à chacun des porteurs, sauf son recours contre celui qui a indûment ou frauduleusement négocié une copie qu'il savait faire double emploi avec une autre. — Pardessus, *Dr. comm.*, no 399.

564. — Sous l'ordon. 1673, lorsque les lettres de change étaient tirées par première, deuxième, etc., elles étaient censées représenter une seule et même valeur, bien qu'après les expressions de : *Payez par cette deuxième* ou *troisième de change*, ne se trouvassent pas celles de : *si vous ne l'avez fait par la première*, employées ordinairement dans le commerce. — *Pau*, 26 nov. 1807, Dubasque c. Lanclongue et Dupeyron.

565. — Celui qui paie une lettre de change à son échéance et sans opposition, est présumé valablement libéré (C. comm., 145). — Conf. sous l'ordonn. 1673, *Paris*, 13 therm. an VIII, Bonnet c. Gaudry.

566. — Le débiteur qui paie a droit d'exiger que le titre lui soit remis ; autrement il courrait le risque d'être obligé de payer une seconde fois, à un tiers porteur de bonne foi à qui l'effet serait ultérieurement négocié. — Il doit également se faire remettre l'acceptation, s'il en avait été donné une séparément. — Pardessus, *ibid.*, no 401.

567. — ... A moins toutefois qu'il n'ait donné une acceptation restreinte, cas auquel il ne peut s'opposer à ce que le titre reste entre les mains du porteur pour que celui-ci puisse réclamer le surplus de la somme contre qui de droit. Seulement l'accepteur peut exiger qu'il soit fait mention sur la lettre du paiement partiel qu'il effectue, et qu'en outre on lui en donne quittance. — Pardessus, *ibid.*, no 401.

568. ... De plus, il peut exiger que le porteur mette son *acquit* sur le titre. — Pardessus, *ibid.* no 399 ; Horson, *loc. cit.*, no 95. — Un acquit par acte séparé pourrait exposer le débiteur à payer une seconde fois, si le titre se trouvait ultérieurement entre les mains d'un porteur de bonne foi. — Arrêt du parlement de *Rouen*, 1er juin 1736. — Pardessus, *Contr. de change*, no 440.

569. — A défaut d'acquit, la détention du titre entre les mains du débiteur n'est qu'une présomption de paiement. — Pardessus, *Dr. comm.*, no 401 ; Horson, *loc. cit.*, no 98.

570. — Celui qui paie à l'échéance sans opposition, mais sur un *acquit* signé par un autre que le titulaire du dernier endossement, est-il valablement libéré ? La présomption de libération établie en faveur de celui qui paie est basée sur la supposition que le porteur est identiquement le même que le propriétaire d'après le dernier endossement. Mais le débiteur devant exiger que le porteur justifie de sa qualité, il pourrait, faute d'avoir fait cette demande, être déclaré non libéré vis-à-vis du propriétaire. En pareil cas, mieux vaudrait n'avoir point *d'acquit ;* car alors il y aurait présomption pour le débiteur qu'il tient le titre du véritable propriétaire lui-même. — Horson, *Quest. du C. comm.*, no 99.

571. — Jugé, en conséquence, qu'une lettre de change *causée pour solde de toutes créances*, qui a été remise et payée à un mandataire, qui l'a revêtue d'un acquit sans réserve, ne fait pas preuve complète de la libération du débiteur. Les tribunaux peuvent, sans violer la loi, ne la considérer que comme le paiement d'un à-compte. — *Cass.*, 6 juillet 1820, Rey c. Duval.

572. — Un *pour acquit* apposé sur une lettre de change restée entre les mains du porteur peut, d'après les circonstances, former, en faveur de l'accepteur, une présomption légale de paiement. — *Bruxelles*, 27 mai 1825, Heymans c. Chasseriau.

573. — La personne indiquée au besoin sur un effet de commerce, est en droit d'exiger, comme condition de son paiement, la remise de l'effet acquitté avec le protêt fait sur le débiteur principal, revêtu de l'enregistrement. — *Caen*, 1er fév. 1825, Guilbert c. Legentil.

574. — Le tiré qui a acquitté une lettre de change fausse, peut répéter la somme payée, même après les délais fixés pour le protêt et le recours en garantie. — *Aix*, 5 juin 1818, Portarlier et Lieutaud c. Buzoni et Roure.

575. — Celui qui, après avoir reçu avis qu'un mandat d'une certaine somme est tiré sur lui, paie ce mandat, mais falsifié et transformé en une lettre de change d'une somme plus considérable, a le droit de répéter contre le porteur la somme qu'il lui a payée au nom du tireur. — *Lyon*, 26 fév. 1822, Varillat c. Bodin.

576. — Celui qui a payé une lettre de change fausse tirée sur lui, croyant vraie la signature du tireur apparent, peut exiger du porteur de bonne foi la restitution de la somme payée. Mais le tiré qui a poursuivi en justice la vérification de la signature du tireur ne peut point répéter contre le porteur de bonne foi les frais de cette procédure. — *Bordeaux*, 11 fév. 1829, Astruc c. Barrat-Lanauve.

577. — En effet, la fausseté comme la vérité de la lettre de change sont indivisibles (Merlin, *Répert.*, vo *Faux*) ; et une fois qu'il est reconnu que la lettre est fausse, elle ne peut produire les effets d'une lettre véritable en faveur de celui qui en a reçu le paiement. La répétition de la part du tiré n'est pas plus injuste dans ce cas que celle d'un individu qui aurait payé ce qu'il ne devait pas, ou ce qu'il ne devait pas justement. En recevant la lettre de celui qui lui en a passé l'ordre, il n'a pas dû moins considérer la solvabilité de cette personne pour lui garantir la vérité de la dette que pour lui répondre de la certitude du paiement ; obligé de rendre, il a un recours contre son cédant. — Dupuy de la Serra, *Art. des lettres de change*, chap. 13, no 15 ; Pardessus, *Contr. de change*, no 293 *bis*.

578. — Jugé également que le tiré qui a payé une lettre de change dont la signature était fausse, est fondé à répéter contre le porteur ce qu'il a payé par erreur, et cela quand bien même le porteur aurait été de bonne foi et que le paiement eût eu pour résultat de l'empêcher de protester à l'échéance, pour conserver son recours contre les endosseurs. — *Bordeaux*, 22 avr. 1828, Piganneau c. Barrat-Lanauve.

579. — Lorsqu'une promesse porte que la somme qui en fait l'objet sera, à l'échéance, payée à celui en faveur de qui elle est reconnue, ou à quiconque en sera alors porteur, celui qui l'a souscrite ne peut, en raison du défaut de signification de la cession qui en aurait été faite, opposer au cessionnaire, porteur de la promesse, le paiement qu'il a fait au cédant avant l'échéance. — *Bruxelles*, 3 juill. 1827, D... c. F...

580. — Celui qui par erreur a payé une lettre de change, peut répéter contre le créancier ce qu'il a payé, lorsque le paiement n'a pas eu lieu par intervention pour le tireur ou pour l'un des endosseurs, et qu'aucune obligation naturelle ou civile n'existait de sa part, alors d'ailleurs qu'il n'y a pas eu suppression de titre par suite du paiement erroné. — *Cass.*, 3 janv. 1842 (t. 1er 1842, p. 108), Deschriver c. Piganneau.

581. — Le tiré qui a payé une lettre de change sans exiger un endossement régulier, est non recevable à recourir contre les endosseurs, sous prétexte qu'à l'échéance il n'avait pas de provision. — *Aix*, 15 fév. 1832, Grué c. Garcin.

582. — Celui dont la signature se trouve au bas d'une lettre de change ne peut se prévaloir de l'aveu du porteur : que cette signature a été donnée en blanc, mais avec convention qu'elle était ainsi donnée pour servir à une lettre de change. — *Riom*, 22 juil. 1817, Lagout c. Trenty.

Sect. 3e. — *Quand, où et comment le paiement doit être fait.*

583. — L'époque à laquelle doit se faire le paiement d'une lettre de change diffère : selon que l'échéance a été fixée d'avance ou bien qu'elle a été laissée à la volonté du porteur, ou, en d'autres termes, selon que la lettre de change est payable à jour déterminé ou à vue.

584. — Sous l'ord. de 1673, il n'y avait point de délai fatal pour la présentation d'une lettre de change payable à un certain temps de vue, et la prescription de cinq ans pouvait seule être opposée au porteur à défaut de présentation pendant ce laps de temps. — *Cass.*, 27 (et non 26) fév. 1810, Bory c. Lombard.

585. — Aujourd'hui, le porteur d'une lettre de change payable soit à vue, soit à un ou plusieurs jours, ou mois, ou usances de vue, doit en exiger le paiement dans les six mois de sa date, sous peine de perdre son recours sur les endosseurs et même sur le tireur, si celui-ci a fait provision. — C. comm., art. 160.

586. — Ce délai de six mois applicable aux lettres de change tirées du continent et des îles d'Europe et payables dans les possessions européennes de la France, a été augmenté ainsi qu'il suit, en ce qui concerne les autres pays et l'étranger. — Il est : 1o de huit mois pour les lettres de change tirées des échelles du Levant et des côtes septentrionales de l'Afrique sur les possessions européennes de la France, et réciproquement du continent et des îles de l'Europe sur les établissemens français aux échelles du Levant et aux côtes septentrionales de l'Afrique; — 2° D'un an, soit pour les lettres de change tirées des côtes occidentales de l'Afrique jusques et y compris le cap de Bonne-Espérance, soit pour celles tirées du continent et des îles des Indes occidentales sur les possessions européennes de la France, et réciproquement du continent et des îles de l'Europe sur les possessions françaises ou établissemens français aux côtes occidentales de l'Afrique, au continent et aux îles des Indes occidentales; — 3° De deux ans pour celles tirées du continent et des îles des Indes orientales sur les possessions européennes de la France, et réciproquement du continent et des îles de l'Europe sur les possessions françaises ou établissemens français au continent et aux îles des Indes orientales. — C. comm., art. 160.

587. — La loi du 19 mars 1817 a ajouté dans son art. 2 : « La même déchéance aura lieu contre le porteur d'une lettre de change à vue à un ou plusieurs jours, mois ou usances de vue, tirée de la France, des possessions ou établissemens français, et payable dans les pays étrangers, qui n'en exigera pas le paiement ou l'acceptation dans les délais ci-dessus prescrits pour chacune des distances respectives. »

588. — Les délais ci-dessus de huit mois, d'un an ou de deux ans, sont doubles en cas de guerre maritime. — C. comm., art. 160; L. 19 mars 1817, art. 2.

589. — Toutefois, les dispositions ci-dessus ne préjudicient point aux stipulations contraires qui peuvent intervenir entre le preneur, le tireur et même les endosseurs. — L. 19 mars 1817, art. 2.

590. — Lorsque la lettre de change est payable à un jour ou à une époque déterminée, c'est ce jour-là seulement que le paiement de la lettre de change peut et doit être demandé (C. comm., art. 161).

591. — Le paiement avant l'échéance serait un acte d'imprudence de la part du débiteur, puisque celui-ci serait responsable de l'invalidité de ce paiement (par exemple, en cas d'opposition formée en ses mains); mais il serait valable entre le créancier et le débiteur, et ne donnerait lieu à aucune répétition. — Pardessus, *Contr. de change*, nos 240 et 255, et *Dr. comm.*, n° 401.

592. — Le porteur d'une lettre de change ne peut être contraint d'en recevoir le paiement avant l'échéance. — C. comm., art. 146; Déclar. 28 nov. 1713. — Dupuy, *Art des lettres de change*, ch. 12; Pothier, *Contr. de change*, n° 173.

593. — Toutefois, il est un cas où le paiement peut être exigé avant l'échéance, c'est dans le cas de faillite de l'accepteur. Le porteur peut alors, à défaut de paiement, faire protester et exercer son recours. — C. comm., art. 163. — V. PROTÊT.

594. — Il faut décider de même à l'égard du tireur d'une lettre non acceptée, ou du souscripteur d'un billet à ordre.

595. — Mais il n'en est plus ainsi dans le cas de faillite de l'un des endosseurs. — *Cass*, 16 mai 1810, Beaumarié c. Gombault. — Car, dans aucun cas, la faillite d'un signataire postérieur ne donne lieu à poursuivre les signataires antérieurs, puisque n'ayant jamais connu cet individu, jamais ils n'ont pu consentir à se rendre garans de son obligation. — Horson, *Quest. sur le C. comm.*, nos 158 et 159.

596. — Décidé également que le souscripteur d'un billet à ordre ou l'accepteur d'une lettre de change ne sont pas obligés d'en rembourser le montant au porteur ou de donner caution, dans le cas où les endosseurs viendraient à tomber en faillite avant l'échéance. — *Bruxelles*, 28 mars 1811, Desmet c. Liévin-Bauvens. — *Contrà* (mais à tort), *Nîmes*, 3 janv. 1825, Bousquet c. Roche. — Horson, *Quest. sur le C. comm.*, 158, § 51.

597. — Si, sur la lettre de change, il y a une heure indiquée pour le paiement au jour de l'échéance, le porteur doit se présenter à cette heure; à défaut d'indication, il peut se présenter à toute heure du jour. — Pardessus, *Contr. de change*, n° 254.

598. — A défaut de présentation du titre le jour de l'échéance, le porteur est-il déchu de son recours vis-à-vis des endosseurs? Non, car la loi à cet égard manque de sanction. — Nouguier, t. 1er, p. 367. — L'endosseur ne peut être admis à prouver que le porteur ne s'est pas présenté le jour de l'échéance, car ce jour appartient tout entier au débiteur. — E. Vincens, t. 2, p. 283. — Or ce serait dénaturer la loi que de permettre à un endosseur de constater qu'on ne s'est pas présenté le jour, quand le porteur ne peut légalement constater sa présence ce même jour-là. — Horson, *Quest. sur le C. comm.*, nos 108 et 109. — *Contrà*, Persil, art. 161, n° 1.

599. — Le porteur d'une lettre de change ne peut, pour conserver son recours, invoquer les obstacles de force majeure qui l'ont empêché de la présenter au paiement à son échéance. — *Paris*, 25 janv. 1810, Martin Puech c. Doumère, Debray et Valfresnes. — V. cependant PROTÊT.

600. — Un banquier chargé par son correspondant d'un effet de commerce, et qui l'a gardé, sur l'ordre de ce correspondant de suspendre la négociation, n'est pas responsable des faits de force majeure arrivés pendant cet intervalle, et qui occasionnent la perte de cet effet ou la diminution de sa valeur. Dans ce cas, le banquier n'est pas obligé, lors de l'échéance, de présenter l'effet pour en avoir le paiement. — *Paris*, 10 juill. 1811, Baguenot c. Schlosser.

601. — L'ordonn. 1673, tit. 5, art. 4, accordait au débiteur dix jours de grâce pour le paiement des lettres et billets de change, excepté dans les lieux où il y avait un usage contraire. — Déclar. 28 nov. 1713 et 20 fév. 1714. — Pothier, *Contr. de ch.*, n° 172.

602. — Aujourd'hui les juges ne peuvent accorder aucun délai pour le paiement d'une lettre de change. — C. comm., art. 157. — A moins qu'il ne s'agisse de lettre antérieure à la publication du Code. — *Metz*, 21 mars 1820, Mattris c. Souvestre. — ... Ou bien à moins de circonstances hors de prévoyance, telles que invasion, etc., etc. — *Metz*, 5 juill. 1814, N... c. Dubois. — V. aussi *suprà* nos 494 et suiv.

603. — Le paiement doit se faire au domicile du débiteur, à moins qu'il n'y ait un autre domicile indiqué à cet effet. Dans ce cas, le domicile indiqué subsiste quelque changement qui puisse survenir dans le domicile réel. — Pardessus, *Contr. de ch.*, nos 259 et 442.

604. — Si une personne est indiquée *au besoin*, le porteur ne peut refuser le paiement offert par elle, sous peine de perdre son recours contre ceux qui lui ont garanti le paiement. — Pardessus, *Dr. comm.*, n° 407.

605. — La personne indiquée *au besoin* ayant le droit d'exiger la remise de l'effet acquitté avec le protêt fait sur le débiteur principal, revêtu de l'enregistrement; si le porteur ou l'huissier se présente sans être muni de ces pièces, ou avec le protêt non encore enregistré, il doit, après avoir fait enregistrer ce protêt, revenir ensuite pour recevoir son paiement. Ce n'est pas à la personne indiquée *au besoin* à aller payer chez le porteur ou chez l'huissier. — *Caen*, 1er fév. 1825, Guilbert c. Legentil.

606. — Si le porteur ne se présentait pas à l'échéance, il y aurait lieu d'appliquer les dispositions de la loi du 6 therm. an III, encore en vigueur aujourd'hui (Pardessus, *Contr. de ch.*, n° 256), qui autorisent, après trois jours, le débiteur à déposer la somme portée au billet entre les mains du receveur de l'enregistrement dans l'arrondissement duquel l'effet est payable (art. 1er), alors même qu'il s'agit d'une lettre de change à l'ordre du tireur. — *Cass.*, 12 vend. an VII (Int. de la loi). — ... Ou de billets à ordre souscrits entre particuliers non-négocians. — *Cass.*, 12 mess. an IX, Roger c. Fages. — .... Ou de billets non négociés. — *Cass.*, 5 oct. 1814, Nogué c. Oleize. — .... Ou de billets échus avant la promulgation de ladite loi ou souscrits au profit d'étrangers. — Même arrêt.

607. — Le dépôt peut avoir lieu lors même que la lettre de change aurait été tirée au profit d'un individu décédé au moment de sa confection. — *Cass.*, 28 avr. 1806, Dupuy c. Brouwert.

608. — ... Il peut être fait même après les trois jours de l'échéance. — *Cass.*, 3 brum. an VIII, Moreau c. Massin; 12 fév. 1806, Minel c. Caron de Beaumarchais.

609. — Toutefois, il n'est valable qu'autant qu'il est constant que le porteur ne s'est réellement pas présenté. — *Cass.*, 18 germ. an VIII, Philippe et Admirauld c. Dumoustier.

610. — ... Il peut être fait par un tiers au nom du débiteur. — *Cass.*, 13 germ. an X, Roger c. Vaissière.

611. — Jugé néanmoins que le nouveau mode de libération introduit par la loi du 6 therm. an III, était purement facultatif; en telle sorte que, sous l'empire même de cette loi, le débiteur d'un billet à ordre pouvait se libérer, conformément aux dispositions de l'ordonnance de 1673, en en déposant le montant, avant l'échéance, au lieu indiqué pour le paiement. — *Cass.*, 4 frim. an VIII, Blanquart c. Biseau.

612. — L'acte de dépôt contient la date du billet, celle de l'échéance, et le nom de celui au bénéfice duquel il a été originairement fait (art. 2). Il peut être fait cumulativement pour plusieurs billets échus et non présentés. — *Cass.*, 12 fév. 1806, Minel c. Caron.

613. — La consignation est régulière lorsque le billet ayant été fait ordre de soi-même, puis passé à un tiers, c'est l'ordre de ce tiers qu'on a mentionné dans l'acte de dépôt. — *Cass.*, 12 messid. an IX, Roger c. Fages.

614. — Il n'est pas nécessaire de joindre à l'acte de dépôt un bordereau des espèces déposées. — *Cass.*, 15 vent. an XII, Roger c. Fages; 17 therm. an XIII, Noé-David c. Loup et Alla.

615. — Le dépôt consommé, le débiteur n'est tenu qu'à remettre l'acte de dépôt en échange du billet (art. 3). La somme déposée est remise à celui qui représente l'acte de dépôt, sans autre formalité que la remise d'icelui, et de la signature du porteur sur le registre du receveur (art. 4).

616. — Une lettre de change doit être payée dans la monnaie qu'elle indique. — C. comm. 143.

617. — En tout cas, en admettant que le paiement puisse se faire en monnaie du pays, le cours du change serait celui du jour du paiement et non celui du jour de la souscription de la lettre. — Arrêt du Conseil, 19 fév. 1729.

618. — Dès lors, si la lettre est stipulée payable en un certain nombre de pièces de monnaie étrangère et que le débiteur l'ait acceptée, il est tenu de payer avec les espèces indiquées et non autrement. — Vincens, t. 2, p. 287. — Favard pense au contraire, mais à tort selon nous, que la lettre peut être payée, au cours du change, en monnaie du lieu où le paiement doit être fait, puisque autrement il pourrait arriver que le paiement fût matériellement impossible (*Rép.*, v° *Lettres de ch.*, sect. 4, § 1er, n° 9).

619. — S'il n'y a point de monnaie particulière spécifiée, la lettre pourrait-elle être payée en papier-monnaie du pays qui aurait cours au jour de l'échéance? Il faudrait distinguer si l'effet avait été créé avant ou depuis l'émission du papier-monnaie. Dans le premier cas, le débiteur peut refuser; et si la loi le contraint de recevoir, il a un recours immédiat contre le tireur. Dans le second cas, le porteur ne peut refuser le papier-monnaie en paiement qu'autant que ce mode de paiement aurait été interdit par la traite. — Vincens, t. 2, p. 290.

620. — Si le porteur ne se présentait pas au jour de l'échéance pour éviter la perte résultant de la diminution des espèces dont la monnaie est menacée, et retardait le paiement jusqu'à ce que la diminution fût arrivée, il serait tenu de recevoir le paiement sur le pied que les espèces diminuées avaient au moment de l'échéance. — Décl., 28 nov. 1713. — Pothier, *Contr. de ch.*, n° 173.

621. — Avant la révolution de février 1848, les billets de banque ne constituant pas un papier-monnaie (Avis Cons. d'État, 30 frim. an XIV), le porteur pouvait refuser de les recevoir en paiement. — V. BILLET DE BANQUE. — Mais un décret du 15 mars 1848 les a déclarés monnaie légale; et un autre décret du 25 mars suivant a déclaré également monnaie légale les billets de banques départementales.

622. — Si la lettre de change stipulée payable en certaines espèces avait été payée en d'autres qui eussent plus de valeur, il y aurait lieu à restitution de la différence. Dans le cas opposé, il y aurait lieu au paiement de cette même différence. — *Cass.*, 1er frim. an X, Marical c. Millet.

623. — Le souscripteur d'un effet de commerce n'est tenu que du paiement de la valeur qu'il a donnée à cet effet, et tout porteur d'ordre doit reconnaître et représenter son cédant, ou subir la peine de son ignorance s'il y a faute dans la cession qu'il a imprudemment acceptée. — *Lyon*, 1er juillet 1839 (t. 2 1840, p. 629), Delcrmoy c. Pagat et Paradis.

624. — Le paiement d'une lettre de change peut avoir lieu non-seulement en monnaie effective, mais au moyen d'autres conventions qui éteignent la dette, telles que la remise, la compensation, la novation, etc. Alors on a égard aux règles spéciales à ces sortes de contrats.

625. — Jugé que les lettres de change et autres effets de commerce font les fonctions de l'argent, de telle sorte que la remise qu'un débiteur fait à son créancier d'une traite souscrite par un tiers, doit être considérée comme opérant le paiement de la dette, et que la faillite du débiteur survenue avant l'échéance de la lettre de change ne peut empêcher le créancier d'en toucher le montant. — *Cass.*, 25 avril 1826, Damerval c. Foache.

626. — La remise faite par le porteur d'une lettre de change au tireur profite aux endosseurs. — *Cass.*, 12 frim. an X, Abbéma c. Lewenewhorch.

627.—Le porteur qui a fait remise à l'accepteur de son acceptation, moyennant une somme convenue, perd son recours pour le surplus contre le tireur, s'il est constant que l'acceptation n'avait été fournie qu'à titre de cautionnement, et pour garantie d'une autre lettre de change souscrite par le tireur, dans le cas où elle ne serait pas acquittée à son échéance. — *Cass.*, 22 juillet 1823, Stuber c. Warens.

628.—Des traites acceptées à découvert ne deviennent, entre les mains de l'accepteur, des titres de créances susceptibles d'être admises en compensation avec les créances liquides du tireur, qu'autant que l'accepteur les a payées en l'acquit du tireur.—Celui-ci peut donc, tant que la preuve du paiement des traites n'est pas faite par l'accepteur, exiger contre lui le montant de ses créances liquides, alors surtout qu'il offre caution pour le cas où les porteurs viendraient à inquiéter l'accepteur. — *Cass.*, 20 déc. 1837 (t. 1er 1838, p. 56), Luc Gentile c. Rolland.

629. — Le créancier qui a accepté en paiement de son débiteur des lettres de change, sous la condition qu'elles seraient acquittées à leur échéance, peut, après les avoir fait protester faute de paiement, être autorisé à poursuivre son débiteur originaire. — *Paris*, 4 août 1810, L... c. Girardot.

630.—Le porteur d'un billet à ordre non payé à l'échéance et protesté n'opère pas, en acceptant un autre billet des endosseurs, novation de sa créance à l'égard des souscripteurs restés étrangers à la création de ce nouveau billet. — *Lyon*, 21 février 1840 (t. 2 1840, p. 626), Lacroix c. Corradin.

631. — Les paiemens faits à compte sur le montant d'une lettre de change sont à la décharge des tireur et endosseurs (C. comm., art. 156). — Mais le porteur ne pourrait être tenu de recevoir des à-compte et être responsable de son refus à cet égard vis-à-vis des tireur et endosseurs. — Arg. C. civ., art. 1244. — Nouguier, t. 1er, p. 343. — *Contrà*, Pardessus, *Dr. comm.*, n° 207.

632. — Sous l'ancienne jurisprudence, le porteur qui consentait à recevoir une partie du montant de l'effet, était censé faire une espèce de novation et prendre l'effet pour son compte; par suite, il perdait son recours contre les endosseurs. — Aujourd'hui il n'en est plus de même, puisque le porteur qui reçoit un paiement à compte est tenu de faire protester la lettre de change pour le surplus (C. comm., art. 156).

633. — Le porteur qui reçoit un à-compte le mentionne sur sa lettre, et garde le titre pour compléter son remboursement en agissant contre le tireur et les endosseurs. — Vincens, t. 2, p. 294; Nouguier, t. 1er, p. 344.

634. — Le signataire, qui a payé en totalité ou en partie, devient créancier de ceux contre lesquels il a droit à une garantie par une subrogation légale; la dette n'est éteinte qu'au profit des signataires qu'il était tenu de garantir. — Pardessus, *Dr. comm.*, n° 404.

635.—Le codébiteur de billets à ordre qui en a payé le montant après condamnation par corps, a la même voie de contrainte contre son codébiteur, alors même que la cause originaire des billets à ordre serait purement civile. — *Cass.*, 17 avril 1833, Kellermann c. Meyer.

636.—Bien que l'endosseur d'effets négociables ait obtenu un contrat d'atermoiement, le souscripteur de ces effets a une action contre l'endosseur pour le remboursement de ce qu'il a payé aux tiers porteurs comme subrogé à leurs droits, si de la correspondance produite il résulte la preuve qu'il ne les a souscrits que pour obliger l'endosseur, et sur sa demande. — *Cass.*, 9 nov. 1831, Villedieu c. Richard Laborde.

637.—De la clause que les tiers porteurs pourront poursuivre les souscripteurs et endosseurs étrangers au contrat d'atermoiement, à l'exception de quelques-uns désignés dans cet acte, on peut induire que ces derniers sont appelés à jouir des délais convenus, et que les cautions du débiteur qui a atermoyé sont tenues de payer les effets indiqués dans cette clause exceptionnelle.— Même arrêt.

638. — Ces cautions ne sont point recevables à repousser la demande du souscripteur, sous prétexte que la correspondance entre lui et l'endosseur cautionné est, par la nature des choses, assimilée à une contre-lettre, qui n'a point d'effet contre les tiers. — Même arrêt.

639. — Le tiré qui n'a pas provision et qui n'avait pas accepté, ne conserve point de droits contre les autres signataires de la lettre dont le tireur était garant, parce qu'il n'est point leur mandataire comme il l'est du tireur. S'il voulait acquérir des droits contre eux, il faudrait qu'au lieu de payer en simple qualité de tiré, il payât par intervention, pour ceux contre qui il veut s'assurer un recours. — Pardessus, *Dr. comm.*, n° 403.

640. — Le paiement des lettres de change est poursuivi devant le tribunal de commerce. — V. COMPÉTENCE COMMERCIALE, nos 136 et suiv. — Il autorise le créancier à recourir à la voie de la contrainte par corps.—V. CONTRAINTE PAR CORPS, nos 289 et suiv., 323 et suiv.

Sect. 4e. — *Paiement par intervention.*

641. — Une lettre de change protestée peut être payée par tout intervenant pour le tireur ou pour l'un des endosseurs (C. comm., 158) ou même pour l'accepteur. — *Paris*, 15 avr. 1831, Saunders c. Desbassyns.

642. — L'intervention et le paiement doivent être constatés dans l'acte de protêt ou à la suite de l'acte. — C. comm., 158.

643. — Le protêt préalable de la lettre est une condition essentielle. — Heineccius, *Elem. juris cambii*, cap. 6, § 9; Pothier, *Contr. de ch.*, n° 114. — L'intervenant qui paierait sans protêt serait considéré comme un simple mandataire du tiré ou de l'accepteur; il ne serait pas substitué aux droits du porteur contre les endosseurs. — Pardessus, *Dr. comm.*, n° 405.

644. — La preuve de l'intervention ne saurait résulter de la remise du titre, ni de l'énonciation biffée au bas de la lettre de change, et non transcrite dans le protêt : « Au besoin chez M... » — *Trib. comm. Bordeaux*, 2 juin 1840, Deschriver c. Piganneau [sous *Cass.*, 3 janvier 1842 (t. 1er 1842, p. 108)].

645. — L'offre d'intervenir ne suffit pas pour établir un lien de droit entre le porteur de la lettre de change et l'intervenant. Ils restent libres tous les deux, l'un de ne pas profiter de l'offre qui lui est faite, l'autre de ne la pas réaliser. L'intervention n'est complète que par la signature de l'intervenant ou par le paiement. — *Paris*, 29 mars 1848 (t. 1er 1848, p. 409), Veil-Picard c. Pavie-Blondel.

646. — Il n'est pas indispensable que le paiement par intervention soit fait au moment même du protêt, et qu'il soit constaté dans l'acte. — Pardessus, *Dr. comm.*, n° 405. — C'est, au reste, ce qui a lieu journellement. Peut-être la méthode contraire serait-elle plus régulière. Mais elle présenterait beaucoup de difficultés dans la pratique, en ce que l'intervenant ne veut ordinairement payer que sur la remise du protêt enregistré.

647. — Bien que l'intervenant soit maître de déclarer pour qui il paie, cette déclaration n'est pas indispensable. S'il ne l'a pas faite, il est réputé avoir voulu acquérir les droits du porteur contre tous les signataires. — Conf. sous l'ord. 1673, *Cass.*, 9 déc. 1812, Talon c. Ribot. — Pardessus, *Dr. comm.*, n° 405.

648. — Toute personne peut payer par intervention, à moins qu'elle ne doive payer la lettre pour son propre compte; tel est le cas de l'accepteur; mais le tiré, même ayant provision, peut intervenir s'il n'a pas accepté. — Pardessus, *ibid.*

649. — En général, on n'intervient au paiement que lorsqu'on est avisé ou que l'on connaît parfaitement la signature de celui pour qui on intervient. Cependant, l'intervention peut avoir lieu et conférer les mêmes droits, quoiqu'on n'ait reçu aucun ordre et même pour l'honneur d'une signature qu'on ne connaît pas.—Jugé en ce sens, sous l'ord. 1673, *Paris*, 12 flor. an XIII, Margaron c. Parisel. — Savary, *Parf. négoc.*, parère 26.

650. — Par la même raison, le porteur ne peut refuser le paiement du tiré non accepteur qui refuse d'acquitter pour le compte du tireur, mais qui offre d'intervenir pour le compte d'un endosseur, encore bien que cet endosseur n'ait point indiqué de *besoin* chez lui. — Horson, *Quest. sur le C. comm.*, n° 103. — Néanmoins, M. Pardessus (*Dr. comm.*, n° 407) pense que si l'intervenant n'avait pour but, dans son opération, que d'acquérir le bénéfice d'un compte de retour, le porteur ne pourrait être forcé de lui abandonner cet avantage. Cela est vrai; mais la difficulté est de prouver que telle est l'intention de l'intervenant, et une pareille intention ne se suppose pas.

651. — Lorsqu'il y a concurrence pour le paiement d'une lettre de change par intervention, celui qui opère le plus de libérations est préféré. — Si celui sur qui la lettre était originairement tirée, et sur qui a été fait le protêt faute d'acceptation, se présente pour la payer, il doit être préféré à tous autres. — C. comm., 159.

652. — Jugé que le tiré refusant d'accepter la lettre de change, mais intervenant pour la payer dans l'intérêt de l'un des endosseurs, doit avoir la préférence sur la personne indiquée *au besoin*, qui déclare vouloir payer pour le compte de ce même endosseur. — *Paris*, 13 août 1831, Fould-Oppenheim c. Delbos.

653. — Celui que le signataire pour qui il s'agit de payer a indiqué *au besoin*, est préférable à celui qui n'aurait pas été indiqué. — Pardessus, *Dr. comm.*, n° 406.

654. — Si plusieurs intervenans voulaient payer pour un même signataire, l'ordre de présentation devrait être seul suivi; à moins que l'un de ceux qui veulent payer ne prouvât qu'il est directement chargé par le signataire pour qui il intervient, de se présenter et de payer. — *Ibid.*

655. — Le paiement par intervention a un double effet : 1° celui de faire que celui qui paie une lettre de change par intervention est subrogé de plein droit aux droits du porteur, et tenu des mêmes devoirs pour les formalités à remplir. — *Paris*, 15 avr. 1831, Saunders c. Desbassyns.

656.— Celui qui paie par intervention étant tenu des mêmes devoirs que le porteur pour les formalités à remplir, il s'ensuit que la dénonciation du protêt et les poursuites doivent être faites dans les délais imposés au porteur; mais l'intervenant n'est pas tenu de faire signifier son intervention à celui pour le compte de qui il a payé, comme il est obligé de le faire dans le cas de l'acceptation par intervention.

657. — 2° Le second effet du paiement par intervention est d'opérer la libération des signataires qui suivent celui pour qui le paiement est fait. Ainsi lorsque le paiement par intervention est fait pour le compte du tireur, tous les endosseurs sont libérés. — S'il est fait pour un endosseur, les endosseurs subséquens sont libérés. — C. comm. 159.

658. — Dès lors si celui qui a payé par intervention a déclaré que c'était pour le dernier endosseur, il a acquis les droits du porteur dans toute leur étendue; c'est-à-dire tant contre celui pour qui il a payé, que contre tous les endosseurs précédens et le tireur; mais si son intervention a été faite pour un endosseur intermédiaire, il n'a point d'action contre ceux qui sont postérieurs, puisque celui pour qui il payait leur devait garantie. — Pardessus, *Dr. comm.*, n° 441.

659. — Jugé que celui chez qui un besoin est indiqué et qui paie une lettre de change par intervention peut exercer son recours aussi bien contre l'endosseur pour le compte duquel il est intervenu que contre les endosseurs précédens. — *Paris*, 29 mars 1848 (t. 1er 1848, p. 409), Veil-Picard c. Pavie-Blondel.

660. — Le transport de droits résultant du paiement fait par un intervenant n'oblige le porteur envers celui qui paie ainsi à aucune autre garantie que celle qui naîtrait de son fait particulier: par exemple, si le débiteur de la lettre avait, contre lui, une exception qui anéantirait la dette. — Pardessus, *Dr. comm.*, n° 407.

661. — L'art. 159, C. comm., sur le mode et les effets du paiement par intervention d'une lettre de change n'est pas applicable au cas où un tiers, ayant remboursé une lettre de change suivie d'un jugement de condamnation, s'est fait subroger dans tous les droits du créancier porteur de ce jugement. — *Cass.*, 19 (et non 20) juin 1832, Urbain c. Tempier. — Pardessus, *ibid.*

662.— Par conséquent, le tiers qui a remboursé une lettre de change suivie d'un jugement de condamnation, et s'est fait subroger dans les droits du créancier contre tous les endosseurs, conformément aux art. 1250 et 1252 C. civ., peut exercer la subrogation contre chacun des endosseurs, et non exclusivement contre les endosseurs qui précèdent celui pour le compte de qui le paiement a eu lieu. — *Paris*, 11 avr. 1829, Tempier c. Urbain; *Toulouse*, 12 mai 1829, Marty Sandin c. Andral.

663. — Celui qui a payé une lettre de change par intervention ne peut ensuite en transmettre la propriété par la voie de l'endossement. — *Paris*, 30 juill. 1833, Rey c. Schuyt-Van-Castricum.

664. — Le porteur doit remettre à celui qui le paie par intervention un titre valable contre la personne pour qui l'intervention a lieu, et cette remise est une des conditions de l'intervention. D'où il résulte que le négociant qui est indiqué pour effectuer *au besoin* le paiement d'une lettre de change fausse, et qui y fait honneur en la croyant véritable, est fondé à s'en faire restituer le montant par celui à qui il l'a payée, lorsque la fausseté est reconnue, sauf le recours de celui-ci contre son endosseur, et successivement des autres endosseurs les uns envers les autres, en remontant jusqu'à celui qui a reçu la lettre de change fausse. — *Paris*, 5 fév. 1824, Perrier c. Vassal. — Horson, *Quest. sur le C. comm.*, n° 102. — *Contrà*, quand le tiers porteur est de bonne foi. — Pardessus, *Dr. comm.*, n° 451.

665. — Jugé encore que celui qui a payé, en intervenant pour le tiré, une lettre de change qui plus tard a été reconnue altérée, peut en répéter le montant contre tous les endosseurs jusques et y compris celui qui a mis cette lettre de change en circulation. — *Douai*, 21 juin 1844 (t. 2 1844, p. 376), Lanciau c. Henneckinne.

666. — Lorsque, pour se couvrir du montant de lettres de change qu'une maison de commerce étrangère l'a chargé de payer à défaut d'acceptation de la part du tiré, un banquier de Paris négocie sur la place et en monnaie ayant alors cours (en assignats) des traites sur des commettans étrangers, s'il arrive que les lettres de change tirées par ceux-ci ne lui soient pas présentées et que plus tard on lui demande la restitution des valeurs qu'il s'est procurées par la négociation des traites qu'il a émises, il devra faire cette restitution non dans la monnaie de l'époque où elle est demandée, mais dans celle de l'époque de la négociation, c'est-à-dire en assignats ou valeurs représentatives d'après l'échelle de dépréciation. — *Cass.*, 26 germ. an XIII, roi de Suède c. Tourton et Ravel. — Merlin, *Rép.*, v° *Monnaie*, n° 5.

CHAPITRE IX. — *Droits et devoirs du porteur. — Protêt.*

667. — Nous avons vu, *suprà* n°s 338 et suiv., 583 et suiv., quand, où et comment le porteur devait requérir soit l'acceptation, soit le paiement de la lettre de change. — A défaut d'acceptation ou de paiement, il doit faire constater le refus par un protêt. Ce n'est qu'à cette condition qu'il peut exercer un recours quelconque. — V. PROTÊT.

668. — On peut voir également, v° PROTÊT, tout ce qui concerne les actions à exercer par suite des protêts, et quels sont les recours à former contre chacun des signataires, et les déchéances qui peuvent être encourues.

CHAPITRE X. — *Rechange et retraite.*

669. — Le porteur peut, à défaut d'acceptation ou de paiement de la lettre de change, se rembourser sur le tireur ou sur l'un des endosseurs, au moyen du rechange. Ce rechange s'effectue par une retraite. — V. RECHANGE.

CHAPITRE XI. — *Prescription.*

670. — L'art. 189 du C. comm. porte : « Toutes actions relatives aux lettres de change, et à ceux des billets à ordre souscrits par des négocians, marchands ou banquiers, ou pour fait de commerce, se prescrivent par cinq ans, à compter du jour du protêt, ou de la dernière poursuite juridique, s'il n'y a eu condamnation, ou si la dette n'a été reconnue par acte séparé. »

671. — Nous allons exposer les règles communes aux lettres de change et aux billets à ordre; nous parlerons en même temps de ce qui concerne les lettres de change en particulier. — Quant à ce qui regarde spécialement les billets à ordre, V. BILLET A ORDRE, n° 75 et suiv.

Sect. 1re. — *Quels actes sont susceptibles de prescription.*

672. — La prescription quinquennale s'applique à toutes actions relatives aux effets de commerce, sans distinction des causes pour lesquelles ils auraient été souscrits. — *Cass.*, 15 déc. 1829, Receveur général du Bas-Rhin c. Lorentz. — Pardessus, *Dr. comm.*, n° 413.

673. — Ainsi, elle s'applique à des lettres de change que l'adjudicataire d'une coupe de bois de l'Etat a souscrites à l'ordre du receveur général du département, conformément au cahier des charges, sans qu'il y ait lieu d'examiner s'il y a eu novation dans la dette de l'adjudicataire, ou si, au contraire, l'obligation antérieure, résultant de son adjudication, subsiste toujours avec son caractère primitif sous une forme nouvelle. — *Cass.*, 15 déc. 1829, mêmes parties.

674. — Les droits et actions que l'Etat est dans l'usage de se réserver contre les adjudicataires de coupes de bois, en acceptant d'eux des lettres de change, ne se transmettant pas par le simple effet de l'endossement aux personnes à qui les lettres sont négociées, le porteur qui est resté plus de cinq ans sans faire de poursuites contre les endosseurs, ne peut prétendre qu'en vertu des conventions particulières du cahier des charges, il a le droit, comme étant à la place de l'Etat, de recourir contre la caution de l'adjudicataire pendant 30 ans. — *Cass.*, 8 nov. 1825, Germain c. Gley et Antoine.

675. — Les lettres de change souscrites par l'acquéreur d'un immeuble, au profit du vendeur, en paiement du prix, sont, au moins entre l'endosseur et les tiers porteurs, prescriptibles par cinq ans. — Dès lors, si, en recevant des lettres de change en paiement de son prix, le vendeur a donné quittance, l'expiration du délai de cinq ans sans poursuites de la part du tiers porteur oblige ce vendeur à donner mainlevée à l'acquéreur de l'inscription hypothécaire prise sur l'immeuble vendu pour sûreté du remboursement desdites lettres de change. — *Cass.*, 15 mai 1839 (t. 2 1839, p. 257), Salva c. Raymond.

676. — La prescription de l'art. 189 C. comm. ne peut être opposée à l'action de l'accepteur contre le tireur à fin de remboursement de ce que le premier a payé pour le second. — *Aix*, 19 juillet 1820, Segond c. Grébauval. — Car ce n'est pas du montant de la lettre de change acquittée, mais de la somme qu'il a déboursée pour le tireur à l'effet d'acquitter la lettre, qu'il est créancier. — Savary, *Parf. négoc.*, parère, 72; Pothier, *Contr. de ch.*, n° 199 et 200; Pardessus, *Contr. de ch.*, n°s 330. — *Contrà*, *Montpellier*, 21 janv. 1839 (t. 1er 1842, p. 155), Roviva c. Laromiguière.

677. — La prescription de cinq ans n'est point applicable à l'action pour se faire délivrer des lettres de change promises, et à l'action à compte de la part de celui qui a confié des lettres pour les négocier ou les recouvrer. — Pardessus, *Contr. de ch.*, n°s 329 et 330.

678. — Elle ne peut pas non plus être opposée au cohéritier qui, ayant acquitté comme *negotiorum gestor*, à la décharge de la succession, des lettres de change souscrites par le défunt au profit d'un tiers, en réclame le remboursement de ses cohéritiers. — *Toulouse*, 10 juill. 1829, Balmary. — Nouguier, t. 1er, p. 592.

679. — ... Ni entre commerçans pour le reliquat d'un compte courant. — *Rouen*, 10 nov. 1817, Desjardins c. Vauquelin.

680. — Sous l'ord. de 1673, lorsqu'une personne a reconnu par écrit avoir reçu d'une autre une lettre de change sur telle place, payable à telle époque, avec promesse de lui en tenir compte, une pareille reconnaissance rentre dans la classe des engagemens ordinaires; et, dès lors, on ne peut lui appliquer que la prescription de trente ans. — *Cass.*, 19 janv. 1813, Montain c. Bourget. — Merlin, *Rép.*, v° *Prescription*, sect. 2, § 8, n° 12.

681. — Lorsqu'il est prouvé qu'une lettre de change souscrite sous l'ord. 1673 contient supposition de nom, de qualité, de domicile ou de place, comme elle n'est plus alors réputée que simple promesse, elle n'est soumise qu'à la prescription de trente ans. — Cette exception peut être invoquée par celui même au profit de qui la lettre a été tirée. — *Cass.*, 22 (et non 2) juin 1825, Mévolhon c. Besson. — Horson, *Quest. sur C. comm.*, n° 134.

682. — La prescription de cinq ans introduite par l'ord. 1673, s'est appliquée dans les départemens réunis de la Belgique aux lettres de change échues soit avant, soit depuis la publication de cette ordonnance. — *Bruxelles*, 21 nov. 1806, Lerens c. Delvigne.

683. — L'obligation souscrite sous la forme de lettre de change et dans laquelle le tireur se réserve la faculté de renouveler au lieu de payer à l'échéance, n'ayant pas le caractère d'une lettre de change, n'est pas prescriptible par cinq ans. — *Paris*, 2 fév. 1830, Belon c. Montolé.

Sect. 2e. — *A partir de quelle époque court la prescription.*

684. — La prescription court à compter du jour du protêt ou des dernières poursuites juridiques. — C. comm., 189. — Par le *jour du protêt*, il faut entendre le jour où le protêt a dû être fait, c'est-à-dire le lendemain de l'échéance. — *Cass.*, 13 avril 1818, Rouillon c. Petit; 1er juin 1842 (t. 2 1842, p. 351), Bouteille c. Pillon; 1er juill. 1845 (t. 2 1848, p. 210), Marty c. Prouho; 28 avril 1846 (t. 1er 1846, p. 652), Dumas c. Esseyrie; 4 nov. 1846 (t. 2 1846, p. 563), Vesque c. Garbille. — Locré, sur l'art. 189; Pardessus, n° 333; E. Vincens t. 2, p. 364; E. Persil, art. 189, n° 6.

685. — ... Alors même que le protêt ne serait fait qu'après l'expiration des cinq ans, le délai ne court pas moins du jour de l'échéance. Autrement ce serait éluder la disposition de la loi, en prolongeant le temps de la prescription. — *Rouen*, 8 fév. 1820, Mesnil c. Goujon.

686. — Sous l'ordonnance 1673, la prescription de cinq ans courait également du jour de l'échéance des lettres de change, lors même qu'il n'y avait eu ni protêt ni poursuites judiciaires. — *Cass.*, 31 juill. 1816, Baradue c. Groslier. — ... Ou tout au moins du lendemain du dixième jour de grâce accordé pour faire le protêt. — *Liége*, 25 mars 1813, Govaerts c. Garzès.

687. — Lorsqu'il s'agit d'une lettre de change à vue, le délai de la prescription quinquennale court de l'expiration des six mois fixés par l'art. 160 C. comm. pour en faire la présentation et le protêt. — *Cass.*, 1er juill. 1845 (t. 2 1848, p. 210), Marty c. Prouho.

688. — La prescription ne commence à courir contre une lettre de change *payable à vue* que du jour du protêt qui en constate la présentation. — *Nîmes*, 5 juill. 1819, Oudan c. Pecault.

689. — Les actions relatives aux lettres de change et aux billets à ordre, se prescrivent par cinq ans à compter de la dernière poursuite juridique, sans qu'il y ait lieu d'examiner si l'instance à laquelle se rattachent les poursuites, peut ou non être considérée comme périmée. — *Cass.*, 27 nov. 1848 (t. 1er 1849, p. 38), Audubert c. Frois.

Sect. 3e. — *Interruption et suspension de la prescription.*

690. — L'ordon. 1673 (tit. 5, art. 22) déclarait en termes exprès que la prescription courait à l'égard des mineurs et des absens. — Arrêt parl. *Paris*, 6 juin 1725 (d'Aguesseau, *Av. gén.*, Concl. conf.); Pothier, *Contr. de ch.*, n° 206. — Il en est de même sous le C. comm., malgré le silence de la loi à cet égard. — *Paris*, 23 avr. 1836, Prat c. Gonnet. — Locré, sur l'art. 189; Merlin, *Rép.*, v° *Lettre de change*, § 4, n° 18; Pardessus, *Contr. de ch.*, n° 331; Nouguier, t. 1er, p. 572.

691. — Elle court également contre les interdits. — *Riom*, 26 juill. 1822, Brunet c. Laget.

692. — La mort civile d'un émigré, endosseur d'une lettre de change, n'a pas dispensé le porteur de cet effet d'agir dans les délais légaux contre le tireur et le tiré. — *Cass.*, 5 juill. 1836, des Etangs c. Laudinat et Nicard.

693. — L'impossibilité des communications occasionnée par la guerre, peut arrêter ou suspendre le cours de la prescription de cinq ans. — *Cass.*, 5 août 1817, Cavagnari c. Von-Halle; 9 avril 1818, Rougemont de Lowemberg c. Delabarietta. — Pothier, *Contr. de ch.*, n° 144; Merlin, *Rép.*, v° *Prescription*, sect. 1re, § 7, art. 2; Troplong, *Prescript.*, n° 727; Persil, art. 189, n° 21.

694. — La guerre peut être considérée comme un événement de force majeure, lors même qu'il existerait des moyens indirects de communication par l'intermédiaire des puissances neutres. — *Cass.*, 9 avril 1818, mêmes parties.

695. — C'est aux juges du fond à apprécier quand il y a eu force majeure, sans que leur décision sur ce point puisse donner ouverture à cassation. — *Cass.*, 5 août 1817, Cavagnari c. Von-Halle. — Déjà un Avis du Conseil d'Etat du 25 janv. 1814, approuvé le 27, avait statué en ces termes relativement aux déchéances pour défaut de protêt ou de dénonciation dans les délais, par suite de la guerre existante alors.

696. — La faillite du débiteur n'interrompt pas la prescription de cinq ans; car elle ne s'oppose pas absolument à ce que le créancier soit payé. — *Paris*, 5 août 1813, Dallarde c. Lachez-Delbec; *Toulouse*, 23 fév. 1827, Delpech c. Chambert (sol. implic.); *Cass.*, 14 février 1833, Guillaume c. Patris. — Vazeille, *Prescr.*, t. 2, n° 635, Nouguier, t. 1er, p. 571; Persil, n° 19. — *Contrà*, *Paris*, 31 déc. 1809, C... c. Givelet Morlet. — Et, à fortiori, quand il y a concordat, ce concordat faisant novation. — *Aix*, 19 juill. 1820, Second c. Gribauval.

697. — Toutefois la prescription ne saurait être opposée au porteur d'un effet de commerce par le syndic de la faillite débitrice, tant que le titre déposé, conformément à la loi, entre les mains du syndic est retenu par le fait de celui-ci. — *Paris*, 12 nov. 1844 (t. 2 1844 p. 517), Perreau-Lecomte c. Ruffier.

698. — On a vu (*suprà* n° 670) que la prescription court du jour du protêt ou de la dernière poursuite juridique (C. comm., 189). Il s'ensuit, par conséquent, que le protêt ou les poursuites juridiques interrompent cette prescription.

699. — Par poursuites juridiques, il faut entendre une assignation en justice ou une saisie.— C. civ., art. 2244.

700.—Mais la prescription, courant du jour où le protêt *a dû être* fait, n'est pas interrompue par l'acte qualifié protêt signifié plus tard, avant l'expiration des cinq ans, un tel acte ne constituant ni un véritable protêt, ni une poursuite juridique, ni un commandement, mais bien une simple sommation. —*Cass.*, 1er juin 1842 (t. 2 1842, p. 351), Bouteille c. Pillon; 28 avril 1846 (t. 1er 1846, p. 652), Dumas c. Esseyric; 4 nov. 1846 (t. 2 1846, p. 563), Vesque c. Garbille.— V. cependant *Cass.*, 13 avril 1818, Rouillon c. Petit; et (sous l'ord. 1673) *Liége*, 25 mars 1803, Govaerts c. Garzès.

701. – L'assignation donnée au souscripteur des effets de commerce interrompt la prescription contre la caution solidaire, en sorte qu'elle ne peut plus courir tant que la péremption de l'assignation n'a été ni demandée ni prononcée. — *Paris*, 13 déc. 1813, Taillepied de la Garenne c. de Presle. — Horson, *Quest. sur C. comm.*, no 133.

702. — Jugé qu'une saisie-arrêt, bien que validée par un jugement, n'est qu'une mesure conservatoire qui n'interrompt pas la prescription, — *Bordeaux*, 21 (et non 13) mars 1828, Gauteyron c. Bousquet. — Roger (*Saisie-arrêt*, no 476) critique cette décision comme en flagrante contradiction avec l'art. 2244 C. civ.

703. — L'endosseur d'une lettre de change auquel le tireur, actionné en paiement, oppose la prescription quinquennale, ne peut invoquer, comme interruptives de la prescription, les poursuites judiciaires faites par le porteur, alors que ces poursuites ont été suivies soit de jugemens par défaut tombés en péremption, soit de jugemens contradictoires non attaqués, déclarant le porteur non recevable en ses demandes. — *Cass.*, 29 juin 1846 (t. 2 1846, p. 401), Bouysson c. Repos.

704. — L'endosseur pourrait-il se prévaloir, comme interruptives de la prescription quinquennale, des poursuites dirigées en son nom personnel par le porteur qui n'était, en réalité, que prête-nom de l'endosseur, et non véritable propriétaire de la lettre de change? — Les motifs de l'arrêt précité semblent fournir sur cette question un argument pour la négative. On tient cependant en général pour certain que les actes faits par un prête-nom profitent au véritable intéressé.

705.—Lorsque les poursuites juridiques ont été suivies de condamnation, il y a un jugement et par conséquent un nouveau titre qui ne permet plus à la prescription établie par l'art. 189 de courir. — Sous l'ordonn. 1673, *Paris*, 19 messidor an XI, Dumolard c. Marais; 26 nov. 1808, Commerson c. Piéplu. — Savary, *Parf. négoc.*, parère 1er, liv. 3, ch. 6; Jousse, sur l'ord. 1673, tit. 5, art. 21.

706. — Mais alors quel sera le délai de la prescription qui recommencera à courir? — Quand il y a un jugement de condamnation, il n'y a pas de difficulté; c'est un nouveau titre substitué à l'ancien, et ce titre ne peut plus être prescrit que comme tous les jugemens, c'est-à-dire par trente ans. — Pothier, *Contr. de change*, no 202; Pardessus, *Contr. de change*, nos 302 et 335.

707. — Quand il n'y a pas de jugement de condamnation, la cour de cassation a décidé que si, avant l'expiration des cinq ans, la prescription est interrompue, elle recommence son cours de cinq ans du jour de la dernière poursuite. — *Cass.*, 13 avril 1818, Rouillon c. Petit.

708. — Jugé, au contraire, que dès qu'il y a instance judiciaire pour le paiement d'une lettre de change, l'action en paiement du créancier ne s'éteint que par la prescription de trente ans.— *Toulouse*, 26 fév. 1834, Lissençon c. Montcalm.

709. — Lorsque, après avoir assigné le tireur et l'endosseur d'une lettre de change, le porteur a obtenu un jugement de condamnation contre le tireur seul, ce jugement ne conserve pas son action contre l'endosseur. En conséquence, à défaut de poursuites contre ce dernier, dans les cinq ans, la prescription est acquise, sans qu'on puisse exciper de la solidarité primitive. — *Toulouse*, 23 fév. 1827, Delpech c. Chambert. — Pardessus, *Dr. comm.*, no 413.

710. — La prescription est encore interrompue lorsque la dette a été reconnue par acte séparé (C. comm., art. 189). Il n'y a point, du reste, de forme spéciale pour cette reconnaissance. Elle résulte de toute déclaration, même contenue dans une lettre missive (Merlin, *Quest.*, vo *Lettre de change*, § 5) contenant l'aveu de la dette par le débiteur. Les juges ont, à cet égard, un pouvoir discrétionnaire pour en appécier les termes. — Par exemple : d'un refus de payer vu l'existence d'opposition.—*Paris*, 7 janvier 1815, Triquet c. Raoust; — ... ou de la demande d'un délai pour payer. — *Bordeaux*, 22 août 1832, Gaudin c. Hazard; *Cass.*, 1er mars 1837 [t. 2 1837, p. 587], Renaud c. Prat;

— ... ou de la renonciation à opposer le défaut de dénonciation de protêt dans le délai légal.—*Cass.*, 14 fév. 1826, Gabet c. Cardon; — ...ou de la mention faite des billets sur le bilan du souscripteur. —*Bordeaux*, 19 août 1840 [t. 2 1840, p. 717], Noailles c. Changeur. — *Contrà*, sur ce dernier point, sous l'ordon. 1673, *Paris*, 5 août 1813, Dallarde c. Pachez.

711. — Le tireur d'une lettre de change auquel, sur sa demande, le protêt n'a pas été notifié, et qui s'est fait remettre le titre par le porteur pour en poursuivre le paiement contre l'accepteur, ne peut point opposer la prescription s'il ne s'est pas écoulé cinq ans depuis que la traite lui a été remise. — *Bordeaux*, 21 mars 1828, Delpech c. Curcier; *Cass.*, 3 janv. 1832, mêmes parties.

712. — Le débiteur qui, en même temps qu'il oppose la prescription à la demande en paiement d'une lettre de change, réclame, par des conclusions principales, la subrogation au cessionnaire de la créance qu'il prétend litigieuse, reconnaît par là que la dette n'est pas acquittée, et cet aveu implicite détruit l'effet de l'exception de prescription. — *Cass.*, 18 janvier 1821, Verny c. Trapet.

713. — Lorsque le porteur d'une lettre de change a écrit de sa main, au dos de cette lettre, que telles sommes ont été données à compte, cette mention avouée par le débiteur peut être considérée comme suppléant à la reconnaissance de la dette par acte séparé, exigée par l'art. 189 C. de comm., et par suite, comme ayant l'effet d'interrompre la prescription de cinq ans. — *Cass.*, 16 déc. 1828, Ténégal c. Cathala.

714. — La reconnaissance d'un des débiteurs solidaires interrompt la prescription à l'égard des autres. — *Bordeaux*, 22 août 1832, Gaudin c. Hazard. — Et par conséquent à l'égard de la caution obligée par un aval. — *Riom*, 23 janv. 1829, de Gial c. Debord. — Pardessus, *Dr. comm.*, no 413.

715. — Toutefois, pour que la reconnaissance de la dette par l'un des débiteurs solidaires puisse être opposée aux autres, il faut que cette reconnaissance ait une date certaine; autrement il serait trop facile de faire revivre par fraude contre un codébiteur une créance depuis longtemps éteinte.

716. — Une reconnaissance postérieure à l'échéance d'un billet à ordre rend le débiteur non recevable à opposer la prescription de cinq ans. — *Liége* (et non *Bruxelles*), 30 déc. 1823, Fraubert c. Floquet.

717. — Toutefois il n'est pas nécessaire que l'acte séparé contenant reconnaissance de la dette soit postérieur à la lettre. — *Cass.*, 2 fév. 1819, Bruyères c. Lefebvre. — *Contrà*, Nouguier, t. 1er, p. 565.

718. — Quant au nouveau délai auquel donne lieu l'interruption, il faut distinguer entre le cas où la reconnaissance n'est qu'un acte additionnel à la lettre de change et ne fait qu'un même titre avec elle, et le cas où la reconnaissance constitue un titre nouveau. — Dans le premier cas, la prescription est de cinq ans à partir de cette reconnaissance. Puisque c'est l'ancien titre qui est maintenu, il doit l'être avec les exceptions dont il est susceptible.

719.—Jugé, en conséquence, qu'une lettre missive écrite avant l'échéance par le débiteur d'une lettre de change à celui qui en est porteur, pour le remercier des facilités accordées à raison du paiement, ne peut empêcher la prescription de cinq ans, si d'ailleurs cette lettre ne renferme aucune expression qui indique l'intention de donner un nouveau titre au créancier. — *Cass.*, 28 nov. 1831, Dupont c. Pigeon.

720. — ... Que l'acte par lequel les débiteurs, obtenant une prolongation de terme à l'échéance, promettent de payer à une époque fixée et consentent des intérêts, doit être considérée non comme une reconnaissance de la dette dans le sens de l'art. 189, C. comm., mais comme un acte additionnel à la lettre de change avec laquelle il ne fait qu'un seul et même titre; que dès lors l'action en paiement est soumise à la prescription de cinq ans à partir de l'expiration du délai accordé. — *Amiens*, 8 fév. 1830, Pressey c. Noblet; *Cass.*, 9 août 1831, mêmes parties.

721. — Jugé de même à l'égard de la promesse de tenir compte du montant d'une lettre de change dont on reconnaît la remise, alors surtout que le créancier a implicitement reconnu le caractère commercial de l'engagement en portant sa demande à fin de paiement devant le tribunal de commerce et en concluant à la contrainte par corps. — *Cass.*, 10 déc. 1834, Bourlon c. Mion-Bouchard.

722. — ... Ou à l'égard de la lettre missive dans laquelle le débiteur d'une lettre de change se borne à demander à son créancier prorogation de délai.

— *Riom*, 12 mars 1838 (t. 2 1838, p. 439), Girard c. Roche. — Pardessus, *Contr. de ch.*, no 335.

723. — Il en est de même de la mention des lettres de change faites par le débiteur sur son bilan. — *Bordeaux*, 19 août 1840 (t. 2, 1840, p. 717), de Noailles c. Changeur.

724. — Lorsque la reconnaissance constitue un titre nouveau, le précédent se trouve anéanti; la durée de la prescription dépend donc de la nature du titre qui a remplacé l'effet de commerce. —Ainsi jugé que, pour que la prescription de trente ans soit substituée à la prescription de cinq ans qui atteint la créance résultant d'une lettre de change ou d'un billet à ordre, il faut que la reconnaissance constitue un titre nouveau. — *Cass.*, 6 nov. 1832, Dupuy c. Puthod; 14 mars 1838 (t. 1er 1838, p. 562), Baillet c. Lefèvre.

725. — La prescription de trente ans est seule opposable par le souscripteur qui a depuis reconnu la dette par un acte notarié, encore bien que, par cet acte, le créancier se soit réservé le droit de poursuivre commercialement le recouvrement des billets. — *Paris*, 14 janv. 1825, Delbeck c. Tattegrain.

726. — ... Ou dans le cas où une lettre de change souscrite par un individu, depuis émigré, a été, sur le dépôt du créancier, comprise dans un arrêté de liquidation. — *Paris*, 14 avril 1829, Lehman c. Devilliers.

727. — En tout cas, la question de savoir si les parties ont entendu ne faire qu'un acte additionnel, ou au contraire constituer un titre nouveau, est une question d'appréciation qui appartient aux juges du fait. — *Cass.*, 9 août 1831, Pressey c. Noblet; 28 nov. 1831, Dupont c. Pigeon.

728. — L'arrêt qui admet le syndic, comme représentant des créanciers, à invoquer une prescription acquise au failli, et qui réserve la question de savoir si celui-ci a renoncé à se prévaloir du bénéfice de cette prescription, ne met pas obstacle à ce que le créancier qui a encouru celle-ci agisse contre la caution de son débiteur failli. — Cette dernière ne saurait invoquer cet arrêt comme constituant à son profit l'autorité de la chose jugée. — *Colmar*, 5 août 1843 (t. 1er 1844, p. 39), Schwindenhammer c. Bastard.

Sect. 4e. — *Effets de la prescription. — Par qui elle peut être opposée.*

729. — La prescription a pour effet d'éteindre la dette, et par conséquent d'entraîner la libération du débiteur.

730. — Sous l'ordonn. 1673, comme sous le C. comm., la prescription de cinq ans établissait une présomption légale de paiement qui ne pouvait être détruite par de simples présomptions contraires. — *Cass.*, 9 (et non 29) nov. 1812, Martin c. Bezama; 16 juin 1818, Ardant c. Rouveix; *Grenoble*, 13 déc. 1828, Florence c. Frezet; *Bordeaux*, 19 août 1840 (t. 2 1840, p. 717), de Noailles c. Changeur.

731. — Mais la prescription de cinq ans ne peut être utilement invoquée quand il est constant que la dette n'a point été payée. —*Cass.*, 25 août 1813, Pinot c. Rouxel.

732. — ... Ou qu'il y a aveu exprès ou implicite, de la part du débiteur, de sa non-libération.— *Riom*, 18 juin 1819, Verny c. Trapet; *Amiens*, 10 janv. 1826, Baillet c. Senard-Grenier.

733. — Jugé également que, si le débiteur s'est rendu coupable de dol et de fraude, l'exception résultant de la prescription de cinq ans peut être écartée par de simples présomptions de non-paiement. — *Cass.*, 14 janv. 1818, Pons c. Vivier et Blatin.

734. — Toutefois, les prétendus débiteurs seront tenus, s'ils en sont requis, d'affirmer sous serment qu'ils ne sont plus redevables; et leurs veuves, héritiers ou ayans cause, qu'ils estiment de bonne foi qu'il n'est plus rien dû. — *Cass.*, 9 brum. an XIII, Gouzy c. Boreldat; 9 novemb. 1812, Martin c. Bezama; *Grenoble*, 13 déc. 1828, Florence c. Frezet. — Pothier, *Contr. de ch.*, no 209; Pardessus, *Contr. de ch.*, no 332.

735. — L'interrogatoire sur faits et articles demandé par le porteur d'une lettre de change contre le débiteur, n'est admissible qu'autant qu'il a pour but d'établir l'existence d'une poursuite juridique ou d'une reconnaissance de la dette. — *Bruxelles*, 30 janv. 1833, N...

736. — Sous l'ordon. 1673, les juges ne pouvaient prononcer d'office la prescription. — *Cass.*, 9 brum. an XIII, Gouzy c. Boreldat. — Il en doit être de même aujourd'hui. — C. civ. 2223.

737. — La délation du serment ne peut non plus être faite d'office par le juge.

738. — La prescription peut être opposée par toutes personnes qui y ont intérêt, à moins qu'elles ne se trouvent dans un des cas exceptés par la loi.

739. — Sous l'ordon. 1673, le tireur d'une lettre de change payable à vue ne pouvait opposer la prescription de cinq ans si, sur la demande du porteur, il ne justifiait pas qu'il se fût libéré envers le tiré. — *Cass.*, 29 vend. an XIV, Dufour-Riberolles c. Jacquemond.

740. — Celui qui a endossé une lettre de change échue, en promettant de garantir le porteur de toute prescription, ne peut pas opposer la prescription de cinq ans établie pour les lettres de change, sous prétexte qu'il n'a pu renoncer à une prescription non encore acquise. — *Cass.*, 11 juill. 1820, Clavel c. Petit.

741. — L'accepteur qui, à l'appui du moyen de la prescription, prétend n'avoir pas sérieusement accepté, et, par cela même, n'avoir jamais été débiteur, est recevable à prêter le serment prescrit en pareil cas par le Code de comm., pourvu néanmoins que le serment porte seulement sur le fait qu'il n'est point redevable desdites lettres de change, et non sur celui que les traites auraient été acceptées en blanc, sans valeur fournies et par pure obligeance. — *Paris*, 8 août 1825, Boulouze c. Delaforêt.

742. — La prescription de cinq ans peut être opposée au cohéritier qui demande le paiement d'une lettre de change souscrite à son profit par le défunt, alors même que la succession est encore indivise. — *Toulouse*, 10 juill. 1829, Balmary.

743. — La prescription de cinq ans, en matière d'effets de commerce, ne peut être opposée par celui qui prétend en même temps n'être pas tenu au paiement du montant de l'effet, en ce qu'il ne l'aurait négocié que comme mandataire du premier endosseur. — *Cass.*, 1er déc. 1829, Dubus c. Lefort.

CHAPITRE XII. — *Lettres de change venant de l'étranger.*

744. Les formes de la lettre de change doivent être réglées par les lois du lieu où elle a été tirée. —*Trèves*, 28 avril 1809, Seilhs c. Geist; 4 juill. 1812, Lindeman c. Thugnet. —Merlin, *Rép.*, vº *Lettre et billet de change*, § 2, nº 8; E. Vincens, t. 2, p. 182; Nouguier, t. 1, p. 477; Pardessus, *Dr. comm.*, nº 1484.

745. — Ainsi un effet tiré de place en place, en Angleterre, c'est-à-dire créé par une personne habitant la même ville que celle qui l'accepte, peut néanmoins être considéré comme lettre de change, et en conséquence être réputé tel lorsqu"il circule en France. — *Douai*, 1er (et non 10) déc. 1834, Wellesley c. Tourasse. — Pardessus, *Dr. comm.*, nº 1485.

746. — Jugé, au contraire, mais à tort selon nous, qu'une lettre de change est régie, quant à sa forme extérieure, par la loi du lieu où elle doit être payée, et non par celle du lieu où elle a été tirée. — *Trèves*, 20 frimaire an XIV, Cassel c. Suligenstatt; *Bruxelles*, 20 janv. 1808, Lefebvre c. Vanderwasteyne.

747. — ...Qu'il en est de même quant à ses caractères essentiels. — *Paris*, 7 fév. 1839 (t. 1er 1839, p. 298), Béré c. Bertrand.

748. Ainsi jugé que l'engagement souscrit en Angleterre, dans la forme des *promissory-notes*, par un Français, à l'ordre d'un Anglais, et payable en Angleterre, n'étant point tiré sur une personne qui pût l'accepter, manque d'une des conditions essentielles du contrat de change, et que le paiement n'en peut être demandé devant la juridiction commerciale. — *Paris*, 23 juin 1840 (t. 2, 1840, p. 689), Feuillide c. Finn.

749. — Quoi qu'il en soit, toutes les lettres de change, bien que tirées en pays étranger, devraient être déclarées nulles, si elles ne contenaient aucune des énonciations indispensables pour l'existence et la validité d'un engagement quelconque. — Pardessus, *Dr. comm.*, nº 1485.

750. — La loi du lieu où un acte a été passé devant servir à déterminer l'étendue des obligations auxquelles il donne naissance (Pardessus, *Dr. comm.*, nº 1492.), les effets de l'obligation résultant d'une lettre de change sont réglés par les lois du pays où elle a été tirée. — *Gênes*, 17 août 1811, Delucchi et Forsati c. Polleri; *Bruxelles*, 4 fév. 1815, Vanderstraeten-Desmedt c. Baligand.

751. — Jugé, par la même raison, qu'une lettre de change souscrite en Angleterre doit, quant à son exécution, alors même que le paiement en est réclamé en France par un endosseur français, être régie par les lois anglaises. — *Paris*, 26 mars 1836, Aubrey c. Debaise. — MM. E. Vincens (t. 2, p. 182) et Nouguier (t. 1er, p. 477) pensent, au contraire, que tout ce qui tient à l'exécution de la lettre de change doit être réglé par les lois du pays où elle est payable.

752. — En tout cas, il ne faut pas perdre de vue que le contrat de change est un contrat du droit des gens, et qu'il faut interpréter les lois qui le concernent de manière que les actes intervenant entre les contractans produisent plutôt quelque effet que de n'en avoir aucun : *Potiùs valeat quàm ut pereat.* — Nouguier, t. 1er, p. 473.

753. — La capacité des personnes relativement au contrat de change se règle par les lois de leur pays. — Merlin, *Rép.*, vº *Majorité*, § 5; Pardessus, *Contr. de ch.*, nºs 561 et 568; *Dr. comm.*, nº 1482; Nouguier, *ibid.*

754. — Toutefois, cela n'est pas applicable à certaines prohibitions particulières, par exemple à celles qui sont faites aux personnes nobles ou constituées en dignité, de souscrire des lettres de change ou autres engagemens qui entraînent la contrainte par corps. Vainement on dirait que c'est une loi personnelle qui suit l'étranger partout; qu'il en est dans ce cas comme d'un mineur, d'une femme en puissance de mari, et qu'on doit connaître l'état et le pouvoir de la personne avec qui on traite. Ce principe ne peut s'appliquer qu'à l'état universel, comme celui de majeur ou de mineur, etc. — Pardessus, *Dr. comm.*, nº 1483.

755. — C'est par la loi du lieu où demeure le tiré que sont déterminés les délais dans lesquels l'acceptation doit être requise par le porteur, parce qu'elle est une partie de l'exécution des obligations contractées par le tireur et les endosseurs de faire accepter. — Pardessus, *Dr. comm.*, nº 1495. — Il en est de même à l'égard de la forme de l'acceptation. — Massé, *Dr. comm.*, t. 2, nº 106.

756. — En Angleterre et en Prusse, il y a acceptation tacite lorsque le tiré garde chez lui pendant une nuit, et sans faire d'observation, la lettre remise à sa personne. — *Contrà*, en Ecosse, en Portugal, en Espagne et dans les Deux-Siciles. — Nouguier, t. 1er, p. 245.

757. — En Prusse et en Portugal, l'accepteur n'a point le droit de biffer sa signature. — En Angleterre, l'acceptation biffée par le tiré pendant le temps que la lettre lui a été confiée est de nul effet. — Nouguier, t. 1er, p. 252.

758. — Les effets de l'acceptation sont régis par la loi du lieu où la lettre est payable. — *Trèves*, 4 juillet 1812, Lindeman c. Thugnet; *Bruxelles*, 4 févr. 1815, Vanderstraeten-Desmedt c. Baligand.

759. — Ainsi, lorsqu'une lettre de change, de quelque lieu qu'elle ait été tirée, a été acceptée dans un pays où la loi décharge l'accepteur de son engagement, si, au moment de l'acceptation le tireur était en faillite, ou quand la signature du tireur est fausse, l'accepteur pourra invoquer cette exception devant les tribunaux français. — Pardessus, *Dr. comm.*, nº 1492.

760. — Jugé que le fait d'accepter une lettre de change soumet nécessairement l'accepteur à la législation de tous les pays où le porteur éventuel se trouvera domicilié. — *Paris*, 29 nov. 1831, Cochrane c. Séguier.

761. — La femme étrangère qui a accepté une lettre de change n'est soumise à la contrainte par corps qu'autant qu'elle serait commerçante, ou que l'opération serait commerciale. — *Paris*, 12 juill. 1837 (t. 2 1837, p. 77), Schreiber et Talanzier c. Gaillotet.

762. — Lorsqu'il est intervenu entre le tireur et l'accepteur d'une lettre de change, Anglais tous deux, un acte de *cognovit* qui équivaut, dans la jurisprudence anglaise, à une espèce d'arrêté de compte exécutoire touchant cette même lettre de change et ses accessoires, il n'y a point là une novation qui rende désormais le premier titre intransmissible. — La lettre de change est négociable jusqu'à l'extinction de la dette contractée par l'accepteur; de telle sorte que si le tireur anglais, faute de l'exécution de *cognovit*, a obtenu un jugement à la cour du banc du roi, il peut encore la transmettre sans qu'on soit admis à la faire considérer comme éteinte par le jugement. — Le dernier porteur a même le droit, s'il est Français, d'obtenir contre l'accepteur anglais un nouveau jugement qui ait en France une force exécutoire que n'aurait pas celui rendu par les tribunaux d'Angleterre. — *Douai*, 1er (et non 10) déc. 1834, Wellesley c. Tourasse.

763. — L'époque de l'échéance se calcule d'après les usages de l'endroit où la lettre de change est payable. Ainsi, lorsqu'une traite est payable à deux usances à Berlin, c'est à la loi prussienne à déterminer le jour de l'échéance. — Nouguier, t. 1er, p. 482.

764. — Une lettre de change est réglée, quant à la validité de l'endossement, par la loi du lieu où elle doit être payée, et non par celle du lieu d'où elle a été tirée. — *Bruxelles*, 20 janv. 1808, Lefebvre c. Vanderwasteyne. — M. Nouguier (t. 1er, p. 282 et 480) pense, au contraire, que pour apprécier la validité et les effets d'un endossement il faut consulter la loi du lieu où il s'effectue.

765. — L'endossement est réputé consommé au lieu où il est écrit et non au lieu où la réception de cet acte a été agréée par le cessionnaire. — Nouguier, t. 1er, p. 481; Massé, *Dr. comm.*, t. 2, nº 105.

766. — D'après les lois anglaises, un endossement en blanc transfère la propriété d'une lettre de change. — *Cass.*, 25 sept. 1829, Arnold c. Fontaine.

767. — Celui qui reçoit une lettre de change créée en Angleterre, après son échéance, doit, comme dans la jurisprudence anglaise, être passible de toutes les exceptions d'équité et de justice que l'accepteur aurait pu opposer à celui qui en était porteur au moment de l'échéance, et par conséquent être tenu de subir l'imputation des paiemens qui auraient été faits à compte. — *Douai*, 1er (et non 10) déc. 1834, Wellesley c. Tourasse.

768. — Lorsqu'une lettre de change créée en Angleterre a été transmise par voie d'endossement à un Français qui, faute de paiement, poursuit devant les tribunaux de France l'accepteur anglais, ce dernier n'est point recevable à opposer pour la première fois en appel l'exception d'incompétence *ratione personæ*. — Même arrêt.

769. — L'accepteur anglais doit également succomber dans son exception d'incompétence par le motif que, malgré toutes les transactions intermédiaires, le Français dernier porteur est devenu, par l'effet de l'endossement, son créancier direct, et qu'à ce titre il a le droit de le citer devant les tribunaux français. — Même arrêt.

770. — L'accepteur anglais n'est point recevable à soutenir que l'endos, n'exprimant pas la valeur fournie, n'a point transféré la propriété au porteur, et ne vaut, aux termes des art. 136, 137 et 138, que comme simple procuration, si d'ailleurs il est constant qu'en Angleterre, où l'endossement a été fait, il n'est pas besoin de cette énonciation pour transférer la propriété. — Même arrêt.

771. — Une lettre de change venant de l'étranger peut être valablement négociée, avant d'avoir été préalablement soumise au timbre ou au visa pour timbre. — *Cass.*, 24 mai 1809, Mortier c. Van-Outrive.

772. — Le porteur d'une lettre de change tirée de France sur l'Angleterre à trente jours de vue ne peut, d'après les art. 131 et 163 C. comm., en exiger le paiement que trente jours après le protêt faute d'acceptation, encore bien qu'il résulte de ce protêt que le tiré n'est pas connu au lieu indiqué pour le paiement, et cela contrairement à l'usage suivi à Londres, qui est d'exercer immédiatement le recours. — *Bruxelles*, 4 fév. 1815, Vanderstraeten-Desmedt c. Baligand. — Pardessus, *Dr. comm.*, nº 1495.

773. — Ce sont les lois et usages en vigueur dans le pays où une lettre de change est payable qui déterminent le temps utile pour faire le protêt, ainsi que les formes à suivre. — V. PROTÊT.

774. — On peut voir aussi, vº RETRAITE, quand les dispositions du Code de commerce sur le rechange sont ou non applicables à des lettres de change venant de l'étranger.

775. — La prescription d'une lettre de change se règle d'après la loi du pays où elle est payable. — Ainsi, l'accepteur d'une lettre de change payable en Angleterre, passée par endossement à un Français, ne peut opposer devant les tribunaux français que la prescription de six ans, laquelle aurait été interrompue par l'absence du débiteur du territoire anglais, le tout conformément aux lois anglaises. — *Paris*, 26 mars (et non 29) 1836, Aubrey c. Debaise; 7 fév. 1839 (t. 1er 1839, p. 298), Bévé c. Bertrand.

776. — L'exception de la prescription peut être invoquée en France par un étranger, car les dispositions commerciales sont de droit naturel. — Nouguier, t. 1er, p. 578.

777. — En matière de lettres de change souscrites entre étrangers, si le changement de domicile du débiteur peut opérer attribution de juridiction, les parties n'en restent pas moins soumises à la législation qui les a saisies au moment où elles ont contracté, notamment en ce qui concerne le mode de libération et la prescription. — En conséquence, la prescription d'une lettre de change souscrite en pays étranger par un étranger au profit d'un autre étranger doit être réglée par la loi du pays où cette lettre de change est intervenue, et non par la loi française, encore bien que, par suite de son changement de domicile, le débiteur soit devenu justiciable des tribunaux français. — D'après le statut municipal de Malte et le droit commun de cette île, les actions réelles, personnelles et mixtes, au nombre desquelles il faut ranger l'action en paiement des lettres de change, ne se prescrivent que par trente ans. — *Alger*, 18 août 1848 (t. 2 1848, p. 347), Heffner c. Gambini.

778. — L'étranger qui, en pays étranger, a souscrit une lettre de change ou un billet à ordre au profit d'un autre étranger, peut être traduit, pour le paiement, devant les tribunaux français, par le porteur français à qui l'effet a été transmis par voie d'endossement. En pareil cas, l'étranger est réputé débiteur direct du Français. — *Cass.*, 26 janv. 1833, Inglée c. Delape.

779. — ... Et cela, quand bien même le porteur français n'aurait qu'un endossement en blanc, si, d'après les lois du pays (spécialement les lois anglaises), un pareil endossement transférait la propriété de la lettre de change.—*Cass.*, 25 sept. 1829, Arnold c. Fontaine.

780. — Jugé également que, bien que cet effet de commerce ait été souscrit par un étranger au profit d'un autre étranger, si c'est un Français qui se présente comme tiers porteur, la contrainte par corps doit être prononcée contre le débiteur étranger. — *Paris*, 15 fév. 1838 (t. 1er 1838, p. 447), Sasse c. Demussy.

781. — En pareil cas, le porteur français peut également faire arrêter provisoirement le débiteur étranger qui ne le paie pas à l'échéance. — *Bruxelles*, 14 nov. 1818, Dumortier-Villaumez c. Flaesh; 25 mai 1819, N. c. N. — Merlin, *Quest.*, v° *Etranger*, § 4.

782. — L'arrestation provisoire du débiteur étranger peut aussi être ordonnée sur la demande du porteur français à qui a été transmise, par un endossement irrégulier suivant les lois françaises, une lettre de change souscrite et payable *en pays étranger*, entre étrangers, et rédigée en langue étrangère. — *Paris*, 29 nov. 1831, Cochrane c. Séguier.

783. — Jugé de même qu'un Français, tiers porteur d'une lettre de change souscrite par un étranger, dans son pays, au profit d'un autre étranger, peut faire incarcérer en France l'étranger souscripteur de la traite, lors même que celui-ci se trouve en faillite, s'il est reconnu qu'au lieu de remplir les obligations imposées à un failli, il a voulu soustraire sa personne et ses biens aux poursuites de ses créanciers. — *Douai* (et non *Caen*), 12 janvier 1832, Bloqué c. Prior. — V., sur la contrainte par corps et l'arrestation provisoire, en ce qui concerne les étrangers, v° CONTRAINTE PAR CORPS, nos 443 et suiv., 480 et suiv.

784. — L'étranger traduit devant les tribunaux français peut être admis à prouver que la négociation de la traite au profit du Français est l'effet de la simulation. — Même arrêt.

785. Le porteur d'une lettre de change payable à Londres, lieu du domicile du tiré, mais qui a été acceptée à Paris et endossée dans la même ville, peut actionner l'accepteur devant le tribunal de la Seine, sans que cet accepteur soit fondé à demander son renvoi devant les juges de Londres. — *Paris*, 11 janv. 1825, Driver Cooper c. Dacosta.

786. — L'accepteur anglais ne peut opposer en France l'incompétence du tribunal de commerce, sur ce motif que l'endossement ne contiendrait pas l'énonciation de la valeur fournie, condition non exigée par les lois anglaises. — *Paris*, 26 (et non 29) mars 1836, Aubrey c. Debaise.

787. — Le Français qui a souscrit en faveur d'un Français des lettres de change payables en pays étranger, peut être assigné en France devant un tribunal dans le ressort duquel il paraît avoir son domicile, s'il ne justifie pas de l'existence de son domicile dans le ressort d'un autre tribunal. — *Paris*, 21 avril 1812, Dhallot c. Dagua.

788.—Le paiement d'une lettre de change créée en pays étranger, entre étrangers, sur un Français, peut être poursuivi devant le tribunal du domicile de ce dernier.—*Paris*, 4 janv. 1842 (t. 1er 1842, p. 548). Bory c. Sleiger; *Cass*, 7 juill. 1845 (t. 2 1845, p. 206, mêmes parties.

789. — Jugé aussi, par le même arrêt de cassation, que lorsque, sur la demande en paiement formée par le porteur étranger contre le tiré français, les syndics de la faillite du tireur étranger interviennent et soutiennent que la provision existante entre les mains du tiré n'est pas la propriété exclusive du porteur, le tribunal français doit rester saisi de l'affaire et ne peut pas renvoyer devant les tribunaux étrangers pour décider la question de propriété de la provision entre le porteur et la faillite du tireur, bien que le tiré déclare s'en rapporter à la justice et déclare être prêt à payer à qui de droit. — *Contrà*, l'arrêt de *Paris* cité au numéro qui précède.

790. — Lorsqu'on veut agir en France, en vertu d'une lettre de change souscrite à l'étranger, on est tenu de la faire préalablement timbrer ou viser pour timbre.—V. TIMBRE.—V. toutefois *suprà* n° 771.—V. aussi ACTE SOUS SEING PRIVÉ, AGENT DIPLOMATIQUE, APPROBATION DE SOMME, ASSURANCES MARITIMES, AUTORISATION DE FEMME MARIÉE, AVAL, AVEU, AYANT CAUSE, COMPÉTENCE COMMERCIALE, PRÉSOMPTION, PREUVE TESTIMONIALE, RÉPÉTITION, SERMENT.

LETTRES DE CHARTRES.

1. — On appelait autrefois *lettres de chartres* ou *lettres expédiées en forme de chartres*, les lettres de grande chancellerie qui attribuaient un droit perpétuel, telles que les ordonnances et édits, les lettres de grâce, rémission ou abolition, qui procédaient de la pleine grâce du roi.

2.—Ces lettres contenaient cette adresse : *A tous présens et à venir;* elles n'avaient point de date du jour, mais seulement du mois et de l'année, et elles étaient scellées de cire verte sur des lacs de soie rouge et verte. — Ainsi, elles différaient des autres lettres patentes, lesquelles contenaient cette adresse : *A tous ceux qui ces présentes lettres verront*, indiquaient la date du jour, du mois et de l'année, et étaient scellées en cire jaune sur une double queue de parchemin. — Merlin, *Rép.*, v° *Chartre*.

LETTRES CLOSES.

1. — C'étaient des lettres fermées et cachetées écrites par ordre du roi pour une mesure d'ordre public.

2.—Des lettres closes étaient, en général, adressées aux dignitaires ou hauts fonctionnaires pour les convoquer aux assemblées ou aux cérémonies auxquelles ils devaient assister.

3. — Ainsi, les membres de la chambre des pairs et ceux de la chambre des députés recevaient des lettres closes pour l'ouverture des sessions législatives.

4.—Les pairs étaient convoqués par des lettres closes du roi, contre-signées par le chancelier de France, ministre de la justice. Les députés des départements étaient convoqués par des lettres closes du roi, adressées à chacun des députés et contre-signées par le ministre de l'intérieur. — V. Règlement concernant les relations des chambres envers le roi et entre elles, du 13 août 1814, art. 1er (non inséré au *Bulletin des lois*, mais rapporté par le *Moniteur* du 17 août 1814 et par Duvergier, *Collect. des lois*, t. 19, p. 204, qui y joint la note suivante : C'est une véritable loi; il est extraordinaire que, vu son importance, elle n'ait pas été insérée au *Bulletin des lois*). MM. Valette et Benat Saint-Marcy, *Tr. de la confection des lois*, p. 42, lui donnent le titre de *loi*.

5. — Les évêques reçoivent également des lettres closes pour les inviter à faire chanter des *Te Deum*.

6. — Enfin, c'est de la même manière que la cour de cassation et le Conseil d'Etat sont convoqués aux cérémonies publiques. — V. CÉRÉMONIE PUBLIQUE, nos 17 et suiv.; HONNEURS CIVILS ET MILITAIRES.

LETTRES DE CRÉANCE.

1. — Ce sont celles par lesquelles un souverain détermine et déclare le caractère dont il lui plaît de revêtir l'agent diplomatique qu'il envoie auprès d'une nation étrangère.

2. — Les lettres de créance diffèrent des *instructions* qui sont données aux agens diplomatiques, en ce que ces dernières contiennent le *mandement secret* du souverain qu'ils sont chargés de représenter, c'est-à-dire les ordres auxquels ils doivent se conformer et qui fixent leurs pouvoirs.

V., au surplus, AGENT DIPLOMATIQUE.

LETTRES DE CRÉDIT.

1. — On appelle ainsi des actes de correspondance par lesquels une personne mande à une autre qu'elle peut payer à un tiers une somme indiquée ou toutes celles que celui-ci demandera.

2. — Le négociant qui donne une lettre de crédit est obligé à rembourser directement les sommes avancées. — Pardessus, *Dr. comm.*, t. 2, n° 585.

3. — Les lettres de crédit contiennent par conséquent des obligations plus directes même que les cautionnemens. — Pardessus, *ibid.*

4. — Toutefois, il est possible qu'en donnant une lettre de crédit on n'ait voulu que faire un cautionnement, et la volonté des parties devrait alors être exécutée. — Pardessus, *ibid.*

5. Lorsque celui qui donne une *lettre de crédit* veut en limiter les effets, il doit l'exprimer; et à défaut, elle a, à son égard, tous ceux d'un engagement commercial. — *Bourges*, 9 avril 1824, Imbert et Senly c. Lyons et Breton.

6. — La lettre de crédit donnée à un négociant sur un autre négociant peut être réputée non un simple cautionnement, mais un véritable aval consenti par acte séparé. — Même arrêt. — V. AVAL, n° 68.

7. — Dans ce cas, celui qui a délivré la lettre de crédit est justiciable des tribunaux de commerce, et contraignable par corps de la même manière et par les mêmes voies que celui qui a fait usage de la lettre. — *Bourges*, 23 août 1823, Imbert et Senly c. Lyons et Breton; 9 avr. 1824, mêmes parties.

8. — Bien que le donneur de la lettre de crédit ait autorisé à faire les avances moyennant reçu du crédité, il suffit que ces avances aient eu lieu sur lettres de change tirées par le crédité, sans que le reçu ou la quittance de celui-ci soit absolument nécessaire. — Si le crédité est déjà en compte courant avec le bailleur de fonds, il n'y a pas nécessité d'ouvrir un compte spécial. — *Bordeaux*, 30 nov. 1830, Echenique c. Fonsèque.

9. — Celui au profit duquel a été délivré un mandat de virement sur la banque de France par une partie qui y a un compte ouvert, et sur le carnet duquel le caissier de la banque a apposé son visa ainsi conçu : *Contrôlé et payé*, devient immédiatement propriétaire de la somme à lui transportée, sans qu'il y ait lieu, pour cause d'erreur matérielle, à répétition de la somme ainsi touchée fictivement, ou à l'annulation du crédit obtenu. — *Paris*, 14 fév. 1832, Banque de France c. Hubert.

10. — Lorsque le crédit est ouvert entre commerçans, les paiemens qui en ont été la suite peuvent être justifiés, même à l'égard des tiers, par des lettres missives, registres, ou autres actes de ce genre. — *Aix*, 29 mai 1841 (t. 2 1842, p. 213), Bonifay c. Selemez.

11. —En donnant une lettre de crédit, on peut stipuler une hypothèque spéciale en vertu de laquelle il sera pris inscription éventuelle sur les biens du crédité pour le montant de la lettre de crédit. Il est bien entendu seulement que cette stipulation, comme toutes celles qui ont pour objet la création d'une hypothèque, n'est valable qu'autant qu'elle est constatée par acte notarié. — C. civ. 2127. — V. CRÉDIT OUVERT.

12. — Lorsque la *lettre de crédit* est donnée pour un certain temps, et à dater d'une époque déterminée, celui qui est autorisé à ouvrir le crédit peut imputer les sommes par lui précédemment avancées au débiteur crédité, quoique ce dernier n'y ait pas formellement consenti, si la *lettre de crédit* n'en contient pas la prohibition expresse. — *Bourges*, 9 avr. 1824, Imbert et Senly c. Lyons et Breton.

13. — Habituellement le cautionnement résultant d'une lettre de crédit est donné à titre d'obligeance. Mais le contrat ne changerait pas de nature si celui qui reçoit la lettre payait une rétribution quelconque à celui qui la lui donne. — Pardessus, n° 585.

14. — ... Seulement, dans ce cas, la caution ne serait pas recevable à exiger, au bout de dix ans, que le débiteur cautionné lui procure sa libération. — Pardessus, *ibid.* — V. CAUTIONNEMENT.

15. — La rétribution payée par le créancier à la caution pour lui garantir la solvabilité du débiteur, est une assurance de solvabilité. — Pardessus, *ibid.* — V. aussi CAPITAINE DE NAVIRE, COMMENCEMENT DE PREUVE PAR ÉCRIT, CRÉDIT OUVERT, IMPUTATION DE PAIEMENT.

LETTRES DE DÉCLARATION.

V. AUBAINE (droit d'), ÉTRANGERS.

LETTRE DE LIBRE NAVIGATION.

1. — Autorisation qui, dans quelques pays étrangers, remplace le certificat de visite exigé en France du capitaine, avant le départ, pour constater que son navire est en état de tenir la mer.

2. — Il en est ainsi particulièrement en Suède, où la lettre de navigation est délivrée au capitaine par le collége de commerce du lieu du départ. — Goujet et Merger, *Dict. de dr. comm.*, v° *Lettre de libre navigation.*

3. — Ainsi qu'on l'a vu v° CAPITAINE DE NAVIRE, n° 177, une lettre de libre navigation délivrée à un capitaine de navire étranger par les autorités de son pays, équivaut en France aux certificats de visite prescrits pour les navires français. — En conséquence, les affréteurs d'un pareil navire ne peuvent, après avoir chargé leurs marchandises, soumettre le capitaine à une nouvelle visite, sur le seul motif que le navire n'a pas été visité en France et qu'ils le croient hors d'état de tenir la mer. — *Rouen,* 9 oct. 1827, Ramsten c. Baudin.

LETTRES DE MARQUE, DE CONTREMARQUE.

V. ARMEMENT EN COURSE, PRISES MARITIMES.

LETTRE MISSIVE.

Table alphabétique.

LETTRE MISSIVE. — **1.** — On appelle ainsi une épître, une dépêche, une lettre qui est destinée à être envoyée à quelqu'un, ou qui déjà lui a été envoyée.

2. — Avant et depuis 1789, des lois et règlements ont attribué à l'administration des postes le droit exclusif de faire transporter, moyennant une taxe déterminée par la loi, toutes lettres qui partent d'un lieu pour un autre. — V. POSTE AUX LETTRES.

3. — Le secret des lettres confiées à la poste a été toujours considéré comme inviolable : il ne peut, sous aucun prétexte, y être porté atteinte ni par les individus, ni par les corps. — Décr. 10 août 1790; 10 juill. 1791 ; C. pén., art. 187.

§ 1er—*Propriété et valeur des lettres* (n° 4).

§ 2. — *Suppression des lettres.* — *Violation du secret des lettres* (n° 44).

—

§ 1. — *Propriété et valeur des lettres.*

4. — Une lettre missive est la propriété de celui à qui elle est adressée, et cette propriété commence pour lui dès l'instant où celui qui l'écrit s'en est dessaisi. — L. 65, ff., *De adquir. rer. dom.* — Merlin, *Rép.*, v° *Vente*, § 1er, art. 3.

5. — Il suit de là qu'il n'est pas tenu de restituer la lettre qui lui a été adressée.

6. — Spécialement, quand les lettres ont été

RÉP. GÉN. — IX.

adressées par une partie à l'avoué qui occupe pour elle dans une instance, cette partie est mal fondée à demander, avec la restitution des pièces de procédure, la remise de ces lettres. — *Limoges,* 19 avril 1844 (t. 2 1845, p. 279), Chamblant c. Dubranle.

7. — ... 2° Que celui qui reçoit une lettre peut s'en servir soit pour intenter, soit pour soutenir une action en justice. — *Limoges,* 17 juin 1824, Toüy ; *Aix,* 10 fév. 1846 (t. 2 1846, p. 231), Baudeuf. — V. DIFFAMATION, SÉPARATION DE CORPS.

8. — Toutefois ce droit de disposer de la lettre reçue subit des restrictions, lorsqu'il s'agit d'une lettre confidentielle. Car dans ce cas, la lettre ne peut être rendue publique sans le consentement de celui qui l'a écrite. — Circ. min. int., 18 fév. 1816. — *Dict. not.*, v° *Lettre missive,* n° 6.

9. — Il peut donc arriver que celui à qui une lettre confidentielle a été adressée, ne puisse, sans manquer à la bonne foi, la mettre au jour, ne soit pas admis à s'en prévaloir en justice comme d'un moyen de preuve. Les juges, dans ce cas, ont coutume d'ordonner que les lettres seront rendues nonobstant le rapport qu'elles peuvent avoir avec l'affaire. — Merlin, *Rép.*, v° *Lettre,* n° 6 ; Favard, v° *Lettre*; *Dict. not., ibid.*, n° 5.

10. — Quant aux tiers, ils ne peuvent se prévaloir de lettres qui ne leur ont pas été adressées. — *Cass.,* 4 avril 1824, Vincent c. Damichon ; *Agen,* 17 janv. 1824, Fonis c. Pelluroque; *Limoges,* 17 juin 1824, Toüy. — Merlin, *ibid.*; Vincens, *Législ. comm.*, t. 2, p. 347.

11. — ... Et cela, même en matière commerciale. — *Rome,* 4 déc. 1810, Sabatucci c. Spadafora.

12. — Peu importerait, au surplus, que celui à qui les lettres ont été écrites les eût livrées spontanément au tiers qui veut s'en prévaloir; la décision serait la même. — *Agen,* 20 janv. 1810, Luppé c. Pandellé et Danhons.

13. — A plus forte raison, les lettres confidentielles écrites à un tiers ne pourraient être produites en justice, ni devenir elles-mêmes l'occasion de preuve de celui à qui elles ont été adressées et qui en est dépositaire. — *Cass.,* 12 juin 1823, de Bellengreville c. Caron.

14.—Cependant, il est des cas où une lettre peut être considérée comme un titre commun, non-seulement à la partie à laquelle elle est adressée, mais encore à l'autre partie; telle est la lettre par laquelle l'administration refuse d'agréer la démission donnée par l'un de ses agens en faveur d'un cessionnaire. Dès lors, les tribunaux peuvent se fonder sur cette lettre pour prononcer la résolution du traité, sur la demande du cessionnaire, alors surtout que le cédant auquel elle était adressée n'a pas demandé qu'elle fût écartée du procès, ou qu'elle lui fût remise comme sa propriété. — *Cass.,* 19 juill. 1843 (t. 1er 1844, p. 442), Maïsiat c. Machard.

15. — Les lettres missives adressées à une partie ne peuvent être employées contre elle par sa partie adverse. — *Agen,* 10 déc. 1806, Philipeaux c. Thémines; 31 janv. 1807, Tissèdre.

16. — ... Alors surtout que ces lettres ne sont arrivées entre les mains de l'adversaire que par des actes que l'honnêteté réprouve. — *Agen,* 10 déc. 1806, Philipeaux c. Thémines.

17. — Celui qui s'est procuré une lettre missive confidentielle écrite par sa partie adverse à un tiers, ne peut en faire aucun usage en justice, et doit même être condamné à restituer cette lettre. — *Paris,* 13 mai 1826, Lebon c. Wildy.

18. — Des lettres missives et confidentielles, remises par abus de confiance à celui contre qui elles étaient écrites, ne peuvent être la base d'une action en dommages-intérêts. — *Riom,* 5 mai 1815, Lafont c. Gazard.

19. — Cependant, bien que la lettre missive soit la propriété de la personne à qui elle est adressée, l'autorité publique, ou toute partie intéressée, peut, quel qu'en soit le propriétaire, et même contre sa volonté, la produire en justice et s'en prévaloir, lorsqu'elle tend à prouver l'existence d'un crime, d'un délit ou d'un fait dommageable. — *Aix,* 10 fév. 1846 (t. 2 1846, p. 231), Baudeuf. — V. SÉPARATION DE CORPS. — V. aussi *infrà* n° 57 et suiv. — V. cependant, en matière de question d'état, v° ENFANT NATUREL, n° 241 et suiv.

20. — Jugé cependant, en matière de délit de presse, qu'une lettre missive étant un dépôt essentiellement secret, et qui y est écrit n'a que le caractère de la pensée jusqu'à ce que, par un fait autre que celui de la force majeure, le secret en ait cessé. — *Cass.,* 6 déc. 1816, Redon c. Alboul.

21. — Une lettre missive peut contenir, de la part de celui qui l'écrit, la manifestation d'un consentement qui entraîne pour lui obligation, renonciation ou reconnaissance quelconque au profit d'un tiers.

22. — Ainsi, un aval peut être donné par une lettre missive. — V. AVAL, n° 31. — *Cass.,* 4 nov. 1845 (t. 1er 1846, p. 480), Bennazet c. Poinsot; 25 janv. 1847 (t. 1er 1847, p. 179), Dubos c. Cauvet. — V. aussi LETTRE DE CHANGE.

23. — L'acceptation de la qualité de légataire universel peut résulter, au profit d'un légataire particulier, d'une lettre dans laquelle le premier reconnaît recevoir la lettre du second. — *Cass.,* 24 août 1831, Boissel c. Arrivel.

24. — La lettre missive par laquelle le tiers acquéreur promet à un créancier d'y satisfaire en revendication de *faire compte des biens réclamés,* peut être considérée comme comportant renonciation de sa part à la prescription de dix ans. — *Cass.,* 4 mai 1841 (t. 2 1841, p. 557), Lamessine. — V., au surplus, PRESCRIPTION.

25. — C'est aux cours d'appel qu'il appartient de décider souverainement, si une lettre émanée des parties en cause ne contient aucune renonciation à des droits acquis.— *Cass.,* 20 nov. 1838 (t. 1er 1839, p. 254), commune Cavalanti c. Castelbajac.

26. — En matière commerciale, le fait du paiement *à compte* peut être déclaré résulter de la correspondance et des livres dont l'appréciation est abandonnée aux juges du fond. — *Cass.,* 29 janv. 1838 (t. 1er 1838, p. 500), Beaumier c. Gauffriau et Dugray.

27. — Les lettres missives peuvent aussi former un commencement de preuve par écrit. — V. COMMENCEMENT DE PREUVE PAR ÉCRIT.

28. — Peut-on tester par lettres missives ? — V. TESTAMENT.

29. — Les obligations synallagmatiques peuvent également être contractées par lettres missives, d'après le droit naturel et le droit romain. — L. 31, ff., *negot. gest.*; 62, ff., *mandati;* 34, ff., *de pign. act.*; 7, C. *mandati.*—Mornac, sur cette dernière loi ; Toullier, t. 6, n° 8, n° 325 et 28. — Sous le C. civ., en présence de l'art. 1325, cette opinion peut être contestée. Néanmoins elle est encore généralement admise. — Toullier, *ibid.*; Duranton, t. 6, n° 378, et t. 13, n° 109; Troplong, *Vente,* n°s 23 et suiv.; Merlin, *Rép.*, v° *Lettre,* n° 5.

30. — Ainsi jugé qu'on peut prouver une convention synallagmatique par la correspondance réciproque des parties et un ensemble des pièces qui leur sont communes, sans qu'il soit besoin de représenter un acte fait double. — *Cass.,* 14 frim. an XIV, Libert c. Maréchal.

31. — En ce qui concerne les ventes par lettres missives. V. VENTE.

32. — Le bail peut, comme la vente, se former par lettres missives.—V. BAIL, n° 309.

33.—En matière de commerce, il n'est pas douteux que les lettres missives puissent servir de preuve. — C. comm., art. 109. — Elles peuvent même obliger, quoique non signées. — Pardessus, *Inst. comm.*, p. 359; Gauthier, *Études de jur. comm.*, p. 84.

34.—Toutefois, une lettre est susceptible de rétractation et de modification de la part de celui qui l'a écrite tant qu'elle n'est pas parvenue à celui à qui elle est adressée.— Merlin, *Rép.*, v° *Lettre*, § 1er, art. 3, n° 11 *bis*; Troplong, *Vente,* n° 24.

35. — De plus, si au moment où une lettre arrive, celui qui l'a écrite n'est plus dans un état à pouvoir traiter, il pourra être censé persister dans la volonté qu'il avait en écrivant, cette volonté ne peut plus lui être opposée; elle ne peut plus produire aucun effet contre lui.— Toullier, t. 6, n° 28 et suiv.; Merlin et Troplong, *loc. cit.*

36. — Mais *quid* quand l'individu à qui on écrit garde le silence? En matière civile, le doute n'est pas possible; il n'y a point de contrat formé. Mais en matière commerciale et entre négocians qui sont les *negotiorum gestores* les uns des autres, il est de principe que le négociant qui garde le silence sur une lettre reçue ou qui ne la contredit pas est censé en approuver le contenu, et par suite est tenu d'exécuter les engagemens qui s'y trouvent exprimés. — *Cass.,* 8 germin. an XI, Vanoverstraeten c. Tournon; *Aix,* 5 mai 1826, Gros c. Loir. — Merlin, *Quest.*, v° *Compte courant,* § 1er; Noblet, *Compte courant ,* n° 27. — V. aussi COMMISSIONNAIRE, n° 253.

37. — Cependant, foi n'est due aux lettres que s'envoient les négocians, même habitant la même ville, qu'autant qu'elles sont transcrites sur leurs livres. — *Bordeaux,* 18 mai 1829, Velasco c. Pauzat de Zuniga. — V. LIVRES DE COMMERCE.

38.—La lettre missive par laquelle un individu, en compte courant avec un banquier, le charge de payer des tiers avec les fonds qu'il lui a remis, fait preuve qu'en effet ces fonds ont été reçus par le banquier, bien qu'il n'en existe aucune men-

1

tion sur ses livres, alors que les tiers ont été payés par le banquier, et que la lettre en question, conservée par celui-ci, a été ultérieurement retrouvée inventoriée parmi les papiers de sa liquidation. — *Grenoble*, 15 juill. 1844 (t. 1er 1845, p. 124), Boissat c. Demiremont.

39. — Le timbre de la poste peut donner aux lettres une date certaine. — V. ACTE SOUS SEING PRIVÉ, n° 127.

40. — De simples lettres émanées de fonctionnaires publics peuvent, dans certains cas, équivaloir à une notification officielle et constituer une mise en demeure. — V. CONSEIL D'ÉTAT, CONSEIL DE PRÉFECTURE, EXPROPRIATION POUR UTILITÉ PUBLIQUE. — V. aussi DOMICILE, ENQUÊTE, FAILLITE.

41. — Si la liquidation d'une créance sur l'état résultant de fournitures faites à un régiment n'est pas suffisamment établie par une attestation de l'intendant militaire, directeur de l'arriéré, une lettre du ministre de la guerre suffit pour fournir la preuve légale de cette liquidation, et un tribunal ne peut, sans excès de pouvoir, exiger un autre genre de preuve. — *Cass.*, 30 janv. 1827, Roucourt c. Guilotte.

42. — Tout commerçant est tenu de mettre en liasse les lettres missives qu'il reçoit et de copier sur un registre celles qu'il envoie. — C. comm., art. 8.

43. — On ne peut saisir-arrêter une lettre missive, sous prétexte qu'elle est fausse ; on peut seulement en dénier l'écriture et en demander la vérification. — *Rennes*, 9 janv. 1814, Sevestre c. N...; — Roger, *Saisie-arrêt*, nos 207 et 322.

§ 2. — *Suppression et violation des lettres.*

44. — Les lois des 10 et 24 août 1790 et 10—20 juill. 1791 avaient posé en principe, que le secret des lettres est inviolable, et que, sous aucun prétexte, il ne pouvait y être porté atteinte ni par les individus ni par les corps administratifs. — Et la loi du 26-29 août 1790 prescrivait aux préposés des postes le serment de *garder et observer fidèlement la foi due au secret des lettres.* — V., sur les conséquences de ces principes, ACTE D'ACCUSATION, n° 40.

45. — L'art. 23 (2e part., tit. 1er, sect. 3e) du C. pén., des 25 sept. et 6 oct. 1791, et l'art. 638 du 3 brum. an IV, disposaient comme sanction de cette règle : « Quiconque sera convaincu d'avoir volontairement supprimé une lettre confiée à la poste, ou d'en avoir brisé le cachet et violé le secret, sera puni de la peine de la dégradation civique. Si le crime est commis soit en vertu d'un ordre émané du pouvoir exécutif, soit par un agent du service des postes, les membres du directoire exécutif ou les ministres qui auront donné l'ordre, quiconque l'aura exécuté, ou l'agent du service des postes qui sans ordre aura commis ledit crime, seront punis de la peine de deux années de gêne. »

46. — On voit que cette disposition considérait le fait d'avoir supprimé une lettre confiée à la poste ou d'en avoir violé le secret comme un délit, soit qu'il eût été commis par un simple particulier ou par un fonctionnaire public, et que seulement, elle graduait les peines suivant la qualité de l'agent.

47. — Le Code pénal de 1810 ne prononça de peine contre la suppression ou la violation du secret des lettres, qu'autant qu'elle était l'œuvre d'un fonctionnaire ou agent du gouvernement, et encore se borna-t-il à frapper les coupables d'une simple amende de 16 fr. à 300 fr.

48. — L'art. 187 du C. pénal, modifié par la loi du 28 avr. 1832, est ainsi conçu : « Toute suppression, toute ouverture de lettre confiée à la poste, commise ou facilitée par un fonctionnaire ou un agent du gouvernement ou de l'administration des postes, sera punie d'une amende de 16 francs à 500 francs, et d'un emprisonnement de trois mois à cinq ans. Le coupable sera, de plus, interdit de toute fonction ou emploi public pendant cinq ans au moins et dix ans au plus. »

49. — Il résulte des termes de l'art. 187 et de la rubrique sous laquelle il est placé, qu'il ne s'applique pas au cas de suppression de lettres par les simples particuliers. — Chauveau et Hélie, *Th. C. pén.*, t. 4, p. 239 ; jugement du tribun. de Reims du 29 déc. 1847 (*Gaz. des Trib.* du 8 janv. 1848). Toutefois, ces auteurs, en citant des jugemens contraires des tribunaux de Fontenay et de Bourbon-Vendée rapportés par le journal du *Dr. crim.*, année 1835, p. 85, regrettent que la loi soit aussi restrictive.

50. — Nous pensons néanmoins que les lettres missives étant la propriété soit de celui qui les a écrites, soit du destinataire, la soustraction qui en serait commise, même par un particulier, pourrait, suivant les circonstances, être punie comme vol. Elle pourrait aussi, suivant les circonstances, tomber sous l'application des art. 254 et 255 C. pén. — V. DÉPOT PUBLIC (destruction et enlèvement de pièces, n° 13).

51. — Toutefois le tribunal de Reims, par le jugement du 29 déc. 1847 précité, a décidé que le fait, par un particulier, d'avoir soustrait de la boîte de la poste une lettre qui y avait été déposée et d'en avoir donné lecture, ne constitue ni le délit de vol prévu par les art. 379 et 401, ni aucun autre délit.

52. — Bien que l'art. 187 du C. pén. ne concerne que les agens de l'administration et non les particuliers, il paraît juste de dire, cependant, que si un préposé des postes, sans violer lui-même le secret d'une lettre, avait donné accès dans son bureau à l'auteur de la suppression, pour lui en faciliter les moyens; en même temps que cet employé devrait être considéré comme coauteur de la suppression, l'auteur de la suppression serait punissable comme son complice. — Carnot, *C. pén.* t. 1er, p. 570, n° 12.

53. — Si la suppression ou l'ouverture avait pour objet la perpétration d'un crime ou d'un délit, tel que la soustraction d'un effet inséré dans la lettre, il est évident que le délit de violation se trouverait absorbé dans ce délit plus grave, dont il deviendrait l'une des circonstances constitutives. — Chauveau et Hélie, p. 241.

54. — Ainsi jugé que le facteur de la poste qui soustrait des valeurs renfermées dans une lettre qu'il était chargé de remettre à son adresse, est passible des peines portées par l'art. 173. — V. DÉPOSITAIRES PUBLICS, n° 46.

55. — La cour de cassation a jugé que l'employé de l'administration des postes qui soustrait frauduleusement des lettres, dans les bureaux où il travaille habituellement, est passible des peines portées par l'art. 386, § 3, du C. pén., encore bien que les lettres soustraites ne contiennent aucune somme ou valeur. — *Cass.*, 24 juill. 1829, de Mallarme.

56. — Le délit prévu par l'art. 187 n'existe pas *sans intention* ; car il s'agit d'un délit moral : la perte ou l'ouverture accidentelle de la lettre ne serait donc pas punissable. — En ce sens, sous la loi du 3 brum. an IV, *Cass.*, 4 juin 1807, Croce. — Chauveau et Hélie, *loc. cit.*; Carnot, t. 1er, p. 569, n° 10 ; Merlin, *Rép.*, v° *Intention*. — Toutefois, ce dernier auteur soutient, mais à tort, comme nous l'avons dit sous l'arrêt de 1807, que ce serait au prévenu à prouver, en présence du fait, l'absence d'intention.

57. — On s'est demandé si la disposition de l'art. 187 est absolue ; ou si, au contraire, elle est limitée par le droit de l'action publique, lorsque l'exercice de cette action provoque des recherches et des investigations : en d'autres termes, si les magistrats instructeurs ont le droit d'exiger la remise des lettres confiées à l'administration des postes, et de chercher dans ces lettres les indications utiles à la découverte des crimes dont l'instruction leur est confiée ?

58. — La question est résolue affirmativement par la généralité des auteurs qui ont écrit sur la matière, et qui s'appuient sur les dispositions portées aux art. 35, 87, 88, 89 et suiv. du Code d'instruction criminelle. Il n'y a aucune raison valable pour soutenir le système contraire, puisque la loi elle-même fait fléchir, dans l'intérêt de la société et de la justice, la règle de l'inviolabilité du domicile, bien plus digne de faveur que celle du secret des lettres. — Chauveau et Hélie, *Théor. du C. pén.*, t. 4, p. 240 ; Duverger, *Manuel des juges d'instruct.*, t. 1er, p. 455 ; Massabiau, *Manuel du procureur du roi*, t. 3, n° 518. — V. cependant Mangin, *Instruct. écrite*, t. 1er, n° 92 et suiv.

59. — Jugé, dans le même sens, que les magistrats ont le droit et le devoir de saisir, en tous lieux, et notamment dans les bureaux de poste, les lettres qu'ils présument renfermer des indications utiles à la découverte des crimes dont ils poursuivent la répression. — Cour d'assises d'Indre-et-Loire, 11 juin 1830, Desfinances.

60. — ... Qu'un juge d'instruction peut, sans se rendre coupable de forfaiture, saisir et ouvrir des lettres adressées à un prévenu sous le coup d'une procédure criminelle, surtout si cette ouverture a lieu en présence dudit prévenu et après demande à lui faite d'y consentir. — *Paris*, 30 janv. 1836 (t. 27, p. 1012), Raspail c. Zangiacomi. — V. aussi INSTRUCTION CRIMINELLE, n° 265, § 85.

61. — « Toutefois, disent avec raison MM. Chauveau et Hélie, p. 240, les magistrats ne doivent user qu'avec beaucoup de réserve, et seulement dans les cas les plus graves, du droit d'investigation..... ; peut-être même faudrait-il limiter ce droit à certaines lettres, telles que celles qui seraient adressées aux prévenus ou qui en émanent, mais il est difficile de tracer des distinctions, et la règle est générale. » — V. aussi INSTRUCTION CRIMINELLE, n° 272.

LETTRES DE NATURALISATION.

V. CITOYEN FRANÇAIS, DROITS CIVILS, DROITS POLITIQUES, ÉTRANGERS, FRANÇAIS, NATURALISATION.

LETTRES DE NOBLESSE.

V. ARMOIRIES, NOBLESSE, SCEAU.

LETTRES PATENTES.

1. — Actes émanant du souverain, scellés du grand sceau et contre-signés par un ministre secrétaire d'Etat. — La dénomination de patentes leur vient de ce que, par opposition aux *lettres de cachet*, elles sont *ouvertes*.

2. — Les anciens arrêts du Conseil n'avaient aucune efficacité s'ils n'étaient revêtus des lettres patentes qui devaient être enregistrées dans les cours souveraines; et, lors de cet enregistrement, les parties intéressées, et qui pouvaient se prétendre lésées par ces actes de l'autorité publique, avaient la faculté de former opposition à l'arrêt d'enregistrement. — *Cass.*, 19 juill. 1827 Forbin-Janson c. Dautant. — Merlin, *Rép.*, v° *Arrêts du Conseil*.

3. — Toutefois, avant la révolution de février 1848, ces lettres, comme tous autres actes de l'autorité royale, n'étaient plus assujettis à l'*enregistrement* par les tribunaux.

4. — Au pouvoir royal seul appartenait le droit de les révoquer ou de les modifier.

5. — Les modifications apportées à l'édit de création d'un canal, par un arrêt du Conseil et des lettres patentes postérieurs, doivent être exécutées, alors que l'édit de création, l'arrêt du Conseil et les lettres patentes ont été présentés et enregistrés simultanément au parlement dans la juridiction duquel se trouvait situé le canal en question. — *Cass.*, 22 avril 1844 (t. 1er 1844, p. 627), préfet de la Haute-Garonne c. Riquet.

6. — L'art. 55 L. du 21 avril 1816 soumet les lettres patentes à un droit d'enregistrement dont le taux est fixé par un tableau qui y est annexé. — Aucune expédition des lettres dites patentes ne peut, aux termes de cet article, être délivrée par le Conseil du sceau des titres que le droit d'enregistrement n'ait préalablement été payé.

LETTRES DE RATIFICATION.

1. — On appelait ainsi, dans notre ancien droit, des lettres qui purgeaient les hypothèques.

2. — On distinguait deux espèces de lettres de ratification : les lettres de ratification délivrées pour le purgement des hypothèques dont étaient grevées les rentes sur l'Etat, et celles données pour le purgement des hypothèques affectant des immeubles réels ou fictifs.

3. — Les premières, introduites en France par un édit du mois de mai 1673, s'obtenaient à la grande chancellerie.

4. — Les secondes se délivraient dans les chancelleries établies près les tribunaux inférieurs L'usage en avait été autorisé par un édit du mois de juin 1771, pour remédier aux abus qu'entraînaient les décrets volontaires. Nous avons expliqué au mot hypothèque, nos 23 et suiv., le mode d'obtenir ces lettres de ratification et les effets qui y étaient attachés.

5. — Les lettres de ratification de toute nature furent abolies à la Révolution. — V., au reste, PURGE, VENTE.

LETTRES DE RÉPIT.

1. — Sorte de lettres royaux accordant à un débiteur un sursis, un *répit* aux poursuites de ses créanciers.

2. — C'étaient les juges qui autrefois en France accordaient des lettres de répit, mais une ordonnance de François Ier, de 1535, rappelée en 1560, puis renouvelée par l'ordonnance de 1669, tit. 6, art. 1er, réserva ce droit au souverain ; à partir de cette époque les juges ne purent plus accorder un délai de plus de trois mois.

3. — Les ordonnances d'août 1669, mars 1673 et une déclaration du 23 déc. 1699 contenaient quelques dispositions destinées à réprimer les abus qui s'étaient élevés par suite de l'obtention des lettres de répit, surtout de celles connues sous le nom de *défenses générales*. — Depuis 1791 ces lettres ont cessé d'être en usage. — Aujourd'hui les juges seuls peuvent, dans certains cas déterminés par la loi, accorder quelque délai aux débiteurs poursuivis. — V. DÉLAI.

LETTRES DE REPRÉSAILLES.

V. REPRÉSAILLES.

LETTRES ROYAUX.

— C'étaient des lettres émanées du roi, intitulées en son nom, scellées du grand ou du petit sceau, et qui n'étaient jamais adressées qu'aux juges royaux. Quand il était nécessaire d'avoir des lettres royaux dans quelque procès pendant devant un juge non royal, le roi adressait ses lettres, non pas au juge, mais au premier huissier ou sergent royal sur ce requis, auquel il mandait de faire commandement au juge de faire telle chose (Merlin, *Rép.*, v° *Lettres royaux*). Ces sortes de lettres n'existent plus aujourd'hui.

LETTRE DE VOITURE.

1. — Lettre ouverte énonçant les marchandises ou effets confiés à un voiturier pour les rendre à leur destination, ainsi que les conventions faites pour leur transport.

2. — La lettre de voiture constatant les conditions des transports par mer, prend le nom de *connaissement*. — V. ce mot.

3. — La lettre de voiture doit énoncer 1° la date de sa délivrance, 2° la nature et le poids ou la contenance des objets à transporter, 3° le délai dans lequel le transport doit être effectué, 4° le nom de celui à qui la marchandise est adressée, 5° le nom et le domicile du voiturier, 6° le prix de la voiture, 7° l'indemnité due pour cause de retard. — Elle est signée par l'expéditeur. — Elle présente en marge les marques et numéros des objets à transporter. — C. comm., art. 102.

4. — Quand le transport est fait par l'entremise d'un commissionnaire, la lettre de voiture doit en outre contenir le nom et le domicile de ce commissionnaire. Alors elle est signée par ce commissionnaire (C. comm., art. 102). Toutefois cette signature du commissionnaire peut être remplacée par celle d'un de ses préposés. — V. COMMISSIONNAIRE DE TRANSPORTS, n°s 14 et suiv.

5. — La lettre de voiture peut être à ordre ou au porteur. — Goujet et Merger, *Dict. de dr. comm.*, v° *Lettre de voiture*, n° 4. — V. *infrà* n° 19.

6. — Si le voiturier est chargé d'acquitter les droits de douane et d'octroi en cours de route, on l'indique ainsi : *et lui rembourser les droits payés, au vu des acquits.* — Merlin, *Rép.*, v° *Lettre de voiture*; Persil et Croissant, *Des commissionnaires*, sur l'art. 102, n° 10.

7. — Si les droits ont été acquittés, les acquits, passavans et certificats doivent être joints à la lettre de voiture, ou à celle d'*avis*. — Persil et Croissant, *ibid.*

8. — On ajoute quelquefois au bas ces mots : *comme par avis*, pour indiquer le départ par la poste d'une première lettre dont celle remise au voiturier n'est alors que le *duplicata*. — Goujet et Merger, *Dict. de dr. comm.*, v° *Lettre de voiture*, n° 12.

9. — La lettre de voiture doit-elle être faite en double? Oui, suivant MM. Persil et Croissant (sur l'art. 102, n° 15); par le motif que la lettre de voiture forme un contrat synallagmatique (C. civ., art. 1325). — Mais on répond avec raison que ce serait ajouter à l'art. 102 C. comm., qui n'en parle pas. D'ailleurs le double est superflu, par la raison que la remise des marchandises, constituant un fait de commerce et un dépôt nécessaire, est régulièrement prouvée par toute espèce de moyens. — Pardessus, n° 540; Goujet et Merger n° 13.

10. — Toutefois dans l'usage on fait souvent un double de la lettre que l'expéditeur transmet au destinataire pour lui servir à exiger la remise des objets. — Persil et Croissant, n° 16.

11. — Mais plus fréquemment on se contente de délivrer au voiturier une copie exacte de la lettre de voiture; et l'original porte le nom de *bonne lettre de voiture*. — Persil et Croissant, n° 17; Goujet et Merger, n° 15. — V. à ce sujet COMMISSIONNAIRE DE TRANSPORTS, n°s 16 et suiv.

12. — Si l'expéditeur ou le commissionnaire ne savait pas signer, la lettre de voiture pourrait être faite devant notaire. — Autrefois cette forme était assez commune; et un arrêt de la cour des aides, du 21 mars 1732, qui avait pris soin de la régler, rendait les notaires responsables de la nullité de l'acte. — V. *Code Louis XV*, t. 4. — Denisart, v° *Lettre de voiture*, n° 6; Rolland de Villargues, *Rép. du notar.*, v° *Lettre de voiture*, n° 2.

13. — La lettre de voiture ne serait pas nulle pour cause d'omission d'une des énonciations prescrites, si d'ailleurs il y avait possibilité de connaître les choses à transporter, et les conditions essentielles du transport. — Pardessus, n° 539; E. Vincens, p. 622.

14. — Jugé, en ce sens, que les lettres de voiture ne sont assujetties à aucune forme sacramentelle, et qu'elles sont valables si elles contiennent les conditions essentielles à leur existence, telles que les prescrit l'art. 102 C. comm. — Dès lors doit être considéré comme constituant une lettre de voiture, dans le sens dudit art. 102, un bulletin détaché d'un registre à souche du voiturier, signé par celui-ci et par l'expéditeur à qui il est remis, et qui indique 1° la nature et le poids des objets à transporter, 2° le délai du transport, 3° le nom du destinataire, 4° le nom et le domicile du voiturier, 5° le prix de la voiture, 6° les marques et numéros des objets à transporter. — *Cass.*, 31 juill. 1844 (t. 2 1844, p. 673), Voog c. Gaillard.

15. — A la différence de la lettre de voiture, qui reste pendant le voyage entre les mains du voiturier, le bulletin est délivré à l'expéditeur, qui le transmet ensuite au destinataire. Cette remise se fait ou purement et simplement, ou avec mention de l'autorisation donnée au destinataire de retirer les marchandises; ce qui est plus régulier. En tout cas le voiturier remet les marchandises à qui lui présente le bulletin.

16. — L'usage des bulletins est assez général, ainsi que cela résulte des différens parères délivrés : 1° à Paris le 15 mai 1841 par des négocians, anciens présidens ou juges du tribunal de commerce de la Seine, ou membres de la chambre de commerce; 2° le 14 mai 1841 par la chambre de commerce du Havre; 3° le 20 avril 1841 par les présidens et anciens présidens du tribunal de commerce, et par les membres de la chambre de commerce de Dunkerque; 4° enfin des 17 et 30 avril 1841 par deux négocians de Bordeaux et de Marseille.

17. — De ce que la lettre de voiture peut être remplacée par un bulletin qui en contient les conditions essentielles, il suit que le commissionnaire qui a fait des avances sur les marchandises constate valablement par un pareil bulletin, confirmé d'ailleurs par sa correspondance, que l'expédition de ces marchandises lui a été faite, et a droit par suite au privilége accordé par l'art. 93 C. comm. — *Cass.*, 31 juill. 1844 (t. 2 1844, p. 673), Voog c. Gaillard. — V. COMMISSIONNAIRE.

18. — La lettre de voiture peut même être remplacée par un équipollent. — Ainsi le commissionnaire est fondé à réclamer son privilége pour les avances qu'il a faites au commettant, lorsque l'expédition des marchandises est établie tout à la fois par des récépissés du commissionnaire de transport, constatant la nature, le poids, le nombre des colis et la destination des marchandises; par des lettres d'envoi de ces récépissés au commissionnaire, et enfin par des factures, indicatives des prix de vente, accompagnant ces mêmes lettres et récépissés. — *Lyon*, 23 juin 1848 (t. 2 1848, p. 238), Reynard c. Garin.

19. — La lettre de voiture pouvant être à ordre (V. *suprà* n° 5), il en résulte que la propriété peut en être transférée par la voie de l'endossement. — Pardessus, n° 539; Bravard, *Man. de dr. comm.*, p. 138. — V. ENDOSSEMENT, n°s 37 et suiv.

20. — Toutefois on ne peut se prévaloir à l'égard des tiers de l'effet de la transmission au moyen de l'endossement qu'autant que la lettre de voiture était à ordre. — *Cass.*, 12 janv. 1847 (t. 1er 1847, p. 184). — V. aussi COMMISSIONNAIRE, n°s 192 et suiv.

21. — La lettre de voiture fait foi de son contenu; c'est au voiturier à vérifier, lors du départ, l'état des marchandises, et à réclamer, s'il y a lieu, avant sa mise en route. Il serait non recevable à protester plus tard contre les énonciations de la lettre. — Pardessus, n° 539.

22. — En conséquence, il ne doit point être admis de preuve contre les énonciations de la lettre de voiture. En cas d'obscurité ou d'ambiguïté dans les expressions, ou bien encore d'omission, le doute sera interprété d'après l'usage et suivant les règles du droit commun. — Pardessus, n°s 191 et 539; Goujet et Merger, n° 18.

23. — En cas d'omission, dans la lettre, du délai fixé pour l'arrivée, l'expéditeur ne peut réclamer l'indemnité de retard. — Pardessus, n° 539.

24. — La lettre de voiture forme un contrat entre l'expéditeur et le voiturier, ou entre l'expéditeur, le commissionnaire et le voiturier. C. comm., 101.

25. — Toutefois, cette rédaction, de l'art. 101 C. comm., est vicieuse. La lettre de voiture ne forme un contrat entre l'expéditeur et le voiturier que lorsqu'il n'y a pas d'agent intermédiaire ou commissionnaire; car, s'il y a un commissionnaire, elle ne forme contrat qu'entre lui et le voiturier, et non entre ce dernier et l'expéditeur. Ainsi, la seconde disposition de l'art. 101 devait porter le commissionnaire *ou* le voiturier et non *et* le voiturier. — Delvincourt, *Instit. comm.*, t. 2, p. 85; Mongalvy, *Analyse Cod. comm.*, art. 101.

26. — S'il est vrai que la lettre de voiture ne forme pas un contrat entre l'expéditeur, le voiturier et le destinataire, néanmoins celui-ci peut être réputé contracter, par la réception des marchandises, l'obligation de payer les frais du transport, tellement que le commissionnaire qui est resté porteur de la lettre de voiture a droit de réclamer contre lui le paiement de ces frais, malgré son allégation d'en avoir remis le montant au voiturier, si cette allégation n'est pas justifiée. — *Cass.*, 20 juin 1834, Lajoie c. Brouchon.

27. — Au surplus, pour les obligations qui résultent de la lettre de voiture pour l'expéditeur, le commissionnaire, le voiturier et même pour le destinataire, V. COMMISSIONNAIRE DE TRANSPORTS, TRANSPORTS (entrepreneurs de), VOITURIER.

28. — En ce qui concerne l'enregistrement et le timbre de la lettre de voiture, V. ENREGISTREMENT, TIMBRE.

LEVURE OU LEVAIN (March. de).

Patentables de 6e classe. — Droit fixe basé sur la population; droit proportionnel du 20e de la valeur locative de l'habitation et des lieux servant à l'exercice de la profession. — V. PATENTE.

LEVANT (Échelles du).

V. ÉCHELLES DU LEVANT ET DE BARBARIE.

LEVÉE DE CORPS.

V. AUTOPSIE, CADAVRE, EXHUMATION.

LIBELLE.

Écrit injurieux. — V. DIFFAMATION, INJURE.

LIBÉRALITÉ.

1. — On entend par là toute espèce de donation, qu'elle ait lieu par acte ou sans acte. — V. DISPOSITION A TITRE GRATUIT, DONATION, DONATION DÉGUISÉE, DONATION ENTRE-VIFS, LEGS, PARTAGE D'ASCENDANT, TESTAMENT.

2. — Les libéralités, soit par acte entre-vifs, soit par testament, ne peuvent excéder une certaine quotité des biens du disposant, lorsque celui-ci laisse à son décès des descendans ou des ascendans. — C. civ., 913.

3 — Mais, à défaut d'ascendans et de descendans, les mêmes libéralités peuvent épuiser la totalité des biens (C. civ., 916). — V. QUOTITÉ DISPONIBLE. — V. aussi ENREGISTREMENT.

LIBÉRATION.

1. — Se dit de la décharge d'une dette, d'une poursuite, d'une servitude, ou de toute autre charge ou obligation.

2. — Le mot *libération* a la même force que celui de paiement. — L. 47, D. *De verb. sign.*

3. — Celui qui se prétend libéré doit justifier le paiement ou le fait qui a produit l'extinction de son obligation (C. civ., 1315). — V. OBLIGATION, PREUVE.

4. — Dans le doute, il faut prononcer en faveur de la libération. — L. 47, D. *De oblig. et act.*

5. — Il est des cas dans lesquels la loi déclare la libération résulter de certaines circonstances déterminées (C. civ., 1350, 2°). — V. PRÉSOMPTIONS.

6. — Ainsi, la remise volontaire du titre original, sous signature privée, par le créancier au débiteur, fait preuve de la libération (C. civ., 1282 et suiv.). — V. REMISE DE LA DETTE.

7. — Ainsi encore, dans le prêt à intérêt, la quittance du capital donnée sans réserve des intérêts, en fait présumer le paiement et en opère la libération (C. civ., 1908). — V. PRÊT A INTÉRÊT.

8. — L'écriture mise par le créancier à la suite, en marge ou au dos d'un acte, fait, dans certains cas, foi contre lui, lorsqu'elle tend à établir la libération du débiteur (C. civ., 1332). — V. ÉCRITURE (acte).

9. — Celui qui paie une lettre de change à son

échéance et sans opposition, est présumé valablement libéré. (C. comm., 145). — V. LETTRE DE CHANGE.

10. — La justice peut ordonner le séquestre des choses qu'un débiteur offre pour sa libération (C. civ., 1961, 3°). — V. SÉQUESTRE.

11. — Relativement aux legs de libération, V. LEGS. — V. aussi PAIEMENT, QUITTANCE.

LIBERTÉ DU COMMERCE ET DE L'INDUSTRIE.

1. — C'est la faculté pour chacun d'exercer à son choix tout commerce ou toute industrie sous les seules conditions imposées par les lois et règlemens dans l'intérêt public.

§ 1er. — *Historique. — Dispositions générales* (n° 2).

§ 2. — *Restrictions de la liberté de commerce et d'industrie* (n° 9).

§ 3. — *Protection de la liberté de commerce et d'industrie* (n° 41).

§ 1er. — *Historique. — Dispositions générales.*

2. — La liberté de commerce et d'industrie, qui est fondée sur la loi naturelle, puisqu'elle n'est que l'exercice du droit de travailler pour vivre, n'a pas toujours été respectée. L'industrie et le commerce ont eu longtemps à souffrir de l'oppression des gens de guerre et des seigneurs. On établit, de plus, les banalités, les corporations, les jurandes et les maîtrises, dont les priviléges étaient autant d'entraves insurmontables pour l'industriel ou le commerçant.

3. — Le droit de travailler ou de se livrer à un genre de commerce était réputé un droit royal que le prince pouvait vendre et que les sujets devaient acheter. — Préamb. édit fév. 1776. — Aussi, quand il fallait venir au secours du trésor épuisé, ne se faisait-on pas faute de créer et de vendre des offices pour l'exploitation exclusive des plus humbles genres d'industrie ou de commerce. — Edit 1673.

4. — L'édit de fév. 1776 rendu sur la provocation de Turgot, supprima les corporations, jurandes et maîtrises. Mais cet édit n'eut pas une longue durée, et on tenta vainement de le faire revivre par l'édit du mois d'août suivant, les lettres patentes du 5 mai 1779 et celles de 1780 et 1781.

5. — Enfin, le décret du 4 août 1789 abolit le régime féodal avec toutes ses conséquences, et la loi du 2-17 mars 1791 porta, dans son art. 7 : « Il est libre à toute personne de faire tel négoce ou d'exercer telle profession, art ou métier qui lui convient. »

6. — De plus, le commerce et l'industrie furent longtemps entravés dans leurs rapports avec les nations étrangères. Mais, peu à peu, les relations internationales se sont établies sur le pied d'une confiance réciproque ; et l'on a senti que « la vraie maxime, comme le dit Montesquieu (*Esprit des lois*, liv. 20, ch. 9), est de n'exclure aucune nation de son commerce, sans de grandes raisons ». — V. COMMERCE ÉTRANGER.

7. — Toutefois la liberté du commerce et de l'industrie peut et doit avoir ses limites. « La liberté du commerce, dit Montesquieu (*ibid.*), n'est pas une faculté accordée aux négocians de faire ce qu'ils veulent ; ce serait bien plutôt sa servitude. »

8. — Mais la liberté est la règle ; la restriction n'est que l'exception, et cette exception a besoin d'être formellement établie par les lois ou les règlemens. — Goujet et Merger, *Dict de dr. comm.*, v° *Liberté de l'industrie*, n° 7.

§ 2. — *Restrictions de la liberté de commerce et d'industrie.*

9. — Les restrictions apportées à la liberté de commerce et d'industrie concernent les personnes ou les choses.

10. — Les restrictions concernant les personnes ont pour objet, ou de prohiber, pour les unes, toute espèce de commerce ou d'industrie, ou d'imposer aux autres certaines conditions pour pouvoir se livrer au genre de commerce ou d'industrie qu'elles veulent embrasser.

11. — L'intérêt public a fait interdire le commerce à certaines personnes, telles que magistrats, avocats, ministres du culte, agens de change, consuls en pays étranger, officiers et administrateurs de la marine. — Rolland de Villargues, *Rép. du notar.*, v° *Commerce*, n° 3.

12. — Les fonctionnaires et agens du gouvernement ne peuvent se livrer à certains commerces ou à certaines entreprises. — V. FONCTIONNAIRES PUBLICS.

13. — Certains individus ne peuvent exercer leur industrie, commerce ou profession, qu'après un examen préalable qui constate leur capacité. — V. AVOCAT, AVOUÉ, ENSEIGNEMENT, HERBORISTE, HUISSIER, MÉDECIN, NOTAIRE, PHARMACIEN, SAGE-FEMME, etc.

14. — Pour d'autres on exige, le plus souvent dans un intérêt d'ordre public, mais quelquefois aussi dans un but fiscal, une espèce d'autorisation préalable. Ainsi les ouvriers sont assujettis au livret (V. OUVRIER), les imprimeurs et libraires au brevet et au serment (V. IMPRIMEUR, LIBRAIRE), les fabricans et débitans de boissons à la licence (V. CONTRIBUTIONS INDIRECTES), les officiers ministériels au serment et au cautionnement (V. CAUTIONNEMENT (fonct.) et SERMENT).

15. — Les restrictions à l'égard des choses ont lieu 1° soit en ce que la nature de ces choses ne permet pas qu'on en fasse un objet de commerce ou d'industrie, 2° soit en ce que ce commerce ou cette industrie sont exclusivement attribués à certains individus, 3° soit enfin en ce que certains genres d'industrie ou de commerce ne peuvent être exercés qu'autant que l'autorisation en a été préalablement accordée.

16. — Ainsi, en premier lieu, la restriction doit nécessairement frapper tout commerce, toute industrie qui serait contraire à l'ordre public ou aux bonnes mœurs. — Goujet et Merger, *loc. cit.* n° 7.

17. — On doit ranger dans la même classe le commerce sur les grains en vert, dont la loi, dans un but d'utilité publique, défend la vente. — L. 6 messid. an III. — V. BLÉS EN VERT.

18. — L'Etat s'est réservé le monopole de certaines industries ou de certains genres de commerce, qu'il exploite au moyen de préposés, soit dans un intérêt d'ordre et de sûreté, soit dans un intérêt purement fiscal, soit quelquefois dans les deux intérêts réunis.

19. — C'est ainsi que l'Etat s'est réservé, par exemple, le monopole 1° du transport des lettres (V. POSTE AUX LETTRES) ; 2° de la fabrication et de la vente de la poudre à feu (V. POUDRES ET SALPÊTRES) ; 3° de la fabrication et de la vente du tabac (V. TABAC).

20. — Jugé, en ce qui concerne ce dernier genre d'industrie, que si une industrie particulière s'était livrée à la fabrication d'un tabac factice, l'Etat n'est pas responsable des conséquences des lois qui, dans l'intérêt général, prohibent l'exercice de cette industrie. — Ord. Cons. d'Etat, 11 janv. 1838 (Duchatellier) et 28 mai 1838 (Mathon).

21. — Il est un autre genre de monopole qui diffère essentiellement de celui dont on vient de parler, c'est le droit privatif reconnu aux auteurs et inventeurs en échange de leurs œuvres et découvertes. — V. BREVET D'INVENTION, PROPRIÉTÉ INDUSTRIELLE, PROPRIÉTÉ LITTÉRAIRE.

22. — Des motifs d'intérêt public ont fait attribuer, pour l'exercice de certaines industries, des droits exclusifs qui restreignent d'une manière notable, mais pour l'intérêt général et non pour l'intérêt privé, le principe de la libre concurrence.

23. — Ainsi, les agens de change et courtiers ont le droit exclusif d'exercer les actes qui constituent leur profession. — V. AGENT DE CHANGE, COURTIER.

24. — Il en est de même de tous autres titulaires d'offices en vertu de l'art. 91 de la loi du 28 avr. 1816, savoir les avocats à la cour de cassation, notaires, avoués, greffiers, huissiers et commissaires-priseurs. — V. ces différens mots. — V. aussi OFFICE.

25. — Dans certains cas même, l'intérêt public permet d'établir une espèce de monopole en faveur de certains genres de commerce ou d'industrie, qui jouissent partout ailleurs d'une libre concurrence. — V. BOUCHER, BOULANGER.

26. — Certaines restrictions ont encore lieu dans l'intérêt du commerce sédentaire, qui doit être dédommagé par là des charges que n'a pas à subir le commerce ou l'industrie des forains.

27. — Ainsi est prohibée la vente en détail de marchandises neuves à cri public, soit aux enchères, soit à prix proclamé d'avance, avec ou sans l'assistance d'officiers ministériels. Il n'y a d'exception à cette défense que pour certaines ventes, et celles faites à cri public de comestibles ou objets de menue mercerie. — L. 25 juin 1841. — V. VENTE A L'ENCAN DE MARCHANDISES NEUVES.

28. — Ainsi encore, l'autorité municipale peut défendre à tous marchands, autres que ceux qui sont propriétaires ou locataires de magasins dans la ville, d'étaler des marchandises ailleurs que sur une place déterminée. — *Cass.*, 24 fév. 1820, Delprat ; 17 sept. 1836 (t. 1er 1837, p. 360), Servat.

29. — Pour certains établissemens de nature à causer des inconvéniens et même des dommages, on est soumis, soit à l'autorisation préalable, soit à des règles et à des conditions spéciales d'exploitation. — V. ÉTABLISSEMENS INSALUBRES, FABRICANT, FABRIQUE, MANUFACTURES, THÉATRES, USINES.

30. — De plus, on ne peut exercer aucune industrie ou aucun commerce qu'à la condition de se soumettre aux mesures prescrites dans l'intérêt de la sécurité générale, ou de contribuer, par le paiement de certains droits, aux charges communes de l'Etat.

31. — Ainsi l'on doit : 1° se soumettre à la patente, quand il y a lieu. — V. PATENTE.

32. — ... 2° N'employer que les poids et mesures légalement reconnus. Car, dans l'intérêt de la foi publique, la loi a dû vouloir que les mêmes poids et mesures fussent adoptés par tous les commerçans. — V. POIDS ET MESURES.

33. — ... 3° Acquitter les droits auxquels sont assujettis la fabrication, la circulation et le débit de certains produits. — V. CONTRIBUTIONS INDIRECTES.

34. — ... 4° Il en est de même des droits de douane. En effet, là où il y a commerce, il y a nécessairement exportation ou importation de marchandises. Ces exportations et importations ont donné naissance à l'établissement des douanes, qui frappent certaines marchandises de taxes ou de prohibitions. Ces restrictions tournent en réalité à l'avantage du commerce et de l'industrie du pays, puisqu'elles font supporter aux objets du commerce avec l'étranger leur part des charges communes. — Montesquieu, liv. 20, ch. 13. — V. DOUANES.

35. — ... 5° Se conformer, dans l'exercice de tout commerce, aux prescriptions de police commandées dans l'intérêt commun.

36. — A cet égard, l'autorité municipale a le droit de désigner les lieux où doivent se tenir les foires et marchés, et les places que les marchands doivent occuper. — V. FOIRES ET MARCHÉS, nos 76 et suiv.

37. — Elle peut également prescrire toutes les mesures propres à maintenir le bon ordre et à surveiller la fidélité des marchandises (V. POIDS ET MESURES, POUVOIR MUNICIPAL), mais elle ne peut aller au delà sans porter atteinte à la liberté du commerce et de l'industrie. — Avis Cons. d'État, 20 juin 1836. — V. FOIRES ET MARCHÉS, nos 91 et suiv.

38. — La loi du 16 nov. 1814 a fait défense de travailler, de vendre et d'exposer les dimanches et jours de fêtes, sauf toutefois quelques exceptions. Il a été décidé que cette loi n'avait pas été abolie par la charte de 1830. — V. JOURS FÉRIÉS, nos 26 et suiv.

39. — Indépendamment des obligations générales imposées à tous les commerçans ou industriels, il en est d'autres spéciales pour certains genres d'industrie ou de commerce que l'intérêt public a fait prescrire, et dont l'accomplissement est continuellement exigé dans l'exercice de ces genres d'industrie et de commerce. On sent qu'une telle énumération serait incomplète et inutile. — V. toutefois COMMERÇANT, ÉTABLISSEMENS INSALUBRES, IMPRIMEUR, LIBRAIRE, MANUFACTURES, MATIÈRES D'OR ET D'ARGENT, PHARMACIEN, SOCIÉTÉS COMMERCIALES, TONTINES, VOITURES PUBLIQUES, etc.

40. — Dans tout ce que nous venons de voir, il s'agit de restrictions apportées par la loi ou l'autorité dans un intérêt général. — De plus, et dans un intérêt privé, les conventions des particuliers, si elles ne peuvent en général faire cesser entièrement la liberté d'exercer un commerce ou une industrie, peuvent du moins y apporter des restrictions ou modifications. — V. CONDITION, FONDS DE COMMERCE.

§ 3. — *Protection de la liberté de commerce et d'industrie.*

41. — La loi qui restreint la liberté du commerce et de l'industrie, dans l'intérêt de tous, devait nécessairement la protéger en retour contre les atteintes de tous. — Goujet et Merger, n° 33.

42. — Ainsi, la loi permet à l'autorité d'intervenir : 1° pour constater la valeur intrinsèque de certaines marchandises, telles que des objets d'orfévrerie, sur lesquelles l'acheteur serait exposé à être gravement trompé. — V. MATIÈRES D'OR ET D'ARGENT.

43. — ... 2° Pour restreindre, dans certaines circonstances, le droit qu'ont le vendeur et l'ache-

teur, de débattre librement le prix des objets; ainsi, l'autorité municipale a quelquefois le droit de taxer le prix de certains comestibles. — V. BOUCHER, BOULANGER.

44. — ... 3° Pour surveiller les spéculations de bourse qui auraient pour but de combiner des opérations fictives avec des opérations réelles, dans le but de maîtriser les cours, (C. pén., 419). —V. EFFETS PUBLICS, JEUX DE BOURSE, MARCHÉS A TERME.

45. — Pour réprimer les associations de personnes qui se concerteraient pour faire hausser ou baisser forcément le prix de leurs travaux ou de leurs marchandises. — V. COALITION ENTRE MAITRES ET ENTRE OUVRIERS; HAUSSE ET BAISSE DU PRIX DE DENRÉES ET MARCHANDISES. — V. aussi ACCAPAREMENT.

46. — Est illicite, et par conséquent nul, comme propre à gêner la liberté du commerce et à nuire à la concurrence, le traité par lequel des fabricans d'une même marchandise se sont engagés à déposer les produits de leurs fabriques dans un magasin commun, pour n'y être vendus que suivant le prix convenu entre eux. — *Cass.*, 18 juin 1828, Enfert c. Bonneau-Létang.

47. — Lorsqu'il intervient un traité entre des entrepreneurs de fournitures de traverses de bois pour un chemin de fer, et des fournisseurs des bois de la marine, par lequel les premiers s'engagent à livrer à ceux-ci tous les bois à leur convenance, dans les coupes à enchérir par eux, et à n'intéresser aucun tiers dans leurs opérations, tandis que, de leur côté, les derniers s'interdisent toute acquisition directe ou indirecte de bois dans les localités où leurs cotraitans entendraient opérer; un pareil traité est nul, comme ayant pour objet de créer un monopole, et pour effet de détruire la liberté du commerce, en écartant la concurrence. — *Colmar*, 14 août 1840 (t. 1er 1841, p. 564), Auvray c. Kœchlin.

48. — Toutefois, pour que tout traité, toute convention ou association entre industriels ou commerçans, puisse être considéré comme illicite, il faut qu'il porte atteinte à la liberté de commerce ou d'industrie du public. Il n'en est plus ainsi lorsque la restriction n'atteint que la liberté des contractans.

49. — Dès lors, est licite : 1° la convention par laquelle tous les libraires d'une ville s'engagent, sous peine de dommages-intérêts, à tenir leurs magasins fermés les dimanches et jours de fêtes légales. — *Colmar*, 10 juill. 1837 (t. 2 1837, p. 397), Geng c. Reffinger.

50. — ... 2° La convention par laquelle un négociant s'engage, envers d'autres, à ne plus expédier, directement ni indirectement, sur une place déterminée, des marchandises de son commerce. — *Pau*, 7 août 1837 (t. 2 1838, p. 137), Poney c. Bégué.

51. — ... 3° La convention par laquelle deux maîtres de poste, associés pour une entreprise de messageries, sur une ligne déterminée, s'obligent à payer à un tiers, dont ils craignent la concurrence, une somme annuelle pendant tout le temps qu'ils entretiendront leurs services journaliers, sur la route indiquée dans la convention. — *Colmar*, 26 mai 1845 (t. 1er 1848, p. 136), Keller c. Meroth.

52. — ... 4° La convention par laquelle un négociant s'engage à livrer chaque année certaines marchandises à d'autres négocians qui, de leur côté, s'engagent à les acheter. Une telle convention, si elle ne contient aucune clause qui en limite la durée, prend fin par un changement survenu dans l'état ou la qualité des parties, notamment par le décès de l'une d'elles; et le refus des autres contractans, de continuer l'exécution, ne peut donner lieu à aucuns dommages-intérêts. — *Cass.*, 20 août 1838 (t. 2 1838, p. 653), Poncy c. Bégué.

53. — De plus, la loi protége la liberté du commerce et de l'industrie contre les actes de l'autorité elle-même.

54. — Ainsi, un maire ne saurait légalement défendre à toutes personnes de porter des billets de faire part, annonces de naissance, décès, etc., ou de les faire porter par d'autres agens que ceux désignés à cet effet. — *Cass.*, 1er avril 1826, Lhermite.

55. — De même, est illégal, comme étranger à l'ordre public, l'arrêté qui prescrit une retenue sur le salaire des ouvriers, pour fournir des secours aux blessés, ainsi qu'à leurs veuves et orphelins. — *Cass.*, 21 juillet 1838 (t. 2 1838, p. 327), Desjobert c. Rohart.

56. — Enfin, l'arrêté d'un maire, qui confère à certains individus le droit exclusif d'opérer la vidange des fosses d'aisances, et défend à tous autres d'exercer cette profession, ne constitue pas simplement la surveillance qui appartient aux maires, en pareille circonstance, mais établit un véritable monopole de l'industrie des vidangeurs. — *Cass.*, 18 janv. 1838 (t. 2 1838, p. 82), Vigner et Bimeney.

57. — Le ministère de l'imprimeur est facultatif et non obligatoire; il n'est pas tenu d'imprimer les ouvrages qu'on veut confier à ses presses. — V. IMPRIMEUR, nos 92 et suiv.

58. — L'hôtelier peut-il refuser de recevoir le voyageur qui se présente? — V. HOTELIER, nos 125 et suiv.

59. — *Quid* des entrepreneurs de voitures publiques ou de transports soit par terre, soit par eau. — V. TRANSPORTS (entrepreneur de), VOITURES PUBLIQUES. — V. aussi CORPS D'ARTS ET MÉTIERS, FACTEUR AUX HALLES, FORÊTS, GARDE-PORTS, GRAINS ET FARINES, INDUSTRIE.

LIBERTÉ DES CULTES.

Tout ce qui concerne cette matière a été traité v° CULTE, ch. 1er, sect. 2, art. 2, nos 107 et suiv. — V. aussi, même mot, nos 7, 16, 34, 42 et suiv.; 70 et suiv.; 499 et suiv.; 554 et suiv.

LIBERTÉS DE L'ÉGLISE GALLICANE.

1. — Ces mots expriment la possession dans laquelle l'Eglise de France s'est maintenue de conserver ses anciennes coutumes, son ancien droit commun, fondé sur les canons et sur la discipline des premiers siècles.

2. — Il est question de ces libertés dans la constitution de saint Louis, dès l'an 1228, mais c'est en 1639 seulement qu'elles furent recueillies en 83 articles par Pithou, avocat au parlement. Elles roulent sur ces deux maximes fondamentales, savoir : 1° Que les papes ne peuvent rien ordonner dans le royaume touchant le temporel; 2° qu'ils sont soumis, même pour tout ce qui est relatif au spirituel, aux canons ou règlemens des conciles.

3. — Lors de l'apparition du recueil de Pithou, les prélats qui se trouvaient à Paris réclamèrent fortement contre sa publication, et le signalèrent comme renfermant certaines maximes contraires à l'orthodoxie; aussi la circulation en fut-elle interdite; mais, en 1651, Louis XIV en autorisa une nouvelle édition.

4. — Plus tard, pour faire cesser des divisions qui s'étaient élevées, parut la célèbre *Déclaration du 19 mars 1682 sur la puissance ecclésiastique*, déclaration rédigée par Bossuet, et dans laquelle les maximes françaises sont spécialement consignées. En voici le texte :

5. — « Plusieurs s'efforcent de ruiner les décrets de l'Eglise gallicane et de ses libertés, que nos ancêtres ont soutenues avec tant de zèle, et de renverser leurs fondemens, appuyés sur les saints canons et sur la tradition des Pères. Il en est aussi qui, sous prétexte de ces libertés, ne craignent pas de porter atteinte à la primauté de saint Pierre et des pontifes romains ses successeurs, institués par J.-C.; à l'obéissance qui lui est due par tous les chrétiens, et à la majesté, si vénérable aux yeux de toutes les nations, du siége apostolique où s'enseigne la foi et se conserve l'unité de l'Eglise. Les hérétiques, d'autre part, n'omettent rien pour présenter cette puissance, qui maintient la paix de l'Eglise, comme insupportable aux rois et aux peuples, et pour séparer, par cet artifice, les âmes simples de la communion de l'Eglise de J.-C. C'est dans le dessein de remédier à de tels inconvéniens que nous, archevêques et évêques assemblés à Paris par ordre du roi, avec les autres députés, qui représentons l'Eglise gallicane, avons jugé convenable, après une mûre délibération, d'établir et de déclarer :

6. — » 1° Que saint Pierre et ses successeurs, vicaires de J.-C., et que toute l'Eglise même, n'ont reçu de puissance de Dieu que sur les choses *spirituelles* et qui concernent le salut, et non pas sur les choses *temporelles* et civiles; J.-C. nous apprenant lui-même que *son royaume n'est pas de ce monde*, et, en un autre endroit, qu'*il faut rendre à César ce qui est à César, et à Dieu ce qui est à Dieu*; et qu'ainsi ce précepte de l'apôtre saint Paul ne peut en rien être altéré ou ébranlé: *Que toute personne soit soumise aux puissances supérieures; car il n'y a pas de puissance qui ne vienne de Dieu, et c'est lui qui ordonne celles qui sont sur la terre : celui donc qui s'oppose aux puissances résiste à l'ordre de Dieu.* Nous déclarons, en conséquence, que les rois et les souverains ne sont soumis à aucune puissance ecclésiastique, par l'ordre de Dieu, dans les choses temporelles; qu'ils ne peuvent être déposés ni directement ni indirectement par l'autorité des chefs de l'Eglise; que leurs sujets ne peuvent être dispensés de la soumission et de l'obéissance qu'ils leur doivent, ni absous du serment de fidélité, et que cette doctrine, nécessaire pour la tranquillité publique et non moins avantageuse à l'Eglise qu'à l'Etat, doit être inviolablement suivie comme conforme à la parole de Dieu, à la tradition des saints Pères et aux exemples des saints.

7. — » 2° Que la plénitude de puissance que le saint siége apostolique et les successeurs de saint Pierre, vicaire de J.-C., ont sur les choses spirituelles est telle que, néanmoins, les décrets du saint concile œcuménique de Constance, contenus dans les sessions 4 et 5, approuvés par le saint siége apostolique, confirmés par la pratique de toute l'Eglise et des pontifes romains, et observés religieusement dans tous les temps par l'Eglise gallicane, demeurent dans leur force et vertu, et que l'Eglise de France n'approuve pas l'opinion de ceux qui donnent atteinte à ces décrets, ou qui les affaiblissent, en disant que leur autorité n'est pas bien établie, qu'ils ne sont point approuvés, ou qu'ils ne regardent que le temps du schisme.

8. — » 3° Qu'ainsi, l'usage de la puissance apostolique doit être réglé suivant les canons faits par l'esprit de Dieu et consacrés par le respect général; que les règles, les mœurs et les constitutions reçues dans le royaume et dans l'Eglise gallicane doivent avoir leur force et vertu, et les usages de nos pères demeurer inébranlables; qu'il en est de même de la grandeur du saint siége apostolique; que les lois et coutumes établies du consentement de ce siége respectable et des églises subsistent invariablement.

9. — » 4° Quoique le pape ait la principale part dans les questions de foi, et que ses décrets regardent toutes les églises et chaque église en particulier, son jugement n'est pourtant pas irréformable, à moins que le consentement de l'Eglise n'intervienne.

10. — » Nous avons arrêté d'envoyer à toutes les églises de France, et aux évêques qui y président par l'autorité du Saint-Esprit, ces maximes que nous avons reçues de nos pères, afin que nous disions tous la même chose, que nous soyons tous dans les mêmes sentimens, et que nous suivions tous la même doctrine. »

11. — Cette déclaration, signée par 35 évêques et 30 ecclésiastiques députés à l'assemblée, fut suivie d'une lettre écrite par les signataires aux archevêques et évêques de tout le royaume, et destinée à en expliquer les motifs (V. le texte de cette lettre dans le *Dict. de dr. canon* de M. l'abbé André, v° *Libertés*, t. 2, p. 426).

12. — Elle devint loi de l'Etat par un édit du 23 du même mois qui défendit d'écrire ou d'enseigner aucune chose contraire aux principes qu'elle renfermait (V. cet édit dans le même Dict., p. 427).

13. — Sans entrer dans le détail de toutes les luttes dont cette déclaration fut la cause dans le temps qui suivit sa publication, nous dirons que la loi du 18 germ. an X, sur le concordat, défendit de *porter atteinte aux libertés, franchises et coutumes de l'Eglise gallicane*; que la même loi fit revivre l'édit du 23 mars 1682 en disposant « que ceux qui seraient choisis pour l'enseignement dans les séminaires souscriraient la déclaration faite par le clergé de France en 1682, et se soumettraient à y enseigner la doctrine qu'elle contient...; » qu'enfin, plus tard, le 25 fév. 1810, un décret prescrivit la promulgation, comme loi générale de l'Empire, de l'édit de 1682, son insertion au *Bulletin des lois*, et son envoi aux cours, tribunaux, autorités administratives, archevêques et évêques de France, au grand maître et aux académies de l'Université, aux directeurs des séminaires et autres écoles, avec ordre de l'inscrire dans leurs registres, et de l'observer et faire observer.

14. — L'atteinte portée aux libertés, franchises et coutumes de l'Eglise gallicane donne lieu, aux termes de la loi du 18 germ. an X, à l'appel comme d'abus. — V., APPEL COMME D'ABUS, nos 88 et suiv.

15. — Mais, si le clergé de France adopta de tout temps les principes posés dans l'art. 1er de la déclaration de 1682, concernant les droits des souverains et leur indépendance pleine et absolue, dans l'ordre temporel, de l'autorité, soit directe, soit indirecte, de toute puissance ecclésiastique, il ne donna pas la même adhésion aux autres dispositions qui lui parurent, sous certains rapports, attentatoires à la primauté des papes, à l'obéissance qui leur est due, et à la majesté du siége apostolique (V., à cet égard, une déclaration des évêques de France du 3 avril 1826, et un mandement de M. le cardinal de Bonald portant condamnation du *Manuel de droit ecclésiastique fran-*

s de M. Dupin.—V. le Dict. de M. l'abbé André, . cit., p. 430 et suiv.

16. — On peut, au surplus, consulter, pour d'au-s détails, le mot APPEL COMME D'ABUS, nos 17 et v.; Favard de Langlade et Merlin, vo *Liber-de l'Église gallicane;* l'ouvrage de M. Dupin, itulé : *Manuel de droit ecclésiastique,* et le *Dict. droit canon* de M. l'abbé André, vo *Libertés,* ainsi e les nombreux documents et autorités qui y it indiqués.

LIBERTÉ INDIVIDUELLE.

1. — La liberté individuelle est le plus précieux tous les droits de l'homme; sans elle il ne ut ni vaquer à ses affaires, ni subvenir aux soins de sa famille, ni veiller à la conservation sa fortune.

2. — Cependant, chose singulière, ce droit, 1s contredit le plus sacré de tous, resta long-nps méconnu, à ce point que Hume a pu, dans n Histoire d'Angleterre, en parlant du bill d'*ha-s corpus,* rendu en 1679, déclarer, sans crainte être contredit, que, seule à cette époque, la lé-slation anglaise n'accordait pas à l'autorité un oit de détention arbitraire sur les individus.

3. — En France, particulièrement, nul n'igno-combien cette liberté était peu respectée, et ec quel abus étaient prodiguées les lettres cachet. C'est ce qui faisait dire à Lamoignon Malesherbes, dans les remontrances faites roi au nom de la cour des aides, le 14 août 70 : « Sire, aucun citoyen dans votre royaume est assuré de ne pas voir sa liberté sacrifiée à e vengeance; car personne n'est assez grand ur être à l'abri de la haine d'un ministre, ni sez petit pour n'être pas digne de celle d'un mmis des fermes. » — V. LETTRES DE CACHET.

4. — La révolution de 1789 devait évidemment tablir dans toute sa force ce droit si longtemps éconnu de la liberté individuelle; et en effet, n contente d'abolir les lettres de cachet, l'As-nblée nationale plaça au nombre des principes ndamentaux de la constitution : « la liberté à t homme d'aller, de rester, de partir, sans pou-ir être arrêté ni détenu que sous les formes terminées par la constitution. » — Constit. 3-4 pt. 1791, art. 1er.

5. — La déclaration des droits de l'homme du mai 1793, l'acte constitutionnel du 24 juin ivant, et plus tard la constitution du 5 fruct. III, toutes émanées de la Convention, repro-lisent les mêmes principes : « Nul ne peut, y est-dit, être arrêté ni détenu que dans les cas dé-rminés par la loi, et selon les formes qu'elle a escrites. » — Cependant, répétons sans crainte, ec un écrivain dont les sympathies pour toutes s libertés ne peuvent être douteuses : « Malgré s déclarations solennelles, on sait que jamais liberté individuelle n'a été moins respectée ns aucun pays que dans la France, sous le ré-ne de la Convention. Que cette violation vienne gouvernement arbitraire d'un seul, ou bien une multitude frénétique, il y a également op-ession du droit individuel, et la tyrannie est même. Toute la différence est que les oppres-urs sont plus nombreux et plus rapprochés des ctimes dans un cas que dans l'autre, ce qui nd le poids de la tyrannie plus rude et plus supportable. » — Serrigny, *Droit public des Fran-is,* t. 1er, p. 351.

6. — Méconnue en fait sous le régime révolu-onnaire, la liberté individuelle ne devait guère re respectée sous le régime nouveau, qui s'inau-urait par l'arrivée au pouvoir de Napoléon, dont volonté toute-puissante s'accordait assez mal ec des libertés réelles et véritables.

7. — La liberté individuelle fut sans doute con-crée en principe dans la constitution de fri-aire an VIII (art. 76 et 82); mais l'art. 46 auto-sait en même temps le gouvernement, s'il timait qu'il se tramât quelque conspiration ntre l'État, à faire mettre en état d'arrestation s personnes présumées auteurs ou complices, uf à ce que, dans les dix jours, il fût statué ré-llièrement.

8. — Deux ans plus tard, et aux termes de rt. 55 du sénatus-consulte du 16 thermidor an , qui instituait le consulat à vie, le sénat était torisé à prolonger indéfiniment l'arrestation, 1 cas prévu par l'art. 46 de la constitution de in VIII.

9. — Mais « c'était, dit M. Serrigny (*loc. cit.* 352), une chose incommode que de mettre un orps aussi nombreux que le sénat dans la con-dence des motifs qui avaient déterminé les ar-estations politiques... En conséquence le sénatus-onsulte du 28 floréal an XII, qui institua le ouvernement impérial, organisa une *commission sénatoriale* dite *de la liberté individuelle,* composée de sept membres, pour prendre connaissance, sur la communication des ministres, des arrestations effectuées conformément à l'art. 46 de la constitution de l'an VIII, et inviter, s'il y avait lieu, le ministre auteur de l'arrestation à faire mettre en liberté la personne détenue ou à la renvoyer devant les tribunaux. »

10. — Enfin, et alors que le système impérial fut parvenu à son apogée, et le même jour où il promulguait les décrets sur les majorats et les titres, le 3 mars 1810, Napoléon, sans même demander préalablement au Corps législatif et au sénat cette approbation extérieure qui jamais ne lui était refusée, promulguait le décret sur les *prisons d'État,* où, sans information ni jugement préalable, le gouvernement pouvait faire détenir les personnes qu'il tenait pour suspectes, pouvoir arbitraire, dont l'exercice odieux et fréquent doit être flétri à l'égal de celui des lettres de cachet.

11. — La charte de 1814 vint rétablir le principe méconnu de la liberté individuelle; l'art. 4 la garantit en principe, et ajouta qu'en conséquence personne ne pourrait être poursuivi ni arrêté que dans les cas prévus par la loi et dans la forme qu'elle prescrivait.

12. — Toutefois, à trois reprises différentes, et pendant les premières années de la restauration, quelques restrictions furent apportées au principe établi par la charte. — V. les lois des 29 oct. 1815, 12 fév. 1817, 26 mars 1820. — Mais ces lois, toutes de circonstance, et d'ailleurs bien moins rigoureuses que le décret du 3 mars 1810, ne devaient, aux termes mêmes de dispositions expresses insérées dans un article spécial de chacune d'elles, avoir qu'une durée transitoire et fort limitée; car leurs prescriptions n'étant pas reproduites par un vote des chambres législatives à la session suivante, elles cessaient de plein droit d'avoir leur effet.

13. — Quoi qu'il en soit, la charte de 1830 reproduisit identiquement dans son art. 4 les dispositions de l'art. 4 de la charte de 1814, et pendant toute la durée du règne qui vient de finir, aucune loi n'a été rendue qui ait modifié en rien cette disposition du pacte constitutionnel.

14. — Il est inutile de dire que sous le régime qui vient de s'inaugurer par la révolution de 1848, la liberté individuelle doit être à l'abri de toute atteinte arbitraire ou illégale; et que, plus que jamais, il doit être vrai de dire qu'en France la liberté individuelle est garantie contre tous les abus, et que nous ne verrons plus rétablir les lettres de cachet ou les prisons d'État.

15. — Déjà, à cet égard, par deux décrets récens, le gouvernement provisoire a manifesté les tendances les plus larges pour le respect dû à la liberté individuelle sur tous les points où s'exerce l'autorité de la France.

16. — Ainsi, l'esclavage dans les colonies françaises, aboli par le décret du 16 pluviôse an II, mais rétabli par la loi du 30 floréal an X, survivait à la rénovation sociale opérée par la Révolution. « Cependant, disions-nous, vo ESCLAVAGE, no 33, on n'a depuis lors accepté ce fait que comme une anomalie, qu'une nécessité impérieuse, celle de la conservation des colonies, pouvait autoriser provisoirement, mais qui devait tendre à disparaître. » — Ce vœu ne devait pas tarder à se réaliser; un décret du gouvernement provisoire, en date du 27 avr. 1848, a décidé qu'il serait, dans le plus bref délai, procédé à l'émancipation complète des esclaves dans les colonies.

17. — De même, bien que l'exercice de la contrainte par corps sur les débiteurs n'ait aucun rapport avec l'esclavage, néanmoins l'existence de ce mode de caution tout personnel a soulevé, depuis longtemps, de vives réclamations, et c'est sous l'influence de cette idée que le gouvernement provisoire, par décret du 9 mars 1848, a cru devoir suspendre, jusqu'à ce qu'il en soit décidé par l'Assemblée nationale, l'application de la contrainte par corps.

18. — Il est d'ailleurs incontestable que quelque sacré que soit le principe de la liberté individuelle, il ne doit pas aller jusqu'à protéger ceux qui se sont rendus coupables d'un crime ou d'un délit, ou contre lesquels, du moins, il existe de graves présomptions de culpabilité. L'intérêt public ne permet pas que, par une tolérance mal-entendue, il soit possible au coupable de se soustraire aux châtimens qu'il a encourus. Aussi des dispositions spéciales de nos lois ont-elles formellement autorisé, dans ce cas, l'arrestation et la détention de ceux qui sont sous le coup de poursuites criminelles, et déterminé les fonctionnaires et agens qu'elles investissent du droit d'ordonner ces mesures, ainsi que les formes qu'ils doivent observer dans l'exercice de ce pouvoir exorbitant. — V. ARRESTATION, FLAGRANT DÉLIT, INSTRUCTION CRIMINELLE, LIBERTÉ PROVISOIRE, MANDATS D'EXÉCUTION.

19. — A plus forte raison la privation plus ou moins longue de la liberté devient-elle légitime, quand elle constitue la peine infligée en réparation du crime ou délit commis. — V. EMPOISONNEMENT, PEINES, PRISONS.

20. — L'arrestation d'un étranger sur le territoire français, en vertu d'une ordonnance prescrivant son extradition, constitue une détention légale. — *Cass.,* 30 juin 1827, de la Grandville. — V. EXTRADITION.

21. — Notons enfin qu'il n'y a évidemment aucune contradiction entre le principe de la liberté individuelle, et les mesures de sûreté que des lois diverses autorisent à employer à l'égard des personnes qui ne jouissent pas de l'exercice de la raison. — V. ALIÉNÉS.

22. — Du reste, toute privation de la liberté, en dehors des cas prévus par la loi constitue un crime que la loi punit de peines sévères, soit que la détention de la personne constitue un acte arbitraire, soit qu'elle ait été opérée par un particulier ou fonctionnaire n'ayant point qualité à cet effet. — V. ARRESTATION ILLÉGALE et SÉQUESTRATION DE PERSONNES. — ... ou même par un fonctionnaire compétent, mais en dehors des règles ou des cas prévus par la loi. — V. ATTENTAT A LA LIBERTÉ.

23. — Quant aux garanties établies par la loi contre toute détention arbitraire, et aux devoirs imposés en pareil cas aux geôliers et gardiens des maisons d'arrêt et de détention, V. PRISONS.

24. — En ce qui concerne les formes à suivre pour l'exercice du droit d'arrestation, V. MANDATS D'EXÉCUTION.

25. — Remarquons seulement qu'aux termes de l'art. 615 du C. d'instr. crim. « quiconque aura eu connaissance qu'un individu est détenu dans un lieu qui n'est pas destiné à servir de maison d'arrêt, de justice ou de prison est tenu d'en donner avis au juge de paix, au procureur de la République, ou à son substitut, ou au juge d'instruction, ou au procureur général près la cour d'appel. » Carnot (*Instr. crim.,* t. 3, p. 583, no 5) pense même que le silence de tout particulier qui négligerait de remplir le devoir imposé par l'art. 615, suffirait pour le faire considérer comme complice. — Evidemment cette opinion est trop rigoureuse; nous ne sommes plus au temps où le silence pouvait être considéré comme un crime.

26. — « Tout juge de paix, porte l'art. 616, tout officier chargé du ministère public, tout juge d'instruction est tenu, d'office ou sur l'avis qu'il en aura reçu, sous peine d'être poursuivi comme complice de détention arbitraire, de s'y transporter aussitôt, et de le faire mettre en liberté, ou, s'il est allégué quelque cause légale de détention, de le faire conduire sur-le-champ devant le magistrat compétent. Il dressera du tout procès-verbal. » — Il ne faudrait pas toutefois conclure avec Carnot (*ubi suprà* no 26), que le simple silence ou la simple inaction établissent nécessairement, et sans qu'il soit besoin de tenir compte des circonstances, la présomption légale de complicité de la part du magistrat.

27. — « Le juge averti de la détention arbitraire peut, en cas de résistance, se faire assister de la force nécessaire, et toute personne est tenue de lui prêter main-forte. » (C. instr. crimin., art. 687.) — Le refus d'assistance constituerait l'infraction prévue par l'art. 475, no 12, du C. pénal.

28. — A la différence du Code du 3 brum. an IV (art. 584), qui prescrivait la mise en liberté pure et simple de toute personne illégalement détenue, le Code d'instr. crimin., art. 616, excepte avec raison le cas où il est allégué *quelque cause légale de détention.* « Il peut arriver en effet, dit avec raison Bourguignon (*Manuel d'instr. crimin.,* t. 2, p. 127, note *a*), que la personne détenue soit coupable d'un grand crime, et que son élargissement soit préjudiciable à l'ordre public. »

29. — Seulement le fonctionnaire prévenu doit s'empresser de faire conduire sur-le-champ la personne devant le magistrat compétent (C. instr. crimin. art. 616). — A cet effet il rend au besoin une ordonnance dans la forme prescrite par l'art. 95 du C. d'instr. crimin. (*ibid.,* art. 617). — V. MANDAT D'EXÉCUTION.

LIBERTÉ DE LA PRESSE.

1. — Faculté d'imprimer et de publier ses idées et ses opinions sur quelque matière que ce soit.

2. — La liberté de la presse est la première et la plus sûre garantie de tout gouvernement constitutionnel.

3. — Mais elle ne consiste pas dans le droit illimité de tout imprimer, sans être soumis à aucune répression. Ce qui la constitue, c'est l'affranchissement de tout obstacle préventif, de toute restriction antérieure à la publication.

4. — « Ce n'est pas en vertu d'une loi, disait Sieyes, à l'Assemblée constituante, que les citoyens pensent, parlent, écrivent et publient leurs pensées ; c'est en vertu de leurs droits naturels, droits que les hommes ont apportés dans l'association et pour le maintien desquels ils ont établi la loi elle-même et tous les moyens publics qui les servent. Mais si l'on veut que la loi protège la liberté du citoyen, il faut qu'elle sache réprimer les atteintes qui peuvent lui être portées. Elle doit donc marquer dans les actions naturellement libres des individus le point au delà duquel elles deviendraient nuisibles aux droits d'autrui ; là elle doit placer des signaux, poser des bornes, défendre de les passer, et punir le téméraire qui oserait désobéir. Telles sont les fonctions propres et tutélaires de la loi. La liberté de la presse, comme toutes les libertés, doit donc avoir des bornes légales. »

5. — Ce principe, reconnu par tous les publicistes (V. Hallam, *Hist. const. d'Anglet.*, t. 4, ch. 15 ; Blackstone, *Comm. lég.*, ch. 11 ; Delolme, *Const. d'Anglet.*, p. 226 ; Benjamin-Constant, *Disc. loi du 17 mai 1817*), a été consacré par l'art. 7 de la charte de 1830, ainsi conçu : « Les Français ont le droit de publier et de faire imprimer leurs opinions, en se conformant aux lois.» — « La censure ne pourra jamais être rétablie. » Et par la const. de 1848 (art. 8). — V., au surplus, CENSURE DES ÉCRITS.

6. — Mais l'exemption de la censure pourrait n'être qu'un vain leurre si les tribunaux appelés à connaître des écarts reprochés à la presse ne jouissaient pas d'une complète indépendance, s'ils étaient institués dans l'intérêt exclusif du gouvernement et n'offraient pas à l'écrivain toute l'impartialité désirable.

7. — Pour éviter ce danger, la loi du 8 octobre 1830 a décidé, en principe, que, les délits de la presse, comme les délits politiques, seraient déférés au jury. — V. DÉLIT DE PRESSE, nos 401 et suiv. V. aussi PRESSE.

8. — Toutefois cette règle souffre quelques exceptions.—V. CENSURE, DÉLIT DE PRESSE, DIFFAMATION ET INJURE, ÉCRITS PÉRIODIQUES, IMPRIMERIE, LIBRAIRIE, OFFENSE, OUTRAGES, PRESSE.

LIBERTÉ PROVISOIRE.

Table alphabétique.

LIBERTÉ PROVISOIRE. — 1. — Les prévenus que le juge d'instruction a maintenus en état d'arrestation, peuvent, dans certains cas déterminés par la loi, obtenir leur élargissement pendant la durée de l'instruction relative au fait qui leur est imputé, à la charge par eux de fournir caution qu'ils se représenteront devant la justice chaque fois qu'ils en seront requis.

§ 1er.— *Dans quels cas la liberté provisoire peut être demandée* (no 2).

§ 2. — *Formes de la demande en liberté provisoire. — Compétence. — Recours. — Exécution* (no 36).

§ 3. — *Cautionnement* (no 81).

§ 4. — *Mainlevée du cautionnement. — Effets de la non-représentation du prévenu* (no 129).

§ 1er. — *Dans quels cas la liberté provisoire peut être demandée.*

2. — La mise en liberté provisoire sous caution était en usage chez les Athéniens. — Filangieri, *Science de la législation*, t. 3, *de l'assignation de l'accusé et de la sûreté de sa personne* ; Pastoret, *Lois pénales*, 2e part., p. 100 et suiv. — La loi romaine contenait aussi sur ce point des dispositions formelles. — L. 1 et 4, ff., *De custodia et exhibitione reorum.*

3. — Les capitulaires de Charlemagne en font également mention. — Plus tard, l'édit de François Ier de 1639, art. 168, déclarait encore formellement que l'élargissement des accusés pouvait avoir lieu à *caution limitée*. — L'ordonnance de 1670, au contraire, ne contenait aucune disposition à cet égard ; néanmoins d'anciens criminalistes enseignent que, nonobstant le silence de l'ordonnance , l'usage s'en était maintenu (Bonnier, *Confér. sur l'ordonn.* ; Jousse , *Just. crimin.*, t. 2, p. 569).

4. — La Constitution du 3 sept. 1791 (tit. 3, ch. 5, art. 12) disposa que tout homme arrêté ne pourrait être retenu s'il donnait caution suffisante dans les cas déterminés par la loi. Cette faveur accordée aux prévenus, déjà réglée par la loi des 19-22 juillet 1791 (tit. 16-29 juillet suivant, dont le code du 3 brum. an IV ne fait que reproduire les dispositions.

5.— Aux termes de l'art. 113 du Code d'instruction criminelle , « la liberté provisoire ne peut jamais être accordée au prévenu lorsque le titre de l'accusation emporte une peine afflictive ou infamante. » — Rien de plus sage assurément que cette prescription , qui a pour objet de s'assurer de la personne du prévenu dans l'intérêt , dans le cas prévu par l'art. 113, est évidemment de se soustraire aux poursuites de la justice. — Julius Clarus, Quest. 46, no 8 ; Farinaccius , Quest. 33, no 1er ; Jousse, *Just. crimin.*, t. 2, p. 571, no 20.

6. — Mais il importe de remarquer qu'à la différence de la loi de 1791 et du code de brumaire qui défendaient de l'accorder dans les cas où le fait incriminé pouvait emporter peine *afflictive* seulement, l'art. 113 étend cette prohibition aux cas où le titre de l'accusation emporte aussi peine *infamante*, c'est-à-dire une des peines dont l'art. 8 du C. pén. ajoute la nomenclature à celles désignées en l'art. 7 comme afflictives et infamantes à la fois.

7. — La prohibition de la loi est absolue. — Ainsi, la chambre d'accusation commettrait un excès de pouvoir qui entraînerait la nullité de son arrêt, si elle ordonnait la mise en liberté provisoire d'un prévenu qu'elle aurait renvoyé devant la cour d'assises sous prévention de crime. — Cass., 27 févr. 1812, N...

8. — A plus forte raison il demeure vrai aujourd'hui comme sous l'empire de la législation intermédiaire, que le prévenu qui s'est justifié sur un fait correctionnel, mais qui reste toujours sous la prévention d'un autre fait correctionnel pour peine pour laquelle la loi n'autorise pas la mise en liberté provisoire, doit être maintenu en état d'arrestation.—Cass., 17 pluv. an X, David c. Reims.

9. — « La disposition de l'art. 113 , disent MM. Teulet, d'Auvilliers et Sulpicy (*Codes annotés* sur l'art. 113 Cod. instr. cr., no 6), ne souffre aucune exception , même pour les crimes et attentats commis par la voie de la presse. Les principes sont les mêmes. La loi du 26 mai 1819 ne parle en effet que des délits. Cette loi ne doit pas être prise dans sa signification générique, parce qu'il résulte des discussions préparatoires que le législateur n'a pas entendu déroger au droit commun. Il faudrait d'ailleurs une disposition plus explicite. »

10. — Les mêmes auteurs (*loc. cit.* no 7), prétendent qu'un enfant âgé de moins de seize ans peut, quoique prévenu d'un crime, obtenir sa mise en liberté sous caution , parce qu'il n'est passible que de peines correctionnelles... C'est, selon eux, la gravité de la peine et non le seul titre de l'accusation qui fait que l'on a intérêt à se soustraire aux recherches de la justice ; dès lors, puisque le mineur de seize ans n'encourt que des peines correctionnelles, on ne peut sans injustice lui refuser une faveur qui s'accorde aux prévenus plus âgés que lui.

11. — Nous ne partageons pas cette opinion ; il nous paraît en effet que c'est au titre de l'accusation qu'il convient uniquement de s'attacher pour déterminer dans quels cas la liberté provisoire peut ou non être accordée , quelles que soient les circonstances qui pourront plus tard amener une atténuation dans la pénalité. Le maintien de l'ordre public et la juste réparation due à la société, troublée par la perpétration d'un crime, exigent que le prévenu reste toujours sous la main de la justice jusqu'au jour du jugement.

12. — Du reste, il appartient aux juges chargés de la requête en liberté provisoire d'apprécier le titre de l'accusation et de voir s'il est en rapport avec les preuves déjà recueillies par l'information ; car, évidemment, c'est sur la nature des faits, tels qu'ils résultent à ce moment de la procédure, et non sur un titre erroné contre lequel la vérité protesterait, que se fonde l'exception portée en l'art. 113. — Legraverend, *Instr. crim.*, t. 1er, p. 340 ; Mangin, *De l'instr. écrite*, t. 1er, no 172.

13. — Au surplus, le prévenu eût-il déjà obtenu sa mise en liberté provisoire, si plus tard il survenait de nouvelles charges qui rendissent le fait punissable de peines afflictives ou infamantes, il est évident qu'il y aurait lieu à rapporter la décision rendue, et à mettre en conséquence le prévenu en état d'arrestation. — Carnot, *Instr. crimin.*, t. 1er, p. 443, no 4 ; Mangin, t. 1er, no 173.

14. — L'art. 115 C. inst. crimin. ne permet non plus, en aucun cas, de mettre les vagabonds et les repris de justice en liberté provisoire.

15. — A l'époque de la promulgation du C. d'instr. crimin., la loi (celle de vendém. an X) considérait comme vagabonds les voyageurs sans passe-port qui ne pouvaient justifier de leur inscription sur les registres d'une commune ; mais le vagabondage n'existant aujourd'hui que par la réunion des circonstances exprimées en l'article 270 C. pén. de 1810, ce sont ces caractères légaux, seuls constitutifs du fait de vagabondage, qui seuls aussi peuvent servir de base à la décision des magistrats pour l'application de l'article 115.—Du reste, il n'est pas nécessaire d'avoir subi une condamnation antérieure pour le fait de vagabondage ; la chambre du conseil ayant constaté que le prévenu se trouve dans cet état pourrait certainement rejeter la demande portée devant elle. — Boitard, *loc. cit.*, p. 180 ; Mangin, t. 1er, no 176.

16. — Réciproquement, continue Boitard (*ubi suprà*), la demande pourrait être formée par un prévenu condamné antérieurement comme vagabond, et, cependant, si cet état avait cessé, s'il avait depuis un domicile, une demeure, des habitudes régulières, des moyens d'existence reconnus , il est clair qu'il ne serait pas dans le cas de l'art. 115.

17. — Les auteurs ne sont pas d'accord sur l'interprétation du mot : *repris de justice*, et la jurisprudence éprouve un véritable embarras à le définir. Faut-il , empruntant le sens de l'ancienne législation, ne tenir pour tels que les individus qui ont été condamnés à des peines afflictives et infamantes, comme l'enseignent deux arrêts, l'un de la cour de *Paris* du 27 avr. 1838 (t. 1er 1838, p. 157), Tholozé, et l'autre de la cour de *Cass.*, 26 mai 1838 (t. 1er 1838, p. 562), mêmes parties? Oui , d'après Mangin , *De l'instr. écrite*, t. 1er, no 176 ; Boitard, *Code d'instr. crimin.*, p. 181 ; Carnot, *Instr. crimin.*, t. 1er, p. 452, no 4 ; Bourguignon, *Jurispr. des Codes crimin.*, t. 1er, p. 248.

18. — Faut-il, au contraire, appliquer cette dénomination même aux personnes qui ont subi les plus légères condamnations, telles que celles de simple police, ce qui blesserait, ainsi que l'indique sagement un arrêt de la cour de *Limoges* du 24 oct. 1837 (t. 1er 1838, p. 45), Degrassat, toutes les notions du juste et du vrai; ou bien faut-il suivre l'opinion de Legraverend, et comprendre, dans la dernière exception de l'art. 115, les condamnés correctionnels contre lesquels une peine d'emprisonnement d'une durée quelconque a été prononcée?

19. — Autant la première de ces deux interprétations semble restrictive au point de compromettre par une faveur mal-entendue les intérêts de la société, autant la généralité de la seconde pourrait devenir nuisible par son extension même. — Un terme moyen, qui découle de la loi comme de la raison, consisterait à assimiler aux condamnés pour crime les coupables condamnés correctionnellement à un emprisonnement de plus d'une année, et à ne réputer repris de justice que les uns et les autres; car rien ne s'oppose à ce que la matière de la liberté provisoire reçoive l'influence salutaire des principes qui ont dicté au législateur l'art. 58 du Code pénal en matière de récidive légale : *Ubi eadem ratio, ibi idem jus.*

20. — Une troisième exception est encore établie quant au droit de demander la mise en liberté provisoire; l'art. 126 du Code d'instruct. crim. la formule en ces termes: « Le prévenu qui aurait laissé contraindre sa caution en paiement, ne sera plus à l'avenir recevable, en aucun cas, à demander de nouveau sa liberté provisoire moyennant caution. » — Rien assurément de plus rationnel que cette prescription : « C'est en effet, comme le disait l'Assemblée constituante (Inst. du 21 octobre 1791), un contrat sacré que celui qui se forme par le cautionnement, entre le prévenu qui évite le malheur de la détention et les amis qui lui donnent, en le cautionnant, la plus haute preuve de leur confiance et de leur estime. »

21. — La disposition qui, dans ce cas, défend d'accorder, *à l'avenir et en aucun cas*, la liberté provisoire au prévenu, est générale et ne s'applique pas seulement à l'affaire dans laquelle il a manqué à sa promesse, mais encore à toutes les poursuites qui pourraient être exercées ultérieurement contre lui. — « Peu importe, dit Mangin (tit. 1, n° 176), qu'il ait été en définitive acquitté de la prévention : la loi n'a pas pris en considération l'issue de la poursuite; elle n'a eu en vue que l'infraction de la promesse qui liait le prévenu. »

22. — « Mais, continue le même auteur, remarquez qu'il faut que le prévenu ait laissé *contraindre* sa caution, de sorte que si, pour éviter à celle-ci les poursuites auxquelles son défaut de comparution l'a exposé, il versait à la caisse des dépôts et consignations le montant du cautionnement, on ne pourrait pas dire qu'il l'a laissé *contraindre*, qu'il a conséquemment encouru l'indignité établie par la loi. » — C'est en ce sens qu'il a été jugé, que la déchéance n'atteint pas le prévenu, quand son défaut de comparution n'a donné lieu qu'à sa réintégration dans la maison d'arrêt, sans qu'aucune contrainte ait été décernée contre sa caution. — *Bastia*, 22 fév. 1827, N..

23. — Mais il ne faudrait pas aller jusqu'à dire (Mangin, *ibid.*) que cette indignité n'a été établie que contre celui qui a laissé contraindre sa caution, et non contre celui qui a manqué de se représenter, étant lui-même sa propre caution. — Cette doctrine a été avec raison rejetée par la jurisprudence. — *Bruxelles*, 26 nov. 1821, Hendrick.

24. — Du reste, et lorsque le prévenu n'est pas sous le poids d'une poursuite criminelle, qu'il n'est ni vagabond ni repris de justice, enfin qu'il ne se trouve pas dans la situation exceptionnelle prévue par l'article 126, « la chambre du conseil pourra (porte l'art. 114 du C. d'instr. crim.), sur la demande du prévenu, et sur les conclusions du procureur du roi, ordonner que le prévenu sera mis provisoirement en liberté, moyennant caution solvable de se représenter à tous les actes de la procédure, et pour l'exécution du jugement, aussitôt qu'il en sera requis. »

25. — Sous l'empire de la législation intermédiaire, toutes les fois qu'on ne se trouvait dans aucun des cas formellement exceptés par la loi, le magistrat instructeur devait accorder au prévenu la liberté provisoire; les termes impératifs de la loi ne pouvaient, sur ce point, permettre aucun doute. — L. 19 juillet 1791, tit. 3, chap. 5, art. 12; Code 3 brum. an IV, art. 22.

26. — Que faut-il entendre aujourd'hui par cette expression de l'art. 114 du Code d'instruction criminelle, « la chambre du conseil *pourra*; » confère-t-elle aux juges un droit d'appréciation des circonstances, et peuvent-ils, en conséquence, accorder ou refuser la liberté provisoire, suivant qu'ils l'estiment ou non convenable?

27. — Peu de questions ont autant divisé les auteurs et la jurisprudence elle-même. La chambre criminelle de la cour de cassation ayant eu à juger, pour la première fois, le 21 avr. 1815, la question de savoir si la mise en liberté provisoire, sous caution, était facultative pour les tribunaux, se prononça pour la négative. — *Cass.*, 21 avr. 1815, Selves. — Divers arrêts avaient depuis consacré de nouveau cette jurisprudence, qui ne paraît guère avoir rencontré d'opposition devant les cours et tribunaux français, jusqu'en 1837. — *Colmar*, 16 déc. 1814, Meyer; *Bruxelles*, 26 nov. 1821, Lendriex.

28. — Mais, à partir de 1837, les cours royales luttèrent énergiquement contre la jurisprudence de la chambre criminelle, et décidèrent, par de nombreux arrêts, que les dispositions du Code d'instruction criminelle ne pouvaient être considérées comme impératives, et qu'en conséquence, les juges avaient la faculté d'accorder ou de refuser au prévenu, même d'un délit correctionnel, le bénéfice de la liberté provisoire. — *Limoges*, 24 oct. 1837 (t. 1er 1838, p. 45), Degrassat; *Colmar*, 15 sept. 1837 (t. 2 1840, p. 519), B....; *Caen*, 28 mars 1838 (t. 2 1838, p. 155), Lemeneur; *Paris*, 20 avr. 1838 (t. 1er 1838, p. 517), Tholozé; 27 avr. 1838 (t. 1er 1838, p. 526), Boissonnance; *Colmar*, 31 oct. 1839 (t. 1er 1840, p. 295), Moïse Schal; *Orléans*, 7 déc. 1839 (t. 2 1839, p. 652), Baudelaire; *Toulouse*, 19 avr. 1841 (t. 2 1841, p. 44), Dutil; *Montpellier*, 15 nov. 1842 (t. 1er 1843, p. 619), Rumeau; *Orléans*, 10 mai 1843 (t. 1er 1843, p. 685), Couaty.

29. — Cependant la chambre criminelle persévérait toujours dans sa jurisprudence, et de nouveaux arrêts venaient confirmer la doctrine posée en 1815; la cour ne voyant dans l'expression *pourra*, employée par l'art. 114, que l'expression de la volonté qu'avait eue le législateur de réserver désormais, aux chambres du conseil, le pouvoir de statuer sur les mises en liberté provisoire, pouvoir attribué, sous l'empire de la législation intermédiaire, au magistrat instructeur. — *Cass.*, 15 juill. 1837 (t. 2 1837, p. 287), Véron; 27 mars 1841 (t. 1er 1842, p. 498), Justin; 17 juill. 1841 (t. 2 1841, p. 343), R.... c. D.... — Bourguignon, *Jurisp. crimin.*, t. 1er, p. 245; Carnot, t. 1er, p. 450, n° 2; Faustin-Hélie, *Journal du dr. crimin.*, art. 2118.

30. — Néanmoins, un arrêt émané, non plus de la chambre criminelle, mais de la cour entière, réunie en chambre solennelle, est venu enfin mettre un terme à la lutte, en décidant que la mise en liberté provisoire, sous caution, est facultative pour les tribunaux, qui peuvent l'accorder ou la refuser aux individus prévenus de délits correctionnels. — *Cass.*, 23 fév. 1844 (t. 1er 1844, p. 212), Rumeau. — Depuis, la chambre criminelle s'est rangée à cette doctrine, par arrêt du 28 mai 1847 (t. 2 1847, p. 689, Masbon); on peut donc, à cet égard, considérer la jurisprudence comme fixée.

31. — Nous ne pouvons qu'adhérer à la doctrine de ce dernier arrêt; l'esprit se refuse en effet à croire que le mot *pourra*, employé par l'art. 114, puisse exprimer autre chose qu'une simple faculté. — D'ailleurs, pourquoi l'art. 114 confère-t-il juridiction à la chambre du conseil pour statuer sur les mises en liberté provisoire, tandis que les art. 122 et 123 conservent au juge d'instruction le pouvoir de décerner la contrainte? précisément parce que la matière est contentieuse dans le premier cas, tandis que, dans le second, il ne s'agit que d'une mesure d'exécution. Or, si la mise en liberté était en effet obligatoire, c'est-à-dire s'il n'y avait pas un véritable jugement à rendre par appréciation des circonstances extérieures au fait incriminé, comme à son caractère intrinsèque, il serait difficile de se rendre compte du droit nouveau introduit par l'art. 114, puisque le juge d'instruction, qui représente aujourd'hui le directeur du jury, se trouvait naturellement appelé à exercer en tous points, pour la liberté provisoire, les mêmes attributions que ce magistrat.

32. — Telle est également la solution donnée par la plupart des criminalistes. — Legraverend, *Législ. crimin.*, t. 1er, p. 343, note 1re; Rauter, t. 2, p. 348; Schenck, *Traité du ministère public*, t. 2, p. 274; Massabiau, *Manuel du procureur du roi*, t. 2, p. 339; Delamottes-Félines, *Manuel du juge d'instruction*, p. 319 et 320; Boitard, *Leçons sur le Code d'instr. crim.*, p. 179 et 181; Duverger, *Manuel des juges d'instruction*, n° 454; Teulet, d'Auvilliers et Sulpicy, *Codes annotés*, art. 114, nos 17 et suiv.; Mangin, *De l'instr. écrite*, t. 1er, n° 177.

33. — Ce dernier auteur fait même remarquer que la discussion qui eut lieu dans le sein du Conseil d'Etat, au sujet des articles 113 et 114 du C. d'instr. crim., ne peut laisser aucun doute. On lit en effet, dans le procès-verbal des séances, en date du 24 juin 1808, cette réponse du prince archichancelier à M. Berlier, qui avait demandé que la liberté provisoire fût toujours accordée aux prévenus correctionnels : « Les délits de police correctionnelle pouvant entraîner la peine de l'emprisonnement, on ne peut pas relâcher indistinctement sous caution ceux qui en sont prévenus; il suffit de laisser cette faculté au juge. »

34. — Toutefois, il convient de remarquer qu'un projet de loi, présenté à la chambre des députés le 19 février 1842, avait pour but de consacrer, en ce point, une doctrine contraire, quoique beaucoup modifiée.

35. — La seule exception qui, dans l'état actuel de la législation, existe au principe général de l'art. 114, c'est la disposition de l'art. 28 de la loi du 26 mai 1819, d'après lequel les juges ne peuvent refuser l'élargissement provisoire sous caution des personnes inculpées de délits commis par la voie de la presse ou par tout autre moyen de publication; la nature spéciale des délits dont il s'agit explique assez l'exception.

§ 2. — *Formes de la demande en liberté provisoire. — Compétence. — Recours. — Exécution.*

36. — La liberté étant toujours favorable, la mise en liberté provisoire peut être demandée et accordée en tout état de cause; ainsi le veut la dernière disposition de l'art. 114, que les tribunaux se montrent d'accord pour interpréter de la manière la plus large.

37. — Ainsi, la demande est recevable non-seulement pendant tout le cours de l'information, mais encore après l'ordonnance de la chambre du conseil qui renvoie le prévenu en police correctionnelle. Il est vrai, comme le fait remarquer Carnot (t. 1er, p. 446, n° 7), qu'au premier abord cette solution paraît offrir quelques difficultés, parce que la chambre du conseil se trouve dessaisie par l'ordonnance de renvoi en police correctionnelle, et que deux tribunaux se trouvent ainsi simultanément saisis de la même affaire. Mais on peut répondre avec raison que l'attribution faite à la chambre du conseil d'une demande distincte de la cause principale, n'a rien d'inconciliable avec les principes du droit. — Bourguignon, *Man. d'instr. crimin.*, t. 1er, p. 203, n° 2; Legraverend, t. 1er, p. 345.

38. — Quelquefois la chambre du conseil refuse d'accorder la liberté provisoire du prévenu sur le motif que le fait incriminé est de nature à emporter une peine afflictive ou infamante; mais plus tard le prévenu n'est renvoyé qu'en police correctionnelle, soit par la chambre du conseil elle-même plus éclairée, soit par la chambre d'accusation, qui réforme l'ordonnance de la chambre du conseil : dans ce cas, le prévenu seul peut présenter au tribunal correctionnel une nouvelle demande d'élargissement provisoire. — *Rouen* (et non *Cass.*), 9 (et non 22) sept. 1822, Picard. — En effet, l'ordonnance de la chambre du conseil n'a l'autorité de la chose jugée que relativement au fait imputé comme constituant un crime; ses deux dispositions, quant à la qualification du fait et quant à la liberté provisoire, sont corrélatives, inséparables; elles procèdent d'une même appréciation; l'une disparaissant, l'autre ne saurait conserver aucune valeur légale.

39. — Le prévenu peut, en appel comme en première instance, demander la liberté provisoire, sous caution. — *Cass.*, 24 août 1811, Sauffroy; 12 février 1830, Courtat; *Bastia*, 22 février 1827, N.... — Bourguignon, *Manuel d'instruct. crimin.*, t. 1er, p. 203, n° 2, et *Jurispr. des Codes*, t. 1er, p. 447, n° 9; Legraverend, t. 1er, p. 345; Merlin, *Rép.*, v° *Élargissement*, n° 1er.

40. — Elle peut même être demandée après le jugement définitif, et alors que l'affaire est soumise à la cour de cassation. — *Cass.*, 22 avril 1841 (t. 1er 1841, p. 656), Choy; 17 juill. 1841 (t. 1er 1841, p. 343), R.... c. D.... — *Ass. Loire-Inférieure*, 9 mars 1844 (t. 2, 1844, p. 5), Ange de Léon des Ormeaux.

41. — Il est vrai que Carnot (t. 2, p. 171, n° 14,) s'élève contre cette jurisprudence par le double motif que, d'un côté, les termes de l'art. 114 ne font mention que du prévenu, et que, d'un autre côté, le jugement définitif ayant été rendu, il n'y a plus d'instance, et par conséquent il est impossible de statuer sur une demande de mise en liberté provisoire. — Mais MM. Teulet, d'Auvilliers et Sulpicy (*Codes annotés*, sur l'art. 114, n° 6, C. Instr. cr.) répondent avec raison : « La première objection est insignifiante : le mot *prévenu* est générique. Quant à la seconde, elle est détruite par la généralité des expressions, *en tout état de cause*, qui concernent nécessairement le pourvoi en cassation; car en matière criminelle, il est suspensif. Le système de Carnot aurait pour résultat de priver de ce recours les condamnés à des peines légères, lesquelles seraient imposées avant le jugement du pourvoi, s'il n'y avait aucun moyen de s'y soustraire. Cependant la loi a défendu de faire exécuter les condamnations pendant l'instance en cassation. » — Legraverend, t. 1er, p. 337; Bourguignon, *Jur. des codes crimin.*, t. 1er, p. 148, n° 5, et t. 2, p. 323, n° 5; Boitard, t. 1er, p. 183.

42. — Jugé encore que la mise en liberté sous caution accordée en première instance ne cesse pas d'avoir son effet pour régulariser le pourvoi en cassation, quoique le jugement de première instance portant acquittement du prévenu ait été réformé sur appel et que le prévenu y ait été condamné à une peine d'emprisonnement. — *Cass.*, 3 juin 1813, Boddi.

43. — ..... Et même que le prévenu qui n'est point en état d'arrestation peut cependant demander son élargissement provisoire, parce que aucune loi ne subordonne la demande à une détention préalable, et qu'il a le même intérêt à conserver sa liberté qu'à la recouvrer après l'avoir perdue. — *Paris*, 11 janv. 1823, Engelmann et Thierry; *Cass.*, 12 févr. 1830, Courtat; 27 mars 1830, Coudert; 22 avr. 1841 (t. 1er 1841, p. 656), Choy. — Mangin, t. 1er, n° 175.

44. — Mais il ne faudrait pas conclure de là que la mise en liberté provisoire puisse être demandée et accordée avant qu'il existe un mandat de dépôt ou arrêt, et sur une simple éventualité de la privation de la liberté : les termes de la loi dans les art. 114, 120, 134, notamment, indiquent suffisamment que la liberté provisoire ne peut être accordée par anticipation. — Mangin, *loc. cit.*

45. — Sous l'empire du C. du 3 brum. an IV, c'était au directeur du jury d'accusation qu'il appartenait d'ordonner la mise en liberté du prévenu; aux termes de l'art. 114 du C. d'instr. crimin., ce droit est réservé aux *chambres du conseil*, expressions qu'il ne faut pas prendre assurément dans ce sens limitatif, que les chambres du conseil des tribunaux de première instance ont seules qualité pour statuer sur les demandes en liberté provisoire. On est au contraire universellement d'accord pour reconnaître que les termes de l'art. 114 ne sont que démonstratifs, et que la volonté bien évidente du législateur est que la demande soit toujours portée devant la juridiction qui se trouve saisie au moment où la demande est formée. — Mangin, n° 178.

46. — Ainsi, dans les affaires correctionnelles et pendant l'instance d'appel, le tribunal d'appel est seul compétent pour connaître de la demande en liberté provisoire. (*Cass.*, 24 août 1811, Sauffroy; 12 fév. 1830, Courtat.) — Dans ce cas, les attributions que les art. 122 et 123 C. d'inst. crim. donnent au juge d'instruction se trouvant pareillement épuisées, elles sont dévolues au président du tribunal correctionnel ou à celui des juges que désigne l'ordonnance.

47. — De même toutes les fois que la chambre des mises en accusation d'une cour d'appel se trouve saisie de l'affaire, c'est à elle qu'il appartient de statuer sur les demandes à fin de liberté provisoire.

48. — Par les mêmes motifs, si la demande dont s'agit n'était formée qu'après renvoi fait par la chambre des mises en accusation devant un tribunal correctionnel, c'est à cette dernière juridiction, et non à la cour, dessaisie par l'arrêt de renvoi, qu'il appartiendrait de statuer. — *Rouen*, 9 (et non 22) sept. 1822, Picard; *Cass.*, 27 mars 1823, Carbonnier; 5 sept. 1833, Zemb.

49. — Le tribunal qui s'est dessaisi de la connaissance de l'affaire par une déclaration d'incompétence ne peut prononcer désormais sur la question de liberté provisoire. — *Cass.*, 13 janv. 1837 (t. 2, 1837, p. 62), Edeline.

50. — Une cour de renvoi qui n'est saisie par l'arrêt de renvoi que du droit de fixer le montant du cautionnement que doit fournir le prévenu qui demande sa mise en liberté provisoire, est incompétente pour statuer sur la demande en nullité du mandat de dépôt décerné contre lui, alors même que l'arrêt cassé aurait omis de prononcer sur cette demande. — *Orléans*, 24 août 1846 (t. 1er 1847, p. 36), Galand.

51. — A l'égard de la demande en liberté provisoire qui peut être formée pendant le pourvoi en cassation, on serait tenté de conclure que c'est à cette cour qu'il appartient de statuer; mais évidemment pour rendre une décision sur une question de cette nature, il est nécessaire que les juges examinent préalablement les faits, appréciation qui n'est point dans les attributions de la cour suprême. Aussi est-ce une jurisprudence constante et universellement admise que la demande à fin de liberté provisoire formée par le condamné qui veut être dispensé de se mettre en état pour la recevabilité de son pourvoi, doit être portée non devant la cour de cassation, qui ne rend pas la justice, mais devant la juridiction qui a prononcé l'arrêt attaqué. — *Rouen*, 24 août 1821, Engelmann; *Paris*, 11 fév. 1823, Engelmann et Thierry; *Bordeaux*, 2 fév. 1830, Coudert; *Cass.*, 27 mars 1830, mêmes parties; 13 août 1840 (t. 2 1840, p. 673), Desnuces; 17 juil. 1841 (t. 2 1841, p. 343), R. c. D.; *Ass. Loire-Inférieure*, 9 mars 1844 (t. 2 1844, p. 5), Ange de Léon des Ormeaux. — Legraverend, t. 1er, p. 347; Mangin, t. 1er, n° 179.

52. — En conséquence, cette demande formée par un individu condamné correctionnellement par la cour d'assises le dernier jour d'une session, peut être présentée à la cour d'assises réunie pour une session ultérieure. — *Ass. Loire-Inférieure*, 9 mars 1844 (t. 2 1844, p. 5), Ange de Léon des Ormeaux.

53. — Mais quelle serait la juridiction compétente, si la session de la cour d'assises était close, et si la prochaine session ne devait s'ouvrir qu'à une époque où le pourvoi en cassation devrait être jugé? M. Morin (*Journal de droit crim.*, art. 3565) émet l'opinion que ce sera la cour d'appel, chambre des mises en accusation ou chambre des vacations, « puisqu'elle seule, dit-il, a le principe de juridiction en pareil cas. » — En règle générale ces principes sont vrais : le droit pour tout prévenu d'obtenir, *en tout état de cause*, sa liberté sous caution, suppose en effet l'existence d'une autorité permanente chargée d'apprécier la demande à fin de mise en liberté. — *Cass.*, 28 mai 1847 (t. 1er 1847, p. 671), Fagolie.

54. — Aussi a-t-il été jugé, dans un cas spécial, mais complétement analogue à celui où il s'agit d'un arrêt rendu par la cour d'assises, que lorsque le prévenu est renvoyé devant une juridiction qui n'est en activité qu'à certaines époques de l'année (par exemple devant la chambre correctionnelle de Cayenne, qui ne doit tenir que cinq sessions par an), la chambre d'accusation par laquelle le prévenu a été renvoyé devant cette juridiction pendant qu'elle n'est pas encore en action, est la seule autorité qui ait caractère pour statuer sur une demande à fin de mise en liberté, et ne peut se déclarer incompétente à cet égard. — Même arrêt.

55. — ... Et que si cependant et contre toute attente, le condamné, qui désire obtenir sa mise en liberté provisoire, était repoussé par des déclarations d'incompétence émanées des juridictions criminelles ordinaires, la cour de cassation, en présence de cet universel conflit négatif, devrait réputer le demandeur en état. — *Cass.*, 12 fév. 1830, Courtat. — Tel est aussi l'avis de M. Morin, *loc. cit.*

56. — Mais nous ne saurions, en matière de délit de presse, admettre la compétence que M. Morin attribue à la cour royale, chambre correctionnelle ou des vacations, ou chambre d'accusation. En effet, la chambre d'accusation n'a compétence que pour statuer sur les matières dont elle est saisie conformément aux articles 133, 134 et 135 C. instr. crim., ou sur les incidens qui peuvent s'élever pendant qu'elle est saisie. Une fois le renvoi devant la cour d'assises prononcé, la cour d'assises est investie de la connaissance de l'accusation, à l'égard de laquelle la cour royale, chambre d'accusation, a épuisé sa compétence. La chambre correctionnelle ou des vacations ne saurait être saisie, en aucune façon, d'un délit de presse que la charte constitutionnelle attribue au jury. Comment, lorsque le principe de la juridiction est placé ailleurs par un article de la constitution, pourrait-on saisir la police correctionnelle d'un incident ou d'une contestation accessoire à ce délit? Et telle est en effet la doctrine consacrée par un arrêt récent de la cour de Rennes. — *Rennes*, 9 oct. 1846 (t. 2 1846, p. 549), Macé.

57. — Si la question de liberté provisoire, au cas dont il s'agit, se présente dans l'intervalle de deux sessions de la cour d'assises, sans doute la nouvelle cour d'assises n'étant point encore régulièrement constituée, ne peut être appelée à statuer sur la question de la liberté provisoire. — *Cass.*, 27 fév. 1837 (t. 1er 1837, p. 603 [intérêt de la loi]), Lecontre de Beauvais.

58. — ... Mais nous pensons que, dans ce cas, la cour d'assises de la dernière session a compétence. — L'objection tirée de ce que cette cour cesse d'exister dès la clôture de la session ne nous paraît pas sans réplique; et d'abord il est certain qu'il est des opérations auxquelles les magistrats formant la cour d'assises proprement dite procèdent valablement soit avant la réunion du jury, soit après que les jurés ont été congédiés. Nous pouvons citer, pour exemple d'opérations précédant la session, le cas où un accusé qu'on aurait cru pouvoir transférer dans la maison de justice, avant la fin de la session, n'y arriverait qu'après la clôture. Est-ce que le président du tribunal du chef-lieu de département ne devrait pas, suppléant le président des assises retourné au chef-lieu de la cour, interroger l'accusé dans les vingt-quatre heures (C. d'instr. crim., art 293)? Après la session, n'est-ce pas devant la cour d'assises que doivent être portées les liquidations de dommages-intérêts dont la condamnation a été prononcée à donner par état, les poursuites contre des journalistes prévenus d'infidélité de compte rendu des débats de la cour d'assises, etc.? Dans ce cas la compétence des magistrats de la cour d'assises est *nécessaire*. Il en doit être de même dans le cas qui nous occupe. L'esprit de la loi tel qu'il a été exposé par le législateur est loin de répugner à notre opinion. Voici en effet ce que nous lisons dans l'exposé des motifs du C. d'instruction criminelle présenté au Corps législatif (séance du 29 nov. 1808) par M. le comte Faure : « La cour (d'assises) n'existera qu'autant qu'elle sera occupée; et lorsqu'elle cessera de l'être, les juges qui la composeront retourneront à leurs fonctions civiles, *à l'exception de ceux qui pourraient en être empêchés soit par les travaux préparatoires*, SOIT PAR QUELQUE AUTRE CAUSE. » — Ces dernières expressions peuvent très-bien comprendre le cas qui nous occupe. Au chef-lieu du département on retrouvera en majorité les magistrats qui ont connu de l'affaire sur laquelle a été formé le pourvoi en cassation; ils apprécieront donc en connaissance de cause, et par une suite nécessaire de leurs fonctions primitives, s'il y a ou non lieu d'accorder la liberté provisoire demandée.

59. — Si cette solution n'était pas adoptée, il faudrait alors décider que, dans l'intervalle d'une session de la cour d'assises à l'ouverture de la session suivante, aucune autorité judiciaire ne pouvant être saisie d'une demande d'élargissement provisoire, la cour statue sur le pourvoi des individus condamnés pour délits de presse et restés libres, sans exiger leur constitution préalable. — *Cass.*, 28 août 1834, Laroze (*affaire de la Gazette du Maine*, solution implicite). — V. aussi Parant, *Loi de la presse*, p. 364 et 384.

60. — Dans l'usage, la demande en liberté provisoire est introduite sous forme de requête présentée au tribunal, par l'intermédiaire du juge d'instruction ou par voie de dépôt au greffe; du reste, dans le silence de la loi, l'inobservation de ces formes n'entraînerait évidemment aucune nullité.

61. — Une seule formalité est prescrite par l'art. 116 en ces termes : « La demande en liberté provisoire sera notifiée à la partie civile, à son domicile ou *à celui qu'elle aura élu*.

62. — Pour bien comprendre cette prescription, il faut rapprocher de cet article 116 le texte de l'article 68, qui exige que toute partie civile élise domicile dans l'arrondissement du lieu où se fait l'instruction. — D'où il suit que, dans l'espèce, si cette élection n'avait pas eu lieu, la partie civile serait non recevable à se plaindre du défaut de signification. — Carnot, t. 1er, p. 454, n° 2; Bourguignon, *Jurispr. des codes crimin.*, t. 1er p. 250; Mangin, t. 1er, n° 180.

63. — Du reste, il ne faut pas perdre de vue que la partie civile n'étant pas tenue d'élire domicile dans chacun des arrondissemens où siégent les divers tribunaux qui peuvent être appelés à connaître de l'affaire, il suffit que ce domicile, soit réel, soit élu, existe dans l'arrondissement du tribunal originairement saisi, pour que l'art. 116 reçoive son application. — Mangin, *loc. cit.*

64. — La partie civile, sans avoir le droit de contester la demande, peut présenter aux juges chargés de statuer, des observations propres à les éclairer tant sur la nature et les circonstances des faits incriminés que sur la position du prévenu. — Nous verrons (*infrà* nos 81 et suiv.) quels sont, sur ce point, les droits de la partie civile.

65. — C'est toujours en chambre du conseil, et non point en audience publique, qu'il doit être statué par les juges saisis sur la demande à fin de liberté provisoire. — Bourguignon, *Manuel d'instr. crim.*, t. 1er p. 204; Carnot, t. 1er, p. 491, n° 2; Teulet, d'Auvilliers et Sulpicy, sur l'art. 114, n° 13.

66. — Jugé, sous l'empire du code du 3 brum.

an IV, mais cette solution doit être encore suivie aujourd'hui, que la décision ne peut être prise sans que le ministère public ait donné ses conclusions. — *Cass.*, 27 therm. an VII, Thalazac; 17 pluv. an X, David c. Reims; 24 avril 1807, François; 8 mai 1817, Perchette.

67. — Remarquons ici que les deux derniers arrêts, cités dans le numéro qui précède, décident, en outre, que les ordonnances de mise en liberté provisoire ne peuvent être exécutées que de l'autorité du ministère public. La question, sous le code du 3 brum. an IV, pouvait en effet présenter quelques difficultés, en ce que c'était le directeur du jury qui était chargé de prononcer sur les demandes dont s'agit.

68. — Les décisions rendues en ces matières par les chambres du conseil sont de véritables jugemens. — Carnot, t. 1er, p. 450, no 10; Mangin, t. 1er, no 82. — Néanmoins l'usage leur a donné la dénomination d'ordonnances.

69. — Les ordonnances de la chambre du conseil qui statuent sur les demandes à fin de liberté provisoire, sont susceptibles d'être attaquées par la voie de l'opposition ou de l'appel, comme toutes autres décisions, soit de la part du ministère public, soit de celle du prévenu. — Legraverend, t. 1er, p. 344; Teulet d'Auvilliers et Sulpicy, sur l'art. 114, no 24; Mangin, t. 1er, no 183; De Serre, *Manuel des cours d'assises*, t. 1er, p. 174.

70. — Il est vrai que, par un arrêt, la cour de Colmar, considérant que le refus d'accorder provisoirement la liberté au prévenu constituait une décision purement préparatoire, avait déclaré l'appel non recevable. — *Colmar*, 10 déc. 1814, Meyer.

71. — Mais une décision peut être définitive, quoique la mesure à l'occasion de laquelle elle statue soit en elle-même provisoire. L'ordonnance qui intervient sur la requête de mise en liberté sous caution a, quant à l'état de la cause, un caractère définitif, et oblige les inculpés d'attendre la décision du fond; ce serait leur ravir le bénéfice de la loi : aussi l'arrêt précité n'a-t-il point été adopté par la jurisprudence, qui se prononce conformément au sens contraire. — *Paris*, 13 fév. 1816, Bruce et Wilson; *Bruxelles*, 26 nov. 1821, Hendrike; *Rouen*, 2 août 1822, Mélissent; 9 sept. 1822, Picard; *Cass.*, 15 juillet 1837 (t. 2 1837, p. 287), Vérin; *Caen*, 28 mars 1838 (t. 2 1838, p. 155), Lemeneur; *Toulouse*, 19 avril 1841 (t. 2 1841, p. 44), Dutil; *Cass.*, 28 mai 1847 (t. 2 1847, p. 680), Maslon; 10 mars 1848 (t. 1er 1848, p. 573), Tuaillon.

72. — Il faut en conséquence suivre, pour exercer ces diverses voies de recours, les règles générales sur l'ordre des juridictions. — Mêmes arrêts. — C'est ainsi, par exemple, que l'appel de l'ordonnance rendue par le tribunal correctionnel, doit être porté devant la chambre des appels de police correctionnelle de la cour d'appel, et non devant la chambre des mises en accusation.

73. — Il y a lieu également de suivre les règles ordinaires sur les délais de l'appel et de l'opposition. Il est vrai que la cour de Caen, dans son arrêt du 28 mars 1831 précité, avait pensé que le délai pour se pourvoir par voie d'appel contre les ordonnances de la chambre du conseil, était de dix jours; mais cette solution était le résultat d'une erreur : la cour confondait l'appel des jugemens correctionnels avec l'opposition aux ordonnances de la chambre du conseil, improprement désignée sous le nom d'appel.

74. — Notons enfin que le recours en cassation est recevable contre les arrêts et jugemens rendus en dernier ressort en matière de liberté provisoire. — *Cass.*, 26 mai 1838 (t. 1er 1838, p. 632), Tholozé.

75. — Cette demande étant une demande principale, indépendante du jugement sur la prévention, le prévenu doit, sous peine de déchéance, ne pas attendre le jugement définitif, et se pourvoir dans les trois jours. — *Cass.*, 3 août 1838 (t. 2 1846, p. 113), Lemeneur.

76. — Du reste, et toujours par ce même motif, la demande de mise en liberté, sous caution, étant séparée du fond de la prévention, il en résulte que le pourvoi formé contre l'arrêt qui refuse cette mise en liberté, ne fait pas obstacle à ce qu'il soit passé outre au jugement du fond. — Même arrêt.

77. — La décision sur la mise en liberté provisoire devenue définitive, le cautionnement régulièrement constitué (V. *infrà* nos 81 et suiv.), il y a lieu de faire jouir le prévenu du bénéfice de la liberté provisoire.

78. — Suivant Legraverend (t. 1er, p. 152), pour la régularité des formes, « le juge d'instruction doit, sur les conclusions du ministère public, rendre une ordonnance, dans laquelle il relate, outre le jugement du tribunal qui autorise la mise en liberté, sous caution, chacun des actes exigés par la loi, et ordonne, en conséquence, que le prévenu restera ou sera mis en liberté, suivant que toutes les formalités ont précédé ou suivi son arrestation. » — Boitard, p. 191. — Suivant Mangin (t. 1er, no 197), cette ordonnance est superflue : il suffit que le ministère public charge un huissier de se transporter à la maison d'arrêt, si le prévenu est incarcéré, pour y radier l'écrou; s'il est en liberté, qu'il retire le mandat des mains des agens de la force publique. — V., en ce sens, instr. minist. 30 sept. 1826.

79. — Notons seulement encore, que, pour assurer la représentation du prévenu, la loi veut (art. 124) qu'il ne soit mis en liberté provisoire, sous caution, qu'après avoir élu domicile dans le lieu où siége le tribunal correctionnel, par un acte reçu au greffe de ce tribunal.

80. — L'inexécution de cette formalité n'aurait pas sans doute pour résultat d'enlever au prévenu, d'une manière définitive, le bénéfice du jugement rendu; il en suspendrait seulement l'effet. — D'où il résulte que, si le prévenu avait été mis en liberté, il devrait être réintégré en prison, jusqu'à ce qu'il eût satisfait sur ce point à la loi.

§ 3. — *Cautionnement.*

81. — La mise en liberté provisoire, ne peut, aux termes de l'art. 114, C. inst. crimin., être ordonnée que moyennant caution solvable, par le prévenu, de se représenter à tous les actes de la procédure, et pour l'exécution du jugement, aussitôt qu'il en sera requis.

82. — Il ne suffit pas que les juges aient estimé qu'il y a lieu d'accorder à un prévenu la liberté provisoire; ce n'est qu'après que toutes les formalités exigées par la loi pour la fixation du cautionnement et sa constitution sérieuse ont été remplies, que le prévenu peut être admis à jouir du bénéfice de la liberté provisoire: ainsi le prescrit formellement l'art. 120 du Code d'instr. crimin.

83. — Autrefois, il est vrai, et sous l'empire de l'ancienne législation, il était permis aux juges de se contenter de la caution *juratoire* de l'accusé, alors qu'il était notoire qu'il était riche ou d'un rang distingué, ou bien au contraire lorsqu'à cause de sa pauvreté, il ne pouvait trouver personne qui voulût le cautionner. — Julius Clarus, quest. 14, 15, 16; Farinaccius, quest. 33, no 60; Jousse, *Just. crimin.*, t. 2, p. 571, no 325.

84. — Mais aujourd'hui, l'obligation de donner caution est de rigueur, et le tribunal qui accorde la liberté provisoire au prévenu, ne saurait l'en dispenser. — *Cass.*, 24 avr. 1807, François; 30 nov. 1822, Bonnal; 5 sept. 1833, Pierre Zemb; 28 avr. 1836, Muller.

85. — Du reste, le prévenu peut être admis à être sa propre caution; ainsi le déclare l'art. 118, et, sur ce point, il y a véritable amélioration sur le système adopté par le code du 3 brum. an IV, qui n'admettait pas le prévenu à se cautionner lui-même.

86. — Que le prévenu soit sa propre caution, ou que cette caution soit une tierce personne, elle doit être *solvable*. — C. d'instr. crim., art. 114.

87. — C'est au tribunal qui est appelé à statuer sur la demande en liberté provisoire qu'il appartient de statuer sur la solvabilité de la caution. — Mangin, t. 1er, p. 194; Carnot, t. 1er, p. 455, no 2; Legraverend, t. 1er, p. 346, et MM. Teulet, d'Auvilliers et Sulpicy, sur l'art. 117, no 1er, prétendent, il est vrai, que c'est au juge d'instruction que la loi a réservé ce soin, et leur opinion se fonde sur l'art. 222 du code du 3 brum. an IV, et sur la troisième disposition de l'art. 119 du Code actuel. Mais il était bien naturel que le directeur du jury d'accusation fût chargé de statuer sur la solvabilité de la caution, alors que c'était lui qui prononçait la liberté provisoire. Quant à l'argument tiré de l'art. 119, le pouvoir qui y est conféré au juge d'instruction n'est qu'une exception; et d'ailleurs cette disposition est le résultat d'une erreur de rédaction. — V., en ce sens, Bourguignon, *Jurisp. des cod. crimin.*, t. 1er, p. 251, no 2.

88. — Au surplus, et c'est là la condamnation du système que nous combattons, Legraverend (*loc. cit.*) déclare lui-même qu'il déciderait autrement si la chambre d'accusation se trouvait saisie par la voie de l'opposition de la demande en liberté provisoire; la délégation accordée au juge d'instruction s'applique uniquement à l'époque où la question d'élargissement s'agite encore devant les premiers juges, et les juges supérieurs appelés à résoudre la question principale prononcent également sur toutes les conséquences qu'elle entraîne.

89. — Le tribunal ou la cour saisie ne peut statuer sur la solvabilité de la caution, sans entendre les conclusions du ministère public. — C. d'inst. crim., art. 117.

90. — En outre, et s'il existe une partie civile, elle doit être *appelée*. — *Ibid.* — Il ne s'agit plus ici d'une simple notification, comme au cas de l'article 116, mais d'une citation véritable, la partie civile ayant qualité pour contester. — Carnot, t. 1er, p. 455, no 4.

91. — Si la partie civile n'a point de domicile, soit réel, soit élu, dans l'arrondissement, ainsi que le prescrit l'art. 68, la notification n'est plus nécessaire : mais comme cependant son droit ne résulte pas de la notification qui peut lui être faite, elle pourrait toujours intervenir.

92. — Le prévenu, le ministère public, la partie civile ont incontestablement le droit, de se pourvoir par les voies ordinaires de droit contre les décisions rendues par les juges sur l'admissibilité ou le rejet de la caution.

93. — Toutefois, on s'est demandé si la partie civile dûment citée, et qui n'a point comparu, peut former opposition à la décision rendue par la chambre du conseil, qui a statué sur la solvabilité de la caution. — Quant à nous, nous n'hésitons pas à dire que l'opposition aux jugemens par défaut étant de droit commun, là où la loi ne l'a pas interdite, elle doit être toujours admise, suivant les règles et délais du droit commun. — Mangin, t. 1er, no 194.

94. — « Il est vrai, dit Mangin, *loc. cit.*, que Carnot (t. 1er, p. 463) veut qu'elle soit formée après que la décision qui admet la caution a reçu son exécution, mais cette opinion, qu'il n'appuie sur aucun motif, n'est nullement fondée. L'effet de l'opposition n'est pas sans doute d'obliger le prévenu à se constituer prisonnier, lorsqu'elle intervient après qu'il a été mis provisoirement en liberté, puisque la loi ne l'a pas ainsi ordonné; mais si la décision qui admet la caution était rapportée, le tribunal devrait prescrire au prévenu un nouveau délai pour en présenter et en faire agréer une nouvelle, et s'il laissait passer ce délai, sans s'être conformé à cette disposition, il devrait être privé de sa liberté provisoire. »

95. — Aux termes de l'art. 117, la caution « doit justifier d'immeubles libres pour le montant du cautionnement et une moitié en sus, si mieux n'aime déposer le cautionnement en espèces. » — Selon la loi du 28 avril 1816, art. 110 et suiv., le dépôt doit être fait non plus à la caisse de l'enregistrement et des domaines, mais à celle des dépôts et consignations.

96. — La loi n'admet pas d'autre mode de cautionnement, que des immeubles ou des espèces : ainsi, la caution ne serait pas admise à déposer, à titre de nantissement un objet mobilier de quelque prix qu'il fût, un diamant, par exemple. — Carnot, t. 1er, p. 411, no 9.

97. — Du reste, toute latitude est laissée à la caution dans les limites tracées par l'art. 117. Ainsi, elle pourrait valablement fournir son cautionnement partie en espèces, partie en immeubles, sauf bien entendu qu'en ce qui concerne les immeubles, ils doivent être d'une valeur de moitié en sus de la part pour laquelle ils doivent entrer. — Carnot, t. 1er, p. 457; Legraverend, t. 1er, p. 437; Mangin, t. 1er, no 195; Bourguignon, *Jurispr. des codes crimin.*, t. 1er, p. 457.

98. — Aucune difficulté sérieuse ne peut s'élever quand le cautionnement consiste en argent, il suffit que cet argent soit déposé; mais quelques observations sont nécessaires pour le cas où le cautionnement consiste en immeubles.

99. — En disant que les immeubles doivent être libres, la loi n'a pas entendu qu'ils ne fussent grevés d'aucune hypothèque, il suffit évidemment que leur valeur libre garantisse le cautionnement, et la moitié en sus. Sur ce point, les tribunaux sont souverains appréciateurs. — Mangin, t. 1er, no 191.

100. — Quant au mode de justification de la propriété des immeubles, des charges qui peuvent les grever, de la valeur qu'ils peuvent avoir, V. CAUTIONNEMENT, nos 343 et suiv.

101. — Remarquons encore que si, par un événement quelconque, la caution venait à être évincée, en tout ou en partie, des immeubles affectés au cautionnement, on pourrait en exiger un nouveau du prévenu. — Carnot, t. 1er, p. 457, no 8.

102. — La loi ne pouvait déterminer d'une manière fixe et invariable le taux du cautionnement; seulement elle a pris soin d'en déterminer les bases : l'art. 119 porte : « Le cautionnement ne pourra être au-dessous de 500 fr. — Si la peine correctionnelle était à la fois l'emprisonnement et une amende dont le double excéderait 500 fr., le cautionnement ne pourrait pas être exigé d'une somme plus forte que le double de cette amende. — S'il avait résulté du délit un dommage civil appréciable en argent, le cautionnement sera triple de la valeur du dommage, ainsi qu'il sera arbitré, pour cet effet seulement, par le juge d'instruction, sans néanmoins que dans ce cas le cautionnement puisse être au-dessous de 500 fr. »

103. — Dans le projet de loi présenté le 10 fév. 1842, le minimum du cautionnement était abaissé à 100 francs, et les deux dernières dispositions de l'art. 119 étaient supprimées; mais ce projet n'a pas, comme on le sait, reçu la sanction législative.

104. — Mais un décret du gouvernement provisoire, du 23 mars 1848, a fait disparaître la limite minimum imposée aux cautionnemens, en abrogeant le § 1er de l'art. 119 C. instr. crim. — Ce décret est ainsi conçu : « Vu l'art. 119 C. instr. crim., portant que les cautionnemens que doivent fournir les prévenus des délits, lorsqu'ils obtiennent la liberté provisoire, ne peut être au-dessous de 500 francs; — considérant que cette disposition consacre une flagrante inégalité parmi les prévenus; qu'elle a pour résultat d'exclure du bénéfice de la liberté provisoire tous ceux qui ne peuvent déposer une somme de 500 francs; — considérant que les garanties de la représentation devant la justice d'un prévenu de simple délit peuvent se puiser non-seulement dans sa fortune, mais dans sa position personnelle, dans son domicile, dans sa profession, dans ses antécédens, enfin dans la nature même du fait qui lui est imputé. — Art. 1er. Le 1er § de l'art. 119 du Code d'instruction criminelle est abrogé. » — Ainsi, désormais, les juges ont toute latitude pour fixer le montant du cautionnement, dont ils peuvent faire descendre le taux, s'ils le jugent convenable, à la somme la plus minime.

105. — Selon le premier projet du Code d'instr. crim., c'était au juge d'instruction qu'on avait d'abord attribué le droit de statuer sur toutes les questions concernant la liberté provisoire; mais on pensa, avec raison, qu'il était préférable de ne confier ce pouvoir qu'au tribunal entier, réuni en chambre du conseil, et ce n'est que par oubli de rédaction qu'on n'a pas substitué, dans la rédaction finale de l'art. 119, le mot chambre du conseil à celui de juge d'instruction. C'est ce que déclare, au surplus, M. Oudart (*Essais sur l'organisation du jury de jugement*, p. 158), et ce témoignage est d'autant plus grave que celui qui le donne a participé aux travaux du Conseil d'Etat.

106. — Quoi qu'il en soit, les termes de la loi sont trop formels pour qu'on s'en écarte; seulement il faut se garder de les étendre par analogie : ainsi, l'attribution faite au juge d'instruction n'a lieu qu'autant que c'est la chambre du conseil du tribunal de première instance qui statue; elle cesse lorsque l'affaire est soumise à une juridiction supérieure. — *Cass.*, 15 juil. 1837 (t. 2 1837, p. 287), Véron; 20 mai 1838 (t. 1er 1838, p. 632), Tholozé. — V. aussi Bourguignon, *Jurispr. des Codes crimin.*, t. 1er, p. 252; Carnot, t. 1er, p. 464. — V. toutefois Mangin (t. 1er, no 189), lequel pense que le but que s'est proposé le législateur, dans l'art. 119, a été seulement de charger le juge d'instruction de préparer sur le chiffre du cautionnement un travail qui ne peut être définitivement arrêté que par la chambre du conseil.

107. — « Il semble, disent MM. Teulet, d'Auvilliers et Sulpicy sur l'art. 119, no 5, résulter d'un arrêt de la cour de *Douai*, du 18 août 1830 (Denain c. Enregistrement), que les tribunaux ne doivent, en cas de concours de plusieurs délits, avoir égard pour la fixation du cautionnement qu'à ceux qui sont susceptibles d'entraîner une peine d'emprisonnement. Nous pensons, au contraire, qu'en raison de la connexité et de la faculté d'appliquer l'amende et l'emprisonnement, les tribunaux doivent avoir égard à tous les faits compris dans les poursuites. »

108. — En ce qui concerne l'appréciation des dommages civils, il est incontestable que ce dommage doit s'entendre non de celui existant au moment du délit, mais de celui existant au jour de la demande en liberté provisoire. — *Orléans*, 24 août 1846 (t. 1er 1847, p. 36), Galaup.

109. — Il y a lieu du reste d'appliquer les règles ordinaires sur la fixation des dommages-intérêts : ainsi il n'est pas nécessaire que le dommage causé soit matériel; et, spécialement, l'atteinte portée à l'honneur et à la considération étant un préjudice réel et véritable, qui, d'après la loi, est appréciable en argent, il y aurait lieu de prendre en considération ce dommage dans la fixation du chiffre du cautionnement. — Teulet, d'Auvilliers et Sulpicy, *ubi suprà*, no 9. — V. toutefois *contrà*, Carnot, t. 1er, p. 462, no 9; Legraverend, t. 1er, p. 349, note 2; Bourguignon, t. 1er, p. 251, no 1er.

110. — Les restitutions peuvent être comprises dans l'expression générale de dommages-intérêts sous l'empire du Code d'instr. crim., comme on le jugeait sous l'empire de la loi du 19-22 juillet 1791. — *Cass.*, 20 pluv. an XII, Defer.

111. — Il faut en dire autant des frais de poursuite, dont le juge d'instruction devra en conséquence évaluer le montant.

112. — Du reste, il est évident que ces appréciations faites par le juge d'instruction ne sont qu'approximatives et provisoires, et qu'elles ne peuvent exercer aucune influence sur l'indemnité qui sera allouée en définitive. C'est ce qui résulte clairement de ces expressions de l'art. 119, *pour cet effet seulement* : la loi ne pouvait en effet charger un magistrat de fixer seul le montant du dommage, surtout avant le jugement du fond. — Carnot, t. 1er, p. 460, no 5.

113. — On est généralement d'accord que, pour qu'il y ait lieu à l'application du § 3 de l'art. 119 du Code d'instruct. crim., il n'est pas nécessaire que la partie civile ait pris part à l'instance spéciale sur la question de la liberté provisoire; du moment où elle s'est portée partie civile dans l'instance principale, il y a nécessité d'apprécier le dommage causé.

114. — Mais que faut-il décider au cas où il n'est encore intervenu aucune partie civile? La cour de Paris, saisie de la question, avait pensé que, dans ce cas, le § 3 de l'art. 119 cessait d'être applicable par ce motif : que lorsqu'il n'y a pas de partie civile, le juge n'a pas qualité pour se préoccuper des intérêts civils qui ont négligé de se produire. — V. les motifs de cet arrêt de *Paris*, sous *Cass.*, 13 juin 1846 (t. 1er 1847, p. 34), Galaup. — Carnot, t. 1er, p. 459; Duverger, *Manuel du juge d'instruction*, t. 2, p. 468; Mangin, t. 1er, no 188.

115. — Cette solution n'a pas été acceptée par la cour de cassation, qui a estimé au contraire qu'en présence des termes formels de l'art. 119, il n'y avait pas lieu de se préoccuper du fait que la partie civile s'était ou non constituée. — Et la cour d'Orléans, saisie à son tour par le renvoi fait devant elle, a adopté la même doctrine. — *Cass.*, 13 juin 1846 (t. 1er 1847, p. 34), Galaup; *Orléans*, 24 août 1846 (t. 1er 1847, p. 36), mêmes parties. — Legraverend, t. 1er, p. 368.

116. — Sur le chef relatif à la fixation du cautionnement, comme à celui de la solvabilité de la caution, toutes voies ordinaires de recours et d'appel sont ouvertes aux parties intéressées.

117. — Saisis de l'examen de la question, les juges supérieurs peuvent donc modifier, soit en plus, soit en moins, le taux du cautionnement imposé au prévenu par les juges inférieurs.

118. — Cependant il convient de remarquer que, s'il s'agissait d'un pourvoi en cassation, si le pourvoi était formé par un condamné, le taux du cautionnement ne pourrait plus dépendre de l'estimation approximative des réparations civiles dues à la partie lésée, ni être calculé d'après le maximum de l'amende que la loi attache au délit : ce sont alors les condamnations prononcées par le jugement en dernier ressort, contre lequel le pourvoi est dirigé, qui doivent servir de base au cautionnement. — Mangin, t. 1er, no 190.

119. — Par application du principe général que jamais le cautionnement ne pouvait être moindre de 500 francs, la cour de cassation avait décidé que l'art. 28 de la loi du 26 mai 1819, en limitant le cautionnement au double du maximum de l'amende encourue, n'avait pas prétendu déroger à l'art. 119, mais simplement fixer un maximum qui régit tous les cas, pour garantir le droit accordé au prévenu d'obtenir sa liberté provisoire. — *Cass.*, 18 janv. 1833, Bonissand. — Chassan, *Traité des délits de la parole*, etc., t. 2, p. 283, n. 9; de Berny, p. 73, no 261; Pigat, p. 82, et de Grattier, t. 1er, p. 526, no 3. — Cet arrêt ne présente plus d'intérêt depuis qu'aucun minimum n'est imposé à la fixation du taux du cautionnement.

120. — Mais, de ce même art. 28 de la loi du 26 mai 1819, il résulte évidemment qu'il y a, en cette matière, dérogation virtuelle au § 3 de l'art. 119 C. d'inst. crim., d'après lequel le cautionnement doit être triple du dommage lorsqu'il est résulté du délit un dommage civil appréciable en argent. — *Cass.*, 3 déc. 1846 (t. 1er 1847, p. 608), Sargel c. Macé. — En pareil cas, la juridiction qui statue sur une demande à fin de mise en liberté provisoire ne doit prendre pour base de la fixation du cautionnement à exiger de l'inculpé que l'amende dont celui-ci peut être passible.

121. — La caution, une fois admise, fera sa soumission soit au greffe du tribunal, soit devant notaires, de payer entre les mains du receveur de l'enregistrement le montant du cautionnement, en cas que le prévenu soit constitué en défaut de se représenter. — C. instr. crimin., art. 120. — Ces formalités doivent être remplies par le prévenu, quand il est lui-même sa propre caution.

122. — « Cette soumission entraîne la contrainte par corps contre la caution; une expédition en forme exécutoire est remise à la partie civile, avant que le prévenu soit mis en liberté provisoire. — Même art. — Bien que l'art. 120 mentionne seulement, *in fine*, l'expédition à remettre aux parties civiles; évidemment une autre expédition doit être fournie au procureur de la République, qui peut, selon les circonstances, avoir besoin d'en user. — Carnot, t. 1er, p. 465, no 4; Legraverend, t. 1er, p. 351.

123. — Il semble, au premier abord, que lorsque le cautionnement est fourni en argent, la soumission ne peut avoir d'objet, puisque cet argent a dû être consigné, ou doit l'être immédiatement. Cependant, pour satisfaire au vœu de la loi, il faut que la caution s'engage à représenter le prévenu toutes les fois qu'il en sera requis, sinon à payer le montant du cautionnement. C'est en vertu de cet engagement que le juge délivre, le cas échéant, une ordonnance pour le paiement sur la somme consignée.

124. Aux termes du § 2 de l'art. 121, quand le cautionnement est en immeubles, le procureur de la République et la partie civile peuvent prendre inscription hypothécaire, sans attendre le jugement définitif. L'inscription prise à la requête de l'un ou de l'autre, profite aux deux.

125. — Faite dans les deux mois à partir du jour de la soumission, l'inscription, conformément aux prescriptions de la loi du 5 sept. 1807, pour les sommes dues au trésor, produit son effet, à partir du jour de la soumission; or, si l'inscription n'avait pu être prise avant le jugement définitif, il en serait résulté que l'inscription n'aurait, le plus souvent, pu être prise en temps utile.

126. — Suivant Legraverend (t. 1er, p. 354) et Carnot (t. 1er, p. 472, no 6), les frais de l'inscription doivent être mis à la charge de la caution, sauf son recours contre le prévenu, puisqu'elle aurait pu éviter cette dépense en fournissant le cautionnement en argent. — Cette opinion, admissible peut-être en ce qui concerne l'inscription requise par la partie civile, est contraire au texte de l'art. 124 du décret du 18 juin 1811, lequel porte : « Les frais d'inscription hypothécaire, lorsqu'elle sera requise par le ministère public, en conformité de l'art. 121 du Code d'instr. crimin., seront avancés par l'administration de l'enregistrement, laquelle en sera remboursée sur les biens des condamnés, dans les cas et aux formes de droit. »

127. — L'inscription doit, du reste, nécessairement contenir la désignation des immeubles sur lesquels elle porte, parce que l'hypothèque dont s'agit est spéciale aux biens affectés au cautionnement, et qui, par ce même motif, doivent être exactement désignés dans l'acte de soumission.

128. — Du reste, le retard apporté par la partie civile à prendre inscription, ne portant, en aucune façon, préjudice au prévenu, celui-ci doit être admis à jouir du bénéfice de la liberté provisoire, aussitôt que la soumission prescrite par l'art. 120 a été remplie.

§ 4. — *Mainlevée du cautionnement. — Effets de la non-représentation du prévenu.*

129. — Le cautionnement n'ayant pour objet que d'assurer la représentation du prévenu à tous les actes de la procédure et pour l'exécution du jugement (C. instr. crimin., art. 114, § 1er), ne peut servir de garantie au paiement des condamnations prononcées contre lui. — *Cass.*, 1er août 1843 (t. 2 1843, p. 313), caisse des consignations et receveur général du Rhône c. Chapuis.

130. — Si donc le prévenu s'est représenté aux débats et a subi la peine à laquelle il avait été condamné, l'administration de la caisse des dépôts et consignations n'a pas le droit de retenir, sur le montant du cautionnement, les frais, amendes et réparations civiles qui ont été mis à sa charge. — Même arrêt. — Mangin, t. 1er, no 198; Boitard, p. 192. — V. aussi, dans la *Revue de législation*, année 1844, p. 432, un article de M. Faustin-Hélie.

131. — Ainsi, lorsqu'un prévenu poursuivi en même temps pour des faits qui emportent la peine d'emprisonnement, et d'autres qui n'entraînent que des peines pécuniaires, a été acquitté des premiers par un jugement passé en force de chose jugée, sa caution est déchargée définitivement, quand même il y aurait appel sur les seconds faits. — *Douai*, 18 août 1830, Denain. — Toutefois il convient de remarquer que cette décision n'est susceptible d'application que dans le cas où le cautionnement a été fourni par un tiers ; car si le cautionnement est la propriété du condamné, il n'a aucune exception à opposer à la régie, qui peut exercer son action indistinctement sur tous les biens du débiteur.

132. — Comme aussi, quand un condamné a dû demander et qu'il a obtenu sa mise en liberté provisoire, pour rendre recevable son pourvoi en cassation, il doit être donné mainlevée du cautionnement lorsque le jugement qui le condamnait à l'emprisonnement a été cassé. — *Cass.*, 2 juin 1832, Pillette et Palureau.

133. — Mais le prévenu peut, manquant à l'engagement pris par lui devant la justice, ne pas se représenter, ainsi qu'il y est obligé : que convient-il de décider soit à son égard, soit à l'égard de la caution ?

134. — Quant au prévenu, l'art. 125 C. d'instr. crim. déclare qu'il perd le bénéfice de la liberté provisoire, et qu'en conséquence il doit être saisi et écroué dans la maison d'arrêt, en vertu d'une ordonnance du juge d'instruction.

135. — En ce qui concerne la caution, il est incontestable que son engagement conditionnel est devenu définitif par suite de la non-représentation du prévenu ; par suite le trésor et la partie civile doivent être admis à exercer le droit que la loi leur accorde, mais comment et dans quelles limites ce droit doit-il être exercé ? C'est là une question fort controversée.

136. — Selon les uns, le cautionnement étant la garantie de la représentation fidèle du prévenu, du moment où celui-ci ne comparaît pas, bien entendu sans excuse légitime, le cautionnement est irrévocablement acquis au trésor, sauf les droits éventuels de la partie civile. — Legraverend, t. 1er, p. 356. — C'est en ce sens que la question a été jugée par la cour d'assises de la Seine, dans l'affaire Cauchois-Lemaire, le 1er sept. 1831.

137. — Mais, sur le pourvoi dirigé contre cet arrêt, la cour de cassation annula la décision rendue par la cour d'assises, par un arrêt longuement motivé, et dont les considérans établissent de la manière la plus positive que ce n'est pas à titre de confiscation et par le seul fait de la non-comparution, mais seulement comme moyen d'assurer les condamnations encourues, que le cautionnement est exigé. — *Cass.*, 19 oct. 1831, Cauchois-Lemaire. — Bourguignon, n° 1er p. 263 ; Mangin, t. 1er, n° 201 ; Bollard, t. 1er, p. 196 et suiv.

138. — Toutefois l'arrêt de la cour de cassation va certainement trop loin, quand il décide que le seul fait de la comparution du prévenu, après un premier défaut, a pour effet d'entraîner la restitution totale et l'extinction du cautionnement. — V., en ce sens, Carnot (t. 1er, p. 475, n° 2). — La loi n'a pas fait cette distinction. « Vainement, dit Bollard (*ut suprà*), le prévenu reviendrait-il plus tard, vainement se présenterait-il, soit pour répondre à l'instruction, soit pour subir la condamnation : le cautionnement garantissant les droits du trésor et de la partie civile, il n'y a pas lieu de le rendre au prévenu qui ne reparaîtrait pas ; il n'a pas reparu, donc le droit est acquis. »

139. — ... Seulement il est acquis uniquement dans les limites déterminées par l'art. 121, c'est-à-dire jusqu'à concurrence de l'amende, des frais et des réparations dues ; sans doute et jusqu'au jugement, le trésor est bien autorisé à retenir tout le montant du cautionnement, mais uniquement à titre de gage, et non à titre de confiscation définitive.

140. — ... D'où il suit que lorsque le prévenu, quoique faisant défaut, a été renvoyé des fins de la prévention, il y a lieu de restituer le cautionnement, distraction faite des frais dont la condamnation a été prononcée. — *Cass.*, 13 mai 1837 (t. 1er 1837, p. 374), Bastide.

141. — A plus forte raison faut-il dire, en cas de condamnation, que le montant de l'amende et des réparations réunies aux frais n'arrivent pas au montant du cautionnement, l'excédant doit être restitué.

142. — Du reste, il convient de remarquer que la caution répondant de la présence du prévenu, non-seulement pour tous les actes de la procédure, mais pour l'exécution du jugement, le seul fait de la participation du prévenu aux débats n'a pas pour résultat d'opérer la mainlevée du cautionnement, et qu'en conséquence si le prévenu, demeuré toujours libre, s'est soustrait par la fuite à l'exécution du jugement, la caution reste toujours soumise aux conséquences de l'o-

bligation qu'elle a contractée. — *Cass.*, 17 germ. an X, Levrak. — Cette décision, rendue sous l'empire du code du 3 brumaire an IV, devrait encore recevoir application aujourd'hui.

143. — Cependant, le projet de loi de 1842, moins généreux que la jurisprudence de la cour de cassation, déclarait attribuer définitivement à l'Etat, et sauf les prélèvements des parties civiles mentionnées en l'art. 121, le montant du cautionnement, en cas de non-comparution du prévenu.

144. — Si, le cas échéant où il y a lieu d'exercer des poursuites contre la caution, le cautionnement a été fourni en argent, il ne peut s'élever aucune difficulté : les valeurs déposées restent en garantie des condamnations à intervenir. — Mangin, t. 1er, n° 207. — Toutefois, Legraverend (t. 1er, p. 474) pense qu'il y aurait lieu pour le juge de rendre une ordonnance portant acquisition de cautionnement, tant pour le trésor que pour la partie civile.

145. — Si le cautionnement est en immeubles, le juge d'instruction doit rendre, sur les conclusions du procureur de la République ou sur la demande de la partie civile, une ordonnance pour le paiement de la somme cautionnée. — C. d'instr. crim., art. 122.

146. — L'ordonnance du juge d'instruction doit être précédée des conclusions du ministère public, quand même elle ne serait rendue que sur la demande de la partie civile.

147. — Si le juge refusait de faire droit à ces conclusions ou à la demande de la partie civile, le ministère public et la partie civile pourraient se pourvoir par opposition contre l'ordonnance à la chambre des mises en accusation. — Carnot, *Instruct. crim.*, t. 1er, p. 476, et Bourguignon, *Jurisp. des trib. crim.*, t. 1er, p. 263.

148. — Du reste, en parlant du juge d'instruction comme du magistrat qui doit délivrer l'ordonnance, la loi a statué *de eo quod plerumque fit*, c'est-à-dire pour le cas où la liberté provisoire a été accordée par le tribunal de première instance, et où l'affaire s'y trouve encore pendante quant au fond. Si l'affaire se trouvait portée devant la juridiction supérieure, par exemple par voie d'appel, en matière correctionnelle, ce ne serait plus au juge d'instruction, complètement dessaisi de l'affaire, mais au président du tribunal d'appel, ou à celui des membres du même tribunal désigné par le président, qu'il appartiendrait de délivrer l'ordonnance dont s'agit.

149. — « Le paiement doit être poursuivi à la requête du procureur de la République et à la diligence du directeur de l'enregistrement. Les sommes recouvrées sont versées dans la caisse de l'enregistrement, sans préjudice des poursuites et des droits de la partie civile. » — C. d'instr. crim., art. 122. — Il faut remarquer ici que si la partie civile peut provoquer l'ordonnance, elle n'a pas qualité pour poursuivre l'exécution ; au ministère public seul est conféré ce droit.

150. — La caution peut être poursuivie pour la saisie réelle et la vente des immeubles affectés par elle au cautionnement. Elle peut même, en cas d'insuffisance, être poursuivie sur ses autres biens, le tout jusqu'à concurrence de la valeur du cautionnement.

151. — De plus, elle peut être contrainte dans sa personne. — C. instr. crim., art. 420. — Du reste, la contrainte par corps en matière criminelle ne pourrait-elle être par l'art. 33 et suiv. de la loi du 17 avr. 1832, c'est aux articles qu'il faudrait aujourd'hui recourir pour résoudre les difficultés auxquelles l'art. 420 pourrait donner lieu à ce point de vue. — V. CONTRAINTE PAR CORPS.

152. — Du reste, la caution, malgré l'admission du cautionnement en immeubles, s'affranchirait aisément des poursuites, dès que le juge aurait mis le prévenu en demeure de se représenter, au moyen du cautionnement en espèces de la somme cautionnée.

153. — Elle devrait être pareillement affranchie, si le prévenu opérait lui-même le versement du cautionnement. — Mais elle ne pourrait demander la discussion préalable des biens du prévenu, « non-seulement, dit Mangin (t. 1er, n° 205), parce qu'elle est caution judiciaire, mais parce qu'en outre de l'obligation hypothécaire, elle a, par sa soumission, contracté l'obligation personnelle. »

154. — Lorsqu'un tribunal, faute par le prévenu de se représenter, a déclaré acquis au trésor le cautionnement moyennant lequel la liberté provisoire avait été accordée, celui qui a fourni le cautionnement ne peut attaquer le jugement, par la voie de l'appel, s'il n'y a point été partie ; c'est par voie de tierce opposition qu'il doit se pour-

voir ; car nul ne peut interjeter appel des jugemens dans lesquels il n'a point été partie. — *Nîmes*, 12 janvier 1820, Teulon.

155. — L'attribution des valeurs qui forment le montant du cautionnement est réglée par l'art. 421, C. instr. crim., en ces termes : « Les espèces déposées, et les immeubles servant de cautionnement, seront affectés par privilège, 1° au paiement des réparations civiles et des frais avancés par la partie civile ; 2° aux amendes, le tout néanmoins sans préjudice du privilège du trésor royal, à raison des frais faits par la partie publique. »

156. — On s'est demandé à cet égard si, dans le cas où le plaignant n'est intervenu comme partie civile que postérieurement à la liberté provisoire obtenue, il peut réclamer des dommages intérêts et frais, par préférence à l'amende. — Carnot (t. 1er, p. 470, n° 4), s'attachant aux termes de la loi, soutient l'affirmative : cependant on ne peut se dissimuler qu'il peut y avoir hésitation sur ce point.

157. — Du reste, s'il y avait insuffisance dans le montant du cautionnement, le trésor public et la justice civile conserveraient leurs droits contre le prévenu ; mais la caution ne peut jamais être tenue que de son engagement.

158. — Aux termes de l'art. 123 du Code d'instr. crim., « le juge d'instruction pouvait délivrer, dans la même forme et sur les mêmes réquisitions, une ordonnance de contrainte contre la caution ou les cautions d'un individu mis sous la surveillance spéciale du gouvernement, lorsque celui-ci avait été condamné par un jugement irrévocable, pour un crime ou pour un délit commis dans l'intervalle déterminé par l'acte de cautionnement. »

159. — Mais la loi du 28 avril 1832, modificative de l'art. 44 du Code pénal de 1810, ayant supprimé la faculté qui était accordée aux individus placés sous la surveillance de la haute police, de s'en affranchir par le versement d'un cautionnement, l'art. 123 ne reçoit plus d'application qu'à l'égard de ceux qui ont fourni un cautionnement de bonne conduite. — Cependant, l'art. 123 conserve toute sa force, et il serait applicable dans le cas où la loi, faisant un retour sur elle-même, admettrait de nouveau, au profit des condamnés libérés, et dans certaines conditions sagement prévues, les anciens cautionnemens de bonne conduite, comme la proposition en avait été faite devant la chambre des pairs, à une époque toute récente.

LIBRAIRIE. — LIBRAIRES.

Table alphabétique.

LIBRAIRIE. — 1. — On appelle *libraires* les marchands qui font le commerce des livres, soit en les vendant, soit en les louant.

2. — *Historique et législation.* — Les libraires étaient autrefois placés, presque sous tous les rapports, dans les mêmes conditions que les imprimeurs, soit quant à leurs priviléges, soit quant à la police de leur profession. — V. IMPRIMEUR.

3. — Cependant leur nombre n'était pas limité comme celui des imprimeurs. Il en est encore ainsi.

4. — Ils étaient régis comme les imprimeurs par le règlement du 28 février 1723 sur l'imprimerie et la librairie.

5. — De même que les imprimeurs, les libraires étaient partie intégrante de l'université, et appartenaient au corps de ses suppôts. — Règlement du 28 fév. 1723. — Bories et Bonassies, *Dict. de la presse*, v° *Libraire*, n° 9.

6. — Les libraires de Paris furent l'objet d'un édit du mois d'août 1686, contenant règlement de leur profession. Cet édit ne paraît pas avoir été abrogé par le règlement général de 1723. — Chassan, *Traité des délits de la parole et de la presse*, t. 1er, n° 762.

7. — Entre autres obligations, les libraires étaient tenus de placer leurs noms et demeure sur les ouvrages qu'ils vendaient; et lorsqu'il avait été contrevenu à cette prescription, ils partageaient avec l'imprimeur la responsabilité de la contravention. — Règlement de 1723, art. 9.

8. — Cette formalité s'observe encore maintenant; mais son exécution n'est plus garantie par les pénalités portées par le règlement de 1723, lesquelles sont abrogées.

9. — Toutes les affaires qui concernaient la librairie étaient déférées à la chambre syndicale de l'imprimerie et de la librairie.

10. — Lors de la suppression des maîtrises par les lois de la Révolution, la profession de libraire devint complétement libre, comme toutes les autres, et elle continua de l'être jusqu'en 1810.

11. — A cette époque, un décret (5 fév. 1810), modifié ou complété depuis par la loi du 21 oct. 1814, est venu réglementer la profession de libraire et imposer à ceux qui l'exercent des obligations qui ne sont guère qu'un renouvellement, avec quelques modifications, des règles auxquelles ils étaient assujettis autrefois. Ces deux documens législatifs, rapprochés de quelques dispositions du Code pénal, forment le code de la librairie — Décr. 5 fév. 1810, L. 21 oct. 1814.

12. — *Conditions requises pour être libraire.* — Les libraires sont, comme les imprimeurs, soumis à l'obligation d'obtenir un brevet. — Décret du 5 fév. 1810, art. 29; L. 21 oct. 1814, art. 11.

13. — Mais de quelle peine est passible le libraire qui exerce sa profession sans s'être muni d'un brevet? Aux termes du règlement du 28 février 1723, le libraire exerçant sans brevet devait être puni d'une amende de cinq cents livres, de la confiscation et de la punition exemplaire. Mais la loi du 17 mars 1791 a virtuellement abrogé ce règlement. Le décret de 1810 et la loi du 21 oct. 1814 se sont contentés de rétablir la prohibition de l'exercice sans brevet, sans créer aucune peine nouvelle, et il y a lieu de se demander si ce décret et cette loi, à raison de leur silence même à cet égard, ont entendu faire revivre les peines écrites dans le règlement de 1723.

14. — La jurisprudence de la plupart des cours d'appel proscrivit longtemps la doctrine qui considérait comme applicables les peines portées par le règlement. — *Amiens*, 8 mars 1823, Vernot; *Orléans*, 11 déc. 1826, Teste; *Rennes*, 3 fév. 1827, Gérin.

15. — La cour de cassation décidait, au contraire, que la loi de 1814, en faisant revivre la prohibition d'exercer la profession de libraire sans brevet, avait virtuellement rétabli l'amende de cinq cents francs prononcée par le règlement de 1723. — *Cass.*, 4 oct. 1822, Antoine Nadau; 22 janv. 1824, Teste et Vegezzi; 19 mars 1824, Michel-Martin Prat; 24 juin 1826, Teste; 30 nov. 1826, Petitot (intérêt de la loi); 2 mars 1827, Jourdon; 3 mars 1827, Géret; 28 avr. 1827, Guillaume; 19 mai 1827, Teste; 9 juin 1827, Poulton; 12 sept. 1828, Teste; 22 nov. 1828, Poulton.

16. — Cette jurisprudence de la cour suprême se fondait sur ce que la loi de 1814 s'était nécessairement référée au règlement de 1723, lequel n'avait été abrogé par aucune disposition expresse et formelle de la loi du 17 mars 1791, et avait seulement cessé de recevoir son application pendant la durée du système de liberté absolue établie par cette loi.

17. — Une ordonnance royale réglementaire avait même été rendue le 1er septembre 1827 pour consacrer cette doctrine.

18. — Mais la cour de cassation elle-même a depuis changé sa jurisprudence, et elle reconnaît aujourd'hui que le libraire qui exerce sans brevet n'est passible d'aucune peine. — 13 fév. 1836, Barba et Grandin (rendu sur les conclusions du procureur général Dupin); 7 nov. 1836, Labrousse; 7 nov. 1844 (t. 1er 1845, p. 360), Rozier, Moreau et Rovelière. — Parant, *loc. cit.*, p. 447; Rauter, t. 1er, p. 555. — M. Chassan (*Traité des délits de la parole et de la presse*, t. 1er, n° 760) critique cette dernière opinion, et il pense, mais à tort, selon nous, qu'on ne peut considérer comme juridique la doctrine qui regarde les anciennes lois comme abrogées par celle de 1791.

19. — Mais, en acceptant la jurisprudence actuelle de la cour suprême, comme fixant définitivement la question, on peut se demander si la disposition prohibitive de l'art. 11 de la loi de 1814 est tout à fait dépourvue de sanction et s'il est impossible d'atteindre ceux qui font sans brevet le commerce de la librairie.

20. — On a pensé que, dans tous les cas, l'infraction à cet art. 11 constituait une contravention; que dès lors le ministère public avait qualité pour traduire le contrevenant devant le tribunal correctionnel, et que ce tribunal, ne pouvant être désarmé en présence d'une infraction à la loi, avait le pouvoir d'intimer au prévenu la défense de continuer la profession de libraire, et ordonner, en conséquence, la fermeture de ses magasins, et enfin de le condamner aux dépens. Tel est l'avis de MM. Parant, *Lois de la presse*, p. 37 : Suppl., p. 488; Chassan, t. 1er, n° 762; de Grattier, *Comm. sur les lois de la presse*, t. 1er, p. 57, n° 22; Rauter, *Dr. crim. franç.*, t. 1er, p. 555, n° 411 *bis*. — V. aussi *Paris*, 30 sept. 1842 (t. 1er 1843, p. 719), Dufay. — *Rouen*, 6 mai 1841 (t. 1er 1841, p. 614), Houdaille; 1er juill. 1841 (t. 1er 1843, p. 353), Gaudry.

21. — Mais cette doctrine est condamnée par la cour de cassation, qui a décidé au contraire que les conclusions du ministère public tendant à ce qu'il soit fait défense au prévenu de continuer son commerce tant qu'il n'aurait pas obtenu de brevet, et à ce qu'il lui soit enjoint de fermer ses magasins, n'ont aucun caractère pénal, et ne peuvent dès lors former la matière d'une action devant la justice répressive. — Et que l'action intentée dans ce but par le ministère public étant non recevable dès l'origine, les frais dont elle a été l'occasion ne peuvent être mis à la charge du prévenu. — *Cass.*, 7 nov. 1844 (t. 1er 1845, p. 361), Rozier et Moreau-Rovelière.

22. — Nous ne pouvons que nous rallier aux principes reconnus par cette décision, et nous estimons qu'il appartient à l'autorité administrative seule de réprimer efficacement les abus résultant d'une exploitation sans brevet du commerce de la librairie en faisant fermer les établissemens ainsi exploités. — Goujet et Merger, *Dict. de dr. comm.*, v° *Libraire*, n° 34.

23. — Le brevet d'un libraire est personnel comme celui d'un imprimeur, et il ne peut être exploité que dans la ville pour laquelle il a été délivré. Aussi un libraire ne pourrait-il faire vendre des livres par un de ses commis, et même en employant le ministère d'un commissaire-priseur dans une ville pour laquelle son brevet ne l'autoriserait pas à faire le commerce de la librairie. — *Cass.*, 15 mai 1823, Vernot; 18 avril 1827, Guillaume. — De Grattier, t. 1er, p. 125, n° 7.

24. — Cependant, les libraires peuvent fréquenter les foires, soit par eux-mêmes, soit par leurs commis, pourvu qu'ils ne dépassent pas le terme fixé. — Circ. min. 16 juin 1830.

25. — Un libraire peut prendre un associé pour son commerce, mais il ne peut faire passer son commerce sur la tête d'un tiers, ni abdiquer l'exercice de sa profession en faveur d'autrui, ni déléguer l'exercice de cette profession, ni enfin avoir un prête-nom. — *Cass.*, 28 juill. 1827, Barba et Grandin.

26. — Tout ce que nous avons dit précédemment sur le caractère des brevets d'imprimeur, sur l'idonéité de ceux auxquels ils peuvent être conférés, les pièces à produire par les aspirans, l'incessibilité du brevet, les effets du décès du titulaire, etc., s'applique aux brevets des libraires. — V. IMPRIMEUR, IMPRIMERIE.

27. — On peut, sans être titulaire d'un brevet de libraire, vendre accidentellement une bibliothèque ou une certaine quantité de livres qu'on a en sa possession. — De Grattier, t. 1er, p. 44, n° 15.

28. — Un auteur a également le droit de vendre ses œuvres au public. — Pic, *Code des imprimeurs*, p. 101.

29. — Mais le colportage des livres est un acte du commerce de la librairie, et il ne peut être exercé sans brevet — *Cass.*, 10 nov. 1826, Fleury et Deveaux; 3 mars 1827, Géret. — Chassan, t. 1er, n° 758; Bories et Bonassies, *Dict. de la presse*, v° *Colporteur*, n° 15; de Grattier, t. 1er, p. 47, n° 21.

30. — Quant aux simples colporteurs d'estampes ou gravures, ils ne sont pas soumis à l'obligation de se pourvoir d'un brevet. Ce n'est pas là l'exercice de la profession de libraire. — *Cass.*, 3 mars 1817, Gérie.

31. — Du reste, l'infraction à l'art. 11 de la loi du 21 oct. 1814 n'a pas plus de sanction lorsqu'elle a lieu au moyen d'un colportage de livres, que lorsqu'elle se fait de toute autre manière, et les tribunaux correctionnels ne peuvent en connaître. — *Cass.*, 13 fév. 1845 (t. 2 1845, p. 280), Barnaud.

32. — Les marchands qui vendent de la musique n'ayant d'autre texte que son titre même, ne sont pas réputés faire le commerce de la librairie, et par suite ils ne sont pas astreints au brevet. Il en est autrement lorsque la musique est accompagnée d'un texte. — De Grattier, t. 1er, p. 47, n° 21.

33. — Les personnes qui tiennent un cabinet littéraire et louent des livres doivent être également pourvues d'un brevet de libraire. — *Cass.*, 30 déc. 1826, Petitot (intérêt de la loi); 25 fév. 1836, Labrousse; 7 nov. 1836, mêmes parties.; *Paris*, 30 sept. 1842 (t. 1er 1843, p. 719), Dufay.

34. — Toutefois ceux qui ne font que louer des journaux ou autres écrits périodiques ne sont pas réputés exercer la profession de libraire, et dès lors ils ne sont pas soumis à l'obtention d'un brevet. — Déc. min. de 1823. — Bories et Bonassies, *Dict. de la presse*, v° *Cabinet littéraire*, n° 7; Sulpicy, *Code de la presse*, p. 25, n° 14.

35. — Les bouquinistes qui vendent dans leur domicile sont assimilés aux libraires. — Parant, p. 36; Goujet et Merger, n° 20. — Mais il en est autrement des bouquinistes étalagistes, c'est-à-dire de ceux qui vendent leurs livres dans la rue ou sur les places publiques. — Décr. 5 fév. 1810, art. 49. — L'autorité administrative est seulement libre de leur retirer, quand elle le juge convenable, la permission d'étaler sur la voie publique. — Grattier, t. 1er, p. 44.

36. — On tolère encore la vente, sans brevet, des A B C, des almanachs et des petits livres n'ayant pas plus de deux feuilles d'impression. — Arrêts du Cons., 13 nov. 1710; 10 sept. 1715. — Goujet et Merger, n° 21.

37. — Les libraires sont assermentés. — Décret 5 fév. 1810, art. 29; L. 21 oct. 1814, art. 11.

38. — *Obligations imposées aux libraires en contravention.* — Les contraventions des libraires aux lois sur la police de leur profession étaient constatées concurremment par les inspecteurs de la librairie et par les commissaires de police. — L. 21 oct. 1814, art. 20, 21. — Depuis la suppression des inspecteurs de la librairie, par l'ord. royale du 13 sept. 1829, ces fonctions appartiennent aux commissaires de police seuls.

39. — Tout libraire chez qui est trouvé ou qui est convaincu d'avoir mis en vente ou distribué un ouvrage sans nom d'imprimeur est passible d'une amende de deux mille francs, à moins qu'il ne prouve qu'il a été imprimé avant la promulgation de la loi du 21 oct. 1814. — L'amende est réduite à mille francs si le libraire fait connaître l'imprimeur. — L. 21 oct. 1814, art. 19.

40. — Déjà l'art. 283 du C. pén. punissait des peines correctionnelles toute personne ayant contribué *sciemment* à la publication d'un ouvrage ne contenant pas l'indication vraie des noms, profession et demeure de l'imprimeur. M. Sulpicy (*C. de la presse*, p. 29) fait remarquer avec raison, qu'en ce qui concerne le libraire, la loi de 1814 a donné de l'extension à cette disposition, en ce qu'elle atteint le libraire qui a agi sans aucune connaissance de la contravention de l'imprimeur, même celui chez lequel les exemplaires ont été trouvés avant qu'il les ait mis en vente.

41. — Le libraire ne peut obtenir la réduction de l'amende au chiffre de mille francs qu'autant que la déclaration qu'il fait du nom de l'imprimeur est formelle et justifiée par des preuves. — *Cass.*, 1er août 1823, Bohaire. — De Grattier, t. 1er, p. 99, n° 2; Chassan, t. 1er, n° 768.

42. — Si le libraire prétend, pour se défendre, que l'impression de l'ouvrage est antérieure à la loi du 21 oct. 1814, il doit de même administrer la preuve de ce fait. — *Cass.*, 10 nov. 1826, Fleury et Deveaux.

43. — Aux termes de l'art. 284, n° 2, du Code pénal, celui qui a publié sciemment un ouvrage ne contenant pas l'indication vraie du nom de l'imprimeur (ainsi que le prévoit l'art. 283) n'est passible que de peines de simple police s'il fait connaître l'imprimeur. D'un autre côté, nous venons de voir que l'art. 19 de la loi du 21 oct. 1814 contient une disposition analogue pour le libraire. On s'est demandé si, quant à ce dernier, l'art. 284, n° 2 du Code pénal, est abrogé par l'art. 19 de la loi de 1814.

44. — MM. Chassan (t. 1er, n° 767) et de Grattier

(t. 1er, p. 100) font remarquer avec raison que ces deux dispositions sont également applicables, mais en faisant une distinction. S'il s'agit d'un ouvrage publié sans nom d'imprimeur, c'est l'art. 19, L. 21 oct. 1814, qui est seul applicable. Si, au contraire, l'ouvrage contient une indication fausse, c'est l'art. 283 et, dès ce moment, le bénéfice de l'art. 284 est acquis à celui qui fait connaître l'imprimeur.

45. — En cas de saisie, faite sur un libraire, d'exemplaires n'indiquant pas le nom d'imprimeur, ces exemplaires doivent lui être rendus, après le paiement de l'amende, conformément à l'art. 18 de la loi de 1814. L'art. 286 du Code pénal, qui prononce la confiscation des exemplaires saisis, ne s'applique qu'au cas prévu par ce Code, c'est-à-dire celui d'une publication d'ouvrage contenant une indication fausse. — De Grattier, t. 1er, p. 98, nº 3; Chassan, t. 1er, nº 769; Chauveau et Hélie, *Théorie du C. pén.*, t. 3, p. 376 et 377.

46. — Le libraire qui vendrait un ouvrage ne contenant aucune indication de nom du publicateur, pourrait être considéré lui-même comme publicateur, et déclaré responsable du contenu de l'ouvrage. Il en serait autrement si le publicateur était connu. — V. DÉLITS DE PRESSE ET DE PUBLICATION.

47. — Les lois sur la police de la presse n'ont pas édicté de dispositions spéciales pour le cas où les libraires se rendraient coupables de délits de presse à titre de complicité. Les principes généraux de droit sur la complicité leur sont donc applicables.

48. — Les décrets et ordonnances du pouvoir exécutif qui statuent sur des matières appartenant à la librairie doivent être rendus le Conseil d'État entendu. — V. CONSEIL D'ÉTAT.

49. — Sous l'empire du décret du 14 oct. 1811, il était interdit d'annoncer aucun ouvrage imprimé ou gravé, si ce n'est après qu'il avait été annoncé par le Journal de la Librairie, et en se conformant pour le prix de l'ouvrage à celui qui avait été indiqué dans ce Journal, à peine de deux cents francs d'amende, pour la première contravention, et, en cas de récidive, d'amende arbitraire, ainsi que de déchéance des permissions ou autorisations des éditeurs, journalistes, etc. Ce Journal avait été créé par le gouvernement.

50. — L'obligation créée par le décret paraît incompatible avec l'art. 7 de la charte, qui consacre la liberté de publier ses opinions. — Parant, *Lois de la presse*, p. 62. — V., cependant, De Grattier. t. 2, p. 114.

51. — Le Journal de la Librairie n'est plus maintenant qu'une entreprise particulière, et l'obligation d'y annoncer préalablement les ouvrages est tombée en désuétude.

52. — Aux termes d'une ordonnance de police du 19 sept. 1829, il est interdit aux bouquinistes, étalagistes de livres et libraires, de rien acheter des enfans de famille, des écoliers, ou des domestiques, sans l'autorisation, par écrit, des pères, mères, tuteurs, ou de leurs maîtres (art. 3). — Ils ne doivent pas acheter non plus de personnes dont les noms et demeures ne leur seraient pas connus, à moins qu'elles ne soient certifiées par d'autres personnes domiciliées et capables d'en répondre (art. 2). — Delessert, *Ordonn. de police*, t. 2, p. 114.

53. — Ils doivent avoir deux registres, sur lesquels ils inscrivent leurs achats, ventes et échanges de livres, ainsi que les noms et demeures des vendeurs ou de leurs correspondans. Ces registres sont visés par le juge de paix ou par le maire, et ils sont toujours communicables aux commissaires de police (art. 1 à 7).

54. — Les libraires sont, en outre, astreints à toutes les obligations imposées aux commerçans en général. — V. COMMERÇANT, LIVRES DE COMMERCE.

55. — Ainsi, les libraires et les libraires-éditeurs sont patentables, les premiers de 3e classe, et les derniers de 3e classe. — Droit fixe, basé sur la population; et droit proportionnel du 20e de la valeur locative de l'habitation et des lieux servant à l'exercice de la profession. — V. CENSURE, DÉLITS DE PRESSE, ÉCRITS PÉRIODIQUES, IMPRIMEUR, PATENTE.

LICENCE.

1. — Sorte de patente spéciale dont doivent se munir, aux termes de l'art. 144, L. 28 avril 1816, toutes personnes assujetties à une déclaration préalable, en raison du commerce quelconque de boissons.

2. — La licence est imposée nominativement, par la loi du 28 avril 1816 (tarif annexé à la dite loi), aux débitans de boissons, aux brasseurs, bouilleurs

et distillateurs, aux marchands en gros de boissons et aux fabricans de cartes. — La loi du 25 mars 1817 y a ajouté les personnes admises à jouir de la faculté d'entrepôt, à raison d'un commerce quelconque d'huile (art. 107), et les entrepreneurs de voitures publiques par terre et par eau à service régulier (art. 115), enfin les marchands et débitans de tabac y étaient assujettis. — L. du 5 vent. an XII (art. 31 à 44), décret 4 mess. an XIII. •

3. — Le taux de la licence est fixé, pour les cinq premières des catégories que nous venons d'énumérer, par le tarif annexé à la loi de 1816, et pour les autres par les articles mêmes de la loi qui les y ont assujetties. — V. aussi, pour les marchands et débitans de tabac, le décret du 30 therm. an XII. — Le droit de licence varie, pour les débitans de boissons et les bouilleurs, suivant le département ou la population du lieu où la profession est exercée; pour les autres professions le droit est uniforme.

4. — Les personnes soumises à la licence ne peuvent commencer l'exercice de leur profession sans en avoir fait la déclaration à la règle et avoir obtenu une licence, à peine d'une amende de 300 francs qui peut, en cas de fraude, être augmentée du quadruple des droits fraudés. — L. 28 avril 1816, art. 1.

5. — La licence est prise pour l'année entière, à quelque époque que l'on commence ou que l'on cesse le commerce. — La loi du 28 avril 1816 voulait que le droit en fût payé de suite intégralement, mais, depuis la loi du 21 avril 1832 (art. 44), elles ne sont plus payées que par trimestre.

6. — La licence est plutôt réelle que personnelle, c'est-à-dire qu'elle est due par l'établissement, par l'industrie, plutôt que par l'individu. — Aussi doit-on se munir d'autant de licences qu'on exerce de professions y assujetties. — Cass., 26 juill. 1825, Gaillard. — Trolley, *C. de dr. admin.*, t. 3, nº 1138. — V. BOISSONS, CARTES A JOUER, CONTRIBUTIONS INDIRECTES, HUILES, TABACS, VOITURES PUBLIQUES.

LICENCIÉ.

V. ENSEIGNEMENT.

LICITATION.

Table alphabétique.

LICITATION. — 1. — On appelle ainsi la vente au plus offrant et dernier enchérisseur d'une chose indivise entre plusieurs personnes, pour le prix en être partagé entre les copropriétaires, en proportion de la part de chacun dans la chose.

2. — La licitation, ainsi que l'indique son nom, nous vient des Romains. En effet, le mot *liceri*, en latin, signifie être mis à prix : d'où le mot *licitatio*, enchère.

3. — Les principes de la licitation se trouvent dans la loi des Douze-Tables, dans le livre de l'Édit perpétuel, dans les titres du *Digeste* et du code *Familiæ erciscundæ* et *Communi dividundo*. — V. notamment les L. 22, § 1er, ff., *Famil. ercisc.*; 1, 2 et 3, C., *Communi divid.* — Merlin, *Rép.*, vº *Licitation*, § 1er.

4. — La licitation, maintenue dans notre ancien droit (V. Dumoulin sur l'art. 22, nº 70 de l'*Ancienne Cout. de Paris*; Guyot, *Traité des mat. féod.*, ch. 2, nº 13; Lebrun, *Success.*, l. 4, ch. 1er, nº 35; Pothier, *Vente*, nº 648; Boufaric, *Des dr. seigneur.*, ch. *des Lods*, § 6; Merlin, *Rép.*, vº *Licitation*, § 1er, etc.), a été consacrée par le Code civil.

> **§ 1er.** — *Quand et pour quels objets il y a lieu à licitation (nº 5).*
>
> **§ 2.** — *Par qui et contre qui elle peut être demandée (nº 27).*
>
> **§ 3.** — *Formes de la licitation (nº 37).*
>
> **§ 4.** — *Effets de la licitation (nº 102).*
>
> **§ 5.** — *Nullité ou rescision de la licitation (nº 123).*

—

§ 1er. — *Quand et pour quels objets il y a lieu à licitation.*

5. — La licitation ayant pour objet de suppléer le partage, il s'ensuit qu'elle ne peut avoir lieu qu'à l'égard des choses indivises qui pourraient être l'objet d'un partage.

6. — Ainsi, la licitation ne serait point possible à l'égard des choses indivises qui, d'après leur nature, leur objet, ou la convention des parties, sont destinées à rester communes entre tous les copropriétaires. — V. INDIVIS. — Par exemple une fosse d'aisances. — V. FOSSES D'AISANCES, nº 25.

7. — Il y a lieu à licitation, 1º si une chose commune à plusieurs (par exemple C. civ., 575) ne peut être partagée commodément et sans perte; 2º si, dans un partage fait de gré à gré de biens communs, il s'en trouve quelques-uns qu'aucun des copartageans ne puisse ou ne veuille prendre. — C. civ., 1686.

8. — La licitation a lieu non-seulement entre cohéritiers, mais entre colégataires, codonataires, coacquéreurs, en un mot entre tous les associés et communistes, de quelque manière que la société ou la copropriété ait commencé. — L. 2, ff., *Comm. divid.*; Guyot, *Traité des licitations*, ch. 3, sect. 3, § 2 et 3; Merlin, *Rép.*, vº *Licitation*, § 1er; Rolland de Villargues, *Rép. du notar.*, vº *Licitation*, nº 22.

9. — Ainsi elle a lieu dans les partages de communauté comme dans ceux de succession (C. civ., 1876). — V. COMMUNAUTÉ, PARTAGE.

10. — Il ne suffit pas, pour que la licitation puisse être demandée, qu'il y ait, dans le partage en nature, quelques minimes inconvéniens; il faut, ou qu'il présente une incommodité considérable, ou qu'il dégrade ou déprécie la chose même, ou enfin qu'il occasionne un préjudice commun. Autrement il dégénérerait en un sacrifice vexatoire.—Troplong, *Vente*, nos 859 et 860; Merlin, *Rép.*, vº *Licitation*, § 1er; Rolland de Villargues, *Rép.*, vº *Licitation*, nº 40.

11. — La loi n'exige point qu'il y ait impossibilité absolue de faire une division matérielle de la chose, il suffit qu'on ne puisse répartir entre les copropriétaires les avantages qu'elle procure dans son état d'indivision. — Peu importerait, du reste, l'inégalité de cette répartition, car l'égalité peut toujours être rétablie au moyen d'une soulte. — Troplong, nos 860 et 861.

12. — Ainsi, de ce qu'une maison ne peut être partagée commodément sans soulte ou retour, il ne s'ensuit pas qu'elle soit impartageable et qu'elle doive être licitée. — *Lyon*, 30 niv. an XII, Dolora c. Maudron. — Chabot, *Comment. sur les success.*, art. 833, t. 3, p. 149; Toullier, t. 4, nº 417; Carré et Chauveau, quest. 2505 *undeciès*; Pigeau, *Comm.*, t. 2, p. 683; Thomines-Desmazures, t. 2, p. 615, et Paignot, t. 2, nº 279.

13. — Mais, lorsque le partage en nature des immeubles d'une succession ne peut se faire qu'au moyen de soultes très-considérables, les immeubles ne sont pas réputés commodément partageables; dès lors, il n'y a pas lieu au partage en nature, et il doit être procédé à la licitation — *Bordeaux*, 17 janv. 1831, Dupuy c. Blacquière.

14. — Lorsque la situation des immeubles a exigé plusieurs expertises distinctes, et que chaque immeuble a été déclaré impartageable, il n'y a cependant pas lieu à licitation, s'il résulte du rapprochement des rapports que la totalité des immeubles peut se partager commodément. — C. proc., art. 974.

15. — Il y a lieu à plusieurs expertises lorsqu'à raison, soit des distances qui séparent les immeubles, soit de la diversité de leurs espèces, l'estimation cumulative n'en peut être confiée aux mêmes experts. — Thomines-Desmazures, t. 2, p. 615; Carré et Chauveau, quest. 2506.

16. — Si, pour que le partage fût possible, il était nécessaire d'établir une servitude sur un lot, au profit d'un autre lot, si, par exemple, l'une des parts se trouvait enclavée et qu'il fallût lui créer un passage sur une autre part, cette nécessité ne serait point un motif suffisant pour provoquer la licitation. — Troplong, nº 861.

17. — Mais s'il était nécessaire de faire des travaux dispendieux, par exemple de changer la distribution des appartemens, la licitation doit être ordonnée; car l'un des copropriétaires ne peut forcer l'autre à faire des travaux et des dépenses qui souvent excéderaient ses facultés. — Troplong, *Vente*, nº 862.

18. — De même, la licitation doit être ordonnée, si les immeubles à partager composent un corps de ferme, et qu'on ne puisse séparer les terres des bâtimens sans diminuer la valeur totale. — Troplong, *Vente*, nº 863.

19. — Quand deux maisons appartenant à différens propriétaires ont été réunies par l'un des propriétaires, sans opposition de la part de l'autre, la licitation peut en être ordonnée, dans le cas où elles ne seraient pas séparables sans dommage pour les parties. — *Cass.*, 23 mars 1825, François c. de Galiffet.

20. — De ce que la licitation n'est admissible qu'autant qu'il y a impossibilité de faire le partage eu égard aux droits des parties, il s'ensuit qu'elle ne saurait avoir lieu à l'égard de droits divisibles.

21. — Ainsi un droit de redevance sur le produit d'une mine de houille étant divisible de sa nature, l'un des copropriétaires de cette redevance ne peut en faire ordonner la licitation, en prétextant la difficulté de la partager suivant les droits de chacun. — *Lyon*, 11 fév. 1842 (t. 2 1842, p. 67), Beaujelin c. Flachier; *Cass.*, 10 nov. 1845 (t. 1er 1846, p. 285), mêmes parties.

22. — La licitation peut être ordonnée pour un meuble comme pour un immeuble. On suit alors les formalités particulières aux ventes publiques de meubles. — Troplong, *Vente*, nº 875; Duranton, t. 16, nº 471.

23. — Le titre d'une société qui fait partie de son actif peut être l'objet d'une licitation. — V. ENSEIGNE, nº 47.

24. — Il en est de même d'un droit d'usufruit, de jouissance, d'usage, lorsque ceux à qui ce droit appartient indivisément ne veulent ou ne peuvent en jouir en commun. — Troplong, *Vente*, nº 875; Duranton, t. 16, nº 471.

25. — Mais il ne peut y avoir lieu à licitation entre le nu propriétaire et l'usufruitier, car il n'y a entre eux ni cojouissance, ni copropriété. Leurs droits sur la chose sont distincts et ne se confondent pas. — L. 6, ff., *De reb. eor. qui sub tutel.* — *Douai*, 23 nov. 1847 (t. 2 1848, p. 509), Michel c. Bigot et Causse. — Proudhon, *De l'usufruit*, nos 7 et 1250; Rolland de Villargues, *Rép.*, vº *Licitation*, nº 46.

26. — Ainsi le père qui a fait donation de l'un de ses immeubles à ses enfans, en se réservant à la fois l'usufruit de la moitié de la chose donnée et un droit de retour en cas de prédécès des donataires et de leurs enfans, ne peut être contraint de souffrir la licitation en vertu de l'art. 815 C. civ., l'effet de cette mesure devant être nécessairement de lui enlever tant la jouissance matérielle des biens donnés que l'exercice possible de son droit de retour, et d'empêcher ainsi l'exécution des conditions mêmes de la donation. — *Cass.*, 8 déc. 1846 (t. 2 1846, p. 739), Geoffroy.

§ 2. — *Par qui et contre qui la licitation peut être demandée.*

27. — La licitation peut être demandée par tout copropriétaire contre tout propriétaire d'une chose indivise. — C. civ., 815. — Rolland de Villargues, *Rép.*, vº *Licitation*, nº 58.

28. — Il n'est pas nécessaire que le copropriétaire cohéritant soit acquéreur *ab initio*; c'est-à-dire que l'association ou communauté ait été formée avec lui dès le principe. — L. 1, *C. de comm. divid.* — Rolland de Villargues, nº 59. — On décidait autrefois le contraire en ce qui concernait les droits seigneuriaux. — Guyot, ch. 3, sect. 3, § 5.

29. — De ce que la licitation est une opération préliminaire du partage, ou peut devenir le partage même, il suit que la demande peut en être formée par les mêmes personnes que pour le partage. — Rolland de Villargues, nº 62. — V. PARTAGE.

30. — Celui qui n'a qu'un droit de propriété résoluble, tel qu'un acquéreur sous faculté de réméré, peut intenter l'action; car, jusqu'à la résolution de son droit, il lui appartient de l'exercer dans sa plénitude. — Rolland de Villargues, nº 61. — *Contrà* arrêt parlement de Rouen, 16 fév. 1780.

31. — La licitation peut être demandée par le propriétaire de la partie la plus minime comme par celui de la partie la plus considérable. — Troplong, *Vente*, nº 864.

32. — Il y a exception cependant à l'égard des copropriétaires de navire, qui n'en peuvent demander la licitation, quand ils n'ont pas la moitié de l'intérêt total dans le navire. — C. comm., art. 220. — V. NAVIRE.

33. — La licitation peut être demandée contre l'acquéreur d'une portion indivise, même par le vendeur qui avait divisé l'objet vendu en plusieurs lots et chaque lot en divers articles. — *Bourges*, 6 juin 1809, Perry c. Montagu.

34. — Les créanciers d'un cohéritier peuvent, de même que pour le partage, provoquer la licitation de ses biens indivis avec les cohéritiers, y intervenir ou s'opposer à ce qu'il y soit procédé hors de leur présence, pour empêcher que la fraude soit pratiquée à leur préjudice. — C. civ., art. 882 et 2205. — Rolland de Villargues, nº 71. — V., au surplus, PARTAGE.

35. — Mais les créanciers d'une succession n'ont pas le droit de provoquer la licitation des immeubles de la succession ni de se faire subroger aux poursuites commencées par les héritiers entre eux. L'art. 2205 C. civ. n'est point applicable aux créanciers de la succession. — *Poitiers*, 21 juill. 1824, Vallant c. Chevalier. — En effet, les créanciers ayant pour gage tous les biens qui dépendent de la succession n'ont qu'à les faire vendre; et ce serait donner lieu à des frais frustratoires que d'autoriser les créanciers soit à provoquer la licitation, soit à se faire subroger dans les poursuites commencées par les héritiers entre eux. — Rolland de Villargues, *Rép. du not.*, vº *Licitation*, nº 73; Conflans, *Jurispr. sur les success.*, p. 284, nº 15; Bloche et Goujet, *Dict. de proc.*, vº *Licitation*, nº 65.

36. — Les frais auxquels donne lieu l'intervention de créanciers à une licitation ne doivent pas être supportés par l'adjudicataire des biens licités, lors même que le cahier des charges de l'adjudication l'obligerait à payer tous les frais de poursuite. — En conséquence, doit être cassé le jugement qui rejette la demande de l'adjudicataire tendante à la réformation de la taxe mettant ces frais à sa charge. — *Cass.*, 27 août 1838 (t. 2 1838, p. 146), Dubois c. Jobart.

§ 3. — *Formes de la licitation.*

37. — La licitation peut être faite à l'amiable ou en justice.

38. — Lorsque les parties sont toutes majeures, elles peuvent consentir que la licitation soit faite devant un notaire, pour le choix duquel elles s'accordent. — C. civ., art. 827.

39. — De même, lorsque des parties majeures sont en instance sur une action en partage, elles peuvent convenir que les immeubles à partager seront licités devant le tribunal. — *Bordeaux*, 1er juin 1832, Bernard c. Desgroges.

40. — Enfin, lorsque tous les copropriétaires ou cohéritiers sont majeurs, jouissant de leurs droits civils, présens ou dûment représentés, ils peuvent s'abstenir des voies judiciaires, ou les abandonner en tout état de cause, et s'accorder pour procéder de telle manière qu'ils aviseront. — C. proc., art. 985.

41. — Chacun des copropriétaires est le maître de demander que les étrangers soient appelés à la licitation (C. civ., art. 1687); car il est possible qu'aucun des cohéritiers ne puisse mettre à la chose un prix assez élevé, et qu'ainsi le seul moyen de faire monter la vente à sa véritable valeur soit d'y admettre les étrangers. — Troplong, *Vente*, nº 867; Duranton, t. 16, nos 472 et 473.

42. — Lorsque les étrangers sont appelés dans une licitation volontaire, on fait apposer des affiches qui désignent les biens à liciter, les lieu, jour et heure où se fera l'adjudication. — Au jour indiqué, les enchères sont ouvertes sur le cahier des charges déposé chez le notaire, et l'adjudication est faite au plus offrant et dernier enchérisseur. — Duranton, t. 16, nº 474; Favard de Langlade, vº *Licitation*; Rolland de Villargues, *Rép.*, vº *Licitation*, nº 72.

43. — Dans la licitation amiable, la vente n'est parfaite qu'autant que les vendeurs et le plus offrant sont tombés d'accord sur la chose et le prix, et qu'ils ont signé le procès-verbal. Si les vendeurs trouvent trop faible le prix offert, ils peuvent le refuser; de son côté le plus offrant, tant que son offre n'a point été agréée, est libre de la retirer, s'il se repent. — Troplong, *Vente*, nos 868 et 872; Duranton, t. 16, nº 474; Rolland de Villargues, *Rép.*, vº *Licitation*, nº 73.

44. — Jugé, en ce sens, que les ventes aux enchères faites devant un notaire, volontairement et sans autorité de justice, sont des actes notariés ordinaires, et comme tels assujettis à toutes les formalités prescrites par la loi du 25 vent. an XI, et que, dès lors, l'acte d'adjudication est nul si l'adjudicataire a refusé de le signer. — *Cass.*, 24 janv. 1814, Colineau c. Grosset. — Carré et Chauveau, quest. 2505 *septiès*; Pigeau, *Comment.*, t. 2, p. 689.

45. — La licitation doit être faite judiciairement, soit lorsqu'au nombre des colicitans se trouvent des mineurs, des interdits ou autres personnes non jouissant de leurs droits civils, des absens ou des non présens; soit lorsque toutes les parties étant majeures, elles ne s'accordent point pour y procéder à l'amiable. — C. civ., art. 839; C. proc., art. 984. — Troplong, *Vente*, nº 869; Duranton, t. 16, nos 472 et 473; Rolland de Villargues, *Rép.*, vº *Licitation*, nº 74.

46. — Dans ce cas, les étrangers y sont nécessairement appelés. — C. civ., art. 839 et 1687.

47. — Le tribunal compétent pour connaître de la demande dépend nécessairement du titre en vertu duquel les copropriétaires ont été saisis de leur droit.

48. — Lorsqu'il s'agit de la licitation d'immeubles dépendant d'une succession, c'est devant le tribunal du lieu de l'ouverture de cette succession qu'il doit être procédé aux licitations. — C. civ., art. 822 et 827.

49. — Mais lorsque, par le partage, les cohéritiers ont laissé indivis entre eux certains héritages nommément désignés, la demande en licitation de ces biens ne doit pas nécessairement être portée devant le tribunal du lieu de l'ouverture de la succession. — *Cass.*, 11 mai 1807, Paysan-Lafosse c. Glaizot. — Merlin, *Rép.*, vº *Licitation*, § 2, nº 2; Toullier, *Droit civil*, t. 4, nº 413; Chabot, *Comment. sur les successions*, art. 822, nº 3 Duranton, *Droit français*, t. 7 nos 137 et 201; Poujol, art. 822, n° 3; Rolland de Villargues, v° *Partage de succ.*, n° 96.

50. — Lorsqu'il s'agit de quelque bien commun à titre particulier, ou d'un bien héréditaire laissé indivis lors du partage de la succession, comme l'action est mixte de sa nature, elle peut être portée soit devant le juge du lieu de la situation, soit devant le juge du domicile du défendeur. — C. civ., art. 822; C. proc., art. 59. — Chabot, *Success.*, art. 822, n°s 2 et 3; Duranton, t. 7, n°s 135 et suiv.; Merlin, *Rép.*, v° *Licitation*, § 2, n° 2; Troplong, *Vente*, n° 870; Rolland de Villargues, *Rép.*, v^is *Partage de succession*, n° 96, et *Licitation*, n° 78.

51. — Lorsqu'un immeuble appartenant à plusieurs personnes est vendu par expropriation devant le tribunal de la situation, et que, durant le cours des poursuites, l'un des copropriétaires assigne les autres en licitation devant un autre tribunal, l'adjudicataire sur l'expropriation ne peut être assigné en déclaration de jugement commun sur l'instance en licitation que devant le tribunal de la situation de l'immeuble. — *Paris*, 3 janv. 1825, Maîtrejean c. Collas-Desfrancs.

52. — Quant aux formes judiciaires à suivre, ce sont celles prescrites par la loi en vigueur au moment même de la licitation.

53. — Ainsi jugé qu'une vente par licitation a dû être faite conformément aux dispositions du code de procédure, quoiqu'elle eût été provoquée avant la promulgation de la nouvelle loi, et qu'elle était nulle si on avait observé les lois antérieures. — C. civ., art. 2; C. procéd., art. 1041; Avis du Cons. d'Etat du 24 fév. 1807. — *Amiens*, 21 août 1824, Robart c. Vallerand.

54. — Lorsque le tribunal appelé à prononcer sur un partage, reconnaît qu'il ne peut avoir lieu, il en ordonne, par le même jugement, la vente par licitation, qui en sera faite devant un membre du tribunal ou devant un notaire. — C. procéd., art. 970.

55. — En pareil cas, le juge ou le notaire n'agit pas par la volonté des parties, il représente le tribunal duquel il a reçu sa mission, et ainsi se trouvent conciliés les art. 459 et 460 avec les art. 827 et 839 C. civ., qui semblent au premier abord contradictoires. — Chabot, art. 839, n° 2. — V., dans le même sens, Merlin, *Rép.*, v° *Licitation*, § 2; Carré et Chauveau, *Lois de la procéd.*, quest. 2504 *deciès*; Paignol, t. 2, p. 95, n° 262; Thomines-Desmazures, t. 2, p. 611; Persil fils, *Comm.*, p. 479, n° 579. — V. toutefois, *Journal des avoués*, t. 2, p. 60.

56. — En laissant aux tribunaux la faculté d'ordonner la vente devant un tribunal ou devant un notaire des immeubles dépendant d'une succession, les art. 955 et 970, C. procéd., ont voulu que l'on consultât l'intérêt des parties pour employer l'un ou l'autre de ces deux modes de vente. — *Caen*, 27 août 1827, Lemarié.

57. — Ainsi, les juges peuvent, suivant les circonstances, ordonner qu'une vente sur licitation d'immeubles qui intéresse des mineurs aura lieu plutôt devant le tribunal que devant un notaire à ce commis, lors même que les parties auraient pris des conclusions tendantes à ce que ce dernier mode fût préféré. — *Bordeaux*, 3 août 1838 (t. 2 1841, p. 459), Souffron.

58. — ... Ou que la vente par licitation sera faite devant un notaire résidant au lieu de la situation des biens. — *Toulouse*, 10 janv. 1820, N...

59. — Le tribunal peut déclarer qu'il y sera immédiatement procédé sans expertise, lors même qu'il y a des mineurs en cause (Cod. proc., 970). — Dans le cas où le tribunal ordonne l'expertise, V. PARTAGE. — Cette disposition, comme plusieurs de celles que nous allons rapporter, ont été ajoutées à l'ancien Code de procédure par la loi du 2 juin 1841.

60. — Enfin le tribunal détermine la mise à prix, comme dans le cas de *vente de biens immeubles de mineurs* (V. ce mot). — C. procéd., 970; L. 2 juin 1841.

61. — Pour la vente on se conforme ensuite aux formalités prescrites dans le titre de la *vente des biens immeubles appartenant à des mineurs* (V. ce mot), en ajoutant dans le cahier des charges: 1° Les noms, demeure et profession du poursuivant, les noms et demeure de son avoué; 2° Les noms, demeures et professions des colicitans et de leurs avoués. — C. procéd., 972.

62. — Le copropriétaire majeur peut, lors de la licitation d'immeubles qui lui appartiennent en commun avec des mineurs, exiger que sa portion du prix lui soit payée comptant, encore bien que, dans l'intérêt des mineurs, il fût plus avantageux d'accorder un délai pour le paiement de ce prix. — *Riom*, 13 déc. 1814, Martel c. Drut.

63. — On ne peut, dans un cahier des charges dressé pour parvenir à une licitation entre des majeurs et un mineur, stipuler que la portion du prix revenant à ce dernier ne lui sera payée qu'après qu'il aura atteint sa vingt-cinquième année. — *Orléans*, 9 février 1827, Grenouillet.

64. — L'ordonnance du 3 juillet 1816 ne prohibe point, dans un cahier d'enchères d'une licitation entre majeurs, la clause qu'en cas de consentement de tous les colicitans, l'adjudicataire en conservera le prix et en paiera les intérêts jusqu'à la liquidation. — Il peut également être stipulé que ces intérêts seront remis au notaire pour en faire la répartition. — *Cass.*, 5 mars 1828, Jobert.

65. — De même, l'ordonnance du 3 juill. 1816 n'exige pas nécessairement le dépôt des frais mis à la charge des adjudicataires, et du prix d'une vente sur licitation faite en justice. — *Orléans*, 9 février 1827, Grenouillet.

66. — Dans une licitation entre majeurs et devant notaires, on peut, sans violer l'art. 713 C. proc., stipuler, dans le cahier des charges, une clause qui oblige l'adjudicataire à fournir une hypothèque pour sûreté de son prix. — *Cass.*, 5 mars 1828, Jobert.

67. — Le procureur de la République a qualité pour demander d'office la rectification du cahier des charges d'une licitation faite en justice et intéressant un mineur. — *Orléans*, 9 fév. 1827, Grenouillet.

68. — Lorsque des mineurs sont intéressés dans la licitation d'un immeuble, les tribunaux ont le pouvoir de rectifier une clause du cahier des charges qui contiendrait un mode de libération préjudiciable aux intérêts des mineurs. — *Paris*, 13 fév. 1836, Bonchonnet.

69. — La loi est entièrement muette relativement aux conditions d'une licitation de biens entre un failli et une personne jouissant de tous ses droits, et elle se borne à prescrire des formalités telles, par exemple, que l'estimation et la mise à prix. — *Cass.*, 28 juin 1836, Cominet c. Beyermann.

70. — Lorsque la vente des immeubles d'une succession a été ordonnée en justice, ce n'est pas au tribunal de la situation des biens, mais c'est au tribunal du lieu de l'ouverture de la succession qu'il appartient de statuer sur les contestations relatives aux clauses du cahier des charges. — *Nîmes*, 28 janv. 1810, Gilles c. Deroux.

71. — De la combinaison des art. 972, 959 et 699 C. proc., il résulte que l'avoué poursuivant doit faire apposer des placards au domicile de chacun des colicitans, majeurs ou mineurs. — Chauveau sur Carré, *Lois de la procéd.*, quest. 2505 *ter*.

72. — Jugé qu'avant le Code civil, un seul des copartageans pouvait, dans une licitation entre majeurs, exiger que les trois publications eussent lieu comme dans les licitations entre mineurs. — *Paris*, 30 pluv. an XI, Clausse c. Driou.

73. — Le notaire commis pour procéder à la vente par licitation n'empiète pas sur les attributions des huissiers, en dressant un acte par lequel il constate le dépôt en son étude des placards d'affiches de cette vente. — *Cass.*, 27 nov. 1834, huissiers d'Avesne c. Marchand.

74. — Dans la huitaine du dépôt du cahier des charges au greffe ou chez le notaire, sommation doit être faite par un simple acte aux colicitans, en l'étude de leurs avoués, d'en prendre communication. — C. proc., art. 973, § 1er; L. 2 juin 1841.

75. — S'il s'élève des difficultés sur le cahier des charges, elles doivent être vidées à l'audience, sans aucune requête et sur un simple acte d'avoué à avoué (C. proc., 973, § 2; L. 2 juin 1841). — Cet acte doit énoncer l'objet de la difficulté; autrement la partie assignée ne pourrait savoir sur quoi elle aura à plaider. — Carré et Chauveau, *Lois de la procéd.*, quest. 2505 *quater*; Delaporte, t. 2, p. 464; Demiau-Crouzilhac, p. 651.

76. — Le juge-commissaire doit se borner à consigner les dires et déclarations des parties, et à leur en donner acte. S'il s'élève entre elles des contestations, il est tenu de les renvoyer devant le tribunal, qui les décide sur son rapport. — *Rennes*, 28 juin 1811, Thébaut c. Guichard et Esperon.

77. — Le jugement qui intervient ne peut être attaqué que par la voie de l'appel, dans les formes et les délais prescrits par les art. 731 et 732 du C. de proc. — C. proc., 973, § 3; L. 2 juin 1841.

78. — L'appel d'un jugement rendu en matière de partage et de licitation sur les difficultés qui s'élèvent relativement au cahier des charges doit, à peine de non-recevabilité, être signifié au greffier du tribunal qui a rendu le jugement et visé par lui, aussi bien dans le cas où la vente a été renvoyée devant notaire que dans celui où elle doit avoir lieu devant l'un des membres du tribunal. — *Douai*, 11 fév. 1846 (t. 1er 1846, p. 607), Foulon c. Caron.

79. — L'adjudication faite nonobstant l'appel d'un colicitant n'est pas nulle, lorsque l'appelant ne s'y est pas opposé. — *Cass.*, 9 germ. an XI, Leroux c. N.

80. — Tout autre jugement sur les difficultés relatives aux formalités postérieures à la sommation de prendre communication du cahier des charges, ne peut être attaqué ni par opposition, ni par appel. — C. proc., 973, § 4; L. 2 juin 1841.

81. — Lorsque, devant un juge commis à une licitation, une demande en distraction d'un des objets licités est formée, il doit renvoyer, quant à cet objet, les parties devant le tribunal, et l'adjudication qu'il prononcerait de l'objet revendiqué serait nulle, quoiqu'il ne l'eût établie que comme provisoire et sans rien préjuger sur le fond de la demande. — *Bourges*, 26 fév. 1825, Desminières c. Accolat.

82. — La loi du 2 juin 1841 ayant modifié l'ancien Code de procédure, notamment en ce qui concerne l'adjudication préparatoire, qu'il n'a pas maintenue, ce n'est plus que pour mémoire que nous rappellerons les décisions suivantes:

83. — Décidé qu'un jugement qui, en matière de licitation entre majeurs, permet la vente sur une simple affiche devant un notaire commis, ne dispense pas, par cela même, de la nécessité d'une adjudication préparatoire; on ne peut, dans ce cas, vendre définitivement au moyen d'une seule adjudication. — *Colmar*, 2 fév. 1830, Gaudin c. Schmidlin.

84. — ... Qu'une vente sur licitation entre majeurs, faite devant notaire, ne peut être déclarée nulle sur la demande de l'un des colicitans, sous prétexte qu'il n'a été ni présent ni appelé aux adjudications préparatoire et définitive, alors qu'il a lui-même poursuivi la licitation devant le tribunal et participé au dépôt du cahier des charges chez le notaire. Cette participation au dépôt a dû être réputée conférer au notaire mandat pour faire tous les actes nécessaires à l'effet de consommer la licitation. — *Cass.*, 24 mars 1830, Delung c. Rickling.

85. — ... Qu'en matière de licitation, l'adjudicataire préparatoire ne peut, par le seul fait de remises successives de la vente auxquelles il ne s'est pas opposé et sans mise en demeure préalable, demander la décharge de son adjudication. — *Paris*, 12 (et non 11) janv. 1831, Chevalier c. Rabusson-Lamothe.

86. — Les prohibitions de se rendre adjudicataires, prononcées contre certaines personnes en matière de vente volontaire ou sur saisie immobilière, sont nécessairement applicables dans les ventes sur licitation, car les raisons de décider sont les mêmes.

87. — Ainsi, l'avoué chargé de poursuivre en justice la vente sur licitation d'un immeuble, ne peut s'en rendre adjudicataire soit par lui-même, soit par personne interposée, par exemple sous le nom de sa femme. — *Toulouse*, 16 mars 1833, Dulon c. M...

88. — En pareil cas, c'est par la voie d'appel du jugement qui l'a prononcée, et non par action principale devant le tribunal de première instance, que peut être demandée la nullité de l'adjudication. — Même arrêt.

89. — Si, au jour indiqué pour l'adjudication, les enchères ne couvrent pas la mise à prix, le tribunal peut ordonner, sur simple requête, en la chambre du conseil, que les biens seront adjugés au-dessous de l'estimation; alors l'adjudication est remise à un délai fixé par le jugement, et qui ne peut être moindre de quinzaine. — C. proc., 963 et 973, § 5; L. 2 juin 1841.

90. — Le jugement qui ordonne une vente par licitation, moyennant une certaine mise à prix, n'empêche pas que le partage soit ensuite demandé par l'une des parties, si, faute d'enchérisseur, le jugement n'a pu s'exécuter dans les conditions qu'il prescrivait. — *Caen*, 24 avril 1845 (t. 2 1845, p. 82), Lechandey-d'Anisy c. Quesnot.

91. — Avant les modifications introduites par la loi du 2 juin 1841, le Code de procédure gardait le silence sur la question de savoir comment il devait être procédé, dans le cas où les enchères ne s'élevaient pas jusqu'au montant de l'estimation fixée par les experts. Lorsque l'immeuble ou les immeubles étaient indivis entre des mineurs seulement, la question se trouvait tranchée par l'art. 963, qui voulait que, dans ce cas, l'abaissement de la mise à prix ne pût être ordonné que par le tribunal. Mais en devait-il être de même lorsqu'il s'agissait de biens indivis, soit entre des mineurs et des majeurs, soit entre des majeurs seulement?

92. — Jugé, qu'en matière d'adjudication sur licitation de biens indivis entre mineurs et majeurs, la mise à prix pouvait avoir lieu au-dessous de l'estimation, sans qu'il fût besoin d'obtenir l'autorisation préalable du tribunal. — *Cass.*, 6 juin 1821, Bertin c. Genin; *Paris*, 29 nov. 1834, Despeaux et Rousse c. Hamot. — Carré, *L. de proc.*, art. 964; Bioche et Goujet, *Dict. de proc.*, vº *Licitation*, nº 53, et *Vente judiciaire d'immeubles*, nº 36.

93. — ...Que le juge-commissaire tenant l'audience des criées, pouvait, lors même d'une adjudication sur licitation entre majeurs, baisser la mise à prix lorsqu'il en était requis par les colicitans, et que l'avoué du poursuivant déclarait s'en rapporter à justice. — *Paris*, 20 juin 1833, Morin.

94. — Jugé, au contraire, que l'adjudication d'un bien licité entre majeurs et mineurs ne pouvait être faite à un prix inférieur à celui de l'estimation, sans qu'il fût nécessaire de recourir à une nouvelle autorisation préalable du tribunal. —*Paris*, 1er ventôse an XII, Talveau c. Champion; *Metz*, 12 août 1818, Bertin c. Genin.

95. —... Et cela encore bien qu'il s'agît d'une revente sur folle enchère. — *Paris*, 1er ventôse an XII, Talveau c. Champion.

96. — ...Que bien que la licitation des biens indivis entre majeurs et mineurs eût été provoquée par un majeur, si l'immeuble n'était point adjugé au prix fixé par l'estimation des experts, c'était au tribunal et non au majeur poursuivant qu'il appartenait de fixer la nouvelle mise à prix. — *Paris*, 22 avril 1839 (t. 1er 1839, p. 475), Rolland.

97. — L'art. 973 prescrivant de demander au tribunal l'autorisation de vendre pour un prix inférieur à l'estimation, il s'ensuit que le tribunal peut refuser cette autorisation. Il ne doit le faire toutefois qu'autant qu'il est convaincu qu'une nouvelle mise aux enchères aura plus de succès que la première; autrement son refus prolongerait inutilement l'indivision, au mépris de l'article 815 C. civ. — Carré et Chauveau, quest. 2505 *quinquiès*.

98. — Lorsque toutes les parties sont majeures et capables de disposer, elles peuvent d'un commun accord vendre au-dessous de l'estimation, sans demander aucune autorisation. Mais s'il y a parmi elles des incapables, ou si, toutes étant capables, l'une d'elles s'oppose à l'abaissement du prix, l'autorisation du tribunal devient alors nécessaire. — Carré et Chauveau, *Lois de la procéd.*, quest. 2505 *quinquiès*. — V. toutefois Paignot, t. 2, nos 274 et 277.

99. — Pour que l'enchère soit valable et l'adjudicataire obligé, il n'est pas nécessaire que celui-ci signe le procès-verbal; car ce n'est pas ce procès-verbal qui constitue le contrat, il n'en contient que la preuve; l'obligation résulte de l'enchère elle-même, et le notaire ou le magistrat qui dressent le procès-verbal ont capacité suffisante pour la constater. — Carré et Chauveau, *Lois de la Procéd. civ.*, quest. 2505 *septiès*; Pigeau, *Comment.*, t. 2, p. 689; Troplong, *Vente*, nº 872.

100. — Dans les huit jours de l'adjudication, toute personne peut surenchérir d'un sixième du prix principal, en se conformant aux conditions et aux formalités prescrites par les art. 708, 709 et 710. Cette surenchère produit le même effet que dans les ventes de biens de mineurs. — C. proc., art. 973, § 6 et 7; L. 2 juin 1841.

101. — Cette disposition, qui a été introduite par la loi du 2 juin 1841, n'existait pas auparavant dans le Code de procédure. Aussi on avait élevé la question de savoir si la surenchère du quart, autorisée (art. 710 C. proc.) en matière de saisie immobilière, était applicable aux ventes judiciaires d'immeubles sur licitation. — V., à cet égard, SURENCHÈRE.

§ 4. — *Effets de la licitation.*

102. — Les effets de la licitation varient suivant que l'immeuble a été adjugé à l'un des cohéritiers ou copropriétaires, ou qu'il a été adjugé à un étranger. — Troplong, *Vente*, nº 876; Duranton, t. 16, nos 483 et 484.

103. — Dans le premier cas, la licitation est plutôt un mode de partage qu'une vente. — *Cass.*, 4 mai 1824, Dubois c. Laurent. — Troplong et Duranton, *loc. cit.*; Merlin, *Rép.*, vº *Licitation*, § 1 et 3; Rolland de Villargues, vis *Licitation*, nº 149, et *Résolution*, nº 18; Pothier, *Vente*, nº 638; Duvergier, *Vente*, t. 2, nos 144 et 145; Chabot, art. 882, nº 5; Dumoulin, sur l'art. 22, nº 70, *Anc. Cout. de Paris*; Lebrun, *Success.*, liv. 4, chap. 1er, nº 35; Guyot, *Des licitations*, chap. 3, sect. 1re.

104. — Jugé, dans le même sens, que l'abandon fait, à titre de licitation par un héritier à son cohéritier ou au cessionnaire de celui-ci, de tous ses droits indivis dans une succession, constitue un véritable partage. — *Bordeaux*, 27 fév. 1841 (t. 1er 1841, p. 713), Blanchard c. Miailhe.

105. — Chaque cohéritier est censé avoir succédé seul et immédiatement à tous les effets à lui échus sur licitation, et n'avoir jamais eu la propriété des autres effets de la succession. — C. civ., art. 883.

106. — L'acquisition faite pendant le mariage, à titre de licitation, d'un immeuble dont l'un des époux était propriétaire par indivis, ne forme point un conquêt de communauté. — De plus, la femme a un droit d'abandon à cet égard. — C. civ., 1408. — V. COMMUNAUTÉ.

107. — Avant le Code civil, les partages ou licitations entre cohéritiers étaient simplement déclaratifs de propriété, et l'on n'a pu reconnaître aucun propriétaire entre le défunt et l'héritier adjudicataire. D'où il suit : 1º que l'immeuble adjugé à l'héritier a passé dans ses mains grevé des hypothèques qui lui étaient imposées dans celles du défunt, et qui devaient être acquittées et prélevées sur le prix de l'immeuble. — 2º Et que celui qui avait acquis antérieurement une portion indivise de cet immeuble, n'ayant eu qu'un droit éventuel et résoluble, qui s'est converti en un droit de soulte, doit subir les effets de ces mêmes hypothèques, quand même il aurait rempli les formalités de purge sur la part qu'il avait acquise. — *Cass.*, 13 févier 1838 (t. 1er 1838, p. 425), Chenavard c. Second.

108. — Sous la coutume de Normandie, comme sous l'ancien droit français, la licitation était considérée comme un acte déclaratif et non translatif de propriété. — Règlem. 1666, art. 26. — Il importe peu d'ailleurs que le prix de l'adjudication consiste en une rente, et l'on soutiendrait vainement que cette rente doit être considérée comme foncière, alors surtout qu'elle a été constituée depuis la loi du 18-29 déc. 1790, qui déclare les rentes rachetables. — *Cass.*, 14 mai 1833, Lemoine c. Prévôt.

109. — La licitation d'un immeuble indivis entre cohéritiers équivaut à partage, de telle sorte que les hypothèques consenties par l'un des cohéritiers avant qu'elle ait eu lieu, s'évanouissent, si les biens ne lui sont pas adjugés. — *Cass.*, 14 brum. an IX, Viart c. Jaucourt.

110. — La fiction de l'art. 883 C. civ., qui veut que chaque héritier soit censé avoir succédé seul et immédiatement à tous les effets à lui échus sur licitation, s'applique tout aussi bien au cas de copropriété qu'à celui de cohérédité. — *Cass.*, 28 avr. 1840 (t. 2 1840, p. 191), Paté des Ormes c. Moufflard.

111. — Ainsi, l'immeuble indivis qui est adjugé, sur licitation, à l'un des copropriétaires, est affranchi *de plein droit* dans la main de ce dernier, des hypothèques précédemment créées par les colicitans, sur leur portion indivise. — *Paris*, 16 avr. 1821, Gaudissart c. Simonot.

112. — L'acquéreur d'une portion d'un immeuble indivis, qui devient adjudicataire par licitation de la totalité de cet immeuble, l'acquiert libre des hypothèques créées par ses colicitans. Vainement les créanciers objectent qu'il n'a pas été propriétaire *ab initio*, mais seulement *ex intervallo*; l'effet de la licitation ou du partage est toujours le même, malgré cette distinction. — *Bourges*, 31 août 1814, Bosredon c. Pateol.

113. — Alors même qu'on devrait étendre la fiction de l'art. 883 C. civ. au cas de la licitation d'un immeuble commun entre deux copropriétaires indivis, celui en faveur duquel l'adjudication n'a point été prononcée est censé n'avoir jamais eu part à la propriété qu'autant que l'autre devient adjudicataire. — En conséquence, lorsque le bien est acquis par un étranger, les droits hypothécaires conférés par l'un des communistes doivent produire effet jusqu'à concurrence de la part de ce communiste dans la propriété. — *Toulouse*, 18 août 1843 (t. 1er 1845, p. 364), Brun c. Cargues.

114. — L'adjudication sur licitation d'un immeuble dépendant de la succession des père et mère donateurs, faite aux cohéritiers de l'enfant doté, fait cesser le droit hypothécaire des créanciers de ce dernier, par application de l'art. 883 C. civ. — *Paris*, 3 août 1847 (t. 2 1847, p. 463), Penin c. Rivet.

115. — La fiction établie par l'art. 883 C. civ., qui dispose que chaque cohéritier est censé avoir succédé seul et immédiatement aux biens qui lui sont échus sur licitation, ne devient applicable et ne peut être invoquée que lorsque la licitation est devenue définitive, après l'expiration des délais de surenchère. En conséquence, le droit de surenchère, consacré par l'art. 573 C. comm. contre le failli, peut être exercé lors même que le cohéritier de ce dernier s'est rendu adjudicataire sur licitation d'un immeuble indivis de la succession. Le cessionnaire du cohéritier jouit, en pareil cas, des mêmes droits que son cédant. — *Paris*, 12 fév. 1841 (t. 1er 1841, p. 319), Petit c. Michot.

116. — La licitation entre cohéritiers étant un acte équipollent à partage, ceux qui ne se sont pas rendus adjudicataires sont censés n'avoir jamais eu la propriété de l'immeuble, et n'ont qu'un droit de créance, avec privilége soumis à l'inscription dans les délais déterminés. — *Besançon*, 25 juin 1828, Poulet.

117. — Le cohéritier ou copartageant conserve son privilége sur le bien licité, pour le prix de la licitation, par l'inscription faite à sa diligence, dans 60 jours à dater de l'acte d'adjudication par licitation. — C. civ., 2109. — V. PRIVILÉGE.

118. — Lorsqu'un immeuble indivis a été attribué à deux cohéritiers, comme formant deux lots dans un partage de la succession commune, l'acte de licitation qui a lieu entre eux deux, et par lequel, à la suite d'enchères ouvertes sans l'observation des formalités prescrites pour les licitations, l'un d'eux est déclaré adjudicataire de la totalité de l'immeuble, doit être réputé acte de partage. — *Lyon*, 8 février 1835, Girerd c. Massard.

119. — Ainsi, entre les colicitans, la licitation ne saurait être considérée comme une vente. — *Cass.*, 24 mars 1833, Desfours c. Seppe.

120. — Mais la licitation à laquelle les étrangers sont admis, et où ils deviennent adjudicataires, ne peut être considérée que comme une vente. — *Nîmes*, 2 août 1838 (t. 1er 1839, p. 430), Saint-Privat c. Boyer. — Pothier, *Vente*, nº 516; Chabot, *Comm. sur les success.*, t. 3, art. 882, nº 5, et 883, nº 3; Duranton, t. 16, nos 484 et suiv.; Duvergier, *Vente*, t. 2, nº 144; Troplong, *Vente*, t. 2, nº 876.

121. — ...Et le poursuivant et les colicitans sont tous considérés comme vendeurs à l'égard du public. — *Paris*, 28 août 1817, Chapusot c. Lecreps.

122. — Toutefois, en admettant que la licitation produise les mêmes effets que le partage entre les colicitans, faut-il, pour cela, que la licitation ait eu pour résultat de faire cesser l'indivision entre tous les colicitans? — V. à ce sujet PARTAGE. — Et, pour la solution de la question, sous le point de vue fiscal, V. ENREGISTREMENT, nos 3328 et suiv., et TRANSCRIPTION (droits de).

§ 5. — *Nullité ou rescision de la licitation.*

123. — On vient de voir que la licitation a tantôt les caractères d'un partage et tantôt ceux d'une vente.

124. — Lorsque la licitation a les caractères d'un partage, elle peut, à ce titre, être rescindée pour cause de violence ou de dol, ou pour lésion de plus du quart. — C. civ., 887. — V. PARTAGE.

125. — Ainsi jugé que les ventes entre majeurs faites judiciairement, par voie de licitation, peuvent être attaquées pour cause de lésion. — *Paris*, 1er déc. 1810, Audry.

126. — Il en était de même, avant le Code civ., de la vente par licitation ordonnée par un tribunal de famille, alors même qu'on y avait procédé à la chaleur des enchères. — *Cass.*, 4 janv. 1808, Cartouzières c. N.... — Merlin, *Rép.*, vº *Lésion*, § 4.

127. — Mais alors la résolution ne saurait être demandée contre le colicitant adjudicataire à défaut de paiement du prix ou par inexécution des conditions. — *Cass.*, 24 mars 1823, Desfours c. Seppe; *Besançon*, 25 juin 1828, Poulet; *Cass.*, 9 mai 1832, Lanjamet c. Vathaire; *Lyon*, 8 fév. 1835, Girerd c. Massard. — Rolland de Villargues, vº *Licitation*, nº 116.

128. — Il en était ainsi sous la coutume de Normandie. — *Cass.*, 14 mai 1833, Lemoine c. Prévôt.

129. — Il en serait de même si l'adjudication avait été faite à l'un des cohéritiers conjointement avec son époux non-copropriétaire. — *Cass.*, 9 mai 1832, Lanjamet c. Vathaire.

130. — Le cohéritier, qui s'est rendu adjudicataire, sur licitation, d'un immeuble de la succession, n'est point passible de la revente sur folle enchère pour inexécution des conditions imposées par le cahier des charges. — *Bordeaux*, 15 mai 1833, Rochefort c. Lapare.

131. — Jugé, au contraire, que le cohéritier adjudicataire est soumis à la folle enchère, lorsque cela résulte d'une disposition expresse du cahier des charges, qui ne permet pas de douter de l'intention des parties de déroger au droit commun. — *Bordeaux*, 15 mars 1833, Richet; *Bourges*, 13 janv. 1845 (t. 1er 1847, p. 745), Lallemand c. Durand; *Toulouse*, 12 fév. 1846 (t. 2 1846, p. 225), N.... c. N...

132. — ... Ou lorsqu'il est constant que le cahier des charges que le copropriétaire adjudicataire

RÉP. GÉN. — IX. 12

sur licitation avait rédigé lui-même, n'avait établi ni prévu aucune distinction entre le colicitant et l'étranger adjudicataire. — *Cass.*, 9 mai 1834, Chastel c. Petit. — V., au surplus, FOLLE ENCHÈRE, nos 11 et suiv.

133. — Lorsque la licitation a les caractères de la vente, notamment en ce que l'adjudication a été prononcée au profit d'un étranger, elle est alors, comme la vente, résoluble à défaut de paiement du prix. — C. civ., 1654. — V. VENTE.

134. — Jugé, en ce sens, que l'art 1654 C. civ. qui autorise le vendeur à demander la résolution de la vente, si l'acheteur ne paie pas le prix, est applicable aux ventes par licitation, dans lesquelles des étrangers se sont rendus adjudicataires comme aux ventes ordinaires. — *Metz*, 30 avril 1823, Adam c. Bellote; *Nîmes*, 2 août 1838 (t. 1er 1839, p. 430), Saint-Privat c. Boyer. — Car, dans ce cas, la licitation est une véritable vente. — Duvergier, *Vente*, t. 2, no 144; Pothier, no 516; Chabot, sur l'art. 883; Troplong, *Vente*, t. 2, no 876; Duranton, t. 16, nos 484 et 485.

135. — Toutefois, la résolution n'a lieu que pour la part revenant au colicitant non payé. — *Nîmes*, 2 août 1838 (t. 1er 1839, p. 430), Saint-Privat c. Boyer.

136. — La rente créée sous l'empire de la coutume de Normandie, pour prix d'une licitation, conférait au créancier non payé, ou qui avait vu diminuer les sûretés promises par le contrat, le droit de demander la résolution du partage. — *Caen*, 29 déc. 1845 (t. 1er 1846, p. 765), Levasseur c. Lacoudrais.

137. — Quant à la voie à suivre pour faire annuler l'adjudication, Carré faisait une distinction. Lorsque l'adjudication avait été prononcée par le juge, elle ne pouvait être attaquée par voie d'action principale, mais seulement par appel. Lors, au contraire, que l'adjudication avait été renvoyée devant notaires, comme la voie de l'appel n'est ouverte que contre les actes émanés d'un juge, il fallait se pourvoir par voie d'opposition devant le tribunal. — Mais cette distinction ne peut plus subsister en présence du nouvel art. 730 C. procéd., qui déclare le jugement d'adjudication non sujet à appel, et ainsi l'action principale est aujourd'hui la seule voie ouverte pour faire tomber un jugement d'adjudication. — V. Carré et Chauveau, quest. 2505 *octiès*.

138. — Le poursuivant d'une vente par licitation n'est pas garant de la régularité de la procédure, à l'égard de ses colicitans. — *Paris*, 2 mars 1812, Perez c. Forestier.

139. — La licitation faite entre les cohéritiers connus d'un défunt ne peut être attaquée par un autre qui ne s'est fait connaître que depuis. — Dès lors, l'adjudicataire n'a pas, dans ce cas, juste sujet de crainte d'être évincé. — *Paris*, 10 avril 1815, Dumoulier c. Douel.

140. — La licitation au profit d'un des cohéritiers équivalant à partage, il en résulte : 1o que le créancier opposant qui, d'après l'art. 882 C. civ., a droit d'attaquer le partage auquel il n'a pas été appelé, peut également attaquer, en pareil cas, la vente sur licitation faite à l'un des héritiers. — Mais il en serait autrement si c'était un étranger qui se fût rendu adjudicataire. — *Paris*, 2 mars 1812, Perez c. Forestier et Trinquet. — Chabot, *Commentaire*, t. 3, art. 882, no 5; Merlin, *Rép.*, vo *Partage*, no 6; Toullier, *Droit civil*, t. 4, no 561; Duranton, *Droit français*, t. 7, no 520; Berriat, *Procéd. civ.*, p. 711, note 7; Rolland de Villargues, *Rép. du not.*, vo *Licitation*, no 124.

141. — ... 2o Que le créancier personnel du cédant ne peut, s'il n'a pas formé opposition au partage, attaquer un pareil acte, sur le motif qu'il a été fait en fraude de ses droits. — Mais il pourrait, comme exerçant les droits du cédant, son débiteur, l'attaquer comme contenant, au préjudice de ce dernier, une lésion de plus du quart; ce n'est pas là un droit exclusivement attaché à la personne du copartageant. — *Bordeaux*, 27 février 1841 (t. 1er 1841, p. 713), Saint-Blancard c. Miailhe.

142. — Toutefois, la nullité d'une licitation peut être demandée par un créancier et prononcée par les tribunaux pour cause de simulation, encore bien que le créancier ait négligé de former opposition, aux termes de l'art. 882 C. civ. C'est en vain qu'on prétendrait qu'en pareil cas le partage ou la licitation ne peut être attaqué pour fraude par un créancier négligent. — *Cass.*, 10 mars 1825, Mairesse c. Pikaers.

143. — Les jugemens qui, sur une demande en licitation, ordonnent l'expertise et la vente de l'immeuble, n'ont point le caractère de partage définitif; en telle sorte qu'ils ne peuvent être attaqués que par ceux des créanciers qui, ayant formé opposition au partage, n'y auraient point été appelés. — *Paris*, 24 mars 1834, Royer c. d'Hubert.

LIE DE VIN (March. de).

Patentables de 7e classe; — droit fixe basé sur la population, et droit proportionnel du 40e de la valeur locative de tous les locaux qu'ils occupent, mais seulement dans les communes de 20,000 âmes et au-dessus.

LIÉGE BRUT (March. de).

Marchands de liége brut en gros ou en détail; — patentables, les premiers de 1re, les derniers de 5e classe; — droit fixe basé sur la population; droit proportionnel, pour les premiers, du 15e, et pour les derniers, du 20e de la valeur locative de l'habitation et des lieux servant à l'exercice de la profession.

LIEN.

1. — Se dit de toute espèce d'engagement. — V. OBLIGATION.

2. — Quant au double lien, V. ce mot.

LIEU.

Ce mot, employé dans la loi comme synonyme d'endroit, s'entend ordinairement d'une commune. — Quelquefois aussi il signifie un endroit déterminé dans une commune, comme une maison. — V. ACTE NOTARIÉ, ACTES DE L'ÉTAT CIVIL, CONTRAT, DATE, DIFFAMATION, DISPOSITION A TITRE GRATUIT, DOMICILE, TESTAMENT.

LIEUX PUBLICS.

1. — Les *lieux publics* sont ceux dans lesquels le public est admis, soit de jour, soit de nuit, ou librement, ou moyennant l'accomplissement de certaines conditions; tels sont principalement les cabarets, les cafés, les auberges, spectacles, bals publics, etc., etc.

2. — Les lieux publics sont encore ceux qui sont à l'usage de tous, tels que les places, rues, etc., etc.

3. — Ces lieux, et ceux en général où il se fait un grand rassemblement, sont soumis à la surveillance de l'autorité municipale (L. 16-24 août 1790), laquelle peut prendre, en ce qui concerne l'exercice de cette surveillance, telles mesures qu'elle juge nécessaires. Ce qui se rattache à cette surveillance sera indépendant des indications données vis BALS PUBLICS, CABARETS, FOIRES ET MARCHÉS, HÔTEL, HOTELIER, THÉATRES. — Mentionné vo POUVOIR MUNICIPAL.

4. — Jugé que le local occupé par un limonadier, entrepreneur de bals, et formant son établissement, est présumé lieu public dans toutes ses parties. Une location partielle et momentanée à un ou plusieurs particuliers, avec la destination d'employer ce local à donner un bal, ne peut effacer ce caractère de publicité, et ne saurait soustraire ce lieu public à la surveillance de la police et à l'exécution des règlemens de police. — En conséquence, lorsqu'un limonadier a, contrairement à un règlement de police, tenu bal après dix heures, sans en avoir obtenu l'autorisation, il ne peut être renvoyé des poursuites par le motif que ce n'était pas lui, mais bien une société de jeunes gens, qui avait donné le bal, et qu'il s'est borné à louer son local à cet effet. — *Cass.*, 30 avril 1846 (t. 1er 1847, p. 573), Poirson. — V., en ce qui concerne les heures de fermeture, FERMETURE DES LIEUX PUBLICS.

5. — Il est certains délits qui empruntent soit leur caractère, soit leur gravité, au fait d'avoir été commis dans des lieux publics. — V. DIFFAMATION ET INJURE.

6. — Il est donc intéressant de connaître les décisions de la jurisprudence relativement au point de savoir si tel ou tel lieu doit être réputé public. — V., à cet égard, vo DIFFAMATION ET INJURE, nos 96 et suiv. — V., en outre, BLESSURES ET COUPS, no 24; PROSTITUTION.

7. — V., au reste, POUVOIR MUNICIPAL.

LIEUTENANT CIVIL, LIEUTENANT CRIMINEL.

1. — Magistrats qui, dans l'origine, étaient appelés à remplacer, d'abord accidentellement et en cas d'empêchement, puis ordinairement, le prévôt de Paris, l'un dans ses fonctions civiles, l'autre dans ses attributions criminelles. — Ord. d'avril 1454, art. 37, et de juillet, même année, art. 73.

2. — Les fonctions des lieutenans civils et des lieutenans criminels ne prirent une importance véritable qu'à dater de l'ord. de Louis XII de 1510, qui, en décidant qu'ils seraient nommés non plus par le prévôt de Paris, mais par le roi et à vie, leur donna l'exercice plein et entier des fonctions des prévôts et des baillis, qui n'eurent plus, dès lors, qu'un vain titre. — Éloin et Trébuchet, *Nouveau Dictionn. de police*, t. 1er, introd., p. 39.

3. — Le lieutenant civil avait le droit de présider à toutes les assemblées de la compagnie du Châtelet, soit pour réceptions d'officiers, enregistremens et autres affaires de la compagnie. C'était lui qui tenait l'audience du parc civil et celle de la chambre civile. C'était aussi à lui que devaient être adressées toutes les requêtes civiles.

4. — Le lieutenant criminel était chargé de présider la chambre criminelle, connaissait des cas prévôtaux et prononçait avec sept juges. L'instruction des procès criminels lui appartenait exclusivement. Il avait aussi sous sa juridiction la sûreté de Paris contre les meurtriers, vagabonds et autres gens de mauvaise vie, ainsi que les repris de justice. Il les jugeait présidialement et sans appel. — Éloin et Trébuchet, *Nouv. Dict. de police*, t. 1er, introd., p. 41.

5. — Les attributions des lieutenans civils et des lieutenans criminels n'étaient pas du reste très-nettement définies. Comme elles avaient été primitivement confondues dans la même personne, le prévôt de Paris, il n'était pas aisé de tracer les limites dans lesquelles devait se renfermer chacun des deux délégués. Des différends survinrent plusieurs fois entre le lieutenant civil et le lieutenant criminel. Ce conflit donna lieu au célèbre édit de 1667, qui vint fixer leurs attributions. Cet édit divisa la charge de lieutenant civil au Châtelet et en partagea les attributions entre deux nouveaux magistrats, un lieutenant de police et un lieutenant civil. Les fonctions du premier étaient de beaucoup les plus importantes.

6. — Par la déclaration du 18 avril 1674, le roi créa deux nouvelles charges de lieutenant civil et lieutenant criminel pour le nouveau Châtelet. Mais lorsque le nouveau Châtelet cessa d'exister, ces deux charges furent réunies, l'une à l'office du lieutenant de police de l'ancien Châtelet, qui l'exerça sous le titre de lieutenant général de police, l'autre à l'office du lieutenant criminel de l'ancien Châtelet.

7. — Les charges de lieutenant civil et de lieutenant criminel disparurent, ainsi que celle de lieutenant général de police, lors de la révolution de 1789. — V. LIEUTENANT DE POLICE, no 3.

LIEUTENANT DE POLICE.

1. — Les directeurs généraux, commissaires généraux et spéciaux de police, créés par la loi du 28 pluv. an VIII (V. COMMISSAIRE DE POLICE, nos 132 et suiv.), furent supprimés, dans les Cent-Jours, par le décret du 28 mars 1815, qui leur substitua sept lieutenans de police (art. 1er et 2).

2. — Mais cette nouvelle institution ne vécut pas, et les fonctions des lieutenans de police, qui consistaient surtout en missions et inspections de surveillance dans les divers arrondissemens que leur indiquait le ministre, sont depuis longtemps tombées en désuétude. — V. COMMISSAIRE DE POLICE.

3. — Il ne faut point confondre les fonctions de lieutenant de police dont nous venons de parler avec celles de lieutenant général de police, créées par l'édit de 1667 et qui, en 1789, furent confondues avec celles du célèbre *comité permanent*, puis remises à la municipalité. — V. LIEUTENANT CIVIL, LIEUTENANT CRIMINEL. — Le dernier lieutenant général de police fut M. de Crosne, qui, ne pouvant résister aux troubles commencés à Paris en 1787, donna sa démission, à l'hôtel de ville, à l'assemblée des électeurs.

LIEUTENANT DE PORT.

V. OFFICIERS DE PORT.

LIGNE (Écriture).

V. BLANC, CONSERVATEUR DES HYPOTHÈQUES, COPIE DE PIÈCES (mat. civ.), EXPÉDITION, EXPROPRIATION POUR UTILITÉ PUBLIQUE, GREFFE (droits de), HUISSIER, TIMBRE.

LIGNE (Parenté).

1. — C'est la suite des ascendans et des descendans d'une famille, ou d'une race entière.

2. — La ligne se compose de générations. — C. civ., 735.

3. — Elle se divise en *ligne directe* et *ligne collatérale*. — C. civ., 736.

4. — La ligne directe est celle qui présente une suite de personnes descendant l'une de l'autre. — C. civ., 736.

5. — La ligne directe se subdvise en *ligne directe ascendante* et en *ligne directe descendante.* — La ligne ascendante se compose du père et de tous les aïeux, en remontant jusqu'au plus éloigné; de la mère et de tous les ascendans supérieurs. — La ligne descendante comprend les enfans de tous les degrés, depuis le fils ou la fille jusqu'à l'arrière-petit-fils le plus éloigné. — C. civ., 736. — Rolland de Villargues, *Rép. du notar.*, v° *Ligne*, n° 3.

6. — Il y a cette différence entre les lignes des descendans et celles des ascendans, que celles-ci sont les mêmes pour tous; car tout homme a le même ordre d'ascendans que chacun des autres. Quant aux lignes des descendans, elles fourchent différemment, selon le nombre des enfans et des descendans; elles finissent ou durent plus ou moins, selon que les générations cessent ou se continuent. — Toullier, t. 4, n° 163.

7. — La ligne collatérale comprend les parens qui ne descendent pas les uns des autres, mais qui descendent tous, médiatement ou immédiatement, d'un même auteur commun. Elle s'appelle *collatérale*, parce que tous les parens, dans cette ligne, ne sont joints entre eux que *à latere.* — C. civ., 736. — Chabot, *Comment. sur les success.*, art. 736, n° 2.

8. — La ligne collatérale, considérée isolément et relativement à l'auteur commun, est une ligne directe; elle prend le nom de collatérale lorsqu'on la place à côté d'une autre ligne, au-dessous de l'auteur ou tronc commun, dans lequel elles se réunissent toutes les deux. — Toullier, t. 4, n° 159.

9. — Les lignes directe et collatérale sont indépendantes l'une de l'autre; elles n'ont de relation que par leur réunion dans la personne de l'auteur commun, réunion qui forme seule la parenté entre les personnes de ces deux lignes. — Toullier, *ibid.*

10. — Enfin la ligne se divise en ligne *paternelle* et en ligne *maternelle.* La première se compose de tous ceux qui sont parens du côté du père, et la seconde de tous ceux qui sont parens du côté de la mère. — C. civ., 733. — V., au surplus, PARENTÉ.

LIGNÉE, LIGNAGE.

1. — La lignée est la suite des personnes descendant d'un même chef de race.

2. — Dans les anciennes coutumes, le mot *lignée* était synonyme de *lignage*, et l'on disait *homme de noble lignage* pour indiquer la qualité d'une noble origine. — Rolland de Villargues, *Rép. du notar.*, v° *Lignée.*

3. — Dans les parens du lignage n'étaient pas compris les alliés. — Toullier, t. 9, n° 280. — V. LIGNE (parenté).

LIMAILLES (March. de).

Patentables de huitième classe; — droit fixe basé sur la population, droit proportionnel du quarantième de la valeur locative de tous les locaux qu'ils occupent, mais seulement dans les communes de 20,000 âmes et au-dessus. — V. PATENTE.

LIMES.

1. — Fabricans de limes. — Patentables soumis à un droit fixe de 25 fr. pour dix ouvriers et au-dessous, et en outre de 3 fr. pour chaque ouvrier en sus jusqu'au maximum de 300 fr. — Droit proportionnel du vingtième de la valeur locative de l'habitation, des magasins de vente complétement séparés de l'établissement, et du quarantième de l'établissement industriel.

2. — Les tailleurs de limes sont patentables de huitième classe; — droit fixe basé sur la population, droit proportionnel du quarantième de la valeur locative de tous les locaux qu'ils occupent, mais seulement dans les communes de 20,000 âmes et au-dessus. — V. PATENTE.

LIMITES.

V. BORNAGE, CANTON, COMMUNE, n°s 72 et suiv.; DIVISION TERRITORIALE, PARTAGE, SAISIE-IMMOBILIÈRE, SERVITUDE.

LIMONADIERS.

1. — Les limonadiers non-glaciers sont patentables de quatrième classe. — Droit fixe basé sur la population. — Droit proportionnel du 20e de la valeur locative de l'habitation et des lieux servant à l'exercice de la profession.

2. — Quant aux limonadiers-glaciers, V. CRÉMIERS, GLACES, GLACIERS. — V. aussi PATENTE.

LIN.

1. — Rouissage du lin, en grand, par son séjour dans l'eau. — Première classe des établissemens insalubres.

2. — Les ateliers, dans les villes, pour le peignage en grand du lin sont rangés dans la deuxième classe seulement. — V. ÉTABLISSEMENS INSALUBRES (nomenclature).

3. — Les marchands en gros de lin ou chanvre brut ou filé sont soumis à la patente de première classe et imposés comme tels à un droit fixe basé sur la population et à un droit proportionnel du quinzième de la valeur locative de l'habitation et des lieux servant à l'exercice de la profession.

4. — Pour les marchands en demi-gros ou en détail, la patente est pour les premiers de deuxième et pour les derniers de sixième classe. — Le droit fixe est le même, sauf la différence de classe et le droit proportionnel du vingtième.

5. — Quant aux fabricans de lin ou chanvre brut ou filé, ils sont rangés dans la septième classe seulement des patentables. — Même droit fixe (sauf la différence de classe). — Droit proportionnel du quarantième de la valeur locative de tous les locaux qu'ils occupent, mais seulement dans les communes de 20,000 âmes et au-dessus. — V. CHANVRE. — V. aussi PATENTE.

LINGE, LINGERS.

1. — Lingers-fournisseurs; — lingers; — loueurs de linge de table et de ménage; — patentables: les premiers de 3e classe, et les autres de 6e classe — Droit fixe basé sur la population, droit proportionnel du 20e de la valeur locative de l'habitation et des lieux servant à l'exercice de la profession.

2. — Marchands de vieux linge, patentables de 7e classe. — Même droit fixe, sauf la différence de classe; droit proportionnel du 40e de la valeur locative de tous les locaux qu'ils occupent, mais seulement dans les communes de 20,000 âmes et au-dessus. — V. PATENTE.

LINGES ET HARDES.

1. — Nous avons exposé, v° INVENTAIRE, n°s 202 et suiv., comment, dans quel cas et sous quelles réserves les effets d'habillement ou de parure, appartenant soit au survivant des époux, soit aux enfans, devaient être compris dans l'inventaire.

2. — On sait, au reste, que la femme qui renonce à la communauté a le droit de retirer les linges et hardes à son usage (C. civ., art. 1492). Mais que doit-on entendre par linges et hardes? — V., à cet égard, v° COMMUNAUTÉ, n°s 1130 et suiv. Nous ajouterons toutefois que l'opinion de M. Bellot (*Du contr. de mariage*, t. 2, p. 560, et t. 4, p. 247), qui exclut d'une manière absolue les linges et hardes ne servant plus et ceux non encore mis en œuvre, ne nous paraît pas admissible.

3. — L'art. 1566 du C. civ., relatif à la restitution de la dot, contient une disposition analogue à celle de l'art. 1492, avec cette différence toutefois qu'il n'autorise la femme à reprendre que les linges et hardes à son usage *actuel*; ce qui exclut les objets dont elle ne se sert plus. — V. DOT, n° 1002.

4. — L'art. 560 du C. de comm. autorise aussi les syndics à remettre à la femme du failli, avec l'autorisation du juge-commissaire, les linges et habits à son usage, alors même que, par suite du défaut des justifications exigées par cet article, tous les effets mobiliers, tant à l'usage du mari qu'à celui de la femme, sous quelque régime qu'ait été contracté le mariage, sont acquis aux créanciers. — V. FAILLITE, n°s 2194 et suiv. — V. aussi COMMUNAUTÉ, DOT, FAILLITE, INVENTAIRE.

LIQUEURS, LIQUORISTES.

1. — Marchands en gros de liqueurs, patentables de première classe. — Droit fixe basé sur la population; droit proportionnel du 15e de la valeur locative de l'habitation et des lieux servant à l'exercice de la profession.

2. — Fabricans de liqueurs; — marchands en détail: — patentables les premiers de 3e, les derniers de 4e classe. — Même droit fixe, sauf la différence de classe; droit proportionnel du vingtième.

3. — Débitans de liqueurs et eaux-de-vie, patentables de septième classe. — Même droit fixe, sauf la différence de classe; droit proportionnel du quarantième de la valeur locative de tous les locaux qu'ils occupent, mais seulement dans les communes de 20,000 âmes et au-dessus. — V. PATENTE.

4. — Fabrication de liqueurs, deuxième classe des établissemens insalubres. — V. ce mot (nomenclature). — V. encore ABONNEMENT, BOISSONS, CONTRIBUTIONS INDIRECTES.

LIQUIDATEUR.

V. SOCIÉTÉ.

LIQUIDATION.

1. — C'est l'acte par lequel on débrouille, on fixe, on règle, ce qui était embrouillé, incertain, non liquide dans une affaire. — Rolland de Villargues, *Rép. du notarial*, v° *Liquidation.*

2. — Entre autres liquidations, on remarque principalement: 1° La *liquidation de succession*, ou la détermination du montant de l'actif et du passif, et aussi de la nature et de la quotité des droits des intéressés, dans une succession. — V. PARTAGE, SUCCESSION.

3. — .... 2° La *liquidation de communauté* ou la même détermination relativement à une communauté. — V. COMMUNAUTÉ.

4. — ... 3° La *liquidation de reprises*, ou la détermination qui a lieu au profit d'une femme, séparée ou veuve, dans le cas de renonciation à la communauté. — V. REPRISES MATRIMONIALES, SÉPARATION DE BIENS.

5. — On désigne encore sous ce même mot la liquidation qui, même dans le partage de la communauté, a lieu pour les reprises des époux. — V. COMMUNAUTÉ.

6. — ... 4° La *liquidation de fruits*, ou le compte des fruits perçus, lorsqu'il y a lieu à leur restitution. — V. FRUITS.

7. — ... 5° La *liquidation de dépens*, ou détermination des frais et dépens auxquels une contestation a donné lieu, avec l'indication de la partie qui les doit. — V. FRAIS ET DÉPENS.

8. ... 6° La *liquidation des droits d'enregistrement, d'hypothèque*, etc, ou opération par laquelle on établit le montant des droits auxquels donnent lieu certains actes et les mutations par décès. — V. ENREGISTREMENT, HYPOTHÈQUE (droits d').

9. — ... 7° La *liquidation de société*, ou détermination de ce qui est dû à une société dissoute et de ce qu'elle doit; c'est en même temps le règlement des comptes respectifs des associés envers la masse sociale et très-souvent le partage de la société. — V. SOCIÉTÉ.

10. — ... 8° La *liquidation de la dette publique*, ou mode d'acquittement établi par la législation intermédiaire pour les dettes dont l'État était grevé. — V. DETTE PUBLIQUE.

11. — En ce qui concerne les liquidations de succession, de communauté et de reprises, quand les parties sont toutes majeures et qu'elles peuvent s'accorder, on procède à l'amiable à la liquidation. En ce cas, la liquidation peut se réaliser sous la forme qu'il convient aux parties d'adopter.

12. — Mais si l'une des parties est mineure, ou si des parties majeures ne peuvent convenir d'une liquidation amiable, l'opération, ainsi que celle du partage qui en est presque toujours la conséquence, se fait en justice, d'après les formes prescrites par les art. 966 et suiv. du Code de procédure. Dans ce cas, le juge-commissaire renvoie les parties devant le notaire dont elles conviennent ou qui, en cas de dissentiment, est nommé par le tribunal. — C. proc., 976. — Rolland de Villargues, v° *Liquidation*, n° 6. — V. PARTAGE.

13. — Quant à la marche à suivre dans les liquidations, elle varie nécessairement suivant l'objet de la liquidation.

14. — Toutefois on peut dire que dans toutes les opérations de liquidation, on doit commencer par l'exposé des faits propres à en faciliter l'intelligence. Cet exposé, auquel on donne ordinairement le nom d'*Observations générales*, doit se borner aux seuls faits qui ont un rapport direct avec les opérations. — Rolland de Villargues, v° *Liquidation*, n° 10.

15. — Ainsi, s'il s'agit d'une communauté, on rend compte: du contrat de mariage des époux; des successions qui leur sont échues et des legs et donations qui leur ont été faits; de l'aliénation des biens personnels; des remplois; du remboursement des rentes et créances appartenant en propre à l'un ou à l'autre des époux; des dépenses faites des deniers de la communauté pour réparer, augmenter ou seulement embellir les immeubles

personnels; de l'établissement des enfans; de la dissolution de la communauté par décès ou par séparation, etc. — Rolland de Villargues, n° 11.

16.—Dans la liquidation d'une succession, on expose préliminairement les donations et les legs faits par le défunt; s'il y a eu un exécuteur testamentaire, on fait connaître les résultats de son administration, l'arrêté de son compte, etc. — Rolland de Villargues, n° 12.

17. — Soit qu'il s'agisse d'une communauté ou d'une succession, on énonce l'inventaire, l'administration des biens depuis le décès ou la dissolution de la communauté, et l'on fait connaître les expertises des immeubles. — Rolland de Villargues, n° 13.

18. — Quant aux difficultés qui peuvent entraver les opérations de liquidation, il faut distinguer entre celles qui sont purement matérielles, par exemple celles résultant du défaut d'expertise des immeubles, et les difficultés qui tiennent à la solution d'un point de droit.

19. — Pour les premières, le juge-commissaire ou le notaire doit renvoyer les parties devant les tribunaux ; car il ne peut rien ordonner de son chef. — Rolland de Villargues, n° 65.

20.—Mais quant aux points de droit, le notaire doit les décider ; sauf réformation lors de l'homologation.—Rolland de Villargues, n° 66.

21. — Avant le Code de procédure, la liquidation faite par un juge commis à cet effet n'était exécutoire qu'après avoir été homologuée par le tribunal. — Cass. 8 frim. an XII, Ardenne c. Calmet.

22. — Les jugemens qui statuent sur les difficultés de liquidation ne sont pas susceptibles d'opposition de la part des parties qui n'ont point comparu soit devant le notaire, soit seulement devant le tribunal. Il suffit que ces parties aient été régulièrement appelées pour que ces jugemens soient à leur égard réputés contradictoires. — Paris, 21 juin 1838 (t. 2 1838, p. 387), Duréeu c. Drouard.

23. — Une liquidation homologuée par des jugemens et arrêts qui ont acquis l'autorité de la chose jugée ne peut pas être attaquée, dans les termes de l'art. 541 C. proc., pour erreur de droit. Cette disposition de la loi s'applique seulement aux erreurs matérielles qu'elle désigne. — Bordeaux, 21 juillet 1847 (t. 1er 1848, p. 617), Labrousse c. Passemand.

24. — Au reste, pour tout ce qui concerne les liquidations de succession, de communauté et de reprises, il faut nécessairement se reporter vᵒ PARTAGE. — V., en outre, ABRÉVIATION, ABSENCE, ALIÉNÉS, n° 23; AVEU, DIVORCE, DOT, JUGEMENT (mat. civ.).

LIQUIDATION DE DÉPENS.
V. FRAIS ET DÉPENS.

LIQUIDES.
V. BOISSONS, CONTRIBUTIONS INDIRECTES.

LIQUIDITÉ.
C'est l'état de ce qui est clair et net, et dont la quantité ou la valeur est déterminée. — V. COMPENSATION, SAISIE-EXÉCUTION, SAISIE IMMOBILIÈRE.

LISTE CIVILE.

Table alphabétique.

LISTE CIVILE. — **1.** — Avant la révolution de février 1848, on comprenait sous le nom de *liste civile* le revenu qui était attribué au roi pour ses dépenses personnelles et celles de sa maison. — Foucard, *Elem. du droit publ. et adm.*, t. 2, n° 743.

2. — La dénomination de liste civile a été empruntée à l'histoire d'Angleterre. Blackstone rapporte que le parlement s'étant chargé, en 1688, de pourvoir à la dépense du royaume donna au roi, en échange des propriétés royales et des droits féodaux, une somme fixe, destinée à subvenir aux dépenses civiles, c'est-à-dire aux dépenses non militaires ni ecclésiastiques. La liste de ces dépenses reçut le nom de *liste civile.* — Foucard, *Elémens du droit publ. et adm.*, t. 2, n° 743.

3. — Nous avons expliqué, vᵒ DOMAINE DE LA COURONNE, DOMAINE DE L'ÉTAT, DOMAINE PRIVÉ DU ROI, qu'autrefois le domaine de la couronne ne se distinguait pas du domaine de l'État, et que cette distinction n'avait été établie en France qu'en 1789, époque à laquelle, l'État et le roi cessant d'être confondus, on avait adopté le système des listes civiles.

4. — Nous avons également expliqué, vᵒ DOMAINE PRIVÉ DU ROI, quelles vicissitudes avait subies, par suite des changemens successifs de législation, l'application de l'ancien principe de dévolution des biens personnels du roi lors de son avénement au trône, et quelles conséquences avait entraînées avec elle, notamment en ce qui concerne les obligations personnelles contractées par le roi, la séparation tranchée plus tard entre les biens possédés par le roi en cette qualité, et ceux possédés par lui comme simple particulier.

5.—Aujourd'hui le mot liste civile n'existe plus dans notre langue constitutionnelle. Le revenu alloué au président de la République consiste en un *traitement* fixé par la constitution elle-même en frais de logement et de représentation. — V. PRÉSIDENT DE LA RÉPUBLIQUE.

6. — L'importance, la nature, l'administration et la disposition du revenu alloué au roi sous le nom de liste civile étaient l'objet de règles spéciales. Quoique, aujourd'hui que la royauté a disparu, et avec elle la liste civile, ces règles ne conservent plus guère qu'un intérêt historique, nous ne croyons pas devoir les passer complètement sous silence. Nous y rattacherons d'ailleurs les divers documens législatifs concernant tant la liquidation de la liste civile du roi Charles X que celle de la liste civile du roi Louis-Philippe.

§ 1er. — *Des biens composant la liste civile (n° 7).*

§ 2. — *Nature et caractère des biens dépendant de la liste civile. — Conditions de jouissance de ces biens (n° 23 s.)*

§ 3. — *Administration des biens dépendant de la dotation de la couronne. — Actions judiciaires (n° 43).*

§ 4. — *De la liquidation de l'ancienne liste civile (n° 60).*

§ 1er. — *Des biens composant la liste civile.*

7. — La liste civile telle que l'a créée la loi du 2 mars 1832 se composait : 1° de la dotation immobilière et mobilière de la couronne; 2° de la liste civile proprement dite, c'est-à-dire de la somme annuelle allouée au roi pour les dépenses de sa maison.

8.—Nous avons expliqué, vᵒ DOMAINE DE LA COURONNE (n°6), qu'autrefois, et sous l'empire de la loi du 8 nov. 1814, les mots liste civile, pris dans leur sens littéral, ne comprenaient que la *prestation pécuniaire* attribuée au roi, d'où il résultait que la disposition de la charte qui voulait que la *liste civile* ne fût fixée que pour la durée du règne, de-

vait être restreinte, dans son application, à cette *prestation* elle-même, sans pouvoir s'étendre à la *dotation*, qui était perpétuelle.

9.—La loi du 2 mars 1832, en disant que la liste civile se compose d'une *dotation* et d'une *somme annuelle*, etc., exprimait d'une manière claire que la dotation, aussi bien que la somme annuelle, n'était que viagère et fixée seulement pour la durée du règne, conformément à l'art. 19 de la charte. — Duvergier, *Coll.*, t. 32, p. 70 (disc. sur l'art. 4ᵉʳ).

10. — Les biens composant la dotation immobilière de la couronne comprenaient le Louvre, les Tuileries, ainsi que leurs dépendances; l'Elysée-Bourbon, les châteaux, maisons, bâtimens, manufactures, terres, prés, corps de ferme, bois et forêts, composant principalement les domaines de Versailles, Marly, Saint-Cloud, Meudon, Saint-Germain-en-Laye, Compiègne, Fontainebleau et Pau; la manufacture de Sèvres, celle des Gobelins et de Beauvais; les bois de Boulogne, le bois de Vincennes et la forêt de Senart, tels qu'ils ont été désignés par la loi du 4ᵉʳ juin 1791, par les sén.-consultes des 30 janv. 1810, 4ᵉʳ mai 1812, 14 avr. 1813, par les lois des 8 nov. 1814, 15 janv. 1825, et par diverses autres lois survenues relativement aux acquisitions ou échanges de biens royaux. — L. 2 mars 1832, art. 2.

11.—L'art. 4 de la même loi déclarait réunis à la dotation immobilière les biens de toute nature composant l'apanage d'Orléans, constitué par les édits de 1661, 1672 et 1692, ainsi que la petite forêt d'Orléans, qui en faisait originairement partie, et qui, par l'avénement du roi Louis-Philippe, avait fait retour à l'État.

12. — Mais le même article ajoutait : « Dans le cas où il y aurait lieu à indemnité, à raison des accroissemens faits à cet apanage depuis qu'il a été rendu à la maison d'Orléans jusqu'au moment où il a fait retour au domaine de l'État, cette indemnité ne serait exigible qu'à la fin du règne actuel. » — Nous avons dit, vᵒ APANAGE, nᵒˢ 28 et 29, à quelles discussions avait donné lieu cette disposition.

13. — Enfin le nᵒ 3 du même article 4 disposait que la partie non apanagée du Palais-Royal, appartenant à madame la princesse Adélaïde d'Orléans, pourrait y être réunie par voie d'échange opéré avec d'autres biens faisant partie de l'apanage d'Orléans.

14. — Suivant décret du gouvernement provisoire, du 26 fév. 1848, tous les biens qui composaient la dotation de la liste civile du roi Louis-Philippe ont fait retour à l'État, et sont rentrés, quant à l'administration, dans les attributions des administrations des biens de l'État.

15. — La dotation mobilière de la couronne comprenait les diamans, perles, pierreries, statues, tableaux, pierres gravées, musées, bibliothèques et autres monumens des arts, ainsi que les meubles meublans contenus dans l'hôtel du Garde-meuble et les divers palais et établissemens royaux ; comme aussi les objets de même nature dans les palais, châteaux, hôtels distraits du domaine de la couronne et compris dans l'état annexé à la loi de 1832 (même loi, art. 5) : mais non les camées antiques, lesquels ont été réintégrés à la bibliothèque Richelieu (même article, décr. 2 mars 1808; décr. 28 mai-1ᵉʳ juin 1791). — V. BIBLIOTHÈQUE, BIJOUX, MUSÉES, OBJETS D'ART.

16. — L'art. 7 de la loi du 2 mars 1832 disposait que les monumens et les objets d'art placés dans les maisons royales, soit aux frais de l'État, soit aux frais de la couronne, étaient ou demeuraient propriétés de la couronne. — Il en a été ainsi, conséquemment, du musée de Versailles.

17. — Aux termes de l'art. 6 de la loi du 2 mars 1832, il a été dressé par récolement, aux frais de la liste civile, un état et des plans des immeubles, ainsi qu'un inventaire descriptif de tous les meubles. Ceux de ces meubles susceptibles de se détériorer par l'usage, ont dû être estimés, et des doubles, tant de l'état des immeubles et des glaces, que de l'inventaire du mobilier, être déposés dans les archives des chambres, après avoir été certifiés et signés par un ministre responsable.

18. — Indépendamment de la dotation, soit immobilière, soit mobilière, dont il vient d'être question, le roi recevait du trésor public une somme annuelle (douze millions), payable par douzième, de mois en mois et par avance, à la personne commise par le roi à cet effet. — Art. 17 et 18.

19. — Les art. 19, 20, 24 de la même loi disposaient relativement au douaire de la reine, à la dotation de l'héritier de la couronne, et des princes et princesses, fils et filles du roi.

20. — Il a été jugé, sous la loi de 1832, que lorsque des biens meubles ou immeubles ont été une fois compris dans la dotation de la couronne, ils ne cessent d'en faire partie qu'autant que la loi qui constitue une nouvelle liste civile les en excepte formellement. Qu'ainsi, la nouvelle liste civile constituée par la loi de 1832 a compris tous les objets dépendant des listes civiles précédentes, encore bien que, dans l'intervalle, des particuliers en aient été mis en possession de fait. — *Cass.*, 10 août 1841 (t. 2 1841, p. 515), Liste civile. — V. aussi *Paris*, 24 juin 1838; sous *Cass.*, 30 juin 1841 (t. 2 1841, p. 512).

21. — La restitution des actions des canaux, ordonnée par l'art. 10, L. 5 déc. 1814, a dû être faite aux anciens propriétaires, sans distinction de celles qui appartenaient au domaine de l'État et de celles qui faisaient partie du domaine de la couronne. — *Cass.*, 12 mai 1824 (t. 18, p. 701), d'Orléans.

22.—Sous l'ancienne législation, on jugeait que les biens et droits acquis à titre de conquête en vertu des traités passés avec des souverains étrangers se sont incorporés au domaine de la couronne, de plein droit et sans le secours de la réunion expresse ou tacite mentionnée dans l'art. 2 de l'édit de fév. 1566, et qu'à ce titre ils ont été frappés d'inaliénabilité. — *Cass.*, 2 juil. 1833, Domaine c. Roussillon. — V. DOMAINE DE L'ÉTAT, DOMAINES ENGAGÉS.

§ 2. — *Nature et caractère des biens dépendant de la liste civile. — Conditions de jouissance de ces biens.*

23. — Les biens rentrant dans la liste civile appartenaient à l'État, qui conservait le domaine de propriété, tandis que le roi n'en avait que la jouissance et l'administration.

24.—En sa qualité de propriétaire, l'État avait le droit d'intervenir dans une instance débattue entre la liste civile et un tiers sur la propriété de ces biens.—*Cass.*, 25 avril 1848 (t. 2 1848, p. 306), Liste civile c. préfet de l'Oise.

25. — La *jouissance* accordée au roi constituait-elle un véritable *usufruit*, à tel point que le roi dût être considéré comme usufruitier et être soumis, sauf les exceptions indiquées par la loi même, à toutes les charges et conditions de l'usufruit ? — Cela était peu contestable, et, en fait, soit sous la loi du 8 nov. 1814, soit lors de la discussion de la loi du 2 mars 1832, cela n'a pas été contesté : il est même à remarquer que, lors de la discussion du Code forestier, en 1827, le mot d'usufruitier, appliqué au roi en ce qui concerne la jouissance des biens dépendant du domaine de la couronne, fut plusieurs fois prononcé tant par le commissaire du roi que par les ministres eux-mêmes. Le principe était donc certain; mais on verra, par les observations qui suivent, que c'était là, ainsi, du reste, qu'il convenait que cela fût, un usufruit exceptionnel, affranchi de certaines des règles ordinaires, un usufruit, enfin, *sui generis*.

26.—De ce que les biens meubles et immeubles de la couronne continuent à faire partie du domaine de l'État, il en résulte qu'ils étaient inaliénables et imprescriptibles.—*Cass.*, 10 avril 1841 (t. 2 1841, p. 515), Cousin c. Liste civile; *Paris*, 22 avr. 1841, sous *Cass.*, 27 mai 1842 (t. 1er 1843, p. 215), Valot et Gros c. Gavard. — V. DOMAINE DE L'ÉTAT.

27.—....Et cela sans qu'il y eût exception pour les tableaux et objets d'art qui se trouvaient dans les palais dépendant de la dotation.—Mêmes arrêts.

28. — En conséquence, ces meubles et immeubles ne pouvaient être ni donnés, ni vendus, ni engagés, ni grevés d'hypothèques.—Même article.

29. — Néanmoins, les objets inventoriés avec estimation, aux termes de l'art. 6, c'est-à-dire ceux des meubles susceptibles de se détériorer par l'usage, pouvaient être aliénés moyennant remplacement (art. 8). — Cette disposition *limitative* n'eût pas autorisé, comme on aurait pu l'induire de la rédaction primitive, l'échange d'objets d'art. — *Cass.*, 10 août 1841 (t. 2, 1841, p. 515), Cousin c. Liste civile. — Duvergier, *Coll.*, *loc. cit.*

30. — L'échange des biens composant la dotation de la couronne ne pouvait être autorisé que par une loi. — L. 2 mars 1832, art. 9.

31. — Même sous la législation antérieure à la loi de 1832, il avait été jugé que les rois de France n'ont jamais eu le droit d'aliéner à titre incommutable les biens et droits acquis pour la couronne à titre de conquête. — *Cass.*, 2 juill. 1833, Domaine c. Roussillon.

32. — L'art. 10 de la même loi portait que les biens de la couronne ni le trésor public ne seront jamais grevés des dettes des rois non plus que des pensions par eux accordées.

33. — La durée des baux, à moins qu'une loi ne l'autorisât, ne pouvait excéder 18 ans; ces baux ne pouvaient être renouvelés plus de trois ans avant leur expiration. — Et si les baux renouvelés plus de trois ans avant leur expiration avaient commencé à être exécutés, ou bien s'ils avaient été faits pour plus de 18 ans, il y aurait eu lieu d'appliquer par analogie la solution écrite sur les art. 1429 et 1430 C. civ. — Duvergier, *Coll.*, sur l'art. 11 L. 2 mars 1832. — V. BAIL.

34 — Les forêts de la couronne étaient soumises aux dispositions du C. for. en ce qui les concernait. — V. FORÊTS. — Elles étaient assujetties à un aménagement régulier, et il ne pouvait y être fait aucune coupe extraordinaire quelconque, ni aucune coupe de quarts en réserve ou de massifs réservés par l'aménagement pour croître en futaie, qu'en vertu d'une loi. — L. 2 mars 1832, art. 12.

35. — A cet égard, il a été jugé que c'était l'intendant de la liste civile et non le gouvernement qui pouvait seul donner l'autorisation d'élever des constructions dans l'enceinte d'une forêt de la couronne. — *Orléans*, 13 déc. 1847 (t. 1er 1848, p. 194), Liste civile c. Cayol; *Paris*, 3 août 1848 (t. 2 1848, p. 336), même affaire.

36. — Les forêts et bois de la couronne sont rentrés dans l'administration des forêts de l'Etat. — Arrêté 27-29 mars 1848.

37. — Les propriétés de la couronne n'étaient pas soumises à l'impôt, néanmoins elles devaient supporter toutes les charges communales et départementales; et pour fixer leurs portions contributives dans ces charges, on devait les porter sur les rôles, pour leurs revenus estimatifs, de la même manière que les propriétés privées. — Même loi, art. 13.

38. — Le roi pouvait faire aux palais, bâtimens et domaines de la couronne, tous les changemens, additions et démolitions utiles à leur embellissement ou à leur conservation. — Art. 14.

39. — L'entretien et les réparations de toute nature des meubles et immeubles de la couronne étaient à la charge de la liste civile. — Art. 15.

40. — La jouissance du roi était affranchie de l'obligation de fournir caution. — Art. 16.

41.—Du reste, et à part les conditions ci-dessus exprimées, les propriétés de la couronne étaient régies par toutes les autres règles du droit civil. — Même article.

42. — Jugé que la liste civile du roi Louis-Philippe Ier n'était pas substituée *in universum jus* aux droits du titulaire de l'apanage d'Orléans et aux droits de l'Etat; qu'en conséquence, elle devait être déclarée irresponsable du prix des coupes de bois indûment faites par le prince apanagiste ou par l'Etat. — *Orléans*, 25 nov. 1835, Rion.

§ 3. — *Administration des biens dépendant de la dotation de la couronne. — Actions judiciaires.*

43. — D'après la constitution de 1791, ch. 2, sect. 1re, art. 11, le roi devait nommer un administrateur de la liste civile, pour exercer les actions judiciaires du roi, et contre lequel toutes les actions du roi auraient été dirigées et les jugemens prononcés. — Les condamnations obtenues par les créanciers de la liste civile devaient être exécutoires contre l'administrateur, personnellement et sur ses propres biens.

44. — Par un sénatus-consulte du 30 janv. 1810, il fut dit que les biens de la couronne seraient administrés par un intendant général, lequel devait aussi exercer et soutenir les actions à la charge de l'empereur. Mais la responsabilité directe et personnelle de l'intendant n'était pas indiquée comme dans la constitution de 1791. — V. ce sénatus-consulte, art. 13.

45. — La loi du 8 nov. 1814 contenait une disposition analogue. C'était le ministre de la maison du roi, ou, sous ses ordres, un intendant de la liste civile, qui tenait lieu de l'administrateur dont parle la constitution de 1791. — V. cette loi, art. 14.

46. — Les formes ordinaires de la procédure civile devaient être suivies avec cette différence que les assignations, au lieu d'être données à personne ou domicile, l'étaient au procureur du roi ou aux procureurs généraux, tenus de plaider et défendre les causes du roi soit dans les tribunaux, soit dans les cours. — Même loi, même arrêt.

47.—La loi du 2 mars 1832 a statué en ces termes : « Les actions concernant la dotation de la couronne seront dirigées par et contre l'administrateur de cette dotation. » — art. 27.

48. — La même loi a ajouté, que ces actions seraient instruites et jugées dans la forme ordinaire, sauf cette dérogation que l'art. 69 du C. proc. civ. prescrivait d'assigner le roi en la personne du procureur du roi, tandis que, sous la loi de 1832, il était assigné en la personne de l'administrateur de la liste civile.

49. — La responsabilité personnelle de l'administrateur de la liste civile vis-à-vis des créanciers du domaine de la couronne n'ayant pas été formellement admise par la loi de 1832, ne pouvait être suppléée. — En réalité, cet administrateur n'était qu'un mandataire du roi.

50. — On s'est demandé si les actions relatives à la *propriété* des immeubles de la dotation de la couronne devaient être précédées du dépôt d'un mémoire contenant l'exposé des moyens et des pièces à l'appui, conformément à l'art. 15 de la loi du 15 mars 1791. — V. DOMAINE DE L'ÉTAT. — Quelques auteurs ont soutenu l'affirmative (Foucart, *Elém. du droit publ. et admin.*, t. 2, n° 749). On a même soutenu qu'en pareil cas la contestation devrait être notifiée au préfet, afin qu'il puisse défendre les intérêts de l'Etat. — Mais le contraire semble résulter de la généralité de l'art. 27 précité. — V. aussi (sol. implic.) *Cass.*, 10 juillet 1837 (t. 2 1837, p. 448), Liste civile, c. comm. de Compiègne,

51. — Jugé que la liste civile avait qualité pour intenter seule, et sans le concours de l'Etat, une action en revendication de terrains. — *Amiens*, 21 mars 1840 (t. 1er 1842, p. 256), Charpentier.

52. — ...Alors même que l'usurpation serait antérieure à la loi qui a constitué la liste civile. Elle avait, à cet égard, un intérêt distinct de ceux du domaine de l'Etat, nu propriétaire. — *Paris*, 23 juin 1838, sous *Cass.*, 30 juin 1841 (t. 2 1841, p. 512), Liste civile c. Dupont.

53.—Et on ne pouvait lui opposer, comme ayant à son égard l'autorité de la chose jugée, un arrêt qui, en l'absence du représentant d'aucune liste civile, aurait rejeté une semblable réclamation faite par le domaine, alors surtout que le rejet n'a été prononcé que *quant à présent*, et toutes les parties réellement intéressées n'étant pas en cause. — Même arrêt.

54. — Mais jugé qu'une portion considérable et reconnaissable de terrain détachée du rivage par la violence des eaux, et portée contre un fonds qui, ayant appartenu à l'ancienne liste civile, a été réuni, depuis 1830, aux domaines de l'Etat, a été immédiatement frappée d'inaliénabilité; et que l'intendant de la liste civile n'avait pas le droit d'en ordonner la restitution au propriétaire du fonds amoindri. — L'acte par lequel il aurait ordonné, de son propre gré, cette restitution aurait été une véritable aliénation, dès lors entachée de nullité. — *Colmar*, 19 mars 1838 (t. 2 1838, p. 592), Fabrique de l'église d'Herbitzheim.

55. — Comme représentant du roi, usufruitier de la dotation de la couronne, et en vertu des pouvoirs que lui conférait l'art. 27 de la loi de 1832, l'administrateur du domaine de la couronne pouvait, par ses reconnaissances, interrompre une prescription commencée au profit du domaine de l'Etat, nu propriétaire des biens dépendant de la dotation de la couronne. — Du moins cela a été décidé pour le ministre de la maison du roi, et la raison déterminante est la même pour l'administrateur qui l'a remplacé. — *Paris*, 24 mai 1844 (t. 2 1844, p. 9 et 10), Domaine de l'Etat c. Claret de Fleurieu.

56. — Les titres des créanciers de la liste civile ne sont exécutoires ni sur les revenus des domaines de la couronne, ni sur les deniers de la liste civile, lesquels étaient insaisissables (art. 29), ni sur les effets mobiliers renfermés dans les palais, manufactures et maisons royales (art. 28); mais seulement sur les biens meubles et immeubles composant le domaine privé. — V. DOMAINE PRIVÉ.

57. — Un décret du 11 juin 1806 avait chargé le Conseil d'Etat de prononcer sur toutes les contestations relatives, soit aux marchés passés avec l'intendant de la maison de l'empereur, soit aux travaux faits pour le service personnel de Sa Majesté, ou celui de ses maisons. MM. Macarel et Boulatignier (p. 138) ont prétendu que ce décret avait survécu à la promulgation de la loi de 1832; mais cette opinion n'est pas admissible en présence des termes de l'art. 27 de cette loi.

58. — Mais jugé que lorsqu'il s'élevait une question de compétence entre les ministres à portefeuille et l'intendant de la liste civile, c'était au Conseil d'Etat qu'il appartenait de vider le conflit. — V. ordonn. du Conseil d'Etat du 25 fév. 1818 (Hereau).

59. — L'avis du 13 février 1808, qui a rendu communes aux comptables de la liste civile les dispositions des art. 2098, 2121 du C. civ., et celles de la loi du 5 sept. 1807, sur les comptables publics, devait-il être appliqué, même sous la loi de 1832? L'analogie qui existe entre le domaine de l'Etat et le domaine de la couronne rend l'affirmative très-probable. Du reste, c'est cette opinion que l'on enseignait.—Foucard, *Elém. du droit publ. et adm.*, t. 2, n° 749.

§ 4. — *De la liquidation des anciennes listes civiles.*

60. — On sait qu'après la révolution de 1830, la liquidation de l'ancienne liste civile étant devenue nécessaire, deux ordonnances royales des 5 et 19 nov. 1830 nommèrent une commission chargée de préparer cette liquidation, et que, depuis lors, diverses lois (V. notamment celles des 15 mars 1831, 23 déc. 1831, 28 juin 1833) ont accordé des secours affectés aux pensionnaires et créanciers de l'ancienne liste civile. L'ord. du 16 juill. 1833 désigna une commission pour la distribution de ces secours.

61. — Mais ces diverses lois laissaient en suspens le point de savoir si cette liquidation serait mise à la charge de l'Etat. C'est ce que déclara définitivement la loi du 8 avril 1834 en décidant que tous les biens meubles et immeubles acquis aux frais de la liste civile, pendant le règne de Charles X, demeureraient unis, par l'effet de la déchéance, au domaine de l'Etat (art. 2), à l'exception de l'usufruit réservé par Charles X dans la donation, du 9 nov. 1819, par lui consentie au duc de Berry.

62. — La même loi détermina les voies à prendre par les créanciers et pensionnaires pour réclamer, à peine de déchéance, le mode de liquidation des créances et de distribution des secours dont le tableau motivé a dû être distribué aux chambres.

63. — En outre, l'art. 4 autorisa le ministre des finances à inscrire au livre ordinaire des pensions, après révision, les pensions constituées *à titre onéreux* par l'ancienne liste civile, avec imputation des sommes payées déjà sur les crédits antérieurs ouverts par les lois précédentes.

64. — Par l'effet de cette loi, les pouvoirs du liquidateur provisoire ont cessé, et il est devenu sans qualité pour appeler d'un jugement rendu antérieurement. — *Paris*, 7 août 1834, de Schonen. — Ce droit a été transporté au ministre des finances. — Même arrêt.

65. — Il avait été jugé, avant la loi du 8 avril 1834, que l'état actuel de la liquidation de la liste civile ne modifiait pas le droit commun relativement à l'exercice des droits de ses créanciers et ne les forçait pas à produire administrativement au lieu d'obtenir condamnation judiciaire. — *Paris*, 13 mars 1832, de Schonen c. de Chambrun.

66. — Mais, depuis la loi du 8 avril 1834, le Conseil d'Etat a décidé que les contestations relatives à l'ancienne liste civile étaient devenues du ressort de l'autorité administrative, encore qu'antérieurement elles fussent du ressort des tribunaux civils. — *Cons. d'État*, 29 août 1834, Salogne; 5 déc. 1834, Cotte; 15 juil. 1835, Rossini. — Et alors même que les tribunaux civils en étaient saisis. — *Cons. d'État*, 9 mars 1836, salle Ventadour; 15 mars 1838, Beauvais.

67. — Toutefois la cour de Paris a jugé que la loi du 8 avril 1834 n'a pas dérogé aux règles de la compétence, et qu'en conséquence, les tribunaux ordinaires peuvent connaître de toutes les contestations relatives à l'ancienne liste civile qui, avant cette loi, rentraient par leur nature dans les attributions de l'autorité judiciaire, et décidé spécialement qu'une obligation contractée par Charles X doit être à la charge de l'ancienne liste civile.—*Paris*, 28 mars 1835, Delachapelle c. Schonen; 4 mai 1835, Money c. Schonen.

68. — Mais en présence du décret du 11 juin 1806, art. 14, la même cour a jugé que c'est à l'autorité administrative, à l'exclusion des tribunaux, qu'appartient la connaissance des demandes relatives à l'exécution de marchés passés entre l'ancienne liste civile et un particulier : par exemple, au sujet de fournitures faites pour la maison de Charles X. — *Paris*, 17 août 1832, Télu; 11 mars 1833, Liquidateur de la liste civile.

69. — Le principe qui a mis les dettes de la liste civile de Charles X à la charge de l'État, a été appliqué dans plusieurs espèces où la légitimité des créances et l'opportunité de la production a été reconnue : soit qu'il s'agît de bons signés par le roi (*Cons. d'Etat*, 20 janv. 1835, de Courbon), soit qu'il fût question d'indemnité à raison de rupture de marchés.—*Cons. d'Etat*, 1er août 1837, Pelletier, Dardel, Léhène.

70. — Mais l'autorité administrative a rejeté les créances contractées par Charles X avant 1814, comme n'étant pas comprises dans la loi de 1834 (*Cons. d'État*, 23 déc. 1835, Deville); les dispositions de pure munificence faites par le roi au sujet d'un mariage (*Cons. d'État*, 16 mai 1837, Portalis; 21 déc. 1837, d'Eyssautier), à moins que des tiers n'eussent acquis des droits sur ces dispositions et qu'elles eussent pris ainsi le caractère proprement dit de dettes.—*Cons. d'Etat*, 2 juin 1837, Hérard.

71. — De même, les pensions constituées *à titre onéreux* ayant seules le caractère nécessaire pour motiver l'inscription autorisée par la loi du 8 avril 1834, on n'a pu faire jouir de ce bénéfice les *suppléments* accordés à titre de munificence. — *Cons. d'État*, 24 nov. 1839, Beaupré, Piccini, Bigotini, Bertin.

72. — Après la révolution de février, divers arrêtés, diverses mesures législatives ont été pris par le gouvernement provisoire, relativement à la liquidation de la liste civile du roi Louis-Philippe et du domaine privé, lequel fut mis sous séquestre.

73. — Puis, le 25 oct. 1848, est intervenu un décret qui, abrogeant tous décrets antérieurs : 1° ordonne la prompte et entière liquidation des dettes de l'ancienne liste civile et du domaine privé, soit envers l'Etat, soit envers les particuliers, sauf le recours des ayans droit devant la juridiction compétente, conformément aux règles du droit commun (art. 10); 2° remet au pouvoir exécutif la nomination du liquidateur général (art. 2); 3° fixe le délai de trois mois pour la production des demandes et titres de la part des créanciers, et dispose que, jusqu'au 31 déc. 1849, il ne pourra être intenté d'action ni exercé de poursuites sur les biens séquestrés (art. 3). En outre, le même décret porte : 1° que le liquidateur général pourra, dans l'intérêt de la liquidation, stipuler toutes hypothèques et prendre en son nom, pour la masse des créanciers, toutes inscriptions sur les biens compris dans le séquestre (art. 3); 2° que, dans le cas où, pour activer la liquidation, un emprunt serait jugé nécessaire, il serait négocié par les mandataires des propriétaires avec le concours du liquidateur général et sous l'autorisation du ministre des finances (même art.); 3° que le ministre est autorisé à consentir que les hypothèques et inscriptions qui seront prises au profit de l'Etat, soient primées par celles au profit des prêteurs et des créanciers (même art.).

74. — Le même décret autorise le ministre des finances à remettre à la famille d'Orléans les biens dotaux, douaires et valeurs mobilières, ainsi que les objets à leur usage personnel. — Il charge aussi le conseil des ministres de fixer une provision sur les revenus annuels pour chacun des propriétaires (art. 4 et 5).

75. — Enfin, les art. 6 et 7 portent : 1° que, même après l'emprunt contracté et les inscriptions prises, le ministre des finances conservera la haute surveillance sur la régie et l'administration des mandataires des propriétaires, et que ceux-ci ne pourront ni vendre, ni renouveler les baux, ni faire aucune coupe de bois extraordinaire qu'avec le concours du liquidateur général et l'autorisation du ministre; 2° que, dans tous les cas, les sommes provenant d'emprunts, de ventes et de recouvrement quelconques, même de revenus, seront déposés à la caisse des consignations, et qu'aucune des sommes ainsi déposées ne pourra être délivrée aux ayans droit que sur mandat du liquidateur général.

76. — L'art. 8 déclare les art. 4, 5, 6 et 7 ci-dessus cités applicables aux biens particuliers de M. le duc d'Aumale et de M. le prince de Joinville. — Et l'art. 10 porte que les opérations de la liquidation seront, en ce qui concerne les droits de l'Etat, soumises à l'approbation de l'Assemblée nationale. — V. CAISSE DES DÉPOTS ET CONSIGNATIONS (art. 19). — V., en outre, DOMAINE DE LA COURONNE, DOMAINE DE L'ÉTAT, DOMAINE EXTRAORDINAIRE, DOMAINES ENGAGÉS, DOMAINE PRIVÉ.

LISTES ÉLECTORALES.

V. ÉLECTIONS DÉPARTEMENTALES, ÉLECTIONS LÉGISLATIVES, ÉLECTIONS MUNICIPALES.

LIT DE JUSTICE.

1. — C'était, dans le sens propre, le trône sur lequel siégeait le roi dans les séances solennelles du parlement, auxquelles il assistait. D'où le nom de lit de justice a été donné, au figuré, aux séances elles-mêmes, tenues solennellement par les parlemens, en présence du roi.

2. — Ces sortes de séances paraissent remonter au delà de l'an 1318. Elles avaient ordinairement pour objet de statuer, soit sur des affaires intéressant l'Etat, soit sur l'enregistrement des lois, ordonnances, édits, déclarations, etc.; elles se tenaient ordinairement en la grand'chambre du parlement de Paris : cependant quelques-unes ont été tenues ailleurs, notamment celle du 26 août 1718, aux Tuileries, d'autres à Versailles, etc. — Merlin, *Rép.*, v° *Lit de justice.*

3. — Toutes les séances de parlement auxquelles assistait le roi n'étaient pas pour cela réputées *lits de justice*; on ne désignait sous ce nom que celles auxquelles le roi se rendait avec appareil, et accompagné des princes, pairs et autres grands du royaume. — Merlin, *ibid.*

4. — On appelait aussi *lits de justice* certaines séances de cours supérieures auxquelles se rendaient, par ordre du roi, quelques princes et seigneurs, accompagnés de conseillers d'Etat, pour faire enregistrer quelques édits. — Mais cette qualification donnée à de telles séances était inexacte; il n'y avait véritablement de lits de justice que ceux auxquels assistait le roi en personne.

5. — L'usage des lits de justice a cessé en même temps que l'usage de faire enregistrer et vérifier les lois par les tribunaux supérieurs.

LIT (de la mer, d'une rivière).

V. COURS D'EAU, MER.

LITS MILITAIRES (Entrepreneurs généraux des).

Patentables soumis à un droit fixe de 1,000 fr., et à un droit proportionnel du 20e de la valeur locative de l'habitation, des magasins de vente, complétement séparés de l'établissement; et du 40e de l'établissement industriel.

LITHARGE.

Fabrication de la litharge. — 1re classe des établissemens insalubres. — V. ce mot (nomenclature).

LITHOCHROMES (Imprim.); LITHOCHROMIES (March. de).

Patentables de 6e classe; — droit fixe basé sur la population, droit proportionnel du 20e de la valeur locative de l'habitation et des lieux servant à l'exercice de la profession.

LITHOGRAPHIE.

1. — Art d'imprimer avec des planches de pierre imprégnées d'un crayon ou d'une substance grasse, puis imbibées d'eau et touchées d'encre. — Se dit aussi des produits qu'on obtient par ce procédé.

2. — La lithographie remplace tantôt la gravure, et tantôt l'imprimerie. Elle est en conséquence soumise, selon l'objet auquel elle s'applique, à la plupart des lois qui régissent la gravure et l'imprimerie. — V. GRAVEUR, GRAVURE, IMPRIMERIE.

3. — Ainsi, les dessins lithographiés sont soumis à la formalité de l'autorisation préalable, avant la publication. — L. 9 sept. 1835, art. 20. — V. DESSIN.

4. — On ne peut être imprimeur lithographe, sans être breveté et assermenté. — Ord. roy. du 8 oct. 1817, art. 1er. — V. IMPRIMEUR.

5. — L'art. 2 de la même ordonnance soumet toutes les impressions lithographiques à la déclaration et au dépôt, avant la publication, comme tous les autres ouvrages d'imprimerie. — V. IMPRIMERIE.

6. — Les marchands de lithographies sont soumis à la patente, et rangés dans la 6e classe. — Droit fixe basé sur la population, droit proportionnel du 20e de la valeur locative de l'habitation et des lieux servant à l'exercice de la profession.

LITHOPHANIES POUR STORES (Fabricans et March. de).

Patentables de 6e classe; — droit fixe, basé sur la population, et droit proportionnel du vingtième de la valeur locative de l'habitation et des lieux servant à l'exercice de la profession.

LITISCONTESTATION.

1. — La LITISCONTESTATION (du mot latin *litis contestatio*), c'est la fixation, la précision, si on peut employer ce mot, du point de fait et du point de droit d'un procès; en un mot, de la question litigieuse.

2. — A Rome, dans le système des actions de la

loi, l'acte par lequel le magistrat nommait le *judex*, et posait de vive voix les questions auxquelles ce dernier avait mission de répondre, s'appelait *litis contestatio*.

3. — Ce nom venait de ce que les parties prenaient à témoin les personnes présentes, afin de certifier devant le *judex* les propres paroles du magistrat : *Testes estote*, disaient-elles.

4. — Dans le système qui remplaça celui des actions de la loi, c'est-à-dire le système formulaire, le magistrat délivrait, sur les explications des parties, une formule dans laquelle il précisait également le litige que devait trancher le *judex*, c'était encore là ce qu'on appelait la *litis contestatio*. — V. **ACTION** (droit romain), n⁰ˢ 239 et suiv.

5. — Cette explication est toutefois controversée. On prétend, en se fondant sur la L. 1, C. *De litis contestat.*, que la *litis contestatio* aurait eu lieu au moment où les parties commençaient à débattre la cause devant le *judex*; mais on doit supposer que cette définition de la L. 1, *De litis contest.*, s'appliquait uniquement à la procédure *extra ordinem*, et non à la procédure ordinaire.

6. — Le titre XIV de l'ordonnance de 1667 était consacré aux *contestations en cause*, expression empruntée évidemment au droit romain. — V. **CONTESTATION EN CAUSE.**

LITISPENDANCE.

Table alphabétique.

LITISPENDANCE. — **1.** — Ce mot *litispendance* (de *lis, litis, pendens*) signifie à proprement parler, *procès pendant*.

2. — Dans le langage du droit, il désigne l'existence d'une instance, antérieurement introduite, mais non encore jugée, sur un point litigieux que l'on défère à un autre tribunal.

3. — On nomme *exception de litispendance* la demande par laquelle la partie assignée devant un nouveau tribunal pour un même objet, réclame son renvoi devant le premier tribunal saisi de la connaissance de la contestation.

4. — S'il a été porté précédemment, dit l'art. 171 C. proc., en un autre tribunal, une demande pour le même objet, le renvoi pourra être demandé et ordonné.

5. — Cette disposition, pleine de sagesse, a pour but d'épargner aux parties des frais inutiles, et surtout d'empêcher qu'il puisse intervenir deux décisions contraires sur une même contestation.

6. — La litispendance a une grande analogie

avec la connexité qui motive également, aux termes de l'art. 171 du C. de procéd., une demande en renvoi devant un même tribunal. — V. **CONNEXITÉ.**

7. — Mais elle en diffère cependant en plusieurs points, et notamment en ce que la connexité suppose une simple liaison, des rapports d'analogie, entre les deux demandes, tandis que la litispendance n'a lieu qu'autant que l'objet des deux demandes portées devant les divers tribunaux est identiquement le même. — V. **CONNEXITÉ**, n⁰ˢ 6 et suiv.

8. — *Conditions nécessaires.* — Trois conditions sont indispensables pour justifier une demande en renvoi pour cause de litispendance. Il faut : 1° que deux *demandes* soient introduites devant *deux tribunaux différens*; 2° que ces demandes soient *pendantes entre les mêmes parties*; 3° qu'elles soient *relatives au même objet et fondées sur la même cause* : *Eædem personæ, eadem res, eadem causa petendi.* — Ferrière, *hoc verb.*; Rodier, tit. 6, ord., art. 1ᵉʳ; Berriat, p. 225, note 31.

1°. — Deux demandes.

9. — Par *demande* il faut entendre un ajournement, ou une assignation à comparaître devant un tribunal.

10. — Une simple citation en conciliation n'aurait pas ce caractère. — *Paris*, 7 niv. an XII, Thomas c. Domeau.

11. — La demande reconventionnelle faite au bureau de paix, par le défendeur, ne constitue pas non plus la litispendance. — Même arrêt.

12. — De même, une simple opposition à une contrainte sans signification, ne constitue pas une litispendance. — *Liège*, 15 oct. 1823, enregistrement c. N....

13. — Mais la contestation en cause n'est pas nécessaire; il suffit que le tribunal ait été saisi par une assignation, pour que le second prononce le renvoi. — Carré, Chauveau, quest. 727, et tous les auteurs déjà cités, sur l'art. 171. — V. aussi Merlin, *Quest.*, v° *Litispendance*; Bouchel, *Biblioth.*, *eod. verb.*; Voët, *ad Pand.*, tit. *De except.*, n° 7; Welembescus, *ad Cod.*, liv. 1, tit. 21; Degrevict, *Inst.*, part. 3, liv. 2, § 6, art. 3.

14. — Si la demande, originairement formée, a été abandonnée légalement par celui qui l'avait dirigée, par exemple s'il s'en est désisté dans la forme prescrite, cette demande n'existe plus, la seconde seule subsiste, et par conséquent il n'y a plus *litispendance*.

15. — Jugé dans ce sens que, lorsque la partie qui avait traduit un individu, pour contravention, devant le tribunal de simple police, se désiste de son action, avec offre de payer les frais, avant que la cause ait été jugée devant le tribunal, et traduit ensuite le même individu devant le juge de paix, jugeant civilement et à fins civiles, il n'y a pas litispendance, et que le juge de paix est fondé à statuer. — *Cass.*, 17 déc. 1839 (t. 1ᵉʳ 1840, p. 397), Valentin c. Des Essarts.

16. — Lorsqu'il y a désistement d'un acte d'appel, et arrêt par défaut qui le déclare nul, la connaissance de l'affaire peut être dévolue à une autre chambre, sur un acte d'appel nouveau et régulier, nonobstant l'opposition formée à l'arrêt par défaut. — *Cass.*, 11 mars 1828, Châtelet c. Courtil.

17. — *Devant deux tribunaux différens.* — Si deux demandes étaient introduites devant le même tribunal, il ne saurait y avoir lieu à renvoi, mais seulement à jonction. — Berriat, p. 225, notes 32 et 33. — V. **JONCTION.**

18. — Les jugemens étrangers n'ayant par eux-mêmes aucune autorité légale en France, il en résulte qu'un défendeur, attaqué devant un tribunal français, serait mal fondé à demander son renvoi devant un tribunal étranger, qu'il prétendrait saisi de la même affaire. On est obligé d'admettre cette solution, quelques inconvéniens qu'elle paraisse présenter; autrement on serait amené à décider qu'un tribunal étranger, qui ne voudrait pas se dessaisir, quelle que fût son incompétence, serait juge de préférence à nos tribunaux.

19. — En conséquence, les tribunaux ordinaires peuvent rejeter un déclinatoire seulement fondé sur la litispendance en pays étranger. — *Cass.*, 7 sept. 1808, Ingelleim c. Fridberg.

20. — ....Surtout si les juges étrangers n'ont été saisis que les derniers. — *Bastia*, 14 déc. 1839, Casablanca.

21. — Un étranger ne peut proposer devant les tribunaux français l'exception de litispendance en pays étranger. — *Trèves*, 18 mars 1807, N... c. Herty; *Montpellier*, 12 juillet 1826, de Travy c.

Salsas. — Merlin, *Rép.*, v° *Etranger*, § 4; Pigeau, t. 1ᵉʳ, p. 400; Guichard, *Droits civils*, p. 222.

22. — En principe, et à moins de stipulations diplomatiques contraires, les dispositions de l'art. 171 C. procéd. sur la litispendance ne sont applicables qu'à des instances liées devant les tribunaux français. — Dans tous les cas, celui qui est appelé *personnellement* en reddition de compte, à la requête d'une partie, ne peut proposer l'exception de litispendance, sur le motif que déjà cette partie aurait formé la même demande devant un autre tribunal contre une personne qui l'aurait (lui) appelé en garantie. — *Cass.*, 15 nov. 1827, Delaneaux c. Haymans; 16 février 1842 (L. 1ᵉʳ 1842, p. 350), Bouiller. — Carré et Chauveau, *Lois de la procéd.*, t. 2, p. 189, à la note n° 2, sous l'art. 174.

23. — Jugé même que le conflit entre un tribunal français et un tribunal étranger ne peut donner lieu à un règlement de juges, alors même qu'il y aurait renvoi pour cause de litispendance, la cause devant être jugée par le second prononcé respectivement exécutoires dans les deux pays. — *Paris*, 23 therm. an XII, Dewit c. Stenwilt.

24. — Toutefois, si c'était le demandeur lui-même qui eût saisi de sa demande le tribunal étranger, il ne pourrait plus reproduire la même action devant les tribunaux français. — *Cass.*, 14 fév. 1837 (t. 1ᵉʳ 1837, p. 162), Cabanon c. Hermel.

25. — L'art. 3 C. inst. crim. rend l'art. 171 C. proc. inapplicable aux matières criminelles, puisqu'il permet la poursuite de l'action civile et de l'action criminelle simultanément, soit devant le juge criminel, soit séparément, sauf la suspension, jusqu'à ce que l'action criminelle ait son cours.

26. — En conséquence, l'envoi fait à la chambre des avoués, par le ministre de la justice et par le procureur du roi, d'un écrit contenant des inculpations graves contre deux avoués, à l'effet par elle de les vérifier et de prononcer par voie disciplinaire, ne constitue pas une litispendance qui mette obstacle à l'exercice d'une action en calomnie de la part de ces deux officiers ministériels contre l'auteur de l'écrit. — *Cass.*, 27 sept. 1833, Selvas c. Normand.

27. — De même l'art. 13 de la loi des 16-24 août 1790 établit clairement la distinction entre l'autorité administrative et l'autorité judiciaire. Il en résulte que l'art. 174 C. proc. ne saurait recevoir d'application dans le cas où une affaire déjà pendante devant l'autorité administrative serait portée devant les juges civils, les attributions de ces deux juridictions étant séparées.

28. — En conséquence, celui qui porte une plainte à l'autorité administrative ne se rend pas, par là, non recevable à exercer l'action judiciaire résultant pour lui des mêmes faits. — Le tribunal saisi de cette action ne peut se déclarer incompétent sur le motif qu'il y a déjà été statué par arrêté du maire, et qu'il n'est pas permis aux tribunaux de s'immiscer dans la connaissance des actes administratifs. — *Bourges*, 9 mars 1831, Rochet-Habert c. Maillot.

2°. — Entre les mêmes parties.

29. — Il ne suffit pas, pour constituer la litispendance qu'il y ait identité de cause dans deux demandes portées devant deux tribunaux différens, il faut encore qu'il y ait entre les parties identité de qualités et d'intérêts. — En conséquence, on ne peut opposer l'exception de litispendance à une partie civile qui, après avoir formé, en son nom personnel, devant un tribunal, une demande en dommages-intérêts, reproduit, en qualité d'héritière d'une autre partie civile, la demande en dommages-intérêts que celle-ci avait également formée devant un autre tribunal; et cela, quoique ces deux demandes soient fondées sur la même cause. — *Orléans*, 23 juin 1843 (t. 2 1843, p. 365), Souesme c. Gantot.

30. — Lorsqu'une cession faite par un failli est attaquée en nullité par les syndics, il n'y a pas litispendance relativement à la demande en exécution de cette même cession formée par l'un des cessionnaires contre son concessionnaire. Par conséquent, cette demande ne doit pas être renvoyée devant le tribunal saisi de l'action en nullité. — *Cass.*, 1ᵉʳ août 1837 (t. 1ᵉʳ 1840, p. 529), Mallez c. Devaux et Werbaegue.

31. — Il n'y aurait pas litispendance si des affaires pendantes devant divers tribunaux, ressortissant à des cours différentes, ne présentaient pas identiquement les mêmes difficultés. — *Cass.*, 1ᵉʳ juill. 1817, Guillot c. Reculot.

32. — En conséquence, la restitution des bestiaux mis en fourrière peut être ordonnée par les tribunaux civils, bien qu'une plainte soit déférée à la justice criminelle; car il ne s'agit pas réellement de la même question. — *Cass.*, 14 août 1821, Rohan c. Baril. — V., d'ailleurs, *suprà* n° 8.

33. — La pension alimentaire, réclamée par le mari après la séparation de corps, est distincte de la somme que, durant l'instance, le mari a demandée contre sa femme, pour subvenir aux besoins du ménage, et, par suite, elle est portée devant un autre juge, s'il y a lieu. — *Cass.*, 5 juin 1832, Dufriche.

3°. — *Relative au même objet, et fondée sur la même cause.*

34. — Il n'y a pas connexité et *litispendance* entre la demande en paiement annulée *pour vice de forme*, par jugement attaqué sur appel, et la demande formée par le défendeur originaire en apurement de compte ; en conséquence, il n'y a pas lieu au sursis requis par le demandeur originaire, pour raison de cette prétendue litispendance. — *Paris*, 6 juillet 1830, Pigale c. Goubaut.

35. — ... Ni entre une demande en rescision, pour lésion, d'une vente de droits successifs et une demande en retrait successoral. — *Cass.*, 13 mess. an XIII, Cochin c. Guéry.

36. — Lorsque deux individus, ayant acquis en commun diverses propriétés, entre autres deux moulins, à raison desquels ils ont formé une société, ont demandé et que le tribunal de commerce a prononcé la liquidation et le partage de la société, la demande en partage de tous les biens indivis, que l'un des deux propriétaires forme ensuite, doit être jugée par les tribunaux civils, alors qu'on puisse objecter aucune litispendance devant le tribunal de commerce, si, rien ne constatant que la propriété même des deux moulins ait été mise en société, il y a lieu de présumer que la société n'avait pour objet que la gestion en commun des deux moulins et le partage des bénéfices et pertes résultant de l'exploitation, de telle sorte que le tribunal de commerce n'avait point à statuer sur la propriété des deux immeubles.— *Cass.*, 24 mai 1832, Luyet.

37. — Il n'y a pas lieu à renvoi pour litispendance d'une demande en nullité d'un testament, sous prétexte d'une instance introduite par le légataire en délivrance du legs à lui fait par ce testament, si la validité de ce même acte n'a pas été attaquée dans cette instance.— *Montpellier*, 4 mars 1824, Lapierre.

38. — Il en est de même dans le cas où la demande portée devant le tribunal de commerce par un agent d'affaires en paiement du prix stipulé, aurait été précédée d'une demande en validité de saisie-arrêt formée devant le tribunal civil, mais sans conclusion à fin de condamnation. — *Paris*, 14 nov. 1840 (t. 2 1840, p. 666), Petitjean c. Normand.

39. — Mais il y a litispendance donnant lieu à renvoi devant les mêmes juges, au cas de deux instances formées devant deux tribunaux différens, et ayant pour objet, l'une de faire condamner le vendeur de plusieurs objets à garantir l'acheteur d'une action en résiliation de la revente qu'il a faite lui-même de l'un de ces objets, et l'autre de statuer sur les offres faites par ce même acheteur, actionné en paiement du prix des objets vendus, et de les payer, déduction faite de la valeur de celui dont la revente est attaquée. Ces deux instances doivent, en effet, être considérées comme portant sur un objet identique. — *Cass.*, 23 févr. 1837 (t. 1er 1837, p. 324), Malespine c. Lecamus.

40. — *Quand et comment doit être proposée l'exception de litispendance.*— La demande en renvoi pour cause de litispendance constitue un déclinatoire ; elle doit donc être formée par requête qui ne peut excéder six rôles, si l'affaire est ordinaire, et par simples conclusions à l'audience, en matière sommaire. — V. DÉCLINATOIRE, EXCEPTION, n°s 46 et suiv.

41. — Elle est, dans tous les cas, jugée sommairement, c'est-à-dire avec célérité, sans que l'incident puisse être joint au fond. — C. proc., 172. — V. EXCEPTION, n°s 46 et suiv.

42. — Elle doit, comme toutes les exceptions autres que celles d'incompétence, *ratione materiæ*, être proposée, sous peine de déchéance, avant de conclure au fond.

43. — La partie qui a une fois consenti de plaider devant le second tribunal où elle a été appelée, dit avec beaucoup de raison Merlin (*Rép.*, v° *Compte*), ne peut pas se jouer de son consentement. Son consentement est pour elle une loi qui, dans ce cas particulier, doit l'emporter sur la règle générale. — C. proc., t. 1er, p. 175 ; Bioche, v° *Exception*, 139. — V. aussi CONNEXITÉ, n°s 44 et suiv.

44. — Vainement oppose-t-on que l'intérêt public est intéressé à ce qu'il n'y ait pas deux pro-

cès pour la même affaire, et surtout à ce qu'il n'y ait pas contrariété de jugemens. On peut prévenir cet inconvénient en demandant un sursis devant le tribunal originairement saisi. — V. cependant, en sens contraire, Thomine, p. 440 ; Boncenne, t. 3, p. 247 et suiv. ; Carré, quest. 732 ; Boitard, sur l'art. 171 ; Favard, t. 2, p. 460 ; Pigeau, t. 1er, p. 147.

45. — M. Chauveau (sur Carré, t. 2, p. 732) propose cette distinction : « L'art. 171 laisse aux magistrats la faculté de prononcer le renvoi, puisqu'il porte : le renvoi *pourra* être demandé et ordonné. — Si après avoir procédé au fond devant le tribunal dernier saisi, une partie demande le renvoi, son adversaire n'aura peut-être aucun intérêt à s'y opposer, et dès lors le renvoi *pourra* être accordé ; mais si ce renvoi offrait des inconvéniens, si, par exemple, le jugement de la cause étant bien plus prochain dans le second tribunal que dans le premier, il paraissait que la demande en renvoi n'était formée que dans l'intention d'éviter ou de retarder l'issue du procès, le bon ordre de la justice serait alors plus intéressé au rejet de la demande qu'à son admission. Les juges pourraient dans ce cas ne pas s'arrêter aux conclusions sur le fond qui auraient été prises.»

46. — Mais cette distinction n'a pas été consacrée par la jurisprudence.

47. — Au surplus, MM. Boncenne, Favard et Pigeau reconnaissent eux-mêmes que, régulièrement, il serait à désirer que l'exception de litispendance fût toujours proposée *in limine litis*; et que si on ne peut prononcer une déchéance contre le défendeur qui n'a pas agi ainsi, on doit mettre à sa charge les frais frustratoires que son retard y occasionnés.

48. — Jugé que l'exception de litispendance n'est pas recevable, si elle n'est proposée avant toutes les autres exceptions, et spécialement avant celle de non-compétence. — *Besançon*, 15 janv. 1833, Rullet c. Barbier. — Merlin, *Rép.*, v° *Compte*, t. 2, p. 684.

49. — ... Qu'un appelant ne peut invoquer l'exception de litispendance après avoir demandé la nullité de l'exploit de demande à lui signifié en première instance. — *Cass.*, 14 octobre 1806, Seytre c. Naville.

50. — ... Qu'on ne peut opposer la litispendance pour la première fois en appel. — *Cass.*, 27 avr. 1837 (t. 2 1837, p. 198), de la Villedieu c. Marconnay. — V. DEMANDE NOUVELLE, n°s 341 et suiv.

51. — Décidé, cependant, que le mineur héritier pour partie de son tuteur ne peut, après avoir formé contre ses cohéritiers une demande en partage, intenter contre eux une action directe et principale en reddition de compte ; qu'il doit former cette dernière action incidemment à la demande en partage, et que les cohéritiers peuvent demander, devant la cour d'appel, que le mineur soit renvoyé à se pourvoir dans l'instance en partage, bien qu'ils n'aient pas opposé cette exception en première instance. — *Lyon*, 2 avr. 1830, Duon.

52. — *Devant quel tribunal doit être demandé le renvoi.*— C'est devant le tribunal saisi de la seconde demande que doit être présentée l'exception de litispendance. — Cela ressort des termes mêmes de l'art. 171 C. proc. : « S'il a été formé *précédemment*, le renvoi pourra être ordonné ; ... » Il s'agit évidemment du renvoi de la seconde cause. — *Cass.*, 23 déc. 1807, Chaillot c. Vignat ; 23 févr. 1837 (t. 1er 1837, p. 324), Malespine c. Lecamus. — Carré, quest. 726 ; Favard, t. 2, p. 459 ; Thomine, t. 4, p. 324 ; Boitard, sur l'art. 174 ; Chauveau, sur Carré, *loc. cit.*

53. — C'est par la date de l'exploit et non par le jour indiqué pour l'audience, qu'on détermine quel tribunal a été saisi le premier. — *Rouen*, 7 février 1845 (t. 1er 1846, p. 267), Canuet c. Lalouette.

54. — Toutefois, le défendeur a la faculté de se pourvoir, par voie de règlement de juges, devant la juridiction supérieure aux deux tribunaux saisis de la même demande, au lieu de se borner à opposer l'exception de litispendance. — V. RÈGLEMENT DE JUGES.

55. — Il y a, en effet, conflit de juridiction, et, par suite, lieu à règlement de juges, dès que deux tribunaux sont saisis simultanément d'un différend identique. — V. *ibid.*

56. — Mais cette procédure étant plus longue et plus dispendieuse que celle de la demande en renvoi, on y a rarement recours dans l'usage.

57. — Celui qui a succombé sur l'exception de litispendance par lui soulevée, conserve d'ailleurs le droit de se pourvoir en règlement de juges.— Carré, quest. 728.

58. — Il devient indispensable de prendre cette voie dans le cas où les deux tribunaux saisis

simultanément ne sont pas du ressort de la même cour d'appel, et retiennent l'un et l'autre le procès porté devant eux. S'ils sont du même ressort et que l'affaire soit susceptible des deux degrés de juridiction, la question de compétence peut être vidée par la voie de l'appel. — Boncenne, t. 3, p. 222 ; Bioche, n° 444.

59. — *Obligation de prononcer le renvoi.*— Lorsque les conditions exigées par la loi se trouvent réunies (v. *suprà* n°s 8 et suiv.), et que le renvoi au tribunal premier saisi est réclamé *in limine litis*, les juges sont obligés de le prononcer.

60. — Peu importe que ce tribunal ne soit pas compétent pour connaître de la contestation qui lui a été déférée. — *Cass.*, 6 avr. 1808, Larou ; 7 juin 1810, Barberini c. Tornani. — V. CONNEXITÉ, n°s 45 et suiv.

61. — Le tribunal, saisi d'une demande par suite d'un désistement devant une autre juridiction, ne doit pas, en cas de contestation sur la validité de ce désistement, renvoyer la cause devant le premier tribunal saisi : il doit simplement prononcer un sursis. — *Paris*, 11 janv. 1832, Talausier c. Loyseau.

62. — *Voies contre le jugement.* — Le jugement qui statue sur la demande en renvoi peut être attaqué par toutes les voies ouvertes contre les jugemens en général. — V. JUGEMENT.

63. — Mais il ne saurait être assimilé à un jugement sur la compétence proprement dite. Il est par conséquent en dernier ressort, si la contestation à l'occasion de laquelle s'est élevé l'incident n'est pas elle-même susceptible des deux degrés de juridiction.—V. DEGRÉS DE JURIDICTION, n° 417.

64. — Jugé que l'arrêt qui, sur une demande en renvoi pour litispendance, a retenu la cause, ne peut être cassé sous prétexte d'une incompétence matérielle qui n'aurait pas été proposée lors de la demande en renvoi. — *Cass.*, 27 avr. 1837 (t. 1 1837, p. 198), de la Villedieu c. Marconnay.— V. CONNEXITÉ, DÉCLINATOIRE, EXCEPTION, RÈGLEMENT DE JUGES.

LITRE.

Unité des mesures de capacité, d'après le nouveau système. — V. POIDS ET MESURES.

LIVRAISON.

C'est la tradition à l'acheteur, par le vendeur, de la chose vendue. — V. VENTE.

LIVRE (Monnaie).

La livre, ou *livre tournois*, monnaie de compte valant vingt sous.—V. MONNAIE.—V. aussi BAIL, DEGRÉS DE JURIDICTION.

LIVRE DE BORD.

On nomme ainsi le registre ou journal que le capitaine de navire est obligé de tenir (V. CAPITAINE DE NAVIRE, n°s 179 et suiv.), et où il doit consigner les résolutions prises pendant le voyage, la recette et la dépense concernant le navire, et généralement tout ce qui concerne le fait de sa charge.—C. comm., 224. — V. en outre, ASSURANCE MARITIME, CHARTE PARTIE.

LIVRES DE COMMERCE.

Table alphabétique.

LIVRES DE COMMERCE. — 1. — Registres ou jour-naux sur lesquels les négocians, marchands et banquiers écrivent par ordre, soit en gros, soit en détail, toutes les affaires de leur commerce et même leurs affaires domestiques qui y ont rap-port. — Merlin, *Rép.*, vº *Livres de commerce.*

RÉP. GÉN. — IX.

Sect. 1re. — Historique.

2. — Il paraît que très-anciennement on se servait à Rome de registres domestiques, sorte de comptes courans où le père de famille inscri-vait sous le nom de ceux avec lesquels il était en relation, l'actif (*acceptum*) et le passif (*expensum*) de chacun. Ces registres désignés par le mot *no-mina*, sans doute parce que les comptes y étaient placés par ordre nominal, étaient de deux sortes.

3. — Dans ceux que l'on appelait *nomina tran-scriptitia*, ce que l'on portait au débit d'un indi-vidu (*expensum*) constituait entre les mêmes per-sonnes, ou par intervention d'un nouveau débi-teur, une obligation nouvelle qui se formait *no-minibus transcriptitiis* et servait à opérer novation. L'obligation se formait alors *litteris.*

4. — Dans ceux que l'on appelait *nomina arcaria* (livres de caisse), l'obligation ne résultait pas de l'écriture : elle devait préexister et résulter de la numération de l'argent, qui, selon le droit na-turel, engendre une obligation. Aussi Gaius (*Institut.*, comment. 3, § 131) ajoute : « *Quâ de causâ rectè dicemus arcaria nomina nullam facere obligatio-nem, sed obligationis facta testimonium præbere.* »

5. — « Avant l'ordonnance de 1673, dit Savary (*Parfait négociant*, t. 1er, p. 276), la plupart des négocians, pour tenir un bon ordre dans leurs affaires, ont toujours tenu des livres sur lesquels ils ont écrit toute leur dépense, non-seulement celle qui regardait leur commerce, mais encore celle de leur maison ; ainsi ce n'est point une chose nouvelle. »

6. — Aussi Coquille, en son commentaire sur l'art. 1er, ch. 29, *Coutume du Nivernais*, s'exprime ainsi : « Si le marchand a accoutumé de faire *papier journal*, il pourra être crû en plus grande somme (que cinq sols tournois) dedans les six mois de l'ordonnance; pourveu qu'il soit mar-chand de bonne réputation, et que son papier journal soit bien réglé par ordre d'années, mois et jours, et nombre de feuillets... Ainsi le décide Guido Pape, décis. 444. »

7. — Le premier monument législatif qui ait, en France, prescrit les formalités détaillées pour les livres de commerce, est l'ordonnance de 1673, dont l'art. 1er, tit. 3, obligeait le marchand tant en gros qu'en détail à avoir un livre journal qui devait contenir leur négoce, leurs lettres de change, leurs dettes actives et passives, et les de-niers employés à la dépense de leur maison. Ces livres devaient être cotés et paraphés par l'un des consuls ou par le maire et l'un des échevins (art. 3). Un arrêt du Conseil, du 3 avril 1674, prescrivait de tenir les livres sur papier marqué. Mais Jousse (*Comment. sur l'ordon. de 1673*, p. 34 et 37) nous apprend que ces deux dernières for-malités tombèrent promptement en désuétude.

8. — La loi du 13 brum. an VII assujettit aussi les livres de commerce au timbre, mais elle fut si généralement inobservée, que la loi du 20 juill. 1827 apporta à cet ordre de choses une modifi-cation dont nous parlerons plus bas.

9. — L'inventaire était aussi prescrit de deux ans en deux ans ; mais c'était un acte isolé, non soumis à la transcription sur un registre. — L'art. 7 prescrivait de copier les lettres envoyées et de mettre en liasse les lettres reçues. — Enfin l'ordonnance de 1673 contenait (art. 9 et 10) des dispositions analogues à celles du Code de com-merce sur la représentation et communication des livres.

Sect. 2e. — Des obligations relatives à la tenue des livres de commerce.

§ 1er. — De l'obligation de tenir des livres.

10. — Tout commerçant est tenu d'avoir des livres. — C. comm., art. 8, 9, 40.

11. — ... Lors même qu'il ne sait pas lire. — Caen, 21 févr. 1820, Surbled.

12. — Les changeurs sont commerçans, et doi-vent dès lors avoir des livres pour l'insertion de toutes leurs opérations.—Paris, 6 déc. 1821, Joseph c. Barker.

13. — Lorsqu'il a été jugé entre un associé et des gérans qu'en vertu d'une transaction passée entre eux, ces derniers avaient été dispensés de recommencer les inventaires... à partir de l'ori-gine de la société, il n'en résulte pas pour ces derniers la dispense de tenir des livres réguliers, surtout si l'associé s'est réservé par la transac-tion le droit de procéder à l'examen des comptes annuels qui lui seraient présentés par les gérans. — Cass., 26 avr. 1836, Divac c. Compagnie des lits militaires.

14. — La tenue des livres est une garantie pour la société et pour le commerçant lui-même ; c'est le moyen pour le commerçant de connaître jour par jour l'état de ses affaires, de justifier ses demandes en justice, de repousser celles qui se-raient formées contre lui. La tenue des livres n'importe pas moins à la société intéressée à re-connaître, en cas de faillite, quelle en est la vé-ritable cause. — Bravard, *Manuel de droit comm.*, p. 28.

15. — La loi a donné plusieurs sanctions à l'obligation qu'elle impose au commerçant de tenir régulièrement ses livres. La première de toutes résulte de l'art. 586 du C. comm. Le com-merçant qui n'a pas tenu de livres et fait exac-tement inventaire, ou dont les livres ou inven-taires sont incomplets, ou irrégulièrement tenus, ou n'offrent pas sa véritable situation active, ou passive, sans néanmoins qu'il y ait fraude, *peut* être déclaré banqueroutier simple.— V. BANQUE-ROUTE.

16. — Vient ensuite l'art. 593 C. comm. « Sera déclaré banqueroutier frauduleux, et puni des peines portées au C. pén., tout commerçant failli qui aura soustrait ses livres, détourné, ou dissi-mulé une partie de son actif, ou qui, soit dans ses écritures, soit par des actes publics ou des engagements sous signature privée, soit par son bilan, se sera frauduleusement reconnu débiteur de sommes qu'il ne devait pas. »

17. — Le commerçant qui n'a point tenu de livres peut cependant être admis au bénéfice de cession, s'il n'a pas été déclaré banqueroutier frauduleux. — Cass., 15 mai 1815, Parché c. Fabre.

18. — Il est évident que le négociant dont les livres ont péri sans fraude est affranchi de l'obli-gation de les représenter, et n'est passible d'au-cune peine (Cod. civ., article 1302). — Rousseau-Lacombe, vº Cession ; Gauthier, *Études de jurispr. comm.*, nº 359.

§ 2. — Des différentes espèces de livres.

19. — On distingue deux espèces de livres : les livres indispensables et les livres auxiliaires.

20. — Les livres que tout commerçant est obligé de tenir sont au nombre de trois : 1º le livre journal ; 2º le livre de copie de lettres ; 3º le livre des inventaires.

21. — 1º Le livre journal présente *jour par jour* ses dettes actives et passives, les opérations de son commerce, ses négociations, acceptations ou endossemens d'effets, et généralement tout ce qu'il reçoit et paie à quelque titre que ce soit, tout ce qui peut influer d'une manière quelconque sur l'état de sa fortune et de son crédit (une suc-cession qui lui échoit, la dot d'une fille qu'il ma-rie, etc.). — Regnault de Saint-Jean-d'Angely, *Exposé des motifs du C. comm.*

22. — La loi fait un devoir au commerçant d'é-crire sur son livre journal ses dettes actives et passives, toutes les opérations de son commerce, ses négociations, acceptations ou endossemens d'effets, et généralement tout ce qu'il reçoit ou paie, lors même que la recette ou la dépense est étrangère à son commerce.

23. — Jugé suivant l'ord. de 1673, que les livres d'un marchand doivent énoncer toutes les dettes actives et passives, sans distinction des causes de ces dettes, mêmes celles résultant d'actes no-tariés, étrangers à son négoce. — Cass., 25 niv. an X, Yvandre c. Tuheuf. — Jousse, *Comment. sur l'ord.* 1673, tit. 3, art. 40, note 2.—Il en est de même sous le C. de commerce.— Pardessus, nº 86.

24. — L'art. 8 C. comm., qui enjoint aux négo-cians d'inscrire sur leurs livres les opérations de leur commerce, et généralement tout ce qu'ils reçoivent et paient à quelque titre que ce soit, est applicable au cas où ils agissent dans l'intérêt de tiers dont ils sont mandataires. *Spé-cialement*, le silence des livres d'un négociant re-lativement au prix de vente de marchandises ap-partenant à un tiers doit être regardé comme une preuve de défaut absolu de justification, qui au-torise les tribunaux à se décider d'après les do-cumens qui leur sont fournis par le mandant. — Cass., 24 déc. 1835, Mayer David c. David Beer et Lipmann.

25. — Néanmoins l'art. 8 du Code de commerce n'impose pas à celui qui fait un commerce de dé-tail l'obligation impossible d'enregistrer sur son livre journal toutes les ventes qu'il fait ; il suffit qu'il énonce à la fin de la journée ce qu'il a reçu.

— Pardessus, nº 86; Favard de Langlade, vº *Livres de comm.*, nº 3.

26. — Aussi a-t-il été jugé que la fabrication des armes se composant d'objets très-minutieux confectionnés par un très-grand nombre d'ouvriers, il est impossible que les fabricans tiennent des livres d'entrée et de sortie de ces objets; de telle sorte qu'on ne peut, dans une contestation, se prévaloir contre eux de ce qu'ils sont hors d'état de représenter ces sortes de livres. — *Lyon*, 23 août 1825, sous *Cass.*, 18 déc. 1827: Roux c. Jalabert-Lamotte.

27. — Le livre journal doit en outre *énoncer*, mois par mois, les sommes employées à la dépense de la maison. — C. comm., 8.

28. — 2º Tout commerçant est tenu de mettre en liasse les lettres missives qu'il reçoit et de copier sur un registre celles qu'il envoie. Ce registre s'appelle dans l'usage *livre de copies de lettres*, ou par ellipse le *copie de lettres*. — C. comm., 8.

29. — Le rapprochement de ces deux séries de lettres complète la *correspondance*, au moyen de laquelle se justifient, au besoin, les opérations qui y ont donné lieu.

30. — Lettre missive oblige quoique non signée. — Toubeau, *Instituts du droit consulaire*, t. 2, p. 13; Gauthier, *Etudes de jurisprud. comm.*, nº 382.

31. — Si une partie ne représente pas les lettres missives qu'elle a reçues, le registre des copies de lettres de l'autre partie fait foi. — Jousse, *Comment. sur l'ordonn.* 1673, p. 37; Boucher, *Instit. comm.*, p. 358; Gauthier, *Etudes de jurisprud. comm.*, nº 379.

32. — Ce registre doit être paraphé lorsqu'on l'ouvre, mais il n'est assujetti ni au visa ni au paraphe annuel. — C. comm., art. 8 et 10.

33. — Les lettres que s'envoient des négocians habitant la même ville doivent être transcrites sur leurs livres; sinon elles ne peuvent être opposées à des tiers, ni faire aucune foi à leur égard, quelque général que soit l'usage des négocians de ne point transcrire ces sortes de lettres. — *Bordeaux*, 18 mai 1829, Velasco c. Pauzat de Zuniga.

34. — Les commerçans exacts conservent en outre leurs factures, qui font d'ailleurs en quelque sorte partie de la correspondance, et tous les billets, lettres de change ou mandats qu'ils acquittent; cette précaution est dans l'esprit de la loi. Il ne suffit pas toujours, en effet, d'avoir des livres régulièrement tenus, il faut encore que les pièces originales en justifient l'exactitude: c'est d'après les récépissés, les comptes d'achat et de vente, les factures, les lettres de change et billets acquittés, etc., autant que d'après leur correspondance, que les négocians passent écritures. — Pardessus, nº 89.

35. — 3º Le *livre des inventaires* est celui sur lequel le commerçant transcrit l'inventaire qu'au moins une fois l'an il est tenu de faire de ses effets mobiliers et immobiliers, et de ses dettes actives et passives. — C. comm., art. 9.

36. — Pour cet inventaire, le commerçant n'est pas tenu d'employer le ministère d'un officier public. A l'exemple de l'ordonn. de 1673, tit. 3, art. 8, le Code de commerce (art. 9) dit formellement: Tout commerçant est tenu de faire tous les ans, *sous seing privé*, un inventaire.

37. — Cet inventaire doit être signé par le commerçant. Cette formalité, qui peut ne pas paraître nécessaire quand le négociant a écrit lui-même son inventaire, est indispensable si cet acte a été écrit par un commis. Si plusieurs négocians sont associés ensemble, l'inventaire doit être arrêté et signé par tous. — Sur les détails que doit comprendre cet inventaire, V. Savary, *Parf. négoc.*, t. 1er, p. 323 et suiv.

38. — D'après l'ord. de 1673, tit. 3, art. 8, l'inventaire d'un commerçant devait être récolé et renouvelé de deux ans en deux ans. Le Code de commerce, se conformant à la pratique commerciale (Savary, *Parf. négoc.*, t. 1er, p. 313), a réduit ce délai à une année.

39. — *Livres auxiliaires.* — Indépendamment de ces livres qui sont exigés, les commerçans en tiennent ordinairement d'autres qui, n'étant pas indispensables, varient, selon les besoins du commerce, et sont généralement désignés sous le nom de livres auxiliaires. Les plus communs sont: le grand livre, le livre de caisse, de copie de traites ou billets, de frais généraux, d'échéances, d'entrée et de sortie des magasins, de copies des comptes de ventes ou d'achats, de profits et pertes. — Pardessus, *Dr. comm.*, t. 1er, nº 87.

40. — Le *grand livre* sert à inscrire les noms des personnes avec lesquelles le commerçant est en cours d'opérations ou de fournitures, et on y présente, en colonnes opposées et parallèles, ce dont il est *débiteur* et *créditeur* envers chacune de ces personnes: habituellement, il est tenu par ordre alphabétique.

41. — Le *livre de caisse* indique ce que le commerçant paie ou reçoit en numéraire ou en papier qui en tient lieu.

42. — Le *livre d'achats et de ventes* contient la transcription des factures qu'un commerçant reçoit de ceux à qui il achète, et délivre à ceux auxquels il vend.

43. — Le *livre des traites et billets* sert à l'inscription de tous les effets négociables qui entrent ou sortent.

44. — Le *livre d'échéances* met le commerçant dans le cas de connaître avec certitude quel jour il doit acquitter ou recouvrer des effets négociables.

45. — Le *livre d'entrée et de sortie* indique l'état des magasins par la comparaison des marchandises qui en sortent ou qui y entrent.

46. — Le *livre des frais généraux* contient les menues dépenses qui se font à chaque instant et dont l'addition est inscrite sur le livre journal à la fin de chaque semaine ou de chaque mois.

47. — Le *livre des profits et pertes* présente au commerçant la balance de toutes ses affaires dans leur ensemble, et lui indique, à chaque instant, si son commerce est fructueux ou non.

48. — Il faut ajouter encore le *livre des comptes courans*, le *livre des numéros*, sur lequel chaque marchandise est inscrite sous un numéro; le *livre de dépense*, le *livre des ports de lettres*, le *livre des vaisseaux*, le *livre des ouvriers*, etc. — Laporte, *Science du négociant*, p. 126; Gauthier, *Etudes de jurispr. comm.*, nº 368.

49. — Mais il faut observer que ces livres, tenus seulement pour la commodité et la plus grande clarté dans les affaires, ne sont considérés que comme des fractions du livre journal, dont ils ne doivent servir qu'à corroborer les énonciations.

50. — Des détaillans tiennent, soit entre eux, soit avec de simples particuliers, des livrets dont un double sert de contrôle à l'autre, où ils inscrivent les marchandises livrées ou les paiemens effectués. Ce livret établit naturellement une preuve contre celui qui en est porteur, bien que les mentions soient écrites de la main de son adversaire, s'il n'a pas réclamé, dans un bref délai, contre l'inexactitude qu'il prétendait avoir été commise. — Pardessus, nº 261.

51. — Les orfèvres, bijoutiers, horlogers, etc., sont astreints à tenir un livre spécial. — V. MATIÈRES D'OR ET D'ARGENT.

52. — Les tailles tiennent lieu de livres pour certains marchands en détail. — V. TAILLES.

§ 3. — *De la tenue des livres.*

53. — Le législateur ne pouvait pas admettre les registres comme preuve, sans prendre des précautions pour qu'ils ne fournissent pas des armes à la fraude: de là les prescriptions des art. 10 et 11.

54. — Les livres indispensables doivent être tenus par ordre de date, sans blanc, lacunes ni transport en marge (C. comm., art. 10), même sous prétexte de rectifications, lesquelles, si elles sont nécessaires, doivent être portées à la date du jour où l'on reconnaît l'erreur. — Pardessus, nº 5.

55. — Aujourd'hui comme sous l'ordonnance de 1673 (tit. 3, art. 5) il n'est pas nécessaire que les livres soient écrits de la main des commerçans; il suffit qu'ils le soient de la main de leurs facteurs ou commis — Jousse, *Comment. de l'ord. du comm. de mars* 1673, tit. 3, art. 5, note 1re.

56. — Il font foi contre lui quand même la chose aurait été écrite par une autre main que celle du marchand, pourvu qu'il soit constant que le journal est celui dont le marchand a coutume de se servir; car ce journal étant en sa possession, la présomption est que tout ce qui y est écrit l'a été de son consentement. — Dumoulin, *ad L. 3, De reb. cred.*; Pothier, *Traité des oblig.*, nº 758.

57. — Le livre journal et le livre des inventaires doivent être paraphés et visés une fois par an par un des juges du tribunal de commerce, par le maire ou l'adjoint, dans la forme ordinaire et sans frais. Le livre copie de lettres n'est pas soumis à ces formalités.

58. — Le paraphe et le visa sont apposés sur les livres de commerce, soit par un des juges du tribunal de commerce, soit par le maire ou un adjoint, dans la forme ordinaire et sans frais. — C. comm., art. 11.

59. — Ces précautions ont été établies par l'ordonnance de 1673 (tit. 3, art. 3) pour éviter les falsifications et doubles registres, dont il était arrivé plusieurs exemples; mais elle était, d'après ce que dit Jousse (note 1re sur l'article précité de l'ordon. de 1673), tombée en désuétude, on n'y tenait plus la main dans les juridictions consulaires, et ce défaut d'observation de la loi avait même été autorisé par des arrêts.

60. — La Conservation de Lyon avait même attesté, par acte de notoriété du 2 déc. 1729, que les dispositions de l'ord. de 1673 sur la tenue des livres n'avaient eu aucune exécution à Lyon, et qu'en cas de faillite on n'aurait pas été écouté à contester la foi due aux livres tenus en bonne forme, en opposant qu'ils n'avaient pas été tenus sur papier timbré ni paraphés.

61. — Denizart constate aussi (vº *Livres et registres*, nº 7) que l'usage des consuls de Paris était d'ajouter foi aux registres des négocians non paraphés ni cotés, pourvu qu'ils fussent reliés. Le C. comm. a renouvelé les mêmes injonctions, et peut-être aura-t-on parfois à regretter que, dans la pratique, les tribunaux de commerce ne tiennent pas strictement à l'observation de l'art. 11 C. comm.

62. — Tous ces livres ou registres étaient anciennement assujettis au timbre (L. du 13 brum. an VII, art. 12); en conséquence, il était défendu à aucun juge ou officier public, à peine de 100 f. d'amende, de coter et parapher un registre non timbré (*ibid.*, art. 16 et 24); mais, à partir du 1er janvier 1838, les livres de commerce ont été dispensés du timbre, et cet impôt est remplacé par un droit de 3 cent. sur la patente (L. 20 juill. 1837, art. 4).

63. — Le défaut de timbre, de paraphe des livres du failli et le défaut de livre journal et de livre d'inventaire ne constituent pas des faits de fraude imputables au failli, si les autres livres qu'il a tenus sont par ordre de date, sans aucune lacune, ni rature en marge. — *Rennes*, 7 janv. 1811, Keristiou.

64. — On tient les livres en partie simple ou en partie double. — Pardessus, nº 88.

65. — La différence de ces deux modes consiste en ce que, dans la tenue en parties simples, les débiteurs et les créditeurs sont énoncés seuls et isolément sans que les écritures présentent l'opération dans son ensemble. Ainsi l'on écrit: DOIT *un tel*, AVOIR *un tel*, sans désigner quels sont les rapports de la négociation ainsi énoncée, avec les objets qui composent la fortune du commerçant.

66. — La tenue des écritures en parties doubles est plus exacte, parce que, présentant tout l'actif et tout le passif dans leurs divisions respectives, il ne peut être porté un article à un compte qu'il ne faille en passer un correspondant quelque autre part. Elle offre un tableau complet de chaque opération et fait ressortir des rapports et de la comparaison des divers comptes, qui marchent tous d'un pas égal, un solde précédé des preuves de son exactitude.

67. — En effet, chaque opération commerciale est nécessairement composée et met deux intérêts en quelque sorte en présence. La tenue des livres en parties doubles, présentant toujours cette opposition d'intérêts, est seule complète; elle a seule la faculté d'avoir prouvé son exactitude au raisonnement avant de l'avoir démontrée aux yeux par le calcul, ou la vérification ultérieure.

68. — La base fondamentale de ce mode d'écritures et la seule condition qui soit requise est de décrire tout ce qui se fait, et rien que ce qui se fait; de ne passer aucune écriture sans établir le compte des deux agens de l'opération. Par ce moyen, celui dont les spéculations portent sur une grande quantité de choses ou de négociations diverses, est à même de connaître non-seulement sa situation générale, mais encore la situation de chaque opération particulière.

69. — Ainsi, lorsqu'un négociant reçoit de l'argent, la caisse est débitrice, soit envers quelqu'un qui a versé la somme, soit envers une chose vendue dont le prix est entré dans la caisse; lorsqu'il en sort, la caisse est créancière, ou des choses achetées, ou des obligations acquittées.

70. — S'il entre des marchandises chez un commerçant, elles doivent à la caisse le prix de leur achat; et s'il en sort, elles sont créancières pour leur prix soit de la caisse, si elles ont été payées, soit des effets à recouvrer si l'acheteur a réglé de cette manière; soit enfin de cet acheteur s'il a obtenu crédit sans souscrire ou fournir des effets. Mais si la vente a excédé le coût, il reste sur le compte de la marchandise vendue un excédant de valeurs qui est le bénéfice et qui se solde en le transportant au compte *profits et pertes* du côté des profits. Dans le cas contraire, soit que la détérioration, soit que la dépréciation des marchandises, soit toute autre cause, aient occasionné un déficit, il est transporté du côté des pertes.

71. — S'il entre chez un commerçant des effets qu'il garde à sa disposition, leur compte doit ce qu'ils ont coûté ou ce qu'ils représentent, soit à la caisse, soit aux choses fournies en contre-valeur; et s'il en sort, ce compte est créancier soit de la caisse s'ils ont été vendus au comptant, soit des objets achetés et payés avec ces effets, soit des personnes à qui ils ont été cédés en compte ou à crédit.

72. — En un mot, c'est une règle constante en comptabilité commerciale, qu'une chose entrée sous une dénomination, doit sortir sous la même dénomination, quel que soit l'usage auquel on l'applique.

73. — Tel est le système des parties doubles, dans lequel un compte sert de contrôle à l'autre, parce que rien n'a pu entrer dans la caisse sans éteindre une créance active, sans être le prix d'une valeur aliénée, ou sans correspondre à un profit; réciproquement, il faut que tout article passé au débit ait son correspondant dans le crédit d'un compte quelconque, ce qui facilite la vérification et prévient les erreurs.

74. — Par ce moyen, chaque jour le commerçant est en état de se rendre un compte détaillé de sa situation avec chaque correspondant et surtout avec lui-même; chaque jour il peut voir quelle branche de son commerce donne du profit ou de la perte, et non-seulement s'il gagne, mais où passent les profits. — Pardessus, n° 88.

75. — Règle générale pour la tenue des livres: ce qui entre sous mon pouvoir ou sous ma direction est débiteur, ce qui sort hors de mon pouvoir ou de ma direction est créancier; ce qui entre doit, ce qui sort est créancier; celui à qui l'on paie doit, celui qui paie est créancier. — Gaultier, *Etudes de jurisprud. comm.*, nos 371 et 373.

76. — Toutes dénominations de poids et mesures autres que celles établies par la loi du 18 germ. an III et consacrées par celle du 4 juill. 1837, sont interdites dans les registres de commerce produits en justice, sous peine d'une amende de 10 fr. pour chaque contestation dans laquelle ils seront produits. — L. 4 juill. 1837, art. 5.

§ 4. — *De la conservation des livres.*

77. — Les commerçans sont tenus de conserver leurs livres pendant dix ans. — C. comm., art. 11.

78. — Le délai de dix ans court à compter de la date de la dernière opération inscrite sur les livres. — Pardessus, n° 85.

79. — D'un autre côté, jugé qu'un commerçant ne peut être soumis à la représentation de ses livres quand il s'est écoulé plus de dix ans entre l'époque où un article y aurait été consigné et celle où une demande relative à cet article a été introduite. (*Agen*, 26 déc. 1811, Fer c. Delpon.) — Cette décision doit être acceptée dans ses termes généraux, et l'examen de l'espèce, ainsi que la lecture des motifs de l'arrêt, prouvent que la solution adoptée par la cour d'appel d'Agen est conforme à l'opinion précitée de M. Pardessus. — En effet, un livre peut contenir l'indication d'opérations commerciales ayant duré plusieurs années consécutives; ainsi, par exemple, un registre commencé en janvier 1830 peut n'avoir été rempli qu'en 1834. Le négociant auquel on demanderait en 1844 l'exhibition de son livre pour une opération faite en 1831, ne serait pas admis à répondre qu'il s'est écoulé plus de dix ans depuis que l'opération a été consignée sur son livre.

80. — De cet arrêt il ne faudrait pas conclure que par cela seul qu'il s'est écoulé dix ans depuis qu'une négociation a été passée sur des livres, le commerçant qui a tenu ces écritures pourrait invoquer avec succès la fin de non-recevoir établie par la disposition finale de l'art. 11. Car l'objet que le commerçant est tenu de conserver, ce n'est pas la feuille sur laquelle il a passé écriture d'une opération, c'est le livre, c'est-à-dire le registre complet. Tant que tous les feuillets n'en sont pas remplis, le commerçant continue à se servir de son registre dans un intérêt personnel d'ordre et d'économie, et ce n'est que que quand le livre étant rempli, il ne s'en sert plus journellement, que commence pour le négociant l'obligation de le conserver. — Ce n'est donc que du moment où le livre est rempli que commence seulement le cours du délai de dix années libératoire du devoir de conserver les livres; car la libération ne peut préexister à l'obligation.

81. — Ce délai de dix ans n'est pas une véritable prescription, et dès lors il ne serait pas suspendu ou interrompu par les causes qui, d'après les art. 2242 et suiv., 2251 et suiv., entravent le cours de la prescription.

82. — Après ce laps de dix ans on ne peut reprocher à un commerçant de ne pas représenter ses livres.

83. — Cependant s'il était constant que le commerçant eût conservé ses livres plus de dix ans, et que les livres, remontant à une époque antérieure à cette date, fussent nécessaires pour éclairer la justice, on pourrait le forcer à les représenter. — *Caen*, 24 juin 1828, Lanne c. Blanchard.

84. — Jugé de même qu'on peut faire usage des registres de commerce après le laps de dix ans. — *Rouen*, 10 nov. 1817, Desjardins c. Vauquelin.

85. — L'exception de la prescription de dix ans contre l'obligation imposée à un négociant de représenter ses livres, ne peut être opposée pour la première fois, en cassation. — Cette exception, d'ailleurs, est inopposable, s'il s'agit d'une opération faite sous l'empire de l'ord. de 1673, qui ne contenait pas une disposition semblable à celle que renferme l'art. 11, C. comm. — *Cass.*, 5 août 1823, Thèze c. Besse et Hocquet.

Sect. 3e. — *De la preuve résultant des livres, de leur communication, et de leur représentation.*

§ 1er. — *De la preuve résultant des livres.*

86. — Les livres de commerce régulièrement tenus peuvent être admis par le juge comme un moyen de preuve entre commerçans; mais seulement pour les faits de commerce. — C. comm., art. 12. — Toullier, t. 8, n° 394; Rolland de Villargues, v° *Livre de commerce*, n° 55; Pardessus, n° 258. — C'est là une dérogation à cette règle générale du droit civil, qu'on ne peut se créer un titre à soi-même.

87. — L'art. 12 C. comm. ne fait point un devoir aux juges d'admettre les livres comme preuve; c'est une faculté, un pouvoir discrétionnaire qu'il leur laisse.

88. — Mais ils ne doivent admettre cette espèce de preuve que lorsqu'il y a d'ailleurs des indices ou de fortes présomptions tendant à justifier la demande. — Arg. de l'art. 12 C. comm. — Toullier, t. 8, n° 368, *in fine*; Pardessus, n° 258.

89. — Suivant Delvincourt (*Instit. de dr. comm.*, t. 2, p. 18), il faut, en outre, qu'il s'agisse d'un *fait du commerce* de celui à qui on les oppose; de sorte, par exemple, qu'un marchand d'étoffes ne pourrait présenter ses livres pour preuve d'une fourniture d'étoffes faite à un marchand de vin pour son habillement ou celui de sa famille, ou *vice versâ*. — Mais remarquez que l'art. 12 Cod. comm. parle seulement d'un *fait de commerce*, c'est-à-dire d'un fait de commerce en général intervenu entre commerçans, mais n'exige pas un fait de leur commerce respectif.

90. — Toutefois, ainsi que le fait remarquer M. Pardessus (n° 258), les registres d'un commerçant devant contenir la mention même des faits étrangers à son commerce, cette considération pourrait porter les juges à exiger en tout état de cause et même d'office de l'une ou de l'autre partie, ou de toutes les deux, l'exhibition de leurs livres pour s'éclairer sur le fait ou les conditions de la négociation intervenue entre elles.

91. — Il est évident qu'il n'y aurait plus lieu aujourd'hui pour la foi à ajouter aux livres, à la distinction que faisait Pothier (*Oblig.*, n° 757), d'après Boiceau, entre les marchands du corps des marchands et les petits marchands dont les livres ne devaient pas faire foi.

92. — Si les livres des deux parties commerçantes, en les supposant des deux parts également en règle, se contredisent, le juge n'ayant aucune raison de s'en rapporter plutôt aux uns qu'aux autres, devra chercher ailleurs les élémens de ses décisions. — Bravard, *Manuel de droit comm.*, p. 32.

93. — « Si un négociant dit n'avoir point de livres, il est certain que celui qui s'y veut rapporter demandera que le sien soit cru et il le doit être. C'est la jurisprudence consulaire, parce qu'il est toujours à présumer qu'un marchand qui tient des livres en bonne forme est plus homme de bien et plus croyable que celui qui dit n'en point avoir, et les juges ont sujet de croire qu'il ne veut pas les représenter pour éluder sa condamnation. » — Savary, *Parf. négoc.*, t. 1er, p. 275.

94. — La foi accordée par la loi aux livres de commerce pour prouver les engagemens entre commerçans, ne peut essentiellement être invoquée qu'autant que ces livres sont régulièrement tenus. C'est pourquoi il a été très-justement jugé que des livres irrégulièrement tenus ne peuvent être admis pour faire preuve d'une cession verbale d'une quote-part d'intérêt dans une société de commerce. — *Rennes*, 23 août 1821, Desmolière c. Mercier. — Toullier, *Droit civil*, t. 8, n° 387.

95. — Les livres d'un commerçant ne suffisent pas par eux seuls pour prouver les paiemens qu'il prétend avoir faits à la décharge d'un autre commerçant, lorsque ces prétendus paiemens ne sont pas, d'ailleurs, justifiés par les quittances des créanciers. — *Bordeaux*, 10 août 1838 (t. 2 1838, p. 474), Viard et Chaigneau c. Loiral.

96. — Les écritures d'un commerçant ne peuvent faire foi contre son commis et servir de base à une condamnation, alors surtout qu'il existe des présomptions favorables à ce dernier. — *Rouen*, 16 nov. 1826, Duhamel c. Moutier.

97. — S'il s'élevait une contestation entre un non-commerçant et un commerçant, les livres de ce dernier ne feraient point preuve contre son adversaire des fournitures qui y sont portées (C. civil, art. 1329), tandis qu'ils font preuve contre le commerçant lui-même, sans que les juges puissent refuser de l'admettre; mais aussi sans que celui qui veut en tirer avantage des livres du commerçant puisse les diviser en ce qu'ils contiennent de contraire à sa prétention. — C. civ., art. 1330. — Pardessus, n° 257.

98. — C'est l'application du principe: *Fides scripturæ est indivisibilis.* — Voët, *ad* L. 42, *De trans.*; Dumoulin, *ad* L. 3, *C. de reb. cred.*; Pothier, *Tr. des oblig.*, n° 757.

99. — Cependant, comme les livres d'un commerçant doivent faire mention même des dettes actives et passives étrangères à son commerce, ces livres pourraient être consultés pour servir de renseignemens sur ces faits, alors même que la contestation ne serait pas commerciale. — Pardessus, n° 258; Toullier, t. 8, n° 395; Rolland de Villargues, n° 57.

100. — Ces livres peuvent aussi servir aux magistrats pour s'éclairer, puisqu'ils peuvent se décider par de simples présomptions. — Pardessus, n° 258.

101. — La faveur du commerce a fait établir que, si les livres du marchand sont en règle, s'ils sont écrits jour par jour, sans aucun blanc ni rature, si le commerçant a une réputation de probité, si le défendeur non marchand contre lequel il réclame avait coutume de se fournir chez lui, si la fourniture n'a rien que de vraisemblable, et si la demande est formée dans l'année de la fourniture (C. civ., art. 2272), ces livres établissent en faveur du marchand une sorte de présomption que la fourniture a été faite et non payée, et cette présomption forme un commencement de preuve qui peut être complété par le serment du marchand. — Pardessus, n° 257; Toullier, t. 8, n° 368; Duranton, t. 13, n° 196.

102. — Dans ce cas, le juge ne peut-il pas aussi admettre la preuve testimoniale sur la demande du marchand? Non, dit Bravard, *Manuel du droit comm.*, p. 31. Si le juge a confiance dans le demandeur, il doit lui déférer le serment et non pas recourir à la preuve testimoniale. S'il n'a pas confiance en lui, il doit déférer le serment au défendeur ou même le renvoyer purement et simplement de la demande, sans recourir à la preuve testimoniale. Admettre cette preuve, ce serait empirer la position du défendeur, au mépris du texte et de l'esprit de la loi.

103. — Toullier (t. 8, n° 369) et Rolland de Villargues (v° *Livres de comm.*, n° 39-40) argumentent à fortiori de l'art. 1329, pour faire admettre la preuve testimoniale. En tout cas, selon eux, ce n'est qu'avec la plus grande circonspection que le juge peut ainsi déroger aux règles générales du droit (C. civ., art. 1329 et 1341), et il doit s'en abstenir toutes les fois qu'il ne s'agit pas de *fournitures* habituelles ou journalières, et que d'ailleurs la bonne foi des deux parties est également à l'abri de tout soupçon.

104. — Le juge peut admettre pour preuve non-seulement les livres exigés par la loi, mais tous autres livres auxiliaires régulièrement tenus. — Delvincourt, *Instit. du dr. comm.*, t. 2, p. 17; Favard, v° *Livres de commerce*, n° 7. — Et si ces livres ne se rapportent pas entre eux, on doit ajouter foi au livre journal. — Pardessus, n° 258; Locré, sur l'art. 12, C. comm.

105. — Un commerçant qui n'a pas les livres exigés par la loi, ne serait pas reçu à invoquer des livres auxiliaires, quoique régulièrement tenus, parce qu'ils ne sont que le complément des premiers et sont sans force en leur absence. — Pardessus, n° 258.

106. — Les livres d'un commerçant qui sont irrégulièrement tenus, ne peuvent être représentés ni faire foi en justice à son profit. — *Bourges*, 22 août 1817, Nolet c. Baudoin. — Mais le commerçant ne peut refuser la production de ses livres sous prétexte qu'ils sont irréguliers (Toullier, t. 2, nos 387 et suiv.; Rolland de Villargues, no 54), cette irrégularité n'empêchant pas qu'ils ne puissent faire preuve contre lui. — Pardessus, no 258.

107. — Lorsqu'un non-commerçant ne s'est pas fait un moyen, en cause d'appel, de ce que les livres de son adversaire lui ont été opposés pour prouver la provision d'une lettre de change, il ne peut se faire un moyen de cassation de ce que ces livres aient été admis contre lui, quoique non régulièrement tenus. — *Bruxelles*, 12 févr. 1822, D... c. B...

108. — La nécessité d'une tenue régulière des livres ne concerne que l'usage qu'on en veut faire à l'égard des tiers.

109. — Donc l'irrégularité des livres de commerce ne peut être invoquée que par les tiers, et non par les parties qui ont tenu ces livres entre elles. — *Cass.*, 7 mars 1837 (t. 2 1837, p. 11), Lachelin c. Lefebvre.

110. — ... Et deux associés qui sont également en faute ne peuvent s'opposer l'un à l'autre l'irrégularité des livres de la société. — Pardessus, no 260. — V. SOCIÉTÉ.

111. — Un commerçant ne serait pas admis à dire qu'il a inscrit par erreur un paiement reçu sur ses livres, ou omis un paiement qu'il a fait. — Pardessus, no 260.

§ 2. — *De la communication des livres.*

112. — C'est pour mettre à l'abri de toute atteinte le crédit, cette principale base du commerce, que le Code a déclaré que la communication des livres de commerce ne *pourrait être* ordonnée en justice que dans les affaires de succession, communauté, partage de société, et en cas de faillite (C. comm., art. 14).

113. — Le négociant qui a cédé à un bailleur de fonds le tiers des bénéfices de son commerce peut être considéré comme ayant fait à ce dernier un don bénévole, et non comme ayant contracté une société en participation, qui donnerait à l'associé le droit de prendre communication des livres. — Cette appréciation, faite par le tribunal de commerce sur la demande en partage de la société formée par le prétendu associé, ne peut donner ouverture à cassation, comme contenant une interprétation d'un contrat civil. — *Cass.*, 2 juill. 1833, Platel c. Bachelet.

114. — Les héritiers, les associés d'un commerçant, les créanciers d'un failli, ont intérêt à connaître l'ensemble de ses opérations, et il n'est pas à craindre qu'ils abusent du secret.

115. — Hors les cas prévus par l'art. 14, la communication des registres ne peut être exigée.

116. — Ainsi, le débiteur attaqué à raison de la créance prétendue contre lui par le liquidateur judiciaire d'une maison de commerce ne peut exiger la communication des livres de cette maison pour vérifier les élémens de son compte avec elle. Il n'y a lieu, dans ce cas, qu'à ordonner un extrait ou relevé des livres en ce qui concerne le différend. Et si cet extrait ou relevé, dûment certifié conforme aux livres, existe déjà au procès, il n'est pas nécessaire d'en ordonner un nouveau. — *Aix*, 5 avril 1832, Larmichon c. Veran.

117. — L'art. 15 C. comm., qui autorise les juges à ordonner aux négocians l'apport de leurs livres, n'est applicable qu'aux cas prévus par l'art. 14 du même code. — *Bruxelles*, 23 mars 1824, Demeulemeester c. Van Peteghem.

118. — Mais, sous l'ord. de 1673 (tit. 3, art. 9 et 10), qui ordonnait la communication des livres d'un négociant, quand la partie adverse offrait d'ajouter foi à ces livres, l'héritier a pu être admis à réparer devant la cour d'appel l'omission faite par son auteur en première instance, d'offrir de s'en rapporter aux livres de son adversaire, dont il avait requis la communication. — *Cass.*, 20 juin 1810, Marinpoey c. Dandurain.

119. — Dans une instance en paiement de salaires réclamés par un ouvrier contre un fabricant, les juges peuvent donner mission à un tiers de vérifier, dans les livres du fabricant, les allégations réciproques des parties, et de les concilier, si faire se peut, sans qu'on puisse considérer cette mesure comme un ordre de communiquer des livres de commerce, hors les cas prévus par la loi. — *Cass.*, 12 mai 1834, Villa c. Mazars.

120. — Il appartient aux tribunaux de déterminer dans quelle forme doit se faire la communication des livres et inventaires ordonnée en justice. — Ainsi, dans un arbitrage entre associés, il est de convenance et d'usage que les livres et écritures, dont l'une des parties demande la communication hors du siége social, soient déposés chez l'arbitre le plus âgé, plutôt qu'au greffe du tribunal de commerce, ou chez un officier public. — *Aix*, 17 juin 1826, Maury et Casada c. Vidal.

121. — Dans une contestation entre associés, l'un des associés peut demander le dépôt au greffe de la cour des papiers relatifs à la société, et dont l'un d'eux se trouvait détenteur. — *Bordeaux*, 8 avr. 1826, Casati c. Maggi.

§ 3. — *De la représentation des livres.*

122. — Le commerçant, même lorsqu'il n'invoque pas ses livres, ne peut se refuser à les représenter. — Pardessus, no 259.

123. — La production ou communication *partielle* des livres d'un commerçant peut être demandée par toute personne intéressée; mais elle ne peut jamais être forcée, lorsqu'il s'agit d'une contestation à laquelle ce commerçant est étranger. — Favard de Langlade, vo *Livres de commerce*, no 10.

124. — Dans le cours d'une contestation, la représentation des livres peut être ordonnée par le juge, même d'office, à l'effet d'en extraire ce qui concerne le différend. — C. comm., art. 15.

125. — La communication diffère de la représentation en ce sens que, dans le premier cas, le commerçant se démunit de ses livres en faveur des parties intéressées pour être examinés en entier, et que, dans le second, il ne s'en dessaisit pas, il les représente seulement pour qu'on puisse en extraire ce qui concerne le différend.

126. — La maxime que *nul n'est tenu de produire contre soi* ne s'applique point en matière commerciale, et lorsqu'il s'agit de registres de commerçans. — *Paris*, 29 mai 1832, Thorel c. Bastide.

127. — Celui qui fait habituellement des actes de commerce, même avant d'avoir pris patente, doit être réputé commerçant; et comme tel, tenu de représenter ses livres. — *Caen*, 24 juin 1828, Lanne c. Blanchard.

128. — Les tribunaux ont un pouvoir discrétionnaire pour admettre ou rejeter la représentation des livres de commerce, sans que leur décision à cet égard puisse donner ouverture à cassation. — *Cass.*, 25 niv. an X, Yvandre c. Tubeuf; *Aix*, 8 déc. 1820, Crozet et Bargmann; *Bruxelles*, 4 oct. 1823, N...; *Cass.*, 18 déc. 1827, Roux c. Jalabert-Lamothe; 12 déc. 1827, Michoud c. Desvignes; 4 fév. 1828, Dufay c. Dubuisson; 9 janv. 1839 (t. 1er 1839, p. 495), Déroche c. Kieffer et Desmond.

129. — Bien plus, il est facultatif au juge d'ordonner la production des livres d'un commerçant; et s'il la refuse, sous prétexte qu'elle est frustratoire, sa décision ne peut, sur ce point, donner ouverture à cassation. — *Cass.*, 4 fév. 1828, Dufay c. Dubuisson; 13 août 1833, Luzet c. Boulard-Deslandes.

130. — La représentation des livres d'un commerçant peut être ordonnée par le juge par toutes les voies de droit, même par contrainte d'une somme d'argent. Cette contrainte peut s'étendre, même aux livres qui remontent au delà de dix ans avant le jour de l'action, s'il est prouvé que le commerçant qui les a tenus les a conservés.. — *Caen*, 24 juin 1828, Lanne c. Blanchard.

131. — Un jugement qui ordonne la représentation contestée des livres de commerce sous une clause pénale, a tous les caractères d'un jugement interlocutoire. — *Paris*, 2 août 1843 (t. 2 1843, p. 382), Lajoie et Meyrenis c. Mir et Guilhon.

132. — Les juges saisis d'une contestation relative à la négociation de certains billets peuvent condamner une des parties à rapporter ses registres de commerce pour en extraire non-seulement les articles relatifs à la négociation des billets litigieux, mais encore ce qui concerne d'autres négociations pouvant jeter du jour sur le différend. Cette mesure constitue une simple *représentation* de livres, autorisée par l'art. 15 C. comm., et non une *communication*, que l'art. 14 ne permet que dans les cas qu'il spécifie. La vérification des registres dont la représentation est ainsi ordonnée peut être confiée à un expert, aussi bien qu'à un magistrat. — *Cass.*, 22 fév. 1848 (t. 1er 1848, p. 354), Mourgues c. Cavalier et Baille.

133. — Le juge peut aussi refuser d'ordonner cette représentation. — Locré, sur cet article.

134. — Lorsque le tireur d'une lettre de change soutient n'avoir pas reçu la valeur, les juges peuvent, suivant les circonstances, refuser d'ordonner la production des livres de celui au profit duquel la traite est tirée, bien que le tireur offre de s'en rapporter à leur contenu. — *Cass.*, 20 août 1818, Mellis c. Lamothe.

135. — Il n'y a aucune ouverture à cassation contre un arrêt qui déclare inutile la communication du livre d'un négociant par le motif que la teneur n'en est pas contestée. — *Cass.*, 9 janv. 1839 (t. 1er 1839, p. 495), Déroche c. Kieffer et Desmond.

136. — Le jugement qui, dans une contestation entre commerçans, ordonne que les livres de l'un d'eux seront déposés au greffe pour être examinés par le tribunal et demeurer à sa disposition seulement, ne prescrit, en disposant ainsi, qu'une simple représentation de livres (laquelle peut être ordonnée dans toute affaire et d'office), et non une communication de livres (mesure qui ne peut être ordonnée que dans les cas prévus par l'art. 14 C. comm.). — *Cass.*, 25 janv. 1843 (t. 1er 1843, p. 518), Magnin c. Cavelan.

137. — Un négociant dont les livres ont péri sans fraude est affranchi de l'obligation de les représenter. — Arg. C. civ., art. 1302. — Rousseau-Lacombe, vo *Cession*; Gauthier, *Études de jurispr. comm.*, no 359.

138. — Il est des circonstances même où l'on pourrait ordonner la représentation des livres d'un tiers : par exemple, lorsqu'on a fait un paiement par l'entremise d'un banquier; on peut, pour preuve de paiement, demander la représentation des livres du banquier.

139. — Bien que le Code de commerce ne désigne pas nominativement, les livres d'enregistrement et de numéros d'ordre mis par les négocians sur les lettres de change et billets auxquels ils prennent part, ces livres sont cependant compris implicitement dans ceux qui doivent contenir les négociations, acceptations, ou endossemens d'effets, et généralement tout ce qui est reçu et payé par un commerçant. D'ailleurs, dès qu'il est évident qu'un commerçant en a tenu de cette espèce, leur représentation peut être ordonnée. — *Caen*, 24 juin 1828, Lanne c. Blanchard.

140. — Jugé cependant qu'un commerçant ne peut être contraint de représenter que les seuls livres dont la loi lui impose la tenue et la conservation pendant dix ans, et qui sont : le livre journal, le copie de lettres et le registre des inventaires....; quant aux livres auxiliaires usités dans le commerce; mais qui, d'après la loi, ne sont pas indispensables, la représentation n'en saurait être ordonnée d'une manière absolue. — *Paris*, 2 août 1843 (t. 2 1843, p. 382), Lajoie et Meyrenis c. Mir et Guilhon.

141. — Sous l'ordonn. 1673, tit. 3, art. 10, lorsqu'un négociant voulait se servir de ses livres ou que la partie adverse offrait d'y ajouter foi, la représentation pouvait être ordonnée, pour en extraire ce qui concernait le différend.

142. — Sous cette même ordonnance un marchand était obligé de représenter ses livres, quand on les exigeait, pour justifier la vérité de sa créance, quoiqu'il eût pour titre une reconnaissance passée devant notaire. — *Parl. Paris*, 22 juil. 1689. — Denizart, vo *Livres et registres*, no 12; Savary, *Parf. négoc.*, t. 1er, p. 287, parère 31; Bornier, *Conférence de l'ordonn. de 1673*, p. 464; Gauthier, *Études de jurispr. commerc.*, no 351; Jousse, *Comment. sur l'ord.* 1673, tit. 3, art. 10, note 1re.

143. — ... De même, un négociant ne pouvait se refuser à produire ses livres en justice, lorsque la partie adverse déclarait s'en rapporter à leur contenu. D'après le Code de commerce, le juge reste le maître d'ordonner la représentation requise par la partie adverse. — *Cass.*, 4 vent. an X, Chabanel c. Jalaquier.

144. — Jugé aussi, sous l'ord. de 1673, qu'un marchand qui ne représentait pas ses livres pouvait être déclaré non recevable à demander le paiement d'une obligation notariée, même étrangère à son négoce, surtout si des présomptions contraires à sa demande résultaient soit des aveux et déclarations des parties, soit de la destruction de quittances opérée par le demandeur. — *Cass.*, 25 niv. an X, Yvandre c. Tubeuf.

145. — Nous ne croyons pas que sous le Code de commerce on puisse tirer du défaut de représentation des livres une fin de non-recevoir péremptoire contre une demande ayant pour objet le paiement d'une créance constituée par un acte authentique. Un défaut d'ordre, une irrégularité, dans la gestion d'un commerçant, ne peuvent être frappés d'une peine aussi sévère. On ne peut leur attribuer l'effet d'anéantir la foi due à un titre de créance régulier. Néanmoins, nous reconnaissons que le défaut de représentation des livres peut, lorsqu'il est accompagné de certaines présomptions, recevoir une interprétation défavorable au demandeur; et nous dirons avec M. Pardessus (*Cours de dr. comm.*, t. 1er, n° 259) que le marchand ou commerçant qui réclame le paiement d'une dette, même alors qu'il en justifierait l'existence par un titre authentique, ne peut se refuser à la représentation de ses livres, lorsqu'elle lui est demandée, parce qu'il peut se faire que la dette ait été payée ou qu'il ait reçu des à-compte. Dans ce cas, le refus de présenter ses livres, ou l'allégation de n'en pas avoir tenu, seraient de nature à faire gravement suspecter sa bonne foi. C'est au juge qu'il appartient d'apprécier s'il convient de déférer le serment à l'autre partie. — C. comm., art. 17. — Toullier, t. 8, n° 373.

146. — C'est ainsi qu'il a été jugé que lorsqu'un préposé à une espèce d'opération commerciale, assigné en reddition de comptes, prétend qu'il n'a pas de comptes à rendre d'une partie des opérations, parce qu'elles ont été faites par le commettant lui-même, il peut exiger que celui-ci produise son livre journal pour y puiser des renseignemens à ce sujet. — En cas de refus de la part du commettant, le compte du préposé peut, à titre de dommages-intérêts, être alloué tel qu'il est présenté. — *Paris*, 29 janv. 1848, Gounot et Mozer c. Sajet.

147. — Les auteurs du *Dictionnaire du contentieux commercial* (v° *Livres*, n° 14) prétendent que lorsqu'il s'agit d'une contestation entre un commerçant et un non-négociant, la représentation des livres ne peut être refusée. Cette opinion paraît avoir pour fondement l'art. 1330 C. civ., qui porte : « Les livres des marchands font preuve contre eux ». Mais il ne nous semble pas résulter invinciblement de ce texte qu'un commerçant soit *tenu* de représenter ses livres sur la demande d'un non-commerçant. Ce qu'on peut seulement en conclure c'est que si la représentation des livres est opérée, le non-négociant pourra y puiser des preuves qu'il opposera au commerçant. Mais si les livres ne sont pas produits, il dépendra du juge d'apprécier les présomptions qu'il doit tirer du refus du commerçant.

148. — Si la partie aux livres de laquelle on offre d'ajouter foi refuse de les représenter, le juge peut déférer le serment à l'autre partie. — C. comm., art. 17.

149. — L'art. 17 C. comm. est purement facultatif. Les juges peuvent, sans violer la loi, ne pas déférer le serment dans ce cas. — *Cass.*, 5 août 1823, Thèze c. Besse et Hocquet.

150. — Jugé de même que lorsqu'un commerçant refuse de produire ses livres, les juges ne sont pas obligés de déférer le serment à son adversaire qui déclare y ajouter foi; que c'est là une pure faculté dont les juges sont maîtres d'user ou de ne pas user, alors surtout que la demande en représentation des livres n'a pour objet que de prolonger la contestation. — *Cass.*, 18 janv. 1832, Vauver c. Bouqueau.

151. — Mais l'individu non-commerçant ne fait qu'user de son droit en refusant de communiquer ses livres, qu'on veut faire servir de preuve contre lui. — *Cass.*, 2 fév. 1837 (t. 1er 1840, p. 500), Lebey-Taillis c. Dupuy.

152. — En cas que les livres dont la représentation est offerte, requise ou ordonnée, soient dans des lieux éloignés du tribunal saisi de l'affaire, les juges peuvent adresser une commission rogatoire au tribunal de commerce du lieu, ou déléguer un juge de paix pour en prendre connaissance, dresser un procès-verbal du contenu et l'envoyer au tribunal saisi de l'affaire. — C. comm., art. 16.

153. — Cette vérification n'est pas assujettie aux formes exigées pour ce qu'on appelle *compulsoire* en matière civile; ainsi elle ne pourrait être annulée sous prétexte que l'autre partie n'a pas été présentée ou intimée, encore bien que le jugement eût déclaré qu'elle aurait lieu de cette manière. — Pardessus, n° 1374. — V. ABRÉVIATION, ACTES SOUS SEING PRIVÉ, AVEU, COMMENCEMENT DE PREUVE PAR ÉCRIT, PAPIERS DOMESTIQUES, PREUVE, SERMENT JUDICIAIRE ET EXTRAJUDICIAIRE.

LIVRES DOMESTIQUES.

V. PAPIERS DOMESTIQUES.

LIVRES D'ÉGLISE.

1. — On désigne sous cette dénomination les catéchismes, heures, prières et autres ouvrages de liturgie.

2. — Les évêques ont sur les livres d'église composés par eux, pour l'instruction religieuse de leur diocèse, les mêmes droits qui appartiennent à tout auteur sur les productions de son intelligence. — V. PROPRIÉTÉ LITTÉRAIRE. — Vainement soutiendrait-on que de pareilles productions appartiennent directement aux fonctions des évêques, et qu'ainsi il n'y a pas lieu de leur ouvrir, par ce moyen, une source particulière de revenus, puisque le clergé est salarié par l'Etat.

3. — Les auteurs et la jurisprudence sont unanimes sur ce point. — *Cass.*, 29 therm. an XII, Malassie c. Bussière; 30 avril 1825, Tauqueny c. Voisin; *Colmar*, 6 août 1833, Ducler c. Leroux; *Paris*, 25 nov. 1842 (t. 1er 1843, p. 722), Dufaure c. Augé. — Merlin, *Quest. de dr.*, v° *Tribunal correctionnel;* Blanc, p. 291; Renouard, *Du dr. d'auteur*, t. 2, n° 68; Gastambide, *De la contrefaçon*, n° 18; Goujet et Merger, *Du dr. comm.*, v° *Propriété littéraire*, n° 58.

4. — Un évêque qui compose un catéchisme ou un autre livre d'église peut donc poursuivre lui-même, comme contrefacteur, celui qui, sans sa permission, imprime ou publie ce livre. L'imprimeur ou autre personne à laquelle l'évêque aurait cédé la propriété de son œuvre aurait la même faculté. — *Ibid.*

5. — Les évêques ont, en outre, un droit d'approbation et de surveillance sur tous les livres d'église dont ils ne sont pas les auteurs.

6. — « Les livres d'église, porte l'art. 1er du décret du 7 germ. an XIII, les heures et prières, ne peuvent être imprimés ou réimprimés que d'après la permission donnée par les évêques diocésains, laquelle permission doit être textuellement rapportée et imprimée en tête de chaque exemplaire. »

7. — « Les imprimeurs et libraires, ajoute l'art. 2 du même décret, qui feraient imprimer, réimprimer des livres d'église, des heures ou prières, sans avoir obtenu cette permission, doivent être poursuivis conformément à la loi du 19 juill. 1793. »

8. — Mais quelle est exactement l'étendue et la nature du droit conféré aux évêques par cette disposition? La jurisprudence ne paraît pas encore bien fixée à cet égard.

9. — Un premier arrêt de la cour de cassation, du 23 juill. 1830 (Gauthier c. Leclerc), avait assimilé ce droit à un droit de propriété, et décidé par suite que l'imprimeur, qui a reçu d'un évêque la permission d'imprimer un bréviaire, peut poursuivre comme contrefacteur celui qui a réimprimé cet ouvrage sans son autorisation spéciale.

10. — Quelques années après, un second arrêt de la même cour, rendu sur les conclusions conformes de M. le procureur général Dupin, a consacré un système tout opposé, et jugé que le décret du 7 germ. an XIII n'a fait qu'établir, dans l'intérêt des doctrines religieuses ou de leur vérité, un droit de haute censure épiscopale, duquel il résulte pour les évêques celui de porter plainte, et pour le ministère public le droit et le devoir de poursuivre, même d'office, les imprimeurs qui contreviennent aux dispositions de ce décret; mais que les évêques ou les imprimeurs auxquels ils ont accordé la permission d'imprimer ou de réimprimer les livres de cette nature sont sans qualité pour intenter l'action résultant de la loi du 19 juill. 1793 et des art. 425, 427 et 429 C. civ. — *Colmar*, 6 août 1833, Decker c. Leroux; *Cass.*, 28 mai 1836, Caron Detel c. Ledieu; *Amiens*, 14 déc. 1835, mêmes parties; *Caen*, 11 févr. 1839 (t. 1er 1839, p. 647), Pagny c. Loysel.

11. — D'où il résulterait que dès que l'autorisation d'imprimer un livre d'église a été donnée à un éditeur, il est libre à tous de réimprimer cet ouvrage pourvu qu'aucun changement ne soit apporté au texte approuvé par l'évêque. La permission est en effet donnée à l'ouvrage et non à l'éditeur. — *Colmar*, 6 août 1833, Decker c. Leroux; *Caen*, 11 février 1839 (t. 1er 1839, p. 647), Pagny c. Loysel.

12. — C'est, du reste, dans ce dernier sens que le décret a été interprété par l'autorité administrative. — V. le décret interprétatif du 15 juin 1809, l'instruction du directeur général de la librairie du 23 juin 1810, l'instruction du même fonctionnaire du 13 mars 1811, et celle du 26 oct. 1814.

13. — Cependant la cour d'appel de Paris a décidé, en 1842, que les autorisations délivrées par les évêques sont spéciales et ne sauraient profiter qu'aux imprimeurs qui les ont personnellement obtenues; qu'en outre, bien que les évêques ne puissent pas être réputés propriétaires absolus des livres d'église qu'ils n'ont pas composés, ils ont, pour s'opposer à l'impression de ces livres, à quelque époque qu'elle ait lieu, les mêmes droits que la loi de 1793 accorde aux auteurs ou propriétaires des ouvrages pour s'opposer à la publication de ces ouvrages faite au mépris de leurs droits. — *Paris*, 25 nov. 1842 (t. 1er 1843, p. 722), Dufaure c. Augé.

14. — La cour de cassation a confirmé cette doctrine le 9 juin 1843 (t. 2 1849), mêmes parties.

15. — Enfin, un arrêt de la même cour, du 5 juin 1847 [(t. 2 1849) Belin-Leprieur c. Langlumé], en consacrant de nouveau les mêmes principes, a jugé que les imprimeurs et libraires qu'un évêque a autorisés à imprimer les livres d'église peuvent, à raison du préjudice que leur fait éprouver la publication de ces livres par d'autres libraires non autorisés, se porter partie civile contre ces derniers, en les poursuivant comme ayant contrevenu au décret du 7 germ. an XIII.

16. — Nous ne saurions, quant à nous, adopter ces solutions. Elles tendent, en effet, tout en refusant aux évêques la propriété des livres de liturgie, à leur accorder tous les avantages du droit de propriété. Elles ont pour résultat de confisquer, au profit de la puissance épiscopale, la liberté du commerce et de l'industrie. Nous applaudissons, dans l'intérêt de la religion, au droit de haute censure accordé aux évêques; mais du moment où ils ont accordé leur approbation à un ouvrage, il ne leur appartient pas d'en interdire la publication à qui que ce soit. La permission qu'ils octroieraient à un éditeur, comme le disait M. le procureur général Dupin en 1836, place cet éditeur hors de la peine, mais elle ne lui confère aucun privilége. C'est moins un droit qu'un devoir que les chefs de l'Eglise ont reçu du décret de l'an XIII; quand ils ont reconnu qu'un livre est orthodoxe, ils ne peuvent en défendre l'impression à certains libraires dans le but de vendre leur autorisation à d'autres. — Renouard, *Du dr. d'auteur*, t. 2, n° 68; Blanc, p. 293; Gastambide, n° 20; Lefevre, n° 67; Goujet et Merger, n° 61.

17. — Quoi qu'il en soit, il faut admettre que les évêques ont un droit absolu pour autoriser ou refuser, dans l'étendue de leur diocèse, l'impression des *tels* ou *tels* livres d'église, et qu'ils ne doivent compte à personne des motifs de leur décision. — *Cass.*, 23 juill. 1830, Gauthier c. Leclerc; 28 mai 1836, Caron Detel c. Ledieu; *Paris*, 25 nov. 1842 (t. 1er 1843, p. 722), Dufaure c. Augé; *Cass.*, 9 juin 1843 (t. 2 1849), mêmes parties; 5 juin 1847 (t. 2 1849), Belin-Leprieur c. Langlumé.

18. — L'imprimeur, qui a contrevenu aux dispositions du décret du 1er germin. an XIII, doit être puni d'une amende de 100 fr. à 2,000 fr., conformément à l'art. 425 du C. pénal. En effet, le renvoi prononcé par la disposition finale du décret doit être entendu en ce sens, que l'imprimeur qui commet une infraction à son art. 1er, doit être poursuivi et jugé commé s'il était contrefacteur.

19. — Mais la confiscation des exemplaires imprimés en contravention doit-elle être en outre prononcée? — La négative avait été jugée par la cour de Paris, le 6 fév. 1847 [(t. 2 1849, Belin-Leprieur c. Langlumé)]; mais la chambre criminelle de la cour de cassation a cassé cet arrêt par le motif que la loi du 19 juil. 1793, à laquelle renvoie le décret du 7 germ. an XIII, prononce la confiscation des éditions imprimées sans l'autorisation des auteurs; qu'il importe peu que, dans les prévisions de cette loi, les exemplaires saisis dussent être remis aux plaignans, ce qui ne pourrait avoir lieu dans le cas d'impression de livres d'église, sans autorisation de l'évêque; qu'en principe la confiscation est une peine que son application met, à ce titre, dans les attributions des tribunaux correctionnels, et que dès lors elle doit être poursuivie sur la réquisition du ministère public.

LIVRET.

1. — Le décret du 3 octobre 1810 et celui du 25 septembre 1813 assujettissent, dans un intérêt de surveillance et de police, les domestiques qui veulent s'établir dans la ville de Paris, ou dans celles dont la population est de cinquante mille âmes et au-dessus, à diverses obligations, au nombre esquelles est celle de se munir d'un bulletin d'inscription.

2. — Les dispositions de ces décrets ne reçoivent pas d'exécution (V. DOMESTIQUES, n° 11) : et il a été jugé spécialement que l'art. 6 du décret de 1810, qui dispose que « nul ne pourra prendre à son service un domestique si le bulletin d'inscription ne lui est représenté, visé à la préfecture de police, » ne prononçant aucune peine contre le maître en cas d'infraction, l'arrêté municipal qui en prescrit l'exécution ne tombe pas sous l'application de l'art. 471, n° 15 du C. pénal. — *Cass.*, 14 nov. 1840 (t. 2 1841, p. 244), Signoux; 5 fév. 1841 (t. 1er 1843, p. 592), Doucet. — V. POUVOIR MUNICIPAL.

3. — Le nouveau projet de loi sur les livrets, adopté par la chambre des pairs en 1846, est muet en ce qui concerne les livrets des domestiques, et ce silence a été signalé par plusieurs conseils généraux comme une omission de nature à appeler l'attention de la chambre des députés.

4. — Quant aux livrets des ouvriers, V. OUVRIERS.

LIVRETS.

Fabricans de livrets pour les batteurs d'or et d'argent. — Patentables de 8ᵉ classe. — Droit fixe basé sur la population ; droit proportionnel du 40ᵉ de la valeur locative de tous les locaux qu'ils occupent, mais seulement dans les communes de 20,000 âmes et au-dessus.

LOCATAIRIE PERPÉTUELLE.

V. BAIL, A LOCATAIRIE PERPÉTUELLE.

LOCATION, LOCATEUR, LOCATAIRE.

Action de donner une chose à bail. Celui qui donne une chose à bail prend le nom de *locateur* ou *bailleur*. — Le nom de *locataire* ou *preneur* appartient à celui au profit du quel la location est consentie. — V., au surplus, BAIL.

LOCMAN.

V. PILOTE.

LODS ET VENTES.

C'étaient les droits de mutation qui étaient autrefois payés au seigneur direct de qui relevait un héritage en censive acquis par acte de vente ou tout autre contrat équipollent. — V. FÉODALITÉ.

LOGEMENT DES GENS DE GUERRE.

Table alphabétique.

LOGEMENT DES GENS DE GUERRE. — **1.** — Le logement des gens de guerre est un impôt de nécessité dont l'établissement remonte aux premiers temps de notre histoire. Même sous l'ancien régime, diverses déclarations, édits et ordonnances, en ont successivement réglé la prestation ; mais l'esprit de privilège, qui régnait alors, avait organisé un système d'exceptions dont souffraient gravement ceux qui ne s'y trouvaient pas compris. En effet, le logement était dû, soit que le séjour fût simplement momentané, soit qu'il fût prolongé. Toutefois, un arrêt du conseil de 1693, avait déjà avisé au moyen de rendre les logemens moins fréquens et moins onéreux pour les populations, lorsque survint la révolution de 1789, qui, en abolissant les privilèges, abolit nécessairement ceux qui étaient relatifs au logement des gens de guerre.

2. — Après la révolution de 1789, la première loi qui s'occupa de réglementer la matière, fut celle du 7 avr. 1790 ; elle posa en principe que tous les citoyens, sans exception, seraient assujettis à l'obligation de le fournir. Puis, après cette loi, celles des 8 et 10 juillet 1791, 23 mai et 6 juin 1792, vinrent prescrire des règles à suivre dans la répartition de cet impôt, et déterminer les seules exemptions admissibles. Parurent ensuite plusieurs instructions du ministre de l'intérieur, un règlement du 20 juill. 1824 sur le casernement des troupes, et divers avis et circulaires qui

ne firent que développer et mettre en action les dispositions des lois précitées.

3. — En principe, le logement des gens de guerre est dû partout, sans ou avec indemnité, suivant les circonstances.

4. — Il est dû *sans indemnité* (y compris les écuries, L. 1791 et 1792) 1° aux militaires de tous grades et de toutes armes, et autres considérés comme tels, devant aux détachemens employés à la remonte de la cavalerie (Circ. du min. de l'int., 17 juin 1837), marchant en corps ou en détachement, ou isolément, allant en congé de semestre ou munis de feuilles de route qui leur attribuent cette prestation.

5. — ... 2° Aux militaires et employés militaires en station dans les places et cantonnemens dans lesquels il n'y a pas de bâtimens militaires, ou des bâtimens insuffisans. — Mais, en ce cas, le logement n'est dû que pour trois nuits.

6. — ... 3° Aux militaires qui arrivent dans une place pour y tenir garnison, mais seulement pendant une nuit ou deux au plus, c'est-à-dire pendant le temps où ils sont encore considérés comme en marche. — Règl. 20 juil. 1824, art. 101.

7. — Le logement est dû avec indemnité : 1° après les trois premières nuits aux militaires, ou employés militaires qui arrivent dans les lieux de garnison, ou de cantonnement, et qui ne peuvent être reçus dans les bâtimens militaires. — *Cons. d'Etat.*, 30 mai 1824, Martin c. Davousi.

8. — ... 2° Dans le même cas, lorsque l'habitant a été obligé de fournir des écuries pour les chevaux.

9. — ... 3° Lorsque l'habitant fournit des lits dans les bâtimens militaires, ou lorsqu'il fournit les magasins dont les troupes détachées ou cantonnées peuvent avoir besoin.

10. — Cette indemnité, dans le premier cas, est fixée par les règlemens pour les sous-officiers et soldats : mais les officiers employés indemnisent eux-mêmes l'habitant à l'aide de l'allocation qui leur est attribuée à cet effet. — Règl. 1824, art. 101.

11. — Dans le deuxième cas, c'est-à-dire s'ils ont fourni des écuries, les habitans doivent être indemnisés par le département de la guerre, en ce qui concerne les chevaux des officiers et soldats des régimens et ceux des équipages. Quant aux chevaux des autres officiers et des fonctionnaires militaires, l'indemnité est payée directement par ces officiers et fonctionnaires au moyen du logement qu'ils reçoivent en argent.— L. 23 mai 1792, art. 5.

12. — Le loyer des magasins fournis par les habitans est payé pour tout le temps qu'ils ont été occupés : il est dû aussi une indemnité pour chaque lit fourni dans les bâtimens militaires. — Même loi, art. 6, § 4.

13. — L'indemnité dont il vient d'être question doit être réclamée dans les six mois (décr. du 13 juin 1806, art. 3). — Cette réclamation est faite par le maire de la commune au nom des habitans (ordonn. du 5 août 1818, art. 9). Les receveurs municipaux sont chargés du recouvrement ; mais, sans remise et à titre de dépendances de leurs fonctions. — Lettre minist., 10 oct. 1833. — Lerat de Magnitot et Delamarre, vᵒ *Logement des gens de guerre*, p. 131.

14. — ... Et comme il s'agit d'une *prestation individuelle* et non d'une charge communale, il en résulte que le receveur doit, pour être libéré, rapporter des états de distribution dûment émargés par chacun des ayans droit. — Lerat de Magnitot, *ibid.*

15. — Le Conseil d'Etat a décidé que dans le cas où l'indemnité de logement est à la charge de l'officier personnellement, cette indemnité doit être fixée de gré à gré, ou à l'officier débiteur peut être poursuivi devant l'autorité judiciaire, sans qu'il ait le droit de renvoyer l'habitant à se pourvoir devant l'autorité militaire, sous prétexte que l'allocation de logement à lui attribuée était insuffisante. — *Cons. d'Etat*, 30 mai 1821, Marlier c. Davousi.

16. — Jugé qu'un chef de logemens militaires qui prend sur lui de commander un dîner pour des officiers couvoqués dans une commune, est personnellement responsable (et non la commune), et que c'est à l'autorité judiciaire à connaître de la demande en paiement dirigée contre lui, sauf à lui à se pourvoir contre l'administration locale, s'il a agi par son ordre. — *Cons. d'Etat*, 29 déc. 1812, Kramer.

17. — Un arrêt du Conseil, du 18 nov. 1638, dispensait les ecclésiastiques de l'impôt du logement militaire. Ce privilège, confirmé par des lettres patentes du 20 janv. 1714, n'a point été conservé par la loi du 8 juill. 1791, qui porte au contraire, art. 9 du titre 5, que « les troupes seront logées chez les habitans, *sans distinction de personnes*,

quelles que soient leurs fonctions et leurs qualités » (V. aussi L. du 28 mai 1792, art. 11) ; et en fait, les ecclésiastiques jouissent de l'exemption. Sur quoi serait-elle fondée, si ce n'était sur le texte de l'arrêt du Conseil de 1638 ? — Walker, *Collect. des lois*, etc., *restées en vigueur*, t. 1ᵉʳ, p. 158.

18. — Les hôtels des agens diplomatiques sont exempts du logement militaire. — V. AGENT DIPLOMATIQUE, nᵒ 151.

19. — Aux termes de la loi de 1792, art. 11, le logement doit être fourni *en nature chez l'habitant.* — Toutefois, le même article permet aux dépositaires de caisses publiques, aux veuves et aux filles de suppléer à cette obligation en fournissant des logemens chez *d'autres habitans*.

20. — Il résulte de la jurisprudence qu'en dispensant nommément certaines classes de personnes du logement militaire dans leur propre domicile, à la charge d'y suppléer en fournissant ce logement en nature chez d'autres habitans avec lesquels ces personnes devront s'entendre, la loi du 28 mai 1792 n'a pas entendu restreindre absolument cette dispense à ceux qu'elle indiquait, et qu'ainsi l'habitant désigné pour fournir un logement militaire peut, s'il se trouve accidentellement dans l'impossibilité de le donner dans son domicile, y suppléer par un logement en nature chez d'autres habitans. — *Cass.*, 23 avr. 1842 (t. 2 1842, p. 547), Guillaumet.

21. — Sauf l'appréciation, par l'autorité municipale, de tout différend que cette substitution de logement pourrait faire naître. — Même arrêt.

22. — Par les mots *autres habitans*, la loi n'exclut pas les *hôtelleries.* — Le logement peut donc y être fourni. — Même arrêt. — Elouin et Trébuchet, *Dict. de police*, vᵒ *Logement des gens de guerre.*

23. — ... Et cela est d'autant plus admissible que le même arrêt constate que les instructions et l'usage autorisent les maires, en cas de refus des habitans, à loger les soldats à l'hôtellerie. — V. HOTEL, HOTELIER.

24. — Mais pour que, dans ce cas, l'aubergiste puisse être tenu de recevoir les militaires qui lui sont amenés ou envoyés, il faut, ou bien un accord de gré à gré entre lui et l'habitant dont il assume l'obligation, ou un ordre de l'autorité ; mais il ne semble pas que autrement l'habitant puisse l'y contraindre sous prétexte que l'auberge est un lieu public, où tout voyageur non suspect a droit à un gîte en payant : car il ne s'agit pas là d'un voyageur ordinaire, demandant un gîte, puisque ce voyageur en a un de droit, et l'on ne peut voir qu'une substitution de logis faite par un habitant à un habitant. — Masson, *Tr. des loc. en garni*, nᵒ 372.

25. — Au reste, l'administration, afin d'affranchir les habitans de l'obligation de loger les militaires, incite les villes à établir des casernes de passage, où à faire des arrangemens avec les hôteliers, ou aubergistes, qui s'engageraient à recevoir les billets de logement moyennant un abonnement ; mais M. le ministre de l'intérieur a cru devoir faire observer aux préfets qu'il y avait lieu d'entrer en terme à un grave abus, devenu général : celui qui consiste à permettre aux habitans d'envoyer les militaires loger dans les garnis suspects au point de vue des mœurs et de l'hygiène. C'est aux maires qu'il appartient de surveiller les auberges où logent les militaires, et de prescrire toutes les mesures qu'ils jugent nécessaires dans leur intérêt. — Bost, t. 1ᵉʳ, p. 109.

26. — Tous les habitans d'un lieu où séjournent des militaires en marche sont indistinctement tenus de les loger, *sur la simple présentation du billet de logement.* — *Cass.*, 10 sept. 1836 (t. 1ᵉʳ 1837, p. 562), de Brocas ; 12 juin 1845 (L. 1ᵉʳ 1848, p. 415), Carpentier.

27. — ... Et sans qu'il soit besoin de règlement de police spécial. — *Cass.*, 14 mars 1834, Desacieu ; 10 sept. 1836 (t. 1ᵉʳ 1837, p. 562), de Brocas ; 23 avril 1842 (t. 2 1842, p. 547), Guillaumel. — V. aussi *Cass.*, 12 juin 1845 (t. 1ᵉʳ 1848, p. 415), Carpentier ; 15 mai 1846 (t. 1ᵉʳ 1849, p. 384), Droin.

28. — ... Et indépendamment de tout avertissement préalable, individuel ou par voie de publication, sur le grade des militaires. — *Cass.*, 12 juin 1845 (t. 1ᵉʳ 1848, p. 415), Carpentier.

29. — ... Et l'infraction à cette obligation constitue, indépendamment des moyens mis à la disposition de l'autorité municipale pour que les frais du logement restent à la charge du récalcitrant (Avis du min. de l'int., 22 fév. 1833), une contravention de police punissable des peines établies par l'art. 471, nᵒ 15, C. pén. — Même arrêt, *Cass.*, 12 sept. 1846 (t. 1ᵉʳ 1849, p. 382), Ménil.

30. — Les moyens dont il est parlé dans l'*Avis* précité consistent dans la désignation d'une autre maison où les militaires seront logés aux frais du récalcitrant, frais dont le montant est arrêté par le maire, et l'exécutoire déclaré par le juge de paix, sans que celui-ci ait à examiner l'origine ou la réalité de la dépense. — Bost, t. 1er, p. 222.

31. — Le refus de l'habitant ne saurait être excusé sous prétexte que le billet aurait été présenté, non par l'officier qui devait en profiter, mais par deux soldats se disant chargés d'examiner le logement destiné à cet officier, et, qu'en outre, le contrevenant en aurait logé un autre deux jours après. — *Cass.*, 15 mai 1846 (t. 1er 1849, p. 381), Droin.

32. — Les officiers et autres fonctionnaires militaires, dans leur garnison ou résidence, sont également soumis à cette obligation, lorsqu'ils reçoivent eux-mêmes *leur logement en argent* et que celui qu'ils occupent excède la proportion affectée à leur grade et à leur emploi. — *Cass.*, 10 sept. 1836 (t. 1er 1837, p. 562), de Brocas.

33. — La vérification de cette dernière circonstance, lorsque l'existence en est contestée, doit être, à peine de nullité, ordonnée par le tribunal, alors surtout qu'elle est requise par le ministère public. — Même arrêt.

34. — Dans le cas où un règlement local enjoint aux habitans de laisser leurs portes ouvertes à jour fixe pour le logement des troupes de passage; l'habitant prévenu de contravention à cet arrêté et qui soutient qu'en son absence un de ses voisins, chargé de le représenter, a envoyé à l'auberge les militaires qui lui avaient été adressés, peut être admis à la preuve de ce fait. — *Cass.*, 23 mai 1842 (t. 2 1842, p. 547), Guillaumet.

35. — C'est à l'autorité municipale qu'il appartient d'apprécier, pour faire la répartition du logement des troupes, les facultés des habitans et autres circonstances locales. — *Cass.*, 13 août 1842 (t. 2 1842, p. 549), Durut; 12 sept. 1846 (t. 1er 1849, p. 382), Ménil.

36. — Dès lors, l'arrêté par lequel, pour arriver à cette répartition, il divise les habitans en plusieurs classes, suivant leurs facultés, et assigne à chacun d'eux le nombre des militaires qu'il aura à loger, est pris dans le cercle des attributions municipales et, par suite, obligatoire tant qu'il n'a pas été réformé par l'autorité supérieure. — Mêmes arrêts.

37. — ... Et les tribunaux de police ne pourraient excuser la contravention, ou apprécier les motifs de refus des habitans. — *Cass.*, 12 sept. 1846 (t. 1er 1849, p. 382), Ménil.

38. — Il importe de rappeler que, suivant le vœu de la loi du 23 mai 1792 (art. 11) les maires doivent veiller à ce que la charge du logement ne tombe pas toujours sur les mêmes individus et que chacun y soit soumis à son tour.

39. — L'art. 10 de la même loi ajoute qu'on réunira, autant que possible, dans le même quartier tous les hommes d'une même compagnie, et que les chevaux des troupes à cheval devront être également établis, autant que faire se pourra, dans les écuries à portée du logement de chaque compagnie.

40. — Quand un habitant est absent de son domicile, le maire ne doit pas, sauf le cas où cette absence serait simulée, envoyer chez lui des militaires: il y a lieu d'échanger son tour contre un autre. — Lerat de Magnitot, p. 132.

41. — Lorsque les troupes doivent être logées chez l'habitant, les intendans militaires donnent avis au maire du jour de l'arrivée et du temps du séjour. — L. 1792, art. 10.

42. — L'art. 14 de la loi du 23 mai 1792 énumère la composition des logemens qui devront être livrés par les habitans aux militaires suivant leurs grades.

43. — Le no 12 de cet article n'oblige l'habitant à fournir aux sous-officiers et soldats qu'un lit pour deux hommes; et M. le ministre de l'intérieur avait en conséquence pensé que les villes pouvaient faire coucher les militaires deux à deux dans les casernes de passage, ou chez les hôteliers. Mais M. le ministre de la guerre a représenté à son collègue que, s'il est légalement impossible d'exiger des habitans qu'ils fournissent chez eux le couchage aux militaires dans des lits à une seule place, sans leur imposer une charge trop onéreuse, il doit en être tout autrement quand il s'agit du logement des gens de guerre, en dehors du domicile des citoyens, soit dans les casernes de passage, soit dans les hôtelleries ou auberges désignées pour recevoir cette destination. Le mode de couchage dans les lits à deux places n'est plus, en effet, en rapport avec nos mœurs et nos usages; il n'est pas sans inconvénient pour la santé des militaires, et il se trouve partout proscrit dans les casernes de l'Etat. M. le ministre de l'intérieur, accueillant ces observations, a invité les préfets à prendre les mesures nécessaires pour que les lits destinés aux militaires, dans les casernes de passage ou les auberges, fussent à une seule place. — Circul. du 18 août 1845.

44. — Les art. 17 et 18 indiquent comment les chambres seront meublées et les lits garnis.

45. — Pour les troupes de passage les habitants fournissent les ustensiles de cuisine et donnent aux militaires place au feu et à la lumière. — En cantonnement, les troupes n'ont pas droit au feu ni à la lumière, et les officiers généraux, ceux d'état-major et les intendans et sous-intendans militaires, doivent se pourvoir à leurs frais des ustensiles de cuisine, du bois et du linge de table. — L. 23 mai 1792, art. 19.

46. — Les hôtes ne sont jamais délogés de la chambre ou du lit où ils ont coutume de coucher; ils ne peuvent cependant, sous ce prétexte se soustraire à l'obligation du logement suivant leurs facultés. — Art. 20.

47. — Après la distribution du logement, un officier de la troupe et l'un des membres du conseil municipal doivent rester à la mairie pour recevoir les réclamations des habitans et des militaires, et y faire droit s'il y a lieu. — Ces réclamations peuvent porter sur l'assiette ou la surcharge des logemens, ou sur l'abus dans la délivrance des billets. Le recours des habitans contre les décisions de l'administration municipale est adressé au sous-préfet, et en second degré au ministre de l'intérieur. — Lerat de Magnitot, p. 152.

48. — Les troupes sont responsables des dégâts et dommages par elles causées dans les logemens, et elles sont tenues de faire réparer à leurs frais ou de payer les dégradations faites aux logemens et aux fournitures. — Art. 22.

49. — L'habitant qui a à se plaindre de dommages ou de dégâts, réclame auprès du commandant ou du sous-intendant-militaire ou du maire avant le départ de la troupe, ou une heure après au plus tard, à peine de déchéance: un officier doit rester après le départ du régiment pour recevoir les plaintes et y faire droit. — Art. 23.

50. — Le maire donne au corps de troupes un certificat constatant qu'il n'y a pas eu de plaintes, ou qu'il y a été fait droit. — Art. 24.

51. — Les officiers qui se logent par force et sans billet de logement sont punis de prison, et de quinze jours d'arrêts s'ils changent de logement entre eux. Les soldats sont punis de quinze jours de prison s'ils changent de logement entre eux sans permission. — Ordonn. des places du 1er mars 1768, art. 16.

52. — Tout ce qui vient d'être dit n'est relatif qu'au cas où les logemens constituent une occupation *momentanée*. En cas de casernement *habituel*, les dépenses relatives au logement des troupes sont supportées par le gouvernement moyennant un prélèvement (à titre d'abonnement) perçu sur les habitans; ce qui forme l'objet de dispositions spéciales dont il a été traité, vo CASERNEMENT. — V. aussi COMMUNE, nos 1214 et suiv.

53. — L'invasion de 1815 et les mesures extraordinaires qui durent être prises alors pour le logement des troupes ennemies ont donné lieu à quelques décisions qu'il importe de signaler. — Ainsi il a été jugé: 1o que les conseillers municipaux qui, d'après l'ordre du maire, conduisent des troupes étrangères et les dirigent dans le choix d'une maison pour s'y établir, font en cela un acte administratif, et que l'autorité judiciaire est incompétente pour connaître de l'action en dommages-intérêts intentée contre eux par le propriétaire de la maison ainsi occupée militairement. — *Cons. d'Etat*, 19 mai 1815, Rieff.

54. — ... 2o Que c'est à l'autorité judiciaire et non point à l'autorité administrative qu'il appartient de statuer sur une réclamation ayant pour objet le prix du logement et d'aliments fournis par le concierge d'un hôtel aux troupes dites alliées, pour le compte du propriétaire et des locataires. — *Cons. d'Etat*, 22 oct. 1817, de Sabran c. Taverne. — V., en outre, BAIL, no 724 et suiv.

LOGEURS.

1. — Les logeurs ne se distinguent guère des aubergistes ou hôteliers qu'en ce qu'ils ont affaire à des personnes de condition moins aisée; mais ils sont sur la même ligne qu'eux, en ce qui concerne leur obligation envers le public et les devoirs de police: on doit donc se reporter aux détails donnés à cet égard vis HOTEL, HOTELIER.

2. — Ainsi que nous l'avons dit (*loc. cit.*, no 30 et suiv., no 101 et suiv.), on ne peut confondre avec les logeurs et considérer comme soumis aux mêmes obligations qu'eux, notamment en ce qui concerne l'application de l'art. 475, no 2 du C. pén., les propriétaires qui louent des chambres garnies, ou non garnies, dans les maisons qui leur appartiennent. Aux arrêts qui y sont indiqués, *junge*, en ce sens, *Cass.*, 1er août 1845 (t. 2 1845, p. 676), Rohard.

3. — Nous avons indiqué (*loc. cit.*, nos 90 et suiv.) les règles relatives à l'obligation pour les hôteliers et logeurs de représenter leurs registres. — Jugé, en outre, qu'on doit réputer obligatoire le règlement de police qui leur enjoint de représenter leurs registres, à la mairie, à des époques déterminées, et de les communiquer à demeure aux commissaires et agens de police qui se présenteraient dans leurs maisons. — La contravention à ce règlement ne peut être excusée sur le motif, que ces hôteliers ou logeurs n'étaient obligés de représenter leurs registres aux commissaires et agens de police, qu'à demeure et dans leurs auberges, et nullement de les porter aux époques fixées au bureau de la police, à la mairie. — Dans cette circonstance, le commissaire de police et ses agens doivent être considérés, comme agissant par délégation du maire et comme le remplaçant, en quelque sorte pour l'exécution du règlement. — *Cass.*, 14 oct. 1847 (t. 2 1847, p. 734), Gauthier. — Mais, V. le mot HOTELIER, no 95.

4. — Jugé que celui qui loge et nourrit, à prix d'argent, des individus est passible de l'amende déterminée par l'art. 171 de la loi du 28 avril 1816, lorsqu'il ne s'est pas pourvu d'une licence, conformément à la même loi, et n'a point fait la déclaration prescrite par l'art. 50 de cette même loi et par l'article unique de la loi du 23 avril 1836. La contravention existe, alors même qu'il est constant que le contrevenant n'exerce pas habituellement la profession de logeur et que, dans l'espèce, il ne fournissait ni pain, ni ordinaire, ni boisson. — *Cass.*, 21 déc. 1844 (t. 1er 1845, p. 565), Laville dit Lestrade. — V. au reste, à cet égard, les renvois indiqués; vis HOTEL, HOTELIER, no 45.

5. — Le règlement municipal, qui défend aux logeurs de recevoir des personnes non nanties de cartes de sûreté, est-il obligatoire? — V. HOTEL, HOTELIER, no 136.

6. — Les logeurs peuvent, comme les hôteliers, refuser de recevoir des personnes déguisées. — V. HOTEL, HOTELIER, no 140.

7. — Les loueurs en garni font partie de la 6e classe des patentables, et sont soumis, comme tels, à un droit fixe basé sur la population et à un droit proportionnel du 20e sur le loyer d'habitation et du 40e sur la partie occupée par le garni.

8. — Les logeurs ordinaires et les loueurs en garni qui ne louent qu'une chambre sont rangés: les premiers dans la 7e, et les derniers dans la 8e classe. — Même droit fixe que les précédens, sauf les différences de classe; droit proportionnel du 40e de la valeur locative de tous les locaux qu'ils occupent, mais seulement dans les communes de 20,000 âmes et au-dessus.

9. — Ne sont pas assujettis à la patente: les propriétaires ou locataires, louant accidentellement une partie de leur habitation personnelle. — L. 25 avr. 1845, art. 13, 4o, al. 4.

10. — Aux termes d'une circulaire ministérielle du 14 août 1844, fondée, à cet égard, sur les explications données à la chambre des députés par le rapporteur de la loi du 25 avril 1844, l'exemption accordée aux propriétaires ou locataires qui louent accidentellement une partie de leur habitation, n'est due qu'à ceux qui se restreignent dans leur habitation personnelle, pour en louer une partie pendant un temps de courte durée, soit pour le temps des eaux, soit pour le temps des foires, soit par suite d'autres circonstances. Ceux qui, dans les lieux où il existe des établissemens de bains ou d'eaux thermales, garnissent de meubles, pour les louer, soit des maisons entières, soit des appartemens, indépendamment de leur habitation personnelle; ceux qui, ailleurs, louent toute l'année, tantôt à une personne, tantôt à une autre, une partie de leur maison garnie; ceux qui, dans les villes de garnison, louent habituellement des chambres aux officiers, doivent être considérés comme loueurs en garni, et imposés comme tels.

11. — M. Lainé (*Manuel des patentés*, p. 110) pense qu'il ne faudrait pas faire de ce passage de la circulaire ministérielle, une application trop restreinte: « Une personne, dit-il, s'absente pour un long voyage, et loue pendant ce temps son appartement garni; lui ferez-vous payer une patente? Oui, dit le fisc, car il est dans la catégorie du loueur en garni, et il ne se trouve pas dans l'exception prévue. Ce n'est pas une partie de son habitation qu'il loue, c'est toute son habitation. Nous soutiendrons la négative, et nous dirons: La personne, dans le cas prévu, loue par circonstance, et elle n'exerce en cela, ni un commerce, ni une industrie, ni une profession; donc, elle n'est pas sujette à la patente; donc, elle n'a pas besoin d'invoquer l'exception. »

12. — Il en est de même, suivant le même auteur (*loc. cit.*), du propriétaire d'une maison de campagne qui, pour des raisons d'économie ou toute autre, juge à propos de la louer tout entière: il ne pourrait être soumis à la patente pour ce fait, bien qu'il ne se trouve pas dans le cas exceptionnel.—V. HOTEL, HOTELIER.— V. aussi BAIL.

LOIS.

Table alphabétique.

LOIS. — 1. — On a donné beaucoup de définitions de ce mot. *Lex*, dit Cicéron (*De legibus*), *ratio summa insita in naturâ.... lex, naturæ vis.*—Montesquieu a défini les lois, dans la signification la plus étendue, les *rapports nécessaires qui dérivent de la nature des choses.* Mais la plupart des philosophes et des jurisconsultes ont regardé cette définition comme une vaine généralité. — V. notamment, à cet égard, Toullier, t. 1er, n° 3. — V. aussi un art. de Laferrière, *Revue de législation*, par Wolowski, t. 9, p. 362.

2. — Considérées, abstraction faite du monde physique ou matériel, les lois ont été définies des règles de conduite établies par une autorité compétente, et auxquelles on est tenu d'obéir: ce qui embrasse les lois positives et les lois divines. — V. Proudhon, *Traité sur l'état des personnes*, édit. de 1842, t. 1er, p. 1er; Toullier, *ubi suprà*; Marcadé, *Élémens de Droit civil français*, t. 1er, p. 49 et 27.

3. — Dans l'usage ordinaire on donne au mot loi une signification moins large en l'appliquant seulement aux lois positives; c'est en ce sens que l'assemblée constituante définissait la loi, « l'expression de la volonté générale, » et mieux encore, l'art. 6 de la Constitution de l'an III, « la volonté générale exprimée par la majorité des citoyens ou de leurs représentants. » On pouvait donc alors dire des lois qu'elles étaient les préceptes juridiques prescrits par l'une des branches du pouvoir législatif, adoptés librement par la majorité de chacune des deux chambres, après discussion publique, et sanctionnés par le roi. — Zachariæ, *Cours de Droit civil français*, t. 1er, p. 5; Valette, *Obs. sur Proudhon, ubi suprà*, note a. — Depuis le 24 février 1848, date de la chute de la monarchie jusqu'au 4 mai de la même année, jour de l'ouverture de l'Assemblée nationale, les actes émanant du gouvernement provisoire ont eu force de lois. À partir du 4 mai, le pouvoir législatif s'est trouvé dévolu à l'Assemblée nationale; c'est ce que la Constitution du 4 nov. 1848 a, depuis, consacré définitivement par son article 20, ainsi conçu: « Le peuple français délègue le pouvoir législatif à une assemblée unique. »

4. — Dans une acception plus étendue, mais toujours au même point de vue, les lois sont toutes les règles obligatoires, émanées des autorités compétentes, d'après les constitutions en vigueur à l'époque où elles ont été posées. — Zachariæ, *loc. cit.* — C'est dans ce sens que Portalis (Discours préliminaire sur le projet de Code civil) s'exprimait ainsi: « Dans chaque cité la loi est une déclaration solennelle de la volonté du souverain sur un objet commun. »—V. aussi Locré, *Lég. civ.*, t. 1er, p. 266; Demolombe, *Comm. C. civ.*, t. 1er, n° 2.

5. — Les lois n'ont de privilège pour personne: devant leur puissance, tous les titres s'abaissent: « *Tous les Français sont égaux devant la loi.* »—Charte de 1830, art. 1er; Constitution de 1848, art. 10.

6. — Elles obligent à faire ce qu'elles *commandent*, ou à s'abstenir de ce qu'elles *défendent*; quant à ce qu'elles *permettent* seulement, il est clair qu'on peut se faire un droit de ne pas en user. Elles se divisent donc, sous le rapport du mode suivant lequel elles procèdent, en 1° *impératives* ou *préceptives*; 2° *prohibitives* ou *défensives*; 3° *facultatives* ou *permissives*.

7. — Quant au *but* qu'elles se proposent d'atteindre, on distingue les *lois civiles*, les *lois commerciales*, les *lois pénales* ou *criminelles*, les *lois forestières*, etc., etc., selon qu'elles ont trait aux matières civiles, par opposition aux matières criminelles ou administratives, ou qu'elles ont pour objet soit la répression des crimes, délits et contraventions, soit le règlement de la procédure criminelle, ou enfin qu'elles s'appliquent aux matières forestières, etc. — V. LOIS CRIMINELLES, FORÊTS, PEINES.

8. — Les lois *spéciales* sont celles qui régissent une matière particulière, et l'enlèvent, en quelque sorte, au droit commun, aux règles générales, pour la soumettre, en tout ou en partie, à des règles *spéciales*.

9. — Enfin la loi est *rétroactive* quand, rétro-agissant dans le passé, elle s'applique même à des faits consommés au moment de sa publication (V. *infrà* nᵒˢ 424 et suiv.); *interprétative* quand elle a pour objet de révéler, expliquer ou compléter le sens obscur ou incomplet d'une loi précédente. — V. *infrà* nᵒˢ 259 et suiv..

CHAPITRE Iᵉʳ. — *Formation de la loi.* — *Historique.*

10. — Dans les premiers temps de la monarchie française, les lois étaient délibérées au sein d'assemblées tenues dans le champ sous la présidence du roi. Ces assemblées furent d'abord appelées *assemblées du champ de mars*, parce qu'on les convoquait dans ce mois. Interrompues pendant quelque temps, elles furent rétablies sous Pépin-le-Bref; mais alors elles prirent le nom d'*assemblées du champ de mai*, par ce qu'elles étaient tenues dans le mois de mai. — V. CHAMP DE MARS-CHAMP DE MAI.

11. — C'est dans ces assemblées que furent rendues les ordonnances si célèbres de Charlemagne, connues sous le nom de *Capitulaires* (V. ce mot). Ce mode de faire les lois se perpétua jusque sous Charles-le-Chauve. Il est dit expressément dans un capitulaire de ce prince, de 864, qu'il faut, pour la formation d'une loi, le consentement de la nation et la sanction du roi : *Lex consensu populi fit ac constitutione regis.*

12. — Mais, avec la féodalité, la France se divisa en *pays de domaine du roi* ou *pays de l'obéissance-le-roi*, et en *pays de barons*, en *baronnies* ou *pays hors de l'obéissance-le-roi*. Dans les premiers, la seule volonté du roi faisait les lois. Ses ordonnances n'étaient au contraire obligatoires pour les seconds qu'autant que les seigneurs à qui ils appartenaient les avaient souscrites ou trouvaient à propos de les recevoir. — Montesquieu, *Esprit des lois*, liv. 28, ch. 279.

13. — Il était tenu cependant encore quelquefois, sous la présidence du roi, des assemblées générales ou *cours plénières*, où ses grands vassaux siégeaient avec lui; mais ces assemblées n'étaient plus, comme sous les deux premières races, représentatives de la nation, les grands vassaux n'y intervenaient que pour débattre leurs propres intérêts, et le congrès qu'ils formaient n'était dans la réalité qu'un *placité* ou *parlement féodal*. — Merlin, *Rép.*, vᵒ *Loi*, § 1ᵉʳ, nᵒ 3.

14. — Peu à peu la différence des domaines du roi d'avec ceux des seigneurs, par rapport à la législation, s'effaça, et l'on finit par tenir pour maxime que les ordonnances émanées du trône devaient faire loi dans toute l'étendue de la mo-

narchie. La formule de ces ordonnances était ainsi conçue : « *En vertu de la plénitude de notre puissance et autorité royale.* »

15. — Toutefois, le pouvoir législatif ne résida point uniquement dans la main du roi. Ainsi, d'abord, la nation elle-même, par l'intermédiaire des *états généraux*, participa à la législation, notamment en votant l'impôt. Mais les états généraux n'avaient point de terme périodique, ni de composition légale. Les parlemens, qui pouvaient, par leur refus de les enregistrer, s'opposer à l'exécution des ordonnances royales, eurent aussi une part dans l'exercice de la puissance législative; et souvent ils ont substitué à ces ordonnances des réglemens généraux pour l'étendue de leur ressort. Il en fut ainsi jusque dans le siècle dernier, où un décret de l'Assemblée nationale ou constituante vint réduire à une pure formalité le droit que s'étaient arrogé les parlemens d'enregistrer les lois. — V. ENREGISTREMENT DES LOIS.

16. — Cette Assemblée ressaisit même l'autorité qui était exercée autrefois par les assemblées des *champs de mars et de mai*. Elle déclara, en effet, le 26 août 1789, que la loi était l'expression de la volonté générale, que tous les citoyens avaient le droit de concourir personnellement, par leurs représentans, à sa formation; et, par un autre décret du 1ᵉʳ-5 oct. suivant, que tous les pouvoirs émanaient essentiellement de la nation (art. 1ᵉʳ), que le pouvoir législatif résidait dans l'Assemblée nationale (art. 8), qu'aucun acte du Corps législatif ne pourrait être considéré comme *loi*, s'il n'était fait par les représentans de la nation, librement et légalement élus, et s'il n'était sanctionné par le roi (art. 9). Enfin, après avoir, dans les art. 10 et suiv., reconnu au roi le droit de refuser son consentement aux actes du Corps législatif, et déterminé les effets de ce refus, le décret ajouta, dans l'art. 43, que le roi pouvait inviter l'Assemblée nationale à prendre un objet en considération; mais que la *proposition* de la législation appartiendrait exclusivement aux représentans de la nation.

17. — La constitution du 3 sept. 1791, en reproduisant les mêmes principes (chap. 3, sect. 1ʳᵉ, art. 1ᵉʳ), confia le pouvoir législatif à l'*Assemblée nationale-législative* (chap. 1ᵉʳ, sect. 5, art. 3), dont les décrets furent soumis à la sanction du roi jusqu'au 10 août 1792; mais, à cette époque, la suspension du roi ayant été prononcée, l'Assemblée nationale exerça seule le pouvoir législatif dans toute sa plénitude.

18. — La Convention nationale, qui, le 21 sept. suivant, remplaça l'Assemblée législative, non-seulement exerça le pouvoir législatif le plus absolu, mais encore porta l'abus jusqu'à le déléguer dans certaines circonstances à l'un de ses membres. — V. ASSEZ, nᵒ 40.

19. — Elle finit, cependant, par reconnaître les dangers et les inconvéniens d'un pareil état de choses, et elle chercha à y remédier dans la constitution du 5 fructidor an III. L'article 44 de cette constitution répartit d'abord la puissance législative entre un *Conseil des Anciens* et un *Conseil des Cinq-Cents*, et l'art. 45 ajoute qu'en aucun cas le Corps législatif ne peut déléguer aucune de ses fonctions à un ou plusieurs de ses membres, ni à quelque autre que ce soit. Aux termes de l'art. 76 de la même constitution, la proposition des lois appartient exclusivement au Conseil des Cinq-Cents. Au Conseil des Anciens est réservé le droit de sanctionner les *résolutions* du Conseil des Cinq-Cents (art. 86 et suiv.).

20. — Ces deux Conseils furent dissous avec le Directoire par la loi du 19 brum. an VIII; le même jour, avant de se séparer, ils nommèrent, en exécution de cette loi (art. 8 et suiv.), une *commission consulaire exécutive*, qu'ils investirent de la plénitude du pouvoir directorial, et *deux commissions législatives*, composées chacune de 25 membres, qu'ils autorisèrent à statuer sur tous les objets urgens de police, de législation et de finances. Celle de ces deux dernières commissions qui était nommée par le Conseil des Cinq-Cents, devait exercer l'*initiative*; et celle qui l'était par le Conseil des Anciens avait l'*approbation*.

21. — Cet état de choses subsista jusqu'au 4 niv. an VIII, où fut mise en activité la constitution du 22 frim. précédent. Sous cette constitution, la proposition des lois appartient au gouvernement, chargé aussi de faire les réglemens nécessaires pour assurer leur exécution (art. 43). Les projets de lois étaient rédigés par un Conseil d'État sous la direction des consuls (art. 52). Ils étaient discutés par le tribunal, qui n'avait l'adoption ou le rejet (art. 28). Portés ensuite au Corps législatif, ils étaient de nouveau débattus devant lui par les orateurs du tribunat et par ceux du gouvernement (choisis parmi les membres du Conseil d'État, art. 53); et le Corps législatif faisait la loi en votant par scrutin secret, et sans aucune discussion de la part de ses membres (art. 34). Les lois ne pouvaient être promulguées que lorsqu'elles avaient été ainsi proposées par le gouvernement, communiquées au tribunat et décrétées par le Corps législatif (art. 25). Tant que les projets de loi n'avaient point été votés par le Corps législatif, le gouvernement pouvait les retirer ou les reproduire modifiés (art. 26). Enfin, les décrets du Corps législatif et les actes du gouvernement pouvaient être déférés par le tribunat au sénat, pour cause d'inconstitutionnalité, dans les dix jours de leur émission; une fois promulgués, ils étaient à l'abri de tout recours au sénat (art. 28 et 37).

22. — Une loi du 17 niv. an VIII et un sénatus-consulte du 16 therm. an X, réglèrent l'exécution des dispositions qui précèdent.

23. — Cette loi et ce sénatus-consulte furent expliqués, relativement au sénat, par le sénatus-consulte du 28 flor. an XII, organique du gouvernement impérial, et modifiés, quant au tribunat et au Corps législatif.

24. — Enfin, le tribunat fut supprimé par le sénatus-consulte du 19 août 1807, dont l'art 1er porte que « à l'avenir, la discussion préalable des lois qui est faite par les sections du tribunat le sera par trois commissions du Corps législatif, sous le titre : la première, de *Commission de législation civile et criminelle;* la seconde, de *Commission d'administration intérieure;* la troisième, de *Commission des finances.* » Les art. 2 et suiv. déterminent la composition de chacune de ces commissions et la forme du scrutin. — V. CORPS LÉGISLATIF et TRIBUNAT.

25. — La charte de 1814 changea complétement le mode d'exercice du pouvoir législatif. Elle répartissait le pouvoir entre le roi, la chambre des pairs et la chambre des députés (art. 15). C'était le roi qui proposait la loi (art. 16), la sanctionnait et la promulguait (art. 22). Aux termes de l'art. 18, les chambres avaient la faculté de supplier le roi de proposer une loi sur quelque objet que ce fût, et d'indiquer ce qu'il leur paraissait convenable que la loi contînt. C'était là une initiative indirecte. Lorsque des projets de lois avaient été présentés aux chambres, celles-ci se partageaient en bureaux pour discuter ces projets (art. 45). Enfin, suivant l'art. 46, aucun amendement ne pouvait être fait à une loi, s'il n'avait été proposé ou consenti par le roi, et s'il n'avait été renvoyé et discuté dans les bureaux.

26. — La charte de 1830 maintint également la répartition de la puissance législative entre le roi, la chambre des pairs et la chambre des députés (art. 14). Mais l'initiative ne fut plus réservée exclusivement au roi; elle appartint aussi à l'une et à l'autre des deux chambres (art. 15). L'art. 16 ajoutait que toute loi devait être discutée et votée librement par la majorité de chacune d'elles. Comme sous la charte de 1814, les deux chambres se partageaient en bureaux pour discuter les projets qui leur étaient présentés (art. 39). Quant à la sanction et à la promulgation des lois, elles étaient demeurées l'attribut spécial de la royauté (art. 18).

27. — Une loi délibérée et promulguée dans les formes constitutionnelles prescrites par la charte faisait la règle des tribunaux, et ne pouvait être attaquée devant eux pour cause d'inconstitutionnalité. — *Cass.*, 11 mai 1833, Paulin. — De Grattier, *Comment. sur les lois de la presse*, t. 1er, p. 142, nº 4; Parant, *Lois de la presse*, p. 155, nº 1er.

27 *bis*. — Aujourd'hui, ainsi que nous l'avons dit (V. *suprà* nº 3), l'exercice du pouvoir législatif appartient exclusivement à l'Assemblée nationale. Chaque membre de cette Assemblée a le droit d'initiative parlementaire (Constitution de 1848, art. 39), droit qui appartient également au président de la République (art. 49). Le mode d'exercice de ce droit est actuellement régi par un règlement de l'Assemblée législative du 6 juill. 1849, ch. 7. — Quant au vote des lois, la présence de la moitié plus un des membres de l'Assemblée peut seule le rendre valide (Constit. de 1848, art. 40). Enfin, sauf le cas d'urgence, aucun projet de loi ne peut être définitivement voté qu'après trois délibérations, à des intervalles qui ne peuvent pas être moindres de cinq jours (art. 41).

CHAPITRE II. — *Actes divers, antérieurs ou postérieurs à 1789, qui sont encore obligatoires.*

28. — Les Romains devenus maîtres des Gaules, y introduisirent leur législation civile; et cette législation, survivant à leur domination, y resta en vigueur malgré l'invasion des peuples de la Germanie. Mais alors deux législations civiles bien distinctes se partageaient l'empire des Gaules : le droit romain et les lois nationales des différens peuples vainqueurs. L'une et l'autre se maintinrent dans ce pays, même quand il eut subi la domination des Francs. Ce fut à ce moment qu'on vit apparaître la division de la France en pays de droit écrit et en pays de coutumes. Le droit écrit (ou droit romain) prit principalement racine dans le midi, plus peuplé que le nord d'habitans d'origine romaine. Le midi ne fut pas cependant la patrie exclusive de ce droit; toutes les autres parties de la France se ressentirent de l'influence de ses principes. Cette influence se conserva officiellement jusqu'au moment où la loi du 30 vent. an XII (art. 7) vint en prononcer l'abolition. — V. DROIT ÉCRIT. V. aussi COUTUMES.

29. — Les parlemens, profitant de l'espèce d'abaissement dans lequel la féodalité avait plongé le pouvoir royal, s'étaient arrogé le droit, non-seulement de ne reconnaître force obligatoire, dans leur ressort, qu'aux coutumes, lois et ordonnances qui avaient été par eux enregistrées, mais encore de rendre sur toute matière des arrêts de règlement qui étaient lus et publiés comme des lois dans leur ressort. Ce droit fut supprimé à la révolution de 1789. — V. ARRÊTS DE RÈGLEMENT, ENREGISTREMENT DES LOIS.

30. — A côté des arrêts de règlement se placent les anciens arrêts du conseil. On appelait ainsi les arrêts rendus par le conseil du roi, sur des matières d'intérêt général ou sur des contestations privées, dont la connaissance était attribuée à ce conseil. Lorsqu'ils contenaient des concessions au profit de particuliers, ils n'étaient rendus qu'avec cette clause restrictive, toujours supposée lorsqu'elle n'était pas écrite : *sauf notre droit en autres choses, et l'autrui en tout.* — *Cass.*, 19 juill. 1827, de Forbin-Janson c. Dauiant.

31. — Les anciens arrêts du conseil étaient des actes de haute administration, émanés de l'autorité publique et souveraine, auxquels les principes de la chose jugée étaient inapplicables, et qui, par conséquent, pouvaient atteindre ceux mêmes qui n'y avaient point été parties. — *Cass.*, 29 juill. 1829, Bouclier c. duc d'Orléans.

32. — Toutefois, ils n'avaient aucune efficacité, s'ils n'étaient revêtus de lettres patentes enregistrées dans les cours souveraines. — Même arrêt. — V. aussi Merlin, *Rép.*, vº *Arrêts du conseil;* Isambert, *Encyclop. du dr.*, vº *Arrêt du conseil*, nº 2.

33. — Le 15 oct. 1789, l'Assemblée constituante interdit au conseil du roi les arrêts de propre mouvement, c'est-à-dire sur des matières d'intérêt général; et par la loi du 1er déc. 1790 elle transféra ses pouvoirs à la cour de cassation. La constitution du 22 frim an VIII (13 déc. 1799), en confiant au Conseil d'Etat le soin de rédiger les projets de lois et les règlemens d'administration nécessaires à l'exécution des lois, et de résoudre les difficultés en matière administrative, supprima le conseil du roi. On appelle aujourd'hui *arrêts du conseil* les décisions contentieuses que le Conseil d'Etat rend sur la demande des parties intéressées. La dénomination d'*avis du Conseil d'Etat* est réservée spécialement pour les interprétations que le Conseil d'Etat donne, en forme réglementaire, dans la ligne administrative, sur la demande du gouvernement et avec son approbation. — V. AVIS DU CONSEIL D'ÉTAT, CONSEIL D'ÉTAT, CONSEIL DU ROI.

34. — Mais les anciens arrêts du conseil qui n'ont point été formellement abrogés ont conservé force de loi, et peuvent, par exemple, servir de base à la perception d'un impôt. — *Cass.*, 17 nov. 1840 (t. 1er 1841, p. 20), Guillemette c. ville de Paris.

35. — Quant aux avis du Conseil d'Etat, ils ne peuvent avoir force obligatoire devant les tribunaux, qu'autant qu'ils ont été publiés et insérés au *Bulletin des lois.* — *Cass.*, 12 déc. 1838 (t. 2 1838, p. 658), Commune de Lorrey c. le Domaine.

36. — L'usage, lorsqu'il réunit certains caractères, peut être assimilé à une loi. Le législateur a lui-même reconnu maintes fois force de loi à des usages locaux. Dans ces cas, la violation des usages pourrait donner ouverture à cassation.

37. — Sous l'empire de l'ancienne législation, dans le cas où les lois générales ou locales ne renfermaient pas de dispositions précises, les cours et tribunaux avaient le pouvoir de fixer, par une série de décisions semblables, une jurisprudence qui ajoutait aux coutumes écrites, et qui doit encore aujourd'hui être respectée, lorsqu'il y a lieu à son application. — Ainsi, est à l'abri de la cassation le jugement qui, après avoir constaté qu'un contrat de mariage contient une stipulation de société d'acquêts telle qu'elles avaient lieu à l'époque où ce contrat a été passé sous l'empire de la jurisprudence du parlement de Bordeaux, a déclaré que, d'après cette jurisprudence, cette stipulation ne conférait au survivant des époux, en cas d'enfans nés du mariage, que l'usufruit de la moitié des acquêts. — *Cass.*, 11 avril 1831, Enregistrement c. Broca-Perras. — Instr. de la Régie, 1831, § 6. — Rigaud et Championnière, *Tr. des dr. d'enregistr.*, t. 4, nº 2960.

38. — Les chartes du Hainaut étaient une loi générale de ce pays, régissant les fiefs, les alleux, l'état des personnes, les contrats, les actions personnelles, même dans les parties soumises à des coutumes particulières, par exemple à celle du Vermandois, laquelle n'était admise que pour une certaine espèce de biens (les mainfermes). — *Douai*, 5 déc. 1845 (t. 1er 1846, p. 453), Dussart c. Chinon.

39. — L'édit de 1749 relatif aux acquisitions de mainmorte n'avait pas force de loi en Lorraine. — *Cass.*, 15 vent. an X, Chaumont c. le préfet des Vosges.

40. — L'arrêté du gouvernement, du 18 fruct. an VIII, n'a pas eu pour effet de remettre l'ord. de 1667 en vigueur dans les parties du territoire français, où précédemment elle n'avait pas force de loi. — *Cass.*, 26 therm. an XII, Dunand c. Michenon.

41. — ... *Spécialement*, cet arrêté n'a pas suspendu en Lorraine l'exécution de l'ordonnance du duc de Lorraine de 1707, qui réglait la procédure. — Même arrêt.

42. — Les arrêts du conseil des finances et du commerce du duc de Lorraine, contenant des règlemens d'eau, rendus dans un intérêt public, sont obligatoires, comme émanés d'un pouvoir investi de la plénitude des droits de la souveraineté. — *Cass.*, 26 janv. 1842 (t. 1er 1844, p. 262), Debonnaire c. Tourcher et Payssé.

43. — Sur l'autorité et la force obligatoire des décrets et des arrêtés de nos diverses assemblées nationales qui se sont succédé depuis 1789, et notamment des décrets impériaux, V. DÉCRET.

44. — Sous le sénatus-consulte organique du 28 floréal an XII, les tribunaux étaient obligés de se conformer aux décisions de l'empereur, qui, dans des cas extraordinaires, autorisaient les saisies, en deçà de la ligne des douanes. — *Cass.*, 28 oct. 1808, Douanes c. Deynoodt. — Cet arrêt n'a plus qu'un intérêt historique; Merlin (*Rép.*, vº *Douanes*, § 18) dit en le rapportant : « Il n'est pas besoin d'avertir que cet arrêt, rendu à une époque où les décrets du chef de l'Etat avaient force de loi, par cela seul que le sénat ne les avait pas déclarés inconstitutionnels dans les dix jours de leur publication, ne serait plus aujourd'hui applicable à une ordonnance du roi qui ne serait pas rendue en vertu d'une loi antérieure. » Il ne serait pas davantage applicable aux actes du pouvoir exécutif actuel pris en dehors d'une loi préexistante.

45. — Un ordre du jour de la chambre des députés n'a pu être considéré ni comme loi, ni comme préjugé. — *Montpellier*, 3 janv. 1815, Roch c. Viala.

46. — Au contraire, toutes les dispositions de la Constitution (spécialement, de la constitution de l'an VIII) sont sacramentelles et observatoires, à peine de nullité, comme résultats de la volonté générale. — *Cass.*, 16 vend. an VIII, Ministère public c. N...

47. — Sur l'autorité et la force obligatoire des ordonnances royales, V. ORDONNANCES DU ROI; et sur celles des actes du pouvoir exécutif actuel, V. POUVOIR EXÉCUTIF.

48. — ... Sur celles des traités, V. TRAITÉS DIPLOMATIQUES.

49. — Les circulaires, instructions et décisions ministérielles ne sont pas, par elles-mêmes, empreintes de l'autorité qui caractérise la loi; elles ne sont pas obligatoires pour les tribunaux. — *Cass.*, 11 janv. 1816, procureur du roi de Corté c. Vincensini; *Amiens*, 31 déc. 1824, avoués de Beauvais. — Zachariæ, *Cours de Droit civil français*, t. 1er, p. 7.

50. — ... Elles ne peuvent abroger une disposition législative. — *Nîmes*, 24 mars 1830, Sequelin c. Martin.

51. — ... Ni suspendre l'effet des lois, surtout des lois pénales. Ce droit n'appartient qu'au pouvoir législatif et au chef du pouvoir exécutif, lorsqu'il veut user du droit de faire grâce. — V., en ce sens (sous la monarchie), *Cass.*, 28 juill. 1814, Claude Gérard.

52. — En conséquence, un tribunal excède ses pouvoirs, quand il se dispense de prononcer des peines contre un individu convaincu d'avoir acheté les armes d'un militaire, au mépris de la prohibition de la loi, sous le prétexte de l'existence d'une circulaire insérée au *Moniteur*, par laquelle le ministre de la guerre aurait affranchi des poursuites les détenteurs d'effets militaires qui en feraient la déclaration dans les délais qui y sont prescrits. — V., outre l'arrêt précité de *Cass.*, du 28 juill. 1814, un autre arrêt de la même cour, du 14 avr. 1815, aff. Tournier; V. aussi Toullier, t. 1er, nº 56; Mangin, *De l'action publique*, t. 2, nº 447. — V. au surplus CIRCULAIRES MINISTÉRIELLES, DÉCISIONS MINISTÉRIELLES, INSTRUCTIONS MINISTÉRIELLES.

53. — A l'égard des décisions administratives, il a été jugé que, lorsqu'une administration avait prononcé sur l'objet d'une contestation, l'autorité judiciaire ne pouvait statuer contrairement à ce que cette administration avait décidé. — *Cass.*, 13 mars 1810, Marty c. Riolz.

54. — S'il s'élève des doutes, soit sur la régularité, soit sur la substance d'un acte administratif, le tribunal doit renvoyer les parties devant l'autorité de laquelle ces actes sont émanés, pour les faire expliquer, interpréter, modifier ou réformer, s'il y a lieu. — *Cass.*, 9 juill. 1806, Bobé c. Bigot. — V. ACTE ADMINISTRATIF.

55. — A l'égard des arrêtés pris ou des règlemens faits par les préfets ou les maires, V. PRÉFETS, MAIRES, POUVOIR MUNICIPAL.

56. — Les statuts d'une société anonyme n'acquièrent pas force de loi par l'approbation du roi (aujourd'hui, par l'approbation du président de la République), par leur insertion au Bulletin des lois et leur publication; dès lors on ne peut attaquer, par la voie de la cassation, les arrêts et les jugemens en dernier ressort, auxquels il est reproché de les avoir violés. — *Cass.*, 15 fév. 1826, Compagnie d'assurance du Phénix c. Wolff et Schmitt.

57. — Les règlemens faits par la société des marchands de bois, intéressés au flottage de l'Yonne, relatifs à la rétribution due pour le flottage, sont obligatoires pour tous ceux qui font flotter leurs bois sur cette rivière, quand même ils seraient étrangers à ces règlemens. — *Bourges*, 5 juill. 1822, Feuillet c. marchands de bois. — V., dans le même sens, ord. 12 mai 1819, aff. Bardet.

CHAPITRE III. — *Sanction, promulgation et publication des lois.*

58. — Nous avons expliqué nos 10 et suiv. comment la loi se formait sous la monarchie, et comment elle se forme depuis la révolution de 1848. Sous la monarchie, la loi, une fois adoptée par les deux chambres, devait encore être soumise à la sanction du roi. Cette sanction ne suffisait pas, toutefois, pour la rendre exécutoire et pour lui donner la force obligatoire. Aujourd'hui, quoique la formalité de la sanction par le chef du pouvoir exécutif n'existe plus, une loi ne devient pas, néanmoins, exécutoire et obligatoire par cela seul qu'elle a été définitivement votée par l'Assemblée nationale.

59. — Les lois ne sont en effet exécutoires que là où elles ont été promulguées (*Cass.*, 14 germ. an VII, Olivier), et ne deviennent obligatoires qu'après leur publication. — *Cass.*, 14 messidor an VII, Niesse c. Herrier. — Ces décisions sont encore parfaitement applicables sous le gouvernement actuel.

Sect. 1re. — *Sanction des lois.*

60. — Sous la monarchie, le droit de sanctionner les lois était la portion du pouvoir souverain dévolue au roi qui coopérait réellement à la confection des lois par son acceptation ou par son refus.

61. — La sanction était le dernier acte nécessaire à la formation de la loi et à sa perfection. C'était elle qui en était le complément et qui lui donnait l'existence : c'était, par conséquent, le jour de la sanction qui fixait la date de la loi. — Ord. 27 nov. 1816. — Toullier, t. 1er, nº 52; Duvergier, *Collect. des lois*, 2e édit., t. 12, p. 70, note 1re; les annotateurs de Zachariæ, t. 1er, p. 47, note 9; Marcadé, *Elémens de dr. civ.*, sur l'art. 1er, Cod. civ., nº 1er; Ducaurroy, Bonnier et Roustain, *Comment. du Cod. civ.*, t. 1er, nº 4.

62. — La sanction existait déjà du temps des Romains; elle se trouvait placée dans les mains du prince. Au nombre des formalités exigées pour la confection des lois, la loi 8, *C. de legibus*, prescrivait qu'après que le projet de loi aurait réuni tous les suffrages, il fût lu dans le consistoire de l'empereur, pour que l'approbation unanime qui lui avait été donnée reçût sa confirmation de son autorité suprême.

63. — Sous l'ancienne monarchie française, la sanction et la promulgation étaient confondues dans un seul et même acte, tellement qu'on ne pouvait les séparer l'un de l'autre, comme on peut le voir par la promulgation de nos anciennes ordonnances. — Toullier, t. 1er, nº 61. — Les ordonnances, bien que préparées et discutées dans les conseils du roi, étaient même censées l'œuvre propre du roi, ce qui excluait, comme on le voit, toute idée de sanction. — Mailher de Chassat, *Comment. approfondi du C. civ.*, art. 1er, ch. 1er, sect. 1re, nº 7, p. 6. — C'était alors du jour de cette promulgation que la loi prenait date; le mois seul, et non le jour du mois, était ordinairement indiqué. — Toullier, *ubi suprà*.

64. — Le mot *sanction* fut régulièrement introduit pour la première fois dans notre législation par le décret de l'Assemblée constituante du 9 nov. 1789. Ce décret appela *sanction* le consentement du roi aux décrets du Corps législatif. Ce consentement devait être exprimé sur chaque décret par cette formule signée du roi : *Le roi consent et fera exécuter*. Le refus du roi, qui, du reste, n'était jamais que suspensif, s'exprimait en disant : *Le roi examinera*. Le décret du 13 juin 1791, relatif à l'organisation du pouvoir législatif (art. 76 et suiv.), et la constitution du 3 sept. de la même année (ch. 3, sect. 3, art. 1er et suiv.), ont reproduit les mêmes dispositions. Mais cette sanction se réduisait encore à une vaine formalité, à une pure illusion. Ainsi, nous pensons avec M. Mailher de Chassat (*loc. cit.*, nº 8 et note 1re) que c'est inexactement que M. Toullier (nº 64) a dit qu'elle donnait à la loi *comme aujourd'hui l'existence*. Car dans le cas où le roi refusait son consentement, ce refus devait cesser, aux termes des décrets et constitution qui précèdent, à la seconde des législatures qui suivaient celle qui avait proposé la loi, si, dans ces deux législatures, ce décret avait été successivement représenté dans les mêmes termes, et alors *le roi était censé avoir donné la sanction*. Ce sont les termes de l'article 2 (chap. 3, sect. 3), de la constitution de 1791; d'où il suit que, dans ce cas, l'Assemblée sanctionnait elle-même son propre ouvrage, et que le roi se trouvait en dehors du pouvoir législatif.

65. — Sous le Directoire, la constitution de l'an III (art. 86) accorda au Conseil des Anciens le droit d'approuver ou de rejeter les résolutions du Conseil des Cinq-Cents. Mais il était impossible de reconnaître là les véritables caractères de la sanction. Le gouvernement désigné sous le nom de Directoire ne participait nullement à la confection de la loi. Il est vrai de dire que le Conseil des Anciens, comme l'Assemblée constituante, sanctionnait ses propres résolutions. — Mailher de Chassat, nº 10.

66. — Sous le consulat et l'empire, la constitution de l'an VIII n'accordant qu'au chef du gouvernement l'initiative des lois (art. 26), et refusant au Corps législatif le droit d'amendement (art. 34), la sanction était inutile. La loi devenait parfaite en vertu de son adoption au Corps législatif, et prenait date du jour où elle avait été décrétée (Avis du Cons. d'Etat du 5 pluv. an VIII). Seulement, elle était attaquable au sénat dans les dix jours de son émission, pour cause d'inconstitutionnalité. — Même const. de l'an VIII, art. 37. — V. encore, sur ce point, Mailher de Chassat, nº 11, et les annotateurs de Zachariæ, p. 47, note 9. — V. aussi DÉCRET.

67. — La sanction ne devint réelle entre les mains du roi qu'en 1814. Ce fut la charte qui lui donna ce caractère. « *Le roi seul sanctionne* et promulgue les lois, » portait l'art. 22. Cette disposition fut textuellement reproduite dans la charte de 1830 (art. 18).

68. — Le règlement du 13 août 1814 donna les formules de la sanction et du refus de sanction. Le roi refusait notamment sa sanction par cette formule : « *Le roi avisera.* » Cette déclaration des volontés du roi était notifiée à la chambre des pairs par le chancelier, et à celle des députés par une lettre des ministres adressée au président. Le roi *sanctionnait* la loi qu'il avait proposée, en faisant inscrire sur la minute que ladite loi, *discutée, délibérée* et *adoptée* par les deux chambres, serait publiée et enregistrée, pour être exécutée comme loi de l'Etat.

68 *bis*. — Comme nous l'avons déjà fait remarquer (V. *suprà* nº 58), la Constitution de 1848 a supprimé la formalité de la sanction. Maintenant le pouvoir exécutif est tout à fait et réellement en dehors du pouvoir législatif. Une loi est parfaite dès qu'elle a été définitivement votée par l'Assemblée législative. C'est le vote seul de cette Assemblée qui constitue son existence. Le président de la République n'intervient que pour faire exécuter la loi.

Sect. 2e. — *Promulgation et publication des lois.*

69. — Les Romains attachaient au mot *promulgation* l'idée de *publication de la loi avec pouvoir d'obliger*. C'est ce qui résulte des dispositions de la loi 65, C., *De decurion. et filiis eorum*. Les commentateurs ont également entendu ce mot en ce sens. — V. notamment Voët, *Comment. ad Pand.*, liv. 1er, tit. 3, nº 10; Van-Espen, *De promulg. leg. eccles.*, 1re part., chap. 1er, § 2.

70. — Sous notre ancienne monarchie, la *promulgation* était distincte de la *publication*. Les diverses formules employées par les rois pour rendre obligatoires leurs ordonnances, édits, déclarations, etc., attestent, en effet, que la loi sortait de leurs mains complète et exécutoire, et que tous leurs soins ne consistaient plus qu'à employer, qu'à prescrire des formes suffisantes de publication. Ces formules étaient en général ainsi conçues : « *Si donnons en mandement à nos amés et féaux les gens tenant nos cours de parlement, que nos présentes ils gardent, observent, fassent garder et observer, et afin qu'elles soient* notoires à tous nos subjets, *les fassent* lire, publier et enregistrer, » etc. Quelquefois, la loi portait expressément qu'elle serait observée à *compter du jour de la publication qui en serait faite*, etc. Cette publication consistait uniquement dans la lecture de la loi à l'audience. L'ordonnance civile du mois d'avril 1667 ne fut même déclarée obligatoire *qu'à commencer du lendemain de Saint-Martin*, 12 *nov. de la même année*, et l'ordonnance criminelle du mois d'août 1670, *qu'à commencer du premier jour de janv.* 1671. Le législateur présumait qu'après ces délais les citoyens auraient connu ou pu connaître l'existence et la promulgation de ces lois.

71. — Lorsque les parlemens se furent arrogé le droit d'enregistrement des lois, la promulgation n'en resta pas moins encore tout à fait différente de la publication. Cette formalité n'avait pas et n'a jamais eu pour objet de rendre les lois exécutoires, mais seulement obligatoires. La publication, au lieu de résulter d'une simple lecture à l'audience, ne devint alors complète que par la transcription des lois sur les registres des parlemens. Mais cette transcription demeurant secrète, il ne résulta point de là un moyen plus facile pour les citoyens d'acquérir la connaissance réelle des lois. C'était donc encore un mode de publication incomplet, insuffisant.

72. — Cette formalité de l'enregistrement des lois par les parlemens avait donné lieu à la question de savoir si l'enregistrement et la publication de la loi dans une cour souveraine suffisaient pour la rendre obligatoire dans tout le ressort de cette cour : question que nous avons indiquée déjà au mot ENREGISTREMENT DES LOIS (nos 6 et suiv.), et sur laquelle nous ne reviendrons point.

73. — C'est donc à tort que Merlin (*loc. cit.*, § 4, nº 1er) a soutenu qu'avant la révolution de 1789, les mots *promulgation* et *publication* étaient synonymes. Le Dictionnaire de l'Académie française, sur l'autorité duquel il s'est fondé, a commis une erreur, comme le fait remarquer avec raison Toullier (t. 1er, nº 63), lorsqu'il a défini la promulgation « *publication d'une loi faite avec les formalités requises.* »

74. — L'Assemblée constituante, dans un décret du 9 nov. 1789, a assigné formellement à ces deux mots des significations différentes. Elle a appelé *promulgation* l'acte par lequel le chef de l'Etat attestait au corps social l'existence de l'acte législatif qui constituait la loi, en même temps qu'il commandait de l'exécuter, de la faire exécuter et de la publier; et *publication*, le mode qui devait être employé pour faire parvenir la loi à la connaissance de tous les citoyens. Ce décret est ainsi conçu : « La promulgation des lois sera ainsi conçue : Louis, par la grâce de Dieu, etc.; l'Assemblée nationale a décrété, et nous voulons et ordonnons ce qui suit : Mandons et ordonnons à tous les tribunaux, corps administratifs et municipalités, que les présentes ils fassent transcrire sur leurs registres, lire, publier et afficher dans leurs ressorts et départemens respectifs, » etc. Le décret ajoute : « La transcription sur les registres, lecture, publications et affiches seront faites *sans délai*, aussitôt que les lois seront parvenues aux tribunaux, corps administratifs et municipalités; et elles seront mises à exécution dans le ressort de chaque tribunal, à compter du jour où les formalités y auront été remplies. »

75. — Merlin (*Rép.*, vº *Loi*, § 5, nº 3) remarque, à l'occasion de ce décret, que les transcriptions, publications et affiches, qui devaient être faites par les corps administratifs et les municipalités, n'étaient que de pure solennité; et que les lois ne devenaient obligatoires pour les citoyens que par la transcription, la publication et l'affiche faites au tribunal de leur ressort.

76. — Des difficultés s'étant élevées à ce sujet sous l'empire même du décret du 9 nov. 1789, elles ont donné lieu à la loi du 2-5 nov. 1790. Cette loi se compose de deux parties très-distinctes: l'une est rédigée en forme de *déclaration*, parce qu'elle ne se rapporte qu'aux décrets rendus et sanctionnés jusqu'alors; l'autre est en forme de décret, parce qu'elle statue pour l'avenir. Dans la première partie de cette loi, l'Assemblée nationale a déclaré, entre autres dispositions, que les lois faites et publiées précédemment étaient obligatoires au moment où la publication en avait été faite, soit par le corps administratif, soit par le tribunal de l'arrondissement, sans qu'il fût nécessaire qu'elle eût été faite par tous les deux. Dans la seconde partie, l'Assemblée a introduit, pour l'avenir, un nouveau système de publication, d'après lequel le soin de publier les lois a été confié à une foule de fonctionnaires disséminés sur les divers points du territoire. Les formes principales de la publication sont, comme sous le décret précédent, la transcription sur les registres et l'affiche des placards imprimés. Elles devaient être accomplies, tant par les administrations de département ou de district et les corps administratifs de chaque municipalité, que par les tribunaux judiciaires dans chaque municipalité de campagne; la loi devait être en outre lue publiquement à l'issue de la messe paroissiale.

77. — Il s'est présenté de nouveau, depuis cette loi du 2-5 nov. 1790, la question de savoir si, entre les transcriptions et publications faites par les autorités judiciaires et administratives, celles qui étaient émanées des tribunaux suffisaient pour rendre la loi généralement obligatoire, ou si celles des corps administratifs n'étaient pas également nécessaires. La cour de cassation s'est prononcée contre cette dernière hypothèse, par arrêt du 5 juin 1811, Piossasco c. Gozzani.

78. — Il a même été jugé que, d'après les lois qui précèdent, une loi (spécialement la loi du 17 niv. an II) n'était devenue obligatoire pour les tribunaux qu'à compter du jour de sa publication dans leurs ressorts respectifs. — *Cass.*, 14 mess. an VII, Niesse c. Hessier; 2 vent. an IX, Freville c. Fossard; 14 frim. an X, Saint-Sauveur c. Maubec; 28 flor. an X, Cormier c. Gillardeau. — Mailher de Chassat, *loc. cit.*, art. 1er, ch. 1er, sect. 2, no 14. — V. cependant *Cass.*, 3 mess. an X, Perpigna c. Merignac, et Merlin, *Rép.*, vo *Loi*, § 5, no 3.

79. — Quant à la preuve de l'affiche, condition de publication exigée, comme nous l'avons vu, par la loi du 2-5 nov. 1790, il a été jugé qu'il suffisait de produire l'acte d'enregistrement et l'ordre d'afficher, cet acte et cet ordre faisant présumer, jusqu'à preuve contraire, l'accomplissement de la formalité. — *Cass.*, 1er flor. an X, Favre c. Leduchat.

80. — Mais il faut rapporter la preuve légale de la publication; le jugement qui déclarerait une loi obligatoire sans cette preuve, devrait être cassé. — *Cass.*, 28 flor. an X, Cormier c. Gillardeau.

81. — Cependant, lorsque les registres destinés à la transcription et à la publication des lois ont été perdus, le fait et l'époque de la publication peuvent être établis, soit par titres, soit par témoins, soit même par des présomptions. — *Cass.*, 18 therm. an XII, Gaudin c. Colinet; *Nîmes*, 12 mai 1819, Ausset c. Calvet; *Toulouse*, 2 juin 1826, Cassé c. Nourrit.

82. — Un autre décret du 17 juin 1791, particulièrement destiné à régler les rapports du corps législatif avec le roi, fut conçu dans le même esprit que les décrets de 1789 et 1790 quant à la promulgation; c'était toujours au nom du roi qu'elle devait se faire : la loi envoyée à tous les corps administratifs, tribunaux et municipalités, devait être transcrite sur leurs registres, et mise à exécution dans chaque district, à compter du jour où ces formalités avaient été accomplies (art. 86 et 87).

83. — Le mode légal de promulgation des actes législatifs consistant, aux termes du décret qui précède et de la loi du 2-5 nov. 1790, dans la lecture publique, la transcription sur les registres des tribunaux et corps administratifs, et dans l'affiche par placards imprimés, a été suffisamment rempli, lorsqu'il résulte des registres du greffe que, sur la réquisition du ministère public, le tribunal a ordonné la lecture, la publication et l'enregistrement de la loi dont on conteste la force obligatoire. — *Cass.*, 3 mai 1841 (t. 1er 1841, p. 668), Delaunay c. Pommerel.

84. — Des difficultés s'étant élevées sur l'application de la loi du 2-5 nov. 1790, et quelques tribunaux ayant pensé que les formalités de publication, tracées par cette loi, s'appliquaient même aux lois publiées antérieurement suivant les formes alors usitées, la question fut soumise au Corps législatif, qui, par une loi du 11 mess. an IV (29 juin 1796), se fondant sur ce que la loi du 2-5 nov. 1790 n'avait pu avoir d'effet rétroactif, déclara valables les publications des lois faites antérieurement à la publication de cette loi, par simple transcription sur les registres des corps administratifs ou des tribunaux, suivant les formes usitées avant ladite loi.

85. — La distinction entre la *promulgation* et la *publication* ne survécut pas à la royauté; la loi du 14 frim. an II (4 déc. 1793) supprima d'abord les deux modes de publicité connus : l'enregistrement et l'affiche. Mais elle fonda le *Bulletin des lois*, dans lequel devaient être imprimées les lois concernant l'*intérêt public* ou d'une *exécution générale*, et qui devait servir désormais à leur notification aux autorités constituées. La promulgation, jusque-là distincte de la publication, fut désormais confondue avec elle. L'art 9 de cette loi est en effet ainsi conçu : « Dans chaque lieu, la *promulgation* de la loi sera faite, dans les vingt-quatre heures de la réception, par une *publication* à son de trompe ou de tambour; et la loi deviendra *obligatoire* à compter du jour de la *promulgation* ». Outre cette proclamation dans chaque commune, les lois devaient être lues aux citoyens dans un lieu public, chaque décadi, soit par le maire, soit par un officier municipal, soit par les présidens de section (art. 10). Enfin, il est à remarquer que, sous l'empire de cette loi du 14 frim. an II, ce n'était pas l'envoi du Bulletin dans lequel était insérée la loi qui la rendait obligatoire, mais bien sa publication à son de trompe ou de tambour.

86. — Pour distinguer les lois d'intérêt public ou d'exécution générale, qui seules devaient être insérées au *Bulletin*, un décret du 30 therm. an II ordonna (art. 2) qu'elles porteraient cette disposition : « Le présent décret sera imprimé dans le *Bulletin des lois* ». Les décrets qui n'auraient pour objet qu'un intérêt local ou individuel, devaient porter cette autre disposition : « Le présent décret sera inséré au *Bulletin de correspondance* ». Au surplus, il ne faut pas oublier que l'insertion dans le *Bulletin de correspondance* n'emportait force obligatoire qu'autant que les actes publiés par cette voie étaient accompagnés de la clause expresse : « Que leur insertion dans ce Bulletin tenait lieu de publication. — Merlin, *Quest. de dr.*, vo *Droits successifs*, § 1er; Mailher de Chassat, *ubi suprà*, no 16.

87. — Ces nouveaux modes de publication n'ayant été mis en activité que le 23 prair. an II, c'est-à-dire deux mois après la loi qui les avait fondés, la loi du 2-5 nov. 1790 a continué jusque-là à servir de règle en matière de publication des lois. — *Cass.*, 2 vent. an IX, Fréville c. Fossard (dans ses motifs). — Mailher de Chassat, *loc. cit.*

88. — La constitution du 5 fruct. an III fit disparaître la confusion que la loi du 14 frim. an II avait faite entre la promulgation et la publication. Suivant l'art. 128 de cette constitution, le Directoire exécutif était chargé de sceller, de promulguer et de *publier* la loi. La promulgation était conçue en ces termes (art. 130) : « Le Directoire ordonne que la loi ou l'acte du Corps législatif ci-dessus sera *publié*, exécuté, » etc. Il est évident que la *promulgation*, ou l'ordre de publier la loi, n'est pas la *publication*. — Merlin, *Rép.*, vo *Loi*, § 4, no 1er; Toullier, t. 1er, no 67.

89. — La loi du 14 frim. an II fut abrogée complétement par celle du 12 vendém. an IV, qui, comme la constitution du 5 fruct. an III, distingua la promulgation d'avec la publication. Mais elle supprima la publication des lois par lecture publique, réimpression, affiche, son de trompe ou de tambour, à moins que ces formalités ne fussent formellement prescrites par un article de la loi, ou que soit le gouvernement, soit les diverses administrations ne jugeassent convenable, dans les cas prévus, d'employer surabondamment ces moyens de publication (art. 11). Elle maintint l'établissement du *Bulletin des lois*, et ordonna qu'il contiendrait, outre les lois et actes du Corps législatif, les proclamations et arrêtés du pouvoir exécutif pour assurer l'exécution des lois (art. 1er). Elle remplaça le *Bulletin de correspondance* par un *feuilleton*, lequel n'était aussi qu'un moyen accessoire de publication des lois. Mais le *Bulletin des lois*, simple moyen de publication jusque-là, fut considéré comme établissant désormais la notoriété de droit de l'existence de la loi; en conséquence, la loi du 12 vend. an IV voulut que les lois obligeassent, *dans l'étendue* de chaque département, du jour auquel le *Bulletin officiel*, où elles seraient contenues, serait distribué au chef-lieu du département, et ce jour devait être constaté sur un registre, où les administrateurs de chaque département certifieraient l'arrivée de chaque numéro (art. 12).

90. — Ainsi, sous l'empire de cette loi du 12 vendém. an IV, les lois devenaient obligatoires dans chaque département, par le fait seul de leur arrivée officielle et de leur enregistrement au chef-lieu du département, et non pas seulement du *jour de leur distribution* à toutes les autorités du département. — *Cass.*, 28 vent. an VII, Dumoulin; 18 prair. an VII, Muguet-Villequier; 1er flor., an VII, Enregistrement c. Duvivier; 11 prair. an VII, intérêt de la loi; 27 mess. an VII, Putreys; 3 niv. an VIII, Beysselame c. Lambert; 15 pluv. an IX, Enregistrement c. Dumoulin; 2 th. an IX, Deladeuze c. Beeckmann; 13 brum. an X, Pêne c. Touya.

91. — Les lois qui ont proclamé l'abolition des substitutions ayant été publiées et enregistrées en l'an II, par les tribunaux, soit civils, soit criminels, dans le département des Alpes-Maritimes, y sont obligatoires depuis la publication de la loi du 12 vendém. an IV. — *Cass.*, 5 juin 1811, Piassesco c. Gozzani.

92. — Toullier (t. 1er, no 68) a considéré, avec raison, ce mode de *publication* comme le pire moyen qu'on eût encore imaginé pour faire connaître la loi aux citoyens. Les citoyens de Saint-Malo, de Redon, et ceux des campagnes, surtout, ignorent, dit cet auteur, et sont même dans l'impossibilité de connaître le jour où le *Bulletin officiel* est distribué à Rennes. C'était pourtant de ce jour, ajoute Toullier, qu'ils étaient obligés de se conformer aux lois qui s'y trouvaient contenues. S'ils y désobéissaient sans le savoir, ils pouvaient être punis pour n'avoir pas observé des préceptes qu'ils ne connaissaient ni ne pouvaient connaître. C'était donc une injustice évidente.

93. — Cependant la disposition précitée de l'art. 12 de la loi du 12 vendém. an IV était tellement absolue dans son principe, qu'il a été jugé par la cour de cassation qu'une loi, quoique transcrite sur les registres des tribunaux où elle était d'abord parvenue, n'était néanmoins obligatoire qu'à partir de son arrivée officielle et de son enregistrement au chef-lieu du département. — *Cass.*, 7 août 1807, Pène c. Touya.

94. — Décidé aussi que, sous l'empire de la loi du 12 vendém. an IV, un jugement avait pu déclarer, sans contrevenir à aucune loi, que l'arrivée officielle d'une loi dans un département avait eu lieu à telle époque: c'est là une question de fait qui ne peut donner ouverture à cassation. — *Cass.*, 4 flor. an XII, Deladeuze c. Beeckmann.

95. — Jugé, du reste, que le président d'un tribunal criminel qui refusait, de sa seule autorité, d'ordonner l'enregistrement et la transcription d'une loi, encourait la forfaiture. — *Cass.*, 2 frim. an VIII, Barnabé.

96. — Un arrêté du Directoire du 12 prair. an IV (31 mai 1796) détermina le mode à suivre pour faire connaître aux autorités constituées de chaque département l'époque à compter de laquelle les lois et actes du gouvernement devenaient obligatoires, conformément à la loi du 12 vend. an IV. Le commissaire du pouvoir exécutif près l'administration centrale de chaque département devait, aux termes de cet arrêté, faire parvenir le premier jour de chaque décade, à toutes les autorités constituées établies dans ce département, un tableau signé de lui, des numéros du *Bulletin des lois* reçus dans la décade précédente, avec la désignation précise du jour de l'arrivée de chacun. — Depuis le 16 prair. an VIII (5 juin 1800), les tableaux des Bulletins ont dû être envoyés par les préfets aux sous-préfets des autres arrondissemens, et par ceux-ci aux maires de l'arrondissement dans lequel ils résidaient.

97. — Relativement à la promulgation, à la publication, et à l'exécution des lois dans les pays réunis à la France (la Belgique et le pays de Liége), un arrêté du Comité de salut public du 20 frim. an III, d'abord, avait défendu aux autorités constituées dans ces pays d'y publier d'autres lois de la République française que celles qui leur seraient envoyées par les représentans du peuple en mission. Depuis la réunion officielle de la Belgique et du pays de Liége à la France par la loi du 9 vendém. an IV, un décret du 3 brum. suivant, rendu spécialement pour ces pays, ordonna que les arrêtés du Comité de salut public et ceux des représentans du peuple en mission, auxquels il n'avait pas été dérogé par le Comité de salut public, continueraient d'y être exécutés, jusqu'à l'établissement qui s'y ferait successivement des lois françaises. Ainsi, d'après les deux dispositions qui précèdent, étaient *obligatoires* dans ces pays, les lois seules dont la publication et l'exécution y *avaient été ordonnées*. L'arrêté du

Directoire exécutif du 18 pluv. an IV, tout en conservant ce principe, c'est-à-dire la nécessité d'un ordre spécial d'envoi et de publication pour rendre la loi obligatoire, ajouta que cet ordre pourrait émaner aussi du Directoire exécutif, des commissaires généraux du gouvernement revêtus de ses pouvoirs, ou même résulter d'une disposition spéciale de la loi. Mais il voulut, de plus, que le jour de l'envoi de cet ordre ou de cet arrêté spécial fût constaté, conformément à l'art. 12 de la loi du 12 vendém. an IV, sur un registre où les administrateurs de chaque département *certifieraient l'arrivée de la loi et de l'arrêté*. Néanmoins, l'arrêté du 8 pluv. an IV ajouta (art. 4) que le ministre de la justice continuerait de faire dans les neuf départemens réunis l'envoi officiel du *Bulletin des lois*, conformément à la loi du 12 vend., afin d'en faciliter l'étude et la connaissance, et de préparer les fonctionnaires publics et les citoyens à leur exécution, au moment où il en serait fait envoi par un ordre spécial, conformément aux articles ci-dessus.

98. — Cet état de choses continua jusqu'au 15 frim. an V, jour où le Directoire exécutif prit un arrêté ainsi conçu : « Les lois et les arrêtés du Directoire exécutif insérés dans les cahiers du *Bulletin des lois*, qui, *à compter de ce jour*, parviendront aux départemens réunis, seront obligatoires pour ces départemens, comme pour les autres départemens de la République, à dater de la distribution de chaque cahier au chef-lieu de département, s'il n'y a pas exception prononcée par des arrêtés spéciaux à l'égard des lois ou des arrêtés formellement désignés..» Dès lors, les départemens réunis se trouvèrent placés sur la même ligne que les anciens départemens français, quant à la promulgation des lois et l'époque à laquelle elles devenaient obligatoires.

99. — Enfin parut la loi du 24 brum. an VII, dont l'art. 2 porte que « les lois envoyées dans les anciens départemens, et celles dont la publication avait été ordonnée dans les départemens réunis par la loi du 9 vendém. an IV, et qui n'avaient pas été publiées suivant les formes anciennes, lors de l'arrivée officielle de la loi du 12 vendém. de la même année au chef-lieu de chaque département, sont devenus obligatoires du jour de ladite arrivée. »

100. — Cette dernière loi a donné lieu à diverses questions. On s'est demandé d'abord ce que l'on devait entendre par *lois envoyées dans les anciens départemens*. Suffisait-il d'un envoi quelconque, pourvu qu'il y eût eu publication dans le département, encore bien que des irrégularités ou des omissions eussent été commises dans les formes prescrites par les lois précédentes pour les publications? C'est pour l'affirmative que la cour de cassation paraît s'être prononcée par arrêt du 5 juin 1811 (dans ses motifs), Piassesco c. Gaëtan-Gozzani.

101. — En second lieu, que signifient dans l'article précité les expressions : « et celles dont la publication avait été ordonnée dans les départemens réunis par la loi du 9 vend. an IV ? » Selon Merlin (*Quest. de droit*, v° *Pays réunis*, § 1er, 4e édit., t. 6, p. 208), ces expressions se réfèrent, et à l'arrêté du Comité de salut public du 20 frim. an III, et à la loi du 3 brum. an IV, et à l'arrêté du Directoire du 19 pluv. de la même année, suivant lesquels le simple envoi, l'envoi matériel d'un décret, d'une loi, aux administrations des départemens réunis, ne suffisait pas pour les y rendre obligatoires, si, à cet envoi, n'était joint un ordre spécial d'y publier ce décret, cette loi. Elles ont donc été insérées, selon cet auteur, dans la loi du 24 brum. an VII, pour dire, non que les lois dont la publication avait été ordonnée, et qui n'avaient pas été envoyées avant l'arrivée de celle du 12 vendém. an IV, ont été obligatoires du jour de cette arrivée; mais que parmi les lois envoyées aux départemens réunis, avant la réception de celle du 12 vendém., il n'y a eu d'obligatoires que celles dont l'envoi avait été accompagné d'un ordre spécial de publication. Elles supposent donc que, dans les départemens réunis comme dans les anciens départemens, les lois ont été *adressées* aux administrations départementales avant l'arrivée de la loi du 12 vendém. an IV. C'est cette interprétation que la cour de cassation paraît aussi avoir adoptée dans l'arrêt du 2 therm. an IX, Deladeuze c. Beeckmann. — V., cependant, *Cass.*, 1er floréal an VII, Duvivier. — Mailher de Chassat, *loc. cit.*, nos 21 *in fine* et 22.

102. — Jugé que les lois françaises prohibitives ou pénales ne peuvent pas être appliquées dans un pays nouvellement réuni à la France, si elles n'y ont été ni promulguées, ni rendues exécutoires. — *Cass.*, 24 juill. 1812, Maris.

103. — Jugé en Belgique, depuis sa séparation de la France, que la loi des 28 sept.-6 oct. 1791 sur la police rurale y ayant été légalement promulguée y était exécutoire. — C. sup. *Bruxelles*, 7 juill. 1829, D.

104. — Quant aux lois politiques ou constitutionnelles, sont-elles obligatoires dans les pays réunis du jour même de leur réunion et indépendamment de toute publication spéciale? Quelques auteurs regardent l'affirmative comme constante. — V., notamment, Merlin, *Quest. de droit*, v° *Féodalité*, § 5; Dalloz, *Jurispr. génér. du roy.*, v° *Lois*, p. 829. — V. aussi, en ce sens, *Turin*, 24 messid. an XIII. Grisella c. Defranchi. — Mais M. Mailher de Chassat (*loc. cit.*) pense qu'il y aurait de l'inexactitude et de graves inconvéniens à admettre cette opinion d'une manière trop absolue. Ainsi, il ne reconnaît, comme obligeant les pays réunis, dès l'instant de l'acte de réunion que les dispositions générales relatives à la capacité politique des individus, à la manière dont ils doivent concourir à la formation, à l'exercice des pouvoirs publics, aux charges publiques, etc... Hors de là, les principes généraux doivent reprendre leur empire, et les lois politiques, comme les lois civiles, doivent être précédées de la publication.

105. — Le mode de promulgation et de publication, introduit par la loi du 12 vendém. an IV, continua d'être en usage jusqu'à la promulgation du Code civil, décrété sous l'empire de la constitution du 22 frim. an VIII. Sous cette constitution, la loi prenait date du jour où elle avait été décrétée par le Corps législatif. Quant à la promulgation, elle appartenait au pouvoir exécutif; c'était de lui que devait émaner l'ordre d'exécuter la loi ou de la faire exécuter. Mais, aux termes de l'art. 37 de la constitution de l'an VIII, cet ordre ne pouvait être donné que le dixième jour après l'émission du décret du Corps législatif, un délai de dix jours étant laissé à l'effet d'attaquer la loi pour cause d'inconstitutionnalité, s'il y avait lieu (chaque titre du Code civil, comme on peut le voir par la date qui se trouve en tête, n'a été promulgué que dix jours après qu'il avait été décrété). Il était donc facile à tous les citoyens de connaître et l'existence de la loi avant sa promulgation, et le jour précis où elle serait promulguée.

106. — Entre les divers modes de publication qui précèdent et qui tous entraînaient plus ou moins d'inconvéniens, les rédacteurs du Code civil se sont attachés à une fiction d'après laquelle « la loi est réputée connue, lorsque la présomption qu'elle a pu l'être est acquise par la notification générale qui en est faite » (Grenier, *Procès-verb. des confér.*, t. 1er, p. 30). En effet, l'art. 1er du Code civil, partant du principe incontestable que les lois sont exécutoires en vertu de la promulgation, et qu'elles doivent être exécutées du moment où la promulgation a pu en être connue, déclare que « la promulgation faite par le roi sera réputée connue, dans le département de la résidence royale, un jour après la promulgation, c'est-à-dire 24 heures après l'écoulement du jour auquel le chef de l'Etat a signé la promulgation (Merlin, *Répert.*, v° *Loi*, § 5, n° 6, et les annotateurs de Zachariæ, t. 1er, p. 45, note 5); et dans chacun des autres départemens, après l'expiration du même délai augmenté d'autant de jours qu'il y aura de fois dix myriamètres entre la ville où la promulgation aura été faite et le chef-lieu de chaque département. »

107. — Pour prévenir toute incertitude sur la distance de Paris au chef-lieu de chaque département, le gouvernement en a fait dresser et imprimer le tableau, qu'il a approuvé par un arrêté du 25 therm. an XI, et auquel quelques modifications ont été apportées par ordonn. des 7 juill. 1824, 1er nov. 1826 et 12 juin 1834. Quand la distance de Paris au chef-lieu d'un département est d'une ou plusieurs fois 10 myriamètres, plus quelques myriamètres, on ne doit point avoir égard à une fraction de myriamètre. Ainsi, le délai pour 34 ou 39 myriamètres est le même que pour 30. C'est ce qui a été implicitement décidé par un sénatus-consulte du 15 brum. an XIII. — V. aussi, en ce sens, Delvincourt, t. 1er, 2e partie, p. 15, note 4; Toullier, t. 1er, n° 73; les annotateurs de Zachariæ, t. 1er, p. 46, note 6; Marcadé, Comment. sur l'art. 1er, liv. 6, n° 3; Valette, *Observat. sur Proudhon*, *Traité sur l'état des personnes*, édit. de 1842, t. 1er, p. 18 *in fine;* Ducaurroy, Bonnier et Roustain, t. 1er, n° 16; Demolombe, t. 1er, n° 27.

108. — Cependant l'ordonn. du 7 juillet 1824 semble au contraire décider, par la combinaison de ses deux articles, qu'un jour doit être ajouté pour chaque fraction au-dessous de dix myriamètres, et c'est en ce sens aussi que s'est prononcée la cour de cassation par arrêt du 16 avril 1831, Retelle. — Duvergier sur Toullier, t. 1er, n° 73, note 6.

109. — Ainsi, sous l'empire du Code civil, la loi étant *réputée connue* après l'expiration des délais ci-dessus déterminés, il en résultait qu'elle devenait *obligatoire* par l'expiration seule de ces délais, sans qu'aucun acte de publication vînt révéler l'existence de l'ordre qu'avait rendu le chef du gouvernement en apposant sa signature à la promulgation. Quoique la loi revêtue de la promulgation dût être insérée au *Bulletin des lois* et envoyée aux départemens, l'omission de ces moyens de publication était sans influence sur sa force obligatoire. Il n'était pas nécessaire, en effet, pour l'exécution de cette loi, de justifier d'aucun fait de publication. — Zachariæ, t. 1er, p. 46.

110. — La présomption légale, qui résulte de l'expiration des délais précités, qu'on a connu la loi, était une présomption *juris et de jure*, contre laquelle la preuve contraire n'était pas admissible. On n'aurait donc pas pu se soustraire à l'autorité et à l'exécution de la loi, en établissant qu'elle n'avait point été publiée dans tel ou tel département. — Merlin, *loc. cit.*, § 8 *bis;* Zachariæ, *ubi suprà;* Mailher de Chassat, t. 1er, p. 67.

111. — Cependant la fixation des distances de Paris au chef-lieu de chaque département, par l'arrêté du 25 therm. an XI, ne devait pas être regardée comme invariable. Ainsi que l'observait le premier consul, à la séance au Conseil d'Etat, du 14 therm. an IX, « le gouvernement avait la faculté de la modifier toutes les fois que des obstacles naturels, comme un débordement de rivière, la chute d'un pont, ou d'autres causes semblables, intercepteraient les communications ordinaires et forceraient de prendre une route plus longue. » On avait été admis alors à faire la preuve de ces faits. — V. les annotateurs de Zachariæ, p. 46, note 7; Mailher de Chassat, *loc. cit.* et à la note 1re.

112. — Mais, en abrogeant la constitution du 12 vendém. an IV, le Code civil ne s'est point expliqué sur ce qui constitue la promulgation. Il s'est borné dans l'art. 1er à déclarer les lois exécutoires en vertu de la promulgation qui en est faite, et à ériger en règle générale la maxime: *Leges est idem scire, aut debuisse aut potuisse.* La charte de 1814, en plaçant la promulgation dans les mains du roi (« Le roi seul sanctionne et *promulgue* les lois, » porte l'art. 22; disposition qui a été reproduite textuellement par la charte de 1830, art. 18), ne dit pas non plus en quoi consistait la promulgation. Des doutes se sont donc élevés, à cet égard, et ils ont été diversement résolus. Le roi signant ordinairement la promulgation le même jour que la sanction, d'après cette formule : « *La présente loi* discutée, délibérée *et* adoptée *par les chambres* et sanctionnée par nous ce jourd'hui, » etc., on a le plus souvent regardé la *promulgation* comme résultant de la *sanction*. — Quelquefois on ne déduisait la promulgation (et c'est l'interprétation la plus récente) que de l'insertion des lois au *Bulletin*, et de son arrivée au chef-lieu du département. Ces doutes subsistèrent jusqu'au 27 nov. 1816, où une ordonnance vint déterminer *définitivement* une nouvelle forme de promulgation et de publication, ordonnance qui est encore aujourd'hui en vigueur. L'art. 56 de la Constitution de 1848, en confiant au président de la République le soin de promulguer les lois, n'a en effet rien changé à cette ordonnance.

113. — L'art. 1er de ladite ordonnance est ainsi conçu : « A l'avenir la promulgation des lois et de nos ordonnances résultera de leur insertion au *Bulletin officiel.* » L'art. 2 ajoute que cette insertion ou promulgation sera *censée connue*, conformément à l'art. 1er du Code civil, un jour après que le *Bulletin des lois* aura été reçu de l'imprimerie nationale par le ministre de la justice, *lequel constatera sur un registre l'époque de la réception.* — Aux termes de l'art. 3, les lois et ordonnances ne seront exécutoires dans chacun des autres départemens du royaume qu'après l'expiration du même délai, augmenté d'autant de jours qu'il y aura de fois dix myriamètres entre la ville où la promulgation en aura été faite et le chef-lieu de chaque département, suivant le tableau annexé à l'arrêté du 25 therm. an XI (13 juill. 1803). — Enfin, l'art. 4 portait que, dans les cas et les lieux où il serait jugé convenable de hâter l'exécution, les lois et ordonnances seraient *censées publiées* et *seraient exécutoires* du jour qu'elles seraient parvenues au préfet, qui en constaterait la réception sur un registre.

114. — La date de la réception de la loi au ministère de la justice est toujours indiquée à la fin de chaque Bulletin, immédiatement au-dessus de la signature du garde des sceaux : ce qui empêche que le point de départ des délais mentionnés dans l'art. 1er du Code civil demeure tout à fait occulte. — V. les annotateurs de Zachariæ, t 1er, p. 48, note 14; Valette, *Observat. sur Proudhon*, *Tr. sur l'état des personnes*, édit. de 1842, t. 1er, p. 18.

115. — Depuis l'ordonnance du 27 nov. 1816, les lois et ordonnances sont exécutoires dans chaque département, non à partir du jour de la distribution du Bulletin au chef-lieu, mais après l'expiration d'un délai qui court du jour où le Bulletin a été reçu de l'imprimerie nationale par le ministre de la justice, et dont la durée est déterminée selon la distance de chaque chef-lieu de département au lieu où le ministère de la justice est établi. — *Cass.*, 2 juill. 1818, Buisson c. Olivier.

116. — De ce que l'art. 1er de l'ordonnance du 27 nov. 1816 porte que « à l'avenir la promulgation des lois résultera de leur insertion au *Bulletin officiel*, » Toullier (t. 1er, no 76) a conclu que cette insertion des lois au *Bulletin officiel* tient lieu de la promulgation dont parle le Code. Telle est aussi l'opinion de M. Mailher de Chassat (*ubi suprà*), qui, toutefois, fait remarquer que cette disposition de l'ordonnance de 1816 implique évidemment contradiction avec la définition même du mot *promulgation* (*promulgare, id est, pro vulgare, ob vulgum ponere*). Mais, selon Merlin (*Rép.*, vo *Loi*, § 5, no 6 *bis*) et les annotateurs de Zachariæ (t. 1er, p. 48, note 12), la rédaction de l'art. 1er de l'ordonnance précitée est incorrecte. Cet article ne veut dire autre chose, si ce n'est que la promulgation, à quelque époque qu'elle ait lieu en réalité, ne sera cependant censée prendre date que du jour où la loi aura été rendue publique par son insertion au *Bulletin officiel*. Cette insertion ne constitue donc pas la promulgation elle-même; elle n'a jamais été considérée et ne peut encore aujourd'hui être envisagée que comme un moyen de publication, elle est la preuve de la promulgation. — V. aussi Ducaurroy, Bonnier et Roustain, t. 1er, no 15.

117. — Du reste, le mode de promulgation et de publication introduit par l'ordonnance de 1816, n'atteint pas le but qu'elle s'était proposé, d'*établir davantage la publicité des lois*. Ainsi, d'abord, d'après cette ordonnance, le peuple est dans l'ignorance la plus complète de l'époque où la loi sera promulguée, la promulgation ne résultant que de l'insertion au *Bulletin des lois*. La publication résulte également d'un fait tout aussi inconnu, la réception par le ministre de la justice, du *Bulletin des lois* de l'imprimerie nationale, et la mention sur un registre de cette réception. En effet, dit Merlin (*Rép.*, vo *Loi*, § 5, no 6 *bis*), qui est-ce qui connaît le jour où le ministre de la justice reçoit de l'imprimerie nationale le *Bulletin officiel*? Nul autre peut-être que le commis qui tient le registre où ce jour est annoté. Au moins, sous l'empire du Code civil, la promulgation était publique; chacun connaissait la loi rendue; chacun savait d'avance qu'elle serait promulguée dix jours après son émission; le point de départ était connu, la publication s'en déduisait facilement. — V. également, sur ce point, Toullier, nos 77 et suiv.; Mailher de Chassat, *loc. cit.*, no 7 (t. 1er, p. 65 *in fine*). — M. Marcadé (sur l'art. 1er du C. civ., no 2) fait en outre remarquer que cette ordonnance de 1816 a l'inconvénient de laisser au pouvoir exécutif la faculté de promulguer une loi dès le lendemain de sa confection, ou de ne le faire qu'après deux mois, trois mois ou plus, et à un moment où personne n'y pensera plus; et même de soumettre la puissance législative à la puissance exécutive, en ce sens qu'elle permet à celle-ci de ne promulguer jamais la loi qu'il lui plairait de laisser dormir dans les cartons.

117 *bis*. — L'inconvénient signalé par M. Marcadé ne peut plus aujourd'hui se présenter. La Constitution de 1848 fixe en effet le délai dans lequel les lois devront être promulguées. « Les lois d'urgence, porte l'art. 57 de cette Constitution, sont promulguées dans le délai de trois jours, et les autres lois dans le délai d'un mois, à partir du jour où elles auront été adoptées par l'Assemblée nationale. » L'art. 59 prévoit le cas où le président de la République, chargé de la promulgation des lois, négligerait d'observer l'art. 57 précité; il est ainsi conçu : « A défaut de promulgation par le président de la République dans les délais déterminés..., il y serait pourvu par le président de l'Assemblée nationale. » Le président de la République ne peut donc refuser la promulgation d'une loi. L'art. 58 de la Constitution lui accorde cependant le droit, avant de faire procéder à la promulgation d'une loi définitivement votée, de provoquer une nouvelle délibération de l'Assemblée nationale.

118. — L'art. 4 de l'ordonnance de 1816 en disposant, pour les cas qu'il prévoit (V. *suprà*, no 113 *in fine*), que « les lois seraient censées publiées et seraient exécutoires » du jour où le préfet les aurait reçues et transcrites, avait enlevé par là toute chance possible aux citoyens de jamais connaître d'avance le jour auquel la loi était obligatoire pour eux. Mais le gouvernement, sur les représentations qu'on lui en fit, reconnut lui-même l'injustice de cette disposition; et elle fut réformée par l'ordonnance du 18 janv. 1817, qui n'a point cessé de subsister. L'art. 1er de cette ordonnance prescrit que, dans les cas où le roi jugera convenable de hâter l'exécution des lois et ordonnances, en les faisant parvenir sur les lieux extraordinairement, les préfets prendront incontinent un arrêté, par lequel ils ordonneront que lesdites lois et ordonnances seront imprimées et *affichées* partout où besoin sera. L'art. 2 ajoute que ces lois et ordonnances seront exécutées à compter du jour de la *publication* faite dans la forme prescrite par l'art. 1er, c'est-à-dire du jour de l'*affiche*.

119. — Jugé que l'ordonnance qui établit un droit de péage dans une localité, pour subvenir aux frais de construction et d'entretien des travaux utiles à la navigation, n'est pas régulièrement promulguée, et dès lors ne saurait être considérée comme légalement obligatoire contre les contribuables, lorsque, au lieu de l'insérer au *Bulletin des lois*, ou de la publier dans la forme exceptionnelle prévue par l'ordonnance royale du 18 janv. 1817, c'est-à-dire par voie d'impression et d'affiche, dans les localités intéressées, on s'est borné à l'envoyer officiellement au préfet, qui, de son côté, s'est contenté d'en faire la notification officielle au sous-préfet et au maire, suivant le mode primitivement indiqué par l'ordonnance royale du 27 nov. 1816. — *Cass.*, 21 juin 1843 (t. 2 1843, p. 154), Labastie c. Lavielle.

120. — Au surplus, si, avant la Constitution de 1848, le pouvoir exécutif pouvait non-seulement hâter, mais même retarder la promulgation, et, par conséquent, l'exécution d'une loi, il n'appartenait jamais aux tribunaux de hâter ou de retarder cette exécution. — *Cass.*, 15 avr. 1831, Perruque; 16 avr. 1831, Enault.

121. — Ainsi, la loi du 4 mars 1831, sur la composition des cours d'assises, promulguée à Paris, le 7 avr., n'est devenue exécutoire que le 13 du même mois, à Bordeaux, où elle n'avait pas été promulguée extraordinairement, dans les formes prescrites par l'ord. du 18 janv. 1817. — *Cass.*, 23 avr. 1831, Prévost.

122. — Jugé également, que la même loi ayant été reçue à la chancellerie le 5 mars était exécutoire à Paris, le 7, et à Beauvais, le 8 du même mois. — *Cass.*, 31 mars 1831, Boutellier.

123. — En conséquence, et le principe étant d'ordre public, il y a lieu d'annuler l'arrêt d'une cour d'assises, qui, sous le prétexte d'un prétendu avantage des accusés, s'est composée et a procédé, conformément à une loi nouvelle, qui n'était pas encore légalement exécutoire dans le lieu où siégeait ladite cour d'assises. — Même arrêt. — V. aussi, dans le même sens, l'arrêt précité de *Cass.*, du 15 avr. 1831, Perruque.

124. — Les tribunaux n'ont pu non plus, lorsque le roi avait déterminé, par une ordonnance spéciale, l'époque de la promulgation d'une loi, et, par suite, celle à laquelle elle était devenue obligatoire, assigner à cette promulgation une autre époque que celle qui avait été ainsi fixée. — *Cass.*, 9 juin 1818, Russel c. Douanes.

125. — Il est à remarquer maintenant que le mot *exécutoire*, employé dans l'art. 1er, C. civ., § 1er, n'est pas pris dans le même sens que dans l'art. 3 de l'ord. de 1816. Dans le système de l'art. 1er du Code civil, la loi, revêtue de la promulgation, *peut être exécutée*, mais elle n'est pas encore *obligatoire*, il faut attendre qu'elle ait été publiée. Dans l'art. 3 de l'ordonnance de 1816, au contraire, le mot *exécutoire* équivaut, d'après le sens obligé de la disposition, à celui-ci : *devra être exécutée*. C'est ce que M. Mailher de Chassat enseigne dans son *Commentaire approfondi du Code civil, ubi suprà*, no 9, p. 67.

126. — Une loi, selon qu'elle dispose, sous des rapports purement personnels ou sous des rapports réels, devient exécutoire, à partir du jour de sa publication au lieu du domicile des intéressés, ou au lieu de la situation des biens qu'elle a en vue. Ainsi, spécialement, la loi du 12 mars 1820, qui a déclaré prescriptible, par le délai de trente ans écoulés sans poursuites, à partir de la publication de la loi du 14 vent. an VII, l'action du domaine contre les détenteurs de biens engagés, étant conçue sous des rapports personnels et dans le but unique de fixer le point de

LOIS, ch. 3, sect. 2e.

départ de la prescription trentenaire, mais non sous des rapports réels, il en résulte que c'est à partir de la publication faite à Paris, siége de l'administration des domaines, que le délai a dû courir, et il suffit que trente années se soient écoulées sans poursuites depuis cette publication, pour que la prescription ait été acquise au profit du détenteur. — *Cass.*, 25 fév. 1845 (t. 1er 1845, p. 523), le Domaine c. Coatpont.

127. — On s'est demandé, si, indépendamment de la disposition de l'art. 2 de l'ordonn. du 27 nov. 1816, et de celle de l'art. 1er du Code civil, desquelles il résulte que la loi est réputée connue un jour après la promulgation, c'est-à-dire un jour après que le Bulletin des lois aura été reçu de l'imprimerie nationale, par le ministre de la justice, le gouvernement ne pouvait pas déterminer arbitrairement qu'elle sera réputée connue, et devra être exécutée, même avant la révolution d'un jour franc, à partir de la promulgation. Pour la solution négative, on dit que l'ord. du 27 nov. 1816, coordonnée avec l'art. 1er du Code civil, trace des règles générales dont le gouvernement lui-même ne peut plus s'écarter, que dans le cas exceptionnel prévu par l'art. 4 de la même ordonnance, et par l'art. 1er de l'ord. du 18 janv. 1817, et on invoque, à l'appui, un avis du Conseil d'Etat, du 24 fév. 1817. Mais M. Mailher de Chassat (*ubi suprà*, no 11) examinant cette question sous l'empire de la charte de 1814, a pensé que cette charte avait consacré l'opinion contraire. De ce qu'elle portait que *le roi seul promulguait les lois*, cet auteur en a tiré la conséquence qu'elle avait dérogé formellement à l'art. 1er du Code civil, en ce qui concernait les délais de la promulgation; que, dès lors, le roi était juge de l'opportunité, comme de la forme de la promulgation des lois; qu'en second lieu, on ne devait pas considérer les ordonnances des 27 nov. 1816 et 18 janv. 1817, comme le développement ou l'exécution d'un principe immuable, posé par le Code civil, et que, d'ailleurs, ces ordonnances, pour avoir tracé quelques règles sur la promulgation des lois, n'en n'avaient pas moins conservé leur caractère d'ordonnances, ce qui les soumettait à la maxime : *Posteriora prioribus derogant*; et, enfin, qu'il ne fallait considérer les dispositions de l'art. 4 de l'ord. du 27 nov. 1816, et celles de l'art. 1er de l'ord. du 18 janv. 1817, que comme des règles générales auxquelles on devait recourir dans les cas ordinaires, et seulement dans le silence de toute disposition spéciale.

128. — Une loi ne devient *obligatoire* que par la publication qui en est faite, c'est-à-dire par l'expiration des délais déterminés pour la présomption légale de publicité : mais, avant l'expiration de ces délais, des particuliers peuvent être instruits, par une simple notoriété de fait, de la promulgation de la loi. Dans ce cas, ces particuliers ne peuvent-ils pas, en tenant pour accompli le fait de la publication de la loi, lui donner, en ce qui les concerne, un effet qu'elle n'a pas encore par elle-même, s'y soumettre d'avance, la rendre d'avance obligatoire à leur égard? Voici ce qui a été dit, sur ce point, au Conseil d'Etat, lors de la discussion de l'art. 1er du Code civil : « La promulgation rendant la loi authentique, lui donnant toute sa vertu, et lui imprimant tous ses caractères, avant et indépendamment de sa publication (M. Portalis, *séance* du 4 therm. an IX), il serait injuste de priver de la faculté d'en faire usage, ceux qui la connaissent, quoique seulement par la publicité de fait (M. Cambacérès, *ibid.*). Aussi les tribunaux admettent-ils les actes dans lesquels les parties déclarent qu'elles stipulent d'après une loi promulguée et non encore publiée (le ministre de la justice, *ibid.*). — Mais l'exécution de la loi n'est encore que facultative par la notoriété de fait; il n'y a que la publicité de droit qui, en établissant la présomption que la loi est connue, oblige de l'exécuter, et qui donne aux fonctionnaires publics le droit, et leur impose le devoir d'en exiger l'exécution (Portalis, *Exposé des motifs*, séance du 5 vent. an XI). »

129. — Les principes émis et consacrés par le Conseil d'Etat ont donné lieu, dans l'application, à de sérieuses difficultés. Pour simplifier autant que possible la question, nous l'examinerons successivement par rapport aux lois impératives ou préceptives, aux lois prohibitives, et aux lois permissives ou facultatives.

130. — En ce qui concerne les *lois impératives* ou *préceptives*, il faut distinguer si elles ont pour objet directement ou indirectement l'ordre public, ou même l'intérêt des tiers. M. Mailher de Chassat (*Comment. approf. du C. civil*, t. 1er, p. 76, no 4) enseigne qu'elles ne sont pas susceptibles d'une exécution volontaire des particuliers, avant l'expiration des délais déterminés pour leur publicité légale; parce qu'une pareille exécution anticipée emporte nécessairement en soi dérogation à la loi précédente, et qu'il n'est permis à personne de déroger aux lois qui intéressent l'ordre public, ou même les tiers (V. *infrà* nos 330 et suiv.). Ainsi, un individu mineur, de vingt-quatre ans, à l'époque où la loi du 20 sept. 1792 fit descendre l'âge de la majorité de vingt-cinq ans à vingt-un ans, n'avait pas pu, quelque connaissance qu'il eût de la publicité de fait de cette loi, agir et contracter comme s'il eût été majeur, même avec des particuliers, connaissant également de fait l'existence de cette loi. Ainsi encore, lorsque la loi du 28 août 1792 a déclaré émancipés de plein droit les enfants de vingt-un ans qui ne l'étaient pas précédemment, le seul consentement du père et du fils instruits simultanément de l'existence de cette loi n'aurait pas suffi, avant sa publicité légale, pour faire cesser les incapacités qui résultaient de la puissance paternelle.—*Cass.*, 7 mars 1816, Rambot c. Mayer. — Au nombre des lois impératives ou préceptives qui intéressent l'ordre public ou les tiers, et qui, par conséquent, ne sont pas susceptibles d'une exécution anticipée de la part des particuliers qui ne les connaissent que par une publicité de fait, on peut citer, indépendamment de celles qui règlent l'état des personnes, les lois qui ordonnent le paiement des impôts, le recrutement de l'armée, la publicité des hypothèques, celles qui déterminent l'ordre des juridictions, la compétence des tribunaux, la nécessité de l'autorisation du mari, etc. — V. aussi en ce sens Merlin, *Rép.*, vo *Loi*, § 5, no 10.

131. — Si, au contraire, les lois impératives ou préceptives d'une manière absolue n'emportent aucune dérogation à la loi précédente, ou ne font que déroger aux intérêts privés de ceux qui consentent à l'exécuter avant sa publication légale, rien ne s'oppose à ce qu'elles soient l'objet d'une exécution anticipée. Telle est, par exemple, une loi du 26 vent. an IV, qui ordonne d'écheniller les arbres dans un certain délai, sous peine d'amende.—M. Mailher de Chassat (*loc. cit.*) pense aussi que si une loi nouvelle abrogeant l'art. 111 C. civ. introduisait une règle nouvelle, cette loi pourrait être exécutée sur la simple connaissance de la publicité de fait, sans attendre la publicité légale. — V. aussi Merlin, *ubi suprà*.

132.—Jugé que les lois qui concernent l'état des personnes produisent leurs effets, lorsqu'elles sont de notoriété publique, alors même qu'elles n'auraient pas été promulguées. — *Cass.*, 27 juin 1838, Rodrigues.

133. — A l'égard des lois *prohibitives*, Merlin (*loc. cit.*) est d'avis que tout particulier peut les exécuter par anticipation, d'après la seule connaissance qu'il a de leur publicité de fait. « Que faut-il en effet, dit cet auteur, de la part des individus contre lesquels sont portées les défenses contenues dans une loi de cette nature, pour qu'ils soient censés l'exécuter? Rien autre chose que de s'abstenir de ce qu'elle prohibe. Or, il est certainement libre en tout temps à un particulier de s'abstenir d'une action qui n'est pas encore légalement défendue. » Mais ces lois peuvent, comme les précédentes, intéresser l'ordre public, ou même les tiers. Telles seraient, par exemple, les lois qui auraient pour objet d'abroger ou de modifier celle qui défend à l'homme de se marier avant dix-huit ans accomplis (art. 148 C. civ.), celle qui défend à la femme de s'obliger sans l'assistance de son mari (art. 217), celle qui défend l'aliénation des biens dotaux pendant le mariage (art. 1554), etc. Or, dans ce cas, *il est évident* que les particuliers ne pourraient se soustraire à l'exécution de ces dernières lois avant que les nouvelles eussent été légalement publiées. L'opinion de Merlin est donc trop générale, et doit être restreinte au cas où les lois prohibitives ne sont relatives qu'aux seuls intérêts privés des particuliers. — Mailher de Chassat, p. 79, no 5.

134. — Quant aux lois *permissives* ou *facultatives*, on distingue : ou la loi nouvelle autorise ce qui était précédemment défendu, ou elle ne fait que régler le mode de l'exercice d'une faculté déjà existante. Dans le premier cas on distingue de nouveau : ou la défense portée dans la loi précédente intéressait l'ordre public, ou elle intéressait d'autres particuliers.

135. — Si elle intéressait l'ordre public, il est évident qu'il ne peut y avoir lieu à l'exécution volontaire de la part des particuliers qui ne connaissent encore la loi nouvelle que par la publicité de fait. Il est du devoir des magistrats, ou des agens de l'autorité publique de veiller au maintien des prohibitions établies par l'ancienne loi, jusqu'à ce que la nouvelle ait été légalement publiée. — Merlin, *ubi suprà*, p. 225 ; Mailher de Chassat, p. 81, no 5.

136. — Lorsque la loi nouvelle permet à un particulier ce que lui défendait la loi ancienne dans l'intérêt d'un autre particulier, comme par exemple la loi du 4 germ. an VIII, abrogative de celle du 17 niv. an II, qui interdisait au père toute disposition au profit d'un de ses enfans, cette loi est-elle susceptible d'une exécution par anticipation ? en d'autres termes, un particulier pourrait-il, dérogeant à la loi qui détermine la quotité disponible de ses biens, exécuter d'avance, et sur la simple connaissance qu'il a de sa publicité de fait, une loi nouvelle qui changerait les limites de cette quotité? L'affirmative résulte d'un arrêt de la cour de Lyon du 14 pluv. an XII (Duvernay), qui a validé un testament fait après que la loi du 4 germ. an VIII avait été promulguée, et avant qu'elle eût atteint le degré de publicité légale. Mais cette décision renferme une erreur évidente. Car les lois *facultatives*, comme toutes autres lois, ne peuvent être exécutées du jour qu'on en a connaissance, qu'autant que leur exécution ne porte aucune atteinte aux droits des tiers. Or la loi du 17 niv. an II ayant été rendue dans l'intérêt des enfans, il était impossible qu'un père pût devancer par son consentement, et sous le prétexte qu'il connaissait de fait la loi du 4 germ. an VIII, l'époque où devait cesser la prohibition portée par celle du 17 niv. an II. — Merlin, p. 226 ; Mailher de Chassat, p. 84 et 85, nos 9 et 10.

137.—Lorsque la loi nouvelle ne fait que régler le mode d'exercice d'une faculté déjà existante, on peut d'abord reproduire la distinction précédente, et dire que si la matière intéresse ou l'ordre public (comme l'adoption, l'émancipation, la puissance paternelle, etc.), ou les tiers (comme la disposition de l'art. 2129 C. civ., relative à la constitution de l'hypothèque conventionnelle), la loi nouvelle qui prescrit de nouvelles formes, ou modifie les formes anciennes, ne sera pas susceptible d'une exécution anticipée de la part de ceux qui ne la connaissent encore que par sa publicité de fait. — Mailher de Chassat, p. 86 et 87, nos 11 et 12.

138. — Mais il existe une foule d'actes ou de formes déterminés par les lois, qui ne rentrent aucunement dans les deux catégories ci-dessus : Que faut-il décider à leur égard ? Supposons, par exemple, une loi qui, dérogeant à l'art. 971 du C. civ., déclare valable le testament par acte public auquel n'ont assisté que deux témoins avec le notaire qui l'a reçu. Le testament fait conformément à cette loi, avant qu'elle soit légalement publiée, sera-t-il nul ? Oui : Merlin (t. 10, p. 227) en donne deux raisons : la première qu'il est de principe que c'est par la loi du lieu où se fait un testament que la forme doit en être réglée, en vertu de la maxime *Locus regit actum* ; la seconde, qu'il n'est pas permis au testateur de s'affranchir, par une déclaration, de la loi sous l'empire de laquelle il est actuellement placé : *Nemo potest in testamento suo cavere ne leges locum habeant*. M. Mailher de Chassat (p. 87 et suiv., nos 13 et suiv.) adopte la même solution, mais d'après d'autres motifs. Selon lui, les lois qui règlent les formes du testament ne peuvent pas être considérées indistinctement comme statuant sur des intérêts privés; elles ont plus habituellement pour objet de tracer les signes certains auxquels ces actes commandent la foi publique et opèrent des effets sur les personnes et sur les biens : ces formes, par conséquent, sont de *droit* public. En second lieu, elles sont *substantielles*. Or, il n'est pas au pouvoir des particuliers de se soustraire aux lois prescrivant des formes appelées *substantielles*, tant que la loi qui les consacre n'est pas abrogée. Les mêmes auteurs, en se fondant sur les mêmes raisons, enseignent également que les lois nouvelles qui dérogeraient à celles qui, en matière de contrats ordinaires, ont pour objet d'assurer la preuve des conventions entre les parties contractantes, comme l'art. 1326, C. civ., ne pourraient être exécutées volontairement par des particuliers avant leur publicité légale. Cependant, cette exécution volontaire et anticipée pourrait avoir lieu, si les formes sur lesquelles statue la loi nouvelle étaient *purement accidentelles ou accessoires*, comme celle qui fait l'objet de l'art. 151, C. civ.

139. — Les actes qui ont pour fondement une erreur sur l'époque de la publication d'une loi, sont susceptibles d'être annulés comme entachés dans leur cause d'une erreur de fait; et cette nullité peut être proposée, en cause d'appel, par voie d'exception. — *Cass.*, 25 fruct. an XIII, Thomas c. Daumas.

140. — Comme nous l'avons vu *suprà* no 118, le gouvernement peut lui-même déroger à la règle générale de l'art. 1er du Code civil; à savoir qu'une loi n'est obligatoire qu'après l'expiration des délais déterminés pour que sa promulgation soit réputée connue, et ordonner qu'elle sera exécutée *à partir de tel jour, à compter de tel jour, depuis tel jour, dans tel délai*. Mais on s'est demandé quel était le sens de ces mots, comment, dans ce cas, devaient être entendus et appliqués les délais, à quelle époque devait commencer l'obligation d'exécuter la loi? Le jour *à quo* est-il compris dans le délai? — V., à cet égard, DÉLAI.

141. — On a élevé aussi la question de savoir si, lorsqu'une loi établit un mode nouveau de publication, elle doit être, pour devenir elle-même obligatoire, publiée dans la forme qu'elle prescrit, ou dans la forme précédente? Il ne saurait être douteux qu'elle ne doive l'être dans la forme précédente; car, placée sur la même ligne que les autres lois, celle dont il s'agit est, comme elles, soumise à toutes les conditions de publicité qui les rendent obligatoires. Voici, en effet, comment s'exprimait M. Tronchet au Conseil d'Etat (séance du 11 vendém. an VII), dans son rapport, sur le point de savoir à quelle époque le mode de promulgation introduit par la loi du 12 vendém. an IV avait dû commencer à être en activité, et si cette loi elle-même y avait été assujettie : « Le nouveau règlement qui a pour objet d'abroger l'ancien, dit M. Tronchet, ne peut recevoir le caractère et la force de loi que du mode de promulgation établi par la loi qu'elle abroge, et qu'elle ne peut abroger que pour l'avenir. Avant de pouvoir abroger la loi ancienne, il faut qu'elle devienne elle-même loi; et elle n'en peut recevoir le caractère par la nouvelle forme qu'elle établit, cette forme ne pouvant exister avant que la loi existe elle-même : d'où il suit que la loi nouvelle ne peut recevoir son existence que de la forme établie par la loi même qu'elle doit abroger, et qui ne peut cesser qu'au moment où la seconde prendra son existence. » — V., dans le même sens, Merlin, *Répert.*, vo *Loi*, § 5, no 9; Mailher de Chassat, p. 117.

CHAPITRE IV. — *Lois personnelles et réelles.*

Sect. 1re. — *Lois personnelles ou statuts personnels.*

142. — Toutes les lois peuvent, *lato sensu*, être dites *personnelles*. Il n'en est aucune; en effet, qui ne s'adresse aux personnes et n'ait pour objet leur intérêt unique. Mais la dénomination de *lois personnelles* ou de *statuts personnels* est appliquée spécialement aux lois qui ont pour objet direct et immédiat de *régler l'état et la capacité des personnes*. — Mailher de Chassat, *Traité des statuts*, nos 47 et suiv.

143.—Les lois personnelles suivent la personne partout. C'est ce que le Code civil a exprimé en ces termes: « Les lois concernant l'état et la capacité des personnes régissent les Français même résidant en pays étranger (art. 3, alin. 3). » Une disposition semblable se trouve dans les différents codes des nations étrangères. — Story, *Traité du conflit des lois étrangères et nationales*; Fœlix, *Revue française et étrangère*, année 1840.

144. — Ce principe est fondé sur ce que l'état de l'homme est *indivisible*, qu'il ne peut être légitime dans un lieu et en même temps illégitime dans un autre, majeur et mineur, maître de ses droits et interdit, capable et incapable à la fois. —Proudhon, *Traité sur l'état des personnes*, édit. de 1842, t. 1er, p. 82.

145.—Ainsi, les lois qui fixent l'âge compétent pour le mariage étant un statut personnel, un Français ne pourrait se marier avant l'âge voulu par la loi française (art. 144 C. civ), dans un pays où le mariage serait permis à treize ou quatorze ans, par exemple. — Proudhon, *ibid.*; Marcadé, *Elémens du dr. civil français*, t. 1er, p. 79.

146.— Ainsi encore, un Français étant majeur, d'après l'art. 488 C. civ., à l'âge de vingt-un ans révolus, le sera toujours, en quelque lieu qu'il aille, quoique la loi du pays où il se trouve fixe la majorité à un âge plus avancé ou plus reculé. — Proudhon et Marcadé, *ubi suprà*.

147.—De même, l'enfant naturel français pourrait être légitimé, d'après l'art. 331 C. civ., par le mariage subséquent que ses père et mère contracteraient en Angleterre encore bien que, dans ce pays, la légitimation par mariage subséquent ne soit pas admise. — Marcadé, *loc. cit.*; Mailher de Chassat, *Traité des statuts*, no 191.

148. — Mais la légitimation d'un enfant adultérin, né de deux Français en pays étranger, quoique déclarée par rescrit du prince étranger, doit être réputée non avenue en France, comme contraire aux lois françaises. — *Cass.*, 15 juill. 1811, Champeaux-Grammont c. Cardon; *Rouen*, 25 mai 1813, mêmes parties.

149. — La loi qui crée un empêchement de mariage est également un statut personnel. Ce statut suit l'étranger non naturalisé français, alors même qu'il résiderait en France et qu'il y aurait obtenu la jouissance des droits civils. — *Paris*, 13 juin 1814, Styles c. Busqueta. — Demolombe, t. 1er, no 99.

150. — En conséquence, la femme française qui a épousé un moine espagnol résidant en France, peut demander la nullité de son mariage, en se fondant sur les lois espagnoles qui défendent au moine de se marier. — Même arrêt. — Merlin, *Rép.*, vo *Loi*, § 6, no 6.

151. — Souvent il arrive qu'une loi s'occupe simultanément, dans ses termes, de la personne et des biens, qu'elle semble avoir pour objet, tout à la fois, et la capacité de cette personne, et la conservation, la transmission des biens. A quel moyen doit-on avoir recours pour reconnaître si elle est réelle ou personnelle? Il faut, abstraction faite de ses termes, rechercher son *but définitif et dernier*. Quand ce but aura été de régler et d'expliquer la capacité ou l'incapacité de la personne, la défense d'aliéner ou d'acquérir, de transmettre ou de recevoir, ne devra être considérée que comme la conséquence, que comme un effet de l'incapacité prononcée contre la personne; et alors on décidera que la loi est personnelle. Ce sera le cas de dire : *Persona magis quàm res respicitur; imò persona tantùm, nullo modo res respicitur.* Dans le cas contraire, comme ce n'est plus l'état de la personne que la loi a voulu déterminer, le statut sera réel. — Marcadé, t. 1er, p. 73 et 77.

152. — En appliquant ce principe notamment aux art. 905, 934 et 1549, C. civ., qui défendent à la *femme mariée* de faire une donation, de recevoir par donation et de vendre un seul immeuble, sans l'autorisation de son mari, on sera forcé d'y voir autant de statuts personnels. Ces articles ne sont en effet que des conséquences de l'art. 217 du même Code, qui frappe la femme mariée d'une incapacité absolue et générale de contracter sans le consentement de son mari. D'où il suit que, si, dans ces articles, les biens se trouvent soumis à une prohibition, ce n'est qu'accessoirement et que comme un effet du principe qui maintient la femme sous la dépendance du mari, chef de la société conjugale. — Merlin, *Rép.*, vo *Autorisation maritale*, sect. 10, no 3; Chabot, *Quest. transit.*, vo *Autorisation maritale*; Marcadé, t. 1er, p. 76. — V. aussi, dans le même sens, *Cass.*, 19 janv. 1807, Brossart c. Belot.

153. — La capacité de la femme pour s'obliger est réglée par la loi du domicile du mari, bien que les époux aient soumis leurs conventions matrimoniales au régime d'un autre statut. — *Cass.*, 25 juin 1816, Descoudrès c. Raveton.

154. — Jugé toutefois, que l'obligation contractée en France, avec l'autorisation de son mari, par une femme étrangère qui y a son domicile et des immeubles, est valable, ainsi que l'hypothèque stipulée pour en garantir l'exécution. — *Cass.*, 17 juill. 1832, Hervas c. Bonar.

155. — En d'autres termes, la validité d'une obligation souscrite en France par une Espagnole, conjointement et solidairement avec son mari, doit être jugée d'après les lois françaises. — *Paris*, 15 mars 1831, Bonar c. Hervas.

156. — La femme d'un étranger qui est établie en France, qui y administre ses biens et y possède des propriétés, est, par cela seul, censée autorisée par son mari à contracter, et celui-ci ne peut demander la nullité des obligations par elle souscrites sans autorisation expresse. — *Bruxelles*, 25 août 1818, de Latour-Taxis c. Vancampenhout. — V., au surplus, AUTORISATION DE FEMME MARIÉE.

157. — La défense faite par l'ancienne législation française aux concubins adultères de s'avantager constituait aussi un statut personnel. Ainsi la circonstance que des dons de cette nature auraient eu lieu en pays étranger ne pouvait empêcher les tribunaux français d'en prononcer la nullité. — *Rouen*, 25 mai 1813 et *Cass.*, 13 août 1816, Champeaux-Grammont c. Cardon. — Mailher de Chassat, *Traité des statuts*, no 191.

158. — L'incapacité de recevoir d'un blanc par donation à cause de mort, établie à l'égard des affranchis et gens de couleur domiciliés dans les colonies, est un statut prohibitif personnel qui n'a pas seulement pour objet les immeubles de la colonie, mais frappe en même temps sur toutes choses que les blancs possédaient en France. — *Cass.*, 2 juill. 1839 (t. 2 1839, p. 138), Ville-Fégnier c. d'Aigny. — Le gouvernement provisoire, en abolissant, par le décret du 27 avril-3 mai 1848, l'esclavage dans les possessions et colonies françaises, semble avoir assimilé en tous points les gens de couleur aux blancs; et, par conséquent, l'incapacité dont il est parlé ici n'existerait plus aujourd'hui.

159. — Par application du principe ci-dessus, on doit considérer comme statuts personnels les dispositions du Code civil qui fixent l'âge de la majorité et de la minorité, qui déterminent dans quelles circonstances une personne peut être interdite, qui déclarent le mineur et l'interdit incapables de contracter, et déclarent nuls les actes faits par eux dans leur état de minorité ou d'interdiction. — Marcadé, p. 72 et 77; Mailher de Chassat, *Traité des statuts*, nos 234 et suiv.

160. — Sous l'ancien droit, c'était une question controversée que celle de savoir si la disposition d'une coutume qui déclarait mineur un individu né dans son ressort et le rendait, par conséquent, incapable d'aliéner les biens qu'il y possédait, s'étendait aux biens que cet individu aurait possédés sous l'empire d'une autre coutume d'après la disposition de laquelle il aurait été majeur. — V. à cet égard, Merlin, *Rép.*, vo *Majorité*, § 5.

161. — Il en est des lois concernant l'émancipation comme de celles relatives aux matières qui précèdent. Ainsi, un Français serait émancipé par le mariage qu'il contracterait en pays étranger, encore bien que, d'après les lois de ce pays, l'émancipation ne pût s'opérer de cette manière. A l'inverse, un étranger dont le pays n'admet pas l'émancipation par mariage ne pourra être émancipé en se mariant en France — Merlin, *Rép.*, vo *Puissance paternelle*, sect. 7, no 6.

162. — Les lois qui régissent le mariage, soit sous le rapport de la capacité des contractans, soit quant à ses effets, sont également des lois personnelles. C'est ainsi qu'il a été jugé que la résidence et l'élection de domicile faites en France par une femme étrangère, même du consentement de son mari, n'avaient pas eu pour effet de la soustraire aux lois qui gouvernaient son état et sa personne, et de lui donner le droit de divorcer conformément aux lois françaises, lorsque celles de son pays n'admettaient pas le divorce. — *Cass.*, 25 fév. 1818, Gnudi c. Kellermann.

163. — Le même arrêt a consacré, en outre, le même principe que les lois personnelles d'un peuple sont établies spécialement pour les membres qui le composent, en décidant que la loi transitoire du 26 germ. an XI, relative à l'irrévocabilité des divorces précédemment prononcés, n'avait pu étendre son empire et ses effets au delà du territoire français, et que, par conséquent, elle n'avait pas validé un divorce prononcé à l'étranger, même par un ministre francais, en faveur d'une femme étrangère. — V. cependant, *Cass.*, 22 mars 1806, Delatour c. Mac-Mahon.

164. — Mais si les lois personnelles étrangères accompagnent l'étranger en France, l'application ne saurait cependant s'en faire au mépris des lois françaises et contre une prohibition d'ordre public. Par exemple, une étrangère divorcée conformément aux lois de son pays ne peut, alors même que ces lois autorisent un nouveau mariage, se remarier en France avec un Français. — *Paris*, 30 août 1824, Mary Bryan c. maire du 3e arrondissement de Paris; 28 mars 1843 (t. 1er 1843, p. 487), Jakowski. — V. aussi Hutteau d'Origny, *De l'état civil*, p. 350; Mailher de Chassat, *Traité des statuts*, nos 197 et suiv. — *Contrà*, Demolombe, t. 1er, nos 101. V. en outre DIVORCE, MARIAGE.

165. — Les articles du C. civ. qui déterminent à quelles conditions on est Français ou citoyen, par quelles causes on perd ces qualités, avec le consentement de quelles personnes on peut se marier, quels enfans sont légitimes ou naturels, d'après quelles règles l'adoption peut avoir lieu, quelle est la puissance des parens sur leurs enfans, quelle capacité doivent avoir ceux qui veulent tester ou donner entre-vifs, sont encore autant de statuts personnels. — Marcadé, t. 1er, p. 72.

166. — Ainsi, relativement à la puissance paternelle, l'enfant dont les parens se trouveraient dans un pays étranger où cette puissance n'est pas reconnue, ou dont les lois lui donnent une durée moindre que celle fixée par le Code civ., ne continuerait pas moins, conformément aux dispositions de ce Code, d'être soumis à la puissance de ses père et mère, et tout aussi longtemps que l'exige ce Code. De même, un étranger qui n'a pas dans son pays de puissance sur ses enfans ne pourrait, en venant en France, les assujettir à son autorité, ni prolonger la durée de cette puissance au delà du terme fixé par les lois de son pays. — Merlin, *Répert.*, vo *Puissance paternelle*, sect. 7, nos 2 et 3; Mailher de Chassat, *Traité des statuts*, nos 226 et suiv.

167. — La disposition de l'art. 3 C. civ., qui soumet le Français, même résidant en pays étranger, aux lois de sa patrie concernant l'état et la capacité des personnes, ne saurait évidemment être applicable au Français qui a cessé de l'être par l'une des causes déterminées par les art. 17, 19 et 21 C. civ. — Merlin, *Rép.*, vo *Loi*, § 6, no 4.

168. — Dès lors, si le Français qui avait perdu sa qualité, conformément aux articles précités, venait à la recouvrer ultérieurement, le mariage qu'il aurait contracté dans le temps intermédiaire (c'est-à-dire pendant qu'il était étranger, en exécution des lois de sa patrie adoptive), mariage dont il aurait été incapable d'après les lois françaises, n'en continuerait pas moins d'avoir en France l'efficacité qu'il tenait des lois qui avaient présidé à sa célébration. — Merlin, *ubi suprà*, no 5.

169. — Quant au principe que l'état et la capacité des étrangers doivent se régler par les lois étrangères, il n'est point tellement absolu qu'il ne puisse recevoir exception. Ainsi, l'état et la capacité des étrangers qui ont obtenu, conformément à l'art. 13 C. civ., l'autorisation d'établir en France leur domicile, et ont été admis à y jouir des droits civils, doit se régler par les lois françaises.

170. — En ce qui concerne les étrangers qui ne se trouvent que passagèrement en France, l'art. 3 du projet du C. civ. portait : « La loi oblige indistinctement tous ceux qui habitent le territoire. L'étranger y est soumis pour les biens qu'il y possède, et *pour sa personne* PENDANT SA RÉSIDENCE. » Cette rédaction fut changée comme étant trop large, en ce qu'elle soumettait les étrangers à nos lois sur l'état et la capacité, ce qui était contraire aux usages européens. Sans doute, en principe, l'étranger doit rester soumis à la loi personnelle étrangère. Mais ce principe doit fléchir, s'il résulte de l'application de la loi étrangère en France un état contraire à l'ordre public, comme l'esclavage ou la polygamie. Quelques auteurs vont plus loin, et soutiennent que l'application de la loi personnelle étrangère en France doit cesser, toutes les fois qu'elle ferait éprouver un préjudice aux Français, ou que l'application de la loi personnelle française aux étrangers serait plus favorable pour ces derniers, sans que les Français en souffrissent. Cette théorie, qui est enseignée aussi par M. Valette (*Observations sur Proudhon*, t. 1er, p. 85), paraît trouver quelque appui dans la jurisprudence.

171. — Il a été jugé en effet que l'étranger qui avait contracté en France une obligation envers un Français, et qui était assigné devant un tribunal français, ne pouvait être admis à demander la nullité de ladite obligation en raison de ce qu'il aurait été mineur selon la loi de son pays. — *Paris*, 17 juin 1834, Fontellas c. Lemonnier et Desbarres; 15 oct. 1834, Selles c. Knapp. — Alors surtout que le Français avec lequel il aurait contracté, aurait agi de bonne foi et qu'on ne pourrait lui reprocher ni imprudence ni légèreté. — Demolombe, t. 1er, no 102.

172. — Décidé aussi qu'encore bien que la reconnaissance d'un enfant naturel né d'un blanc et d'une femme de couleur fût prohibée à la Guyane, cependant on devait considérer comme valable la reconnaissance faite en France par un blanc qui y était domicilié, quels que fussent la couleur de la mère de l'enfant et le lieu actuel de la résidence de cet enfant; et que si cette reconnaissance avait eu lieu sous le Code civ., elle donnait à l'enfant, sur le patrimoine de son père, les droits déterminés par ce Code, au titre des Successions irrégulières, non-seulement quant aux biens situés en France, mais encore quant aux biens situés aux colonies. — *Cass.*, 15 mars 1831, Verneau c. Flavin. — V. toutefois Merlin, *Répert.*, vo *Loi*, § 6, no 6; Zachariæ, *Cours de droit civil français*, t. 1er, p. 55, et ses annotateurs, *ibid.*, note 3; Fœlix, *Revue française et étrangère*, 7e année, p. 608.

Sect. 2e. — *Lois réelles ou statuts réels.*

173. — On nomme *lois réelles* ou *statuts réels*, les lois qui s'occupent particulièrement de *régler la qualité, la nature des biens, la manière d'en disposer*. Telles sont, au premier rang, les dispositions par lesquelles le législateur nous indique quels biens doivent être regardés comme meubles, quels autres sont réputés immeubles; par qui et d'après quelles règles sont recueillies les successions. — Valette, *Observat. sur Proudhon*, *Traité de l'état des personnes*, t. 1er, p. 97.

174. — C'est un principe universellement admis dans les divers Etats européens que les immeubles sont régis par la loi de leur situation.— V. Fœlix, *Revue française et étrangère*, t. 8, nº 30, p. 220; Demolombe, t. 1er, nº 90. — Ce principe a été consacré par le C. civ. dans les termes suivans : «Les immeubles, même ceux possédés par des étrangers, sont régis par la loi française(art. 3, 2ᵉ alinéa). »

175. — Nous avons dit précédemment qu'une loi était *personnelle*, quand la disposition, qu'elle portait relativement aux biens, n'était que la conséquence de la capacité ou de l'incapacité de la personne que son but direct et immédiat était de régler. C'est en s'attachant à rechercher le but définitif et dernier de la loi qu'on arrivera également à reconnaître si elle est *réelle*. Donc, quand le législateur n'aura établi l'incapacité de la personne qu'en vue des biens, de leur mode de transmission, de leur conservation, objet principal de ses dispositions, la loi sera *réelle*. — Marcadé, t. 1er, p. 78 *in fine;* Demolombe, t. 1er, nº 79.

176. — Ainsi, lorsque le législateur a défendu à un père de disposer de telle partie de son patrimoine, son but a été, non de régler la capacité du père; mais d'assurer aux enfans la transmission d'une portion de ses biens. La défense qui frappe le père d'une certaine incapacité n'est ici qu'un moyen. On conçoit, dès lors, que les dispositions des art. 913, 914 et 915, C. civ., ne soient que des statuts réels. — Marcadé, p. 74, nº 4; Proudhon, *Traité sur l'état des personnes*, édit. de 1842, t. 1er, p. 91.

177. — Par une conséquence de ce principe, l'étranger qui possède des immeubles en France ne peut, comme les Français, en disposer à titre gratuit au préjudice de ses enfans ou de ses ascendans, que jusqu'à concurrence de la quotité déterminée par les articles précités, quand même les lois de son pays autoriseraient une disposition plus large. — Merlin, *Répert.*, vº *Loi*, § 6, nº 2; Marcadé, p. 80; Proudhon, p. 93; Duranton, t. 1er, nº 84; Demolombe, t. 1er, nº 80.

178. — Un Français, propriétaire d'immeubles en pays étranger, ne pourrait point non plus, sous l'empire du Code civil, excéder la quotité disponible en disposant de l'immeuble étranger au profit d'un de ses enfans, ni le donataire, même sans renoncer à la succession pour s'en tenir à la donation, prélever le prix de la vente de l'immeuble étranger sur la succession française au delà de la quotité disponible. — *Riom*, 7 avr. 1835, Onslow. — Mailher de Chassat, *Traité des statuts*, nºˢ 320 et suiv. — V., cependant, Demolombe, t. 1er, nº 93.

179. — En supposant que cette décision soit contraire à la loi étrangère, elle est à l'abri de la censure de la cour de cassation dès l'instant qu'elle a eu pour conséquence le respect de la loi française. — *Cass.*, 28 avr. 1836, Onslow.

180. — La disposition de l'art. 908 du Code civil, qui limite la portion de biens que l'enfant naturel peut réclamer dans la succession de son père qui l'a reconnu (art. 757), est encore un statut réel. Car le législateur, par cet art. 908, n'a pas eu pour objet d'établir une incapacité en la personne de l'enfant naturel; mais de confirmer quant à lui, et de rendre indépendant de la volonté contraire de l'homme, le système de succession par lui adopté. — Delvincourt, t. 1er, p. 11, note 4; Duranton, t. 1er, nº 87; Marcadé, p. 74 et suiv.; Demolombe, t. 1er, nº 81.

181. — Dans le cas donc où un étranger a donné à son enfant naturel la moitié de ses biens français, s'il laisse un enfant légitime; ce dernier pourra, en vertu des art. 757 et 908 combinés, faire réduire la libéralité au tiers de la moitié, c'est-à-dire au sixième. — Marcadé, p. 80.

182. — De ce que la loi relative aux successions est un statut réel, il s'ensuit que l'héritier bénéficiaire, qui fait procéder à la vente des immeubles de la succession, est tenu de se conformer aux formalités prescrites par les lois du lieu de la situation des biens. — *Paris*, 28 juin 1816, et *Cass.*, 26 janv. 1818, Collet c. Rohan-Guéménée. — V. aussi, dans le même sens, Duranton, t. 1er, nº 90; Bilhard, *Bénéfice d'inventaire*, nº 77.

183. — Le mode et les formes de partage d'une succession doivent aussi, à plus forte raison, être déterminés par les lois du lieu de la situation des immeubles, et non par celles du lieu de l'ouverture de la succession. — V. PARTAGE.

184. — C'est encore un statut réel que celui qui déclare inaliénables les immeubles que les époux, en se mariant, ont soumis au régime dotal (C. civ., art. 1554). Cette prohibition n'a pas eu, en effet, pour objet d'établir une incapacité en la personne de la femme. Son but a été uniquement la conservation de ces immeubles dans l'intérêt de la femme et des enfans, dans l'intérêt de la famille. — *Cass.*, 2 mai 1825, de Maconnex c. de Prunelle. — Chabot, *Quest. transit.*, vº *Autorisation matrimoniale;* Duranton, t. 1er, nº 83; Marcadé, t. 1er, p. 76; Demolombe, t. 1er, nºˢ 85 et 86.

185. — Jugé, notamment : 1º que dans le dernier état de la jurisprudence du parlement de Paris, les lois romaines prohibitives de l'aliénation de la dot, étaient considérées comme un statut réel réglant le sort des biens, et non comme un statut personnel, réglant la capacité de la femme. — *Cass.*, 11 août 1825, Lavigne c. Poitevin.

186. — ... 2º Que la loi qui frappait de dotalité les biens situés en Saintonge et compris dans une institution contractuelle faite en faveur du futur mariage, dans un contrat de mariage passé sous l'empire de l'usance de Saintes, était un statut réel; que peu importait, par conséquent, que le mari eût eu, lors du mariage, son domicile hors du ressort régi par cette loi. — *Poitiers*, 5 mai 1825, Dubut c. Delor et Bernard. — V. sur cette matière vº DOT.

187. — Il a été décidé aussi que l'art. 127 des placités de Normandie, qui interdisait à la femme séparée de biens de vendre, sans permission de justice et avis de parens, les biens qui lui appartenaient lors de la séparation, était un statut réel, qui avait continué même depuis la promulgation du C. civil, à régir les biens des femmes situés en Normandie. — V. entre autres décisions, *Cass.*, 27 fév. 1817, Martin c. Crotat.

188. — ... Que la disposition de la coutume de Normandie, qui fixait la part attribuée à la femme dans les immeubles acquis pendant le mariage, constituait un statut réel, et devait, par suite, régir un immeuble situé dans le ressort de la coutume de Normandie, et acheté par des époux domiciliés dans le ressort d'une autre coutume. — *Cass.*, 4 mars 1829, Levieux c. Petit. — V. en outre les mots COUTUME DE NORMANDIE, DOT.

189. — De même, la loi qui défend au mari d'aliéner l'immeuble de la femme, sans son consentement, est un statut réel, qui conserve son empire même à l'égard de la femme mariée et domiciliée sous l'empire d'une loi différente. — *Liége*, 31 juill. 1811, Gaillard de Fassignies c. Dalemède.

190. — La question de savoir si un donateur a pu disposer de ses biens par donation de biens présens et à venir, doit être également réglée par la loi de la situation des biens. — *Cass.*, 3 mai 1815, Badin c. Ayme.

191. — Ainsi, une donation de biens présens et à venir faite hors mariage, dans un pays soumis aux lois romaines (qui les permettaient), n'a pu valablement frapper les biens du donateur situés en France, pays régi par l'ordonnance de 1731 (qui interdisait de pareilles donations hors mariage). — Même arrêt.

192. — La loi qui règle la prescription à l'effet d'acquérir, celle qui déclare imprescriptibles certains immeubles (C. civ., art. 1561) sont encore des statuts réels. — Proudhon, t. 1er, p. 91; Troplong, *Traité de la prescription*, t. 1er, nºˢ 39 et 40.

193. — Il en est de même des lois qui déterminent les causes, les moyens et les formalités, d'après lesquels les immeubles situés en France peuvent être hypothéqués. En conséquence, non-seulement un étranger qui possède des immeubles en France ne peut les hypothéquer que conformément aux lois françaises (Merlin, *Rép.*, vº *Loi*, § 6, nº 2), mais encore, s'il est tuteur ou marié, ces immeubles se trouvent grevés par l'effet seul des lois françaises au profit du mineur ou de la femme, étrangers eux-mêmes, de l'hypothèque légale dont les lois françaises frappent les biens des tuteurs ou maris. — Merlin, *Rép.*, vº *Remploi*, § 2, nº 9; Troplong, *Des priviléges et hypothèques*, t. 2, nºˢ 429 et 513 (*ter*). — V. HYPOTHÈQUE LÉGALE.

194. — La disposition de la loi qui attribue au père durant le mariage, et après la dissolution du mariage, au survivant des père et mère, l'usufruit des biens de leurs enfans mineurs, jusqu'à l'âge de dix-huit ans (C. civ., art. 384), doit encore être considérée comme un statut réel. — Proudhon, t. 1er, p. 91; Troplong, *Des privil. et hypothèq.*, t. 2, nº 429, p. 81; Demolombe, t. 1er, nº 88. — Sous l'ancien droit, il y avait controverse sur le point de savoir si un père qui, d'après la coutume de son domicile, avait l'usufruit des biens de ses enfans mineurs, pouvait également exercer cet usufruit sur les biens leur appartenant et situés dans le ressort d'une autre coutume qui n'admettait pas la puissance paternelle. — V., à cet égard, Merlin, *Rép.*, vº *Puissance paternelle*, sect. 7, nº 1. — V. USUFRUIT LÉGAL.

195. — Enfin, sont des statuts réels les lois qui concernent l'exécution des jugemens étrangers en France (C. civ., art. 2123; C. proc., art. 546), celles qui ont pour objet les actions en revendication d'immeubles, etc...

196. — Jusqu'à présent, nous ne nous sommes occupés que des immeubles. L'art. 3 C. civ., ne parle pas en effet des *meubles*. Que faut-il donc décider à leur égard? Les meubles possédés en France par un étranger seront-ils régis par la loi française ou par celle du domicile de cet étranger?

197. — Merlin (*Rép.*, vº *Loi*, § 6, nº 3) enseigne que les meubles sont soumis à la loi de la patrie du propriétaire. Il se fonde d'abord sur le silence de l'art. 3, et ensuite sur ce que les meubles n'ont pas une assiette fixe dans tel ou tel lieu, qu'ils doivent être considérés comme suivant le propriétaire, et n'ayant pas d'autre situation que celle de son domicile : *Mobilia sequuntur personam.* Du reste, cet auteur remarque, après Voët (*Ad Pandect.*, liv. 1er, tit. 4, part. 2, nº 11), que cette fiction ne devrait pas, à la rigueur, dépasser les frontières de chaque souverain; mais que les lois peuvent se prêter, par une sorte de courtoisie, à ce qu'elle agisse même au dehors. — V. aussi, dans le même sens, Zachariæ, t. 1er, p. 56; Mailher de Chassat, *Traité des statuts*, nºˢ 61 et suiv.

198. — La cour d'appel de Paris a consacré ce système, en jugeant que la succession mobilière d'un étranger, ouverte en France, devait être partagée suivant la loi du pays de cet étranger, les immeubles dépendans de cette succession et situés en France étant seuls régis par la loi française. — Arrêt du 3 fév. 1838 (v. t. 1er 1838, p. 249), Stewart c. Marteau. — V. aussi, dans le même sens, les motifs d'un autre arrêt de *Paris* du 1er févr. 1836, Imbert et Prioux c. Dubois de Chemant. — Duranton, t. 1er, p. 84.

199. — En conséquence, lorsqu'un Anglais décédé en France a disposé, conformément aux lois de son pays, de tous ses biens meubles en faveur d'un de ses enfans, cette donation ne peut donner lieu ni au rapport ni à la réduction prescrite par les lois françaises. — Même arrêt de *Paris* du 3 fév. 1838.

200. — Selon M. Valette (*Observat. sur Proudhon*, t. 1er, p. 99), la loi étrangère doit être appliquée aux successions mobilières laissées en France par des étrangers, à moins qu'il n'en résulte des inconvéniens graves pour la France. Par exemple, il regarde comme applicable aux meubles laissés en France par un étranger décédé, l'art 2 de la loi du 14 juill. 1819 qui, dans le cas de partage d'une même succession entre des cohéritiers étrangers et français, autorise les héritiers français à prélever sur les biens situés en France, une portion égale à la valeur des biens situés en pays étranger, dont ils seraient exclus à quelque titre que ce soit, en vertu des lois et coutumes locales. — V. ÉTRANGERS.

201. — Au surplus, Merlin et M. Valette (*loc. cit.*) reconnaissent formellement que les meubles d'un étranger résidant en France n'y pourraient être saisis et vendus que conformément à la loi française; que s'ils tombaient en la possession d'une personne qui, par erreur, s'en croirait propriétaire, cette personne en serait par là même propriétaire, en vertu de la règle qu'en fait de meubles, possession vaut titre. — C. civ., art. 2279.

202. — Pour nous, nous pensons avec M. Marcadé (t. 1er, p. 80, nº 6) que les meubles possédés en France par un étranger doivent être régis, même en matière de succession, par la loi française. Il est naturel, en effet, que les meubles, ambulatoires de leur nature, soient soumis à la loi du pays dans lequel ils se trouvent actuellement. D'ailleurs, il est impossible qu'un souverain fasse exécuter ses lois sur des meubles qui sont placés sous la puissance d'un autre. N'est-ce pas un principe constant que le pouvoir exécutif de chaque pays expire aux limites de son territoire? D'un autre côté, ce que la cour de Paris a jugé à l'égard de la succession mobilière d'un Anglais mort en France, aurait-elle pu le décider de même s'il se fût agi d'un Persan, par exemple, décédé en France? S'il fallait suivre cette cour dans sa jurisprudence, les juges français ne se trouveraient-ils pas dès lors obligés de connaître aussi bien et avec autant d'étendue les lois étrangères que les lois françaises? Or, quelle est la loi qui les assujettit à cette étude? Il n'en est pas même une dans nos codes, par laquelle ils soient astreints à observer les lois étrangères. — V. aussi, dans le même sens, Demolombe, t. 1er, nº 94.

203. — Aussi l'erreur de droit sur une législation étrangère ne donne-t-elle ouverture à cassation qu'autant qu'elle est devenue le principe et la source d'une contravention aux lois françaises. — *Cass.*, 1er fév. 1813, Tarchini c. Magnocavalli; 28 avril 1836, Onslow.

204. — Notre opinion, en cette matière, a été également consacrée par la cour d'appel de Riom, qui a décidé formellement que la succession mobilière de l'étranger domicilié en France devait être régie par la loi française. — V. *Riom*, 7 avril 1835, Onslow.

205. — On doit même considérer comme meuble, et par conséquent soumis à la loi française, le prix d'immeubles situés en Angleterre, lorsqu'il a été payé par l'acquéreur, transporté et payé en France. — Même arrêt.

206. — C'est d'après les mêmes principes qu'il a été jugé que des contestations relatives à des créances sur les banques d'Angleterre, de Hollande et de Saxe, n'étaient pas régies par des statuts en vigueur dans les pays où ces banques étaient établies, mais par ceux du domicile de la personne à laquelle ces créances appartenaient. — *Bruxelles*, 17 juill. 1811, Van Elsacker c. Verheyen.

207. — L'arrêt qui, en raisonnant dans une double hypothèse, applique successivement à la question qu'il doit résoudre la législation de deux pays différens, n'encourt point pour ce seul fait la censure de la cour de cassation, s'il a en définitive jugé conformément à la législation applicable. — *Cass.*, 14 nov. 1833, Kanakiah c. Bouchez.

CHAPITRE V. — *Lois qui régissent la forme des actes.*

208. — Les lois du lieu où un acte est rédigé, où un contrat est passé, en régissent la forme. On a, en effet, universellement admis cette maxime: *Locus regit actum.* Le projet du titre préliminaire du Code civil contenait même une disposition ainsi conçue : « La forme des actes est réglée par les lois du pays dans lequel ils sont passés. » Cette disposition a été rejetée comme indiquant une vérité tellement incontestable qu'il était inutile de l'écrire dans le Code (*Rapport* du tribun Andrieux, Fenet, t. 6, p. 66). — V., sur ce point, Merlin, *Rép.*, v° *Loi*, § 6, n° 7; Delvincourt, t. 1er, p. 11, note 4; Toullier, t. 1er, n° 120; Duranton, t. 1er, n° 91; Proudhon, t. 1er, p. 88; Marcadé, t. 1er, p. 83, n° 7; Demolombe, t. 1er, n° 105.

209. — Notre législateur a fait lui-même l'application de la maxime précitée dans différens articles du Code civil. Ainsi, d'abord, aux termes de l'art. 47 de ce Code, tout acte de l'état civil soit des Français, soit des étrangers, fait en pays étranger, fait foi en France, s'il a été rédigé suivant les formes usitées dans le pays où il a été passé.

210. — Suivant l'art. 170 du même Code, le mariage contracté en pays étranger, soit entre Français seulement, soit entre Français et étrangers, est valable s'il a été célébré dans les formes usitées en ce pays, pourvu qu'il ait été précédé des publications prescrites par l'art. 63, au titre *Des actes de l'état civil*, et qu'il n'y ait eu d'ailleurs aucun empêchement. — M. Demolombe (t. 1er, n° 106) enseigne même qu'un contrat de mariage entre Français rédigé sous seing privé dans un pays étranger où cette forme est admise serait également valable en France.

211. — Un Français qui se trouve en pays étranger peut également y faire son testament olographe, ou y tester par acte public, avec les formes usitées dans le lieu de la rédaction du testament. — C. civ., art. 999.

212. — Il ne pourrait y tester, d'après les formes françaises, qu'en faisant recevoir son testament par des agens diplomatiques français, les fonctionnaires étrangers ne pouvant instrumenter que conformément aux règles tracées par le pouvoir qui les a institués. Vainement on argumenterait, pour soutenir l'incompétence des agens diplomatiques français à cet égard, de ce que l'art. 999 n'a pas reconnu leur compétence, comme l'a fait l'art. 48, à l'égard des actes de l'état civil. Cette compétence résulte clairement de l'art. 994, qui déclare que l'officier du bâtiment cesse d'être compétent, si le bâtiment a abordé une terre étrangère *où se trouve un officier public français*: ce qui suppose que les agens diplomatiques français, sur une terre étrangère, sont chargés de recevoir des testamens. Une circulaire ministérielle, du 22 mars 1834, a décidé la question en ce sens. Elle a même été jusqu'à leur reconnaître le droit de recevoir des testamens mystiques, ce que n'avait pas prévu l'ord. de 1681. — Valette, *Observ. sur Proudhon*, t. 1er, p. 89 *in fine*.

213. — Les tribunaux français ont le droit de rechercher et de décider si, d'après telle législation étrangère, les testamens faits en certaine forme, jouissent, ou non, du caractère d'authenticité. — *Cass.*, 30 nov. 1831, Charpentier c. Priqueler.

214. — La maxime *Locus regit actum* s'applique aussi à une donation. Ainsi, est valable la donation qu'une personne, étrangère ou française, fait, dans la forme prescrite par les lois étrangères, de ses biens situés en France. C'est encore une exception aux principes que nous avons exposés précédemment. Comme il s'agit en effet de biens français, il semblait qu'on dût suivre la loi française. — Marcadé, t. 1er, p. 84; Demolombe, t. 1er, n° 106.

215. — Il a même été décidé que la législation française, sur la forme des donations, n'était pas applicable à une donation de choses mobilières, faite par un mari étranger à sa femme étrangère. — *Cass.*, 19 mai 1830, Taaffe c. Bellew.

216. — Jugé aussi, que c'est par la loi du domicile que doivent se régler les dispositions testamentaires d'un étranger, et que le testament où se trouve une substitution contraire à nos lois est à l'abri des attaques des héritiers français, sauf, pour ceux-ci, le droit de recueillir, sur les biens situés en France, la réserve, telle qu'elle est fixée par le Code. — *Paris*, 1er fév. 1836, Imbert et Prioux c. Dubois de Chemant.

217. — De ce que les immeubles situés en France, même ceux qui sont possédés par des étrangers, sont régis par la loi française, il résulte qu'il suffit, pour la validité d'une procuration portant pouvoir d'hypothéquer ces immeubles, qu'elle soit conforme aux dispositions des lois françaises: peu importe qu'elle soit donnée dans un pays où les mandats n'ont d'effet qu'autant qu'ils ont été reçus par un magistrat ou par un notaire. Ici ne s'applique pas la maxime *Locus regit actum.* — *Cass.*, 5 juill. 1827, Etchegoyen c. Leray. — Bousquet, *Dict. des contrats et obligat.*, v° *Mandat*, t. 2, p. 527. — V. MANDAT.

218. — Des mêmes principes, et de ce que les lois françaises autorisent le mandat sous seing privé, il résulte encore qu'un tel mandat à l'effet d'aliéner ou d'hypothéquer des immeubles situés en France, est valable, quoique donné dans un pays où les mandats n'ont effet, qu'autant qu'ils ont été reçus par un magistrat ou par un notaire. — *Cass.*, 5 juill. 1827, Etchegoyen c. Leray.

219. — S'il s'élève en France des contestations sur l'effet ou l'étendue d'un contrat passé en pays étranger, et revêtu des formes prescrites par les lois de ce pays, les tribunaux français, saisis de ces contestations, pourront, pour leur solution, se reporter à ce qui est d'usage dans le lieu du contrat. Ils appliqueront, dans ce cas, l'art. 1159 du Code civil, qui porte que : « Ce qui est ambigu s'interprète par ce qui est d'usage dans le pays où le contrat est passé. » — Merlin, *Rép.*, v° *Loi*, § 6, n° 7.

220. — C'est encore la loi du lieu où un acte (contrat ou jugement) est mis à exécution, qui détermine les formalités relatives à cette exécution, comme l'enregistrement, la mise en grosse, l'apposition de la formule exécutoire, etc. — Merlin, *ubi suprà*.

221. — Les demandes en justice, les formes de l'instruction, en un mot toutes les formalités de procédure, sont réglées également par la loi du pays, devant les tribunaux duquel on est en procès; mais le fond du procès, le fond du droit, ce qu'on appelle *litis decisorium*, doit être soumis à la loi du lieu du contrat, ou à celle de la situation. — Voët, *De statut.*, sect. 10, n° 8; Merlin, *Répert.*, v° *Preuve*, sect. 2, § 3, art. 1er, n° 2.

CHAPITRE VI. — *Lois dans leurs rapports avec l'ordre judiciaire.*

222. — La justice est la première dette de la souveraineté; c'est pour acquitter cette dette que les tribunaux sont établis. Or, ils ne rempliraient pas le but de leur établissement, si, sous prétexte du silence, de l'obscurité ou de l'insuffisance de la loi, ils refusaient de juger. De là la disposition de l'art. 4 C. civ., qui déclare coupable de déni de justice le juge qui, dans ces circonstances, s'abstiendrait de statuer sur les contestations qui lui seraient soumises.

223. — C'est toujours, en effet, parce que la loi est obscure ou insuffisante, ou même parce qu'elle se tait, qu'il y a matière à litige. On voit rarement naître des procès sur l'application d'un texte clair et précis. Il faut donc que le juge ne s'arrête jamais. Il prononcera, en suppléant à la loi, soit par des inductions tirées de la loi elle-même, soit en recourant à la jurisprudence des tribunaux, à la doctrine des auteurs, aux usages, soit enfin en se décidant d'après ses propres lumières et les principes de la raison et de l'équité.

224. — Toutefois, le juge doit se rappeler sans cesse que sa mission se borne à juger suivant la loi, et non à juger la loi, à la faire : *Meminisse debet judex ne aliter judicet quàm legibus proditum est.*

225. — Sous notre ancienne monarchie, le pouvoir judiciaire était parvenu, jusqu'à un certain point, à se confondre, sous le rapport de l'interprétation des lois, avec le pouvoir législatif. Quoique mainte fois rappelé à la pratique, à l'observation des principes naturels de son institution, il n'en rendit pas moins des décisions qui étaient obligatoires pour les citoyens qui n'y avaient même pas été parties.

226. — Cet état de choses disparut avec notre révolution de 1789, dont une des gloires fut de doter la France d'une législation uniforme. Dès lors, le pouvoir judiciaire fut strictement renfermé dans l'application des lois. L'interprétation par voie d'autorité lui fut complétement et définitivement enlevée. L'interprétation par voie de doctrine seule lui resta pour remplir sa mission.

227. — Quant aux diverses phases subies par l'interprétation législative et par l'interprétation judiciaire, V. *infrà*, nos 259 et suiv.

228. — Pour ce qui concerne la défense faite aux juges par l'art. 5 C. civ., de prononcer par voie de disposition générale et réglementaire, V. POUVOIR JUDICIAIRE.

CHAPITRE VII. — *Exécution des lois françaises dans les colonies; actes qui y ont force de loi.*

229. — Avant l'ord. du 21 août 1825, les gouverneurs pour le roi, dans les colonies, avaient le pouvoir de faire, en toutes matières, mêmes législatives, les réglemens qui leur paraissaient nécessaires pour le bien du service, ainsi que celui de suspendre l'exécution des lois promulguées dans les colonies, et particulièrement de prescrire le huis-clos dans les affaires concernant la traite des noirs. — *Cass.*, 13 janv. 1827, Dubourg.

230. — L'arrêté législatif du gouverneur d'une colonie, lors même qu'il modifie le droit successoral, est présumé rendu en vertu d'une délégation du gouvernement, auquel seul appartient le droit de le réformer, et demeure exécutoire tant qu'il n'a pas été réformé. — *Cass.*, 2 juill. 1839 (t. 2 1839, p. 138), Ville-Fégnier c. d'Aigny.

231. — Spécialement, l'arrêté du gouverneur général de l'île Bourbon du 1er brum. an XIV qui, au lieu d'accorder à l'hôpital le plus voisin la totalité des biens donnés par un blanc aux affranchis et gens de couleur, conformément à l'édit de 1723, attribue les deux tiers de ces mêmes biens aux héritiers légitimes, a pu servir de base à leur pétition d'hérédité. — Même arrêt.

232. — L'arrêté du 27 messid. an X, par lequel le général Leclerc substitua, pour la colonie de Saint-Domingue, à la loi du 17 niv. an II, en matière de succession, la coutume de Paris, a eu force de loi obligatoire, comme étant pris dans les limites des pouvoirs conférés au général par l'arrêté des consuls du 13 brum. an X, de pourvoir par des règlemens à la législation coloniale. — *Cass.*, 16 déc. 1834, Loyseau de Montaugé c. Lesénéchal et Barnier.

233. — L'ordonn. de 1667 a été exécutoire dans les colonies, notamment pour la Martinique, jusqu'à la promulgation de l'arrêté du gouverneur de cette colonie du 11 mars 1829. — *Cour d'appel de la Martinique*, 9 août 1834 (sol. impl.), Hodebourg et Wanschalkwick c. Arthur Magill.

234. — Quoique depuis l'établissement des conseils supérieurs aux colonies, les lois du royaume n'y aient pu être obligatoires qu'autant qu'elles ont été enregistrées, il n'en était pas de même sous le droit antérieur; les ordonnances légalement publiées en France étaient exécutoires dans les colonies, sans enregistrement (ord. 28 mai 1764, art. 34). — *Cass.*, 29 déc. 1827, Bissette.

235. — L'art. 7 de l'ord. du 24 sept. 1828, portant organisation de l'ordre judiciaire et de l'administration de la justice aux colonies, a rendu le Code de procédure exécutoire dans les deux colonies de la Martinique et de la Guadeloupe. — *Cass.*, 9 mai 1834, Chastel c. Veyrier, Duplessis et Petit.

236. — Les lois promulguées dans les colonies, pendant leur occupation temporaire par une puissance étrangère, n'ont pu avoir plus d'effet que si elles eussent procédé de la souveraineté française, et par conséquent porter atteinte à des droits acquis antérieurement. — *Cass.*, 25 février 1840 (t. 1er 1841, p. 72), Deslandes c. Berthelot de Baye — V., au surplus, COLONIES.

237. — La loi du 24 août 1790 n'ayant point été publiée à Smyrne, on a pu appeler dans la huitaine des sentences de consuls rendues dans cette ville; alors surtout qu'elles étaient exécutoires par provision. — *Cass.*, 24 juill. 1811, Dauphin c. Eydin.

237 bis. — Toutes les lois qui régissaient antérieurement à la révolution du 24 février 1848, le territoire des colonies, n'ont pas cessé d'être en vigueur. C'est ce qui résulte de l'art. 109 de la constitution du 4 nov. 1848, d'après lequel cette Constitution ne pourrait être appliquée dans les colonies, qu'autant qu'une loi spéciale le déciderait ultérieurement.

CHAPITRE VIII. — *Effet quant aux lois et aux conventions privées des réunions et séparations de territoire.*

238. — Au nombre des grands événemens qui se sont succédé en France depuis 1789 jusqu'en 1814, il faut placer les réunions, par suite de conquêtes ou de traités, de pays étrangers à la France, et leur séparation ultérieure. Ces réunions et ces séparations ont exercé une influence directe sur les législations en vigueur dans les pays réunis. A cet égard, il s'est élevé plusieurs questions dignes toutes du plus grand intérêt.

239. — On s'est demandé d'abord si les pays réunis conservaient leurs lois civiles, ou bien, au contraire, si les lois françaises devenaient, par le seul fait de la réunion, obligatoires pour les habitans de ces pays; et il a été décidé que les lois locales ne pouvaient perdre leur empire que quand elles avaient été expressément abrogées ou remplacées par d'autres. Les lois françaises ne peuvent donc régir les pays réunis que quand elles y ont été légalement publiées. — *Cass.*, 4 mai 1810, Hausens et Coppens; 8 janv. 1812, de Mercy d'Argenteau et de Gavres c. de Namur-Delzée. — Merlin, *Rép.*, v° *Loi*, § 6, n° 9, et *Quest. de dr.*, v° *Féodalité*, § 5. V. aussi *Cass.*, 30 déc. 1829, Domaine c. Roux.

240. — Cependant il a été jugé que le domaine public des pays réunis à la France formait de plein droit partie intégrante du domaine public français, et était de plein droit soumis à la législation domaniale française. — V. *Cass.*, 2 juill. 1833, Domaine c. Roussillon; 17 mai 1834, Walter; 20 mai 1834, Jouffroy et Durand de Gervigny.

241. — Lorsque les pays étrangers réunis à la France en sont ensuite séparés, les lois locales existantes dans ces pays, antérieurement à la réunion, reprennent toute leur vigueur. Il en est de même des traités qui ont été conclus entre eux et la France. Ainsi, spécialement, le traité du 24 mars 1760, aux termes duquel les sujets respectifs de la France et de la Sardaigne, pour être admis en jugement, n'étaient tenus de part et d'autre qu'aux mêmes cautions et formalités exigées de ceux du propre ressort, suivant l'usage de leurs tribunaux, a continué de subsister depuis la séparation du Piémont d'avec la France. — *Paris*, 3 mai 1843 (t. 2 1843, p. 168), Domaine c. Mayrand.

242. — Toutefois, la séparation ne peut avoir pour effet d'anéantir pour le passé les jugemens, actes et contrats intervenus pendant la réunion. Ces jugemens, ces actes et ces contrats doivent demeurer obligatoires et être exécutés nonobstant la séparation, à moins qu'il n'ait été contrairement stipulé par des traités, ou que, par des lois formelles, l'effet de ces différens actes n'ait été détruit. — *Nîmes*, 19 juill. 1831, Corse c. Richolme. — V. cependant Merlin, *Rép.*, v° *Loi*, § 6, n° 9. — V. aussi ÉTRANGER.

243. — De même, les contrats passés dans les pays réunis à la France, à une époque antérieure à leur réunion, doivent avoir postérieurement en France tous les effets qui leur auraient appartenu dans les pays où ils ont été passés. — Même arrêt.

244. — Quant à l'état des habitans des pays réunis à la France et de leurs enfans, nés pendant la réunion, V. FRANÇAIS.

245. — Nous venons d'examiner le cas où un pays étranger est réuni à la France et en est ensuite séparé; mais un pays, faisant partie de la France, peut en être détaché pour y être ultérieurement réuni. Dans ce cas, les lois promulguées en France, à une époque où ce pays en était détaché, deviennent-elles obligatoires de plein droit pour ce pays, lorsqu'il vient à être réuni à la France? Cette question s'est présentée plusieurs fois à l'occasion des anciennes provinces de la France. M. le procureur général Dupin l'a résolue négativement dans un réquisitoire qui est rapporté dans notre collection avec l'arrêt de cassation du 10 mai 1834 (Bourdrel). « La province séparée, dit-il, reçoit les lois nouvelles que le nouveau souverain juge à propos de lui imposer; mais elle ne peut pas être atteinte, ni régie par les lois du peuple dont elle a été détachée, et qui ont été rendues depuis la séparation. En cas de réunion subséquente qui rétablit l'ancien état, les questions sont régies par le même ordre de principes; il ne s'agit pas alors d'un *postliminium*, et la province réunie après une première séparation ne peut pas être considérée comme une chose perdue de fait, non cédée de droit, et reprise comme sienne, à laquelle on peut appliquer la maxime *Media tempora non nocent.* » — La cour de cassation ne s'est pas prononcée sur la question dans l'arrêt qui précède.

246. — Elle a décidé, le 26 janv. 1818 (Rohan-Guéménée c. Collet), que l'édit perpétuel donné par les archiducs *Albert* et *Isabelle*, le 12 juill. 1611, n'avait pas cessé d'être en vigueur dans la ci-devant province d'Artois, après qu'elle avait été réunie à la France une seconde fois en 1678.

247. — Jugé aussi, qu'avant la promulgation du Code civil, l'ancien Roussillon avait continué, même depuis sa réunion à la France, d'être régi par les constitutions de la Catalogne, auxquelles il était, pour ce qu'elles n'avaient pas réglé, suppléé par le droit romain. — *Cass.*, 6 nov. 1828, Lafond et Salamo c. Carcassonne.

CHAPITRE IX. — *Effet, quant aux lois et aux actes privés, de la révolte, ou de l'occupation temporaire d'un pays.*

248. — Un pays ne change pas de législation civile par cela qu'il change de domination. Dès lors, cette législation continue de le régir tant qu'elle n'est pas abrogée par son nouveau souverain. Ce principe est surtout applicable, lorsque le changement de domination est l'effet de la révolte. — *Cass.*, 16 mars 1841 (t. 2 1841, p. 27), Peraldi c. Ponte.

249. — Ainsi, la détermination du conseil général du gouvernement de la Corse prise le 5 mai 1794, et portant qu'il serait adressé une circulaire à tous les tribunaux du pays à l'effet de suspendre provisoirement l'exécution de la législation française et d'appliquer les anciennes lois de la Corse, n'a pu avoir pour effet d'abroger les lois françaises. — Même arrêt.

250. — L'occupation temporaire de la Martinique par les Anglais en 1813, fruit de la conquête, n'a pu porter atteinte aux droits de la France, ni changer le caractère de sa possession sur la Martinique, qui, quant au droit, n'a pas cessé d'être régie par les lois françaises. En conséquence, un Américain n'a pu, à cette époque, succéder aux biens d'un Français situés dans cette colonie. — *Cass.*, 1er févr. 1837 (t. 1er 1837, p. 84), Magill c. Monnet-Gonnier.

251. — Les actes privés, non contraires à l'ordre public et aux bonnes mœurs, faits entre particuliers pendant l'occupation hostile d'un pays, et les actes même émanés de l'autorité publique ennemie, sans l'exercice desquels le salut public et l'existence sociale eussent été compromis, subsistent après le rétablissement de l'autorité légitime. — *Cass.*, 16 mars 1841 (t. 2 1841, p. 27), Peraldi c. Ponte.

252. — Ainsi, les arrêts rendus pendant les guerres dans les colonies (Guadeloupe et Martinique), au nom du souverain qui les occupait, sont valables, et les règlemens que ce souverain y avait établis, pour l'administration de la justice, ont dû être réputés avoir force de loi jusqu'au moment où l'occupation étrangère a cessé. — *Cass.*, 18 févr. 1819, Thélusson c. Copens; 15 avr. 1819, Regis-Leblanc.

253. — Dès lors, on a été non recevable à se pourvoir en cassation contre les arrêts rendus dans les colonies, dans la Martinique particulièrement, au nom du roi de la Grande-Bretagne, pendant l'occupation militaire des Anglais, si, à l'époque de la rentrée de la colonie sous la domination française, le *délai de quatorze jours*, accordé par un statut spécial pour se pourvoir devant le conseil de Sa Majesté Britannique, *était expiré*. — Mêmes arrêts. — V. aussi, dans le même sens, *Cass.*, 10 août 1825, Dumoulier de la Brosse c. Lejeune de Lamotte.

254. — Mais les lois indignes de ce nom, celles imposées par la domination de fait, non pour l'avantage, mais pour le renversement de la société, les lois qui, par la plus odieuse et la plus antisociale des dispositions, par l'effet rétroactif, jettent le désordre et la détresse dans les familles, tombent de plein droit, *ipso jure*, au moment même où tombe la force hostile qui les avait enfantées. — V. l'arrêt précité de *Cass.* du 16 mars 1841.

255. — Spécialement, l'acte du parlement anglo-corse du 18 mai 1795, qui abrogeait les lois françaises promulguées depuis le 15 juillet 1789, et validait, par un effet rétroactif, toutes les dispositions entre-vifs et testamentaires en ligne directe, faites contrairement aux lois des 7 mars 1793 et 17 niv. an II, a été anéanti de plein droit, du moins quant à la rétroactivité, par le seul effet de la réintégration de la souveraineté française en Corse. — Conséquemment, cet acte du parlement ne peut être invoqué à l'appui d'une donation antérieure frappée de nullité par lesdites lois de 1793 et de l'an II. — Même arrêt.

256. — Les actes de souveraineté faits par un prince étranger, dans un pays qu'il a occupé momentanément, soit par droit de conquête, soit comme allié de l'ancien souverain, et dans l'intérêt de ce dernier, cessent d'avoir leur effet aussitôt que l'occupation elle-même a cessé. — *Cass.*, 30 avr. 1812, Pisani.

257. — Ainsi, l'amnistie accordée en 1800 par le roi de Naples dans les États-Romains, qu'il avait repris sur la France, n'a plus eu aucun effet par la retraite de ses armées, et n'a pas pu être appliquée par les tribunaux français établis ensuite dans ce pays. — Même arrêt. — V., aussi, Merlin, *Répert.*, v° *Souveraineté*, § 8.

258. — La législation en vigueur dans les pays conquis ne peut, ainsi que nous l'avons vu, cesser de recevoir son application que quand elle a été abrogée par le conquérant. Cette abrogation résulte ordinairement de la publication de lois nouvelles; mais ces dernières lois ne peuvent, sous peine d'être entachées de rétroactivité, changer le caractère des faits qui se sont accomplis antérieurement. Ainsi, ce qui n'était point crime sous l'ancienne législation, ne peut le devenir sous la nouvelle; quand même celle-ci aurait expressément qualifié de crime le fait en question. — V., en ce sens, *Cass.*, 28 fruct. an II, Mazzone.

CHAPITRE X. — *Interprétation des lois.*

Sect. 1re. — *Interprétation législative; interprétation judiciaire.*

259. — L'interprétation législative et l'interprétation judiciaire étant liées entre elles par d'étroits rapports, nous les examinerons sous le même paragraphe.

260. — Le pouvoir d'interpréter les lois a appartenu de tout temps au législateur: *Ejus est interpretari, cujus est condere.* Ce pouvoir est le complément de toute institution judiciaire et politique. Il est nécessaire à la société; car il est impossible de laisser sans règle de solution cette multitude de litiges que doit faire naître l'ambiguïté d'une loi entre des intérêts privés également actifs. — Isambert, *De l'interprétation législative* (Revue de législation, par Wolowski, t. 1er, p. 242).

261. — Quant aux tribunaux, ils ont non-seulement le *droit*, mais encore le *devoir* d'interpréter les lois ou de suppléer à leur silence, en tant que cela est nécessaire pour décider les affaires qui leur sont soumises. — Zachariæ, t. 1er, p. 72.

262. — L'art. 4, Cod. civ., porte en effet que le juge qui refusera de juger, sous prétexte du silence, de l'obscurité ou de l'insuffisance de la loi, pourra être poursuivi comme coupable de déni de justice; et cette disposition s'applique aussi bien en matière civile qu'en matière criminelle. — Demolombe, t. 1er, n° 112. — V. DÉNI DE JUSTICE.

263. — L'interprétation législative portant le caractère de loi. — Mailher de Chassat, § 159; Foucher, *Revue de législation*, t. 6, p. 292. — Il importe peu que celui qui donne cette interprétation ait rendu ou non la loi interprétée; il suffit qu'il ait le véritable caractère de législateur. — Mailher de Chassat, *ibid.*

264. — Sous l'ancienne monarchie française, les tribunaux montrèrent une certaine tendance à empiéter, sous le rapport de l'interprétation des lois, sur les attributions du pouvoir législatif. C'est ce qui résulte notamment de l'art. 7 du tit. 1er de l'ordonnance de 1667, ainsi conçu: « Si, dans les jugemens des procès qui seront pendans en nos cours de parlement et nos autres cours, il survient aucune difficulté sur l'exécution de quelques articles de nos ordonnances, édits, déclarations et lettres patentes, nous leur défendons de les interpréter; mais nous voulons qu'en ce cas elles aient à se retirer par devers nous, pour apprendre ce qui sera de notre intention. »

D'après cette ordonnance, le roi, seul législateur, interprétait donc seul la loi, et l'interprétation devait précéder le jugement.—Duvergier, *Collect. des lois*, 2e édit., t. 28, p. 237.

265. — Cependant, nonobstant la défense portée en l'ordonnance qui précède, les Parlemens, forts de leur puissance et de la crainte qu'ils inspiraient au pouvoir royal, se mirent en possession de déclarer, par une disposition générale, qu'à l'avenir ils jugeraient toute une série de litiges d'après une règle qu'ils proclamaient eux-mêmes, et dont ils ordonnaient l'impression. Ce ne fut donc pas *sous le bon plaisir* du monarque que furent rendus par les Parlemens ces arrêts dits de règlement, et qui ressemblaient assez aux édits que les préteurs faisaient à Rome.

266. — Lorsque, en 1789, le pouvoir législatif fut dévolu, avec une pleine initiative, à une assemblée unique, sous la sanction royale, et que les grands corps de justice furent supprimés pour faire place au tribunal de cassation, la loi du 24 août 1790, *sur l'organisation judiciaire*, vint de nouveau défendre aux juges de faire des règlemens, en leur enjoignant de s'adresser au Corps législatif toutes les fois qu'ils croiraient nécessaire soit d'interpréter une loi, soit d'en faire une nouvelle. L'art. 21, alin. 2 de la loi du 27 nov.-1er déc. 1790, au lieu de laisser facultatif le recours au Corps législatif, disposa que, lorsqu'un jugement aurait été cassé deux fois, et qu'un troisième tribunal aurait jugé en dernier ressort de la même manière que les deux premiers, la question ne pourrait plus être agitée au tribunal de cassation qu'elle n'eût été soumise au Corps législatif, qui, en ce cas, porterait un décret *déclaratoire* de la loi; et que, lorsque ce décret aurait été sanctionné par le roi, le tribunal de cassation s'y conformerait dans son jugement.

267.—D'après ces deux dernières lois, ce n'était plus le roi, mais le Corps législatif qui donnait l'interprétation: toutefois, l'interprétation, comme sous l'empire de l'ordonnance de 1667, précédait encore le jugement qui devait terminer le litige. — Duvergier, *ubi suprà*.

268. — Les dispositions consacrées par les lois qui précèdent, furent reproduites dans la constitution du 3 sept. 1791 (ch. 5, tit. 3, art. 21), et dans celle du 5 fruct. an III (art. 256); seulement celle-ci voulut que le référé au Corps législatif fût introduit après la première cassation, ce qui était commandé par le besoin de ne pas ruiner les parties en frais. — Cette forme de vider les difficultés provenant de l'obscurité des lois, fut étendue aux juridictions militaires par la loi du 18 vendém. an VI.

269. — Sous l'empire de la constitution du 5 fruct. an III, les tribunaux devaient juger les affaires qui leur étaient soumises, d'après les lois existantes, sans pouvoir en référer au Corps législatif. — *Cass.*, 19 mess. an VI (intérêt de la loi), tribunal de l'Aude.

270. — La constitution du 22 frim. an VIII, en instituant (art. 55) un Conseil d'Etat chargé de rédiger les projets de loi et les règlemens d'administration publique, lui confia, en même temps, le pouvoir d'interpréter les lois rendues en matière administrative; et c'était aussi dans ce sens limitatif, que devait être entendu l'art. 11 du règlement du 5 niv. an VIII, relatif à l'organisation du Conseil d'Etat, lequel portait que le Conseil d'Etat développait le sens des lois, sur le renvoi qui lui était fait par les consuls, des questions qui leur étaient présentées. L'interprétation des lois relatives à l'ordre judiciaire, demeura donc sous l'empire de la règle générale: *Ejus est interpretari, cujus est condere;* par conséquent resta confiée au Corps législatif. — Toullier, t. 1er, no 138. — V. cependant Merlin, *Rép.*, vo *Interprétation*, no 1er.

271. — Au mode de procéder établi par la constitution de l'an III et la loi du 27 vend. an VI, la loi du 27 vent. an VIII, réorganisatrice de la Cour de cassation, en substitua un autre. L'art. 78 de cette loi est en effet ainsi conçu: « Lorsque, après une première cassation, le second jugement sur le fond sera attaqué par les mêmes moyens que le premier, la question sera portée devant toutes les sections réunies de la Cour de cassation. »

272. — Le Code civil, en laissant subsister la loi du 27 vent. an VIII, a encore consacré la démarcation précédemment établie entre les attributions du pouvoir législatif et celles du pouvoir judiciaire, en matière d'interprétation des lois. L'art. 5 de ce Code contient une nouvelle défense aux tribunaux de prononcer, par voie de disposition générale et réglementaire, sur les causes qui leur sont soumises; c'est-à-dire d'attribuer à leurs décisions la force d'un règlement général

LOIS, ch. 10, sect. 1re.

applicable à tous les cas analogues qui peuvent se présenter.

273. — Les juges ne pouvant, aux termes de l'art. 4 du même Code, se dispenser de prononcer, sous prétexte du silence, de l'obscurité ou de l'insuffisance de la loi, il résulte même de là, qu'il leur est interdit de suspendre le jugement d'une condamnation, pour demander au législateur une interprétation authentique, qui devienne la règle de leur décision future. Autrement, d'une part, le législateur deviendrait juge, il prononcerait entre particuliers, sur un fait passé: de l'autre, la marche des affaires serait à chaque instant entravée; enfin, on verrait bientôt s'accroître, d'une manière vraiment effrayante, le nombre de nos lois, tellement considérable déjà, que, comme l'a dit un auteur, celui-là mérite déjà le nom de savant, qui sait seulement se reconnaître au milieu d'elles, et en trouver une, quand il a besoin de la consulter. — Toullier, no 148; Zachariæ, p. 72; Marcadé, t. 1er, p. 85.

274. — La loi du 27 vent. an VIII, n'ayant pas prévu le cas où, après une seconde cassation, une troisième Cour d'appel jugerait comme les deux premières, et ne s'étant pas non plus expliquée sur le renvoi au Corps législatif, il s'est élevé la question de savoir si l'arrêt des sections réunies terminait le litige sans renvoi au Corps législatif, ou bien si l'innovation consistait seulement à réunir les sections de la cour, pour statuer sur le second pourvoi, les dispositions antérieures ordonnant le référé au Corps législatif conservant leur effet? Lors de la discussion de la loi du 30 juill. 1828 (V. *infrà* nos 284 et 285), M. le garde des sceaux et M. le rapporteur de la commission de la Chambre des Députés ont paru adopter la première opinion (V. *Moniteur* du 26 mars 1828, p. 362, et du 11 mai 1828, p. 614); mais M. Voysin de Gartampe a soutenu qu'il y avait toujours obligation de recourir à l'interprétation du Corps législatif, avant de statuer sur le troisième pourvoi en cassation, attendu que les lois nouvelles n'abrogent tacitement les lois antérieures qu'autant qu'elles sont incompatibles avec elles (*Moniteur* du 24 mai 1828, p. 695). — Duvergier, *ubi suprà*.

275. — Le silence de la loi du 27 vent. an VIII, sur les deux points précités, donna lieu à la loi du 16 sept. 1807, qui vint établir un système nouveau. Suivant l'art. 1er de cette loi, il y avait lieu à interprétation de la loi, si la Cour de cassation annulait deux arrêts ou jugemens en dernier ressort, rendus dans la même affaire, entre les mêmes parties, et attaqués par les mêmes moyens; mais l'art. 3 laissait à la Cour de cassation, contrairement au principe résultant des dispositions du Code civil, la faculté de demander l'interprétation avant de prononcer le second arrêt. Dans le cas où elle n'était pas demandée, ce second arrêt ne pouvait être rendu que les sections réunies, et sous la présidence du grand-juge (art. 4). Si le troisième arrêt était attaqué, l'interprétation était alors de droit (art. 5). La disposition la plus remarquable de la loi du 16 sept. 1807 était, sans contredit, celle qui portait que l'interprétation des lois devait être donnée dans la forme des règlemens d'administration publique (art. 2); car elle enlevait le droit d'interprétation au Corps législatif, pour le déférer au Conseil d'Etat.

276. — Il est bien évident que le règlement intervenu en exécution de la loi de 1807 avait l'autorité d'une loi purement interprétative, et s'incorporait avec la loi qu'il avait pour objet d'éclairer et de rendre obligatoire pour les tribunaux qui s'en étaient écartés. — Isambert, *Revue de législation*, t. 1er, p. 246.

277. — Il est à remarquer aussi que, quoique la loi du 16 sept. 1807, n'eût été faite que pour le cas de contrariété entre trois jugemens ou arrêts en dernier ressort et deux arrêts de cassation rendus dans la même affaire entre les mêmes parties, et sur les mêmes moyens, quoiqu'elle n'eût rien de commun avec les interprétations données de propre mouvement, il n'en restait pas moins, pour la faire respecter dans le cas d'interprétations données de propre mouvement, soit par des décrets, soit par des avis du Conseil d'Etat (revêtus de l'approbation du chef du gouvernement), le principe que les actes de gouvernement, quelque inconstitutionnels qu'ils fussent, liaient les tribunaux par cela seul que le sénat n'en avait pas proclamé l'inconstitutionnalité. — Merlin, *Répert.*, vo *Interpretation*, no 1er.

278. — ... Et depuis la restauration de 1814, ces interprétations sont demeurées obligatoires pour les tribunaux. — Merlin, *ibid.*

279. — Lors de la chute du gouvernement impérial, le Conseil d'Etat cessa de faire partie des corps politiques; mais le roi étant resté investi du droit de faire des ordonnances et règlemens

LOIS, ch. 10, sect. 1re.

d'administration publique, par l'art. 14 de la charte du 4-10 juin 1814, on en conclut qu'il n'appartenait qu'à lui d'interpréter les lois sur le sens desquelles il y aurait, dans la même affaire, opposition entre trois jugemens ou arrêts en dernier ressort et deux arrêts de la cour de cassation. L'art. 68 de la charte de 1814, en déclarant que les lois actuellement existantes qui n'étaient pas contraires à la présente charte, restaient en vigueur jusqu'à ce qu'il y fût légalement dérogé, avait, d'ailleurs, implicitement maintenu la loi du 16 sept. 1807. — *Nanci*, 23 janv. 1838, Vincenot. — Merlin, *ubi suprà*, no 5, et *Quest. de droit*, *eod. verbo*, § 1er; Mailher de Chassat, t. 1er, p. 262, à la note; Isambert, *loc. cit.*

280. — Cependant, dès la session de 1814, on s'aperçut que la loi de 1807 n'était plus en harmonie avec l'esprit de la Charte; et le 21 sept. 1814, une résolution de la Chambre des Députés, à laquelle s'associa la Chambre des Pairs, mais non sanctionnée par le roi, revendiqua pour les trois branches du pouvoir législatif le droit de donner les déclarations interprétatives. « La déclaration interprétative, portait l'art. 3 de cette résolution, est proposée, discutée, adoptée et promulguée dans la forme ordinaire des lois. »

281. — En 1817, lorsqu'il a été nécessaire d'interpréter le sens des art. 115 et 116 du Code de commerce, cette interprétation fut donnée par une loi, et non par un avis du Conseil d'Etat. Le principe que l'interprétation des lois appartient essentiellement au pouvoir législatif parut donc de nouveau prévaloir. M. Desèze a dit, dans son rapport, que c'était un retour aux vrais principes établis par la loi du 27 nov.-1er déc. 1790 et violés par celle du 16 sept. 1807. — Duvergier, *Collect. des lois*, t. 16, p. 169, à la note; et t. 21, p. 108, en note.

282. — Mais, le 17 déc. 1823, un avis du Conseil d'Etat vint encore reconnaître l'existence de la loi du 16 sept. 1807, et professer la doctrine que, d'après ses dispositions, le roi pouvait interpréter les lois après deux cassations. Toutefois, il fit une distinction entre l'interprétation générale législative et l'interprétation spéciale, applicable à un cas particulier, et il n'attribua au roi que cette dernière espèce d'interprétation, sans force obligatoire, pour les tribunaux, sans autorité sur les cas analogues. Merlin (*Quest. de droit*, vo *Interprétation des lois*, § 1er) enseigne aussi que c'est en ce sens que la loi du 16 sept. 1807 réservait au roi le droit d'interpréter les lois; mais M. Duvergier (*Collection des lois*, t. 24, p. 423, note, et t. 28, p. 238) soutient, au contraire, que jamais la loi de 1807 n'a voulu consacrer cette distinction, et que l'interprétation dont elle s'occupait était bien réellement l'interprétation législative et générale. D'abord, le discours de l'orateur du gouvernement, présentant cette loi de 1807, lui paraît ne laisser aucun doute sur l'effet et l'étendue des interprétations données par le Conseil d'Etat; il les considère comme devant remplacer les interprétations que donnait précédemment le pouvoir législatif. « D'ailleurs, et en fait, ajoute M. Duvergier, on a toujours vu dans les avis du Conseil d'Etat donnés conformément à la loi de 1807, de véritables interprétations législatives. » Cependant, la doctrine émise par l'avis du Conseil d'Etat du 17 déc. 1823 a été également consacrée par Toullier. Cet auteur (t. 1er, no 141) considère les ordonnances par lesquelles le roi aurait, de propre mouvement, par forme réglementaire, interprété les lois, *comme un empiétement sur le pouvoir législatif;* et Merlin en a tiré la conséquence qu'elles ne seraient point obligatoires aujourd'hui pour les tribunaux (*Répert.*, vo *Interprétation*, no 3, où il cite, à l'appui de son opinion, un arrêt de *Douai* du 30 oct. 1819).

283. — Du reste, l'inconvénient que présentait l'avis du Conseil d'Etat du 17 déc. 1823, de nécessiter, sur chaque affaire qui se trouverait dans le cas prévu par la loi du 16 sept. 1807, une interprétation royale qui, limitée à cette affaire seule, laisserait subsister, pour les affaires analogues, les doutes qu'elle aurait résolus, fut bientôt senti, et de là vint la loi du 30 juill. 1828, qui, en abrogeant (art. 4) celle de 1807, lui substitua d'autres dispositions.

284. — Aux termes de cette loi, lorsque après la cassation d'un premier arrêt, ou jugement en dernier ressort, le deuxième arrêt ou jugement rendu dans la même affaire, entre les mêmes parties, était attaqué par les mêmes moyens que le premier, la Cour de cassation prononçait toutes les chambres réunies (art. 1er). Lorsque la Cour de cassation avait annulé deux arrêts ou jugemens en dernier ressort rendus dans la même affaire, entre les mêmes parties, et attaqués par les mêmes moyens, le jugement de l'affaire était, dans tous les cas, renvoyé à une Cour royale, qui prononçait toutes les Chambres réunies. L'arrêt qu'elle rendait ne pouvait être attaqué sur le même point et par les mêmes moyens par la voie du recours en cassation : toutefois, il en était référé au roi pour être ultérieurement procédé, par ses ordres, à l'interprétation de la loi (art. 2). Dans la session législative qui suivait le référé, une loi interprétative était proposée aux Chambres (art. 3.)

285. — L'interprétation enlevée au pouvoir législatif par la loi de 1807 lui était donc restituée. Mais ce n'était pas la seule innovation à la législation antérieure qui eût été introduite par la loi du 30 juill. 1828. Ainsi, le garde des sceaux ne présidait plus, comme sous l'empire de la loi de 1807, les sections réunies de la Cour de cassation. On avait craint son influence, et on avait pensé qu'il n'était pas convenable que le ministre, qui doit concourir à la confection de la loi interprétative, émît son opinion comme juge (Duvergier, *Collect. des lois*, t. 28, p. 241, note 1re). L'interprétation ne pouvait plus, en aucun cas, précéder la décision définitive ; elle n'était donnée qu'après que le procès avait été terminé par un jugement, qui pouvait être contraire à l'interprétation législative, et qui n'en était pas moins la loi des parties. Enfin, la décision de la Cour de renvoi était inattaquable et souveraine ; elle pouvait l'emporter sur les deux arrêts de la Cour de cassation.

286. — A l'égard du référé au roi, il devait avoir lieu dans tous les cas, soit que l'arrêt de la troisième Cour royale eût jugé comme la Cour de cassation, soit qu'il eût adopté l'opinion contraire. — Duvergier, p. 244, note 2.

287. — Mais la loi du 30 juill. 1828 renfermait un vice radical : c'était de confondre les attributions essentielles des grands corps judiciaires, et de paralyser précisément celles du corps qui les domine tous, au moment même où il était appelé, autant par la raison que par la loi de son institution, à en faire usage. Ce n'était plus, d'après cette loi, la Cour suprême qui fixait la jurisprudence, ses arrêts étaient en quelque sorte provisoires ; on pouvait ne les considérer que comme de simples avis, des consultations que les Cours royales restaient maîtresses de suivre ou de repousser. De là le sacrifice, au grand détriment du bien public, de l'*unité* de la jurisprudence. De là aussi l'abandon forcé de l'*unité* de la législation, puisque les nombreuses Cours du royaume pouvaient juger différemment la même question ; c'était admettre autant de lois ou d'interprétations de lois que de ressorts de Cours royales. C'était faire revivre le scandale de ces jurisprudences variées des anciens Parlemens. D'ailleurs, la disposition de cette loi du 30 juill. 1828, qui imposait à l'autorité judiciaire le devoir d'en référer au gouvernement, qui, de son côté, était obligé de proposer aux Chambres une loi interprétative, n'était pas susceptible d'être exécutée : l'expérience l'a prouvé. Dans une multitude de circonstances la Cour de cassation en a référé au gouvernement, et ce n'est que dans un très-petit nombre de cas que le gouvernement a pu demander aux Chambres des dispositions législatives (motifs de la loi du 1er avril 1837). — V., au surplus, sur ce point, Duvergier, t. 28, p. 237 et suiv., et t. 37, p. 83 ; Mailher de Chassat, *De l'interprétation des lois*, édit. de 1836, préface, p. 2.

288. — Aussi la loi du 30 juill. 1828 a-t-elle été abrogée par celle du 1er avr. 1837 (art. 4), dont les dispositions servent encore aujourd'hui de règles en cette matière ; la révolution du 24 févr. 1848 n'ayant apporté aucune innovation à cet égard. L'art. 1er de cette dernière loi n'est que la reproduction de l'art. 1er de celle de 1828 (*suprà* no 284). Mais l'art. 2 est ainsi conçu : « Si le deuxième jugement ou arrêt est cassé pour les mêmes motifs que le premier, la Cour royale ou le tribunal auquel l'affaire est renvoyée se conformera à la décision de la Cour de cassation sur le point de droit jugé par cette cour. » L'art. 3 ajoute que « la Cour royale statuera en audience ordinaire, à moins que la nature de l'affaire n'exige qu'elle soit jugée en audience solennelle. »

289. — Le pouvoir législatif ne conserve pas moins, nonobstant la loi du 1er avril 1837, sa haute et pleine puissance pour éclairer, pour interpréter les lois. L'interprétation *judiciaire* attribuée au second arrêt de la Cour de cassation, rendu chambres réunies, n'a de force que pour l'affaire particulière pour laquelle elle a eu lieu. Cet arrêt n'a rien de législatif, et loin de lier les autres cours d'appel qui pourraient être ultérieurement saisies de la même question, il n'est même pas obligatoire à l'égard de la cour de renvoi, pour les cas analogues qui peuvent se présenter devant elle. En conséquence, si une interprétation législative devenait utile ou nécessaire, elle pourrait être proposée, comme pourrait l'être tout projet de loi, soit par l'Assemblée législative ou par l'un de ses membres, soit par le président de la République. Il a été bien entendu et bien expliqué lors de la discussion de la loi du 1er avr. 1837, soit à la Chambre des Pairs, soit à la Chambre des Députés, que le projet d'interprétation législative peut émaner de ceux auxquels appartient l'initiative des lois. — Duvergier, *Collect. des lois*, observations sur la loi du 1er avr. 1837, t. 37, p. 83.

Sect. 2e. — *Interprétation doctrinale.*

290. — L'interprétation doctrinale est celle qui consiste à indiquer et déterminer, au point de vue scientifique et en dehors de toute application pratique, le sens et la portée de la loi.

291. — La plus sûre interprétation que puisse, à ce point de vue, recevoir une loi est celle qui est puisée dans les motifs sur lesquels elle se fonde, et qui présentent la pensée du législateur, sa volonté intime et le but qu'il s'est proposé d'atteindre. *Scire leges*, portait la loi 17, ff., *De legibus*, *non est earum verba, sed vim et potestatem tenere.*

292. — On ne peut argumenter de l'*intitulé* d'une loi pour restreindre à quelque cas une disposition qui, par sa généralité, les embrasse tous. — Merlin, *Rép.*, vo *Loi*, § 10, no 2. — V. aussi, dans le même sens, motifs de l'arrêt de *Cass.* du 30 juill. 1811, Demontis c. Houdaigne.

293. — Merlin (*Quest. de droit*, vo *Voiture* [*lettre de*], § 1er) enseigne même que l'*intitulé* des lois émanées de l'Assemblée nationale avant la constitution de l'an VIII ne saurait servir à leur interprétation ; mais il nous paraîtrait inexact de généraliser aujourd'hui cette opinion.

294. — Lorsqu'une loi offre plusieurs sens, celui qui résout le plus de doutes doit être préféré. — Mailher de Chassat, § 68.

295. — Il résulte aussi des motifs d'un arrêt de la Cour de cassation, du 19 oct. 1821 (Cauchois-Lemaire), que lorsqu'une loi présente des doutes dans son interprétation, elle doit être entendue dans le sens le plus généreux et le plus moral.

296. — Ainsi, à l'égard des *lois dérogatoires*, Thibaut (*Théorie de l'interprétation logique des lois*, § 20) pense que lorsque les motifs de la loi dérogatoire s'appliquent à des cas prévus par les dispositions de l'ancien droit qu'elle laisse subsister, on ne peut étendre à ces cas la loi nouvelle par voie d'interprétation, parce que cette loi nouvelle n'a pas dû avoir pour effet de faire entrer sous son empire des cas déjà placés sous l'empire du droit antérieur ; mais que lorsque les motifs de la loi dérogatoire s'appliquent à des cas non prévus par le droit antérieur, rien ne s'oppose plus à ce qu'on étende jusqu'à eux la disposition de cette loi. M. Mailher de Chassat (*Traité de l'interprétation des lois*, § 107 et suiv.) a également admis, en se fondant sur les lois romaines (L. 14 et 16, D. *De legib.* ; L. 152, D. *De regul. jur.*), que, dans le cas où les lois dérogatoires laissent subsister le droit antérieur, il n'y a pas d'extension possible, parce qu'alors les lois dérogatoires ne sont qu'exceptionnelles. Mais quand, au contraire, les lois dérogatoires ont abrogé une partie si considérable du droit antérieur, qu'elles sont devenues le droit commun, tandis que le droit antérieur est devenu l'exception, il considère l'extension comme permise pour les dispositions du nouveau droit commun qui le comporteront, mais non pour les dispositions du droit antérieur devenu exceptionnel.

297. — Quant aux lois pénales, Thibaut (§ 21) enseigne encore qu'elles sont susceptibles d'extension, que leurs motifs peuvent être étendus d'un cas à un autre ; mais cette opinion est isolée. Tous les auteurs, au contraire, reconnaissent, et avec raison, par application du principe *Odia restringenda, non amplianda*, que la loi pénale doit être strictement renfermée dans ses termes, sur lesquels ne peut jamais prévaloir l'esprit même de la loi. — V. notamment Merlin, *Rép.*, vo *Loi*, § 10 ; Mailher de Chassat, § 114 et suiv. ; Chauveau et Hélie, *Théorie du Code pénal*, t. 1er, p. 37 ; Morin, *Dict. de dr. crim.*, vo *Lois criminelles* ; Toullier, t. 1er, no 147 ; Zachariæ, p. 79. — V. aussi motifs de l'arrêt de *Cass.* du 20 fév. 1821, Champigny c. Chenneveau.

298. — C'est ainsi qu'il a été jugé qu'on ne peut, par voie d'analogie ou d'interprétation, atteindre et punir un fait qui n'est pas qualifié crime ou délit par la loi. — *Cass.*, 19 mars 1831, Roy.

299. — Les peines ne peuvent non plus être établies par des expressions équivoques. — Motifs de l'arrêt de *Cass.* du 19 oct. 1821, Cauchois-Lemaire.

300. — Cependant, M. Mailher de Chassat (§ 115) indique quelques exceptions à la règle de la non-extension des lois pénales. Ainsi, il pense que l'extension de ces lois pourra avoir lieu, notamment lorsqu'il s'agira de les appliquer à des espèces semblables en tous points à celles que ces lois ont prévues, et dans lesquelles se trouveront mêmes motifs ou motifs plus forts, d'empêcher que les lois ne soient illusoires, lorsqu'elles auront été rendues, soit pour la conservation et le repos de la société, soit pour réprimer les crimes et délits contraires à l'équité naturelle, comme le vol, l'adultère, l'homicide ; pourvu qu'il y ait identité de motifs ou motifs plus forts... — V. également sur ce point Morin, *loc. cit.*

301. — C'est encore un principe universellement reconnu en matière d'interprétation, que les lois pénales doivent s'interpréter dans le sens le plus favorable au prévenu : *In pœnalibus causis benignius interpretandum est.* — Merlin, *Rép.* vo *Juge*, no 6, *in fine* ; Carnot, *Comment. sur le C. pén.*, t. 1er, p. 81 ; Legraverend, *Législ. crimin.*, *Introduct.*, p. 6 ; Rauter, *Droit crim.*, t. 1er, p. 59 ; Morin, *ubi suprà*. — V. aussi, implicitement dans le même sens, *Cass.*, 6 déc. 1828, Crosnier.

302. — Toutefois, la loi du 30 juillet 1828, suivant laquelle la cour d'appel, saisie par un deuxième arrêt de cassation, ne pouvait pas appliquer une peine plus grave que celle qui résultait de l'interprétation la plus favorable à l'accusé, ne devait pas être entendue en ce sens, qu'il ne fût appliqué, en certain cas, aucune peine au prévenu reconnu coupable. — *Orléans*, 11 juill. 1833, Houtin. — Nous avons vu (*suprà* no 286) que cette loi de 1828 a été abrogée par celle du 1er avril 1837.

303. — Jugé aussi que les erreurs matérielles qui se sont glisées dans le texte d'une loi pénale ne peuvent être rectifiées par les magistrats, lesquels ne doivent appliquer que le texte légalement publié. — *Cass.*, 11 mars 1831, Tournel.

304. — Les peines de déchéance, loin d'être étendues, doivent, au contraire, en cas de doute, être interprétées d'une manière restrictive. — *Motifs* de l'arrêt de *Cass.*, 19 juill. 1826, Marchais c. Machenaud.

305. — Jugé aussi que, en matière fiscale, il n'est pas permis, sous prétexte d'analogie, d'induire d'une disposition de la loi sur des cas explicites et déterminés, pour l'étendre et l'appliquer à d'autres non prévus. — *Cass.*, 26 déc. 1826, Enregistrement c. Carmoy ; 5 janv. 1827, Enregistrement c. Audé ; 25 janv. 1827, Doncau. — V. aussi, motifs de l'arrêt de *Cass.*, 12 juill. 1834, Contributions indirectes c. Grandmougin.

306. — En matière de tarifs, les lois et règlemens qui autorisent et déterminent ce genre de perception, ont nécessairement un caractère limitatif. — *Cass.*, 14 déc. 1831, Bessonat c. Gourier.

307. — *Spécialement*, les édits d'avr. 1704, les arrêtés du conseil du 3 juin même année, et les lettres patentes du 17 du même mois, qui établissent des gardes-ports et fixent le tarif des droits à percevoir par eux sur les rivières de Seine, Oise, Yonne, Marne et autres affluant dans Paris, ont un caractère limitatif et ne peuvent être appliqués au canal de Bourgogne, qui n'a été fait que depuis. — Même arrêt. — V. GARDE-PORT.

308. — Une disposition prohibitive ne peut jamais être établie ni par induction ni par raisonnement. — Motifs de l'arrêt de *Cass.* du 8 ma 1826, Rollin c. Belair.

309. — Mais lorsqu'une loi fait cesser la recherche d'un abus qu'elle pardonne pour le passé, il faut en conclure qu'elle le défend pour l'avenir. *Cùm lex in prætcritum quid indulget, in futurum vetat.* — L. 22, D. *De legib.*

310. — Les dispositions contraires au droit commun, ou qui contrarient le système général de la législation, ne doivent jamais recevoir d'extension ni d'un cas à un autre, ni d'une personne à une autre, ni d'une chose à une autre. — Merlin, *Rép.*, vis *Interprétation*, no 3, et *Loi*, § 10 (5e édit., p. 241, 2e col.) ; et *Quest. de droit*, vis *Inscriptions hypothécaires*, § 3, et *Notaires*, § 3.

311. — Les lois qui favorisent ce que le bien public, l'humanité, la religion, la liberté des conventions et d'autres motifs de ce genre rendent favorable, et celles dont les dispositions sont en faveur de quelques personnes, doivent au contraire s'interpréter avec l'étendue que peut y donner la nature de ces motifs, jointe à l'équité, et ne doivent pas s'interpréter durement, ni s'appliquer d'une manière qui puisse préjudicier aux personnes que ces lois ont voulu favoriser. — Merlin, *Rép.*, vo *Loi*, *ubi suprà*.

312. — L'équité est d'un grand secours pour

l'interprétation extensive des lois. *In omnibus quidem, maximè tamen in jure, æquitas spectanda est.* — Toullier. t. 1er, no 149.

313. — C'est surtout dans les liens intimes qui unissent le droit public au droit privé, que se trouvent les plus sûrs moyens d'interpréter les lois civiles. *Sub tutelâ juris publici latet jus privatum*, dit Bacon (aphoris. 3). — V. aussi, Mailher de Chassat, *Comment. approfondi du C. civ.*, sur l'article 1er, ch. 1er, sect. 2, no 14, t. 1er, p. 33.

314. — Les lois anciennes, même abrogées, peuvent aussi servir à interpréter les lois postérieures : *Non est novum, ut priores leges ad posteriores trahantur.* — L. 26, D. *De legib.* — Est-il une maxime plus vulgaire que celle-ci : *Optima est legum interpres consuetudo?* — L. 37, D. *De legib.*

315. — Les tribunaux peuvent également interpréter une loi ancienne par une loi nouvelle. — A cet égard, il a été décidé que, quoiqu'une loi ne fût antérieure que de quatre jours au jugement attaqué par la voie de cassation, et que par conséquent elle n'eût pas dû être enregistrée au tribunal d'appel quand il avait rendu son jugement, le tribunal de cassation n'en était pas moins en droit de puiser dans cette loi un mode d'interprétation de la loi appliquée par le jugement attaqué. — *Cass.*, 3 prair. an XI, Vendel c. commune de Ranguevaux.

316. — Si l'on peut rechercher le sens des lois même au delà ses termes, on doit également le rechercher en deçà. Des mots employés par le législateur ne peuvent-ils pas dire plus de choses qu'il n'a voulu leur en faire dire? le sens de ces mots ne peut-il pas être différent de celui de la loi? Une disposition légale n'est donc pas applicable aux cas que son texte paraît à la vérité comprendre, mais qui se trouvent exclus par son esprit. *Cessante ratione legis, cessat ejus dispositio.* Cette maxime, qui est la base de l'*interprétation restrictive*, ne veut pas dire qu'une loi cesse d'être obligatoire aussitôt que cessent les circonstances en considération desquelles elle a été établie. Pour l'appliquer sainement, on doit présupposer l'existence de la raison déterminante de la loi, et n'exclure de son application que les hypothèses où cette raison n'existe ni réellement ni fictivement. — Zachariæ, t. 1er, p. 78.

317. — Lors même que les motifs de la loi, que l'équité donneraient à cette loi un sens plus étendu que celui que comportent ses termes; si le législateur a voulu que la loi ne soit entendue et appliquée que selon ces termes, il faut impérieusement les restreindre aux cas qu'ils prévoient. *Dura lex, scripta tamen.* — Merlin, *Rép.*, vo *Loi*, § 10; Mailher de Chassat, § 120 et suiv.

318. — Une disposition exceptionnelle, soit de sa nature (comme une loi pénale), soit par tout autre motif, emporte par elle-même obligation de la restreindre au cas pour lequel elle est établie. *Exceptio firmat regulam in casibus non exceptis. Exceptio est strictissimæ interpretationis.* — V. Zachariæ, p. 79.

319. — Les lois spéciales ne doivent pas servir à décider par analogie les cas non prévus. — Dans le concours de la législation générale avec la législation spéciale, c'est à celle-ci qu'il faut toujours se référer, et lorsque cette dernière contient une disposition expresse qui n'est ni obscure ni insuffisante, les juges ne peuvent s'écarter de ce qu'elle prescrit littéralement, sous le prétexte d'en rechercher le sens ou l'esprit, ou de la rendre plus parfaite (motifs de l'arrêt de *Cass.*, 7 juill. 1828, commune d'Ambutrix c. commune de Saint-Denis). — V. sur ce point Mailher de Chassat, § 126.

320. — Mais, dans l'interprétation d'une loi, il ne faut jamais restreindre une disposition illimitée, ni la soumettre à des distinctions contraires à sa généralité : *Ubi lex non distinguit, neque interpretis est distinguere.*

321. — Ainsi, lorsque la disposition littérale d'une loi ou d'un arrêté est expresse, générale, et ne renferme aucune modification, il n'est pas permis aux tribunaux d'en restreindre l'application à tels ou tels individus, sous le prétexte qu'eux seuls sont dénommés dans le titre de la loi ou de l'arrêt. — Arg. de l'arrêt de *Cass.* du 30 juill. 1811, Demontis. — V. aussi *Cass.*, 17 brum. an VII, Colin.

322. — Toutefois, les lois *rétroactives* doivent se restreindre le plus possible. — Merlin, *Rép.*, vo *Triage*, § 1er.

323. — L'interprétation qui a pour objet d'exposer le sens naturel et régulier de la loi, en expliquant les mots équivoques, ambigus ou obscurs, les locutions douteuses, ambiguës ou obscures se nomme *déclarative* : c'est l'interprétation proprement dite. Elle a lieu dans tous les cas, car on a toujours besoin de connaître le sens de la loi. Elle est la plus naturelle, car elle n'ajoute ni ne retranche rien au texte. Elle est même considérée comme virtuellement renfermée dans le texte. — Mailher de Chassat, § 128.

324. — Enfin, une dernière règle commune aux différentes espèces d'interprétations, c'est qu'il faut toujours adopter celle qui fait produire aux lois un effet, et qui les met en harmonie entre elles, plutôt que celle qui les paralyserait, en les neutralisant l'une par l'autre. — Motifs de l'arrêt de *Bordeaux* du 22 mai 1806, Crouzeilles.

CHAPITRE XI. — *Dérogation aux lois.*

325. — La dérogation aux lois est légale quand elle est l'œuvre de la loi, conventionnelle quand elle est le résultat de conventions privées.

326. — La dérogation légale avait lieu, en droit romain, lorsqu'une partie de la loi en était retranchée, l'autre partie continuant toujours de subsister : *Derogatur legi, cùm pars detrahitur.* De nos jours, le législateur peut déroger à une loi, non-seulement par *retranchement*, mais encore par *addition*. Toute modification, en un mot, qu'il apporte à une loi et qui ne tend pas à l'anéantir en totalité, est une dérogation.

327. — Nous avons un exemple de dérogation au Code civil dans la loi du 3 sept. 1807, qui porte que l'intérêt conventionnel de l'argent, en matière civile, ne pourra excéder cinq pour cent, et, en matière de commerce, six pour cent, sans retenue, au lieu que, suivant l'art. 1907 du Code, le taux de l'intérêt conventionnel pouvait excéder celui de la loi et ne dépendait que de la stipulation.

328. — Toutes les règles applicables en matière d'abrogation le sont également à la dérogation. Ainsi une loi peut déroger à celles qui l'ont précédée, non-seulement lorsqu'elle le déclare formellement, mais encore lorsqu'elle contrarie leurs dispositions, ou, ce qui revient au même, lorsque ses dispositions sont inconciliables avec les leurs. L'usage peut être aussi une cause de dérogation.

329. — Chacun est libre de renoncer et, par conséquent, de déroger aux dispositions légales qui ne sont introduites qu'en sa faveur et qui n'intéressent que lui seul : *Est regula juris antiqui*, disait la loi romaine (l. 29, C. *de pactis*), *omnes licentiam habere his quæ pro se introducta sunt renuntiare.* Cette maxime a été admise par tous les auteurs. — V., notamment, Merlin, *Rép.*, vo *Dérogation*, no 2; Toullier, t. 1er, no 101; Zachariæ, t. 1er, p. 64.

330. — Mais elle est sujette à de nombreuses limitations. Les jurisconsultes qui ont écrit sur la matière des *statuts* où l'on examine quelles sont les lois auxquelles on peut ou l'on ne peut pas déroger, enseignaient communément qu'on ne pouvait déroger aux lois ou statuts *prohibitifs*. La difficulté que l'on éprouvait à déterminer si une loi, quoique conçue en forme de prohibition, *Nul ne peut, On ne peut*, etc., était réellement, absolument prohibitive, avait empêché que l'opinion de ces jurisconsultes devînt générale. Aussi tous les auteurs qui sont venus après eux ont-ils proposé d'autres règles destinées à faire connaître les lois auxquelles on pourrait, ou non, déroger. L'un d'eux notamment, Bouhier, dans son *Commentaire* sur la coutume de Bourgogne (*Observat.*, 21, nos 53, 57, 63 et 68), pensa que la maxime qu'il est permis à chacun de renoncer au droit introduit en sa faveur devait souffrir exception : 1o toutes les fois que la loi même avait défendu de déroger à ses dispositions; 2o lorsqu'on pouvait induire de ses dispositions ou de ses motifs qu'elle était absolument prohibitive; 3o lorsque les dispositions de la loi avaient pour fondement quelque cause publique ou politique, ou l'intérêt d'un tiers.

331. — Cette doctrine de Bouhier doit être encore suivie aujourd'hui. — Toullier, t. 1er, nos 108 et suiv. — Le législateur a même souvent déclaré quand on pouvait ou quand on ne pouvait pas déroger aux dispositions de la loi.

332. — C'est ainsi que dans plusieurs articles du Code civil, il a exigé que, pour qu'on pût déroger à une loi en renonçant à un droit introduit en sa faveur, il fallait que ce droit fût ouvert, acquis. L'art. 1130 défend en effet expressément de renoncer à une succession non ouverte et de faire aucune stipulation sur une pareille succession, même avec le consentement de celui de la succession duquel il s'agit. L'art. 1453 déclare nulle toute renonciation à la communauté faite avant sa dissolution. On ne peut également renoncer à la prescription avant qu'elle soit acquise (art. 2220). Les art. 1389 et 1674 contiennent encore des dispositions analogues. — V., sur ce point, Toullier, nos 106 et 107; les annotateurs de Zachariæ, p. 64, note 2.

333. — Nul ne pourrait donc non plus déroger aux dispositions de la loi, ayant pour objet de garantir les intérêts des tiers. Par exemple, on stipulerait vainement, dans un acte constitutif d'hypothèque, que le créancier sera dispensé de prendre inscription (C. civ., art. 2134). — Zachariæ, *ubi suprà*, et ses annotateurs, note 4, sur la p. 64.

334. — L'art. 6 du Code civil porte également que « on ne peut déroger par des conventions particulières aux lois qui intéressent l'ordre public et les bonnes mœurs ». Les art. 1133 et 1172 du même Code ont reproduit cette disposition, que la cour de cassation a elle-même consacrée par un arrêt du 7 oct. 1842 (t. 1er 1843, p. 57), Ravelet.

335. — Toutefois, cette disposition, incontestable en théorie, donne lieu, dans la pratique, à de sérieuses difficultés. Le législateur, en effet, n'a point déterminé quelles sont les *lois qui intéressent l'ordre public et les bonnes mœurs.*

336. — D'abord, en ce qui concerne les *lois qui intéressent l'ordre public*, les jurisconsultes romains en proclamant, comme le Code civil, le principe qu'il ne peut être dérogé au *droit public* par des conventions particulières, avaient aussi, comme le Code, laissé ce principe dans le vague. Ils avaient même singulièrement augmenté la confusion sur ce point en déclarant nuls indistinctement tous les pactes qui dérogeaient aux lois (*Pacta quæ contra leges constitutionesve fiunt, nullam vim habere indubitati juris est*, l. 7, C. *De pactis*); et ce n'était que par une interprétation fondée sur la faculté qu'ils laissaient eux-mêmes à chacun de déroger aux lois introduites en sa faveur, que l'on était parvenu à établir que cette nullité devait être restreinte aux pactes faits en opposition avec les lois qui avaient pour objet l'*intérêt général.*

337. — Au premier rang, parmi les lois d'ordre public, et qui se rapportent, comme le disaient les Romains, à l'intérêt général, il faut incontestablement placer celles qui ont pour objet de constituer le corps social par la délégation des pouvoirs, par la détermination des compétences, ou par autre moyen semblable. Et cependant, par une exception au principe posé en l'art. 6, les particuliers soumis à la juridiction ordinaire d'un tribunal de première instance peuvent se soumettre à être jugés par un autre. C'est ce qui résulte formellement de l'art. 111, C. civ. Merlin (*Rép.*, vo *Loi*, § 8, t. 10, p. 238) explique cette dérogation à l'ordre public des juridictions, en disant que la loi qui assujettit le demandeur à suivre la juridiction du défendeur n'a eu en vue que l'intérêt particulier de celui-ci. — V. aussi, dans le même sens, Toullier, no 103 et 105.

338. — Il n'est même pas nécessaire que le consentement à être jugé par tel ou tel tribunal soit exprès, formel, écrit, il peut être implicite. — *Cass.*, 27 mars 1832, Delamothe Vernay c. Delaroche.

339. — Mais on ne pourrait pas valablement convenir de porter une affaire directement devant une cour d'appel, qui ne peut juger en premier ressort. On ne pourrait pas non plus convenir que l'appel d'un tribunal de première instance serait porté devant une Cour d'appel qui lui est étrangère, parce qu'on ne peut donner à cette cour le pouvoir de réformer les jugemens d'un tribunal qui n'en dépend point, et qui n'est pas situé dans son ressort. — Toullier, no 101.

340. — Les lois qui se rapportent uniquement à l'intérêt général ne sont pas les seules qui soient empreintes du caractère d'ordre public. Il en est d'autres qui, quoique restreintes par leur objet aux intérêts des simples individus, n'en appartiennent pas moins à l'ordre public, et sont par suite, comme les lois relatives à l'intérêt général, à l'abri de toute dérogation résultant des conventions particulières. Telles sont surtout les lois concernant l'état des personnes. « Les époux, dit notamment l'art. 1388 C. civ., au titre du Contrat de mariage, ne peuvent déroger ni aux droits résultant de la puissance maritale sur la personne de la femme et des enfants, ou qui appartiennent au mari, comme chef, ni aux droits conférés au survivant des époux par le titre *De la puissance paternelle*, et par le titre *De la minorité, de la tutelle et de l'émancipation.* » — V. Merlin, et Zachariæ, *loc. cit.*

341. — Ainsi, jugé qu'un individu n'avait pu, par son seul consentement, se priver irrévocablement de l'administration de ses biens et se placer sous la tutelle de sa femme. — *Cass.*, 7 sept. 1808 (intérêt de la loi), Galli. — V. INTERDICTION.

342. — Un mineur ne pourrait également être

émancipé, par l'effet d'une convention intervenue entre son père et lui, sans le concours de la loi. On lit en effet dans les motifs d'un arrêt de *Cass.*, du 7 mars 1816 (Rambot c. Meyer) : « que l'émancipation étant accompagnée de formes solennelles, est, dès lors, de droit public; et que, par conséquent, il ne peut dépendre de la volonté des citoyens de s'en affranchir. » — V. ÉMANCIPATION.

343. — Nous pourrions citer une foule d'autres exemples, dans lesquels il a été rendu hommage au principe que les lois relatives à l'état des personnes sont au-dessus de toute convention, comme tenant à l'ordre public. Cette énumération ne saurait trouver utilement ici sa place. — V. notamment, à cet égard, CONTRAT DE MARIAGE, MINORITÉ, PUISSANCE PATERNELLE, TUTELLE, etc.

344. — D'autres parties du droit privé se rattachent encore au droit public, et sont dès lors inaccessibles aux conventions dérogatoires des particuliers. Telle est la disposition de l'art. 815, C. civ., qui proscrit les conventions qui auraient pour objet de perpétuer l'indivision. — Merlin, *Rép.*, v° *Loi*, § 8, t. 10, p. 239, *in fine*. — Telles sont les dispositions relatives à la capacité de contracter et de disposer par actes entre-vifs ou testamentaires. — Merlin, *Rép.*, v° *Dérogation*, n° 2; Toullier, t. 1er, n° 107; Zachariæ, t. 1er, p. 64. — C'est par la même raison que, dans un contrat, on ne peut point déroger à la loi des prescriptions, et stipuler qu'une créance ne sera pas sujette à la prescription. — Merlin, *ubi suprà*; et v° *Prescription*, sect. 1re, § 3. — Cependant, nous ferons remarquer avec Merlin que, dans ces deux derniers cas, la prohibition de déroger est fondée autant sur des considérations d'ordre public que sur ce que les dispositions dont il s'agit peuvent intéresser des tiers.

345. — Toutes les fois que la loi se sera expliquée aussi clairement que dans les cas qui précèdent, nulle difficulté ne pourra s'élever sur l'application du principe qu'on ne peut déroger aux lois d'ordre public. Mais il en est beaucoup d'autres où la loi, s'en référant tacitement à ce principe général, se contente d'imposer des règles, sans ajouter s'il est permis ou non de leur substituer des conventions particulières. On devra alors suivre la règle indiquée par Bouhier sur la coutume de Bourgogne (V. *suprà* n° 330), consulter l'objet de la loi, ses dispositions, son texte et ses motifs. Le législateur s'en est remis, jusqu'à un certain point, pour la solution des questions qui peuvent s'élever à cet égard, au tact individuel des jurisconsultes et des magistrats. — V., en ce sens, Merlin, *Répert.*, v° *Loi*, § 8, t. 10, p. 239; Zachariæ, *loc. cit.*

346. — Il nous reste à examiner quel est le sens de l'art. 6, en ce qui concerne les *bonnes mœurs.* Les législateurs romains déclaraient nulles les conventions qui offensaient les bonnes mœurs (L. 7, C. *De pactis*). — Merlin (*ubi suprà*, p. 240) pense que l'art. 6 n'a pas un objet aussi étendu, et qu'il ne proscrit que les conventions par lesquelles des particuliers voudraient *déroger aux lois qui intéressent les bonnes mœurs.* Les lois qui intéressent les bonnes mœurs sont, selon Merlin, dans le sens de cet article, seulement celles par lesquelles certaines actions immorales sont réprimées. Ainsi, cet article sera applicable sans difficulté à la convention par laquelle un père, par exemple, se serait obligé de prostituer son enfant (Cod. pén., art. 334); mais il ne le sera pas à la convention par laquelle une personne majeure se serait prostituée par un tiers. Cependant cette convention n'en pourra pas moins être déclarée nulle en vertu des art. 1131 et 1133, C. civ.

347. — Il ne faudrait pourtant pas croire, d'après ces art. 1131 et 1133, qu'il y eût d'autres causes, que celles tirées de l'ordre public et des bonnes mœurs, qui s'opposassent à ce qu'on dérogeât à une loi par une convention particulière. C'est toujours, dit en effet Marcadé (*Elémens de droit civil français*, t. 1er, p. 112), parce qu'une disposition touche, de plus ou moins près, à la morale ou au bon ordre, que le législateur défend d'y déroger; ce n'est jamais par caprice, et pour le plaisir d'entraver la liberté des conventions, qu'il défend de stipuler sur telle ou telle matière. — Ainsi, si la convention par laquelle une personne majeure s'est prostituée par un tiers, peut être déclarée nulle, aux termes des art. 1131 et 1133, c'est évidemment parce qu'elle renferme en elle-même quelque chose de contraire à la morale. Que conclure de là? C'est que les articles précités sont conçus d'une manière plus générale que l'art. 6.

348. — Enfin, dans les cas où la dérogation conventionnelle est permise, il est à remarquer qu'elle peut se faire expressément ou tacitement. Elle est *expresse*, quand il est dit, par exemple, qu'on déroge à telle disposition de telle loi; elle est *tacite*, lorsque, sans dire expressément qu'on déroge à telle loi, on insère dans l'acte une clause, une stipulation entièrement opposée aux dispositions de cette loi. — Merlin, *Répert.*, v° *Dérogation*, n° 5.

CHAPITRE XII. — *Abrogation des lois.*

Sect. 1re. — *Abrogation par des lois postérieures.*

349. — Le droit d'abroger les lois appartient naturellement au pouvoir qui a le droit de les faire : *Cujus est condere legem, ejus est abrogare.*

350. — L'abrogation d'une loi par une autre loi peut avoir lieu expressément ou tacitement : *expressément*, lorsqu'elle est textuellement prononcée par la loi nouvelle, soit en termes généraux, par une disposition finale, soit en termes particuliers, en abrogeant nommément telle loi précédente; *tacitement*, quand la loi nouvelle renferme des dispositions contraires ou inconciliables avec la loi antérieure, sans exprimer qu'elle l'abroge.

351. — On trouve des exemples d'abrogation expresse dans le droit ancien et dans le droit nouveau. Dans le droit ancien, nous citerons notamment l'édit de Louis XIV, du 25 oct. 1685, qui révoqua l'édit de Nantes, octroyé par Henri IV, en 1598. Dans le droit nouveau, l'art. 1390 du C. civ. a abrogé les coutumes, lois ou statuts locaux qui régissaient antérieurement l'association conjugale. Les art. 726 et 912 du C. civ. ont été aussi abrogés par la loi du 14 juill. 1819. L'art. 1041 du C. de proc. civ. a également abrogé toutes lois, coutumes, usages et règlemens relatifs à la procédure civile. — V. également C. comm., art. 135 et 187, loi du 15-25 sept. 1807. — On pourrait citer encore beaucoup d'autres exemples d'abrogation formelle.

352. — Lorsqu'une loi ancienne a été abrogée expressément, celles même de ses dispositions qui n'ont rien d'incompatible avec la loi nouvelle ont perdu toute espèce de force obligatoire. Mais ces dispositions conservent l'autorité de la raison écrite, et les juges peuvent y avoir égard pour interpréter la loi nouvelle, et même pour y suppléer en cas d'insuffisance. — V., en ce sens, Mérilhou, *Encyclopédie du droit*, v° *abrogation*, n° 10; Demolombe, t. 1er, n° 128.

353. — S'il s'élève des difficultés sur l'étendue, la portée réelle d'une loi expressément abrogatoire, il y a lieu, pour les résoudre, de recourir aux règles ordinaires en matière d'interprétation. — Mérilhou, n° 8.

354. — Cependant il s'est présenté à cet égard une question qu'il importe d'examiner ici. On s'est demandé si, lorsqu'une loi rétroactive est abrogée, la loi qui l'abroge a pour effet de restituer les droits enlevés par la première. C'est surtout la loi du 4 brum. an VI, abrogatoire de celle du 27 août 1792 sur les domaines congéables, qui a donné lieu à cette question. Appelée à décider si cette loi du 4 brum. an VI avait ou non entendu rétablir les propriétaires fonciers de domaines congéables, nonobstant le rachat de la redevance par les domaines, conformément à la loi du 27 août 1792, la cour de Rennes, par arrêt du 29 janv. 1825 (Marché c. de Kergariou), arrêt rapporté avec celui de cassation du 16 juill. 1828, s'est prononcée pour l'affirmative. « Abroger une loi rétroactive, est-il dit dans les motifs de cet arrêt, ce n'est pas seulement la faire cesser pour l'avenir, c'est encore restituer dans leur entier les droits qu'elle avait ravis en annulant tout acte qui leur préjudicie. » On pourrait ajouter que la loi nouvelle étant une mesure, une loi de *réparation*, son but serait manqué si l'état de choses créé par la loi précédente continuait à subsister, s'il en restait des traces.

355. — Mais cette solution de la cour de Rennes a été vivement combattue par M. Mailher de Chassat, dans son *Commentaire approf. du Code civil* (t. 2, p. 361 et suiv.). Selon cet auteur, on ne saurait méconnaître plus ouvertement les principes sur les effets naturels de la loi promulguée, la réalité et les bornes de la rétroactivité. « N'est-ce pas dire, ajoute-t-il en parlant du motif de l'arrêt de Rennes ci-dessus rapporté, en termes aussi clairs que le jour, qu'une loi a été rendue, a vécu plusieurs années, inutilement, sans résultat; que son caractère de loi, pendant tout ce temps, n'a été qu'une pure illusion; que les traités de famille, les transactions les plus solennelles, intervenus sur la foi de ses dispositions, n'étaient qu'un jeu de la législation, qui ne devait laisser aucune trace, du moment qu'il plaisait au législateur d'abroger la loi qui les autorisait? » Ces observations démontrent jusqu'à l'évidence qu'une loi abrogatoire d'une loi rétroactive ne peut agir aussi efficacement sur le passé que sur l'avenir. D'ailleurs, quelque inique qu'ait été la loi abrogée, elle n'en a pas moins eu, du jour de sa promulgation, toute l'autorité de la loi la plus régulière. Il ne peut dépendre du caprice du législateur de nier à son gré les effets naturels et inséparables de sa puissance de législateur, pour faire retomber inopinément ensuite les effets de sa résolution nouvelle sur ceux qui ont traité de bonne foi sous les auspices de la règle qu'il avait établie. Il est à regretter que la cour de cassation, en cassant, par l'arrêt précité du 16 juill. 1828, celui de Rennes du 29 janv. 1825, n'ait pas rappelé ces principes.

356. — M. Mérilhou (*loc. cit.*, n° 8), admet aussi, qu'en thèse générale, une loi abrogeant une loi rétroactive doit être sans effet sur le passé; mais il pense qu'il en serait différemment, si la loi abrogative renfermait sur ce point une disposition expresse. Cette dernière opinion se trouve, ce nous semble, suffisamment réfutée par les motifs que nous avons exposés.

357. — L'abrogation *tacite* d'une loi par une autre loi est fondée sur la maxime *Posteriora prioribus derogant.* Toutefois, on ne doit pas prendre cette maxime dans un sens trop absolu, trop général. Une loi nouvelle n'abroge pas une loi ancienne par cela seul qu'elle lui est postérieure. La maxime *Posteriora prioribus derogant* doit être appliquée avec discernement. Il y a, à cet égard, quelques règles qu'ont consacrées la doctrine et la jurisprudence, et que nous rappellerons sommairement.

358. — D'abord, il est de principe en cette matière que l'abrogation des lois anciennes par les nouvelles ne doit pas se présumer. Il faut qu'il y ait contrariété formelle entre les deux lois, pour que la nouvelle soit censée abroger implicitement l'ancienne. — *Cass.*, 17 flor. an X, Macarty; motifs des arrêts de cassation des 24 avr. 1809, Enregistrement c. Bouville, et 16 déc. 1829, Martineau. — Toullier, t. 1er, n° 154; Paillet, *Dictionn. de droit*, v° *Abrogation*, n° 10 (article de Mailher de Chassat); Mérilhou, n° 12; Zachariæ, *Cours de droit civil français*, t. 1er, p. 51.

359. — Ainsi, la loi du 30 prair. an III, relative aux conspirateurs armés contre la République, n'avait été abrogée par aucune disposition de la constitution de l'an VIII. — *Cass.*, 9 fruct. an VIII, Valecke; 26 brum. an IX, ministère public c. N...; 17 flor. an X, Macarty.

360. — Jugé que le décret du 14 déc. 1810 a virtuellement dérogé à la déclaration du roi du 23 mars 1728, en ce qu'elle prohibait d'une manière absolue et à toujours la fabrication, la vente et le port des pistolets de poche, tandis que le décret de 1810 détermina les épreuves auxquelles ces armes devaient être soumises et les conditions à remplir préalablement à leur mise en vente. — *Orléans*, 29 août 1836, armuriers d'Orléans; *Cass.*, 7 oct. 1836, mêmes parties; 3 nov. 1836, Prévost. — V. ARMES.

361. — Une conséquence du même principe, c'est qu'une loi qui déroge à un point de droit commun ne peut pas être étendue au delà de ses termes précis : « L'extension, dit Merlin (*Répert.*, v° *Loi*, § 11, n° 2), n'en est même pas permise, sous le prétexte que les raisons qui l'ont déterminée s'appliquent *à fortiori* au cas sur lequel elle a gardé le silence. L'argument *à fortiori* est sans doute concluant pour l'interprétation des lois qui sont calquées sur le droit commun; mais il ne l'est point du tout, il est même insignifiant pour l'application d'une loi, dérogatoire au droit commun, à des cas qu'elle n'a pas exprimés formellement. » — V. aussi, dans le même sens, Mérilhou, n° 13.

362. — Mais l'abrogation d'une loi ancienne résultant de son inconciliabilité avec une loi postérieure, doit être matériellement et nécessairement étendue aux corollaires comme aux règles principales. — V. les annotateurs de Zachariæ, t. 1er, § 29, note 1re, p. 51.

363. — Une autre conséquence du principe ci-dessus, c'est que si une loi nouvelle n'est contraire que dans quelques points à une loi ancienne, les autres dispositions de cette dernière loi qui ne sont point incompatibles avec la loi nouvelle continuent de subsister. Il faut, en effet, interpréter la loi nouvelle de manière à la mettre en harmonie avec la loi ancienne, concilier toutes les dispositions qui ne s'excluent pas mutuellement : *Posteriores leges ad priores pertinent, nisi contrariæ sint* (L. 28, D., *De legibus*). — Toullier, t. 4, n°s 155 et 156; Merlin, *Répert.*, v° *Loi*, § 11, n°s 1 et 2; Duranton, t. 1er, n° 103 et suiv.; Paillet et Zachariæ, *ubi suprà;* Mérilhou, n° 14. — V. aussi motifs de l'arrêt de cassation du 20 mars 1812, Syriaque.

364. — Si le législateur n'empêche pas la fusion de deux législations qu'il est possible de combiner ensemble, il semble pourtant que, s'il s'agissait de deux systèmes de lois qui ne seraient pas conçus dans le même esprit, où l'on découvrirait une divergence de principes assez marquée, la fusion ne devrait pas pouvoir alors s'opérer, encore bien qu'il n'y eût pas incompatibilité absolue. Car quel danger n'y aurait-il pas à mêler ensemble des dispositions hétérogènes! Mérilhou, n° 14.

365. — Toutefois, la Cour de cassation semble avoir repoussé cette doctrine, en décidant d'une manière générale que l'abrogation des lois antérieures par les lois postérieures ne peut avoir lieu que lorsqu'elle est prononcée d'une manière expresse, ou lorsque l'exécution des premières est inconciliable avec l'exécution des secondes. — *Cass.*, 26 avr. 1821, Giacobbi et Colonna d'Istria.

366. — On ne pourrait surtout induire légitimement d'une loi civile l'abrogation d'une loi politique; car elles n'ont pas pour objet des rapports de même nature, et dès lors il serait difficile d'apercevoir entre elles cette contrariété qui s'oppose à l'existence simultanée de dispositions incompatibles. Ainsi, en dépit de l'art. 3 du C. civ., les lois de police et de sûreté n'obligent pas les membres du corps diplomatique. — Mérilhou, *loc. cit.*; et motifs de l'arrêt de cassation du 1er fév. 1813, Tarchin c. Magnocavalli.

367. — C'est ainsi encore qu'il a été jugé que les religieux italiens n'avaient pas cessé, par le seul effet de la publication du Code civil en Italie, d'être frappés de mort civile et incapables de succéder. — Même arrêt.

368. — Une loi spéciale n'est point tacitement abrogée par une loi générale postérieure: *Lex specialis per generalem non abrogatur.* Celle-ci survit donc à celle-là pour les objets qu'elle concerne. — *Cass.*, 19 fév. 1813, Brulain; 31 (et non 19) déc. 1819, Contributions indirectes c. Loqueneux; 14 juill. 1826, Grandjean; 13 oct. 1826, Renault, — Merlin, *Rép.*, vis *Loi*, § 11, n° 3; *Délit forestier*, § 2, n° 1; et *Maraudage*, n° 4; Zachariæ, t. 1er, p. 51; Mérilhou, n° 14; Legraverend, t. 2, chap. 1er, p. 28; Demolombe, t. 1er, n° 127.

369. — C'est sur ce fondement que, par un avis du Conseil d'Etat du 12 mai 1807, approuvé le 21 juin suivant, il a été décidé que le Code de procédure civile n'avait porté aucune atteinte aux formes de procéder soit dans les affaires de la régie des domaines et de l'enregistrement, soit en toute autre matière pour laquelle il aurait été fait, par une loi spéciale, exception aux règles générales.

370. — Jugé aussi, que le code du 3 brum. an IV, en décrétant des prescriptions générales pour les délits, n'a pas dérogé aux lois qui en établissent de particulières, et spécialement a laissé en vigueur les dispositions de la loi du 28 sept.–6 oct. 1791 sur la police rurale. — *Cass.*, 16 flor. an XI, Saintaud.

371. — Même décision en matière forestière. — *Cass.*, 2 janv. 1806, Masquet c. Forêts. — Mais voy. les art. 185 et 186 C. forest.

372. — Il a été décidé encore, par application du même principe, que le Code pénal n'avait point abrogé les dispositions de l'ordonnance de 1669, ni celles de la loi du 20 mess. an III, relatives aux délits forestiers, consistant à abattre des arbres, à les mutiler ou les écorcer de manière à les faire périr. — *Cass.*, 9 mai 1812, Ehunndel et Monthulé. — Mais ces dispositions ont été abrogées par les art. 192, 194, 196 et 218 C. for. — V. LOIS CRIMINELLES.

373. — Une loi spéciale peut, comme toute autre loi, être abrogée par une loi générale, lorsque celle-ci contient des dispositions formelles et expresses d'abrogation, ou des dispositions inconciliables avec la première. — *Cass.*, 26 août 1816, Joseph Broutin; 27 juill. 1820, François Caron; 7 juin 1821, Contributions indirectes c. N...; 8 août 1822, Perigeas.

374. — Quant aux lois générales, elles peuvent être abrogées implicitement par des lois spéciales: *In toto jure, generi per speciem derogatur; et illud potissimùm habetur quod ad speciem directum est* (l. 30, C. *De regul. juris*). — V. Merlin, *Rép.*, v° *Testament*, sect. 2, § 3, art. 2, n° 8.

375. — Ainsi, les lois sur le régime et la police sanitaires étant des lois spéciales emportent dérogation formelle, pour tout ce qui concerne leur exécution, aux lois générales qu'on ne peut, en aucun cas, leur opposer. — *Cass.*, 27 sept. 1828, Vitroles; 3 déc. 1831, Lapierre.

376. — Cependant ce ne serait pas sur de simples inductions et par voie d'extension ou d'analogie, qu'on pourrait fonder une dérogation aux lois générales par des lois spéciales et établir des dispositions exceptionnelles. Ainsi, d'une dérogation aux règles générales de compétence, on ne peut pas déduire une dérogation aux règles de la procédure, et encore moins la suppression des degrés ordinaires de juridiction. — *Cass.*, 7 déc. 1822, Guise-Legracieux.

377. — Mais s'il est de principe que les lois spéciales dérogent aux lois générales, il n'en est pas moins certain que celles-ci, lorsqu'elles n'ont pas été formellement abrogées, reprennent leur empire sur l'universalité des matières dans l'ordre desquelles elles statuent, lorsque les dispositions exceptionnelles qui en avaient suspendu temporairement l'exercice viennent elles-mêmes à être révoquées. — *Cass.*, 9 juin 1841 (t. 2 1841, p. 86), Douanes c. Loichot.

378. — Les lois générales conservent également tout leur empire dans les points dépendant de matières réglées par les lois spéciales, sur lesquelles les lois spéciales ne se sont pas expliquées. Celles-ci sont censées se référer à celles-là dans les points qu'elles ne règlent pas expressément. — Merlin, *Rép.*, vis *Loi*, § 11, n° 4, et *Testament*, sect. 2, § 3, art. 2, n° 8 (t. 17, p. 435); Mérilhou, n° 14.

379. — Les lois qui n'ont pour objet que l'intérêt spécial d'une industrie ne peuvent être abrogées que par une disposition expresse et formelle d'une loi subséquente. — *Cass.*, 17 nov. 1840 (t. 1er 1841, p. 20), Guillemet c. ville de Paris.

380. — *Spécialement*, l'arrêt du conseil du 6 fév. 1778, celui du 26 mars 1779, et le décret impérial du 11 juin 1811, qui astreignent les carriers à payer à la caisse municipale de Paris un droit pour le mesurage des pierres, n'ont été implicitement abrogés ni par la charte de 1814 ni par celle de 1830. — Même arrêt. — V. POIDS ET MESURES.

Sect. 2e. — *Abrogation par l'usage ou désuétude.*

381. — L'usage peut-il abroger la loi? Cette question s'était déjà présentée sous la législation romaine, et elle paraît avoir divisé les jurisconsultes. Selon la loi 32, D. *De legibus*, l'abrogation par désuétude était une mesure sage. « *Rectissimè etiam*, porte en effet cette loi, *illud receptum est ut leges non solùm suffragio legislatorio, sed etiam tacito omnium consensu, per desuetudinem abrogentur.* » Mais aux termes de la loi 2, *C. Quæ sit longa consuetudo*, l'usage ne pouvait jamais prévaloir contre la loi: *Usûs longævi non vitis auctoritas, verùm non usque adeò sui valitura momento, ut aut rationem vincat aut legem.*

382. — Les commentateurs ont essayé de concilier ces deux textes. Voët, notamment, dans son commentaire sur le Digeste, tit. *De legibus*, n° 37, croit qu'ils se rapportent, le premier aux Etats où le peuple exerce lui-même le pouvoir législatif, et le second, aux Etats dans lequel le pouvoir a été délégué au monarque. Merlin (*Rép.*, v° *Usage*, § 2, n° 3, et *Quest. de dr.*, v° *Opposition aux jugemens par défaut*, § 8, t. 6, p. 33) remarque avec raison que ces deux lois ont été également faites pour l'empire romain, à une époque où le peuple n'avait aucune part active à la législation. D'ailleurs, ajoute-t-il, la raison sur laquelle se fonde la loi 32 n'est pas moins applicable aux gouvernemens représentatifs, et même purement monarchiques, qu'aux gouvernemens dans lesquels le pouvoir législatif est exercé immédiatement par le peuple; car, dans les uns comme dans les autres, la loi est toujours l'expression formelle ou présumée de la volonté générale: *Ipsæ leges nullâ ex aliâ causâ nos tenent quàm quòd judicio populi receptæ sunt.* Mais cette opinion de Merlin est à son tour critiquée par M. Mailher de Chassat (v° *Abrogation*, n° 11, *Traité de l'interprétation des lois*, p. 243 et suiv.) et par M. Paillet (*Dict. général de dr.*), qui admettent la doctrine de Voët et décident, par conséquent, que dans toutes les formes de gouvernement, le gouvernement populaire excepté, l'intervention du législateur est nécessaire pour donner à l'usage, quel qu'il soit, le véritable caractère de loi. — V. encore Merlin, *Rép.*, v° *Appel*, sect. 1re, § 5.

383. — Cependant, en réfutant l'opinion de Voët, Merlin (*loc. cit.*) a proposé un moyen de concilier les deux textes précités, dont Mailher de Chassat ne fait aucune mention. Il pense que dans la loi 2 il s'agit d'un usage concentré seulement dans une partie du territoire pour lequel la loi a été faite. Dans ce cas, dit-il, l'usage doit céder à la loi, parce que n'ayant pas pour lui la volonté générale, il ne peut pas l'emporter sur un acte législatif qui n'est que l'expression de cette volonté elle-même. Au contraire, la disposition écrite du législateur doit céder à l'usage, lorsqu'il est général: *Tacito omnium consensu per desuetudinem abrogentur* (l. 32). Quand un usage est longtemps, publiquement, généralement admis, sans réclamation des personnes intéressées, sans réclamation de l'autorité, il devient en effet l'expression la plus imposante, la plus légitime de l'adhésion universelle. Le chancelier d'Aguesseau l'enseignait ainsi. — V. l'édit. in-4°, t. 7, p. 258, et t. 9, p. 446, Lettre du 28 oct. 1736. — V. aussi, dans le même sens, Toullier, t. 1er, nos 160 et suiv.; Duranton, t. 1er, n° 107; Mérilhou, n° 16: Trolley, t. 1er, n° 14; Mailher de Chassat, *Traité de l'interprét. des lois*, p. 251.

384. — La Cour de cassation paraît avoir reconnu plusieurs fois, avec quelques auteurs, force abrogatoire à un usage général. C'est ainsi que, le 22 mess. an IX (Brast c. Peros), elle a décidé que la disposition de l'ord. de 1673, qui déclarait nuls les actes passés tant entre les associés qu'avec leurs créanciers, à défaut d'enregistrement et de publication de l'acte de société, était tombée en désuétude et avait été abrogée par l'usage général du commerce, confirmé par la jurisprudence constante des tribunaux. — V., dans le même sens, *Cass.*, 10 août 1814, Poirson c. Sengel; 18 févr. 1818 (solut. implic.), Émérigon c. Arbaud.

385. — Par usage général, les partisans de ce mode d'abrogation entendent un usage admis dans la généralité de l'Etat, pour lequel la loi a été faite, et impliquant le consentement présumé de tous, un usage *commun à tout le territoire de la loi*, comme le disait Merlin. — Domat (*Lois civiles*, disc. prélim., sect. 1re, art. 17) voulait que l'usage fût *unanimement* reconnu. Un usage local et particulier ne pourrait donc, en aucun cas, avoir la force d'abroger une loi, même dans le lieu où cet usage serait établi. — Toullier, n° 163; Mérilhou, nos 17 et 18.

386. — La généralité de l'usage n'est pas la seule condition exigée par les mêmes auteurs pour que cet usage puisse acquérir force abrogative; ils veulent en outre qu'il soit uniforme, public, multiplié, réitéré pendant un long espace de temps, non contesté par les personnes intéressées, constamment toléré par le législateur, et non contraire à l'ordre public. Quand l'usage réunit toutes ces circonstances, ils l'assimilent alors à la loi: *Diuturni mores consensu utentium comprobati legem imitantur* (*Inst.*, liv. 1er, tit. 2, § 9).

387. — Dans ce système, la *durée* nécessaire pour que l'usage eût l'effet d'abroger un loi n'est pas moins difficile à déterminer que sa généralité. On exigeait autrefois quarante ans. Un arrêt récent veut que la prescription remonte au moins à l'époque fixée pour la prescription de long temps — *Toulouse*, 28 nov. 1825, Martin c. Augé. — La cour de Nîmes, dans un arrêt du 24 mars 1839 [Sequelin c. Martin (V. motifs de cet arrêt)], a décidé de même qu'il n'y avait pas désuétude, parce qu'il n'y avait pas *longa consuetudo*, alors qu'il ne s'était écoulé que dix-sept ans depuis l'inapplication de la loi contestée.

388. — Il a même été jugé que pour qu'un usage pût abroger les dispositions d'une loi, il fallait qu'il eût été controversé et suivi de quelques jugemens contradictoires. — *Toulouse*, 22 juil. 1825, Olive c. Palancade.

389. — Mais Dunod (*Traité des prescriptions*, 1re part., chap. 13) dit qu'il est plus sage de laisser à l'arbitrage du juge de décider, par le nombre et la qualité des actes, si l'usage est établi, si la coutume est acquise, si elle est prouvée, s'il s'est écoulé un temps assez long pour que le public et le législateur en aient eu connaissance. Selon lui, l'établissement de l'usage dépend donc des faits et des circonstances. Il n'est pas possible de donner sur ce point des règles certaines et invariables. On le prouve ordinairement par l'autorité des choses jugées, par le témoignage des magistrats, des jurisconsultes, des avocats et des praticiens. C'est aussi l'opinion de Toullier, t. 1er, n° 159, et de M. Mérilhou, nos 18 et 19.

390. — Jugé même que sous le C. civil on peut être admis à prouver, par des actes de notoriété, qu'une loi est tombée en désuétude. — *Bruxelles*, 24 juill. 1810, Crousse c. Corbisier et Coltier.

391. — La cour de Toulouse a cependant jugé que l'usage ne pouvait, dans les cas ordinaires, abroger la loi, si l'inexécution de cette loi, quelque longue qu'elle eût été, provenait du fait de ceux qui sont chargés de l'exécuter. — *Toulouse*, 28 nov. 1825, Martin c. Augé.

392. — Cependant, la théorie qui accorde à l'usage la force d'abroger la loi paraît aujourd'hui à peu près abandonnée; les immenses inconvéniens, l'incertitude, l'anarchie même qui s'attachent à un pareil système ou en découlent forcément ne pouvaient en effet permettre de faire prédominer un usage le plus souvent incertain, arbitraire, impossible à constater, à définir et à circonscrire, sur une loi régulièrement rendue, promulguée, publiée, connue de tous, et qui, seule, peut être véritablement considérée comme l'expression de la volonté générale. — Bacon, *Essai sur la justice universelle*, aph. 57 ; Zachariæ, t. 1er, 29, note 9 ; Blondeau, *Introduct. à l'étude du droit*; Duvergier, sur Toullier, t. 1er, no 162, note 3; Foucart, *Droit public*, t. 1er, nos 81 et suiv. ; Demolombe, t. 1er, no 35 ; Berriat Saint-Prix, *Comment. de la charte*, p. 123. — V. aussi Rolland de Villargues, *Rép. du notarial*, vo *Désuétude*, nos 7 et suiv. ; une dissertation insérée dans la Bibliothèque du barreau (t. 2 1809, p. 284) ; et le rapport de la commission chargée, sous la restauration, de la révision de nos lois, du 25 déc. 1825 (V. *Moniteur* du même jour). — Le Code général prussien contient à cet égard une disposition qui ne laisse prise à aucune controverse : « Les lois, lit-on dans l'introduction, §§ 63 et 64, conservent leur force jusqu'à ce qu'elles soient expressément révoquées par la législature. »

393. — Telle est enfin la doctrine qu'a consacrée avec raison et de la manière la plus explicite, la cour suprême : « Attendu (porte un arrêt du 25 janv. 1841 [t. 1er 1841, p. 154], Papin c. Audebert) que les contraventions à une disposition législative ne peuvent être légitimées par leur nombre même; attendu qu'en supposant une existence d'un usage presque général, un pareil usage en opposition avec une loi portée dans un intérêt d'ordre public serait un abus qui ne doit pas être consacré. Attendu que si, sous un régime où la coutume était loi, l'usage pouvait abroger une loi, il n'en saurait être ainsi dans un temps où la loi toujours écrite est rendue également notoire à tous. Attendu que la Cour de cassation, dont le devoir est de veiller à l'exacte application de la loi et de la maintenir, ne peut sanctionner un abus qui la viole ouvertement. » — V., dans le même sens, *Nancy*, 26 juin (et non 25) 1826, G...; *Cass.*, 3 oct. 1828, Forêts c. Doudifs ; 24 sept. 1830, Lamarque.—V. aussi *Cass.*, 5 mars 1829, Manchoc.

394. — Lorsque les lois sont claires et précises, elles doivent être exécutées *dans tout leur contenu*, et ne peuvent être regardées comme ayant cessé d'exister qu'autant qu'elles ont été expressément révoquées par d'autres lois également claires et précises. — *Cass.*, 16 nov. 1841 (t. 2 1843, p. 573), Bobée.

395. — On ne peut, à plus forte raison, prescrire contre l'exécution des lois que le législateur signale lui-même, en les publiant, comme étant indispensables au bien de l'Etat et au maintien de la morale publique : leur abrogation ne peut résulter que d'une autre loi. — V. motifs de l'arrêt de *Cass.* du 11 août 1824, Perdonnet c. De Forbin-Janson.

396. — Jugé spécialement : qu'un usage, quelque ancien qu'il soit, ne peut jamais prévaloir sur la loi, ni établir un droit contre la prohibition d'allumer des feux dans le voisinage des forêts. — *Cass.*, 30 juin 1827, Monnier.

397. — Nous ferons remarquer enfin que, si la Cour de cassation a maintenu des arrêts contraires à la loi, parce qu'ils étaient conformes à l'usage universel de la France, elle en a maintenu d'autres qui étaient contraires à l'usage universel, parce qu'ils étaient conformes à la loi, et qu'on ne peut pas casser un jugement par la seule raison qu'il viole un usage reçu. — Toullier, t. 1er, no 163; Mérilhou, no 22. — V., au surplus, USAGE.

398. — La désuétude, c'est-à-dire la non-application d'une loi, depuis longues années, ou depuis un temps immémorial, ne pourrait non plus abroger cette loi : ce que nous avons dit de l'abrogation par l'usage contraire, s'applique, à l'égard de la désuétude, avec plus de force encore.

Sect. 3e. — *Abrogation des lois temporaires et de circonstance.*

399. — Une loi cesse d'être obligatoire, non-seulement lorsque le législateur l'a abrogée par une disposition expresse, ou qu'elle est suivie d'une autre loi contraire; mais encore lorsque l'ordre de choses, pour lequel elle avait été faite, n'existe plus, et que, par là, cessent les motifs qui l'avaient dictée : *Ratione legis omninò cessante, cessat lex*, disent tous les interprètes. — Voët, tit. *De legibus*, no 43; Merlin, *Quest. de droit*, vo *Tribunal d'appel*, § 3; Toullier, t. 1er, no 153; Mérilhou, no 15; Demolombe, t. 1er, no 129.

400. — Ainsi, la Cour de cassation a décidé que la disposition de la loi du 18 fév. 1791, par laquelle il était défendu au tribunal de district, qui avait statué sur le rescindant d'une requête civile, de prononcer ensuite sur le rescisoire, sans y avoir été autorisé par les deux parties, n'était plus applicable aux tribunaux d'appel créés par la loi du 27 vent. an VIII, et que les tribunaux aujourd'hui nommés Cours d'appel pouvaient juger le rescisoire après le rescindant, parce que la loi du 8 fév. 1791 avait été « faite pour un ordre judiciaire dans lequel les tribunaux d'appel et ceux qui étaient appelés à connaître des requêtes civiles devaient être déterminés par la volonté des parties, et choisis parmi plusieurs tribunaux égaux entre eux. » — V. l'arrêt du 18 prair. an XI, Espert c. Olivier.

401. — C'est encore, d'après ce principe, que la même cour a jugé, par arrêt du 19 vend. an XII (Ivonnet), que, dans l'ordre judiciaire actuel, il n'est plus nécessaire que des parties qui compromettent sur leur différend, et qui, par leur compromis, se réservent la faculté d'appeler, désignent le tribunal qui devra connaître de l'appel, et que cette disposition de la loi du 24 août 1790 a cessé d'être exécutable depuis la loi de vent. an VIII.

402. — Les lois faites pour un temps donné, sont, de plein droit, abrogées par l'expiration de ce temps. — Mérilhou, no 15.

403. — Spécialement, la loi du 29 niv. an VI, qui prononçait la peine de mort contre l'individu coupable de vol commis à force ouverte et par violence sur la voie publique, ne pouvant être exécutée que jusqu'au 29 niv. an VIII, n'a plus été, dès lors, susceptible d'application, même aux faits antérieurs à cette époque. — *Cass.*, 25 flor., an VIII, Hébert; 26 flor. an VIII, Bernard Dizer; 28 flor. an VIII, Renaud; 8 therm. an VIII, Désenfant; 19 therm. an VIII, Raymond; 15 mess. an VIII, Dufays; 16 mess. an VIII, Gilles Moreau; 28 mess. an VIII, Fourdrier.

404. — Les lois qui, sous la restauration, suspendirent, pour un temps limité, la liberté individuelle ou la liberté de la presse, ont également cessé d'avoir leur effet, dès le moment où ce temps a été révolu.

405. — Les lois dites de circonstance, d'exception, de parti, disparaissent également avec les circonstances qui les ont amenées.

406. — Enfin, M. Mérilhou (no 15 *in fine*), enseigne qu'il est des lois injustes, inhumaines, qui n'ont pas le principe de vie, parce qu'elles n'ont pas l'acceptation tacite de la raison publique. Le mépris universel, dit-il, en fait justice, et n'attend même pas la désuétude. L'art. 634 de la coutume de Bretagne portait que les faux monnayeurs seraient bouillis, puis pendus. D'Aguesseau demande si quelqu'un oserait jamais prononcer une pareille condamnation. De même la loi des *suspects*, du 26 mars 1820, est demeurée une arme inutile entre les mains du pouvoir, qui a reculé devant l'exécution.

Sect. 4e. — *Effets de la promulgation des Codes, de la Charte et de la Constitution de 1848 quant à l'abrogation des lois antérieures.*

407. — L'art. 7 de la loi du 30 vent. an XII est ainsi conçu : « A compter du jour où ces lois (celles qui composent le Code civil) sont exécutoires, les lois romaines, les ordonnances, les coutumes générales ou locales, les statuts, les règlemens cessent d'avoir force générale ou particulière dans les matières qui sont l'objet desdites lois composant le présent Code. » Les art. 1041 C. pr., 135 C. comm., 2 de la loi du 15 sept. 1807, 484 C. pén. contiennent des dispositions analogues.

408. — Zachariæ (t. 1er, p. 20), après avoir rapporté la disposition précitée de l'art. 7, l. 30 vent. an XII, en conclut que toutes les lois (*in lato sensu*) ayant le droit civil pour objet ont été abrogées d'une manière absolue, c'est-à-dire non-seulement en tant que la nouvelle législation contient des dispositions incompatibles avec l'ancienne; mais par cela seul que les matières formant l'objet de lois antérieures se trouvent réglées par le Code civil.—V. *Colmar*, 7 juin 1808 (sol. impl.), Goshenny c. Kronenberger.—D'après cet auteur, ce principe ne reçoit exception que dans le cas où le Code civil rappelle et confirme le droit ancien.

409. — La Cour de cassation a elle-même décidé que toutes les dispositions législatives antérieures, concernant la procédure civile, avaient été abrogées par l'art. 1041, nouveau Code. — V. 16 fév. 1830, Gaffori c. duc de Padoue.

410. — Mais est-ce bien en ce sens absolu et général qu'il faut entendre l'abrogation prononcée par les lois et articles précités? Cette abrogation doit, ce nous semble, être renfermée dans de sages limites. Ainsi, toutes les fois que les Codes ne contiendront que quelques dispositions détachées, éparses, sur certaines matières, les lois antérieures et relatives au même objet pourront être invoquées. Le système de Zachariæ, s'il devait être admis, aurait pour résultat de rendre notre législation insuffisante sur beaucoup de points. Les Codes, d'ailleurs, supposent eux-mêmes d'anciennes dispositions auxquelles ils se réfèrent, et qui doivent servir à les compléter. — V., dans ce sens, Mérilhou, no 26.

411. — Les lois anciennes qui n'ont pas le droit civil pour objet, ou qui ne s'occupent que de certaines spécialités de ce droit non réglées par le Code civil, n'ont pu être évidemment comprises dans l'art. 7 de la loi du 30 vent. an XII.—Zachariæ, t. 1er, p. 20.

412. — Ainsi, il a été jugé que : le Code civil n'ayant point de disposition particulière relativement aux clauses qui peuvent entraver la liberté du mariage, il fallait, pour apprécier la validité de telles clauses, se reporter aux lois intermédiaires qui étaient en vigueur au moment de la publication du Code. — *Bruxelles*, 16 mai 1809, François.

413. — Les annotateurs de Zachariæ (t. 1er, p. 21, note 6) enseignent même qu'il faut distinguer, dans le cas d'abrogation d'une disposition de loi ancienne par le Code civil pour cause d'incompatibilité, si cette disposition constitue ou non, avec le restant de l'ancienne loi, un tout indivisible. En cas d'affirmative, disent-ils, l'ancienne loi est abrogée dans son entier; dans l'hypothèse contraire, on doit appliquer simultanément les dispositions du Code civil et celles des lois anciennes qui seraient compatibles avec les lois que le Code a introduites.

414. — Jugé que les lettres patentes de 1787 ont été abrogées par le Code civil. — *Liége*, 13 janv. 1829, Commission du syndicat c. Haufort.

415. — L'art. 484, Cod. pén., réserve formellement l'exécution des lois et règlemens particuliers antérieurs auxquels il n'a pas été formellement dérogé par ce Code.—V. LOIS CRIMINELLES.

416. — Le droit commun aboli en France par la promulgation du Code de commerce et de la loi du 15 sept. 1807, l'a été également dans les échelles du Levant. — *Aix*, 3 juin 1828, Salzani c. Alberti.

417. — Jugé, sous l'empire de la charte de 1814, que tous les actes du gouvernement impérial dont les dispositions ont été exécutées et ne sont pas contraires à la charte doivent conserver la plénitude de leur exécution. — *Spécialement*, que le décret du 15 déc. 1813, sur le commerce des vins dans Paris, n'a pas cessé d'être en vigueur. — *Cass.*, 20 mars 1828, Panseron; 26 avril 1828, Cheminel; 23 mai 1828, Frion. — V. également *Cass.*, 7 juill. 1827, Pichenot; 4 août 1827, Bry; 1er mai 1828, Cottin. — Chauveau et Hélie, *Théorie du C. pén.*, t. 5, p. 451.

418. — ... Et que la loi du 18 août 1792 était tombée en désuetude et se trouvait d'ailleurs abrogée par la charte, avec laquelle elle était inconciliable. — *Aix*, 29 juin 1830, Père Eugène.

419. — La charte de 1814 (art. 68) contenait aussi la disposition suivante : « Le Code civil et les lois actuellement existantes, qui ne sont pas contraires à la présente charte, restent en vigueur jusqu'à ce qu'il y soit légalement dérogé. » L'art. 59 de la charte de 1830 était conçu dans les mêmes termes. Cette disposition a donné lieu à l'application des règles que nous avons précédemment exposées en matière d'abrogation implicite. Enfin, on trouve également dans la constitution du 4 nov. 1848, la même disposition : « Les dispositions (porte, en effet, l'art. 112 de cette constitution) des codes, lois et règlemens existans, qui ne sont pas contraires à la présente constitution, restent en vigueur jusqu'à ce qu'il y soit légalement dérogé. »

420. — Il a été jugé, sous l'empire de la charte de 1830, et par application de l'art. 59 de cette charte, que les lois antérieures relatives à la mise en état de siége n'avaient continué d'être en vigueur que dans les dispositions qui n'étaient pas contraires à la dite charte. — *Cass.*, 29 juin 1832, Geoffroy; 13 juill. 1832, N... — Ces dispositions ne pourraient plus, même aujourd'hui, être appliquées. La loi du 9 août 1849, en réglementant l'état de siége, a formellement abrogé toutes les lois antérieures.

RÉP. GÉN. — IX. 16

Sect. 5e. — *Lois qui ne peuvent être abrogées.*

421. — Quelques auteurs ont enseigné que les règles du droit des gens et celles du droit naturel n'étaient pas susceptibles d'abrogation, même de la part du législateur. C'est en parlant de ces règles que Cicéron a dit : *Huic legi* (*naturali*) *nec abrogari fas est, neque derogari ex hâc aliquid licet, neque tota abrogari potest* (*De Republ.*, t. 3, p. 174). Ce n'est point, en effet, ajoute-t-on, le législateur qui les a promulguées ; elles tirent leur force, non de la délibération d'une Assemblée, ou de la volonté d'un monarque, mais bien de la rectitude de la raison humaine et de l'assentiment des siècles.

422. — Cependant, si le droit des gens et le droit naturel ne peuvent être abrogés, on ne saurait méconnaître à l'autorité civile le droit de leur faire subir des altérations. Ainsi, contrairement aux principes du droit naturel qui prescrit l'égalité des partages entre les enfans d'un même père, le droit d'aînesse n'a-t-il pas autrefois existé en France? L'histoire est remplie d'autres exemples de règles civiles ou politiques en contradiction formelle avec le droit des gens ou le droit naturel ; mais, comme le remarque avec raison M. Mérilhou (nº 4 *in fine*), les actes qui ont commis ces altérations sont tôt ou tard revisés et mis en harmonie avec des principes qui ne meurent pas. — Rien, ce semble, n'empêcherait non plus de modifier et, par conséquent, d'abroger quelques-unes des règles spécialement relatives aux rapports internationaux.

423. — Quant à la question de savoir si la Constitution est soumise à l'abrogation, elle est résolue négativement en principe par ce dernier auteur (*ibid.*, nº 5). Mais de la combinaison de ce principe avec l'omnipotence parlementaire, il conclut que la constitution peut être modifiée suivant les progrès des esprits, de la société. Les sociétés humaines ne peuvent pas, en effet, être condamnées à l'immobilité. « Qui pourrait méconnaître dans la législature, ajoute-t-il, les pouvoirs nécessaires pour améliorer les conditions de l'électorat et l'éligibilité pour la Chambre des députés, et l'organisation départementale et municipale? et cependant cette amélioration serait une *abrogation* véritable d'une partie existante de la constitution de l'Etat. » — Depuis la révolution de 1848, l'Assemblée nationale a consacré en termes exprès ce dernier système, en déclarant que la constitution pourrait être revisée, toutes les fois que, dans la dernière année d'une législature, cette révision serait demandée. — Constitution du 4 nov. 1848, art. 111.

CHAPITRE XIII. — *Rétroactivité, ou effet rétroactif dans les lois.*

424. — On dit qu'une loi est *rétroactive*, lorsque, rétroagissant sur le passé, elle modifie, altère, diminue ou détruit les droits qui avaient été conférés aux particuliers sous l'empire et en vertu de lois précédentes. Ces droits se nomment *droits acquis*. Les mots *rétroactivité* ou *effet rétroactif* s'entendent du résultat produit par la loi nouvelle.

Sect. 1re. — *Règles générales. — Droits acquis.*

425. — « L'office des lois, a dit M. Portalis, est de régler l'avenir : le passé n'est plus en leur pouvoir. Partout où la rétroactivité des lois serait admise, non-seulement la société n'existerait plus, mais son ombre même... La liberté civile consiste dans le droit de faire ce que la loi ne prohibe pas : on regarde comme permis ce qui n'est pas défendu. Que deviendrait donc la liberté civile, si le citoyen pouvait craindre qu'après coup, il serait exposé au danger d'être recherché dans ses actions, ou troublé dans ses droits acquis par une loi postérieure? » — Locré, *Législation civile*, t. 1er, p. 507.

426. — Le principe de la non-rétroactivité des lois est donc un des plus salutaires de l'ordre social. On peut même dire qu'il est plutôt un principe d'ordre public que d'ordre privé. — Mailher de Chassat, *Comment. approf. du C. civ.*, édit. de 1832, t. 1er, p. 123.

427. — De tout temps il a existé. La loi romaine le proclamait en ces termes : *Leges et constitutiones futuris certum est dare formam negotiis, non ad facta præterita revocari* (l. 7, C. *De legib.*). La déclaration

des droits de l'homme et du citoyen, placée en tête de la constitution du 5 fruct. an 3, porte (art. 14) : que « *aucune loi ni criminelle ni civile ne peut avoir d'effet rétroactif.* » L'art. 2 du C. civ. n'est pas moins énergique : « *La loi*, dit-il, *ne dispose que pour l'avenir ; elle n'a point d'effet rétroactif.* »

428. — Mais il est des lois qui, par leur nature, se reportent sur les faits passés sans rétroagir : telles sont les *lois morales*, d'*ordre public.* » Il est en effet, a dit Mailher de Chassat (p. 135 et suiv.), d'une bonne législation, d'admettre comme base antérieure à toutes les lois et comme renfermés dans leurs dispositions, les principes généraux sans lesquels elles perdraient elles-mêmes virtuellement leur autorité, leur caractère réel de force et de durée. » Le même auteur (p. 140 et suiv.) enseigne, avec non moins de raison, que la loi nouvelle s'applique aussi, sans rétrograder, à des faits anciens que ne régissait aucune loi, et même à des faits régis par une simple jurisprudence, cette loi ne pouvant blesser les droits acquis de personne et portant uniquement les bienfaits d'une législation régulière sur des faits anciens qui s'en trouveraient dépourvus.

429. — Le principe de la non-rétroactivité des lois est également inapplicable aux lois de procédure et d'instruction. Ces lois sont obligatoires du jour de leur promulgation, aussi bien pour les procès déjà commencés que pour ceux qui prennent naissance depuis. — *Cass.*, 6 oct. 1837 (t. 1er 1838, p. 20), Blanchard ; *Paris*, 22 mars 1825, Bouilly c. Gillot.

430. — Ainsi, le principe, que le droit d'un militaire absent à une succession ouverte sous la loi du 11 vent. an XI doit être régi par cette loi, ne met pas obstacle à ce que la preuve du décès de ce militaire soit faite dans les formes prescrites par la loi du 15 janv. 1817. — *Paris*, 22 mars 1825, Bouilly c. Gillot.

431. — La disposition de la loi du 5 juill. 1844, qui frappe de déchéance le breveté qui introduit en France des objets fabriqués en pays étranger, et semblables à ceux brevetés, est applicable alors même qu'il s'agit de brevets antérieurs à cette loi. — *Douai*, 11 juillet 1846 (t. 1er 1847, p. 325), Warlick c. Pecquet de Beaurepaire.

432. — Un instituteur primaire autorisé à ouvrir une école privée dans une commune, sous l'empire de l'ordonnance du 29 fév. 1816, et qui, après trois années d'interruption de ses fonctions depuis la promulgation de la loi du 28 juin 1833, dont il n'avait pas subi les conditions nouvelles, veut rouvrir école, doit justifier du certificat de moralité exigé par l'art. 4 de cette loi... Ce n'est pas là donner un effet rétroactif à la loi. — *Cass.*, 22 août 1845 (t. 2 1845, p. 683), Lannes.

433. — Il n'est pas non plus applicable aux traités diplomatiques qui opèrent la séparation de territoires. Ces traités peuvent avoir pour conséquence d'enlever aux habitans les droits dont ils jouissaient précédemment en qualité de régnicoles. — *Douai*, 24 juin 1844 (t. 2 1844, p. 491), Zanna c. Declerc.

434. — ... Ni aux lois de police et de sûreté, lesquelles dérogent par leur nature, et sans qu'il soit besoin d'une disposition expresse, à toute possession et usages contraires à ce qu'elles prescrivent, et, dès lors, obligent les citoyens du jour de leur publication. — Spécialement, les gravures et lithographies régulièrement publiées avant la loi du 9 sept. 1835, ne peuvent pas être exposées ni mises en vente, depuis la promulgation de cette loi, sans l'autorisation du gouvernement, prescrite par l'art. 20, même loi. — *Cass.*, 9 déc. 1836, Lemière.

435. — ... Ni aux règlemens de simple police que l'autorité municipale, agissant dans les limites de ses attributions, croit devoir faire dans l'intérêt de l'ordre et de la sûreté publique. — *Cass.*, 30 juin 1836 (t. 1er 1837, p. 32), Copens.

436. — La convention passée avec une corporation supprimée par nos nouvelles lois, a cessé d'être obligatoire à dater de la publication de ces lois ; et les choses qu'elle avait pour objet de régler ont dû, dès ce moment, être régies par le droit commun. — *Cass.*, 18 nov. 1823, Constantin et Alluard c. Rougier.

437. — Les lois relatives à la conservation des forêts sont applicables, dès le jour de leur promulgation, à tous les particuliers qui ont des droits à prétendre dans les bois soumis au régime forestier, et quant à l'exercice de ces droits. — En conséquence, les possesseurs d'affectations doivent être soumis aux règles établies pour les adjudicataires, et notamment à la responsabilité établie par l'art. 45, Code forestier ; bien que leur titre de concession soit antérieur à ce Code. — *Cass.*, 2 juin 1836, Forêts c. Poulharies-Salvaire.

438. — La disposition du Code forestier (art. 218)

qui déclare que les droits acquis antérieurement à sa promulgation continuent à être jugés, en cas de contestation, d'après les lois sous l'empire desquelles ils ont été établis, n'est applicable qu'aux droits eux-mêmes, et non pas au mode d'exercice de ces droits. — *Cass.*, 25 mars 1837 (t. 1er 1838, p. 91), Forêts c. les habitans de Colonne.

439. — La liquidation des droits de mutation, comme celle de tous autres impôts, doit être faite conformément à la loi existante à l'époque où le droit s'est ouvert et a été acquis au fisc, et non conformément à la loi existante au moment de la perception ; les lois sur l'enregistrement n'ayant pas dérogé d'une manière générale au principe absolu de non-rétroactivité des lois consacré par l'art. 2 du C. civ. — *Cass.*, 4 fév. 1834, Enregistrement c. hospice de Cambrai.

440. — Le droit d'enregistrement de legs faits à des hospices doit être liquidé (à un franc fixe) conformément à l'arrêté du 15 brum. an XII et à la loi du 16 juin 1824, lorsque la mutation s'est opérée sous l'empire de cet arrêté et de cette loi ; bien que l'ordonnance autorisant l'acceptation des legs ne soit rendue et que le droit de mutation ne soit acquitté que sous l'empire de la loi du 18 avril 1831, qui a substitué le droit proportionnel au droit fixe. — *Cass.*, 4 fév. 1834, Enregistrement c. hospice de Cambrai ; 4 fév. 1834, Institution des jeunes aveugles c. Enregistrement ; 31 mai 1836, Enregistrement c. hospice de Baume-les-Dames. — V. toutefois *Cass.*, 2 vent. an VII, Enregistrement c. Lerat ; 11 flor. an IX, Enregistrement c. Ricœur ; 4 niv. an X, Enregistrement c. Castillno ; 26 frim. an XIII, Enregistrement c. Chevalier ; 13 déc. 1809, Enregistrement c. Gicqueau ; 11 sept. 1811, Enregistrement c. Mangin.

441. — Lorsque le rayon d'octroi d'une ville a été légalement étendu, les marchandises qui existaient entre l'ancien et le nouveau rayon au moment de l'acte du gouvernement sont assujetties au paiement des droits ; sauf aux dépositaires des marchandises à se soumettre à l'entrepôt fictif pour éviter un paiement immédiat. On ne peut pas dire qu'appliquer ainsi cette ordonnance ce soit lui donner un effet rétroactif. — *Cass.*, 2 juin 1836, Sorel c. ville d'Amiens.

442. — On s'est demandé aussi si les lois *interprétatives* pouvaient s'appliquer, sans rétroagir, aux faits antérieurs à leur publication. — V., à cet égard, LOI INTERPRÉTATIVE.

443. — La même question s'élève à l'égard des lois *rectificatives* des erreurs qui se sont glissées dans les lois précédentes. Pour la résoudre, Merlin (*Rép.*, vº *Effet rétroactif*, sect. 3, § 14) distingue avec raison deux sortes d'erreurs : les unes n'existent que dans l'expédition de la loi, et elles ne sont que l'effet de la méprise d'un copiste ; les autres existent dans le fond même de la loi, et c'est le législateur lui-même qui les a commises.

444. — Au premier cas, la loi ayant été publiée et promulguée telle qu'elle a été expédiée, il est clair que la rectification de l'erreur commise dans l'expédition ne peut pas rétroagir. On appliquera aux faits passés le principe *Error communis facit jus.* — Merlin, *ibid.*

445. — Cet auteur, cependant, pense qu'il en serait différemment s'il s'agissait d'une loi pénale qui, par une erreur de copiste, aggraverait une condamnation ou changerait les caractères d'un délit, parce qu'alors il n'y aurait de droit *acquis* à aucune partie privée, et que le corps social ne pourrait pas se prévaloir, pour faire maintenir des condamnations trop rigoureuses, de la méprise échappée à l'un de ses agens. Aussi la loi du 9 mess. an II, en déclarant que « dans l'art. 25 de la sect. 1re du tit. 2 du C. pén. de 1791, la disjonctive *ou* avait été, par erreur de copiste, substituée à la conjonctive *et*, » a-t-elle ordonné que « les tribunaux criminels seraient tenus de réformer les extensions de peine auxquelles cette erreur avait pu donner lieu dans les condamnations prononcées par eux jusqu'à ce jour. »

446. — Lorsque l'erreur de la loi provient de ce qu'elle est injuste, immorale ou impolitique au fond, elle n'en conserve pas moins toute sa force aussi longtemps qu'elle n'est pas réformée. Les droits qu'elle a pu conférer à certaines personnes leur sont donc incommutablement acquis, et, dès lors, la loi qui la rectifie, qui la réforme, ne peut avoir par elle-même d'effet rétroactif. On n'a jamais, par exemple, reconnu de caractère rétroactif à la loi du 8 mai 1816, abolitive du divorce. — Merlin, *loc. cit.*

447. — Le législateur peut lui-même, par des dispositions expresses, étendre l'empire des lois nouvelles sur le passé. C'est ainsi que, dans la fameuse nuit du 4 août 1789, l'Assemblée constituante a détruit la servitude personnelle, la main-

LOIS, ch. 13, sect. 1re.

morte et la féodalité. C'est ainsi encore que, par la loi du 14 nov. 1792, la Convention nationale a aboli les substitutions fidéicommissaires, qui avaient été créées précédemment et n'étaient pas encore ouvertes. Et dans le cas où la loi rétroagit expressément : « Il n'appartient pas aux tribunaux de la juger, ils doivent l'appliquer telle qu'elle est, sans qu'il leur soit jamais permis de la modifier ou de la restreindre par aucune considération, quelque puissante qu'elle soit. » — Motifs de l'arrêt de *Cass.* du 25 mai 1814, Hasselgreen c. Rougemont de Lowemberg. — Merlin, *Rép.*, vº *Effet rétroactif*, sect. 2, nº 1er; Mailher de Chassat, p. 147 et suiv.; Zachariæ, *Cours de droit civil français*, t. 1er, p. 51.

448. — L'art. 2 du Code civil n'a pas emporté de plein droit l'abrogation des lois rétroactives qui existaient à l'époque de sa promulgation. On ne s'est jamais avisé, en effet, de prétendre que cet article eût fait revivre les droits des substitués qui vivaient à l'époque où la loi du 14 nov. 1792 abolit les substitutions fidéicommissaires non encore ouvertes. Il n'a fait que prescrire aux magistrats une règle générale, d'après laquelle ils ne peuvent pas appliquer au passé les lois qui disposent purement et simplement; mais il ne les a pas dispensés d'appliquer au passé les dispositions des lois qui font formellement exception au principe de la non-rétroactivité. — Merlin, *loc. cit.*, nº 2.

449. — Il serait inexact aussi de conclure de l'art. 2 C. civ., que toute loi nouvelle, qui ne rétroagit pas expressément, est, par cela seul, inapplicable à tout ce qui s'est passé avant le moment de sa publication, et à tout ce qui existe en ce moment. Il n'est aucune loi qui ne vienne modifier, sous quelque rapport, certaines conséquences plus ou moins éloignées de faits antérieurs. Mais quelles sont les conséquences que la loi nouvelle peut raisonnablement modifier, et quelles sont celles qu'elle doit respecter? En d'autres termes, quelles sont les conditions requises pour qu'une loi puisse être considérée comme rétroactive dans le sens du Code civil?

450. — Ces conditions sont au nombre de deux : Il faut que la loi revienne sur un événement antérieur et en change les effets, et qu'elle les change au préjudice des personnes qu'elle a pour objet. — Merlin, *ibid.*, sect. 3, § 1er, nº 1.

451. — Que doit-on entendre par événement antérieur? Merlin (*eod. loco*, nº 2), se fondant sur ce que la loi 7, *C. De legib.*, après avoir posé le principe de la non-rétroactivité, ajoute : *nisi nominatim et de prœterito tempore et* ADHUC PENDENTIBUS NEGOTIIS *cautum sit*, pense qu'on ne peut considérer comme *passé* aux yeux de la loi que ce qui n'est plus en suspens. Tout ce qui est encore en suspens se trouve donc, selon lui, atteint par la loi, lors même qu'elle dispose purement et simplement, et que, par là, le passé est soustrait à son empire. Il regarde, comme chose en suspens : 1º le mariage qui aurait été projeté et même publié sous l'empire de la loi du 20 sept. 1792, entre un garçon de 15 ans et une fille de 13 (âge auquel ils pouvaient se marier d'après cette loi), et décide que s'ils n'étaient pas encore mariés au moment de la publication du Code civil, ils n'auraient pu le faire qu'en se conformant à l'art. 144 de ce code; — 2º le testament qui aurait été fait par une fille âgée de 12 ans, dans un pays de droit écrit, avant la publication du titre *Des donations et testamens*, et se prononce pour la caducité du testament dans le cas où la testatrice aurait survécu à la publication de ce titre.

452. — Cette opinion est combattue par M. Mailher de Chassat (p. 153, nºs 8 et suiv.), suivant lequel la loi romaine précitée n'établit aucune opposition entre les choses passées et les choses en suspens, et exige, pour les-unes comme pour les autres, une disposition expresse de la loi pour légitimer l'effet rétroactif. Il nous semble que, sans remonter à l'explication des lois romaines, on peut justifier la doctrine de Merlin, en disant que, dans les deux hypothèses qu'il prévoit, il n'y a que des capacités, que des aptitudes, qui ne peuvent devenir la source de droits, qu'avec le concours de la volonté du législateur. Or, quand la loi qui les conférait a été remplacée par une autre loi, dans laquelle le législateur a manifesté une volonté contraire, ces capacités, ces aptitudes doivent évidemment tomber avec l'abrogation de la loi, qui, seule, pouvait leur faire produire un résultat légal.

453. — La seconde condition de la rétroactivité consiste, comme nous l'avons dit, dans la lésion par la loi nouvelle des droits définitivement acquis aux individus qu'elle concerne. Mais qu'est-ce qu'un *droit acquis*? Cette question n'est pas moins grave et moins difficile que la précédente.

454. — Les *droits acquis* (dit Merlin, *loc. cit.*, nº 4) sont ceux qui sont entrés dans notre domaine, qui en font partie, et que ne peut plus nous ôter celui de qui nous les tenons. Tels sont les droits qui dérivent immédiatement d'un contrat, ceux que nous a conférés un testament dont l'auteur est décédé, ceux qui se trouvent dans une succession ouverte, et dont nous a saisis la loi en vigueur au moment de son ouverture. — V. aussi Demolombe, t. 1er, nº 40.

455. — Mais un droit purement facultatif, soit qu'il résulte de la loi elle-même, soit qu'il ait sa source dans la volonté des individus, ne peut devenir notre propriété et former, par conséquent, un droit acquis, que par l'exercice qui en est fait. De même que, ajoute Merlin, des facultés accordées par des individus sont toujours révocables par eux, tant que ces facultés n'ont pas pris le caractère de droits contractuels, de même les facultés accordées par la loi peuvent toujours être retirées par elles, à moins que les individus n'en aient fait usage. — V. aussi, dans le même sens, *Cass.*, 4 avril 1842 (t. 1er 1842, p. 558), commune de Montesquieu c. Pagès.

456. — On doit entendre par les *droits facultatifs* dont parle Merlin, non le droit qui appartient au créancier d'une obligation alternative d'exercer son choix sur l'une ou sur l'autre chose comprise dans l'obligation (C. civ. art., 1189, 1190), ni le droit qui résulte d'une stipulation fondée sur une condition potestative, parce que de tels droits sont irrévocables par eux-mêmes de la part de l'obligé; mais bien les actes de pure faculté et de simple tolérance dont il est question dans l'art. 2232 du Code civil. — Mailher de Chassat, p. 158, nº 12.

457. — A l'égard des droits dont l'ouverture est subordonnée à l'accomplissement d'un événement ultérieur, la question de savoir si la simple expectative constitue un droit acquis doit se résoudre à l'aide de distinctions. Ou on tient cette expectative soit de la volonté encore révocable de l'homme, soit de la loi seule, ou on la tient soit d'un testament dont l'auteur est décédé, soit d'un contrat. — Merlin, *ibid.*; Chabot, *Quest. transit.*, vº *Droits acquis*.

458. — Au premier cas, il est évident qu'elle peut être détruite par une loi nouvelle; car il est impossible de considérer comme *définitivement* acquis le droit qui n'est pas encore ouvert, et dont l'expectative ne repose que sur un acte toujours *révocable*. Ainsi, une loi nouvelle peut, par exemple, avant le décès d'une personne, soit en neutralisant les dispositions testamentaires qu'elle a déjà faites sous la loi antérieure, soit en introduisant un autre ordre de succéder que celui établi par cette loi, rendre sans effet l'espérance qu'avaient les héritiers institués par le testament, ou appelés par la loi antérieure, de recueillir la succession de cette personne. — Merlin, *eod. loco*; Valette, *Observat. sur Proudhon, Traité sur l'état des personnes*, édit. de 1842, t. 1er, p. 23; Demolombe, t. 1er, nº 46.

459. — Ce principe a reçu notamment son application à l'égard de la loi du 8-13 avril 1791, avant laquelle les enfans d'un premier lit, dont le père s'était remarié, avaient, sous l'empire de certaines coutumes, par le *droit de dévolution*, le privilége de prendre hors part, dans sa succession, tous les biens meubles et immeubles dont il s'était trouvé saisi au moment du décès de leur mère. La loi du 13 avril 1791 admet leurs frères consanguins au partage de ces mêmes biens, ainsi que l'a expressément déclaré le décret d'ordre du jour du 18 vend. an II. Or il a été jugé : que ce décret et la loi de 1791 n'avaient point été compris, comme entachés du vice de rétroactivité, dans le rapport fait par la loi du 3 vend. an IV de toutes les anciennes lois rétroactives, parce qu'ils n'avaient aboli que de *simples expectatives légales*. — *Cass.*, 10 niv. an XIII, intérêt de la loi, Huber; 8 mess. an XIII, Rémy. — V. aussi, dans le même sens, Merlin, *ubi suprà*, et *Quest. de droit*, vº *Dévolution coutumière*, § 2, et *Wissembourg* (statut de), § 1er; Chabot, *Quest. transit.*, vº *Douaire des enfans*.

460. — Cependant il a été décidé que les époux qui, avant le Code, s'étaient mariés, sans contrat, sous l'empire des statuts qui les faisaient succéder l'un à l'autre, n'avaient pas été dépouillés de ce *droit* ou de cette *expectative* par l'art. 1390 C. civ. — *Bruxelles*, 23 déc. 1806, Bloquerie; *Trèves*, 5 janv. 1807, Boudot. — V., au surplus, *infrà* nºs 497 et suiv.

461. — On a aussi longtemps et longuement discuté la question de savoir si, en abolissant l'art. 399 de la coutume de Normandie, qui, dès l'instant du mariage, accordait aux enfans qui devaient en naître, le tiers des biens du mari, la loi du 17 niv. an II avait enlevé l'expectative de ce tiers dans les successions ouvertes depuis sa publication, même aux enfans nés de mariages antérieurs; et elle a été généralement résolue affirmativement. — *Cass.*, 5 vent. an VIII, Thibout c. Duroley; 4 therm. an XII, Lemoine; 29 mess. an XII, Deslandes c. Anquetil; 2 fruct. an XII, Lesauvage c. Malenfant; 27 frim. an XIII, Houel c. Lemazier. — Merlin, *Rép.*, vº *Effet rétroactif*, sect. 3, § 1er, nº 4, et *Quest. de droit*, vº *Tiers coutumier*; Chabot, vis *Douaires coutumiers* (t. 1er, p. 339) et *Douaire des enfans* (p. 372); Mailher de Chassat, t. 1er, p. 176 et suiv.

462. — Dans le second cas, c'est-à-dire relativement à l'expectative résultant d'un testament dont l'auteur est décédé, il faut, pour que le droit de l'institué ne soit pas ouvert par le décès du testateur, et que, par conséquent, il puisse y avoir lieu à difficulté, que l'institution d'héritier ait été faite sous condition. Si, pendant que la condition est en suspens, la législation change, en telle sorte qu'elle rende l'accomplissement de la condition impossible, et la fasse ainsi défaillir, ce changement aura-t-il pour effet d'anéantir l'institution, ou de la rendre pure et simple? Par exemple, quel a été l'effet des lois des 7 mars 1793 et 17 niv. an II, qui ont enlevé au tiers soit le droit de disposer, soit le droit d'élection, à l'égard d'une institution nominative d'héritier faite, sous la condition qu'un tiers ne disposerait pas autrement des biens compris en l'institution, par un individu décédé avant les lois précitées? Selon M. Mailher de Chassat (t. 1er, p. 175, nº 10), il ne peut faire aucun doute que ces lois n'aient produit le même effet que celui de la mort, ou de tout autre événement qui aurait mis le tiers hors d'état de disposer ou d'élire. Merlin a émis la même opinion. — (V. *Rép.*, vis *Effet rétroactif, loc. cit.*, et *Choix*, § 1er). — V. encore Chabot, vº *Testament*.

463. — Jugé, en effet, que l'institution nominative d'héritier, faite par un père en faveur de l'un de ses enfans, mais subordonnée au cas où la mère n'instituerait pas elle-même un autre héritier, est devenue irrévocable par l'effet des lois de l'an II, qui ont privé la mère survivante du droit de disposer et d'élire. — *Cass.*, 17 pluv. an XIII, Grailhe; 13 therm. an XIII, Grimal. — V. cependant, *Cass.*, 23 fruct. an VIII, Pouch.

464. — En permettant aux époux, *acquêts faisant*, de stipuler que le survivant pourrait disposer en toute propriété de l'héritage acquis, les chartes générales du Hainaut et la coutume de Valenciennes ne leur accordaient qu'une faculté, ou tout au plus qu'un droit subordonné à un fait ultérieur et facultatif, dont l'exercice est interdit par l'art. 1097, C. civ., s'il n'a eu lieu avant la promulgation de ce Code. — *Douai*, 31 juill. 1837 (t. 1er 1841, p. 163), Deleau c. Genielle.

465. — Lorsque l'expectative résulte d'un contrat, elle est toujours hors de l'atteinte des lois postérieures; parce qu'elle doit son existence au consentement des parties, qui seul peut l'anéantir. — Merlin, *Rép.*, vº *Effet rétroactif, ubi suprà*; Mailher de Chassat, p. 173, nº 8.

466. — Et il importe peu que l'expectative dépende d'une condition qui peut ne pas se réaliser, ou ne s'accomplir qu'après un changement survenu dans la législation. Sans doute, cette condition tient en suspens l'effet du lien légal qui a été formé par le contrat : mais, lorsqu'elle vient à s'accomplir, elle rétroagit au jour même de l'engagement (C. civ., art. 1179), et le droit qui en résulte est censé acquis au créancier, du jour même du contrat. Aussi est-il vrai que l'espérance qui constitue, dans ce cas, l'expectative, se transmet régulièrement, comme *droit acquis*, aux héritiers de celui qui a stipulé l'obligation. — Merlin, *eod. loco*; Mailher de Chassat, p. 174, nº 9.

467. — La circonstance qu'une attente ou expectative peut être cédée et transférée à d'autres personnes devra surtout être un motif à prendre en considération dans cette matière. Ce serait en effet troubler gravement la société, que de détruire des attentes qui peuvent intéresser un grand nombre de cessionnaires. C'est pour cela que les attentes conçues par le propriétaire ou le créancier conditionnels devront être respectées, tandis qu'on n'aura point égard à l'espérance de l'héritier présomptif d'une personne vivante. — Valette, *Observations sur Proud'hon, ubi suprà*, t. 1er, p. 23.

468. — Le principe que les conventions des parties constituent par elles-mêmes un *droit acquis* et doivent être régies par la loi existante au moment du contrat, est d'une telle force, qu'il s'applique même au cas où le contrat est simplement tacite. Il n'est pas non plus nécessaire que les faits attestent que les parties ont tacitement accepté comme règle de leurs conventions une loi, ou un usage existant à l'époque du contrat ; il suffit d'une présomption à cet égard. — Mailher de Chassat, p. 163, nos 1er et suiv.

469. — L'institution contractuelle doit-elle être régie par la loi du temps de l'institution, ou par celle du temps du décès de l'instituant ? Les auteurs ont adopté la première solution. — V. Chabot, *Quest. transit.*, vis *Contrat, Donation*, § 3, *Rapport à succession*, § 1, 2 et 3, *Réduction*, § 2 et 3; Mailher de Chassat, t. 1er, p. 161 ; Marcadé, p. 57; Blondeau, *Sur l'effet rétroactif* (*Thémis*, t. 7). — Mais la cour de cassation fait sur ce point une distinction qui nous paraît préférable à l'opinion absolue émise par les auteurs qui précèdent. Selon elle, l'institution contractuelle faite sous l'empire d'une coutume par un individu qui n'est décédé que depuis la promulgation du Code civil ne doit être régie par la loi de l'époque du contrat qu'en ce qui touche les dispositions irrévocables ; elle doit être régie par la loi en vigueur au jour du décès pour les biens qui n'étaient pas acquis irrévocablement à l'institué. — *Cass.*, 5 déc. 1815, Belloc ; 12 juill. 1842 (t. 2 1842, p. 312), Lengoust. — V. INSTITUTION CONTRACTUELLE.

470. — Dans le cas où un arrêt donne un effet rétroactif à une disposition du Code civil, en l'appliquant à un fait antérieur à ce Code, il est à l'abri de la cassation, si la loi qui régissait la matière décidait comme la loi ancienne. — *Cass.*, 25 mai 1812, Bomans et Bataille c. Rougé ; 4 janv. 1825, Fault c. Power.

471. — Les art. 757, 767 et 770, C. pr. civ., n'étant pas introductifs d'un droit nouveau, ont pu aussi être appliqués après leur promulgation aux instances introduites avant le Code de procédure. — *Cass.*, 21 nov. 1809, Chanu c. Tourton et Ravel.

472. — Lorsqu'un jugement, se fondant spécialement sur les dispositions d'une loi, en même temps a invoqué une décision ministérielle rendue depuis les faits du procès, on ne peut non plus reprocher à ce jugement d'avoir donné à la décision ministérielle un effet rétroactif. — *Cass.*, 1er mars 1825, Enregistrement c. notaires de Lyon.

473. — Le défaut d'inventaire dans les trois mois du décès du mari (décédé depuis le Code) entraîne contre la femme ou ses héritiers déchéance du droit de renoncer à la communauté, alors même que le mariage aurait été contracté sous une législation qui accordait trente ans pour la confection de l'inventaire. Décider ainsi ce n'est pas méconnaître des droits acquis et donner au Code un effet rétroactif. — *Bordeaux*, 7 mai 1836 (t. 1er 1837, p. 380), Raymond c. Latournerie-Diassourdis.

474. — Bien que la disposition d'une loi étrangère, qui prescrit de faire vérifier l'état des navires avant leur départ, n'ait été promulguée que postérieurement à la perte d'un navire, un arrêt a pu, sans violer le principe de la non-rétroactivité des lois et sans encourir la cassation, déclarer que cette disposition nouvelle faisait supposer que, même antérieurement à sa promulgation, on avait reconnu, dans le pays étranger, la nécessité de faire constater l'état des navires avant leur départ, et, par suite, mettre à la charge de l'armateur la preuve que la perte du navire a été occasionnée par fortune de mer, si celui-ci veut exercer le délaissement sans rapporter de certificat de visite. — *Cass.*, 29 juin 1836, Vasquez c. Arnauld.

475. — Les tribunaux ne pourraient se refuser à l'application d'une loi, sous le prétexte qu'elle contiendrait un effet rétroactif : c'est au pouvoir législatif et non au pouvoir judiciaire qu'il appartient de décider cette question. — *Cass.*, 25 frim. an IX, Joizy c. Pottaire. — Locré, *Législ. civ.*, sur l'art. 2 C. civ.

476. — La loi du 3 vendém. an IV, en abolissant l'effet rétroactif de celle du 17 niv. an II et en restituant dans leurs droits ceux qui en avaient été dépouillés par cet effet rétroactif, ne les a pas autorisés pour cela à former des demandes en dommages-intérêts, pour le prétendu préjudice que l'effet rétroactif aurait pu leur causer. — *Cass.*, 1er juill. 1807, Bougier c. Goffart.

Sect. 2e. — *État et capacité des personnes.*

477. — L'état civil des personnes est, comme tout le reste, dans le domaine de la loi. Le législateur peut donc le changer et le modifier à son gré, pour l'avenir, selon les besoins de la société (motif de l'arrêt de *Cass.* du 12 juin 1815, Martin c. Crotat), *sans qu'on puisse dire qu'il ravisse à personne aucun droit acquis* (Proudhon, *Traité sur l'état des personnes*, édit. de 1842, t. 1er, p. 27). — V. aussi, en ce sens, Mailher de Chassat, t. 1er, p. 205; Marcadé, *Elém. de droit civil franç.*, t. 1er, p. 57.

478. — Ainsi, la loi du 20 sept. 1792 a pu reculer sans rétroactivité, pour le mineur normand, qui n'avait que dix-neuf ans au moment de la publication, l'âge de la pleine majorité qu'il eût atteint, sans cela, à vingt ans accomplis. — Ainsi encore, le Code civil, en abolissant implicitement l'interdiction pour cause de prodigalité, a pu faire cesser les poursuites qui auraient été intentées lors de la promulgation contre un prodigue pour lui faire ôter l'administration de ses biens. — Merlin, *Rép.*, vo *Effet rétroactif*, sect. 3, § 2; Mailher de Chassat, *ibid.*

479. — Les lois nouvelles qui règlent et modifient l'état des personnes, soit qu'elles améliorent leur sort, soit qu'elles les placent dans une condition moins avantageuse, doivent en effet recevoir leur application du jour qu'elles ont été promulguées. « Elles saisissent l'individu au moment même de leur émission, et le rendent, dès cet instant, capable ou incapable, selon leur détermination. » (Motif de l'arrêt de *Cass.* du 6 juin 1810, Devroède c. Deroisin.) — V., dans le même sens, *Cass.*, 20 mai 1806, Gardni c. Cauda ; *Turin*, 17 mai 1806, Ponté c. Gerbo ; (motifs) l'arrêt de *Cass.*, précité, du 12 juin 1815; *Nîmes*, 19 frim. an XI, Lavoudès; (motifs) *Cass.*, 3 janv. 1832, de Belle c. Piot. — Demolombe, t. 1er, no 43.

480. — Il a même été jugé que les lois qui concernent l'état des personnes produisent leurs effets, lorsqu'elles sont de notoriété publique, alors même qu'elles n'auraient pas été promulguées. — *Cass.*, 27 juin 1838 (t. 2 1838, p. 122), Rodrigues c. Béguin.

481. — Mais elles doivent laisser subsister les actes qui ont été faits en vertu d'un état précédent. Ainsi, si un individu capable n'a jamais droit acquis à conserver ultérieurement la capacité dont il jouit aujourd'hui, les actes qui sont émanés de lui pendant qu'il était capable, doivent être valables à toujours. C'est sous cette modification qu'il faut entendre la règle posée par Proudhon, *loc. cit.*, que l'état civil d'une personne ne peut constituer aucun *droit acquis*. — Merlin et Marcadé, *ubi suprà*; Demolombe, *loc. cit.*

482. — Par exemple, une législation nouvelle sur le mariage ne pourrait porter aucune atteinte à un mariage contracté, sous l'empire d'une ancienne loi, *parce que ce serait un acte consommé.* — Proudhon, *ubi suprà*, p. 28 ; Valette, *ibid.*, note 2.

§ 1er. — *État de Français ou de régnicole.*

483. — La qualité de Français ou de régnicole, qu'elle soit acquise par la naissance ou qu'elle soit conférée par la naturalisation, est irrévocable (Demolombe, t. 1er, no 41). — Le législateur ne peut la détruire ni expressément, ni encore moins par une loi qui déclarerait tout simplement, sans s'expliquer sur le passé, que la naissance et la naturalisation ne peuvent attribuer la qualité de Français. — Ainsi il n'a pu, sous la monarchie, déclarer que cette qualité ne pouvait s'acquérir que par lettre du prince. — Merlin, *loc. cit.*, art. 1er; Mailher de Chassat, t. 1er, p. 203 et suiv.

484. — Mais, si la loi nouvelle ne peut dépouiller de la qualité de régnicole celui qui en est investi, elle pourrait cependant imposer pour sa conservation ou son acquisition de nouvelles conditions qui, si elles n'étaient pas exécutées, en entraîneraient nécessairement la perte. Cette perte aurait alors pour cause le concours de la loi et de la volonté du régnicole. — Merlin et Mailher de Chassat, *ibid.*

485. — C'est ainsi que la loi du 14 oct. 1814, qui a exigé que les individus devenus Français par la réunion momentanée de leur pays à la France, se soumissent, pour conserver cette qualité, à l'accomplissement de certaines conditions, en a privé ceux qui ne les ont pas observées. — V. FRANÇAIS, NATURALISATION.

485 *bis*. — C'est ainsi encore que la loi du 22 mars 1849, en autorisant l'individu né en France d'un étranger, à faire, après l'année qui suivra l'époque de sa majorité, la déclaration prescrite par l'art. 9, C. civ., a voulu, néanmoins, qu'il ne put user de ce droit qu'autant qu'il se trouvait dans l'une des deux conditions suivantes : 1o s'il servait ou s'il avait servi dans les armées françaises de terre ou de mer; 2o s'il avait satisfait à la loi du recrutement sans exciper de son extranéité. — V. NATURALISATION.

486. — Le législateur pourrait, toutefois, directement et immédiatement, priver tous les régnicoles des droits civils ; car ces droits sont l'œuvre de la loi ; ce sont des facultés qu'elle accorde. Seulement, le législateur serait tenu de respecter les droits naturels, tels que la liberté, la sûreté, la propriété. — Merlin, *ubi suprà*, art. 2.

§ 2. — *État d'étranger.*

487. — L'étranger, même celui qui jouit en France des droits civils, en vertu de l'autorisation qu'il a obtenue d'y établir son domicile, conformément à l'art. 13, C. civ., ne pouvant jamais les y exercer qu'autant qu'il plaît au souverain de n'y pas mettre obstacle (Wattel, *Droit des gens*, § 230), il en résulte que, si une loi enjoignait à tous les étrangers de sortir du royaume dans tel délai, sous peine d'être arrêtés, ou de se défaire, dans tel délai, des propriétés immobilières qu'ils y possèdent, sous peine de séquestre ou même de confiscation, ils ne pourraient accuser cette loi de rétroactivité, parce qu'elle ne leur enlèverait pas des droits acquis (Merlin, art. 3). Cette dernière proposition est vivement attaquée (comme injuste et contraire à ce principe proclamé par l'Assemblée constituante elle-même : que la *propriété* doit être mise au nombre des *droits naturels*, par Mailher de Chassat (p. 208 et suiv.), qui en restreint l'application aux cas où elle est indispensablement commandée par des motifs supérieurs d'ordre et d'intérêt public.

488. — Mais ces deux auteurs s'accordent (*ibid.*) à reconnaître que la loi ne pouvait, sans rétroagir, ordonner immédiatement l'arrestation des étrangers et le séquestre de leurs biens. Cette mesure pourrait cependant, nonobstant la rétroactivité, se justifier par la nécessité de représailles, comme il est arrivé par la loi du 13 août 1793, portant : *saisie et séquestre des biens et propriétés situés en France, appartenant aux sujets espagnols.*

489. — Il y aurait également rétroactivité, si la loi déclarait régnicoles tous les étrangers, sans le concours de leur volonté. Au contraire, elle ne rétroagirait pas dans le sens de l'art. 2 C. civ., si, en leur conférant cette qualité, elle les laissait maîtres de ne pas en profiter, en sortant du royaume. Car elle laisserait ainsi subsister le contrat qui les lie à leur pays d'origine. — Merlin, *eod. loc.*

§ 3. — *État de mort civilement et de condamné privé de certains droits.*

490. — L'état de mort civilement peut être modifié au gré du législateur, sans rétroagir, lorsqu'il n'en résulte pas une aggravation de peine. Toute loi qui *améliore* l'état des individus frappés de mort civile, est, par sa nature, empreinte de non-rétroactivité. Il faut en effet, pour qu'une loi puisse être rétroactive, qu'elle soit *préjudiciable* (V. *suprà*, no 16). — Merlin, sect. 3, § 2, art. 4, no 1er; Mailher de Chassat, p. 211 et suiv.

491. — Ce principe a une telle puissance, comme principe d'ordre public, qu'il n'est pas nécessaire, pour qu'il soit applicable, que la loi nouvelle contienne une disposition expresse dérogatoire à la loi précédente : il suffit qu'elle fasse cesser la cause de la mort civile. Ainsi, la loi du 19 fév. 1790, en supprimant les ordres monastiques, a rendu immédiatement les religieux profès à la vie civile. Cependant, pour ne pas jeter le trouble dans les familles, et tromper les espérances qu'avait pu leur faire concevoir la résolution de ces religieux d'embrasser la vie monastique, la loi du 26 mars suivant les déclare encore incapables de succéder, lorsqu'ils sont en concours avec d'autres parens, et de recevoir, soit entre-vifs, soit par testament, autre chose que des pensions viagères. Cette incapacité subsista jusqu'au moment où la loi du 18 vend. an II vint les admettre, *à compter de ce jour*, à succéder, concurremment avec leurs autres cohéritiers. Plus tard, les lois des 9 fruct. an III, 3 vend. an IV, et 18 pluv. an V, rapportèrent, comme rétroactifs, les art. 4 de la loi du 5 brum. et 3 de la loi du 17 niv. an II, qui avaient fait remonter la loi du 19 fév. 1790, aux successions ouvertes depuis le 4 juill. 1789. — Merlin, *eod. loc.*, no 2; Mailher de Chassat, p. 212.

492. — Si, avant la loi du 26 mars 1790, les religieux profès s'étaient trouvés en concours seulement avec le fisc, il n'est pas douteux qu'ils n'eussent été préférés, puisqu'ils étaient relevés de leur état de mort civile, et que les motifs de la loi précitée n'auraient pu être invoqués en faveur du fisc, sous l'empire de celle du 19 fév. 1790. — Merlin, *ibid.*

493. — Une ex-religieuse, capable de succéder au moment du décès de ses père et mère, peut demander sa légitime, sur une donation entre-vifs faite par contrat de mariage en 1788, à l'époque où elle était frappée d'incapacité. — *Cass.*, 20 nov. 1815, Desforges de Caullière c. Maillefer.

494. — De la combinaison de ces deux principes, que, toute loi qui tend à améliorer le sort des individus, est applicable immédiatement, et que, la cause cessant, l'effet cesse avec elle, il suit que l'art. 5 de la loi du 3 sept. 1792, ainsi conçu : « La peine des fers, de la réclusion, de la gêne et de la détention, ne pouvant, dans aucun cas, d'après le Code pénal, être perpétuelle, la perpétuité des galères ou des prisons autrefois en usage, est, *à compter de ce jour*, anéantie pour tous ceux qui ont pu y être condamnés; en conséquence, les condamnés qui auront subi ces sortes de peines, pendant un temps égal au plus long terme fixé, par le Code pénal, pour les fers et la réclusion, seront de suite, sans qu'il soit besoin d'aucun jugement, rappelés des galères et mis en liberté », a fait cesser de plein droit la mort civile des condamnés qu'elle avait pour objet. — Merlin, n° 3; Mailher de Chassat, t. 1er, p. 214 *in fine*.

495. — La combinaison du principe que, la cause cessant, l'effet cesse avec elle, avec celui d'après lequel l'état des personnes est purement de droit civil, conduit également à décider que la disposition du Code pénal de 1791, qui suspend, dans ses effets, la réhabilitation prononcée, jusqu'à l'époque du paiement des réparations civiles, a cessé d'être applicable sous l'empire du Code d'instruction criminelle, par la seule raison de son silence sur ce point. — Carnot, sur l'art. 633, C. instr. crim.; Mailher de Chassat, p. 215. — V. RÉHABILITATION.

§ 4. — *État des époux pendant le mariage.*

496. — La validité ou l'invalidité du mariage se règlent par la loi en vigueur au moment où il a été célébré. En conséquence, une loi nouvelle ne peut pas valider un mariage qui, au moment de sa publication, se trouve, d'après la loi sous laquelle il a été célébré, entaché de vices qui emportent la nullité, comme elle ne peut infirmer par l'introduction de formes nouvelles un mariage valable dès son principe. Mais la loi nouvelle peut, sans rétroagir, étendre ou restreindre le cercle des causes de nullité, soit relativement aux deux époux, soit par rapport aux tiers, et modifier les formes et les délais dans lesquels les actions en nullité devront être intentées. — Merlin, *ubi suprà*, sect. 3, § 2, art. 5, n° 1er; Mailher de Chassat, t. 1er, p. 217; Demolombe, t. 1er, n° 41.

497. — C'est aussi à la loi sous l'empire de laquelle les époux se sont mariés qu'il faut avoir recours pour déterminer la capacité ou l'incapacité de la femme relativement à l'aliénation de ses biens dotaux ou paraphernaux. Le mariage a eu lieu en effet sous les auspices de cette loi, et ses dispositions sont entrées, comme condition tacite, dans le mariage lui-même. Ainsi, les femmes mariées antérieurement au Code civil, sous l'empire des lois et coutumes alors en vigueur, ont eu, du jour de leur mariage, *des droits acquis* qu'il n'a pas été au pouvoir d'une loi postérieure de leur ravir. — V., notamment, *Cass.*, 27 août 1810, Soumillon c. Descalles; 19 déc. 1810, Martin; 30 avr. 1811, Civette c. Leduc; 19 août 1812, Sombret c. Leulier; 21 avr. 1813 Bellecote; *Poitiers*, 11 déc. 1832, Dumonteil. — Merlin, *Rép.*, v° *Puissance maritale*, sect. 2, § 2, art. 2; Duranton, t. 1er, n° 52; Mailher de Chassat, p. 220 et suiv.; Demolombe, t. 1er, n° 44.

498. — Il en est ainsi, encore bien que les immeubles que la femme veut aliéner ne lui soient échus que depuis le Code civil. — *Cass.*, 25 janv. 1843 (t. 1er 1843, p. 676), Sainneville c. de Narbonne-Pelet, Gibert et Baignères.

499. — Le Code civil n'aurait donc pas pu, sans rétroactivité, rendre inaliénables les biens dotaux d'une femme mariée antérieurement, sous l'empire d'un statut qui permettait l'aliénation de ces biens. — *Cass.*, 29 juin 1842 (t. 2 1842, p. 670), de Sainneville c. Burel; 16 mai 1843 (t. 2 1843, p. 130), Beraud c. Baby. — Demolombe, *loc. cit.*

500. — C'est également la loi en vigueur au moment du mariage qui règle le droit du mari de vendre les conquêts de la communauté, sans le concours de la femme. L'art. 1421 C. civ., qui lui confère ce droit, n'est pas applicable aux acquêts faits avant la promulgation de ce Code, sous l'empire d'un statut qui le lui refusait. — *Liége*, 25 janv. 1808, Liers c. Scheefer. — Merlin, *eod. loc.*, n° 3.

501. — Mais la femme mariée avant le Code civil, sous l'empire d'une loi qui la dispensait, pour certains actes, de l'autorisation de son mari ou de justice, a dû, depuis le Code, se pourvoir de cette autorisation, si le Code a exigé que la femme ne pût se livrer aux mêmes actes sans cette autorisation. Il est en effet d'*ordre public* que l'autorité du mari sur la personne de sa femme soit régie par la loi nouvelle. C'est cette doctrine que Merlin a définitivement adoptée, après avoir longtemps soutenu, ainsi qu'il nous l'apprend lui-même, l'opinion contraire. — V. *Rép.*, v° *Effet rétroactif*, sect. 3, § 2, art. 5, n° 8. — V. aussi, dans le même sens, *Cass.*, 21 germ. an XII, Cézan; 20 therm. an XII, Capblanc c. Caratier; *Agen*, 7 prair. an XIII, Lescure c. Tenans; *Turin*, 20 mess. an XIII, Simondi; 3 janv. 1832, de Belle c. Piot. — Proudhon, p. 30; Mailher de Chassat, p. 217 et 218.

502. — A l'inverse, la loi nouvelle qui, dans certains cas, et pour certains actes, dispense la femme de l'autorisation du mari, doit s'appliquer, sans rétroactivité, à la femme mariée sous l'empire d'une législation précédente qui réglait différemment le principe de l'autorisation. Par exemple, toute femme peut aujourd'hui tester, sans autorisation de son mari (C. civ. 226), encore bien qu'elle ait été mariée sous une coutume qui, comme celle de Bourgogne, exigeait cette autorisation. — Proudhon, *loc. cit.*; Duranton, t. 1er, n° 53; Mailher de Chassat, p. 219.

503. — Il est également de jurisprudence constante que la femme mariée sous l'empire du sénatus-consulte velléien qui lui défendait d'intercéder pour autrui, a pu, depuis le Code civil, souscrire un cautionnement pour son mari.

504. — Les époux peuvent aujourd'hui faire au profit l'un de l'autre toute libéralité qui ne blesserait point la réserve légale (C. civ. art. 1094, 1096), sans s'être réservé cette faculté dans leur contrat de mariage, quoiqu'ils aient été mariés sous une coutume prohibitive de semblables dons. — Proudhon, p. 30; Mailher de Chassat, p. 220.

505. — La disposition de l'art. 2135 C. civ., qui ne fait remonter l'hypothèque légale des femmes, à raison des obligations par elles contractées avec leurs maris pendant le mariage, que du jour de ces obligations, ne concerne que les femmes mariées depuis la publication de ce Code; mais la femme mariée sous l'empire d'une coutume qui lui accordait hypothèque du jour du mariage à raison de ces obligations, conserve hypothèque à cette date, même pour les obligations contractées seulement depuis le Code. — *Poitiers*, 18 juin 1838 (t. 2 1845, p. 383), Perrot c. Fradet.

506. — Si le mari tombe en faillite, l'étendue des droits hypothécaires de la femme sur ses biens doit se régler non par la loi en vigueur au moment du mariage, mais par celle en vigueur au moment de l'ouverture de la faillite. — *Grenoble*, 17 mars 1842 (t. 1er 1843, p. 501), Durand. — V., néanmoins, *Cass.*, 9 avr. 1835, Mouroult.

§ 5. — *Etat des époux divorcés.*

507. — A la différence de l'état d'époux, toujours régi par la loi du temps où le mariage a été célébré, le divorce est placé sous l'empire de la loi nouvelle. Le divorce, ou la dissolution du mariage, étant fondé sur le plus grand bonheur des époux, la loi qui le prononce ne renferme pas ce préjudice, qui est une des conditions de la rétroactivité. En conséquence, des époux mariés (avant la loi du 30 sept. 1792, introductive du divorce) sous l'empire d'une loi qui le prohibait, ont pu, postérieurement à la loi de 1792, user de la faculté de divorcer, comme les époux mariés depuis. Réciproquement, des époux mariés sous l'empire du titre *du divorce* du C. civ., n'ont pu divorcer depuis que le divorce a été aboli par la loi du 8 mai 1816. — Merlin, *Rép.*, v° *Effet rétroactif*, sect. 3, § 2, art. 6; Mailher de Chassat, t. 1er, p. 229.

508. — Mais les demandes en divorce formées sous l'empire d'une loi qui l'autorisait, doivent être, sous peine de rétroactivité, instruites et jugées conformément aux dispositions de cette loi. Car, en les intentant, les époux ont régulièrement fait usage d'une faculté que la loi leur accordait, et cette faculté ainsi exercée est devenue pour eux un *droit acquis*. — Mailher de Chassat, p. 230.

509. — Le divorce peut-il, sans qu'il y ait rétroactivité, être provoqué pour des faits antérieurs à la publication de la loi qui l'autorise? L'affirmative résulte des termes même de la loi du 20 sept. 1792. En anéantissant les demandes en séparation de corps non jugées, et en enlevant ainsi par une rétroactivité manifeste des *droits acquis*, l'art. 6 de cette loi a par là et à plus forte raison, mais sans rétroactivité, décidé qu'une demande en divorce pourrait être régulièrement introduite pour des faits antérieurs à sa promulgation. — Merlin, *ubi suprà*; Mailher de Chassat, p. 233 et 234. — V., dans le même sens, *Turin*, 21 flor. an XII, Buniva; 25 mai 1808, Canova.

510. — Il en est ainsi, surtout lorsqu'aux faits antérieurs, on en joint d'autres qui se sont passés depuis la promulgation de la loi nouvelle. — *Cass.*, 12 fév. 1806, Delabarre.

511. — L'art. 310 C. civ., qui autorisait l'époux défendeur à convertir au bout de trois ans la séparation de corps en divorce, était inapplicable aux séparations de corps volontaires antérieures au Code. — *La Haye*, 13 avr. 1813, N...

512. — L'art. 295 C. civ., qui porte que « les époux qui divorceront pour quelque cause que ce soit, ne pourront plus se réunir, » s'appliquait-il aux époux divorcés sous la loi du 20 sept. 1792, qui permettait la réunion? Cette question revient à savoir si les époux qui ont divorcé conformément à cette loi ont eu par là même *droit acquis* pour demander plus tard leur réunion, droit qu'une loi postérieure n'aurait pu par conséquent leur ravir. M. Mailher de Chassat (p. 235, n° 7) enseigne la négative, en se fondant sur ce que la faculté de se réunir accordée aux époux par la loi du 20 sept. était restée, comme disposition complétement distincte du divorce, dans le domaine législatif. L'opinion contraire paraît avoir prévalu au Conseil d'Etat (Locré, *Législ. civ.*, t. 5, p. 412). La raison qui en a été donnée, c'est que, sous le régime révolutionnaire, beaucoup d'époux d'émigrés divorcèrent pour arracher leur fortune à la confiscation, et dans l'espoir probablement de se réunir un jour.

513. — On s'est également demandé si la loi du 8 mai 1816, qui abolit le divorce, a rendu les époux divorcés capables de se réunir depuis. M. Mailher de Chassat (p. 237 et suiv.) pense que la loi de 1816 a laissé subsister dans ses principes et dans ses résultats, même les plus éloignés, la législation sur le divorce consacrée par le C. civ.

514. — Mais cet auteur reconnaît, contrairement à une circulaire du garde des sceaux (de Peyronnet) de 1827, que les époux divorcés ont pu, depuis la loi de 1816, se remarier avec d'autres. Car ces époux ne peuvent être condamnés au célibat, privés du droit naturel de se marier, pour avoir fait ce que la loi leur permettait de faire. L'espoir d'être plus heureux dans une autre alliance a probablement déterminé le divorce.

§ 6. — *État de père et d'enfant légitime, adoptif ou naturel.*

515. — La qualité de père et d'enfant *légitime* est irrévocablement régie par la loi du temps où elle a été acquise; elle régit aussi conséquemment le mode par lequel cette qualité pourra être prouvée (L. 8, D, *De regul. jur.*). Ainsi, la paternité, la filiation légitimes, résultant d'un mariage contracté sous l'empire des anciennes lois, demeurent invariablement régies par ces anciennes lois, et c'est à l'aide des règles qu'elles tracent qu'on peut seulement en établir la preuve. — Merlin, *Rép.*, v° *Effet rétroactif*, sect. 3, § 2, art. 7, n° 1er; Mailher de Chassat, t. 1er, p. 241 et suiv.

516. — Une loi nouvelle peut cependant déterminer pour l'avenir les effets respectifs que ces qualités doivent produire, soit quant aux personnes, soit quant aux biens. — Merlin, *ibid.*

517. — Par exemple, le Code civil a pu, sans rétroaction, appeler la mère à partager la puissance paternelle dans les pays où cette puissance n'existait pas auparavant en sa faveur, et soumettre à la puissance paternelle, jusqu'à leur majorité ou leur émancipation (C. civ., art. 372), les enfans nés sous l'empire d'une coutume où, comme dans celle de Senlis, cette puissance n'existait pas. Pareillement, la loi du 28 août 1792 a affranchi de la puissance paternelle, par voie de disposition générale, tous les enfans des pays anciennement régis par le droit écrit, qui, lors de sa promulgation, avaient atteint leur majorité, et ne pouvaient en être affranchis antérieurement dans ces pays que par un acte spécial d'émancipation ou par leur promotion à des emplois publics. — V., sur ces différents points, Merlin, *loc. cit.*, art. 8, nos 1er, 2 et 3; Mailher de Chassat, p. 244 et 248 *in fine*.

518. — En appelant à participer à la puissance paternelle la mère survivante qui, sous l'ancienne législation, en était exclue, le Code civil lui a conféré le droit de réclamer la tutelle de ses enfans mineurs, alors même qu'après le décès du mari, elle aurait adhéré à l'entrée en fonction du tuteur testamentaire nommé par lui. — *Agen*, 7 prair. an XIII, Lescure c. Tenant; *Turin*, 6 mess. an XIII, Francèse c. Cotellino; 4 janv. 1806, Cuneaz. — Merlin, *eod. loc.*, n° 3.

519. — La loi du 28 août 1792 qui a affranchi de la puissance paternelle, avant le terme fixé par l'ancienne coutume, tous les enfans majeurs des pays de droit écrit, a fait cesser, dès ce moment, l'usufruit qui dérivait de cette puissance, même relativement aux biens qui, au moment de la publication, se trouvaient déjà grevés de ce droit. L'usufruit légal a en effet pour cause un dédommagement que la loi attribue au père ou à la mère, pour les soins qu'ils donnent aux biens de leurs enfans, pendant que ceux-ci en sont encore incapables. Il n'est donc, dans la réalité, qu'un effet naturel de la puissance paternelle ; il en dépend comme l'effet de sa cause. Or, en faisant cesser cette puissance, le législateur a pu, sans rétroagir, mettre fin à l'usufruit légal qui n'en est que l'accessoire. — *Cass.*, 26 juill. 1810, Bardenet c. Bardenet ; 5 août 1812, Guy c. Bouvier. — Merlin, n° 4 ; Mailher de Chassat, p. 244 *in fine*.

520. — D'après les mêmes principes, les dispositions du Code civil qui ont restreint ou modifié le droit d'usufruit accordé aux père et mère sur les biens de leurs enfans, ont dû, sans qu'on pût y voir l'attribution d'un effet rétroactif, être appliquées au cas où le père se trouvait déjà en possession de cet usufruit lors de la publication du Code. — *Turin*, 7 fruct. an XII, Garonne c. Amerio ; *Lyon*, 1er fruct. an XIII, Richini. — V. cependant *Agen*, 7 prair. an XIII, Lescure c. Tonans.

521. — Jugé aussi que l'art. 384 C. civ., qui accorde au survivant des père et mère la jouissance des biens de ses enfans mineurs est applicable, pour le temps à courir à partir de sa promulgation, au cas où la tutelle a commencé. Décider ainsi, ce n'est pas donner à l'art. 384 un effet rétroactif. — *Paris*, 3 germ. an XII, Longepierre c. Cadeau d'Assy ; *Cass.*, 11 mai 1819, Boutechoux de Chavannes.

522. — Les qualités de père et d'enfant *adoptif* résultant uniquement d'un contrat sont irrévocables, comme celles de père et d'enfant légitime ; et il n'est pas au pouvoir de la loi postérieure de les anéantir, même sous le prétexte que les formes prescrites par la loi ancienne étaient insuffisantes, dérisoires ou contraires au droit naturel. — Mailher de Chassat, t. 1er, p. 251.

523. — Aussi, la jurisprudence a-t-elle plusieurs fois déclaré valables des adoptions faites antérieurement au Code civil, quoiqu'elles n'aient été accompagnées d'aucune des conditions qu'il impose pour adopter et être adopté. — *Cass.*, 16 fruct. an XII, Bredin c. Guillardet ; *Paris*, 11 vent. an XII, Hesse c. Saint-Valentin ; *Besançon*, 28 janv. 1808, Talbert c. Dormoy.

524. — Quant aux droits que confèrent la paternité et la filiation adoptive, ils restent constamment placés dans le domaine du législateur, qui peut les régler, les modifier à son gré, suivant l'intérêt de la société, comme ceux qui résultent de la paternité et de la filiation légitime. — Mailher de Chassat, p. 253.

525. — La paternité naturelle est également à l'abri de toute atteinte des lois postérieures ; mais elle ne produit pas les mêmes effets que la paternité civile et adoptive. Elle donne seulement lieu à une action pour obtenir des alimens. Or, cette action une fois acquise, la loi postérieure peut bien en étendre ou en resserrer les effets ; mais non la détruire complétement. — Merlin, *Rép.*, v° *Effet rétroactif*, sect. 3, § 2, art. 7, n° 3.

526. — Ainsi, le législateur du Code civil a agi sans rétroactivité, dans la sphère de ses pouvoirs, lorsque, contrairement aux lois des 4 juin 1793 et 12 brum. an II, qui assimilaient, quant aux droits de successibilité, les enfans naturels aux enfans légitimes, il a refusé positivement à ces enfans la qualité d'héritiers (art. 756), et réduit leurs droits dans la succession de leur auteur, quand ils concourent avec des enfans légitimes, au tiers de la portion qu'ils auraient eue s'ils eussent été eux-mêmes légitimes (art. 757). — Mailher de Chassat, p. 255.

527. — L'enfant naturel, reconnu dans la forme déterminée par la loi sous l'empire de laquelle la reconnaissance a eu lieu, ayant par là même un *droit acquis* que la loi postérieure ne saurait lui ravir, il semble que la preuve de sa possession d'état, de sa filiation, ne doive également être faite que d'après la loi sous laquelle il est né. Cependant on a pensé que la loi du 12 brum. an II qui exigeait que « cette preuve ne pût résulter que de la représentation d'écrits publics ou privés du père, ou de la suite des soins donnés à titre de paternité et sans interruption, tant à leur entretien qu'à leur éducation, » était applicable à l'enfant né hors du mariage, lorsque le père était décédé dans l'intervalle de la loi du

4 juin 1793 à celle du 12 brum. an II, et, par conséquent, qu'une reconnaissance ancienne du père, quelque conforme qu'elle fût aux lois sous l'empire desquelles elle avait été faite, ne suffisait même pas pour assurer à cet enfant des alimens. Mais c'est là une rétroactivité toute gratuite et sans motifs ; car il n'a pas été possible à l'enfant d'obtenir de son père décédé antérieurement le titre exigé par la loi nouvelle pour fonder son état. Il en serait au contraire différemment, si le père était mort après la loi du 12 brum. an II. L'inobservation des formalités prescrites par cette loi ne pourrait donc être suppléée par une ancienne reconnaissance conforme à l'ancienne loi. Une telle application de la loi n'est pas rétroactive. — Mailher de Chassat, p. 256 et suiv. — V. aussi Merlin, *ubi suprà*, n° 3, et *Quest. de droit*, v° *Légitimité* ; Chabot, *Quest. transit.*, v° *Enfant naturel*.

528. — Décidé, en effet, que l'action en déclaration de paternité formée sous la loi du 12 brum. an II devait être jugée conformément à cette loi, alors même que la déclaration de grossesse et la citation en conciliation avaient eu lieu antérieurement. — *Cass.*, 26 mars 1806, Marthe c. Linstruiseur.

§ 7. — *État de majeur et de mineur.*

529. — Lorsqu'une loi nouvelle avance l'âge de la majorité, celui qui est encore mineur au moment de sa publication, devient majeur *de plein droit*. — Merlin, *Rép.*, v° *Effet rétroactif*, sect. 3, § 2, art. 9, n° 2 ; Mailher de Chassat, t. 1er, p. 259 ; Demolombe, t. 1er, n° 45.

530. — Cette loi produisant ses effets dès l'instant même de sa promulgation, il en résulte que, dans le cas d'un legs fait pour être délivré au légataire à sa majorité fixée alors à 25 ans, ce légataire peut demander la délivrance du legs à compter du jour où il est devenu majeur d'après la nouvelle loi, c'est-à-dire à compter du jour où il a atteint sa 21e année, si telle est la majorité fixée par la loi nouvelle. — *Nîmes*, 19 frim. an II, Lavoudès.

531. — La loi nouvelle qui recule l'âge de la majorité, fait rentrer dans l'état de minorité celui qui, au moment de sa promulgation, était déjà majeur d'après la loi ancienne, et le fait retomber en tutelle. — *Nîmes*, 24 brum. an XIII, Bertrand et Morangiès ; 3 fruct. an XIII, Veyrans ; *Turin*, 17 mai 1806, Ponte c. Gerbo. — V. cependant *Aix*, 19 frim. an XIII, Rivière ; *Cass.*, 6 avril 1808, Veyrans. — Merlin et Mailher de Chassat, *loc. cit.* ; Proudhon, *Traité sur l'état des personnes*, édit. de 1842, t. 1er, p. 30.

532. — ... Mais le tuteur *datif* nommé originairement par le conseil de famille n'a pas été ressaisi de plein droit de la tutelle. Il en aurait été autrement d'un tuteur *légal*. — *Nîmes*, 24 brum. an XIII, Bertrand et Morangiès.

533. — Lorsqu'une loi nouvelle recule l'âge auquel le mineur cesse d'être en tutelle, ceux qui se trouvaient *émancipés* au moment de sa promulgation, sont retombés également sous l'autorité du tuteur. Ainsi, le Code civil a replacé sous la tutelle de la mère, pour tous les actes postérieurs à sa promulgation, les mineurs qui, âgés de moins de 15 ans révolus, avaient été émancipés sous l'ancienne législation. — Blondeau, *Dissertation sur l'effet rétroactif* (*Thémis*, t. 7) ; Merlin, *ubi suprà*, n° 3 ; Proudhon, p. 30 et 31 ; Chabot, *Quest. transit.*, v° *Autorisation maritale*, § 1er ; Mailher de Chassat, t. 1er, p. 261.

534. — Mais si l'émancipation faite sous l'ancienne loi avait eu lieu pour les causes d'après lesquelles le Code civil (art. 476, 477) autorise également l'émancipation, le mineur émancipé ne retomberait pas assurément en tutelle. — De même, dans le cas où l'émancipation est anéantie par la survenance d'une loi postérieure, les actes qui ont été faits sous l'empire et en exécution des dispositions de la loi ancienne, constituent des *droits acquis* placés hors des atteintes de la loi nouvelle. — V. tous les auteurs ci-dessus, *loc. cit.*

§ 8. — *État d'interdiction.*

535. — Avant le Code civil, un grand nombre de jugemens avaient prononcé l'interdiction pour cause de prodigalité. Quel a été, à l'égard de ces jugemens, l'effet de la promulgation du Code civ., qui ne permet de faire interdire que ceux qui sont dans un état habituel d'imbécillité, de démence ou de fureur ? ont-ils été anéantis de plein droit, et l'interdit pour cause de prodigalité est-il rentré immédiatement dans la plénitude de ses

droits ? Ces jugemens, au contraire, n'ont-ils pas été ramenés, quant à leurs effets, aux mesures de précaution tracées par le Code dans l'intérêt des prodigues : en d'autres termes, le curateur nommé par les jugemens n'a-t-il pas été converti, en vertu de la promulgation seule du Code civil, en un conseil judiciaire ?

536. — La jurisprudence et les auteurs sont divisés sur ces questions. Par arrêt du 20 mai 1806 (Gardini c. Canda), la cour de Cassation a décidé que, le Code civil, en abolissant l'interdiction pour cause de prodigalité, avait eu pour effet de dépouiller de ses pouvoirs le curateur nommé au prodigue interdit, et de faire cesser l'état d'interdiction. — Merlin (*eod. verb.*, art. 10) et Chabot (*Quest. transit.*, v° *Prodigue*) pensent au contraire que cette interdiction n'a pu être levée que par un second jugement. C'est en ce sens que s'est prononcée la cour de Rennes dans son arrêt du 14 juin 1819, de Ploeuc.

537. — Mais, par un autre arrêt du 6 juin 1810 (Devroède c. de Roisin), la cour de cassation a consacré un système intermédiaire qui nous paraît concilier davantage le principe de la rétroactivité des lois en cette matière avec les intérêts particuliers, individuels. Il consiste à dire qu'à partir de la promulgation du Code civil les interdits pour cause de prodigalité sont tombés seulement sous l'application de l'art. 513 C. civ., et que la qualité de curateur s'est convertie en celle de conseil judiciaire. C'est ce système qui a aussi été admis par M. Mailher de Chassat, t. 1er, p. 266. — V. encore dans le même sens, *Turin*, 5 therm. an XII, Canda c. Gardini.

Sect. 3e. — *Contrats.*

538. — Pour déterminer d'une manière générale et complète l'influence des lois nouvelles sur les contrats antérieurs, il importe d'examiner ces contrats sous les divers rapports par lesquels ils sont soumis à l'action de la loi.

§ 1er. — *Efficacité intrinsèque des Contrats.*

539. — L'efficacité intrinsèque d'un acte dépend uniquement de la loi du temps de sa passation. Lorsqu'il est revêtu de toutes les formalités exigées par cette loi, c'est un fait consommé, contre lequel sont impuissantes les lois postérieures. La validité de cet acte, une et indivisible, doit s'étendre à tous les temps. De même, si un acte était nul dans son principe, il ne pourrait être validé, sous le prétexte qu'une loi nouvelle déclarerait inutiles celles des conditions qui manquaient à cet acte au moment de sa passation. — Merlin, *Rép.*, v° *Effets rétroactifs*, sect. 3, § 3, art. 1er, n° 1 ; Proudhon, *Traité des personnes*, édit. de 1842, t. 1, p. 37 ; Mailher de Chassat, t. 1er, p. 269 ; Zachariæ, t. 1er, p. 54 ; Marcadé, *Élémens de dr. civ. franç.*, t. 1er, p. 54, n° 9 ; Demolombe, t. 1er, n° 54.

540. — Les conventions doivent donc être réglées conformément aux lois existantes à l'époque à laquelle ces conventions sont intervenues. — *Paris*, 15 fév. 1840 (t. 1er 1840, p. 241), Dumant c. Jauk. — V. aussi *Nîmes*, 13 fév. 1843 (t. 1er 1843, p. 563), Lacroix c. Gadilhe et Nadal.

541. — Le sort et les effets de la donation de biens, présens et à venir, faite avant le Code civil, doivent être réglés d'après la législation existante et la jurisprudence généralement suivie à l'époque et dans le pays où le contrat a été passé. — Même arrêt de *Nîmes* du 13 fév. 1843.

542. — En conséquence, si, avant la promulgation du Code civil, dont l'art. 1096 déclare essentiellement révocables les donations entre-vifs que se font les époux pendant le mariage, un mari et une femme s'étaient fait une dotation mutuelle qu'ils avaient stipulée irrévocable, sous une loi qui le leur permettait, cette donation n'en a pas moins conservé son caractère d'irrévocabilité, nonobstant la promulgation de l'art. 1096. — Merlin, *ubi suprà*, n° 2. — V. aussi *Cass.*, 29 janv. 1835, Moisson c. Dehommais.

543. — Mais il aurait fallu décider autrement, si le Code civil avait rendu les époux incapables de recevoir des libéralités l'un de l'autre, parce que les donations faites entre eux devant être confirmées par la mort, le donataire n'aurait point été saisi avant d'être atteint de l'incapacité de donner et de recevoir. — Proudhon, p. 40.

544. — Du principe que le contrat est régi par la loi du temps où il est passé, il résulte aussi que les époux mariés avant le Code civil, dans les coutumes qui leur permettaient de remettre après la célébration du mariage le règlement de leurs conventions matrimoniales, pourraient encore aujourd'hui user de cette faculté, quoique l'art. 1394 exige que ces conventions soient rédigées en forme authentique avant la célébration du mariage, et que, faute de cela, les droits matrimoniaux soient irrévocablement réglés par la loi. — Merlin, *ibid.*; Mailher de Chassat, t. 1er, p. 282.

545. — Dans le cas où les époux n'useraient pas de cette faculté, leurs droits matrimoniaux devraient être déterminés par la loi en vigueur au moment de la célébration du mariage, loi aux dispositions de laquelle ils sont alors censés s'être référés, en vertu de la maxime *Quod eadem sit vis taciti ac expressi.* — *Bruxelles*, 11 mai 1818, N...; 8 mai 1819, N...; 30 mars 1820, N... — V. aussi les annotateurs de Zachariæ, t. 1er, p. 53, note 6.

546. — Le statut matrimonial, c'est-à-dire la loi sous l'empire de laquelle les époux se sont mariés, régit en effet à toujours l'association conjugale. Cette loi, qui supplée au contrat, conserve aux biens qui se trouvent à la dissolution de l'association, et par rapport aux époux ou leurs représentans, la même nature qu'ils avaient avant le changement de législation. — *Cass.*, 27 janv. 1840, Dagez c. Deleau, et Cuvelier c. Létoile. — V. aussi *Bruxelles*, 30 mars 1820, N...; *Lyon*, 11 déc. 1846 (t. 2 1847, p. 247), Pelaux c. Labrosse.

547. — Cependant, c'est d'après les dispositions du Code civil, et non d'après la loi de l'époque du contrat de mariage, que doit être déterminée la nature mobilière ou immobilière de l'action appartenant à une femme mariée sous la loi ancienne pour droits successifs à elle échus depuis la promulgation de ce Code. — *Cass.*, 16 août 1841 (t. 2 1841, p. 559), Revol c. Maussan et Arthaud; 4 août 1845 (t. 2 1845, p. 284), Faquin c. Couston; 29 avr. 1845 (t. 2 1845, p. 136), Alléobert c. Romey; *Lyon*, 24 fév. 1847 (t. 2 1847, p. 249), mêmes parties. — Ainsi lorsque, sous l'empire du Code civil, il s'ouvre une succession composée d'immeubles à laquelle a droit une femme qui s'est constitué en dot tous ses biens présens et à venir, l'action en revendication qui appartient à cette femme est, du jour de l'ouverture de la succession, réputée immeuble et frappée de dotalité et d'inaliénabilité, encore que son contrat de mariage ait été passé en Dauphiné, sous l'empire du droit écrit, suivant lequel de tels droits pouvaient, comme meubles, être aliénés par le mari avant toute tradition de biens par l'effet d'un partage. — *Cass.*, 16 août 1841 (t. 2 1841, p. 559), Revol c. Maussan et Arthaud. — V. aussi Demolombe, t. 1er, no 44; Pont et Rodière, *Tr. du contrat de mariage*, t. 1er, no 136. — V. cependant Duvergier sur Toullier, note insérée au t. 1er, sous le no 81-5o, p. 77.

548. — Nul doute aussi que si, des époux mariés avant la promulgation du Code civil sous l'empire d'une coutume qui leur permettait de déroger par des conventions quelconques à leur contrat de mariage se fussent réservés expressément le droit d'user de cette faculté, elle ne leur eût point été ravie par l'art. 1395, C. civ., d'après lequel les conventions matrimoniales ne peuvent recevoir aucun changement après la célébration du mariage. — *Bruxelles*, 11 mai 1818, N..., et 8 mai 1819, N... — Merlin, *ibid.*

549. — En conséquence, une donation faite par un époux à son conjoint, en remplacement d'une autre donation contenue dans leur contrat de mariage passé sous une législation qui permettait aux époux de changer leurs conventions matrimoniales, mais seulement de leur consentement commun, est un acte irrévocable régi par la loi existante à l'époque où il a été fait. — *Cass.*, 24 août 1825, Foltz c. Heuchel et Bichlmann.

550. — La femme devenue, avant le Code civil, caution d'un tiers pourrait également aujourd'hui faire usage du sénatus-consulte velléien. La faculté qui lui appartenait d'opposer l'exception résultant à son profit de ce sénatus-consulte était pour elle un *droit acquis*, que n'a pu lui ravir le Code civil. — V. en ce sens Merlin, *loc. cit.*, no 3; Mailher de Chassat, p. 282. — Ces auteurs examinent en outre avec détail la question de savoir si l'on peut dire que toutes sortes de droits consacrés sous l'empire de la loi qui les a vus naître soient des *droits acquis*. — *Paris*, 11 frim. an XIV, Mesnager c. Sautet.

§ 2. — *Forme probante des Contrats.*

551. — Il en est de la forme probante des contrats comme de leur validité intrinsèque. La loi qui régit les effets de ceux-ci doit également régir la forme qui préside à leur confection, à leur rédaction. Un acte ne peut être en effet assujetti à des formes qui n'étaient pas connues lorsqu'il a été fait. Dès lors, la forme existant au moment de la confection de cet acte est entrée comme *droit*

acquis, avec le fond même des conventions, dans le domaine privé des parties. — Meyer, *Principes sur les quest. transit.*, p. 23; Merlin, *eod. loc.*, art. 2, no 1er; Blondeau, *Dissert. sur l'effet rétroactif* (*Thémis*, t. 7); Duranton, t. 1er, no 66; Proudhon, p. 37; Mailher de Chassat, t. 1er, p. 271.

552. — C'est donc la loi en vigueur au moment où un contrat a été passé qui doit déterminer le mode de preuve admissible par rapport à ce contrat.

553. — C'est d'après les principes du Code, et non d'après ceux de l'ancienne jurisprudence, que l'on doit juger la question de savoir s'il y a lieu d'admettre des présomptions à l'effet d'établir l'extinction d'une créance antérieure au Code, alors qu'on veut faire résulter ces présomptions de faits survenus depuis la promulgation de ce Code. — *Pau*, 6 août 1834, Chuhando c. Paguegny.

554. — Jugé aussi qu'en cas de perte de registres de l'état civil, si l'enfant, qui demande à établir par témoins sa filiation, fait remonter l'époque de sa naissance à un temps antérieur à la promulgation du Code civil, c'est d'après les dispositions de l'ordonnance de 1667 que les juges doivent prononcer sur l'admissibilité de la preuve offerte. — *Cass.*, 12 déc. 1827, S.... L... c. Laguens.

555. — C'est par application de ces principes qu'il a été décidé, par un avis du Conseil d'Etat du 4 therm. an XIII, que les grosses des contrats délivrés avant le sénatus-consulte du 28 flor. an XII, pouvaient être mises à exécution sous la formule exécutoire dont elles avaient été revêtues au moment de leur confection, sans qu'il fût nécessaire d'y ajouter la nouvelle formule prescrite par l'art. 141 de ce sénatus-consulte.

556. — Un acte synallagmatique fait sous seing privé avant le Code civil dans un pays où ne s'était pas introduite la regle consacrée par l'art. 1325 de ce Code, était valable, bien qu'il n'eût pas été fait double. — *Cass.*, 27 niv. an XII, Guygmont c. Delavault et Lulesc; 17 août 1814, Dupré-d'Aubignac c. Aldebert; — Merlin, *ubi suprà*, et *Quest. de droit*, vo *Double écrit*; Toullier, t. 8, nos 341 et suiv.; Duranton, t. 13, no 144; Rolland de Villargues, *Rép. du not.*, vo *Promesse de mariage*, no 4; Mailher de Chassat, *ibid.* — V. cependant *Paris*, 27 nov. 1811, Martin.

557. — En vertu des mêmes principes, il faudra dire encore que la loi nouvelle ne saurait rendre probant un acte auquel la loi ancienne refusait ce caractère. Ainsi, la promulgation du Code civil dans les pays de pur droit écrit, où était en vigueur la loi 14, C., *De non numeratâ pecuniâ*, n'a pas enlevé à celui qui, par un acte antérieur, avait reconnu avoir reçu une somme d'argent à titre de prêt ou pour prix d'une vente, le droit de proposer pendant deux ans l'exception que lui accordait cette loi, et à la faveur de laquelle il pouvait rejeter sur son adversaire la preuve de la numération des espèces. — Merlin, *Rép.*, vo *Effet rétroactif*, sect. 3, § 3, art. 2, no 2; Mailher de Chassat, p. 272. — *Contrà*, Meyer, *Principes sur les quest. transit.*, p. 200. — Son opinion est combattue par Merlin, *ubi suprà*.

558. — Dans le cas où l'ancienne forme aurait été abrogée par la loi nouvelle, les contrats revêtus de cette ancienne forme n'en conserveraient pas moins tous leurs effets. Ainsi, la promulgation de l'art. 1097, C. civ., n'empêche pas que la donation mutuelle qui aurait été faite antérieurement entre époux, par le même acte, soit aujourd'hui considérée comme valable. — Proudhon, p. 39; Mailher de Chassat, p. 272 *in fine*.

§ 3. — *Effets et suites, ou efficacité extrinsèque des contrats.*

559. — La règle que les droits qui résultent des contrats, qu'ils soient actuellement ouverts ou qu'ils ne soient qu'éventuels, sont hors de l'atteinte de toute loi postérieure, s'applique aussi bien dans le cas où il s'agit de contrats tacites, que dans le cas où les conventions sont expresses. — Merlin, *Rép.*, vo *Effet rétroactif*, sect. 3e, § 3, art. 3, no 1er.

560. — Ainsi, lorsque les époux se sont mariés sans régler leurs gains respectifs de survie par un contrat de mariage, sous l'empire d'une coutume qui accordait de ces sortes de gains sans qu'il fût nécessaire de les stipuler formellement à l'époux survivant, ce dernier a pu, depuis la loi du 17 niv. an II ou le Code civil, réclamer sur les successions ouvertes postérieurement les gains de survie établis en sa faveur par la coutume du lieu de son mariage. La constitution de ces gains de survie est censée en effet avoir été une convention tacite du mariage. S'il n'a point été fait de

contrat, c'est que les époux savaient que la loi y avait pourvu. — *Cass.*, 29 niv. an VI, Lebeuf; 27 germ. an XII, Pulizeis c. Arnold Roes; 8 prair. an XIII, Gœssens; *Bruxelles*, 30 mars et 13 mai 1820, N... — Proudhon, *Traité sur l'état des personnes*, t. 1er, p. 53; Merlin, *ibid.*, et vis *Gains de survie*, § 2, et *Loi*, § 6, no 2; Chabot, *Quest. transit.*, vo *Droits coutumiers*; Duranton, t. 1er, no 59; Mailher de Chassat, t. 1er, p. 286.

561. — Les stipulations d'un contrat de mariage et les avantages qu'il renferme doivent donc être entendus et exécutés d'après la législation existante lors de ce contrat, lorsque les parties se sont tacitement ou expressément référées à cette législation. C'est elle qui doit déterminer la qualité des biens que les époux possédaient respectivement, s'ils doivent être réputés meubles et immeubles. Il y a eu à cet égard, dès le moment du mariage, un *droit acquis* que le Code civil n'a pu modifier. En conséquence, les *rentes* qui étaient réputées immeubles lors de la célébration du mariage, ne sont pas entrées dans la communauté ni dans le douaire mobilier de la femme survivante, par l'effet de la mobilisation qui en a été faite depuis par le Code civil. — *Bruxelles*, 21 août 1814, N...; 8 fév. 1819, Dagneaux. — Merlin, *loc. cit.*, no 2; Mailher de Chassat, p. 287; Proudhon, *ibid.*

562. — Sous la coutume de Normandie, le mari pouvait profiter des acquisitions par lui faites, en son nom, des portions d'immeubles dont sa femme était copropriétaire par indivis, sans que la femme fût recevable à réclamer le bénéfice de pareilles acquisitions. La disposition contraire, contenue dans l'art. 1408 C. civ., est inapplicable du moment que les époux se sont mariés sous l'empire de la coutume, alors même que l'acquisition faite par le mari n'aurait eu lieu que depuis la promulgation du code. — *Cass.*, 22 mars 1841 (t. 1er 1841, p. 483), Lepetit de Montfleury c. Réméon.

563. — C'est également par la loi en vigueur au moment du contrat de mariage ou de l'acquisition des biens que doit se déterminer, lorsqu'il s'agit de fixer les droits des époux, la qualité des biens acquis par eux pendant le mariage, avant la publication du Code civil. — *Rouen*, 12 déc. 1807, Dubus. — Merlin et Mailher de Chassat, *ibid.*; Chabot, *Quest. transit.*, vo *Droits matrimoniaux*. — V. aussi *Bruxelles*, 7 mars 1814, Vion c. N...; 6 fév. 1819, N... c. N...

564. — Mais si les rentes qualifiées immeubles par la loi ancienne avaient été acquises sous l'empire de la loi nouvelle du Code civil, qui les mobilise, elles l'auraient été incontestablement avec la qualité que le Code leur attribue. Il faudrait en dire autant des biens qualifiés meubles par la loi existante à l'époque du mariage, comme les maisons sous la coutume de Lille, et qui auraient été acquises sous l'empire du Code civil, qui leur a restitué leur qualité naturelle d'immeubles — Merlin et Mailher de Chassat, *loc. cit.*

565. — A l'égard de la question de savoir si, pour jouir d'un droit d'usufruit stipulé éventuellement par un contrat antérieur au Code civil, mais ouvert seulement depuis la promulgation de ce Code, celui à qui il est déféré doit donner caution au propriétaire, ce n'est pas d'après l'art. 601 C. civ., mais bien d'après la loi du temps du contrat qu'il faudra la décider. — *Bordeaux*, 29 avr. 1809, Lagardère c. Gauthier; *Bourges*, 28 juin 1816, N...; *Cass.*, 11 nov. 1818, Delangle. — Merlin, *ubi suprà*, no 4, et vo *Gains de survie*, § 2; *Loi*, § 6, no 2; Mailher de Chassat, t. 1er, p. 275.

566. — Bien que le Code civil ait limité à trente ans la durée de l'usufruit légué à un établissement public ou à un corps de communauté, laquelle pouvait, dans l'ancien ordre de choses, s'étendre à un siècle, si ce droit d'usufruit s'est ouvert avant la promulgation du Code, il n'en est pas moins acquis dans toute son étendue et pour toute sa durée. Le Code n'aurait pu dès lors, sans rétroagir, en abréger l'exercice, et le restreindre à un temps moindre que celui pour lequel il a été constitué — Proudhon, p. 67 *in fine*; Mailher de Chassat, t. 2, p. 232, no 14.

567. — De même, ce n'est pas par le Code civil; mais par les lois du temps où a été passé le contrat constitutif d'un usufruit que doit se juger l'effet de la vente que l'usufruitier, décédé sous le Code civil, a fait des fruits naturels et industriels qui se trouvaient échus, mais non perçus au moment de sa mort. — *Cass.*, 21 juillet 1818, Duval c. Franeau-Hion. — Merlin, *Rép.*, vo *Effet rétroactif*, sect. 3, § 3, art. 3, no 5; Mailher de Chassat, t. 1er, p. 275.

568. — La loi *ad emptorem*, qui permettait à l'acquéreur d'un immeuble donné à bail d'expulser le locataire ou le fermier, a continué de produire ses effets à l'égard des baux antérieurs à la promulgation du Code civil, nonobstant l'art. 1743 qui abroge cette loi *ad emptorem*. C'est donc par la loi du temps du bail, et non par celle du temps de la vente postérieure, qu'il faut décider si l'acquéreur peut ou non expulser le fermier ou locataire. — Merlin, *cod. loc.*, n° 6; Proudhon, p. 62 et suiv; Mailher de Chassat., *ibid.* — V. cependant *Dijon*, 29 prair. an XIII, Daillant c. Bonnot.

569. — Le taux des intérêts se règle aussi par la loi du temps de la convention. C'est ce que la loi du 3 sept. 1807 déclare elle-même. L'art. 5 de cette loi porte en effet que « il n'est rien innové aux stipulations d'intérêts dus par les contrats et autres actes faits jusqu'à l'époque de la publication de la loi. » — V., notamment à cet égard, *Cass.*, 3 mai 1809, Daniel c. Prevost; *Agen*, 3 août 1809, Descoubet c. Nouaillon; *Cass.*, 20 fév. 1810, Gauthier c. Bertrand; 11 avr. 1810, Paulée c. Claro; *Liége*, 10 fév. 1811, N...; *Poitiers*, 8 fév. 1825, Colet c. Guerouille; *Cass.*, 21 juin 1825, Ouvrard; 5 mars 1834, Mermet c. Dornier. — V. aussi Merlin, *ibid.*, n° 7; Mailher de Chassat, t. 1er, p. 276, les annotateurs de Zachariæ, t. 1er, p. 53, note 7. — V., au surplus, INTÉRÊTS, USURE.

570. — Mais une loi peut, sans rétroagir, faire cesser le cours des intérêts qu'une loi antérieure faisait courir d'office. En conséquence, le Code civil a pu, sans effet rétroactif, n'accorder que sous les conditions qu'il prescrit, les intérêts que la loi romaine faisait courir de plein droit à l'égard des avances faites par le curateur et le *negotiorum gestor*. — *Cass.*, 7 nov. 1825, Daguerre et Larqué c. Cubihandi.

571. — Les rentes constituées sous l'empire de la loi du 23 nov.-1er déc. 1790, sont restées sujettes à la retenue des impositions depuis la loi du 3 sept. 1807. — *Riom*, 25 août 1813, de Jugeat c. Damis; *Cass.*, 25 fév. 1818, Capin c. Contival. — Merlin, n° 8; Mailher de Chassat, *ibid.*

572. — Réciproquement, les rentes créées sous l'empire d'une loi qui n'admettait pas la retenue du cinquième, ne sont pas devenues passibles de cette retenue, depuis la loi du 3 frim. an VII, qui l'a autorisée. — *Cass.*, 4 flor. an XIII, enregistrement c. Couturier; 26 mai 1812, Caissoti c. Blanqui; *Limoges*, 31 juill. 1813, Maison c. Mazeau; *Grenoble*, 19 juill. 1827, De Pisançon et Saint-Vallier c. Goulemard.

573. — L'art. 1912 du C. civ., qui permet au créancier d'une rente constituée de demander le remboursement du capital, à défaut, par le débiteur, d'avoir payé les arrérages pendant deux années, s'applique-t-il aux rentes constituées purement et simplement avant la promulgation de ce Code? La jurisprudence s'est généralement prononcée pour l'affirmative, en se fondant sur ce que la loi nouvelle peut, sans rétroactivité, établir de nouvelles causes de déchéance d'un droit, pourvu que la partie que frappe cette déchéance n'ait à imputer qu'à sa propre faute la perte qu'elle éprouve. Or, dit-on, le débiteur de la rente constituée anciennement, auquel on fait aujourd'hui l'application de l'art. 1912, n'est puni qu'à raison d'une *infraction actuelle*, d'une faute postérieure à la promulgation du Code. — *Dijon*, 21 juill. 1809, Perret c. Pérard; *Poitiers*, 27 déc. 1809, Pasquier c. Bordage; *Besançon*, 13 mars 1810, Longeville c. Claudet; *Bordeaux*, 25 av. 1811, Delainé c. Guédon; *Turin*, 3 mai 1811, Campana; *Cass.*, 6 juillet 1812, séminaire de Tortone c. Molinelli; 4 nov. 1812, Perret c. Pérard; *Bruxelles*, 26 mars 1813, Prévost c. Lagahe; *Toulouse*, 8 juill. 1813; Delga c. de Bonne; *Cass.*, 10 nov. 1828, Prochasson c. Belletête. — V. aussi, dans le même sens, Merlin, *Rép.*, vis *Rente constituée*, § 2, art. 3, n° 2, et *Effet rétroactif*, sect. 3, § 3, art. 3, n° 11; Délvincourt, t. 1er, p. 7, n° 2; Duranton, t. 1er, n° 64; Mailher de Chassat, t. 2, p. 221, n° 12; Marcadé, *Elém. de dr. civ. français*, t. 1er, p. 61, n° 12.

574. — Pour l'opinion contraire, on répond qu'il est de principe que les effets des contrats se règlent par les conventions tacites qui y sont suppléées par la loi du temps où ils sont passés; que ce principe ne pourrait fléchir que devant des considérations d'ordre public, considérations qui ne se rencontrent pas dans l'espèce, et même, que, comme on peut encore aujourd'hui constituer des rentes perpétuelles en déclarant que l'art. 1912 ne sera pas applicable au débiteur de la rente, c'est une raison de plus pour ne pas modifier les relations que les parties ont entendu établir entre elles sur ce point avant le C. civ., pour ne pas enlever des droits acquis. « Il y a mieux, ajoute M. Valette (*Observ. sur Proudhon*, t. 1er, p. 67), la règle ancienne pourrait être plus utile, dans certains cas, au créancier lui-même; car, d'après cette règle, les tribunaux auraient le droit de prononcer la résolution du contrat avant même que les deux années soient expirées, et aussitôt que le débiteur se refuserait à payer un terme échu des arrérages. » — V., en faveur de ce système, *Turin*, 17 déc. 1806, Bruna c. Matteoda; *Liége*, 13 déc. 1808, Reyman c. Camberlyn; *Toulouse*, 6 mars 1811, Boisredon c. Vialas. — Chabot, *Quest. transit.*, v° *Rentes constituées*, t. 2, p. 281; Proudhon, t. 1er, p. 64; Demolombe, t. 1er, n° 55. — V. aussi sur ce point les annotateurs de Zachariæ, t. 1er, p. 52, note 5.

575. — Pareillement, on doit dire que les obligations qui, d'après la loi sous laquelle elles ont été contractées, devaient peser solidairement sur tous les héritiers du débiteur, ne peuvent plus être divisées en leur faveur et au préjudice du créancier, par une loi subséquente. — Merlin, *Rép.*, v° *Effet rétroactif*, *loc. cit.*, n° 9; Mailher de Chassat, t. 1er, p. 277. — Réciproquement, dans le cas où la solidarité aurait été établie par la loi nouvelle pour une dette divisible entre les héritiers à l'époque du contrat, cette division n'en continuerait pas moins de produire ses effets.

576. — Jugé encore que c'est d'après la loi existante à l'époque du paiement qu'il faut décider si la caution, qui a payé pour le débiteur principal, est subrogée aux droits du créancier. — *Cass.*, 1er sept. 1808, Pierre c. Hussenot et Henriot. — Si la loi ancienne donnait à la caution le droit de contraindre le créancier qui la poursuivait à lui céder ses actions en cas de paiement, l'art. 2029 C. civ., qui déclare subrogée *de plein droit* dans les actions du créancier la caution qui paie pour le débiteur principal, pourrait lui être appliqué sans qu'on donnât à la loi nouvelle un effet rétroactif. Car il n'y a pas rétroactivité dans l'application que l'on fait d'une loi nouvelle à un contrat antérieur, lorsque la loi sous laquelle ce contrat a été passé offrait à la partie qui réclame l'application de la loi nouvelle, un moyen de se procurer d'elle-même ce que celle-ci accorde. — Merlin, *ubi suprà*, n° 10; Mailher de Chassat, p. 277; Proudhon, t. 1er, p. 75, et son annotateur, M. Valette, p. 76.

577. — Une loi nouvelle ne pourrait, sans rétroagir, abolir les substitutions; car elle enlèverait au substitué l'expectative qui résulte de cet acte, et forme pour lui un droit acquis. Elle pourrait, cependant, sans qu'il y eût rétroactivité, imposer au substitué la condition *sine quâ non* de faire dès à présent enregistrer et publier son titre, ou de remplir toutes autres formalités, bien qu'il n'y fût pas assujetti pour la conservation de son droit à l'époque où il est né. — *Cass.*, 17 déc. 1816, Laincel c. N.... — Merlin, *ibid.*, n° 11.

578. — Les différentes lois qui ont introduit de nouvelles formalités pour la conservation de l'effet et du rang que les hypothèques doivent obtenir entre elles, sont devenues obligatoires du jour de leur promulgation, même à l'égard des hypothèques créées antérieurement. — *Cass.*, 5 fév. 1828, Dupic c. Fougières. — Merlin, *cod. loc.*

579. — Mais l'art. 2161 C. civ., sur la réduction forcée des hypothèques, n'est point introductif d'une pure formalité; il contient une altération même de la créance ou de sa garantie. Dès lors la disposition de cet article ne saurait être appliquée à des hypothèques créées et acceptées sous la foi d'une législation qui ne faisait pas craindre au créancier la possibilité de voir son droit limité. — *Agen*, 4 fruct. an XIII, Chaumel c. Lamouroux; *Paris*, 18 juill. 1807, Bellenger; *Caen*, 16 fév. 1808, Ridon c. Quédru. — Chabot, *Quest. transit.*, v° *Hypothèques*, § 2; Grenier, *Des hypothèques*, t. 1er, n° 270; Troplong, *Des privil. et hypothèques*, t. 3, n° 768. — V. cependant *Aix*, 11 fruct. an XII, Dragon c. Caillot; *Nîmes*, 19 mai 1807, Bouvier c. Augier. — V. au surplus HYPOTHÈQUES.

580. — Jugé cependant que le mari peut obtenir la réduction de l'hypothèque de sa femme, bien que celle-ci s'y refuse, et lors même que le contrat de mariage serait passé sous l'édit de 1771, si toutefois elle n'a pas pris inscription sous la loi du 11 frim. an VII. — *Nancy*, 26 août 1825, Soriot.

581. — Les *effets* et les *suites* des contrats ne doivent pas être confondus. Les effets des contrats sont des conséquences immédiates et nécessaires. Ils embrassent non-seulement l'objet principal, explicite et apparent, de la stipulation, mais encore tout ce qui, d'après l'acception naturelle, l'usage constant des mots, les lois de la logique et la volonté certaine des parties, est censé appartenir à la stipulation. Au contraire, tout fait, tout événement, quelle que soit sa connexité avec le contrat, qui n'est pas censé virtuellement lui appartenir, qui n'a pas une cause inhérente au contrat lui-même, doit être considéré comme une suite de ce contrat. « Les *suites* des contrats, dit M. Blondeau (*Dissert. sur l'effet rétroactif* [*Thémis*, t. 7]), tiennent moins aux contrats eux-mêmes qu'à des événemens accessoires intervenus dans les circonstances où les contrats ont placé les parties; elles sont plutôt modifiées par les rapports établis à la suite de ceux-ci qu'elles n'en sont le résultat. » Aussi est-ce un point généralement admis que si les *effets* des contrats sont régis par la loi du temps où ils ont été passés, les *suites* sont invariablement soumises à la loi du temps où elles ont eu lieu. — Blondeau, *ibid.*; Merlin, *Rép.*, v° *Effet rétroactif*, sect. 3, § 3, art. 4; Mailher de Chassat, t. 1er, p. 329; Demolombe, t. 1er, n° 57.

582. — On doit ranger parmi les *effets* des contrats les actions en délivrance de la chose vendue, et en paiement du prix, qui dérivent d'un contrat de vente; la révocation d'une donation entre-vifs pour cause de survenance d'enfant, parce qu'il y a condition implicite dans la donation, que celle-ci sera résolue en cas de survenance d'enfant, condition fondée sur la présomption *juris et de jure*, que si le donateur eût eu des enfans il n'aurait pas donné; l'obligation de souffrir la réduction du fermage au cas de destruction d'une récolte entière, parce que les parties sont censées avoir prévu, lors des stipulations primitives, cet événement, et avoir pris pour règle sur ce point la maxime : *Ea quæ sunt moris et consuetudinis, in bonæ fidei judiciis debent venire.* — Blondeau et Merlin, *ibid.*; Mailher de Chassat, p. 330 et suiv.

583. — La révocation de la donation entre-vifs est à la fois un *effet* et une *suite* du contrat : un *effet*, en ce que le contrat emporte virtuellement la condition que le fait de l'ingratitude sera une cause de révocation; une *suite*, en ce qu'il a dépendu de la volonté du donataire d'éviter la révocation. Mais, comme le fait de l'ingratitude n'est jamais que la réalisation de l'une des clauses de la donation, l'appréciation doit s'en faire d'après la loi existante à l'époque de cette donation. — Mailher de Chassat, t. 1er, p. 331.

584. — Les dommages et intérêts dus pour inexécution d'une obligation, étant considérés comme la sanction même de cette obligation (Toullier, t. 6, n. 222; Duranton, *Traité des obligations*, nos 357 et suiv.), en font nécessairement partie intrinsèque, et sont un *effet* proprement dit; et, par conséquent, c'est la loi en vigueur à l'époque du contrat, qui doit en régler la nature et l'étendue. — Mailher de Chassat, t. 1er, p. 331. — Mais le taux des intérêts dus par suite du non-paiement d'une obligation doit être réglé par la loi du temps de la demande.

585. — L'obligation de garantie, en cas de partage, ne peut être considérée que comme une suite. Dès lors, elle doit être réglée par la loi nouvelle, et non par celle sous laquelle se sont formées la société ou la communauté à partager. Cependant il en serait différemment si dans l'acte d'association on s'était formellement référé à la loi ancienne. — Merlin et Blondeau, *ubi suprà*; Mailher de Chassat, p. 335.

586. — La tacite réconduction n'est également qu'une suite du bail. Ainsi, la question de savoir si le fait de possession, continuée par le preneur, a opéré une tacite réconduction, doit être décidé, non par les lois sous l'empire desquelles le bail a été passé, mais par les lois sous l'empire desquelles a eu lieu le fait de possession. C'est ce qui a été jugé spécialement dans le cas d'un bail de fonds ruraux expiré sous le Code civil, mais fait sous la loi du 6 oct. 1791, qui n'admettait pas cette réconduction. — *Rouen*, 17 mai 1812, Chandelier c. Holleman. — Merlin, *loc. cit.*, art. 4 *in fine*; Mailher de Chassat, t. 1er, p. 336.

587. — Décidé aussi que la durée du bail fait par un usufruitier dont le droit ne s'est ouvert que *depuis* le Code civil doit être réglée par ce Code, encore bien que le droit ait été constitué antérieurement. — *Cass.*, 4 mai 1825, Gauthier c. Langlois. — Mais si le droit s'était ouvert *avant* le Code, le bail devrait être régi par la loi ancienne, le Code civil n'ayant pu modifier les droits *acquis* sous l'empire de cette loi. — Proudhon, t. 1er, p. 75.

588. — Quant à l'action en rescision pour cause de lésion, elle est un effet et non une suite du contrat. Cela est fondé sur ce que les parties, étant censées avoir eu la volonté sérieuse de s'engager, sont aussi censées s'être réservé tous les moyens que la loi leur donnait pour ramener le contrat, s'il y avait lieu, à l'objet primitif et réel de leur volonté. C'est donc par la loi existante à l'époque où le contrat a été formé que cette action doit être déterminée et réglée. — Chabot, *Quest. transit.*, v° *Rescision*, n° 7; Merlin, *cod. loc.*, art. 5; Mailher de Chassat, t. 1er, p. 333. — V. aussi *Pau*, 4 fév.

1830, Garonne c. Baron. — V. cependant, Meyer, *Principes sur les quest. transit.*, p. 180 et suiv.

589. — Ainsi, un acquéreur a pu, même depuis la promulgation du Code qui n'accorde qu'au vendeur le droit de demander la rescision de la vente pour cause de lésion, exercer cette action rescisoire, lorsqu'il s'agissait d'une vente consentie sous une loi qui conférait le droit de l'exercer tant à l'acquéreur qu'au vendeur. — *Turin*, 14 juin 1807, Arnoldi c. Usseglio.

590. — Jugé aussi, par application du même principe, que l'art. 1681 C. civ., qui en matière de lésion, permet à l'acquéreur de déduire le dixième du prix total en payant le supplément du juste prix, n'est pas applicable aux ventes antérieures à la promulgation du Code civil, bien que l'action en rescision soit exercée sous son empire. — *Nîmes*, 14 therm. an XII, Peyrousse c. Buisson.

591. — Mais l'expertise qui, en matière de rescision pour cause de lésion, a été ordonnée conformément aux lois anciennes, sous l'empire desquelles l'action en rescision a été intentée, doit-elle être faite suivant les règles prescrites par le Code civil, sous lequel elle doit avoir lieu? La jurisprudence est divisée sur cette question. — V. *infrà* n° 663.

592. — La loi nouvelle qui introduit de nouvelles causes de *résolution* en tout ou en partie pour les contrats en général, s'applique-t-elle, sans rétroactivité, aux contrats antérieurs? «Non, dit Merlin (*Rép.*, v° *Effet rétroactif*, sect. 3, § 3, art. 6, n° 2), si les causes dérivent de faits antérieurs à la loi, ou si, lorsqu'ils y sont postérieurs, ils ne dépendent pas de la volonté de la partie contre laquelle on voudrait provoquer la résolution; oui, si elles dérivent de faits à la fois postérieurs à la loi nouvelle, et dépendant uniquement de la volonté de cette partie.»

593. — Ainsi, lorsque, dans un contrat de rente constituée sous l'ancienne législation, il a été stipulé qu'en cas de non-paiement des arrérages pendant un certain temps, le créancier pourrait demander la résolution du contrat, le débiteur ne peut, le cas échéant, et alors surtout qu'il a été mis en demeure, empêcher cette résolution au moyen d'offres réelles; c'est en vain qu'il prétendrait que l'ancienne législation lui donnait cette faculté; il suffit que le défaut de paiement ait eu lieu sous le Code civil. — *Cass.*, 16 juin 1818, Perrin c. Fortin; *Rouen*, 27 fév. 1829, Mareschal c. Jourdain. — Merlin, *ibid.*

594. — Dans le cas d'inexécution d'un contrat par le débiteur, les droits du créancier résultant de cette inexécution sont donc soumis aux lois sous l'empire desquelles elle a eu lieu. — V. l'arrêt de Rouen précité du 27 fév. 1829, et, dans le même sens, *Toulouse*, 13 août 1833, Roucaud c. Fouquier.

595. — En conséquence, on doit se conformer aux formalités prescrites par le Code pour obtenir la résolution d'une vente qui lui est antérieure, encore qu'il eût été convenu qu'en cas d'inexécution des conditions, elle aurait lieu sans observer aucune formalité de justice. — Même arrêt de *Toulouse*.

596. — De même, l'art. 1766 C. civ., suivant lequel le bailleur peut demander la résiliation du bail, si le preneur ne garnit pas l'héritage affermé des bestiaux et des ustensiles nécessaires à son exploitation, a dû recevoir son application au cas d'un bail passé sous une loi qui ne contenait pas une semblable disposition. — *Bruxelles*, 18 mars 1807, Lombart c. Demanet.

597. — Cependant, il a été décidé, 1° qu'un acte de vente, antérieur à la promulgation du Code civil, devait être apprécié d'après les lois sous l'empire desquelles il avait été consenti, et que, si ces lois n'autorisaient pas la résolution de la vente, elle ne pouvait être demandée sous le Code civil. — *Montpellier*, 7 fév. 1828, Germa c. Labrousse et Ducasse; *Cass.*, 4 mars 1828, Janson c. Helly.

598. — ... 2° Que ce n'était pas d'après la loi du 28 mai 1838 (sur les faillites) que devait être appréciée et jugée l'action résolutoire de la vente d'un fonds de commerce, prévue et réservée par un contrat antérieur, bien que l'action eût été exercée, et la faillite du débiteur déclarée depuis cette loi. — *Paris*, 15 fév. 1840 (t. 1er 1840, p. 241), Dumant c. Jauk.

599. — ... 3° Que c'était d'après les lois en vigueur, au moment où un bail avait été consenti, qu'avaient dû être jugées les contestations relatives à sa validité. — *Cass.*, 2 juin 1807, Ferragata c. Canaveri.

600. — Ces dernières solutions nous paraissent plus conformes au grand principe d'ordre public, le respect pour les *droits acquis*, auquel doit rester constamment subordonnée la matière de la rétroactivité. Les parties contractantes sont censées en effet, en traitant sous l'empire d'une loi, en adopter toutes les dispositions relatives à la mutabilité et à l'immutabilité de leurs conventions.

601. — C'est en se fondant sur ce principe, que Merlin (*loc. cit.*, n° 3) enseigne avec raison que la loi nouvelle qui abolit des causes de résolution admises par la législation en vigueur au moment du contrat, ne peut empêcher que ces causes ne continuent de produire leur effet à l'égard des contrats passés sous cette législation; il importe peu que l'action résolutoire soit intentée avant ou après la promulgation.

602. — Une question, non moins grave que les précédentes, consiste à savoir si le successible auquel a été fait une donation entre-vifs, sous une loi qui le dispensait de la rapporter à la succession du donateur, est obligé d'en faire le rapport, si la succession s'ouvre sous une loi qui n'admet le donataire à succéder, qu'en rapportant ce qui lui a été donné par le défunt, sans clause de préciput. Merlin (*Rép.*, v° *effet rétroactif*, sect. 3, § 3, art. 6, n° 2) et Grenier (*Des donations*, t. 2, p. 248) se sont prononcés pour l'affirmative. Leur système consiste à dire que, si la loi nouvelle ne peut pas ôter au donataire successible le droit qui lui a été acquis sous l'ancienne, par la donation entre-vifs, elle peut lui imposer la condition d'y renoncer s'il veut prendre part à la succession: car la succession s'ouvrant sous son empire, elle en est maîtresse absolue; elle peut y admettre qui il lui plaît et déterminer les conditions de cette admission (V. aussi, en ce sens, Toullier, t. 4, n° 454, note 1). Mais c'est là donner à la loi nouvelle une véritable rétroactivité. La loi, en excluant d'une succession qui doit s'ouvrir sous son empire, tel individu qui était appelé à la recueillir d'après la loi antérieure, ne rétroagit pas, parce que l'expectative qu'elle enlève à cet individu, ne constituait pas pour lui un droit acquis. Au contraire, prétendre, comme l'ont fait les auteurs qui précèdent, que la loi nouvelle, qui oblige au rapport le successible donataire, comprend même les donations faites antérieurement, c'est anéantir complétement un droit qui a pris naissance le jour même du contrat, c'est faire cesser l'irrévocabilité de la donation entre-vifs. Or, dès l'instant même de cette donation, le donataire n'a-t-il pas acquis le droit de jouir de l'objet donné sans aucune altération? La loi ancienne, en lui permettant de cumuler les deux qualités de donataire et de successible, ne lui a-t-elle pas conféré un droit auquel la loi nouvelle ne peut plus porter atteinte, ni directement, ni indirectement, sous peine de rétroagir? Cette doctrine est soutenue par MM. Chabot, *Quest. transit.*, v° *Rapport à succession*, t. 2, p. 209; Mailher de Chassat, t. 1er, p. 338 et suiv., et Demolombe, t. 1er, n° 51.

603. — La jurisprudence n'est pas plus unanime sur ce point que la doctrine. Ainsi, il a été jugé, d'une part, qu'une donation faite, avec ou sans clause de préciput, à l'un des successibles, sous l'empire d'une loi qui dispensait le donataire du rapport, n'était point irrévocable, et que le donataire était tenu au rapport, lorsque la succession s'était ouverte sous l'empire de la loi du 17 niv. an II, ou lorsqu'elle s'ouvrait sous le Code civil. — *Cass.*, 23 mess. an IX, Milon c. Garsement; 16 brum. an XIII, Pigenat c. Serpillon; *Gênes*, 29 juin 1807, Leveratto c. Pernigotti; *Cass.*, 21 mars 1808, Cazier c. des Perrières; 14 déc. 1809, Leveratto; 5 mai 1812, de Beauvoir c. Laubrussel; — de l'autre, que c'était d'après la loi du temps où la donation avait été faite, et non d'après celle du temps de la succession, qu'il fallait décider s'il y avait lieu au rapport. — *Cass.*, 2 pluv. an XII, Duval-Poutrel c. Leprévôt; 25 niv. an XIII, Dumas-Faure; *Liége*, 27 fév. 1810, Deheusch; *Cass.*, 27 août 1822, Thévenin.

604. — La qualification de transaction donnée à un partage renouvelé, en vertu de l'effet rétroactif des lois du 5 brum.-17 niv. an II, ne le met pas à l'abri des effets du rapport de cette rétroactivité par la loi du 3 vendém. an IV. — *Cass.*, 1er brum. an XII, Layet.

605. — On a agité aussi la question de savoir quel devait être le sort des donations entre-vifs ou des institutions contractuelles, réduites par une loi postérieure à une quotité plus ou moins forte que celle fixée par la loi ancienne; si, en d'autres termes, la portion disponible devait être réglée par la loi de l'ouverture de la succession, ou par celle du temps où la libéralité avait été faite. C'est dans ce dernier sens que la question a été généralement résolue. — V. notamment 5 vendém. an VII, Leclerc c. Chéron; *Turin*, 15 mars 1806, Orset c. Chabloz; *Cass.*, 5 nov. 1806, Sabouille c. Farne; *Paris*, 27 mai 1807, Boissy c. de Choiseul; *Cass.*, 15 déc. 1807, Bolla; *Bordeaux*, 25 mai 1808, Desbordes; *Grenoble*, 27 janv. 1809, Ricard c. Bouchet; *Cass.*, 14 déc. 1809, Levaretto c. Pernigotti; *Florence*, 13 mai 1811, Catelani; *Cass.*, 16 oct. 1811, Siraudin; *Toulouse*, 17 déc. 1811, Boitel c. Biargues; *Bruxelles*, 30 mars 1812, Paternoster c. Maldeghem; *Bourges*, 24 mai 1813, Revisay c. Brossier; *Paris*, 29 janv. 1814, de Rohan-Rochefort c. de Quérieu; *Rouen*, 19 fév. 1814, Lanon c. Pinchon; *Riom*, 2 janv. 1819, Giry c. Chambert; *Cass.*, 1er juin 1820, Vallet; *Limoges*, 26 juin 1822, Pélissier c. Vigier-Gorse; *Cass.*, 27 août 1822, Thévenin; *Limoges*, 23 fév. 1826, Pinthon; *Cass.*, 2 avril 1834, Josselin c. de la Renaudie; *Nîmes*, 26 mars 1838 (t. 1er 1838, p. 651), Plantier. — Chabot, *Quest. transit.*, vis *Donation*, § 3, et *Réduction des dispositions*, § 2; Grenier, *Traité des donations*, t. 2, nos 441 et suiv.; Merlin, *Rép.*, v° *Effet rétroactif*, sect. 3, § 3, art. 6, n° 5; Proudhon, *Sur l'état des personnes*, édit. de 1842, t. 1er, p. 55 et suiv.; Mailher de Chassat, t. 1er, p. 348 et suiv. — V. cependant Levasseur, *De la portion disponible*, p. 193 et suiv.

606. — Décidé, encore, qu'un don mutuel entre époux, stipulé par contrat de mariage, est régi, quant à ses effets, par la loi existante au moment du contrat, et non par celle en vigueur à l'époque où le droit s'est ouvert par le décès de l'un des époux. — *Paris*, 6 août 1810, Wirion; *Cass.*, 18 mai 1812, mêmes parties; 4 mai 1812, Lenfant c. Petit; 9 juill. 1812, d'Abadie c. Leclerc; 1er fév. 1820, Brissac c. Paul; *Paris*, 29 août 1836 (t. 2 1837, p. 168), Bertrand c. le Domaine. — Chabot, *Quest. transit.*, v° *Donation*, § 3; Merlin, *Répert.*, v° *Rapport à succession*, art. 6, n° 115.

607. — Ainsi, le droit résultant d'une donation de cette nature ne peut être grevé que des légitimes, telles qu'elles étaient fixées par la législation en vigueur à l'époque du mariage, et au profit de ceux seulement auxquels cette législation en attribuait. — Même arrêt de *Paris* du 29 août 1836. — V. aussi, dans le même sens, Merlin, *Rép.*, vis *Démission de biens*, n° 5, et *Réserve*, sect. 6, n° 8; Chabot, *Quest. transit.*, v° *Réduction*; Mailher de Chassat, t. 1er, p. 359.

608. — Spécialement, la donation universelle entre époux, par contrat de mariage, antérieure à la loi du 12 brum. an II et à celles qui ont assuré des droits successifs aux enfans naturels, comme aussi à la loi du 18 janv. 1792, qui, la première, a autorisé les adoptions, n'a pu recevoir aucune atteinte des reconnaissances ou adoptions faites par l'époux donateur postérieurement à ces lois. — V. encore même arrêt, et en outre *Cass.*, 1er juill. 1812, d'Abadie.

609. — Un don mutuel, stipulé sous l'empire d'une loi qui laissait aux époux la liberté absolue de se donner réciproquement tous leurs biens, est affranchi de la réserve établie, en faveur des ascendans, par le Code civil, sous lequel l'époux donateur est décédé. — *Paris*, 6 août 1810, Wirion.

610. — Lorsque, sous la coutume de Normandie, le père a fait une démission de ses biens en faveur de ses garçons et donné à sa fille un mariage avenant, ce ne sont pas les lois nouvelles qui doivent régler les droits successifs de celle-ci; quand bien même le père serait décédé sous l'empire de ces lois. — *Cass.*, 12 niv. an XII, Leremois c. Durand; 4 mai 1807, Mignot c. Hardy.

611. — Jugé, cependant, qu'une fille mariée et dotée du vivant de son père, et qui était exclue par le statut local du droit de réclamer un supplément de légitime, a pu néanmoins exiger ce supplément, si le père n'est mort que depuis la loi d'avril 1791, abolitive des exclusions coutumières. — *Pau*, 31 janv. 1816, Plantier c. Baptistan. — V. aussi, dans le même sens, *Cass.*, 20 nov. 1815, Desforges de Caullières c. Maillefer.

612. — La règle que la réduction des donations pour la formation de la légitime ou de la réserve, doit s'opérer conformément aux lois existantes à l'époque du contrat, est pareillement applicable aux dispositions irrévocables faites par un époux, ayant des enfans d'un précédent mariage, en faveur d'un second époux, alors que le donateur décède sous l'empire des lois nouvelles. Car dès le moment où ces dispositions ont eu lieu, il y a eu droit acquis sur les objets donnés. — Chabot, *Quest. transit.*, vis *Retour* et *Noces* (secondes); Grenier, *Des donations*, t. 2, nos 599, 717 et 718; Merlin, *Rép.*, v° *Effet rétroactif*, sect. 3, § 3, art. 6, n° 6; Mailher de Chassat, t. 1er, p. 360 et suiv.

613. — La dot que les père et mère ont solidairement constituée à des enfans sous l'empire de la loi du 17 niv. an II, qui prescrivait l'égalité entre eux, ne peut être réduite au moyen du legs fait depuis par un des constituans, d'une quotité de biens par préciput et hors part à un autre enfant, en vertu de l'art. 913 C. civ. — *Cass.*, 2 avril 1834, Josselin c. de la Renaudie.

614. — La confirmation ou ratification qui a pour objet de réparer les vices d'un contrat, ou de renoncer aux exceptions que l'on pourrait y opposer, doit être régie, soit quant à sa forme intrinsèque ou extrinsèque, soit quant à ses effets, par la loi du temps où elle a eu lieu. La confirmation ou ratification est en effet un contrat nouveau, principal, indépendant du premier; celui-ci n'en est que la matière, l'occasion. — Merlin, *Rép.*, v° *Effet rétroactif*, sect. 3, § 3, art. 7; Mailher de Chassat, t. 1er, p. 407 et suiv.

615. — Ainsi, la femme mariée qui ne pouvait, sous l'ancien droit, non-seulement s'engager sans l'autorisation de son mari, mais même ratifier son engagement après la dissolution du mariage, à moins qu'elle n'eût renoncé formellement au bénéfice du sénatus-consulte velléien, a pu valablement, sous le C. civ., et dans la même hypothèse, ratifier son engagement; le C. civ., qui lui a rendu sous ce rapport une capacité que lui refusait l'ancienne loi, étant la seule règle qui dût régir tous les actes. — *Turin*, 23 fév. 1807, Valperga c. Callabiana. — Merlin, *loc. cit.*; Mailher de Chassat, p. 414. — V. cependant Chabot, *Quest. transit.*, v° *Sénatus-consulte velléien*, n° 3.

Sect. 4e. — *Quasi-contrats.*

616. — Les engagemens que produisent les quasi-contrats donnent lieu à des droits acquis non moins irrévocables que ceux qui naissent des contrats, et à leur égard s'applique aussi bien qu'à ceux-ci le principe que, pour déterminer avec exactitude les effets du quasi-contrat, il faut toujours se reporter à la loi sous l'empire de laquelle il a pris naissance. — Merlin, *loc. cit.*, sect. 3, § 4; Mailher de Chassat, t. 1er, p. 416, n° 1; Demolombe, t. 1er, n° 58.

617. — Ainsi, un tuteur obligé de fournir caution par les lois anciennes sous lesquelles la tutelle s'est ouverte, n'a pas été relevé de cette obligation par la promulgation du Code civil, qui n'assure au mineur qu'une hypothèque légale sur ses biens : elle subsiste, comme fait consommé, jusqu'à l'expiration de la tutelle. — V., en ce sens, *Cass.*, 10 nov. 1813, Smaelen c. Vander Meersch. — Merlin, *ubi suprà*; Mailher de Chassat, t. 1er, p. 417, n° 4. — *Contrà*, *Turin*, 5 mai 1810, Pasero c. Poletti Rigaud; *Caen*, 23 nov. 1812, Corbin.

618. — Le même principe s'applique pareillement lorsqu'il s'agit de régler les droits et obligations du gérant d'affaires (*negotiorum gestor*), de l'héritier qui accepte une succession sans inventaire (C. civ., art. 802), de l'acheteur, dans le cas où il n'a point stipulé de garantie (art. 1626), du vendeur pour les intérêts du prix non payé (art. 1652), du fermier à l'égard du droit de sous-louer et de céder le bail (art. 1717, 1763). — Mailher de Chassat, p. 418, n° 5.

619. — C'est encore à l'aide du même principe que doivent être déterminés les droits et obligations des coassociés ou communistes, quels que soient le titre ou la cause de la communauté, les droits et obligations de la femme qui accepte la communauté. — Mailher de Chassat, *eod. loc.*

620. — L'art. 1483 du C. civ. qui porte « que la femme n'est tenue des dettes de la communauté, soit à l'égard du mari, soit à l'égard des créanciers, *que jusqu'à concurrence de son émolument*, pourvu qu'il y ait eu bon et fidèle inventaire, » ne pourrait donc pas changer la condition d'une femme mariée sous l'empire de la coutume de Bourgogne, dont l'art. 9 soumettait la femme acceptant la communauté au paiement de toutes les dettes, *même au delà de son émolument*, encore bien que la femme n'eût accepté la communauté que depuis le Code civil. L'art. 9 de la coutume de Bourgogne est entrée en effet comme disposition implicite dans les conventions matrimoniales. Or, ce serait déroger à ces conventions, qui sont toutes de pur droit civil, et qui forment *droit acquis* aux époux du jour de leur mariage, que de les soumettre à une loi postérieure qui n'a jamais dû les régir — Proudhon, p. 60; Mailher de Chassat, p. 419.

Sect. 5e. — *Testamens : forme, capacité, quotité disponible.*

621. — Le testament est irrévocablement régi, quant à la forme, par la loi existante à l'époque de sa confection. Dès lors, une loi postérieure qui introduirait des changemens sous ce rapport ne saurait porter atteinte aux testamens antérieurs revêtus des formes prescrites par l'ancienne loi, bien que l'auteur du testament soit décédé sous la loi nouvelle. — *Bruxelles*, 15 frim. an XII, Devillers c. Limmingh; 27 prair. an XII, Brunin c. Gardevoie; *Paris*, 15 mess. an XII, Dupucé c. Boyard; *Cass.*, 1er brum. an XIII, Devillers; 7 vent. an XIII, Huguès c. Besognet; 5 therm. an XIII, Erust; *Agen*, 30 avr. 1806, Roger; *Besançon*, 21 mai 1808, N...; *Turin*, 31 août 1808, Bonetti c. Godemar; *Liège*, 28 mars 1809, Déjosé c. Combaire; 7 juin 1809, Servetti c. Ellena; *Gênes*, 18 juill. 1809, Cambiaso-Negrotto c. Buedo; *Cass.*, 13 janv. 1810, N...; *Agen*, 21 mai 1813, Verdun; *Cass.*, 25 juill. 1815, de Paris c. N... — Chabot, *Quest. transit.*, v° *Testament*, § 1er; Merlin, *Rép.*, vis *Effet rétroactif*, sect. 3, § 5, n° 1er, et *Testament conjonctif*, n° 3, et *Quest. de dr.*, v° *Testament*, § 12; Toullier, t. 5, n° 382; Grenier, t. 1er, p. 149; Duranton, t. 1er, n° 10; Demolombe, t. 1er, n° 49. — *Contrà*, M. Mailher de Chassat, t. 2, p. 3 et suiv.

622. — Mais une loi nouvelle introductive de nouvelles formes pour les testamens, pourrait, sans rétroagir, ordonner que les testamens faits précédemment par des testateurs encore vivans, fussent refaits dans ces nouvelles formes. En disposant de cette manière, elle n'enlèverait à personne un *droit acquis*. Maîtresse de déclarer qu'on ne pourra plus tester à l'avenir, elle l'est, à plus forte raison, de déclarer qu'elle ne reconnaîtra pas d'autres testamens que ceux qui seront revêtus des nouvelles formes qu'elle impose. — Merlin, *Rép.*, v° *Effet rétroactif*, *ubi suprà*.

623. — Si donc, lorsque la loi nouvelle garde le silence sur les testamens faits dans les formes antérieures, ces testamens sont réguliers et valables, bien que non conformes aux règles prescrites par la loi nouvelle, à l'inverse on doit déclarer nul le testament dénué des formalités exigées par la loi ancienne, sous l'empire de laquelle il a été fait, quoique la loi nouvelle rendue avant la mort du testateur se contente, pour la validité des dispositions de cette nature, des formes dont il est revêtu. — Merlin, *eod. loc.*, n° 2; Mailher de Chassat, t. 2, p. 144. — V. toutefois Meyer, *Principes sur les quest. transit.*, p. 179.

624. — L'efficacité du testament relativement à la capacité du testateur doit être réglée par la loi en vigueur au moment de la confection du testament et non par celle existant à l'époque du décès. Ainsi, la loi qui déclare capable de tester un individu qui en était précédemment incapable, ne valide pas le testament qu'il avait fait dans son état d'incapacité. — Merlin, *ibid*, n° 3; Mailher de Chassat, t. 2, p. 63, nos 4 et suiv.; Demolombe, t. 1er, n° 49. — *Contrà* Meyer, p. 181.

625. — Mais la loi qui rétablit le testateur, avant sa mort, dans la capacité qu'il avait au moment ou il a disposé, et dont une loi intermédiaire l'avait privé, rend au testament sa force première. *Media tempora non nocent* (l. 6, § 2, D., *De heredib. instituend.*). — Merlin, *eod. loc.*, n° 4; Mailher de Chassat, t. 2, p. 140, n° 3.

626. — Jugé en effet que les dispositions universelles faites avant la Révolution ne sont point anéanties, et doivent recevoir tout leur effet, malgré les lois intermédiaires qui les prohibaient, lorsque le testateur est mort sous l'empire du Code civil. — *Bruxelles*, 25 niv. an XII, Varansbenk; *Trèves*, 10 fév. 1806, Erecmann c. N...; *Agen*, 30 avr. 1806, Roger; *Bruxelles*, 23 avr. 1807, Coupès; *Cass.*, 23 nov. 1809, Rumpler c. Laguiante; *Grenoble*, 6 juill. 1811, Thibaudon; *Colmar*, 31 juill. 1823, Meinrad-Munch c. Ettwiller. — Merlin et Mailher de Chassat, *loc. cit.* — V. cependant *Liège*, 21 mai 1806, Bougrave.

627. — La validité intrinsèque des dispositions d'un testament est réglée au contraire par la loi du temps où elles doivent recevoir leur exécution, c'est-à-dire la loi existante au moment du décès du testateur. — *Limoges*, 26 juin 1822, Pélissier c. Vigier-Gorse; *Colmar*, 31 juill. 1823, Meinrad-Munch c. Ettwiller.

628. — Tels sont les effets du testament soit en ce qui touche la disponibilité, le mode et la quotité d'après lesquels elle s'exerce, soit en ce qui touche les dispositions intérieures, comme les legs. — *Cass.*, 28 germ. an XI, Crugeot c. Devillers; *Limoges*, 26 juin 1822, Pélissier c. Vigier-Gorse. — Mailher de Chassat, t. 2, p. 67, n° 8, et p. 117, n° 1er.

629. — C'est la loi en vigueur à l'époque de la mort du testateur qui doit régir la capacité de l'héritier institué ou du légataire. Car ce n'est qu'à cette époque que se réalisent tous les effets du testament. — Mailher de Chassat, t. 2, p. 87, nos 10 et suiv.; Merlin, n° 6.

630. — Par exemple, le Code civil, en déclarant par son art. 906 incapables de recevoir ceux qui ne sont nés ni conçus, a annulé les dispositions faites au profit d'enfans à naître, si le disposant était décédé avant le Code, et que les enfans ne fussent encore nés ni conçus lors de sa publication. — *Bruxelles*, 27 nov. 1819, N... — Merlin, *eod. loc.*

631. — Cependant, la loi nouvelle qui, après la mort du testateur et avant que ses dernières dispositions aient été acceptées, déclarerait incapables de recevoir les héritiers institués ou légataires, si elle se contentait de leur capacité au moment du décès du testateur, le testament n'en devrait pas moins dans ce cas recevoir son effet, son exécution. Mais il en serait autrement, si la loi nouvelle subordonnait cette exécution à la continuation de la capacité des héritiers institués ou légataires jusqu'au moment de leur acceptation. — Merlin, *ibid.* — V. TESTAMENT.

Sect. 6e. — *Successions.*

632. — C'est d'après la loi existante au décès de celui de la succession duquel il s'agit que doivent être appréciées les prétentions réciproques des parties à cette succession. — *Cass.*, 28 déc. 1831, Foucaud. — Demolombe, t. 1er, n° 47.

633. — Ainsi jugé que c'était aux héritiers des condamnés révolutionnairement, qui étaient appelés par la loi, ou par leur volonté, à les représenter au jour de leur décès, qu'appartenait le droit de réclamer la restitution de leurs biens confisqués, ou l'indemnité qui devait leur en tenir lieu, par préférence à ceux qui se trouvaient héritiers au moment où la confiscation des biens avait cessé. — *Cass.*, 26 janvier 1832, de Cossé-Brissac c. Dubarry.

634. — Jugé, cependant, que des héritiers étaient non recevables à contester la succession de son mari prédécédé, à une femme mariée sous un statut qui accordait au survivant la propriété de tous les biens de l'autre époux, et ce, sous prétexte que celui-ci étant mort depuis la promulgation du C. civ., elle n'y avait aucun droit. — *Colmar*, 26 mai 1818, Eppel.

635. — La qualité de successible conférée par une loi et exercée sur les successions ouvertes sous l'empire de cette loi, ne constitue pas même un droit tellement acquis, qu'elle doive opérer son effet sur les successions qui s'ouvrent ensuite sous une loi par laquelle cette qualité n'est plus reconnue. La simple expectative résultant de cette qualité est restée constamment dans le domaine souverain de la loi, qui a pu la modifier à son gré sans rétroactivité. — Merlin, *Répert.*, v° *Effet rétroactif*, sect. 3, § 6, n° 1; Mailher de Chassat, t. 2, p. 201, n° 5.

636. — Ainsi, les enfans naturels n'ont pu, depuis le Code, succéder aux parens de leurs père ou mère, encore qu'ils eussent été admis à recueillir les successions de quelques-uns de ces parens morts avant le Code. — *Bruxelles*, 26 nov. 1818, N... — V. cependant *Bruxelles*, 10 messidor an XIII, Leduc c. Creuss.

637. — La succession d'un enfant naturel, décédé sous le C. civ., est régie par les dispositions de ce Code; et, par suite, les parens de la mère n'y ont aucun droit, bien que cet enfant soit né sous l'empire d'une coutume qui admettait ces parens à lui succéder. — *Cass.*, 16 avril 1834, Ruyffelaert c. Massiet.

638. — Au contraire, lorsqu'une succession s'ouvre, l'héritier que la loi en vigueur à cette époque en saisit, est investi d'un droit qui fait désormais partie de son domaine et qu'une loi nouvelle ne peut plus lui enlever sans rétroagir. On peut citer comme ayant rétroagi en cette matière les lois des 5 brum. et 17 niv. an II, rapportées par celles du 9 fruct. an III. — Merlin, *eod. loc.*, n° 2.

639. — Mais une succession s'est ouverte avant le C. civ. Elle est restée jacente jusqu'à sa promulgation, et n'a été acceptée que postérieurement. L'héritier acceptant aura-t-il un droit acquis du jour de l'ouverture? La solution de cette question ne peut être douteuse en présence de la maxime que *le mort saisit le vif*. Cette maxime produit son effet à l'égard de l'héritier appelé, lors de l'ouverture de la succession, à la recueillir, même à son insu, l'acceptation de l'héritier n'était qu'une mise en action de cette maxime. — Merlin, n° 3; Mailher de Chassat, t. 2, p. 195.

640. — Jugé aussi que les dispositions des coutumes qui permettaient à l'héritier pur et simple d'exclure les héritiers bénéficiaires, doivent s'appliquer aux successions ouvertes avant le C. civ., quoique l'acceptation n'ait été faite que depuis.

— *Paris*, 15 mai 1811, Tupigny c. Bonnier des Terrières. — Merlin, n° 4; Mailher de Chassat, p. 198, n° 12.

641. — Du principe que l'acceptation de la succession rétroagit au jour de l'ouverture, il résulte que les héritiers qui, depuis le Code, ont accepté une succession ouverte sous l'empire des coutumes de Normandie, d'Artois et de Hainaut, qui déclaraient solidaires entre tous les héritiers les dettes du défunt, n'ont point été déchargés de cette solidarité par l'art. 873 du C. civ., qui ne fait supporter les dettes du défunt, par chacun des héritiers, qu'à raison de sa portion héréditaire. — Merlin, n° 5; Mailher de Chassat, t. 2, p. 200, n° 14.

642. — Il y a plus : alors même que la succession serait ouverte et acceptée sous le C. civ., les héritiers du défunt n'en seraient pas moins encore tenus solidairement envers les créanciers au profit desquels il se seraient obligés sous l'empire des coutumes précitées : ce n'est là, d'ailleurs, qu'une application du principe que les effets des contrats sont irrévocablement réglés par la loi du temps où ils ont été passés. — Merlin, n° 6. — V. aussi, dans le même sens, *Bruxelles*, 21 avr. 1819, Delval c. Renard.

643. — Mais l'exercice des droits résultant d'une succession n'est pas, comme le fond même de ces droits, soumis à la loi du temps de l'ouverture de la succession. La forme de l'acceptation ou de la répudiation d'une succession, celle de la liquidation et du partage de cette succession, sont régies par la loi du temps où ont lieu ces différens actes. — *Cass.*, 23 janv. 1837 (t. 1er 1837, p. 104), Larrey c. de Pons; 27 fév. 1838 (t. 1er 1838, p. 504), de Chauvelin c. Boulongne; *Caen*, 3 mars 1838 (t. 2 1838, p. 353), Goubert c. Iver. — Merlin, n° 7.

644. — Notamment, la disposition de l'art. 834, C. civ., qui veut que le partage d'une succession se fasse par lots tirés au sort, et non par des lots d'attribution, est applicable aux partages, faits depuis le C. civ., de successions ouvertes antérieurement. — Mêmes arrêts. — V., en outre, dans le même sens, *Limoges*, 19 juin 1838 (t. 1er 1839, p. 93), Eyrignoux; 5 juill. 1838 (t. 1er 1839, p. 93), André c. Sicard.

645. — En décidant que des biens immeubles échus à un habitant des colonies, dans une succession ouverte en France depuis le Code civil, ont pu être valablement légués par lui avant la promulgation de ce Code dans la colonie, et pendant que la coutume de Paris y était encore en vigueur, un arrêt, loin de violer les dispositions de cette coutume relatives à l'indisponibilité des *propres*, fait une juste application du principe du Code civil qui, relativement à la faculté de disposer, abolit toute distinction dans la nature des biens. — *Cass.*, 5 juin 1828, Tumerel c. Samidaix.

646. — Il a été décidé que les lois des 5 brum. et 17 niv. an II (qui disposaient que les renonciations à successions futures ne pourraient être opposées aux renonçans), abrogées par la loi du 18 pluv. an V, quant à leur effet rétroactif, c'est-à-dire en ce qu'elles s'appliquaient même aux successions ouvertes depuis 1789, avaient néanmoins conservé toute leur force, relativement aux successions ouvertes au 5 brum. an II; en telle sorte que les renonciations anciennes étaient valables quant aux successions ouvertes à cette époque, et nulles quant aux successions non encore ouvertes. — *Cass.*, 2 juill. 1828, Pigeomé c. Dulac; *Bastia*, 14 avril 1834, Franceschini; *Montpellier*, 6 1835, Maleville.

647. — La validité d'une renonciation contractuelle doit être appréciée par la loi existante à l'époque du décès de celui sur la succession duquel on a traité. — *Montpellier*, 6 avril 1835, Maleville.

648. — La valeur d'une succession peut se prouver par les modes de preuves usités au moment où le droit à cette succession a pris naissance.

649. — Spécialement, la femme d'un commerçant dont le mariage, postérieur au Code civil, est antérieur au Code de commerce, peut être admise à prouver par commune renommée la valeur d'une succession mobilière à elle échue postérieurement à la promulgation de ce Code. — On ne saurait lui opposer avec avantage que l'art. 551 C. comm. ancien n'admet d'autres preuves que celles authentiques, l'art. 557 disposant que cet article et ceux compris dans la même section ne doivent pas nuire aux droits et actions des femmes acquis avant la publication de la loi. — *Caen*, 18 mai 1842 (t. 1er 1843, p. 502), Chevrel c. Fontaine.

Sect. 7e. — *Actes de procédure; formes judiciaires.*

650. — Le principe qui doit prévaloir en cette matière comme dans les précédentes, c'est le respect pour les *droits acquis*. Les droits qu'on peut considérer, en matière de procédure, comme droits acquis sont ceux qui résultent des actes antérieurs (assignation, acte d'appel, etc.) d'une procédure qui a été commencée sous l'empire de la loi ancienne. La loi nouvelle ne pourrait donc pas, sans rétroagir, en prononcer la nullité. Ils doivent, comme les faits même qui leur ont donné naissance, conserver, sous cette loi, tous les effets qu'ils auraient continué d'avoir sous la loi précédente. Mais les formes judiciaires étant restées constamment dans le domaine de la loi, le législateur peut bien, sans rétroagir, ne pas donner à ces actes la suite que la loi antérieure leur destinait. Il peut changer pour l'avenir leur direction et ordonner que la procédure entamée avant la publication de la loi nouvelle sera continuée, ou par d'autres juges, ou dans une forme toute différente. — Merlin, *Rép.*, v° *Effet rétroactif*, sect. 3, § 7; Mailher de Chassat, t. 2, p. 244, nos 10 et suiv.

651. — Ainsi, l'arrêté du gouvernement du 5 fruct. an IX décide d'une manière générale : « Que tout ce qui touche à l'instruction des affaires, tant qu'elles ne sont pas terminées, se règle d'après les formes nouvelles sans blesser le principe de non-rétroactivité, que l'on n'a jamais appliqué qu'au fond du droit. » C'est donc à la distinction entre le fond proprement dit (*decisorium litis*) et la forme (*ordinatorium litis*) qu'il faut s'attacher. D'après l'esprit de cet arrêté, le fond du droit est acquis, la forme ne l'est pas. — Mailher de Chassat, t. 2, p. 245, n° 13; Merlin, *Rép.*, v° *Effet rétroactif*, sect. 3, § 8. — La distinction entre le fond et la forme n'est pas toujours facile.

652. — Par exemple, s'agit-il d'une preuve par témoins? La forme dans laquelle on devra y procéder sera celle que prescrit la loi du temps où la preuve se fait. Mais la question de l'admissibilité, ou de l'inadmissibilité de cette preuve ne sera jugée, ou, en d'autres termes, l'appréciation des faits qui servent de fondement à l'action ne devra avoir lieu que d'après la loi en vigueur à l'époque où cette action a pris naissance. — *Colmar*, 19 therm. an XII, Montavon c. Poupel; *Cass.*, 18 nov. 1806, Canosio c. Operti; 22 mars 1810, Rey; 21 mai 1810, Pastoris; 9 avr. 1811, Carrani c. Negri; 8 mai 1811, Fabre c. Nebrot; 24 août 1813, Domaines c. Zoppi; 16 août 1831, Lorphelin c. Jaumotte; 23 mai 1832, ville de Schelestadt c. commune de Kintzheim; — Merlin, *ubi suprà* et *Rép.*, v° *Preuve*; Favard de Langlade, v° *Preuve*, § 1er, n° 2, et *Effet rétroactif*, sect. 3, § 9; Duranton, t. 13, n° 310; Marcadé, *Elémens de droit civil français*, t. 1er, p. 60, n° 11.

653. — Toute demande devant être introduite et instruite suivant la loi en vigueur au moment où elle est formée, et non suivant la loi du temps où le droit a pris naissance, un tribunal ne peut, sans effet rétroactif, annuler un exécutoire délivré par un juge de paix à un notaire pour paiement d'actes reçus par ce dernier, par le motif que les avances auraient été faites avant la publication de la loi du 22 frim. an VII, qui établit ce mode de poursuites. — *Cass.*, 4 avr. 1826, Mandosse c. Prévost.

654. — L'art. 1041 C. procéd. civ. avait décidé que tous les procès qui seraient intentés depuis le 1er janv. 1807, date de la mise en activité de ce Code, seraient instruits conformément à ses dispositions : ce qui donnait clairement à entendre que, dans tout procès commencé antérieurement à cette époque, on suivrait les anciennes formes. Mais un avis du Conseil d'Etat du 6 janv. 1807 a régularisé cette disposition, en disant que « on ne devait comprendre dans la classe des affaires antérieurement commencées ni les appels interjetés depuis le 1er janv. 1807, ni les saisies faites depuis, ni les ordres et contributions lorsque la réquisition d'un procès-verbal était postérieure, ni les expropriations forcées lorsque la procédure réglée par la loi du 11 brum. an VII avait été entamée par l'apposition des affiches avant le 1er janv. 1807. » C'est comme s'il eût dit, ajoute M. Mailher de Chassat (t. 2, p. 247), que jusqu'au premier acte par lequel débutaient ces nouvelles procédures, tout ce qui avait précédé formait un tout complet et passé, un fait consommé sous l'empire de la loi précédente, d'où résultait un droit acquis auquel il ne dépendait pas de la loi postérieure de porter atteinte.

655. — Ainsi, il a été jugé notamment que l'art. 763, C. procéd., qui n'accorde que dix jours à compter de la signification à avoué pour interjeter appel du jugement qui a statué sur les contestations incidentes à l'ordre ne s'appliquait pas aux jugemens de ce genre intervenus, à la vérité, depuis la mise en activité de ce Code, mais dont l'instruction avait eu lieu conformément aux lois anciennes. — V., en ce sens, *Paris*, 4 août 1807, Morel c. Jumelin; *Bruxelles*, 9 janv. 1808, Godfurneaux c. Stevens; *Paris*, 10 mars 1810, Desguerrais de Mauroy; *Cass.*, 2 juill. 1811, de Muller c. Stourmy; — Mailher de Chassat, t. 2, p. 248, n° 15. — V. cependant *Nîmes*, 17 août 1807, Masmejean.

656. — La durée des pouvoirs des arbitres doit rester également, indépendamment de toute loi qui détermine de nouvelles formes pour les arbitrages, réglée, comme convention tenant au fond, par les lois anciennes sous l'empire desquelles l'arbitrage a commencé. En conséquence, lorsque des arbitres nommés sous l'empire de l'ordonnance de 1673 sont décédés, les arbitres nommés pour les remplacer sous l'empire du Code de commerce doivent être soumis aux dispositions de l'ordonnance. — *Cass.*, 3 août 1825, Héry c. Potin.

657. — Jugé encore que les instances liées avant la promulgation du Code de procédure devaient être instruites conformément aux dispositions de l'ordonnance de 1667, quoiqu'elles eussent été reprises depuis sa mise en activité. — *Bruxelles*, 10 juin 1807, Legrell c. Bontemy; *Cass.*, 11 juill. 1826, Renaud-Ducreux c. Tournier. — *Contrà*, Mailher de Chassat, t. 2, p. 249 *in fine*.

658. — Il en est ainsi, à plus forte raison, lorsque la reprise d'instance a été introduite avant la promulgation du Code de procédure. — *Bordeaux*, 13 mars 1833, Roux c. Renou-Lanarbonne.

659. — L'opposition à un arrêt rendu par défaut, depuis la mise en activité du Code de procédure, sur un appel interjeté avant cette époque, doit aussi être formée, non d'après les règles prescrites par ce Code, mais d'après celles de la législation antérieure. — *Bruxelles*, 8 juin 1807, Brion et Plaitin c. Powis et Baydaels; *Cass.*, 29 juill. 1809, de Livron.

660. — Dans le ressort du parlement de Paris, les simples oppositions, non suivies de citation en justice, n'étaient pas sujettes à la péremption. Ces oppositions ont conservé leur effet depuis le Code de procédure, lors même que les opposans n'ont rempli aucune des formalités prescrites par les art. 563 et suiv. de ce Code. — *Cass.*, 14 août 1820, Plinguet c. Descourtils.

661. — Mais lorsqu'une procédure nouvelle n'aura pas une connexité telle avec les droits antérieurs, qu'on puisse la considérer comme un de leurs effets nécessaires, elle devra être inévitablement régie par la loi sous l'empire de laquelle elle aura commencé. C'est par application de ce principe, que la cour d'Angers a décidé, par arrêt du 21 janv. 1809 (Goussault c. Lafosse), que le Code de procédure devait régir l'inscription de faux formée depuis sa promulgation, bien que l'appel motivé sur la découverte du faux eût été interjeté sous l'empire de l'ancienne législation.

662. — On peut aussi exécuter une disposition législative, résultant du Code de procédure, dans une instance suivie et instruite avant le 1er janv. 1807, lorsque cette disposition n'est point applicable à la forme de procéder. — *Cass.*, 12 août 1807, Rousian c. Pradelle.

663. — Que faut-il décider à l'égard d'une expertise? Peut-on la considérer comme une procédure nouvelle, qui, à ce titre, serait soumise à la nouvelle loi? ou n'est-ce pas plutôt une conséquence immédiate et nécessaire des droits antérieurs, que devrait régir la loi qui les régit? Cette question s'est présentée plusieurs fois, à l'occasion des actions en rescision, pour cause de lésion, intentées avant la promulgation du Code civil, et la jurisprudence l'a résolue diversement. Au nombre des arrêts qui ont jugé que l'expertise devait avoir lieu, dans ce cas, conformément aux règles prescrites par les art. 1677, 1678, 1679 et 1680, C. civ., V. *Poitiers*, 3 pluv. an XIII, Saint-Pierre c. Saint-Marceau; *Turin*, 19 avril 1806, Ferrando c. Rinando; *Cass.*, 23 fév. 1807, Blaquière c. Troncq; *Turin*, 14 juin 1807, Arnoldi c. Usseglio. — En faveur de l'opinion contraire, V. *Nîmes*, 14 therm. an XII, Peyrouse c. Buisson; *Pau*, 1er therm. an XIII, Segure c. Etchevers; *Cass.*, 22 juill. 1806, Bordenave c. Etchevers. — V. aussi, sur ce point, Merlin, *Rép.*, v° *Effet rétroactif*, sect. 3, § 7, n° 2; Mailher de Chassat, t. 2, p. 250, n° 17.

664. — Quant à la nomination de nouveaux experts, ce n'est pas donner à la loi un effet rétroactif, que de la faire d'après les règles du Code de procédure, quoiqu'elle ait pour objet une opération ordonnée sous l'empire de l'ordonnance de 1667. — *Cass.*, 25 juill. 1831, princesse de Nassau c. commune de Burgille.

665. — La loi reconnaît, quant aux formes, à la compétence et selon le degré de la procédure, des droits acquis aux individus.

666. — C'est ainsi que l'art. 7 de la loi du 18 janv. 1792 a ordonné que toutes les plaintes ou accusations suivies d'informations, antérieures à l'époque de l'installation des tribunaux créés par la loi du 29 sept. 1791, seraient jugées non par des jurés, mais par les tribunaux qui s'en trouvaient précédemment saisis, et dans les anciennes formes.

667. — Alors même qu'une loi exceptionnelle, traçant des formes nouvelles d'instruction, attribue, aux tribunaux qu'elle institue, la connaissance de certains délits, commis antérieurement à sa promulgation, et qui sont de la compétence des tribunaux précédens, les formes anciennes n'en doivent pas moins être religieusement observées, comme garanties de justice dans l'intérêt des accusés. — Mailher de Chassat, t. 2, p. 256.

668. — Il a été jugé, en effet, que, quoique la loi du 20 déc. 1815 eût attribué aux cours prévôtales la connaissance des crimes commis avant sa promulgation, qui étaient de la compétence des cours spéciales, néanmoins l'instruction devait être faite, la mise en accusation prononcée et la compétence jugée, suivant les règles prescrites par le Code d'instruction criminelle. — *Cass.*, 19 juill. 1816, Weilt; 6 sept. et 18 oct. 1816, ministère public c. N...; 14 nov. 1816, Jordy; 24 oct. 1817, Nourril.

669. — Jugé toutefois, que, lors même que le crime aurait été commis antérieurement à la mise en activité du Code d'instruction criminelle, les questions devraient être posées au jury dans la forme indiquée par ce Code. — *Cass.*, 26 juill. 1811, Lacombe.

670. — La loi du 26 germ. an XI dispose également que « les demandes formées antérieurement à la publication du titre du Code civil relatif au divorce continueront d'être instruites, » que « les divorces seront prononcés et auront leurs effets conformément aux lois qui existaient lors de la demande. » C'est là moins une exception à la règle générale que toute loi nouvelle, statuant uniquement sur les formes, régit nécessairement celles qui ne sont pas encore accomplies à l'époque de sa promulgation, qu'une application de ce principe que la demande seule en divorce formée par l'un des époux constitue en sa faveur un droit acquis même à l'égard des formes déterminées par l'ancienne loi — Merlin, *Rép.*, v° *Effet rétroactif*, sect. 3, § 7, n° 2.

671. — Il est des cas où l'intérêt général commande des exceptions à la règle que la loi nouvelle régit la forme. Les lois des 18 pluv. an IX et 23 flor. an X nous en offrent un exemple. Ces lois, en créant des tribunaux spéciaux pour certains délits, avaient voulu que les affaires simplement commencées, à quelque degré d'instruction qu'elles fussent parvenues, fussent renvoyées purement et simplement devant ces nouveaux tribunaux. Par là, les accusés se trouvaient privés de la faveur, qu'ils tenaient du droit commun, d'être jugés par des jurés.

672. — Selon Merlin (*Rép.*, v° *Effet rétroactif*, sect. 3 et 7, n° 9, et *Compétence*, § 3), lorsqu'une loi nouvelle introduit pour la poursuite de certains délits de nouvelles règles de compétence, le tribunal qui, au moment où elle a été promulguée, était saisi de la connaissance de ces délits, n'en doit pas être dessaisi de plein droit. Cette connaissance ne peut lui être enlevée que par une disposition expresse de la loi nouvelle. — V. également, en faveur de cette solution, *Cass.*, 4 mes. an XII, Georges Cadoudal.

673. — Décidé au contraire que lorsqu'une juridiction est saisie d'une affaire, la survenance d'une loi qui attribue à une autre juridiction la connaissance des affaires de même nature, a pour effet de dépouiller la première. — *Cass.*, 9 févr. 1793, Delouche; 6 sept. 1793, Ralisson; 24 juin 1813 André Boetger; 16 avr. 1831, de la Sabine.

674. — Spécialement, le conseil privé qui, dans les colonies, connaissait des appels en matière de traite des noirs, n'a pu, depuis l'ord. du 1er août 1827, qui a rendu aux tribunaux criminels ordinaires la connaissance de ces appels, statuer sur un appel dont il avait été précédemment saisi. — Même arrêt de *Cass.*, du 16 av. 1831.

675. — Ainsi encore, toutes les affaires de la presse dans lesquelles il n'était intervenu aucun arrêt de renvoi, lors de la promulgation de la loi du 25 mars 1822, ont été enlevées à la connaissance du jury et ont dû être jugées dans les formes prescrites par cette loi : c'est là une application du principe que la non rétroactivité des lois s'applique au fond, et non à la forme des poursuites. — *Cass.*, 10 mai 1822, Delavie. — V., dans le même sens, *Cass.*, 25 nov. 1819, Legendre.

676. — Le principe de la non-rétroactivité des lois ne s'applique qu'au fond du droit. Quant aux lois de procédure et d'instruction, au nombre desquelles il faut comprendre celles qui modifient soit la composition des tribunaux, soit leur compétence, elles sont obligatoires du jour de leur promulgation, en ce qui concerne les procès commencés comme les procès à naître. — *Cass.*, 12 oct. 1840 (t. 2 1848, p. 631), Legénissel, dit Robert.

677. — Il a été décidé aussi, en matière civile, que c'était par la loi existante à l'époque de l'action, et non par celle qui était en vigueur au moment de l'obligation, que devait se régler la compétence des tribunaux. — *Turin*, 15 juill. 1808, N...; *Bruxelles*, 10 nov. 1808, Duval c. Wattiez.

Sect. 8e. — *Jugemens.*

§ 1er. — *Dispositions, forme des jugemens. — Voies de recours.*

678. — Les jugemens reposant sur le consentement présumé des parties (*Ut in stipulatione contrahitur*, dit la loi 5, § 11, D. *De peculio, ità judicio contrahi*), il en résulte qu'ils sont régis, comme les contrats, soit quant à la forme, soit quant au fond, par les lois sous l'empire desquelles ils ont été rendus. Ainsi, une loi postérieure ne pourrait, sans une rétroactivité violente, détruire les droits acquis aux parties par un jugement irrévocablement passé en force de chose jugée, ou dénier à un jugement revêtu de toutes les formes prescrites par la loi sous laquelle il est intervenu la foi que cette loi attachait à ses dispositions. — Merlin, *Rép.*, v° *Effet rétroactif*, sect. 3, § 9, nos 1 et 2.

679. — Est nul tout jugement rendu en matière de déchéance de brevet d'invention lorsque le ministère public n'a pas été entendu, alors même que l'instance aurait commencé avant la promulgation de la loi du 5 juill. 1844, dont l'art. 36 exige en cette matière la communication au ministère public. — *Paris*, 21 juill. 1845 (t. 2 1845, p. 694), Penzold et Rohlfs c. Caron.

680. — Toutes les voies de droit, c'est-à-dire de conservation et d'exécution, de réforme, ou d'annulation, toutes les exceptions usitées à l'époque où le jugement a été rendu, doivent être également autorisées sous la loi nouvelle. — Mailher de Chassat, t. 2, p. 268; Merlin, *ibid.*, n° 4.

681. — Ainsi, le délai pour attaquer un jugement par la voie de l'appel se règle d'après la loi sous l'empire de laquelle le jugement a été rendu. — *Bourges*, 18 mai 1842 (t. 1er 1843, p. 242), Guillier c. Gautrelet.

682. — Ce délai doit se régler d'après la loi ancienne, encore bien que le jugement ait été rendu sous l'empire du Code civil, si les contestations qui y ont donné lieu ont été instruites conformément à la loi ancienne. — V. *suprà* n° 655.

683. — La loi du 24 août 1790, qui a fixé à trois mois le délai pour appeler des jugemens contradictoires, n'a rien changé au délai donné par les lois antérieures (ord. 1667, tit. 27, art. 17) pour interjeter appel des jugemens par défaut. — *Bruxelles*, 13 mai 1807, Cornet-de-Grez; *Paris*, 5 janv. 1809, Demontfort c. Do; *Cass.*, 17 nov. 1813, Fillot et Combolive c. Labadie; 1er mars 1820, Charrondière c. Gonthier-Jobert.

684. — Les arrêts ou jugemens en dernier ressort rendus sous le règlement du 28 juin 1738, qui les déclarait contradictoires, même à l'égard des parties défaillantes, lorsqu'une partie ayant le même intérêt s'était défendue, sont restés à l'abri de l'opposition, même depuis le Code de procédure. — *Cass.*, 15 mai 1821, Duplessier c. de Certemont.

685. — La disposition de l'art. 643 C. comm., qui, comme l'art. 156 C. procéd. civ., répute non avenus tous jugemens par défaut non exécutés dans les six mois de leur obtention, ne s'applique pas aux jugemens de cette nature rendus depuis le Code de procédure civile, mais avant la promulgation du Code de commerce. — *Bordeaux*, 26 janv. 1811, Fourcaud c. Dussol; *Turin*, 19 mars 1811, Ponte c. Ravier; *Cass.*, 13 nov. 1815, N... — Merlin, *ubi suprà*, n° 3.

686. — On n'a pu attaquer, par voie de cassation, des arrêts rendus dans des pays réunis depuis à la France, si ces arrêts n'y étaient susceptibles que de révision. — *Cass.*, 21 fruct. an IX, Delaizelle c. Marc; 2 juin 1808, Tana.

687. — On décidera encore, par le même principe, la question de savoir : d'après quelle loi la requête civile, la prise à partie, etc., et autres moyens de se pourvoir contre un jugement seront admis, et pour quelles causes ils le seront. — Mailher de Chassat, t. 2, p. 270.

688. — Les lois des 8 mai 1791 et 25 therm. an IV, et les arrêtés des 3 vend. an IV et 17 therm. an X, ont déclaré en effet que les arrêts qui étaient émanés du parlement de Douai, des cours supérieures de la Belgique et du pays de Liége, du sénat de Chambéry et de celui de Turin, à des époques où ils pouvaient être attaqués par révision ou proposition d'erreur, continueraient d'être assujettis à ces voies, même après la publication des lois qui les avaient successivement abolies dans ces pays : et il est à remarquer que ces recours étaient réservés non-seulement à ceux qui avaient déjà déclaré vouloir en faire usage; mais encore à ceux qui n'avaient pas encore manifesté leur volonté à cet égard, pourvu qu'ils fussent dans les délais utiles déterminés par les anciennes lois. — Merlin, *loc. cit.*, n° 6.

689. — Une loi peut anéantir les jugemens rendus sur certaines matières avant sa publication, telle la loi du 8 août 1792 qui a rendu sans effet tous les jugemens qui, sous le régime féodal, avaient dépouillé les communes au profit de leurs ci-devant seigneurs, de la propriété des biens dont elles avaient eu anciennement la possession *animo domini*. Mais un tel excès de pouvoir peut-il se présumer? Cette question s'est élevée à l'occasion de l'art. 4 du décret du 17 mars 1808, lequel porte : « Le paiement d'aucune lettre de change, aucun billet à ordre, aucune obligation ou promesse, souscrits par un de nos sujets non-commerçant au profit d'un juif, ne pourra être exigé, sans que le porteur prouve que la valeur en a été fournie entière et sans fraude. » Il résultait de l'ensemble du décret que cette disposition s'appliquait même aux lettres de change, billets et obligations antérieurs. Mais s'appliquait-elle également aux jugemens antérieurs rendus en vertu de ces titres? La jurisprudence a constamment repoussé cette extension. — *Cass.*, 18 juin 1811, Moïse c. Paulus; 19 juin 1811, Laquesse; 4 sept. 1811, Valentin c. Netter; 5 févr. 1812, Lévi c. Ulrich; *Colmar*, 24 déc. 1813, Gallioth; *Metz*, 29 mai 1818, Pierret et Kurce c. Gougenheim). — Et en effet, dit M. Mailher de Chassat (t. 2, p. 272, n° 27), quel que soit le motif qui a dicté le décret dont il s'agit, il n'en est pas moins un acte exorbitant, arbitraire, contraire à la dignité de la loi qui doit poser les prescriptions comme règles pour la société, et non diriger contre les individus des châtimens ou des déchéances. — V. aussi Merlin, *eod. loc.*, n° 7. — V. également JUIFS.

690. — L'abolition de l'effet rétroactif de la loi du 17 niv. an II a entraîné la nullité des jugemens fondés sur cette loi. — *Cass.*, 16 brum. an VII, Cayré c. Capdevielle.

§ 2. — *Mode d'exécution des jugemens et des contrats.*

691. — Le mode d'exécution des contrats et jugemens appartient à l'avenir, et c'est à cet égard la loi nouvelle qui doit servir de règle. — Merlin, *Rép.*, v° *Effet rétroactif*, sect. 3, § 10, n° 1.

692. — Ainsi, jugé que ce n'était pas donner au C. civ. un effet rétroactif que d'en appliquer les dispositions au mode d'exécution d'une obligation ancienne et non désavouée. — *Cass.*, 8 févr. 1815, N...

693. — ... Et qu'on a pu, en vertu de la loi du 10 sept. 1807, arrêter un étranger pour dettes contractées avant la publication de cette loi. — *Cass.*, 22 mars 1809, Swan c. Lubbert. — Merlin, *ibid*.

694. — La cour de Bruxelles a fait application du même principe, en décidant qu'on ne pouvait mettre à exécution un exécutoire de dépens, avant de l'avoir signifié à avoué, quoique la condamnation à ces dépens fût antérieure au C. de procéd. — *Bruxelles*, 13 août 1811, Vanderenne.

695. — La contrainte par corps, exercée depuis la mise en activité du C. de procéd., est également soumise aux formes prescrites par l'art. 780 de ce Code, alors même qu'elle a eu lieu en vertu d'un jugement antérieur à sa promulgation. — *Paris*, 7 avr. 1807, Chénot c. Hauze; *Bruxelles*, 27 juin 1807, Lippmann c. Ventusol. — Merlin, *loc. cit.*, n° 2 *in fine*.

696. — Lorsqu'une rente viagère a été constituée sous l'empire de l'ancienne législation, les arrérages qui en sont échus postérieurement à la publication des lois nouvelles doivent être colloqués conformément à leurs dispositions et non suivant celles de la loi existante à l'époque où cette rente a été créée. — *Bordeaux*, 15 fév. 1832, Ferreyra c. Brivasac.

697. — La femme normande ne peut, sous l'empire du C. civ., être envoyée, pour raison des sommes qui lui sont dues relativement à son douaire, en possession de la nue propriété du fonds dont elle a l'usufruit; la voie de l'expropriation est la seule autorisée par le Code. — *Cass.*, 8 févr. 1813, Deshommais c. Robillard.

698.— Au reste, en établissant une forme nouvelle pour l'exécution des contrats ou jugemens, la loi nouvelle peut en excepter ceux qui auraient eu lieu antérieurement à sa promulgation. C'est ainsi que la loi du 24 vent. an V, qui a remis la contrainte par corps en vigueur, a déclaré qu'elle ne pourrait être prononcée pour des dettes contractées antérieurement, sous l'empire de lois qui ne la permettaient pas. — Merlin, n° 3.

Sect. 9e. — *Lois criminelles et répressives.*

699. — Pour l'application aux lois criminelles et répressives des principes sur la non-rétroactivité, V. LOIS CRIMINELLES, PEINES.

Sect. 10e. — *Prescription.*

700. — Lorsque la prescription s'est accomplie sous l'empire d'une loi antérieure et d'après les règles prescrites par cette loi, la loi nouvelle ne pourrait, sans rétroagir et sans porter atteinte à des droits régulièrement acquis, en altérer, modifier ou détruire les effets. Aussi, l'art. 691 C. civ., après avoir dit que la possession même immémoriale ne suffit pas pour établir les servitudes continues non apparentes, ni les servitudes discontinues apparentes ou non; a-t-il ajouté : « sans qu'on puisse cependant attaquer aujourd'hui les servitudes de cette nature déjà acquises par la prescription, dans les pays où elles pouvaient s'acquérir de cette manière. »

701. — Mais, tant que la prescription n'est que commencée et non consommée, elle ne constitue qu'une expectative dont la force n'est pas telle que le législateur doive la respecter. Elle pourrait donc, à partir de la promulgation d'une loi nouvelle, être régie, pour l'avenir, par cette loi, sans qu'il y eût en cela aucune rétroactivité. — Marcadé, *Élém. de droit civil français*, t. 1er, p. 62, n° 13; Demolombe, t. 1er, n° 61.

702.— L'art. 2281 C. civ. s'est écarté des véritables principes, quand il a voulu que les prescriptions commencées lors de sa publication fussent réglées par les lois anciennes, sauf cette seule restriction, que celles pour lesquelles il aurait fallu plus de trente ans encore fussent accomplies par ce laps de trente ans. — Mailher de Chassat, p. 288, n° 3; Marcadé, p. 66.

703. — Néanmoins, il a été régulièrement jugé que le cours des prescriptions commencées avant le Code civil devait être réglé par les lois anciennes, encore que depuis le Code civil il se fût écoulé un temps suffisant pour prescrire.— *Cass.*, 21 déc. 1812, Domaines c. Cuvelier; 15 mars 1813, Enregistrement c. Girard; 28 déc. 1813, Domaines c. Mathieu Walsar. — Merlin, *Rép.*, v° *Prescription*, sect. 1re, § 3, n° 10.

704. — Spécialement, les biens dotaux aliénés sous une loi qui accordait trente ans pour en attaquer la vente, à partir de la dissolution du mariage ou de la majorité des héritiers, n'ont pu être prescrites par une possession utile de dix années sous le Code civil. — V. notamment, *Bruxelles*, 5 avril 1819, Demotte c. Marnix; *Cass.*, 10 mars 1828, commune de Champagne c. Chatenet; *Grenoble*, 20 janv. 1834, Antoine c. Albert. — V. en outre DOT.

705. — Les arrérages ou intérêts de dot échus, mais non payés au décès du père qui les a constitués, sont une dette de la succession, et doivent être prélevés, avant partage, par les enfans dotés, dans le cas même où ces arrérages absorberaient la fortune du père et par suite les légitimes des autres enfans. Ces arrérages n'étaient pas prescriptibles par cinq ans sous l'empire de la coutume de Paris; et, en pareil cas, l'art. 2277 C. civ., est inapplicable. — *Paris*, 23 juin 1818, d'Artel et de Forestier c. de Coubert.

706. — Sur la question de savoir si la prescription, dont le principe remonte à une époque antérieure au Code civil, devrait être exclusivement régie, quant à sa durée, par la loi ancienne, bien qu'elle eût été suspendue par la minorité du créancier, et qu'elle n'eût commencé à courir utilement que depuis le Code, V. PRESCRIPTION.

707. — Le mineur, qui n'a atteint sa majorité que depuis le Code civil, n'a que dix ans à partir de cette majorité pour se pourvoir en restitution contre l'acte de liquidation consenti par son tuteur avant le Code, d'une société dans laquelle il était intéressé, alors même que la coutume, sous laquelle la liquidation aurait eu lieu, aurait accordé pour la restitution un délai de trente ans. — L'art. 1304 C. civ. est seul applicable à ce cas. — *Pau*, 17 nov. 1837 (t. 2 1839, p. 322), Chappe c. Lesage.

708.—L'art. 2281 doit être entendu uniquement du laps de temps nécessaire pour prescrire, et non de toutes les règles, de tous les principes des lois anciennes relatifs à la prescriptibilité ou aux conditions déterminées pour la prescription.—*Nîmes*, 20 fév. 1838 (t. 1er 1838, p. 418), Dumas c. Champanhet. — Mailher de Chassat, t. 2, p. 289.

709. — Ainsi, dans le cas où une loi nouvelle viendrait déclarer prescriptible pendant le mariage un immeuble dotal qui, aux termes de l'art. 1561 C. civ., est imprescriptible, on ne pourrait, pour compléter le temps de la prescription exigé par la loi nouvelle, se servir des années de possession antérieure à cette loi. — Merlin, *Rép.*, v° *Prescription*, sect. 1re, § 3, n° 8; Marcadé, t. 1er, p. 63.

710. — Réciproquement, des faits de possession accomplis sous l'empire d'une loi qui leur reconnaissait la qualité et le pouvoir de fonder la prescription, deviendraient complétement inutiles, sous l'empire d'une loi nouvelle qui prohiberait cette prescription elle-même. — Mêmes auteurs, *ibid.*

711. — En matière criminelle, les questions de rétroactivité relatives à la prescription doivent se résoudre par un autre principe. On ne saurait invoquer ici la théorie des droits acquis qui sert de base aux dispositions qui précèdent. Tout doit se ramener à un seul point, l'amélioration de la position du prévenu. C'est en partant de ce principe que la jurisprudence a plusieurs fois décidé que la prescription d'un crime ou d'un délit commis sous une législation et poursuivi sous une autre, devait être réglée par celle des deux lois qui était la plus favorable au prévenu. — V. notamment *Cass.*, 18 juin 1812, Tesquet et Lutter; 10 déc. 1812, Auguste Beffroy; 7 janv. 1813, Pierre Malgavia. — V. aussi, en ce sens, *Cass.*, 22 avril 1813, Hertog Heymann.—Mailher de Chassat, t. 2, p. 298, n° 13. — V. au surplus, PRESCRIPTION CRIMINELLE.

Sect. 11e. — *Servitudes.*

712. — A l'égard des servitudes, nous avons déjà rappelé (V. *suprà* n° 700) la disposition de l'art. 691 C. civ. La partie finale de cet article exprime formellement l'intention du législateur de ne pas rétroagir. Mais il en résulte que si les servitudes de la nature de celles dont il s'agit n'étaient pas encore *acquises* au moment de la promulgation du Code civil, elles ne seraient plus susceptibles de l'être. Car le Code civil, en les déclarant imprescriptibles, n'a pas voulu que la possession postérieure pût servir à compléter la possession antérieure. — *Cass.*, 31 août 1825, Coiffard c. Lussac. — Solon, *Traité des servitudes réelles*, n° 399; Mailher de Chassat, t. 2, p. 335, n° 2.

713. — Il importe, en cette matière, de ne pas confondre les servitudes légales avec celles qui résultent du fait de l'homme et supposent un consentement de sa part. A l'égard de ces dernières, la loi ne pourrait, sans rétroagir et sans détruire des droits acquis, les modifier, les changer, les aggraver. Au contraire, la loi nouvelle est applicable immédiatement, sans rétroagir, aux servitudes légales. La raison en est que ces servitudes sont restées constamment, comme partie du domaine public, sous la puissance du législateur, qui peut toujours modifier à son gré, dans le sens du bien public, les charges qu'il avait précédemment imposées aux citoyens. — Mailher de Chassat, t. 2, p. 334 et suiv.

714. — Lors donc qu'il s'agit d'une servitude légale, l'action en réclamation de cette servitude doit être appréciée conformément aux règles prescrites par la législation existante au moment où elle est exercée. — *Cass.*, 8 juin 1842 (t. 1er 1842, p. 766), Denesplex c. Tricot.

715. — Spécialement, l'usage que quelques statuts autorisaient entre les voisins, d'entrer sur les fonds l'un de l'autre pour cueillir les fruits de leurs arbres dont les branches s'étendaient sur leurs héritages respectifs, n'a pu former une servitude qui ait dû survivre à l'art. 672 du C. civ. — *Cass.*, 31 déc. 1810, Bessy c. préfet des Alpes-Maritimes. — V. aussi, dans le même sens, Pardessus, *Traité des servitudes*, n° 196; Duranton, t. 5, n° 400; Toullier, t. 3, n° 517; Merlin, *Rép.*, v° *Voisinage*, § 4.

716. — Le droit de faire sécher leur tourbe sur le pré du voisin, que dans quelques provinces l'usage local consacrait en faveur des propriétaires, moyennant indemnité, n'a pas survécu à l'abolition par le C. civ. des anciennes coutumes. — *Cass.*, 21 avril 1813, intérêt de la loi.

717. — Le propriétaire d'un mur de séparation construit sous l'empire de la coutume de Paris peut être contraint à en céder la mitoyenneté, aux termes de l'art. 661 du C. civ., lorsque son voisin ne la réclame pas spécialement pour bâtir, seul cas néanmoins dans lequel la coutume ordonnait la cession. — *Cass.*, 1er déc. 1813, Chosson c. Payet. — V. aussi, dans le même sens, Duranton, t. 5, n° 334; Merlin, *Rép.*, v° *Vue*, § 3.

718. — Jugé même que les dispositions du Code civil, en matière de servitudes, étaient applicables à une action intentée avant la promulgation de ce Code et sous une loi antérieure qui avait des dispositions contraires. — *Cass.*, 17 therm. an XIII, Backer c. Schillemans. — Chabot, *Quest. transit.*, v° *Servitudes*.

LOI AGRAIRE.

1. — Prise dans son sens le plus général, la dénomination de *loi agraire* (de *ager*, champ) s'applique à toutes les lois relatives aux terres.

2. — Chez les Romains on distinguait plusieurs espèces de lois agraires. — Les unes ordonnaient le partage, entre les citoyens, des terres conquises sur les ennemis de la République. — Les autres réglaient la quotité de terres que chaque citoyen pouvait posséder.

3. — Dans les temps modernes on a donné le nom de *loi agraire* à celle qui aurait pour objet de mettre en commun toutes les propriétés individuelles pour les partager ensuite également entre tous les citoyens de l'Etat.

4. — La loi du 18 mars 1793, prenant les mots *loi agraire* dans cette dernière acception, prononce la peine de mort contre quiconque proposera une loi agraire ou toute autre subversive des propriétés territoriales, commerciales et industrielles.

5.— La loi du 27 germ. an IV (16 avr. 1796) porte également, art. 1er, que l'on doit réputer coupable de crime contre la sûreté intérieure de la République et contre la sûreté individuelle du citoyen, et punir de mort, conformément à l'art. 612 du Code des droits et des peines, ceux qui, par leurs discours ou par leurs écrits imprimés, soit distribués, soit affichés, provoquent le pillage ou le partage des propriétés particulières, sous le nom de *loi agraire* ou de toute autre manière.

6. — La qualification de *loi agraire* ne se retrouve plus, du reste, dans nos codes modernes.

7. — Mais les propriétés particulières sont garanties de la manière la plus expresse par les art. 8 et 9 de la charte constitutionnelle de 1830, d'après lesquels *toutes les propriétés sont inviolables*, et l'Etat ne peut exiger le sacrifice d'une propriété que pour cause d'utilité publique légalement constatée, et *moyennant une indemnité préalable*. La même garantie est identiquement reproduite par l'art. 11 de la Constitution de 1848.

LOIS CRIMINELLES.

1. — Les lois criminelles comprennent les lois pénales ou répressives, et les lois de compétence et de procédure criminelle.

2. — Le caractère propre des lois pénales est d'ordonner ce qui est bien, de défendre ce qui est mal. La peine est la sanction de la loi. *Legis virtus hæc est imperare, vetare,... punire* (L. 7, ff., *De leg.*).

3. — Ce ne sont pas les nationaux seulement qui sont obligés par les lois criminelles : nous avons vu qu'il était de principe essentiel que les lois de police et de sûreté obligent tous ceux qui habitent le territoire du royaume (C. civ., art. 3). — V., pour le développement de cette proposition et les exceptions que la loi elle-même a apportées au principe formulé dans l'art. 2 du Code civil, ACTION PUBLIQUE, COMPÉTENCE CRIMINELLE, ÉTRANGERS, PEINES.

4. — Le droit civil et les lois de procédure criminelle comportent *en général* une sage interprétation, sans laquelle beaucoup de questions demeureraient insolubles. Mais quand il s'agit de pénalité, tout est de droit strict, et il est expressément interdit aux juges d'appliquer les lois répressives par voie d'analogie ou de déduction. — Parent, *Lois de la presse*, p. 209 et 216; Montesquieu, *Esprit des lois*, liv. 6, ch. 3; Beccaria, *Traité des délits et des peines*, § 4; Pastoret, *Traité des lois pénales*; Carnot, *Comment. du C. pén.*, sur l'art. 4; Rossi, *Droit pénal*, t. 1er, p. 10; Chauveau et Hélie, *Théorie du Code pénal*, t. 1er, p. 37, et Morin, vo *Lois crimin.*, p. 499. — « Si la loi se tait, dit Locré (t. 1er, p. 615), lorsqu'il s'agit d'une affaire civile, les juges doivent se déterminer par les règles de l'équité; lorsqu'il s'agit d'un procès criminel, l'accusé doit être renvoyé absous, *vu le silence de la loi.* » En effet, en cas de doute sérieux, ce doute doit se résoudre en faveur du prévenu, et par conséquent l'avis le plus doux doit l'emporter. — L. 10, § 1er, ff., *De reb. dub.*; L. 56 et 192, § 1er, ff., *De reg. juris*; L. 55, § 2, ff., *De reg. juris*; L. 18, ff., *De leg.*; L. 32 et 42, ff., *De pœnis*. — *Cass.*, 20 fév. 1821, Champigny; 19 oct. 1821, Cauchois-Lemaire.

5. — Les lois de *procédure criminelle*, parmi lesquelles celles de *compétence* occupent le premier rang, sont le complément nécessaire des lois pénales, dont elles assurent l'efficace et régulière application. — V. COMPÉTENCE CRIMINELLE, INSTRUCTION CRIMINELLE.

6. — Les règles fondamentales de notre législation criminelle étaient consacrées par la charte constitutionnelle, comme elles l'avaient été antérieurement par la constitution de 1791 et par celles qui l'ont suivie. Aujourd'hui elles le sont par la constitution du 4 nov. 1848.

7. — La conservation des cours et tribunaux ordinaires, la suppression des commissions et tribunaux extraordinaires, le principe de la liberté individuelle et celui de l'inviolabilité de l'ordre légal et constitutionnel des juridictions, la publicité des débats criminels, la consécration nouvelle de l'institution du jury et son application aux jugemens des délits politiques et de la presse, les prérogatives de la couronne au sujet du droit de grâce, l'abolition de la confiscation générale des biens des condamnés, telles sont les garanties précieuses dont la charte avait posé le fondement, et dont les conséquences ont été développées dans les lois ultérieures ou dans celles auxquelles la charte elle-même avait donné une vie nouvelle (ch. constit., art. 4, 50, 53 et suiv., 59 et 69). — Plus large encore dans les principes, la constitution de 1848 a plus nettement formulé ces garanties, notamment par les art. 2, 3, 4, 5, 12, 81, 82, 83, 87 et 97.

8. — La charte avait fondé également, soit dans l'intérêt du salut de l'Etat, soit en considération de certaines dignités, une juridiction supérieure et privilégiée chargée, sous le titre de *cour des pairs*, de connaître des crimes de haute trahison et des attentats à la sûreté de l'Etat, des accusations portées par la chambre des députés contre les ministres, et enfin des délits imputés aux membres mêmes de cette cour (art. 28, 29 et 47). — V. COMPÉTENCE CRIMINELLE et COUR DES PAIRS. — La révolution de février ayant anéanti, comme incompatible avec le principe démocratique, toute juridiction privilégiée; les crimes, attentats ou complots contre la sûreté intérieure ou extérieure de l'Etat, sont aujourd'hui déférés à une haute cour de justice, instituée et réglementée par les art. 91, 92, 93, 94, 97, 98, 99 et 100 de la constitution de 1848. — V. TRIBUNAUX EXTRAORDINAIRES.

9. — Le pouvoir royal ne pouvant faire *seul* aucune loi, ne pouvait conséquemment établir aucune peine; néanmoins, comme il faisait les règlemens et ordonnances nécessaires pour l'exécution des lois, il créait indirectement, sous ce rapport, des pénalités, lorsqu'une loi lui avait laissé le soin de déterminer les caractères des délits dont elle portait la peine, ou d'ajouter d'autres cas à ceux qu'elle prévoyait expressément. — V., notamment, C. pén., art. 314, et ordonn. du 25 févr. 1837, sur les pistolets de poche. — Actuellement, le pouvoir législatif seul a le droit d'établir des pénalités.

10. — Une ordonnance royale qui excédait les bornes du pouvoir constitutionnel du roi n'était donc pas obligatoire pour les citoyens. — *Paris*, 4 déc. 1827, Vacheron; *Metz*, 25 fév. 1829, Lion-Cerf; 30 avril 1830, Caquate. — Actuellement, le président de la République et ses ministres étant responsables, tous actes, qui excéderaient leurs pouvoirs constitutionnels, non-seulement seraient illégaux et non obligatoires pour les citoyens; mais encore ils devraient être déférés à la haute cour, conformément à la loi qui déterminera les cas de responsabilité, ainsi que les formes et les conditions de la poursuite (art. 68 de la constitution de 1848).

11. — En Belgique, les conseils provinciaux et communaux peuvent établir et prononcer des peines, dans le cercle de leurs attributions, lorsque les lois générales n'en ont pas édicté. — V. la loi communale, art. 78, et la provinciale, art. 85; V. aussi l'art. 9 de la constit. belge. — Dans le cas où une loi en a prononcé, le conseil communal introduit dans son règlement la peine fixée par la loi, ou bien le règlement trouve sa sanction dans la loi à laquelle il se réfère nécessairement; s'il statuait d'autres peines, le tribunal, en déclarant constante la contravention au règlement, devrait, sans s'arrêter à sa disposition pénale, appliquer celle portée par la loi. L'art. 107 de la constitution belge dispose, d'ailleurs, que les cours et tribunaux n'appliqueront les arrêtés et règlements généraux, provinciaux et locaux, qu'autant qu'ils seraient conformes aux lois. — V. *Bruxelles*, 27 déc. 1831, N...

12. — Si les ordonnances inconstitutionnelles ne sont pas obligatoires, en est-il de même des lois inconstitutionnelles? Peut-on, devant les tribunaux, alors que la loi a été régulièrement formée, faire juger que ses dispositions sont inconciliables avec la constitution, et que, dès lors, elles n'ont pas droit au respect et à l'obéissance des citoyens?

13. — Sous la monarchie, cette question touchait évidemment à celle de savoir si le pouvoir *constituant* résidait dans le pouvoir *législatif*. Il est clair, en effet, que si la réunion des chambres et de la couronne avait qualité pour modifier la constitution comme elle avait le pouvoir de faire les lois ordinaires, il n'y avait pas de lois inconstitutionnelles. — *Cass.*, 11 mai 1833, Paulin (aff. du *National*). — Aujourd'hui, il n'y a plus de doute possible. Le pouvoir législatif n'existant qu'en vertu de la constitution, dont la révision, d'ailleurs, ne lui appartient pas, il est évident que toute loi, même régulièrement formée, qui violerait cette constitution, serait non obligatoire (art. 20 et 111 de la constit. de 1848).

14. — ... D'où la conséquence que les tribunaux auraient qualité pour déclarer une pareille loi illégale, et devraient le faire dans le cercle de leurs attributions, c'est-à-dire en refusant de l'appliquer.

15. — M. Parent (*Lois de la presse*, p. 155, no 1er) fait cependant remarquer que si l'autorité judiciaire avait un tel droit, il y aurait confusion et anarchie dans les pouvoirs. « Les tribunaux, dit-il, pourraient anéantir les actes du Corps législatif: leur sanction deviendrait indispensable. Comme du temps des parlemens, les lois devraient être enregistrées. Cette garantie, nécessaire lorsqu'il n'en existait pas d'autre, ne serait que dangereuse aujourd'hui qu'elle est suffisamment remplacée par la presse et par la tribune législative. » Mais ces observations ne nous paraissent pas suffisantes pour faire repousser l'opinion que nous venons d'émettre sur le rôle qui incombe aux tribunaux en pareil cas. — Il y aurait moins lieu, encore, de s'arrêter aux objections de M. Parent si la loi n'avait pas été délibérée et promulguée dans la forme constitutionnelle; on en a eu pour exemple les ordonnances du 25 juillet 1830, qui contenaient une usurpation sur le pouvoir législatif; il en serait de même aujourd'hui d'une disposition arbitrairement ajoutée par le pouvoir exécutif à une loi régulièrement votée.

16. — Les formes de la promulgation et de la publication des lois sont les mêmes en matière criminelle qu'en matière civile. — V., à cet égard, LOIS.

17. — D'après le décret du 23 juillet 1810, le C. pén. est devenu exécutoire dans le ressort de chaque cour d'appel, à compter du jour même de son installation, et non à compter du lendemain. Ainsi, ce sont les dispositions de ce Code qui ont dû être appliquées au crime commis dans le ressort d'une cour d'appel, le jour même de son installation. — *Cass.*, 5 déc. 1811, Bila. — Carnot, sur l'art. 410 C. inst. crim., t. 3, p. 128, no 4.

18. — Sur la question de savoir quelle est aujourd'hui, surtout en ce qui concerne les pénalités qu'ils ont établies, l'autorité des décrets impériaux promulgués et exécutés comme lois, sans opposition de la puissance législative (constitut. an VIII, art. 28) et qui n'ont été abrogés ni directement, ni indirectement par la charte ou par la constitution, V. DÉCRETS. — V. aussi *Cass.*, 22 avr. 1831, Pons; *Bruxelles*, 31 oct. 1831, Grégoire et Bast, 25 avr. 1832; *Rennes*, 24 nov. 1835, Bailleul. — V. encore Constitution de 1848, art. 112.

19. — Le principe de la non-rétroactivité consacré pour les lois d'une manière générale par l'art. 2 C. civ., doit être respecté plus rigoureusement encore, si cela est possible, dans les lois criminelles; aussi le Code pénal a-t-il cru devoir en rappeler l'observation toute spéciale en cette matière, par son art. 4. — V., à cet égard, PEINES.

20. Deux exceptions sont néanmoins admises à ce principe: la première, toute dans l'intérêt des prévenus, permet d'appliquer la loi nouvelle à un fait commis avant sa promulgation lorsque la peine qu'elle édicte est plus douce. — Décret du 23 juill. 1810, art. 10. — V. PEINES.

21. — La seconde, fondée plutôt sur la jurisprudence que sur un texte formel de la loi, concerne plus spécialement les dispositions législatives qui règlent la compétence et la procédure criminelles.

22. — Il faut donc distinguer, en matière criminelle, au point de vue de la rétroactivité, ce qui constitue le fond ou la pénalité, et ce qui ne concerne que la forme, ou la compétence et la procédure. — Le fond est toujours soumis à la loi existante au moment de la perpétration du fait, à moins que les dispositions n'en soient plus sévères que celles de la loi nouvelle; la forme, au contraire, suit la loi nouvelle dans ses prescriptions dès le jour même où elle devient exécutoire, alors même qu'il s'agirait de faits antérieurs. — *Cass.*, 26 juill. 1811, Lacombe; 24 juin 1813, Bœtger; 10 mai 1822, Delavis. — Merlin, *Rép.*, vo *Compétence*, § 3; Legraverend, t. 2, ch. 1er, p. 31; de Grattier, *Comment. sur les lois de la presse*, t. 2, p. 224. — V. aussi réquisit. de M. le procur. gén. Dupin, sous *Cass.*, 29 juin 1832, Geoffroy.

23. — La loi du 29 niv. an VI ayant cessé d'avoir son exécution à partir du 29 niv. an VIII, les jugemens rendus postérieurement à cette époque n'ont pas pu en faire l'application sous peine de nullité. L'art. 22 de cette loi, portant que les procédures commencées avant l'écoulement de l'année seraient terminées d'après ces dispositions, ne pouvait s'entendre que de la forme de procéder, et nullement de l'application de la peine. — *Cass.*, 26 flor. an VIII, Dizel; 28 flor. an VIII, Renaud; 28 messid. an VIII, Fourdrin.

24. — En maintenant l'application des lois liguriennes aux crimes commis dans la Ligurie, avant que les lois pénales de France y eussent été publiées, le décret du 15 messid. an XIII ne dispensait point les tribunaux de procéder et d'instruire suivant les lois françaises. — *Cass.*, 20 fév. 1813, Coppiano.

25. — MM. Chauveau et Hélie combattent pourtant la distinction entre les lois qui établissent des peines et les lois qui règlent la compétence et la procédure: « Toutes les lois, disent-ils (*Théorie du Code pén.*, t. 1er, chap. 2, *in fine*), quelle que soit leur nature, quel que soit leur but, sont soumises à ce principe tutélaire; si l'on y a introduit une seule exception, c'est dans l'intérêt des justiciables eux-mêmes; c'est quand, soustraits à l'application de la loi nouvelle, ils en réclament eux-mêmes le bienfait. Mais la non-rétroactivité est dans leur droit; dans tous les cas, ils peuvent l'invoquer: qu'on révèle donc une exception écrite quelque part à ce principe du droit public; qu'on produise le texte qui aurait soustrait à son empire les lois de procédure et de compétence. Jusque-là, le principe est là, général et sévère. Ces lois, comme les autres, ne peuvent régir que les faits accomplis depuis leur promulgation. »

26. — On ne peut nier tout ce que ces réflexions ont de sérieux, surtout quand on considère quel immense intérêt un accusé peut avoir à être jugé par la juridiction et suivant les formes que la loi antérieure semblait lui garantir spécialement, sauf certaines natures d'affaires, par exemple, dans les procès qui touchent à la politique. Néanmoins, la jurisprudence semble définitivement fixée sur ce point difficile. — V. notamment *Cass.*, 12 oct. 1848 (t. 2 1848, p. 631), Legenissel dit Robert; haute cour de justice, 8 mars 1849 (t. 1er 1849, p. 196), Raspail, Blanqui et autres.

27. — L'instruction et le jugement des procès criminels se composant d'actes successifs, appartiennent en effet à l'avenir pour tout ce qui n'est pas actuellement consommé. Ainsi, sans blesser le principe de la non-rétroactivité, les lois qui créent des formes nouvelles d'instruction et de jugement, lorsqu'elles n'ont pas autrement disposé, règlent par ces formes et soumettent à leur empire les affaires qui n'ont pas encore subi l'épreuve d'un jugement définitif.

28. — Spécialement, la loi du 4 mars 1831, qui a réduit de cinq à trois le nombre des juges des cours d'assises et élevé de sept à huit le nombre de voix nécessaire pour former la déclaration du jury contre l'accusé, ayant été reçue à la chan-

cellerie le 5 mars, était exécutoire à Paris le 7 et à Beauvais le 8 du même mois, et dut être appliquée rétroactivement aux accusés de délits antérieurs à sa promulgation — *Cass.*, 31 mars 1831, Boutillier.

29. — De même, les dispositions de la loi du 9 sept. qui ont réduit de huit à sept le nombre de voix nécessaire pour former la décision du jury contre l'accusé, ont été déclarées applicables même au jugement des affaires nées avant la promulgation de cette loi. — *Cass.*, 13 mars 1835, Jaffrenon. — *Ass. de la Seine*, 11 sept. 1835, Marchand.

30. — Jugé, cependant, qu'en soumettant au jugement des cours prévôtales les crimes de la compétence des cours spéciales, commis antérieurement à sa promulgation, la loi du 20 déc. 1815 ne privait point les accusés qui en étaient l'objet, des formes et des garanties qui leur étaient assurées par les lois en vigueur à l'époque où les délits avaient été commis (L. 20 déc. 1815, art. 19), et, qu'en conséquence, il y avait nullité lorsque l'instruction avait été suivie, et lorsque la compétence avait été réglée d'après les dispositions de la loi du 20 déc. 1815. — *Cass.*, 19 juill. 1816, Weill; 6 sept. 1816, N...; 18 oct. 1816, N...; 14 nov. 1816, Jordy; 2 mai 1817, Mariotte; 24 oct. 1817, Nourrit. — Legraverend, t. 2, ch. 8, p. 550, et Carnot, t. 3, tit. *Des cours spéciales*, p. 482, n° 4. — V., au surplus, LOIS.

31. — Le principe de la non-rétroactivité des lois ne s'applique pas aux règlemens de simple police que l'autorité municipale, agissant dans les limites de ses attributions, croit devoir faire dans l'intérêt de l'ordre et de la sûreté publique. — Spécialement, l'arrêté d'un maire prescrivant, dans l'intérêt général de la circulation, la destruction des bornes existantes dans certaines rues, ne peut être méconnu par les tribunaux de police saisis des contraventions qui s'y rattachent, sous prétexte que ces dispositions violeraient le principe de la non-rétroactivité. — *Cass.*, 30 juin 1836 (t. 1er 1837, p. 32), Coppens. — V. POUVOIR MUNICIPAL.

32. — Les règles de la récidive, introduites dans une législation nouvelle, peuvent être appliquées aux individus qui se trouvent en état de récidive pour avoir subi une condamnation antérieure sous l'empire de la législation ancienne. — Spécialement, les individus précédemment condamnés à des peines afflictives ou infamantes étaient devenus justiciables des cours spéciales par suite de nouveaux crimes, lors même que leur première condamnation était antérieure à la loi qui les soumettait à cette juridiction. — *Cass.*, 10 août 1815, Dubuisson. — Merlin, *Quest.*, v° *Militaire*, § 5. — V. aussi COMPÉTENCE CRIMINELLE.

33. — Sous l'empire du C. pén. de 1832, les infractions à la surveillance de la haute police rentrent dans la juridiction des tribunaux correctionnels, et non dans les attributions de l'autorité administrative, alors même qu'elles sont commises par des individus dont la condamnation est antérieure à ce Code. — *Cass.*, 18 mai 1833, Guillin; 23 août 1834, Villiers.

34. — Les lois criminelles, comme les lois civiles, cessent d'être obligatoires et applicables lorsqu'il y est *dérogé* par des lois modificatives ou lorsqu'elles sont frappées d'*abrogation*. — L. 102, ff., *De verb. signif.* — Morin, *Dict. du dr. crim.*, v° *Lois criminelles*, p. 499.

35. — Les règles relatives soit à la dérogation ou à l'abrogation sont, à cet égard, les mêmes qu'en matière civile, nous nous bornerons donc à renvoyer au mot LOIS.

36. — Ajoutons seulement, en ce qui concerne spécialement les lois criminelles, qu'aux termes de l'art. 643 du C. inst. crimin., «les dipositions du ch. 5 du tit. 7, liv. 2 de ce code (relatives à la prescription) ne dérogent point aux lois particulières relatives à la prescription des actions résultant de certains délits ou de certaines contraventions.»

37. — Cette exception s'applique notamment: aux délits ruraux, qui se prescrivent par un mois à compter du jour du délit (L. 28 sept. et 6 oct. 1791, tit. 1er, sect. 7, art. 8); aux délits de chasse, qui se prescrivent par le délai de trois mois à compter du jour où ils ont été commis (L. 3 mai 1844, art. 29); aux actions pour délits et contraventions forestières, qui se prescrivent par trois mois à partir du jour de la constatation des délits et contraventions lorsque les prévenus sont désignés dans les procès-verbaux, et par six mois lorsque les prévenus ne sont pas désignés (C. forest., art. 185); aux actions pour délits de pêche, qui se prescrivent par un mois lorsque les prévenus sont désignés dans les procès-verbaux, et par trois mois lorsqu'ils ne sont pas désignés (L. 15 avr. 1829, art. 62); aux crimes et délits de presse, qui se prescrivent par six mois à partir du fait de publication (L. 26 mai 1819, art. 39). — V. CHASSE, DÉLIT DE PRESSE, DÉLIT RURAL, FORÊTS, PÊCHE.

38. — Jugé également que le décret du 1er germinal an XIII n'ayant pas été abrogé par le Code d'instruction criminelle, le délai de l'appel des jugemens correctionnels, en matière de contributions indirectes, est de huitaine à partir de leur signification, et non de dix jours à partir de leur prononciation. — *Cass.*, 16 avr. 1819, Contr. indir. c. Grenet; 7 juin 1821, Contr. indir. c. N... — V. CONTRIBUTIONS INDIRECTES.

39. — L'art. 484 C. pén. porte : «Dans toutes les matières qui n'ont pas été réglées par le présent Code et qui sont régies par des lois et règlemens particuliers, les cours et les tribunaux continueront de les observer.»

40. — «Cette disposition, disait l'orateur du gouvernement, maintient les lois et règlemens actuellement en vigueur relatifs : — aux dispositions du Code rural qui ne sont point retracées dans ce Code ; — aux taxes, contributions directes ou indirectes, droits réunis, de douanes et d'octroi ; — aux tarifs pour le prix de certaines denrées ou de certains salaires ; — aux calamités publiques, comme épidémies, épizooties, contagion, disettes, inondations ; — aux entreprises de services publics, comme coches, messageries, voitures publiques de terre et d'eau, voitures de place, numéros ou indications de noms sur voitures, postes aux lettres et postes aux chevaux ; — à la formation, entretien et conservation des rues, chemins, voies publiques, ponts et canaux ; — à la mer, à ses rades, rivages et ports, et aux pêcheries maritimes; — à la navigation intérieure, à la police des eaux et aux pêcheries ; — à la chasse, aux bois, aux forêts ; — aux matières générales de commerce, affaires et expéditions maritimes, bourses ou rassemblemens commerciaux, police des foires et marchés ; — aux commerces particuliers d'orfévrerie, de bijouterie, de joaillerie, de serrurerie et des gens de marteau, de pharmacie et apothicairerie, de poudres et salpêtres, des arquebusiers et artificiers, des cafetiers, restaurateurs, marchands et débitans de boissons, de cabaretiers et aubergistes ; — à la garantie des matières d'or et d'argent ; — à la police des maisons de débauche et de jeu ; — à la police des fêtes, cérémonies et spectacles ; — à la construction, entretien, solidité, alignement des édifices et aux matières de voirie ; — aux lieux d'inhumation et de sépulture ; — à l'administration de police et discipline des hospices, maisons sanitaires et lazarets ; — aux écoles, aux maisons de dépôt, d'arrêt, de justice et de peines de détention correctionnelle et de police ; — aux maisons ou lieux de fabrique, manufactures ou ateliers ; — à l'exploitation des mines et des usines ; — au port d'armes, au service des gardes nationales, à l'état civil,» etc.

41. — Cette nomenclature des lois non abrogées par le Code pénal, bien que donnée par le législateur lui-même, n'est pas et ne peut pas être complète. — Quelques-uns des exemples donnés ne sont même plus applicables, ainsi que le font remarquer, avec juste raison, MM. Chauveau et Hélie (*Théorie du Code pénal*, t. 8, ch. 84), qui ajoutent de plus à l'énumération de l'exposé de motifs les lois et règlemens relatifs : — aux délits militaires et maritimes ; — aux attroupemens ; — à la détention d'armes et de munitions de guerre ; — à l'exercice de la médecine et de la chirurgie ; — à la vente des médicamens ; — à la police sanitaire ; — à la police de l'enseignement, aux délits forestiers et de pêche fluviale, aux délits commis par voie de publication, aux contraventions aux poids et mesures, etc., etc., auxquels on peut encore ajouter les lois et règlemens qui concernent les théâtres, la voirie, l'imprimerie et la librairie, l'observation des fêtes et dimanches, la contrefaçon, les brevets d'invention, les marques de fabrique, le travail des enfans dans les manufactures, etc., etc.

42. — Du reste, un avis du Conseil d'Etat, approuvé le 8 fév. 1812, décide «que l'art. 484, en ne chargeant les cours et tribunaux de continuer d'observer les lois et règlemens particuliers non renouvelés par ce Code que dans les matières qui n'ont pas été réglées par ce Code même, fait clairement entendre que l'on doit tenir pour abrogés toutes les anciennes lois, tous les anciens règlemens qui portent sur des matières que le Code a réglées, quand même ces lois ou règlemens prévoiraient des cas qui se rattachent à ces matières, mais sur lesquels le Code est resté muet ; qu'à la vérité on ne peut pas regarder comme réglées par le Code pénal, dans le sens attaché à ce mot *réglées* par l'art. 484, les matières relativement auxquelles ce Code ne renferme que quelques dispositions éparses, détachées, et ne formant pas un système complet de législation, et que c'est pour cette raison que subsistent encore, quoique non renouvelées par le Code pénal, toutes celles des dispositions des lois et règlemens antérieurs qui sont relatives à la police rurale et forestière, à l'état civil, aux maisons de jeu, aux loteries non autorisées par la loi et autres objets semblables que ce Code ne traite que dans quelques-unes de leurs branches.»

43. — Appliquant ces règles d'interprétation, le Conseil d'Etat lui-même a décidé, par un avis du 8 fév. 1812, que la loi du 22 flor. an IX (qui étendait les peines prononcées par le code pénal de 1791 à quiconque emploierait, même après l'exécution des actes émanés de l'autorité publique, soit des violences, soit des voies de fait pour interrompre cette exécution ou en faire cesser l'effet) rentre par son objet sous les rubriques *résistance*, *désobéissance* et autres manquemens envers l'autorité publique ; que si elle ne se retrouve pas dans cette section, qui règle véritablement et à fond toute la matière comprise dans sa rubrique, et si elle n'est pas remplacée par une disposition correspondant à ce qu'elle avait statué, c'est une preuve que le législateur a voulu l'abroger, et ne faire à l'avenir dériver du fait caractérisé et qualifié qu'une action purement civile.

44. — De son côté, la Cour de cassation a jugé que le Code pénal ayant abrogé les lois antérieures en tout ce qui a été par lui réglé, encore bien qu'il ne contienne pas de dispositions sur les cas particuliers qui peuvent se présenter, la menace d'incendie qui n'a été faite ni par écrit ni avec ordre ou sous condition, et qui était prévue par la loi du 25 frim. an VIII, art. 13, n'est passible d'aucune peine sous l'empire du Code pénal. — *Cass.*, 9 janv. 1818, Jean Delpeyron. — Carnot, *C. pén.*, art. 305.

45. — ... Que la loi des 28 sept. et 6 oct. 1791 sur la police rurale est nécessairement maintenue pour tous les délits qu'elle a prévus et sur lesquels le Code pénal ne contient pas de dispositions particulières. — Spécialement, que les vols de bois, les maraudages et autres délits de même genre ne peuvent être considérés comme rentrant dans l'application de l'art. 401 C. pén. — *Cass.*, 19 fév. 1813 (int. de la loi), Brulain.

46. — ... Que la disposition de l'art. 605 C. 3 brum. an IV punissant ceux qui exposent en vente des comestibles gâtés, corrompus ou nuisibles a continué d'être en vigueur sous l'empire du Code pénal. — *Av. Cons. d'Etat*, 8 fév. 1812; *Cass.*, 20 fév. 1829 (int. de la loi), Jardel. — Mais cette solution ne présente plus d'intérêt depuis que la loi du 28 avr. 1832 a introduit dans l'art. 475-14° du Code pénal la disposition de l'art. 605 du Code de brumaire.

47. — Les lois sur le régime et la police sanitaire sont des lois spéciales qui, pour tout ce qui concerne leur exécution, emportent dérogation formelle aux lois générales qu'on ne peut en aucun cas leur opposer. — *Cass.*, 27 sept. 1828, Vitrolec ; 3 déc. 1831, Lapierre.

LOI INTERPRÉTATIVE.

1. — C'est l'acte par lequel le pouvoir législatif explique le sens obscur ou ambigu d'une loi précédente.

2. — On a nié la possibilité des lois interprétatives sous le gouvernement constitutionnel où la législature est divisée en trois corps, également appelés à concourir à la confection des lois, et par suite sans unité, ce qui entraîne l'absence de toute tradition suivie, de toute tradition héréditaire. — Mais il nous paraît importer assez peu que le pouvoir législatif soit un ou multiple dans sa forme, puisqu'il n'en est pas moins considéré, indépendamment des personnes qui le composent, comme dépositaire des traditions, des vues, des pensées législatives. Le pouvoir législatif doit donc toujours avoir le droit de donner l'explication d'une loi avec force obligatoire pour tous les tribunaux et tous les citoyens : ce droit n'appartient même qu'à lui seul dans l'état actuel de notre législation. — V. LOIS, ch. 10, sect. 1re.

3. — Une loi interprétative n'est pas d'ailleurs plus difficile à obtenir d'un corps multiple que d'un corps unique, et le pouvoir législatif multiple a eu de tout temps le droit d'interpréter les lois, et notamment l'Assemblée constituante, la Convention nationale. Les chambres l'ont réclamé en 1814. C'est enfin un pouvoir législatif tri-

partite qui en 1828 a voté la loi du 30 juillet relative à l'*interprétation des lois*.

4. — Cette dernière loi a réservé expressément au législateur le droit de faire des lois d'interprétation. Vainement dirait-on qu'il est résulté de la discussion de cette loi qu'il n'y aurait plus de dispositions interprétatives. L'art. 3 de la loi précitée parle en effet d'une *loi* interprétative. Cette expression de *loi* a même été substituée à celle de *déclaration* que contenait le projet. La suscription de la loi porte même : *Loi relative à l'interprétation des lois.* « Il est donc bien certain, en a conclu M. de Golbéry, lors de la discussion de la loi du 23 avril 1836, relative à l'interprétation de l'art. 17 de la loi du 28 avril 1816 *sur les contributions indirectes*, que le législateur a voulu qu'il fût fait des lois interprétatives, puisque lui-même l'a déclaré formellement, puisqu'il a établi une corrélation intime entre la loi interprétative et la loi interprétée. Autrement je ne concevrais pas pourquoi la loi de 1828 aurait été faite. » — Duvergier, *Collection des lois*, t. 36, p. 46 et suiv. — La loi précitée du 23 avril 1836 nous offre encore elle-même l'exemple de l'interprétation d'une loi par le pouvoir législatif.

5. — M. Marcadé (*Elémens de droit civil français*, t. 1er, p. 49 et suiv.) enseigne cependant qu'une interprétation législative ne peut, par elle-même, être obligatoire, qu'elle ne peut être une *loi*; mais ce n'est plus par des raisons tirées de la composition du pouvoir législatif. Selon cet auteur, l'interprétation législative se compose toujours et nécessairement de deux élémens distincts, savoir : 1° une interprétation ; 2° un ordre d'accepter cette interprétation. L'acte législativement interprétatif est donc tout à la fois explicatif sous un rapport, et impératif sous un autre. Or, il n'y a rien de commun entre *commander*, qui est l'objet de la loi, et *expliquer* qui est l'objet de l'interprétation. D'où il suit, que c'est improprement qu'on a donné à l'acte par lequel le pouvoir législatif explique la loi, le nom de *loi interprétative*.

6. — Les observations qui précèdent ont perdu une grande partie de leur intérêt, aujourd'hui que le pouvoir législatif est exercé par une assemblée unique, et que le président de la république n'a que le droit de promulgation (Constit. 1848, art. 20, 56, 58 et 59).

7. — Quoi qu'il en soit, M. Marcadé reconnaît virtuellement au pouvoir législatif le droit d'interpréter encore aujourd'hui les lois ; et c'est ce qu'il nous importe le plus de constater ici. Car il est, en définitive, d'assez peu d'intérêt de distinguer les deux élémens dont se compose l'interprétation législative. Ces deux élémens ne sont-ils pas toujours confondus ? A-t-on jamais vu l'interprétation proprement dite, c'est-à-dire l'explication de la loi, précéder l'ordre de se conformer à cette interprétation ? C'est sans doute à cause de la simultanéité de ces deux faits que tous les légistes ont conservé à l'acte législatif interprétatif d'une loi la dénomination de *loi interprétative*, dénomination consacrée d'ailleurs par l'usage.

8. — C'est une question controversée que celle de savoir si les lois interprétatives remontent, quant à leurs effets, au jour de la loi interprétée. — Lors de la discussion de l'art. 2 C. civ., au Conseil d'Etat, MM. Portalis, Tronchet et de Préameneu reconnurent que le principe général de la non-rétroactivité n'était pas applicable aux lois interprétatives. « Nous avons, ont-ils dit, limité ce principe aux lois nouvelles, et ne l'avons point étendu à celles qui ne font que rappeler ou expliquer les lois anciennes. » On s'est fondé, pour justifier cette opinion, sur ce que la loi interprétative, en exprimant, en quelque sorte, le sens caché renfermé dans la loi ancienne, s'incorpore à cette loi, s'identifie avec elle. — V. de Golbéry, *ubi suprà ;* Mailher de Chassat, *Comment. approfondi du C. civ.*, t. 1er, p. 126 ; *Traité de l'interprétation des lois*, p. 269, et *Préface* de ce dernier ouvrage, p. 6.

9. — Toutefois, il ressort de la discussion sur la loi précitée du 23 avril 1836, que la loi interprétative n'est pas applicable, en matière pénale, aux faits passés. Cette exception est fondée sur ce que l'on ne doit punir qu'en vertu d'une loi claire et précise auparavant promulguée.

10. — Une seconde exception est relative au cas où il s'agit de droits irrévocablement acquis à l'époque où est rendue la loi interprétative. Ainsi, tout ce qui se trouve définitivement réglé par voie de jugement, de transaction ou autrement, est à l'abri de toute atteinte de cette loi. « Les erreurs ou les abus intermédiaires, ont dit encore MM. Portalis, Tronchet et de Préameneu, ne font pas droit, à moins que, dans l'intervalle d'une loi à l'autre, ils n'aient été consacrés par des transactions ou par des jugemens en dernier ressort. » — V. aussi, dans le même sens, Merlin, *Rép.*, v° *Divorce*, sect. 4, § 10 ; et *Quest. de droit*, vis *Chose jugée*, § 8, *Donation*, § 8, *Domaine public*, § 5, *Inscription hypothécaire*, § 2, *Propriété littéraire*, § 2 ; Mailher de Chassat, *loc. citat.*

11. — Mais, en 1828, le pouvoir législatif lui-même abandonna d'une manière formelle le principe de la rétroactivité des lois interprétatives, et ne leur donna d'effet que pour l'avenir. C'est ce qui résulte positivement de la loi du 30 juill. 1828, dont nous avons déjà parlé. A la place du mot *loi* qui se trouve aujourd'hui dans l'art. 3 de cette loi, le projet contenait, comme nous l'avons dit, le mot *déclaration*. Mais M. Pataille ayant fait observer que ce dernier mot laissait subsister toute incertitude sur le point de savoir si la loi interprétative devait ou non rétroagir, la chambre des députés le remplaça par le mot *loi*. Cette Chambre a donc décidé, en adoptant cette substitution, que la loi interprétative ne serait pas applicable aux cas antérieurs. — Duvergier, *Collect. des lois*, t. 28, p. 244, note 4.

12. — Enfin, on lit dans l'exposé des motifs de la loi du 1er avril 1837 sur l'autorité des arrêts rendus par la cour de cassation : « L'interprétation législative ne pourrait pas être *rétroactive*, sans emporter avec elle des impossibilités morales et matérielles, qui entraveraient le cours de la justice. Les membres des deux chambres cesseraient d'être législateurs, pour se faire juges. On leur demanderait quel est le sens d'une loi qu'ils n'ont pas faite, d'une loi déjà ancienne, d'une loi appropriée à d'autres temps, à d'autres mœurs, à d'autres nécessités. Il leur faudrait renoncer à leurs vues du moment, à leurs dispositions, à leurs principes personnels, pour adopter toutes les idées et rien que les idées de ceux qui les ont précédés. L'homme de la révolution de juillet, par exemple, serait obligé de se faire, par la pensée du moins, l'homme de la restauration, de l'empire, du Directoire, de la Convention, ou du gouvernement qui les avait précédés, suivant la date de la loi à interpréter. » Ces raisons suffisent, ce nous semble, pour établir que les faits accomplis ne peuvent jamais tomber sous la puissance du législateur. Cependant, un auteur a récemment encore attribué un effet rétroactif à l'interprétation législative. — Marcadé, t. 1er, p. 52.

13. — Pour qu'une loi puisse être dite interprétative, elle doit se borner à expliquer la loi interprétée, sans en altérer le texte en quoi que ce soit. Si elle *innove* dans un sens ou dans un autre, même pour améliorer l'ancienne loi, mais d'après des vues qui n'étaient pas les siennes, il est évident qu'il n'y a plus seulement *interprétation*. — Mailher de Chassat, *Traité de l'interprétation des lois*, préface, p. 6 *in fine*.

14. — Cependant, une loi interprétative peut, sans que cela change en rien son caractère, embrasser des cas qui auraient été omis dans la loi précédente, lorsque ces cas, par exemple, s'appuieront sur le droit naturel, l'équité, la bonne foi, même sur des considérations générales tirées du bien public. Elle peut déclarer que ces cas se trouvent virtuellement compris dans la loi interprétée. — Mailher de Chassat, *Comment. approfondi du Code civil*, t. 1er, p. 134. — Mais, si les cas nouveaux, prévus par la loi nouvelle, sont dépourvus des conditions ci-dessus, ils ne sont plus alors que de pures innovations, des corrections ou abrogations de la loi précédente. En les proclamant, la loi interprétative sera sortie des bornes de sa mission, et aura perdu son caractère.

15. — Ces règles avaient déjà été tracées par Domat. Voici en effet comment s'exprime cet auteur dans son *Traité des lois*, ch. 12, n° 2 : « Quoique les lois arbitraires, dit-il, n'aient leur effet que pour l'avenir ; si ce qu'elles ordonnent se trouve conforme au droit naturel ou à quelque loi arbitraire qui soit en usage, elles ont à l'égard du passé l'effet que peuvent leur donner leur conformité et leur rapport au droit naturel et aux anciennes règles ; *et elles servent aussi à les interpréter*, de même que les anciennes règles servent à l'interprétation de celles qui sont nouvellement établies ; et c'est ainsi que les lois se soutiennent et s'expliquent mutuellement. » Ailleurs (*liv. prélim.*, tit. 1er, sect. 1re, n° 14), le même auteur reconnaît également que les lois sont interprétatives, quand elles ne font que rétablir une loi ancienne ou une règle d'équité naturelle, ou qu'elles résolvent des questions pour lesquelles il n'y avait ni aucune loi ni aucune coutume.

16. — C'est d'après ces principes qu'il a été maintes fois décidé que les dispositions du Code civil avaient l'effet des lois interprétatives, lorsqu'elles renouvelaient d'anciennes règles de droit ou qu'elles ne faisaient que proclamer des maximes précédemment admises comme raison écrite. — *Cass.*, 15 janv. 1812, N... ; 30 nov. 1812, N... ; 1er août 1815, N... ; 15 janv. 1816, N... ; 4 mars 1817, N... ; 5 juill. et 10 août 1819, N...

17. — Jugé encore que la loi nouvelle est réputée interprétative de la règle d'équité antérieure, dans les matières sur lesquelles la législation ancienne ne contenait pas de disposition précise, et sur lesquelles il n'y avait pas de jurisprudence constante. — *Lyon*, 25 mars 1820, Samoel c. Centagneux.

18. — Dès lors, son application aux cas qui sont jugés après sa publication n'est pas viciée comme opérant *effet rétroactif*. — Même arrêt.

19. — Celui dont la demande a été rejetée par application d'une loi interprétative, rendue seulement depuis l'ouverture de l'instance, n'en a pas moins dû être condamné aux dépens. — *Cass.*, 22 frim. an X, Laborde c. Carrère.

LOI MARTIALE.

1. — C'est le nom que portait la loi du 21 oct. 1789, qui obligeait les municipalités à déployer la force militaire dans tous les cas où la tranquillité publique était en péril. Cette loi, restreinte par le décret du 26 juill. 1791, a été abrogée par la Convention le 23 juin 1793.

2. — La loi sur les attroupemens du 7-9 juin 1848 a remplacé et, à quelques égards, aggravé la loi martiale de 1791. — V. ATTROUPEMENT, nos 5 et suiv.

LOIS ROMAINES.

— V. BASILIQUES, CODE JUSTINIEN, CONSTITUTIONS IMPÉRIALES, DIGESTE, CORPUS JURIS CIVILIS, INSTITUTES, NOVELLES, SÉNATUS-CONSULTE.

LOI SALIQUE, LOIS BARBARES.

1. — On désigne, en général, sous la dénomination de *lois barbares* ou *lois des Barbares* (*Codex legum Barbarorum*) les lois des peuples barbares qui furent soumis aux Francs sous la première et au commencement de la seconde race des rois de France.

2. — La plus célèbre de ces lois est la loi des Francs Saliens connue sous le nom de *loi salique*. Viennent ensuite la loi des Francs Ripuaires ou *loi ripuaire*, celle des Bourguignons, ou *loi gombette*, et celle des Visigoths ; enfin la loi moins ancienne des Saxons, des Frisons et des Lombards.

3. — *Loi salique.* — Pendant longtemps on a attribué à la loi salique un caractère politique qu'elle n'avait pas en réalité. A l'avénement de Philippe le Long, en effet, et dans la lutte de Philippe de Valois et d'Edouard III pour la couronne de France, on invoqua la loi salique pour repousser les femmes de la couronne, et depuis elle fut célébrée par une foule d'écrivains comme la première source de notre droit public, et comme une loi fondamentale de la monarchie.

4. — Cependant elle ne renferme aucune disposition relative à l'ordre de succession au trône. Elle dispose seulement que lorsqu'un homme laisse des enfans, les mâles succèdent à la terre salique (c'est-à-dire à la maison et à l'enceinte qui dépendait de la maison du Germain), à l'exclusion des filles.

5. — C'était là, comme le dit très-bien Montesquien (*Esprit des lois*, liv. 18, chap. 18), une loi purement économique qui donnait la maison et la terre dépendant de la maison aux mâles qui devaient l'habiter, et à qui, par conséquent, elle convenait mieux. Les filles passant dans une autre maison, il était naturel de ne pas les admettre au partage.

6. — Il existe deux textes de la loi salique. L'un purement latin, publié pour la première fois en 1557 par Hérold, ensuite en 1720 par Ecard ; et enfin, en 1727, par Sechelter. L'autre, latin aussi, mais mêlé d'un grand nombre de mots germains, de gloses et d'explications en langue franque, intercalés dans le cours des articles. Ce second texte a été donné par Dutillet, Pilhou, Bignon et Baluse, qui l'avaient revu sur 11 manuscrits. — Guyot, *Rép.*, v° *Loi salique*.

7. — L'opinion commune, surtout en Allemagne, attribue au texte portant la glose germanique la plus haute antiquité. Cette opinion se fonde principalement sur les termes de la préface qui précède le texte et qui semble indiquer que la loi salique a été rédigée, avant l'invasion au delà du Rhin, dans la langue des Francs. — Guizot, *Hist. de la civilisation en France*. t. 1er, p. 264.

8. — Toutefois, M. Wiarda, dans un savant travail (*Histoire et explication de la loi salique*), soutient avec raison, selon nous, que la loi salique a été rédigée pour la première fois sur la rive gauche du Rhin vers le septième siècle. — Guizot, *ibid.*

9. — Du reste, cette loi n'est pas un code, une loi proprement dite publiée par une autorité légale; mais bien un recueil de coutumes et de décisions judiciaires fait par quelque prud'homme ou quelque clerc barbare. Cela résulte du texte même de cette loi. On y lit en effet : « Si quelqu'un a dépouillé un mort avant qu'on l'ait mis en terre, qu'il soit condamné à payer 1800 deniers qui font 45 sous, et, *d'après une autre décision*, 2500 deniers qui font 62 sous et demi. » Evidemment, ce n'est pas là un texte législatif, puisqu'il contient pour le même délit deux peines différentes, et que d'ailleurs les mots : *d'après une autre décision*, indiquent qu'on se réfère à deux autorités de même nature. — Guizot, *ibid.*, n° 270.

10. — Les deux textes de la loi salique sont d'étendue inégale : le texte mêlé de mots germaniques contient 80 titres et 420 articles ou paragraphes; le texte purement latin n'a que 70, 71 et 72 titres, et 406, 407 ou 408 articles, selon les divers manuscrits.

11. — Aucun ordre n'est suivi dans l'un ni dans l'autre texte : le droit civil, le droit pénal, le droit politique s'y trouvent confondus dans un pêle-mêle qui constitue un véritable chaos.

12. — On s'aperçoit néanmoins, en y regardant de plus près, que le droit criminel occupe la plus grande place, et que le caractère dominant de la loi est celui d'une loi pénale. — Guizot, p. 271.

13. — *Loi ripuaire*. — La rédaction de la loi ripuaire est en général attribuée à Théodoric, fils de Clovis et roi d'Austrasie.

14. — Elle remonterait donc entre l'an 511 et l'an 534. — Mais, selon des critiques modernes, il faudrait la reporter seulement de l'an 613 à l'an 628, sous le règne de Clotaire II. — Guizot, p. 291.

15. — Cette loi contient 89 ou 91 titres et 224 ou 277 articles, selon des distributions diverses.

16. — Comme dans la loi salique, le droit pénal y occupe la principale place.

17. — *Loi des Bourguignons*. — La loi des Bourguignons, ou *loi gombette*, du nom de Gondebaud, l'un des derniers rois de Bourgogne, remonte à la fin du cinquième ou au commencement du sixième siècle.

18. — Selon M. Guizot (p. 298), trois parties, de dates diverses, composent cette loi. La première, qui comprend les 41 premiers titres, appartient évidemment au roi Gondebaud et paraît avoir été publiée en 501; la seconde semble avoir été rédigée vers l'an 517 par le roi Sigismond, successeur de Gondebaud. Enfin, deux supplémens forment une troisième partie ajoutée aux deux précédentes, sous le nom d'*additamenta*, probablement aussi par Sigismond, mort en 523.

19. — Cette loi, à la différence de celle des Francs Saliens et des Francs Ripuaires, est empreinte du véritable caractère législatif; elle n'est plus un simple recueil de coutumes rédigé par des individus dépourvus de toute autorité, elle émane d'un pouvoir régulier, du pouvoir royal. — Merlin, *Rép.*, v° *Codes*, § 3; Guizot, n° 301.

20. — Elle contient 110 titres et 254 articles, savoir : 142 articles de droit civil, 30 articles de procédure civile ou criminelle, et 182 articles de droit pénal.

21. — Elle continua d'être en vigueur après que les Bourguignons eurent passé sous le joug des Francs. Les formules de Marculfe et les capitulaires de Charlemagne en offrent une preuve certaine.

22. — On la retrouve même encore mentionnée au 9e siècle par les évêques Agobard et Hincmar; mais peu d'hommes, disent-ils, vivent maintenant sous cette loi. — Guizot, p. 306.

23. — *Loi des Visigoths*. — La première loi des Visigoths, peuples qui occupaient l'Espagne et une partie de l'Aquitaine, fut rédigée, selon les uns, par Evarix, qui commença à régner en 446, et, selon d'autres, à l'avénement du règne d'Eurie en 466. — V. Guizot, p. 306; Merlin, *ubi suprà*.

24. — Chindasuinde corrigea cette loi de 642 à 652, et la divisa en 12 livres; il ordonna qu'elle serait l'unique loi de tous ses sujets, de quelque nation qu'ils fussent.

25. — Cette disposition est remarquable en ce qu'elle déroge au caractère particulier des lois barbares, qui étaient, en général, personnelles et non territoriales; de telle sorte que le Franc était jugé par la loi des Francs, le Romain par la loi romaine, le Bourguignon par la loi bourguignonne.

26. — Exgica, qui régna jusqu'en 701, chargea les évêques d'Espagne de revoir les lois gothiques, mais à la condition de ne pas déroger aux lois de Chindasuinde, et il fit confirmer le résultat de leur travail, en 693, par le concile de Tolède.

27. — La loi des Visigoths est incomparablement plus complète que celles dont nous avons parlé précédemment; elle est composée de 595 articles et embrasse toutes les matières politiques, civiles et criminelles.

28. — Elle est, non-seulement un ensemble de dispositions législatives; mais un système de philosophie et de doctrine. Elle est mêlée d'exhortations morales, de menaces et de conseils. — Guizot, p. 308.

29. — *Lois des Lombards, des Saxons et des Frisons*. — La loi des Frisons n'est pas antérieure à Pepin et à Charles Martel, qui soumirent ces peuples. — Celle des Saxons fut recueillie sous Charlemagne. — Enfin, les Lombards firent écrire leurs lois, lorsqu'ils eurent fondé leur royaume, non pour les imposer à d'autres, mais pour les suivre eux-mêmes.

30. — Les lois des Allemands, des Ripuaires et des Frisons, dit Merlin (*Rép.*, v° *Code*, § 3), changèrent peu, parce que ces peuples restèrent dans la Germanie. — Mais les lois des Bourguignons, des Lombards et des Visigoths perdirent beaucoup de leur caractère, comme ces peuples perdirent du leur, en se fixant dans leur nouvelle demeure.

31. — Ces diverses lois vinrent, au surplus, se perdre au sein de la féodalité, et furent remplacées plus tard par les coutumes et les édits ou ordonnances des rois.

LONG COURS (Voyage de).

V. VOYAGE DE LONG COURS.

LORRAINE.

V. BAR, BARROIS, BARROIS-MOUVANT, DOMAINES ENGAGÉS, n°s 208 et suiv., LOIS.

LOT.

1. — Portion d'un tout qui est partagé entre plusieurs personnes. — V. PARTAGE. — V. aussi COURTIERS DE COMMERCE, FORÊTS, LICITATION, LIQUIDATION, SAISIE IMMOBILIÈRE, SUCCESSION, VENTE JUDICIAIRE D'IMMEUBLES, VENTE PUBLIQUE DE MEUBLES.

2. — Par *lots d'attribution*, on entend les lots de partage qui sont faits sans tirage au sort. — V. PARTAGE.

LOTERIE.

1. — Espèce de jeu où les joueurs, moyennant des mises en argent, courent la chance ou de perdre leur argent ou d'obtenir, par un tirage au sort, des lots plus ou moins considérables, soit en meubles ou en immeubles. — Les joueurs ont donc toujours, en ce cas, la double chance de gain ou de perte.

2. — On donne aussi le nom de loterie à toutes les opérations auxquelles s'ajoute l'espérance d'un gain à obtenir par la voie du sort, telles que les ventes de meubles ou d'immeubles avec primes ou autres bénéfices dus au hasard. — Dans ces loteries mixtes, le joueur peut n'être exposé à aucune chance de perte; si, par exemple, chaque mise donne droit à une valeur égale en meubles ou en immeubles : il suffit alors qu'il y ait chance de gain par primes ou autres bénéfices dus au hasard.

SECT. 1re. — *Historique. — Législation* (n° 3).

SECT. 2e. — *Loteries prohibées. — Exceptions* (n° 16).

SECT. 3e. — *Contraventions. — Peines* (n° 36).

§ 1er. — *Contraventions prévues par l'art. 410 Code pén. et par la loi du 21 mai 1836* (n° 38).

§ 2. — *Contraventions prévues par l'art. 475 Code pén.* (n° 56).

Sect. 1re. — *Historique. — Législation.*

3. — Les loteries, qui n'eurent d'abord qu'un but louable, étaient connues des peuples anciens. A Rome, dans les jours de fête, sous les règnes d'Auguste, de Néron, d'Héliogabale, les billets de loterie étaient distribués gratis au peuple; quelques-uns de ces billets gagnaient des sommes assez fortes ou des objets de prix.

4. — La première tentative d'introduction de la loterie en France, paraît dater de l'an 1539. Déjà à cette époque il y avait longtemps que des loteries existaient dans plusieurs Etats de l'Europe, notamment en Italie, en Suisse, en Hollande, dans les Pays-Bas, en Angleterre : ce fut pour empêcher l'argent de ses sujets d'aller par cette voie à ses ennemis, que François Ier se décida à suivre l'exemple de ces pays.

5. — Etablie d'abord d'une manière temporaire, la loterie paraissait ou disparaissait avec le mal qu'elle était destinée à prévenir; mais les parlemens, non contens de refuser l'enregistrement des lettres patentes qui leur étaient demandées, firent, à plusieurs reprises, saisir les loteries déjà établies dans plusieurs villes. Cinq arrêts rendus notamment par le parlement de Paris de 1598 à 1661, attestent, d'une manière non équivoque, la longue résistance qu'il apporta à l'établissement de cet impôt prélevé sur la paresse et la cupidité; mais, en 1700, la pénurie des finances l'obligea à enregistrer les lettres patentes de création d'une loterie publique de 10 millions, bientôt suivie de l'établissement d'autres loteries dans les provinces, et en 1777 une administration spéciale fut organisée.

6. — La Convention maintint d'abord cet état de choses. Un décret du 28 vend. an II conservait la loterie de France en supprimant tous les bureaux de loteries particulières, quelles que fussent leurs dénominations.

7. — Mais, un mois après, un député ayant demandé l'abolition de la loterie, « fléau, disait-il, inventé par le despotisme pour faire taire le peuple sur sa misère, en le leurrant d'une espérance qui aggravait sa calamité, » un décret du 25 brum. an II accueillit ce vœu, et toutes les loteries, quelles que fussent leurs dénominations, furent supprimées.

8. — Rétablie, le 7 vend. an VI, par le Directoire, qui en organisa de nouveau l'administration par un arrêté du 17 du même mois, la loterie nationale continua de subsister pendant le consulat, l'empire et la restauration. Les tirages des cinq loteries, impériales ou royales, avaient lieu à Paris, Bordeaux, Lyon, Strasbourg et Lille; et l'administration centrale de la loterie formait une des directions du ministère des finances. Cinq numéros gagnans, sur 90, composaient les seules chances favorables laissées aux joueurs.

9. — Jugé, sous l'empire de la loi du 9 vend. an VI, que le receveur de deux des cinq loteries impériales, qui se chargeait de mises à faire dans un autre bureau, pour celles dont il n'était pas titulaire, était garant de la confection des billets, s'ils ne se trouvaient pas conformes à l'intention reconnue des joueurs. — *Paris*, 7 therm. an XIII (t. 4, p. 678), Curcier c. Normand et de Morand. — Le principe de responsabilité consigné dans cet arrêt, n'est plus applicable qu'aux loteries seules possibles aujourd'hui (*infrà* n°s 22 et suiv.), destinées à des actes de bienfaisance ou à l'encouragement des arts, et autorisées selon les formes administratives.

10. — Les prohibitions de la législation ancienne contre les loteries particulières et étrangères, furent maintenues par les art. 91 et 92 de la loi du 9 vend. an VI, qui prononçaient contre les contrevenans des peines sévères.

11. — Ces dispositions furent étendues, par la loi du 3 frim. an VI, à toutes agences établies pour faire des ventes par forme de loterie, soit avec mélange ou sans mélange de lots ou primes en argent, d'effets mobiliers ou immobiliers. — Enfin, l'art. 4 de la loi du 9 germ. suivant, atteignit les personnes convaincues d'avoir reçu ou tenu la banque pour les loteries étrangères ou particulières, prêté ou loué un local pour le tirage desdites loteries.

12. — Vint ensuite l'article 410 du Code pénal (V. *infrà* n° 15), bientôt suivi du décret du 25 sept. 1813, dont l'art. 2, après avoir reproduit la disposition prohibitive de la loi de germ. an VI, voulut de plus que tout jugement, rendu en exécution de l'art. 410 du Code pénal, concernant les loteries clandestines, fût affiché aux frais des auteurs du délit.

13. — On s'était demandé, sous l'empire de cette législation, si des loteries particulières d'immeubles pouvaient régulièrement avoir lieu; mais deux arrêtés du comité des finances, des 15 avr. 1816 et 2 juin 1817, décidèrent la négative, et cette solution fut depuis adoptée par la Cour suprême, qui jugea formellement que la mise en vente publique d'immeubles par division en actions ou coupons correspondant à des tirages de la loterie, qui devaient déterminer les numéros gagnans, constituait, quoique isolée et accidentelle, le délit prévu par l'art. 410 Code pénal. — *Paris*, 17 nov. 1832, Audry de Puyraveau.

14. — Les loteries prohibées avaient seules été jusque-là l'objet d'une incrimination légale, lorsque la loi du 22 fév. 1820, cédant au vœu public, dont la presse s'était rendue l'interprète, prépara l'extinction de la loterie royale en supprimant d'abord les bureaux de 28 départements. La loi du 21 avr. 1832, déclara que la suppression définitive de la loterie aurait lieu à compter du 1er janv. 1836.

15. — Une foule de loteries particulières et d'entreprises qui en avaient les caractères et les inconvéniens, ne tardèrent pas à surgir de toutes parts. Dès lors, l'art. 410 fut reconnu insuffisant pour réprimer ces spéculations sur la crédulité et la cupidité publiques, et bien que cet article réuni aux dispositions des lois et règlemens antérieurs au Code pénal, qui n'avaient point cessé d'être en vigueur, formassent un corps de législation assez complet, le législateur crut devoir intervenir, et alors fut rendue la loi du 21 mai 1836, qui forme encore aujourd'hui le dernier état de la législation à cet égard.

Sect. 2e. — *Loteries prohibées. — Exceptions.*

16. — Les loteries de toute espèce sont prohibées. — L. du 21 mai 1836, art. 1er.

17. — Sont réputées loteries, et interdites comme telles, les ventes d'immeubles, de meubles ou de marchandises effectuées par la voie du sort, ou auxquelles auraient été réunies des primes ou autres bénéfices dus au hasard, et généralement toutes opérations offertes au public pour faire naître l'espérance d'un gain qui serait acquis par la voie du sort. — *Ibid.*, art. 2.

18. — L'art. 2, par sa généralité, interdit les associations et les emprunts avec tirage au sort de primes, au profit des associés ou des prêteurs. Ainsi les obligations de la ville de Paris, dont les porteurs ont droit à des primes que le tirage au sort distribue, ne pourraient plus être autorisées à l'avenir par ordonnance royale (aujourd'hui par un décret du pouvoir exécutif), une pareille ordonnance ne pouvant dispenser de l'exécution de la loi. — Duvergier, *Coll. des lois*, t. 36, p. 85, note 1re.

19. — Peu importe que les spéculations offertes au public soient principales ou accessoires, habituelles ou isolées, sous forme de vente ou de souscription; qu'elles présentent un mélange apparent d'opérations commerciales et de chances aléatoires: toutes les fois qu'elles choisissent le sort pour instrument, elles rentrent toutes dans la prohibition de la loi. — Exposé des motifs, *Moniteur* du 7 mai 1836.

20. — La même prohibition embrasse à la fois toutes les loteries françaises et toutes celles étrangères. — L. du 21 mai 1836, art. 4. — V. aussi, dans le *Moniteur* du 14 mai 1836, le rapport de M. Ch. Dupin.

21. — Les assurances, bien qu'elles soient fondées sur les probabilités d'événemens dus au hasard, ne rentrent pas dans les opérations que la loi a voulu proscrire. En effet, au lieu de présenter à l'assuré un bénéfice, on lui demande le sacrifice d'une modique part de son avoir, pour la conservation de ses biens exposés à des chances de détriment ou de destruction; quant aux bénéfices mêmes de l'assureur, ils reposent, non sur l'appât d'un jeu, sur le gain d'une loterie, mais sur un sacrifice fait par l'assuré, sans autre chance que celle de conserver ce qu'il possède. — Rapport de M. Ch. Dupin, *Moniteur* du 14 mai.

22. — Sont exceptées des prohibitions ci-dessus les loteries d'objets mobiliers exclusivement destinés à des actes de bienfaisance ou à l'encouragement des arts, lorsqu'elles auront été autorisées dans les formes qui seront déterminées par les règlemens d'administration publique. — L. du 21 mai 1836, art. 5.

23. — Les autorisations pour l'établissement des loteries désignées en l'art. 5 de la loi du 21 mai 1836, sont délivrées, savoir: par le préfet de police pour Paris et le département de la Seine, et dans les autres départemens par les préfets, sur la proposition des maires. Ces autorisations ne sont accordées que pour un seul tirage; elles énoncent les conditions auxquelles elles ont été accordées, dans l'intérêt du bon ordre et dans celui des bénéficiaires. — Ord. du 29 mai 1844, art. 1er.

24. — Les tirages se font sous l'inspection de l'autorité municipale, aux jours et heures qu'elle a déterminés. L'autorité municipale peut, lorsqu'elle le juge convenable, faire intervenir dans cette opération la présence de ses délégués, ou de commissaires agréés par elle. — *Ibid.*, art. 2.

25. — Le produit net des loteries dont il s'agit est entièrement et exclusivement appliqué à la destination pour laquelle elles ont été établies et autorisées, et il doit en être valablement justifié. — *Ibid.*, art. 3.

26. — On ne pourrait considérer comme dettes de jeu pour lesquelles la loi n'accorde point d'action, les dettes contractées pour paiement d'achats de billets d'une loterie légalement autorisée. — Cette solution, consacrée à l'occasion d'achats de billets de la loterie royale ou d'avances faites pour en acheter (V. *Cass.*, 10 août 1811, Bormans c. Olivier et Touzard; *Bruxelles*, 12 fév. 1822, D... c. B...), nous semblerait devoir être toujours admise relativement aux loteries encore permises ou autorisées. — V. aussi Rolland de Villargues, *Rép. du notariat*, v° *Loterie*, n° 4; Chardon, *Dol et fraude*, t. 3, nos 560 et suiv.; Carnot, *C. pén.*, art. 410, n° 13.

27. — Jugé qu'il se forme entre celui qui organise une loterie de bienfaisance conformément à la loi du 21 mai 1836, et les porteurs de billets, un contrat de mandat qui a pour objet une destination déterminée de sommes remises par ceux-ci au premier, destination consistant, d'une part, dans un achat de lots, d'autre part, dans l'affectation de l'excédant desdites sommes à une œuvre de bienfaisance; et que, dès lors, des porteurs de numéros gagnans ont un intérêt direct et personnel, et sont, par suite, recevables à diriger devant la police correctionnelle une action en abus de mandat contre l'organisateur de cette loterie, auquel ils imputent d'avoir composé des lots en fraude. — *Cass.*, 24 sept 1846 (t. 1er 1847, p. 625), Salva c. Viennot.

28. — L'intérêt des porteurs de billets d'une loterie de bienfaisance, pour se porter parties civiles dans la poursuite en abus de confiance dirigée contre l'organisateur de cette loterie, consiste aussi bien dans la lésion qui leur serait faite relativement aux lots qui auraient pu appartenir aux billets par eux pris que dans le préjudice moral qu'ils éprouveraient par le détournement des valeurs destinées aux bureaux de bienfaisance. — *Cass.*, 27 mai 1847 (t. 1er 1847, p. 634), Salva c. Viennot.

29. — Lorsque l'arrêté du préfet qui a autorisé une loterie de bienfaisance a disposé que le compte de l'organisateur de la loterie serait rendu à l'autorité administrative, en vertu de son obligation de surveillance, et comme représentant les destinataires, le tribunal correctionnel, saisi de l'action en abus de mandat, est tenu de surseoir, en conformité de l'art. 182 du C. for., applicable en toute matière, jusqu'à ce que le compte ait été apuré par qui de droit. — Le sursis doit être prononcé sur le tout lorsque l'examen et l'appréciation indivisibles de tous les élémens de l'opération, envisagée dans ses détails et dans son ensemble, sont indispensables pour l'évaluation de l'excédant des recettes. — *Cass.*, 24 sept. 1846 (t. 1er 1847, p. 625), Salva c. Viennot.

30. — Mais les preneurs de billets qui, en supposant qu'ils en eussent eu le droit, ne sont pas intervenus à l'apurement du compte de l'organisation de cette loterie, que le préfet s'était réservé le droit de régler dans l'intérêt de tous, sont non recevables à demander, sur la poursuite en abus de confiance dans laquelle ils sont parties civiles, qu'il soit sursis jusqu'à ce que le compte dont il s'agit ait été contradictoirement apuré avec eux. — *Cass.*, 27 mai 1847 (t. 1er 1847, p. 634), Salva c. Viennot.

31. — Sous la loi du 9 vendém. an VI, qui avait rétabli la loterie nationale en France, celui qui faisait la recette des mises de loterie, sans avoir obtenu une commission spéciale de l'administration, était de droit réputé tenir une loterie non autorisée. — *Cass.*, 2 avr. 1812, Propre. — Aujourd'hui, l'administration de la loterie étant abolie, et la loi prohibant les loteries de toute espèce, aucune commission spéciale ne peut plus être délivrée pour tenir une loterie quelconque; mais, celui-là serait réputé tenir une loterie prohibée, qui recevrait, sans autorisation du gouvernement, des mises de loteries d'effets mobiliers destinés même à des actes de bienfaisance ou à l'encouragement des arts. — Arg. de la loi du 21 mai 1836, art. 1 et 5.

32. — Les faux commis dans les confections des billets de la loterie royale, les altérations ou additions qui y étaient pratiquées constituaient des faux en écriture authentique et publique. — *Cass.*, 2 juin 1825, Suzzoni.

33. — D'après l'art. 19 de l'arrêté du 17 vendém. an VI, toutes les contestations relatives au paiement des billets de la loterie devaient être jugées par l'autorité administrative. Néanmoins la question de savoir quel était le véritable propriétaire du billet, entre deux prétendans, appartenait exclusivement aux tribunaux ordinaires. — *Cons. d'Etat*, 7 avril 1824, Garette c. Derosse.

34. — Les tribunaux civils étaient également seuls compétens pour statuer sur les questions de prescription. — *Cons. d'Etat*, 10 sept. 1817, Conflans d'Armentières c. Guenaux de Boissy et Braccini.

35. — Malgré la généralité de ses termes prohibitifs, la loi de 1836 ne s'applique (comme précédemment l'art. 410 du C. pén. qu'elle est destinée à étendre et à fortifier) qu'aux loteries établies ou tenues dans des maisons particulières, et non à celles établies ou tenues dans les rues, chemins, places ou lieux publics; ces dernières continuent à être réglées par l'art. 475, § 5 du C. pén.; ainsi que nous l'expliquerons en parlant des peines applicables aux différentes loteries.

Sect. 3e. — *Contraventions; peines.*

36. — Le ministère public a seul qualité pour poursuivre l'application des peines prononcées contre ceux qui tiennent des loteries prohibées. — Il en était ainsi même pendant l'existence de la loterie royale. Alors, l'administration, considérée comme simple partie civile, n'avait qu'une action en recouvrement des frais de la procédure; et quoiqu'elle fût chargée du recouvrement de l'amende, applicable pour partie aux hospices, pour le surplus à ceux qui avaient dénoncé une loterie clandestine ou contribué à sa découverte, néanmoins, cette administration ne pouvait, sans le concours du ministère public, demander la condamnation à l'amende, ou interjeter appel du jugement qui avait refusé de prononcer cette peine. — *Cass.*, 30 nov. 1821, Loterie c. Michal. — Mangin, *Act. publ.*, t. 1er, n° 56.

37. — Un arrêté consulaire du 9 pluv. an X donnait à l'administration de la loterie le droit de traduire devant les tribunaux, pour faits relatifs à leurs fonctions, les agens inférieurs de l'administration, sans qu'il fût besoin d'autre autorisation; mais cet arrêté est devenu sans objet depuis la suppression de l'administration de la loterie.

§ 1er. — *Contraventions prévues et réprimées par l'article 410 C. pén. et par la loi du 21 mai 1836.*

38. — L'art. 410 C. pén. punissait tous ceux qui avaient établi ou tenu des loteries non autorisées par la loi, tous administrateurs, préposés ou agens de ces établissemens, d'un emprisonnement de deux mois au moins et de six mois au plus, et d'une amende de 100 fr. à 600 fr. — Les coupables pouvaient de plus, à compter du jour où ils avaient subi leur peine, être interdits, pendant cinq ans au moins et dix ans au plus, des droits mentionnés en l'art. 42. — Dans tous les cas devaient être confisqués tous les fonds ou effets mis à la loterie, les meubles, instrumens, ustensiles, appareils employés ou destinés au service des loteries, les meubles et les effets mobiliers dont les lieux seraient garnis ou décorés.

39. — Les peines portées par l'art. 410 doivent encore, aux termes de l'art. 3 de la loi du 21 mai 1836, être appliquées aux contraventions aux prohibitions contenues dans les art. 1er et 2 de cette loi. Ledit art. 3 ajoute que, s'il s'agit de loteries d'immeubles, la confiscation prononcée par l'art. 410 sera remplacée, à l'égard du propriétaire de l'immeuble mis en loterie, par une amende qui pourra s'élever jusqu'à la valeur estimative de cet immeuble. — En cas de seconde ou ultérieure condamnation, l'emprisonnement et l'amende portés en l'art. 410 pourront être élevés au double du maximum. — Il pourra, dans tous les cas, être fait application de l'art. 463 du Code pénal.

40. — Enfin l'art. 4 étend ces peines aux auteurs, entrepreneurs ou agens des loteries françaises ou étrangères ou des opérations qui leur sont assimilées. — Ceux qui, d'après cet article, ont colporté ou distribué les billets, ceux qui, par des avis, annonces, affiches, ou par tout autre moyen de publication, ont fait connaître l'existence de ces loteries ou facilité l'émission des billets, doivent être punis des peines portées en l'art 410 du Code pénal (un emprisonnement de quinze jours à trois mois et une amende de 100 fr. à 2,000 fr.). — Il peut être fait application, s'il y a lieu, des deux dernières dispositions de l'art. 3 (relatives à la récidive et à l'admission des circonstances atténuantes).

41. — L'infraction prévue par la loi du 21 mai 1836 est toute matérielle; les tribunaux n'ont donc point à s'occuper du but de la loterie et de sa moralité. L'existence de la loterie constitue seule le délit. L'aspect sous lequel le législateur a envisagé les loteries s'opposerait d'ailleurs à ce que le consentement des parties lésées pût être invoqué comme moyen de défense par le prévenu. — Ainsi jugé, qu'il y a loterie, dans le sens de la loi du 21 mai 1836, par cela seul qu'il y a offre au public d'une opération ayant pour objet de faire naître l'espérance d'un gain qui serait acquis par la voie du sort. — Il n'est pas nécessaire, pour constituer le délit, que cette opération ait été effectuée par le tirage des lots. En conséquence, le fait d'avoir organisé une loterie, fût-ce même une loterie de bienfaisance, si elle n'a pas été autorisée conformément à l'art. 5 de la loi du 21 mai 1836, et celui d'avoir annoncé dans un journal l'existence de cette loterie, tombent sous l'application, le premier de l'art. 3, et le second de l'art. 4 de ladite loi; alors même qu'en réalité, et par suite de la renonciation des auteurs de la loterie, fondée sur le défaut d'autorisation, le tirage n'aurait pas eu lieu. — *Rouen*, 4 juill. 1845 (t. 2 1848, p. 75), Naquet et Lenormand.

42. — Avant la loi de 1836, les immeubles mis en loterie ne pouvaient être confisqués: les art. 410 et 477 du Code pénal n'autorisant que la confiscation des fonds et des objets mobiliers y énoncés. — *Paris*, 17 nov. 1832, Audry de Puyraveau. — On comprend qu'alors aucune amende n'étant destinée à remplacer la confiscation des immeubles, l'importance même de l'objet mis en loterie devenait une cause de diminution de peine: l'art. 3 de la loi nouvelle a eu pour objet de combler cette lacune et de faire disparaître une semblable anomalie.

43. — La confiscation des meubles et l'amende qui la remplace pour les immeubles mis en loterie ne sont point contraires à la charte constitutionnelle, non plus qu'à l'art. 12 de la constitution de 1848: celles-ci, en abolissant la confiscation générale seulement, ont laissé subsister la règle de droit pénal qui frappe tous les instrumens d'un délit d'une confiscation spéciale. D'après ce principe, les immeubles mis en loterie devraient être confisqués comme les meubles; l'importance de leur valeur a seule fait déroger à leur égard aux règles suivies communément en matière de délit. — *Moniteur* du 28 mai 1836.

44. — L'amende une fois déterminée par le tribunal, suivant la valeur estimative de l'immeuble mis en loterie, sa quotité demeure invariable, quels que soient les résultats d'une vente ultérieure. Ainsi, si l'immeuble estimé 200,000 fr. est vendu 400,000 francs, le délinquant ne devra que 200,000 fr.; mais si l'immeuble était vendu au-dessous de 200,000 fr. ce serait toujours l'amende de 200,000 fr. prononcée par le tribunal qui serait due. — *Ibid.*

45. — Les peines portées par l'art. 410 C. pén. s'appliquent aussi aux entrepreneurs ou agens des loteries étrangères. — *Bruxelles*, 2 juin 1826, W...

46. — Sous la loi du 22 fév. 1829, qui supprimait la loterie dans plusieurs départemens de la France, celui qui, dans un lieu où la loterie était supprimée, se chargeait de recevoir les mises et de les transmettre à un bureau de l'administration établi dans un autre lieu, devait être considéré comme tenant une loterie non autorisée, ce qui constitue le délit prévu par l'art. 410 C. pén. — *Cass.*, 3 févr. 1832, Petit. — Aujourd'hui, la loterie étant supprimée dans toute la France, celui qui, dans un lieu quelconque du territoire français, se chargerait de recevoir des mises et de les transmettre à un bureau établi en pays étranger, serait passible des peines portées contre les auteurs, entrepreneurs et agens de loteries étrangères. — Argum. de la loi du 21 mai 1836, art. 4.

47. — Avant la loi de 1836, le colportage et la distribution des billets des loteries étrangères étaient punis, non pas des peines portées par l'art. 410 C. pén., mais de l'amende prononcée par l'arrêt du conseil du 20 sept. 1776. — *Orléans*, 15 janv. 1836, *le Figaro*.

48. — Quant à la publicité donnée aux loteries étrangères, l'arrêté du 20 sept. 1776 l'a prévue sans lui appliquer aucune peine. Elle ne constituait qu'une simple contravention de police passible des peines établies par l'art. 471, nº 15 C. pén. — *Cass.*, 5 déc. 1835, *le Figaro*; *Orléans*, 15 janv. 1836, *le Figaro*; *Cass.*, 24 sept. 1836, *le National*. — *Contrà*, *Bruxelles*, 2 juin 1826, minist. publ. c. W...

49. — L'annonce de la vente d'un immeuble situé en pays étranger, dans laquelle ne se trouve aucune indication de primes ou d'actions, ne constitue pas le délit d'annonce de loterie prévu et puni par la loi du 21 mai 1836. — *Riom*, 10 juin 1840 (t. 2 1840, p. 60), Bubelles.

50. — Avant la loi du 28 avr. 1832, la peine encourue par celui qui avait tenu une loterie clandestine pouvait être modérée, en cas de circonstances atténuantes, en vertu de l'art. 463 C. pén., lorsque le montant de la recette ne s'était élevé qu'à 10 fr. — *Cass.*, 12 octobre 1811, N... c. min. publ. — Aujourd'hui, la loi, beaucoup plus favorable, n'impose plus aux juges l'obligation de consulter la quotité du dommage pour modifier la peine; ils peuvent, dans tous les cas, accorder au prévenu le bénéfice des circonstances atténuantes. — L. 21 mai 1836, art. 3 et 4; C. pén., art. 410, 411 et 463.

51. — Avant la loi du 21 mai 1836, celui qui avait mis en loterie des objets de son commerce ne pouvait être renvoyé des poursuites sous le prétexte que la disposition de l'art. 410 C. pén. devait être restreinte aux loteries qui pourraient faire concurrence à la loterie royale. — *Cass.*, 5 mai 1836, Degrobert. — Aujourd'hui, la loterie royale étant abolie, et la loi de 1836 prohibant les loteries de toute espèce, il ne reste plus même aucun des élémens qui servaient à former une semblable excuse.

52. — La disposition de l'art. 53 C. pén. qui dispose qu'en cas d'insolvabilité, le condamné à une amende sera élargi après une détention d'un certain temps, est applicable aux amendes encourues par ceux qui tiennent des loteries non autorisées, bien qu'une loi spéciale en applique le profit aux hôpitaux. — *Cass.*, 7 juill. 1818, Loterie c. Longuet.

53. — Le colportage dans des lieux publics des billets de la mise en loterie d'un objet (d'art ou autre) ne constitue que la simple contravention prévue par l'art. 475, nº 5, et non le délit de tenue de maison de jeu dont il était question dans l'art. 410 C. pén. — *Cass.*, 23 févr. 1827, Valois.

54. — Jugé, avant la loi du 21 mai 1836, que le fait d'avoir colporté dans divers lieux publics des billets de loterie d'une gravure, constituait la contravention prévue par l'art. 475, nº 5, C. pén., et non le délit prévu par l'art. 410 même Code, qui ne concernait que l'établissement de loteries non autorisées ayant des administrateurs ou des agens. — *Cass.*, 23 fév. 1827, Gilles dit Valois. — L'art. 4 de la loi du 21 mai 1836 a formellement prévu ce cas, qu'il punit de peines correctionnelles; il n'y aurait donc plus lieu de recourir à l'art. 475 C. pén. pour le réprimer, qu'autant qu'il s'agirait de la distribution de billets relatifs uniquement aux loteries que cet article a eues en vue.

55. — Dans tous les cas, il peut être fait application de l'art. 463 du C. pén.

§ 2. — *Contraventions prévues par l'art. 475 du Code pénal.*

56. — La disposition de l'art. 475, nº 5 du C. pén. qui punit d'une amende de six à dix francs ceux qui établissent ou tiennent dans les rues, chemins, places ou lieux publics, les jeux de loterie, n'a pas été abrogée par la loi du 21 mai 1836; c'est ce qui résulte de la discussion de cette loi à la chambre des députés. — Duvergier, *Coll.*, t. 36, p. 83; Chauveau et Hélie, *Th. C. pen.*, t. 7, p. 376.

57. — Mais à quels caractères distinguera-t-on la loterie, simple contravention réprimée par l'art. 475 du C. pén., de la loterie, délit prévu et puni par la loi de 1836? Suffira-t-il, par exemple, pour appliquer l'art. 475 que la loterie ait été tenue dans un lieu public? « Evidemment, dit M. Duvergier, cela n'est pas possible; car, si on choisissait un théâtre ou une place publique pour y faire une loterie d'immeubles, ou pour y vendre des livres avec des primes, le ministère public réclamerait certainement les peines sévères de la loi de 1836, et non les peines légères de l'art. 475 du C. pén. » Voudra-t-on, suivant l'expression de M. Dubois d'Angers (V. la discussion), appliquer la loi de 1836 aux grandes loteries, et l'art. 475 aux petites? « Alors, continue M. Duvergier, il deviendra impossible de fixer la limite séparative des deux loteries, la loi n'ayant pas dit à quelle somme commence la grande loterie et finit la petite. » — Tout en regrettant que le législateur n'ait pas plus clairement distingué des faits qui offrent tant d'analogie et auxquels il voulait néanmoins appliquer des pénalités différentes, nous croyons qu'on peut encore faire concorder la lettre et l'esprit de la loi, et maintenir la distinction indiquée. En effet la loi de 1836, malgré la généralité de ses termes prohibitifs, ne paraît devoir s'appliquer, comme l'ancien article 410 du C. pén. qu'elle remplace, qu'aux loteries tenues dans des maisons particulières, et cela, non-seulement par la nature et l'importance présumée des opérations qu'elle énumère, mais encore par les entrepreneurs, agens, colporteurs et distributeurs qu'elle suppose, hypothèses en quelque sorte inconciliables avec les loteries tenues dans des lieux publics. — L'art. 475, au contraire, semble exclusivement réservé à punir les loteries, ordinairement peu importantes, qui se tiennent dans des lieux publics, dont les opérations fort simples sont mises à la portée de tous les passans, dont un marchand ambulant est presque toujours le seul et unique entrepreneur, et qui apparaissent et disparaissent le plus souvent sans avoir été annoncées. Que si, par exception, quelqu'un s'avisait de mettre en loterie des immeubles, des effets mobiliers ou des marchandises de prix dans un lieu public, soumis à la surveillance incessante de la police, l'importance des objets ainsi exposés ne semblerait pas devoir faire dégénérer la contravention en délit, car la répression serait par trop facile, pour qu'on dût appliquer à une pareille imprudence des peines destinées à punir la fraude qui se cache dans des maisons particulières, et tend par cela même à la société des piéges plus dangereux. — Si, au contraire, la loterie tenue dans une maison particulière semblait descendre, par son peu d'importance, aux proportions de celles qui se tiennent ordinairement dans un lieu public, elle n'en conserverait pas moins le caractère de délit, à raison de la clandestinité qui l'accompagne; et les magistrats trouveraient dans l'art. 463 du C. pén. le moyen de proportionner la peine à la culpabilité. — Ainsi, il nous semble que, dans tous les cas, le lieu où se tient la loterie fera connaître s'il faut appliquer la loi de 1836, ou l'art. 475 du C. pén.

58. — Avant la loi de 1836, était considérée comme tenue dans un lieu public, et punie des peines portées par l'art. 475 du C. pén.: 1º la mise en loterie d'une montre dans un cabaret, lors même qu'il n'avait été jeté qu'un seul coup de dé. — *Cass.*, 26 mars 1813 (intér. de la loi), Lambay. — Maintenant cette solution serait aussi admissible.

59. — ...2º La simple exposition dans un café d'un objet mis en loterie, sur les chances de la loterie royale. — *Cass.*, 1er juin 1821 (intér. de la loi), Ager. — Carnot, *C. pén.*, t. 2, p. 402, nº 15, et p. 590, nº 19. — Il en serait de même aujourd'hui de la simple exposition dans un lieu public d'un objet mis en loterie sur les chances d'une loterie étrangère.

60. — La contravention ne pourrait être excusée par le motif que le produit de la mise en loterie dans un lieu public était destiné à soulager un malheureux. — *Cass.*, 26 mars 1813, Lambay. — Aujourd'hui l'excuse ne serait valable qu'autant qu'il y aurait eu autorisation du gouvernement. — L. du 21 mai 1836, art. 5.

61. — L'art. 477 C. pén. ordonne la saisie et la confiscation des tables, instrumens, appareils des loteries établies dans les rues, chemins et voies publiques; ainsi que les enjeux, les fonds, denrées, objets ou lots proposés aux joueurs. — V. au reste sur l'application des art. 475, nº 5, et 477 et suiv. du C. pén., en ce qui concerne cet établissement des jeux de hasard et loteries sur les lieux publics, ce qui a été dit vº JEUX DE HASARD, nºs 54 et suiv.

LOUAGE.

V. ABUS DE CONFIANCE, ANTICHRÈSE, ASSOCIATION ILLICITE, ASSURANCE TERRESTRE, BALAYAGE, NETTOIEMENT DE LA VOIE PUBLIQUE, PREUVE TESTIMONIALE.

LOUAGE D'OUVRAGE ET D'INDUSTRIE.

Table alphabétique.

LOUAGE D'OUVRAGE ET D'INDUSTRIE. — **1.** — Le louage d'ouvrage est « un contrat par lequel l'une des parties s'engage à faire quelque chose pour l'autre, moyennant un prix convenu entre elles. » — C. civ., art. 1710.

§ 1er. — Notions générales (n° 2).

§ 2. — Louage des gens de travail. — Domestiques. — Ouvriers (n° 17).

§ 3. — Des devis et marchés en général, et des actions auxquelles leur exécution donne naissance (n° 73).

§ 4. — Responsabilité des ouvriers, architectes et entrepreneurs (n° 111).

§ 5. — Fin et résolution du contrat de louage d'ouvrage et d'industrie (n° 162).

§ 1er. — Notions générales.

2. — Le louage d'ouvrage est, comme celui des choses (V. BAIL), un contrat synallagmatique, consensuel et commutatif; mais il diffère du louage des choses en ce que, par ce dernier, on obtient la jouissance d'une chose avec faculté de l'utiliser suivant sa destination, tandis que l'effet du louage d'ouvrage est de mettre à notre disposition le travail et l'industrie des autres considérés comme un capital productif d'un revenu. — Duvergier, Louage, t. 1er, contin. de Toullier, t. 3, n° 48.

3. — Le louage d'ouvrage ne contient, comme élément principal, qu'une obligation de faire, qui se résout en dommages-intérêts par suite d'inexécution, conformément au droit commun. — Troplong, Louage, t. 3, n° 787.

4. — Dans le louage, le locateur est celui qui fournit son travail ou son industrie. Le conducteur est celui qui les reçoit et qui en paie la valeur:— Mouricault, Rapport au tribunal. — Toutefois, cette explication des termes est contraire à l'opinion de plusieurs anciens jurisconsultes, et notamment à celle de Pothier. — Vinnius, p. 621, n° 2; Cujas, sur les Inst., tit Loc. cond.; Ulp., L. 11, § 3, et L. 13, §§ 1er, 2 et 3, ff., Loc. cond.; Pothier, n° 393; Pardessus, Droit comm., t. 2, n° 533; Locré, t. 14, p. 441; Troplong, Louage, t. 1er, n° 64; Duvergier, t. 3, n° 6.

5. — On s'est demandé quel était le signe caractéristique par lequel le louage d'ouvrage se distinguait du travail lorsque ce dernier est salarié. A cet égard, M. Troplong (Louage, t. 3, n°s 791 et suiv.), adoptant la théorie qui prévalait dans le droit romain, et qui était reçue généralement dans l'ancienne jurisprudence, estime que lorsque le travail salarié est purement mécanique ou matériel, celui qui fournit ce travail n'est qu'un locateur d'ouvrage qui reçoit un prix (pretium), tandis que lorsqu'il s'agit des services rendus par une personne qui offre un travail plutôt intellectuel que matériel, telle qu'un médecin, un avocat, etc., cette personne est un mandataire salarié qui reçoit des honoraires (honorarium). — V. liv. 3 Instit., chap. 27, § 13. — Cass., 27 janv. 1842, Anjabaut c. Tessier de Marguerite. — Cujas, Comment. sur Papin, liv. 3, § 7, Mand.; Pothier, Mandat, n°s 26 et suiv., n° 425; Merlin, Rép., v° Notaire, § 6, n° 4.

6. — Cette doctrine, qui fait dériver la nature du contrat de la dignité plus ou moins grande du travail, n'est pas celle de M. Duvergier (t. 3, n°s 207 et suiv.), qui soutient que le mandat se différencie du louage d'ouvrage en ce que le mandataire agit au nom du mandant, tandis que le locateur agit en son nom personnel; en sorte que, pour savoir s'il y a eu mandat ou louage d'ouvrage, il faut se demander si celui par qui la chose a été faite a agi en son nom, a usé de sa capacité personnelle, ou bien s'il a agi au nom de l'autre et avec le pouvoir que celui-ci lui a conféré; selon la réponse, on décidera, dit M. Duvergier, qu'il y a louage d'ouvrage ou mandat. — V. aussi Zachariæ, t. 3, p. 34.

7. — De là M. Duvergier conclut que le médecin, l'avocat, le professeur, etc., sont des locateurs d'ouvrage, et qu'il en est de même du notaire chargé de faire la liquidation d'une succession (V., contrà, sur ce dernier point l'arrêt précité du 27 janv. 1842), tandis que l'agent d'affaires auquel on confie l'administration de ses biens, l'avoué que l'on constitue dans un procès sont des mandataires. — V. infrà.

8. — On ne saurait confondre le louage d'ouvrage avec la vente. Ce dernier contrat a pour but la transmission d'une chose matérielle ou d'un droit; tandis que le louage dont nous nous occupons ici consiste en une obligation de faire. — Troplong, loc. cit., n° 787.

9. — Le louage d'ouvrage ne peut exister sans les trois conditions suivantes inhérentes à sa nature: 1° le consentement des contractans, 2° un prix; 3° un ouvrage à faire.

10. — Toutefois, il n'est pas nécessaire, pour la perfection du contrat, que le prix ait été stipulé d'une manière fixe; il suffit qu'il n'y ait pas de doute sur l'intention des parties de faire un louage d'ouvrage. Le prix peut être déterminé ensuite par experts ou judiciairement. — Duranton, t. 17, n° 224; Troplong, t. 3, n° 224; Duvergier, t. 3, n°s 100, 101, 108 et 110.

11. — Et il importe peu que le prix consiste en argent ou en denrées. — Cujas, ad leg. Si olei, 21, Cod. loc.; Gothofréd, ad dictam legem; Despeisselss, t. 2, sect. 3, § 4; Troplong, t. 3, n° 95, et t. 4, n° 384. — Contrà, Pothier, Louage, n° 400; Duvergier, t. 3, n° 95, et t. 4, n° 384.

12. — Il est évident que l'ouvrage à faire doit être possible de sa nature. Mais l'impossibilité qui consisterait seulement en ce que l'ouvrier aurait accepté l'obligation de faire un travail supérieur à ses forces ou à sa capacité, ne serait pas une cause de nullité du contrat, si ce travail n'avait, d'ailleurs, en lui-même, rien d'inexécutable. L'ouvrier qui se serait chargé témérairement d'une semblable tâche, serait passible de dommages-intérêts, en cas d'inexécution. — Troplong, t. 3, n° 816; Duranton, t. 17, n° 223.

13. — L'ouvrage à faire ne doit avoir rien de contraire ni aux lois, ni aux bonnes mœurs, ni à l'ordre public. C'est ainsi que les tribunaux pourraient annuler une convention par laquelle un architecte se serait engagé, à l'égard d'un propriétaire, à élever une construction d'une manière compromettante pour la sûreté publique.

14. — L'art. 1779 C. civ. distingue: 1° le louage des gens de travail qui s'engagent au service de quelqu'un; — 2° celui des voituriers, tant par terre que par eau, qui se chargent du transport des personnes et des marchandises; — 3° celui des entrepreneurs d'ouvrages par suite de devis ou marchés.

15. — Nous n'avons à nous occuper ici que de la première et de la troisième de ces catégories. Tout ce qui concerne l'espèce de louage que contractent les voituriers et les entrepreneurs de transports sera traité sous le mot VOITURIER. — V. aussi CHEMIN DE FER, COMMISSIONNAIRE DE TRANSPORT.

16. — Quant à l'espèce de louage connue sous le nom de remplacement militaire, V. REMPLACEMENT MILITAIRE.

§ 2. — Louage des gens de travail. — Domestiques. — Ouvriers.

17. — Les gens de travail, dont il est question sous le n° 1er de l'art. 1779, se divisent en deux classes : 1° les domestiques ; 2° les ouvriers.

18. — Les domestiques sont ceux qui, moyennant un salaire, donnent leurs soins à la personne ou au ménage du maître, ou qui, d'ailleurs, logent et vivent dans sa maison. Cette qualification, qui, autrefois, s'appliquait à certaines personnes exerçant des fonctions distinguées, ne peut plus être prise ici que dans le sens exact qu'elle a de nos jours. — V., au reste, à cet égard, DOMESTIQUE, n° 1 et suiv.

19. — La qualification de gens de travail s'applique à ceux qui louent leurs services au jour ou pour un temps déterminé, mais qui ne sont pas logés et nourris dans la maison de celui pour qui ils travaillent. Tels sont les terrassiers, les moissonneurs, vendangeurs, jardiniers, batteurs en grange, vignerons, et en général tous les journaliers, c'est-à-dire ceux dont l'engagement peut commencer et finir dans la même journée. — Merlin, Rép., v° Juge-auditeur, § 17, n° 4; Henrion de Pansey, chap. 30, n° 7; Duvergier, t. 4, n° 280. — Si au lieu de se louer au jour ou à l'année, ils stipulent un prix proportionné à la quantité de travail qu'ils exécutent, le contrat change de caractère; ce n'est plus un louage de services, c'est un louage d'industrie. — V. infrà.

20. — Ce qui vient d'être dit des gens de travail est également vrai des ouvriers; seulement cette dernière dénomination paraît plus particulièrement réservée à ceux dont la profession est classée au nombre des arts mécaniques.

21. — On doit considérer comme ouvrier, dans le sens de la matière, celui qui emploie ses couleurs dans une fabrique. — Bruxelles, 4 mars 1829, Vanlangenhoven c. Vanhaegenbeke. — Un conducteur de locomotive sur un chemin de fer. — Paris, 6 janv. 1844 (t. 2 1844, p. 254), Comp. du chemin de fer de Saint-Germain c. Bolu. — Un conducteur de travaux payé à tant par mois. — Amiens, 26 févr. 1840 (t. 1er 1843, p. 370), Delozanne c. Loidreau.

22. — Le louage.des domestiques se contracte presque toujours verbalement. « Mais, dit M. Henrion de Pansey (Compétence, chap. 30), pour que la convention soit regardée comme parfaite, il faut, d'après un usage qui paraît général, que le domestique ait reçu des arrhes. Jusque-là la convention ne peut être considérée comme définitive.» — Du reste, l'usage des arrhes ne s'applique qu'aux rapports des maîtres avec les domestiques. On ne donne pas d'arrhes aux ouvriers et gens de travail. — Troplong, t. 5, n° 850; Duvergier, t. 4, n° 283.

23. — Ces arrhes, qui s'appellent denier à Dieu, sont un don fait aux domestiques. — Duvergier, t. 4, n° 283; Duranton, t. 17, n° 283 : Troplong, t. 3, n° 849. — Et ce don n'est pas imputable sur les gages.

24. — Le Code civil a du reste entendu sous ce rapport, comme dans presque toutes les matières qui appartiennent au contrat de louage, que les usages locaux devraient être maintenus lorsqu'ils seraient constans.

25. — Lorsque le denier à Dieu a été donné, le marché n'est pas encore définitivement obligatoire pour les contractans. Chacun d'eux peut s'en délier dans les vingt-quatre heures, le maître en perdant le denier à Dieu, le domestique en le rendant. — Duvergier, t. 4, n° 283.

26. — M. Duranton (t. 17, n° 233) pense que si les arrhes données étaient de quelque importance, celui qui, après les avoir reçues, voudrait abandonner la convention, devrait les restituer au double comme dans les promesses de vente, parce qu'alors les arrhes ne seraient plus symboliques comme un simple denier à Dieu.

27. — Le denier à Dieu étant le signe caractéristique de l'existence du bail des domestiques, on ne peut administrer par témoins la preuve qu'il a été donné qu'autant qu'on pourrait prouver de cette manière le bail lui-même, c'est-à-dire lorsqu'il n'est pas d'une valeur de plus de 150 francs. — Duvergier, t. 3, n°s 14, 15 et 51, et t. 4, n° 282; Troplong, n° 851.

28. — ... Et pour savoir si l'objet du contrat de louage d'un domestique est d'une valeur inférieure ou supérieure à 150 francs, il faut calculer tout ce que le locataire devra au locateur à la fin du bail. Ainsi le louage d'un domestique engagé pour un an, mais à raison de 50 fr. par mois, ne pourra être prouvé par témoins, parce que la somme totale s'élève à 600 fr. — Troplong, t. 8, n° 351.

29. — Mais si la preuve par témoins est quelquefois admissible pour établir l'existence du louage des domestiques et ouvriers, cette preuve est prohibée par la loi lorsqu'il s'agit d'établir la quotité des gages ou le paiement du salaire de l'année échue, ou les à-compte donnés pour l'année courante. Pour ces divers points, le maître en est cru sur son affirmation. — C. civ., art. 1781.

30. — La loi ne distingue pas, quant aux effets de l'affirmation, entre le cas où le maître est demandeur et celui où il est défendeur. C'est ce qu'a jugé implicitement la Cour de cassation, dans une espèce où le maître était demandeur. — *Cass.*, 21 mars 1827, Pothier c. Thuste. — M. Troplong (t. 3, n° 886) fait remarquer avec raison que dans l'intérêt même des ouvriers, il importe de rendre facile la preuve des à-compte, afin que le maître se laisse aller plus facilement à leur en donner.

31. — L'affirmation du maître n'est pas une simple déclaration. Elle est assermentée. — Merlin, *Rép.*, v° *Affirmation*; Rauter, *Procéd. civ.*, p. 134; Troplong, t. 3, n° 883; Duvergier, t. 4, n° 305; Duranton, t. 17, n° 236. — C'est une espèce de serment que la loi elle-même défère au maître.

32. — Mais ce n'est qu'à défaut de titre écrit que l'affirmation du maître peut avoir la force probante qu'y attache cette disposition de loi. — Toullier, t. 10, n° 448; Duvergier, t. 4, n° 304; Troplong, t. 3, n° 882.

33. — Le motif qui a déterminé le législateur est que, dans cette matière, la preuve testimoniale lui a paru souvent impossible et dans tous les cas suspecte, à cause des coalitions que les ouvriers pourraient former contre le maître, et que, dès lors, il fallait s'en rapporter à l'affirmation de ce dernier, qu'il a considéré comme plus digne de foi à cause de son éducation et de sa position sociale. — Locré, t. 14, p. 356; Troplong, t. 3, n° 882; Toullier, t. 10, n° 448 et suiv.; Duvergier, t. 4, n° 303.

34. — Le juge ne pourrait, quelque peu de confiance qu'il eût dans le maître, déférer le serment au serviteur, selon M. Duranton (n° 236).

35. — Les art. 1780 et 1781 ne s'appliquent cependant pas à tous les ouvriers indistinctement. Ils n'entendent parler que de ceux qui travaillent à tant par jour; comme nous l'avons dit, ceux qui travaillent moyennant un prix fait, et en vertu d'un marché, sont régis par les art. 1787 et suiv. — V. *infrà*. — *Cass.*, 12 mars 1824, Villa c. Mayars. — Duvergier, t. 2, n° 308; Duranton, t. 17, n°s 236 et 237; Delvincourt, t. 3, p. 211 et la note.

36. — M. Troplong (t. 3, n° 888) estime que l'affirmation du maître serait également décisive si le débat portait sur une restitution d'effets que l'ouvrier ou le domestique prétendrait avoir apportés chez le maître, parce que cet apport a été une conséquence nécessaire de la position du domestique ou de l'ouvrier. Nous croyons avec M. Duvergier (t. 2, n° 312) que cette opinion est inconciliable avec les termes de la loi.

37. — Si l'existence de la convention elle-même était niée, ou si les stipulations relatives à sa durée, à sa fin, etc., étaient contestées, l'affirmation du maître ne serait pas probante pour établir ces divers points. — Duvergier, t. 2, n° 308; Troplong, t. 3, n° 884.

38. — Du reste l'art. 1781 C. civ. formant une exception aux principes généraux sur les preuves, on doit en restreindre l'application à ses termes exacts. Ainsi, l'affirmation du maître qui prétendrait avoir fait des avances ou prêts supérieurs au montant du salaire de l'année échue et de l'année courante ne ferait pas preuve pour tout ce qui excéderait ces deux années. — Duranton, t. 17, n° 236; Troplong, t. 3, p. 124; Toullier, t. 10, n° 448.

39. — Peu importe que les paiemens aient été faits à l'ouvrier ou domestique à titre d'avances, ou à titre de prêt, pourvu que les sommes payées soient imputables sur l'année échue ou sur l'année courante. — Troplong, t. 3, n° 884. — *Contrà*, *Rouen*, 16 nov. 1826, Duhamel c. Moutier.

40. — Le privilége créé par l'art. 1781 C. civ. en faveur du maître lui est tout personnel, et ne passe pas à ses héritiers. — Toullier, t. 10, n° 450. — Il en serait sans doute autrement s'il s'agissait de l'épouse ou des enfans du défunt ayant partagé avec lui son habitation, l'administration de la maison et, dès lors, la surveillance sur les domestiques. Dans ce cas, la qualification de maître pourrait être appliquée à ces personnes. — Duvergier, t. 2, n° 307; Zachariæ, p. 36, note 8.

41. — Depuis la révolution de février 1848, l'Assemblée constituante a été saisie de plusieurs propositions tendant à l'abrogation de l'art. 1781, en ce qui concerne la foi due au maître en matière de contestation entre lui et ses ouvriers. — Mais aucune de ces propositions n'a été convertie en loi. — Une nouvelle proposition dans le même sens a été déposée récemment sur le bureau de l'Assemblée législative.

42. — L'art. 1780 pose en principe qu'on ne peut engager ses services *qu'à temps* ou *pour une entreprise déterminée*. Ce principe a été puisé dans l'article 15 de la constitution du 5 fruct. an III.

43. — Cette disposition doit être appliquée suivant son esprit; dès lors si, sans s'étendre précisément à la vie entière du locateur, l'engagement était contracté pour un temps tellement long, que par le fait, il dût s'étendre à toute la vie, selon les probabilités, il pourrait être annulé en vertu de l'art. 1780. — Duranton, t. 17, n° 226; Duvergier, t. 2, n° 284 et suiv.; Troplong, t. 3, n° 852; Zachariæ, t. 3, p. 35.

44. — Et il pourrait en être ainsi, bien que le temps fixé fût assez court, si la personne qui promet ses services comme domestique ou comme ouvrier était avancée en âge. — Duranton, t. 17, n° 226. — Au reste, à cet égard, les tribunaux devraient avoir un certain pouvoir d'appréciation et examiner si, quoique limité, ou fait pour une entreprise déterminée, l'engagement n'enchaîne pas réellement, pour toute sa vie, celui qui l'a contracté.

45. — On doit entendre par entreprise déterminée un travail manuel d'ouvrier à exécuter, comme, par exemple, creuser tant de mètres de fossés. La détermination doit être faite soit quant à l'objet de l'entreprise, soit quant à sa durée. Sinon elle est indéterminée et l'engagement est nul. — Troplong, t. 3, n°s 858 et suiv.

46. — Si la personne qui s'engagerait à vie ou pour une entreprise indéterminée était non un ouvrier, mais un entrepreneur, la convention serait valable, sauf à lui à sous-bailler ou à céder son entreprise si bon lui semblait. Ce cas serait régi non par l'art. 1780, mais par les art. 1787 et suiv.

47. — La disposition de l'art. 1780 n'ayant évidemment en vue que les domestiques et les ouvriers, rien n'empêcherait un médecin de donner toute sa vie ses soins à un malade. — *Cass.*, 21 août 1839 (t. 2 1839, p. 204), de Feuchères c. Moson.

48. — La nullité résultant de ce que l'engagement a eu lieu contrairement aux dispositions de l'art. 1780 est-elle nulle absolument, à ce point que le maître, aussi bien que l'ouvrier, puisse s'en prévaloir? M. Duvergier (n° 284) soutient l'affirmative. — En ce sens, Duranton, t. 17, n° 226, et Zachariæ, t. 3, n° 35. — V. aussi *Bordeaux*, 23 janv. 1827, Gorce c. Bernard.

49. — M. Troplong (*loc. cit.*) professe la négative, et au premier abord un arrêt de la cour de Paris paraît avoir prononcé en ce sens le 20 juin 1826 (de Laubépine c. Doucet). Toutefois, M. Duvergier fait remarquer que l'arrêt de Paris a été rendu dans une espèce où il s'agissait d'un engagement contracté non pour toute la vie du domestique, mais pour toute la vie du maître, convention licite tant qu'il ne résulte pas des circonstances qui l'accompagnent que le domestique a voulu aussi s'engager jusqu'à sa mort.

50. — L'inexécution de l'engagement contracté au mépris de l'art. 1780 ne donne ouverture à aucuns dommages-intérêts. — Arrêt précité de *Bordeaux* du 23 janv. 1827. — Mais le salaire devra être payé à l'ouvrier jusqu'à son annulation. — Zachariæ, t. 3, p. 35; Duranton, t. 17, n° 226. — Seulement, pour en faire le prix, on ne sera pas obligé de prendre les bases qui avaient été convenues entre les contractans, et qui ont pu être fixées en vue de la durée même de l'engagement. Les juges devront donc déterminer, d'après la nature des services, le terme et les usages du pays, ce qui sera dû légitimement. — Duranton, n° 286.

51. — La durée des engagemens est fixée par la nature des travaux ou par l'usage des lieux. Le domestique ou l'ouvrier loué à tant par jour ou à tant par mois est censé engagé pour un jour ou pour un mois. — Duvergier, t. 2, n° 287; Troplong, t. 3, n° 861.

52. — A Paris, bien que les gages des domestiques soient fixés à raison de tant par an, leur engagement n'est pas pour une année entière. L'engagement est indéfini, sauf le droit réciproque de résiliation. — Duvergier, *loc. cit.*; Troplong. t. 3, n° 862; Pothier, *Louage*, n° 176. — V. DOMESTIQUE, n°s 16 et suiv.

53. — Les ouvriers engagés pour la culture des terres sont réputés loués à l'année. Ceux qu'on loue pour la moisson sont engagés jusqu'à la fin de cette opération. — Duranton et Duvergier, *loc. cit.*; Fenet, p. 366 et 367.

54. — Jugé que l'ouvrier souffleur qui a travaillé dans une verrerie dès l'ouverture de la campagne, c'est-à-dire alors que le four était allumé, est réputé, d'après l'usage, avoir pris engagement avec le maître de cette usine pour toute la campagne, ou du moins jusqu'à ce que le feu soit éteint. Et la circonstance que le livret de ce souffleur serait en la possession d'un maître verrier, autre que celui chez lequel la campagne aurait été commencée, ne saurait avoir pour effet de détruire à son égard l'empire de l'usage, et de faire considérer son engagement envers ce dernier comme purement conditionnel. — *Douai*, 3 mars 1837 (t. 2 1837, p. 507), Faleur c. Lequeste.

55. — Dans les louages de services dont la durée est indéterminée, chacun des contractans peut résilier le traité quand bon lui semble. — Henrion de Pansey, *Comp. des juges de paix*, ch. 30; Duvergier, n° 288; Duranton, t. 17, n° 229; Zachariæ, t. 3, p. 35; Troplong, n° 863.

56. — A l'égard des domestiques attachés à la personne ou au ménage, la rupture doit être précédée d'un congé ou avertissement verbal; lequel, dans certaines villes et notamment à Paris, est donné, par le maître au domestique, ou par le domestique au maître, huit jours d'avance.

57. — Le maître reste, au surplus, libre de renvoyer sur-le-champ son domestique quoiqu'il n'existe pas de motifs graves; mais alors il doit lui payer ses gages et sa nourriture pour les huit jours. Si le domestique voulait quitter le maître sans délai, et qu'il n'y eût pas de motifs graves, celui-ci serait, il nous semble, en droit de se refuser au paiement de la somme représentant les huit derniers jours de gages, sauf à la restituer en tout ou partie, suivant que la dépense par lui avancée pour se faire servir pendant les huit jours de grâce excéderait ou non cette somme. C'est au juge de paix qu'il appartiendrait d'apprécier.

58. — Mais si l'une des parties manquait d'une manière très-sérieuse à ses obligations, comme, par exemple, si le maître refusait à son domestique les choses nésessaires à la vie, ou le paiement de ses gages, ou s'il se permettait des mauvais traitemens envers lui, ou si le domestique se rendait coupable d'infidélité, d'inconduite grave ou d'insolence, le contrat pourrait être rompu sur-le-champ et sans indemnité de huitaine. Le juge appréciera les circonstances et décidera si la séparation du maître et du domestique doit être immédiate. — Pothier, n° 175; Henrion, *Compét.*, chap. 30; Troplong, t. 3, n° 867; Duranton. t. 17, n°s 255 et suiv.

59. — Jugé qu'un jardinier loué à l'année est un domestique à gages qui peut être renvoyé par son maître, qui en est mécontent, sans avoir droit à des dommages-intérêts. — *Cass.*, 18 avr. 1831, Treulé c. Lemoine-Desmares.

60. — Lorsque les appointemens d'un commis négociant ont été réglés à telle somme *par année*, le maître n'est pas tenu, s'il le renvoie ou s'il cesse de l'employer avant l'expiration de l'année, de lui payer ces appointemens pour l'année entière. Lorsque le renvoi a lieu sans motifs graves, il est seulement dû au commis ainsi renvoyé une indemnité proportionnée au temps présumé nécessaire pour pouvoir trouver à être employé ailleurs. — *Bruxelles*, 19 juill. 1828, N...

61. — S'il s'agissait d'un commis loué au mois, il n'aurait pas droit à des dommages-intérêts, quand même son maître l'aurait congédié sans l'avoir prévenu d'avance. — *Paris*, 21 oct. 1841 (t. 2, 1841 p. 476), de Linac c. Hemery.

62. — Il n'y a pas d'usage général sur le délai de congé à donner aux ouvriers; il faut, à cet égard, se conformer à ce qui se pratique pour chaque profession. — Duvergier, nº 289.

63. — Les ouvriers ou autres personnes qui se louent à la journée peuvent-ils réclamer le prix promis lorsqu'ils n'ont pas travaillé, même par suite d'un événement de force majeure? — *Nég.*, Pothier, *Louage*, nº 165. — *Affirm.*, Vaudoré, *Droit rur.*, t. 1er, nº 774. — En tout cas, il est évident que si c'est le fait du maître qui empêche les ouvriers de travailler, le prix entier est dû. — V. Duvergier (nº 290), qui trouve l'opinion de Pothier plus rigoureusement légale et celle de Vaudoré plus équitable.

64. — Lorsque le louage a une durée *déterminée*, l'exécution en est due par chacune des parties, sous peine de dommages-intérêts. — Duvergier, nº 292. — Mais la force majeure est une cause de résiliation.

65. — La maladie survenue à des domestiques ou à des ouvriers loués pour un temps déterminé autorise-t-elle le maître à retenir une partie proportionnelle des gages? — Oui, suivant Pothier et M. Duvergier, à moins qu'il ne s'agisse d'une indisposition légère. — *A fortiori*, on doit décider ainsi à l'égard d'un domestique non engagé pour un temps déterminé, puisque le maître aurait pu le renvoyer et l'a gardé par humanité. — Mais le maître ne pourrait réclamer contre ce domestique les menues dépenses de médecin ou autres volontairement faites à raison de la maladie. — Au surplus, à cet égard, les juges apprécieront l'intention des parties.

66. — Le domestique ou l'ouvrier engagé pour un temps déterminé n'est pas affranchi de dommages-intérêts bien qu'il quitte le service par des motifs honorables, par exemple, pour se marier ou pour aller assister ses père et mère, sauf appréciation par le juge du *quantùm* des dommages-intérêts. — Duvergier, nº 294.

67. — Si le serviteur était appelé sous les drapeaux, il y aurait résiliation nécessaire. — Pothier, nº 171; Troplong, nº 876; Duvergier, nº 294. — Mais si l'engagement était volontaire, le domestique pourrait être tenu de dommages-intérêts. — *Contrà*, Duranton, t. 27, nº 232.

68. — La mort du serviteur ou de l'ouvrier brise évidemment le contrat. Dans ce cas, le maître paie aux héritiers ce qui était dû jusqu'à cet événement. — Troplong, t. 3, nº 878.

69. — La rupture occasionnée par les mauvais traitemens du maître ou l'inexécution de ses engagemens le rend passible de dommages-intérêts que les juges fixeront, sans qu'ils doivent être nécessairement de la quotité de gages correspondant au temps d'engagement restant à courir.

70. — Les gens de travail ou domestiques attachés à l'exploitation d'un domaine continuent d'être engagés, bien que le maître, avec lequel ils ont traité, afferme ce domaine et quitte l'exploitation, à la charge néanmoins par celui-ci de leur garantir l'exécution exacte de l'engagement.

71. — La tacite réconduction existe pour le louage des services comme pour le louage des choses, et elle a lieu toutes les fois que le louage de cette espèce avait un terme fixe qui est expiré. — Duvergier, t. 2, nº 301.

72. — Quant à tout ce qui concerne la compétence pour connaître des contestations qui s'élèvent entre les maîtres et les domestiques ou ouvriers, V. JUSTICE DE PAIX, nºs 456 et suiv. — V. aussi, sur le privilége des genres de travail, PRIVILÉGE.

§ 3. — *Des devis et marchés en général, et des actions auxquelles leur exécution donne naissance.*

73. — On appelle *devis* un état énonciatif de la nature, de la qualité, de l'ordre et de la distribution des ouvrages qu'on se propose de faire, de la nature, de la qualité, de la quantité et du prix des matériaux qui doivent y être employés.

74. — Le *marché* est la convention qui intervient entre celui qui doit faire faire les ouvrages expliqués au devis et celui qui se charge de les faire, moyennant un prix convenu à forfait; soit que l'architecte, l'entrepreneur ou l'ouvrier fournisse les matériaux et la main-d'œuvre, soit qu'il fournisse seulement la main-d'œuvre.

75. — Comme on le voit, ce qui caractérise le marché à forfait ou à prix fait, c'est la fixation préalable d'un prix invariable que devra payer le maître à l'ouvrier ou à l'entrepreneur, quelles que soient les dépenses que devra s'imposer ce dernier pour exécuter le travail promis en se conformant au devis. C'est de cette espèce de convention seulement qu'il est question dans les art. 1787 et suiv. du C. civ. Si, au lieu de procéder de cette manière, les parties avaient calculé le prix suivant une certaine mesure de temps; par exemple à tant par jour, ou par mois, le propriétaire de l'objet à créer resterait maître de l'entreprise; elle se ferait à ses risques et périls, et la convention serait régie par les art. 1780 et 1781. — Troplong, t. 3, nº 959.

76. — Les devis et marchés ne constituant qu'un louage d'industrie, les tribunaux civils sont seuls compétens pour connaître des difficultés qu'ils font naître.

77. — Dans le cas où l'ouvrier fournit la matière sur laquelle s'exerce son industrie, le contrat, bien que prévu par l'art. 1788, placé au titre Du louage, est en réalité une vente. C'est ce qu'on doit inférer des termes de l'art. 1711, qui ne voit un louage dans la convention par laquelle se forment les devis ou marchés qu'autant que l'ouvrier ne fournit pas la chose. — Troplong, t. 3, nº 965; Delvincourt, t. 3, p. 117. — C'était, du reste, la théorie du droit romain. — V., cependant, Duranton, t. 17, nº 250; Duvergier, t. 3, nº 116, et t. 2, nºs 334 et 335, et Zachariæ, t. 3, p. 45.

78. — Les devis et marchés ne sont assujettis à aucune forme particulière. Pourvu que l'on puisse les prouver, peu importe qu'ils soient ou non constatés par écrit. — Lepage, *Loi du bâtiment*, t. 2, p. 65.

79. — Quelquefois, le prix du marché à forfait consiste en une somme unique pour la totalité de l'ouvrage, c'est ce que les Romains appelaient *per aversionem locatio conductio* (L. 36, ff., *Loc. cond.*). — Quelquefois il est réglé à tant la pièce ou à tant la mesure (C. civ., 1791). — Enfin, souvent, le prix n'est pas déterminé à l'avance, et l'on convient de le régler, soit suivant l'usage, soit d'après un règlement amiable ou une expertise. — Dans le cas où le maître promet une gratification *s'il est content de l'ouvrage*, Pothier (nº 417) pense que l'appréciation du point de savoir si la gratification est due, n'est pas abandonnée exclusivement au maître, et que les tribunaux peuvent être appelés à décider.

80. — Deux actions résultent du contrat de louage d'ouvrage lorsqu'il se forme au moyen d'un marché à forfait. La première appartient au maître pour contraindre l'ouvrier ou entrepreneur à faire l'ouvrage convenu, ou à payer une indemnité, s'il y a lieu, en cas d'inexécution, de mauvaise exécution, ou de retard dans la livraison.

81. — L'obligation de faire un ouvrage est indivisible. Il en résulte que l'action du conducteur contre l'ouvrier ou entrepreneur a aussi ce caractère. — Pothier, *Louage*, nº 423; *Oblig.*, nºs 324, 333.

82. — En général, l'ouvrier peut faire faire par un autre l'ouvrage dont il s'est chargé; mais il en est autrement lorsque c'est son mérite personnel qui a engagé le maître à lui donner sa confiance. — Pothier, nºs 420 et 421; Merlin, *Rép.*, vº *Ouvrier*; Duranton, t. 17, nº 257.

83. — Si l'ouvrier a gâté ou mal employé les matières à lui remises pour faire un ouvrage, il est tenu d'en payer la valeur ou d'en fournir d'autres de même qualité. — Pothier, nº 427; Merlin, *ibid.*

84. — L'entrepreneur répond du fait des personnes qu'il emploie. — C. civ., 1797.

85. — Toutefois, lorsque des travaux publics ont été soumissionnés par un entrepreneur, l'architecte, qui n'est chargé que de la bonne confection des travaux, ne saurait être responsable du défaut des mesures de précaution à prendre pour prévenir les accidents. — Cette responsabilité pèse sur l'entrepreneur, alors même qu'il aurait confié l'exécution d'une partie des travaux à des tâcherons, et que les ouvriers victimes d'un accident survenu seraient employés par ceux avec lesquels il a sous-traité. — *Paris*, 4 juill. 1846 (t. 2 1846, p. 569), Aumonnier c. Gisors et Gouffier. — V. RESPONSABILITÉ.

86. — De son côté, l'ouvrier a une action pour obtenir le prix de son travail. Mais ce prix, bien que déterminé à l'avance, peut être diminué ou même disparaître s'il est survenu un accident par la faute de l'ouvrier. — V. *infrà*.

87. — L'ouvrier qui s'est engagé à faire certains travaux moyennant un prix déterminé, sans fixer d'époque de paiement, ne peut rien exiger et, par conséquent, pratiquer aucune saisie-arrêt avant la confection définitive des travaux. — *Bordeaux*, 15 mars 1834, Canteloup c. Dufau et Villigente.

88. — Le maître doit-il payer les augmentations survenues dans les frais d'exécution et non prévues au moment du contrat? — A cet égard, il faut distinguer s'il s'agit d'un marché qui soit ou non à forfait. — L'art. 1793 dispose que lorsqu'un architecte ou un entrepreneur s'est chargé de la construction à forfait d'un bâtiment, d'après un plan arrêté et convenu avec le propriétaire du sol, il ne peut demander aucune augmentation de prix, ni sous le prétexte de l'augmentation de la main-d'œuvre ou des matériaux, ni sous celui de changemens ou d'augmentations faits sur ce plan, si ces changemens ou augmentations n'ont pas été autorisés par écrit et le prix convenu avec le propriétaire. — C. civ., art. 1793. — Cette disposition a pour but de remédier aux surprises et suggestions des entrepreneurs et architectes. — Tronchet, au Conseil d'Etat; Fenet, t. 14, p. 265; Troplong, t. 3, nºs 1016, 1017.

89. — Toutefois, si le rôle joué par l'entrepreneur n'était pas actif, et s'il se bornait à accepter des changemens ordonnés ou dirigés par le propriétaire, il y aurait lieu de repousser l'application de cette disposition. — *Cass.*, 28 janv. 1846 (t. 1er 1846, p. 420), Urbain c. Société du Canal de la Sambre à l'Oise.

90. — Jugé aussi, par application de l'art. 1793, que le constructeur chargé d'établir une machine sur un plan donné et moyennant une somme déterminée par écrit, peut exiger le prix convenu, bien qu'il ait fait des changemens au plan primitif, lesquels n'ont pas été fixés par une nouvelle convention, s'il est constant en fait que l'ordonnateur les a connus et ne s'y est pas opposé. — *Cass.*, 16 août 1826, Pinard c. Daret.

91. — L'écriture est indispensable pour la preuve des changemens et augmentations. — *Cass.*, 16 août 1826, Pinart c. Daret. — A tel point que lorsque cette justification manque, il existe une présomption légale que ces changemens ne doivent entraîner aucune augmentation de prix, présomption exclusive de toute preuve contraire. — *Douai*, 20 avr. 1831, Delpierre c. Lambert. — Duvergier, t. 2, nº 366; Troplong, t. 3, nº 1018; Duranton, t. 17, nº 256; Zachariæ, t. 3, p. 49, note 16. — V. aussi *Paris*, 12 juill. 1825, Dufour c. Mugnier; *Caen*, 29 janv. 1845 (t. 1er 1845, p. 702), Forget c. Lasserre.

92. — Quant au prix des augmentations, la preuve peut en être faite par interrogatoire sur faits et articles ou par serment. — Troplong, t. 3, nº 1019; Duvergier, t. 2 nº 367.

93. — Si le constructeur à forfait ne peut rien réclamer à raison d'une difficulté de construction qui n'avait été prévue ni par lui ni par le propriétaire, il n'en est pas évidemment de même s'il n'y a pas forfait, cas auquel l'art. 1793 est étranger. — *Cass.*, 20 mai 1824, ville de Poitiers c. Mattie. — Merlin, t. 10, p. 263, nº 4; Lepage, p. 68.

94. — La question de savoir si une convention présente le caractère d'un marché à forfait, est du domaine exclusif du juge du fond. — *Cass.*, 20 mai 1824, ville de Poitiers c. Mattie.

95. — L'art. 1793 s'appliquerait à la construction d'un navire. — *Rennes*, 24 déc. 1828, Haentjens c. Guibert.

96. — Si le propriétaire du sol n'avait donné à l'architecte ou entrepreneur que des instructions vagues et indéterminées, de manière qu'une construction en amenât une autre, le propriétaire devrait le prix de ces constructions successives. — Duranton, t. 17, nº 236.

97. — M. Duvergier (t. 2, nº 369) pense que les principes écrits dans l'art. 1793 s'appliqueraient au cas où un propriétaire conclurait un marché avec un entrepreneur pour que ce dernier construisît une maison sur son propre terrain. M. Troplong (t. 3, nº 1022) pense, au contraire, que cette opinion ne saurait se concilier avec ces expressions de l'article : « d'après un plan arrêté *avec le propriétaire du sol.* »

98. — Aux termes de l'art. 1798 du Code civil, les maçons, charpentiers et autres ouvriers qui ont été employés à la construction d'un bâtiment ou d'autres ouvrages faits à l'entreprise, n'ont d'action contre celui pour lequel les ouvrages ont été faits, que jusqu'à concurrence de ce dont il se trouve débiteur envers l'entrepreneur au moment où leur action est intentée.

99. — De là il résulte pour les ouvriers une action *directe* de leur chef, *jure proprio* : ces ouvriers prennent ce que le propriétaire doit à l'entrepreneur comme leur dû, et n'ont pas à la partager avec les créanciers de ce même entrepreneur. — En ce sens : *Douai*, 30 mars 1833, Godin c. Fernaux; 13 avril 1833, Godin c. Hache; *Paris*, 10 fév. 1847 (t. 1er 1847, p. 451), Berger c. Tissier. — Duvergier, t. 2, n° 381; Duranton, t. 17, n° 262; et Troplong, t. 3, nos 1048 et suiv. — *Contrà* Delvincourt (t. 3, notes, p. 217) qui ne reconnaît aux ouvriers que l'action résultant de l'art. 1166, et pas de droit de préférence. — Mais cette opinion doit être repoussée.

100. — Cette action étant directe, il suffit que l'ouvrier ait, par un acte extrajudiciaire, prévenu le propriétaire qu'il entend l'exercer, pour que celui-ci ne puisse plus payer entre les mains de l'entrepreneur; il n'est pas nécessaire qu'il procède par voie de saisie-arrêt.

101. — L'action ouverte par l'art. 1798 appartient aux sous-entrepreneurs qui ont contracté avec l'entrepreneur général d'une construction des marchés à prix fait pour une partie de cette construction. — On doit les assimiler aux ouvriers. — *Paris*, 10 fév. 1847 (t. 1er 1847, p. 451), Borge c. Tissier.

102. — La faillite du débiteur n'est pas un obstacle à ce que cette action directe soit exercée. — Arrêts précités de *Douai*, 30 mars et 13 avril 1833, et de *Paris*, 10 fév. 1847.

103. — Les sous-entrepreneurs et ouvriers doivent venir en concurrence entre eux. Nul n'est préféré aux autres s'il n'est porteur d'une délégation ou cession consentie par l'entrepreneur principal et régulièrement notifiée au débiteur. — *Lyon*, 21 janv. 1846 (t. 2 1846, p. 615), Guesdon c. Nannet. — Duranton, t. 17, n° 262.

104. — Les sous-entrepreneurs de travaux, auxquels l'entrepreneur principal a cédé son droit de se faire payer directement sur le prix de l'adjudication, comme s'ils étaient adjudicataires des travaux qu'ils ont exécutés, doivent être payés sur ce prix par privilége et avant tous cessionnaires ultérieurs de l'entrepreneur principal; encore que ces derniers eussent fait notifier leur transport avant toute opposition de la part des ouvriers sous-entrepreneurs. — *Cass.*, 6 juill. 1830, Bazire-Longueville c. Dudon.

105. — Tout ce que le propriétaire a payé à l'entrepreneur avant que les ouvriers n'intentent leur action, est bien payé. Il a vu dans l'entrepreneur son créancier légitime, et tous actes de créanciers de bonne foi doivent être respectés. Il n'est pas nécessaire que les paiemens soient constatés par un acte ayant date certaine. Il suffit que rien n'en fasse soupçonner la sincérité. — Duvergier, t. 2, n° 382; Toullier, t. 7, n° 84; Troplong, t. 3, n° 1051.

106. — La cession antérieure faite à un tiers équivaut à un paiement. — *Lyon*, 21 janv. 1846 (t. 2 1846, p. 615), Guesdon c. Nannet.

107. — Jugé que lorsqu'un entrepreneur de travaux pour le compte d'une société qui a stipulé son paiement en actions de la société, a reçu ces actions, l'ouvrier employé aux travaux ne peut point, après cette délivrance, se prévaloir contre la société du droit d'action directe accordé par l'art. 1798 du C. civ. — Cet ouvrier n'a plus, dans ce cas, sur les actions et par suite sur le dividende y afférent, qu'un droit égal aux autres créanciers de l'entrepreneur. — *Paris*, 8 mars 1848 (t. 1er 1848, p. 673), Marchand c. Stoltz.

108. — Pour invoquer le bénéfice de l'art. 1798, il ne suffit pas d'avoir été employé à la construction de l'ouvrage, il faut de plus, par un travail manuel, avoir augmenté la chose du maître. Les commis aux écritures employés par l'entrepreneur ne pourraient s'en prévaloir. — Troplong, t. 3, n° 1052.

109. — Jugé aussi que l'action directe n'appartient pas à celui qui a fourni les matériaux de construction. — *Lyon*, 21 janv. 1846 (t. 2 1846, p. 615), Guesdon c. Nannet.

110. — Jugé que la caution qui se met à la place d'un entrepreneur qu'elle a cautionné, en se chargeant de son entreprise, et qui paie les ouvriers déjà employés et les fournitures déjà faites, n'est pas de plein droit subrogée aux droits et aux priviléges des ouvriers et des fournisseurs payés; mais elle est elle-même subrogée aux droits de l'entrepreneur vis-à-vis des personnes qui l'ont employée. — Comme telle, la caution ne peut actionner l'entrepreneur devant les tribunaux de commerce. — *Rennes*, 24 août 1825, Catheline c. Riou Kerhalet.

§ 4. — *Responsabilité des ouvriers, architectes et entrepreneurs.*

111. — Pour déterminer la responsabilité de l'ouvrier, en cas de perte de la chose, la loi distingue si l'ouvrier ne fait qu'appliquer son industrie à la chose du maître, ou s'il fournit tout à la fois la chose et son travail.

112. — Dans le cas où l'ouvrier fournit la matière, si la chose vient à périr, de quelque manière que ce soit, avant d'être livrée, la perte en est pour l'ouvrier; à moins que le maître ne fût en demeure de recevoir la chose. — C. civ., art. 1788.

113. — Lorsque l'ouvrier fournit seulement son travail ou son industrie, si la chose vient à périr, l'ouvrier n'est tenu que de sa faute (art. 1789), ce qui doit s'entendre (Troplong, n° 984) de la faute même légère, mais non de la faute très-légère, c'est-à-dire de ces soins, de cette habileté qui excèdent les bornes ordinaires de l'aptitude humaine.

114. — Mais, en ce cas, l'ouvrier n'est pas tenu de la force majeure, à moins que le maître ne justifie que la chose n'aurait pas péri si elle avait été entre ses mains au lieu d'être dans celles de l'ouvrier (Fenet, t. 14, p. 361); ou bien qu'au moment de la perte, l'ouvrier, constitué en demeure, ne fût en retard de livrer (Duvergier, n° 340, *loc. cit.*).

115. — Si, dans l'hypothèse où l'ouvrier ne fournit que son travail, la chose vient à périr, quoique sans aucune faute de la part de l'ouvrier, avant que l'ouvrage ait été reçu, et sans que le maître fût en demeure de le vérifier, l'ouvrier n'a pas de salaire à réclamer, à moins que la chose n'ait péri par le vice de la matière. — Code civ., art. 1790.

116. — Toutefois, bien qu'en principe la perte de la chose doive retomber sur le maître, si elle est amenée par son vice propre, l'ouvrier devrait donner préalablement avis au premier de la défectuosité, si elle était manifeste; et s'il ne le faisait pas, il serait responsable de la perte survenue. — Duvergier, t. 4, n° 342; Delvincourt, sur l'art. 1790.

117. — L'ouvrier est également tenu de la perte survenue par la mise en œuvre, s'il a pris sur lui le risque de l'événement. — Ulpien, L. 13, § 5, ff., *Loc. cond.*; Troplong, n° 986; Duranton, t. 17, n° 252.

118. — Dans le doute, c'est à l'ouvrier à prouver que la perte provient de la force majeure ou du vice de la matière. — Troplong, n° 987.

119. — L'ouvrier se décharge de la responsabilité en livrant ou en faisant agréer le produit de son travail. Il s'en décharge également en mettant le maître à même de faire la vérification. — Lorsque le marché a été fait moyennant un prix pour la totalité de l'ouvrage, il faut que l'ouvrage soit entièrement fini pour être vérifié et reçu : la responsabilité pèse donc sur l'ouvrier jusqu'à l'entier achèvement. — Troplong, n° 988.

120. — Mais s'il s'agit d'un ouvrage à plusieurs pièces ou à la mesure, la vérification peut s'en faire partiellement (C. civ., art. 1791), et l'ouvrier s'exonère ainsi des dispositions des art. 1789 et 1790. — Troplong, n° 989. — L'article précité veut même que la vérification soit censée faite pour toutes les parties payées, si le maître paie l'ouvrier en proportion de l'ouvrage fait. — Il ne faudrait pas, au reste, considérer comme parties payées les simples à-compte que le maître donnerait à l'ouvrier durant le cours du travail sans même avoir vu l'ouvrage. — Duranton, n° 254.

121. — La réception de l'ouvrage dégage l'ouvrier de toute responsabilité; de telle sorte que le maître venant plus tard à reconnaître dans l'ouvrage reçu et vérifié des défauts imputables à l'ouvrier, se verrait repousser par une fin de non-recevoir. — Duvergier, t. 2, n° 345; Troplong, *Louage*, t. 3, n° 991, et *Prescription*, t. 2, n° 941. — V. néanmoins *Metz*, 23 nov. 1823, N...

122. — Cependant, si l'ouvrage avait été exécuté par l'ouvrier sur commande avec sa propre chose, ses obligations seraient celles d'un vendeur, et dès lors la réception ne le dégagerait pas de sa responsabilité. — Troplong, *Louage*, t. 3, n° 992, et *Vente*, t. 2, n° 557.

123. — De même, la réception de l'ouvrage ne dégage pas de la responsabilité l'ouvrier qui a garanti pendant un certain temps la bonté et la solidité de cet ouvrage. — Troplong, *loc. cit.*

124. — Les constructeurs d'édifices sont soumis à une responsabilité plus étroite que les autres ouvriers. Ainsi, la loi (art. 1792) déclare les architectes et entrepreneurs responsables de la perte totale ou partielle des édifices construits à prix fait, soit qu'elle résulte d'un vice de construction ou d'un vice du sol. Et l'art. 1790 fait également peser la responsabilité sur eux, à raison des gros ouvrages qu'ils ont faits et dirigés.

125. — L'ouvrier qui se charge de la confection de plafonds à prix fait, doit être considéré comme entrepreneur, et soumis, en cette qualité, pour la responsabilité qu'il encourt, à l'application des art. 1792 et 1799. — *Poitiers*, 1er mars 1844 (t. 2 1844, p. 186), Proust c. Gayetta.

126. — De la combinaison des art. 1790 et 1792, il résulte qu'il n'y a pas lieu de distinguer, quant au principe de la responsabilité, entre les diverses espèces de construction, entre les travaux neufs et les réparations. — *Rouen*, 30 nov. 1833, Pochon c. commune de Bourgachard, sous *Cass.*, 10 fév. 1835. — Pourvu toutefois qu'il s'agisse de *gros ouvrages*, car pour les *menus ouvrages* sa responsabilité cesse du jour de la réception des travaux. — Duvergier, n° 355.

127. — Ainsi, la responsabilité s'appliquerait, par exemple, à la construction d'un puits (*Paris*, 2 juill. 1828, Gaudrin c. Dubois et Gérard); à celle d'un pont suspendu (*Cass.*, 18 déc. 1839 [t. 1er 1840, p. 292], Chatelet c. Cathelin et Guérard); à celle d'une simple cabane (*Aix*, 16 mars 1832, Bourdet c. Menestrel. — Duvergier, t. 2, n° 345; Vazeille, *Prescriptions*, n° 550; Troplong, *Prescription*, t. 2, n° 941.

128. — Mais elle ne s'étendrait pas à des constructions d'ouvrages mobiliers qui ne seraient devenus immeubles que par destination, comme un pressoir. — *Metz*, 17 oct. 1843 (t. 1er 1845, p. 215), Herbelot c. Vuilmotte.

129. — Quelques auteurs concluent également, du rapprochement des art. 1792 et 2270 C. civ., que la responsabilité des architectes est réglée par l'art. 1792, sans distinction entre les marchés à forfait et ceux dans lesquels l'architecte reçoit un prix fixé d'après la nature et l'étendue des constructions. — Troplong, n° 1002; Duvergier, n° 353. — Mais cette opinion est repoussée par un arrêt de la Cour de cassation du 12 nov. 1844 (t. 1er 1845, p. 256), ville de Saint-Germain c. Mallepièce.

130. — Quant à la responsabilité à raison des vices du sol, elle résulte de ce que l'architecte ou entrepreneur doit connaître son art : aussi celui-ci ne peut-il, même par une clause expresse, s'affranchir de cette responsabilité. — Duvergier, n° 351; Troplong, n° 996; Zachariæ, t. 3, p. 48, *Disc. au Conseil d'Etat*; Ferret, t. 2, p. 368, et t. 4, p. 211 et 616. — *Contrà*, Duranton, t. 17, n° 255. — V. aussi *Aix*, 18 janv. 1841 (t. 2 1841, p. 65), dans ses motifs.

131. — De même, la responsabilité ne cesse pas d'exister par cela que l'architecte aurait fait ses observations au propriétaire et que celui-ci aurait ordonné la continuation des travaux. — Même arrêt. — Troplong, *loc. cit.*

132. — De même, l'architecte qui, chargé de la direction et de la surveillance des travaux d'un bâtiment, est responsable des vices de construction qui se sont manifestés dans ces travaux après leur exécution, ne peut mettre sa responsabilité à couvert par le motif que, le propriétaire ayant été dûment averti, ce qu'il offre de prouver, ces vices de construction doivent lui être imputés. Cette demande de preuve doit être repoussée comme non pertinente, puisque les faits, fussent-ils établis, ne feraient pas disparaître la responsabilité de l'architecte, dont le devoir, dans ce cas, était de se retirer et de faire constater son refus. — *Paris*, 11 janv. 1845 (t. 1er 1845, p. 139), Pinart et Aubry c. Thierry.

133. — Jugé, en ce sens, pour le cas où la destruction proviendrait de la ruine des parties de l'édifice non comprises dans le devis des réparations, et alors même que l'architecte aurait signalé au propriétaire l'urgente nécessité d'étendre les réparations à ces parties. — *Cass.*, 10 fév. 1835, Pochon c. commune de Bourgachard. — *Contrà*, *Paris*, 12 fév. 1848 (t. 2 1848, p. 90), Augros c. Joanne.

134. — Il a même été jugé que l'architecte qui a été chargé de faire les plans est responsable de la ruine de l'édifice provenant du vice de ces plans, bien qu'il n'ait pas dirigé les travaux. — *Dijon*, 10 janvier 1816, Ville de Dijon c. Montfeu; *Cass.*, 20 nov. 1817, mêmes parties. — Et à plus forte raison s'il les a dirigés. — *Paris*, 11 janv. 1845 (t. 1er 1845, p. 139), Pinard et Aubry c. Thierry. — V. aussi *Pau*, 13 mars 1845 (t. 2 1845, p. 388), Astiguala c. comm. de Gerde.

135. — Mais celui qui n'a ni dressé les plans, ni été chargé de la surveillance ou de la direction d'une construction, mais seulement de vérifier l'état d'avancement des travaux, n'encourt aucune responsabilité, si la construction est vicieuse et vient à s'écrouler par la suite, lors même qu'il serait ingénieur ou architecte. — *Cass.*, 18 déc. 1839 (t. 1er 1840, p. 292), Châtelet c. Cathelin. — V. aussi *Cass.*, 1er fév. 1830, Bonnard c. Croizet.

136. — Jugé aussi que l'architecte qui a été chargé seulement de fournir les plans et de recevoir les matériaux n'encourt aucune responsabilité, si l'édifice périt par un vice *caché* des matériaux. — *Paris*, 3 mars 1843, sous *Cass.*, 12 nov. 1844 (t. 1er 1845, p. 256), ville de Saint-Germain c. Malpièce.

137. — Si les vices de construction n'étaient que le résultat de l'erreur commune (p. ex., l'emploi du zinc pour la construction des tuyaux de conduite des eaux), l'architecte ne serait pas soumis à la responsabilité. — *Toulouse*, 19 fév. 1836, comm. d'Encausse c. Lafond.

138. — L'ouvrier qui s'est chargé de construire à des prix divers la maçonnerie de différentes parties d'une maison, est responsable, conformément à l'art. 1792, bien que les matériaux aient été fournis non par lui, mais par le propriétaire. — *Aix*, 18 janv. 1841 (t. 2 1841, p. 65), Comte c. Milhaud.

139. — Jugé aussi que l'entrepreneur chargé à forfait de construire un pont et d'en fournir les matériaux, est responsable de son écroulement survenu avant livraison, alors même qu'il ait été obligé par le cahier des charges de se conformer exactement à des plans et devis dressés sans son concours. En pareil cas, il est réputé s'être approprié les plans et devis dont il a soumissionné l'exécution. — *Cass.*, 11 mars 1839 (t. 1er 1839, p. 371), Michel c. ville de Rennes

140. — Mais, jugé aussi que l'ouvrier qui a entrepris à prix fait les ferrures d'un pont suspendu, n'est pas, à moins de malfaçon, responsable de l'écroulement du pont occasionné par la mauvaise qualité du fer, lorsqu'on lui a désigné le fer qu'il devait employer et qu'il s'est conformé à la stipulation. — Peu importe qu'il n'ait pas prévenu les concessionnaires du pont des dangers d'une chute probable. — *Cass.*, 18 déc. 1839 (t. 1er 1840, p. 292), Chatelot c. Cahelin.

141. — Jugé encore que l'entrepreneur, même à prix fait, qui s'est conformé exactement aux plans et aux devis de l'architecte sous les ordres duquel il était placé, et qui les a exécutés fidèlement, n'est pas responsable des vices de construction. — *Paris*, 11 janv. 1845 (t. 1er 1845, p. 139), Pinard c. Thierry. — V. aussi *Dijon*, 10 janv. 1846, ville de Dijon c. Montfeu.

142. — ... Et que la responsabilité d'un entrepreneur de bâtimens n'est pas engagée lorsque le propriétaire pour lequel il a travaillé est lui-même constructeur et qu'il a dirigé les travaux. — *Cass.*, 4 juillet 1838 (t. 2 1838, p. 359), Labie c. Lefaure. — V. cependant *Bourges*, 13 août 1841 (t. 1er 1842, p. 187), Grivod c. Beaufils.

143. — En tous cas, jugé que l'arrêt qui, en constatant les faits modificatifs de la responsabilité, déclare les architectes et entrepreneurs non responsables, échappe à la censure de la Cour de cassation. — *Cass.*, 18 déc. 1839 et 4 juillet 1838, précités. — Il faut néanmoins remarquer que la Cour de cassation reste toujours maîtresse de fixer et déterminer les conséquences légales des faits constatés par les juges.

144. — L'art. 1792 ne parle de la responsabilité des architectes et entrepreneurs que pour le cas de *perte* partielle ou totale, ce qui ne comprend pas les malfaçons, omissions ou vices de construction ne compromettant pas la solidité de l'édifice; mais, en pareil cas, la responsabilité n'en existe pas moins, seulement elle doit être appliquée d'après les règles générales des conventions. — *Cass.*, 3 déc. 1834, Sancjouand c. Vallée.

145. — La durée de la responsabilité dont parle l'art. 1792 est de 10 ans. Mais comment ce délai de dix années doit-il être calculé? A cet égard, divers systèmes se sont produits.

146. — Le premier consiste à dire que l'architecte ou entrepreneur est garant des accidens survenus dans les dix ans *de la réception des travaux*; qu'après ce terme, il existe en sa faveur présomption *juris et de jure* de l'absence de toute faute; que dès lors le propriétaire n'a pas d'action *à raison des accidens postérieurs aux dix ans*, mais qu'il en a une pour ceux arrivés avant l'expiration de cette période, et que cette action n'étant soumise à aucune prescription particulière dure trente ans, à partir du jour où l'accident a pris naissance. — Troplong, no 1007; Lepage, 2e partie, chap. 1er, § 5 et 6; Duranton, t. 17, no 255; Zachariæ, t. 3, p. 47, note no 13; Fremy-Ligneville, *Code des architectes*, p. 288, nos 1326 et 1327.

147. — Un deuxième système consiste non-seulement à considérer le propriétaire comme sans action contre l'architecte, à raison des pertes qui pourraient arriver après l'échéance des dix années, mais encore à réputer éteinte, si elle n'est intentée avant cette échéance des dix années, l'action qu'aurait fait naître la perte totale ou partielle survenue avant l'expiration de cette période. — En ce sens, *Paris*, 15 nov. 1836, Boulard c. Dubief.

148. — Enfin, dans le troisième système (celui de M. Duvergier, no 360), on décide : 1o qu'après dix ans les constructions doivent être réputées sans vice, et que ce délai court du jour de la réception des travaux; 2o que l'action en garantie pour pertes survenues dans les dix ans est également soumise à la prescription décennale, mais que cette prescription ne court que du jour où ces pertes sont arrivées.

149. — Au reste, M. Lepage (p. 6) pense avec raison que la perte survenue, même après l'expiration des dix années, doit être supportée par les architectes ou les entrepreneurs si elle provient de leur dol, car la fraude ne peut jamais être profitable à son auteur.

150. — Lorsqu'il a été dressé un procès-verbal de réception des travaux, c'est à partir du jour de ce procès-verbal que commencent à courir les dix ans pendant lesquels la responsabilité de l'architecte est engagée. — Si le propriétaire de la maison ne voulait pas recevoir les travaux, l'entrepreneur pourrait le mettre en demeure de le faire, et cette mise en demeure ferait courir le délai des dix ans.

151. — Les architectes et entrepreneurs sont encore responsables lorsqu'ils ont enfreint les règlemens qui ont pour objet la solidité des édifices ou leur régularité, et ceux qui ont pour but l'élargissement des voies de communication ou bien encore le respect dû aux droits du voisinage. — *Paris*, 17 août 1844 (t. 2 1844, p. 440), Varé c. Gortius. — Lepage, t. 2, p. 18 et 19; Troplong, t. 3, no 1012; Zachariæ, t. 3, p. 48; Duvergier, t. 2, no 351.

152. — ... A moins qu'ils ne justifient que la faute est imputable à la volonté du propriétaire dûment averti. — Même arrêt.

153. — L'entrepreneur devrait indemniser le propriétaire, si un mur avait été construit sans observer l'alignement, ou si le feu prenait à la maison parce qu'une cheminée aurait été placée dans un pan de bois. — Lepage, p. 18 et 19.

154. — Lorsque le constructeur a violé un règlement relatif à la solidité des constructions il y a vice de construction, et l'action en responsabilité se prescrit par dix ans. — C. civ., art 2270. — Troplong, t. 3, no 1013. — Et il en serait ainsi quand même les règlemens enfreints seraient d'une autre nature, car l'art. 2270 ne distingue pas. — Troplong, no 1014; Duvergier, t. 2, no 363. — *Contrà* Lepage, p. 19.

155. — En général la réception de l'édifice par le propriétaire et même le paiement du prix convenu, ne déchargent pas l'entrepreneur de la responsabilité établie par les art. 1792 et 2270. — *Aix*, 18 janv. 1841 (t. 2 1841, p. 65), Comte c. Maillard; *Bourges*, 13 août 1841 (t. 1er 1842, p. 187), Grivot c. Beaufils; *Besançon*, 30 nov. 1843 (t. 2 1844, p. 70), Painchaux c. commune du Navois, Bourgeois et Bolle; *Poitiers*, 1er mars 1844 (t. 2 1844, p. 186), Proust c. Gayetta.

156. — Cependant si les vices de construction étaient apparens, on pourrait induire des paiemens qu'aurait faits le propriétaire, ou d'autres circonstances, qu'il a renoncé à son action en garantie. — *Lyon*, 18 juin 1835, Dumas c. Chavanne.

157. — Lorsqu'il a été convenu entre un propriétaire et un entrepreneur de travaux que la première épreuve des travaux, après leur confection, aurait lieu en présence et sous la direction de celui-ci, le propriétaire qui contrevient à cette convention, en faisant essayer les travaux sans appeler l'entrepreneur, ne peut, en cas de chute de l'édifice, être admis à prouver qu'il a péri par vice de construction. — *Amiens*, 25 avr. 1843 (t. 2 1846, p. 396), Sibille c. Besnard.

158. — Le fait seul de la vente, par le propriétaire, de la maison construite, ne le rend pas non recevable à exercer, s'il y a lieu, contre l'entrepreneur une action en indemnité. — *Lyon*, 18 juin 1835, Dumas c. Chavanne.

159. — Il est évident, au reste, que l'architecte qui a dirigé des constructions cesse d'être responsable lorsque les dommages survenus sont le fait du propriétaire lui-même, et proviennent d'une cause étrangère et postérieure aux constructions. — Même arrêt.

160. — Il a été jugé que la responsabilité déterminée par les art. 1792 et 2270 C. civ. ne pèse sur les architectes et entrepreneurs que lorsqu'ils se sont engagés à construire pour le compte d'autrui, et qu'en conséquence l'architecte ou l'entrepreneur qui construit un immeuble sur son propre terrain et pour son compte n'est tenu à la garantie des vices cachés que comme vendeur, et cette garantie ne peut être invoquée si la vente a eu lieu par autorité de justice. — *Paris*, 3 déc. 1846; de Jassenay c. Brunier. — Duranton, t. 17, no 255.

161. — M. Troplong (*Du louage*, no 1015) pense qu'il en serait de même alors que l'entrepreneur aurait construit sur son propre sol, avec ses matériaux, une maison dont on lui aurait fait la commande; dans ce cas, suivant cet auteur, l'entrepreneur n'est qu'un vendeur, sa position est réglée seulement par les principes du contrat de vente. — M. Duranton (*loc. cit.*) ne partage pas cette opinion, à moins qu'il ne résulte des circonstances que la qualité de l'entrepreneur a été particulièrement prise en considération dans le contrat par l'acheteur. — M. Duvergier (*Du louage*, no 369) estime également que le principe porté dans l'art. 1792, doit recevoir son application, soit que l'architecte ait construit sur son propre terrain, soit qu'il ait construit sur le sol de celui pour lequel se fait le bâtiment, et aussi bien lorsqu'il a fourni les matériaux que lorsqu'il les a reçus du propriétaire de l'édifice.

§ 5. — *Fin et résolution du contrat de louage d'ouvrage et d'industrie.*

162. — Le marché à forfait peut être résilié par la seule volonté du maître, quoique l'ouvrage soit commencé; mais le maître ne peut user de ce droit qu'en dédommageant l'entrepreneur de toutes ses dépenses, de tous ses travaux et de tout ce qu'il aurait pu gagner dans l'entreprise. — C. civ., art. 1794.

163. — Quand le prix entier des travaux a été payé d'avance à l'entrepreneur par le maître, ce dernier peut, en résiliant le marché, répéter ce prix comme l'ayant payé sans cause, sous la déduction des dommages-intérêts que l'entrepreneur a soufferts de l'inexécution du marché et du prix de ce qui a été fait. — Troplong, t. 3, nos 1026 et 1027; Duvergier, t. 2, no 372.

164. — Il n'est pas douteux que le maître ne puisse résilier par sa seule volonté un marché à la pièce ou à la mesure, comme un marché à forfait. — Duranton, t. 17, no 257; Troplong, t. 3, no 1028.

165. — Les héritiers du maître trouvant dans la succession le droit de résilier le contrat, s'ils n'étaient pas d'accord pour exercer ce droit, les juges apprécieraient l'opportunité de la cessation ou de la continuation des travaux. — Troplong, t. 3, no 1029; Duranton, t. 17, no 259; Duvergier, t. 2, no 373.

166. — L'art. 1794 est-il applicable au cas où l'ouvrier travaille sur sa propre chose? M. Troplong soutient la négative (no 1030) en ce que dans cette hypothèse, il y a plutôt une vente qu'un louage d'ouvrage. Cependant, M. Duvergier (t. 2, no 335) est d'avis contraire.

167. — L'ouvrier ou entrepreneur n'a pas comme le maître le droit de se départir de la convention. Il doit connaître son art et ne serait pas admissible à alléguer son incapacité. — Troplong, no 1031; Pothier, no 443; Merlin, t. 10, p. 264, no 13; Duvergier, t. 2, no 374; Duranton, t. 17, no 257.

168. — La mort de l'ouvrier, de l'architecte ou de l'entrepreneur est aussi une cause de dissolution du contrat. — C. civ., art. 1795. — Ceci s'entend de tout devis ou marché à prix fait, et de tous louages à tant la pièce. — Duranton, t. 17, no 258.

169. — La disposition de l'art. 1795 est absolue, et les héritiers de l'ouvrier, architecte ou entrepreneur peuvent l'invoquer pour faire résoudre le marché. — Toullier, t. 6, no 408; Troplong, t. 3, no 1035; Duranton, t. 17, no 258; Duvergier, t. 2, no 377; Locré, t. 14, p. 366, no 22, et p. 445; Zachariæ, t 3, p. 47.

170. — Mais la stipulation que le marché ne sera pas dissous par la mort de l'entrepreneur et que ses héritiers succéderont à ses droits et à ses devoirs n'a rien d'illicite. — Favard de Langlade, vo *Louage*, sect. 2.

171. — Si la construction était dirigée par un architecte et exécutée par un entrepreneur, la mort de l'un d'eux ne romprait pas le marché fait avec l'autre. — Lepage, p. 83.

172. — En cas de dissolution du marché par la mort de l'entrepreneur ou de l'architecte, le propriétaire est tenu de payer, en proportion du prix porté par la convention, à leur succession la valeur des ouvrages faits et celle des matériaux préparés, lors seulement que ces travaux ou ces matériaux peuvent lui être utiles. — C. civ., art. 1796.

173. — Pour apprécier l'utilité que peut tirer le propriétaire du travail ou des matériaux (Code civ., art. 1796), il faut prendre en considération leur destination conformément au marché. Mais les héritiers de l'entrepreneur seraient non recevables à alléguer qu'il pourraient être utiles au maître pour une autre destination que l'ouvrage faisant l'objet du contrat. — Delvincourt, t. 3, p. 228; Duvergier, n° 380; Troplong, p. 255.

174. — Lorsque l'une des parties s'oblige moins à confectionner un ouvrage qu'à procurer une chose qu'elle devra faire elle-même ou par des ouvriers à son choix, sa mort n'opère pas la résolution du contrat. — Toullier, t. 6, n° 409; Duvergier, t. 2, n° 378, Duranton, t. 17, n° 257.

175. — L'art. 1795 ne s'applique pas au louage de services pour transport de marchandises, parce qu'on considère alors, non l'industrie du voiturier, mais le fait du transport. — Duranton, t. 17, n° 258; Troplong, t. 3, n° 1038.

176. — Les art. 1795 et 1796 s'appliquent-ils au cas où l'ouvrier travaille sur sa propre chose? — Nég.: Troplong, n° 1044; Zachariæ, t. 3, p. 46 et 47.

177. — La mort du maître ne dissout pas le louage d'ouvrage. — Troplong, t. 3, n° 1045.

178. — La faillite de l'entrepreneur ne met pas fin au marché. La masse des créanciers est alors tenue de remplir ses obligations. — *Rouen*, 24 janv. 1826, Vauquelin c. Frémont; *Caen*, 20 fév. 1827, Thibout c. Hélain.

179. — Le contrat se résout enfin par la force majeure rendant impossible l'ouvrage convenu. — La résolution, en ce cas, a lieu sans indemnité, à moins que l'entrepreneur n'ait acquis des matériaux devenus inutiles, cas auquel il y a lieu de décider, comme au cas de mort du maître, que l'entrepreneur sera indemnisé si les matériaux peuvent servir à celui-ci. — Merlin, *Rép.*, v° *Louage*, n° 6.

180. — Les principes qui précèdent sont applicables aux maçons, charpentiers, serruriers ou autres ouvriers qui font directement des marchés à prix fait; ils sont entrepreneurs dans la partie qu'ils traitent. — C. civ., art. 1799.

181. — La résolution d'un marché général de travaux consentie, moyennant indemnité, par l'entrepreneur principal vis-à-vis d'une société de chemin de fer mise en dissolution, ne peut être invoquée par ledit entrepreneur comme un cas de force majeure qui l'autorise à considérer comme résolues les conventions qu'il a passées avec les sous-traitans. En pareil cas, et s'il s'agit entre cet entrepreneur et ses sous-traitans de marchés à forfait, on rentre dans l'application de l'art. 1794 C. civ., et c'est en conformité des bases déterminées par cet article que doit être fixé le dédommagement qui leur est dû. L'entrepreneur ne pourrait se borner à leur offrir la délégation proportionnelle de l'indemnité par lui reçue. — *Douai*, 5 juill. 1847 (t. 2 1847, p. 375), Beaulieu c. Humetz. — V., en outre, CHEMINS DE FER, COMMISSIONNAIRE DE TRANSPORTS, DOMESTIQUES, JUSTICE DE PAIX, PRIVILÉGE, RESPONSABILITÉ, TRAVAUX PUBLICS.

LOUEURS.

1. — Loueurs de voitures suspendues, — loueurs de tableaux et dessins; — patentables, les premiers de 5e, et les derniers de 6e classe: — droit fixe basé sur la population, — droit proportionnel du 20e de la valeur locative de l'habitation et des lieux servant à l'exercice de la profession.

2. — Loueur de livres, patentables de 7e classe: — même droit fixe que les précédens, sauf la différence de classe; — droit proportionnel du 40e de la valeur locative de tous les locaux qu'ils occupent, mais seulement dans les communes de 20,000 âmes et au-dessus.

3. — Quant aux loueurs en garni, V. LOGEUR. — V. aussi PATENTE.

LOUVETERIE.

1. — La destruction des loups a été l'objet de plusieurs mesures générales importantes à connaître.

2. — Tels sont: 1° l'établissement de primes décernées à toute personne qui a tué un loup, suivant l'âge et le sexe de l'animal détruit. — V. à cet égard v° BATTUE, n°s 34 et suiv.

3. — ... 2° Les chasses générales ou battues ordonnées par les préfets. — Circul. min. du 9 juill. 1818. — V. BATTUE.

4. — Tel est, enfin, l'établissement d'officiers de louveterie. Cet établissement résulte d'un règlement du 20 août 1814 sur l'organisation de la louveterie, approuvé par le roi.

5. — Il est à remarquer, toutefois, que ce règlement, bien que visé dans l'ordonnance royale du 24 juill. 1832, relative au droit de chasse dans les forêts de l'Etat, n'a été signé que du grand veneur, et qu'il n'a été ni contre-signé par un ministre, ni sanctionné législativement ou par ordonnance, ni inséré au Bulletin. Aussi la jurisprudence a-t-elle refusé de lui reconnaître le caractère des règlemens généraux ayant force d'exécution. — *Cass.*, 12 juin 1847 (t. 2 1847, p. 569), Eline et Boutt c. de la Roche-Brochart.

6. — ... Et il a été jugé, dès lors, que les lieutenans de louveterie, bien qu'ils doivent être considérés comme puisant dans le titre même que leur confère l'autorité publique une autorisation permanente pour se livrer à la chasse des loups ou autres animaux nuisibles, restent soumis, quant à leurs droits et à leurs devoirs, à l'arrêté du Directoire exécutif du 19 pluv. an V, et ne peuvent, dès lors, se livrer à cette chasse que sous la surveillance et l'inspection des agens forestiers. — *Cass.*, 30 janv. 1841 (t. 2 1841, p. 274), Noël c. Grasset; arrêt précité de 1847.

7. — ... Qu'en conséquence, à défaut par eux d'avoir provoqué cette surveillance, le fait de s'être livré à une telle chasse sur le terrain d'autrui demeure régi par la loi générale et constitue un délit, dont le propriétaire a le droit de poursuivre la réparation. — Même arrêt de 1847.

8. — La louveterie était autrefois dans les attributions du grand veneur. — Décr. 8 fruct. an XII; ord. du 1er nov. 1820, art. 39. — Mais depuis la suppression de cette charge elle a été placée dans les attributions de la direction générale des forêts. — Ord. 14 sept. 1830.

9. — Aux termes du règlement précité, le grand veneur (aujourd'hui l'administration des forêts) donne des commissions honorifiques de lieutenant de louveterie dont il détermine les fonctions et le nombre par conservation forestière et par département, dans la proportion des bois qui s'y trouvent, et des loups qui les fréquentent. — Ces commissions sont renouvelées tous les ans.

10. — Il a été jugé que les fonctions des officiers de louveterie ne cessent pas de plein droit par l'expiration de l'année de leur commission; ils peuvent les exercer jusqu'à ce qu'ils aient été remplacés. — *Orléans*, 11 mai 1840 (t. 2 1840, p. 308), Grasset et Roussel c. Noël et Schmidt.

11. — Les lieutenans de louveterie reçoivent les instructions et les ordres de l'administration des forêts pour tout ce qui concerne la chasse des loups. Ils sont tenus d'entretenir à leurs frais un équipage de chasse, en outre, de se procurer les piéges nécessaires pour la destruction des loups, renards et autres animaux nuisibles, dans la proportion des besoins. — Même arrêt.

12. — Le même règlement renferme diverses indications relatives aux mesures à prendre par les équipages de louveterie dans les endroits que fréquentent les loups.

13. — Les lieutenans de louveterie ont le droit de provoquer les battues lorsqu'ils le jugent convenable, en s'adressant aux préfets. — V., en ce qui concerne la part que doivent prendre aux battues les lieutenans de louveterie, v° BATTUE, n°s 10, 15, 21 et suiv.

14. — Ils doivent faire connaître journellement les loups tués dans leur arrondissement, et, tous les ans, envoyer un état général des prises. — Tous les trois mois ils font parvenir à l'administration des forêts un état des loups présumés fréquenter les forêts soumises à leur surveillance, et les préfets sont invités à envoyer les mêmes états d'après les renseignemens particuliers qu'ils peuvent avoir. — *Ibid.*

15. — Aux termes du règlement du 20 août 1814, les lieutenans de louveterie avaient le droit de chasser à courre, deux fois par mois dans les forêts de l'Etat faisant partie de leur arrondissement, le chevreuil brocard, le sanglier ou le lièvre, suivant les localités, excepté dans celles de ces forêts dont la chasse était donnée particulièrement par le roi aux princes ou à toute autre personne. — *Ibid.* — Mais ils ne pouvaient tirer sur le chevreuil et le lièvre. Le sanglier était excepté de cette disposition dans le cas seulement où il tiendrait aux chiens.

16. — Une ordonnance du 24 juillet-18 août 1832, tout en conservant à ces officiers leurs droits et attributions, a, néanmoins, disposé que le droit de chasse à courre qui leur était accordé dans les forêts de l'Etat serait restreint à la chasse du sanglier.

17. — Jugé que la faculté accordée aux lieutenans de louveterie par la disposition qui précède constitue un privilége personnel qu'ils ne peuvent déléguer à des tiers, pas même à leurs piqueurs; et, qu'en conséquence, on doit considérer comme un délit la chasse à courre du sanglier faite dans une forêt de l'Etat par les piqueurs d'un lieutenant de louveterie, en l'absence de leur maître, encore bien que ce fût par ses ordres. — Mais ce délit n'entraîne que la confiscation matérielle des armes et non la confiscation pécuniaire. — *Nancy*, 31 janv. 1844 (t. 2 1844, p. 39), forêts c. Leclerc.

18. — Au reste, les officiers de louveterie sont civilement responsables des dommages causés par leurs piqueurs, sans toutefois que cette responsabilité entraîne la contrainte par corps. — Même arrêt. — V. CHASSE, n° 541.

19. — Jugé aussi que la faculté accordée aux officiers de louveterie de chasser le sanglier dans les forêts de l'Etat, par l'ordonn. du 24 juill. 1832, est une faculté exceptionnelle et ne peut être étendue aux bois des particuliers, et que pour que cette chasse soit autorisée, il faut qu'une battue ait été ordonnée. — V. BATTUE. — *Cass.*, 3 janv. 1840, et *Orléans*, 11 mai 1840 (t. 2 1840, p. 309), Grasset et Roussel c. Noël et Schmidt. — V. en outre, *Poitiers*, 29 mai 1843 (t. 1er 1845, p. 154), Lastie.

20. — Une décision du ministre des finances du 24 oct. 1823 porte que les officiers de la louveterie et leurs piqueurs sont dispensés de se munir de port d'armes de chasse et d'en acquitter la taxe lorsqu'ils se livrent exclusivement à la chasse des loups et autres animaux nuisibles; mais aussi que dans tous les autres cas, ils sont tenus de se munir de ce permis et d'en payer le prix. — Bost, *Organisat. municip.*, t. 1er, p. 170.

21. — Jugé que les piqueurs de louveterie légalement commissionnés ont le droit de porter des armes dans toute l'étendue de leur territoire, et de poursuivre, indépendamment des battues générales, les bêtes fauves qu'ils rencontrent sans être tenus de se munir d'un permis de port d'armes. — *Nîmes*, 3 juill. 1829, forêts c. Vigual.

22. — ..... Et que lorsqu'un procès-verbal constate seulement qu'un piqueur de louveterie a été trouvé chassant, et ne justifiant pas d'un permis de port d'armes sur le territoire pour lequel il était commissionné, il y a présomption qu'il chassait les bêtes fauves et non le gibier. — Même arrêt. — Mais V. aussi *suprà* n°s 5 et 6.

23. — Les lieutenans de louveterie sont tenus de faire connaître chaque mois le nombre d'animaux qu'ils auront forcés. — Même règlement de 1814.

24. — Ils ne sont ni agens du gouvernement ni dépositaires d'aucune portion de la puissance publique: dès lors pour diriger contre eux des poursuites à raison de l'exercice de leurs fonctions, il n'est pas nécessaire de recourir à l'autorisation préalable prescrite par l'art. 75 de la Constitution du 22 frim. an VIII. — *Cass.*, 21 janv. 1837 (t. 1er 1837, p. 617), Dupré de Saint-Maur c. Lièpe-Audan.

LOYAUX COUTS.

1. — On comprend sous ce nom de *loyaux coûts* ce que l'acquéreur d'un immeuble a été obligé de payer en sus de son prix, tels que: honoraires du notaire, papier timbré, pot-de-vin, épingles, droits d'enregistrement, salaire du courtier, frais de transcription et de purge des hypothèques, et tous autres frais que la vente aurait occasionnés. — Arg. art. 2188 C. civ. — Troplong, *Vente*, art. 1673; Duvergier, *Vente*, n° 669; Merlin, *Rép.*, v° *Loyaux coûts*.

2. — Merlin cite comme entrant dans les loyaux coûts les frais de voyage que l'acquéreur aurait faits par lui-même ou par un expert, pour visiter l'objet de l'acquisition, ou les frais de voyage pour passer le contrat.

3. — En cas d'éviction par l'exercice de la faculté de réméré, l'acquéreur doit être remboursé de ses frais et loyaux coûts. — C. civ., 1673. — V. VENTE A RÉMÉRÉ.

4. — De même, en cas de surenchère, l'adjudicataire est tenu de restituer à l'acquéreur ou au donataire dépossédé les frais et loyaux coûts de son contrat, ceux de transcription et de notification. — C. civ., 2188. — V. PURGE DES HYPOTHÈQUES.

LOYERS DES GENS DE MER.

V. ÉQUIPAGE (Gens d'). V. aussi ASSURANCE MARITIME, AVARIES, GENS DE MER.

LUNETIERS.

1. — Marchands lunetiers, — fabricans lunetiers; — patentables, les premiers de 5e, les derniers de 6e classe: — droit fixe basé sur la population, — droit proportionnel du 20e de la valeur locative de l'habitation et des lieux servant à l'exercice de la profession.

2. — Fabricans de verres de lunettes, patentables de 7e classe: — même droit fixe, sauf la diffé-

rence de classe; — droit proportionnel du 40e de la valeur locative de tous les locaux qu'ils occupent, mais seulement dans les communes de 20,000 âmes et au-dessus. — V. PATENTE.

LUSTRAGE DES PEAUX.

1. — Troisième classe des établissemens insalubres. — V. ce mot (nomenclature).

2. — Les lustreurs de fourrures sont compris dans la 6e classe des patentables. — Droit fixe basé sur la population, — droit proportionnel du 20e de la valeur locative de l'habitation et des locaux servant à l'exercice de la profession. — V. PATENTE.

LUSTRES (Fabr. et March. de).

Patentables de 4e classe; — droit fixe basé sur la population, — droit proportionnel du 20e de la valeur locative de l'habitation et des lieux servant à l'exercice de la profession. — V. PATENTE.

LUTHERIE, LUTHIERS.

1. — Marchands de fournitures de lutherie; — fabricans luthiers pour leur compte; — patentables de 5e classe; — droit fixe basé sur la population, — droit proportionnel du 20e de la valeur locative de l'habitation et des lieux servant à l'exercice de la profession.

2. — Les fabricans luthiers à façon, font partie de la 7e classe seulement: — même droit fixe, sauf la différence de classe; — droit proportionnel du 40e de la valeur locative de tous les locaux qu'ils occupent, mais seulement dans les communes de 20,000 âmes et au-dessus. — V. PATENTE.

LYNCH (Loi de).

Bouvier, dans son dictionnaire sur la législation des Etats-Unis, définit ainsi la loi du lynch (*lynch-law*) : « Phrase qu'on emploie pour exprimer les excès auxquels se livre une foule lorsqu'elle outrage ou injurie une personne à laquelle on impute quelque scandale. En Angleterre, cela s'appelle *lidford-law*. » — Bouvier's *Law Dictionary*, t. 2, p. 107.— Tomlin donne à son tour la définition suivante de la loi de *lidford* dans son dictionnaire de droit anglais : « Expression proverbiale, dit-il, par laquelle on veut dire pendre un homme d'abord, et ensuite lui faire son procès. » — Tomlin's *Law Dictionary*, t. 2, p. 445.

M

MACHINES A VAPEUR.

1. — Ce sont les appareils au moyen desquels la vapeur est employée comme force motrice.

2.—*Fabrication et commerce des machines à vapeur, — Epreuves.— Conditions de sûreté.*—Ces appareils, d'invention toute moderne, ont dû, dès leur apparition, et à raison des dangers que leur usage présente, comme des inconvéniens qu'ils peuvent avoir pour le voisinage, appeler l'attention de l'autorité publique. — Une ordonnance royale du 29 oct. 1823 soumit d'abord les machines à haute pression, c'est-à-dire dans lesquelles la force élastique de la vapeur fait équilibre à plus de deux atmosphères, à l'autorisation prescrite pour les établissemens dangereux de deuxième classe, et les machines à basse pression à l'autorisation voulue pour les établissemens de troisième classe, en imposant d'ailleurs aux unes et aux autres diverses conditions de sûreté. — Les progrès successifs de la science ont depuis successivement amené de nouvelles dispositions réglementaires qui ont fait l'objet des ordonnances royales des 7 mai 1828, 23 sept. 1829, 25 mars 1830, et 22 juill. 1839. — Enfin est intervenue l'ordonnance royale du 22 mai 1843, qui forme le dernier état de la législation, et qui, abrogeant toutes les ordonnances antérieures, est devenue comme le code de la matière.

3. — Aux termes de cette dernière ordonnance, les machines à vapeur, soit à haute, soit à basse pression, doivent être divisées en trois classes différentes.

4. — 1° Les machines à vapeur qui sont construites à demeure et forment ainsi une partie intégrante des établissemens où elles sont employées.

5. — 2° Les machines dites *locomobiles*, et qui pouvant être transportées facilement d'un lieu dans un autre, n'exigent aucune construction pour fonctionner à chaque station.

6. — 3° Les machines appelées *locomotives*. Ce sont celles qui, en se déplaçant par leur propre force, servent au transport des voyageurs, des marchandises ou des matériaux.

7. — Les machines et chaudières établies à bord des bateaux à vapeur, et qui forment comme une quatrième catégorie, étant régies par des dispositions spéciales, nous n'avons point à nous en occuper ici. — V. BATEAUX A VAPEUR.

8. — Ces différentes sortes de machines sont indistinctement soumises avant que d'être employées, à certaines épreuves et conditions de sûreté qui sont indiquées par l'ordonn. précitée du 22 mai 1843, et qui portent principalement sur la force et le mode de construction des chaudières; sur l'établissement des soupapes de sûreté destinées à faciliter le dégagement de la vapeur surabondante, et de manomètres qui servent à faire connaître constamment la tension de la vapeur dans la chaudière; enfin, sur les moyens d'alimenter l'eau dans les chaudières, et l'établissement d'indicateurs propres à faire connaître le niveau de l'eau dans chaque appareil.

9. — Aucune machine ou chaudière à vapeur ne peut être livrée par un fabricant si elle n'a subi les épreuves dont nous venons de parler. Ces épreuves sont faites à la fabrique sur la déclaration des fabricans, et d'après les ordres des préfets, par les ingénieurs des mines, ou, à leur défaut, par les ingénieurs des ponts et chaussées. — Ord. du 22 mai 1843, art. 2.

10. — Les chaudières des machines à vapeur venant de l'étranger doivent être pourvues des mêmes appareils de sûreté que les machines et chaudières d'origine française et subir les mêmes épreuves. Ces épreuves sont faites au lieu désigné par le destinataire dans la déclaration qu'il doit faire à l'importation. —*Ibid.*, art. 3.

11. — Du reste, si à raison du mode particulier de construction de certaines machines, ou chaudières, à vapeur, l'application à ces machines, ou chaudières, d'une partie des mesures de sûreté prescrites par l'ordonnance, se trouvait inutile, le préfet, sur le rapport des ingénieurs, peut autoriser l'établissement de ces machines et chaudières en les assujettissant à des conditions spéciales. — Ord. 22 mai 1843, art. 67.

12. — Au contraire, si une machine ou chaudière paraît présenter des dangers d'une nature particulière, et s'il est possible de les prévenir en ajoutant de nouvelles mesures de sûreté à celles prévues et déclarées obligatoires par l'ordonnance, le préfet, sur le rapport des ingénieurs, peut mettre à l'autorisation les conditions qui seraient reconnues nécessaires. — *Ibid.*

13. — Dans l'un et l'autre cas, les autorisations données par le préfet sont soumises à l'approbation du ministre des travaux publics. — *Ibid.*

14. Les décisions du préfet relatives aux conditions de sûreté que les machines ou chaudières à vapeur doivent présenter ne sont d'ailleurs susceptibles de recours que devant le même ministre. — Ord. 22 mai 1843, art. 11.

15. — *Machines placées à demeure ailleurs que dans les mines.* — Les machines à vapeur qui sont employées à demeure (surtout ailleurs que dans l'intérieur des mines) ne peuvent être établies qu'en vertu d'une autorisation délivrée par le préfet du département, conformément à ce qui est prescrit, par le décret du 15 oct. 1810, pour les établissemens insalubres et incommodes de deuxième classe. — Ord. 22 mai 1843, art. 4.

16. — La demande en autorisation doit être adressée au préfet, elle doit faire connaître : 1° la pression maximum de la vapeur, exprimée en atmosphères et en fractions décimales d'atmosphère, sous laquelle les machines doivent fonctionner; 2° la force de ces machines exprimée en chevaux (le cheval vapeur étant la force capable d'élever un poids de 75 kilogrammes à un mètre de hauteur dans une seconde de temps); 3° la forme des chaudières, leur capacité et celle de leurs tubes bouilleurs, exprimée en mètres cubes; 4° le lieu et l'emplacement où elles doivent être établies et la distance où elles doivent se trouver des bâtimens appartenant à des tiers et de la voie publique; 5° la nature des combustibles que l'on doit employer; 6° enfin, le genre d'industrie auquel les machines doivent servir. Un plan des localités et le dessin géométrique de la chaudière doivent être joints à la demande. — *Ibid.* art. 5.

17. — Le maire de la commune auquel la demande est transmise fait alors procéder immédiatement à une enquête *de commodo et incommodo*, dont la durée est fixée à dix jours. — *Ibid.*, art. 6 et 7.

18. — Cinq jours après que cette enquête est terminée, le maire doit en adresser le procès-verbal, avec son avis, au sous-préfet; lequel, dans un semblable délai, doit transmettre le tout au préfet, en y joignant également son avis.—*Ibid.*, art. 8.

19. — Dans le délai de quinze jours, le préfet, après avoir pris l'avis de l'ingénieur des mines, ou à son défaut de l'ingénieur des ponts et chaussées, doit statuer sur la demande en autorisation. — *Ibid.* art. 9.

20. — L'arrêté d'autorisation doit indiquer : 1° le nom du propriétaire; — 2° la pression maximum de la vapeur, exprimée en nombre d'atmosphères, sous laquelle la machine doit fonctionner, et les numéros des timbres dont la machine ou la chaudière auront été frappées d'après les épreuves ci-dessus indiquées; — 3° la force de la machine exprimée en chevaux; — 4° la forme et la capacité de la chaudière; — 5° le diamètre des soupapes de sûreté, la charge de ces soupapes; — 6° la nature du combustible dont il doit être fait usage; — 7° le genre d'industrie auquel doit servir la machine. — *Ibid.*, art. 10.

21. — L'arrêté du préfet doit être affiché pendant un mois, à la mairie de la commune où se trouve l'établissement autorisé. Il en est, de plus, déposé une copie aux archives de la commune; il doit, d'ailleurs, en être donné communication à toute partie intéressée qui en ferait la demande. — *Ibid.*, art. 13.

22. — Le recours au Conseil d'Etat est ouvert au demandeur en autorisation contre la décision du préfet qui aurait refusé d'accorder cette autorisation. — *Ibid.*, art. 11.

23. — S'il avait été formé des oppositions à l'autorisation, les opposans pourraient se pourvoir devant le conseil de préfecture contre la décision du préfet qui aurait accordé l'autorisation; sauf, par suite, le recours au Conseil d'Etat.—*Ibid.*

24. — *Machines employées dans les mines.* — Les machines à vapeur placées à demeure dans l'intérieur des mines, doivent être pourvues des appareils de sûreté qui sont prescrits pour les machines fixes et doivent subir les mêmes épreuves. — Elles ne peuvent être établies qu'en vertu d'autorisations du préfet délivrées sur le rapport des ingénieurs des mines. — Ces autorisations déterminent les conditions relatives à l'emplacement, à la disposition et au service habituel des machines. — Ord. du 22 mai 1843, art. 46.

25. — *Machines dites locomobiles.* — Toute machine locomobile doit, indépendamment des timbres relatifs aux conditions de sûreté qui y sont appliqués d'après le résultat des épreuves dont nous avons parlé (*suprà* nos 8 et 9), recevoir une plaque portant le nom du propriétaire. — Ord. roy. du 22 mai 1843, art. 49.

26. — Aucune locomobile ne peut fonctionner à moins de cent mètres de distance de tout bâtiment, sans une autorisation spéciale donnée par le maire de la commune. En cas de refus, la partie intéressée peut se pourvoir devant le préfet. — *Ibid.*, art. 50.

27. — Si, d'ailleurs, l'emploi d'une machine locomobile présentait des dangers, soit parce qu'il n'aurait point été satisfait aux conditions de sûreté ci-dessus indiquées, soit parce que la machine n'aurait pas été entretenue en bon état de service, le préfet, sur le rapport de l'ingénieur des mines, ou, à son défaut, de l'ingénieur des ponts et chaussées, peut suspendre ou même interdire l'usage de cette machine.—*Ibid.*, art. 51.

28. — *Machines locomotives.* — Aucune machine locomotive ne peut être mise en service sans un permis de circulation qui est délivré par le préfet du département où se trouve le point de départ de la locomotive, sur l'avis de l'ingénieur des mines ou, à son défaut, de l'ingénieur des ponts et chaussées. — Ord. du 22 mai 1843, art. 55 et 57.

29. — La demande du permis doit faire connaître : 1° la pression maximum de la vapeur, exprimée en atmosphères et en fractions décimales d'atmosphère, sous laquelle la locomotive doit fonctionner; — 2° la forme de la chau-

dière, sa capacité et celle de ses tubes bouilleurs, exprimées en mètres cubes. Elle doit, de plus, indiquer le nom donné à la locomotive et le service auquel elle est destinée. Le nom de la locomotive doit être gravé sur une plaque fixée à la chaudière. — *Ibid.*, art. 56.

30. — Dans le permis doivent être énoncés : 1° le nom de la locomotive et le service auquel elle est destinée; — 2° la pression maximum (en nombre d'atmosphères) de la vapeur dans la chaudière, et les numéros des timbres dont la chaudière et les cylindres auront été frappés ; — 3° le diamètre des soupapes de sûreté ; — 4° la capacité de la chaudière ; — 5° le diamètre des cylindres et la course des pistons ; — 6° enfin le nom des fabricans et l'année de la construction. — *Ibid.*, art. 58.

31. — Si une machine locomotive ne satisfaisait pas aux conditions de sûreté ci-dessus indiquées, ou si elle n'était pas entretenue en bon état de service, le préfet, sur le rapport de l'ingénieur des mines ou, à son défaut, de l'ingénieur des ponts et chaussées, pourrait en suspendre et même en interdire l'usage. — *Ibid.*, art. 59.

32. — Les conditions auxquelles est assujettie la circulation des locomotives et des convois, en tout ce qui peut concerner la sûreté publique, sont déterminées par arrêtés du préfet du département où est situé le lieu du départ, après avoir entendu les entrepreneurs, et en ayant égard tant aux cahiers des charges des entreprises, qu'aux dispositions des règlemens d'administration publique concernant les chemins de fer. — *Ibid.*, art. 60. — V., au surplus, CHEMINS DE FER.

33. — *Surveillance des machines à vapeur.* — Les autorités qui sont chargées de la police locale doivent exercer une surveillance habituelle sur tous les établissemens où la vapeur est employée comme force motrice. — Ord. 22 mai 1843, art. 66.

34. — En outre, les ingénieurs des mines et, à leur défaut, les ingénieurs des ponts et chaussées sont chargés, sous l'autorité des préfets, de la surveillance des machines et chaudières à vapeur. — Ord. 22 mai 1843, art. 61.

35. — En conséquence, outre les avis qu'ils sont appelés à donner sur les demandes en autorisation, et le concours qu'ils doivent apporter aux épreuves dont nous avons parlé plus haut, ils doivent s'assurer, au moins une fois par an, et plus souvent lorsqu'ils en reçoivent l'ordre du préfet, que toutes les conditions de sûreté prescrites sont exactement observées. — Ils visitent les machines et les chaudières à vapeur, ils en constatent l'état, et ils provoquent la réparation et même la réforme des chaudières et des autres pièces que le long usage ou une détérioration accidentelle leur ferait regarder comme dangereuses. — Ils proposent également de nouvelles épreuves, lorsqu'ils les jugent indispensables pour s'assurer que les chaudières et les autres pièces conservent une force de résistance suffisante, soit après un long usage, soit lorsqu'il y aura été fait des changemens ou réparations notables. — *Ibid.*, art. 63.

36. — Les mesures dont nous venons de parler sont ordonnées, s'il y a lieu, par le préfet, après avoir entendu les propriétaires, lesquels peuvent, d'ailleurs, réclamer de nouvelles épreuves, lorsqu'ils les jugent nécessaires. — *Ibid.*, art. 64.

37. — Lorsque, par suite de demandes en autorisation d'établir des machines ou des appareils à vapeur, les ingénieurs des mines, ou les ingénieurs des ponts et chaussées, auront fait, par ordre du préfet, des actes de leur ministère de la nature de ceux qui donnent droit aux allocations établies par l'art. 89 du décret du 18 nov. 1810, et par l'art. 75 du décret du 7 fruct. an XII (c'est-à-dire des actes réclamés par un intérêt autre que celui de l'administration, et dont les frais doivent conséquemment retomber à la charge des fabricans, des propriétaires de machines à vapeur, des entrepreneurs de chemins de fer, ou d'autres particuliers), ces allocations doivent être fixées et recouvrées dans les formes déterminées par les décrets précités. — *Ibid.*, art. 65.

38. — *Dispositions générales.* — Les propriétaires et chefs d'établissemens qui font usage de machines à vapeur, doivent veiller : 1° à ce que les machines et chaudières et tout ce qui en dépend soient entretenus constamment en bon état de service; 2° à ce qu'il y ait toujours près des machines et chaudières des manomètres de rechange, ainsi que des tubes indicateurs de rechange, lorsque ces tubes sont au nombre des appareils employés pour indiquer le niveau de l'eau dans les chaudières; 3° à ce que ces dites machines et chaudières soient chauffées, manœuvrées et surveillées suivant les règles de l'art. — Conformément aux dispositions de l'art. 1384 du Code civil, ils sont responsables des accidens et dommages résultant de la négligence ou de l'incapacité de leurs agens. — Ord. 22 mai 1843, art. 69.

39. — Il est défendu de faire fonctionner les machines et les chaudières à vapeur à une pression supérieure au degré déterminé dans les actes d'autorisation et auquel correspondent les timbres dont les machines et chaudières doivent être frappées. — *Ibid.*, art. 75.

40. — En cas de changemens ou de réparations notables qui seraient faits aux chaudières ou aux autres pièces passibles des épreuves, le propriétaire doit en donner avis au préfet, qui ordonne, s'il y a lieu, de nouvelles épreuves. — *Ibid.*, art. 71.

41. — Dans tous les cas d'épreuves, les appareils et la main-d'œuvre sont fournis par les propriétaires des machines et chaudières. — *Ibid.*, art. 72.

42. — L'autorisation accordée à ces propriétaires ne les dispense pas, d'ailleurs, d'adapter à leurs machines et chaudières tous les appareils de sûreté qui peuvent venir à être découverts postérieurement à l'autorisation : ils sont, à cet égard, tenus de se conformer à tout ce qui serait prescrit par des règlemens d'administration publique. — *Ibid.*, art. 73.

43. — En cas de contravention aux règlemens qui leur sont imposés, les permissionnaires peuvent encourir l'interdiction de leurs machines et chaudières, sans préjudice des peines, dommages-intérêts qui seraient prononcés par les tribunaux. Cette interdiction est prononcée par arrêtés des préfets, sauf recours devant le ministre des travaux publics. Ce recours n'est pas suspensif. — *Ibid.*, art. 73.

44. — En cas d'accident, l'autorité chargée de la police locale doit se transporter sans délai sur les lieux; le procès-verbal de sa visite doit être transmis au préfet et, s'il y a lieu, au procureur de la République. — L'ingénieur des mines, ou, à son défaut, l'ingénieur des ponts et chaussées, doit se rendre aussi sur les lieux immédiatement, pour visiter les appareils à vapeur, en constater l'état et rechercher la cause de l'accident. Il doit adresser du tout un rapport au préfet. — *Ibid.*, art. 75.

45. — En cas d'explosion, les propriétaires d'appareils à vapeur ou leurs représentans ne doivent ni réparer les constructions, ni déplacer ou dénaturer les fragmens de la chaudière ou machine rompue, avant la visite et la clôture du procès-verbal de l'ingénieur. — *Ibid.*

46. — La même ordonnance royale du 22 mai 1843 a chargé au surplus le ministre des travaux publics de faire publier une instruction sur les mesures de précaution habituelles à observer dans l'emploi des machines et des chaudières à vapeur. — Cette instruction doit être affichée à demeure dans l'enceinte des ateliers. — *Ibid.*, art. 77. — V. l'instruction et la circulaire du ministre des travaux publics en date du 29 avr. 1845.

47. — L'établissement et la surveillance des machines et appareils à vapeur qui dépendent des services spéciaux de l'Etat sont régis par des dispositions particulières, sauf les conditions qui peuvent intéresser les tiers relativement à la sûreté et à l'incommodité, etc., en se conformant aux prescriptions du décret du 15 oct. 1810. — *Ibid.*, art. 74. — V. ÉTABLISSEMENS DANGEREUX.

48. — Les attributions qui sont données aux préfets des départemens par l'ordonnance du 22 mai 1843, sont exercées par le préfet de police dans toute l'étendue du département de la Seine et dans les communes de Saint-Cloud, Meudon et Sèvres du département de Seine-et-Oise. — *Ibid.*, art. 79.

49. — Une machine à vapeur placée par le propriétaire sur un fonds pour le service et l'exploitation de ce fonds devient immeuble par destination. — C. civ., 524. — En conséquence cette machine est la garantie des créanciers hypothécaires, sans qu'il y ait lieu de distinguer si le contrat d'hypothèque est antérieur ou postérieur à l'adjonction de cet accessoire immobilier, et cette garantie continue à subsister alors même que le propriétaire du fonds, en formant une société commerciale, y aurait fait entrer cette machine à vapeur. — *Paris*, 22 janv. 1847 (t. 1er 1847, p. 226), Mainguet c. Noyon.

50. — ... Et le vendeur de la machine n'a même plus, dès qu'elle a été incorporée à l'immeuble, ni privilége ni droit de revendication à exercer vis-à-vis des créanciers hypothécaires. — *Paris*, 24 nov. 1845 (t. 2 1845, p. 690), Hallette c. Clary; 25 juill. 1846 (t. 2 1846, p. 562), Maire c. Guillermiez. — Duvergier, *Vente*, n° 439. — *Contrà* Dijon, 16 août 1842 (t. 1er 1846, p. 339), Hugon c. Franon. — Troplong, *Privil.*, t. 1, n° 113; *Vente*, t. 2 add., p. 632.

51. — Les constructeurs de machines à vapeur, presses pour l'imprimerie, métiers mécaniques pour la filature et pour le tissage, et autres grandes machines, sont soumis à la patente et assujettis comme tels à un droit de 100 fr. pour moins de 25 ouvriers; de 200 fr. pour moins de 50 ouvriers; de 300 fr. pour plus de 50 ouvriers; et à un droit proportionnel du 20e de la valeur locative de l'habitation, des magasins de vente complétement séparés de l'établissement, et du 50e de l'établissement industriel. — V. PATENTE.

52. — Les machines et chaudières à vapeur à haute pression sont rangées dans la 2e classe des établissemens insalubres. Quant à celles à basse pression, elles font partie de la 3e classe. — V. ce mot (nomenclature).

MAÇON, MAÇONNERIE.

1. — Les maîtres maçons sont rangés dans la sixième classe des patentables. — Droit fixe basé sur la population, droit proportionnel du 20e de la valeur locative de l'habitation et des locaux servant à l'exercice de la profession.

2. — Les entrepreneurs de maçonnerie sont patentables de quatrième classe et soumis aux mêmes droits fixe, sauf la différence de classe, et proportionnel que les précédents. — V. PATENTE, — V. encore ACTE DE COMMERCE, n° 313; VOIRIE, VOL.

MADAGASCAR (Établissemens à).

V. BOURBON (île). — V. aussi DÉPORTATION, n° 20.

MADRAGUES.

1. — Pêcherie faite de câbles et de filets dont on se sert en mer. — V. PÊCHE.

2. — Les fermiers de madragues sont soumis à la patente; — droit fixe de 25 fr., droit proportionnel du 15e de la valeur locative du loyer d'habitation seulement — V. PATENTE.

MAGASINS, MAGASINIERS.

1. — Personnes tenant un magasin de plusieurs espèces de marchandises, patentables lorsqu'elles occupent habituellement au moins 25 personnes préposées à la vente. — Droit fixe de 1,000 fr., droit proportionnel du 15e de la valeur locative de l'habitation et des lieux servant à l'exercice de la profession.

2. — Magasiniers. — Patentables de cinquième classe. — Droit fixe du 20e sur le loyer d'habitation, et du 40e sur les locaux servant à l'exercice de la profession.

MAGISTRAT, MAGISTRAT HONORAIRE.

1. — Dans son acception générale, ce mot désigne les personnes revêtues de l'autorité publique. Sous ce point de vue, un préfet est un magistrat, de même qu'un maire, et enfin tout fonctionnaire de l'ordre administratif ou judiciaire, qui n'est ni officier ministériel, ni agent de la force publique.

2. — Il est parfois indispensable de se rendre bien compte de l'application légale à tel ou tel fonctionnaire de la qualification de magistrat; par exemple, lorsque certaine prérogative ou lorsqu'un droit de protection spéciale y sont attachés. — V., à cet égard, sur l'art. 222, C. pén., v° BLESSURES ET COUPS, nos 217 et suiv.

3. — La qualification de magistrat s'applique plus spécialement aux membres de l'ordre judiciaires, sans distinction de rang et de fonctions. — V. COUR ROYALE, COUR DE CASSATION, JUGE, JUSTICE DE PAIX, MINISTÈRE PUBLIC, PRUD'HOMMES, TRIBUNAUX.

4. — On sait que le magistrat romain différait essentiellement du *judex*. L'un était chargé de la *juridictio*, l'autre de l'application du droit. L'un avait l'*imperium* (nous parlons ici des magistrats supérieurs, du préteur à Rome, ou, dans les provinces, des présidens); l'autre se bornait à répondre aux questions qui lui étaient posées, comme l'eût fait un juré, et, sa réponse donnée, sa mission était terminée. — V. ACTION (droit romain).

5. — Chez nous, parmi les membres de l'ordre judiciaire, les uns exercent des fonctions actives et rétribuées, les autres, après de longs services et comme récompense d'une carrière dignement remplie, conservent, en prenant leur retraite, un titre purement honorifique.

6. — Nous avons déjà indiqué l'origine de l'*honorariat*. Elle remonte au droit romain. — V. HONORAIRE, n° 2.

7. — Sous l'ancienne législation, les charges de judicature étant vénales, les fonctions des magistrats cessaient par l'aliénation de leurs charges; mais le pouvoir royal autorisait, selon les cas, les anciens titulaires à continuer à porter le titre dont ils étaient revêtus.

8. — Cette faveur devint même un droit, d'après un édit du mois d'août 1669, à la seule condition d'avoir siégé pendant vingt années. La seule formalité à remplir consistait dans l'obtention de lettres de vétérance, en grande chancellerie.

9. — Ces lettres de vétérance n'attribuaient aux magistrats aucun privilége nouveau. Seulement ils se trouvaient par là maintenus dans l'exercice des prérogatives attachées à l'exercice des fonctions judiciaires. « Ainsi, dit M. Merlin (*Rép.*, vº *Honoraire*), ils ne touchaient ni gages, ni épices, ni émolumens. Mais ils avaient droit d'entrée, de séance et de voix délibérative. Encore, ces droits souffrirent-ils certaines atteintes. » — Ainsi, le parlement de Bourgogne et d'autres cours avaient décidé que la voix des magistrats honoraires ne pourrait faire ni empêcher partage. Le parlement de Dijon enleva même aux vétérans le droit de voter. Il fallut, pour les rétablir dans ce droit, qu'un arrêt du Conseil du 4 juillet 1722, revêtu de lettres patentes du 20 du même mois, intervînt et imposât au parlement de Dijon la volonté royale.

10. — Sous la Révolution, les lettres de vétérance disparurent avec les offices. — V. OFFICES.

11. — Lorsqu'une organisation nouvelle sortit de la tourmente révolutionnaire, l'honorariat fut rétabli. Ce fut le décret du 2 oct. 1807 qui le remit en vigueur en faveur des magistrats mis ou admis à la retraite pour cause d'infirmités. Ce décret a été suivi des lois du 20 avril 1810 et du 16 juin 1824, qui ont conservé l'institution en y apportant certaines modifications.

12. — La révolution de fév. 1848 n'a rien changé, quant à présent, à ce qui concerne l'honorariat, et, depuis cette époque, un certain nombre de magistrats honoraires ont été créés; cette institution recevra-t-elle quelque atteinte de la loi d'organisation judiciaire qui sera incessamment votée par l'Assemblée législative? Nous l'ignorons. Mais, dans le doute, nous devons réserver et employer toute explication plus ample sous le mot *Tribunaux*, qui comprendra tout ce qui se rattache à l'organisation judiciaire.

13. — La personne des magistrats de l'ordre administratif et judiciaire a dû être protégée d'une manière toute spéciale. — V. BLESSURES ET COUPS, DÉLITS DE PRESSE, DIFFAMATION, FONCTIONNAIRE PUBLIC, OUTRAGE.

14. — Souvent, une autorisation préalable est nécessaire pour poursuivre certains d'entre eux. — V. FONCTIONNAIRE PUBLIC.

15. — V. ALGÉRIE, ATTROUPEMENT, COLONIES, CONSEIL D'ÉTAT, COUR D'ASSISES, COUR DES COMPTES, COUR ROYALE, FONCTIONNAIRES PUBLICS, HONNEURS CIVILS ET MILITAIRES, JUGE, JUSTICE DE PAIX, MAIRE, OUTRAGE, PENSIONS CIVILES ET MILITAIRES, PRÉFET, PRESSE, PRUD'HOMMES, TRIBUNAUX, TRIBUNAL DE COMMERCE.

MAGISTRAT DE SURETÉ.

1. — Nom que l'on donnait autrefois à certains magistrats de police judiciaire établis, par la loi du 7 pluv. an IX, dans chaque arrondissement communal près des directeurs de jury pour la recherche et la poursuite des crimes et des délits.

2. — Outre la qualité d'officier de police judiciaire, ces magistrats étaient accusateurs publics, mais seulement auprès des jurys d'accusation devant lesquels ils dressaient les actes d'accusation en qualité de substituts des procureurs généraux.

3. — Les magistrats de sûreté ont été supprimés lors de la mise en activité du C. d'instr. crim., et leurs fonctions ont été attribuées au procureur de la République établi dans chaque arrondissement. — V. loi 20 avr. 1810, art. 42. — V. MINISTÈRE PUBLIC, OFFICIERS DE POLICE JUDICIAIRE.

MAHÉ.

V. INDE (Etablissemens de l').

MAIN-FERME.

1. — Ce mot était employé dans les coutumes de Belgique et de Picardie comme synonyme de *censive* et de *roture*.

2. — Toutefois, suivant certains auteurs, il existait quelque différence entre une *main-ferme* et une *censive*.

3. — « Les héritages de *main-ferme*, dit Maillart sur l'art. 14 cout. d'Artois, étaient proprement ce que l'on nomme à présent des immeubles, pris par des baux à vie, soit d'une, soit de plusieurs personnes. Avant 1789 les mains-fermes étaient ou des emphytéoses ou des prises à rente foncière seigneuriale. »

4. — D'après Denizart, le mot main-ferme aurait encore été pris, dans les Pays-Bas, dans le sens de franc-aleu roturier; mais c'est là une erreur. — Merlin, *Rép.*, vº *Main-ferme*.

5. — On appelait *manu firmitas* le contrat par lequel on donnait une terre en main-ferme. — V. BAIL A VIE, CENS, CENSIVE, EMPHYTÉOSE, RENTE SEIGNEURIALE.

MAIN-FORTE.

1. — Secours ou assistance donnée aux agens de la force publique dans l'exercice de leurs fonctions afin que force leur reste. — V. AGENS DE LA FORCE PUBLIQUE.

2. — L'art. 475, nº 12 du Code pénal punit d'une amende de 6 à 10 fr. ceux qui, le pouvant, ont refusé ou négligé de prêter le secours dont ils ont été requis dans les cas d'accidens, tumultes, brigandages, pillages, flagrant délit, clameur publique ou exécution judiciaire. — V. REFUS DE SERVICE.

MAIN-GARNIE.

1. — On désignait anciennement par cette expression la possession provisoire d'une chose litigieuse.

2. — Ainsi, l'on disait communément que le seigneur plaidait contre son vassal *main garnie* parce qu'il faisait siens les fruits pendant le procès jusqu'à ce que le vassal eût fait son devoir.

3. — C'était également une maxime que le roi plaidait *main garnie*. Toutefois, cette règle n'était pas applicable dans tous les cas. — Merlin, *Rép.*, vº *Main-garnie*.

4. — On appelait aussi *main-garnie* la saisie-arrêt que le créancier faisait sur son débiteur en vertu d'une ordonnance du juge, parce que cette ordonnance s'obtenait sur simple requête avant que le créancier eût fait prononcer une condamnation contre son débiteur. — Guyot, *Rép.*, vº *Main-garnie*.

5. — Enfin, en matière de saisie-exécution on disait qu'il fallait *garnir la main de la justice* pour indiquer qu'il était nécessaire d'établir un gardien chargé de veiller à la conservation des meubles saisis.

MAIN DE JUSTICE.

1. — Cette expression désigne l'autorité de la justice et le pouvoir qu'elle a de faire exécuter ses mandemens soit par voie de contrainte sur les personnes, soit par voie d'exécution sur les biens.

2. — On dit, à propos d'une saisie, soit mobilière, soit immobilière, que la main de justice est mise sur tels meubles ou tels immeubles; ou bien encore, que les meubles ou les immeubles de la partie saisie sont placés sous la main de justice.

3. — La main de justice est aussi un sceptre terminé par une main. — C'est l'attribut de la royauté.

MAINLEVÉE.

Acte qui détruit ou restreint l'effet, par exemple, d'une inscription hypothécaire, d'une saisie-arrêt. — On donne encore mainlevée d'un acte d'écrou, d'une interdiction, d'opposition à mariage. — V. EMPRISONNEMENT, INTERDICTION, MARIAGE, PAIEMENT, RADIATION HYPOTHÉCAIRE, SAISIE-ARRÊT.

MAINMORTE.

1. — Ce mot avait un double sens et s'appliquait à deux choses bien distinctes. — Pris dans une acception, il désignait tous les corps et communautés qui étaient perpétuels, et qui, par une subrogation successive de personnes, étant censés être toujours les mêmes, ne produisaient aucune mutation par décès. — Pris dans une autre acception, il désignait un droit seigneurial en vertu duquel des hommes se trouvaient réduits à la condition servile, attachés à la glèbe, privés quelquefois du droit de disposer de leurs biens, obligés de les laisser au seigneur, et quelquefois aussi poursuivis par ce seigneur, en quelque endroit qu'ils allassent faire leur résidence, ce qui avait été réglé différemment suivant les diverses coutumes. — Merlin, *Rép.*, vº *Mainmorte*. — C'est seulement sous le dernier de ces deux points de vue que nous nous occuperons de la mainmorte.

2. — L'origine de la mainmorte a été l'objet des recherches des historiens et des jurisconsultes; mais, comme, à travers la diversité de leurs opinions, il nous semble difficile de saisir quelques notions certaines, nous nous abstiendrons d'entrer à cet égard dans aucun détail.

3. — La mainmorte se divisait en deux espèces: la mainmorte personnelle, et la mainmorte réelle. — Merlin, *Rép.*, vº *Mainmorte*, nº 1er.

4. — La première, ainsi que l'indique son nom, affectait directement la personne, elle était une sorte d'esclavage. Aussi les jurisconsultes la regardaient-ils comme très-odieuse en elle-même et étaient-ils généralement d'avis, du moins dans le dernier état du droit, qu'elle avait été abolie par la douceur de nos mœurs. — Merlin, *Rép.*, vº *Mainmorte*, nº 1er.

5. — Quant à la mainmorte réelle, elle n'affectait la personne qu'indirectement, à raison de la terre, et par conséquent elle ne conférait pas au seigneur le droit de poursuite contre celui qui y était soumis. — Les jurisconsultes la faisaient dériver d'une concession anciennement faite, par un seigneur, à un homme dans la misère, de quelques arpens de terre, à condition de la cultiver, d'y demeurer attaché, et que le seigneur la reprendrait, si celui auquel il l'avait donnée mourait sans enfans mâles. — Cette espèce de mainmorte était généralement considérée comme beaucoup moins odieuse que la mainmorte personnelle. Certains auteurs la jugeaient même tout à fait conforme à l'équité. — Merlin, *Rép.*, vº *Mainmorte*, nº 1er.

6. — Le droit de taille à volonté emportait, sans autre preuve, celui de l'échute mainmortable. — *Cass.*, 17 flor. an XI, Breuillard. — Merlin, *Quest.*, vº *Mainmorte*. — On appelait *échute* le droit qu'avaient les seigneurs de succéder à leurs mainmortables dans certaines circonstances. — Merlin, *Rép.*, vº *Echute*.

7. — Au mois d'août 1779, le roi Louis XVI rendit un édit par lequel il abolissait, dans toutes les terres et seigneuries de son domaine, ainsi que dans les domaines engagés, la mainmorte et condition servile, ensemble tous les droits qui en étaient des suites et dépendances, et mettait, sous tous les rapports, ceux qui y étaient soumis, au rang des personnes franches. — Seulement les héritages mainmortables qui se trouvaient ainsi affranchis, devaient être chargés à l'avenir, envers le domaine de la couronne, d'un sou de cens par arpent, lequel emporterait lods et ventes, conformément à la coutume dans laquelle les terres seraient situées.

8. — Dans cet édit, le roi, plein de respect pour les lois de la propriété, laissait intacts les droits des autres seigneurs; mais il les engageait, au nom de cet amour de l'humanité si particulier à la nation française, à imiter son exemple, et à affranchir les mainmortables de leurs domaines.

9. — Enfin, il ordonnait que le droit de suite sur les mainmortables demeurerait éteint et supprimé dans tout le royaume, dès que le serf ou mainmortable aurait acquis un véritable domicile dans un lieu franc, et qu'alors il deviendrait franc au regard de sa personne, de ses meubles et même de ses immeubles, pourvu, toutefois, qu'ils ne fussent pas mainmortables par leur situation ou par des titres particuliers. (V. cet édit, art. 6.)

10. — L'œuvre commencée par l'édit d'août 1779 fut achevée par la législation révolutionnaire. Nous allons en présenter une analyse succincte.

11. — L'art. 1er du décret du 4 août 1789 déclara abolie, sans indemnité, les droits et devoirs tant féodaux que censuels, qui tenaient à la mainmorte réelle ou personnelle, et ceux qui les représentaient.

12. — Cette disposition fut confirmée et développée par le titre 2 du décret du 15-28 mars 1790.

13. — L'art. 1er de ce titre 2 est ainsi conçu: « La mainmorte personnelle, réelle ou mixte, la servitude d'origine, la servitude personnelle du possesseur des héritages tenus en mainmorte réelle, celle de corps et de poursuite, les droits de taille personnelle, de corvées personnelles, d'échute, de vide-main; le droit prohibitif des aliénations et dispositions à titre de vente, donations entre-vifs ou testamentaires, et tous les au-

tres effets de la mainmorte réelle, personnelle ou mixte, qui s'étendaient sur les personnes ou les biens, sont abolis sans indemnité. »

14. — Toutefois, les art. 2 et 3 déclaraient maintenus, sur les fonds ci-devant tenus en mainmorte réelle ou mixte, les autres charges, redevances, tailles ou corvées réelles dont ils étaient précédemment grevés, ainsi que les droits dont ils pouvaient être tenus en cas de mutation par vente, pourvu, néanmoins, que lesdits droits ne fussent pas des compositions à la volonté du propriétaire du fief dont ils étaient mouvans, et n'excédassent point ceux qui avaient accoutumé être dus par les héritages non mainmortables tenus en censive dans la même seigneurie, ou suivant la coutume.

15. — Aux termes de l'art. 4, tous les actes d'affranchissement par lesquels la mainmorte réelle ou mixte aurait été convertie, sur les fonds ci-devant affectés de cette servitude, en redevances foncières et en droits de lods aux mutations, devaient être exécutés selon leur forme et teneur, à moins que lesdites charges et droits de mutations ne se trouvassent excéder les charges et droits usités dans la même seigneurie, ou établis par la coutume ou l'usage général de la province, relativement aux fonds non mainmortables tenus en censive.

16. — L'art. 5 disposait que, dans le cas où les droits et charges réelles mentionnés dans les deux articles précédens se trouveraient excéder le taux qui était indiqué, ils y seraient réduits, et il déclarait entièrement supprimés les droits et charges qui n'étaient représentatifs que de servitudes purement personnelles.

17. — Toutefois, aux termes de l'art. 6, les actes d'affranchissement faits avant l'époque fixée par l'art. 33 du même titre (c'est-à-dire avant la publication des lettres patentes du 2 novembre 1789, données sur les décrets du 4 août précédent), moyennant une somme de deniers, ou pour l'abandon d'un corps d'héritage certain, soit par les communautés, soit par les particuliers, devaient être exécutés suivant leur forme et teneur.

18. — Les art. 2, 3, 4 et 5 ont été abrogés par les lois des 17 juill. 1793, 2 oct. suiv. et 7 vent. an II, qui ont aboli sans indemnité tous les droit féodaux et censuels que les lois précédentes avaient maintenus.

19. — Quant à l'art. 6, son abrogation a été prononcée par l'art. 3 de la loi du 25 août 1792, ainsi conçu : « Tous les actes d'affranchissement de de la mainmorte réelle ou mixte, et tous autres actes équivalens, sont révoqués ou annulés. Toutes redevances, dîmes, ou prestations quelconques établies par lesdits actes, en représentation de la mainmorte, sont supprimés sans indemnité. Tous corps d'héritage cédés pour prix d'affranchissement de la mainmorte, soit par les communautés, soit par les particuliers, et qui se trouvent encore entre les mains de ci-devant seigneurs, seront restitués à ceux qui les auront cédés; et les sommes de deniers promises pour la même cause, et non encore payées aux ci-devant seigneurs, ne pourront être exigées. »

20. — Jugé, en conséquence, qu'on doit déclarer nulle la cession d'un bois communal qui a eu pour cause une charge pécuniaire et l'affranchissement de la mainmorte. L'héritage ainsi concédé qui se trouve entre les mains du seigneur doit être restitué à l'ancien propriétaire ou à son ayant cause. — *Cass.*, 19 pluv. an VI, commune de Magny c. Follenot.

21. — Mais les droits des tiers acquéreurs d'héritages cédés pour prix d'affranchissement de la mainmorte n'ont pas été abolis par la loi du 25 août 1792 ni par les subséquentes. En conséquence, doivent être respectées toutes les conventions antérieures légalement faites à ce sujet. — *Cass.*, 3 prair. an VIII, Breuillard.

22. — Décidé que la règle de la coutume de Troyes, que l'*argent rachète la mainmorte* était particulière à la prévôté de Troyes; qu'elle ne s'étendait pas à tout le bailliage de Troyes; qu'il ne résultait pas de cette règle que lorsqu'un fonds était grevé d'une redevance en argent et d'une redevance en nature, la première de ces deux redevances eût pour cause le rachat de la mainmorte — *Cass.*, 17 flor. an XI, Breuillard. — Merlin, *Quest.*, v° *Mainmorte.*

MAINETÉ (Droit de).

1. — C'était autrefois un avantage qui appartenait au plus jeune des enfans (au fils *mainé*) dans les successions de son père et de sa mère. — V. coutume Châtellena-de-Lille, t. 4, art. 1 et 2.

2. — Ce droit, qui n'était guère connu que dans la Flandre française, avait été établi, suivant les uns, par déférence pour la tendresse particulière que les pères et les mères ont toujours pour leurs derniers enfans; et suivant les autres, pour dédommager les puînés des avantages que les aînés ont sur eux pour leur éducation ou leur établissement. — Merlin, *Rép.*, v° *Maineté*, n° 1.

MAIRE.

1. — Le maire est un fonctionnaire exerçant certains pouvoirs dans l'étendue du territoire d'une commune.

2. — Sous la première république francaise, les maires portaient le nom d'agens municipaux ou d'officiers municipaux. La qualification de maire leur a été rendue par la loi du 28 pluv. an VIII (V. COMMUNE, n°s 134 et suiv.); et elle a été maintenue par l'art. 77 de la Constitution de 1848, portant que « il y a dans chaque commune une administration composée d'un *maire*, d'*adjoints*, et d'un conseil municipal. »

—

§ 1er. — *Attributions.*

3. — Les attributions des maires sont très-nombreuses et de natures très-variées; aussi serait-il difficile d'en présenter une nomenclature complète. Nous indiquerons seulement les plus essentielles de ces attributions.

4. — On doit ranger dans les fonctions les plus importantes des maires : 1° celles qu'ils exercent en matière administrative et municipale, 2° celles d'officiers de l'état civil.

5. — Les fonctions administratives des maires sont de deux espèces. Dans certains actes de leurs fonctions, ils représentent le pouvoir administratif central et jouent le rôle d'agens de l'autorité supérieure. D'autre part, comme magistrats municipaux, ils sont appelés à défendre les intérêts des communes dans lesquelles ils exercent leurs fonctions. Il faut donc distinguer : 1° les fonctions administratives proprement dites, 2° les fonctions municipales.

6. — Les attributions administratives qui appartiennent aux maires, c'est-à-dire celles qui dérivent de leur qualité d'agens de l'autorité supérieure, sont très-variées. Il faut ranger dans cette classe tout ce qui concerne 1° la publication et l'exécution des lois. — V. LOI.

7. — ... 2° La police générale. Cette police s'exerce soit pour maintenir l'ordre et garantir la sûreté du public en général, soit sur le commerce et l'industrie, soit sur les cultes. — V. POUVOIR MUNICIPAL. — V. aussi, entre autres mots, AFFICHE, AFFICHEUR, ARMES, ASSOCIATIONS ILLICITES, ATTROUPEMENS, CIMETIÈRE, CULTE, ENFANT, ÉTRANGER, IMPRIMERIE, LIBRAIRIE, MATIÈRES D'OR ET D'ARGENT, OUVRIER, PASSE-PORT, POIDS ET MESURES, POSTE, POUDRES ET SALPÊTRES, THÉATRE, VAGABOND.

8. — ... 3° Le droit de commander à la force publique dans certains cas. — V. ARMÉE, GARDE NATIONALE, GENDARMERIE. — 4° La grande voirie (V. VOIRIE); 5° la police des cours d'eau non navigables ni flottables (V. COURS D'EAU); 6° les contributions directes ou indirectes (V. ces mots); 7° les élections législatives et les élections départementales et d'arrondissement — V. ces mots. — V. aussi EXPROPRIATION POUR UTILITÉ PUBLIQUE.

9. — Lorsque le maire agit non comme mandataire légal de la commune, mais comme délégué du gouvernement, il ne peut être poursuivi pour les actes qui appartiennent à ses fonctions, qu'avec l'autorisation du Conseil d'État. — V. FONCTIONNAIRE PUBLIC.

10. — Les attributions municipales des maires sont tracées par les art. 9 et suiv. de la loi du 18 juill. 1837 sur l'administration municipale. — V. COMMUNE, n°s 153 et suiv.

11. — Parmi les attributions des maires propres aux affaires de la commune, figure l'exercice d'une autorité de police dans l'étendue de sa circonscription.

12. — Cette autorité s'applique d'abord à la police municipale proprement dite. Les maires et adjoints sont chargés par les lois de maintenir le bon ordre dans la commune, de veiller à tout ce qui intéresse la sûreté des citoyens et la salubrité, d'assurer au commerce et à l'industrie la protection qui leur est due. Pour parvenir à ces différens buts, ils ont le droit de prendre des arrêtés qui doivent être exécutés par les habitans. — V. POUVOIR MUNICIPAL. — V. aussi ÉTABLISSEMENS INSALUBRES et un grand nombre d'articles spéciaux de ce répertoire, notamment ceux qui sont indiqués à la fin du présent article.

13. — La même autorité s'applique à la police rurale, qui est également confiée au pouvoir municipal par les lois. — V. BANS DE VENDANGE, BESTIAUX, CHASSE, ÉPIZOOTIE, FORÊTS, GARDE CHAMPÊTRE, PÊCHE, et surtout DÉLIT RURAL.

14. — Elle s'applique enfin à la voirie municipale, ce qui comprend tant la voirie urbaine que la voirie vicinale. — Toutefois, une partie seulement de la voirie urbaine appartient aux attributions municipales des maires et adjoints : c'est celle dite petite voirie. — V. VOIRIE.

15. — Comme officiers de l'état civil, c'est à eux seuls qu'il appartient de dresser les actes de naissance, de mariage et de décès dans l'étendue du territoire de la commune. — V. ACTES DE L'ÉTAT CIVIL.

16. — Ils ont un pouvoir judiciaire dans certains cas; et leur juridiction, bien que bornée aux contraventions de police et à quelques autres objets spéciaux, n'en appartient pas moins au pouvoir chargé de la distribution de la justice. — C. instr. crim., art. 166 et suiv. — V. TRIBUNAL DE POLICE.

17. — Les maires ont juridiction en matière administrative pour statuer : 1° sur les différends qui s'élèveraient entre les employés de la régie et les débitans de boissons en détail, relativement à l'exactitude du prix de vente (L. 28 avr. 1816, art. 47 et 48); 2° sur ce qui concerne le poids des voitures qui circulent sur les grandes routes, et la police du roulage. — Décr. du 23 juin 1806, art. 38. — V. BOISSONS, ROULAGE, VOIRIE, VOITURES.

18. — Les maires sont, dans certains cas, officiers de police judiciaire. En l'absence du commissaire de police, ils recherchent les contraventions de police. — Cod. instr. crimin., art. 11.

19. — En cas de flagrant délit ou de réquisition d'un chef de maison, ils font les actes dévolus aux officiers de police judiciaire. Ils transmettent, dans tous les cas, au magistrat du ministère public les dénonciations de crimes et délits qui leur sont faites. — C. instr. crim., art. 49, 50, 53, 54. — V. OFFICIERS DE POLICE AUXILIAIRES.

20. — Dans le cas où le maire refuserait ou négligerait de faire un des actes qui lui sont prescrits par la loi, le préfet, après l'avoir requis, peut y procéder d'office ou par un délégué spécial. — L. 18 juill. 1837, art. 15. — V. POUVOIR MUNICIPAL.

21. — Les maires sont appelés à délivrer des certificats dans un grand nombre de cas, tels que les certificats pour placer un enfant à l'hospice ou l'en retirer; les certificats aux pauvres pour obtenir du travail dans les ateliers publics ou de charité; les certificats pour entrer dans les hospices en cas de maladie, etc.

22. — C'est aux maires qu'il appartient de délivrer les certificats de vie exigés des militaires pour le paiement de leur solde de retraite. — — Décr. du 19 mars 1808. — V. du reste CERTIFICAT DE VIE, PATENTE, RENTE VIAGÈRE.

23. — Les procès-verbaux dressés par les maires ou leurs adjoints n'ont pas besoin d'être affirmés. — V. PROCÈS-VERBAL.

§ 2. — *Nomination des Maires et Adjoints. — Incompatibilité; révocation, etc.*

24. — Tout ce qui concerne la nomination des maires et adjoints, et les incompatibilités entre leurs fonctions et d'autres, avait été déterminé par la loi du 21 mars 1831 sur l'organisation municipale; cette loi a été modifiée *provisoirement* dans certaines de ses parties par le décret du 3 juill. 1848. — Ce décret devant recevoir son exécution jusqu'au moment où la loi organique, promise par l'art. 78 de la constitution républicaine, aura déterminé le mode de nomination des maires et adjoints, nous indiquerons en quoi il a dérogé à la loi de 1831.

25. — La loi de 1831 continue, au reste, de subsister dans toutes les dispositions auxquelles il n'a pas été dérogé. — Décr. 3 juill. 1848, art. 2.

26. — Par leur réunion aux conseillers municipaux, le maire et ses adjoints forment le corps municipal de la commune. — L. 21 mars 1831, art. 1er; const. républic. 1848, art. 77.

27. — Aux termes de la loi du 21 mars 1831, les maires et les adjoints étaient nommés par le roi, ou, en son nom, par le préfet. Dans les communes de trois mille habitans et au-dessus, ils étaient nommés par le roi, ainsi que dans les chefs-lieux d'arrondissement, quelle que fût la population. — L. 21 mars 1831, art. 3, § 1er et 2.

28. — Les maires et les adjoints étaient choisis parmi les membres du conseil municipal, et ne cessaient pas pour cela d'en faire partie. — Même art., § 3.

29. — L'ordonnance royale qui nommait un maire était un acte de pure administration non susceptible d'être attaqué par la voie contentieuse. — *Cons. d'Etat*, 30 août 1843, Loiseau; *id.*, 6 sept. 1843, Tripier c. Baron.

30. — On trouve des instructions détaillées sur la nomination des maires et adjoints dans une circulaire du 18 sept. 1831 du ministre de l'intérieur. Cette circulaire a été de nouveau adressée aux préfets, le 10 juin 1840, pour le renouvellement triennal qui s'est opéré alors.

31. — Suivant l'art. 10 du décr. du 3 juill. 1848, le maire et les adjoints sont choisis *par le conseil municipal et pris dans son sein.* — L'élection par le conseil municipal a lieu au scrutin secret et individuel; la majorité absolue est nécessaire aux deux premiers tours de scrutin.

32. — Mais ce mode de nomination n'a lieu que dans les communes qui n'ont pas plus de six mille âmes et dans celles qui ne sont ni des chefs-lieux d'arrondissement, ni des chefs-lieux de département. Dans ces dernières communes, au contraire, et dans celles au-dessus de six mille âmes, les maires et adjoints sont choisis par le pouvoir exécutif parmi les membres du conseil municipal.

33. — Ces dispositions, au surplus, sont étrangères à la ville de Paris. — Depuis la révolution de février 1848 les maires et les adjoints ont été, dans cette ville, directement nommés par le pouvoir exécutif, et il en sera de même jusqu'à l'intervention d'une loi nouvelle.

34. — *Remplacement.* — En cas d'absence ou d'empêchement, le maire est remplacé par l'adjoint disponible, le premier dans l'ordre des nominations, c'est-à-dire dans l'ordre assigné aux nominations dans l'arrêté du préfet ou dans l'ordonnance de nomination et, s'il s'agit d'une nomination au scrutin par le conseil municipal, dans l'ordre des suffrages obtenus. — L. de 1831, art. 5, § 1er.

35. — En cas d'absence ou d'empêchement du maire et des adjoints, le maire est remplacé par le conseiller municipal le premier dans l'ordre du tableau, lequel sera dressé suivant le nombre des suffrages obtenus. — Même art., § 2.

36. — En cas d'égalité de suffrages, le conseiller municipal le plus ancien est placé le premier sur le tableau.

37. — Le tableau se dressant suivant l'ordre des suffrages obtenus, il en résulte que dans les villes où les électeurs municipaux sont divisés en sections l'ordre des conseillers élus dépendra de combinaisons fortuites. « Il est certain, disait le rapporteur de la Commission, que dans toutes les villes où les électeurs sont divisés en sections le nombre des suffrages dépendra du hasard, mais cela est peu important. Il fallait adopter un ordre; cet ordre se trouve indiqué dans les villes où la division par section n'a pas lieu, dans les autres ce sera le hasard. » En effet, c'est par l'effet du hasard que dans cette section un plus grand nombre d'électeurs auront voté que dans cette autre. — V. Cir. min. 8 oct., 30 nov., 12 déc. 1831.

38. — Il n'est pas indispensable que l'adjoint, qui est appelé à remplacer le maire, ou que le conseiller municipal, appelé à remplacer l'adjoint, énonce la cause de l'empêchement. — *Cass.*, 1er sept. 1809, Ducret. — Cependant il serait plus régulier que cette indication fût faite. — Duvergier, t. 31, p. 86, note 5.

39. — Suivant une circulaire ministérielle du 22 mars 1832, lorsqu'un conseiller municipal appelé à remplacer le maire refuse, sans motifs légitimes, l'administration supérieure a le droit de repousser ses excuses; et après lui avoir fait connaître cette décision, et l'avoir invité de nouveau à remplacer le maire, s'il persiste dans son refus, elle peut le déclarer démissionnaire. — Cette dernière conséquence devrait être aujourd'hui combinée avec les dispositions restrictives du droit de révocation. — V. *infrà* nos 79 et suiv.

40. — Aux termes de l'art. 14 de la loi du 18 juill. 1837, les maires peuvent déléguer une partie de leurs fonctions à un ou plusieurs de leurs adjoints; et en l'absence des adjoints, à ceux des conseillers municipaux qui sont appelés à en faire les fonctions (c'est-à-dire en suivant l'ordre du tableau). — L. 21 mars 1831, art. 5, § 2.

41. — Le même pouvoir appartenait aux maires avant la loi de 1837 (décret du 4 juin 1806, art. 5); et lorsqu'ils déléguaient une partie de leurs fonctions à un conseiller municipal, ils n'étaient pas obligés de choisir le premier inscrit sur le tableau. — *Cass.*, 26 mai 1836, Falcimagne.

42. — Le délégataire ne peut exercer que les pouvoirs qui lui ont été délégués d'une manière expresse, et il faut se garder de confondre sa position avec celle de l'adjoint ou du conseiller municipal qui remplace le maire à cause de l'empêchement de ce dernier. Dans ce dernier cas le remplaçant du maire le représente et exerce ses fonctions dans toute leur étendue.

43. — La loi de 1831 a fixé le nombre des adjoints (le décret du 3 juillet 1848 n'a, sous ce rapport, dérogé en rien à ses dispositions). Il y a un seul adjoint dans les communes de deux mille cinq cents habitans et au-dessous; deux, dans celles de deux mille cinq cents à dix mille habitans; et dans les communes d'une population supérieure, un adjoint de plus par chaque excédant de vingt mille habitans. — L. du 21 mars 1831, art. 2. — Lorsque la mer ou quelque autre obstacle rend difficiles, dangereuses ou momentanément impossibles les communications entre le chef-lieu et une portion de commune, un adjoint spécial, pris parmi les habitans de cette fraction, est nommé en sus du nombre ordinaire et remplit les fonctions d'officier de l'état civil dans cette partie détachée de la commune. — Même article.

44. — La loi du 18 floréal an X contenait une disposition semblable à celle de ce paragraphe. Cette loi ajoutait que lorsque les communications sont impossibles, les affiches et publications nécessaires pour la validité des mariages se font à la porte de la maison de l'adjoint spécial; et qu'à la fin de chaque année cet adjoint remet les registres de l'état civil, clos et arrêtés, au maire, qui les réunit à ceux du chef-lieu.

45. — L'adjoint supplémentaire, dont il est question dans le deuxième paragraphe de l'art. 2, doit être nécessairement pris parmi les membres du conseil municipal. C'est ce qui résulterait au besoin de l'art. 1er de la loi. Aussi en nommant les membres du conseil municipal, les électeurs communaux doivent-ils avoir soin d'en choisir au moins un qui soit de la portion de commune qui pourrait se trouver hors d'état de communiquer avec le chef-lieu.

46. — Ce n'est pas seulement lorsque se manifeste la difficulté ou l'impossibilité des communications, que doit être faite la nomination de l'adjoint spécial. Cette nomination doit être faite d'avance.

47. — On ne peut présenter au Conseil d'Etat par la voie contentieuse une demande de création d'un adjoint spécial. — *Conseil d'Etat*, 7 août 1835, élections de Galcon et de Queynac.

48. — Le décret du 3 juill. 1848 ne dispose pas d'une manière spéciale en ce qui concerne la nomination de l'adjoint supplémentaire dont il vient d'être parlé; il faut en conclure que cette nomination a lieu comme lorsqu'il s'agit des autres adjoints.

49. — *Incompatibilités.* — Les fonctions de maire et d'adjoint sont incompatibles avec plusieurs autres. Ne peuvent être ni maires ni adjoints : 1° les membres des cours et tribunaux de première instance et des justices de paix; — 2° les ministres des cultes; — 3° les militaires et employés des armées de terre et de mer en activité de service ou en disponibilité; — 4° les ingénieurs des ponts et chaussées et des mines, en activité de service; — 5° les agens et employés des administrations financières et des forêts; — 6° les fonctionnaires et employés des colléges communaux, et les instituteurs primaires; — 7° les commissaires et agens de police. — L. du 21 mars 1831, art. 6. — Le décret du 3 juill. 1848 n'a pas innové à cet égard.

50. — A l'énumération qui précède il faut ajouter les personnes désignées dans l'art. 18 de la même loi, c'est-à-dire les préfets, sous-préfets, secrétaires généraux et conseillers de préfecture, les comptables des revenus communaux et les agens salariés par la commune. En effet, aux termes de cet art. 18, ces personnes ne peuvent être membres des conseils municipaux; elles ne peuvent donc exercer les fonctions de maire ou d'adjoint.

51. — Les juges suppléans aux tribunaux de première instance et les suppléans des juges de paix peuvent être maires ou adjoints. — L. de 1831, art. 7.

52. — Mais les greffiers des tribunaux et des justices de paix sont, comme membres des tribunaux, compris dans l'exclusion prononcée par l'art. 6, no 1. — V. la discussion. — V. aussi : loi 20 avr. 1810, art. 63; les décrets du 28 sept. 1807, art. 57; du 6 juill. 1810, art. 36; et du 18 août même année, art. 28.

53. — Il n'y a aucune incompatibilité entre les fonctions de président des tribunaux de commerce, et des conseils de prud'hommes et celles de maire ou d'adjoint. Une proposition faite pour faire déclarer cette incompatibilité a été rejetée.

54. — Bien que les ministres des cultes ne puissent être ni maires ni adjoints, ainsi que nous l'avons vu (*suprà* no 49); cependant, un ministre du culte pourrait être conseiller municipal dans une commune autre que celle dans laquelle il exerce son ministère. — Art. 18.

55. — Il faut remarquer qu'il s'agit ici des ministres d'un culte légalement *reconnu*, c'est-à-dire appartenant à l'un de ceux que l'autorité publique reconnaît, soit en s'occupant de leur régime intérieur, soit en leur attribuant certaines prérogatives. — Duvergier, *loc. cit.*, p. 87, art. 3.

56. — Les militaires qui se trouvent en non-activité, ou qui ont été mis à la réforme, ou qui ont pris leur retraite, peuvent être maires ou adjoints. — V. la loi du 19 mars 1834. — Il a été reconnu dans la discussion de la loi de 1831 que les militaires et employés placés sur un cadre de remplacement, ne pouvaient, par cela seul, être considérés comme étant en disponibilité. — Bost, t. 1er, p. 226, no 282.

57. — Quant aux employés des armées de terre et de mer, l'incompatibilité qui les concerne doit être prise dans le sens le plus général; ainsi cette incompatibilité s'étend aux agens commissionnés des vivres, des hôpitaux, des transports, aux commis de la marine, etc. — Circ. min. du 18 sept. 1831.

58. — En excluant des fonctions de maire et d'adjoint les agens et employés des administrations des forêts, l'art. 6 L. 1831 paraît avoir eu pour but de comprendre dans cette exclusion les gardes forestiers des communes et des établissemens publics. Ceux qui dépendent de l'administration des forêts étaient compris dans la disposition relative aux administrations financières. — Bost, t. 1er, p. 227, no 282.

59. — Les maires ne peuvent être instituteurs primaires, car ils doivent surveiller ceux qui exercent ces dernières fonctions (L. 1831, art. 6, § 6). Cependant le conseil de l'instruction publique a décidé que, si plusieurs communes sont réunies pour une seule école, le maire d'une de ces communes, et de la commune même où est placée l'école, pourra tenir cette école, à condition que, dans ce cas, l'instituteur, ne pouvant être à la fois surveillant et surveillé, ne fera pas partie du comité local de surveillance de l'instruction primaire, et sera remplacé dans cette fonction par le maire d'une des communes réunies. — Décision du conseil de l'instr. publ. du 8 nov. 1833.

60. — Les agens salariés du maire ne peuvent être ses adjoints (L. de 1831, art. 7, § 2); mais le maire pourrait, sans inconvénient, avoir pour adjoint son fermier ou son colon partiaire. MM. Duvergier (p. 87, note 5) et Bost (t. 2, no 282) font observer que dans certaines parties de la France il y a des colons partiaires pour certaines récoltes, qui sont en même temps salariés pour d'autres; qui, par exemple, cultivent les terres à blé moyennant une part des fruits, et qui cultivent la vigne moyennant un salaire fixe. Ces cultivateurs ne pourraient être adjoints du propriétaire qui les emploie.

61. — Il y a incompatibilité entre les fonctions de maire et d'adjoint et le service de la garde nationale (L. du 21 mars 1831, art. 8). En effet, on ne peut faire partie de la force publique lorsqu'on a le droit de la requérir.

62. — L'adjudant-major d'un bataillon cantonal, qui reçoit un traitement des communes composant ce bataillon, se trouve dans le cas de l'exclusion prononcée par la loi de 1831 contre tout agent salarié de la commune, et il ne peut être ni conseiller municipal, ni maire ou adjoint. — Décis. ministér. du 29 avril 1833.

63. — *Age, domicile, durée des fonctions.* — Les maires et adjoints sont nommés pour trois ans; ils doivent être âgés de vingt-cinq ans accomplis, et avoir leur domicile réel dans la commune. — L. 21 mars 1831, art. 4.

64. — Bien que la condition de domicile réel soit impérative, il suffirait, pour être nommé maire, d'établir son domicile dans la commune au moment même de l'élection. — Duvergier, t. 31, p. 86, note 3.

65. — Un notaire ne pouvant résider que dans le lieu fixé par le gouvernement (l. 25 vent. an XI, art. 4), il résulte de la disposition précitée de la loi de 1831 que c'est dans ce lieu seulement que ces officiers publics peuvent exercer les fonctions de maire ou d'adjoint.

66. — Les fonctions des maires et des adjoints sont essentiellement gratuites et ne peuvent donner lieu à aucune indemnité de frais de représentation. — L. de 1831, art. 1er, § 2.

67. — Mais la gratuité des fonctions des maires et adjoints ne s'oppose pas à ce qu'ils se fassent rembourser par la commune des avances qu'ils auraient faites dans son intérêt. Ainsi que le faisait remarquer le rapporteur de la commission à la Chambre des députés, ils deviennent alors créanciers de la commune. Seulement, le conseil municipal devra juger si la dépense était nécessaire ou convenable, ou si elle a été faite par le maire en cette qualité. — Duvergier, *Collect. des lois*, sur l'art. 1er. — L. 21 mars 1831, t. 31, p. 85, note 1re.

68. — Les maires et les adjoints ne peuvent commencer l'exercice de leurs fonctions avant d'avoir été installés. — Bost, t. 1er, no 283.

69. — Sous la royauté constitutionnelle, la principale formalité de l'installation était la prestation de serment dans la forme prescrite pour tous les fonctionnaires par l'art. 1er de la loi du 31 mars 1830.

70. — Les maires nommés par le roi prêtaient serment entre les mains du préfet ou de toute autre personne commise à cet effet par l'ordonnance de nomination.

71. — On constatait la prestation du serment du maire et de ses adjoints par un procès-verbal dressé séance tenante et signé par tous les fonctionnaires municipaux présens. Ce procès-verbal était immédiatement envoyé par le maire au sous-préfet, qui en donnait avis au préfet. — Arrêté du 19 flor. an VIII, art. 5.

72. — On sait que le serment des fonctionnaires a été supprimé par le gouvernement provisoire de la République. Il n'a pas été rétabli depuis.

73. — Les maires nommés par le préfet sont installés par le sous-préfet ou tout autre délégué du premier de ces fonctionnaires.

74. — D'après la loi du 21 mars 1831 (art. 3 et 4), les maires et adjoints pouvaient être suspendus par un arrêté du préfet; mais ils n'étaient révocables que par une ordonnance du roi.

75. — Sous l'empire de la loi du 28 pluv. an VIII (art. 20), les maires et adjoints pouvaient également être suspendus par arrêté du préfet; mais il suffisait d'une décision du ministère de l'intérieur pour les révoquer. — V. Constitution de 1848, art. 65.

76. — Lorsqu'un maire avait été révoqué par ordonnance royale, il ne perdait pas pour cela la qualité de membre du conseil municipal qu'il tenait des électeurs communaux. — Bost, t. 2, no 280.

77. — Lorsqu'un conseil municipal ayant été dissous, les maires et adjoints cessaient leurs fonctions, par des causes quelconques, avant la réélection du corps municipal, le roi ou le préfet, en son nom, pouvaient désigner, sur la liste des électeurs de la commune, des citoyens qui devaient exercer provisoirement les fonctions de maire et d'adjoints. — L. 21 mars 1831, art. 27.

78. — L'ordonnance de dissolution et l'ordonnance ou arrêté qui nommait les maires et adjoints provisoires étaient des actes qui emportaient nécessairement la révocation des maires et adjoints qui faisaient partie du conseil municipal dissous, et ces derniers ne pouvaient conserver postérieurement l'exercice de leurs fonctions, à peine de se rendre coupables de prolongation illégale dans l'exercice de l'autorité publique. — *Cass.*, 26 févr. 1842 (t. 1er 1843, p. 403), Arsac c. Gasc et Roaldès.

79. — L'art. 10 du décr. du 3 juill. 1848 porte que les maires et adjoints peuvent être suspendus, pour trois mois seulement, par un arrêté du préfet, mais qu'ils ne peuvent être révoqués que par le pouvoir exécutif. — Cette disposition doit être combinée avec celle de l'art. 65 de la constitution qui porte: 1o que le pouvoir exécutif a le droit de *suspendre*, pour un terme qui ne peut excéder trois mois, les agens du pouvoir exécutif *élus par les citoyens* (ce qui s'applique aux maires et adjoints élus directement par le conseil municipal); qu'il ne peut les *révoquer* que *de l'avis du Conseil d'État* (ce qui doit s'entendre en ce sens: *conformément à* l'avis du Conseil d'État). — V. résolution de l'Assemblée constituante, du 2 mars 1849.

80. — L'art. 65 de la constitution ajoute: 1o que la loi détermine les cas où les agens révoqués peuvent être déclarés inéligibles aux mêmes fonctions; 2o que cette déclaration d'inéligibilité ne pourra être prononcée que par jugement. — Aux termes du décr. du 3 juill. 1848 qui fait loi provisoire, les maires et adjoints révoqués ne peuvent être réélus pendant un an. — Art. 10.

81. — *Démission.* — Les fonctions des maires et des adjoints peuvent encore prendre fin par l'effet d'une démission volontaire ou forcée.

82. — Aux termes de l'art. 26 de la loi du 21 mars 1831, le préfet doit déclarer démissionnaire tout membre du conseil municipal qui aura manqué à trois convocations consécutives, sans motifs reconnus légitimes par le conseil. Cette disposition doit s'appliquer aux maires et adjoints, car ces fonctionnaires font partie du conseil municipal; et lorsqu'ayant été convoqués ils ne paraissent pas à ses séances, ils commettent une infraction comme membres de ce conseil. — V. CONSEIL MUNICIPAL, nos 87 et suiv.

83. — *Costume.* — Sous la monarchie, les maires et adjoins avaient, indépendamment de l'écharpe, un costume spécial. — Décision du 18 sept. 1830; circ. min. 23 sept. 1840. — Après la révolution de février 1848, l'écharpe tricolore est devenue leur seul signe distinctif; mais il paraît que, depuis, le costume spécial a été rétabli.

84. — Les maires et adjoints doivent mettre leur écharpe d'une manière apparente, car elle est la marque distinctive de leurs fonctions. En général ils ne peuvent faire aucun acte public de leur ministère sans en avoir fait préalablement l'exhibition. Cependant lorsqu'il ne s'agit que de constater un fait et de dresser un procès-verbal, il n'est pas nécessaire qu'ils aient leur costume. — *Cass.*, 20 sept. 1833, Roguet.

85. — Dans les cérémonies publiques, les maires prennent place immédiatement après les tribunaux de commerce et avant les commandans d'armes et les présidens des consistoires. — Même décr., tit. 1er, sect. 1re, art. 1er. — V. PRÉSÉANCE.

86. — Le maire, lorsqu'il est catholique, a droit à une place distinguée dans les églises de la commune. — L. 18 germ. an X, art. 47.

87. — Les maires sont autorisés à écrire en franchise au préfet de leur département, par lettres simples, pesant moins de sept grammes et demi, à la charge par eux d'inscrire sur chaque lettre ces mots: *Lettre confidentielle*, et d'énoncer, au-dessous de ces mots, leur qualité suivie de leur signature. — Déc. du min. des fin. du 19 mai 1835. — Ils ont le même droit lorsqu'ils écrivent une lettre confidentielle au sous-préfet de l'arrondissement. — Même déc.

88. — La correspondance des maires entre eux, dans la circonscription cantonale, qui n'était autorisée jusqu'à ce jour que pour le service de la garde nationale, est étendue maintenant à toutes les parties du service de l'administration des communes. Cette correspondance est expédiée sous bandes. — Déc. du min. des fin. du 26 sept. 1835. — Bost, *Organisation municipale*, t. 2, no 608.

89. — Avant la chute du régime royal, quand le roi devait venir dans une place, le maire et les adjoints, accompagnés par une garde d'honneur de trente hommes au moins que fournissait la garde nationale, se rendaient à 500 pas environ des portes pour lui présenter les clefs de la ville. — Déc. 24 mess. an XII, tit. 3, art. 6.

90. — Dans les voyages du roi annoncés par les ministres, les maires l'attendaient, chacun sur les limites de sa commune respective, accompagnés de leurs adjoints, du conseil municipal et d'un détachement de la garde nationale. — Même décr., tit. 3, art. 22.

91. — Lorsque les princes voyageaient dans les départements et qu'il avait été donné avis officiel de leur voyage par les ministres, les maires et adjoints les recevaient à environ 250 pas en avant de l'entrée de leur commune; et si les princes devaient s'y arrêter ou y séjourner, les maires les conduisaient au logement qui leur était destiné. Lorsqu'ils sortaient d'une ville dans laquelle ils avaient séjourné, les maires et les adjoints se trouvaient à la porte par laquelle ils devaient sortir, accompagnés d'un détachement de la garde nationale. — Même décr., tit. 5, art. 13 et 14.

92. — V., en outre, ABATTOIRS, ACTES AUTHENTIQUES, ACTES DE L'ÉTAT CIVIL, ACTES RESPECTUEUX, ALIÉNÉS, ANIMAUX, APPEL, ARTIFICE, ARTIFICIER, ASPHYXIE, AUTORISATION DE PLAIDER, AVEU, BAINS, BALS PUBLICS, BATELEURS, BLESSURES ET COUPS, BOISSONS FALSIFIÉES, BOUCHER, BOUCHERIE, BOULANGER, BRUITS ET TAPAGES, CABARET, CABARETIER, CADASTRE, CHANTEURS, CHEMINS DE FER, CHIEN, COMMUNE, CONSEIL MUNICIPAL, CONSEIL DE PRÉFECTURE, CRIEURS PUBLICS, DOMAINE PUBLIC, ÉPIDÉMIE, FERMETURE DE LIEUX PUBLICS ET PARTICULIERS, FÊTES PUBLIQUES, GARDE NATIONALE, HALLES ET MARCHÉS, HOTELIER, INCENDIES (Mesures contre les), INHUMATION, JEUX DE HASARD, MASCARADES, MASQUES, MÉDECIN, MENDICITÉ, ORGANISATION MUNICIPALE, PHARMACIEN, PROSTITUTION, RECRUTEMENT, etc., etc.

MAISON D'ARRÊT.

V. PRISON.

MAISON DE CORRECTION.

V. PRISON.

MAISONS DE DÉBAUCHE ET DE TOLÉRANCE.

V. ATTENTAT A LA PUDEUR, EXCITATION A LA DÉBAUCHE, PROSTITUTION.

MAISON DE FORCE.

V. PRISON.

MAISON GARNIE.

On appelle ainsi celles qui se louent toutes meublées par les personnes qui font profession de cette sorte de location. — V. BAIL, HOTEL, HOTELIER, LOGEUR, VOL.

MAISON HABITÉE.

V. CONTRIBUTIONS DIRECTES, INCENDIE, PROVOCATION, VOL.

MAISON DE JEUX.

C'est celle où le public est admis et où on fait jouer à des jeux de hasard. — V., à cet égard, JEUX DE HASARD.

MAISON DE PRÊT SUR GAGES.

1. — Maison ouverte au public où l'on prête sur gages moyennant un certain intérêt.

2. — L'ancienne jurisprudence qui proscrivait le prêt à intérêt prohibait également les maisons de prêt sur gages: mais la loi des 3 et 12 octob. 1789 qui a permis le prêt à intérêt leva la prohibition. Toutefois les abus auxquels l'ouverture de ces maisons donna lieu nécessitèrent l'intervention de mesures préventives. La loi du 16 pluv. an XII décida, en conséquence, qu'aucune maison de prêt sur gages ne pourrait être établie qu'au profit des pauvres et avec l'autorisation du gouvernement. — L. 16 pluv. an XII, art. 1er.

3. — Et même, dès le 8 therm. an XIII, un décret vint ordonner la clôture des maisons de prêt existant à Paris, en même temps qu'un autre décret de ce jour réglait pour Paris l'organisation et les opérations du mont-de-piété. — Un semblable décret fut rendu le 10 mars 1807 pour la ville de Marseille. — V. MONT-DE-PIÉTÉ.

4. — Aujourd'hui les maisons de prêt sur gages légalement reconnues sont les monts-de-piété ou les succursales et les maisons des commissionnaires au mont-de-piété.

5. — L'autorisation prescrite par la loi du 16 pluv. an XII est accordée par décret du président de la République, et accompagnée ensuite d'un règlement qui astreint les chefs de ces établissemens à la tenue d'un registre qui constate régulièrement toutes leurs opérations.

6. — Ceux qui établissent ou tiennent des maisons de prêt sur gages ou nantissement sans autorisation légale, ou qui, ayant une autorisation, ne tiennent pas un registre conforme aux règlemens, contenant de suite, sans aucun blanc ni interligne, les sommes ou les objets prêtés, les noms, domicile et profession des emprunteurs, la nature, la qualité, la valeur des objets mis en nantissement, sont punissables d'un emprisonnement de quinze jours au moins, de trois mois au plus, et d'une amende de cent francs à deux mille francs. — C. pén., art. 411.

7. — « Les infractions prévues par cet article, disent MM. Chauveau et Hélie (t. 7, p. 432), sont purement matérielles; ce que la loi punit, c'est le défaut d'autorisation et l'omission du registre prescrit: elle ne recherche pas l'intention du délinquant. — La bonne foi de celui-ci peut bien atténuer l'infraction, mais elle ne la fait pas disparaître.

8. — MM. Chauveau et Hélie pensent que l'art. 411 n'est applicable qu'autant qu'il s'agit d'une institution permanente, ou du moins de l'institution d'une maison avec la destination habituelle de prêter; l'expression *établissement* supposant la pensée de faire une *habitude*, un métier d'un trafic illicite (t. 7, p. 433). — Jugé toutefois que l'établissement d'une maison de prêt sur gages

non autorisée, et le fait d'avoir prêté plusieurs fois sur gages, constitue le délit prévu par l'art. 411 C. pén., quoiqu'elle ne soit pas publiquement connue pour telle, et que le prévenu ne fasse pas de ce trafic une profession habituelle.—*Bruxelles*, 24 juill. 1847, Becq.

9. — La prohibition ne s'applique qu'au prêt sur gage, et non à toute autre espèce de prêt. — Il a donc été décidé avec raison que le jugement de condamnation qui déclare un individu coupable d'avoir tenu une maison de prêt sans autorisation est nul s'il ne déclare pas constant : que cette maison de prêt était sur *gages* ou *nantissement*, ce fait étant substantiel et caractéristique de la criminalité. — *Cass.*, 9 mars 1819 (t. 15, p. 143), Chapsal. — Chauveau et Hélie, *Théorie du C. pén.*, t. 4, p. 191 et 192.

10. — Mais lorsqu'un arrêt déclare constant le délit de prêt sur gages imputé au prévenu, en se fondant sur les *circonstances de la cause*, cette décision ne peut être attaquée, encore bien qu'elle ne spécifie pas les circonstances qu'il appartenait au juge d'apprécier, conformément à l'art. 411 C. pén. — *Cass.*, 25 nov. 1837 (t. 1er 1840, p. 140), Phétu.

11. — Si le prêt sur gage était déguisé sous la forme d'un autre contrat, par exemple sous celle d'une vente à réméré, les juges auraient le droit de lui restituer son véritable caractère. — *Cass.*, 15 juin 1821, Pesnier. — Mangin, *Tr. act. public.*, t. 4er, n° 169. — V. aussi *Cass.*, 9 déc. 1809, Roussel.

12. — Le prêteur sur nantissement qui retient habituellement en sus des intérêts une certaine somme, pour les frais de ce gage non retiré, ne peut pas être condamné comme coupable d'usure, si le règlement administratif qui en autorisé sa maison ne contient aucune détermination de ces frais. — *Cass.*, 22 mai 1813, Jourdheuil.

13. — Jugé aussi que celui qui tient en vertu d'une autorisation un établissement de prêt sur gage, en son propre nom et pour son compte particulier, ne peut être poursuivi comme concussionnaire à raison des intérêts excessifs par lui perçus. — *Cass.*, 4 juin 1813, Jourdheuil.

14. — La qualité de répétiteur de l'université ne saurait être invoquée comme exclusive du délit d'avoir tenu sans autorisation une maison de prêt sur gages. — Même arrêt.

15. — La seconde contravention prévue dans l'art. 411 existe soit qu'il y ait eu omission complète du registre dont la tenue est prescrite par la loi, soit qu'il y ait eu des irrégularités commises dans sa tenue. « Ainsi, disent MM. Chauveau et Hélie, la seule omission d'un prêt serait une contravention punissable, car chaque prêt est un contrat qui doit être formellement constaté. » — Règlem. 8 therm. an XIII, art. 48; Chauveau et Hélie, *Théor. C. pén.*, t. 7, p. 434. — V. COMMISSIONNAIRE AU MONT-DE-PIÉTÉ, GAGE, MONT-DE-PIÉTÉ.

MAISON DE REFUGE.

1. — On donne le nom de *maisons de refuge* à celles qui ont pour fin de ramener aux bonnes mœurs les filles qui s'en sont écartées (décret du 26 déc. 1810). Ces maisons sont dirigées par des sœurs religieuses.

2. — Les maisons de refuge ne peuvent s'établir sans autorisation du gouvernement et sans que leurs statuts aient été approuvés. — Lorsqu'une commune veut en établir, le préfet en transmet la demande avec son avis au ministre des cultes. L'association religieuse des sœurs de charité dites du Refuge Saint-Michel, dont le siège principal est à Paris, a été autorisée par un décret du 30 septembre 1807, qui en approuve les statuts.

3. — Les maisons de refuge sont sous la surveillance des sous-préfets, maires, procureurs de la République, qui, tous les trois mois, doivent les visiter, dresser procès-verbal de leurs visites, et l'envoyer au ministre de la justice. Ces magistrats reçoivent les réclamations et veillent à ce que les procureurs généraux visitent ces maisons toutes les fois qu'il le jugent convenable. — Le décret du 30 sept. 1807 déclare que, sous le rapport spirituel, les dames Saint-Michel sont sous la surveillance des évêques diocésains.

4. — Les sœurs du Refuge ne peuvent recevoir dans leurs maisons que des personnes qui y entreraient volontairement, celles qui sont soumises à l'autorité de la police et qui y sont envoyées par ses ordres, ou celles qui y sont envoyées par les pères ou conseils de famille dans les formes établies par le Code civil. — Décrets des 30 sept. 1807, 26 déc. 1810. — V. PUISSANCE PATERNELLE, TUTELLE.

5. — Toutes les fois qu'une personne étant dans la maison veut adresser une pétition à l'autorité

administrative ou judiciaire, la supérieure doit laisser passer et même faire parvenir la pétition sans en prendre connaissance. — Même décret de 1810.

6. — Le fonctionnaire public ou les parens, par l'autorité desquels une fille sera dans une de ces maisons, doivent toujours être admis à lui parler et à exiger qu'elle leur soit représentée. — Décret de 1810, art. 9.

7. — Ces maisons ne peuvent, sans autorisation spéciale, tenir de pensionnat pour l'éducation des enfans. — Décret de 1810, art. 5.

8. — Elles sont soumises, pour les noviciats et les vœux, ainsi que pour leur revenus, biens et donations, au règlement du 18 fév. 1809 concernant les sœurs hospitalières. — V., à cet égard, v° COMMUNAUTÉS RELIGIEUSES, nos 231 et suiv., 322, 343 et suiv., 352.

9. — On peut, au surplus, pour les détails d'organisation intérieure, se reporter aux décrets de 1807 (concernant les dames Saint-Michel) et de 1810.

MAISON DE RÉPRESSION.
V. PRISON.

MAISON DE SANTÉ.

1. — Etablissemens dans lesquels des malades sont, moyennant rétribution, reçus pour y être soignés.

2. — Il n'existe pas sur les maisons de santé en général de législation réglementaire. Mais la loi du 30 juin 1838 détermine les règles relatives aux établissemens particuliers ou publics dans lesquels les aliénés sont reçus et traités. — V. ALIÉNÉS.

3. — Une ordonnance de police, du 9 août 1828, rapportée dans le Recueil de M. Delessert (t. 2, p. 425) renferme les dispositions réglementaires de police concernant les maisons de santé établies ou à établir dans le ressort de la préfecture. — Ces dispositions sont relatives, 1° aux conditions d'établissement, au nombre des pensionnaires, aux rapports de ces maisons avec l'administration; 2° à la sûreté, à la salubrité et au régime intérieur des maisons.

4. — L'art. 2 dispose qu'on doit considérer comme maison de santé, et dès lors comme soumis au régime de l'ordonnance, les établissemens où l'on reçoit à demeure, à titre onéreux, les personnes de l'un et de l'autre sexe en traitement, et les femmes enceintes pour faire leurs couches. — Mais les sages-femmes ne sont pas, comme les aubergistes, tenues d'inscrire sur un registre les noms des personnes qui viennent faire leurs couches. La jurisprudence s'est prononcée à cet égard. — V. SAGE-FEMME.

5. — Il arrive parfois que les individus détenus, soit pour dettes, soit par suite de condamnations correctionnelles ou criminelles, obtiennent, pour des motifs impérieux, leur translation dans des maisons de santé. En cas d'évasion de ces détenus, il peut y avoir lieu, contre les directeurs de la maison ou ceux qui auraient facilité ou laissé effectuer cette évasion, soit à une responsabilité pénale, dans les cas où la loi pénale est applicable (V. ÉVASION), soit à une responsabilité civile (V. RESPONSABILITÉ).

6. — Les personnes tenant une maison particulière de santé, sont soumises à la patente et assujetties comme telles à un droit fixe de 100 fr. et à un droit proportionnel du 20e sur le loyer d'habitation et du 40e sur les locaux servant à l'exercice de la profession.

7. — Quant à celles qui tiennent, une maison particulière de retraite, elles sont rangées dans la 6e classe. — Droit fixe basé sur la population, droit proportionnel du 20e sur le loyer d'habitation et du 40e sur les locaux servant à l'exercice de la profession.—V. aussi HOSPICES, SAGE-FEMME.

MAISON DE SEVRAGE.

1. — Lieux où l'on reçoit à demeure et à titre onéreux des enfans auxquels on se charge de donner les soins qui leur sont nécessaires depuis le moment où ils cessent d'être allaités jusqu'à ce qu'ils soient retirés par leurs parens.

2. — Ce qui concerne l'établissement des maisons de sevrage, leur régime intérieur, leurs rapports avec l'administration, l'inspection et la surveillance dont elles sont l'objet, sous le rapport de la salubrité et des conditions hygiéniques, etc., etc., a été réglé, pour le ressort de la préfecture de police de la Seine, par une ord. de police du 9 août 1828 (Rec. de M. Delessert, p. 429).

MAITRE.
V. COALITION ENTRE MAITRES ET ENTRE OUVRIERS, DOMESTIQUE, JUSTICE DE PAIX, LOUAGE D'OUVRAGE ET D'INDUSTRIE, RESPONSABILITÉ.

MAITRE ou PATRON DE NAVIRE.

1. — C'est celui qui a le commandement d'un navire.

2. — Ces expressions sont synonymes de celle de *capitaine*, avec cette différence, toutefois, que celle-ci s'applique ordinairement au commandant d'un navire destiné aux voyages de long cours; tandis que les premières indiquent ceux qui commandent des bâtimens de moindre grandeur employés au cabotage. — V. CABOTAGE, CAPITAINE DE NAVIRE, ÉQUIPAGE (Gens d'), n° 8.

3. — Les maîtres ou patrons de simples barques ou de bateaux sont soumis à la patente de 5e classe lorsqu'ils naviguent pour leur compte sur des fleuves, rivières ou canaux, soit que la barque ou le bateau leur appartienne, soit qu'il l'aient loué. — Droit fixe basé sur la population, droit proportionnel du 20e de la valeur locative de l'habitation et des lieux servant à l'exercice de la profession.

4. — Si le conducteur n'est qu'un homme à gages, la patente est due par le propriétaire de la barque ou du bateau. — V. PATENTE.

MAITRE DES COMPTES.
V. CHAMBRE DES COMPTES, COUR DES COMPTES.

MAITRE DE PENSION.
V. ABONNEMENT, n° 13; ACTE DE COMMERCE, nos 71 et suiv., 195 et suiv.; ENSEIGNEMENT, nos 8 et suiv.

MAITRE DE POSTE.
V. POSTES.

MAITRE DES REQUÊTES.
V. CONSEIL D'ÉTAT.

MAITRISE.

C'était la qualité qu'un compagnon acquérait lorsque, après avoir fait son chef-d'œuvre, il était reçu *maître* dans quelque corps d'arts et métiers. — V., sur l'organisation des corporations et sur l'admission, CORPS D'ARTS ET MÉTIERS.

MAITRISES DES EAUX ET FORÊTS.

Les maîtrises étaient des juridictions qui connaissaient des matières relatives aux eaux et forêts. On distinguait les grandes maîtrises et les maîtrises particulières.—V. EAUX ET FORÊTS, nos 4 et suiv.; FORÊTS, nos 101 et suiv.

MAJORATS.

Table alphabétique.

MAJORATS. — 1. — On entend par majorat une propriété immobilière dont les revenus sont affectés au soutien d'un titre nobiliaire transmissible dans la descendance masculine du titulaire, par ordre de primogéniture. — Favard, v° *Majorat*.

§ 1er. — *Notions générales. — Constitution. — Abolition des majorats* (n° 2).

§ 2. — *Nature et caractère des majorats* (n° 30).

§ 3. — *Transmission. — Extinction. — Droit des veuves* (n° 38).

§ 4. — *Contentieux et compétence* (n° 55).

—

§ 1er. — *Notions générales. — Constitution. — Abolition des majorats.*

2. — Les majorats étaient inconnus aux Romains. L'usage les introduisit en Italie sur la fin du huitième siècle. — V. Jean Torre, *Traité des majorats d'Italie*, chap. 1er, n° 72. — Plus tard, ils furent reçus en Espagne, mais établis sur une base différente. — V. Molina, *De Hispanorum primogenitorum origine ac naturâ*, lib. 1er, cap. 8.

3. — Dans l'ancien droit français, on distinguait deux sortes de majorats : les majorats réguliers (ceux dont le bénéfice était acquis à l'aîné plus proche parent du dernier possesseur) et les majorats irréguliers (c'est-à-dire ceux dont le bénéfice arrivait au parent le plus proche de la branche, et pour la recherche duquel il fallait intervertir l'ordre légitime des successions). — V. Thévenot, *Des substitutions*, chap. 25.

4. — Dans l'ancienne France, on admettait à l'infini, sous le nom de majorats, l'usage des substitutions. L'ordonnance d'Orléans de 1560 vint restreindre cet usage. Cependant, dans les provinces d'Artois et de Flandre, les substitutions furent autorisées jusqu'en 1611 ; et dans celles du Roussillon et de Franche-Comté jusqu'à l'ordonnance de 1747. Cette dernière ordonnance limita à deux degrés le droit de substituer. — V. SUBSTITUTION.

5. — Les lois de 1792 prononcèrent l'abolition absolue des substitutions. Le Code civil les proscrivit également, sauf deux cas d'exception. — V. SUBSTITUTION.

6. — Mais un décret du 30 mars 1806 et un sénatus-consulte du 14 août de la même année rétablirent les titres, ce qui donna lieu à la réorganisation des majorats ; réorganisation qui fut introduite dans la révision du Code civil par le décret du 3 sept. 1807.

7. — L'art. 896 C. civ., prohibitif des substitutions, fut enfin rédigé avec cette exception : « Néanmoins, les biens libres formant la dotation d'un titre héréditaire que l'empereur aurait érigé en faveur d'un prince ou d'un chef de famille pourront être transmis héréditairement, ainsi qu'il est réglé par l'acte du 30 mars 1806 et par celui du 14 août suivant.

8. — Plusieurs dispositions postérieures sont venues réglementer la matière des majorats. — Nous citerons notamment le décret du 1er mars 1808 concernant les titres, celui du 24 juin suivant, celui du 2 fév. 1809, et l'ordonnance des 7 et 15 oct. 1818, fixant les droits d'enregistrement et de transcription ; le décret du 4 mai 1809 qui détermine le mode de conservation des biens affectés à la dotation des majorats ; celui du 17 du même mois, portant désignation des biens qui peuvent être constitués en majorats ; celui du 3 mars 1810 concernant le siége des majorats ; l'ordonnance des 25 août et 4 sept. 1817 qui détermine les formalités de l'institution des majorats pour les pairs de France ; celle des 13 et 30 sept. 1820 concernant la réserve des actions de la Banque de France affectées à des majorats ; celle du 22 fév. 1824 concernant les retenues à faire sur les produits des majorats possédés par les titulaires qui n'ont pas fait emploi des sommes par eux reçues du domaine extraordinaire, à titre de majorats ; celle des 21 juin et 1er juill. 1829 portant fixation du revenu que doivent produire les biens composant les majorats fondés en dehors de la pairie aux titres de marquis et de vicomte ; celle des 3 et 21 juin 1830 concernant les majorats de la pairie.

9. — Le sénatus-consulte du 14 août 1806 reconnaissait deux espèces de majorats : les majorats de *propre mouvement* (ceux formés de biens provenant de dotations consenties par le prince) et les majorats *sur demande* (c'est-à-dire ceux que les chefs de famille sont autorisés à former sur leurs propres biens).

10. — Mais le domaine extraordinaire, sur lequel étaient pris les biens composant les dotations et majorats de propre mouvement, ayant été réuni au domaine de l'Etat depuis la loi du 15 mai 1818 (V. DOMAINE EXTRAORDINAIRE), il en résulta qu'un majorat ou une dotation ne pouvait plus être formé des biens provenant du domaine public que par une loi, seul mode reçu pour l'aliénation des biens de l'Etat. — Favard, *Rép.*, v° *Majorat*, § 2, n° 1er. — C'est ce qui a eu lieu par acte législatif, du 5 fév. 1819, en faveur de M. le duc de Richelieu.

11. — Aux termes du décret du 1er mars 1808, un majorat sur demande n'a pu être établi qu'en vertu d'une autorisation du chef du gouvernement, par lettres patentes du grand sceau, énonçant les motifs de la distinction accordée, le titre affecté au majorat, les biens qui le composent, les armoiries accordées au titulaire : le même décret ordonnait la publication et l'enregistrement à la cour impériale et au tribunal de première instance du domicile de l'impétrant et de la situation des biens formant le majorat, le tout sur la poursuite et sur la réquisition du ministère public. L'insertion en était faite au *Bulletin des lois*, ainsi que la transcription sur le registre du conservateur des hypothèques. — Art. 23.

12. — Si les biens affectés au majorat étaient donnés par un autre que le titulaire, il était besoin d'une donation entre-vifs soumise aux formalités et aux règles de ce genre d'actes. — Favard, *loc. cit.*, § 1er. — V. DONATION ENTRE-VIFS.

13. — La femme mariée autorisée par son mari, conformément à l'art. 217 C. civ., pouvait constituer en majorat, en faveur de son mari et de leurs descendans communs, ses biens propres. — Décr. 17 mai 1809. — Ce qui consacrait au profit du mari une dérogation dangereuse aux principes relatifs aux donations entre époux.

14. — Les majorats ne pouvaient comprendre que des immeubles libres de toutes charges et hypothèques de rentes sur l'Etat ou actions sur la Banque de France immobilisées. — Décr. 1er mars 1808, art. 1er et suiv.

15. — La légalité des majorats en bois a été reconnue dans la discussion relative au Code forestier et proclamée. — Gagnereux, *Code forestier*, art. 89, n° 1er, t. 1er, p. 259. — V. FORÊTS.

16. — D'après une ordonnance royale du 25 août 1817 concernant les majorats établis en faveur de la pairie, les lois et règlemens antérieurs étaient maintenus pour ces majorats en ce qui concernait les formes de l'autorisation, la nature des biens, leur mode d'aliénation et de remploi.

17. — Cette même ordonnance établissait trois classes de majorats attachés à la pairie : 1° celle des majorats *duchés* devant être d'un revenu d'au moins 30,000 francs ; 2° celle des majorats *marquisats* ou *comtés*, devant être d'un revenu de 20,000 francs au moins ; 3° celle des majorats *vicomtes* ou *baronnies*, d'un revenu de 10,000 fr. au moins.

18. — On devait au préalable instituer le titre. La transcription des actes de constitution avait lieu sur un registre tenu à cet effet et déposé aux archives : elle s'opérait par les ordres du chancelier, sous la surveillance du grand référendaire. — Ord. de 1817, art. 4 et suiv., et 17.

19. — Depuis la révolution de 1830 et l'abrogation de l'hérédité de la pairie, l'institution des majorats avait paru une anomalie. — On était d'accord pour la considérer comme violant le principe de l'égalité dans les familles ; comme condamnée par l'économie sociale, en ce qu'ils plaçaient hors du commerce des valeurs immobilières considérables ; comme inutile enfin au soutien du titre de pair, ce titre n'étant plus attaché aux familles par voie de transmission. Toutefois, pendant plusieurs années, on fut en désaccord sur le point de savoir dans quelles limites et sous la réserve de quelles mesures transitoires il convenait d'en prononcer l'abolition. — V. observat. de Duvergier, *Collect. des lois*, notes sur la loi du 12 mai 1834, t. 35, p. 106 et suiv.

20. — Enfin fut rendue la loi du 12 mai 1835 qui, en interdisant à l'avenir toute institution de majorat (art. 1er), disposa (art. 2) que, « les majorats fondés jusqu'alors, *avec des biens particuliers*, ne pourraient s'étendre au delà de deux degrés, *l'institution non comprise.* »

21. — L'interprétation de cette dernière disposition a donné lieu à quelques difficultés. — Toutefois il paraissait résulter clairement de la discussion de la loi qu'il devait y avoir, *outre le fondateur*, deux personnes qui recueilleraient et transmettraient le majorat, et que le troisième appelé aurait seul la libre disposition des biens qui y sont compris. — Duvergier, *Collect. des lois*, L. du 12 mai 1835, t. 35, p. 108. — V. au reste, dans cet auteur, la discussion qui a eu lieu à cet égard.

22. — Mais il résultait aussi de la même discussion que les deux degrés respectés par la loi couraient à partir du fondateur et non du possesseur lors de la promulgation de la loi. — En sorte que, en vertu de la loi de 1835, les majorats n'ont pas eu nécessairement deux degrés à parcourir, et qu'il a pu se faire qu'au moment de la promulgation un des deux degrés ou même tous les deux fussent déjà parcourus. — Duvergier, *loc. cit.*

23. — La législation sur les majorats a été modifiée depuis l'établissement du gouvernement républicain par une loi du 7-11 mai 1849. Cette loi, précédée d'un rapport remarquable de M. Valette (du Jura), dispose, 1° que les majorats de biens particuliers qui auront été transmis *à deux degrés successifs à partir du premier titulaire* sont abolis, et que les biens composant ces majorats restent libres entre les mains de ceux qui en sont investis (art. 1er) ; 2° que, pour l'avenir, la transmission, *limitée à deux degrés à partir du premier titulaire*, n'aura lieu qu'en faveur des appelés déjà nés ou conçus lors de la promulgation de la présente loi, et que s'il n'existe pas d'appelés à cette époque, ou si ceux qui existaient décèdent avant l'ouverture de leurs droits, les biens du majorat deviendront immédiatement libres entre les mains du possesseur (art. 2).

24. — Enfin, l'art. 3 de cette loi dispose que pendant une année à partir de sa promulgation, lorsqu'une saisie sera pratiquée sur les biens devenus libres en vertu de l'art. 2, les juges pourront toujours, quelle que soit la nature du titre, appliquer l'art. 1244 du C. civ. et surseoir aux poursuites ultérieures pendant le temps qu'ils détermineront.

25. — L'art. 3 de la loi de 1835 dispose : « Le fondateur d'un majorat pourra le révoquer en tout ou en partie ou en modifier les conditions. Néanmoins il ne pourra exercer cette faculté s'il existe un appelé qui ait contracté, antérieurement à la présente loi, un mariage non dissous, ou dont il soit resté des enfans. En ce cas, le majorat aura son effet restreint à deux degrés, ainsi qu'il est dit dans l'article précédent. » — M. Duvergier (*loc. cit.*, p. 110) pense que la révocation dont parle l'art. 3 peut avoir lieu soit virtuellement, par la concession régulière de charges ou hypothèques, soit par donation entre-vifs ou testament. — Mais elle ne peut émaner que du *fondateur* et non d'un des appelés.

26. — Aux termes de l'art. 4 de la loi de 1849, il n'a été rien innové par cette loi au droit spécial de révocation conféré au fondateur par la loi du 12 mai 1835 (art. 3).

27. — L'art. 5 de la loi de 1849 dispose ainsi qu'il suit : Dans les cas prévus par les art. 1, 2 et 4 de la présente loi, le ministre de la justice statuera sur les demandes en radiation, soit de la transcription hypothécaire, soit de l'annotation spéciale d'immobilisation des rentes sur l'Etat ou des actions de la Banque de France. Sur son refus, les parties intéressées pourront se pourvoir devant les tribunaux ordinaires, qui statueront définitivement.

28. — Quant aux dotations ou portions de dotations consistant en biens soumis au droit de retour en faveur de l'Etat, l'art. 4 de la même loi a déclaré qu'elles continueraient à être possédées et transmises conformément aux actes de l'investiture, et sans préjudice des droits d'expectative ouverts par la loi du 5 déc. 1814. — Et il n'a été rien innové non plus à cet égard par la loi de 1849.

29. — Les lois de 1835 et de 1849 rendent donc pour l'avenir l'existence des majorats tout à fait précaire et, en leur assignant une durée restreinte, ne leur laissent qu'un intérêt qui, chaque jour, va en diminuant. Il importe néanmoins, puisque ce n'est pas une matière complétement morte, de tracer les règles qui la gouvernent ; car, ainsi que cela a été reconnu (V. Duvergier, p. 110), si pendant le temps limité que dureront encore les majorats il s'élève des questions, elles

devront être résolues par la législation en vigueur.

§ 2. — *Nature et caractère des majorats.*

30. — Les biens qui composent le majorat sont inaliénables, imprescriptibles, non susceptibles de donation ou de concession de privilége et hypothèque de la part du titulaire. — V. Décr. du 1er mars 1808, art. 40 et suiv. — Toutefois, l'aliénation peut être, selon les cas, autorisée par le chef de l'Etat, mais à la charge de remploi en autres biens de même valeur et de la nature de ceux qui peuvent être affectés aux majorats. — Même décr., art. 56 et suiv.

31. — Jugé qu'un majorat institué avec condition de retour au domaine de l'Etat, en cas d'extinction de la descendance masculine du donataire, et avec cette clause, que les biens de la dotation pourront être vendus conformément au décret du 1er mars 1808, et à charge d'un remplacement agréé par le chef de l'Etat, a pu être aliéné en vertu d'une ordonnance royale portant autorisation de le vendre à la charge d'en employer le prix en rentes sur l'Etat immobilisées, inaliénables et soumises à la même clause de retour. — Peu importerait que les biens de la dotation eussent été distraits du domaine extraordinaire pour être érigés en majorat. — *Cass.*, 3 fév. 1841 (t. 2 1841, p. 440), préfet de Loir-et-Cher c. marquis de Pastoret.

32. — Jugé aussi qu'une hypothèque pouvait être valablement prise sur les biens destinés à former un majorat, bien qu'elle fût inscrite plus d'un an après la transcription des lettres patentes portant établissement définitif du majorat. — *Paris*, 5 juill. 1836, Blaise c. de Mesgrigny.

33. — De même, quoique, dans l'acte par lequel un souverain fait don à l'un de ses généraux d'une somme dont la moitié doit lui être payée comptant, il soit dit que ce général sera tenu d'avoir un hôtel à Paris, ou dans un chef-lieu de département, lequel sera inaliénable et fera partie du majorat qu'il a depuis constitué en sa faveur; cependant, si les lettres patentes d'institution du majorat, et la quittance de la somme, signée par le donataire, n'expriment pas la condition que cette somme servirait à l'acquisition d'un hôtel construit postérieurement par le donataire, on a pu décider que cette condition ne lui avait point été imposée et que, d'ailleurs, ce dernier n'avait pas contracté cette obligation, sans qu'il y ait ouverture à cassation de l'arrêt qui, entre l'héritier du majorat et les créanciers de son auteur, déclare, par suite, que cet immeuble n'a pas été frappé d'inaliénabilité jusqu'à concurrence de la somme reçue par le donataire. — *Cass.*, 3 août 1824, d'Abrantès c. Desrez.

34. — La prohibition d'aliéner ne s'étend pas au bail. — Troplong, *Louage*, n° 86; Duranton, t. 17, n° 25.

35. — Malgré ce qui a été dit plus haut, les *enfans du fondateur* auraient le droit, s'ils n'étaient pas remplis de leur légitime sur les biens libres de leur père, d'en demander le complément sur les biens donnés pour la formation du majorat. — V. décr. 1er mars 1808, art. 75; Duvergier, sur la loi du 12 mai 1835, *Coll.*, L. 1835, p. 110. — Mais une fois le majorat *transmis*, comme il est hors de la fortune personnelle du possesseur, l'appelé le recueille sans que les autres puissent l'ébrécher pour compléter leur légitime. — Duvergier, *loc. cit.*

36. — On ne peut saisir ni déléguer les revenus des majorats, si ce n'est pour les dettes privilégiées indiquées par l'art. 2101 et les nos 4 et 5 de l'art. 2103 C. civ., et seulement pour la moitié desdits revenus. — Dans le cas des nos 4 et 5 de l'art. 2103, les revenus ne peuvent être délégués que pour le montant des réparations à la charge des usufruitiers; et s'il survenait un besoin de réparations, ou de travaux considérables excédant la quotité ci-dessus spécifiée, il doit y être pourvu extraordinairement en la forme déterminée par l'art. 52 du décret du 1er mars 1808.

37. — Les biens composant un majorat sont soumis à l'acquittement des impositions et charges réelles, des dettes du précédent titulaire, jusqu'à concurrence du tiers des revenus pendant les deux premières années de la jouissance, et alors qu'elles sont de la nature de celles qui peuvent être déléguées, ainsi qu'il a été exposé plus haut. — Décr. 1er mars 1808, art. 50.

§ 3. — *Transmission. — Extinction. — Droit des veuves.*

38. — Les majorats, soit de propre mouvement, soit sur demande, se transmettent dans la descendance *naturelle et légitime*, et dans la descendance *adoptive* (décr. 1er mars 1808). — L'ordonn. du 25 août 1817 ne comprend pas, il est vrai, nommément la descendance *adoptive*, ce qui semble exclure de la vocation au majorat de la pairie les enfans adoptifs; mais il ne nous semble pas qu'il doive en être ainsi. D'abord, parce qu'une ordonnance ne peut déroger à un acte ayant acquis force de loi; en second lieu, parce que l'ordonnance de 1817 n'avait pas pour but de restreindre les constitutions de majorat. — V., au surplus, Favard, *Rép.*, v° *Majorat*, § 4.

39. — Au reste, les enfans adoptifs ne viennent pas au majorat en vertu du seul acte d'adoption; et l'art. 36 du décr. de 1808 porte que nul revêtu d'un majorat ne peut adopter un enfant mâle, ou transmettre le majorat qui lui sera accordé, ou échu, à un enfant adopté avant qu'il en soit revêtu, si ce n'est avec l'autorisation de l'empereur énoncée dans des lettres patentes. — Favard, *loc. cit.*

40. — La transmission se fait de mâle en mâle, par ordre de primogéniture, c'est-à-dire dans la branche de l'aîné jusqu'à entier épuisement des mâles, de préférence aux branches collatérales, bien qu'il se trouve dans ces dernières des mâles plus âgés que dans la descendance de l'aîné. — Art. 896 C. civ, § 3. — Favard, *loc. cit.*

41. — Mais si, dans la descendance de l'aîné, il ne se trouve que des filles, ces dernières sont exclues par les mâles de la branche collatérale descendant du premier puîné après celui qui avait d'abord recueilli le bénéfice de majorat. — Décr. du 1er mars 1808, art. 35 et 65; Favard, *loc. cit.* — Les filles ne peuvent soutenir qu'en ce cas le majorat est éteint. — *Paris*, 30 juill. 1817, Droullin c. Menilglaise.

42. — Les biens composant un majorat passent à l'aîné de la famille sans tomber dans la succession du titulaire, en sorte que l'enfant qui recueille ces biens ne peut, en renonçant à la succession, être tenu au paiement des dettes de cette même succession. — *Paris*, 29 nov. 1816, Prioux c. Maille.

43. — Ainsi le titulaire d'un majorat ne peut porter atteinte par ses faits personnels aux droits de son successeur naturel. — Car il a été fait application de ce principe au sujet de la loi du 12 janv. 1816, qui autorisait à priver de tous biens et pensions, concédés à titre gratuit, les individus compris dans l'art. 2 ord. 24 juillet 1815. — Cette loi ne peut détruire les majorats et nuire aux appelés. — *Cons. d'Etat*, 11 janv. 1833, de Fermon c. de Camnas.

44. — La chose jugée avec le titulaire ne serait opposable que si elle avait porté sur le fonds et la propriété du majorat. — Même décision.

45. — L'enfant qui aurait été adopté sans l'autorisation du chef de l'Etat ne pourrait prétendre droit au majorat, qui devrait dès lors faire retour au domaine de l'Etat. — Décret du 1er mars 1808, art. 35 et suiv.; 3 mars 1810; L. du 5 déc. 1814. Conf. *Cons. d'Etat*, 16 nov. 1832, Rocanus.

46. — Aux termes de l'art. 6 du décret du 1er mars 1808 et du décret du 4 juin 1809, les actions de la Banque et les rentes sur l'Etat affectées à un majorat devaient subir annuellement une retenue d'un dixième, formant un fonds d'accroissement au profit du majorat. — Décret 1808, art. 6. — V., sur le mode de retenue, avis *Cons. d'Etat*, 2 fév. 1819. — Favard, v° *Majorat*, § 5. — Cette disposition a été, quant aux majorats des biens particuliers, abrogée par la loi précitée de 1849, art. 6.

47. — Jugé que les rentes achetées avec le prélèvement d'une somme faisant partie du revenu d'un majorat, et en vertu du titre qui l'institue, forment avec lui un tout indivisible, lorsque surtout elles ont été immobilisées et déclarées inaliénables. — *Cons. d'Etat*, 20 août 1826, Bacciochi.

48. — D'après le décret du 1er mars 1808, art. 75, le majorat s'éteignait avec la descendance masculine du titulaire, à moins que l'empereur ne le transportât, sur la demande du titulaire, sur un de ses gendres ou héritiers collatéraux. — V., quant à l'extinction, les dispositions précitées de la loi de 1835, § 1er.

49. — Les art. 48 et 49 du décret du 1er mars 1808 donnent droit aux veuves des titulaires de majorats à une pension, soit que le majorat subsiste dans la descendance du titulaire, soit qu'il ait pris fin. La pension est de la moitié du revenu, si le majorat subsiste, et du tiers, s'il a pris fin.

50. — La pension n'est accordée à la veuve qu'autant que ses biens personnels ne suffisent pas à lui assurer un revenu égal à celui que lui procurerait la pension, et qu'autant qu'elle reste veuve; ou si elle se remarie, qu'autant qu'elle ne le fait qu'avec l'autorisation du gouvernement.

51. — Cette disposition doit être entendue en ce sens que le revenu que possède cette veuve et qui serait inférieur à la pension accordée par le décret, doit être imputé pour régler la quotité de la pension. — *Agen*, 11 janv. 1825, Passama.

52. — Lorsque l'enfant auquel le père a donné par préciput la quotité disponible, a reçu en outre des biens constitués en majorat, ce n'est pas sur la valeur des biens représentatifs de la quotité disponible, mais bien sur celle des biens affectés au majorat, que doit être réglée la pension accordée à la veuve du titulaire d'un majorat encore subsistant. — Déc. 1er mars 1808, art. 40 et 48. — *Agen*, 11 janv. 1825, Passama.

53. — La réversibilité existe-t-elle quant aux majorats institués pour la pairie? L'ord. du 25 août 1817 est muette sur ce point, et M. Favard de Langlade (v° *Majorat*, § 5) pense que dans ce silence de l'ord. la réversibilité n'existe pas. — V. cependant Vazeille sur l'art. 896, n° 54.

54. — Suivant la loi de 1849 (art. 7), la mutation par décès d'un majorat de biens particuliers donnera ouverture au droit de transmission de propriété en ligne directe. — La taxe du cinquième d'une année de revenu, établie par le décret du 4 mai 1809, est abolie pour l'avenir. — En outre, il ne pourra être perçu qu'un droit de transmission d'usufruit mobilier sur la pension de la veuve.

§ 4. — *Contentieux et compétence.*

55. — Plusieurs décrets ont statué sur les moyens d'assurer la conservation des majorats, en maintenant dans leur intégrité les biens qui les composent, et obviant à ce qu'ils puissent être diminués par aliénation, dégradation, négligence, fraude ou connivence.

56. — Le deuxième décret du 1er mars 1808 établissait pour surveillans et conservateurs des majorats le procureur général (aujourd'hui commissaire du roi près le Conseil du sceau des titres), les procureurs des Cours et les procureurs du roi près les tribunaux civils, et les agens du domaine, à l'effet d'assurer, en cas d'extinction des majorats de propre mouvement, leur entier retour au domaine extraordinaire (art. 76).

57. — Le décret du 4 mars 1809 établissait, hors de l'empire, pour les majorats situés hors de l'empire, des agens conservateurs ayant les mêmes devoirs.

58. — Par le sénatus-consulte du 30 janv. 1810, dont le titre 2 constituait le domaine extraordinaire (V. DOMAINE EXTRAORDINAIRE) et une intendance générale de ce domaine, toutes les actions relatives aux dotations devaient être exercées par l'intendant général et dirigées contre lui. — Depuis la loi du 15 mai 1818, qui a réuni le domaine extraordinaire au domaine de l'Etat, ce sont les agens de ce domaine qui intentent les actions ou qui y défendent.

59. — D'après un avis du 30 janv. 1811, l'administration et l'emploi des revenus des majorats pendant la minorité des titulaires doivent avoir lieu conformément aux règles prescrites par l'art. 387 C. civ. Le tuteur en a l'administration, et il en rend compte à la fin de sa gestion.

60. — Un décret du 22 déc. 1812 a pourvu à la conservation des majorats, tant de ceux formés de propriétés particulières que de ceux provenant des domaines de l'Etat, en cas de contestation en justice et de jugemens intervenus sur les contestations. — L'art. 1er de ce décret dispose que, en tous procès poursuivis devant les tribunaux qui intéresseraient le fonds et la propriété des majorats formés de propriétés particulières, le ministère public doit être entendu tant en première instance qu'en appel.

61. — Les art. 2 et suiv. indiquent comment et dans quels cas les jugemens rendus avec un titulaire peuvent être attaqués par les successeurs médiats ou immédiats, après le décès de ce titulaire, ainsi que les formalités de signification qui doivent être accomplies à l'égard de ces successeurs, suivant qu'ils sont majeurs ou mineurs. — Ils règlent aussi le sort des transactions d'où résulterait une diminution des biens composant le majorat.

62. — Les art. 7 et 8 rendent applicables aux majorats et dotations provenant du domaine extraordinaire les dispositions susénoncées des articles précédens.

63. — Enfin, les art. 9 et suiv. règlent le sort, quant au domaine, à l'époque où le retour a lieu, des jugemens relatifs à la propriété des biens composant un majorat ou dotation de munificence, et celui des transactions d'où résulterait un abandon de droits de propriété.

64. — Enfin, un décret du 11 nov. 1813 a réglé les pensions affectées sur les majorats et dotations constitués sur le domaine extraordinaire: il fixe en outre la marche à suivre pour juger les contestations entre les donataires et les pensionnaires.

65. — Les contestations sur les majorats sont portées au Conseil d'Etat, s'il s'agit d'interpréter les clauses de l'acte d'institution, l'étendue et la valeur des majorats. — Elles sont déférées aux tribunaux, si le litige a pour objet la jouissance ou la propriété des biens, les droits des appelés, les dégradations ou les détériorations commises par le grevé ou ses héritiers. — Décret du 4 mai 1809, art. 4, 16, 18.

66. — Lorsqu'un *majorat* a été créé sur des biens donnés à cet effet, c'est dans la donation, et non dans le titre de création, qu'il faut chercher la solution du point de savoir si tel immeuble est compris dans le majorat: dès lors cette question de propriété, ainsi subordonnée à l'appréciation du titre privé qui la constitue, est de la compétence exclusive de l'autorité judiciaire. — *Cass.*, 21 mars 1842 (t. 2 1842, p. 289), mont-de-piété de Paris c. baron d'Esclans.

67. — La question de savoir s'il résulte du titre constitutif d'un majorat, qu'une somme dont le titulaire a été doté par le chef de l'Etat, a été employée à la construction d'un domaine, et si, par suite, ce domaine est inaliénable, lorsque cette question est élevée entre des créanciers dans un ordre ouvert pour la distribution du prix provenant de la vente de cet immeuble, doit être jugée par l'autorité judiciaire, et non par l'autorité administrative. — *Cass.*, 3 août 1824, d'Abrantès c. Desrez.

68. — Ce n'est point d'après le taux des aliénations d'immeubles *appartenant à l'Etat*, taux fixé par la loi du 15 flor. an X, mais bien conformément à l'art. 52 de la loi du 28 avr. 1816, relatif à la vente d'immeubles faite *par les particuliers*, que doit se régler la perception des droits d'enregistrement pour la vente d'un immeuble constituant un majorat. — *Cass.*, 7 fév. 1843 (t. 1er 1843, p. 259), de Boissy c. l'Enregistrement.

69. — Les biens confisqués, par le décret du 21 nov. 1806, sur les sujets de la Grande-Bretagne, n'ont pas été affranchis, par ce décret, des hypothèques dont ils étaient grevés, et, en conséquence, les créanciers hypothécaires autres que les Anglais sont devenus créanciers de l'Etat. — Si les biens confisqués ont été incorporés à un majorat, l'administration des domaines doit garantie au titulaire, en cas de trouble, et cette action récursoire est du ressort de l'autorité administrative. — Cons. d'Etat, 14 mai 1828, Dechapeaurouge c. Daru.

70. — Un donataire d'immeubles situés en France, confisqués sur des sujets britanniques en vertu du décret de blocus de 1806, n'est pas fondé à demander une indemnité pour ces biens restitués aux anciens propriétaires en vertu du traité de 1814. — Cons. d'Etat, 22 janv. 1823, Lecordier.

71. — L'annulation d'un majorat institué au profit d'un Anglais naturalisé en France ne peut être demandée au roi de France, en son Conseil d'Etat, par un créancier du titulaire, en vertu d'un arrêt de la haute cour des pairs d'Angleterre qui a déclaré celui-ci débiteur pour avoir spolié une succession, tant qu'au préalable le titre de ce créancier n'a pas été déclaré exécutoire en France par les tribunaux français. — Cons. d'Etat, 12 fév. 1823, Stackpoole.

MAJORITÉ.

1. — La majorité est l'âge où l'on est capable des actes de la vie civile.

2. — Dans l'ancien droit français, la majorité, c'est-à-dire la capacité de disposer, était différente, suivant la nature des biens et la qualité des personnes. Merlin (*Rép.*, vo *Majorité*, § 1er) rapporte la décision 249 de Jean Desmares, ainsi conçue: « Enfans de pooste (c'est-à-dire roturiers) sont agiés à 14 ans, puisqu'ils sont mâles, et les pucelles sont agiées à 12 ans: mais ceux qui sont nobles sont agiés à 21 ans quant aux choses nobles et feudalaires; et quant à celles qui sont tenues en villenage, à 14 ans. » Et Merlin ajoute que si cet auteur ne distingue pas entre les *gens de pooste*, ceux qui avaient des fiefs, c'est qu'anciennement les roturiers étaient incapables d'en posséder; mais quand on les y eut admis, ils ne furent réputés majeurs, quant à leurs fiefs, qu'à 21 ans: comme les nobles.

3. — Plus tard, la plupart des coutumes fixèrent la majorité à 25 ans; c'est aussi ce qui avait lieu en pays de droit écrit. Toutefois, quelques coutumes (notamment celles d'Anjou et du Maine) maintinrent la distinction établie par les anciens usages entre les personnes, les biens et le genre de dispositions. — Merlin, *Rép.*, *loc. cit.*

4. — La loi du 20 sept. 1792 a fixé la majorité à 21 ans accomplis, et cette disposition est renouvelée par l'art. 488 du C. civ.

5. — Toutefois, ce principe souffre une restriction relativement au mariage. — V. MARIAGE.

6. — Il est aussi d'autres actes de la vie civile qui ne peuvent être accomplis qu'autant que celui qui veut les faire a atteint un âge supérieur à 21 ans. — C'est ainsi qu'aux termes de l'art. 343, C. civ., l'adoption n'est permise qu'aux personnes de l'un ou de l'autre sexe âgées de plus de 50 ans.

7. — La majorité fixée par l'art. 488 n'existe de droit que pour les actes de la *vie civile*. Il est, en effet, certains actes qui tiennent au droit de cité et qui ne rentrent pas nécessairement dans la capacité du majeur de 21 ans. — V. DROITS POLITIQUES, ÉLECTIONS, FORÊTS, GARDE FORESTIER, TRIBUNAL.

8. — Jugé que, dans le cas d'un legs fait pour être délivré au légataire lors de sa majorité, c'est la loi existant au moment de la demande en délivrance qui doit régler la majorité et non celle en vigueur à l'époque du testament. — *Nîmes*, 19 frim. an XI, Lavoudès. — V. aussi FRANÇAIS, nos 51 et suiv.

9. — C'est jusqu'à sa majorité ou son émancipation que l'enfant reste sous la puissance de ses père et mère. — V. PUISSANCE PATERNELLE; V. aussi COMPTE DE TUTELLE.

10. — Par des motifs exceptionnels, la majorité du roi de France était fixée à 14 ans, c'est-à-dire que le roi était majeur dès qu'il était entré dans sa 14e année. L'édit de Charles V du mois d'août 1374, vérifié au parlement le 20 mai suivant, et qui fixe cette majorité, a été en vigueur jusqu'à l'art. 1er de la loi du 30 août 1842, qui a fixé à 18 ans la majorité du roi. — La royauté étant abolie et la France constituée en république, l'âge de la majorité des rois y est désormais sans objet. — Quant au président de la République, il doit avoir au moins trente ans. — Constit. de 1848, art. 1, 2 et 44.

MALADIE CONTAGIEUSE.

V. DÉLIT RURAL, ÉPIDÉMIE, ÉPIZOOTIE, ÉQUARISSEURS, POLICE SANITAIRE, TESTAMENT.

MALADRESSE.

V. HOMICIDE, RESPONSABILITÉ.

MALFAITEURS.

V. ASSASSINAT, ASSOCIATION DE MALFAITEURS, BANDES ARMÉES, COMPLICITÉ, CRIMES, DÉLITS ET CONTRAVENTIONS.

MALLE-POSTE.

V. POSTES.

MALLETIER.

V. COFFRETIER.

MALTE (Ordre de).

1. — Ordre religieux et militaire qui avait pour but principal de défendre les lieux saints contre les infidèles. Charles-Quint lui avait donné l'île de Malte en toute souveraineté, à la condition que les chevaliers y auraient toujours un nombre de vaisseaux suffisant pour faire la guerre aux Turcs. — Favard de Langlade, *Rép.*, vo *Ordres supprimés*.

2. — Les décrets des 4 août et 2 nov. 1789 et 19 sept. 1792 ont réuni au domaine de l'Etat les biens que l'ordre de Malte possédait en France.

3. — « Dès cette époque, dit Favard de Langlade (*Rép.*, vo *loc. cit.*), l'ordre de Malte ne fut plus considéré que comme une puissance étrangère. Il fut même traité en ennemi: assiégé et vaincu par le général en chef de l'armée d'Orient, il signa, le 24 prair. an VI, une capitulation par laquelle il renonça, en faveur de la France, à son droit de souveraineté tant sur l'île de Malte que sur celles de Gozo et Comino. — Deux ans après ces trois îles passèrent sous la puissance de l'Angleterre, qui les a gardées malgré le traité d'Amiens du 6 germ. an X. »

4. — V. ÉMIGRÉS.

MALVERSATION.

1. — On entend par *malversation* toute faute commise par un agent ou fonctionnaire dans l'exercice de ses fonctions ou de sa charge.

2. — Sous l'ancien droit, la malversation était confondue avec la forfaiture. Les criminalistes définissaient la forfaiture: « Toute malversation qu'un officier a faite dans sa charge, pour raison de quoi il mérite d'en être privé. »

3. — Aujourd'hui cette confusion n'est plus possible. La forfaiture est restreinte aux crimes des fonctionnaires, d'après l'art. 166 C. pén., au lieu que la malversation s'entend des crimes et des délits. — V. ABUS D'AUTORITÉ, COALITION DE FONCTIONNAIRES, CONCUSSION, CORRUPTION DE FONCTIONNAIRES, FORFAITURE.

MANBOURNIE.

1. — On entendait par *manbournie* toute espèce de puissance ou administration qu'un particulier avait sur la personne ou les biens d'un autre, et par *manbour* celui qui jouissait de cette puissance ou qui exerçait cette administration. — Merlin, *Rép.*, vo *Manbour, manbournie*.

2. — Ces expressions étaient usitées surtout dans les coutumes de Hainaut; elles y avaient différentes significations.

3. — 1o La puissance paternelle était souvent exprimée, dans cette province, par le terme de *manbournie*. On peut en voir un exemple dans l'art. 26 de la coutume de Valenciennes. — Merlin, *Rép.*, vo *Manbour*.

4. — 2o Le mot *manbour* était fréquemment employé comme synonyme de tuteur; c'est ce qui résulte de l'art. 25 de la même coutume. — Merlin, *loc. cit.*

5. — 3o On donnait encore le nom de *manbours* à des espèces de tuteurs qu'on nommait quelquefois à la femme, en la mariant, pour protéger ses intérêts contre les entreprises de son mari. — V., à cet égard, l'art. 10 du ch. 29 des Chartes générales du Hainaut. — Merlin, *loc. cit.*

6. — En général la nomination de ces manbours était une simple mesure de prudence et n'avait rien d'obligatoire; toutefois il était un cas où ils étaient nécessaires à la femme: c'était lorsqu'il s'agissait, dans la coutume de Valenciennes, d'accepter une donation entre-vifs que lui faisait son mari, d'un héritage ou d'une rente tenus en main-ferme. — Coutume de Valenciennes, art. 16; Merlin, *Rép.*, vo *Manbour*.

7. — Quand une femme avait besoin d'un manbour et qu'on ne lui en avait pas donné par contrat de mariage, ou que ceux qu'on lui avait donnés étaient morts, il fallait lui en faire nommer un d'office par le juge royal de son domicile. — Chartes générales du Hainaut, ch. 29, art. 11; Merlin, *Rép.*, vo *Manbour*.

8. — 4o Enfin les mots *manbour* et *manbournie* recevaient encore une autre acception dans ce qu'on appelait la *condition de manbournie*. — Merlin, *Rép.*, vo *Manbour*. — Nous allons expliquer brièvement en quoi elle consistait.

9. — En principe général, sous l'empire des Chartes du Hainaut, les immeubles étaient indisponibles à cause de mort. Mais ce principe recevait plusieurs exceptions. — Merlin, *Rép.*, vo *Condition de manbournie*, § 1er.

10. — Au nombre de ces exceptions se trouvait, dans le *chef-lieu de Mons*, l'un des neuf districts particuliers du Hainaut, la *condition de manbournie*, mode de disposer qui s'appliquait seulement aux *mains-fermes*, c'est-à-dire aux héritages tenus en censive. — Merlin, *Rép.*, vo *Condition de manbournie*, § 1er.

11. — La condition de manbournie pouvait avoir deux fins différentes. Elle pouvait être faite: 1o pour intervertir l'ordre des successions *ab intestat*; 2o pour se ménager la faculté de disposer, de vendre, d'aliéner dans un temps où l'on en serait privé, si l'on n'allait au-devant de l'incapacité dans laquelle on pourrait tomber. — Merlin, *loc. cit.*, § 2.

12. — Voici en quoi consistait la *condition de manbournie*: — c'était un acte par lequel un propriétaire, capable de disposer, se déshéritait d'un héritage tenu en main-ferme entre les mains des mayeur et échevins de la seigneurie dont il était tenu, et en faisait adhériter une espèce de gardien, appelé *manbour*, à l'effet que cet héritage suivît, soit en succession, soit en disposition, des conditions ou règles autres que celles qui étaient prescrites par la loi. — Merlin, *Rép.*, vo *Condition de manbournie*, § 1er.

13. — L'art. 1er du décret du 4 août 1789 ayant converti en francs-alleux tous les biens qui jusque-là avaient été tenus en main-ferme, a en-

traîné par suite la suppression de la condition de manbournie. — Merlin, *Rép.*, v° *Condition de manbournie*, § 8.

MANCIPATION.

1. — La mancipation, appelée *mancipium* dans la loi des Douze Tables, et plus tard *mancipatio, venditio per æs et libram*, était un des moyens civils d'acquérir le domaine romain.

2. — Elle se faisait, à l'aide de paroles solennelles, en présence d'un porte-balance (*libripens*) et de cinq témoins, tous citoyens et pubères.

3. — Elle s'appliquait : 1° à l'aliénation des esclaves : l'acheteur, tenant l'esclave, disait : *Hunc ego hominem ex jure Quiritium meum esse aio, isque mihi emptus est hoc ære æneâque librâ* (Gaius, 1, 119); et, au même instant, il frappait la balance avec le métal, qu'il remettait au vendeur pour représenter le prix de l'esclave.

4. — 2° Au fils de famille : aliéné de cette façon par le père de famille, il tombait, il est vrai, au pouvoir de l'acquéreur (*in mancipium*); mais, quoique assimilé, sous quelques rapports, à un esclave, il ne perdait point sa liberté.

5. — 3° A la femme : dans la coemption, l'on ne prononçait pas les paroles relatives à la vente de l'esclave; aussi la femme n'était-elle , par la mancipation, ni esclave, ni assimilée à une esclave. Le mari acquérait seulement sur elle une espèce de puissance qu'on appelait *manus*.

6. — 4° Aux choses mobilières : il fallait que ces choses fussent présentes, et l'on ne pouvait en mancipier qu'autant qu'il était possible de les appréhender avec la main.

7. — 5° Aux immeubles : on pouvait en mancipier plusieurs à la fois, et il n'était pas indispensable que les immeubles fussent sous les yeux des parties. — *Ulp. reg.* 19, 6.

8. — La mancipation était un mode d'aliénation exclusivement propre aux choses *mancipi*. — V. CHOSES MANCIPI. — V. cependant Pline, *Hist. nat.*, liv. 9, chap. 35 *in fine*.

MANDAT.

Table alphabétique.

MANDAT. — 1. — Le mandat est un contrat par lequel une personne donne le pouvoir de faire quelque chose pour elle à une autre personne qui l'accepte. On appelle celui qui donne le pouvoir *mandant*, et celui qui l'accepte *mandataire*, *procureur fondé* ou simplement *procureur*. — Dans une autre acception, le *mandat* est l'acte par lequel le mandant donne le pouvoir au mandataire. Cet acte s'appelle encore *procuration*. — C. civ., 1984.

2. — Le Code définit le mandat ou procuration l'acte par lequel une personne donne à une autre le pouvoir de faire quelque chose pour le mandant, ou *en son nom*. — C. civ., art. 1984. — Il n'est cependant pas nécessaire pour qu'il y ait mandat avec tous ses effets ordinaires entre le mandant et le mandataire, que celui-ci ait traité *au nom du mandant*. Il arrive souvent que le mandat est donné parce que le mandant ne peut faire, ou au moins ne peut faire sans difficulté ou sans dommage pour lui-même, une chose dont il charge son mandataire, par exemple l'achat d'une chose que le propriétaire ne voudrait pas lui vendre , etc.... Les rédacteurs du Code n'ont pas eu pour but de faire quelque chose pour le mandant, ou *en son nom*. — En ce sens et lorsqu'ils ont défini le mandat comme les cas les plus fréquens, et en même temps ils ont voulu définir le mandat qui oblige directement le mandant envers le tiers avec lequel le mandataire a traité , et non le mandataire lui-même, et qui attribue directement soit au mandant l'action contre le tiers. — Duranton, t. 18, p, 198; Troplong, sur l'art. 1984, art. 8.

SECT. 1re. — *Notions générales* (n° 3).

SECT. 2e. — *De ce qui peut faire l'objet du mandat. — Nature du mandat* (n° 10).

SECT. 3e. — *Comment se donne le mandat.— Forme du mandat. — Acceptation. — Preuve* (n° 30).

SECT. 4e. — *Qui peut donner ou recevoir un mandat* (n° 75).

SECT. 5e. — *Étendue du mandat. — Capacité du mandat* (n° 80).

SECT. 6e. — *De la gratuité du mandat* (n° 156).

SECT. 7e. — *Obligation du mandataire* (n° 169).

§ 1er. — *Accomplissement du mandat* (n° 169).

§ 2. — *Responsabilité* (n° 193).

§ 3. — *Mandataire substitué* (n° 229).

§ 4. — *Compté de gestion. — Intérêts* (n° 242).

§ 5. — *De la constitution de plusieurs mandataires. — Solidarité* (n° 304).

§ 6. — *Des rapports du mandataire avec les tiers* (n° 320).

SECT. 8e. — *Obligations du mandant* (n° 333).

§ 1er. — *Avances, salaires, indemnités, intérêts* (n° 333).

§ 2. — *Des obligations du mandant envers les tiers* (nº 395).

SECT. 9e. — *Fin du mandat* (nº 439).

SECT. 10e. — *Effet des actes du mandataire postérieurs à la cessation du mandat* (nº 495).

SECT. 11e. — *Compétence* (nº 508).

Sect. 1re. — *Notions générales.*

3. — Le contrat de mandat est de la classe des contrats du *droit des gens* et, comme il se fait ordinairement pour le seul intérêt du mandant, on l'a rangé parmi les contrats de bienfaisance. C'est un contrat consensuel, qui reçoit sa forme et sa perfection par le seul consentement des parties. Enfin c'est un contrat synallagmatique, mais synallagmatique imparfait; car il n'y a que l'obligation contractée par le mandataire de se charger de l'affaire qui fait l'objet du mandat, et d'en rendre compte, qui soit l'obligation directe et principale du contrat, *obligatio mandati directa* : celle que le mandant contracte d'indemniser le mandataire, n'est qu'une obligation indirecte, *obligatio mandati contraria*, qui, quoique contractée par le contrat, n'est ouverte qu'*ex post facto*, lorsque le mandataire vient à débourser quelque chose, ou à contracter quelque obligation, pour l'exécution du mandat, et qui ne naît point lorsque le mandat a été exécuté sans qu'il en ait rien coûté au mandataire. — Pothier, nº 5.

4. — Le mandat se présente à l'attention des jurisconsultes sous des faces variées et des combinaisons diverses. Ainsi, on le trouve dans les fonctions des *tuteurs*, des curateurs, des envoyés en possession provisoire, des arbitres, des gérans et liquidateurs de sociétés, des syndics de faillites, agens d'affaires, agens de change, etc., etc. — Sous ces divers points de vue, V. ABSENCE, AGENS D'AFFAIRE, AGENS DE CHANGE, AGRÉÉS, ARBITRAGE, CURATEUR, FAILLITE, SOCIÉTÉ, TUTELLE, etc. — V. aussi COMMUNAUTÉ, DOT.

5. — On retrouve aussi le mandat dans les fonctions d'*avocat, avoué, notaire, huissier, commissaire-priseur*, etc., bien que, sous certains rapports, l'accomplissement des actes relatifs à ces professions se distingue du mandat proprement dit. — V. AVOCAT, AVOCAT A LA COUR DE CASSATION, AVOUÉ, COMMISSAIRE-PRISEUR, HUISSIER, NOTAIRE, etc.

6. — Enfin, le mandat existe dans l'exercice de certaines fonctions publiques, délégation d'une partie du pouvoir suprême, depuis le membre de la Chambre des députés, le ministre, l'ambassadeur, le juge, jusqu'aux plus simples fonctionnaires administratifs. — Troplong, *Mandat*, nº 55. — V. aussi COMMUNE, MAIRE.

7. — Enfin, il y a dans le commerce de très-fréquens emplois du mandat. — V. COURTIERS, COMMISSIONNAIRES, COMMIS VOYAGEUR. — V. aussi COMMIS, ENDOSSEMENT, LETTRE DE CHANGE.

8. — Il est de principe qu'en France nul ne plaide par procureur. — V., sur l'application de ce principe, PLAIDER PAR PROCUREUR.

9. — Nous avons exposé, sous les divers mots qui viennent d'être cités, les règles spéciales à ces sortes particulières de mandats. — Nous nous bornerons donc ici à retracer celles qui se rapportent au mandat tel que l'envisage le titre 13 du livre 3 du Code civil.

Sect. 2e. — *De ce qui peut faire l'objet du mandat. — Nature du mandat.*

10. — Le mandat, pour être valable, et pour donner naissance à des obligations réciproques, doit avoir pour objet une chose licite. Ce principe, qui n'est pas écrit au titre du mandat, est du nombre des règles générales auxquelles sont soumis les contrats. — C. civ., art. 1107, 1108, 1131.

11. — Ainsi le mandat de faire la contrebande est illicite. — *Turin*, 12 déc. 1807, Sereno c. Scapa.

12. — Il en est de même du mandat de faire la traite des noirs. — *Cass.*, 7 nov. 1832, Mille c. Héberard. — Troplong, nº 30; Pothier, *Mandat*, nos 7 et 8; Duranton, t. 18, nº 192.

13. — ... Ou du mandat pour faire une opération de jeu. — V. JEU, nos 44 et suiv. — V. aussi COURTIERS.

14. — C'est aussi, dit M. Troplong (*loc. cit.*), un mandat contraire aux lois et nul, que de se charger de remettre des biens à des établissemens incapables de les recevoir.

15. — Dans le cas où le mandat repose sur une chose illicite, il ne produit d'action du côté ni du mandant ni du mandataire. — *Turin*, 12 déc. 1807, Sereno c. Scapa; *Cass.*, 7 nov. 1832, Mille c. Héberard. — V. aussi JEU, nos 44 et suiv., et COURTIERS. — Troplong, nº 31. — A moins que le mandataire ne fût de bonne foi, c'est-à-dire qu'il ignorât l'action illicite dont il se rendait complice. — Car, dit M. Troplong (*loc. cit.*), il n'est privé d'action qu'autant qu'il a été instrument d'un *agissement qu'il savait mauvais*. — *Cass.*, 26 fév. 1845, (t. 1er 1845, p. 463), Coste c. Cresp.

16. — Du principe que le mandat, pour être valable, doit avoir pour objet une chose licite, combiné avec celui des lois pénales qui punissent les auteurs de crimes ou délits, il suit que l'auteur d'un fait qualifié délit par la loi ne peut opposer l'exception de mandat. — Ainsi, le gérant d'une propriété peut être condamné personnellement à des dommages-intérêts à raison du fait par lui commis et qualifié délit. — *Cass.*, 9 janv. 1833, Bauquillon c. Caillemet. — Le mandant pourrait même, suivant les circonstances, être poursuivi et puni comme complice du fait. — C. pén., art. 60. — Duranton, nº 192.

17. — Le mandat ne peut porter que sur une chose *à faire* : s'il s'agissait d'une chose faite, même à l'insu des parties, il n'y aurait pas de mandat; sauf l'action du prétendu mandataire (*actio in factum*) résultant des dépenses qu'il aurait pu faire. — V. Pothier, nº 6; Duranton, nº 204.

18. — Il faut encore que le mandat ait pour objet quelque chose de certain ou au moins de déterminable. — C. civ., 1129. — Pothier, nº 9; Duranton, nº 193.

19. — L'affaire doit, en général, être de telle nature, que le mandant puisse être censé la faire lui-même par le ministère de son mandataire : *Qui mandat ipse fecisse videtur*; toutefois, il est des cas où le mandataire est précisément institué pour faire ce que le mandant ne pourrait faire. Par exemple, dit M. Troplong (nº 33), c'est ce qui a lieu lorsqu'il s'agit du mandat résultant de la constitution d'un avoué.

20. — Il faut aussi que le mandataire puisse faire la chose dont on le charge, c'est-à-dire qu'il n'y ait pas en lui empêchement par la nature ou la loi à ce qu'il la fasse. — Pothier, nos 10-14; Duranton, nº 194. — Il n'est pas nécessaire, toutefois, que le mandataire ait eu effectivement le pouvoir, c'est-à-dire l'habileté et l'industrie nécessaires pour faire l'affaire; il suffit qu'on ait pu, sans absurdité, supposer qu'il les avait. — Pothier, nº 13; Duranton, nº 194.

21. — En principe, le mandataire doit agir sur l'ordre et pour le compte d'autrui. Toutefois, dans certains cas, le mandat peut n'être pas étranger aux affaires du mandataire : il peut aussi concerner le mandataire et un tiers. Mais s'il concernait l'intérêt isolé de ce mandataire, il n'y aurait pas de mandat. — Troplong, nº 35.

22. — Toutefois, on reconnaît en droit les mandataires *in rem suam*, qui agissent pour leur utilité et non pour celle du mandant : ce sont ceux qui se sont fait céder les actions de quelqu'un et qui procèdent, sous son nom ou à sa place, dans leur propre intérêt. Mais, dit M. Troplong (nº 37), en réalité, un tel mandat prend son origine dans l'intérêt du mandant : le mandataire le représente dans son agissement envers les tiers. — M. Troplong cite comme exemple d'un *procurator in rem suam* l'envoyé en possession provisoire des biens d'un absent. — V. ABSENCE.

23. — Le mandat peut être donné dans l'intérêt exclusif d'un tiers. — Delvincourt, t. 3, notes sur la p. 30; Troplong, nº 36; Pothier, nº 17.

24. — « Il n'est pas nécessaire, dit Pothier (*Traité du mandat*, nº 17), pour que le mandat soit valable, que l'affaire qui en fait la matière soit l'affaire du mandant, ni entièrement, ni même pour partie. Une affaire qui est entièrement l'affaire d'un tiers en peut être la matière. »

25. — Ainsi jugé que le *negotiorum gestor* a qualité pour donner mandat à un tiers de faire un acte de gestion dans l'intérêt du propriétaire de la chose. — Celui qui a accepté ce mandat et qui l'a exécuté n'est pas recevable à discuter la qualité du mandant. — En conséquence, s'il détourne des deniers qu'il a reçus en exécution dudit mandat il se rend coupable du délit d'abus de confiance prévu par l'art. 408 C. pén. — *Orléans*, 23 mars 1847 (t. 1er 1847, p. 505), Cholet. — V. GESTION D'AFFAIRES.

26. — Le mandataire ne doit pas être confondu entièrement avec le prête-nom, lequel est revêtu d'un titre apparent qui lui donne, dans ses rapports avec les tiers, tous les droits du propriétaire. — V. PRÊTE-NOM.

27. — Il se distingue de la *gestion d'affaires* qui n'est qu'un *quasi-contrat*. — V. GESTION D'AFFAIRES. Il se distingue aussi de la simple recommandation en ce que la recommandation n'entraîne aucune obligation de la part du recommandant : à moins toutefois que les termes de la recommandation ne prouvent que le recommandant a pensé que le correspondant suivrait sa foi : ainsi, par exemple, que s'il écrivait à celui-ci : *Periculo meo crede*, ou bien *Benè credis*. On comprend au reste que les solutions doivent varier suivant les espèces, et que l'intention des parties doit avant tout être consultée. — Pothier, nos 19 et suiv.; Barthole sur la L. 25 *Dig. de fidejussor.*; Duranton, nº 202; Troplong, nos 45 et suiv. — Et ce dernier auteur pense que, dans le doute, il faut écarter le mandat. — V. en ce sens le président Favre, sur la L. 12, § 12, *De mand.* — V. aussi L. 13, C. : *Quod cum eo*. — La recommandation pourrait d'ailleurs et suivant les circonstances équivaloir à un cautionnement. — V. CAUTION.

28. — Le mandat a des analogies avec le louage d'ouvrage et d'industrie. — V. LOUAGE D'OUVRAGE ET D'INDUSTRIE.

29. — La convention par laquelle le titulaire d'un bureau de tabac en confie, pour un temps déterminé, la gestion à un tiers, à la charge de faire les frais d'exploitation et moyennant une part dans les bénéfices, renferme un mandat salarié et non une société en participation. — *Bordeaux*, 7 juin 1836, Bertrandet.

Sect. 3e. — *Comment se donne le mandat. — Formes du mandat. — Acceptation. — Preuve.*

30. — Le mandat peut être donné sous condition. — Troplong, nº 95; Delamarre et Lepoitevin, *Tr. de la commission*, t. 2, nos 125 et suiv. — Il peut être donné pour un certain temps, ou pour commencer d'ici à un certain temps. — Enfin il peut être pour une affaire ou pour plusieurs (art. 1987), et les affaires peuvent être distinctes ou connexes et subordonnées les unes aux autres. — Troplong, nº 95; Delamarre et Lepoitevin, nos 140 et suiv.

31. — Il peut être donné à une seule ou à plusieurs. — Pothier, nº 36; Troplong, nº 97.

32. — En principe, le mandat peut être donné par acte public, ou par écrit sous seing privé, même par lettre. — C. civ., art. 1985.

33. — Il est cependant des cas où le mandat ne peut être donné que par acte notarié. — V. DONATION ENTRE-VIFS. — *Quid* à l'égard du mandat pour consentir une hypothèque. — V. HYPOTHÈQUE CONVENTIONNELLE, nos 102 et suiv.

34. — Lorsqu'il est donné par acte notarié, il peut être délivré en brevet. — V. ACTE NOTARIÉ, BREVET (acte en). — V. aussi DONATION ENTRE-VIFS, nos 425 et suiv.; PROCURATION.

35. — Quant aux procurations sous seing privé, elles n'ont pas besoin d'être rédigées en double original; car ce n'est pas là un acte synallagmatique. — V. DOUBLE ÉCRIT, nos 23 et suiv., 43, 48. — Mais il n'existe pas de termes sacramentels. Ainsi, les mots *je vous prie, je vous charge* peuvent équivaloir aux mots *je vous donne pouvoir*. — L. 1, § 2, *De mand.* — Pothier, nº 30.

36. — L'existence d'une procuration est suffisamment prouvée par sa relation dans un acte rapporté par un notaire et le dépôt qui lui en a été fait, quoique postérieurement elle se soit trouvée perdue. — *Rennes*, 19 fév. 1821, Chevalier c. Callet.

37. — Le mandat de vendre un immeuble peut être valablement donné par lettre, alors qu'il aurait pour effet de modifier un mandat précédent donné par acte authentique et ne contenant pas pouvoir de vendre. — *Cass.*, 6 fév. 1837 (t. 1er 1837, p. 297), Loudun c. Peyre-Ferry.

38. — La preuve du mandat de vendre peut être établie contre le mandataire, au moyen de lettres missives non confidentielles émanées de ce dernier. — *Caen*, 10 août 1825, Richer c. Lechevallier.

39. — Jugé encore que la preuve du mandat et de son inaccomplissement ne peut résulter de la correspondance entre les parties. — *Paris*, 21 janv. 1845, sous *Cass.*, 3 août 1847 (t. 2 1847, p. 701), Soudé c. de Prazais.

40. — Le mandat peut être donné verbalement; mais la preuve testimoniale n'en est reçue que conformément au titre Des contrats ou des obligations conventionnelles en général. — C. civ., art. 1985.

41.—Ainsi, la preuve du mandat ne peut être établie par témoins contre le mandant qu'autant qu'il y a un commencement de preuve par écrit. — On ne peut, à cet égard, considérer comme commencement de preuve par écrit la non-comparution du prêteur à l'acte qui n'a été signé que par l'emprunteur, l'élection du domicile dans l'étude du notaire et la rédaction par lui des bordereaux d'inscriptions hypothécaires, le paiement qu'il a fait des intérêts de la somme prêtée, enfin différentes notes de sa main qu'il a fournies dans des procès soutenus par le prêteur pour la conservation de ses droits.—*Douai*, 18 juill. 1843 (t. 1er 1844, p. 148), Hénon c. Broutta; 25 juill. 1843 (t. 1er 1844, p. 149), Lingrand c. Foulon.

42. — Jugé que les tribunaux peuvent décider qu'une acquisition licite a été faite en vertu d'un mandat même non représenté, si l'existence de ce mandat résulte de faits et de circonstances graves appuyées d'un commencement de preuve par écrit.—*Cass.*, 22 mai 1827, Niefergold c. Lehmann.

43.—En pareil cas, on peut considérer comme un commencement de preuve par écrit une procuration en blanc; alors, d'ailleurs, qu'il résulte des circonstances que cette procuration avait été confiée par le mandant avec le pouvoir de remplir le blanc de tel nom qu'on voudrait y insérer, lorsque le besoin s'en ferait sentir. — *Cass.*, 14 août 1835, Cosnard c. Brout et Farment.

44. — Il a été jugé que le notaire qui s'est volontairement chargé de vendre des immeubles appartenant à ses cliens, ainsi que d'opérer pour eux des acquisitions, et qui en conséquence a payé ou reçu diverses sommes, a pu être déclaré, par l'appréciation souveraine des faits émanés de la cour d'appel, s'être constitué par cette gestion volontaire leur mandataire, et leur devoir par suite compte de ce mandat.— *Cass.*, 22 août 1842 (t. 2 1843, p. 127), Bordier c. Moulin.

45. —...Que le jugement qui déclare qu'un individu a géré les affaires d'un autre, tant comme curateur après l'émancipation, que comme mandataire après sa majorité, peut, par suite, condamner ce gérant à rendre compte, et comme curateur et comme mandataire; bien qu'en la première de ces qualités, il n'eût véritablement aucune gestion à diriger. — *Cass.*, 6 février 1843 (t. 2 1843, p. 674), Jouffrau c. Chasteau.

46. —... Que la preuve d'un mandat par suite duquel un débiteur aurait payé une dette excédant 150 fr. peut être établie par un ensemble de circonstances et de faits, et notamment par la poursuite criminelle en abus de confiance dirigée par le mandant contre le mandataire ou sous-mandataire qu'il accusait d'avoir détourné les valeurs que le mandat avait pour objet. Ce n'est pas là admettre la preuve d'un mandat par de simples présomptions. — *Cass.*, 10 juin 1841 (t. 2 1843, p. 287), Marchand c. Aynard.

47.—... Que les pouvoirs allégués par un mandataire ne peuvent, lorsqu'ils sont méconnus, s'établir juridiquement par la seule affirmation de celui à qui on les dénie, alors même que celui-ci mérite un haut degré de crédibilité. Ainsi, la seule mention faite par un prêtre dans un acte de baptême, écrit par lui sur une feuille volante, d'avoir été délégué par l'autorité ecclésiastique compétente pour administrer le baptême en particulier, est insuffisante par elle-même pour établir l'existence de la délégation.— Dans le diocèse de Liége, il fallait, pour qu'il constatât légalement de la délégation, à défaut de sa représentation, que le prêtre délégué eût fait au curé, dépositaire des registres de baptême, rapport du baptême qu'il avait administré en vertu de la délégation, et que ce curé en eût dressé acte dans ces registres. — Cour supr. *Bruxelles*, 27 juill. 1827 (t. 21, p. 673), M... c. d'A...

48.—Les mots *pour acquit pour mon fils*, apposés au bas d'une quittance par un père dont le fils était commerçant, ont pu être considérés vis à vis des créanciers de ce dernier comme apposés par le père dans son intérêt personnel et non dans l'intérêt et comme mandataire de son fils. — *Cass.*, 20 août 1833, Thibault c. Boc Saint-Hilaire.

49. — La preuve testimoniale est admissible, en matière de mandat commercial, même lors qu'il s'agit d'une somme excédant 150 francs. — La remise d'un sac d'argent, faite pour l'envoyer à sa destination, à un conducteur de trains, par un employé du chemin de fer qui l'avait reçu en cette qualité, rentre dans les termes de l'art. 634 C. comm., et constitue un mandat commercial susceptible d'être prouvé par témoins. D'ailleurs, les termes généraux dudit art. 634 s'appliquent tout à la fois aux actions dirigées par les marchands envers leurs préposés et leurs commis, comme aux actions que ces derniers peuvent avoir à exercer entre eux pour le fait du négoce auquel ils sont attachés.—En conséquence, le tribunal correctionnel, saisi de la plainte en abus de confiance dirigée contre ce conducteur, doit admettre la preuve testimoniale tant sur le fait du mandat que sur celui de l'abus reproché. — *Cass.*, 1er sept. 1848 (t. 1er 1849, p. 68), Rattelot c. Beaumais. — V. ABUS DE CONFIANCE; V. aussi COMMISSIONNAIRE.

50. — Le droit romain et l'ancienne jurisprudence admettaient le mandat *tacite*, résultant de ce qu'une personne avait agi au nom d'une autre à *son vu et su.* — L. 60, ff. *De reg. jur.*, t. 6, § 2, 18, 55, ff. *De mand.*; Pothier, n° 29. — *Cass.*, 3 nov. 1813, Bome c. Krush; 2 sept. 1807, Dotte c. Dulac.

51. — Le Code qui range parmi les *quasi-contrats* la gestion de l'affaire d'autrui au vu et su du propriétaire (V. GESTION D'AFFAIRES) admet-il néanmoins un mandat tacite? — Toullier (t. 11, nos 25 et 26), Proudhon (*Usuf.*, t. 3, n° 1327), M. Duranton (t. 18, n° 218), MM. Delamarre et Lepoitevin (nos 70 et suiv.) soutiennent la négative, et ils se fondent principalement sur ce que l'art. 1985 se borne à parler de l'acceptation *tacite* sans étendre ce mot au mandat lui-même.

52. — Ainsi jugé que l'habitude dans laquelle se trouve un individu de se charger souvent des affaires d'un autre, ne peut le faire considérer comme mandataire à l'égard des tiers, lorsque le pouvoir n'est ni écrit ni avoué par le mandant. — *Bourges*, 26 fév. 1810, Limantou c. Simon.

53. — MM. Troplong (nos 121 et suiv.), Delvincourt (t. 3, p. 238, notes), Zachariæ (t. 3, § 411, note) pensent au contraire que le Code n'exclut pas le mandat *tacite* (V. à cet égard la discussion développée à laquelle se livre M. Troplong); et ils citent, comme ayant consacré, dans des termes plus ou moins nets, la thèse du mandat tacite, divers arrêts rendus en matière de responsabilité de notaire (V. NOTAIRE), et surtout deux arrêts de *Cass.*: du 24 mars 1830, Delung c. Rickling; et du 23 mars 1831, Oppermann c. ville de Paris.

54.—Quoi qu'il en soit, il est certain (et c'est ce que reconnaissent même les auteurs qui repoussent en principe le mandat tacite) que ce mandat est admis dans certains cas par la force des choses. — V. AVOUÉ, HUISSIER, nos 118 et suiv.; NOTAIRE, etc. etc.

55.— Le soin de décider, d'après les faits et circonstances, si un individu s'est constitué le mandataire d'un autre, rentre dans les attributions exclusives des juges du fond. — *Cass.*, 22 juin 1836, Noël c. Joly.

56. — La femme qui gère habituellement les affaires de son mari n'a-t-elle pas mandat tacite pour obliger celui-ci? — V., à cet égard, *Bourges*, 24 brum. an IX, Guillaume c. Frebault; *Angers*, 27 fév. 1819, Belleuvre c. Rogeron; *Cass.*, 25 janv. 1821, Quitteray c. Cangy; 2 avril 1822, Boulanger c. Caroz. — Conf. les auteurs précités. — V., au reste, AUTORISATION DE FEMME MARIÉE, nos 423 et suiv.; COMMERÇANS, nos 346 et suiv.; LETTRE DE CHANGE.

57. — Jugé encore que la femme d'un commerçant qui a reçu de lui mandat de gérer en son nom pendant ses absences peut être réputée avoir une autorisation suffisante pour adhérer à la cession de biens d'un débiteur..., surtout lorsque, mandée devant un tribunal pour s'expliquer sur l'étendue de son mandat, cédant à l'influence de son mari, elle refuse de se présenter. — *Cass.*, 28 déc. 1846 (t. 1er 1847, p. 372), Vitte c. Pillon.

58. — La femme est-elle mandataire tacite de son mari pour les dépenses de ménage et de famille? — V. AUTORISATION DE FEMME MARIÉE, nos 219 et suiv.; COMMUNAUTÉ, nos 466 et suiv.

59. — Quant aux domestiques, la jurisprudence reconnaît qu'ils ne sont pas les mandataires tacites de leurs maîtres pour acheter, à crédit, les objets nécessaires à l'entretien du ménage, et que, dès lors, le maître qui a remis à son domestique l'argent nécessaire pour acheter les provisions du ménage n'est pas responsable vis-à-vis des fournisseurs qui ont livré ces provisions à crédit. — *Cass.*, 22 janv. 1813, Spaguet; *Paris*, 13 nov. 1828, Juge c. Monétand.— Merlin, *Rép.*, v° *Vol*, sect. 2, § 3; Duranton, t. 18, n° 220; Legraverend, t. 2, chap. 2, p. 136.

60. — ... Alors surtout qu'il n'existait entre le maître et le fournisseur ni convention, ni même de rapports relatifs aux fournitures dont le paiement est réclamé. — *Paris*, 28 avr. 1838 (t. 2 1840, p. 37), Baudon c. Jacob.

61.—Toutefois M. Duranton (n° 224) émet l'opinion que les circonstances de la cause, notamment l'habitude où serait le domestique de prendre à crédit, de l'ordre ou de l'autorisation du maître, chez le fournisseur non payé, pourraient faire décider qu'il a agi de l'aveu du maître, dans le cas surtout où il s'agirait d'une fourniture ordinaire. — V. aussi, dans le sens de cette distinction, Delvincourt, t. 3, p. 238, notes.

62. — L'existence du mandat tacite résulte aussi de l'accomplissement de certaines fonctions. — Ainsi, les clercs sont les mandataires tacites de l'avoué, du notaire dans l'étude duquel ils travaillent. — *Cass.*, 2 déc. 1824, Gaume c. hab. de Besançon. — Rolland de Villargues, *Rép. not.*, v° *Clerc*; Troplong, n° 135. — V. AVOUÉ, nos 375 et suiv., CLERC, nos 56 et suiv.; HUISSIER, n° 260; NOTAIRE.

63. — Il en est de même des agens des compagnies d'assurance.— Troplong, *loc. cit.*

64. — Le secrétaire d'un évêque qui, en cette qualité, arrête un compte de fournitures faites au secrétariat, agit comme mandataire de l'évêque et l'oblige valablement.— *Agen*, 5 juill. 1833, Richard c. Lejeune.

65.—C'est surtout en matière commerciale que le mandat tacite reçoit son application. — Troplong, nos 139 et suiv.— V. COMMIS VOYAGEUR, COMMISSIONNAIRE.

66. — Le mandat tacite peut, s'il s'agit de matières commerciales, être prouvé par témoins.— Troplong, n° 142.—En matière civile, il est soumis, entre les parties contractantes, au même genre de preuve que le mandat verbal. Il faut donc que les faits et les circonstances dont on veut l'induire soient constatés soit par des aveux, soit par des actes écrits. Mais ces faits une fois établis régulièrement, les juges ont plein pouvoir pour en apprécier la portée; et ils peuvent, à cet égard, se baser sur des indices et des présomptions. — Troplong, *loc. cit.*

67. — Les tiers peuvent-ils avoir recours à la preuve testimoniale pour établir l'existence du mandat? — M. Troplong penche pour l'affirmative, au moins pour le cas où le mandataire a agi au nom du mandant? — Et il tire argument des arrêts de *Cass.* du 15 févr. 1826 (Ce assur. du Phénix c. Wolf), et du 23 mars 1831 (Opermann). — V. ASSURANCES TERRESTRES.

68. — L'individu chargé par un entrepreneur de conduire les travaux et de payer les ouvriers, est, par cela même autorisé à emprunter pour l'exécution de ce mandat, et à souscrire des billets payables par ledit entrepreneur, alors surtout qu'il a reconnu que les avances faites antérieurement par le préposé lui étaient remboursées à chaque règlement. — *Bordeaux*, 9 février 1829, Croneau; 15 fév. 1830, Mandar.

69. — Le contrat de mandat ne se forme que par l'acceptation du mandataire. — Cette acceptation peut n'être que tacite et résulter de l'exécution qui a été donnée par le mandataire. — C. civ., art. 1984 et 1985.

70. — Il peut arriver aussi qu'il y ait acceptation tacite avant même toute exécution de la part du mandataire, et par le fait seul de la réception de la procuration; par exemple si, après avoir expliqué à celui que j'ai choisi pour mandataire l'affaire dont je veux le charger, je lui remets à cet effet un acte de procuration qu'il reçoit sans rien dire. — Pothier, n° 32; Troplong, n° 148.

71. — Peut-on prouver par témoins les faits d'exécution? — Oui, dit M. Troplong (n° 146), si le mandat est avoué et qu'il s'agisse de faire résulter de cette exécution le principe d'une action au profit du mandant ou du mandataire. — Non si le mandat est nié, car ce serait arriver indirectement à la preuve d'une convention par un moyen que la loi n'admet pas.

72. — Le défaut de réponse à une lettre contenant envoi d'une procuration ne suppose pas nécessairement l'acceptation: les juges apprécieront. — Pothier, n° 33; Troplong, n° 149. — *A fortiori* n'y a-t-il pas acceptation dans le silence gardé après la réception d'une lettre par laquelle, sans envoyer de procuration, on vous prie de vous charger d'une lettre d'affaires. — Mêmes auteurs.

73. —... A moins qu'il ne s'agît d'une personne s'occupant habituellement d'affaires, comme d'un *procureur ad lites* ou d'un commissionnaire.—En pareil cas, on présumerait facilement une acceptation par suite du défaut de réponse.— Mêmes auteurs. — V. COMMISSIONNAIRE.

74. — Lorsque deux négocians ayant le même mandataire sont dans l'usage de considérer les remises d'argent faites entre les mains de ce mandataire comme libérant à l'instant même celui qui les a faites au profit de l'autre, la perte des valeurs par suite de la faillite du mandataire doit être supportée par celui au profit duquel le versement a eu lieu, sans qu'il soit nécessaire qu'avis immédiat lui en ait été transmis. — *Paris*, 10 août 1842 (t. 1er 1843, p. 195), Marquis c. Rambour.

Sect. 4e. — *Qui peut donner ou recevoir un mandat.*

75. — Pour pouvoir donner un mandat, il faut être capable de contracter. — Ainsi, la faculté, pour les femmes mariées, mineurs, interdits, prodigues, etc., de constituer mandataire, est soumise aux règles générales qui gouvernent la capacité de ces individus. — Voët, *ad Pand. mand.*, n° 5; Troplong, n° 329; Duranton, n° 213. — Jugé, dès lors, que la procuration donnée par un mineur à l'effet de vendre ses biens est nulle. Elle ne peut, de nulle qu'elle était dans le principe, devenir valable par l'usage qui en a été fait depuis sa majorité, mais sans ratification de sa part. — *Cass.*, 18 frim. an VI, Bouiller c. Doneux. — V. COMMISSIONNAIRE.

76. — Mais les principes sont différens en ce qui concerne la capacité pour être mandataire. — Ainsi, les femmes mariées, les mineurs (même non émancipés), malgré les expressions incorrectes de l'art. 1790 (Duranton, n° 212; Zachariæ, t. 3, p. 121; Troplong, n° 332), peuvent être mandataires. — *Rennes*, 27 août 1819, N.... — V. cependant Delvincourt, t. 3, p. 239, note 5.

77. — Ceci est vrai dans le droit commercial comme dans le droit civil. — Troplong, *loc. cit.* — V. cependant Delamarre et Lepoitevin, *Tr. de la commission*, t. 1er, n° 53.

78. — Un greffier peut être mandataire d'une partie près du tribunal auquel il est attaché. — *Rennes*, 16 août 1817, N....

79. — Le mandant ne peut exciper de l'incapacité absolue ou relative du mandataire. — *Paris*, 29 germ. an XI, Gras c. Armand. — Mais si, dans les rapports du mandant avec les tiers, la capacité du mandataire est indifférente, il n'en est pas de même dans les rapports du mandant et du mandataire. — On retombe alors dans les principes généraux, et l'art. 1990 C. civ. porte que le mandant n'a d'action contre le mandataire mineur que d'après les règles générales relatives aux obligations des mineurs; et contre la femme mariée et qui a accepté le mandat sans autorisation de son mari, que d'après les règles établies au titre Du contrat de mariage et des droits respectifs des époux. — C. civ., 1990.

Sect. 5e. — *Étendue du mandat. — Capacité du mandataire.*

80. — Le mandat est de deux sortes : — il est spécial et pour une affaire ou certaines affaires seulement; ou général et pour toutes les affaires du mandant. — C. civ., art. 1987.

81. — Malgré les termes un peu absolus peut-être de l'art. 1987, on doit considérer la procuration comme *générale* alors même qu'elle renferme le mandataire dans une certaine fonction; pourvu que, dans cette fonction, elle lui laisse le pouvoir de faire toutes les affaires prévues ou imprévues qui s'y rattachent successivement. — Ainsi le pouvoir de « faire le commerce à ma place à Smyrne, constitue un mandat général. » Troplong, n° 274; Delamarre et Lepoitevin, t. 2, n° 87.

82. — Mais doit être considérée comme spéciale la procuration qui a uniquement pour objet une affaire déterminée, et qui concerne toutes les diligences nécessaires pour que les intérêts du mandant soient protégés d'une manière efficace. — *Cass.*, 29 déc. 1838 (t. 1er 1839, p. 635), Paldacci et Ceccaldi c. les Douanes. — Troplong, n° 274.

83. — La procuration donnée par une femme à son mari, contenant pouvoir de vendre ou d'échanger certains immeubles déterminés, est spéciale dans le sens des art. 1987 et 1988 du Code civil, alors même que le prix et les conditions des contrats n'y seraient point fixés. — *Caen*, 19 déc. 1846 (t. 1er 1847, p. 280), Legenore c. Occin.

84. — Le mandat conçu en termes généraux n'embrasse que les actes d'administration. — C. civ., art. 1988.

85. — Mais il embrasse non-seulement les actes que peuvent rendre nécessaires les affaires nées au moment du mandat, mais encore celles qui ont pu naître depuis. — Une procuration contenant un pouvoir général et spécial pour tous les actes d'administration, est suffisante pour autoriser le mandataire à passer bail d'une partie des biens d'une succession qui ne s'est ouverte au profit du mandant que postérieurement à la procuration donnée. — *Cass.*, 8 août 1821, Repentigny c. Jolly.

86. — Le mandataire général peut donc, sans difficulté, faire des baux d'une durée ordinaire et, par suite, poursuivre la résiliation de pareils baux; mais il ne pourrait louer pour un temps excédant 3, 6 ou 9 ans : — à moins que, s'agissant d'un terrain inculte, loué à charge de culture, un bail prolongé ne fût une amélioration évidente. — Troplong, n° 280; Pothier, n° 148.

87. — L'administrateur général d'une fortune qui comprend des vignes, fermes, etc., peut acheter les fumiers, échalas, ustensiles, etc., les matériaux, passer des marchés avec les ouvriers, vendre les récoltes, les croîts des animaux, les choses naturellement vénales ou celles qu'on ne peut conserver sans les exposer à se perdre ou à se détériorer. — Troplong, n° 282.

88. — De même la procuration générale pour faire un commerce est virtuellement spéciale pour acheter ou vendre et faire les actes inhérens au commerce.

89. — Le mandataire général donne valablement quittance de ce qu'il reçoit comme dû au mandant. — Mais il ne pourrait, sans excès de pouvoir, substituer, par une novation, une obligation à une autre que le débiteur contracterait à la place de l'ancienne; — à moins que la novation ne fût utile au mandant. — Troplong, n° 288.

90. — Jugé que le mandat général à l'effet de régler et acquitter les dettes du mandant n'emporte pas pour le mandataire pouvoir de souscrire une lettre de change. — L'obligation ainsi contractée ne vaut que comme obligation civile. — *Aix*, 10 juin 1833, Varau c. Poulet. — Mais le pouvoir de consentir obligations et billets relatifs au commerce du mandant, emporte celui d'arrêter les comptes et de souscrire obligation pour le montant du reliquat dont le mandant peut demeurer débiteur. — *Cass.*, 8 juill. 1807, Saulos.

91. — Jugé, d'un autre côté, que la femme peut, en vertu de la procuration générale de son mari, céder un effet de commerce pour acquitter une dette : cette négociation équivalant à un paiement en écus, et rentrant dès lors dans les actes d'administration. — *Bruxelles*, 21 déc. 1809, Cellier c. Jacquemyn; *Paris*, 12 déc. 1829, Housset c. Raymond. — V. cependant *Bruxelles*, 13 fév. 1809, Feneuille c. Legrand.

92. — Le mandataire général peut exercer des saisies mobilières sur les débiteurs : mais une saisie réelle ne pourrait être faite sans procuration spéciale. Il peut aussi, sous le nom du mandant, intenter des actions personnelles, mobilières, possessoires, et autres concernant les affaires courantes et ordinaires ou y défendre. —Troplong, n° 291.

93. — Mais il ne peut ni transiger, ni compromettre, ni proroger la juridiction, ni renoncer à l'appel ou à une prescription acquise, ni cautionner, ni accepter des donations, ni s'immiscer dans une acceptation de succession, ni donner ou faire remise de dette. — Pothier, n° 156, 162, 165; Troplong, nos 295 et suiv.

94. — Jugé toutefois que le fondé de procuration générale peut acquiescer à un jugement qui condamne le mandant au délaissement d'un immeuble. — *Bruxelles*, 25 mars 1818, N...

95. — ... Qu'il peut donner des gratifications aux gens de service, payer les dépenses de son administration avec les deniers qui en proviennent, satisfaire les créanciers porteurs de dettes exigibles. — Pothier, n° 158; Troplong, n° 297.

96. — Le mandat de se désister et transiger comprend celui de ratifier la renonciation consentie à une exception, sans pouvoir spécial. — *Cass.*, 26 mars 1834, Blondel c. Moulin de Fresne.

97. — Le pouvoir d'exproprier emporte-t-il celui de faire revendre sur surenchère? — V. SURENCHÈRE.

98. — On doit considérer la procuration donnée par la femme à son mari à l'effet de l'obliger à l'acquittement des dettes par lui précédemment contractées, sans indiquer la nature et la quotité de ces dettes, comme une procuration générale dans le sens de l'art. 1988 C. civ., valable seulement pour les actes d'administration. — Est nulle, en conséquence, l'obligation souscrite au nom de la femme par le mari agissant en vertu d'une telle procuration. — *Cass.*, 19 mai 1840 (t. 2 1840, p. 480), Legris c. Dubois. — *Contrà Paris*, 16 janv. 1838 (t. 1er 1838, p. 173), Dubois c. Lelong. — V. en outre, à l'égard des pouvoirs exprès ou tacites donnés par la femme au mari en ce qui concerne ses biens, COMMUNAUTÉ, CONTRAT DE MARIAGE, DOT.

99. — Il n'y a que le mandataire général ayant l'administration entière des biens du mandant et le mandataire particulier ayant reçu le pouvoir de toucher, qui puissent recevoir les sommes dues à ce mandant. Mais ce droit n'appartient pas au mandataire particulier qui n'a reçu aucun pouvoir *ad hoc.* — *Besançon*, 20 juin 1812, Bogillot c. Dandrey.

100. — S'il s'agit d'aliéner ou hypothéquer, ou de quelque autre acte de propriété, le mandat doit être exprès. — C. civ., art 1988. — Mais il n'est pas nécessaire de représenter un mandat donné spécialement pour ces actes. Le vœu de la loi est rempli par la représentation d'une procuration générale contenant pouvoir de faire tous les actes de la nature de celui dont il s'agit. — *Cass.*, 28 févr. 1813, Jourdan.

101. — On doit assimiler au mandat l'acte par lequel une partie a approuvé expressément ou tacitement ce qui a été fait en son nom, alors même qu'il s'agirait d'un cas où, suivant la loi, le mandat devrait être exprès. — *Cass.*, 20 juin 1842 (t. 2 1842, p. 559), Blandin c. préfet de la Seine.

102. — Le mandataire doit se renfermer strictement dans les limites de son mandat; rien de ce qu'il fait en dehors ne peut engager le mandant. En effet, dans ce cas, la gestion du mandataire n'est plus la gestion du mandat : c'est ce qui a fait dire à Paul : « *Custodiendi sunt diligenter fines mandati; nàm qui excessit, aliud quid facere videtur.* » — L. 5, ff., *Mandat*, § 1er. — Pothier, *Traité du mandat*, n° 90. — Le Code exprime énergiquement ce principe dans l'art. 1989 : « Le mandataire ne peut rien faire au delà de ce qui est porté dans son mandat. »

103. — Une procuration donnée dans le but de régir et d'administrer ne peut, quelque générale qu'elle soit, conférer au mandataire le pouvoir d'aliéner ou d'obliger le mandant pour des objets étrangers à l'administration qu'il confie. — *Bordeaux*, 29 pluv. an IX, Bouchereau.

104. — A plus forte raison, quelque généraux que soient les termes du mandat, et alors même qu'il contiendrait pouvoir d'emprunter, hypothéquer et aliéner, le mandataire ne peut hypothéquer les biens de son mandant au profit de ses créanciers personnels. — L. 1, *C., Mand. vel contrà.* — *Turin*, 10 nov. 1810, Tarino c. Gallo.

105. — La nullité résultant du défaut de pouvoir pour consentir une des clauses d'une transaction, est indivisible et doit s'étendre même aux clauses que le mandataire aurait pu souscrire. — *Paris*, 15 mars 1820, Brion de Marolles c. Marge.

106. — Lorsqu'un mandataire a compromis sans en avoir le pouvoir, les autres parties peuvent, dès qu'elles sont instruites de cette circonstance, demander la nullité du compromis. — Une simple lettre du mandant ne peut valider à l'égard des autres parties cet acte essentiellement nul, surtout si elle n'est enregistrée que depuis la demande en nullité. — *Riom*, 30 déc. 1814, Rodde de Chalagnat c. Vilatelle.

107. — Il n'est pas permis de conclure *à priori* de la collation d'un pouvoir la collation d'un autre. Le Code ne veut pas même que l'on conclue *à fortiori* du pouvoir de transiger celui de compromettre (C. civ., 1989). Cette restriction est fondée en raison. En effet la confiance que j'ai dans l'habileté de celui à qui je donne le pouvoir de transiger sur mon affaire, ne saurait exister dans tous les cas à l'égard de la personne qu'il choisirait, par un compromis, pour la décider à titre d'arbitre. — Duranton, n° 231.

108. — Cependant il faut remarquer que si le mandataire ne peut rien faire au delà de ce qui est porté dans son mandat, ce qui est dépendance de l'affaire qui lui est confiée entre nécessairement dans ce mandat. — Cette interprétation du mandat est essentiellement dans les attributions des juges du fait. — *Cass.*, 14 juin 1827, de Luxembourg c. de Bérenger; 5 juill. 1827, Etchegoyen c. Leray; 19 fév. 1834, Deuquiret; 24 juill. 1835, Mas-Saint-Maurice c. Boscary. — V. aussi *Aix*, 19 juill. 1843 (t. 1er 1844, p. 264), Compagn. d'Assurances générales c. Bourgarel. — Il est impossible de tracer des règles sur cette interprétation, qui dépendra toujours des termes, des actes, des circonstances et de l'intention des parties. On ne peut que citer les nombreuses espèces dans lesquelles tels ou tels actes ont été considérés comme dépendances du mandat ou comme n'y étant pas compris.

109. — Jugé que le pouvoir de faire des baux à *tels prix, clauses et conditions* que le mandataire jugera convenables, peut suffire pour autoriser le mandataire à consentir un bail au delà de neuf années. — *Paris*, 27 nov. 1831, Bourboulon c. Savary.

110. — ... Que lorsqu'un cohéritier a donné pouvoir de vendre sa part dans les immeubles de la succession, aux prix, charges, clauses et conditions que le mandataire jugerait à propos, le mandataire a pu soumettre le mandant à garantir, solidairement avec ses cohéritiers, la vente de la totalité des immeubles. — *Paris*, 27 frim. an XII, Péan de Saint-Gilles c. Cordier.

111.—...Que la procuration donnée à une femme séparée de biens par son mari à l'effet de régler les droits qu'elle pouvait avoir à prétendre dans une succession, renferme autorisation suffisante pour reconnaître à l'un des cohéritiers la qualité d'enfant légitime du défunt. — *Cass.*, 24 juill. 1835, Mas Saint-Maurice c. Boscary.

112. — ... Que le pouvoir de constituer en dot, soit une somme déterminée payable dans les délais qu'il conviendra au mandataire de fixer, soit la rente perpétuelle en raison du capital, emporte pouvoir de consentir une hypothèque sur les biens du mandant pour sûreté de la dot constituée en rente. — *Paris*, 17 mars 1827, Lesseps c. Bunel.

113. — ... Que la procuration donnée par un mari à sa femme pour *vendre, aliéner, et faire tous les actes nécessaires au mariage de leur fils*, a conféré à cette dernière un pouvoir suffisant pour constituer une dot au futur époux, tant en son nom qu'en celui de son mari. — *Cass.*, 14 juin 1827, de Luxembourg c. de Bérenger.

114. — ... Qu'en matière de vente, le pouvoir donné à un mandataire de vendre les biens du mandant, et d'en recevoir le prix, l'autorise à céder les sommes provenant de la vente et à toucher le prix de la cession. — *Bordeaux*, 22 janv. 1827, Moreau c. Anciau-Sauvignon.

115. — ... Qu'une procuration à l'effet d'emprunter et d'hypothéquer, peut être réputée contenir faculté de conférer hypothèque tant pour des emprunts postérieurs que pour des emprunts ou créances antérieurs à la procuration. — *Cass.*, 5 juill. 1827, Etchegoyen c. Leray.

116. —...Ou comprendre le pouvoir d'éteindre d'anciennes dettes chirographaires, et de les convertir en obligations authentiques avec hypothèque. — *Riom*, 10 mars 1818, Fournal-Brezinaud c. Bertrand.

117.—...Que la procuration donnée à l'effet d'employer tous les moyens nécessaires pour obtenir le remboursement d'une créance, autorise le mandataire à accepter une succession répudiée par le débiteur. — *Bourges*, 19 déc. 1821, Nettement c. Bellanger.

118. — ... Que le mandataire chargé de toucher une créance peut valablement autoriser un avoué à reconnaître que le créancier a reçu son paiement. — *Douai*, 26 févr. 1820, Collet c. Soubise.

119. — ... Que le pouvoir de citer devant les tribunaux et de poursuivre tous procès qui pourraient exister ou être intentés, ainsi que de les traiter par arbitrage ou suivant la rigueur des lois, emporte celui de citer en conciliation. — *Bordeaux*, 4 fév. 1835, Labrousse c. Guilhem. — Bioche et Goujet, *Dict. de procéd.*, v° *Prélim. de conciliation*, n° 77.

120. — ... Que le pouvoir donné à l'effet de se concilier renferme nécessairement celui de transiger, et par conséquent de reconnaître, devant le juge de paix et en conciliation, la dette jusqu'à concurrence d'une partie de la demande. — *Douai*, 13 mai 1836, Debril c. Bourgeois. — Pigeau, t. 1er, p. 43. — *Contrà*, Berriat Saint-Prix, t. 1er, p. 189; Carré, t. 1er, p. 106.

121. — ... Que la procuration qui a uniquement pour objet une affaire déterminée, et qui concerne toutes les diligences nécessaires pour que les intérêts du mandant soient protégés d'une manière efficace, comprend le droit pour le mandataire d'exercer le recours en cassation. — *Cass.*, 29 déc. 1838 (t. 1er 1839, p. 635), Palducci et Ceccaldi c. les Douanes.

122. — ... Que le mandat conféré par une union de créanciers transmet au gérant ou mandataire le pouvoir de discuter la validité de l'acte qui sert de fondement à l'action en délaissement, lorsque ce mandat a investi le gérant du pouvoir de traiter, de se concilier, de transiger, etc. — *Cass.*, 22 avr. 1834, Debehr.

123. — L'étendue du mandat peut encore être appréciée par les circonstances particulières qui l'accompagnent; ainsi on ne pourrait contester qu'il y a mandat illimité, comprenant pouvoir de transiger et de renoncer à une partie de la créance, lorsque le mandat, à l'effet de recouvrer une créance, contient le pouvoir d'agir comme propriétaire de cette créance. Il en serait de même si le mandat était donné sous la forme de cession de la créance. — *Bordeaux*, 25 juill. 1826, Domeco c. Cambon.

124. — Le pouvoir contenu dans une procuration, non pas spéciale, mais *générale*, de faire une cession de droits successifs, rend vraisemblable un dessaisissement absolu de la part du mandant, et peut, d'après les circonstances, être interprété comme constituant celui qui la reçoit mandataire *in rem suam*. Les inductions qui résultent de cette procuration, jointes à l'intervention d'un individu dans l'acte de cession comme payant de ses deniers, à la décharge du cessionnaire, une somme pour laquelle il est subrogé au privilége du vendeur, constituent, sur l'interprétation à donner à ce prétendu mandat, un commencement de preuve par écrit suffisante pour faire admettre la preuve testimoniale. — *Montpellier*, 17 décembre 1840 (t. 1er 1841, p. 688), Terral.

125. — Jugé aussi que l'expédition de marchandises par un négociant à un autre négociant, son créancier, en compte courant, avec autorisation de les vendre à un prix indiqué, et d'appliquer le produit de la vente au compte courant, constitue non un gage ni une dation en paiement, mais un mandat *in rem suam* donné au créancier. — *Douai*, 28 févr. 1847 (t. 2 1848, p. 94), Ponein c. Vandelcolme.

126. — Le commissaire d'une masse de créanciers qui, chargé de poursuivre l'exécution du traité fait avec le débiteur commun, achète les droits de quelques créanciers non signataires, est censé n'avoir agi que comme mandataire des créanciers signataires. — *Cass.*, 15 avril 1834, Gadot.

127. — Celui qui s'est rendu acquéreur tant en son nom qu'au nom d'un tiers, sans mandat écrit de la part de ce dernier, a pu valablement compromettre, également sans mandat, pour la totalité de l'objet acquis, avant que le tiers eût ratifié l'acquisition. — *Cass.*, 14 mai 1829, Mallez c. de Castellane.

128. — Une cour d'appel peut, sans excéder les bornes de son pouvoir d'interprétation, décider souverainement qu'une procuration expresse à l'effet de *traiter, composer, transiger, prendre tous arrangemens en cas de faillite*, comprend le pouvoir d'adhérer à une société en commandite formée pour sauver l'avoir des créanciers au nombre desquels se trouve le mandant. — *Cass.*, 4 janvier 1843 (t. 1er 1843, p. 308), Aubert c. Paranque.

129. — Le mandat donné par plusieurs commettans à deux mandataires conjointement, à l'effet de recouvrer une créance hors du domicile des parties, comprend, dans son accomplissement non-seulement la réception des fonds, mais encore le transport au lieu où la reddition de compte des mandataires et la distribution des sommes entre les intéressés doivent être opérées. — *Aix*, 19 juill. 1843 (t. 1er 1844, p. 264), Comp. d'Assur. gén. c. Bourgerel.

130. — Lorsque, dans un acte de cette nature, il est dit que les mandataires auront le droit de se substituer, l'un d'eux a pu valablement, soit en vertu des usages commerciaux, soit aux termes de cette autorisation, se décharger sur l'autre du soin de transporter les fonds et de les distribuer aux mandans. — Même arrêt.

131. — Bien que la simple indication, dans un acte de vente, que le prix sera payé dans l'étude d'un notaire, n'emporte pas pour celui-ci l'autorisation de recevoir ce prix, cependant les juges ont pu induire ce pouvoir de ladite indication combinée avec les faits et circonstances de la cause. — *Cass.*, 12 mars 1844 (t. 1er 1844, p. 790), Michel c. Gastineau. — V. NOTAIRE.

132. — Il a été jugé que la constitution d'un mandataire général et spécial dans une colonie faite par un Français domicilié en France, avec autorisation d'élire domicile, a pu être considérée, par interprétation du mandat, comme ayant pour objet de la part du mandant d'être complétement représenté par ce mandataire. — Conséquemment, le mandataire a pu être valablement assigné, à bref délai et sans l'observation du délai à raison des distances, devant le tribunal de la colonie, comme aurait pu l'être le mandant lui-même s'il y avait été domicilié. — *Cass.*, 14 fév. 1842 (t. 1er 1842, p. 507), Cesbron c. Dacunha. — V. au reste à cet égard COLONIES, n° 97 et suiv.

133. — Il a été jugé d'un autre côté que la procuration donnée à l'effet de régir une maison et de la louer n'est pas suffisante pour autoriser le mandataire à faire, *par anticipation de huit années*, un nouveau bail de quinze ans à compter de l'expiration du premier. — *Paris*, 22 avr. 1826, Milhet c. Lemore. — Ces baux, par leur durée, excèdent les pouvoirs d'un administrateur. — Duranton, t. 18, n° 229.

134. — ... Que le mandat de poursuivre la vente d'un immeuble n'entraîne pas nécessairement pour le mandataire l'autorisation de se rendre adjudicataire de l'immeuble saisi. Si, en pareil cas, le mandataire s'est rendu adjudicataire, il est réputé adjudicataire pour son compte, mais non pour celui du mandant. — *Cass.*, 1er avr. 1839 (t. 2 1839, p. 314), Longpré c. de Clouet.

135. — ... Que le pouvoir de vendre ne renferme pas celui de recevoir le prix. Dès lors le paiement fait au mandataire seulement chargé de la vente ne libère pas l'acquéreur. — *Cass.*, 18 nov. 1824, Lebinan c. Fennelé; *Rouen*, 9 nov. 1839 (t. 1er 1840, p. 49), Rayer c. Chéron et Lunois. — Surtout si le paiement ne doit pas être fait comptant. — *Rennes*, 24 août 1822, N...

136. — On doit le décider ainsi, encore que le pouvoir de vendre comprenne en même temps mandat de faire une déclaration de succession et de payer des droits de mutation; et notamment lorsque la quittance indique un paiement immédiat, malgré les clauses du cahier des charges qui stipule un délai de trois mois pour ce paiement. — *Rouen*, 9 nov. 1839 (t. 1er 1840, p. 49), Rayer c. Chéron et Lunois.

137. — ... Que le pouvoir d'exiger, quittancer, céder, rétrocéder, obliger les biens du mandant, n'emporte pas celui d'emprunter; il faut pour cela un mandat spécial. — *Grenoble*, 30 juin 1807, Besson c. Daloz.

138. — Lorsque la clause de voie parée était admise par la jurisprudence, le mandat d'hypothéquer un immeuble pour sûreté d'un emprunt n'emportait pas le pouvoir de conférer au prêteur le droit de faire vendre l'immeuble sans formalités de justice à défaut de remboursement du prêt. — *Bordeaux*, 21 déc. 1832, Biot c. Cluzeau.

139. — Jugé que le mandataire qui a reçu pouvoir d'un cohéritier de prendre connaissance des charges de la succession pour accepter purement ou simplement, ou sous bénéfice d'inventaire, et de vendre la part des biens immeubles de la succession afférente à ce cohéritier, ne peut valablement consentir à une vente lorsque le prix n'en serait pas suffisant pour payer les dettes grevant la part du mandant. — Dans ce cas, la vente est nulle; même à l'égard de l'acquéreur qui a eu connaissance de la procuration et de l'état obéré de la succession. — *Colmar*, 2 fév. 1830, Gaudin c. Schmidlin.

140. — ... Que lorsqu'une partie engagée dans un procès devant un tribunal de commerce où elle défend, sur une demande en renvoi devant arbitres, donne pouvoir à un mandataire de suivre le procès pour son compte et au mieux de ses intérêts, ce pouvoir peut être réputé se borner au mandat de plaider sur la compétence, mais n'entraîne pas celui de procéder devant arbitres dans le cas où le renvoi serait ordonné. — Par suite, si le mandataire, en vertu de ce mandat, a procédé devant arbitres, la sentence arbitrale ne peut être opposée au mandant. — *Cass.*, 19 fév. 1834, Vacquerie c. Baudry.

141. — Le mandat de former une demande en garantie doit être exprès. Il ne résulte pas implicitement du pouvoir donné à un avoué de défendre à une demande principale. — *Cass.*, 23 juin 1835, Pierrot c. commune de Château-Thierry.

142. — Le pouvoir d'appeler n'est pas contenu dans le mandat de poursuivre l'annulation d'une obligation par tous les moyens de droit. — *Rennes*, 7 mai 1823, Lefèvre c. Jéhanne, Colto et Bernard.

143. — Le mandataire a besoin d'un pouvoir spécial pour interjeter appel. — *Rennes*, 23 avr. 1811, Moro c. Yves Marie.

144. — Un mandataire ne peut interjeter un appel en son propre nom, pour son mandant, quels que soient les termes de sa procuration. — *Aix*, 18 fév. 1808, Eusebi c. Martini.

145. — Le pouvoir de *transiger*, contenu dans une procuration qui donne en même temps au mandataire celui de poursuivre, doit être restreint à ses poursuites et à la faculté de se présenter au bureau de conciliation pour les exercer, alors surtout qu'il a été conféré à une époque où la clause de transiger était de style, et même indispensable, dans toutes les procurations, pour comparaître au bureau de conciliation. — Mais ce pouvoir n'emporte pas le droit pour le mandataire de transiger sur une contestation qui a donné lieu à un renvoi devant un juge commissaire, et de céder, au nom du mandant, une partie de ces biens: celui-ci n'est donc pas tenu d'exécuter la transaction pour le tout, alors qu'il l'aurait ratifiée à l'égard de l'une des parties qui y ont figuré. — *Bruxelles*, 16 mai 1811, Ledent c. Libotte.

146. — La procuration donnée à l'effet de reconnaître et renouveler des titres de rente, poursuivre le recouvrement des arrérages, opérer les rachats, et généralement faire tout ce que le mandataire jugera nécessaire, dans l'intérêt des commettans, comprend-elle nécessairement pour ce mandataire ou pour le tiers qu'il est autorisé à se substituer, la faculté de délivrer à l'huissier un pouvoir spécial pour exécuter une saisie immobilière? — Aff. *Paris*, 25 mai 1831, Roth c. N...; nég. *Colmar*, 5 mars 1832, Roth c. Pflieger.

147. — *Étendue du mandat.* — Une procuration qui n'embrasse que des actes d'administration, et, à cet effet, pouvoir de plaider et transiger, n'autorise pas le mandataire à créer un droit de propriété, même par une transaction ; le pouvoir de transiger ne se rapportant dans ce cas qu'aux actes d'administration. — *Caen*, 27 janv. 1846 (t. 1er 1846, p. 737), Billeux c. Lefèvre.

148. — Celui qui fait assurer contre l'incendie le mobilier garnissant sa maison, n'est point censé avoir compris dans cette assurance les meubles des personnes qui peuvent demeurer avec lui, alors qu'il n'avait aucun mandat à cet égard, et que d'ailleurs il n'était pas personnellement intéressé à faire cette assurance. — En conséquence, l'enlèvement que ces personnes peuvent faire de leurs meubles n'empêche pas que l'assuré ait droit à être indemnisé en cas de sinistre. — *Caen*, 24 juin 1844 (t. 1er 1845, p. 278), Lebreton c. Haupois.

149. — Si le mandataire, agissant en cette qualité, a excédé ses pouvoirs, il peut être considéré comme obligé personnellement. Ainsi, de ce que les commissaires d'une association ont, en cautionnant l'obligation personnelle contractée par l'un d'eux, pris leur qualité de commissaires, il ne résulte pas nécessairement qu'ils soient réputés n'avoir contracté que dans les limites du mandat qui leur avait été donné, et conséquemment que l'obligation soit nulle si ce mandat ne conférait pas pouvoir de s'obliger ; au contraire, ils peuvent, dans ce cas, être considérés comme obligés personnellement. — *Bordeaux*, 21 déc. 1833, Ansotégui c. Inigo.

150. — Un entrepreneur de fournitures a pu être déclaré avoir traité avec un individu, non en qualité d'agent ou de mandataire du gouvernement, mais en son nom personnel, sans que la décision soit sujette à cassation. — *Cass.*, 4 juin 1832, Vérac c. Cézan.

151. — Lorsque le mandataire, sans expliquer formellement qu'il agit en sa qualité, se borne à l'énoncer en souscrivant un engagement qu'il peut contracter personnellement, mais qui lui est prohibé par ses pouvoirs, l'obligation qu'il contracte peut être considérée comme lui étant personnelle. — Ainsi, lorsque les mandataires, porteurs d'un même mandat contenant prohibition expresse de stipulation de solidarité pour les mandans, s'engagent solidairement envers un tiers au paiement d'une obligation, cette obligation leur devient personnelle, nonobstant l'énonciation de leur qualité de mandataires, cette énonciation ne pouvant, dans ce cas, être réputée déterminative de la nature de l'obligation. — *Bordeaux*, 16 août 1831, Doris c. Chaigneau.

152. — Mais jugé que lorsqu'une femme qui a reçu de son mari pouvoir d'acquérir pour lui et en son nom, n'agit qu'en vertu de ce mandat, l'acte de vente qui lui est consenti ne peut lui conférer aucun droit personnel ; alors même qu'elle aurait déclaré traiter tant en son nom qu'au nom de son mari. — *Cass.*, 1er brum. an XIII, Grandjard c. Guichelet.

153. — Bien qu'un jugement d'adjudication, ensuite de saisie immobilière faite par un mandataire, constate que l'adjudication *céda en faveur* du mandant, les tribunaux peuvent cependant décider, en interprétant le mandat donné dans l'espèce, que l'acquisition faite par le mandataire n'a pas transféré au mandant la propriété de l'immeuble acquis. — Du moins, cette décision, basée sur l'interprétation du mandat et l'intention des parties, échappe à la censure de la Cour de cassation. — *Cass.*, 1er avril 1839 (t. 2 1839, p. 314), Longpré c. de Clouet.

154. — En matière d'expropriation pour utilité publique, le mandat donné par l'exproprié à l'effet de soutenir ses droits concernant l'indemnité due à raison des parcelles de terrain dont l'expropriation a été prononcée est insuffisant pour autoriser le mandataire à consentir la cession d'une autre parcelle non comprise dans le jugement d'expropriation. — Dès lors la décision rendue en pareil cas par le jury est nulle si le règlement d'indemnité qu'elle renferme porte à la fois sur les parcelles expropriées et sur celle qui ne l'a pas été. — *Cass.*, 3 janv. 1848 (t. 1er 1848, p. 31), Cortyl c. Compe du chemin de fer du Nord. — V. EXPROPRIATION POUR UTILITÉ PUBLIQUE.

155. — La procuration, acceptée par un huissier, d'affirmer la sincérité d'une créance dans une faillite, et de prendre part à toutes les opérations de la faillite, indique suffisamment l'intention du mandataire de représenter le mandant dans la généralité des contestations auxquelles cette vérification peut donner lieu, et rend cet huissier passible de l'application de l'art. 4 de la loi du 3 mars 1840 (art. 627 C. comm.), qui, dans les causes portées devant les tribunaux de commerce, défend aux huissiers d'assister comme conseils ni de représenter les parties en qualité de procureurs fondés. — *Cass.*, 10 mars 1847 (t. 1er 1847, p. 559), Hoart. — Bioche, *Dict. proc.*, vo *Faillite*, no 649.

Sect. 6e. — *De la gratuité du mandat.*

156. — Les lois romaines considéraient le mandat comme essentiellement gratuit (L. 1, § 4, ff. *Mand.*). Elles admettaient, cependant, qu'un *honoraire* (*honorarium aut salarium*) fût promis au mandataire, sans que pour cela le contrat se transformât en louage. Le mandataire avait même une action en paiement, mais une action extraordinaire : *persecutio extraordinaria*. Il n'avait pas l'action *mandati*, parce que la promesse qui lui avait été faite de l'*honorarium* n'était pas censée faire partie du contrat. — Pothier, t. 23-24.

157. — Le Code civil déclare le mandat gratuit ; mais il autorise la convention contraire (C. civ., 1986). La gratuité n'est donc pas de l'*essence* mais de la nature du contrat de mandat. — *Cass.*, 16 janv. 1808, Stevens. — Troplong, no 154.

158. — La présomption de gratuité cesse, et c'est au contraire la convention de salaire qui est présumée, lorsque l'accomplissement du mandat est l'exercice d'une profession. Tel est le ministère de l'avoué qui est chargé d'occuper dans une affaire, du notaire à qui mandat est donné d'effectuer le placement d'une somme d'argent. — *Cass.*, 24 juill. 1832, de Barnawal c. Pugens ; *Angers*, 28 mars 1833, Martigné c. Chevalier. — V. aussi AGENS D'AFFAIRES, AVOUÉ, HUISSIER, NOTAIRE, etc.

159. — Toutefois, si une personne, même faisant profession de s'occuper des affaires d'autrui, avait été chargée de donner quelques soins à celles d'un parent ou d'un ami, rien ne s'opposerait à ce que le mandat pût être réputé gratuit conformément aux principes généraux.

160. — Une procuration générale donnée et acceptée contenant pouvoir de diriger et d'administrer toutes les affaires du commettant qui s'expatrie, moyennant une somme annuelle déterminée pour tout travail et vacation, est un véritable mandat qui finit par la mort du mandant ou du mandataire, et non un contrat de louage, *locatio operum*, qui passe aux héritiers. — *Bruxelles*, 24 juill. 1816, Boucqueau c. de Beeleu.

161. — La présomption que le mandat est gratuit n'est pas, d'ailleurs, applicable aux affaires commerciales, dont on ne se charge presque toujours qu'avec espoir de récompense ou bénéfice. Ainsi, celui qui a accepté et rempli les fonctions de subrécargue, sans stipulation d'appointemens, est fondé à réclamer le droit de commission accordé par l'usage à ce genre de fonctions. — *Rennes*, 9 avr. 1827, Imbault c. Massiou.

162. — N'est pas non plus réputé gratuit, à moins de convention contraire, le ministère d'un banquier à qui des billets sont confiés pour une opération de banque. — *Paris*, 24 juill. 1829, Orlandini c. Rougemont. — V. BANQUIER.

163. — L'usage peut aussi faire disparaître la présomption de gratuité. Ainsi, le mandat donné par des commettans de France à un habitant de Saint-Domingue de gérer des biens situés dans la colonie n'a pas dû être réputé gratuit : le mandataire ayant droit, d'après les usages, à l'allocation d'une indemnité ou à un traitement annuel. — *Rennes*, 4 juin 1835, Lincé c. Ducollet.

164. — Ces mots de l'art. 1986, *s'il n'y a convention contraire*, ne doivent pas être entendus en ce sens, qu'une convention soit indispensable pour régler le salaire. Il suffit que la promesse soit écrite dans le contrat ou résulte suffisamment de ses termes. La promesse faite au mandataire que, s'il surveillait avec soin les intérêts du mandant, il s'en trouverait bien, peut être considérée comme faisant preuve que le mandat n'était pas gratuit, surtout si la surveillance, qui avait pour objet une administration minutieuse, a été difficile, considérable et de plusieurs années. Dans ce cas, le salaire, à défaut de convention, doit être arbitré par le juge. — *Bordeaux*, 5 févr. 1827, Hugue c. Benoît.

165. — Jugé encore qu'il n'est pas indispensable, pour qu'un mandat soit considéré comme salarié, que cette circonstance soit établie par écrit, ou au moins par un commencement de preuve par écrit appuyé d'une preuve testimoniale ou de présomptions graves, précises et concordantes. Les tribunaux peuvent induire des seules circonstances de la cause que dans l'intention des parties le mandat devait être salarié. Dans ce cas, et à défaut de convention écrite, les juges peuvent fixer le montant du salaire. — *Bordeaux*, 23 juin 1847 (t. 2 1847, p. 413), de Moulins c. de Pontet. — V. MANDAT.

166. — Les tribunaux interprètent, dans le cas de doute, les actes et les faits. Il n'y a pas ouverture à cassation contre un arrêt qui, faisant cette interprétation, a décidé que (dans une gestion) le gérant a fait les fonctions d'un agent d'affaires, et non d'un mandataire à titre gratuit, et lui a par suite adjugé un salaire quoique aucune stipulation n'ait été faite à cet égard. — *Cass.*, 18 mars 1818, Desmarquettes c. Bourgeois.

167. — On peut stipuler que le mandant ne paiera de salaire au mandataire qu'en cas de succès. — *Cass.*, 6 mars 1827, Johannot c. Stackpool.

168. — Le mandataire qui ne peut justifier d'une stipulation de salaire doit, dans tous les cas, être considéré comme *negotiorum gestor* non salarié. — *Rennes*, 18 avr. 1815, Soupe c. Ferroy.

Sect. 7e. — *Obligations du mandataire.*

§ 1er. — *Accomplissement du mandat.*

169. — Le mandataire est tenu de trois obligations principales. Il doit 1o accomplir le mandat accepté tant qu'il n'est pas révoqué ; — 2o y donner le soin convenable sans dol, sans faute, en bon père de famille ; — 3o rendre compte de sa gestion, et remettre au mandant tout ce qu'il a reçu.

170. — Le mandataire pouvait refuser le mandat ; mais dès qu'il l'a accepté il doit le remplir. Aussi l'article 1991 dit-il : « Le mandataire est tenu d'accomplir le mandat tant qu'il en demeure chargé. » — Troplong, no 337.

171. — Toutefois il y a exception à cette règle pour le cas où le mandataire, après avoir accepté, s'aperçoit que l'entreprise n'est pas en son pouvoir, et avertit le mandant en temps utile, et lorsque les choses sont encore entières, qu'il ne veut pas en rester chargé. — Troplong, no 338.

172. — Bien que l'avis donné au mandant fût intempestif, le mandataire serait encore déchargé s'il avait été, pour cause grave (maladie, force majeure), dans l'impossibilité de le donner plus tôt. — M. Troplong (nos 340 et suiv.) pense qu'on devrait aussi considérer comme cause suffisante d'abdication du mandat la survenance d'affaires personnelles très-sérieuses dont la négligence lui serait très-préjudiciable.

173. — « Il y a un cas, dit encore Pothier (*Mandat*, no 45), auquel le mandataire non-seulement peut ne pas exécuter, mais même ne doit pas exécuter le mandat dont il s'est chargé : c'est lorsqu'il est venu à sa connaissance quelque chose que le mandant ignore et qui doit vraisemblablement porter celui-ci à révoquer le mandat lorsqu'il en aura connaissance. »

174. — A plus forte raison le mandataire n'est pas non plus responsable de l'inexécution du mandat envers son mandant, lorsqu'elle n'a eu pour objet que d'éviter à celui-ci un dommage notable. — *Bordeaux*, 13 déc. 1831, Cazatti c. Gallès.

175. — Il n'y a pas lieu non plus à dommages-intérêts lorsque le mandataire était, par la nature du mandat et par sa situation vis-à-vis du mandant, libre dans l'exécution du mandat. — Ainsi l'agréé qui a reçu mandat d'agir selon qu'il croyait utile aux véritables intérêts de son client, et qui n'a pas cru devoir proposer un moyen de forme, lequel était spécifié dans ce mandat, ne peut être tenu de dommages-intérêts, ni même de la restitution des frais. — *Toulouse*, 24 avril 1841 (t. 2 1841, p. 80), Sabardu c. Gary et Dufour. — Mais il y aurait responsabilité dans le cas où il y aurait dol ou faute grossière.

176. — Lorsque le mandat est impératif, l'exécution doit en être conforme à l'ordre donné. — S'il est facultatif, l'exécution doit en être conduite au mieux des intérêts du mandant avec tous les soins du bon père de famille, avec toute la prudence d'un homme avisé. — Troplong, nos 316, 347 et suiv.

177. — La force majeure peut influer sur l'exécution du mandat. M. Troplong (nos 358 et suiv.) pose à cet égard plusieurs hypothèses : 1o ou les empêchemens qui arrêtent l'exécution sont temporaires, et dans ce cas, suivant que l'affaire est ou non susceptible d'ajournement, le mandataire est déchargé, en donnant avis, ou tenu, tout en donnant avis, de profiter, pour agir, du moment où l'obstacle aura cessé. — 2° Ou l'obstacle provenant de la force majeure est absolu, et alors le mandat est réduit *ad non esse*, et le mandataire est tenu de s'arrêter; seulement, et suivant les circonstances, on pourrait parfois considérer ce qu'il aurait fait en dehors du mandat comme une gestion d'affaires — V. GESTION D'AFFAIRES. — 3° Si la force majeure, sans atteindre la chose même commissionnée, porte seulement sur les moyens d'exécution indiqués, le mandataire doit, si cette exécution comporte ajournement, consulter le mandant, et, dans le cas contraire, s'abstenir ou agir suivant que le mandat est ou non impératif ou limitatif. En pareil cas les juges apprécieront la conduite du mandataire. — 4° Lorsque la force majeure se présente alors que le mandat est *en voie d'exécution*, le mandataire à qui il reste quelque chose à faire doit prendre le parti qui se rapproche le plus de ses instructions et le plus conforme au succès ; il devrait avant tout, s'il était possible, consulter le mandant. — 5° Enfin si, le mandat exécuté, survient une force majeure mettant obstacle à la livraison, on peut dire, à titre de règle générale, qu'en l'absence de faute de la part du mandataire, et de mise en demeure, la chose périt pour le mandant.

178. — C'est au mandataire à prouver la force majeure.

179. — Quelquefois le mandataire prend sur lui la responsabilité de la force majeure.

180. — Le mandataire est dispensé d'agir lorsque le mandant néglige les agissemens qui doivent mettre le mandataire à même de procurer l'exécution du mandat. — Mais ceci ne doit pas s'entendre des prestations qui, d'après l'usage, la convention ou la nature des choses, ne doivent être payées par le mandant au mandataire qu'après l'accomplissement du mandat ou au fur et à mesure de cette exécution. — Troplong, n° 380.

181. — Nous verrons, au reste (*infrà* nos 439 et suiv.), quelles sont les causes de cassation du mandat.

182. — Le mandataire est aussi tenu d'achever la chose commencée au décès du mandant, s'il y a péril en la demeure. — C. civ., art. 1991. — Le décès du mandant, qui, en général, est une cause de révocation de mandat, ne produit pas ici cet effet. C'est là, au surplus, un devoir imposé au mandataire par un principe d'équité, plutôt qu'une obligation dérivant directement du contrat, et c'est pour ce motif que le devoir se borne au cas de péril en la demeure. — Demante, n° 736. — Le péril s'estimerait, en cas de contestation, d'après les circonstances du fait. — Duranton, n° 239.

183. — Il faut remarquer que ce n'est que dans le cas où le mandat prend fin par le décès du mandant, que l'art. 1991 exige du mandataire qu'il termine en cas d'urgence ce qu'il a commencé ; rien de pareil, sauf ce qui sera dit *infrà*, n'est imposé pour le cas de révocation.

184. — La loi ne dit pas d'une manière absolue que le mandataire répond des dommages-intérêts pour n'avoir pas exécuté le mandat. Il ne répond que des dommages-intérêts *qui pourraient résulter de son inexécution*. Si donc l'inexécution n'a causé aucun préjudice au mandant, celui-ci n'a pas d'action en dommages-intérêts contre le mandataire. — Duranton, n° 240.

185. — Mais lorsque les juges considèrent comme une faute lourde de la part du mandataire l'inexécution d'un mandat accepté, ils doivent le condamner à des dommages-intérêts envers le mandant. — *Cass.*, 23 juill. 1835, Rochoux c. Jonas.

186. — L'obligation que contracte un mandataire, dans l'acte qui lui passe en compte une somme que le mandant lui avait donné ordre de payer à un tiers, de rapporter la preuve que le paiement a réellement eu lieu, constitue une simple obligation de faire, résoluble, en cas d'inexécution, en dommages-intérêts, et non une obligation pure et simple de rembourser, à défaut de justification du paiement, la somme passée en compte. Dès lors, les juges ne peuvent condamner le mandataire qu'aux dommages-intérêts résultant du défaut d'inexécution de l'obligation ; et non le condamner au paiement de la somme, par cela seul qu'il ne rapporte pas la preuve à laquelle il s'était soumis. — *Cass.*, 21 août 1838, Rances c. d'Ossuna.

187. — Le mandataire, même non salarié, est responsable de l'inexécution comme de l'exécution dommageable de son mandat, quand il y a faute grave de sa part. — Spécialement : celui qui, ayant reçu et promis de remplir le mandat de faire accepter ou protester, en cas de non-acceptation, une lettre de change, a négligé de remplir ce mandat, est responsable en cas de faillite du tireur. — *Aix*, 23 avr. 1813, Contamin c. Jourdan-Seranc.

188. — La modicité du salaire n'affranchit pas le mandataire de toute responsabilité en cas d'inexécution. C'est seulement un motif pour ne prononcer contre lui qu'une condamnation modique et proportionnée à son salaire. — *Cass.*, 2 janv. 1832, Duval-Gazzani c. Besnard.

§ 2. — *Responsabilité.*

189. — Il n'y a pas lieu à responsabilité pour inexécution du mandat lorsque l'affaire dont le mandataire avait été chargé n'est pas mise à fin par un fait indépendant de sa volonté et qu'il n'a pu empêcher lorsque d'ailleurs, en ce qui le concernait, il a accompli son mandat. Ainsi, lorsque celui qui a reçu commission d'expédier des marchandises dans un bref délai les a remises sans retard à un commissionnaire de roulage pour en faire le transport, et en stipulant un court délai pour ce transport, son mandat est rempli : il n'est pas, par conséquent, responsable envers le mandant des retards occasionnés par la faute du commissionnaire. — *Metz*, 16 février 1816, Desrues c. Genot et Van Precum.

190. — Le mandant ne peut obtenir hypothèque sur les biens de son mandataire pour garantie des pertes *éventuelles* qu'il craint de faire par suite de l'exercice du mandat, l'action en garantie n'étant ouverte à son profit qu'en cas de pertes réalisées. — *Paris*, 9 mars 1811, Caltet.

191. — Les cours et tribunaux ont le droit exclusif d'apprécier l'étendue des dommages occasionnés par l'inexécution d'un mandat. Il n'y a jamais dans leur appréciation à cet égard rien qui constitue une ouverture à cassation. — *Cass.*, 19 févr. 1835, Vandermarck c. Couck Sonck.

192. — Lorsque l'acquéreur de fonds immobiliers appartenant à une société a contracté le mandat de liquider cette société, on a pu, malgré la demande en résolution de la vente, déclarer qu'il était tenu de continuer l'exécution de son mandat, tant qu'il n'aurait pas été prononcé sur la résolution. En vain invoquerait-on le principe que nul ne peut demeurer mandataire malgré soi. — *Cass.*, 22 août 1833, Sillac Lapierre.

193. — Le mandataire est obligé de donner à l'affaire tout le soin qu'elle exige ; il répond non-seulement du dol, mais encore des fautes qu'il commet dans sa gestion. — C. civ. 1992. — La responsabilité relative au dol est la même pour le mandataire salarié et pour le mandataire gratuit. Le caractère du dol ne permet, sous ce rapport, aucune distinction.

194. — Mais la responsabilité relative aux fautes est appliquée moins rigoureusement à celui dont le mandat est gratuit qu'à celui qui reçoit un salaire. — C. civ. 1992.

195. — Par *fautes* dont le mandataire est responsable il faut entendre non-seulement la faute lourde, mais encore la faute légère. — Au reste, le C. civ. en ne traçant aucune règle, à cet égard, laisse aux juges un droit entier d'appréciation. — Il est néanmoins utile de remarquer qu'une fois l'existence d'une faute grave constatée, les juges ne pourraient, sous prétexte de la gratuité du mandat, décharger le mandataire de toute responsabilité. — Troplong, n° 393.

196. — Jugé que le mandataire, et surtout le mandataire salarié, doit apporter dans l'exécution du mandat, non-seulement une bonne foi irréprochable, mais tout le soin et toute l'habileté qu'exige l'affaire qui lui est confiée. — En conséquence, il est responsable envers le mandant de tout le tort qu'il lui cause non-seulement par son dol, mais par sa faute, de quelque espèce qu'elle soit. — *Douai*, 5 avril 1841 (t. 2 1841, p. 371), Guérin c. Duboeq.

197. — Ainsi, le mandataire, chargé par une société de vendre un navire qui lui appartient, qui accepte en même temps de l'un des membres de cette société le mandat de racheter ce navire pour le compte et au mieux des intérêts de ce dernier, manque ainsi à l'accomplissement fidèle de son premier mandat. Il en est de même si, par son refus d'accepter, d'un autre sociétaire, un second et ultérieur mandat de racheter ce navire, la vente qui en est faite n'atteint point le prix que ce second sociétaire voulait y mettre. Dans ce cas, il devient responsable du préjudice qu'il a occasionné, tant envers la société qu'envers le mandant dont il n'a pas accepté le pouvoir. — Même arrêt.

198. — Le principe qui veut que le mandataire réponde de sa négligence est applicable surtout en matière d'opération de commerce, dont le succès dépend ordinairement de la célérité dans l'exécution du mandat. — *Rennes*, 5 août 1846, Lefebvre.

199. — Mais jugé que la mise en liberté du débiteur, pour défaut de consignation d'alimens, ne saurait engager la responsabilité du mandataire du créancier incarcérateur, lorsque l'insolvabilité du détenu était notoire, ou encore lorsqu'il est reconnu que, la créance n'ayant point une nature commerciale, c'était par une fraude à la loi et un mensonge envers la justice que la contrainte par corps avait été obtenue. *Paris*, 23 mars 1848 (t. 1er 1848, p. 585), Ledant-Dauloy c. Durand-Morimbeau.

200. — L'indiscrétion du mandataire, sa négligence à donner au mandant des avis nécessaires sur la marche ou la conclusion de l'affaire, les retards apportés à l'exécution du mandat, l'inobservation des instructions données pour l'accomplissement du mandat, soit relativement à l'objet lui-même, au lieu, au temps, etc., etc., peuvent être considérés, suivant les circonstances, comme des fautes plus ou moins graves de nature à engager plus ou moins sérieusement la responsabilité du mandataire. — Troplong, nos 395 et suiv. — Le même auteur pense même qu'on pourra réputer faute le fait par le mandataire d'entreprendre une chose qu'il saurait devoir nécessairement échouer, et que le mandant ne lui aurait commandée que parce qu'il la croyait possible. — Troplong, n° 397.

201. — La responsabilité est plus ou moins étendue suivant la nature du mandat, et les circonstances dans lesquelles ont eu lieu les fautes imputées au mandataire. — Si le mandat a été donné pour diverses affaires, les fautes commises dans l'une ou dans l'autre rendent le mandataire responsable dans les diverses qualités. Ainsi, celui qui est à la fois mandataire *ad negotia* et *ad litem* peut être déclaré responsable en cette double qualité des fautes qu'il a commises tant dans l'une que dans l'autre. — *Rennes*, 20 août 1817, Masson c. Couessin.

202. — La responsabilité est rigoureusement appliquée même au mandataire gratuit, lorsqu'il a employé à son usage la chose du mandant. Ainsi le mandataire gratuit qui s'est servi des titres de son mandant dans son intérêt personnel, peut être tenu même de la faute légère, encore bien qu'il n'y ait pas eu dol de sa part, et qu'il n'ait accepté le mandat que sous la garantie de sa faute lourde. — *Poitiers*, 2 fév. 1830, sous *Cass.*, 15 avril 1839 (t. 2 1839, p. 360), Tifon c. Caccia.

203. — Le nouvel art. 408 C. pén., modifiant en cela la législation antérieure, applique au détournement des effets remis à titre de mandat gratuit ou salarié les peines de l'abus de confiance.

204. — Jugé, à cet égard, que le mandataire (un notaire) qui se sert momentanément, pour son avantage personnel, des sommes à lui remises en vertu de son mandat, ne commet pas, par cela seul, lorsqu'il agit sans mauvaise foi, le délit d'abus de confiance prévu par l'art. 408 C. pén., mais quil en est autrement dans le cas où il résulte des circonstances de la cause qu'on a dû voir dans l'emploi qu'il a fait desdites sommes un détournement frauduleux. — *Cass.*, 11 janv. 1845 (t. 1er 1845, p. 488), Raoult. — V. au reste, ABUS DE CONFIANCE.

205. — Le mandataire commet une faute si, libre de traiter avec des tiers, il suit la foi d'individus notoirement insolvables, ou connus pour leur dissipation ou leur mauvaise foi. — Quant à l'insolvabilité survenue depuis, et qui ne pouvait être prévue, le mandataire n'en est pas responsable. — Troplong, n° 406. — V. aussi NOTAIRE.

206. — Jugé que le mandataire chargé, de confiance, par service d'amitié, sans limites ni salaires et sans garantie d'aucun événement, de faire emploi d'une somme déterminée, n'est pas responsable des événemens qui rendent le placement qu'il a opéré désavantageux, surtout si le mandant a approuvé le placement. — *Paris*, 27 mai 1807, Plaineval c. Rubelles.

207. — Jugé que les armateurs en course ne sont pas responsables de l'insolvabilité des consignataires, lorsqu'à l'époque où ils les ont choisis, ceux-ci jouissaient d'un plein crédit. — *Cass.*, 18 oct. 1808, administration de la marine c. Bertrand.

208. — Quant aux dommages-intérêts, leur nature et leur quotité sont déterminées par le fait de responsabilité qui y donne lieu, et par les conséquences de ce fait pour le mandant. — L'appréciation de ces dommages-intérêts fondée sur les circonstances de la cause et sur l'interprétation du mandat est une appréciation de fait qui échappe à la censure de la cour de cassation. — *Cass.*, 15 avril 1839 (t. 2 1839, p. 360), Titon c. Caccia.

209. — Ainsi le mandataire, même gratuit, qui a reçu en dépôt des bons de change dont il ne devait pas se dessaisir, sans un consentement du mandant, ou moyennant remise d'autres bons exactement semblables et d'une importance au moins égale, peut, alors même qu'il ne s'est chargé du mandat que sous la garantie de sa faute *lourde*, être déclaré responsable de ces valeurs, en ce qu'il les aurait échangées, dans son intérêt personnel, contre d'autres titres de même nature, mais d'un remboursement moins certain. — Même arrêt.

210. — Lorsqu'un mandataire a reçu, dans son intérêt et pour un emploi qu'il jugeait lui être utile, le remboursement d'une rente due à son mandant, il peut être condamné personnellement à continuer le service de la rente. Il peut même être condamné à en payer les arrérages échus depuis le remboursement, sans pouvoir opposer la prescription de cinq ans. — *Cass.*, 21 mai 1822, princesse de Rohan c. prince de Latour d'Auvergne.

211. — Le mandataire salarié qui, chargé de *conserver*, de *faire valoir* et *fructifier* des titres de créance de son mandant, a rendu ces titres inefficaces par sa négligence, en laissant périmer les inscriptions hypothécaires qui leur servaient de garantie, peut valablement être condamné à payer au mandant une indemnité *actuelle*, quoique les biens des débiteurs de ce dernier ne soient pas encore vendus, s'il est constant, en fait, qu'il n'a rien à en espérer. — *Cass.*, 2 mars 1842 (t. 2 1842, p. 450), Ruel c. Belin.

212. — Le mandataire auquel des effets de commerce sont adressés pour en faire l'encaissement, qui néglige de faire protester ces effets ou reçoit en paiement d'autres billets, est garant du non-paiement de ces derniers effets, surtout s'il exige un droit de commission sur les effets par lui renvoyés à son commettant. — *Grenoble*, 29 mars 1832, Gérin c. Amel.

213. — Jugé, avant la loi de 1832 sur la contrainte par corps, que le mandataire salarié qui, par suite de la négligence à consigner les alimens d'un débiteur incarcéré, avait donné lieu à la mise en liberté de celui-ci, était responsable des causes de l'arrestation de ce débiteur en principal et accessoires, et qu'il ne pouvait prétendre que sa responsabilité fût bornée à faire réintégrer le débiteur en prison. — *Paris*, 26 nov. 1816, Lechevalier c. Fournier. — Depuis la loi de 1832, qui dispose que le débiteur élargi pour défaut de consignation d'alimens ne peut, en matière commerciale ou civile, être incarcéré de nouveau pour la même dette, l'insuffisance des offres du mandataire ne serait plus chose douteuse. Une offre de cette nature ne serait même plus présentée.

214. — Lorsqu'en prêtant une somme d'argent, sur simple billet, pour le compte de son client lui-même, un notaire a négligé de faire signer le billet en sa présence, il peut ensuite, dans le cas où la signature de l'un des emprunteurs est reconnue fausse, être déclaré responsable de la somme prêtée. — *Angers*, 28 mars 1833, Marligné c. Chevalier.

215. — Le mandataire chargé du recouvrement de créances est responsable de la perte des titres constitutifs de créance, alors surtout qu'il paraît établi que ces titres pouvaient avoir de la valeur. Mais s'il doit être chargé en recette du capital des créances, il ne doit pas nécessairement être chargé des intérêts que ce capital non recouvré aurait produits. — *Bordeaux*, 9 août 1840 (t. 2 1840, p. 725), Changeur c. Marcadé.

216. — Le mandataire salarié qui se charge de transports maritimes est responsable de la perte des marchandises qu'il expédie, dans le cas où, contre la volonté du mandant, il a négligé de les faire assurer. — Il ne peut être excusé sous le prétexte que, les lettres de voiture à lui remises n'ayant pas déterminé la valeur de ces marchandises, il n'a pu procéder à leur assurance. — *Aix*, 23 juin 1842 (t. 2 1842, p. 196), Peyrique c. Chauve.

217. — La garantie dont est tenu même le mandataire officieux, en cas de négligence ou de faute grave, peut, suivant les circonstances, être seulement de la perte éprouvée par le mandant et non du bénéfice que celui-ci prétendrait avoir pu faire. — *Paris*, 24 janv. 1809, Lanchon c. Guérard.

218. — Le mandataire salarié qui, chargé d'interjeter un appel, ne l'a pas fait dans les délais, est responsable, vis-à-vis de son mandant, de ce qui avait été demandé en première instance. — *Paris*, 27 août 1810, Hua c. Vibret. — Toutefois, les juges pourraient apprécier la responsabilité et examiner si l'appel eût été ou non fondé.

219. — Un maître clerc de notaire qui, dans l'étude et sous la surveillance de son patron, effectue des recettes et des paiemens, n'est responsable que des erreurs et des détournemens dont la preuve serait faite contre lui. On ne saurait l'assujettir à la responsabilité du mandataire ordinaire, dans les termes des art. 1993 C. civ., et 557 C. proc. — *Cass.*, 12 juin 1839 (t. 1er 1839, p. 661), Rousseau c. Guesdon.

220. — Celui au nom duquel a été remplie une procuration en blanc adressée à un notaire, et qui a laissé toucher par ce dernier les fonds remboursés en vertu du mandat, n'est point responsable de la somme envers le mandant, avec lequel il n'a eu aucune relation, si d'ailleurs il n'y a eu de sa part ni faute ni imprudence. — Dans ce cas, l'absence d'une décharge ne peut être une cause de responsabilité, lorsqu'il est constant que les sommes ont été remises à celui auquel la procuration avait été adressée, surtout si la perte des fonds est due au dol personnel de ce dernier, à la confiance que lui accordait le mandant, et au retard des poursuites. — *Paris*, 22 juin et 6 juill. 1843 (t. 2 1843, p. 202), Eyre c. Dupujet, et Delmas c. de Lachange. — V. aussi *Cass.*, 10 nov. 1842 (t. 1er 1843, p. 451), Lemaître c. Penard. — V. NOTAIRE.

221. — Jugé encore que le mandataire n'est responsable vis-à-vis du mandant qu'autant qu'il a été mandataire sérieux, et qu'en conséquence une procuration dans laquelle un notaire, à la connaissance du mandant, a fait insérer le nom de son principal clerc afin de pouvoir, sous ce nom, administrer les affaires de son client, et dresser comme notaire les actes intéressant celui-ci, est un acte simulé qui n'engage point la responsabilité du prête-nom, et la laisse peser tout entière sur le notaire — *Orléans*, 7 janv. 1843 (t. 1er 1843, p. 282), Brillard c. Petit-Dumoteux.

222. — Celui qui a reçu d'un tiers une somme d'argent, pour la placer chez un banquier ou un agent de change, cesse d'en être responsable, quand il a instruit son commettant du placement. — *Paris*, 28 août 1812, Grimoult c. Tavernier.

223. — Le mandataire qui, à ce titre, a reçu intact un titre contenant obligation à l'effet d'en faire le recouvrement, et qui le remet bâtonné, est garant envers son mandant des suites que peut avoir le bâtonnement. — *Paris*, 6 janv. 1814, Basterrech c. Desprez.

224. — Un arrêt peut, par appréciation des faits et des circonstances de la cause, et à raison de la faute du mandataire, mettre à sa charge les mauvaises créances qu'il déclare être le résultat du mode et de la direction adoptés pour l'exploitation que lui avait confiée son mandant. — *Cass.*, 1er mars 1843 (t. 2 1843, p. 37), Chapeaurouge c. Urbain père.

225. — Quand les intérêts du mandataire sont en opposition avec ceux du commettant, M. Troplong (n° 408) pense que ceux du commettant doivent être préférés, sauf, par analogie de ce qui a lieu en matière de dépôt (V. DÉPOT, nos 93 et s.), le cas où il s'agirait d'un mandat non salarié. — MM. Delamarre et Lepoitevin (t. 2, n° 77) approuvent le principe, mais sans admettre la distinction entre le mandat salarié et le mandat gratuit.

226. — « Si le mandataire est en faute, dit M. Troplong (n° 413), il répond de la force majeure. »

227. — Dans tous les cas, le mandataire n'est responsable que vis-à-vis de son mandant; l'exécution du mandat ne peut, sauf les cas de dol et de fraude ou d'imprudence, le rendre responsable vis-à-vis des tiers qui s'en prétendent lésés : ces tiers n'ont d'action que contre le mandant. — *Trèves*, 15 juin 1811, Herrstadt c. Kurtz.

228. — Les condamnations prononcées contre un mandataire qui s'est approprié, par abus de son mandat, des valeurs appartenant au mandant, ont pu être qualifiées de dommages intérêts, et accompagnées, par suite, de la contrainte par corps. — *Cass.*, 23 av. 1845 (t. 1er 1846, p. 159), Mourrier c. Labat.

§ 3. — *Mandataire substitué.*

229. — En principe, le mandataire désigné doit agir par lui-même pour exécuter le mandat, et c'est à tort que Zachariæ (t. 2, p. 129) pose comme règle que le mandataire est autorisé, en général, à charger un tiers de l'exécution du mandat. — Troplong, nos 446 et suiv.; Delamarre et Lepoitevin, t. 2, n° 54.

230. — Si le mandataire, sans avoir reçu l'autorisation, se substitue un tiers dans la gestion, il répond des faits de ce tiers (art. 1994), et cette responsabilité devient plus étroite quand le mandat interdit au mandataire de se faire remplacer. — Troplong, n° 449.

231. — S'il a été autorisé à faire cette substitution, il y a lieu de distinguer : ou bien le pouvoir de substituer lui a été conféré avec désignation d'une personne déterminée, et alors le mandataire, quel que soit l'événement de la substitution, échappe à toute responsabilité.

232. — ... Ou bien l'autorisation de substituer laisse au mandataire le choix du substitué. En pareil cas, le mandataire ne saurait répondre d'autre chose que d'avoir mal fait ce choix; mais il ne répond pas de la conduite du substitué, parce que cette conduite n'est pas son fait. — Troplong, n° 453.

233. — Le mandataire doit être réputé avoir fait un bon choix lorsque celui qui a été élu n'était pas notoirement incapable ou insolvable; et quand même il n'eût pas été impossible de faire un choix meilleur, il suffit qu'il n'en ait pas fait un mauvais pour qu'aucun reproche ne puisse lui être adressé. — C. civ., art. 1994. — Troplong, n° 454.

234. — Lorsque le mandat est salarié, la responsabilité du mandataire s'apprécie avec plus de rigueur, en ce sens qu'il ne suffit pas que le substitué ne soit pas notoirement incapable ou insolvable : il faut encore qu'il soit notoirement capable, solvable ou honnête. — Troplong, n° 455; Delamarre et Lepoitevin, t. 2, n° 62. — Mais, en ce cas, aussi bien que lorsque le mandat est gratuit, le mandataire autorisé à se substituer un tiers est irresponsable de la conduite du substitué et de l'événement. — Troplong, n° 456.

235. — L'autorisation de substituer peut être expresse ou tacite : elle est tacite quand on donne au mandataire des ordres qu'on sait qu'il ne peut accomplir par lui-même ou tout seul. — Troplong, n° 461.

236. — La substitution faite avec l'autorisation du mandant n'autorise pas toujours le substituant à continuer de donner ses soins et sa surveillance à l'affaire. Tout dépend des circonstances. — Delamarre et Lepoitevin, t. 2, nos 64 et suiv.; Troplong, n° 462.

237. — Lors même que le pouvoir de substituer n'a pas été stipulé, il est sous-entendu pour le cas où le mandataire se trouvant atteint d'un empêchement personnel, imprévu, cet empêchement se trouve accompagné de l'urgence de terminer l'affaire sans retard et sans même qu'il y ait lieu de recourir au mandant. — Troplong, nos 465 et suiv.

238. — Jugé que le mandataire qui a reçu le pouvoir de nommer un tiers arbitre a le droit, à moins d'une stipulation contraire, de se substituer une autre personne pour faire cette nomination. — *Caen*, 19 nov. 1836, Provost c. Bénard.

239. — Le mandat donné à un tiers par un receveur des hospices, en vertu de l'autorisation expresse et nominative de l'administration, ne le constitue pas responsable de la gestion de ce tiers, si, d'ailleurs, on ne peut imputer au receveur aucune négligence grave dans la surveillance qu'il devait exercer sur celui qu'il s'est substitué. — *Cass.*, 10 juill. 1827, hospices de Rouen c. Lemoyne.

240. — Lorsque la substitution est faite par le substitué en son nom et dans les conditions ci-dessus indiquées qui engagent sa garantie personnelle, le mandant a, de plus, le substitué pour obligé, et il peut agir directement contre ce dernier (C. civ., art. 1994). Et le mandataire substitué peut être actionné par le mandant devant les mêmes juges que le mandataire. — *Cass.*, 8 juill. 1814, Moiney c. Gré.

241. — Quant aux tiers qui ont traité avec le substitué et ont été victimes de ses méfaits, M. Troplong pense (n° 488) : 1° que si le substituant a agi dans la limite du mandat qui autorisait la substitution, les tiers n'ont d'action que contre le mandant et le substitué; 2° que si le substituant a agi en son propre nom, il est tenu vis-à-vis des tiers non-seulement de son mauvais choix, mais aussi de la conduite du substitué, et que dans ce cas il est, au regard de ces tiers, un véritable commettant qui répond envers eux, aux termes de l'art. 1384, du fait de ses subordonnés.

§ 4. — *Compte de gestion. — Intérêts.*

242. — Tout mandataire est tenu de rendre compte de sa gestion. — C. civ., art. 1993.

243. — Mais il peut en être dispensé, surtout lorsque le mandat intervient entre un père et son fils. — *Cass.*, 24 août 1831, Boissel c. Arrivet. — Troplong, n° 415.

244. — ...Et lorsqu'il a été formellement dispensé de rendre compte, cette obligation ne peut être imposée à ses représentans par l'héritier du mandant. — Même arrêt.

245. — Jugé aussi qu'un mandataire même salarié a pu, d'après des circonstances, être dispensé de rendre compte de son mandat, dont l'objet était un acte de faveur et de munificence du gouvernement sur lequel il était difficile de compter. C'est là une appréciation qui appartient entièrement aux juges du fond. — *Cass.*, 18 janv. 1832, Vauver c. Bouqueau.

246. — Il a été jugé au contraire que la clause par laquelle le mandataire est affranchi de l'obligation de rendre compte de sa gestion doit être réputée non écrite comme contraire aux bonnes mœurs; qu'elle n'a que l'effet de dispenser le mandataire d'un compte aussi rigoureux que celui d'un comptable ordinaire. — *Bruxelles*, 15 juill. 1817, Denies. — Suivant cet arrêt, l'obligation peut être remise au mandataire après l'exécution du mandat; mais la stipulation de ne devoir rendre aucun compte, lorsqu'elle est ajoutée au contrat même de mandat doit être réputée contraire à la bonne foi et immorale, comme incitant à malverser.

247. — Quoi qu'il en soit, il est évident que la dispense de rendre compte pourrait, dans certains cas, être considérée comme constituant une donation déguisée.

248. — Ces mots de l'art. 1993 *tout mandataire* n'admettent aucune distinction; la femme qui a touché, en qualité de mandataire de son mari, est, comme tout autre mandataire, tenue de rendre compte de son mandat. — *Cass.*, 18 déc. 1834, de Sainte-Christie.

249. — Il a été jugé que les événemens de force majeure qui dispensent le dépositaire de ses obligations n'ont pas le même effet pour le mandataire, ces événemens ne sauraient le dispenser de la reddition du compte de sommes perçues en vertu d'un mandat. — *Poitiers*, 24 avr. 1807, de Sourdis c. de Boissy. — Il y aurait cependant lieu de distinguer s'il y a eu retard de la part du mandataire à rendre le compte, s'il y a eu mise en demeure. Ces circonstances devraient, selon nous, être prises en considération.

250. — Un notaire chargé de recevoir pour le compte de son client diverses sommes provenant de prix d'immeubles ou de recouvremens de créances, avec indication d'emploi, doit être considéré non comme un simple dépositaire qui doit être cru sur sa déclaration, pour le fait de l'emploi ou de la restitution des sommes reçues, mais comme un véritable mandataire tenu de rendre compte. — *Paris*, 18 janv. 1834, Godeschal c. Charlot. — V. NOTAIRE.

251. — Les soutenemens du compte de mandat s'établissent par les lettres, les factures, les récépissés, les livres de commerce régulièrement tenus : mais le mandataire peut être dispensé par la commission de produire des pièces justificatives. — Troplong, n° 415; Merlin, *Rép.*, v° *Mandat*, § 4; Delamarre et Lepoitevin, t. 2, n° 461. — L'absence de compte régulier dressé conformément à l'art. 533 C. procéd. ne mettrait pas obstacle d'ailleurs à ce que le mandataire fût déclaré libéré, et l'arrêt qui statuerait ainsi échapperait à la censure de la Cour de cassation. — *Cass.*, 11 janv. 1843 (t. 2 1843, p. 57), Pierrot c. Moussy.

252. — Lorsque les biens d'une personne menacée, mais non frappée d'interdiction, ont été gérés en vertu d'un mandat donné par l'administrateur provisoire desdits biens, le compte dû par le mandataire doit être rendu en conformité des art. 1993 et suivans sur le mandat, et non d'après les dispositions de l'art. 509 C. civ., dans la forme de comptes tutélaires. — *Cass.*, 16 fév. 1842 (t. 1er 1842, p. 359), Boullier.

253. — Le fils de famille qui a géré les biens de son père ne peut être assimilé, pour le compte qu'il doit rendre, à un tuteur ou mandataire ordinaire. Il ne doit, au plus, qu'un compte par bref état. — *Paris*, 17 fév. 1821, de Blache c. Grandet.

254. — Jugé aussi qu'il n'est pas nécessaire que des décharges données par une mère à l'un de ses enfans, à la suite d'un mandat, aient été précédées d'un compte détaillé et justificatif. — *Paris*, 3 mai 1845 (t. 1er 1845, p. 689), Vassal.

255. — Jugé que le mandataire ne doit compte qu'à son mandant. Dès lors, l'armateur qui a confié à un mandataire la gestion d'une expédition maritime, dans laquelle il a plusieurs intéressés ou coparticipes, est seul recevable à exiger du mandataire une reddition de compte. Quant aux intéressés ou coparticipes dans l'expédition, ils sont non recevables à exiger une reddition de compte du capitaine. Ils n'ont d'action, à raison de leur intérêt dans l'expédition, que contre l'armateur, lors même que le capitaine ne lui aurait pas encore rendu son compte de gestion. — *Aix*, 24 août 1827, Benet c. Rebecqui.

256. — Le mandataire, avec faculté de substituer, qui a été autorisé, par ordonnance de référé, à rendre son compte de gestion à une personne subrogée dans son mandat par cette même ordonnance, et qui a, de bonne foi, rendu compte de sa gestion, dans l'ignorance de la mort du mandant, est dispensé de rendre un nouveau compte aux représentans de celui-ci. — *Cass.*, 28 janv. 1829, Gaudot c. Guérin.

257. — Lorsque, après avoir donné un mandat en une qualité, le mandant est dépouillé de cette qualité par un jugement passé en force de chose jugée qui transporte à un autre ses droits et sa qualité, celui-ci peut exiger directement du mandataire le compte du mandat. Ce mandataire ne peut refuser la reddition du compte, sous prétexte qu'il ne la doit qu'à son mandant. — *Paris*, 4 mai 1811, Cardon c. Personne Desbrières. — Mais, dans ce cas, celui à qui le compte est rendu est tenu d'allouer toutes les sommes et de respecter tous les actes que le mandataire a pu faire, ainsi et de la même manière que le mandant aurait été tenu de les allouer et de les ratifier lui-même. — *Rouen*, 27 avr. 1814, mêmes parties. — Delvincourt (t. 3, p. 241, note 8) pense que le compte doit toujours être rendu à celui qui a donné le mandat; car, comme il doit lui-même un compte de son administration, il faut bien qu'il reçoive le compte particulier de son mandataire, lequel sera un des élémens de son compte général. Cependant, dit encore le même auteur, celui à qui le compte général est dû peut agir directement contre le mandataire.

258. — Jugé que le mandataire est tenu de rendre compte de la gestion des biens qui lui étaient confiés à celui qui a été déclaré véritable propriétaire de ces biens, lors même qu'il ne tient pas le mandat de ce dernier. — *Rouen*, 27 avr. 1814, Cardon.

259. — Lorsqu'un concordat porte que des commissaires nommés par les créanciers administreront la faillite avec l'assistance du failli à qui il est accordé une somme déterminée pour son entretien avec attribution de tant pour cent, prélèvement préalablement fait de 50 0/0 au profit des créanciers, il ne résulte pas de là que le failli doive être considéré comme mandant. Il n'est, au contraire, que comandataire des créanciers de la faillite avec les commissaires. Dès lors, il peut être, avec raison, déclaré sans qualité pour exiger un compte et quereller celui rendu par les commissaires. Ici ne s'appliquent ni l'art. 1093 C. civ., ni l'art. 325 C. procéd. — *Cass.*, 9 nov. 1831, Charbonnier c. Perret.

260. — Jugé que le donataire peut agir comme mandant contre le tiers auquel le donateur a remis, pour le lui transmettre, un objet ou une somme quelconque. — *Caen*, 12 janv. 1822, Edeline.

261. — Un mandataire comptable est réputé débiteur jusqu'à ce que son compte soit apuré, et il ne peut pratiquer une saisie-arrêt pour les sommes qu'il prétend lui être dues en vertu de ce compte. — *Paris*, 27 févr. 1828, Richard c. Chemin; *Rouen*, 10 févr. 1829, Levillain c. Brouck et Platel.

262. — L'aveu fait par un mandataire qu'il a opéré le recouvrement de billets pour le compte de son mandant, mais qu'il lui en a remboursé le montant, ne peut être divisé; en ce sens que si le mandant ne prouve l'obligation du mandataire que par son aveu, il ne peut exiger de compte régulier quant à la libération. — *Cass.*, 11 janv. 1843 (t. 2 1843, p. 57), Pierrot c. Moussy. — V. AVEU.

263. — Le mandataire qui, sur l'imputation d'avoir omis un billet à ordre dans son compte, répond que ce billet est sa propriété et qu'il en a fait les fonds entre les mains de son mandant, est tenu de justifier son allégation autrement que par un endossement en blanc. — *Cass.*, 16 avr. 1845 (t. 2 1845, p. 611), Despréaux c. Harlay.

264. — Le mandataire doit faire raison au mandant de tout ce qu'il a reçu en vertu de sa procuration. — C. civ., 1993.

265. — Le compte doit comprendre tout profit direct ou indirect que le mandataire a fait avec la chose du mandant. Mais le mandataire peut-il être forcé de porter dans son compte les avantages naturellement illicites qu'il a obtenus en agissant pour le mandant? — M. Troplong (nos 420 et suiv.) distingue : ou bien le mandataire avait une procuration tendante à mal faire, et en ce cas le mandant ne pourrait être écouté dans ses

réclamations que si, par l'erreur ou la prévarication du juge, le mandataire avait obtenu la liquidation de ses opérations au profit de son mandant; car un jugement, passé en force de chose jugée, ne permet pas de remettre en doute l'origine de la chose, et il suffit alors qu'elle ait été reçue par le mandataire pour compte du mandant, pour que le premier en doive faire raison au second; ou bien le mandataire s'est servi de son chef de la chose du mandant pour en retirer des profits injustes ou illicites, par exemple pour faire l'usure. Et, en ce cas, M. Troplong pense encore que le mandataire doit rendre compte de tout ce qu'il a perçu; car c'est là la punition de sa mauvaise action, action dont le mandant est innocent.

266. — Le mandataire doit rendre ce qu'il a reçu pour le mandant, quand même ce qu'il a reçu n'aurait pas été dû à ce dernier. — C. civ., 1993. — « Toutefois, dit avec raison M. Troplong (n° 426), si le mandataire venait à découvrir que la chose a été volée et qu'on se sert de lui pour receler un vol, il serait fondé à se conduire d'après la règle tracée par l'art. 1938 en matière de dépôt. » — V. DÉPÔT.

267. — Quant au compte dû par le mari mandataire tacite pour l'administration des biens paraphernaux de sa femme, V. BIENS PARAPHERNAUX.

268. — Le mandataire doit faire entrer dans son compte non-seulement ce qu'il a perçu effectivement, mais encore ce qu'il aurait dû recevoir et qu'il n'a pas reçu par sa faute. — Pothier, *Mandat*, n° 51; Troplong, n° 431.

269. — Mais il ne peut être accusé de négligence pour n'avoir pas recouvré des sommes que le mandant n'a pu obtenir en agissant par lui-même. — *Agen*, 8 juill. 1811, Cazes c. Dalbert.

270. — De même on ne peut le charger des fruits qu'un immeuble aurait dû produire, si, en fait, il ne les a pas produits. — Troplong, n° 432.

271. — Si le mandataire a sacrifié sur un point les intérêts de son mandant, et que sur un autre point il les ait faits meilleurs, pourra-t-on opérer une compensation? — Oui, dit M. Troplong (nos 403 et 433), s'il s'agit de plusieurs mandats connexes s'enchaînant l'un à l'autre et constituant une même opération. — Non, si les mandats étaient distincts. En tous cas le mandataire, en pareille circonstance, ne doit pas être traité avec rigueur.

272. — De l'obligation pour le mandataire de rendre compte de tout ce qu'il a reçu en vertu de la procuration, il suit que celui qui a reçu mandat de vendre un objet moyennant un prix déterminé ne peut, lorsqu'il y a eu erreur évidente dans la fixation du chiffre, se retrancher dans les termes de son mandat pour n'offrir au mandant que le prix indiqué : il doit compte de la totalité de ce qu'il a reçu; et s'il refuse de déclarer à quelles conditions la vente a eu lieu, les juges peuvent arbitrer ce qu'elle a dû produire. — *Paris*, 25 sept. 1812, Busch.

273. — Lorsqu'un mandat donné à un même individu a eu pour objet deux opérations distinctes dans leur origine et leurs résultats, et que les opérations devaient donner lieu à deux commissions séparées dans des intérêts différens, le mandataire ne peut, en rendant compte à son mandant, compenser les sommes qui lui sont dues pour l'une des opérations avec celles dont il est redevable pour l'autre. — *Spécialement*, lorsque deux navires, ayant divers intéressés, ont été expédiés par un armateur à un même consignataire, ce consignataire qui a fait des avances de fonds pour le compte de l'un de ces navires, ne peut s'en couvrir sur le produit du chargement de l'autre. — Du moins, l'arrêt qui le décide ainsi ne viole point les principes en matière de compensation. — *Cass.*, 31 janv. 1828, Favre c. Massion.

274. — Le mandataire qui a payé des immeubles qu'il a acquis depuis, en bons de liquidation provenant de la vente des biens de son mandant, émigré, qu'il était chargé de gérer, doit être réputé avoir fait cette acquisition pour le compte du mandant, en sorte que celui-ci a droit de réclamer ces immeubles jusqu'à concurrence de son prix, encore bien que le mandataire n'ait pas déclaré acquérir dans l'intérêt du mandant, et l'arrêt qui le décide ainsi ne saurait être cassé. — *Cass.*, 13 juill. 1831, Duchatenet c. de Meyrignac.

275. — L'arrêt qui juge qu'un mandataire n'est point tenu de rembourser les sommes que, d'après le mandant, il aurait reçues pour recouvrement de créances, en se fondant sur ce que la preuve n'est point rapportée de la remise des titres de créance entre les mains du mandataire, contient seulement une appréciation de faits, qui, fût-elle erronée, ne peut être soumise à la censure de la Cour de cassation. — *Cass.*, 21 déc. 1830, Drouet-Chalus c. Vantelon.

276. — L'offre que fait le mandataire (dans un acte qui le déclare quitte et libéré des suites de son mandat, moyennant la présente convention et transaction) de fournir tous les papiers qu'il a relativement au mandat, pour que le mandant puisse s'en aider contre certains débiteurs, ne doit pas être considérée comme une obligation précise de remettre un titre déterminé contre les débiteurs désignés. La décision contraire des juges sur ce point donne ouverture à cassation — *Cass.*, 21 août 1832, Rancès c. d'Ossuna; 8 juill. 1834, Giron c. Rancès.

277. — Tout ce qui tient à l'appréciation et à la pertinence des faits de fraude et de dol, qu'une partie demande à prouver, rentrant essentiellement dans le domaine souverain des juges du fond, il suit que l'arrêt qui refuse d'ordonner une enquête tendant à établir que le mandataire chargé de faire l'acquisition d'un immeuble en son nom, mais pour le compte du mandant, a acheté cet immeuble, et en a disposé à titre gratuit en faveur d'un tiers, échappe à la censure de l'autorité régulatrice, bien qu'il soit constaté que le donataire connaissait le vice du titre dont le donateur s'est servi pour faire l'aliénation, et qu'il soit décidé, en principe, que l'action en revendication n'est pas fondée, parce que le mandant n'a de recours que contre le mandataire infidèle. — *Cass.*, 20 nov. 1839 (t. 1er 1840, p. 355), commune de Beignon.

278. — On peut considérer comme simplement *comminatoire* la disposition d'un jugement qui condamne un mandataire à payer telle somme par chaque jour de retard, faute par lui de remettre au mandant les pièces que ce dernier lui a confiées; en conséquence, cette fixation peut être changée, suivant les circonstances, par un arrêt subséquent, sans qu'il y ait violation de la chose jugée. — *Cass.*, 28 déc. 1824, Habert c. Dardenne.

279. — En matière commerciale, le mandataire peut établir par des présomptions la preuve qu'il a remis au mandant les valeurs que celui-ci l'avait chargé de recouvrer. — Ainsi la preuve de la libération du mandataire peut, s'il s'y joint encore le serment supplétif, résulter de cette double circonstance que le mandant est resté longtemps sans rien réclamer, et qu'étant tombé en faillite, il n'a pas porté sa prétendue créance sur le bilan par lui déposé. — *Bordeaux*, 6 août 1838 (t. 1er 1839, p. 37), Deffarges c. Montgorgé.

280. — Le mandant à qui il est dû un compte peut demander provisoirement une somme déterminée à laquelle il déclare se restreindre pour le reliquat, lorsque le mandataire est en retard de livrer ce compte, et qu'il a employé à son profit des sommes considérables. — *Paris*, 2 mai 1811, de Romé.

281. - L'acte contenant liquidation des comptes d'un mandataire a pu être considéré non comme un compte, mais comme une véritable transaction, non sujette à rescision pour erreur; alors que, d'une part, il a été qualifié transaction par les parties, et que, d'autre part, il est intervenu à la suite d'un état de situation précédemment envoyé ou remis par le mandataire. — *Cass.*, 21 août 1832, Rancès c. d'Ossuna; 8 juill. 1834, Giron c. Rancès.

282. — L'engagement pris par un mandataire de remettre toutes les pièces appartenant au mandant ne s'entend que de celles qui seraient ou qu'on prouverait être en sa possession. — *Cass.*, 8 juill. 1834, Giron c. Rancès.

283. — Un mandataire *ad negotia* qui, en même temps, agit comme avoué de son mandant, peut être contraint par corps au paiement de la somme qu'il doit. — *Rennes*, 16 janv. 1818, Letulzo.

284. — La bonne foi, qui doit présider à l'exécution du contrat de mandat, ne permet pas au mandataire d'employer à son usage les sommes appartenant au mandant, sans la permission de celui-ci. Il doit l'intérêt des sommes qu'il a employées à son usage à dater de cet emploi. — *Cass.*, 9 août 1842 (t. 1er 1843, p. 470), Despuichaux c. Massé.

285. — Ainsi le syndic, qui, après sommation, est mis en retard de verser les fonds à un autre syndic, doit les intérêts. — *Cass.*, 1er déc. 1841 (t. 1er 1842, p. 338), Bourjuge c. Farron.

286. — ... Les intérêts sont dus au *taux légal* et cela alors même qu'aux termes du mandat il eût dû faire le dépôt des fonds par lui perçus à la caisse des consignations, laquelle ne paie qu'un intérêt inférieur. — *Caen*, 16 fév. 1842 (t. 2 1842, p. 565), Lecouturier. — Mais le mandataire ne doit pas les avantages qu'il a pu retirer de l'emploi par lui fait, à moins que le mandat ne contienne obligation pour lui de faire valoir les sommes reçues. — Troplong, n° 502. — Il en est de ce cas comme de celui d'un dépôt. — V. DÉPÔT, n° 113.

287. — Ces obligations ne sont imposées qu'à celui qui est réellement mandataire; mais une compagnie formée pour des fournitures pour le compte du gouvernement, qui a promis à ses sous-traitans de les associer aux indemnités que le gouvernement pourrait lui accorder, et qui a en effet obtenu une indemnité, ne peut être considérée comme ayant agi en qualité de mandataire de ses sous-traitans. Dès lors elle ne doit pas être tenue de leur payer l'intérêt de leur part dans ladite indemnité du jour où elle a été obtenue, mais seulement du jour de la demande en justice. — *Cass.*, 21 juin 1837 (t. 1er 1838, p. 152), Boubée c. Ratisbonne.

288. — La mauvaise foi ne se présumant pas, c'est au mandant qui réclame des intérêts à prouver l'emploi fait par le mandataire à son usage personnel; ainsi que l'époque à laquelle il prétend que l'emploi a eu lieu. — *Rennes*, 16 janv. 1818 (et non 1816), Letulzo.... — Duranton, n° 246; Delamarre et Lepoitevin, t. 2, n° 468; Troplong, n° 508.

289. — Lorsqu'un individu a employé à son usage personnel la somme par lui touchée en qualité de mandataire, les intérêts de cette somme courent de plein droit du jour où elle a été touchée. — *Cass.*, 17 fév. 1836, Hurlaux c. Depierre.

290. — Lorsqu'un mandataire a dépensé, pour les soins que son mandat l'obligeait de prendre lui-même, une partie des sommes qu'il a touchées pour le mandant, ces dépenses doivent être considérées comme ayant été faites pour son compte personnel. Il en doit donc les intérêts à partir du jour où l'emploi a eu lieu. — *Cass.*, 5 août 1845 (t. 2 1845, p. 299), Guidon c. Delamotte.

291. — Si l'emploi fait par le mandataire, dans son intérêt personnel, causait un préjudice au mandant, le mandataire serait en outre tenu envers lui à des dommages-intérêts. — Troplong, n° 504; Duranton, t. 18, n° 246; Zachariæ, t. 3, p. 128.

292. — Le mandataire, chargé de faire le placement des capitaux qu'il reçoit en vertu de son mandat, doit avoir, dans le silence de la convention, un délai quelconque pour opérer ce placement, sans qu'on puisse le contraindre à compter des intérêts avant l'expiration de ce délai. — *Metz* 6 fév. 1824, N...

293. — Le mandataire ne doit pas les intérêts des sommes qu'il est chargé de recouvrer, lorsqu'il ne les a pas employées à son usage et qu'il n'a pas été mis en demeure de rendre compte. — *Bordeaux*, 26 janv. 1831, Deyme c. Dufau.

294. — Quant aux sommes dont il est reliquataire, le mandataire en doit les intérêts à compter du jour qu'il est mis en demeure. — C. civ., art. 1996.

295. — La mise en demeure dont parle l'art. 1996 du C. civ. ne doit pas s'entendre exclusivement d'une demande judiciaire, et peut résulter, aux termes de l'art. 1139 du même code, d'une simple sommation *ou autre acte* équivalent. — *Bourges*, 13 avril 1840 (t. 2 1840, p. 605), Gueultenard c. Lagier. — Duranton, t. 18, n° 248; Troplong, n° 508.

296. — Cette mise en demeure résulte encore de ce que le mandataire de créanciers unis porte dans son compte, comme dépenses réelles, les créances qui lui étaient dues par le débiteur commun, parce que cela constitue, d'après l'art. 1996 précité, l'attribution à son usage personnel de sommes qu'il était obligé de remettre à ses mandans, et dont il leur doit, dès lors, les intérêts. — Même arrêt.

297. — La mise en demeure, à l'effet de faire courir les intérêts des sommes dont le mandataire salarié est reliquataire envers son mandant, résulte suffisamment de la correspondance des parties, dans le cas où il s'agit d'un mandat commercial. — *Cass.*, 15 mars 1821, Basterrèche c. banque Saint-Charles. — Troplong, n° 509.

298. — Mais jugé aussi qu'on ne peut considérer comme mise en demeure, une saisie-arrêt formée entre les mains du mandataire du débiteur, même dans le cas où le saisissant, seul et en arrière du saisi, l'aurait fait suivre d'une sommation de consigner adressée à ce mandataire. Ce dernier ne peut donc être tenu, en pareil cas, de l'intérêt des sommes qu'il aurait gardées par-devers lui, nonobstant la sommation de consigner. — *Caen*, 25 fév. 1846 (t. 2 1847, p. 35) Bachelier-Dagès c Passavant-Duhamel.

299. — Il n'y a pas ouverture à cassation contre la disposition d'un arrêt qui n'accorde au mandant que les intérêts, à partir du jour de la demande, des sommes omises sciemment par le mandataire dans le compte, lorsque l'arrêt, au lieu de décider que le mandataire a fait emploi à son profit, s'est borné à le constituer reliquataire. — *Cass.*, 15 fév. 1837 (t. 1er 1837, p. 172), Hanaire et Hubert c. Rousseau.

300. — Les intérêts, dans ce cas, sont dus au taux de 5 0/0. — *Rennes*, 16 janv. 1818, Letulzo — V. aussi *suprà* n° 286.

301. — L'action du mandant contre le mandataire à fin de reddition de compte se prescrit par trente ans comme toute action personnelle. — *Cass.*, 29 juill. 1828; 14 mai 1829, Pagès c. Lesaulnier. — La prescription court du jour de l'accomplissement du mandat. — Même arrêt.

302. — L'action portée devant le tribunal civil contre un mandataire, en réparation d'une omission dans un compte, n'est point soumise à la prescription tirée des art. 637 et 638 C. instr. crim., encore bien qu'elle ait été précédée d'une poursuite correctionnelle motivée sur cette omission. — *Cass.*, 16 avr. 1845 (t. 2 1845, p. 641), Despréaux c. Narlay.

303. — Le mandataire ne peut opposer la prescription de cinq ans pour les intérêts de sommes qu'il a touchées pour le compte de son mandant et qu'il a employées à son usage, tant que le mandant n'a pas eu entre les mains, au moyen de la liquidation du compte, un titre dont il pût poursuivre l'exécution. — *Cass.*, 21 mai 1822, Rohan c. Latour d'Auvergne; *Liége*, 10 juill. 1833, Poncin c. Recht. — Troplong, *Prescript.*, t. 2, n° 1023; Vazeille, *Prescript.*, t. 2, n° 612. — V. PRESCRIPTION.

§ 5. — *De la constitution de plusieurs mandataires. — Solidarité.*

304. — Quand il y a plusieurs fondés de pouvoir ou mandataires établis par le même acte, il n'y a de solidarité entre eux qu'autant qu'elle est exprimée (C. civ., art. 1995). Cette disposition déroge au droit romain, suivant lequel ces mandataires étaient tenus chacun *in solidum*. — L. 60, § 2, ff. *Mandati*.

305. — L'art. 1995 ne s'applique pas au cas où un des mandataires par son fait personnel et individuel a causé du tort au mandant, ou a touché des sommes dont il serait reliquataire. Ce mandataire peut être poursuivi *in solidum* pour cette somme ou pour les dommages-intérêts, car on est toujours tenu *in solidum* de son fait personnel. — Duranton, t. 18, n° 254.

306. — Mais si c'est pour inexécution du mandat ou pour un fait de mauvaise gestion commune à tous les mandataires ou à raison de sommes touchées par tous, soit directement du mandant, soit de ses débiteurs, l'art. 1995 reçoit son application, et le mandant n'a d'action solidaire contre chacun d'eux qu'autant que la solidarité a été exprimée dans le mandat. — Duranton, t. 18, n° 254.

307. — ... A moins toutefois qu'ils ne se soient rendus coupables envers le mandant d'un délit dans l'accomplissement du mandat (Duranton, n° 254), ou de fraude. Ainsi, les mandataires constitués par des procurations, annulées pour fraude de leur part, peuvent être condamnés solidairement à rendre au mandant les sommes qu'il leur a données à titre de salaire, par cela même qu'il est impossible de déterminer dans quelle proportion chacun d'eux lui a porté préjudice. — *Cass.*, 7 août 1837 (t. 2 1837, p. 374), Lauradour c. Givry.

308. — Alors même que des comandataires ont été constitués par le même acte, avec obligation solidaire, ils ne sont pas tenus des faits de l'un d'eux en dehors des limites du mandat. Ainsi, dans le cas d'un mandat donné à deux individus obligés solidairement de vendre des immeubles et de toucher seulement une partie du prix, le paiement de la totalité de ce prix que l'un d'eux aurait fait faire entre ses mains par abus du mandat ne rend le comandataire responsable que jusqu'à concurrence de la quotité autorisée par la procuration. — *Cass.*, 6 avril 1841 (t. 2 1841, p. 145), Oudart c. de Préaulx.

309. — Jugé que des commissaires nommés collectivement à l'exécution d'un concordat sont solidairement responsables, à l'égard des créanciers, des recouvremens par eux faits conjointement, bien que la solidarité n'ait point été stipulée dans l'acte constitutif du mandat, et qu'il soit établi qu'un d'eux, seul, a eu le maniement des fonds recouvrés. — *Paris*, 28 avril 1836, de Loustal c. Nouailher.

310. — Jugé, d'un autre côté, que lorsque deux mandataires ont été constitués, même par un seul acte, mais sans stipulation expresse de solidarité, pour recouvrer une somme due au mandant, celui qui s'est chargé d'encaisser les fonds et de les faire parvenir à celui-ci est seul responsable; encore qu'ils aient conjointement signé la quittance. Dès lors l'insolvabilité de celui qui a encaissé les fonds n'autorise pas le mandant à recourir contre l'autre mandataire. — *Aix*, 29 déc. 1843 (t. 2 1844, p. 426), Bourgarel c. Crouet.

311. — Le mandat donné par plusieurs commettans à deux mandataires conjointement à l'effet de recouvrer une créance hors du domicile des parties, comprend non-seulement la réception des fonds, mais encore le transport au lieu où la reddition de compte des mandataires et la distribution des sommes entre les intéressés doivent être opérées. — *Aix*, 19 juill. 1843 (t. 1er 1844, p. 264), Compagnie d'assurances c. Bourgarel.

312. — Lorsque, dans un pareil mandat, il est dit que les mandataires auront le droit de se substituer, l'un d'eux a pu valablement, soit en vertu des usages commerciaux, soit aux termes de cette autorisation, se décharger sur l'autre du soin de transporter les fonds et de les distribuer aux mandans. — Même arrêts.

313. — Dans ce cas, les mandans n'ont d'action pour se faire rendre compte des sommes touchées en vertu de leurs procurations que contre celui des mandataires qui a seul disposé des fonds, après leur encaissement, pour les transmettre au lieu de destination... : alors surtout que ce qui s'est fait, à cet égard, a été porté à la connaissance des commettans, et n'a été par eux ni blâmé ni désapprouvé. — Même arrêt.

314. — Le mandataire qui a chargé, au nom du mandant, un huissier de signifier un acte nul, et l'huissier qui a fait cette signification sont responsables envers le mandant des suites de la nullité de cet acte, et passibles envers lui de dommages-intérêts; mais leur obligation n'est pas solidaire, et chacun d'eux ne peut être tenu que de la part de dommages-intérêts mise spécialement à sa charge. — *Paris*, 18 avr. 1836, Hersent c. Lorée.

315. — Lorsque plusieurs mandataires sont choisis par le même acte, si les fonctions sont divisées, chacun d'eux doit se renfermer dans celle qui lui est assignée, et n'est responsable que de cette gestion; car, dans ce cas, il y a plusieurs mandats. Mais si les fonctions n'ont pas été divisées, chacun des mandataires peut agir au défaut des autres, et chacun est responsable *in solidum* de son propre fait. — Duranton, t. 18, n° 256. — V. aussi Troplong, n° 495; Delvincourt, t. 3, p. 242, note 12.

316. — Jugé que lorsque deux mandataires ont été constitués par le même acte, mais sans obligation d'agir conjointement, l'un des deux peut agir sans l'autre, alors surtout qu'il s'agit d'actes d'administration. — *Bordeaux*, 2 août 1833, Gautier c. Izard.

317. — Le mandataire (et spécialement le sous-directeur d'une compagnie d'assurances) peut être déclaré personnellement responsable, à l'égard des tiers avec lesquels il a contracté, des engagemens par lui pris pour son mandant (la compagnie), lorsqu'il est reconnu en fait que c'est lui seul qui a provoqué le traité, qu'il y a concouru, qu'il en a reçu le prix, et qu'il a promis de le faire exécuter..., le tout sans expliquer ni limiter les droits et pouvoirs résultant pour lui de sa qualité, surtout lorsque le tiers s'est fié aveuglément à sa promesse. Du moins l'arrêt qui le décide ainsi ne viole aucune loi. — *Cass.*, 10 août 1831, Bernard c. Courdouan; 13 janv. 1832, Bernard c. Vassal.

318. — L'art. 1995 ne met pas obstacle à ce que chacun des mandataires soit actionné pour le tout, si les objets dont le mandant demande la restitution sont indivisibles. « Mais, dit M. Troplong (n° 496), ceci est moins de la solidarité que de l'indivisibilité. »

319. — L'art. 1995 n'est pas applicable en matière de commerce, le droit commercial admettant *ipso jure* la solidarité dans toutes les affaires où deux commerçans s'obligent conjointement. — Troplong, n° 497; Delamarre et Lepoitevin, t. 2, n° 153.

§ 6. — *Des rapports du mandataire avec les tiers.*

320. — En principe, le droit moderne considère le mandataire comme un instrument passif (*nudus minister*), qui ne contracte aucun engagement envers les tiers, et qui renvoie au mandant tout ce que le mandat entraîne de droits, d'obligations et d'actions. — Mais, pour qu'il en soit ainsi, il faut que le mandataire ait donné au tiers connaissance de sa procuration, et qu'il ait agi au nom du mandant. — Sinon, et lorsque le mandataire, au lieu de faire connaître sa qualité au tiers, contracte en son propre nom, il devient l'obligé direct de celui-ci; c'est ce qui a lieu fréquemment en matière commerciale. — Troplong, nos 519 et suiv. — V. COMMISSIONNAIRE.

321. — Le tiers a donc droit et intérêt à se faire représenter la procuration pour en connaître les termes et la limite; mais il ne serait pas fondé à exiger du mandataire porteur de la procuration la preuve de l'identité de sa personne. La possession de la procuration suffit au mandataire pour se faire accepter comme personne légitime. — Troplong, nos 518 et suiv.

322. — Le silence gardé par le mandataire sur l'existence du mandat fait 1° que le mandant n'a pas d'action contre les tiers, 2° que les tiers n'ont pas d'action contre le mandant; sauf au mandant à exiger du mandataire la cession de ses actions contre les tiers. — Troplong, nos 522 et suiv. — V. COMMISSIONNAIRE, nos 86 et suiv.

323. — Mais M. Troplong pense (nos 536 et suiv.) que, surtout en matière commerciale, le principe que les tiers n'ont pas d'action contre le mandant non déclaré reçoit exception lorsqu'il était notoire (ce qui serait apprécié par les juges) que l'affaire se faisait pour le mandant, que le mandataire agissait comme tel et dans son intérêt déclaré; en un mot, que les tiers touchés par cette notoriété ont suivi la foi du mandant autant que celle du mandataire. — Pothier (n° 88), en pareil cas, considère le mandataire et le mandant comme obligés conjointement. — *Contrà* Delamarre et Lepoitevin, t. 2, n° 268.

324. — Lorsque le mandataire a excédé les termes de sa procuration il faut distinguer : 1° s'il a donné connaissance de cette procuration; en pareil cas, les tiers ayant su ou pu savoir qu'ils traitaient avec une personne sans qualité n'ont rien à réclamer contre lui : — 2° s'il n'a pas donné connaissance de la procuration, il est responsable envers les tiers, qui ont ajouté foi à sa parole, et il ne serait déchargé de cette responsabilité qu'autant que le mandant aurait ratifié ce qu'il a fait. — Troplong, n° 589. — Au reste, la question de savoir si la connaissance donnée au tiers est ou non suffisante est une question de fait abandonnée à l'appréciation souveraine des tribunaux. — Troplong, *loc. cit.*

325. — Jugé que celui qui passe une vente comme mandataire doit la garantie de sa qualité. En conséquence, il doit indemniser l'acquéreur de l'inexécution de la vente résultant de l'inefficacité du mandat. — *Grenoble*, 1er mars 1845 (t. 2 1845, p. 784), de Montaulieu c. Mathieu; *Limoges*, 25 mars 1846 (t. 1er 1848, p. 509), Reix c. Thévillon.

326. — Il en est ainsi surtout alors qu'il résulte de l'acte et des circonstances que le mandataire s'est porté fort pour le prétendu mandant, bien qu'il ne l'ait pas fait en termes formels. — *Limoges*, 25 mars 1846 (t. 1er 1848, p. 509), Reix c. Thévillon.

327. — Jugé que le mandataire qui, en traitant avec des tiers, excède les limites du mandat qu'il a reçu, bien qu'obligé directement et personnellement envers ceux-ci relativement aux obligations qui dépassent ce mandat conserve néanmoins une action en recours contre son mandant pour les obligations qui ont été prises dans les limites du mandat. — *Douai*, 12 nov. 1840 (t. 2 1840, p. 756), Péronne c. Desrumeau.

328. — Jugé, spécialement, qu'un mandataire poursuivi comme ayant contracté en son nom propre pour le compte d'un mandant tombé depuis en faillite, peut, après l'épuisement total de l'actif, retenir sur la somme qu'il est obligé de payer au créancier le montant du dividende qu'il aurait touché si ce dernier avait exercé ses poursuites avant la distribution des biens du failli. — *Besançon*, 28 déc. 1844 (t. 2 1845, p. 406), Dumilly c. Jeanney.

329. — Mais celui qui, depuis plusieurs années, a traité avec un individu en qualité de mandataire, ne peut plus ensuite méconnaître sa qualité, lorsque d'ailleurs la procuration a été mentionnée dans un jugement contradictoire. — *Rennes*, 28 avr. 1818, Chardel c. Delisle.

330. — On ne peut faire condamner personnellement le commis salarié d'un marchand avec lequel on traite qu'en prouvant qu'on ignorait sa qualité véritable, et que la livraison de la marchandise lui a été faite pour son propre compte. — *Bordeaux*, 25 sept. 1838 (t. 2 1838, p. 463), Pissot c. Mattard.

331. — Lorsqu'il est reconnu qu'un mandataire ne réclame qu'un droit du chef du mandant, on doit rejeter la tierce opposition qu'il a formée à des jugemens dans lesquels son mandant était aux qualités des parties. — *Cass.*, 1er déc. 1819, Lafond c. Thévenin.

332. — Le maire qui a chargé un avoué d'occuper pour une commune n'est pas tenu personnellement au paiement des déboursés et honoraires de cet avoué. — *Cass.*, 17 juill. 1838 (t. 2 1838, p. 364), Boisson c. Roux.

Sect. 8e. — *Obligations du mandant.*

§ 1er. — *Avances, salaires, indemnités, intérêts.*

333. — Le mandant peut, par suite du mandat, être obligé soit envers le mandataire, soit envers les tiers.

334. — A l'égard du mandataire, le mandant doit lui rembourser les avances et frais qu'il a faits pour l'exécution du mandat, et lui payer les salaires lorsqu'il en a été promis. — C. civ., 1999.

335. — L'art. 1999 C. civ. n'est applicable qu'au mandataire privé et volontaire. — A l'égard de l'officier investi d'un caractère public et mandataire forcé, comme l'agent de change, l'emploi qui est fait de son ministère emporte avec soi, et indépendamment de toute promesse spéciale, l'obligation de payer le salaire qui est attaché par la loi à l'exercice de ce ministère. — *Cass.*, 16 avr. 1833, Séguin c. Leroux. — Bioche et Goujet, *Dict. de procéd.*, v° *Agent de change*, n° 40, 2e édit.

336. — De même, le banquier qui a reçu mission d'acheter ou de vendre à terme des rentes à la Bourse, sans intérêt ni profit pour lui, et pour le compte personnel de son mandant, a une action contre celui-ci pour raison des avances qu'il a faites à l'occasion des ventes ou achats opérés par lui. — *Cass.*, 5 mars 1834, Proby-Bowles c. Goldsmith. — V., au reste, sur le principe de *gratuité* du mandat et les exceptions à ce principe, *suprà* nos 157 et suiv.

337. — Mais le mandat donné par un fonctionnaire public à raison de ses fonctions ne donne pas lieu, comme le mandat ordinaire, à l'action personnelle contre le mandant. — Spécialement, un receveur de l'enregistrement, qui charge un huissier de poursuivre des redevables, n'est point tenu personnellement des frais dus à cet huissier; il ne peut donc, après l'expiration de ses fonctions, être l'objet de poursuites de la part de l'huissier. — L'action de l'huissier est irrecevable, surtout si, averti par l'autorité administrative de remettre, dans un délai déterminé, ses titres de créance, il n'a fait aucune production ni diligence à cet effet. — *Cass.*, 24 mars 1825, Malrieu c. Marty.

338. — L'approbation donnée par l'administration des domaines aux poursuites exercées par un tiers au nom de l'Etat équivaut à un mandat exprès; et, par suite, l'Etat peut être condamné solidairement avec ses coïntéressés au paiement des dépenses faites par le mandataire. — *Cass.*, 11 févr. 1834, domaines c. Dargaud.

339. — Le mandant n'est tenu de rembourser que les frais et avances autorisés par la loi ou par l'usage, ou ceux qui ont été faits en vertu d'une autorisation spéciale. Ainsi, les supplémens d'intérêts ou droits de commission, non autorisés par la loi ou l'usage, que le mandataire aurait payés à des tiers dont il obtenait des emprunts pour son mandant, restent à sa charge personnelle s'il n'a pas reçu, pour ce paiement, une autorisation spéciale du mandant. — *Paris*, 18 avr. 1836, Hersent c. Lorée.

340. — Le remboursement des avances est dû au mandataire, soit qu'il les ait faites avec ses propres fonds ou par le ministère d'un ami qui les lui a avancés. — Troplong, n° 623. — Mais il n'est dû qu'autant que les avances ont eu lieu par nécessité et de bonne foi : telles sont celles faites pour procurer l'exécution du mandat, ou pour conserver la chose, ou pour prévenir un danger de détérioration. On devrait, au reste, mettre sur la même ligne les dépenses utiles faites pour une juste cause. — Troplong, nos 624 et suiv.

341. — A plus forte raison le mandataire aurait le droit de recourir contre le mandant, si celui-ci avait lui-même ordonné la dépense. — Troplong, n° 626.

342. — Le mandant ne peut se dispenser de

l'obligation de rembourser au mandataire ses frais et avances, et de payer les salaires promis, s'il n'y a aucune faute imputable à celui-ci, lors même que l'affaire n'aurait pas réussi. Il ne peut pas non plus, en l'absence de faute de sa part, faire réduire le montant sous le prétexte qu'il pouvait être moindre. — C. civ., art. 1999.

343. — La règle de l'art. 1999 reçoit exception quand la convention des parties est venue la modifier. — Ainsi on peut stipuler (et c'est ce qui a lieu usuellement dans le commerce) que le mandataire ne recevra pour l'indemnité de ses déboursés qu'une somme fixe et que, s'il dépense davantage, le surplus sera à sa charge.—Troplong, n° 629.

344. — Enfin l'art. 1999 ne reçoit pas application lorsque la loi ayant pris soin de fixer elle-même le montant de la dépense, le mandataire dépasse ce montant sans raison valable. Ainsi jugé dans une espèce où un notaire, en qualité de mandataire, avait payé au conservateur, pour radiation d'inscription, un droit supérieur à celui fixé par la loi.— *Amiens*, 21 nov. 1833 (sous *Cass.*, 19 janv. 1831), Portebois c. Morand. — V. NOTAIRE.

345. — Jugé que le mandataire qui a payé, à la décharge de son mandant, des frais judiciaires, ne peut se borner à représenter comme pièces justificatives les quittances des avoués auxquels il aurait soldé lesdits frais. — Ses déboursés ne se trouvent légalement justifiés que par des états taxés. — *Douai*, 22 fév. 1845 (t. 1er 1846, p. 615), Didier c. Daboval.

346. — Jugé, d'un autre côté, que le pouvoir de vendre contient celui de régler les honoraires des officiers chargés de la vente et que ce règlement oblige le mandant, qui ne peut demander de réduction. — *Paris*, 21 avr. 1806, Deculant.

347. — Le mandataire qui a dépassé les termes de son mandat peut être désavoué, et l'acquisition qu'il a faite lui être laissée pour compte. Mais le mandant ne peut refuser le salaire déterminé, s'il a, de son côté, ratifié l'opération de son mandataire. — *Douai*, 14 avr. 1837 (t. 1er 1838, p. 91), Duquesne c. Gauthier, Fauchon et Allaux.

348. — Le mandant ne peut pas non plus, lorsqu'il n'apparaît point qu'il y ait faute ou négligence de la part du mandataire, dans le compte à rendre de sa gestion, être autorisé à lui retenir son salaire jusqu'au règlement de ce compte, à la charge, toutefois, par le mandataire de fournir caution de la dette qui lui est payée. — *Rennes*, 9 avr. 1827, Imbault c. Massion.

349. — De ce qu'un mandataire ou commissionnaire salarié n'a pu exécuter le mandat dans le délai prescrit il n'en résulte pas qu'il soit responsable du retard, s'il est cependant établi qu'il a agi avec toute la célérité possible et dans le meilleur intérêt du mandant ; dès lors, les tribunaux peuvent condamner le mandant, ou commettant, soit à l'exécution des obligations contractées envers des tiers par le mandataire ou commissionnaire, en vertu de ses pouvoirs, soit au paiement des avances, frais et salaires dus à ce dernier. — *Cass.*, 25 juin 1834, Descambos c. Leroux.

350. — Le mandant est dispensé de l'obligation de payer le salaire, et le mandataire est sans action contre lui, lorsqu'il y a dol ou faute de la part de ce dernier.

351. — Mais, dans l'application de cette peine, il ne faut, si le mandat est divisible et comprend plusieurs opérations séparées, ne la faire porter que sur les points où le mandataire est en faute : car s'il y avait dans le mandat quelques parties qui eussent été gérées convenablement, il ne serait pas juste que le mandant qui en profite privât le mandataire de sa récompense sous prétexte d'une mauvaise gestion applicable à une autre partie du mandat. — Troplong, nos 636 et suiv. ; Delamarre et Lepoitevin, t. 2, n° 292.

352. — Jugé que, encore bien qu'il ait été stipulé qu'un mandataire aurait droit à un salaire déterminé en cas de réussite d'une opération ou liquidation, et cela nonobstant toute révocation, et à titre d'avances et honoraires, cependant ce mandataire peut être déclaré non recevable à réclamer ce salaire si, à défaut de soins et démarches de sa part, le mandant a été obligé de choisir un autre mandataire qui a amené l'affaire à fin, et s'il ne justifie d'ailleurs d'aucune avance. *Cass.*, 11 nov. 1834, Bignon c. C. de Beaumont.

353. — Le mandataire à l'effet de prêter, qui n'a pas prêté en vertu du mandat, et qui n'a fait que régler les avances qu'il avait faites personnellement avant ce mandat, ne peut s'en prévaloir pour agir en recours contre le mandant. Le mandant à l'effet de prêter doit être considéré comme garant, et peut en conséquence être appelé devant le juge saisi de la demande formée contre l'emprunteur. — *Paris*, 12 fév. 1814, Bourrut c. Joinville.

354. — Celui qui, mandataire en même temps de deux parties, cède les droits de l'une à l'autre, en vertu de son mandat, mais en vendant à vil prix, et est ensuite, par jugement qui reconnaît la vente valable quant à l'acquéreur, condamné à indemniser son mandant, a recours contre l'acquéreur pour se faire indemniser à son tour des dommages-intérêts qu'il a payés en vertu de la condamnation, l'acquéreur ayant profité du vil prix de la vente à lui faite par son propre mandataire. Mais il n'a pas recours contre l'acquéreur pour les dépens auxquels il a été condamné par le jugement qui a prononcé sur les dommages-intérêts en faveur du vendeur. — *Rennes*, 26 déc. 1834, Guillemet.

355. — Jugé que le mandant qui s'engage envers son mandataire à lui payer une somme déterminée au cas où il parviendrait à échanger sa propriété contre une autre propriété désignée, ne peut, si l'échange proposé vient à être conclu, se refuser à remplir cet engagement en se fondant sur ce que ledit mandataire était aussi chargé, moyennant salaire, par son coéchangiste, de lui vendre ou échanger sa propriété. Un pareil motif ne saurait être opposé au mandataire que si celui-ci avait reçu pouvoir de conclure sans l'intervention du mandant. — *Lyon*, 9 août 1843 (t. 2 1844, p. 463), Chapeau c. Bonnefoi.

356. — Le mandat donné au chef d'une maison de banque d'envoyer à un tiers des billets de banque *sous bon couvert*, et de mettre lui-même la lettre à la poste, n'impose au mandataire l'obligation ni du chargement ni de l'affranchissement de la lettre. La preuve de l'envoi résulte suffisamment de la lettre d'avis adressée au mandant, et la perte des valeurs ne peut retomber à la charge du mandataire, alors qu'il est établi qu'elles ont été mises dans la lettre d'envoi qu'il a fait porter à la poste par la personne fondée de pouvoirs de la maison, chargée de son administration intérieure et de la correspondance. — *Paris*, 11 août 1842 (t. 1er 1843, p. 133), Chalon c. Morel-Fatio.

357. — Le mandataire est encore sans action lorsque le mandat est vicié à son origine. Un mandataire ne peut réclamer le salaire qui lui a été promis, si son mandat a été annulé comme obtenu par suite de manœuvres frauduleuses; la convention de salaire tombant avec l'acte qui la contenait. — *Cass.*, 7 août 1837 (t. 2 1837, p. 374), Louradour c. Givry.

358. — Le mandataire salarié auquel le mandant donne avis de se faire payer par un tiers, qui a des fonds pour cet objet, tous les frais auxquels l'exécution du mandat a pu donner lieu, et qui néglige de déférer à cet avis, est responsable de sa négligence, et, par suite, mal fondé à répéter du mandant le remboursement de ces mêmes frais. — *Cass.*, 15 mars 1821, Bastarrèche c. banque St-Charles.

359. — Lorsque le mandataire s'est substitué un tiers, en lui promettant un droit de commission, il ne peut réclamer en outre de ce qui lui est dû ce qu'il a promis au substitué que si la substitution a été nécessaire et forcée, mais non si elle a été volontaire : en pareil cas, le mandataire ne peut être tenu au delà des dépenses ordinaires et prévues du mandat.— Troplong, n° 640.

360. — Lorsque l'exécution du mandat est empêchée ou entravée par une force majeure, ou bien cette force majeure tombe sur l'opération elle-même et empêche son exécution et alors, le mandat expirant naturellement si rien n'a été fait, aucun salaire n'est dû; ou bien elle tombe sur le mandataire, et alors celui-ci n'a droit à aucun salaire, ou seulement à un salaire proportionnel, suivant que le commencement d'exécution a pu ou non servir au mandant; ou bien l'acceptation est momentanée et alors, s'il s'agit d'un salaire fixé à l'année ou au mois, le mandataire y a droit tant qu'il n'y a pas eu révocation; ou bien la force majeure atteint le mandant, et alors il y a lieu d'appliquer à ce cas les règles tracées en matière de louage d'industrie. — Troplong, nos 41 et suiv. — V. LOUAGE D'OUVRAGE ET D'INDUSTRIE.

361. — En cas de révocation, le mandant doit indemnité au mandataire pour les peines et soins qu'il s'est donnés avant la révocation; mais il ne peut être tenu, sauf stipulation contraire, à lui payer la totalité du salaire : l'appréciation de ce qui pourra être dû sera abandonnée aux juges. — *Bordeaux*, 19 juill. 1831, Viard et Chaigneau c. Delmestre.— Delamarre et Lepoitevin, t. 2, n° 290; Troplong, n° 652; Duranton, n° 272.

362. — Au reste, M. Troplong fait remarquer avec raison (n° 653) que, si l'art. 1999 s'occupe spécialement des cas où le mandataire s'est mis à découvert, il n'en est pas moins vrai que le mandataire n'est pas tenu de se dépouiller pour l'exécution du mandat; et qu'il peut contraindre le mandant à lui faciliter cette exécution, en mettant à sa disposition les fonds nécessaires. Il y a, à cet égard, l'action *mandati contraria*.

363. — Les créanciers d'un mandant sont non recevables à contester, sous prétexte d'inexécution du mandat, l'obligation contractée par celui-ci au profit du mandataire à titre de salaire, alors que la contestation est dirigée non contre le mandataire, mais contre son cessionnaire, et que, d'ailleurs, par un acte reconnu fait sans fraude, le mandant a renoncé à se plaindre contre le mandataire de l'inexécution du mandat. — *Cass.*, 18 juillet 1843 (t. 2 1843, p. 681), Delarivière c. Riccardo.

364. — Le mandant doit aussi indemniser le mandataire des pertes que celui-ci a essuyées à l'occasion de sa gestion. — C. civ., art. 2000.

365. — Il est surtout tenu de cette obligation lorsqu'il y a faute de sa part (Troplong, n° 670); et il a été jugé que lorsqu'un mandataire a réclamé des dommages-intérêts pour les malversations d'un agent du mandant et l'injustice de celui-ci dans ses actes envers lui, mandataire, le jugement peut, sans statuer sur chose non demandée, accorder à ce mandataire des dommages-intérêts pour le tort que lui a causé la révocation du mandat. — *Cass.*, 29 mars 1832, compagnie du Phénix c. Charvet.

366. — Ces principes sont applicables même en cas de mandat salarié. — Duranton, t. 18, n° 269; Delamarre et Lepoitevin, t. 2, nos 247 et suiv.; Troplong, n° 671. — A moins qu'il ne résulte des circonstances qu'en allouant un salaire au mandataire, on n'a pas entendu que les pertes résultant de la gestion resteraient à sa charge. — Troplong, n° 672.

367. — Mais le mandant n'est tenu d'aucune indemnité lorsque les pertes ont été causées par une imprudence imputable au mandataire (C. civ., art. 2000). Ainsi, si un banquier paie imprudemment une lettre de change à quelqu'un qui l'a volée et dont il pouvait contester la non-identité avec le véritable propriétaire, il n'aura pas contre le tireur l'action *mandati contraria*. — Pothier, *Change*, n° 104 ; Troplong, n° 673.

368. — Jugé que le mandataire qui a été payé du principal et des intérêts des sommes par lui avancées, et du droit de commission convenu pour l'exécution de son mandat, ne peut prétendre encore à des dommages-intérêts contre son mandant. — *Bordeaux*, 10 mars 1809, Lambert c. Mauguin. — Cette décision est basée sur des faits particuliers.

369. — Le capitaine d'un corsaire qui, après avoir fait une prise déclarée valable, passe au service d'un autre armateur, ne peut, s'il est pris à son tour par la puissance à laquelle appartenait le navire capturé et condamné par cette puissance à payer une indemnité aux intéressés, exercer de ce chef aucun recours contre le propriétaire avec lequel il a fait la prise. — C'est là un fait de force majeure qui ne soumet le mandant à aucune obligation envers le mandataire. — *Cass.*, 23 déc. 1840 (t. 1er 1841, p. 518), Perret c. Pollan.

370. — L'intérêt des avances faites par le mandataire lui est dû par le mandant, à dater du jour des avances constatées. — C. civ. 2001.

371. — Il en était de même avant le Code civil. — *Cass.*, 6 avr. 1815, d'Houchin c. Carpentier.

372. — Mais on a pu, sans violer les dispositions du droit romain ni celles du Code civil, décider que le mandataire n'avait pas droit aux intérêts des sommes avancées par lui pour le compte de son mandant avant la promulgation du Code, lorsque ces avances avaient été faites dans un pays qui, comme Saint-Domingue, était soumis au droit coutumier, et où, dans le silence de la coutume, il n'y avait point de jurisprudence fixe et certaine qui fît recourir au droit romain. — *Cass.*, 16 mai 1836 (t. 1er 1837, p. 147), Chabert c. Astier et Laborie.

373. — Si le mandataire tardait à rendre son compte, et qu'il fût en faute pour ne pas l'avoir rendu, il ne pourrait réclamer l'intérêt des avances par lui faites pour son mandant. — *Cass.*, 21 juin 1819, Gilles.

374. — Le mandataire est en avance non-seulement quand il effectue des paiemens entre les mains des créanciers du mandant, mais aussi lorsque, sur l'ordre exprès ou tacite de ce dernier, il tient à la disposition de ses créanciers des sommes à lui propres que ces derniers peuvent venir retirer quand ils le voudront. — *Paris*, 30 mars 1844 (sous *Cass.*, 31 déc. 1845 [t. 2 1846, p. 433]), Cureau de Roullée c. Baudenon Delamaze. — Troplong, n° 677.

375. — Le mandataire ne serait pas en avance si ayant dans les mains des valeurs liquides appartenant au mandant il se servait de ses propres fonds pour gérer l'affaire, au lieu d'employer les valeurs disponibles.—Mais si ces valeurs n'étaient ni liquides, ni disponibles, ni d'une réalisation facile, le mandant qui emploierait ses fonds aurait droit à en réclamer l'intérêt.

376. — Les intérêts que le mandataire a payés pour le mandant sont pour lui un capital déboursé, l'intérêt lui en est dû comme de la somme principale. — Duranton, t. 18, n° 270.

377. — Lorsque plusieurs propriétaires sont convenus par contrat de faire exécuter à frais communs des travaux utiles à leurs propriétés respectives, si l'un d'eux agit sans leur concours et dans l'intérêt de tous, il doit être réputé à leur égard mandataire forcé, et dès lors les intérêts des avances par lui faites lui sont dus, non-seulement à dater du jour de la demande, mais du jour des avances constatées. — *Cass.*, 22 janv. 1833, Chaponey c. Rimbourg.

378. — Les sommes dont le mandant s'est reconnu débiteur envers son mandataire, à titre d'émolument de sa gestion, ne peuvent être considérées comme avances dans le sens de l'art. 2001, et, à ce titre, produire intérêts à partir du terme de la gestion et du règlement de compte. — Au contraire, l'intérêt n'en est dû qu'à partir du jour de la demande.—*Cass.*, 10 fév. 1836, Raibaud-Lange c. Aubert.

379. — Lorsque le mandat a un caractère commercial, les intérêts des avances faites par le mandataire pour son exécution doivent être alloués à raison de 6 0/0, bien que le mandant ne soit pas négociant. — *Cass.*, 18 fév. 1836, Godoï c. Boselli. — V. cependant *Toulouse*, 8 janv. 1846 (t. 1er 1846, p. 135), Vacquier.

380. — Le banquier qui se borne à retirer de la circulation les traites émises par son crédité ou à acquitter celles dans lesquelles celui-ci a indiqué sa maison comme domicile de paiement, n'est qu'un mandataire, ou *negotiorum gestor*, qui ne peut avoir droit qu'au remboursement de ses avances, avec intérêt à 6 0/0 à compter du jour où elles ont eu lieu. — *Toulouse*, 16 janv. 1835 (sous *Cass.*, 16 mai 1838 [t. 2 1838, p. 413]), Prat c. Prades.

381. — Le notaire qui a payé de ses deniers les droits d'enregistrement des actes devant lui passés, peut-il réclamer l'intérêt de ses avances du jour où il les a faites? V. NOTAIRE.

382. — Lorsque le mandataire a été constitué par plusieurs personnes pour une affaire commune, chacune d'elles est tenue solidairement envers lui de tous les effets du mandat. — C. civ., art. 2002.

383. — La loi ne distinguant pas, la solidarité s'applique à tous les effets du mandat, au salaire qui aurait été promis, comme aux frais et avances. — Troplong, n° 688.

384. — Lorsqu'un avoué a été constitué par plusieurs personnes dans leur intérêt commun, chacune d'elles est tenue solidairement envers lui de tous les effets du mandat. — *Orléans*, 26 juill. 1827, Popelin c. Quettier; *Grenoble*, 23 mars 1829, Reynaud; *Toulouse*, 15 nov. 1831, Magnes, Neufres et Nadal; *Bordeaux*, 28 nov. 1840, Roques c. de Linière; 15 déc. 1840 (t. 1er 1841, p. 336), Dupré c. Petit; *Paris*, 9 nov. 1843 (t. 1er 1844, p. 56), Daugin c. Journiac.

385. — Pour que les mandans soient tenus solidairement, il faut que l'affaire soit *commune*. — Jugé que le mandat qu'un cohéritier, demandeur en partage, donne à un tiers de suivre sa demande, et le mandat que les cohéritiers défendeurs donnent à ce même tiers de les représenter dans l'instance, peuvent être considérés comme ayant pour objet un intérêt contraire ou non commun, encore bien que la demande en partage n'ait pas été contestée par les défendeurs; dès lors, le mandataire peut être déclaré non recevable à exercer action solidaire contre les mandans à raison des avances par lui faites. — *Cass.*, 12 mars 1833, Thibon c. Dallard.

386. — Il importe peu d'ailleurs que les mandataires soient intéressés, chacun pour portion, dans l'affaire commune. Ainsi, lorsqu'un mandat a été donné par deux personnes pour gérer une affaire qui leur est commune, et dans laquelle une troisième est intéressée, la solidarité pour le remboursement des dépenses faites par le mandataire ne peut être limitée aux parts dont sont tenus personnellement les signataires du mandat. Elle doit, au contraire, embrasser la totalité des sommes dues au mandataire, même la part qui peut être à la charge de la partie qui n'a pas stipulé dans le mandat. — *Cass.*, 11 fév. 1834, domaines c. Dargaud.

387. — La prescription de cinq ans, établie par l'art. 2277 du C. civ., est inapplicable aux intérêts des avances faites par le mandataire pour le compte du mandant, tant que les parties ne se sont pas réglées sur le chiffre de ces avances, et que le mandataire n'a pas de titre dont il puisse poursuivre l'exécution. — *Cass.*, 18 fév. 1836, Godoï c. Boselli; *Rouen*, 4 mai 1843 (t. 2 1843, p. 791), Langlois; *Toulouse*, 8 janv. 1846 (t. 1er 1846, p. 135), Vacquier. — Zachariæ, t. 3, p. 130. — V. PRESCRIPTION.

388. — Le mandataire a contre le mandant, pour raison de l'exécution des engagemens de celui-ci, l'action *mandati contraria*. — Il a, en outre, le privilége de l'art. 2102 lorsqu'il a fait des frais pour la conservation de la chose. — V. PRIVILÉGES.

389. — Quant aux frais d'*amélioration* de la chose, ils ne donnent pas au mandataire droit à un privilége.

390. — Mais il a été jugé par la cour de Bordeaux, que le mandataire n'a, pour raison de ses avances, aucun droit de rétention sur les objets qui lui ont été confiés; qu'il ne peut, comme tout autre créancier, qu'agir par les voies de droit pour obtenir son paiement. — *Bordeaux*, 14 janv. 1830, Leborgne. — Toutefois Pothier décide (*Traité du mandat*, nos 58 et 59) que s'il s'agit d'un corps certain qui soit parvenu au mandataire par suite de sa gestion, celui-ci peut le retenir jusqu'à ce qu'il ait été rempli de ses déboursés: *veluti quodam jure pignoris*; et M. Duranton (t. 18, n° 264) adopte cette opinion en ce qui concerne les meubles, il invoque un arrêt de la cour de Bruxelles, du 13 juin 1810 (Hoppe c. Baclans), et ne repousse le droit de rétention qu'en ce qui concerne les immeubles. — M. Troplong accorde sans distinction le droit de rétention (n° 699).

391. — Un mandataire judiciaire, tel qu'un syndic de faillite, ne peut exiger, par voie de contrainte par corps, contre le failli concordataire, le montant des avances par lui faites et d'honoraires à lui dus. — *Bordeaux*, 8 janv. 1833, Dubreuilh c. Courrejolles.

392. — Quant aux droits du commissionnaire, V. COMMISSIONNAIRE.

393. — L'action du mandataire pour réclamer l'indemnité de ses peines et soins ne se prescrit que par trente ans. — *Bordeaux*, 5 fév. 1827, Hugues c. Benoît.

394.—Jugé par la cour supérieure de Bruxelles, interprétant la coutume du Franc de Bruges, art. 183, que, lorsqu'un mandataire a géré différentes affaires pour le même mandant, la prescription des actions directe et contraire, qui naissent du mandat, commence à courir non du jour où chaque affaire particulière a pris fin, mais seulement du jour où le mandataire a totalement cessé ses services. — *Bruxelles*, 28 juill. 1817, N...

§ 2. — *Des obligations du mandant envers les tiers.*

395. — A l'égard des tiers le mandant est tenu d'exécuter les engagemens contractés par le mandataire, conformément au pouvoir qui lui a été donné. — C. civ., 1998.

396. — Jugé qu'une procuration, tant qu'elle n'a pas été révoquée, donne, quelle qu'en soit la date, à celui qui en est investi, pouvoir d'agir au nom du mandant. — *Caen*, 9 déc. 1845 (t. 1er 1846, p. 466), Barbey c. Mangon. — Quelle que soit la date, on ne saurait la considérer comme *surannée* en ce qu'elle remonterait à dix ans.—*Montpellier*, 22 juill. 1822, Laureillan c. Malacau.

397. — Le mandant ne peut être considéré comme un tiers à l'égard du mandataire dans le sens de l'art. 1328 du C. civ. — *Cass.*, 19 nov. 1834, Bourges c. Renouf; 17 mai 1842 (t. 1er 1843, p. 242), Capitan c. Mathieu; 25 janv. 1843 (t. 2 1843, p. 767), Clayeux c. Comitis.

398. — De là il suit que les actes du mandataire faits dans les limites de son mandat obligent le mandant, bien qu'ils n'aient pas acquis date certaine avant la révocation du mandat. — *Paris*, 6 mess. an XI, Lavoisier c. Massieu. — Sauf le cas de dol et de fraude. — *Bourges*, 25 janv. 1843 (t. 2 1843, p. 767), Clayeux c. Comitis.

399. — ... Notamment un bail sous seing privé, bien qu'il n'ait acquis date certaine que depuis la révocation du mandat, sauf les cas de dol ou de fraude. — *Cass.*, 19 nov. 1834, Bourges c. Renouf.

400. — Il suit encore de ce principe que si le mandant conteste comme antidatés, et n'ayant date réelle que postérieurement à la révocation du mandat, les actes sous seing privé faits par son mandataire en vertu du mandat, c'est à lui à prouver la fausse date; jusque-là la date est réputée véritable. — *Paris*, 7 janv. 1834, Geoffroy de Villemain c. Robert.

401. — Spécialement, l'individu qui a donné pouvoir à un autre de vendre une propriété en détail ne peut refuser de réaliser par acte authentique, et d'exécuter la vente sous seing privé faite par son mandataire, encore bien qu'ayant révoqué les pouvoirs donnés à ce dernier, l'acte qu'il en a consenti n'ait pas de date certaine antérieure à cette révocation. — *Bourges*, 17 mai 1842 (t. 1er 1843, p. 242), Capitan c. Mathieu.

402. — Le mandant ne peut exciper de l'ignorance de faits dont son mandataire a eu connaissance et lorsque ce dernier a pu agir pour son mandant en vertu de cette connaissance acquise. — *Cass.*, 23 juin 1813, Frégeville.

403. — La revente qu'un adjudicataire, qui a enchéri pour le compte d'un autre en vertu d'un mandat verbal, fait à un tiers ne peut être attaquée par le mandant. L'adjudicataire qui a ainsi violé les obligations que lui imposait son mandat est passible de dommages-intérêts. — *Colmar*, 8 janv. 1812, Jehlé c. Reil et Schmitt.

404. — L'obligation contractée envers une personne qui a stipulé en son propre nom, bien qu'ayant agi en réalité dans l'intérêt d'un tiers dont elle était mandataire, peut, par appréciation des faits, être considérée comme valable, et comme devant produire à l'égard de ce tiers les effets qu'elle eût produits au profit du stipulant s'il eût agi dans son intérêt personnel. — L'hypothèque, dans ce cas, a le sort de la créance, dont elle n'est que l'accessoire: elle doit donc profiter au véritable bénéficiaire de l'obligation, bien qu'elle soit prise par le stipulant en son nom personnel. — *Cass.*, 6 juill. 1842 (t. 2 1842, p. 517), Guillais c. Salles et Frébel-Tannerie.

405.—Le mari qui a reçu de sa femme un mandat général et spécial, à l'effet d'opérer le recouvrement de la dot à elle constituée par son père par contrat de mariage, est un mandataire ordinaire dont les actes engagent la femme toutes les fois qu'ils ont eu lieu dans les bornes du mandat. Dès lors, si, méconnaissant, ainsi que sa femme, un paiement dont la preuve a été retrouvée plus tard, il a reçu une somme supérieure à celle qui formait le montant de la dot, la femme est tenue, comme si elle l'avait touchée personnellement, de la comprendre dans le rapport qu'elle doit à la succession paternelle. En vain dirait-elle que le mari est seul tenu de la restituer. — *Cass.*, 13 avril 1842 (t. 1er 1842, p. 642), Dubourdois c. Bussy.

406. — Lorsqu'il conste du texte du billet et des qualités de l'arrêt que la femme qui l'a souscrit n'a stipulé que comme mandataire de son mari, l'arrêt qui l'a condamnée au paiement avec les héritiers du mari ne peut être considéré comme l'en ayant rendue personnellement passible. — *Cass.*, 18 nov. 1834, Bachelier d'Agès c. Goix.

407. — Si les actes faits dans une instance par un mandataire agissant au nom de son mandant peuvent être maintenus, c'est seulement lorsqu'ils doivent, d'après les termes dans lesquels ils sont conçus, être considérés comme faits à la requête du mandant, et que les noms, profession et domicile de celui-ci sont clairement indiqués soit dans l'exploit même, soit au moins dans les significations placées en tête. — *Cass.*, 8 nov. 1837, comp. du Cotentin c. Hérault-Lafontaine.

408. — Est valable l'obligation souscrite en vertu d'une procuration donnée en blanc, encore bien que cette obligation ait été reçue par le notaire dépositaire de la procuration. — *Orléans*, 8 juill. 1845 (t. 2 1845, p. 492), Chevalier c. Pelletier.

409. — Dans le cas où le débiteur abuse, par mandataire, de la procuration en blanc du créancier, en faisant un nouvel emprunt et en le déguisant sous forme de subrogation, la caution est sans action contre le créancier, parce qu'elle doit, en principe, surveiller son débiteur, et l'empêcher de lui nuire; aussi, nonobstant les termes de l'art. 1998, ce créancier n'est pas responsable des faits du mandataire choisi, alors surtout qu'on lui a imposé la condition de la procuration dont on a abusé. — *Cass.*, 12 fév. 1840 (t. 1er 1840, p. 603), Aumont c. Bigot.

410. — Toutefois, et si, en principe, le mandant n'est point un tiers à l'égard du mandataire, et si, par suite, l'acte sous seing privé souscrit par le mandataire, dans les limites de ses pouvoirs et avant la révocation de son mandat, lie le mandant et a pour lui date certaine, ce principe reçoit néanmoins exception lorsque l'acte est entaché de dol ou de fraude. — *Paris*, 24 juil. 1848 (t. 2 1848, p. 225), Rocher c. Lambin.

411. — Le mandant est responsable envers les tiers du dommage causé par son mandataire (C. civ., 1384). Ainsi, la procuration donnée à un individu pour administrer une succession bénéficiaire oblige les héritiers qui l'ont consentie à réparer le dommage que le mandataire a causé. — *Rennes*, 16 juill. 1812, de Lisle c. Gauthier.

412. — Les aveux faits par le mandataire pour paraître au bureau de conciliation engagent le mandant. — *Turin*, 23. fév. 1807, Valpeyra. — V. AVEU.

413. — Jugé aussi que l'aveu fait par le mandataire d'une partie, dans une transaction passée avec une commune, oblige cette partie, bien que la transaction n'ait pas eu de suite, faute d'approbation de l'autorité supérieure. — *Cass.*, 15 juin 1847 (t. 2 1848, p. 487), de Beauveau c. commune de Landanges.

414. — La question de savoir si le mandataire s'est conformé aux pouvoirs qui lui étaient donnés, et si, dans sa gestion, il a obligé son mandant, dépend des circonstances.

415. — Les mots *pour acquit pour mon fils* apposés au bas d'une quittance par un père dont le fils était commerçant ont pu être considérés, vis-à-vis des créanciers de ce dernier, comme ayant été apposés par le père dans son intérêt personnel, et non dans l'intérêt et comme mandataire de son fils. — *Cass.*, 20 août 1833, Thibaut c. Boc Saint-Hilaire.

416. — L'entrepreneur d'un service public qui s'est substitué un agent ou mandataire général dans une localité, peut être tenu de payer les billets à ordre souscrits par cet agent, et causés pour fournitures du service dont il est chargé. — *Cass.*, 28 juin 1836, Hirvoix c. Enot.

417. — ... L'arrêt qui le juge ainsi, par appréciation du mandat, ne peut tomber, à cet égard, sous la censure de la Cour de cassation. — *Cass.*, 12 nov. 1834, mêmes parties.

418. — De ce que, dans l'achat de marchandises, le mandataire ne s'est conformé au mandat que pour l'achat d'une partie, il n'en résulte pas que le mandant ait nécessairement le droit de laisser la totalité des marchandises à la charge du mandataire. — Du moins, l'arrêt qui le juge ainsi, en se fondant sur un concours de faits, des rapports d'experts et autres actes, échappe à la censure de la Cour de cassation. — *Cass.*, 6 avril 1831, Rémon c. Gayral. — A moins toutefois qu'il n'apparaisse, par la nature de l'affaire, que l'intention du mandant était qu'elle ne dût se faire que pour le total. — Pothier, n° 95, et Delvincourt, t. 3, p. 243.

419. — Lorsqu'il est prouvé qu'un fils était chargé de toutes les opérations relatives au commerce de sa mère, celle-ci est obligée au paiement des billets qu'il a souscrits pour elle. — *Rennes*, 31 août 1812, Scolan c. Le Louedec.

420. — Le maître qui est dans l'usage de donner à son domestique les sommes nécessaires à la dépense du ménage n'est pas responsable envers les fournisseurs du crédit fait à celui-ci ; alors surtout qu'il n'existait entre le maître et le fournisseur ni conventions, ni même de rapport relativement aux fournitures dont le paiement est réclamé. — *Cass.*, 22 janv. 1813, Spagner; *Paris*, 28 avril 1838 (t. 2 1840, p. 37), Baudon c. Jacob; 13 sept. 1828, Jugé c. Moutaud. — Troplong, n° 603.

421. — En matière commerciale, le mandant (banquier) peut, alors même qu'il n'aurait donné pouvoir à plusieurs personnes de s'obliger en son nom que conjointement, être condamné à payer des effets souscrits par une seule d'entre elles, si cette personne était notoirement connue pour son mandataire, et si le mandant n'a pas réclamé, bien qu'il en eût connaissance, contre la souscription de ces effets. En un tel cas, on ne peut reprocher aux tiers de bonne foi de ne s'être pas enquis des modifications ou restrictions du mandat. — *Cass.*, 24 fév. 1820, Abbéma c. Kainster.

422. — Le mandant n'est tenu de ce qui a pu être fait au delà des pouvoirs qu'autant qu'il l'a ratifié expressément ou tacitement. — C. civ., art. 1998. — Ce qui a été fait au delà du mandat est nul de soi par rapport au mandant, et n'est pas seulement annulable : en sorte que celui-ci n'a pas besoin d'intenter une action contre le tiers qui a traité avec le mandataire pour faire annuler ce qui a été fait au delà des bornes du mandat, il lui suffit de déclarer qu'il ne le reconnaît pas; et il peut, par conséquent, le repousser à toute époque, s'il ne l'a pas approuvé expressément ou tacitement.

423. — L'art. 1304 C. civ., sur la durée des actions en nullité ou en rescision, est étranger à ce cas, car il n'y a pas d'obligation pour le mandant. — Duranton, t. 18, n° 260.

424. — Lorsqu'un acte quelconque, une transaction, par exemple, a été passé entre un particulier stipulant pour lui-même et quelques habitans stipulant au nom d'une commune, cet acte ne peut être attaqué pour défaut de qualité des mandataires prétendus, si d'ailleurs la commune, loin de les avoir désavoués postérieurement, les a, au contraire, formellement reconnus. — *Cass.*, 16 mars 1836, Renouard de Bussières c. commune de Zinswiller.

425. — Un intéressé dans un navire vendu par les mandataires d'un autre coïntéressé n'a une action personnelle contre ces mandataires pour tout ce qui concerne ce navire qu'autant qu'il est prouvé qu'ils ont excédé les bornes de leur mandat; il doit, dans ce cas, mettre en cause leur mandant pour faire juger contradictoirement avec lui la question de responsabilité. — *Rennes*, 26 juin 1821, Papillaud c. Gaultier.

426. — Le droit qu'a le mandant de faire annuler une vente consentie par son mandataire n'est pas un droit exclusivement attaché à sa personne; dès lors il est transmissible à ses créanciers. — *Cass.*, 3 août 1819, Delarue et Fromont c. Hervé et Delaunay.

427. — La ratification expresse que fait le mandant n'est pas soumise aux mentions et énonciations exigées par l'art. 1338 C. civ. pour la ratification des obligations nulles. En effet, l'art. 1338 trace les règles pour la ratification des obligations, tandis qu'ici il ne s'agit que de ratifier par le mandant l'acte fait par son mandataire. En ratifiant, le commettant s'approprie l'acte, il l'adopte, et il se met au même état que s'il l'avait consenti et souscrit lui-même. — *Cass.*, 26 déc. 1815, Lapierre d'Alard. — Toullier, t. 8, n° 502; Delvincourt, p. 243, note 5e; Duranton, t. 13, n° 265; et t. 18, n° 258. — V. aussi *Cass.*, 3 juin 1845 (t. 2 1845, p. 745), Dauchez c. Bourgouin. — Troplong, nos 609 et suiv.

428. — Ainsi la ratification par le mandant de la vente faite par le mandataire non autorisé à vendre peut se faire par une simple approbation de la vente, sans observer les formes et les conditions prescrites pour la ratification des obligations nulles ou rescindables. — *Paris*, 19 janv. 1826, Housset de Catteville c. Douet de la Boullaye.

429. — Ainsi encore le paiement anticipé que l'exécuteur testamentaire d'une succession a reçu peut être réputé ratifié de la part des héritiers lorsque ceux-ci ont gardé le silence après l'échéance de la créance, arrivée à une époque où cet exécuteur testamentaire avait plein pouvoir pour en toucher le montant, et que, même après la faillite de celui-ci (cause véritable de la perte subie), ils ont porté plainte contre lui en abus de confiance pour détournement, à l'aide de son mandat, de la créance ainsi reçue. — *Cass.*, 3 juin 1845 (t. 2 1845, p. 745), Dauchez c. Bourgoin.

430. — Mais, dit M. Duranton (t. 13, n° 266), comme la ratification fait seulement supposer que le mandant a fait lui-même ce que le mandataire a fait au delà de ses pouvoirs, il s'ensuit que, si l'acte passé par celui-ci était infecté d'un autre vice que celui du défaut de pouvoir, par exemple d'un vice de forme ou de dol, la ratification du mandant changeant alors de caractère, elle devrait, pour être valable, réunir toutes les conditions voulues par l'art. 1338, puisque ces conditions seraient exigées si c'était lui qui eût souscrit l'acte ratifié.

431. — La question de savoir si le mandant a ratifié les actes faits par le mandataire en dehors de ses pouvoirs échappe, comme rentrant souverainement dans l'application des juges du fond, à la censure de la Cour de cassation. — *Cass.*, 18 nov. 1824, Lebinan c. Pannelé.

432. — Le fait de la part du mandant d'avoir recouru contre le mandataire pour le paiement du prix d'une vente peut ne pas être considéré comme une ratification du paiement fait par l'acquéreur au mandataire, sans que celui-ci eût pouvoir de recevoir. L'acquéreur ne peut non plus se soustraire à l'action du mandant vendeur en prétendant qu'il y a eu novation. — Même arrêt.

433. — Le fait par un mandant d'avoir participé aux bénéfices qui sont résultés d'une opération, exécutée en dehors des termes du mandat, n'emporte pas nécessairement ratification de l'excès de pouvoir du mandataire. — *Bordeaux*, 21 mars 1837 (t. 2 1840, p. 592), Balguerie c. David.

434. — Des lettres missives adressées à des tiers sont réputées confidentielles. Dès lors, des personnes étrangères ne peuvent se prévaloir de ce qu'elles renferment. Le mandataire qui a excédé son mandat ne peut mettre sa responsabilité à couvert, en prétendant que le mandant a approuvé la gestion dans une lettre écrite à un tiers. — *Cass.*, 4 avr. 1821, Vincent c. Damichon.

435. — Le mandataire chargé d'intervenir à un contrat de mariage, pour consentir une donation à l'un des contractans en faveur dudit mariage, a pu être considéré comme ayant agi dans les limites de son mandat, bien que la donation n'ait été faite que par acte postérieur au contrat, alors d'ailleurs qu'il est constant qu'elle a eu lieu, conformément aux intentions du mandant, en vue du mariage. — *Cass.*, 11 déc. 1844 (t. 1er 1845, p. 116), Genouilhac et Gras-Préville c. Saint-Albin.

436. — Sur le point de savoir quelles sont, quant au mandat, les conséquences du principe de la rétroactivité de la ratification, V. RATIFICATION.

437. — La partie qui a contracté avec un mandataire peut, pour l'exécution des actes par lui consentis en sa qualité, l'actionner en garantie en même temps qu'elle dirige une action contre le mandant, lorsque ce dernier, sans dénier positivement le mandat, annonce implicitement que son procureur fondé a dépassé ses pouvoirs. Cette action en garantie est accessoire à la demande principale formée contre le mandant, et doit par conséquent être portée devant le tribunal compétent pour statuer sur cette demande. — *Metz*, 22 déc. 1818, René Lhote c. Pagès.

438. — Le pouvoir donné à un mandataire d'élire domicile chez lui pour le mandant ne peut être assimilé à l'élection de domicile elle-même, et les tiers à l'égard desquels le mandataire n'a pas fait usage de ce pouvoir n'ont pas le droit de s'en prévaloir pour assigner le mandant au domicile du mandataire. — *Cass.*, 29 nov. 1843 (t. 1er 1844, p. 351), Patu de Rosemont c. Lemasne.

Sect. 9e. — *Fin du mandat.*

439. — Le mandat finit par la révocation du mandataire, par la renonciation de celui-ci au mandat, par la mort naturelle ou civile, l'interdiction ou la déconfiture, soit du mandant, soit du mandataire. — C. civ., 2003.

1° *Révocation du mandataire.*

440. — Le mandant peut révoquer sa procuration quand bon lui semble, — C. civ. 2004. — ... Et cela alors même qu'il aurait promis un salaire au mandataire, sauf indemnité proportionnelle, s'il y a lieu, comme il a été dit *suprà* (nos 361 et suiv.).

441. — Un contrat dans lequel des mandans s'obligent à payer une somme à leur mandataire, tant dans le cas de terminaison de l'affaire pour laquelle le mandat est créé, que dans le cas de révocation, n'a pas le caractère du contrat synallagmatique, et les mandans sont dégagés de l'obligation de payer la somme convenue, s'ils révoquent leur mandataire, lorsque surtout il résulte des faits de la cause que c'est la négligence de ce dernier qui a été cause de la révocation. — *Agen*, 29 nov. 1811, Lasseverie c. Danlin.

442. — Bien qu'il ait été stipulé dans un mandat salarié, que le mandataire n'aurait droit au salaire promis qu'en cas de réussite dans un délai fixé, le mandant n'en reste pas moins libre de le révoquer avant que l'objet du mandat soit ou terminé ou commencé, sans qu'il en résulte nécessairement pour le mandataire le droit d'exiger le salaire convenu; seulement, si la révocation est intempestive et préjudiciable à ses intérêts, il a droit à une indemnité. — *Cass.*, 6 mars 1827, Johannot c. Stacpool.

443. — Jugé cependant que la convention par laquelle une personne donne pouvoir à une autre de faire les démarches nécessaires pour recouvrer une somme qui lui appartient, avec stipulation qu'en cas de réussite la moitié de la somme recouvrée appartiendra au mandataire, mais aussi qu'en cas d'échec les frais qu'il aura avancés resteront à sa charge, lorsque d'ailleurs cette convention a été qualifiée de traité, ne constitue pas un simple mandat révocable à volonté; mais bien un traité synallagmatique qui ne peut être révoqué que d'un consentement mutuel ou pour les causes que la loi autorise. — *Bruxelles*, 22 juin 1820, N... ; *Bordeaux*, 7 juillet 1837 (t. 2 1837, p. 385), Normand c. Noirta.

444. — Jugé que le mandataire cesse d'avoir

droit au salaire promis à partir du jour de sa révocation ; il ne peut, alors même qu'il aurait continué à gérer utilement, réclamer un salaire lorsqu'il est constant d'ailleurs qu'à partir de la révocation le mandant a payé un salaire à un autre mandataire. — *Bruxelles*, 24 fév. 1810, Drion. — Cette dernière considération paraît avoir été la raison déterminante de l'arrêt; autrement il est présumable que les juges eussent cédé à des motifs d'équité en accordant un salaire pour une gestion qui, bien que non autorisée, n'en avait pas moins été utile.

445. — Un mandataire ne peut valablement consentir le transfert d'actions industrielles en vertu d'une procuration devenue sans effet par la mort du mandant, connue de l'acquéreur de ces actions. — *Cass.*, 9 fév. 1848 (t. 2 1848, p. 129), Charlet c. Bourgoin.

446. — Le mandant qui révoque peut, s'il y a lieu, par exemple pour éviter l'abus que ferait le mandataire de la procuration, et pour que les tiers ne soient pas induits en erreur, le contraindre à lui remettre soit l'écrit sous seing privé qui la contient, soit l'original de la procuration si elle a été délivrée en brevet, soit l'expédition s'il en a été gardé minute. — C. civ., art. 2004.

447. — Mais il ne peut se faire remettre par le mandataire les lettres qu'il lui a écrites à l'occasion du mandat, car ces lettres sont la propriété du mandataire et peuvent lui servir pour sa décharge; à moins toutefois qu'il ne s'agît de la lettre contenant procuration, sans traiter d'autres sujets étrangers au mandat. — *Cass.*, 19 fév. 1845, Bidon c. Laudu. — Troplong, n° 768.

448. — S'il n'a pas été dressé d'état de pièces, le mandataire peut être déchargé après la remise de celles qu'il avait en sa possession. — *Cass.*, 31 déc. 1834, Béranger.

449. — La révocation notifiée au seul mandataire ne peut être opposée aux tiers qui ont traité dans l'ignorance de cette révocation, sauf au mandant son recours contre le mandataire. — C. civ., art. 2005. — Mais les tiers qui, au moment des actes faits avec le mandataire révoqué, avaient connaissance de la révocation ne pourraient invoquer le bénéfice de l'art. 2005, et soutenir qu'ils auraient traité valablement avec le mandataire faute de révocation à eux notifiée : car ils n'ignoraient pas la révocation. — Duranton, t. 18, n° 275.

450. — Jugé cependant qu'un mandat n'est réellement révoqué qu'autant que la révocation a été notifiée au mandataire. — En conséquence, le paiement fait au mandataire ne peut être déclaré nul, lorsqu'il est antérieur à la notification de la révocation du mandat, alors même que le débiteur qui a payé aurait eu connaissance de la révocation. — *Turin*, 20 mai 1807, Tovaglia c. Bertolotti.

451. — M. Duranton (t. 18, n° 275) fait remarquer que l'art. 2005, placé immédiatement après celui qui autorise le mandant à contraindre le mandataire à lui remettre l'acte contenant la procuration, fait naître quelque doute sur la question de savoir s'il s'applique aussi bien au cas où le mandant qui a révoqué s'était fait remettre l'acte de procuration au moment où le mandataire a traité avec des tiers qui ignoraient alors la révocation, ou en a reçu des paiemens, qu'au cas où il ne s'était pas encore fait remettre cet acte. Cette question, dit M. Duranton, doit être résolue d'après certaines distinctions tirées de la nature de l'opération dont le mandataire était chargé, et des circonstances de l'affaire. — La bonne foi des tiers, les habitudes qu'ils auraient pu contracter auraient une grande influence pour la solution de cette question.

452. — La révocation peut avoir lieu tacitement. Ainsi la constitution d'un nouveau mandataire pour la même affaire vaut révocation du premier à compter du jour où elle a été notifiée à celui-ci. — C. civ., art. 2006. — La notification peut être faite aussi bien par le nouveau mandataire que par le mandant lui-même. — Duranton, t. 18, n° 276.

453. — Au reste, en pareil cas, la notification n'est nullement nécessaire pour faire cesser le mandat à l'égard du mandant; il ne peut exciper de ce qu'il n'a pas fait notifier de révocation au mandataire. — *Cass.*, 14 mai 1829, Pagès c. Lesaulnier.

454. — Un mandat ne peut être présumé révoqué par cela seul que celui qui l'avait donné au moment de son départ est de retour, ou qu'il est survenu une cause de mésintelligence entre le mandant et le mandataire. Ainsi, par exemple, si, s'agissant d'un mandat entre mari et femme, il a été depuis formé par l'un des deux une demande en séparation de corps. — *Metz*, 12 mai 1818, de Filley c. Schneider.

455. — Lorsqu'un mandataire poursuit, postérieurement au contre-ordre qu'il reçoit, une opération commencée, cette opération doit être laissée à ses risques et périls. — Ainsi, spécialement, le commissionnaire qui, après avoir affrété un navire, reçoit contre-ordre, doit suspendre l'expédition, sauf à se faire rembourser les dépenses de l'affrétement; mais, s'il la consomme, elle reste pour son compte. — *Cass.*, 24 déc. 1817, Durand c. Pintedevin.

456. — Il y a des mandataires irrévocables. Tel est, dit M. Troplong (n° 718), le cas du *procurator in rem suam*. Tel est encore le cas de l'associé chargé de l'administration par une clause spéciale de l'acte, lequel ne peut être révoqué sans cause légitime. — V. SOCIÉTÉ.

457. — Lorsqu'une cour d'appel, sans méconnaître dans un acte qui lui est soumis les caractères d'une donation à titre onéreux, juge en fait qu'une femme, en chargeant un notaire de suivre la liquidation de ses affaires litigieuses moyennant un traité à forfait du quart des recouvremens, n'a donné qu'un mandat toujours révocable, une pareille appréciation échappe à la censure de la Cour de cassation. — *Cass.*, 31 janv. 1843 (t. 1er 1843, p. 677), Charlet c. Lardenelle.

458. — Le mandat conféré par plusieurs pour une affaire commune cesse-t-il en cas de révocation par un seul? — V. Troplong (n° 719), qui combat sur ce point l'opinion de Casaregis.

2° Renonciation du mandataire au mandat.

459. — Le mandataire peut renoncer au mandat en notifiant au mandant sa renonciation. — Art. 2007.

460. — Néanmoins si cette renonciation préjudicie au mandant, il devra en être indemnisé par le mandataire; à moins que celui-ci ne se trouve dans l'impossibilité de continuer le mandat sans en éprouver lui-même un préjudice considérable. — C. civ., art. 2007.

461. — Dans ce dernier cas, il ne serait dû aucune indemnité au mandant par le mandataire, quoique la renonciation lui eût causé quelque préjudice, attendu qu'il ne serait pas juste que le service que le mandataire a voulu rendre tournât à son préjudice : *Officium suum nemini damnosum esse debet.* — Duranton, t. 18, n° 282; Troplong, n° 800.

462. — La maladie du mandataire est une juste cause d'abstention: il en est de même, dit M. Troplong (nos 801 et suiv.), du dérangement des affaires du mandant, de l'inimitié capitale survenue entre le mandant et le mandataire, de l'obligation pour le mandataire de partir subitement pour un voyage éloigné, de la nécessité impérieuse pour lui de soigner ses affaires personnelles. — V. cependant, en ce qui concerne le mandat commercial, Delamarre et Lepoitevin, t. 1er, n° 46. — En tout cas, et quelle que soit la légitimité des motifs de renonciation, la condition exigée pour que le mandataire soit déchargé de son obligation, c'est qu'il donne avis au mandant de sa renonciation. — Sauf, toutefois, dit M. Troplong (n° 208), le cas où il serait retenu par une maladie aiguë, ou celui où il se trouverait dans un lieu où les moyens de correspondre sont difficiles ou nuls.

463. — La mort du mandant met fin au mandat, car le mandat n'est soutenu que par la volonté du mandant; et quand cette volonté cesse de pouvoir se manifester, le mandat manque de base.

464. — Mais lorsque la mort du mandant arrive à une époque où le mandat est en voie d'exécution, elle ne le fait cesser que pour l'avenir : le passé subsiste avec tous les droits qui pouvaient en résulter pour le mandataire.

465. — Les parties peuvent-elles convenir que le mandat ne cessera pas par la mort du mandataire, et qu'il liera les héritiers de celui-ci? — Troplong, n° 728. — Toutefois certains docteurs exceptent le cas où l'héritier serait mineur (la minorité constituant un changement d'état [art. 2003], à moins qu'il n'y ait eu à cet égard stipulation formelle ou volonté tacite du mandant. — Troplong, *loc. cit.*

466. — Lorsque la chose ne devait être faite qu'après la mort du mandant, la mort de celui-ci ne fait pas finir le mandat. — L. 12, § *ult.*, et L. 13, ff., *Mandati.* — Duranton, t. 18, n° 284; Troplong, n° 728; Zachariæ, t. 3, p. 134; Pothier, n° 168.

467. — Ainsi le soin confié à une personne de toucher le montant de billets qui lui ont été remis, et d'en faire la distribution à des tiers qu'elle connaît, ne peut être considéré comme un de ces mandats qui prennent fin par la mort du mandant, alors que ce dernier a exprimé la volonté que l'exécution de son mandat eût lieu tant avant qu'après son décès. — En un tel cas, le légataire universel du mandant ne peut être admis à revendiquer les billets, surtout si le testateur les a exclus formellement du legs. — *Nîmes*, 9 janv. 1833, Rosière c. Fajol.

468. — Jugé, cependant, que le confesseur qui a reçu d'un malade une somme d'argent pour l'employer à des restitutions secrètes, doit être considéré comme un simple mandataire dont la gestion cesse à la mort du mandant; et si, à cette époque, la somme qui lui a été confiée n'a pas encore reçu sa destination, il est obligé de la rendre aux héritiers du défunt. — *Caen*, 12 mars 1827, Adelée et Dubuat c. de Dungy.

469. — Le mandat du *procurator in rem suam* ne cesse pas par la mort. — Troplong, n° 737; Zachariæ, t. 3, p. 134 et suiv.; Duranton, t. 18, n° 284.

470. — Il en est de même de tous les cas où le mandat est la condition d'un contrat ou le moyen d'exécution d'une obligation contractée. — Troplong, n° 737. — Ou bien encore dans le mandat de payer que renferme une lettre de change. — V. LETTRE DE CHANGE.

471. — Quand le mandat est donné sous forme de prête-nom, le mandant, voulant ainsi parer son mandataire du titre de maître de la chose à l'égard des tiers, prévient la fin du mandat par son propre décès. — Troplong, n° 738.

472. — Quant au mandat de l'exécuteur testamentaire, il ne commence qu'au décès du mandant. — V. EXÉCUTEUR TESTAMENTAIRE.

473. — Quand le mandat a été donné par plusieurs pour une chose commune, la mort d'un seul mandant le fait cesser. — Il en est de ce cas comme de celui de révocation. — Troplong, n° 739.

474. — Au reste, le mandat dure même après le décès, pour terminer ce qui est commencé, s'il y a péril en la demeure. — C. civ., art. 1991. — Troplong, n° 740.

475. — La mort civile du mandant est assimilée à sa mort naturelle — C. civ., art. 2003.

476. — Lorsque le mandat émane d'une société, c'est-à-dire d'un corps moral, la dissolution de ce corps équivaut au décès et en opère les effets sur le mandat. — Troplong, n° 741.

477. — Avant la loi nouvelle sur les ventes judiciaires et sous la jurisprudence qui admettait la validité de la clause de voie parée, le pouvoir conféré par le débiteur au créancier, de vendre aux enchères devant notaire l'immeuble hypothéqué, n'était révoqué ni par la mort du débiteur, ni par la circonstance que sa succession avait été acceptée sous bénéfice d'inventaire — *Bordeaux*, 26 nov. 1834, Vieille c. Sehombeck.

478. — La mort naturelle ou civile du mandataire met fin au mandat. Ses héritiers n'ont qu'à assurer et liquider le passé : ils doivent donner avis du décès au mandant et pourvoir, en attendant, à ce que les circonstances exigent pour l'intérêt de celui-ci. — C. civ., art. 2010. — Cette obligation n'est imposée qu'aux héritiers majeurs. — Duranton, t. 18, n° 293.

479. — Il ne s'ensuit pas néanmoins de l'art. 2010 que les héritiers puissent se perpétuer indéfiniment dans l'exercice du mandat. — *Spécialement*, qu'ils aient le droit, longues années après, de demander la nullité d'une vente consentie par leur auteur, en vertu de la procuration qui lui avait été donnée, pour défaut de paiement d'une partie du prix. — *Poitiers*, 1er août 1823, Biaille c. Desclaux de la Tanée.

480. — Si le mandat a été donné à plusieurs personnes et que tous les mandataires aient une action commune et de concert, il est dissous par la mort de l'un d'eux. — Troplong, n° 742.

481. — Par une raison identique à ce qui a été dit *suprà* (n° 476), le mandat de vendre donné à une société commerciale cesse de plein droit par la dissolution de la société, et ne continue pas dans la personne du liquidateur. — *Cass.*, 11 vendém. an VII, Combe c. Rivet.

3° Interdiction du mandant ou du mandataire.

482. — L'interdiction du mandant ou du mandataire, met fin au mandat, soit que cette interdiction ait lieu par suite de démence ou de fureur, soit qu'elle résulte de condamnation à une des peines qui entraînent l'interdiction. — Duranton, t. 18, n° 285.

483. — M. Duranton (*ibid.*, n° 286) pense que si le mandant a simplement été placé sous l'assistance d'un conseil judiciaire, le mandat qu'il a donné est anéanti de plein droit s'il a pour objet des actes qui, d'après les art. 499 et 513, ne peuvent être faits sans l'assistance du conseil. Mais s'il n'avait pour objet qu'un de ces actes de simple administration que le mandant pourrait faire sans cette assistance, il n'est point révoqué. « La raison de cette double décision, dit M. Duranton, c'est que le mandant est censé faire lui-même ce que fait le mandataire : par conséquent, lorsqu'il ne peut pas faire la chose, on ne peut plus supposer de mandat de sa part; mais lorsqu'il peut encore la faire, il n'y a pas de motif de regarder le mandat comme anéanti. »

484. — Suivant le même auteur (*ibid.*, n° 291), si c'est le mandataire qui vient à être placé sous l'assistance d'un conseil judiciaire, le mandat finit, parce que le mandataire n'a plus par lui-même la capacité de s'obliger envers le mandant. — V. la discussion sous l'arrêt de la cour de *Paris*, 24 juill. 1848 (t. 2 1848, p. 225), Rocher c. Lambin.

485. — Le mandat finit encore par la déconfiture, soit du mandant, soit du mandataire (ce qui comprend *à fortiori* la faillite).

486. — Avant que la clause de voie parée fût proscrite par la loi sur les ventes judiciaires (C. procéd., 742), une jurisprudence constante avait établi que le mandat donné par un débiteur à son créancier hypothécaire dans le contrat constitutif de l'hypothèque, de faire vendre, à défaut de paiement, l'immeuble hypothéqué par-devant notaire, sans suivre les formalités hypothécaires, n'était pas révoqué par la faillite du débiteur. — *Bordeaux*, 12 août 1831, Alverny c. Cohen; 19 août 1831, Vergès c. Sermensan; 4 juin 1832, Polh c. Loriague; *Amiens*, 15 déc. 1832, Manceel c. Devérité; *Bordeaux*, 8 janv. 1833, Caranave c. Beauviel. — Cette jurisprudence avait été sanctionnée par plusieurs arrêts de la Cour de cassation, entre autres par l'arrêt du 20 mai 1840 (t. 2 1840, p. 372), Podestat c. Aimant.

487. — Le même mandat n'était pas non plus révoqué par la faillite du créancier qui était mandataire, et il pouvait être exercé par ses syndics, alors d'ailleurs qu'il avait été stipulé que le mandat pourrait être exercé tant par lui que par ses créanciers et ayans cause. — *Bordeaux*, 23 nov. 1832, Bazergues c. Otard.

488. — Jugé aussi que le mandat (même stipulé irrévocable) donné par un débiteur à son créancier, dans le contrat d'obligation, de vendre l'immeuble affecté à sa créance, ne dépouillait pas le débiteur du droit de vendre de gré à gré et sans fraude. En tout cas, la renonciation au droit pour le débiteur d'aliéner sa propriété, que l'on pourrait faire résulter d'un tel mandat, ne conférerait au créancier aucun droit réel contre le tiers détenteur; il en résulterait seulement une obligation personnelle de ne pas faire, résoluble en dommages-intérêts contre le vendeur. — *Bordeaux*, 13 fév. 1832, Otard c. Bazergue et Espinasse.

489. — Jugé que le mandataire (ou ceux qui le représentent) n'est pas recevable à demander la nullité des engagemens qu'il a contractés en cette qualité postérieurement à l'expiration de son mandat, résultant de son état de faillite. Ainsi, lorsque l'immeuble sur lequel le mandataire a consenti une hypothèque pour sûreté d'une obligation contractée pour son mandant est arrivé dans son patrimoine par succession, ni lui ni ses créanciers ne peuvent, pour faire tomber cette hypothèque, exciper de ce que, lors de l'obligation, le mandat avait cessé d'exister. — *Cass.*, 24 août 1847 (t. 2 1847, p. 751), Paris c. Stockleit.

490. — Le mandat finit encore par le changement d'état du mandant ou du mandataire. Par exemple, si c'est une fille ou une veuve et qu'elle vienne à se marier, le mandat prend fin par son mariage. A cet égard, M. Duranton (t. 18, n° 286), examinant si le mandat donné par une femme avant son mariage est ou non révoqué par le fait du mariage, fait une distinction : « Si la chose qu'il s'agirait de faire, dit-il, rentre dans l'administration qu'a le mari des biens de sa femme, ou même si c'est une chose qui ne rentre pas dans cette administration, mais que la femme ne pourrait faire sans être autorisée du mari, ou de justice, au refus de celui-ci, le mandat est révoqué de plein droit par le mariage; mais si c'est une chose que la femme, d'après la nature du régime matrimonial qu'elle a adopté, a le droit de faire elle-même, et qu'elle peut faire sans avoir besoin d'autorisation, parce qu'il ne s'agirait que d'un simple acte d'administration et que la femme serait séparée de biens, nul doute que le mandat n'est pas révoqué par le seul fait du mariage de la mandatrice. » — V. aussi Delvincourt, t. 3, p. 246, n° 1er. — Pothier (*Traité du mandat*, n° 111) considère le mariage de la femme comme une cause d'extinction des pouvoirs du mandataire. — V. aussi Troplong, n° 749.

491. — Si le mandant a subi une de ces peines qui, sans le mettre en état de mort civile, lui enlèvent l'administration de ses biens pour la conférer à un curateur, le mandat prend également fin. — Troplong, n° 747.

492. — Le mandat finit encore par la cessation des fonctions du mandant lorsqu'il a donné le mandat en une qualité qui vient à disparaître. Ainsi, le mandat donné par le tuteur et en cette qualité finit avec la tutelle. — Delvincourt, t. 3, p. 135. — Même décision au sujet du mandat donné par le mari pour l'administration des biens de sa femme. Il cesse dès que le mari cesse d'avoir cette administration. — Duranton, t. 18, n° 289.

493. — Les pouvoirs du mandataire chargé d'une opération spéciale prennent fin, dès que cette opération a été consommée; dès lors le mandataire ne peut postérieurement, et d'accord avec la partie adverse, anéantir cette opération pour lui en substituer une autre qui soit obligatoire pour le mandant. — *Bourges*, 19 juill. 1831, Anceau c. Charpin.

494. — L'art. 2003 C. civ. n'est pas applicable au cas où un mandataire est chargé de l'économat d'un bénéfice, par une même procuration qui, en même temps, charge une autre personne de faire les actes au nom du mandataire. — *Rennes*, 16 juill. 1842, Delisle c. Gauthier.

Sect. 10e. — *Effet des actes du mandataire postérieurs à la cessation du mandat.*

495. — Bien que le mandat cesse par le décès du mandant, néanmoins, si le mandataire ignore la mort du mandant ou l'une des autres causes qui font cesser le mandat, ce qu'il a fait dans cette ignorance est valide (C. civ., 2008). — Cette continuation du mandat a lieu même contre les mineurs du mandant. — Troplong, n° 814.

496. — Cette disposition est applicable aux actes judiciaires comme aux obligations contractuelles. — *Spécialement*, est valable l'assignation donnée à la requête d'un mandant, après son décès, poursuite et diligences de son mandataire, si celui-ci avait ignoré le décès. — *Paris*, 25 avril 1807, Soret c. Rousseau Bagueneau.

497. — La question de savoir si le mandataire a ou non connu le décès du mandant est abandonnée à l'appréciation des juges du fonds. Il n'est pas nécessaire, pour que le décès soit réputé connu, d'une notification en règle. — Troplong, n° 816.

498. — Et il a été jugé que, dans le cas où une vente est critiquée comme faite par un mandataire, après le décès du mandant, il suffit qu'un arrêt se borne à déclarer la vente valable, sans s'expliquer sur le point de savoir si le décès était ou non connu lorsqu'elle a eu lieu, pour qu'on ne soit pas recevable à prouver devant la Cour de cassation que l'acquéreur connaissait alors le décès. — Encore bien que ce fait semblerait résulter du système général de l'arrêt. — *Cass.*, 16 juill. 1834, Deriot. — V. cependant *Cass.*, 8 août 1821, de Repentigny c. Jolly. — Arrêt duquel il paraîtrait résulter qu'une notification du décès est nécessaire.

499. — Une femme mandataire de son mari a pu introduire une instance pour celui-ci, si elle ignorait son décès. — Elle a pu continuer cette instance depuis qu'elle l'a appris, s'il n'y a eu notification de son décès. — Mais elle ne peut interjeter appel du jugement intervenu dans cette instance. — Elle doit être condamnée aux dépens des procédures que son silence sur la mort de son mari a entraînées de la part de son adversaire. — *Rennes*, 1er juill. 1814, Duchatel.

500. — L'acte signifié par un mandataire à la requête du mandant décédé, est interruptif de la prescription, si le mandataire est de bonne foi, ce qui est présumé jusqu'à preuve contraire. — *Cass.*, 6 nov. 1832, Dupuis. — V. PRESCRIPTION.

501. — Dans les cas ci-dessus, les engagemens du mandataire sont exécutés à l'égard des tiers qui sont de bonne foi. — C. civ., 2009.

502. — Ce droit des tiers de bonne foi prévaut sur celui des héritiers mineurs laissés par le mandant. — Troplong, n° 822.

503. — La bonne foi n'existe pas lorsque les tiers ont traité avec le mandataire, connaissant la révocation ou l'extinction du mandat; en un tel cas les actes sont nuls vis-à-vis du mandant, quelle que soit d'ailleurs la manière dont ils auraient eu cette connaissance. — Troplong, n° 828.

504. — Lorsqu'un commerçant adresse à son correspondant un mandat à recouvrer, sans lui interdire d'en recevoir le montant avant l'échéance, le paiement fait avant cette échéance à un autre commerçant, auquel cet effet a été transmis par le mandataire, est valable, même pour le mandant,... en telle sorte qu'en cas de faillite du mandataire, le mandant n'a de recours que contre ce dernier. — *Grenoble*, 8 juill. 1843 (t. 1er 1845, p. 223), Robert c. Gallice.

505. — Les actes consentis par le mandataire d'une femme postérieurement au mariage contracté par elle sont valables tant à l'égard des tiers qu'à l'égard du mandataire, si celui-ci a stipulé dans l'ignorance du changement d'état de son mandant. — *Cass.*, 26 avril 1832, Quarré de Villers c. Garnier.

506. — Le compromis passé de bonne foi entre le mandataire et des tiers depuis la faillite du mandant n'en est pas moins valable. — Et si, dans l'ignorance de la faillite, les arbitres ont prononcé, les créanciers sont censés avoir été représentés par leur débiteur, et ne peuvent former tierce opposition à la sentence. — *Cass.*, 15 fév. 1808, Rigal c. Michel.

507. — Dans le cas où une lettre de change, restée la propriété du tireur, a été par lui endossée à un mandataire pour en obtenir le paiement, et que ce mandataire a lui-même, dans ce but, endossé la lettre à un tiers, bien que le tiers puisse valablement verser entre les mains du mandataire le produit de la traite acquittée tant que le mandat n'a pas pris fin, cependant si ce mandataire tombe en faillite, le tiers ne peut payer le porteur d'une traite tirée par le mandataire et non acceptée avant la faillite. Le paiement fait, en pareil cas, après cessation du mandat, ne saurait être opposé au tireur. — *Bordeaux*, 18 juill. 1832, Albouyn c. Changeur. — V. LETTRE DE CHANGE.

Sect. 11e. — *Compétence.*

508. — Lorsqu'il s'agit d'un mandat civil, l'exécution en est poursuivie devant la juridiction civile.

509. — En matière de mandat commercial, les actions auxquelles son exécution peut donner lieu sont de la compétence du tribunal de commerce. — *Montpellier*, 21 mars 1831, Roucher c. Puech.

510. — Cette action est personnelle et doit être portée, en matière commerciale, devant le tribunal de commerce du domicile du mandataire et non devant celui du lieu où le paiement devait être fait. — *Cass.*, 22 janv. 1818, Bastiat c. Imbert.

511. — Jugé que l'action doit, même en matière commerciale, être portée devant la juridiction civile et devant le tribunal du domicile du mandataire. — *Aix*, 30 nov. 1818, Mery c. Germond.

512. — Un tribunal de commerce n'est pas compétent pour interpréter les termes d'une procuration civile et examiner, notamment, si le mandat a donné au mandataire le pouvoir d'emprunter pour lui sur billet à ordre; ce droit n'appartient qu'aux tribunaux civils. — *Poitiers*, 25 août 1828, de Montbel c. de la Châtre. — V. COMMISSIONNAIRE.

513. — Le mandat donné par une maison de commerce à un tiers, de gérer une succursale de cette maison, est un contrat commercial, et, en conséquence, les difficultés qui s'élèvent sur son exécution sont de la compétence du tribunal de commerce. — *Orléans*, 8 fév. 1848 (t. 2 1848, p. 674), Johnson c. Pigeon.

V. ABSENCE, ABUS DE CONFIANCE, ACTE AUTHENTIQUE, ACTES DE L'ÉTAT CIVIL, ACTES RESPECTUEUX, AGRÉÉ, ALGÉRIE, ALIÉNÉS, ASSURANCES MARITIMES, ASSURANCES TERRESTRES, AUTORISATION DE FEMME MARIÉE, AVEU, AYANT CAUSE, CAPITAINE DE NAVIRE, CAUTIONNEMENT, COMMENCEMENT DE PREUVE PAR ÉCRIT, COMPLICITÉ, CONTRE-LETTRE, DOUBLE ÉCRIT, ESCROQUERIE, PAPIERS DOMESTIQUES, PRÉSOMPTION, RÉPÉTITION, SERMENT JUDICIAIRE ET EXTRAJUDICIAIRE, TENTATIVE.

MANDAT D'AMENER.

V. MANDATS D'EXÉCUTION.

MANDAT D'ARRÊT.

V MANDATS D'EXÉCUTION.

MANDAT DE CHANGE.

V. MANDAT DE PAIEMENT.

MANDAT DE COMPARUTION.

V. MANDATS D'EXÉCUTION.

MANDAT DE DÉPOT.

V. MANDATS D'EXÉCUTION.

MANDATS D'EXÉCUTION.

Table alphabétique.

MANDATS D'EXÉCUTION. — 1. — On nomme ainsi, en matière criminelle, les ordres que délivrent certains magistrats, dans le cours des instructions, pour contraindre soit les témoins récalcitrans, soit les individus inculpés d'un crime ou d'un délit, à comparaître devant eux et pour les faire détenir.

§ 1er. — *Historique et législation* (n° 2).

§ 2. — *Différentes espèces de mandats.
— Formes qui leur sont communes* (n° 57).

§ 3. — *Qui peut décerner les mandats* (n° 84).

§ 4. — *Mandat de comparution* (n° 100).

§ 5. — *Mandat d'amener* (n° 111).

§ 6. — *Mandat de dépôt* (n° 136).

§ 7. — *Mandat d'arrêt* (n° 158).

§ 8. — *Règles d'exécution communes aux divers mandats* (n° 184).

§ 1er. — *Historique et législation.*

2. — La faculté attribuée au magistrat d'ordonner, dans le cours de l'instruction des procès criminels, la comparution ou l'arrestation des individus contre lesquels s'élèvent des présomptions de crimes ou de délits, n'est point une innovation récente dans la législation. — A Rome, le préteur pouvait ajourner devant lui l'inculpé, immédiatement après la plainte déposée soit par un dénonciateur, soit par un délateur, soit par un accusateur, et sur l'engagement pris par celui qui déposait la plainte de continuer la poursuite.

3. — Après l'exposé de l'accusation, les conclusions irrévocables que devait prendre l'accusateur (*actor*) et le *jusjurandum de calumnia* que pouvait exiger de lui l'inculpé (*reus*), le préteur accordait à ce dernier la liberté, sous caution, jusqu'au jour fixé pour l'audience, ou le constituait immédiatement en état d'arrestation.

4.—Les ordres de comparution ou d'arrestation paraissent également, en France, remonter à l'origine de la législation : seulement, ils recevaient le nom de *décrets* ; ce n'est que depuis une époque encore peu éloignée qu'on les a désignés sous le nom générique de *mandats*.

5.—Les ordonnances de Charles VII, du 22 oct. 1444 et d'avril 1453 ; celles de Charles VIII, de juill. 1493, et de Louis XII, de mars 1498, en avaient réglé successivement la forme et les effets. Les édits de François Ier, de janv. 1522 et d'août 1539, attribuèrent aux lieutenans criminels le droit de décerner ces décrets. L'ordonnance criminelle du

28 août 1670 contient un titre entier sur cette matière, le titre 10. — Elle reconnaissait trois espèces de décrets : le décret d'assigné pour être ouï, le décret d'ajournement personnel, et le décret de prise de corps. — V. AJOURNEMENT PERSONNEL, ASSIGNÉ POUR ÊTRE OUÏ, PRISE DE CORPS.

6. — Tous décrets devaient être décernés sur les conclusions des procureurs du roi ou des procureurs fiscaux ; ils devaient être signifiés aux accusés, et étaient exécutoires nonobstant toutes appellations et exceptions, et *sans visa* ou *paréatis*.

7. — L'ordonn. de janv. 1685, qui organise pour Paris le tribunal dit le Châtelet, mit dans les attributions du lieutenant criminel de ce siège le droit d'ordonner les arrestations, hors le cas de flagrant délit ; mais elle lui défendit, ainsi qu'aux autres officiers du siège, de décerner des décrets de prise de corps contre des personnes domiciliées, si ce n'est lorsqu'elles étaient accusées de *crimes graves*, pouvant mériter des peines afflictives ou infamantes. Elle leur défendit aussi d'élargir les individus constitués prisonniers en vertu de décrets de prise de corps, si ce n'est du consentement du procureur du roi près du siège, ou par délibération prise en la chambre du conseil, si le procureur du roi ne consentait pas à l'élargissement.

8. — L'ordonnance de 1670 régla la procédure criminelle jusqu'à la publication du décret de l'Assemblée nationale des 8 et 9 oct. 1789. A partir de cette époque, les décrets d'ajournement personnel ou de prise de corps ne purent plus être décernés que par trois juges au moins ou par un juge et deux gradués ; et les commissaires des cours supérieures eux-mêmes, autorisés à décerter dans le cours de leurs commissions, durent s'adjoindre, à cet effet, deux juges du tribunal du lieu, ou, à leur défaut, deux gradués.

9. — Aucun décret de prise de corps ne put plus être prononcé contre les domiciliés que dans le cas où, par la nature de l'accusation et des charges, il pourrait échoir peine corporelle. Toutefois, le juge pouvait encore ordonner une arrestation immédiate, dans le cas de flagrant délit ou de rébellion à justice.

10. — Une réforme plus complète de la procédure criminelle fut opérée par la loi des 16-29 sept. 1791 ; mais, dès le 19 juill. 1791, un décret de l'Assemblée nationale, fixant les règles de la procédure criminelle en ce qui concerne la police municipale et la police correctionnelle seulement, et plaçant les attributions des juges de paix dans les premiers actes d'instruction, dans les procès criminels, attribua à ces magistrats le droit de décerner, sous le nom de *mandat d'amener*, l'ordre de conduire les inculpés devant eux, ou devant des magistrats d'égale compétence, pour qu'ils y subissent interrogatoire, ou sous le nom de *mandat d'arrêt*, l'ordre de constituer en état d'arrestation provisoire les inculpés qui, après l'interrogatoire qu'ils avaient subi, restaient justement suspects d'un crime, ou ceux qui prévenus seulement d'un délit ne lui semblaient pas pouvoir être admis au bénéfice de la mise en liberté sous caution, jusqu'à la traduction devant le tribunal de police correctionnelle.

11. — La loi des 16-29 sept. 1791, qui confia aux juges de paix, concurremment avec les capitaines et les lieutenans de la gendarmerie nationale, les fonctions de la police de sûreté, leur donna le droit de décerner, sous le nom de *mandat d'amener*, un ordre de faire comparaître devant eux les prévenus de crimes ou de délits, avec pouvoir au porteur de ce mandat d'employer au besoin la force pour contraindre à y obéir celui contre lequel il avait été décerné.

12.—Le mandat d'amener devait être signé par l'officier de police qui l'avait décerné, et scellé de son sceau. Le prévenu devait y être nommé ou désigné le plus clairement possible. Ce mandat était exécutoire dans tout le royaume ; il en devait être laissé copie à celui auquel il s'appliquait. Si l'inculpé était trouvé hors de la résidence de l'officier de police qui avait délivré le mandat, il devait être conduit devant le juge de paix du lieu, qui visait le mandat d'amener, sans pouvoir en empêcher l'exécution.

13. — Si l'officier de police devant lequel l'inculpé était amené, en vertu de ce premier mandat d'arrêt, trouvait, après l'avoir entendu, qu'il y avait lieu de le poursuivre criminellement, il devait décerner contre lui, sous le nom de *mandat d'arrêt*, un ordre de le conduire à la maison d'arrêt du tribunal de district.

14.—Le mandat d'arrêt devait aussi être signé et scellé par l'officier de police qui le délivrait, et celui que le magistrat chargeait de l'exécuter devait en remettre copie au prévenu. Ce mandat devait indiquer le nom du prévenu et son domicile, tels qu'il les avait déclarés, et le sujet de l'arrestation.

15. — L'officier de police pouvait délivrer immédiatement soit un mandat d'amener, soit un mandat d'arrêt contre le prévenu, en cas de flagrant délit.

16. — Le code des délits et des peines du 3 brumaire an IV, qui apporta de nombreuses modifications à l'instruction criminelle, adjoignait aux juges de paix d'assez nombreux fonctionnaires qui, sous le nom d'officiers de police judiciaire, furent investis du droit de faire saisir les prévenus dans le cas de flagrant délit, sauf à les faire conduire devant le juge de paix du ressort.

17. — Les juges de paix pouvaient décerner trois sortes de mandats : les mandats d'amener, les mandats de comparution et les mandats d'arrêt.

18. — Le mandat d'amener était l'ordre de faire comparaître devant lui tout individu contre lequel il existait des preuves ou des présomptions de délit. Il devait être signé du juge et scellé de son sceau, et il devait désigner le prévenu le plus clairement possible. — Art. 56, 57 et 58.

19. — Le mandat d'amener décerné contre un individu qui n'était inculpé que de faits de la compétence du tribunal de simple police, constituait de la part du juge de paix qui le délivrait un excès de pouvoir. — *Cass.*, 19 avr. 1806, Jean Chio.

20. — Si le prévenu s'évadait, s'il ne pouvait être trouvé, ou si, traduit devant le juge de paix en vertu du mandat d'amener, il ne détruisait pas entièrement les inculpations élevées contre lui, le juge de paix, dans le cas où le délit était de nature à être puni d'une amende qui excédât trois journées de travail, mais non d'un emprisonnement de plus de trois jours, délivrait, sous le nom de *mandat de comparution*, un ordre au prévenu de comparaître à jour fixe devant le directeur du jury d'accusation. — Art. 68, 69.

21. — Si le délit était de nature à mériter un emprisonnement de plus de trois jours, ou une peine infamante ou afflictive, le juge de paix, soit celui du lieu du délit, soit celui de la résidence habituelle ou même momentanée du prévenu (car ils en avaient l'un et l'autre le pouvoir), délivrait, sous le nom de *mandat d'arrêt*, un ordre de conduire le prévenu dans la maison d'arrêt du lieu où siégeait le directeur du jury d'accusation de l'arrondissement dans le ressort duquel le délit avait été commis. — Art. 70 et 76.

22. — C'était, en effet, sous le code du 3 brum. an IV, au juge de paix et non au directeur du jury qu'il appartenait de délivrer le mandat d'arrêt dans les affaires où ce directeur n'exerçait pas immédiatement les fonctions d'officier de police judiciaire; le mandat d'arrêt décerné d'abord par le directeur du jury était nul. — *Cass.*, 2 pluv. an VIII, Thomas Miret.

23. — Lorsque le fait excédait la compétence du tribunal de police, le juge de paix ne pouvait se dispenser de décerner contre le prévenu un mandat d'amener, un mandat de comparution ou un mandat d'arrêt. — *Cass.*, 8 therm. an VIII, Vareins.

24. — Dans les affaires dont la connaissance était attribuée à un jury spécial, les fonctions d'officier de police judiciaire devaient être immédiatement remplies par le directeur du jury; en conséquence, le mandat d'arrêt décerné par le juge de paix était nul, comme émané d'un juge incompétent, et viciait toute la procédure. — *Cass.*, 22 therm. an VII, Druais.

25. — L'assassinat étant considéré comme attentat contre la sûreté individuelle des citoyens, les fonctions d'officier de police judiciaire étaient dévolues, dans ce cas, au directeur du jury. — *Cass.*, 3 prair. an VII, Benoit-Guiton.

26. — Le directeur du jury, qui poursuivait un délit immédiatement comme officier de police judiciaire, devait se conformer aux règles prescrites pour le juge de paix. Ainsi, le mandat d'arrêt ne pouvait être décerné par un directeur du jury qui n'était ni celui du lieu du délit, ni celui de la résidence habituelle ou momentanée du prévenu. — *Cass.*, 26 fruct. an VII, Fournier et Bompard.

27. — Le mandat d'arrêt devait être signé et scellé par le juge de paix; il devait énoncer le nom du prévenu, sa profession et son domicile, *s'ils étaient connus*, le sujet de son arrestation et la *loi qui autorisait* le juge de paix à l'ordonner. A défaut de quelques-unes de ces formalités, le mandat était nul. — Cod. 3 brum. an IV, art. 71.

28. — Jugé spécialement que le mandat d'arrêt qui ne contenait pas soit le domicile, soit la profession de l'accusé, dans le cas où ils étaient connus, était nul. Il en était de même de l'ordonnance de prise de corps. — *Cass.*, 8 et 27 vend. an V, Vially et Haquebert; 16 vend. an VII, Ducas et Worms; 3 frim. an VII, Chevalier; 28 pluv. an VII, Zola; 13 vent. an VII, Cormier et Dupré dit Pinet; 25 mess. an VII, Pialoux; 27 therm. an VII, Auguet; 4 et 26 fruct. an VII, Rousseau et Sergent, Fournier et Bompard; 9 vend. an VIII, Remy; 13 brum. an VIII, Favreau et Foussard; 24 brum. an VIII, Maricq; 1er et 15 frim. an VIII, Chambord et Roblin, Diot et Brognon; 19 flor. an VIII, Delubat.

29. — Il suffisait que, dans son interrogatoire, un prévenu, officier de santé attaché aux armées, eût déclaré résider depuis quatre ou cinq jours en telle ville, pour que le mandat d'arrêt décerné contre lui dût énoncer son domicile à peine de nullité. — *Cass.*, 24 niv. an VII, Fontenette.

30. — Nous avons vu que le mandat d'arrêt devait indiquer la loi qui autorisait le juge de paix ou le directeur du jury à le décerner. L'absence de cette indication rendait nul le mandat. Il en était de même à l'égard de l'ordonnance de prise de corps. Il ne pouvait être suppléé à cette indication par celle de la loi qui rangeait au nombre des crimes le fait imputé au prévenu. — *Cass.*, 16 vend. an V, Brunot, Drageon et Féraud; même date, Vidal et Taurel; 24 brum. an VII, Dumas; 6 et 13 vent. an VII, Barrière, Cormier ou Dupré, dit Pinet; 9 germ. an VII, Ramel; 6 brum. an VIII, Lepoule; 8 frim. an VIII, Gobaille; 8 et 19 frim. an X, Coste et Sourrogne, et André Tubeuf.

31. — La disposition du C. du 3 brum. an IV, qui déclarait nul le mandat d'arrêt non scellé par le juge de paix, a été également consacrée par de nombreuses décisions. — *Cass.*, 16 vend. an V, Brunot; 5 brum. an VII, Lambert de Burlet; 11 niv. an VII, Baron; 14 therm. an VII, Doyère; 24 fruct. an VIII, Jacques Truc; 28 vend. an X, Bourbon.

32. — Sous l'empire du C. du 3 brum. an IV, comme sous la constitution du 5 fruct. an III, le mandat d'arrêt devait être notifié au prévenu, et le défaut de notification en opérait encore la nullité. — *Cass.*, 13 vent. an VII, Meinier; 27 prair. an VII Brasseur et Mairay; 25 mess. an VII, Marie Pialoux; 14, 22, 28 et 29 therm. an VII, Doyère, Françoise Gigault, de Gillot et Lebidois; 11, 17 et 26 fruct. an VII, Ducret et Bigot, Catherine Guillemot, Anne Romé; 2, 16 et 29 vend. an VIII, Lamotte, Pierre Georges et Roetland; 6, 13, 17 et 18 brum. an VIII, Piel Lefèvre, Demagel, Louis Maille et Gauthier.

33. — Lorsqu'il n'était prouvé par aucun procès-verbal que le mandat d'arrêt eût été notifié au prévenu, la preuve de cette notification ne pouvait pas être établie par une mention imprimée sur ledit mandat et signée seulement du juge de paix, qui n'avait point caractère à cet effet. — *Cass.*, 2 vend. an VIII, Blachère.

34. — Il ne suffisait pas, pour satisfaire aux lois précitées, de notifier au prévenu qu'un mandat d'arrêt avait été décerné contre lui; il devait lui être laissé copie de ce mandat, sous peine de nullité de l'arrestation. — *Cass.*, 13 vent. an VII, Meinier; 13 mess. an VII, Dumoulin; 2 et 3 therm. an VII, Bringaut et autres, Maurel Bernard et autres; 6, 12, 17 et 26 fruct. an VII, Pierre Niffet, Bouzenet, Lambert, Catherine Guillemot et Anne Romé; 2 vend. an VIII, Lamotte, Debas, Mutelle et Maugnes; 22 vend. an VIII, Jean-Baptiste Guny; 8 frim. an VIII, Louis Jollivet; 2 pluv. an VIII, Thomas Miret.

35. — Jugé, sous la constitution du 5 fruct. an III, que la notification du mandat d'arrêt au prévenu, faite seulement après l'ordonnance de prise de corps, était tardive et nulle, et, par suite, que toutes les procédures faites dans l'intervalle de son arrestation à cette notification étaient pareillement nulles. — *Cass.*, 19, 25 et 26 fruct. an VII, Etienne Devaux, Lebrun-Lannoy François Flamme, Lebrun et Hagard; 3 vend. an VIII, Mialles; 13 brum. an VIII, Jacques Roch; 15 frim. an VIII, Thuriet; 11 niv. an VIII, Legros.

36. — Si l'ordonnance de prise de corps notifiée à l'accusé ne faisait aucune mention de l'option que l'art. 505 C. 3 brum. an IV lui accordait entre plusieurs tribunaux criminels, son droit restait entier tant qu'il n'avait pas comparu devant le jury de jugement. — *Cass.*, 5 flor. an VII, Rebuffel.

37. — Lorsqu'un individu était renvoyé sous mandat d'arrêt par le juge de paix devant le directeur du jury d'accusation, celui-ci devait examiner si toutes les formalités prescrites par la loi pour la validité du mandat d'arrêt avaient été remplies. Si elles ne l'avaient pas été, ou si le mandat avait été décerné par un juge incompétent, il annulait ce mandat et en décernait sur-le-champ un nouveau, s'il y avait lieu; sinon il mettait immédiatement le prévenu en liberté. — C. 3 brum. an IV, art. 217.

38. — Ainsi, le directeur du jury ne pouvait annuler le mandat d'arrêt décerné par le juge de paix que pour inobservation des formes prescrites ou pour incompétence. — *Cass.*, 13 et 19 mess. an VII, Leclerc de Fadinuis et Loichon; 8 vend. an IX, Bogent.

39. — Mais un mandat d'arrêt compétemment et régulièrement décerné, ne pouvait pas être annulé sous le prétexte d'irrégularités commises dans l'instruction antérieure, auxquelles la peine de nullité n'était pas attachée. — *Cass.*, 9 therm. an VIII, Bernard-Benoit.

40. — De même, un excès de rigueur commis dans l'arrestation d'un accusé n'était point une cause de nullité de la procédure, et donnait seulement le droit de poursuivre le fonctionnaire qui s'en était rendu coupable. — *Cass.*, 12 brum. an VIII, Durand.

41. — Lorsque, dans une affaire dont la connaissance appartenait immédiatement au directeur du jury, le juge de paix avait décerné un mandat d'arrêt, le directeur du jury, en ordonnant le renvoi de l'accusé devant un jury spécial, devait annuler ce mandat et en décerner un nouveau. S'il le laissait subsister, la procédure et le jugement étaient nuls. — *Cass.*, 27 frim. an VII, Legoff; 29 therm. an VII, Lebidois; 19 brum. an VIII, Lambert Daillevaux; 7 fruct. an VIII, Vilianis.

42. — Le directeur du jury qui annulait pour vice de forme le mandat d'arrêt décerné par un juge de paix, était tenu d'observer toutes les formalités voulues pour la validité du mandat dans celui qu'il décernait lui-même. — *Cass.*, 18 pluv. an IX, François Fauchon.

43. — Le mandat d'arrêt qui n'énonçait aucune disposition de la loi relative à des délits punis soit d'un emprisonnement de plus de trois jours, soit d'une peine afflictive ou infamante, et qui mentionnait seulement la disposition de l'art. 217 précité du Code du 3 brum. an IV, était nul. — *Cass.*, 18 pluv. an IX, Fauchon.

44. — Le directeur du jury qui, en annulant un mandat d'arrêt mentionnant la profession de l'accusé, décernait un nouveau mandat contre le *même individu*, énonçait par là d'une manière implicite la profession de celui qui en était l'objet. — *Cass.*, 27 vend. an VII, Bonifay.

45. — L'ordonnance par laquelle le magistrat annulait le mandat d'arrêt délivré par un juge de paix, et en décernait un nouveau, était nulle si elle n'avait pas été précédée des conclusions du commisaire du pouvoir exécutif, et cette irrégularité n'était pas couverte par l'acquiescement ultérieur du commissaire. — *Cass.*, 11 niv. an VII, Baron; 8 frim. an VIII, Gobaille

46. — Lorsque le commissaire du pouvoir exécutif avait écrit au bas d'une ordonnance de prise de corps « *La loi défend*, » l'instruction ne pouvait pas être continuée, à peine de nullité, jusqu'à ce que le tribunal criminel eût prononcé sur la légalité ou l'illégalité, soit du mandat d'arrêt, soit de celui qui avait été fait depuis. — *Cass.*, 6 vent. an VII, Pierre Barrière.

47. — Le tribunal criminel qui annulait une ordonnance de prise de corps, comme ne contenant pas le signalement connu de l'accusé, devait, à peine de nullité, lui faire notifier la nouvelle ordonnance qu'il rendait. — *Cass.*, 27 frim. an VII. Legoff.

48. — Les formalités à suivre pour l'exécution des mandats d'amener et d'arrêt, lorsque l'individu contre lequel ils avaient été délivrés était trouvé hors de l'arrondissement du juge de paix qui les avait décernés, étaient tracées par les art. 73 et 74. Toutefois, ces formalités n'étaient pas prescrites à peine de nullité, et, dans tous les cas, le ministère public ne pouvait se prévaloir contre le prévenu de l'inobservation de ces articles. — *Cass.*, 9 flor. an IX, Champin c. Marthoud.

49. — Lorsqu'un officier de police judiciaire ou le directeur du jury se rendait coupable dans l'exercice de ses fonctions d'un délit ou d'un crime, c'était à l'accusateur public qu'il appartenait de décerner contre lui un mandat, soit de comparution, soit d'amener, soit d'arrêt. — Art. 285, 286 et 290.

50. — Le mandat d'arrêt décerné par l'accusateur public, supérieur immédiat du directeur du jury, ne pouvait être annulé, sans excès de pouvoir, par ce dernier. — *Cass.*, 28 vent. an X, d'Harcourt et Roussel.

51. — La loi du 7 pluv. an IX fit disparaître la confusion que le Code de brum. an IV avait laissée exister, pour certains cas, entre les fonctions du ministère public et celles du juge. Elle créa, sous le titre de substituts de l'accusateur public, des magistrats qui reçurent plus tard le nom de magistrats de sûreté, et dont la fonction était de poursuivre la répression des délits, en qualité de partie publique. Les prévenus arrêtés par les ordres des juges de paix et des officiers de gendarmerie durent être conduits devant des substituts, qui furent investis du droit de décerner, sous le nom de *mandats de dépôt*, des ordres d'arrestation provisoire, dont ils devaient donner avis au directeur du jury dans les vingt-quatre heures. Du reste, les attributions de ce magistrat, quant à la délivrance des mandats d'arrêt, restèrent fixées telles que les avaient déterminées la loi du 3 brum. an IV.

52. — Lorsque, contrairement aux conclusions du magistrat de sûreté dont parle la loi du 7 pluv. an IX, le directeur du jury avait refusé de décerner un mandat d'amener, sur le motif qu'il n'y avait lieu à poursuite ultérieure, le tribunal d'arrondissement ne pouvait maintenir l'ordonnance du directeur du jury, sous le prétexte que la voie du référé n'était pas ouverte à l'égard des actes d'instruction antérieurs à l'ordonnance mentionnée en l'art. 15 de ladite loi. — *Cass.*, 31 juill. 1807, Barberis.

53. — Le mandat de dépôt décerné en vertu de la loi précitée du 7 pluv. an IX par le substitut du commissaire du gouvernement près le tribunal criminel, avait pour effet de le dessaisir de l'affaire et d'en saisir exclusivement le directeur du jury. En conséquence, les informations faites par ce substitut postérieurement à la délivrance du mandat de dépôt, étaient nulles. — *Cass.*, 10 germ. an XI, Rubey et Lebatard.

54. — Il avait été jugé aussi que, sous le Code du 3 brum. an IV, l'officier de police judiciaire, qui décernait un mandat d'arrêt, prononçait un véritable jugement, en vertu duquel il saisissait un autre juge, et ne pouvait plus revenir sur une chose jugée par lui et dont il était dépouillé. — *Spécialement*, que l'accusateur public qui, dans les affaires prévues par la loi du 30 prair. an III, exerçait les fonctions d'officier de police judiciaire, ne pouvait plus, après avoir décerné contre le prévenu un mandat d'arrêt, annuler ce mandat et mettre le prévenu en liberté. — *Cass.*, 16 therm. an VIII, Favarel.

55. — Le Code d'instruction criminelle transféra les fonctions des directeurs du jury et des magistrats de sûreté aux juges d'instruction ou aux procureurs impériaux établis près de chaque tribunal de première instance; mais le droit de décerner les mandats fut confié presque exclusivement aux juges d'instruction, et les procureurs impériaux ne reçurent point dans leurs nouvelles attributions le droit de décerner dans tous les cas où le pouvaient faire les *magistrats de sûreté*, les ordres d'arrestation provisoire désignés sous le nom de *mandats de dépôt*.

56. — Les graves inconvéniens auxquels donnent lieu les dispositions du Code d'instruction criminelle de 1808, qui n'autorisent pas le juge d'instruction à rapporter seul les mandats de dépôt et d'arrêt qu'il a cependant seul délivrés, ont souvent été signalés par les criminalistes et les publicistes. Ils ont plusieurs fois donné lieu à des propositions et à des modifications dans les Chambres législatives; la Chambre des pairs avait même, dans ces dernières années, été saisie par le gouvernement de l'examen d'un projet de loi, dont l'adoption aurait eu pour résultat de réduire les fâcheuses conséquences qu'entraîne pour les inculpés la mesure indispensable de la détention préventive; mais ce projet n'a pas eu de suite.

§ 2. — *Différentes espèces de mandats. — Formes communes à tous ou à plusieurs.*

57. — On distingue dans notre législation criminelle quatre sortes de mandats judiciaires ou d'exécution, dont les effets ne sont pas moins différens que les dénominations, savoir : le *mandat de comparution*, le *mandat d'amener*, le *mandat de dépôt* et le *mandat d'arrêt*.

58. — Ces mandats sont exclusivement affectés aux matières correctionnelles et criminelles; il n'en peut être décerné aucun en matière de simple police. — Carnot, *De l'instr. crim.*, sur l'art. 91, n° 2; Duverger, *Man. des juges d'instr.*, 2e édit., t. 3, n° 394; Mangin, *De l'instr. écrite*, t. 1er, n° 137, p. 230.

59. — Lorsque le fait est de nature à ne donner lieu qu'à une peine correctionnelle, et que l'inculpé est domicilié, le juge d'instruction peut ne décerner contre lui qu'un *mandat de comparution*. Ce mandat n'est autre chose qu'une citation donnée à l'inculpé à comparaître devant le juge d'instruction, au jour et à l'heure qui y sont indiqués, pour être interrogé sur les faits qui existent à sa charge. — C. instr. crim., art. 91.

60. — Lorsque l'inculpé, même domicilié, ne se présente pas devant le juge d'instruction au jour et à l'heure indiqués par le mandat de comparution, ou lorsque le fait qui lui est imputé emporte peine afflictive ou infamante, ou que, cette peine n'étant que correctionnelle, l'inculpé n'est pas domicilié, le juge d'instruction décernera alors contre lui un *mandat d'amener*, par lequel il lui enjoint de comparaître immédiatement devant lui pour être interrogé, et ordonne à tout huissier ou agent de la force publique, pour le cas où il refuserait d'obéir immédiatement ou tenterait de s'évader, de l'amener devant lui. — C. instr. crim., art. 91, alin. 2 et 3, et 99.

61. — Le mandat de comparution et le mandat d'amener sont, comme on le voit, des actes par lesquels le juge d'instruction appelle et contraint de comparaître devant lui les personnes inculpées d'un crime ou d'un délit. Le législateur a voulu qu'avant que la détention d'un individu soit ordonnée, celui-ci ait été mis à même de s'expliquer. Le mandat de comparution ou le mandat d'amener doit donc nécessairement précéder l'ordre de détention. Ce n'est qu'après avoir entendu l'inculpé que le juge d'instruction, s'il pense qu'il n'a point détruit les charges qui pèsent contre lui et qu'il est nécessaire de le constituer prisonnier, peut prescrire à tous huissiers et agens de la force publique de le conduire dans la maison d'arrêt, et au gardien de l'y recevoir et retenir jusqu'à ce qu'il ait été statué sur les charges résultant de l'instruction. L'acte par lequel le juge d'instruction délivre cet ordre se nomme *mandat de dépôt* ou *mandat d'arrêt*. — Art. 94 et 110.

62. — Le mandat de dépôt diffère du mandat d'arrêt en ce qu'il n'atteint le prévenu que dans sa personne, le prive de sa liberté sans affecter sa fortune, tandis que le mandat d'arrêt grève les biens du prévenu d'un privilége au profit du trésor, destiné à assurer le recouvrement des frais, en cas de condamnation, privilége qui prend date du jour de la délivrance du mandat. — C. civ., art. 2101, 2104 et 2105. — Duverger, n° 428. — Mais, à tous autres égards, les effets de ces deux mandats sont les mêmes.

63. — La loi n'a point indiqué les cas dans lesquels il doit être décerné un mandat de dépôt, et ceux dans lesquels il faut recourir à l'emploi du mandat d'arrêt. Dans la pratique, le mandat de dépôt est souvent préféré au mandat d'arrêt, parce qu'il est plus expéditif et plus économique. Le mandat d'arrêt n'est guère décerné que lorsque le fait est de nature à emporter peine afflictive ou infamante, et que l'instruction est assez avancée pour ne plus laisser de doute sur la culpabilité du prévenu. L'art. 94 C. instr. crim. permet cependant de décerner ce mandat, même dans le cas où le fait n'est passible que d'un emprisonnement correctionnel.

64. — Les quatre mandats qui viennent d'être définis ont des règles communes qu'il importe de retracer d'abord. Ainsi, ils doivent être signés par le magistrat qui les a décernés et revêtus de son sceau. — C. instr. crim., art. 95. — C'est la signature en effet qui donne à l'acte une existence, et le sceau en garantit l'authenticité.

65. — Quoique aucune disposition du Code d'instruction criminelle ne le dise formellement, tout mandat doit être *daté*. Cette formalité, exigée pour tous les actes d'instruction, a été implicitement prescrite à l'égard du mandat d'amener par l'art. 100 C. instr. crim., qui soumet à des règles spéciales l'exécution de ce mandat, lorsque le prévenu est trouvé après plus de deux jours depuis la *date* du mandat, et, à l'égard du mandat d'arrêt, par l'art. 94 du même Code, afin qu'il renferme la preuve qu'il n'a pas été décerné avant les conclusions du ministère public. La date des mandats est d'ailleurs nécessaire pour apprendre si, au moment de leur confection, les magistrats qui les ont décernés étaient compétens, et s'ils sont encore susceptibles d'être exécutés. — Carnot, sur l'art. 95, n° 5, et sur l'art. 96, n° 2; Legraverend, *Législ. crim.*, t. 1er, p. 334; Massabiau, *Manuel du procureur du roi*, 2e édit., t. 2, n° 1763; Duverger, t. 3, n° 396-2°; Mangin, t. 1er, n° 137.

66. — Le mandat doit énoncer la qualité du magistrat qui les délivre, afin qu'il comporte la preuve de la compétence de ce magistrat. — Duverger et Mangin, *loc. cit.*

67. — Lorsque plusieurs individus, poursuivis à raison du même fait, sont impliqués dans une même procédure, il doit être décerné autant de mandats qu'il y a d'inculpés; ils ne pourraient être compris tous dans un seul mandat. — Duverger, n° 396-4°.

68. — Tous mandats, et surtout les mandats d'amener et d'arrêt, doivent désigner nommément, ou de la manière la plus claire et la plus précise qu'il est possible, les individus contre lesquels ils sont décernés. — C. instr. crim., art. 95, alin. 2.

69. — Les mandats décernés contre des inconnus, contre des *quidams*, comme on disait autrefois, sans aucune autre désignation, sont illégaux et nuls. — *Cass.*, 9 pluv. an X, Petit-Cuenot; 7 janv. 1825, Fagi. — Rauter, *Cours de dr. criminel*, t. 2, p. 345; Duverger, n° 408, arg.

70. — La désignation du prévenu comprend ses nom, prénoms, surnoms ou sobriquets, sa profession et son domicile, et en général toutes les qualifications propres à le faire distinguer des autres individus. Mais le mandat dans lequel le prévenu n'est pas spécialement désigné par ses nom, prénoms et domicile n'en est pas moins valable si les documens n'ont pu être fournis par l'instruction, et si ce prévenu est d'ailleurs suffisamment désigné. — *Cass.*, 29 nov. 1833, Loiseau. — Ce que la loi exige, c'est que, lorsqu'un prévenu est *connu*, on ne puisse le désigner autrement que par son nom et sa qualité, et que lorsqu'il est *inconnu*, on le désigne de la manière la plus claire d'après le résultat de l'instruction. — Carnot, sur l'art. 95, n° 2; Duverger, *loc. cit.*

71. — L'individu présumé être l'auteur d'un délit ou d'un crime ne serait pas suffisamment désigné dans un mandat, par cette indication seule, qu'*il est né dans la commune de...* — *Cass.*, 10 déc. 1825, Passy.

72. — Bien que la loi ne prescrive point de donner dans les mandats le signalement du prévenu, formalité qui n'est exigée que pour les ordonnances de prise de corps (C. instr. crim., art. 134), il est utile cependant, quand ce signalement est connu, de l'y insérer, pour éviter toute méprise sur l'identité de l'individu auquel s'appliquent ces mandats. — Carnot, sur l'art. 95, n° 3; Duverger, n° 408; Mangin, t. 1er, n° 137, p. 233. — Il importe surtout de ne point omettre ce signalement, que les plaignans sont généralement à même de fournir, dans les mandats d'amener ou d'arrêt envoyés au préfet de police, concernant des individus que l'on suppose s'être retirés à Paris, afin de rendre plus faciles les recherches des prévenus.

73. — Le mandat de comparution ne comportant, comme on l'a vu, aucune contrainte, ne doit pas être revêtu de la formule exécutoire. Il en est autrement des mandats d'amener, de dépôt et d'arrêt. Ceux-ci doivent contenir une réquisition, dont l'intitulé doit être aujourd'hui *Au nom du peuple français* (selon le décret du gouvernement provisoire, en date du 25 fév. 1848), à tout dépositaire de la force publique, de prêter main-forte à leur exécution, lorsqu'ils en sont requis par l'agent qui en est porteur. — C. instr. crim., art. 99 et 108.

74. — Sous l'ancien droit criminel, l'acte qui ordonnait l'arrestation d'une personne devait exprimer formellement le motif pour lequel il était décerné (ord. de déc. 1680; Jousse, *Just. crim.*, t. 2, p. 182; Muyart de Vouglans, t. 2, p. 137; const. de l'an VIII, art. 77). L'art. 95 du C. d'instr. crim., qui énumère les formalités qui doivent être observées dans les mandats de comparution, d'amener et de dépôt, ne prescrit point que le fait y soit énoncé. Cette énonciation n'est exigée que pour les mandats d'arrêt (même code, art. 96). Il résulte de là que l'acomplissement de cette formalité n'est pas de rigueur pour la validité des trois mandats précités. Néanmoins, il est utile d'y insérer l'objet de la poursuite, surtout lorsque ces mandats doivent être exécutés dans un arrondissement autre que celui du magistrat qui les a délivrés, pour qu'on sache si le prévenu n'est point déjà poursuivi pour le même fait, ou qu'on s'abstienne de le poursuivre à raison de ce même fait. Il est même un cas où il peut être nécessaire que le mandat d'amener contienne l'énonciation de l'objet de la poursuite, c'est celui prévu par le § 2 de l'art. 100 du C. d'instr. crim., pour que ce mandat soit pleinement exécuté, lorsque le prévenu est trouvé muni de papiers, d'effets ou d'instrumens qui font présumer qu'il est auteur ou complice du délit, que le fait y soit mentionné. — Carnot, sur l'art. 95, n° 5; Duverger, n° 396, 6°; Mangin, t. 1er, n° 138.

75. — De quelque nature que soient les mandats, ils doivent être notifiés au prévenu; il lui en est fait exhibition et laissé copie. Cette règle est générale, et s'applique même au cas où le prévenu est déjà détenu en vertu d'un autre mandat. — C. instr. crim., art. 97.

76. — Aux termes de l'art. 112 C. instr. crim., l'inobservation des formalités prescrites pour les mandats de comparution, de dépôt, d'amener et d'arrêt, doit toujours être punie d'une amende de 50 fr. au moins, et peut en outre donner lieu à des injonctions au juge d'instruction et au ministère public, et même à la prise à partie. Il suit de là que le greffier doit concourir à la confection des mandats; il doit les écrire et les signer. Mais s'il n'avait ni écrit ni signé un mandat irrégulier, il ne saurait être passible d'aucune peine. Le juge d'instruction et le ministère public seraient seuls, dans ce cas, responsables de l'irrégularité. — Legraverend, t. 1er, p. 320; Mangin, t. 1er, n° 141.

77. — Mais l'inobservation, dans les mandats, des formalités prescrites par le C. d'instr. crim. entraîne-t-elle leur nullité? Il est à remarquer d'abord que, quoique les formalités semblent impérieusement exigées, la loi n'a point attaché à leur omission la peine de nullité. Cependant il a été jugé que les formalités prescrites par les art. 95 et 96 étaient substantielles, et qu'ainsi les mandats dans lesquels elles avaient été omises étaient nuls. — *Cass.*, 5 sept. 1817, Comte et Dunoyer. — V. aussi en ce sens, Legraverend, t. 1er, p. 317; Carnot, sur l'art. 95, n° 5; Massabiau, n° 1753; Duverger, n° 396, 11°; Rauter, t. 2, p. 246. — *Contrà*, Bourguignon, *Manuel d'instr. crim.*; t. 1er, p. 192, et *Jurispr. des Cod. crim.*, t. 1er, p. 226.

78. — Les art. 95 et 96 exigeant que, dans les mandats, les prévenus soient nommés ou désignés le plus clairement possible, il nous semble résulter de ce qui précède que le défaut d'indication du domicile et de la profession du prévenu, s'ils étaient connus, entraînerait la nullité du mandat. On le décidait ainsi, au surplus, à l'égard du mandat d'arrêt, sous l'ancienne législation. — V. *suprà* n° 70. — Il en devrait être de même de l'absence de date, quoique la date ne soit pas au nombre des formalités exigées par les articles précités.

79. — Mangin (nos 139 et 140) restreint toutefois la nullité des différens mandats au cas où ils ne sont pas revêtus de la signature du fonctionnaire au nom duquel ils ont été délivrés, et à celui où ils émanent d'un magistrat incompétent pour instruire.

80. — Jugé aussi, que la disposition de l'art. 97 C. d'instr. crimin., suivant laquelle il doit être fait exhibition du mandat (dans l'espèce, il s'agissait d'un mandat d'arrêt) à l'inculpé, lors de son arrestation, avec délivrance d'une copie de ce mandat, n'est pas prescrite à peine de nullité. — *Cass.*, 31 janv. 1834, Dermenon-Annet.

§ 3. — *Qui peut décerner les mandats.*

81. — Le droit d'opérer une arrestation ne doit pas être confondu avec celui de décerner les mandats qui prescrivent de l'effectuer. — V. ARRESTATION. — V. aussi *infrà* nos 205 et suiv.

82. — La loi a imparti à divers magistrats le pouvoir de décerner tels ou tels mandats. Mais, dans l'exercice de ce pouvoir, ils ne doivent jamais oublier qu'il convient de concilier la sévérité des lois avec les droits de l'humanité (circul. du min. de la just. du 10 fév. 1819), et que « nul ne peut être arrêté ou détenu que suivant les prescriptions de la loi » (Constitution de 1848, art. 2).

83. — Le droit de décerner des mandats de toute nature appartient en général, d'une manière exclusive, aux juges d'instruction. — C'est une question non moins grave que délicate que celle de savoir si ces magistrats peuvent déléguer ce droit à un autre juge. Elle a été déjà examinée avec toute l'étendue qu'elle comporte sous le mot COMMISSION ROGATOIRE (nos 37 et suiv., auxquels nous nous bornons à renvoyer ici).

84. — Les procureurs de la République ou leurs substituts peuvent, dans certains cas, décerner aussi quelques-uns des mandats autorisés par la loi. Ainsi, lorsqu'il y a flagrant délit et que le fait est de nature à entraîner peine afflictive ou infamante, ils peuvent, en l'absence du juge d'instruction, décerner contre les inculpés un mandat de comparution, et même, s'il leur paraît exister des indices graves, un mandat d'amener. — C. d'instr. crimin., art. 40.

85. — Le même droit est dévolu aux juges de paix et aux autres officiers de police auxiliaires des procureurs de la République, lorsque, dans le cas de flagrant délit, ils ont, en l'absence soit de ces derniers, soit des juges d'instruction, commencé l'instruction. — C. d'instr. crimin., art. 49.

86. — Mais ni les procureurs de la République, ni moins encore leurs auxiliaires, ne peuvent convertir le mandat d'amener en un mandat de dépôt ou d'arrêt; ils doivent faire conduire le prévenu en état de mandat d'amener devant le juge d'instruction, qui seul a le pouvoir de décerner un mandat de dépôt ou d'arrêt. — C. d'instr. crimin., art. 45. — V. DÉTENTION PRÉVENTIVE, n° 3.

87. — Cependant, le procureur de la République, instruisant un cas de flagrant délit, peut décerner un mandat de dépôt contre les individus qui contreviendraient à la défense qu'il leur aurait faite de sortir de la maison ou de s'éloigner du lieu, où se fait l'instruction, jusqu'après la clôture de son procès-verbal. — Même Code, art. 34.

88. — Il peut également délivrer le même mandat, lorsque le prévenu, arrêté plus de deux jours après la date du mandat d'amener délivré contre lui et hors de l'arrondissement du magistrat duquel émane ce dernier mandat, demande à être conduit dans la maison d'arrêt de l'arrondissement dans lequel il a été trouvé. — Art. 100. — V. *infrà* nos 201 et suiv.

89. — Les membres d'une cour d'appel, qui, soit en vertu d'une délégation de la chambre des mises en accusation, soit en vertu d'une disposition spéciale de la loi, procèdent à l'instruction des procès criminels, ont le droit de décerner tel mandat que, suivant les circonstances, ils croient nécessaire; ils remplissent, dans ces cas, les fonctions des juges d'instruction. — C. instr. crim., art. 235 et suiv.

90. — Le tribunal correctionnel qui reconnaît que les faits soumis à son jugement sont de nature à mériter une peine afflictive ou infamante peut, en renvoyant le prévenu devant le juge d'instruction compétent, décerner de suite contre lui soit un mandat de dépôt, soit un mandat d'arrêt (C. instr. crim., art. 193). Ce droit appartient également à la cour qui, sur l'appel d'un jugement correctionnel, fait la même appréciation. — Art. 213.

91. — La cour d'appel, chambre d'accusation, peut également, en prononçant le renvoi de l'inculpé à la chambre correctionnelle, décerner d'office un mandat d'arrêt. — *Cass.*, 5 fév. 1830, Leray.

92. — Mais le tribunal correctionnel ne peut, en vertu de l'art. 193 précité, décerner de mandat de dépôt que contre le prévenu et nullement contre les témoins appelés à l'audience ou contre toutes autres personnes. — *Colmar*, 3 juill. 1833, Maurer et Feuerstein.

93. — Il ne peut pas davantage, lorsqu'il se déclare incompétent pour connaître d'une affaire dont il est saisi par le renvoi de la chambre du conseil, décerner un mandat d'arrêt contre le prévenu, ni renvoyer devant le juge d'instruction compétent. — *Cass.*, 11 sept. 1828, Labonne.

94. — Le tribunal correctionnel (et à Pondichéry la chambre criminelle) qui, dans le cas dont il s'agit, au lieu de décerner un mandat de dépôt ou d'arrêt, et de renvoyer le prévenu devant le juge compétent, se permet de décerner une ordonnance de prise de corps, commet un excès de pouvoir. — *Cass.*, 4 fév. 1832 (intér. de la loi), Ramassamy.

95. — Dans le cas où une cour ou un tribunal trouve, dans la visite d'un procès, même civil, des indices sur un faux et sur la personne qui l'a commis, le président ou l'officier chargé du ministère public peut décerner un mandat d'amener contre l'auteur présumé de ce faux. — C. instr. crim., art. 462.

96. — Le président d'une Cour d'assises est autorisé, pendant le cours des débats, à appeler, même par mandat d'amener, devant la Cour, toutes les personnes qui lui paraissent pouvoir, par leurs dépositions, répandre un jour utile sur le fait contesté. — Même code, art. 269.

97. — Dans le cas où un juge de paix ou de police, ou un juge faisant partie d'un tribunal de commerce, un officier de police judiciaire, un membre du tribunal correctionnel ou de première instance, ou un officier chargé du ministère public près l'un de ces juges ou tribunaux, s'est rendu coupable, dans l'exercice de ses fonctions, d'un crime emportant la peine de forfaiture ou autre plus grave, le juge d'instruction délégué pour instruire l'affaire n'est compétent que pour constater le corps du délit; il ne peut décerner mandat d'amener, de dépôt ou d'arrêt; ce droit appartient exclusivement au premier président près la Cour d'appel. — *Cass.*, 18 avr. 1816, Arthaud.

98. — Lorsque le crime commis dans l'exercice des fonctions et emportant la peine de forfaiture et autre plus grave est imputé, soit à un tribunal entier de commerce, correctionnel ou de première instance, soit individuellement à un ou plusieurs membres des Cours d'appel, et aux procureurs généraux et substituts près les Cours, c'est alors au premier président de la Cour de cassation qu'appartient le droit de décerner le mandat soit de dépôt, soit d'arrêt. — C. instr. crim., art. 490 et 498.

99. — Enfin, les préfets des départemens et le préfet de police à Paris, étant autorisés par l'art. 10 C. inst. crim., à faire tous les actes nécessaires à l'effet de constater les délits et les crimes et d'en livrer les auteurs aux tribunaux chargés de les punir, ont, par cela même, le droit de décerner contre les inculpés des mandats d'amener; mais ils ne peuvent délivrer ni mandat de dépôt ni mandat d'arrêt. — Mangin, n° 135.

§ 4. — *Mandat de comparution.*

100. — Le mandat de comparution n'étant qu'une simple assignation à l'effet de se présenter à jour et à heure fixes devant le juge d'instruction pour y être interrogé, ne peut donner lieu à l'emploi d'aucune mesure coercitive contre celui qui en est l'objet. L'huissier ou l'agent de la force publique chargé de le notifier doit même en l'exhibant et en en laissant copie à l'inculpé, s'abstenir de toute menace et de toute démonstration qui dépasserait le but d'un simple avertissement. — Massabiau, t. 2, n° 1783; Morin, *Dict. de Droit crim.*, v° *Mandats*, p. 506.

101. — Lorsque le fait qui donne lieu aux poursuites est de nature à n'entraîner que des peines correctionnelles et que l'inculpé est domicilié, le juge d'instruction a le choix, pour l'appeler devant lui, du mandat de comparution ou du mandat d'amener. — C. instr. crim., art. 91, § 1er. — L'intention du législateur, en lui accordant cette faculté, a été qu'il se bornât, généralement, dans dans le cas dont il s'agit, à décerner un mandat de comparution, et qu'il n'usât de contrainte envers un individu qui présentait des garanties, que lorsqu'il lui paraîtrait exister des motifs graves. — Circul. minist. du 10 fév. 1819. — Duverger, t. 3, n° 397; Massabiau, n° 1781; Morin, *loc. cit.*

102. — Mais n'est-ce que lorsque l'inculpé est domicilié et que le fait est passible seulement d'une peine correctionnelle, que le juge d'instruction a l'option entre le mandat de comparution et le mandat d'amener? — V. *infrà* nos 114 et suiv.

103. — Pour décerner le mandat de comparution, le juge d'instruction n'a pas besoin d'une réquisition préalable du ministère public. — Arg. des art. 61 et 94 C. instr. crim. — Carnot, sur l'article 61, n° 5; Duverger, t. 2, n° 399; Morin, p. 506.

104. — Il pourrait même ne décerner que le mandat de comparution, quoique le ministère public eût requis un mandat d'amener, l'option entre ces deux mandats étant abandonnée à sa conscience. — Duverger, *loc. cit.*

105. — Indépendamment de la désignation de l'inculpé, qui doit être faite de la manière précédemment indiquée, le mandat de comparution doit fixer le jour, l'heure et le lieu où cet inculpé devra comparaître. Quant au délai qui doit lui être accordé pour comparaître, la loi ne le détermine pas. C'est encore au juge d'instruction qu'il appartient d'apprécier le temps nécessaire pour la comparution. — Duverger, n° 400.

106. — Nous avons vu qu'il devait être laissé copie à l'inculpé du mandat de comparution. La nature de ce mandat n'exige point, pour la validité de la notification, qu'elle soit faite en parlant à la personne même de l'inculpé; il suffit qu'elle soit faite à son domicile ou à sa résidence; elle peut même l'être à un voisin ou au maire de la commune. Mais, lorsque l'inculpé n'est point trouvé à son domicile ou à sa résidence, le porteur du mandat doit avoir soin de mentionner dans l'acte de notification les renseignemens qu'il a obtenus: spécialement le temps pendant lequel il a pu apprendre que l'inculpé devait rester absent. — Duverger, nos 401 et 402.

107. — L'inculpé qui comparaît sur le mandat de comparution qui lui a été notifié doit être interrogé de suite (C. instr. crim., art. 93). L'interrogatoire subi après le délai fixé pour la comparution n'en est pas moins régulier. — Duvergier, t. 2, p. 19, note 3.

108. — Après avoir interrogé l'inculpé, le juge d'instruction peut convertir le mandat de comparution en tel autre qu'il appartiendra (C. instr. crim., art. 91); et ce ne peut être qu'en celui de dépôt ou d'arrêt, le mandat d'amener ne pouvant produire d'autre effet que celui de comparution. Le juge d'instruction se déterminera, à cet égard, d'après le résultat de l'interrogatoire. Il n'y a même pas, pour ce magistrat, obligation d'opter entre l'un ou l'autre des deux mandats précités. Ainsi, il peut laisser l'inculpé en liberté, si celui-ci s'est justifié ou a considérablement affaibli les charges qui pèsent sur lui, ou si la nature de la prévention est essentiellement favorable, comme lorsqu'il s'agit d'un délit de presse ; il est l'arbitre absolu de la mesure qu'il convient de prendre. — Carnot sur l'art. 91, n° 4 ; Duverger, nos 403 p. 104 ; Bourguignon, *Manuel d'instr. crim.*, t. 1er, 4 et 80 ; Morin, *loc. cit.*

109. — Lorsque l'inculpé ne satisfait point au mandat de comparution, il peut être contraint de se présenter par un mandat d'amener (C. instr. crim., art. 91) ; et il n'est pas nécessaire que, avant de recourir à l'emploi de ce mandat, le juge d'instruction constate par un procès-verbal signé de lui et du greffier le défaut de l'inculpé. — Duverger, n° 402 ; Morin, *loc. cit.* — *Contrà* Massabiau, n° 1783.

110. — Le juge d'instruction n'est même pas toujours tenu, en cas de non-comparution de l'inculpé, de convertir immédiatement le mandat de comparution en un mandat d'amener. Si, par exemple, il apparaît que l'inculpé a été empêché de se présenter par absence ou maladie, il peut se borner à répéter le mandat de comparution. Il ne doit décerner le mandat d'amener que lorsqu'il a de justes raisons de supposer qu'il y a, de la part de l'inculpé, désobéissance. — Duverger et Morin, *loc. cit.*

§ 5. — *Mandat d'amener.*

111. — Nous avons dit dans le paragraphe qui précède que le mandat d'amener ne devait point généralement être décerné contre l'individu domicilié, inculpé d'un fait de nature à ne donner lieu qu'à une peine correctionnelle ; qu'il ne pouvait l'être que dans les cas où cet individu refuserait d'obéir au mandat de comparution, et où il existerait des motifs graves, comme si, par exemple, il y avait de justes raisons de craindre que l'inculpé ne cherchât à se soustraire aux poursuites de la justice.

112. — Mais l'individu inculpé d'un délit emportant peine correctionnelle, qui n'a pas de domicile ni de résidence, peut être sommé immédiatement par un mandat d'amener de se présenter. Ce mandat doit être pareillement décerné contre toute personne à laquelle est imputé un délit entraînant peine afflictive ou infamante, quoiqu'elle ait un domicile connu, et de quelque qualité qu'elle soit (C. inst. crim., art. 91), sauf cependant certaines exceptions ou restrictions établies en faveur des fonctionnaires publics et des agens du gouvernement. — V. FLAGRANT DÉLIT, FONCTIONNAIRES PUBLICS, JUGE D'INSTRUCTION.

113. — La restriction établie en faveur des membres de la Chambre des pairs a cessé d'exister depuis le décret du 24 février 1848, qui, en abolissant cette chambre, en a replacé les membres dans la condition des citoyens ordinaires. Mais, à l'égard des représentans du peuple, un mandat d'amener ne peut être décerné contre eux, sauf le cas de flagrant délit, qu'après l'autorisation des poursuites par l'Assemblée nationale (Constit. de 1848, art. 37). Dans tous les cas de responsabilité des ministres, ceux-ci ne peuvent être l'objet de ce mandat qu'après une semblable autorisation (art. 98). Il en est de même du président de la République pour les crimes et délits déterminés par la loi (art. 100). — V., au surplus, PRÉSIDENT DE LA RÉPUBLIQUE, REPRÉSENTANS DU PEUPLE.

114. — Toutefois, dans les cas où le juge d'instruction peut décerner *de plano* un mandat d'amener, il ne doit le faire que lorsqu'il existe des motifs graves. Une plainte ou une dénonciation par laquelle un individu serait signalé comme auteur ou complice même d'un crime, peut ne pas suffire pour constituer une présomption de culpabilité assez forte, qui puisse autoriser le juge à décerner un mandat d'amener contre cet individu, surtout s'il a domicile. — C. instr. crim., art. 40 ; Discuss. au *Conseil d'Etat*, séance du 24 fruct. an XII ; circul. minist. 10 fév. 1819 ; — Duverger, n° 405 ; Massabiau, n° 1785 ; Mangin, n° 142 ; Morin, p. 506, 2e col.

115. — Il résulte de là que la faculté pour le juge d'instruction de ne décerner qu'un mandat de comparution ne doit pas être restreinte au cas où l'individu est domicilié et inculpé d'un délit passible de peines correctionnelles. Ni les termes, ni l'esprit de l'art. 91 du C. d'instr. crim. ne s'opposent d'ailleurs à ce que le juge d'instruction puisse user de la même faculté contre l'individu non domicilié et inculpé d'un simple

délit, et contre celui qui est inculpé d'un crime. Le législateur, dans cet article, a eu, en effet, pour but unique d'indiquer ce que doit faire ce magistrat dans les cas ordinaires, c'est-à-dire dans les cas où il y a dès maintenant des indices suffisans pour caractériser une inculpation sérieuse. Ainsi, alors, le juge d'instruction ne peut avoir l'option entre le mandat de comparution et le mandat d'amener. Il doit nécessairement décerner ce dernier mandat. C'est ce qu'a décidé la Cour de cassation par arrêt du 24 avril 1847 (t. 2 1847, p. 286), Delcasse. — V. aussi en ce sens Carnot sur l'art. 91, n° 22.

116. — Mais lorsqu'il n'existe encore contre l'individu inculpé, même d'un crime, aucun indice, aucune charge sérieuse, il pourrait être par trop rigoureux de le rendre immédiatement l'objet d'une mesure coercitive. Il appartient au juge d'instruction d'apprécier les circonstances et le parti qu'elles commandent de prendre. La loi abandonne entièrement, dans ce cas, aux inspirations de sa conscience le choix, l'option entre le mandat d'amener ou le mandat de comparution. — *Cass.*, 8 nov. 1834, Avril et Perrault. — Duverger, nos 398 et 405 ; Massabiau, n° 1785 ; Mangin, n° 142 ; de Molènes, *Traité pratiq. des fonct. du ministère public*, t. 1er, p. 282 ; Teulet, d'Auvilliers et Sulpicy, *Codes annotés*, nos 15 et suiv. sur l'art. 91 C. instr. crim.

117. — L'aveu seul de l'inculpé peut quelquefois suffire pour autoriser l'émission du mandat d'amener. Mais, en règle générale, il vaut mieux, avant d'employer ce mandat, que la présomption de culpabilité qui résulte de l'aveu se trouve confirmée par un commencement d'information. — Duverger, 2e édit., t. 3, p. 25, note.

118. — Dans un projet de loi présenté aux Chambres en 1842 et 1843, une nouvelle rédaction de l'art. 91 avait été proposée ; elle rendait formellement facultative la délivrance du mandat d'amener contre un prévenu domicilié, même pour un fait emportant peine afflictive ou infamante, et n'imposait au juge d'instruction l'obligation de décerner ce mandat que lorsque le prévenu d'un fait de cette nature était sans domicile. Mais ce projet n'a point été converti en loi définitive.

119. — On s'est demandé s'il n'existait point en faveur des délits de presse une exception à la faculté qu'a le juge d'instruction de décerner *de plano* un mandat d'amener, et cette question a été résolue négativement. — Duverger, n° 407. — V. DÉLITS DE PRESSE, nos 521 et 522.

120. — Les témoins qui refusent de comparaître soit devant le juge d'instruction, soit à l'audience, sur la citation régulière qui leur a été donnée, peuvent aussi être contraints par un mandat d'amener de se présenter. — C. instr. crim., art. 80, 92, 157, et 262.

121. — Nous avons fait remarquer précédemment que le juge d'instruction pouvait décerner un mandat de comparution sans réquisition préalable du ministère public ; il peut également décerner, sans cette réquisition, un mandat d'amener, soit qu'il ait été saisi de la plainte directement, soit qu'elle lui ait été transmise par le ministère public. C'est ce qui résulte de la discussion qui a eu lieu au Conseil d'Etat dans la séance du 21 juin 1808. — V. Locré, t. 25, p. 175. — V. aussi, en ce sens, Duverger, n° 406 ; Morin, p. 507, 1re col. — Il peut même délivrer un mandat d'amener, quoique le ministère public ait requis un mandat de comparution. — Duverger, *loc. cit.*

122. — Le mandat d'amener doit, conformément à la règle générale que nous avons posée plus haut (n° 75), être notifié à l'individu qui en est l'objet. Cette notification doit être faite à personne ou à domicile. — C. instr. crim., art. 97 et 105. — Les poursuites faites ensuite d'un mandat d'amener qui n'est notifié ni à la personne ni au domicile du prévenu sont irrégulières. — *Grenoble*, 5 avr. 1831, Vaucenat.

123. — Dans le cas où le prévenu n'est point trouvé à son domicile ou à sa résidence, le mandat doit de plus être exhibé au maire, ou à l'adjoint, ou au commissaire de police de la commune, qui sont tenus d'apposer leur visa sur l'original de l'acte de notification. — C. instr. crim., art. 105. — Cette formalité est substantielle, et son omission entraînerait la nullité des poursuites. — *Grenoble*, 26 mai 1823, Ferras. — Duverger, t. 3, p. 48, n° 416 ; Morin, *loc. cit.* ; Massabiau, n° 1787. — *Contrà* Mangin, n° 163.

124. — L'art. 105 précité doit recevoir son application même dans le cas où des parens ou serviteurs du prévenu seraient trouvés à son domicile. A plus forte raison la remise de la copie du mandat à un voisin qui signerait l'original ne pourrait-

elle suppléer à la formalité du visa. Ce n'est pas seulement, en effet, en cas de refus par les parens ou voisins de recevoir la notification que l'exhibition du mandat d'amener doit être faite au maire, ou à l'adjoint, ou au commissaire de police. C'est à tort que, par l'arrêt précité du 26 mai 1823, la cour de Grenoble l'a jugé autrement. Car il est constant que les dispositions du Code de procédure relatives à la notification des exploits en matière civile ne sont pas applicables en matière criminelle. — V. à cet égard EXPLOIT (mat. crim.).

125. — Le visa exigé par l'art. 105 ne pourrait même être suppléé par la remise du mandat à la gendarmerie du lieu où le prévenu serait supposé être caché.

126. — Si le prévenu, quoique connu et nominativement désigné n'est pas trouvé, et que son domicile ou sa résidence soient inconnus, l'exécution du mandat d'amener doit alors s'opérer par des recherches faites tant dans la commune où le délit a été commis que dans celles où l'on aura suivi les traces du prévenu ; et cette exécution est constatée par des procès-verbaux dressés par les agens porteurs du mandat. C'est ainsi, du reste, qu'il est procédé dans la pratique. Il n'est pas nécessaire, dans ce cas, d'exhiber le mandat aux autorités des communes dans lesquelles les recherches ont eu lieu et de requérir leur visa, ni de notifier le mandat en l'affichant à la principale porte de l'auditoire du tribunal auquel est attaché le juge chargé de l'instruction et en en laissant une copie au parquet du procureur de la République. Il n'y a point lieu, dans le silence du Code d'instruction criminelle, sur ce point, d'appliquer par analogie l'art. 69, § 8, C. procéd. civ. Car ce mode de procéder serait sans avantage pour le prévenu qui a pris la fuite, et occasionnerait des frais frustratoires. — Duverger, n° 416 ; Mangin, n° 162. — V. cependant *Paris*, 5 oct. 1838 (t. 2 1838, p. 309), Alexandre. — Carnot, sur l'art. 105, n° 4 ; Massabiau, n° 1789.

127. — Si le prévenu trouvé à son domicile ou ailleurs consent à l'exécution du mandat sur la notification qui lui en est faite, le porteur de ce mandat l'accompagne seul devant le magistrat qui l'a décerné. Mais s'il refuse d'obéir, ou si, après avoir déclaré qu'il est prêt à obéir, il tente de s'évader, le porteur du mandat peut alors, pour le contraindre à y obtempérer, employer la force publique du lieu le plus voisin, qui est tenue de marcher sur la réquisition contenue dans le mandat d'amener. — C. instr. crim., art. 99.

128. — Lorsque, après plus de deux jours depuis la date du mandat d'amener, le prévenu est trouvé hors de l'arrondissement de l'officier qui l'a délivré, et à une distance de plus de cinq myriamètres du domicile de cet officier, il peut n'être pas contraint de se rendre au mandat ; alors le procureur de la République de l'arrondissement où il est trouvé, et devant lequel il doit être conduit, décerne contre lui un mandat de dépôt, en vertu duquel il est détenu dans la maison d'arrêt du lieu. — C. instr. crim., art. 100, alin. 1er. — Mais il ne peut être fait application de cet article que sur la demande du prévenu. — Carnot, sur l'art. 100, n° 1er ; Duverger, n° 410.

129. — Quand, dans le cas qui précède, il a été décerné mandat de dépôt, il en doit être donné avis dans les vingt-quatre heures au procureur de la République du siége du juge d'instruction qui a délivré le mandat d'amener, et les procès-verbaux, s'il en a été dressé, doivent lui être transmis. — C. instr. crim., art. 101.

130. — Dans les vingt-quatre heures qui suivent la réception de ces procès-verbaux, le procureur de la République les communique au juge d'instruction, qui doit transmettre à son collègue du lieu où le prévenu a été trouvé les pièces et renseignemens relatifs au délit, ou lui adresser une commission rogatoire détaillée, afin qu'il puisse être procédé à l'interrogatoire du prévenu, lequel interrogatoire lui est ensuite renvoyé avec toutes les pièces. — C. instr. crim., art. 90, 102 et 103.

131. — Mais, si le prévenu a été trouvé muni d'effets, de papiers ou d'instrumens qui font présumer qu'il est auteur ou complice du délit pour lequel il est recherché, il ne peut être relaxé dans le lieu où il a été arrêté, bien qu'il le demande, et quels que soient le délai et la distance dans lesquels il a été trouvé ; le mandat d'amener doit alors être pleinement exécuté. — C. instr. crim., art. 100, alin. 2.

132. — Il en est de même si les produits ou les instrumens du délit, au lieu d'être trouvés en la possession du prévenu au moment de son arrestation, ont été déjà saisis sur lui avant qu'il se soit éloigné du lieu où le délit a été commis. — Duverger, n° 412.

133. — Lorsque le prévenu est conduit devant le juge d'instruction qui a décerné le mandat d'amener, il doit être interrogé, sinon sur-le-champ, comme au cas de flagrant délit (V. FLAGRANT DÉLIT), au plus tard dans les vingt-quatre heures de son arrivée. — C. instr. crim., art. 93. — Sur les conséquences du défaut d'interrogatoire dans ce délai, V. INSTRUCTION CRIMINELLE, n°s 474 et suiv.

134. — Le mandat d'amener ne peut donner lieu à une inscription d'écrou. De là s'est élevée la question de savoir dans quel lieu le prévenu devait être déposé en attendant son interrogatoire : question sur la solution de laquelle les criminalistes sont divisés. Les uns prétendent qu'il ne peut être conduit dans la maison d'arrêt qu'autant qu'il y existe une chambre spécialement destinée à recevoir les prévenus avant leur interrogatoire (Legraverend. t. 1er, p. 310) ; d'autres qu'il doit être gardé à vue dans une salle du greffe (Carnot, sur les art. 91, n° 11, et 93, n° 3) ; d'autres encore qu'il ne peut être déposé et gardé à vue que dans une salle de la maison commune. — Bourguignon, *Jurisprudence des Codes criminels*, p. 217 ; Massabiau, n°s 1580 et 1786. — Sans doute, lorsqu'il existera dans la maison commune un local sûr pour recevoir provisoirement les prévenus, ceux-ci devront y être déposés avant leur interrogatoire. Mais, à défaut de ce local, d'autres auteurs enfin pensent que les prévenus devront être placés dans la maison d'arrêt, encore bien qu'elle ne contienne point de local spécial. — De Molènes, t. 2, p. 66 et suiv.; Duverger, n° 414 ; Mangin, n° 152. — La maison d'arrêt est le seul lieu, en effet, qui offre des garanties contre l'évasion. Mais alors son entrée dans cette maison devra être constatée sur un registre particulier destiné aux détentions provisoires. — Mangin, *loc. cit.*

135. — L'ordre pour la détention provisoire du prévenu doit être donné par le juge d'instruction lorsque le prévenu, amené en vertu d'un mandat qu'il a décerné, est conduit devant lui. Il doit être donné par le procureur de la République lorsque le prévenu est arrêté en flagrant délit, ou lorsque, arrêté en vertu d'un mandat d'amener délivré par le juge d'instruction, ce magistrat est absent ou empêché. — Duverger, n° 415.

§ 6. — *Mandat de dépôt.*

136. — Le Code d'instruction criminelle n'a parlé du mandat de dépôt que pour en indiquer les formes ; il n'en a point assez précisé le caractère et les effets. Mais l'usage a attribué à ce mandat la même force et la même durée qu'au mandat d'arrêt, avec lequel il est confondu, d'ailleurs, dans plusieurs articles du Code d'instruction criminelle ; comme lui, il constitue le prévenu en état de détention préventive. Ce n'est donc pas seulement un acte provisoire, d'une durée restreinte, décerné en cas d'urgence, en attendant le mandat d'arrêt. — Duverger, 2me éd., t. 3, p. 61, note 2; Massabiau, n°s 1791 et 1792.

137. — Comme le mandat d'amener, le mandat de dépôt peut être décerné contre toutes les personnes auxquelles est imputé un fait emportant une peine afflictive ou infamante, ou un emprisonnement correctionnel, même contre les prévenus de délits ou crimes commis par la voie de la presse, à l'égard desquels il n'existe point d'exception. — V. *suprà*, n° 119; et Duverger, n° 419. — Mais c'est surtout dans ce dernier cas que le juge d'instruction doit user du droit qu'il a de ne décerner un mandat de dépôt qu'avec la plus grande discrétion.

138. — Le prévenu d'un fait correctionnel, passible seulement d'une amende, ne peut être placé sous mandat de dépôt. — Code d'instr. crimin., art. 129 et 131. — Mangin, n° 146. — Les débitans ou colporteurs frauduleux de tabacs, quoiqu'ils n'encourent qu'une amende, peuvent cependant, par exception à ce principe, être détenus préventivement en vertu d'un mandat de dépôt. — L. 28 avr. 1816, art. 222, 223 et 224. — Mais le juge d'instruction a la faculté de ne point délivrer ce mandat, lorsque l'inculpé est connu et domicilié. — *Douai*, 21 mars 1831, Cuvelier et Delsenite.

139. — Quant à la forme des mandats de dépôt, elle n'est pas expressément déterminée par la loi. Mais on suit celle du mandat d'amener, en remplaçant le mot *conduire* par le mot *déposer*, et en ajoutant à la fin: *mandons de recevoir et garder en dépôt* le prévenu. — Circul. minist., 29 flor. an IX.

140. — Sous notre ancien droit criminel, le prévenu devait d'abord être écroué; il était interrogé ensuite. — Ord. 1670, tit. 10, art. 9. — Aujourd'hui, lorsqu'il y a lieu de décerner un mandat de dépôt, il ne peut l'être qu'après l'interrogatoire subi par le prévenu, en exécution du mandat soit de comparution, soit d'amener. — Arg., art. 94, C. d'instr. crimin. — Toutefois, si le mandat d'amener n'a pu être exécuté, l'inculpé par exemple étant en fuite, il est permis au juge d'instruction de le convertir, sans attendre l'interrogatoire, en un mandat de dépôt. — Massabiau, n° 1794; Duverger, n° 420.

141. — Lorsque, dans le cas de flagrant délit, le procureur de la République ou son substitut ont commencé l'instruction, l'interrogatoire qu'ils ont fait subir au prévenu, qui ne s'est pas justifié, suffit pour autoriser le juge d'instruction à décerner immédiatement le mandat de dépôt. Il en est de même de l'interrogatoire que le prévenu a subi en vertu d'une commission rogatoire. — Duverger, *loc. cit.*, t. 3, p. 61.

142. — Le mandat de dépôt, entraînant la détention préventive, ne peut être décerné sur de simples soupçons. Il ne suffit même pas que le prévenu, dans son interrogatoire, n'ait point détruit les présomptions résultant contre lui soit de la plainte, soit de la dénonciation. Il faut que ces présomptions aient été confirmées par quelques témoignages, par un commencement d'information. — Duverger, n° 420; Mangin, n° 144.

143. — Dans les cas prévus par les art. 34 et 36 C. d'instr. crimin., le mandat de dépôt peut être décerné sans que ceux qui en sont l'objet aient été préalablement interrogés, parce que le fait qui motive ce mandat se trouve déjà constaté.

144. — Le mandat de dépôt est, du reste, entièrement à la disposition du juge d'instruction; il n'a pas besoin, pour le décerner, des réquisitions du ministère public. — C. d'instr. crimin., art. 61, 91 et 94. — Legraverend, t. 1er, p. 315; Carnot, sur l'art. 94, n° 2; Morin, p. 507, 2me col. *in fine*; Duverger, n° 421.

145. — Lorsque de l'interrogatoire du prévenu il résulte pour le juge d'instruction la conviction qu'il n'a pas détruit les charges qui pesaient sur lui, il est du devoir de ce magistrat de convertir le mandat de comparution ou d'amener en un mandat de dépôt. Mais s'il pense au contraire que le prévenu s'est complétement justifié, il peut, il doit même, s'abstenir de décerner le mandat de dépôt; sauf à recourir plus tard à ce mandat, si de nouvelles charges le rendent nécessaire. — Carnot, sur l'art. 94, n° 1er; Duverger, n° 423.

146. — Et le juge d'instruction qui croit qu'un mandat de dépôt ne peut être décerné n'est pas tenu de communiquer préalablement la procédure au ministère public. En lui permettant de décerner le mandat sans les conclusions du ministère public, l'art. 61 C. inst. crim., lui permet également de s'en abstenir *de plano*. Son pouvoir n'est pas moins absolu dans l'un que dans l'autre cas. Il ne doit consulter que l'impression qu'il a recueillie de l'instruction à laquelle il s'est livré. La loi s'en rapporte, à cet égard, à ses lumières et à sa conscience. — *Paris*, 13 mars 1835, Fourquet. — Il n'y a même pas lieu de distinguer, comme le fait Legraverend (t. 1er, p. 377), entre le cas où le mandat d'amener en vertu duquel le prévenu a été interrogé a été décerné par le ministère public ou requis par lui, et celui où il n'existe encore aucun réquisitoire du ministère public. Cependant, comme la non-délivrance du mandat de dépôt a pour effet de laisser le prévenu en liberté, le juge d'instruction fera bien de se concerter, avant d'arrêter sa détermination, avec le ministère public. — Duverger, *loc. cit.*; Massabiau, n°s 1797 et suiv.

147. — Toutefois, l'avis du ministère public ne lie point le juge d'instruction. Le pouvoir qu'il a de s'abstenir du mandat de dépôt est tellement absolu qu'il peut même refuser ce mandat, quoiqu'il ait été requis par le ministère public. — V. l'arrêt de Paris précité du 13 mars 1835. — Bourguignon, *Jurisprud. des cod. crim.*, t. 1er, p. 298; Carnot, sur l'art. 94, n° 2, et *Observ. addit.*, n° 1er; Massabiau, n° 1800; Duverger, *loc. cit.* — Et, dans ce cas, le prévenu n'en doit pas moins être laissé en liberté, quels que soient les inconvéniens qui puissent en résulter, malgré l'appel interjeté par le ministère public de l'ordonnance de refus. Car le prévenu ne peut être détenu préventivement en vertu d'un mandat d'amener, qui a été épuisé par son interrogatoire. — Duverger, n° 433 *in fine*; Massabiau, n° 1795. — Il résulte même de là que, si, avant de déclarer qu'il n'y a lieu de décerner mandat de de dépôt, le juge d'instruction était obligé de communiquer la procédure au ministère public, le prévenu se trouverait illégalement détenu pendant un certain temps, puisque le ministère public a trois jours pour examiner la procédure et donner ses réquisitions. — Code instruct. crim., art. 61.

148. — Jugé, en effet, qu'on doit considérer comme illégale la détention opérée en vertu d'un mandat d'amener qui n'a pas été converti en mandat de dépôt ou d'arrêt; et qu'en conséquence le tribunal saisi de l'appel d'un jugement correctionnel qui a condamné le prévenu à l'emprisonnement, peut, avant de statuer sur cet appel et en ordonnant un sursis sur le fond, prononcer la mise en liberté du prévenu. — *Cass.*, 4 avril 1840, Jardé. — Il est à remarquer aussi que, dans l'espèce de cet arrêt, le mandat d'amener n'avait été suivi d'aucun interrogatoire. — V. ARRESTATION ILLÉGALE.

149. — Mais le juge d'instruction qui décerne ou refuse de décerner un mandat de dépôt, malgré les réquisitions du ministère public, doit rendre à cet égard une ordonnance indiquant les motifs qui ont déterminé l'option qu'il a faite. Il a été jugé, cependant, que le ministère public ne pouvait attaquer cette ordonnance. — *Paris*, 13 mars 1835, Fourquet. — Mais en admettant même qu'il soit recevable à y former opposition, cette opposition ne pourrait empêcher la mise en liberté du prévenu. Car le recours contre les ordonnances du juge d'instruction n'a pas un effet suspensif. — *Cass.*, 4 août 1820, Chevalier.

150. — Lorsque le prévenu contre lequel un mandat d'amener a été décerné n'a pu être trouvé, le juge d'instruction peut néanmoins, après avoir complété la procédure et avant de la communiquer au ministère public, délivrer un mandat de dépôt, en vertu duquel le prévenu serait constitué en état de détention, s'il venait à être saisi avant que l'ordonnance de prise de corps rendu par la chambre du conseil eût été confirmée par la chambre des mises en accusation. — Duverger, n° 424; Carnot, sur l'art. 94, n° 3.

151. — Le juge d'instruction qui a laissé le prévenu en liberté peut, même après un arrêt de non-lieu, décerner contre lui un mandat de dépôt, si de nouvelles charges se sont depuis révélées. — C. instruct. crim., art. 229 et 248.

152. — S'il était reconnu que le juge d'instruction avait fait un mauvais usage de la faculté que lui accorde la loi de décerner ou de refuser de décerner un mandat de dépôt, il pourrait être, à raison de ce fait, soumis à la juridiction disciplinaire, conformément aux art. 279 et suiv. C. inst. crim. — *Cass.*, 4 août 1820, Chevalier; *Paris*, 13 mars 1835, Fourquet. — Massabiau, n° 1794.

153. — C'est encore par un mandat de dépôt que doivent être mis en état de détention provisoire les témoins dont les dépositions à l'audience paraissent fausses. — C. instr. crim., art. 330 et 576. — Mais le témoin cité qui ne comparaît pas ne peut jamais être contraint par mandat de dépôt de se présenter. — Carnot, sur l'art. 92, n° 1.

154. — Lorsqu'un individu a déjà été placé sous mandat de dépôt à raison d'un premier délit, s'il est l'objet d'une nouvelle poursuite, il peut encore être décerné contre lui un nouveau mandat. Il doit être décerné autant de mandats qu'il y a de délits distincts poursuivis séparément. — Duverger, n° 425; Massabiau, n° 1805.

155. — Le mandat de dépôt contient l'ordre aux agens de la force publique de conduire le prévenu à la maison d'arrêt, et aux gardiens de cette maison de le recevoir. Si ce mandat est délivré contre un inculpé que le juge d'instruction vient d'interroger, cet inculpé est conduit du cabinet de ce magistrat à la maison d'arrêt. Le mandat lui est immédiatement exhibé et notifié. Si le mandat de dépôt est décerné contre un prévenu absent, il est exécuté de la même manière que le mandat d'amener, c'est-à-dire conformément à ce qui est prescrit par l'art. 105 C. instr. crim. — Mangin, n° 165.

156. — Le mandat de dépôt n'emporte point par lui-même, comme le mandat d'arrêt (V. *infrà* n° 174), pouvoir pour celui qui est chargé de l'exécution de dresser un procès-verbal de perquisition dans le cas où le prévenu ne peut être saisi (décr. 18 juin 1811, art. 75; Mangin, *loc. cit.*). Mais, si le magistrat qui a décerné le mandat de dépôt avait requis une perquisition, il pourrait alors être dressé un procès-verbal, dont les frais entreraient en taxe. — Instr. du min. de la justice du 27 nov. 1811; Dalmas, *Des frais de justice*, p. 217.

157. — Le prévenu détenu en vertu d'un mandat de dépôt peut user de la faculté de faire défaut, lorsqu'il est amené devant le tribunal de police correctionnelle. — *Paris*, 15 juin 1827, de Maubreuil; *Cass.*, 12 déc. 1834, Lebon. — V. cependant *Paris*, 1er août 1833, Brunelet. — La loi du 9 sept. 1835 n'a point dérogé à ce principe pour les délits commis par la voie de la presse. — V. DÉLITS DE PRESSE, nos 606 et suiv.

§ 7. — *Mandat d'arrêt.*

158. — Comme le mandat de dépôt, le mandat d'arrêt a pour effet de constituer le prévenu en état de détention. Il peut être décerné contre les mêmes personnes et dans les mêmes cas que le mandat de dépôt. Nous avons déjà précédemment fait remarquer que la loi abandonnait à la conscience du juge d'instruction l'option entre l'un ou l'autre de ces deux mandats, et que, dans la pratique, le mandat d'arrêt était ordinairement décerné lorsque le développement de l'instruction avait donné aux charges un caractère de gravité incontestable.

159. — Le mandat d'arrêt peut donc intervenir, lorsque le fait emporte peine afflictive ou infamante, ou même seulement un emprisonnement correctionnel, et que l'inculpé, qui a comparu devant le juge d'instruction en vertu, soit d'un mandat de comparution, soit d'un mandat d'amener, n'a pas détruit les charges qui s'élevaient contre lui (C. instr. crim., art. 94). Mais il ne peut, en aucun cas, être décerné, lorsque le fait correctionnel n'est passible que d'une amende. — Mangin, no 146.

160. — L'art. 94 C. instr. crim., qui exige qu'avant de délivrer ce mandat, le juge d'instruction entende le prévenu, n'est qu'énonciatif. D'où il suit que si l'inculpé s'est soustrait à l'exécution du mandat d'amener, il n'en peut pas moins être frappé d'un mandat d'arrêt. Sa fuite le place dans la position de celui qui, ayant subi interrogatoire, ne s'est pas disculpé. — *Cass.*, 4 août 1820, Chevalier. — Legraverend, t. 1er, p. 316; Massabiau, no 1809; Morin, p. 508, 1re col.; Duverger, no 429.

161. — A la différence du mandat de dépôt, le mandat d'arrêt, dont les conséquences sont plus graves et plus rigoureuses, doit être nécessairement précédé des conclusions du ministère public. — C. instr. crim., art. 94. — Massabiau, no 1811; Duverger, no 431. — L'art. 94 se bornant à exprimer que le ministère public doit être *ouï*, semble supposer que ses conclusions peuvent être *verbales*. Carnot (sur l'art. 94, no 2) enseigne, en termes formels, que des conclusions verbales suffisent, lorsque le ministère public a assisté à l'interrogatoire du prévenu, mais qu'elles doivent être écrites, lorsqu'il a été procédé à l'interrogatoire en son absence. M. Duverger (*loc. cit.*) considère, au contraire, d'une manière absolue, les conclusions verbales comme suffisantes. — V. aussi, en ce sens, Morin, *loc. cit.* — Mais il observe toutefois, avec raison, qu'il est plus prudent de ne décerner le mandat d'arrêt que sur un réquisitoire écrit.

162. — Mais soit que les conclusions du ministère public soient verbales, soit qu'elles soient écrites, il doit en être fait mention dans le mandat d'arrêt, ce mandat devant renfermer la preuve de l'accomplissement d'une formalité qui est substantielle. — Duverger, *loc. cit.* — Il ne doit pas seulement, comme semble l'indiquer Carnot (*loc. cit.*), n'être fait mention dans le mandat des conclusions du ministère public que quand elles sont verbales.

163. — Toutefois, des termes mêmes de l'art. 94 il résulte qu'il n'est pas nécessaire que les conclusions du ministère public contiennent réquisition expresse de décerner un mandat d'arrêt : ce magistrat peut requérir le juge d'instruction de décerner tel mandat qu'il appartiendra, ou même, plus généralement, déclarer s'en rapporter à sa prudence. — Duverger et Morin, *loc. cit.*

164. — Il se présente ici, comme pour le mandat de dépôt (V. *suprà* nos 146 et 147) la question de savoir si le droit de décerner le mandat d'arrêt est purement facultatif pour le juge d'instruction. En d'autres termes, les réquisitions du ministère public, soit qu'elles soient contraires au prévenu, soit qu'elles lui soient favorables, obligent-elles le juge d'instruction à décerner un mandat d'arrêt ou à s'abstenir de le délivrer? En s'attachant encore aux termes mêmes de l'art. 94 du Code d'instr. crimin., il ne paraît pas possible de résoudre cette question affirmativement. Cet article, en effet, n'autorise pas le juge d'instruction à ne décerner ou à ne re-

fuser de décerner le mandat d'arrêt que conformément aux conclusions du ministère public; il veut seulement qu'il ne puisse le décerner qu'après avoir *ouï* le ministère public. Il suffit donc, pour l'application de l'article précité, que ce magistrat ait été entendu. Mais il n'y a rien dans la loi d'où l'on puisse induire que le législateur ait subordonné le pouvoir du juge d'instruction à ses réquisitions. Le mot *pourra* qui se trouve dans ledit article, indique même que, loin d'avoir voulu imposer, à cet égard, une obligation au juge d'instruction, il lui a laissé toute faculté de consentir ou de refuser le mandat d'arrêt, quelles que soient les réquisitions du ministère public. — *Cass.*, 4 août 1820, Chevalier; 1er août 1822, Guende; 7 avr. 1837 (t. 1er 1837, p. 397), R...; *Nîmes*, 22 juin 1839 (t. 1er 1839, p. 614), M... — Carnot, sur l'art. 94, no 2, et *Observat. additionn.*, no 1er; Massabiau, no 1810; Duverger, nos 432 et 433; Mangin, nos 148 et 167; Morin, p. 508, 2e col.

165. — Mais, comme, en cas de refus de décerner mandat de dépôt (V. *suprà* nos 151 et 152), le juge d'instruction, qui, ne croyant pas devoir obtempérer aux réquisitions du ministère public, refuse de décerner le mandat d'arrêt qui lui est demandé, doit rédiger une ordonnance constatant les motifs de son refus, ordonnance que le ministère public peut attaquer par la voie de l'appel devant la chambre d'accusation, ou par la voie de cassation (arrêts précités de *Cass.*, des 4 août 1820 et 1er août 1822; 23 déc. 1831, Chaillou. — Massabiau et Mangin, *loc. cit.*); de même, s'il y avait eu de la part du juge d'instruction abus de la faculté d'abstention, il y aurait lieu aussi de prononcer contre lui une peine disciplinaire. — Même arrêt de *Cass.*, du 4 août 1820. — Duverger, no 433 *in fine*.

166. — Le refus par le juge d'instruction de décerner un mandat d'arrêt ne peut, dans tous les cas, jamais être une cause de nullité de la procédure. — Arrêt précité de *Cass.*, du 4 août 1820.

167. — Il est cependant un cas dans lequel un mandat d'arrêt peut être décerné, sans être précédé des conclusions du ministère public : c'est celui prévu par l'art. 330 C. instr. crim. Le président d'une cour d'assises peut, aux termes de cet article, sans avoir besoin de prendre les réquisitions du ministère public, décerner mandat d'arrêt contre le témoin dont la déposition paraît fausse. — Legraverend, t. 1er, p. 316.

168. — Outre les formalités communes à tous les mandats, et qui ont été rappelées ci-dessus, le mandat d'arrêt doit contenir spécialement l'énonciation du fait pour lequel il est décerné et la citation de la loi qui déclare que ce fait est un crime ou un délit. — C. instr. crim., art. 96. — Nous avons vu aussi précédemment qu'il devait contenir la mention des conclusions du ministère public.

169. — La double énonciation du fait et de la loi est substantielle, et le mandat d'arrêt dans lequel elle n'est point renfermée doit être déclaré nul. — *Cass.*, 5 sept. 1817, Comte et Dunoyer. — Morin, p. 509, 1re col.; Duverger, no 435. — L'omission seule de l'une de ces énonciations, par exemple celle de la loi pénale, entraîne la nullité du mandat. — Massabiau, no 1812. — *Contrà*, Carnot, sur l'art. 96, no 3.

170. — Mais un mandat d'arrêt n'est pas nul, parce qu'il ne détaille pas les circonstances du fait incriminé, ou qu'il ne contient pas le *texte* de la loi pénale. — Massabiau et Duverger, *loc. cit.*

171. — Le mandat d'arrêt qui porte que tel individu est prévenu des délits prévus par les art. 5, 8, 9 et 10 de la loi du 9 nov. 1815, contient une énonciation suffisante du fait pour lequel il est délivré. — V. l'arrêt de cassation précité du 5 sept. 1817. — Duverger, *eod. loc.*

172. — Il n'est même pas nécessaire que le mandat d'arrêt mentionne tous les délits résultant de l'instruction; il suffit qu'il contienne l'énonciation d'un seul fait qui soit de nature à justifier l'emploi de ce mandat. — *Cass.*, 8 brum. an IX, Perouze.

173. — Le Code d'instruction criminelle n'a point, comme aux cas des mandats de comparution et d'amener, fixé le délai dans lequel doit être interrogé le prévenu arrêté en vertu d'un mandat de dépôt ou d'arrêt. Carnot (sur l'art. 96, no 5), appliquant ici l'art. 127 C. instr. crim., d'après lequel le juge d'instruction doit faire rapport, au moins une fois par semaine, des affaires qu'il instruit, en conclut que l'interrogatoire du prévenu dont il s'agit ne peut être différé que de quelques jours. Mais c'est à tort que l'auteur précité fait en cette matière application de l'art. 127, qui n'oblige pas le juge d'instruction à attendre, pour faire son rapport, l'exécution des mandats de dépôt ou d'arrêt qu'il a dé-

cernés. L'absence du prévenu peut donc ne pas retarder l'achèvement de l'instruction. Le juge d'instruction, encore saisi de l'affaire, interrogera le prévenu aussitôt qu'il lui sera possible. L'interrogatoire du prévenu ne peut avoir sur son sort une influence aussi immédiate que lorsqu'il se présente sur mandat de comparution ou d'amener, parce qu'il ne dépend pas du juge d'instruction de faire cesser l'effet du mandat de dépôt ou d'arrêt. — Duverger, no 436.

174. — Le Code d'instruction criminelle indique les formalités à remplir, lorsque le prévenu contre lequel un mandat d'arrêt est décerné ne peut être saisi. — Ce mandat doit d'abord être notifié à la dernière habitation du prévenu, et il doit être dressé un procès-verbal de perquisition en présence des deux plus proches voisins du prévenu qui peuvent être trouvés par l'agent d'exécution. Ces voisins signeront le procès-verbal, ou s'ils ne savent ou ne veulent signer, il en sera fait mention, ainsi que de l'interpellation qui leur en aura été faite. — C. instr. crim., art. 109, alin. 1er et 2.

175. — Si la dernière habitation du prévenu était entièrement isolée, ou si les voisins refusaient d'assister à la perquisition, l'agent chargé d'exécuter le mandat satisferait au vœu de la loi en constatant ces circonstances dans son procès-verbal. — Carnot, sur l'art. 109, nos 2 et 3; Mangin, no 164.

176. — Le porteur du mandat d'arrêt doit ensuite faire viser son procès-verbal par le juge de paix ou son suppléant. S'il n'existe point sur les lieux de juge de paix, il le fera viser par le maire, l'adjoint ou le commissaire de police. Une copie de procès-verbal doit, en outre, être laissée au fonctionnaire qui l'aura visé. — C. instr. crim., art. 109, alin. 3.

177. — Ces formalités remplies, le mandat d'arrêt et l'original du procès-verbal seront remis au greffe du tribunal (même art., alin. 4), dont fait partie le magistrat qui a décerné le mandat. Dans la pratique, ces pièces sont transmises au procureur de la République, qui les dépose au greffe ou entre les mains du juge d'instruction, pour être jointes à la procédure.

178. — Enfin, d'après l'art. 77, décr. 18 juin 1811, sur les frais de justice criminelle, une copie en forme du mandat d'arrêt doit être adressée au commissaire général de police du lieu, ou, à son défaut, au commandant de la gendarmerie, et, à Paris, au préfet de police. De plus, le procureur de la République doit envoyer le signalement du prévenu au ministre de l'intérieur, afin qu'il soit inséré dans la feuille générale des signalemens. — Circul. du min. de la just. du [illegible] oct. 1823.

179. — Lorsque l'inculpé arrêté en vertu d'un mandat d'amener a usé du droit que lui accorde l'art. 100 du C. d'instr. crim., si dans le cours de l'instruction que continue le juge saisi de l'affaire, ce magistrat croit nécessaire de décerner un mandat d'arrêt, il peut le faire, après avoir toutefois donné communication de la procédure au ministère public (Carnot, sur l'art. 104, no 1), et il peut ordonner, par ce mandat, que le prévenu sera transféré dans la maison d'arrêt du lieu où se fait l'instruction. S'il ne l'a pas fait, le prévenu restera dans la maison d'arrêt de l'arrondissement où il aura été trouvé, jusqu'à ce qu'il ait été statué sur la prévention par la chambre du conseil. — C. instr. crim., art. 104.

180. — M. Carnot (sur l'art. 104, no 4) conteste au juge d'instruction qui n'a pas exprimé dans le mandat d'arrêt que le prévenu sera transféré dans la maison d'arrêt du lieu où se fait l'instruction la faculté de réparer cette omission par un acte postérieur; mais cette opinion ne saurait être admise : car, en accordant par l'art. 100 une faveur au prévenu, le législateur n'a pu vouloir nuire à la manifestation de la vérité. Or, il peut être utile, nécessaire même, pour la régularité ou le complément de la procédure, que le prévenu soit transféré au lieu où se fait l'instruction. Il doit donc être permis au juge d'instruction de décerner un nouveau mandat d'arrêt réparant l'omission contenue dans le premier. — Duverger, no 436.

§ 8. — *Règles d'exécution communes aux divers mandats.*

181. — Sous les paragraphes relatifs à chacun des mandats de comparution, d'amener, de dépôt et d'arrêt, nous avons indiqué de quelle manière ils devaient être exécutés, soit que celui qui en était l'objet fût trouvé, soit qu'il ne le fût point. Il nous reste à dire ici quelques mots de quelques règles générales d'exécution.

182. — Les mandats de comparution, d'amener, de dépôt et d'arrêt, sont exécutoires dans toute l'étendue de la République (C. instr. crim., art. 98), tant qu'ils n'ont pas été révoqués, remplacés ou anéantis par un autre acte de l'autorité judiciaire. — Massabiau, n° 1769; Duverger, p. 8, note 2.

183. — Le droit de faire exécuter les mandats décernés par le juge d'instruction appartient au ministère public. — C. instr. crim., art. 28. — Le juge d'instruction est tenu, par conséquent, de les lui transmettre. — Massabiau, n° 1766. — S'il s'agit de l'exécution d'un mandat d'arrêt contre un individu passé en pays étranger et dont l'extradition est demandée, V., pour la marche à suivre, EXTRADITION, n°s 82 et suiv.

184. — Cependant, dans le cas de flagrant délit, le magistrat, chargé de l'instruction, peut, en l'absence du ministère public, faire exécuter lui-même les mandats qu'il décerne. — C. instr. crim., art. 59. — *Cass.*, 29 avr. 1826, Guémord. — Mais l'exécution doit toujours avoir lieu au nom du procureur de la République.

185. — Il arrive même souvent, dans la pratique, par suite d'un accord entre le ministère public et le juge d'instruction, que ce dernier remet directement ses mandats, surtout ceux de comparution et de dépôt, aux agens d'exécution. Cette manière de procéder, plus expéditive, n'a rien de contraire à la loi.

186. — Il importe d'observer que toutes les fois qu'un mandat d'amener, de dépôt ou d'arrêt, [es]t décerné contre un militaire en activité de service, le procureur de la République doit en informer le chef du corps auquel ce militaire appartient. — Circul. minist. du 16 déc. 1816.

187. — L'exécution des mandats en général est confiée aux huissiers et aux agens de la force publique. — C. instr. crim., art. 97. — Les agens de police sont à cet égard assimilés aux agens de la force publique. — Décr. du 14 juin 1811, art. 77, § 4. — Et, dans la pratique, les uns et les autres sont indifféremment employés.

188. — Ainsi, la notification au prévenu des mandats dont il est l'objet doit être faite par un huissier ou par un agent de la force publique. — C. instr. crim., art. 97.

189. — Dans la pratique, la notification du mandat de comparution, qui n'est qu'une simple citation à se présenter devant le juge d'instruction, est ordinairement confiée aux huissiers. Autant pour la sûreté de l'exécution que pour l'économie des frais, les agens de la force publique sont le plus souvent chargés de la notification des autres mandats.

190. — L'huissier qui a été chargé de l'exécution d'un mandat d'amener ou de dépôt, a toujours droit à un salaire, et ce salaire est fixé, selon les circonstances, soit par l'art. 71 du décret du 18 juin 1811, soit par l'art. 73, dans les cas prévus par l'art. 5 du décret du 7 avr. 1813. — Dalmas, *Des frais de justice*, p. 215. — Mais il n'est point alloué de droit de capture aux gendarmes ou agens de police pour l'exécution du mandat d'amener ou de dépôt. — Dalmas, p. 220. — Le droit de capture n'est dévolu à ces derniers que dans le cas d'arrestation faite par suite de l'envoi du mandat d'arrêt, conformément à l'art. 77 du décret du 18 juin 1811.

191. — A Paris, cependant, les agens de police, qui sont chargés de l'exécution de mandats d'amener, ont droit à une rétribution de 8 francs pour l'exécution réalisée de chacun de ces mandats. — Instr. du minist. de la just. du 23 fév. 1823. — Cette exécution est ensuite régularisée par la signification au prévenu du mandat avec délivrance d'une copie. — Dalmas, p. 221.

192. — Les mandats d'amener, de dépôt et d'arrêt, ayant pour objet de s'assurer de la personne de l'inculpé, peuvent être exécutés par voie de contrainte. Seulement il y a, à cet égard, entre ces mandats une différence qu'il importe de signaler ici. Ainsi, le porteur d'un mandat d'amener, ne peut requérir l'assistance de la force publique que lorsque l'inculpé refuse d'obéir ou tente de s'évader. — V. *suprà* n° 127. — Au contraire, l'agent chargé de l'exécution d'un mandat de dépôt ou d'arrêt, ne devant pas se borner à sommer le prévenu d'y obéir, et à l'arrêter, s'il résiste, mais devant procéder de prime abord à la capture, doit toujours se faire accompagner d'une force suffisante, pour que le prévenu ne puisse se soustraire à la loi. — C. instr. crim., art. 108.

193. — Le porteur d'un mandat, obligé de requérir l'assistance de la force publique (ce qui comprend la garde nationale, la troupe de ligne et la gendarmerie), doit s'adresser au chef de la force publique du lieu le plus voisin de celui où le mandat doit s'exécuter; il exhibe à ce chef le mandat, lequel contient une réquisition qui lui est faite directement, réquisition à laquelle il est tenu de déférer. — C. instr. crim., art. 99 et 108.

194. — L'agent chargé de l'exécution d'un mandat, qui a recours à la gendarmerie, doit, aux termes de l'ordonnance du 29 octobre 1820 (art. 52 et suiv.), sur le service de la gendarmerie, faire au commandant sa réquisition par écrit, qu'il motive soit sur l'art. 99, soit sur l'art. 108 C. instr. crim.; il doit la dater et la signer.

195. — Cependant les art. 99 et 108 n'exigent en aucun cas qu'il y ait de la part du porteur du mandat réquisition écrite. Il nous paraît difficile d'admettre que l'ordonnance précitée ait dérogé à ces articles en ce qui concerne la gendarmerie. Nous croyons donc que le commandant de la gendarmerie devrait également obtempérer à la demande verbale qui lui serait faite par le porteur du mandat, si cette demande était justifiée par l'exhibition du mandat contenant réquisition. Il n'y a point lieu de distinguer à cet égard, comme le fait Carnot (sur l'art. 108, n° 4), entre le cas prévu par l'art. 99 et celui de l'art. 108.

196. — Si le commandant de la force publique refusait de faire droit à la réquisition contenue dans le mandat, le porteur de ce mandat devrait immédiatement en dresser procès-verbal et l'envoyer de suite au magistrat qui l'aurait chargé de l'exécution. — Carnot, *loc. cit.*

197. — L'exécuteur du mandat serait responsable envers la partie civile de l'évasion de l'inculpé, si elle avait eu lieu faute de s'être fait assister d'une force suffisante, et des poursuites criminelles pourraient même être dirigées contre lui, selon les circonstances. — Carnot, sur l'art. 108, n° 1er; Mangin, n° 154.

198. — Les mandats peuvent être exécutés tous les jours indistinctement, et même la nuit en des lieux publics. — Lois des 19-22 juill. 1791, tit. 10; 24 sept. 1792; 28 germ. an VI, art. 129; constit. de l'an VIII, art. 76; Duverger, 2e édit., t. 3, p. 9, note 2.

199. — Les agens de la force publique peuvent aussi, pour assurer l'exécution des mandats dont ils sont porteurs, si ces mandats leur en donnent l'ordre, s'introduire, mais dans le jour seulement, soit dans le domicile des prévenus, soit dans la maison des particuliers où l'on suppose qu'ils se sont réfugiés, pour y faire des recherches; mais ils doivent justifier de leur mission par l'exhibition de leurs mandats (ord. du 29 oct. 1820, art. 184 et 185). Ils peuvent même alors pénétrer dans la maison des particuliers, malgré le refus de ceux-ci. — Massabiau, n° 1770; Duverger, *loc. cit.*, et p. 30, note 2; Mangin, n° 150.

200. — De ce que les mandats sont exécutoires dans toute l'étendue de la République, il en résulte que le prévenu, arrêté, en quelque endroit que ce soit, en vertu d'un mandat de dépôt ou d'arrêt, doit être conduit dans la maison d'arrêt indiquée par le mandat (C. instr. crim., art. 107 et 110). Cette conduite se fait par la gendarmerie, de brigade en brigade, et généralement *par la voie des correspondances*. La détention provisoire du prévenu peut se trouver ainsi considérablement prolongée; ce qui est contraire à l'art. 110, qui veut que le prévenu soit amené sans délai. Pour éviter cet inconvénient, le magistrat qui décerne le mandat doit requérir que le prévenu soit conduit, de brigade en brigade, *par service extraordinaire*.

201. — Lorsque le prévenu n'est arrêté qu'en vertu d'un mandat d'amener, il serait même par trop rigoureux de le conduire d'une extrémité de la République à l'autre. Si donc, comme nous l'avons vu, le prévenu est trouvé, après plus de deux jours depuis la date de ce mandat, ce qui doit s'entendre toutefois de plus de deux jours francs (Mangin, n° 153), hors de l'arrondissement du juge qui l'a délivré, et à une distance de plus de cinq myriamètres, il peut, sur sa demande, être conduit dans la maison d'arrêt du lieu où il est trouvé, à moins qu'il ne soit trouvé nanti d'objets emportant la preuve de sa culpabilité. — C. instr. crim., art. 100. — V. *suprà* n°s 128 et suiv.

202. — Si même le prévenu contre lequel il existe un mandat de dépôt ou d'arrêt a été trouvé hors de l'arrondissement du fonctionnaire qui l'a délivré, l'agent qui en est porteur est astreint à une formalité préalable: il doit conduire le prévenu devant le juge de paix ou son suppléant, s'il en existe un dans le lieu de l'arrestation, et, à défaut, devant le maire, l'adjoint ou le commissaire de police du lieu; le fonctionnaire devant lequel il est ainsi conduit doit viser le mandat, *sans pouvoir en empêcher l'exécution*. — C. instr. crim., art. 98.

203. — Le fonctionnaire auquel le mandat est présenté, ne peut refuser de le viser, sous prétexte qu'il n'est pas revêtu des formalités prescrites par les art. 95 et 96. Car ce refus aurait pour résultat d'empêcher l'exécution du mandat, puisque cette exécution est subordonnée à l'apposition du *visa*; ce qu'il lui est formellement interdit de faire. Ce fonctionnaire ne peut d'ailleurs se constituer juge de la régularité ou de l'irrégularité du mandat. L'individu arrêté illégalement pourra se pourvoir par la voie de la prise à partie contre le magistrat qui aura décerné le mandat. — Mangin, n° 155; Massabiau, n° 1777. — *Contrà*, Carnot, sur l'art. 98, n° 2.

204. — Mangin (*loc. cit.*) enseigne même, et avec raison, que si l'individu arrêté en vertu d'un mandat de dépôt ou d'arrêt prétendait que ce n'est pas à lui que le mandat s'applique, le fonctionnaire auquel le visa serait demandé ne pourrait le refuser, encore bien qu'il considérât comme fondée la réclamation de cet individu. Car, dit-il, le magistrat qui a décerné le mandat est seul juge de cette réclamation, et l'agent de la force publique exécute sous sa propre responsabilité.

205. — Mais l'agent de la force publique auquel est confiée l'exécution d'un mandat doit s'attacher à observer strictement toutes les indications qui y sont contenues; car ce mandat est un acte rigoureux; et si, se laissant tromper par l'identité du nom et de la profession, il arrêtait, sans en référer préalablement au juge, dans un domicile autre que celui indiqué par le mandat, un individu pour un autre, il pourrait être poursuivi par cet individu en dommages-intérêts. — *Nancy*, 12 mai 1846 (t. 2 1846, p. 272), Cahen c. Douot. — Quoique cet arrêt ait été rendu à l'occasion d'un mandat d'amener, nous avons généralisé la décision, parce qu'en effet il en serait de même en cas de fausse exécution d'un mandat de dépôt ou d'arrêt.

206. — Il résulte de tout ce qui précède que l'individu contre lequel est décerné un mandat d'exécution doit, avant tout, y obéir. Cependant, il nous semble que cet individu serait en droit de résister à l'agent de la force publique qui ne lui exhiberait point le mandat en vertu duquel il prétendrait pouvoir l'arrêter. — V. ARRESTATION ILLÉGALE, ATTENTAT A LA LIBERTÉ. — Mais, quant à la question de savoir si le prévenu pourrait se refuser à l'exécution du mandat sous prétexte qu'il est irrégulier ou qu'il a été délivré par un magistrat incompétent, V. RÉBELLION.

207. — Le prévenu, arrêté en vertu d'un mandat de dépôt ou d'arrêt, est remis au gardien de la maison d'arrêt indiquée dans ce mandat, qui le reçoit sur l'exhibition qui lui est faite dudit mandat, et donne à l'huissier ou à l'agent de la force publique chargé de l'exécution une reconnaissance ou décharge de la remise du prévenu. — C. instr. crim., art. 107 et 111.

208. — L'art. 608 C. instr. crim. enjoint même à l'agent chargé de l'exécution de faire inscrire devant lui par le gardien de la maison d'arrêt, sur le registre tenu à cet effet, conformément à l'art. 607 du même Code, avant de remettre le prévenu, le mandat dont il est porteur et l'acte de remise. Le tout doit être signé tant par lui que par le gardien, et il lui en est remis une copie signée de celui-ci pour sa décharge.

209. — Le gardien de la maison d'arrêt ne peut refuser de recevoir le prévenu, sous prétexte que le mandat de dépôt ou d'arrêt qui lui est exhibé n'est point revêtu de toutes les formalités prescrites par les art. 95 et 96 C. inst. crim. L'art. 609 du même code, qui veut qu'il ne puisse recevoir et retenir aucune personne, sous peine de se rendre coupable de détention arbitraire, qu'en vertu d'un mandat *décerné selon les formes prescrites par la loi*, ne doit pas être pris dans le sens absolu qu'il présente. Le délit de détention arbitraire ne résulte, en effet, que du fait d'avoir reçu et retenu un individu lorsqu'il n'existait point de mandat contre lui (C. pén., art. 120). Mais il ne saurait évidemment appartenir aux gardiens des prisons d'apprécier la régularité de mandats décernés par un fonctionnaire compétent. — Mangin, n° 138, t. 1er, p. 240 et suivans, et n° 157. — *Contrà*, Carnot, sur l'art. 107, n° 3. — V., au surplus, PRISONS.

210. — Après avoir remis le prévenu au gardien de la maison d'arrêt, l'agent qui a été chargé de l'exécution doit ensuite porter au greffe du tribunal correctionnel les pièces relatives à l'arrestation; il prend une reconnaissance de la remise de ces pièces; puis, il exhibe la décharge de la remise du prévenu et des pièces dans les vingt-quatre heures au juge d'instruction, qui y met son visa, qu'il date et signe. — C. inst. crim., art. 111.

211. — Voyons maintenant comment peut cesser l'effet des divers mandats. — A l'égard du mandat de comparution, aucune difficulté ne saurait s'élever. S'il n'est point suivi d'un mandat de dépôt ou d'arrêt, il se trouve par cela seul anéanti, et l'inculpé continue à rester en liberté.

212. — Nous avons dit précédemment que le mandat d'amener ne mettait pas tellement l'inculpé sous la main de la justice que le juge d'instruction fût lié par ce mandat et qu'il fût obligé de maintenir l'inculpé en état d'arrestation, en décernant contre lui un mandat de dépôt ou d'arrêt. Si le juge d'instruction estime que, par son interrogatoire, l'inculpé s'est complétement justifié, il le rend à la liberté, sans qu'il ait besoin de prendre à cet égard une ordonnance. Il n'est nécessaire qu'il rédige une ordonnance que lorsqu'il est en désaccord avec le ministère public, lorsque celui-ci, par exemple, a requis un mandat de dépôt ou d'arrêt et que le juge d'instruction pense qu'il n'y a pas lieu de le délivrer. Mais cela n'empêche pas que le juge d'instruction ne puisse immédiatement mettre l'inculpé en liberté, malgré les réquisitions du ministère public et sans attendre la décision de la chambre des mises en accusation. — Mangin, n° 167.

213. — Mais il en est autrement des mandats de dépôt et d'arrêt qui opèrent l'arrestation. Ces mandats ne peuvent être levés par le juge d'instruction qui les a décernés, même avec le concours du ministère public. Ils ne peuvent l'être que par une ordonnance de la chambre du conseil ou un arrêt de la chambre des mises en accusation portant qu'il n'y a pas lieu à suivre, ou que le fait n'est pas de nature à entraîner un emprisonnement correctionnel. — Mangin, n° 166.

214. — Tous les mandats n'étant autre chose que des ordonnances du juge d'instruction, il semble que le prévenu contre lequel ils sont dirigés doive avoir le droit de former opposition à leur exécution. Toutefois, l'opposition n'étant pas suspensive, elle serait sans but à l'égard des mandats de comparution et d'amener ; elle ne saurait, en effet, empêcher le prévenu de comparaître.

215. — Les mandats de dépôt ou d'arrêt pourraient donc seuls être utilement attaqués. Peuvent-ils l'être? Il a été décidé que ces mandats, ne préjugeant pas le fond, ne pouvaient être attaqués, soit par la voie de l'opposition ou de l'appel, soit par la voie du recours en cassation, que lorsqu'ils avaient été décernés par un magistrat incompétent. — *Cass.*, 5 mai 1832, Evrard ; *Paris*, 27 avril 1833, Petit-Jean et Delauine. — V. aussi en ce sens, Morin, p. 508, 1re col.

216. — Il nous paraît difficile d'entendre d'une manière aussi restreinte le droit de l'inculpé à s'opposer à l'exécution des mandats de dépôt ou d'arrêt dont il est l'objet. L'intérêt qu'il a à se pourvoir contre ces mandats pour cause d'incompétence n'est-il pas le même, en effet, lorsqu'il prétend qu'ils n'ont pu être décernés contre lui, soit parce que l'action publique est éteinte, soit parce que le fait ne constitue ni crime ni délit, soit enfin parce qu'il n'entraîne pas la peine d'emprisonnnement? Nous croyons donc que dans tous ces cas le prévenu est recevable à se pourvoir contre le mandat de dépôt ou d'arrêt qui l'a frappé, devant la chambre des mises en accusation. Il n'y a rien dans la loi qui s'y oppose. C'est d'ailleurs le seul moyen qu'il ait de faire cesser sa détention — Mangin, n° 168. — V. aussi, sur le point de savoir si les ordonnances du juge d'instruction peuvent être attaquées pour d'autres causes que pour incompétence, le mot JUGE D'INSTRUCTION, nos 112 et suiv.

217. — Dans tous les cas, les irrégularités commises dans un mandat décerné antérieurement à un arrêt de mise en accusation qui a acquis l'autorité de la chose jugée, ne pourraient être invoquées devant la Cour de cassation comme donnant ouverture à la cassation de l'arrêt de renvoi et annulant toute la procédure. — *Cass.*, 25 juin 1819, Christophe Pajot. — Carnot, sur l'art. 91, *Observ. additionn.*

218. — La nullité d'une instruction pour cause d'incompétence entraîne celle du mandat de dépôt et de l'ordonnance de prise de corps. — *Paris*, 10 juill. 1836, Chardonnel.

219. — Enfin, les effets des mandats sont anéantis par l'ordonnance de prise de corps et par le jugement, ou arrêt passé en force de chose jugée, qui a absous ou condamné le prévenu. Ces effets cessent également par la mise en liberté provisoire de ce dernier. — V. LIBERTÉ PROVISOIRE.

220. — V. ARRESTATION ILLÉGALE, DÉLITS DE PRESSE, DÉTENTION PRÉVENTIVE, FLAGRANT DÉLIT, JUGE D'INSTRUCTION, PRISE DE CORPS.

MANDAT A ORDRE.

V. MANDAT DE PAIEMENT.

MANDAT DE PAIEMENT.

1. — C'est un acte par lequel on donne à un tiers l'ordre ou l'autorisation de payer une certaine somme à une personne ou à son ordre, ou de lui faire la délivrance d'une quantité de choses appréciables. On l'appelle aussi *rescription*, *délégation*, et quelquefois même *assignation*.

2. — La loi ne contient aucune disposition à l'égard des mandats. Il s'ensuit que pour apprécier les effets d'un mandat, il faut examiner à quel titre et sous quelles conditions il a été donné; cette appréciation résulte du texte de l'acte, de l'usage, des circonstances, et de la situation respective des parties.

3 — On peut diviser les mandats de paiement en quatre classes: 1° mandats à ordre; 2° mandats simples ou en faveur d'une personne déterminée; 3° mandats au porteur ; 4° mandats sur le trésor.

4. — Les mandats à ordre ont cela de commun avec les lettres de change que le souscripteur charge une personne de faire un paiement à un tiers; mais elles en diffèrent en ce que le souscripteur ne les rédige pas avec toutes les formes et conditions qui constituent des lettres de change. — Pardessus, *Dr. comm.*, n° 457. — Aussi, quand une lettre de change se trouve n'être pas régulière, lui donne-t-on souvent le nom de mandat.

5. — Ainsi jugé, à l'égard d'un acte conçu comme il suit : « M...., chargé de la recette de mes terres, payez à l'ordre de... etc., *et portant au bas:* J'accepte en la qualité que dessus, pour payer en son temps. » — *Paris*, 28 janv. 1828, Crémieu c. d'Autichamp.

6. — Par réciprocité, un effet de commerce, bien que qualifié de *mandat*, est une véritable lettre de change s'il en réunit tous les caractères. — *Rouen*, 30 juillet 1825, Grenet et Desvaux c. Eyriès.

7. — Ainsi, un effet ainsi conçu: *Au...., il vous plaira payer, contre le présent mandat, à l'ordre de M. Julien, la somme de...., valeur en marchandises, qu'il vous a livrées ce jour et embarquées, suivant avis de....* Signé *Destigny. Rouen, le.... A M. Dauge, à Paris;* constitue une lettre de change. — *Cass.*, 4 mai 1831, Destigny c. Julien.

8. — Cette jurisprudence toutefois est-elle à l'abri de la critique? Quand il résulte des termes de l'acte et du concours des circonstances que les parties ont fait un contrat de change, on doit certainement voir une lettre de change dans l'acte par lequel elles ont réalisé ce contrat. Il en doit être encore ainsi lors même que les parties ne se seraient pas servies du mot de lettre de change. En pareil cas, la loi supplée à leur silence. Mais quand les parties déclarent formellement qu'elles entendent faire un acte d'une autre espèce, acte auquel s'adapte parfaitement la teneur de l'écrit, il nous semble que l'on ne peut dire qu'il y a là un contrat autre que celui qu'elles ont annoncé. Car il ne s'agit point là d'une loi d'ordre public à laquelle on ne puisse déroger.

9. — Il n'y a ni lettre de change, ni acte de commerce, ni même aucune obligation civile dans un billet souscrit par un négociant, et ainsi conçu : *Je prie M....., négociant à....., de vouloir bien compter à M..... la somme de....., qu'il portera à mon débit, et dont je lui tiendrai compte, suivant l'avis*, etc. — *Cass.*, 26 déc. 1827, Gaëtan de Souza c. Bidon.

10. — Puisque la loi ne trace aucune règle en ce qui concerne les mandats, il est clair qu'elle les a laissés dans la classe des obligations ordinaires. Ils ne sont appelés à participer aux effets des lettres de change qu'en raison des termes de la convention, de la nature des opérations, et quelquefois même de la qualité des signataires.

11. — Ainsi un mandat ne constitue un acte de commerce que s'il a eu pour objet un fait de trafic, de banque, etc., ou s'il est intervenu entre des négocians. — Merlin, *Rép.*, v° *Rescription* ; Pardessus, *Dr. comm.*, n° 464. — Un mandat constitue par lui-même un acte de commerce lorsque, tiré d'un lieu sur une autre, il a pour objet une remise d'argent. Car alors il est, comme la lettre de change et le billet à domicile, la réalisation d'un contrat de change.

12. — Lorsque des lettres de change ne constituent que de simples mandats, la contrainte par corps ne peut être prononcée contre les signataires, lors même que le tribunal de commerce aurait été reconnu compétent par les parties, si d'ailleurs l'objet de ces mandats n'est pas commercial. — *Cass.*, 8 janv. 1812, Vandhoren c. Dequen.

13. — Le mandat est-il soumis à l'acceptation? Non, en règle générale; puisque c'est la lettre de change seule que concernent les dispositions du Code de commerce sur l'acceptation. Ainsi, le porteur ne pourrait protester faute d'acceptation, ni recourir contre le souscripteur. Mais il en serait autrement si l'acceptation était autorisée par l'usage, ou commandée par la nature du titre; par exemple, si le mandat était payable après un certain temps de vue. Pour que le porteur pût être fondé à recourir contre le souscripteur, il faudrait nécessairement qu'il eût fait constater que la personne indiquée s'est refusée à s'obliger de payer à l'échéance. Or, qu'est-ce qu'un pareil refus, sinon un refus d'acceptation?

14. — A plus forte raison faudrait-il décider de même, malgré tous usages contraires, si le mandat devait être considéré comme une lettre de change par cela qu'il en renfermerait tous les caractères; car l'usage établi, dans une ville, de ne pas présenter à l'acceptation les lettres de change qualifiées de mandat, est un abus qui ne peut être consacré par les magistrats, ni surtout opposé au commerçans des autres villes. — *Rouen*, 30 juill. 1425, Grenet et Desvaux c. Eyriès.

15. — Le souscripteur non-commerçant d'un mandat qui donne lieu à une promesse de sa part, doit approuver en toutes lettres la somme portée au mandat, lorsqu'il ne l'a pas entièrement écrit de sa main. — Pardessus, *Contr. de change*, n° 495; *Dr. comm.*, n° 464.

16. — Lorsque le mandat est à ordre, il est nécessairement transmissible par la voie de l'endossement. — Pardessus, *Dr. comm.*, n° 464. — D'ailleurs la convention originaire fait, en pareil cas, la loi des parties.

17. — Toutefois, les endosseurs d'un mandat ne sont soumis qu'à la garantie en matière de transport ordinaire, c'est-à-dire à celle de l'existence de la créance, au moment de l'endossement, à moins d'une stipulation contraire; à la différence des endosseurs d'une véritable lettre de change qui sont garans de la solvabilité du tiré. — Pardessus, *Contr. de change*, n° 494.

18. — Jugé cependant que celui qui transmet ou négocie un bon ou mandat sur place souscrit à son ordre, en le revêtant au dos de la signature, précédée d'un *pour acquit*, est garant du paiement de ce bon envers son cessionnaire qui l'a transmis dans le même état sans endossement, et par simple note de négociation. — Il est, par suite, tenu solidairement avec son cessionnaire de rembourser au tiers porteur le montant du bon protesté et les frais, alors même que, lors du protêt, son *pour acquit* aurait été biffé, et remplacé par un endossement au profit du tiers porteur. — En vain prétendrait-il retarder la condamnation par la déclaration de s'inscrire en faux, à raison de l'altération de son *pour acquit*, alors surtout que cette altération n'est pas niée, et qu'elle n'a porté préjudice ni à lui ni à son cessionnaire. — *Aix*, 23 juillet 1839 (t. 2 1839, p. 365), Maurin c. Rocca, Pascal et Bonasse.

19. — Le porteur d'un mandat doit en demander le paiement à l'échéance. A défaut de paiement il doit faire les diligences dans les formes et les délais établis par la convention des parties ou auxquels on doit présumer qu'elles se sont soumises d'après les circonstances et les usages. — *Bruxelles*, 8 nov. 1816, Smetz c. Decaeters. — Pardessus, *Contr. de ch.*, n° 479; *Dr. comm.*, n° 467.

20. — Ainsi, dans la ville d'Anvers, l'usage du commerce relativement aux mandats de paiement connus sous le nom de *bewys* étant d'en exiger le paiement dans les vingt-quatre heures, c'est-à-dire dans l'intervalle d'une bourse à l'autre, il suffit au porteur d'un pareil effet non acquitté, pour conserver son droit au remboursement, de donner avis du non-paiement à la personne de qui il a reçu le billet, et de le lui remettre le lendemain à la bourse. — Même arrêt.

21. — Toutefois la déchéance prononcée par l'art. 168 C. comm., pour le défaut de protêt et de recours en garantie dans un délai déterminé, étant une exception au droit commun, en ce qui concerne les lettres de change et les billets à ordre, n'est point applicable à l'espèce d'engagement connu dans le commerce sous le nom de *mandat*. — *Bordeaux*, 4 juill. 1832, Douanes c. Perrens. — Pardessus, *Contr. de ch.*, nos 480 et 484.

22. — Cependant si le souscripteur du mandat contre qui le porteur voudrait recourir prouvait que la personne sur laquelle le mandat a été donné avait ses fonds pour payer, que le paiement n'a été requis qu'après l'échéance, et que par la négligence du porteur le recours n'est exercé contre lui qu'après que la personne indiquée aurait dissipé les fonds, la perte serait pour le porteur négligent. — Pardessus, *Dr. comm.*, n° 467.

23.—Les mandats, même créés par des commerçans ou pour des opérations commerciales, sont soumis à la prescription de trente ans, et non à la prescription quinquennale établie par l'art. 189 C. comm, laquelle est applicable seulement aux lettres de change et aux billets à ordre.—Pardessus, *Dr. com.*, n° 467.

24.—Le mandat simple ou en faveur d'une personne déterminée n'est qu'une simple promesse qui n'a point de conditions particulières de validité. — Pardessus, *Contr. de ch.*, n° 472.

25.— Le mandat bien que non stipulé à ordre peut cependant être transmis par la voie de l'endossement. Mais la négociation n'a l'effet que d'une cession ordinaire qui ne lie le débiteur qu'à partir de la signification. Jusque-là la propriété du titre est, pour le débiteur, censée appartenir toujours au cédant.

26. — Ce n'est qu'à la personne indiquée dans le mandat que le paiement peut être fait. Le porteur qui se présenterait en vertu d'un endossement ou de tout autre acte de cession, serait, tant qu'il n'aurait pas fait signifier son titre, réputé représenter son cédant, et par suite passible de toutes les exceptions que le débiteur pourrait opposer à celui-ci.

27. — Le défaut de paiement d'un mandat ne peut donner lieu à aucune des poursuites prescrites par le C. de com. en matière de lettres de change et de billets à ordre. Seulement le porteur peut exiger de celui qui lui a donné le mandat le remboursement de ses avances et frais. Cette demande a lieu par une simple action civile ordinaire si le débiteur n'est pas commerçant, et par une action commerciale dans le cas contraire. — Pardessus, *Dr. com.*, n° 466. — V. aussi, sous l'ord. 1673, *Cass.*, 4 vent. an X, Caussin c. Lafontaine; 16 oct. an XIII, Lecoq c. Servat.

28.—Le mandat de paiement peut avoir stipulé payable au porteur, c'est-à-dire à quiconque en sera le détenteur. — V. BILLET AU PORTEUR.

29. — Les mandats de paiement sur le Trésor public sont ceux par lesquels les ordonnateurs secondaires, agissant en vertu d'ordonnances de délégation émanées des ministres, disposent d'une partie de leur crédit au profit ou au nom d'un ou de plusieurs créanciers de l'Etat.—Ord. 4 déc. 1836, art. 9; ord. du 31 mai 1838, art. 60.

30. — Tout mandat résultant d'une ordonnance de délégation doit, pour être payé à l'une des caisses du Trésor public, être appuyé de pièces qui constatent que son effet est d'acquitter, en tout ou en partie, une dette de l'Etat régulièrement justifiée. — Ord. 14 sept. 1822, art. 10; ord. 31 mai 1838, art. 64.

31.—Ces mandats de paiement n'ont rien de commun que le nom avec ceux dont nous avons parlé plus haut. Ils sont régis par des dispositions toutes spéciales; ces mêmes dispositions varient d'après la nature des créances originaires, et d'après la qualité des comptables chargés soit de délivrer, soit de payer les mandats. Nous ne pouvons entrer dans tous ces détails. Si l'on a besoin de renseignemens à cet égard, on peut les puiser dans l'ordonnance du 31 mai 1838, portant règlement général sur la comptabilité publique. On y trouvera rappelées toutes les dispositions législatives ou réglementaires sur la matière.—V. COMPTABILITÉ GÉNÉRALE.

MANDATS TERRITORIAUX.

On a ainsi appelé un papier-monnaie qui a été créé par la loi du 28 vent. an IV, pour remplacer les assignats, et qui a été supprimé par la loi du 6 pluv. an V. — V. PAPIER-MONNAIE.

MANDEMENT.

1.— Ordre par écrit émané d'une autorité ayant autorité et juridiction.

2.—Le mot *mandement* se dit encore d'une lettre ou billet donnant ordre à un receveur, à un dépositaire de deniers, d'acquitter certaine somme.

3. — On nomme *mandement de collocation* l'extrait que délivre le greffier du procès-verbal d'ordre ou du règlement du juge, qui attribue à un créancier une portion des deniers de son débiteur, pour en toucher le montant. — V. BORDEREAU, CONTRIBUTION (Distribution par).

4. — On appelle *mandement d'exécution* la formule qui termine les grosses des jugemens et des actes, et les rend exécutoires. — V. ACTE EXÉCUTOIRE, FORMULE EXÉCUTOIRE, GROSSE.

MANDEMENT ÉPISCOPAL, ET INSTRUCTIONS PASTORALES.

1. — Les évêques ont le droit d'adresser aux prêtres et aux fidèles de leur diocèse des mandemens ou circulaires et instructions pastorales.

2. — Dans ces mandemens ou instructions les évêques ne doivent se permettre aucune inculpation directe ou indirecte soit contre les personnes, soit contre les autres cultes autorisés par l'Etat; ils ne doivent non plus émettre aucun blâme contre les actes du gouvernement ou de l'autorité publique. — V. Loi du 18 germ. an X, art. 52; C. pén., art. 204, 205, 206. — V. CULTE, n°s 459 et suiv.

3. — V. aussi, sur la répression dont les mandemens peuvent être l'objet, v° APPEL COMME D'ABUS.

4. — Enfin, ils ne peuvent mentionner aucun acte du saint-siége dont la publication n'aurait pas été régulièrement publiée en France. — V. BULLE.

5. — Les mandemens et instructions pastorales sont publiés sous la surveillance du gouvernement, qui, dans des circonstances difficiles, peut en soumettre la publication à son aveu préalable. — Décis. 7 niv. an XI; lettre minist. 18 germ. an XIII. — Vuillefroy, *Tr. de l'administr. du culte catholique*, v° *Mandemens*.

6. — Les mandemens et instructions pastorales doivent être adressés en double exemplaire au ministre des cultes par l'évêque et par le préfet. — Circul. min. 4 mars 1812, 27 déc. 1832, 8 juill. 1836. — Vuillefroy, *loc. cit.*

7. — L'imprimeur chargé par l'évêque de l'impression de ses mandemens et instructions pastorales a seul le droit de faire cette impression (déc. minist. 12 therm. an XII), et cet imprimeur a le droit d'exercer l'action en contrefaçon (même décision). — L'évêque est en effet propriétaire de ses mandemens comme un auteur l'est de ses ouvrages. — Décis. minist. 29 nov. 1810.

8. — Mais la publication n'en est pas soumise aux formalités de la déclaration et du dépôt imposés aux imprimeurs par l'art. 14 de la loi du 31 oct. 1814. — Déc. min. 4 therm. an XII. — Vuillefroy, *loc. cit.*

9. — Il résulte aussi d'une circulaire du ministre de l'intérieur du 8 juin 1836, citée par Vuillefroy (*loc. cit.*), que les mandemens, lorsqu'ils sont publiés séparément et comme actes de la juridiction épiscopale, doivent être assimilés aux publications administratives qui, d'après l'instruction ministérielle du 16 juin 1830, peuvent être imprimées librement.

MANÉGE D'ÉQUITATION.

Personnes tenant un manége d'équitation; — patentables de 4e classe; — droit fixe basé sur la population; — droit proportionnel du 20e sur le loyer d'habitation, et du 40e sur les locaux servant à l'exercice de la profession.

MANIFESTE.

1. — C'est l'état général de la cargaison d'un navire, auquel doivent se rapporter exactement les acquits des douanes. On appelle aussi cet état, *facture*.

2. — Le manifeste ou la facture est donc l'état de toutes les marchandises qui sont dans le navire, avec les noms de ceux par qui elles sont chargées, à qui elles sont adressées, et des marques de chaque ballot. Ainsi, à la différence des connaissemens, le manifeste ou la facture comprend le chargement entier, et l'on peut dire que c'est un connaissement général. — Bravard, *Manuel de Dr. comm.*, p. 261. — V. CAPITAINE DE NAVIRE, CONNAISSEMENT, CONSUL, DOUANES, ENTREPÔT.

MANŒUVRES FRAUDULEUSES.

V. ESCROQUERIE.

MANUFACTURES.

1. — Ce mot s'applique à tous les grands établissemens de fabrication soit manuelle, soit mécanique. — Quant à la différence qui existe entre les manufactures et les usines et aux conséquences qui en résultent, V. CONTRIBUTIONS DIRECTES, n°s 413 et suiv. —V. aussi USINES.

2. — L'affermissement de la paix en Europe a donné aux progrès de l'industrie un développement dont la France surtout s'est ressentie. — Ainsi, tandis qu'en 1818 on comptait seulement en France environ 200 machines à vapeur équivalant à 40,000 ouvriers, on pouvait déjà en trouver en 1830, à peu près 572 équivalant à 118,000 ouvriers, et ce nombre, en 1841, était déjà arrivé à 3,807 machines, équivalant à 780,000 ouvriers, — Paixhans, Discours à la Chambre des députés du 9 févr. 1844 (V. *Moniteur* du 10), — et, depuis lors, la progression a toujours été croissante.

3. — Avant 1789, les entrepreneurs et ouvriers des manufactures jouissaient à titre d'encouragement, de priviléges et exemptions qui n'ont pu survivre à la révolution qui s'est alors accomplie. Dès ce moment, les principes de la liberté la plus large ont seuls servi de guide en cette matière, le monopole a disparu pour faire place à une concurrence presque illimitée.

4. — C'est, en conséquence, dans cet esprit que sont conçus tous les actes du gouvernement et législatifs qui se sont succédé jusqu'à nos jours.—On peut citer notamment l'instruction législative du 12-20 août 1790, adressée à toutes les administrations départementales et traçant leurs devoirs envers les artisans, fabricans et manufacturiers; la loi du 2-17 mars 1791 qui abolit tous priviléges de professions et proclame la liberté pour tous de faire tel négoce ou exécuter telle profession, art ou métier que bon semblera; la loi du 14-17 juin 1791 qui anéantit toute espèce de corporations de citoyens; celle du 6 messidor an IV, le décret du 27 mars 1807, qui consacrent certaines sommes à l'encouragement de l'industrie; la loi du 22 germinal an XI qui a refondu en l'améliorant la législation existante à cet égard; la loi du 4 germin. an XI, qui exempte de la contribution des portes et fenêtres les manufactures (V. CONTRIBUTIONS DIRECTES, n°s 410 et suiv.); le Code pénal de 1810 dans ses dispositions répressives des coalitions, livraisons de secrets industriels à l'étranger, contrefaçons, etc.

5. — Depuis 1810 de nombreuses améliorations, dont le détail est ici sans intérêt, ont été accomplis en cette matière. Mais, c'est surtout la révolution de février 1848 qui a donné un intérêt puissant aux questions d'industrie auxquelles se rattache étroitement tout ce qui concerne le travail. Les études auxquelles se livrent dans toutes les parties de la France les hommes les plus compétens, les enquêtes faites en vertu des décrets des 25 mai et 9 septembre 1848 permettent d'espérer de prochaines et satisfaisantes solutions. — Mais quoi qu'il arrive, cependant, les principes de liberté proclamés en 1789, définitivement naturalisés parmi nous, doivent rester hors de toute controverse, et continueront très-certainement à guider nos législateurs dans les modifications qu'ils croiront devoir apporter à notre régime industriel et manufacturier.

6. — Toutefois, le privilége n'est et ne doit être proscrit que relativement aux genres d'industrie déjà connus et pratiqués; mais pour ceux qui sont l'objet d'une découverte ou d'une invention privée, l'équité voulait que celui auquel est due cette découverte eût seul le droit de l'exploiter au moins pendant un temps suffisant pour l'indemniser; c'est en effet ce que décident nos lois. « Accorder à un citoyen, dit Chaptal (*De l'industrie française*, t. 2, p. 372 et suiv.), la faculté d'exploiter exclusivement à tout autre un genre d'industrie dont il est l'inventeur, c'est, de la part du gouvernement, un acte de justice et non une faveur; c'est un droit que l'autorité consacre et non un bienfait personnel qu'elle accorde : la découverte est la propriété de l'auteur; elle est la plus sacrée de toutes, puisqu'elle est l'œuvre du génie; elle doit être accueillie et respectée, puisqu'elle ajoute à la masse de nos richesses; le gouvernement doit donc la garantir entre les mains de l'inventeur. — V. au surplus BREVET D'INVENTION, CONTREFAÇON, PROPRIÉTÉ INDUSTRIELLE.

7. — En attendant les réformes annoncées, l'exercice de l'industrie manufacturière se trouve aujourd'hui encore soumis à deux conditions établies par l'art. 7 L. 2-17 mars 1791. La première, de payer un impôt établi sous le nom de patente (V. ce mot); la seconde, de se conformer aux règlemens établis soit législativement, soit administrativement dans le but de présenter des garanties publiques ou privées contre les abus ou les excès, et qui sont, à vrai dire, des mesures de protection pour des intérêts légitimes plutôt que des restrictions à la liberté de l'industrie.

8. — Telles sont les mesures concernant notamment certains monopoles réservés à l'Etat; la confection d'objets de première nécessité; la condition des ouvriers; la nationalité et la loyauté des produits; le danger ou l'incommodité du voisinage de certains ateliers; la nature des moteurs ou des alimens de certaines usines, etc., etc.

9. — Ainsi, l'Etat s'est réservé le monopole de la fabrication des monnaies, celui de la poudre de chasse, de guerre ou de mine; le privilége exclusif de l'emploi des matériaux de démolition

dans la circonscription des salpêtrières nationales; le monopole de la fabrication du tabac, celui de la fabrication et de la vente d'un certain papier entrant dans la fabrication des cartes à jouer, etc., etc. — V. CARTES A JOUER, MONNAIE, POUDRE ET MUNITIONS DE GUERRE, TABAC. — Il a aussi la direction et la charge, mais sans privilège ni monopole, de certaines manufactures dont l'existence et la conservation importent aux arts plus encore qu'à l'industrie et intéressent notre honneur national, telles sont celles de Sèvres et des Gobelins.

10. — D'un autre côté, la garantie de l'administration publique est nécessaire pour des produits précieux que la fraude pourrait facilement altérer, et dont la qualité est très-difficile et souvent même impossible à vérifier sans altération des produits. Tels sont les objets fabriqués en or ou en argent. — V. MATIÈRES D'OR ET D'ARGENT.

11. — Dans certains cas, il peut être utile ou même nécessaire, soit pour les industriels, soit pour le pays, que certains produits soient revêtus de marques ou estampilles, destinées à en constater l'origine. C'est là l'objet de dispositions législatives dont les meilleurs esprits sont depuis longtemps vivement préoccupés et qui, formulées en projet de loi dans les dernières années du gouvernement de juillet, n'ont pu néanmoins, bien qu'ayant subi l'épreuve de la discussion dans le sein de la Chambre des pairs, être converties en lois définitives. — V. PROPRIÉTÉ INDUSTRIELLE.

12. — Nous avons vu (*suprà* n° 6) que les inventeurs conservent pendant un temps fixé par la loi le droit exclusif d'exploiter leur invention. — Pour les formalités à suivre par ceux qui veulent conserver la propriété des dessins, disposition, produits nouveaux par eux découverts, des marques par eux adoptées, etc., V. PROPRIÉTÉ INDUSTRIELLE.

13. — Toute violation des règlements d'administration publique relatifs aux produits de fabriques françaises qui s'exportent à l'étranger, et qui ont pour objet de garantir la bonne qualité, les dimensions et la nature de la fabrication, est punie d'une amende de 200 f. au moins, de 3,000 f. au plus, et de la confiscation des marchandises. Ces deux peines peuvent être prononcées séparément ou cumulativement, selon les circonstances. — C. pén., 413.

14. — L'art. 412 du Code pénal punit encore de la réclusion et d'une amende de 400 à 2,000 fr. quiconque, dans la vue de nuire à l'industrie française, a fait passer en pays étranger ou à des Français résidant en pays étranger, les secrets de la fabrique où il est employé.

15. — Si ces secrets sont communiqués à des Français résidant en France, la peine est d'un emprisonnement de 3 mois à 2 ans et d'une amende de 16 fr. à 200 fr. — Même article. — V. INDUSTRIE ET COMMERCE.

16. — Les établissements industriels considérés comme dangereux, insalubres ou incommodes, sont soumis à la surveillance toute spéciale de l'autorité et assujettis pour leur ouverture et leur mode d'exploitation à une autorisation préalable et à certaines règles qu'ils ne leur est pas permis d'enfreindre. — V. ÉTABLISSEMENS INSALUBRES.

17. — De plus, l'administration a le droit de permettre ou refuser l'emploi des instruments ou machines dont on pourrait faire un mauvais usage. Aussi les manufacturiers, fabricans, entrepreneurs et ouvriers ne peuvent posséder et mettre en usage certaines machines susceptibles de servir à la fabrication de la fausse monnaie, sans la permission de l'administration des monnaies. — V. MATIÈRES D'OR ET D'ARGENT, MONNAIES.

18. — Enfin, de nouvelles manufactures ne peuvent être établies sans une autorisation du gouvernement ou de l'administration locale dans la ligne des douanes; et celles établies dans cette ligne qui ont favorisé la fraude peuvent être déplacées. — V. DOUANE.

19. — Ajoutons que les registres, autres que les livres ordinaires de commerce, que doivent tenir les fabricans, sont sujets au timbre. — Décr. 12 déc. 1790, art. 3 et 8; L. 13 brum. an VII, art. 42.

20. — En ce qui concerne la condition des ouvriers, aucun manufacturier, chef de fabrique ou d'atelier, ne doit, sous peine de dommages-intérêts, recevoir un ouvrier dans ses ateliers, à moins qu'il ne lui présente un livret d'acquit, indiquant le temps qu'il a passé dans l'atelier d'où il sort, et le mode avec lequel le maître qu'il quitte, certifié par celui-ci; ou bien que, à défaut de cet acquit, le maître du police locale n'y ait suppléé. — L. 22 germ. an XI; arr. 9 frim. an XII. — V. OUVRIERS.

21. — L'art. 447 C. pén. punit l'embauchage pour l'étranger des ouvriers ou employés d'un établissement industriel ou commercial. — V. EMBAUCHAGE.

22. — Des peines sont également prononcées contre les auteurs de coalitions entre maîtres et entre ouvriers. — C. pén., 414 à 418. — V. COALITIONS ENTRE MAÎTRES ET ENTRE OUVRIERS.

23. — Pour la fixation des heures de travail, les encouragements à donner aux associations, l'admission des associations d'ouvriers dans les travaux publics, etc., V. MARCHÉS DE FOURNITURES, OUVRIERS, TRAVAUX PUBLICS.

24. — Les enfans ne peuvent être employés au travail des manufactures et fabriques que sous les conditions déterminées par la loi du 22 mars 1841 et par les ordonnances relatives à son exécution. Cette loi du 1841 était sur le point d'être réformée dans quelques-unes de ses articles, lorsqu'a éclaté la révolution de 1848. Le gouvernement nouveau ne peut à cet égard se montrer moins soucieux que l'ancien de l'intérêt des enfans employés dans les ateliers et manufactures; et les projets anciens complétés et améliorés ne tarderont point, sans doute, à être repris et définitivement convertis en lois. — V. TRAVAIL DES ENFANS DANS LES MANUFACTURES.

25. — L'administration doit veiller avec le plus grand soin à l'exécution des divers règlemens concernant les manufactures. — Dans les villes où l'industrie manufacturière est considérable, des conseils de prud'hommes sont chargés plus spécialement de la surveillance des fabriques et des ateliers. — V. PRUD'HOMMES.

26. — Des chambres et des conseils sont institués pour faire connaître les besoins de l'industrie manufacturière, indiquer les améliorations dont elle est susceptible, et favoriser ses progrès. — V. CHAMBRE CONSULTATIVE DES ARTS ET MANUFACTURES, CONSEILS DE COMMERCE DES MANUFACTURES ET DE L'AGRICULTURE.

MANUMISSION.

Action d'affranchir les esclaves ou les serfs. — V. AFFRANCHISSEMENT, ESCLAVAGE, MAINMORTE.

MANUSCRIT.

1. — Ouvrage écrit à la main.

2. — Tout ce qui concerne les droits des auteurs et de leurs héritiers sur les ouvrages manuscrits sera traité sous le mot PROPRIÉTÉ LITTÉRAIRE.

3. — Il suffit de rappeler ici que les manuscrits des archives du ministère des affaires étrangères et ceux des bibliothèques royales, départementales et communales, et des autres établissements du royaume, soit que ces manuscrits existent dans les dépôts auxquels ils appartiennent, soit qu'ils en aient été soustraits, ou que leurs minutes n'y aient pas été déposées aux termes des mêmes règlemens, sont la propriété de l'État, et ne peuvent être imprimés et publiés sans autorisation.

MARAIS.

Table alphabétique.

MARAIS. — **1.** — On appelle généralement ainsi les lieux qui, placés plus bas que le sol d'alentour, reçoivent des eaux qui y restent en stagnation, faute de canaux d'écoulement.

2. — On donne aussi ce nom à des terres habituellement abreuvées d'une forte quantité d'eau qui n'a pas d'écoulement, mais qui cependant, au moyen de l'absorption naturelle du sol et de l'évaporation causée par les chaleurs, restent quelquefois à sec.

3. — Du reste, le nom même donné aux marais varie suivant les localités: ainsi, tantôt on les trouve désignés sous le nom de *palus*, tantôt de *naricages*, ailleurs de *ajoncs*, etc.

4. — Cependant il ne faut pas confondre les marais avec ce qu'on appelle en Belgique et en Hollande *polder*, *bieuge* ou *wateringue*, vastes terrains qui ont été conquis sur la mer au moyen de digues et d'ouvrages d'art, et qui n'ont d'analogie avec les terrains de nos marais qu'en ce qu'ils sont comme eux rendus à la culture au moyen du dessèchement. — V. POLDER.

5. — Il ne sera pas question, dans cet article, des marais dits *salans*, et que l'on désigne aussi sous le nom de *salins* ou de *salines*. Ces marais sont, dans leur ensemble, une vaste surface destinée à l'évaporation de l'eau de la mer, et, dans leurs détails, une série de compartimens ou de *pièces* que l'eau parcourt successivement, en se concentrant de plus en plus, jusqu'au point où elle laisse déposer le sel qu'elle contient. Ce qui les concerne ra plus convenablement placé v° SEL, et nous aurons à dire quelques mots de leur établissement dans ses rapports avec l'hygiène publique. Ce point si important a fait l'objet d'un mémoire très-intéressant soumis par M. le docteur Méller à l'académie de médecine, laquelle avait été consultée par M. le ministre de l'agriculture et du commerce, et dont les conclusions ont été adoptées par cette académie.

---

§ 1er. — *Propriété des marais.*

6. — Sous l'ancien droit, la propriété des marais était, comme celle des landes, bruyères, et autres terrains regardés comme vains et vagues, réputée appartenir aux seigneurs, tant que le contraire n'était pas établi par un titre régulier.

7. — Les seigneurs avaient même sur les marais appartenant aux communes un droit de triage semblable à celui qu'ils avaient sur les biens communaux, c'est-à-dire qu'ils avaient le droit

de demander à leur profit la destruction du tiers des marais qui appartenaient aux communes, lorsqu'ils les leur avaient concédés gratuitement, et que les deux autres tiers suffisaient aux usages des habitans. — Ord. de 1669, tit. 25, art. 4.

8. — L'un des premiers actes de la révolution de 1789 ayant été d'abolir le droit de triage, il fut fait défense aux seigneurs de s'approprier désormais à ce titre le tiers des marais communaux. — Loi 15 mars 1790, tit. 3, art. 30. — V., au surplus, TRIAGE.

9. — Bientôt on alla plus loin, et il fut déclaré que tous les biens communaux en général, connus sous les noms de « terres vaines et vagues, de » gastes, garrigues, landes, pacages, pâtis, *njoncs*, » bruyères, bois-communs, hermes, vacans, *pa-* » *lus*, *marais* et *marécages*, montagnes, etc., » sont » et appartiennent de leur nature à la généra- » lité des habitans des communes. — Lois des 28 août 1792 et 10 juin 1793.

10. — Toutes favorables que ces lois fussent aux communes, elles firent, comme on le sait, exception au principe que nous venons de rappeler, pour le cas où les seigneurs auraient eu titre et possession légitime, et décidèrent notamment que la simple possession par les communes ne pourrait prévaloir contre le titre légitime.

11. — Aussi a-t-il été jugé spécialement en matière de marais: qu'une commune qui n'a jamais été au usagère d'un marais ne peut en avoir prescrit la propriété, lorsqu'elle n'a pas interverti la cause de sa possession. — *Amiens*, 23 nov. 1822, Domaine c. Commune de Vaux-sous-Carbie.

12. — Conformément au principe des mêmes lois qui, en établissant au profit des communes une présomption légale de propriété sur les biens de la nature de ceux indiqués plus haut, avaient seulement voulu opérer en leur faveur une restitution contre les abus de la puissance féodale, il a été également jugé que la loi du 10 juin 1793, en déclarant que les marais étaient la propriété des communes dans le territoire desquels ils se trouvaient situés, ne l'a ainsi décidé que contre les anciens seigneurs, mais non à l'égard des autres communes qui y prétendraient des droits de jouissance. — *Rouen*, 6 août 1845 (t. 1er 1846, p. 443), Commune du Vieux-Rouen c. Commune de Neuville-Coppegueule.

13. — Enfin, il faut également appliquer aux marais le principe qui veut que les biens réputés communaux à raison de leur nature, ne puissent être réclamés par les communes qui n'en étaient pas en possession à l'époque de la publication des lois des 28 août 1792 et 10 juin 1793, qu'autant que ces biens n'étaient pas dans un état de culture et productifs à la même époque: à moins qu'elles ne prouvent les avoir anciennement possédés.

14. — On doit comprendre dans la classe des marais en culture ceux qui produisent des bois, du foin, des tourbes. — Henrion de Pansey, *Pouvoir municipal*, chap. des *Biens communaux*.

15. — V., au surplus, pour les difficultés que peut soulever, sous ces différens rapports, la propriété des marais, COMMUNE, TERRES VAINES ET VAGUES.

16. — Nous n'avons ici à nous occuper que des règles particulières auxquelles la propriété des marais a été soumise par la loi du 16 sept. 1807, dans l'intérêt de l'agriculture et pour faciliter les dessèchemens.

§ 2. — *Du dessèchement en général.*

17. — Nous avons déjà indiqué, v° DESSÈCHEMENT, les mesures prises à diverses époques par notre législation pour favoriser les dessèchemens en général. Il nous reste à examiner cette législation en ce qui concerne spécialement les marais.

18. — Outre les dispositions générales que nous avons citées (*loc. cit.*), divers édits et déclarations royales ont été rendus à diverses reprises, spécialement sur les marais des différentes parties du royaume. Ainsi, des arrêts du conseil des 5 mai et 10 juillet 1750, 28 octobre 1771, 9 mai 1772 et 26 octobre 1777 ont successivement prescrit le partage et l'aliénation des marais et landes des communautés d'habitans des généralités d'Auch et de Pau.

19. — Un édit de juin 1762, enregistré le 6 juill. suivant au parlement de Metz, a réglé ce qui concernait les marais des Trois Évêchés.

20. — Un autre édit de janv. 1774, enregistré au parlement de Dijon le 3 juill. 1782, est relatif aux marais de la Bourgogne et des pays qui en dépendent.

21. — Des lettres patentes du 27 mars 1777, en-

registrées au parlement de Douai le 14 nov. suivant, se sont occupées des marais de la Flandre gallicane.

22. — Enfin, d'autres lettres patentes du 13 novemb. 1779, enregistrées au parlement de Paris le 25 du même mois, ont été données pour le partage et le défrichement des marais de l'Artois.

23. — Parmi les nombreux dessèchemens qui, sous l'empire de la loi de 1807, ont fait l'objet d'actes du gouvernement, nous citerons notamment le dessèchement des marais de St-Simon près Blaye (décr. 15 fév. 1841), de Busançon (décr. 30 sept. même année); de l'Isère, intéressant 33 communes près Grenoble (décr. 1er fév. 1813); de Parempreyre près Bordeaux (décr. 21 fév. 1814); de Donges, dans la Loire-Inférieure (ord. 9 juill. 1817); de la Haute-Perche, même département (ord. 14 janv. 1831).

24. — Pour encourager les dessèchemens (on compte encore aujourd'hui, en France, 800,000 hectares de marais et de terrains enfouis sous les eaux), il a été disposé que la contribution foncière des marais desséchés ne peut être augmentée pendant les 25 premières années qui suivent leur dessèchement. — L. 26 déc. 1790-5 janv. 1791, art. 11; 3 frim. an VII, art. 114. — V., au surplus, sur ce point, CONTRIBUTION DIRECTE, n° 435 et suivans.

25. — Depuis plusieurs siècles déjà en France, on a reconnu qu'il ne suffisait pas, pour obtenir le dessèchement des marais, de donner de simples encouragemens aux propriétaires; mais qu'il fallait contraindre ceux-ci, par un moyen ou par un autre, à effectuer le dessèchement et même le faire effectuer en leur lieu et place, soit au moyen de l'intervention de l'autorité publique, soit en livrant l'opération, sous certaines conditions, à des entrepreneurs. Telle a été, dès le principe, la pensée des anciennes lois dont nous avons indiquées tout à l'heure.

26. — Le système général de ces lois consistait à autoriser les entrepreneurs qui se présentaient pour opérer les dessèchemens, à se procurer les possesseurs en leur payant le prix des marais à dessécher. Ce système a été justement critiqué par les hommes d'État les plus éminens. — V. l'exposé des motifs de la loi du 16 sept. 1807, présenté par M. de Montalivet.

27. — Néanmoins l'Assemblée constituante, lorsqu'elle s'occupa de renouveler la législation relative aux marais, crut n'avoir rien de mieux à faire que de consacrer ce principe d'expropriation, qui lui parut le seul propre à assurer le dessèchement des marais.

28. — « Si les propriétaires (dispose à cet effet la loi des 14 déc. 1790-5 janv. 1791, art. 5) renoncent à faire eux-mêmes le dessèchement de leurs marais, ou s'ils ne remplissent pas l'engagement qu'ils auront contracté de les faire dessécher au terme convenu, le directoire de département fera exécuter le dessèchement, et payera aux propriétaires la valeur actuelle du sol du marais, à leur choix, soit en argent, soit en partie de terrain qui sera desséché, le tout à dire d'experts... »

29. — D'autres dispositions de la même loi ouvrirent d'ailleurs aux administrations départementales la faculté de se substituer des entrepreneurs appelés par l'adjudication à la voie des enchères, et auxquels était imposée, entre autres conditions, l'obligation d'indemniser les propriétaires.

30. — Du reste, malgré les idées nouvelles sur lesquelles repose la loi du 16 sept. 1807, et encore bien que la plupart des législies classent cette loi au nombre des servitudes imposées à la propriété, les mesures qu'elle autorise sont telles qu'elle présente en certains cas tous les caractères d'une loi d'expropriation. Aussi est-elle regardée par quelques auteurs comme étant principalement de cette dernière nature. — De Lalleau, *Traité de l'expropriation*, t. 1er, 4e édit., p. 245; Husson, *De la législation des travaux publics*, t. 2, p. 246.

31. — « Le gouvernement (porte la loi du 16 sept. 1807, art. 1er) ordonnera les dessèchemens qu'il jugera utiles ou nécessaires.»

32. — Les propriétaires de marais peuvent, d'ailleurs, en opérer le dessèchement spontanément et sans avoir à requérir aucune autorisation. La règle qui précède ne reçoit pas en effet être considérée comme prohibitive, et ne reçoit d'application qu'au cas où, à défaut des propriétaires, l'administration juge convenable d'intervenir dans l'intérêt général. — Garnier, *Régime des eaux*, n° 624.

33. — Ce qui pouvait naguère faire à cet égard difficulté, c'était de savoir si la conduite d'eau sur les fonds voisins qu'entraîne l'opération du dessèchement peut, en pareil cas, avoir lieu de droit.

34. — La règle posée par l'art. 640 C. civ., et concernant la servitude imposée aux fonds inférieurs relativement à l'écoulement des eaux des fonds supérieurs, est ici évidemment sans application utile, possible, puisque, par sa nature même, un marais est toujours, relativement aux fonds voisins, un fonds *inférieur*, grevé de la servitude d'écoulement, sans pouvoir la rejeter sur d'autres fonds, et que d'ailleurs l'art. 640 ne s'applique qu'aux eaux qui découlent *naturellement* et sans que la main de l'homme y ait contribué.

35. — On se décidait néanmoins pour l'affirmative en s'appuyant sur la règle de droit romain, qui veut que le voisin d'un fonds ne puisse se plaindre des changemens qui y sont opérés *pour la nécessité de la culture.* — ff., l. 1, *De aq. et aquæ*, et L. 24. — Garnier, *Régime des eaux*, n° 688.

36. — La difficulté est aujourd'hui formellement tranchée par l'art. 3 de la loi du 29 avr. 1845 sur les irrigations, qui dispose que «la faculté de passage sur les fonds intermédiaires pourra être accordée au propriétaire d'un terrain submergé, en tout ou en partie, à l'effet de procurer aux eaux nuisibles leur écoulement.» — V. IRRIGATIONS.

37. — Une disposition semblable se remarque dans le Code civil de Sardaigne, qui porte (art. 630) : «Les dispositions énoncées dans les articles précédens, concernant le passage des eaux, sont applicables au cas où le possesseur d'un fonds marécageux veut le bonifier ou le dessécher par *colmates* ou atterrissemens, ou en creusant un ou plusieurs canaux d'écoulement.»

38. — Le desséchement par colmates, ou *colmatage*, dont il est question ci-dessus, est une opération qui a pour objet de donner ou de rendre, au moyen de l'arrosage avec des eaux troubles et chargées de limon, les principes de végétation à des terrains qui en sont dépourvus ou en ont été dépouillés par l'effet des eaux torrentielles.

39. — D'après l'art. 4 de la même loi du 29 avr. 1845, l'autorisation dont le propriétaire d'un marais pourrait, en pareil cas, avoir besoin, devrait, en cas de contestation, être accordée par les tribunaux, qui (est-il disposé conformément au principe déjà établi par l'art. 645 C. civ.) «devront concilier l'intérêt de l'opération avec le respect dû à la propriété.»

40. — On a reproché à cette disposition d'établir une sorte de contradiction avec le principe de la loi du 16 sept. 1807, et de transporter désormais à l'autorité judiciaire le pouvoir justement accordé jusqu'à présent à l'autorité administrative en matière de desséchement. Mais ce reproche n'est pas fondé, et il est facile de voir que les deux lois, ayant chacune un point de départ différent, ont chacune également une action différente.

41. — Le but de la loi de 1807 est surtout, en effet, de forcer les propriétaires de marais à opérer le desséchement, et, au cas de résistance de leur part, de permettre que des entrepreneurs leur soient substitués; elle donne à l'autorité administrative le pouvoir que l'autorité judiciaire ne peut jamais avoir, de présider à l'opération et d'en répartir les frais, comme une contribution, sur tous les intéressés. — La loi de 1845 permet seulement à l'autorité judiciaire de venir en aide au propriétaire qui voudra, isolément et avec ses propres ressources, soustraire son fonds à l'action des eaux qui le submergent, en autorisant en sa faveur une servitude d'écoulement à travers les fonds voisins. — V., à cet égard, Dumay, sur Proudhon, *Dom. publ.*, n° 1584.

42. — Dans tous les cas, l'intérêt général exige que l'autorité supérieure reste toujours investie du droit d'ordonner les desséchemens qu'elle juge nécessaires, soit par des motifs de salubrité, soit pour favoriser l'agriculture; et c'est là une haute mesure d'administration et de police qui ne comporte aucun recours, du moins par la voie contentieuse.

43. — Aussi est-il de principe que l'ordonnance royale qui ordonne le desséchement d'un marais n'est pas susceptible d'opposition devant le Conseil d'Etat de la part des tiers. C'est par la voie administrative seule que les opérations du desséchement peuvent être attaquées. — *Cons. d'Etat*, 1er sept. 1819, commune de Montoir.

44. — Les desséchemens, lorsqu'ils sont opérés avec l'intervention du gouvernement, sont exécutés par l'Etat ou par des concessionnaires. — L. 16 sept. 1807, art. 2.

§ 3. — *Concessions.*

45. — Lorsqu'un marais appartient à un seul propriétaire, ou lorsque tous les propriétaires se sont réunis, la concession leur est toujours accordée de préférence, s'ils se soumettent à l'exécuter dans les délais fixés et conformément aux plans adoptés par le gouvernement. — L. 16 sept. 1807, art. 3.

46. — Lorsque le propriétaire ou la réunion de propriétaires ne se soumettent pas à dessécher dans les délais, et selon les plans adoptés, ou n'exécutent pas les conditions auxquelles ils se seraient soumis; lorsque les propriétaires ne sont pas tous réunis; enfin, lorsque parmi les propriétaires il y a une ou plusieurs communes, la concession est accordée aux prétendans dont la soumission est jugée la plus avantageuse par le gouvernement. — *Ibid.*, art. 4.

47. — A conditions égales, les soumissions faites par des communes propriétaires ou par un certain nombre de propriétaires réunis sont préférées. — L. 16 sept. 1807, art. 4.

48. — Cette préférence accordée aux propriétaires et aux communes a été souvent critiquée comme destructive de l'esprit d'entreprise, qui, prétend-on, est, pour ainsi dire, seule propre à conduire à bonne fin les opérations difficiles dont il s'agit : par la raison que les entrepreneurs stimulés par l'appât d'un gain légitime, obtiennent nécessairement des résultats que les communes et les propriétaires abandonnés à eux-mêmes ne peuvent jamais atteindre. — Husson, *Législ. des trav. publics*, t. 2, p. 262.

49. — La loi de 1791 disposait que « lorsque le directoire du département aurait déterminé pour le bien général de faire exécuter le desséchement d'un marais des domaines nationaux, des communautés ou des particuliers, le propriétaire de ce marais serait requis de déclarer, dans l'espace de six mois, s'il voulait le faire dessécher lui-même, le temps qu'il demandait pour l'opérer et les secours dont il aurait besoin pour cette entreprise. » — L. 26 déc. 1790-5 janv. 1791, art. 4.

50. — Bien que cette disposition ne paraisse pas avoir été abrogée par la loi de 1807, l'usage de l'administration a été pendant longtemps de se borner à prescrire le dépôt du projet, pendant un mois, au secrétariat de la préfecture, avec invitation, faite publiquement dans les communes, d'en venir prendre connaissance.

51. — Depuis l'adoption du système des enquêtes ordonnées par les travaux publics, l'administration supérieure a cru devoir, d'après l'avis du conseil général des ponts et chaussées, soumettre les projets de desséchement aux formalités de publication prescrites par l'ordonnance royale du 18 fév. 1834. — Il résulte de là que la publication du projet n'a plus seulement pour but de mettre les propriétaires en demeure de déclarer s'ils entendent entreprendre eux-mêmes le desséchement, mais de soulever et de soumettre au public la question de l'utilité de l'opération. — Husson, *Législ. des trav. publ.*, t. 2, p. 247.

52. — Les demandes en concession doivent être formées par un mémoire explicatif de tout ce qui concerne leur objet; il faut y joindre les pièces et documens dont nous parlerons ci-après, et adresser le tout au préfet du département ou au directeur général des ponts et chaussées. Ce dernier parti doit être préféré, lorsqu'il s'agit de marais situés dans plusieurs départemens. — Proudhon, *Dom. publ.*, n° 1587.

53. — Les concessions sont faites par des ordonnances rendues en Conseil d'Etat, sur des plans levés ou vérifiés par les ingénieurs des ponts et chaussées. — L. 16 sept. 1807, art. 5.

54. — Comme la levée de ces plans nécessite des opérations qui ne peuvent être pratiquées que sur le terrain même, il est utile d'obtenir préalablement du préfet l'autorisation de les faire, afin que les propriétaires ne puissent pas s'y opposer. — Proudhon, *Dom. publ.*, n° 1590.

55. — Les plans sont levés, vérifiés et approuvés aux frais des entrepreneurs du desséchement. — L. 16 sept. 1807, art. 6.

56. — Le plan général du marais doit comprendre tous les terrains qui sont présumés devoir profiter du desséchement. Chaque propriété doit y être distinguée et son étendue exactement circonscrite. — *Ibid.*

57. — Au plan général doivent être joints tous les profils et nivellemens nécessaires; ils doivent être, le plus possible, exprimés sur le plan par des cotes particulières. — *Ibid.*

58. — Les frais de voyage et autres dépenses qui peuvent avoir été faites par les ingénieurs des ponts et chaussées, ainsi que les honoraires auxquels ils peuvent avoir droit, soit pour la levée des plans, s'ils ont été chargés de cette opération, soit pour leur vérification, sont payés par les entrepreneurs, sur les états fournis par les ingénieurs, et d'après l'approbation, le règlement et le mandat du préfet. — Décr. 7 fruct. an XII, art. 75.

59. — Le mandat du préfet est exécutoire contre tous les particuliers qui, intéressés à l'entreprise, sont déclarés devoir supporter les frais dont il s'agit, et il est procédé au recouvrement par voie de contrainte, comme en matière d'administration. — *Ibid.*

60. — Si ceux qui auraient fait la première soumission et fait lever ou vérifier les plans ne demeurent pas concessionnaires, ils doivent être remboursés par ceux auxquels la concession serait définitivement accordée. — L. 16 sept. 1807, art. 6.

61. — L'ordonnance royale qui concède le desséchement d'un marais ne fait pas obstacle à ce que ceux qui prétendent droit à la propriété des terrains concédés, fassent valoir leurs droits devant les tribunaux. — *Cons. d'Etat*, 1er sept. 1819, commune de Montoir.

62. — Les propriétaires ou les communes qui revendiqueraient le droit de préférence établi en leur faveur, pourraient seuls demander l'annulation de la concession, si elle n'avait pas été accordée contradictoirement avec eux.

63. — Ainsi, une commune propriétaire de marais est recevable à intervenir dans l'instance pendante entre d'autres communes et le concessionnaire du desséchement, sur la question de savoir si le desséchement sera fait par elles ou par le concessionnaire. — *Cons. d'Etat*, 8 août 1821, de l'Aubépin.

64. — L'ordonnance de concession, comme celle qui prescrit le desséchement d'office, soumet donc irrévocablement tous les terrains qu'elle désigne à l'opération du desséchement.

65. — Il a même été décidé que, lorsque des terrains n'ont pas été compris dans l'ordonnance de desséchement, mais ont été néanmoins indiqués sur les plans comme devant participer au desséchement, et que, comme tels, ils ont été compris dans des procès-verbaux de classification et d'estimation dûment homologués, sans que les propriétaires aient réclamé, ceux-ci sont non recevables ensuite à demander la distraction. — *Cons. d'Etat*, 11 juin 1833, Fitremann et comp. de Bray.

66. — L'ordonnance de concession doit être considérée comme constituant un vrai contrat synallagmatique entre le concessionnaire, d'une part, et le gouvernement, d'autre part, agissant tant au nom de l'intérêt public que comme représentant les propriétaires des marais qui doivent payer le prix des travaux de desséchement dont ils profitent directement. — Proudhon, *Dom. publ.*, nos 1596 et suiv.

67. — Les conditions auxquelles la concession a pu être accordée engagent, en conséquence, non-seulement le concessionnaire immédiat, mais encore tous ceux qui peuvent être considérés comme étant ses ayans droit.

68. — Ainsi, celui qui a acquis un marais d'une commune faisant partie d'une association formée pour le desséchement de ce marais, est tenu, à ce titre, de contribuer aux dépenses du desséchement. — *Cons. d'Etat*, 2 fév. 1825, Perdry.

69. — Il a encore été décidé que les successeurs ou ayans droit d'un concessionnaire de desséchement de marais, sont tenus, à perpétuité, de l'obligation de dessécher et d'entretenir le desséchement de tous les marais compris dans la concession, et même de ceux dont la restitution a été ordonnée comme ayant été usurpés. — *Cons. d'Etat*, 25 juin 1824, Marais de Montferrand.

70. — Les concessionnaires sont soumis d'abord aux conditions générales qui sont prescrites par la loi de 1807, puis à celles qui peuvent être d'ailleurs établies par des règlemens d'administration publique, et enfin aux charges qui sont fixées à raison des circonstances locales. — Loi 16 sept. 1807, art. 5.

71. — Suivant l'art. 8 de la loi du 5 janv. 1791, considérée sur ce point, par Proudhon, comme étant toujours en vigueur, l'entrepreneur devrait en outre s'obliger d'indemniser d'avance, à dire d'experts, les propriétaires riverains, et il devrait fournir « une caution solvable dont la décharge n'aurait lieu qu'après le ressuiement total du marais. » — Proudhon, *Dom. publ.*, n° 1599.

72. — Proudhon va même jusqu'à poser en principe que le gouvernement ne pourrait pas dispenser l'entrepreneur de cette obligation, attendu qu'ici ce n'est plus dans son intérêt, mais bien dans l'intérêt individuel de divers particuliers, que la charge est imposée. — Proudhon, *ut suprà.*

73.—Mais MM. Cotelle (*Cours de droit administr.*, 2e édit., t. 2, p. 415) et Demay (sur Proudhon, *Dom. publ.*, no 1599) pensent avec plus de raison, suivant nous, que le silence de la loi de 1807 a abrogé à cet égard les dispositions de la loi de 1791.

74. — L'entrepreneur d'un desséchement est naturellement soumis aux dispositions de l'art. 1792 C. civ., qui veulent que tout entrepreneur soit garant pendant dix années de la solidité de ses ouvrages.

75. — Mais une commission spéciale ne pourrait imposer à des concessionnaires l'obligation de garder pendant un temps déterminé, à titre de garantie, un certain nombre d'hectares de terrains desséchés, lorsque cette obligation ne résulte pour eux ni de leurs titres de concession, ni d'aucune loi qui leur soit applicable. — *Cons. d'Etat*, 31 août 1837, concession de la canalisation de la Dive.

76. — Les ordonnances de concession fixent au surplus toutes les obligations auxquelles les concessionnaires doivent être soumis, tant sous le rapport des charges de l'entreprise que sous le rapport du délai dans lequel les travaux devront être exécutés, et à défaut d'accomplissement de ces obligations la concession peut être révoquée.

77. — Le pouvoir exécutif peut seul, par décret rendu en Conseil d'Etat dans la forme des règlemens d'administration publique, prononcer la déchéance des concessions, après que tous les renseignemens lui ont été fournis tant par les ingénieurs que par le préfet et la commission. — Magnitot et Delamarre, vo *Marais*.

78.—La déchéance ne doit être appliquée qu'au cas où l'inexécution provient de la faute des entrepreneurs, et non d'un cas de force majeure.— Guichard, chap. 2, no 2, p. 225. — V. aussi *Cons. d'Etat*, 8 août 1821, de l'Aubépin c. commune de Quent; 12 juill. 1836, Lantage.

§ 4. — *Syndicat. — Experts. — Classification et estimation des terrains à défricher.*

79. — Soit que le gouvernement fasse le desséchement par lui-même, soit que la concession ait été accordée, il doit être formé entre les propriétaires, préalablement à l'exécution de tous travaux, un syndicat, à l'effet de nommer les experts qui devront procéder aux estimations auxquelles l'opération donne lieu. — L. 16 sept. 1807, art. 7.

80. — Cette disposition n'est susceptible d'application qu'autant qu'il y a un nombre de propriétaires assez considérable, pour qu'ils ne puissent suivre par eux-mêmes les opérations du desséchement, et défendre directement leurs intérêts. La formation d'un syndicat n'a en effet pour objet que de réduire à un nom collectif le trop grand nombre d'intéressés qu'il pourrait y avoir.

81. — Malgré le silence de la loi à cet égard, il semble naturel d'admettre que tant que le nombre des propriétaires n'excède pas le *maximum* de celui qui est fixé pour les syndics (V. *infrà* no 85) il n'y a aucune nécessité de recourir à cette mesure puisque le déplacement, la réunion et les délibérations des propriétaires eux-mêmes n'entraîneraient ni plus d'embarras ni plus de longueur que ceux des syndics. — Proudhon, *Dom. publ.*, no 1605.

82. — Il faut remarquer toutefois avec le même auteur qu'au cas d'absence des intéressés la constitution d'un syndicat pourrait devenir nécessaire, parce qu'il faut toujours que ceux-ci soient représentés.

83.—Si une commune était seule propriétaire, le maire autorisé par une délibération du conseil municipal, et par un arrêté du Conseil de préfecture, pourrait agir au nom et dans l'intérêt des habitans sans l'intermédiaire d'aucun mandataire étranger. — *Ibid.*

84. — Les syndics sont nommés par le préfet; ils doivent être pris parmi les propriétaires les plus imposés à raison du marais à dessécher. — L. 16 sept. 1807, art. 7.

85. — Les syndics doivent être au moins au nombre de trois et au plus au nombre de neuf. Ce point est au surplus déterminé pour chaque desséchement par l'acte de concession. — *Ibid.*

86. — Les syndics n'ont pas, à moins d'avoir eu à cet effet un pouvoir spécial, qualité pour représenter les propriétaires qui ont des réclamations à former contre le concessionnaire. — *Cons. d'Etat*, 8 sept. 1819, de France c. de Laubépin; 6 août 1821, de Laubépin.

87. — Ils ne représentent la masse des propriétaires que relativement aux experts à nommer, aux contributions d'entretien et à l'emparquement des portions de marais à laisser aux communes pour le pacage. — *Cons. d'Etat*, 8 sept. 1819, de France c. de Laubépin.

88. — Les propriétaires intéressés au desséchement peuvent néanmoins, pour la défense de leurs intérêts communs, nommer un ou plusieurs mandataires, à la charge par ceux-ci de déclarer dans tous leurs actes les noms, prénoms et qualités de chacun de leurs mandans. — *Cons. d'Etat*, 24 déc. 1814, marais de Bourcoing.

89. — Les syndics d'un desséchement de marais ne représentent valablement les communes intéressées qu'en vertu de pouvoirs délivrés par les conseils municipaux; les pouvoirs délivrés par les maires seuls ne lient pas les communes. — *Cons. d'Etat*, 8 sept. 1819, de France c. de Laubépin.

90. — Les syndics réunis nomment et présentent un expert au préfet du département. — Les concessionnaires en présentent un autre; le préfet nomme un tiers expert. — L. 16 sept. 1807, art. 8. — Lorsque le desséchement est fait directement par l'Etat, le second expert est nommé par le préfet, et le tiers expert par le ministre de l'intérieur. — L. 16 sept. 1807, art. 8.

91. — La mission des experts consiste à diviser les terrains à dessécher en classes (cinq au moins, dix au plus), dont le périmètre doit être tracé par eux de concert avec les ingénieurs sur le plan cadastral qui a servi de base à l'entreprise. — L. 16 sept. 1807, art. 9 et 10.

92. — Le plan est ensuite soumis à l'approbation du préfet; il reste déposé au secrétariat de la préfecture pendant un mois; les parties intéressées sont invitées par affiches à en prendre connaissance et à fournir leurs observations. — *Ibid.*, art. 11.

93. — Le préfet, après avoir reçu ces observations, celles en réponse des entrepreneurs du desséchement, celles des ingénieurs et des experts, peut ordonner telles vérifications qu'il juge convenables. — *Ibid.*, art. 12.

94. — Les parties intéressées qui, après vérification, persistent dans leurs plaintes, peuvent recourir à une commission spéciale instituée à l'effet de statuer sur toutes les contestations auxquelles les diverses opérations du desséchement peuvent donner lieu. — Même art. 12.

95. — Les plans définitivement arrêtés, les deux experts nommés par les propriétaires et les entrepreneurs du desséchement se rendent sur les lieux, et procèdent à l'appréciation de chacune des classes composant le marais.—Cette appréciation doit être faite eu égard à la valeur réelle, au moment de l'estimation, de chaque classe considérée dans son état de marais, e sans que les experts puissent s'occuper d'une estimation détaillée par propriété. — L. 16 sept. 1807, art. 13.

96. — Lorsque des travaux de desséchement ont été interrompus pendant longtemps, après la concession, l'appréciation première de la valeur des terrains, qui doit servir plus tard à la fixation de la plus-value qu'ils acquièrent par le desséchement, doit être faite, non à l'époque de la concession, mais à l'époque de la reprise des travaux, déduction faite de l'accroissement de valeur résultant des premiers travaux. — *Conseil d'Etat*, 31 août 1837, concession de la canalisation de la Dive.

97. — Les experts procèdent en présence du tiers expert, qui les départage s'ils ne peuvent s'accorder. — L. 16 sept. 1807, art. 13.

98. — Si le tiers expert décède avant la fin des opérations, il n'y a lieu de les recommencer en présence de son successeur qu'autant que les deux autres seraient discordans. — *Cons. d'Etat*, 8 sept. 1819, de France c. de l'Aubépin.

99. — Dans tout ce qui n'est pas prévu par la loi de 1807, quant aux formes dans lesquelles les experts doivent procéder à leurs opérations, il semble, d'ailleurs, naturel de se reporter aux règles de droit commun déterminées par le C. de procédure.

100. — Décidé, néanmoins, que le décret de concession du desséchement de la vallée de l'Authie n'ayant pas imposé aux experts la formalité du serment préalablement à leurs opérations, des propriétaires ne peuvent attaquer ces opérations par le motif que les experts n'auraient pas prêté serment avant d'estimer les terrains soumis au desséchement. — *Conseil d'Etat*, 8 sept. 1819, de France c. de l'Aubépin.

101. — Le procès-verbal d'estimation est déposé pendant un mois à la préfecture; les intéressés en sont prévenus par affiches, et les réclamations sont jugées par la commission spéciale à laquelle, dans tous les cas, l'estimation est soumise pour être jugée et homologuée par elle: la commission peut décider outre et contre l'avis des experts. — L. 16 sept. 1807, art. 14.

102. — La commission ne pourrait néanmoins d'office augmenter les prix fixés par l'estimation des experts; elle ne doit le faire qu'autant qu'il y a réclamation de la part des intéressés. — *Cons. d'Etat*, 26 août 1824, Dubuc.

103. — Dès que l'estimation a été définitivement arrêtée, les travaux de desséchement sont commencés; ils sont poursuivis et terminés dans les délais fixés par l'acte de concession, sous les peines portées au même acte. — L. 16 sept. 1807, art. 15.

§ 5. — *Durée des travaux. — Indemnité provisoire accordée aux entrepreneurs.*

104. — Lorsque, d'après l'étendue des marais ou la difficulté des travaux, le desséchement ne peut être opéré dans trois ans, l'acte de concession peut attribuer aux entrepreneurs du desséchement une portion en deniers du produit des fonds qui auront profité les premiers des travaux de desséchement. — L. 16 septemb. 1807, art. 16.

105. — Généralement, cette allocation provisoire est accordée par année; et c'est ce qui a été établi notamment par l'acte de concession du desséchement de la vallée de l'Authie.— V. décr. imp. 25 mai 1811.

106. — L'indemnité doit, en pareil cas, être réglée d'après le revenu réel de l'année, suivant la proportion établie par l'acte de concession. — *Cons. d'Etat*, 2 sept. 1829, Jourdain.

107. — Le prix des herbes doit être admis comme élément dans la fixation de la plus-value provisoire. — *Cons. d'Etat*, 12 août 1831, concession de la vallée de l'Authie.

108. — Les contestations relatives à l'exécution des clauses de l'acte de concession relatives à l'attribution dont il vient d'être parlé, sont portées devant la commission spéciale. — L. 16 sept. 1807, art. 16.

§ 6. — *Achèvement, vérification et réception des travaux. — Classification et estimation des terrains desséchés.*

109. — Lorsque les travaux sont terminés, il est procédé à leur vérification et à leur réception. — L. 16 sept. 1807, art. 17.

110. — La vérification peut être faite contradictoirement avec les syndics en tant qu'elle porte sur les intérêts de la masse; mais pour les intérêts des propriétaires entre eux, les syndics ne pourraient pas les représenter. — Proudhon, *Dom. publ.*, no 1612.

111. — Les réclamations sont, comme dans les cas précédens, portées devant la commission spéciale. — L. 16 sept. 1807, art. 17.

112. — Il en est ainsi alors même que les réclamations seraient élevées, dans l'intérêt général, par le préfet qui est chargé d'approuver la réception des travaux, sauf toutefois le recours au Conseil d'Etat. — Proudhon, *Domaine public*, no 1612.

113. — Dès que la reconnaissance des travaux a été approuvée, les experts procèdent, de concert avec les ingénieurs, à une classification des fonds desséchés suivant leur valeur nouvelle et l'espèce de culture dont ils sont devenus susceptibles. — L. 16 sept. 1807. art. 18.

114. — Cette classification est vérifiée, arrêtée, suivie d'une estimation, le tout dans les formes ci-dessus indiquées pour la classification et l'estimation des marais avant le desséchement. — *Ibid.*

115. — Lorsque, après le desséchement d'un marais, l'on procède à l'estimation des terrains desséchés, afin de déterminer le montant de la plus-value, on doit faire entrer dans cette plus-value la facilité que le desséchement a procurée pour l'extraction de la tourbe. — *Cons. d'Etat*, 15 mars 1829, Bernault et Dubuc c. Guibert.

116. — Mais des travaux qui pourraient faciliter l'irrigation des terrains desséchés ne doivent pas entrer, comme base, dans l'estimation de la plus-value, lorsque l'ordonnance qui permet ces travaux n'indique que les travaux ordinaires de desséchement. — *Cons. d'Etat*, 6 août 1823, de l'Aubépin.

117. — Le préfet peut ordonner telles vérifications qu'il juge convenables relativement au

classement des terrains desséchés, mais l'estimation des experts ne peut être déférée qu'à la commission spéciale. — *Cons. d'Etat*, 13 juill. 1828, Bernault, Dubuc et l'Aubépin.

§ 7. — *Indemnités dues par les propriétaires.*

118. — Dès que l'estimation des fonds desséchés a été arrêtée, les entrepreneurs du desséchement présentent à la commission un rôle contenant : 1° le nom des propriétaires, 2° l'étendue de leur propriété, 3° les classes dans lesquelles elle se trouve placée, le tout relevé sur le plan cadastral ; 4° l'énonciation de la première estimation calculée à raison de l'étendue et des classes ; 5° le montant de la valeur nouvelle de la propriété depuis le desséchement, réglée par la seconde estimation ; 6° enfin la différence entre les deux classemens. — L. 16 sept 1807, art. 19.

119. — S'il reste dans le marais des portions qui n'auraient pu être desséchées, elles ne donnent lieu à aucune prétention de la part des entrepreneurs du desséchement. — *Ibid.*

120. — Le montant de la plus-value obtenue par le desséchement est divisée entre le propriétaire et le concessionnaire, dans les proportions fixées par l'acte de concession. — L. 16 sept. 1807, art. 20.

121. — C'est, en conséquence, toujours suivant les proportions indiquées par cet acte que l'indemnité accordée aux concessionnaires doit être réglée et non en raison du produit du desséchement. — *Cons. d'Etat*, 13 juill. 1828, de Dreux-Brezé c. Rochn.

122. — Lorsqu'un desséchement est fait par l'Etat, sa portion dans la plus-value est fixée de manière à le rembourser de toutes ses dépenses seulement. — L. 16 sept. 1807, art. 20.

123. — Le rôle des indemnités sur la plus-value dont il vient d'être parlé est arrêté par la commission spéciale, et rendu exécutoire par le préfet. — *Ibid.*

124. — Une commission spéciale de desséchement commet un déni de justice et méconnaît ses pouvoirs en refusant de procéder à la vérification des rôles de plus-value, et en se déclarant incompétente pour arrêter ces rôles. — *Cons. d'Et.*, 18 août 1833, concession de la vallée de l'Authie.

125. — Comme cette opération est du reste une opération purement administrative, il appartient au préfet, au refus de la commission, d'y procéder. — Loi du 16 sept. 1807, art. 20.

126. — Dans tous les cas, les parties intéressées conservent la faculté de porter devant le conseil de préfecture les réclamations qu'elles croiraient devoir élever contre la formation des rôles en ce qui les concerne. — *Ibid.*

127. — Mais le recouvrement des sommes portées à ce rôle n'est pas pour cela assimilé au recouvrement des contributions directes. — *Cons. d'Et.*, 24 fév. 1843 et 7 fév. 1845, marais de l'Authie c. Dumaisnier.

128. — Le délai fixé pour les réclamations en matière de contributions directes n'est pas en conséquence applicable à ce cas, et aucune loi n'a d'ailleurs déterminé un délai passé lequel les propriétaires de terrains desséchés ne pourraient plus réclamer contre le rôle de plus-value. — *Ib.*

129. — M. Dumay, toutefois, se prononce dans un sens contraire à ces deux solutions. S'appuyant sur la disposition des lois de finances qui depuis celle du 21 avr. 1832 (art. 1er) a compris les taxes établies pour les travaux de desséchement au nombre de celles dont le recouvrement est assimilé au recouvrement des contributions directes, cet auteur pense, en effet, que le recouvrement des rôles de plus-values tombe naturellement sous l'application de la même disposition, et qu'en conséquence le délai de trois mois, fixé pour les réclamations, est ici également applicable. — Dumay, sur Proudhon, *Dom. publ.*, n° 1658.

130. — Mais, suivant nous, ce serait évidemment à tort que l'on confondrait, à cet égard, le recouvrement des rôles de *plus-value* avec le recouvrement des taxes établies pour le paiement des *travaux* qui peuvent être mis à la charge des propriétaires. — L'indemnité de plus-value accordée au concessionnaire n'est en réalité que le prix du contrat présumé passé entre lui et les propriétaires pour lesquels le gouvernement a pris fait et cause. — Elle est d'ailleurs spécialement garantie au moyen d'une hypothèque de privilége par l'art. 23 de la loi de 1807. — Les taxes établies pour le paiement des travaux à la charge des propriétaires, d'une nature essentiellement différente et imposées directement par l'autorité, en vue de l'utilité générale, présentent au contraire tous les caractères des taxes d'utilité publique. C'est donc à elles seules que l'on peut rapporter la disposition précitée de la loi de 1832 et des lois ultérieures de finances.

131. — Il suit également du même principe, qu'un conseil de préfecture, chargé de prononcer sur les réclamations élevées par un particulier contre la formation des rôles de plus-value en ce qui le concerne, peut, sans excès de pouvoir, ordonner qu'il sera sursis aux poursuites et prescrire toutes les mesures propres à le mettre en état d'apprécier le mérite des réclamations. — *Cons. d'Et.*, 7 févr. 1845, marais de l'Authie.

132. — Les propriétaires ont la faculté de se libérer de l'indemnité par eux due, en délaissant une portion relative du fonds, calculée sur le pied de la dernière estimation. — Il n'est dans ce cas perçu qu'un droit fixe d'un franc pour l'enregistrement de l'acte de mutation de propriété. — Loi du 16 sept. 1807, art. 21.

133. — Si les propriétaires ne veulent pas délaisser des fonds en nature, ils constituent une rente sur le pied de 4 p. 0/0 sans retenue ; le capital de cette rente est toujours remboursable : même par portions, qui, cependant, ne peuvent être moindres d'un dixième, et moyennant vingt-cinq capitaux. — L. 16 sept. 1807, art. 22.

134. — L'ordonnance de commission portant que le concessionnaire aura droit, après le desséchement opéré, à une portion soit de la plus-value, soit de la propriété des marais desséchés, constitue au profit de celui-ci un titre qui, d'éventuel dans son principe, devient définitif par la réception des travaux. — *Cass.*, 10 déc. 1845 (t. 1er 1846, p. 298), Allonneaud c. Lestourbeillon.

135. — C'est, en conséquence, à partir de cette réception que le concessionnaire est réputé avoir eu la propriété des terres que le partage lui a attribuées ultérieurement, et c'est aussi du même jour qu'a commencé à courir à son profit la prescription contre l'action en revendication des propriétaires qui ne se sont pas présentés au partage. — Même arrêt.

136. — Les indemnités dues aux concessionnaires ou au gouvernement, à raison de la plus-value résultant des desséchemens, sont privilégiées sur toute ladite plus-value, à la charge seulement de faire transcrire l'acte de concession, ou l'ordonnance qui a prescrit le desséchement au compte de l'Etat, dans le bureau ou dans les bureaux des hypothèques de l'arrondissement ou des arrondissemens de la situation des marais desséchés. — L. 16 sept. 1807, art. 23.

137. — L'hypothèque de tout individu inscrit avant le desséchement est restreinte au moyen de la transcription, sur une portion de propriété égale en valeur à la première valeur estimative des terrains desséchés. — *Ibid.*

138. — Mais il importe d'observer que cette disposition ne peut être appliquée qu'au créancier inscrit *avant le desséchement*. La restriction d'hypothèque dont il s'agit ne devrait pas avoir lieu à l'égard du créancier ordinaire qui aurait formé son inscription *après* le desséchement, mais avant la transcription de l'entrepreneur. Le concessionnaire devrait alors s'imputer de s'être laissé prévenir. — Proudhon, *Dom. publ.*, n° 1628.

139. — L'art. 23 de la loi de 1807 n'a d'ailleurs d'effet qu'à l'égard de l'entrepreneur et pour lui garantir son privilége. Elle doit rester sans application à l'égard de tout autre créancier ; et il faut induire de là que l'entrepreneur ayant été payé, tous les autres créanciers hypothécaires restent à l'égard du fonds, tel qu'il est, soumis entre eux à la règle du droit commun. — *Ibid.*, n° 1629.

140. — La simple transcription suffit à l'entrepreneur pour lui conserver perpétuellement son privilége, sans qu'il soit soumis à la péremption décennale qui frappe les inscriptions hypothécaires ordinaires. — Proudhon, n° 1630 ; Garnier, *Régime des eaux*, n° 929.

§ 8. — *Expropriation. — Dommages résultant des travaux de desséchement.*

141. — « Dans le cas où le desséchement d'un marais ne pourrait être opéré par les moyens ci-dessus organisés, et où, soit par les obstacles de sa nature, soit par les oppositions persévérantes des propriétaires, on ne pourrait parvenir au desséchement, le propriétaire ou les propriétaires de la totalité des marais pourront être contraints à délaisser leurs propriétés, sur estimation faite dans les formes déjà prescrites. » — L. 16 sept. 1807, art. 24.

142. — « Cette estimation doit être soumise au jugement et à l'homologation d'une commission formée à cet effet et la cession sera ordonnée, sur le rapport du ministre de l'intérieur (aujourd'hui des travaux publics), par un règlement d'administration publique. » — *Ibid.*

143. — Si pour exécuter un *desséchement*, l'ouverture d'une nouvelle navigation, un pont, il est question de supprimer des moulins et autres usines, de les déplacer, modifier, ou de réduire l'élévation de leurs eaux, la nécessité en sera constatée par les ingénieurs des ponts et chaussées. — L. 16 sept. 1807, art. 48.

144. — « Le prix de l'estimation est payé par l'Etat, lorsqu'il entreprend les travaux ; lorsqu'ils sont entrepris par des concessionnaires, le prix doit être payé avant qu'ils puissent faire cesser le travail des moulins et usines. » — *Ibid.*

145. — Enfin, les terrains nécessaires pour l'ouverture des canaux et rigoles de *desséchement*, des canaux de navigation, de routes, etc..., sont payés à leurs propriétaires, à dire d'experts, d'après leur valeur avant l'entreprise des travaux et sans nulle augmentation du prix des travaux. — L. 16 sept. 1807, art. 49.

146. — Ces différens cas d'expropriation doivent-ils continuer, à raison de leur spécialité, d'être régis par les dispositions que nous venons de reproduire de la loi du 16 sept. 1807, ou doit-on leur appliquer les dispositions des lois nouvelles concernant l'expropriation pour cause d'utilité publique ? — C'est là une question très controversée, surtout en ce qui concerne la dépossession complète autorisée par l'art. 24 de la loi précitée. — V. *suprà* nos 27 et suiv.

147. — Suivant les uns, la loi du 16 sept. 1807, en ce qui concerne les cas d'expropriation dont il s'agit, aurait été implicitement abrogée par celles des 8 mars 1810, 7 juill. 1833 et 3 mai 1841. — V., dans ce sens, Toullier, t. 3, n° 286 ; Proudhon, *Dom. publ.*, n° 1661 ; Cormenin, *Dr. crim.*, v° *Expropriation* ; Favard, *eod. verbo*, n° 15 ; de Lalleau, *De l'expropr. pour cause d'utilité publ.*, nos 857 et suiv. ; Husson, *Législ. des trav. publ.*, t. 2, p. 251 ; Foucard, *Elém. de dr. publ.*, t. 1er, p. 228 ; Garnier, *Régime des eaux*, n° 930.

148. — D'autres pensent, au contraire, que les règles ordinaires de l'expropriation pour cause d'utilité publique seraient ici sans application, et cette opinion s'appuie surtout sur le principe même de la loi du 16 sept. 1807 ; principe qui personne ne conteste être encore dans toute sa vigueur, et qui est que : « la propriété des marais est soumise à des règles particulières. » — V., dans ce sens, Serrigny, *Compét. et proc. adm.*, n° 1193 ; Gillon et Stourm, *Cod. des municip.* ; Cotelle, *Trav. publ.* ; Dumay, annot. sur Proudhon, *Dom. publ.*, n° 1661.

149. — La discussion qui a précédé la loi de 1833 semblerait en effet démontrer que c'est en ce dernier sens que le législateur l'a entendu. Dans le cours de cette discussion, il fut demandé pourquoi dans la nomenclature des grands travaux on n'avait pas compris les desséchemens de marais. M. Legrand, commissaire du gouvernement, répondit : « Il existe sur les desséchemens une loi spéciale du 16 sept. 1807 ; cette loi détermine toutes les conditions qui doivent précéder, accompagner et suivre une opération de desséchement ; une proposition vient d'être déposée dans la Chambre des députés pour y apporter les perfectionnemens signalés par l'expérience ; ainsi, les desséchemens ont une législation qui leur appartient, et il n'était pas nécessaire de les mentionner dans le projet de loi dont il s'agit. » — Séance Ch. des pairs, 4 mai 1833, *Mon.* du 5, même mois.

150. — Le Conseil d'Etat s'est, d'ailleurs, constamment prononcé pour l'application exclusive au cas de cette nature de la loi du 16 sept. 1807. — V. notamment *Cons. d'Etat*, 27 avr. 1825, Bienaymé c. de Quintonnat ; 23 août 1826, de Bray c. commune de Bouges ; 22 mars 1827, de Brézé c. Rochn ; 20 fév. 1828, mêmes parties.

151. — Il est du reste évident que si, pour l'exécution des travaux, la compagnie avait besoin d'exproprier des terrains non compris dans le périmètre du marais, l'expropriation serait soumise à la législation générale. — Delalleau, *suprà*, p. 371.

152. — Quant aux simples dommages que peuvent entraîner les travaux de desséchement, ils rentrent dans la classe de tous les dommages que peuvent occasionner en général l'exécution des travaux publics. — V. TRAVAUX PUBLICS.

153. — Suivant la règle générale, les indemnités dues à ce sujet doivent être réglées par le conseil de préfecture. — Husson, *Législ. des trav. publ.*, t. 2, p. 252. — V. aussi *Cons. d'Etat*, 7 fév. 1845, marais de l'Authie c. Dumaisnier.

§ 9. — *Conservation des travaux de desséchement.*

154. — Durant le cours des travaux de desséchement, les canaux, fossés, rigoles, digues et autres ouvrages sont entretenus, gardés aux frais des entrepreneurs du desséchement. — L. 16 sept. 1807, art. 25.

155. — A compter de la réception des travaux, l'entretien et la garde sont à la charge des propriétaires tant anciens que nouveaux. — *Ibid.*, art. 26.

156. — La charge imposée aux entrepreneurs et propriétaires par les art. 25 et 26 de la loi de 1807 peut toutefois se trouver allégée par l'effet de circonstances particulières, par exemple lorsque les ouvrages ou quelques-uns des ouvrages entrepris pour le desséchement reçoivent, outre leur destination spéciale, une nouvelle affectation d'utilité générale ou particulière.

157. — Ainsi, le curage des canaux de desséchement qui serviraient en même temps à la navigation, l'entretien des leviers, barrages, pertuis, écluses auxquels des propriétaires de moulins ou d'usines seraient intéressés peuvent être mis, en partie, à la charge du gouvernement ou des propriétaires par des règlemens d'administration publique qui fixent la quote-part de chacun. — L. 16 sept. 1807, art. 34.

158. — Si des travaux exécutés pour le desséchement d'un marais doivent servir à l'assainissement d'un autre, le préfet peut autoriser les propriétaires de celui-ci à en profiter; à la charge de payer une indemnité proportionnelle pour frais de première construction, et de contribuer à l'entretien des ouvrages communs. — *Cons. d'Etat*, 24 janv. 1811, Réaud c. Arondel.

159. — Décidé également que si le chemin desservi par un pont situé sur un canal qui fait partie des ouvrages de desséchement vient à être érigé en route départementale, les frais d'entretien et de réparation de ce pont doivent être supportés en partie par le département. — *Cons. d'Etat*, 8 fév. 1833, Sillac de Lapierre.

160. — Les syndics dont nous avons parlé plus haut, et auxquels le préfet peut en adjoindre deux ou quatre pris parmi les nouveaux propriétaires, sont chargés de proposer au préfet des règlemens d'administration publique qui fixent le genre et l'étendue des contributions nécessaires ur subvenir aux dépenses. — L. 16 sept. 1807, rt. 26.

161. — La commission spéciale donne son avis r ces projets de règlement, et, en les adressant au ministre, propose aussi la création d'une administration composée de propriétaires qui reste argée de faire exécuter les travaux. — *Ibid.*

162. — Il est statué sur ces divers points par e ordonnance rendue en Conseil d'Etat. — *Ibid.*

163. — Les règlemens établis pour l'entretien des ouvrages d'art et travaux relatifs aux dessé emens ne peuvent être modifiés que par de ouveaux règlemens également rendus en la orme des règlemens d'administration publique. Cons. d'Etat, 22 nov. 1836, vidanges de Trélau Soullier.

164. — Tel est le cas où un propriétaire de ande à être déchargé de toute contribution sur portion de son domaine qui, par suite de l'établissement d'un canal pour la navigation, ne ofite plus des ouvrages d'art construits par association de desséchement. — Même décision.

165. — Ainsi, le conseil de préfecture, bien e compétent pour prononcer sur les contesta ons relatives au recouvrement des rôles de la ntribution, aux réclamations des individus im sés et à la confection des travaux, ne l'est pas ur accorder à l'un des associés la décharge de contribution même pour la portion de son do ine qui ne profite plus des ouvrages faits pour desséchement. — *Ibid.*

166. — Par suite du même principe, les parties téressées qui se croient fondées à réclamer, us ces différens rapports, la réformation des lemens en vigueur doivent le faire par la voie ministrative et non par la voie contentieuse. Même ordonnance.

167. — Les conseils de préfecture sont seule ent compétens pour prononcer sur les deman en dégrèvement pour cause de surtaxe, d'a les règlemens en vigueur. — *Cons. d'Etat*, 29 ai 1822, Ass. des eaux de Trébon; 26 août 1824, aud.

168. — Le recouvrement des taxes dont il s'agit est du reste pleinement assimilé au recouvre ent des contributions publiques, ainsi que nous avons déjà indiqué *suprà* n° 127.

169. — Mais les propriétaires de marais ne jouissent contre leurs cosociétaires du privilége attaché au paiement des contributions publiques que pour les dépenses courantes occasionnées par l'entretien du desséchement et la conservation des ouvrages; ils ne peuvent l'invoquer pour d'anciennes dettes à la charge de ces cosociétaires, alors même qu'elles auraient été contractées dans l'intérêt de l'entreprise. — *Cons. d'Etat*, 12 janv. 1812, Girette.

§ 10. — *Police des travaux. — Dommages, délits, compétence.*

170. — La conservation des travaux de desséchement est commise à l'administration publique. — Loi 16 sept. 1807, art. 27.

171. — Et cette règle s'applique non-seulement aux desséchemens entrepris en vertu de la loi du 16 sept. 1807; mais encore à tous les ouvrages de même nature entrepris antérieurement en vertu d'anciens règlemens émanés de l'autorité publique, quelles qu'en fussent les dispositions. — *Cons. d'Etat*, 10 fév. 1843, vidanges d'Arles c. Cartier, Gaillard et Bouvet.

172. — Ainsi, quelles que soient les conditions sous lesquelles une ancienne association de desséchement a été autorisée à se constituer, le préfet est compétent pour mettre cette association en demeure d'entretenir les ouvrages exécutés par elle à peine de voir effectuer leur entretien d'office. — Même ordonnance.

173. — Du principe posé dans l'art. 27 précité de la loi de 1807, il suit que les préfets sont compétens pour prescrire, dans l'intérêt de cette conservation, toutes les mesures qui leur paraissent nécessaires.

174. — Ainsi un préfet peut ordonner la destruction de vannes d'irrigation qu'il considère comme indûment placées et contraires au système de desséchement. — *Cons. d'Etat*, 2 sept. 1829, de Bosredon c. Commission des marais de l'Authie.

175. — Les arrêtés pris, à cet égard, par les préfets ne peuvent, dès lors, être attaqués devant le Conseil d'Etat avant d'avoir été déférés au ministre que la matière concerne. — *Ibid.*

176. — Toute entreprise qui, en empêchant l'écoulement des eaux, détruit l'effet des travaux du desséchement, doit être supprimée. — *Cons. d'Etat*, 14 août 1822, Pinaud.

177. — Les réparations et dommages concernant la conservation des travaux de desséchement sont poursuivis par voie administrative comme pour les travaux de grande voirie. — Loi 16 sept. 1807, art. 27.

178. — Les délits sont poursuivis par les voies ordinaires, soit devant les tribunaux de police correctionnelle, soit devant les cours criminelles, en raison des cas. — *Ibid.*

179. — Il résulte de ces dispositions que les conseils de préfecture sont compétens pour décider si les entreprises d'un riverain portent atteinte aux travaux de desséchement. — *Cons. d'Etat*, 14 août 1822, Pinaud c. Lavier.

180. — Mais si, sur une poursuite portée devant un conseil de préfecture, pour dégradations des travaux et ouvrages d'art construits par suite du desséchement, il est démontré que l'auteur a eu l'intention de nuire, le conseil de préfecture doit se borner à prononcer au civil sur les dommages, et renvoyer les prévenus, quant au surplus, devant la juridiction criminelle compétente. — Proudhon, *ubi suprà*, n° 1652.

181. — Aux termes de l'art. 179 de l'ordonnance du 29 oct. 1820, la gendarmerie est chargée de surveiller l'exécution des règlemens sur la police des desséchemens généraux ou particuliers; et ensuite, de dresser procès-verbaux des contraventions à ces règlemens, d'en faire connaître les auteurs aux autorités compétentes, etc. — V. GENDARMES.

§ 11. — *Commissions spéciales de desséchement.*

182. — Nous avons vu que toutes les difficultés qui peuvent s'élever à l'occasion du desséchement des marais sont jugées par des commissions spéciales, qui forment ainsi, à cet égard, de véritables tribunaux d'exception.

183. — Aussi la légalité de ces commissions a-t-elle été souvent contestée depuis l'établissement du gouvernement constitutionnel, et l'on a invoqué contre leur institution les art. 53 et 54 de la Charte, portant « que nul ne peut être distrait de ses juges naturels, et qu'il ne peut être créé de commissions et tribunaux extraordinaires, à quelque titre et sous quelque dénomination que ce puisse être, » ainsi que l'art. 4 de la Const. de 1848.

184. — Mais on a considéré avec raison que la contradiction invoquée était plus apparente que réelle, et que, dans le sens même des articles précités de la Charte et de la Constitution, on ne pouvait appliquer la dénomination de tribunaux *extraordinaires* à des commissions régulièrement instituées, par une loi déjà ancienne, pour juger d'après un mode tout spécial les contestations que cette matière peut soulever.

185. — Les commissions spéciales de desséchement sont composées de sept commissaires. — L. 16 sept. 1807, art. 42 et 43.

186. — Les commissaires doivent, soit pour émettre un avis, soit pour rendre une décision, être au moins au nombre de cinq. — L. 16 sept. 1807, art. 43.

187. — Ils étaient nommés autrefois par le roi, et ils le sont aujourd'hui par le président de la République, et pris parmi les personnes qui sont présumées avoir le plus de connaissances relatives soit aux localités, soit aux objets sur lesquels ils ont à prononcer. — *Ibid.*, art. 44.

188. — Les formes de la réunion des membres de la commission, la fixation des époques de ses séances et des lieux où elles sont tenues, les règles pour la présidence, le secrétariat et la garde des papiers, sont déterminées, dans chaque cas, par un règlement d'administration publique. — L. 16 sept. 1807, art. 45.

189. — Les commissions spéciales connaissent de tout ce qui est relatif au classement des diverses propriétés avant ou après le desséchement, à leur estimation, à la vérification de l'exactitude des plans cadastraux, à l'exécution des clauses des actes de concession relatifs à la jouissance par les concessionnaires d'une portion des produits, à la vérification du rôle de plus-value des terres après le desséchement; elles donnent également leur avis sur l'organisation du mode d'entretien des travaux. — *Ibid.*, art. 46.

190. — Elles sont encore chargées d'arrêter les estimations dans le cas, prévu par l'art. 24 de la loi du 16 sept. 1807, où le gouvernement aurait à déposséder tous les propriétaires d'un marais. — *Ibid.* — V., du reste, à cet égard, *suprà* n°s 114 et suiv.

191. — Les commissions spéciales ne peuvent, en aucun cas, juger les questions de propriété, qui restent toujours réservées aux tribunaux ordinaires. — L. 16 sept. 1807, art. 47.

192. — Mais, dans aucun cas, les opérations relatives aux travaux, ou l'exécution des décisions de la commission ne peuvent être retardées ni suspendues. — *Ibid.*

193. — Les commissions spéciales exercent les mêmes fonctions que les conseils de préfecture pour tout le contentieux relatif aux entreprises de desséchement. Elles doivent se conformer au mode de procéder établi pour ces conseils. — *Cons. d'Et.*, 8 sept. 1819, de France c. de l'Aubépin.

194. — En l'absence de toute règle spéciale quant à la récusation des commissaires, il y a lieu de suivre, à cet égard, les règles tracées par le Code de procédure. — *Cons. d'Etat*, 2 avril 1828, Bernault c. Dubuc.

195. — Ainsi, doivent être récusés comme membres de la commission spéciale, les parens et alliés, au degré prohibé par la loi, des parties intéressées au desséchement. — *Cons. d'Etat*, 24 déc. 1814, marais de Bourcoing c. Dubouchage. — V. aussi *Cons. d'Etat*, 2 avr. 1828, Bernault c. Dubuc.

196. — Les avis ou les décisions des commissions spéciales doivent être motivés. — L. 16 sept. 1807, art. 43.

197. — En conséquence, s'il résulte des documens de l'affaire que l'estimation faite par la majorité des experts des diverses classes de terrains soumis au desséchement d'après leur valeur nouvelle, et l'espèce de culture dont ils sont devenus susceptibles, n'est pas exagérée, il y a lieu d'annuler la décision de la commission spéciale qui s'est écartée de cette estimation sans en donner le motif. — *Cons. d'Etat*, 16 nov. 1832, Guibert.

198. — Les commissions spéciales ne peuvent réformer d'office leurs propres décisions, s'il n'y a aucune opposition sur défaut de la part d'une des parties. — *Cons. d'Etat*, 26 août 1824, Dubuc.

199. — Elles ne sont pas compétentes pour décider si les indemnités dues aux desséchemens par les propriétaires doivent être réglées d'après les anciens actes de concession ou d'après la loi de 1807, lorsque cette question ne peut être résolue que par l'interprétation d'ordonnances royales. — C'est au Conseil d'Etat seul qu'il

appartient, à cet égard, de statuer. — *Cons. d'Etat*, 13 juin 1827, de Brezé c. Rochn; 24 oct. 1827, Malicot-Desbournais.

200. — C'est là, au surplus, une règle qui est commune aux commissions spéciales et aux conseils de préfecture. Il a été également jugé en effet qu'un conseil de préfecture n'a pas le pouvoir d'interpréter un décret impérial à l'effet de décider s'il constitue une concession nouvelle de dessèchement de marais, ou s'il ne fait qu'accorder un délai pour exécuter des concessions anciennes. — *Cons. d'Etat*, 23 août 1820, Fauquier de la Tour d'Auvergne c. Bimard.

201. — Les décisions des commissions spéciales de dessèchement sont susceptibles d'appel suivant la règle générale qui, à moins de dispositions formellement contraires, veut qu'il y ait toujours deux degrés de juridiction. — Proudhon, *Dom. publ.*, n° 1601.

202. — Comme il s'agit ici d'une matière contentieuse administrative, et que les commissions spéciales remplacent les conseils de préfecture, qui sont les juges ordinaires du premier degré, l'appel doit être porté devant le Conseil d'Etat. — *Cons. d'Etat*, 2 avr. 1828, Bernault c. Dubuc.

203. — On est toujours recevable à se pourvoir contre les décisions des commissions spéciales qui n'ont été ni signifiées ni exécutées — *Cons. d'Etat*, 6 sept. 1819, de France c. de l'Aubépin.

204. — Le ministre dans les attributions duquel sont placés les travaux de dessèchement peut déférer au Conseil d'Etat les décisions d'une commission spéciale, lorsqu'il pense qu'elle a excédé ses pouvoirs. — *Cons. d'Etat*, 26 août 1842, Marais de Trialze.

205. — On ne peut déférer au Conseil d'Etat une délibération d'une commission spéciale qui se borne à exprimer le vœu d'une nouvelle vérification de travaux. — *Cons. d'Etat*, 31 août 1837, concession de la canalisation de la Dive.

206. — Les décisions des commissions spéciales doivent d'ailleurs avoir tous les effets des jugemens des tribunaux, entraîner l'hypothèque judiciaire, et emporter par elles-mêmes l'exécution parée au moyen du seul mandement d'*exequatur* apposé au bas par le président de la commission, conformément aux avis du Conseil d'Etat des 16 therm. an XII et 24 mars 1812. — Proudhon, *Dom. publ.*, n° 1602.

§ 12. — *Règles générales de compétence.*

207. — *Compétence administrative.* — L'interprétation du sens et des effets de l'ordonnance de concession, — les indemnités de toute espèce dues aux concessionnaires et aux propriétaires, même pour succession d'usine ou cession de terrain, et enfin la jouissance réservée aux usagers, sont exclusivement du ressort de l'autorité administrative. — *Cons. d'Etat*, 23 août 1826, comp. de Bray c. commune de Bouges.

208. — Ainsi, lorsque, pour déterminer la compétence d'un tribunal, il est indispensable d'examiner si la société formée entre les parties pour le dessèchement d'un marais existe encore ou se trouve dissoute par la consommation de l'opération; cette question préjudicielle, se rattachant à l'interprétation et à l'exécution de l'ordonnance de concession, ne peut être décidée par l'autorité judiciaire, mais par l'autorité administrative. — *Cass*, 29 mars 1837 (t. 2 1837, p. 432), Desmortiers c. Allonceau.

209. — L'autorité administrative est seule compétente pour déterminer le périmètre du dessèchement. — *Cons. d'Etat*, 4 févr. 1836, Desmortiers.

210. — Dès lors, lorsque le décret de concession d'un dessèchement porte que le concessionnaire pourra disposer à son profit des lits de rivières abandonnés par suite des travaux de dessèchement, la commission spéciale est compétente pour décider si un lit desséché fait ou non partie de ceux abandonnés. — *Cons. d'Etat*, 5 août 1829, de Guibert.

211. — Décidé encore, dans ce sens, que s'il appartient à l'autorité judiciaire de juger les questions de propriété, et si, comme conséquence de cette attribution, elle a le pouvoir de vérifier la situation, l'étendue et les limites de terrains réclamés à ce titre, il ne lui appartient pas d'ordonner cette vérification, dans le but de distraire ces terrains d'un dessèchement autorisé par l'administration. — *Cons. d'Etat*, 4 févr. 1836, Desmortiers.

212. — ... Et que lorsqu'une opposition au dessèchement a pour objet, non de faire juger une question de propriété, mais de faire suspendre des travaux de canalisation et de dessèchement prescrits par une ordonnance royale, les tribunaux sont incompétens pour en connaître. — *Conseil d'Etat*, 22 mars 1827 et 20 févr. 1828, de Brézé c. Rochn.

213. — Toutes les contestations qui s'élèvent, tant sur les vices de construction des travaux prescrits par les ordres de l'administration et dirigés par ses agens que sur le règlement des indemnités dues à des tiers par suite de l'exécution ou de la conservation de ces travaux, doivent être soumises à l'autorité administrative. — *Cons. d'Etat*, 23 déc. 1815, Bessard et Martin.

214. — Ainsi c'est aux commissions spéciales, et non aux tribunaux ordinaires, qu'il appartient de juger les contestations élevées entre le propriétaire d'un terrain compris dans le périmètre d'une concession de marais à dessécher et les entrepreneurs du dessèchement, à l'occasion des travaux exigés par cette opération. — *Cass.*, 4 juill. 1832, Dubuc c. de Puyramond.

215. — Décidé même qu'un conseil de préfecture est encore compétent pour vérifier, au lieu et place de la commission spéciale et conformément à la loi de 1807, si certains terrains appartenant à un particulier n'ont pas profité d'un dessèchement. — *Conseil d'Etat*, 7 févr. 1845, concess. des marais de l'Authie c. Dumaisnier.

216. — Enfin, lorsque la contestation ne porte ni sur la propriété des marais, ni sur le titre de concession, et ne tend qu'à faire régler l'époque, le mode d'exécution, le genre et l'étendue des travaux à faire par ceux qui en sont chargés, c'est à l'autorité administrative qu'il appartient d'en connaître. — *Cons. d'Etat*, 17 juill. 1808, Marais de Montferrand.

217. — Lorsque des concessionnaires puisent les droits qu'ils ont à exercer, non pas dans des traités particuliers et passés avec les propriétaires, mais dans les anciens arrêts du Conseil d'où résulte leur concession, il n'y a pas lieu de renvoyer aux tribunaux l'examen des questions de prescription et d'inexécution des traités soulevées par les propriétaires. — *Conseil d'Etat*, 31 août 1837, concession de la canalisation de la Dive.

218. — *Compétence judiciaire.* — Mais il faut appliquer, en matière de marais, la jurisprudence du Conseil d'Etat, qui a établi pour règle que lorsque le dessèchement d'un lac ou d'un étang est entrepris par les propriétaires, dans leur intérêt privé et sans autorisation administrative, les contestations qui s'élèvent au sujet du dessèchement sont de la compétence de l'autorité judiciaire. — *Cons. d'Etat*, 21 mars 1821, Chaptal c. Charleval; 11 août 1824, Ruelle c. Davin.

219. — Décidé encore, dans ce sens, qu'il n'appartient qu'aux tribunaux de faire l'interprétation et l'application d'une transaction passée entre les concessionnaires d'un dessèchement et les propriétaires d'un marais. — *Cons. d'Etat*, 4 mars 1819, Martin c. Bessard; 23 août 1820, Fauguier de la Tour d'Auvergne c. Bimard.

220. — Toutes les questions relatives à des baux et partages après dessèchement sont également dans les attributions de l'autorité judiciaire. — *Cons. d'Etat*, 19 oct. 1825, Bessard Duparc c. Mongendre.

221. — C'est encore aux tribunaux civils seuls qu'il appartient de statuer sur une demande à fin de dommages-intérêts formée par les concessionnaires d'un marais pour privation de la jouissance de terrains en possession desquels ils auraient été envoyés en vertu de leur titre de concession. — *Cons. d'Etat*, 31 août 1837, concess. de la canalisation de la Dive.

222. — Lorsque, devant l'autorité administrative, saisie d'une contestation relative à un dessèchement, il s'élève une question de propriété, il doit être sursis à statuer sur les difficultés relatives au dessèchement jusqu'à ce que les tribunaux aient statué sur la question de propriété. — *Cons. d'Etat*, 3 déc. 1828, de Lantage c. commune de Morains.

MARAIS SALANS.

V. SEL.

MARAUDAGE.

1. — On donne ce nom au vol dans les champs de récoltes et autres productions utiles qui, avant d'être soustraites, *n'étaient pas encore détachées du sol.*

2. — Ce mot ne se trouve pas dans le Code pénal; il n'est employé que par la loi du 28 sept.-6 oct. 1791, art. 34 et 36, titre 2. — L'art. 34 est ainsi conçu : « Quiconque *maraudera*, dérobera des productions de la terre qui peuvent servir à la nourriture des hommes, ou d'autres productions utiles, sera condamné à une amende égale au dédommagement dû au propriétaire ou fermier; il pourra, suivant les circonstances du délit, être condamné à la détention de police municipale. »

3. — Lorsque la soustraction était commise avec des paniers ou des sacs, ou à l'aide d'animaux de charge, elle était qualifiée de vol par l'art. 35 de la même loi, et punie d'une amende double du dédommagement, et d'une détention qui pouvait être de trois mois suivant la gravité des circonstances.

4. — La loi de 1791 ne définissait pas le maraudage : la jurisprudence l'avait interprété dans le sens de l'enlèvement des récoltes *avant qu'elles fussent détachées du sol*; lorsqu'elles en avaient été détachées leur soustraction constituait un vol. — *Cass.*, 10 avril 1807, Fruchin; 17 fév. 1809, intér. de la loi, Accard; 21 mai 1812, Tardieu; 6 nov. 1812, Marsais et Billet; 13 août 1812, Marguerite Simon; 17 avril 1812, Chaise; 15 avril 1813, Guillotin. — V. VOL.

5. — L'art. 401 du C. pén., malgré la généralité de ses expressions, n'a point abrogé l'art. 34, titre 2 de la loi du 6 oct. 1791 (V. 484 C. pén.; le discours de M. Réal, et l'avis du conseil d'Etat du 8 fév. 1812). — *Cass.*, 19 fév. 1813, Brulain.

6. — La loi du 25 juin 1824 ne changea rien à la loi du 28 sept. 1791, en ce qui concerne le maraudage proprement dit; elle ne s'occupa du vol de récoltes non détachées qu'autant qu'il avait eu lieu à l'aide de paniers, sacs, animaux, voitures, ou avec la circonstance de nuit et de complicité.

7. — On a donc jugé, sous cette loi, que le fait d'avoir coupé de l'herbe dans la propriété d'autrui et de se l'être appropriée constituait le délit de maraudage prévu et puni par la loi de 1791. — *Cass.*, 17 juin 1825, Hartmann.

8. — ..... Et qu'il en était de même du fait d'avoir coupé et enlevé plusieurs charges d'osiers sur des propriétés particulières. — *Colmar*, 28 janv. 1829, Sperling.

9. — Nous ferons remarquer toutefois que, dans l'espèce de cet arrêt, le fait avait été commis de nuit, par deux personnes; ce qui le faisait rentrer sous l'application de l'art. 401 du Code pénal, modifié par la L. 25 juin 1824 (art. 13). — C'est ce que le tribunal de première instance avait décidé.

10. — Quelques arrêts avaient d'abord décidé que le maraudage n'était passible de l'application de l'art. 34, titre 2 de la loi du 6 oct. 1791 que lorsqu'il n'avait été accompagné d'aucune des circonstances aggravantes qui, d'après le Code pénal, donnent au vol le caractère de crime. — *Cass.*, 21 mai 1812, Tardieu; 12 août 1813, Van-Mulder; 13 août 1813, Trapoletto. — V. Merlin *Rép.*, v° *Maraudage*, n° 7; Carnot, sur l'art. 41 C. d'instr. crim., t. 3, p. 131 et suiv.

11. — Puis d'autres arrêts ont jugé que la loi du 6 oct. 1791 étant une loi spéciale, on ne pouvait appliquer aux délits qu'elle a prévus les dispositions du Code pénal. — *Cass.*, 13 janv. 1815, Roderies; 22 mars 1816, Albrous.

12. — ... Et spécialement : 1° qu'un vol de tiges de millet à balais, commis la nuit par deux personnes qui les coupaient sur pied pour les emporter, constituait un simple maraudage et non un vol de récoltes. — *Cass.*, 13 janv. 1815, Roderies.

13. — ... 2° Qu'il en était de même du vol de fruits cueillis sur l'arbre dans un champ ouvert durant la nuit et en réunion de trois personnes. — *Cass.*, 22 mars 1816, Albrous.

14. — Cette théorie était fausse. En effet, le maraudage, bien qu'il soit classé parmi les contraventions, n'en est pas moins un vol; et quand il s'écarte dans ses caractères du cas prévu par la loi spéciale, il doit retomber dans l'application de la loi générale. Aussi la Cour n'a-t-elle pas tardé à revenir à sa première jurisprudence par un arrêt rendu dans une espèce où le vol de récoltes sur pied avait été commis *avec armes de complicité.* — *Cass.*, 17 juin 1831, Defenle.

15. — La loi du 28 avr. 1832 a abrogé implicitement celle du 6 oct. 1791 sur le vol et le maraudage des récoltes ou autres productions utiles de la terre, en introduisant dans le Code un système complet de législation sur cette matière.

16. — Cette loi a distingué : 1° le maraudage simple qui est prévu et puni par l'art. 475, n° 15, C. pén., lequel a remplacé l'art. 34, tit. 2, L. 1791. « Seront (dit cet article) punis d'une amende depuis six francs jusqu'à dix francs inclusivement, ceux qui déroberont, sans aucune des circonstances prévues en l'art. 388, des récoltes ou tres productions utiles de la terre qui, avant d'être soustraites, *n'étaient pas encore détachées du sol.*»

17. — Ce maraudage est rangé parmi les contraventions. Toutefois, il est difficile de ne pas voir là un véritable vol : c'est, au surplus, ce que la Cour de cassation avait reconnu formellement sous la L. de 1791, lorsqu'elle avait jugé que le maraudage ne pouvait être puni s'il n'avait pas été commis frauduleusement. — *Cass.*, 27 fév. 1812, Leclerc et Jadelot.

18. — La qualification de maraudage de l'art. 475 ne peut, au surplus, s'appliquer qu'au fait d'enlèvement commis *dans les champs;* si, au contraire, ce fait était commis dans un lieu dépendant d'une maison habitée, il changerait de nature et deviendrait un véritable vol : c'est ce que la Cour de cassation a reconnu. — V. VOL.

19. — ... 2° Le maraudage ou la tentative de maraudage commis soit avec des paniers, ou des sacs ou d'autres objets équivalens, soit la nuit, soit à l'aide de voitures ou d'animaux de charge, soit par plusieurs personnes. — L'art. 388 punit ce fait d'un emprisonnement de 15 jours à deux ans et d'une amende de 16 fr. à 200 fr. — A cet égard VOL.

20. — Jugé que le fait, par un fermier, d'avoir abattu, dans le but de s'approprier le bois qui peut en provenir, un certain nombre d'arbres fruitiers en rapport plantés sur le terrain qu'il tient à bail, et de les avoir fait enlever à l'aide de voitures, constitue le délit de maraudage prévu accompagné de la circonstance aggravante prévue par le § 5 de l'art. 388 C. pén.—*Cass.*, 11 oct. 1845 (t. 1er 1846, p. 213), Pinel c. Berrubé.

21. — Enfin, le maraudage peut prendre le caractère du crime s'il a été accompagné de circonstances aggravantes. La jurisprudence antérieure à 1832 a depuis cette époque, été confirmée par un nouvel arrêt qui a décidé que le vol de légumes commis la nuit dans un jardin par deux individus constitue le crime prévu par l'art. 386 C. pén., et non un simple maraudage. — *Cass.*, 20 mars 1834, Girardin.—V. *suprà* n° 18.—V. aussi VOL.

22. — On peut au surplus consulter sur cette matière ce qui est dit V° VOL (§ Vol *dans les champs*), sur l'application du § 5 de l'art. 388.

23. — Quant au vol de récoltes *détachées* du sol, et exposées à la foi publique, il n'est pas compris dans ce maraudage, et il est rangé par l'art. 388, § 3 du C. pénal, *des peines correctionnelles.* — V. VOL.

24. — On peut encore comprendre sous la qualification de maraudage, le fait prévu par l'art. 471, n° 9, C. pén., et qui consiste à avoir, sans aucune autre circonstance prévue par les lois, cueilli et mangé sur le lieu même des fruits appartenant à autrui. Et il a été jugé que cette disposition est applicable à celui qui cueille des fruits sur un terrain dont il a été exproprié. — *Cass.*, 2 déc. 1824, Andillon c. Avias.

25. — Il y a cette différence ce fait et celui prévu par l'art. 475, n° 15, dont il a été parlé plus haut, que l'un ne s'applique qu'aux fruits, tandis que l'autre s'étend à toutes les productions utiles de la terre; que l'art. 471 ne prévoit que le fait de cueillir et de manger *sur le lieu,* tandis que l'art. 475 prévoit le vol, c'est-à-dire la soustraction, l'enlèvement *hors du lieu.* — La contravention dont il est question en l'art. 471, n° 9, est le premier et le plus faible degré du délit de maraudage. — Chauveau et Hélie, t. 8, p. 325.

26. — Dans le cas prévu par cet article, le fait de change de nature si les mêmes que les fruits seraient mangés par plusieurs personnes. — Mais si ces fruits sont enlevés à l'aide de paniers, de sacs, de voitures ou d'animaux de charge, ou si cet enlèvement a lieu pendant la nuit, *fuera* n'est pas applicable; le fait prend le caractère de délit et rentre dans les termes du § 5 de l'art. 388. — Chauveau et Hélie, *loc. cit.* — V. VOL.

27. — L'art 36, tit. 2, de la loi du 6 oct. 1791, punissait d'une amende double du dédommagement, et d'une détention facultative qui pouvait être de trois mois, le maraudage ou enlèvement de bois fait à dos d'homme dans les bois taillis ou futaies ou autres plantations d'arbres des particuliers ou communaux. — Si le vol de bois avait été fait à charge de bête de somme ou de charrette, l'amende était triple du dédommagement et la détention, qui devait toujours être prononcée, ne pouvait être inférieure à trois jours ni excéder six mois. — Art. 37, *ibid.*

28. — Cette disposition subsiste encore et n'a pas été abrogée par les lois subséquentes en ce qui concerne la coupe et l'enlèvement de bois dans les *plantations d'arbres* des particuliers ou des communautés, qui ne peuvent être considérées ni comme bois taillis ni comme futaies. — *Cass.*, 22 fév. 1839 (t. 1er 1839, p. 318), Bordal.

29. — ... Et c'est au tribunal de police correctionnelle, mais non au tribunal de simple police, qu'appartient la connaissance d'un pareil délit. — Même arrêt.

30. — Mais, en ce qui concerne le maraudage ou l'enlèvement de bois dans les taillis ou futaies appartenant soit à des particuliers, soit à des communautés, l'art. 36, tit. 2, de la loi de 1791, a cessé d'exister, et c'est le tit. 12 du Code forestier qui doit recevoir son application. — V. FORÊT, nos 2352 et suiv.

31. — Jugé que le maraudage dans les bois et *plantations d'arbres* des communautés et particuliers, consiste dans le simple enlèvement de branchages et autres parties de bois mort ou vif. — Quant à la coupe d'arbres sur pied, elle constitue un délit forestier qui, jusqu'à la promulgation du Code forestier, a été régié non par la loi de 1791, mais par l'ordonnance de 1669. — *Cass.*, 31 (et non 3) mars 1809, Forêts c. N. — V. aussi *Cass.*, 2 janv. 1806, Forêts c. Letournel.

32. — De même, les dispositions de la loi de 1791 sont inapplicables aux malversations, outrepasses et abus de jouissance commis par des adjudicataires de bois dans leurs coupes. Jusqu'au Code forestier, c'est l'ordonnance de 1669 qui leur a été applicable. — *Cass.*, 6 juill. 1809, Forêts c. Luckemback.

33. — Jugé aussi, par la Cour supérieure de Bruxelles, que le *vol d'un arbre coupé* dans un bois appartenant à la société générale est passible non des peines de la loi des 28 sept.-6 oct. 1791, mais de celles portées par l'ordonnance de 1669. — *Bruxelles*, 28 janv. 1832, N.

34. — Cependant la Cour supérieure de Bruxelles a décidé que les vols d'arbres *entiers* commis dans les bois des particuliers devaient, comme les vols de branchages commis dans les mêmes bois, être punis des peines portées par les art. 36 et 37 L. 28 sept.-6 oct. 1791, et non de celles de l'ordonnance de 1669. — *Bruxelles*, 24 nov. 1835, Pierret.

35. — La Cour de Colmar a décidé avec raison que le vol d'oseraies ne constituait pas un délit forestier, mais un simple maraudage; mais elle a eu tort de fonder sa décision sur ce que les oseraies ne pourraient être considérées comme des plantations d'arbustes. Il est évident au contraire que les oseraies, qui sont des plantations d'arbres, sont nécessairement comprises dans les expressions génériques *plantations d'arbres.* — *Colmar*, 28 janv. 1829, Spertines. — V. COMPLICITÉ, FORÊT, VOL.

MARAUDE.

1. — Délit militaire prévu par le titre 6 de la loi du 21 brumaire an V, et consistant, suivant l'art. 1er de ce titre, dans le fait de s'être introduit dans la maison, cour ou basse-cour, jardin, parc ou enclos, fermé de murs, et généralement dans toute propriété close de l'habitant, et d'y avoir pris soit bétail, soit volaille, viande, fruits, légumes ou tout autre comestible ou fourrage.

2. — Ce délit est puni avec plus ou moins de sévérité, suivant la qualité du militaire ou de l'individu attaché à l'armée qui s'en rend coupable, et selon les circonstances dans lesquelles il a été commis ; spécialement s'il a été en bandes ou à main armée. — V., au reste, les dispositions précitées de la loi du 21 brum. an V.

MARBRE, MARBRIER.

1. — Marchands en gros de marbre ; — patentables de 3e classe : — droit fixe basé sur la population ; — droit proportionnel du 40e de la valeur locative de l'habitation et des lieux servant à l'exercice de la profession.

2. — Fabricans et marchands d'objet en marbre factice. — Marbriers, patentables de 6e classe. — Mêmes droits fixe (sauf la différence de classe) et proportionnel que les précédens. — V. PATENTE.

MARBREURS SUR TRANCHE.

Patentables de 7e classe : — droit fixe basé sur la population ; — droit proportionnel du 40e de la valeur locative de tous les locaux qu'ils occupent, mais seulement dans les communes de 20,000 âmes et au-dessus. — V. PATENTE.

MARCHAND, MARCHANDE PUBLIQUE.

V. COMMERÇANT.

MARCHAND FORAIN.

1. — Marchand qui colporte sa marchandise de foire en foire, ou de marché en marché, ou même de maison en maison. — Vaudoré, *Droit civil des juges de paix*, t. 3, p. 97.

2. — Nous avons dit au mot FORAIN (nos 1er et 8) quelle paraissait être l'origine de cette dénomination.

3. — Les marchands forains sont soumis à l'observation des règlemens de police en vigueur dans les diverses communes où ils vont exercer leur industrie.

4. — La vente à l'encan de marchandises neuves a suscité de nombreuses contestations entre les marchands sédentaires et les marchands forains. — V. VENTE DE MARCHANDISES NEUVES.

5. — Les marchands forains sont soumis à la patente, et, par suite, assujettis : 1° à un droit fixe de 60 fr. pour les marchands avec voiture à un seul collier, de 120 fr. pour ceux avec voiture à deux colliers, de 200 fr. pour ceux avec voiture à trois colliers et au-dessus, ou ayant plus d'une voiture, de 40 fr. pour ceux avec bête de somme, de 15 fr. pour ceux avec balle: 2° à un droit proportionnel du 45e de la valeur locative de l'habitation et des lieux servant à l'exercice de la profession.

6. — Les droits fixes ci-dessus sont réduits de moitié lorsque le marchand forain ne vend que de la boissellerie, poterie, vannerie et balais. — V. PATENTE.

MARCHANDE A LA TOILETTE.

Patentable de 7e classe. — Droit fixe basé sur la population. — Droit proportionnel du 40e de la valeur locative de tous les locaux qu'elles habitent, mais seulement dans les communes de 20,000 âmes et au-dessus.

MARCHANDISES (Coalition).

V. HAUSSE ET BAISSE DU PRIX DES DENRÉES ET MARCHANDISES.

MARCHANDISE PROHIBÉE.

V. DOUANES.

MARCHÉ.

On appelle ainsi le contrat par lequel l'une des parties charge l'autre de faire un ouvrage tel qu'une construction que celui-ci consent à faire moyennant un certain prix. — V. au mot LOUAGE D'INDUSTRIE. — V. aussi MARCHÉS DE FOURNITURES et TRAVAUX PUBLICS.

MARCHÉS.

V. FOIRES ET MARCHÉS, HALLES.

MARCHÉ ADMINISTRATIF.

V. MARCHÉS DE FOURNITURES.

MARCHÉS DE FOURNITURES.

Table alphabétique.

MARCHÉ DE FOURNITURES. — **1.** — C'est, dans le gage administratif, la convention qui intervient entre l'administration et des particuliers pour la fourniture des denrées, objets divers, transports et ouvrages que nécessitent les besoins des services publics. — On donne encore à cette convention le nom plus général de *marché administratif.*

2. — Plus ordinairement, on entend seulement par marchés de fournitures, les marchés qui sont passés pour la fourniture d'objets de consommation ou pour le louage de services, et c'est à ce point de vue ainsi restreint que nous examinerons ici les marchés de fournitures.

3. — Les marchés qui ont pour objet les travaux publics proprement dits, bien que soumis en principe aux mêmes règles, sont en outre placés sous l'empire de règles spéciales qui doivent à être examinées séparément. — V. **TRAVAUX PUBLICS.**

———

Sect. 1ʳᵉ. — *Notions préliminaires.* — *Législation.*

4. — Jusqu'à ces derniers temps, pour ainsi dire, la législation ne s'était pas occupée de réglementer la matière des marchés de fournitures.

5. — Sauf, en effet, le principe de publicité et de concurrence posé par les lois et décrets des 20 sept. 1791 (tit. 2, art. 6, 7, 8, 9), 21 mars 1792, 15 et 27 mai même année, et quelques dispositions éparses, relatives à la compétence, que nous examinerons plus loin, on ne trouve, jusqu'en 1833, aucune disposition légale qui régisse cette matière, du moins d'une manière générale.

6. — Un arrêté du gouvernement du 5 flor. an VIII (resté inédit), s'est seulement occupé de régler ce qui concernait les marchés de fournitures à passer par les conseils d'administration de régiment. Cet arrêté a été, depuis confirmé par le décret du 21 déc. 1808 et l'ordonnance royale du 20 janv. 1813.

7. — La loi du 31 janv. 1833, portant règlement définitif du budget de l'exercice 1829, s'est proposé de mettre un terme à cet état de choses, en disposant que «une ordonnance royale réglerait les formalités à suivre à l'avenir dans tous les marchés passés au nom du gouvernement.» — L. 31 janv. 1833, art. 12.

8. — «Il sera fourni chaque année aux deux chambres, ajoute la même loi, un état sommaire de tous les marchés de cinquante mille francs et au dessus, passés dans le courant de l'année échue. — Les marchés inférieurs à cette somme, mais qui s'élèveraient ensemble, pour des objets de même nature, à cinquante mille francs et au dessus, seront portés sur ledit état. — Cet état indiquera le nom et le domicile des parties contractantes, la durée, la nature et les principales conditions du contrat.» — *Ibid.*

9. — Par suite, est intervenue l'ordonnance royale du 4 décembre 1836, qui forme aujourd'hui un véritable code de la matière, et dont les dispositions ont été, en grande partie, reproduites par l'ordonnance royale du 31 mai 1838, portant règlement général sur la comptabilité publique (art. 45 et suiv.).

10. — Dans chaque ministère, des règlemens spéciaux déterminent d'ailleurs les formalités à suivre pour la passation des marchés qui intéressent les divers services publics, les charges et conditions à imposer aux entrepreneurs, les causes de résiliation, les avances qui peuvent leur être faites, le mode et les époques de liquidation et de paiement, etc., etc.

Sect. 2ᵉ. — *Forme des marchés.*

§ 1ᵉʳ. — *Par qui sont passés les marchés au nom de l'État.*

11. — Les marchés destinés à assurer un service dans toute l'étendue du royaume, sont passés par le ministre dont les attributions embrassent ce service. Tels sont notamment les marchés relatifs à la fourniture des lits militaires, des subsistances, des bois de la marine. — Dufour, *Dr.-adm.* t. 3, nᵒ 1993.

12. — Les marchés qui n'ont trait qu'à l'exécution d'un service local, peuvent être passés par les chefs de ce service, sans l'autorisation du ministre. Tels sont, par exemple, les marchés passés pour le service des maisons centrales de détention, pour le service particulier de chaque port de mer, etc. — *Ibid.*

13. — Mais, dans ce dernier cas, il est de règle que les marchés ne deviennent définitifs que par l'approbation du ministre au département duquel ils se rattachent.

14. — Cette règle n'est pas néanmoins sans exceptions. Non-seulement il y a été dérogé par diverses ordonnances réglementaires, concernant des services spéciaux; mais, en outre, rien n'empêche les ministres de déléguer aux fonctionnaires sous leurs ordres les pleins pouvoirs dont ils jouissent eux-mêmes.

15. — Ainsi, l'ordonnance royale du 17 déc. 1828 sur le service des ports excepte (art. 78) de la nécessité de l'approbation préalable les marchés dont la dépense n'excède pas la somme de 400 fr. Ces marchés sont discutés et arrêtés par des préposés ou officiers commis par le conseil d'administration du port.

16. — Lorsqu'un marché a été passé par un fonctionnaire qui a reçu du ministre des pleins pouvoirs pour traiter définitivement, il est de principe que le marché doit être strictement exécuté de part et d'autre, sans que le ministre puisse, sous aucun prétexte, se prévaloir de l'absence de la sanction à laquelle il a renoncé, en se substituant sans réserve au fondé de pouvoirs.

17. — Décidé, dans ce sens, qu'un ministre ne peut faire aucune réduction sur les prix convenus entre un mandataire à lui, chargé de ses pleins pouvoirs, et un fournisseur, alors, d'ailleurs, que le marché n'était point subordonné à l'approbation ministérielle et qu'il a été respectivement et pleinement consommé. — *Cons. d'État.,* 26 fév. 1819, Raymond-Durand.

18. — Et même que les conventions écrites entre les directeurs des vivres et les fournisseurs, sans réserve de l'approbation préalable de l'autorité supérieure, peuvent être considérées comme marchés d'urgence et sont obligatoires si elles ont été exécutées de bonne foi, sans que l'administration s'y soit opposée. — *Cons. d'État,* 21 mars 1821, Bertrand.

19. — Mais, hors ces cas exceptionnels, les marchés ne peuvent être obligatoires pour l'autorité supérieure qu'autant qu'ils ont reçu l'approbation prescrite par les règlemens; et à défaut de cette approbation, les ministres ne sont pas tenus de les exécuter.

20. — Décidé d'ailleurs que les marchés passés par les conseils d'administration de régiment sont incomplets, lorsqu'à défaut de la sanction ministérielle, ils ne sont pas approuvés par un inspecteur aux revues. Le fournisseur qui a fait des livraisons en vertu d'un tel marché ne peut exiger que les prix fixés par les tarifs de l'administration de la guerre. — *Cons. d'État,* 26 fév. 1817, Garreau.

21. — ...Et que lorsque aucune décision du ministre n'a autorisé le conseil d'administration d'un régiment à dépasser, dans le règlement du compte d'un fournisseur, le prix fixé par le tarif, c'est avec raison que le ministre de la guerre règle ce compte en prenant pour base le prix du tarif. — *Cons. d'État,* 1ᵉʳ juin 1828, Garreau.

22. — Le fournisseur qui a fait des fournitures à des corps de troupes recevant une solde individuelle, au moyen de laquelle ils doivent pourvoir, à leurs frais, à leur habillement et à leur équipement, et qui n'a pas traité directement avec le gouvernement, mais seulement avec le conseil d'administration du régiment, n'a d'action que contre chaque militaire auquel il a fourni; et il doit être payé sur les fonds de solde, seulement selon ce qui est dû à chacun de ses débiteurs. — *Cons. d'État,* 14 juill. 1812, Berdellé.

23. — De même, un fournisseur ne peut réclamer du ministre de la guerre le paiement du prix des fournitures qu'il a faites à des officiers individuellement, encore bien que ces fournitures aient été autorisées par le conseil d'administration. — *Cons. d'État,* 19 nov. 1823, Monestié.

24. — Il résulte des principes qui précèdent, que, dans tous les cas et à plus forte raison, les fournitures qui doivent être à la charge des localités, ne peuvent constituer une créance envers le ministère de la guerre, surtout lorsqu'elles ont été faites sans ordre ou sans autorisation de cette administration. — *Cons. d'État,* 27 fév. 1822, Nadaud et Argenton.

25. — De ce qu'un marché est soumis à l'approbation ministérielle pour devenir définitif, il ne s'ensuit pas que le particulier qui l'a consenti, soit maître de se désister lui-même, tant que l'administration supérieure ne l'a pas rendu irrévocable par son adhésion. La réserve de l'approbation ministérielle n'empêche point l'engagement de se former: les parties contractantes sont liées dans les termes de la condition à laquelle est subordonnée l'exécution de la convention, et le fournisseur n'a pas plus le droit de se retirer que le chef de service avec qui il a contracté ne l'aurait lui-même, s'il prétendait revenir sur le marché passé sans que le ministre l'ait approuvé. — Dufour, *Dr. admin.*, t. 3, n° 1994.

26. — Seulement, si le ministre auquel le marché est soumis, au lieu de l'approuver purement et simplement, y apporte des modifications, le fournisseur devient libre ou de renoncer au traité, ou d'accepter les changemens demandés. L'engagement primitif est, en réalité, rejeté; c'est une proposition nouvelle qui est faite. — *Ibid.*

27. — Aussi, le règlement du 1er sept. 1827, sur le service des subsistances militaires, dispose-t-il que « lorsque l'approbation d'un marché contient des conditions nouvelles ou des réserves, le traitant doit déclarer, à la suite de cette approbation, qu'il accepte ces nouvelles conditions ou qu'il consent à ces réserves. » — Règl. 1er sept. 1827, art. 107. — V. au surplus encore, quant à la nécessité de l'approbation, *infrà* nos 44 et suiv.

§ 2. — *Adjudications.*

28. — En principe, tous les marchés au nom de l'Etat doivent être faits avec concurrence et publicité. — Ordonn. royales, 4 déc. 1836, art. 1er; 31 mai 1838, art. 45.

29. — Mais il importe de remarquer de suite qu'à part les exceptions que les mêmes ordonnances autorisent en termes exprès, cette règle n'a de sanction que dans la responsabilité ministérielle, et que, dès lors, aucune nullité ne peut résulter de son inobservation, quant à l'effet et à la validité des contrats que l'administration supérieure juge convenable de passer dans d'autres formes. — V. not. *Cons. d'Etat*, 3 juin 1831, Saint-Brix c. Minist. de la marine.

30. — Il a même été décidé qu'encore bien qu'un marché passé sans publicité ni concurrence soit reconnu onéreux à l'Etat, le ministre ne peut, à raison de cette circonstance, en prononcer l'annulation, et qu'il peut seulement le résilier, sauf les droits de l'entrepreneur à une indemnité. — *Cons. d'Etat*, 28 fév. 1834, Méjan.

31. — D'après le principe posé par l'art. 1er de l'ordonn. royale du 4 déc. 1836, la concurrence à laquelle sont livrés les marchés de fournitures doit être entièrement libre et illimitée.

32. — Néanmoins, les adjudications publiques relatives à des fournitures, à des travaux, à des exploitations ou fabrications qui ne pourraient être sans inconvénient livrés à une concurrence illimitée, peuvent être soumises à des restrictions consistant entre autres à n'admettre à concourir que des personnes préalablement reconnues capables par l'administration, et produisant les titres justificatifs exigés par les cahiers des charges. — Ordonn. royale, 4 déc. 1836, art. 3.

33. — Les cahiers des charges déterminent, d'ailleurs, dans tous les cas, la nature et l'importance des garanties que les fournisseurs ou entrepreneurs doivent produire, soit pour être admis aux adjudications, soit pour répondre de l'exécution de leurs engagemens. Ils déterminent aussi l'action que l'administration exerce sur ces garanties au cas d'inexécution de ces engagemens. — Ordonn. 4 déc. 1836, art. 5.

34. — L'avis des adjudications à passer doit être publié, sauf les cas d'urgence, un mois à l'avance par la voie des affiches et par tous les moyens ordinaires de publicité. — Cet avis doit faire connaître: 1° le lieu où l'on pourra prendre connaissance du cahier des charges; 2° les autorités chargées de procéder à l'adjudication; 3° le lieu, le jour et l'heure fixés pour l'adjudication. — *Ibid.*, art. 6.

35. — Généralement, il est procédé aux adjudications sur des soumissions écrites dont la forme est indiquée par le cahier des charges et qui doivent être accompagnées de toutes les pièces et certificats que ce même cahier des charges exige.

36. — Une soumission ne peut être accueillie, si elle n'est en tout point conforme au modèle donné dans le cahier des charges. — *Cons. d'Etat*, 11 juill. 1812, Doniol.

37. — Les soumissions doivent toujours être remises cachetées en séance publique. — Ordonn. royale 4 déc. 1836, art. 7.

38. — Lorsqu'une clause du cahier des charges de l'adjudication d'un service public a défendu expressément le retrait d'aucune soumission, avant que le ministre appelé à approuver le traité fait en suite de l'adjudication, ait pu examiner les qualités des soumissionnaires, l'infraction à cette clause substantielle autorise le ministre à refuser son approbation et à prescrire une nouvelle adjudication. — *Cons. d'Etat*, 23 déc. 1829, Carlier.

39. — Lorsqu'un *maximum* de prix ou un *minimum* de rabais a été arrêté d'avance par le ministre ou par le fonctionnaire qu'il a délégué, ce *maximum* ou ce *minimum* doit être déposé cacheté sur le bureau à l'ouverture de la séance. — Ord. 4 déc. 1836, art. 7 précité.

40. — Dans le cas où plusieurs soumissionnaires auraient offert le même prix, et où ce prix serait le plus bas de ceux portés dans les soumissions, il doit être procédé, séance tenante, à une réadjudication, soit sur de nouvelles soumissions, soit à extinction des feux, entre ces soumissionnaires seulement. — *Ibid.*, art. 8.

41. — Les résultats de chaque adjudication sont constatés par un procès-verbal relatant toutes les circonstances de l'opération. — *Ibid.*, art. 9.

42. — Il peut être fixé par le cahier des charges un délai pour recevoir des offres de rabais sur le prix de l'adjudication. — *Ibid.*, art. 10.

43. — Si, pendant ce délai, qui ne doit pas dépasser trente jours, il est fait une ou plusieurs offres de rabais d'au moins 10 p. 0/0 chacune, il est procédé à une réadjudication entre le premier adjudicataire et l'auteur ou les auteurs des offres de rabais, pourvu que ces derniers aient, préalablement à leurs offres, satisfait aux conditions imposées par le cahier des charges pour pouvoir se présenter aux adjudications. — *Ibid.*

44. — Conformément au principe ci-dessus posé, les adjudications et réadjudications sont toujours subordonnées à l'approbation du ministre compétent et ne sont valables et définitives qu'après cette approbation, sauf les exceptions spécialement autorisées et rappelées dans le cahier des charges. — *Ibid.*. art. 11. — *Cons. d'Etat*, 21 mai 1840, Gouffier.

45. — Faut-il conclure de là que l'approbation de l'adjudication ou le refus de cette approbation par le ministre soient inattaquables devant le Conseil d'Etat? — Les termes absolus dans lesquels la disposition ci-dessus reproduite de l'ordonnance du 4 déc. 1836, dit que l'adjudication sera valable et définitive après l'approbation du ministre semblent ne laisser guère de doute pour l'affirmative.

46. — ...Et le Conseil d'Etat a décidé, dans ce sens, que la décision par laquelle un ministre refuse d'approuver l'adjudication d'une entreprise de fournitures est un acte purement administratif, qui n'est pas susceptible d'être attaqué devant le Conseil d'Etat par la voie contentieuse. — *Cons. d'Etat*, 6 déc. 1844, Cardon. — V. aussi *Cons. d'Etat*, 10 juill. 1822, Lefebvre c. Martineau.

47. — Toutefois, ces solutions nous paraissent trop absolues et sont évidemment, suivant nous, en opposition avec ce principe certain qui veut que toutes les contestations relatives à l'exécution ou à la résiliation des marchés passés par les directeurs généraux, préfets ou autres agens, soumises en premier ressort à la décision des ministres, viennent toujours aboutir, par la voie du recours, au Conseil d'Etat.

48. — Nous pensons donc, en définitive, que s'il faut admettre en règle générale, avec le Conseil d'Etat, que l'approbation d'une adjudication, ou le refus de cette approbation par un ministre, sont des actes administratifs non susceptibles de recours par la voie contentieuse, cette règle n'est néanmoins susceptible d'application qu'autant que la légalité de la décision ministérielle n'est pas contestée; mais que si, au contraire, cette décision est entachée d'une illégalité, ou d'un abus de pouvoir de nature à ne plus lui laisser que le caractère d'un acte injuste et arbitraire, elle devient susceptible d'un recours contentieux, au même titre que tous les autres actes illégaux et arbitraires des ministres qu'il appartient au Conseil d'Etat de réprimer.

§ 3. — *Marchés de gré à gré ou formés sans convention écrite.*

49. — L'art. 2 de l'ordonn. royale du 4 déc. 1836 autorise l'administration à traiter de gré à gré pour les fournitures ci-après indiquées, savoir :

50. — ... 1° Pour les fournitures, transports et travaux dont la dépense totale n'excédera pas 10,000 fr., ou, s'il s'agit d'un marché passé pour plusieurs années, dont la dépense annuelle n'excédera pas 3,000 fr.;

51. — ... 2° Pour toute espèce de fournitures, de transports ou de travaux, lorsque les circonstances exigeront que les opérations du gouvernement soient tenues secrètes; ces marchés doivent être préalablement autorisés par le roi, sur un rapport spécial;

52. — ... 3° Pour les objets dont la fabrication est exclusivement attribuée à des porteurs de brevets d'invention ou d'importation;

53. — ... 4° Pour les objets qui n'auraient qu'un possesseur unique;

54. — ... 5° Pour les ouvrages et les objets d'art et de précision dont l'exécution ne peut être confiée qu'à des artistes éprouvés;

55. — ... 6° Pour les exploitations, fabrications et fournitures qui ne seraient faites qu'à titre d'essai;

56. — ... 7° Pour les matières et denrées qui, à raison de leur nature particulière et de la spécialité de l'emploi auquel elles sont destinées, doivent être achetées et choisies aux lieux de production, ou livrées, sans intermédiaire, par les producteurs eux-mêmes;

57. — ... 8° Pour les fournitures, transports ou travaux qui n'auraient été l'objet d'aucune offre aux adjudications, ou à l'égard desquels il n'aurait été proposé que des prix inacceptables; toutefois, lorsque l'administration aura cru devoir arrêter et faire connaître un *maximum* de prix, elle ne devra pas dépasser ce *maximum*;

58. — ... 9° Pour les fournitures, transports et travaux qui, dans les cas d'urgence évidente, amenés par des circonstances imprévues, ne pourront pas subir les délais des adjudications;

59. — ... 10° Pour les affrétemens passés au cours des places par l'intermédiaire des courtiers, et pour les assurances sur les chargemens qui s'ensuivent;

60. — ... 11° Pour les achats de tabac ou de salpêtre indigène, dont le mode est réglé par une législation spéciale;

61. — ... 12° Pour le transport des fonds du trésor.

62. — Le mode d'approvisionnement des tabacs exotiques employés par l'administration est déterminé par un règlement spécial. — Ord. 4 déc. 1836, art. 4. — V. TABACS.

63. — Les marchés de gré à gré sont passés par les ministres ou par les fonctionnaires qu'ils ont délégués à cet effet. — Ord. 4 déc. 1836, art. 12.

64. — Les traités ont lieu : 1° soit sur un engagement souscrit à la suite d'un cahier des charges; 2° soit sur soumission souscrite par celui qui propose de traiter; 3° soit sur correspondance suivant les usages du commerce. — Ord. 4 déc. 1836, art. 12.

65. — Il peut être suppléé aux formalités ci-dessus indiquées par des achats faits sur simple facture pour les objets qui doivent être livrés immédiatement, et dont la valeur n'excède pas 500 fr. — *Ibid.*

66. — Décidé toutefois qu'un ordre ou marché de fournitures ne peut être remplacé au moyen d'un visa donné par un commissaire des guerres à une facture, alors surtout que cette facture est postérieure de plusieurs jours au procès-verbal de réception et d'expédition des marchandises fournies. — *Cons. d'Etat*, 17 juill. 1822, Lesseps.

67. — On doit considérer aussi comme marché de fournitures le traité par lequel une compagnie s'est engagée comme commissionnaire à acheter à l'étranger et à faire arriver dans les ports de France des grains pour le compte du gouvernement et à rendre un compte de clerc à maître de tout ce qu'elle ferait dans cette opération. — *Cons. d'Etat*, 22 fév. 1826, Thuret.

68. — De même l'acte par lequel un individu s'engage vis-à-vis de l'administration de la guerre à assurer contre les risques de mer tous les chargemens de bestiaux expédiés d'une place sur une autre pour l'approvisionnement des troupes ne rentre pas dans les contrats d'assurance régis par le Code de commerce, mais constitue un marché administratif ayant pour objet de garantir un service public et soumis en conséquence aux règles propres à ces marchés. — *Cons. d'Etat*, 11 avr. 1837, Gravini.

69. — Mais le transport par eau, sur lettres de voiture, effectué pour le compte de l'administration des subsistances, ne peut être assimilé à un marché administratif, et les contestations élevées en cas d'avaries sont de la compétence des tribunaux ordinaires. — *Cons. d'Etat*, 27 déc. 1836, Beaudru.

70.—Une fourniture de chevaux faite sans marché doit être payée au prix courant du commerce. — *Cons. d'Etat*, 23 janv. 1820, Périel.

71. — Conformément au principe ci-dessus posé (nos 18 et suiv.), les marchés de gré à gré passés par les délégués d'un ministre et les achats qu'ils auraient faits sont toujours subordonnés à son approbation, à moins soit de nécessité résultant de force majeure, soit d'une autorisation spéciale ou dérivant des règlemens, circonstances qui doivent être relatées dans les marchés ou dans les décisions approbatives des achats.—Ord. préc. 4 déc. 1836, art. 12.

§ 4. — *Garanties exigées des fournisseurs.*

72.—Nous avons vu (*suprà* nos 33 et suiv.) qu'aux termes de l'art. 5 de l'ord. royale du 4 déc. 1836, la nature et l'importance des garanties que les fournisseurs et entrepreneurs doivent produire pour répondre de l'exécution de leurs engagemens, sont déterminées par les cahiers des charges, lorsqu'il s'agit de marchés concédés par la voie de l'adjudication. Lorsqu'il s'agit de marchés passés de gré à gré, c'est par l'acte même qui constate le marché que ces garanties sont fixées.

73. — Indépendamment de ces garanties particulières, que l'administration peut, à son gré, exiger ou non, dont elle détermine l'étendue, et qui, par conséquent, sont entièrement subordonnées aux clauses des cahiers des charges ou des marchés, tous les entrepreneurs ou traitans de fournitures sont soumis d'une manière générale aux garanties suivantes, savoir :

74.— ... 1° L'hypothèque légale sur leurs biens, à raison des sommes ou valeurs dont ils peuvent être comptables envers l'Etat.— C. civ., art. 2121. — V. HYPOTHÈQUE LÉGALE.

75. — ... 2° La contrainte par corps, à fin de paiement des sommes dont ils seraient déclarés débiteurs par suite de leurs entreprises. — L. 17 avr. 1832, art. 10. — V. CONTRAINTE PAR CORPS, et *infrà* n° 347.

76. — ... 3° Les peines portées par les art. 430 et suiv. du Code pénal, pour les cas où l'inexécution d'un marché fait manquer ou retarde un service public. — V. *infrà* nos 188 et suiv.

77. — Les cautions des fournisseurs sont nécessairement soumises comme eux à l'hypothèque légale et à la contrainte par corps ; mais elles ne sont point passibles des peines portées par le Code pénal à raison des délits spécifiés par les articles ci-dessus indiqués, peines qui sont exclusivement applicables aux entrepreneurs qui se sont rendus coupables de ces délits.

78. — La garantie facultative la plus généralement exigée des fournisseurs et entrepreneurs consiste dans un cautionnement proportionné à l'importance de leurs entreprises.

79. — Ce cautionnement est fourni soit en numéraire, soit en inscriptions de rentes sur l'Etat, soit en immeubles au moyen d'une affectation hypothécaire.

80. — Les ministres peuvent également admettre comme cautionnement les créances sur leurs départemens respectifs, liquidées ou non ; mais, seulement, dans ce dernier cas, lorsqu'elles paraissent offrir une garantie suffisante. — Règlem. 15 nov. 1822, art. 17.

81. — L'hypothèque consentie par les traitans ou par leurs cautions peut être prise par l'administration en vertu d'actes sous seings privés. Elle doit porter sur un immeuble d'une valeur au moins égale au dixième du prix de l'adjudication. — L. 4 mars 1793, art. 3.

82.—L'hypothèque accordée à l'Etat par l'art. 3 du décret du 4 mars 1793 sur les immeubles appartenant aux fournisseurs et à leurs cautions, en vertu de marchés passés même par actes sous signatures privées, ne peut être réclamée qu'autant qu'il s'agit d'un marché réellement signé ou expressément cautionné par celui à qui on l'oppose ; mais elle ne saurait frapper les biens de celui qui aurait seulement participé d'une manière intéressée à des marchés non revêtus d'ailleurs de sa signature ni comme fournisseur ni comme caution.— *Cass.*, 9 juin 1847 (t. 1er 1847, p. 690), Trésor public c. Séguin.

83. — Lorsque des tiers se portent cautions d'un soumissionnaire ou traitant, leur nom est rapporté au procès-verbal d'adjudication ou au traité, et leur engagement est solidaire avec renonciation à tous les bénéfices d'ordre, division et discussion d'action.—Arr. gouv. 8 fruct. an VII, art. 6 et suiv.

84. — Aucune forme sacramentelle n'est du reste exigée pour la validité des cautionnemens fournis par des tiers. Il suffit que l'acte souscrit par la caution indique manifestement l'intention de répondre de l'entrepreneur ou traitant.

85.—Ainsi, une lettre par laquelle un commerçant garantit la soumission d'un entrepreneur et s'oblige à l'exécuter, constitue un cautionnement valable. — *Cons. d'Etat*, 18 avr. 1821, Meurice.

86.—Les entrepreneurs de fournitures qui n'ont pas réalisé leurs cautionnemens aux époques fixées, et dont les marchés sont résiliés par l'administration, sont tenus de payer à l'Etat, à titre de dommages-intérêts, une somme égale à la moitié de leurs cautionnemens. —Règl. 1er sept. 1827, art. 118.—*Cons. d'Etat*, 27 fév. 1836, Lecarpentier.

87. — Lorsqu'un fournisseur mis en demeure de remplir ses engagemens ou de faire constater les obstacles qui peuvent s'y opposer, laisse son marché inexécuté, sans pouvoir justifier d'aucun empêchement de force majeure, le cautionnement versé par lui pour garantie de l'exécution de l'entreprise doit être déclaré acquis à l'Etat. — *Cons. d'Etat*, 29 juin 1844, Lecoq.

88. — L'effet du cautionnement cesse aussitôt la liquidation de l'entreprise effectuée. L'administration donne alors mainlevée ; et si le cautionnement a été fourni en numéraire, en rembourse le montant.

89. — Le gouvernement qui, en cautionnement d'un marché par lui résilié, a reçu des rentes consolidées, n'est pas tenu de rembourser autrement que dans les valeurs fournies. — *Cons. d'Et.*, 13 août 1823, Maubreil.

90. — Le cautionnement donné par l'entrepreneur d'une fourniture sert non-seulement de garantie à l'Etat ; mais encore (et une fois les droits de l'Etat assurés), de gage aux sous-traitans et créanciers de l'entrepreneur. — V. cependant *Paris*, 15 mars 1845 (t. 1er 1845, p. 462), Schonemann et Noël c. Guillot.

91. — Jugé que le privilége accordé par le décret du 2 déc. 1806 aux cessionnaires et sous-traitans des entrepreneurs de travaux publics sur le cautionnement fourni par ces derniers ne peut être étendu aux ouvriers et fournisseurs de ces entrepreneurs, lesquels dès lors ne peuvent pas contester un transport fait régulièrement de ce cautionnement. — Même arrêt.

92. — Toutefois, lorsqu'un entrepreneur de fournitures tombe en faillite avant d'avoir complété le cautionnement qu'il était tenu de fournir, l'administration n'est pas responsable envers les sous-traitans et fournisseurs particuliers de cet entrepreneur de la portion du cautionnement non réalisée. — *Cons. d'Et.*, 24 juin 1829, Husson.

93. — Dans ce cas, le ministre peut même compléter le cautionnement par un prélèvement sur les sommes liquidées au profit de l'entrepreneur, nonobstant les réclamations des sous-traitans qui prétendent que ce prélèvement porte atteinte à leur privilége sur les sommes liquidées. — Même ordonnance.

94. — Jugé que le privilége qui appartient aux ouvriers et fournisseurs sur les retenues faites par l'Etat à l'entrepreneur ne peut être invoqué qu'en raison des travaux pour lesquels les fournitures ont été faites et les ouvriers employés.... Le surplus des retenues demeure libre, et l'entrepreneur peut en disposer par voie de transport. — *Paris*, 15 mars 1845 (t. 1er 1845, p. 462), Schonemann et Noël c. Guillot.

Sect. 3e — *Exécution des marchés.*

§ 1er. — *Application des clauses des contrats.*

95. — Une observation préliminaire doit être faite ici ; c'est que l'administration ne reconnaît jamais, dans l'exécution des marchés passés par elle, que l'entrepreneur ou fournisseur avec lequel elle a directement traité, sans prendre aucunement en considération les conventions particulières par lesquelles cet entrepreneur ou fournisseur a pu transporter ses droits comme ses obligations à un tiers.

96. — Il suit de là qu'aucune substitution d'entrepreneur ne peut avoir lieu qu'avec le consentement exprès de l'administration.

97. — ... Et il est même passé en jurisprudence qu'encore bien que la substitution d'un fournisseur à un autre ait été approuvée par décision ministérielle, cette substitution cependant n'est censée faite que lors de la remise du service ; tant que cette remise n'a pas eu lieu, l'individu qui doit être substitué ne peut être considéré que comme le mandataire de l'ancien fournisseur, et le service des fournitures continue d'être géré pour le compte de ce dernier. — *Cons. d'Etat*, 16 août 1841, Chégaray.

98. — Spécialement, lorsqu'un chef de brigade de convoi a pris la place d'un autre, sans établir aucune distinction des services, soit par la vérification de sa caisse, soit par un inventaire des pièces comptables, il doit être considéré comme mandataire de son prédécesseur, à l'égard de paiemens, par lui faits, de sommes dues par ce dernier, à qui le trésor avait fait les fonds ; — mais il ne peut avoir une action contre le trésor, à raison de ces paiemens. — *Cons. d'Etat*, 11 juin 1834, Fouquerel.

99. — Relativement à l'exécution même des marchés, il est de principe que l'administration est liée par ses actes ; de telle sorte qu'elle ne peut, sous aucun prétexte, se refuser à exécuter les conventions par elle consenties.

100. — Ainsi, décidé que lorsque l'administration s'est engagée par lettre à payer des fournitures à un prix déterminé, elle ne peut se refuser de liquider à ce taux.—*Cons. d'Etat*, 24 mars 1824, Grangeret.

101. — ... Que lorsqu'un marché a été régulièrement accepté, le ministre ne peut réduire le prix des fournitures qui font l'objet de ce marché, sous prétexte que ce prix est supérieur à celui des mercuriales. — *Cons. d'Etat*, 20 nov. 1822, Raynal.

102. — ... Que le prix fixé pour des fournitures par une décision d'un général commandant en chef un corps d'armée, ne peut prévaloir sur celui stipulé au marché passé entre le fournisseur et l'administration. — *Cons. d'Etat*, 21 mars 1821, Genty.

103. — ... Enfin que la clause par laquelle l'administration, en traitant avec l'entrepreneur d'un service, se réserve de distraire de l'entreprise telles ou telles parties du service, selon qu'elle le jugera nécessaire, ne peut pas aller jusqu'à permettre à l'administration d'altérer essentiellement le marché par des suppressions considérables et multipliées. — *Cons. d'Etat*, 29 juin 1844, Morchoine.

104. — ... En conséquence, lorsque l'usage fait de cette faculté par l'administration peut avoir de tels résultats, la résiliation du marché peut être prononcée sur la demande de l'entrepreneur, et il doit lui être accordé une indemnité.—Même ordonnance.

105. — D'un autre côté, les entrepreneurs ne peuvent être soumis à aucune autre obligation que celles qu'ils ont positivement consenties ou auxquelles une loi formelle les soumet.

106. — Ainsi, le Conseil d'Etat a bien décidé, relativement à un marché passé en l'an VIII, par l'administration de la guerre, qu'il n'avait pas été nécessaire que la retenue à opérer sur les fournitures de cette administration, en exécution de la loi du 26 fruct. an VII, ait été stipulée dans ce marché, pour être faite, du moment qu'il n'avait pas été fait à cet égard de dérogation expresse à la loi. — *Cons. d'Etat*, 25 août 1826, Vanlerberghe et Ouvrard.

107. — ... Et cette solution se motive justement sur ce que la retenue dont il s'agissait, se rattachant à une mesure générale prescrite pour l'année pendant laquelle le marché avait eu lieu, était formellement consacrée par la loi.

108. — ... Mais, dans un autre cas où il s'agissait non plus de l'application d'une loi, mais de l'application d'une simple ordonnance royale du 12 décembre 1814, laquelle a prescrit aussi qu'il serait fait une retenue de 2 p. 0/0 sur les dépenses du matériel de la guerre, le Conseil d'Etat a décidé, au contraire, et évidemment avec toute justice, que cette retenue ne pouvait être imposée à l'entrepreneur d'une fourniture qu'autant qu'elle aurait été expressément stipulée dans l'adjudication ou dans le cahier des charges. — *Conseil d'Etat*, 30 juill. 1817, Darbois.

109.— La validité et les effets des engagemens d'un fournisseur, réguliers en la forme, ne peuvent d'ailleurs être détruits par les déclarations du préposé avec lequel ils ont été passés. — *Cons. d'Etat*, 13 nov. 1822, Noyès et Planchon.

110. — Mais les aveux de l'entrepreneur lui-même peuvent autoriser la réduction de la fourniture. — Même déc.

111. — Il suit de là qu'un fournisseur ne peut se prévaloir des clauses de son marché auxquelles il a renoncé par une correspondance particulière. — *Cons. d'Etat*, 4 nov. 1824, Vanlerberghe et Ouvrard.

112. — L'Etat, de son côté, ne peut, par une juste réciprocité, être soumis qu'aux obligations qui ont été formellement consenties en son nom, ou qui lui sont imposées par l'équité.

113.— Ainsi, lorsque la réception d'un ouvrage

a été subordonnée à des épreuves comparatives avec d'autres ouvrages analogues, l'administration ne peut refuser d'en prendre livraison qu'autant que les épreuves ont été complètes et ont amené un résultat de nature à motiver ce refus.

114. — Spécialement, lorsque la réception d'une machine à vapeur promise par un entrepreneur a été subordonnée par le marché à des épreuves comparatives avec d'autres machines placées sur certains bâtimens désignés, et qu'il a été dit que ces épreuves porteraient sur la solidité de la machine, sa puissance, la consommation du combustible et divers autres points spécifiés, les épreuves ne sont réputées complètes et ne peuvent entraîner le refus de la machine qu'autant qu'elles ont porté sur toutes les conditions énoncées au marché et que les bâtimens ont été placés dans des situations semblables assujetties aux mêmes conditions. — *Cons. d'Etat*, 14 août 1837, Frimot c. minist. de la marine.

115. — Mais lorsqu'un individu a seulement été autorisé à faire des expériences pour un objet d'utilité publique, si ses expériences ne sont pas approuvées, l'Etat ne peut être tenu d'acquérir les objets confectionnés par lui, ni de le rembourser de ses frais. — *Cons. d'Etat*, 25 fév. 1815, Audibert.

116. — Ainsi, lorsqu'un particulier a prêté un bateau à vapeur à l'Etat, qui l'a gardé plus longtemps que ne le portait la convention des parties, cette circonstance n'oblige l'Etat ni à acquérir la propriété du bateau, ni à payer l'intérêt de sa valeur, ni même aucuns dommages-intérêts, alors surtout que le propriétaire n'a fait aucune demande en restitution. — *Conseil d'Etat*, 14 janv. 1842, Frimot.

117. — Du reste, à défaut de stipulation expresse, les marchés de fournitures, dans les cas particuliers, subissent la règle du droit commun, soit strict, soit d'équité, suivant les circonstances. — Cormenin, *Droit adm.*, v° *Marchés de fournitures*, t. 2, p. 318.

118. — Ainsi, il a été décidé que le traité passé par un ministre pour les transports de son département ne fait pas obstacle à ce que, lors de l'acquisition d'objets particuliers soumis à une réception définitive, le transport de ces objets soit confié au vendeur qui, aux termes de son marché, en demeure responsable et est intéressé à leur conservation, jusqu'à ce que la vente soit irrévocable. — *Cons. d'Etat*, 21 oct. 1831, Guillard.

119. — ... Qu'un entrepreneur de transports militaires n'est pas fondé à demander une indemnité pour la perte qu'il prétend avoir éprouvée par suite d'un transport par mer effectué par l'administration de la guerre, lorsque son marché n'établit pas que le droit de faire les transports de cette nature lui ait été concédé. — *Cons. d'Etat*, 24 août 1832, Guillard.

120. — ... Que, lorsque dans un marché de transports militaires par mer, le prix du fret a été fixé à une certaine somme payable au lieu du débarquement, dans la monnaie du pays, par exemple, à raison de 4 réaux par franc, l'entrepreneur qui a été payé en francs ne peut profiter de la plus-value qu'avaient au moment du paiement 4 réaux sur 1 fr.; et que s'il l'a touchée, il doit être soumis à restitution. — *Cons. d'Etat*, 15 juin 1825, Renard Maze.

121. — ... Que la distance qui doit servir de règle à la dépense des transports militaires effectués en vertu de marchés réguliers, doit être calculée d'après le livre de poste de l'année. — *Cons. d'Etat*, 2 fév. 1821, Niel.

122. — ... Qu'à l'égard des distances qui ne sont pas indiquées par les cartes des postes, si les certificats de l'intendant sont inexacts et contraires aux clauses du marché, on doit calculer ces distances, non d'après le méridien, mais d'après le tracé des routes sur les cartes officielles du dépôt de la guerre, avec la correction d'usage pour ramener les mesures prises sur la carte aux mesures prises sur le terrain. — *Cons. d'Etat*, 10 août 1825, Daugny.

123. — ... Que la clause d'un marché de fournitures de bois de la marine, qui accorde au soumissionnaire, en cas de guerre maritime, une augmentation de prix égale à celle dûment constatée qu'aura pu subir le transport par mer depuis la déclaration de guerre, doit être entendue en ce sens que le renchérissement du fret ne pourra donner lieu à l'augmentation du prix convenu qu'autant qu'il sera la conséquence de l'état de guerre; que, par suite, il ne suffirait pas pour donner lieu à cette augmentation qu'il y eût état de guerre, si le renchérissement devait être attribué à des circonstances purement locales, notamment à une lutte existant entre les expéditeurs et les capitaines, et à l'affluence des bois de construction. — *Cons. d'Etat*, 20 juin 1837, Mauguin.

124. — La même jurisprudence décide également que les entrepreneurs du service des maisons de détention ne peuvent, à moins d'une stipulation expresse, prétendre droit à une indemnité en raison des variations survenues dans la population de ces maisons. — *Cons. d'Etat*, 24 oct. 1834, Guillot. — V. aussi *Cons. d'Etat*, 29 juin 1832, Marjas.

125. — ... Qu'un entrepreneur qui a été autorisé à établir des ateliers dans une maison de détention ne peut demander une indemnité par suite du changement des détenus, lorsque son marché ne s'exprime pas formellement à cet égard, et lorsqu'en outre il n'a pas mis l'administration en demeure de compléter le nombre des détenus qu'il était autorisé à faire travailler. — *Cons. d'Etat*, 16 nov. 1825.

126. — Décidé aussi, d'après les mêmes règles, qu'un entrepreneur de chauffage militaire est fondé à demander une indemnité lorsque le ministre de la guerre a, postérieurement au marché et par mesure d'économie, substitué des fourneaux économiques aux poêles et cheminées des casernes, et a réduit, en conséquence, la quantité des combustibles à fournir aux troupes casernées. — *Cons. d'Etat*, 1er fév. 1829, Moreau.

127. — ... Que les marchands de bois qui ont traité à forfait avec un ministre, pour le chauffage des bureaux du ministère, depuis huit heures et demie du matin jusqu'à quatre heures et demie du soir ont droit à une indemnité lorsque, par suite de travaux extraordinaires, le chauffage continue en dehors des heures indiquées. — *Cons. d'Etat*, 16 août 1832, Badon.

128. — Mais le munitionnaire chargé de fournir la viande fraîche à des troupes campées ou en cantonnement dans diverses communes, et qui n'a fait aucune réserve pour les droits d'octroi, est tenu de ces droits, suivant le tarif des communes où les fournitures ont été faites. — *Cons. d'Etat*, 22 juill. 1818, Alagrac c. préf. de la Seine.

129. — Au contraire, l'entrepreneur d'un service (spécialement d'un service de boissons), qui a traité avec l'administration en se soumettant à payer le *droit actuel* établi sur les objets de son service, ne doit pas supporter l'augmentation de droit survenue ultérieurement. — *Cons. d'Etat*, 1er déc. 1819, Rouffio. — V., dans le même sens, *Cons. d'Etat*, 14 janv. 1818, Rouffio.

130. — D'un autre côté, lorsque le prix de fourniture a été fixé dans un marché en considération des frais de douanes que le fournisseur serait tenu de payer, si par suite de circonstances imprévues, ces frais n'ont pas été acquittés par le fournisseur, il y a lieu d'en opérer la réduction dans la liquidation. — *Cons. d'Etat*, 17 nov. 1824, Bénard c. Minist. de la guerre.

131. — Des fournisseurs ne sont pas fondés à réclamer à l'occasion de troupes cantonnées autour d'une place de guerre, la prime d'augmentation convenue seulement pour les troupes de passage. — *Cons. d'Etat*, 20 avril 1835, Husson.

132. — Bien qu'un entrepreneur du service des lits militaires de l'armée ait traité à forfait avec l'administration pour la fourniture des lits nécessaires aux troupes, que ces lits soient ou non occupés, il est néanmoins recevable à réclamer une indemnité comme pour fourniture extraordinaire, à raison de la fourniture de lits qu'il a été obligé de faire, par les ordres de l'administration à des réfugiés politiques étrangers. — *Cons. d'Etat*, 6 mai 1836, Vallée.

133. — Lorsque les frais d'administration d'un service ont été mis par le marché à la charge du munitionnaire général, celui-ci n'est pas fondé à réclamer le remboursement d'appointemens payés à des inspecteurs extraordinaires nommés par le ministre de la guerre, contre la nomination desquels il n'a pas réclamé. — *Cons. d'Etat*, 8 fév. 1821, Vanlerberghe.

134. — Lorsqu'un fournisseur s'est engagé à livrer une certaine quantité de grain dans un port désigné et qu'il a été stipulé que son bénéfice serait de la moitié de la différence entre le prix de revient et une somme déterminée au contrat, les frais de quarantaine auxquels les navires peuvent être soumis doivent faire partie des dépenses inhérentes à l'opération et être compris dans le prix de revient des grains rendus à destination. — *Cons. d'Etat*, 27 janv. 1843, Vitali et Marchand.

135. — Le droit de commission stipulé au profit d'un fournisseur est dû sur les denrées achetées, quoique non consommées, mais non sur les réductions qui sont opérées dans la liquidation. — *Cons. d'Etat*, 4 nov. 1824, Vanlerberghe.

§ 2. — *Extension et prorogation des marchés.*

136. — Lorsque dans un marché une fourniture supplémentaire est prévue sans indication de prix particulier, cette fourniture supplémentaire doit être liquidée au prix de la fourniture principale. — *Cons. d'Etat*, 16 fév. 1825, Everling.

137. — De même, l'entrepreneur d'une fourniture de subsistances militaires et d'objets de campement, chargé d'assurer le service dans un arrondissement moyennant des prix déterminés à l'avance, n'est pas fondé à demander que ces prix soient augmentés pour les fournitures qu'il prétend avoir été faites en dehors des prévisions du marché, lorsque ce marché ne contenait, à cet égard, aucune clause limitative. — *Cons. d'Etat*, 14 déc. 1844, Defrance.

138. — Un marché de transports passé par l'administration (*spécialement*, pour le transport des tabacs manufacturés), peut donner lieu à une indemnité, lorsque les quantités transportées excèdent évidemment celles qui avaient été prévues, encore que l'évaluation de ces quantités n'ait été faite que par approximation et sans garantie du plus ou du moins. — *Cons. d'Etat*, 3 déc. 1817, Combayou.

139. — Décidé néanmoins que lorsque des transports ont excédé la quantité portée au traité, l'entrepreneur ne peut réclamer que le prix réel du transport de cet excédant. — *Cons. d'Etat*, 2 juill. 1823, Massart et Cochaux.

140. — Lorsque, par une convention particulière, le ministre a prorogé le marché d'un fournisseur, cette prorogation ne peut être plus tard révoquée sous le prétexte qu'elle aurait été faite sans concurrence ni publicité. — *Cons. d'Etat*, 3 juin 1831, Saint-Brix.

141. — Un premier marché entre un fournisseur et une administration publique n'est pas anéanti par le seul fait d'un marché postérieur passé par le même fournisseur pour des objets de même espèce; dans ce cas, les versemens du fournisseur doivent être imputés jusqu'à due concurrence sur le marché le plus ancien. — *Cons. d'Etat*, 26 fév. 1817, Garreau.

142. — Lorsqu'il a été stipulé par un premier marché que l'entrepreneur laisserait, à l'expiration de son service, un approvisionnement de 15 jours, et qu'il a été passé avec lui un second marché à d'autres prix, les denrées formant l'approvisionnement de quinzaine doivent être comptées au prix du dernier marché. — *Cons. d'Etat*, 26 août 1824, Dolfus.

143. — La convention suivant laquelle un marché de fournitures doit continuer au prix fixé pendant un certain temps au delà de sa durée, s'il n'a pas été pourvu au service par un nouveau marché, doit d'ailleurs être exécutée nonobstant la survenance d'un nouveau marché, lorsque ce nouveau marché est demeuré sans exécution. — *Cons. d'Etat*, 23 juill. 1823, Petit-Maudétour.

144. — Quand un marché de fournitures a continué au delà du terme fixé pour sa durée, les récépissés donnés par les agens de la compagnie avec laquelle le marché a été passé, postérieurement à l'expiration de ce marché, font foi contre elle. — *Cons. d'Etat*, 15 oct. 1826, de Couesbouc.

§ 3. — *Risques et périls à la charge des fournisseurs. — Pertes. — Indemnités.*

145. — En général, l'administration ne tient aucun compte aux fournisseurs et entrepreneurs des difficultés plus ou moins grandes qu'ils peuvent rencontrer dans l'organisation de leurs services, non plus que des frais nécessaires dans lesquels ils peuvent se trouver engagés, et laisse d'ailleurs à leur charge tous les risques et périls qui n'ont pas été prévus par les clauses expresses des marchés.

146. — Ainsi, si un entrepreneur a contracté un emprunt en vue de son entreprise, les frais de cet emprunt ne peuvent entrer dans le compte des frais nécessaires de l'entreprise. — *Cons. d'Etat*, 8 mars 1827, Maubreuil.

147. — Il ne peut d'ailleurs être alloué des frais de voyages et des frais extraordinaires que dans les comptes de clerc à maître, et non à des fournisseurs qui ont traité à prix fixe. — *Cons. d'Etat*, 17 juin 1818, Mouchon et Andriel.

148. — Toutefois, le fournisseur qui a stipulé qu'il serait payé en numéraire et qui n'a reçu du trésor que des valeurs dont la négociation, nécessitée par l'urgence du service, lui a causé des pertes, a droit à une indemnité, alors même qu'il aurait donné quittance pure et simple de ces valeurs. — *Cons. d'Etat*, 9 fév. 1819, Roubée; 2 juin 1819, Maes.

149. — Les pertes résultant d'événemens de force majeure, ne peuvent davantage donner lieu à une indemnité au profit des entrepreneurs ou fournisseurs que dans les cas expressément prévus par les marchés. — *Cons. d'Etat*, 1er déc. 1819, Collas; 1er avril 1830, Bonnet et Pagès.

150. — Ainsi, décidé que des entrepreneurs de fournitures ne peuvent, en l'absence de toute stipulation dans leurs marchés, introduire une demande en indemnité contre l'administration, en raison du pillage dont ils auraient été victimes. — *Cons. d'Etat*, 1er déc. 1819, Jacolot; 23 janv. 1820, Seck.

151. — Le vol à main armée sur une grande route est le seul qui puisse constituer un cas de force majeure dont le gouvernement soit responsable. — *Cons. d'Etat*, 18 fév. 1829, Duranty.

152. — Décidé encore que lorque des troupes n'avaient pas droit à une distribution supplémentaire de viandes, et que l'entrepreneur prétend avoir cédé à leurs exigences, sans cependant prouver qu'il ait cédé à une force majeure, ces distributions supplémentaires ne doivent plus être comprises dans la liquidation de la fourniture. — *Cons. d'Etat*, 21 avril 1836, Dubrac.

153. — Il suit de là que lorsqu'un fournisseur est chargé, par son marché, du transport et de la livraison des marchandises, soit aux magasins, soit aux corps, et tant dans l'intérieur qu'à l'extérieur du territoire français, les marchandises restent à ses risques et périls jusqu'à ce que la livraison et la réception en constituent l'Etat propriétaire. — *Cons. d'Etat*, 24 mars 1820, Herbinet et Bonpard.

154. — Néanmoins, il est admis par le Conseil d'Etat que les pertes qui sont occasionnées par la force majeure résultant de la présence de l'ennemi, ne sont pas à la charge des fournisseurs. — *Cons. d'Etat*, 4 mai 1825, Magnan.

155. — Les denrées remises aux troupes étrangères par suite des capitulations des places de guerre, doivent être assimilées aux denrées extraites des magasins pour le service courant, et il y a lieu d'en opérer la liquidation au profit du munitionnaire. — *Cons. d'Etat*, 24 mai 1832, Doumerc.

156. — Décidé encore que le particulier propriétaire d'un moulin, à qui le gouvernement a confié des grains pour les moudre, n'est pas responsable du pillage de ces grains par les troupes ennemies durant l'invasion, lorsque ce pillage est établi par une enquête. — *Cons. d'Etat*, 1er sept. 1819, Henry.

157. — Toutefois la même ordonnance décide, avec une rigueur qui, en droit, ne semble nullement justifiée, qu'en un tel cas le propriétaire du moulin pillé doit supporter les frais de l'enquête, du moment que cette enquête a été dressée sur sa demande et pour justifier ses allégations.

158. — Le Conseil d'Etat a, d'ailleurs, décidé qu'il n'est dû à un fournisseur aucune indemnité, à raison des pertes que des événemens de la guerre lui auraient fait éprouver dans une fourniture, lorsqu'il était obligé, par son marché, à faire cette fourniture à une époque antérieure aux événemens, la perte ne pouvant dans ce cas être attribuée qu'à sa négligence et à l'inexécution de son engagement. — *Cons. d'Etat*, 17 juin 1818, Mouchon et Andriel.

159. — Décidé que l'entrepreneur de convois militaires est responsable des accidens survenus dans le trajet par la faute ou par l'absence des chefs du convoi, choisis et présentés par lui, encore que les soldats lui aient été donnés par l'administration de l'armée. — *Cons. d'Etat*, 1er déc. 1819, Breidt.

160. — ...Que les entrepreneurs de la fourniture des lits militaires ne sont recevables à réclamer une indemnité pour dégradations résultant du mauvais état des casernes qu'autant qu'ils justifient de leurs démarches pour en obtenir la réparation. — *Cons. d'Etat*, 6 mai 1836, Vallée.

161. — Les fournisseurs sont en effet responsables des pertes ou avaries survenues par leur négligence. — *Cons. d'Etat*, 4 mai 1825, Magnan.

162. — Spécialement, les entrepreneurs de services publics sont passibles des avaries provenant du fait des expéditeurs, si le garde-magasin qui a reçu ces fournitures avariées, et qui, par sa négligence, a ôté au gouvernement toute voie de recours contre les expéditeurs, était l'agent des entrepreneurs. — *Cons. d'Etat*, 14 juill. 1819, Leleu.

163. — Il est d'ailleurs essentiel de remarquer qu'une demande d'indemnité ou de gratification qui n'est fondée sur aucune loi ou règlement, ou décision antérieure, mais seulement sur des considérations d'équité, ne peut être l'objet d'un recours par la voie contentieuse. — *Cons. d'Etat*, 5 sept. 1821, Deshayes de Montigny.

164. — Lorsqu'il s'agit non pas d'un marché d'urgence, ou d'un marché que le préfet fût spécialement autorisé à consentir définitivement, mais d'un marché de fourniture annuelle qui ne peut être définitif qu'avec l'approbation du ministre, les demandes en indemnité que peut former le fournisseur doivent l'être par voie de requête au ministre. — *Cons. d'Etat*, 11 juin 1817, Lefrançois.

165. — ... Et si le ministre et les fournisseurs réclamans ne sont d'accord ni sur les causes ni sur les circonstances de force majeure qui ont donné lieu à une demande en indemnité, il doit être ordonné une enquête pour compléter l'instruction de l'affaire. — *Cons. d'Etat*, 5 avr. 1833, Mauguin.

Sect. 4e. — *Inexécution des marchés.*

§ 1er. — *Application des clauses pénales stipulées.*

166. — L'inexécution par un entrepreneur de fournitures des obligations qu'il a contractées, ne peut jamais être excusée sous le prétexte qu'il n'aurait pas suffisamment mesuré l'étendue de ses engagemens.

167. — Aussi le Conseil d'Etat a-t-il décidé que l'entrepreneur d'une fourniture de bois destiné au service de la marine, et qui devaient être pris exclusivement dans une localité désignée, n'était pas recevable à invoquer l'impossibilité d'accomplir ses engagemens sur le motif qu'il n'y aurait plus eu de bois de la nature de ceux qu'il devait fournir dans la localité indiquée, et qu'il y a eu pour lui empêchement de force majeure. — *Cons. d'Etat*, 27 janv. 1843, Martin.

168. — Le même principe s'applique aux simples retards que les entrepreneurs peuvent apporter dans l'accomplissement de leurs obligations.

169. — Ce dernier cas est d'ailleurs généralement prévu dans tous les marchés, et y fait l'objet d'une clause pénale aux termes de laquelle les entrepreneurs sont déclarés passibles d'une retenue déterminée pour chaque retard dans la livraison de leurs fournitures aux époques convenues et cette clause est presque toujours appliquée rigoureusement. — V. notamment *Cons. d'Etat*, 1er nov. 1837, Roby.

170. — ...Alors surtout que le fournisseur ne justifie pas qu'il ait été empêché de remplir ses engagemens, soit par le refus des agens de l'administration, soit par des cas de force majeure. — *Cons. d'Etat*, 14 déc. 1844, Jackson. — V. aussi *Cons. d'Etat*, 7 déc. 1843, Gervais.

171. — Seraient complétement inadmissibles les excuses que les entrepreneurs chercheraient à tirer d'une absence prétendue de nécessité qui ne leur aurait causé aucun empêchement réel. Ainsi, celui qui s'est engagé envers l'administration de la marine à fournir dans un délai déterminé, sauf une retenue par chaque jour de retard, une machine à vapeur, destinée à être placée à bord d'un bâtiment qui serait construit à cet effet, ne pourrait se soustraire aux conséquences du retard apporté à la livraison, sur le motif que le bâtiment sur lequel la machine devait être placée n'aurait pas été construit, alors d'ailleurs qu'aucun délai n'était fixé pour cette construction. — *Cons. d'Etat*, 23 avril 1837, Pelletan c. Delamarre.

172. — Du reste, l'on comprend que pour que la clause pénale prévue dans un marché de fournitures puisse être appliquée, il est indispensable que l'entrepreneur ait été préalablement mis en demeure de remplir ses engagemens, et que le retard soit régulièrement constaté.

173. — Ainsi, lorsqu'aux termes d'un marché de fournitures (spécialement d'un marché d'arrosements), l'administration, en stipulant des retenues pour les manquemens au service, s'est engagée à remettre à l'entrepreneur une copie de chaque procès-verbal ou rapport qui serait dressé, pour quelque cause que ce fût, et qui pourrait donner lieu à des retenues pécuniaires, l'absence de cette notification de procès-verbaux met obstacle à toute retenue; l'entrepreneur ayant été par cela même dans l'impossibilité de contester les énonciations des rapports et de recueillir des preuves nécessaires pour constater si les services au sujet desquels on veut opérer la retenue ont été ou non effectués et s'ils étaient ou non nécessaires. — *Cons. d'Etat*, 19 août 1837, Dorival.

174. — Toutefois, si un service a été soldé sans réserve ni réclamation de la part de l'entrepreneur, celui-ci ne peut ultérieurement demander l'annulation de procès-verbaux constatant des contraventions qui ont donné lieu à des déductions comprises dans le compte accepté par lui. — *Cons. d'Etat*, 3 sept. 1836, Comp. Savalette.

175. — De même, le fournisseur qui, engagé à livrer une certaine qualité de blé, en a livré une autre, et qui, à raison de l'infériorité de cette livraison, a subi une diminution dans le prix, sans réclamer, et a continué ses versements, ne peut pas soutenir plus tard qu'il s'est conformé à la soumission et que les livraisons en remplissent les conditions. — *Cons. d'Etat*, 16 août 1843, Armand.

§ 2. — *Marchés d'urgence à la charge des entrepreneurs.*

176. — Lorsqu'un fournisseur ou entrepreneur, en ne remplissant pas ses engagemens, expose le service dont il a été chargé, à manquer, l'administration puise dans le devoir même qui lui est imposé d'assurer tous les services publics, le droit de suppléer à cette inexécution du contrat, en se procurant soit directement, soit au moyen de nouveaux traités avec un autre entrepreneur, et, dans tous les cas, aux risques et périls de l'entrepreneur primitif, les objets que celui-ci manque à livrer. On donne aux marchés ainsi commandés par la nécessité, la dénomination de *marchés d'urgence*. — *Cons. d'Etat*, 17 nov. 1824, Benard.

177. — Les marchés d'urgence ne sont pas soumis par les règlemens à des formes fixes, comme les marchés ordinaires. Ils ne peuvent être attaqués ni pour défaut de publicité ou de mise en demeure du fournisseur, ni en raison du fait d'une substitution de qualité dans la denrée à fournir. — *Ibid.*

178. — Les créanciers d'un fournisseur ne sont pas recevables à attaquer un marché d'urgence passé en présence d'un agent de leur débiteur, sans réclamation de la part de celui-ci, et exécuté par lui sans opposition. — *Cons. d'Etat*, 16 janv. 1822, Varaigne et Moudon.

179. — Décidé même que lorsque les préposés d'un fournisseur qui n'a pas tenu ses engagemens ont continué de faire la fourniture, sur la promesse à eux faite qu'ils seraient liquidés séparément et pour leur compte, le fournisseur en titre ne peut s'opposer à la liquidation, sous prétexte qu'il n'a pas été passé de marché d'urgence. — *Cons. d'Etat*, 4 juill. 1827, Sudour.

180. — Les marchés d'urgence étant, comme nous l'avons dit, passés aux risques et périls de l'entrepreneur primitif, il en résulte : 1° qu'un fournisseur est passible du prix de toutes les denrées qui ont été livrées par suite des marchés d'urgence passés pendant la durée de son service. — *Cons. d'Etat*, 8 mars 1827, Mercier.

181. — ... 2° Que le fournisseur qui s'était obligé à livrer des grains à la régie générale des subsistances militaires à une époque déterminée et qui, par son retard, a nécessité des marchés d'urgence, est passible des dommages-intérêts résultant de la différence entre ces marchés et le prix stipulé avec lui. — *Cons. d'Etat*, 6 déc. 1820, de Wolmar. — V. aussi *Cons. d'Etat*, 27 août 1828, Fortin.

182. — ... 3° Que les nouvelles fournitures faites d'urgence doivent être mises aux frais du fournisseur primitif sur la seule présentation des quittances. — *Cons. d'Etat*, 1er sept. 1811, Sayrol; 4 déc. 1822, Aubin Vidal.

183. — Le fournisseur d'urgence devient d'ailleurs créancier direct du département ministériel que la fourniture concerne, et non du précédent entrepreneur, sans que les lettres en sens contraire émanées de lui puissent faire titre pour l'entrepreneur, lorsqu'elles n'ont pas été agréées par le ministre de la guerre. — *Cons. d'Etat*, 16 janv. 1822, Varaigne et Moudon.

184. — Cependant les fournisseurs peuvent être admis à critiquer l'exagération du prix des marchés d'urgence mis à leur charge. — *Cons. d'Etat*, 4 déc. 1822, Aubin Vidal.

185. — Mais il importe de remarquer que les marchés d'urgence ne peuvent jamais être l'occasion d'un bénéfice pour un entrepreneur en défaut, encore qu'ils soient passés à ses risques et périls. — *Cons. d'Etat*, 22 juin 1825, Gaillard.

186. — En conséquence, si un marché d'urgence a été passé à un prix inférieur à celui porté dans le marché de l'entrepreneur, la différence profite exclusivement à l'administration. — Même ordonn.

187. — Lorsqu'un marché d'urgence passé avec

un intendant militaire, sauf l'approbation du ministre de la guerre, n'a pas obtenu cette approbation, la liquidation doit avoir lieu au moyen d'un compte de clerc à maître, et non d'après les prix stipulés. — *Cons. d'Etat*, 16 fév. 1826, Daugny.

§ 3. — *Peines applicables aux fournisseurs qui font manquer leur service.*

188. — Les marchés de fournitures qui ont pour objet le service des armées de terre et de mer ont une importance telle, et leur exécution se lie parfois si intimement au salut même de l'Etat, que la négligence des entrepreneurs à remplir leurs engagemens devient alors un acte véritablement coupable, que les clauses même les plus sévères des contrats ordinaires ne sauraient atteindre qu'imparfaitement, et qui devait dès lors tomber sous l'application de la loi pénale. Voici les dispositions que l'on remarque à cet égard dans le Code pénal.

189. — « Tous individus chargés, comme membres de compagnie ou individuellement, de fournitures, d'entreprises ou régies pour le compte des armées de terre et de mer, qui, sans y avoir été contraints par une force majeure, auraient fait manquer le service dont ils sont chargés, sont passibles de la peine de la réclusion et d'une amende qui ne peut excéder le quart des dommages-intérêts, ni être au-dessus de 500 fr.; le tout sans préjudice de peines plus fortes en cas d'intelligence avec l'ennemi. » — C. pén., art. 430.

190. — « Lorsque la cessation du service provient du fait des agens des fournisseurs, les agens sont passibles des peines ci-dessus indiquées. — Les fournisseurs et leurs agens doivent être également condamnés, lorsque les uns et les autres auront participé au crime. » — C. pén., art. 431.

191. — « Si des fonctionnaires publics ou des agens préposés ou salariés du gouvernement ont aidé les coupables à faire manquer le service, ils sont passibles de la peine des travaux forcés à temps, sans préjudice de peines plus fortes en cas d'intelligence avec l'ennemi. » — C. pén., art. 432.

192. — « Quoique le service n'ait pas manqué, si, par négligence, les livraisons et les travaux ont été retardés, ou s'il y a eu fraude sur la nature, la qualité ou la quantité des travaux ou main-d'œuvre ou des choses fournies, les coupables sont passibles d'un emprisonnement de six mois au moins et de cinq ans au plus, et d'une amende qui ne peut excéder le quart des dommages-intérêts, ni être moindre de 100 fr. » — C. pén., art. 433.

193. — « Dans les divers cas prévus par les dispositions qui précèdent, la poursuite ne peut être faite que sur la dénonciation du gouvernement. » — *Ibid.*

§ 4. — *Résiliation des marchés.*

194. — Du principe déjà posé (nº 16) que l'administration est liée par les marchés qu'elle consent, de la même manière et au même titre que les fournisseurs avec qui elle traite, il suit qu'elle ne peut arbitrairement résilier les marchés de fournitures régulièrement passés.

195. —... Et cela, encore que ces marchés soient onéreux, si rien ne prouve qu'il y ait eu dol ou fraude. — *Cons. d'Etat*, 1er mai 1816, Collas.

196. — Il en serait sans doute autrement si les marchés reconnus onéreux à l'Etat avaient été passés clandestinement et, dans ce cas, la résiliation pourrait être valablement prononcée par le ministre, mais sauf les droits de l'entrepreneur à une indemnité. — *Cons. d'Etat*, 28 fév. 1834, Méjan.

197. — Décidé d'ailleurs que lorsque le gouvernement a résilié, par sa seule volonté, un marché de fournitures, il doit supporter les dépenses qui ont été faites pour l'exécution de ce marché. — *Cons. d'Etat*, 13 août 1823, Maubreil.

198. — Néanmoins, le Conseil d'Etat a également décidé que la résiliation prononcée par un ministre, dans un intérêt public, des marchés de fournitures passés au nom de l'Etat, ne donne pas droit à une indemnité pour les gains dont l'entrepreneur a été privé. — *Cons. d'Etat*, 22 janv. 1840, Méjean.

199. — La demande formée par un fournisseur, dont le gouvernement a résilié le marché, à fin de la liquidation de l'indemnité qu'il réclame à raison de la privation du bénéfice qu'il aurait fait sur sa fourniture, doit être formée devant le ministre, et non, par la voie contentieuse, devant le Conseil d'Etat. — *Cons. d'Etat*, 13 août 1823, Maubreil.

200. — Les fournisseurs ne sont d'ailleurs pas fondés à demander une indemnité pour la rupture de leur marché, lorsque cette rupture provient de leur fait. — *Cons. d'Etat*, 17 janv. 1831, Olive.

201. — ... Notamment lorsqu'ils n'ont pas rempli les conditions de leur marché. — *Cons. d'Etat*, 17 juin 1835, Achallet.

202. — ... Ou que la résiliation a été prononcée à défaut par eux de remplir leurs engagemens dans les délais stipulés. — *Cons. d'Etat*, 25 oct. 1826, Pêche; 20 fév. 1835, Lange et Clarck.

203. — Toutefois un ministre ne peut prononcer la résiliation d'un marché pour inexécution des ouvrages dans les délais prescrits, lorsqu'il a seulement été stipulé, pour ce cas, une retenue de portion du prix. — *Cons. d'Etat*, 12 déc. 1818, Misselbach.

204. — Mais le fournisseur dont le marché a été résilié par une décision ministérielle n'est plus recevable à réclamer contre cette résiliation, lorsqu'il a été mis dans l'impossibilité de continuer son service, et qu'il a lui-même considéré son marché comme n'existant plus, en acceptant l'indemnité allouée à ce sujet par la même décision. — *Cons. d'Etat*, 1er mai 1816, Collas.

205. — De leur côté, les fournisseurs ne sont pas non plus recevables à demander la résiliation de leurs marchés, à raison des difficultés imprévues qu'ils peuvent rencontrer, ou des pertes dans lesquelles ils pourraient se trouver engagés. — V. en ce sens, *Cons. d'Etat*, 1er fév. 1829, Maune.

206. — Décidé, d'ailleurs, qu'un fournisseur n'est plus fondé à se prévaloir d'une clause résolutoire contenue dans son marché, lorsqu'au lieu de l'invoquer en temps utile, il a continué à exécuter son marché jusqu'à son expiration. — *Cons. d'Etat*, 1er déc. 1819, Collas.

207. — Suivant M. Pardessus, c'est seulement en cas de force majeure que l'entrepreneur de fourniture peut refuser de remplir son marché. On suit alors les règles ordinaires qui régissent la résolution des contrats. — Pardessus, *Dr. comm.*, nº 300.

Sect. 5e. — *Action en paiement des fournitures livrées par suite de marchés.*

§ 1er. — *Obligations des fournisseurs et des agens du gouvernement chargés de fournitures.*

208. — Les fournisseurs qui traitent à forfait, ou moyennant des prix convenus avec l'administration, sont personnellement passibles de tous les engagemens qu'ils peuvent eux-mêmes contracter par suite de leurs marchés, sans que le gouvernement intervienne en quoi que ce soit dans le règlement de leurs comptes avec leurs créanciers, sauf ce que nous dirons plus loin relativement aux sous-traitans.

209. — Mais, ainsi qu'on a déjà pu le remarquer, le gouvernement n'a pas toujours recours à des marchés pour se procurer les fournitures dont il a besoin. Il arrive souvent qu'il charge ses agens de faire directement les approvisionnemens nécessaires et, par suite, ces agens, n'ayant pas toujours entre les mains des fonds suffisans, sont dans la nécessité de contracter des engagemens pour le paiement des fournitures livrées. Or, ces agens, n'agissant que par ordre et pour le compte du gouvernement, ne peuvent évidemment être personnellement passibles de l'action des livranciers. C'est donc non contre eux, mais contre le gouvernement, dont ils sont en réalité les créanciers, que ces derniers doivent poursuivre leur paiement.

210. — C'est ainsi qu'il a été décidé que les commissaires ordonnateurs ne peuvent être poursuivis personnellement pour des endossemens donnés par eux à l'effet d'assurer le service de l'Etat. — *Cons. d'Etat*, 31 mai 1807, Billion-Duplan c. Durand. — V. encore *Cons. d'Etat*, 5 flor. an XIII, Garnier.

211. — ... Que des lettres de change souscrites par l'économe d'un hôpital militaire pour fournitures, ne le rendent pas justiciable du tribunal de commerce. — Arr. gouv., 27 messid. an XI, Trémont c. Boyer.

212. — ... Qu'en un tel cas, les poursuites judiciaires doivent être suspendues jusqu'à ce que l'administration, seule compétente à cet égard, ait décidé si les lettres de change doivent ou non demeurer au compte de l'agent. — *Cons. d'Etat*, 5 flor. an XIII, Garnier.

213. — La règle s'étend du reste indistinctement à tous les individus, quels qu'ils soient, à qui le gouvernement peut avoir donné mission de négocier en son nom et aux obligations de toute nature qui résultent des négociations.

214. — C'est ainsi que lorsque des fournisseurs munitionnaires sont reconnus employés du gouvernement, et comme tels obligés de compter avec lui, les créanciers de ces fournisseurs pour objets concernant le service doivent être déclarés créanciers du gouvernement. — *Cons. d'Etat*, 2 juill. 1823, Bitte et Muller; 8 janvier 1831, Vérac c. Céran.

215. — Mais il faut que la mission à l'effet de négocier soit positive, formelle et avouée par le gouvernement lui-même. L'Etat ne peut être en effet engagé que par les agens reconnus de l'administration.

216. — Si, par exemple, le directeur général des vivres, dans un ordre d'approvisionnement donné à l'un de ses agens, a désigné nominativement un individu dont l'agent de la direction pourrait s'aider dans son opération, il n'en résulte pas au profit de cet individu une substitution de mandat qui le rende créancier direct de la direction des vivres. — *Cons. d'Etat*, 15 août 1821, Chevalier.

217. — C'est, au surplus, aux ministres, chacun pour ce qui concerne son département, qu'il appartient de statuer sur les qualités des fournisseurs, et notamment de décider s'ils ont ou non agi comme entrepreneurs ou comme agens administratifs.

218. — Un entrepreneur de fournitures a pu être déclaré avoir traité avec un individu, non en qualité d'agent ou de mandataire du gouvernement, mais en son nom personnel, sans que la décision soit sujette à cassation. — *Cass.*, 4 juin 1832, Vérac c. Césan.

219. — Remarquons seulement que pour que l'Etat soit directement engagé au paiement de fournitures, il ne suffit pas toujours que celui qui en fait l'achat exerce des fonctions dépendantes de l'administration. Souvent, en effet, il arrive que certains agens nommés par l'autorité administrative et relevant d'elle sous certains rapports, sont chargés, à titre d'*abonnement*, de pourvoir par eux-mêmes à divers objets qui se rattachent à leur service. Dans ce cas, leur qualité d'agent administratif disparaît, en quelque sorte, relativement aux achats qu'ils font et aux engagemens qui peuvent en être la conséquence, pour faire place à la qualité de fournisseur; l'Etat cesse dès lors d'être responsable des actes qu'ils font en cette dernière qualité.

220. — Ainsi les garde-magasins pour les approvisionnemens tant ordinaires qu'extraordinaires sont, au moyen d'abonnemens pour conservation et manutention, responsables des denrées dont ils se sont chargés en recette. — *Cons. d'Etat*, 17 mars 1825, Godard-Desmarest.

221. — Ils ne peuvent d'ailleurs faire d'achats au nom et pour le compte du département de la guerre qu'en vertu d'un ordre spécial du ministre. — *Cons. d'Etat*, 26 août 1829, Laborde.

222. — Aussi a-t-il été décidé que le fournisseur qui ne présente aucun marché passé avec l'administration n'est pas fondé à réclamer contre elle l'exécution de conventions passées entre lui et un garde-magasin sous le prétexte que ce dernier est un agent du gouvernement. — *Cons. d'Etat*, 1er sept. 1825, Tourné-Laroche.

223. — ... Qu'un négociant ne peut réclamer le prix d'une vente de pains qu'il a faite à un garde-magasin lorsque le titre sur lequel il se fonde est un récépissé signé par le fils de ce comptable, lequel récépissé ne fait mention d'aucun ordre du ministre de la guerre relatif à l'achat. — *Cons. d'Etat*, 26 août 1829, Laborde.

224. — ... Que lorsque des négocians ont remis des marchandises à un garde-magasin, et qu'il résulte des pièces comptables que la livraison et l'expédition de ces marchandises ont été faites au nom de ce dernier, et que le montant lui en a été alloué dans ses comptes par la direction générale des vivres, ces négocians ne peuvent être admis à réclamer la liquidation de ces fournitures à leur profit, alors surtout qu'ils ont reçu du garde-magasin un à-compte, et qu'ils l'ont ainsi reconnu pour leur débiteur. — *Cons. d'Etat*, 17 juill. 1822, Lesseps.

225. — Décidé encore, dans un sens général, que les fournisseurs qui n'ont pas été payés du prix de leurs fournitures par l'agent avec lequel ils ont traité et qui s'était chargé par abonnement de faire la fourniture, ne peuvent réclamer leur paiement de l'Etat que dans le cas où l'Etat serait redevable envers cet agent d'un reliquat applicable à ses dettes personnelles. — *Cons. d'Etat*, 14 juill. 1812, Peretty.

226. — ... Qu'ils ne peuvent d'ailleurs agir contre

l'administration que devant l'autorité administrative. — *Cons. d'Etat*, 16 fév. 1811, Peretty.

227. — Quant aux agens des entrepreneurs, ils sont, quelle que soit d'ailleurs leur qualité, justiciables de l'autorité judiciaire, s'ils tiennent leurs pouvoirs, non du gouvernement, mais des entrepreneurs. — *Cons. d'Etat*, 31 mai 1807, Billion-Duplan c. Durand.

§ 2. — *Sous-traitans.*

228. — On entend par sous-traitant celui qui, par des conventions particulières passées avec l'entrepreneur titulaire d'une fourniture, s'est engagé à livrer à cet entrepreneur, ou en son lieu et place, soit la totalité, soit une portion quelconque des objets compris dans cette fourniture.

229. — Il arrive d'ailleurs parfois que la cession du marché est pleine et entière, de telle sorte que le sous-traitant se trouve, en fait, de tous points substitué aux obligations comme aux droits de l'entrepreneur primitif.

230. — La décision par laquelle une cour royale a déclaré, d'après les faits et les pièces de la cause, qu'un individu n'était pas sous-traitant du gouvernement, mais simplement fournisseur d'une entreprise, ne donne point ouverture à cassation. — Décr. 12 juin 1806. — *Cass.*, 12 janv. 1830, Dupin c. Doncker.

231. — Nous avons déjà fait observer que l'administration ne tient aucun compte de ces substitutions, à moins de les avoir expressément approuvées. Il suit de là que, quelles que soient les conditions d'un sous-traité, le sous-traitant, s'il n'est pas formellement admis en remplacement de l'entrepreneur primitif, reste toujours, aux yeux de l'administration, comme complétement étranger au marché passé, et n'a, en conséquence, personnellement aucuns droits à faire valoir. — *Cons. d'Etat*, 8 août 1834, Wridmann; 11 fév. 1836, Damaschino.

232. — M. Dufour pense même, qu'encore bien que l'Etat se soit réservé et qu'il exerce le droit de refuser ou d'agréer les sous-traitans, ils n'ont à l'égard du gouvernement d'autre position que celle de préposés de l'entrepreneur, qui ne cesse en aucune manière d'être responsable. — Dufour, *Dr. adm.*, t. 3, n° 2008.

233. — D'ailleurs un fournisseur qui s'est reconnu lui-même sous-traitant du munitionnaire général de l'armée, par la remise des pièces sans aucune réserve spéciale, est sans action directe contre le département de la guerre. — *Cons. d'Et.*, 8 juin 1830, Goycoechea.

234. — C'est, en définitive, seulement lorsque l'administration intervient elle-même dans les opérations du sous-traitant, que celui-ci acquiert directement des droits contre l'Etat.

235. — Ainsi, un sous-traitant peut devenir créancier direct du gouvernement en vertu d'un marché d'urgence. — *Cons. d'Etat.*, 24 sept. 1827, Roumieu-Montpriest.

236. — Le préposé ou sous-traitant d'une compagnie de fournisseurs qui représente les bons d'une fourniture faite par lui peut réclamer du gouvernement le paiement direct du montant de cette fourniture. — *Cons. d'Etat*, 13 nov. 1022, Dalté.

237. — Les sous-traitans ne sont du reste pas admissibles à revendiquer contre l'Etat les fournitures dont ils n'auraient pas été payés, du moment que l'entrepreneur s'est dessaisi par une livraison effective.

238. — Ainsi, lorsque des fournitures sont entrées dans les magasins de l'Etat, elles deviennent sa propriété, et ne peuvent être revendiquées à titre de privilége, à défaut de paiement. — *Cons. d'Etat*, 16 fév. 1811 et 14 juill. 1812, Peretty. — V. aussi *Cons. d'Etat*, 24 juin 1829, Husson, Bertrand et Lipmann.

239. — Toutefois, pour faciliter les sous-traités auxquels les entrepreneurs sont presque toujours obligés d'avoir recours, on a dû reconnaître qu'il était nécessaire de les entourer d'une certaine faveur, et d'accorder aux sous-traitans des garanties qui leur permissent de livrer avec sécurité les fournitures nécessaires aux besoins de l'Etat. C'est cette pensée qui a donné lieu, en ce qui concerne les fournitures les plus importantes, celles de la guerre, au décret du 12 déc. 1806.

240. — « Tout sous-traitant préposé ou agent d'une entreprise de fournitures concernant le service de la guerre, est-il dit dans ce décret (art. 1er), qui se croirait fondé à ne pas remettre les pièces justificatives de ses fournitures à l'entrepreneur principal, dans les délais fixés par le décret du 13 juin 1806, pour n'avoir pas été payé de son service par le traitant, doit les déposer dans les mêmes délais entre les mains du commissaire ordonnateur de la division militaire, qui lui donne en échange un bordereau certifié, constatant le nombre et la nature des pièces versées, ainsi que l'époque et la quotité des fournitures dont elles justifient. » — (Nous indiquerons tout à l'heure, en parlant de la liquidation des fournitures, quels sont les délais auxquels se réfère cette disposition.)

241. — « Les bordereaux délivrés en exécution de la règle ci-dessus, par les commissaires ordonnateurs, aux sous-traitans préposés ou agens, ont pour ceux-ci, lorsqu'ils les présentent aux tribunaux, la même valeur que les pièces dont la remise aura été faite. — Art. 2.

242. — » Lorsque les sous-traitans, agens ou préposés, présentent les mêmes bordereaux au Trésor public, ils leur tiennent lieu d'opposition, tant sur les fonds que le gouvernement pourrait redevoir aux entrepreneurs pour les fournitures que sur le cautionnement que le ministre aurait exigé des entrepreneurs, sauf les droits du gouvernement. » — *Ib.*

243. — « ... Et cette règle est applicable nonobstant toute cession ou transfert qui aurait été fait par les entrepreneurs. » — *Ibid.*

244. — « Le Trésor public reçoit, en conséquence, les oppositions des sous-traitans porteurs des bordereaux arrêtés par les ordonnateurs. » — *Ib.*

245. — « Les sous-traitans ont un privilége spécial sur les sommes à payer aux entrepreneurs jusqu'à concurrence du montant de ce qui leur est dû pour les fournitures comprises en leurs bordereaux. » — *Ib.*

246. — Ce privilége, toutefois, n'appartient qu'aux sous-traitans des marchés relatifs au service de la guerre dont le décret précité de 1806 s'est exclusivement occupé, et ne saurait, en l'absence d'une disposition formelle de la loi, être étendu à d'autres services, les priviléges étant de droit étroit et ne pouvant s'établir par induction. — *Cass.*, 18 mai 1831, Schmind c. Bouvattier. — Dufour, *Dr. admin.*, n° 2010.

247. — « Les sous-traitans, préposés ou agens qui ne se sont point conformés aux règles que nous venons de reproduire, encourent la déchéance voulue par le décret du 13 juin 1806 (v. *infr.* nos 271 et suiv.) : en conséquence, les pièces justificatives des fournitures qu'ils auraient faites en cette qualité, ne peuvent leur servir de titre à aucune réclamation contre qui que ce soit. » — Décr. préc. du 12 déc. 1806, art. 3.

248. — On voit par les dispositions qui précèdent que l'intention du décret de 1806 n'a nullement été de déroger au principe rappelé tout à l'heure, à savoir que les sous-traitans ne peuvent être considérés comme les créanciers directs de l'Etat.

249. — Cette observation est consacrée par la jurisprudence constante du Conseil d'Etat, qui a décidé : que le décret précité du 12 déc. 1806 n'autorise pas la liquidation et l'ordonnancement au profit des sous-traitans des sommes qui peuvent leur être dues par les fournisseurs. — *Cons. d'Etat*, 8 août 1834, Weidmann.

250. — ... Qu'un particulier qui prétend être substitué aux droits d'un entrepreneur de fournitures, n'est pas fondé à demander que la liquidation effectuée soit faite en son nom, lorsque le marché ne l'indique pas comme entrepreneur titulaire. — *Conseil d'Etat*, 23 novemb. 1825, Lepelletier.

251. — ... Que les avantages accordés aux sous-traitans par le décret dont il s'agit, sont exclusifs de toute intervention de leur part dans la liquidation. — *Cons. d'Etat*, 26 déc. 1834, Dubrac.

252. — ... Que, par conséquent, le sous-traitant d'un fournisseur n'a pas qualité pour attaquer la liquidation du service de ce dernier faite par le ministre. — *Cons. d'Etat*, 1er sept. 1825, Lisfranc; 26 août 1818, Cherpin. — V. aussi *Cons. d'Etat*, 19 mars 1817, Leroux.

253. — ...Sauf à faire valoir ses droits contre le fournisseur devant les tribunaux, si telles sont les stipulations du marché. — *Cons. d'Etat*, 20 juin 1821, Saint-Martin.

254. — ...Enfin, que les sous-traitans d'un fournisseur avec lesquels une décision attaquée par celui-ci n'a pas été rendue, ne sont même pas recevables à intervenir devant le Conseil d'Etat, pour en demander l'annulation. — *Cons. d'Etat*, 18 avr. 1821, Boubée.

255. — C'est aussi dans la même pensée qu'il a été décidé que, bien qu'aux termes du décret du 12 déc. 1806, des sous-traitans aient pu être reconnus fondés à demander directement au département avec lequel le marché a été passé, le paiement de leurs fournitures, ces fournitures n'en doivent pas moins figurer dans le compte du fournisseur principal, sauf à déduire de son compte en deniers les paiemens faits en son acquit aux sous-traitans. — *Cons. d'Etat*, 23 janv. 1820, Saint-Just c. Préf. de l'Oise.

256. — De même encore, il faut reconnaître que les sous-traitans ne peuvent exercer le droit d'opposition et de privilége spécial, que leur confère le decret du 12 déc. 1806, que sur les sommes qui peuvent être dues à l'entrepreneur principal, ainsi que sur son cautionnement, après la liquidation de ses fournitures, et sauf les droits du gouvernement. — *Cons. d'Etat*, 18 août 1825, Bathédat.

257. — Du reste, le privilége qui leur est accordé se conserve tout aussi bien par la remise des pièces justificatives des fournitures à l'entrepreneur dans les délais fixés, que par le dépôt de ces pièces entre les mains du commissaire ordonnateur. Ce dépôt n'est prescrit qu'à défaut de la remise des pièces à l'entrepreneur même, et est, dès lors, quant à la conservation du privilége, en quelque sorte facultatif pour le sous-traitant — *Cass.*, 12 mars 1822, Brodermann c. Fortin.

258. — Il est essentiel seulement de remarquer qu'à défaut de récépissé de l'entrepreneur, le privilége dont il s'agit ne peut être exercé qu'en vertu des bordereaux remis par le commissaire ordonnateur dans les formes prescrites par le décret. — La même faveur ne saurait être attachée aux billets dits de service, aux décomptes et comptes courans des vivres de terre et de mer. — *Cons. d'Etat*, 16 déc. 1830, Barbasle c. Masart et Desprez.

259. — Il a, du reste, été jugé que ce privilége n'est pas restreint aux sommes représentatives des fournitures faites par les sous-traitants, mais qu'il s'étend à toutes les sommes dues par le gouvernement aux entrepreneurs généraux. — *Cass.*, 10 mars 1818.

260. — Décidé, sous la monarchie, que des ordonnances royales rendues dans des affaires particulières ne pourraient préjudicier au privilége acquis à des tiers en vertu du décret du 12 déc. 1806. — *Cons. d'Etat*, 16 déc. 1830, Barbasle c. Massart et Desprez.

261. — Le privilége accordé aux sous-traitans sur les sommes dues à l'entrepreneur titulaire s'étend-il aux fournisseurs réels ou livranciers qui ont fait des fournitures au sous-traitant? — C'est là une question qui reste subordonnée à celle de savoir si, d'après les faits, le livrancier peut être considéré comme le créancier de l'entrepreneur principal.

262. — La cour de Metz a jugé que le fournisseur ou livrancier qui a fait des fournitures au sous-traitant personnellement de l'entrepreneur d'un service public, n'a pas d'action contre l'entrepreneur général du service avec lequel il n'a pas traité. — *Metz*, 2 juill. 1817, Lestrade c. Démont et Petit.

263. — ... Et le même arrêt ajoute qu'en admettant que le préposé d'un sous-traitant ait contre l'entrepreneur principal les mêmes droits que l'art. 2, décr. 12 déc. 1806, accorde au sous-traitant lui-même, le décret ne pourrait profiter au fournisseur qui a agi uniquement pour le compte du sous-traitant et l'a considéré comme son obligé personnel et exclusif. — V. d'ailleurs, quant aux règles de compétence qui régissent les contestations entre les fournisseurs et les sous-traitans, *infrà* nos 350 et suiv., 384 et suiv.

Sect. 6e. — *Liquidation.*

§ 1er. — *Autorités compétentes pour procéder à la liquidation.*

264. — Du principe que les ministres ont seuls le pouvoir de reconnaître et de liquider les dettes à la charge de l'Etat, il suit qu'à eux seuls il appartient d'arrêter définitivement la liquidation des marchés de fournitures.

265. — Les liquidations de fournitures qui sont opérées, par exemple, par l'administration de l'armée, ne sont que provisoires et demeurent subordonnées à la liquidation définitive qui doit avoir lieu devant le ministre de la guerre. — *Cons. d'Etat*, 10 août 1828, Daugny.

266. — Il en est de même de la liquidation faite par un sous-intendant militaire à raison de fournitures effectuées par le munitionnaire de l'armée. — *Cons. d'Etat*, 26 mars 1829, Montpriest.

267. — Par les mêmes motifs, il est évident qu'on ne peut, à l'occasion d'une liquidation de fournitures, se pourvoir devant le Conseil d'Etat, avant que le ministre ait prononcé. — *Cons. d'Etat*, 20 mai 1829, Olive.

§ 2. — *Par qui la liquidation peut être demandée; au nom de qui elle doit être faite.*

268. — Les liquidations de fournitures doivent toujours être faites au nom de l'entrepreneur avec qui l'administration a traité, et qui peut seul, ainsi que nous avons déjà eu occasion de l'établir, être reconnu comme créancier de l'Etat.

269. — Mais cette règle n'est pas exclusive de l'application de l'art. 1166 du Code civil, qui permet à tout créancier de faire valoir les droits de son débiteur. Il résulte de là que la liquidation peut être provoquée, non-seulement par le fournisseur lui-même, mais encore par tous ceux qui ont intérêt de la voir effectuer.

270. — Le Conseil d'État a décidé, dans ce sens, qu'un fournisseur qui n'est pas fondé à se présenter comme créancier direct du régiment avec lequel il n'a pas traité, peut néanmoins être admis à faire valoir les droits de son débiteur, créancier lui-même du régiment. — *Cons. d'Etat*, 12 janv. 1825, Gauche.

§ 3. — *Délais. — Déchéances.*

271. — L'Etat ne devait point avoir à souffrir de la négligence de ses fournisseurs; c'est pourquoi un délai fatal leur a été assigné, pendant lequel ils doivent former leurs réclamations, sous peine de déchéance. — Décret 13 juin 1806; lois 25 mars 1817, 17 août 1822, 19 janv. 1831.

272. — « Dans chaque marché ou traité passé par les différens ministres, porte le décret du 19 avril 1806 (art. 1er), il doit être déterminé, par une clause expresse, une époque fixe pour la remise des pièces constatant les fournitures faites à l'Etat en vertu du marché ou traité intervenu. »

273. — « Toute pièce qui n'aurait pas été déposée dans les bureaux des ministres respectifs avant l'époque de rigueur déterminée par le marché ou traité, doit être considérée comme non avenue, et ne peut, sous aucun prétexte, être admise en liquidation, soit en faveur du traitant, soit en faveur de ses cessionnaires ou sous-traitans. » — *Ibid.*, art. 2.

274. — « En ce qui concerne spécialement le service de la guerre, toutes les réclamations dont les pièces n'ont pas été présentées dans les six mois qui suivent le trimestre où la dépense a été faite, ne peut plus être admise en liquidation. » — Décret 13 juin 1806, art. 3.

275. — La rigueur de cette règle est néanmoins tempérée par le règlement du 1er sept. 1827, qui exemple (art. 620) de l'application de la déchéance les cas de force majeure dûment justifiés.

276. — Aux termes du même règlement, tout créancier, qui par suite de circonstances extraordinaires résultant du service de guerre ne peut produire à temps les pièces justificatives de sa créance, peut faire valoir ces motifs pour obtenir la prolongation du terme fixé. » — Art. 625.

277. — Le Conseil d'Etat a décidé, par application de ces dispositions, que lorsque la question de savoir si la liquidation d'un article de dépense entrait dans les attributions d'un ministre ou de tel autre, est restée longtemps incertaine et irrésolue, le refus fait par les agens ministériels d'admettre la liquidation des titres produits par le réclamant dans les délais prescrits, constitue un cas de force majeure qui rend la déchéance non opposable. — *Cons. d'Etat*, 31 juill. 1822, de Montzey.

278. — Il a également décidé que la créance d'un fournisseur ne peut être frappée de la déchéance prononcée par la loi du 25 mars 1817, lorsqu'il est constant en fait que son titre de créance a été envoyé dans les bureaux du ministère, avant la promulgation de cette loi, par le sous-inspecteur aux vivres qui avait qualité pour faire cette transmission. — *Cons. d'Etat*, 15 déc. 1824, Durieu.

279. — D'ailleurs la production faite en temps utile par le créancier d'un fournisseur, comme exerçant les droits de son débiteur, interrompt la déchéance. — *Cons. d'Etat*, 22 déc. 1824, Boquet.

280. — Mais, d'un autre côté, il faut observer qu'indépendamment des déchéances prononcées par la loi, les demandes en liquidation peuvent se trouver, dans divers cas, frappées de fins de non-recevoir résultant du fait même des fournisseurs ou entrepreneurs.

281. — Ainsi, lorsque des ouvrages ont été reçus par un ingénieur, en présence de l'entrepreneur et que celui-ci en a touché le montant sans réserves, il n'est pas recevable à demander un nouvel examen et une nouvelle liquidation. — *Cons. d'Etat*, 10 juill. 1822, Garibal c. maire d'Yères.

282. — De même, lorsque le ministre de la guerre a liquidé les fournisseurs d'approvisionnemens de siége, tant par des ordonnances de paiement délivrées que par la rétrocession de denrées d'approvisionnement non consommées, il ne peut plus être formé aucune réclamation à ce sujet. — *Cons. d'Etat*, 14 juill. 1824, Capon.

283. — Après le rejet par une décision ministérielle, non attaquée et passée en force de chose jugée, d'une réclamation relative à des fournitures, une nouvelle demande relative au même objet n'est pas susceptible d'être accueillie. — *Cons. d'Etat*, 22 nov. 1833, Kilian.

284. — En ce qui concerne l'administration, il est évident qu'elle ne peut, sous peine de dommages-intérêts, se refuser à opérer les liquidations régulièrement demandées, du moment que les opérations qui doivent en être l'objet sont entièrement terminées, et que toutes les justifications exigées ont été produites.

285. — Mais cette règle ne saurait être appliquée à des marchés dont l'exécution serait restée incomplète par le fait des entrepreneurs, et que l'administration serait dès lors obligée de faire remplir par d'autres moyens. Dans ce cas, c'est seulement à l'époque qui aurait vu expirer le marché, que la liquidation en pourrait être exigée.

286. — Ainsi, lorsque l'administration est obligée, par suite de la faillite d'un fournisseur, de pourvoir aux déficits des approvisionnemens et d'assurer le service des fournitures jusqu'à l'expiration du marché, le ministre ne peut être contraint de liquider le compte de l'entreprise à l'époque de la faillite, et de payer aux créanciers ce qui pourrait être dû pour fournitures faites ou pour denrées existant en magasin. — *Cons. d'Etat*, 16 août 1841, Chegaray.

§ 4. — *Justifications à faire.*

287. — La loi du 12 vendém. an VIII porte, art. 2: « Chaque compte (des fournisseurs) sera accompagné d'un double inventaire des pièces justificatives y jointes; le ministre certifiera la remise du tout au bas d'un de ces inventaires, qui sera rendu au comptable pour être par lui déposé, dans les vingt-quatre heures, à la trésorerie nationale, où il lui en sera donné décharge. »

288. — La même loi porte des peines pécuniaires contre le fournisseur qui se déclare faussement créancier ou quitte envers l'Etat. — Art. 6, 7 et 8.

289. — Les pièces justificatives que les fournisseurs doivent produire à l'appui de leurs demandes en liquidation sont déterminées dans chaque ministère et pour chaque service par des règlemens spéciaux. Il arrive même souvent que les marchés contiennent à cet égard des clauses particulières. Il appartient d'ailleurs aux ministres liquidateurs d'exiger toutes les justifications qui leur paraissent nécessaires.

290. — Ainsi, lorsqu'une décision ministérielle passée en force de chose jugée a rejeté la demande d'un fournisseur jusqu'à ce qu'il ait produit diverses pièces, il n'y a pas lieu d'admettre sa nouvelle réclamation, si elle n'est appuyée des pièces exigées par la décision ministérielle. — *Cons. d'Etat*, 21 mai 1823, Aslima.

291. — Lorsque les créances d'un fournisseur ne sont justifiées par aucun ordre régulier ni constatées par aucun acte revêtu des formalités administratives nécessaires pour en établir la légitimité, il n'y a pas lieu d'en ordonner la liquidation. — *Conseil d'Etat*, 14 janvier 1824, Lignières.

292. — On ne peut d'ailleurs admettre, dans la liquidation, les pièces qui ne sont pas revêtues des formes régulières exigées par les règlemens. — *Cons. d'Etat*, 3 févr. 1832, Doumerc.

293. — C'est par application de ces règles fondamentales que le Conseil d'Etat a encore décidé que le fournisseur qui est obligé, par son marché, de présenter des pièces comptables déterminées, ne peut réclamer, par la voie contentieuse, l'admission de pièces équivalentes, en se fondant sur ce que les autres ont été perdues par force majeure. — *Cons. d'Etat*, 2 juill. 1823, Dille.

294. — ... Que des certificats ne peuvent suppléer les procès-verbaux exigés par les lois et règlemens pour justifier les pertes alléguées. — *Cons. d'Etat*, 7 avr. 1824, Loubes.

295. — ... Que la déclaration de l'ordonnateur ne peut suppléer aux procès-verbaux de livraisons de fournitures. — *Cons. d'Etat*, 22 nov. 1822, Dallé.

296. — ... Qu'un fournisseur ne peut suppléer au défaut de récépissé des denrées qu'il prétend avoir fournies en vertu de son marché, par l'extrait des registres d'entrée et de sortie des magasins militaires dans lesquels il prétend les avoir versées, lorsque cet extrait n'est délivré et certifié que par le garde-magasin. — *Cons. d'Etat*, 6 août 1823, Villers.

297. — ... Qu'il n'y a pas lieu d'ordonner la liquidation de la créance d'un fournisseur qui ne présente aucun autre titre que le reçu d'un colonel. — *Cons. d'Etat*, 22 janv. 1824, Blanchard.

298. — ... Qu'un simple certificat de sous-préfet n'est pas une justification suffisante à l'appui d'une demande en paiement de fournitures. — *Cons. d'Etat*, 24 oct. 1821, Chambaud.

299. — ... Que les écritures de commerce du fournisseur, celles du commissionnaire de roulage qui a expédié les fournitures, et le certificat du quartier-maître du corps qui les a reçues, ne peuvent suppléer les pièces comptables prescrites par les règlemens pour la liquidation de la fourniture. — *Cons. d'Etat*, 15 juin 1825, Rigaud.

300. — A plus forte raison le fournisseur dont la créance, au lieu d'être approuvée, a été au contraire rejetée par le conseil d'administration d'un corps ne peut demander son paiement à l'Etat. — *Cons. d'Etat*, 22 déc. 1824, Boquel.

301. — Mais d'un autre côté, et pour ne point exposer injustement les fournisseurs à souffrir des événemens de force majeure qui peuvent les priver de leurs pièces de comptabilité, les règlemens ont accordé le moyen de se garantir de la fin de non-recevoir que ces événemens pourraient entraîner contre eux, en les faisant régulièrement constater dans des formes indiquées et dans un certain délai. C'est donc seulement, en un tel cas, à défaut de l'accomplissement de ces formalités que la non-production des justifications ordinaires entraîne le refus de liquidation.

302. — Ainsi, lorsqu'un entrepreneur de subsistances militaires a éprouvé par suite d'une force majeure la perte de ses pièces de comptabilité et de son parc d'approvisionnement, il doit en faire dresser procès-verbal par le commissaire des guerres, et soumettre ce procès-verbal à l'approbation de l'ordonnateur et de l'intendant de l'armée; et si le procès-verbal dressé par le commissaire a été approuvé seulement par le général en chef et l'état-major, l'entrepreneur ne peut s'en prévaloir. — *Cons. d'Etat*, 21 mars 1821, Genty.

303. — Par une juste compensation de la sévérité avec laquelle on rejette les demandes en paiement des fournisseurs qui ne font pas les justifications voulues, l'administration est considérée, une fois ces justifications faites, comme étant rigoureusement tenue de liquider, et au taux convenu, les fournitures effectuées.

304. — Ainsi, bien qu'il y ait manifestement erreur dans le poids de chacun des bestiaux fournis, il y a lieu d'allouer le prix de la fourniture, si, en évaluant chaque tête de bétail d'après le terme moyen, on retrouve le même nombre de rations relaté dans le procès-verbal. — *Cons. d'Etat*, 22 nov. 1822, Dallé.

305. — Décidé même que des bons réguliers en la forme, mais délivrés à des personnes qui n'avaient aucun droit aux objets portés dans ces bons, doivent être admis à la comptabilité des fournisseurs, sauf le recours du ministre contre l'ordonnateur qui les a signés. — *Cons. d'Etat*, 22 nov. 1822, Dallé.

306. — La copie du procès-verbal d'un marché fait entre une administration et un fournisseur remise à celui-ci, signée de toutes les parties et contenant les mêmes énonciations que le procès-verbal, devient pour le fournisseur son véritable titre de créance; dès lors le fournisseur peut faire valoir son titre indépendamment de la minute restée dans les bureaux de l'administration, et lors même que cette minute serait susceptible d'être arguée de faux pour ratures et surcharges. — *Cons. d'Etat*, 13 mai 1818, Beauvilliers.

307. — Mais les procès-verbaux ou bons de fournitures produits par les fournisseurs, qui sont surchargés et raturés sans approbation, peuvent être rejetés comme non sincères. — *Cons. d'Etat*, 22 nov. 1822, Dallé; 8 mars 1827, Dallemagne et Roumieu.

308. — En matière de fournitures militaires, des bons de vivres qui ne sont pas signés par la partie prenante et par le commissaire des guerres, ne peuvent être admis — Cons. d'Etat, 22 nov. 1822, Dulté; 8 mars 1827, Dullemagne et Roumieu.

309. — Lorsqu'aux termes de son marché, un fournisseur doit justifier des fournitures qu'il a faites par des bordereaux particuliers appuyés de bons de distribution, la fourniture n'est pas suffisamment justifiée, si le fournisseur ne représente qu'un bordereau contenant la totalisation des bons partiels, lesquels ne sont pas reproduits. — Cons. d'Etat, 22 nov. 1822, Dulté.

310. — La faculté de rachat des bons de fournitures est interdite aux fournisseurs. — Cons. d'Etat, 21 mars 1821, Bertrand.

311. — Par suite, lorsque des fournisseurs ont racheté des bons de fournitures, dans l'intérêt de l'administration, ils n'ont pas droit au paiement des fournitures que les bons représentent, mais seulement aux sommes employées à ce rachat.

312. — Lorsque l'administration a chargé un particulier de retirer les bons de fournitures des mains de ceux qui ont fourni, ce particulier ne peut devenir propriétaire de ces bons qu'autant qu'il en a payé le prix; sinon, les porteurs des bons restent créanciers directs de l'administration. — Cons. d'Etat, 19 mars 1823, Fournier c. Caron.

313. — Le fournisseur qui a d'ailleurs accepté un bordereau de paiement dressé et réduit par l'intendant militaire, et qui a remis ses bons partiels sans réclamation, est non recevable à réclamer ultérieurement contre la réduction: le bordereau est devenu son seul titre. — Cons. d'Etat, 12 janv. 1835, Perrin.

§ 5. — *Paiement. — Compensation.*

314. — Le paiement d'une fourniture doit s'effectuer conformément aux dispositions du contrat dont elle a été l'objet, sauf le seul cas où l'administration aurait des motifs légitimes de retenir par devers elle les sommes dues aux fournisseurs.

315. — Ainsi, le paiement d'une fourniture de bestiaux, dont la réalité n'est pas contestée, ne peut être refusé par l'administration sous le prétexte que le fournisseur n'aurait pas acquitté les droits dont lesdits bestiaux étaient passibles à leur sortie de France, et en aurait encouru la confiscation, alors surtout qu'aucune condamnation à raison de la contravention n'a été prononcée au profit de l'administration des douanes, et que cette administration serait même sans droit (à raison de la prescription encourue) pour exercer aucune action. — Cons. d'Etat, 31 janv. 1817, Couret.

316. — De même le paiement de fournitures ne peut non plus être refusé au fournisseur, sous prétexte qu'il se serait mis en contravention aux règlemens en se livrant au commerce, nonobstant sa qualité de préposé du munitionnaire général, si ces fournitures, lorsqu'elles ont été faites, ont été reconnues et autorisées par l'autorité militaire. — Ibid.

317. — De leur côté, les fournisseurs doivent tenir compte de toutes les sommes qu'ils ont reçues par anticipation, et restent (comme nous avons déjà eu occasion de l'indiquer) sans aucun droit pour réclamer des allocations ou indemnités à raison de circonstances non prévues par leurs marchés, ou d'actes de l'administration contre lesquels ils n'auraient pas fait des réserves en temps utile.

318. — Ainsi, un fournisseur n'est pas recevable à demander une indemnité pour les pertes par lui éprouvées dans la négociation de valeurs qu'il a reçues sans protestation ni réserve. — Cons. d'Etat, 19 mars 1820, Combes; 31 mars 1824, Dolfus.

319. — A plus forte raison un fournisseur est-il complètement non recevable à réclamer une indemnité pour les pertes qui résulteraient pour lui de la négociation des valeurs à lui données en paiement, lorsque ces valeurs ont été créées par la loi pour le paiement des dépenses publiques arriérées. — Cons. d'Etat, 3 déc. 1823, Olry; 15 juin 1825, Roubée.

320. — D'ailleurs, un décret relatif au mode de paiement de fournitures faites au gouvernement est une mesure d'administration publique contre laquelle les parties ne peuvent se pourvoir que dans les formes prescrites par l'art. 40 du décret du 22 juill. 1806. — Cons. d'Etat, 11 mai 1807, Desmazures; 6 juin 1807, Delfosse-Pothier.

321. — Décidé encore que, lorsqu'en pays étranger et durant la conquête un fournisseur des armées françaises a reçu, sans réserve, en paiement de ses fournitures, des objets séquestrés dont il connaissait la nature et l'origine, il n'est pas recevable à répéter contre le gouvernement français le montant des restitutions prononcées contre lui par le gouvernement étranger, en faveur des propriétaires des objets séquestrés, après l'évacuation du territoire. — Cons. d'Etat, 27 fév. 1822, Haurie.

322. — Lorsqu'un entrepreneur est créancier et débiteur du gouvernement, la compensation a lieu de plein droit jusqu'à due concurrence. — Cons. d'Etat, 24 nov. 1810, Tamisier et Calvat.

323. — Mais la dette personnelle de l'un des membres d'une compagnie de fournisseurs envers le gouvernement ne peut être compensée avec les sommes dues à la compagnie. — Cons. d'Etat, 13 nov. 1822, Dulté.

§ 6. — *Intérêts.*

324. — La réclamation d'intérêts faite par un fournisseur pour avances de fonds n'est pas admissible lorsque cette demande n'est appuyée sur aucune clause du marché. — Cons. d'Etat, 4 août 1824, Haurie et Neveux; 19 avril 1826, Bourlon; 22 juill. 1818, Alayrac.

325. — Du reste, lors même que les marchés contiennent une stipulation relative aux intérêts à allouer aux fournisseurs, en cas de retard dans les paiemens, cette clause ne peut être invoquée qu'autant qu'il s'agirait d'avances faites par les fournisseurs avec leurs propres fonds, et non avec les fonds de l'Etat dont ils pourraient se trouver détenteurs. — Cons. d'Etat, 10 juill. 1833, Vanlerberghe et Ouvrard.

326. — En tous cas, la clause d'un marché qui ne parle que d'une bonification fixe et une fois payée, en cas de retard des paiemens stipulés, exclut toute idée d'intérêts de la bonification elle-même. — Cons. d'Etat, 3 déc. 1823, Olry.

327. — Quand le marché d'un régisseur ne stipule aucun intérêt pour les retards de paiement qu'il pourra éprouver, les intérêts ne sont dus qu'à partir du jour de la liquidation. — Cons. d'Etat, 23 janv. 1820, Saint-Just c. préfet de l'Oise; 6 févr. 1831, Moreau.

328. — Le Conseil d'Etat ne peut être appelé à statuer sur une demande d'intérêts formée par un fournisseur, qu'autant que cette demande a été préalablement soumise au ministre que la fourniture concerne. — Cons. d'Etat, 20 févr. 1822, Soyez.

329. — Quant aux intérêts qui peuvent être dus par les fournisseurs à raison des débets établis à leur charge, il est généralement admis qu'ils ne peuvent être répétés par l'administration qu'à dater de la signification faite à la partie intéressée de la décision qui a fixé le débet. — Cons. d'Etat, 29 déc. 1819, Javal.

330. — Décidé toutefois que les intérêts des sommes qui composent le débet d'un fournisseur doivent courir du jour où il a reçu les fonds. — Cons. d'Etat, 28 août 1827, Thurel.

331. — La disposition de l'art. 2 de la loi du 3 sept. 1807, aux termes de laquelle l'intérêt légal peut être calculé à 6 p. 0/0 en matière de commerce, n'est pas applicable aux marchés administratifs. — Cons. d'Etat, 6 févr. 1831, Moreau.

§ 7. — *Recours contre la liquidation.*

332. — En principe, un fournisseur est non recevable à se pourvoir contre la liquidation de son service, lorsqu'elle a été consommée, à moins qu'il n'y ait eu erreur ou double emploi. — Cons. d'Etat, 17 févr. 1843, Dupin. — V. encore 14 déc. 1825, de Vanteaux.

333. — ... Et, à cet égard, les créanciers du fournisseur n'ont pas plus de droit que lui-même. — Cons. d'Etat, 12 juin 1835, Lebrun.

334. — Au contraire, le fournisseur dont les opérations ont été liquidées est néanmoins recevable à réclamer de nouvelles allocations, lorsque cette demande est motivée sur des erreurs, omissions ou doubles emplois, et a trait à des dépenses qui ont été rejetées à défaut de pièces justificatives qu'il est devenu en mesure de produire depuis la liquidation. — Cons. d'Etat, 24 mars 1832, Doumerc; 29 nov. 1833, Laffitte.

335. — Le Conseil d'Etat a d'ailleurs décidé qu'une ordonnance royale qui, sur les rapports d'un ministre devant lequel les parties ont été renvoyées par une précédente ordonnance, fixe une indemnité, établit et liquide les débets et crédits d'une compagnie de fournisseurs n'est susceptible d'aucun recours en révision, modification ou interprétation. — Cons. d'Etat, 20 fév. 1822, Leleu et Boubée.

336. — Décidé aussi qu'un fournisseur n'est pas recevable à demander, par la voie contentieuse, l'annulation d'une décision ministérielle qui a refusé de rectifier sa liquidation définitivement fixée par un décret spécial. — Cons. d'Etat, 30 mai 1821, Dubost.

337. — Mais l'approbation donnée par le ministre à la liquidation d'une fourniture, opérée par un préfet, ne fait pas obstacle à ce que le fournisseur se pourvoie devant le conseil de préfecture contre l'arrêté du préfet, s'il conteste les bases de la liquidation. — Cons. d'Etat, 21 déc. 1825, Doumerc-Belan.

338. — Dans tous les cas, les fournisseurs deviennent non recevables à se pourvoir contre les décisions qui fixent la liquidation de leurs marchés, lorsque ces décisions ont été régulièrement notifiées, et qu'ils ont laissé écouler les délais du règlement, sans les attaquer. — Cons. d'Etat, 21 nov. 1829, Anglade et Bonnet; 29 nov. 1833, Beloinc.

339. — Il en est de même lorsque, ayant eu connaissance de ces décisions, il y a eu, de leur part, acte d'exécution ou d'acquiescement. — Cons. d'Etat, 1er avril 1830, Bonnet et Pagès.

340. — Il y a acquiescement de la part des fournisseurs qui ont reçu, sans réclamation, les sommes liquidées et ordonnancées à leur profit. — Cons. d'Etat, 18 juill. 1825, Lestamy; 7 mars 1834, Vanlerberghe et Ouvrard.

341. — Mais, sauf les cas de cette nature, on ne peut opposer à un fournisseur les déchéances résultant de l'expiration des délais du recours, lorsqu'il n'est pas établi que les liquidations qu'il attaque lui aient été notifiées. — Cons. d'Etat, 24 mars 1824, Grangeret.

342. — Pareillement, il n'y a pas lieu de rejeter les réclamations d'un fournisseur, sur le motif qu'il a reçu des ordonnances pour solde à lui délivrées, lorsque le ministre, en lui faisant connaître sa liquidation, l'a autorisé à faire ses observations et que depuis il n'a cessé de réclamer. — Cons. d'Etat, 23 juill. 1823, Petit-Maudélour.

343. — Les ministres, comme les entrepreneurs, ne sont recevables à se pourvoir contre les arrêtés des conseils de préfecture rendus en matière de fournitures, que dans les trois mois de la signification de ces arrêtés. — Cons. d'Etat, 21 avr. 1830, ministre de l'intérieur.

344. — Un préfet qui a liquidé les fournitures faites par un particulier conformément aux prix fixés par son marché, ne peut d'ailleurs postérieurement procéder à une nouvelle liquidation et substituer aux prix stipulés ceux des mercuriales. — Cons. d'Etat, 11 mai 1825, Seigeot.

345. — Néanmoins lorsqu'il résulte de l'instruction que des fournitures n'ont pas été faites par le préposé d'un fournisseur, lequel en a néanmoins porté le montant dans son compte, la somme payée pour cet objet peut être répétée par l'administration, alors même que quitus a été délivré au fournisseur et qu'il a été autorisé à retirer son cautionnement. — Cons. d'Etat, 8 juill. 1840, Moreau.

346. — Dans le cas d'un pourvoi formé au Conseil d'Etat par l'un des entrepreneurs d'une fourniture contre une décision ministérielle, il y a lieu de recevoir l'intervention des autres entrepreneurs. — Cons. d'Etat, 20 juin 1837, Mauguin.

Sect. 7e. — *Action de l'Etat contre les fournisseurs en débet.*

347. — Indépendamment de l'action résultant, au profit de l'Etat, des cautionnemens et hypothèques qui sont généralement exigés des fournisseurs, l'administration a contre eux, lorsqu'ils sont constitués en débet, toutes les voies d'action qui lui sont accordées contre les débiteurs de l'Etat en général et notamment le droit de les poursuivre au moyen de contraintes délivrées administrativement. — V. CONTRAINTE ADMINISTRATIVE.

348. — Il a d'ailleurs été décidé que la prescription établie par l'art. 108 C. comm., relativement à la durée des actions à intenter contre les commissionnaires et voituriers à raison de pertes ou avaries à leur charge, ne peut être opposée à l'administration par un entrepreneur de transports publics. — Cons. d'Etat, 18 oct. 1833, Daugny.

349. — ...Et que l'entrepreneur, redevable envers l'Etat, ne peut pas exiger que l'Etat suspende

ses poursuites contre lui pour les diriger contre un autre entrepreneur son coobligé, et contre les cautions de celui-ci. — *Cons. d'Etat*, 24 nov. 1810, Tamisier et Cablat.

Sect. 8e. — *Compétence.*

350. — Dans le principe, les marchés passés pour les fournitures faites à l'Etat étaient restés soumis à la juridiction des tribunaux ordinaires. « Les entrepreneurs, marchands et fournisseurs, porte le décret des 4-9 mars 1793, qui ont passé des marchés avec les ministres ou autres agens de la République, et qui n'ont point rempli leurs engagemens, seront poursuivis devant le tribunal de leur domicile. » — Décr. 4-9 mars 1793, art. 1er.

351. —Mais l'expérience ne tarda pas à démontrer qu'un tel mode de procéder qui avait d'abord l'inconvénient de paralyser pour ainsi dire l'action du gouvernement sur les fournisseurs se trouvait d'ailleurs en désaccord avec les principes d'après lesquels s'était opérée la séparation des deux pouvoirs administratif et judiciaire.

352. —Aussi un arrêté du Directoire, en date du 2 germinal an V, intervenu à l'occasion d'une demande en indemnité formée par un entrepreneur, par suite du retard apporté à son paiement, demande pour le jugement de laquelle l'autorité judiciaire fut déclarée incompétente, vint-il proclamer une doctrine contraire à celle suivie jusqu'alors.

353. — Plus tard, l'arrêté du 9 fruct. an VI, relatif aux marchés, entreprises et fournitures concernant le département de la marine, disposa formellement (art. 15) que les adjudicataires de ces marchés se soumettraient, eux et leurs cautions, pour la décision de tous les différends relatifs à l'exécution de leurs marchés, à l'administration centrale du département de la Seine, par laquelle ils seraient jugés administrativement.

354. — La loi du 12 vendémiaire an VIII, dont les dispositions sont générales, enjoint à tout entrepreneur, fournisseur et agent quelconque, comptable de l'Etat, de remettre aux divers ministres le compte général et définitif du service dont il a été chargé; et dispose (art. 4) que « les ministres sont tenus d'arrêter les comptes des agens comptables, dans les trois mois au plus tard de leur remise, et de les faire passer de suite à la trésorerie avec les pièces justificatives, auxquelles ils joindront copie des marchés et décisions nécessaires à leur vérification ultérieure à la comptabilité nationale.

355. — On sait que, par suite de cette loi, les commissaires de la trésorerie furent eux-mêmes autorisés, par la loi du 13 frim. an VIII, à « prendre des arrêtés exécutoires provisoirement contre les entrepreneurs, fournisseurs, soumissionnaires, et agens quelconques, chargés des services depuis la mise en activité de la Constitution de l'an III, soit pour la réintégration des à-compte accordés pour lesdits services, soit pour le recouvrement des débets résultant des comptes qui doivent être arrêtés par les ministres et déposés à la trésorerie nationale. »—Attribution que l'arrêté du 18 vent. an VIII transporta au ministre des finances, comme spécialement chargé de l'administration du trésor public. — V. CONTRAINTE ADMINISTRATIVE.

356. — Enfin la loi du 28 pluv. an VIII, relative aux attributions des conseils de préfecture, et le décret du 11 juin 1806, concernant le Conseil d'Etat, vinrent nettement et définitivement établir en cette matière la compétence administrative, en chargeant ces deux corps de prononcer sur toutes les contestations relatives aux diverses natures de marchés passés par l'administration. — L. 28 pluv. an VIII, art. 4; décr. 11 juin 1806, art. 14.

357. — Les Conseils de préfecture sont spécialement chargés de prononcer... « sur les difficultés qui peuvent s'élever entre les entrepreneurs de travaux publics et l'administration, concernant le sens ou l'exécution des clauses de leurs marchés. » — L. préc. 28 pluv. an VIII, art. 4. — V. TRAVAUX PUBLICS.

358. — Aux termes d'un décret du 11 juin 1806 (art. 14), le Conseil d'Etat devait connaître ... « de toutes contestations ou demandes relatives soit aux marchés passés avec les ministres, avec l'intendant de la maison de l'empereur, ou en leur nom; soit aux travaux ou fournitures faits pour le service de leurs départemens respectifs. »

359. — Un arrêté du gouvernement, du 19 therm. an IX, charge en outre les préfets de prononcer sur les contestations relatives au paiement des fournitures faites pour le compte du gouvernement entre les particuliers et les agens de l'administration.

360. — « Dans le ministère de la guerre et d'après les conditions actuelles de tous les marchés de fournitures, ce sont les intendans militaires qui connaissent, en première instance, des contestations auxquelles les expertises sur la qualité des denrées fournies peuvent donner lieu; sauf recours au ministre, et ensuite au Conseil d'Etat. Ce sont les sous-intendans qui choisissent les tiers experts parmi ceux désignés par l'autorité locale... Mais le premier examen de l'intendant militaire, quelque nom qu'on lui donne, ne constitue pas, à proprement parler, un degré de juridiction; sa décision n'est qu'un avis motivé qui sert à éclairer le ministre, lequel juge; s'il y a recours, il est porté au Conseil d'Etat. — Cormenin, t. 2, p. 305.

361. — Depuis les diverses mesures que nous venons de rappeler, il a constamment été décidé que l'autorité administrative est seule compétente pour connaître de toutes les contestations relatives aux marchés passés au nom de l'Etat.

362. — Et c'est là une règle d'ordre public qui ne peut être modifiée par des conventions particulières ou le consentement des parties.

363. — Ainsi la décision des contestations, en matière de fournitures, ne peut être soumise à l'arbitrage par les clauses particulières des marchés; une clause de cette nature, lorsqu'elle se rencontre, doit être réputée non écrite, et l'autorité administrative n'en reste pas moins compétente pour statuer sur les difficultés relatives à l'exécution et à l'interprétation des marchés. — *Cons. d'Etat*, 17 août 1823, Boyer; 17 nov. 1824, Ouvrard.

364. — En tout cas, la clause par laquelle un fournisseur a stipulé la juridiction arbitrale pour le jugement des contestations relatives à son entreprise, ne peut le dispenser de soumettre le jugement de ses comptes à la juridiction de la cour des comptes. — *Cons. d'Etat*, 19 fév. 1823, Guérard.

365. — Il faut considérer comme nulle et non écrite, la clause d'un marché par laquelle l'entrepreneur déclarerait soumettre à la juridiction administrative, les contestations relatives à son entreprise qui ne tomberaient pas naturellement sous l'application de la règle de compétence que nous avons indiquée.

366. — Ainsi, la disposition d'un marché passé entre l'administration et un fournisseur par laquelle ce dernier a consenti à soumettre toutes contestations à la juridiction administrative, ne peut être opposée à des tiers étrangers à ce marché, à l'occasion de dommages qui leur ont été causés. — *Cons. d'Etat*, 29 nov. 1815, Lorilla c. Auvray.

367. — Les tribunaux de commerce restent donc compétens pour statuer entre les entrepreneurs et des tiers, dès qu'il ne s'agit pas d'opérations faites par une agence ou par une régie pour le compte du gouvernement, mais seulement d'opérations faites par un entrepreneur et ses agens, quelles que soient d'ailleurs les stipulations contenues dans le traité administratif. — *Cons. d'Etat*, 3 sept. 1808, Pelletier c. Luscols.

368. — On a vu (d'après les principes exposés vo COMPÉTENCE ADMINISTRATIVE), qu'en général la juridiction exceptionnelle de l'autorité administrative n'a de pouvoir et ne s'exerce que dans les cas où l'Etat, agissant comme puissance publique, se trouve directement intéressé à la contestation qu'il s'agit de juger. Plusieurs conséquences ressortent de ces principes en ce qui concerne spécialement les marchés de fournitures.

369. — ... 1o Il faut évidemment d'abord qu'il s'agisse d'un marché régulier à l'exécution duquel l'Etat se trouve formellement obligé; sans quoi ceux qui auraient indûment traité au nom de l'Etat avec des fournisseurs, étant seuls responsables de leurs actes, restent placés sous la juridiction des tribunaux ordinaires.

370. — Ainsi, les actions résultant d'un marché de fournitures passé seulement avec les officiers d'un régiment doivent être portées devant les tribunaux ordinaires, à moins que les fournisseurs ne justifient que les fournitures ont été garanties par un acte du conseil d'administration du corps dument approuvé, — *Cons. d'Etat*, 14 juill. 1819, Rousseau.

371. — Mais l'autorité administrative est seule compétente pour connaître de toutes les contestations qui concernent les engagemens directs du gouvernement, soit avec l'entrepreneur, soit avec celui qui lui a été substitué pour un marché d'urgence. — *Cons. d'Etat*, 4 mars 1819, Arbeau c. Maës.

372. — ... 2o Il faut en outre que la contestation s'agite entre l'Etat ou entre les agens avoués par lui et agissant en son nom et les fournisseurs. Si les difficultés soulevées n'existaient qu'entre les fournisseurs et des tiers, ou même, dans le cas où elles seraient engagées avec des agens du gouvernement, si elles leur étaient exclusivement personnelles, l'administration serait incompétente pour y statuer, par la raison que l'Etat cesse alors complétement d'être intéressé dans le débat.

373. — Nous trouvons un remarquable exemple de cette division de compétence dans une ordonnance en conseil d'Etat qui décide que l'action d'un agent du gouvernement contre un particulier en justification de sommes avancées pour des fournitures et qu'il a dû prendre pour son compte, conformément aux instructions de l'agence des subsistances générales est du ressort des tribunaux; mais que l'action reconventionnelle du fournisseur en paiement des fournitures qu'il prétend avoir été faites à l'agent des subsistances militaires est de la compétence administrative. — *Cons. d'Etat*, 9 mai 1834, Pons c. Pradère.

374. —Ainsi, il est constant que toutes les contestations entre des particuliers et des agens du gouvernement, relatives à des fournitures administratives, doivent, comme les contestations engagées contre l'Etat lui-même, être jugées administrativement. — *Cons. d'Etat*, 27 mess. an XI, Trémont c. Boyer; 13 mai 1818, Balzac c. Letellier; 8 mars 1827, Gay.

375. — Remarquons seulement que cette règle ne doit être appliquée qu'autant qu'il résulte évidemment des faits de la cause que l'agent a réellement agi en sa qualité de préposé du gouvernement.

376. — Lorsque, par exemple, des commissionnaires de roulage ont traité avec un agent de la direction des subsistances militaires pour le transport des marchandises appartenant à l'administration, sans connaître la qualité de cet agent, et que la preuve contraire ne résulte ni du récépissé, ni de la lettre de voiture, ni des autres pièces produites, l'obligation contractée par les commissionnaires doit être considérée comme un contrat souscrit entre particuliers, dont les difficultés doivent être soumises aux tribunaux ordinaires. — *Cons. d'Etat*, 19 fév. 1823, Suchat

377. — En cas qu'un particulier prenant la qualité d'agent du gouvernement, n'ait traité avec un tiers que comme personne privée, ou bien seulement en se référant au marché passé entre l'administration et lui, les conventions qu'il a pu passer avec ce tiers ne doivent être considérées que comme un sous-traité sur l'exécution duquel les tribunaux ordinaires sont seuls compétens. — *Cons. d'Etat*, 5 nov. 1828, Marion c. Foubert.

378. — Il a même été décidé que lorsqu'un individu s'est engagé personnellement par lettre de change, au paiement de subsistances fournies par le vendeur pour les besoins de l'administration, mais sans prendre la qualité d'agent de l'administration et sans qu'il soit constant que le vendeur connaissait alors sa qualité, la contestation qui s'élève au sujet du paiement de cette lettre de change est de la compétence des tribunaux, encore que la qualité d'agent du gouvernement appartenant au souscripteur ait été reconnue ultérieurement par l'autorité administrative. — *Cons. d'Etat*, 3 juin 1818, Tribard c. Petit.

379. — C'est du reste aux ministres qu'il appartient exclusivement de juger si les individus qui excipent d'un mandat à eux prétendu donné par l'administration ont contracté avec des tiers en qualité d'agent du gouvernement ou en leur propre compte. — *Cons. d'Etat*, 10 juill. 1822, Belmond; 8 janv. 1831, Vérac c. Cézan.

380. — La décision par laquelle le Conseil d'Etat maintient le conflit élevé au sujet d'une contestation existant entre un régisseur général des vivres et un employé relativement au traitement de ce dernier, laisse à l'administration le pouvoir de déterminer la qualité du régisseur et de renvoyer, s'il y a lieu, la contestation devant les tribunaux. — *Cons. d'Etat*, 20 fév. 1822, Schirmer.

381. — Mais le conseil d'Etat a non moins constamment décidé, que les fournisseurs, lorsqu'ils passent eux mêmes des marchés avec des particuliers pour leur propre compte ne peuvent être envisagés à raison de ces marchés que comme justiciables de l'autorité judiciaire. — *Cons. d'Etat*, 4 juin 1809, Meunier et Ducrot; 5 mars 1812, Crucy; 29 oct. 1823, Travila.

382. — Lorsque l'Etat s'est libéré envers un fournisseur en liquidant le montant de ses fournitures, les contestations entre les tiers et cet agent relatives au paiement des mêmes fournitures doivent être portées devant les tribunaux. — *Cons. d'Etat*, 8 avril 1829, Rigal.

383. — Dans les contestations que les fournisseurs ont à soutenir contre des tiers avec qui ils ont traité, l'administration ne peut même pas être appelée en cause. — *Cons. d'Etat*, 29 oct. 1823, Travila.

384. — Décidé également par de nombreuses ordonnances qu'à l'autorité judiciaire seule appartient de statuer entre les fournisseurs et leurs sous-traitans. — *Cons. d'Etat*, 18 août 1807, Delaporte; 2 août 1808, Millot; 23 nov. 1808, Palous; 29 oct. 1809, Bonnet c. Didier; 11 juin 1810, Verney; 7 août 1810, Berger; 17 mai 1813 .....; 4 mars 1819, Arhens c. Maës; etc.

385. — ... Et il en est ainsi, alors même que les sous-traités contiennent soumission à la juridiction administrative. — *Cons. d'Etat*, 22 janv. 1808, Bassel c. Petit Maudétour; 24 avril 1808, Rieff.

386. — ... Surtout, lorsque l'autorité administrative n'est pas intervenue dans le sous-traité. — *Cons. d'Etat*, 3 oct. 1811, George c. Sauday et Niderkorne.

387. — A plus forte raison cette règle est-elle applicable aux contestations qui s'élèvent entre les entrepreneurs et leurs employés. — *Cons. d'Etat*, 14 juill. 1819, Leleu.

388. — ..... Notamment la contestation élevée sur le point de savoir si l'agent d'un fournisseur avait pouvoir et qualité pour recevoir le paiement de sommes versées entre ses mains. — *Cons. d'Etat*, 2 fév. 1821, Thomas c. Ratisbonne.

389. — Les engagemens contractés par des personnes qui ont la double qualité de caution d'un fournisseur et de sous-traitans ne lient en aucune manière le fournisseur ni le gouvernement; la qualité de caution ne leur donne pas en effet celle de mandataire, et ils sont, en leur qualité de sous-traitans, justiciables des tribunaux ordinaires. — *Cons. d'Etat*, 6 sept. 1820, Boubée.

390. — Toutefois, le Conseil d'Etat a décidé que les tribunaux sont incompétens pour statuer sur des contestations existantes entre les fournisseurs et leurs sous-traitans, lorsque les arrêtés du gouvernement en ont attribué la connaissance spéciale à l'autorité administrative. — *Cons. d'Etat*, 17 juill. 1822, Commas et Fontaine.

391. — ... Et que ces arrêtés sont des actes souverains qui ne peuvent être attaqués par la voie contentieuse. — Même ordonn.

392. — Les tribunaux sont, au surplus, incompétens pour connaître des questions qui peuvent s'élever sur le mode dont s'opérera la liquidation de fournitures faites par une compagnie. — *Cons. d'Etat*, 1er sept. 1825, Barbaste.

393. — Lorsque des arrêtés du gouvernement ont prescrit la liquidation par voie administrative des créances d'une compagnie de fournisseurs, il ne peut appartenir aux tribunaux de se déclarer compétens nonobstant ces arrêtés. — *Cons. d'Etat*, 20 oct. 1819, Commas c. Varville; 17 nov. 1819, Fontaine c. Dubost; 12 mai 1824, Vachat.

394. — ... 3° Du principe que l'administration est exclusivement compétente pour expliquer ou interpréter les actes qui émanent d'elle, il suit, en matière de fournitures..., que l'autorité administrative peut seule statuer sur le mérite et la valeur des récépissés délivrés à un fournisseur. — *Cons. d'Etat*, 8 août 1809, Emmery.

395. — ... Ou expliquer le sens et les effets d'un décret qui a réglé et liquidé une ancienne entreprise de fournitures. — *Cons. d'Etat*, 12 mai 1820, ville de Bayonne c. Lagrave.

396. — ... Que lorsqu'il s'agit de savoir si des délégations faites par des fournisseurs sur le gouvernement ont été acceptées par lui, l'interprétation des actes administratifs d'où l'on veut faire résulter l'acceptation, ne peut appartenir qu'à l'autorité administrative. — *Cons. d'Etat*, 21 août 1816, Bourdon c. Hahn.

397. — ... Et qu'en un tel cas, les tribunaux ne peuvent prononcer sur les délégations qu'après que ces actes ont été appréciés et interprétés. — Même ordonn.

398. — Lorsqu'il a été stipulé dans un marché passé entre des fournisseurs et une administration, qu'en cas de contestations, il serait procédé par experts sur les évaluations à faire, s'il arrive que, les experts n'étant pas d'accord, il y ait lieu de nommer un tiers expert, la nomination de ce tiers expert appartient au ministre dans le département duquel se trouve l'administration qui a contracté, comme juge de la contestation en première instance, et le ministre ne peut déléguer ce droit à l'administration qui est portée en cause. — *Cons. d'Etat*, 17 juillet 1822, Lefebvre et Martineau.

399. — ... 4° Mais que, conformément aussi aux règles ordinaires de la compétence administrative, cette compétence cesse du moment qu'il ne s'agit plus que de statuer sur des faits incidens ou de faire l'application des règles de droit commun.

400. — Notamment quand il s'agit de décider si le trésor est recevable dans son action contre la caution d'un fournisseur, ou si cette action ne doit pas lui être refusée, en ce que, par son fait, il l'a privée de son recours utile contre le débiteur principal. — *Cons. d'Etat*, 18 avril 1821, Meurice.

401. — ... Ou si le trésor doit être tenu de diviser préalablement son action entre plusieurs cautions. — Même ordonnance.

402. — C'est pareillement aux tribunaux seuls qu'il appartient de connaître des différends qui s'élèvent entre un entrepreneur et les cautions d'un autre entrepreneur, sur les paiemens que l'un aurait faits en l'acquit de l'autre. — *Cons. d'Etat*, 24 nov. 1810, Tamisier et Cablat.

403. — Lorsque, dans une instance pendante devant le Conseil d'Etat, entre le trésor et la caution d'un fournisseur, il s'élève relativement à l'étendue des droits du trésor ou des obligations de la caution, des questions préjudicielles de la compétence de l'autorité judiciaire, le Conseil d'Etat doit surseoir à statuer sur la contrainte décernée contre la caution, jusqu'à ce que les tribunaux aient prononcé sur ces questions. — *Cons. d'Etat*, 18 avril 1821, Meurice.

404. — Lorsqu'un arrêté administratif, après avoir liquidé les sommes dues à deux entrepreneurs associés, et fixé les parts de chacun, a frappé d'opposition celle attribuée à l'un d'eux, le tribunal saisi de la demande en règlement du compte existant entre ces associés est compétent, non-seulement pour régler ce compte, mais en outre pour décider auquel des deux associés appartiendra, après la liquidation administrative, la somme frappée d'opposition. — *Cons. d'Etat*, 19 déc. 1827, Levallois c. Levêque.

405. — ... Mais le tribunal excéderait sa compétence en déterminant la quotité de cette somme, ou en en prescrivant la délivrance immédiate. — Même ord.

406. — La succession d'un fournisseur doit être régie par le droit commun, même en ce qui concerne l'ordre des créances et priviléges des sous-traitans. Les tribunaux sont seuls compétens pour statuer à cet égard. — *Cons. d'Etat*, 1er déc. 1819, Collas.

407. — Les tribunaux sont également seuls compétens pour statuer sur un règlement décidé entre les créanciers d'un fournisseur. — *Cons. d'Etat*, 16 déc. 1830, Barbaste c. Mussart et Desprez.

408. — ... Comme aussi sur la question de savoir si des marchés passés avec un entrepreneur sont ou non passibles du droit proportionnel d'enregistrement d'après les lois de finances. — *Cons. d'Etat*, 26 août 1824, Dolfus.

Sect. 9e. — *Marchés passés par les départemens.*

409. — Les règles qui régissent les marchés passés au nom de l'Etat sont applicables à ceux passés par les départemens. — *Cons. d'Etat*, 28 fév. 1845, Giraud.

410. — En conséquence, les départemens ne peuvent passer de marchés de gré à gré que dans les cas prévus par l'ordonnance royale du 4 déc. 1836. Les marchés passés contrairement à cette règle sont nuls. — Même ord.

411. — Les contestations élevées entre l'administration et les fournisseurs sur la validité et l'interprétation des clauses des marchés relatifs aux fournitures faites pour le compte des départemens, sont de la compétence des conseils de préfecture. — *Cons. d'Etat*, 24 oct. 1821, Chambaud. — *Contrà* Dufour, *Dr. adm.*, t. 3, n° 2003.

412. — Il résulte de là que les contestations élevées entre le préfet et un fournisseur, à l'occasion d'un marché de fournitures, doivent être jugées non par le préfet lui-même, mais par le conseil de préfecture. — *Cons. d'Etat*, 27 mai 1816, Levacher-Duplessis; 6 nov. 1817, mêmes parties.

413. — Lorsqu'une partie des dépenses réclamées par les fournisseurs peuvent tomber à la charge d'un département, le préfet doit être admis à intervenir dans l'instance engagée à ce sujet devant le Conseil d'Etat. — *Cons. d'Etat*, 7 avr. 1835, Schœnngrunn.

Sect. 10e. — *Marchés au compte des communes et des établissemens de bienfaisance.*

414. — L'ordonnance royale du 14 nov. 1837 a étendu aux marchés passés par les communes et par les établissemens de bienfaisance, la plupart des règles établies par l'ordonnance du 4 déc. 1836, pour les marchés passés au nom de l'Etat.

415. — Ainsi, toutes les entreprises pour travaux et fournitures au nom des communes et des établissemens de bienfaisance doivent être données avec concurrence et publicité. — Ord. 14 nov. 1837, art. 1er.

416. — Et, de même que pour les travaux et fournitures qui intéressent l'Etat, il peut être traité de gré à gré, sauf approbation par le préfet, lorsque la dépense n'excède pas 3,000 fr., et sauf approbation par le ministre de l'intérieur lorsque les dépenses excédent cette somme, à quelque chiffre qu'elle s'élève, pour les travaux et fournitures mentionnés dans les § 3, 4, 5, 6, 7, 8 et 9 de l'art. 2 de l'ordonnance du 4 déc. 1830 (V. *suprà* nos 44 et suiv.), paragraphes que reproduit textuellement l'art. 2 de l'ord. du 14 nov. 1837.

417. — Quant aux garanties exigées des fournisseurs pour qu'ils puissent être admis à concourir — aux conditions à insérer dans le cahier des charges, — à la publicité à donner aux adjudications, — à la forme des soumissions, à leur dépôt, — au dépôt du pli cacheté portant indication du maximum ou du minimum fixé par l'administration, — au concours de plusieurs soumissions semblables et à la marche à suivre en pareil cas, — enfin, au mode de constatation des résultats de l'adjudication, les art. 3 à 9 de l'ord. du 14 nov. 1837 se sont également bornés à reproduire les articles analogues de celle du 4 déc. 1836, dont nous avons donné le texte (*suprà* nos 28, 29 et suiv. à 48 inclusivement); nous nous bornerons donc ici à y renvoyer.

418. — Ajoutons seulement qu'aux termes de l'art. 4 de l'ord. de 1837 il doit toujours et nécessairement être stipulé dans les cahiers des charges que tous les ouvrages exécutés par les entrepreneurs en dehors des autorisations régulières demeureront à la charge personnelle de ces derniers, sans répétition contre les communes ou les établissemens. — *Ibid.*

419. — Les cautionnemens à fournir par les adjudicataires sont réalisés à la diligence des receveurs des communes et des établissemens de bienfaisance. — *Ibid.*, art. 5.

420. — Les adjudications sont toujours subordonnées à l'approbation du préfet, et ne sont valables et définitives à l'égard des communes et des établissemens qu'après cette approbation. — *Ibid.*, art. 10.

421. — Quant au jugement des contestations relatives à l'exécution des marchés passés par les communes, la jurisprudence semble jusqu'à présent refuser à l'autorité administrative le même pouvoir de juridiction que pour les marchés passés au nom de l'Etat et des départemens.

422. — Il a bien été décidé que l'autorité administrative est seule compétente pour connaître de l'action en paiement de fournitures faites à l'agent municipal d'une commune pour la célébration de fêtes nationales. — Arr. gouv., 26 germ. an XII, Finikel c. Laguerre.

423. — ....Que c'est à l'autorité administrative et non à l'autorité judiciaire qu'il appartient de statuer sur les contestations élevées entre des fournisseurs et les officiers de la garde nationale pour fournitures d'équipement, surtout lorsqu'il s'agit d'un traité passé par un conseiller de préfecture comme fondé de pouvoirs du préfet, et que ce conseiller de préfecture est appelé en cause. — *Cons. d'Etat*, 13 févr. 1816, Jobard c. Kern et Watcher.

424. — Mais le Conseil d'Etat s'est plus fréquemment prononcé dans un sens contraire. Ainsi, il a décidé que l'autorité judiciaire est compétente pour statuer sur la demande en paiement d'une obligation souscrite pour fournitures faites au nom de la garde d'honneur d'une commune, bien que cette fourniture ait eu lieu en exécution d'un acte administratif. — *Cons. d'Etat*, 12 nov. 1811, Gosse.

425. — ... Pour statuer sur les contestations qui s'élèvent entre un fournisseur et une commune

relativement aux conventions passées entre eux pour des fournitures faites à l'ennemi pendant l'invasion. — *Cons. d'Etat*, 29 août 1834, Lambin c. commune d'Origny Sainte-Benoîte.

426. — ..., Que le traité d'éclairage passé entre un particulier et une ville est un marché ordinaire, et que les difficultés auxquelles son exécution peut donner lieu sont du ressort des tribunaux, lors même que l'entrepreneur aurait accepté la juridiction administrative. — *Cons. d'Etat*, 13 juill. 1825, Lesage c. ville de Besançon.

427. — .. Que, d'ailleurs, quand par un marché passé pour l'éclairage d'une ville, l'entrepreneur ne s'est soumis à la juridiction administrative qu'en cas de résiliation et folle enchère pour cessation de service, la demande d'indemnité formée par lui en raison de l'augmentation de l'impôt sur les huiles est de la compétence judiciaire. — *Cons. d'Etat*, 12 mai 1819, Duchemin.

428. — Les tribunaux sont également compétens pour statuer sur les contestations élevées entre un particulier et le garde-magasin de la réserve d'approvisionnement de Paris, lequel ne peut plus être considéré comme agent du gouvernement, depuis qu'en vertu de l'ordonnance du 3 sept. 1817, le magasin est devenu un établissement municipal. — *Cons. d'Etat*, 8 sept. 1819, Rendu.

429. — A plus forte raison, faut-il encore reconnaître avec le Conseil d'Etat que la contestation relative à un sous-traité pour la fourniture d'une voiture destinée à des transports militaires à la charge d'une commune, est de la compétence de l'autorité judiciaire. — *Cons. d'Etat*, 23 déc. 1815, Prudhomme c. Prieur.

430. — Mais il en est autrement des fournitures qui, requises sur les communes elles-mêmes par le gouvernement, perdent, à bien dire, leur caractère de fournitures communales, et intéressent en réalité l'Etat. Les marchés que peuvent passer, à cet égard, les administrations municipales sont donc de la compétence de la juridiction administrative. — V., en ce sens, *Cons. d'Etat*, 25 février 1818, Périgal, Mongin et comm. de Saint-Loup.

431. — Ainsi c'est l'autorité administrative (le conseil de préfecture) qui, seule, peut statuer sur la liquidation des réquisitions de transports militaires, adjugée à un habitant dans la forme de règlement municipal, à la médiation du maire de la commune soumise à ces réquisitions. — *Cons. d'Etat*, 20 juin 1807, commune de Kerprich-au-Bois c. Bathelot.

432. — ... Ainsi que sur la liquidation des réquisitions de transports militaires imposées aux habitans d'une commune. — *Cons. d'Etat*, 13 nov. 1810, commune de Méry c. Coullery.

433. — Du moment que des fournitures faites par les communes, sur des réquisitions, sont pour le compte du gouvernement, l'action dirigée par un fournisseur contre un maire en paiement de pareilles fournitures, est de la compétence administrative, encore bien que le maire et le conseil municipal se seraient engagés à payer ces fournitures, si le gouvernement ne les payait pas. — *Cons. d'Etat*, 18 févr. 1812, Malézieux c. Duneuf-Germain.

434. — En ce qui touche particulièrement les marchés passés par les établissemens de bienfaisance, bureaux de bienfaisance, hospices, etc., V. HOSPICES.

Sect. 11e. — *Marchés faits avec des associations ouvrières.*

435. — La révolution de février a donné naissance à un grand nombre d'associations soit entre patrons et ouvriers, soit entre ouvriers seulement. — L'Assemblée constituante et le gouvernement, dans le but non-seulement de protéger, mais d'encourager les associations volontaires qui pouvaient améliorer les conditions du travail, après avoir fixé une somme qui pourrait être avancée à titre de prêt à celles qui offriraient le plus de garanties de progrès véritable et de succès (V. décr. 5 juill. 1848), ont voulu encore lever en leur faveur tous les obstacles capables d'entraver leur formation et leur réussite.

436. — Il eût été en effet impossible aux associations d'ouvriers de soumissionner les travaux publics; car les règlemens d'administration imposant pour ces adjudications des conditions de cautionnement, de paiement mensuel, de solidarité entre les diverses natures d'ouvrages d'un même marché, rendaient indispensable l'emploi d'entrepreneurs généraux. Le citoyen Latrade, représentant, a pensé que dans un grand nombre de cas il serait possible de diviser les travaux publics par natures d'ouvrages, et que le mode d'association pouvait être substitué aux entrepreneurs généraux sans nuire à la surveillance des travaux et aux nécessités d'une comptabilité compliquée; aussi a-t-il déposé, le 12 juin 1848, une proposition tendante à autoriser l'adjudication partielle de travaux publics aux associations, sans recourir à l'intermédiaire des entrepreneurs généraux.

437. — Cette proposition, développée et prise en considération le 22 juin, a été discutée le 14 juill., sur un rapport du citoyen Mourand, puis convertie le 15 en un décret ainsi conçu :

438. — Art. 1er. Le ministre des travaux publics est autorisé à adjuger ou à concéder aux associations d'ouvriers les travaux publics qui en seront susceptibles. Un règlement d'administration publique déterminera la nature des travaux à adjuger ou à concéder, la forme et les conditions des adjudications ou des concessions. — Ce règlement sera publié dans le délai d'un mois, à dater de la promulgation du présent décret.

439. — Art. 2. Pour être admises à soumissionner une entreprise de travaux publics, les associations doivent préalablement justifier auprès de l'administration de l'acte contenant les conditions auxquelles l'association s'est formée; lequel acte stipulera notamment la création d'un fonds de secours destiné à subvenir aux besoins des associés malades ou qui seraient blessés par suite de l'exécution des travaux, des veuves et enfans des associés morts. Il sera pourvu à ce fonds de secours par une retenue de 2 p. 0/0 au moins sur les salaires.

440. — Le projet du citoyen Latrade, amendé par le comité chargé d'en faire l'examen, contenait un certain nombre de dispositions purement réglementaires. L'Assemblée a pensé qu'il suffisait de consacrer le principe de la concession ou adjudication des travaux publics à des associations d'ouvriers, et que, quant aux moyens d'exécution, il était préférable de renvoyer à un règlement d'administration publique, plus facile à modifier selon que la pratique et l'expérience révéleraient la nécessité de changemens à opérer, et qui rentrait mieux, d'ailleurs, dans les attributions d'hommes spéciaux et compétens.

441. — En exécution de l'art. 1er du décret du 15 juillet 1848, un règlement d'administration publique du 18 août-23 sept. suiv. a déterminé les travaux qui pourraient être adjugés ou concédés par le ministre des travaux publics aux associations d'ouvriers (art. 1er), les conditions et les formes de la concession ou de l'adjudication (art. 2, 3, 4, 5 et 8), le mode de paiement des ouvrages exécutés (art. 6), et les garanties de privilège qui frapperaient les associations (art. 7). D'après l'art. 9, des règlemens ultérieurs pourvoiront à la classification des natures de travaux dont l'addition à ceux énumérés en l'art. 1er serait reconnue utile. — V., au surplus, le texte de ce règlement, au t. 2 du *Journ. du Palais*, lois, décrets et ordonnances. — V. aussi OUVRIERS et TRAVAIL.

Sect. 12e. — *Fournitures faites aux troupes françaises en pays étranger.*

442. — Relativement aux fournitures qui peuvent être faites aux troupes françaises en pays étranger et par des étrangers, le principe est que le gouvernement français n'est pas tenu de les payer, lorsque la demande en paiement n'est appuyée d'aucun acte du marché émané de l'autorité française. — *Cons. d'Etat*, 5 sept. 1821, d'Arneva; 14 nov. 1821, Michelet.

443. — Ainsi, lorsqu'un fournisseur a traité directement avec des autorités étrangères, sous le simple visa d'un commissaire ordonnateur français, et que le contrat ne renferme aucune promesse de paiement de la part des autorités françaises, le gouvernement français n'est point garant de la créance du fournisseur. — *Conseil d'Etat*, 18 mars 1818, Ozil.

444. — De même, un fournisseur n'est pas fondé à réclamer le montant de fournitures qu'il a faites à des régimens étrangers, sous prétexte que ces régimens ont passé dans l'armée française, et que le gouvernement français a profité des objets fournis. — *Cons. d'Etat*, 5 novemb. 1828, Cuoq c. Couturier.

445. — Un propriétaire de chevaux qui ont été employés, après avoir servi dans des corps de cavalerie étrangère, à remonter la cavalerie française, n'est pas fondé à en réclamer le paiement, si ces chevaux ne sont pas entrés dans l'armée française par suite d'un marché ou d'une réquisition avec promesse de paiement, mais en vertu d'une mesure militaire, et s'il ne justifie d'ailleurs d'aucune convention par laquelle la France se soit obligée à payer lesdits chevaux. — *Cons. d'Etat*, 1er nov. 1820 (t. 3, p. 141), Durfaits-Roquefeuille. — Cormenin, t. 2, p. 318; Chevalier t. 2, p. 132.

446. — Ces principes ont été au surplus reconnus par les traités diplomatiques qui sont intervenus à la suite des événemens de 1814; ainsi, il a été décidé qu'aux termes de l'art. 19 du traité du 30 mai 1814 et de l'art. 2 de la convention du 30 nov. 1815, le gouvernement français n'est tenu de payer que les fournitures faites en vertu de contrats ou engagemens des autorités administratives françaises et contenant promesse de paiement par la France. — *Cons. d'Etat*, 1er nov. 1820, Lavit; 29 mars 1827, Barrié, Périès.

447. — Décidé même que le traité du 25 avr. 1818, qui a déchargé le gouvernement français de toute créance d'origine étrangère est applicable au cas où cette créance résulte de fournitures faites en pays étranger aux armées françaises. — *Cons. d'Etat*, 14 août 1822, les Corsaires Lecoureur et l'Anastasie.

448. — Par application des mêmes traités, il a encore été décidé que bien qu'il ait été déclaré par une décision ministérielle et par une ordonnance royale qu'il y a lieu à liquider au profit d'un fournisseur étranger, des dépenses faites dans le pays de ce fournisseur, il n'en résulte pas que le paiement des fournitures doive être effectué par le trésor, qui par suite de la convention du 25 avril 1818 est libéré de toutes répétitions de la part des sujets des puissances étrangères. — *Cons. d'Etat*, 15 déc. 1824, Arneva.

449. — D'ailleurs, lorsque l'administration militaire française a traité avec un entrepreneur étranger, la liquidation de la créance de cet entrepreneur doit être faite par le gouvernement de la nation à laquelle il appartient, conformément aux conventions des 20 nov. 1815 et 25 avr. 1818, encore qu'il fût associé avec des Français, et le nom *compagnie* ajouté à la signature de cet entrepreneur ne donne à son associé français aucun droit direct contre le gouvernement français. — *Cons. d'Etat*, 6 déc. 1820, Closas.

Sect. 13e. — *Fournitures faites pendant l'invasion du territoire.*

450. — La perturbation qu'amène nécessairement dans un pays l'invasion du territoire, est un de ces cas que la loi ne peut prévoir et régler à l'avance. Les localités qui deviennent le théâtre de la guerre sont obligées tour à tour de pourvoir d'urgence aux besoins des troupes nationales et de satisfaire aux exigences de l'ennemi. Les formes régulières des marchés se trouvent la plupart du temps forcément abandonnées : tout se fait sous la loi de la nécessité; l'Etat se voit par suite, et par la force des choses, contraint de laisser le plus souvent à la charge des citoyens, des communes ou des départemens les sacrifices que les circonstances ont exigés d'eux, et ne peut tout au plus intervenir que pour régulariser le paiement des dépenses restées non soldées.

451. — C'est ainsi que les événemens de 1814 et de 1815 ont donné naissance à des mesures exceptionnelles dans le détail desquelles il serait inutile d'entrer ici aujourd'hui, mais que nous indiquerons toutefois sommairement.

452. — En ce qui concerne les fournitures faites par les communes aux troupes françaises, les mesures exceptionnelles dont nous venons de parler n'ont jamais été applicables qu'aux fournitures faites irrégulièrement par les communes, ou du moins sans l'accomplissement des formalités prescrites par les règlemens pour que la liquidation par l'Etat en ait pu être admissible. Dans le cas où ces formalités se trouvaient remplies, les fournitures effectuées devaient en effet être considérées comme faites pour le service de la guerre et laissées comme telles à la charge de l'Etat. — V. à cet égard, *Cons. d'Etat*, 22 nov. 1826, Bonnardel; 31 juill. 1812, Doumerc.

453. — Quant aux fournitures faites par les citoyens eux-mêmes, notamment aux troupes ennemies, on a distingué le cas où ces fournitures avaient été faites sur une réquisition régulière des autorités françaises, et le cas où elles avaient pu être livrées par les particuliers eux-mêmes, sans aucun ordre ou aucun engagement des mêmes autorités. Dans le premier cas, la fourniture s'est trouvée naturellement mise à la charge de la commune ou du département, au nom de laquelle ou duquel avait été faite la réquisition. Dans le second, au contraire, on ne pouvait voir là qu'un fait de guerre insuffisant pour motiver une demande en remboursement contre la commune, le département ou l'Etat. — *Cons. d'Etat*, 8 sept. 1819, Meynard ; 18 avr. 1816, Blum et Lipman ; 11 août 1819, préf. Haut-Rhin.

454. — Un décret du 15 déc. 1813 fut rendu dans l'objet d'assurer aussi régulièrement que possible la subsistance des troupes françaises, lorsqu'à la suite des événemens de 1813 elles se replièrent sur le territoire, et chargea en conséquence le préfet de chaque département où le théâtre de la guerre se trouvait transporté, de pourvoir à leurs besoins au moyens de réquisitions sur les communes.

455. — Après la cessation des hostilités, les formalités à remplir par les contribuables qui auraient satisfait aux réquisitions exigées d'eux, pour faire admettre les bons ou récépissés des fournitures par eux effectuées en paiement de leurs contributions, furent réglées par un arrêté du Conseil d'État du 13 juin 1814.

456. — Mais dans le désordre qui avait été la suite de la guerre, la marche indiquée par ces diverses dispositions n'avait pas toujours pu être suivie. — En outre, les départemens et les communes s'étaient trouvés frappés par les troupes ennemies de nouvelles réquisitions pour lesquelles rien n'avait été prévu. — Sur les nombreuses réclamations que le retour de la paix vit naître, on institua dans chaque département une commission spéciale chargée de vérifier les demandes formées par les particuliers et les communes qui se présentaient comme créanciers et de proposer, suivant les circonstances, les moyens d'y faire droit. Tel a été l'objet de l'art. 6 de la loi de finances du 28 avr. 1816.

457. — Relativement au recours dont les décisions des commissions départementales pouvaient être susceptibles, il fallait distinguer : ou la liquidation que ces commissions étaient chargées de faire ne reposait sur aucun marché écrit et régulièrement fait, et alors elles étaient appelées à prononcer, comme jurée jury d'équité seulement ; leur décision était sans recours ; — ou bien, il y avait eu des marchés réguliers, et alors la liquidation devait avoir lieu suivant les clauses et conditions de ces marchés, sans aucune modification. En cas d'inobservation de cette règle, leurs décisions pouvaient être déférées au Conseil d'Etat. — V. notamment, *Cons. d'Etat*, 23 juill. 1823, Arbaud ; 27 août 1823, Merlzdorff. — Chevalier, *Jurispr. administr.*, v° *Commission départementale*, t. 4er, p. 140.

MARCHÉ A TERME.

Table alphabétique.

MARCHÉ A TERME. — **1.** — On appelle ainsi le marché où la livraison et le paiement ne s'opèrent qu'à une époque plus ou moins éloignée, et qui à été convenue entre les parties. — Mollot, *Bourses de commerce*, p. 403.

2. — Les marchés à terme ont pour objet soit des effets publics, soit tous autres effets, ou même des marchandises.

§ 4er. — *Marchés à terme sur les effets publics* (n° 3).

§ 2. — *Marchés à terme sur des objets autres que les effets publics* (n° 59).

---

§ 4er. — *Marchés à terme sur des effets publics.*

3. — Déjà prohibés par l'art. 30 de l'arrêt du conseil du 24 sept. 1784, les marchés à terme sur les effets publics le furent de nouveau par l'art. 8 d'un nouvel arrêt du conseil du 7 août 1785, ainsi conçu : « *Déclare nuls, Sa Majesté, les marchés et compromis d'effets royaux, et autres qu'iconques, qui se feroient à terme et sans livraison desdits effets, ou sans le dépôt réel d'iceux,* » etc.

4. — Cet arrêt du conseil du 7 août 1785 n'ayant été rapporté, par l'ordonn. royale du 12 nov. 1823, qu'en ce qui concernait l'autorisation de coter à la bourse des emprunts des gouvernemens étrangers, est par conséquent toujours en vigueur.

5. — Les mêmes prohibitions des marchés à terme ont depuis été consacrées par d'autres arrêts du conseil des 2 oct. 1785, 22 sept. 1786 et 14 juill. 1787. — Duvergier, *Collection des lois*, sous la L. du 28 vendém. an IV, t. 8, p. 332.

6. — La prohibition des marchés à terme résulte encore 1° du préambule et de plusieurs dispositions de la L. du 28 vendém. an IV sur la police de la bourse. — Duvergier, *ibid.* — 2° Et implicitement des dispositions de l'arrêté du 27 prair. an X sur les bourses de commerce et sur les obligations des agens de change.

7. — D'après l'art. 421 du C. pénal, les paris faits sur la hausse ou la baisse des effets publics sont punis d'un emprisonnement d'un mois au moins, d'un an au plus, et d'une amende de 500 fr. à 10,000 fr. ; les coupables peuvent de plus être mis, par l'arrêt ou le jugement, sous la surveillance de la haute police pendant deux ans au moins et cinq ans au plus.

8. — Est réputée pari de ce genre toute convention de vendre ou de livrer des effets publics qui ne sont pas prouvés par le vendeur avoir existé à sa disposition au temps de la convention, ou avoir dû s'y trouver au temps de la livraison. — C. pén., 422.

9. — En conséquence doivent être réputés nuls : 1° les marchés à terme d'effets publics dont le dépôt préalable n'a pas été effectué. — *Cass.*, 14 août 1824, Perdonnet c. de Forbin-Janson ; même jour, Augé, Sundrié-Vincourt et Mussard c. Coutte.

10. — 2° Toute négociation de bourse lorsqu'il n'y a pas eu, au moment même de la négociation, échange immédiat des effets négociés d'une part, et de l'autre l'engagement écrit d'en payer le prix. — *Cass.*, 26 août 1791, Borel c. de Rosnel et Merlo-Dogda ; 27 nov. 1811, Borel c. Duchesne.

11. — ... 3° Le marché à termes d'effets publics qui n'est point suivi de la livraison des effets achetés, ni de leur paiement aux époques indiquées, ni enfin d'aucun dépôt soit des valeurs, soit de leurs titres. — *Cass.*, 25 janv. 1831, Pouvier c. Gublin.

12. — ... 4° Un marché à terme sur les effets publics, par cela seul que l'agent de change ne prouve pas que, lorsqu'il achetait, il avait les sommes nécessaires pour l'achat, ou que, lorsqu'il vendait, il avait les effets à livrer à sa disposition. — *Cass.*, 2 mai 1827, Couret-Préville c. Cléret.

12. — Le vendeur ne peut échapper à la nullité résultant de l'art. 422 C. pén., s'il ne prouve qu'au temps de la livraison, les effets publics ont existé à sa disposition, ou que le jour même de la vente il existait déjà quelque chose, par suite de quoi il devait, pour le jour de la livraison, devenir possesseur des effets qu'il n'avait point encore. — *Bruxelles*, 30 mars 1826, N...

14. — Les marchés du conseil du 7 août 1785 et l'arrêté du 27 prair. an X, qui ne reconnaissent de marchés à termes d'effets publics qu'ils sont accompagnés de la livraison ou du dépôt réel des effets, ne reçoivent pas une exception en faveur des agens de change entre eux. —

Cass., 2 mai 1827, Couret-Préville c. Cléret. — V. au surplus, AGENT DE CHANGE.

15. — Aussi la nullité peut être invoquée contre l'agent de change qui s'est chargé d'une opération de ce genre. — *Cass.*, 11 août 1824, Perdonnet c. de Forbin-Janson ; même jour, Augé, Sandrié-Vincourt et Mussart c. Coutte.

16. — Sont également illicites, comme constituant un jeu ou un pari, 4° les marchés à terme qui n'ont pour objet qu'un paiement de différences. — *Cass.*, 23 mai 1838 (t. 2 1838, p. 80), Agens de change de Paris c. Bureaux.

17. — ... 2° Le règlement de différences au moyen duquel ont été soldées des ventes à livrer non suivies d'exécution réelle. — *Aix*, 26 janv. 1841 (t. 1er 1842, p. 251), Mouren.

18. — En pareil cas la créance est frappée de nullité encore bien qu'elle ait été suivie d'une obligation souscrite par le débiteur, énonçant une numération d'espèces avec une caution solidaire. — *Paris*, 30 janv. 1838 (t. 1er 1838, p. 169), de Sainneville c. Baignères.

19. — Il en est de même des prêts faits à un agent de change par la caisse de la société dite du *Fonds commun* pour payer des différences provenant de jeux de bourse. — *Paris*, 11 juill. 1836, Bureaux c. Agens de change de Paris.

20. — La déclaration, contenue dans un arrêt, qu'un marché relatif à des effets publics couvre un jeu de bourse, est une décision purement de fait, qui ne peut être attaquée devant la Cour de cassation. — *Cass.*, 27 nov. 1827, Pinette c. Lagarde.

21. — Les marchés à terme sur les effets publics étant frappés de nullité par la loi, ou étant réputés illicites comme contenant des jeux ou paris, aucune action en justice ne peut être accordée pour ce qui les concerne. — C. civ., art. 1965.

22. — Jugé, en ce sens, que les marchés à terme sur les effets publics ne peuvent donner lieu à une action judiciaire, lorsqu'il est établi qu'ils n'ont eu pour objet qu'une spéculation sur les différences résultant de la hausse et de la baisse. — *Paris*, 14 juin 1834, Bouzzin c. Didier ; 14 mars 1842 (t. 1er 1842, p. 436), de Villette c. Bagieu ; 14 déc. 1844 (t. 1er 1845, p. 193), Sautereau c. Richard.

23. — ... Que le créancier, pour le montant d'une somme résultant de différences de marchés à terme, est privé de toute action en justice. — *Paris*, 30 janv. 1838 (t. 1er 1838, p. 169), de Sainneville c. Gibert.

24. — ... Que les marchés à terme qui tombent dans la disposition pénale de l'art. 422 C. pén., ne confèrent aucun droit aux parties dans leur intérêt privé, et ne peuvent servir de fondement à une action en justice. — *Bruxelles*, 30 mars 1826, N.

25. — ... Que, lorsque des prêts ont été faits à un agent de change par la caisse de la société dite du *fonds commun*, pour payer les différences provenant de jeux de bourse, la société est sans action en justice pour en réclamer le remboursement, alors qu'elle connaissait la destination des fonds prêtés. — La cession de son cautionnement, faite par le titulaire à la société qui n'en a pas fourni les fonds, ne transmet pas à cette société un privilége ou même un droit de propriété sur ce cautionnement. — *Paris*, 11 juill. 1836, Bureaux c. agens de change de Paris.

26. — De même, lorsqu'il n'est pas justifié qu'il y ait eu réellement achat et vente de rentes sur l'État, la loi n'accorde aucune action pour la différence entre le cours du jour du prétendu marché et celui du jour de la livraison. — *Paris*, 27 juin 1823, Delatte.

27. — Et cela, alors que les marchés à terme en question ne présentent pas le caractère du délit prévu et puni par les art. 421 et 422 C. pén. ; par exemple, lorsque le vendeur peut prouver qu'il était en mesure d'effectuer la livraison à l'échéance. — *Paris*, 26 août 1823, Lachapelle c. Henish et Blanc.

28. — Les ventes fictives d'effets publics ne sauraient donc constituer des opérations commerciales, et par suite le tribunal de commerce est incompétent pour statuer sur les contestations qui s'élèvent à raison de ces opérations entre l'agent de change et son client non-commerçant. — *Paris*, 14 mars 1842 (t. 1er 1842, p. 436), de Villette c. Bagieu.

29. — Le défaut d'action dont la loi frappe les conventions relatives aux marchés à terme, s'applique nécessairement aux conventions ultérieures qui ne font que reconnaître ou confirmer les premières.

30. — Ainsi, jugé que la dette résultant d'opérations de ventes fictives d'effets publics ne change pas de nature par les reconnaissances qui en auraient été faites, et ne peut donner lieu à une action en justice. — *Paris*, 14 mars 1842 (t. 1er 1842, p. 336), de Villette c. Bagieu.

31. — ... Que la nullité résultant de ce qu'un marché à terme n'a pas été précédé du dépôt préalable des effets publics, ne peut être couverte par des ratifications. — *Cass.*, 11 août 1824, Perdonnet c. Forbin-Janson; même jour, Augé, Sandrié-Vincourt et Mussard c. Coutte.

32. — Jugé cependant que celui qui, ayant acheté à terme des effets publics, a approuvé et ratifié son achat après la livraison effectuée, ne peut ultérieurement réclamer contre le marché, sous le prétexte qu'il a été fait à terme. — *Cass.*, 23 flor. an IX, Rigoult c. Lancel.

33. — Dans les marchés à terme, comme dans tous les autres jeux ou paris, le perdant ne peut, en aucun cas, répéter ce qu'il a volontairement payé, à moins qu'il n'y ait eu de la part du gagnant, dol, supercherie ou escroquerie.—C. civ., art. 1967.

34. — Jugé, en conséquence, que le paiement de l'obligation causée pour différences de marchés à terme et jeux de bourse, ne donne pas lieu à l'action en répétition.—*Paris*, 29 sept. 1825, Willmott c. Gaillard. — V. RÉPÉTITION.

35. —...De même qu'aucune des parties n'a action soit pour la répétition d'un gain quelconque, soit pour celle de la somme volontairement fournie pour garantie. — *Paris*, 16 août 1825, Court... c. Lal...

36. — Ainsi le client n'a point d'action pour répéter contre l'agent de change, 1° les valeurs qu'il lui a remises pour couvertures. — Même arrêt.

37.—... 2° Ou pour acquitter des différences de jeux de bourse. — *Paris*, 22 mars 1832, Poisson c. Brun.

38. — ... 3° De ce qu'il lui a volontairement payé, après l'annulation du marché, pour la différence du cours entre l'achat et la revente, soit en argent, soit en effets de commerce ou en reconnaissances de liquidation à recouvrer. — *Cass.*, 25 janv. 1827, Romevère c. Gablin.

39. — Quant aux remises faites à l'agent de change à titre de nantissement, il n'est pas nécessaire pour la validité de ce nantissement qu'il ait été rédigé par écrit. — *Paris*, 22 mars 1832, Poisson c. Brun.

40. — En tout cas, les effets négociables remis par un négociant à son agent de change pour garantie de différences dues ne peuvent être revendiqués, lorsque depuis ils ont été fondus en compte courant entre les parties. — Même arrêt.

41. — Les dispositions de la loi civile et de la loi pénale sont-elles applicables aux marchés à terme d'effets publics sur une puissance étrangère?

42. — La cour supérieure de Bruxelles avait décidé que la convention qui traite de l'achat et de la vente d'effets publics sur une puissance étrangère, dont la livraison doit se faire à un certain taux et à une époque déterminée, ne présente point les caractères d'un pari sur la hausse et la baisse rentrant dans la disposition de l'art. 422 C. pén. — *Bruxelles*, 16 avril 1816, Seuninck c. Osy.

43. — Mais outre qu'une pareille décision ne pourrait plus être admise chez nous depuis l'ordonnance du 12 nov. 1823, qui a autorisé de coter sur le cours authentique de la bourse de Paris, les emprunts des gouvernemens étrangers (V. le préambule), on peut dire qu'à quelque nation qu'appartiennent les effets publics, la disposition de l'art. 422 C. pén. est générale et n'admet aucune distinction, et que d'ailleurs l'universalité de l'action est générale. — Carnot sur l'art. 422 C. pén., t. 2, p. 425, n° 6; Merlin, *Quest.*, v° *Effets publics*, § 3.

44. — Aussi, revenant sur sa propre jurisprudence, la cour de Bruxelles a-t-elle décidé depuis que l'art. 422 C. pén., sur les marchés à terme d'effets publics, est aussi bien applicable aux effets publics étrangers, qu'aux effets publics nationaux. — *Bruxelles*, 30 mars 1826, N...

45. — Toutefois, les arrêts de l'ancien conseil du roi de France des 7 août et 2 oct. 1785, 22 sept. 1786 et 14 juill. 1787, qui déclaraient nuls les marchés à terme d'effets publics, lorsque les formalités qui y étaient prescrites n'auraient pas été observées, n'ont pas reçu force de loi dans la Belgique. — *Bruxelles*, 30 mars 1826, N...

46. — Dès lors, la législation de Belgique sur les marchés à terme d'effets publics se réduit aux seules dispositions des art. 421 et 422 C. pén., encore en vigueur. — D'où il suit que la vente à terme d'effets publics est valable, et donne au vendeur une action en justice, s'il prouve que les

fonds publics par lui vendus ont existé à sa disposition au temps de la convention. — Même arrêt.

47. — Dans tout ce que nous venons de voir, il s'est uniquement agi de marchés à terme constituant de véritables jeux de bourse ou des paris. Mais il peut se faire que de pareils marchés constituent une opération sérieuse et de bonne foi. En pareil cas, la loi n'a pas entendu les proscrire, et elle leur accorde la même protection qu'à toute autre convention licite. — Mollot, *Bourses de commerce*, p. 243.

48. — Jugé, en ce sens, qu'une vente d'effets publics à terme est valable lorsqu'elle n'a pas pour objet de déguiser un jeu de bourse.—*Paris*, 29 mars 1832, Verrier c. Loubers.

49.—Jugé que la loi ne prohibe les marchés à terme sur les effets publics que lorsqu'ils portent uniquement sur la différence entre les cours futurs de ces effets. — *Paris*, 9 juin 1836, Mène c. Dabrin.

50.—Si, en droit, le marché à terme, en matière de vente et de négociation d'effets publics à la bourse, pris isolément, constitue un jeu et pari de bourse prohibé par la loi et la jurisprudence, il peut néanmoins, par appréciation des circonstances, des pièces produites et de l'intention des parties, appréciation qui appartient souverainement aux juges du fond, être reconnu pour n'avoir pas ce caractère et constituer une opération sérieuse et de bonne foi, engendrant une action au profit de l'agent de change contre celui pour le compte duquel il a traité. —*Cass.*, 30 nov. 1842 (t. 2 1843, p. 628), Becq c. de Coussy.

51.—Encore bien qu'au moment de la vente les effets n'aient pas été déposés par le vendeur ni le prix consigné par l'acheteur, le marché est valable si, d'une part, les effets se trouvaient en la possession du vendeur, qui les tenait à la disposition de l'acheteur, et si, d'autre part, le paiement du prix était assuré en partie au moyen d'une inscription de rente remise en nantissement par l'acheteur.—*Paris*, 29 mars 1832, Verrier c. Loubers.

52. — Les marchés à terme sont valables, bien que le client acheteur n'en ait pas consigné le prix dans les mains de l'agent de change. Il suffit que le vendeur ait eu les effets à sa disposition au moment de la convention ou de la livraison. Le client acheteur est suffisamment mis en demeure de verser ses fonds et de prendre livraison par l'échéance du marché qu'il a signé. — *Paris*, 9 juin 1836 Mène c. Dabrin.

53. — Les effets au porteur remis par le client à l'agent de change, lors de l'ordre d'achat, ne devant être considérés ni comme arrhes, ni comme dépôt, peuvent être réalisés par celui-ci, pour en appliquer le produit à valoir sur le prix de la négociation. — Même arrêt.

54. — Le report fait à la suite d'un premier achat sérieux, dont le client n'a pas pris livraison, est valable, quoique celui-ci n'ait pas signé l'engagement du report, pourvu que l'ordre donné résulte des livres et circonstances.—Même arrêt.

55. — En tout cas, en matière d'effets publics, les contrats de report sont valables. — *Paris*, 21 mars 1825, Collot c. Sandrier-Vincourt. — Mollot, *Bourses de commerce*, n° 341.

56. — Il n'y a pas ouverture à cassation contre un arrêt qui a rejeté l'exception de nullité proposée contre une vente d'effets publics, par le motif qu'il est reconnu en fait qu'ils ont été livrés, encore que le billet contenant l'obligation de l'acheteur porte qu'elle provient d'une *différence*. — *Cass.*, 15 nov. 1813, Servatius c. Rogniat.

57. — Quoi qu'il en soit, l'art. 422 C. pénal est une disposition pénale qui ne peut être appliquée que dans les cas qu'elle prescrit. — Ainsi, cet article 422, qui ne punit les paris sur les effets publics qu'autant que le vendeur ne prouve pas qu'ils étaient à sa disposition *au temps de la livraison*, n'est pas applicable en matière civile. — *Cass.*, 2 mai 1827, Couret-Préville c. Cléret.

58. — Des ventes d'effets publics dont le prix n'est pas payé et dont la livraison ne s'effectue pas dans l'intervalle d'une bourse à l'autre ne doivent pas, par cela seul, être considérés comme marchés à terme du genre de ceux qui sont prohibés par les règlemens anciens et par les articles 421 et 422, C. pén. — *Paris*, 29 mai 1810, Delatte c. Corteans et Martin.

§ 2. — *Marchés à terme sur des objets autres que les effets publics.*

59. — On a vu (*suprà* n° 3) que l'arrêt du conseil du 7 août 1785 prohibait les « marchés et com-

promis d'effets royaux, et *autres quelconques*; » la prohibition s'étend donc à tous effets autres que les effets publics.

60. — Jugé, en conséquence, que l'arrêt du conseil de 1785 qui déclare nul tout marché à terme d'effets publics, s'applique à la convention par laquelle une partie, en retour d'une rente viagère, s'oblige à livrer, au plus tard dans l'année de son décès, à une autre une inscription de rente sur l'Etat, non réellement mise à sa disposition au moment du contrat. — Cette nullité a également lieu, quand même les chances aléatoires du traité ne dépendent point des variations du cours des rentes. — *Amiens*, 30 juin 1838 (t. 2 1838, p. 513), Boulet c. Dupuis.

61.— Il y a même raison de décider, en ce qui concerne les marchés à terme sur les marchandises. D'ailleurs les dispositions de l'art. 1965 du Code civil sur le jeu et le pari sont générales.

62. — Les marchés à terme sur les marchandises sont donc prohibés lorsqu'ils ne constituent en réalité qu'un jeu ou pari.—*Paris*, 26 août 1826, Dufresne c. Roy.

63. — De même, si les art. 1186 et 1611 permettent de consentir une vente à terme et la rendent obligatoire, il en est autrement de celle qui, sous des apparences du terme stipulé, ne constitue en réalité qu'un jeu de bourse. — *Bordeaux*, 16 juill. 1840 (t. 2 1849, p. 363), Audon c. Dumont-Durant.

64. — Ainsi, les marchés à terme sur les eaux-de-vie et trois-six, qui n'obligent aucune des parties à la livraison, et se résolvent dans le paiement de la différence du cours de ces marchandises, entre le jour de la vente et celui du paiement, ont le caractère de jeu et de pari et doivent, en conséquence, être considérés comme nuls.—*Bordeaux*, 28 août 1826, Pazuengos c. Meyer; 29 août 1828, Lecoq c. Tricou; 16 juill. 1840 (t. 2 1840, p. 363), Audon c. Dumont-Durant.

65. — Ainsi encore, une vente d'huiles à livrer doit être considérée comme un pari sur la hausse et sur la baisse du prix des huiles, lorsque l'acheteur ne met pas le vendeur en demeure de livrer aux termes convenus. — *Lyon*, 31 déc. 1832, Odericu et Millou c. Jamier.

66. — Ces marchés à terme ne peuvent donc donner lieu à aucune action en justice. — *Paris*, 26 août 1826, Dufresne c. Roy; *Bordeaux*, 28 août 1826, Pazuengos c. Meyer.

67. — Ainsi, l'acheteur n'a aucune action contre le vendeur pour le forcer à lui faire la délivrance.—*Bordeaux*, 16 juill. 1840 (t. 2 1840, p. 363), Audon c. Dumont-Durant.

68.— Bien plus, les tribunaux peuvent annuler d'office de pareils marchés ainsi que des engagemens postérieurs qui ont pu en être la suite; par exemple, une cession de marché. — *Lyon*, 31 déc. 1832, Oderieu et Millou c. Jamier.

69. — Si les marchés avaient reçu leur exécution en tout ou en partie, il y aurait lieu d'appliquer ce que nous avons dit (*suprà* n°s 33 et suiv.) sur l'action en répétition.

70. — Ainsi, il n'y aurait pas lieu à répéter le versement d'une somme d'argent fait en exécution du traité passé dans l'espèce rapportée *suprà* n° 60. — *Amiens*, 30 juin 1838 (t. 2 1838, p. 513), Boulet c. Dupuis.

71. — Ainsi encore, celui des contractans pour lequel un tiers a prêté son nom et a payé la différence résultant d'un marché à terme, ne peut être forcé à rembourser à ce tiers les sommes avancées par celui-ci. — *Bordeaux*, 29 août 1828, Lecoq c. Tricou.

72. — Jugé, cependant, que l'exception tirée de ce que la demande a pour cause des marchés à terme ou à livrer, ne peut être opposée au représentant qui n'a fait que signer les marchés conclus par son commettant, et qui, plus tard, s'est chargé envers lui de leur exécution. — *Cass.*, 29 nov. 1831, Quenesson c. Vidil-Fayolle.

73. — Toutefois, de même que, pour les effets publics (V. *suprà*, n°s 47 et suiv.), les marchés à terme sur les marchandises ne sont pas prohibés d'une manière absolue.

74. — En général, les ventes à terme de marchandises sont licites, lorsqu'elles ne cachent pas un jeu de bourse. — *Paris*, 11 mars 1842 (t. 1er 1842, p. 436), Dolfus et Kœchlin c. May.

75. — Spécialement, les marchés à terme d'eau-de-vie et de trois-six ne doivent être annulés que lorsqu'ils cachent un jeu ou un pari, sous les apparences d'une vente. — *Bordeaux*, 24 août 18[illegible], Tastavin c. Sauvage et Robin; *Cass.*, 29 nov. 18[illegible] (t. 1er 1837, p. 242), mêmes parties.

76. — Si donc il résulte des circonstances que les parties se sont livrées à une opération sérieuse, le marché doit être exécuté, alors même que, dans le principe, il y aurait eu, dans la convention, une clause de nullité, à laquelle, depuis, les parties auraient renoncé. — *Paris*, 11 mars 1812 (t. 1er 1812, p. 436), Dolfus et Kœchlin c. May.

17. — On doit considérer comme valable la vente à terme, faite sans réserve, restriction ni modification, d'une marchandise, lorsque, d'ailleurs, les actes et circonstances prouvent que la vente est réelle et non le résultat d'un pari; en conséquence, l'inexécution d'un tel marché donne lieu à des dommages-intérêts. — *Montpellier*, 29 déc. 1827, Cauin... et Carb... c. Crozals.

18. — La circonstance que des ventes d'esprit trois-six auraient été faites à terme, ne suffirait pas seule pour les faire considérer comme ayant le caractère de jeux de bourse, et comme devant, en conséquence, en entraîner l'annulation. — *Amiens*, 15 juin 1837 (t. 2 1837, p. 388), Labbé-Maillard c. Jacob-Grossemy.

19. — De même, l'achat fait à la bourse d'actions de chemins de fer livrables à une époque fixe ne peut être considéré comme un jeu, lorsqu'il est constant que le facteur a rempli les obligations qui lui étaient imposées par sa profession, qu'il a réalisé lui-même les marchés, que ceux-ci n'étaient point de sa part une spéculation sur la hausse ou la baisse, et qu'ainsi ils étaient sérieux. — *Paris*, 17 mars 1849 (t. 1er 1849, p. 431), Roulé-Péchard c. Hauser.

20. — Au surplus, il faut décider que la présomption est en faveur de la validité du marché, et que la preuve de la simulation est à la charge de celui qui allègue la fraude. — *Bordeaux*, 24 août 1835, Tastavin c. Sauvage et Robin; *Cass.*, 29 nov. 1836 (t. 1er 1837, p. 242), mêmes parties.

22. — La question de savoir si un tel marché est ou non sérieux, rentre exclusivement dans l'appréciation des juges du fond. — *Bordeaux*, 24 août 1835, Tastavin c. Sauvage et Robin; *Cass.*, 29 nov. 1836 (t. 1er 1837, p. 242), mêmes parties. — V. AGENT DE CHANGE, VENTE.

MARCHEPIED.
V. CHEMIN DE HALAGE; V. aussi BALISE, n° 12.

MARE.
1. — Petit amas d'eau stagnante.
2. — Selon M. Garnier (*Rég. des eaux*, n° 761), les mares ne diffèrent des lacs et des étangs que par le volume des eaux dont elles sont formées. Les mares sont moins considérables que les étangs, lesquels sont eux-mêmes moins spacieux que les lacs; suivent même on confond ces trois dénominations, et on appelle dans certains pays mare ce qu'on appelle dans d'autres lac ou étang. — V. ÉTANG, LAC.
3. — Les mares sont quelquefois utilisées pour faire abreuver les bestiaux. — V. ABREUVOIR.
4. — Quant à celles qui sont formées par des eaux croupies ou par des eaux de fumier, elles sont sous la surveillance de la police, comme intéressant la salubrité, et si elles étaient une cause d'infection, les maires pourraient en ordonner le comblement. — Perrin, *Code des constructions*, nos 1357 et suiv., et 1862. — V. CLOAQUE, EAUX-MÉNAGÈRES ET DES FUMIERS.

MARÉCHAL.
Maréchal expert, maréchal ferrant. — Patentables: le premier de 5e classe, et le dernier de 6e. — Droit fixe suivant la population, — droit proportionnel du 20e de la valeur locative de l'habitation et des lieux servant à l'exercice de la profession. — V. PATENTE.

MARÉCHAL DE FRANCE.
1. — Nous avons exposé (v° ARMÉE, nos 69, 81, 107) ce qui a rapport à la dignité de maréchal de France; nous avons dit également (v° CHAMBRE DES PAIRS, n° 26) que les maréchaux de France étaient au nombre des notabilités parmi lesquelles la loi du 29 déc. 1831 permettait au roi, sous la monarchie, de choisir les membres de la Chambre des pairs.

2. — Une ordonnance du 26 sept. 1847 avait rétabli la dignité de maréchal général de France, et élevé à cette dignité le maréchal Soult, duc de Dalmatie. — Une autre ordonnance du 11 déc. suivant attribuait au maréchal général la franchise illimitée. — Les nouveaux principes inaugurés par la révolution de février nous paraissent difficilement conciliables avec le maintien de la dignité de maréchal-général.

MARÉCHAUSSÉE.
On appelait ainsi autrefois un corps de gens à cheval, établi pour veiller à la sûreté publique. Le nom de *maréchaussée* venait de ce que ce corps était immédiatement subordonné aux maréchaux de France. — Guyot, *Rép.*, v° *Maréchaussée*. — Ce corps est remplacé aujourd'hui par la gendarmerie sédentaire et mobile (V. GENDARMERIE) et par la garde républicaine (autrefois garde municipale. (V. GARDE MUNICIPALE.)

MAREYEURS.
Mareyeurs, expéditeurs avec voitures servies par des relais. — Patentables. — Droit fixe de 100 fr.; droit proportionnel du 20e sur la maison d'habitation et sur les magasins de vente complétement séparés de l'établissement, et du 40e de l'établissement industriel. — V. PATENTE.

MARGE.
1. — C'est le blanc laissé autour d'une page.
2. — Bien qu'ordinairement les marges se disent de l'espace qui est laissé dans la longueur du papier, à gauche ou à droite, elles s'entendent aussi du blanc qui est laissé au bas et même au haut de la page. — Rolland de Villargues, *Rép. du notar.*, v° *Marge*, n° 2.
3. — Suivant un arrêt de règlement du parlement de Paris, du 4 sept. 1685, les notaires étaient tenus de laisser trois doigts de marge dans toutes les pages de leurs minutes, pour y ajouter commodément les apostilles qu'il convenait d'y mettre. Un édit du duc de Lorraine, du 14 août 1724, prescrivit également aux notaires de laisser, dans le même but, le quart du papier en marge dans toutes les pages de leurs minutes.
4. — L'usage des marges est maintenu par nos lois actuelles; car il résulte de quelques-unes de leurs dispositions, entre autres, qu'on doit écrire en marge: 1° sur les actes notariés, tous les renvois et apostilles, et l'approbation des ratures. — L. 25 vent. an XI, art. 15 et 16.
5. — ... 2° Sur les actes de l'état civil, les mentions relatives à d'autres actes postérieurs (C. civ., 49) ou à la reconnaissance des enfants naturels (C. civ., 62).
6. — ... 3° Que, sur les actes sous seing privé, des écritures peuvent être mises en marge (C. civ.,1322).
7. — Les livres des commerçans ne doivent pas contenir de transport en marge (C. comm., 19). — V. ACTE NOTARIÉ, BLANC, ÉCRITURE (acte), RENVOI.

MARGUILLIER.
V. FABRIQUE D'ÉGLISE.

MARI.
1. — Le mari est l'homme uni à la femme par le lien du mariage.
2. — Le mari, comme chef du ménage, a des droits et des devoirs qui sont expliqués v° ALIMENS, AUTORISATION DE FEMME MARIÉE, COMMUNAUTÉ, DOT, MARIAGE, RESPONSABILITÉ, SÉPARATION DE BIENS.
3. — Lorsque le mari et la femme sont séparés de biens, ils ne doivent qu'une patente; à moins qu'ils n'aient des établissements distincts, auquel cas chacun d'eux doit avoir sa patente et payer séparément les droits fixes et proportionnels. — L. 25 avr. 1844, art. 15. — V. PATENTES. — V. encore ABSENCE, ABUS DE CONFIANCE, ADULTÈRE, AYANT CAUSE, CONTRAT DE MARIAGE, CURATEUR, PEINE, SERMENT JUDICIAIRE ET EXTRAJUDICIAIRE, SUCCESSION, VOL.

MARIAGE.

Table alphabétique.

MARIAGE. — 1. Le mariage, envisagé sous ses rapports naturels et civils, est l'union légitime de l'homme à la femme, qui s'associent dans le but de perpétuer leur espèce et de partager toujours leur commune destinée. — Duranton, t. 2, n° 8.

CHAPITRE Ier. — Histoire et Législation.

2. — On connaissait à Rome deux modes d'union légitime purement facultatifs : le mariage ex farreatione et le mariage ex coemptione, plus une troisième espèce de mariage qui, pour différer essentiellement des autres sous le rapport des formes et pour la condition de l'épouse, n'en avait pas moins la puissance de produire pour...

les enfans les mêmes effets civils : c'est ce qu'on appelait le mariage *ex usucapione*. — Pothier, *Pand.*, tit. 6, sect. 2, art. 2; L. 9 et 22, *C. de nupt.*; Vazeille, *Tr. du mariage*, disc. prélim.; Allemand, *Traité du mariage*, t. 1er, disc. prélim., p. 19 et 20.

3. — Enfin, on connaissait aussi une sorte de concubinage autorisé par la loi, et qui était désigné sous le nom d'habitude licite : *licita consuetudo*; et même sous celui d'union légitime, mais injuste : *injustæ nuptiæ et legitimæ*. — L. unic., *C. de concub.*; L. 1 et 3, ff., *de concub.*; L. 56, ff., *de actu nupt.*

4. — Ces unions s'opéraient au moyen de cérémonies plus ou moins solennelles, et quant au mariage *ex usucapione* il avait lieu sans cérémonie aucune.

5. — Lorsque le christianisme fut venu substituer ses cérémonies à celles des païens, Justinien, par sa novelle 74, ordonna que le mariage des personnes élevées aux premières dignités, *et senatores et magnificentissimè illustres*, ne pourrait s'établir que par un contrat de conventions matrimoniales : les citoyens d'un rang inférieur, *in militiis honestioribus et omninò professionibus dignioribus*, furent seulement soumis à la déclaration de leur mariage dans une église, en présence de témoins, l'ancien droit continuant de subsister pour les personnes obscures. Plus tard, par sa novelle 117, le même empereur décida que les étrangers, de quelque rang qu'ils fussent, et toutes personnes, à l'exception des Romains revêtus des plus hautes dignités, pourraient établir leur mariage par le seul fait de leur union. — Vazeille, *loc. cit*; Allemand, *ibid.*, p. 30.

6. — Le concubinage domestique, réprouvé par la religion catholique, fut, de la part des empereurs, l'objet de dispositions sévères et prohibitives, mais il ne s'effaça que lentement; et même il laissa place à une sorte de mariage encore connu en Allemagne sous le nom de *mariage de la main gauche* ou *à la morganatique*, mais qui n'a jamais été admis en France. — V. MARIAGE DE LA MAIN GAUCHE.

7. — Dans l'ancienne législation française, le mariage était régi tant par certaines règles du droit romain que par les préceptes du droit canonique, les dispositions des ordonnances royales et les arrêts de règlement. Il existait un très-grand nombre d'empêchemens qui tous n'ont pas été admis par la loi nouvelle. Elle a notamment supprimé l'empêchement résultant de l'alliance spirituelle que formait le baptême entre l'enfant et ceux qui le tenaient sur les fonts baptismaux, et celui qui résultait de la diversité de religion (édit de 1680). On ne retrouve pas non plus, dans le Code, la défense de mariage entre le meurtrier d'un époux et l'époux survivant. — Pothier, *Tr. du mariage*, nos 85 et suiv.

8. — La prohibition de mariage résultant des fiançailles n'a pas non plus été reproduite par le Code. — V. FIANÇAILLES. — Non plus que celle tirée du rapt ou de la séduction, ou de l'adultère.

9. — L'âge compétent pour contracter mariage était fixé à 12 ans pour les filles et à 14 ans pour les hommes. — V. *infrà* nos 26 et suiv.

10. — Le consentement des père et mère ou du survivant d'eux était exigé pour la validité du mariage des filles âgées de moins de 25 ans et des fils au dessous de 30 ans. — Edit 1566; ordonn. de Blois; déclar. 1639. — D'Aguesseau, 30e plaidoyer, 3e vol. — Après cet âge le mariage contracté sans le consentement des père et mère était valable, sauf l'obligation, à peine d'exhérédation, de leur adresser deux sommations respectueuses. — Edits 1556-1697; déclar. 1639; arr. régl. 1692. — V. ACTES RESPECTUEUX.

11. — Le mariage légitimait les enfans nés antérieurement *ex soluto et soluta* (V. LÉGITIMATION); sauf cependant le cas où il avait été tenu secret (V. CLANDESTINITÉ), ou celui où il avait été contracté *in extremis*. — V. *infrà*.

12. — L'ordonn. de Blois (art. 43) exigeait pour les mineurs orphelins le consentement de leurs tuteurs ou curateurs, autorisés par une délibération des plus proches parens. En cas de refus du tuteur ou du curateur, la justice pouvait autoriser le mariage. — L'absence de ces conditions rendait le mariage nul; mais il pouvait ne pas être annulé, s'il était avantageux au mineur et s'il n'apparaissait pas qu'il fût entaché du vice de séduction ou de surprise. — Pothier, *Tr. du mariage*, nos 333, 336. — V. *infrà*.

13. — Les enfans illégitimes mineurs avaient besoin du consentement de leur tuteur ou curateur. — Majeurs, ils n'avaient besoin du consentement d'aucuns parens, pas même de celui de leurs père et mère. — Arr. du 1er févr. 1662. — Pothier, *ibid.*, no 342. — V. *infrà*.

14. — Les princes du sang ne pouvaient se marier sans le consentement du roi. — V. FAMILLE ROYALE.

15. — L'Eglise ayant élevé le mariage à la dignité de sacrement, la puissance séculière fit dépendre l'existence du lien civil de la bénédiction du prêtre attestée par lui-même. — Les curés faisaient fonctions d'officiers de l'état civil. — Ord. de Blois; déclar. 1639; édit 1697.

16. — Le mariage devait être précédé de publications appelées *bans*, auxquelles il ne pouvait être formé opposition. — V. BANS DE MARIAGE.

17. — Il ne pouvait être célébré que par le curé de l'un d'eux ou par le prêtre qu'il autorisait à le remplacer. — Ord. Blois, art. 40; édit 1697.

18. — Dans tous les cas, il était permis d'accorder, pour cause urgente et légitime, des dispenses d'empêchemens, de bans ou de domicile. V. DISPENSES DE MARIAGE.

19. — Les mariages déclarés nuls n'étaient pas entièrement privés des effets civils et ne rendaient pas les enfans illégitimes lorsque les époux ou l'un d'eux étaient de bonne foi. — Le Code civil n'a pas innové sur ce point.

20. — La loi de 1792 est venue modifier l'ancien état de choses en proclamant que le mariage ne devait être considéré que comme un contrat civil. Dès lors le mariage dut être célébré et ne put être célébré que devant un officier public. — Le même principe se trouvait au reste déjà déposé dans la constitution de 1791, et même, dès 1787, un édit de Louis XVI avait permis à ceux qui ne professaient pas la religion catholique de se marier devant un officier de la justice civile. — V. ACTES DE L'ÉTAT CIVIL.

21. — Bien que le mariage soit un sacrement pour les catholiques et un acte consacré par toutes les religions, la loi commune ne l'envisage et ne le règle que comme contrat civil. — Le contrat civil est même le *seul* que la loi reconnaisse et auquel elle attache des effets; aussi défend-elle aux ecclésiastiques de donner la bénédiction nuptiale aux personnes qui ne justifieraient pas de la célébration antérieure devant l'officier de l'état civil.

22. — Le mariage n'est pas nul par cela que l'un des conjoints refuse de le faire célébrer religieusement. — *Montpellier*, 4 mai 1847 (t. 1er 1849, p. 615), Roques.

23. — Et ce refus n'autoriserait pas la femme, en dehors de toute demande en séparation de corps, à refuser de cohabiter avec son mari. — Même arrêt.

24. — En effet, le mariage est un pur contrat civil qui existe complétement par sa célébration régulière devant l'officier de l'état civil, et indépendamment de toute cohabitation. — Même arrêt.

25. — Il existe entre la loi de 1792 et les dispositions du Code quelques différences qui trouveront leur place à côté de l'exposition des principes consacrés par la loi nouvelle.

CHAPITRE II. — *Conditions et qualités nécessaires pour pouvoir contracter mariage.*

Sect. 1re. — *Age compétent.*

26. — Suivant le droit romain et le droit canonique dont les règles étaient suivies en France relativement au mariage, l'âge compétent était fixé à 14 ans pour les hommes et à 12 ans pour les femmes. — *Inst. tit. de nuptiis princ.*; Pothier, no 94; Allemand, t. 1er, nos 23, 24 et 25.

27. — Toutefois, le mariage contracté par des individus n'ayant pas atteint cet âge n'était pas nul, si la présomption d'impuberté résultant de l'âge était détruite par la preuve contraire. — Ainsi, Pothier rapporte qu'une jeune veuve de 11 ans 9 mois, dont le mariage était attaqué, ayant prouvé son état de grossesse, le mariage fut maintenu; et cette décision, dit-il, est conforme à celle du pape Alexandre III (*Cap. de illis ext. de desp. imp.*), où, dans l'espèce d'un mariage contracté entre personnes au-dessous de l'âge ordinaire de puberté, le pape dit : *Si ità fuerint ætati proximi, quòd potuerint copulâ carnali conjungi, minoris ætatis intuitu separari non debent, quum in eis ætatem supplevisse malitiâ videtur.* — Pothier, no 94.

28. — La loi de 1792 vint apporter une première modification à cet état de choses, en fixant cet âge à 15 ans pour le sexe masculin et 13 ans pour le sexe féminin.

29. — Enfin est survenu le Code civil, qui porte que l'homme avant 18 ans révolus et la femme avant 15 ans révolus ne peuvent contracter mariage (C. civ., art. 144), et cette prohibition est absolue. — C'est qu'en effet le mariage ne constitue pas seulement une association charnelle, mais aussi une association civile pour laquelle il faut quelque chose de plus que la puissance physique, mais aussi un développement moral que la loi ne suppose pas, et avec raison, pouvoir exister avant cet âge.

30. — Toutefois il est loisible au chef du gouvernement d'accorder des dispenses d'âge pour motifs graves. — C. civ., art. 145.

31. — Ces dispenses sont délivrées conformément à l'arrêté du 20 prair. an XI. — V. DISPENSES DE MARIAGE.

Sect. 2e. — *Consentement des contractans.*

32. — Une des conditions essentielles du mariage c'est le consentement des contractans. Il n'y a pas de mariage, dit l'art. 146, s'il n'y a pas de consentement.

33. — Par consentement la loi a entendu évidemment parler d'un consentement libre et qui ne soit infecté d'aucun vice. — Au surplus, c'est aux tribunaux qu'il appartient d'apprécier si l'adhésion donnée au mariage par le contractant a ou non le caractère d'un consentement valable. — Allemand, t. 1er, nos 149, 150 et 151.

§ 1er. — *Interdits et sourds-muets.*

34. — On avait proposé au Conseil d'Etat l'addition d'un article portant : *L'interdit pour cause de démence est incapable de contracter mariage.* Mais le Conseil d'Etat supprima cet article, pensant que ces dispositions n'étaient que la conséquence de la règle générale qui exige pour le mariage un consentement valable.

35. — On peut donc poser en principe que l'interdit ne peut se marier, puisqu'il est incapable de donner un consentement valable. — Delvincourt, t. 1er, note 1, p. 55; Pothier, *Traité du mariage*, no 92.; Allemand, t. 1er, nos 185, 186 et 187.

36. — La question est d'autant moins douteuse, que l'art. 502 déclare nuls de droit tous les actes consentis par lui postérieurement au jugement d'interdiction, et que l'art. 174 suppose que la démence est un empêchement au mariage; à plus forte raison l'interdiction.

37. — Mais il faut remarquer que l'interdit aurait seul le droit de se prévaloir de cette nullité, ou, pour lui, son tuteur. Ce droit n'appartiendrait pas à l'autre époux. — Arg., art. 1125.

38. — Le tuteur ne pourrait, dans ce cas, agir sans l'autorisation du conseil de famille, attendu qu'il s'agirait là d'une action qui intéresse l'*état* du pupille. — Duranton, t. 2, no 30.

39. — M. Duranton dit, mais sans l'approuver précisément, que comme une nullité de mariage est chose grave, il serait possible, s'il existait des enfans du mariage attaqué, que la demande en nullité formée par l'interdit lui-même fût repoussée *s'il était bien établi que celui-ci était dans un état parfaitement lucide au temps du mariage* (*Dr. franç.*, t. 2, no 29). — Pothier admet aussi que le mariage contracté par une personne folle d'habitude, mais pendant un intervalle lucide, serait valable. — *Traité du mariage*, no 92. — V. aussi Despeisses, t. 1er, p. 246. — Pour nous, il nous semble que l'incapacité de l'insensé n'étant fondée que sur la présomption qu'il ne peut *consentir*, si cette présomption était détruite par la preuve contraire, si le consentement donné dans un intervalle lucide apparaissait revêtu de tous les caractères qui pourraient le faire réputer intelligent et libre, les juges devraient reconnaître la validité du mariage.

40. — C'est aussi ce qui résulte d'un arrêt de la Cour de cassation du 12 nov. 1844 (t. 1er 1845, p. 515 [Sillas Lenormand c. Besson]), qui a jugé que si, aux termes de l'art. 502 C. civ., tous actes passés par un interdit sont nuls de plein droit, on ne saurait en conclure que l'interdit soit *absolument* incapable de contracter mariage dans les intervalles lucides. — V., dans le même sens, Zachariæ, t. 3, § 464.

41. — Si l'interdit était relevé de l'interdiction, la nullité serait couverte soit par une ratification expresse de sa part, soit par une ratification tacite résultant d'une cohabitation de six mois depuis que l'état d'interdiction a cessé d'exister. — Argum. art. 181. — Duranton, no 31.

42. — Et même en l'absence de ratification expresse ou tacite, soit par suite du décès du conjoint pendant l'interdiction ou du défaut de la cohabitation dont il vient d'être parlé, la

nullité serait couverte par le laps de dix années à partir du jugement de mainlevée. — C. civ., 1304. — Duranton, n° 52.

43. — Jugé que le tuteur d'un interdit peut, comme le pourrait l'interdit lui-même, si la cause de son interdiction venait à cesser, demander la nullité du mariage contracté par ce dernier, antérieurement à son interdiction, mais à une époque où la cause de l'interdiction existait déjà notoirement, et où, par suite, l'interdit était déjà entièrement incapable de donner aucun consentement valable. — *Bruxelles*, 17 juill. 1828, N...

44. — Le mariage contracté par un individu en état de démence, quoique non interdit, pourrait aussi être annulé sur sa demande ou sur celle de son tuteur, autorisé *ad hoc*, pour défaut de consentement. C'est ce que suppose l'art. 503, qui autorise la demande en nullité des actes antérieurs à l'interdiction, si la cause de l'interdiction existait notoirement à l'époque où ces actes ont été faits. — Delvincourt, t. 1er, p. 55, note 1.

45. — Après la mort du dément, ses héritiers collatéraux pourraient-ils demander, pour cause de démence, la nullité de son mariage?

46. — La cour de Toulouse a décidé, en se fondant sur l'art. 504, qu'on ne peut, après le décès de l'époux mort *integris statûs*, proposer la nullité de son mariage, fondée sur ce qu'il n'a pu y consentir en ce qu'il avait perdu l'intelligence, la mémoire et la parole, au moment du mariage, et cet arrêt se base sur ce que l'interdiction *n'a été ni prononcée ni provoquée de son vivant*. D'où l'on peut conclure qu'il eût accueilli la demande des héritiers si l'interdiction eût été prononcée ou même provoquée du vivant de l'époux, et *à fortiori* s'il eût été interdit au moment du mariage. — *Toulouse*, 26 mars 1824, Caubère c. Bois et Fillons. — Allemand, t. 1er, nos 191 et 192; Demolombe, *Cours de Code civil*, t. 3, n° 21.

47. — Mais, d'un autre côté, la Cour de cassation a décidé, et avec raison, suivant nous, que les collatéraux n'étant autorisés à attaquer les mariages contractés par leurs parens, qu'autant qu'ils y sont autorisés par la loi, ne peuvent les attaquer pour cause de démence, la loi ne contenant, pour ce cas, aucune disposition. — *Cass.*, 9 janv. 1821, Joliot c. Martin. — V. aussi 12 nov. 1844 (t. 1er 1845, p. 515), Sillas Lenormand c. Besson.

48. — Il est vrai que, dans l'espèce de l'arrêt de 1821 précité, l'interdiction n'était pas prononcée au moment du mariage; mais, ainsi que le fait remarquer M. Duranton (t. 2, n° 33), le motif qui a dicté l'arrêt s'applique à l'un comme à l'autre cas, et, de plus, l'interdiction avait été prononcée depuis, ce qui eût rendu les héritiers recevables à agir d'après le droit commun que consacre l'art. 504. — Cet auteur donne, au surplus, comme motif de dérogation à l'art. 504, cette raison déterminante que les collatéraux ayant le droit de s'opposer au mariage de leur parent quand celui-ci est en état de démence, doivent s'imputer à faute de ne pas l'avoir fait.

49. — Vazeille, au contraire (*Tr. du mariage*, t. 1er, n° 239), émet l'opinion que les héritiers peuvent attaquer le mariage contracté par l'insensé. Il accorde même ce droit, du vivant de l'insensé, tant à ses parens qu'au ministère public. Il lui répugne qu'un mariage ainsi contracté puisse subsister.

50. — Jugé, à l'égard d'un mariage dissous avant le Code, que les collatéraux ont pu être admis à demander la nullité du mariage contracté par leur auteur, si celui-ci était alors interdit pour cause de démence. — *Cass.*, 28 déc. 1831, Foucaud.

51. — Quant à l'individu placé sous l'assistance d'un conseil judiciaire, il peut se marier. — Allemand, t. 1er, n° 193. — V. CONSEIL JUDICIAIRE.

52. — On peut également poser le même principe à l'égard du sourd-muet. Un article avait été présenté au Conseil d'Etat portant que les sourds-muets ne peuvent se marier qu'autant qu'il serait constaté dans les formes prescrites par la loi qu'ils sont capables de manifester leur volonté. — Mais cet article, qui faisait de l'incapacité des sourds-muets une règle générale pour ne les admettre à la possibilité de se marier que par exception, fut supprimé pour laisser place au principe général de l'art. 146. — Le mariage d'un sourd-muet sera donc valable s'il a pu intervenir de sa part un consentement réel; les juges apprécieront. — Duranton, t. 2, n° 39; Demolombe, t. 3, n° 24; Pothier, n° 93 (qui cite en ce sens un arrêt du 16 janvier 1658 rapporté par Soëfve); Marcadé, sous l'art. 146, n° 1er.

53. — Et il a été jugé avec raison qu'un muet n'est pas incapable de se marier, puisque la parole peut être suppléée par des signes de nature

à manifester son consentement d'une manière non équivoque. — *Toulouse*, 26 mars 1824, Caubère c. Bois. — Allemand, t. 1er, nos 195, 196, 197 et 198; Zachariæ, t. 3, p. 213 et 216, note 6; Demolombe, t. 3, n° 24.

§ 2. — *Violence. — Rapt. — Séduction. — Dol.*

54. — La violence vicie le consentement. — Elle peut être ou physique ou morale : mais dès qu'elle existe, ses effets sont les mêmes. — Remarquez au surplus qu'elle ne crée qu'une nullité relative; ainsi qu'il sera expliqué plus bas, nos 610 et suiv.

55. — Il y a violence physique, par exemple, dans le cas d'un rapt exécuté à force ouverte par celui qui veut épouser une personne malgré elle ou d'un enlèvement exécuté par des parens qui veulent forcer une personne à un mariage qu'elle ne veut pas, si la violence continue d'exister au moment même de la célébration du mariage. — Toullier, t. 1er, n° 504; Allemand, *Traité du mariage*, t. 1er, n° 173.

56. — La violence morale peut venir ou de mauvais traitemens, ou de menaces antérieures à la célébration du mariage. — Toullier, n° 505; Locré, *Espr. du C. civ.*, t. 2, p. 44; Duranton, t. 2, n° 43; Allemand, nos 174, 175, 176 et 177.

57. — Elle doit, pour vicier le consentement, avoir la gravité que signale l'art. 1122 Code civ., c'est-à-dire être de nature à faire impression sur une personne raisonnable et à lui inspirer la crainte d'exposer sa personne ou sa fortune à un mal considérable et présent. — Delvincourt, t. 1er, p. 73, n° 1er; Duranton, n° 43.

58. — Il faut qu'elle soit *grave*, *actuelle* (L. 9, ff., *Quod metus causâ*. — Duranton, n° 46), en ce sens du moins que l'effet doive suivre la menace à une époque rapprochée. — Mais la seule crainte révérencielle (art. 1112) ne suffirait pas pour vicier le consentement. — Ni des menaces vagues. — Duranton, *loc. cit.*; Toullier, n° 507; Delvincourt, t. 1er, p. 73, note 1re.

59. — Pour vicier le consentement il n'est pas nécessaire que la violence soit exercée par l'autre époux. L'art. 180 suppose en effet le cas où chacun d'eux aurait subi la violence. — Il suffit donc qu'elle ait existé; et suivant les personnes qui l'auront exercée, les juges apprécieront si elle a été ou non de nature à vicier le consentement.

60. — La violence exercée sur le père, la mère ou un autre ascendant de l'époux ou son descendant pourrait aussi vicier le consentement. Ainsi, par exemple, si l'une de ces personnes était menacée de mort. — Au surplus, c'est la règle posée par l'art. 1113. — Delvincourt, *loc. cit.*; Allemand, *ibid.*, t. 1er, nos 179 et 180.

61. — Vazeille (n° 79) étend même aux parens et aux amis qui ont tenu lieu de parens à l'époux la règle de l'art. 1113. — Suivant lui, la violence exercée sur eux pourrait être une cause de nullité du mariage. — Nous devons, toutefois, faire observer que l'art. 1113 ne mentionne que l'époux, les ascendans et les descendans.

62. — Au surplus, pour toutes ces circonstances, on a égard à l'âge et à la condition des personnes. — Delvincourt, *loc. cit.*; Duranton, n° 45.

63. — Il faut que la contrainte ait pour objet le mariage lui-même; il faut, en outre, que ce soit une violence injuste et contraire aux bonnes mœurs : *adversus bonos mores*, dit la loi 3, § 1° ff., *Quod metus causâ*. — Vazeille, t. 1er, n° 80; Delvincourt, t. 1er, p. 73, note 1re; Pothier, *Oblig.*, n° 26. — Vazeille cite comme exemple d'une contrainte non injuste le cas où celui qui l'aurait subie ne s'y serait soumis que pour éviter les effets d'une plainte juste et fondée, telle qu'une plainte en viol. — V. aussi Pothier, *Du mariage*, n° 316; Allemand, *ibid.*, t. 1er, n° 178.

64. — Mais si, au lieu de menacer d'une plainte en justice celui qui aurait commis un viol sur sa fille, le père employait une violence illégale, telle que la menace de mort, le mariage contracté sous l'influence de ces menaces pourrait être déclaré nul. — Duranton, n° 51; Vazeille, n° 82; Toullier, n° 509.

65. — Ainsi qu'il a été dit plus haut, le rapt caractérise la violence au plus haut degré. — Justinien avait déclaré qu'il formerait un empêchement absolu entre le ravisseur et la personne ravie (L. uniq., au Code, *De rapt. virg.*). Les capitulaires de Charlemagne portaient le même principe. Le pape Innocent III leva la défense de mariage, à la condition du libre consentement de la personne ravie : ce qui ne pouvait exister, suivant le concile de Trente, qu'autant que cette personne aurait été mise hors de la puissance du ravisseur. — Dans notre droit, le rapt ne donne

lieu qu'à une action en nullité de la part de la personne dont le consentement a été ainsi vicié. Et encore, dit M. Duranton (n° 53), faut-il que le consentement ait été donné sous l'influence du rapt, ce qui n'aurait pas eu lieu si la personne ravie eût recouvré sa liberté avant la célébration et pu, dès lors, refuser son consentement. — Au surplus, c'est encore là un point que les juges apprécieront.

66. — Quant au rapt *de séduction*, connu dans l'ancienne jurisprudence et qu'elle punissait de mort (V. déclar. du 22 nov. 1730), ce n'est plus une cause particulière de nullité de mariage. Tout se réduira à la question de savoir si le consentement de la personne séduite a ou non été libre. — Duranton, n° 54.

67. — Jugé, sous l'empire de la loi de 1793, que la séduction pratiquée par le fils du tuteur sur la pupille était de nature, comme caractérisant le déréglement notoire de mœurs dont parle la loi du 7 sept. 1793, à faire obstacle au mariage de cette pupille avec son séducteur. — *Paris*, 8 therm. an X, Balainvilliers c. Vaucresson.

68. — Il ne paraît pas qu'en matière de mariage le consentement soit vicié par le simple dol, alors d'ailleurs qu'il n'a pas eu pour résultat une erreur sur la personne. — Toullier, t. 1er, nos 517 et 523; Duranton, t. 2, n° 60; Zachariæ, § 462.

§ 3. — *Erreur. — Impuissance.*

69. — Il n'y a pas de consentement valable s'il est donné par erreur (art. 1109). — *Non videntur qui errant consentire*. — L. 116, § 2, ff., *De reg. jur.*

70. — Ce principe, simple en apparence, présente, dans son application, des difficultés réelles. — La première rédaction de l'art. 146 disposait que l'erreur, pour vicier le consentement, devrait porter *sur la personne*. Ce mot *personne* parut équivoque : fallait-il le réduire à la personne *physique* et *individuelle*? ou bien l'étendre à la personne civile ou sociale? Quelques-uns soutenaient que l'erreur sur les *qualités civiles* devait vicier le mariage dans *tous les cas*. D'autres, Bonaparte était du nombre, disaient qu'elle ne devait avoir cet effet que lorsque l'époux, sur lequel elle tombait, en aurait été le complice. D'un autre côté, la Cour de cassation demandait que le mot *individu* fût substitué à celui de *personne*, ce qui ne devait dès lors s'entendre que de la *personne physique*. Dans ce conflit d'opinions, et pour terminer la discussion, on retrancha la deuxième partie de l'article projeté en ne conservant que la première partie : « Il n'y a pas de mariage quand il n'y a pas de consentement. » Et toutefois on laissa subsister dans l'art. 180 les mots *erreur dans la personne*. Ces mots néanmoins paraissent (V. Locré, t. 4, p. 510) avoir été expliqués par Portalis dans un sens conforme à l'avis de la Cour de cassation, c'est-à-dire dans le sens de l'erreur sur la personne *physique*. — V. aussi Maleville, sur l'art. 146; Allemand, *Traité du mariage*, t. 1er, nos 161, 162, 16

71. — Or, par personne physique, on ne devrait littéralement entendre que l'erreur sur l'*individu* : ainsi, par exemple, si une femme en croyant épouser Pierre avait épousé Paul. — Ce cas, comme on peut le penser, se présenterait bien rarement.

72. — ... Ou bien encore, suivant Delvincourt, si, voulant épouser la fille de tel individu que je ne connais pas, on me faisait épouser une autre femme que l'on dît être cette fille (t. 1er, p. 73, note 3).

73. — On comprend que, dans cet état de la question, et la discussion du Conseil d'Etat ne l'ayant pas éclairée d'une manière plus vive et plus sûre, les auteurs ont dû être divisés sur la solution et sur l'application de ces mots *erreur de la personne* de l'art. 180. — Toullier (t. 2, n° 52) dit que les tribunaux restent libres de décider, d'après les faits et les circonstances, les cas où il n'y a pas de consentement valable.

74. — Il est cependant quelques règles généralement adoptées : ainsi, par exemple, on pense communément que l'erreur sur les qualités morales de la personne, ses mœurs, son caractère, ses talens, non plus que celle tombant sur les avantages accidentels, tels que la *naissance*, la *fortune*, ne sont pas une cause de nullité du mariage. — Pothier, n° 310; Proudhon, t. 1er, p. 22; Vazeille, t. 1er, nos 63 et suiv.; Toullier, t. 1er, n° 520; Duranton, t. 2, nos 56 et 57.

75. — De même les auteurs précités disent qu'il n'y aurait pas nullité en ce qu'on aurait épousé comme fille légitime une fille qui perdrait cette

qualité par suite d'une action en supposition de personne.

76. — « Si l'erreur sur les qualités morales et naturelles, sur les mœurs, les vertus, le caractère, n'annule pas le mariage, l'annuler pour cause d'erreur sur les qualités civiles, sur la légitimité, sur la famille, disait Bonaparte, alors 1er consul, ce serait dégrader la nature humaine : car ce serait donner la préférence aux qualités civiles sur les qualités naturelles. » (Locré, t. 3, p. 39, édit. in-8°.) — « Les qualités civiles, ajoute Toullier (t. 2, n° 521), étaient d'un grand poids lorsqu'il existait des distinctions de *castes;* mais aujourd'hui qu'on ne considère plus l'homme qu'en lui-même et tel qu'il est dans la nature, la considération de l'individu détermine le plus grand nombre des mariages. Si le nom, les qualités civiles tiennent aux idées sociales, il y a quelque chose de plus réel dans les qualités morales, comme l'honnêteté, la douceur, l'amour du travail. On ne peut pas dire que celui qui les rencontre dans la personne qu'il a épousée a été trompé, quoiqu'il se soit mépris sur des accessoires. »

77. — Toullier et M. Duranton appliquent la même décision au cas où une femme française épouserait un étranger. — Toullier, n° 519; Duranton, n° 59. — Par la double raison que le mariage est permis entre Français et étrangers, et que d'ailleurs ici l'erreur tombe sur la qualité de la personne et non sur la personne elle-même.

78. — Suivant Pothier (*Traité du mariage*, n° 310), l'erreur sur les qualités dont il a été parlé plus haut, ne serait pas une cause de nullité, lors même qu'elle n'aurait été que le résultat de manœuvres frauduleuses de l'autre partie. — V., en ce sens, Duranton, n° 60; Toullier, n° 517.

79. — On s'est demandé si, dans le cas où un étranger aurait recours à un acte faux pour se faire croire Français, ce pourrait être une cause de nullité du mariage. — Mais Vazeille se décide pour la négative (n° 71), par le motif que ce faux est sans conséquence quant au mariage, puisqu'avec la certitude qu'un individu est regnicole, on ne saurait avoir la certitude qu'il ne deviendra pas étranger.

80. — Toullier (n° 521) enseigne que l'erreur sur la qualité, le nom, la famille, peut quelquefois dégénérer en erreur sur la personne; qu'elle peut être produite par le dol personnel d'un des conjoints, et être telle qu'il soit évident que, sans ces manœuvres, le mariage n'aurait pas été contracté. Il en donne pour exemple le cas où un prince, croyant épouser une princesse aînée, héritière d'une principauté, épouserait une princesse cadette. — « Pour être conséquent, ajoute M. Duranton (t. 2, n° 65), il faudrait aussi décider que si un pair de France qui a promis d'unir son fils aîné, *héritier de la pairie* (ceci était écrit avant la loi du 29 déc. 1831), à la fille d'un ami qui demeure au loin, lui envoie son autre fils qui dissimule sa qualité de puîné, le mariage sera nul : car c'est l'héritier de la pairie que la fille et sa famille ont voulu agréer. Il faudrait décider de même dans le cas où le droit d'aînesse se bornerait même à un simple majorat. Mais y a-t-il bien ici erreur dans la *personne?* Cette *personne* n'a-t-elle pas été vue avant et pendant la célébration? N'est-ce pas elle qui a été *agréée* avant de se présenter à l'officier de l'état civil, et n'est-ce pas elle qui a été agréée devant lui? Elle n'aurait pas été agréée si la condition eût été mieux connue... soit; mais alors ce n'est qu'une erreur sur la *qualité :* erreur moins grave que si j'épousais une fille *naturelle* et *sans parens connus*, croyant épouser une fille *légitime...* » — Allemand, *Traité du mariage*, nos 164, 165.

81. — De ce conflit d'opinions et d'explications il résulte, suivant nous, qu'à défaut de principes posés par le législateur, les tribunaux, ainsi que le dit Toullier, devraient être investis d'un grand pouvoir d'appréciation. Sans vouloir que la nullité ne résulte exclusivement que de l'erreur dans la *personne physique*, dans le sens que la Cour de cassation donnait à ce mot; sans vouloir, non plus, que l'erreur sur la personne morale soit toujours une cause de nullité, ce que ne sauraient admettre la sainteté du mariage et le caractère de stabilité qui en fait la force et la puissance, il nous semble que tout dépendra des circonstances : ainsi, par exemple, un homme voulant s'allier à une famille honorable, aura pris un nom de famille et des qualités qui ne lui appartenaient pas; ce n'était pas seulement un aventurier, c'était un faussaire. Car ce n'est qu'à l'aide de faux et de manœuvres frauduleuses qu'il sera parvenu à faire croire à l'existence en sa faveur d'un état civil qui ne lui appartenait pas. Cet état civil aura été la cause impulsive du mariage. Evidemment il y a eu là erreur *dans la personne;* car la famille indignement abusée, si elle avait devant elle la personne individuelle et physique à laquelle elle donnait sa fille, ne se trouvait pas en présence de la personne réelle à laquelle elle croyait la donner. — Vazeille, n° 70; Proudhon, t. 1er, p. 226.

82. — Aussi a-t-il été jugé avec raison qu'on doit considérer comme erreur dans la personne, celle qui porte sur l'état civil du contractant, si cet état a été la *cause impulsive* du mariage, alors surtout qu'elle a été le résultat du dol et de la fraude. — Et qu'ainsi, le mariage peut être déclaré nul, lorsque l'un des contractans, par suite de faux ou de manœuvres frauduleuses, a pris un nom de famille et des qualités qui ne lui appartenaient pas. — *Bourges*, 6 août 1827, Beauger c. Ferry.

83. — Au reste, nous serions disposés à admettre qu'il y a eu erreur viciant le consentement toutes les fois que la morale ne permet pas de supposer que l'époux, éclairé depuis sur des faits qui lui auraient été cachés par dol et qu'il n'aurait pu être à même de connaître, eût donné son consentement. Aussi, par exemple, sommes-nous d'avis, bien qu'un jugement du tribunal de la Seine ait en 1838 décidé le contraire (V. *Gazette des Trib.*, 16 juin 1838), que la femme qui aurait épousé par erreur un forçat libéré pourrait demander la nullité de son mariage, ou tout au moins que cette circonstance devrait être prise en grande considération par les juges. En vain dirait-on que ce fait ne pourrait que donner lieu à la séparation de corps : c'est là une erreur; il est même vrai de dire que ce ne saurait être là une cause de séparation, la séparation ne pouvant dériver de faits *antérieurs* au mariage. — Duranton, t. 2, n° 62. — V. cependant Vazeille, n° 68; Zachariæ, § 462.

84. — A plus forte raison devrait-on réputer nul le mariage contracté par erreur avec un individu condamné aux travaux forcés à perpétuité et qui se serait évadé. — Ce mariage, d'ailleurs, serait nul sous un autre rapport, puisque le mort civilement ne peut contracter un mariage qui produise des effets civils. — Duranton, n° 62; Allemand, nos 167 et 168; Vazeille, n° 68. — *Contrà* Pothier, n° 313.

85. — C'est aussi avec raison qu'il a été jugé qu'une femme catholique qui, sans le savoir, a épousé un ci-devant moine profès, peut demander la nullité de son mariage pour cause d'erreur dans la personne. — *Colmar*, 6 déc. 1811, Karm c. Charpion. — En effet, la loi ne peut pas vouloir forcer une personne à faire violence à sa conscience, qui, d'après ses principes religieux, lui reprocherait sans cesse de commettre un adultère continuel, en vivant en mariage avec un individu engagé dans les ordres sacrés. — Duranton, t. 2, n° 66; Delvincourt, t. 1er, p. 173, n° 3; Allemand, nos 167 et 168.

86. — Il est au reste évident que les juges devront être très-circonspects sur l'admission de la preuve de l'*ignorance* dont exciperait, quant au mariage, l'époux demandeur en nullité, ainsi que de celle du dol dont il prétendrait avoir été victime.

87. — Jugé, dans tous les cas, que l'erreur sur le titre ou la qualité d'un époux, en ce que, par exemple, il est qualifié de *comte* au lieu de *marquis*, ne vicie pas l'acte de mariage et n'entraîne pas la nullité du contrat lui-même, lorsque cet acte désigne exactement les nom, prénoms, lieu de naissance, etc., etc., de l'époux, de manière qu'il n'y ait pas doute sur son identité. — *Bordeaux*, 10 août 1831, de Bellegarde c. Burkart.

88. — Le mariage peut-il être attaqué pour cause d'impuissance d'un des époux?

89. — L'affirmative n'était pas douteuse sous l'ancienne législation. « *Naturale impedimentum ad coïtum, irreparabile arte medicorum, matrimonium impedit.* — Bœhmer *Princ. jur. can. lib.* 3. — *Jus naturale est*, dit la loi 1re (§ 3, ff., *De justitiâ et jure*), *quod natura omnia animalia docuit*, etc.. — *Hinc descendit maris atque fœminæ conjunctio, quam nos matrimonium appellamus.* — *Civilis ratio naturalia jura corrumpere non potest*, ajoute la loi 8, ff., *De cap. minut.* » Il est vrai qu'on trouve un exemple du système contraire, chez J.-H. Bœhmer (*Journ. eccles. protest.*, *lib.* 4, *tit.* 15, § 20), dans un cas où le pape Alexandre III a refusé de séparer deux époux, parce que le mari ne put cohabiter avec sa femme, par le motif que *propter naturalem frigiditatem, aut propter alia maleficia, ecclesiam non consuevisse legitimè conjunctos dividere.* On cite aussi la réponse de Lucien au chap. *De consultationibus :* « *Romana ecclesia consuevit judicare ut quas tanquàm uxores habere non possunt, habeant ut sorores.* » — Mais cette rigueur a été tempérée par le pape Grégoire IX (*cap.* 2, X. *De frig. et malef.*); seulement il a toujours fallu, pour prononcer la dissolution du mariage, des preuves indubitables, non-seulement de l'impuissance absolue, mais encore de l'impossibilité d'y porter jamais remède, et surtout que le vice eût déjà existé avant le mariage, à l'insu de l'époux demandeur. — V. *cap.* 4, X. *De frig. et malef.* Bœhmer, *loc. cit.;* Voët, *De divort.*, § 16.

90. — La loi du 20 sept. 1792 et le Code civil ont gardé à cet égard un silence absolu. — Et il ne semble résulter d'aucune disposition du titre Du mariage, non plus que de la discussion au Conseil d'Etat, que l'on ait voulu consacrer, sur ce point, les dispositions de l'ancien droit, tandis qu'au contraire, au titre De la paternité et de la filiation, il existe une disposition formelle sur l'impuissance accidentelle comme cause de désaveu. — V. Locré, *Législ.*, t. 5, p. 85, et t. 6, p. 35 et 291.

91. — Si la preuve du fait de l'impuissance était chose facile, si elle n'était environnée à la fois d'obscurité et d'écueils, si elle n'était de nature à devenir la source de procédures et d'instructions scandaleuses, il faudrait, sans doute, interpréter ce silence de la loi d'après les anciens principes. Mais malheureusement il n'en est pas ainsi, et tous les sentimens de pudeur et de moralité se révolteront dans la plupart des cas à la seule idée d'une preuve de ce genre. Au reste, voici quel est, à cet égard, l'état de la doctrine et de la jurisprudence.

92. — D'une part, Merlin (*Rép.*, vis *Impuissance* et *Légit.*, sect. 2e, § 2, n° 4, et surtout 16e *vol. add.* v° *Impuissance*), Marcadé (t. 2, p. 44) et Vazeille (*Traité du mariage*, t. 1er, n° 92) admettent l'impuissance comme cause de nullité de mariage lorsque le principe de cette impuissance se trouve dans un défaut ou dans un dérangement d'organisation physique *très-apparent* et *manifeste;* ils ne distinguent même pas entre l'impuissance naturelle et l'impuissance accidentelle. Selon eux, cette impuissance constitue l'*erreur sur la personne* dont parle l'art. 180.

93. — Et il a été jugé, dans ce sens, par la cour de Trèves que, sous l'empire du Code civil, les causes physiques, les infirmités et le défaut de conformation qui s'opposent à la procréation des enfans, et auxquels il n'est pas possible de remédier, sont des causes de nullité du mariage lorsque leur existence remonte à une cause antérieure à sa célébration. — *Trèves*, 27 janv. et 1er juill. 1808, Cr...

94. — Cet arrêt va même jusqu'à juger que la cohabitation prolongée pendant plus de six mois n'empêcherait pas l'époux d'attaquer el mariage. — *Contrà* Merlin, *Add. Rép.*, v° *Mariage*, sect. 6e, § 2; Vazeille, n° 93; Toullier, n° 525; Allemand, t. 1er, n° 105, et la note, ainsi que le n° 106.

95. — Au contraire, Favard de Langlade (*Rép.*, v° *Mariage*, t. 3, p. 457) pense qu'aucune espèce d'impuissance naturelle ou accidentelle ne peut motiver la nullité d'une union légalement célébrée. Il se fonde sur l'immoralité et l'incertitude de la preuve. — Il lui répugne d'ailleurs de voir, dans ce cas, l'*erreur sur la personne*, puisque l'erreur ne porte que *sur une qualité*. — Conf. Demolombe, t. 3, n° 12.

96. — Et il a été jugé en ce sens : 1° par la cour de Gênes, que, sous l'empire du Code, l'impuissance du mari ou la stérilité de la femme ne sont pas une cause de nullité de mariage. — *Gênes*, 7 mars 1811, Gazzone.

97. — ... 2° Par la cour de Riom que, sous le Code civil, l'impuissance ou le défaut de conformation de l'un des époux n'est pas une cause de nullité du mariage, alors même qu'elle mettait obstacle à l'union des sexes. — *Riom*, 30 juin 1828, Fressange. — V. aussi un jugement du tribunal de la Seine, Lelasseur (*Gaz. des Trib.* du 19 déc. 1834).

98. — Suivant Toullier (t. 1er, n° 526), l'esprit du Code n'est pas d'autoriser des demandes en nullité de mariage fondées sur une allégation d'impuissance dont il n'existerait d'autres preuves que la faiblesse des organes ou des vices naturels de conformation auxquels les gens de l'art pourraient, sur des conjectures souvent démenties par les faits, attribuer la stérilité du mariage. Aussi critique-t-il fortement l'arrêt de Trèves, des 27 janvier et 1er juillet 1808. Il n'admet, comme cause de nullité, que l'impuissance *accidentelle manifeste*. « Par exemple, dit-il, si un eunuque avait eu l'impudence de contracter mariage, en cachant son état à la future, il y aurait en effet, dans ce cas, erreur sur la personne, et, en outre, dol de la part du mari. — Conf. Duranton, t. 2, nos 67 et suiv. — Ces auteurs se fondent sur ce que, dans ce cas, la preuve de l'impuissance blesse moins les mœurs et conduit à un résultat non équivoque. — C'est pour cela, disent-ils, que la loi l'autorise en matière de désaveu.

99. — Dans tous les cas, il est évident qu'on devrait considérer comme vicié dans son principe le mariage qui serait contracté entre deux personnes du même sexe. — Demolombe, t. 3, n° 11. — Il est vrai que l'allégation de la partie demanderesse ne pourrait être reconnue vraie qu'au moyen d'une expertise; mais on comprend que cette mesure d'instruction, toute pénible qu'elle puisse être, diffère essentiellement de celle qui aurait pour but de constater l'impuissance; en outre, son résultat conduit nécessairement à une certitude, et non pas seulement à une simple conjecture. — Mais ce ne serait pas à raison de l'impuissance que, dans ce cas, le mariage serait déclaré non existant, mais à raison du principe qui ne reconnaît comme mariage que celui qui a été contracté entre deux personnes de sexes différens. — Jugement du tribunal de la Seine, Lelusseur (*Gaz. des Trib.* du 19 avr. 1834), et arr. parlem. Paris, 10 janv. 1763. — Quelques auteurs reconnaissent que, dans ce cas, il y a *erreur sur la personne*.

100. — Ajoutons que, dans tout ce qui précède, il ne peut être question que de l'impuissance *antérieure* au mariage. — Car tous les auteurs reconnaissent, et cela n'a pas besoin d'être discuté, que l'impuissance survenue *postérieurement* ne serait pas une cause de nullité, puisque, dans son principe, le mariage n'aurait été affecté d'aucun vice : c'est ce qu'admettaient les anciens principes; c'est ce qu'admet aussi l'arrêt de Trèves de 1808 précité. — Duranton, n° 69 (note); Toullier, n° 526.

§ 4. — *Promesse de mariage.*

101. — V. ce mot.

Sect. 3e. — *Consentement des ascendans et de la famille. — Militaires.*

§ 1er. — *Consentement des ascendans et de la famille.*

102. — Dans les principes de la législation romaine, le *consentement* du père de famille était nécessaire pour la validité du mariage des enfans, à quelque âge que ceux-ci fussent parvenus. — C'était une conséquence de la puissance paternelle, qui ne cessait pas par la majorité. — Toutefois, le père qui, sans motifs légitimes, et arbitrairement, refusait de marier son fils et de le doter, pouvait y être contraint par le juge. — L. 19, ff., *De ritu nupt.* — Allemand, t. 1er, nos 306, 207 et 208.

103. — En droit français, le fils qui n'a pas atteint l'âge de vingt-cinq ans *accomplis* et la fille qui n'a pas atteint l'âge de vingt-un ans *accomplis* ne peuvent contracter mariage sans le consentement de leurs père et mère. — Allemand, t. 1er, note sous le n° 213. — V. ACTES DE L'ÉTAT CIVIL.

104. — La règle est applicable même lorsqu'il s'agit d'un second mariage. Les motifs qui ont déterminé les père et mère à consentir au premier pouvaut bien ne pas exister quant au second. — Duranton, t. 2, n° 76, note; Demolombe, t. 3, n° 37.

105. — Le consentement doit être spécial pour le mariage et exprès. Aussi a-t-il été jugé avec raison que l'intervention des père et mère au contrat de mariage de leur fille, à l'effet de lui constituer une dot, ne peut être considérée comme un consentement au mariage, suffisant pour sa validité. — *Toulouse*, 29 juillet 1828, Saux c. Clochard. — V., cependant, les observations de Demolombe sur cet arrêt, t. 3, n° 52.

106. — La loi exige le consentement *des père et mère* : mais elle ajoute (art. 148) qu'en cas de dissentiment le consentement du père suffit.

107. — Il ne faut pas toutefois conclure de la prépondérance accordée au père qu'il soit inutile de consulter la mère : au contraire, la loi, d'accord avec la morale et les convenances, en fait à l'enfant un devoir rigoureux. — Aussi est-il généralement reconnu que la mère qui n'a pas été consultée peut, bien que le père ait donné son consentement au mariage, former opposition. — *Riom*, 30 juin 1817, de Volongat. — Duranton, t. 2, n° 77; Vazeille, *Traité du mariage*, p. 152; Merlin, *Rép.*, v° *Opposition à mariage*; Pezzani, *Traité des empêchemens du mariage*, n° 253; Marcadé, sur l'art. 148, n° 1; Ducaurroy, Bonnier et Roustain, t. 1er, n° 234; — *Contrà* Demolombe, t. 3, n° 39.

108. — Mais elle ne pourrait demander la nullité d'un mariage ainsi contracté, l'art. 182 n'accordant ce droit qu'à ceux dont le consentement était absolument nécessaire. — V. le jugement du tribunal de la Seine sous l'arrêt de *Paris*, 8 août 1809, Rebuffat c. Lespinasse, — et les observations à la suite dans notre collection. — Duranton, n° 286.

109. — Quel que soit le droit d'opposition réservé à la mère, suivant M. Duranton (*loc. cit.*, note), l'officier de l'état civil ne devrait pas, en l'absence de toute opposition de la part de la mère, se refuser, dans tous les cas quelconques, à procéder à la célébration du mariage, sur le motif que son consentement n'est pas représenté. La supposition qu'elle n'a pas été consultée par le père qui veut le mariage n'est pas naturelle ; il y a, au contraire, présomption que le mariage de l'enfant lui est agréable, puisqu'elle n'y forme pas opposition. Il devrait se décider d'après les circonstances. — V. aussi, en ce sens, Pezzani, n° 254. — « Mais, dit ce dernier auteur, le maire ne pourrait passer outre au mépris de l'opposition formée par la mère. »

110. — Si le père ou la mère est mort, ou dans l'impossibilité de manifester sa volonté, le consentement de l'autre suffit. — C. civ., art. 149.

111. — Ainsi, dans le cas où le père est légalement interdit (art. 29 C. pén.), ou s'il est mort civilement (art. 25 C. civ.), ou s'il est interdit pour démence, le consentement de la mère suffira, puisque le père sera dans l'impossibilité de manifester sa volonté.

112. — Toullier pense que si le père condamné à une *peine* emportant mort civile, était dans le délai de contumace, il y aurait nécessité de faire constater son absence ou d'obtenir son consentement (t. 1er, n° 543). — M. Duranton (n° 81), Pothier (n° 331) et Vazeille (n° 125) sont d'un avis contraire, attendu que l'impossibilité de consentir résulte suffisamment de ce que, *dans le fait*, le père ne jouit pas, au moment du mariage, de son état civil, et est *réputé en fuite*; d'ailleurs, le jugement par contumace produit, d'après la loi, l'interdiction des droits. — Nous partageons ce dernier avis.

113. — La simple démence sans interdiction prononcée peut-elle faire considérer le père comme *dans l'impossibilité* de donner son consentement ? Les avis sont partagés.

114. — Ainsi, Vazeille (*Traité du mariage*, n° 125) pense que si le père, à raison d'une maladie violente, se trouvait dans la même position que l'insensé, les tribunaux pourraient, en cas d'urgence et sur l'avis du conseil de famille, dispenser du consentement de l'ascendant incapable. — Conf. Demolombe (t. 3, n° 43). — M. Duranton (t. 2, n° 85) est d'avis que si le père, dont les facultés intellectuelles sont aliénées, n'est pas interdit, il est plus prudent et plus conforme aux principes de faire prononcer l'interdiction. — Suivant Toullier (t. 1er, n° 543), quand l'impossibilité résulte de l'état de démence, il faut que l'interdiction soit prononcée, et il ne suffirait pas qu'elle eût été provoquée.

115. — Pour nous, il nous semble qu'il y aurait rigueur extrême à forcer un fils, pour obtenir un consentement valable, à provoquer l'interdiction de son père. L'état de démence peut d'ailleurs n'être que temporaire et accidentel. D'un autre côté, rien ne serait plus dérisoire qu'un consentement donné par une personne notoirement en démence. Nous pensons donc qu'à cet égard il faut laisser aux juges un pouvoir d'appréciation dont ils useront dans l'intérêt de la famille : ils jugeront si l'*impossibilité*, dont parle la loi, existe.

116. — Il a donc été jugé, avec raison, que pour qu'un ascendant soit réputé, aux termes de l'art. 169 C. civ., dans l'impossibilité de manifester sa volonté sur le mariage de son enfant mineur, il n'est pas nécessaire qu'il soit interdit, ou même que son interdiction ait été provoquée : qu'il suffit qu'il paraisse aux juges dans l'impossibilité de donner un consentement éclairé. — *Poitiers*, 11 mars 1830, Chaigneau-Desfrancs c. Desguibertières. — Conf. Demolombe, t. 3, n° 43.

117. — Lorsque le père est absent *déclaré*, il n'y a pas de difficulté possible : il doit être, quant au mariage, considéré comme n'existant pas. — Vazeille, n° 123; Duranton, n° 86; Toullier, n° 543; Marcadé, sous l'art. 149; Ducauroy, Bonnier et Roustain, t. 1er, n° 234.

118. — Mais s'il n'existe à son égard que *simple présomption* d'absence, la question prend de la gravité.

119. — Pothier, n° 328, enseigne que lorsque le père est absent de *longue absence*, l'enfant peut, *après information faite* de son absence, être dispensé d'obtenir son consentement, qui doit, dans ce cas, être suppléé par celui du tuteur et de la famille. Telle était aussi la jurisprudence du Châtelet. — V. Denisart (v° *Absent*, n° 25), qui cite en outre un arrêt du parlement de Rennes du 28 mars 1738.

120. — Le C. civ. n'a pas tranché la question. L'art. 155 dit bien, il est vrai, qu'en cas d'absence de l'ascendant auquel eût dû être fait l'acte respectueux, la célébration peut avoir lieu sur le simple vu du jugement de déclaration, ou de celui qui a ordonné l'enquête, ou même sur le vu d'un acte de notoriété. D'un autre côté, il résulte bien d'un avis du Conseil d'État du 4 therm. an XIII, qu'à défaut de la preuve prescrite par l'art. 155, il peut être procédé à la célébration du mariage des *majeurs* sur leur simple déclaration à serment que le lieu du décès et du dernier domicile de leur père et mère leur est inconnu. Mais, d'une part, il est évident que l'art. 155 ne s'applique qu'aux cas d'actes respectueux, et non au cas où le *consentement* du père est requis impérieusement; de l'autre, en admettant, avec M. Duranton (n° 88), que l'avis du Conseil d'État s'applique aux *majeurs*, alors même qu'ils n'ont atteint que la majorité *ordinaire*, au moins est-il certain qu'il ne dispose pas à l'égard des mineurs. La question reste donc là. — V. cependant Toullier, qui fait de l'art. 155 une règle générale (n° 523), et Marcadé, sur l'art. 149.

121. — Dans cet état, M. Duranton (n° 89) pense qu'il faudra avoir égard aux circonstances et qu'il pourra se présenter des cas où le consentement du présumé absent sera valablement suppléé par celui de la mère ou des personnes qui seraient appelées à consentir à défaut de celle-ci. — Mais il serait utile, dans ce cas, pour se mettre à l'abri d'une demande ultérieure en nullité, d'obtenir l'approbation du tribunal. Nous partageons l'avis de l'auteur : l'approbation du tribunal sera même nécessairement provoquée par la résistance de l'officier de l'état civil qui, en l'absence du jugement de déclaration, ne devrait pas, de son chef, passer outre à la célébration. — V. ABSENCE, nos 408 et suiv.

122. — Il est évident, dans tous les cas, que le simple *éloignement* du père, quelque grand qu'il fût, ne pourrait, si le lieu de son domicile était connu, dispenser de son consentement. — Pothier, n° 328; Demolombe, t. 3, n° 42.

123. — Le principe qu'en cas de décès du père ou d'impossibilité de donner son consentement, celui de la mère suffit, s'applique même au cas où la *mère est remariée*. — (Duranton, n° 90; Favard de Langlade, v° *Mariage*, p. 461; Marcadé, sur l'art. 149, n° 4; Demolombe, t. 3, n° 45.) — Ces auteurs se fondent sur la généralité du principe posé dans la loi. — *Contrà* Delvincourt (t. 1er, p. 55, note 6), par arg. de la discussion au Conseil d'État lors de laquelle on supprima de la rédaction de l'art. 149 les mots : *quand même il aurait contracté un deuxième mariage*. Toutefois, par cette autre considération que la femme en puissance de mari est censée n'avoir d'autre volonté que celle de *celui-ci*, cet auteur reconnait que ce ne pourrait être là qu'un cas d'*opposition* de la part de la famille et non un cas de *demande en nullité* d'un mariage contracté.

124. — L'opinion de M. Duranton et de Favard de Langlade nous paraît préférable : en effet, l'art. 149 dispose d'une manière trop générale pour que le sens n'en soit pas absolu. — Si cet article n'était pas applicable à la mère *remariée*, il faudrait donc aller jusqu'à dire que le consentement de celle-ci n'est pas nécessaire et que l'enfant peut s'en passer. — Or, cette thèse serait insoutenable.

125. — La même décision doit être appliquée, bien que la mère n'ait pas été maintenue dans la tutelle. — Marcadé, *ibid.* — *Contrà* Delvincourt, *loc. cit.*, par arg. de l'art. 1398.

126. — *Quid* si la mère était exclue de la tutelle précisément à raison du mariage qu'elle projetterait pour son enfant : dans ce cas, la famille pourrait-elle s'opposer et le tribunal apprécier? La rigueur des principes conduit à une solution négative : la famille ne doit intervenir, en matière de mariage, qu'à défaut de la mère et non pas contre elle. Sans doute, il pourra se présenter des cas où sa protection serait morale et aurait pour effet d'empêcher un grand mal, mais la loi n'a pas dû s'occuper d'exceptions qui seront rares; le sentiment de l'amour maternel lui a paru une garantie suffisante dans l'intérêt de l'enfant.

127. — Le consentement des père et mère peut être donné antérieurement à la célébration. — Cet acte doit contenir spécialement l'indication de la personne que l'enfant doit épouser, et bien qu'un mariage contracté en vertu d'un consentement donné *en blanc* et rempli par l'enfant ne fût pas nul (Duranton, nos 91-92), toutefois il nous semble que ce ne serait pas là complétement remplir le vœu de la loi. — Allemand, t. 1er, no 223.

128. — L'acte de consentement ne peut être fait sous seing privé, il doit être notarié, mais il peut être délivré en brevet. C'est d'ailleurs l'usage. — Rolland de Villargues, *Rép. du notar.*, vis *Brevet*, no 17, et *Consentement à mariage*, no 34. — V. ACTES DE L'ÉTAT CIVIL.

129. — Mais si le père partait pour un long voyage, il pourrait laisser à sa femme un pouvoir à l'effet de consentir en leur double nom à tel mariage qu'elle jugerait être dans l'intérêt de l'enfant commun.

130. — Le consentement donné par les ascendans par acte antérieur à la célébration, peut être révoqué jusqu'à cette célébration. — Cela n'est pas douteux.

131. — Mais que décider si le père qui a donné son consentement meurt ou est interdit avant sa célébration, sans l'avoir révoqué? — Dans ce cas le consentement est-il censé non avenu, et y a-t-il besoin d'obtenir celui de la mère ou de la famille dans l'ordre tracé par la loi? — Ceux-ci peuvent-ils du moins s'opposer à la célébration? Delvincourt (t. 1er, p. 55, note 4) pense qu'un nouveau consentement n'est pas nécessaire. — Mais M. Duranton (no 94) adopte, avec raison, l'opinion contraire, par le motif que c'est *au moment de la célébration* que le consentement est requis dans l'intérêt de l'enfant. En sorte que celui donné par acte antérieur n'est valable que parce qu'à défaut de révocation il est censé *renouvelé* lors de la célébration elle-même. Or le père qui est mort ou interdit ne peut *renouveler* son consentement; et ses droits, à cet égard, sont passés à d'autres. Admettre le système contraire, c'est supprimer la faculté de refus d'autorisation; laquelle doit pouvoir exister *jusqu'au moment du mariage* dans la personne de ceux que la loi charge de surveiller les intérêts de l'enfant. — (V. aussi Marcadé, sous l'art. 149, no 5.) — Ajoutons toutefois avec M. Duranton (*loc. cit.*) que, dans un pareil cas, le défaut d'opposition de la mère pourrait être considéré comme une confirmation de la volonté du père et valider le mariage contracté sur le simple consentement de celui-ci. — Cela pourrait dépendre des circonstances. — Allemand, t. 1er, nos 228 et 229.

132. — Si le père et la mère sont morts ou dans l'impossibilité de manifester leur volonté, les aïeuls et les aïeules les remplacent. — En cas de dissentiment entre l'aïeul et l'aïeule de la même ligne, il suffit du consentement de l'aïeul. — C. civ., art. 150.

133. — M. Duranton (no 98) fait observer, avec raison, que l'art. 150 s'applique aussi aux bisaïeuls et bisaïeules, parce que c'est la qualité d'ascendant que la loi a considérée. — Conf. Demolombe, t. 3, no 48.

134. — En cas de dissentiment entre les deux lignes, ce partage emporte consentement. — C. civ., art. 150.

135. — Jugé qu'il suffit que l'enfant dont le père, la mère et l'aïeul paternel sont morts rapporte le consentement de l'aïeule paternelle pour qu'il puisse contracter mariage, encore que l'aïeul maternel s'oppose au mariage; le consentement de l'un et l'opposition de l'autre opérant le dissentiment entre les deux lignes qui, aux termes de l'art. 150 C. civ., emporte consentement, il n'est pas même nécessaire que dans ce cas il ait été notifié des actes respectueux à l'aïeul qui refuse son consentement. — *Poitiers*, 8 juill. 1830, Chappart c. Quinment.

136. — Il y aurait également dissentiment entre les deux lignes, et dès lors consentement nécessaire, si dans une ligne l'aïeul seul consentait, et que l'aïeule de cette ligne et les ascendans de l'autre ligne refusassent. Cela résulte de ce que le consentement d'un aïeul dans sa ligne anéantit le refus de l'aïeule de la même ligne, et équivaut au consentement de la ligne tout entière. — Duranton, no 98.

137. — Mais les ascendans ne remplacent les père et mère qu'en cas de décès ou d'impossibilité de la part de ceux-ci. Ce décès peut être attesté par les aïeuls et aïeules, et mention est faite de leur attestation dans l'acte de célébration. — Avis du *Cons. d'Etat*, du 4 therm. an XIII.

138. — Lorsque les ascendans sont morts ou dans l'impossibilité de manifester leur volonté, le mariage peut être contracté à 21 ans par les personnes de l'un et de l'autre sexe sans avoir besoin du consentement de personne; jusqu'à cet âge elles ont besoin de celui de la famille. — Art. 160.

139. — Il n'est pas nécessaire que le consentement du conseil de famille appelé à prononcer sur le mariage futur d'un mineur précède les publications. Il suffit qu'il soit intervenu au moment de la célébration. — *Agen*, 10 déc. 1806, Philipeaux c. Thémines.

140. — L'avis du conseil de famille qui accorde ou refuse le consentement nécessaire au mariage du mineur, doit-il être motivé? — Non suivant M. Marcadé (sous l'art. 160).

141. — Les tribunaux peuvent-ils être appelés à en connaître? Jugé que les tribunaux peuvent, s'il y a dissentiment entre les membres du conseil de famille, suppléer, par leur autorité, au refus de consentir au mariage du mineur. — *Liége*, 30 avr. 1811, Kauler. — V. aussi, comme application du même principe, *Paris*, 24 avr. 1837 (t. 1er 1837, p. 309), Michon c. Charpillon.

142. — Mais le système contraire est plus généralement adopté par les auteurs. — V. CONSEIL DE FAMILLE.

143. — Les dispositions relatives à la nécessité du consentement des *père et mère* sont applicables aux enfans naturels *légalement reconnus*. — C. civ., 158. — Mais le consentement des *aïeuls* et *aïeules* ne leur est pas nécessaire; car les enfans naturels n'ont d'autre famille que leurs père et mère.

144. — L'enfant non reconnu ou celui dont les père et mère sont morts ou dans l'impossibilité de manifester leur volonté ne peut, avant 21 ans révolus, se marier sans le consentement d'un *tuteur ad hoc*. — Ce tuteur sera nommé par des amis de l'enfant ou de ses père et mère décédés, réunis en conseil de famille. — Duranton, no 117.

145. — La loi contient des peines contre l'officier de l'état civil qui a négligé d'*exiger* et d'*énoncer*, dans l'acte de célébration, les consentemens requis, ainsi qu'il a été dit plus haut.

146. — Ainsi, aux termes de l'art. 193 C. pén., lorsque, pour la validité d'un mariage, la loi prescrit le consentement des père, mère ou autres personnes, et que l'officier de l'état civil ne se sera point assuré de l'existence de ce consentement, il doit être puni d'une amende de 16 à 300 fr., et d'un emprisonnement de six mois au moins et d'un an au plus.

147. — Ces peines doivent être appliquées aux officiers de l'état civil, lors même que la nullité de leurs actes n'aurait pas été demandée ou aurait été couverte. — Sauf l'application de peines plus fortes, en cas de collusion de leur part. — C. pén., 195.

148. — Suivant MM. Chauveau et Hélie (*Th. C. pén.*, t. 4, p. 253), la pénalité édictée pour le cas où l'officier de l'état civil ne s'est point assuré de l'existence des consentemens voulus, peut être cumulée avec celle de l'art. 156 C. civ., portant que l'officier de l'état civil qui n'a pas énoncé ces consentemens dans l'acte de mariage, sera puni d'une amende de 300 fr. au plus et d'un emprisonnement de six mois au moins. — V. cependant Morin, *Dict. dr. crim.*, vo *Actes de l'état civil*, p. 34.

149. — L'officier n'est passible que pour le défaut de consentement, mais le défaut d'énonciation établit contre lui une présomption qu'il doit renverser. — Marcadé, art. 156, no 2. — V. ACTES DE L'ÉTAT CIVIL.

§ 2. — *Conseil des parens. — Actes respectueux.*

150. — Après 25 ans, les hommes, et après 21 ans, les femmes n'ont pas absolument besoin, pour se marier, du consentement de leurs père et mère ou autres ascendans; ils peuvent se borner à requérir leur *conseil*, au moyen d'actes respectueux. — Allemand, t. 1er, no 231. — V. ACTES RESPECTUEUX.

151. — Il est admis en principe que le défaut d'actes respectueux de la part des enfans qui ont atteint la majorité fixée par l'art. 148, n'emporte pas nullité et donne lieu seulement à l'application d'une peine contre l'officier de l'état civil. — (V. les motifs de l'arrêt de la *C. de Cass.* du 12 fév. 1833, d'Hérisson. — Favard, *Rép.*, vo *Actes respectueux*; Duranton, t. 2, nos 104 et 113; Delvincourt, t. 1er, p. 56, note 8; Toullier, t. 1er, no 550; Maleville, sur l'art. 157, et Pezzani, *Tr. des emp. au mar.*, nos 318 et 319.) — V. aussi Bigot de Préameneu, qui s'exprimait ainsi dans la séance du 15 ventôse an XII: « Les peines que l'on propose contre les officiers de l'état civil, sont graduées en raison de la gravité des fautes: célébrer le mariage d'un fils n'ayant pas atteint 25 ans, ou d'une fille n'ayant pas 21 ans, sans qu'ils aient les consentemens exigés, et lorsque ces mariages peuvent, par ce motif, être attaqués, c'est la plus grande faute dont puissent se rendre coupables ces officiers, dans la mission importante qui leur est confiée d'exécuter les lois d'où dépendent l'état des personnes et les mœurs publiques: la moindre peine qui doive être infligée contre un pareil délit est la privation de la liberté; aucune circonstance ne peut atténuer cette faute, au point que l'emprisonnement, qui devra être prononcé, puisse être moindre de six mois. S'il s'agit seulement d'actes respectueux, dont la représentation n'ait pas été exigée par les officiers de l'état civil, les conséquences n'en sont pas aussi fâcheuses, puisque les parens auxquels les actes respectueux auraient dû être faits ne peuvent pas, par ce motif, attaquer le mariage, la peine sera moindre: l'emprisonnement pourra n'être que d'un mois. »

152. — Jugé, toutefois, par la Cour de Toulouse que le défaut de consentement des père et mère au mariage de leur enfant ayant atteint la majorité fixée par l'art. 148 C. civ., entraîne la nullité du mariage, s'il n'a pas été fait d'actes respectueux, et qu'il y a lieu surtout de prononcer cette nullité, si le mariage n'a été suivi d'aucune cohabitation, et si l'époux n'en invoque la validité qu'après un long délai, sans manifester l'intention de cohabitation, et uniquement pour obtenir contre les père et mère de l'épouse le paiement de la dot. — *Toulouse*, 29 juill. 1828, Saux c. Clochard. — Mais cet arrêt, bien que motivé en droit, paraît avoir été surtout déterminé par des considérations de fait. Au point de vue du droit il contient évidemment une erreur.

153. — Le consentement du conseil de famille n'étant pas nécessaire lorsque le futur est âgé de plus de 21 ans, il en résulte qu'il n'y a pas lieu de notifier, en pareil cas, d'actes respectueux. — V. ACTES RESPECTUEUX.

§ 3. — *Militaires.*

154. — Indépendamment du consentement de leurs parens, les militaires en activité de service ont besoin d'obtenir, savoir: les officiers la permission du ministre de la guerre, et les sous-officiers et soldats celle du conseil d'administration de leur corps. — Décret du 16 juin 1808; circ. minist. de la guerre du 17 déc. 1843. — V. aussi L. 11 avr. 1831, 19 mai 1834 et l'avis du Conseil d'Etat du 16 mars 1836.

155. — Toutefois, l'absence de ce consentement spécial n'emporte pas nullité du mariage. — Seulement elle emporte des peines contre l'officier de l'état civil qui ne l'aura pas exigé (décr. 16 juin 1808), et elle expose les militaires qui y contreviennent à la perte de leur grade et à la privation, tant pour eux que pour leurs veuves et leurs enfans, de tous droits à des pensions ou récompenses militaires. — Même décret.

156. — Ces dispositions ont été étendues par décret du 28 août 1808: 1o aux commissaires ordonnateurs et ordinaires des guerres (aujourd'hui intendans et sous-intendans militaires), et à leurs adjoints et élèves en cette partie; — 2o aux officiers de santé militaires de toutes classes et de tous grades; — 3o aux officiers, sous-officiers et soldats en activité de service dans les bataillons d'équipage; — 4o (par un avis du Conseil d'Etat du 21 décemb. 1808) aux officiers réformés et jouissant d'un traitement de réforme; — 5o (par décret du 3 août 1808) aux officiers et aspirans de la marine nationale, aux officiers des troupes d'artillerie de la marine, aux officiers du génie maritime, aux administrateurs de la marine, et enfin à tout officier militaire ou civil du département de la marine; à cet égard l'autorisation du ministre de la marine, ou celle des capitaines généraux des colonies et chefs coloniaux est nécessaire; — 6o aux sous-officiers et soldats de troupes assujetties au département de la marine. — En Belgique et dans les pays détachés de la France à la suite des invasions de 1814 et 1815, existe la même législation. — En Autriche, les militaires de tous grades ne peuvent se marier sans la permission de leurs chefs (V. C. autr., § 54). — *Item* en Saxe, en Bavière, en Wurtemberg, en Hesse, en Holstein. — En Prusse et en Russie, tous fonctionnaires publics salariés (militaires ou civils) sont astreints à la permission préalable de l'autorité. — Et même, dans ce dernier pays, ne peuvent se marier: les paysans des seigneurs, sans la permission de leurs maîtres; ceux de la couronne, sans l'autorisation communale.

Sect. 4e. — *Empêchemens au mariage.*

157. — En droit romain tout empêchement établi par la loi rendait le mariage nul de plein droit. — L. 5, *C. de Legibus.*

158. — Il n'en est pas de même dans notre droit. On distingue généralement les empêchements *simplement prohibitifs* (c'est-à-dire ceux qui, tout en formant obstacle à ce que le mariage soit contracté tant qu'ils subsistent, ne sont pas une cause d'annulation d'un mariage contracté) — et les empêchemens *dirimans* (c'est-à-dire ceux qui sont tout à la fois un obstacle à la célébration et une cause d'annulation).

159. — Toutefois cette distinction admise dans la doctrine n'est pas dans la loi.

160. — En outre, les empêchemens se subdivisent en *relatifs* et *absolus* : les premiers sont ceux qui ne mettent pas obstacle au mariage en général, mais qui s'opposent à ce qu'un individu le contracte avec certaines personnes (par exemple la parenté, l'alliance); les autres sont ceux qui s'opposent à tout mariage tant qu'ils subsistent.

161. — En parlant des divers empêchemens au mariage nous signalerons quels sont ceux qui ont le caractère de prohibitifs ou de dirimans, d'absolus ou de simplement relatifs.

162. — Le jugement qui déclare un individu incapable de se marier ne peut, sans excès de pouvoir, enjoindre à *tous officiers* de l'état civil de passer outre à la célébration du mariage. — *Turin*, 30 mai 1811, M...

163.—Mais un tel jugement peut, en déclarant que la défense générale faite à un ancien prêtre de se marier n'a été levée, par un bref du pape, que pour contracter mariage avec une personne désignée, ordonner, sur la réquisition d'office du ministère public, qu'il sera fait défense à l'officier public du domicile où un mariage est projeté de procéder à la célébration du mariage du prêtre avec toute autre qu'avec la personne désignée.—*Bordeaux*, 20 juill. 1807, Charonent c. Pilet.

164. — Les anciens arrêts de parlement, portant défense de mariage, obtenus par les familles nobles pour s'opposer aux mésalliances n'établissaient pas un empêchement dirimant, lorsqu'ils ne reconnaissaient pas formellement l'existence antérieure d'un commerce illicite, et ne déclaraient aucune des parties coupables de subornation. — Dès lors, ils ne mettaient pas obstacle à ce que le mariage, s'il était contracté postérieurement, produisît tous effets civils, lorsqu'il avait été ratifié expressément ou tacitement par les père et mères ou autres personnes qui auraient eu le droit de s'y opposer. — *Cass.*, 29 juin 1836, Lemercier c. Damphernet et Dubois-Daniel.

§ 1er. — *Mort civile.*

165. — Le mort civilement ne peut contracter de mariage valable, car il est incapable de tous les actes de la vie civile. Cet empêchement est dirimant. Aussi, en cas de mariage contracté avec le mort civilement par erreur ou autrement, la cohabitation même continuée depuis la cassation de la mort civile ne saurait confirmer ce mariage. — Zachariæ, t. 3, p. 213; Demolombe, t. 3, no 242. — En cas de mort civile, l'autre conjoint peut se remarier, puisque le mariage du condamné, dans ses biens et effets, est absolument dissous. — Allemand, *Traité du mariage*, t. 1er, no 90.

166. — De ce que la mort civile est encourue du jour de l'exécution de la condamnation contradictoire, il résulte que le mariage contracté par le mort civil depuis cette exécution est nul.

167. — Mais que décider en cas de condamnation par contumace et de mariage contracté dans les cinq années de grâce?

168. — Si le condamné se présente dans ces cinq années; soit acquittement, soit condamnation, le mariage est valable; car, dans le premier cas, le jugement est anéanti dans tous ses effets, et, dans le deuxième, les effets du jugement contradictoire ne partent que du jour où il a été rendu. — C. civ., 29. — Pezzani, *Tr. des empêchemens au mariage*, no 164.

169. — Si le condamné meurt dans le délai de grâce, le mariage est valable; car le jugement par contumace est anéanti de plein droit. — C. civ., 31.

170. — S'il ne se présente qu'après les cinq ans de grâce, le mariage par lui contracté pendant ce laps de temps est-il nul, alors même qu'il serait acquitté? Des auteurs se sont prononcés pour l'affirmative, en se fondant sur ce que les effets du jugement prononcé subsistent pour le passé. — Arg. art. 30 C. civ. — Au contraire, Pezzani argumente du même article pour soutenir que, soit acquittement, soit condamnation, le mariage est valable, en ce que la comparution en justice a anéanti le jugement de contumace. — Pezzani, no 164.

171. — Mais le mariage postérieur à l'expiration des cinq ans, jusqu'à la comparution, serait nul, même en cas d'acquittement. — Art. 476 C. instr. crim.; 31 C. civ. — Pezzani, *loc. cit.* — V. au surplus MORT CIVILE.

§ 2. — *Mariage préexistant.*

172. — Suivant les lois françaises, comme sous la loi romaine, la polygamie et la polyandrie sont interdites; et même, dans presque tous les Etats de l'Europe, la bigamie est rangée au nombre des crimes. — C. pén., 340. — V. BIGAMIE.

173. — La loi civile, d'accord avec la loi religieuse, dit qu'on ne peut contracter un deuxième mariage avant la dissolution du premier. — C. civ., 147.

174. — Le Français se rendrait coupable de bigamie si, marié, il allait épouser une autre femme dans un pays où la polygamie serait permise, les lois qui régissent sa capacité le suivant partout. — C. civ., 3.— Mais il en serait autrement si, lors du deuxième mariage, le Français avait perdu sa qualité de français. — Duranton, no 139.

175. — Le Français qui s'est fait naturaliser en pays étranger uniquement pour faire convertir en divorce (ainsi que le permet la loi de ce pays) la séparation de corps que sa femme a obtenue en France contre lui, est toujours réputé engagé dans les liens du mariage aux yeux de la loi française. — Par conséquent est nul le mariage par lui contracté, depuis, en pays étranger, avec une Française. — Si cette Française a connu les manœuvres frauduleuses et s'en est rendue complice, son mariage n'a pu lui conférer la qualité d'étrangère ni produire d'effet à l'égard de ses enfans. — Dès lors les enfans du premier mariage sont bien fondés à demander la rectification des actes de l'état civil français qui donnent à la seconde femme la qualité de femme légitime, et celle d'enfans légitimes aux enfans nés du second mariage. — Cette action est compétemment formée devant les tribunaux français; la naturalisation en pays étranger n'ayant pu avoir lieu au mépris des droits acquis en France aux enfans du premier mariage. — *Cass.*, 16 déc. 1845 (t. 1er 1846, p. 401), Plasse c. de Maynard.

176. — Jugé qu'une étrangère divorcée conformément aux lois de son pays ne peut, alors même que ces lois autorisent un nouveau mariage, se remarier en France avec un Français. — *Paris*, 30 août 1824, Mary Bryan c. maire du 3e arrondissement de Paris.

177.— En effet, suivant M. Hutteau d'Origny (*De l'état civil*, p. 350) : « Du moment où l'étranger contracte en France en vertu de la loi française, cette loi devient obligatoire pour lui. Il serait contraire à notre indépendance et au maintien de nos lois que l'étranger pût invoquer en France la législation de son pays; que cette législation vînt se confondre avec la nôtre, et même l'altérer. S'il en était ainsi, le souverain cesserait de l'être, puisqu'il serait tenu d'accorder dans ses Etats tout ce qu'un souverain étranger accorderait dans le sien à ses propres sujets... L'étranger sera toujours astreint à ce qui est prescrit dans l'intérêt des mœurs et de l'ordre public. Aussi reste-t-il soumis aux mêmes conditions que le Français pour l'âge, et il est frappé des mêmes prohibitions, parce que tel est le respect qui leur est dû, que là où elles sont en vigueur il n'est permis à qui que ce soit de les violer. »

178. — L'empêchement qui résulte de l'existence d'un premier mariage est *dirimant*. Toutefois, il n'a cet effet qu'autant que le premier mariage non dissous, a été légalement formé; la nullité de ce premier mariage peut donc être opposée comme exception préjudicielle à la demande en nullité dirigée contre le second. — Zachariæ, § 461; Demolombe, t. 3, no 94. — V. ABSENCE.

§ 3. — *Parenté. — Alliance.*

179. — Les prohibitions ou empêchemens de mariage entre parens et alliés étaient très-étendues autrefois, et la discipline ecclésiastique avait beaucoup varié selon le temps. Sous le Code, sur ce point ils sont restreints à un plus petit nombre; ce sont au reste des empêchemens dirimans.

180. — Sous le Code, le mariage est prohibé en ligne directe entre tous les ascendans et descendans légitimes et naturels et les alliés dans la même ligne (art. 161). — Cette prohibition est proclamée par tous les codes modernes : C. des Deux-Siciles, art. 151; C. de la Louisiane, art. 96; C. prussien, art. 935; C. suédois, art. 68; C. bavarois, art. 1er, § 7; C. espagnol, no 5. tit. 6; etc., etc.

181. — Mais comment, dans l'application de cet article, la parenté naturelle se constatera-t-elle? — V., sur cette question fort délicate, Demolombe, t. 3, no 107. — Faut-il décider que le mariage ne sera défendu qu'au père naturel qui aura légalement reconnu son enfant dans les formes de l'art. 334, c'est-à-dire par acte authentique?

182. — Nous ne pensons pas qu'il y ait lieu de pousser à ce point la rigueur des principes : un acte sous seing privé qui démontrerait le fait de la paternité, des lettres émanées du père suffiraient pour motiver la prohibition du mariage; il s'agit d'empêcher un crime, il suffit donc que le *fait* soit constant. — Toutefois, il ne semble pas qu'en l'absence de reconnaissance, soit régulière, soit irrégulière, on dût recourir à la preuve testimoniale, à cause de son incertitude : dans le doute il ne faudra pas supposer le crime. — Pezzani, no 450. — V. aussi Merlin, *Rép.*, vo *Empêchement*, add., § 4, art. 4; Vazeille, no 107.

183. — S'il s'agissait de la mère et du fils, l'art. 341 qui autorise la recherche de la maternité en faveur de l'enfant, lorsqu'il a un commencement de preuve par écrit, pourrait être revendiqué, dans le même cas, par le ministère public qui voudrait s'opposer au mariage et prévenir un inceste. — Duranton, no 466.

184. — La reconnaissance (*bien que nulle*) d'un enfant incestueux ou adultérin, pourrait aussi mettre obstacle au mariage entre parens et enfans. — Pezzani, no 449. — C'est l'application du même principe que pour les enfans naturels.

185. — La disposition de l'art. 161 a donné lieu, *quant aux alliés* dans l'ordre naturel, à d'assez graves difficultés.

186.—On reconnaissait dans l'ancien droit l'*affinité* dérivant du concubinage, et qui unissait les individus qui avaient vécu en mauvais commerce, et les enfans de l'un ou de l'autre. — Pothier, no 162. — Elle était un empêchement au mariage. Toutefois, le Concile de Trente restreint l'empêchement au premier et au deuxième degré. On trouve au chap. 4 de la session 24 : « *Sancta synodus, gravissimis de causis adducta, impedimentum quod propter affinitatem ex fornicatione contractum inducitur, et matrimonium posteà factum dirimit, ad eos tantùm qui in primo et secundo gradu conjunguntur, restringit. In ulterioribus statuit affinitatem, matrimonium posteà contractum non dirimere.* »

187. — Cette sorte d'affinité forme-t-elle dans notre droit un empêchement au mariage? Delvincourt (p. 63, note 6), Zachariæ (t. 1er, p. 168; t. 3, p. 251) et Pezzani (*Tr. des empêchements au mariage*, no 465) soutiennent l'affirmative en se fondant sur des motifs d'honnêteté publique. — En ce sens, Zachariæ, t. 3, § 461; Marcadé, sous l'art. 161, no 3. — *Contrà* Duranton, no 158; Vazeille, no 108; Ducauroy, Bonnier et Roustain, t. 1er, no 260; Demolombe, t. 3, no 112. — « Sans doute, disent ces derniers auteurs, le mariage consacré au mépris de semblables circonstances viole les règles de la morale, mais il n'est pas contraire à la loi civile. »

188. — La question s'est présentée devant la Cour de Nîmes, dans une espèce où un père s'opposait au mariage de sa fille avec l'amant de sa femme, sous prétexte qu'il existait entre eux une affinité. Et cette Cour a jugé que si l'art. 161 C. civ. comprend dans sa prohibition les alliés *naturels*, aussi bien que les alliés légitimes, il n'entend parler que d'individus unis par une affinité ou une parenté constante *et légalement établie.* — *Nîmes*, 3 (et non 11) décembre 1811. R....

189. — Nous devons ajouter, toutefois, qu'il semble résulter des termes de l'arrêt que *s'il eût existé une preuve authentique du concubinage articulé*, par exemple si le père eût apporté un jugement condamnant sa femme pour adultère, la Cour eût considéré l'alliance comme existante, et comme mettant obstacle au mariage.

190. — Pour nous, nous pensons avec Merlin (*Rép.*, vo *Empêchement, add.*, § 4, art. 3) qu'un arrêt qui reconnaîtrait l'alliance entre un individu et la fille de sa concubine ou dans des cas analogues même juridiquement constatés, serait en dehors de la légalité; car, évidemment, dans l'art. 161, le législateur n'a pas voulu parler de l'alliance naissant du concubinage, mais seulement de l'alliance légalement reconnue, comme serait celle qui existerait entre un frère naturel et la femme de son frère naturel. — Quant au concubinage, qui n'a rien de légal, il ne peut produire rien de légal. Le législateur eût peut-être fait sagement d'en parler : mais il ne l'a pas fait. Ajoutons que si l'on veut que le concubinage produise l'alliance, comme aucun texte ne restreint cet effet au concubinage juridiquement constaté, on se trouvera naturellement amené à la nécessité de preuves toujours scandaleuses et souvent hasardées. Mieux vaut rester dans la loi.

191. — Toutefois, nous sommes disposés à admettre avec M. Duranton (t. 2, no 159) que si le mariage de deux individus était annulé pour une cause quelconque, il pourrait être interdit à l'un d'épouser les enfans de l'autre. — Mais on comprend quelle différence il y a entre un mariage annulé et le concubinage : on ne doit donc pas s'étonner que l'un produise des effets que l'autre ne puisse produire. — Mais si l'art. 201 n'était pas applicable à raison de la mauvaise foi des époux, l'empêchement, suivant M. Duranton, pourrait n'être que *prohibitif*. — *Contrà* Zachariæ (§ 461), qui pense que, soit que le mariage annulé puisse ou non produire des effets civils, l'alliance subsiste et l'empêchement est *dirimant*. — Il est vrai que Zachariæ considère le concubinage comme produisant l'alliance légale, et *à fortiori* un mariage annulé. Tandis que, dans ce dernier cas, M. Duranton se décide moins par des considérations morales que par des raisons de droit.

192. — Il est indifférent, quant à la prohibition, que la parenté d'où vient l'alliance soit adultérine ou incestueuse, ou naturelle simple; la loi ne distingue pas. — Ainsi, un mari devenu veuf ne pourrait épouser la fille que sa femme avait eue d'un premier mariage et qui avait été désavouée par le premier mari. — *Cass.*, 6 avr. 1809, Ferrand.

193. — En ligne collatérale, le mariage est prohibé entre le frère et la sœur légitimes ou naturels et les alliés au même degré (art. 162). — Il n'y a aucune différence à cet égard entre les consanguins ou les utérins par rapport aux germains et les germains entre eux.

194. — Sous la loi de 1792, le mariage entre beaux-frères et belles-sœurs était permis. — La loi du 16 avr. 1832 (devenu l'art. 164 du Code civil), sans rétablir la liberté absolue de pareils mariages, a disposé qu'ils pourraient avoir lieu avec l'autorisation du chef du gouvernement. — Après avoir accordé des dispenses, le gouvernement peut-il les révoquer? — Non. — Allemand, *Traité du mariage*, t. 1er, no 72. — V. DISPENSES DE MARIAGE.

195. — La reconnaissance qui serait faite postérieurement au mariage de l'un des époux par le père de l'autre époux aurait-elle pour résultat d'annuler ce mariage? — M, Duranton (no 167) ne le pense pas, pour le cas du moins où la reconnaissance serait suspecte. — On peut dire aussi, avec la cour de Nîmes (dans son arrêt du 3 déc. 1811), que la prohibition ne doit résulter que d'une parenté ou affinité déjà constante et légalement établie à l'époque où l'empêchement est opposé. Toutefois, M. Duranton ajoute que si la reconnaissance était évidemment sérieuse et démontrait une paternité incontestable, le mariage serait annulé, sauf l'appréciation de l'art. 201. — Nous sommes de cet avis; car il serait contraire à toutes les lois civiles et religieuses de laisser subsister *sciemment* en état de mariage un frère et une sœur. — Mais il faudrait que la reconnaissance n'eût rien d'équivoque ni d'incertain; autrement le mariage devrait être validé.

196. — La prohibition est un statut personnel qui suit le Français même en pays étranger.

197. — Ainsi jugé que la nullité d'un mariage contracté en pays étranger, entre un beau-frère et une belle-sœur français, peut être demandée par le ministère public, quoique l'acte de célébration de ce mariage n'ait pas été transcrit sur les registres de l'état civil, et que les époux n'en fassent aucun usage en France pour régler leur état civil. — *Cass.*, 8 nov. 1824, Jung et Lux. — Duranton, t. 2, no 163.

198. — Suivant cet auteur (*loc. cit.*), il en devrait être ainsi, alors même que la femme serait étrangère et appartiendrait à une nation chez laquelle le mariage entre beau-frère et belle-sœur serait permis, ou bien encore si c'était une Française qui eût épousé son beau-frère étranger. Il est vrai que, dans ce cas, on pourrait dire que la femme est devenue étrangère par son mariage : « Mais, dit-il, pour prétendre que la femme française est affranchie, par son mariage avec un étranger, de l'obligation d'observer les lois françaises qui régissent sa capacité personnelle, il faut supposer ce que l'on nie, que son mariage est valable? Ce serait ainsi mettre l'effet avant la cause. »

199. — Quant à la preuve de la parenté ou alliance naturelle en ligne collatérale, V. ce qui a été dit *suprà* (nos 181 et 182) pour cette preuve, en ligne directe.

200. — Le mariage est encore prohibé en ligne collatérale au degré d'oncle et de nièce, de tante et de neveu (art. 163). Il doit l'être également entre le grand-oncle et la petite-nièce. — V. décis. impér. du 7 mai 1808. — Toullier, t. 1er, no 538; Duranton, t. 2, no 168; Proudhon, t. 1er, p. 401; Merlin, *Rép.*, vo *Empêchement*, § 4; Demolombe, t. 3, no 105. — *Contrà* Locré, *Législ. civ.*, t. 4, p. 620; Zachariæ, t. 3, p. 280, 290; Allemand, t. 1er, no 64. — Dans ce cas, il est également loisible au chef du gouvernement d'accorder, pour causes graves, des dispenses de mariage (art. 164). — V. DISPENSES DE MARIAGE.

201. — L'art. 163 ne parlant pas de la parenté *naturelle*, il faut en conclure que le mariage est permis entre personnes unies par un lien de parenté naturelle au degré d'oncle et de nièce, de tante et de neveu. — Maleville, sur l'art. 163; Toullier, t. 1er, no 538; Merlin, *Rép.*, vo *Empêchement de mariage*, § 4, art. 1er, no 3; Duranton, t. 1er, no 171; Zachariæ, t. 3, § 461. — *Contrà* Loiseau, *Tr. des enfans nat.*, p. 582.

202. — De même, l'art. 163 ne parlant pas de l'*alliance*, on doit en conclure que le mariage est permis entre *alliés* au degré d'oncle et de nièce, de tante et de neveu. — Merlin, *Rép.*, vo *Empêchement*, § 4, art. 1er, no 3; Toullier, t. 1er, no 538; Duranton, no 171; Zachariæ, § 461.

203. — Le mariage contracté par un beau-frère et une belle-sœur, depuis la loi de 1832, a-t-il pu légitimer les enfans nés d'eux antérieurement? — *Quid* à l'égard du mariage contracté par un oncle et une nièce? — V. LÉGITIMATION.

204. — Le mariage est encore prohibé : 1o entre l'adoptant, l'adopté et ses descendans. — C. civ., art. 348. — Mais non entre l'adopté et les descendans et ascendans de l'adoptant. — Car la parenté ne commence que dans la personne de l'adoptant. — Duranton, no 173; Demolombe, t. 3. no 169.

205. — ... 2o Entre les enfans adoptifs du même individu.

206. — ... 3o Entre l'adopté et les enfans qui pourraient survenir à l'adoptant. — Même *enfans naturels*; la loi ne distinguant pas. — Duranton, no 173.

207. — ... 4o Entre l'adopté et le conjoint de l'adoptant, et réciproquement entre l'adoptant et le conjoint de l'adopté. — Même article. — V., au surplus, ADOPTION.

§ 4. — *Veuvage récent.*

208. — La femme ne peut contracter mariage qu'après dix mois révolus depuis la dissolution du mariage précédent. — C. civ. 228.

209. — Le but du législateur a été d'éviter ce qu'on appelle, en droit, la *confusion de parts*.

210. — Mais l'empêchement créé par l'art. 228 est-il *dirimamt* ou simplement *prohibitif*? — La jurisprudence est fixée dans le dernier sens.

211. — Ainsi il a été jugé que le deuxième mariage contracté par une femme moins de dix mois après la dissolution du premier n'est pas nul. — *Cass.*, 29 oct. 1811, Verchère; *Colmar*, 7 juin 1808, Groshenny c. Kronenberger (dans ses motifs). — Locré, art. 228; Merlin, *Rép.*, vo *Noces (secondes)*; Toullier, t. 2, no 664; Duranton, t. 2, no 174; Vazeille, *Traité du mariage*, t. 1er, no 100. — *Contrà* Delvincourt, t. 1er, p. 61, not. 6; Proudhon, t. 1er, p. 231. — Toutefois, Delvincourt pense que les juges pourraient avoir égard à la durée de la seconde union, surtout s'il n'est résulté aucune inconvénient (confusion de parts) de la contravention.

212. — Il est vrai, comme le disent Delvincourt et Proudhon, que l'art. 228 dispose que la femme *ne peut* contracter mariage avant les dix mois *révolus*, et que ces termes paraissent *absolus*. Mais il ne prononce pas formellement la *peine de nullité*. Or, c'est là une considération d'un grand poids dans une matière aussi grave que le mariage; et alors surtout qu'il s'agit d'un empêchement purement temporaire, et qui n'est que de précaution et de police. En outre, M. Duranton fait observer avec raison que si l'art. 228 disposait à peine de nullité *absolue* il faudrait l'appliquer même au cas où un mariage aurait été contracté un jour seulement avant l'expiration des dix mois, et encore que le mari fût, à raison de la maladie qui l'a conduit au tombeau, dans l'impossibilité, depuis longtemps, de cohabiter avec sa femme. Nous ajouterons que pour raisonner logiquement il faudrait pousser les conséquences du principe jusqu'à annuler un mariage ainsi contracté, alors même que l'inconvénient que la loi a voulu prévoir ne se serait pas réalisé, Or, cela ne saurait être admis : nous pensons donc avec la jurisprudence et les auteurs qu'il n'y a là qu'un empêchement prohibitif.

213. — Mais l'officier de l'état civil doit, sous peine d'une amende de 16 à 300 fr., refuser de procéder à la célébration. — C. pén., art. 194. — Avant le Code pénal, aucune peine n'était, pour ce fait, appliquée à cet officier. — *Colmar*, 7 juin 1808, Groshenny c. Kronenberger.

214. — La peine portée par l'art. 194 C. pén. doit être prononcée contre l'officier de l'état civil, alors même que la nullité de ces actes n'aurait pas été demandée ou n'aurait pas été couverte; sauf l'application de peines plus graves au cas de collusion de sa part. — C. pén., 195.

215. — Jugé que les héritiers collatéraux du mari ne sont pas recevables à demander la nullité d'un mariage, en ce qu'il aurait été contracté par la femme dans les dix mois du décès de son premier mari, surtout si le mariage a été contracté de bonne foi, et n'a pas été suivi de grossesse. — *Dijon*, 3 juill. 1807, Verchère.

216. — L'art. 228 C. civ., qui défend à la femme de contracter un nouveau mariage avant dix mois révolus depuis la *dissolution* du premier, est applicable au cas où le premier mariage a été déclaré *nul*, faute de consentement libre de sa part, comme au cas où il a été *dissous* par l'une des causes énoncées en l'art. 227. — *Trèves*, 30 avril 1806, Crusius. — Toullier, t. 2, no 663; Duranton, t. 2, no 175, note 1; Vazeille, t. 1er, no 102; Zachariæ, t. 3, p. 273; Demolombe, t. 3, no 124.

217. — La difficulté naît du texte même de l'article 228, qui ne parle que du cas de *dissolution* du mariage, et non de celui d'annulation. Mais en pareille matière il faut plutôt consulter l'esprit que le texte de la loi. Or, le grave inconvénient de la confusion de parts que l'art. 228 a voulu prévenir est aussi bien à redouter lorsque les époux se séparent par suite de la nullité de leur mariage, que lorsque la mort du mari ou la justice viennent rompre les liens légitimes; le Code le suppose même, puisque par l'art. 201 il accorde aux enfans issus d'un mariage déclaré nul, mais contracté de bonne foi par l'un des époux, les mêmes droits qu'à ceux qui tirent leur origine d'une union que les mœurs et les lois protégent. Cette identité de motifs exige qu'on prenne, dans une hypothèse comme dans l'autre, les mêmes précautions.

§ 5. — *Engagement dans les ordres sacrés.*

218. — Sans être consacrée par des textes formels, la nullité du mariage des moines, décrétée par la puissance ecclésiastique, a été adoptée dans notre ancien droit civil français. Cette condescendance de la puissance civile avait pour cause l'opinion généralement répandue que la puissance ecclésiastique avait seule et par elle-même le droit de statuer sur les empêchemens dirimans. — C'est dans le dix-septième siècle qu'on agita en France la question de savoir quelle puissance avait le droit d'établir des empêchemens dirimans. Trois opinions furent mises en avant : la première attribuait ce droit exclusivement à la puissance civile; la seconde, à la puissance ecclésiastique; enfin, suivant la troisième, il appartenait en commun aux deux puissances civile et ecclésiastique. De ces trois opinions, la troisième a été la plus généralement admise. — V. Durand de Maillanne, *Dictionn. de droit canonique*, vo *Empêchement*; d'Héricourt, *Lois ecclésiastiques*, part. 3, ch. 5, art. 2, nos 2 et 3. — Quoi qu'il en soit, ce qui est certain c'est que l'on continua à suivre et à respecter les nullités de mariage introduites par la puissance ecclésiastique. Ceux qui attribuaient à la puissance civile seule le droit d'établir des empêchemens dirimans, n'en reconnaissaient pas moins la nullité du mariage des prêtres et des moines. Ils convenaient qu'introduites dans le droit civil par la tolérance de la puissance civile, elles devaient être maintenues jusqu'à ce qu'il plût à celle-ci de les révoquer. — Pothier, *Traité du mariage*, nos 115 et suiv.; Demolombe, t. 3, no 131.

219. — Jugé qu'avant l'abolition des vœux solennels en France, les religieux étaient incapables de contracter mariage. — *Cass.*, 12 prair. an XI, Spiess c. Davrilly; *Rouen*, 24 prair. an XII, même arrêt; *Cass.*, 3 flor. an XIII, même arrêt.

220. — La Révolution survint et changea l'état des choses. La Constitution de 1791 (3 septembre) avait en effet déclaré qu'elle ne reconnaissait plus ni vœux religieux, ni aucun engagement qui serait contraire aux droits naturels. — Puis la loi de 1792, en traitant des empêchemens à mariage, était restée muette sur l'engagement dans les ordres sacrés. — Enfin des décrets des 9 juillet, 12 août, 17 septembre 1793, avaient ordonné que les évêques qui apporteraient, soit directement, soit indirectement, quelque obstacle au mariage des prêtres seraient déportés. — Le mariage des prêtres fut donc permis.

221. — Cette nouvelle législation donna naissance à la question de savoir si la nullité des mariages contractés par les religieux avant la révolution, était tellement absolue qu'elle n'ait pu être réparée par un acte de ratification fait en France après l'abolition des vœux solennels. — Jugé aff. *Cass.*, 12 prair. an XI, Spiess c. Davrilly.

222. — Jugé, au contraire, que la nullité des mariages contractés par les religieux avant la révolution, n'était pas tellement absolue qu'elle n'ait pu être *réparée* par un acte de ratification fait en France après l'abolition des vœux solennels. Et que la déclaration faite à l'officier de l'état civil par les époux (dont un religieux) rentrés en France depuis la révolution, qu'ils confirment, et, en tant que de besoin, renouvellent leur premier engagement nul à l'époque où il a été contracté, a eu pour effet de réhabiliter ce premier mariage, ou tout au moins d'équivaloir à un nouveau mariage valable, alors même que cette déclaration n'avait pas été précédée de publications préalables, et qu'elle avait été faite dans une commune où les contractans n'étaient domiciliés que depuis un mois. — *Rouen*, 24 prair. an XII, mêmes parties.

223. — Et la Cour de cassation, saisie de nouveau, a décidé que l'arrêt qui considérait comme un acte de mariage celui par lequel un prêtre ayant recouvré sa capacité avait déclaré, d'accord avec son épouse, confirmer leur précédente union entachée de nullité, et autant que de besoin en contracter une nouvelle, ne donnait pas ouverture à la Cour de cassation. — *Cass.*, 3 flor. an XIII, mêmes parties.

224. — Survint le concordat qui reconnut que la religion catholique était la religion de la grande majorité des Français; qu'elle serait librement exercée en France; que son culte serait public en se conformant aux règlemens de police jugés nécessaires par le gouvernement.

225. — On a nié que le concordat ait rétabli en France les règles canoniques qui ont prohibé le mariage des prêtres. Mais la jurisprudence a adopté l'opinion contraire.

226. — Ainsi jugé que le concordat a remis en vigueur les lois canoniques reçues jadis en France, et notamment celles qui prohibaient le mariage des prêtres. — *Bordeaux*, 20 juill. 1807, Charonceul c. Petit; *Turin*, 30 mai 1811, M.; *Paris*, 14 janv. 1832, Dumonteil. — V., cependant, Portalis, Exposés des motifs, L. 18 germ. an X.

227. — Jugé, en outre, que cette prohibition s'étendait à tous ceux qui avaient été ordonnés prêtres, alors même qu'ils avaient abdiqué leurs fonctions avant le concordat. — *Bordeaux*, 20 juill. 1807, Charonceul c. Petit. — *Contrà* Pezzani, n° 224. — Cette décision a été, dans la même affaire, soumise à la Cour de cassation, mais non jugée, quoi qu'en ait dit un recueil. — V. l'arrêt du 16 oct. 1809, mêmes parties.

228. — Un décret impérial, mentionné dans une lettre du ministre des cultes au préfet de la Seine-Inférieure, le 30 janvier 1807, paraît décider le contraire de ce qui est dit au n° qui précède, en portant « qu'on ne doit pas tolérer le mariage des prêtres qui, depuis le concordat, se sont mis en communion avec leurs évêques, et ont continué ou repris les fonctions de leur ministère. — *Mais qu'on abandonne à leur conscience ceux d'entre les prêtres qui auraient abdiqué leurs fonctions avant le concordat, et qui ne les ont pas reprises depuis.* » On a pensé, dit la lettre, que les mariages de ces derniers produiraient moins d'inconvéniens et de scandales.

229. — Jugé, dans tous les cas, que l'exception établie par le décret impérial, en faveur des prêtres français qui avaient abdiqué le sacerdoce avant le concordat, et qui depuis n'ont pas repris les fonctions sacerdotales, est une faveur spéciale fondée sur la protection due aux actes faits sur la foi des lois de la révolution, qui avaient déclaré ne plus connaître de vœux religieux et encouragé le mariage des prêtres; mais que cette exception ne peut être étendue aux prêtres du Piémont, qui n'ont jamais vécu sous des lois qui autorisassent leur abdication du sacerdoce. — *Turin*, 30 mai 1811, M....

230. — Au surplus, la question de savoir si la prêtrise est ou non un empêchement au mariage, est de la compétence des tribunaux : il n'y a pas lieu, dans ce cas, bien que la religion catholique soit intéressée à sa solution, à se pourvoir devant le conseil d'état comme dans les cas prévus par les art. 6 et 7 du concordat. — *Turin*, 30 mai 1811, M....

231. — Mais les tribunaux français ne peuvent se fonder sur un bref du pape, non autorisé par le gouvernement, pour interdire dans les limites tracées par ce bref le mariage à un prêtre. — *Cass.*, 16 oct. 1809, Charonceul c. Petit.

232. — Le C. civ. ne déclare pas formellement que l'engagement dans les ordres sacrés soit un empêchement au mariage. Toutefois, depuis, la question a été interprétée en ce sens par la lettre du 30 janvier 1807, dont il a été parlé plus haut, et par une autre lettre du même ministre à l'archevêque de Bordeaux, du 14 janvier 1806.

233. — En outre, il a été jugé que le C. civ. n'avait pas dérogé au concordat. — *Paris*, 14 janv. 1832, Dumonteil; *Cass.*, 21 février 1833, mêmes parties.

234. — On sait que la question s'est présentée dans des circonstances solennelles sous l'empire de la charte de 1814, qui déclarait la religion catholique *religion de l'Etat*, et ensuite sous la charte de 1830, qui la déclarait *religion de la majorité des Français*, principalement dans la fameuse affaire Dumonteil, mais qu'elle a été résolue dans le sens de la prohibition.

235. — Ainsi jugé que, depuis la charte de 1814, un prêtre n'a pu se marier, alors même qu'il avait abandonné depuis longtemps ses fonctions. — *Paris*, 18 mai 1818, Jacquin c. Jolliot; 27 déc. 1828, Dumonteil.

236. — Jugé de même que l'engagement dans les ordres sacrés forme, dans l'état actuel de la législation, un empêchement absolu au mariage; que dès lors, un prêtre catholique qui a reçu l'ordination depuis le concordat de 1802 ne peut, même sous la charte de 1830, contracter mariage, alors même qu'il a renoncé au ministère ecclésiastique, et qu'il ait été privé par son évêque de l'exercice de ses fonctions; à cet égard, le concordat ayant remis en vigueur l'empêchement admis par les anciens canons et reçu par la jurisprudence civile. — *Paris*, 14 janv. 1832, Dumonteil; *Cass.*, 21 févr. 1833, mêmes parties; *Limoges*, 17 janv. 1846, sous *Cass.*, 23 févr. 1847 (t. 1er 1849, p. 110), Vignaud.

237. — Cette règle de discipline ecclésiastique, abrogée par les lois de nos premières assemblées législatives, a été remise en vigueur par les art. 6 et 26 de la loi organique du concordat, et n'a été abrogée depuis par aucune loi. — Mêmes arrêts.

238. — Plusieurs jugemens ont décidé contrairement à la jurisprudence que, même sous l'empire de la charte de 1814, l'admission dans les ordres sacrés n'a pas dû être considérée comme un empêchement dirimant au mariage civil d'un prêtre qui a abandonné les fonctions du sacerdoce pendant la Révolution, sans les avoir reprises depuis. — *Sainte-Menehould*, 18 août 1827, Detiaque; *Nancy*, 23 avr. 1828; *Cambrai*, 7 mai 1828; *Issoudun*, 27 sept. 1831.

239. — La jurisprudence paraît donc fixée sur ce point. Mais, pour compléter l'historique de cette question, nous devons ajouter que, peu de jours après l'arrêt de rejet du 21 févr. 1833, la Chambre des députés a été saisie de la difficulté qu'il avait résolue. — La proposition faite à ce sujet par M. Portalis est ainsi conçue : « Il est interdit aux tribunaux d'admettre dans aucun cas d'autres empêchemens au mariage que ceux qui sont nominativement énoncés au titre *du Mariage* du C. civ. » Sans s'opposer expressément à la prise en considération de cette proposition, M. Dupin a soutenu qu'il n'y avait pas lieu de délibérer : attendu que la législation existante suffisait; que, s'il y avait un arrêt contraire, il ne fallait pas se décourager en présence d'un seul et unique arrêt, surtout lorsqu'on peut croire qu'il y a dans les motifs qui l'ont dicté des préjugés qui, pour être respectables, ne doivent pas faire désespérer que la question de droit ne reprenne le dessus. « La loi existe, a ajouté l'orateur, il n'y a pas lieu d'en recommander l'application aux tribunaux : c'est leur devoir de s'y conformer. Si on a commencé par mal juger, on finira par bien juger : j'en ai pour garant la manifestation d'opinion que cette matière a provoquée dans cette chambre. » Le *Moniteur* du 24 févr. 1833 porte que la proposition a été prise en considération. Mais, depuis, il n'y a été donné aucune suite.

240. — Le ministère public a qualité pour requérir d'office qu'un prêtre soit déclaré incapable de se marier. — *Bordeaux*, 20 juill. 1807, Charonceul c. Petit; *Limoges*, 17 janv. 1846 (t. 1er 1849, p. 110), Vignaud.

241. — La question du mariage des prêtres a été vivement débattue lors des arrêts de 1828, 1832 et 1833; elle a donné lieu à des discussions que nous avons rapportées avec développement. — Nous ne pouvons mieux faire que d'y renvoyer. — V. aussi, sur la question en général, Merlin, *Quest.*, v° *Mariage*, § 5, et ses conclusions sous l'arrêt du 12 prair. an XI. — Parmi les auteurs modernes, Vazeille (n° 95), bien qu'il paraisse opposé au mariage des prêtres, soutient cependant qu'aucune loi civile ne le prohibe. — V. aussi Toullier, n° 560. — *Contrà* Pezzani, n° 222; Marcadé, t. 2, p. 44; Demolombe, t. 3, n° 151.

§ 6. — *Empêchemens qui naissent du divorce.*

242. — Les lois romaines défendaient à la femme adultère de contracter mariage avec son complice. — L. 40, ff., *De adult.*; L. 11, § 11 et 13, *Eod. tit.* — Il paraît même que l'adultère était un empêchement *dirimant* du mariage.

243. — Les lois canoniques prononcèrent d'abord comme les lois romaines (Pothier, *Contr. de mariage*, n° 232). — Mais plus tard on ne considéra plus l'adultère comme un empêchement dirimant que lorsqu'il était accompagné d'une promesse de s'épouser faite durant le mariage ou du meurtre de l'autre conjoint (Pothier, n° 232 et suiv.). — L'adultère est une cause de nullité, suivant les Codes autrichien, art. 67; prussien, art. 937; de Saxe, § 86 et 88; de Bavière, § 7, 8, 9; du Wurtemberg, art. 6; et les lois espagnoles, art. 19, tit. 2.

244. — Suivant le Code civil, l'adultère n'est pas un empêchement au mariage. — Toutefois, l'art. 298 du Code civ. en fait un cas d'empêchement lorsqu'il a été la cause d'un divorce prononcé.

245. — Bien que le divorce ait été aboli, on n'en doit pas moins considérer comme subsistant, l'empêchement résultant d'un divorce prononcé par adultère antérieur à la loi de 1816. — Duranton, n° 177; Allemand, *Traité du mariage*, t. 1er, n° 114.

246. — Cet empêchement est perpétuel, et l'époux coupable ne peut épouser son complice même après la mort de l'époux innocent.

247. — Toutefois l'empêchement résultant de l'art. 298 n'est que prohibitif et non pas dirimant. — Duranton, n° 178. — Pezzani (n° 557) est du même avis; mais il fait remarquer que le législateur a omis de donner une sanction à sa disposition en ne prononçant pas de peine contre l'officier de l'Etat civil.

248. — L'art. 298 n'est pas applicable au cas où l'adultère n'a donné lieu qu'à la séparation de corps. Le silence de la loi ne permet pas de l'étendre d'un cas à un autre. — Duranton, n° 179; Marcadé, t. 2, p. 44. — *Contrà* Pezzani, n° 550; Nougarède, *Jurispr. du mar.*, liv. 5, ch. 21, p. 123. — La raison d'analogie leur paraît frappante surtout depuis la loi de 1816 qui, en abolissant le divorce, y a substitué nécessairement la séparation de corps. Toutefois, Pezzani reconnaît que le texte est peu favorable à son opinion, et il demande une loi interprétative.

249. — L'art. 297 défendait aux époux divorcés par consentement mutuel de se remarier avant le laps de trois ans depuis la prononciation du divorce. — Cet article est maintenu sans application.

250. — L'art. 295 défendait aux époux divorcés de se réunir. — Avant la loi de 1816 la règle posée par cet article était inflexible et ne souffrait aucune difficulté; aussi avait-il été jugé que la cohabitation après le divorce ne faisait point revivre le mariage. — *Paris*, 18 avr. 1809, Angélique c. Delaporte.

251. — Mais, depuis, on s'est demandé si la loi de 1816, en abolissant le divorce n'avait pas en même temps détruit les effets attachés à l'art. 295? — Un arrêt de la cour de *Paris* du 14 juin 1847 (t. 2 1847, p. 163 [Parein c. de Saint-Gratien]), qui parait être le seul rendu sur cette question, a décidé que les effets de l'art 295 continuent à subsister, et que, dès lors, les époux divorcés ne peuvent aujourd'hui, pas plus qu'avant la loi de 1816, contracter ensemble un nouveau mariage.

252. — Toutefois, les auteurs ont embrassé une opinion contraire. Ainsi M. Duranton, en se fondant, 1° sur ce que ce n'est pas là un empêchement dirimant, 2° sur ce que la réunion des époux est favorable, surtout s'il y a des enfans, pense qu'une opposition fondée uniquement sur cette cause ne serait pas admise (n° 180). — Conf. Pezzani, n° 559, qui invoque la règle *Cessante causâ, cessat effectus*; Toullier, t. 1er, n° 555; Valette *sur Proudhon*, t. 1er, p. 406; Vazeille, t. 1er, p. 121.

253. — Lorsque, dans un pays où le divorce est admis (en Suisse, canton de Vaud), la loi ne considère le lien conjugal comme définitivement dissous qu'après la confirmation du jugement de première instance qui a prononcé le divorce, le mariage contracté par l'un des époux dans l'intervalle du premier jugement au jugement confirmatif est nul, sans qu'on puisse attribuer à ce jugement confirmatif un effet rétroactif. — *Lyon*, 22 juill. 1846 (t. 1er 1847, p. 291), Lavanchy c. Berrod; *Cass.*, 15 nov. 1848 (t. 2 1848, p. 597), mêmes parties.

254. — Il en est ainsi surtout si le jugement confirmatif défendait aux époux divorcés de se remarier avant la révolution d'une année à partir de sa date. — *Cass.*, 15 nov. 1848, précité.

§ 7. — *Différence de couleur.*

255. — Autrefois, le mariage entre blancs et gens de couleur était défendu. — Edits de 1685, mars 1724, décis. 7 déc. 1723, 25 sept. 1774, arrêt du Conseil supérieur du 5 avr. 1778.

256. — Cette prohibition (méconnue toutefois par un arrêt du 2 mai 1746 qui avait enjoint à un curé de passer outre à la célébration du mariage entre un blanc et une mulâtresse libre, à peine de la saisie de son temporel) a été renouvelée le 8 juin 1803. — V. Circ. min. just.

257. — Jugé, néanmoins, que la différence de couleur n'est pas une cause suffisante d'opposition des père et mère au mariage de leur enfant. — *Bordeaux*, 22 mai 1806, Crouzeilles. — A moins qu'il ne s'agisse du mariage d'un blanc et d'une négresse, ou d'un nègre et d'une blanche. — Même arrêt.

258. — ... Que, d'après le concile de Trente, la disparité des couleurs n'était point, comme celle des cultes, un empêchement dirimant pour le mariage. — *Cass.*, 9 nov. 1846 (t. 2 1847, p. 118), Augu c. Loretto-Dumas.

259. — Jugé aussi que les dispositions des édits de 1685 et de 1724, qui défendaient les mariages entre les blancs et les gens de couleur, n'avaient pas pour effet d'entraîner la nullité de ces mariages lorsqu'ils avaient été contractés; qu'elles constituaient simplement un empêchement prohibitif. Par suite, que les enfans qui naissaient d'une pareille union étaient légitimes et capables de recevoir. — *Cass.*, 10 déc. 1838 (t. 2 1839, p. 270), Denis c. Guillaume.

260. — Jugé encore que s'il existe dans les règlemens coloniaux des dispositions qui prohibent les mariages entre blancs et gens de couleur, il n'y en a pas, au moins à la Guadeloupe, qui prononcent la nullité de tels mariages, lorsqu'ils ont été contractés. — *Cass.*, 27 juin 1838 (t. 2. 1838, p. 122), Rodrigue c. Beguin.

261. — En outre, une décision du gouvernement impérial du 17 av. 1812, a permis, par voie de dispense, à un nègre attaché au service de Mme Bonaparte, d'épouser une femme blanche.

262. — Quoi qu'il en soit, toute prohibition résultant de la couleur a dû cesser depuis la loi du 24-28 avril 1833, qui a rendu à *toute* personne née libre, ou ayant acquis légalement la liberté, dans les colonies françaises, l'exercice des droits civils et politiques; et dont l'art. 2 abroge toutes dispositions, édits, déclarations du roi, ordonnances royales ou autres actes contraires à la présente loi, et notamment toutes *restrictions* ou *exclusions* qui avaient été prononcées quant à l'exercice des droits civils et politiques à l'égard des hommes de couleur libres et des affranchis. — Coll. Duvergier, année 1833. — V., sur ces diverses questions, Demolombe, t. 3, n° 133. — L'esclavage étant aboli (décret du 27 avr. 1848; const., art. 6), toutes ces questions sont désormais superflues.

CHAPITRE III. — *Opposition au mariage.*

263. — La loi accorde à diverses personnes et pour certaines causes le droit de former opposition à un mariage projeté. — En outre, elle trace, pour la procédure à laquelle peut donner lieu l'opposition, des formes particulières.

Sect. 1re. — *Quelles personnes peuvent former opposition. — Causes d'opposition.*

264. — Le droit de former opposition à la célébration d'un mariage appartient d'abord à la personne engagée par mariage avec l'une des parties contractantes. — C. civ., art. 172. — Allemand, *Traité du mariage*, t. 1er, n° 268.

265. — Mais une simple promesse de mariage arrêtée entre deux personnes ou de simples fiançailles ne motiveraient pas l'opposition. — Car elle n'est pas obligatoire. — V. PROMESSE DE MARIAGE.

266. — L'art. 172 C. civ., qui accorde à la personne engagée dans les liens du mariage avec l'un des futurs époux le droit de former opposition à la célébration d'un autre mariage que celui-ci voudrait contracter, n'est applicable qu'au cas où le mariage précédent a été contracté dans les formes voulues par les lois de l'Etat devant l'officier de l'état civil à ce délégué. — Ainsi, l'union contractée seulement devant l'Eglise, étant nulle aux yeux de la loi civile, ne donne pas à l'une des parties le droit de s'opposer au mariage de l'autre. — *Bastia*, 3 février 1834, F... c. R...

267. — Le père, et à défaut du père, la mère, et à défaut des père et mère, les aïeuls et aïeules, peuvent former opposition au mariage de leurs enfans et descendans, encore que ceux-ci aient 25 ans accomplis. — C. civ., art. 173.

268. — Bien qu'en cas de dissentiment entre le père et la mère le consentement du père suffise, toujours faut-il, pour constater ce dissentiment, que la mère ait été consultée; jusque-là elle peut former opposition au mariage de son enfant. — *Riom*, 30 juin 1817, de Volongat.

269. — Et lorsque l'opposition de la mère au mariage de sa fille approuvé par le père seul est fondée sur ce qu'elle doute que cette fille consente librement au mariage, il y a lieu d'ordonner préalablement des communications entre elles. — Même arrêt. — V. ACTES RESPECTUEUX, nos 150 et suiv.

270. — L'opposition des ascendans au mariage de leurs descendans n'a pas besoin d'être motivée lorsque ceux-ci n'ont pas atteint la majorité spéciale fixée pour le mariage.

271. — Mais lorsque la femme a plus de 21 ans ou l'homme plus de 25 ans accomplis, comme la loi leur permet, au moyen d'actes respectueux, de triompher de la résistance de leurs ascendans, il en résulte que l'opposition de ceux-ci doit être *motivée*.

272. — A ce sujet est née la question de savoir si, pour être maintenue par les juges, l'opposition a besoin d'être fondée sur un empêchement prohibitif et dirimant. — *Cass.*, 7 nov. 1814, Maupou; *Montpellier*, 12 août 1839 (t. 2 1840, p. 115), Talavigne; *Colmar*, 5 août 1843 (t. 1er 1844, p. 120), H.... — Merlin, *Rép.*, v° *Opp. à mariage*; Duranton, t. 2, nos 191, 192; Vazeille, t. 1er, n° 159.

273. — Jugé aussi que l'inégalité des conditions, la différence d'âge, de fortune et de couleur, ne peuvent motiver utilement l'opposition des père et mère au mariage de leur enfant. — *Bordeaux*, 22 mai 1806, Crouzeilles.

274. — Et que la disproportion des conditions, et même la séduction exercée sur un fils âgé de 28 ans qui serait dans un état de cécité ne sont pas des motifs d'opposition au mariage. — *Douai*, 22 avr. 1819, Saint-Remy.

275. — Jugé aussi qu'un père ne peut motiver l'opposition qu'il forme au mariage de sa fille majeure sur ce que le gendre futur aurait porté contre lui une accusation calomnieuse. — *Bruxelles*, 17 janv. 1809, M....

276. — D'un autre côté, la Cour de Bourges a décidé en principe que l'opposition d'un père au mariage de sa fille peut être maintenue par les juges, bien qu'elle ne soit pas fondée sur un empêchement dirimant ou prohibitif. *Spécialement*, par exemple, s'il s'agit d'un projet de mariage avec un forçat libéré non réhabilité, qui a abusé de l'état de domesticité pour séduire celle qu'il veut épouser. — *Bourges*, 30 mars 1813, Maupou. — Mais cet arrêt a été cassé par celui du 7 nov. 1814 cité au n° 272.

277. — ... Ou s'il s'agit d'un projet de mariage avec un homme qui a séduit la future après avoir été condamné à une peine correctionnelle pour attentat aux mœurs. — *Caen*, 9 juin 1813, Dubois-Tesselin.

278. — ... Et le système qui exclut la nécessité d'un empêchement légal comme base de l'opposition paraît aussi résulter de l'arrêt qui juge que pour qu'une opposition au mariage soit fondée, il faut qu'elle soit motivée sur des raisons qui tiennent à l'inconvenance du mariage projeté et aux suites malheureuses qui pourraient en résulter pour la personne qui se propose de le contracter. — *Douai*, 27 mai 1835, Dautremer.

279. — Delvincourt combat la doctrine de l'arrêt de 1814 (p. 59, n° 4); il soutient que le père doit avoir toujours le droit de faire valoir ses motifs d'opposition, sauf aux juges à en apprécier la valeur. Avant la majorité de l'enfant, le père refuse son consentement sans déduire les motifs de son refus; après la majorité, il doit motiver son refus : telle est la seule différence. — V. aussi Teulet, d'Auvilliers et Sulpicy, *Cod. annot.*, sur l'art. 177, C. civ., n° 22. — Cette opinion se fonde sur des considérations morales auxquelles les espèces signalées dans les numéros qui précèdent viennent prêter un nouveau caractère de gravité. Toutefois, nous ne pensons pas qu'il soit possible de l'admettre. Les causes d'opposition sont nécessairement, dans l'esprit de la loi, corrélatives aux causes d'empêchement; en reconnaître d'autres, ce serait, comme le dit la Cour de cassation, prolonger au delà du terme fixé l'autorité paternelle, et faire intervenir les tribunaux dans des appréciations de fait dont la loi ne leur a pas réservé la connaissance. Toutefois, nous pouvons dire, avec M. Duranton, que si nous différons d'opinion avec Delvincourt, nous regrettons avec lui que le droit d'opposition n'ait pas été plus étendu dans la personne des ascendans, lorsqu'ils auraient, comme dans l'espèce de l'arrêt de Bourges, à faire valoir des motifs graves, dont au surplus les tribunaux seraient appréciateurs.

280. — Le père peut former opposition au mariage de son fils lorsque celui-ci, en faisant signifier un acte respectueux, n'a pas formellement demandé le conseil de sa mère. — *Caen*, 7 janv. 1814, d'Epinay. — V., sur la signification des actes respectueux, ACTES RESPECTUEUX.

281. — A défaut d'aucun ascendant, le frère ou la sœur, l'oncle ou la tante, le cousin ou la cousine germaine *majeurs* peuvent former opposition, mais seulement : 1° lorsque le consentement du conseil de famille requis par l'art. 160 n'a pas été obtenu; 2° lorsque l'opposition est fondée sur l'état de démence du futur époux. — C. civ., art. 174. — Delvincourt (t. 1er, p. 58, note 6) pense qu'il faut comprendre aussi dans les prévisions de l'art. 174 le cas de fureur ou d'imbécillité.

282. — La loi ne parlant que des majeurs, il a été jugé avec raison qu'un mineur ne peut former une opposition à mariage. — *Nîmes*, 30 déc. 1806, l'Enfant c. Lefournier-Delachapelle.

283. — Le droit accordé aux frères et sœurs n'est que subsidiaire et ne peut être exercé lorsqu'il existe un ascendant. — Même arrêt.

284. — ... A moins que l'ascendant ne soit dans l'impossibilité de manifester sa volonté. — Duranton, n° 195; Vazeille, n° 166.

285. — Les dispositions du Code civil qui désignent les personnes ayant qualité pour former opposition au mariage sont *limitatives*. — La jurisprudence est constante à cet égard. — *Bruxelles*, 22 avr. 1806, Gœthlas; 25 sept. 1812, Veraghen; *Aix*, 16 mars 1813, de S... — Merlin, *Rép.*, v° *Opposition à mariage*, n° 4; Vazeille, t. 1er, n° 165; Toullier, t. 1er, n° 583.

286. — Ainsi, des enfans n'ont pas le droit, même sous prétexte de démence, de former opposition au mariage de leur père. — *Bruxelles*, 22 avr. 1806, Gœthlas; 25 sept. 1812, Veraghen; *Aix*, 16 mars 1813, de P...; *Toulouse*, 9 janv. 1839 (t. 1er 1839, p. 511), Roquelaine.

287. — De même, un gendre ne peut, même sous prétexte que son beau-père est en démence, former opposition à son mariage. — *Nîmes*, 13 août 1823, Prieur c. Rame.

288. — ... Ni un neveu ou une nièce au mariage de son oncle ou de sa tante. — *Aix*, 16 mars 1813, de P... — Merlin, *Rép.*, v° *Opposition à mariage*, n° 4; Demolombe, t. 3, n° 144; Zachariæ, t. 3, p. 233; Delvincourt, t. 1er, p. 58, note 5;

Duranton, t. 2, n° 193, note. — Ce dernier auteur fait remarquer que le neveu et la nièce sont pourtant à un degré plus rapproché que les cousins germains. — Mais qu'on a eu plutôt égard à la nature des rapports qu'à la proximité des degrés. Or, l'oncle et le neveu *referunt inter se speciem parentum et liberorum.*

289.—De même, la loi ne parlant que des *parens* exclut nécessairement les *alliés.* — Duranton, n° 195; Demolombe, t. 3, n° 150.

290. — Les parens, dans le cas de l'art. 174, peuvent exercer individuellement le droit d'opposition : la loi n'exige pas que l'opposition soit le résultat d'une délibération d'un conseil de famille. — Duranton, n° 193.

291. — L'opposition fondée sur la démence n'est reçue qu'à la charge par l'opposant de provoquer l'interdiction et d'y faire statuer dans le délai qui sera fixé par le tribunal. — C. civ., art. 174.

292.—Mais, suivant M. Duranton, il ne paraît pas que l'opposant soit obligé de se pourvoir devant les tribunaux pour faire statuer sur l'interdiction, tant que la demande en mainlevée de l'opposition n'est pas formée. — Seulement, dès que cette demande est formée, l'interdiction doit être provoquée, sinon l'interdiction tomberait (n° 196).

293. — Lorsque l'opposition à un mariage est fondée sur l'état de démence du futur époux, la preuve de la démence ne peut être ordonnée avant qu'un jugement ait autorisé la poursuite de l'interdiction et fixé un délai à ce sujet. Dans ce cas, la poursuite d'interdiction n'appartient qu'aux parens qui ont le droit de former opposition au mariage. — *Bruxelles*, 13 therm. an XI (t. 3, p. 390), Verulst c. Leclerck et Naveau.

294. — Jugé avec raison, qu'un frère n'est recevable à former opposition au mariage de sa sœur, pour cause de démence ou d'imbécillité, qu'autant qu'il articule par écrit des faits positifs de nature à prouver cette démence ou cette imbécillité. Il ne lui suffirait pas d'indiquer des faits plus ou moins vagues, et d'offrir de faire statuer sur l'interdiction dans le délai qui serait fixé par le jugement. — *Paris*, 29 mess. an XII, Brissot; *Colmar*, 15 déc. 1810, L... H...; *Lyon*, 28 oct. 1827, St.-Léger. — V. aussi Vazeille, *Traité du mariage*, t. 1er, n° 169; Duranton, t. 2, n° 196; Merlin, *Rép.* v° *Opposition à mariage.*

295. — Mais l'art. 174 accorde aux juges le droit de donner mainlevée pure et simple de l'opposition fondée sur la démence, d'où résulte que, s'ils trouvent inconcluans les faits articulés, ils peuvent prononcer cette main-levée sans ordonner un plus ample informé. — *Cass.*, 6 janvier 1829, St.-Léger.

296. — Jugé toutefois, que l'art. 174 C. civ., qui permet aux tribunaux de donner *mainlevée pure et simple* de l'opposition fondée sur l'état de démence du futur époux, n'est pas applicable au cas où l'opposition a été formée par le père ou par un autre ascendant. Dans ce cas, il y a lieu par les juges d'ordonner la convocation d'un conseil de famille, et de procéder conformément aux règles prescrites au titre *de l'Interdiction.* — *Bruxelles*, 13 déc. 1812, Courouble. — *Contrà : Cass.*, 6 janv. 1829, St.-Léger, qui exclut cette distinction. — Conf. Merlin, *Rép.*, v° *Opposition à mariage.*

297. — Le tuteur ou le curateur n'a pas, *proprio motu*, qualité pour s'opposer au mariage de son pupille; mais il peut, néanmoins, exercer ce droit dans les cas prévus par l'art. 174, lorsqu'il y a été autorisé par le conseil de famille qu'il peut convoquer. — C. civ., 175.

298. — Comme il ne s'agit pas dans ce cas de parens pris *individuellement*, mais du conseil de famille, il est évident qu'il suffira pour que l'autorisation soit donnée utilement au tuteur ou curateur, que le conseil ait été régulièrement composé (V. CONSEIL DE FAMILLE), alors même qu'il l'aurait été de parens ou même d'alliés plus éloignés que ne le suppose l'art. 174. — Duranton, n° 197.

299. — Si la personne qui veut se marier est *interdite*, M. Duranton (n° 199) pense que le droit d'opposition doit nécessairement appartenir au tuteur seul, et sans qu'il ait besoin d'autorisation du conseil de famille : il avoue toutefois que le texte de l'art. 175 est contraire à cette interprétation, et nous croyons en effet qu'elle ne doit pas être suivie. — Conf. Allemand, *Traité du mariage*, t. 1er, n° 284.

300. — Aucune disposition de la loi ne confère expressément au Ministère public le droit de former opposition à un mariage. — D'où les auteurs ont généralement conclu que ce droit ne lui appartient pas, même pour le cas où il serait apte (art. 184) à provoquer la nullité d'un mariage consommé. — Conf. *Paris*, 26 avr. 1833, Sponi c. Clément. — Toullier, t. 1er, nos 191, 192; Merlin, *Rép.*, v° *Opposition*; Vazeille, t. 1er, n° 165.

301.—M. Duranton (n° 201) soutient la thèse contraire; il lui répugne de penser que le ministère public n'aura pas, dans l'intérêt de la morale et de l'ordre public, le pouvoir de *prévenir* une nullité qu'il pourrait faire prononcer une fois le mariage contracté. Nous adoptons complétement cette opinion. On ne comprendrait pas que le ministère public ne trouvât pas dans la loi le pouvoir d'empêcher, par exemple, un inceste, et qu'il n'eût que celui de faire annuler le mariage, une fois que l'inceste serait commis. Le système opposé n'est basé que sur une subtilité de texte, dont font justice l'esprit de la loi et la saine morale. — V. encore, dans ce sens, Ducaurroy, Bonnier et Roustain, t. 1er, nos 291, 292, Demolombe, t. 3, n° 151; Proudhon, t. 1er, n° 237. — *Contrà*, Allemand, t. 1er, n° 285.

302. — Ajoutons, que les motifs d'un arrêt de la Cour de cassation semblent réserver au ministère public une action même plus large que celle que nous lui accordons, en lui permettant de s'opposer au mariage qu'une femme voudrait contracter avant le délai de l'art. 228; et cependant, dans ce cas, l'empêchement ne serait pas dirimant. — *Cass.*, 29 oct. 1811, Varchère.

303. — Et la Cour de Bordeaux a également jugé, ainsi que nous l'avons vu (*suprà* n° 240), que le ministère public a qualité pour requérir d'office qu'un prêtre soit déclaré incapable de se marier. — *Bordeaux*, 20 juill. 1807, Charonceul c. Petit.

304. — Si le conjoint d'un absent voulait contracter un nouveau mariage, au profit de qui existe le droit d'opposition? — V. ABSENCE.

Sect. 2e. — *Formes de l'opposition. — Procédure.*

305. — L'art. 176 suppose que c'est par acte d'huissier que seront signifiées les oppositions à mariage.

306. — Jugé toutefois que bien qu'en règle générale les actes d'opposition à mariage doivent être signifiés par le ministère d'huissier, on doit néanmoins considérer comme faisant obstacle au mariage, tant qu'elle n'a pas été levée, une opposition notifiée par le père lui-même en présence des parties, au moment de la notification du mariage, et reçue par l'officier de l'état civil. — *Montpellier*, 12 août 1839 (t. 2 1840, p. 115), Talavigne.

307. — Tout acte d'opposition doit, à peine de nullité, énoncer la qualité qui donne à l'opposant le droit de la former. — C. civ., art. 176.

308. — Est nul l'acte d'opposition à mariage qui indique l'opposant comme proche parent du futur époux, sans énoncer le degré de parenté. — *Bruxelles*, 13 therm. an XI, Verulst c. Leclerck et Naveau. — Merlin, *Rép.*, v° *Opposition à mariage.*

309. — Celui qui se prétend l'époux d'une des parties contractantes ne peut former opposition au mariage projeté qu'autant qu'il représente un acte de célébration établissant l'existence du précédent mariage reçu par l'officier compétent. — *Bordeaux*, 20 juill. 1807, Charonceul c. Petit; *Cass.*, 16 oct. 1809, mêmes parties.

310. — En outre, il doit également, à peine de nullité, contenir l'élection de domicile *dans le lieu où le mariage doit être célébré.* — C. civ., art. 176.

311. — De ce que le mariage pourrait, à raison de ce que les parties auraient des domiciles distincts quant au mariage, être célébré dans deux endroits différens, il n'en résulterait pas pour l'opposant l'obligation de faire plusieurs élections de domicile : il lui suffirait de la faire dans la commune où celui sur qui l'opposition est formée a son domicile réel. — Duranton, n° 208. — M. Demolombe (n° 156) considère cette élection de domicile comme attributive de juridiction.

312. — L'acte d'opposition doit, à moins qu'il ne soit fait à la requête d'un ascendant, contenir les motifs de l'opposition, et ce, à peine de nullité. — C. civ., art. 176.

313. — Enfin la loi déclare que les formalités prescrites par l'art. 176 le sont, à peine d'interdiction de l'officier ministériel qui aura signé l'opposition. — C. civ., art. 176.

314. — Ainsi jugé, que l'huissier qui signe un acte d'opposition à mariage sans énoncer la qualité qui constitue le droit des opposans encourt l'interdiction. — *Bruxelles*, 13 therm. an XI, Verulst c. Leclerck et Naveau.

315. — Au surplus, l'officier ministériel satisfera suffisamment à la loi en énonçant dans son acte la qualité que la partie *prétend* avoir; on ne peut raisonnablement exiger qu'il se constitue juge de cette qualité. — Duranton, n° 207.

316. — Sur la forme des oppositions et sur les devoirs de l'officier de l'état civil dans le cas où le droit d'opposition a été exercé, V. ACTES DE L'ÉTAT CIVIL.

317. — Le père a qualité, comme représentant de sa fille mineure, pour demander la mainlevée de l'opposition formée au mariage de celle-ci par la mère non consultée. — *Riom*, 30 juin 1817, de Volongat.

318. — Lorsque le père et la mère ont formé opposition au mariage de leur fils, conjointement, par un seul et même acte, la demande en mainlevée leur est valablement signifiée par une seule copie de l'assignation. — *Paris*, 29 mai 1829, de Verteillac.

319. — Cependant il a été jugé que le père et la mère opposans au mariage de leur enfant, ayant chacun un intérêt distinct, un exploit de signification est nul s'il ne mentionne pas que chacun d'eux en ait reçu une copie séparée. — *Cass.*, 23 janvier 1816, Maupou. — Mais, en consultant cet arrêt, on verra qu'il ne s'agissait pas précisément de la demande en mainlevée, mais qu'il s'agissait de savoir si le délai de la restitution accordé par le règlement de 1738 contre l'arrêt de cassation par défaut, avait pu courir par la signification de cet arrêt faite par une seule copie au père et à la mère de la demoiselle Maupou ; et la Cour de cassation, en décidant que cette copie était insuffisante, s'est surtout fondée sur ce que, pendant tout le cours de l'instance en premier ressort, en appel, et même devant la Cour de cassation, la demoiselle Maupou avait constamment procédé en signifiant deux copies séparées, et sur ce qu'elle n'eût pas dû abandonner ces erremens.

320. — La demande en mainlevée est non recevable lorsqu'elle est formée avant l'expiration du délai d'un mois, à partir du dernier acte respectueux notifié aux père et mère. — *Amiens*, 18 janvier 1840 (t. 2 1841, p. 489), Quaniaux.

321. — Toutefois, le contraire a été jugé par la Cour de Grenoble. — V. Arrêt du 27 mai 1845 (t. 1er 1846, p. 700), Descombes. — La difficulté vient de la disposition de l'art. 152 C. civ., qui ne permet pas en effet de passer outre à la célébration du mariage avant le délai d'un mois, à partir de la notification du dernier acte respectueux ; il était donc naturel de penser que l'on ne pouvait s'occuper de l'instance avant l'expiration de ce délai, qui est accordé pour faciliter aux parens les moyens de faire à l'enfant les observations qu'ils jugent nécessaires. Toutefois ce raisonnement, quelque puissant qu'il puisse être, n'est qu'un raisonnement par analogie, et il est plus conforme aux principes de s'en tenir aux termes de l'art. 177, qui n'emporte pas de délai pour former la demande en mainlevée, ce qui autorise à décider qu'elle peut être formée immédiatement. C'est au surplus l'opinion professée par M. Duranton (t. 2, n° 211).

322. — Quel est le tribunal compétent pour statuer sur la demande en mainlevée d'opposition? Il est généralement reconnu que l'élection de domicile prescrite par la loi en matière d'opposition à mariage, et qui doit être faite dans le lieu où le mariage sera célébré, est attributive de juridiction, et que dès lors la demande en mainlevée peut être portée devant le tribunal de ce lieu, sans que l'opposant soit recevable à en demander le renvoi devant le tribunal de son domicile réel. — *Trib. de Paris*, sous l'arr. *Paris*, 19 oct. 1809, Minot c. Joliart; *Bruxelles*, 6 déc. 1830, L...; *Liége*, 9 mars 1831 (implic.), André; *Paris*, 28 déc. 1839 (t. 1er 1840, p. 121), Sourselier; *Bordeaux*, 7 janv. 1840 (t. 1er 1840, p. 405), Ducarpe; *Paris*, 26 mars 1841 (t. 1er 1841, p. 53), Charpentier; 3 avril 1841 (t. 1er 1841, p. 538), S.... — Locré, *Esprit du C. civ.*, t. 2, p. 173; Merlin, *Rép.*, v° *Opposition*, p. 779; Duranton, t. 2, n° 212; Vazeilles, t. 1er, n° 174, et Rieff, *Actes de l'état civil*, n° 173.

323. — ... Alors même que le mariage serait célébré devant l'officier de l'état civil de l'autre époux. — Arrêts précités de Paris, des 26 mars et 3 avril 1841.

324. — La cour de Paris avait précédemment jugé, mais à tort, que l'opposition du père au mariage de son fils, et l'élection obligée d'un domicile dans le lieu où doit se célébrer le mariage, ne constituent pas le père demandeur, et qu'en conséquence la demande en mainlevée du fils doit être formée au domicile réel du père, et non au domicile élu dans l'opposition. — *Paris*, [illegible] mars 1829, Feutre.

325. — Au reste, il est évident que le demandeur en mainlevée pourrait, s'il le jugeait convenable, saisir le tribunal du domicile de l'opposant. — C. procéd., art. 59. — Duranton, n° 212.

326. — Toutefois, les arrêts de Paris, des 23 déc. 1839, 26 mars et 3 avril 1841, précités, semblent juger que l'action *doit* être portée devant le tribunal du lieu où l'élection de domicile a été faite, et qu'elle ne peut être portée devant un autre tribunal.

327. — La demande peut être portée devant le tribunal du domicile élu, sans qu'il soit nécessaire d'observer les délais à raison de la distance entre le domicile réel et le tribunal saisi. — *Liége*, 9 mars 1831, André.

328. — La citation en mainlevée d'opposition à un mariage, donnée à la requête d'une fille majeure de vingt-un ans, qui a quitté la maison de son père pour aller résider ailleurs, est valable; bien que, au lieu du domicile de droit, l'acte énonce seulement la résidence de fait, si d'ailleurs il n'est pas douteux que cette fille a voulu y fixer son domicile. — *Nîmes*, 8 juill. 1830, Buisson.

329. — Les tribunaux français ne sont pas compétens pour statuer sur la demande en mainlevée de l'opposition formée par un père étranger au mariage de sa fille étrangère avec un étranger. — *Rennes*, 16 mars 1842 (t. 1er 1843, p. 99), Duringer.

330. — L'individu auquel une promesse de mariage aurait été faite par une fille n'a pas qualité pour intervenir dans l'instance engagée sur l'opposition formée au mariage par le père de cette fille. — Même arrêt.

331. — Les demandes en mainlevée d'opposition requièrent célérité : aussi, l'art. 177 dit-il que le tribunal prononcera *dans les dix jours*. — Ce délai court du jour où le tribunal a été saisi de la demande.

332. — De là, il résulte évidemment que de pareilles demandes sont dispensées du préliminaire de conciliation. — *Angers*, 21 prair. an XI, Dufay; *Bourges*, 2 janv. 1810, Charriot c. Savournon; *Douai*, 22 avr. 1819, Saint Remy; tribun. de *Bruges* du 6 mars 1820, sous l'arr. *Bruxelles*, du 29 mars 1820, D... — Merlin, *Rép.*, v° *Opposition à mariage;* Delvincourt, t. 1er, p. 123; Toullier, t. 1er, n° 589; Proudhon, t. 1er, p. 242; Duranton, t. 2, n° 211; Vazeille, t. 1er, n° 173; Locré, *Législ. civ.*, t. 4, p. 430; Demolombe, n° 166. — *Contrà*, *Amiens*, 30 vent. an XII, Mignon c. Bordeaux; *Bordeaux*, 12 fruct. an XIII, Planley.

333. — L'art. 177 doit être entendu en ce sens que le tribunal doit *prononcer* dans les dix jours, mais non en ce sens qu'il doive nécessairement prononcer *au fond* dans ce délai. — En effet, il peut arriver qu'un préalable soit indispensable : mais, dans ce cas, il est nécessaire que le tribunal prononce préparatoirement dans les dix jours. — Duranton, n° 213.

334. — Ainsi jugé que lorsqu'une demande en interdiction est formée à l'appui d'une opposition à mariage, le tribunal peut surseoir à statuer sur la mainlevée demandée, jusqu'après le jugement de l'interdiction. — *Paris*, 21 févr. 1825, C...

335. — Mais alors, comme dans toutes les hypothèses qui peuvent motiver le sursis, le jugement qui l'ordonne doit fixer un délai dans lequel il sera statué sur le fait qui donne lieu à ce sursis (par exemple, sur la poursuite d'interdiction), il ne peut prononcer un sursis indéfini. — Même arrêt et *Lyon*, 24 janv. 1828, Saint Léger.

336. — Les juges ne peuvent, sans commettre un excès de pouvoir, ordonner, avant de faire droit sur l'opposition formée par un père au mariage projeté de sa fille, que celle-ci quittera la maison de son séducteur et résidera pendant un certain temps dans un lieu indiqué, pour, à l'expiration du délai fixé et en cas de persévérance de sa part, être entendue devant le président, contradictoirement avec son père. — *Cass.*, 21 (et non 9) mars 1809, Foliguier. — Merlin, *Quest. de droit*, vis *Actes respectueux* et *Opposition à mariage*; Favard, t. 3, p. 416; Vazeille, *Traité du mariage*, t. 1er, n° 139.

337. — Jugé de même qu'un tribunal ne peut, avant de statuer sur l'opposition formée par une mère au mariage de sa fille, âgée de vingt-cinq ans, ordonner leur comparution dans une audience à huis clos, pour les entendre sur la proposition de l'acte respectueux de l'une et sur les conseils de l'autre, surtout lorsque, par cet *avant faire droit*, le jugement du fond se trouve reculé au delà du délai dans lequel le tribunal est tenu de prononcer définitivement. — *Rouen*, 17 janv. 1820, Fulgence.

338. — Mais ces décisions sont, à notre avis, susceptibles de critique. — V. ACTES RESPECTUEUX, n° 47, et *suprà* nos 26 et suiv.

339. — Le jugement qui ordonne un sursis à la mainlevée d'une opposition à mariage fondée sur l'état de démence, jusqu'à ce qu'il ait été statué sur l'interdiction, ne peut être considéré comme un simple préparatoire; et il peut, par suite, en être interjeté appel avant le jugement définitif. — *Lyon*, 24 janv. 1828, Saint-Léger.

340. — De même, le jugement qui ordonne la comparution du père et de la fille avant de statuer sur l'opposition, est interlocutoire et susceptible d'appel avant le jugement définitif. — *Rouen*, 17 janv. 1820, Fulgence.

341. — Et la cour d'appel peut, en infirmant le jugement qui prononce le sursis, évoquer le fond et juger elle-même le fait qui donne lieu au sursis. — *Cass.*, 6 janv. 1829, Saint-Léger.

342. — Au surplus, il est constant que le délai de dix jours n'est établi qu'en faveur des futurs époux, et qu'il ne peut leur être opposé. — Aussi a-t-il été jugé avec raison que l'instance en mainlevée d'opposition à mariage n'est pas périmée, par cela seul qu'il n'y a pas été statué dans les dix jours; ce délai est établi en faveur des futurs époux, et ne peut leur être opposé. — *Cass.*, 4 nov. 1807, Morel. — Merlin, *Rép.*, v° *Opposition à mariage;* Vazeille, t. 1er, n° 175; Favard de Langlade, *Rép.*, v° *Mariage*, p. 465, n° 3; Toullier, t. 1er, n° 589.

343. — Un jugement par défaut sur opposition à mariage est-il susceptible d'opposition? — Aff. *Amiens*, 10 mai 1821, Cospin; *Nancy*, 30 juin 1826, Aubry. — Demolombe, n° 168.

344. — Jugé, cependant, que l'arrêt qui statue par défaut sur l'appel d'un jugement prononçant mainlevée d'une opposition à mariage, doit ordonner l'exécution provisoire. — *Nîmes*, 30 déc. 1806, l'Enfant c. Lefournier de la Chapelle.

345. — Le jugement qui statue sur une demande en mainlevée d'opposition à mariage, est susceptible d'appel.

346. — Mais, en cette matière, il n'y a pas exception au principe qui veut que celui qui a obtenu un jugement puisse en poursuivre l'exécution, sans être tenu d'attendre l'expiration des délais de l'appel. — *Besançon*, 30 juill. 1822, Desaintoyant.

347. — Il a été jugé qu'un mariage n'est pas nul pour avoir été célébré par l'officier de l'état civil, six jours seulement après le jugement qui a prononcé mainlevée de l'opposition; seulement il peut, dans ce cas, y avoir lieu, suivant les circonstances, à l'application de la peine contre l'officier de l'état civil. — *Bourges*, 2 janv. 1810, Charriot c. Savornin.

348. — L'appel d'un jugement qui a prononcé la mainlevée d'une opposition à mariage n'est pas nul, en ce qu'il aurait été signifié postérieurement à la célébration du mariage, s'il l'a été dans le délai fixé par l'art. 440. — Mais il est non recevable pour défaut d'intérêt, si le mariage a été antérieurement célébré publiquement. — *Rennes*, 12 déc. 1814, des Nétumières.

349. — En cas d'appel, il doit y être statué dans les dix jours de la citation. — C. civ., 178.

350. — Ce délai est de rigueur alors même que l'appelant n'aurait donné sa citation qu'à un délai plus éloigné, et que, comptant sur ce délai, il ne comparaîtrait pas dans les dix jours. — *Nîmes*, 30 déc. 1806, l'Enfant c. Lefournier-Delachapelle.

351. — Mais il en serait autrement si l'appel avait été interjeté et l'assignation donnée pour un délai plus éloigné que les dix jours *par celui contre qui l'opposition aurait été formée*. Dans ce cas, il ne pourrait requérir jugement avant le jour qu'il aurait fixé, parce qu'il aurait été libre de renoncer au délai établi en sa faveur. C'est ce que fait observer Merlin, en rapportant l'arrêt de 1806. — *Rép.*, v° *Opposition à mariage*.

352. — L'arrêt qui prononce sur une demande en mainlevée d'opposition à mariage peut sans doute être frappé d'un pourvoi en cassation, mais comme il s'agit d'une matière civile, on doit reconnaître que le pourvoi n'est pas suspensif. — *Riom*, 27 juin 1806, Dalblat; *Paris*, 19 sept. 1815, Venguy; *Lyon*, 13 févr. 1828, Outrequin de Saint-Léger. — Merlin, *Rép.*, v° *Opposition à mariage*.

353. — Ces décisions sont conformes au texte précis de la loi du 20 nov. 1790, qui porte (art. 17) « qu'en matière civile la demande en cassation n'arrêtera pas l'exécution du jugement, et que, dans aucun cas et sous aucun prétexte, il ne pourra être accordé de surséance. — Toutefois, la raison de douter peut jusqu'à un certain point venir, ainsi que le fait remarquer M. Duranton (t. 2, n° 215), de ce que, dans ce système, le mariage venant à être célébré, il serait inutile, du moins généralement, que l'arrêt fût cassé; or, ne peut-on pas dire que lorsque l'exécution d'un arrêt produirait un mal irréparable, c'est le cas, comme en matière criminelle, d'accorder au pourvoi un effet suspensif, et ne peut-on pas argumenter par analogie, pour le décider ainsi, de l'art. 263 relatif au divorce? — V., pour l'affirm., Delvincourt, t. 1er, p. 209, n° 10. — *Contrà* Zachariæ, t. 3, p. 238; Demolombe, n° 169; Duranton, t. 2, n° 215; Allemand, t. 1er, n° 306. — Mais, il faut bien le dire, le texte de la loi répugne à cette interprétation, et on doit se borner à regretter avec Vazeille (*Traité du mariage*, t. 1er, n° 177) qu'elle n'ait pas reproduit, pour le cas actuel, la disposition de l'art. 263, sauf à fixer un délai plus court pour le pourvoi comme pour l'appel.

354. — Le désistement d'une opposition formée à un mariage n'est pas valable, s'il n'est donné que par acte sous signature privée, revêtu seulement de la signature du maire de la commune du domicile de l'opposant, parce que l'on ne pourrait délivrer une expédition de ce désistement, ainsi que le prescrit l'art. 67 C. civ. D'ailleurs, un pareil acte peut se perdre, et la signature être déniée, puisqu'il ne reposerait dans aucun dépôt public, et que la légalisation du maire ne peut le rendre authentique. — *Besançon*, 31 déc. 1824, Trouffet.

355. — Le parent, fût-ce un ascendant, dont l'opposition à mariage est annulée pour vice de forme, peut-il la réitérer? — Nég. *Bruxelles*, 26 déc. 1812. — Merlin, *Rép.*, v° *Opp. à mariage;* Zachariæ, t. 3, p. 238. — Cette décision est fondée sur ce que le droit de réitération est incompatible avec la célérité que la loi assigne à la procédure d'opposition. D'ailleurs, ajoute l'arrêt, il serait libre à l'opposant d'empêcher indéfiniment le mariage au moyen d'oppositions successives, nulles en la forme, et qu'il aurait soin de réitérer.

356. — MM. Duranton (t. 2, n° 206), Vazeille (t. 1er, n° 177) et Demolombe (n° 176) sont d'un avis contraire. — Indépendamment de ce que le droit qui existe en toute procédure de réitérer un exploit nul en la forme, à moins que la loi n'ait expressément prononcé une déchéance, n'a pas été proscrit dans la procédure d'opposition au mariage, ils voient, et avec raison, un grave inconvénient à faire dépendre d'une question de forme, le sort de l'opposition qui serait basée sur un motif d'ordre public ou signifié à la requête d'un ascendant. — Vazeille ajoute d'ailleurs que la partie qui voudra vaincre l'obstacle né de l'opposition pourra négliger les moyens de forme et obtenir jugement au fond. — Delvincourt (t. 1er, p. 59, note 5) pense que c'est aux magistrats à apprécier les circonstances, mais qu'en point de droit, la nullité résultant d'un défaut de forme ne doit pas empêcher la réitération de l'opposition, pas plus qu'elle n'empêcherait la réitération de tout autre exploit.

357. — Si l'opposition est rejetée, les opposans peuvent être condamnés à des dommages-intérêts. — C. civ., 179.

358. — Jugé que lorsque l'opposition à mariage formée par plusieurs collatéraux pour cause de prétendue démence est rejetée, ils doivent être tous condamnés solidairement à des dommages-intérêts, alors même que quelques-uns d'entre eux seraient restés étrangers aux poursuites postérieures de l'interdiction. — *Bruxelles*, 13 therm. an XI, Verulst c. Leclerk et Naveau.

359. — De même, les enfans qui forment, sans qualité, opposition au mariage de leurs père et mère, même pour cause de démence, sont passibles de dommages-intérêts. — *Bruxelles*, 25 sept. 1812, Veraghen.

360. — L'art. 179 ne crée qu'une *faculté* pour le juge et non une *obligation*. Ainsi, jugé que, lorsqu'il est reconnu qu'une opposition formée pour cause de démence, par une sœur, au mariage de son frère, n'a pas été faite *calumniandi animo*, mais dans la vue d'empêcher les maux qui pourraient résulter de cette union, la sœur peut n'être pas condamnée à des dommages-intérêts, en cas de rejet de cette opposition. — *Bruxelles*, 7 nov. 1816, de R...

361. — La disposition de cet article n'est pas applicable aux ascendans, qui sont toujours censés agir par de bons motifs. — *Rennes*, 16 mars 1842 (t. 1er 1843, p. 99), Duringer c. Turbout. — On doit en dire autant du ministère public.

362. — Mais les ascendans peuvent-ils être condamnés aux dépens? — Nég., *Caen*, 10 déc. 1819, Jouenne.

363. — Une décision semblable paraît résulter d'un arrêt de la Cour d'Amiens, qui cependant admet que les dépens peuvent être compensés, attendu la qualité des parties. — *Amiens*, 15 févr. 1806, Catel.

364. — M. Duranton (t. 2, p. 217) admet aussi la compensation des dépens dans le cas où l'ascendant succombe ; mais il laisse entendre que les juges pourraient le condamner à la totalité des dépens, si la contestation n'était nullement fondée. — Cette opinion nous paraît préférable. — En principe, le plaideur téméraire est condamné aux dépens. Or, aucune disposition formelle ne crée d'exception pour le cas où il s'agit d'un ascendant qui a formé opposition. L'art. 179 ne dispose qu'à l'égard des dommages-intérêts. Au surplus, nous sommes d'avis qu'à moins que l'opposition ne soit évidemment vexatoire et mal fondée, les dépens devront le plus souvent être compensés dans une proportion que les juges auront tout pouvoir pour déterminer.

365. — Jugé que l'ascendant qui succombe sur la contestation née sur le point de savoir si le pourvoi en cassation par lui formé contre l'arrêt qui rejetait son opposition à mariage était suspensif, peut être condamné aux dépens. — *Paris*, 19 sept. 1815, Benguy.

366. — Mais, dans tous les cas, le père n'est pas tenu non plus d'acquitter les dettes que son enfant peut avoir contractées pour défendre à l'opposition formée à son mariage, opposition dont ce père a été démis avec dépens, qu'il a acquittés d'après la taxe. — *Bruxelles*, 19 janv. 1811, R...

CHAPITRE IV. — *Formalités relatives à la célébration du mariage.*

Sect. 1re. — *Formalités qui précèdent le mariage.*

§ 1er. — *Du domicile, en ce qui concerne le mariage.*

367. — Le mariage doit être célébré dans la commune où l'un des deux époux a son domicile. — Ce domicile, quant au mariage, s'établit par six mois d'habitation continue dans la même commune. — C. civ., 74.

368. — La loi du 20 sept. 1792 avait une disposition semblable (art. 2, sect. 2, tit. 1.)

369. — Les auteurs du Code ont adopté en partie les principes de l'ancienne jurisprudence, qui ne permettait pas de se marier dans une paroisse avant d'y avoir résidé, sans interruption, pendant six mois. — L'édit de 1697 exigeait même une résidence d'une année si l'on avait changé de diocèse. — Pothier, nos 355 et suiv. — Et cet édit était tellement suivi à la rigueur, que le parlement de Paris a annulé des mariages parce qu'il manquait quelques jours (et même un *seul* jour) au temps prescrit. — Denisart, vo *mariage*.

370. — La simple habitation suffit même sans intention de fixer son principal établissement; ainsi un militaire qui aurait demeuré en garnison pendant six mois dans une commune pourrait s'y marier, en faisant d'ailleurs les publications ordinaires. — Avis Cons. d'Etat, 4 complément. an XIII. — Duranton, no 249. — V. aussi Marcadé sous l'art. 74, no 1. — V., cependant, Ducaurroy, Bonnier et Roustain, no 274.

371. — Une instruction du ministre de la guerre du 8 mars 1823 dit même que les militaires, pouvant se trouver pendant longtemps dans la nécessité de ne pas rester six mois de suite dans le même lieu, doivent être admis à contracter mariage en justifiant qu'ils sont au corps depuis plus de six mois. Mais l'opinion émise dans cette instruction est combattue par M. Coin-Delisle, qui dit avec raison (sur l'art. 74, no 3) que, sur le territoire français, les militaires sont régis par la loi commune; il leur faut six mois de garnison, à moins qu'ils ne se marient dans une commune où leur future épouse a acquis les six mois de domicile.

372. — Ainsi encore l'habitation continue chez une tierce personne suffirait (Coin-Delisle, sur l'art. 74, no 2), et même l'habitation en hôtel garni (Hutteau-Dorigny, tit. 7, ch. 4, § 1er, no 3).

373. — Mais il est impossible d'admettre avec M. Lagarde (no 530) que ceux qui mènent une vie errante et qui n'auraient séjourné nulle part pendant six mois puissent cependant se faire relever par le garde des sceaux de l'obligation écrite dans l'art. 74. — Nulle autorité, dit Coin-Delisle, n'a le droit d'accorder cette dispense (*loc. cit.*) — Conf. Duranton, t. 2, no 226.

374. — Les auteurs font remarquer que l'art. 74 n'est relatif qu'aux majeurs, et qu'à l'égard du mineur l'habitation continue, quelle que soit sa durée, n'établit point le domicile requis par cet article. — Rieff, sur cet art., no 222. — Décision du garde des sceaux du 10 déc. 1819. — Coin-Delisle, sur l'art. 74, no 9. — V. cependant Duranton, t. 2, no 225 *in fine*.

375. — Mais il est hors de doute que ceux qui ont autorité sur ces mineurs jouissent pour ceux-ci, comme pour eux-mêmes, de la facilité du domicile d'exception quant au mariage. — Vazeille, t. 1er, no 180; Duranton, no 225. — V. aussi Coin-Delisle, sur l'art. 74, no 9.

376. — Ce qui vient d'être dit du mineur ne doit pas s'appliquer au mineur émancipé, lequel est capable d'acquérir un domicile civil, et, à plus forte raison, un domicile propre au mariage. — Coin-Delisle, *loc. cit.*

377. — Et même, si l'on en croit M. Hutteau d'Origny (tit. 7, ch. 4, § 1er, no 2), l'usage s'est établi de marier les mineurs hors du domicile de leurs parens, lorsque ces mineurs se trouvent par profession ou métier à une grande distance de ce domicile. On a craint qu'une trop grande rigueur, à cet égard, n'empêchât un grand nombre de mariages.

378. — De ce que la loi exige pour le mariage six mois *de résidence*, on peut conclure que celui qui a abdiqué son domicile réel, mais qui n'a pas encore acquis une habitation continue pendant six mois dans le lieu où est son nouveau domicile, ne peut se marier ni au lieu de son ancien ni au lieu de son nouveau domicile; mais il peut se marier au domicile de son conjoint. — Duranton, no 220. — *Contrà* Coin-Delisle, sur l'art. 74, no 7.

379. — Celui qui a six mois de résidence dans une commune, et qui a son domicile réel dans une autre, peut-il se marier indifféremment dans l'une ou dans l'autre commune? La discussion qui s'éleva, à cet égard, au Conseil d'Etat fait naître des doutes et ne résout pas précisément la question. — M. Tronchet (Locré, *Espr. du C. civ.*, t. 3, p. 191 à 197) a soutenu l'affirmative, et avec raison suivant nous. Il est impossible de soutenir avec avantage que le droit de faire célébrer le mariage au lieu de la résidence ait entraîné la perte de le faire célébrer au lieu du domicile. — Merlin, *Rép.*, vo *Domicile*; Vazeille, t. 1er, no 179; Toullier, t. 1er, no 571; Coin-Delisle, sur l'art. 74, no 5. — *Contrà* Malleville (t. 1er, p. 181), M. Duranton (t. 2, no 221), Delvincourt (p. 65, note 1re), qui pensent que dans cette matière c'est à la *résidence*, lorsqu'elle s'est prolongée depuis plus de six mois, que la loi veut exclusivement s'attacher. — V., en outre, Demolombe, nos 167 et suiv.; Allemand, t. 1er, no 320.

380. — Et c'est en ce sens que paraît rendu un arrêt de la cour de Grenoble qui repousse une demande en nullité de mariage fondée sur ce que la célébration aurait eu lieu par le maire de Monteillcr, bien que la future habitât Valence: « Attendu qu'on ne pouvait induire la prétendue incompétence de l'officier de l'état civil de ce que, lors de la célébration du mariage, la d... résidait à Valence, dès qu'elle n'avait fait aucune déclaration de changement de domicile, et qu'il ne résultait pas des circonstances preuve suffisante d'intention d'abandonner définitivement le domicile d'origine, ce domicile et de fait et de droit qu'elle avait à Monteiller lorsqu'elle fut habiter Valence. » — *Grenoble*, 27 fév. 1817, Blache.

381. — Toutefois, il est un cas où l'opinion contraire devrait être préférée, c'est celui où le domicile serait un domicile d'origine duquel on se serait absenté depuis longtemps, sans cependant en avoir acquis un autre ailleurs; il est évident qu'alors ce serait dans la commune de la résidence et non dans celle du domicile que le mariage devrait être contracté : décider différemment serait évidemment aller contre l'esprit de la loi, qui, avant tout, veut assurer la publicité du mariage. — V., en ce sens, Coin-Delisle, sur l'art. 74, no 6.

382. — M. Duranton fait remarquer, et avec raison, que le domicile ne serait pas perdu quant au mariage, par des absences plus ou moins prolongées durant les six mois qui auraient précédé le mariage, ni par une absence de plus de six mois, si la personne n'avait pas résidé dans une autre commune, mais voyagé (no 226). — Coin-Delisle, sur l'art. 74, no 8.

383. — La preuve que deux individus étaient, au moment de leur mariage, domiciliés dans une commune, résulte suffisamment de l'acte de célébration et des actes de publication dressés par le maire, alors surtout qu'il s'agit d'une commune peu populeuse. Dans tous les cas, et à supposer qu'il n'en résultât qu'une présomption, elle ne pourrait, si elle se joignait au silence des parens pendant plusieurs années, être détruite par eux, au moyen de la preuve testimoniale, qu'autant qu'il existerait un commencement de preuve par écrit. — *Besançon*, 31 juill. 1812, L...

384. — La résidence de six mois exigée de l'un des époux pour la compétence de l'officier de l'état civil, peut être établie par des présomptions. — *Colmar*, 19 juin 1823, Cambefort.

§ 2. — *Publications.*

385. — La publicité est le premier caractère du mariage. L'utilité de le proclamer à l'avance est donc évidente. — Favard de Langlade, vo *Mariage*, p. 466; Demolombe, no 178; Allemand, t. 1er, no 325. — Dans le royaume des Deux-Siciles, les publications doivent être affichées pendant 15 jours, et le mariage peut être célébré le quatrième jour après le dernier jour des publications (C. civ., art. 68). En Autriche, en Sardaigne et en Prusse, nulles règles civiles; la tenue des registres étant abandonnée aux ministres des cultes. Toutefois, le code autrichien exige trois publications (art. 70 à 73).

386. — Aussi l'ordonnance de Blois convertissant en loi civile la disposition par laquelle le concile de Trente ordonnait que les promesses de mariage fussent lues à haute voix dans les églises, portait (art. 40) : « Pour obvier aux abus et inconvéniens qui adviennent des mariages clandestins, ordonnons que nos sujets, de quelque état et conditions qu'ils soient, ne pourront valablement contracter mariage sans proclamation précédente de bans faite par trois divers jours de fête, avec intervalle compétent dont on ne pourra obtenir dispense, sinon après la première publication faite, et ce seulement pour quelque urgente et légitime cause, et à la réquisition des plus proches parens et amis des parties contractantes; après lesquels bancs, seront épousés publiquement. »

387. — La loi du 20 sept. 1792 remplaça la dénomination de *ban* par celle de *publication*, et elle n'en prescrit qu'une seule.

388. — Sous le Code, la célébration du mariage doit être précédée de deux *publications* faites à huit jours d'intervalle, un jour de dimanche, devant la porte de la maison commune. — V. quant à la forme, ACTES DE L'ÉTAT CIVIL.

389. — Le chef du gouvernement peut, pour causes graves, dispenser de la seconde publication. — C. civ., 169. — V. DISPENSE DE MARIAGE.

390. — Les publications doivent être faites à la municipalité du lieu où chacune des parties contractantes aura son domicile. — Art. 166.

391. — Néanmoins, si le domicile actuel n'est établi que par six mois de résidence, les publications doivent être faites en outre à la municipalité du dernier domicile. — Art. 167.

392. — A quelle époque, après les six mois de résidence, avec ou sans domicile réel, cessera l'obligation de faire les publications au dernier domicile? — Dans l'ancienne jurisprudence, on était dispensé de les faire après un an de résidence dans la commune où le mariage devait être célébré. — Pothier, no 92. — Delvincourt, adoptant ces principes, pense (t. 1er, p. 65, not. 2) que si le futur époux n'a pas un an de résidence dans la commune où il demeure actuellement, les publications doivent être faites non-seulement dans cette commune, mais encore dans toutes celles où il a demeuré depuis un an. — Suivant M. Duranton (no 230) il faut distinguer : Si la résidence est accompagnée d'un domicile, on sera dispensé après un an depuis qu'elle existe de faire les publications au dernier domicile. — Mais si ce n'est qu'une résidence, on doit, à toutes les époques, faire les publications au domicile réel dûment conservé. — Au contraire, Favard de Langlade (*Rép.*, vo *Mariage*, t. 3, p. 467) et Dalloz (t. 10, p. 64, no 2) pensent qu'il suffit que la résidence existe depuis plus de six mois pour qu'elle dispense des publications au dernier domicile. — Cette dernière opinion est peut-être plus conforme au texte de l'art. 167. Mais il est à regretter avec Favard que la loi ne se soit pas expliquée d'une manière plus explicite.

393. — Si les parties contractantes ou l'une d'elles sont, relativement au mariage, sous la puissance d'autrui, les publications seront encore faites à la municipalité du domicile de ceux sous la puissance desquels elles se trouvent. — C. civ., art. 168.

394. — Si les père et mère, quoique existants, étaient dans l'impossibilité de manifester leur volonté, c'est au lieu du domicile des aïeuls et aïeules des deux lignes que les publications devront avoir lieu, alors même que ceux-ci auraient des domiciles distincts.

395. — Si le mineur est encore quant au mariage sous la puissance du conseil de famille, c'est, suivant M. Duranton, à la municipalité de son domicile personnel que les publications doivent avoir lieu, parce que c'est dans cette commune que s'assemble ordinairement le conseil de famille (no 230). — Delvincourt (t. 1er, p. 65, note 3) dit d'une manière plus générale que c'est à la municipalité du lieu où le conseil de famille s'est assemblé.

396. — Jugé que l'art. 164 C. civ., qui veut que les publications de mariage soient faites au lieu du domicile de ceux sous la puissance desquels sont les contractans, n'est pas applicable au cas où un mineur a besoin du consentement du conseil de famille pour contracter mariage. Le conseil de famille n'a pas de domicile, et d'ailleurs le mineur n'est pas sous sa puissance. — *Agen*, 10 déc. 1806, Philipeaux c. Thémines.

397.—On ne doit pas considérer comme sous la puissance d'autrui, relativement au mariage, le fils majeur de 25 ans et la fille majeure de 21 ans qui ont des ascendans, puisqu'à la rigueur ils peuvent se passer de leur consentement pour contracter mariage. Dans ce cas donc, les publications ne doivent pas nécessairement être faites au domicile des ascendans. — Delvincourt, p. 65, note 3.— Tel est, au surplus, en pratique, l'usage constamment adopté.

398. — L'inobservation de la formalité des publications entraîne-t-elle nullité du mariage contracté? — La question était résolue négativement sous l'ancienne législation, alors d'ailleurs qu'il n'en était pas résulté de vice de *clandestinité*. — Pothier, *Mariage*, no 69; d'Héricourt, *Lois ecclésiastiques*, ch. du *Mariage*, art. 1er, no 21; Bardet, liv. 7, ch. 38, qui cite un arrêt du mois d'août 1638; d'Aguesseau, et un arrêt du 15 mars 1691, rendu sur ses conclusions et rapporté au *Journ. des Audiences*, t. 5. — V. aussi *Cass.*, 21 mai 1810, Pastoris.

399. — Dans les colonies espagnoles que régissent les règles du concile de Trente, un mariage n'est pas nul pour n'avoir pas été précédé de la publication des bans. — *Cass.*, 9 nov. 1846 (t. 2 1847, p. 118). Augu c. Loretto-Dumas.

400. — Jugé de même sous la loi du 20 sept. 1792. — *Liége*, 4 vent. an X, Bertrand c. Delattine. *Cass.*, 12 prair. an XI, Spiess c. Davrilly; 16 juin 1829, Cotty de Brécourt c. Nollent; *Bordeaux*, 20 mars 1830, sous l'arrêt *Cass.*, 27 déc. 1831, Expert c. Brugière.

401. — Sous le Code, il est généralement reconnu que le défaut de publications, leur irrégularité ou l'inobservation des délais n'entraînent pas la nullité du mariage. — Merlin, *Rép.*, vo *Bans de mariage*; Locré, *Esprit du C. civ.*, t. 3, p. 287; Malleville, t. 1er, p. 207; Toullier, t. 1er, no 569; Favard, *Rép.*, vo *Mariage*, t. 3, p. 468, no 6; Delvincourt, t. 1er, p. 66, note 2; Duranton, t. 2, no 364; Biret, *Mariage*, p. 39; Allemand, t. 1er, no 386. — Toutefois, Proudhon (t. 1er, p. 233) considère l'*absence de toutes publications* comme une cause de nullité. — L'absence d'une seule n'aurait pas cette conséquence.

402. — La jurisprudence repousse aussi la nullité. — V. *Grenoble*, 23 févr. 1815, Guille c. Baud Blache, pour le défaut de régularité dans les publications ou l'inobservation des délais; *Grenoble*, 27 février 1817, Blache, pour un mariage précédé d'une *seule publication*; *Riom*, 10 juill. 1829, Benoit c. Vedeux, pour le défaut absolu de publications. — Ces trois arrêts disposent d'une manière générale.

403. — Jugé aussi qu'un mariage contracté devant un grand nombre de témoins, et suivi de la possession d'état, n'a pu être réputé clandestin et comme contracté de mauvaise foi, par le seul défaut de publication de bans, surtout si les circonstances rendaient ces publications impossibles. — *Cass.*, 21 mai 1810, Pastoris.

404. — Que l'absence de publications en France et de notification des actes respectueux indiqués par la loi n'entraîne pas nécessairement et dans tous les cas la nullité des mariages contractés à l'étranger. — La violation de ces formalités ne peut entraîner la nullité qu'autant qu'elle a été commise avec l'intention d'échapper à l'observation des conditions formulées par la loi, par exemple de favoriser la clandestinité du mariage. — *Grenoble*, 30 mars 1844 (t. 1er 1845, p. 729), Juveneton c. Degallier.

405. — Mais l'officier de l'état civil qui néglige de se faire représenter les actes de publication encourt une peine. — V. ACTES DE L'ÉTAT CIVIL. — V. aussi FAUX, nos 486 et suiv.

406. — De même, l'art. 192 dispose qu'en l'absence des deux publications requises ou des dispenses permises par la loi, le procureur de la République fera prononcer, contre les parties contractantes et contre ceux sous la puissance desquels elles ont agi, une amende proportionnée à leur fortune.

§ 3. — *Pièces à remettre à l'officier de l'état civil.*

407. — Les pièces que l'officier de l'état civil doit se faire remettre avant de procéder à la célébration sont indiquées vo ACTES DE L'ÉTAT CIVIL.

Sect. 2e. — *Formalités de la célébration.*

408. — Le mariage doit être célébré *publiquement* devant l'officier civil du domicile de l'une des parties. — C. civ., art. 165.

409. — Cette disposition est impérative, et alors même que la contravention qui y serait faite ne serait pas jugée suffisante pour entraîner la nullité du mariage, elle rendrait l'officier de l'état civil incompétent, les contractans et ceux sous la puissance desquels ces derniers auraient agi passibles d'une amende qui ne pourrait excéder 300 fr. — C. civ., art. 193. — V. ACTES DE L'ÉTAT CIVIL.

410. — Les formalités de la célébration sont tracées par les art. 75 et 76. — « L'officier de l'état civil, dans la *maison commune*, en présence de quatre témoins, parens ou non parens, fera lecture aux parties des pièces relatives à leur état et aux formalités du mariage, et du chapitre 6 sur les droits et devoirs respectifs des époux. Il recevra de chacune d'elles, l'une après l'autre, la déclaration de se prendre pour mari et femme : il prononcera, au nom de la loi, qu'elles sont unies par le mariage, et il en dressera acte sur-le-champ. »

411. — La célébration dans la maison *commune* est ordonnée comme moyen de donner au mariage toute publicité.

412. — De là, Delvincourt (t. 1er p. 67, note 8) a conclu que, si le mariage était contracté hors de la commune, le mariage est, sinon réputé nécessairement clandestin, au moins présumé tel jusqu'à preuve évidente contraire.

413. — Mais il est admis généralement, et avec raison, que la célébration dans la maison *commune* n'est *qu'un des élémens* de la publicité : que dès lors elle n'est pas indispensable lorsque d'ailleurs le mariage a été suffisamment public. L'appréciation du degré de publicité suffisant rentre dans le pouvoir souverain des juges. — Toullier, t. 1er, no 642; Locré, t. 3, p. 401; Duranton, t. 2, no 335; Proudhon, *Cours de droit français*, t. 1er, p. 220; Coin-Delisle et Roger, *Actes de l'état civil*, p. 66 et 67; Vazeille, t. 1er, p. 395 et suiv.; Favard, *Rép.*, vo *Mariage*, t. 3, p. 478 et suiv.; Merlin, *Rép.*, vo *Mariage*, sect. 4e, § 1er, no 2; Zachariæ, t. 3, p. 306.

414. — Cela n'était pas douteux sous l'empire de l'ancienne législation. Si l'ordonnance de Blois et la déclaration de 1639 (art. 5) prescrivaient la célébration à l'église, la violation de cette formalité n'emportait pas nécessairement la nullité du mariage; il existe à cet égard plusieurs arrêts de parlemens. — Arr. parlem. *Paris*, 16 fév. 1692, rapporté par d'Aguesseau; autre arr. parlem. de *Toulouse* de 1727 rapporté par Maynard, t. 4.

415. — Et de même, il a été jugé que, sous l'empire de la loi du 20 sept. 1792, le mariage n'était pas nul pour avoir été célébré hors de la maison commune, lorsque d'ailleurs le transport de l'officier de l'état civil dans la maison des parties n'a été déterminé par aucune circonstance répréhensible, ou qui puisse faire supposer le défaut de liberté dans le consentement donné par l'un des époux. — *Cass.*, 13 fruct. an X, Lanefrouque. — Merlin, *Quest.*, vo *Mariage*, § 3. — V. ses conclusions lors de cet arrêt.

416. — Jugé encore, sous la même loi, qu'un mariage n'est pas nul pour avoir été célébré hors de la maison commune alors qu'il était impossible à l'un des époux de s'y transporter, lorsque d'ailleurs il a été précédé des publications requises. — *Paris*, 4 vent. an XII, Rochet c. Halloswer.

417. — Jugé de même, sous le C. civ., que le défaut de célébration du mariage dans la maison commune n'est pas une cause de nullité, lorsque d'ailleurs il a été suffisamment public, par exemple s'il a été contracté devant l'officier compétent, en présence de témoins et inscrit sur les registres. — *Agen*, 10 déc. 1806, Philipeaux c. Thémines.

418. — ... Et que l'appréciation du degré de publicité donnée au mariage rentre dans le pouvoir souverain des juges. — *Cass.*, 22 juillet 1807, Thémines; 21 juin 1814, Saboues c. Sarrade; *Lyon*, 25 août 1830, Brulat c. Garel.

419. — Jugé encore qu'un mariage ne peut être annulé par le seul motif qu'il a été célébré hors de la maison commune, lorsque d'ailleurs il est constant que l'intention des parties n'a pas été d'en diminuer, par ce moyen, la publicité. — *Bruxelles*, 18 fév. 1809, Delbeuf c. Duquesnoy.

420. — Jugé de même que le mariage célébré par l'officier civil du domicile de l'une des parties, *hors du territoire de la commune*, n'est pas frappé d'une nullité absolue. — V. cependant Marcadé, sous l'art. 165, no 2; Ducaurroy, Bonnier et Roustain, t. 1er, no 273, et Demolombe, no 207. — Ce mariage peut être déclaré valable, s'il résulte des circonstances qui l'ont environné qu'il n'a pas été absolument privé des conditions de publicité et d'authenticité que la loi exige. Et quand une cour royale, appréciant les faits, a prononcé la validité d'un pareil mariage, l'arrêt de cette cour est à l'abri de la cassation. — *Cass.*, 31 août 1824, Millereau c. Jourdan. — L'arrêt attaqué était de la cour de *Bourges* du 23 mai 1832.

421. — Jugé encore que la célébration du mariage dans la maison commune n'est qu'un élément de publicité, mais n'est pas absolument indispensable pour la validité du mariage, si d'ailleurs il a été célébré publiquement. Le vœu de la loi, relativement à la publicité, est suffisamment rempli par la présence de l'officier public, des témoins, et l'insertion de l'acte dans les registres. — *Grenoble*, 23 fév. 1815, Guille c. Baud-Blache.

422. — Un mariage n'est pas nul parce qu'il a été célébré dans le domicile de l'un des époux. — *Riom*, 10 juill. 1829, Benoît c. Vedeux.

423. — ... Alors même que l'acte n'énonce pas que les portes du domicile étaient ouvertes. — *Toulouse*, 26 mars 1824, Caubère c. Bois et Fillons.

424. — Autrefois c'était devant le curé que le mariage était célébré; il devait l'être devant le *propre curé*.

425. — Jugé toutefois que, sous l'empire du concile de Trente, le mariage célébré par un autre que le propre curé, mais avec l'autorisation du curé ou de l'évêque diocésain, était valable, alors d'ailleurs que les autres formalités avaient été remplies. — *Cass.*, 16 juin 1829, Cotty de Brécourt c. Nollent.

426. — Mais le mariage contracté dans un pays régi par le concile de Trente, en Espagne par exemple, est nul s'il n'a été célébré devant le propre curé de l'un des contractans, ou si la célébration qui aurait eu lieu devant le curé d'une autre paroisse n'a pas été autorisée par le consentement ou délégation du propre curé. — *Montpellier*, 15 janvier 1839, Liense c. Cruzel. — Allemand, t. 1er, no 359.

427. — Jugé encore qu'avant la loi du 20 sept. 1792, un mariage n'était pas nul pour avoir été célébré par un ministre autre que celui du domicile et du culte d'un des époux. — *Trèves*, 1er mars 1813, Barbier.

428. — Aujourd'hui la présence de l'officier de l'état civil est *indispensable*. L'officier de l'état civil du domicile de l'une des parties est seul compétent pour célébrer le mariage. — L'officier de l'état civil a remplacé le *curé à la célébration du mariage*.

429. — Depuis la loi de 1792, on a dû considérer comme nul un mariage célébré seulement devant le ministre du culte. — *Bruxelles*, 23 avril 1812, Delcourt c. Mathias; *Bastia*, 3 fév. 1834, F....

430. — Un mariage dont les publications étaient antérieures, mais la célébration postérieure à la loi du 20 sept. 1792, a pu être argué de nullité, s'il avait été célébré seulement à l'église et non devant l'officier de l'état civil, alors même qu'il était soutenu par la possession d'état. — *Bruxelles*, 18 février 1809, Plett c. Bosmann.

431. — D'autre part, le refus de célébration religieuse de la part d'un des époux ne saurait être considéré comme une cause de nullité. — *Montpellier*, 4 mai 1847 (t. 1er 1849, p. 615), Roques.

432. — Jugé encore que le mariage contracté en France depuis la loi du 20 sept. 1792, même par un individu en état d'émigration, doit être réputé nul, s'il a été célébré par un prêtre, au lieu de l'être par un officier de l'état civil. — *Bourges*, 17 mars 1830, de Sacy.

433. — Jugé cependant qu'on doit considérer comme valable un mariage contracté en Corse devant le curé d'une commune, alors que l'île était en pleine insurrection, et que les registres de l'état civil, qui, aux termes de la loi du 20 sept. 1792, devaient être transmis dans toutes les communes de France, n'étaient pas encore parvenus, à ladite époque, dans la commune. La célébration de ce mariage peut être prouvée tant par titres, registres et papiers des père et mère, que par témoins et par présomption, s'il est constaté qu'à cette époque il n'existait point de registres de l'état civil. — En supposant d'ailleurs que le curé eût été sans qualité pour procéder au mariage civil, l'erreur commune où l'on était alors dans l'intérieur de la Corse qu'il avait ce droit, devrait faire réputer le mariage valable, et considérer comme légitimes les enfans ayant la possession d'état. — Loi Barbarius Philippus 3, ff., *De officio prætorum*. — *Bastia*, 21 janv. 1846 (t. 2 1846, p. 453), Guerini c. Casabianca.

434. — Sous l'empire de la loi du 20 sept. 1792, l'agent national d'une commune n'avait pas qualité pour recevoir un acte de mariage. — Cet acte ainsi reçu et ne contenant, d'ailleurs, aucune mention de l'absence ou de l'empêchement de l'officier de l'état civil, non plus que de l'accomplissement des formalités prescrites par la loi de 1792, était nul. — Cette nullité était radicale et absolue et ne pouvait être couverte par la possession d'état des époux qui avaient eux-mêmes le droit de l'invoquer. — *Paris*, 14 frim. an XIII, Pérault c. de Bréchard; *Cass.*, 2 déc. 1807, mêmes parties.

435. — L'acte passé sous l'empire de la loi du 20 sept. 1792, et par lequel un agent municipal a procédé lui-même à la célébration de son propre mariage, est valable, s'il a été fait en présence de quatre témoins et de l'adjoint de la commune. — *Bordeaux*, 20 mars 1830; sous *Cass.*, 27 déc. 1831, Expert c. de Bruyère.

436. — Sous l'empire de la loi du 20 sept. 1792, un mariage n'était pas nul pour avoir été contracté dans une commune où l'un des deux époux n'était domicilié que depuis peu de jours, après des publications faites uniquement dans le lieu où il avait eu son précédent domicile. — *Cass.*, 28 floréal an XI, Macker; 12 prair. an XI, Spiess c. Davrilly.

437. — Sous le Code, les auteurs sont généralement d'accord pour considérer comme valable un mariage contracté devant un officier de l'état civil incompétent pour défaut de domicile de l'une des parties, lorsque, d'ailleurs, il est régulier. Les art. 191 et 193 ne déclarant pas *nuls* de droit les mariages célébrés par un officier incompétent, mais disant seulement qu'ils *peuvent* être déclarés nuls, il faut conclure que c'est un point d'appréciation laissé à la prudence des juges. — Toullier, t. 1er, n° 644; Malleville, sur les art. 191 et 193.

438.—Jugé que l'inobservation des règles prescrites par l'art. 165 C. civ., concernant les formalités de la célébration du mariage, et notamment le défaut de compétence de l'officier public, ne rend pas le mariage radicalement nul; qu'il est laissé à la prudence des juges de décider, d'après les circonstances, si elle doit en entraîner la nullité. — *Grenoble*, 27 fév. 1817, Blache; *Bourges*, 23 mai 1822, Millereau c. Jourdan.

439. — La loi exige la présence de *quatre témoins*; c'est encore là un moyen de publicité. — Toutefois, la présence du nombre rigoureux des témoins n'est pas indispensable, si d'ailleurs le mariage a été suffisamment public.

440. — Ainsi jugé, sous la loi du 20 sept. 1792, qu'un mariage est valable quoique célébré en présence de deux témoins seulement, si d'ailleurs il y a eu publicité suffisante.— *Liége*, 4 vent. an X, Bertrand c. Delattine; *Cass.*, 21 juin 1814, Sabouès c. Savrade.— Conf. (sous le C. civ.) *Grenoble*, 27 fév. 1817, Blache; *Bourges*, 23 mai 1822, Millereau c. Jourdan; *Cass.*, 31 août 1824, mêmes parties.

441.—En principe général, les témoins doivent être majeurs et du sexe masculin. — C. civ. 37.

442. — Toutefois, il a été jugé: 1° sous la loi de 1792 que la présence d'un témoin *mineur* ne vicie pas le mariage. — *Liége*, 4 vent. an X, Bertrand c. Delattine.

443. — ... 2° Non plus que la présence d'une personne du sexe féminin.— *Cass.*, 28 flor. an XI, Macker; *Bruxelles*, 12 nov. 1827, N....

444. — Sous le Code, bien que la disposition de l'art. 37 soit impérative, il ne paraît pas que la présence d'une femme comme témoin puisse, alors qu'elle figure avec d'autres témoins du sexe masculin, vicier le mariage, surtout en présence de la jurisprudence qui décide que le *nombre* des témoins requis par la loi n'est pas prescrit à peine de nullité. — V. *suprà* nos 439.

445. — Mais la question pourrait être plus douteuse si les témoins d'un mariage étaient *tous* du sexe féminin. — A cet égard il a été jugé qu'il y a nullité du mariage, alors qu'au nombre des quatre témoins se trouvaient *trois femmes*, et qu'il n'est pas établi que le *quatrième* témoin fût présent, surtout si le mariage n'a été suivi d'aucune cohabitation, et que l'acte ne fasse aucune mention du lieu où il a été passé. — *Caen*, 13 juin 1819, Danneville. — V., cependant, la déclar. du 7 avr. 1736 (art. 7).

446. — Toutefois (et c'est ce qui résulte de l'arrêt de Caen), il ne paraît pas que le seul fait de la présence de témoins tous du sexe féminin soit nécessairement une cause de nullité. — C'est encore là une conséquence du principe que l'absence de tous témoins ne vicie pas nécessairement le mariage, si d'ailleurs la publicité a été suffisante.

447. — L'art. 75 du Code civil détermine les formes dans lesquelles le mariage doit être célébré. — V. ACTES DE L'ÉTAT CIVIL. — On a agité, sur cet article et sur l'art. 36, la question de savoir si les époux pourraient se marier par procurateur. — La négative ne nous a pas paru douteuse. — V., en ce sens, Demolombe, n° 210.

448. — L'acte de célébration doit contenir les énonciations indiquées dans l'art. 76. — V. ACTES DE L'ÉTAT CIVIL.

449. — Sous la loi de 1792 l'acte de célébration n'était pas nul pour n'avoir pas été inscrit sur registre non timbré. — *Cass.*, 13 fruct. an X, Lanefranque. — Merlin, *Quest.*, v° *Mariage*, § 3.

450. — Sous le concile de Trente, la signature des témoins et des parties n'était pas exigée à peine de nullité. — *Cass.*, 16 juin 1829, Cotty de Brecourt c. Nollent.

451. — Jugé, de même, qu'il n'était pas nécessaire, pour la validité du mariage, que l'acte de célébration fût revêtu de la signature des parties et du curé: qu'il suffisait que le mariage eût été célébré par le curé ou autre prêtre compétent, en présence de deux témoins. — *Bordeaux*, 10 août 1831, de Bellegarde c. Burkart.

452. — Jugé, sous la loi de 1792, que le défaut de mention, dans l'acte de célébration, du domicile ou de la profession d'un des témoins n'entraîne pas la nullité du mariage. — *Cass.*, 26 flor. an XI, Macker. — Merlin, *Quest.*, v° *Mariage*, § 4.

453.— Jugé, sous la même loi, qu'il n'était pas nécessaire à peine de nullité qu'il fût fait, dans l'acte de mariage d'un mineur, mention expresse de la lecture de l'acte de consentement de ses père et mère, lorsque ceux-ci n'avaient point assisté au mariage. — *Bruxelles*, 12 nov. 1827, N....

454. — Sous le Code civil, le défaut de signature de la part de la mère à l'acte de mariage n'emporte pas nullité, alors d'ailleurs que l'acte est signé par les époux et par le père, et surtout s'il est certain que toutes les formalités voulues par la loi ont été remplies, et que la mère a donné son consentement, notamment en signant l'acte contenant les conventions matrimoniales. — *Grenoble*, 28 juill. 1818, Combalot c. Margnolle.

455. — De même, le défaut de signature du père n'emporte pas nullité, alors d'ailleurs que l'acte est signé par les époux, par les témoins, et que l'officier de l'état civil (qui a signé en marge) constate que le père assistait à la célébration. — *Grenoble*, 5 avril 1824, Juge.

456. — Jugé, aussi, qu'il n'y a pas nullité d'un acte de mariage et de la reconnaissance d'un enfant y contenue, en ce qu'il n'a pas été signé par l'un des époux, lorsque l'impuissance de signer est attestée par l'officier public. Peu importe, dans ce cas, que l'officier n'ait pas mentionné expressément sa réquisition de signer, conformément à l'art. 14 de la loi du 25 vent. an XI. — *Toulouse*, 26 mars 1824, Caubère c. Bois et Fillons.

457. — Un acte de mariage n'est pas nul parce qu'il y manque la signature de l'une des parties contractantes, si l'absence de cette signature n'est que le résultat d'une inadvertance ou d'une erreur, et si l'acte a été signé par l'autre partie, par les témoins, et par l'officier de l'état civil qui l'a reçu en cette qualité. — *Montpellier*, 4 fév. 1840 (t. 2 1843, p. 560), Alet c. Lagarrigue.

458. — Jugé même qu'un acte de célébration est valable, lors même que l'épouse n'aurait pas signé, et qu'aucune mention n'aurait été faite de la cause qui l'en a empêché. — *Bordeaux*, 20 mars 1830, expert c. de Brugière, sous *Cass.*, 27 déc. 1831, mêmes parties. — Alors surtout qu'il y a eu possession prolongée.

459. — Jugé enfin que l'absence de signature de l'officier de l'état civil sur l'acte de mariage n'emporte pas nécessairement la nullité du mariage, alors d'ailleurs que sa présence est constatée par sa signature, en marge de l'acte. — *Grenoble*, 5 avril 1824, Juge.

460. — Seulement, l'irrégularité de l'acte pourrait donner lieu à l'application d'une peine contre l'officier de l'état civil (C. civ., 56, 57). — Même arrêt). — M. Demolombe (n° 213), tout en reconnaissant que la signature des parties et de l'officier de l'état civil est de la plus haute importance, est néanmoins d'avis qu'on ne saurait en faire dépendre l'existence même du contrat. — Conf. Allemand, t. 1er, n° 474. — V. ACTES DE L'ÉTAT CIVIL.

461. — De même, le défaut de mention du consentement du conseil de famille, sous l'autorité duquel se trouverait placé un mineur, rend l'officier de l'état civil passible des peines légales, alors même qu'il y aurait eu consentement de quelques parens isolés. — *Turin*, 6 avril 1808, Barelli.

462. — Le fait que l'acte de mariage porterait une fausse date, ne vicie pas le mariage, s'il n'existait pas un empêchement dirimant à l'époque de la date indiquée comme étant la véritable. — *Bourges*, 23 mai 1822, Millereau c. Jourdan. — V. aussi l'arrêt de rejet (mêmes parties), du 31 août 1824, qui reconnaît aux juges du fond le droit d'apprécier souverainement si les contraventions à la loi sont suffisantes pour enlever au mariage son caractère de publicité et d'*authenticité*.

463. — L'absence de mention, dans un acte de mariage, du lieu où ce mariage a été célébré n'en emporte pas nullité, alors qu'il résulte des circonstances que le mariage a été célébré dans la commune de l'un des époux. — *Liége*, 4 fév. 1819, d'Oultremont.

464. — Mais l'absence de cette mention peut concourir, si elle se joint à d'autres omissions, à faire réputer le mariage clandestin. — *Caen*, 18 juin 1819, Damonde.

465. — La loi du 20 sept. 1792 (sect. 4, art. 9) porte: « Si, antérieurement à la publication de la présente loi, quelques personnes s'étaient mariées devant des officiers civils, elles seront tenues de venir, dans la huitaine, déclarer le mariage devant l'officier public de la municipalité de leur domicile, lequel en dressera acte sur les registres aux formes ci-dessus prescrites. » — V. Merlin, *Rép.*, v° *Mariage*.

466. — Jugé, sous l'empire de la loi du 20 sept. 1792, qu'on a dû considérer comme constituant un mariage régulier, l'acte par lequel un officier public a reçu et consigné sur les registres de l'état civil la déclaration de deux individus qu'ils se sont *volontairement mariés*, et dans lequel cet officier ajoute qu'il a *prononcé, au nom de la loi, que les conjoints sont réellement et légalement unis en mariage*. — *Paris*, 27 mars 1824, Deblé c. Decroos.

467. — L'arrêt qui considère comme un acte de célébration de mariage celui par lequel les époux qui ont recouvré leur capacité ont déclaré confirmer une précédente union entachée de nullité, et en tant que de besoin en contracter une nouvelle, ne donne pas ouverture à cassation. — *Cass.*, 3 flor. an XIII, Davrilly c. Spiess.

468. — La déclaration des parties, lors de la célébration du mariage, qu'elles veulent se prendre pour mari et femme, et, celle de l'officier de l'état civil qui prononce au nom de la loi, que l'union conjugale est formée, sont des formalités substantielles dont l'omission entraîne la nullité du mariage. — *Cass.*, 22 avril 1833, Bonnefoi c. Vadeux. — Coin-Delisle, *Comm. anal.* sur l'art. 75.

469. — Sans nier ce principe, un arrêt de la Cour de Riom a jugé qu'un mariage n'est pas nul parce que l'officier de l'état civil n'aurait pas donné lecture des actes produits, non plus que du chap. 6, tit. Du mariage, et n'aurait pas formellement demandé aux époux s'ils entendaient se prendre pour mari et femme, si d'ailleurs il est reconnu que l'officier de l'état civil avait commencé par demander aux futurs époux s'ils entendaient s'unir en mariage, et si l'époux qui demande la nullité a signé l'acte. — *Riom*, 10 juill. 1829, Benoit c. Vedeux.

470. — Toutefois, cet arrêt a été cassé par celui du 22 avr. 1833 précité, qui a jugé que l'inscription de faux tendant à établir la double omission de la réponse des parties et de la déclaration de l'officier de l'état civil, ne peut être écartée comme inconcluante; ou sur le motif que les nullités auraient été couvertes par la signature apposée par les époux à l'acte de célébration. — ..... Et que l'omission de ces formalités ne s'induisait pas nécessairement de ce que l'officier de l'état civil aurait demandé aux parties si elles entendaient s'unir par mariage.

CHAPITRE V. — *Mariage à l'étranger. — Militaires. — Mariage des étrangers.*

471. — Suivant la déclaration du roi du 16 juin 1625, les mariages contractés à l'étranger par des Français n'étaient valables qu'autant qu'il avait été préalablement obtenu une permission expresse du roi. — Merlin, *Rép.*, v° *Mariage*, sect. 4, § 2.

472. — Pothier (n° 363) répute nuls les mariages contractés à l'étranger par des Français hors la présence et sans le consentement du curé des parties, lorsqu'il paraît que c'est en fraude de la loi qu'ils y sont allés.

473. — La déclar. du 16 juin 1625, qui défend aux Français de se marier à l'étranger sans la permission du roi, n'a pas dû nécessairement être observé sous l'empire de la loi du 20 sept. 1792. — *Cass.*, 16 juin 1829, Cotty de Brécourt c. Nollent.

474. — Suivant l'art. 170 C. civ., le mariage contracté en pays étranger entre Français et entre Français et étranger est valable s'il a été célébré dans les formes usitées dans le pays, pourvu qu'il ait été précédé en France à des publications prescrites par l'art. 63, et que le Français n'aient pas contrevenu aux dispositions relatives aux conditions requises pour la validité du mariage, c'est-à-dire à celles qui concernent sa capacité, l'âge requis, le consentement des ascendans, etc. — C'est l'application de la règle *Locus regit actum.*

475. — On ne peut ranger dans la catégorie des Français mariés à l'étranger (dans le sens de l'art. 170 C. civ.) des individus qui, habitant une frontière, quittent un moment leur domicile pour aller invoquer une législation étrangère, dans le but évident de se soustraire aux conditions que les lois françaises leur imposent. — *Colmar*, 2 janv. 1823, Wittmer c. Koppenhœffer.

476. — La loi n'exige pas que celui qui veut contracter mariage à l'étranger justifie d'une résidence de six mois. — Cette obligation n'existe que pour les mariages célébrés en France. — Duranton, n° 232 (note); Demolombe, n° 219.

477. — Les conditions de capacité dont il vient d'être parlé ne concernent que le Français. — La capacité de l'étrangère à laquelle il s'unit est régie par les lois de son pays alors même qu'elles différeraient des lois françaises.

478. — Le mariage contracté *entre Français* en pays étranger, est également valable, s'il l'a été conformément aux lois françaises, par les agens diplomatiques français ou par les consuls. C'est ce qui résulte de l'arrêt cité *infrà* n° 481. — Duranton, n° 234. — *Contrà*, Favard, *Rép.*, v° *Mariage*, sect. 3, § 2.

479. — Mais la disposition de l'art. 48 n'est pas applicable aux mariages passés entre Français et étrangers. — Ces mariages ne peuvent être célébrés que par les officiers du pays; car ces officiers ont seuls compétence en ce qui concerne l'étranger. — Duranton, n°s 234 (note), 235; Marcadé, sous l'art. 170, n° 2; Allemand, t. 1er, n° 576.

480. — Il a été jugé, il est vrai, par la Cour de Rouen, qu'après la loi du 20 sept. 1792, sur l'état civil des citoyens, un Français et une étrangère ont pu valablement contracter mariage devant des agens diplomatiques français, suivant les lois françaises ou locales; et que, dans tous les cas, la nullité d'un pareil mariage, à supposer qu'elle existât, aurait été couverte à l'égard des époux entre eux, par une longue possession d'état. — *Rouen*, 24 fév. 1818, Gaudin. — Vazeille, t. 1er, n° 186.

481. — Mais cette décision a été cassée par arrêt qui a jugé que la nullité d'un mariage contracté en pays étranger par un Français avec une étrangère, devant un consul français, est une nullité d'ordre public qui peut être invoquée par l'un des époux, nonobstant une longue possession d'état. — *Cass.*, 10 août 1819, Sommaripa c. Gaudin. — Merlin, *Rép.*, v° *Etat civil*, n° 3; Duranton, t. 2, n°s 235, 236; Coin-Delisle, sur l'art. 48, n° 4; Rieff, *Actes de l'état civil*, n° 88; Favard, *Rép.*, v° *Actes de l'état civil*, p. 59.

482. — De ce que l'acte de célébration d'un mariage contracté en pays étranger par un Français, devant le consul français, ne mentionne pas dans quel lieu le mariage a été célébré, il n'en résulte pas que ce mariage doive être réputé clandestin. On doit présumer qu'il l'a été en la chancellerie du consulat avec toute la publicité nécessaire. — *Paris*, 13 juin 1836 (t. 27, p. 1424), Turin c. Donnier.

483. — Il suffit, pour la preuve d'un mariage contracté en pays étranger, que les actes qui en constatent l'existence soient conformes aux lois du pays où il a eu lieu.

484. — Ainsi, le mariage est suffisamment justifié par un certificat de célébration, dressé suivant les formes du pays où il a été contracté. — *Paris*, 27 juin 1815, Wendel c. Baunier.

485. — Jugé de même, que, lorsqu'il s'agit de connaître et d'appliquer les lois d'une jurisprudence étrangère, les tribunaux sont appréciateurs des certificats qui leur sont produits. Ainsi, ils peuvent, en matière de mariage, se fonder sur les certificats de l'évêque diocésain, pour déclarer que la loi étrangère a été suivie. — *Rouen*, 11 juill. 1827, sous *Cass.*, 16 juin 1829, Cotty de Brecourt c. Nollent.

486. — ...Et leur décision, à cet égard, échappe à la censure de la Cour de cassation. — Même arrêt du 16 juin 1829.

487. — Jugé encore, que la possession d'état suffit pour prouver le mariage contracté par un Français en Egypte, étant reconnu que dans ce pays, il ne se tient pas de registres de l'état civil. — *Metz*, 2 juin 1814, Faultrier.

488. — L'art. 170 veut que les mariages célébrés en pays étranger soient précédés de publications en France. — Mais cette formalité ne peut concerner que ceux des Français qui n'auraient pas établi leur domicile actuel à l'étranger, par un laps de six mois de résidence. — C'est ce qui résulte de la combinaison des art. 170 et 63. — Toullier, t. 1er, n° 578; Delvincourt, t. 1er, p. 68, note 5. — C'est ce qui résulte aussi des termes des arrêts de *Cass.* du 8 mars 1831 cités *infrà* n° 492.

489. — Sous la loi de 1792, les publications en France n'étaient pas prescrites à peine de nullité. — *Cass.*, 16 juin 1829, Cotty de Brécourt c. Nollent.

490. — Mais sous l'empire du Code, l'absence de ces publications emporte-t-elle nullité?

491. — D'une part on invoque le texte de la loi: Le mariage est valable, suivant l'art. 170, pourvu qu'il ait été précédé, etc. — Or, dit-on, ces publications sont en effet, quant à la France, le seul moyen de publication. Donc, si elles n'ont pas eu lieu, le mariage est nul, puisqu'il manque d'une des conditions essentielles moyennant lesquelles il a été autorisé. — C'est en ce sens que la cour de cassation a décidé par plusieurs de ses arrêts.

492. — Ainsi jugé que les mariages contractés en pays étranger entre Français qui n'y avaient ni résidence ni domicile sont nuls, s'ils n'ont été précédés en France de publications. — *Cass.*, 8 mars 1831, Fauvel c. Sommesson; Même jour, Flore-Dieu c. Gaubert; 6 mars 1837 (t. 1er 1837, p. 175), P...; 17 août 1841 (t. 2 1841 p. 504), Godfroy; *Colmar*, 2 janv. 1823, Wittmer c. Koppenhœffer; *Paris*, 10 déc 1827, Prosse; 30 mai 1829, Flore Dieu (sous *Cass.*, 8 mars 1831); 4 juill. 1829, Fauvel c. Senion; *Montpellier*, 15 janv. 1839 (t. 1er 1839, p. 671), Liense c. Cruzet. — Delvincourt, t. 1er, p. 68, note 4; Allemand, t. 1er, n° 384.

493. — En sens contraire, on soutient que c'est forcer le sens de l'art. 170 que d'en faire sortir une nullité *absolue* de l'inobservation de la formalité des publications, et qu'il suffit que les conditions essentielles prescrites par cet article aient été remplies, pour que le mariage puisse être déclaré valable. — *Metz*, 16 août 1816, Plagnieux c. Campanella; *Nancy*, 30 mai 1826, Poirson c. Nass; *Bruxelles*, 7 juin 1831, Vial; *Paris*, 8 juill. 1820, Delnage; *Colmar*, 25 janv. 1823, Ogé c. Mennet. — Pour des mariages contractés à l'étranger par des militaires, V. Toullier, t. 1er, n° 578; Merlin, *Rép.*, v° *Bans de mariage*, n° 2, *Quest.*, v° *Publications de mariage*, § 1er; Favard de Langlade, *Rép.*, v° *Mariage*, p. 475; Duranton, t. 2, n°s 237 et 238; Vazeille, t. 1er, n° 158; Zachariæ, t. 3, § 468.

494. — Jugé aussi, en ce sens, que le mariage contracté, en pays étranger, entre Français qui n'ont pas conservé de domicile en France n'est pas nul pour défaut des publications prescrites par l'art. 63 C. civ. lorsque le consentement du seul ascendant alors existant a été obtenu, et que ce mariage a été entouré de toutes les formalités exigées par les lois du pays où il a été célébré. — *Paris*, 13 juillet 1839 (t. 2 1839, p. 150), Vallier c. Xavier.

495. — Jugé, par la même cour, que le mariage contracté à l'étranger, entre Français, sans avoir été précédé des publications exigées par l'art. 170 C. civ. ne peut être attaqué de nullité que dans les cas où les formes usitées dans le pays n'auraient pas été observées, et dans celui où l'omission aurait eu lieu avec l'intention formelle de faire fraude à la loi. — *Cass.*, 28 juin 1841 (t. 2 1842, p. 379), Commaille c. de Brancas.

496. — Et la Cour de cassation paraît elle-même et avec raison, suivant nous, être revenue parfois sur la rigueur de sa jurisprudence première.

497. — Ainsi elle a jugé que le défaut de publication en France d'un mariage contracté en pays étranger, entre Français, n'entraîne pas la nullité de ce mariage, lorsque, d'ailleurs, il a été célébré suivant les formes usitées dans le pays, et qu'il n'a été contrevenu à aucune des dispositions prescrites par le ch. 1er du titre *Du mariage* du C. civ. — *Cass.*, 10 mars 1841 (t. 1er 1841, p. 589) Vallier.

498. — Elle a jugé encore que la nullité tirée de l'inobservation de la formalité des publications n'est pas absolue, et qu'il appartient aux tribunaux d'apprécier les conséquences plus ou moins graves du défaut de publication, suivant l'intention présumée des parties qui ont commis l'infraction et la qualité des personnes qui s'en prévalent, et que, spécialement, la demande en nullité d'un mariage contracté par un Français à l'étranger, sans publications en France, formée par un parent collatéral de ce Français, après son décès, a pu être déclarée mal fondée par les motifs que ce dernier était entièrement libre de ses droits, qu'il ne dépendait de personne pour son mariage, que nul n'avait le droit d'y former opposition, qu'il n'avait d'ailleurs jamais cherché à le dissimuler, et qu'une maladie seule l'avait empêché d'attendre les publications. — *Cass.*, 18 août 1841 (t. 2 1841, p. 750), Petit c. Desmanèches. — Demolombe, n° 224, p. 345.

499. — Un mariage contracté à l'étranger, entre un Français et une étrangère, n'est pas nul, en ce que, dans les publications faites en France, *on n'aurait pas observé le délai requis.* — *Trèves*, 2 déc. 1811, Stahlhoffer c. Dek.

500. — Dans tous les cas, la jurisprudence admet, et avec raison, que la nullité tirée du défaut de publications peut être couverte soit par le silence de ceux qui auraient eu qualité pour s'opposer, soit par la possession d'état. C'est ce qui résulte des arrêts qui suivent.

501. — Encore jugé qu'un arrêt peut décider que le défaut par les parens d'avoir demandé la nullité d'un tel mariage, pendant un délai de plus d'un an écoulé depuis la connaissance qu'ils ont eue de sa célébration, les a rendus non recevables à opposer la nullité fondée sur l'art. 170. — *Bruxelles*, 28 juin 1830, Diez; *Cass.*, 17 août 1841 (t. 2 1841, p. 594), Godfroy; *Paris*, 28 juin 1841 (t. 1er 1842, p. 379), Commaille c. de Brancas; 22 janv. 1842 (t. 1er 1842, p. 379), Claudon c. Devilliers.

502. — Jugé encore que l'irrégularité tirée du défaut de publication est couvert, quant aux ascendans, par leur ratification résultant de ce que, pendant plus d'un an depuis le mariage, ils ont reçu les époux dans leur domicile. — *Cass.*, 12 fév. 1833, Dhérisson.

503. — Jugé encore qu'elle est couverte, à l'égard des époux, par la possession d'état. — *Nancy*, 30 mai 1826, Poirson c. Nass; *Bruxelles*, 7 juin 1831, Vial; *Cass.*, 16 juin 1829, Cotty de Brecourt c. Nollent; 12 fév. 1833, Dhérisson; *Paris*, 13 juill. 1839 (t. 2 1839, p. 150), Vallier c. Xavier; 17 août 1841 (t. 2 1841, p. 505), Geoffroy.

504. — De même, la possession d'état couvre les irrégularités contenues dans l'acte de célébration. — *Cass.*, 16 juin 1829, Cotty de Brecourt c. Nollent. — ...Et les époux ne peuvent exciper du prétendu vice de clandestinité. — *Nancy*, 30 mai 1826, Poirson c. Nass.

505. — Jugé, en outre, en principe, que l'art. 196, qui porte que lorsqu'il y a possession d'état, et que l'acte de célébration du mariage est représenté, les époux sont respectivement non recevables à demander la nullité de cet acte, est applible même aux mariages passés à l'étranger à l'égard desquels il n'y aurait eu ni publication préalable en France, ni consentement de père et mère, ou sommation respectueuse. — *Paris*, 13 juin 1836, Turin c. Rounier; *Cass.*, 25 fév. 1839 (t. 1er 1839, p. 228), Giro c. Cayret.

506. — ... Et la possession d'état peut résulter de faits (même passés à l'étranger) dont l'appréciation appartient exclusivement aux tribunaux, notamment de ce que l'enfant né d'un tel mariage a été baptisé comme fils légitime des époux et de la cohabitation de ceux-ci pendant plusieurs années, même à l'étranger. — Même arrêt de 1839.

507. — Jugé, en outre, en ce sens, que, à supposer que le défaut de publication d'un mariage contracté en pays étranger, de signatures des parties et des témoins sur l'acte de célébration, soit, en principe, suffisant pour faire annuler cet acte, cependant ce vice est couvert, et l'un des époux est non recevable à demander la nullité du mariage, s'il y a eu possession d'état d'époux légitimes, si l'acte conforme à cette possession est représenté, et si les époux ont eux-mêmes reconnu, dans des actes, la légitimité de leur mariage. — *Cass.*, 23 août 1826, Ogé c. Mennet.

508. — ... Et que la nullité résultant du défaut de publication ne peut être invoquée par celui des époux qui, après avoir violé sciemment la loi étrangère, est non recevable à se prévaloir d'un mensonge dont il est l'auteur. — *Paris*, 28 juin 1841 (t. 1er 1842, p. 379), Commaille c. de Brancas.

509. — Mais jugé que la possession d'état ne peut être opposée *à un tiers* pour couvrir la nullité d'un mariage contracté à l'étranger, sans publications préalables. — *Montpellier*, 15 janv. 1839 (t. 1er 1839, p. 671), Llense c. Cruzet.

510. — Le défaut de publications, en France, du mariage contracté à l'étranger peut n'être pas regardé comme empêchement dirimant toutes les fois qu'il est le résultat, non pas d'un concert frauduleux au préjudice de la loi ou de ses ayans droit, mais des circonstances particulières où se sont trouvées les parties. — C. civ., art. 170. — Tel est le cas où le Français résidant à l'étranger depuis vingt ans n'était plus en France sous la puissance de personne, que les publications à son dernier domicile, devenues d'ailleurs impossibles par le danger dans lequel le mettait une maladie grave, n'auraient pu amener aucune opposition, et qu'enfin il contractait mariage avec une femme du pays et dans le but de légitimer leurs enfans. — *Cass.*, 9 nov. 1846 (t. 2 1847, p. 118), Augu c. Loretto-Demar. — Merlin, *Rép.*, vº *Bans de mariage*, et *Quest.*, vº *Publication de mariage*; Toullier, nº 578; Duvergier, *ibid.*, ad. not; Favard, *Rép.*, vº *Mariage*, t. 3, p. 475; Duranton, nºs 237 et 238; Vazeille, nº 158.

511. — Les collatéraux ne sont pas recevables à demander la nullité d'un mariage contracté à l'étranger sans publications préalables, en France. — Dans tous les cas, la nullité ne pourrait, dans l'hypothèse du mariage d'un étranger avec une Française, être invoquée en France par un parent collatéral de l'étranger, alors que toutes les formalités voulues par la loi étrangère auraient été observées. — *Cass.*, 5 nov. 1839 (t. 2 1839, p. 453), Falcon c. Villard. — Conf., sur le principe, *Cass.*, 18 août 1841 (t. 2 1841, p. 750), Petit c. Desmanèches. — La raison en est dans cette considération, développée par M. l'avocat général, lors de l'arrêt de 1839, que si les collatéraux peuvent invoquer la nullité du mariage qui n'a pas été contracté *publiquement*, on ne saurait réputer tel, dans le sens de l'art. 191, celui qui a été célébré dans les formes usitées dans le pays, en présence de témoins, en ce qu'il n'aurait pas été précédé de *publications* en France. — Ce ne sont pas les publications en France qui constituent la *publicité* du mariage : elles ont seulement pour objet d'apprendre à ceux qui auraient droit et intérêt pour s'opposer à un mariage, que ce mariage va être contracté. Mais la publicité consiste dans la solennité même dont la célébration a été entourée, suivant les lois du pays où se trouvaient les contractans. C'est aussi en ce sens que l'arrêt interprète l'art. 191.

512. — Le mariage contracté à l'étranger par un Français âgé de plus de vingt-cinq ans est-il nul pour n'avoir pas été précédé d'actes respectueux? — Les motifs de l'arrêt de *Cass.* du 12 fév. 1833 (Dhérisson) décident la négative, attendu que l'art. 157 ne prononce aucune nullité pour le défaut d'actes respectueux. — *Sic*, Allemand, t. 1er, nº 391.

513. — Mais la même cour, par son arrêt du 6 mars 1837, a jugé nettement que si, pour les mariages contractés en France, la formalité des actes respectueux n'est pas prescrite à peine de nullité (art. 157), et si son inobservation ne donne lieu qu'à une peine contre l'officier public, il en est autrement pour les mariages passés à l'étranger, puisque, dans ce cas, l'inobservation de cette formalité resterait sans sanction. — *Cass.*, 6 mars 1837 (t. 1er 1837, p. 175), P.....

514. — Cette dernière doctrine devra surtout être appliquée lorsque, comme dans l'espèce de l'arrêt de 1837, l'absence d'actes respectueux se joindra au défaut de publication, puisqu'alors il sera évident que le contractant aura voulu se soustraire à tous moyens de contrôle, tels que l'opposition des tiers ou l'exercice de l'autorité paternelle. — Ce qui d'ailleurs a pu influencer la décision de l'arrêt de 1833, c'est qu'en fait il y avait eu ratification de la part du père qui attaquait le mariage. — V. ACTES RESPECTUEUX.

515. — La cour de Metz a décidé que lorsque les parties ont atteint l'âge de majorité pour le mariage, le défaut de consentement des père et

mère, même joint à l'absence de publication, ne suffit pas pour faire annuler le mariage contracté d'ailleurs avec les formalités requises. — *Metz*, 16 août 1816, Plagnieux c. Campanella.

516. — Mais, en tous cas, la nullité résultant du défaut d'actes respectueux est couverte à l'égard des père et mère qui ont connu et approuvé le mariage. — *Paris*, 28 juin 1841 (t. 1er 1842, p. 379), Commaille c. de Brancas; 22 janv. 1842 (t. 1er 1842, p. 379), Claudon c. de Villiers.

517. — Dans les trois mois après le retour du Français sur le territoire du royaume, l'acte de célébration du mariage contracté au pays étranger sera transcrit sur le registre public des mariages du lieu de son domicile. — C. civ., art. 171.

518. — Sur ce point, il est d'abord constant que le défaut de transcription n'opère pas nullité du mariage. — *Cass.*, 16 juin 1829, Cotty de Brécourt c. Nollent; 12 fév. 1833, Dhérisson; *Bruxelles*, 7 juin 1831, Vial. — V. aussi Marcadé, sous l'art. 171; Ducaurroy, Bonnier et Roustain, t. 1er, nº 290.

519. — Dans tous les cas, le mari ne pourrait s'en prévaloir. — *Bruxelles*, 7 juin 1831, Vial.

520. — Et il a été jugé que la non-observation de cette formalité en temps utile ne peut être opposée par les héritiers de l'un des époux, lors même que la transcription tardive n'aurait eu lieu qu'après la mort de leur auteur. — *Cass.*, 16 juin 1829, Cotty de Brécourt c. Nollent.

521. — De même, les auteurs pensent généralement que le délai de transcription n'est pas fatal et que les demandeurs peuvent faire transcrire, même après le décès des époux. — Toullier, t. 1er, nº 579; Favard, *Rép.*, vº *Mariage*, t. 3, p. 476; Duranton, t. 1er, nº 240; Allemand, t. 1er, nº 393; Vazeille, t. 1er, nº 189, et Zachariæ, t. 3, § 468; Demolombe, nº 228.

522. — Mais si la transcription n'a eu lieu que postérieurement au délai de 3 mois, à partir du retour en France, ce n'est, en général, qu'à partir du jour où elle a été opérée que le mariage contracté à l'étranger engendre ses effets civils et ne les produit qu'à raison de la publicité dont la loi le suppose entouré.

523. — Ainsi, il a été jugé, avec raison, que bien que le mariage à l'étranger emporte hypothèque légale (V. HYPOTHÈQUE LÉGALE), cependant, à défaut de transcription dans le délai de 3 mois, la femme ne peut se prévaloir, à l'égard des tiers, de son hypothèque légale, que du jour de la transcription. — *Cass.*, 6 janv. 1824, Coulon c. Fremeau. — Duranton, nº 240; Zachariæ, t. 3, § 468. — Impl. *Montpellier*, 3 juin 1830, Legueraques c. Catuffe.

524. — Et il résulte aussi de l'arrêt du 16 juin 1829 précité, que les tiers qui ont traité de bonne foi et dans l'ignorance du mariage peuvent se prévaloir du défaut de transcription.

525. — On doit appliquer le même principe en cas d'obligations souscrites par la femme, sans autorisation, avant la transcription tardive de l'acte. — Dans ce cas, le défaut d'autorisation ne peut être opposé aux tiers. — Duranton, nº 240; Zachariæ, § 468.

526. — Toutefois, la Cour de cassation est revenue sur cette jurisprudence, par arrêt qui a donné la préférence à l'hypothèque légale résultant d'un mariage contracté à l'étranger sur une inscription antérieure à la célébration. — *Cass.*, 23 nov. 1840 (t. 2 1840, p. 644), Gradis c. Las Fuenlès. — Troplong, suppl. nº 513 *bis*.

527. — ... Alors surtout qu'il s'agit d'un mariage contracté avant la promulgation du C. civil. — *Bordeaux*, 31 août 1837, sous *Cass.*, 23 nov. 1840 (t. 2 1840, p. 644), Gradis c. Las Fuentès.

528. — La doctrine de l'arrêt de 1824 nous paraît préférable. — En vain M. Troplong dit que dès que le mariage est reconnu régulier, il doit produire tous ses effets, et que refuser, sous prétexte de défaut de transcription, hypothèque légale du jour du mariage, c'est comme si, en déclarant un mariage régulier, on refusait de regarder comme légitimes les enfans qui en sont issus. L'assimilation ne nous paraît pas juste, car si les effets du mariage, quant à la légitimité des enfans, ne supposent que l'*existence* du mariage, ces effets, quant à l'hypothèque légale, supposent un mariage rendu public aux yeux des tiers. — Or c'est précisément la transcription qui a pour objet de donner à l'acte la publicité légale.

529. — Jugé, en tous cas, que le dépôt de l'acte de divorce prononcé dans les registres de l'état civil, faisant connaître l'existence du mariage dissous, équivaut à la transcription de l'acte de mariage ordonnée par l'art. 171, et fait courir l'hypothèque légale. — *Montpellier*, 3 juin 1830, Legueraques c. Catuffe.

530. — Quant aux effets civils qui sont le résultat du mariage lui-même, et qui n'empruntent rien à la publicité, la tardiveté de la transcription ne saurait les modifier en rien. Telle est, par exemple, la légitimité et les droits qui en résultent quant à la successibilité. — Duranton, nº 240; Zachariæ, § 468.

531. — Jugé, en ce sens, que les héritiers collatéraux de l'un des époux ne peuvent opposer aux enfans nés du mariage non transcrit, le défaut de transcription. — *Cass.*, 16 juin 1829, Cotty de Brécourt c. Nollent. — *Contrà* Delvincourt (p. 68, note 6), qui n'accorde *aucun* effet au mariage avant la transcription tardive.

532. — De même le défaut de transcription ne nuirait pas à la demande en nullité dirigée contre un second mariage que l'un des époux aurait contracté en France, au mépris de l'art. 147, avant la transcription de l'acte de célébration de celui contracté à l'étranger. — Duranton et Zachariæ, *loc. cit.* — *Contrà* Delvincourt, *loc. cit.*

533. — A plus forte raison, les époux ne pourraient-ils se prévaloir du défaut de transcription pour repousser la demande en nullité dirigée contre leur mariage. — *Cass.*, 8 nov. 1824, Jung et Lux. — Vazeille, nº 190; Zachariæ, § 468.

534. — Jugé que, pour que l'étrangère qui a contracté mariage en pays étranger avec un Belge, puisse être en droit de soutenir en Belgique que la validité de son mariage et d'en réclamer les effets civils, il n'est pas nécessaire que l'acte de célébration, dont la représentation est prescrite par l'art. 194 C. civ., et qu'elle représente en due forme, ait été transcrit dans ce royaume sur le registre public des mariages du lieu du domicile du Belge, comme le demande l'article 171 C. civ. Dans tous les cas, le défaut de transcription ne pourrait être opposé à la femme. — *Bruxelles*, 28 juin 1830, Dietz; 13 mai 1828, D...

535. — Le mariage de militaires français est contracté dans la forme prescrite par l'art. 89. — V. ACTES DE L'ÉTAT CIVIL.

536. — Mais le mariage contracté par un militaire en pays étranger avec une étrangère suivant les lois du pays est-il nul? La difficulté vient de ce qu'il est généralement reconnu que le militaire, *sous le drapeau, en pays étranger, est censé en France* (Opinion du 1er consul). — Locré, art. 88 et suiv.

537. — Avant le C. civ., le mariage contracté en pays étranger entre un Français sous les drapeaux et une étrangère était valable en France, lorsqu'il avait eu lieu d'après les formes usitées dans le pays. — *Cass.*, 8 juin 1809, Néphis c. Faultrier.

538. — Jugé encore qu'avant le C. civ., un militaire français pouvait, étant sous les drapeaux dans un pays étranger ou conquis, s'y marier avec une femme de ce pays, sans observer d'autres formes que celles qui étaient prescrites par les lois ou les usages locaux. — *Cass.*, 7 sept. 1809, Nazo c. Destaing.

539. — ... Qu'en Piémont le mariage d'un militaire en activité de service était valablement contracté en présence d'un aumônier du régiment. — *Cass.*, 21 mai 1810, Pastoris.

540. — Sous le Code, la jurisprudence reconnaît, et avec raison, que le mariage contracté par un militaire en expédition en pays étranger, avec une femme étrangère, n'est pas assujetti absolument à la forme établie par l'art. 89 C. civ. Il peut être contracté devant le fonctionnaire local qui, d'après la loi de ce pays, est compétent à l'égard de la femme. — *Paris*, 8 juill. 1820, Delnaye c. Mazzoni; *Colmar*, 25 janvier 1823; et *Cass.*, 23 août 1826, Ogé c. Mennet. — ... Même pour les cas où le mariage aurait été contracté avec une femme non étrangère. — *Bruxelles*, 7 juin 1831, Vial.

541. — Un tel mariage n'est pas nul pour n'avoir pas été précédé de publications en France, ni en ce que l'acte de célébration n'aurait été signé, ni par les époux, ni par les témoins, si la peine de nullité n'est pas attachée à ce défaut de formes par la loi du pays où l'acte a été reçu. — *Colmar*, 25 janv. 1823, Ogé c. Mennet. — V. aussi, pour les publications, *Paris*, 8 juill. 1820, Delnaye c. Mazzoni.

542. — Toutefois, cette jurisprudence, en ce qui touche la validité de la célébration du mariage, est contraire à l'opinion de quelques auteurs et notamment de Merlin. Voici ce qu'il dit (*Rép.*, vº *Etat civil*, § 3, p. 325) : « La lettre de la loi est : qu'il suffit qu'un acte de l'état civil concerne un militaire sous les drapeaux hors de France, pour qu'il ne puisse être dressé par nul autre qu'un quartier-maître, capitaine commandant ou inspecteur aux revues, suivant les distinctions écrites dans l'art. 89. Comment dès lors appliquerait-on au mariage contracté, hors de France, par un militaire sous les drapeaux, soit la disposition de l'art. 165, qui permet de célébrer le mariage devant l'officier de l'état civil de la femme comme devant l'officier de l'état civil du mari, soit la disposition de l'art. 170, qui permet au Français d'épouser une étrangère, dans un pays étranger, suivant les formes usitées dans ce pays? L'esprit de la loi est, comme l'a dit l'orateur du gouvernement dans l'exposé des motifs, d'empêcher que désormais on ne se joue à l'armée du plus saint des contrats, du mariage. C'est pour atteindre ce but qu'elle établit, suivant les expressions du même orateur, un registre de l'état civil dans chaque corps de troupe, et à l'état-major de chaque armée. Or, ce but est évidemment manqué, du moment que l'on regarde comme ayant caractère pour marier un militaire sous les drapeaux, hors de la France, tout autre officier de l'état civil que celui qui lui est assigné par la loi. »

543.—De même, M. Duranton (t. 1er, n° 332, t. 2, n° 236), après avoir posé comme règle que *le militaire, sous le drapeau, en pays étranger, est censé en France*, en tire la conséquence que ce n'est pas l'art. 47 qui lui est applicable, relativement aux actes de l'état civil, mais bien les lois françaises. « Cela paraît, en effet, résulter, dit-il, des art. 88 et suiv. du Code, et de l'interprétation qui leur a été donnée par l'instruction ministérielle du 22 brum. an XII. » — Vazeille (t. 1er, p. 195) partage l'avis de M. Duranton; mais il admet cependant que le mariage puisse être contracté valablement par un militaire hors du royaume, devant le magistrat étranger, *autre que celui où siége le drapeau*. — En présence de l'officier public, que la loi française reconnaît, elle ne permet pas, dit-il, qu'on s'adresse à l'étranger. — Toullier (t. 1er, n° 336) exprime aussi que le chapitre relatif aux actes de l'état civil des militaires fut ajouté, sur la proposition de Bonaparte, qui observa que l'art. 47 ne pouvait s'appliquer au militaire, *qui n'est jamais chez l'étranger* lorsqu'il est sous le drapeau, parce que *là où est le drapeau, là aussi est la France*. — V. le procès-verbal de la séance du 14 fruct. an IX.—M. Allemand (*Traité du mariage*, t. 1er, nos 400 et 401) établit une distinction : si le mariage est contracté par deux personnes également attachées à l'armée, le mariage ne peut être célébré que devant l'officier de l'état civil du corps; si l'un des futurs n'appartient pas à l'armée, le mariage peut indifféremment être contracté devant l'officier civil du corps ou devant un agent public français, et enfin, en cas d'extranéité de l'un des conjoints, le mariage peut être célébré avec les formes du pays.— *Quid*, en cas d'opposition, et quel tribunal en doit connaître? M. Allemand (*ib.*, t. 1er, n° 397) estime qu'il devra être statué sur l'opposition ou par le tribunal de l'opposant, ou par celui du défendeur; le choix en appartenant à ce dernier.

544. — Les étrangers peuvent valablement se marier en France, soit entre eux, soit avec des Français.

545. — L'étranger peut valablement contracter mariage en France, s'il ne se trouve dans aucun des cas d'incapacité prévus par la loi française, et alors d'ailleurs que rien n'annonce qu'il soit frappé d'incapacité par les lois de son pays. — *Caen*, 16 mai 1846 (t. 1er 1847, p. 616), Beker c. maire de Caen.

546. — Les mariages entre étrangers et Français sont régis par les lois françaises, quant aux solennités extrinsèques et à la manière d'en constater l'accomplissement.

547. — Ainsi jugé que le mariage contracté en France par une Française et un étranger devant un ministre protestant, et suivant les rites du pays du mari, n'est pas valable. — *Paris*, 18 déc. 1837 (t. 1er 1838, p. 77), Ernouf c. Schuhhardt.

548. — De même, est radicalement nul, tant à cause de l'incapacité du célébrant qu'à cause de celle des parties, le mariage célébré en France, dans l'intervalle de la constitution du 3 sept. 1791 à la loi du 20 sept. 1792, par le chapelain protestant d'une ambassade étrangère, et dans la chapelle de cette ambassade, entre un Français majeur et une Anglaise mineure, de dix-sept ans, en cas de rapt de séduction, et sans le consentement de son père, exigé expressément par le statut personnel, et cela après une seule publication; l'ambassadeur ayant dispensé des deux autres les contractans, quoiqu'ils ne fussent pas ses nationaux. — Bien que la nullité de ce mariage n'ait point été prononcée, il n'a pu faire obstacle à la célébration ultérieure d'un mariage régulier devant l'officier compétent, et par suite on ne peut considérer comme nulles et non avenues les conventions matrimoniales qui ont précédé ce second mariage. — La possession d'état qui a suivi n'a pu effacer la nullité radicale du premier mariage, et ne se rattache qu'au second. — Le premier acte de mariage, nul comme mariage, ne peut valoir comme fiançailles ou promesse de mariage. —*Douai*, 9 août 1843 (t. 1er 1844, p. 195), Marescaux.

549. — Ainsi encore, il résulte d'une circulaire du ministre de la justice du 14 mars 1831 que les étrangers, qui n'ont pas six mois de domicile en France, doivent faire faire à leur dernier domicile, à l'étranger, les publications préalables à la célébration du mariage, suivant les formes usitées dans chaque pays.

550. — Quant à la capacité personnelle des étrangers, elle se règle par les lois de leur pays. — Cette capacité doit être constatée par un certificat émané des autorités locales de ce pays. — Circul. du 24 mars 1831.

551. — La loi qui crée un empêchement de mariage est un statut personnel qui suit l'étranger non naturalisé Français, alors même qu'il résiderait en France et qu'il aurait obtenu la jouissance des droits civils. — *Paris*, 13 juin 1814, Styles c. Busqueta.

552. — Ainsi, la femme française qui a épousé un moine espagnol résidant en France, peut demander la nullité de son mariage, en se fondant sur les lois espagnoles qui défendent aux moines de se marier. — Même arrêt. — Merlin, *Rép.*, v° *Mariage*, § 6; Vazeille, t. 1er, n° 187, *Sur le mariage des prêtres*, V. § 5.

553. — Les Français qui veulent se marier avec des étrangères ne peuvent se prévaloir des lois étrangères relatives à la capacité de ces dernières, pour se soustraire à l'empire des lois françaises qui déterminent leur propre capacité. Ainsi, un Français ne peut se marier avec une étrangère qui lui est parente ou alliée au degré prohibé, quand bien même cette dernière aurait, d'après les lois de son pays, le droit de l'épouser. — Zachariæ, t. 3, § 469; Duranton, t. 2, nos 164, 165.

554. — L'étrangère qui épouse un Français devenant Française, le mariage produit, à son égard, tous les effets civils que la loi y attache. — Il en est autrement à l'égard de la Française qui épouse un étranger, puisqu'elle devient étrangère.

555. — Si la capacité personnelle des contractans étrangers se détermine par la loi de leur pays, cependant ils ne peuvent néanmoins invoquer ces lois pour se soustraire aux empêchemens prohibitifs ou dirimans établis par la loi française. — En outre, ces mariages n'engendrent pas des effets plus étendus que ceux qu'ils produiraien, s'ils avaient été célébrés à l'étranger. — Ainsi, ils ne donnent ni aux époux ni à leurs enfans la jouissance des droits civils. — Zachariæ, § 469.

556. — L'étranger, pour contracter mariage en France, n'est pas tenu seulement de justifier de la capacité résultant pour lui du statut personnel; il faut encore qu'il ne se trouve dans aucun des cas de prohibition prévus par la loi française. Spécialement, l'étranger divorcé conformément aux lois de son pays, qui lui permettent de contracter un second mariage, ne peut pas se remarier en France. — *Paris*, 28 mars 1843 (t. 1er 1843, p. 487), Jakowski c. Maire du 7e arrondissement de Paris — Hutteau d'Origny, *De l'état civil*, p. 350.

557. — Les tribunaux français ne sont pas compétens pour statuer sur la demande en mainlevée de l'opposition formée par un père étranger au mariage de sa fille étrangère avec un étranger. — *Rennes*, 16 mars 1842 (t. 1er 1843, p. 99), Durniger et Turbot. — La raison est que les juges seraient obligés, pour connaître de cette opposition et en juger le mérite, d'appliquer les lois étrangères. — V. ÉTRANGER.

CHAPITRE VI. — *Mariage* in extremis.

558. — On appelait autrefois mariages *in extremis*, ceux qui étaient contractés à l'extrémité de la vie de l'une des parties, entre personnes qui antérieurement avaient vécu en mauvais commerce.

559. — Ces sortes de mariages, alors même qu'ils auraient été régulièrement célébrés, étaient flétris par la déclaration de 1639 et l'édit du mois de mars 1697 qui les privaient des effets civils, soit par rapport aux époux, soit à l'égard des enfans, nés antérieurement ou postérieurement à leur célébration. — Pothier, *Mariage*, n° 429; Demolombe, t. 3, n° 17.

560. — Il fallait, pour attaquer ces mariages, prouver 1° le mauvais commerce antérieur; — 2° que l'un des époux était *in extremis*.

561. — L'un des époux n'était réputé *in extremis* qu'autant qu'il était malade d'une maladie qui avait un trait *prochain à la mort*; mais dans ce cas, il importait peu que la mort ne s'en fût suivie que quelques mois après. — Arr. 28 fév. 1667, 22 déc. 1672, 3 juill. 1674. — Mais aussi d'un autre côté, si la maladie n'avait pas un trait prochain à la mort et pouvait encore se prolonger plusieurs années (bien que mortelle et incurable), l'événement arrivé peu après le mariage ne pouvait le faire considérer comme contracté *in extremis*. — Il en était de même au cas de mort subite de l'un des époux arrivée le jour même du mariage. — L'état de grossesse, en l'absence de tous accidens extraordinaires déjà survenus, n'était pas considéré comme maladie, encore que peu après le mariage la femme eût succombé à des accidens récens. — Pothier, *Mariage*, nos 430, 431.

562. — Dans tous les cas, la disposition pénale prononcée par l'art. 6, ordonn. 1639, et l'édit de mars 1697 ne pouvait être appliquée qu'au cas où les parties avaient volontairement attendu pour contracter mariage l'instant de leur décès, mais non au cas où elles en avaient été jusque-là, malgré leur vif désir, empêchées par force majeure. — La preuve de cette force majeure était admissible. — *Cass.*, 11 juin 1806, Bazas c. Braylens. — V. Pothier (*Mariage*, n° 432), qui cite un arrêt conforme du parlement de Normandie du 29 juill. 1717.

563.—Il ne semble pas que, sous la loi du 20 sept. 1792, les mariages *in extremis* fussent prohibés. — C'est ce qui résulte implicitement d'un arrêt de la Cour de Paris qui a jugé, en outre, que la gravité de la maladie n'est pas une présomption suffisante du défaut de consentement de la part du contractant, lorsqu'on ne précise, d'ailleurs, aucun fait positif d'où l'on puisse induire l'absence de raison. — *Paris*, 4 vent. an XII, Rochet c. Halloswer.

564. — Le Code civil ne contient aucune disposition qui défende ces mariages; il est même certain qu'il les autorise. C'est ce qui résulte de l'exposé des motifs. — Favard de Langlade, v° *Mariage*, sect. 5, n° 8; Demolombe, *loc. cit.* — V. aussi *Grenoble*, 23 fév. 1815, Guille c. Baud-Blache. — Toullier, t. 1er, n° 649. — « On a pensé, dit cet auteur, qu'il n'était pas juste de condamner au désespoir un père mourant dont le cœur déchiré par les remords veut, en quittant la vie, assurer l'état d'une compagne qui ne l'a jamais abandonné, ou celui d'une postérité innocente dont il prévoit la misère et les malheurs. » — Conf. Allemand, t. 1er, n° 364.

565. — Il est évident toutefois que de pareils mariages pourraient être déclarés nuls, s'il apparaissait que le consentement n'a pas été libre. — *Paris*, 4 vent. an XII, Rochet c. Halloswer.

CHAPITRE VII. — *Preuve du mariage.*

566. — Dans le dernier état du droit romain, le mariage était valable, indépendamment de l'écrit propre à le constater (loi 13, Cod. *De nuptiis*), en sorte que, dans les lieux où l'ordonn. de 1667 n'avait pas été publiée, son existence pouvait être prouvée par témoins, alors surtout qu'il s'agissait uniquement du point de savoir s'il avait été contracté de bonne foi, de manière à produire des effets civils à l'égard des enfans. — *Cass.*, 21 mai 1810, Pastoris.

567. — En Belgique, avant la loi du 20 sept. 1792, un mariage ne pouvait exister ni produire d'effets civils lorsqu'il n'avait pas été inscrit sur les registres publics, et que les époux n'avaient pas la possession d'état. — *Cass.*, 21 nov. 1808, Heeckstyl c. Vanowervaelle.

568. — Jugé encore que, en 1791, un mariage n'était valable, en Belgique, qu'autant qu'il y avait eu célébration devant l'église, après publication de bans, et constatation de l'acte sur les registres de la paroisse, et qu'à défaut de représentation de l'acte de célébration, la preuve du mariage ne pouvait être faite par des actes de notoriété, lorsque d'ailleurs l'impossibilité de cette représentation ou de la célébration, avec les solennités requises, n'était point établie. — *Paris*, 17 mars 1836, Metzger c. Bullion.

569. — Un mariage célébré depuis la loi du 20 sept. 1792, mais avant le Code, a pu ne pas être déclaré nul pour n'avoir été inscrit sur aucun registre public, s'il en existait d'ailleurs d'autres preuves. — *Trèves*, 1er mars 1813, Barbier.

570. — Sous le C. civ, il faut, relativement à la preuve du mariage, distinguer si c'est à l'époux ou à l'un d'eux, ou aux enfans, que cette preuve est demandée.

571. — Ainsi, d'une part, la loi dit que nul ne peut réclamer le titre d'époux et les effets civils du mariage, s'il ne représente un acte de célébration inscrit sur le registre de l'état civil, sauf le cas de perte ou de non-existence de registres prévu par l'art. 46 C. civ. — C. civ., 194. — V. ACTES DE L'ÉTAT CIVIL.

572. — Un acte inscrit sur une feuille volante ne prouverait pas le mariage. Il en était autrement sous l'ordonn. du 9 avril 1736, dont les prescriptions étaient, à cet égard, moins positives que le Code. — Duranton, t. 2, n° 244; Merlin, *Rép.*, v° *Mariage*, sur l'arrêt *Kerbabu* et *Hautefort*, rendu, en 1733, par le parlem. de Paris (49e plaidoyer de Cochin, Œuvres complètes).

573. — La représentation de l'acte de célébration du mariage n'est pas suppléée à l'égard des époux par la possession d'état. — *Paris*, 6 fév. 1819, Poitrineau c. Ernouf.

574. — Encore jugé que celui qui prétend avoir été l'époux d'une personne décédée n'est pas, alors même qu'il justifie de sa possession d'état, admissible à prouver, par témoins, l'existence de son mariage non inscrit sur les registres de l'état civil, s'il ne justifie pas de la perte de ces registres dans la commune où la célébration a eu lieu. — *Bruxelles*, 7 juin 1806, Demiddeleer c. Alexandre; *Paris*, 7 fév. 1809, Rossary c. Thouret.

575. — Mais l'art. 46 C. civ. n'est pas limitatif; celui qui se prétend époux d'une personne décédée peut, suivant la gravité des circonstances et des présomptions, être admis à prouver par témoins son mariage dont l'acte ne peut être représenté, bien qu'il n'y ait eu ni défaut de tenue absolue, ni perte des registres de l'état civil. — *Agen*, 19 juin 1821, Garbay c. Dufour. — V. ACTES DE L'ÉTAT CIVIL.

576. — Jugé, par application du même principe, que la preuve testimoniale est admissible pour prouver la célébration d'un mariage dont l'acte n'est pas inscrit sur les registres de l'état civil, lorsque d'ailleurs les circonstances sont graves et imposantes pour prouver l'omission de l'acte sur les registres. — On peut, dans ce cas, admettre comme circonstances graves et imposantes, la possession la plus constante de l'état de mari et femme, le fait que les époux ne savaient ni lire ni écrire; et que l'officier de l'état civil ne savait pas écrire et savait à peine signer son nom. — *Limoges*, 29 juill. 1832, Couly.

577. — Jugé encore que, s'il n'existe pas de registre de l'état civil, le mariage peut être justifié par la possession d'état jointe à des présomptions graves, précises et concordantes, résultant d'actes multipliés. — *Rennes*, 25 mars 1820, Ploguin c. Bly. — Allemand, t. 1er, p. 424.

578. — Mais la preuve des faits tendant à établir qu'il y a mariage est inadmissible dans le cas où il n'y a point de commencement de preuve par écrit, et où ce mariage n'a point été célébré devant l'officier public. — *Grenoble*, 22 juill. 1809, Balmain c. Niot.

579. — Les héritiers collatéraux ne sont pas placés dans une hypothèse plus favorable que l'époux prétendu qu'ils représentent, et ils ne peuvent être dispensés de produire l'acte de célébration, dans le cas où celui-ci serait tenu d'en justifier, malgré sa possession d'état. — *Paris*, 6 fév. 1819, Poitrineau c. Ernouf.

580. — La preuve du mariage peut être exigée par tous ceux qui y ont intérêt.

581. — Le principe que les collatéraux sont non recevables à attaquer un mariage, lorsqu'ils n'ont pas un intérêt *né* et *actuel*, ne s'applique qu'au cas où la demande tend à faire prononcer la nullité d'un mariage dont l'existence est reconnue, et non lorsque, en absence de l'acte de célébration, on soutient que le mariage n'a pas eu lieu. — *Cass.*, 22 juin 1819, Tristan Buffi c. d'Eyroux de Pontevès.

582. — Et il a été jugé même que les collatéraux sont recevables à contester le titre d'époux à celui qui l'invoque, sans représenter son acte de mariage, alors même qu'ils auraient précédemment reconnu ce titre dans sa personne. — *Bruxelles*, 7 juin 1806, Demiddeleer c. Alexandre.

583. — ... Et encore que la qualification de veuve, donnée d'abord par eux à une femme dont le mariage n'est pas prouvé par la représentation d'un acte de l'état civil, ne suffit pas pour les rendre non recevables à lui contester ensuite la qualité d'épouse légitime. — *Rennes*, 25 mars 1820, Floguin c. Bly.

584. — Toutefois, il a été décidé depuis, et cette décision paraît mieux rendue, que celui qui a reconnu la qualité d'une partie comme *veuve*, à une époque où il avait intérêt à la contredire, n'est pas recevable, plus tard, à contester les droits résultant de cette qualité. — *Pau*, 20 janv. 1837 (t. 1er 1837, p. 514), Fouron c. Clerc et Perrin.

585. — Jugé encore que les parens collatéraux du mari sont non recevables à contester l'état de cette femme, sous prétexte que l'acte de célébration serait irrégulier (par exemple, ne serait pas signé par elle, et même n'aurait pas été précédé de publications), s'ils ont reconnu en elle la qualité d'épouse de leur auteur, et si elle a eu constamment la possession publique et paisible de femme mariée. — *Bordeaux*, 20 mars 1830, sous *Cass.*, 27 déc. 1831, Brugière.

586. — Lorsqu'il y a possession d'état et que l'acte de célébration du mariage devant l'officier de l'état civil est représenté, les époux sont respectivement non recevables à demander la nullité de cet acte — C. civ., art. 196.

587. — Il ne peut y avoir possession de l'état d'époux sans cohabitation et sans que la femme ait porté publiquement le nom de son mari. — Ainsi, une femme qui n'a point cohabité avec son mari et qui n'a jamais porté son nom, n'a pas la possession d'état d'épouse légitime, dans le sens de l'art. 196 C. civ.; dès lors elle est recevable à attaquer l'acte de mariage. — *Bourges*, 23 mai 1822, Millereau c. Jourdan.

588. — Mais faut-il tirer du principe de l'art. 196, la conséquence que, lorsque la possession d'État existe, les époux ne peuvent demander la nullité de l'acte inscrit sur une feuille volante. — C'est ce qu'admet Delvincourt, t. 1er, p. 69, note 4. — Mais M. Duranton (n° 251) combat cette opinion par le motif que l'art. 196 n'a voulu couvrir que les vices de forme de l'*acte de célébration;* or, une feuille volante ne constitue pas un acte de célébration; elle n'a rien d'authentique; car l'officier de l'état civil n'a caractère pour certifier la célébration qu'autant qu'il la constate sur les registres. — V., cependant, Allemand, t. 1er, n° 425.

589. — Ajoutons que l'art. 196 ne défend, dans le cas qu'il prévoit, d'attaquer que l'acte de célébration: mais le mariage lui-même peut toujours être attaqué par les époux, malgré leur possession d'état, et dans les limites tracées par la loi (V. *infrà* nos 612 et suiv.), s'il est infecté de quelque nullité. — Delvincourt, *loc. cit.*

590. — Quant aux enfans, comme ils peuvent ignorer le lieu où le mariage a été célébré, et que souvent ils seraient dans l'impossibilité de rapporter un acte de mariage, la loi dit que si les père et mère ont vécu publiquement comme mari et femme, et que tous deux soient décédés, la légitimité des enfans ne peut être contestée sous le seul prétexte du défaut de représentation de l'acte de célébration, toutes les fois que cette légitimité est prouvée par une possession d'état qui n'est pas contredite par l'acte de naissance (C. civ., 319 et suiv.). — V. LÉGITIMITÉ.

591. — Dans le cas où, suivant l'art. 191, la représentation de l'acte de célébration du mariage est exigée, il ne peut y être suppléé par aucune pièce ou certificats émanés d'individus sans qualité pour les délivrer. — *Bourges*, 17 mai 1830, de Saxé.

592. — Pour la preuve des mariages contractés à l'étranger, V. *suprà* nos 483 et suiv. — V., en outre, SUPPRESSION D'ÉTAT.

CHAPITRE VIII. — *Demandes en nullité de mariage.*

593. — Un mariage, quels que soient ses vices, n'est pas nul de plein droit: il faut que la nullité en soit prononcée. — En outre, si un acte de célébration est produit et qu'il soit faux, le mariage subsiste jusqu'à ce que le faux ait été jugé.

594. — Toute inobservation des formalités n'entraîne pas la nullité du mariage. — En outre, toute personne n'est pas admise à proposer, soit temporairement, soit perpétuellement, cette nullité. C'est ce qui sera expliqué.

595. — Sous l'empire de la loi du 24 août 1790 une demande en nullité de mariage ne pouvait être portée devant arbitre. — V. ARBITRAGE. — Sous les lois nouvelles la négative n'est pas douteuse.

596. — Un mariage contracté légalement ne peut être attaqué pour cause de simulation par les héritiers de l'époux décédé. — *Cass.*, 30 août 1808, Rey c. Broisin.

597. — Un mariage contracté sous l'empire du statut ligurien a pu, sans être annulé, être déclaré frauduleux et simulé, et, comme tel, incapable de donner ouverture aux avantages testamentaires ou conventionnels dont il a été la condition. — *Aix*, 4 mars 1813, Ardizzoni.

598. — Quoique, dans l'espèce qui a donné lieu à l'arrêt cité au numéro qui précède, il s'agisse de statuts et de lois qui nous sont maintenant étrangers, la difficulté n'en présente pas moins une question de droit d'un très-grand intérêt, qui peut se renouveler dans notre législation. — D'une part, on se demande pourquoi un mariage ne pourrait pas, comme tout autre contrat, être déclaré frauduleux ou simulé, si les circonstances prouvent que les parties n'ont pas eu réellement l'intention de s'unir et de vivre ensemble dans la société conjugale; si elles établissent que les formes et les cérémonies n'ont véritablement été qu'une comédie, une ruse, une feinte employées pour faire arriver ostensiblement la condition d'un legs ou d'une donation. N'est-il pas clair que, dans ce cas, l'intention du donateur ou testateur n'a point été remplie; que le cas prévu n'est pas réellement arrivé, et qu'on n'a eu d'autre but que de profiter de la libéralité, en trompant, en éludant la condition? Pourquoi alors, sans déclarer le mariage nul, ne pourrait-on pas le priver de l'effet qu'on a voulu lui faire produire par une fraude? — Et cependant, d'un autre côté, comment ne pas être effrayé des dangers que peut présenter l'investigation nécessaire à laquelle les juges devront se livrer de la vie intime des deux époux, des causes qui auront pu donner naissance au mariage et motiver ensuite une séparation? N'est-il pas à craindre qu'à l'intention présumée des contractans les juges ne substituent leurs propres passions et même leurs opinions? — Dans tous les cas, et si le pouvoir de déclarer un mariage simulé, quoique valable, existait de la part des juges, ils devraient en user avec la plus grande réserve. — Il faut convenir que l'espèce dans laquelle a été rendu l'arrêt était favorable au système qui a été adopté.

599. — En matière de mariage, le moyen tiré du défaut de qualité des demandeurs en nullité peut, même en l'absence des défendeurs, être relevé d'office soit par le ministère public, soit par le tribunal. — *Agen*, 20 déc. 1824, Desblans c. Estingoy.

600. — Mais une partie est sans intérêt à se plaindre devant la Cour de cassation de ce que l'intervention d'un tiers a été mal à propos admise sur une action en nullité du mariage, alors que l'annulation du mariage a été prononcée sur la demande même de l'autre contractant. — *Cass.*, 8 mars 1831, Flore Dieu c. Gaubert.

601. — La possession apparente de l'état d'une femme, résultant, par exemple, de ce qu'elle a été présentée publiquement en qualité d'épouse, par celui dont elle se prétend la veuve, lui donne droit, pendant le procès qui lui est intenté en nullité de son mariage, à une provision alimentaire sur les biens de la succession de celui dont elle serait l'épouse. — *Cass.* 8 juin 1809, Néphis c. Faultrier.

602. — La loi, dans certains cas, donne au ministère public le droit et lui intime même le devoir de provoquer la nullité de mariage contracté en violation de ses dispositions, ainsi que nous le verrons plus bas. — V. *infrà*.

603. — Mais on s'est demandé si, par cela même, la loi n'a pas limité les droits du ministère public à ceux que lui accordent les art. 184, 190 et 191, sans déroger autrement à l'art. 2, tit. 8, L. 24 août 1790, qui lui refuse la voie d'action dans les procès civils. Ainsi, de ce qu'elle donne au ministère public qualité pour provoquer d'office la nullité de mariages contractés en violation de certaines de ses dispositions, en résulte-t-il pour lui qualité pour faire *maintenir* comme valable un mariage dont les parties demanderaient la nullité?

604. — L'affirmative a été jugée par plusieurs arrêts. — *Agen*, 14 janv. 1818, Laborie; *Grenoble*, 28 juill. 1818, Combalot c. Marguolle. — Toullier, n° 648; Delvincourt, t. 1er, p. 72, note 4; Valette *sur* Proudhon, t. 1er, p. 444; Demolombe, n° 311.

605. — Jugé aussi que le ministère public a qualité pour interjeter d'office appel d'un jugement qui prononce la nullité d'un mariage, surtout si ce jugement a été provoqué dans le dessein de faciliter un second mariage prohibé par la loi. — *Bruxelles*, 1er août 1808, N...

606. — ... Et que le ministère public a qualité pour faire rétablir, par la voie de l'appel, un *mariage* déclaré nul, lorsque les motifs qui ont servi de base au jugement sont reconnus faux. — Dans ce cas, il peut interjeter appel après l'expiration du délai de trois mois, déterminé par l'art. 448 C. procéd. — *Pau*, 28 janv. 1809, Vergès.

607. — Mais le système contraire résulte de deux arrêts de la Cour de cassation. Ainsi jugé

1° que le ministère public ne peut appeler, de son chef, du jugement qui a déclaré un mariage nul, pour défaut du consentement des père et mère de l'un des époux. — *Cass.*, 1er août 1820, Marguolle. — Cet arrêt casse celui de *Grenoble*, du 28 juill. 1818, précité.

608. — ... 2° Qu'il ne peut appeler, de son chef, du jugement qui a déclaré un mariage nul, par défaut de célébration dans la maison commune. — *Cass.*, 5 mars 1821, Laborie, qui casse l'arrêt précité d'*Agen*, du 14 janv. 1818; *Toulouse*, 11 mars 1823, mêmes parties.

609. — M. Duranton (t. 2, n° 344) et Vazeille (t. 1er, n° 255), tout en se rendant à l'autorité de ces décisions, ne considèrent pas moins comme dangereuse la doctrine qu'ils consacrent, et prétendent qu'il doit en résulter de graves abus. « Cette décision, dit Vazeille (sur l'arrêt du 5 mars 1821), est très-rigoureuse : elle accorde trop peut-être à la lettre des lois de 1790 et de 1810 contre l'esprit des dispositions du Code civ. sur le mariage. Si nous ne l'avions pas connue, il nous aurait semblé que le droit, pour le ministère public, de faire annuler un mariage frauduleusement formé au mépris de la loi et le droit de faire maintenir un mariage très-valable, scandaleusement attaqué, au mépris de la loi, doivent découler du même principe conservateur de la morale et de l'ordre public : que si la loi n'a littéralement marqué l'application de ce principe qu'à l'une de ces positions, elle a indiqué plutôt qu'elle n'a exclu son application à l'autre position analogue quoique inverse.....; les motifs des arrêts précités (ceux de 1808 et 1809) nous auraient paru bien forts : nous aurions été frappés principalement de l'extrême facilité de faire sortir un divorce par consentement mutuel d'un jugement par défaut qui ne sera pas attaqué; car si le droit d'appel n'est pas accordé au ministère public, l'opposition lui sera refusée aussi par la même raison. Nous aurions été touchés encore de la possibilité de faire prononcer, après la mort d'un conjoint, la nullité d'un mariage valable qui a produit tous ses effets pour contracter bientôt un second mariage que la validité du premier rendait incestueux. L'arrêt de 1808 présente l'exemple d'un homme qui n'avait obtenu l'annulation de son mariage que pour s'unir à la sœur de sa femme décédée....... De même, supporterait-on l'idée d'un homme qui deviendrait le mari de la fille après l'avoir été de la mère! Notre législation est horriblement vicieuse si elle n'autorise pas tous les moyens possibles pour empêcher de tels abus. » — Nous avons jugé utile de rapporter en entier ce passage, qui résume avec beaucoup de netteté tous les argumens par lesquels la jurisprudence de la Cour de cassation peut être combattue.

610. — Les nullités, ainsi que nous l'avons dit, se divisent en nullités relatives et en nullités absolues.

Sect. 1re. — *Nullités relatives.*

611. — Les nullités relatives sont celles qui ne peuvent être invoquées que par *certaines* personnes. Telles sont celles tirées. 1° du défaut de consentement, ou de consentement valable de la personne qui a contracté; — 2° du défaut de consentement des ascendans ou de la famille, lorsque ce consentement était requis.

§ 1er. — *Défaut de consentement des époux.*

612. — Le mariage qui a été contracté sans le consentement des deux époux, ou de l'un d'eux, ne peut être attaqué *que par les époux*, ou par celui dont le consentement n'a pas été libre. — C. civ., art. 180.

613. — Lorsqu'il y a eu erreur dans la personne, le mariage ne peut être attaqué *que par celui des deux époux qui a été induit en erreur.* — Même art.

614. — Et, dans les cas précités, la demande en nullité n'est plus recevable toutes les fois qu'il y a eu cohabitation continuée pendant six mois, depuis que l'époux a acquis sa pleine liberté ou que l'erreur a été par lui reconnue. — Art. 181.

615. — Ces dispositions sont limitatives, en ce qui concerne la désignation de ceux auxquels compète l'action en nullité. — Si donc l'époux qui aurait eu le droit d'exercer cette action mourait sans y avoir recouru, même dans le délai de l'art. 181, ses héritiers ne pourraient l'exercer à sa place. — La loi est en effet partie de cette idée, que l'époux peut seul savoir s'il a été induit en erreur ou violenté. — Marcadé, sous l'art. 186, n° 6; Duranton, n° 271. — Toutefois, M. Demolombe (n° 246) est d'avis que les art. 180 et 181 ne s'appliquent pas dans trois hypothèses : 1° si l'un des époux était ivre au moment de la célébration; 2° si l'acte de mariage porte que Sophie a épousé Pierre, et qu'il soit constant qu'elle n'a jamais comparu avec lui devant l'officier de l'état civil; 3° lorsqu'une autre personne a été substituée au moment du mariage à celle que le mari ou la femme croyait épouser. — Arg. de *Cass.*, 9 janv. 1821 (Jolliot c. Martin), sur le principe, que ceux-là seuls peuvent demander la nullité auxquels la loi en a conféré le droit.

616. — En tout cas, la cause de nullité tirée de ce que le mariage aurait été contracté par un individu interdit pour cause d'imbécillité et d'idiotisme, avec le consentement de son tuteur et du conseil de famille, et sur l'avis conforme du procureur de la République, n'étant pas au nombre de celles prévues par l'art. 184 C. civ., les collatéraux seraient sans qualité pour l'invoquer, même après le décès de l'interdit. — *Caen*, 28 janv. 1843, Lenormand c. Bisson; *Cass.*, 12 nov. 1844 (t. 1er 1845, p. 515), mêmes parties. — V. aussi, en ce sens, Duranton, t. 2, n° 34; Zachariæ, t. 3, § 464.

617. — Il en est ainsi alors surtout que l'état d'interdiction aurait déjà, antérieurement au mariage, fourni aux mêmes collatéraux une cause d'opposition, laquelle a été repoussée par un jugement passé en force de chose jugée. — *Cass.*, 12 nov. 1844, précité.

618. — On pourrait toutefois décider autrement s'il ne s'agissait, pour les héritiers, que de suivre sur une demande intentée par l'époux. *Omnes actiones quæ morte aut tempore pereunt in judicio semel inclusæ salvæ permanent* (L. 139, ff., *De reg. jur*). — Duranton, n° 271; Duvergier *sur Toullier*, t. 2, nos 4 et 611; Vazeille, t. 1er, n° 258; Zachariæ, t. 3, p. 262; Demolombe, t. 3, n° 259. — *Contrà*, Marcadé, t. 2, art. 180, n° 6.

619. — Jugé, par application de l'art. 181, que la nullité du mariage fondée tout à la fois sur le défaut d'âge et sur la violence, ne peut être écartée, par cela seul qu'il s'est écoulé six mois depuis que l'époux a atteint l'âge compétent. Ce motif, suffisant pour écarter la nullité prise du défaut d'âge, est sans effet relativement à la nullité prise de la violence. Le moyen tiré de la violence ne peut être rejeté qu'en reconnaissant en fait ou que depuis que la violence a cessé il y a eu plus de six mois de cohabitation, ou que les griefs ne sont ni pertinens ni admissibles. — *Cass.*, 4 nov. 1822, Loncouat c. Cassagnau. — Duranton, n° 276.

620. — C'est au demandeur à prouver que la violence ou l'erreur s'est prolongée jusqu'à telle époque, pour établir que l'action, quoique intentée après les six mois depuis le mariage, l'a cependant été en temps utile, s'il a cohabité au moins pendant six mois continus avec le conjoint. La présomption est en faveur de la cessation de la violence ou de l'erreur. — Duranton, n° 277.

621. — On doit appliquer au cas de la demande en nullité de mariage, pour défaut de consentement libre de la part des contractans, la disposition de l'art. 251 C. civ., qui, en matière de divorce, déclarait les parens des parties, à l'exception de leurs enfans et descendants, non reprochables du fait de la parenté. — *Montpellier*, 6 mai 1826, Delmas c. Izard.

622. — Bien que l'art. 181 semble n'attacher qu'au fait de la cohabitation pendant six mois, depuis la cessation de la violence ou la découverte de l'erreur, la ratification du mariage nul, cependant il semble qu'il n'a pas voulu disposer dans un sens restrictif, et qu'à défaut de cohabitation le laps de dix années écoulé depuis cette époque devrait (art. 1304) rendre non recevable la demande en nullité. — Duranton, n° 278; Valette *sur Proudhon*, t. 1er, p. 133; Duvergier *sur Toullier*, n° 610, note *a*. — Selon M. Marcadé, la prescription de l'action de l'art. 181 serait, dans ce cas, de trente ans. — *Contrà*, Allemand, qui exige impérieusement la cohabitation, la vie commune, c'est-à-dire une ratification incontestable (t. 1er, n° 563). — V. aussi Zachariæ, t. 3, § 462.

623. — Indépendamment de la ratification tacite (art. 181 et 1304), la ratification *expresse*, donnée en pleine liberté, purgerait évidemment le vice du mariage. — M. Duranton donne comme exemple le cas où le mari aurait autorisé sa femme à contracter ou à agir en justice, ou bien encore le cas où l'approbation résulterait de simples lettres. Il ne pense pas en effet, et avec raison, que cette approbation, pour être valable, dût réunir les caractères prescrits par l'art. 1338 C. civ., n° 183.

624. — Et le même auteur ajoute que la ratification expresse serait valable même de la part de l'époux *mineur*. — En effet, son état de minorité ne ferait pas obstacle à la ratification tacite (art. 181). Pourquoi s'opposerait-il à la ratification expresse (n° 284)?

§ 2. — *Défaut de consentement des parens.*

625. — Le mariage contracté sans le consentement des père et mère, des ascendans ou du conseil de famille, dans le cas où ce consentement était nécessaire ne peut être attaqué que par ceux dont le consentement était requis, ou par celui des deux époux qui avait besoin de ce consentement. — C. civ., 182.

626. — Il est reconnu par les auteurs que le droit par l'ascendant de demander la nullité du mariage contracté sans son consentement lui est personnel et ne passe pas à ses héritiers. — Toullier, t. 1er, n° 613; Duranton, t. 2, nos 289, 290.

627. — La décision est la même, encore bien que l'ascendant soit mort après avoir intenté l'action. On ne peut appliquer à ce cas la maxime *Quæ morte aut tempore pereunt in judicio semel inclusæ salvæ permanent.* — Duranton, n° 270; Vazeille, n° 267; Zachariæ, t. 3, § 462, n° 66; Duvergier sur Toullier, n° 613 (note *a*).

628. — Et il a été jugé que lors même que l'action intentée par l'ascendant, de son vivant, passerait aux héritiers, elle ne compéterait pas aux légataires d'une somme déterminée, alors même que le testateur aurait fait de la poursuite la condition du legs. — *Agen*, 20 déc. 1824, Desblans c. Estingoy.

629. — Si l'ascendant, dont le consentement était requis pour le mariage, était mort ou ne pouvait, à raison de l'impossibilité de manifester sa volonté, recourir à la voie de nullité, son droit passerait-il aux ascendans du degré supérieur? — Vazeille (n° 268) soutient l'affirmative par le motif qu'un mariage contracté sans le consentement des parens est présumé préjudiciable aux intérêts du contractant et que la famille succède nécessairement au droit et au devoir de protection qu'exige la position de celui-ci. — Mais M. Duranton (n° 289) et Toullier (n° 613) sont d'un avis contraire. — L'art. 182 du C. civ. ne laisse en effet aucun doute à cet égard.

630. — Aucun des collatéraux n'a individuellement le droit de proposer la nullité du mariage contracté sans l'assentiment du conseil de famille; ce droit n'appartient qu'au conseil de famille tout entier. — Toullier, n° 613; Duranton, n° 292. — Et même si l'époux venait à décéder avant que le conseil eût pris sa délibération, ce décès en faisant disparaître le conseil de famille couvrirait la nullité. — Mêmes auteurs.

631. — Après la mort d'un époux, les collatéraux ne sont pas recevables à attaquer le mariage que cet époux a contracté en minorité, sous la loi du 20 sept. 1792, en ce qu'il aurait eu lieu sans le consentement de son père, et alors d'ailleurs que l'acte était revêtu des formalités substantielles prescrites par cette loi. — La nullité ne pouvait dans ce cas, comme depuis la loi de 1792, être invoquée que par celui dont le consentement était nécessaire. — Il doit en être ainsi, alors surtout que l'ascendant a, dans une assemblée de famille, formellement reconnu le mariage de son fils. — *Bruxelles*, 14 juill. 1816, Vangelablée c. Evrard.

632. — L'action en nullité ne peut plus être intentée ni par les époux ni par les parens dont le consentement était requis toutes les fois que le mariage a été approuvé expressément ou tacitement par ceux dont le consentement était nécessaire, ou lorsqu'il s'est écoulé une année sans réclamation de leur part depuis qu'ils ont eu connaissance du mariage. — Elle ne peut être intentée non plus par l'époux lorsqu'il s'est écoulé une année sans réclamation de sa part, depuis qu'il a atteint l'âge compétent pour consentir par lui-même au mariage. — *Cass.*, 4 juin 1845 (t. 2 1845, p. 703), Clutet c. Drouard.

633. — On peut établir, par des présomptions, que les père et mère avaient eu connaissance du mariage de leur enfant plus d'une année antérieurement à leur demande en nullité. — *Colmar*, 19 juin 1823, Cambefort.

634. — Pothier cite comme exemple d'approbation tacite de la part de l'ascendant le fait d'avoir été parrain de l'enfant issu du mariage. — *Du mariage*, n° 446.

635. — On peut en dire autant du fait d'avoir reçu les époux dans son domicile ou d'avoir souscrit l'acte de naissance d'un enfant né du mariage. — *Trèves*, 1er mars 1813, Barbier. — Toullier, n° 614 (pour un mariage antérieur à la loi de 1792).

636. — La Cour de cassation a décidé que,

RÉP. GÉN. — IX. 29

pour appliquer à la demande en nullité de mariage la fin de non-recevoir prononcée par l'art. 183, C. civ., il faut qu'il soit reconnu et déclaré constant *en fait* que le père a connu le mariage depuis plus d'un an. — Et que ce point de fait n'est pas suffisamment constaté lorsque les juges, en se fondant sur la longueur du temps qui s'est écoulé depuis le mariage et sur les autres circonstances de la cause, ont déclaré qu'on ne peut *supposer que le père ait ignoré le mariage de son enfant*. — *Cass.*, 16 avril 1817, Sommaripa c. Gaudin.

637. — Mais cette décision est rigoureuse sous le rapport de l'appréciation de fait. En effet, dire qu'il est impossible de supposer que le père ait ignoré le mariage de son enfant, n'est-ce pas dire qu'il l'a connu, alors surtout que les circonstances qui ont mis obstacle à cette ignorance, c'est-à-dire le long délai, la publicité du mariage et de la vie des époux, sont formellement posées en fait!

638. — Aussi doit-on considérer comme bien rendues les décisions qui jugent qu'un père n'est pas recevable après l'expiration d'une année à attaquer le mariage contracté par sa fille, sans son consentement, sous prétexte qu'il n'en aurait pas eu connaissance, lorsque l'existence de ce mariage *était notoire* dans la commune qu'il habitait. — *Turin*, 1er prair. an XIII, Galizzio c. Paoletti. — Allemand, t. 1er, no 586.

639. — ... Et encore qu'un père ne peut, après 23 années, demander, pour cause de défaut de consentement, la nullité du mariage de sa fille, alors que ce mariage, contracté publiquement, n'a pas été tenu secret: on ne peut supposer, en un tel cas, qu'il l'ait ignoré. — *Paris*, 8 janv. 1816, Sommaripa c. Gaudin (arrêt cassé par celui du 16 avr. 1817).

640. — Jugé de même, avec raison, que le père qui a abandonné sa femme et ses enfans ne peut, vingt-trois ans après le mariage contracté par sa fille mineure avec le consentement de sa mère, qui s'est qualifiée de *veuve* et *tutrice*, en demander la nullité sous le prétexte qu'il ne l'a ni connu ni approuvé, surtout lorsqu'il y a eu bonne foi, du moins de la part du mari. — La femme n'est pas recevable à reprendre cette action, soit du chef de son père et après son décès, soit en son nom personnel. — *Rouen*, 24 fév. 1818, Gaudin.

641. — Jugé enfin que le parent dont le consentement était nécessaire pour la validité du mariage, et qui n'a pas été appelé à le donner, ne peut, alors même qu'il s'agit d'un mariage contracté à l'étranger, en demander la nullité pour défaut de son consentement, s'il s'est écoulé plus d'une année sans réclamation depuis qu'il en a eu connaissance. Ce délai est applicable même au cas où le mariage aurait été dissous par le décès de l'un des époux avant l'expiration de l'année. Et l'appréciation des faits d'après lesquels on prétend établir, soit le consentement de l'ascendant, soit l'époque à laquelle il a eu connaissance du mariage, est dans le domaine exclusif des cours royales. — *Cass.*, 5 nov. 1839 (t. 2 1839, p. 453), Falicon c. Villard.

642. — On ne peut considérer comme équivalant à une demande en nullité du mariage, et comme interrompant la prescription établie par l'art. 183 C. civ., l'exception de défaut de consentement qu'un père légataire universel opposerait à la demande de sa fille, à fin de délivrance d'un legs particulier payable *lors de son mariage*. — *Turin*, 1er prair. an XIII, Galizzio c. Paoletti.

643. — A supposer qu'un frère ait le droit de demander la nullité du mariage de sa sœur, sous prétexte que le consentement du conseil de famille n'aurait pas été requis, il ne pourrait l'exercer après l'expiration d'une année depuis le jour où il aurait connu le mariage, ou s'il l'avait approuvé, soit expressément, soit tacitement, alors même qu'il s'agirait d'un mariage antérieur au C. civ. — *Aix*, 4 août 1808, Riquier c. Gourrier.

644. — Jugé, toutefois (quant au délai), que l'art. 183 C. civ., qui limite le délai pendant lequel l'époux peut demander la nullité de son mariage ne peut être appliqué rétroactivement aux mariages passés sous la loi de 1792. — En conséquence, celui qui, étant encore mineur, s'est marié sans le consentement de ses parens, sous l'empire de cette dernière loi du 20 sept. 1792, peut toujours, s'il ne l'a pas approuvé à la majorité, faire annuler son mariage, alors surtout qu'il agit en nullité par voie d'exception à la demande en partage de la communauté, intentée par les héritiers de son conjoint. — *Bruxelles*, 13 août 1813, Agnès Dieu c. Godard.

645. — L'application du principe de fin de non-recevoir et de prescription écrit dans l'art. 183 pourra paraître difficile lors que le consentement exigé aura dû émaner du conseil de famille. — Comment en effet concevoir une ratification tacite de la part de ce conseil? Comment aussi pourra-t-on constater qu'il a eu connaissance du mariage? Car il faut tenir pour certain que l'approbation de chaque membre pris individuellement ou la connaissance personnelle qu'il aurait eue ne lie pas le conseil tout entier. — Toutefois, comme il serait peu juste de faire retomber sur les époux les conséquences de cette position, M. Duranton (no 303) pense que le droit de provoquer la nullité ne peut s'étendre au delà de l'année depuis la majorité de l'époux, la connaissance du mariage devant être censée acquise dès cette époque.

646. — L'art. 183 rend l'époux non recevable à se prévaloir du défaut de consentement des parens lorsqu'il a laissé écouler une année sans réclamation depuis qu'il a atteint l'*âge compétent* pour consentir par lui-même au mariage. — Mais que doit-on entendre par *âge compétent*? — Cette question présente une difficulté très-grave.

647. — En effet, d'une part, suivant l'art. 160, le majeur de vingt-un ans qui n'a pas d'ascendans peut contracter mariage sans avoir besoin du consentement de personne. Donc, disent Toullier (no 615) et Delvincourt (t. 1er, p. 74, note 6), c'est à partir de cet âge que l'enfant est *capable*; il a l'*âge compétent*, et si malgré cela, lorsqu'il existe des ascendans, il ne peut se marier sans leur consentement, ce consentement n'est exigé que *propter reverentiam*, mais sans influer sur sa capacité proprement dite, d'où il faut conclure que l'enfant qui a contracté mariage à vingt-un ans accomplis ne peut jamais demander la nullité pour défaut de consentement des ascendans, et qu'il ne peut plus attaquer le lien qu'il a contracté avant cet âge, lorsqu'il l'a approuvé expressément ou tacitement après l'âge de vingt-un ans.

648. — M. Duranton, au contraire, pense que la loi en se servant du mot *âge compétent* a voulu exprimer une autre idée que si elle s'était servie du mot *majorité*. Suivant lui, l'âge compétent c'est la majorité spéciale au mariage dont parle l'article 148. — On ne peut en effet considérer comme *âge compétent* que celui à partir duquel le contractant peut se passer du consentement de personne. — Or, jusqu'à celui déterminé par l'art. 148, le consentement des ascendans est une condition *sine quâ non*. — Il est donc inexact de dire que l'enfant ait *capacité* pour contracter par lui-même un mariage valable. — *Sic* Demolombe, no 284.

649. — Le système de M. Duranton nous paraît peu admissible. Il comporte en effet comme conséquence inévitable que, quant au délai fixé par l'art. 183, l'*âge compétent* variera suivant que l'enfant aura ou non des ascendans. Or, il ne nous semble pas que tel ait été le but du législateur: la rédaction de l'art. 183 peut avoir quelque chose d'équivoque; mais assurément son esprit n'est pas douteux. Que l'action pour les ascendans survive à la majorité ordinaire de l'époux; cela se conçoit. Mais que le majeur de vingt-un ans ne puisse ratifier son mariage, expressément ou tacitement, c'est ce qui ne peut se soutenir. — Autrement, comme le fait remarquer Toullier, il faudrait aller jusqu'à dire que la cohabitation prolongée depuis la majorité et même la naissance d'enfant conçu depuis ne serait pas un obstacle à la demande en nullité: conséquence absurde. — Vazeille (no 274) est de cet avis, et fait observer avec raison que le droit de l'époux contre son mariage n'est pas toujours en rapport nécessaire avec le droit des ascendans, et que rien ne s'oppose à ce qu'il ne puisse créer contre lui des fins de non-recevoir personnelles, alors même que l'action reste toujours ouverte aux ascendans.

650. — Il faut remarquer au surplus que si l'approbation des époux ne peut être opposée aux parens, celle des parens, au contraire, est de nature à mettre obstacle à l'action des époux. — C'est ce qui résulte incontestablement de la rédaction de l'art. 182. — Vazeille, no 270; Duranton, nos 304 et suiv.; Toullier, nos 618 et 619.

651. — Le défaut d'actes respectueux, dans les cas où ils sont prescrits, ne saurait être une cause de nullité. — V. ACTES RESPECTUEUX.

Sect. 2e. — *Nullités absolues.*

652. — Les causes de nullités absolues indiquées par la loi résultent: 1o du défaut d'âge compétent (art. 144); 2o de la bigamie (147); 3o de l'inceste (161, 163, 165); 4o de l'absence de publicité et de l'incompétence de l'officier de l'état civil. — C. civ., 191.

653. — L'action en nullité appartient, ainsi qu'il sera dit successivement et suivant les cas qui seront indiqués, aux époux, aux ascendans, aux collatéraux, à ceux qui ont intérêt, et au ministère public.

654. — La loi de 1792 accordait aux collatéraux le droit d'invoquer les nullités d'ordre public. — *Liége*, 4 vent. an X, Bertrand c. Delatine.

655. — Jugé aussi que les collatéraux avaient, avant le Code, le droit d'attaquer le mariage de leur auteur et les conventions matrimoniales par lui consenties, quand il s'agissait d'une nullité d'ordre public. Et que, *spécialement*, une Cour royale a pu admettre des collatéraux à demander la nullité du mariage contracté par leur auteur, si celui-ci était alors interdit pour cause de démence. — *Cass.*, 28 déc. 1831, Foucauld. — *Contrà*, Allemand, t. 1er, no 507.

656. — Mais sous l'empire de la même loi, les collatéraux étaient non recevables à demander la nullité d'un mariage contracté publiquement et suivi d'une possession constante, sous prétexte que certaines formalités auraient été omises. — *Liége*, 4 vent. an X, Bertrand c. Delatine.

657. — Sous le Code, les collatéraux ne sont recevables à attaquer les mariages de leurs parens, qu'autant qu'ils y sont autorisés par la loi. Ainsi, par exemple, ils ne sont pas recevables à les attaquer, soit pour cause de prêtrise, soit pour cause de démence. — *Cass.*, 9 janv. 1821, Joliot c. Martin. — Cet arrêt casse un arrêt contraire de *Paris*, du 18 mai 1818. — V. *suprà* nos [illegible] et suiv.

658. — Lorsque la loi donne le droit d'attaquer le mariage à *ceux qui ont intérêt*, entend-elle comprendre sous ces mots même les *tiers* étrangers à la famille, et à raison de quelque intérêt que ce soit? On peut lire sur cette question fort grave les observations importantes du rapporteur, lors d'un arrêt de cassation du 12 nov. 1839 (Delahaye c. Gest), et consignées t. 2 1839, p. 493.

659. — Il a été, il est vrai, jugé par la Cour de Colmar que, lorsque, sous prétexte, ou dans la persuasion de la nullité d'un premier mariage, des époux en contractent un second, les conventions qu'ils font à l'occasion de ce second mariage, en tant qu'elles changent leurs précédentes conventions matrimoniales, peuvent être attaquées par des tiers dont les titres de créance seraient même postérieurs aux nouvelles conventions des époux, et que dans le cas où la femme se prévaudrait du second mariage, ils ont qualité pour soutenir la nullité de ce mariage et la validité du premier. — *Colmar*, 15 janv. 18[illegible], Ogé c. Mennet; *Cass.*, 23 août 1826, mêmes parties.

660. — Mais cette décision ne peut être considérée comme reconnaissant en principe aux tiers le droit de provoquer la nullité d'un mariage. Dans l'espèce, en effet, ces tiers se trouvaient dans une position tout exceptionnelle, et pour défendre leur prétention, il s'agissait bien moins de faire tomber le second mariage que de faire valider le premier. Leur défense d'ailleurs n'avait rien de scandaleux, puisque, quelle que fût la décision à intervenir, l'état de mariage n'en subsistait pas moins, en vertu soit du premier ou du second acte d'union.

661. — Il a été, au surplus, jugé nettement par la Cour de cassation elle-même qu'une demande en nullité de mariage formée soit par voie d'action, soit par voie d'exception, par des personnes étrangères à la famille des époux dont elles attaquent l'état doit être déclarée non recevable, aux termes des dispositions combinées des art. 184 et 187 C. civ., quelque radicale et absolue que soit la nullité (par exemple, si elle résulte de l'engagement de l'époux dans les ordres sacrés). — Ainsi, par exemple, les légataires qui demandent l'exécution d'un testament, et auxquels on oppose que ce testament est nul à raison de la parenté au quatrième degré d'un des témoins instrumentaires avec l'un des héritiers institués, sont sans qualité pour opposer, par voie d'exception, la nullité du mariage qui a établi le lien de parenté, et pour soutenir spécialement que ce mariage est nul pour cause d'engagement d'un des époux dans les ordres sacrés. — *Cass.*, 12 nov. 1839 (t. 2 1839, p. 493), Delahaye c. Gest.

§ 1er. — *Défaut d'âge.*

662. — Tout mariage contracté en contravention à l'art. 144 (défaut d'âge) peut être attaqué soit par les époux eux-mêmes, soit par tous ceux qui y ont intérêt (V. *suprà* nos 609 et suiv.), soit par le ministère public. — C. civ., art. 184.

663. — Le tit. 5, liv. 1er, C. civ., n'ayant été et n'ayant pu être exécuté dans le Piémont

qu'à dater du 1er vent. an XII, on n'a pas dû considérer comme nul le mariage contracté dans ce pays avant cette époque contrairement aux dispositions du Code qui déterminent l'âge nécessaire et les formalités requises pour la célébration. — *Turin*, 14 juill. 1807, Impérial c. Chabloz.

664. — La loi parle *des époux* sans distinction. D'où il faut conclure que le droit de demander la nullité appartiendrait même à celui des deux époux qui avait l'âge compétent. — *Sic* Duranton, t. 2, nº 315; Toullier, nº 623; Allemand, t. 1er, nº 512; Zachariæ, t. 3, p. 252; Demolombe, t. 3, nº 300. — Delvincourt (t. 1er p. 71, note 6) est d'un avis contraire : il argumente de l'art. 186 pour soutenir que l'époux devrait être déclaré non recevable comme ayant consenti au mariage. — Mais M. Duranton fait observer avec raison que s'il est probable que les juges le déclareraient non recevable, la loi ne leur en impose pas l'obligation.

665. — Quant aux père et mère et autres ascendans, ainsi qu'à la famille qui ont consenti au mariage ainsi contracté, ils ne peuvent en demander la nullité (art. 186).

666. — Les ascendans de l'époux pubère n'ont pas reçu de la loi le droit d'attaquer le mariage. — On pourrait peut-être, il est vrai, les comprendre dans la disposition générale à tous *ceux qui y ont intérêt*. Mais Toullier pense, en s'appuyant sur la discussion qui eut lieu au Conseil d'État (Locré, t. 3, p. 358), et principalement sur le texte de l'art. 191, qui dispose séparément à l'égard : 1º des ascendans, 2º de ceux qui ont intérêt, que cette dénomination collective ne s'applique pas à eux. — Toullier, nº 626. — V. sur ce point, Demolombe, nº 301.

667. — La nullité ne peut plus être demandée : 1º lorsqu'il s'est écoulé six mois depuis que l'époux ou les époux ont atteint l'âge compétent; 2º lorsque la femme qui n'avait pas cet âge a conçu avant l'échéance de six mois. — C. civ., art. 185.

668. — Par ces mots, avant l'échéance de six mois, il faut, malgré le vice de la rédaction grammaticale, entendre qu'il suffit que la femme ait conçu dans le délai de six mois donné pour former la demande en nullité (Duranton, nº 319), alors même que la conception surviendrait pendant la litispendance. — Toullier, t. 1er, nº 620. — D'ailleurs, suivant ce dernier auteur, la seule cohabitation postérieure au jour où l'âge compétent a été atteint suffirait pour ratifier le mariage (*loc. cit.*).

669. — Par âge compétent, il faut entendre l'âge requis pour contracter mariage. — Aussi il a été jugé avec raison que lorsqu'un époux a contracté mariage avant l'âge requis, le délai de six mois accordé par la loi pour attaquer le mariage court du jour où l'époux a atteint cet âge, et non pas seulement du jour de sa majorité. — *Cass.*, 4 nov. 1832, Loncoust c. Cassagnan. — Merlin, *Rép.*, vº *Mariage*; Malleville, t. 1er, p. 201; Toullier, t. 1er, nº 620, et Vazeille, nº 242.

670. — L'état de minorité d'un des contractans ne peut être invoqué comme cause de nullité du mariage lorsqu'il s'est écoulé plus de six mois depuis qu'il a atteint l'âge compétent. Les art. 388, 1123 et 1124 C. civ. ne sont pas, non plus que l'art. 146, applicables lorsque le prétendu défaut de consentement dérive uniquement du défaut d'âge fixé par l'art. 144 pour contracter mariage. — *Bruxelles*, 28 juin 1830, Dietz.

671. — Si la femme dont le mariage est argué de nullité se prétend enceinte, que doit-on décider? — Doit-on ordonner que les époux se sépareront provisoirement, sauf à se réunir si l'événement prouve la réalité de la conception? — L'action, au contraire, doit-elle rester suspendue jusqu'à l'époque où le fait de cette conception pourra être reconnu vrai ou faux? — Toullier (nº 629) penche pour la séparation provisoire. Cela est, dit-il, conforme à l'esprit des dispositions du Code qui n'a défendu le mariage avant l'âge fixé par la loi que pour empêcher les individus de détruire leur santé par des unions prématurées. — Tel paraît être aussi l'avis de Vazeille (nº 244), et il en donne la raison qui semble plausible, que dès que le fait déterminant de la nullité, le défaut d'âge est établi, et que l'exception n'est pas prouvée, il est dans les règles de la justice que le mariage soit provisoirement interdit, mesure, ajoute-t-il, dont l'exécution ne sera pas facile quand la nullité n'aura pas été demandée par les époux. — *Contrà*, Allemand, t. 1er, nº 507. — Suivant M. Duranton (nº 320) si la nullité n'était demandée qu'à une époque voisine de l'âge compétent ou après cet âge les tribunaux pourraient surseoir jusqu'à ce que la femme eût justifié de l'accomplissement de la condition. — Il est évident que la loi n'ayant pas tracé de marche précise, les juges auraient tout pouvoir pour décider, et que dans une matière aussi délicate, leur décision serait nécessairement influencée par les circonstances.

672. — La conception de la femme ne couvrirait pas la nullité du mariage, si c'était le mari qui n'eût pas l'âge compétent. — « Le crime, sans doute, ne se présume pas, mais le législateur le prévoit, cherche à le prévenir, et il a senti qu'il ne fallait pas laisser à la femme le moyen de maintenir un mariage illégal par un commerce coupable avec un autre que son mari. » — Duranton, nº 321; Delvincourt, t. 1er, p. 71, note 8. — *Contrà*, Allemand, t. 1er, nº 515.

673. — La demande en nullité tirée du défaut d'âge ne peut être intentée par les parens collatéraux du vivant des deux époux, mais seulement lorsqu'ils ont un intérêt né et actuel. — C. civ. 187.

674. — Quant au ministère public, il peut et même il doit la demander même du vivant des époux, et les faire condamner à se séparer. — C. civ., art. 190. — Toutefois son action est limitée par la disposition restrictive de l'art. 185, et de même elle s'éteint par la mort de l'un des époux

§ 2 — *Bigamie et inceste.*

675. — Le mariage contracté avant la dissolution d'une première union (art. 147) peut être attaqué soit par les époux eux-mêmes, soit par tous ceux qui y ont intérêt, soit par le ministère public. — C. civ. art. 184.

676. — L'époux bigame ou celui qui connaissait l'existence du précédent mariage ou qui ne pouvait croire sa dissolution que par une erreur de droit, peut aussi en demander la nullité. — Merlin, *Rép.*, vº *Mariage*, t. 10, p. 677; Vazeille, t. 1er, nº 221; Duranton, t. 2, nº 325; Allemand, t. 1er, nº 520.

677. — Mais le crime ne se présume pas; la présomption, au contraire, est pour l'innocence. Aussi a-t-il été jugé avec raison que, lorsqu'un mari demande la nullité de son mariage sur le motif que sa femme en avait contracté un premier, il doit prouver non-seulement l'existence du premier mariage, mais qu'à l'époque du second mariage le premier mari existait encore. — *Cass.*, 21 juin 1831, Blanc c. Delorme; 12 août 1823, Estanave c. Lapradas; *Douai*, 16 mai 1837 (t. 2 1837, p. 612), Desailly c. Beaudoin, maintenu par la Cour de cassation le 18 avril 1838 (t. 2 1841, p. 678).

678. — A la différence de la nullité qui résulte du défaut d'âge requis, celle qui résulte d'un premier mariage subsistant est perpétuelle. — Elle ne s'efface ni par le laps de temps, ni par aucune ratification expresse ou tacite même survenue depuis que le premier mariage a cessé de subsister. — Toullier, nº 629. — En effet, les doubles mariages blessent essentiellement et à jamais les mœurs et l'ordre public.

679. — Ainsi, l'action en nullité est recevable alors même que l'action criminelle contre le bigame serait éteinte par la prescription. — *Paris*, 1er août 1818, Martin c. Mesnard. — Allemand, t. 1er, nº 519.

680. — Jugé aussi que si, postérieurement à un divorce irrégulièrement prononcé, une femme a contracté un mariage, ce mariage étant nul, d'une nullité d'ordre public, le second mari peut la provoquer sans qu'on puisse lui opposer la *possession d'état*, la participation qu'il aurait prise au divorce frauduleux, et encore même que le divorce n'eût pas été précédemment querellé, soit par le premier mari, soit par le ministère public. — *Cass.*, 25 fév. 1818, Gaudi c. Kellermann. — Allemand, t. 1er, nº 519.

681. — Lorsqu'un individu a été déclaré coupable de bigamie, le ministère public a qualité pour requérir de la cour d'assises et cette cour est compétente pour prononcer la nullité du second mariage. — *Cour d'ass. du Loiret*, 23 avr. 1846, sous *Cass.*, 29 mai 1846 (t. 2 1846, p. 195), Piquenard.

682. — Mais la cour d'assises ne peut prononcer cette nullité, sur la réquisition du ministère public, hors la présence de la seconde femme et des enfans issus de ce mariage. — *Cass.*, 29 mai 1846 (t. 2 1846, p. 195), Piquenard.

683. — Le ministère public ne peut provoquer la nullité *que du vivant des deux époux*. — C. civ., art. 190. — M. Duranton fait observer avec raison que ces mots *du vivant des deux époux* ne rendent pas bien la pensée de la loi, puisqu'ils laissent supposer que si l'époux au préjudice de qui le second mariage avait été contracté était mort, le ministère public pourrait et devrait toujours demander la séparation des deux époux survivans. — Or, au contraire, il faut dire que le droit d'action n'étant accordé au ministère public que pour faire cesser le scandale, et le scandale ne résultant que de l'existence *simultanée* des deux mariages, cette action s'éteint par la mort de l'un des deux. — Duranton, nº 33; Demolombe, nº 310.

684. — Quant aux collatéraux, ils ne peuvent agir du vivant des deux époux, mais seulement lorsqu'ils ont un intérêt *né et actuel* (art. 187). — Cet intérêt pourrait, il est vrai, naître du vivant des époux dans le cas où une succession viendrait à s'ouvrir dont l'un de ces époux serait déclaré indigne; on comprend, en effet, que les collatéraux auraient alors intérêt à combattre le mariage et la légitimité des enfans qui en seraient issus pour recueillir, à défaut de l'époux indigne, la succession qui se serait ouverte. — Mais le texte de l'art. 187 est trop impératif pour que, même dans ce cas, leur action fût admise avant la dissolution du mariage. — Duranton, nº 327.

685. — Dans une espèce où il s'agissait d'un mariage contracté après un divorce argué de nullité, il a été reconnu que des collatéraux sont, après la mort de leur parent dont ils sont héritiers, recevables à arguer de nullité le mariage qu'il a contracté, et les avantages, donations et legs qu'il a faits à la femme à laquelle ils contestent la qualité d'épouse légitime. — *Rouen*, 25 mai 1813, Champeau-Grammont c. Cardon.

686. — Il suffit que l'un des deux époux soit mort pour que le droit des collatéraux puisse prendre naissance. Ainsi jugé que les héritiers collatéraux ont qualité pour demander, *après la mort de l'un des époux*, marié à une personne déjà engagée dans un premier mariage, la nullité de son mariage pour cause de bigamie. Et cet arrêt juge aussi que la possession d'état (art. 196) ne couvre pas la nullité. — *Paris*, 1er août 1818, Martin c. Mesnard.

687. — Jugé, au surplus, qu'un parent collatéral est recevable à attaquer un mariage, encore qu'il n'ait pas un *intérêt pécuniaire*; *l'intérêt* qu'il a d'empêcher les enfans issus du mariage de prendre le nom de la famille suffit pour lui donner le droit de demander la nullité. Dès lors, l'enfant ne peut repousser, comme sans intérêt, la demande du collatéral, en opposant qu'il renonce à tous ses droits héréditaires pour ne prétendre qu'à l'avantage de porter le nom de son père. — *Cass.*, 22 juin 1819, Tristan Ruffi c. d'Eyroux de Pontevès.

688. — Jugé cependant que les héritiers collatéraux d'un individu décédé sont non recevables, lorsqu'ils ont renoncé à sa succession, à demander la nullité du mariage contracté par lui, comme l'ayant été avec une personne déjà engagée dans les liens d'une première union. — *Lyon*, 22 juill. 1846 (t. 1er 1847, p. 291), Lavanchy c. Berrod.

689. — Les enfans nés d'un autre mariage peuvent aussi demander la nullité pour cause de bigamie, mais seulement comme les collatéraux, dans les termes de l'art. 187.

690. — L'art. 187 ne parle pas des ascendans et ne fixe pas le point de départ de leur action. — Delvincourt conclut de là (p. 72, note 2) qu'ils ont, dans tous les cas, le droit de demander la nullité, encore qu'ils n'aient pas intérêt, parce qu'ils exercent une sorte de magistrature domestique. — Suivant M. Duranton, au contraire, il y a lieu de leur appliquer la disposition générale de l'art. 187, et de ne leur reconnaître le droit d'action qu'après la dissolution du mariage, et lorsqu'ils ont ainsi un intérêt né et actuel. — Toullier ne paraît pas disposé (arg. de l'art. 191) à comprendre les ascendans dans le nombre de ceux qui ont intérêt, et il penche à leur refuser absolument le droit de provoquer la nullité (sauf le cas bien entendu où leur consentement n'aurait pas été requis).

691. — C'est la doctrine de Delvincourt qui paraît, et avec raison suivant nous, avoir été consacrée par la Cour de cassation, lorsqu'elle a décidé que le père ou la mère sont intéressés à faire prononcer la nullité du mariage contracté par leur fils avec une femme déjà engagée dans les liens d'une précédente union. — L'exercice de ce droit de l'ascendant, consacré par l'art. 184 C. civ., n'est pas soumis, comme celui des collatéraux, à la condition d'un intérêt né et actuel. Ce droit est, en tous cas, incontestable, lorsque, l'ascendant étant héritier pour partie de son fils, l'importance de son émolument dans la succession de celui-ci peut dépendre des reprises qu'aurait à exercer sa prétendue épouse. — *Cass.*, 15 nov. 1848 (t. 2 1848, p. 597), Lavanchy c. Berrod.

692. — Jugé également, dans le sens de cette dernière solution, que la mère héritière de son fils peut demander la nullité du mariage contracté par celui-ci avec une personne déjà engagée dans les liens d'une première union, alors même qu'elle aurait consenti au mariage, lorsque d'ailleurs il est constant qu'elle a été induite en erreur sur l'état civil de cette personne, et qu'elle a donné son consentement sans désignation de personne déterminée, et seulement d'une manière générale. — *Lyon*, 22 juill. 1846 (t. 1er 1847, p. 291), mêmes parties.

693. — L'époux au préjudice duquel a été contracté ce second mariage, peut aussi en demander la nullité du vivant même de l'époux qui était engagé avec lui. — C. civ., 188. — V., sur le droit de l'époux absent, vo ABSENCE.

694. — Ainsi qu'il a été dit plus haut, la nullité du premier mariage peut être opposée comme exception à l'action en nullité du second, et cette question doit être préalablement résolue (189).

695. — Les tribunaux français n'ont pas le droit, en même temps qu'ils prononcent la nullité d'un mariage contracté en pays étranger, malgré l'existence d'une union précédente contractée en France, d'ordonner l'inscription de leur jugement en marge du registre de l'état civil étranger. — *Lyon*, 22 juill. 1846 (t. 1er 1846, p. 291), Lavanchy c. Berrod.

696. — Ce qui vient d'être dit sur le droit, par les époux ou tous autres, de provoquer la nullité du mariage pour cause de bigamie, ainsi que sur les limites de ce droit, s'applique au cas de mariage contracté en violation des art. 161, 162, 163, c'est-à-dire quand il y a *inceste*. — *Quid* à l'égard des mariages qu'une dispense rend licites? Tout en déplorant la rigueur de la loi pour une incapacité qu'un arrêté ministériel fait cesser, Allemand (t. 1er, no 525) est d'avis que le défaut de dispenses frappe ces mariages d'une nullité absolue.

697. — Et le droit ainsi que le devoir pour le ministère public de faire casser un pareil mariage existe alors même qu'il s'agirait d'un mariage contracté à l'étranger, non transcrit en France, et que les époux ne prendraient pas publiquement cette qualité. — *Cass.*, 8 nov. 1824, Jung et Lux, qui casse un arrêt de Colmar du 2 janv. 1823, Wittmer c. Koppinhœffer. — Duranton, no 163.

§ 3. — *Vices de forme. — Publicité. — Incompétence de l'officier de l'état civil.*

698. — Tout mariage qui n'a pas été contracté *publiquement* et qui n'a pas été célébré devant l'officier public compétent peut être attaqué par les époux eux-mêmes, par les père et mère, par les ascendans, et par tous ceux qui y ont un intérêt né et actuel, ainsi que par le ministère public. — C. civ., 191.

699. — La nullité peut être demandée même du vivant des époux. — La loi n'a pas dit le contraire. — Duvergier, sur Toullier, no 645 (note *a*).

700. — En outre, le droit accordé aux père et mère et aux autres ascendans, par l'art. 191 C. civ., d'attaquer un mariage qui n'a point été contracté publiquement, et qui n'a point été célébré devant l'officier public compétent, ne doit point être limité au cas où ces mariages auraient été contractés avant la majorité de leurs enfans. — *Besançon*, 31 juill. 1812, L...

701. — Mais si la nullité était demandée par le conseil de famille (comme ayant intérêt, et bien qu'il ne soit pas compris nominativement dans l'art. 191), elle ne pourrait l'être que contre le mariage du mineur. — Malleville, sur l'art. 191.

702. — Mais la nullité prononcée par l'art. 191 est absolue et radicale; dès lors, elle ne peut être couverte par un laps de temps, par la possession d'état, par la connaissance ou l'acquiescement des personnes auxquelles la loi a accordé la faculté d'attaquer de pareils mariages. — *Besançon*, 31 juill. 1812, L..... — *Sic* Demolombe, no 315.

703. — Telle est aussi la doctrine établie par M. Portalis, dans l'exposé des motifs (p. 255): « La plus grave de toutes les nullités, dit-il, est celle qui dérive de ce qu'un mariage n'a pas été célébré publiquement et en présence de l'officier civil compétent. Cette nullité donne action aux pères et aux mères, aux époux, au ministère public, à tous ceux qui y ont intérêt: *elle ne peut être couverte par la possession* ni par aucun acte exprès ou tacite de la volonté des parties: elle est indéfinie et absolue; il n'y a pas mariage, mais commerce illicite entre des personnes qui n'ont pas formé leur engagement en présence de l'officier civil compétent, témoin nécessaire du contrat. Dans notre législation actuelle, le défaut de présence de l'officier de l'état civil compétent a les mêmes effets qu'avait autrefois le défaut de présence du propre curé; le mariage était *radicalement nul*, il n'offrait qu'un attentat aux droits de la société et une infraction manifeste des lois de l'Etat. »

704. — Mais Toullier (no 642) pense que cette doctrine ne peut s'accorder avec le texte du Code; « Comment croire, dit-il, que cette nullité soit la plus grave des nullités; plus grave que celle qui résulte de la bigamie et de l'inceste, du défaut de consentement des parties? Comment croire qu'elle ne peut être *couverte par la possession*, lorsque l'art. 196 dit positivement le contraire à l'égard des époux? Portalis dit qu'elle a les mêmes effets qu'avait le défaut de présence du propre curé; mais la nullité qui en résultait pouvait être couverte par des fins de non-recevoir, le ministère public ne pouvait même la faire valoir que pour faire condamner les parties à réhabiliter leur mariage devant leur propre curé. » — V. le onzième plaidoyer de d'Aguesseau; Lacombe, *Jurisprudence canonique*, vo *Empêchemens*, dist. 13e, art. 1er. — V. aussi Malleville, sur l'art. 193; Merlin, *Quest.*, vo *Inscription hypothécaire*, § 4, et *Rép.*, vo *Mariage*; Allemand, t. 1er, no 533.

705. — Et il a été jugé qu'il n'y a pas ouverture à cassation contre un arrêt qui, par appréciation des circonstances, a validé un mariage attaqué par des héritiers qui l'avaient connu et approuvé avant comme après le décès de leur parent, et a rejeté par conséquent l'offre que faisaient ces héritiers de prouver qu'il n'avait été célébré que devant un officier de l'état civil hors de la commune où il exerçait ses fonctions. Dans tous les cas, un pareil mariage devant, à cause de sa bonne foi, produire les effets civils en faveur des enfans qui en seraient issus, ôterait aux prétendus héritiers tout *intérêt* pour l'attaquer. — *Liége*, 10 mars 1824, de Marotte c. Hénault.

706. — Le mariage, nul, aux termes de l'art. 170 C. civ., pour avoir été contracté en pays étranger, sans le consentement des père et mère et sans publications préalables en France, ne peut plus être attaqué ni par les père et mère lorsqu'ils ont laissé expirer le délai de l'art. 183 C. civ. (un an) sans réclamation, ni même par les époux lorsqu'ils ont une possession d'état conforme à l'acte de célébration de mariage. — *Cass.*, 4 juin 1845 (t. 2 1845, p. 703), Cluset c. Drouard. — *Sic* Duranton, t. 2, no 238; Duvergier *sur Toullier*, no 578, note 1; Valette *sur Proudhon*, t. 1er, p. 412; Demolombe, no 225.

707. — Le défaut de publication préalable en France du mariage contracté à l'étranger entre Français ou entre Français et étranger, n'est pas une cause de nullité absolue. — Allemand. t. 1er, *loc. cit.* — Celle-ci peut être couverte par le consentement des ascendans, leur acquiescement et la possession d'état des époux. Dans tous les cas, le droit de demander cette nullité n'appartient pas aux parents collatéraux des époux, lesquels ne peuvent attaquer les mariages contractés par leurs parens que lorsqu'ils y sont spécialement appelés par la loi. — *Montpellier*, 25 avril 1844 (t. 1er 1845, p. 162), Casadumont.

708. — Au reste, nous avons vu que les juges ont plein pouvoir pour apprécier si l'absence de tel ou tel élément de publicité ou le fait de la célébration devant un officier incompétent sont suffisans pour entraîner la nullité du mariage. C'est au surplus ce que suppose l'art. 193, et il est évident que la possession d'état des époux devra entrer comme élément d'appréciation. — V. les motifs de l'arrêt de Liége, du 10 mars 1824, précité. — V. aussi *suprà* no 408.

709. — Lorsque la loi parle de la *publicité* du mariage, elle n'entend par là que ce qui concerne la célébration; mais elle n'attache aucune pénalité à ce qu'un mariage contracté d'ailleurs publiquement et avec les solennités requises aurait été tenu secret et ignoré du public. — Il en était autrement dans l'ancien droit. — Toutefois la clandestinité portant sur l'existence même du mariage, peut parfois être prise en considération lorsqu'il s'agit des intérêts des tiers induits en erreur. — V. sur ces points CLANDESTINITÉ.

Sect. 3e. — *Effets du mariage annulé. — Mariage putatif.*

710. — La loi, tout en déclarant nuls les mariages contractés au mépris de ses dispositions, dispose cependant que le mariage annulé produit des effets civils tant à l'égard des époux qu'à l'égard des enfants, s'il a été contracté de *bonne foi*. — C. civ., 201.

711. — Et l'art. 202 ajoute que si la bonne foi n'existe que de la part de l'un des époux, le mariage ne produit des effets civils qu'en faveur de cet époux et des enfans issus de ce mariage. Les principes consignés dans les art. 201 et 202 du C. civ. sont admis, en général, par toutes les législations. — V., notamment, C. des Deux-Siciles, art. 191 et 192; C. de la Louisianne, art. 119 et 120; C. sarde, art. 115; C. du canton de Vaud, art. 103 et 104; C. bavarois, art. 150; C. de Berne, art. 76.

712. — Le mariage que les époux ou l'un d'eux ont cru légitime en le contractant, s'appelle mariage *putatif* (*matrimonium putativum*).

713. — Jugé, par application de ce principe, que le mariage annulé pour cause de bigamie produit des effets civils à l'égard de l'époux de bonne foi. — *Paris*, 2 déc. 1816, Hupé c. Belleville.

714. — De même les collatéraux qui font annuler un mariage pour cause de bigamie peuvent en même temps réclamer les effets civils de ce mariage auxquels leur auteur avait droit à raison de sa bonne foi, notamment le partage de la communauté. — *Paris*, 1er août 1818, Martin c. Mesnard.

715. — Jugé encore que, quoique nul, le mariage contracté après un divorce annulé depuis, n'en produit pas moins des effets civils à l'égard de l'époux non convaincu de mauvaise foi. — *Paris*, 9 fructidor an XIII, Dufay de Provenchère c. Grandelle; 9 messid. an XIII, Perrier c. Amathieu.

716. — Mais le ministère public, auquel appartient l'action en nullité d'un mariage contracté en contravention aux dispositions prohibitives de la loi, n'a point qualité pour faire décider que le mariage déclaré nul produira ou non les effets civils, selon que les contractans ont été de bonne ou de mauvaise foi (C. civ. 163, 184 et 201). Une telle action ne se rattachant qu'à des intérêts privés, le ministère public est sans qualité soit pour l'intenter, soit pour y défendre, et le tribunal saisi ne peut connaître incidemment de la question de bonne foi. — Ce défaut de qualité rend le ministère public non recevable dans l'appel de la disposition du jugement qui aurait statué sur la question de bonne foi. — *Aix*, 5 mai 1846 (t. 2 1846, p. 565), Laugier.

717. — Il faut que la bonne foi soit prouvée. — Ainsi jugé que (dans le cas du mariage d'un prêtre ainsi déclaré nul) la femme ne peut réclamer les effets civils sans prouver sa bonne foi. — *Paris*, 18 mai 1818, Joliot c. Jacquin.

718. — Mais quand le mariage sera-t-il réputé de bonne foi? Suivant les décrétales d'Alexandre III (1180) et d'Innocent III (1213), et les décisions solennelles du concile de Latran (1215), le mariage nul ne pouvait être réputé de bonne foi, et produire des effets civils qu'autant qu'il avait été célébré *publicè, solenniter, et in facie Ecclesiæ*. De même, suivant les interprètes des lois canoniques (d'Héricourt, Bacquet), le mariage n'était putatif que s'il avait été contracté publiquement devant le curé de l'une des parties et solennisé en présence de la sainte Eglise. — Tel était aussi l'avis de Duplessis et de Bourjon. — Merlin (*Rép.*, vo *Légitimité*, sect. 1re, § 1er), après avoir dit que le mariage putatif doit réunir deux conditions: un empêchement ignoré des parties ou de l'une d'elles, et une exacte observation de toutes les formalités prescrites par la loi, cite un arrêt rendu par le grand conseil de Malines, le 28 févr. 1711, qui a décidé que pour déclarer légitime un enfant d'un mariage nul, la bonne foi de l'un ou de l'autre ne suffisait pas, *mais qu'au-dessus devait concourir que le mariage fût célébré* IN FACIE ECCLESIÆ.

719. — Dans l'esprit des art. 201 et 202, les auteurs sont d'accord pour décider que, pour comporter la bonne foi, l'erreur des époux doit être une erreur *de fait*, et non une erreur *de droit*; ils pensent aussi que si, par exemple, il manquait au mariage une formalité exigée à peine de nullité, la nullité aurait tout son effet et le mariage serait privé de tout droit civil: *Ignorantia juris neminem excusat*. Et suivant eux, la bonne foi ne peut se rencontrer que dans un mariage célébré suivant les formes légales. — V. Toullier, t. 2, no 879; Delvincourt, p. 71, note 3; Favard, vo *Mariage*, sect. 5, § 3, no 2; Duranton, t. 2, no 319; Nougarède, p. 411, et Vazeille, t. 1er, p. 432; Allemand, t. 1er, no 609.

720. — Il a été jugé, en ce sens, que l'art. 201 C. civ., qui fait produire des effets civils, même aux mariages nuls, s'ils ont été contractés de bonne foi, n'est applicable qu'aux cas où les formalités essentielles ont été observées, et où la nullité tient à des circonstances ignorées des parties ou de l'une d'elles, et non à une erreur de droit; mais que, par exemple, ne peut produire d'effets civils le mariage contracté seulement devant un prêtre depuis la loi du 20 sept. 1792. — *Bourges*, 17 mars 1830, de Sacy. — *Sic* Demolombe, n° 354.

721. — Jugé de même que le mariage célébré seulement devant le ministre du culte, depuis la loi de 1792, ne peut même produire des effets civils, quelle que soit la bonne foi de ceux qui l'ont contracté. Et que la nullité est opposable par l'enfant adoptif d'un des prétendus époux, quelle que soit leur possession d'état et la reconnaissance qu'il ait pu faire de l'existence du mariage. — *Bruxelles*, 23 avr. 1812, Delcourt c. Mathius.

722. — Jugé encore que la bonne foi que l'art. 201 C. civ. exige, pour qu'un mariage nul produise des effets civils, ne peut résulter que d'une erreur de fait, et non d'une erreur de droit. — Que, spécialement, le mariage contracté entre un beau-frère et une belle-sœur avant la loi de 1832 ne peut produire d'effets civils, ni à l'égard des époux entre eux, ni à l'égard des enfans qui en seraient issus, alors qu'il n'est pas établi qu'ils ignoraient le lien de parenté qui les unissaient. — *Colmar*, 14 juin 1838 (t. 2 1838, p. 327), Hetzel c. Brua. — V. aussi Duvergier sur Toullier, n° 658, note *a*; Duranton, t. 2, n° 351; Vazeille, t. 1er, n° 272. — *Contrà* Demolombe, n° 357.

723. — Toutefois, la cour de Paris a jugé que la bonne foi que l'art. 201 C. civ. exige pour qu'un mariage nul puisse produire des effets civils, peut résulter d'une erreur de droit, aussi bien que d'une erreur de fait: que tout dépend des circonstances, qu'il appartient aux juges d'apprécier. — Et que, spécialement, le mariage contracté en France par un étranger et une Française, suivant le rite du pays du mari, quoique nul en France, peut néanmoins produire, en faveur des enfans, des effets civils, s'il est constant pour les juges que le mari, étranger, ignorait la loi française, la maxime: *Nul n'est censé ignorer la loi*, ne pouvant s'appliquer à un étranger relativement à la loi française. — *Paris*, 18 déc. 1837 (t. 1er 1838, p. 77), Ernouf c. Schuchhardt. — Mais on voit que l'espèce particulière dans laquelle cet arrêt a été rendu empêche qu'on ne puisse en faire résulter la consécration d'une doctrine absolue. — V. aussi, en ce sens, un jugement du tribunal de Forcalquier, du 27 mars 1846 [sous *Aix*, 5 mai 1846 (t. 2 1846, p. 565)], Laugier.

724. — Jugé aussi que l'étrangère mariée avec un Français, sans que les parens de ce dernier aient donné leur consentement et sans publications préalables, peut être réputée de bonne foi, si, d'après les lois de son pays, ce consentement n'était pas nécessaire, eu égard à l'âge qu'avait l'époux, non plus que les publications, alors même qu'elle aurait résidé, au moment du mariage, dans un pays soumis à la domination française, et que la célébration aurait été secrète. — *Aix*, 8 février 1821, Kinchant c. Damblard.

725. — Quant à l'appréciation de la bonne foi et des circonstances qui ont pu induire les époux en erreur, on comprend que c'est là un point abandonné aux juges: — L'erreur ne doit être réputée excusable, suivant Toullier (t. 1er, n° 658), que lorsque les époux ont pris toutes les précautions exigées par la loi pour être instruits des empêchemens qui existaient entre eux.

726. — Jugé que la nouvelle de la mort du premier mari, militaire en activité de service, annoncée publiquement et fortifiée par des présomptions graves, a été de nature à constituer en bonne foi la femme qui a convolé, et à faire produire au nouveau mariage les effets civils à l'égard des enfans qui en sont issus. — *Cass.*, 21 mai 1810, Pastoris. — V., cependant, Allemand, *loc. cit.*

727. — La fausse déclaration faite par l'un des futurs époux que son père était décédé, ne peut être, contre l'autre époux, une cause de nullité du mariage pour défaut de consentement de ce père, lorsque d'ailleurs rien ne prouve qu'il ait connu l'existence de ce père. — *Bruxelles*, 18 fév. 1809, Thibaut c. Duquesnoy.

728. — La question de savoir si les mariages contractés à l'étranger par les émigrés frappés de mort civile ont pu produire des effets civils en France, a été controversée. — La Cour de cassation semble maintenant juger l'affirmative. — V. ÉMIGRÉS.

729. — Un des effets civils du mariage putatif est de faire considérer comme *légitimes* les enfans qui en sont issus et de leur attribuer les droits des enfans légitimes proprement dits.

730. — Ceci doit être entendu en ce sens que, dans le cas où l'un des époux seulement est de bonne foi, la légitimité et le droit de successibilité de l'enfant existent, même à l'égard de l'époux de mauvaise foi et de sa famille.

731. — Quelques jurisconsultes, il est vrai, divisant l'état des enfans, les représentaient légitimes et habiles à succéder par rapport à l'un des époux, et illégitimes et incapables par rapport à l'autre; de ce nombre est Pothier (*Traité du contrat de mariage*, n° 440), qui s'exprime en ces termes: « Si la bonne foi de l'une des parties donne les effets civils à un mariage nul, à plus forte raison peut-elle les donner à un mariage véritable lorsque l'une des parties a ignoré de bonne foi le vice qui le privait des effets civils; comme lorsqu'une femme a épousé de bonne foi un homme qui avait perdu l'état civil par une condamnation à une peine capitale, dont la connaissance n'avait pu parvenir jusqu'à elle; la bonne foi de cette femme donne en ce cas au mariage les effets civils, à l'effet que les enfans qui en sont nés aient les droits d'enfans légitimes et puissent succéder à leur mère et à leurs parens maternels. Mais ces enfans ne peuvent ni succéder aux biens de leur père, qui sont acquis au fisc, ni avoir les droits de famille dans la famille de leur père, puisque leur père, les ayant perdus avant qu'ils fussent au monde, n'a pu les leur communiquer. »

732. — Mais cette doctrine, quelque imposant qu'en fût l'auteur, n'a jamais prévalu. On ne pouvait admettre, en effet, qu'un même individu fût en partie légitime et en partie bâtard; et comme le droit de succéder repose sur la légitimité, il était plus conséquent de penser qu'un enfant étant légitime à l'égard des deux époux, était nécessairement successible à l'égard de tous les deux et des parens des deux lignes. — C'est encore l'induction que l'on doit tirer du discours de Portalis, chargé de présenter la loi sur le mariage: « Quand un seul des conjoints est dans la bonne foi, disait cet orateur, ce conjoint seul peut réclamer les effets civils du mariage. Quelques jurisconsultes avaient pensé que, dans ce cas, les enfans devaient être légitimes par rapport à l'un des conjoints, et illégitimes par rapport à l'autre; mais on a toujours rejeté leur opinion, sur le fondement que l'état des hommes est indivisible, et que, dans le concours, il fallait se décider entièrement pour la légitimité. » — Lebrun (*Traité des success.*, liv. 1er, chap. 2) enseigne également que l'état des hommes ne se divise pas, et qu'il faut ou exclure les enfans de l'une et l'autre succession ou les faire admettre à toutes deux. — V. aussi l'arrêt du 24 fév. 1777 (rapporté par Leprêtre, *Cent.*, chap. 1er, n° 13); Lacombe, *Enfant*, n° 12; Denisart, *Légitimation*; Duranton, t. 2, n° 252; Toullier, t. 1er, n° 666; Vazeille, *Traité du mariage*, t. 1er, n° 276. — Demolombe, n° 362.

733. — Aussi doit-on considérer comme bien rendue la décision qui juge que la bonne foi de l'époux qui s'est marié en pays étranger avec une personne frappée de mort civile, et, par exemple, avec un émigré, rend les enfans nés du mariage légitimes comme les enfans nés des mariages réguliers, et leur donne le droit de succéder, aussi bien dans la famille du mort civilement que dans celle du conjoint de bonne foi. — *Cass.*, 15 janv. 1816, d'Orsay c. Duval; et sur le renvoi, *Rouen*, 7 déc. 1820, mêmes parties. — Merlin, *Quest.*, v° *Légitimité*, § 5.

734. — Ajoutons, avec M. Duranton (n° 366), que si l'époux de mauvaise foi est privé de succéder à son enfant, cette exception au droit de réciprocité lui est personnelle, et que sa famille, à laquelle l'enfant succède (V. le numéro qui précède), ne saurait en être frappée.

735. — Jugé encore, dans le même sens, que, en supposant que d'après le décret du 26 août 1811, le Français naturalisé étranger sans autorisation, ait encouru la déchéance de ses droits civils, le mariage par lui contracté à l'étranger avec une femme, qui ignorait son incapacité, produit ses effets civils à l'égard de cette femme et des enfans issus du mariage. — Dès lors ces enfans ont droit de recueillir les biens que possédait leur père au jour de son décès, et alors surtout que celui-ci avait toujours été traité comme étant *integri statûs* par ceux mêmes qui excipent de sa prétendue déchéance des droits civils. — *Cass.*, 9 nov. 1846 (t. 2 1847, p. 118), Augu c. Lorette-Dumas.

736. — Les effets civils ne profitent, suivant l'art. 202, qu'aux enfans *issus du mariage* annulé: de là sont nées les questions de savoir si la bonne foi a pour effet de valider la légitimation conférée par le mariage annulé. — V. LÉGITIMATION.

737. — Suffit-il que la bonne foi ait existé *au moment* de la célébration pour que les art. 201 et 202 reçoivent leur application, et quelle influence la connaissance acquise, postérieurement au mariage, du vice qui l'infecte, peut-elle exercer sur les effets civils de ce mariage?

738. — D'abord il faut dire avec M. Duranton (n° 359) que s'il s'agit d'un vice qui, bien que produisant une nullité d'ordre public, peut se couvrir par le temps (tel que celui résultant de l'âge), les époux ne seraient pas obligés spontanément de se séparer, et que les enfans nés postérieurement à la découverte de ce vice seraient évidemment légitimes. — Il en serait de même si, bien qu'avertis de la cause de nullité, les époux avaient des motifs plausibles pour croire qu'elle n'existe pas. — Toullier, n° 656.

739. — Mais si le vice consistait dans l'inceste ou dans la bigamie dûment établis et prouvés, les époux devraient se séparer, même dans ce cas. Allemand (t. 1er, n° 617) estime que l'époux doit se taire et attendre une décision irrévocable de justice, mais en s'abstenant de toute communication. — Toutefois, bien qu'en dise Toullier (n° 656), même dans ce cas, les enfans nés postérieurement à la découverte du vice, ne seraient pas privés du bénéfice de l'art. 202, car, ainsi que le fait remarquer Duranton (n° 363), l'art. 201 n'exige qu'une chose, à savoir que le mariage ait été *contracté* de bonne foi. — La cause des enfans est favorable, et l'esprit de la loi repousse la divisibilité des effets du mariage, quant aux enfans qui en sont issus, ainsi que la supposition que, dans une même union, certains enfans seront réputés légitimes, d'autres adultérins ou incestueux. — V., en ce sens, Proudhon, t. 2, p. 5 et 6.

740. — Pour l'époux de bonne foi, les effets civils consistent d'abord dans la répétition de la dot et des avantages que lui a faits le contrat, sans que l'époux de mauvaise foi puisse les réclamer, tant qu'ils ont été stipulés réciproquement. — Duranton, n° 370. — Il n'en serait pas ainsi des gains de survie, l'annulation du mariage n'y donnant pas ouverture. — Allemand, t. 1er, n° 620. — Il bénéficie également des droits sur la communauté et de celui de succéder aux enfans. — Si les deux époux étaient de bonne foi, leurs droits seraient à tous égards, tant en ce qui les concerne respectivement que quant au droit de succéder à leurs enfans, réglés comme si le mariage avait été légitime. — Demolombe, n° 367.

741. — Jugé aussi qu'en cas d'annulation d'un prétendu mariage pour non-représentation d'un acte inscrit sur les registres, on peut, attendu les circonstances, accorder une *pension* à la femme qui a joui pendant longues années de la possession d'état de femme légitime, ainsi que ses enfans. — *Grenoble*, 22 juill. 1809, Balmain c. Netot.

742. — Jugé aussi que l'époux contre lequel la nullité du mariage est prononcée, a droit à des dommages et intérêts contre son conjoint, si ce dernier, qui connaissait le vice du mariage, l'a laissé ignorer à l'époux défendeur. — *Aix*, 8 fév. 1821, Kinchant c. Damblard. — Allemand, t. 1er, n° 626.

743. — Jugé encore que celui qui, abusant de la crédulité d'une mineure, contracte mariage avec elle devant l'Eglise seulement, en lui persuadant que la cérémonie religieuse suffit pour rendre le mariage valable, peut, pour ce seul fait et à raison du dommage réel qui en résulte pour la personne trompée, être condamné envers elle à des dommages intérêts. — *Bastia*, 3 fév. 1834, R....

744. — Jugé de même, qu'il est dû des dommages-intérêts à la femme devenue l'épouse d'un homme déjà engagé dans les liens du mariage, et que le préjudice n'est pas suffisamment réparé par l'art. 203, qui veut que le mariage déclaré nul produise des effets civils en faveur de l'époux de bonne foi. — *Rennes*, 29 juill. 1826, Lemerle c. Ganons.

745. — ... Et que le préjudice doit être réparé, même par ceux auxquels on ne reproche que de la négligence ou de l'imprudence: par exemple, par le père du mari qui connaissait le premier mariage de son fils. — Même arrêt.

746. — La Cour de cassation a sanctionné cette dernière décision, en jugeant que l'arrêt qui, en déclarant nul un mariage à raison de l'engagement de l'époux dans les liens d'un premier mariage, condamne le père de cet époux à des dommages-intérêts envers l'épouse, en se fondant sur ce que c'est lui qui, par sa négligence et son imprudence, a causé le malheur dont celle-ci a été victime, échappe à la censure de la Cour de cassation. — *Cass.*, 18 août 1829, Forget c. Gaudin.

747. — Les époux dont le mariage a été annulé conservent-ils le droit de succession l'un envers l'autre, ou l'époux de bonne foi le conserve-t-il à l'égard de celui de mauvaise foi? — On prétend, il est vrai, que le droit de successibilité est précisément un des effets civils du mariage que consacrent les art. 201 et 202. — Que cette éventualité doit avoir le même effet que si elle avait été l'objet d'une stipulation. — Toutefois, il semble plus rationnel de dire avec M. Duranton (nº 368) que les conjoints n'ont pu avoir en vue le droit de successibilité que pour le cas où leur mariage existerait encore au moment de l'ouverture de la succession. — D'autant plus que si un nouveau mariage avait eu lieu, il pourrait y avoir entre les deux conjoints survivans un conflit que la loi n'a pu vouloir laisser subsister.

748.—Les auteurs prévoient le cas où un individu aurait épousé plusieurs femmes dont les mariages, contractés de bonne foi, auraient subsisté simultanément.—Et ils se demandent comment les droits de ces femmes seront liquidés. — Toullier (nº 665) dit que la règle la plus raisonnable semble être de considérer les acquisitions faites pendant la durée de la cohabitation avec chaque femme comme le résultat d'une société telle qu'elle aurait pu exister entre deux personnes étrangères, et d'en partager les bénéfices non pas selon les règles de la communauté conjugale, mais selon les règles générales de la société. — Ce système paraît avoir été adopté par un arrêt du 7 juill. 1584, que rapporte Carondas dans ses *Réponses*, liv. 8, ch. 17. — Et M. Duranton l'approuve, tout en disant qu'il pourrait être modifié suivant les circonstances et ainsi que l'équité le demanderait (nº 373). — *Sic* Allemand, t. 1er, nº 622. — Il est, en effet, des cas tellement exceptionnels que la loi n'a pu les prévoir. M. Demolombe (nº 377) est d'avis que la solution proposée par Toullier pourrait être préjudiciable à la seconde et à la troisième femme, et, en conséquence, il pense qu'on ferait mieux de liquider successivement et séparément chacune de ces communautés, en commençant par la plus ancienne, et en attribuant à la deuxième et à la troisième femme une récompense proportionnée au préjudice éprouvé par suite des liquidations précédentes.

749. — Vazeille (t. 1er, nº 285) approuve également cette décision, mais il pense, et avec raison, qu'à l'égard des enfans issus de ces différens mariages il n'y aurait *qu'une seule succession*. Sous ce dernier rapport il critique l'arrêt de 1584, qui, au lieu de suivre cette marche, adjugeait exclusivement aux enfants de chaque lit la moitié de chaque portion de communauté qui n'était pas donnée aux mères.

750. — En tout cas, la femme dont le mariage est déclaré nul, et qui ne peut, en raison de sa mauvaise foi, réclamer les effets civils de ce mariage, n'en a pas moins le droit, comme créancière, de reprendre ses apports constatés par le contrat de mariage. — *Lyon*, 22 juill. 1846 (t. 1er 1847, p. 201), Lavanchy c. Berrod.

751. — Les avantages et donations que se sont faits les époux par le contrat de mariage tombent, bien entendu, avec le mariage lui-même. — V. CONTRAT DE MARIAGE, DONATIONS ENTRE ÉPOUX.

CHAPITRE IX. — *Obligations qui naissent du mariage. — Droits et devoirs des époux.*

Sect. 1re. — *Obligations entre parens et enfans.*

752. — Les époux contractent ensemble par l'effet seul du mariage l'obligation de nourrir, entretenir et élever leurs enfans. — C. civ., 203. — V. ALIMENS.

753.—L'obligation imposée aux époux de nourrir, entretenir et élever leurs enfans, est une obligation indivisible et solidaire. — En conséquence, la femme est tenue d'acquitter solidairement avec son mari les frais d'éducation des enfans issus du mariage, sauf son recours contre lui, ainsi que de droit. — *Paris*, 3 juin 1842 (t. 2 1842, p. 19), Congrégation de Notre-Dame c. d'Esclignac.

754. — Jugé encore, en ce sens, que l'obligation pour alimens et frais d'éducation des enfans étant commune aux deux époux, la femme, même séparée de biens, est tenue, comme obligée solidaire, de les acquitter pour la totalité, en cas d'insolvabilité de son mari. — *Grenoble*, 28 janv. 1836, Tourette c. Mulet; *Paris*, 13 juin 1836, Buisson c. Chatel.

755. — En effet, les dispositions de l'art. 1537

C. civ. qui règlent la portion pour laquelle la femme est tenue aux charges du mariage n'ont d'effet qu'entre les époux et non à l'égard des tiers. — *Paris*, 3 juin 1842 (t. 2 1842, p. 19), Congrégation de Notre-Dame c. Desclignac.

756. — De ce que cette obligation est personnelle aux père et mère, la Cour de Paris a conclu que l'enfant confié à un instituteur pendant sa minorité n'est pas tenu envers celui-ci des frais de nourriture, entretien et éducation..., surtout quand il est établi que le mineur n'a aucune fortune personnelle. — L'instituteur n'a, dans ce cas, d'action que contre le père et la mère de l'enfant. *Paris*, 17 nov. 1838 (t. 1er 1839, p. 61), Huré c. Labbé.

757. — Toutefois la Cour d'Aix a décidé qu'*en cas d'insolvabilité* de leur père les enfans sont personnellement obligés envers l'instituteur chez lequel ils ont été placés pendant leur minorité au paiement du prix de la pension dont leur père s'est reconnu débiteur direct, et cela, quelle que soit leur position de fortune. — *Aix*, 18 août 1812, Coulomb c. Daumont. — Cette décision est fondée sur ce qu'il se forme entre les instituteurs et les enfans un quasi-contrat. — Duranton, t. 2, nº 391.

758.— Et il a été jugé par application du même principe que des enfans mineurs qui, du vivant de leur père, ont reçu des alimens de son mandataire, peuvent, après la mort du père, et quoiqu'ils n'aient accepté sa succession que sous bénéfice d'inventaire, être, s'ils ont le moyen de payer, actionnés personnellement par le mandataire en remboursement de ses avances. — *Cass.*, 18 août 1813, Lucas c. Dudrésit.

759.—Merlin pense qu'en thèse générale le père n'est pas recevable à répéter contre ses enfans les dépenses qu'il a faites pour leur nourriture, leur entretien et leur éducation.—V. argument de l'art. 852 C. civ., et de la loi 11, C., *De negotiis gestis*. — Mais il en est autrement dans le concours des trois cas prévus par la loi 34, ff., *De negotiis gestis*, c'est-à-dire, 1º lorsque le père a tenu registre des dépenses qu'il a faites pour la nourriture, l'entretien et l'éducation de ses enfans; — 2º lorsque les enfans avaient, de leur propre chef, dans le temps où le père faisait et enregistrait pour eux ces dépenses, des biens suffisans pour subvenir eux-mêmes à leurs besoins: — 3º qu'ils ne compensaient pas en travaillant pour son compte les alimens qu'ils recevaient de lui. Or, et comme telle était l'espèce de l'arrêt précité de 1813, il est d'avis que le pourvoi devait être rejeté.—Mais, en principe, il estime que l'instituteur ou le mandataire qui aura fourni des alimens à des enfans de l'ordre de leur père, et à une époque où ces enfans n'avaient pas de moyens de paiement, n'aura d'action que contre le père; il n'en aura pas contre les enfans, alors même que ceux-ci, parvenus à une meilleure fortune, se trouveraient en état de l'indemniser. — V. l'exposé détaillé de son opinion sous ledit arrêt de 1813.

760. — Quoi qu'il en soit, et même en admettant l'existence du quasi-contrat dont parle la Cour d'Aix, il nous semble que les juges devraient prendre en grande considération les circonstances, et qu'ainsi, si le père était solvable lors de l'éducation des enfans, et qu'au lieu d'agir contre lui, l'instituteur ou le mandataire eût laissé accumuler les termes, il pourrait y avoir contre lui, à raison de sa négligence, une fin de non-recevoir. C'est ce que dit M. Duranton, ce que semble admettre l'arrêt de 1813, et ce qu'exprime d'une manière saisissante l'arrêt de Paris du 17 nov. 1838 lorsqu'il dit que « le système du quasi-contrat tendrait à ruiner par avance les mineurs en accumulant sur leur tête, à leur insu, un passif qui viendrait plus tard paralyser toutes leurs ressources au moment où ils pourraient suffire à leurs besoins. »

761. — L'enfant n'a pas d'action contre ses père et mère pour un établissement par mariage ou autrement. — C. civ. 204.

762. — Jugé toutefois que si l'enfant n'a pas d'action contre ses père et mère pour en exiger une portion de biens, avec laquelle il pourrait former un établissement, et pour en obtenir ainsi une espèce d'avancement d'hoirie, il n'en est pas de même quand il s'agit de dépenses que peuvent entraîner les études servant de complément à de premières études déjà faites et indispensables pour rendre apte à l'exercice d'une profession à laquelle le fils aspire d'après les conseils du père. — *Bordeaux*, 6 juill. 1832, Forge.

763. — Cette décision peut paraître équitable, et Vazeille paraît en approuver le principe lorsqu'il dit (t. 2, nº 480) qu'il ne faut pas confondre, avec l'*établissement* aux frais duquel la loi n'oblige pas les pères, l'*instruction* et l'apprentissage qui

doivent rendre l'enfant propre à exercer une *profession* ou un *métier*. — Toutefois, on comprend que les juges ne devront accueillir la demande de l'enfant qu'avec une grande discrétion; car n'y aurait-il pas danger pour le principe sacré de la puissance paternelle à forcer le père à venir rendre compte à la justice des motifs qui l'engageraient à refuser de continuer pour son enfant tel ou tel système d'éducation qu'il avait suivi jusque-là?

764. — Dans les pays de droit écrit les filles avaient le droit de se faire doter par leur père. — Il en était autrement dans les pays coutumiers qui étaient régis par cette maxime: *Dote qui veut*. — C'est ce dernier système qui a été, avec raison, adopté par le Code.

765. — Mais les filles mariées en pays de droit écrit antérieurement à la publication du Code civil, ont conservé, depuis, l'action qu'elles avaient contre leur père en constitution de dot. — *Toulouse*, 22 frim. an XII, Marin.

766. — Le mariage donne aussi naissance à une obligation alimentaire de la part des enfans au profit des parens. — V. ALIMENS. — Cette obligation existe même à la charge des enfans qui ont été abandonnés.

Sect. 2e. — *Droits et devoirs des époux.*

§ 1er. — *Droits et devoirs généraux. — Assistance. — Fidélité. — Domicile conjugal.*

767. — Les époux se doivent mutuellement *fidélité, secours, assistance*. — C. civ., art. 212. — Cette obligation est également imposée par les Codes prussien (art. 173), des Deux-Siciles (art. 201 et 202), Sarde (art. 125 et 126), du canton de Vaud (art. 114), Hollandais (art. 158), Autrichien (art. 90).

768. — L'obligation de fidélité a pour sanction les peines prononcées par la loi au cas d'adultère (V. ADULTÈRE), et le droit accordé aux époux de provoquer, s'il y a lieu, la séparation de corps. — V. SÉPARATION DE CORPS.

769. — L'obligation de secours et d'assistance emporte celle de se fournir mutuellement des alimens, ce qui comprend tout ce qui est nécessaire à la vie. — *Paris*, 19 déc. 1833, Favre; *Colmar*, 9 janv. 1834, Antez.

770. — Il a été jugé que l'obligation alimentaire étant de droit naturel, peut, entre époux étrangers, être compétemment réclamée devant le tribunal du domicile du défendeur en France. — Même arrêt. — Bioche et Goujet, *Dict. proc.*, vº *Étranger*, nº 26, et *Femme mariée*, nº 16.

771. — Elle survit même au cas où la séparation de corps a été prononcée, et alors (à la différence de ce qui a lieu en matière de divorce) les alimens peuvent être réclamés aussi bien par l'époux contre lequel la séparation a été prononcée que par celui qui l'a obtenue. Ce point, douteux dans l'ancienne jurisprudence (V. le nouveau Denizart, vº *Alimens*; Merlin, *Rép.*, vº *Alimens*, § 3), n'est plus contestable aujourd'hui. — *Colmar*, 9 janvier 1834, Antez; *Lyon*, 16 mars et 16 juill. 1835, Darejère; *Bordeaux*, 9 janv. 1838 (t. 2 1840, p. 535), Blanc. — Toullier, t. 2, nº 780; Duranton, t. 2, nº 633; Favard de Langlade, vº *Séparation entre époux*, sect. 2, § 4, p. 117; Massol, *Séparation de corps*, p. 194; Delvincourt, t. 1er, p. 82, note 4. — Les alimens seraient-ils encore dus, par l'époux innocent, à son conjoint condamné à la mort civile? Non, suivant la loi civile. Oui, suivant la religion. — Allemand, t. 1er, nº 947.

772. — Seulement, il paraît juste que la fixation de la pension soit plus favorable lorsqu'elle aura lieu au profit de l'époux qui a obtenu la séparation, et qu'au contraire, demandée dans l'intérêt de l'époux coupable, elle soit limitée au strict nécessaire. — Delvincourt, Duranton et Massol, *loc. cit.*

773. — Et dans ce dernier cas aussi la pension ne doit être accordée qu'en cas de besoin bien démontré, alors surtout que l'époux débiteur n'a pour moyen d'existence que son travail. — *Colmar*, 9 janv. 1834, Antez. — Delvincourt, *loc. cit.*

774. — La Cour de cassation a jugé que l'époux qui avait obtenu la séparation de corps pouvait réclamer une pension alimentaire; mais les termes de cette décision n'ont rien d'exclusif. — *Cass.*, 28 juin 1815, Perez.

775. — Sur les alimens dus entre époux divorcés, V. DIVORCE.

776. — Sauf le cas de séparation de corps, et certains cas exceptionnels, c'est dans le domicile conjugal que la femme doit recevoir les alimens. — V. *infrà* nº 781.

777. — Les frais de dernière maladie d'une femme doivent être supportés personnellement par son mari, et les frais funéraires par sa succession. — *Grenoble*, 19 févr. 1808, Lavaras c. Tavel.

778. — Le mari doit protection à sa femme, la femme doit obéissance à son mari. — C. civ., art. 213.

779. — Le mari est obligé de recevoir sa femme et de lui fournir tout ce qui est nécessaire pour les besoins de la vie, suivant ses facultés et son état. De son côté, la femme est obligée d'habiter avec son mari et de le suivre partout où il juge à propos de résider. — Art. 214.

780. — La vie commune est ainsi une obligation pour les époux. Aussi a-t-il été jugé avec raison que les juges ne peuvent accueillir l'option qu'un mari laisse à sa femme ou de le rejoindre ou de lui payer une pension alimentaire : ce serait de leur part consacrer une séparation de corps volontaire. — *Colmar*, 12 juill. 1806, Bertreis.

781. — Ainsi jugé que la femme que le mari offre de recevoir dans un domicile convenable et de traiter maritalement est non recevable à former contre lui une demande en pension alimentaire. — *Montpellier*, 4 mai 1847 (t. 1er 1849, p. 615), Roques.

782. — Le mari ne peut refuser de recevoir sa femme sous prétexte qu'après avoir échoué dans sa demande en séparation de corps, elle ne représente pas tous les effets qu'elle avait emportés, sauf à lui à faire constater le nombre et la nature des objets disparus et à poursuivre, à cet égard, toutes actions qu'il jugera convenable. — *Angers*, 13 frim. an XIV, Calegvain.

783. — Mais le mari ne pourrait, en refusant de recevoir sa femme, se soustraire à l'obligation de pourvoir à ses besoins.

784. — Aussi a-t-il été jugé que la femme reléguée par son mari dans une maison où il n'habite pas avec elle, peut le faire condamner judiciairement à lui fournir une somme annuelle jusqu'à ce qu'il se réunisse à elle dans le domicile commun. — *Bruxelles*, 30 août 1806, Daubremé; *Cass.*, 11 janv. 1808, mêmes parties. — Merlin, *Rép.*, vo *Mari*, § 2.

785. — Jugé encore que, dans ce cas, le mari est tenu d'acquitter la dépense de sa femme lorsqu'elle n'excède ni les besoins de celle-ci ni l'état et la fortune du mari, et bien qu'elle n'ait été précédée ni d'autorisation ni de demande en pension alimentaire. — *Cass.*, 28 déc. 1830, Kenny.

786. — Lorsqu'un mari ne fournit point à sa me tout ce qui est nécessaire pour les besoins de la vie, selon ses facultés et son état, et ne urvoit pas à la nourriture, l'entretien et l'éducation des enfans issus de leur mariage, le tiers qui en fait l'avance peut en exercer la reprise tre le mari, par l'action *de in rem verso*. — *imes*, 26 août 1820, de Lanzanne c. Hay des Némières.

787. — Le mari qui refuse de recevoir sa femme ns le domicile conjugal et de la traiter maritalement ne peut y être contraint *précisément*. Ce e les juges peuvent faire, c'est de le condamner des dommages-intérêts. — *Lyon*, 30 nov. 1811, blaine. — Au surplus, il est reconnu que le fus constaté du mari de recevoir sa femme dans domicile conjugal est une injure grave de nae à motiver une demande en séparation de rps. — V. SÉPARATION DE CORPS.

788. — L'obligation pour la femme de suivre n mari partout où il juge à propos de résider t absolue, et subsiste alors même que le mari retire en pays étranger. *Quid*, s'il s'y faisait turaliser? La femme perd la qualité de Franise, qu'elle peut recouvrer si elle devient veuve résidant en France et déclarant qu'elle veut fixer). — Vazeille, *Du mariage*, no 290; Allend, t. 2, no 519; Toullier, t. 2, no 616; Malee sur l'art. 215; Duranton, no 435; Prouon, t. 1er, p. 260. — Sauf le cas où l'émigration t défendue par des lois politiques, parce qu'il impossible que la loi oblige la femme à se dre complice d'une action qu'elle déclare illi-

789. — Il en était autrement autrefois. — Pourvu, dit Pothier (no 382), que ce ne soit pas rs du royaume. » Mais la discussion qui eut sur l'art. 214 ne laisse aucun doute. En effet, ticle primitif contenait l'addition suivante : le mari voulait quitter le sol de la République, ne pourrait contraindre sa femme à le suivre, ce n'est dans le cas où il serait chargé par le vernement d'une mission à l'étranger exint sa résidence. » — Mais sur les observations Regnaud de Saint-Jean d'Angely et du premier sul, cette addition fut supprimée, et le prindemeura nettement posé.

MARIAGE, ch. 9, sect. 2e, § 1er.

790. — De ce que le mari aurait intenté un procès à sa femme, il n'en résulte pas pour celle-ci le droit d'habiter séparément de lui, lorsqu'il déclare renoncer, quant à présent et pour toute la durée du mariage, à son action. — *Riom*, 3 mai 1809, B....

791. — De même, la femme est obligée de se rendre dans le domicile de son mari, malgré toute convention contraire, et quoiqu'elle eût été autorisée à résider chez son père par une ordonnance rendue, sur tentative de conciliation, avant demande en séparation de corps, si cette tentative n'a pas été suivie d'assignation. — *Riom*, 6 avril 1818, Arnaud.

792. — Si la vie commune dans le domicile conjugal est insupportable, la femme peut, il est vrai, demander la séparation de corps. Toutefois, s'il était constant qu'elle n'est pas en sûreté dans ce domicile, ou si le mari refusait de l'y recevoir, les juges pourraient condamner le mari à lui fournir des alimens hors de ce domicile. — *Montpellier*, 23 décembre 1830, Fabre.

793. — Jugé, toutefois, qu'une femme ne peut, sous le prétexte que son mari abuse de l'autorité maritale et qu'elle ne peut vivre avec lui, l'actionner en paiement d'une pension alimentaire, alors que son mari ne refuse pas de la recevoir, et que la demande en séparation de corps a été rejetée. — *Paris*, 29 juin 1818, L...

794. — On reconnaît généralement que par *domicile* l'art. 214 entend un domicile convenable où le mari puisse fournir à sa femme les choses nécessaires à la vie, et suivant sa position; sinon que les juges peuvent autoriser la femme à vivre séparément de son mari et condamner celui-ci à lui payer une pension alimentaire. — *Paris*, 3 oct. 1810, Grand c. Safun; *Nancy*, 14 avr. 1811, N...; *Colmar*, 14 janv. 1812, Netter; *Rouen*, 21 nov. 1812, Largillères; *Paris*, 19 avr. 1817, Lauré; *Metz*, 18 juin 1818, N...; *Cass.*, 9 janv. 1827, Testu c. Debure. — Duranton, t. 2, no 437; Vazeille, *Tr. du mar.*, t. 2, p. 25.

795. — Et il a été jugé, avec raison, que ce n'est pas, de la part du mari, obligé de recevoir sa femme dans son domicile et de la traiter maritalement, remplir son obligation que de se borner, au lieu de l'admettre à sa table, de la laisser servir par ses domestiques et, au lieu de lui permettre de pénétrer dans toute l'étendue de l'appartement, de lui abandonner une partie de cet appartement en mettant un domestique à sa disposition exclusive et en lui accordant une somme déterminée pour sa nourriture et pour ses besoins. — En ce cas, la décision qui juge que le mari remplit suffisamment le vœu des art. 213 et 214 C. civ., offre plus qu'un mal jugé, mais une véritable violation de loi donnant ouverture à cassation. — *Cass.*, 20 janv. 1830, Naylies. — Allemand, t. 2, no 924.

796. — Jugé, en outre, que l'arrêt qui décide que le mari, à défaut par lui de fournir à sa femme un domicile convenable, sera le maître d'aller habiter avec elle la maison dans laquelle elle demeure et qu'ils ont déjà occupée, ne viole pas l'art. 214 C. civ. — *Cass.*, 6 (et non 26) janv. 1808, Davcluy.

797. — Mais la position malheureuse du mari ne suffirait pas à elle seule pour autoriser la femme à vivre séparée. — Au surplus, on comprend que la question de savoir si le mari offre à sa femme un domicile convenable où il puisse lui fournir les choses nécessaires à la vie et suivant sa position, est une question de fait dont l'appréciation est dans le domaine des juges.

798. — Ainsi jugé que la femme ne peut se dispenser d'habiter avec son mari, sous prétexte qu'elle éprouve chez lui des privations sous le rapport de la fortune. — *Bourges*, 17 mai 1808, Louton; *Colmar*, 11 déc. 1829, Dietsch.

799. — L'état de faillite du mari et l'existence contre lui de plusieurs jugemens portant contrainte par corps ne dispensent pas la femme de l'obligation d'habiter avec lui. — *Bruxelles*, 13 août 1806, E'Kint c. Poot; *Turin*, 28 mai 1806, N... — Ainsi jugé, par le motif que des raisons puisées dans le malheur du mari, la mobilité de son habitation et la pénurie que la femme craint d'y trouver, ne suffisent pas pour qu'elle puisse se soustraire au devoir qui lui est imposé. — *Sic* Allemand, t. 2, no 924.

800. — Jugé de même, pour le cas de séparation de biens. — *Colmar*, 12 juill. 1806, Bertsch; *Rennes*, 30 janv. 1816, Bellinguant.

801. — Le mari ne peut pas demander à sa femme pendant le mariage une pension alimentaire : il a seulement le droit, s'ils sont séparés de biens, de contraindre sa femme à contribuer aux dépenses du ménage, qui doit être réputé établi dans le lieu où réside le mari. — *Paris*, 9 mars 1844 (t. 1er 1844, p. 549), Saint-Huber.

802. — Toutefois, si, par suite de son état de contraignable par corps, le mari se trouvait dans l'impossibilité d'offrir à sa femme un domicile *réel*, la femme pourrait être dispensée de le suivre. Ainsi, jugé que la femme ne peut être contrainte à habiter avec son mari qu'autant qu'il a un logement destiné à son ménage particulier, alors surtout que le séjour est offert à la femme chez des tiers de la part desquels elle aurait à craindre des vexations. — *Bruxelles*, 11 mars 1807, Poot.

803. — Vazeille (*Traité du mariage*, t. 2, no 297) critique cet arrêt : suivant lui, le mari, chef de la société conjugale, a le droit, lorsqu'il n'a pas les moyens suffisans pour tenir un ménage, de se mettre avec sa femme et ses enfans dans une pension économique, et, encore mieux, d'accepter le logement et la table que lui offrent ses parens. — Nous partageons l'opinion de Vazeille quant au principe; mais nous pensons aussi que ce principe doit fléchir suivant les circonstances. Au reste, Vazeille admet aussi des exceptions, mais seulement pour le cas où la femme aurait des excuses très-fortes pour ne pas suivre son mari, et il cite le cas où les parens auxquels il voudrait l'associer auraient une conduite honteuse. — L'arrêt précité de 1807 admet comme excuse les motifs sérieux d'éloignement et de craintes de vexations. Les juges, à notre avis, devront, pour décider la question, se demander si le séjour choisi chez des tiers est ou non convenable et tolérable pour la femme.

804. — Les juges qui condamnent la femme à rentrer dans le domicile conjugal doivent, s'ils en sont requis, accorder au mari des moyens coercitifs : ils ne peuvent se borner à une simple injonction. — *Pau*, 12 avr. 1810, Latrille-Dabère.

805. — Jugé au contraire que, dans ce cas, les juges ne doivent ni préjuger sur les moyens d'exécution ni prononcer de peine avant qu'il conste de la demeure de la partie condamnée. — *Bruxelles*, 13 août 1806, Poot. — La doctrine du premier arrêt paraît préférable.

806. — Mais par quels moyens coercitifs le mari peut-il forcer sa femme à réintégrer le domicile conjugal? Cette question fut soulevée au Conseil d'État dans la séance du 5 vendém. an X. — Le procès-verbal, après avoir exprimé que le premier consul pose le principe que la femme est obligée de suivre son mari toutes les fois qu'il l'exige, ajoute : « M. *Réal* demande comment on y forcera la femme lorsqu'elle ne voudra pas y consentir. — M. *Regnault de Saint-Jean d'Angely* répond que le mari lui fera une sommation de le suivre, ainsi que l'usage l'a consacré, et que, si elle persiste à s'y refuser, elle sera réputée l'avoir abandonné. — M. *Réal* répond qu'il faudra cependant un jugement, il demande comment on parviendra à l'exécuter. — Le *premier consul* dit que le mari cessera de donner des alimens à sa femme. — M. *Tronchet* observe que cette discussion est une anticipation sur la matière du divorce. Les tribunaux ont remarqué que l'abandon appliqué au divorce serait le rétablissement de la cause d'incompatibilité d'humeur. — M. *Boulay* dit que toutes ces difficultés doivent être abandonnées aux mœurs ou aux circonstances » (Fenet, *Travaux préparatoires du Code civil*, t. 9, p. 73). L'observation de M. Réal et la réponse du premier consul n'ayant donné lieu à aucun amendement, le projet fut voté dans les termes où est aujourd'hui conçu l'art. 214 C. civ. Mais le silence de la loi a ouvert un vaste champ à la controverse.

807. — Plusieurs arrêts et auteurs ont décidé que la femme pouvait être forcée à remplir son obligation par la voie de la *contrainte personnelle*. — *Paris*, 29 mai 1808, Ampère; *Pau*, 12 (et non 22) avril 1810, Latrille-Dabère; *Turin*, 17 juillet 1810, Vinardi. — Alors surtout qu'elle n'a pas de revenus que le mari puisse saisir, comme moyen coercitif. — *Dijon*, 25 juill. 1840 (t. 2 1840, p. 163). — Vazeille, *Traité du mariage*, t. 2, no 292.

808. — D'autres, et c'est le plus grand nombre, ont repoussé cette voie comme contraire aux bonnes mœurs. — *Bourges*, 17 mai 1808, Louton; 15 juillet 1811, Courault; *Riom*, 6 avril 1818, Arnauld; *Metz*, 18 juin 1818, N...; *Toulouse*, 24 août 1818, N...; *Colmar*, 10 juill. 1833, X... — Delvincourt, t. 1er, p. 75, note 4; Duranton, t. 2, no 440; Allemand, t. 2, no 925. — Le refus persistant de la femme de suivre le mari dans son domicile donnerait-il lieu à séparation de corps? Allemand (t. 2, no 925) penche pour l'affirmative, et le C. prussien met positivement ce refus au nombre des cas de divorce (art. 670, 671, no 5).

809. — De son côté, la Cour de cassation a décidé que le mari qui a épuisé tous les moyens pour faire rentrer sa femme dans le domicile conjugal, peut être autorisé à employer la voie

de la contrainte personnelle, pourvu que, rentrée dans le domicile conjugal, elle y jouisse d'une entière liberté. — *Cass.*, 9 août 1826, Liegey. — Cette décision est fondée sur ce que la contrainte personnelle ne peut être assimilée à la contrainte par corps proprement dite, puisqu'elle n'a pas pour effet de priver la femme de sa liberté. — *Aix*, 29 mars 1831, Abbadie.

810. — Quant à la contrainte par corps *proprement dite*, la Cour de cassation a jugé que l'arrêt qui la refuse ne viole pas l'art. 214, alors d'ailleurs qu'il réserve au mari tous les moyens de contrainte qu'accorde le droit commun. — *Cass.*, 6 janv. 1829, Mabru.

811. — Enfin la Cour d'Aix a reconnu que, dans le silence de la loi, les juges étaient appréciateurs des circonstances et avaient un pouvoir discrétionnaire pour autoriser ou non la contrainte personnelle. — Dans l'espèce de l'arrêt de cette Cour, le refus de la femme était fondé sur ce que le mariage n'avait pas reçu la consécration religieuse; la contrainte a été refusée. — *Aix*, 23 mars 1840 (t. 1er 1841, p. 108), Hombres.

812. — Pour nous, il nous semble qu'il faut, avec Delvincourt et M. Duranton, repousser le système qui admet l'emploi de la contrainte personnelle ou, si l'on veut l'appeler ainsi, de la contrainte par corps (ce qui représente évidemment la même idée, car jamais on n'a pensé à soutenir qu'il pût être question de la contrainte par corps, mesure pénale, avec emprisonnement dans une maison d'arrêt). Ce système est contraire aux bonnes mœurs; il est également contraire à la loi, qui, en ne l'autorisant pas expressément, semble l'exclure. Et cela paraîtra d'autant plus vrai si on se rappelle que, dans la discussion au Conseil d'État, le premier consul, dont l'opinion s'était le plus énergiquement prononcée sur l'obligation absolue pour la femme de suivre son mari, interrogé sur les moyens coercitifs qu'aurait celui-ci, s'est borné à dire qu'il lui refuserait les *alimens*, et qu'aucun orateur n'a parlé de la contrainte par corps. Il est un point constant, c'est que, sans la condition de liberté prescrite par les arrêts de 1826 et de 1831, la contrainte par corps donne lieu à un véritable emprisonnement, en fournissant au mari le moyen de tenir sa femme en charte privée, et devient une mesure on ne peut plus rigoureuse, et que la loi et la morale semblent se réunir pour repousser : c'est aussi que, d'un autre côté, en admettant la restriction apportée par ces arrêts, l'emploi de la contrainte par corps sera, pour la plupart du temps, inefficace, puisque la femme pourra profiter de son premier moment de liberté pour quitter de nouveau le domicile conjugal. C'est ce que font remarquer plusieurs des arrêts qui refusent cette voie d'exécution. L'emploi de la contrainte personnelle serait donc ou immoral ou illusoire. — Dès lors, n'est-il pas plus sage de la proscrire, et la saisie des revenus de la femme ne sera-t-elle pas entre les mains du mari un moyen plus efficace, dont l'emploi, dépouillé d'éclat et de scandale, sera plus rassurant pour l'avenir du ménage.

813. — En effet, il paraît reconnu par la jurisprudence que le mari peut contraindre la femme par la voie de saisie de ses biens et revenus personnels. — *Paris*, 22 prair. an XIII, Pleumartin; *Nîmes*, 11 juin 1806, Sylvestre; implic. *Turin*, 17 juill. 1810, Vinardi; *Riom*, 13 août 1810, Bachelier; *Bourges*, 15 juill. 1811, Courault; *Riom*, 6 avr. 1818, Arnauld; *Toulouse*, 24 août 1818, N...; *Colmar*, 11 déc. 1829, Dietsch; *Aix*, 29 mars 1831, Abbadie; *Colmar*, 10 juill. 1833, X...; *Paris*, 16 mars 1834, Geiger. — Marcadé, art. 214, n° 2; Duranton, t. 2, n° 436; Roger, *Saisie-Arrêt*, n° 202 *bis*. — V. cependant Ducaurroy, Bonnier et Roustain, t. 1er, n° 367.

814. — Jugé encore que les magistrats peuven autoriser le mari à se mettre en possession de la moitié des revenus des biens de sa femme jusqu'à ce que celle-ci ait accompli son obligation d'habiter avec lui. — *Aix*, 23 mars 1840 (t. 1er 1841, p. 108), Hombres.

815. — La femme peut encore être contrainte par le refus d'alimens. — *Colmar*, 10 juill. 1833, X...; *Bourges*, 15 juill. 1811, Courault.

816. — Le refus de la femme peut donner lieu à la perte des avantages stipulés à son profit. — Affirm. *Bourges*, 17 mai 1808, Louton; 15 juill. 1811, Courault. — On trouve aussi dans Denizart (v° *Femme*, n°s 16 et suiv.) plusieurs arrêts qui, sous l'ancienne jurisprudence, ont déclaré déchues de leur douaire, gain de survie, convention matrimoniale et droit de communauté, des femmes qui avaient abandonné leurs maris et et ne s'étaient pas réunies à eux. — A la mort de ceux-ci on ne leur restituait que leur dot.

817. — Jugé que la femme qui refuse de rentrer dans la maison de son mari peut être privée, jusqu'à ce qu'elle y revienne, de l'administration de ses biens, encore que la séparation conventionnelle qui (avant le Code) lui a conféré cette administration, ait eu lieu à une époque où elle était, du consentement de son mari, absente de la maison conjugale. — *Turin*, 28 mars 1806, Nigra.

818. — Le refus de la femme pourrait motiver contre elle une condamnation à des dommages-intérêts. — *Bourges*, 17 mai 1808, Louton. — V. aussi Duranton, t. 2, n°s 436 et suiv.

819. — Jugé aussi que les magistrats peuvent condamner la femme qui refuse de suivre son mari à lui payer une pension alimentaire jusqu'au moment où elle rentrera chez lui, sauf au mari à employer les moyens de contrainte convenables pour l'obliger à réintégrer le domicile conjugal. — *Colmar*, 12 juill. 1806, Bertsch.

820. — Jugé, d'un autre côté, que la voie des dommages-intérêts ne peut être suivie. — *Colmar*, 10 juill. 1833, X.

821. — ... Et que la condamnation au paiement d'une somme par chaque semaine ou chaque mois de retard est un moyen coercitif que repoussent nos mœurs. — *Colmar*, 4 janv. 1817, Boissard.

822. — Jugé, dans tous les cas, que le mari ne peut employer la saisie des vêtemens, meubles et effets de la femme. — *Toulouse*, 24 août 1818, N.....

823. — Le mari qui veut obliger sa femme à rentrer dans le domicile conjugal n'a pas une action contre les personnes qui lui donnent asile, et surtout contre les père et mère, avant d'avoir dirigé ses poursuites contre elle-même. — *Metz*, 23 nov. 1819, Amand c. Dinger.

824. — Un mari qui a obtenu un jugement en vertu duquel il est autorisé à employer la voie de la contrainte par corps, pour obliger sa femme à rentrer dans le domicile conjugal, peut, lorsqu'il a employé inutilement ce moyen, obtenir des tribunaux un second moyen plus coercitif, sans qu'il soit fait par là infraction à la règle *Non bis in idem*. — *Colmar*, 4 janv. 1817, Boissard.

825. — Le même principe est consacré par l'arrêt de la cour de Paris du 22 prair. an XIII, qui autorise le mari à faire saisir les biens de sa femme : « *Sauf*, est-il dit, *contre la dame Pleumartin, s'il y a lieu, tous moyens de contrainte ultérieurs.* » — *Paris*, 22 prair. an XIII, Pleumartin.

826. — Lorsqu'un jugement condamne une femme : 1° à rentrer dans le domicile conjugal; 2° à contribuer annuellement pour une somme déterminée aux frais du ménage, l'exécution par elle donnée à la première disposition n'emporte point acquiescement à la seconde. — *Amiens*, 12 juin 1822, Prevost.

827. — Sur les charges du ménage, V. COMMUNAUTÉ, SÉPARATION DE BIENS.

828. — Jugé que la contribution aux charges du mariage ne doit être imposée à la femme qu'à dater du jour de sa rentrée au domicile conjugal. — *Rennes*, 30 janv. 1816, Bellingant.

§ 2. — *Autorisation maritale.*

829. — La femme ne peut ni contracter ni ester en justice sans l'autorisation de son mari ou de justice. — V. AUTORISATION DE FEMME MARIÉE.

CHAPITRE X. — *Dissolution du mariage.*

830. — Suivant l'art. 227, le mariage se dissout : 1° par la mort de l'un des époux; 2° par la condamnation devenue définitive de l'un des époux à une peine emportant mort civile; 3° par le divorce légalement prononcé. — Cette dernière cause de dissolution a disparu depuis l'abolition du divorce. La mort naturelle seule dissout le mariage dans les Deux-Siciles (C. art. 216); en Sardaigne, *pour les catholiques* (C., art. 134); *item* en Autriche (C., art. 113), en Bavière (C., art. 42); en Espagne (L. 2, tit. 10, part. 4). Admettent la cessation du mariage par divorce, C. de la Louisiane (art. 133); C. de Vaud (art. 136); C. prussien (art. 668, 670, 671); C. suédois (art. 1er, ch. 13).

831. — La dissolution du mariage résultant de la mort civile d'un des époux donne à l'autre le droit de contracter un nouveau mariage. — *Douai*, 3 août 1819, Delvarre; *Toulouse*, 26 mai 1837 (t. 2 1837, p. 185), Delbals c. le maire de Bruniquel. — Merlin, *Rép.*, v° *Mariage*, sect. 2e, § 2, n° 3; Locré, *Esprit du Code civil*, t. 1er, p. 24, note 2; Proudhon, *Usuf.*, n° 2020; Guichard, *Droit civil*, n°s 330 à 333, et Duranton, t. 1er, n° 251; Vazeille, t. 2, n° 527 et suiv. — *Contrà* Toullier (t. 1er, n° 285), qui pense que la dissolution en cas de mort civile n'a lieu que *quant aux effets civils* et non *quant au lien*.

832. — Mais ce nouveau mariage ne peut avoir lieu qu'après dix mois révolus. — Arg. art. 228. — V. aussi l'arrêt de 1837 cité numéro qui précède.

833. — Lorsque la condamnation emportant mort civile est contradictoire, la dissolution est opérée du moment de l'exécution soit réelle, soit par effigie. — C. civ., 25, 26. — Si la condamnation est par contumace, à quelle époque la dissolution sera-t-elle opérée? Merlin (*Rép.*, v° *Mariage*, sect. 2, § 2, n° 3) pense que, dans ce cas, la mort civile étant encourue après cinq ans écoulés sans que le condamné se représente, c'est de cette époque que le mariage est dissous. Au contraire, suivant M. Duranton (t. 2, n° 521) et Vazeille (t. 2, n° 527), c'est seulement à l'expiration des 20 ans depuis l'arrêt que la dissolution a lieu, puisque l'art. 227 ne la fait résulter que de la *condamnation devenue définitive*, et non pas de la mort civile encourue, et que, suivant les art. 476, 635, 641 C. instr. crim., et 30 et 32 C. civ., combinés, la condamnation n'est *définitive* qu'après 20 ans, le condamné pouvant jusque-là être jugé et absous. — Nous penchons vers cette dernière opinion.

834. — Le système de Merlin a été adopté par arrêt de la Cour de Douai qui a décidé que le mariage du condamné par contumace à une peine emportant mort civile est dissous par le seul *laps de cinq ans* depuis l'exécution par effigie, sans qu'il soit nécessaire, pour cette dissolution, que la mort civile soit devenue irrévocable par l'expiration des 20 années. — *Douai*, 3 août 1819, Delvarre.

CHAPITRE XI — *Seconds mariages.*

835. — La femme ne peut contracter un nouveau mariage qu'après dix mois révolus depuis la dissolution du premier. — C. civ., 228. — V. ABSENCE, ACTE, ACTE AUTHENTIQUE, ACTES DE L'ÉTAT CIVIL, ACTES RESPECTUEUX, ACTE SOUS SEING PRIVÉ, ADULTÈRE, ALGÉRIE, ALIMENS, APPELS COMME D'ABUS, CLANDESTINITÉ (mariage), DISPENSES POUR LE MARIAGE, EMPÊCHEMENS, ÉTRANGER, FIANÇAILLES, LÉGITIMATION, MORT CIVILE, SERMENT JUDICIAIRE ET EXTRAJUDICIAIRE.

MARIAGE AVENANT.

1. — Les coutumes d'Anjou, du Maine, de Touraine, du Lodunois et de Normandie, appelaient *mariage avenant* la portion de biens destinée à servir de dot aux filles. — Merlin, *Rép.*, v° *Mariage avenant*.

2. — Jugé qu'une fille normande dont le mariage avenant a été légalement fixé et liquidé par un acte antérieur à 1789, peut demander qu'il soit arbitré de nouveau, ou, du moins, qu'on lui fournisse un supplément, aux termes de la loi du 18 pluv. an V. — *Cass.*, 12 niv. an XII, Leremois c. Durand.

3. — La loi du 15 avr. 1791, en rétablissant l'égalité entre les frères et sœurs, a fait cesser, pour les successions qui s'ouvriraient à l'avenir, toute la jurisprudence du mariage avenant. — V. la *Méthode pour liquider le mariage avenant des filles de Normandie*, par Everard; le *Mariage avenant des filles de Normandie réduit en principes*, par Bedel, avocat à Caen. — V., au reste, ce qui a été dit, v° COUTUME DE NORMANDIE, § 2, n°s 7 et suiv., et Merlin, *Rép.*, v° *Mariage avenant*.

MARIAGE PAR ÉCHANGE.

1. — Autrefois les personnes serves ne pouvaient contracter mariage, sans le consentement de leur seigneur. Mais l'Église ayant approuvé ces mariages, célébrés sans la permission du seigneur, un nouveau droit prit naissance.

2. — Quand un serf et une serve appartenant à deux seigneurs différens s'étaient mariés, sans leur permission, le seigneur du serf s'obligeait à rendre à l'autre seigneur une serve en place de celle que le mariage lui avait enlevée; et s'il n'en avait pas, il était tenu de lui substituer un serf. Les enfans qui naissaient de ces mariages se partageaient entre les deux seigneurs. — Merlin, *Rép.*, v° *Mariage par échange*.

3. — A défaut de cette subrogation, la femme serve encourait, à l'égard de son ancien seigneur, la peine de formariage, c'est-à-dire la confiscation de tous les héritages qu'elle avait sous la terre de mainmorte. — V. FORMARIAGE.

4. — Le mariage par échange avait encore lieu entre serfs et serves appartenant au même seigneur, et, dans ce cas, il avait pour but d'exclure le seigneur du droit de mainmorte.

5. — En effet, l'enfant serf ne succédait à son père et à sa mère que quand il demeurait avec eux, à moins qu'il ne fût en service ou qu'il ne fît ses études; de sorte que le plus souvent le mariage privait au moins l'un des époux du droit de succession. Mais, à l'occasion d'un double mariage entre les enfans de deux familles serves, on faisait une subrogation, et par là ces enfans succédaient à leurs beaux-pères et à leurs belles-mères, et autres ascendans, comme ils auraient succédé à leurs pères et à leurs mères, aïeuls et aïeules, s'ils n'avaient pas été mariés. — Merlin, *Rép., loc. cit.*

6. — Ces sortes de subrogations n'avaient d'autre but que d'apporter un tempérament à la rigueur des droits seigneuriaux; l'abolition de la mainmorte et des autres droits féodaux les rendit inutiles (lois des 4, 7, 8 et 11 août 1789).

7. — Diverses coutumes (V. *Nivernais*, ch. 33, art. 25; *Bourbonnais*, art. 265; *Saintonge*, art. 1er) renferment des dispositions relatives aux mariages par échange entre roturiers affranchis. — Merlin, *Rép., loc. cit.*

MARIAGE ENCOMBRÉ.

Expression de la coutume de Normandie, laquelle, dit Merlin (vo *Mariage encombré*), signifie *dot de la femme aliénée.* — Cependant, dans l'usage attesté par la coutume (art. 537), on n'appelait, à proprement parler, *mariage encombré* l'aliénation des biens de la femme pendant le mariage, que lorsque cette aliénation était *moins que dûment faite*, c'est-à-dire lorsqu'elle était faite par la femme, sans l'autorisation et le consentement de son mari, ou bien par le mari seul sans le consentement exprès de la femme. — On peut consulter sur cette matière, Merlin, *Rép.*, vo *Mariage encombré*, et sur l'aliénation, sous l'empire du C. civ., des biens de la femme, vis *Communauté*, *Dot.* — V. aussi COUTUME DE NORMANDIE.

MARIAGE IN EXTREMIS.

V. MARIAGE, nos 558 et suiv.

MARIAGE DE LA MAIN GAUCHE.

1. — On appelle ainsi le mariage qu'un prince ou un noble veuf contracte avec une femme d'un état inférieur en lui donnant, dans la cérémonie nuptiale, la main gauche au lieu de la main droite. Par là, le mari indique l'intention qu'il a de ne pas élever sa femme jusqu'à son propre rang et de refuser aux enfans qui naîtront de ce mariage l'héritage de son pouvoir, de sa dignité et de sa fortune.

2. — On appelle encore ce mariage mariage à la *morganatique.* — Mais Goetzmann (*Dictionn. féodal*, à la suite de son *Traité du dr. comm. des fiefs d'Alsace*) fait observer qu'il est difficile de savoir pourquoi on l'a ainsi nommé. — Car ce mot « (*matrimonium ad morganaticam donationem*) ne devrait désigner qu'un mariage lors duquel le mari fait à sa femme un présent qui, est distinct du douaire et appartient à celle-ci en toute propriété. »

3. — Les enfans nés d'un mariage de la main gauche sont légitimes; mais ils n'ont pour tout droit de succession que tel ou tel bien ou telle rente, qui forme en outre le douaire de leur mère. — Toutefois, ils ne sont exclus des biens allodiaux de leur père qu'autant qu'il existe, à sa mort, des enfans du premier mariage qu'il a contracté purement et simplement. — Merlin, vo *Mariage de la main gauche.*

4. — Ces sortes d'unions, qui rappellent, sous certains rapports, le *concubinatus* des Romains, sont admises en Allemagne. Le code Frédéric les autorise et les règle. Mais la jurisprudence française ne les a jamais autorisées. Le mariage de Louis XIV avec madame de Maintenon est un fait tout exceptionnel, duquel on ne peut tirer aucune conséquence générale.

5. — Les art. 1388 et 1389 du C. civ., en prohibant formellement toute convention matrimoniale dont l'objet serait de déroger à la loi des successions, proscrivent par cela même les mariages de la main gauche.

6. — Le statut impérial du 30 mars 1806 déclare même que tous les enfans d'un prince français qui se serait marié sans le consentement de l'empereur « seront réputés illégitimes, sans que ni eux ni leurs père et mère puissent prétendre en vertu de cette union à aucun des avantages attachés par les lois et usages de certains pays aux mariages dits de la main gauche, lesquels mariages ne sont autorisés *ni par le C. civ., ni par les constitutions de l'empire, et sont, en tant que besoin est, prohibées par le présent statut.* — V., au surplus, Merlin, *Rép.*, vo *Mariage de la main gauche.*

7. — On peut considérer comme confirmant de plus fort le statut du 30 mars 1806, l'ordonnance royale du 23 avr. 1816, relative au mariage des princes composant la famille royale. — V. FAMILLE ROYALE. — Par la proclamation de la République, les statuts impériaux et les ordonnances royales (relatifs à l'état civil des anciens princes) sont devenus sans objet.

MARIAGE MILITAIRE.

V. MARIAGE, nos 154 et suiv.

MARIAGE PUTATIF.

1. — Le mariage putatif (*matrimonium putativum*) est celui que les époux ou l'un d'eux ont de bonne foi cru légitime en le contractant, bien qu'en réalité il fût vicié de nullité.

2. — Le mariage putatif peut produire des effets civils. — C. civ., art. 201 et 202. — V. MARIAGE, nos 710 et suiv.

MARIE-GALANTE (Ile de).

V. GUADELOUPE (Ile de la).

MARIN.

V. ACTES DE L'ÉTAT CIVIL, ARMEMENT EN COURSE, CAPITAINE DE NAVIRE, ÉQUIPAGE (Gens d'), GARDE NATIONALE, GENS DE MER, HOSPICES, INVALIDES DE LA MARINE, MARINE, PORTS ET ARSENAUX, TRIBUNAUX MARITIMES.

MARINE.

1. — C'est l'ensemble de tout ce qui concerne la navigation sur mer et forme la puissance navale d'une nation.

2. — La marine française n'acquit de l'importance qu'à compter du règne de Louis XIV. Pour instruire les gens de mer de leurs devoirs, ce prince fit publier un code de lois particulières. Tel fut le but de la célèbre ordonnance du mois de mars 1681. — Toutefois, cette ordonnance, à l'exception du titre des *prises*, ne contient rien de relatif à la marine militaire.

3. — Des ordonnances ultérieures réglèrent successivement tout ce qui concernait la marine; on en peut voir le détail dans Merlin (*Rép.*, vo *Marine*), ainsi que l'indication des lois qui furent rendues sur la matière durant la première révolution.

4. — Le service de la marine est d'un détail considérable. Il embrasse deux objets distincts, le personnel et le matériel. — Le personnel se sous-divise en deux classes : les hommes de guerre et les administrateurs. — Le matériel comprend tout ce qui a rapport à la construction des vaisseaux ou navires, à leur conservation, à leurs mouvemens, à la police des ports et à celle des arsenaux. — Merlin, *Rép.*, vo *Marine.*

5. — En ce qui concerne le personnel de la marine considéré sous le point de vue des hommes de guerre, nous en avons parlé vo ARMÉE. — V. ce mot. — De plus, tout ce qui a rapport aux crimes et délits commis dans les ports et arsenaux, ou par des individus attachés à la marine est traité vo TRIBUNAUX MARITIMES. — V. ce mot.

6. — Nous n'avons donc à nous occuper ici de la marine que sous le point de vue administratif.

7. — Toutefois, comme il serait impossible et fastidieux de rappeler les différentes dispositions législatives qui se sont succédé, à cet égard, nous nous contenterons de donner une analyse sommaire de l'ordonnance du 14 juin 1844, qui reproduit et consacre avec de nouvelles modifications tout ce qui avait été fait jusqu'à ce jour. Puis nous indiquerons les changemens survenus depuis la promulgation de cette même ordonnance.

8. — Nous indiquerons en même temps les nouvelles dispositions qui, depuis la publication du mot ARMÉE, ont pu modifier la marine considérée sous le point de vue militaire.

9. — Le territoire maritime de la France est divisé en cinq arrondissemens dont les chefs-lieux sont les ports de Cherbourg, Brest, Lorient, Rochefort et Toulon. Chacun de ces arrondissemens se subdivise lui-même en plusieurs sous-arrondissemens. — Ord. 14 juin 1844, art. 2.

10. — Le service de la marine dans chaque arrondissement est dirigé par un préfet maritime. — Art. 3.

11. — Le préfet maritime a sous ses ordres immédiats, pour la direction des diverses parties dont se compose le service général : un major général, un commissaire général, un directeur des constructions navales, un directeur des mouvemens du port, un directeur de l'artillerie, un directeur des travaux hydrauliques et des bâtimens civils, un président du conseil de santé. — Art. 4.

12. — Un conseil d'administration de marine est établi dans chaque port. — Art. 6.

13. — Le préfet maritime a la direction supérieure de tous les services et établissemens de la marine dans son arrondissement. Il reçoit directement les ordres du ministre et correspond seul avec lui. — Art. 9.

14. — Il a sous son autorité tous les bâtimens armés de son arrondissement. — Art. 10. — Il est chargé de la sûreté des ports militaires, arsenaux et rades, du service des forts et batteries, de la protection maritime de la côte et du cabotage, et enfin de la police des pêches maritimes. — Art. 11.

15. — Il préside le Conseil d'administration du port, le conseil nautique, le tribunal maritime spécial, le conseil de révision pour les jugemens rendus par les tribunaux maritimes, ainsi que le conseil qui est appelé à prononcer des peines disciplinaires contre les déserteurs des navires du commerce. — Art. 12.

16. — Il règle en conseil d'administration les achats et les travaux, le nombre des ouvriers demandés par chacun des chefs de service; il détermine la répartition, entre les divers services des condamnés détenus dans les bagnes; il veille au maintien des ateliers dans le nombre déterminé. — Art. 13, 14 et 15.

17. — Il est responsable de toutes les dépenses en deniers, matières et main-d'œuvre qu'il aurait ordonnées ou sciemment tolérées, et qui seraient contraires aux ordonnances royales ou aux ordres du ministère. — Art. 16.

18. — Il se fait rendre compte de tous les faits graves de nature à appeler l'intervention de l'autorité (art. 17). — Il se fait remettre tous les ans, par le major général, des notes sur la conduite et la capacité des officiers employés; il transmet ces notes au ministre avec ses observations. — Art. 18

19. — En cas d'empêchement, et à défaut de prévision de la part de l'autorité supérieure, il est remplacé provisoirement par le major général, ou, à défaut de celui-ci, par le chef de service le plus ancien en grade. — Art. 19.

20. — Le major général de la marine commande les officiers et toutes les troupes dépendantes de la marine; il est spécialement chargé de la garde et de la sûreté du port au chef-lieu d'arrondissement, des forts dépendant de la marine, ainsi que des prisons. Il surveille l'instruction des officiers et des troupes, et tous les établissemens destinés à cette instruction; il a autorité sur les bâtimens en armement et en désarmement, ainsi que sur ceux armés, placés sous les ordres du préfet maritime; il préside la commission chargée de l'inspection des bâtimens, à leur départ et à leur retour; il se fait remettre tous les journaux de navigation et les devis d'armement; il reçoit les rapports et informations intéressant la police et la sûreté du port. — En cas d'empêchement, il est provisoirement remplacé par l'officier de marine le plus ancien en grade. — Art. 20 et suiv.

21. — Les détails du service dont le commissaire général est chargé sont divisés ainsi qu'il suit : approvisionnemens, revues, armemens et prises, travaux, hôpitaux, maisons d'arrêt et prisons, chiourmes, vivres, comptabilité des fonds, inscription maritime comprenant la comptabilité de l'établissement des invalides, la police de la navigation commerciale et la pêche maritime. — Art. 35.

22. — Chacun des détails mentionnés en l'article précédent, excepté celui des vivres, est dirigé par un commissaire ou sous-commissaire; mais, lorsque les circonstances le permettent, le commissaire général propose au préfet maritime de conférer la direction de plusieurs détails à un même officier du commissariat. Le directeur des subsistances reste chargé du service des vivres. — Art. 36.

23. — Quant aux autres chefs de service, la nature de leurs fonctions est suffisamment indiquée par le titre de chacun d'eux.

24. — Les différentes branches du service sont soumises à un contrôle local permanent, exercé par un corps spécial de contrôleurs (art. 5). Ce

RÉP. GÉN. — IX. 30

contrôle est dirigé, dans chaque arrondissement, par un contrôleur de la marine, lequel est subordonné au préfet maritime sous le rapport hiérarchique seulement; mais ne relève, pour l'exercice de ses fonctions, que de l'autorité du ministre de la marine, avec qui il correspond directement. — Art. 82 et 83.

25. — Indépendamment du contrôle local permanent, il y a des inspections extraordinaires et inattendues (art. 8); et de plus, un directeur du contrôle central est spécialement chargé de centraliser, dans le ministère de la marine, les opérations du contrôle des ports. — Art. 121.

26. — Dans chaque sous-arrondissement la direction du service de la marine est, à moins de travaux extraordinaires de construction et d'armement, confiée, sous les ordres du préfet maritime, à un officier supérieur du commissariat.— Art. 118.

27. — Le chef du service de la marine, dans les sous-arrondissemens, correspond directement avec le ministre; il informe le préfet maritime de toutes ses opérations. — Art. 119.

28. — Il y a, dans chaque sous-arrondissement, un sous-contrôleur qui correspond directement avec le ministre, ou lui rend compte au contrôleur du chef-lieu des résultats de son service. — Art. 120.

29. — Depuis l'ordonnance du 14 juin 1844, des modifications ont été opérées, soit dans le personnel, soit dans le service du commissariat de la marine, par les ordonnances du 21 déc. 1844, 22 juin 1846, 23 déc. 1847, et par l'arrêté du 15 déc. 1848.

30. — Des changemens ont également eu lieu dans l'organisation ou le service du corps du contrôle par des ordonnances des 21 déc. 1844, 13 mai 1846 et 23 déc. 1847.

31. — Ordonnances des 27 déc. 1844 et 23 juill. let 1846, qui organisent l'administration centrale du ministère de la marine.

32. — Ordonnance du 24 déc. 1844, portant création d'une position dite de *Commission de rade* pour les bâtimens de la flotte.

33. — Ordonnance du 17 déc. 1845 relative à la composition du conseil des travaux. — Ordonnance du 7 déc. 1846, sur les ouvriers employés dans les arsenaux.—Ordonnance du 23 déc. 1847, contenant organisation du personnel administratif des directions des travaux dans les ports et des établissemens de la marine situés hors des ports.

34. — Ordonnance du 30 nov. 1846 sur l'inspection générale du matériel de l'artillerie, et deux ordonnances du 21 mars 1847 qui règlent la composition du corps de l'artillerie et de celui de l'infanterie.

35. — Loi du 24 fév. 1847 relative au cabotage des grains par les bâtimens étrangers.

36. — Ordonnance du 22 juin 1847 portant règlement sur la solde, les revues, l'administration et la comptabilité des corps de troupe de la marine.

37. — Ordonnance du 23 déc. 1847 contenant organisation d'un corps de comptables de matières dans les divers services de la marine.

38. — Autre ordonnance du même jour, du 23 déc. 1847, concernant le service et le personnel des subsistances de la marine.

39. — Arrêté du 3 mai 1848 qui rétablit le grade de capitaine de frégate et supprime le grade de capitaine de corvette. — V. ARMÉE, n°s 100 et 101.

V. aussi FORÊTS, INSCRIPTION MARITIME.

MARINE COMMERCIALE.

On comprend, sous cette dénomination, tout ce qui se rattache au service de la mer, considéré principalement sous le point de vue du commerce. — V. CAPITAINE DE NAVIRE, CONSUL, ÉQUIPAGE (GENS D'), NAVIRE.

MAROQUIN, MAROQUINIER.

1. — Fabricans de maroquin avec machine à vapeur ou moteur hydraulique ;—patentables ; — droit fixe de 100 fr. ; — droit proportionnel du 20e sur le loyer d'habitation et les magasins de vente complètement séparés de l'établissement, et du 40e de l'établissement industriel.

2. — Maroquiniers pour leur compte ; — patentables de 5e classe ; — droit fixe basé sur la population; — droit proportionnel du 20e de la valeur locative de l'habitation et des lieux servant à l'exercice de la profession.

3. — Maroquiniers à façon ; — patentables de 7e classe ; — même droit fixe que les précé-

dens, sauf la différence de classe ; — droit proportionnel du 40e de la valeur locative de tous les locaux qu'ils occupent, mais seulement dans les communes de 20,000 âmes et au-dessus. — V. PATENTE.

4. — Les établissemens des maroquiniers sont rangés dans la 2e classe des établissemens insalubres. — V. ce mot (nomenclature).

MARQUE (Peine).

1. — La marque ou flétrissure remonte à une haute antiquité. — Il est certain qu'elle était en usage chez les Grecs ; car Platon propose dans ses lois du marquer au visage et à la main les citoyens convaincus de sacrilège.

2. — Elle le fut également chez les Romains. Nous n'en voudrions d'autre témoignage que cette fameuse loi 17 (Cod. *De pœnis*) par laquelle Constantin défend de marquer à l'avenir sur le front, « afin, dit-il, de ne pas déshonorer la face de l'homme, qui est l'image de la beauté divine.»

3. — Cette peine, inconciliable avec les progrès du christianisme, fut introduite parmi nous, comme le fait remarquer Coquille, beaucoup moins comme peine afflictive que comme un moyen de constater les récidives.

4. — Jusqu'à la déclaration de 1724, on se servit en France d'un fer marqué de plusieurs fleurs de lis ; mais à partir de cette époque, les voleurs furent flétris sur l'épaule de la lettre V et les galériens des trois lettres G A L.

5. — La marque fut abolie une première fois par la loi du 25 sept.-6 oct. 1791 (art. 1er, tit. 2); rétablie en l'an X (loi du 23 flor., art. 1er) contre les récidivistes pour crimes, les faussaires et les faux monnayeurs, elle fut en 1806 (loi du 12-22 mai, art. 1er) étendue aux auteurs de menaces écrites d'incendie sous condition.

6. — Le Code de 1810 avait maintenu cette peine dans son art. 19, ainsi conçu : « Quiconque aura été condamné à la peine des travaux forcés à perpétuité sera flétri, sur la place publique, par l'application d'une empreinte avec un fer brûlant sur l'épaule droite. — Les condamnés d'autres peines ne subiront la flétrissure que dans le cas où la loi l'aurait attachée à la peine qui leur est infligée. — Cette empreinte sera des lettres T P pour les coupables condamnés aux travaux forcés à perpétuité, de la lettre T pour les coupables condamnés aux travaux forcés à temps lorsqu'ils devront être flétris. — La lettre F sera ajoutée dans l'empreinte si le coupable est un faussaire. »

7. — La loi du 28 avril 1832, promulguée le 1er mai et rendue exécutoire le 1er juin suivant, a enfin rayé de nos Codes cette dernière trace de la barbarie, qui, pour nous servir des expressions du rapporteur de la commission, allant contre le but que se propose le législateur, rendait le repentir stérile et le droit de grâce impuissant, et faisait descendre sans retour l'homme du rang où Dieu l'a placé.

MARQUES DE COMMERCE ET DE FABRIQUE.

Les détails que comporte l'exposé des règles concernant les marques de fabrique, ont été placés en partie sous le mot CONTREFACON DES MARQUES DU GOUVERNEMENT, DES AUTORITÉS ET DU COMMERCE. — V. pour tous autres et plus amples détails v° PROPRIÉTÉ INDUSTRIELLE.

MARQUIS.

Titre nobiliaire conféré par le roi. — V. MAJORAT, NOBLESSE.

MARQUISES (Iles).

V. ILES MARQUISES.

MARRONS ET CHATAIGNES.

1. — Marchands expéditeurs de marrons et châtaignes, — patentables de 5e classe. — Droit fixe basé sur la population; droit proportionnel du 20e de la valeur locative de l'habitation et des lieux servant à l'exercice de la profession.

2. — Marchands en détail, patentables de 8e classe. — Même droit fixe que les précédens, sauf la différence de classe. — Droit proportionnel du 40e de la valeur locative de tous les locaux qu'ils occupent, mais seulement dans les communes de 20,000 âmes et au-dessus. — V. PATENTE.

MARTINIQUE (Ile de la), § 1er.

MARRONNAGE.

V. COURTIERS, IMPRIMERIE, IMPRIMEUR, n° 5; USAGE FORESTIER.

MARTEAU, MARTELAGE.

V. CONTREFACON DES SCEAUX, FORÊTS, n° 13 et suiv., 257 et suiv. ; MARTEAUX ET POINÇONS DE L'ÉTAT, n°s 13 et suiv. ; TIMBRES.

MARTINETS.

1. — Propriétaires de fabriques à martinets, patentables. — Droit fixe de 15 fr. par arbre de camage jusqu'au maximum de 200 fr. — Droit proportionnel du 20e sur le corps d'habitation, et sur les magasins de vente complètement séparés de l'établissement ; du 40e de l'établissement industriel.

2. — Le droit fixe ci-dessus est réduit de moitié pour les fabriques qui sont forcées, par manque ou par crues d'eau, de chômer pendant une partie de l'année équivalente au moins à quatre mois. — V. PATENTE.

MARTINIQUE (Ile de la).

Table alphabétique.

§ 1er. — *Historique.*

1. — La Martinique, découverte en 1502, occupée par les Français en 1635. En 1660 on y établit un juge qui rendait la justice au nom du roi de France.

2. — L'édit de 1685, *Code noir* (V. ce mot), donna à cette colonie une organisation régulière. La rareté des femmes y rendait fréquens les mariages des blancs avec des femmes de couleur. En 1704, les individus nobles qui avaient contracté de semblables mariages, furent déclarés déchus de leur noblesse.

3.— Prise par les Anglais le 13 fév. 1762, la Martinique fut restituée par suite du traité de Versailles en 1763.

4.— En 1794, elle passa de nouveau sous la domination anglaise et y resta jusqu'à la paix d'Amiens (1802). Restituée alors à la France, la Martinique fut placée sous le gouvernement d'un capitaine général. — V., au surplus, COLONIES.

5.— Un arrêté consulaire du 6 prair. an X, régla son organisation judiciaire ainsi que celle de l'île de Sainte-Lucie, et y créa un grand-juge. — V. *infrà* n° 44.

6.— Le 24 fév. 1809, capitulation de la Martinique aux Anglais. — Elle est rendue à la France en 1814.

7.— Le 12 nov. 1817, lettre des administrateurs sur les actes de l'autorité britannique pendant son occupation.

8. — Une ordonnance royale du 2 janv. 1826 avait provisoirement établi le gouvernement civil et militaire de la Martinique.

9.— Depuis, ce qui concerne le gouvernement a été réglé par une ordonnance du 9 fév. 1827, modifiée ultérieurement par deux autres ordonnances du 31 août 1830 et du 22 août 1833.

10.— L'organisation judiciaire et l'administration de la justice ont été réglées spécialement par une ordonnance royale du 24 sept. 1828, modifiée, depuis, sur quelques points, par deux autres ordonnances des 10 août 1829 et 20 janv. 1846.

11.— La loi du 24 avril 1833, sur le régime législatif des colonies (V. COLONIES, n° 67 et suiv.), a été promulguée à la Martinique le 25 juin suivant.

12.— Le renversement de la monarchie et l'établissement de la République ont dû nécessairement apporter de grands changemens dans la situation politique et administrative des colonies en général et de la Martinique en particulier.

13. — Décr. 27 avr. 1848, portant suppression des conseils coloniaux et des fonctions de délégués des colonies. — V. CONSEIL COLONIAL, DÉLÉGUÉS DES COLONIES.

14.— Du même jour, décret relatif aux attributions des commissaires généraux de la République dans les colonies.

15.— Du même jour, décret qui abolit l'esclavage dans les colonies et possessions françaises (art. 1er). — V. ESCLAVAGE. — Ce même décret porte (art. 6) que « les colonies purifiées de la servitude et les possessions de l'Inde seront représentées à l'Assemblée nationale. »

16. — Quatre autres décrets du même jour 1° prescrivant l'établissement d'ateliers nationaux; 2° de caisses d'épargne; 3° concernant la répression de la mendicité et du vagabondage; 4° concernant les vieillards, les infirmes et les orphelins.

17.— Deux autres décrets du même jour, 1° concernant l'instruction publique; 2° instituant une fête du travail.

18. — Décret du 2 mai 1848 relatif à la liberté de la presse.

19.— Suivant l'art. 109 de la Constitution du 4 nov. 1848 « Le territoire des colonies est déclaré territoire français et doit être régi par des lois particulières, jusqu'à ce qu'une loi spéciale les place sous le régime de la Constitution. »

§ 2. — *Législation.*

20.— On a vu (v° COLONIES, nos 85 et suiv.) l'analyse des diverses dispositions de lois obligatoires pour les colonies en général et les applications qui en ont été faites par les tribunaux. Nous ne rappellerons ici sommairement que ce qui concerne spécialement la Martinique en particulier, en indiquant toutefois les changemens survenus dans la législation depuis la promulgation de la République.—Nous ferons remarquer de plus que la Martinique et la Guadeloupe ont été presque toujours et simultanément l'objet des mêmes dispositions législatives.

21.— *Code civil.*—Arrêté du 8 oct. 1803, portant que les actes de l'état civil seront faits dans la forme prescrite par le Code civil.

22.— Le Code civil a été publié à la Martinique le 16 brum. an XIV (7 nov. 1805), sauf le titre 19 du livre 3 et les art. 2168 et 2169, titre 18, relatifs à l'expropriation forcée. — V. COLONIES, nos 86 et suiv.

23.— Arrêté du 2 mars 1806 qui autorise les donations faites aux blancs par des gens de couleur libres.

24. — L'ordonnance du 24 sept. 1828, art. 7, a déclaré que la Martinique serait régie par le Code civil modifié et mis en rapport avec les besoins de la colonie.

25. — Arrêté du 7 oct. 1803, sur les conservateurs des hypothèques.

26. — Arrêté du 21 juin 1806 sur le délai fixé pour l'inscription des créances hypothécaires.

27. — Ordonnance du gouverneur du 24 juin 1821, sur la rectification des inscriptions hypothécaires.

28. — Pour ce qui concerne la conservation des hypothèques et l'enregistrement, V. en outre COLONIES, nos 348 et suiv.—Mais les dispositions précédentes, ainsi que celles auxquelles on renvoie, ont été modifiées par le décret du 27 avr. 1848, concernant les hypothèques et l'expropriation forcée.

29. — *Code de procédure.*— Le Code de procédure n'avait pas d'abord été promulgué à la Martinique. L'ordonn. du 22 nov. 1819, sur la nécessité de motiver les jugemens, y a été enregistrée le 10 fév. 1820. — V. COLONIES, nos 125 et suiv.

30. — L'ordonn. du 24 sept. 1828, art. 7, a déclaré que la Martinique serait régie par le Code de procédure civile, modifié et mis en rapport avec les besoins de la colonie. — Ces modifications ont eu lieu par l'ordonn. royale du 19 oct. suivant.

31. — *Code de commerce.* — Le Code de commerce n'ayant point d'abord été publié à la Martinique, on a dû y suivre l'ordonn. de 1673. — V. COLONIES, nos 152 et suivans.

32. — Mais d'après l'art. 7 de l'ordonn. du 24 sept. 1828, la Martinique doit être régie pour l'avenir par le Code de commerce, modifié et mis en rapport avec les besoins de la colonie.

33. — Arrêté 21 oct. 1848, qui règle l'application, dans les colonies, de la loi du 5 juill. 1844, sur les brevets d'invention.

34. — *Code d'instruction criminelle.*— Une ordonnance royale du 4 juill. 1827, avait déterminé le mode de procéder, en matière criminelle, pour la Martinique. — Postérieurement, le Code d'instruction criminelle a été déclaré applicable à la Martinique (ordonn. 24 sept. 1828, art. 7), avec les modifications commandées par les besoins de la colonie. — Ordon. 12 oct. 1828.

35. — Ce que nous avons vu (v° COLONIES, (nos 259 et 260), relativement au droit du procureur général près la Cour royale de la Guadeloupe, de se pourvoir, dans l'intérêt de la loi, contre les arrêts de la chambre d'accusation est applicable au procureur général près la Cour d'appel de la Martinique. Toutefois, ce pourvoi doit être formé au plus tard dans le mois de l'interrogatoire de l'accusé, si celui-ci est arrêté et renvoyé devant la Cour d'assises, et, en cas contraire, dans le mois de la date de l'arrêt. En cela, le pourvoi diffère de celui du procureur général de la Cour de cassation, lequel n'est sujet à aucun délai. — *Cass.*, 13 juill. 1383, proc. gén. de la Martinique.

36. — Les modifications apportées au C. d'inst. crimin. par la loi du 28 avr. 1833 ont été déclarées applicables à la Martinique avec quelques changemens et suppressions.—L. 22 juin 1835, art. 1er, —V., au surplus, COLONIES, nos 157 et suiv.

37. — *Code pénal.* — Le Code pénal a été déclaré applicable à la Martinique (Ord. 24 sept. 1828 art. 7), toutefois avec les modifications commandées par les besoins de la colonie. — Ord. 29 oct. 1828. — V. COLONIES, nos 282 et suiv.

38.—Ordonn. du 19 nov. 1831 qui modifie l'art. 471 du C. pénal et répare l'omission existant en ce qui concernait la pénalité applicable aux injures verbales.

39. — La loi du 28 avril 1832 contenant des modifications au Code pénal a été déclarée applicable à la Martinique avec quelques changemens et suppressions. — L. 22 juin 1835, art. 1er. — V. COLONIES, nos 299 et suiv.

40. — *Douanes et commerce étranger.*—A cet égard il faut se reporter aux indications données vis COLONIES, nos 328 et suiv., et GUADELOUPE, n° 91.

41. — A quoi il faut ajouter : 1° ordonn. du 12 déc. 1814 concernant le commerce étranger; 2° arrêté du gouverneur de la colonie du 8 nov. 1828.

42.— A la Martinique, le directeur de la douane qui, en faisant saisir des objets (et spécialement des brochures) importés dans la colonie, a agi en vertu des ordres écrits et comme agent auxiliaire de l'administration civile, ne peut, à raison de ce fait, être poursuivi, soit personnellement, soit en sa qualité de directeur, sans l'autorisation du gouverneur. — *Cass.*, 16 fév. 1847 (t. 1er 1848, p. 278), Agnès c. Larosière.

43. — *Budget et comptabilité.* — Pour ce qui regarde le budget et la comptabilité de la colonie, V. COLONIES, nos 308 et suiv. — A quoi il faut ajouter :

44. — Ordonn. du 12 déc. 1814 concernant les impositions coloniales.

45. — Ordonnance du 11 sept. 1837, qui supprime les droits d'octroi, tant ordinaires qu'extraordinaires, établis à la Martinique par deux décrets coloniaux des 6 déc. 1836 et 18 janv. 1837.

46. — Décret du 27 avril 1848, relatif à l'impôt personnel, et à l'impôt sur les rhums, tafias, vins et autres spiritueux.

§ 3. — *Gouvernement et administration.*

47.— Le commandement général et la haute administration de la Martinique sont confiés à un gouverneur. — Ord. 9 fév. 1827, art. 1er. — V. COLONIES, nos 366 et suiv. — Les pouvoirs du gouvernement et la haute administration ont été singulièrement modifiés par le décret du 27 avril 1848, relatif aux attributions des commissaires généraux.

48.— Un commandant militaire est chargé, sous les ordres du gouverneur, du commandement des troupes et des autres parties du service militaire que le gouvernement lui délègue. — Même ordon., art. 2. — V. COLONIES, n° 444.

49.— Trois chefs d'administration, savoir : un ordonnateur, un directeur général de l'intérieur et un procureur général du roi dirigent, sous les ordres du gouverneur, les différentes parties du service. — Même ordon., art. 3. — V. COLONIES, nos 445 et suiv.

50. — Un inspecteur colonial (autrefois un contrôleur colonial) veille à la régularité du service administratif, et requiert à cet effet l'exécution des lois, ordonnances, décrets coloniaux et règlemens. — Même ordon., art. 4 modifié par l'ordon. du 22 août 1833. — V. COLONIES, nos 455 et suiv.

51.— Un conseil privé, placé près du gouverneur, éclaire ses décisions ou participe à ses actes dans les cas déterminés. — Ordon. du 9 fév. 1827, art. 5. — V. COLONIES, nos 462 et suiv., 576 et suiv.; CONSEIL PRIVÉ (colonies).

52.— Le conseil colonial, qui avait remplacé le conseil général (ordon. du 9 fév. 1827, art. 5, et 24 avril 1833, art. 1er), réglait, par des décrets rendus sur la proposition du gouverneur, les matières qui lui étaient attribuées par les lois (L. 24 avril 1833, art. 5 et 6; L. 25 juin 1841, art. 1er), et de plus donnait son avis ou faisait connaître ses vœux sur les objets déterminés par ces mêmes lois. — L. 24 avril 1833, art. 7 et 10. — V. COLONIES, art. 70 et suiv.; CONSEIL COLONIAL. — Aujourd'hui le conseil colonial se trouve supprimé par le décret du 27 avril 1848.

53. — La Martinique a un préfet apostolique.— Ordon. du 31 oct. 1821. — V. COLONIES, nos 324 et suiv.

54. — A ce qui a été dit relativement à l'armée v° COLONIES (nos 303 et suiv.), il faut ajouter, en ce qui concerne la Martinique : 1° une ordonnance royale du 9 août 1826 sur le mode d'avancement dans les troupes d'infanterie; 2° une autre ordonnance royale du 17 août 1835, relative à l'organisation de la gendarmerie coloniale; 3° enfin, relativement à toutes les colonies en général, un décret du 3 mai 1848 sur le recrutement de l'armée, la garde nationale et l'inscription maritime.

55. — De plus, aux différentes dispositions concernant les traitemens des fonctionnaires et rapportées v° COLONIES (nos 645 et suiv.), il faut ajouter, en ce qui concerne spécialement la Martinique : 1° une ordonnance royale du 19 mars 1826, sur le traitement et les indemnités du gouverneur, des chefs de service et des conseillers coloniaux; 2° et une autre ordonnance royale du 18 sept. 1832, qui fait des réductions sur les traitemens des divers fonctionnaires.

§ 4. — *Organisation judiciaire.*

56.—On a vu (*suprà* n° 5) que l'arr. consulaire du 6 prair. an X, sur l'organisation judiciaire de la Martinique et de Sainte-Lucie, y avait établi un magistrat sous le nom de *grand-juge*. Outre les attributions qui sont aujourd'hui déférées aux procureurs généraux dans les colonies, ce magistrat pouvait présider les tribunaux quand il le jugeait convenable; il avait seul le droit de faire des règlemens provisoires sur les matières de procédure, et de les faire enregistrer aux greffes des tribunaux, sur son propre mandement. Son autorisation était nécessaire dans certaines poursuites et pour certaines arrestations (art. 24 et suiv.).

57. — Ordonn. royale du 12 déc. 1844, concernant l'ordre judiciaire et administratif à la Martinique.

58. — Autre ordonn. royale du 22 nov. 1849, relativement à l'administration de la justice.

59. — Ordonn. du 12 oct. 1847 qui augmente le nombre des magistrats du ministère public, tant devant la Cour d'appel que devant les tribunaux de première instance.

60. — Aujourd'hui, la justice est administrée à la Martinique : — 1° par des tribunaux de paix. — Ordonn. 24 sept. 1828, art. 1er. — V. COLONIES, nos 516 et suiv.

61. — Ces tribunaux étaient d'abord au nombre de quatre (même ordonn., art. 8); mais ils ont été portés à huit. — Ordonn. 18 oct. 1846, art. 1er. — V. aussi Arr. du 1er déc. 1848.

62. — Outre leurs attributions ordinaires, les juges de paix sont appelés à concourir aux tournées et aux inspections prescrites pour le patronage des esclaves. — Ordonn. 26 sept. 1846, art. 2. — V. ESCLAVAGE.

63. — ... 2° Par deux tribunaux de première instance siégeant l'un au Fort-Royal, l'autre à Saint-Pierre. — Ordonn. 24 sept. 1828, art. 26. — V. COLONIES, nos 518 et suiv.

64. — ... 3° Par une Cour d'appel siégeant au Fort-Royal. — Même ordonn., art. 40. — V. COLONIES, nos 519 et suiv.

65. — ... 4° Par deux Cours d'assises siégeant l'une au Fort-Royal, l'autre à St.-Pierre. — Même ord., art. 64. — V. COLONIES, nos 515 et suiv.

66. — ...5° Enfin par des jurys cantonaux institués pour concilier ou juger les contestations entre propriétaires et travailleurs, maîtres ou fabricans et commis ou ouvriers, et pour punir en outre toutes coalitions ainsi que les faits de nature à troubler l'ordre dans les ateliers, magasins ou fabriques. — Décr. du 27 avril 1848.

67. — De plus, le conseil privé, la commission des prises et les conseils de guerre connaissent des matières qui leur sont spécialement attribuées par l'ord. du 9 fév. 1827, et par les lois, ordonnances et réglemens en vigueur dans la colonie. — Ord. du 24 sept. 1828, art. 2. — V. COLONIES, no 576 et suiv.

68. — Le nombre des avoués est de huit pour le tribunal du Fort-Royal, et de dix pour celui de St.-Pierre. — Même ord., art. 187. — Les avoués postulent et plaident exclusivement près du tribunal auquel ils sont attachés; ils plaident concurremment près de la Cour d'appel et près des Cours d'assises (art. 188). — V. COLONIES, no 633 et suiv.

69. — Il y a, près de chaque tribunal de première instance et près de la Cour d'appel, un bureau de consultation pour les pauvres. — Même ord., art. 191.

70. — Les huissiers sont au nombre de seize; et ils sont répartis entre la Cour d'appel, les tribunaux de première instance et les justices de paix, par le gouverneur, en conseil et après avoir pris l'avis de la Cour. — Même ord., art. 215. — V. COLONIES, nos 643 et suiv. — V. aussi ACTES DE L'ÉTAT CIVIL, AUBAINE (droits d'), CABOTAGE, CASSATION (mat. civ.), CASSATION (mat. crim.), ESCLAVAGE, GUADELOUPE, INTÉRÊTS, JUGEMENT (mat. civ.), MONNAIES.

MASCARADE.
V. BALS PUBLICS, DÉGUISEMENT.

MASCULINITÉ (Droit de).
Privilége accordé, par l'ancien droit, aux parens mâles, de prendre dans les successions, soit dans tous les biens, soit, dans les biens d'une certaine nature, des portions plus fortes que celles attribuées aux femmes, et même, dans certains cas, d'exclure complétement la parenté. — V. FÉODALITÉ, FIEF, SUCCESSION.

MASQUES.
Fabricans et marchands de masques.—Patentables de 6e classe ; — droit fixe basé sur la population, — droit proportionnel du 20e de la valeur locative de l'habitation et des lieux servant à l'exercice de la profession.

MASSE DES CRÉANCIERS.
1. — C'est l'être collectif qui représente la réunion de tous les droits qui dérivent de chacune des créances existant individuellement contre le failli. — V. FAILLITE.

2. — La masse chirographaire se compose de la

---

réunion des droits attachés aux créances chirographaires.

3. — La masse hypothécaire se compose de la réunion des droits attachés aux créances hypothécaires. — V. FAILLITE.

MASSICOT.
Préparation du massicot. — 1re classe des établissemens insalubres. — V. ce mot (nomenclature).

MASTICS ET CIMENS.
1. — Fabricans de mastics et cimens. — Patentables. — Droit fixe de 50 fr. ; — droit proportionnel du 20e sur sur les loyers d'habitation et des magasins de vente complétement séparés de l'établissement industriel, et du 25e de cet établissement.

2. — Les fabricans d'ardoises artificielles, cimens et mastics de différens genres, font partie de la 3e classe des établissemens insalubres. — V. ce mot (nomenclature).

MATS.
Constructeurs de mâts.—Patentables de 4e classe. — Droit fixe basé sur la population, — droit proportionnel du 20e de la valeur locative de l'habitation et des lieux servant à l'exercice de la profession. — V. PATENTES.

MATELASSIERS.
Patentables de 8e classe. — Droit fixe basé sur la population. — Droit proportionnel du 40e de la valeur locative de tous les locaux qu'ils occupent, mais seulement dans les communes de 20,000 âmes et au-dessus.

MATELOT.
1. — Homme de mer qui sert à la manœuvre d'un navire, sous les ordres du pilote et du capitaine. — V. ÉQUIPAGE (gens d'), nos 31 et suiv.

2. — Quelquefois l'expression de matelot est générique et s'applique à tous les gens de mer. — V. GENS DE MER.

MATÉRIAUX.
Marchands de vieux matériaux ; — patentables de 6e classe.—Droit fixe basé sur la population.— Droit proportionnel du 20e de la valeur locative de l'habitation et des lieux servant à l'exercice de la profession. — V. PATENTE.

MATERNA MATERNIS.
V. PATERNA PATERNIS.

MATERNITÉ.
1. — C'est l'état, la qualité de mère.

2. — La maternité est légitime ou naturelle. — V. ENFANT NATUREL, LÉGITIMITÉ.

3. — La maternité naturelle est quelquefois adultérine ou incestueuse. — V. ENFANS ADULTÉRINS ET INCESTUEUX.

4. — La maternité peut aussi être adoptive. — V. ADOPTION.

MATIÈRES D'OR ET D'ARGENT.

Table alphabétique.

Action publique, 201.	Brocanteur, 55, 87.
Adjoint au maire, 192 s.	Bureaux de garantie, 8,
Affiche du jugement, 120.	46 s.
Affinage, 13, 95.	Changeur, 56.
Affineur, 12.	Colporteur, 96 s.
Agent de police, 194.	Commis, 57.
Amende fixe, 114.	Commissaire de police,
Amende proportionnelle,	191 s.
114.	Commissaire-priseur, 159.
Ancien poinçon, 119.	Compétence, 228.
Appel, 229.	Confiscation, 122, 155.
Argent, 31.	Constatations des contra-
Argenterie, 30.	ventions, 184 s.
Argue, 14.	Contravention, 11, 111 s.
Aveu, 223.	—(preuve), 216.
Bijoux, 38 s.	Contributions indirectes,
Bonne foi, 116.	187 s.
Bordereau, 63, 89 s.	Contrôle, 76 s.

Contrôleur, 184 s.	Officier de police judi-
Déclaration, 63 s.	ciaire, 191.
Dépôt des poinçons, 63,	Orfévrerie, 30.
93 s.	Ouvrages, 60. — anciens,
Dispense, 16.	146 s. — émaillés, 150.
Dorure, 109.	— étrangers, 41. — de
Doublé, 102 s., 127.	hasard, 36, 39, 144. —
Droit de contrôle, 7. — de	d'horlogerie, 21.—mon-
garantie, 7, 37 s. — de	tés en pierre, 58 s. —
marque, 7.	neufs, 36, 38. — non a-
Droits (perception), 18.	chevés, 130 s.
Essai, 63, 76 s.	Ouvrier graveur-ciseleur,
Essayage, 8.	61. — sertisseur, 62. —
Essayeur, 184.	particulier, 58 s., 158,
Établissemens insalubres,	200.
95.	Patente, 96.
Excuse, 116, 124, 157.	Peine, 111 s.
Exemption de droits, 42 s.	Pierres précieuses, 122.
Expertise, 224 s.	Plaqué, 102 s., 127.
Exportation, 24 s., 44 s.	Poinçon , 6, 22, 33 s. —
Fabricant, 32, 52, 54. —	falsifié, 178.—faux, 162
domicilié, 53.	s., 177. — de recense,
Faux poinçons, 162 s.	149.
Fonctionnaire, 9, 27, 47.	Poinçonnage illicite, 167.
Fourré, 168 s.	Polisseuse, 60.
Garantie, 6 s., 28.	Poursuites, 11, 301, 206,
Historique, 2 s.	212. — (procédure), 214.
Horloger, 67, 139 s.	Préposé des douanes, 190.
Importation, 26.	Prescription, 230.
Joaillier, 82 s., 92.	Prêteur sur gages, 199.
Lieux de sortie, 17.	Procès-verbal, 185 s., 201
Lingots, 30, 39, 49.	s.—(foi), 216 s.
Maire 192 s.	Receveur, 184 s.
Marchand, 52, 55. — am-	Redécance, 120 s.
bulant, 96 s., 126 s.,	Registres, 63, 66 s., 118.
192. — domicilié, 53.	— (visa), 117.
Marque, 63, 76 s., 118,	Remise d'amende, 232.
78.	Saisie, 164, 207 s.
Ministère public , 210 ,	Sortie, 19.
212 s.	Soudure, 171 s.
Montres (mouvement),	Tableau, 63, 66 s.
143.	Titre, 5 s., 29 s.
Obligations , 52 s. — des	Transaction, 231.
marchands et fabricans,	Tromperie sur le titre,
10.	174 s.
	Visite, 197 s.

MATIÈRES D'OR ET D'ARGENT. — 1. — Cette dénomination, dans le sens le plus étendu, comprend, à la fois, l'or et l'argent en lingots, et tous les ouvrages composés, soit en totalité, soit en partie, d'or ou d'argent. Dans une acception plus restreinte, elle désigne particulièrement ces derniers ouvrages. — La plupart des dispositions relatives aux lingots d'or et d'argent se trouvent indiquées sous les mots AFFINAGE, AFFINEURS, ARGUE, ESSAI, ESSAYEURS, MONNAIE ; nous nous occupons ici, spécialement, des ouvrages d'or et d'argent.

SECT. 1re. — *Historique.* — *Législation* (no 2).

SECT. 2e. — *Titre des matières d'or et d'argent* (no 29).

SECT. 3e. — *Droit de garantie* (no 37).

SECT. 4e. — *Obligations des fabricans et marchands d'ouvrages d'or et d'argent* (no 52).

§ 1er. — *Obligations des fabricans et marchands domiciliés* (no 53).

§ 2. — *Obligations des marchands ambulans* (no 96).

§ 3. — *Obligations des fabricans de plaqué et de doublé* (no 102).

SECT. 5e. — *Contraventions et peines* (no 111).

SECT. 6e. — *Constatation et poursuite des contraventions* (no 184).

Sect. 1re. — Historique, législation.

2. — Le titre des matières et ouvrages d'or et d'argent a été de tout temps fixé en France par des lois précises qui ont déterminé la quantité de fin que devaient contenir les ouvrages composés de ces métaux précieux. Les besoins du commerce, l'intérêt du public et du trésor national, ainsi que la sûreté des relations commerciales établies entre les peuples, appellent, sur ce point important, la sollicitude du gouvernement et une surveillance exacte et presque aussi nécessaire que sur la fabrication et l'émission des monnaies. Les fabriques françaises ont retiré de la pureté et de la fixité du titre des matières d'or et d'argent et du maintien de sa fidélité, de très-grands avantages, et l'Etat en a éprouvé les bienfaits par le poids que notre industrie a mis à ce sujet, en notre faveur, dans la balance du commerce. — Favard de Langlade, vo *Matières d'or et d'argent*, no 1er.

3. — Un grand nombre de dispositions législatives réglaient cette matière, avant la loi du 19 brum. an VI; les principales étaient: l'édit de Henri III, sur l'orfèvrerie, de l'année 1569; l'édit de Louis XIII, du mois d'octobre 1631, révoquant le précédent édit; la déclaration du 31 mars 1672, qui renouvelle l'exécution des anciennes ordonnances et établit un droit sur les ouvrages d'or et d'argent; l'édit du mois de mars 1700 et la déclaration du mois de nov. 1721, qui fixent le poids des ouvrages d'or et d'argent; la régie et la perception des droits de marque avaient été réglées par la déclaration du 26 janv. 1749; enfin, les lettres patentes de 1789 fixaient le titre des mêmes ouvrages d'or.

4. — La loi du 19 brum. an VI, qui régit aujourd'hui cette matière, n'a point pris d'autres bases que la législation ancienne qu'elle a remplacée, et dont elle s'est néanmoins écartée par des modifications importantes; elle est divisée en dix titres, qui ont pour but:

5. — 1o De fixer le titre des ouvrages d'or et d'argent.

6. — ... 2o D'assurer la garantie de ce titre par trois poinçons: celui du fabricant, celui du titre et celui du bureau de garantie.

7. — ... 3o D'établir le droit de garantie qui doit être perçu sur les ouvrages d'or et d'argent; ce droit de garantie remplace l'ancien droit de marque et de contrôle.

8. — ... 4o De substituer des bureaux de garantie aux maisons communes d'orfèvres, dont la suppression est prononcée.

9. — ... 5o De créer des fonctionnaires chargés d'essayer les ouvrages d'or et d'argent livrés au commerce, de percevoir le droit de garantie conformément à la loi, d'appliquer les poinçons, de constater l'accomplissement des formalités prescrites, etc.

10. — ... 6o De déterminer les obligations auxquelles sont soumis les fabricans et marchands d'ouvrages d'or et d'argent à résidence fixe, les marchans ambulans, les fabricans de plaqué et de doublé sur tous métaux, les affineurs et les tireurs d'or et autres.

11. — ... 7o De régler les formes à observer dans les recherches, saisies et poursuites relatives aux contraventions à la loi.

12. — ... 8o De supprimer la ferme de l'affinage et d'affranchir la profession d'affineur, sous l'observation de certaines prescriptions.

13. — ... 9o De conserver l'affinage national, à Paris, pour le service des monnaies, avec faculté pour les particuliers d'y faire affiner ou départir des matières d'or, et d'argent contenant or.

14. — ... 10o Et enfin de maintenir l'établissement de l'argue, de l'hôtel des monnaies de Paris, destinée à dégrossir et tirer les lingots d'argent et de doré.

15. — Postérieurement à la loi du 19 brum. an VI, cette matière a été réglementée par un grand nombre de lois, décrets et ordonnances, dont voici les plus remarquables:

16. — 1o 1er messid. an VI, arrêté du Directoire exécutif qui rappelle quels sont les ouvrages de joaillerie dispensés de l'essai et du paiement du droit de garantie. Ce sont ceux dont la monture est très-légère et contient des pierres ou perles fines ou fausses, des cristaux, ceux dont la surface est entièrement émaillée, ou enfin, ceux qui ne pourraient supporter l'empreinte des poinçons sans détérioration. — Art. 1er.

17. — 2o 5 frim. an VII, arrêté du Directoire, désignant les lieux par lesquels les ouvrages d'or et d'argent, à destination de l'étranger, sortiront de France, soit par terre, soit par eau. — Dans la même année, deux autres arrêtés, l'un, du 27 pluv., indique à quels bureaux de garantie les ouvrages d'or et d'argent venant de l'étranger seront marqués; l'autre, du 16 prair., remet en vigueur l'article 15 de l'ordonn. du 26 janv. 1749.

18. — 3o La loi du 5 vent. an XII, qui attribue à la régie des droits réunis la perception du droit de garantie sur les matières d'or et d'argent.

19. — 4o Une ordonn. du 8 juill. 1814, qui autorise la sortie des matières d'or et d'argent, en lingots, etc., et ouvrages d'orfévrerie et de bijouterie. — Les bureaux de sortie pour ces ouvrages ont été désignés par ordonnance des 3 mars 1815 et 17 juill. 1816.

20. — 5o Ordonn. du 5 mai 1820 concernant le service de la garantie des matières d'or et d'argent.

21. — 6o ... Du 19 sept. 1821, concernant les boîtes de montres et autres ouvrages d'horlogerie en or et en argent; cette ordonnance remet en vigueur les art. 14, 16 et 17 de la déclaration royale du 26 janv. 1749.

22. — Les poinçons de garantie ont été plusieurs fois renouvelés; d'abord par le décret du 11 prair. an XII, ensuite par l'ordonnance du 5 mai 1819, et celle du 7 janv. 1838, qui prescrit une recense générale des ouvrages d'or et d'argent.

23. — On peut citer encore: l'ordonn. 20 déc. 1827, concernant l'administration des monnaies et la fabrication; — autre ordonn. du 15 oct. 1828, contenant approbation d'un nouveau tarif des frais d'affinage; — l'ordonn. du 5 fév. 1835 sur le nombre, le placement et la circonscription des bureaux de garantie.

24. — ... La loi du 10 août 1839, portant fixation du budget des recettes de l'exercice 1840; l'article 16 est ainsi conçu: « Les ouvrages d'or et d'argent pourront être exportés sans marques des poinçons français et sans paiement du droit de garantie, pourvu qu'après avoir été soumis à l'essai et reconnus au titre légal, ils restent déposés au bureau de la régie, ou placés sous la surveillance de ses préposés jusqu'au moment où l'exportation en sera constatée. »

25. — ... L'ord. du 30 déc. 1839, relative à l'exportation des ouvrages d'or et d'argent en franchise du droit de garantie et sans application de la marque des poinçons français.

26. — ... L'ordonn. du 28 juill. 1840, d'après laquelle les ouvrages d'or et d'argent importés en France, à l'exception de l'horlogerie étrangère, peuvent être marqués dans tous les bureaux de garantie indistinctement.

27. — ... Et l'ordonnance du 15 juill. 1842, qui confère le caractère de fonctionnaires publics aux aides de l'essayeur du bureau de garantie de Paris.

28. — La garantie des matières d'or et d'argent dont nous nous occupons dans cet article, ressort de l'ensemble des dispositions de la loi destinée à garantir la pureté des métaux employés à la confection des ouvrages d'or et d'argent. — Ces dispositions sont relatives au titre et au droit de garantie, aux obligations imposées aux fabricans et marchands, aux contraventions et peines, à la constatation et à la poursuite des contraventions.

Sect. 2e. — *Titre des matières d'or et d'argent.*

29. — Le titre des matières d'or et d'argent indique leur degré de pureté, c'est-à-dire la quantité de fin contenue dans chaque pièce; il s'exprime en millièmes. Les anciennes dénominations de carats et de deniers sont abolies. — L. 19 brum. an VI, art. 2, 114.

30. — Tous les lingots et tous les ouvrages d'orfévrerie et d'argenterie fabriqués en France, doivent être conformes aux titres prescrits par la loi, respectivement suivant leur nature. — Art. 1er.

31. — Il y a trois titres légaux pour l'or et deux pour l'argent, savoir: pour l'or, le premier, de 920 millièmes; le second, de 840 millièmes; le troisième, de 750 millièmes; et pour l'argent, le premier, de 950 millièmes; le second, de 800 millièmes. Il est accordé une tolérance de titre de 3 millièmes pour l'or, et de 5 millièmes pour l'argent. — *Ibid.*, art. 4, 5.

32. — Les fabricans peuvent employer, à leur gré, l'un de ces titres, et spécialement pour les ouvrages d'or et d'argent, quelle que soit la grosseur ou l'espèce des pièces fabriquées. — *Ibid.*, art. 6.

33. — La garantie du titre des ouvrages et matières d'or et d'argent est assurée par des poinçons; ils sont appliqués sur chaque pièce, en suite d'un essai de la matière. — L. du 19 brum. an VI, art. 7. — V. ESSAI, ESSAYEUR.

34. — Il y a, pour marquer les ouvrages, tant en or qu'en argent, deux espèces principales de poinçons, savoir: celui du fabricant, celui du titre et du bureau de garantie. — Il y a d'ailleurs deux petits poinçons: l'un pour les menus ouvrages d'or, l'autre pour les menus ouvrages d'argent, trop petits pour recevoir l'empreinte des deux espèces de poinçons précédens. — Il y a de plus un poinçon général pour les ouvrages venant de l'étranger, un poinçon particulier pour l'horlogerie importée en France, et un autre pour les ouvrages doublés ou plaqués d'or ou d'argent. Il existe aussi un poinçon dit *de recense*, de grande et de petite dimension, qui s'applique par l'autorité publique lorsqu'il s'agit d'empêcher l'effet de quelque infidélité relative aux titres et aux poinçons; et de plus un poinçon particulier pour marquer les lingots d'or ou d'argent affinés. — Enfin chaque objet est poinçonné sur une *bigorne*, dont l'empreinte sert de contre-marque. — *Ibid.*, art. 8; ordon. 7 avril 1838, art. 1er à 5, et le tableau y annexé.

35. — Tous ces poinçons sont fabriqués par le graveur des monnaies, qui les fait parvenir dans les différens bureaux de garantie, et en conserve les matrices. — Le poinçon destiné pour les lingots affinés, n'est déposé que dans les bureaux de garantie dans l'arrondissement desquels il se trouve des affineurs, et à la chambre de délivrance de la monnaie de Paris, pour l'affinage national. — *Ibid.*, art. 17.

36. — Sont soumis au poinçonnage tous les ouvrages d'or et d'argent fabriqués *à neuf*. Ceux dits *de hasard*, mis dans le commerce, ne sont plus assujettis à aucune marque particulière dite *de vieux*. — *Ibid.*, art. 21, 22; ordon. du 5 mai 1819, art. 2.

Sect. 3e. — *Droit de garantie.*

37. — Pour indemniser l'Etat des frais d'essai, de poinçonnage et de surveillance qu'entraîne la garantie des matières d'or et d'argent, il est établi, à son profit, sur ces matières, un impôt sous le nom de *droit de garantie*.

38. — Le droit de garantie se perçoit sur les lingots et sur les ouvrages d'or et d'argent de toute sorte fabriqués *à neuf*. — L. 19 brum. an VI, art. 21 et 29.

39. — Quant aux ouvrages d'or et d'argent dits *de hasard* qui sont remis dans le commerce, ils ne sont pas soumis au droit. — *Ibid.*, art. 22.

40. — Les ouvrages déposés au mont-de-piété et dans les autres établissemens destinés à des ventes ou à des dépôts de ventes sont assujettis au paiement du droit de garantie lorsqu'ils ne sont pas acquittés avant le dépôt. — *Ibid.*, art. 28.

41. — En général, les ouvrages d'or et d'argent venant de l'étranger sont soumis au droit comme ceux fabriqués en France. — *Ibid.*, art. 23.

42. — Néanmoins, sont exempts du droit: 1o les objets d'or et d'argent étrangers appartenant aux ambassadeurs et envoyés des puissances étrangères; 2o les bijoux d'or à l'usage personnel des voyageurs, et les ouvrages en argent servant également à leurs personnes, pourvu que leur poids n'excède pas en totalité cinq hectogrammes. Mais si ces différens objets, après avoir été introduits en France, étaient mis dans le commerce, ils devraient payer les droits de garantie. — *Ibid.*, art. 24. — Trolley, *C. de droit administ.*, t. 3, no 1143, p. 41.

43. — Avant le décret du 21 août 1806, l'exemption du droit de garantie pour les fabriques de Genève était, selon le traité de réunion de cette ville à la France, absolue et illimitée. Elle s'appliquait non-seulement aux ouvrages envoyés à l'étranger ou vendus dans la ville même et dans son ancien territoire, mais encore à tous ceux qui étaient expédiés dans l'intérieur de la France. — *Cass.*, 15 déc. 1806, Patron c. droits réunis.

44. — Les ouvrages d'or et d'argent peuvent être exportés sans marque des poinçons français et sans paiement du droit de garantie, pourvu qu'après avoir été soumis à l'essai et reconnus au titre légal, ils restent déposés au bureau de la régie ou placés sous la surveillance de ses préposés jusqu'au moment où l'exportation est constatée, en accomplissant les formalités prescrites à cet effet. — L. 10 août 1839, art. 16; ord. 30 déc. 1839.

45. — Lorsque les ouvrages neufs d'or et d'argent fabriqués en France, et ayant acquitté les droits, sortent du royaume comme vendus ou pour l'être à l'étranger, les deux tiers du droit de garantie sont restitués au fabricant, sauf la retenue d'un tiers, s'il est rapporté dans les trois mois un certificat de l'administration des douanes, constatant que lesdits objets sont sortis de France par un des bureaux déterminés par ordonnance.

— L. 19 brum. an VI, art. 25, 26, 27; L. 10 août 1839, art. 16; ord. 30 déc. 1839, art. 9.

46. — Les maisons communes d'orfèvres sont supprimées. — Il est établi des bureaux de garantie pour faire l'essai et constater les titres des ouvrages d'or et d'argent et des lingots, et percevoir les droits de garantie. — L. 19 brum. an VI, art. 30, 34.

47. — Les attributions et fonctions des employés des bureaux de garantie sont d'ailleurs déterminées par les art. 36 et suiv. de la même loi.

48. — La composition des bureaux de garantie varie suivant les localités. Elle consiste d'ordinaire en un essayeur, un receveur et un contrôleur, sauf à Paris et dans les villes où la population et les besoins du commerce exigent un plus grand nombre d'employés.

49. — Les lingots d'or et d'argent affinés paient, avant d'être mis dans le commerce, un droit de garantie, qui est : pour l'or, de 3 francs 18 centimes par kilogramme; et pour l'argent, de 2 fr. 4 centimes aussi par kilogramme. Les lingots dits de *tirage* ne paient qu'un droit de 82 c. par kilog. — L. 19 brum. an VI, art. 29.

50. — Quant aux ouvrages d'or et d'argent, le droit de garantie est de 20 fr. par hectogramme d'or, et de 1 fr. par hectogramme d'argent, non compris les frais d'essai ou de touchau. — *Ibid.*, art. 21.

51. — Il est perçu en sus de chacun de ces droits un dixième pour contribution de guerre. — L. 28 avril 1816, art. 232.

Sect. 4e. — *Obligations des fabricans et marchands d'ouvrages d'or et d'argent.*

52. — Les obligations des fabricans et marchands d'ouvrages d'or et d'argent varient selon qu'il s'agit de fabricans et marchands domiciliés, de marchands ambulans, ou de fabricans de plaqué ou de doublé.

§ 1er. — *Obligations des fabricans et marchands domiciliés.*

53. — Les obligations sont les mêmes pour les fabricans et les marchands, sauf quelques exceptions qui seront indiquées.

54. — Est considéré comme fabricant et soumis aux mêmes obligations : l'ouvrier qui travaille chez lui à la fabrication d'ouvrages d'or et d'argent, encore bien qu'il travaille pour le compte d'autrui et non pour le sien propre; la loi ne fait aucune distinction à cet égard. — Loi 19 brum. an VI, art. 72 et suiv. — *Cass.*, 17 juin 1825, Adrien Porte; 24 sept. 1830, Contributions indirectes c. Glaton. — Il en est ainsi, lors même qu'il lui manque quelques-uns des outils nécessaires à sa fabrication. — Même arrêt. — *Contrà* Girard, *Manuel des contrib. indir.*, n° 502, § 6; Fontaine, *Code des orfèvres*, p. 149 et suiv.

55. — Sont réputés marchands d'ouvrages d'or et d'argent, et obligés comme tels : 1° le brocanteur qui achète des montres et bijoux d'or et d'argent. — *Cass.*, 15 avril 1808, Boufart.

56. — ... 2° Le changeur chez lequel il est trouvé divers ouvrages d'or et d'argent, qu'il prétend avoir reçus à titre de nantissement, s'il ne justifie pas qu'il a été autorisé par le gouvernement à tenir une maison de prêt sur gages. — *Cass.*, 27 juin 1812, Adami. — V. aussi, Merlin, *Rép.*, v° *Marque et contrôle*, § 3, n° 6.

57. — ... 3° Le commis de négociant qui n'achète de pareils objets en France que pour en faire le trafic à l'étranger. — *Cass.*, 20 mai 1825, Dechoudens.

58. — ... 4° Celui chez lequel il a été trouvé des montres en or qui lui provenaient d'une spéculation qu'il avait faite avec un horloger. — L. 19 brum. an VI, art. 74. — *Cass.*, 2 juill. 1824, Contributions indir. c. Abdalla Mansour. — V. Merlin, *Rép.*, v° *Marque et contrôle*, § 3, n° 6, 2°.

59. — ... 5° Celui qui a acheté de diverses personnes des bijoux et ouvrages d'or et d'argent, avec l'intention de les revendre après les avoir fondus et convertis en lingots; de même que s'il les revend dans l'état où il les a achetés. — *Cass.*, 21 mars 1823, Castellan.

60. — Il en doit être de même des polisseuses, parce que leur industrie ne modifie en rien la composition de la matière soumise à leur main-d'œuvre. — Fontaine, *Code des orfèvres*, p. 168.

61. — Mais on ne peut classer parmi les fabricans ni les marchands d'ouvrages d'or et d'argent : 1° le simple ouvrier graveur-ciseleur, exerçant son industrie purement graphique et accessoire sur un bijou en cours de fabrication, sans modifier la composition de la matière soumise à sa main-d'œuvre. — *Paris*, 17 juin. 1843 (t. 2 1843, p. 355), Ménessier.

62. — ... 2° Ni l'ouvrier sertisseur qui joint à un bijou déjà confectionné des pièces détachées, non métalliques, sans employer aucun moyen de nature à mettre ce métal en fusion, ni à modifier le titre du bijou à lui confié. — *Paris*, 17 juin 1843 (t. 2 1843, p. 354), Maugé.

63. — Les obligations des fabricans et marchands d'ouvrages d'or et d'argent concernent les déclarations qu'ils ont à faire, les registres qu'ils doivent tenir, l'essai et la marque de leurs ouvrages, le tableau qu'ils doivent afficher, les bordereaux qu'ils délivrent, et le dépôt de leurs poinçons.

64. — Les fabricans d'ouvrages d'or et d'argent, de galons, tissus, broderies ou autres ouvrages en fil d'or et d'argent, sont tenus de se faire connaître à l'administration du département et à la municipalité du canton où ils résident, et de faire insculper dans ces deux administrations leur poinçon particulier, avec leur nom sur une plaque de cuivre à ce destinée. — Quiconque se borne au commerce d'orfèvrerie ou à la vente de galons, tissus, broderies ou autres ouvrages en fils d'or et d'argent, sans entreprendre la fabrication, c'est-à-dire tout marchand non fabricant, n'est tenu que de faire sa déclaration à la municipalité de son canton, et est dispensé d'avoir un poinçon. — L. 19 therm. an VI, art. 72, 73 et 81.

65. — Le marchand d'or ou d'argent poursuivi pour avoir omis de faire à la municipalité du lieu de sa résidence, la déclaration prescrite par la loi du 19 brum. an VI, ne peut pas être acquitté s'il ne justifie qu'il a satisfait à cette obligation, encore bien que de son côté le ministère public ne rapporte pas la preuve de l'omission. — L. 19 brum. an VI, art. 73. — C'est au prévenu à prouver qu'il a rempli la formalité à lui imposée par la loi. — *Bruxelles*, 6 nov. 1822, N...

66. — Les fabricans et marchands d'or et d'argent sont tenus d'avoir un registre coté et paraphé par l'administration municipale, sur lequel ils inscrivent, à l'instant même, la nature, le nombre, le poids et le titre des matières et ouvrages d'or et d'argent qu'ils achètent ou vendent, avec les noms et demeures de ceux de qui ils les ont achetés. — Ils ne peuvent acheter que des personnes connues ou ayant des répondans à eux connus, et ils doivent représenter leur registre à l'autorité publique toutes les fois qu'ils en sont requis. — L. 19 brum. an VI, art. 74, 75, 76, 81; déclaration 26 janv. 1749, art. 15.

67. — Les horlogers qui se chargent seulement de réparer les montres, sont tenus, comme ceux qui les fabriquent, d'avoir un registre pour y inscrire toutes celles qui leur sont confiées. Mais cette obligation leur étant imposée par la déclaration du 26 janv. 1749, art. 15, et non par la loi du 19 brum. an VI, la contravention n'a pu autoriser une saisie dans les départemens réunis à la France où cette déclaration n'avait pas encore été publiée. — *Cass.*, 2 janv. 1806, Droits réunis c. Cailletel; 24 avril 1807, Droits réunis c. Hittorf; 30 janv. 1808, Magnier; 3 mars 1808, Droits réunis c. Podesta. — V. aussi Merlin, *Rép.*, v° *Marque et contrôle*, § 3, n° 1er.

68. — Les fabricans et marchands d'ouvrages d'or et d'argent sont en contravention, non-seulement lorsqu'ils ne sont pas pourvus de registres, mais encore lorsqu'ils ont négligé d'y inscrire les ventes et achats de leur commerce. — *Cass.*, 15 fév. 1817, Griffe.

69. — Ainsi, l'orfèvre qui a chez lui différens ouvrages vieux d'or et d'argent par lui achetés, et non inscrits sur son registre, est en contravention. — *Cass.*, 30 juill. 1819, Lardière; 18 avril 1822, Maubert. — Favard de Langlade, *Matières d'or et d'argent*, n° 4.

70. — L'horloger qui n'a pas inscrit sur son registre des montres trouvées chez lui, ne peut pas être excusé sous le prétexte qu'elles n'étaient pas encore revêtues de la marque de garantie. — *Cass.*, 2 août 1821, Sarrazin.

71. — L'horloger qui n'a pas inscrit, à l'instant même, sur son registre, des montres qu'il a reçues pour les raccommoder, ne peut être déchargé de l'amende sous le prétexte qu'elles ne lui ont été apportées que le jour même, et qu'il n'a pas eu le temps de les enregistrer. — *Cass.*, 20 févr. 1812, Benoist. — Ni en rejetant l'omission sur la négligence de son ouvrier. — *Cass.*, 17 déc. 1812, Arnaud-Libbertz. — Merlin, *loc. cit.* — Il ne peut présenter aucune excuse, à moins qu'elle ne soit fondée sur un fait de force majeure non contredit par le procès-verbal de contravention, et qui aurait rendu l'enregistrement à l'instant matériellement impossible. — *Cass.*, 29 avril 1824, Contributions indirectes c. Lehucher.

72. — L'orfèvre à qui des objets d'or ou d'argent sont remis en commission, ou pour les raccommoder, n'est point obligé de faire mention sur son registre du titre ni de la quantité de fin. — *Cass.*, 10 mars 1809, Bancalari.

73. — Les ouvrages d'or et d'argent qui se fabriquaient dans la Ligurie avant sa réunion à la France et avant la publication de la loi du 19 brumaire an VI, n'ayant été assujettis à aucune marque indicative du titre, les fabricans n'étaient tenus, postérieurement à la publication de ladite loi, à faire aucune mention du titre de ces sortes d'ouvrages sur leurs registres. — Même arrêt.

74. — Le marchand de montres en or et en argent qui n'a pas représenté à la première réquisition et qui déclare ne point avoir le registre prescrit par la loi, ne peut pas être excusé par l'allégation qu'il l'a perdu, ni par la circonstance qu'il n'aurait point jusqu'alors vendu ni acheté des montres. — *Cass.*, 4 nov. 1819, Vaucher. — Legrâverend, t. 1er, ch. 5, p. 230.

75. — L'art. 14 de la déclaration du 26 janv. 1749, qui prescrit la tenue d'un registre pour inscrire la *vaisselle* ou autres ouvrages *vieux* ou *réputés vieux*, ne comprend pas les objets neufs commencés ou en cours de fabrication, et ne s'applique qu'aux *orfèvres*, *joailliers*, *fourbisseurs*, *graveurs*, etc., qui travaillent à la fois et fabriquent des ouvrages d'or et d'argent, mais non aux ouvriers qui ne trafiquent pas desdits ouvrages et ne travaillent que pour des fabricans. — *Paris*, 17 juin 1843 (t. 2 1843, p. 352), Contributions indirectes c. Maugé.

76. — Les fabricans et marchands d'ouvrages d'or et d'argent doivent porter au bureau de garantie dans l'arrondissement duquel ils sont placés, leurs ouvrages, pour y être essayés, titrés et marqués, ou, s'il y a lieu, être simplement revêtus de l'une des empreintes de poinçon prescrites par la loi. — L. 19 brum. an VI, art. 77.

77. — Les ouvrages de coutellerie garnis de viroles et de médaillons d'or ou d'argent doivent être revêtus du poinçon de garantie, comme les ouvrages des fabricans d'or ou d'argent ouvré. — *Cass.*, 2 juin 1806, Droits réunis c. Hansotte; 4 août 1806, Droits réunis c. Laderrière.

78. — Doivent être considérés comme non marqués les ouvrages d'or et d'argent marqués des anciens poinçons, mais non revêtus d'une marque nouvelle de recense, puisque la marque qu'ils présentent a cessé d'être légale. En conséquence, le marchand orfèvre chez lequel ces ouvrages sont trouvés est en contravention, et il ne peut être excusé s'il ne justifie, par ses registres, qu'il les a achetés depuis trop peu de temps pour avoir pu les présenter, avant la saisie, au bureau de garantie, à l'effet d'y recevoir les marques nouvelles. — *Cass.*, 8 frim. an XIV, Jeanneau c. Droits réunis; 15 avril 1808, Bonfart; 23 nov. 1810, Droits réunis c. Butchmann; 4 oct. 1821, Giot; 17 sept. 1841 (t. 1er 1842, p. 85), Palu.

79. — Le fabricant qui n'a pas fait marquer des ouvrages par lui confectionnés est en contravention, quoique ces ouvrages aient été saisis, non chez lui, mais chez une tierce personne. — *Bruxelles*, 7 juill. 1825, B...

80. — Les fabricans et marchands d'ouvrages d'or et d'argent doivent, aussitôt que ces ouvrages sont achevés, les porter au bureau de garantie, pour les faire marquer, sous peine de confiscation et d'amende. — L. 19 brum. an VI, art. 77 et 80. La circonstance qu'en ne présentant pas de suite ces objets à la marque le fabricant n'aurait eu aucune intention de frauder les droits, ne peut point le soustraire à l'application des peines portées par la loi, ni même autoriser la diminution. — Même arrêt.

81. — Les orfèvres et autres travaillant et fabriquant des ouvrages d'or et d'argent sont tenus de faire marquer et de payer les droits des ouvrages qu'ils achètent pour leur compte, soit pour les revendre, soit pour leur usage particulier, dans les 24 heures de l'inscription sur leur registre. — *Lyon*, 15 fév. 1827, Blanchou c. Contrib. indir.

82. — Aux termes de l'art. 86 de la loi du 19 brum. an VI, les joailliers n'étaient pas tenus de porter au bureau de garantie les ouvrages montés en pierres fines ou fausses, et en perles, ni ceux émaillés dans toutes leurs parties ou auxquels étaient adaptés des cristaux.

83. — Mais, d'après l'arrêté du 1er mess. an X, les joailliers sont tenus de porter au bureau de garantie tous leurs ouvrages montés en pierres fines ou fausses, et en perles, à moins qu'ils ne puissent être marqués sans éprouver de détérioration.

84. — Par suite, l'exception précédemment établie par l'art. 86 L. 19 brum. an VI, en faveur des ouvrages de joaillerie montés en pierres ou en perles, ne peut plus être invoquée en faveur de ceux de ces ouvrages qui sont susceptibles de supporter sans détérioration l'empreinte des poinçons. — *Bruxelles*, 7 juill. 1825, B...

85. — L'arrêt qui, sur le fondement que des bagues nommées alliances ne sont point susceptibles de recevoir sans détérioration la marque de garantie, décide que le défaut de marque n'entraîne aucune peine, fait une juste application de la loi. — Il n'entre point dans les attributions de la Cour de cassation d'apprécier les déclarations des cours de justice criminelle sur des faits de ce genre. — *Cass.*, 1er oct. 1807, Droits réunis c. Ledime.

86. — Les marchands et fabricans sont tenus de mettre dans le lieu le plus apparent de leur magasin ou boutique un tableau énonçant les art. de la loi du 19 brum., relatifs aux titres et à la vente des ouvrages d'or et d'argent. — L. 19 brum. an VI, art. 78.

87. — Le brocanteur qui achète des montres et bijoux d'or et d'argent est tenu, comme les orfévres, d'exposer dans sa boutique le tableau énonciatif des articles sur la vente des matières d'or et d'argent. — *Cass.*, 15 avril 1808, Boufart.

88. — Un orfévre dans la boutique duquel ne s'est point trouvé affiché le tableau prescrit par l'art. 78 L. 19 brum. an VI, lors de la visite des employés, ne peut être acquitté sous le prétexte que ce tableau y avait été jusque-là exposé, et qu'il y avait été replacé en présence des employés. — *Cass.*, 10 janv. 1806, Droits réunis c. Ledime.

89. — Ils doivent remettre aux acheteurs des bordereaux énonciatifs de l'espèce, du titre et du poids des ouvrages qu'ils leur ont vendus, désignant si ces ouvrages sont neufs ou vieux, indiquant le lieu et la date de la vente et signés du vendeur. — L. 19 brum. an VI, art. 79.

90. — A l'égard des objets de joaillerie, le bordereau doit décrire la nature, la forme de chaque ouvrage, ainsi que la qualité des pierres qui le composent, être daté et signé par le joaillier vendeur. — *Ibid.*, art. 87.

91. — Ces bordereaux, préparés à l'avance, doivent être fournis aux marchands ou fabricans par la régie des contributions indirectes; mais il est à remarquer que depuis longtemps la régie a cessé d'en fournir. — Fontaine, *Code des orfévres*, p. 185.

92. — Il est interdit aux joailliers de mêler dans les mêmes ouvrages des pierres fausses avec des fines, sans le déclarer aux acheteurs. — *Ibidem*, art. 89.

93. — Enfin, si un fabricant ou orfévre veut s'absenter plus de six mois, il doit déposer son poinçon au bureau de garantie, et le contrôleur fait poinçonner les ouvrages fabriqués chez lui en son absence. S'il quitte le commerce, il est tenu de remettre son poinçon au bureau de garantie, pour y être biffé devant lui. — *Ibid.*, art. 91.

94. — Lorsqu'un fabricant ou orfévre meurt, son poinçon est remis, dans l'espace de cinquante jours après le décès, au bureau de garantie de son arrondissement, pour y être biffé de suite. — Pendant ce temps, le dépositaire du poinçon est responsable de l'usage qui en est fait, comme le sont les fabricans en exercice. — Art. 90.

95. — Les marchands d'or et d'argent sont soumis à la patente de 2e classe, et assujettis par suite à un droit fixe basé sur la population, et à un droit proportionnel du 20e de la valeur locative de l'habitation et des locaux servant à l'exercice de la profession. — Marchands fabricans orfévres avec atelier et magasin : — Marchands orfévres sans atelier ; fabricans orfévres pour leur compte ; — patentables les premiers de 2e, les seconds de 3e, et les derniers de 5e classe. — Droit fixe basé sur la population ; droit proportionnel du 20e de la valeur locative de l'habitation et des lieux servant à l'exercice de la profession. — Les orfévres à façon sont patentables de 7e classe, et soumis au même droit fixe que les précédens, sauf la différence de classe, et à un droit proportionnel du 40e de la valeur locative de tous les locaux qu'ils occupent, mais seulement dans les communes de 20,000 âmes et au-dessus. — V. PATENTES. — Quant à l'affinage de l'or et de l'argent au moyen du dépur et du fourneau à vent, il faisait partie de la 2e classe des établissemens insalubres. — V. ce mot (nomenclature); mais cet art n'existe plus.

§ 2. — *Obligations des marchands ambulans.*

96. — Les marchands d'ouvrages d'or et d'argent ambulans, ou venant s'établir en foire, sont tenus à toutes les obligations, compatibles avec leur profession, qui sont imposées aux fabricans et marchands d'ouvrages d'or et d'argent. — Ils doivent, en outre, à leur arrivée dans une commune, se présenter à l'autorité municipale, et lui montrer les bordereaux des orfévres qui leur ont vendu les ouvrages d'or et d'argent dont ils sont porteurs. — L. 19 brum. an VI, art. 92.

97. — L'autorité municipale fait examiner les marques des ouvrages par des orfévres, ou, à défaut, par des personnes connaissant les marques et poinçons, afin d'en constater la légitimité. — Art. 93.

98. — Elle fait laisser et remettre au tribunal de police correctionnelle du canton les ouvrages d'or et d'argent qui ne sont pas accompagnés de bordereaux ou ne sont pas marqués du poinçon prescrit par la loi, ou dont les marques paraissent contrefaites, ou enfin ceux qui n'ont pas été déclarés conformément à l'art. 92. — Art. 94.

99. — Les individus qui parcourent les rues d'une ville, porteurs de vieux ouvrages d'or et d'argent qu'ils disent leur avoir été remis par divers particuliers, à l'effet de les vendre et de les mettre en gage, sont en contravention à la loi du 19 brum. an VI, s'ils ne se sont préalablement présentés à l'autorité, et s'ils n'ont point fait marquer et poinçonner les ouvrages qu'ils mettent en vente. — *Cass.*, 18 oct. 1811, Vitaliani.

100. — Il suffit qu'un marchand ambulant d'or ou d'argent n'ait pas satisfait, dans un temps moral depuis son arrivée dans une commune, aux obligations qui lui sont imposées par l'art. 92 L. 19 brum. an VI, pour qu'il soit en contravention. La loi n'exige pas qu'il y ait déjà vendu ou exposé en vente des marchandises. — *Bruxelles*, 6 nov. 1822, N.....

101. — Le marchand ambulant trouvé nanti de montres en or non revêtues des marques de garantie ne peut être acquitté, sous le prétexte qu'il s'est présenté au bureau des douanes pour y obtenir une expédition à l'effet de se rendre sans doute au premier bureau de garantie pour y faire marquer ces montres. — *Cass.*, 2 juill. 1818, Souque.

§ 3. — *Obligations des fabricans de plaqué et de doublé.*

102. — Quiconque veut plaquer ou doubler l'or et l'argent sur le cuivre ou sur tout autre métal est tenu d'en faire la déclaration à sa municipalité, à l'administration de son département, et à celle des monnaies. — L. 19 brum. an VI, art. 95.

103. — Il peut employer l'or et l'argent dans telle proportion qu'il le juge convenable. — Art. 96.

104. — Il est tenu de mettre sur chacun de ses ouvrages son poinçon particulier, qui a dû être déterminé par l'administration des monnaies. Il ajoute à l'empreinte de ce poinçon les chiffres indicatifs de la quantité d'or ou d'argent qui est contenue dans l'ouvrage, sur lequel est en outre empreint en toutes lettres le mot *doublé*. — Art. 97.

105. — Il n'existe, pour les ouvrages doublés et plaqués, d'autre poinçon que celui du fabricant. — Le défaut d'un poinçon de l'Etat pour ces ouvrages ne laisse aucun moyen de permettre qu'ils rentrent dans le commerce, lorsque la confiscation en a été prononcée pour défaut du poinçon du fabricant, et ils ne peuvent être vendus qu'après avoir été brisés. — Girard, *loc. cit.*, n° 527, § 1 et 2.

106. — Par la disposition qui soumet à la marque tous les ouvrages doublés et plaqués d'or et d'argent, la loi ne fait aucune distinction entre ceux qui sont fabriqués en entier de plaqué ou doublé, et ceux qui ne le sont qu'en partie. — *Cass.*, 28 nov. 1811, Feichter.

107. — La loi assujettit à la marque non-seulement les simples lames ou feuilles de doublé ou de plaqué; mais même tous les autres ouvrages qui sont fabriqués, soit en entier, soit en partie, avec ces lames ou feuilles. — *Cass.*, 16 avril 1812, Feichter. — V. Merlin, *Rép.*, v° *Marque et contrôle*, § 3. — Par suite de cet arrêt, la cause fut portée devant la cour impériale d'Orléans, qui, par arrêt du 19 juill. 1812, adopta le même système que les cours de Paris et de Rouen. — Troisième pourvoi en cassation. — Référé au gouvernement. — Après de longues discussions, le comité de législation du Conseil d'Etat rédigea un projet de décret dans le sens de la jurisprudence de la Cour de cassation; mais ce conseil fut dissous avant que son projet eût été revêtu de la forme nécessaire pour être présenté à l'approbation du chef du gouvernement. Quoi qu'il en soit, le projet reste toujours, dit Merlin, comme une preuve authentique que le Conseil d'Etat avait partagé l'opinion de la Cour de cassation.

108. — Spécialement, un marchand ne peut livrer au commerce des lanternes de voitures fabriquées en doublé et plaqué d'argent sans qu'elles soient revêtues de la marque prescrite par la loi. — Même arrêt de *Cass.* du 16 avr. 1812.

109. — Celui qui expose en vente sur la place publique d'une ville des ouvrages dorés doit en être réputé marchand, et encourt les peines portées par la loi, s'il n'a pas préalablement fait à la mairie sa déclaration de vouloir exercer ce commerce, et si les objets par lui exposés ne sont revêtus d'aucune marque de garantie. — *Cass.*, 7 nov. 1811, Gallegari.

110. — Chaque fabricant de plaqué ou de doublé doit, en outre, transcrire jour par jour les ventes qu'il a faites sur un registre coté et paraphé par l'administration municipale, et il est tenu de remettre à chaque acheteur un bordereau, daté et signé par lui, désignant l'ouvrage vendu, son poids et la quantité d'or et d'argent qui y est contenue. — L. 19 brum. an VI., art. 98.

Sect. 5e. — *Contraventions et peines.*

111. — Les contraventions aux lois sur la garantie des matières d'or et d'argent résultent de l'inexécution des obligations imposées aux personnes qui se livrent, sous différents titres, au commerce de ces matières. — Elles donnent lieu à différentes peines proportionnées à leur importance.

112. — Les fabricans et marchands d'ouvrages d'or et d'argent qui contreviennent aux obligations qui leur sont imposées par les art. 72 et suiv., sont condamnés, pour la première fois, à une amende de 200 fr.; pour la seconde, à une amende de 500 fr., avec affiche, à leurs frais, de la condamnation, dans toute l'étendue du département, et, pour la troisième fois, l'amende est de 1,000 fr., et le commerce d'orfévrerie leur est interdit, sous peine de confiscation de tous les objets de leur commerce. — L. 19 brum. an VI, art. 80.

113. — L'art. 76, L. 5 vent. an XII ayant été déclaré, par le décret du 28 flor. an XIII, inapplicable en ce qui concerne la garantie des matières d'or et d'argent, c'est la loi du 19 brum. an VI qui détermine seule les peines applicables aux contraventions commises en cette matière. — En conséquence, on ne peut prononcer la peine portée par la loi du 5 vent. an XII, du quadruple des droits fraudés. — *Cass.*, 3 janv. 1806, Chezeau c. Droits réunis.

114. — Par suite, c'est l'amende fixe prononcée par l'art. 80 L. 19 brum. an VI, qui doit être appliquée aux contraventions commises en matière de garantie d'or et d'argent, et non l'amende proportionnelle portée par l'art. 76, L. 5 vent. an XII. — *Cass.*, 27 juin 1817, Griffe.

115. — L'orfévre chez lequel il a été trouvé des ouvrages d'or ou d'argent par lui achetés la veille, et qu'il a négligé d'inscrire sur son registre, ne peut pas être renvoyé des poursuites, quelles que soient les conclusions des parties. — *Cass.*, 30 juill. 1819, Lardière.

116. — Le bijoutier chez lequel il a été trouvé des objets d'or et d'argent par lui vendus ou achetés, qu'il a négligé d'inscrire sur un registre, ne peut être excusé de la contravention sous le prétexte que le défaut d'inscription aurait été plus ou moins toléré par l'administration. — *Cass.*, 19 mai 1838 (t. 1er 1840, p. 220), Marbouty.

117. — Le règlement qui prescrivait, antérieurement à la loi du 19 brum. an VI, sous peine de 10 fr. d'amende, aux brocanteurs des matières d'or et d'argent de faire viser leurs registres tous les mois par les commissaires de police, n'a été abrogé par cette loi ni explicitement ni implicitement, et le juge de simple police, compétent pour appliquer la peine qui y est portée, ne peut se déclarer incompétent et renvoyer la connaissance de l'infraction faite à ce règlement, devant le tribunal correctionnel. — *Cass.*, 24 août 1838, Min. publ. c. Poupardin.

118. — L'orfévre qui ne fait point marquer du poinçon de garantie les objets de son commerce, ou qui néglige de tenir note sur son registre de l'achat qu'il en a fait, ne peut pas être dispensé de l'amende prononcée par l'art. 80 L. 19 brum. an VI, sous prétexte que l'arrêté du 1er messidor suivant ne prononce aucune peine. Cet arrêté n'a d'autre objet que de régler le mode d'exécution des art. 86 et 87 de ladite loi, à laquelle il ne déroge point. — *Cass.*, 15 fév. 1817, Griffe.

119. — Les ouvrages marqués des anciens poinçons, et non de celui de recense, constituent en contravention le marchand chez lequel ils ont été saisis. — *Cass.*, 21 avr. 1827, Contrib. indir. c. Prost.

120. — Ce n'est qu'en cas de récidive que les contrevenans aux lois sur la garantie des matières d'or et d'argent peuvent être condamnés à l'affiche du jugement rendu contre eux. — *Cass.*, 9 vend. an VIII, Grivelet; 21 vend. an VIII, Chauffert.

121. — Les peines de la récidive sont applicables, quoique depuis le premier jugement il se soit écoulé un temps plus que suffisant pour la prescription : ni le Code pénal ni la loi du 17 brum. an VI n'ont fixé un laps de temps après lequel la récidive ne serait pas encourue pour un nouveau délit. — *Cass.*, 4 oct. 1821, Giot. — Legraverend, t. 2, ch. 10, p. 614; Chauveau et Hélie, *Théorie du C. pénal*, t. 1er, p. 14. — *Contrà* Fontaine, *Code des orfévres*, p. 189.

122. — La disposition de l'art. 27 décl. 26 janv. 1749, qui excepte de la confiscation les pierres précieuses enchâssées dans des ouvrages d'or ou d'argent non revêtus de la marque prescrite, n'a pas été abrogée par l'art. 107 L. 19 brum. an VI. — *Cass.*, 2 juill. 1812, Ballet; 15 fév. 1817, Croco.

123. — A défaut par les orfèvres et autres individus travaillant des ouvrages d'or ou d'argent, de faire marquer dans les vingt-quatre heures, après les avoir inscrits sur leurs registres, les ouvrages qu'ils achètent, ces objets doivent être confisqués, et les contrevenans condamnés à 300 francs d'amende. — *Cass.*, 15 av. 1806, Boufar; *Lyon*, 15 fév. 1827, Blanchon c. Contributions indirectes.

124. — L'orfèvre qui n'a pas fait marquer dans les vingt-quatre heures des ouvrages d'or et d'argent par lui achetés, ne peut pas être excusé sur ce qu'un état de maladie l'aurait empêché de se présenter dans les bureaux de garantie, la loi ne l'obligeant pas à s'y transporter en personne. — *Lyon*, 15 fév. 1827, Blanchon c. contrib. indir.

125. — Les marchands ambulans sont passibles des mêmes peines que les orfèvres pour les contraventions semblables. — L. 19 brum. an VI, art. 94.

126. — Mais la contravention à l'obligation imposée aux marchands ambulans d'ouvrages d'or et d'argent, de présenter aux autorités de chaque commune où ils arrivent les bordereaux des orfèvres qui leur ont vendu les ouvrages dont ils sont porteurs, n'est réprimée par aucune disposition pénale. — *Douai*, 24 fév. 1832, Picard.

127. — A défaut par un fabricant de plaqué ou de doublé d'avoir poinçonné et chiffré ses ouvrages, d'avoir inscrit ses ventes sur son registre, ou d'avoir délivré des bordereaux réguliers aux acheteurs, les ouvrages sur lesquels porte la contravention sont confisqués, et, en outre, le délinquant est condamné à une amende qui est, pour la première fois, de dix fois la valeur des objets confisqués; pour la seconde fois, du double de la première, avec affiche de la condamnation, aux frais du contrevenant, dans toute l'étendue du département; enfin, la troisième fois, l'amende est quadruple de la première, et le commerce ainsi que la fabrication d'or et d'argent sont interdits au délinquant, sous peine de confiscation de tous les objets de son commerce. — L. 19 brum. an VI, art. 99.

128. — En cas d'absence de marque, les simples marchands d'ouvrages doublés ou plaqués en or ou en argent sont punis comme les fabricans. — *Cass.*, 16 avr. 1812.

129. — Le fabricant de plaqué ou de doublé qui achète des matières ou ouvrages d'or et d'argent de personnes non connues ou n'ayant pas de répondans connus, est passible des mêmes peines que le marchand orfèvre. — L. 19 brum. an VI, art. 100.

130. — Tout ouvrage d'or et d'argent achevé et non marqué trouvé chez un marchand ou fabricant, doit être saisi, et donne lieu aux poursuites devant le tribunal de police correctionnelle. Les propriétaires des objets saisis encourent la confiscation de ces objets, et, en outre, les autres peines portées par la loi. — L. 19 brum. an VI, art. 107.

131. — Bien que les bijoutiers aient la faculté de présenter au bureau de garantie les bijoux non encore achevés, celui qui ne les y présente qu'après leur entier achèvement n'est passible d'aucune peine, s'il n'est pas constaté qu'il les a conservés chez lui pour les vendre après leur fabrication. — *Paris*, 12 juin 1844 (t. 2 1844, p. 84), Betouille.

132. — Jugé cependant qu'il y a obligation pour les marchands et fabricans, et non simple faculté, de faire essayer et titrer les ouvrages d'or et d'argent avant leur entier achèvement. — *Cass.*, 28 fév. 1845 (t. 1er 1845, p. 732), Contributions indirectes c. Betouille. — V. cependant Trolley, *C. de dr. admin.*, t. 3, p. 86, n° 1144.

133. — ... Et qu'il suffit que les ouvrages d'or ou d'argent achevés et non marqués soient trouvés en la possession d'un marchand ou fabricant; il n'est pas nécessaire qu'ils aient été trouvés dans son domicile. — Même arrêt.

134. — Jugé que lorsqu'il n'est pas établi que des ouvrages d'or et d'argent fussent achevés au moment où ils ont été saisis, à défaut de marque chez un fabricant, le tribunal ne viole aucune loi en refusant d'en ordonner la confiscation. — *Cass.*, 4 mai 1827, Oury.

135. — Mais le fabricant chez lequel il a été trouvé des ouvrages d'or ou d'argent, achevés et non marqués, ne peut pas être acquitté, sous le prétexte qu'il venait seulement de les achever, et qu'il n'avait pas encore pu les porter au bureau de garantie. — *Cass.*, 9 mai 1823, Contr. indir. c. Fischer.

136. — Les marchands et fabricans ne peuvent, en aucun cas et à aucun instant, avoir ou recevoir chez eux des ouvrages d'or et d'argent achevés et non marqués, sous peine de se constituer en contravention. — *Cass.*, 2 août 1821, Sarrazin.

137. — La loi ne faisant aucune distinction ni exception, tous les ouvrages d'or et d'argent achevés qui se trouvent chez un marchand ou fabricant, soit dans sa boutique, soit dans ses ateliers, soit dans toute autre partie de son domicile, sont nécessairement considérés comme objets de commerce; et s'ils ne sont pas régulièrement marqués, les employés doivent les saisir et en dresser procès-verbal. — Circ. 1er prair. an VIII. — Girard, *Manuel des contrib. ind.*, n° 507, § 1er.

138. — Il en est de même des ouvrages que les orfèvres déclarent être à leur usage personnel; on ne pourrait admettre la prétention qu'ils seraient exempts des droits et de la marque, sans renoncer à toute garantie, puisque ce serait pour les fabricans et marchands un moyen de se soustraire à toutes leurs obligations; ils exposeraient en vente des ouvrages à faux titre sans aucune inquiétude, car ils auraient toujours la ressource de les déclarer comme étant à leur usage personnel. — Girard, *loc. cit.*

139. — A défaut d'inscription sur aucun registre, les montres trouvées chez un horloger sont réputées former sa propriété, et sont dans le cas de la saisie et de la confiscation, si elles ne sont pas revêtues du poinçon déterminé par la loi. — *Cass.*, 24 avr. 1807, Droits réunis c. Hittorf.

140. — Le marchand chez lequel il a été trouvé des ouvrages d'or ou d'argent achevés, non marqués, et ne portant point l'empreinte du poinçon du fabricant, ne peut pas être excusé, sous le prétexte que, peu de temps après leur réception, il s'est présenté au bureau de garantie, pour annoncer son intention de les faire marquer, et que depuis il n'a plus trouvé le bureau de garantie ouvert pour exécuter son intention. — *Cass.*, 2 août 1821, Sarrazin.

141. — L'horloger chez lequel il a été trouvé des boîtes de montre en or achevées et non revêtues de la marque de garantie ne peut pas être renvoyé des poursuites de la régie, sous le prétexte qu'il n'avait ces boîtes que depuis moins de vingt-quatre heures, et qu'au moment de la visite des employés elles n'étaient point étalées comme les autres. — *Cass.*, 18 mai 1815, Jacot Baron.

142. — L'horloger bijoutier chez lequel divers ouvrages d'or et d'argent ont été saisis, comme dépourvus de toute marque de garantie, ne peut pas être acquitté, sous le prétexte que n'étant pas fabricant, mais simple marchand, il les a achetés de bonne foi, dans la persuasion qu'ils étaient marqués, ni sous le prétexte que ces ouvrages sont à son usage personnel, ou qu'ils étaient hors du commerce, et avaient été renfermés dans une boîte à mitraille, s'ils n'étaient ni rompus ni brisés. — *Cass.*, 21 avr. 1827, Contrib. indir. c. Prost.

143. — Le mouvement fait partie intégrante d'une montre et doit être confisqué avec la boîte, en cas de contravention à la loi du 19 brum. an VI. — *Cass.*, 15 avr. 1808, Boufart; 15 frim. an XIV, Chemidt. — Merlin, *loc. cit.*, n° 11 — *Contrà Cass.*, 21 fév. 1822, Contrib. indir. c. Quartier.

144. — Mais le marchand orfèvre qui justifie que les ouvrages de hasard trouvés dans sa boutique ont été par lui achetés depuis trop peu de temps, avant la saisie, pour qu'il ait pu déjà les présenter au bureau de garantie n'est pas dans le cas de l'application des peines portées en l'art. 107, L. 19 brum. an VI. — *Cass.*, 8 frim. an XIV, Jeanneau c. Droits réunis.

145. — La loi du 19 brum. an VI en soumettant à la saisie et par suite à la confiscation tout ouvrage d'or ou d'argent achevé et non marqué trouvé chez un marchand ou fabricant, a compris dans sa disposition aussi bien les ouvrages antérieurs à sa publication, quoique revêtus de la marque alors autorisée, que ceux fabriqués depuis. — Même arrêt.

146. — Les ouvrages d'or et d'argent, quoique marqués d'anciens poinçons de titre et de garantie, sont réputés non marqués et doivent être confisqués lorsque, après le délai prescrit par l'ordonnance du 5 mai 1819, ils sont trouvés chez un marchand ou fabricant, sans avoir été revêtus de la marque de recense. — *Cass.*, 23 nov. 1821, Contrib. indir. c. Levêque; 25 oct. 1822, Contrib. indir. c. Bovard.

147. — L'ordonnance du 19 sept. 1821 qui a accordé un nouveau délai d'un mois pour l'apposition des poinçons de recense sur les boîtes de montres d'or et d'argent, et autres ouvrages neufs contenant ou destinés à contenir des mouvemens de montre, n'est pas applicable à une boîte à musique. — *Cass.*, 25 oct. 1822, Contrib. indir. c. Bovard.

148. — Le prévenu dont les boîtes de montre se trouvaient déposées au greffe du tribunal par suite de saisie, lors de la promulgation de l'ordonnance du 19 sept. 1821, ne pourrait réclamer le bénéfice de cette ordonnance qu'autant que, durant le nouveau délai qu'elle accordait, il aurait demandé que les montres fussent momentanément distraites du greffe et présentées au bureau de garantie, pour y recevoir l'empreinte des nouveaux poinçons. — Même arrêt.

149. — L'art. 6 de l'ordonnance du 7 avr. 1838, qui prescrit l'apposition d'un poinçon de recense sur toutes les matières d'or et d'argent, existant dans le commerce, est applicable à l'orfèvre chez lequel on trouve des ouvrages d'or et d'argent portant d'anciens poinçons, et non le poinçon de recense, bien que ces ouvrages aient été saisis dans les tiroirs du comptoir. — Ils sont *dans le commerce* du marchand chez lequel on les trouve, par cela seul qu'ils existent dans son magasin, et il suffit qu'ils aient été *saisis chez un marchand* ou *fabricant* pour que la pénalité de l'art. 107 de la loi du 19 brum. an VI soit encourue. — *Cass.*, 17 sept. 1841 (t. 1er 1842, p. 85), Contrib. indir. c. Palu.

150. — Lorsqu'il est établi par une expertise que des ouvrages d'or et d'argent, émaillés ou montés en pierres, perles et cristaux, saisis sans marque dans la boutique d'un bijoutier, sont susceptibles de recevoir, sans détérioration, l'empreinte du poinçon de garantie, la confiscation doit en être prononcée. — *Cass.*, 26 oct. 1810, Dubief. — D'Agar, *Traité du contentieux des contributions indirectes*, t. 1er, p. 236, n° 3; et Merlin, *Rép.*, v° *Marque*, n° 10.

151. — Le fabricant chez lequel il a été trouvé plusieurs ouvrages d'or achevés et non marqués du poinçon de garantie, est en contravention, malgré l'usage qui pourrait exister de ne les faire marquer qu'après qu'ils sont polis, s'il n'y a aucune preuve que ces ouvrages fussent dans l'impossibilité absolue de recevoir la marque de garantie. — *Cass.*, 10 nov. 1815, Claude Desange.

152. — Des montres d'or et d'argent trouvées sans marque de garantie, constituent des contraventions, punissables chacune de la confiscation des montres et d'une amende de 200 fr. — Et il en est de même dans le cas où elles sont destinées à l'étranger, que dans celui où elles le sont pour l'intérieur. — *Cass.*, 20 mai 1825, Dechoudens.

153. — Lorsqu'il est reconnu qu'un marchand venant de l'étranger a introduit en France des montres d'or et d'argent non revêtues des marques de garantie, sans en avoir fait la déclaration au bureau de la douane ni à l'administration municipale, le tribunal ne peut, par des motifs de considération non avoués par la loi, le renvoyer des poursuites intentées contre lui. — — *Cass.*, 7 déc. 1815, Reussille.

154. — Lorsqu'il est établi par un procès-verbal régulier que des montres d'or et d'argent qui n'étaient pas revêtues du poinçon prescrit par la loi ont été saisies chez un individu pourvu d'une patente d'horloger, les tribunaux ne peuvent, sans violer la loi, refuser de prononcer contre lui l'amende et la confiscation. — *Cass.*, 2 janv. 1806. Droits réunis c. Moulin.

155. — Le tribunal qui prononce une condamnation contre un prévenu pour avoir exposé des marchandises d'or et d'argent qui n'étaient revêtues d'aucun poinçon, ne peut pas se dispenser d'ordonner la confiscation des objets en contravention. — *Cass.*, 18 messid. an VII, Vignerol.

156. — Le bijoutier qui a vendu des objets d'or ou d'argent non revêtus du poinçon de garantie, ne peut être relaxé des poursuites dirigées contre lui, par le motif que la saisie des objets non poinçonnés a été faite chez l'acheteur du prévenu et qu'aucun procès-verbal ne constate l'existence de la contravention. — *Cass.*, 30 déc. 1836, Lucy et Jaudain.

157. — Le bijoutier chez lequel il a été trouvé des objets d'or et d'argent non marqués de la garantie ne peut être excusé de la contravention, sous le prétexte que ces objets (deux bagues) ont pu échapper en raison de leur petit volume, à l'attention des employés, et que le droit étant minime, il n'avait pas d'intérêt à frauder. — *Cass.*, 19 mai 1838 (t. 1er 1840, p. 220), Marbouty.

158. — Les ouvrages d'or ou d'argent non marqués ne sont point saisissables ni passibles de confiscation entre les mains d'un simple particulier, comme ils le seraient dans la boutique d'un marchand ou fabricant. — *Cass.*, 1er frim. an XIV, Buisson. — Merlin, *loc. cit.*, no 7.

159. — Le commissaire-priseur qui vend des objets d'or et d'argent, non revêtus du poinçon de garantie, n'est pas punissable des peines prononcées par la loi du 19 brum. an VI contre les fabricans et marchands de matières d'or et d'argent qui se rendent coupables de cette contravention. — *Cass.*, 25 févr. 1837, Salomon.

160. — Le tribunal qui ordonne la mainlevée d'une saisie d'ouvrages d'or ou d'argent déposés dans un établissement destiné à vente, ne peut pas se dispenser d'ordonner en même temps le paiement du droit de garantie. — *Cass.*, 1er germ. an VIII, Boers.

161. — Sont saisis et confisqués tous les ouvrages d'or et d'argent sur lesquels les marques des poinçons se trouvent entées, soudées ou contre-tirées en quelque manière que ce soit, et le possesseur avec connaissance, est condamné à six années de fers. — L. 19 brum. an VI, art. 108.

162. — Les ouvrages marqués de faux poinçons sont confisqués dans tous les cas, et ceux qui les gardent ou les exposent en vente, avec connaissance, sont condamnés : la 1re fois, à une amende de 200 francs ; la 2e, à une amende de 400 francs, avec affiche de la condamnation dans tout le département, aux frais du délinquant ; et la 3e fois, à une amende de 1,000 francs, avec interdiction de tout commerce d'or et d'argent. — *Ibid.*, art. 109.

163. — Les ouvrages marqués de faux poinçons doivent, *dans tous les cas*, être confisqués, et alors même qu'il est constant que les détenteurs de ces objets sont de bonne foi et qu'ils ignoraient la fausseté des marques. — *Paris*, 15 mai 1828, J...

164. — En conséquence, lorsque ces ouvrages sont restés dans un greffe après avoir servi de pièces à conviction, la remise ne peut pas être ordonnée, quel que soit le résultat du procès. — *Cass.*, 1er juill. 1820, Speraflco.

165. — Toutefois, la cour d'appel n'est point obligée de prononcer la confiscation d'objets d'or et d'argent revêtus d'un faux poinçon, lorsqu'elle réserve, relativement à cette fausse marque, l'action du ministère public et les exceptions du prévenu. — *Cass.*, 19 mai 1838 (t. 1er 1840, p 220), Marbouty.

166. — Si les ouvrages d'or et d'argent marqués de faux poinçons, trouvés chez un marchand, doivent, dans tous les cas, être confisqués, l'amende ne peut pas être prononcée, lorsqu'il est constant que ce marchand n'en avait point connaissance. — *Cass.*, 5 nov. 1825, Rattier.

167. — Tous citoyens, autres que les préposés à l'application des poinçons légaux, qui en emploient même de véritables, sont condamnés à un an de détention. — L. 19 brum. an VI, art. 110.

168. — Lorsqu'un ouvrage d'or, d'argent ou de vermeil, porté au bureau de garantie pour être essayé, est supposé fourré de fer, de cuivre ou de toute autre matière étrangère, l'essayeur le fait couper en présence du propriétaire, et si la fraude est reconnue, l'ouvrage est saisi, confisqué, et le délinquant est dénoncé aux tribunaux, et condamné à une amende de vingt fois la valeur des objets. — *Ibid.*, art. 65.

169. — C'est seulement lorsque le fabricant porte ses ouvrages au bureau de garantie, pour y être essayés et titrés, que l'essayeur a le droit de s'assurer, en les coupant, s'ils sont ou non fourrés de matières étrangères ; quant aux ouvrages qui ne sont ni achevés, ni revêtus d'aucune marque, et qui sont encore dans l'atelier du fabricant, l'essayeur n'a pas le droit de les couper. — *Cass.*, 9 juin 1820, Quesne. — *Contrà*, *Lyon*, 20 janv. 1842 (t. 2 1842, p. 86), Cousin.

170. — L'art. 65 de la loi de brum. an VI ne punissant de la confiscation et de l'amende que celui qui a *frauduleusement* fabriqué des bijoux fourrés de matières étrangères, il y a lieu de n'ordonner que le bris de ces bijoux, si l'abaissement du titre provient d'une erreur de fabrication, sans intention de tromper les acheteurs. — *Lyon*, 20 janv. 1842 (t. 2 1842, p. 86), mêmes parties.

171. — L'emploi d'une trop grande quantité de soudure dans la confection des ouvrges d'or, de vermeil ou d'argent, peut constituer le délit de fourré prévu et puni par l'art. 65 de la loi du 19 brum. an VI. — Néanmoins, l'arrêt qui, reconnaissant que l'excès de soudure peut être attribué à un vice de fabrication, sans intention de la part du fabricant d'altérer frauduleusement le titre de ces ouvrages, a déclaré la non-existence du délit de fourré, contient une appréciation de fait qui échappe à la censure de la Cour de cassation. — *Cass.*, 30 juin 1843 (t. 2 1843, p. 623), Contrib. indir. c. Fossin ; 29 août 1845 (t. 1er 1846, p. 16), Varat.

172. — Lorsqu'il est établi, devant la Cour de cassation, par un avis de l'administration des monnaies, que des objets d'or et d'argent ne sont pas de nature à être poinçonnés, et ne sont point fourrés, mais seulement chargés de soudure, l'arrêt qui prononce la confiscation et l'amende doit être cassé, encore bien qu'il décide que ces objets ne sont pas poinçonnés et qu'ils sont fourrés de métaux étrangers. — *Cass.*, 22 juill. 1808, Moynier ; 10 mars 1810, Cherrier c. Droits réunis. — Favard de Langlade, vo *Matières d'or et d'argent*, § 5, no 14, et d'Agar, *loc. cit.*, no 241.

173. — Le marchand de bijouterie, non-fabricant, en la possession duquel il a été trouvé des ouvrages d'or fourrés de matières étrangères et cependant marqués du poinçon de garantie, n'est pas responsable de la fraude que les essayeurs auraient dû reconnaître avant d'y imprimer le poinçon sous la foi duquel il les a achetés. — *Cass.*, 12 août 1819, Saulnier.

174. — Aux termes de l'art. 423 du C. pén., quiconque trompe l'acheteur sur le titre des matières d'or ou d'argent est passible d'un emprisonnement de trois mois au moins, d'un an au plus, et d'une amende qui ne peut excéder le quart des altérations et dommages-intérêts, ni être au dessous de 50 fr. Les objets du délit ou leur valeur, s'ils appartiennent au vendeur, sont, en outre, sujets à confiscation.

175. — Les fabricans d'ouvrages d'or et d'argent qui mêlent dans ces ouvrages des parties de cuivre, de fer ou autres matières étrangères, et qui trompent ainsi l'acheteur sur la qualité des métaux dont se composent les objets vendus, encourent les peines portées par l'art. 423 du C. pén., — Favard de Langlade, *Rép.*, vo *Matières d'or et d'argent*, § 5, no 11.

176. — L'individu qui vend des objets d'or ou d'argent, non marqués du poinçon de garantie, et d'un titre inférieur à celui de la loi, mais au prix de leur véritable valeur, sans chercher à induire l'acheteur en erreur, ne peut pas être considéré comme l'ayant trompé sur le titre des matières vendues, et n'est conséquemment point passible des peines portées par l'art. 423 C. pén. — *Metz*, 30 mars 1824, Norroy.

177. — Aux termes de l'art. 140 du C. pén., ceux qui ont contrefait ou falsifié le poinçon ou les poinçons servant à marquer les matières d'or et d'argent, ou qui ont fait usage de poinçons contrefaits ou falsifiés, sont punis de vingt ans de travaux forcés.

178. — Cette disposition, qui a pour objet d'empêcher le public d'être trompé et le trésor d'être frustré du droit de garantie, ne s'applique qu'à la contrefaçon des poinçons du bureau de garantie. — Fontaine, *C. des orfév.*, no 60.

179. — Les marques apposées sur des matières d'or ou d'argent, avec un poinçon calqué sur le véritable, n'en offrent pas moins l'empreinte d'un poinçon contrefait. — *Cass.*, 13 mai 1808, Morel. — Chauveau et Hélie, *Théorie du Code pénal*, t. 3, p. 244 ; Carnot, sur l'art. 140 C. pén., t. 1er, p. 452, no 6.

180. — L'individu déclaré coupable d'avoir contrefait des poinçons du bureau de garantie ne doit pas seulement être condamné au maximum de la peine des travaux forcés prescrite par l'art. 140 C. pén., mais encore à l'amende. — *Cass.*, 14 déc. 1827, Leguery.

181. — Le fait d'appliquer sur un ouvrage d'or ou d'argent à bas titre une marque réservée par le bureau de garantie pour des matières d'un titre plus élevé, ne saurait constituer ni la contrefaçon d'un poinçon ni l'usage d'un poinçon faux. Les dispositions de l'ordonnance du 19 avril 1739, qui prévoyaient ce cas, n'ont point été reproduites par les lois nouvelles. — Fontaine, *Code des orfévres*, p. 61.

182. — D'après l'art. 141 du C. pén., est puni de la réclusion quiconque s'étant procuré de vrais poinçons ayant la même destination, en a fait une application ou un usage préjudiciable aux droits ou intérêts de l'Etat.

183. — Les amendes encourues pour contraventions aux lois sur la garantie des matières d'or ou d'argent ne peuvent pas être modérées en vertu de l'art. 463 C. pén., qui est sans application aux matières régies par des lois spéciales. — *Cass.*, 23 av. 1824, Colette.

Sect. 6e. — *Constatation et poursuite des contraventions.*

184. — En général, les contraventions aux lois sur la garantie des matières d'or et d'argent, sont constatées par un receveur et un contrôleur du bureau de garantie, accompagnés d'un officier municipal, qui se transportent dans l'endroit ou chez le contrevenant qui leur a été indiqué. Ils saisissent les faux poinçons, les ouvrages et lingots qui en seraient marqués, ou enfin les ouvrages achevés et dépourvus de marque qui s'y trouvent. Ils peuvent se faire assister, au besoin, par l'essayeur ou par un de ses agens. — L. 19 brum. an VI, art. 101, 105.

185. — Le droit de saisir des ouvrages d'or et d'argent achevés ou dépourvus de marque, n'est conféré, par la loi du 19 brum. an VI, qu'aux receveurs et contrôleurs des bureaux de garantie. En conséquence, le procès-verbal dressé par de simples préposés est nul. — L. 19 brum. an VI, art. 80 et 101. — Si la même loi autorise le ministre des finances à augmenter le nombre des employés à Paris et dans les communes populeuses, la faculté de verbaliser et de saisir ne peut être accordée qu'à ceux des employés qui auraient des commissions spéciales de receveur et de contrôleur. — L. 19 brum. an V, art. 36. — Le procès-verbal dressé par des employés qui n'ont prêté serment que postérieurement, est nul. — *Cass.*, 9 vendém. an VIII, Bauve ; même jour, Grivelet ; 21 vendém. an VIII, Chauffret.

186. — Par suite, le procès-verbal de saisie dressé par deux contrôleurs, mais en l'absence d'un receveur du bureau de garantie, doit être annulé, malgré le concours d'un inspecteur en mission, et alors d'ailleurs qu'aucun employé des contributions indirectes n'y a assisté. — *Nîmes*, 13 janv. 831, Acabat. — V. aussi Mangin, *Proc. verb.*, no 226, p. 385. — Cet auteur cite un arrêt inédit de la Cour de cassation du 17 août 1822, Contr. ind. c. Maubert. — V. cependant Trolley, *C. dr. adm.*, t. 3, no 7145, p. 87.

187. — Depuis la loi du 5 vent. an XII, les employés de la régie des droits réunis ont qualité pour rechercher les contraventions aux lois sur la garantie des matières d'or et d'argent, faire les visites et dresser procès-verbal. — *Cass.*, 17 vent. an XIII, Augé.

188. — Le décret du 28 flor. an XIII, en permettant aux employés des contributions indirectes de procéder eux-mêmes, en cette matière, ou concuremment avec ceux de la garantie, n'a nullement abrogé ni modifié les dispositions de la loi de brum. an VI, en ce qui touche les attributions de pouvoir données aux employés de la garantie. — *Nîmes*, 13 janv. 1831, Acabat.

189. — Mais les employés des contributions indirectes peuvent, en cette matière, dresser les procès-verbaux de contravention, sans l'assistance des employés des bureaux de garantie, nonobstant l'art. 101, L. 19 brum. an VI, à laquelle il a été dérogé par le décr. du 28 flor. an XIII. — *Cass.*, 26 janv. 1809, Van Rooy. — V. Merlin, *loc. cit.*, § 3, no 18. — De même que les employés du bureau de garantie peuvent agir sans l'assistance des employés des contributions indirectes.

190. — Les préposés des douanes, n'ayant reçu d'aucune loi le droit de constater les contraventions, en matière de garantie d'or et d'argent, les procès-verbaux par eux dressés de ces contraventions sont radicalement nuls et doivent être considérés comme non existans. — *Cass.*, 18 août 1827, Poncet. — Mangin, *Traité des procès-verbaux*, p. 388, n° 228.

191. — Jugé que les officiers de police judiciaire, et notamment les commissaires de police, ont le droit de constater et le ministère public celui de poursuivre d'office les contraventions à l'art. 74 de la loi du 19 brum. an VI, qui enjoint aux marchands de matières d'or et d'argent de tenir registre des objets de cette nature qu'ils achètent, ainsi que du nom et du domicile des vendeurs. — *Orléans*, 27 août 1845 (t. 2 1845, p. 334), Doublet; *Paris*, 6 mai 1829, Seillard. — V. cependant *Cass.*, 15 avr. 1829, Balguerie. — Mangin, *Procès-verbaux*, nos 10 et 228.

192. — En tout cas, les contraventions commises, en cette matière, par des marchands ambulans ou venant s'établir en foire, peuvent être constatées par les maires, leurs adjoints et les commissaires de police. — *Cass.*, 15 avril 1826, Balet.

193. — Les procès-verbaux dressés soit par les employés du bureau de garantie, soit par ceux des contributions indirectes, sont nuls, si ces employés ne se sont fait accompagner, dans leurs visites de surveillance, par le maire, l'adjoint ou le commissaire de police. — *Cass.*, 27 germ. an IX, Godard; 19 nov. 1807, Jourdain; 22 mai 1826, Lacoudraie.

194. — L'assistance d'un simple agent de police aux visites faites par les préposés des contributions indirectes, pour constater les contraventions aux lois sur la garantie des matières d'or ou d'argent, est insuffisante pour valider leur opération. — Les agens de police n'ont pas qualité pour remplacer les commissaires de police. — *Cass.*, 2 oct. 1818, Cusson; 12 juill. 1834, Blet.

195. — L'obligation imposée aux employés de se faire assister, dans leurs visites, par un officier municipal ou un commissaire de police, étant une mesure d'ordre et de police, il faut, à peine de nullité, que cet officier de police soit présent depuis le commencement jusqu'à la fin de la visite, surveille toutes les opérations et ne se retire qu'après la rédaction du procès-verbal. — *Cass.*, 12 juill. 1834, Blet.

196. — Néanmoins si le commissaire de police qui accompagne les employés des contributions indirectes est obligé, par suite d'ordre supérieur, de se retirer avant la rédaction du procès-verbal de la saisie pratiquée chez un contrevenant, il y a nécessité de renvoyer cette rédaction à un autre moment, et on ne peut faire résulter de ce retard un moyen de nullité fondé sur ce que ces sortes de procès-verbaux doivent être rédigés de suite et sans déplacement. — Même arrêt. — Mangin, *Traité des procès-verbaux*, p. 389, n° 229.

197. Les employés du bureau de garantie sont autorisés, par la nature même de leurs fonctions, à faire des recherches chez les orfèvres et bijoutiers, sans être assujettis aux mesures indiquées par l'art. 76 de la constitution de l'an VIII. — *Cass.*, 25 fruct. an XIII, Marseille.

198. — Ils peuvent faire des visites chez les prêteurs sur nantissement comme chez les fabricans et marchands d'or et d'argent. — L. 19 brum. an VI, art. 28. — *Paris*, 29 niv. an X, Trohé.

199. — Mais le refus fait par un prêteur sur nantissement de représenter aux préposés du bureau de garantie les objets d'or et d'argent en sa possession, n'est prévu par aucune disposition de loi et ne peut servir de base à aucune condamnation. — Un pareil refus autorise seulement les préposés à se pourvoir par les voies de droit à l'effet de se procurer l'ouverture des coffres et armoires du refusant. — Même arrêt.

200. — Les recherches ne peuvent être faites chez les particuliers qu'en se conformant à la constitution. — L. 19 brum. an VI, art. 106.

201. — Il est dressé, à l'instant et sans se déplacer, procès-verbal de la saisie et de ses causes, lequel contient les dires de toutes les parties intéressées et est signé d'elles. — Ce procès-verbal est remis, dans les dix jours, au procureur de la République; la poursuite doit être faite également dans le délai de dix jours. — *Ibid.*, art. 102.

202. — Les formalités prescrites pour la rédaction des procès-verbaux de contravention, en matière de garantie d'or et d'argent, doivent, en général, être observées, à peine de nullité. Ainsi, un procès-verbal est nul, s'il n'a pas été fait sans déplacement. — *Cass.*, 2 déc. 1824, Bélicard, *Douai*, 24 fév. 1832, Picard; *Cass.*, 1er août 1834, Moreaux. — Mangin, *Traité des procès-verbaux*; p. 389, n° 229.

203. — Les procès-verbaux de contravention, même rédigés par les employés des contributions indirectes, ne sont soumis, en cette matière, qu'aux formalités prescrites par la loi du 19 brum. an VI, et non à celles indiquées par le décret du 1er germ. an XIII. — En conséquence, ils ne sont pas soumis à la formalité de l'affirmation. — *Cass.*, 2 janv. 1806, Cailletel; 26 janv. 1809, Van Rooy; *Metz*, 9 août 1819, N... — V. Legraverend, t. 1er, p. 229; Merlin, *Rép.*, v° *Marque*, n° 19, Raybaud, *Garantie des matières d'or et d'argent*, p. 275.

204. — Par suite, ils ne peuvent pas être annulés pour omission de la mention, soit de l'administration à la requête de laquelle ils ont été dressés, soit de la personne chargée des poursuites. — *Cass.*, 18 avr. 1822, Maubert.

205. — ... Ni sur le motif que la copie délivrée au prévenu ne contient pas la signature apposée sur l'original par le commissaire de police qui a assisté à la visite des préposés de l'administration. — *Cass.*, 17 nov. 1808, Germain.

206. — En ordonnant que les procès-verbaux de saisie, en matière de garantie d'or et d'argent, soient remis dans les dix jours au procureur de la République, et que ce magistrat fasse ses diligences, dans les dix jours de ladite remise, la lo n'a eu pour but que l'accélération des poursuites, et n'a attaché à l'inobservation de ces délais, ni la peine de nullité, ni celle de la déchéance. — *Cass.*, 29 mai 1813, Pavie.

207. — Les poinçons, ouvrages ou objets saisis sont mis sous le cachet de l'officier municipal, des employés du bureau de garantie présens, et de celui chez lequel la saisie a été faite, pour être déposés, sans délai, au greffe du tribunal de police correctionnelle. — L. 19 brum. an VI, art. 103.

208. — Le procès-verbal est nul, si les objets saisis n'ont pas été mis sous le cachet de l'officier municipal qui a accompagné les employés dans leur visite. — *Cass.*, 2 déc. 1824, Bélicart; *Douai*, 24 fév. 1832, Picard; *Cass.*, 1er août 1834, Moreaux.

209. — Lorsque le procès-verbal constatant une saisie d'objets pour contravention aux lois sur la garantie des matières d'or et d'argent n'a été terminé qu'après l'heure de la fermeture du greffe où les employés étaient tenus de déposer les objets saisis, le prévenu ne peut se faire un moyen de nullité de ce qu'ils les ont réunis au domicile particulier du greffier sans en faire mention dans le procès-verbal et sans l'appeler à cette remise. — *Metz*, 3 sept. 1821, Gouguenheim.

210. — Le décret du 1er germ. an XIII, en autorisant la régie des droits réunis à poursuivre les contraventions relatives aux perceptions placées dans ses attributions, n'a point dérogé aux dispositions de la loi du 19 brum. an VI, qui ont chargé le ministère public de la poursuite des contraventions aux lois sur la garantie des matières d'or et d'argent. — L. 19 br. an VI, art. 102. — Ainsi, le droit de poursuivre les contrevenans appartient à l'administration des contributions indirectes et au ministère public, qui peuvent agir soit isolément, soit concurremment. — *Cass.*, 13 fév. 1816, Jarrin. — Merlin, *Rép.*, v° *Marque*, n° 24.

211. — Jugé, en conséquence, que le ministère public a qualité pour poursuivre d'office, et indépendamment de toute constatation préalable des employés du bureaux des garanties, les contraventions à l'art. 75 de la loi du 19 brum. an VI, qui enjoint aux marchands de matières d'or et d'argent de n'acheter que de personnes connues ou ayant des répondans à eux connus. — *Orléans*, 13 nov. 1839 (t. 2 1845, p. 333), Thioly.

212. — Mangin (*Traité des procès-verbaux*) dit que le ministère public est exclusivement chargé de la poursuite. M. Faustin Hélie fait remarquer que cette proposition est trop absolue, et que l'administration des contributions indirectes a également le droit d'exercer les poursuites. — C'est ce qui a été décidé, en effet, par la Cour suprême — 22 mai 1807, Bay. — Telle est aussi l'opinion de d'Agar (*Manuel du contentieux des contributions indirectes*, v° *Garantie*, p. 275) et de Merlin (*Rép.*, v° *Marque*, § 3, n° 23).

213. — Mais le ministère public ne peut poursuivre les contraventions à la loi du 19 brum. an VI que sur les procès-verbaux des employés de l'administration constatant ces contraventions. — L. 19 br. an VI, art. 102 et 105. — En conséquence, un tribunal ne viole aucune loi en s'abstenant de prononcer une condamnation à raison d'une contravention qui n'est constatée par aucun procès-verbal. — *Cass.*, 5 nov. 1825, Rattier; 15 avr. 1826, Babet; 18 août 1827, Poucet. — Mangin, *Traité de l'act. publ.*, t. 1er, p. 80, n° 42.

214. — En général, la procédure relative aux contraventions sur cette matière, se trouve réglée, non par le décr. du 1er germ. an XIII, mais par la loi du 19 brum. an VI, et par le C. d'inst. crimin. — *Cass.*, 9 juin 1809, Sègre.

215. — Du reste, l'existence des contraventions étant indépendante de la régularité des procès-verbaux, les tribunaux ne peuvent, en cas de nullité de ces procès-verbaux, rejeter les autres preuves qui existent et celles qui leur sont administrées. — C. instr. crim., art. 154. — *Spécialement*, lorsque des objets d'or ou d'argent saisis, pour défaut de poinçons, ont été déposés au greffe dans une boîte, avec toutes les précautions nécessaires, le tribunal saisi de la contravention ne peut pas, en cas de nullité du procès-verbal, refuser d'ordonner l'ouverture de la boîte et la vérification des objets saisis. — La preuve de la contravention étant acquise par les aveux du prévenu, la nullité du procès-verbal de saisie ne dispense pas le tribunal de prononcer la confiscation des objets d'or et d'argent non poinçonnés, trouvés chez un orfèvre, soit dans son appartement, soit dans sa boutique. — *Cass.*, 18 niv. an IX, Nesme; 17 vent. an XIII, Augé; 30 mai 1806, Combes; 5 sept. 1806, Monnier; 22 mai 1807, Cortassa; 17 nov. 1808, Dupuis; 20 août 1813, Oring; 2 oct. 1818, Cusson; 2 déc. 1824, Belicart; 12 juill. 1834, Blet; 30 déc. 1836 (t. 2 1837, p. 331), Belicart; *Metz*, 9 juill. 1821, Jacquot; *Nîmes*, 13 janv. 1831, Acabat. — Merlin, *Rép.*, v° *Marque*, § 3, n° 22; Mangin, n° 236, p. 401.

216. — Les procès-verbaux dressés par les employés à la surveillance de la garantie des matières et ouvrages d'or ou d'argent, font foi en justice jusqu'à inscription de faux. — *Cass.*, 17 déc. 1812, Libbertz; 25 févr. 1813, Holst; 27 août 1813, Mendert-Bart. — Merlin, *Rép.*, v° *Marque et Contrôle*, n° 20.

217. — Ainsi, lorsqu'un procès-verbal constate des faits caractéristiques de la profession de fabricant ou marchand d'or et d'argent, les juges ne peuvent méconnaître cette qualité sans violer la foi due au procès-verbal jusqu'à inscription de faux. — *Cass.*, 24 sept. 1830, Courtois; 27 août 1831, Glaton. — V. cependant Trolley, *C. de dr. admin.*, t. 3, n° 1146, p. 89.

218. — Lorsqu'il est constaté par un procès-verbal dressé régulièrement par les préposés des contributions indirectes qu'un individu patenté comme bijoutier à façon et porteur d'un grand nombre d'objets d'or et d'argent qu'il vendait, n'a pu représenter le registre qu'il devait avoir, et sur lequel il devait faire les inscriptions exigées par l'art. 74 de la loi du 19 brum. an VI, non plus que les bordereaux ordonnés par l'art. 94 de la même loi, des ouvrages d'or et d'argent dont il était porteur, le tribunal saisi de la connaissance de ce délit ne peut, sans méconnaître la foi due au procès-verbal, refuser de prononcer l'amende et la confiscation portées par la loi précitée (art. 80, 92, 94, 107), sous prétexte que le délinquant, n'étant pas marchand d'or et d'argent, n'était pas tenu de représenter le registre et les bordereaux exigés par cette loi. — *Cass.*, 5 févr. 1847 (t. 2 1847, p. 372), Corney.

219. — Lorsqu'il est établi par un procès-verbal régulier que les préposés du bureau de garantie ont trouvé entiers, chez un bijoutier, des ouvrages qui devaient être brisés aux termes de l'ordonnance de 1749, le tribunal ne peut se dispenser d'ordonner qu'ils seront brisés et rompus, sous le prétexte que, d'après un rapport d'experts, ils doivent être considérés comme rompus. — *Cass.*, 10 juin 1830, Seillard.

220. — Le tribunal doit condamner le bijoutier, à raison de la non-inscription sur ses registres des objets d'or ou d'argent par lui achetés, lorsque ce chef de prévention est formellement constaté par un procès-verbal, et qu'il a fait l'objet des conclusions prises au nom de l'administration des contributions indirectes, encore bien qu'il n'en ait pas été fait mention spéciale dans l'assignation. — *Cass.*, 17 sept. 1841 (t. 2 1840, p. 85), Palu.

221. — Mais, lorsque le procès-verbal des employés constate seulement qu'au moment de la saisie le prévenu n'a pas pu faire la preuve de l'inscription sur son registre de l'achat d'un objet d'or, le tribunal ne viole pas la foi due à ce procès-verbal en acquittant le prévenu, sur le motif que cette preuve a été faite postérieurement. — *Cass.*, 10 juin 1830, Seillard.

222. — Lorsqu'un procès-verbal des contributions indirectes articule que des boîtes de montres étaient terminées quand elles ont été soumises au contrôle, et n'avaient été dépolies que pour faire croire qu'elles étaient non achevées, l'administration et le ministère public ne peuvent être déclarés irrecevables à faire preuve des faits ainsi articulés, sous prétexte que le procès-verbal ne mentionnant pas que les boîtes étaient achevées et non marquées, les faits tels qu'ils sont exposés ne rendraient le marchand passible d'aucune peine. — *Cass.*, 6 mai 1842 (t. 1er 1842, p. 518), Meurgey-Salbreux.

223. — L'aveu fait par le prévenu dans un procès-verbal de saisie, que les objets saisis sont achevés, ne pouvant changer leur nature, ne met pas obstacle à la vérification qu'il plaît aux juges d'ordonner. — *Cass.*, 16 juill. 1824, Granger.

224. — Un tribunal peut, sans violer la foi due à un procès-verbal, ordonner une expertise à l'effet de vérifier si des ouvrages saisis comme non marqués étaient ou non terminés. — *Cass.*, 12 juin 1824, Bancalart ; 16 juill. 1824, Contributions indirectes c. Granger.

225. — Lorsque les tribunaux jugent à propos d'ordonner une expertise, en matière de garantie d'or et d'argent, ils ne sont obligés ni de la conférer à l'administration des monnaies, ni de se conformer à l'avis de cette administration. Leurs pouvoirs sont les mêmes que ceux conférés aux tribunaux civils par l'art. 323 C. proc. — *Cass.*, 12 juin 1806, Gueffier-Dubuisson ; 13 mars 1824, Chenal.

226. — Néanmoins les tribunaux qui ont à décider si des objets d'or peuvent ou non recevoir, sans détérioration, à raison de leur ténuité, l'application du poinçon de garantie, ne sont point tenus de recourir à une expertise préalable, et peuvent, par la simple représentation des pièces saisies, les déclarer sujettes à la dispense d'essai, s'ils se trouvent suffisamment éclairés par les débats. — *Cass.*, 7 mars 1845 (t. 2 1846, p. 320), Gary.

227. — Un tribunal contrevient à la loi en donnant mainlevée d'une saisie d'ouvrages d'orfèverie et de bijouterie montés en pierres, perles ou cristaux non revêtus des marques de garantie, sans qu'il ait été constaté que ces ouvrages ne sont pas susceptibles de les recevoir, sans détérioration, seul cas où la loi les dispense de cette marque. — *Cass.*, 4 sept. 1813, Lauzuc.

228. — En matière d'or ou d'argent, la connaissance d'une contravention résultant de la possession d'ouvrages marqués de faux poinçons appartient au tribunal de police correctionnelle du lieu où cette contravention a été constatée ; peu importe que le prévenu n'ait pas son domicile dans ce lieu, qu'il n'y ait pas été trouvé, et que le délit n'y ait été commis. — *Cass.*, 14 fév. 1840 (t. 2 1842, p. 604), Bernard.

229. — Les dispositions du décret du 1er germ. an XIII sont inapplicables à l'appel des jugemens correctionnels rendus en matière de garantie d'or et d'argent. Cet appel doit être formé par déclaration au greffe et non par exploit de notification, sous peine de déchéance. — *Cass.*, 9 juin 1809, Ségre.

230. — Aucune loi spéciale n'ayant déterminé la prescription relativement aux délits en matière de contributions indirectes, il y a lieu de se référer aux dispositions générales du Code d'instruction criminelle. — C. inst. crim., art. 638. — Lorsque la date du délit n'est pas précisée, et qu'il résulte des circonstances de la cause, spécialement, dans l'espèce, de la forme des couverts saisis, de l'altération des marques par suite du frottement et de l'usage, que la vente qui en a été faite a dû avoir lieu plus de trois ans avant les poursuites, la prescription doit être admise. — *Paris*, 26 avril 1837 (t. 1er 1837, p. 319), Lalady.

231. — Il ne peut être transigé avant jugement, sur les contraventions. — Décret 28 flor. an XIII, art. 1er.

232. — Mais une fois le jugement de condamnation rendu, le ministre des finances peut remettre ou modérer les amendes et confiscations encourues par les contrevenans. — Gérard, *Manuel des contrib. indir.*, n° 563, note 2.

MATIÈRE ORDINAIRE.

1. — C'est ainsi que l'on désigne la nature des affaires litigieuses qui, à raison de leur impor-

tance, doivent être instruites suivant les règles *ordinaires* du Code de procédure civile, et, dès-lors, admettent des écritures.

2. — Cette expression est employée par opposition à celle de *matière sommaire*, qui désigne une nature d'affaires dont l'instruction est plus simple et plus rapide. — V. **MATIÈRE SOMMAIRE**.

3. — Dans les affaires ordinaires, l'instruction est complète, en ce sens que les parties ont le droit de se signifier respectivement leurs moyens de défense dans des requêtes ou conclusions, motivées, tandis que, dans les affaires sommaires, le jugement est rendu sur un simple avenir.

4. — Le tribunal jouit lui-même d'une plus grande latitude. Il peut, s'il le juge utile, ordonner, après les plaidoiries, une instruction par écrit, faculté qui lui est refusée en matière sommaire.

5. — En matière ordinaire, le tarif alloue à l'avoué des émolumens à raison de chaque acte de son ministère. — Il n'en est pas ainsi en matière sommaire. — V. **TARIF**, art. 68 et suiv.

6. — L'instruction *ordinaire* est la règle. — L'instruction sommaire n'est que l'exception.

7. — Toute matière est donc ordinaire, lorsque la loi n'a pas formellement dit qu'il serait autrement. — V., au surplus, **MATIÈRE SOMMAIRE**.

MATIÈRE POLITIQUE.

V. **DÉLITS DE PRESSE ET DE PUBLICATION**, n° 556; **DÉLITS PÉRIODIQUES**, n° 83 et suiv.; **DÉLITS POLITIQUES**.

MATIÈRE SOMMAIRE.

Table alphabétique.

1. — On appelle matières sommaires les affaires qui à raison de leur nature ou de la modicité du litige réclament une instruction simple et peu coûteuse, ainsi qu'une décision rapide.

2. — Les autres affaires s'appellent *ordinaires*. — V. **MATIÈRE ORDINAIRE**.

3. — Dans certains cas, la loi recommande de juger *sommairement* une affaire ; mais il faut bien se garder d'en conclure que cette affaire soit nécessairement *sommaire*. Il est possible qu'elle soit, au contraire, *ordinaire*.

4. — L'intérêt de cette distinction consiste en ce que l'affaire ordinaire, bien que sommairement jugée, doit être taxée comme ordinaire et non comme sommaire. — V. *infra*.

5. — Du reste, les affaires sommaires sont susceptibles du second degré de juridiction comme les affaires ordinaires. — V. aussi **DEGRÉS DE JURIDICTION**.

6. — Enfin, remarquons qu'il n'y a de matières sommaires et de matières ordinaires que devant les tribunaux de première instances et les cours d'appel. En justice de paix et devant les tribunaux de commerce, le mode de procéder à l'instruction et au jugement d'une cause est le même dans tous les cas.

§ 1er. — *Caractère des affaires sommaires.* — *Énumération de ces affaires* (n° 7).

§ 2. — *Procédure en matière sommaire* (n° 153).

§ 1er — *Caractère des affaires sommaires.* — *Énumération de ces affaires.*

7. — Les règles tracées par le législateur pour l'instruction des procès sont d'ordre public. Il n'appartient donc pas aux parties d'y renoncer.

8. — On comprend dès lors combien il est intéressant de bien pénétrer des principes qui ont déterminé l'adoption de tel ou tel mode de procédure, puisque, selon que l'on s'y sera ou que l'on ne s'y sera pas conformé, le jugement sera valable ou nul.

9. — C'est en effet une règle constante qu'une cause sommaire ne peut être instruite comme ordinaire, et *vice versâ*. Le consentement que donneraient les parties à une transaction de ce genre n'aurait aucune valeur. — *Cass.*, 12 avr. et 2 août 1831, Ducarnoy c. Dupont et Fontenillot. — Rivoire, p. 304, n° 25; Carré, p. 21; Chauveau, *Tarif*, t. 1er, n° 44; Boucher d'Argis, v° *Affaires sommaires*, p. 13; Carré et Chauveau, Quest. 1478; Bioche, v° *Matière sommaire*, n° 39.

10. — Mais dans le cas où une affaire ordinaire en première instance s'est trouvée réduite, par l'effet de l'arrêt intervenu, aux proportions des matières sommaires, on doit néanmoins taxer les dépens comme en matière ordinaire, si l'affaire a été instruite comme telle. — *Amiens*, 12 juin 1841 (t. 2 1844, p. 462), Compagnie d'assurances c. Bontemps.

11. — Dans le doute sur le point de savoir si une affaire est ordinaire ou sommaire il convient de pencher pour la première solution, car l'article 404 C. proc. civ. est exceptionnel. — Berriat, *Procéd.*, p. 375; Sudrau-Desisle, p. 211, n° 696; Thomine, n° 455.

12. — Une circulaire ministérielle du 20 oct. 1820 recommandait aux tribunaux de déclarer dans leurs jugemens si la cause était sommaire ou ordinaire. Mais cette mesure n'est pas suivie, et bien à tort; car il en résulte pour le juge taxateur de grands embarras, et souvent pour les parties des frais, en ce que les oppositions à taxes sont plus fréquentes qu'elles ne devraient l'être si cette mention était faite exactement.

13. — D'après l'art. 11 du décret du 6 juillet 1810, les chambres des appels de police correctionnelle, pouvaient prononcer dans les causes sommaires au nombre de cinq juges, tandis que dans les mêmes causes, les arrêts ne pouvaient être rendus par les chambres civiles qu'au nombre de sept membres. Ces dispositions ont soulevé de nombreuses difficultés, auxquelles l'ordonnance du 24 nov. 1828 a mis fin, en décidant que les chambres correctionnelles des Cours royales seraient composées de sept membres au moins pour juger les matières civiles, et que les chambres prononceraient sur toute espèce de matières, sommaires ou préliminaires. — V. CHAMBRE CORRECTIONNELLE, n° 4; JUGEMENT, nos 414 et suiv.

14. — Le titre XXIV, part. Ire, liv. II du Code de procédure est consacré aux matières sommaires.

15. — L'art. 404, qui est le premier de ce titre, porte: Seront réputées matières sommaires, et justiciables comme telles: 1° les appels des juges de paix; — 2° les demandes pures personnelles, à quelque somme qu'elles puissent monter, quand il y a titre, pourvu qu'il ne soit pas contesté; — 3° les demandes formées sans titre, lorsqu'elles n'excèdent pas 1,000 fr. (1,500 fr. aujourd'hui); — 4° les demandes provisoires ou qui requièrent célérité; — 5° les demandes en paiement de logement, fermages et arrérages de rentes.

16. — Des modifications importantes ont été apportées à cet article par la loi du 11 avr. 1838. Nous les énoncerons en temps et lieux.

17. — L'art. 404 C. proc. civ. est démonstratif plutôt que limitatif. — *Cass.*, 29 avr. 1844 (t. 1er 1844, p. 636), Barbau c. Boulard.

18. — Quelques autres causes sont en outre déclarées sommaires par des dispositions spéciales. Nous les indiquerons *infrà*, nos 92 et suiv.

19. — *Appels des juges de paix.* — Quelle que soit la somme réclamée, quelle que soit la nature de l'affaire, la matière est sommaire, et par conséquent la taxe se fait comme en matière sommaire. — V. FRAIS ET DÉPENS.

20. — Ainsi, les appels de justice de paix sont sommaires, même lorsqu'il s'agit d'un jugement rendu au possessoire, et que le tribunal ordonne une nouvelle enquête, une descente des lieux. Les termes de la loi sont absolus et ne permettent aucune exception. — Boucher d'Argis, *De la taxe*, p. 32, n° 11.

21. — *Demandes pures personnelles.* — Nous avons déjà expliqué ce qu'on entend par une action pure personnelle; c'est celle par laquelle le demandeur prétend que le défendeur est obligé envers lui, soit par suite d'un contrat, soit par suite d'un délit. — V. ACTION, nos 70 et suiv.

22. — On n'a aucun égard à l'importance de la somme réclamée. Dès qu'il y a un titre non contesté, la cause est sommaire, parce qu'il est impossible qu'elle présente des difficultés sérieuses à résoudre.

23. — Mais si ces deux conditions du *titre* et de la *non-contestation du titre* ne se rencontrent pas, la cause est ordinaire; à moins toutefois que la somme ne soit inférieure au taux du premier ressort. — V. *infrà*.

24. — Remarquons que l'art. 404 ne parle que des affaires personnelles. Il laisse donc tout à fait en dehors les actions réelles. — V. *infrà*.

MATIÈRE SOMMAIRE, § 1er.

25. — Toutefois, de ce qu'une affaire est sommaire dans son principe, il ne s'ensuit pas qu'elle ne puisse pas devenir ordinaire par la suite. — Carré, *Taxe*, mat. sommaire, n° 3; Bioche, *eod.*, n° 3.

26. — Supposons, par exemple, que, sur une demande en paiement d'un billet, le défendeur fasse défaut; comme la demande n'est pas contestée, la matière est sommaire. Mais sur l'opposition, cette partie ne reconnaît pas l'écriture du billet. La matière devient ordinaire, parce que la demande est contestée. — Wervoort, p. 94.

27. — Autre exemple: La demande repose sur une créance reconnue. La matière est sommaire, mais le défendeur conclut reconventionnellement à ce que son adversaire soit condamné à lui payer une somme de 2,000 fr., créance qui ne repose pas sur un titre, ou dont le titre est méconnu. L'affaire devient ordinaire. — Chauveau et Carré, Quest., 1470.

28. — Néanmoins, c'est un principe incontestable que les demandes reconventionnelles en dommages-intérêts ne rendent pas une cause susceptible d'appel, lorsqu'elle ne l'était pas déjà et lorsque d'ailleurs les dommages-intérêts prennent leur source dans l'action principale elle-même. V. DEGRÉS DE JURIDICTION. — La Cour de cassation a fait l'application de ce principe aux matières sommaires, et à bon droit. — *Cass.*, 12 janv. 1831, Chabbert, Bely, Chauveau c Canecod. — V., au surplus, *infrà*.

29. — Il peut arriver encore qu'une affaire ne soit sommaire qu'à raison de l'urgence, et que l'urgence vienne à cesser. — Boucher d'Argis, *De la taxe*, v° *Affaire sommaire*, p. 34 et 35, n° 11.

30. — Le titre est réputé contesté toutes les fois que le demandeur ne reconnaît pas le titre bon et valable. Nous disons le *titre*, et non la demande; parce que le titre peut être reconnu sans qu'il en résulte une reconnaissance de régularité ou de légitimité de la demande.

31. — Ecoutons M. Mailher (*Bibliothèque du barreau*, 1re part., t. 3, p. 24 et 25). « Vous m'assignez en paiement d'une obligation de 2,000 fr. que vous prétendez avoir été souscrite par moi. Je conteste votre titre, c'est-à-dire j'offre de prouver que votre contrat est le résultat du faux, de la violence, du dol; j'offre enfin de prouver que votre droit n'a jamais existé; je n'oppose pas une exception directement à votre demande; je fais d'abord le procès directement à votre titre et si, par là, j'écarte votre demande, elle cessera évidemment d'être sommaire, lorsque d'ailleurs s'élevant à une somme supérieure à 1,000 fr. (1,500 fr. aujourd'hui), elle ne pourra rentrer dans la classe de celles qui sont rapportées au n° 3 de l'art. 404. — Conf., Carré et Chauveau, Quest. 1470; Pigeau, *Comm.*, t. 1er, p. 690; Favard, *Rép.*, v° *Mat. sommaire*, § 2; Rodière, n° 2, p. 260; Boucher d'Argis, p. 32, n° 12; Bioche, v° *Mat. somm.*, n° 5; Boitard, t. 2, p. 345-346. — *Contrà* Denisart, p. 246. — Cet auteur est d'avis que la contestation du titre ne devrait s'entendre que de ce qui appartiendrait à son essence: par exemple, des exceptions de dol, de fraude, de fausse cause, de simulation; et non des inscriptions de faux, ou de la vérification d'écriture.

32. — « Mais si, au lieu de combattre votre titre, j'oppose la prescription, des quittances, des compensations, alors je l'admets tacitement, j'en reconnais la légitimité, mais je vous oppose des exceptions qui tendent à anéantir l'objet de votre action. Or, cette contestation n'empêche pas que la demande soit sommaire: elle est purement personnelle; il existe un titre non contesté; les conditions de la loi sont remplies. » — Même auteur. — V. aussi Boucher d'Argis, p. 33, n° 2. — *Contrà*. Rodière, t. 2, p. 260.

33. — Il a été jugé, conformément à ce principe, que le titre était contesté 1° lorsque l'on soutenait qu'il était faux. — *Cass.*, 10 avril 1827, Brocard c. commune de Jasney.

34. — ... 2° Qu'il émanait d'un incapable. — *Cass.*, 9 avr. 1828, Dunoux c. Vauban.

35. — ... 3° Lorsqu'un acquéreur niait que le prix porté au contrat fût véritable, ou lorsque les parties n'étaient pas d'accord sur l'objet de la remise d'une procuration. — *Cass.*, 4 juin 1828, Garaux c. Duguzun.

36. — ... 4° Lorsque le défendeur niait l'existence même du titre que le demandeur prétendait avoir égaré. — *Cass.*, 4 juill. 1827, Tisserand c. Paillette.

37. — Au contraire, il n'y a pas contestation du titre, 1° si, au cours d'une saisie-brandon, la révision du contrat est demandée, pourvu que ce soit par d'autres moyens que ceux du dol et de la fraude. — *Cass.*, 13 nov. 1823, Lescheur.

MATIÈRE SOMMAIRE, § 1er.

38. — ... 2° Si le défendeur allègue qu'il est libéré par le fait d'un autre. — *Cass.*, 30 janv. 1827, Noclet c. Billeret. — Dans l'espèce, le débat portait sur la quotité de la créance; mais cette créance résultait d'un arrêt passé en force de chose jugée qui ne pouvait donner lieu à aucune contestation.

39. — ... 3° Ou si la partie à qui l'on oppose des quittances soutient que l'on commet un double emploi. — *Cass.*, 18 mars 1829, Henry c. Ligeret.

40. — *Demandes formées sans titre et n'excédant pas 1,500 fr.* — Il s'agit encore ici de demandes pures, personnelles seulement, ne reposant pas sur un titre.

41. — La loi du 11 avr. 1838 a introduit de graves modifications en cette matière. Elle porte, dans son article premier, que les tribunaux de première instance connaîtront en dernier ressort des actions personnelles et mobilières jusqu'à la valeur de 1,500 francs de principal, et des actions immobilières jusqu'à 60 francs de revenu déterminé soit en rentes, soit par prix de bail, et que *ces actions seront jugées comme matières sommaires.*

42. — D'une part, le taux du principal est donc élevé de 1,000 à 1,500 fr.

43. — De l'autre, les actions réelles qui jusque-là avaient été toujours réputées matière ordinaire, sont classées parmi les affaires sommaires, quand elles n'excèdent pas une valeur de 60 francs de revenu déterminé en rentes ou par bail. Nous reviendrons sur cette innovation.

44. — C'est la demande même qu'il faut consulter pour savoir si la cause est sommaire ou ordinaire. Ainsi, est ordinaire l'appel d'un jugement rendu en matière civile et réduisant au-dessous de 1,000 francs (1,500 francs aujourd'hui) une demande supérieure à cette somme, encore bien que ce jugement ait été signifié sans réserves. — *Cass.*, 10 août 1829, Birel c. Paté.

45. — Sous l'ancienne loi, c'était une question de savoir si les demandes qui n'excédaient pas 1,000 francs, mais qui étaient fondées sur un titre, étaient réputées matières sommaires *lorsque le titre était contesté*. L'affirmative était enseignée. — Ord. 1667. — Chauveau sur Carré, Quest. 1470 *bis*; Berriat, p. 373, note 4.

46. — Aujourd'hui toute controverse doit cesser sur ce point, puisque la nouvelle loi dispose que toutes les affaires en dernier ressort seront sommaires.

47. — Une autre question plus grave était celle de savoir si les demandes mixtes étaient sommaires, lorsqu'elles n'excédaient pas 1,000 francs. L'affirmative résultait, selon nous, de ce que l'art. 404 ne faisait aucune distinction; ses termes étaient généraux et s'appliquaient, par conséquent, à toutes les actions. — V. Praticien, t. 2, p. 224; Favard, v° *Mat. sommaire*; Chauveau, *Tarif*, t. 1er, p. 415, n° 19. — *Contrà* Denisart, p. 246, et Carré, Quest. 1471.

48. — *A fortiori*, sous l'empire de la nouvelle législation, cette doctrine doit-elle prévaloir, puisque l'art. 1er de la loi du 11 avril 1838 place sur une même ligne et les actions personnelles, et les actions réelles. La seule condition imposée en ce cas, pour que la cause soit sommaire, c'est qu'elle ne soit pas susceptible du second degré de juridiction.

49. — Au surplus, de ce qu'une affaire jugée en dernier ressort est toujours matière sommaire, on ne doit pas conclure *à fortiori*, que celle qui n'est jugée qu'en premier ressort soit toujours et nécessairement ordinaire.

50. — Sur ce point, l'art. 404 conserve toute son autorité, c'est-à-dire que l'action personnelle, à quelque valeur qu'elle puisse monter, sera toujours matière sommaire, si elle repose sur un titre non contesté, ainsi que nous l'avons dit *suprà* n° 26. — Benech, *Traité des trib. civils*, p. 318.

51. — Il n'est vrai qu'une cause susceptible du second degré est toujours et nécessairement matière ordinaire que lorsqu'il s'agit d'une action réelle.

52. — *Actions immobilières jusqu'à 60 francs de revenu.* — Ce n'est qu'autant que le revenu de l'immeuble n'excède pas 60 francs, que l'action réelle est réputée sommaire. — V. DEGRÉS DE JURIDICTION.

53. — En conséquence, il serait indifférent qu'il y eût titre et titre reconnu; car le § 1er de l'art. 404 ne concerne que les actions personnelles, et non les actions réelles.

54. — Déjà, sous l'ancienne loi, il avait été jugé 1° que, l'action dirigée contre un fermier, pour contravention à son bail, relativement à l'exploitation des terres, étant mixte de sa nature, la procédure n'était pas frustratoire, quoiqu'elle n'eût pas été faite sommairement. — *Orléans*, 13 mai 1819, Courtancleau c. Richon.

55. — ... 2° Que l'action en mainlevée d'une inscription hypothécaire étant mixte, les dépens auxquels elle donnait lieu devaient être taxés comme en matière ordinaire. — *Orléans*, 24 juin 1820, Chaumeron c. Laurent.

56. — *Demandes provisoires ou requérant célérité.* — Ces expressions ne sont pas synonymes. Une demande provisoire requiert toujours célérité, mais une demande qui requiert célérité n'est pas toujours provisoire

57. — Les demandes provisoires sont celles qui laissent le principal intact et pendant à juger. — Pigeau, t. 1er, p. 700.

58. — Telles sont les demandes en nomination de séquestre et les demandes en provision alimentaire formées au cours d'une instance.

59. — Jugé, par exemple, que les demandes en provision alimentaire par suite d'instance en divorce sont sommaires. — *Bruxelles*, 12 flor. an XII, Vanaecbrœck.

60. — Mais une demande *principale* en pension alimentaire n'est sommaire qu'autant qu'elle n'est pas susceptible d'être jugée en premier ressort, c'est-à-dire qu'autant qu'elle n'excède pas 1,500 fr. — Chauveau sur Carré, Quest. 1472; Rivoire, p. 293, n° 16. — V. ALIMENS, DEGRÉS DE JURIDICTION, JUSTICE DE PAIX. — Vainement opposerait-on qu'en enlevant aux tribunaux de première instance, pour l'attribuer aux juges de paix, la connaissance de cette sorte d'affaires, dans de certaines limites, la loi a implicitement reconnu qu'elles étaient urgentes, et que, pour cette raison, elles devaient être jugées le plus vite et avec le moins de frais possible. — Bioche, v° *Matière sommaire*, n° 14; Boucher d'Argis, *Taxe*, *ibid*. p. 36, n° 18; Carré, *Taxe civile*, p. 22. — V., au surplus, *infrà*.

61. — Lorsqu'une demande introductive d'instance a tout à la fois pour objet une provision et un principal ordinaire, l'instance sur le premier doit être instruite et jugée comme en matière sommaire, et celle sur le second comme en matière ordinaire. — Boucher d'Argis, v° *Mat. somm.*, p. 35, n° 14.

62. — Quant aux causes requérant célérité, il est impossible de les préciser. Aussi, le législateur s'en est-il rapporté, à cet égard, à la prudence des tribunaux. — *Rapp.* tribun Perrin, éd. Didot, p. 121.

63. — Toutefois, pour qu'une affaire requérant célérité soit sommaire, il faut que l'urgence procède de sa nature même et non d'un fait accidentel. — *Douai*, 7 déc. 1825, Delalleau c. Leroy. — Rivoire, p. 290, n° 3, v° *Sommaire*, n° 111; Chauveau, *Tarif*, t. 1er, p. 420, n° 28; Bioche, n° 11; — *Contrà* Boucher d'Argis, p. 35, n° 15.

64. — De même, la permission de citer à bref délai accordée par le président, sur la requête du demandeur, ne rend pas la cause sommaire, si elle est ordinaire par sa nature. — Rodière, t. 2, p. 260; Debelleyme, *Référés*, t. 1er, p. 92; Bioche, *loc. cit.*, n° 12; Boucher d'Argis, p. 31, n° 6.

65. — Mais la permission de citer à bref délai, ajoute M. Boucher d'Argis (*eod.*), est une présomption que la cause exigeait célérité. Il faut que le défendeur fasse juger par le tribunal qu'il n'y avait pas lieu à abréviation des délais.

66. — Dans tous les cas, on doit passer en taxe l'émolument de la requête présentée au président; car cette requête précède l'instance et n'en fait pas partie. Tel est aussi l'usage. — Chauveau, *Tarif*, t. 1er, p. 443, n° 50; Fons, p. 128, § 18; Carré, p. 29.

67. — On a considéré comme requérant célérité : 1° la demande en paiement de frais de garde. — *Cass.*, 28 mai 1816, Surugues c. Linon.

68. — ... 2° L'appel d'un jugement ordonnant la vente d'un mobilier de peu d'importance et sujet à dépérissement. — *Cass.*, 2 fév. 1831, Diverneresse c. Fargeux.

69. — L'urgence n'est pas moins manifeste dans les demandes en validité de saisie-gagerie ou saisie foraine, de saisie-revendication d'effets mobiliers dans le cas de dépôt, de déplacement de meubles par le locataire ou le fermier, ou dans le cas de vente d'effets mobiliers non payés, de perte ou de vol de meubles.

70. — ... 3° Un dommage en réparation d'un délit ou d'un quasi-délit.

71. — ... 4° Les demandes en résiliation de baux lorsqu'il s'agit d'expulser un locataire ou fermier qui commet des dégradations ou qui se refuse à livrer les lieux à son successeur. — *Cass.*, 27 juin 1810, Delelis c. Dubois.

72. — ... 5° La contestation élevée sur l'opposition à l'ordonnance d'*exequatur* d'une sentence arbitrale. — *Bordeaux*, 5 fév. 1830, Guérin c. Bigot. — V. aussi *Cass.*, 25 mars 1829, Cluzel.

73. — Les demandes en mainlevée d'opposition à mariage rentrent dans la même catégorie. Car l'art. 177 C. civ. veut que le tribunal de première instance prononce dans les dix jours, et l'art. 178 du même Code n'accorde aux juges d'appel qu'un délai pareil pour statuer sur le recours. — V. MARIAGE.

74. — Jugé encore que l'appel d'un jugement qui prononce la contrainte par corps requiert encore célérité. — *Cass.*, 22 janv. 1828, Voinchet c. Miclot.

75. — Dans le cas où l'avoué qui a reçu communication des pièces de la partie adverse ne les restitue pas, l'art. 192 C. procéd. civ. dit bien que l'incident sera réglé sommairement. On ne saurait en conclure que la matière est sommaire. — V. *infrà*. — Mais elle est sommaire par ce qu'elle requiert célérité. — V. COMMUNICATION DE PIÈCES.

76. — Les demandes à fin de défenses contre les jugemens mal à propos qualifiés en dernier ressort, ou dont l'exécution provisoire a été mal à propos ordonnée, hors les cas prévus par la loi, ainsi que toutes les demandes à fin d'exécution provisoire des jugemens non qualifiés ou mal à propos qualifiés en premier ressort, ou de ceux qui n'auraient pas prononcé l'exécution provisoire dans le cas où elle aurait dû être ordonnée, doivent encore être formées et jugées comme matière sommaire; plus que toutes autres, elles exigent une prompte décision. — Cod. procéd. civ., art. 457, 458 et 459. — *Tarif*, art. 148.

77. — En matière de reconnaissance et de vérification d'écriture, le demandeur est autorisé, par l'art. 193 C. procéd. civ., à donner un ajournement à trois jours. C'est encore parce que l'affaire est urgente. L'instruction sera donc sommaire. — V. VÉRIFICATION D'ÉCRITURE.

78. — *Demandes en paiement de loyers, fermages, et arrérages de rentes.* — Ici la loi ne distingue pas si la demande est susceptible ou non du second degré; l'importance du litige ne doit donc pas être prise en considération; l'affaire est sommaire, quelle que soit la somme réclamée.

79. — Mais en est-il de même si le bail est contesté, ou si l'on en demande la résiliation? Non. La loi n'a pas voulu déroger, en ce cas, aux principes ordinaires. — Rivoire, p. 292, nos 14 et 15, v° *Sommaire*, p. 111, n° 13; Chauveau, *Tarif*, t. 1er, p. 432; Rodière, t. 2, p. 261; Bioche, v° *Matières sommaires*, n° 16. — *Contrà* Boucher d'Argis, p. 36, n° 16.

80. — Ce que nous venons de dire des demandes en paiement de loyers, s'applique à la demande en paiement d'arrérages et de rentes.

81. — Jugé cependant : 1° que par cela qu'un opposant à un commandement en paiement d'arrérages de rentes s'est prévalu de la novation, il ne s'ensuit pas que l'affaire cesse d'être ordinaire et que, par suite, elle n'ait pu, avant l'ordonnance de 1828, être jugée par la chambre correctionnelle. — *Cass.*, 30 nov. 1829, Delafaye c. Sonnault.

82. — ... 2° Qu'il importe peu qu'il soit nécessaire, par suite des contestations, de se livrer à l'appréciation de l'acte constitutif de la rente. — *Cass.*, 18 janv. 1830, Sacriste c. Baritaud.

83. — Par analogie, au surplus, nous admettons que les demandes en paiement d'arrérages de pensions sont sommaires. — Boucher d'Argis, *Cod.* n° 18; Bioche, *Cod.* n° 17.

84. — Nous avons dit que l'art. 404 ne contenait pas une énumération complète des causes sommaires; mais comment reconnaître celles des causes auxquelles cette qualité appartient? Souvent la loi emploie des expressions équivalentes et plus ou moins significatives. — Voici le moyen : L'essence des matières sommaires est d'être instruites *sans écritures*. En conséquence, s'il résulte du texte particulier de la loi que la procédure doive être orale, la matière sera sommaire, bien que la loi ne l'ait pas expressément dit. — Chauveau *sur* Carré, Quest. 1473.

85. — Nul doute, par exemple, que la matière ne soit sommaire si la loi dit que la cause sera instruite comme matière sommaire, ou bien encore lorsqu'elle dit qu'elle le sera sans procédure, ou sur un simple acte de procédure.

86. — Mais on rencontre souvent cette expression : *La cause sera jugée sommairement;* cela ne veut pas dire autre chose sinon que la cause sera jugée avec célérité, c'est-à-dire sur simple plaidoirie et sans qu'une *instruction écrite* puisse être ordonnée (V. INSTRUCTION PAR ÉCRIT). On ne saurait en conclure que l'affaire doive être réputée *sommaire* et taxée comme telle.

87. — S'ensuit-il que si un incident s'élève au cours d'une instance *sommaire* il doive être taxé comme matière ordinaire, par cela seul que la loi se sera bornée à dire que cet incident sera jugé *sommairement?* Non, car l'accessoire suit le sort du principal. — Boucher d'Argis, p. 16, 17 et 18.

88. — Ainsi jugé à l'égard d'une demande en péremption d'instance. — *Bruxelles*, 15 juin 1822, Criquillon c. Martiny.

89. — Toutefois, cette solution est controversée. D'une part, on veut que les mots : *Juger sommairement* soient synonymes de ceux-ci : *Juger comme en matière sommaire.* — Carré, *Taxe*, p. 10; Thomine, t. 1er, p. 325; Boitard, t. 2, p. 355. — D'autre part on soutient que tous les incidens et exceptions doivent être taxés comme matière ordinaire, toutes les fois que la loi s'est bornée à dire qu'ils seraient jugés sommairement. — Carré et Chauveau, Quest. 1474 et 1475; Demiau, p. 297; Berriat, p. 375; Chauveau, *Comm. Tarif*, t. 1er, p. 417, n° 23; Rivoire, p. 285; Boncenne, t. 1er, p. 596, et t. 3, p. 264; Rauter, *Proc.*, p. 276.

90. — Ni l'un ni l'autre de ces systèmes ne doit donc être admis : le premier, parce que les termes de la loi ne présentent aucune équivoque, et que l'on s'explique très-bien qu'une cause puisse être sommairement jugée, sans qu'elle soit sommairement instruite; le second, parce qu'il y aurait anomalie à ce qu'une procédure ordinaire vînt entraver le cours d'une affaire sommaire. Il est vrai que le décret du 2 juill. 1812 (art. 75, 117 et suiv.) autorise des écritures dans certaines affaires qui doivent être jugées sommairement, mais c'est là une allocation exceptionnelle, qui ne change pas la nature de l'affaire, et d'ailleurs le tarif ne règle que le coût des actes.

91. — Cependant deux arrêts viennent à l'appui du premier système. — *Grenoble*, 20 mai 1817, N..., et 6 mars 1821, Alker c. Offaud. — Le second a été adopté par les arrêts suivans : *Paris*, 25 mai 1808, Setvas c. Burgraff; *Limoges*, 3 fév. 1819, N...; *Aix*, 21 janv. 1831, Gonnelle c. Bedoc.

92. — Sont réputées sommaires, en vertu des dispositions spéciales de la loi : 1° les demandes formées contre les experts après le dépôt de leurs rapports. — C. proc., 320. — V. EXPERTISE.

93. — ... 2° Les réceptions de caution. — C. proc., art. 521 et 832. — V. CAUTION et SURENCHÈRE.

94. — ... 3° Les liquidations de dommages-intérêts. — C. proc., art. 523, 524; *Tarif*, 71 et 142. — V. DOMMAGES-INTÉRÊTS, nos 203 et suiv.

95. — ... 4° Les revendications de meubles saisis. — *Cass.*, 15 janvier 1828, Daligre c. Cailletate. — V. SAISIE-EXÉCUTION, SAISIE-GAGERIE.

96. — Quant aux demandes en nullité ou en validité d'opposition aux saisies-exécutions, ainsi que les demandes en nullité de ces poursuites, la loi ne s'en est pas occupée.

97. — On distingue le cas où il s'agit d'une opposition formée au commandement et celui où l'opposition a été formée à la saisie.

98. — Dans le premier, l'affaire ne requiert pas célérité; elle se trouve donc soumise aux règles générales. Si donc le commandement comprend une somme inférieure à 1,500 fr., la cause est sommaire; elle est, au contraire, ordinaire, si le montant du commandement excède 1,500 fr. et si le titre est contesté. Le titre n'est-il pas contesté, peu importe que la somme dépasse le taux du dernier ressort. — Enfin, on se rappellera qu'il ne faut avoir aucun égard au chef des dommages-intérêts, réclamés dans la demande, si ces dommages-intérêts ont pour cause le commandement lui-même. — V. *suprà* n° 30. — V. SAISIES.

99. — Dans le second cas, la main de justice s'est appesantie sur le débiteur. Il y a des frais de garde à solder, puis le saisi ne peut disposer de ses meubles exposés au dépérissement. On doit donc considérer la cause comme requérant célérité, et à ce titre elle est sommaire. — *Cass.*, 13 nov. 1823, Pescheur. — Boucher d'Argis, p. 37, n° 19.

100. — ... 5° Les appels des ordonnances de référé. — C. proc., art. 809. — V. RÉFÉRÉ.

101. — ... 6° Les demandes en élargissement. — C. proc., art. 805.

102. — ... 7° Celle en compulsion. — C. proc., art. 847. — V. COMPULSOIRE.

103. — ... 8° Les contestations incidentes aux poursuites de saisie de rentes constituées. — C. proc. civ., art. 650-665. — V. SAISIE DE RENTES CONSTITUÉES.

104. — ... 9° Les demandes en validité ou en mainlevée d'une opposition à un avis de parens, lorsqu'il s'agit de la destitution ou des exclusions du tuteur. — C. civ., art. 449.

105. — Cette solution est-elle applicable aux autres cas? Non, parce que l'art. 844 C. procéd. ne dit pas, comme l'art. 449 précité, que l'affaire sera poursuivie et jugée comme affaire urgente, mais énonce simplement qu'elle sera jugée sommairement. — Chauveau, *Tarif*, t. 1er, p. 415, n° 21. — *Contrà* Boucher d'Argis, p. 41, n° 34. — V., au surplus, CONSEIL DE FAMILLE, nos 179, 222 et suiv.

106. — ... 10° Les contestations élevées sur l'admission d'une créance, en matière de faillite renvoyées devant le tribunal civil. — C. comm., art. 500. — V. FAILLITE.

107. — ... 11° Les appels des jugemens rendus en matière commerciale, même lorsqu'ils sont attaqués pour cause d'incompétence. — *Cass.*, 9 févr. 1813, Pescheur c. Launay.

108. — Peu importe que les jugemens soient rendus par un tribunal civil, pourvu que la cause soit commerciale. — *Cass.*, 28 févr. 1829, Noirot c. Daguener. — V., au surplus, *Cass.*, 18 mars 1829, Chambon c. Valladé; 10 décemb. 1828, Abeille c. Sollard.

109. — ... Ou par un tribunal arbitral. — *Bordeaux*, 23 août 1827, Doterat c. Lesueur. — L'appel d'un jugement arbitral statuant sur la liquidation d'une société de commerce, doit être instruit et jugé comme matière sommaire. — *Cass.*, 29 avril 1844 (t. 1er 1844, p. 636), Barbau c. Boulard.

110. — ... Et qu'il s'agisse de la nullité d'un concordat. — *Cass.*, 12 déc. 1827, Guilion c. Michoud.

111. — ... Ou d'une demande en nullité de cession de créances et de vente d'immeubles opérées dans les dix jours précédant la faillite. — *Cass.*, 13 juill. 1830, Gaillard c. Ponat.

112. — ... Ou bien encore qu'en première instance l'affaire ait été instruite comme une affaire purement civile. — *Cass.*, 24 juin 1829, Plossard c. Solhier.

113. — ... 12° Les affaires qui s'engagent à propos de domaines et rentes cédés aux hospices par le gouvernement. — *Limoges*, 13 mai 1828, Blanchard c. hospices de Limoges.

114. — ... 13° Les contestations élevées entre les divers prétendans à l'indemnité accordée aux émigrés, à moins qu'il ne surgisse une question d'état. — V. ÉMIGRÉS.

115. — ... 14° Les contestations renvoyées devant les tribunaux dans les cas prévus par l'art. 7 de la loi du 30 avr. 1826, sur la répartition des indemnités en faveur des anciens colons de Saint-Domingue, sauf le cas où il s'élève une question d'état. — L. 21 avr. 1826, art. 12. — V. SAINT-DOMINGUE.

116. — Les actions civiles intentées par les communes ou contre elles relativement à leurs chemins communaux ou vicinaux, soit qu'il s'agisse de la propriété de ces chemins, soit qu'il s'agisse de leur ouverture et redressement, quel qu'ait pu être en raison du litige le mode d'instruction suivi par les parties. — *Bourges*, 19 juin 1840 (t. 2 1841, p. 125), Baudron c. commune de Pougny. — V. CHEMINS VICINAUX.

117. — Il est vrai que l'art. 20 de la loi du 21 mai 1836 n'est relative qu'aux chemins vicinaux, mais il y a même raison à l'égard des chemins communaux. — Boucher d'Argis, p. 41, n° 38.

118. — Les demandes en nullité de vente d'animaux domestiques. — L. 20 mai 1838, art. 6. — V. VICES RÉDHIBITOIRES.

119. — *Quid* en matière de distribution par contribution? — V. DISTRIBUTION PAR CONTRIBUTION, nos 176 et suiv. — ..... ou d'ordre? — V. ORDRE.

120. — Les demandes en validité de saisie-arrêt sont des demandes purement personnelles, soumises aux principes généraux; c'est-à-dire que si la saisie a été formée pour une somme n'excédant pas 1,500 fr., la matière est sommaire; qu'elle est également sommaire, si le titre n'est pas contesté; quel que soit le chiffre de la saisie. Sinon, c'est-à-dire si le chiffre de la saisie excède 1,500 fr., et que le titre soit contesté, la matière est ordinaire. — Boucher d'Argis, p. 18.

121. — Ce caractère d'urgence n'est pas, en effet, toujours attaché à toute demande en validité de saisie-arrêt, de manière qu'une pareille demande doive, dans tous les cas, être jugée comme cause sommaire. — *Cass.*, 10 août 1829, Bizel c. Paté; *Paris*, 25 mai 1808, Selves c. Augraff; *Rennes*, 2 oct. 1813, N... — Carré et Chauveau, Quest. 1474; Berriat, p. 374, n° 7. — V. aussi Roger, *Saisie-arrêt*, n° 528; Chauveau, *Tarif*, t. 2, p. 425, n° 30; Mansion, *Biblioth. du barreau*, v° *Part*, t. 3, p. 47; Bioche, n° 34.

122. — A l'égard des demandes en mainlevée d'inscription, ce ne sont jamais que des demandes pures personnelles et mobilières, bien que l'inscription donne souvent lieu à une action réelle de la part du créancier. — La raison en est que le litige porte sur la somme inscrite, et non sur l'immeuble. On a décidé en conséquence que l'affaire est sommaire si le montant des inscriptions n'excède pas 1,500 fr. — *Orléans*, 27 mai 1836, Dutarel c. Ballot; *Caen*, 13 nov. 1839 (t. 1er 1840, p. 664), Bidel c. de La Bruyère; *Orléans*, 5 janv. 1844 (t. 1er 1844, p. 218), Marcel c. Belot.

123. — Les demandes en partage de succession, communauté et société, celles en partage ou licitation d'immeubles indivis (C. civ., art. 823, 838, 1476, 1872, et C. proc. civ., art. 966), sont réputées sommaires par divers auteurs, et notamment par M. Boucher d'Argis (p. 28 et 29, n° 3); et Carré (p. 416, n° 793). — Ils se fondent : 1° sur les termes de l'art. 823 C. civ., qui veut qu'entre cohéritiers le tribunal prononce comme en matière sommaire; — 2° sur les observations du tribunat à propos de l'art. 823; 3° sur le rapport de M. Siméon au Corps législatif. — V. *Exposé des motifs*, t. 4, p. 251. — *Cass.*, 25 mars 1829, Cluzel.

124. — Toutefois, ce système a été repoussé par les arrêts suivans : *Cass.*, 9 mai 1827, Barde c. François; 18 mars 1828, Darrieu c. Berrié; 15 déc. 1829, Roux c. Merle; 14 juill. 1830, Fedar c. Merle; *Bourges*, 6 avril 1841 (t. 1er 1842, p. 658), Aladenize. — Chabot, *Successions*, t. 3, p. 104, n° 1er; Vazeille, *Successions*, art. 823; Bioche, n° 59. — La Cour suprême distingue entre le cas où la contestation porte sur le fond, par exemple sur la qualité des parties, sur la validité des contrats de vente contenant des avantages indirects, sur les rapports à faire par les copartageans, sur la réduction des dispositions excessives, et celui où la difficulté n'a trait qu'à la forme, au mode du partage, ou même lorsque la difficulté roule sur la nécessité ou la possibilité actuelle du partage.

125. — Enfin, deux auteurs soutiennent même qu'il n'y a pas lieu de distinguer et que, malgré les termes de l'art. 823 C. civ., ces demandes sont ordinaires. — En effet, le Code civil ne peut être d'aucune autorité en matière de procédure; il a été promulgué avant le Code de procédure, dont l'art. 1041 a abrogé toutes lois, coutumes, usages et règlemens sur la procédure. Cela est si vrai, que ce Code a consacré un titre spécial aux procédures en partage, et l'on n'y voit pas reproduite cette expression de l'art. 823 : *le tribunal prononce comme en matière sommaire.* Il y a plus, le titre 7 du Code de procéd. civ. prescrit des actes que le décret de 1807 (art. 10, § 3, du *Tarif*) tarife comme actes ordinaires. — Chauveau, *Tarif*, t. 1er, p. 443, n° 43; Sudraud-Desiles, p. 240, n° 772. — V. PARTAGE.

126. — Aux termes de l'art. 1872 *bis*, les règles concernant les partages de succession sont communes aux partages entre associés. — *Cass.*, 9 mai 1827, Barcle c. François.

127. — Il est d'usage, à Paris, d'allouer la taxe ordinaire, en conformité de l'instruction publiée en 1808 et 1831, par la chambre des avoués du tribunal de la Seine, nos 743 et 794.

128. — En matière de saisie immobilière, l'art. 718 C. procéd. civ. exige que toute demande incidente à la poursuite soit formée par un simple acte, sinon par exploit, sans qu'il y ait lieu au préliminaire de conciliation, ni à l'augmentation à raison des distances, si ce n'est dans le cas de l'art. 726. Enfin l'affaire est instruite et jugée comme matière sommaire. — V. SAISIE IMMOBILIÈRE.

129. — Le tarif du 10 oct. 1841, relatif aux ventes judiciaires, ajoutant à la loi du 2 juin 1841, dispose aussi que tous les incidens des ventes judiciaires seront taxés comme en matière sommaire (art. 17, § 2). Quelle est la portée de cette disposition? — V. SURENCHÈRE, VENTE JUDICIAIRE.

130. — Quant aux demandes de reddition de comptes, V. REDDITION DE COMPTES.

131. — En matière d'expropriation pour cause d'utilité publique, une procédure particulière a été prescrite par la loi du 7 juill. 1833, et une ordonnance spéciale du 18 sept. 1833 a réglé la taxe des dépens. Toute la procédure est sommaire. — V. EXPROPRIATION POUR UTILITÉ PUBLIQUE.

132. — Sous l'ancienne législation, on jugeait de même que les demandes en expropriation pour cause d'utilité publique, étant sommaires, pouvaient être jugées par la chambre des appels de police correctionnelle. — *Besançon*, 12 mars 1826, N....

133. — L'art. 147 du *Tarif* (chap. 3, Avoués de la Cour d'appel) dispose que dans des demandes de condamnation de frais d'un avoué contre sa partie, il ne sera alloué que moitié du droit fixé pour les matières sommaires. On en a conclu que les demandes des officiers ministériels contre les parties pour lesquelles ils ont occupé étaient sommaires. — Boucher d'Argis, p. 31, n° 5; Sudraud-Desiles, p. 169, n° 559; Bioche, v° *Matière sommaire*, n° 31.

134. — Sur ce point, nous pensons différemment. Le tarif règle les droits dus aux officiers ministériels et non la nature des affaires. Ce n'est d'ailleurs que les avoués de cour d'appel que la disposition de l'art. 147 concerne; comment l'étendre aux avoués de première instance? comment l'étendre surtout aux huissiers?

135. — Mais s'il s'agit d'une opposition à taxe, l'incident est sommaire. — Arg., art. 6; décret 16 fév. 1807. — Carré, p. 164 et 165, v° *Sommaire*, p. 119, n° 55; Bioche, n° 82. — *Contrà* Chauveau, *Tarif*, t. 1er, p. 395, n° 23. — Cet auteur prétend que l'incident n'est sommaire qu'autant que la cause l'est elle-même.

136. — La demande intentée par des arbitres forcés en paiement de leurs déboursés dans la contestation qu'ils ont jugée, constitue une affaire sommaire. — *Cass.*, 17 nov. 1830, Constant c. Barbot. — La contestation portant sur l'exécution d'une sentence rendue en matière de commerce, et sur l'opposition à la taxe des dépens, rentrait, sous ce double rapport, dans la classe des matières sommaires.

137. — D'après l'art. 35, § 4 L. 19 avr. 1831, sur les élections à la Chambre des députés, le recours contre la décision du préfet est jugé sommairement, et sans qu'il soit besoin du ministère de l'avoué. — V. ÉLECTIONS LÉGISLATIVES, nos 1062 et suiv.

138. — Il en est de même à l'égard des contestations élevées dans les autres matières électorales. — V. ÉLECTIONS DÉPARTEMENTALES, nos 448 et suiv.; ÉLECTIONS MUNICIPALES, n° 712.

139. — Il nous reste à indiquer les incidens de ces exceptions qui sont susceptibles d'une instruction sommaire ou ordinaire, selon que la cause principale est elle-même sommaire ou ordinaire.

140. — Ce sont : 1° l'exception de caution *judicatum solvi*. — C. proc. civ., art. 166. — V. CAUTION JUDICATUM SOLVI.

141. — ... 2° Celle en nullité des actes de procédure. — C. proc. civ., art. 173. — V. NULLITÉ.

142. — ... 3° La demande en renvoi. — C. proc. civ., art. 168. — V. INCOMPÉTENCE.

143. — ... 4° L'exception du délai pour faire inventaire et délibérer. — C. proc. civ., art. 174. — V. DÉLAI POUR FAIRE INVENTAIRE.

144. — ... 5° L'exception de garantie. — C. proc. civ., art. 180. — V. GARANTIE.

145. — ... 6° Celle en communication de pièces. — C. proc. civ., art. 188 et 190. — V. COMMUNICATION DE PIÈCES.

146. — ... 7° La demande afin d'être autorisé à faire une enquête, et celle en prorogation d'enquête. — C. proc. civ., art. 252 et 279. — V. ENQUÊTE.

147. — ... 8° Les incidens sur les reproches des témoins. — C. proc. civ., art 287.

148. — ... 9° Les incidens sur la récusation des experts. — C. proc. civ., art. 311. — V. EXPERTISE.

149. — ... 10° Les demandes incidentes. — C. proc. civ., art. 337. — V. INCIDENT.

150. — ... 11° Celles en reprise d'instance et constitution de nouvel avoué. — C. proc. civ., art. 346, 348. — V. REPRISE D'INSTANCE.

151. — ... 12° Les incidens prévus par les art. 387 et 391 C. proc. civ. — V. RÉCUSATION.

152. — ... 13° Les demandes en péremption d'instance. — C. proc. civ., art. 400. — V. PÉREMPTION D'INSTANCE.

§ 2. — *Procédure en matière sommaire.*

153. — Ce n'est qu'au moment où la cause est portée à l'audience que la procédure est simplifiée.

154. — Il y a donc lieu au préliminaire de conciliation, à moins qu'on ne se trouve dans un cas d'exception prévu par la loi. — Carré et Chauveau, Quest. 147; Thomine, t. 1er, p. 624; Boitard, t. 2, p. 352; Bioche, n° 40. — V. CONCILIATION.

155. — Les parties se doivent communication des pièces dont elles font usage. — V. COMMUNICATION DE PIÈCES.

156. — Elles doivent également faire la communication au ministère public dans les mêmes circonstances que pour les causes ordinaires. — V. COMMUNICATION AU MINISTÈRE PUBLIC.

157. — Du reste ces affaires sont jugées à l'audience, après les délais de la citation échus, par un simple acte, sans autre procédure ni formalités. — C. proc., art. 405.

158. — *Sur un simple acte :* c'est-à-dire sur un acte d'avoué contenant avenir.

159. — Il est d'usage, toutefois, de signifier un simple acte de conclusion en demande et en réponse, bien que les art. 77 et 78 du C. proc. ne concernent que les *affaires ordinaires*. — On comprend qu'il importe à chacune des parties de connaître les moyens de l'autre. De cette façon le débat ne court pas risque de s'égarer. Les frais sont donc éminemment utiles. — Or, si ces conclusions sont utiles, le remboursement des avances est dû à l'avoué; mais l'art. 67 du tarif s'oppose à ce qu'il soit alloué le moindre émolument. — Thomine, t. 1er, p. 629; Chauveau et Carré, Quest. 1473; Bioche, n° 44; Demiau, p. 297; Favard, v° *Mat. somm.*, n° 6.

160. — Il n'y a d'exception : 1° que pour les demandes incidentes et les interventions qui peuvent être formées par une requête qui ne doit contenir que les conclusions motivées, porte l'art. 405 C. proc.

161. — Ce mot *requête* est impropre sous un certain point de vue : en ce sens qu'il donne à penser au premier abord qu'il s'agit d'une véritable requête *grossoyée*, et cependant un simple acte de conclusions doit seulement être signifié; mais comme il est adressé au tribunal, on comprend qu'on l'ait appelé *requête*.

162. — La preuve qu'il en est ainsi, c'est que l'art. 67 du premier tarif n'alloue aucun émolument pour la requête. Les déboursés seuls sont dus. Or on n'aurait autorisé la signification d'une requête grossoyée qu'autant que l'on eût accordé à l'avoué la rétribution de sa peine.

163. — La requête contient les nom, prénoms, profession et domicile de la partie qui intervient, et de plus constitution d'avoué.

164. — ...Dans le cas où un jugement par défaut ayant été obtenu, la partie défaillante y forme opposition.—C. proc., art. 160, 162.—V. JUGEMENT PAR DÉFAUT.

165. — Est-il permis de répondre aux conclusions d'intervention ou incidentes? La négative résulte énergiquement de la défense contenue en l'art. 405 précité.—Pigeau, *Procédure*, t. 1er, p. 394 et 397; Carré et Chauveau, Quest. 1479; Favard, t° 6; Hautefeuille, p. 214; Berriat, p. 375; Bioche, t° 44; Boucher d'Argis, p. 42, n° 44. — *Contra* Demiau, p. 297. — V. INCIDENT, n° 21.

166. — En ce qui touche la plaidoirie, aucune dérogation n'est apportée aux principes ordinaires. — V. DÉFENSE.

167. — L'instruction par écrit ne peut être ordonnée par le tribunal. — V. INSTRUCTION PAR ÉCRIT, n°s 15 et 16. — L'affaire plaidée, le jugement est rendu sommairement.

168. — Mais il en est autrement d'un délibéré sur rapport. Un tribunal a toujours le droit de s'éclairer par l'examen des pièces.—V. DÉLIBÉRÉ, n°s 5 et 6.

169. — Le tribunal ordonne toutes les mesures qu'il croit utiles à la découverte de la vérité, une expertise, une enquête, une comparution.

170. — Toutefois des formes plus simples sont dans ce cas suivies pour l'enquête; des témoins sont entendus à l'audience. — V. ENQUÊTE, n°s 1036 et suiv.

171. — Les jugemens contiennent la liquidation des dépens. — V. FRAIS ET DÉPENS.

172. — Ils sont levés et signifiés comme en matière ordinaire. — V. JUGEMENT.

173. — On y voit que les avoués n'ont en général droit à d'autres émolumens qu'à ceux de l'obtention du jugement et de la rédaction des qualités. — V. TARIF.

174. — Les affaires sommaires peuvent être jugées pendant les vacations. — V. TRIBUNAUX, VACATIONS.

175. — Avant l'ordonn. du 24 septemb. 1828, la connaissance des affaires sommaires seulement était attribuée, par le décret du 6 juill. 1810, aux chambres des appels de police correctionnelle; leur incompétence pour le jugement des affaires non sommaires étant absolue. — *Cass.*, 29 avril 1844 (t. 1er 1844, p. 636), Barbau c. Boulard. — V. TRIBUNAUX.

MAUVAISE FOI.

1. — La mauvaise foi ne se présume pas, c'est à celui qui l'allègue à la prouver. — *Bruxelles*, 21 oct. 1829, syndicat d'amort. c. Declercq.

2. — Il y a toutefois exception en matière de cession de biens. — V. DONNE FOI, FOI, CESSION DE BIENS, COMPTE RENDU, DÉNONCIATION CALOMNIEUSE, DOMMAGES-INTÉRÊTS, DONATION ENTRE-VIFS, FRAUDE, FRUITS, POSSESSION, PRESCRIPTION, RÉPÉTITION.

MAUVAIS GRÉ.

On entend par *mauvais gré* ou *haine de cense* un usage introduit en matière de baux ruraux, et qui consiste en ce que le fermier sortant défend au propriétaire de louer le bien à d'autres locataires, à moins que le fermier entrant ou le propriétaire lui-même n'obtiennent, *de bon gré*, par un sacrifice pécuniaire, le consentement au *départ* du premier. Cet usage, dont la mise en pratique est souvent l'origine de violences et de désordres, paraît être encore en vigueur en Belgique et même, en France, dans le département du Nord, où il a fait, à plusieurs reprises, l'objet de l'examen du conseil général.—V. au reste les détails donnés à ce sujet dans la *Belgique judiciaire*, t. 4, p. 1046 et 1108.

MAUVAIS TRAITEMENS.

V. BLESSURES ET COUPS.

MAYOTTE (Ile).

1. — Cette île fait partie des dépendances de l'île Bourbon; et, à ce titre, elle est soumise à un régime particulier, ainsi qu'on l'a vu. — V. BOURBON (Ile).

2. — Toutefois, les dispositions sur l'administration de la justice ont été modifiées en quelques points par une ordonn. roy., du 26 août 1847, concernant également les établissemens français du canal de Mozambique. Cette ordonnance investit le commandant supérieur de Mayotte de certains pouvoirs spéciaux.

3. — Ordonnance royale du 21 oct. 1845, relative aux concessions de terre à Mayotte et dépendances.

4. — Différentes dispositions concernant les douanes ont été établies par les deux ordonn. royales des 18 oct. 1846 (art. 4) et 14 nov. 1847.

MÉCANICIENS.

Patentables de 4e classe. — Droit fixe, basé sur la population; droit proportionnel du 20e de la valeur locative de l'habitation et des lieux servant à l'exercice de la profession. — V. PATENTE.

MÈCHES ET VEILLEUSES.

Marchands et fabricans de mèches et veilleuses, patentables de 8e classe; — droit fixe basé sur la population; droit proportionnel du 40e de la valeur locative de tous les locaux qu'ils occupent, mais seulement dans les communes de 20,000 âmes et au-dessus.—V. PATENTE.

MÉDAILLE.

1. — Pièce de métal frappée et marquée qui n'a pas cours de monnaie. Elle est ordinairement pour objet de conserver le souvenir d'une personne ou d'un fait.

2. — Ce qui concernait la monnaie des médaille avait été successivement réglé par les arrêts du Conseil des 15 janv. et 14 juill. 1685, 26 mai 1696 et 9 déc. 1702, ainsi que par l'édit du mois de juin 1695.

3. — D'après un arrêté du 30 fructidor an XI, la monnaie des médailles avait été établie dans les galeries du Louvre sous la direction du directeur général du musée et sous la surveillance du ministre de l'intérieur. Ce même arrêté régla le mode de frappage et de vente les médailles.

4. — Plus tard, un arrêté du 5 germ. an XII (26 mars 1804) a proclamé sur la fabrication des médailles les dispositions suivantes :

5. — Il est défendu à toutes personnes, quelles que soient les professions qu'elles exercent, de frapper ou faire frapper des médailles, jetons ou pièces de plaisir, d'or, d'argent et d'autres métaux, ailleurs que dans l'atelier destiné à cet effet dans la galerie du Louvre, à moins d'une autorisation spéciale du gouvernement. — Art. 1er.

6. — Néanmoins, tout dessinateur ou graveur, ou autre individu, pourra dessiner ou graver, faire dessiner ou graver des médailles avec le coin qu'ils remettront à la monnaie des médailles. — Les frais de fabrication sont réglés par le ministre de l'intérieur. — Il doit être déposé deux exemplaires de chaque médaille en bronze à la monnaie du Louvre et deux à la Bibliothèque nationale. — Art. 2.

7. — Conformément à l'arrêté du Conseil du 15 janv. 1685, chacun des contrevenans aux dispositions contenues dans les art. précédens est passible d'une amende de 1,000 fr. et d'une somme double en cas de récidive.— Art. 3.

---

8. — Les particuliers qui feront frapper des médailles avec jetons sont, au surplus, assujettis aux lois et réglemens généraux de police qui concernent les arts et l'imprimerie. — Art. 4.

9. — Jugé que le décret du 5 germ. an XII qui défend, sous peine d'amende, de faire frapper des médailles ailleurs que dans les ateliers du gouvernement, à moins d'autorisation spéciale, n'a point été abrogé par la Charte ni par aucune disposition.—*Cass.*, 8 (et non 7 ni 13) déc. 1832, Lepy-Damville.

10. — ...Que les dispositions de ce décret s'appliquent à toutes les médailles sans exception et notamment à celles dites à belière (c'est-à-dire surmontées d'un anneau qui les rend propres à être suspendues).— Même arrêt.

11. — ...Qu'on ne peut considérer comme ayant prononcé une confiscation illégale l'arrêt qui valide la saisie et ordonne la destruction des médailles frappées en contravention aux lois. — Même arrêt. — V. aussi CUMUL DE PEINES, n° 107 et suiv.

12. — Une ordonnance du 24 mars 1832 réunit la Monnaie des médailles à la Commission des monnaies, et par conséquent sous la direction du ministre des finances; en ajoutant toutefois qu'il ne serait procédé à la fabrication des médailles, jetons et pièces de plaisir que sur la remise qui devrait être faite à la Commission des monnaies d'une autorisation du ministre du commerce et des travaux publics. — Art. 1er.—V. MONNAIES.

13. — Les frais de fabrication seront fixés par un tarif délibéré par la Commission des monnaies et soumis à l'approbation du ministre des finances. — Même ordonn., art. 2.

14. — Aux termes de l'art. 6, les coins et matrices appartenant à l'État ou aux graveurs, alors déposés à la Monnaie des médailles, ont été remis, sur inventaire, au Musée monétaire des monnaies. Les balanciers, laminoirs et autres ustensiles employés à la fabrication des médailles, ainsi que les matières et médailles destinées à la vente, distraction faite des collections réservées pour la liste civile, ont été également remis, sur inventaire préalable, au directeur de la Monnaie de Paris.

15. — D'après l'art. 20 de la loi du 9 sept. 1835, aucunes médailles ne peuvent être publiées, exposées ou mises en vente, sans l'autorisation préalable du ministre de l'intérieur à Paris, et des préfets dans les départemens, à peine de confiscation de ces médailles et de condamnation du publicateur par le tribunal correctionnel à un emprisonnement d'un mois à un an et à une amende de 100 fr. à 1,000 fr.

16. — Toutefois l'autorisation dont tout dessinateur, graveur ou tout autre individu est obligé de se pourvoir d'après l'arrêté du 26 mars 1804 et l'ordonnance du 24 mars 1832 pour faire frapper, dans les ateliers du gouvernement, les médailles sur la composition, n'est lieu de celle qui lui est imposée par la loi du 9 sept. 1835. Mais un exemplaire de ces médailles devra néanmoins être déposé au ministère de l'intérieur. — Ord. 9 sept. 1835, art. 2.

17. — Celui qui a obtenu l'autorisation d'avoir un balancier pour l'employer aux travaux de sa profession, n'en est pas moins obligé d'obtenir une autorisation spéciale pour frapper des médailles. La loi du 9 sept. 1835 n'a point abrogé à cet égard la législation antérieure. — *Cass.*, 25 mars 1836, Rogat.

18. — Mais, suivant le décret du gouvernement provisoire, du 6 mars 1848, la loi du 9 sept. 1835 sur les crimes, délits et contraventions de la presse et des autres moyens de publications a été abrogée. — V. art. 4er.

19. — Une médaille est quelquefois la preuve de la qualité de celui qui la porte. — V. AGENT DE POLICE.

20. — Elle peut aussi quelquefois être accordée à titre de décoration.—V. DÉCORATION. V. aussi BIBLIOTHÈQUE, DESSINS, FRANCHISE ET CONTRE-SEING.

MÉDECINE ET CHIRURGIE, MÉDECINE LÉGALE.

Table alphabétique.

MÉDECINE ET CHIRURGIE. — **1.** — *Art de guérir*, pris dans son acception la plus générale, comprend à la fois : 1° la médecine et la chirurgie; 2° la pharmacie. — Il ne sera question, dans le présent article, que de la médecine et de la chirurgie. Quant aux notions relatives à la pharmacie, nous en renvoyons l'exposition au mot PHARMACIE.

2. — La mission du médecin ne consiste pas seulement à soigner ou à guérir; souvent aussi le concours de l'homme de l'art peut être nécessaire pour aider la justice dans ses investigations. C'est ainsi que les art. 43 et 44 du Code d'instruction criminelle disposent qu'en cas de mort violente ou d'une mort dont la cause soit inconnue ou suspecte, le magistrat chargé des fonctions de ministère public se fera assister d'un ou de deux officiers de santé qui feront leur rapport, après avoir prêté serment, sur les causes de la mort et sur l'état du cadavre. — En outre, les médecins, chirurgiens, sages-femmes peuvent être appelés par la justice pour procéder à certaines vérifications connues sous le nom d'expertises médico-légales. (V. FLAGRANT DÉLIT, n° 216; EXPERTISE, n° 630 et suiv.) — Cette partie de la médecine est connue sous le nom de *médecine légale*; nous en ferons un chapitre séparé du présent article. Nous comprendrons également, sous ce chapitre, ce qui concerne la médecine légale administrative, c'est-à-dire celle qui, dans un intérêt public, est exercée en vertu de commission donnée par l'administration.

SECT. 1re. — *De la médecine et de la chirurgie* (n° 3).

§ 1er. — *Droit d'exercice, organisation. — Notions générales* (n° 3).

§ 2. — *De l'exercice illégal de la médecine. — Principes généraux — Pénalité. — Compétence. — Poursuites. — Prescription* (n° 35).

§ 3. — *Droits et devoirs des médecins et des chirurgiens* (n° 83).

§ 4. — *De la responsabilité médicale* (n° 107)

SECT. 2e. — *De la Médecine légale* (n° 136).

Sect. 1re. — *De la médecine et de la chirurgie.*

§ 1er. — *Droit d'exercice. — Organisation. — Notions générales.*

3. — « A Rome, dit Montesquieu, s'ingérait de la médecine qui voulait. » (*Esprit des lois*, liv. 29, ch. 14.) — En France, de nombreux documens législatifs et réglementaires ont exigé, pour l'exercice de l'art médical, des conditions de capacité.

4. — Tels sont 1° l'édit de Philippe-le-Bel, de 1311, qui fait défense à toute personne d'exercer la chirurgie sans avoir été préalablement examinée par les maîtres chirurgiens jurés de Paris, lesquels tenaient leurs droits du premier chirurgien du roi, exerçant une certaine juridiction; cette juridiction fut régularisée par les statuts en 1370 et 1383. — 2° Les lettres patentes de Charles VI, du mois d'août 1390, ordonnant au prévôt de Paris de veiller à ce que nul praticien, tant en médecine qu'en chirurgie, n'exerce lesdites sciences avant d'avoir été reconnu expert. — 3° L'ordonnance de Henri III, de mai 1579, dont l'art. 87 porte : « Nul ne pourra pratiquer en médecine qu'il ne soit docteur en la Faculté de médecine de l'université de Paris. » L'article ajoute que « s'il ne sera passé ,aucun maître en chirurgie ès villes où il y aura une université, que les docteurs régens en médecine ne l'aient approuvé. » — 4° Arrêt du parlement de Paris, du 12 sept. 1598, qui défend à tous empiriques de pratiquer ni exercer l'art de la médecine, à peine d'amende arbitraire. — 5° Lettres patentes de 1611. — 6° Édit de mars 1707, portant règlement pour l'étude et l'exercice de la médecine dans le royaume. — 7° Lettres patentes du 22 juillet 1748. — 8° Édit de 1768. — V., au surplus, quant aux détails historiques, le mot CHIRURGIE.

5. — Comme on peut le voir par les indications données (v° CHIRURGIE), sous l'ancienne législation la médecine et la chirurgie avaient chacune leurs lois et leurs réglemens particuliers et spéciaux. Mais il y avait cela de remarquable que ces deux branches de l'art de guérir étaient dans un état d'infériorité et de subordination l'une à l'autre. A la médecine appartenait la présidence et l'honneur de porter le titre de *science*.

6. — Cette ancienne législation subsista jusqu'au moment où le décret du 18 août 1792 vint supprimer les universités, les facultés et les corporations savantes. Depuis ce décret, il n'y eut plus de réception régulière de médecins ni de chirurgiens. L'anarchie la plus complète prit la place de l'ancienne organisation. Ceux qui avaient appris leur art se trouvèrent confondus avec ceux qui n'en avaient pas la moindre notion. L'empirisme le plus dangereux, le charlatanisme le plus éhonté abusèrent partout de la crédulité et de la bonne foi. — V. Fourcroy : *Motifs* de la loi du 19 vent. an XI, séance du Corps législatif du 7 du même mois. — Les dangers que présentait un pareil état de choses pour la vie des citoyens amenèrent la loi du 19 vent. an XI.

7. — Cette loi, qui est aujourd'hui encore en vigueur, a réuni pour jamais deux professions qui ne peuvent marcher séparées et qui puisent leurs principes aux mêmes sources. — En réalité donc il n'existe aucune différence aujourd'hui entre les médecins et les chirurgiens, et le titre de docteur en médecine est celui généralement pris, même par ceux qui se livrent plus spécialement aux opérations chirurgicales.

8. — Aux termes de l'art. 1er de cette loi : « Nul

ne peut embrasser la profession de médecin, de chirurgien ou d'officier de santé, sans être examiné et reçu selon la forme prescrite. »

9. — Et l'art. 2 dispose que tous ceux qui obtiennent le droit d'exercer l'art de guérir, après examen et réception dans l'une des écoles de médecine créées par le gouvernement, prennent le titre de *docteurs* en médecine ou en chirurgie; ceux qui sont reçus par les jurys médicaux rappellent *officiers de santé* (art. 2).

10. — Ainsi, la loi du 19 vent. an XI crée deux ordres de médecins, les *docteurs* et les *officiers de santé*. — En outre, cette loi n'exige pour l'exercice de la profession médicale aucune garantie de moralité. Comme on le verra, elle ne réprime que très-légèrement l'exercice illégal de la médecine.

11. — Depuis longtemps le corps médical réclame la révision complète de la loi de l'an XI. Effrayée, dans l'intérêt de la dignité médicale, dans celui de la santé publique, des progrès incessans du charlatanisme le plus éhonté et de l'insuffisance des peines attachées à l'exercice illégal de la médecine, les hommes les plus honorables ont insisté pour que la profession de médecin fût assujettie à des conditions de moralité et que son exercice par des docteurs ou des officiers de santé fussent remplacés par un ordre de médecins, celui des docteurs ou médecins; ce qui eût entraîné la suppression des *officiers de santé*.

12. — A plusieurs reprises, notamment en 1811, cette réforme fut tentée, mais sans résultat; elle fut tentée de nouveau, en 1847, sous le ministère de M. de Salvandy, et un projet de loi présenté par ce ministre fut l'objet d'une vive et brillante discussion devant la Chambre des pairs. Les principales modifications apportées par cette Chambre à la législation actuelle furent : 1° l'abolition du titre d'officier de santé; — 2° l'extension des attributions des écoles préparatoires de médecine; — 3° l'abolition du concours pour la nomination au professorat (cette institution fut remplacée par un système de présentation); — 4° l'interdiction d'exercer prononcée contre ceux qui ne rempliraient pas certaines conditions de moralité et qui auraient encouru certaines condamnations déterminées; — 5° une aggravation notable de la pénalité, en ce qui concerne l'exercice illégal de la médecine; — 6° enfin, la création de médecins cantonaux et de conseils médicaux. — Mais on sait que le projet adopté par la Chambre des pairs ne put être discuté à la Chambre des députés. — La législation de l'an XI reste donc, quant à présent, en vigueur. — On peut consulter avec intérêt, sur les diverses questions qui ont ému vivement le corps médical, le résumé des séances du congrès réuni à Paris en 1845, recueilli sous le titre de *Actes du congrès médical de France*.

13. — La création de médecins cantonaux, votée, comme il vient d'être dit, par la Chambre des pairs, n'était pas une création précisément nouvelle; car cette institution existe dans certains départemens et y fonctionne avec avantage. Mais la loi nouvelle avait pour but de la généraliser, comme conséquence nécessaire de la suppression des officiers de santé.

14. — Indépendamment des docteurs en médecine et des officiers de santé, la loi du 19 vent. an XI reconnaît, pour la pratique des accouchemens, les sages-femmes. — V. SAGE-FEMME.

15. — Les art. 3 et suiv. de la même loi règlent les conditions d'admission aux écoles de médecine, définissent ceux qui doivent faire l'objet de l'enseignement, fixent la durée de cet enseignement, déterminent le nombre, l'ordre et le mode des examens que doivent subir ceux qui aspirent au titre de docteur en médecine ou en chirurgie. Ces dispositions ont reçu certaines modifications. — V., à cet égard, les réglemens donnés v° ENSEIGNEMENT, n° 604 et suiv., et suiv.; et en ce qui concerne les chirurgiens militaires qui aspirent au grade de docteur, *ead.*, n° 609, et v° OFFICIER DE SANTÉ MILITAIRE.

16. — C'est aussi sous le mot ENSEIGNEMENT qu'on trouvera (n° 568 et suiv.) , que se trouve tout ce qui concerne les *facultés* et *écoles secondaires* ou *préparatoires de médecine*, et l'ENSEIGNEMENT médical.

17. — Quant aux règles relatives à la réception des officiers de santé et des sages-femmes, V. OFFICIER DE SANTÉ et SAGE-FEMME. — V. aussi, quant aux vétérinaires, v° VÉTÉRINAIRE.

18. — Les docteurs en médecine et officiers de santé sont tenus de présenter, dans le délai de six mois après la fixation de leur domicile, les diplômes qu'ils ont obtenus au greffe du tribunal de première instance et au bureau de la sous-préfecture de l'arrondissement dans lequel ils veulent s'établir. — L. 19 vent. an XI, art. 24 et 29. — L'intérêt de la société exige cette mesure. Il ressort même de l'ensemble des dispositions de la loi du 19 vent. an XI, à cet égard, que l'intention du législateur avait été de faire de cette présentation une condition rigoureuse de l'exercice de la médecine. Mais, comme elle n'a attaché aucune peine à l'inobservation de cette disposition, et que l'art. 35 ne punit que ceux qui exercent sans inscription *et sans diplôme*, il en résulte que les docteurs ou officiers de santé peuvent impunément négliger de présenter et de faire enregistrer leur diplôme.—Coffinières, *Encyclopédie du droit*, v° *Art de guérir*, n° 20; Morin, *Dictionnaire de droit criminel*, v° *Art de guérir*.

19. — Les art. 25 et 26 de la loi du 19 vent. an XI enjoignent aux magistrats du ministère public de dresser la liste des médecins, chirurgiens et officiers de santé enregistrés au greffe des tribunaux, et d'en envoyer une copie certifiée au ministre de la justice; et aux sous-préfets d'adresser l'extrait de l'enregistrement aux préfets, qui formeront et publieront les listes des docteurs et officiers de santé domiciliés dans leur département, et adresseront chaque année ces listes au ministre de l'intérieur.—Aux termes de ces articles, la publication des listes devait être *annuelle;* mais un arrêté ministériel du 22 mars 1812 a permis de ne réimprimer les listes en entier que tous les cinq ans, sauf à publier annuellement des supplémens indiquant les nouvelles réceptions et les changemens à faire à la liste existante.

20. — A Paris, comme la police médicale appartient au préfet de police, ce magistrat a toujours le droit de demander qu'un médecin justifie de son titre de réception. — Briand et Chaudé, *Manuel de médecine légale*, p. 332.

21. — En Belgique un docteur en médecine ne peut exercer l'art de guérir, avant d'avoir été porté sur la liste voulue par l'arrêté du 31 mai 1818. — *Cour de cass. belge*, 29 déc. 1832, Van Leemputen.

22. — Les docteurs reçus dans les écoles de médecine peuvent exercer leur profession dans tout le territoire de l'Etat. — L. 19 vent. an XI, art. 38. — Il en est autrement des officiers de santé. — V. OFFICIER DE SANTÉ.

23. — L'art. 4 de la loi du 19 vent. an XI réserve au gouvernement la faculté d'accorder à un médecin ou à un chirurgien étranger et gradué dans les universités étrangères le droit d'exercer en France la médecine ou la chirurgie. — V. ÉTRANGER, n°s 194 et suiv.

24. — Le médecin ou chirurgien étranger qui exercerait en France, sans une autorisation spéciale du gouvernement, serait passible de la pénalité portée par l'art. 35 de la loi précitée; car le diplôme qu'il aurait obtenu à l'étranger ne serait pas le diplôme qu'a en vue cet article. — Morin, *Dictionnaire de droit criminel*, v° *Art de guérir*.

25. — D'après le projet de loi adopté par la Chambre des pairs en 1847, l'exercice médical ne devait être permis (sauf le cas de grands services rendus à la science) aux Français ou étrangers reçus docteurs à l'étranger qu'à la condition de se présenter devant une des facultés du royaume pour obtenir, après deux examens et une thèse, le diplôme de docteur, et de produire un certificat de bonne vie et mœurs, et la preuve d'un exercice au moins pendant cinq ans à l'étranger.

26. — Il existe des règles spéciales pour les officiers de santé militaires. — V. OFFICIERS DE SANTÉ MILITAIRES. — V., en outre, pour d'autres réglemens particuliers, v° CHIRURGIENS DE NAVIRES DE COMMERCE.

27. — Le projet émané des discussions de la chambre des pairs interdisait les professions spéciales dans l'art de guérir, à l'exception de celles de dentiste et de sage-femme, dont il soumettait l'exercice à l'obtention de brevets particuliers. — L'exercice de ces diverses professions, sans diplôme, tombe-t-elle sous l'application de la loi de l'an XI et sous les pénalités qui seront indiquées ci-après? — V. DENTISTE, OCULISTE, ORTHOPÉDISTE, PÉDICURE, SAGE-FEMME, VÉTÉRINAIRE.

28. — Les docteurs en médecine étaient autrefois soumis au paiement d'une patente; il n'y avait d'exceptés que ceux qui étaient employés près des hôpitaux civils et militaires ou au service des pauvres par nomination du gouvernement. — V. décr. du 25 thermid. an XIII, art. 176. — L'exemption de la patente a été prononcée, en ce qui les concerne, par la loi du 25 avr. 1844, art. 13, n° 3.

29. — L'organisation et la pratique médicale ont donné lieu à diverses dispositions légales et réglementaires qu'on trouvera v°s AUTOPSIE, CABINET D'ANATOMIE, DISSECTION. — V. aussi le mot HOSPICES, 136 et suiv., 230 et suiv.

30. — Les ordonnances royales du 20 déc. 1820 et 14 janv. 1821 ont fondé une académie de médecine. L'organisation de cette académie a été modifiée par ordonnance du 6 mars 1835. — V. ACADÉMIE, n°s 5 et suiv.

31. — Un arrêté du ministre de l'intérieur, du 16 juill. 1823 (V. Rec. circul. min. de l'intérieur, t. 5, p. 202), a décidé que, chaque année, il serait distribué aux médecins et officiers de santé qui se seraient distingués dans la propagation de la vaccine et dans la pratique de la vaccination un prix de 1,500 fr., 4 médailles d'or et 100 médailles d'argent. A ces récompenses données par l'administration centrale, les conseils généraux ont ajouté des allocations qui sont distribuées annuellement dans le même but. — Chaque année, au mois de janvier, un concours est ouvert pour la distribution de ces prix, qui sont attribués, d'après la comparaison des statistiques et des certificats administratifs, aux médecins qui ont vacciné le plus grand nombre d'enfans. Des états constatant le nombre des enfans vaccinés sont transmis par les maires aux préfets, et servent à la répartition entre les médecins ayans droit des fonds départementaux; et, pour la répartition des fonds pris dans la caisse centrale de l'Etat et des récompenses royales, les préfets adressent au ministre de l'intérieur des états certifiés, qui sont appréciés, en définitive, par l'Académie de médecine, chargée, par l'ordonnance royale du 20 déc. 1820, qui l'a instituée, des fonctions autrefois attribuées à la commission centrale de vaccine.

32. — Il a été jugé que le fait, par un médecin vaccinateur, d'avoir exagéré mensongèrement, avant le visa du maire, dans l'état par lui rédigé, et destiné à être produit à l'administration départementale, le nombre des vaccinations qu'il a opérées, ne constitue pas le crime de faux en écriture privée, bien que cette exagération ait eu lieu frauduleusement, en vue de tromper l'administration et de nuire au trésor, à la caisse départementale, et aux autres médecins concourant à l'obtention des primes de vaccination. Un pareil fait ne constitue ni crime ni délit.—*Cass.*, 4 nov. 1847 (t. 1er 1848, p. 186), Ernouf. — V. aussi v° FAUX, n°s 54 et suiv., 48 et suiv.

33. — Les médecins peuvent-ils vendre des médicamens? Cette question ainsi que celles qui se rapportent à l'exercice de la pharmacie, est examinée v° PHARMACIE.

34. — Les médecins doivent écrire leurs ordonnances d'une manière claire et lisible. « Il serait, dit M. Trébuchet (p. 354), à désirer qu'au lieu d'employer des termes de convention qui permettent facilement des erreurs, les médecins se servissent du langage usuel.» — Cette recommandation est importante au point de vue de la stricte et régulière exécution des ordonnances et de la responsabilité médicale; car l'erreur imputable au médecin peut donner lieu contre lui à responsabilité — V., au reste, PHARMACIE.

§ 2. — *De l'exercice illégal de la médecine. — Principes généraux. — Pénalité. — Compétence. — Poursuites. — Prescription.*

35. — Les art. 35 et 36 de la loi du 19 vent. an XI prévoient et punissent le fait d'exercer la médecine ou la chirurgie sans être pourvu des diplômes exigés pour les docteurs, officiers de santé ou sages-femmes. — Cette prohibition est *générale* et *absolue*. Un brevet du chef du gouvernement, des certificats délivrés par les autorités administratives des départemens, le fait même d'un long exercice de la médecine ou de la chirurgie, ne peuvent suppléer le diplôme. La loi ne voit de garantie pour la société que dans le titre qu'elle a établi. En effet, l'obtention de ce titre, à cause des études longues et spéciales auxquelles elle est subordonnée, peut seule constituer une présomption d'aptitude, de capacité. — Coffinières, n° 23.

36. — Mais que doit-on entendre par *exercice illégal de la médecine?* Il serait fort difficile de donner, à cet égard, une définition absolue et précise. Ce qu'il convient de dire (et cela a été reconnu par la Chambre des pairs) c'est que c'est là, avant tout, une question d'appréciation pour les magistrats, qui sauront se rendre un compte exact des faits, des circonstances dans lesquelles ils se seront produits, et des intentions qui auront présidé à leur perpétration.

37. — Ainsi, il a été décidé que les juges du fond décident souverainement si des faits poursuivis par le ministère public, comme constituant l'exercice illégal de la médecine, ont réellement ce caractère. — *Cass.*, 30 août 1839 (t. 1er 1842, p. 51), Corson.

38. — Il ne faut pas néanmoins perdre de vue que le but de la loi de l'an XI a été de protéger la santé des citoyens contre les ignorans et les empiriques. L'ancienne législation avait même une telle crainte de ceux qui, quoique animés d'une intention louable, pouvaient se livrer à l'exercice de l'art de guérir, sans posséder aucune des connaissances qu'il exige, que l'édit de 1707 avait prononcé une amende de 500 livres contre toute personne, autre que les docteurs, qui s'aviserait d'ordonner des remèdes *même gratuitement*.

39. — Bien que la loi de l'an XI ait gardé le silence sur ce point, il n'en faut pas moins décider que ceux qui se livreraient aujourd'hui, sans titre, à l'exercice de la médecine ou de la chirurgie, ne sauraient se soustraire aux conséquences de la prohibition portée par elle, sous le prétexte qu'ils ne retireraient aucun lucre et qu'ils ne seraient guidés que par un sentiment d'humanité, par le désir de soulager la misère et les douleurs de leurs semblables. Ce prétexte pourrait quelquefois cacher une pensée coupable, un intérêt sordide. — *Cass.*, 20 juill. 1833, Williams. — Coffinières, n° 25; Briand et Chaudé, *Manuel complet de méd. lég.*, p. 837.

40. — Ainsi jugé que la femme qui pratique l'art des accouchemens sans diplôme, ne peut pas être renvoyée de la poursuite du ministère public, sous le prétexte qu'elle n'exige aucun salaire. — *Cass.*, 20 févr. 1834, Constant. — Coffinières, n° 82.

41. — Cette jurisprudence avait engagé quelques pairs à demander une exception formelle à la prohibition légale « pour les conseils et les soins donnés gratuitement aux malades et dans un but de charité. » Cette proposition avait pour but, de l'aveu de ses auteurs, d'empêcher le ministère public de venir troubler, dans leur pieuse sollicitude, les ecclésiastiques dévoués et les sœurs de charité, ainsi que les citoyens bienfaisans qui, dans les intentions les plus pures, se permettent quelquefois des invasions sur le domaine médical. Mais cette proposition a été repoussée comme superflue, le législateur devant s'en rapporter, à cet égard, à la prudence et aux sentimens de délicatesse des tribunaux.

42. — On sait d'ailleurs qu'un avis du Conseil d'Etat, du 8 vendém. an XIV, dispose formellement que les prohibitions et pénalités de la loi de vent. an XI ne sont pas applicables aux curés et desservans, à raison de l'aide qu'ils donnent à leurs paroissiens par leurs secours et leurs conseils, dans leurs maladies, pourvu qu'il ne s'agisse d'aucun accident qui intéresse la santé publique, qu'ils ne signent ni ordonnances ni consultations, et que leurs visites soient gratuites.

43. — Il n'est pas nécessaire, pour qu'il y ait exercice de l'art de guérir, qu'on l'ait longtemps pratiqué sans titre, qu'on l'ait exercé habituellement, qu'on ait fait plusieurs opérations. Les dispositions de la loi de l'an XI sont absolues, et ses motifs se refusent à ce qu'on établisse aucune distinction. Il suffit donc, pour constituer l'infraction à l'art. 35 de cette loi, d'une seule opération chirurgicale. — *Cass.*, 1er mars 1833, Piraud et Girard. — Coffinières, n° 26; Morin, *Dictionn. de droit crim.*, v° *Art de guérir*. — *Contrà Orléans*, 20 mai 1836, Gouron.

44. — Spécialement, le fait par un mari non médecin d'avoir accouché sa femme, constitue, encore que ce fait soit isolé, le délit prévu par la loi de vent. an XI. — *Cass.*, 9 juin 1836 (t. 1er, 1837, p. 18) Gouron. — Morin, *ubi suprà*. — Mais v. *contrà* l'arrêt d'Orléans précité dans le précédent paragraphe.

45. — Cependant il en serait autrement si ce fait était justifié par un cas d'urgence et de nécessité absolue. — V. l'arrêt de *Cass.* ci-dessus; et Morin, *eod. loc.*

46. — Une femme qui aurait pratiqué l'art des accouchemens, sans diplôme, serait également excusable, s'il y avait preuve que la sage-femme, munie d'un diplôme, se trouvait, par maladie ou autre cause, dans l'impossibilité d'assister aux accouchemens qu'on lui reproche d'avoir opérés. — *Cass.*, 20 fév. 1834, Constant.

47. — Mais le jugement qui reconnaît une prévenue coupable d'avoir exercé, sans autorisation, l'art des accouchemens, ne peut la renvoyer des poursuites, sur le motif qu'il n'avait pas dépendu d'elle d'obtenir le diplôme du jury médical qui, depuis plusieurs années qu'elle en avait fait la demande, ne s'était pas assemblé dans le département. — *Cass.*, 28 fév. 1835, Thélène.

48. — Nous avons vu (*suprà* n° 35) que la loi n'attache de pénalité qu'au fait d'avoir exercé *sans diplôme*. Quant à l'exercice avec diplôme, mais sans enregistrement préalablement requis, conformément aux art. 24 et 29 de la loi du 19 vent. an XI, il ne serait pas réputé illégal.

49. — On a agité la question de savoir si le somnambule qui, sans être revêtu d'aucun titre, prescrit des médicamens à des malades, se rend coupable d'exercice illégal de la médecine. Cette question présente aujourd'hui un assez grand intérêt par suite de la large part qu'ont faite quelques médecins renommés au somnambulisme magnétique, comme moyen de guérir. Nous n'avons pas la prétention de faire, sous ce rapport, le procès au magnétisme. Il appartient aux hommes de l'art seuls de le juger. Mais ce qu'il nous est permis de décider, c'est si, dans l'état actuel de notre législation, les somnambules peuvent prescrire des médicamens aux malades. Or, à cet égard, la réponse est facile. La loi veut impérieusement que nul ne puisse, sans titre, exercer l'art de guérir. Elle embrasse dans sa prohibition les somnambules comme toutes autres personnes. Sa sollicitude pour la santé des citoyens les protége contre toute espèce de charlatanisme. C'est donc avec raison que le tribunal correctionnel de Paris a, par un jugement du 22 mars 1843 (V. *G. des Tribunaux*, n° du même mois), déclaré passible d'une amende, un somnambule qui s'était livré à l'exercice de l'art de guérir.

50. — Celui qui, par exemple comme le mari d'une somnambule, connaissant la contravention, l'excite et la facilite, se rend complice et encourt la même peine. — Même jugement.

51. — Lorsqu'un docteur-médecin signe les ordonnances d'une somnambule, doit-on le considérer comme son complice? Non, s'il ne signe ces ordonnances qu'après s'être assuré par lui-même, en consultant le malade, de l'utilité des remèdes ordonnés.

52. —... Mais il en doit être autrement, s'il ne fait que leur donner en quelque sorte un *exequatur*, que d'apposer aveuglément sa signature. Il est, en effet, admis que le médecin qui prête assistance à un acte d'exercice illégal de la médecine doit être réputé complice.

53. — L'exercice illégal de la médecine résulterait-il du fait d'avoir écrit un livre qui, au lieu de se borner à traiter des généralités de l'art médical, contiendrait des formules d'ordonnances et l'indication de tels ou tels moyens curatifs applicables à certaines maladies indiquées? — Cette question, qui ne manque pas de difficultés, se présentait dans une affaire concernant M. Raspail, auteur d'un *Manuel de Santé*; mais le tribunal n'a pas eu à la résoudre, des faits positifs prouvés contre le prévenu ayant établi d'ailleurs de sa part une contravention à la loi de l'an XI. Il eût été peut-être difficile de la résoudre affirmativement, quelque danger que de pareils livres, émanés d'hommes sans diplôme, puissent en général présenter pour la santé publique. — En tout cas, il nous semble que si le livre indiquait en même temps une pharmacie dans laquelle l'auteur annoncerait vérifier et vendre les médicamens prescrits, il faudrait y voir de sa part une ordonnance médicale positive, et dès lors une contravention à la loi.

54. — Celui qui exerce la profession de pharmacien peut-il, se fondant sur ce qu'il est reçu docteur en médecine, exercer en même temps la médecine? Nous ne le pensons pas. Le texte de la loi ne contient, il est vrai, à cet égard aucune disposition; mais son esprit s'oppose formellement à ce cumul. En effet, si ce cumul pouvait avoir lieu, on ne rencontrerait plus la double garantie que le législateur a voulu établir, celle du médecin délivrant l'ordonnance, celle du pharmacien l'exécutant et la conservant même pour sa décharge. — V., en ce sens, Laugier et Duruy, *Pandectes pharmaceutiques*, p. 335. — Toutefois, la pratique judiciaire paraît tolérer ce cumul des deux professions. — Le nouveau projet de la Chambre des pairs le prohibait formellement, sous une pénalité rigoureuse.

55. — Celui qui se serait illégalement livré à l'exercice de l'art de guérir ne pourrait pas, pour se soustraire aux poursuites dirigées contre lui, exciper de son ignorance ou de sa bonne foi. — — Coffinières, n° 24. — Il a été fait application de ce principe à celui qui, sans être légalement autorisé, s'annonce tant par des imprimés que par un écriteau sur la porte de son domicile, comme chirurgien-botaniste, et distribue, à prix d'argent, une préparation pharmaceutique. — *Cass.*, 19 fév. 1807, Sandeyon.

56. — De même, la femme qui exerce l'art des accouchemens, sans avoir rempli les conditions prescrites par la loi du 19 vent. an XI, ne peut pas être acquittée, sous le prétexte qu'ayant obtenu un brevet de l'un des membres du jury médical et une autorisation de la part du préfet, elle a agi de bonne foi. — *Cass.*, 6 juill. 1827, Turgné. — Coffinières, n° 81.

57. — Il a été jugé, avant la loi de l'an XI, que lorsque par suite de l'arrêté d'un préfet portant que nul ne pourrait exercer la profession de médecin, chirurgien et pharmacien, à moins d'avoir préalablement justifié d'un titre légal au maire de sa commune, un officier de santé dont le titre a paru insuffisant s'est pourvu devant le préfet, un tribunal criminel ne peut, sans excéder ses pouvoirs, condamner cet officier de santé pour contravention à l'arrêté préfectoral, avant que le préfet ait statué sur sa réclamation. — *Cass.*, 28 vent. an XI, Baillif.

58. — En ce qui concerne les étrangers exerçant en France sans autorisation, V. *suprà* nos 23 et 24.

59. — Le fait, de la part d'un officier de santé, d'usurper le titre de docteur ou d'exercer hors du département dans lequel il a été reçu, tombe-t-il sous l'application de la loi du 19 vent. an XI? — V. OFFICIER DE SANTÉ.

60. — Aux termes de l'art. 35 de la loi du 19 vent. an XI, tout individu qui exerce la médecine ou la chirurgie, ou pratique l'art des accouchemens, sans avoir de diplôme, de certificat ou de lettre de réception, est passible d'une *amende pécuniaire envers les hospices*.

61. — Et l'art. 36 ajoute que cette amende pourra être portée 1° jusqu'à *mille francs pour ceux qui prendraient le titre* et exerceraient la profession de docteur; — 2° à 500 francs pour ceux *qui se qualifieraient* d'officier de santé, et verraient des malades en cette qualité; — 3° à 100 francs pour les femmes qui pratiqueraient illicitement l'art des accouchemens.

62. — Comme on le voit, la loi du 19 vent. an XI n'a fixé ni le *maximum* ni le *minimun* de l'amende encourue par les individus qui exercent, *sans usurpation de titre*, l'art de guérir. Quelle sera donc l'amende qui devra être prononcée dans ce cas? On suivra ici le principe qui veut que, lorsqu'une loi n'a pas déterminé la quotité de l'amende qu'elle prononce, on ne puisse appliquer à ceux qui contreviennent à ses dispositions que la peine pécuniaire la plus faible, c'est-à-dire l'amende de simple police. A cet égard, la jurisprudence et la doctrine sont unanimes. — *Cass.*, 18 mars 1825, Langlois; 28 mai 1825, Goupil; 5 nov. 1831, Baillet; *Orléans*, 9 juin 1832, Barjon; *Cass.*, 28 août 1832, Baillet; 7 juin 1833, Leguen-Kerneizon; 20 juill. 1833, Williams; 24 janv. 1834, Véron; 14 mars 1839 (t. 1er 1843, p. 353), Landrau; 18 juill. 1840 (t. 2 1840, p. 439), N...; 12 nov. 1841 (t. 1er 1842, p. 588), Healy; *Rouen*, 30 juill. 1842 (t. 2 1842, p. 369), Héduit; *Cass.*, 9 nov. 1843 (t. 1er 1844, p. 256), Herpe; *Bordeaux*, 24 juill. 1845 (t. 2 1848, p. 170), Pigout; *Orléans*, 23 févr. 1846 (t. 2 1848, p. 459), Garnier; *Rennes*, 9 décemb. 1846 (t. 1er 1847, p. 589), Lucas. — Chauveau et Hélie, *Théorie du Code pénal*, t. 1er, p. 263 et 264; Coffinières, n° 28; Morin, *ubi suprà*; Bousquet, *Nouveau diction. de droit*, v° *Art de guérir*.

63. — Par suite, la peine de la récidive ne peut être appliquée, en cette matière, que suivant la règle de l'art. 483 Cod. pén., c'est-à-dire lorsque la première condamnation a été rendue dans les douze mois précédents, et pour une contravention commise dans le ressort du même tribunal. — *Cass.*, 14 mars 1839 (t. 1er 1843, p. 353), aff. Landrau; *Bordeaux*, 24 juill. 1845 (t. 2 1848, p. 170), Pigoutt. — Sur la récidive en matière de contravention, V. CRIMES, DÉLITS ET CONTRAVENTIONS, n° 37, et RÉCIDIVE.

64. — Quoiqu'il s'agisse, en pareil cas, de l'application de peines de simple police, le tribunal correctionnel n'en est pas moins seul compétent pour statuer, à l'exclusion de celui de simple police. La cour de cassation avait, il est vrai, décidé le contraire le 5 nov. 1831 (Baillet), mais elle est depuis revenue sur cette jurisprudence. — *Cass.*, 28 août 1832, 7 juin 1833, 24 janv. 1834, 18 juill. 1840 (t. 2, 1840, p. 439), N..; et Rouen, 30 juill. 1842 (t. 2 1842, p. 369), Héduit; *Orléans*, 23 févr. 1846 (t. 2 1848, p. 459), Garnier. — Coffinières, n° 29; Morin et Bousquet, *loc. cit.*

65. — Les tribunaux correctionnels jugent en dernier ressort quand il n'y a qu'une peine de police à prononcer. — Coffinières, n° 29; Morin, *ibid.*

66. — L'art. 36, relatif à ceux qui exercent l'art de guérir, *avec usurpation de titre*, ne détermine, comme on l'a vu, que le maximum de l'amende; il est muet sur le *minimum*. Dès lors, le soin de le déterminer est laissé à l'arbitrage du juge. — Coffinières, n° 27.

67. — Ce même article, prévoyant le cas de *récidive*, porte : qu'en pareil cas l'amende sera double, et que les délinquans pourront, en outre, être condamnés à un emprisonnement qui n'excédera pas six mois.

68. — La Cour de cassation a jugé que c'était le *maximum* de l'amende et non le montant de la première condamnation qui devait former la base de l'amende *double* à prononcer en cas de récidive; qu'ainsi l'amende ne pouvait être inférieure à 2,000 fr. — *Cass.*, 30 déc. 1813, Meyer. — V. également, en ce sens, Coffinières, n° 27. — « La raison en est, suivant cet arrêt précité, que si le quantum de la première condamnation pouvait être pris pour base de la condamnation double nécessitée par l'état de récidive, il s'ensuivrait que pour une seconde et pour une troisième contravention l'amende pourrait être de beaucoup inférieure à celle qui aurait pu être prononcée, d'après la loi, contre une première contravention, ce qui serait également contraire à la raison, à la justice et aux termes de la loi. — Morin (*Dict. de dr. crim.*, v° *Art de guérir*, p. 76) paraît être d'un avis contraire, en ce sens du moins qu'il laisse au juge la faculté de choisir la base du doublement de l'amende, soit dans le maximum légal, soit dans le quantum de la première condamnation.

69. — On s'est demandé si la disposition de l'art. 36 relative à la récidive était applicable à la récidive de l'exercice illégal de l'art de guérir, *sans usurpation de titre*. A cet égard, plusieurs systèmes ont été présentés.

70. — L'un de ces systèmes applique la disposition de l'art. 36, quant à l'amende, au cas de simple exercice illégal de l'art de guérir comme à celui d'exercice illégal avec usurpation de titre; mais il réserve la peine d'emprisonnement pendant six mois, établie par cet article, pour le second cas seul. On ne concevrait guère, dit-on dans ce système, que la réitération d'un fait qui n'entraîne qu'une peine de simple police fût aussi sévèrement punie. — Morin, *ubi suprà*.

71. — La cour de Douai a été plus loin, en jugeant que l'individu convaincu d'avoir exercé illégalement la médecine ou la chirurgie en état de récidive, mais sans avoir usurpé le titre de docteur ou d'officier de santé, est passible d'une amende double, et peut en outre être condamné à une peine d'emprisonnement, conformément à l'art. 36 de la loi du 19 vent. — *Douai*, 26 sept. 1834, Soufflet.

72. — Au contraire la Cour de cassation, déclarant l'art. 36 inapplicable au cas prévu par l'art. 35, décide qu'en cas de récidive le fait d'exercice illégal de la médecine, sans usurpation de titre, est régi par les dispositions légales concernant la récidive en matière de simple police, c'est-à-dire que l'amende reste de 15 fr. au maximum (sans pouvoir être portée au double), et que seulement ledit tribunal doit, conformément à l'art. 483, prononcer un emprisonnement de cinq jours. — *Cass.*, 9 nov. 1843 (t. 1er 1844, p. 256), Herpe. — En ce sens, *Orléans*, 23 fév. 1846 (t. 2 1848, p. 359), Garnier.

73. — La cour de Rennes va encore moins loin que la Cour de cassation, et décide que, lors même qu'il y a récidive légale, la peine de la prison est inapplicable, même dans les limites de l'art. 482, parce que cet article ne dispose pas d'une manière générale pour toutes les contraventions, mais seulement, et spécialement, pour les contraventions spécifiées dans l'art. 479 Cod. pén. — *Rennes*, 9 déc. 1846 (t. 1er 1847, p. 589), Lucas.

74. — Jugé, en tout cas, qu'un tribunal excède ses pouvoirs en condamnant à 50 fr. d'amende un prévenu en récidive de l'exercice illégal de la médecine sans usurpation d'aucun titre. — *Cass.*, 28 mai 1825, Goupil. — V. aussi notre annotation détaillée au *Journal du Palais*, sous cet arrêt.

75. — L'art. 36 de la loi du 19 vent. an XI porte que le délit d'exercice illégal de l'art de guérir sera dénoncé aux tribunaux de police correctionnelle, *à la diligence du procureur de la République*.

76. — Toutefois, la jurisprudence a reconnu que les tribunaux correctionnels peuvent être saisis même par voie de citation donnée directement au prévenu par les parties intéressées (C. instr. crimin., art. 1er, 2, 3). En vain dirait-on avec M. Mangin (*Tr. de l'acte civil et public*, t. 1er, n° 223) : qu'il s'agit là d'un intérêt trop éloigné, trop incertain, pour autoriser une plainte, et qu'il ne serait pas possible de déterminer avec certitude le dommage et d'en ordonner la réparation.

77. — En effet, cette doctrine restrictive n'est pas admissible. L'intérêt qu'ont les personnes de l'art à poursuivre la répression du délit est en effet direct et positif. D'abord, sous le rapport matériel, leur action tend à arrêter la concurrence nuisible et illégale de ceux qui sont en dehors de leur profession. En second lieu, à côté de cet intérêt matériel se place un intérêt moral : la conservation de l'honneur et l'exercice consciencieux de la profession; et quant à la difficulté d'apprécier le préjudice causé, il n'est pas plus grand, dans ce cas, que dans une foule d'autres analogues.

78. — Il a donc été jugé qu'un officier de santé muni d'un diplôme a intérêt et qualité pour faire citer directement en police correctionnelle un individu qui exerce illégalement la même profession dans le même lieu. — *Paris*, 1 juin 1829, Jause c. Joubert. — Coffinières, n° 30; Morin, *Dictionn. de dr. crim.*, v[is] *Action civile* et *Art de guérir.*

79. — Et, dans une espèce tout à fait analogue, la Cour de cassation a reconnu, par arrêt solennel, en faveur des pharmaciens, le droit d'action directe contre ceux qui vendraient, sans titre légal, des médicamens. — *Cass.*, 15 juin 1833, Bagen c. Rozenweiger. — V. PHARMACIEN.

80. — Jugé aussi que la poursuite des infractions aux lois et règlemens sur l'exercice de l'art vétérinaire est exclusivement attribuée au ministère public, et ne peut pas être exercé par le particulier qui prétend en éprouver une lésion. — *Bourges*, 14 janv. 1832, Sanitas c. Lecourieux. — V. VÉTÉRINAIRE.

81. — En ce qui concerne la prescription de l'action pour exercice illégal de l'art de guérir, cet exercice, lorsqu'il n'est pas accompagné de l'usurpation de la qualité de docteur ou d'officier de santé, n'étant punissable que d'une amende de simple police, il en résulte que l'action à laquelle il donne lieu est prescriptible par *une* année sans poursuites et non par le délai de *trois* ans, bien que les tribunaux compétens soient des tribunaux de police correctionnelle. — *Cass.*, 30 août 1839 (t. 1er 1842, p. 51), Corson; 18 juill. 1840 (t. 2 1840, p. 459), N.... — Morin, *Dictionnaire de droit criminel*, v° *Art de guérir.*

82. — Si, au contraire, l'exercice illégal a eu lieu avec usurpation d'un titre médical, la prescription est de 3 ans. — V. PRESCRIPTION.

§ 3. — *Droits et devoirs des médecins et des chirurgiens.*

83. — *Honoraires.* — L'exercice de la profession médicale n'est pas essentiellement gratuit : dans beaucoup de cas, il est vrai, les hommes qui exercent cette profession se feraient scrupule de demander ou d'accepter une rétribution pour les soins qu'ils sont appelés à donner; mais c'est là pour eux une affaire de conscience et qui dépend nécessairement des circonstances. En principe, les médecins ont droit à des honoraires, soit qu'ils procèdent sur la réquisition des officiers de justice ou de police judiciaire, soit qu'ils aient donné le secours de leur art et de leur science à des particuliers.

84. — Ce qui concerne les honoraires auxquels les médecins ont droit en matière d'expertise ou opérations médico-légales est traité *infrà* nos 81 et suiv.

85. — Quant aux honoraires dus aux médecins, chirurgiens, officiers de santé, sages-femmes, pour les soins qu'ils ont administrés à des particuliers, la loi ne pouvait, sans arbitraire et sans porter atteinte à la liberté de l'industrie, les soumettre à un tarif. Elle s'en est rapportée à cet égard, en cas de contestation, à la sagesse des tribunaux, qui doivent prendre en considération, pour la fixation des honoraires, la gravité de la maladie; ainsi que la fortune et la qualité du malade. — *Paris*, 3 germ. an XI, Tallien c. Havier. — Coffinières, *Encyclopédie du dr.*, v° *Art de guérir*, n° 99.

86. — On doit également prendre en considération les relations antérieures quant à la fixation d'autres honoraires que le médecin aurait pu avoir soit avec le même malade, soit avec sa famille. — V., en outre, Orfila, *Leçons de médecine légale*, p. 36 et suiv.

87. — Un médecin peut-il, moyennant une rétribution annuelle, s'obliger envers une personne à lui donner pendant toute sa vie, et en tel lieu qu'il lui plaira de résider, à elle et aux gens de sa maison, les soins de son art? Il a été jugé qu'une pareille convention n'est contraire ni aux bonnes mœurs ni à l'ordre public; elle n'est pas non plus prohibée par l'art. 1780 du Code civil, qui n'est applicable qu'aux domestiques et gens de service, dans la classe desquels on ne peut faire entrer les médecins. — *Cass.*, 21 août 1839 (t. 2 1839, p. 204), de Feuchères c. Mojon.

88. — Jugé aussi que l'arrêt qui déclare *licite* la cause d'une telle obligation, motive suffisamment, par là, le rejet de la nullité qu'on veut en faire prononcer en se fondant sur les art. 1131, 1133 et 1780 du C. civ. — Même arrêt.

89. — Un médecin pourrait-il valablement stipuler, dès le début d'une maladie ou pendant son cours, que le malade lui paiera une somme fixe après sa guérison? — L'ancienne jurisprudence n'admettait pas de pareilles conventions, et même, si un médecin se les permettait, il pouvait être passible, outre la restitution, d'autres peines (arrêt parlem. Provence, 19 nov. 1633). — La loi romaine disait aussi : *Et patimur accipere quæ sani offerunt pro obsequiis, non ea quæ periclitantes pro salute promittunt.* (*Cod. leg. de profess. et med.*)

90. — M. Trébuchet (*Jurispr. de la méd.*, p. 239) pense que cette jurisprudence doit être suivie aujourd'hui, et qu'elle s'applique non-seulement au malade, mais à la famille, qui, ayant à craindre pour la vie d'un de ses membres, est naturellement portée à promettre tout ce que le médecin peut lui demander. Il considère que, dans ce cas, la convention tombe sous l'application de l'art. 1112 du Code civ., et est entachée de *violence morale.*

91. — Cette opinion, prise d'une manière absolue, nous semble trop rigoureuse, et nous serions disposés, avec M. Coffinières (n° 99 *in fine*), à laisser, en pareille matière, aux tribunaux un plein pouvoir d'appréciation pour décider soit si la convention doit être annulée, soit si la somme fixée doit être réduite. — En tout cas, dans l'intérêt de la dignité médicale, les médecins feront sagement de s'abstenir de pareilles stipulations.

92. — Toutefois, M. Trébuchet lui-même admet : que le médecin requis pour un malade qui demeure dans une autre ville ou dans un autre pays, peut faire ses conditions avant d'entreprendre un voyage qui peut lui être dispendieux et l'obliger à abandonner pendant quelque temps sa clientèle. — Il admet aussi que la prohibition dont il parle ne serait pas applicable aux médecins tenant maison de santé. — Ces exceptions (à supposer même que le principe fût admissible) ne sauraient être contestées.

93. — La clientèle des médecins, fondée sur la confiance publique et le choix libre des parties intéressées, n'est pas dans le commerce, et ne peut faire dès lors l'objet d'une vente valable. — La nullité d'une pareille vente entraîne celle de la location des lieux occupés par le médecin vendeur; cette cession n'étant en réalité que l'accessoire de la vente de la clientèle, qui forme le contrat principal. — *Paris*, 29 déc. 1847 (t. 1er 1848, p. 123), Anquetin c. Argentier. — *Contrà*, le *Man. de méd. lég.*, par Briand et Chaudé, p. 840.

94. — Les honoraires des médecins, chirurgiens, etc., ne sont privilégiés qu'autant qu'ils sont dus à raison de la *dernière maladie.* — V., à cet égard, PRIVILÉGE et FAILLITE, nos 2060 et suiv.

95. — L'action des médecins, chirurgiens, pour leurs visites et opérations, se prescrit par un an. — C. civ. art. 2272. — V., à cet égard, PRESCRIPTION.

96. — Les médecins et chirurgiens sont tenus à certaines obligations particulières. — Ainsi, l'art. 56 du C. civ. veut que, à défaut du père, les docteurs en médecine ou en chirurgie, les sages-femmes, officiers de santé et autres personnes qui ont assisté à l'accouchement, soient tenus de déclarer la naissance de l'enfant. Cette obligation est surtout imposée aux médecins, officiers de santé et sages-femmes, lorsque c'est chez eux que la femme est accouchée. L'omission de cette déclaration est punie, aux termes de l'art. 346 C. pén., d'un emprisonnement de six jours à six mois et d'une amende de 16 à 300 fr.

97. — Les questions qui se rattachent à la déclaration de naissance, et notamment celle de savoir si les médecins et chirurgiens sont tenus de faire connaître à l'officier de l'état civil le nom de la mère, sont traitées v° ACTES DE L'ÉTAT CIVIL, nos 247 et suiv., 261 et suiv., 291 et suiv.

98. — Un édit du mois de déc. 1666 enjoignait au chirurgien appelé pour panser un blessé, soit d'un coup d'épée, soit par une arme à feu, d'en faire sa déclaration au procureur fiscal, ou au juge de police, soit qu'il l'eût pansé chez le malade ou dans une autre maison, ou même chez lui, sous peine de 200 livres d'amende pour la première fois, d'interdiction pendant un an en cas de récidive; et pour la troisième fois, de la privation de la maîtrise.

99. — Une ordonnance de police du 17 vent. an IX (8 mars 1801) enjoignit aux officiers de santé de Paris et des communes rurales du département de la Seine, qui auraient administré des secours à des blessés, de faire la même déclaration au commissaire de police ou aux maire et adjoints *extra muros*, sous peine de 300 fr. d'amende (art. 1er). Cette déclaration devait contenir les noms, prénoms, profession et demeure des blessés, la cause des blessures, leur gravité et les circonstances qui y avaient donné lieu (Art. 2). — Les art. 3 et 4 imposaient la même obligation aux officiers de santé en chef des hospices de Paris.

100. — Les dispositions de cette ordonnance ont été renouvelées par celles du 5 mai 1816. En 1832, à l'époque de la mise en état de siége de Paris, les événemens des 5 et 6 juin suggérèrent au préfet de police la malheureuse pensée de les rappeler de nouveau. Mais cette nouvelle ordonnance fut frappée d'une réprobation générale. Les médecins se récrièrent à l'idée qu'on voulait en faire des dénonciateurs, et cette ordonnance tomba d'elle-même.

101. — Bien que ces divers règlemens et ordonnances n'aient pas été formellement rapportés, on peut les considérer comme tombés en désuétude; et même comme abrogés implicitement par l'art. 378 du C. pén., qui défend aux médecins et chirurgiens de révéler les secrets qui leur ont été confiés dans l'exercice de leurs fonctions. — V. DIVULGATION DE SECRETS, n° 34.

102. — Tout ce qui concerne l'art. 378 du C. pén. et par conséquent l'obligation du secret en médecine a été traité v° DIVULGATION DE SECRETS, nos 3, 49, 53 et suiv., 81 et suiv.

103. — D'après l'art. 909 C. civ., les docteurs en médecine ou en chirurgie, les officiers de santé et les pharmaciens, qui auront traité une personne *pendant la maladie dont elle meurt*, ne peuvent profiter des dispositions entre-vifs ou testamentaires qu'elle aurait faites en leur faveur pendant le cours de cette maladie. — Sont exceptées : 1° les dispositions rémunératoires faites à titre particulier, eu égard aux facultés du disposant et aux services rendus; 2° les dispositions universelles, dans le cas de parenté jusqu'au quatrième degré inclusivement, pourvu toutefois que le décédé n'ait pas d'héritiers en ligne directe; à moins que celui au profit de qui la disposition a été faite ne soit lui-même du nombre de ces héritiers.

104. — Les règles concernant l'interprétation de cet article 909 ont été résumées v° DISPOSITIONS ENTRE-VIFS, nos 412 et suiv. — Nous y avons dit, nos 445 et suiv, que c'est aux tribunaux à examiner si la disposition faite à titre particulier est véritablement rémunératoire par sa nature et par son but.

105. — Il a été jugé que lorsque la nullité du legs fait par un malade au profit du médecin qui lui a donné des soins dans la maladie dont il est mort est demandée, pour cause d'incapacité du médecin, par des légataires universels qui offrent une somme déterminée pour lui tenir lieu du legs, la cour d'appel qui reconnaît à ce legs un caractère rémunératoire doit, si elle le juge excessif, le réduire dans une juste proportion, mais ne peut se borner à condamner les légataires universels au paiement, à titre d'honoraires, de la somme offerte par eux, sauf règlement si le médecin croit devoir le provoquer. — *Cass.*, 13 août 1844 (t. 2 1844, p. 449), Sentex c. Laurenceau et Brossier.

106. — *Avortement.* — La qualité de médecin est une circonstance aggravante du crime d'avortement. — V. AVORTEMENT.

§ 4. — *De la responsabilité médicale.*

107. — La question de savoir si les médecins et chirurgiens sont responsables des accidens qui peuvent résulter des soins par eux donnés ou des opérations pratiquées dans l'exercice de leur profession, et dans quelles limites cette responsabilité peut leur être appliquée, est d'une solution difficile.

108. — Les lois romaines punissaient très-sévèrement les médecins de leur négligence ou de leur impéritie; elles condamnaient à la déportation les médecins d'une condition un peu relevée, et à la mort ceux d'une condition plus basse (Montesquieu, *Espr. des lois*, liv. 29, ch. 14). — Cette sévérité était fondée sur ce que l'exercice de la médecine était libre et abandonné au premier venu. Celui qui entreprenait le traitement des malades qui s'adressaient à lui le faisait à ses risques et périls. — Coffinières, nos 57 et 58; Bousquet, v° *Art de guérir*. — V. la loi *Aquilia*, § 6 et 7, tit. 3 des *Instit.*

109. — Notre ancienne jurisprudence était divisée sur la question de la responsabilité de ceux qui pratiquent l'art de guérir. Un arrêt du parlement de Bordeaux, de 1596, condamna à 450 livres de dommages-intérêts les enfans et héritiers d'un chirurgien qui avait blessé un malade en le saignant. Par un arrêt du parlement de Paris, du 22 juin 1768, un chirurgien privilégié fut condamné à « 15,000 livres, par forme de réparation civile, envers un jeune homme à qui il fallut couper le bras, pour remédier aux suites du mauvais traitement d'une fracture, avec défense de ne plus à l'avenir exercer la chirurgie. » — Denisart, v° *Chirurgien*, n° 12.

110. — Mais, dans une autre espèce, le parlement de Paris décida, au mois de juin 1696 : que les chirurgiens n'étaient pas garans et responsables de leurs remèdes, tant qu'il n'y avait que de l'ignorance ou de l'impéritie de leur part : *quia ægrotus debet sibi imputare cur talem elegerit*. — « Il n'y a, dit Brillon (*Dict. des arrêts*, v° *Chirurgien*), qu'un seul cas où l'on ait une action contre eux, c'est lorsqu'il y a un dol, auquel cas c'est un véritable délit. Mais il en est autrement, lorsqu'on ne peut leur imputer qu'un quasi-délit : à la différence du droit romain, qui voulait que l'impéritie fût regardée comme une faute. » Conformément à ce principe, un arrêt du parlement de Bordeaux, du 6 avr. 1710, renvoya un chirurgien des fins d'une demande formée contre lui, parce qu'il fut reconnu qu'il n'y avait ni dol ni malice de sa part, en lui enjoignant cependant d'appeler à l'avenir un conseil dans les grandes cures, et de déférer à l'avis de la majorité. Le parlement de Bordeaux rendit encore, le 6 juin 1714, un autre arrêt dans le même sens. Enfin, un arrêt du parlement de Paris, du 14 sept. 1764, alloua des dommages-intérêts à un chirurgien qui avait été accusé à tort d'ignorance et de maladresse. — Merlin, *Répert.*, v° *Chirurgien*, § 2, n° 5; Coffinières, n° 59.

111. — La loi du 19 vent. an XI, qui a réglé l'exercice de l'art de guérir, ne s'est occupée d'une manière positive de responsabilité que relativement aux officiers de santé. Après leur avoir prescrit de ne pratiquer les grandes opérations chirurgicales que *sous la surveillance et l'inspection d'un docteur*, dans les lieux où celui-ci sera établi, elle ajoute : « Dans le cas d'*accidens graves* arrivés à la suite d'une opération exécutée hors de la surveillance et de l'inspection ci-dessus prescrites, il y aura recours à indemnité contre l'officier de santé qui s'en sera rendu coupable (art. 29). » — V. OFFICIER DE SANTÉ. — V. aussi SAGE-FEMME.

112. — Quant aux docteurs en médecine, médecins ou chirurgiens, la loi du 19 vent. an XI est absolument muette. — De là, on a voulu conclure que le docteur n'avait, en aucun cas, à rendre compte de sa pratique. « Si, a-t-on dit, d'après l'art. 29, sa présence fait disparaître la présomption légale d'insuffisance qui frappe l'officier de santé, son inférieur dans la hiérarchie médicale, c'est que son titre de docteur est, aux yeux de la loi, le gage d'une instruction solide et complète; par conséquent, il doit jouir pour lui-même de l'irresponsabilité que sa présence confère à l'officier de santé. »

113. — Mais cette doctrine a été généralement repoussée; car, ainsi que le faisait remarquer M. le procureur général Dupin, lors de l'arrêt du 18 juin 1835 que nous citerons plus bas, lorsque toutes les professions, toutes les fonctions soumettent dans certaines limites ceux qui les exercent à une responsabilité, il est impossible d'admettre que les médecins et les chirurgiens seuls puissent être exempts de cette responsabilité, et que toujours et dans toutes les applications qu'ils peuvent faire de leur pratique médicale, le diplôme qu'ils ont obtenu soit pour eux un brevet d'impunité.

114. — C'est donc aux principes généraux qu'on a recouru pour trancher la question ; à l'égard des médecins comme à l'égard de tous autres, le principe de responsabilité a paru découler soit 1° (sous le rapport de la responsabilité civile) des art. 1382 et 1383 C. civ., suivant lesquels tout fait quelconque de l'homme qui cause à autrui un dommage, oblige l'auteur de ce fait à une réparation, et la réparation est due, lors même que le dommage n'est causé que par imprudence ou négligence, soit 2° (sous le rapport de la responsabilité spéciale) des art. 319 et 320 du C. pén., qui punissent l'homicide ou les blessures provenant de maladresse, imprudence, inattention, négligence ou inobservation du règlement.

115. — Le principe de la responsabilité médicale, sous le rapport civil (art. 1382 et 1383) et pénal (art. 319 et 320 C. pén.) a donc été reconnu et consacré par la doctrine et par la jurisprudence. — *Cass.*, 18 sept. 1817, David; *Angers*, 1er avril 1833, C...; *Paris*, 5 juill. 1833, Durand; *Rennes*, 7 déc. 1842, Macé, rapporté dans le *Manuel complet de médecine légale* par Briand et E. Chaudé, p. 50, note; *Cass.*, 18 juin 1835, Thouret-Noroy c. Guigne; *Besançon*, 18 déc. 1844 (t. 2 1845, p. 317), Viney. — Merlin, *Rép.*, v° *Chirurgien*, § 2, n° 1er; Coffinières, n° 72; Morin, *Dict. dr. civ.*, v° *Art de guérir*; Chauveau et Hélie, *Th. C. pén.*, t. 5, p. 477 et suiv.; Carnot, sur l'art. 319 C. pén. — *Riom*, 28 juin 1841, Plissac c. Pagès; *Caen*, 5 juin 1844, Bourgy c. Legigen, arrêts cités dans le *Manuel de médecine légale* de Briand et E. Chaudé, p. 56 et 57, notes. — M. Orfila (*Tr. de médecine légale*, 4e éd., p. 47), MM. Briand et E. Chaudé n'admettent que la responsabilité civile (art. 1382 et suiv.) et non la responsabilité pénale (art. 319 et 320 C. pén.).

116. — Mais dans quel cas y aura-t-il faute, négligence, imprudence, de nature à motiver la responsabilité soit civile, soit pénale? — Un des membres les plus distingués de l'Académie de médecine, M. Double, disait, le 29 sept. 1829, dans un rapport relatif à une affaire renvoyée à l'Académie par les tribunaux civils (aff. Hélie) : « L'Académie croit de son devoir de protester contre l'interprétation forcée et l'application abusive, dans certains cas, des art. 1382 et 1383 du C. civ. Nul doute que les médecins ne demeurent légalement responsables des dommages qu'ils causent à autrui par la coupable application des moyens de l'art, faite sciemment, avec préméditation et dans de perfides desseins ou de criminelles intentions ; mais la responsabilité des médecins *dans l'exercice consciencieux de leur profession* ne saurait être justiciable de la loi. Les erreurs involontaires, les fautes hors de prévoyance, les résultats fâcheux hors de calcul, ne doivent relever que de l'opinion publique. Si l'on veut qu'il en soit autrement, c'en est fait de la médecine. C'est un mandat illimité qu'il faut auprès des malades ; l'art de guérir ne peut devenir profitable qu'à cette condition. En fait donc de médecine pratique, de même qu'en matière de justice distributive, les médecins, non plus que les juges, ne sauraient devenir légalement passibles des erreurs qu'ils peuvent commettre de bonne foi dans l'exercice de leurs fonctions. Là comme ici la responsabilité est toute morale, toute de conscience; nulle action juridique ne peut être légalement intentée, si ce n'est en cas de captation, de dol, de fraude ou de prévarication. Ainsi le veut la juste intelligence des intérêts privés. »

117. — Les mêmes principes ont été énergiquement développés dans un article de M. le docteur Baude, inséré dans la *Gazette des tribunaux*, dont voici quelques passages : « Irez-vous, dit M. Baude, devant un tribunal, démander de l'argent en compensation d'un membre coupé, à l'homme qui, dans un écrasement, vous a sauvé la vie par l'amputation? Irez-vous, vous, mère, demander des alimens pour votre enfant à celui qui n'a cru pouvoir vous sauver la vie à tous deux qu'aux dépens d'une mutilation? Dans ces cas graves et terribles, entre la conscience du médecin et le patient, il n'y a que l'honneur; entre eux, pour juge, il n'y a que Dieu. Le médecin qui a agi d'après son savoir, sa conscience et l'honneur, a bien fait : toute autre doctrine est fausse, et j'oserai le dire, dangereuse à la société. »

118.—M. le procureur général Dupin de son côté s'exprimait en termes moins absolus quoique très réservés également, lorsqu'il disait : « Dans les questions de ce genre, il ne s'agit pas de savoir si tel traitement a été ordonné à propos ou mal à propos, s'il devait avoir des effets salutaires ou nuisibles, si un autre n'aurait pas été préférable, si telle opération était ou non indispensable, s'il y a eu imprudence ou non à la hasarder, adresse ou malhabileté à l'exécuter, si avec tel ou tel instrument, d'après tel ou tel autre procédé, elle n'aurait pas mieux réussi ; ce sont là des questions scientifiques à débattre entre docteurs et qui ne peuvent pas constituer des cas de responsabilité civile, ni tomber sous l'examen des tribunaux..... Mais, lorsque les faits reprochés aux médecins sortent de la classe de ceux qui, par leur nature, sont exclusivement réservés aux doutes et aux discussions de la science, du moment qu'ils se compliquent de négligence, de légèreté ou d'ignorance des choses qu'on devrait nécessairement savoir, la responsabilité de droit commun est encourue, et la compétence de la justice est ouverte. » M. Orfila (*Traité de méd. lég.*, p. 51) dit que les principes exposés par le procureur général sont d'une équité parfaite, et que ce magistrat a fait au corps médical toutes les concessions qu'il pouvait raisonnablement espérer d'obtenir.

119. — C'est également dans ces limites que M. Trébuchet (*Jurisprudence de la méd.*, p. 212 et suiv.) admet l'application possible du principe de responsabilité. — Après avoir posé en thèse que la responsabilité ne saurait être encourue, quel que soit le résultat, pour le cas où le médecin a agi suivant sa conscience et où il a prodigué au malade tous les soins qu'il était en son pouvoir de lui donner, il prévoit certaines hypothèses dans lesquelles, suivant lui, l'existence d'une faute grave ou d'une négligence coupable pourra rendre le médecin responsable.

120. — « Ainsi, par exemple, dit-il, qu'un médecin ou un chirurgien soit en état d'ivresse au moment où il pratique une opération, qu'il commette dans la rédaction d'une ordonnance une erreur matérielle préjudiciable au malade, qu'il abandonne volontairement le malade au milieu d'une opération difficile, périlleuse, et sans vouloir en soigner les suites, que, sans motifs tirés de l'état du malade et sans prévenir la famille il substitue au traitement prescrit par une consultation un autre traitement à la suite duquel des accidens graves se produisent ou même la mort; qu'il adresse avec insistance un malade, pour la délivrance d'une prescription médicale, à un individu non reçu pharmacien et tenant indûment officine; qu'il donne lui-même des remèdes de sa composition à ses malades, en contravention aux lois et règlemens, dans ces divers cas, les tribunaux pourront constater une faute grave, une imprudence, et, dès lors, appliquer le principe de la responsabilité.

121. — Il en est de même, dit M. Dupin (*loc. cit.*), lorsqu'un médecin, ordonnançant une potion, prescrit une dose telle qu'elle a dû être nécessairement un poison (par exemple, une once d'émétique au lieu de deux ou trois grains) ; en pareil cas, la responsabilité existe, indépendamment de toute intention coupable. — Car il suffit qu'il y ait eu négligence, légèreté ou méprise grossière et par là même inexcusable. — Orfila, p. 45.

122. — Si un médecin fait l'essai de traitemens ou de remèdes violens, bizarres, inusités, qu'il prescrit en quelque sorte au hasard, avec légèreté et sans se rendre un compte bien réel des suites qu'ils peuvent avoir, M. Trébuchet (p. 212) pense que sa responsabilité est grandement compromise ; car, dit-il, un médecin ne peut se permettre de semblables essais qu'en ayant la conscience de leur nécessité, et encore il devrait toujours en prévenir la famille. Toutefois, s'empresse-t-il d'ajouter, il faut, pour que, dans ce cas, la responsabilité pèse sur le médecin, qu'il ne soit pas permis de se méprendre sur son imprudence. — Il ne faut pas oublier, en effet, que lorsque Laennec, d'après Rasori, employa le premier, en France, l'émétique dans le traitement des maladies de poitrine, il souleva contre lui la Faculté tout entière et que, son malade étant mort, peu s'en fallut qu'il ne fût poursuivi devant les tribunaux.

123. — De tout ce qui vient d'être dit, on doit conclure que les tribunaux, juges naturels et absolus de la question de savoir si le principe de la responsabilité est ou non applicable, doivent procéder, à cet égard, avec une extrême mesure. S'il ne faut pas que l'exercice d'une profession quelconque jouisse, quoi qu'il arrive, du privilége de l'impunité, il ne faut pas non plus oublier que l'extension du principe de la responsabilité serait de nature à gêner considérablement, au grand péril de l'humanité, l'exercice libre, consciencieux, progressif de l'art de guérir; à rendre la pratique souvent impossible, et à forcer en quelque sorte le médecin, plutôt que de tenter des médications nouvelles qu'il croirait salutaires, à livrer les malades aux progrès de leurs maux. Les tribunaux n'oublieront pas non plus que, dans le plus grand nombre de cas, les malades sont les premiers auteurs des accidens qu'ils éprouvent, et qu'il ne serait pas juste de reporter au médecin la responsabilité des imprudences par eux commises. Ce n'est donc qu'en cas de négligence bien caractérisée ou de faute grossière qu'ils devront se décider à frapper le médecin.

124.—C'est en ce sens, et avec ces réserves, que paraissent jusqu'ici avoir décidé les tribunaux. — Et il a été reconnu que la loi pénale n'est applicable que dans le cas où, abstraction faite des théories et des systèmes, qu'elle ne peut apprécier, il est évident pour tout homme de bon sens qu'il y a eu de la part du médecin faute lourde, maladresse visible, impéritie, et qu'il a ainsi compromis les jours du malade. — *Besançon*, 18 déc. 1844 (t. 2 1845, p. 317); Viney.

125. — Dans l'espèce jugée par l'arrêt précité (n° 115) du 1er avr. 1833 (Angers) la cour a condamné le médecin : en constatant un *défaut de précaution de sa part*. — L'artère radiale avait été piquée en pratiquant une saignée, et la gangrène avait nécessité l'amputation du bras. — M. Orfila (p. 52) combat cette décision. « Le médecin, dit-il, ne devait pas être responsable de la piqûre de l'artère, et, d'un autre côté, il ne pouvait pas être puni pour n'avoir pas employé les moyens thérapeutiques propres à remédier à l'accident. — S'il est avéré qu'il n'a pas abandonné le blessé, qu'il a au contraire continué à lui donner des soins assidus, quelque inefficaces qu'aient été ceux-ci, il devait être acquitté d'après le principe si sagement développé par M. Dupin. »

126. — L'arrêt de *Rennes* du 7 déc. 1842, rapporté par MM. Béraud et Chauvé (V. *suprà* n° 115), était fondé sur ce que le médecin avait prescrit à un malade une potion dans laquelle entraient quatre grammes de cyanure de potassium. Le malade étant mort empoisonné dès la première cuillerée, le médecin fut condamné comme coupable d'homicide involontaire. — C. pén., art. 319. — Le principe de la responsabilité recevait évidemment là son application. — Orfila, p. 45.

127. — Quant à l'arrêt de la Cour de cassation du 18 juin 1835 (Thouret-Noroy c. Guigne), il décide : que le médecin peut être déclaré responsable des accidens survenus à la suite d'une opération pratiquée par lui, lorsqu'il est établi que ces accidens sont le résultat de sa négligence, de sa faute grave et de l'abandon volontaire où il a laissé le malade en refusant de lui donner des soins lorsqu'il en était requis.

128. — Mais, d'un autre côté, l'arrêt de *Caen*, du 5 juin 1844 (Bourgy c. Celigen), également cité par MM. André et Chaudé (V. *suprà* n° 115), a refusé de faire application du principe de la responsabilité, parce qu'il a paru aux juges qu'il ne s'agissait, dans la cause, que d'une question de science et de pratique médicale, celle de savoir si une opération avait dû être faite de telle manière plutôt que de telle autre, et qu'il n'apparaissait « pas de faute lourde, négligence, maladresse visible, impéritie ou ignorance des choses que tout homme de l'art doit savoir. »

129. — On doit considérer comme beaucoup plus contestable, sous le rapport de la rectitude des principes, la décision rapportée par M. Trébuchet (réquis. rapporté en entier avec l'arrêt de cass. du 18 juin 1835, Thouret-Noroy c. Guigne) (p. 198 et suiv.), par laquelle, malgré l'avis détaillé de l'Académie de médecine et les observations de M. Double, dont nous avons cité plus haut un extrait, le tribunal de Domfront condamna le docteur Hélie, à raison de l'emploi qu'il avait cru devoir faire de moyens violens (amputation des bras de l'enfant) pour rendre possible un accouchement. — Ce jugement discute en thèse la question de savoir si l'amputation était ou non nécessaire pour mener à fin l'accouchement, et si elle n'avait pas été trop précipitée. « Il suffit de lire ce jugement, dit M. Trébuchet (p. 201), pour se convaincre des difficultés inextricables que soulève la doctrine de la responsabilité des médecins, et la fausse position dans laquelle elle jette les tribunaux qui l'admettent d'une manière absolue pour faits de pratique. »

130. — Ajoutons, néanmoins, que, bien que ce jugement fût contraire, au fond, à l'avis de l'Académie, qui avait conclu à la non-responsabilité, il était conforme à l'opinion de quatre des plus célèbres professeurs d'accouchement (MM. Desormeaux, Deneux, Gardien et Moreau) et à celle de M. Adelon, professeur de médecine légale, qui avait déclaré que, dans l'espèce, l'opération faite par le docteur devait être déclarée « *faute* contre les règles de l'art. »

131. — Des jugemens, rapportés par M. Orfila (p. 56), ont repoussé une action en responsabilité, fondée sur ce que le médecin avait refusé de faire une consultation. — On répondra que c'était aux parens, et non au médecin, à appeler d'autres docteurs, s'ils croyaient utile de le faire.

132. — Un docteur en médecine ne peut être déclaré coupable d'homicide par imprudence pour avoir causé la mort d'un de ses cliens par un médicament prescrit à tort, et sans une connaissance assez exacte de l'état du malade, s'il n'est point établi que la mort soit due à l'emploi de ce médicament. — *Rouen*, 4 décemb. 1845 (t. 1er 1846, p. 660), Signoret.

133. — Ces principes sont applicables aux officiers de santé et aux sages-femmes, lorsqu'ils exercent leur art dans les limites qui leur sont tracées, c'est-à-dire quand ils se livrent à des opérations qu'ils peuvent faire seuls et sans aucun concours. — V., au reste, OFFICIERS DE SANTÉ, SAGE-FEMME; quant à la responsabilité des pharmaciens, V. PHARMACIEN.

Sect. 2e. — *Médecine légale.*

134. — La médecine légale est l'application de la médecine et des sciences accessoires à la confection et à l'exécution soit des lois, soit des ordonnances ou règlemens émanant d'une administration publique. — Trébuchet, *Jurisprudence de la médecine*, p. 4.

135. — La médecine légale se divise, dit le même auteur (p. 5), en médecine légale judiciaire, médecine légale privée, et médecine légale administrative.

136. — La médecine légale judiciaire, considérée sous le rapport du droit criminel, consiste à donner des éclaircissemens et renseignemens propres à diriger l'autorité dans les recherches faites par elle pour parvenir à découvrir les coupables, et à la seconder dans l'application de la législation criminelle,

137. — L'intervention du corps médical dans les expertises et constatations requises par la justice criminelle est parfois obligatoire. Ainsi, par exemple, en cas de mort violente, l'art. 81 du C. civ. soumet l'inhumation à l'examen préalable du cadavre par un médecin, et l'art. 44 du C. d'instr. crim. oblige aussi le ministère public, en pareil cas, à se faire assister par un ou deux officiers de santé. — V. ACTES DE L'ÉTAT CIVIL, FLAGRANT DÉLIT, EXPERTISE.

138. — En pareil cas le soin de constater le décès peut être confié soit à des officiers de santé, soit à des docteurs. — C. instr. crim., art. 44.

139. — L'art. 83 du C. instr. crim. exige aussi l'intervention d'un officier de santé (ou médecin) pour la constatation de l'impossibilité où peut se trouver un témoin de répondre à la citation donnée à comparaître devant le juge d'instruction. — Et l'art. 86 du même Code rend l'officier de santé responsable en cas de délivrance d'un faux certificat.

140. — Hors les cas où la loi le prescrit d'une manière formelle, la justice peut ou non recourir aux lumières des hommes de l'art ; mais l'usage a prévalu d'appeler les médecins lorsqu'une décision quelconque peut dépendre de la solution d'une question de leur compétence.

141. — Les médecins sont en général appelés dans tous les cas d'empoisonnement, de suicide, de mort par suite de duel, d'asphyxie, etc., dans tous les cas enfin où il s'agit de décider s'il y a eu suicide ou assassinat. — Ils sont, en outre, journellement requis dans les cas d'attentat aux mœurs, de blessures entraînant une maladie ou une incapacité de travail de plus de 20 jours, de supposition ou suppression d'enfant, d'avortement, d'infanticide, ou bien encore lorsqu'il s'agit de décider si une femme condamnée à mort est enceinte. — V., sur ce dernier point, MORT (PEINE DE), — V. aussi ATTENTAT A LA PUDEUR, AVORTEMENT, BLESSURES ET COUPS, EMPOISONNEMENT, ENFANT (crimes et délits contre l'), HOMICIDE, INFANTICIDE, MEURTRE, VIOL.

142. — La médecine légale judiciaire, dans ses rapports avec le droit civil, comprend notamment les cas où il y a lieu de prononcer sur l'état mental d'un individu, sur le sexe, la puberté extraordinaire prévue par l'art. 144 du C. civ., et sur une foule de questions se rattachant soit à la validité des mariages, soit à l'état des enfans, soit aux conditions de *viabilité* nécessaires pour succéder. — V. ALIÉNÉS, HERMAPHRODITE, HOSPICES, nos 189 et suiv. ; INTERDICTION, LÉGITIMITÉ, MARIAGE, RECRUTEMENT, SUCCESSION. — V. aussi RENTE.

143. — En outre, les médecins sont parfois consultés par la justice soit lorsqu'il s'agit de dommages-intérêts réclamés à l'occasion de coups et blessures, soit lorsqu'il y a lieu d'examiner si les honoraires réclamés par les médecins et pharmaciens sont ou non exagérés, ou encore s'il peut y avoir lieu contre eux à responsabilité. M. Orfila (*Traité de médecine légale*) appelle dans ces derniers cas les rapports des *rapports d'estimation*.

144. — La médecine légale privée, dit Trébuchet (p. 127), est celle qui tient plus particulièrement à l'état civil et social des citoyens ; qui n'est exercée ni dans l'intérêt général ni à l'occasion d'un procès devant les tribunaux, mais dans un intérêt purement individuel : toujours cependant en vue de l'exécution d'une loi ou d'un règlement. Telle est, par exemple, la constatation des maladies ou des infirmités donnant droit à des pensions de retraite ou exemptant de charges ou de services publics imposés par la loi, tels que la tutelle, le jury, le service de la garde nationale, le service militaire ; la constatation de la folie lorsqu'un individu atteint de cette maladie est reçu dans une maison de santé, l'examen des pauvres qui se présentent pour être admis dans les hôpitaux, dans les bureaux de bienfaisance, etc., la constatation des naissances et des décès.

145. — Mais cette branche de la médecine légale peut être confondue avec la médecine légale administrative, attendu que les hommes de l'art, dans les cas prévus plus haut, agissent presque toujours par les ordres de l'administration.

146. — La mission des médecins, en ce qui concerne la vérification et constatation des décès, a été expliquée (vis ACTES DE L'ÉTAT CIVIL, nos 116 et suiv., et INHUMATION, n° 5). — On peut aussi consulter pour les autres points qui viennent d'être indiqués les mots GARDE NATIONALE, TUTELLE.

147. — Les services rendus par les médecins vérificateurs des décès font regretter à M. Trébuchet (p. 134) qu'on n'ait pas créé des médecins vérificateurs des naissances. Il pense que la constatation à domicile aurait un avantage pour l'enfant qui souffre gravement parfois de la nécessité où se trouvent ses parens de le présenter dans les trois jours à l'officier de l'état civil. — V. ACTES DE L'ÉTAT CIVIL. — D'un autre côté, la constatation du sexe aurait lieu d'une manière plus régulière, plus certaine ; enfin, ce mode de procéder présenterait bien plus de garantie pour l'état civil des enfans. — Enfin, suivant le même auteur, la nomination de médecins chargés de constater les naissances pourrait permettre de confier à ces mêmes docteurs le soin de pratiquer l'opération césarienne sur les femmes enceintes qui meurent soit pendant la grossesse, soit pendant le travail de l'accouchement, et de tenter ainsi d'amener l'enfant à la vie. — Nous devons ajouter que la constatation des naissances à domicile a depuis plusieurs années pris place dans les vœux exprimés par certains conseils généraux.

148. — Quant aux déclarations de naissance imposées, par l'art. 56 C. civ. et l'art. 346 C. pén., aux accoucheurs, V. *suprà* p. 196 et suiv.

149. — La médecine légale administrative est, à proprement parler, celle qui a particulièrement en vue l'hygiène publique. Sous ce rapport, et soit qu'il s'agisse, comme le dit Trébuchet (p. 143), d'observer les variétés, les influences des climats ; de constater toutes les causes contraires à la conservation et au bien-être de l'existence, de s'occuper de la qualité et des propriétés des comestibles exposés en vente, des boissons, du régime des gens de guerre et des hôpitaux, des lois sanitaires, des endémies, des épidémies, des hôpitaux, des maisons d'aliénés, des lazarets, des prisons, des inhumations, des cimetières, de tout ce qui intéresse enfin la salubrité, on voit intervenir l'homme de l'art, soit pour arriver à la confection ou à l'exécution d'une loi, soit pour éclairer et seconder l'autorité dans l'exécution des devoirs qui lui sont imposés par la loi. Les médecins ou chimistes sont également consultés sur les enquêtes *de commodo et incommodo*, en matière d'établissemens insalubres. — V. ALIÉNÉS, AUTOPSIE, BOISSONS FALSIFIÉES OU NUISIBLES, CADAVRES, COMESTIBLES ET DENRÉES CORROMPUS ET NUISIBLES, ÉPIDÉMIES, ÉTABLISSEMENS INSALUBRES, EXHUMATION, HOSPICES, INHUMATIONS, LAZARETS, POLICE SANITAIRE, PRISONS.

150. — C'est pour répondre à ce besoin qu'a été établi le conseil de salubrité. — V. CONSEIL DE SALUBRITÉ.

151. — Une instruction, approuvée par le conseil de salubrité dans sa séance extraordinaire du 19 juin 1835, imprimée, publiée et affichée en vertu d'une ordonnance de police du 1er janv. 1836, indique les secours à donner aux noyés et asphyxiés, et les moyens à prendre pour le transport et le dépôt des cadavres à la morgue. — V. le texte de cette instruction. — V. ASPHYXIE.

152. — Des médecins, nommés par le gouvernement, sont attachés aux établissemens d'eaux minérales. — V. EAUX MINÉRALES.

153. — Le décret sur l'exploitation des mines, du 3 janv. 1813 (art. 16), prescrit aux propriétaires de mines d'entretenir, dans le cas où l'administration le leur enjoindrait, un chirurgien pour le service de l'établissement.

154. — Nous avons vu plus haut que dans certains cas (art. 44 C. instr. crim., art. 81 C. civ. ; art. 83, 86 C. instr. crim.) la loi admettait que la justice peut recourir aux lumières des *officiers de santé* pour les constatations médico-légales. — Ces articles sont-ils restrictifs et doit-on dire que, hors des cas qu'ils prévoient, les tribunaux ne peuvent s'adresser aux officiers de santé, et qu'ils doivent nécessairement recourir à des doc-

teurs? — Ce qui peut faire naître le doute, c'est que l'art. 227 de la loi du 19 vent. an XI porte: que les fonctions de médecins et chirurgiens jurés appelés par les tribunaux ou chargés par les autorités administratives d'objets de salubrité publique, ne peuvent être remplies que par des *docteurs*. Or, s'il a été fait exception à cette règle par les art. précités du C. instr. crim., l'exception doit-elle être étendue au delà des cas spécialement prévus?

155. — M. Boitard (*Leçons sur les C. pén. et d'instr. crim.*, 2e édit., p. 311) résout cette question affirmativement. — En ce sens, Chaussier, *Recueil de mémoires, consultations*, etc., p. 228; Orfila, t. 1er, p. 36, 4e édit. (suivant cet auteur, les officiers de santé peuvent faire des certificats, mais non des rapports). — Mais M. Trébuchet fait observer avec raison que les premières opérations auxquelles la loi admet les officiers de santé peuvent souvent nécessiter leur comparution devant les tribunaux saisis de l'affaire à l'occasion de laquelle ils ont instrumenté. — D'un autre côté, si la loi a confiance en eux dans certains cas, pourquoi refuserait-elle aux tribunaux de se fier à eux dans d'autres cas? On voit d'ailleurs la dénomination d'officiers de santé employée comme terme générique dans les art. 160, 317, 378 C. pén. De là il est permis de conclure avec MM. Briand et Ern. Chaudé (p. 21) et avec M. Devergie que, même dans les autres cas où la loi ne s'exprime pas d'une manière formelle, le choix des magistrats peut porter indifféremment soit sur des médecins, soit sur de simples officiers de santé. — Mais les tribunaux reconnaissent en général l'utilité d'appeler les praticiens les plus élevés en grade. — V. EXPERTISE, no 631.

156. — Et Trébuchet (p. 169) ajoute que, dans les affaires judiciaires surtout, et dans les cas difficiles, les officiers de santé ne doivent être appelés que concurremment avec les docteurs. — Mais ce n'est là qu'un conseil et non une obligation rigoureuse pour les magistrats.

157. — M. Faustin Hélie (*loc. cit.*) émet l'opinion que lorsqu'il s'agit de discuter devant un tribunal un point de médecine légale, un acte opératoire de chirurgie, on doit, conformément à l'art. 27 de la loi du 19 vent. an XI, préférer les docteurs; qu'il en est de même lorsqu'au cours d'une instruction il devient nécessaire d'obtenir une consultation des hommes de l'art sur des questions soulevées par le prévenu ou par les témoins, ou de faire vérifier les résultats d'une première expertise, ou du moins les déductions qu'ont tirées les premiers experts, de faits par eux constatés: mais que les officiers de santé peuvent être consultés quand il s'agit d'opérations ordinaires qui ont pour objet de vérifier ou de constater des faits.

158. — L'expertise peut-elle être confiée à un étranger reçu docteur en médecine dans une faculté française, cet étranger a-t-il qualité pour dresser un rapport médico-légal? — Cette question doit être résolue affirmativement. — V. EXPERTISE, nos 625 et suiv.

159. — Les hommes de l'art peuvent être requis indifféremment soit par le ministère public, soit par les officiers auxiliaires du ministère public. — Souvent ils sont appelés par le juge d'instruction, dans le cours de ses opérations, soit lors des débats publics pour donner leur avis sur les faits consignés dans leurs rapports, soit pour procéder à de nouvelles investigations.

160. — La citation donnée au médecin-expert se fait soit par un simple avertissement, soit par une lettre. — Faustin Hélie cité par M. Orfila, p. 37; *Gaz. méd.* 23 sept. 1843, 6 juill. 1844.

161. — Un médecin peut refuser la mission d'expert. — V. EXPERTISE, nos 639 et suiv. — Mais Trébuchet (p. 9) dit que le médecin qui aurait accepté la mission et prêté serment pourrait, s'il ne se présentait pas, être condamné aux frais faits frustratoirement, et même, s'il y avait lieu, à des dommages-intérêts. — V. aussi en ce sens Briand et Ern. Chaudé, p. 13 et suiv.; Faustin Hélie, *loc. cit.*

162. — Suivant la Cour de cassation, le refus serait passible de la peine prévue par l'art. 475, no 12 du C. pén., si l'on se trouvait dans un des cas où cet article donne aux officiers de police le droit de réquisition. — V. EXPERTISE, nos 636 et suiv.

163. — Mais, comme on l'a vu (vo EXPERTISE, *loc. cit.*), MM. Briant et Ern. Chaudé combattent cette solution. — M. Faustin Hélie (*loc. cit.*) pense également qu'en pareil cas l'art. 475, no 12, est inapplicable, attendu que les termes et l'esprit de cet article prouvent que le seul but du législateur a été d'apporter une sanction à la loi humaine et naturelle, qui veut que les hommes se portent réciproquement secours dans les périls où ils peuvent être exposés, et qu'on ne saurait, sans le détourner de son sens légal, l'appliquer au refus d'obtempérer à des réquisitions qui n'ont pour objet qu'une réquisition judiciaire.

164. — M. Faustin Hélie (*loc. cit.*) pense également qu'on ne pourrait appliquer à l'expert qui refuse d'accepter, l'art. 80 du C. inst. crim. relatif aux témoins qui refusent de comparaître devant le juge d'instruction pour apporter leur témoignage. — Mais M. Orfila ajoute (p. 15) que si le médecin refuse sa coopération en cas de flagrant délit, et qu'il soit appelé comme témoin, l'art. 80 lui devient applicable dans le cas où il n'obtempérerait pas à cette nouvelle injonction.

165. — MM. Briand et Ern. Chaudé ajoutent que l'art. 475 est inapplicable aux médecins qui, en temps d'épidémie ou autre calamité, refuseraient d'obtempérer aux ordres des autorités administratives et de faire un service public pour lequel ils seraient commandés.

166. — Il a été jugé que le refus fait par un officier de santé, de recevoir dans sa maison un homme blessé qu'on lui amène pendant la nuit, ne peut pas être assimilé au refus de secours et services requis en cas d'incendie ou autres calamités, ni puni comme tel. — *Cass.*, 29 fruct. an X, Lallemand.

167. — ... Et que le refus d'une sage-femme d'aller aider à l'accouchement d'une femme indigente ne rentre nullement dans la disposition de l'art. 475, no 12 C. pén. — *Cass.*, 4 juin 1830, Pérard. — Décision également applicable aux médecins. — V. REFUS DE SERVICE.

168. — En tout cas, et pour éviter les refus, chaque cour ou tribunal peut faire choix à l'avance d'hommes expérimentés dans telle ou telle partie, et se les attacher de manière qu'on soit sûr de les trouver au besoin, ou qu'ils puissent se suppléer réciproquement. — Instruction générale du min. de la justice, 30 sept. 1826.

169. — Les experts nommés par la justice doivent prêter serment de remplir consciencieusement leur mission. — V. EXPERTISE.

170. — Le serment n'est pas exigé lorsqu'il s'agit d'affaires administratives. — Cependant Trébuchet (p. 177) dit que même en ce cas l'administration peut, si elle le veut, le demander.

171. — Les opérations et constatations médico-légales exigent souvent de la part du médecin, indépendamment des connaissances spéciales, beaucoup de prudence, de discrétion, de délicatesse; spécialement dans les cas de viol, d'attentat à la pudeur, d'infanticide. — On peut, à cet égard et en général sur le mode de procéder aux expertises, consulter les observations pratiques présentées par M. Trébuchet, p. 171 et suiv. — V. aussi Orfila, p. 9 et suiv.

172. — On trouvera en outre au mot AUTOPSIE (nos 2 et suiv.) les règles applicables au cas où les médecins sont appelés en vertu de l'art. 44 du C. inst. crimin.

173. — Les médecins doivent rédiger leurs rapports d'une manière circonstanciée. Ces rapports sont écrits en totalité ou en partie sur le lieu même de la visite. Ils doivent être affirmés. On peut au reste consulter, pour la rédaction des rapports administratifs et judiciaires, les *Leçons de médecine légale* de M. Orfila, la *Jurisprudence de médecine* de M. Trébuchet, et le nouveau *Manuel de médec. lég.* de MM. Briand et Ern. Chaudé, p. 35 et suiv. — Ces auteurs donnent aussi des détails sur la rédaction des certificats et des rapports d'estimation (qui ont pour but de décider si les honoraires demandés par des hommes de l'art ne sont pas exagérés).

174. — « L'homme de l'art, dit M. Orfila (p. 16), ne doit jamais oublier qu'il est mandé pour éclairer uniquement la partie scientifique du débat, c'est dans la science seule qu'il doit chercher les moyens d'élucider le fait; et lorsqu'il sera en présence du corps du délit, il ne devra recueillir des personnes qui pourront l'aider à découvrir la vérité que les renseignemens qui se rattachent à la question scientifique. » M. Orfila ajoute, contrairement à l'opinion de M. Devergie, que le médecin ne doit, sous aucun prétexte, s'enquérir des témoignages donnés par des étrangers et portant sur les circonstances morales de la cause.

175. — Souvent, l'intervention du médecin ne donne lieu de sa part qu'à un simple certificat. — C'est une attestation qui n'exige ni la prestation du serment, ni la présence du magistrat, et qui, fort souvent, n'est pas provoquée par la justice.

176. — Les rapports et certificats médico-légaux font foi dans les mêmes limites que tous autres rapports d'experts. — V. EXPERTISE, nos 394 et suivans.

177. — Nous avons dit (V. FAUX CERTIFICATS) quelles peines encourt le médecin qui délivre de faux certificats.

178. — En matière criminelle, les rapports d'experts, argués de faux, même quand les experts ne seraient pas appelés à les confirmer en justice, entraîneraient l'application des peines portées contre les faux témoins. — Trébuchet, p. 181. — V. FAUX TÉMOIGNAGE.

179. — Quant aux matières correctionnelles ou de police ou civiles, les experts appelés à comparaître, à l'occasion de leur expertise, qu'ils aient ou non fait déjà des rapports ou certificats, et qui déclareraient des faits faux, seraient punis suivant les circonstances constatées aux art. 362, 363, 364 C. pén. — Trébuchet, *loc. cit.* — V. FAUX TÉMOIGNAGE.

180. — Les médecins sont parfois appelés, sur la demande des parties intéressées ou des autorités, à rédiger des consultations médico-légales dans lesquelles on discute la valeur des rapports, certificats, notes ou mémoires déjà dressés, et où on expose les diverses considérations que l'on croit propres à éclairer les magistrats. — V., à cet égard, M. Orfila, t. 1er, p. 40 et suiv. — V. aussi Briand et Ern. Chaudé, no 32.

181. — Le décret du 18 juin 1811, portant tarif des frais en matière criminelle, de police correctionnelle et de simple police, a réglé le taux des vacations qui leur sont dues pour leurs opérations. Cette matière a été également l'objet de plusieurs instructions du ministre de la justice, instructions rapportées en entier dans l'ouvrage de M. de Dalmas: *Des frais de justice*.

182. — Les articles les plus importans du décret sont les art. 16 et 17, ainsi conçus: « Les honoraires et vacations des médecins, chirurgiens, sages-femmes, etc., etc., à raison des opérations qu'ils feront sur la réquisition des officiers de police ou de police judiciaire dans les cas prévus par l'art. 44 C. instr. crimin., sont fixés ainsi qu'il suit: Chaque médecin ou chirurgien recevra, savoir: 1o pour chaque visite et rapport, y compris le premier pansement, s'il y a lieu: à Paris, 6 fr., — dans les villes de 40,000 habitans et au-dessus, 5 fr., — dans les autres villes et communes, 3 fr.; — 2o pour les ouvertures de cadavres ou autres opérations plus difficiles que la simple visite, et en sus des droits ci-dessus: à Paris, 9 fr., — dans les villes de 40,000 habitans et au-dessus, 7 fr., — dans les autres villes et communes, 5 fr. »

183. — Cet art. 17 reçoit son application au cas prévu par l'art. 5, clf. 1er du décret de 1811, c'est-à-dire quand il y a lieu d'examiner médicalement si le prévenu peut faire ou continuer le voyage à pied, et si, dès lors, la translation par voie extraordinaire est nécessaire. — Trébuchet, *Jurispr. de la Méd.*, p. 243.

184. — De ce qu'il est dû aux médecins un droit pour chaque visite et rapport indépendamment de l'allocation plus forte qu'ils peuvent réclamer quand ils procèdent à une opération plus difficile que la simple visite, il suit que lorsqu'ils sont requis deux fois, à un certain intervalle de temps, de visiter le même sujet, on doit leur allouer deux fois aussi le droit fixé par le no 1er de l'art. 17. — Décis. du garde des sceaux, du 26 oct. 1824.

185. — Si de pareilles visites et opérations avaient été requises sans nécessité, ce n'est pas contre le médecin qui les aurait faites, mais contre les officiers qui les auraient ordonnées, qu'il y aurait lieu, dans l'intérêt du trésor, de poursuivre la restitution. — Décis. minist. 23 nov. 1824.

186. — On ne doit considérer comme *opération plus difficile que la simple visite*, dans le sens du no 2 de l'art. 17, que celles qui exigent plus de soin que cette visite et un pansement. — Par exemple: l'examen des ossémens du cadavre, lorsque cet examen a été ordonné pour parvenir à la connaissance de la cause du décès. — Décis. minist. 27 juill. 1824.

187. — Il n'est dû qu'un seul droit pour chaque opération et non pour chacun des détails dont l'opération peut se composer, alors d'ailleurs qu'il s'agit de vérification et opération faite sur un seul individu. — Ainsi les médecins ne peuvent prétendre qu'à un seul droit, par exemple, pour l'ouverture des différentes cavités d'un cadavre (décis. minist. 20 déc. 1824), — ou pour l'autopsie cadavérique d'un enfant, suivie de l'expérience de la docimasie hydrostatique, faite sur les poumons du même sujet, pour s'assurer s'il est né mort ou vivant. — Décis. minist. 9 avril 1825.

188. — Le tarif des vacations dues aux médecins est le même, qu'ils aient agi *le jour ou la nuit*. — Décis. minist. 15 juin 1825.

189. — ... A moins, toutefois, qu'ils ne soient appelés en qualité d'*experts*. En ce cas, l'augmentation d'allocation, accordée par le décret aux experts, leur est due. — Même décision. — Trébuchet, *Jurispr. de la médec.*, p. 246.

190. — Les médecins ont le caractère d'*experts*, lorsqu'ils n'agissent pas dans les cas prévus par l'art. 16, c'est-à-dire en exécution de l'art. 44 du Code d'instruction criminelle, par exemple lorsqu'ils sont appelés pour examiner des boissons, des alimens, décomposer des substances, faire des rapports sur des objets de salubrité. En ce cas, le taux de leurs vacations est fixé conformément à l'art. 22 du décret de 1811; à savoir, — pour chaque vacation de trois heures et pour chaque rapport fait par écrit : à Paris, 5 fr.; — dans les villes de 40,000 habitans et au-dessus, 4 fr.; — dans les autres communes, 3 fr.

191. — Les vacations de nuit sont payées moitié en sus. — Il ne peut être alloué pour chaque journée que deux vacations de jour et une de nuit : — « Ainsi, dit M. Trébuchet (p. 247), en aucun cas on ne doit allouer trois vacations de jour, même en remplaçant celle de nuit par une de jour. » — De plus il a été décidé qu'on ne devait allouer que deux vacations de jour et une vacation de nuit, quel que soit d'ailleurs le nombre d'heures pendant lesquelles ces vacations ont duré. — Décis. minist. 5 janv. 1825.

192. — Indépendamment des honoraires fixés pour les vacations, les hommes de l'art ont droit (art. 19 du décret de 1811) au prix des fournitures nécessaires pour les opérations. — Ces fournitures annexées aux mémoires doivent être comprises sur un état détaillé des objets employés (décis. minist. 4 avril 1826). — On ne doit y comprendre ni le prix d'instrumens que le médecin aurait brisés en faisant les opérations requises (décis. minist. 13 déc. 1828); ni les vases que brisent les experts dans le cours de leurs opérations, à moins que ces vases ne doivent être brisés par suite même de l'opération. — En outre (art. 20), pour les frais d'exhumation des cadavres, on suit les tarifs locaux.

193. — Il n'est rien alloué pour soins et traitemens administrés soit après le premier pansement, soit après les visites ordonnées d'office. — Art. 21.

194. — Si le ministère du médecin est réclamé hors de la ville où il réside, soit à l'occasion d'une opération qu'il a faite, soit à l'occasion d'une affaire nouvelle, le tarifileur alloue, outre leurs vacations, des frais de voyage et de séjour qui sont fixés à 2 fr. 50 c. pour chaque myriamètre parcouru en allant et en revenant (décr. art. 24, 90, 91). L'indemnité est réglée par myriamètre ou demi-myriamètre. Les fractions de 8 ou 9 kilomètres sont comptées pour un myriamètre; celles de 3 à 7 kilomètres pour un demi-myriamètre. — Art. 92.

195. — Le supplément d'indemnité accordé par l'art. 94, pour les frais de voyage dans les mois de novembre, décembre, janvier et février, a été supprimé par l'art. 4 du décr. du 7 avril 1813.

196. — Lorsque les médecins et chirurgiens sont arrêtés dans le cours du voyage par force majeure, ils reçoivent, pour chaque jour de séjour forcé, 2 fr., à la charge de faire constater la cause du séjour forcé par le juge de paix ou ses suppléans, le maire ou ses adjoints.

197. — En outre, s'ils sont obligés de prolonger leur séjour dans la ville où se fait l'instruction de la procédure et qui n'est pas celle de leur résidence, il leur est alloué, pour chaque jour de séjour : 1° à Paris, 4 fr.; 2° dans les villes de 40,000 habitans et au-dessus, 2 fr. 50 c.; 3° dans les autres villes et communes, 2 fr.

198. — Dans tous les cas où les médecins et chirurgiens sont appelés, soit devant le juge d'instruction, soit aux débats, à raison de leurs déclarations, visites et rapports, les indemnités dues pour cette comparution leur sont payées comme à des témoins s'ils requièrent taxe. (Décr. 1811, art. 25.) — V. TÉMOIN. — Ceci doit s'entendre aussi bien des débats qui ont lieu devant les cours d'assises que devant les autres juridictions, et du cas où un médecin n'est appelé que pour donner des explications sur ses précédens rapports. — Déc. minist. 16 févr. 1830. — Trébuchet, p. 251.

199. — Les art. 132 et suiv. du décr. du 18 juin 1811 indiquent les formalités à remplir pour obtenir de l'État le paiement des vacations et indemnités. Ces articles distinguent entre les *frais urgens* et les *frais ordinaires*. En général, on considère comme *frais urgens* les vacations dues aux médecins qui ne sont pas ordinairement employés par les tribunaux. — Trébuchet, p. 243. — V. FRAIS ET DÉPENS (mat. cr.), n° 486. — V. aussi Briand et Ern. Chaudé, p. 64 et suiv.

200. — Une ordonnance du 28 nov. 1838 porte que les mémoires qui n'auront pas été présentés à la taxe du juge dans le délai d'une année à compter de l'époque à laquelle les frais auront été faits, ou dont le paiement n'aura pas été réclamé dans les six mois de leur date, ne pourront être acquittés; qu'il sera justifié que les retards ne sont pas imputables à la partie dénommée dans l'exécutoire. Cette justification, ajoute la même ordonnance (art. 5), ne peut être admise que par le ministre de la justice, après avoir pris l'avis des procureurs généraux, s'il y a lieu.

201. — Les exécutoires délivrés aux médecins experts peuvent être frappés de saisie-arrêt. — *Tarif* 1811, art. 153. — V. ALIÉNÉS, ACTES DE L'ÉTAT CIVIL, AVORTEMENT, BLESSURES ET COUPS, CHIRURGIE, CHIRURGIEN, DENTISTE, EAUX MINÉRALES, EMPOISONNEMENT, EXPERTISE, FAUX, FLAGRANT DÉLIT, HOMICIDE, HOSPICE, OCULISTE, OFFICIERS DE SANTÉ, OFFICIERS DE SANTÉ MILITAIRES, PÉDICURE, PHARMACIE, RECRUTEMENT, SAGES-FEMMES, VÉTÉRINAIRES.

MÉDICAMENS.

V. DROGUES, DROGUISTE, ÉPICIER, HERBORISTE, PHARMACIE, REMÈDES ET MÉDICAMENS.

MÉGISSIERS.

1. — Mégissiers pour leur compte. — Patentables de 5e classe. — Droit fixe, basé sur la population; — droit proportionnel du 20e de la valeur locative de l'habitation et des lieux servant à l'exercice de la profession.

2. — Mégissiers à façon. — Patentables de 7e classe. — Même droit fixe, sauf la différence de la classe, que les précédens; — droit proportionnel du 40e de la valeur locative de tous les locaux qu'ils occupent, mais seulement dans les communes de 20,000 âmes et au-dessus.

3. — Les établissemens des mégissiers font partie de la 2e classe des établissemens insalubres. — V. ce mot (nomenclature).

MÉMOIRE.

1. — En droit ce mot comporte plusieurs significations. — Tantôt il est employé dans un sens analogue à celui de requête.

2. — Ainsi, devant la Cour de cassation, les moyens sont d'abord présentés dans une requête introductive, qui n'en contient que l'énonciation. — On les développe ensuite dans un mémoire ampliatif. — V. CASSATION, nos 1557 et suiv.

3. — En matière d'enregistrement, la cause s'instruit par simples mémoires respectivement signifiés sans débat oral. — V. ENREGISTREMENT.

4. — Les parties sont en outre dans l'usage, devant toutes les juridictions, de remettre aux juges des mémoires signés d'un avocat ou d'un jurisconsulte.

5. — En pareil cas, le mémoire remis par une partie à ses juges devient un des élémens essentiels du procès; il a un caractère judiciaire. — *Rennes*, 26 janv. 1835, Desmortiers c. commune de Donges.

6. — Les écrits de même que les discours prononcés devant les tribunaux ne donnent lieu à aucune action en injures, sauf aux tribunaux à ordonner la suppression des passages injurieux ou diffamatoires. — *Cass.*, 11 janv. 1808, Fosclow. — V. DIFFAMATION ET INJURE, nos 747 et suiv.

7. — Toutefois, le mot *mémoire* se dit de l'état que dresse un officier ministériel des frais qui lui sont dus. — V. FRAIS ET DÉPENS.

8. — Enfin, ce mot est encore synonyme de celui de factum. — V. FACTUM. — V., au surplus, AMENDE, BREVET D'INVENTION, CASSATION, COMMUNE, CONFLIT, CONSEIL D'ÉTAT, CONTRIBUTIONS DIRECTES, CONTRIBUTIONS INDIRECTES, DÉFENSE, DOMAINE DE L'ÉTAT, DOMAINE PUBLIC, DOUANES, ENREGISTREMENT, ENSEIGNEMENT, EXPROPRIATION POUR UTILITÉ PUBLIQUE, FAUX INCIDENT, FONDS, FRAIS ET DÉPENS, HONORAIRES, INTERVENTION, JUGEMENT, MINISTÈRE PUBLIC, ORDRE, PRESSE, TRAVAUX PUBLICS.

MENACES.

1. — Les menaces peuvent, par elles-mêmes, constituer un crime ou un délit spécial, ou simplement rentrer comme élément dans la constitution d'un autre délit. Les premières font l'objet des art. 305 à 308 du C. pén.: la législation les a considérées comme trahissant une résolution sérieuse et réfléchie, et les range parmi les attentats contre les personnes. — Les secondes se rencontrent dans les cas prévus par les art. 179, 223, 224, 344 du même Code et constituent soit une voie de fait, soit un outrage qui aggrave le délit auquel elles se réunissent.

2. — Il sera question dans cet article des menaces constituant un crime ou délit spécial; quant aux autres, V. ARRESTATION ILLÉGALE ET SÉQUESTRATION DE PERSONNES, CORRUPTION DE FONCTIONNAIRES, CRIMES CONTRE LA SURETÉ DE L'ÉTAT, OUTRAGES.

3. — La loi prévoit et punit les menaces comme délits distincts, soit 1° lorsqu'elles ont été faites par écrit avec un ordre ou une condition, soit 2° lorsque faites par écrit elles n'ont été accompagnées d'aucun ordre ou condition, soit 3° enfin lorsque faites avec ordre ou condition, les menaces ont eu lieu, non par écrit, mais verbalement. — Nous dirons plus tard quelles sont les peines applicables dans ces différentes hypothèses. — Mais il importe aussi de remarquer que dans l'un ou l'autre de ces différens cas, les menaces ne sont punissables que si elles sont d'un attentat contre les personnes emportant la mort ou une peine perpétuelle.

4. — Quand la menace a lieu par écrit, peu importe qu'il s'agisse d'un écrit signé ou anonyme (art. 305). — Car, dans l'un et l'autre cas, la preuve de la résolution criminelle en ressort également, et les alarmes de la personne menacée n'en sont ou peuvent être pas moins vives. — Rossi, *Traité du dr. pén.*, t. 2, p. 257.

5. — La menace, avons-nous dit, doit être d'un attentat contre les personnes, punissable de la peine de mort, des travaux forcés à perpétuité ou de la déportation. — C'est ce que porte textuellement l'art. 305, qui donne pour exemple la menace d'empoisonnement, d'assassinat. De là, il résulte : 1° que si la menace n'était que de coups, blessures, si graves qu'ils fussent, de rapt, et même de viol, enfin d'attentats emportant seulement la peine des travaux forcés à temps ou une peine moindre, elle ne donnerait lieu à aucune peine. — Rauter, *Dr. crimin.*, t. 2, n° 455. — Cependant M. Monseignat, rapporteur du Corps législatif, semble entendre autrement l'art. 305. — Mais son opinion doit être écartée.

6. — ... 2° Que la menace d'un attentat contre les propriétés, quelque grave qu'en puisse être la répression, ne rentrerait pas dans les termes des art. 305 et suiv. du C. pén.

7. — Néanmoins, il a été fait exception pour le cas spécial d'incendie; l'art. 436 C. pén. porte : « La menace d'incendier une maison sera punie de la peine portée contre la menace d'assassinat, et d'après les distinctions établies par les art. 305, 306 et 307. »

8. — De la combinaison des art. 305 et suiv. avec l'art. 436, il résulte que la menace d'un incendie ne rentrerait dans les termes de l'art. 436 que si cet incendie emportait une peine supérieure à ces dernières. — V. au reste l'indication des arrêts rendus en matière de menaces d'incendie : INCENDIE, nos 168 et suiv.

9. — Une autre exception résulte de la loi du 15 juill. 1845 sur la police des chemins de fer. — V. à cet égard v° CHEMIN DE FER, nos 426 et suiv.

10. — Les art. 305 et suiv. prévoient les menaces faites avec ordre de déposer une somme d'argent dans un lieu indiqué ou de remplir toute autre condition, ce qui comprend la menace sous condition de ne pas faire ou de s'abstenir. — *Cass.*, 1er fév. 1834, Jonyon; *Bordeaux*, 27 fév. 1834, Charron; 1er fév. 1837 (t. 1er 1840, p. 249), L...; *Rouen*, 29 fév. 1844 (t. 1er 1845, p. 106), Debreaux. — Chauveau et Hélie, *Théorie du Code pénal*, t. 5, p. 365.

11. — Mais la menace criminelle prévue par les art. 305 à 308 du Code pénal ne comprend point la défense de faire une chose *illicite*. — Morin, *Dict. de droit crim.*, v° *Menaces*.

12. — Il a été jugé par la cour de Bordeaux que le fait d'avoir dit à un agent dépositaire de la force publique : *Si tu avances, je te tue!* constitue un simple outrage par gestes et menaces, et ne peut pas être considéré comme une menace avec ordre ou sous condition. — *Bordeaux*, 28 janv. 1835, Bion; 15 avr. 1835, Durel. — C'est là, disent avec raison les auteurs de la *Théorie du Code pénal* (t. 5, p. 365), une menace pure et simple, plutôt qu'une menace sous condition; ou du moins cette condition, suggérée par la passion du moment, ne révèle point une détermination fermement arrêtée à l'avance. — V. cependant l'arrêt précité de Rouen du 29 fév. 1844, Debreaux.

13. — La peine infligée à ce genre de crime a toujours été fort grave; on cite des arrêts de parlement qui ont prononcé les galères à temps

et même à perpétuité. — Jousse, *Mat. crim.*, t. 4, p. 221; Taisand, *Cout. de Bourgogne*, t. 1er, art. 5, n° 7; arr. parlement de Dijon, 21 mai 1675; *Paris*, 8 janv. 1690 et 7 déc. 1746; *Dijon*, 22 sept. 1700.

14. — En Angleterre, la peine varie, selon la volonté du juge, depuis un court emprisonnement jusqu'à la transportation à vie. — A Naples, elle est d'un emprisonnement qui ne peut excéder cinq ans; au Brésil, il ne peut aller au delà de six mois.

15. — Lorsque la menace par écrit a été faite avec ordre de déposer une somme d'argent dans un lieu indiqué ou de remplir toute autre condition, la peine est des travaux forcés à temps. — C. pén., art. 305.

16. — Lorsque la menace par écrit ne porte aucune condition, on est dans les termes de l'art. 306; ainsi conçu : « Si cette menace n'a été accompagnée d'aucun ordre ou condition, la peine sera d'un emprisonnement de deux ans au moins et de cinq ans au plus, et d'une amende de 100 fr. à 600 fr. » — Dans ce cas, en effet, on ne peut attribuer à la menace le caractère d'un vol avec violence, ainsi que l'annonçait l'exposé des motifs, pour justifier la sévérité de la peine prononcée dans le cas de l'art. 305, mais seulement le désir d'effrayer; la peine doit donc être moindre. — Chauveau et Hélie, *ibid.*, t. 5, p. 368.

17. — La menace conditionnelle adressée à un prince étranger par une lettre écrite et mise à la poste en France, devrait être punie suivant la loi française.

18. — Enfin, si la menace, bien que contenant un ordre ou une condition n'était pas écrite, mais simplement verbale, l'art. 307 déclare « ce fait punissable d'un emprisonnement de six mois à deux ans et d'une amende de 25 à 300 francs. » — En ce cas, la peine est alors encore moins forte que dans les deux autres hypothèses : parce que, d'une part, la menace pouvant n'être que le résultat d'une impulsion subite, suppose moins de résolution, de calcul, et, par suite, de perversité dans l'agent. — D'autre part, elle est moins effrayante : parce que, connaissant toujours celui qui la profère, on peut mieux s'en garantir, on espère même que, le moment d'irritation passé, il ne l'exécutera pas.

19. — Le coupable peut de plus, dans les cas prévus par les art. 306 et 307, être mis par l'arrêt ou le jugement sous la surveillance de la haute police pour cinq ans au moins et dix ans au plus. — C. pén., art. 308. — La surveillance résulte de plein droit de la condamnation prononcée en vertu de l'art. 305, l'art. 308 ne devait donc point s'en occuper. — C. pén., art. 47.

20. — Quand la menace est faite verbalement, et n'est accompagnée ni d'ordre ni de condition, le législateur ne lui a attribué aucun caractère criminel ou correctionnel, et ne l'a soumise à aucune peine. — *Cass.*, 9 janv. 1818, Delpeyron. — Cet arrêt, rendu en matière de menace d'incendie, recevrait son application en cas de menaces d'attentat contre les personnes.

21. — La menace faite par hiéroglyphes, c'est-à-dire par signes ou à l'aide de figures symboliques tracées sur le papier, et sur la signification desquelles il ne serait point possible de se méprendre, devrait, suivant nous, être considérée comme menace écrite; mais si on s'était borné à envoyer un *objet* symbolique, par exemple un poignard, du poison, etc., quelque affinité que l'on puisse trouver entre cette hypothèse et la précédente, comme la menace ici n'est réellement *ni écrite ni verbale*, il est douteux qu'on puisse l'incriminer en matière pénale. Il faut se garder de l'analogie, si frappante qu'elle paraisse, et s'en tenir aux termes mêmes de la loi.

22. — Cependant il a été jugé par la Cour de cassation que celui qui, après avoir fait en termes ambigus une menace écrite, attache, si la condition à laquelle cette menace était subordonnée n'est pas remplie, à la porte de la personne menacée une boîte d'allumettes et un morceau de bois avec le bout brûlé en forme de tison, peut être poursuivi comme auteur d'une menace écrite d'incendie sous condition. — *Cass.*, 14 mai 1807, Lefebvre.

23. — Comme aussi que celui qui, après avoir écrit à une personne une lettre anonyme contenant des menaces de haine et de vengeance, sous condition, se rend vers elle au moment où la lettre lui a été remise, et cherche à lui inspirer, par des récits, la crainte d'un incendie, peut être considéré comme auteur d'une menace écrite d'incendie. — *Cass.*, 27 mai 1808, Baigre. — V. aussi Merlin, *Rép.*, v° *Menaces*, n° 2.

24. — Les menaces peuvent être aussi un moyen d'escroquerie. — V. ESCROQUERIE, nos 177 et suiv., 187 et suiv., 275 et suiv.; V., en outre, ABUS D'AUTORITÉ, COMPLICITÉ, CONTRAINTE, HOMICIDE, TENTATIVE.

MÉNAGERIES.

Première classe des établissemens dangereux. — V. ÉTABLISSEMENS INSALUBRES (nomenclature).

MENDIANT, MENDICITÉ.

1. — On nomme *mendiant* celui qui demande l'aumône; la *mendicité*, dans le langage légal, est l'habitude de demander, contrairement aux lois et règlemens.

La mendicité n'offre pas seulement un

2. — spectacle affligeant et hideux; elle présente aussi de graves dangers pour la société. — Aussi, de tout temps, le législateur s'est-il efforcé de la prévenir ou de la réprimer.

3. — Un mandement de Louis XIII, du 27 août 1612, créa pour Paris, sous la dénomination d'*hospitaux enfermés*, des établissemens qui ont quelque analogie avec les dépôts actuels de mendicité. — Durieu et Roche, *Etabliss. de bienfaisance*, v° *Dépôt de mendicité*.

4. — L'édit de juin 1662 créa des hôpitaux généraux dans les provinces, et ordonna que les mendians y fussent enfermés et occupés à divers métiers. — Cet ordre fut renouvelé par la déclaration du 23 mars 1720.

5. — L'une des principales ordonnances sur la mendicité est la déclaration du 18 juillet 1724; cette déclaration condamnait, en cas de mendicité, pour la première fois, savoir : les hommes valides, aux galères au moins pour cinq années, et les femmes ou les hommes invalides au fouet dans l'intérieur de l'hôpital, et à une détention dans l'hôpital général, à temps ou à perpétuité, suivant l'exigence des cas, c'est-à-dire lorsque les mendians demandaient l'aumône avec insolence, ou se disaient faussement soldats, ou contrefaisaient les estropiés, ou étaient porteurs d'armes de toute espèce (art. 6).

6. — Les dispositions de cette déclaration ont été renouvelées par une déclaration donnée à Fontainebleau, le 20 oct. 1750. — Enfin, la dernière loi générale sur la matière est une déclaration donnée le 2 août 1764, dont l'art. 1er est ainsi conçu : « Les vagabonds et gens sans aveu, mendians ou non mendians, seront arrêtés et conduits dans les prisons pour être jugés par les prévôts de nos cousins les maréchaux de France. » Les peines étaient les galères ou la détention temporaire dans les hôpitaux. L'art. 3 s'exprimait ainsi : « A l'égard des enfans qui n'auront pas atteint l'âge de seize ans, ils seront envoyés dans les hôpitaux, pour y être instruits, élevés et nourris, sans néanmoins qu'ils puissent être mis en liberté sans ordre de l'autorité supérieure. » — Cette disposition se retrouve en partie dans l'art. 8 de la loi du 24 vend. an II, ainsi conçu : « Les enfans arrêtés avec les mendians en seront séparés; si leur âge ne les soumet pas au travail, ils seront traités comme les enfans abandonnés. »

7. — L'arrêt du Conseil du 21 septembre 1767 établit des maisons de correction qui tenaient le milieu entre les prisons et les hospices, en ce qu'elles n'offraient ni les rigueurs de l'une ni les douceurs de l'autre, et qui, depuis, ont été nommées *Dépôts de mendicité*. « Ces dépôts, disent MM. Durieu et Roche (*loc. cit.*), étaient au nombre de 33 en 1789. Les décrets des 18-25 févr. 1791 (art. 1er) et 29 mars-3 avril 1791 (art. 1er) mirent leurs dépenses à la charge de l'Etat.

8. — Le décret du 24 vendém. an II les supprima et les remplaça par des *maisons de répression* qui avaient été instituées par le décret du 19-24 mars 1793 (art. 14), et qui devaient être formées, autant que possible, dans le chef-lieu de chaque département, et hors de l'enceinte de la ville et dans les locaux les plus propres à organiser des travaux (tit. 3, art. 1er et 5). Ces maisons étaient destinées à recevoir les individus condamnés pour délit de vagabondage, et, au besoin, les individus condamnés correctionnellement, à la réclusion, pour tous autres délits. (Art. 2, 3, 4, 18.) — V. au reste ce décr. dans Durieu et Roche, *loc. cit.*

9. — Ces dispositions, qui confondaient les paresseux et les malfaiteurs, ne reçurent guère d'exécution. Aussi, en 1807, Napoléon, préoccupé des moyens d'éteindre la mendicité, ordonna-t-il, par décret du 18 sept., l'établissement d'un dépôt de mendicité dans le département de la Côte-d'Or. Tout mendiant arrêté devait y être conduit, quels que fussent son âge ou son sexe, pour être nourri et assujetti au travail, conformément au règlement.

10. — Bientôt, par un autre décret, du 5 juill. 1808, il généralisa la mesure et l'étendit à toute la France. Le titre 1er de ce décret est ainsi conçu : La mendicité sera défendue dans tout le territoire de l'empire (art. 1er). — Les mendians de chaque département seront arrêtés et conduits dans les dépôts de mendicité dudit département, aussitôt que ledit dépôt sera établi (art. 2). — Dans les quinze jours qui suivront l'établissement et l'organisation de chaque dépôt de mendicité, le préfet du département fera connaître, par un avis, que ledit dépôt étant établi et organisé, tous les individus mendians, et n'ayant aucun moyen de subsistance, seront tenus de s'y rendre (art. 3). — A dater de la troisième publication, tout individu qui sera trouvé mendiant dans ledit département, sera arrêté et conduit au dépôt de mendicité (art. 4). — Les mendians vagabonds seront arrêtés et conduits dans les maisons de détention (art. 5).

11. Quant au titre 2, il pose le principe de l'établissement et de l'organisation des dépôts de mendicité; il en règle le régime et les dépenses qui doivent être supportées par le trésor public, les départemens et les villes (art. 7). — L'art. 8 s'occupe de la discipline intérieure, des ateliers et travaux qui pourront être établis pour occuper les détenus, de leur nourriture, enfin de toutes les dépenses d'entretien annuel de la maison.

12. — Les instructions ministérielles des 19 déc. 1808, 7 nov. 1815, 6 févr. 1816, et principalement l'arrêté du ministre de l'intérieur, du 27 oct. 1808, ont déterminé le régime intérieur de ces dépôts, et le genre de travail auquel on peut occuper les détenus.

13. — De 1809 à 1813, 65 dépôts furent créés, mais 37 seulement furent organisés. Mais la plupart d'entre eux disparurent sous la restauration. Depuis 1830 on est revenu à la pensée de l'ancienne monarchie et de l'empire. Plusieurs villes ont formé, tantôt sous le nom de *Dépôt de mendicité*, tantôt sous celui de *Maison de refuge*, des établissemens nouveaux qui ont pour objet de remplacer, au moins quant au but, sinon quant à l'organisation, les dépôts de mendicité supprimés. Le gouvernement a favorisé ces créations. — V. Lettre du min. de l'intérieur du 3 juill. 1839, lors de l'autorisation du dépôt fondé à Orléans par le conseil général du Loiret. — Mais tout le monde est d'accord que la grave question de l'extirpation de la mendicité nécessite l'intervention du législateur (V. Durieu et Roche [*loc. cit.*, t. 1, p. 27]), et c'est là l'objet des préoccupations incessantes des conseils généraux ainsi que des vœux par eux exprimés annuellement.

14. — Les dépôts de mendicité, autorisés par arrêtés du pouvoir exécutif, sont des établissemens publics aptes à posséder, à acquérir, à recevoir et à faire tous les actes de la vie civile par l'intermédiaire du directeur, sur l'avis de la commission de surveillance, et les autorisations exigées en pareil cas des autres établissemens publics. — V. AUTORISATION DE PLAIDER, ÉTABLISSEMENS PUBLICS ET RELIGIEUX. — V. aussi DÉPARTEMENT, n° 129.

15. — C'est en vue de l'organisation ordonnée par le décret du 5 juill. 1808, que dispose le C. pénal de 1810 modifié par la loi du 28 avr. 1832. Aux termes de l'art. 274, toute personne trouvée mendiant (c'est-à-dire, disent MM. Chauveau et Hélie [*Th. c. pén.*, t. 5, p. 61 et suiv.], surprise en flagrant délit de mendicité) dans un lieu pour lequel il existe un établissement public organisé afin d'obvier à la mendicité, doit être punie de trois à six mois d'emprisonnement et être, après l'expiration de sa peine, conduite au dépôt de mendicité.

16. — Cet article, comme on le voit, ne distingue pas entre les mendians valides et ceux qui ne le sont pas.

17. — Le renvoi au dépôt de mendicité est une mesure de police et non une peine; dès lors les tribunaux ne peuvent en dispenser le mendiant condamné. — *Cass.*, 1er juin 1833, Porchon. — Chauveau et Hélie, *Th. c. pén.*, t. 5, p. 65.

18. — Le renvoi devrait être ordonné quand bien même le prévenu serait réclamé; il n'appartient qu'à l'autorité administrative de le rendre, si elle le juge convenable, à la personne qui le réclame. — *Cass.*, 21 sept. 1833, de Beaulieu.

19. — Et même dans le cas où la translation au dépôt n'aurait pas été ordonnée par le jugement de condamnation, elle pourrait être effectuée à l'expiration de la peine.

20. — Dans les lieux où il n'existe pas de dépôt de mendicité, les mendians *valides* qui sont dans l'habitude de mendier sont seuls passibles de peines que l'art. 275 fixe à un emprisonnement d'un mois à trois mois. Ainsi, en ce cas, il ne suffirait pas de la simple prévention d'avoir été trouvé mendiant, il faudrait de plus qu'il y eût preuve que le prévenu aurait été dans l'habitude de mendier, sans justifier d'aucune infirmité qui pût le faire considérer comme invalide.

21. — Il a été jugé que l'individu amputé d'une jambe ne peut être rangé dans la classe des mendians valides. — *Bourges*, 3 fév. 1831, Robinet. — Toutefois, si la perte d'un membre peut avoir pour résultat de priver un individu de tous moyens d'existence ou même simplement de le gêner dans l'exercice de son industrie, il est néanmoins possible que l'invalidité survenue ne lui apporte, sous ce rapport, aucun obstacle; c'est aux juges d'apprécier : ainsi l'écrivain, le graveur et tous ceux à la profession desquels le travail purement manuel ou intellectuel suffit n'éprouveront que peu ou point de préjudice de la perte d'une jambe; et si cet accident était un motif pour eux de se livrer à l'oisiveté et de recourir à la charité publique, il pourrait être permis alors de les considérer comme valides pour leur infliger un châtiment justement mérité. — Chauveau et Hélie, *Th. c. pén.*, t. 5, p. 56.

22. — L'art. 275 ajoute que si les mendians valides ont été arrêtés hors du canton de leur résidence, ils seront punis d'un emprisonnement de six mois à deux ans.

23. — De la combinaison des art. 274 et 275 il résulte que le Code pénal ne prononce pas de peines contre les mendians invalides, lors même qu'ils en feraient métier, s'il n'existe pas de dépôt de mendicité dans le ressort, à moins qu'il ne se rattache à l'action de mendier des circonstances qui convertiraient cette action en véritable délit qui rendrait applicable l'art. 276. — V. *infrà* n° 34. — L'art. 275 ne punit pas même le mendiant *invalide* qui aurait été mendier hors de son canton. — V. Carnot, sur l'art. 275, t. 1er, p. 751, n° 5.

24. — La Cour de cassation, résumant l'esprit des art. 274 et 275, a également posé en principe que le fait de mendier ne constitue pas par lui-même et nécessairement un délit; qu'il ne prend en général ce caractère qu'à l'égard des mendians d'habitude valides, ou lorsqu'il est accompagné de circonstances aggravantes de nature à compromettre la paix publique. — *Cass.*, 20 fév. 1845 (t. 2 1845, p. 417), Bizeau.

25. — ... Et que s'il existe une exception à ce principe pour le cas de mendicité dans les lieux où sont organisés des dépôts de mendicité (C. pénal, 274), ce n'est qu'autant que ces dépôts sont ouverts à toute personne, sans distinction; mais que si les règlemens qui régissent ces dépôts excluent certaines catégories de mendians (par exemple les épileptiques et les infirmes), ceux qui se trouvent placés dans ces catégories tombent sous l'application de la règle commune, et que le fait seul de mendier ne constitue pas de leur part un délit. — Même arrêt.

26. — On comprend, en effet, que l'existence d'un dépôt de mendicité ne peut être opposée au mendiant invalide qu'autant que ce mendiant aura eu la faculté de s'y faire admettre, puisque l'infraction, d'après l'esprit de la loi, réside dans l'acte de mendicité après qu'un asile a été ouvert à l'agent; que si, au contraire, les règlemens du dépôt existant excluent, en établissant des catégories d'admission, précisément celle dans laquelle se trouverait l'individu auquel le fait de mendicité sera reproché, il est évident que l'existence de ce dépôt, dont les portes seront restées fermées pour le mendiant, ne saurait avoir l'influence que la loi lui attache, et que le principe général conservera toute sa force. Il en est, en effet, à l'égard d'un pareil dépôt, comme des dépôts non organisés ou non en pleine activité. « Tant que les indigens, disent MM. Chauveau et Hélie (*Théorie du Code pénal*, t. 5, p. 61), n'y sont pas admis, sur leur simple réclamation, l'art. 274 demeure sans application, et la mendicité, isolée d'ailleurs de toutes circonstances aggravantes, demeure licite. — Jugé encore que la peine contre la mendicité ne peut atteindre celle de trois à six mois d'emprisonnement et être suivie de l'envoi du condamné dans un dépôt de mendicité qu'autant qu'il existe dans le département où ce délit a été commis un établissement public organisé par un décret particulier, conformément au décret du 5 juill. 1808. — Le traité intervenu entre le préfet d'un département et la commission administrative du dépôt de mendicité d'un département voisin, pour envoyer dans ce dépôt les mendians du premier département, ne peut tenir lieu du décret spécial exigé par le décret général de 1808. — *Cass.*, 11 avril et 23 mai 1846 (t. 1er 1849, p. 402), Charpentier et Verdun.

27. — Suivant l'art. 276, tous mendians, même invalides, qui auront usé de menaces, ou seront entrés sans permission du propriétaire ou des personnes de sa maison, soit dans une habitation, soit dans un enclos en dépendant, ou qui feindront des plaies ou infirmités, ou qui mendieront en réunion, à moins que ce ne soient le mari et la femme, le père ou la mère et leurs jeunes enfans, l'aveugle et son conducteur, encourent un emprisonnement de six mois à deux ans.

28. — Peu importe, dans ce cas, que les individus aient été *trouvés mendiant*, ou qu'ils *fussent dans l'habitude de mendier*, car c'est le fait d'*avoir mendié*, lorsqu'il se rattache à l'une des circonstances aggravantes, qui constitue le délit. — Peu importe également que le délit ait été commis dans un lieu pour lequel il n'existe pas de dépôt de mendicité. — Chauveau et Hélie, p. 68; Carnot, art. 276, t. 1er, p. 743, n° 3. — La loi du 24 vendém. an II s'est occupée du sort des enfans dont parle l'art. 276; elle a ordonné qu'ils seraient traités comme enfans abandonnés.

29. — On ne doit pas réputer *menaces* dans le sens de l'art. 276 des injures non accompagnées de l'annonce d'un mal quelconque.

30. — Suivant MM. Chauveau et Hélie (t. 5, p. 69), l'introduction dans les habitations est une circonstance aggravante quand même le propriétaire ne s'y serait pas opposé, s'il ne l'avait pas d'ailleurs formellement autorisée.

31. — La simple allégation d'une fausse infirmité ne doit pas être assimilée à la simulation de cette infirmité par des signes ostensibles.

32. — Il y a réunion, dans les termes de l'art. 276, par cela seul que deux personnes se sont assemblées pour mendier.

33. — Une quête faite à domicile au nom des prêtres desservans dans l'arrondissement où ils exercent leurs fonctions ne caractérise pas le délit de mendicité. — *Cass.*, 10 nov. 1808, Bonnefond et Guepey.

34. — Les art. 277 et suiv. renferment des dispositions communes aux mendians et vagabonds. — L'art. 277 et suiv. prononce la peine de deux à cinq ans d'emprisonnement contre tout vagabond ou mendiant qui aura été saisi travesti d'une manière quelconque, ou porteur d'armes, bien qu'il n'en ait usé ni menacé, ou muni de limes, crochets ou autres instrumens propres soit à commettre des vols ou d'autres délits, soit à lui procurer les moyens de pénétrer dans les maisons.

35. — De ce que la loi parle de celui qui a été *saisi travesti*, etc., etc., MM. Chauveau et Hélie (p. 70) concluent que, comme dans le cas de l'art. 274, c'est le délit flagrant que la loi a voulu atteindre.

36. — Les juges peuvent ne pas reconnaître dans des *instrumens de ferraille*, autres que les limes et crochets dont parle spécialement l'art. 277, les instrumens propres à commettre des vols, ou à procurer les moyens de pénétrer dans les maisons. — *Cass.*, 3 juin 1836 Dehon. — Dans l'espèce de cet arrêt, le prévenu prétendait que les outils dont on l'avait trouvé saisi étaient nécessaires à sa profession de serrurier.

37. — Jugé par le même arrêt que lorsqu'un prévenu n'a été cité devant le tribunal correctionnel que pour mendicité, sans aucune des circonstances prévues par l'art. 277 C. pén., le ministère public ne peut se faire un moyen de cassation du refus fait par le tribunal d'appel d'appliquer cet article.

38. — L'art. 278 admet la présomption assez naturelle que le mendiant ou vagabond qui a été trouvé porteur d'une valeur supérieure à 100 fr., se la sera procurée par des voies coupables; alors il lui fait application de la peine portée en l'art. 276, de six mois à deux ans d'emprisonnement, à moins cependant que le prévenu ne justifie que cette valeur lui appartient légitimement. — Mais MM. Chauveau et Hélie (p. 72) font remarquer que la loi exige que l'agent *soit trouvé porteur des valeurs* : si cette circonstance n'existe pas, ajoutent-ils, il peut, en raison du dépôt qu'il en aurait fait, être poursuivi pour vol; mais il ne pourrait encourir la peine prévue par l'art. 278 sur le seul fait de la possession de ces effets, et d'après la présomption seule qu'elle fait naître.

39. — Suivant l'art. 279: « *Tout mendiant* ou vagabond qui aura exercé *quelque acte de violence que ce soit* envers les personnes, est punissable de la réclusion, sans préjudice de peines plus fortes, s'il y a lieu, à raison du genre et des circonstances de la violence. » — Ainsi, dans ce cas, toutes les voies de fait, quelque légères qu'elles soient, prennent le caractère de crime. — Chauveau et Hélie, p. 73.

40. — L'art. 279 exige seulement que l'agent ait la qualité de mendiant ou de vagabond, mais sans qu'il soit nécessaire, pour son application, que les violences aient été commises *en mendiant*. — Et la Cour de cassation a jugé cet article applicable au mendiant qui avait exercé des violences contre le commissaire de police qui voulait l'arrêter. — *Cass.*, 12 sept. 1812, Gresooh. — Mais MM. Chauveau et Hélie (p. 73) doutent que ce soit là l'esprit de la loi.

41. — Il n'est pas au surplus nécessaire que l'agent soit un mendiant d'habitude, il suffit que le crime ait été commis par un individu mendiant pour la première fois. — *Cass.*, 13 oct. 1820, Nadan. — Chauveau et Hélie, p. 74.

42. — L'art. 280 C. pén. 1810, qui infligeait la marque à tout mendiant condamné aux travaux forcés à temps, a été abrogé par la loi du 28 avril 1832.

43. — Aux termes de l'art. 281 du C. pén.: « Les peines établies par le Code contre les individus porteurs de faux certificats, faux passe-ports ou fausses feuilles de route, doivent toujours être, dans leur espèce, portées au maximum, quand elles sont appliquées à des vagabonds ou mendians. » — Il paraît résulter de ce texte que le seul fait de la possession d'un faux passe-port ou d'une fausse feuille de route suffit pour constituer un délit, à l'égard au moins des mendians et des vagabonds. — Mais MM. Chauveau et Hélie (t. 4, p. 14 et suiv.) pensent que la possession d'un faux passe-port ne constituant pas, par elle-même, un délit indépendant de l'usage qui en est fait (V. PASSE-PORT), l'art. 281 ne s'applique aussi qu'au cas où il a été fait usage du faux passe-port ou de la fausse feuille de route.

44. — Même dans le cas de l'art. 281 C. pén., il n'est pas interdit aux tribunaux de faire application au prévenu de l'art. 463 C. pén. — Carnot, sur l'art. 281, t. 1er, p. 751, n° 2.

45. — L'ancien art. 282 s'appliquait aux vagabonds et aux mendians qui, à l'expiration de leur peine, restaient à la disposition du gouvernement. Cet article a été abrogé par la loi du 28 avr. 1832, qui a supprimé dans le nouvel art. le mot vagabonds, et dispose que les mendians seront renvoyés, après l'expiration de leur peine, sous la surveillance de la haute police, pendant cinq ans au moins et dix ans au plus; ce temps de surveillance doit être déterminé par le jugement qui condamne le prévenu. Ainsi, la mise à la disposition du gouvernement, dont la durée était indéterminée, a été remplacée par la surveillance temporaire, dont le minimum et le maximum sont fixés par la loi.

46. — La surveillance de la haute police prononcée par l'art. 282 s'applique-t-elle à tous les condamnés pour mendicité, sans distinction, ou seulement aux mendians condamnés avec l'une des circonstances aggravantes prévues par les art. 277 et suiv.? Cette question a été jugée en sens contraire par les Cours d'appel et la Cour de cassation; les Cours d'appel ont décidé que la surveillance était applicable seulement aux mendians condamnés avec l'une des circonstances aggravantes prévues par les art. 277 et suiv. — *Bourges*, 2 mars 1837 (t. 1er 1837, p. 546), Raimbant; *Nîmes*, 23 sept. 1837 (t. 1er 1838, p. 113), Sachevales; *Orléans*, 3 fév. 1838 (t. 1er 1838, p. 247), Harry; *Poitiers*, 27 mars 1838 (t. 2 1838, p. 79), Dugnat. — Chauveau et Hélie, *Th. du C. pén.*, t. 5, p. 75 et suiv.; M. le procureur général Dupin, *Réquis.*, t. 1er 1837, p. 291, et t. 1er 1838, p. 96.

47. — Mais la Cour de cassation, en présence de la généralité des termes de l'art. 282, et prenant en outre en considération que l'art. 278 se réfère pour la peine à l'art. 276 qui, lui-même, se réfère aussi, dans certaines limites, à l'art. 275, a constamment décidé que la peine de la surveillance doit être prononcée contre tous ceux qui sont condamnés pour mendicité, sans distinction aucune, et non pas seulement contre ceux qui le seraient en vertu des art. 277 et suiv. C. pén. — *Cass.*, 8 oct. 1836, Bordier; 11 août 1836, Rigollet; 8 avr. 1837 (t. 1er 1837, p. 291), Bordier; 23 sept. 1837 (t. 1er 1838, p. 113), Sachevales; 22 janv. 1838 (t. 1er 1838, p. 96), Dezelant; 24 nov. 1838 (t. 1er 1839, p. 39), Mondin.

48. — Les tribunaux peuvent-ils, en reconnaissant l'existence de circonstances atténuantes, et par application de l'art. 463, dispenser les condamnés pour mendicité de la surveillance de la haute police? Cette question controversée a été résolue affirmativement par la Cour de cassation. — V. CIRCONSTANCES ATTÉNUANTES, n°s 193 et suiv.

49. — Un dépôt de mendicité *est-il une prison?* et dès lors le fait de s'être évadé d'un dépôt, *avec bris* ou *violence*, tombe-t-il sous l'application de l'art. 245 du C. pén.? — Nous ne le pensons pas, et cela, par le motif que le renvoi au dépôt

RÉP. GÉN. — IX. 33

n'a pas, comme nous l'avons dit plus haut (n° 17), le caractère de peine, mais constitue une simple mesure de police. — On sait au reste que, pour l'application de l'art. 245 C. pén., il faut que le local d'où s'est évadé le condamné soit une prison ou en tienne lieu. — V. ÉVASION, n°s 20 et suiv.

50. — V., quant à la patente des entrepreneurs de fabrication dans les dépôts, FABRICATION (entrepreneurs) et PATENTE. — V. aussi GENDARMERIE, HÔTEL, HÔTELIER, n°s 134 et suiv.; VOL.

MENSE EPISCOPALE.

On désigne sous ce nom la dotation de l'évêché. — V., sur les biens composant cette dotation, et sur l'exercice des divers droits qui s'y rattachent, ÉVÊQUE, ÉVÊCHÉ, n°s 219 et suiv., et AUTORISATION DE PLAIDER, n°s 342 et suiv.

MENU-CENS.

1. — On appelait ainsi le cens qui était divisé en portions réparties sur chacun des objets dont se compose un héritage.

2. — Ce sens était nommé *menu*, par opposition au *gros cens*, lequel était stipulé pour un héritage donné en bloc.

3. — Quelquefois le mot *menu cens* était aussi employé pour désigner les cens inférieurs à cinquante centimes. — V. BAIL A CENS, CENS, GROS CENS, SURCENS.

MENUISIERS.

Menuisiers, menuisiers entrepreneurs, menuisiers mécaniciens. — Patentables, les premiers de 6e classe, les deuxièmes de 4e classe, et les derniers de 5e classe. — Droit fixe basé sur la population, — droit proportionnel du 20e de la valeur locative de l'habitation et des lieux servant à l'exercice de la profession. — V. PATENTE. — V. encore ACTE DE COMMERCE, n° 99.

MER.

1. — Par sa nature et son immensité, la mer est, comme l'air et la lumière, du nombre des choses qui sont communes à tout le genre humain, et qui, nécessairement hors du commerce, sont indistinctement destinées au service de tous. — *Instit.*, tit. 2, § 1er, 1. *De rer. divis.*, et L. 3, ff., *Ne quid in loc. publ.*

2. — Inapte, d'ailleurs, à être soumise à ce droit du premier occupant qui, sur la terre, a été le fondement de la propriété, non plus qu'à une possession permanente, la mer n'est évidemment par aucun point susceptible d'appartenir privativement à qui que ce soit, pas plus à une nation qu'à de simples particuliers.

3. — « Il n'y a donc, aux yeux du droit naturel, dit à ce sujet Proudhon, rien de plus absurde que les prétentions d'une nation qui veut que le sceptre des mers lui appartienne, parce qu'elle a un plus grand nombre de vaisseaux pour y faire la guerre à ceux des autres peuples; c'est comme si celui qui est le plus fort pouvait se dire propriétaire d'une route publique, par la raison qu'il s'y place pour détrousser les passans. » — Proudhon, *Dom. publ.*, t. 3, n° 701.

4. — Cette prétention exorbitante a été néanmoins plus d'une fois soulevée, dans l'antiquité, comme chez les peuples modernes. On sait que tour à tour, les Athéniens, les Carthaginois et les Romains cherchèrent à étendre sur les mers la domination qu'ils s'étaient attribuée sur le continent. Dans les temps plus rapprochés de nous, l'on a vu Venise affecter le domaine de l'Adriatique; le Danemark, celui de la Baltique; les rois d'Espagne et de Portugal se déclarer propriétaires de l'Océan; et, enfin, la Grande-Bretagne prétendre à la propriété de toutes les mers qui l'environnent jusque sur les côtes opposées. Des publicistes n'ont pas craint de soutenir ces prétentions, et l'on connaît le traité intitulé *Mare clausum*, que Selden publia en 1633, à l'appui des prétentions des Anglais

5. — Mais les doctrines de Selden, victorieusement réfutées par Grotius, dans son ouvage *De mare libero*, n'ont point pris place, pour ainsi dire, dans le droit public maritime moderne. Les principes posés par les lois romaines n'ont point tardé à prévaloir, à ce point que les Anglais eux-mêmes ont été les premiers à critiquer l'ukase par lequel l'empereur de Russie a voulu s'arroger l'empire de l'océan Boréal, en interdisant à tous les Européens l'approche des possessions russes jusqu'à cent lieues des côtes.

6. — Le seul point qui soit aujourd'hui généralement admis, c'est que les droits des puissances maritimes sur les mers qui baignent leur territoire s'étendent jusque-là où l'exigent leur intérêt légitime et le soin de leur sûreté, en tant qu'elles peuvent d'ailleurs les faire respecter. — Grotius, *De jure belli*, cap. 3, n° 10; Vattel, *Droit des gens*, liv. 1er, ch. 23, § 289.

7. — « Ainsi, dit à cet égard M. Daviel (t. 1er, n° 7), comme la navigation le long des côtes d'une nation pourrait menacer sa sûreté et violer ses lois de police sanitaire ou commerciale; comme la pêche dans ces parages peut être une source de richesses pour le pays; comme, d'une autre part, les rivages, les golfes, les rades, les parties de la mer qui baignent ces côtes peuvent être en quelque sorte occupés et *mis en défense* par des forteresses et des batteries élevées sur les rivages, et que l'approche peut en être interdite de fait à une certaine distance, il y a, par là même, droit légitime de possession; car il y a intérêt et pouvoir de garder ces parages. — De là dérive le droit d'interdire aux vaisseaux des étrangers la navigation à une certaine distance des côtes; de soumettre à certaines mesures de police et de garantie ceux qui se présentent dans le rayon déterminé; d'imposer certaines taxes à ceux qui stationnent dans les baies et dans les rades, en retour de la sûreté et de la protection qui leur est garantie; de réserver la pêche le long des côtes aux nationaux, et de soumettre cette pêche à certains règlemens pour la conservation des espèces. »

8. — Quelle est l'étendue du rayon maritime dans lequel cette sorte de droit de propriété et de juridiction peut s'exercer? C'est là un point sur lequel de nombreuses opinions ont été émises. Suivant quelques auteurs, il faudrait étendre ce rayon à deux journées de chemin à partir du rivage (Loccenius, *De jure maritimo*, liv. 1er, ch. 4, n° 6); — suivant d'autres, il faudrait le fixer à une distance de cent milles (Cœpolla, *Traité* 2, ch. 26); — ... ou de vingt milles (Bodin, *De republ.*, liv. 1er, ch. 10. — Vaslin proposait de l'étendre jusqu'au point de la côte où la sonde ne prendrait plus fond (Vaslin, sur l'ordon. de 1681, liv. 5, tit. 1er). — L'opinion la plus générale et qui paraît avoir prévalu, est que toute puissance dont l'Etat touche à la mer, doit être considérée comme étendant son empire jusqu'à la plus grande portée du canon à partir des terres, c'est-à-dire sur tout l'espace qui, de la côte, peut être occupé et défendu par les armes. — Binkerskoeck et Barbeyrac sur Puffendorff, *Droit de la nature*, liv. 4, ch. 5, § 7; Vattel, § 289; Casaregis, *De commercio*, disc. 174, n° 11; d'Habren, *Trait. jurid.*, 1re part., ch. 5, § 16; Asuny, *Droit marit.*, t. 2, p. 285; Proudhon, *Dom. publ.*, t. 3, n° 702; Daviel, t. 1er, n° 8; Garnier, *Régime des eaux*, t. 1er, n° 26.

9. — La fixation de cet espace est au surplus généralement déterminée, du moins quant à la navigation et à la pêche, par des traités internationaux, qui préviennent ainsi d'une manière positive, toutes collisions entre les sujets et les bâtimens respectifs des diverses nations intéressées, de même que toutes contestations de gouvernement à gouvernement.

10. — L'étendue de mer ainsi reconnue appartenir exclusivement à une puissance, et que l'on peut appeler sa mer territoriale, est regardée comme un lieu d'asile inviolable pour toute puissance avec laquelle l'Etat voisin n'est point en guerre.

11. — Il résulte de là que les prises maritimes qui seraient légalement faites dans la haute mer par les vaisseaux d'une nation sur ceux d'une autre avec laquelle elle est en guerre, sont au contraire illégales si le navire capturé s'était déjà réfugié près du continent et dans la mer territoriale d'une puissance avec laquelle le gouvernement du capteur n'était pas en guerre. — V. au surplus PRISES MARITIMES.

12. — Les rivages, lais et relais de la mer, les ports, les havres, les rades sont rangés par le Code civil au nombre des portions du territoire français qui, n'étant pas susceptibles d'une propriété privée, sont considérés comme des dépendances du domaine public. — C. civ., art. 538. — V. HAVRE, LAIS et RELAIS DE LA MER, PORT, RADE.

13. — Quant au rivage de la mer, il comprend, suivant la loi romaine, tout l'espace qu'elle couvre de son flux dans les plus hautes marées (L. 96, ff., *De verb. signif.*); et c'est cet espace alternativement couvert et découvert par les eaux qui appartient au domaine public. — L. 112, ff., *eod.* — Proudhon, *Domaine public*, t. 3, n° 706.

14. — L'ordonnance de la marine d'août 1681 (liv. 4, tit. 7, art. 1er) dispose à cet égard dans le même sens et avec plus de précision que « sera réputé bord et rivage de la mer tout ce qu'elle couvre et découvre pendant les nouvelles et pleines lunes, et jusqu'où le plus grand flot de mars se peut étendre sur les grèves. »

15. — Il a été jugé que cette disposition règle encore aujourd'hui la police des terrains maritimes, et fixe leurs limites avec les propriétés privées; qu'elle est en conséquence applicable, alors même qu'il s'agit de déposséder un propriétaire qui invoque la possession immémoriale des terrains envahis par la mer. — *Douai*, 10 janv. 1842 (t. 1er 1842, p. 584), De Bocquigny c. domaine.

16. — Toutefois, un arrêt du parlement d'Aix rapporté par de la Touloubre (*Jurisprudence féodale*, p. 1, t. 4, n° 7) décide que l'art. 1er, tit. 7, liv. 4, de l'ordonnance de 1681 sur la marine n'est point applicable aux côtes de la Méditerranée, qui continuent d'être régies par la loi romaine, et cette doctrine semble partagée par divers auteurs. — Toullier, t. 3, n° 31; Duranton, t. 4, p. 194; Merlin, *Quest. de droit*, v° *Rivage de la mer;* Garnier, *Régime des eaux*, t. 1er, n° 24; Daviel, *Des cours d'eau*, t. 2, n° 968.

17. — Il est d'ailleurs évident que la disposition ci-dessus reproduite ne peut être appliquée qu'aux terrains qui sont habituellement soumis à l'action ordinaire et périodique des marées. On ne saurait donc considérer comme rivages de la mer des terrains plus éloignés sur lesquels la mer peut quelquefois et fort accidentellement lancer ses eaux pendant les fortes tempêtes. — Proudhon, *Dom. public*, t. 3, n° 707.

18. — Il a été jugé, dans ce sens, qu'on ne doit pas réputer rivages de la mer, dépendant, comme tels, du domaine public, des terrains que la mer submerge périodiquement de ses eaux en faisant accidentellement irruption par un goulet qui n'est que le résultat d'une section survenue à une falaise. — *Cass.*, 4 mai 1836, préfet de la Charente-Inférieure c. Mariocheau et commune de l'Houmeau.

19. — Jugé, de même, que les eaux de la mer, en affluant dans les rivières qui y ont leur embouchure, ne les transforment pas en bras de mer, et ne font pas de leurs rives des rivages maritimes. — *Cass.*, 23 juin 1830, Domaines c. Riou-Kerallet.

20. — Relativement à la question de savoir quelle est l'autorité compétente pour reconnaître jusqu'où s'étend le *grand flot de mars* et, par voie de conséquence, pour déterminer le point où finit la mer et où commencent les rives des affluens, un conflit s'est élevé entre l'autorité judiciaire et l'autorité administrative.

21. — La cour de Caen, s'appuyant sur ce qu'en général les tribunaux sont compétens pour statuer sur les questions de domanialité, et par suite sur toutes les exceptions auxquelles elles donnent lieu, a jugé qu'en l'absence d'ailleurs d'aucune loi spéciale qui attribue à l'autorité administrative la question de savoir où finit une rivière qui a son embouchure dans la mer, et où commence la mer, les tribunaux devant lesquels cette question s'élevait préjudiciellement étaient compétens pour la résoudre. — *Caen*, 31 août 1841 (t. 1er 1844, p. 721), Domaines c. d'Anglade.

22. — Mais le Conseil d'Etat, appelé, par suite d'un conflit, à apprécier la valeur de cette solution, a, au contraire, décidé que c'était là une question essentiellement du ressort de l'autorité administrative. — *Cons. d'Etat*, 18 mars 1843; mêmes parties. — Et nous n'hésitons pas à adopter cette dernière doctrine. — V., à cet égard, les notes qui accompagnent, dans notre 3e édition, l'arrêt précité de la cour de Caen du 31 août 1841; V. encore dans le même sens, Duranton, t. 4, n° 194.

23. — D'après les principes de la loi romaine, les rivages de la mer, par cela même qu'ils étaient rangés au nombre des choses n'appartenant à personne, étaient considérés comme naturellement destinés à devenir la propriété du premier qui viendrait les occuper par la construction de quelque édifice. — L. 14, ff., *De adquir. rer. domin.* — Proudhon, *Domaine public*, t. 3, n° 708.

24. — Il fallait néanmoins une permission du préteur pour jouir légalement de cette sorte de conquête. — L. 50, ff., *De adquir. rerum dominio.*

25. — La loi française, plus absolue et toute basée sur le principe de l'inaliénabilité et de l'imprescriptibilité du domaine public, défend, en termes formels toute entreprise sur les rivages ou bords de la mer. — « Faisons défense à toute personne, porte l'art. 2, t. 7, liv. 4 de l'ord. d'avril 1681 sur la marine, de bâtir sur les rivages de la mer, d'y planter aucun pieu, ni faire aucun ouvrage qui puisse porter préjudice à la navigation, à peine de démolition des ouvrages, de confiscation des matériaux et d'amende arbitraire. »

26. — Il n'est pas douteux que le gouvernement ne puisse d'ailleurs empêcher, d'après les mêmes principes, l'enlèvement des galets que les marées rejettent sur les bords de la mer, et interdire en général toute excavation sur ses bords; alors même qu'on ne s'apercevrait pas d'abord que ces entreprises fussent nuisibles à la navigation, elles n'en devraient pas moins être considérées comme illicites; parce qu'elles altèrent évidemment l'état matériel de la chose publique, à laquelle nul ne doit toucher que pour s'en servir conformément à sa destination. — Proudhon, *Domaine public*, t. 3, nº 709.

27. — Proudhon va même jusqu'à penser que ce droit d'apporter obstacle aux enlèvemens et fouilles dont nous venons de parler, appartiendrait également aux propriétaires riverains : par le motif qu'en rapprochant de leurs héritages les eaux de la mer par des fouilles pratiquées dans son littoral ou en enlevant les galets qui servent de digue pour arrêter ou amortir l'impulsion des flots, on les exposerait au danger de voir tôt ou tard leurs fonds envahis par les eaux de la mer. — Proudhon, *Dom. public*, t. 3, nº 710.

28. — Au delà des fonds qui forment les rivages de la mer, les héritages particuliers ne sont pas soumis à la servitude de halage comme ceux qui bordent les fleuves et rivières; car le genre de navigation est ici tout différent, et des navires ne se tirent point par des cordages et par l'action des chevaux comme des bateaux le long des rivières. — Proudhon, *ubi suprà*, nº 712.

29. — Mais ces héritages sont naturellement assujettis à supporter le marchepied qui pourrait être nécessaire à l'exercice de la pêche, de même que les mesures qui peuvent être nécessitées en cas d'approche de quelque bâtiment ou pour le sauvetage des effets naufragés. Leurs possesseurs ne pourraient donc, dans ces divers cas, refuser l'entrée de leurs fonds. — *Ib.*

30. — Suivant Proudhon, c'est devant les tribunaux ordinaires et non devant les conseils de préfecture que doit être portée l'action en répression des entreprises qui auraient lieu sur les rivages de la mer; la loi du 29 flor. an X, la seule que l'on pourrait invoquer pour la compétence des conseils de préfecture, n'ayant trait qu'aux entreprises faites et aux contraventions commises au bord des rivières navigables ou dans leurs lits. — Proudhon, *Domaine public*, t. 3, nº 711.

31. — Mais cette opinion nous paraît très-contestable, en tant du moins qu'il ne s'agirait pas de prononcer sur la propriété même des terrains sur lesquels les entreprises auraient eu lieu. La loi du 29 flor. an X ne s'applique pas seulement aux contraventions commises sur le bord des rivières navigables; mais encore et d'une manière générale à toutes les contraventions commises en matière de grande voirie. — Or, il nous paraît évident qu'à ce titre les conseils de préfecture sont compétens pour réprimer les entreprises illicites commises sur les bords de la mer, de même que celles commises sur le bord des fleuves. C'est au surplus ce qui nous paraît formellement résulter du décret impérial du 10 avril 1812, qui, dans la pensée, y est-il dit, de *compléter la loi de floréal*, déclare qu'un décret intermédiaire du 16 déc. 1811, relatif également aux contraventions en matière de grande voirie, est applicable, entre autres objets, aux *travaux à la mer*.

32. — Relativement aux parties des rivages de la mer que l'on appelle *dunes*, comme aussi en ce qui concerne le droit de recueillir les plantes qui croissent au bord de la mer, V. DUNES, VARECH.

33. — Pour ce qui concerne la division maritime du territoire pour l'inscription de ceux qui sont soumis au service de la marine, V. INSCRIPTION MARITIME.

34. — Quant aux îles qui se forment près des rivages de la mer, elles appartiennent, comme les lais et relais, et les rivages eux-mêmes, au domaine public, et sont soumises aux mêmes règles. — V. DUNES, HAVRE, INSCRIPTION MARITIME, LAIS ET RELAIS DE LA MER, PORT, PRISES MARITIMES, RADE, VARECH.

MERCIERS.

1. — Marchands de mercerie en gros, patentables de 1re classe. — Droit fixe basé sur la population, droit proportionnel du 15e de la valeur locative de l'habitation et des lieux servant à l'exercice de la profession.

2. — Marchands de merceries en demi-gros, — en détail, — de menue mercerie; — patentables : les premiers de 2e classe, les seconds de 4e classe et les derniers de 6e classe. — Même droit fixe, sauf la différence de classe, que les précédens ; droit proportionnel du 20e de la valeur locative de l'habitation et des lieux servant à l'exercice de la profession. — V. PATENTE.

MERCURIALE.

1. — On donnait autrefois ce nom à des assemblées des cours de justice, qui se tenaient de mois en mois et, plus tard, de six mois en six mois, dans le but de maintenir la discipline dans les compagnies et de punir ceux de leurs membres qui auraient manqué à leurs devoirs.

2. — L'art. 79 de l'ordonnance de 1629 prescrivait qu'il fût traité dans ces assemblées de la discipline des parlemens, règlement de mœurs, modération du prix des salaires, et autres choses concernant l'honneur et la dignité des juges et l'expédition des causes.

3. — « ... Voulant, ajoutait l'ordonnance, qu'en icelles soient reçues toutes les plaintes qui seroient faites contre les officiers de nosdites cours, des fautes par eux commises, contraventions à nos ordonnances, lesquelles *mercuriales* nous voulons être envoyées dans la quinzaine après qu'elles auront été faites, à nous et à notre chancelier ou garde des sceaux, pour y pourvoir, en cas de négligence ou de connivence de nosdites cours, selon que nous le jugerons à propos, de laquelle diligence nous chargeons nos avocats et procureurs sous les peines de nos ordonnances. »

4. — Il résulte de cette disposition qu'on appelait également *mercuriale* le rapport ou réquisitoire par lequel les officiers du ministère public dénonçaient aux compagnies ceux de leurs membres dont la conduite présentait quelque chose de répréhensible.

5. — L'usage de ces mercuriales était, au surplus, presque complétement tombé en désuétude dans les années qui précédèrent la révolution de 1789.

6. — Et les *mercuriales* n'étaient plus que des discours de rentrée prononcés à huis clos par les procureurs généraux ou leurs substituts.

7. — Enfin, la nouvelle organisation judiciaire a mis un terme aux mercuriales à huis clos. — Merlin, *Rép.*, vº *Ministère public*, § 2, nº 11.

8. — Le décret du 30 mars 1808 porte seulement que « tous les ans, à la rentrée des cours d'appel, les chambres réunies, il sera fait par le procureur général un discours sur l'observation des lois et le maintien de la discipline. »

9. — Le décret du 6 juill. 1810 dispose également (art. 34) qu'à l'audience solennelle de rentrée des cours le procureur général, ou l'un des avocats généraux qu'il en aura chargé, prononcera un discours sur un sujet convenable à la circonstance; il tracera aux avocats et aux avoués le tableau de leurs devoirs; il exprimera ses regrets sur les pertes que le barreau aurait faites, dans le cours de l'année, des membres distingués par leur savoir, par leurs talens, par de longs et utiles travaux, et par une incorruptible probité.

10. — On donne encore quelquefois le nom de *mercuriale* à un discours. — V. MINISTÈRE PUBLIC.

MERCURIALES.

1. — On appelle ainsi les relevés faits par l'administration municipale des ventes de grains et autres denrées, dans les halles et marchés, afin d'en déterminer le cours au prix moyen.

2. — Les mercuriales furent successivement ordonnées par l'ordonnance du mois d'avril 1539 et par celle du mois d'avril 1667, tit. 30, art. 6 et 7. Elles devaient alors être consignées sur les registres des greffes. Aujourd'hui elles sont dans les attributions des maires, d'après les lois des 24 août 1790 et 22 juill. 1791.

3. — Il doit exister un registre de mercuriales dans toutes les communes où se tient un marché. — A Paris ce registre est tenu sous la surveillance du préfet de police, et dans les autres communes sous la surveillance du maire.

4. — Les mercuriales sont dressées immédiatement après la clôture des ventes, d'après la déclaration des marchands ou de leurs facteurs. — Lois précitées nº 2.

5. — Elles ne doivent comprendre que les ventes faites sur le marché, et non celles qui sont effectuées hors de la halle sur échantillon. — Circ. min., 1er avr. 1817.

6. — Elles doivent être adressées les 15 et 30 de chaque mois par les maires aux sous-préfets, qui les font parvenir sans délai aux préfets, avec leurs visas. — Goujet et Merger, *Dict. de dr. comm.*, vº *Mercuriales*, nº 5.

7. — L'hectolitre avec ses fractions étant la mesure usuelle de capacité qui sert pour la vente des grains, sur tous les marchés, doit être adoptée comme unité fondamentale pour la rédaction des mercuriales. — Delamarre et Magnitot, *Dict. de dr. admin.*, vº *Mercuriales*, t. 2, p. 178.

8. — L'usage des mercuriales est fréquent. Par exemple, les jugemens qui condamnent à une restitution de fruits ordonnent qu'elle sera faite d'après les mercuriales. — C. proc., art. 129. — V. FRUITS, nos 175 et suiv.

9. — L'opération par laquelle un maire consigne, sur le registre des mercuriales, le prix des grains qui se vendent dans un marché, n'est pas un acte administratif, mais un simple certificat. — *Cons. d'Etat*, 23 janv. 1813, Hospices de Lille c. Danlos.

10. — Dans le cas où ce certificat contiendrait quelques lacunes et ne mettrait pas les tribunaux à même de connaître le prix des grains, ils doivent le déclarer et recourir à un rapport d'experts. — Même décision.

11. — S'il appartient à l'administration d'arrêter les mercuriales, en constatant le taux auquel se sont vendues les diverses denrées qui y sont comprises, c'est cependant à l'autorité judiciaire à prononcer, lorsqu'il y a contestation, quant aux prix applicables aux clauses d'un contrat et à déterminer quel est l'effet des mercuriales. — Même décision. — Cormenin. *Dr. adm.*, vº *Halle*, t. 2, p. 268.

12. — Les lois qui ont laissé la taxe du pain dans les attributions de l'autorité municipale ne s'appliquent qu'à la taxe journalière et variable que le pain doit recevoir d'après les mercuriales de ses marchés; mais lorsqu'il s'agit de faire entrer, dans la taxe du pain, un élément permanent ou de longue durée qui en accroîtrait le montant et prendrait par là même le caractère d'un subside, l'autorité municipale, pour agir régulièrement, a besoin de l'autorisation supérieure. — *Montpellier*, 6 août 1829, Barlatier c. Ville de Marseille.

13. — En matière d'enregistrement, c'est d'après les mercuriales que se fixe la valeur des denrées. — L. 22 frim. an VII, art. 14, nº 9, et art. 15, nos 1 et 2. — V. ENREGISTREMENT. — V. aussi COMPENSATION, COMPTES A RENDRE, DEGRÉS DE JURIDICTION, GRAINS ET FARINES, JUSTICE DE PAIX.

MÈRE.

Femme qui a mis un enfant au monde. — V. ALIMENS, MARIAGE, MATERNITÉ, PUISSANCE PATERNELLE, SUCCESSION, TUTELLE.

MESSAGERIES, MESSAGISTES.

V. TRANSPORTS (Entrepreneur de), VOITURES PUBLIQUES.

MESSE.

V. APPEL COMME D'ABUS, CHAPITRE, CULTE, DISPOSITION A TITRE GRATUIT, DROIT DES PAUVRES.

MESSE ROUGE.

1. — On désignait ainsi la messe du St-Esprit qui était célébrée au palais, le lendemain de la St-Martin (12 novembre), pour solenniser la rentrée du parlement.

2. — On sait que, depuis plusieurs siècles, la confrérie des procureurs était dans l'usage de faire célébrer, chaque jour, une messe dans la chapelle St-Nicolas, placée à l'extrémité de la grand'salle.

3. — En 1406, pour assurer les fonds de cette messe, le chancelier de France Arnault de Corbie établit une contribution de deux écus sur la réception de chaque avocat, et d'un écu sur celle de chaque procureur. — Fournel, *Hist. des avocats*, t. 2, p. 268.

4. — A partir de cette époque, la messe du palais eut un peu plus d'appareil; et la corporation des procureurs en prit occasion d'inviter, à celle qu'on célébrait à la rentrée, tous les membres de la magistrature et du barreau, qui, dans le principe, y assistèrent en *robes noires*.

5. — En 1512, Louis XII, qui avait pris un loge-

ment au palais, ayant annoncé son intention d'assister à la messe du St-Esprit, le parlement, en corps, se rendit à cette cérémonie religieuse. — Les présidents, les conseillers, les avocats, le greffier en chef et le premier huissier y parurent en *robe rouge*, afin de donner plus d'éclat à la solennité.

6. — De là le nom de *messe rouge* donné à la messe du St-Esprit, nom qu'elle a conservé jusqu'à nos jours.

7. — Anciennement, à la suite de la messe rouge, les présidens et conseillers se saluaient réciproquement, non en s'inclinant, à la manière des hommes, mais en fléchissant les genoux, comme de femmes qui font la révérence. — V. *Gazette des Tribunaux*, 2e numéro, année 1825, p. 4.

8. — Plus tard, au lieu de se conformer à cet usage bizarre, malgré son respect pour les traditions, le parlement retournait en la grand'chambre, où le greffier donnait lecture des anciennes ordonnances et de la formule du serment qui devait être prêté par les gens du roi, et par les anciens avocats suivant l'ordre du tableau. — Bouchel d'Argis, *Hist. abrégée de l'ordre des avocats*, chap. 10.

9. — L'usage de la messe du St-Esprit fut rétabli pendant la restauration. — A Paris, on disposait un autel dans la salle des pas perdus qui précède la seconde chambre de la Cour; des banquettes de velours y étaient disposées pour les magistrats et le barreau; et c'était là qu'était célébrée, par le premier grand-vicaire, la messe du rentrée, à laquelle assistait toute la Cour en *robes rouges*.

10. — Depuis la révolution de juillet, cette cérémonie est tombée en désuétude; et la rentrée a lieu sans autre solennité que le discours prononcé par l'un des magistrats du parquet et le serment prêté par le bâtonnier et les membres du conseil de discipline présens à la barre.

MESSIERS.

1. — On désignait anciennement, sous ce nom, les personnes chargées de veiller à la conservation des grains et autres fruits de la terre. Bien que cette dénomination fût assez généralement employée, on leur donnait aussi les noms de *bangardes*, en Lorraine, de *gastiers*, en Auvergne; de *banneriis*, dans le pays Messin; et enfin, dans d'autres provinces, de sergens ou de gardes champêtres.

2. — Ces fonctions, confiées à un nombre d'habitans proportionné à l'étendue du territoire, étaient nominatives et finissaient après la récolte.

3. — Leurs rapports, qu'ils n'étaient pas tenus de rédiger par écrit, faits au greffe et affirmés véritables, faisaient pleine foi en justice. C'est ce qui résulte des ordonnances de sept. 1402, mars 1515, fév. 1544, et de l'art. 8 du titre 10 de l'ordonnance des eaux et forêts du mois d'août 1669.

4. — Aux termes d'un arrêt de règlement du 2 mai 1608, ils étaient civilement responsables du dommage causé dans le cas où ils avaient négligé de dénoncer les délits à la justice.

5. — Ils sont aujourd'hui remplacés par les gardes champêtres. — V. GARDE CHAMPÊTRE.

MESURES, MESURAGE, ME-SUREURS.

1. — Fabricans, pour leur compte, de mesures linéaires, règles et équerres. — Fabricans à façon. — Patentables les premiers de 7e classe et les derniers de 8e. — Droit fixe basé sur la population; droit proportionnel du 40e de la valeur locative de tous les locaux qu'ils occupent, mais seulement dans les communes de 20,000 âmes et au-dessus.

2. — Quant aux fermiers des droits de mesurage et aux mesureurs jurés, V. POIDS ET ME-SURES.

MESURES CONSERVATOIRES.

V. ACTE CONSERVATOIRE, ABSENCE, CONTRIBUTIONS DIRECTES, DOMAINES ENGAGÉS, ÉTRANGER, EXPROPRIATION POUR UTILITÉ PUBLIQUE, FAILLITE, JUGEMENT PAR DÉFAUT.

MESURES PROVISOIRES.

V. ABSENCE, EMBARRAS SUR LA VOIE PUBLIQUE, ÉTABLISSEMENS INSALUBRES, EXCEPTION, FAILLITE, GRAINS, INVENTAIRE.

MÉTAUX.

1. — Marchands en gros de métaux autres que l'or, l'argent, le fer en barres, la fonte. — Paten-

tables de 1re classe. — Droit fixe basé sur la population; droit proportionnel du 15e de la valeur locative de l'habitation et des lieux servant à l'exercice de la profession.

2. — Les marchands en demi-gros. — Marchands en détail. — Patentables : les premiers de 2e et les seconds de 4e classe. — Mêmes droits fixes que les précédents, sauf la différence de classe; droit proportionnel du 20e sur le loyer d'habitation et des lieux servant à l'exercice de la profession. — V. PATENTE.

3. — Quant aux fondeurs de métaux, V. FONDERIES, FONDEURS; V. aussi ÉTABLISSEMENS INSALUBRES (nomenclature).

MÉTIERS.

1. — Propriétaires de fabriques à métiers, patentables. — Droit fixe : 1o pour les métiers réunis dans un corps de fabrique, jusqu'à cinq métiers, 10 fr., et 2 fr. 50 cent. en sus par métier, jusqu'au maximum de 400 fr.; 2o pour les métiers non réunis dans un corps de fabrique, 2 fr. 50 c. par chaque métier jusqu'au maximum de 900 fr. — Droit proportionnel du 20e au 10e loyer d'habitation et des magasins de vente complétement séparés de l'établissement, et du 50e de l'établissement industriel.

2. — Les droits fixes ci-dessus doivent être réduits de moitié pour les fabricans à façon.

3. — Les fabricans à métiers, résidant dans les communes d'une population inférieure à 20,000 âmes, ayant moins de dix métiers et ne travaillant qu'à façon, sont exempts de tout droit proportionnel. — V. FABRICANS.

4. — Forgeurs de métiers à bas pour leur compte; patentables de 5e classe. — Droit fixe basé sur la population; droit proportionnel du 20e de la valeur locative de l'habitation et des lieux servant à l'exercice de la profession.

5. — Forgeurs de métiers à bas à façon; patentables de 7e classe : même droit fixe que les précédens, sauf la différence de classe. — Droit proportionnel du 40e de la valeur locative de tous les locaux qu'ils occupent, mais seulement dans les communes de 20,000 âmes et au-dessus. — V. MONTEURS, PATENTE. — V. en outre CORPS D'ARTS ET MÉTIERS.

MÈTRE.

Unité des mesures de longueur, d'après le nouveau système. — V. POIDS ET MESURES.

MÉTROPOLE.

1. — Circonscription comprenant plusieurs diocèses dont l'un possède un siège supérieur aux autres sièges épiscopaux. Le titulaire qui occupe le siège métropolitain prend le titre d'archevêque.

2. — Les métropoles, comme les diocèses, ne peuvent être établies qu'avec le concours du pouvoir législatif. — V., au reste, DIOCÈSE, DIVISIONS TERRITORIALES, ÉGLISE, ÉVÊQUE, ÉVÊCHÉ.

METTEURS EN ŒUVRE.

1. — Metteurs en œuvre pour leur compte; patentables de 6e classe. — Droit fixe basé sur la population; droit proportionnel du 20e de la valeur locative de l'habitation et des lieux servant à l'exercice de la profession.

2. — Metteurs en œuvre à façon; patentables de 7e classe. — Même droit fixe, sauf la différence de classe; droit proportionnel du 40e de tous les locaux qu'ils occupent, mais seulement dans les communes de 20,000 âmes et au-dessus.

MEUBLES.

1. — Pour ce qu'on doit entendre en droit par le mot MEUBLES, V. BIENS, nos 190 et suiv.

2. — Marchands de meubles, marchands de meubles d'occasion ; patentable : les premiers de 5e classe et les derniers de 6e classe. — Droit fixe basé sur la population; droit proportionnel du 20e de la valeur locative de l'habitation et des lieux servant à l'exercice de la profession.—V. PATENTE.

MEULES.

Marchands et fabricans de meules à aiguiser; fabricans de meules de moulins : patentables, les premiers de 5e et les derniers de 4e classe. — Droit fixe basé sur la population; droit proportionnel du 20e de la valeur locative de l'habitation et des lieux servant à l'exercice de la profession. — V. PATENTE.

MEUNIER.

V. ABUS DE CONFIANCE, ACTE DE COMMERCE, nos 28, 416, 253 et suiv.

MEURTRE.

Table alphabétique.

— MEURTRE. **1.** — L'art. 395 du Code pénal qualifie meurtre l'homicide commis volontairement.

Sect. 1re. — *Élémens du meurtre.*

2. — D'après cet article (395), deux circonstances doivent donc se trouver réunies pour constituer un meurtre : 1° le fait matériel de l'homicide ; 2° la volonté de tuer.

§ 1er. — *Fait matériel.*

3. — C'est sous le mot HOMICIDE (nos 36 et suiv.) que se trouvent nos explications sur ce que l'on doit entendre, en cette matière, par *fait matériel*. Nous nous bornerons donc à y renvoyer et à rappeler sommairement ici qu'il ne peut exister d'homicide qu'autant : 1° que l'homme sur lequel il a eu lieu, ou a été tenté, vivait encore au moment de sa perpétration, et que l'expression *homme* comprend tout individu faisant partie du genre humain, quels que soit d'ailleurs son âge, son sexe, sa religion ou sa couleur, dût-il même rentrer dans la classe de ceux que quelques législations, d'accord en cela avec la loi romaine, qualifient de *monstres*; 2° qu'il est le résultat d'un acte *matériel*, soit positif, soit négatif, susceptible de donner la mort, un simple fait *moral* ne pouvant former la base d'une incrimination.

4. — Ajoutons qu'il n'est pas nécessaire, pour le considérer comme coupable, que le fait matériel ait produit tout l'effet que son auteur en attendait, c'est-à-dire la mort réelle de la victime; et que, lorsque, concourant avec une volonté non équivoque, il réunit diverses circonstances énumérées par la loi, il peut constituer un crime, bien qu'il n'ait été que commencé et soit resté inachevé. « On attente à la vie d'une personne, disait l'orateur du gouvernement, soit en lui donnant la mort, soit en exerçant sur elle des actes de violence. Ceux-ci, quoiqu'ils n'entraînent pas sur-le-champ la perte de la vie, peuvent cependant en abréger le cours, » etc.

5. — Ainsi, il peut y avoir tentative de meurtre, et par conséquent fait matériel suffisant, bien que les blessures faites offrent peu de gravité, ou même qu'il n'existe pas de blessures. — *Cass.*, 26 mars 1812, Robinet; 10 oct. 1816, Lebret.

6. — De même, il suffit que des coups aient été portés à dessein de tuer, bien que la mort ne s'en soit pas suivie. — *Cass.*, 14 févr. 1817, Rietch. — V. au reste les règles relatives à la tentative. — V. TENTATIVE, nos 36 et 37.

§ 2. — *Volonté.*

7. — La volonté n'est autre chose, dans l'auteur du fait matériel, que l'intention de donner la mort. C'est la volonté qui seule donne à l'acte matériel un caractère répréhensible : avec elle il constitue un crime; sans elle il reste innocent. — *Cass.*, 27 frim. an VII, Delfau ; 12 fruct. an VII, Bouzenet; 8 fruct. an VIII, Aubineau; 11 messid. an XII, Defendini ; 27 vendém. an XIII, Darnal; 26 juin 1806, Garotti; 10 mars 1826, Cornut; 19 sept. 1828, Neulander; 26 déc. 1834, Godard et Deline.

8. — Et c'est parce qu'il y a absence réelle de volonté que l'homicide commis soit par un insensé ou par suite de force majeure, soit par un enfant ou mineur de moins de 16 ans, qui a agi sans discernement, ne constitue pas un meurtre et n'est passible d'aucune peine. — Cod. pén., 64 et 66.

9. — Le fait de donner la mort conserve le nom de meurtre, si la volonté a été instantanée, si elle n'a pris naissance qu'au moment même de l'exécution, ou ne l'a précédée que de peu d'instans; mais il devient plus grave et prend la dénomination d'*assassinat* si la volonté a été nourrie, entretenue d'avance dans l'esprit du coupable, et ne s'est fait jour qu'à l'aide de la ruse ou de la trahison, si enfin elle a été *préméditée*. Aussi, le meurtre proprement dit, tel qu'il est défini par l'art. 395 du Code pénal, et même par la loi de 1791 (2e partie, tit. 2, sect. 1re, art. 8), est-il exclusif de la préméditation. — *Cass.*, 1er pluv. an VII, Palavicini. — V. ASSASSINAT.

10. — La volonté, dans une accusation de meurtre, n'est donc point une simple circonstance aggravante, mais un élément constitutif du fait principal; de telle sorte que le mot *meurtre* exprime, tout à la fois, et nécessairement, le fait et la moralité (la volonté). — *Cass.*, 7 prair. an VII, Cariou et Legall.

11. — Et le fait de l'homicide ne peut être considéré comme le fait principal si on l'isole de la question de volonté. — *Cass.*, 19 mars 1812, Best.

12. — Il suit de là que, sous l'empire de la loi du 3 brum. an IV, dont l'art. 377 défendait de proposer au jury des questions complexes, le mot meurtre employé dans une question, la rendait complexe et nulle. — *Cass.*, 27 frim. an VII, Delfau ; 7 prair. an VII, Cariou et Legall; 1er pluv. an VII, Palavicini.

13. — Il en était ainsi surtout alors qu'on demandait aux jurés, par la même question, si un meurtre avait été commis avec préméditation. Le meurtre excluant la préméditation, il y avait, dans une semblable question, non-seulement complexité, mais contradiction. — *Cass.*, 1er pluv. an VII, Palavicini.

14. — Il ne faut pas oublier que, outre l'interdiction des questions complexes, portée dans son art. 377, le code du 3 brum. an IV, par l'art. 374, prescrivait de poser au jury des questions distinctes sur le fait matériel et sur sa moralité, et que la Cour de cassation devait ainsi annuler toutes celles qui tendaient à confondre dans la même phrase ces deux élémens différens, notamment les questions par lesquelles on demandait au jury *s'il y avait eu attaque à dessein de tuer?* — *Cass.*, 9 frim. an VII, Réaux. — V. aussi 22 germ. an VII, Roux; 1er pluv. an VII, Palavicini ; 23 pluv. an VII, Baille.

15. — Mais le Code d'instruction criminelle n'ayant point porté la même prohibition relativement aux questions complexes, et n'exigeant la division que relativement aux circonstances aggravantes (337 et suiv.), on a pu, depuis, ce Code régulièrement comprendre dans une seule question les circonstances constitutives du meurtre. — *Cass.*, 2 juill. 1813, Heneck ; 15 juill. 1830, Mottelay.

16. — Quelques doutes s'étaient néanmoins élevés à ce sujet : on se demandait s'il n'était pas défendu aujourd'hui de diviser les questions; quelques auteurs le croyaient (V. notamment, Carnot, *Justice crimin.*, art. 337), mais la jurisprudence décidait que la loi en laissait la faculté au président. — V. *Cass.*, 4 fév. 1819, Mittelbrone. — La loi du 13 mai 1836 a coupé court à ces divergences en ordonnant cette division. — V. COUR D'ASSISES.

17. — Lorsque, dans la position des questions, la volonté a été présentée par erreur, d'après l'acte d'accusation, comme une circonstance aggravante d'un meurtre, la réponse du jury, qui déclare l'accusé coupable, mais sans la circonstance, est contradictoire et nulle en ce qu'elle exclut la volonté dont elle reconnaît néanmoins l'existence par la déclaration de culpabilité du meurtre qui la comprend nécessairement. « Car, dit la Cour de cassation, si l'accusé est coupable du crime de meurtre, il est impossible qu'il ait agi involontairement: et s'il a agi involontairement, il n'est pas moins impossible qu'il soit coupable du crime de meurtre : attendu que la volonté est de l'essence du meurtre et qu'il ne saurait y avoir de meurtre involontaire. — *Cass.*, 2 juill. 1813, Heneck.

18. — Aussi, le verdict qui reconnait l'accusé coupable d'avoir commis un meurtre par maladresse, imprudence, inattention et négligence, est-il contradictoire et nul. — *Cass.*, 20 juin 1823, Heisser.

19. — Du reste il n'y a pas lieu de distinguer, dans la volonté, la volonté de tuer et l'intention criminelle, c'est-à-dire frauduleuse. — Par la volonté de tuer, dans le meurtre, il faut entendre la volonté de nuire en donnant la mort, à moins que la loi n'ait pris soin elle-même de déclarer, ce qu'elle a fait, notamment en cas d'homicide légitime ou légal, que la volonté ne sera point considérée comme criminelle et ne pourra constituer aucun fait punissable.

20. — C'est ainsi que la Cour de cassation a annulé comme contradictoire une déclaration du jury portant qu'un accusé est convaincu de meurtre commis *volontairement*, mais *sans l'intention du crime*. — *Cass.*, 4 messid. an XI, Labadie-Binot-Moulins; 17 brum. an VIII, Reyt; 20 nov. 1806, Portail ; 15 avril 1826, Hémiar. — Carnot, *C. pén.*, t. 2, art. 295, add. 1re.

21. — C'est ainsi encore qu'elle a décidé : 1° que, en fait d'homicide, la volonté renfermant implicitement l'intention de nuire, sous le code du 3 brum. an IV et la loi du 25 sept.-6 oct. 1791, après que le jury avait déclaré l'accusé convaincu d'avoir commis un homicide volontairement, il n'y avait plus lieu de rechercher s'il l'avait commis méchamment et dans le dessein du crime. — *Cass.*, 6 vent. an VII, Carmillet.

22. — ... 2° Que, sous les mêmes codes, le président d'un tribunal criminel n'était pas autorisé à prononcer l'acquittement d'un accusé déclaré convaincu d'homicide commis hors le cas de légitime défense, quoique *non méchamment* et *sans intention du crime* ; cette dernière circonstance, qui n'était point l'une de celles indiquées par la loi pour caractériser la moralité de cette espèce de délit, ne suffisant pas pour effacer la criminalité de l'homicide. — *Cass.*, 27 frim. an VII, Delfau.

23. — ... 3° Que si la préméditation, qui suppose nécessairement la *volonté* et l'*intention du crime*, constituait suffisamment la moralité de l'homicide et dispensait d'autre question de moralité lorsqu'elle était décidée *contre* le prévenu, il n'en était pas de même lorsqu'elle était décidée négativement et en sa faveur. Dans ce cas il devait être nécessairement posé une question sur la moralité qui donne à l'homicide le caractère du crime, et, dès lors, il devait être décidé si cet homicide avait été commis *volontairement* et *méchamment*. — *Cass.*, 1er pluv. an VII, Palavicini. — Ici, la circonstance de la volonté ou moralité disparaissant par la réponse négative sur la préméditation, il était nécessaire de la suppléer dans une question spéciale.

24. — ... 4° Que l'action par laquelle une personne donne volontairement la mort à autrui constitue un homicide volontaire ou meurtre et non une complicité de suicide, quoique la mort ait été donnée du consentement, par la provocation ou même par l'ordre de la personne homicidée. — *Cass.*, 16 nov. 1827, Lefloch ; 14 juin 1816, Denoch; 23 juin 1838 (t. 2 1838, p. 17), Copillet; 2 juill. 1835, Roubignac. — Carnot, *C. pén.*, t. 2, art. 295, n° 17.

25. — MM. Chauveau et Hélie (*Théor. du C. pén.*, t. 5, p. 228 et suiv.) n'admettent point cette doctrine ; ils soutiennent que la volonté de donner la mort n'est pas essentiellement criminelle et ne suffit pas pour imprimer à un homicide le caractère de meurtre, s'il ne s'y joint le dol ou l'intention de préjudicier à autrui. Aussi n'admettent-ils point que l'homicide donné avec le consentement de la victime puisse être incriminé : « Sans doute, disent-ils, l'agent a commis une action immorale, mais cette action non prévue par la loi ne peut constituer un crime; et s'il y a lacune dans la loi, il n'appartient pas aux tribunaux de la combler. » — Toutefois, les mêmes auteurs font exception pour le cas où le meurtrier aurait arraché ou surpris le consentement de l'homicidé. — V., au surplus, le mot SUICIDE.

26. — Il existe cependant un arrêt de la Cour de cassation qui a décidé que, sous le code du 3 brum. an IV, il ne suffisait pas de demander au jury si un individu accusé d'homicide avait agi volontairement, et qu'il fallait, en outre, poser la question intentionnelle, en demandant si cet accusé avait agi méchamment et dans le dessein du crime. — *Cass.*, 28 vend. an VII, Moëns. — Mais cet arrêt perd beaucoup de son importance, surtout en présence de la jurisprudence contraire adoptée depuis, si l'on considère que, rendu sous l'empire de la loi du 3 brum. an IV et du décret du 14 vend. an III, qui prescrivait de poser la question d'*intention* dans toute affaire soumise au jury, il a pu être inspiré par un respect exagéré de ces lois, et par la crainte, fort louable, du reste, que les jurés, habitués à se voir toujours poser la question d'intention, se méprissent sur la véritable portée de leur réponse, si elle ne portait, en matière d'homicide, que sur la volonté.

27. — Puisque la volonté est un élément du crime de meurtre, il s'ensuit qu'elle doit être, à peine de nullité, constatée et énoncée dans le jugement ou l'arrêt de condamnation. — *Cass.*, 26 juin 1806, Garotti; 27 vend. an XIII, Darnal; 11 messid. an XII, Defendini.

28. — ... Et que c'est au jury seul, à l'exclusion de la Cour d'assises, qu'il appartient de s'expliquer sur cette circonstance. — Dès lors il y a nullité, s'il n'a pas été interrogé sur son existence. — *Cass.*, 27 frim. an VI, Delfau ; 14 frim. an VII, Desnès; 12 fruct. an VII, Bouzenet; 8 fruct. an VIII, Aubineau; 27 flor. an VIII, Zandor; 19 sept. 1828, Neulander; 26 déc. 1834, Godard et Deline.

29. — Sous le code du 3 brum. an IV, les questions sur la moralité du fait et le plus ou moins de gravité du délit devaient être posées au jury, en commençant par les plus favorables à l'accusé (art. 374). Or, la volonté étant constitutive du meurtre, et son absence devant faire disparaître tout crime, elle devait être soumise aux jurés immédiatement après les questions sur le fait de l'homicide et sur la conviction; aussi y avait-il nullité lorsqu'elle n'était posée qu'après celles relatives aux circonstances atténuantes. — *Cass.*, 12 brum. an XII, Gatier.

30. — ... Ou après les questions concernant la

légitime défense ou la provocation violente. — *Cass.*, 17 frim. an XII, Griffet.

31. — Jugé d'un autre côté qu'il y avait nullité lorsque la question de négligence ou d'imprudence, qui se trouvait être la plus favorable, avait été néanmoins posée la dernière. — *Cass.*, 15 pluv. an VIII, Hucher.

32. — ... Ou après la question de volonté. — *Cass.*, 14 pluv. an VIII, Dupuis. — V. au reste, sur les interversions de questions, v° COUR D'ASSISES.

33. — Toutefois, les jurés ne devant, à peine de nullité, répondre qu'aux questions qui leur ont été posées par le président, leur déclaration, dans une accusation de meurtre, que l'accusé est coupable d'homicide par imprudence devrait être considérée comme non avenue, si aucune question n'avait été posée à cet égard. — *Cass.*, 8 juill. 1836 (t. 1er 1837, p. 471), Mony.

34. — Mais il faut que la déclaration du jury soit expresse et ne laisse aucun doute sur l'existence entière de la volonté; car si elle n'était pas complète ou si elle restait incertaine, le crime ne subsisterait plus. — Ainsi : la déclaration que l'accusé a porté des coups qui ont occasionné la mort ne suffirait point, puisque la *volonté de tuer* n'en résulterait pas. — *Cass.*, 19 sept. 1828, Neulander.

35. — Lorsqu'aux questions portant, conformément à l'arrêt de renvoi et à l'acte d'accusation, sur un homicide volontaire commis par l'accusé, le jury n'a pas répondu sur les circonstances de la volonté constitutive du crime, il y a lieu de renvoyer les jurés dans la chambre de leurs délibérations, à l'effet de s'expliquer sur ce point, mais non d'appliquer à l'accusé la peine portée contre l'homicide volontaire. — *Cass.*; 26 déc. 1834, Godard et Deline.

36. — La déclaration que des blessures ont été faites avec une arme meurtrière ne suppose pas nécessairement la volonté, si rien n'indique qu'il y ait eu dessein de tuer. — *Cass.*, 14 déc. 1820, Vinciguerra.

37. — Lorsque, sur la question de savoir si l'accusé est coupable d'une tentative de meurtre commise avec préméditation, et si cette tentative a été manifestée par des actes extérieurs, si elle a eu un commencement d'exécution, si elle n'a été suspendue que par des circonstances indépendantes de la volonté de son auteur, le jury a répondu que l'accusé est coupable, mais sans préméditation, ni aucune circonstance aggravante, cette dernière partie de la réponse ne peut se rapporter qu'aux circonstances constitutives de la tentative, et par conséquent à celle de la volonté. — Dès lors la déclaration est nulle. — *Cass.*, 7 oct. 1826, Faure.

38. — La déclaration portant qu'au moment où il a commis un homicide l'accusé était atteint d'une maladie qui lui avait occasionné des transports de rage et de fureur, exclut l'intention criminelle, et ne peut motiver une condamnation. — *Cass.*, 8 frim. an XIII, Guillaume.

39. — Il a été jugé par la Cour de cassation, sous la loi du 3 brum. an IV, que la question relative à la volonté ne serait pas suppléée par celle de savoir si l'accusé avait frappé sa victime *volontairement*, et si, en la frappant, il avait eu l'intention de la tuer. — *Cass.*, 27 flor. an VIII, Zandor.

40. — Nous aurions, il faut l'avouer, bien de la peine à admettre cette décision de la Cour de cassation. Dans l'espèce où elle est intervenue, neuf questions avaient été présentées aux jurés : la septième portait : *L'accusé a-t-il frappé Dalko volontairement?* et la neuvième : *Ledit accusé, en frappant Dalko, a-t-il eu l'intention de le tuer?* — La Cour de cassation annule la position des questions, « parce que, dit-elle, la dernière a pu induire les jurés en erreur, et que la question de moralité indiquée par la loi n'a pas été posée. » Il nous semble, au contraire, qu'elle résultait fort clairement du rapprochement des deux questions, et qu'il était impossible de la poser d'une manière plus explicite. — S'il y avait dans cette partie du jugement un motif de cassation, ce n'aurait pu être que parce que la question intentionnelle n'était posée qu'après celles relatives à la provocation et à la légitime défense.

41. — Dans une accusation d'homicide occasionnée par la privation d'alimens, il ne suffirait pas de demander si les accusés y ont concouru sciemment et même avec préméditation, il faudrait demander de plus s'ils y ont concouru *dans l'intention du crime*. — *Cass.*, 7 frim. an X, Mazuel et Chalus.

42. — Lorsque, sur la question de savoir si l'accusé est coupable d'avoir commis volontairement un homicide sur la personne d'un garde champêtre, à l'occasion de l'exercice de ses fonctions, le jury se borne à répondre : *Oui*, l'accusé est coupable, avec la circonstance, *à l'occasion de l'exercice des fonctions de garde* cette déclaration est incomplète, en ce qu'elle n'exprime pas si l'homicide a été volontaire. — *Cass.*, 15 juin 1826, Berthe.

43. — Cependant la déclaration du jury portant que l'accusé est coupable d'une tentative d'homicide manifestée par des actes extérieurs et suivie d'un commencement d'exécution, laquelle n'a manqué son effet que par des circonstances fortuites et *indépendantes de sa volonté*, exprime suffisamment que l'homicide a été tenté volontairement. — *Cass.*, 25 août 1826, Couraud.

44. — ... Et lorsque, dans une accusation de meurtre, le jury résout affirmativement la question d'homicide en expliquant que c'est à la simple majorité et résout aussi affirmativement la question relative à la volonté, mais sans indiquer si c'est à la simple majorité ou à une majorité plus forte, il y a lieu de présumer que la question d'intention n'a été résolue qu'à la majorité simple, car s'il en était autrement, les jurés qui n'admettaient pas la culpabilité sur le fait d'homicide ne pouvant *à fortiori* l'admettre sur l'intention, il y aurait contradiction dans la déclaration. — *Cass.*, 16 mai 1828, Jullian.

45. — MM. Chauveau et Hélie (t. 5, p. 162) disent qu'il y a nullité toutes les fois que le verdict admet quelque circonstance qui puisse impliquer l'exclusion de la volonté, telle que la provocation ou la légitime défense, et il cite, comme l'ayant ainsi décidé un arrêt de *Cass.* du 4 août 1826, Boldeck. — Il y a, dans cette proposition, une double inexactitude : la première, en ce que, dans l'espèce citée, la Cour de cassation s'est bornée à déclarer contradictoires les diverses parties de la réponse d'un jury qui déclarait l'accusé 1° non coupable d'homicide volontaire; 2° coupable de meurtre provoqué par violences graves ; 3° coupable d'homicide involontaire ; la seconde, en ce que la Cour de cassation n'a nullement consacré le principe, fort contestable du reste, que la provocation et la légitime défense soient exclusives de la volonté.

46. — Avant la loi du 4 mars 1831, quand la question de volonté n'avait été résolue par le jury qu'à la majorité simple, la cour d'assises devait en délibérer en vertu de l'art. 351 du Code d'instr. crim., qui ne prescrivait cette mesure qu'autant que l'accusé était déclaré coupable, à la simple majorité, du *fait principal*. On sait en effet que la *volonté* n'est pas une simple circonstance *aggravante*, mais bien *constitutive* du fait principal. — *Cass.*, 19 mars 1812, Bost; 24 janv. 1822, Rappet; 16 mai 1828, Jullian.

47. — Avant la loi du 28 avril 1832, et sous l'empire soit de la loi de 1791, soit du Code pén. de 1810, la Cour de cassation jugeait constamment que les coups portés volontairement et qui avaient causé la mort constituaient un meurtre, sans qu'il fût besoin d'examiner si l'accusé avait eu, en portant ces coups, l'intention de donner la mort. — *Cass.*, 3 sept. 1807, Lacombe et Besson; 14 févr. 1812, Séraphini; 2 juill. 1819, Chevet; 6 mars 1823, Tisserand; 15 avr. 1826, Henniar; 8 sept. 1826, Amen; 26 janv. 1827, David; 13 mars 1828, Roux; 18 sept. 1828, Guibert; 16 juill. 1829, Bourlery; 9 juill. 1830, Humbert; 12 mars 1831, Hervé-Ansquer. — V. Merlin, *Rép.*, v° *Homicide*, n° 4, note, et l'exemple donné par lui, *ibid.*, n° 3 *in fine*, qui paraît contraire à cette doctrine; Bourguignon, *Jur. des Codes crim.*, t. 3, art. 295, n° 1.

48. — D'où il résultait qu'il suffisait d'interroger le jury sur le point de savoir non si l'homicide avait été involontaire, mais si les coups avaient été portés volontairement. — *Cass.*, 3 sept. 1807, Lacombe et Besson; 6 mars 1823, Tisserand; 13 mars 1828, Roux.

49. — ... Et que même la question de savoir si les coups avaient été portés avec intention de tuer était inutile, surabondante, et contraire à la loi. — *Cass.*, 6 vent. an IX, Carmillet; 3 sept. 1807, Lacombe et Besson; 26 janv. 1827, David; 15 janv. 1835, Aubert.

50. — On jugeait aussi : 1° que le complice d'un meurtre devait être puni comme son auteur, par cela seul qu'il l'avait assisté dans le dessein de favoriser les excès qui avaient causé la mort sans qu'il y eût nécessité que ce fût dans le dessein de tuer. — *Cass.*, 4 pluv. an XIII, Adouard.

51. — ... 2° Qu'en conséquence il y avait contradiction dans la déclaration du jury portant que l'accusé n'était pas coupable de meurtre, mais qu'il était coupable de coups et d'excès réitérés qui avaient occasionné la mort de la victime. — *Cass.*, 28 avril 1826, Guilhot.

52. — ... 3° Que la déclaration du jury portant que l'accusé est coupable d'avoir occasionné la mort d'un individu, soit en lui lançant une pierre à la tête, ou en le poussant rudement et lui faisant éprouver une chute violente, de laquelle il a eu le crâne enfoncé, mais involontairement, en ce sens seulement qu'il n'a pas voulu lui donner la mort, est conçue en termes assez précis pour remplir le vœu de la loi. — *Cass.*, 29 déc. 1828, Giraud.

53. — On admettait cependant que si les blessures et les coups n'avaient pas causé la mort, ils ne pouvaient être punis comme tentative de meurtre que lorsqu'ils avaient eu lieu dans l'intention de la donner. — *Cass.*, 18 janv. 1816, Clément; 14 déc. 1820, Vinciguma. — Bourguignon, *Jur. c. cr. C. pén.*, art. 295, n° 1er.

54. — Ces diverses solutions, fondées sur ce que, d'après l'esprit de la loi, celui qui volontairement a donné des coups ou fait des blessures de nature à pouvoir ôter la vie se rend coupable de toutes les suites qu'elles peuvent avoir, allaient au delà des termes de la loi elle-même, et confondaient, en leur faisant produire les mêmes effets, deux volontés dont la criminalité n'est certes point comparable, celle de porter des coups et celle de donner la mort. — Le meurtre étant un homicide commis volontairement, il en résulte que la volonté doit porter non-seulement sur les coups qui ont occasionné la mort, mais sur la mort elle-même, en ce sens qu'il faut que l'accusé de meurtre ait eu l'*intention de tuer*. — Rauter, *Droit crim.*, t. 2, n° 445.

55. — C'est pour faire cesser une jurisprudence aussi contraire à l'esprit de la loi, que le législateur de 1832 a ajouté à l'art. 309 du Code pénal un second alinéa ainsi conçu : « Si les coups portés ou blessures faites volontairement, mais sans intention de donner la mort, l'ont pourtant occasionnée, le coupable sera puni des travaux forcés à temps. »

56. — Cet article a donc fait de l'homicide involontaire, résultant de coups portés volontairement, un délit nouveau et distinct, passible d'une peine spéciale. — Il en résulte de plus, d'une manière bien nette, que la volonté n'est constitutive du meurtre proprement dit, qu'autant qu'elle contient l'intention de tuer. — Pareilles questions ne peuvent, dès lors, plus s'élever, et les décisions de la Cour de cassation ne conservent, à cet égard, qu'un assez faible intérêt. — V. BLESSURES ET COUPS.

57. — Il n'en serait pas de même, et il n'y aurait, évidemment, aucune difficulté, si les coups qui ont causé la mort avaient été portés à dessein de tuer. — Dans ce cas, la peine du meurtre serait, sans contredit, applicable. — *Cass.*, 14 fév. 1817, Rietsch; 6 juill. 1832, Laforge.

58. — Le jury ne devant répondre qu'aux questions qui lui ont été posées, on devrait considérer comme nulle la déclaration par laquelle, dans une accusation de meurtre, il reconnaîtrait l'accusé coupable d'homicide par imprudence, alors qu'aucune question ne lui a été posée à cet égard. — *Cass.*, 8 juill. 1836 (t. 1er 1837, p. 471), Monny.

59. — Lorsque la mort résulte de violences exercées contre des fonctionnaires et agens de la force publique, officiers ministériels ou citoyens chargés d'un service public, pendant qu'ils agissaient dans l'exercice de leurs fonctions, la peine du meurtre est applicable, bien que l'agent n'ait pas eu l'intention de tuer, pourvu que ce soit dans les quarante jours des violences que la mort est survenue (C. pén., art. 228, 230, 231). — Si l'agent a eu l'intention de tuer, il doit être puni de mort. — C. pén., art. 233.

60. — La peine est celle de mort, quand l'individu sur lequel on a commis le crime de castration, même sans volonté homicide, a succombé dans le même délai de quarante jours. — C. pén., art. 316.

61. — Mais, dans ces deux cas, pour que les peines portées par les art. 231 et 316 soient applicables, il doit être clairement établi que ce sont véritablement les violences exercées ou la mutilation faite qui ont occasionné la mort de la personne qui en a été l'objet. — Carnot, *C. pén.*, art. 295, t. 2, n° 13. — V. CASTRATION et BLESSURES ET COUPS.

62. — Il importe peu que la personne homicidée ne soit pas celle à qui le meurtrier voulait donner la mort. — L'erreur de l'accusé ne peut en rien modifier le crime, et il suffit qu'il ait donné la mort avec intention de tuer pour qu'on doive lui appliquer la peine du meurtre. — *Cass.*, 8 sept. 1826, Amen, et 31 janv. 1835, Chauveau. — J. Clarus, *De homicidiis*, n° 31; Perezius, *in lib.* 9, tit. 16, C., n° 16, *ad leg. Corn. de sicariis*; Chauveau et Hélie, *ibid.*, t. 5, p. 165, 166; Carnot, *C. pén.*, t. 2, art. 295, n° 11.

63. — La question est plus controversée quand

au point de savoir si l'erreur sur la victime influe ou non sur les circonstances de la préméditation. C'est sous le mot *assassinat* que nous présentons, à cet égard, l'exposé de la doctrine et de la jurisprudence. — V. ASSASSINAT.

64. — Dans l'ancien droit, la preuve testimoniale n'était pas admise pour établir l'*animus occidendi;* aussi les jurisconsultes n'étaient-ils point entièrement d'accord sur le point de savoir à quels signes extérieurs devait se reconnaître la volonté de tuer. — En général, cette volonté se présumait quand les blessures avaient été faites à la tête ou à l'aide d'armes meurtrières, quand les coups avaient été répétés et les blessures étant nombreuses, s'il y avait eu plusieurs assaillans, si une longue inimitié existait entre le coupable et la victime, si des menaces avaient été faites, lorsque le meurtrier avait pris la fuite, etc.

65. — Ces circonstances, quelque graves qu'elles fussent, si on en eût fait des règles absolues, auraient pu, on le comprend facilement, être la source d'erreurs nombreuses, et ne sauraient, dans tous les cas, être aujourd'hui considérées que comme des indices plus ou moins énergiques de la culpabilité de l'agent : d'ailleurs la preuve testimoniale introduite dans notre droit moderne et l'abandon des preuves à la conscience du juge font perdre à ces distinctions toute leur importance, et ne peuvent plus guère servir que de guide, mais non de règle, dans l'appréciation des intentions.

66. — Jugé que la complicité de meurtre par aide et assistance étant une véritable coopération dans la perpétration du crime, la question relative à cette complicité est virtuellement comprise dans l'accusation d'être l'auteur de ce meurtre. Dès lors la question de complicité par aide et assistance peut être valablement posée sans qu'il soit nécessaire de dire qu'elle résulte des débats, sauf le droit d'opposition de la part de l'accusé. — *Cass.*, 19 juill. 1839 (t. 2 1843, p. 805), Mariotte.

Sect. 2e. — *Modalités du meurtre : duel, suicide, meurtre conventionnel.*

67. — Le meurtre dans les conditions de l'art. 295 du C. pén. et restreint aux deux élémens qu'il indique, c'est-à-dire à la *volonté* et au *fait* matériel, est *simple* et passible seulement de la peine édictée par le § 3 de l'art. 304 du même Code (les travaux forcés à perpétuité).

68. — A ce titre, on doit considérer comme des modalités du meurtre deux actes qui en réunissent les caractères essentiels, mais qui, par leur spécialité et les conditions dans lesquelles ils se produisent, doivent faire l'objet d'un examen particulier. — Ce sont le *duel* et le *suicide :* on trouvera sous chacun de ces mots l'examen des questions qui s'y rattachent et l'état de la législation, de la doctrine et de la jurisprudence.

69. — Le *meurtre conventionnel,* c'est-à-dire commis par suite d'une convention entre le meurtrier et la victime, n'est autre chose qu'un meurtre simple, et non une complicité de suicide ; la jurisprudence et la doctrine sont d'accord sur ce point. — V., au reste, les mots DUEL, SUICIDE et MEURTRE CONVENTIONNEL.

70. — Mais le meurtre ne reste pas toujours *simple ;* parfois il s'empreint d'un nouveau degré de gravité et, plus souvent même, il reçoit un nom différent, selon la qualité des personnes sur lesquelles il est commis ou les circonstances qui l'accompagnent.

§ 1er. — *Qualité des personnes.*

1°. *Parricide.*

71. — Le meurtre constitue un parricide lorsqu'il a lieu de la part d'un enfant sur ses père et mère légitimes, adoptifs ou naturels, ou sur ses ascendans légitimes. — C. pén., art. 299. — V. PARRICIDE.

2° *Infanticide.*

72. — On l'appelle infanticide quand il a pour objet un enfant nouveau-né. — C. pén., art. 300. — V. INFANTICIDE.

3° *Régicide.*

73. — Il devenait un régicide ou un attentat à la vie du roi s'il était commis sur la personne du souverain. Aujourd'hui, la souveraineté réside dans l'Assemblée nationale, le meurtre du souverain, ou régicide, a donc cessé d'être possible. — C. pén., art. 86. — V. ATTENTAT CONTRE LE ROI ET SA FAMILLE.

4° *Meurtre des princes.*

74. — Il s'aggravait encore lors qu'il était perpétré sur les membres de la famille royale. Il n'en est plus ainsi, la suppression de la monarchie ayant entraîné celle de tous les priviléges, honneurs ou aggravations qui résultaient de la qualité de membre de la famille royale. — C. pén., art. 86. — V. ATTENTAT CONTRE LE ROI ET SA FAMILLE.

§ 2. — *Circonstances.*

1° *Assassinat.*

75. — Le meurtre prend le nom d'assassinat lorsqu'il a lieu avec préméditation et de guet-apens : c'est alors le plus grand de tous les crimes. — C. pén., art. 296. — V. ASSASSINAT.

2° *Empoisonnement.*

76. — Il constitue un empoisonnement quand la mort est procurée à l'aide de substances mortelles. — C. pén., art. 301. — V. EMPOISONNEMENT.

3° *Tortures ou actes de barbarie.*

77. — L'art. 303 punit comme coupables d'assassinat tous malfaiteurs, quelle que soit leur dénomination, qui pour l'exécution de leurs crimes emploient des tortures ou commettent des actes de barbarie.

78. — Bien que placé par le législateur sous le paragraphe relatif aux meurtres, assassinats, etc., le fait rappelé par cet article constitue néanmoins un crime spécial qui n'est à proprement parler ni le meurtre ni aucune autre de ses modalités, et n'a même avec lui qu'un rapport indirect, puisque ce n'est que pour l'exécution de crimes autres que le meurtre que les actes de barbarie sont le plus souvent employés. — C'est donc uniquement pour suivre la division de la loi que nous l'indiquons ici en renvoyant son explication au mot TORTURES ET ACTES DE BARBARIE, sous lequel il trouve mieux sa place.

4° *Accession d'un autre crime ou délit.*

79. — Enfin, le meurtre prend aussi un degré d'atrocité de plus lorsqu'il se complique d'un second crime ou même parfois d'un simple délit. — Il est alors puni de mort. — C. pén., art. 304.

80. — L'art. 304 C. pén., spécial pour le crime d'homicide volontaire, disposant d'une manière générale pour tous les cas où il y a simultanéité et concours du meurtre avec un autre crime, a dès lors, et quant aux cas auxquels il s'applique, dérogé aux dispositions soit de l'art. 365 C. inst. crim., soit de l'art. 216 C. pén., qui prohibent, dans le concours de plusieurs crimes ou délits, le cumul des peines. — *Cass.*, 10 oct. 1845 (t. 2 1848, p. 378), Cercos.

81. — L'art. 304, bien qu'ayant en principe toujours trouvé place dans notre législation pénale, a cependant éprouvé successivement quelques modifications soit dans ses termes, soit dans son esprit. — L'art. 14 (sect. 1re, tit. 2, part. 2e) du Code du 25 sept.-6 oct. 1791 portait seulement : « Sera qualifié assassinat, et comme tel puni de mort, l'homicide qui aura précédé, accompagné ou suivi d'autres crimes, tels que ceux de vol, d'offense à la loi, de sédition ou tous autres. »

82. — ... Ce qui avait fait juger que l'homicide accompagné d'offense à la loi devait être puni de mort. — *Cass.*, 3 mai 1810, Scarpa.

83. — Mais cet article ne parlant que de l'*homicide*, n'était applicable qu'autant qu'il était consommé et non lorsqu'il avait été seulement tenté. — *Cass.*, 29 frim. an VII, Ledoyen.

84. — Il suffisait donc, sous le Code de 1791, qu'il y eût homicide, même involontaire, accompagné d'un autre crime, pour que la peine de mort fût applicable. — Ainsi, était passible de cette peine l'accusé convaincu de viol et d'homicide lorsque la femme était morte pendant l'action du viol. — *Cass.*, 27 août 1807, N... — Bourguignon, *Jur. des C. criminels*, art. 304 C. pén., n° 1er. — Mais Carnot (*Code pénal*, t. 2, art. 304, n° 9) se prononce formellement contre cette doctrine.

85. — L'excessive rigueur de cette disposition frappa le législateur de 1810, qui, en introduisant le même article dans le Code pénal, y substitua le mot *meurtre* au mot *homicide*. — « Cette innovation, dit Carnot, a été bien réfléchie ; car il est contraire à toute raison qu'un homicide involontaire qui ne constitue pas par lui-même un crime puisse en prendre le caractère et emporter la peine capitale lorsqu'il se rattache à un crime beaucoup moins grave, et, à plus forte raison, lorsqu'il ne se rattache qu'à un simple délit. — Carnot, *Code d'instruction criminelle*, art. 271, n° 13.

86. — L'art. 304 du Code pénal de 1810 se trouva, dès lors, ainsi conçu : « Le meurtre emportera la peine de mort, lorsqu'il aura *précédé*, *accompagné* ou *suivi* un autre crime ou délit. En tout autre cas, le coupable de meurtre sera puni de la peine des travaux forcés à perpétuité. »

87. — On voit par ce rapprochement que le nouvel article, tout en spécialisant, dans un sens plus favorable, le mot *homicide*, auquel il substituait le mot *meurtre*, étendait, néanmoins, son application d'une manière infiniment plus rigoureuse, puisque ce n'était plus seulement un crime qui, réuni au meurtre, pouvait rendre son auteur passible du dernier supplice, mais un simple délit.

88. — Il suffisait donc, pour qu'il y eût lieu à l'application de l'art. 304 du Code pénal, que les crimes ou délits qui avaient précédé, accompagné ou suivi le meurtre, eussent été commis *simultanément*, et il n'était point nécessaire qu'ils lui fussent connexes ou en pussent être considérés comme le but ou l'effet. — *Cass.*, 2 déc. 1813, Roger.

89. — L'art. 304 revisé en 1832 porte : « Le meurtre emportera la peine de mort lorsqu'il aura précédé, accompagné ou suivi un autre *crime*. Le meurtre emportera également la peine de mort lorsqu'il aura eu pour objet soit de préparer, faciliter ou exécuter un *délit*, soit de favoriser la fuite ou d'assurer l'impunité des auteurs ou complices de ce délit. En tout autre cas, le coupable de meurtre sera puni des travaux forcés à perpétuité. »

90. — Rien n'est changé par cet article quant à la coexistence d'un crime avec le meurtre : les mêmes principes, les mêmes applications sont donc toujours en vigueur. Il suffit qu'il y ait entre eux *simultanéité, concomitance*, c'est-à-dire, ainsi que l'a expliqué le rapporteur de la loi de 1832 à la Chambre des députés, d'après la déclaration formelle du garde des sceaux, « que les deux actes aient été commis presque simultanément, et, comme disent les jurisconsultes, *in eodem tractu temporis.* » — Carnot, *C. pén.*, t. 2, art. 304, add. 4. — L'intervalle qui existerait entre eux les isolerait, les rendrait indépendans, et leur ferait perdre le caractère de gravité que la loi place seulement dans leur concours.

91. — La jurisprudence s'est prononcée dans ce sens, et la Cour de cassation a annulé un arrêt de Cour d'assises rendu dans une affaire où le jury avait simplement déclaré que le meurtre et l'autre crime avaient été commis le *même jour* et dans le *même lieu*, « une semblable déclaration n'établissant pas nécessairement que ces deux crimes aient *concouru* l'un avec l'autre. » — *Cass.*, 9 juill. 1818, Guittard-Villasèque. — Carnot, *C. pén.*, t. 2, art. 304, n° 5.

92. — A plus forte raison y a-t-il nullité lorsque le jury s'est borné à déclarer l'accusé coupable d'un meurtre et d'un autre crime, sans ajouter que le meurtre a été *précédé*, *accompagné* ou *suivi* de ce crime. — *Cass.*, 18 avril 1816, Vastine. — Carnot, *C. pén.*, t. 2, art. 304, n° 8.

93. — Il suit encore de là que lorsqu'il résulte de l'acte d'accusation une prévention d'assassinat commis avec préméditation et suivi de vol, la position des questions au jury est nulle si elle divise les circonstances du délit sans déterminer leur rapport au fait principal. — *Cass.*, 29 frim. an X, Richard.

94. — Peu importe, du reste, la *nature* du crime qui se joint au meurtre, pourvu qu'il en soit distinct et séparé. — Et le § 1er de l'art. 304 serait également applicable au cas où ce crime, dont le meurtre a été précédé, accompagné ou suivi, serait lui-même un autre meurtre. — *Cass.*, 31 déc. 1840 (t. 1er 1841, p. 304), Virion. — Morin, *Dict. de dr. crim.*, v° *Meurtre*, p. 516.

95. — Quant à la question de simultanéité, comme elle ne peut être résolue que par l'appréciation des faits, elle rentre, dès lors, tout entière dans les attributions du jury, et c'est uniquement sur les faits déclarés par lui, que la Cour d'assises doit faire l'application de la loi pénale. — *Cass.*, 9 juill. 1818, Guittard-Villasèque ; 9 fructid. an VIII, Aboville. — Bourguignon, *Jurisp. des cod. crim.*, art. 304 Code pénal, n° 2.

96. — Il fallait même, sous le code du 3 brum. an IV, poser une question *séparée* sur cette simultanéité; il n'aurait pas suffi, par exemple, dans une accusation d'homicide précédé, accompagné ou suivi de vol, de poser successivement des questions sur chaque chef. — *Cass.*, 9 fruct. an VIII, Aboville.

97. — On ne devrait cependant voir, en général, les caractères de la simultanéité dans deux faits qu'autant que, commis au même instant et dans le même lieu, ils seraient le résultat du même dessein et le produit du même acte. — Chauveau et Hélie, *ibid*, t. 5, p. 355.

98. — Les deux faits doivent être parfaitement distincts (*Cass.*, 21 sept. 1815, Maillac), et réunir, chacun séparément, les caractères qui, aux yeux de la loi, en font un crime ou un délit. — Car, s'ils se confondaient ou n'étaient pas indépendans; si l'un n'était qu'une simple circonstance de l'autre, l'art. 304 du Code pénal devrait être écarté. — V. Bourguignon, *Jurisp. des C. crim.*, art. 304 C. pén., n° 2; Carnot, *C. pén.*, vol. 2, art. 304, n° 6.

99. — Ainsi, une Cour d'assises fait une juste application de la loi pénale, en refusant de prononcer la peine de mort contre un accusé déclaré coupable d'avoir commis un meurtre par violences, et abus d'autorité et de pouvoirs. « Car, dit la Cour de cassation, les violences et l'abus de pouvoir se rattachant au meurtre, ne constituaient avec lui qu'un seul et même crime. » — *Cass.*, 23 janv. 1813 (et non 1812, ainsi que l'indique, par erreur, Bourguignon), N...

100. — De même, avant la loi du 28 avril 1832, celui qui recelait le cadavre d'une personne qu'il avait volontairement homicidée, ne commettait pas un délit distinct, mais une espèce de complicité du meurtre, et ne pouvait pas être condamné à la peine de mort. — *Cass.*, 21 sept. 1815, Maillac. — Bourguignon, *Jurisp. des C. crim.*, C. pén. art. 304, n° 3; Carnot, *C. pén.*, t. 2, art. 304, n° 7. — La même question ne pourrait plus s'élever aujourd'hui, puisque le nouvel art. 304 exige pour les délits non plus seulement un rapport de temps, comme le Code de 1810, mais une *relation avec le meurtre*.

101. — Un arrêt de cassation décide que si, dans une même rixe, il y a eu tentative de meurtre sur une personne et blessure grave à une autre, ces deux faits constituent deux délits distincts dont la simultanéité emporte la peine de mort. — *Cass.*, 8 nov. 1816, Bertolani, cité par Bourguignon à la date du 1er avril 1813. — Mais cette décision nous paraît trop s'attacher à la lettre de la loi et aller au delà de son esprit. — Dans une même rixe, il est difficile de voir autant de délits distincts qu'il a été porté de coups, ou autant de crimes si ces coups ont été graves : évidemment ce ne sont pas deux actes indépendans, c'est la même action, et la culpabilité de l'homme qui alors, blessant deux de ses adversaires, n'est pas plus grande que s'il en avait blessé un seul deux fois. — Chauveau et Hélie, *ibid.*, p. 355.

102. — Il est bien entendu que les deux faits, quoique distincts, doivent se réunir sur le même accusé. — Ainsi, lorsque de deux accusés, l'un a été déclaré convaincu d'homicide volontaire suivi de vol, et l'autre convaincu du même vol sans être auteur ni complice de l'homicide, la peine de mort ne peut être prononcée contre ce dernier. — *Cass.*, 12 vendém. an XIII, Kesseler.

103. — Ainsi, encore, lorsque, après avoir fait une réponse négative à l'égard d'un accusé, tant sur la culpabilité que sur la complicité d'homicide, le jury le déclare coupable d'avoir conjointement avec les mêmes individus, le même jour et à la même heure, commis un vol, avec escalade et effraction, dans une maison habitée, lequel vol aurait été précédé ou suivi d'un homicide, il ne résulte pas de cette déclaration que l'accusé ait participé à l'homicide, soit comme auteur, soit comme complice. C'est le cas alors d'appliquer l'art. 384, et non l'art. 304 C. pén. — *Cass.*, 20 mars 1835, Gauthier.

104. — Lorsque le jury déclare un accusé coupable de soustraction frauduleuse avec circonstances aggravantes lui donnant le caractère de crime, et qu'il déclare en outre ce même accusé coupable d'homicide volontaire ayant précédé ou accompagné la soustraction frauduleuse *susénoncée*, cette expression : *susénoncée*, comprend non-seulement la soustraction frauduleuse, mais encore les circonstances aggravantes qui l'ont accompagnée, et dès lors il y a lieu d'appliquer la peine de mort. — *Cass.*, 23 fév. 1843 (t. 1er 1844, p. 201), Depré.

105. — Le fait qui, réuni au meurtre, le soumet à la peine de mort, doit indispensablement renfermer en lui-même tous les élémens auxquels la loi attache la qualification de crime ou délit, et le jury ne pourrait pas se borner à déclarer, d'une manière générale, que le meurtre est accompagné d'un autre crime ou (avant la loi de 1832) d'un autre délit; car sa déclaration ne suffit pas pour imprimer le caractère de crime à un fait que la loi ne considérerait que comme délit ou même comme entièrement innocent : il doit donc spécifier sa réponse et y préciser les circonstances du second fait dont il reconnaît l'existence.

106. — Cela résulte d'ailleurs de l'arrêt de cassation du 21 sept. 1815 cité plus haut (nos 98 et 100), dans les motifs duquel on lit : « que le délit correctionnel déterminé dans la première disposition (résultant du recélé d'un cadavre) ne peut être constitué que par le fait de celui qui n'a pas participé au crime de meurtre; et qu'à l'égard de celui-ci, ce fait, qui n'est que la suite du meurtre, ne peut jamais prendre le caractère d'un délit qui soit distinct du crime, » etc.

107. — D'où la conséquence que le meurtre commis sur un beau-père par son gendre qui le vole ensuite, ne constituerait point le crime prévu par l'art. 304 C. pén.; car le vol, dans ce cas, n'étant considéré par la loi ni comme crime ni comme délit, ne réunit pas les conditions qui seules peuvent aggraver le meurtre.

108. — Cependant c'est là une question fort controversée, et la Cour de cassation s'est prononcée dans un sens diamétralement opposé. — *Cass.*, 21 déc. 1837 (t. 2 1838, p. 131), Pérochain. — Bourguignon (*Jur. des c. cr.*, t. 3, C. p., art. 380, n° 2) nous apprend même que la question s'étant présentée devant la même cour dans l'affaire Robinet, jugée le 26 mars 1812, les opinions furent divisées : six membres, parmi lesquels était le président, furent d'avis de l'application de l'art. 304; Merlin partagea cette opinion, mais sept membres furent d'avis contraire. — Cependant la question ne fut pas résolue, parce qu'il n'y avait pas nécessité de la résoudre.

109. — La solution dépend toute du point de savoir si la soustraction commise par un gendre, au préjudice de son beau-père, constitue un vol dont le législateur a supprimé la peine sans effacer le délit, ou si, au contraire, on ne doit la considérer que comme un acte matériel qui malgré son immoralité ne présente aucun élément de délit. — La Cour de cassation et les partisans de sa doctrine y voient un délit affranchi de peine : « Les exceptions portées en l'art. 380 C. pén., dit-on dans l'arrêt du 21 déc. 1837, qui s'opposent à l'exercice de l'action publique, ne sont applicables qu'au cas où le vol forme l'objet principal de la prévention, et non à celui où il n'en est qu'un accessoire, comme dans le cas prévu par l'art. 304 C. pén., parce qu'alors le vol que le meurtre a précédé, accompagné ou suivi, n'est pas seulement un crime connexe avec le crime de meurtre, mais bien une circonstance aggravante de ce crime, puisqu'il donne lieu à une aggravation de peine; d'où il suit que l'art. 304 C. pén. renferme des dispositions générales qui ne sont pas susceptibles d'être modifiées par les exceptions portées en l'art. 380, lesquelles doivent être appliquées limitativement au fait du vol isolé de tout autre crime qui par lui-même donne nécessairement lieu à l'exercice de l'action publique, » etc.

110. — Les motifs de l'art. 380, qui se fonde non-seulement sur la crainte d'un scandale et d'une désunion dans la famille, mais encore sur le caractère des objets enlevés qui participent en quelque sorte d'une propriété commune, son texte même qui ne qualifie que de soustraction et non de vol les enlèvemens commis, s'opposent au système de la Cour de cassation et ne permettent point d'attribuer à ces soustractions les caractères d'un crime ou d'un délit. — Dès lors, si elles ne constituent ni crime ni délit, la conséquence nécessaire à en tirer c'est : 1° que l'homicide n'aura été réellement précédé, accompagné ou suivi ni de crime ni de délit; 2° qu'elles ne peuvent devenir une circonstance aggravante du meurtre. — L'art. 304 est donc inapplicable. — Presque tous les auteurs se sont prononcés en ce sens, et notamment Carnot (C. pén., art. 380, n° 9), Bourguignon (*Jur. du C. cr.*, t. 3, art. 380, n° 2), Legraverend (*Inst. cr.*, t. 2, ch. 2, sect. 2, note 6), qui ajoute que l'art. 380 C. pén. ne contenant aucune restriction, il n'est pas permis d'en faire; enfin, MM. Chauveau et Hélie, *Théorie du Code pénal*, t. 5, p. 358, et t. 6, p. 695 et suiv. — V. Vol.

111. — Jugé que tout crime dont le meurtre est précédé, accompagné ou suivi, devant faire prononcer contre le meurtrier, aux termes de l'art. 304 C. pén., la peine de mort au lieu de celle des travaux forcés à perpétuité, forme à l'égard du meurtre une circonstance aggravante, et peut être soumise au jury dans une question spéciale, conformément à l'art. 338 C. instr. crimin. — Qu'en conséquence, le président de la Cour d'assises peut, dans une accusation de meurtre, poser au jury, comme résultant des débats, la question de savoir si l'accusé est coupable d'avoir, avant le meurtre, commis le crime de viol ou tout autre attentat à la pudeur, consommé ou tenté avec violence sur la victime. — *Cass.*, 3 av. 1845 (t. 2 1848, p. 358), Lachanelle.

112. — Mais la Cour d'assises, saisie seulement par l'arrêt de renvoi de la connaissance du crime de meurtre, n'ayant de compétence pour connaître du fait de viol ou d'attentat à la pudeur avec violence que dans sa relation avec le meurtre, ce fait ne peut être soumis au jury que considéré comme circonstance aggravante dudit meurtre, et en cas de réponse affirmative sur le fait principal. — En conséquence, en réunissant dans la question le fait de viol ou d'attentat à la pudeur avec la circonstance que ce fait a précédé le meurtre, on ne réunit pas, contre le vœu de la loi, un fait principal et sa circonstance aggravante, mais bien les divers élémens constitutifs d'une circonstance aggravante du meurtre. — Même arrêt.

113. — Nous avons dit (n° 100) que, par la suppression, dans le premier paragraphe de l'ancien art. 304, du mot *délit*, et par la substitution d'un paragraphe nouveau, qui est aujourd'hui le second du même article, le simple délit n'était plus élément d'aggravation du meurtre qu'autant que ce dernier *a eu pour objet soit de préparer, faciliter ou exécuter un délit, soit de favoriser la fuite ou d'assurer l'impunité aux auteurs de ce délit*; c'est-à-dire que la *simultanéité*, la *connexité* et l'*identité de cause* ne suffisaient plus entre le meurtre et le délit, et qu'il fallait de plus qu'ils fussent, à la différence de ce qui a lieu au cas de crime, en corrélation de cause et d'effet.

114. — On interpréterait donc sagement cette disposition en l'appliquant au meurtre commis pour parvenir à l'exécution d'un vol ou pour en assurer l'impunité par la disparition de celui qui en a été le témoin.

115. — Mais pourrait-on décider, comme l'avait fait l'arrêt *Cass.*, 21 mars 1822 (Auger), que le meurtre accompagné ou suivi d'un délit de chasse commis, même dans un terrain clos, en temps prohibé et sans permis de port d'armes, entraîne la peine de mort? — MM. Chauveau et Hélie (*Th. c. pén.*, t. 5, p. 358) enseignent la négative, en ce qu'ici le délit n'a aucune relation avec le meurtre, à moins que celui-ci n'ait eu pour but de faciliter le premier ou d'en assurer l'impunité.

116. — On ne saurait non plus, comme l'avait décidé la Cour de cassation le 8 août 1817 (Aff. Pallenti), considérer la circonstance que l'accusé était porteur d'un stylet lors du meurtre par lui commis, comme le rendant passible de la peine de mort.

117. — Des doutes s'étaient élevés sur la juridicité de cet arrêt du 8 août 1817, même avant 1832, et on s'était demandé si le port d'un stylet, étant un moyen et non un but, ne s'identifiait pas tellement avec le meurtre qu'il ne pût en être séparé pour former un délit spécial. — Chauveau et Hélie, *ibid.*, p. 358; Legraverend, *Législ. crim.*, t. 2, ch. 2, p. 120. — Mais on pouvait dire que le port de cet instrument n'entrait pour rien dans les caractères constitutifs du meurtre, que la prohibition de l'arme était indépendante de l'usage qui en était fait, et que, conséquemment, on pouvait régulièrement considérer le crime et le délit comme distincts l'un de l'autre.

118. — Il semble au premier aperçu qu'un simple meurtre ne puisse avoir pour but de préparer un délit; car, dans ce cas, il y a nécessairement préméditation et, alors, le meurtre, devenant assassinat, est par lui-même passible de la peine de mort, sans qu'il soit nécessaire de le mettre en relation avec un délit. Mais l'hésitation cède devant un examen plus sérieux; et quoique rares peut-être, il n'est pas difficile d'imaginer des cas où le délit étant seul prémédité, l'agent soit amené, sans en avoir conçu la pensée, à commettre un meurtre pour faciliter la perpétration ou consommation de ce délit : alors il n'y aurait pas assassinat mais meurtre simple, et sa corrélation avec un délit rendrait pleinement applicables les dispositions de l'art. 394 du Code pénal. — Rauter, *Dr. crim.*, t. 2, n° 453.

119. — La question de corrélation entre le meurtre et le délit doit, comme celle de simultanéité entre le meurtre et le crime, être formellement résolue par le jury ; car c'est en elle que réside la circonstance aggravante du meurtre. — Chauveau et Hélie, t. 5, p. 359.

120. — C'est déjà ce que la jurisprudence consacrait sous l'empire du Code de 1810, en décidant que la première disposition de l'art. 304 n'était pas applicable lorsque le jury s'était borné à déclarer constant le meurtre et l'autre crime : « attendu que du silence du jury sur le point de savoir si les deux faits avaient été commis en même temps, il résulte que le rapport entre eux reste absolument inconnu, qu'on ignore s'ils ont été commis ensemble ou s'ils ont été séparés par de longs intervalles, si ce sont deux faits isolés, étrangers l'un à l'autre, ou si, au contraire, ils ont entre eux cette liaison qui en augmente la gravité au point de soumettre leur auteur à la plus grande des peines. » — *Cass.*, 18 avr. 1816, Vasline. — La même solution devrait encore être rendue.

121. — La tentative de meurtre rentre, comme le meurtre même, dans la disposition de l'art. 304 C. pén., et emporte la peine de mort, lorsqu'elle a été précédée, accompagnée ou suivie d'un autre crime. — *Cass.*, 8 nov. 1816, Bartolani ; 8 août 1817, Pallenti. — On pourrait peut-être penser que l'application du § 1er, art. 304, est limitée par les termes de cet article au cas de meurtre ; mais il résulte de l'art. 2 que la tentative est considérée comme le crime même, et dès lors il ne peut y avoir lieu à aucune distinction.

122. — Cependant il n'en était pas de même sous le Code de 1791, qui ne prévoyait pas la tentative d'homicide. Aussi a-t-il été jugé alors que la tentative de ce crime, accompagnée, précédée ou suivie d'un autre crime, n'emportait point la peine de mort. — *Cass.*, 29 frim. an VII, Ledoyen.

123. — La peine de mort est applicable à celui qui a été déclaré coupable d'une tentative caractérisée de meurtre ayant pour objet de préparer, de faciliter ou d'exécuter un délit, alors même que ce délit n'aurait pas été commis. — *Cass.*, 14 avr. 1842 (t. 2 1842, p. 604), Lamarge, O... et Villadômad. — Cependant MM. Chauveau et Hélie (*Th. C. pén.*, t. 5, p. 537) et Rauter (*Dr. crim.*, t. 2, n° 453) semblent supposer que le délit doit avoir été consommé ou tenté, pour que la peine soit applicable.

Sect. 3e. — *Meurtres non punissables ou excusables. — Peine.*

124. — Le meurtre est, ainsi qu'on peut le voir au mot HOMICIDE, un homicide illégitime et dès lors soumis à une pénalité sévère. Toutefois la loi, qui, dans certains cas, aggrave le sort du coupable, a dû puiser dans des circonstances plus favorables des motifs d'atténuation et même parfois supprimer toute espèce de répression. Le meurtre est donc *non punissable*, *excusable*, *punissable*.

125. — *Non punissable*, quand il n'a été que le résultat d'un acte de démence ou d'une force majeure à laquelle son auteur n'a pu résister. — C. pén., 641. — V. DÉMENCE, CONTRAINTE.

126. — ... Ou qu'il a été commis par un enfant de moins de seize ans qui est reconnu avoir agi sans discernement. — C. pén., art. 65. — V. DISCERNEMENT.

127. — *Excusable*, lorsque son auteur repoussait, *pendant le jour*, l'effraction ou l'escalade de sa maison. — C. pén., art. 322.

128. — ... Ou s'il a été provoqué soit par des violences graves envers les personnes, soit par un outrage violent à leur honneur. — C. pén., art. 321 et suiv. — V. le mot EXCUSE.

129. — Enfin le meurtre est *punissable*, sans atténuation, ou même avec plus de rigueur, lorsqu'il ne rentre dans aucune des catégories précédentes, et que, dès lors, la peine n'est ni supprimée, ni mitigée, ni aggravée.

130. — Dégagé de toutes circonstances favorables ou aggravantes, le meurtre est simple et puni, d'après l'art. 304, § 3 du C. pénal, des travaux forcés à perpétuité.

131. — Aussi ne peut-il jamais être poursuivi que devant le jury, et l'admission d'une excuse ne pourrait-elle point le ramener à la compétence des tribunaux de police correctionnelle. — *Cass.*, 22 mai 1830 (règlem. de juges), Dupré.

132. — Le Code pénal de 1791 punissait le meurtre de vingt années de fers, mais ne s'occupait nullement de sa tentative ; non plus que des tentatives de crimes autres que l'assassinat et l'empoisonnement. Il fallait donc, sous ce Code, pour que la peine du meurtre fût applicable, qu'il y eût homicide consommé, c'est-à-dire que la mort eût effectivement été donnée ; sinon il n'y avait point homicide, et aucune peine ne devait être prononcée. — *Cass.*, 11 messid. an VII, Gros ; 19 messid. an VII, Martin ; 11 fructid. an VII, Cuinet.

133. — Une pareille lacune n'a pu subsister longtemps sans attirer l'attention du législateur ; et une loi du 22 germinal an IV est venue la combler, en portant, contre *toute tentative de crime*, et par conséquent de meurtre, la même peine que contre le crime lui-même. Cette loi définit de plus les caractères de la tentative.

134. — A partir de ce moment seulement, l'attaque à dessein de tuer, ou tentative de meurtre, a pu être réprimée : « alors toutefois, dit la Cour de Cassation, que cette attaque renfermait les circonstances indiquées par ladite loi (22 prair. an IV) comme constitutives de la tentative. » — *Cass.*, 9 pluv. an VII, Duffay.

135. — Dès lors, dans une accusation de tentative d'homicide non consommé, il fallait poser au jury toutes les questions relatives à la tentative du crime, d'après la loi de l'an IV, et il y avait insuffisance si les questions avaient été posées comme dans le cas d'un homicide effectué. — *Cass.*, 14 therm. an VII, Rioux.

136. — Le Code pénal de 1810 a recueilli la disposition de la loi de l'an IV, et, après avoir indiqué les élémens constitutifs de la tentative, il prononce également, contre *toute tentative* de crime, la même peine que contre le crime. — Depuis, cette disposition est constamment restée dans nos codes, et les questions soulevées avant la loi de l'an IV n'ont pu se représenter.

137. — Aujourd'hui donc la peine prononcée contre le meurtre doit être, sans difficulté, appliquée à toute tentative de meurtre, pourvu aussi que le jury ait déclaré l'existence, à la charge de l'accusé, de toutes les circonstances constitutives de la tentative légale. — V. TENTATIVE.

138. — Le complice d'un meurtre est aussi punissable des mêmes peines que son auteur (C. pén., art. 60), et le jury doit également constater, dans sa déclaration, l'existence des caractères légaux de la complicité. — V. COMPLICITÉ.

139. — La question s'est élevée de savoir, après la réunion d'un pays étranger à la France, quelles peines devaient être portées contre un meurtre commis dans ce pays, avant sa réunion ; il a été décidé, avec raison, que c'était la peine la plus douce.

140. — Ainsi, pour déterminer, sous le Code pén. de 1810, la peine d'un meurtre commis dans les Etats-Romains, avant leur réunion à la France, il fallait comparer les dispositions de ce Code non aux anciennes lois du pays, qui portaient la peine de mort, mais aux dispositions du Code pén. de 1791, qui y avait substitué celle de vingt années de fers, aux termes de la consulte extraordinaire du 19 juill. 1809, et appliquer cette dernière peine comme étant plus douce que celle des travaux forcés à perpétuité prononcée par le Code pén. de 1810. — *Cass.*, 9 juill. 1813, Menchinucchi ; 30 juill. 1813, Pocini ; 3 septembre 1813, Savioli.

141. — L'arrêté dont il est question dans ces arrêts, rendu le 19 juill. 1809 par la consulte extraordinaire des Etats-Romains, portait que les crimes commis avant la réunion seraient punis des peines du Code pén. de 1791, si elles étaient moins sévères que celles ordonnées par la loi du pays.

142. — Quant aux peines prononcées tant contre l'homicide en général que contre le meurtre spécialement par les législations anciennes ou étrangères, V. HOMICIDE.

143. — Sous le code du 3 brum. an IV, l'art. 425 portait que si les jurés déclaraient que le fait qualifié meurtre avait été commis involontairement, sans aucune intention de nuire, ou pour la légitime défense de soi ou d'autrui, le président devait rendre une ordonnance d'acquittement. — Il suit de là que le jury devait, dans une accusation de meurtre, être interrogé, à peine de nullité, sur la question de savoir si le fait avait été commis volontairement ou pour la légitime défense de soi ou d'autrui, ou s'il était la suite d'une provocation violente. — *Cass.*, 8 fruct. an VIII, Aubineau.

144. — ... Et que le président du tribunal criminel ne pouvait pas ordonner la mise en liberté d'un accusé d'homicide volontaire, lorsque le jury n'avait pas déclaré que l'homicide eût été commis involontairement, ou pour la légitime défense de soi ou d'autrui. — *Cass.*, 8 fruct. an VIII, Aubineau ; 17 brum. an VIII, Reyt. — Ces solutions ne peuvent plus avoir aujourd'hui aucune espèce d'application. — V. ABUS D'AUTORITÉ, ASSASSINAT, BLESSURES ET COUPS, CASTRATION, COMPLICITÉ, CONTRAINTE, COUR D'ASSISES, DÉMENCE, DISCERNEMENT, DUEL, EMPOISONNEMENT, EXCUSES, HOMICIDE, INFANTICIDE, JURY, MEURTRE CONVENTIONNEL, PARRICIDE, PROVOCATION, SUICIDE, TENTATIVE, TORTURES ET ACTES DE BARBARIE.

MEURTRE CONVENTIONNEL.

1. — On appelle ainsi le meurtre commis par suite d'une convention intervenue entre le meurtrier et la victime.

2. — Cet homicide ne constitue pas un crime spécial déterminément prévu par la loi ; mais, à proprement parler, un meurtre, avec ses caractères essentiels. — C'est donc à tort qu'on a tenté de le faire considérer comme une complicité du suicide et de l'affranchir dès lors de toute peine. — La jurisprudence, d'accord avec la doctrine, a constamment rejeté une semblable doctrine et soumis le meurtre conventionnel à la même répression que le meurtre simple, lorsque, comme dans celui-ci, se rencontraient les deux élémens de la volonté et du fait matériel. — *Cass.*, 14 juin 1816, Denoch ; 16 nov. 1827, Lefloch ; 2 juill. 1835, Roubignac ; 23 juin 1838 (t. 2 1838, p. 17), Copillet. — V., au reste, MEURTRE, nos 68 et 69, et SUICIDE.

MIEL ET CIRE BRUTE.

Marchands expéditeurs de miel et cire brute ; marchands non expéditeurs de miel et cire brute : — patentables, les premiers de 1re classe ; et les derniers, de 4e classe. — Droit fixe basé sur la population. — Droit proportionnel, pour les premiers, du 15e et, pour les derniers, du 20e de la valeur locative de l'habitation et des lieux servant à l'exercice de la profession. — V. PATENTE.

MILITAIRES.

1. — On appelle ainsi ceux qui font partie des armées de terre ou de mer.

2. — Nous avons expliqué d'une manière détaillée (v° ARMÉE) toutes les règles relatives à la composition de l'armée, et à l'état des officiers de terre et de mer. — V., aussi, CONSEIL D'ADMINISTRATION (armée).

3. — Le mode de recrutement de l'armée trouvera sa place v° RECRUTEMENT. — V. aussi ENGAGEMENT, RENGAGEMENT MILITAIRE, REMPLACEMENT MILITAIRE.

4. — Quant à ce qui concerne les règles spéciales aux délits militaires, soit quant à la juridiction, soit pour la pénalité, V. CODE PÉNAL MILITAIRE, COMPÉTENCE MILITAIRE, DÉLITS MILITAIRES, DÉSERTION, DISCIPLINE MILITAIRE, EFFETS MILITAIRES, EMBAUCHAGE, ESPIONNAGE, TRIBUNAUX MARITIMES, TRIBUNAUX MILITAIRES.

5. — Il a été jugé que le militaire condamné à la peine des travaux publics ne cesse pas, par suite de cette condamnation, d'appartenir à l'armée ; que les délits qu'il commet pendant cette détention le rendent, en conséquence, justiciable des tribunaux militaires, et que, dès lors, le pourvoi en cassation formé contre les décisions de ces tribunaux n'est pas recevable. — *Cass.*, 27 fév. 1845 (t. 1er 1845, p. 745), Auguste. — V., au reste, à cet égard, v° DÉLITS MILITAIRES, nos 79 et suiv. — V. aussi TRIBUNAUX MILITAIRES.

6. — Les militaires jouissent de tous les droits civils (V. DROITS CIVILS) et droits politiques qui appartiennent aux autres citoyens. — Ainsi : ils sont électeurs et éligibles aux fonctions législatives, pourvu d'ailleurs qu'ils remplissent les conditions d'âge et de capacité exigées par la loi organique électorale du 15 mars 1849. — L'art 1er de la loi dispose que les militaires en activité de service et les hommes retenus pour le service du port ou de la flotte, en vertu de leur immatriculation sur les rôles de l'inscription maritime, doivent être portés sur les listes des communes où ils étaient domiciliés avant leur départ. Ceci ne s'entend au reste que des militaires appartenant à l'armée active, et non de ceux qui, depuis leur départ ou leur entrée au service, ont pu acquérir un autre domicile que celui d'origine : tels que les gendarmes, militaires en congé, en retraite, en état de réforme, etc., etc. — V. la discussion, séance du 9 mars 1849, *Moniteur* du 10, sur les art. 62 et suiv.

7. — Pour le vote des militaires, l'art. 17 de ladite loi dispose : 1° que, dès que les listes électorales seront devenues définitives, le préfet enverra à l'intendant militaire un extrait contenant les noms de tous les électeurs en activité de service militaire ; 2° que l'intendant militaire adressera aux conseils d'administration, aux chefs de corps, copie officielle de la partie de cet extrait concernant les hommes sous leurs ordres ; 3° que des extraits semblables, en ce qui concerne les

RÉP. GÉN. — IX. 34

hommes immatriculés sur les rôles de l'inscription maritime et retenus pour le service des ports ou de la flotte, seront également envoyés par les préfets aux commissaires de marine, qui les transmettront sans délais aux chefs maritimes sous les ordres desquels ces hommes sont placés. — En outre, aux termes de l'art. 19 de la même loi, 15 jours avant l'élection, le préfet doit faire publier dans le recueil des actes administratifs du département les noms des corps auxquels appartiennent les électeurs du département en activité de service militaire ou maritime, et l'indication des lieux où ces corps se trouvent; ce tableau doit être en même temps déposé au secrétariat de la préfecture, pour y être communiqué à toute réquisition.

8. — Les militaires présens sous le drapeau sont dans chaque localité répartis en sections électorales par département. — L. 15 mars 1849, art. 62. — Tous les militaires du même département votent ensemble dans la localité où ils se trouvent, quelle que soit leur arme, à quelque corps ou détachement qu'ils appartiennent. — V. la discussion et instr. Gouvern. prov. 8 mars 1848. — Chaque section est présidée par l'officier ou le sous-officier le plus élevé en grade, ou, à défaut, par le soldat le plus ancien, assisté de quatre scrutateurs. — Il est procédé de même pour les marins et ouvriers portés sur les rôles des inscriptions maritimes et retenus par leur service hors du lieu de leur résidence habituelle. — L. 15 mars 1849, art. 62.

9. — Pour l'élection du président de la République, les militaires en activité de service votent, avec les autres électeurs, au lieu où ils se trouvent au jour de l'élection. — Art. 69.

10. — Par dérogation à ce qui a été dit plus haut, l'exercice du droit électoral est suspendu pour les armées en campagne et pour les marins de la flotte se trouvant en cours de navigation. — Même loi, art. 62.

11. — Les officiers généraux commandant les divisions et les subdivisions militaires, les intendans divisionnaires et les sous-intendans militaires ne peuvent être élus dans les départemens compris en tout ou partie dans leur ressort. — L. 15 mai 1849, art. 67.

12. — A dater du jour de leur admission à l'Assemblée nationale, et pendant la durée de leur mandat, les officiers de tout grade et de toutes armes nommés représentans du peuple sont considérés comme étant en mission hors cadre; les sous-officiers et soldats comme étant en congé temporaire. — L. 15 mars 1849, art. 87.

13. — Les militaires ne peuvent se marier sans la permission du ministre de la guerre.—V. MARIAGE, n° 154 et suiv.

14. — Les actes de l'Etat civil concernant les militaires hors du territoire français sont soumis à des règles particulières. — V. ACTES DE L'ÉTAT CIVIL, n° 463 et suiv.

15. — Les intérêts des militaires absens sont régis par une législation spéciale. — V. ABSENT (Militaire).

16. — Depuis la publication du mot ABSENT (Militaire), il a été jugé que la loi du 6 brum. an V n'a pas suspendu la prescription en faveur des militaires en activité de service; elle leur a seulement accordé un délai (lequel a été prorogé par la loi du 21 déc. 1814) pour se faire relever des déchéances et prescriptions survenues pendant leur absence. — Dès lors, le militaire qui n'a pas profité, pour agir, du délai de faveur que cette loi lui accordait a pu être passible de l'exception de prescription. — Caen, 9 déc. 1845 (t. 1er 1846, p. 466), Barbey c. Mangon. —V., au reste, ABSENT, n° 45 et suiv.

17. — Le traitement des militaires n'est saisissable que pour une quotité déterminée. — V. SAISIE-ARRÊT.

18. — En outre, l'art. 592 du C. de proc. civ. déclare insaisissables les équipemens des militaires, suivant l'ordonnance et le grade.—V. SAISIE-EXÉCUTION.

19. — Ce qui concerne les pensions et soldes de retraite auxquelles les militaires ont droit est expliqué au mot PENSIONS.

20. — Les règles concernant le casernement militaire sont expliquées V^{is} CASERNES, CASERNEMENT et LOGEMENS DES GENS DE GUERRE.

21.—Jugé que la loi du 1er complément. an VII, qui autorisait les citoyens rappelés au service militaire à demander la résiliation des baux par eux acceptés sous la loi des congés obtenus, n'a dû recevoir son application qu'au cas où ils étaient rentrés dans leurs foyers par suite de congés définitifs. — Cass., 21 brum. an IX, Folie c. Sénéchal.

V. CONGÉ MILITAIRE, GARDE MUNICIPALE, GENDARMERIE, INSCRIPTION MARITIME, INVALIDES, LÉGION D'HONNEUR.

MINES.

Table alphabétique.

MINES. — 1. — Dans le sens le plus général, le mot mines comprend la masse de substances minérales ou fossiles, renfermées dans le sein de la terre ou existant à cette surface. — L. 21 avril 1810, art. 1er.

2. — Mais, relativement aux règles de l'exploitation de chacune d'elles, la loi a introduit des classifications entre ces diverses substances minérales, et les a ainsi partagées : *mines, minières, carrières.*

3. — Les carrières ont déjà fait l'objet de notre examen particulier (V. CARRIÈRES); de même nous occuperons spécialement des minières (V. MINIÈRES). — Nous n'avons donc ici à traiter que des mines proprement dites.

4. — Selon l'art. 2 de la loi du 21 avril 1810, sont considérées comme mines les choses connues pour contenir en filons, en couches ou en amas, de l'or, de l'argent, du platine, du mercure, du plomb, du fer en filons ou en couches, du cuivre, de l'étain, du zinc, de la calamine, du bismuth, du cobalt, de l'arsenic, du manganèse, de l'antimoine, du molybdène, de la plombagine ou autres matières métalliques, du soufre, du charbon de terre ou de pierre, du bois fossile, des bitumes, de l'alun et des sulfates à base métallique.

5. — Mais cette nomenclature n'est pas limitative, et l'on doit comprendre dans l'expression *mines* tous les minéraux à bases métalliques, bien qu'ils ne soient pas formellement indiqués par la loi de 1810. Tel est même le motif qui fait ajouter à l'art. 2 ces mots : « et autres substances métalliques, » non compris dans la première rédaction.

6.—Spécialement les substances salines doivent être comprises parmi les mines. Le doute qui pouvait résulter du silence de la loi de 1810 avait déjà été tranché par la jurisprudence, en ce qui concerne les mines de sel gemme. — Cass., Parmentier et Stiefvater; 17 janv. 1835.

7. — Mais devait-on assimiler aux mines de sel gemme les sources ou puits d'eau salée? — La loi du 17 janv. 1840 a fixé toutes les incertitudes en assimilant complètement aux mines les mines de sel, sources et puits d'eau salée naturellement ou artificiellement.

Sect. 1re. — *Historique.* — *Principes gé-*
néraux.

8. — A toutes les époques et chez tous les peuples, les mines et leur exploitation ont à juste
raison été l'objet de dispositions législatives.

9. — Sans parler ici des rois d'Egypte, qui
avaient cru devoir s'approprier les mines d'or,
nous savons par Démosthène qu'à Athènes les
mines déclarées propriétés de l'Etat ne pouvaient
être ni recherchées ni exploitées sans une permission de l'Etat, et le concessionnaire s'obligeait, outre le prix d'achat, à payer une redevance égale au 24e des produits.

10. — Dans le principe, la loi romaine déclarait la propriété de la mine complètement
accessoire de celle de la surface, et comme telle
en laissait l'exploitation entièrement libre (L. 3,
§ 4 et 4, *De rebus eorum qui sub tutela*). — Ce ne
fut que plus tard et par le Code Théodosien,
qu'un impôt du dixième fut imposé sur le produit des mines.

11. — « Les monumens les plus reculés de notre histoire, dit Merlin (*Quest. de droit*, v° *Mines*,
§ 1er), nous offrent les mêmes principes constamment suivis sous le gouvernement français.
Ainsi, sous Dagobert 1er, l'Etat retirait des mines
une rétribution qui était qualifiée *cens*, quoiqu'on ne connût alors ni fief, ni seigneurie, ni
justice seigneuriale, et c'est une preuve certaine
que les mines de la première race avaient maintenu
les propriétaires fonciers dans le droit d'exploiter librement les mines cachées dans leurs terres. » — C'est dans ce sens que s'expliquent Laurière, dans ses observations sur Loysel, et Bouteiller dans sa *Somme rurale*.

12. — Au moyen âge, les seigneurs, séduits par
les richesses que pouvaient leur procurer les
mines, tentèrent plus d'une fois de s'en approprier l'exploitation exclusive; mais les rois s'opposaient vivement à ces usurpations (V. DROITS
FÉODAUX, n° 68). — C'est ainsi que dès l'an 4
443, par édit en date du 30 mai 4413, le roi
Charles VI, réprimant les entreprises des seigneurs, voulut que les particuliers *reconnus maî-*
tres des tréfonds, eussent la faculté de les *ouvrir*

franchement et seurement, *nul seigneur* ne pouvant
prétendre aucun *droit de mines*.

13. — Le droit des propriétaires du sol était
tellement consacré, que l'édit prescrivait qu'au
cas où la recherche ou exploitation des mines
avait lieu par autre que par le propriétaire, il fût
fait *satisfaction* et *contentement* à ceux-ci *au dit de*
deux prud'hommes. Le roi se réservait le droit d'autoriser ces recherches et exploitations.

14. — Que l'exploitant fût ou non propriétaire
de la surface, un dixième du produit était réservé
au souverain; mais ni le droit du dixième établi
sur le produit des mines, ni le droit d'en autoriser l'exploitation, ne détruisaient le principe de
la propriété privée.

15. — Par l'ordonnance de Montil-lez-Tours, de
4471, Louis XI créa un grand maître de mines, à
qui il conféra, entre autres droits, celui de chercher, par lui-même ou ses commis, toutes les
mines qui pouvaient exister en France, et de les
faire ouvrir, même dans les terres des *particuliers*
et *seigneurs*, en payant *indemnité aux tréfonciers*.

16. — Mais, en même temps, cette ordonnance,
qui n'avait pour objet que d'encourager les sujets
du roi à l'exploitation des mines, réservait aux
propriétaires du sol le droit de réclamer, dans un
délai déterminé, le droit d'exploitation par eux-
mêmes, sauf au grand maître, si les impétrans
ne paraissaient pas réunir les conditions d'aptitude nécessaires, à conférer à d'autres le droit de
recherche et d'exploitation, sous l'obligation
d'indemniser. — V. Merlin, *loc. cit.*; Favard de
Langlade, *Rép.*, v° *Mines*.

17. — En outre, et toujours pour encourager l'exploitation des mines, le roi faisait abandon de
son dixième au grand maître, à se rembourser
et aux exploitans.

18. — Tel était du reste le respect porté à la
propriété privée, qu'au temps l'ordonnance
de Louis XI, le 14 juin 4475, le parlement de Paris
statuait que le droit de recherche absolu, conféré
au grand maître, ne s'appliquerait qu'aux *lieux*
déserts et *non habités*, ou *en friche* et *stériles*, tandis
qu'à l'égard des terres en valeur, soit par culture,
soit par bâtimens, les recherches n'auraient lieu
qu'avec le congé spécial des propriétaires ou par
l'ordonnance du juge des lieux.

19. — Par l'ordonnance de Soissons, du mois
de juin 4498, Louis XII confirmait *aux maîtres*,
marchands faisant l'œuvre, *et aux ouvriers mineurs du*
Lyonnais, *les privilèges précités*.

20. — Un système tout à fait différent, celui du
privilège, fut établi sous le règne de Henri II.
par l'édit du 2 sept. 4548. Un concessionnaire
général, établi par le roi, eut le droit exclusif de
recherche et d'exploitation des mines, et fut autorisé à cet effet à s'emparer de toutes terres,
quelles qu'elles fussent, en *les payant raisonnable-*
ment aux propriétaires, *ou le dommage-intérêt qui*
leur serait fait pour le regard de la valeur desdites
terres seulement et non des mines qui y étaient. — Ce
privilège fut confirmé par les ordonnances de
concession successives, en date des 18 oct. 4552, 16
sept. 4557, 29 juill. 4560, 6 juill. 4561, 1er juin 4562,
26 mai 4563, 26 sept. 4568, 21 oct. 4574.

21. — Par l'ordonnance de Fontainebleau,
Henri IV établit, en 1601, les droits des propriétaires qui devaient être préférés pour l'exploitation, toujours bien entendu sous la condition
d'aptitude, jugée par le grand maître chargé de
la surveillance et de la police des mines. V.,
dans l'*Arrêt du cons.*, 14 mai 1604, les dispositions
réglementaires prises en exécution de l'ordonn.
de 1604.

22. — Un autre arrêt du conseil, en date du 43
mai 4698, accorda même aux propriétaires des
terrains où se trouvaient des mines de houille,
la libre exploitation, sans la nécessité de l'autorisation préalable, qui ne demeura plus exigée
que pour les mines métalliques. — Mais ce système
de liberté absolue ayant offert de graves inconvéniens, on revint à celui du privilège absolu,
que rétablit l'ordonnance de 4722, en faveur d'une
compagnie, à qui l'Etat remise du droit de
concession.

23. — La compagnie concessionnaire n'ayant
pas réussi dans ses opérations, un nouveau régime fut tenté en 4740; la charge de grand maître
des mines fut supprimée, et ses pouvoirs de surveillance et d'administration conférés à des intendans, sous la direction du ministre des finances.

24. — Deux arrêts du conseil, en date des
15 janv. 4741 et 14 janv. 4744, réglementaient les
conditions d'exploitation des mines, ainsi que
l'indemnité à accorder aux propriétaires du sol,
laquelle devait être fixée de gré à gré à dire
d'experts. L'arrêt du conseil du 19 mars 4783 re-

nouvela et confirma, sauf de légères modifications, les prescriptions des deux arrêts précités.

25. — Mentionnons ici que le même jour,
19 mars 4783, un autre arrêt du conseil instituait
l'école des mines, qui, survivant à toutes nos vicissitudes politiques, réorganisée par le décret
du 30 vend. an IV (22 nov. 1795), tit. 6, est, en dernier lieu, régie par l'ordonnance du 5 déc. 4846.
— V. ÉCOLE DES MINES.

26. — La loi du 12-28 juill. 4794, destinée à parer
aux inconvéniens qui naissent soit de la liberté
sans limites, soit des abus résultant du système
de concession, ne fit guère, ainsi que le dit Merlin (*ubi suprà*, n° 44), que rappeler les prescriptions
des anciennes ordonnances : « Ce fut plutôt une
transaction entre des avis opposés, qu'une décision franche, claire et précise sur des questions
controversées. »

27. — Au résumé, suivant cette loi, les mines
et minières étaient des propriétés privées soumises, quant à leur exploitation seulement, au consentement et à la surveillance du gouvernement.
Il attribuait au propriétaire de la surface un
droit de préférence à la concession qu'il était nécessaire d'obtenir pour les exploiter. « Attendu,
disait la loi, que les mines étaient à la disposition de la nation. »

28. — Il convient de remarquer que, sous l'empire de la loi des 25 sept. — 6 oct. 1791, on ne
pouvait considérer comme offense à la loi le fait,
par un propriétaire, d'avoir, contrairement aux
arrêtés du ministre de l'intérieur, mais sans user
d'aucune violence, ouvert des mines de houille
sur un terrain compris dans une concession faite
par le gouvernement à un entrepreneur. — *Cass.*,
24 vent. an XII, Francia et Imbert. — V. *infra*.

29. — L'art. 4 de la loi du 12 juill. 4794 ne
maintenait, jusqu'aux termes de leur concession,
que les concessionnaires qui, avant la promulgation de cette loi, avaient un droit acquis à l'exploitation d'une mine. — *Cass.*, 4er pluv. an XI,
Godart et Defrise c. Hecquet; 23 vent. an XI,
Daoust c. Lefebvre. — Merlin, *Quest.*, v° *Mines*.

30. — Il est incontestable que, sous l'empire de
la même loi de 4794, le propriétaire qui vendait
son droit de préférence à la concession d'une
mine qu'il se trouvait dans son domaine, sans
avoir obtenu lui-même la concession du gouvernement, ne pouvait être querellé par ses acquéreurs, sous prétexte qu'il avait vendu une chose
hors de sa propriété. — *Cass.*, 5 août 1819, Pous-
somel c. Reversat.

31. — En exécution, et pour compléter les prescriptions de la loi de 4794, intervinrent divers arrêté du Directoire exécutif régla les justifications
à faire par les concessionnaires, héritiers, donataires et légataires des citoyens qui avaient obtenu des concessions; 2e le 3 pluv. an VI, un autre arrêté rendit applicable à l'exploitation des
salines, la disposition de la loi de 4794, qui exige
une concession pour l'exploitation des mines; 3e
une loi modificative des formalités à remplir
pour obtenir une concession, fut rendue le 43
pluv. an IX ; enfin, la même année, le 48 messid.
an IX (7 juill. 4801), Chaptal, alors ministre de
l'intérieur, publia une instruction pour améliorer
le régime des mines.

32. — La loi des 12-29 juill. 4794, aussi bien que
les divers autres arrêtés que nous venons de citer,
sont aujourd'hui abrogés, depuis la promulgation
de la loi du 21 avr. 4810, laquelle, commentée par
l'instruction ministérielle du 3 août suivant,
forme le code complet de cette matière. Cette loi
a été suivie, le 3 janvier 4843, d'un décret portant
quelques prescriptions nouvelles sur la police des
mines; le 48 nov. 4843, d'un décret sur l'organisation du corps des ingénieurs des mines, portant
quelques prescriptions nouvelles sur la police
des mines; enfin, en dernier lieu, d'une loi du
27 avr. 4838, laquelle, relative au dessèchement
des mines, contient, en outre, quelques dispositions particulières destinées à compléter, en certains points, la loi de 4810.

Sect. 2e. — *Propriété des mines.*

33. — En principe absolu, et à ne consulter que
la règle écrite dans l'art. 552 du Code civil, à savoir que la propriété du sol emporte celle du dessus et du dessous, on devrait dire que la propriété
d'une mine appartient nécessairement au propriétaire de la surface; qu'à lui seul aussi sont
réservés le droit d'exploitation et la perception
des revenus de la mine.

34. — Néanmoins, la loi du 21 avril 4810 a établi une dérogation à l'art. 552 du Code civil, en
disposant, par son art. 5, que les mines ne peu-

vent être exploitées même par le propriétaire de la surface, sans autorisation du Conseil d'État, et en admettant, par les articles suivans, que cette autorisation d'exploitation peut être accordée même à d'autres que le propriétaire de la surface.

35. — Les principaux motifs qui ont fait admettre le régime des concessions, sont que la propriété superficielle, souvent très-morcelée, ne répond pas, dans ses divisions, à l'étendue des mines; que chacun des propriétaires, pris isolément, ne pourrait exploiter utilement, dans son propre terrain, le gîte minéral qui s'étend sous le fonds de ses voisins; que l'exploitation des mines n'est profitable qu'à l'aide de grands travaux de recherches, d'épuisement, d'airage et d'extraction; qu'un champ d'exploitation doit être assez étendu pour attaquer les couches de minerais de bas en haut, et pouvoir surmonter les obstacles naturels que peuvent opposer les eaux, la nature du terrain ou les gaz délétères. — Peyret-Lallier, n° 60.

36. — Lors de la discussion du projet de loi de 1810, quelques membres voulaient reproduire la disposition de l'art. 1er de la loi du 12 juill. 1791, laquelle autorisait l'exploitation des mines par le propriétaire de la surface, jusqu'à cent pieds de profondeur. Mais cette proposition fut rejetée comme contraire à la bonne exploitation des mines.

37. — De la prohibition écrite dans l'art. 5, il résulte que « lorsqu'il y a mélange de deux substances, dont l'une peut être exploitée sans permission, et dont l'autre ne peut l'être qu'en vertu de concessions, ou s'il est douteux que la substance doive être rangée dans la classe des mines ou minières, l'exploitation n'est permise qu'après la décision de l'autorité administrative. » — Peyret-Lallier, n° 53.

38. — Les mines forment donc parallèlement une propriété distincte et séparée de la surface. Toutefois, cette séparation n'existe qu'autant qu'un acte de concession a détaché le dessous du dessus pour en transporter la propriété à un tiers; mais jusqu'à cette division, faite dans les formes légales, le principe de l'art. 552 C. civ. conserve son empire. — *Cass.*, 1er fév. 1841 (t. 1er 1841, p 210), Castellane c. Coulomb.

39. — Jugé, en conséquence, que le propriétaire d'un terrain dans l'intérieur duquel existe une mine a le droit de réclamer une indemnité du tiers qui s'est permis d'exploiter cette mine sans une concession régulière ou par une extension abusive de la concession qu'il a obtenue. — Même arrêt.

40. — Jugé aussi, conformément au principe, que la saisie ainsi que l'adjudication d'un immeuble où gît une mine comprennent le tréfonds comme la superficie, *à moins d'énonciation contraire ou de séparation préexistante* entre la propriété du tréfonds et celle de la superficie. — *Cass.*, 14 juill. 1840 (t. 1er 1841, p. 22), Dubochet c. Berlier.

41. — ... Et que, pour que la séparation du tréfonds et de la superficie soit définitivement établie, il ne suffirait pas de prouver que la mine contenue dans le tréfonds avait été, avant la saisie, l'objet d'une concession au profit d'un tiers, si cette concession, faite par le préfet seulement, n'était que provisoire, et subordonnée à une approbation du gouvernement, laquelle n'avait été *obtenue ni même demandée* avant les poursuites. — Même arrêt.

42. — Une fois la concession régulièrement accordée, les mines constituent une propriété véritable et complète au profit du concessionnaire. — Nous verrons plus tard (*infrà* nos 149 et suiv., nos 235 et suiv.), dans quelles formes les concessions interviennent, et quelles obligations elles créent tant vis-à-vis du propriétaire que vis-à-vis du propriétaire de la surface, à la charge des concessionnaires.

43. — La propriété ainsi concédée est *perpétuelle*. — L. 21 avr. 1810, art. 7. — C'est ici une grande différence avec la loi du 12-28 juill. 1791, qui limitait la durée de la concession à 50 ans.

44. — Le concessionnaire ne peut être exproprié que dans les cas et selon les formes prescrites pour les autres propriétés, conformément aux lois générales. — L. 21 avr. 1810, art. 7. — Ainsi le concessionnaire ou ses ayans droit ne peuvent, pour cause d'utilité publique, être expropriés sans indemnité. — *Cass.*, 18 juill. 1837 (t. 2 1837, p. 232), concessionnaires des mines de Couzon c. compagnie du chemin de fer de Saint-Etienne; 3 mars 1841 (t. 2 1841, p. 181), mêmes parties.

45. — ... Et, en pareil cas, le droit à l'indemnité existe, bien que le propriétaire ne subisse pas l'éviction entière de sa propriété, mais soit privé pour un temps indéterminé seulement de la jouissance et des produits de la mine. — Même affaire.

46. — Ainsi, le concessionnaire d'une mine à qui il est interdit par l'autorité administrative d'exploiter la mine dans le voisinage du passage d'un chemin de fer nouvellement concédé à travers le périmètre de la mine a droit à une indemnité pour le préjudice que lui fait éprouver cette interdiction, qui est une véritable expropriation pour cause d'utilité publique. — Mêmes arrêts portant cassation : celui de 1837, d'un arrêt de *Lyon*, 11 août 1835, mêmes parties; et celui de 1841, d'un arrêt de *Dijon*, 25 mai 1838 (t. 1er 1838, p. 606), mêmes parties.

47. — La mine constitue entre les mains du concessionnaire une propriété transmissible et disponible comme tous les autres biens. — L. 21 avr. 1810, art. 7. — Il suit de là qu'une mine peut être l'objet d'une vente, échange, donation ou succession, en un mot, de toute espèce de transmission à titre onéreux ou gratuit. — V. Avis du *Conseil d'État*, 21 avr. 1810.

48. — De même, les mines peuvent être transmises en usufruit. — Ce mode spécial de transmission, réglé tant par la loi du 21 avr. 1810 que par l'art. 598 du C. civ., sera examiné ultérieurement. — V. USUFRUIT.

49. — Mais une mine ne peut être vendue par lots ou partagée sans une autorisation préalable du gouvernement, donnée dans la même forme que la concession. — L. 21 av. 1810, art. 7. — La raison en est que la division d'une mine en exploitation entraînerait le plus souvent la ruine de l'entreprise. D'ailleurs, le but que s'est proposé le gouvernement en accordant la concession à des personnes reconnues capables de faire valoir la chose qui leur est confiée ne serait pas rempli. Le partage de l'objet concédé donnerait lieu à des extractions partielles toujours beaucoup plus nuisibles qu'elles ne peuvent être utiles.

50. — Par cela qu'une concession de mine ne peut être l'objet d'une vente partielle, les tribunaux ne peuvent reconnaître à l'un des concessionnaires la propriété exclusive d'une portion déterminée de la mine, alors même que le dispositif du jugement renverrait devant l'autorité administrative, sur la question de savoir si cette portion sera ou non distraite et exploitée séparément. — *Cass.*, 4 juin 1844 (t. 2 1844, p. 329), Castellane c. Michel.

51. — La loi du 21 avr. 1810 défendant de vendre les mines par lots ou de les partager, le concessionnaire d'une mine qui la met en société ne peut stipuler qu'il en restera propriétaire pour moitié, et que les associés seront propriétaires de l'autre moitié. — *Colmar*, 10 déc. 1822, Dournay c. Walter-Rambourg.

52. — Il a été jugé que les conventions intervenues entre les concessionnaires d'une mine pour la cession partielle, le morcellement ou le partage de cette mine, sont nulles, alors même qu'elles auraient été subordonnées à l'autorisation du gouvernement, tant que cette autorisation n'a pas été donnée. — *Grenoble*, 21 juin 1845 (t. 1er 1847, p. 219), Castellane c. Michel. — Richard, n° 109.

53. — ... Et que, dès lors, jusqu'à ce que cette autorisation ait été obtenue, les produits de la mine doivent être partagés d'après les bases de l'acte de concession, et non d'après celles des conventions intervenues entre des concessionnaires. — Même arrêt.

54. — Jugé, néanmoins, que si l'art. 7 de la loi du 21 avr. 1810 défend de partager les concessions de mines, il n'empêche pas les concessionnaires de régler entre eux la jouissance de la mine concédée, et, par exemple, de diviser l'exploitation, si toutefois le mode de jouissance divise adopté par les concessionnaires ne change rien à leur responsabilité collective, soit envers le gouvernement, soit envers les propriétaires du sol. — *Cass.*, 4 juillet 1833, Rolland-Palle et Cunit c. Palluat.

55. — Au reste, il est certain que le partage d'une concession sans l'autorisation du gouvernement, alors même qu'elle peut lier à certains égards les parties entre lesquelles il est intervenu, est sans force à l'égard de l'administration, qui, aux termes de l'art. 7 de la loi de 1838, peut ordonner la suspension de tout ou partie des travaux. — *Annales des mines*, 1835, t. 8, p. 586 et 604; Richard, n° 110; Cotelle, t. 2, p. 199.

56. — La nullité des conventions faites au mépris de l'art. 7 de la loi du 21 avr. 1810 est d'ordre public et peut être proposée pour la première fois devant la Cour de cassation. — *Cass.*, 4 juin 1844 (t. 2 1844, p. 329); Castellane c. Michel.

57. — Rien dans la loi ne s'oppose encore à ce que l'exploitation d'une mine soit affermée. — *Cass.*, 20 déc. 1837 (t. 2 1843, p. 157), (impl. Neyron. — V. BAIL, n° 77. — Troplong, n° 93. — Peut-être eût-il été désirable que la loi interdît ce genre de cessions temporaires, qui présente peu de garanties pour la bonne exploitation des mines, ainsi que l'avait fait, par un arrêté du 18 frim. an III, le représentant du peuple Lemoyne, envoyé dans le département de la Loire, relativement aux mines de ce département. — Peyret-Lallier, n° 129.

58. — Cependant celui qui a loué une mine ne peut la sous-louer, si cette faculté ne lui pas été conférée formellement par le bail. — Cotelle, t. 2, p. 439, n° 21.

59. — Du reste, la location ne constituant aucun droit réel en faveur du locataire ou fermier, il est évident que tant vis-à-vis des tiers et notamment du propriétaire de la surface, que du gouvernement, le propriétaire de la mine demeure responsable du fait de son cessionnaire à titre de bail ou location.

60. — Le bail, pour être valable, doit se renfermer dans les limites établies pour les baux ordinaires. — Les baux à long terme pourraient être réputés constituer des ventes partielles, et comme tels, seraient frappés de la même interdiction. — D'Argout, *Séance de la Chambre des pairs*, 16 avr. 1838, discus. de la loi du 27 avr. 1838, sur l'assèchement des mines.

61. — Jugé, en matière d'enregistrement, que la cession du droit d'extraire jusqu'à leur entier épuisement toutes les matières que peut renfermer une mine dans un périmètre désigné, ne peut être confondue avec un bail d'immeuble à durée illimitée. — *Cass.*, 11 janv. 1843 (t. 2 1843, p. 11), Enregistr. c. Boggio.

62. — Faut-il assimiler l'amodiation ou louage partiel aux ventes par lots ou partages défendus par la loi aux concessionnaires? — Cette question a divisé la jurisprudence.

63. — Ainsi, par un premier arrêt, la Cour de cassation avait décidé que l'art. 7 de la loi du 21 avr. 1810, qui dispose que les mines ne peuvent être vendues par lots ou partagées par les concessionnaires sans une autorisation préalable du gouvernement, ne s'applique pas à l'amodiation partielle de ces mines. — *Cass.*, 20 déc. 1837 (t. 2 1843, p. 157), Comp. des mines de Saint-Etienne c. Neyron.

64. — Jugé aussi que, de ce que la propriété de la concession d'une mine ne peut être divisée, il n'en résulte pas que l'exploitation de cette mine soit également indivisible, et que, dès lors, le concessionnaire d'une mine peut subroger celui dont la propriété est située dans le périmètre de la concession au droit d'exploiter la partie de la mine qui se trouve sous sa propriété; et celui-ci peut consentir, au profit d'une autre personne, une subrogation dans le même droit. — *Lyon*, 13 mai 1842 (t. 2 1843, p. 159), Croisier c. Valay et autres. — V., en ce sens, Favard, *Rép.*, v° *Louage*, sect. 1re, § 1er, n° 2; Troplong, *Louage*, n° 93.

65. — Mais, d'autres arrêts ont modifié cette jurisprudence; et, depuis, la Cour de cassation a décidé que l'amodiation ou le louage d'une mine, s'appliquant à des choses qui se consomment par l'usage et qui ne peuvent se reproduire, *constitue une aliénation*, et, par conséquent, une aliénation partielle prohibée par l'art. 7 de la loi du 21 avr. 1810, lorsque le louage ou l'amodiation ne porte point sur la totalité de la concession. — *Cass.*, 4 juin 1844 (t. 2 1844, p. 329), Castellanne c. Michel; 26 nov. 1845 (t. 1er 1846, p. 35), Barge c. Crozier.

66. — Jugé qu'en conséquence on doit réputer nulle l'amodiation faite par un concessionnaire de sa portion dans le droit d'exploiter une mine concédée à plusieurs collectivement. — *Cass.*, 4 juin 1844 (t. 2 1844, p. 329), Castellane.

67. — ... Et qu'il en est de même de la permission que le concessionnaire d'une mine accorde à l'un des propriétaires des fonds situés dans le périmètre de la mine d'exploiter la partie existant sur son fonds. — *Cass.*, 26 nov. 1845 (t. 1er 1846, p. 37), Barge c. Crozier.

68. — Cette nullité est radicale, et peut être demandée par les parties elles-mêmes, l'exercice du droit de demander la nullité étant indépendant de celui qui appartient à l'administration d'intervenir pour empêcher le fractionnement de l'exploitation. — Mêmes arrêts de 1844 et 1845. — V. aussi *Montpellier*, 21 janv. 1841 (t. 1er 1843, p. 123), Delasalle c. Galtier; *Cass.*, 27 mars 1843 (t. 1er 1843, p. 507), mêmes parties.

69. — Jugé encore que le propriétaire d'un fonds dans lequel se trouvent des mines qui dépendent d'une concession plus étendue faite par le gouvernement ne peut, par un traité particulier avec le concessionnaire, acquérir, sans autorisation spéciale, le droit d'exploiter partiellement ces mines. — *Cass.*, 27 mars 1843 (t. 1er 1843, p. 507) Gattier c. Delasalle et Société des houillères de l'Aveyron.

70. — L'opinion consacrée définitivement par la Cour de cassation a été reproduite devant la Chambre des pairs, au nom de la commission, lors de la discussion de la loi du 27 avril 1838 sur l'assèchement des mines. M d'Argout posait en principe que l'amodiation partielle est, aussi bien que la vente partielle, interdite par la loi du 21 avril 1810.

71. — Au résumé, quant aux amodiations ou louages partiels de concession, la circulaire ministérielle de 1838 porte : « on peut, lorsque la disposition des gîtes le permet, et en se conformant aux règles établies, ouvrir plusieurs champs d'exploitation... Ainsi, les dispositions qui précèdent n'y font pas obstacle. L'administration les secondera toutes les fois qu'ils seront convenables et possibles. » — Cotelle, t. 2, p. 200.

72. — La propriété constituée en faveur du concessionnaire demeure entièrement libre de toutes les charges qui pouvaient grever le fonds avant la succession. « L'acte de concession, fait après l'accomplissement des formalités prescrites, purge, en faveur des concessionnaires, tous les droits des propriétaires de la surface et des inventeurs ou de leurs ayans droit, chacun dans leur ordre après qu'ils ont été entendus ou appelés légalement ainsi qu'il sera ci-après réglé. » — V. *infrà* nos 233 et suiv. — L. 21 avr. 1810, art. 17.

73. — Quant aux créanciers hypothécaires du propriétaire de la surface, dès que la mine a été concédée, ils n'ont plus de droits que sur la redevance due à ce propriétaire (V. *inf.* nos 257 et suiv.); à cet effet, l'article 18 de la loi du 21 avr. 1810 veut que la valeur de la redevance soit réunie à celle de la surface, et affectée aux hypothèques prises par les créanciers du propriétaire de la surface.

74. — Si la concession de la mine avait lieu au profit du propriétaire du sol, quel serait le sort des créanciers hypothécaires? Il faut distinguer : — Ou bien il s'agirait de créanciers à hypothèques générales (légales ou judiciaires), et alors bien que la séparation de propriété existât tout aussi bien que lorsque la concession a lieu au profit d'un tiers, cependant les hypothèques continueraient à frapper tant sur le sol que sur la mine, puisqu'elles saisiraient la propriété nouvelle du moment même de la concession. — Peyret-Lallier, no 300

75. — ... Ou bien il s'agirait de créanciers en vertu d'hypothèques spéciales, et alors leurs droits tout en continuant à subsister sur la surface, n'existeraient plus sur la mine, mais seulement sur la valeur de la redevance, laquelle, en pareil cas, serait appréciée conformément à l'art. 19 de la loi du 21 avr. 1810, et leur serait affectée, ainsi que nous l'avons vu *suprà* no 73.

76. — D'un autre côté, tous droits de priviléges et hypothèques peuvent être acquis sur la propriété des mines, aux termes et en conformité du Code civil, comme sur les autres propriétés immobilières. — L. 21 avr. 1810, art. 21.

77. — Spécialement, une mine concédée peut être affectée, par privilége, en faveur de ceux qui, par acte public et sans fraude, justifieraient avoir fourni des fonds pour les recherches de la mine, ainsi que pour les travaux de construction ou confection de machines nécessaires à son exploitation, à la charge de se conformer aux articles 2103 et autres du Code civil, relatifs aux priviléges. — L. 21 avr. 1810, art. 20.

78. — Au surplus, la mine étant le gage des créanciers, comme tous autres biens de leur débiteur, elle ne pourrait être délaissée par le concessionnaire à leur préjudice, lesquels auraient le droit d'intervenir pour s'opposer à la renonciation, ou au moins pour obtenir la garantie de leurs droits en cas de concession nouvelle. — Peyret-Lallier, nos 225 et 887.

79. — Les mines sont immeubles. — Sont aussi immeubles les bâtimens, machines, puits, galeries et autres travaux établis à demeure, conformément à l'art. 524 du C. civ. — L. 21 avr. 1810, art. 8.

80. — Sont aussi immeubles par destination les chevaux, agrès, outils et ustensiles servant à l'exploitation. — Art. 8. — Le même article ajoute qu'on ne doit considérer comme chevaux attachés à l'exploitation que ceux qui sont exclusivement attachés aux travaux intérieurs des mines. — Cette disposition spéciale, en ce qui a trait aux chevaux, fut ajoutée sur l'observation d'un membre du Conseil d'Etat, pour faire bien comprendre que le caractère d'immobilisation ne devait être appliqué qu'aux chevaux *nécessaires à l'activité de la mine:* ainsi ceux employés à mettre en mouvement les machines de rotation, et non ceux employés à des travaux extérieurs, notamment à *voiturer le minerai de la fosse au lieu de la vente.*

81. — « Néanmoins les actions ou intérêts dans une société ou entreprise pour l'exploitation des mines sont réputés meubles conformément à l'article 529 C. civ. » — L. 21 avril 1810, art. 8. — Ce n'est, comme on le voit ici, que l'application des règles générales en matière de société. — V. SOCIÉTÉ.

82. — Et ainsi que le fait remarquer M. Peyret-Lallier (no 138), les actions dans une société ou entreprise d'exploitation doivent être d'autant mieux considérées comme valeurs mobilières, que la société devant se perpétuer jusqu'à l'épuisement des substances minérales, la propriété immobilière des mines sera évanouie lorsque la société devra se dissoudre.

83. — D'où il suit qu'en cas de vente ou cession de ces actions, la régie ne pourrait prétendre percevoir le droit de mutation établi au cas de transmission d'immeubles, et ce, encore bien que quelques énonciations de l'acte puissent induire à croire que les parties ont concédé ces actions comme formant à leur égard une propriété en partie immobilière, l'erreur des contractans ne pouvant changer la nature des objets cédés. — *Cass.*, 7 avril 1824, Enregistrement c. Humann et Ratisbonne.

84. — Et la régie de l'enregistrement a même été déclarée mal fondée à prétendre qu'en cas de vente ou de cession d'intérêts ou actions dans des mines, il y avait lieu de frapper cette mutation du droit proportionnel de 2 p. 100 établi pour la transmission des objets mobiliers, au lieu de celui de 50 p. 100, taux auquel, dans l'intérêt de favoriser le commerce, la loi du 22 frim. an VII a réduit le droit de mutation sur les cessions d'actions. — *Cass.*, 8 (et non 9) fév. 1837 (t. 1er 1837, p. 99), Enregistrement c. mines d'Anzin ; 21 août 1837 (t. 2 1837, p. 193), Enregistrement c. Royes.

85. — Proudhon pense que si antérieurement à la loi de 1810 une mine a été concédée à l'un des époux avant son mariage, elle appartient à la communauté comme chose mobilière, qualité qui lui était attribuée par la législation précédente, l'immobilisation survenue par suite de la loi nouvelle ne devant porter aucune atteinte aux droits acquis. — Proudhon, *Du domaine public*, no 764.

86. — L'art. 9 de la loi du 21 avril 1810 déclare meubles les matières extraites, les approvisionnemens et autres objets mobiliers. — Toutefois, conformément aux prescriptions de l'art. 689 du C. proc. civ., en cas de saisie de la mine par les créanciers hypothécaires, les produits extraits depuis la dénonciation de la saisie se trouvent immobilisés. — Proudhon, no 619.

87. — Les eaux découlant des galeries de mines abandonnées depuis plus de trente ans sont susceptibles d'être acquises contre le propriétaire du tréfonds par une prescription trentenaire et par application du droit commun, alors surtout qu'aucune concession nouvelle n'a été faite. — *Cass.*, 15 mai 1843 (t. 2 1843, p. 390) Collad c. Verrier.

88. — Le jugement obtenu contre le propriétaire du tréfonds d'une mine abandonnée, et qui reconnaît à des tiers des droits sur les dépendances de cette mine, est opposable à un individu qui, en vertu du seul droit à lui accordé par le propriétaire, et avant toute concession nouvelle, se livre à l'exploration de la mine, cet individu n'agissant que comme représentant du propriétaire, et non de l'Etat. — *Cass.*, 15 mai 1843 (t. 2 1843, p. 390), Collad c. Verrier.

Sect. 3e. — *Recherche et découverte des mines.*

89. — L'art. 12 de la loi du 21 avril 1810 consacre d'une manière expresse au profit du propriétaire du sol le droit de recherche et de découverte des mines dans toutes les parties de sa propriété, et cela sans aucune formalité préalable, sauf ensuite, s'il veut exploiter lui-même, à solliciter la concession. — L. 21 avril 1810, art. 12. — V. à ce sujet *infrà* nos 116 et suiv.

90. — Le même article n'apporte aux droits du propriétaire qu'une seule restriction, celle de ne pas faire de recherches dans un terrain déjà concédé.

91. — D'où il suit qu'un propriétaire ne peut, dans son propre terrain, faire des recherches pour découvrir des mines et extraire du minerai, même dans un rayon de moins de cent mètres de ses bâtimens, lorsque ce terrain est compris dans le périmètre d'une concession faite par l'Etat à un tiers. — *Grenoble*, 19 août 1831, Laye c. Giroud et Mempart.

92. — Toutefois, la restriction ne s'applique qu'à la recherche des substances comprises dans la concession ; ainsi, et pourvu bien entendu que l'exploitation du concessionnaire n'en soit point empêchée, un propriétaire demeure libre de faire des recherches de plomb ou de fer dans son terrain, concédé à un tiers pour l'extraction de la houille. — Peyret-Lallier, no 173.

93. — Quant aux tiers, l'art. 10 de la loi du 21 avril 1810 dispose que « nul ne peut faire des recherches pour découvrir des mines, enfoncer des sondes ou tarières sur un terrain qui ne lui appartient pas, que du consentement du propriétaire de la surface, ou avec l'autorisation du gouvernement, donnée après avoir consulté l'administration des mines, à la charge d'une préalable indemnité envers le propriétaire et après qu'il aura été entendu. »

94. — On doit assimiler au refus du propriétaire (ce qui rend, dès lors, nécessaire la permission par l'autorité), le cas où le propriétaire apporterait à son consentement des conditions non autorisées par la loi. — *Annales des mines*, vol. 16, p. 739.

95. — Comme il s'agit là d'une opération d'intérêt public, on a été amené à décider que, nonobstant le choix du propriétaire, il est loisible au gouvernement de confier à une autre personne les travaux de recherche de mines. — *Annales des mines*, t. 12, p. 679; t. 15, p. 713; t. 16, p. 721.

96. — Toutefois, le droit de l'Etat a lui-même ses limites. — Ainsi, aux termes de l'art. 11 de la loi de 1810: « Nulle permission de recherches ni concessions de mines ne pourra, sans le consentement du propriétaire, donner le droit de faire des sondes et d'ouvrir des puits ou galeries, ou celui d'établir des machines et magasins, dans les enclos cernés, cours et jardins, ni dans les terrains attenant aux habitations ou clôtures murées, dans la distance de cent mètres desdites clôtures et habitations. »

97. — Proudhon (no 734) estime que la prohibition de l'art. 11 ne doit pas s'appliquer au cas d'une clôture isolée, qui ne tiendrait pas à l'habitation, les auteurs de la loi n'ayant voulu, selon lui, rien autre chose que de pourvoir aux agrémens et aisances des maisons d'habitation, et non pas constituer une servitude par trop exorbitante et par trop exceptionnelle du droit commun. — Le texte précis de la loi ne permet pas d'adopter l'opinion de Proudhon.

98. — La Cour de cassation a décidé que l'article 11 de la loi du 21 avr. 1810 peut être invoquée non-seulement par les propriétaires des fonds sur lesquels le travail aurait lieu, mais aussi par ceux dont les propriétés seraient placées dans un périmètre moindre de cent mètres, bien qu'ils ne soient pas propriétaires du sol sur lequel les travaux sont exécutés. — *Cass.*, 21 avr. 1823, Dubouchet c. d'Osmond et Crozier (qui casse un arrêt de *Lyon* du 30 août 1820). — V. encore *Cass.*, 28 janv. 1827, Poulet et Berthault c. Lamoureux. — Depuis, la Cour de Lyon est revenue elle-même sur sa jurisprudence. — *Lyon*, 25 juin 1835, Bresson c. Thiollière-Laroche. — Cotelle, t. 2, p. 31 et suiv.; Proudhon, no 752. — *Contrà* Peyret-Lallier, nos 163 et suiv.

99. — Mais, bien entendu, il faut que le propriétaire voisin ait lui-même dans son propre fonds maison ou clôture, pour invoquer le bénéfice de l'art. 11. — Peyret-Lallier, no 468.

100. — L'art. 11 ne s'oppose pas à ce que ceux qui recherchent une mine poussent des galeries souterraines sous les maisons et terrains attenans, à la condition de se soumettre aux obligations qui leur sont imposées par l'art. 15 de la loi. — Cotelle, *Cours administratif*, t. 2, p. 40; Richard, no 122.

101. — La loi n'a du reste eu en vue que les explorations nouvelles. En conséquence, les voisins d'un possesseur de mines ne sont pas fondés à réclamer l'application de cet article, lorsqu'il s'agit d'une ancienne exploitation. — *Cons. d'Et.*, 18 juill. 1827, Raclet c. Jœsnin.

102. — Il importe encore de remarquer que la défense de faire des travaux de recherches ou de sondages dans les lieux et le périmètre déterminés par l'art. 11 de la loi du 21 avr. 1810 (c'est-à-dire à la distance de moins de 100 mètres des habitations ou propriétés bâties, et sans le consentement des propriétaires de ces habitations) est générale et absolue, et s'applique, en conséquence

quence, aussi bien au cas où ces travaux auraient lieu avec le consentement du propriétaire de la surface qu'au cas où ils seraient entrepris en vertu d'une autorisation du gouvernement. — *Cass.*, 1er août 1843 (t. 2 1843, p. 503), Decoster c. Dancoisne et Bernard.

103. — Spécialement elle reçoit son application même au cas où il s'agit de travaux de sondage entrepris par le propriétaire de la surface sur son propre terrain. — Même arrêt.

104. — Quand les recherches ont lieu par le propriétaire ou de son consentement, aucun délai n'est fixé pour le temps dans lequel doivent être terminées les recherches. — Mais alors qu'elles ont lieu en vertu de l'autorisation de l'Etat, il est d'usage qu'elles soient limitées à deux années au plus. — Peyret-Lallier, n° 151.

105. — D'ordinaire aussi il est imposé à l'impétrant de mettre en activité les travaux dans les trois mois à partir de la date de la concession; et si les travaux ne sont pas entrepris en temps utile ou poussés avec activité, le retrait de la permission peut avoir lieu sur le rapport du préfet et de l'administration des mines. — *Ibid.*

106. — En ce qui concerne les formalités à suivre pour la délivrance de la permission de recherches, la généralité des auteurs tend à penser que cette autorisation doit être accordée suivant les formes tracées par la circulaire ministérielle du 3 août 1810. — Proudhon, n° 749; Richard, nos 120 et 136; Peyret-Lallier, n° 350. — Quelques uns pensent au contraire que ces formes ne doivent pas être rigoureusement suivies. — Cotelle, t. 2, p. 45.

107. — L'art. 10, comme on l'a vu (*suprà* n° 93), soumet celui qui veut faire des travaux de recherches à une indemnité envers le propriétaire de la surface. Cette indemnité, ainsi que le dit l'article lui-même, doit être *préalable*; toutefois, il convient de remarquer que, comme ce n'est qu'après le parachèvement des travaux que l'on pourra véritablement évaluer le préjudice porté au propriétaire, l'estimation préalable ne peut être que provisoire. On ne saurait donc exiger de l'explorateur, au moment de la permission qui lui est concédée, qu'une caution ou la consignation d'une indemnité approximative. — Proudhon, n° 751.

108. — D'ordinaire cette indemnité préalable est fixée par l'ordonnance de concession.—Si celle-ci n'en fait mention, et que les parties ne soient pas d'accord, il convient de s'adresser aux conseils de préfecture. — V., au surplus, *infrà* nos 421 et suiv.

109. — L'indemnité doit être évaluée suivant les bases d'évaluation déterminées par l'art. 43. — V. *infrà* nos 265 et suiv. — Elle est réglée au double de ce qu'aurait produit net le terrain endommagé.

110. — En outre, il convient de remarquer que la permission d'explorer n'étant pas un *acte de concession*, c'est au propriétaire de la surface, et non à l'explorateur que doivent appartenir les produits minéraux retirés par suite des travaux de recherche. — C'est, au surplus, la conséquence du principe que, jusqu'à la concession, l'art. 552 du Code civil reçoit son application à l'égard du propriétaire de la surface.

111. — Cependant, il arrive parfois que dans des circonstances exceptionnelles, et alors qu'il s'agit plutôt de *reconnaître* la valeur des produits d'une mine que d'en *rechercher* l'existence, l'acte qui permet la recherche autorise, en vue de la concession qui doit être ultérieurement faite, l'explorateur à vendre les produits provenant de ses recherches; mais, dans ce cas, les produits doivent toujours être constatés, afin que les propriétaires de la surface puissent obtenir du moins la redevance comme au cas de concession. — V. *infrà* nos 239 et suiv.

112. — Ainsi que nous le verrons (*infrà* nos 116 et s.), l'inventeur d'une mine n'a pas un droit absolu à la concession; toutefois, comme les travaux par lui faits ne pourraient, sans injustice, être laissés à sa charge, et en pure perte, alors que la mine découverte serait accordée à un autre, en ce cas l'art. 16 lui donne droit à une indemnité de la part du concessionnaire. Cette indemnité réglée par l'acte de concession vient immédiatement après celle due au propriétaire de la surface.

113. — Cette indemnité doit se composer de deux élémens bien distincts : 1° celle allouée comme récompense du service rendu à l'Etat, et comme espèce de dédommagement du préjudice éprouvé par l'inventeur de ce que la concession ne lui est pas accordée; 2° le remboursement des dépenses faites, lesquelles, aux termes de l'art 46, sont décidés conformément à l'art. 4 de la loi du 28 pluv. an VIII, c'est-à-dire par les conseils de préfecture au cas où les parties ne tombent pas d'accord.

114. — En ce cas, l'indemnité est due à tous les concurrens pour les travaux utiles pratiqués sur la mine concédée. — *Cons. d'Etat*, 24 juill. 1835, Bayonne.

115. — Dès que les recherches ont conduit à la découverte de la mine, les travaux doivent cesser immédiatement. Peu importe, en ce cas, que les recherches aient été faites par le propriétaire ou par un tiers agréé de lui ou choisi par l'Etat; autrement des travaux plus prolongés pourraient tomber, comme exploitation illégale, sous les peines prononcées par les art. 93 et suiv. de la loi du 21 avril 1810. — V. *infrà* nos 354 et suiv.

Sect. 4e. — *Concessions d'exploitation.*

§ 1er. — *A qui les concessions peuvent être accordées. — Des sociétés formées pour l'exploitation des mines.*

116. — Sous l'empire de la loi de 1791, la préférence pour l'exploitation de la mine était accordée aux propriétaires de la surface; tel fut aussi l'avis émis par le Corps législatif lors de la discussion de la loi du 21 avr. 1810. — Quelques-uns pensaient que si le propriétaire de la surface pouvait être dépossédé du droit d'exploiter la mine, du moins ce ne pouvait être qu'au profit de l'inventeur.

117. — Mais ces propositions furent rejetées par le motif qu'il pouvait se faire que ni le propriétaire, ni l'inventeur lui-même ne présentassent toutes les garanties nécessaires pour une exploitation bien dirgée et complète de la mine. L'art. 16 de la loi du 21 avr. 1810 dispose donc que « le gouvernement juge des motifs ou des considérations d'après lesquelles la préférence doit être accordée aux divers demandeurs en concession, qu'ils soient *propriétaires*, *inventeurs* ou autres. » Le choix du gouvernement est donc entièrement libre.

118. — Seulement nous verrons (*infrà* nos 239 et suiv.) que si le propriétaire de la surface n'est pas déclaré concessionnaire, il lui est dû une indemnité. Il en est de même à l'égard de l'inventeur. — V. *infrà* n° 293.

119. — L'Etat n'est pas tenu, pour l'exploitation des mines, de procéder par voie de concession à des particuliers; il lui est libre de se réserver cette exploitation. Et c'est ce qui a eu lieu, en 1825, à l'égard des mines de sel gemme des départemens de l'Est, lorsqu'elles furent concédées à l'Etat par ordonnance royale, en date du 21 août 1825. — V., à ce sujet, *Cons. d'Etat*, 3 déc. 1828, Parmentier. — V. DOMAINE DE L'ÉTAT, n° 80. — Mais, le plus souvent, l'Etat n'exploite pas par lui-même; il en fait concession sous certaines conditions que nous allons examiner.

120. — Et d'abord, le droit de demander une concession de mines appartient à tout individu Français ou étranger, naturalisé ou non naturalisé, agissant isolément ou en société. — L. 21 avr. 1810, art. 13. — Eloigner en principe les étrangers qui peuvent offrir la double garantie de la capacité et de la fortune, conditions indispensables pour la bonne exploitation des mines, eût été une prohibition très-fâcheuse.

121. — Ce que la loi exige de celui qui demande une concession, c'est qu'il justifie qu'il a les facultés nécessaires pour entreprendre et conduire les travaux, et les moyens de satisfaire aux redevances et indemnités qui seraient imposées par l'acte de concession. — L. 21 avr. 1810, art. 14.

122. — Il doit aussi, porte l'art. 15, le cas arrivant de travaux à faire sous des maisons ou lieux d'habitation, sous d'autres exploitations ou dans leur voisinage immédiat, donner caution de payer toute indemnité en cas d'accident.

123. — La législation de 1791, préoccupée de l'étendue excessive des anciennes concessions, qui, ainsi que nous l'avons vu (*suprà* n° 20) étaient accordées souvent pour toute une province, quelquefois même pour tout le royaume, avait déterminé le *maximum* de l'étendue d'une concession à six lieues carrées. — La loi de 1810 n'a pas renouvelé ces mêmes prescriptions; mais évidemment son intention a été que la concession ne s'étendît pas d'une manière démesurée. Et c'est ce qui est pratiqué en fait. — V. *infrà* n° 294 et suiv.

124. — Mais l'art. 31 dispose que plusieurs concessions peuvent être réunies entre les mains du même concessionnaire; à la charge de tenir en activité l'exploitation de chaque concession. — Loi du 21 avril 1810, article 34. — Toutefois, cette cumulation ne doit du reste avoir lieu qu'avec la plus grande réserve; la concentration n'étant pas moins nuisible en principe que l'extrême division, en ce qui concerne la bonne exploitation des mines, et aussi pour maintenir le prix des produits dans des limites raisonnables.

125. — Nous avons vu que l'art. 13 admet la formation de sociétés pour l'exploitation des mines (V. *suprà* n° 83). C'est qu'en effet le plus souvent une pareille exploitation exige des capitaux considérables. Aussi presque toujours les concessions sont-elles sollicitées par des compagnies formées par un plus ou moins grand nombre d'intéressés.

126. — Par cela seul que plusieurs personnes se sont réunies pour solliciter la concession d'une mine, il s'établit entre elles une société véritable pour l'exploitation de la mine. — *Lyon*, 12 août 1828 (sous *Cass.*, 7 juin 1830), Malmazet et de Neubourg c. Paillon.

127. — Mais les anciens associés d'un concessionnaire de mines ne peuvent prétendre qu'ils sont compris, en qualité d'associés, dans une nouvelle concession faite à ce dernier lorsqu'ils ne sont pas nominativement désignés dans cette ordonnance. — *Cons. d'Etat*, 11 fév. 1829, Baude c. Ling.

128. — M. Peyret-Lallier (n° 134) estime qu'il s'opère une société lorsque le concessionnaire unique d'une mine en aliène une partie indivise à un tiers. La partie vendue n'est réellement qu'un intérêt dans l'exploitation de la mine qui est indivisible.

129. — Le plus souvent, c'est en vertu de conventions formelles que sont établies les sociétés pour l'exploitation des mines. — Or, on s'est demandé quel est le caractère de pareilles sociétés: sont-elles civiles, sont-elles commerciales?

130. — « Si l'on doit juger ces sociétés d'après leur but, dit M. Troplong (*Soc.*, n° 326), elles n'ont rien de commercial. Comment seraient-elles autre chose que des sociétés civiles, puisque l'exploitation qui est leur œuvre n'est pas un acte commercial? » — L. 21 avr. 1810, art. 32. — Aussi a-t-il été jugé que le type commercial ne s'imprime pas de plein droit soit sur les sociétés concessionnaires, soit sur les sociétés formées après coup par le concessionnaire, pour lui prêter concours. — *Cass.*, 7 févr. 1826, Bardet c. Cade. — V. encore *Cass.*, 24 juin 1829, Royer c. de Mailly; 10 mars 1841 (t. 1er 1841, p. 487), Michaud c. concess. des mines de Verchère; 13 juin 1833, Dardel c. Martin; 14 avril 1834, Magnez c. Castellanne; *Aix*, 12 mars 1841 (t. 1er 1843, p. 575), Barbot du Clobel c. Bonafoux. — *Contrà*, *Bordeaux*, 22 juin 1833, de Pompignan c. de Royère.

131. — Mais le caractère de non-commercialité attaché par la loi à de pareilles exploitations ne peut s'appliquer qu'aux exploitations en commun faites en vertu de concessions régulièrement obtenues. — *Montpellier*, 28 août 1833, Adam c. Crest, sous *Cass.*, 15 déc. 1835, mêmes parties. — V. cependant Troplong (n° 332), qui considère comme civile la société organisée en vue d'une concession à obtenir, alors même qu'elle opère des travaux et des fouilles avant la concession, ces travaux et ces fouilles étant, dit-il, un préliminaire presque toujours indispensable pour constater la richesse et l'étendue des gîtes minéraux, et ayant pour but d'appuyer la demande.

132. — Quant à l'association formée entre plusieurs individus pour la recherche d'une mine elle ne constitue point par elle-même un acte de commerce, lorsque d'ailleurs rien n'est arrêté entre les parties sur le mode d'exploitation dans le cas d'une concession, ni sur les conditions d'une association ultérieure pour utiliser les résultats. — *Paris*, 11 janv. 1841 (t. 1er 1841, p. 282), Parry c. Sauvage et Richard. — Troplong, n° 333.

133. — Il en serait autrement si la société se formait pour mettre son industrie au service de personnes qui, avant de demander une concession, voudraient faire faire par des hommes de l'art des travaux préparatoires. M. Troplong pense qu'en ce cas la société serait une société de commerce, parce qu'elle se livrerait à des actes qui rentrent dans les entreprises d'agence. — N° 334.

134. — Bien que les sociétés formées pour l'exploitation des mines soient civiles, la forme commerciale donnée à ces sociétés (par exemple, la division par actions) n'en change-t-elle pas le caractère? Ce caractère ne peut-il pas être modifié par la nature des stipulations insérées dans l'acte de société? — La jurisprudence présente à cet égard des nuances que nous résumerons sous le mot SOCIÉTÉ.

135. — La Cour de Lyon a décidé qu'à la différence des autres sociétés, les sociétés formées pour l'exploitation des mines ne peuvent finir que par l'épuisement de la mine, ou par le retrait de la concession, qui faisait l'objet de la société. « Il répugnerait en effet, est-il dit dans les considérans de son arrêt, qu'il pût dépendre de la volonté d'un seul associé d'obtenir la dissolution de la société, d'interdire, d'altérer, de faire cesser, soit contre l'intérêt public, soit contre l'intérêt des tiers, les garanties sous lesquelles la mine se trouve concédée à cette société, qui probablement a justifié pouvoir les fournir; garanties que la loi déclare absolument nécessaires pour qu'on puisse être admis à obtenir des concessions de cette nature, et qui ne peuvent se rencontrer que fort rarement plutôt dans des individus isolés que dans la réunion des sociétaires. » — *Lyon*, 12 août 1828 sous *Cass.*, 7 juin 1830, Malmazet et de Neubourg c. Paillon.

136. — ... « Sauf, ajoute le même arrêt, à l'associé, s'il veut se retirer de la société, de vendre sa part. »

137. — Quant à la Cour de cassation, elle s'est bornée à décider, par l'arrêt du 7 juin 1830 précité, que les membres d'une société concessionnaire d'une mine peuvent renoncer à la faculté de demander la dissolution de la société et la licitation des mines concédées; une pareille renonciation ne devant pas être réputée non écrite, comme contraire aux art. 872 et 875 C. civ. — Troplong, *Soc.*, n° 973. — V., au reste, SOCIÉTÉ.

138. — C'est à l'acte d'association à déterminer la part d'intérêt de chacun des associés dans les produits de la mine. Dans le silence de l'acte de société, la répartition par égales portions doit évidemment avoir lieu par parts égales. Toutefois, il en serait différemment si l'un des concessionnaires associés était propriétaire de tout ou partie de la surface, et qu'aucune indemnité ne lui eût été allouée pour prix du dommage causé et de l'éviction subie. A plus forte raison en serait-il ainsi si tous les divers concessionnaires n'étaient que les divers propriétaires de la surface réunis. Chacun d'eux prendrait une part proportionnelle. — Proudhon, n° 773; Peyret-Lallier, n° 127.

139. — Mais jugé que l'art. 7 de la loi du 21 avril 1810, qui prohibe le partage des concessions de mines, fait obstacle à ce que, sans autorisation, des concessionnaires associés divisent l'exploitation, et conviennent que cette exploitation sera, pour chacun d'eux, restreinte à la partie des mines qui se trouve sous l'étendue de sa propriété, alors même que rien dans cette convention n'aurait pour effet d'apporter quelque changement à la responsabilité collective des concessionnaires, soit envers le gouvernement, soit envers les propriétaires du sol. — *Dijon*, 27 janv. 1844 (t. 1er 1844, p. 377), Mazoyer c. Cadot et Jœsnin.

140. — Si plusieurs des sociétaires se sont réservé le droit d'exploiter une mine dans toute son étendue, ils n'ont pas, par cela même, la faculté de diriger les travaux de manière à ce que leurs concessionnaires, propriétaires d'une partie du tréfonds, puissent être privés de leurs droits par cette direction. — *Lyon*, 20 juill. 1833, Roux et Lacombe c. Bayon.

141. — Quelle que soit la forme de la société, à part les actionnaires dans la société en commandite, tous les copropriétaires d'une mine, non-seulement les concessionnaires primitifs, mais aussi bien les concessionnaires de l'un d'eux, ont également le droit de concourir à l'exploitation de la mine et à son administration. — *Cass.* 14 avril 1834, Magnez c. Castellane.

142. — Toutefois, s'il est vrai que tant que les exploitations ouvertes dans le sein d'une même concession sont dirigées suivant un plan et d'après un but unique la variété des exploitations, le choix de leur directeur et le mode de répartition n'intéressent pas l'Etat, à l'instant où cette unité de travaux cesse il n'y a plus d'unité de concession : et ce principe, l'Etat doit le maintenir; car autrement la cupidité et l'anarchie auraient promptement dévoré les mines. — Rapport de la Commission de la Chambre des députés, loi du 27 avril 1838.

143. — C'est pour obvier à cet inconvénient grave que la loi du 27 avril 1838, régularisant, par son art. 7. des prescriptions que l'usage avait déjà, et depuis longtemps, fait établir dans les concessions, a posé les règles suivantes pour le cas où une concession est exploitée par société. L'art. 7, § 1er, dispose que « lorsqu'une concession de mines appartiendra à plusieurs personnes ou à une société, les concessionnaires ou la société devront, quand ils en seront requis par le préfet, justifier qu'il est pourvu, par une convention spéciale, à ce que les travaux d'exploitation soient soumis à une direction unique, et coordonnés dans un intérêt commun. » — Loi 27 avr. 1838, art. 7, § 1er.

144. — Le même article ajoute « qu'ils sont pareillement tenus de désigner, par une déclaration authentique faite au secrétariat de la préfecture, celui des concessionnaires ou tout autre individu qu'ils auront pourvu de pouvoirs nécessaires pour les représenter vis-à-vis de l'administration, tant en demandant qu'en défendant. » — *Ibid.*, § 2. — Il est à désirer que ce représentant soit le même que le directeur.

145. — « Faute par les concessionnaires d'avoir fait, dans le délai qui leur aura été assigné, la justification requise par le § 1er de l'art. 7, d'exécuter les clauses de leur convention qui auraient pour objet d'assurer l'unité de la concession, la suspension de tout ou partie des travaux pourra être prononcée par un arrêté du préfet, sauf recours au ministre, et, s'il y a lieu, au Conseil d'Etat, par la voie contentieuse, sans préjudice, d'ailleurs, de l'application des art. 93 et suivans de la loi du 21 avril 1810. » — *Ibid.*, § 3. — V. aussi *infrà* nos 354 et suiv.

146. — Il résulte de la discussion qui eut lieu dans le sein de la Chambre des pairs que les prescriptions de l'art. 7 de la loi de 1838, s'appliquent à toute société minière, quelle que soit sa forme, collective, anonyme ou en commandite. C'est ce que déclara formellement M. d'Argout.

147. — Ce que la loi a eu par là en vue, c'est d'assurer l'unité de direction et le but commun; ce qui n'est point, du reste, incompatible avec une division de l'exploitation en plusieurs groupes ou centres d'exploitation distincts. — Peyret-Lallier, n° 786.

148. — Le correspondant chargé de représenter auprès de l'administration la société concessionnaire de l'exploitation d'une mine, doit être nommé par tous les titulaires désignés dans l'ordonnance de concession, sans distinction des droits réservés à chacun d'eux par des traités particuliers. Cette nomination est nulle, s'il y a été concouru par un sociétaire non désigné dans l'ordonnance de concession. — *Lyon*, 20 juill. 1833, Roux et Lacombe c. Bayon.

§ 2. — *Formalités à suivre pour l'obtention des concessions.*

149. — Suivant l'art. 22 de la loi du 21 avril 1810, la demande en concession est faite par voie de simple pétition adressée au préfet, qui est tenu de la faire enregistrer à sa date, sur un registre particulier. — « Le secrétaire général de la préfecture délivre au requérant un extrait certifié de l'enregistrement de la demande en concession. » — Art. 25.

150. — Quand la concession qu'on demande s'étend dans la circonscription de plusieurs départemens, il faut adresser un double de sa pétition au préfet de chacun de ces départemens. — Richard, n° 163.

151. — Si le préfet refuse de recevoir la demande, le pétitionnaire peut employer le ministère d'un huissier pour en faire constater authentiquement la date et le dépôt. — Richard, n° 164.

152. — Si le préfet refuse de donner suite à la demande, le requérant doit recourir à la direction des mines. — Cotelle, *Cours de droit administ.*, t. 2, p. 91.

153. — « La demande en concession d'une mine doit énoncer les noms, prénoms, qualités et domiciles de celui ou de ceux qui la présentent, la désignation précise du lieu où elle a été reconnue, la nature du minerai à extraire, l'état auquel les produits seront livrés au commerce, les lieux d'où l'on tirera les bois et combustibles, s'il s'agit de traiter les métaux qui seront extraits, l'étendue de la concession demandée, les indemnités offertes aux propriétaires de la surface et à celui qui a découvert la mine, s'il y a lieu, la soumission de se conformer au mode d'exploitation déterminé par le gouvernement. — Peyret-Lallier, n° 336. — V. encore instr. minist. 3 août 1810, 31 oct. 1837.

154. — Rappelons encore qu'aux termes de l'art. 14 de la loi 21 avril 1810, le demandeur ou les demandeurs en concession doivent justifier des facultés nécessaires pour conduire et diriger les travaux, et des moyens de satisfaire aux redevances et indemnités qui leur seront imposées dans l'acte de concession.

155. — A la pétition doit être nécessairement joint un plan régulier de la surface, dressé et vérifié par l'ingénieur des mines, et certifié par le préfet du département. — Ce plan, dressé en triple expédition et sur échelle de 10 millimètres par 100 mètres doit présenter l'étendue de la concession demandée, en même temps qu'il fait connaître les dispositions des substances minérales. — L. 21 avr. 1810, art. 30; — V. encore inst. minist. 3 août 1810, circ. du directeur gén. 31 oct. 1810.

156. — Le motif de cette exigence est facile à concevoir : autre chose est une demande en recherche d'une mine, autre chose une demande en concession. « Il est évident que la première chose à faire pour solliciter la concession d'un gîte minéral, et pour que l'administration puisse donner suite à la demande, c'est de justifier qu'il y a matière à concession... Ce qui est exigé, c'est que la demande ait un objet réel dans une mine véritablement existante. — Circ. du directeur gén. 31 oct. 1837. — V. aussi inst. minist. 3 août 1810.

157. — « Si cette condition, continue la même circulaire du 31 oct. 1837, est nécessaire pour qu'on puisse procéder à l'instruction de la demande, elle est à plus forte raison indispensable pour que l'on institue la concession, et même ici des renseignemens plus précis doivent être requis. Dans le premier cas, il peut suffire que l'on sache positivement qu'une mine existe pendant la durée de l'instruction, les demandeurs pouvant exécuter de nouveaux travaux de recherches et fournir des indications plus complètes; dans le second cas, où il s'agit de concéder la mine, il faut que ces indications aient été préalablement réunies, que l'on connaisse, sinon toutes les circonstances du gisement, ce qui sera le fruit ultérieur des travaux opérés en grand, du moins les principales allures de la mine, que l'on ait des données assez précises sur ses ramifications et sur son étendue présumée : autrement, il serait impossible d'assigner, avec connaissance, de cause un périmètre à la concession, d'en déterminer les charges. On serait obligé d'agir aveuglément, au hasard. »

158. — Et c'est pour n'avoir pas fourni ces justifications, et notamment le plan de la surface, que grand nombre de demandes en concession ont été constamment rejetées par l'administration. « Plus, dit la circulaire du 31 oct. 1837, l'administration a le désir de seconder les efforts de l'industrie, plus elle doit éviter tout ce qui pourrait donner crédit à des entreprises qui ne seraient point sérieuses et n'offriraient aucune garantie. »

159. — Mais une fois l'existence du gîte minéral constatée, et les principales dispositions de ce gîte dans le sein de la terre connues, l'administration, ainsi que le déclare implicitement la circulaire du 31 oct. 1837 (*suprà* n° 157), n'est pas en droit d'exiger et n'exige pas la justification en détail et souvent impossible des allures, inclinaisons et puissances de la mine.

160. — A plus forte raison il n'appartient pas à l'administration de s'enquérir si l'exploitation sera ou non profitable au concessionnaire: « S'il est convenable et utile que les ingénieurs interviennent auprès des parties par leurs conseils et les éclairent par leur expérience, c'est à elles surtout qu'il appartient de calculer les chances de l'entreprise qu'elles veulent former. » — Décis. minist., 24 sept. 1836. — Cotelle, t. 2, p. 77; Richard, n° 143.

161. — Aux termes de l'article 22 de la loi du 21 avr. 1810, dans les dix jours qui suivent la demande, les demandes en concession doivent être publiées et affichées. — Ces affiches et publications ont pour objet d'avertir les propriétaires intéressés et de les mettre à même de faire valoir leurs droits, soit par des demandes en concurrence, soit par la voie d'opposition tendant au rejet ou à la restriction de la demande.

162. — Le défaut d'affiches et de publications pourrait être opposé avec succès par les tiers auxquels il offrirait un moyen de tierce opposition à l'ordonnance de concession. — *Cons. d'Ét.*, 13 mai 1838, Liotard. — De là il résulte que les pétitionnaires intéressés à l'accomplissement de ces formalités pourraient, en cas de négligence de la part des fonctionnaires d'y procéder, mettre ces mêmes fonctionnaires en demeure. — Richard, nos 164 et 165; Cotelle, t. 2, p. 93.

163. — Mais que doit-on entendre par le délai de 10 jours indiqué par l'art. 22, comme celui dans lequel doivent être faites les publications et affiches? Ce délai court-il nécessairement à partir du jour de la demande, et n'y a-t-il pas lieu au contraire, par le préfet, à examiner la valeur de ces demandes, et à surseoir quand elles ne sont pas accompagnées des justifications susindiquées? — Oui assurément; car, ainsi que le porte une circulaire du directeur général du 31 oct. 1837: « Il n'est pas sans exemple que les demandeurs en concession aient abusé d'une publicité prématurément donnée à leur demande pour engager des tiers à contracter avec eux, à leur remettre des fonds sous prétexte qu'il y a une mine reconnue, un gage positif pour les contractans, et qu'ils avaient déjà des droits acquis. De même, on a vu quelquefois, lorsque les concessions avaient été instituées sans les précautions nécessaires, les titulaires se servir des titres qu'ils avaient entre les mains pour induire le public dans de graves erreurs; *il est donc du devoir de l'administration de chercher, par tous les moyens possibles, à prévenir de pareils abus : l'un de ces moyens est de veiller à ce qu'aucune demande en concession ne soit affichée et publiée, et la concession instituée avant que toutes les conditions voulues par la loi aient été remplies.* »

164. — Une autre circulaire du 24 juill. 1834 veut, par une prescription non moins sage, que le projet d'affiche soit préparé et transmis par l'ingénieur des mines au préfet et au directeur général, en y ajoutant les renseignemens obtenus sur les circonstances de l'entreprise, surtout s'il s'agit d'une mine récemment découverte, ou d'une mine dont l'exploitation peut intéresser la prospérité du pays où elle se trouve. — Peyret-Lallier, n° 344.

165. — Les affiches ont lieu pendant quatre mois, dans le chef-lieu du département, dans celui de l'arrondissement où la mine est située, dans le lieu du domicile du demandeur, et dans toutes les communes dans les territoires desquelles la concession peut s'étendre. Elles sont insérées dans les journaux du département. — L. 21 avr. 1810, art. 23.

166. — En ce qui concerne les mines de sel, sources ou puits d'eau salée, l'art. 8 de l'ord. royale du 7 mars 1841 a réduit la durée des affiches à deux mois.

167. — Les publications des demandes en concessions de mines ont lieu devant la porte de la maison commune et des églises paroissiales ou consistoriales, à la diligence des maires, à l'issue de l'office, un jour de dimanche, et au moins une fois par mois pendant la durée des affiches. Les maires sont tenus de certifier ces publications. — L. 21 avr. 1810, art. 24.

168. — A la différence des publications, les affiches n'ont pas besoin d'être renouvelées chaque mois; leur remplacement ne devient nécessaire que si elles ont été maculées ou lacérées. — Richard, nos 164 et 165; Peyret-Lallier, n° 345; Cotelle, t. 2, p. 93.

169. — Les demandes en concurrence et les oppositions qui peuvent y être formées sont admises devant le préfet jusqu'au dernier jour du quatrième mois, à compter de la date de l'affiche. — L. 21 avr. 1810, art. 26. — Le jour de l'affiche n'est pas compris dans le délai, d'après la maxime : *Dies à quo non computatur in termine.* — Peyret-Lallier, n° 348.

170. — Ces demandes doivent être notifiées par acte extra-judiciaire à la préfecture du département où elles sont enregistrées sur le registre indiqué à l'art. 22. Les oppositions sont notifiées à tous les intéressés, et le registre est ouvert à tous ceux qui en demandent communication. — L. 21 avril 1810, art. 26.

171. — A l'expiration du délai des affiches et publications, et sur la preuve de l'accomplissement des formalités portées aux articles précédens, dans le mois qui suivra au plus tard, le préfet du département, sur l'avis de l'ingénieur des mines, et après avoir pris des informations sur les droits et les facultés des demandeurs, donne son avis et le transmet au ministre de l'intérieur. — L. 21 avril 1810, art. 27.

172. — L'ingénieur des mines, après avoir vérifié et certifié le plan, fait connaître l'état de la mine à concéder, et donne son avis sur le mode d'exploitation qu'il estime le plus utile, comme aussi sur la redevance à allouer au propriétaire de la surface, et l'indemnité due à l'inventeur, au cas où il est autre que le demandeur.

173. — « S'il y a discussion entre les propriétaires du sol et le demandeur en concession, sur la quotité de la redevance, ou réclamation de part ou d'autre sur la proposition de l'ingénieur, la difficulté est soumise à l'avis du conseil de préfecture. » — Peyret-Lallier, n° 355.

174. — Ajoutons ici que l'administration forestière est également appelée à donner son avis avant que la concession ne soit accordée. — Favard de Langlade, *Rép.*, v° *Mines*, sect. 2.

175. — On doit évidemment entendre dans l'instruction les propriétaires de la surface, et les inventeurs de la mine, et les ayans droit des uns et des autres, à l'effet de produire leurs observations. Le silence de leur part, malgré les affiches et publications, pourrait les faire déclarer non recevables à élever des réclamations postérieurement à la concession.

176. — Quant aux oppositions ou demandes en concurrences tardives, elles ne peuvent faire partie de l'instruction; mais le préfet les transmet séparément au ministre avec un arrêté constatant les motifs pour lesquels elles n'ont pas été comprises et discutées dans l'instruction principale sur la demande en concession, et son avis sur le mérite de ces concessions. — Circ. minist. 27 oct. 1812, art. 1er et 2.

177. — Il est définitivement statué sur la demande en concession par un décret délibéré en Conseil d'Etat. — L. 21 avril 1810, art. 28. — V. DOMAINE DE L'ÉTAT, n° 218.

178. — Un préfet ne pourrait autoriser, même provisoirement, l'exploitation d'une mine. Ce serait un excès de pouvoir qui ne conférerait aucun droit à celui qui l'aurait sollicité. — Décis. minist. 30 oct. 1834. — V. *Annales des mines*, t. 7, p. 631.

179. — Jusqu'à l'émission du décret, toute opposition est admissible devant le ministre de l'intérieur ou le secrétaire général du Conseil d'Etat. Dans ce dernier cas, elle doit avoir lieu par une requête signée et présentée par un avocat au Conseil, comme il est pratiqué pour les affaires contentieuses; et dans tous les cas, elle doit être notifiée aux parties intéressées. — L. 1810, art. 28. — *Ibid.* — V. CONSEIL D'ÉTAT, n° 348.

180. — Si l'opposition est motivée sur la propriété de la mine acquise par concession ou autrement, les parties sont renvoyées devant les tribunaux et cours. — *Ibid.*

181. — Jugé que les tribunaux sont compétens pour statuer sur l'opposition formée à la concession d'une mine, sur le fondement de la copropriété de cette mine, surtout si le gouvernement a déclaré, par l'acte de concession, réserver aux tribunaux le jugement de cette opposition. Ce n'est pas méconnaître les dispositions de la loi de 1810 qui veulent, d'une part, que le gouvernement soit seul juge d'une demande de concession, et qui attribuent, d'autre part, à l'arrêté qui l'accorde l'effet de purger tous les droits des intéressés sans qu'aucune opposition soit admissible après l'émission de cet arrêté. — *Liége*, 9 mai 1834, Géradon c. Gendarme.

182. — Jugé, par le même arrêt, que la réserve mise par le gouvernement à l'arrêté de concession ne limite pas les droits de l'opposant en faveur duquel elle est stipulée, à celui de réclamer seulement des dommages-intérêts; qu'elle lui permet encore de demander d'être reconnu comme associé dans l'exploitation.

183. — Quant aux discussions qui peuvent s'élever entre les demandeurs en concession, relativement aux propriétés de la surface, elles ne peuvent mettre obstacle à la concession. C'est aux tribunaux saisis directement par les parties, ou par un renvoi ordonné par le ministre ou par le Conseil d'Etat, et non par le préfet qui, dans le cas d'opposition, doit se borner à le communiquer au ministre, à statuer sur ces difficultés, qui n'empêchent pas d'accorder la concession aux demandeurs. — *Cons. d'Etat*, 24 mai 1833, Châteauneuf c. Charlerolle. — Richard, nos 178, 179 et suiv.; Peyret-Lallier, n° 356. — V. aussi circul. du 27 oct. 1812, art. 3.

184. — Mais l'on a vivement débattu la question de savoir si lorsqu'une demande en concession se trouve complétement instruite et qu'il n'y a plus qu'à statuer, l'administration peut cependant avoir égard à une demande en concurrence qui n'aura pas subi les formalités de publication et d'affiches; si elle doit ajourner les solutions de l'instance déjà instruite, ou si elle doit passer outre, sans égard à la nouvelle demande, qui serait ainsi présentée tardivement? La difficulté vient de ce que l'art. 2 précité (*suprà* n° 176) de l'arrêté du 27 oct. 1812 statuant pour les cas où des oppositions ou demandes en concurrence seraient remises à la préfecture après les délais de l'art. 26, prescrit le renvoi par le préfet au ministre sans distinguer entre les oppositions et les demandes en concurrence, tandis que l'art. 28 ne fait mention que de l'opposition comme pouvant être portée devant le ministre ou le secrétaire général du Conseil d'Etat jusqu'à l'émission de l'arrêté de concession.

185. — A ce sujet, le Conseil d'Etat (sections réunies), a, le 3 mai 1837, arrêté : 1° que lorsque les demandes en concession de mines ont été instruites conformément aux règles prescrites par la loi du 21 avr. 1810, le gouvernement peut accorder la concession, nonobstant une nouvelle demande qui serait présentée après les délais déterminés par la loi; 2° que le gouvernement peut toujours aussi, si les demandes en concurrence sont présentées après les délais, et s'il le juge convenable, surseoir à la concession; 3° que, dans ce cas, avant de statuer sur les nouvelles demandes, il est indispensable de procéder à une instruction complète, conformément aux prescriptions du tit. 4 de la loi du 21 avr. 1810. — Cet avis a été transmis aux préfets avec la circulaire du 20 sept. 1837 rédigée conformément aux principes qu'il consacre. — V., du reste, sur cette question, Richard, n° 174; Peyret-Lallier, n° 350; Cotelle, t. 2, p. 99; rapport au Corps législatif de M. Stanislas Girardin, discussion au Conseil d'Etat, Locré, p. 374; *Ann. des mines*, t. 11, p. 665.

186. — Si la demande en concurrence tardive est, comme nous venons de le dire, soumise aux formalités de l'affiche et de la publication, alors qu'elle a été prise en considération, au contraire la demande en concurrence formée en temps utile y échappe en principe; car elle n'est au résumé qu'une opposition à la demande primitive. — Circ. min. 3 nov. 1812. — « Et, en effet, disait le ministre, si cette demande avait lieu avant la fin du quatrième mois, l'instruction se prolongerait jusqu'au huitième; mais si à cette époque il se présentait un nouveau concurrent, sa réclamation reporterait l'instruction au douzième mois: et alors il n'y aurait pas de raisons pour voir le terme de ces retardemens administratifs. »

187. — Il en serait toutefois différemment si la demande nouvelle portait sur un périmètre autre que celui compris dans la demande du premier pétitionnaire; car alors il peut y avoir de nouveaux intéressés inventeurs ou propriétaires, qui n'avaient aucun intérêt à s'opposer à la première demande, et à qui il faut bien accorder les délais nécessaires pour faire leurs réclamations. — Peyret-Lallier, n° 353; Richard, n° 177. — V. circ. 3 nov. 1812.

188. — L'ordonnance portant concession est d'abord insérée au *Bulletin des lois.* — L'instruction du 10 août 1810 veut qu'elle soit ensuite adressée par le ministre des travaux publics au préfet, qui la notifie sans délai au concessionnaire et en ordonne les publications et affiches dans les communes dont la concession embrasse le territoire en totalité ou en partie. — Cotelle, t. 2, p. 124.

189. — Quoique la publication et l'apposition des affiches doivent être ordonnées par les préfets, celui qui a obtenu la concession est très-intéressé à la requérir et à notifier, en outre, individuellement l'ordonnance aux parties intéressées; autrement il risquerait de voir attaquer plus tard son titre de propriété et à le voir peut-être déclarer non avenu sur une opposition. — *Cons. d'Etat*, 13 mai 1818, Liotard c. Ferry-Lacombe. — Cotelle, t. 2, p. 124; Richard, nos 181 et suiv.

190. — Bien que l'art. 28 porte que les oppositions seront formées *comme il est pratiqué pour les affaires contentieuses*, il n'en faut pas conclure qu'il est statué par voie contentieuse. La concession de mines est un acte de juridiction gracieuse, et constitue un acte libre de souveraineté du chef de l'Etat qui ne saurait être attaqué par voie contentieuse. — Décret du 16 mars 1809. — Dalleau, n° 469; Richard, n° 178; Peyret-Lallier, n° 358.

191. — Dans ce cas, c'est au chef de l'Etat, et par l'intermédiaire du ministre même qui a fait rendre l'ordonnance, que la demande doit être adressée, suivant les formes établies par l'art. 40 du règlement du 22 juill. 1806. — Mêmes auteurs.

192. — Plusieurs ordonnances du Conseil d'Etat ont consacré cette solution en rejetant des pourvois formés dans des espèces diverses. — V. notamment *Cons. d'Etat*, 4 mars 1809, David c. Giroud; 4 août 1811, Benoist; 21 mars 1821, Pujol et Viguier; 8 août 1821, Hutrel c. Lamy; 24 mai 1833, Chateauneuf c. Charlerolle.

193. — Il en est ainsi alors même que le réclamant soutiendrait que par erreur la concession embrasse des mines qui sont sa propriété. — *Cons. d'Etat*, 26 août 1818, Vitalis et Lurat c. Costel et Castellane; 23 août 1820, mêmes parties.

194. — Les parties qui se prétendent lésées par une ordonnance d'autorisation en matière de mines ne sont pas recevables à se pourvoir par la voie contentieuse. — *Cons. d'Etat*, 21 mars 1821; 8 avr. 1841, Hutrel c. Lamy.

195. — Il en serait différemment dans le cas où les formalités prescrites n'auraient pas été observées; alors les tiers pourraient se pourvoir contre l'ordonnance de concession par la voie contentieuse. — *Cons. d'Etat*, 4 mars 1809, David c. Giroud. — Cormenin, v° *Mines*, p. 515.

196. — Ainsi, évidemment, une simple décision ministérielle portant rejet de la demande serait susceptible d'être annulée par le Conseil d'Etat, sur un recours formé par la voie contentieuse. — Cotelle, t. 2, p. 105.

197. — De même, les tiers intéressés qui n'auraient été ni entendus ni légalement appelés lors d'une concession de mines ou d'une ordonnance de délimitation de cette concession, peuvent se pourvoir par la voie contentieuse contre ces diverses ordonnances, qui, s'il y a lieu, devront être rapportées. — *Cons. d'État*, 21 fév. 1814.

198. — Jugé encore que l'ordonnance de concession de mines situées dans diverses communes peut être rapportée si le concessionnaire n'a pas fait afficher sa demande dans les communes de la situation des mines, conformément aux art. 11 et 12 de la loi du 28 juill. 1791, et s'il n'a pas fait signifier son ordonnance au propriétaire de l'une des mines enclavées dans sa concession. — *Cons. d'Etat*, 13 mai 1813, Liotard c. Ferry-Lacombe.

199. — ... Et que, alors même qu'un tiers n'a pas été nommé dans l'acte de concession, s'il était co-pétitionnaire avec plusieurs autres, lui ou ses héritiers sont recevables à se pourvoir en rectification de l'acte de concession par la voie contentieuse. — *Cons. d'Etat*, 14 fév. 1813, Vitalis c. Larut.

200. — Mais il y a non recevabilité alors que le nom n'a pas figuré dans la demande de concession, quelles qu'aient pu être les conventions particulières avec les concessionnaires de la mine, et sans qu'on puisse argumenter de ce que l'omission du nom est le résultat d'une erreur. — *Cons. d'Etat*, 20 juill. 1836, Peyret.

201. — Lorsque toutes les formalités prescrites pour l'obtention de la concession ont été observées, les tiers ne sont plus admis à en demander la révocation, en se fondant sur ce que les concessionnaires ne se soumettraient pas à toutes les obligations que l'ordonnance de concession leur a imposées. — *Cons. d'Etat*, 11 août 1808, Boussier c. Cherbonnier.

202. — L'étendue de la concession est déterminée par l'acte de concession; elle est limitée par des points fixes, pris à la surface du sol et passant par des plans verticaux menés de cette surface dans l'intérieur de la terre à une profondeur indéfinie; à moins que les circonstances et les localités ne nécessitent un autre mode de limitation. — L. 21 avril 1810, art. 29.

203. — Si dans l'étendue concédée il se trouve un gîte de substances non concédées, le concessionnaire de la mine n'y a aucun droit; il peut seulement faire des recherches, c'est même une obligation qui est en général imposée par les ordonnances de concession. — Richard, n° 205.

Sect. 5e. — *Charges et redevances imposées aux concessionnaires.*

§ 1er. — *Redevance due à l'État et aux communes.*

204. — Ainsi que nous l'avons dit (V. *suprà* n° 131), l'exploitation des mines n'est pas considérée comme un commerce. Elle n'est pas sujette à patente. — L. 21 avril 1810, art. 32; L. 25 avril 1844, art. 13, n° 4. — V. PATENTE.

205. — Jugé par application de cet article que l'exploitation des mines ou carrières ne constitue point un acte de commerce, même à l'égard de ceux qui ne sont que locataires de la mine ou de la carrière. — Ainsi l'exploitant d'une carrière à plâtre qui ne se livre à aucune espèce de fabrication et vend seulement la pierre brute et telle qu'elle est extraite de la carrière ne peut être considéré comme commerçant. Il en est ainsi, alors même qu'on rapporterait contre lui la preuve d'endossemens plus ou moins nombreux, mais non habituels, de billets à ordre, lorsque ces endossemens ont pour objet non des opérations de commerce, mais pour but de réaliser, dans un délai plus rapproché, les produits de la mine. — *Paris*, 24 sept. 1846 (t. 1er 1847, p. 133), Tiercelin c. Franqueville; 22 fév. 1848 (t. 1er 1848, p. 449), Modérat d'Otemar c. Ganneron. — V. ACTE DE COMMERCE, nos 141 et suiv., 145 et suiv., 256. — V. aussi CARRIÈRES, nos 21 et suiv.

206. — Cette faveur toute spéciale établie par la loi dans le but de favoriser le développement de l'exploitation des mines ne doit pas être appliquée hors du cas spécial en vue duquel l'art. 32 de la loi du 21 avr. 1810 a été édicté.

207. — Ainsi jugé que le caractère de non-commercialité n'appartient qu'au cas où celui qui exploite une mine de fer possède en même temps un établissement de forges et de fourneaux. — *Liège*, 15 mars 1827, N...

208. — En même temps qu'elle affranchit l'exploitation des mines de la contribution de la patente, la loi de 1810, par son art. 33, la soumet à un impôt spécial, qualifié par elle redevance. — Il convient néanmoins de remarquer que la redevance n'est due que pour les mines qui doivent être exploitées par voie de concession, et qu'en conséquence les mines à exploiter à ciel ouvert n'étant pas sujettes à concession, demeurent affranchies de la taxe établie par la loi de 1810. — *Cons. d'Etat*, 5 sept. 1821, Caron.

209. — La redevance due par le concessionnaire à l'Etat se compose de deux élémens : 1° l'élément fixe; 2° l'élément proportionnel. — L. 21 avr. 1810, art. 33.

210. — La redevance fixe est annuelle et réglée d'après l'étendue de la concession; elle est de 10 fr. par kilomètre carré. — L. 21 avril 1810, art. 34.

211. — La redevance fixe a été établie par la loi à l'effet de prévenir l'abus de concessions excessives, et de contraindre ainsi les demandeurs à ne comprendre que les terrains rigoureusement nécessaires pour le développement de leur exploitation. — Et c'est par ce motif qu'une instruction ministérielle, en date du 10 août 1810, a statué que si plusieurs concessions sont comprises dans la même surface, chacune d'elles doit payer intégralement la redevance fixe.

212. — Quant à la redevance proportionnelle, elle est due à raison des produits de l'extraction. — L. 21 avril 1810, art. 33 et 34. — Il faut entendre par là le produit *net* et non le produit *brut* des mines. — *Cons. d'Etat*, 4 juin 1839, de Broglie.

213. — Les art. 35 et suivans de la loi du 21 avr. 1810, complétée, sur ce point, par le décret du 6 mai 1811, contiennent sur l'assiette et la perception de la redevance proportionnelle un ensemble de prescriptions dont nous allons présenter le résumé.

214. — « La redevance proportionnelle, dit l'art. 35, sera réglée chaque année par le budget de l'Etat, comme les autres contributions publiques. Toutefois, elle ne pourra jamais s'élever au-dessus de 5 pour 100 du produit net.

215. — La redevance proportionnelle est fixée sur le rapport de l'ingénieur des mines, par un comité d'évaluation départemental composé du préfet, de deux membres du conseil général désignés par le préfet, du directeur des contributions directes et de l'ingénieur des mines, et de deux des principaux propriétaires de mines dans les départemens où il y a un nombre d'exploitations suffisant. — Déc. du 6 mai 1811, art. 23 et 24.

216. — Ce comité procède aux appréciations du produit net, soit d'office, soit en ayant égard aux déclarations des exploitans qui les auront fournies. Pour éclairer le comité, le préfet et l'ingénieur des mines réunissent d'avance tous les renseignemens qu'ils jugent nécessaires, notamment ceux concernant le produit brut de chaque mine, la valeur des matières extraites ou fabriquées, le prix des matières employées et de la main-d'œuvre, l'état des travaux souterrains, le nombre des ouvriers, les noms des ports ou lieux d'exportation ou de consommation, et la situation plus ou moins prospère de l'établissement. Le comité doit avoir égard à ces renseignemens. — Décr. 6 mai 1811, art. 26 et 38. — Il résulte de ces dispositions que le produit net, qui doit servir de base à la redevance proportionnelle, n'est autre que le produit brut, déduction faite des dépenses.

217. — Mais il importe de remarquer que par produit brut il faut entendre la valeur des minerais au moment de leur extraction, *dans leur état* brut, et non celle qu'ils peuvent avoir après les travaux auxquels ils ont été soumis depuis leur extraction. — *Cons. d'Etat*, 4 juin 1839, de Broglie. — Peyret-Lallier, n° 390.

218. — Si la mine est affermée par les concessionnaires, le prix du fermage ne saurait être considéré comme le produit net servant de base à la redevance proportionnelle. — V. *Annales des mines*, t. 13.

219. — Si deux mines appartiennent au même propriétaire, il n'y a pas lieu, pour l'évaluation de la redevance, de déduire le déficit de l'une sur le bénéfice de l'autre; chacune d'elles doit être considérée isolément. — Décision ministér., 8 mars 1835.

220. — Bien plus, par une rigueur d'interprétation qu'autorise le texte des décrets précités, l'administration a toujours décidé que, s'agît-il d'une seule et même mine, l'exercice annuel doit être seul considéré, et qu'en conséquence la mine eût-elle été en perte une année, il n'y avait pas lieu d'imputer l'excédant du déficit sur l'année suivante pour établir le taux de la redevance proportionnelle. — Décis. minist., 28 fév. 1835. — V. *Annales des mines*, t. 11, p. 755.

221. — L'art. 35 de la loi de 1810 permet de consentir un abonnement pour ceux des propriétaires des mines qui le demandent. « Ces abonnemens doivent être approuvés par le préfet, sur l'avis de l'ingénieur des mines quand l'évaluation du produit net donne une redevance au-dessous de mille francs; par le ministre de l'intérieur (aujourd'hui des travaux publics), sur le rapport du directeur général, quand la redevance est au-dessus de mille jusqu'à trois mille francs; et au-dessus de trois mille francs par un décret rendu en Conseil d'Etat. » — Décret 6 mai 1811, art. 34.

222. — « Il est imposé en sus un décime par franc, lequel forme un fonds de non-valeur à la disposition du gouvernement, pour dégrèvement en faveur des propriétaires de mines qui éprouveraient des pertes ou accidens. — L. 21 av. 1810, art. 36.

223. — La redevance proportionnelle est imposée et perçue comme la contribution foncière. Les réclamations à fin de dégrèvement ou de rappel à l'égalité proportionnelle sont jugées par les conseils de préfecture. Le dégrèvement est de droit, quand l'exploitant justifie que sa redevance excède 5 p. 0/0 du produit net de son exploitation. — *Ibid.*, art. 37. — V. encore circulaire du 3 août 1810, décr. du 6 mai 1811, tit. 5. — Richard et Cotelle, *loc. cit.*

224. — L'art. 38 de la même loi a autorisé le gouvernement à accorder s'il y a lieu, pour les exploitations qu'il en jugerait susceptibles, et par un article de l'acte de concession ou par un décret spécial délibéré en Conseil d'Etat pour les mines déjà concédées, la remise en tout ou partie du paiement de la redevance proportionnelle, pour le temps qui serait jugé convenable, et ce, comme encouragement, en raison de la difficulté des travaux : semblable remise peut aussi être accordée, comme dédommagement, en cas d'accident de force majeure qui surviendrait pendant l'exploitation. — L. 21 avr. 1810, art. 38. — V. encore décr. du 6 mai 1811, art. 44 à 57. — Circulaire minist., 1er sept. 1812, art. 5.

225. — « Le produit de la redevance fixe et de la redevance proportionnelle forme un fonds spécial, dont il est tenu un compte particulier au trésor public, et qui est appliqué aux dépenses de l'administration des mines et à celles des recherches, ouvertures et mises en activité des mines nouvelles ou au rétablissement de mines anciennes. — L. 21 avr. 1810, art. 29. — « L'instruction ministérielle, dit M. Peyret-Lallier (n° 592), ajoutait que ce produit pourrait être encore très-utilement appliqué pour encouragement à raison de machines puissantes ou de grands travaux économiques et surtout à l'exploitation de moyens utiles à plusieurs mines d'un même canton, par exemple, un percement de galeries profondes d'écoulement qui préparent un nouveau champ d'extraction à plusieurs concessions de mines, à l'établissement de fonderies centrales. — On connaît peu d'exemples de l'emploi d'une partie des contributions à des travaux intéressant directement l'industrie minérale. »

226. — Les art. 40 et 41 de la loi du 21 avr. 1810 ont pour objet de régler la position des anciens concessionnaires de mines dont les titres étaient antérieurs à la loi du 28 juillet 1791. — Ils disposent : 1° (art. 40) que les anciennes redevances dues à l'Etat, soit en vertu des lois, ordonnances ou règlemens, soit d'après les conditions énoncées en l'acte de concession, soit d'après des baux et adjudications au profit de la régie du domaine, cesseront d'avoir cours à compter du jour où les redevances nouvelles seront établies.

227. — L'abolition a été absolue; ainsi elle s'est appliquée notamment aux redevances stipulées par l'administration dans les baux ou adjudications consentis par elle en faveur de particuliers pour l'exploitation de certaines mines. — Peyret-Lallier, n° 402.

228. — .. 2° (art. 41) Que ne sont pas comprises dans l'abrogation des anciennes redevances celles dues à titre de rentes, droits et prestations quelconques, pour cession de fonds ou autres causes semblables, sans déroger toutefois à l'application des lois qui ont supprimé les droits féodaux.

229. — Cette dernière partie de l'art. 40 a donné lieu à une difficulté, celle de savoir si la rente anciennement constituée pour prix de la cession d'une exploitation de mines, consentie par un ancien seigneur, devait être réputée féodale, difficulté d'autant plus délicate que l'article 40 ne parle que des anciennes redevances dues à l'Etat et non de celles consenties à des particuliers.

230. — Jugé, sous l'empire de la loi du 28 juill. 1791, que, dans le Hainaut, le droit de fouiller les mines et de s'approprier ce qui en est extrait, connu sous le nom d'*avoir en terre non extrayé*, étant un droit féodal, résultant de la justice seigneuriale, ce droit a été aboli ainsi que la redevance appelée *entre-cens* que payaient au seigneur ceux à qui il avait été concédé la faculté d'exploiter. — *Cass.*, 16 vent. an XII (et non an XIII), Schuylener c. Carrondelet; 23 vendém. an XIII, Déroyer c. Barbier.

231. — Jugé, au contraire, que lorsque, dans le même pays, un seigneur qui était en même temps propriétaire foncier a concédé, en cette dernière qualité, l'exploitation d'une mine de houille, et que l'acte de concession ne contenait ni *cens*, ni réserve dérivant de la féodalité, le *terrage* (redevance) qui a été stipulé n'a pas été atteint par les lois abolitives de la féodalité, surtout quand il est reconnu que cette redevance n'était autre chose qu'un loyer ou fermage ou prestation annuelle ordinaire, et qu'en conséquence la redevance demeure maintenue. — *Cass.*, 21 déc. 1808, Enregistrement c. Fontaine-Cornil. — V. analogue *Cass.*, 15 mai 1833, confirmatif d'un arrêt d'*Angers*, 5 mars 1831, Mouly c. de Foullon.

232. — *Redevance due aux communes.* — Nous nous bornerons à rappeler ici qu'outre la redevance envers l'Etat, les concessionnaires exploiteurs de mines sont, en vertu de l'art. 14 de la loi du 21 mai 1836, assujettis à contribuer dans la proportion de la dégradation qu'ils y causent, à l'entretien et à la réparation des chemins vicinaux. — V. CHEMINS VICINAUX, nos 576 et suiv.

§ 2. — *Redevance et indemnités dues aux propriétaires de la surface. — Caractères de la redevance. — Redevance due aux inventeurs.*

233. — Les mines sont l'accessoire du sol, et l'utilité publique a voulu qu'elles pussent être considérées comme susceptibles d'être possédées et exploitées distinctement de la surface; on conçoit cependant qu'une indemnité soit accordée au propriétaire de la surface.

234. — La loi romaine contenait, sur ce point, des dispositions expresses; aux termes de la loi 3 C. *de metallariis*, alors que l'exploitation de la mine n'avait pas lieu par le propriétaire de la surface, un dixième des produits devait lui être réservé.

235. — Sous notre ancien droit, l'édit de 1548 statua que les exploitans des mines devaient *satisfaire* et *contenter* les propriétaires de la surface au dire de prud'hommes. Il est vrai que, postérieurement, l'ordonnance de 1548 ne fit plus mention que de l'indemnité pour dommages causés.

236. — La législation transitoire ne fut pas plus favorable aux propriétaires que l'ordonnance de 1548; comme elle, la loi du 28 juillet 1791 ne reconnaissait que l'indemnité pour dommages causés au fond.

237. — Lorsque fut discutée la loi de 1810, le Corps législatif émit également la pensée qu'aucun droit de redevance ne fût accordé au propriétaire de la surface, se bornant à accorder à celui-ci un droit de préférence sur les mines qu'elle considérait comme propriétés publiques. Néanmoins l'avis du Conseil d'Etat prévalut, et de là le principe posé en l'art. 6 de la loi du 21 avril 1810, à savoir qu'une redevance est due par l'exploitant au propriétaire de la surface.

238. — Les obligations des concessionnaires de mines à l'égard des propriétaires de la surface consistent donc : 1o dans le paiement d'une redevance qui est due à ces derniers comme indemnité de l'expropriation du tréfonds; 2o dans les indemnités éventuelles pour réparation du préjudice que peuvent occasionner pour la jouissance de la surface les travaux de l'exploitation.

239. — C'est l'acte de concession qui doit déterminer le taux de la redevance. — L. 21 avril 1810, art. 6 et 42.

240. — Il résulte de la discussion qui eut lieu au Conseil d'Etat que la redevance due au propriétaire doit être acquittée avant la prime due à l'inventeur. — Peyret-Lallier, no 303.

241. — A cet effet, l'instruction ministérielle du 3 août 1810 enjoint au demandeur en concession de faire offre d'une redevance au propriétaire de la surface. — En cas de contestation de la part de ce dernier sur le montant de la redevance, le conseil de préfecture est appelé, sur le rapport de l'ingénieur des mines, à prendre une décision que l'arrêté de concession confirme ou modifie en accordant la concession demandée.

242. — Jugé que la loi du 21 avril 1810, alors qu'elle statue, par son article 42, que la redevance sera faite par l'acte de concession, n'a pu avoir en vue que le cas où il s'agit de concessions perpétuelles faites à des tiers, et lors desquelles les intéressés ont été appelés et admis à faire valoir leurs droits. — *Cass.*, 8 août 1839 (t. 2 1839, p. 178), Domaine de l'Etat c. Comp. Parmentier.

243. — Spécialement la disposition de l'article 42 devient inapplicable alors qu'il s'agit d'une concession emphytéotique ordonnée au profit de l'Etat à titre de régie intéressée, d'une mine s'étendant sur plusieurs départemens et dont la mise en possession à son profit ne peut être que fractionnée. — Même arrêt.

244. — Dans ce cas, le règlement des droits des propriétaires de la surface ne peut avoir lieu qu'au fur et à mesure des exploitations; mais, jusque-là, l'Etat n'est pas moins propriétaire de la mine, et ceux de la surface ne peuvent, sans se rendre passibles non-seulement de peines correctionnelles, mais aussi de dommages-intérêts envers lui, se livrer à une exploitation particulière. — Même arrêt.

245. — Spécialement la loi du 6 avril 1825 qui a ordonné, au profit de l'Etat, la concession emphytéotique à titre de régie intéressée de la mine de sel gemme existant dans l'étendue de dix départemens, n'a pas entendu soumettre l'Etat, pour qu'il pût revendiquer les droits de propriété, à un règlement immédiat et anticipé des droits du propriétaire de la surface; dès lors le propriétaire qui, sous prétexte de cette absence de règlement, alors que la mine existant sous son terrain n'était pas encore en voie d'exploitation s'est livré à une exploitation particulière, est passible de dommages-intérêts envers l'Etat ou envers la compagnie des salines qui le représente, comme adjudicataire de la concession. — Même arrêt.

246. — Si la concession embrasse le tréfonds de plusieurs propriétés distinctes, chacun des propriétaires recouvre spécialement sa redevance personnelle.

247. — Mais un concessionnaire d'une mine n'a pas le droit de contraindre les propriétaires communistes de la surface à nommer un mandataire unique pour percevoir les redevances et exercer tous les droits de surveillance et de vérification qui appartiennent à ces propriétaires. — *Lyon*, 19 fév. 1841 (t. 1er 1841, p. 677), Compagnie Côte-Thiollière c. Beaujelin et Flachier.

248. — La redevance n'est évidemment due par le concessionnaire, qu'autant que dure sa possession, ainsi, du reste, que cela a toujours été de droit commun pour les rentes foncières. — Delebecque, no 736; Peyret-Lallier, no 388. — V. RENTES.

249. — Mais il est libre aux particuliers de convertir ce droit de redevance de propriétaire de la surface, en une action personnelle contre le concessionnaire et ses héritiers. Dans ce cas, la vente de la mine n'éteindrait pas l'action du propriétaire, sauf ensuite le recours de son débiteur contre qui de droit. — Mêmes auteurs. — En effet, la loi se borne à poser en principe le droit à la redevance; mais ce qui touche à la forme et au paiement de cette redevance, rentre naturellement dans le domaine des conventions particulières.

250. — Mais le droit de convention s'arrête là où paraît l'intérêt public: ainsi, notamment, il ne serait pas permis de déroger à l'observation des règles de l'art et des mesures de sûreté prescrites par l'administration. — Peyret-Lallier, no 89.

251. — Dans le silence des parties intéressées ou en cas de désaccord, l'autorité a le droit de déterminer si la redevance devra être en argent ou en nature. — Peyret-Lallier, no 407.

252. — Lorsque la redevance est en nature, c'est d'ordinaire sur le produit brut qu'elle est calculée, sans aucune déduction des frais d'extraction. — Peyret-Lallier, no 410. — A cet effet, le propriétaire de la surface a le droit incontestable de surveiller l'exploitation du concessionnaire. Il y a, dans ce cas, ainsi que cela fut expressément reconnu dans la discussion de la loi de 1810, entre le propriétaire de la surface et le concessionnaire une association forcée.

253. — Mais le droit du propriétaire de la surface n'irait pas jusqu'à pouvoir demander la déchéance du concessionnaire. L'acte de concession de la mine est évidemment étranger au propriétaire de la surface; seul, aux termes de la loi du 27 avril 1838, le gouvernement a le droit de révoquer la concession, alors que celui qui l'a obtenue ne se conforme pas aux obligations qui lui ont été imposées. — V., cependant, *contrà* Proudhon, *Du domaine de propriété*, no 779.

254. — Les associés concessionnaires d'une mine peuvent être condamnés au paiement solidaire de la redevance établie sur cette mine, en faveur des propriétaires de la surface, alors que cette redevance était indivisible en regard des débiteurs. — *Cass.*, 10 déc. 1845 (t. 2 1846, p. 423), Albert c. Novallet.

255. — Cette indivisibilité résulte soit de ce que la redevance devait être acquittée par une société formée de la réunion de tous les concessionnaires, soit de ce qu'on n'a pu vouloir, lors de la convention, que le propriétaire du sol fût obligé de diviser sa créance en autant de portions qu'il y aurait d'exploitans, soit enfin de ce qu'une pareille redevance participe de la nature de la rente foncière. — Même arrêt.

256. — La redevance accordée par l'art. 6 au propriétaire de la surface n'est pas une indemnité de la même nature que celle qui a lieu en cas d'expropriation pour cause d'utilité publique. — *Cass.*, 8 août 1839 (t. 2 1839, p. 173), Domaines de l'Etat c. Parmentier.

257. — Aussi avons-nous vu que, tandis que le droit à l'indemnité, en cas d'expropriation, ne constitue qu'un droit purement personnel; au contraire, « la valeur des droits résultant en faveur du propriétaire de la surface, en vertu de l'article 6 de la présente loi, demeure réunie à la surface et est affectée avec elle aux hypothèques prises par les créanciers des propriétaires. — L. 21 avril 1810, art. 18.

258. — Par cette adjonction, qui a lieu de plein droit, la redevance, qui en est l'objet, se trouve tellement réunie et civilement identifiée avec le terrain de la surface, que dès lors elle est frappée des mêmes hypothèques que ce terrain, qui précédemment frappaient sur tous les fonds, ou qui postérieurement pourront être établies à la charge du superficiaire. — Proudhon, *Du domaine de propriété*, no 779.

259. — D'où il résulte : 1o que la vente en aliénation du fonds de la surface doit comporter aussi pour l'acquéreur le transport de la rente, qui est l'accessoire légal et inséparable du sol. — *Ibid.* — 2o Que cette rente est une vraie propriété immobilière, soit comme accessoire légal du fonds, soit comme déclarée par la loi spécialement passible des hypothèques qui affectent l'immeuble superficiaire. — *Ibid.*

260. — Jugé dès lors que le droit de redevance accordé par la loi du 21 avril 1810 au propriétaire du sol dans lequel existe une mine concédée à des tiers est un droit immobilier, susceptible d'expropriation forcée, alors même que, par suite d'une aliénation quelconque (vente, donation ou partage), ce droit a été séparé de la propriété du sol. — *Lyon*, 29 décembre 1846 (t. 1er 1847, p. 417), Flachat c. Chol.

261. — Et tel est le caractère immobilier du droit de redevance, que la vente que pourrait faire isolément le propriétaire de la surface ne changerait pas son caractère. Lors de l'exposé des motifs, Treilhard déclara formellement, sur ce point, que la vente de la redevance pouvait sans doute avoir lieu, mais *sauf le droit des créanciers.* — Peyret-Lallier, no 310.

262. — Ainsi notamment les créanciers du propriétaire de la surface auraient droit au capital payé par le concessionnaire pour rachat de la redevance. — Delalleau, no 1163.

263. — Mais ces mêmes créanciers n'auraient cependant pas le droit de recevoir eux-mêmes la redevance due par le concessionnaire aux propriétaires du sol; seulement ils pourraient en saisir et suivre le prix. — Delalleau, *ibid.* — Ce n'est évidemment que du jour de la saisie dénoncée que les redevances sur les mines, considérées comme fruits, sont immobilisées... — Jusqu'à la dénonciation de la saisie, les redevances se mobilisent au fur et à mesure d'extinction, et sont le gage commun des créanciers. » — Peyret-Lallier, no 306.

264. — L'acte contenant fixation volontaire de la redevance due par un concessionnaire de mine au propriétaire d'un terrain, ne peut être considéré comme opérant une mutation de propriété, et dès lors il ne donne point ouverture à un droit proportionnel d'enregistrement. — *Cass.*, 28 mai 1834, Enregistrement c. comp. des mines de la Roche et Firminy. — V. ENREGISTREMENT.

265. — *Indemnité pour travaux d'exploitation.* — Indépendamment de la redevance dont il a été parlé plus haut, le concessionnaire de la mine est tenu de payer au propriétaire de la surface une indemnité à raison 1o du terrain occupé par lui pour les travaux d'exploitation à la surface, 2o des dommages que l'exploitation peut occasionner à la propriété.

266. — Sous le premier rapport, l'art. 43 de la loi de 1810 dispose que les propriétaires de mines sont tenus de payer les indemnités dues aux propriétaires de la surface sur le terrain duquel ils établiront leurs travaux. Si les travaux entrepris par les explorateurs ou par les propriétaires de mines ne sont que passagers, et si le sol où ils ont été faits peut être mis en culture au bout d'un an, comme il était auparavant, l'indemnité sera réglée au double de ce qu'aurait produit net le terrain endommagé.

267. — L'art. 44 ajoute : « Lorsque l'occupation des terrains pour la recherche ou les travaux des mines prive les propriétaires du sol de la jouissance du revenu au delà du terme d'une année, ou lorsque, après les travaux, les terrains ne sont plus propres à la culture, on peut exiger des propriétaires des mines l'acquisition des terrains à l'usage de l'exploitation. Si le propriétaire de la surface le requiert, les pièces de terre trop endommagées ou dégradées sur une trop grande partie de leur surface, devront être achetées en totalité par le propriétaire de la mine. L'évaluation du prix sera faite, quant au mode, suivant les règles établies par la loi du 16 sept. 1807 (sur le desséchement des marais, etc., titre 11); mais le terrain à acquérir sera toujours estimé en double de la valeur qu'il avait avant l'exploitation de la mine. — V. Delalleau, nos 699 et 700; Richard, nos 241, 242 et suiv.; Cotelle, t. 2, p. 3 et suiv.

268. — Il est incontestable que le concessionnaire de la mine ne peut, de son autorité privée, s'emparer de telle ou telle partie de la mine, sous prétexte qu'elle est nécessaire à son exploitation; il faut, avant tout, que l'autorité administrative constate l'utilité de l'occupation, et que les tribunaux aient autorisé la mise en possession. — Cette autorisation ne peut du reste lui être accordée que pour le terrain strictement nécessaire à l'exploitation, et jamais le concessionnaire n'a le droit, sans le consentement du propriétaire, d'occuper une partie du fonds pour d'autres travaux, tels, par exemple, que des ateliers destinés à travailler le minerai extrait.

269. — Toute gêne, quelle qu'elle soit, apportée à la propriété de la surface, même dans les limites légales, donne lieu à l'indemnité en faveur du propriétaire. Spécialement on ne peut regarder une mine comme un fonds enclavé, auquel le passage est dû sans indemnité. — *Bourges*, 20 avril 1831, administ. des mines de Decize c. Pinet.

270. — Le droit alternatif accordé par l'art. 44 de réclamer une indemnité ou d'exiger le rachat appartient d'une manière absolue au propriétaire de la surface. On doit ajouter que, même après avoir pendant plusieurs années perçu l'indemnité annuelle, le propriétaire pourrait, changeant d'avis, contraindre le concessionnaire à l'achat. — Mais le concessionnaire n'aurait jamais le droit de contraindre le propriétaire de la surface, qui opterait pour l'indemnité, à lui vendre son sol.

271. — De même que les explorateurs (V. *suprà* nos 107 et suiv.), les concessionnaires de mines ne peuvent s'emparer des terrains sur lesquels ils veulent diriger leurs travaux qu'après avoir payé au propriétaire une indemnité préalable. — *Bourges*, 20 avr. 1831, Decize c. Pinet.

272. — Et à défaut de paiement ou d'offres, avant les travaux, l'indemnité ne doit plus être réglée par la loi du 21 avril 1810, mais par le droit commun qui veut qu'elle soit l'équivalent de tout le dommage causé. — Même arrêt.

273. — L'indemnité due au propriétaire de la surface pour occupation du terrain ne doit pas être confondue avec la redevance; l'acceptation de cette redevance, *sans condition ni réserve*, n'élèverait donc aucune fin de non-recevoir contre la demande ultérieure d'indemnités, pour travaux faits à la surface.

274. — Quant à l'indemnité due au propriétaire de la surface pour réparation du dommage que l'exploitation a pu causer à sa propriété, la loi du 21 avr. 1810 n'en proclame pas le droit en termes absolus, mais c'est une conséquence irrécusable de la règle générale posée en l'art. 1382 du C. civ.

275. — A cet égard, la loi du 21 avr. 1810 (art. 15) se borne à disposer que, le cas arrivant de travaux à faire sous des maisons ou lieux d'habitation, sous d'autres exploitations, ou dans leur voisinage immédiat, le concessionnaire doit donner caution de payer toute indemnité en cas d'accident.

276. — Comme on le voit, bien que la réparation du dommage soit de droit commun, quel que soit le lieu où le dégât ait été causé, il importe de remarquer que l'art. 15 n'exige le cautionnement que *le cas arrivant de travaux à faire sous des maisons ou lieux d'habitation, sous d'autres exploitations, ou dans leur voisinage immédiat*; sous ce rapport, l'art. 15 est limitatif.

277. — Le cautionnement exigé par l'art. 15 *doit être préalable*; dès lors, tant qu'il n'a pas été fourni, les intéressés ont le droit de s'opposer à ce que les travaux soient entrepris. Il ne peut être remboursé qu'alors qu'il est certain qu'aucun danger n'existe plus pour les propriétés de la surface.

278. — Rien n'empêche, du reste, le concessionnaire de la mine, pour se soustraire à des réclamations multiples de cautionnement, de faire déterminer, par le tribunal, un cautionnement unique, pour répondre de la suite de tous ses travaux. — Peyret-Lallier, no 262.

279. — Le dommage seul motive l'indemnité; ainsi l'existence de galeries souterraines, établies avec les autorisations nécessaires, ne donne lieu à aucune demande en indemnité de la part du propriétaire de la surface, lorsqu'il n'y a aucun dommage constant. Dans ce cas, celui-ci n'a droit qu'à la redevance.

280. — Quant au droit à l'indemnité résultant du dommage causé par l'exploitation, il a été consacré par divers arrêts. Ainsi, jugé que la mine n'est pas un effet, une propriété tellement distincte et séparée que le propriétaire puisse y exercer ses droits de propriété d'une manière absolue et sans qu'il ait à s'inquiéter des conséquences que pourra avoir, pour le propriétaire du dessus, l'exercice même de ses droits de propriété. — *Nîmes*, 30 juillet 1839 (t. 2 1839, p. 540), Pagèze de Lavernède c. Allègre.

281. — Le propriétaire d'une mine est toujours responsable du préjudice direct que son exploitation cause au propriétaire de la surface, alors même que son exploitation s'est faite conformément aux règles de l'art, et que l'on n'a commis aucune faute ou imprudence. — *Lyon*, 14 juill. 1846 (t. 1er 1847, p. 30), dans ses motifs, comp. de Couzou c. chem. de fer de Saint-Etienne.

282. — La Cour de cassation a encore posé en principe qu'il est dû une indemnité au propriétaire de la surface pour toutes les conséquences nuisibles de l'exploitation de la mine ainsi que pour la privation occasionnée par suite de cette exploitation des eaux nécessaires pour l'irrigation de sa propriété. « On ne saurait, est-il dit dans l'arrêt, considérer cette indemnité comme comprise dans le droit attribué, en vertu de l'art. 6 de la loi du 21 avril 1810, au propriétaire de la surface sur le produit des mines concédées. — *Cass.*, 4 janv. 1841 (t. 1er 1841, p. 719), Pagèze de Lavernède c. Allègre.

283. — Décidé, toujours par suite du même principe, que le concessionnaire d'une mine est obligé, sans aucune stipulation, d'en supporter et maintenir le toit, même par une voûte, si cela est nécessaire, de manière à éviter tout préjudice au propriétaire de la surface. — *Cass.*, 20 juill. 1842 (t. 2 1842, p. 247), concessionnaires des mines de la Grand'Croix c. Guillemin et Chauni.

284. — ... Et que les affaissemens, déchirures et fissures du sol qui en diminuent le produit, sont présumés, sans qu'il soit besoin d'autre vérification, provenir de la faute du concessionnaire de la mine, sauf la preuve contraire et donnent contre lui, au propriétaire, droit à une réparation. — Même arrêt.

285. — Le concessionnaire de la mine ne saurait, même pour échapper à l'action en indemnité, se retrancher derrière cette circonstance que, par exemple, l'édifice endommagé aurait été construit postérieurement à la concession. Les droits inhérens à la propriété restent entiers nonobstant la concession. — V. motifs d'un arrêt de *Dijon*, 25 mai 1838 (t. 1er 1838, p. 606), compagnie des mines de Couzou c. compagnie de St-Etienne.

286. — Mais jugé aussi que, si les concessionnaires d'une mine doivent une indemnité pour dommages causés à la surface du sol, alors même qu'ils auraient exploité avec les précautions ordinaires, cette règle cesse d'être applicable lorsqu'il s'agit non plus de la surface, mais d'un chemin de fer souterrain autorisé et établi depuis la concession de la mine, ces travaux ne constituant pas un usage naturel du sol. — *Lyon*, 14 juill. 1846 (t. 1er 1847, p. 30), mêmes parties.

287. — Jugé encore que l'associé à l'entreprise de l'exploitation d'une mine de houille, qui a consenti que cette exploitation fût poussée jusqu'au sol sur lequel sont assis ses bâtimens, et qui, outre sa portion dans les bénéfices généraux de l'entreprise, a reçu, sans aucune condition ni réserve, pendant tout le temps qu'a duré la fouille, la rétribution qui lui revenait comme propriétaire du sol exploité sous ces bâtimens, est mal fondé à réclamer une nouvelle indemnité pour le dommage qu'ont éprouvé ses bâtimens, si d'ailleurs l'exploitation a été régulièrement faite. — *Lyon*, 17 janv. 1823, Journoud c. Richarme.

288. — Les travaux faits par le propriétaire de la surface sur son fonds peuvent-ils, réciproquement, donner lieu à l'indemnité en faveur du concessionnaire de la mine? Jugé, à cet égard, que le propriétaire du fonds supérieur à une mine en exploitation ne peut, dans le rayon du périmètre de la concession de cette mine, faire sur son fonds des travaux de fouilles de nature à causer du dommage aux galeries souterraines. — *Angers*, 5 mars 1847 (t. 1er 1847, p. 745), Cosnard c. Leroyer. — Cette décision repose sur ce que le droit résultant, au profit du propriétaire de la surface, de l'art. 544 du C. civ., est nécessairement limité et restreint par les lois et règlemens relatifs aux mines.

289. — Jugé, néanmoins, que le seul fait, par le propriétaire du fonds supérieur à une mine en exploitation, d'avoir creusé un canal à travers sa propriété, ne suffit pas pour le rendre responsable des dégâts qui peuvent résulter pour la mine de l'affluence des eaux à la surface. La construction de ce canal étant un des travaux *utiles* auxquels le propriétaire de la superficie peut se livrer, les concessionnaires n'auraient le droit de se plaindre qu'autant que les dégâts proviendraient d'un vice de cette construction ou du défaut de précautions nécessaires pour les empêcher. — *Lyon*, 9 janv. 1845 (t. 1er 1847, p. 743), compagnie du canal de Givors c. compagnie des Verchères.

290. — La question s'est élevée spécialement à raison de l'établissement de chemins de fer. — Jugé, à cet égard, que l'art. 50 de la loi du 21 avr. 1810, qui confère à l'autorité administrative le droit d'interdire l'exploitation des mines lorsqu'elle compromet la sûreté des établissemens de la surface, ne s'applique pas aux établissemens postérieurs à la concession de la mine, qui ne peuvent causer à la mine un préjudice sans être tenus à une indemnité. — *Cass.*, 3 mars 1841 (t. 2 1841, p. 481), concessionnaires des mines de Couzon c. compagnie du chemin de fer de Saint-Etienne.

291. — ... Et qu'en conséquence le concessionnaire d'une mine à qui il est interdit plus tard par l'autorité administrative d'exploiter la mine dans le voisinage du passage d'un chemin de fer nouvellement concédé à travers le périmètre de la mine a droit à une indemnité, pour le préjudice que lui fait éprouver cette interdiction, qui est une véritable expropriation pour utilité publique. — Même arrêt. — *Cass.*, 18 juill. 1837, même affaire. — *Contrà : Lyon*, 11 août 1835 sous *Cass.*, 18 juill. 1837 (t. 2 1837, p. 232), compagnie de la mine de houille de houzon c. comp. du chemin de fer de Saint-Etienne; et *Dijon*, 25 mai 1838 (t. 1er 1838, p. 606) cassé par celui du 3 mars 1841.

292. — Et le même arrêt de la Cour de cassation, du 18 juill. 1837, a décidé qu'en supposant qu'un premier jugement ait définitivement statué sur l'action intentée par le concessionnaire d'une mine contre la compagnie d'un chemin de fer qui doit traverser cette mine, relativement à l'indemnité due à raison de ce fait, il ne s'ensuit pas qu'il y ait chose jugée sur la demande en indemnité formée en conséquence d'une prohibition ultérieure de l'autorité d'exploiter la mine dans une certaine distance du chemin de fer.

293. — *Indemnité due aux inventeurs.* — Nous avons dit (*suprà* nos 112 et suiv.) que, dans le cas où l'inventeur d'une mine n'obtient pas la concession, il lui est dû, de la part du concessionnaire, une indemnité. — L. 21 avr. 1810, art. 16.

Sect. 6e. — *Exploitation des mines.*

§ 1er. — *Police. — Réglemens généraux. — Asséchement des mines.*

294. — *Police, règlemens généraux.* — Les ingénieurs des mines exercent, sous les ordres du ministre de l'intérieur et des préfets, une surveillance de police pour la conservation des édifices et la sûreté du sol. — L. 21 avril 1810, art. 47. — V. instr. du 3 août 1810; décr. 3 janv. 1813.

295. — Ils observent la manière dont se fait l'exploitation, soit pour éclairer les propriétaires sur ses inconvéniens ou son amélioration, soit pour avertir l'administration des vices, abus ou dangers qui s'y trouveraient. — L. 21 avril 1810, art. 48.

296. — A cet effet, le concessionnaire est tenu de fournir aux ingénieurs et conducteurs des mines tous les moyens de parcourir les travaux, et notamment de pénétrer sur tous les points qui peuvent exiger une surveillance spéciale.

297. — Le décret du 3 janv. 1813 a déterminé avec soin les nombreuses obligations imposées aux concessionnaires des mines, en ce qui concerne l'exploitation; suivant les art. 4 et 7 de ce décret, le concessionnaire est tenu de se conformer aux dispositions et aux mesures que l'administration croit devoir prescrire dans l'intérêt de la sûreté publique ou d'une bonne exploitation. Il n'existe point du reste de règlement général

qui détermine le mode d'exploitation des mines.

298. — Si la mine est située dans les bois ou forêts soumis au régime forestier, le concessionnaire doit soumettre son exploitation aux mesures qui lui sont prescrites par l'administration forestière. — Richard, n° 216.

299. — Avant tout, le concessionnaire doit se renfermer dans les limites de son exploitation. — Tout puits, toute galerie ou tout autre travail d'exploitation ouvert en contravention aux lois et règlemens sur les mines, peuvent être interdits, dans les formes prescrites par l'art. 7 de la loi de 1838, c'est-à-dire par arrêtés de préfet, sauf appel au ministre, et, s'il y a lieu, recours au Conseil d'Etat, par la voie contentieuse, sans préjudice également de l'application des art. 93 et suiv. de la loi du 29 avril 1810. — L. 27 avril 1838, art. 8.

300. — Le concessionnaire doit tenir, sur chaque mine, un registre et un plan constatant l'avancement journalier des travaux et les circonstances de l'exploitation dont il est utile de conserver le souvenir. — Décr. 3 janv. 1813, art. 16. — Il doit également tenir contrôle exact et journalier de tous les ouvriers par lui employés (art. 27). — Ceux-ci ne peuvent être admis par lui que porteurs d'un livret (art. 26). — Il lui est défendu, d'une manière absolue, de laisser descendre ou travailler dans la mine des énfans au-dessous de dix ans, ou des ouvriers ivres ou en état de maladie. — Art. 19.

301. — Il ne peut employer comme maîtres mineurs ou chefs, sous quelque dénomination que ce soit, que des individus qui aient travaillé au moins depuis trois ans comme mineurs, charpentiers ou mécaniciens. — Art. 25.

302. — Il est tenu d'entretenir dans l'établissement, dans la proportion du nombre d'ouvriers et de l'étendue de l'exploitation, les médicamens et moyens de secours indiqués par l'instruction ministérielle (art. 15); et même un chirurgien doit être spécialement attaché à l'exploitation, si elle est jugée assez importante. — Art. 16.

303. — Les secours donnés aux blessés, noyés ou asphyxiés, demeurent à la charge de l'exploitant (art. 20), sans préjudice des peines qui peuvent être prononcées contre lui, en cas d'homicide involontaire. — V. HOMICIDE, nos 140, 202. — Sans préjudice aussi des dommages-intérêts qui pourraient être attribués par les tribunaux aux ouvriers blessés, ou aux familles des ouvriers tués.

304. — Le concessionnaire est obligé d'avertir l'autorité locale de l'état de la mine, toutes les fois qu'il y a imminence de danger, et de tous les accidens qui y arrivent. — Art. 3, 11 et 12.

305. — S'il arrive un accident dans une mine voisine, il est tenu de fournir tous les moyens de secours dont il peut disposer, soit en hommes, soit de toute autre manière, sauf répétition. — *Ibid.*, art. 17.

306. — Bien que le pouvoir administratif soit chargé de surveiller l'exploitation des mines, et de prescrire les mesures d'intérêt général et de police qu'elle nécessite, les actions d'intérêt particulier qu'engendre l'usage, la jouissance de ces mines rentrent dans les attributions des tribunaux ordinaires. — En conséquence, le juge des référés est compétent, s'il y a urgence, pour prescrire les mesures nécessaires à l'effet de constater les dommages survenus dans les travaux d'une mine. — Néanmoins, s'il s'agissait d'apprécier un système entier d'exploitation suivi depuis longtemps par les concessionnaires, les intéressés devraient se pourvoir, non par voie de référé, mais par action principale devant le tribunal. — *Lyon*, 17 janv. 1848 (t. 1er 1848, p. 668), Neyron c. compagnie générale des mines de la Loire.

307. — Le voisinage d'une autre mine constitue encore pour le concessionnaire des obligations qui s'étendent incontestablement à la réparation de tous les dommages qui auraient pu être causés à la mine voisine; ainsi, par exemple, des éboulemens qui auraient réagi sur les galeries d'une autre exploitation, alors même qu'il n'y aurait pas eu empiétement des limites de la concession.

308. — Il en serait de même en cas d'incendie communiqué à une mine voisine, bien que l'exploitant n'eût contrevenu à aucune des prescriptions de l'autorité, et que l'autorité l'eût dispensé de l'enlèvement immédiat des houilles sulfureuses extraites.

309. — En outre, la loi du 21 avril 1810 dispose formellement que lorsque, par l'effet du voisinage ou par toute autre cause, les travaux de l'exploitation d'une mine occasionnent des dommages à l'exploitation d'une autre mine, à raison des eaux qui pénètrent dans cette dernière en plus grande quantité; lorsque, d'un autre côté, ces mêmes travaux produisent un effet contraire, et tendent à évacuer tout ou partie des eaux d'une autre mine; il y aura lieu à indemnité d'une mine en faveur de l'autre: le règlement doit s'en faire par experts. — L. 21 avr. 1810, art. 45. — Proudhon, n° 799 et suiv.

310. — Du reste, pour prévenir ces inconvéniens, il est généralement d'usage que l'autorité prescrive aux concessionnaires voisins (principalement dans les mines de houille où ces accidens sont le plus souvent signalés) de laisser un massif intermédiaire sans l'exploiter.

311. — *Asséchement des mines.* — D'un autre côté, la loi du 27 avr. 1838 est venue constiuer, en ce qui concerne la police des mines, des droits beaucoup plus étendus qu'il convient d'examiner.

312. — Pour bien connaître les motifs de la loi du 27 avr. 1838 et le but que le législateur s'est proposé d'atteindre, il faut rappeler en quelques mots les circonstances qui ont éveillé la sollicitude de l'administration, et qui ont fait sentir la nécessité de donner au gouvernement des moyens plus efficaces de surveiller et de protéger la propriété des mines.

313. — Il y a quelques années les mines de houille de Rive-de-Gier présentaient le spectacle le plus déplorable. Une inondation souterraine avait gagné un grand nombre d'exploitations qu'on s'était vu forcé d'abandonner, et les eaux menaçaient d'envahir les chantiers où les travaux se continuaient encore; ainsi le bassin houiller le plus riche que nous possédions allait devenir stérile, et cette circonstance pouvait avoir la plus triste influence sur notre industrie manufacturière. Pendant longtemps l'administration fit des tentatives pour engager les divers concessionnaires à se rapprocher et à effectuer à frais communs l'épuisement des eaux, qui continuaient à s'étendre. Mais ces tentatives restèrent sans effet à cause de l'anarchie qui régnait parmi les propriétaires des mines, et le mal s'aggravait sans cesse et pouvait devenir irréparable si l'on ne se hâtait d'y porter remède. Ce fut alors que l'administration, justement inquiétée, demanda au législateur des mesures générales, sous forme d'interprétation de la loi de 1810, qui permissent au gouvernement d'intervenir activement et d'arracher la mine inondée à la ruine complète qui la menaçait.

314. — Dans la session de 1837 un projet de loi en 10 articles fut présenté à la Chambre des pairs, dans laquelle il rencontra une vive opposition dont il finit cependant par triompher; mais, comme la session touchait à sa fin, le projet ne put pas subir l'épreuve de la discussion dans l'autre Chambre, et ce ne fut qu'en 1838 qu'il put être soumis à la Chambre des députés, qui l'adopta.

315. — L'examen des divers rapports et discussions qui ont préparé la loi du 27 avr.-4 mai 1838 est de nature à jeter un grand jour sur les difficultés qu'elle pourrait faire naître. — Voir le *Moniteur* des 26 janv., 1er, 11, 12, 13, 14, 15, 27 avr., 30 juin et 2 juill. 1837; 16 janv., 27 avr., 5 et 21, 22, 31 mars, 16, 17 et 21 avr. 1838. — V. également Duvergier, *Lois et ordonnances*, t. 38; p. 267; Cotelle, t. 2, p. 177 et suiv.

316. — Aux termes de cette loi, lorsque plusieurs mines situées dans des concessions différentes sont atteintes ou menacées d'une inondation commune qui est de nature à compromettre leur existence, la sûreté publique ou les besoins des consommateurs, le gouvernement peut obliger les concessionnaires de ces mines à exécuter, en commun et à leurs frais, les travaux nécessaires soit pour assécher tout ou partie des mines inondées, soit pour arrêter les progrès de l'inondation. L'application de cette mesure doit être précédée d'une enquête administrative à laquelle tous les intéressés doivent être appelés et dont les formes sont déterminées par un règlement d'administration publique (L. 27 avr.-4 mai 1838, art. 1er). Ce règlement d'administration publique a été publié; c'est l'ordonnance du 23 mai-1er juill. 1841.

317. — La rédaction du paragraphe 1er adoptée l'année précédente par la Chambre des pairs portait seulement: Lorsque plusieurs mines situées dans des communes différentes seront atteintes ou *menacées* d'une inondation commune, le gouvernement pourra... — Ainsi l'intervention du gouvernement était possible dans tous les cas. Mais on a craint qu'il n'usât arbitrairement de cette faculté, et on a cherché à la restreindre dans des limites déterminées par la loi elle-même. Dans l'état actuel, pour que l'intervention du gouvernement soit légitime, il ne suffit donc plus que plusieurs mines soient atteintes ou menacées d'une inondation commune, il faut encore que cette inondation soit de nature à compromettre leur existence, la sûreté publique ou le besoin des consommateurs.

318. — Dans la discussion on proposa un amendement tendant à étendre la disposition de cet article au cas de l'incendie commun aussi bien qu'au cas d'inondation commune; mais sur les observations de M. le ministre des travaux publics, l'amendement fut retiré. — *Monit.* 12 avril 1837, 1er supp. p. 809, 1re et 2e col.

319. — Le ministre décide, d'après l'enquête, quelles sont les concessions inondées ou menacées d'inondation qui doivent opérer, à frais communs, les travaux d'asséchement. — Cette décision est notifiée administrativement aux concessionnaires intéressés; le recours contre cette décision n'est pas suspensif. — L. 27 avril 1838, art. 2.

320. — Les concessionnaires ou leurs représentans désignés, comme il est dit à l'art. 7 de la présente loi (V. *suprà* nos 143 et 114), sont convoqués en assemblée générale, à l'effet de nommer un syndicat composé de trois ou cinq membres pour la gestion des intérêts communs. — Le nombre des syndics, le mode de convocation et de délibération de l'assemblée générale sont réglés par un arrêté du préfet. — En cas de décès ou de cessation des fonctions des syndics, ils sont remplacés par l'assemblée générale dans les formes suivies pour leur nomination. — L. 27 avril 1838, art. 2. — Un traitement peut être attribué aux syndics.

321. — Dans les délibérations de l'assemblée générale, les concessionnaires ou leurs représentans ont un nombre de voix proportionnel à l'importance de chaque concession. — Cette importance est déterminée d'après le montant des redevances proportionnelles acquittées par les mines en activité d'exploitation, pendant les trois dernières années d'exploitation, ou par les mines inondées pendant les trois années qui auront précédé celle où l'inondation aura envahi les mines; la délibération n'est valide qu'autant que les membres présens surpassent en nombre le tiers des concessions, et qu'ils représentent entre eux plus de la moitié des voix attribuées à la totalité des concessions comprises dans le syndicat. — Même article.

322. — Une ordonnance rendue dans la forme de règlement d'administration publique, et après que les syndics ont été appelés à faire connaître leurs propositions, et les intéressés leurs observations, détermine l'organisation définitive et les attributions du syndicat, les bases de la répartition soit provisoire, soit définitive, de la dépense entre les concessionnaires intéressés, et la forme dans laquelle il doit être rendu compte des recettes et des dépenses. — L. 27 avril 1838, art. 3.

323. — Un arrêté ministériel détermine, sur la proposition des syndics, le système et le mode d'exécution et d'entretien des travaux d'épuisement, ainsi que les époques périodiques où les taxes doivent être acquittées par les concessionnaires. — Si le ministre juge nécessaire de modifier la proposition du syndicat, le syndicat est de nouveau entendu; il lui est fixé un délai pour produire ses observations. — Même article.

324. — Si l'assemblée générale dûment convoquée ne se réunit pas, ou si elle ne nomme pas le nombre de syndics fixé par l'arrêté du préfet, le ministre, sur la proposition de ce dernier, institue d'office une commission composée de trois ou de cinq personnes, qui est investie de l'autorité et des attributions des syndics. — L. 27 avril 1838, art. 4.

325. — Si les syndics ne mettent pas à exécution les travaux d'asséchement, ou s'ils contreviennent au mode d'exécution ou d'entretien réglé par l'arrêté ministériel, le ministre, après que la contravention a été constatée, les syndics préalablement appelés, et après qu'ils ont été mis en demeure, peut, sur la proposition du préfet, suspendre les syndics de leurs fonctions et leur substituer un nombre égal de commissaires. — Les pouvoirs des commissaires cessent de droit à l'époque fixée pour l'expiration de ceux des syndics; néanmoins le ministre, sur la proposition du préfet, a toujours la faculté de les faire cesser plus tôt. — Les commissaires peuvent être rétribués; dans ce cas, le ministre, sur la proposition du préfet, fixe le taux des traitemens, et leur montant est acquitté sur le produit des taxes imposées aux concessionnaires. — L. 25 avril-4 mai 1838, art. 4.

326. — Les commissaires peuvent être pris parmi les concessionnaires. C'est ce qui résulte de la discussion lors de laquelle l'exclusion des concessionnaires pour remplir les fonctions de commissaire a été formellement proposée et refusée. — Duvergier, t. 38, p. 275, note 1re, sur l'article 4 de la loi du 25 mai 1838.

327. — Les rôles de recouvrement règlés en vertu des articles précédens sont dressés par les syndics et rendus exécutoires par le préfet. — Les réclamations des concessionnaires sur la fixation de leur quote-part dans lesdites taxes sont jugées par le conseil de préfecture, sur mémoires des réclamans communiqués au syndicat et après avoir pris l'avis de l'ingénieur des mines. — Les réclamations relatives à l'exécution des travaux sont jugées comme en matière de travaux publics. — Le recours soit au conseil de préfecture, soit au Conseil d'Etat n'est pas suspensif. — L. 25 avr.-4 mai 1838, art. 5. — V., au surplus, *infrà* nos 335 et suiv.

§ 2. — *Fin de l'exploitation. — Retrait de concession. — Interdiction d'exploitation.*

328. — *Fin de l'exploitation.* — En principe général, la concession étant perpétuelle, l'exploitation ne peut finir que par l'épuisement de la mine. La force majeure seule affranchit le concessionnaire de cette obligation.

329. — En conséquence, l'exploitant ne peut abandonner en tout ou en partie l'exploitation de la mine, sans en avoir fait la déclaration préalable à l'autorité et sans que la mine ait été visitée par l'ingénieur. — Décret 3 janv. 1813, art. 8 et 9.

330. — Une circulaire ministérielle du 30 nov. 1834 a décidé qu'au cas de demandes ayant pour but la renonciation à la concession ou la réduction dans l'étendue de cette concession, il y avait lieu à suivre, pour l'instruction de ces demandes, les formes prescrites par la loi de 1810 pour l'obtention des concessions.

331. — L'autorité est alors en droit de prescrire telles mesures qu'elle juge à propos : telles que la fermeture des ouvertures, puits ou tranchées pouvant compromettre la sûreté publique, le tout soit par les concessionnaires eux-mêmes, soit à leurs frais, s'ils refusent d'y obtempérer.

332. — Si, la mine n'étant pas encore épuisée, l'exploitation est, sans permission de l'autorité, restreinte ou suspendue de manière à inquiéter la sûreté publique ou les besoins des consommateurs, les préfets, après avoir entendu les propriétaires, en rendent compte au ministre de l'intérieur, pour y être pourvu ainsi qu'il appartiendra. — L. 21 avril 1810, art. 49.

333. — Alors que la sûreté publique n'est pas compromise, l'administration peut, sans doute, si une exploitation au lieu de donner du bénéfice occasionnait de la perte, prendre en considération la position des concessionnaires, autoriser la suspension temporaire de tout ou partie des travaux. Mais ce n'est là de la part de l'administration qu'un acte de tolérance, et elle est toujours en droit d'appliquer les prescriptions de l'art. 49 de la loi de 1810 dans toute leur étendue.

334. — *Retrait de concession.* — Mais jusqu'où vont, à cet égard, les pouvoirs de l'administration? Vont-ils jusqu'au retrait de la concession? — Sur ce point les esprits ont été divisés : les uns pensaient que l'administration n'avait pas le droit de faire prendre les mesures pour faire marcher l'exploitation restreinte ou suspendue; les autres étaient d'avis que la dépossession découlait de l'art. 49.

335. — La loi du 27 avril 1838 a levé toute incertitude à cet égard. L'art. 10 reconnaît positivement le droit de retrait de la concession au cas de restriction ou suspension des travaux de la mine. « Un particulier, disait M. Legrand, commissaire du roi, a été investi de la concession d'une mine à la charge de l'exploiter, à la charge de mettre au jour et de verser dans la circulation les richesses qu'elle recèle; il n'exploite pas la mine; il laisse enfouis dans le sein de la terre les produits que les consommateurs attendent avec impatience; n'est-il pas juste de lui retirer une concession dont il n'accomplit pas la première et la plus essentielle des conditions? — Ce retrait est-il autre chose que la pénalité qui doit s'attacher naturellement à l'inexécution d'un contrat. »

336. — Toutefois, avant d'user des voies de rigueur, il est convenable de bien constater qu'on s'est trouvé dans l'obligation d'y recourir. Il faut entendre les intéressés, voir s'il y a des plaintes, recueillir, en un mot, toutes les informations nécessaires. Beaucoup de circonstances indépendantes du concessionnaire, des revers de fortune, des procès, des affaires de famille quand une concession vient à s'ouvrir, les difficultés même de l'exploitation ou le manque des débouchés, la baisse des prix dans le commerce, peuvent occasionner des interruptions dans les travaux. D'un autre côté, l'intérêt public n'est pas toujours menacé parce qu'une mine n'est pas exploitée. — Circ. minist. 20 déc. 1838.

337. — Si la restriction ou la suspension, qui ne sont, en résumé, que des abandons partiels, entraînent la déchéance, à plus forte raison doit-on en dire autant de l'abandon complet de la mine.

338. — Indépendamment des cas de restriction, suspension ou abandon des travaux, la loi du 27 avril 1838 reconnaît d'autres causes de déchéance, tels sont : 1o le défaut de paiement des taxes ou redevances imposées aux concessionnaires des mines : « à défaut, dit l'art. 6, de paiement, dans le délai de deux mois à partir de la sommation qui aura été faite, la mine sera réputée abandonnée. Le ministre peut prononcer le retrait de la concession. L'administration peut faire l'avance du montant des taxes dues par la concession abandonnée, jusqu'à ce qu'il ait été procédé à une adjudication nouvelle. Le concessionnaire déchu peut toutefois, jusqu'au jour de l'adjudication, arrêter les effets de la dépossession en payant toutes les taxes arriérées, et en consignant la somme qui sera jugée nécessaire pour sa quote-part dans les travaux qui resteront encore à exécuter. »

339. — 2o La suspension de l'exploitation, et par conséquent le retrait de la concession, peuvent encore être prononcés au cas d'inexécution des diverses conditions imposées par l'art. 7 de la loi de 1838 aux sociétés formées pour l'exploitation des mines. — V. *suprà* no 119.

340. — 3o Enfin, dans tous les cas où les lois et règlemens sur les mines autorisent l'administration à faire exécuter des travaux dans les mines aux frais du concessionnaire, le défaut de paiement de la part de ceux-ci donne lieu au retrait de la concession. — Loi 27 avril 1838, art. 9.

341. — L'art. 6 de la loi du 27 avril 1838 a tracé les formes qui doivent être suivies pour le retrait de concession, et la nouvelle adjudication qui en est la conséquence.

342. — C'est au ministre seul qu'appartient le droit de prononcer la déchéance, sauf le recours au Conseil d'Etat par la voie contentieuse. — La décision du ministre doit être notifiée aux concessionnaires déchus, publiée et affichée à la diligence du préfet (loi 27 avril 1838, art. 6). — Lors de la discussion de la loi devant la Cour des pairs, un membre, M. Portalis, avait pensé que tout en laissant à l'autorité administrative le soin de constater la nécessité de la déchéance, qui est une véritable expropriation, il fallait réserver aux tribunaux ordinaires le droit de la prononcer. — Cette opinion a été rejetée.

343. — A l'expiration du délai de recours, ou, au cas de recours, après la notification de l'ordonnance confirmative de la décision du ministre, il est procédé publiquement, par voie administrative, à l'adjudication de la mine abandonnée. Les concurrens sont tenus de justifier des facultés suffisantes pour satisfaire aux conditions imposées par le cahier des charges. Celui des concurrens qui fait l'offre la plus favorable est déclaré concessionnaire. — *Ibid.*

344. — Le prix de l'adjudication, déduction faite des sommes avancées par l'Etat, appartient au concessionnaire déchu ou à ses ayans droit. Ce prix, s'il y a lieu, est distribué judiciairement et par ordre d'hypothèque. — Proudhon (*Du domaine public*, no 780), pense que la déchéance n'entraîne pas l'extinction des hypothèques consenties par le concessionnaire, qu'autant que le retrait a lieu pour cause d'inexécution des conditions, et non pour abus ou malversation, ou refus de paiement des travaux d'assèchement. — Cette distinction semble contraire aux règles générales du droit. C'est le cas d'appliquer ici la maxime : *Soluto jure dantis, solvitur jus accipientis.* — Peyret-Lallier, no 780.

345. — L'adjudicataire qui tient son droit de l'adjudication qui lui a été faite ne doit aucune indemnité au concessionnaire déchu. En vertu de son titre il acquiert tout à la fois la mine, les puits et les objets mobiliers qui sont immeubles par destination; il ne peut être tenu à payer des indemnités pour des choses dont il acquitte le prix. — Peyret-Lallier, no 781. — *Contrà* Proudhon, no 796.

346. — S'il ne se présente aucun soumissionnaire, la mine reste à la disposition du domaine, libre et franche de toute charge provenant du concessionnaire déchu. — L. 27 avril 1838, art. 6.

347. — Dans ce dernier cas, le concessionnaire déchu peut retirer les chevaux, machines et agrès qu'il a attachés à l'exploitation, et qui peuvent être séparés sans préjudice pour la mine, à la charge de payer toutes les taxes dues jusqu'à la dépossession, et sauf au domaine à retenir, à dire d'experts, les objets qu'il jugera utiles. — L. 27 avril-4 mai 1838, art. 6.

348. — *Interdiction de l'exploitation.* — En déterminant les causes de retrait, la loi n'a entendu en rien innover aux principes établis par l'art. 50 de la loi du 21 avril 1810. — Si l'exploitation, dit cet article, compromet la sûreté publique, la conservation des puits, la solidité des travaux, la sûreté des ouvriers mineurs ou des habitations de la surface, il y sera pourvu par le préfet, ainsi qu'il est pratiqué en matière de grande voirie et selon les lois. — L. 21 avril 1810, art. 50.

349. — Or, de deux choses l'une : ou par des travaux on peut prévenir les accidens redoutés ou assurer contre leur retour, ou l'expérience démontre l'insuffisance de toute tentative à cet égard. — Dans le premier cas, l'autorité enjoint au concessionnaire d'exécuter, ou à défaut de concours de sa part, fait exécuter à ses frais les travaux jugés nécessaires; et si le concessionnaire ne rembourse pas les dépenses effectuées, ainsi que nous l'avons dit plus haut, il y a lieu au retrait de concession et à adjudication nouvelle du droit d'exploitation. — V. *suprà* nos 335 et suiv.

350. — Dans le second cas, le préfet peut modifier, suspendre, interdire d'une manière temporaire et même absolue, sauf le recours devant l'autorité supérieure, les travaux d'extraction.

351. — Suivant les cas encore l'interdiction peut n'être appliquée qu'à telle ou telle partie de la mine, ou s'étendre au contraire à la mine tout entière.

352. — Si l'interdiction a lieu dans un intérêt de sûreté, tel que l'indique l'art. 50 de la loi du 21 avril 1810, il n'est dû aucune indemnité au concessionnaire pour privation de jouissance.

353. — Quant au point de savoir si l'exécution de travaux entrepris ou autorisés par l'administration postérieurement à la concession de la mine donnent lieu à une indemnité au profit du concessionnaire, V. *suprà* nos 288 et suiv.

§ 3. — *Contravention.*

354. — Les contraventions des propriétaires de mines exploitans, non encore concessionnaires, ou autres personnes, aux lois et règlemens, doivent être dénoncées et constatées comme les contraventions en matière de voirie et de police. — L. 21 avril 1810, art. 93.

355. — Elles peuvent l'être aussi par les agens de l'administration des mines. — Richard, no 431.

356. — Les peines prononcées par la loi contre les contrevenans sont une amende de 500 fr. au plus et de 100 francs au moins, double en cas de récidive, et une détention qui ne peut excéder la durée fixée par le Code de police correctionnelle. — Ces peines peuvent être réduites en cas de circonstances atténuantes. — L. 21 avril 1810, art. 96.

357. — Jugé qu'une première contravention n'entraîne que de simples peines pécuniaires; que ce n'est qu'en cas de récidive qu'on doit appliquer la peine d'emprisonnement. — *Cass.*, 6 août 1829, Devillez-Bodson; *Nîmes*, 13 fév. 1840 (t. 1er 1840, p. 478), Société des mines de la Grand'-Combe c. Chabrol.

358. — Mais les peines de la récidive prononcées par l'art. 96 de la loi du 21 avr. 1810, sont applicables, alors même que la contravention n'a pas été commise dans le même établissement que la première. — *Cass.*, 18 août 1837 (t. 2 1837, p. 352), Gauthier.

359. — La contravention résulte de toute infraction aux règlemens généraux et particuliers, ou même aux conditions particulières et spéciales de la concession.

360. — Ainsi, les concessionnaires d'une mine qui ne se sont pas conformés à l'arrêté du préfet qui leur enjoint de déclarer, dans un certain délai, les nom, prénoms et domicile de la personne par eux chargée de diriger les travaux de leur exploitation, sont réputés exploiter par eux-mêmes leur concession; ils sont, en conséquence, tenus solidairement envers la vindicte publique de l'exécution des règlemens de police. — *Cass.*, 5 août 1837 (t. 1er 1838, p. 550), Dugas de la Catonière.

361. — Mais il est évident qu'une seule amende doit être prononcée contre la compagnie, et non une amende individuelle contre chacun des associés. — *Cass.*, 6 août 1829, Devillez-Bodson.

362. — Les concessionnaires de mines sont personnellement responsables des contraventions

commises dans l'intérieur desdites mines. — *Cass.*, 18 août 1837 (t. 2 1837, p. 352), Gauthier.

363.—Ainsi, si des ouvriers ont péri ou ont été mutilés par des accidens arrivés faute de s'être conformés aux réglemens, les exploitans, propriétaires et directeurs des mines peuvent être traduits devant les tribunaux en vertu des art. 319, 320 C. pén., sans préjudice des dommages-intérêts. — Décr. du 3 janv. 1813.—V. *suprà* nº 303.

364. — Les procès-verbaux contre les contrevenans doivent être affirmés dans les formes et délais prescrits par la loi du 21 avr. 1810, art. 94. — V. PROCÈS-VERBAUX.

365. — Ils sont adressés en originaux aux officiers du ministère public, qui sont tenus de poursuivre d'office les contrevenans devant les tribunaux de police correctionnelle, ainsi qu'il est réglé et usité pour les délits forestiers et sans préjudice des dommages et intérêts des parties.— L. 21 avr. 1810, art. 15.

366.—Il n'est pas nécessaire, à peine de nullité, que les procès-verbaux constatant la contravention en matière de mines soient notifiés au prévenu. — *Cass.*, 18 août 1837 (t. 2 1837, p. 352), Gauthier.

367.—L'application des peines a lieu sans préjudice du droit qui, dans certains cas, appartient à l'administration de suspendre les travaux ou de retirer la concession.—Jugé même que l'arrêt qui condamne un individu à l'amende pour exploitation, sans concession du gouvernement, d'une mine de sel gemme, peut ordonner la discontinuation immédiate des travaux de cette exploitation. — *Cass.*, 17 janv. 1835, Parmentier et Stiefvater.

368. — Mais rien dans la loi n'autorise la confiscation des machines ou autres ustensiles servant à l'exploitation illicite. — Peyret-Lallier, nº 747.

369.—L'art. 95 de la loi de 1810 portant que les poursuites des contraventions en matière de mines auront lieu en la même forme que pour les délits forestiers, il s'ensuit qu'ils sont soumis à la même prescription. — Peyret-Lallier, nº 749.

370. — Jugé néanmoins que tout fait qui entraîne une amende de plus de 15 fr. étant un délit, et la loi du 21 avril 1810 sur les mines punissant d'une amende de 100 fr. au moins les infractions à ce qu'elle prescrit, il s'ensuit que ces infractions doivent être rangées parmi les *délits*, nonobstant le terme de *contraventions* dont s'est servie cette loi, et qu'en conséquence, l'action civile dérivant d'une infraction à cette loi est soumise à la prescription de trois ans, et non à celle d'un an.—*Cass.*, 15 fév. 1843 (t. 2 1843, p. 125), Parmentier, Grillet et Stiefvater c. Comp. des salines et mines de sel de l'Est.

371. — La loi du 21 avr. 1810, en établissant une distinction entre les mines, minières et carrières, a appliqué à chacune d'elles des modes particuliers de propriété, de jouissance et d'exploitation, et a fait de même une distinction pour les pénalités qu'elle prononce, lesquelles ne s'appliquent qu'aux contraventions relatives à la police des mines, et nullement à celles des carrières.— *Paris*, 27 sept. 1843 (t. 2 1843, p. 783), Lujotte.

372.—Ainsi les contraventions aux règles prescrites pour l'exploitation des carrières à ciel ouvert sont soumises à la répression établie par l'art. 471, nº 15, du Code pénal, et non à celle portée par l'art. 96 de la loi du 21 avr. 1810 contre ceux qui ont violé les règlemens d'exploitation des mines.—*Cass.*, 29 août 1845 (t. 2 1845, p. 751), Chéron. — V. CARRIÈRES, nº 55.

Sect. 7e. — *Expertises.*

373. — Dans tous les cas prévus par la loi du 21 avril 1810 et autres naissant des circonstances où il y a lieu à expertise, les dispositions du titre 14 du Code de procédure civile, art. 303 à 323, sont exécutées. — *Cons. d'Etat*, 24 juill. 1835, Bazouin. — L'art. 302 du Code civil trouve également ici son application. — V. EXPERTISE.

374. — Les expertises administratives ou celles qui se font à l'amiable, ne sont pas prévues par cet article, qui ne s'applique qu'aux expertises judiciaires. — Richard, nºs 409 à 411.

375. — Les experts sont pris parmi les hommes notables et expérimentés dans le fait des mines et de leurs travaux. — L. 21 avril 1810, art. 88.

376.— La loi n'excluant pas des expertises qu'il peut être nécessaire d'ordonner en matière d'exploitation des mines, les ingénieurs qui font partie de l'administration des mines, leur qualité ne peut pas fournir un motif légal de récusation. — *Cass.*, 19 déc. 1833, Parmentier et Stiefvater.

377. — Jugé, même, que les ingénieurs et gardes-mines délégués par le gouvernement sont seuls chargés de régler la manière dont l'extraction doit être faite, et les comblemens ou soutènemens effectués après l'épuisement de la mine, soit dans l'intérêt public, soit dans l'intérêt du propriétaire du sol; et qu'en conséquence, lorsque ces préposés ont reconnu la régularité des travaux d'extraction, on ne peut en soumettre la vérification à des experts dont le rapport devrait être considéré comme non avenu. — *Lyon*, 17 janv. 1823, Journoud c. Richarme.

378. — Jugé, néanmoins, qu'une expertise ordonnée pour parvenir à la constatation de la houille indûment extraite d'une mine peut, d'après les circonstances de la cause, ne constituer qu'une simple mesure d'instruction, et être remplacée par un autre mode de vérification, sans qu'il y ait violation de l'autorité que la loi accorde à la chose jugée. — *Cass.*, 20 août 1839 (t. 1er 1840, p. 380). Michaud c. Verchères.

379. — L'art. 89 de la loi de 1810 porte que le ministère public doit toujours être entendu et donner ses conclusions sur le rapport des experts dans les contestations relatives à l'exploitation des mines.

380. — Mais cet article n'est pas applicable au cas d'une demande en dommages et intérêts formée par un particulier contre un autre particulier chargé de l'exploitation d'une mine, pour dommage causé par cette exploitation : en ce cas, la cause ne concernant que des intérêts privés, est affranchie de la communication au ministère public et susceptible d'arbitrage.— *Cass.*, 14 mai 1829, Mallez c. de Castellane.

381. — Nul plan n'est admis comme pièce probante dans une contestation, s'il n'a été levé ou vérifié par un ingénieur des mines. La vérification du plan est toujours gratuite. — L. 21 avril 1810, art. 90.

382. — Les frais et vacations des experts doivent être réglés et arrêtés, selon les cas, par les tribunaux ; il en est de même des honoraires qui pourront appartenir aux ingénieurs des mines : le tout suivant le tarif déterminé par un règlement d'administration publique. — Toutefois il n'y a pas lieu à honoraires pour les ingénieurs des mines, lorsque leurs opérations ont été faites soit dans l'intérêt de l'administration, soit à raison de la surveillance et de la police publiques. — L. 21 avril 1810, art. 91.

383. — La consignation des sommes jugées nécessaires pour subvenir aux frais d'expertise, peut être ordonnée par le tribunal contre celui qui poursuit l'expertise.— L. 21 avril 1810, art. 92.

Sect. 8e. — *Compétence.*

384. — En matière de contestations nées de l'exploitation des mines, c'est l'objet de la contestation qui détermine la compétence. Une première règle en cette matière, c'est que toutes les questions relatives à la validité et à l'interprétation de l'acte de concession, sont du ressort de l'autorité administrative. — V. Cotelle, *Cours de droit administratif*, t. 2, p. 134; Proudhon, nº 804 et suiv.

385. — Ainsi, l'autorité judiciaire est incompétente pour décider si l'ordonnance royale délibérée en Conseil d'Etat, qui fait la concession d'une mine, a été ou non précédée des formalités prescrites par la loi du 21 avril 1810. — Il n'appartient qu'à l'autorité administrative de statuer sur cette question, à moins que l'opposition à l'ordonnance ne soit fondée sur un droit de propriété de la mine, antérieurement acquise par concession du fonds ou autrement. — *Cass.*, 24 déc. 1835, Parmentier c. préfet de la Haute-Saône; 28 janv. 1833, mêmes parties. — Foucard, *Elém. du droit public et admin.*, t. 1er, p. 670 et suiv.

386. — Spécialement, les tribunaux ne peuvent, en se fondant sur le défaut d'accomplissement des formalités légales, déclarer la concession sans effet à l'égard de quelques-uns des propriétaires de la surface des terrains qui contiennent la mine concédée. — *Cass.*, 28 janv. 1833, préfet de la Haute-Saône c. Parmentier.

387. — Ainsi, l'autorité administrative a seule le droit de statuer sur une concession de mines. — *Cons. d'Etat*, 31 janv. 1806, Calmuth. — Cormenin, *Droit admin.*, vº *Mines*.

388. — Ainsi, encore, jugé que l'interprétation des actes de concession n'appartient qu'à l'autorité administrative. — *Cons. d'Etat*, 1er juill. 1809, Lurais c. Daniel; 11 fév. 1829, Ling c. Raude; 27 avril 1839, Colomb c. Castellane.

389. — Il résulte aussi de l'art. 56 de la loi du 21 avril 1810, que c'est à l'administration seule qu'appartient le droit de décider toutes les questions relatives à l'exploitation des mines. — Jugé, en conséquence, que les tribunaux sont incompétens pour statuer sur les contestations relatives à l'exploitation d'une mine, réglée par un arrêté administratif. — *Cass.*, 14 niv. an XI, Lachaud c. Treich-Laplène.

390. — ... Et que l'administration a seule le droit de déterminer le mode d'exploitation qui devra être observé dans les mines qu'elle concède, d'autoriser les travaux nécessaires, de maintenir ou de supprimer ceux qui auraient été faits sans son autorisation. — *Cons. d'Et.*, 11 août 1808, Boussier. — Delalleau, *Traité de l'expropriation*, nº 218; Richard, nº 379.

391. — En pareil cas, l'incompétence des tribunaux est d'ordre public et ne peut être couverte par le silence ou l'acquiescement des parties. — *Cons. d'Et.*, 6 mai 1806, Guy.

392. — Ainsi encore, lorsqu'il ne s'agit pas d'une visite d'experts pour apprécier la valeur des dommages causés par les travaux d'une mine, mais d'une descente sur les lieux pour constater jusqu'où s'étendent les ouvrages d'exploitation et les dégradations que ces ouvrages ont causées aux habitations voisines, cette opération est de la compétence de l'autorité administrative. — *Liége*, 25 mai 1813, Michel et Gehotte c. Guiot.

393. — Jugé encore que l'autorité administrative est seule compétente pour juger si tel champ d'exploitation est épuisé et peut être abandonné. — *Cons. d'Et.*, 5 avr. 1826, Jovère.

394. — C'est aussi à l'autorité administrative qu'il appartient d'ajouter des amendemens aux statuts des sociétés anonymes des mines pour les expliquer, les compléter, et en assurer l'exécution par des motifs d'ordre public, dans l'intérêt combiné de l'exploitation des tiers et des actionnaires aux mêmes clauses et conditions de l'homologation. — Cormenin, *loc. cit.*

395. — Lorsque, sans avoir égard à la réclamation d'un propriétaire qui prétend que des travaux d'exploitation de mines autorisés par le gouvernement ont été faits dans la distance de cent mètres de son habitation, l'autorité administrative a ordonné la continuation des travaux, sauf au réclamant à se pourvoir devant l'autorité judiciaire en réparation du dommage qu'il a souffert, les tribunaux doivent se déclarer incompétens si le propriétaire actionne les exploitans en discontinuation des travaux et en réparation du dommage résultant non des travaux primitifs, mais de l'exécution qu'ils ont donnée à la décision administrative. — *Cass.*, 5 juin 1828, Raclet et Lachaume c. Mazoyer.

396. — Toutes les questions de propriété ou de possession sont du ressort de l'autorité judiciaire. — L. 21 avr. 1810, art. 28, § 56. — Cormenin, *loc. cit.*; Duvergier, L. 21 avr. 1810, art. 15, notes; Cormenin, vº *Mines*, t. 3, p. 293; Chevalier, *Jurisp. adm.*, vº *Mines*, t. 2, p. 195; Magnitot et Delamarre, *Dict. de dr. adm.*, vº *Mines*, t. 2, p. 187.

397. — Décidé, conformément à ce principe, que les contestations qui s'élèvent sur la propriété ou la limitation des mines acquises par concession ou autrement doivent être jugées par les tribunaux. — *Cons. d'Et.*, 21 fév. 1814, Deselzgytener.

398. — Il en est de même des contestations entre les exploitans voisins, sur les droits résultans de titres anciens, et, par suite, sur l'état provisoire des concessions non encore définitivement réglées. — *Cons. d'Et.*, 9 (ou 19) mars 1817, N...

399. — Les tribunaux sont également compétens pour prononcer sur l'abandon et sur l'aliénation d'une mine, et sur les questions de propriété qui s'y rattachent. — *Cons. d'Et.*, 3 déc. 1823, Didier.

400. — De même, lorsqu'il y a contestation sur l'étendue de la concession, en ce que l'exploitant l'aurait poussée trop loin, cette question doit être préalablement jugée par les tribunaux, avant que l'autorité administrative prononce sur l'étendue de la concession. — *Cons. d'Et.*, 13 mai 1818, Colomb; 21 fév. 1814, Gestu c. Marmont.

401. — Les tribunaux sont compétens pour statuer sur l'opposition formée à la concession d'une mine, sur le fondement de la copropriété de cette mine, surtout si le gouvernement a déclaré par l'acte de concession réserver aux tribunaux le jugement de cette opposition. — *Liége*, 9 mai 1834, Géradon c. Gendarme. — V. aussi *Cass.*, 24 déc. 1835, Parmentier c. préfet de la Haute-Saône.

402. — Ils sont compétens pour statuer sur la demande en indemnité formée contre un concessionnaire de mines à raison d'usurpation de travaux exécutés par le voisin sur son propre fonds pour arriver lui-même à l'exploitation des mines gisant sous son sol. Il leur appartient également de connaître de la demande en dommages-intérêts formée par le propriétaire du fonds et des travaux usurpés à raison de poursuites correctionnelles dont il aurait été l'objet pour s'être opposé aux empiétemens de son voisin, alors que, pour décider que ledit fonds ne faisait point partie d'une concession accordée à ce voisin, et qu'ainsi ce dernier avait été sans droit ni qualité pour exercer les poursuites servant de base aux dommages-intérêts demandés, les juges n'ont pas eu à interpréter, mais seulement à expliquer l'ordonnance royale de concession. — *Cass.*, 1er juin 1847 (t. 1er 1849, p. 72), de Castellane c. Coulomb.

403. — ... Et sur la portion qu'un particulier, non compris nominativement parmi les concessionnaires, a droit de prétendre dans la concession, à raison des conditions faites entre les sociétaires ou des intérêts acquis apportés par eux dans la société. — *Cons. d'Et.*, 14 fév. 1813, Vitalis.

404. — ... Et selon les droits résultant, pour les parties (s'il y a lieu à quelques décisions extraordinaires), des usages établis, des prescriptions légalement acquises ou des conventions réciproques. — L. 21 avr. 1810, art. 55. — Cormenin, *loc. cit.* — V. aussi *Cons. d'Et.*, 5 avr. 1826, Javin.

405. — La connaissance des conventions particulières relative aux redevances à payer aux propriétaire de la surface, est essentiellement du ressort des tribunaux. — *Cons. d'Etat*, 5 avr. 1826, Jovin c. Chel.

406. — L'autorité judiciaire est également seule compétente pour statuer sur les demandes et oppositions des parties intéressées relativement aux travaux à faire sous les enclos murés, maisons ou lieux d'habitation. — Un arrêt du préfet relatif à la direction des travaux est un acte administratif qui n'empêche pas que la question d'intérêt privé soit portée devant les tribunaux. — *Cons. d'Etat*, 5 avr. 1826, mêmes parties.

407. — ..Et sur les réclamations formées par un concessionnaire de mine contre une compagnie chargée des travaux de construction d'une route en fer, pour le trouble apporté par ces travaux à son exploitation. — *Cons. d'Etat*, 8 avr. 1831, préf. de la Loire. — Sans préjudice, ajoute M. Cormenin, du droit de l'administration relativement à l'établissement des chemins de fer et à l'exercice de la police, droit qui ne peut être réformé ni modifié par le tribunaux.

408. — Jugé encore que les tribunaux civils ont seuls le droit de décider si un concessionnaire, lorsque sa concession est annulée pour n'avoir pas rempli ses obligations envers son vendeur, a droit à une indemnité pour non jouissance. — En pareil cas, les experts nommés par l'administration doivent se borner à estimer les ustensiles d'art servant à l'exploitation, et les dégradations ou améliorations, sauf aux tribunaux à décider la question d'indemnité. — *Cons. d'Etat*, 16 mai 1810, Pauly c. Rivault.

409. — Lorsque le concessionnaire d'une mine l'abandonne à ses créanciers et qu'il s'élève entre eux des discussions, l'autorité judiciaire est compétente. — Proudhon, nos 791 et 792.

410. — C'est encore aux tribunaux qu'il appartient, 1° de prononcer, dans le cas de contravention de la part des propriétaires de mines exploitans, non encore concessionnaires, ou autres personnes.

411. — ... 2° Sur les difficultés relatives aux expertises ordonnées dans tous les cas prévus par la loi du 21 avr. 1810.

412. — Les tribunaux ordinaires sont compétens pour connaître de l'action à fin de dommages-intérêts intentée par les propriétaires d'une mine contre les concessionnaires à raison du chômage non autorisé de leur exploitation. — *Lyon*, 3 juin 1841 (t. 2 1841, p. 593), Michel, c. Binachex.

413. — Mais les concessionnaires qui, au lieu de notifier aux propriétaires l'arrêté autorisant le chômage dans le délai à eux imparti, se sont bornés à le produire à l'audience, peuvent être condamnés aux dépens de la demande en dommages-intérêts. — Même arrêt.

414. — Le chômage, régulièrement autorisé par un arrêté du préfet, d'une exploitation minière, ne peut pas servir de base à une action en dommages-intérêts, sauf à la partie lésée à se pourvoir par les voies légales pour faire rapporter, s'il y a lieu, l'arrêté autorisant le chômage. — Même arrêt.

415. — Les tribunaux peuvent directement et valablement être saisis d'une question de propriété de mines, élevée à l'occasion d'une demande en concession de terrains houillers, en instance devant le gouvernement sans que le renvoi en ait été fait par l'autorité administrative. — *Liége*, 23 déc. 1830, société de la F... c. N...

416. — Et, s'il y a incertitude sur le classement d'une substance comme mine, minière ou carrière, la solution de cette question n'appartiendra aux tribunaux, quant aux mines, que pour fixer l'effet d'une concession. Si la substance n'est pas dans la classe des mines, le droit sur les minières peut être réclamé judiciairement. — Cotelle, t. 2, p. 380 ; Peyret-Lallier, n° 545. — V. MINIÈRES.

417. — Le conseil de préfecture est compétent en matière de réduction de redevance. — Circul. 1er sept. 1812.

418. — Mais il excède sa compétence s'il assigne de nouvelles limites à des mines. — *Conseil d'Etat*, 5 déc. 1833, ministre du commerce.

419. — Il excéderait de même ses pouvoirs, si, en se fondant sur une renonciation qui n'a pas été faite ni admise conformément à la législation relative aux mines, il déchargeait les concessionnaires d'une mine de plomb d'une redevance qui leur est imposée par la loi. — *Cons. d'Etat*, 28 janv. 1817, Brayouse de Saint-Sauveur.

420. — Relativement aux indemnités dues par les concessionnaires de mines, il faut distinguer entre les travaux antérieurs à la concession et ceux qui lui sont postérieurs.

421. — L'art. 46 de la loi du 21 avril 1810 porte que toutes les questions d'indemnité à payer par les propriétaires de mines à raison des recherches ou travaux *antérieurs* à l'acte de concession seront décidées, conformément à l'art. 4 de la loi du 28 pluv. an VIII. — *Cons. d'Etat*, 24 juill. 1835, Bazoire.

422. — Le Conseil de préfecture est compétent dans ce cas que la concession soit ou non antérieure à la loi de 1810. — *Cons. d'Etat*, 17 avril 1822, Boizet.

423. — Lorsque, conformément à l'art. 46 de la loi du 21 avril 1810, les conseils de préfecture sont compétens pour régler l'indemnité due par un nouveau à un ancien concessionnaire de mines, ils peuvent, pour parvenir à la fixation de l'indemnité, se rendre propre une expertise déjà faite devant l'autorité judiciaire. — *Cons. d'Etat*, 27 avril 1825, Castellane. — V. au reste CONSEIL DE PRÉFECTURE, nos 240 et suiv.

424. — Mais il n'y a que les questions d'indemnités à payer, à raison des travaux *antérieurs*, à la concession, qui soient de la compétence de l'autorité administrative. — *Cass.*, 21 avril 1823, Dubouchet c. d'Osmond et Crozier.

425. — Et d'après les art. 15, 46 et 56, loi du 21 avr. 1810, les tribunaux civils sont seuls compétens pour statuer sur les contestations élevées au sujet des travaux *postérieurs* à la concession des mines. — *Cass.*, 21 avril 1823, mêmes parties.

426. — Et encore, l'art. 46 de la loi du 21 avril 1810 ne s'applique-t-il qu'au cas où les recherches antérieures à la concession ont été autorisées par le gouvernement, conformément à l'art. 10 même loi. — *Lyon*, 14 janv. 1841 (t. 1er 1841, p. 415), d'Asda et Marnier c. de Lespine. — V. CONSEIL DE PRÉFECTURE, n° 245.

427. — C'est devant les tribunaux civils que doivent être portées les demandes en règlement des indemnités dues en suite de concessions. — *Cons. d'Etat*, 11 août 1808, Bouskier. — Cormenin, *Quest. de droit administ.*, 4e édit., t. 2, p. 295.

428. — Lorsque les concessionnaires d'une mine ont poussé leur exploitation au delà des limites de leur concession, et qu'ils ont causé des dégradations à une propriété particulière, les tribunaux civils sont compétens pour statuer sur la demande en indemnité formée par le propriétaire lésé et pour ordonner la suspension des travaux indûment exécutés. — *Lyon*, 6 fév. 1838 (t. 1er 1839, p. 311), Allimand et Rousseau c. Crozet.

429. — De même, lorsqu'un débat s'engage entre deux concessionnaires de mines, dont l'un aurait envahi le terrain concédé à l'autre, les tribunaux ordinaires sont compétens pour prononcer des dommages-intérêts contre le concessionnaire qui aurait poussé son exploitation au delà du périmètre de sa concession. — *Cass.*, 3 mai 1843 (t. 2 1843, p. 26), de Castellane c. Lurat-Vitalis.

430. — De même encore ce sont les tribunaux civils qui sont compétens pour statuer sur l'indemnité que de nouveaux concessionnaires doivent aux anciens pour travaux faits par ces derniers. C'est l'administration qui prononce sur l'utilité ou la convenance de ces travaux. — *Cons. d'Etat*, 24 nov. 1810, Boussier.

431. — Dans ce cas, la désignation faite par l'administration de plusieurs experts chargés d'estimer les ustensiles d'art servant aux travaux extérieurs des mines, et d'évaluer les dégradations ou améliorations faites par le concessionnaire dépossédé, ne soustrairait pas l'appréciation de cette question à la décision des tribunaux. — *Conseil d'Etat*, 16 mai 1810, Pauly. — V. aussi *suprà* n° 208.

432. — Lorsque des fouilles ont été faites et des charbons extraits dans un fonds par des individus qui n'avaient pas obtenu pour leurs recherches le consentement du propriétaire ou l'autorisation du gouvernement, et auxquels, depuis ces recherches, il n'a pas été accordé de concession, la demande en restitution des charbons ainsi enlevés est de la compétence des tribunaux. — Il en est de même de la demande en indemnité formée dans ce cas par le propriétaire du fonds, pour les dommages que les fouilles lui ont causés. — *Lyon*, 14 janv. 1841 (t. 1er 1841, p. 415), d'Asda et Marnier c. de Lespine.

433. — Les tribunaux correctionnels, spécialement chargés par la loi de la connaissance des contraventions aux permissions accordées par l'autorité administrative pour l'établissement des mines et minières, des forges et martinets à ouvrer le fer et le cuivre, ont le droit d'interpréter ces permissions et d'examiner s'il a été contrevenu aux conditions sous lesquelles elles ont été accordées, sans que le principe de la séparation des pouvoirs cesse d'être respecté. — *Cass.*, 12 mars 1841 (t. 2 1841, p. 397), Rostaing.

434. — Mais lorsqu'un individu poursuivi pour avoir pratiqué des fouilles sur un terrain compris dans le périmètre d'une concession, et pour avoir soustrait frauduleusement le charbon de terre provenu de ces fouilles, oppose que le concessionnaire avait, antérieurement à ces faits, renoncé à sa concession, la question de savoir si cette renonciation, quoique non encore acceptée et retirée depuis, avait pu néanmoins produire effet de plein droit, est une question préjudicielle dont le jugement appartient exclusivement à l'autorité administrative. — Et le jugement correctionnel qui la résout à l'avantage du concessionnaire pour déclarer l'existence du délit dénoncé est entaché du vice d'incompétence. — *Cass.*, 6 juin 1846 (t. 1er 1849, p. 552), Promper c. Fremicourt et Dupin.

Sect. 9e. — *Dispositions transitoires.*

435. — Les articles 51 à 55 de la loi de 1810 contiennent, relativement aux concessions et jouissances de mines antérieures à cette loi, quelques prescriptions qu'il importe de rappeler brièvement.

436. — *Des anciennes concessions en général.* — L'art. 51 porte : « Les concessionnaires antérieurs à la présente loi deviendront, du jour de sa publication, propriétaires incommutables, sans aucune formalité préalable d'affiches, vérifications de terrains ou autres préliminaires, à la charge seulement d'exécuter, s'il y en a, les conventions faites avec les propriétaires de la surface, et sans que ceux-ci puissent se prévaloir des art. 6 et 42.

437. — Si le terme d'une concession était expiré avant la promulgation de la loi de 1810, les concessionnaires anciens n'ont pas été appelés à profiter du bénéfice de l'art. 51. — *Conseil d'Etat*, 10 août 1825, Forbin c. Castellane. — Cotelle, t. 2, p. 275.

438. — De même, l'art. 51 ne peut s'appliquer aux héritiers du concessionnaire qui a cessé de l'être à la fin de la durée de sa concession, et alors qu'une nouvelle concession a été faite, depuis, à d'autres particuliers. — *Conseil d'Etat*, 10 août 1825, Forbin c. Castellane.

439. — Le propriétaire d'un terrain dans lequel se trouve une mine n'est pas recevable à demander la division de la concession antérieurement faite. Les anciens concessionnaires d'exploitation de mines sont propriétaires incommutables, en se conformant à ce que cette loi prescrit. — *Cons. d'Etat*, 4 août 1811, Werner-Syeber.

440. — L'art. 52 ajoute : Les anciens concessionnaires seront, en conséquence, soumis au paiement des contributions. — V. décr. du 6 mai 1811, sur les redevances dues par les concessionnaires.

441. — Jugé que le traité intervenu antérieurement à la loi du 21 avr. 1810 sur les mines, entre des propriétaires et des extracteurs, et ayant pour objet non-seulement la concession faite à ceux-ci par les premiers du droit d'exploiter la houille pouvant exister sous leur tréfonds, mais encore la mise en communauté des produits de cette exploitation jusqu'à épuisement de la mine, bien qu'annulable dans le rapport des propriétaires aux extracteurs, comme incompatible avec le nouveau système de concessions générales établi par la loi de 1810, conserve toute sa force entre les propriétaires quant au partage de la redevance jusqu'à épuisement de la houille sous leurs terrains respectifs. — Mais un pacte de cette nature, valable entre les parties contractantes et leurs successeurs à titre universel, n'emporte aucune affectation réelle du leurs immeubles, et n'en peut, par conséquent, atteindre les détenteurs à titre onéreux et particulier qu'en vertu d'une clause spéciale et formelle. — *Lyon*, 23 déc. 1847 (t. 1er 1848, p. 398), Beaugelin c. Raverot.

442. — *Des exploitations pour lesquelles on n'a pas exécuté la loi de 1791.* — L'art. 53 porte : Quant aux exploitans de mines qui n'ont pas exécuté la loi de 1791, et qui n'ont pas fait fixer, conformément à cette loi, les limites de leur concession, ils obtiendront la concession de leurs exploitations actuelles, conformément à la présente loi, à l'effet de quoi les limites de leurs concessions seront fixées, sur leurs demandes ou à la diligence des préfets, à la charge seulement d'exécuter les conventions faites avec les propriétaires de la surface, et sans que ceux-ci puissent se prévaloir des art. 6 et 42 de la présente loi.— Ils doivent en conséquence (dit l'art. 54) payer les redevances comme il est dit à l'art. 52. — V. décr. 6 mai 1811.

443. — Le mot *exploitans*, dans cet article, doit être considéré comme synonyme du mot concessionnaire de l'article précédent, et dans le sens que la dernière loi n'a entendu confirmer qu'une possession légitime formant titre et des concessions en pleine activité, conformément à l'esprit de la législation antérieure. — Cotelle, t. 2, p. 275.

444. — Les titulaires d'une ancienne concession de plus de six lieues carrées, maximum fixé par la loi de 1791 pour l'étendue des concessions, et qui n'ont pas fait réduire leurs limites, conformément à cette loi, ne pourront d'obtenir pour concession définitive une étendue de six lieues carrées. — Cotelle, t. 2, p. 275. — *Annales des Mines*, 2e série, t. 8, p. 306; 3e série, t. 2, p. 578; *Jurisprudence*, par M. Chappe, 1837, p. 5.

445. — Lorsqu'un acte ancien n'a pas acquis force de chose jugée et est resté soumis à des oppositions sur lesquelles il n'a pas encore été statué, le titulaire ne doit pas jouir du bénéfice des art. 51 et 53 qui affranchissent les exploitans de l'indemnité à laquelle le consentement du sol ont droit en vertu des art. 6 et 42 de la loi de 1810.— *Annales des Mines*, 1835; Notice de M. Chappe, *ibid.* ; Cotelle, t. 2, p. 277.—V. cependant, en sens contraire, Delebecque, *Traité de la législation des mines*, t. 2, p. 399.

446. — En cas, ajoute l'art. 55, d'usages locaux ou d'anciennes lois qui donneraient lieu à la décision de cas extraordinaires, les cas qui se présenteront seront décidés par les actes de concession ou par les jugemens des cours et tribunaux, selon les droits résultant, pour les parties, des usages établis, des prescriptions légalement acquises ou des conventions réciproques. — L. du 21 avr. 1810, art. 55.

MINE DE PLOMB.

1. — Marchands de mine de plomb en gros; — patentables de 4re classe; — droit fixe basé sur la population; — droit proportionnel du 20e de la valeur locative de l'habitation et des lieux servant à l'exercice de la profession.

2. — Marchands de mine de plomb en détail; — patentables de 5e classe; — même droit fixe, sauf la différence de classe; — droit proportionnel du 20e de la valeur locative de l'habitation et des lieux servant à l'exercice de la profession. — V. PATENTE.

MINERAI DE FER.

Marchands de minerai de fer ayant magasin; — patentables de 4e classe; — droit fixe basé sur la population; — droit proportionnel du 20e sur le loyer de l'habitation et des lieux servant à l'exercice de la profession. — V. PATENTE.

MINEUR, MINORITÉ.

Table alphabétique.

MINEUR, MINORITÉ. — 1. — Le *mineur* est, suivant le Code civil (art. 388), l'individu de l'un et de l'autre sexe qui n'a point encore l'âge de vingt-un ans accomplis. — La *minorité* est l'état de ce lui qui est mineur.

SECT. 1re. — *Capacité du mineur en général* (n° 2).

SECT. 2e. — *Actes que le mineur peut faire valablement* (n° 22).

SECT. 3e. — *Condamnations qui peuvent être prononcées contre un mineur* (n° 29).

SECT. 4e. — *Action en nullité ou en rescision des actes consentis par le mineur* (n° 38).

§ 1er. — *Cas où il y a lieu à nullité ou à rescision des actes faits par le mineur* (n° 38).

§ 2. — *Qui peut intenter l'action en nullité ou en rescision* (n° 58).

§ 3. — *Fins de non-recevoir opposables à l'action en nullité ou en rescision* (n° 63).

SECT. 5e. — *Vente des biens appartenant au mineur.* — Renvoi (n° 95).

—

Sect. 1re. — *Capacité du mineur en général.*

2. — Sous l'empire du droit romain, la minorité durait jusqu'à vingt-cinq ans; elle se divisait en deux époques : l'impuberté et la puberté. — La puberté commençait à quatorze ans pour les garçons et à douze ans pour les filles. — Inst. *Quâ, mod. tut. fin. in princ.*; L. C., *Quando tutores*, liv. 5, tit. 60. — On distinguait trois classes d'impubères : 1° l'impubère *infans*; 2° l'impubère *infantiæ proximus*; 3° enfin, l'impubère *pubertati proximus*.—Inst. *De inut. stip.*, § 10.

3. — L'enfance finissait à sept ans. Jusque-là l'impubère était réputé ne pouvoir donner aucun consentement valable. Il était incapable, non seulement de s'obliger vis-à-vis des autres, mais encore d'obliger les autres envers lui. — Dans le dernier état du droit romain, tous les autres mineurs pouvaient contracter.

4. — S'ils s'obligeaient avec l'autorisation de leurs tuteurs, ils étaient liés envers les tiers; seulement ils pouvaient faire rescinder leurs engagemens en prouvant qu'ils étaient lésés. — S'ils s'obligeaient sans autorisation, ils pouvaient refuser d'exécuter leurs promesses sans être forcés de prouver la lésion, mais les tiers qui avaient stipulé avec eux étaient tenus envers eux.— L. 16 et 44, ff., *De minor.*

5. — Toutefois, le fils de famille impubère ne pouvait jamais s'obliger même avec le consentement de son père. — Inst. *De inut. stip.*, § 10.

6. — Les pubères contractaient valablement; ils ne pouvaient faire rescinder leurs engagemens qu'en établissant la lésion.

7. — La fixation de la majorité à 25 ans, émanant du droit romain, était suivie dans presque toute la France. Toutefois, quelques coutumes, Artois (n° 151), Anjou (art. 86), Maine (art. 99), attribuaient aux mineurs de 20 ans des droits qui allaient jusqu'à valider l'aliénation des biens. La loi du 20 sept. 1792, la const. de l'an VIII (art. 19), fixèrent la majorité à 21 ans, et le C. civ. confirma cette disposition. Aujourd'hui donc notre droit civil n'établit de différence qu'entre le mineur non émancipé et le mineur émancipé.

8. — Jusqu'à l'émancipation, le mineur, quel que soit son âge, est en général dans l'impossibilité de s'obliger; il est représenté par son tuteur dans tous les actes de la vie civile. — C. civ, 450.—V. TUTELLE.

9. — Les actions en justice qui l'intéressent doivent être suivies par son tuteur ou dirigées contre ce dernier. — Dès lors est nul le jugement rendu contre le mineur personnellement. — *Cass.*, 26 vendém. an VII, commune de Torny-Sorny c. Dubois Courval.

10. — Cette règle souffre cependant quelques exceptions. Ainsi, le mineur qui a atteint l'âge requis pour le mariage peut valablement contracter une union légitime et consentir toutes les conventions matrimoniales licites, pourvu qu'il soit assisté des personnes dont le consentement est nécessaire pour la validité du mariage.—C. civ., art. 1398. — V. MARIAGE, CONTRAT DE MARIAGE.

11. — Une fois parvenu à l'âge de seize ans, le mineur peut disposer par testament, jusqu'à concurrence de la moitié des biens dont la loi permet au majeur de disposer. — C. civ., art. 90.—V. TESTAMENT.

12. — Peut-il reconnaître un enfant naturel ?— V. ENFANT NATUREL.

13. — Il a qualité pour faire, dans certaines circonstances, les actes conservatoires de ses droits, et rendre sa position meilleure. — V. *infra* n° 13 et suiv.

14. — Le domicile du mineur est chez son père durant le mariage, et chez son tuteur après le décès de son père ou de sa mère. — V. DOMICILE, PUISSANCE PATERNELLE, TUTELLE.

15. — Le soin de sa personne et la surveillance de sa conduite sont également confiés soit à ses père et mère, soit à son tuteur, qui peuvent, dans certains cas, employer contre lui les moyens de correction prévus par la loi. — V. PUISSANCE PATERNELLE, TUTELLE.

16. — Lorsqu'il est émancipé, le mineur peut faire tous les actes d'administration, sans être restituable contre ces actes, dans tous les cas où le majeur ne le serait pas lui-même. Quant aux actes plus importans, il ne peut les consentir qu'avec l'assistance d'un curateur et ensuite l'avis du conseil de famille. — V. ÉMANCIPATION.

17. — Une autorisation toute spéciale lui est nécessaire pour faire le commerce. — V. COMMERÇANT.

18. — Un mineur non émancipé, ni légalement autorisé, ne peut faire le commerce, ni s'engager valablement. — *Toulouse*, 24 août 1825, Dubief c. Kœnigs.

19. — Quoiqu'il en soit, le mineur, émancipé ou non émancipé, a toujours qualité pour obliger les tiers envers lui. — Les personnes capables de s'engager qui ont contracté avec lui sont non recevables à opposer l'incapacité du mineur pour ne pas exécuter les engagemens qu'elles ont pris vis-à-vis de lui. — C. civ., art. 1125. — V. OBLIGATIONS.

20. — Cependant les auteurs admettent que le mineur au-dessous de sept ans ne saurait se prévaloir d'une stipulation faite avec lui, parce qu'il est impossible de supposer l'intention sérieuse de s'engager de la part d'une personne qui traite avec un enfant de cet âge. — Toullier, t. 6, n° 104; Proudhon, t. 2, p. 271; Duranton, t. 10, n° 278. — Néanmoins, cette fixation d'âge, tirée de la loi romaine, nous paraît aujourd'hui trop arbitraire, et nous penserions plutôt que le point de savoir si le majeur qui a traité avec un mineur de 7 ans a eu réellement l'intention de s'obliger, rentre dans le domaine des faits dont l'appréciation doit être nécessairement abandonnée aux tribunaux. — V. OBLIGATIONS.

21. — Lorsqu'un mineur commet, à une époque voisine de sa majorité, des actes de prodigalité de nature à faire craindre qu'une fois majeur il ne consomme sa ruine, il peut être pourvu d'un conseil judiciaire pour le moment où il atteindra sa majorité. — *Bourges*, 5 mai 1846 (t. 2 1846, p. 605), Falchéro. — V. CONSEIL JUDICIAIRE.

Sect. 2e. — *Actes que le mineur peut faire valablement.*

22. — L'incapacité du mineur est uniquement fondée sur la faiblesse de son intelligence et admise dans son seul intérêt. On ne saurait donc s'en prévaloir contre lui pour faire annuler des actes qui lui seraient profitables.

23. — En conséquence, le mineur peut, sans autorisation, requérir une inscription hypothécaire. — *Riom*, 16 mars 1811, Saint-Haon c. Tremignon. — Troplong, *Hypothèques*, t. 2, n° 634; Duranton, t. 20, n° 53. — M. Fréminville (*Traité de la minorité et de la tutelle*, t. 1er, n° 370) exige que l'inscription prise par le mineur seul ait pour objet de *garantir* une créance déjà légalement constituée à son profit.

24. — Quand un tuteur néglige, en première instance, d'opposer une fin de non-recevoir favorable au mineur, ce dernier peut l'opposer en cause d'appel, par la raison qu'il n'a pas été suffisamment défendu. — *Agen*, 20 janv. 1810, Luppé c. Pandellé et Dambons.

25. — Le mineur non autorisé à faire le commerce peut interjeter appel du jugement qui l'a indûment condamné par corps; et ses adversaires sont non recevables à soutenir que son père seul aurait eu droit d'agir, en son nom, comme son tuteur. — Dans tous les cas, la présence du père dans l'instance suffit pour rendre la procédure régulière. — *Colmar*, 20 nov. 1840 (t. 2 1841, p. 583), Hausser c. Dreyfus. — Fréminville, *ibid.*, t. 2, n° 1003.

26. — Le Code civil (art. 374), dans le but de favoriser les enrôlemens volontaires, permettait au mineur de s'engager sous les drapeaux, sans le consentement de son père, lorsqu'il avait atteint l'âge de 18 ans. — La loi du 21 mars 1832 a sagement modifié cette disposition en exigeant l'assentiment du père jusqu'au moment où l'enfant doit satisfaire au recrutement, c'est-à-dire jusqu'à l'âge de 20 ans. — V. ENGAGEMENT MILITAIRE.

27. — Lorsque, sous l'empire de l'art. 374 C. civ., un mineur de 18 ans avait été agréé par l'autorité administrative comme remplaçant pour le service militaire, bien qu'il ne fût pas porteur du consentement de son père, c'était à cette autorité et non aux tribunaux civils que le père devait s'adresser pour obtenir l'annulation de l'engagement. — *Toulouse*, 6 therm. an XII, Ducrusel c. Barrat.

28. — Il a été jugé qu'un conscrit mineur, mais âgé de plus de 18 ans, peut, sans l'assistance de son tuteur, donner valablement une procuration à l'effet de toucher le prix de son engagement. — Dans tous les cas, la nullité d'une pareille procuration ne pourrait être proposée que par le mineur, et non par le débiteur du prix de l'engagement (alors surtout que celui-ci en aurait reconnu la validité en faisant divers paiemens au mandataire), ni par le ministère public (alors surtout que ce serait le mandant qui plaiderait en son nom par les soins de son mandataire). — *Toulouse*, 14 mars 1818, Coudy c. Tournié. — Cette décision, basée sur l'art. 374 C. civ., qui permet à l'enfant de quitter la maison paternelle pour enrôlement volontaire, à l'âge de dix-huit ans, serait susceptible de modification depuis la loi du 21 mars 1832, dont l'art. 32 exige que jusqu'à 20 ans le mineur qui veut s'enrôler justifie du consentement de ses père, mère ou tuteur. — V. *suprà* n° 26.

Sect. 3e. — *Condamnations qui peuvent être prononcées contre un mineur.*

29. — Le mineur, comme on l'a vu *suprà* (n° 22), ne peut être tenu d'exécuter les engagemens qu'il a pris envers des tiers, parce que la loi ne lui suppose pas une intelligence assez développée pour donner un consentement valable. — Mais il ne résulte pas de là qu'il ne puisse dans certaines circonstances se trouver obligé envers des tiers par suite de faits qui lui sont personnels.

30. — Ainsi, il est sans aucun doute contraint de réparer le préjudice résultant de son délit ou de son quasi-délit, pourvu qu'il soit reconnu qu'il a agi avec discernement. — *Sic* Fréminville, t. 2, n° 872. — Mais avec cette restriction que si une convention pécuniaire était intervenue par suite du délit ou quasi-délit, le mineur, lors de sa majorité, pourrait se pourvoir en rescision. — V. DISCERNEMENT.

31. — Par exemple, est recevable la demande en dommages-intérêts formée devant le tribunal correctionnel par la partie civile contre un prévenu mineur poursuivi par le ministère public, bien qu'elle ne soit dirigée que contre le mineur, sans assistance de son tuteur. — *Grenoble*, 4 mars 1835, Bergeron c. Baudrand; *Bourges*, 18 août 1838 (t. 1er 1839, p. 232), Miot.

32. — Jugé également que le mineur traduit devant un tribunal de répression peut, même acquitté, être condamné envers la partie civile à des dommages-intérêts, sans qu'il y ait besoin de mettre préalablement en cause son tuteur ou curateur. — *Cass.*, 15 janv. 1846 (t. 1er 1846, p. 733), Devaux. — V. cependant ACTION CIVILE, nos 124 et suiv.

33. — Il n'y a pas ouverture à cassation contre l'arrêt qui déclare le mineur qui a profité de coupes illégalement faites par son tuteur dans des bois indivis entre lui et ses cohéritiers personnellement responsable envers ces derniers de tout le préjudice qu'ils ont souffert, alors d'ailleurs que, l'arrêt attaqué ne décidant rien relativement au recours que le mineur pourrait avoir à exercer contre son tuteur, les droits des parties restent dans leur intégrité. — *Cass.*, 24 nov. 1841 (t. 1er 1842, p. 372), Roussel c. Dornier.

34. — De même, toutes les fois que des fournitures faites au mineur lui ont été utiles et profitables, le remboursement peut en être exigé de lui, non en vertu de l'obligation qu'il aurait contractée, mais en vertu du principe général qui défend de s'enrichir injustement aux dépens d'autrui.

35. — Ainsi, il a été jugé, avec raison, que celui qui avait remplacé un mineur au service militaire était recevable à exiger de lui le prix du remplacement. Et que la stipulation faite à ce sujet par le père du mineur était obligatoire pour ce dernier. — *Paris*, 3 juin 1829, Leclerc c. Calippe; *Bourges*, 5 déc. 1832, Balle c. Bouet. — Toutefois, si le montant de l'obligation, quoique non exagérée à l'égard du remplaçant, excédait les facultés du mineur, les tribunaux pourraient ne condamner ce dernier à payer qu'une portion du prix du remplacement, et laisser l'excédant à la charge du père. — *Bourges*, 5 déc. 1832, Balle c. Bouet.

36. — L'institutrice qui, de l'ordre de la mère tutrice, a fait des dépenses pour la nourriture et l'éducation des enfans mineurs de celle-ci, doit en obtenir le remboursement contre eux personnellement, lorsqu'il est reconnu que ces dépenses ont été nécessaires, modérées, et que la fortune personnelle de la mère n'a pu, pour les acquitter, suppléer à l'insuffisance des revenus de ses enfans. Il en est ainsi, alors même que la mère aurait eu l'usufruit légal des biens de ses enfans. — *Cass.*, 18 août 1835, Brizard c. Fredureux-Dumas.

37. — A l'égard des peines à prononcer contre les mineurs, les lois criminelles n'ont pas adopté les mêmes distinctions que le droit civil. — V. CHAMBRE DU CONSEIL (mat. crim.), CHAMBRE DES MISES EN ACCUSATION, COUR D'ASSISES, EXPOSITION PUBLIQUE, FRAIS ET DÉPENS (mat. crim.), PEINE.

Sect. 4e. — *Action en nullité ou en rescision des actes consentis par le mineur.*

§ 1er. — *Cas où il y a lieu à nullité ou à rescision des actes faits par le mineur.*

38. — Il faut, quant à leurs conséquences, faire une distinction entre les différens actes consentis par le mineur. — Les uns, en effet, soumis à des formes et à des autorisations particulières, ne peuvent, à peine de nullité, être faits ni par le mineur ni par son tuteur. Du moment que toutes les prescriptions de la loi n'ont pas été accomplies, ils sont nuls de droit, sans qu'il soit besoin de prouver qu'ils ont causé le moindre préjudice au mineur. — Les autres, au contraire, sont seulement susceptibles d'être rescindés lorsque le mineur les a faits en personne et qu'il en éprouve une lésion.

39. — La simple lésion donne du reste lieu à la rescision en faveur du mineur non émancipé contre toutes sortes de conventions, et en faveur du mineur émancipé contre toutes conventions qui excèdent les bornes de sa capacité. — C. civ., art. 1305. — V. ÉMANCIPATION, OBLIGATIONS, RESCISION, TUTELLE.

40. — Dans la première catégorie sont compris les aliénations d'immeubles, les emprunts avec hypothèques, les transactions et autres actes analogues, qui ne peuvent être régulièrement consentis qu'avec l'autorisation du conseil de famille, et dans certaines circonstances l'homologation du tribunal. — V. TUTELLE.

41. — La seconde catégorie embrasse les actes que le tuteur a la capacité de faire sans aucune autorisation. — V. TUTELLE.

42. — Ainsi, celui qui, pendant sa minorité, a, sans l'observation des formalités légales, vendu un immeuble, peut, à sa majorité, et sans avoir fait résoudre préalablement la première vente, revendre le même immeuble. — La ratification qu'il ferait de cette première vente, postérieurement à la seconde, ne pourrait pas, par un effet rétroactif, profiter au premier acquéreur ou nuire au second. — L. 11, C., *De prædiis et aliis rebus minorum*. — *Besançon*, 30 juill. 1811, Bonjour c. Pelissard et Juquier; *Cass.*, 16 janv. 1837 (t. 1er 1837, p. 108), Brunet c. Phalouzat. — Toullier, t. 6, nos 106 et suiv., et t. 7, n° 525; Duranton, t. 10, nos 286, 287; Proudhon, *Droit français*, t. 2, p. 262; Merlin, *Rép.*, v° *Mineur*, § 3, n° 6; Magnin, *Des minorités*, t. 2, n° 1137.

43. — La nullité doit être prononcée, même en faveur du mineur émancipé lors de la vente, sans qu'il soit fourni aucune preuve de lésion. — *Rennes*, 2 mars 1825, Laisant c. le Roux. — Peu importerait encore que la femme mineure eût été autorisée de son mari, si les formalités voulues n'ont pas été observées. — *Rennes*, 17 nov. 1836, Leborgne c. Boscher.

44. — La nécessité où se serait trouvé le mineur d'opérer la vente ne serait également d'aucune considération. — Ainsi, la vente consentie par un mineur de ses biens immeubles, sans aucune formalité de justice, est nulle, bien qu'elle ait été faite par lui, pour se procurer les moyens de soutenir son pourvoi contre un arrêt qui le condamne à la peine capitale. — Mais l'acquéreur ainsi évincé ne peut être tenu de délaisser qu'en recevant le remboursement des à-compte par lui payés, dont l'emploi en faveur du mineur serait suffisamment justifié. — *Toulouse*, 8 mars 1808, Grand c. Dufour d'Encaussé.

45. — Sous l'empire des lois romaines, la vente, faite par un mineur d'un de ses immeubles, sans l'assistance de son curateur, était nulle, encore bien qu'il approchât de sa majorité. — Elle ne pouvait, alors même qu'elle aurait été suivie de tradition, être préférée à la vente postérieure du même immeuble faite par le même mineur, en état de majorité. — *Cass.*, 12 vent. an X, Richard c. Rigal.

46. — Il a toutefois été jugé qu'avant le Code, la vente qu'un mineur faisait de ses immeubles, sans observer les formalités prescrites, n'était pas nulle de plein droit, mais seulement susceptible de rescision pour cause de lésion, dans les formes et dans les délais prescrits par la loi pour les actions rescisoires en général. — *Poitiers*, 12 messidor an XI, Liguier. — V. TUTELLE.

47. — L'acte d'emprunt souscrit par un mineur est nul lorsqu'il n'a été précédé d'aucune des formalités prescrites par la loi; il ne peut être validé par l'offre que ferait le prêteur de prouver que cet acte a eu pour cause véritable des fournitures

faites au mineur. — *Rennes*, 14 fév. 1820, Mirat c. Poezevara.

48. — A plus forte raison, la femme mineure qui contracte un emprunt avec l'autorisation de son mari peut, nonobstant cette autorisation, se faire relever, pour cause de minorité, contre son obligation, en prouvant qu'elle a été lésée, et que la somme par elle empruntée n'a pas tourné à son profit. — *Ile Maurice*, 1er juin 1819, Nolin c. Roworth.

49. — La nullité que prononçait le sénatus-consulte macédonien des contrats de prêt consentis par les fils de famille était applicable aux contrats de constitution de rentes viagères, s'ils n'étaient que des prêts déguisés. — L. 1re, ff., *De senatus-consulto maced.*; L. 7, C., *eod. tit.* — *Cass.*, 14 vent. an VIII, Piette c. Lasserre.

50. — Mais le mineur ne peut faire annuler un acte ordinaire tel qu'une reconnaissance de dette émanée de lui, qu'en prouvant que cet acte lui a causé une lésion quelconque. — *Toulouse*, 13 fév. 1830, Lasserre c. Bordères.

51. — Il n'est pas restituable contre les engagemens qui lui ont profité. — *Paris*, 3 av. 1811, Dommangeville c. Berthinot.

52. — Spécialement ne peut être annulée, pour cause d'incapacité, l'obligation souscrite par un mineur seul, et sans l'intervention de son tuteur, à l'effet de se procurer un remplaçant pour le service militaire; et cette même obligation ne peut être rescindée pour cause de lésion alors que la somme promise était plutôt au-dessous qu'au-dessus de celles stipulées en pareil cas, et que la fortune du mineur lui permettait d'en faire le sacrifice. — *Cass.*, 18 juin 1844 (t. 2 1844, p. 667), Rovel c. Simon.

53. — Un mineur émancipé ne peut, en cette seule qualité, se faire restituer contre une acquisition qu'il a faite; c'est le cas seulement de réduire les obligations qu'il a contractées, si elles sont excessives. — *Toulouse*, 24 janv. 1825, Terrisse c. Fouquié et Fabre. — V. ÉMANCIPATION.

54. — Peu importerait qu'il s'agît d'objets de luxe et non de nécessité. Tout, à cet égard, dépend des circonstances, de la nature des engagemens, des besoins et des facultés pécuniaires du mineur. — *Bruxelles*, 20 pluv. an XIII, Rosin c. Maskens.

55. — L'obligation souscrite par la femme mineure, solidairement avec son mari, pour autre cause que des actes d'administration ou des dépenses du ménage, est nulle, si elle n'a pas été accompagnée des formalités prescrites au mineur non émancipé. — *Paris*, 25 juill. 1843 (t. 2 1843, p. 312), Grimblot c. Vivien.

56. — Mais la renonciation consentie par un mineur à un droit acquis, et *spécialement* le désistement d'une opposition immobilière par lui formée (avant le Code), pour sûreté d'une créance, donne essentiellement lieu à restitution en sa faveur, à moins qu'il ne soit établi que le mineur n'a été lésé sous aucun rapport, par suite de cette renonciation. — *Cass.*, 4 mars 1806, Noguès c. Duplan.

57. — Quant aux actes faits au nom du mineur par le tuteur, dans les limites de ses attributions ils sont aussi irrévocables que s'ils émanaient d'un majeur. L'art. 1305 C. civ. ne s'applique qu'aux actes faits par le mineur seul. — *Caen*, 10 nov. 1844 (t. 1er 1845, p. 573), Jacquelin-Lamenardière c. Collun. — C'est alors le cas d'appliquer la maxime *Factum tutoris, factum pupilli.* — Duranton, t. 10, no 280. — V. TUTELLE.

§ 2. — *Qui peut intenter l'action en nullité ou en rescision.*

58. — L'action en nullité des actes faits par le mineur, sans observation des formalités prescrites, de même que l'action en rescision des conventions qui le lèsent, sont uniquement fondées sur son intérêt personnel; les tiers qui ont traité avec lui sont donc non recevables à les intenter; le mineur seul a droit de s'en prévaloir. — V. TUTELLE.

59. — Les représentans du mineur ont une action en nullité ou en rescision contre la vente des biens du mineur faite par son tuteur sans l'accomplissement des formalités déterminées par la loi pour la vente des biens des mineurs. L'acquéreur n'a été investi que précairement du droit de propriété. — Toutefois, l'action en nullité ne peut être exercée que pendant les dix ans qui suivent la majorité. — *Rouen*, 17 janv. 1846 (t. 1er 1847, p. 430), Bonelle c. Delahaye. — Fréminville, t. 2, no 881.

60. — Ceux qu'un mineur a chargés de recevoir des sommes à lui dues ne peuvent également, sans une procuration spéciale, opposer la nullité de l'obligation souscrite par celui-ci. — *Grenoble*, 27 juin 1816, Cailler c. Jourdan.

61. — Mais l'action en nullité peut être intentée par un créancier du mineur comme exerçant ses droits. — Car c'est là un droit qui n'est pas inhérent à la personne du mineur. — *Bastia*, 26 mai 1834, Mattagli c. Marcoturchino. — Merlin, *Quest.*, vo *Hypothèque*, p. 554, no 2; Delvincourt, *Cours de Code civ.*, t. 2, p. 523; Duranton, *Dr. français*, t. 10, no 561, et Magnin, *Des minorités*, t. 2, no 152. — V. CRÉANCIERS.

62. — Toutefois, il a été jugé que les créanciers d'une succession acceptée par un mineur, sous bénéfice d'inventaire, sont non recevables à faire prononcer la nullité de la vente d'une inscription de rente sur l'État effectuée sans l'accomplissement des formalités prescrites par la loi du 24 mars 1806. — *Orléans*, 15 nov. 1832, Fauveau c. Renilu.

§ 3. — *Fins de non-recevoir opposables à l'action en nullité ou en rescision.*

63. — La principale fin de non-recevoir opposable à l'action en nullité ou en rescision intentée par le mineur est celle tirée de la prescription. — Elle est acquise au tiers lorsque dix ans se sont écoulés sans réclamations depuis la majorité du pupille. — V. TUTELLE.

64. — Ainsi, celui qui, plus de dix ans après sa minorité, intente une action en paiement, ne peut plus, si on lui oppose unnceuittae q sinéeg de lui en minorité, en demander la nullité sur ce motif. Il ne saurait se prévaloir de la maxime: *Quæ temporalia sunt ad agendum sunt perpetua ad excipiendum.* — *Cass.*, 27 juin 1837 (t. 1er 1838, p. 350), Dubourg c. Callarec.

65. — Cette dernière maxime ne peut être invoquée que par celui qui, étant en possession, n'a pas besoin de recourir à d'autres titres tant qu'il n'est pas attaqué, mais non par celui qui ayant cessé de posséder, demande l'annulation d'un titre qu'on lui oppose et qu'il a laissé confirmer par la possession. — *Cass.*, 5 avril 1837 (t. 1er 1837, p. 541), Daussone c. Rue. — *Contrà*, *Colmar*, 26 mai 1812, Brassel c. Borand; 8 juill. 1812, Marcot c. Marre.

66. — Mais le mineur devenu majeur qui, le jour même de l'expiration des dix années qui ont suivi sa majorité, demande le partage de biens vendus, sans les formalités exigées pour la vente des biens des mineurs, proteste suffisamment contre la vente et interrompt, par là, la prescription qui était sur le point de s'accomplir. Il n'est pas indispensable, pour que la prescription ait été interrompue, qu'il y ait demande en nullité de la convention. — *Bourges*, 23 mars 1830, Achet c. Aupetit.

67. — Un individu est non recevable à arguer de nullité des billets au porteur qu'il a souscrits pendant sa minorité, lorsque, depuis sa majorité, il a gardé le silence pendant plus de dix ans. — *Rennes*, 26 fév. 1810, Leteillier-Dorvilliers c. Guyolot. — Toullier, *Droit civil*, t. 7, no 603; Duranton, *Droit français*, t. 12, no 543.

68. — Sous l'empire de l'ord. de 1539, un mineur devenu majeur ne pouvait pas également, après dix ans depuis sa majorité acquise, se pourvoir en rescision contre la vente par lui consentie en minorité, même dans le cas où il avait contracté avec l'assistance de son curateur, mais sans l'autorisation de justice. — *Cass.*, 5 août 1817, Deister c. Callhan; 5 juillet 1827, Ravel c. Mallère; 24 pluv. an VIII et 25 frim. an X. Lespinasse-Langeac c. Lespinasse-Darlec; 24 vend. an III, Dutertre c. Raby.

69. — L'art. 134, ord. 1539, qui porte à trente-cinq ans le délai dans lequel les mineurs doivent exercer leurs actions en restitution, doit être entendu en ce sens qu'ils ont dix ans à dater de leur majorité. Ainsi, le mineur qui, sous l'empire des lois nouvelles fixant la majorité à vingt-un ans, est parvenu à trente-un ans sans avoir exercé ses actions en restitution, est frappé de déchéance. — *Cass.*, 30 mai 1814, Fargès et Pontcarré c. Lagrange.

70. — Avant le Code, en Franche-Comté, l'action en nullité d'une vente de biens de mineurs faite sans autorité de justice et sans avis de parens n'était prescrite que par trente ans ou au moins par dix ans, à dater de la majorité du mineur, d'après l'édit du mois de juill. 1707. — *Besançon*, 1er août 1810, Boulier c. Perin.

71. — Sous l'empire de la cout. de la Marche, une institution faite par un mineur dans le contrat de mariage de son frère, était seulement susceptible de rescision et non pas nulle de plein droit. Dans tous les cas, les dix années écoulées depuis la majorité de l'instituant mettaient l'institution à l'abri de toute attaque. — *Cass.*, 30 nov. 1814, Confolant c. Michelet.

72. — Le délai de dix ans accordé au mineur, après sa majorité, pour intenter l'action en rescision contre les engagemens par lui contractés en minorité, a dû courir, en vertu de la loi du 20 sept. 1792, à partir du jour où il a atteint sa vingt-unième année, s'il était encore mineur à l'époque de la promulgation de cette loi, encore bien qu'il fût né sous l'empire des lois qui fixaient la majorité à vingt-cinq ans. — Ce délai court, pendant le mariage, contre la femme mariée, lorsque l'engagement est solidaire entre elle et son mari. — *Paris*, 18 fév. 1809, Delavalette c. Courault.

73. — A l'égard des décisions judiciaires, le silence du mineur devenu majeur, pendant le temps accordé pour se pourvoir contre ces décisions par les voies légales, équivaut à la prescription.

74. — En conséquence, le mineur devenu majeur est non recevable à demander la nullité d'une obligation au paiement de laquelle il a été condamné par jugement, pendant sa minorité, lorsqu'il n'a attaqué ce jugement par aucune voie légale. — *Caen*, 11 août, 1828, d'Harembure c. Mousaint. — Poncet, *Traité des jugemens*, t. 2, p. 21.

75. — Il ne peut plus critiquer un partage de communauté, sous prétexte qu'il n'aurait pas été accompagné des formalités de justice, alors que la mise en cause du cohéritier avec qui aurait dû se faire le partage judiciaire a été refusée par jugement passé en force de chose jugée; et alors surtout qu'au lieu d'un partage proprement dit il n'a été fait qu'une opération de laquelle, après reprise faite par l'époux survivant et l'héritier mineur chacun de ce qui leur appartient en propre, et liquidation faite des dettes à la charge de chacun, il est résulté qu'il ne reste rien dans l'actif appartenant au mineur pour faire face aux dettes dont il était tenu. Le mineur ne peut également critiquer les ventes faites par suite du tel partage, si elles ont eu lieu d'autorité de justice, et si elles ont été précédées d'une délibération du conseil de famille dûment homologuée. — *Cass.*, 11 fév. 1828, Meyère c. Gelin.

76. — Avant le Code de procédure, un majeur était non recevable à appeler, après dix ans écoulés depuis sa majorité, d'un jugement rendu contre lui pendant sa minorité. — *Paris*, 28 août 1809, Ternier c. Ducoudray. — V. APPEL.

77. — Une autre fin de non-recevoir peut résulter contre l'action en nullité ou en rescision de la ratification que le mineur aurait faite en majorité des actes par lui consentis durant sa minorité. — Fréminville, t. 2, nos 909 et suiv.

78. — Par exemple, un individu ne peut appeler du jugement rendu contre lui durant sa minorité, s'il a acquiescé, depuis sa majorité. — *Montpellier*, 3 janv. 1811, Marty c. Blanquet.

79. — Toutefois, il faut que la ratification ait pu être valablement faite. — Ainsi, un mineur émancipé n'a pas capacité pour ratifier, comme mineur, un acte qu'il n'eût pu faire en cette qualité sans l'assistance de son curateur. — *Rennes*, 23 nov. 1846 (t. 1er 1847, p. 15), Lanos c. Terrieu.

80. — La ratification peut être ou expresse, ou tacite. Dans ce dernier cas elle s'induit de l'exécution volontaire consentie par le mineur depuis sa majorité, de l'acte susceptible d'être annulé ou rescindé. — Mais les actes d'exécution doivent, pour produire cet effet, être non équivoques, et ne laisser aucun doute sur l'intention du mineur. — Les tribunaux ont du reste un pouvoir souverain pour en apprécier le caractère. — Toullier, t. 8, p. 508; Duranton, t. 13, no 277; Magnin, *Des minorités*, t. 2, no 1149; Delvincourt, t. 2, p. 601; Merlin, *Rép.*, vo *Ratification*; Rolland de Villargues, *Rép. du droit*; *ib.* no 60. — V. TUTELLE.

81. — Ainsi, le majeur qui a exécuté volontairement un acte par lui souscrit pendant sa minorité, est non recevable à exercer ensuite l'action en nullité ou en rescision contre cet acte. — *Grenoble*, 29 janv. 1825, James c. Giraud.

82. — Le mineur qui a approuvé le compte de tutelle à sa majorité, et qui a laissé passer plus de dix ans depuis celle-ci, ne peut plus demander un nouveau compte, ni contester le reliquat dont il s'est reconnu débiteur envers son tuteur. — Mais il peut, après ce terme, intenter une action en redressement ou rectification du compte de tutelle, pour erreurs, omissions, faux ou doubles emplois, cette demande n'étant soumise qu'à la prescription trentenaire. — *Bordeaux*, 6 janv. 1846 (t. 2 1846, p. 251), Talin. — V. COMPTE DE TUTELLE, nos 106 et suiv. — Si le mineur, mourant dans les dix ans, laisse pour héritiers des mineurs, fami-

norité ne suspendra pas la prescription décennale. — Duranton, t. 2, no 291 ; Fréminville, t. 1er, no 359.

83. — La vente faite par le mineur, devenu majeur, des biens qui lui sont échus par un partage fait pendant sa minorité, sans l'accomplissement, à son égard, des formalités prescrites par la loi, emporte ratification de sa part et le rend non recevable à attaquer plus tard le partage. — *Paris*, 19 nov. 1810, Bergerat et Riquet c. Yver.

84. — Le mineur qui a transigé sous la seule assistance de son curateur, ne peut plus demander la rescision de la transaction, lorsque, depuis sa majorité, il a disposé des biens qu'elle lui a attribués. Cette aliénation emporte ratification de sa part. — Si la vente faite par le mineur n'a été que d'une partie des biens abandonnés, la ratification n'est que partielle, et son action est recevable pour le surplus. — *Paris*, 9 fruct. an XIII, Cabarrus c. Fontenay.

85. — Des cohéritiers qui, après avoir souscrit une transaction en minorité, l'ont ratifiée depuis leur majorité, soit dans un acte passé avec plusieurs de leurs cohéritiers majeurs, soit par la prise de possession des biens, sont non recevables à demander la nullité de la transaction, même vis-à-vis de celui de ces derniers qui n'avait pas figuré dans l'acte de ratification. — *Cass.*, 1er mai 1882, Duboispéan c. de Labrosse.

86. — Un mineur, devenu majeur, ne peut demander la rescision de l'obligation qu'il a consentie pendant sa minorité, lorsqu'il a été condamné à en payer le montant, et qu'en vertu du même jugement il a procédé à la choisie des biens de sa mère, et conféré à son créancier une hypothèque sur ces mêmes biens. — *Rennes*, 4 janv. 1815, Sauvrezis.

87. — Le mineur, devenu majeur, peut revenir contre l'acceptation et le partage d'une succession par lui consentis en minorité, encore bien qu'en conséquence de ces actes il ait perçu quelques revenus depuis sa majorité. — Si le partage est sous seing privé, il ne peut être admis à prouver par témoin, contre des tiers, la vérité de la date. Toutefois, il pourrait prouver ainsi les faits d'exécution. — *Bruxelles*, 21 août 1810, Vanderschuren c. Vaudémont. — La ratification ne peut en effet s'induire que d'un acte par lequel le mineur annonce formellement qu'il entend approuver et qu'il ne peut pas faire sans cette intention.

88. — La ratification consentie par le mineur, a, entre lui et son créancier, un effet rétroactif au jour où l'obligation ratifiée a été souscrite. — Mais en est-il de même à l'égard des tiers? Par exemple l'inscription hypothécaire faite en vertu d'un engagement pris par le mineur, peut-elle primer d'autres inscriptions consenties par le mineur devenu majeur, quoique l'engagement, nul dans son principe, n'ait été ratifié qu'après la dernière constitution d'hypothèques? — Cette question est vivement controversée. Ainsi, l'affirmative est adoptée par la Cour de Metz, 2 avril 1824, Rousseau de Givonne, et par MM. Merlin, *Quest. de dr.*, vo *Hypothèques*, § 4; Duranton, t. 12, no 344, Troplong, *Des hypothèques*, t. 2, no 489. 489. — Tandis que la négative est consacrée par la Cour de Rennes, 4 janv. 1815, Sauvrezis ; la Cour de Paris, 25 juill. 1838 (t. 2 1838, p. 44), Cadet c. Bonneau, et enseignée par Grenier, *Des hypoth.*, t. 1er, nos 42-47; Persil, *Com.* art. 424, no 12; Delvincourt, t. 3, p. 159; Rolland de Villargues, *Rép. du not.*, vo *Hypothèque*, nos 297, 298, et Fréminville, t. 2, no 926. — V. HYPOTHÈQUE, OBLIGATIONS, RATIFICATION.

89. — Si le mineur n'a éprouvé aucune lésion de l'acte dont il demande la rescision, son action doit encore être repoussée. — Mais c'est au tiers défendeur à établir que l'acte attaqué a profité au mineur.

90. — Par exemple, le mineur qui, conjointement avec ses frères majeurs, a produit dans un ordre, en se qualifiant de majeur, et qui, après avoir été isolément colloqué, a touché le montant de son bordereau, peut, après sa majorité, être dès lors non recevable à se faire payer par l'acquéreur une seconde fois, sous prétexte qu'il était incapable de recevoir lors du premier paiement. — *Colmar*, 22 avril 1836, Dosch c. Krentzer.

91. — Les tribunaux ont le doit de considérer comme ayant profité au mineur les sommes employées par lui à l'acquittement d'une dette naturelle. — *Paris*, 20 avril 1822, Latour d'Auvergne c. de Vaudreuil.

92. — Ainsi, celui à qui pendant sa minorité on a remboursé des sommes, n'est point fondé à les répéter de nouveau lors de sa majorité, si les débiteurs prouvent qu'elles ont été employées à la nourriture du mineur et de ses père et mère. — *Metz*, 14 avril 1821, Labove c. Bourdier.

93. — S'il s'agit d'une action en nullité dirigée contre un acte passé sans les formalités spéciales prescrites par la loi, le défaut de préjudice pour le mineur ne peut emporter la recevabilité de l'action, mais les tribunaux doivent, en annulant le contrat, condamner le mineur à restituer les sommes dont il a profité.

94. — Par exemple, si le prix d'une vente d'immeubles faite sans formalités a soustrait le mineur aux poursuites de créanciers légitimes, la résolution de la vente ne peut être prononcée qu'à la charge par le mineur de restituer le prix payé par l'acquéreur. — *Cass.*, 5 déc. 1826, Douceur c. Lonitel.

Sect. 5e. — *Vente des biens appartenant au mineur.*

95. — Les biens meubles ou immeubles appartenant à des mineurs ne peuvent être vendus qu'en justice et après l'accomplissement de formalités spéciales destinées à constater la nécessité ou du moins l'utilité de cette vente, et à faire monter les enchères au plus haut prix possible. — V. TUTELLE, VENTE JUDICIAIRE, VENTE DE BIENS DE MINEURS. — V. aussi ABUS DES BESOINS ET FAIBLESSES DES MINEURS, ADOPTION, ALIÉNÉS, AMENDE (mat. civ.), AMENDE (mat. crim.), APPEL, CONTRAINTE PAR CORPS, DÉTOURNEMENT ET ENLÈVEMENT DE MINEURS, ENREGISTREMENT, ESCLAVAGE, FAILLITE, HYPOTHÈQUE LÉGALE, INSCRIPTION HYPOTHÉCAIRE, MONT-DE-PIÉTÉ, NULLITÉ, RESCISION.

MINEUR DE 11 ANS.

La circonstance que la victime était âgée de moins de onze ans est importante à constater en matière d'attentat à la pudeur. — C. pén., art. 331. — V. ATTENTAT A LA PUDEUR, nos 13 et suiv.

MINEUR DE 15 ANS.

1. — D'après l'art. 79 C. d'instr. crim. placé au titre de l'*Instruction*, « les enfans de l'un et de l'autre sexe, au-dessous de l'âge de quinze ans, peuvent être entendus par forme de déclaration et sans prestation de serment. » — Nous avons expliqué (vo COUR D'ASSISES, nos 859 et suiv.), que cette disposition devait recevoir son application même lorsqu'il s'agissait d'un débat oral engagé devant la Cour d'assises, et il en serait de même, suivant nous, au cas où des enfans de moins de 15 ans seraient appelés comme témoins, non devant la Cour d'assises, mais devant les tribunaux correctionnels ou de simple police.

2. — La circonstance que la victime est ou non âgée de moins de quinze ans est d'une grande importance en matière d'attentat à la pudeur ou de viol. — V. ATTENTAT A LA PUDEUR, nos 58 et suiv.; VIOL.

MINEUR DE 16 ANS.

Nous avons expliqué (vo DISCERNEMENT) comment la circonstance que l'accusé était âgé de moins de seize ans, lors de la perpétration du fait à lui reproché, pouvait influer sur la criminalité et sur la pénalité. — V. ce mot.

MINEUR DE 18 ANS.

1. — Le § 3 de l'art. 22 du C. pénal, ajouté sur la proposition d'un député, lors de la discussion de la loi modificatrice du 28 avril 1832, défend de prononcer en aucun cas l'exposition publique contre les mineurs de dix-huit ans. — Le motif donné à cette prohibition est « qu'il ne faut pas flétrir des malheureux à un âge où le repentir est si près de la faute. »

2. — L'adoption de ce paragraphe rendait inutile l'art. 68 qui ne permettait pas de faire subir l'exposition publique au mineur de seize ans condamné en vertu de l'art. 67 pour crimes commis avec discernement. — Aussi cet art. 68 a-t-il été supprimé par la loi du 28 avril 1832 et remplacé par l'art. 1er de la loi du 25 juin 1824 qui, seul conservé après l'abrogation de cette loi, trouvait tout naturellement sa place au milieu des dispositions relatives aux mineurs de seize ans, et fait ainsi aujourd'hui partie du Code pénal.

3. — Il a été jugé que lorsqu'un arrêt de Cour d'assises déclarant un accusé âgé de dix-huit ans, l'a condamné à l'exposition, la Cour de cassation ne peut, sur la présentation d'un acte de naissance non produit devant la Cour d'assises et qui attribue au condamné moins de dix-huit ans, réformer cet arrêt. — *Cass.*, 17 mars 1838 (t. 1er 1840, p. 382), Delunet. — Conf., sur le principe en matière de détermination de l'âge de la victime d'un attentat à la pudeur; *Cass.*, 1er mars 1838 (t. 1er 1840, p. 381), Bertrand. — V. ATTENTAT A LA PUDEUR, no 24.

4. — Cette solution est motivée sur ce que la Cour d'assises à laquelle il appartenait de faire l'application de la peine, ayant déclaré l'accusé âgé de 18 ans, avait fait, en le condamnant à l'exposition, une juste application de la loi; — sur ce que l'acte de naissance n'avait pas été présenté à la Cour d'assises, qui, seule, en pouvait faire l'application au condamné; enfin, que les jugemens et arrêts ne peuvent être annulés que pour les vices intrinsèques qu'ils peuvent renfermer.

5. — Ces motifs peuvent être conformes au droit strict, et viennent en aide à une doctrine exclusivement rigoureuse, mais nous avons peine à croire que le respect que montre la cour pour les limites de ses attributions eût dû aller jusqu'à la contraindre à consacrer une erreur de fait matérielle, et par suite, une illégalité, puisque, contrairement à une prohibition formelle, un mineur de 18 ans aura subi l'exposition publique.

6. — Du reste, si l'accusé s'était déclaré âgé de 17 ans, la cour d'assises ne pourrait, si elle ne contredit pas le fait, qu'elle tiendrait pour constant, prononcer contre lui l'exposition publique. — *Cass.*, 16 janv. 1840 (t. 1er 1843, p. 559), Barthelemy.

7. — Du reste, comme il s'agit ici d'une circonstance étrangère au délit, et relative uniquement à la peine sur laquelle la Cour d'assises seule est appelée à statuer, nous pensons qu'au cas de doute sur l'âge de l'accusé, c'est elle qui doit décider, à l'exclusion du jury.

8. — V., au reste, EXPOSITION PUBLIQUE, nos 29 et suiv.; FAUX, 693 et suiv.

MINIÈRES (Terres pyriteuses et alumineuses. — Tourbières).

1. — Les minières comprennent les minerais de fer dits d'alluvion, les terres pyriteuses propres à être converties en sulfate de fer, les terres alumineuses et les tourbières.

—

§ 1er. — *Minières proprement dites.*

2. — La dénomination des minières s'applique plus particulièrement aux mines de fer qui sont exploitables à ciel ouvert. Quant aux mines de fer en filon ou en couche dont l'exploitation n'est pas possible à ciel ouvert, elles sont rangées par la loi dans la classe des mines, et comme telles ne peuvent être exploitées qu'en vertu de concessions. — V. MINES. — V. encore Cotelle, t. 2, p. 282 et suiv.; Peyret-Lallier, *Tr. sur la législ. des mines*, nos 519 et suiv.

3. — L'exploitation des minières est assujettie à des règles spéciales. Ainsi, elle ne peut avoir lieu sans permission. — L. 21 avr. 1810, art. 57.

4. — En l'absence de permission, la cessation des travaux peut être ordonnée. — *Cass.*, 17 janv. 1835, Parmentier.

5. — La permission détermine les limites de l'exploitation et les règles, sous les rapports de la sûreté et de la salubrité publiques. — L. 21 avr. 1810, art. 58.

6. — Dans le cas où la permission ayant été obtenue l'extraction devient possible à ciel ouvert, ou bien lorsqu'elle parvient à une certaine distance des routes, chemins publics, édifices ou lieux d'habitation, ou bien encore lorsqu'elle compromet l'avenir d'une exploitation par puits, galeries et travaux d'art, l'administration peut faire cesser l'extraction. — Cotelle, t. 2, p. 344.

7. — Une minière est un immeuble auquel s'applique l'art. 689 C. de proc. Proudhon (no 721) pense que si une minière avait été donnée en hypothèque et que l'extraction du minerai qu'elle contient vînt à la rendre insuffisante à la garantie de la créance du propriétaire, le créancier

pourrait exiger son remboursement ou un supplément d'hypothèque.

8. — Aux termes de l'art. 598, l'usufruitier a le droit de jouir soit par lui-même, soit en cédant ses droits à un tiers, des minières ouvertes à l'ouverture de l'usufruit. Mais l'ouverture d'une minière est un acte qui lui est interdit. — V. USUFRUIT.

9. — En principe, le propriétaire a seul le droit d'exploiter les minerais de fer situés sur son sol; mais ce droit crée en même temps à sa charge une obligation.

10. — En effet, aux termes de la loi, le propriétaire du fonds sur lequel il y a du minerai de fer d'alluvion est *tenu* d'exploiter en quantité suffisante pour fournir, autant que faire se pourra, aux *besoins des usines établies dans le voisinage avec autorisation légale* : en ce cas, il n'est assujetti qu'à en faire la déclaration au préfet du département; cette déclaration contient la désignation des lieux; le préfet en donne acte, ce qui vaut permission pour le propriétaire, et l'exploitation a lieu par lui sans autre formalité. — L. 21 avril 1810, art. 59.

11. — Cet article, qui ne s'applique évidemment qu'au cas où le minerai s'exploite à ciel ouvert, ne fait pas obstacle à ce que le propriétaire cède son droit d'exploiter; mais, dans ce cas, il reste toujours passible de l'action directe que l'administration et les maîtres de forge voisins peuvent diriger contre lui. — Arrêté min. du 12 juin 1837. — Richard, n° 288; Cotelle, t. 2, p. 314 et suiv.

12. — L'administration fixe le rayon du voisinage, sans faire de cantonnement pour les usines. — Arrêté du 30 juin 1837. — Richard, n° 287; Cotelle, t. 2, p. 317.

13. — Le propriétaire qui a fait sa déclaration et auquel il en a été donné acte, est soumis à des limites certaines d'exploitation et à certain mode déterminé. — Circul. du 30 sept. 1837. — Richard, n° 289; Cotelle, t. 2, p. 317.

14. — La loi du 21 avril 1810, dont l'art. 59 enjoint au propriétaire du fonds sur lequel il y a du minerai de fer d'alluvion, d'en exploiter en quantité suffisante pour fournir aux besoins des usines établies dans le voisinage, a implicitement abrogé l'art. 9 de l'ordonnance de 1680. — En conséquence, depuis cette loi, le propriétaire du fonds recélant le minerai n'a pu se soustraire à l'obligation d'en fournir aux usines voisines, par le motif qu'il était en même temps propriétaire d'un fourneau établi sur ce fonds. — *Bourges*, 14 mars 1837 (t. 2 1837, p. 44), Ferrand et de Vergennes c. Boigues.

15. — De ce qui a été dit, il résulte que le propriétaire d'une usine n'a pas le droit exclusif d'extraire le minerai d'alluvion qui se trouve sur son héritage, lors même que la totalité du minerai est nécessaire pour l'exploitation de son usine. — *Cass.*, 23 mai 1838 (t. 2 1838, p. 157), de Vergennes et Ferrand c. Boigues. — V., néanmoins, Proudhon (n° 729), qui lui reconnaît ce droit lorsqu'il a fait constater l'insuffisance ou le prochain épuisement de la couche du minerai.

16. — Une fois les besoins des usines voisines satisfaits, le propriétaire peut à son gré disposer des produits de la minière. — C'est là un droit qui résulte de sa qualité de propriétaire.

17. — Si le propriétaire n'exploite pas, les maîtres de forges ont la faculté d'exploiter à sa place, à la charge 1° d'en prévenir le propriétaire, qui, dans un mois à compter de la notification, peut déclarer qu'il entend exploiter lui-même; — 2° d'obtenir du préfet la permission, sur l'avis de l'ingénieur des mines et après avoir entendu le propriétaire. — L. 21 avril 1810, art. 60.

18. — La notification prescrite doit être faite par acte extrajudiciaire, à la requête du demandeur en permission. — Une notification par voie administrative serait insuffisante. — Arrêté 31 juill. 1835.

19. — Quant à la permission, elle doit déterminer les limites de l'extraction, en même temps que les conditions sous lesquelles elle est accordée.

20. — Si après l'expiration du délai d'un mois, le propriétaire ne déclare pas qu'il entend exploiter, il est censé renoncer à l'exploitation; le maître de forges peut, après la permission obtenue, faire les fouilles immédiatement dans les terres incultes et en jachères, et, après la récolte, dans toutes les autres terres. — L. 21 avril 1810, art. 61.

21. — Du reste, le propriétaire n'est déchu de son droit de préférence à l'exploitation, que lorsque celui qui a obtenu la permission a commencé ses fouilles; celui-ci se trouve, dès ce moment, substitué aux droits du propriétaire et devrait répondre, comme lui-même, aux demandes de minerai qui lui seraient faites par d'autres maîtres de forge du voisinage. — Richard, nos 292 et 293.

22. — Les maîtres de forge peuvent encore se pourvoir auprès du préfet pour obtenir la permission d'exploiter à la place du propriétaire, en cas d'exploitation insuffisante, ou en cas de suspension des travaux d'extraction pendant plus d'un mois. — L. 21 avril 1810, art. 62.

23. — Mais, dans cette hypothèse, si les maîtres de forge laissent écouler un mois sans faire usage de la permission qui leur a été accordée, la permission est regardée comme non avenue, et le propriétaire du terrain rentre dans ses droits. — Même article.

24. — Cette déchéance ne s'applique pas au cas où il s'agit d'une concession conventionnelle intervenue entre le propriétaire et l'exploitant, mais seulement au cas de permission accordée par l'autorité publique. — S'il s'agit d'une concession conventionnelle, à défaut par les parties d'avoir fixé un terme à l'extraction, il faut avoir recours aux usages locaux, et les juges doivent fixer le délai en conséquence. — *Cass.*, 22 juill. 1834, Richard c. Thiébaut.

25. — Jugé, néanmoins, que lorsqu'il résulte de l'acte contenant cession du droit d'extraire le minerai de fer existant sur une propriété, qu'il a été dans la commune intention des parties que cette cession fût soumise aux dispositions de l'art. 62 de la loi du 21 avril 1810 sur les mines, ladite cession doit être regardée comme non avenue vis-à-vis du propriétaire, à défaut par le cessionnaire d'avoir, sans justifier d'aucun empêchement légitime, usé de son droit depuis longues années, et, par conséquent, dans le délai fixé par ledit art. 62. — *Paris*, 3 juill. 1848 (t. 2 1848, p. 215), de Louvois c. Gauthier.

26. — Par cause *légitime*, il faut entendre toutes les causes indépendantes de la volonté du cessionnaire, telles que la rigueur de la saison, l'impossibilité de se procurer des ouvriers, etc. — Peyret-Lallier, *Tr. des mines, minières*, etc., t. 2, n° 533.

27. — Le droit de demander la permission d'exploiter une minière, à défaut du propriétaire du sol, n'appartient du reste qu'au propriétaire d'une usine valablement autorisée.

28. Et l'exploitant, en vertu de la permission, demeure soumis à toutes les obligations qui seraient imposées au propriétaire du sol envers les usines placées dans le voisinage.

29. — Quand un maître de forge cesse d'exploiter un terrain, il est tenu de le rendre propre à la culture, ou d'indemniser les propriétaires. — L. 21 avril 1810, art. 63.

30. — En cas de concurrence entre plusieurs maîtres de forges pour l'exploitation dans un même fonds, le préfet détermine, sur l'avis de l'ingénieur des mines, la proportion dans laquelle chacun d'eux peut exploiter, sauf le recours au Conseil d'Etat. — Le préfet règle de même la proportion dans laquelle chaque maître de forges a droit à l'achat du minerai, s'il est exploité par le propriétaire. — L. 21 avril 1810, art. 64.

31. — La loi du 21 avril 1810 (art. 64), qui charge spécialement l'administration de déterminer les proportions dans lesquelles, en cas de concurrence d'exploitation, chaque maître de forges pourra exploiter, s'applique même au cas où l'un des maîtres de forges serait propriétaire du sol ou de la minière dont l'exploitation est l'objet de la concurrence. — *Cass.*, 9 févr. 1842 (t. 1er 1842, p. 467), Montsaulnier et Rolland c. Dupin et Revenaz.

32. — Lorsque les propriétaires font l'extraction du minerai, pour le vendre aux maîtres de forges, le prix en est réglé entre eux de gré à gré, ou par des experts choisis ou nommés d'office, qui doivent avoir égard à la situation des lieux, aux frais d'extraction et aux dégâts qu'elle a occasionnés. — L. 21 avril 1810, art. 65.

33. — Lorsque le maître de forges veut extraire le minerai, il est dû aux propriétaires du fonds, et *avant l'enlèvement du minerai*, une indemnité qui doit être aussi réglée par experts : ces experts doivent avoir égard à la situation des lieux, aux dommages causés, à la valeur du minerai, distraction faite des frais d'exploitation. — L. 21 avr. 1810, art. 66.

34. — Bien que la loi exige que l'indemnité soit payée au propriétaire du sol avant l'extraction du minerai, néanmoins s'il s'élevait des contestations sur l'estimation des experts, le tribunal pourrait autoriser le maître de forges à enlever les minerais, à charge de consigner la somme par lui offerte, sauf à parfaire. — Peyret-Lallier, n° 541.

35. — L'expertise prescrite par les art. 65 et 66 précités ne doit être recommencée pour les livraisons ultérieures que lorsqu'il y aurait eu, depuis, quelques changemens dans le mode d'extraction ou dans la qualité du minerai. — Proudhon, n° 732, V. aussi n° 751.

36. — Si les minerais se trouvent dans les forêts nationales, dans celles des établissemens ou des communes, la permission de les exploiter ne pourra être accordée qu'après avoir entendu l'administration forestière. L'acte de permission déterminera l'étendue des terrains dans lesquels les fouilles pourront être faites : ils seront tenus, en outre, de payer les dégâts occasionnés par l'exploitation et de repiquer en glands ou plants les places qu'elle aurait endommagées ou une autre étendue proportionnelle déterminée par la permission. — L. 21 avril 1810, art. 65. — L'instruction du 5 août 1810 développe cet article. — V. Richard, n° 296; Cotelle, *loc. cit.* — V. FORÊTS, nos 128, 151, 1538 et suiv., 1580 et suiv.

37. — Les propriétaires ou maîtres de forges ou d'usines exploitant les minerais de fer d'alluvion ne peuvent, dans cette exploitation, pousser des travaux réguliers par des galeries souterraines, sans avoir obtenu une concession avec les formalités et sous les conditions exigées par les articles de la section 1re du titre 3 et les dispositions du titre 4, art. 68 L. 21 avril 1810, sur les mines. — V. Circul. 30 juin 1819. — Richard, n° 298. — V. MINES, nos 116 et suiv.

38. — Il ne peut être accordé aucune concession pour minerais d'alluvion ou pour des mines en filons ou couches, que dans les cas suivans : 1° si l'exploitation à ciel ouvert cesse d'être possible, et si l'établissement de puits, galeries ou travaux d'art est nécessaire; — 2° si l'exploitation quoique possible encore, doit durer peu d'années, et rendre ensuite impossible l'exploitation avec puits et galeries. — Loi 21 avril 1840, art. 69. — Richard, *loc. cit.*

39. — En cas de concession, le concessionnaire est tenu toujours 1° de fournir aux usines qui s'approvisionnaient de minerai sur les lieux compris en la concession, la quantité nécessaire à leur exploitation, au prix porté au cahier des charges, ou fixé par l'administration; — 2° d'indemniser les propriétaires au profit desquels l'exploitation avait lieu, dans la proportion du revenu qu'ils en tiraient. — L. 21 avril 1840, art. 70.

40. — Cet article s'applique en général à toutes les usines, quelle que soit la date de leur fondation, qui sont soumises à la nécessité d'une concession; généralement aussi les règles relatives aux concessions des mines s'appliquent aux concessions des minières. — Richard, nos 500, 502, 503, 504. — V., au surplus, MINES.

41. — Les obligations imposées par les lois aux concessionnaires des mines, sur la réparation et l'entretien des chemins vicinaux, sont applicables aux minières. — V. MINES, n° 232. — Comme aussi l'art. 96 L. 21 avril 1810, qui détermine les peines applicables, en cas de contravention, est applicable non seulement aux contraventions relatives à la police des mines, mais encore à celles concernant la police des minières. — *Cass.*, 26 mai 1831, Truchy. — V. MINES, n° 354. — Il en est de même des dispositions de la loi du 21 avr. 1810 sur les expertises. — V. MINES.

42. — Jugé aussi que les dispositions pénales du titre 10 de la loi du 21 avril 1810 s'appliquent aux forges, fourneaux et usines à ouvrer le fer et le cuivre, aussi bien qu'aux mines et minières. — Elles sont également applicables, en cas de contravention, aux conditions de la concession de l'usage des eaux d'une rivière même non navigable ni flottable, lorsqu'il s'agit d'un établissement spécialement autorisé par l'autorité administrative, dans les formes tracées par l'art. 73 de la loi du 21 avril 1810. — *Cass.*, 12 mars 1841 (t. 2 1841, p. 397), Rostaing. — V. FORGES ET HAUTS FOURNEAUX. — Mais jugé aussi que les dispositions des art. 93 et 96 L. 21 avr. 1819, relatives à la quotité des peines, et au mode de poursuite des contraventions commises par les propriétaires des mines, minières et carrières, ne sont point applicables à l'exploitation des verreries; en cas d'*augmentation de feu* par les exploitans, sans autorisation préalable de l'autorité, c'est par le règlement du Conseil d'Etat du 9 août 1723, que cette contravention doit être réprimée. — *Cass.*, 21 août 1829, Gandarts c. Forêts.

43. — Les exploitans de minières non concessibles; — patentables : droit fixe de 25 fr., lorsqu'ils ont moins de dix ouvriers; plus 3 fr. par chaque ouvrier en sus, jusqu'au maximum de 200 fr. : droit proportionnel du 15e sur le prix d'habitation seulement.

§ 2. — *Terres pyriteuses et alumineuses.*

44. — « Les *schistes pyriteux* ou les *terres alumineuses* sont composées de substances diverses dans des proportions inégales; elles contiennent du sulfate de fer et de chaux, de la silice, de la magnésie, de l'albumine, de l'oxyde de fer, » etc. — Peyret-Lallier, n° 509.

45. — L'exploitation des terres pyriteuses et alumineuses est assujettie aux formalités prescrites par les art. 57 et 58, soit qu'elle ait lieu par les propriétaires des fonds, soit par d'autres individus qui, à défaut par ceux-ci d'exploiter, en auraient obtenu la permission. — L. 21 avril 1810, art. 71. — V. Richard, n° 506 et suiv.; Cotelle, t. 2, p. 345.

46. — Si l'exploitation a lieu par des non-propriétaires, ils sont assujettis, en faveur des propriétaires, à une indemnité qui est réglée de gré à gré ou par experts. — L. 21 avril 1810, art. 72. — V., quant à l'expertise, MINES.

47. — L'assimilation des terres pyriteuses aux minières, cesse : 1° lorsque les terres pyriteuses sont exploitées pour servir d'engrais ou employées à la fabrication de la poterie. Dans ce cas elles rentrent dans la classe des carrières. — Peyret-Lallier, n° 574. — V. CARRIÈRES ; — 2° si elles sont exploitées comme combustibles. Il convient alors de les considérer comme tourbières. — Peyret-Lallier, n° 572. — V. *infra* n° 49.

48. — Il résulte de la généralité des motifs de l'arrêt du 26 mai 1834 précité, que les art. 93 et suiv. de la loi de 1810, sur la police des mines, s'appliquent à toutes les exploitations autorisées par cette loi. — V. *suprà* n° 42.

§ 3. — *Tourbières.*

49. — « La tourbe est une matière noirâtre, spongieuse, combustible, composée de débris de végétaux altérés, entrelacés et pénétrés de limon, disposés en couches plus ou moins étendues et profondes, couvertes d'eau stagnante, de plantes herbacées, de sable, de limon, ou découvertes. » — Peyret-Lallier, n° 691.

50. — Les tourbes ne peuvent être exploitées que par le propriétaire du terrain, ou de son consentement. — L. 21 avril 1810, art. 83.

51. — L'art. 84 porte : « Tout propriétaire actuellement exploitant, ou qui voudra commencer à exploiter des tourbes dans son terrain, ne pourra continuer ou commencer son exploitation, à peine de cent francs d'amende, sans en avoir préalablement fait la déclaration à la sous-préfecture, et obtenu l'autorisation.» — L. 24 avr. 1810, art. 84.

52. — Et l'art. 85 ajoute : « Un règlement d'administration publique déterminera la direction générale des travaux d'extraction dans le terrain où sont situées les tourbes, celle des rigoles de dessèchement, enfin toutes les mesures propres à faciliter l'écoulement des eaux dans les vallées, et l'atterrissement des entailles tourbées. » — *Ib.* art. 85. — Ces règlemens se trouvent dans les deux instructions ministérielles du 3 août 1810 et du 1er sept. 1811.

53. — Les communes sont, aussi bien que les particuliers, soumises à l'autorisation préalable en ce qui concerne l'exploitation des tourbières qui peuvent leur appartenir.

54. — Les propriétaires exploitans, soit particuliers, soit communauté d'habitans, soit établissemens publics, devront se conformer aux mesures prescrites par l'art. 85, à peine d'être contraints à cesser leurs travaux. — L. 24 avril 1810, art. 86.

55. — Le propriétaire doit du reste jouir de toutes les facilités nécessaires pour l'exploitation des tourbières placées dans son fonds, et cet effet il a notamment, lorsque le fonds tourbé est enclavé, le droit de réclamer du propriétaire voisin le passage nécessaire. — V. SERVITUDE.

56. — Mais il ne lui est dû que le passage. Ainsi, le droit de faire sécher les tourbes sur le pré du voisin, dans quelques provinces l'usage local consacrait en faveur des propriétaires moyennant indemnité, n'a pas survécu à l'abolition des anciennes coutumes par le Code civil. — *Cass.*, 31 avril 1813 (intérêt de la loi).

57. — Les marchands de tourbe en gros sont rangés dans la 4e classe des patentables : droit fixe basé sur la population; droit proportionnel du 20e de la valeur locative de l'habitation et des locaux servant à l'exercice de la profession.

58. — Les marchands en détail font partie de la 8e classe. — Même droit fixe, sauf la différence de classe, que les précédens. Droit proportionnel du 40e de la valeur locative de tous les locaux qu'ils occupent, mais seulement dans les communes de 20,000 âmes et au-dessus.

59. — Enfin, ceux qui exploitent des tourbières sont imposés à un droit fixe de 25 fr., lorsqu'ils ont moins de 10 ouvriers, plus 3 fr. pour chaque ouvrier en sus, jusqu'au maximum de 200 fr. Droit proportionnel du 15e de la valeur locative de l'habitation seulement. — V. PATENTE.

60. — Le propriétaire qui se borne à vendre de la tourbe provenant exclusivement de son fonds, et excédant sa propre consommation, est exempt de la patente comme rentrant dans l'exception prononcée par la loi en faveur de ceux qui font la vente des fruits de leur fonds. — *Cons. d'Et.*, 23 (et non 25) déc. 1835, Lefebvre ; 4 nov. 1836, Decoq-Cadeck. — V. ACTE DE COMMERCE, PATENTE.

61. — Comme toute autre propriété, une tourbière peut être vendue ou cédée, à quelque titre que ce soit, soit seule, soit avec le fonds. — Un arrêt du parlement de Paris, du 24 mai 1755, avait décidé, et cette solution devrait encore être suivie aujourd'hui, que l'extraction de la tourbe dépréciant beaucoup le fonds, la cession du droit d'extraire constituait une véritable aliénation du fonds lui-même.

62. — Aux termes de l'art. 598 du Code civil, l'usufruitier qui jouit des tourbières ouvertes n'a pas le droit d'en ouvrir de nouvelles. — Ajoutons, avec Proudhon, qu'il n'aurait même pas la faculté d'extraire de ces dernières la tourbe pour son chauffage, attendu qu'il n'est pas usager. — Proudhon, *De l'usufruit*, t. 3, p. 178 ; Peyret-Lallier, n°702. — V. USUFRUIT.

63. — Le partage des tourbières communales est interdit par la loi. — Décr. du 12 frim. an XIII. — V. COMMUNE, n°° 973 et suiv.

64. — Celles dont les habitans jouissent en commun ne peuvent être vendues. — L. 20 mars 1813, art. 2. — Cette exception comprend les tourbières ouvertes ou non ouvertes, lors même qu'elles seraient louées ou réservées à d'autres usages. — Ordonn. 26 déc. 1814, art. 1er et 2.

65. — Toutefois, la régie des domaines a dû prendre possession des tourbières ou des marais, même tourbeux, qui n'ont pas été jugées nécessaires à l'exploitation successive, pour le chauffage gratuit des habitans de chaque commune, et qui n'avaient pas cette destination au 20 mars 1813. — Même ordonn., art. 4.

66. — Nous ferons ici, sur l'application des art. 93 et suiv. de la loi du 21 avr. 1810, sur la police des mines, la même observation qu'au § précédent. — V. n°° 42 et 56.

67. — Les fabricans de tourbes carbonisées sont soumis à la patente, et assujettis comme tels à un droit fixe de 25 fr. et au droit proportionnel du 20e de la valeur locative de l'habitation, des magasins de vente complètement séparés de l'établissement, et du 25e de cet établissement

68. — Quant aux établissemens destinés à la carbonisation de la tourbe, ils sont rangés dans la 1re classe des établissemens insalubres, lorsque la carbonisation se fait à vases ouverts, et dans la 2e classe seulement quand elle a lieu à vases clos. — V. CARRIÈRES, COMMUNAUTÉ, ÉTABLISSEMENS INSALUBRES (nomenclature), FORGES, USUFRUIT.

MINISTÈRE PUBLIC.

Table alphabétique.

MINISTÈRE PUBLIC. — 1. — On désigne sous le nom d'officiers du ministère public des fonctionnaires établis près les tribunaux et spécialement chargés d'y représenter la société, soit en défendant la fortune de l'État et en protégeant les incapables, soit en poursuivant directement la répression de toutes les atteintes portées à l'ordre public.

CHAPITRE Ier. — Historique.

2. — « Nous avons aujourd'hui, disait Montesquieu (Esprit des lois, liv. 6, ch. 8), une loi ad-

mirable : c'est celle qui veut que le prince établi pour faire exécuter les lois prépose un officier dans chaque tribunal pour poursuivre en son nom tous les crimes, de sorte que la fonction de délateur est inconnue parmi nous. »

3. — Cette institution manquait à l'organisation judiciaire des Romains. Les empereurs avaient, il est vrai, sous le nom de procureurs, des intendans chargés de la défense du fisc. Par les constitutions de Valens, de Valentinien et de Théodose, furent institués des défenseurs des cités chargés de prévenir les crimes et de dénoncer les coupables aux juges, mais ni l'une ni l'autre de ces institutions ne correspondait exactement à l'organisation moderne du ministère public. — Ortolan et Ledeau *Du ministère public en France*, t. 1er, introd., p. 19.

4. — On ne trouve pas davantage dans les lois barbares l'origine du ministère public. — *Ibid.*, p. 22. — Et il est probable qu'elle ne remonte pas à une époque fort éloignée.

5. — « En héritant en quelque façon, dit Meyer (*Histoire des institutions judiciaires*, t. 2, p. 572 et suiv.), des devoirs des anciens comtes et magistrats, les seigneurs n'avaient pas nécessairement l'aptitude qu'on supposait ou qu'on pouvait supposer à celui qui était nommé à des fonctions de magistrature. Ils durent souvent se faire remplacer ou assister par une personne capable de remplir les fonctions qui avaient incombé anciennement aux comtes, et comme c'était en vertu d'une commission spéciale, d'un mandat, d'une procuration du seigneur suzerain que les nouveaux fonctionnaires étaient chargés de cette magistrature, il paraît qu'ils étaient qualifiés de procureurs du seigneur suzerain ou du roi dans les justices royales, soit qu'ils ne fussent appelés que momentanément, ou que leur commission fût durable. »

6. — « A l'établissement des tribunaux permanens, les rois et les grands vassaux nommèrent des magistrats pour remplir, à leur défaut, la présidence, mais comme l'office de procureur du roi ou du seigneur avait déjà acquis quelque consistance et que l'usage de voir remplir ces fonctions par une personne distincte de celle qui tenait la cour, avait déjà prévalu, les rois se firent remplacer au parlement par un président et par un procureur. »

7. — Indépendamment du droit de présenter leurs considérations sur les causes en jugement, sur les questions de droit et de fait, sur ce qu'exigeaient l'ordre et l'utilité publique, avant qu'elles fussent décidées, les officiers du ministère public furent investis du pouvoir de poursuivre les intérêts particuliers du roi et des seigneurs, et comme les amendes faisaient une partie considérable des peines et formaient en même temps une des branches du revenu royal ou seigneurial, les procureurs du roi ou des seigneurs furent chargés non-seulement du recouvrement de ce revenu, mais encore de la poursuite des délinquans pour les faire condamner. — Meyer, *ibid.*

8. — L'ordonnance de Philippe le Bel du 25 mars 1302 impose aux procureurs du roi l'obligation de prêter le même serment que les magistrats, et leur défend d'occuper pour d'autres parties, si ce n'est pour leurs proches. *Nolentes, immò prohibentes expressè, ne dicti procuratores nostri de causis alienis se intromittere, aut litteras impetrare præsumant, nisi pro personis conjunctis ipsos contingeret facere prædicta.* — Ordonn. 1302, art. 20. — Ortolan et Ledeau, introd., p. 33.

9. — Les fonctions de procureurs et d'avocats du roi passèrent du parlement dans les autres tribunaux. Avant 1318, cette institution était répandue dans les bailliages et sénéchaussées. — Ordonn. de Philippe le Long de 1318. — Ortolan et Ledeau, introd., p. 35.

10. — Nous ne retracerons point ici l'organisation du ministère public auprès des anciens tribunaux ; on peut, du reste, consulter les mots AVOCAT DU ROI, AVOCAT GÉNÉRAL, BAILLIAGE, PARLEMENT, etc.

11. — La révolution de 1789, en modifiant complétement l'organisation judiciaire, ne pouvait laisser intacte l'institution du ministère public. Après la création, par la loi du 24 août 1790, des tribunaux de district et l'introduction du jury en matière criminelle (Constitut. du 3 sept. 1791, tit. 3, ch. 5, art. 9 ; L. 29 sept. 1791), des officiers du ministère public, nommés par le roi, mais à vie, furent placés avec le titre de commissaires du roi près de la Cour de cassation et des tribunaux de district. — L. 16 août 1790, tit. 2, art. 8.

12. — Le droit d'accusation enlevé aux commissaires du roi, fut transporté à des accusateurs

publics élus par les citoyens. Mais les commissaires du roi devaient être entendus sur toutes les accusations ; ils requéraient, pendant le cours de l'instruction, pour la régularité des formes et, avant le jugement, pour l'application de la loi. — Constit. du 3 sept. 1791, tit. 3, ch. 5, art. 2 et 25 ; L. 13 et 20 oct. 1792. — Ortolan et Ledeau, introd., p. 55.

13. — Les commissaires du roi, appelés *commissaires nationaux* après le 10 août 1792, et l'abolition de la royauté, devinrent amovibles sous l'empire de la Constitution de l'an III. Le Directoire exécutif reçut le pouvoir de les nommer et de les révoquer. — Constit. 5 fruct. an III, art. 240 et suiv.

14. — La Constitution de l'an VIII, en réorganisant les tribunaux d'appel, donna aux officiers du ministère public le nom de commissaires du gouvernement, leur rendit les fonctions d'accusateur public, et les déclara révocables à volonté par le premier consul, qui devait cependant les prendre dans les listes communales, départementales ou nationales, selon qu'il s'agissait des tribunaux de première instance ou d'appel, ou de la Cour de cassation. — Const. du 22 frim. an VIII, art. 41, 63 et 67.

15. — Le sénatus-consulte organique du 28 flor. an XII supprima l'obligation pour le chef du gouvernement de choisir les officiers du ministère public dans les listes communales, départementales ou nationales, et rendit à ces officiers les titres qu'ils portaient sous l'ancienne monarchie, en les accommodant à la nouvelle.

16. — Enfin la loi du 20 avril 1810 en faisant des procureurs impériaux les substituts des procureurs généraux, compléta le système de subordination hiérarchique qui subsiste encore aujourd'hui. — Dans les premiers jours de la révolution de 1848, on avait restitué aux membres du parquet l'ancienne dénomination de *commissaires du gouvernement* ; mais on leur a bientôt rendu le titre de *procureur de la République*.

CHAPITRE II. — *Organisation du ministère public.*

Sect. 1re. — *Des différens officiers du ministère public et des tribunaux auxquels ils sont attachés.*

17. — En principe, il existe auprès de chaque tribunal des officiers du ministère public chargés d'y représenter la société, dans toutes les causes qui peuvent intéresser l'ordre public.

18. — Ainsi il y a des magistrats exerçant le ministère public près la Cour de cassation (V. *infrà* n° 31), près les cours d'appel (V. *infrà* n° 35), près les cours d'assises (V. *infrà* n°s 32 et 33), près les tribunaux civils de première instance (V. *infrà* n° 43), les tribunaux correctionnels (V. *infrà* n° 65), les tribunaux de simple police (V. *infrà* n° 67).

19. — Il exista également des officiers du ministère public devant les juridictions spéciales. Ainsi, l'ordonnance royale qui constituait la Chambre des pairs en cour de justice, nommait un procureur général et un ou plusieurs avocats généraux qui étaient chargés d'y remplir les fonctions du ministère public, et dont les pouvoirs s'éteignaient avec ceux de la cour. — V. Charte 1830, art. 28. — E. Cauchy, *Précédens de la Cour des pairs*. — V. COUR DES PAIRS. — Mais la Chambre des pairs ayant cessé d'exister depuis l'instauration de la République, et ne faisant plus même partie de notre système gouvernemental, tout ce qui s'y rattache, soit comme pouvoir législatif, soit comme pouvoir judiciaire, n'offre plus qu'un intérêt historique. — Elle a été en quelque sorte et à certains égards remplacée, quant à ses attributions judiciaires, par la Haute Cour de justice établie par la Constitution nouvelle (art. 5, 91 et suiv.). — V. TRIBUNAUX EXTRAORDINAIRES. — Lorsque la Haute Cour est saisie d'un procès par l'Assemblée législative, un décret du président de la République nomme un procureur général, un ou plusieurs avocats généraux ou substituts, pour composer le parquet.

20. — Auprès des conseils de discipline et des jurys de révision de la garde nationale, des capitaines et des lieutenans rapporteurs sont institués par le gouvernement pour y exercer des fonctions du ministère public. — V. GARDE NATIONALE.

21. — Il y a encore des officiers rapporteurs auprès des conseils de guerre et des tribunaux

maritimes. — V. CONSEIL DE GUERRE, TRIBUNAUX MARITIMES, TRIBUNAUX MILITAIRES.

22. — Il existe aussi un procureur général près la Cour des comptes. — V. COUR DES COMPTES.

23. — Enfin, auprès du Conseil d'État et du tribunal des conflits, certains fonctionnaires sont aussi spécialement chargés de remplir les fonctions du ministère public. — V. CONSEIL D'ÉTAT, TRIBUNAUX DES CONFLITS, Const. de 1848 art. 89.

24. — Le principe de l'institution des officiers du ministère public, auprès de chaque juridiction, semble donc, au premier abord, devoir être absolu, et l'on est porté à penser qu'aucun tribunal, quel que soit le genre d'affaires qu'on lui soumette, ne saurait être privé du concours du ministère public. Cependant il reçoit quelques exceptions. Il n'existe point en effet de ministère public près les tribunaux de commerce, ni près les tribunaux de paix ou des conseils des prud'hommes.

25. — On a fondé l'exception pour les tribunaux de commerce sur la nécessité que les affaires soient promptement expédiées ; pour les tribunaux de paix, et des prud'hommes sur le peu d'importance des causes qui leur sont soumises. On a, au surplus, souvent agité la question de savoir s'il ne serait pas utile de créer des procureurs de la République près les tribunaux de commerce. « C'est surtout, dit M. Ortolan (*Tr. du min. pub.*, t. 1er, p. 347), devant des tribunaux composés de juges à qui presque toujours la connaissance des lois est étrangère, qu'un magistrat chargé de rappeler sans cesse les dispositions des lois, rendrait d'utiles et d'importans services. » — Carré, *Compétence*, t. 1er, p. 204. — La commission chargée de l'examen du Code de commerce avait proposé l'institution d'un ministère public près des tribunaux consulaires ; on ne se fonda, pour la repousser, que sur quelques difficultés d'application.

26. — Toutefois, faut-il conclure de la non-existence du ministère public près des tribunaux de commerce, que dans les arrondissemens où les affaires commerciales sont portées devant les membres du tribunal civil, jugeant alors commercialement, le ministère public institué près de ces tribunaux doit s'abstenir de connaître de ces sortes d'affaires ?

27. — L'affirmative, décidée par un avis du Conseil d'État du 27 prair. an V, et enseignée par tous les auteurs (Carré, *Lois de la procédure civile*, quest. 410 ; Chauveau sur Carré, *ibid.* ; Favard de Langlade, *Rép.* v° *Tribunaux de commerce*, § 1er, n° 16 ; Ortolan et Ledeau, *Du ministère public*, t. 1er, p. 349 ; Nouguier, *Des tribunaux de commerce*, t. 1er, p. 59 ; Benech, *Traité des tribunaux de première instance*, p. 45 ; Boitard, *Leçon 46*, sur l'art. 427, C. procéd. ; Rodière, t. 2, p. 288 ; Goujet et Merger, *Dict. de droit comm.*, v° *Procédure*, n° 8 ; Orillard, *Comp. comm.*, n° 17), avait été sanctionnée par deux arrêts des cours de Rennes (28 déc. 1816, Chenon-Kéraly c. Danton) et de Liége (28 déc. 1817, Commune de Vineuve c. Michaux). — V. COMMUNICATION AU MINISTÈRE PUBLIC, n°s 17 et 18.

28. — Selon M. Nouguier (*ubi sup.*), tout ce qui touche à l'organisation des tribunaux étant d'ordre public, il faudrait même décider que l'audition du ministère public dans une affaire commerciale entraînerait la nullité du jugement.

29. — Mais une jurisprudence récente de la Cour de cassation admet que le ministère public est partie nécessaire dans la composition des tribunaux civils jugeant commercialement ; qu'il doit participer aux audiences commerciales de la même manière qu'aux audiences civiles ordinaires, et, dès lors, être entendu dans tous les cas où il le serait devant ces tribunaux jugeant en matière civile. — *Cass.*, 21 avr. et 15 juill. 1846 (t. 2 1846, p. 684 ; proc. gén. de Cass., intérêt de la loi) ; 12 juill. 1847 (t. 2 1847, p. 805 ; proc. gén. de Cass., intérêt de la loi). — Elle admet même que le jugement qui, en pareille circonstance, ne constate pas la présence du ministère public, est nul ; et cette nullité étant d'ordre public est proposable en tout état de cause devant la Cour d'appel. — *Cass.*, 16 déc. 1847 (t. 2 1848), Bossière c. Boucher.

30. — A plus forte raison, d'après cette jurisprudence, lorsque les affaires commerciales sont portées en appel devant les cours royales, les règles ordinaires sur l'intervention du ministère public et sur la communication qui doit lui être faite de certaines affaires (C. procéd., art. 83) sont-elles applicables. — *Cass.*, 5 janv. 1812, Bernard c. Monnot. — Ortolan et Ledeau, *Du ministère public en France*, t. 1er, p. 349. — Nous aurons d'ailleurs plus tard occasion de remarquer que l'action du ministère public n'est pas bornée aux affaires purement civiles, et qu'elle s'étend, dans certains cas aux faillites et à la réhabilitation.

31. — Les fonctions du ministère public sont exercées près de la Cour de cassation par un procureur général et six avocats généraux, dont deux sont attachés à chaque chambre, et dont l'un, désigné par le gouvernement, porte le titre de premier avocat général.—Ord. 18 juill. 1846.— V. COUR DE CASSATION, n° 56.

32. — Les fonctions du ministère public sont remplies près les cours d'assises soit par le procureur général, soit par un des avocats généraux ou des substituts du procureur général dans les départemens où siégent les cours d'appels. — C. instr. crim., art. 252.

33. — Dans les autres départemens, les fonctions du ministère public sont remplies par le procureur de la République près le tribunal de première instance du lieu de la tenue des assises, ou par l'un de ses substituts (C. instr. crim., art. 251); sans préjudice du droit que le procureur général a toujours de s'y rendre lui-même ou de déléguer pour le remplacer un de ses substituts près de la cour. — C. instr. crim., art. 271 et 284 combinés. — V. COUR D'ASSISES, nos 1552 et suiv.

34. — En cas d'empêchement du procureur de la République et de ses substituts, les fonctions du ministère public doivent être remplies par un juge ou par un juge suppléant. Un arrêt de la Cour de cassation du 29 vend. an X (Durand) a décidé qu'un juge suppléant pouvait être préféré pour remplacer le ministère public aux juges ne siégeant qu'en nombre suffisant. Cette décision trouve aujourd'hui un nouvel appui dans la loi du 10 déc. 1830, art. 3.

35. — Devant les cours d'appel, les fonctions du ministère public sont exercées par un procureur général, des avocats généraux ou des substituts du procureur général. — V. AVOCAT GÉNÉRAL, COUR ROYALE, nos 46 et suiv.

36. — Autrefois, le plus ancien des avocats généraux prenait le titre de premier avocat général. — Décr. 6 juill. 1810, art. 46.— Aujourd'hui le premier avocat général est nommé spécialement par le président de la République. — Ord. 18 juill. 1846.

37. — Les avocats généraux absens ou empêchés sont remplacés, pour le service des audiences, par les substituts du procureur général, et réciproquement les substituts par des avocats généraux, sur la désignation du procureur général. — *Ibid.*, art. 51 et 52; déc. 29 avril 1811, art. 3.

38.— En cas de nécessité, lorsque le procureur général et ses substituts sont empêchés ainsi que les avocats généraux, les fonctions du ministère public doivent être momentanément remplies par le dernier nommé des conseillers. — L. du 27 vent. an VIII, art. 6.

39. — Toutefois, la Cour de cassation, se fondant sur l'art. 84 du Code procéd. civ. qui porte qu'en cas d'empêchement des officiers du ministère public, ils seront remplacés par un des juges ou suppléans, a décidé, le 18 nov. 1829 (Belian c. Pacely), qu'il n'était pas nécessaire, à peine de nullité, que les fonctions du ministère public fussent remplies par le *dernier nommé* des conseillers.

40. — Un conseiller auditeur a qualité pour suppléer le procureur général devant la chambre des mises en accusation.—L. 20 avr. 1810, art. 12; décr. 16 mars 1808, art. 5. — *Cass.*, 11 nov. 1824, Aymard.

41.— La question ne s'est pas encore présentée de savoir si les officiers du ministère public près la Cour pourraient être remplacés par un avocat. Il serait raisonnable d'appliquer aux membres du parquet des cours d'appel les règles établies pour les officiers du ministère public près les tribunaux de première instance, et de décider qu'ils ne sauraient être valablement remplacés par un avocat qu'en cas d'empêchement de tous les conseillers.

42.—L'arrêt qui relate que des conclusions ont été données devant la cour par un avocat remplaçant le ministère public est donc nul, s'il ne mentionne pas d'une part le motif qui a rendu nécessaire l'appel de cet avocat, d'autre part, que cet avocat était le plus ancien de ceux de son ordre présens à l'audience.— *Cass.*, 14 janv. 1845 (t. 1er 1845, p. 94), Dru c. Boissat.

43. — La loi du 24 août 1790 en instituant les tribunaux de district, créa auprès d'eux un commissaire du roi chargé des fonctions du ministère public. Ces tribunaux furent remplacés en l'an III par les tribunaux de département (L. 5 fruct. an III, art. 216). La loi du 27 vent. an VIII qui les rétablit sous le titre de tribunaux de 1re instance y attacha un commissaire du gouvernement avec cinq substituts pour Paris, deux pour certaines villes désignées, et un seul pour les autres. — Ortolan et Ledeau, t. 1er, p. 14.

44. — Le sénatus-consulte organique du 28 flor. an XII donna au commissaire du gouvernement le nom de commissaire impérial, et la loi du 20 avril 1810, art. 20 et 43, le rangea dans la classe des substituts du procureur général.

45. — Aux termes de l'art. 43 de la loi du 20 avril 1810 et de l'art. 16 du décret du 18 août 1810, le nombre des substituts devait être de douze à Paris, de quatre dans les tribunaux divisés en trois chambres, de deux dans les tribunaux divisés en deux chambres, et d'un dans les autres tribunaux.

46. — Le nombre des substituts près le tribunal de 1re instance de la Seine a été porté de 12 à 15 par l'ordonnance royale du 1er août 1821, et à 22 par les lois du 9 juill. 1837 et du 23 avril 1841. Par cette dernière loi on a supprimé les juges suppléans qui, par exception, dans le tribunal de la Seine, jouissaient d'un traitement, et dont une partie étaient spécialement et continuellement attachés au parquet, et on a créé de nouveaux juges suppléans non appointés, et qui ne sont pas plus spécialement attachés au tribunal que les juges suppléans des autres siéges.

47. — C'est le procureur de la République qui distribue entre ses substituts le service du ministère public auprès des chambres. Il peut néanmoins changer, toutes les fois qu'il le juge convenable, la destination qu'il leur a donnée. — Décr. 30 mars 1808, art. 82; 18 août 1810, art. 19.

48. — Le procureur de la République, absent ou empêché, est remplacé par son substitut s'il n'en a qu'un, ou, s'il en a plusieurs, par le plus ancien de ceux des substituts qui ne sont point chargés spécialement des fonctions d'officier de police judiciaire. — Déc. 18 août 1810, art. 20 et 21.

49. — Le procureur de la République a droit d'adjoindre au parquet, si les besoins du service l'exigent, un ou plusieurs suppléans, qui deviennent alors ses véritables substituts, et le suppléant dans tous les actes de son ministère, jusqu'à ce qu'il en soit autrement disposé. — L. 10 déc. 1830, art. 3. — Massabiau, *Manuel du procureur du roi*, t. 1er, n° 57.

50. — En cas d'absence du procureur de la République et de tous ses substituts, la désignation des juges suppléans, chargés de remplir les fonctions du ministère public, est faite par le tribunal; hors ce cas, c'est au procureur de la République à désigner son remplaçant, sauf à se concerter, pour le faire, avec le président du tribunal, afin qu'aucune partie du service judiciaire ne puisse en souffrir. — Massabiau, t. 1er, n° 57. — V. Décret 18 août 1810, art. 20.

51. — La Cour de cassation, par un arrêt du 31 juill. 1837 (t. 2 1837, p. 111 [intérêt de la loi]), rendu sur le pourvoi du procureur général, a annulé, pour excès de pouvoir, une délibération intérieure du tribunal de Versailles, qui s'était attribué le droit de décider s'il y avait lieu d'adjoindre au parquet un juge suppléant, et celui de le désigner.

52. — A défaut de juges suppléans, les officiers du ministère public doivent être remplacés par un juge. Mais peuvent-ils l'être à défaut de juges suppléans ou de juges par un avocat ou par un avoué, appelé dans l'ordre du tableau?

53. — La négative, qui tire une grande force de l'art. 26 du Code d'instr. crim., portant que le procureur de la République, s'il n'a pas de substitut, sera remplacé par un juge commis à cet effet par le président (aujourd'hui par le tribunal, déc. 18 août 1810, art. 20), a été adoptée par deux arrêts : l'un de la Cour d'appel de Metz, du 10 avr. 1811 (Vanderbruck c. Suiger); l'autre de la cour d'Aix, du 16 nov. 1824 (Andrieu c. Vaux).—Demiau-Crouzilhac, p. 82; *Praticien français*, t. 1er, p. 337.

54. — Mais elle est combattue par plusieurs auteurs. Ils font remarquer que si le tribunal avait été complété par un avocat ou un avoué, et que le ministère public fût absent ou empêché, il pourrait devenir impossible de le remplacer par un juge ou un suppléant, et qu'il faudrait bien alors recourir à un avocat ou à un avoué. On ajoute que les avocats ont toujours eu ce droit dans l'ancienne jurisprudence (Jousse, *Justice civ.*, t. 2, p. 472); que la loi du 27 vent. an VIII le leur a reconnu à défaut de juges ou de suppléans, et qu'elle a été confirmée expressément en ce point par l'art. 35 du décret du 14 déc. 1810 sur l'exercice de la profession d'avocat, décret postérieur à l'art. 84 du Code de proc. et aux art. 20 à 23 du décret du 18 août 1810. — *Besançon*, 1er juin 1809, Mornay c. Maire. — Berriat Saint-Prix, *Proc civ.*, p. 94; Carré, *Lois de la proc.*, *sur l'art.* 84; Massabiau, t. 1er, n° 58; Ortolan et Ledeau, t. 1er, p. 16 et 17. — V. AVOCAT, n° 474; AVOUÉ, n° 207.

55.—Nous pensons, avec la jurisprudence, qu'en règle générale les avocats et les avoués ne peuvent être appelés à remplacer les officiers du ministère qu'en cas de nécessité absolue, et lorsque tous les juges et suppléans sont empêchés. Il en est ainsi, par exemple, lorsque l'affaire dans laquelle le ministère public doit être remplacé a déjà été engagée devant plusieurs membres du tribunal, et que tous les autres sont absens ou empêchés. De cette manière, on peut appliquer, sans violer aucune loi, l'art. 35 du déc. du 14 déc. 1810.

56. — Lorsque le jugement a été rendu par deux juges et un suppléant, il y a présomption légale que l'avocat qui a rempli les fonctions du ministère public, n'a été appelé qu'à défaut de suppléant. — *Besançon*, 1er juin 1809, Mornay c. Maire. — V. aussi *Nîmes*, 16 juin 1830, Augeras c. Chaudaison.

57. — Lorsqu'il est reconnu que l'avocat appelé à remplir les fonctions du ministère public est le plus ancien de son ordre, il y a présomption suffisante qu'il n'a été appelé qu'à défaut de juge et de suppléant, et qu'il a été appelé dans l'ordre du tableau.—*Nîmes*, 16 juin 1830, Augeras c. Chaudaison.

58.—Nous avons admis comme une proposition incontestable que les avoués peuvent aussi bien que les avocats, et à défaut de ceux-ci, être appelés à remplacer le magistrat chargé des fonctions du ministère public. Cette décision, fondée sur un usage toujours observé, est commandé par le besoin de ne pas laisser entraver le cours de la justice. — *Paris*, 4 août 1807, Auger c. Billet.

59. — Un arrêt du parlement de Paris de 173[illegible] a décidé qu'un juge qui a connu d'une affaire ne peut être appelé à remplir dans cette même affaire les fonctions du ministère public. Cette décision devrait encore aujourd'hui être suivie. — Carré, *Compétence*, t. 1er, n° 133.

60.—Toutefois, la circonstance que le juge appelé à remplir les fonctions du ministère public, aurait précédemment connu de l'affaire comme juge, ne serait pas une cause de nullité, cette nullité n'étant prononcée par aucune loi.

61.—On peut d'ailleurs argumenter en ce sens un arrêt de la Cour de *Cass.*, du 12 niv. an XII (Canthès c. Ulsass), qui décide que celui qui a siégé comme juge en première instance, peut, devant un tribunal supérieur où il a été promu, porter la parole comme officier du ministère public.

62.—La délibération générale par laquelle un tribunal désignerait à l'avance un juge suppléant ou un juge pour remplir les fonctions du ministère public, dans tous les cas où le procureur de la République et ses substituts viendraient à être empêchés, serait évidemment nulle comme entachée d'excès de pouvoir. Ce serait, en quelque sorte, créer un substitut adjoint, dont l'existence n'est pas reconnue par la loi. — *Cass.*, 19 déc. 1833 (Réquisit. du proc. gén.).— Massabiau, t. 1er, n° 60.

63.—Si une pareille délibération était prise, le procureur de la République devrait en envoyer une expédition au ministre de la justice par l'intermédiaire du procureur général pour être déférée à la Cour de cassation. — L. 27 vent. an VIII —Massabiau, t. 1er, n° 60.

64.—Quoique les substituts du procureur de la République ne soient pas divisés comme les substituts du procureur général en substituts de parquet et substituts d'audience, l'usage s'est introduit, dans quelques tribunaux, et notamment dans celui de la Seine, de donner aux substituts du procureur de la République lorsqu'ils portent la parole à l'audience, le titre d'avocats de la République. Cette qualification est, avec raison, approuvée par de Molènes (*Traité pratique des fonctions du procureur du roi*, t. 1er, p. 21). — Les membres du parquet, lorsqu'ils portent la parole aux audiences, la portent en leur nom, et ne relèvent que de leur conscience. Ils n'agissent donc point en réalité comme remplaçans d'un autre magistrat. D'autre part, le titre de procureur de la République, qu'on leur donne dans un grand nombre de tribunaux, peut ressembler à une usurpation de titre; celui d'avocat de la République pare à tous les inconvéniens.—V. TRIBUNAL CIVIL DE PREMIÈRE INSTANCE.

65. — Les fonctions du ministère public sont remplies, près les tribunaux de police correctionnelle, par les procureurs de la République et leurs substituts. On peut appliquer d'ailleurs au ministère public, près les tribunaux de police correctionnelle, tout ce que nous avons dit du ministère public près les tribunaux civils de première instance.

66. — Le jugement d'un tribunal de police correctionnelle ne peut être annulé sur le motif que les fonctions du ministère public y ont été

remplies par un juge. — *Cass.*, 29 mars 1806, Crakmer.

67. — Les fonctions du ministère public sont remplies, près les tribunaux de simple police, par le commissaire de police, et en cas d'empêchement du commissaire de police, ou s'il n'y en a point, par le maire, qui peut se faire remplacer par son adjoint. — C. instr. crim., art. 144.

68. — S'il y a plusieurs commissaires de police, le choix est fait entre eux par le procureur général près la Cour d'appel. — Ortolan, *Du ministère public en France*, t. 1er, p. 18.

69. — Si le commissaire de police délégué se trouve empêché, il est remplacé par son collègue le plus ancien, sur l'autorisation du procureur de la République, en cas d'urgence, sinon sur une délégation régulière du procureur général. — Ledeau, *Usage des parquets de province*, t. 2, p. 121.

70. — « Toutes les fois, dit Mangin (*De l'action publique*, no 201), que l'adjoint agit à sa requête, il y a présomption légale d'empêchement ou de délégation du maire. Le remplacement du maire par l'adjoint est une affaire d'administration intérieure qui ne regarde pas les particuliers. Tant que le maire ne désavoue pas son adjoint, personne n'a le droit de se plaindre. » — *Cass.*, 20 août 1812, Elisabeth Cornu.

71. — En l'absence de l'adjoint ou lorsque celui-ci remplace le maire comme juge de police, le ministère public est exercé par un membre du conseil municipal désigné, à cet effet, par le procureur de la République pour une année entière. — C. instr. crim., art. 167.

72. — Mais un conseiller municipal ne peut, à moins qu'il n'ait été délégué à l'avance par le procureur de la République de l'arrondissement, remplir les fonctions du ministère public près le tribunal de simple police. — *Cass.*, 29 mars 1844 (t. 1er 1845, p. 31), Plazenet.

73. — Il est au surplus à remarquer que la disposition de l'art. 167 précité paraît, par la place qu'elle occupe dans le Code d'instruction criminelle, exclusivement applicable aux tribunaux de police des communes qui ne sont pas chefs-lieux de canton. Il est tout simple qu'alors les fonctions du ministère public ne puissent être remplies par un étranger à la commune. — Arg. arrêt de *Cass.*, 9 août 1834, Delaporte.

74. — Mais lorsque les commissaires de police, le maire et son adjoint spécialement investis par l'art. 144 des fonctions du ministère public près le tribunal de simple police du chef-lieu de canton, se trouvent tous empêchés, ce n'est point par un membre du conseil municipal qu'ils doivent être remplacés. De la règle qui veut que s'il y a plusieurs commissaires de police le procureur général nomme celui qui doit faire le service, on conclut, par voie d'analogie, qu'en l'absence de commissaire de police, de maire et d'adjoint près le tribunal de police du juge de paix, c'est au procureur général à choisir dans les maires et adjoins du canton, celui ou ceux qui doivent faire le service près le tribunal de police du juge de paix, dont la juridiction, quant à la compétence, est plus étendue que celle du maire et embrasse tout le canton. — Même arrêt.

75. — Le maire d'une commune autre que celle où siége le tribunal de police n'a donc pas caractère pour remplir près de celui-ci les fonctions du ministère public, si ce droit ne lui a pas été expressément délégué par le procureur général de la cour d'appel du ressort. — En conséquence, le jugement rendu, sur sa réquisition, par le tribunal de simple police est nul comme émanant d'un tribunal illégalement composé. — *Cass.*, 16 nov. 1844 (t. 1er 1845, p. 32), Rouvier.

76. — Dans aucun cas, les fonctions du ministère public ne peuvent être remplies par le maire non délégué d'une commune voisine. — *Cass.*, 29 fév. 1828, Mouton et Petit.

77. — La Cour de cassation a jugé le 12 fructid. an VII (Bouloux), qu'un huissier n'avait pas qualité légale pour remplacer au tribunal de police le commissaire du pouvoir exécutif; on n'hésiterait pas aujourd'hui à appliquer cette décision. — C. instr. crim., art. 144.

78. — C'est encore aujourd'hui une question fort grave que celle de savoir si les officiers du ministère public, près les tribunaux de simple police, sont les délégués ou les substituts du procureur de la République, comme celui-ci est lui-même le substitut du procureur général. L'affirmative qui résulte d'un arrêt de la Cour de cassation du 27 août 1825 (Bicheux), est combattue avec force par Mangin (*loc. cit.*).

79. — L'arrêt du 27 août 1825 pose en principe, plutôt qu'il n'établit, que les officiers qui exercent les fonctions du ministère public devant les tribunaux de simple police sont les délégués ou les substituts du procureur de la République, du ressort, et on peut, sans doute, appuyer cette décision sur l'art. 167 du Code d'instr. crim., et sur les rapports de subordination qui existent entre le procureur de la République et les maires ou commissaires de police, comme officiers de police auxiliaire. — Toutefois, n'est-il pas plus juste de dire que le procureur général a seul, dans l'étendue de son ressort, la plénitude de l'exercice de l'action publique, que le procureur de la République n'est lui-même qu'un substitut, et qu'en l'absence d'un texte de loi précis, on ne saurait lui accorder l'exercice direct de l'action publique près du tribunal de simple police? « La loi, dit M. Mangin, n'a créé aucun rapport de subordination entre les officiers du ministère public près le tribunal de simple police et le procureur de la République de leur ressort; celui-ci n'est pas chargé de les diriger, il n'a pas le droit de leur donner des ordres; il y a plus, il n'est pas compétent pour faire les actes qui leur sont attribués. Nous ajouterons qu'il n'est point à craindre que le cours de la justice s'en trouve entravé, parce que dans le cas d'un refus improbable de la part des officiers du ministère public, près les tribunaux de simple police, d'exercer une action que le procureur de la République jugerait utile ou nécessaire, le désaccord serait sans peine tranché par le procureur général, dont l'autorité ne peut être méconnue. — L. 20 avril 1810, art. 45. — V. TRIBUNAUX DE SIMPLE POLICE.

Sect. 2e. — *Conditions d'admission, nomination, prestation de serment et installation.*

80. — *Conditions d'admission.* — Il y a quelques conditions communes à tous ceux qui remplissent les fonctions du ministère public devant quelque tribunal que ce soit. Il y en a d'autres, au contraire, qui varient avec les juridictions.

81. — La première condition qui résulte implicitement de la force des choses et de la forme même de nos institutions, c'est qu'on soit mâle et majeur. Les femmes et les mineurs sont exclus de droit de l'exercice des fonctions publiques: les premières, par la dépendance dans laquelle leur sexe les a placées; les seconds, par l'incapacité qui résulte contre eux du texte même de la loi.

82. — Il faut, de plus, pour remplir les fonctions du ministère public, être Français; car on ne comprendrait pas qu'un étranger pût être chargé de représenter, devant les tribunaux, la société française, et jouir, en outre, des droits civils, civiques et de famille.

83. — Indépendamment de ces conditions générales applicables à tous ceux qui remplissent les fonctions du ministère public, il en est de spéciales aux officiers du ministère public près les différentes juridictions. Ainsi, lorsque les fonctions du ministère public sont attachées à une autre qualité, comme à celle de commissaire de police ou de maire, les conditions exigées pour être maire ou commissaire de police, se trouvent implicitement requises pour l'admission aux fonctions du ministère public, et en même temps aucune autre condition n'est imposée.

84. — Il n'y a de conditions véritablement spéciales que pour les officiers principalement chargés de remplir les fonctions du ministère public: tels que le procureur général et les avocats généraux près la Cour de cassation; le procureur général près la Cour des comptes; les procureurs généraux, avocats généraux et substituts des procureurs généraux près les Cours d'appel; les procureurs de la République près les tribunaux de première instance, et leurs substituts.

85. — Le décret du 28 sept. 1807 (art. 13) veut que nul ne puisse être nommé procureur général à la Cour des comptes, s'il n'est âgé de trente ans accomplis. Aucune autre condition ne paraît exigée.

86. — Le procureur général près la Cour des comptes prêtait autrefois serment de fidélité entre les mains du roi; aujourd'hui ce serait devant le président de la République. — L. 16 sept. 1807, art. 8.

87. — Pour pouvoir être revêtu d'une charge quelconque dans le ministère public, soit auprès de la Cour de cassation, soit auprès des Cours d'appel ou des tribunaux de première instance, il faut être licencié en droit, avoir prêté serment à la Cour d'appel et suivi le barreau pendant deux ans. — L. 20 avril 1810, art. 64 et 65.

88. — La loi du 20 avril 1810 ajoute: « à moins qu'on ne se trouve dans un cas d'exception. » Mais aucune exception n'ayant été créée par la loi, il ne serait pas loisible au gouvernement d'en introduire; et malgré la nomination faite par le président de la République, les tribunaux pourraient se refuser à admettre à remplir près d'eux les fonctions du ministère public, une personne qui ne reunirait pas les conditions exigées par les art. 64 et 65 de la loi du 20 avril 1810.

89. — Massabiau (t. 1er, no 14), après avoir dit que la condition d'avoir suivi le barreau pendant deux ans, n'a pas toujours été bien rigoureusement exigée, et qu'il y a même quelques exemples de dispenses d'âge accordées à des magistrats, reconnaît que ces dispenses sont illégales et nulles, et qu'un tribunal pourrait surseoir à l'installation du magistrat qui les aurait obtenues, jusqu'à ce qu'on eût fait droit à ses remontrances. — Carré, *Org. et comp.*, t. 1er, p. 113 et 116, nos 61 et 62.

90. — Aucune loi spéciale n'indiquant les conditions exigées pour être nommé procureur général ou avocat général à la Cour de cassation, on applique à ces magistrats celles que la loi du 20 avril 1810 a fixées pour les officiers du ministère public près les Cours d'appel. — Ortolan et Ledeau, t. 1er, p. 7.

91. — Le procureur général prêtait, sous la monarchie, serment entre les mains du roi, les avocats généraux le prêtaient devant la Cour. — Ordonn. 15 févr. 1815, art. 4 et 5. — Ortolan et Ledeau, t. 1er, p. 7. — V. *suprà* no 86.

92. — Nul ne peut être nommé procureur général près une Cour d'appel, s'il n'a trente ans accomplis; avocat général, substitut du procureur général, ou procureur de la République près d'un tribunal de première instance, s'il n'a vingt-cinq ans, et substitut du procureur de la République, s'il n'a vingt-deux ans accomplis. — Loi 20 avril 1810, art. 64 et 65.

93. — Les procureurs généraux et avocats généraux près quelque Cour que ce soit, et le procureur de la République près le tribunal de la Seine, ne doivent être nommés qu'après délibération en conseil des ministres. — L. 8 mai 1790; circ. min. 18 fruct. an XI et 6 fruct. an XII.

94. — *Nomination.* — Les procureurs de la République et leurs substituts sont nommés par le président de la République sur une liste de trois candidats présentés au ministre de la justice par le procureur général et le premier président de la Cour d'appel. — Loi 8 mai 1790; circ. min. 18 fruct. an XI et 6 fruct. an XII. — Massabiau, t. 1er, no 15.

95. — L'usage était, avant 1809, que la liste des chefs de la Cour fût rédigée d'après une première liste de candidats que leur adressaient les chefs du tribunal où il existait une vacance. Cet usage est tombé en désuétude. Il arrive même assez fréquemment que des nominations aient lieu sans présentation, ou nonobstant la présentation des premiers magistrats de la Cour. — Massabiau, *ibid.*

96. — Les membres du parquet des cours d'appel (autres que les procureurs généraux et avocats généraux) et des tribunaux de première instance, sont nommés par décret rendu sur le rapport du ministre de la justice. — Actuellement les magistrats du ministère public sont nommés par le président de la République. — Constit. de 1848, art. 85.

97. — *Prestation de serment.* — Aujourd'hui le serment politique est aboli; il n'existe plus qu'un serment professionnel, prêté devant le président de la République par les premiers présidents et procureurs généraux, et devant chaque cour ou tribunal, par les autres magistrats. — Décr. du 1er mars 1848, art. 66; L. du 8 août 1849. — Les officiers du ministère public doivent prêter serment avant d'entrer en fonctions. Les actes judiciaires faits avant la prestation de serment sont nuls. — Merlin, *Rép.*, vo *Serment*, § 1er, art. 1er et 2; Toullier, t. 10, p. 495, no 355; Ortolan et Ledeau, t. 1er, p. 3.

98. — Le serment est prêté par les procureurs généraux qui se trouvent accidentellement à Paris, entre les mains du président de la République; par les autres dans les mains d'un commissaire que le président de la République peut déléguer à cet effet. — Ordonn. du 3 mars 1815. — V. *suprà* no 86.

99. — Tous les autres officiers du parquet, avocats généraux, substituts du procureur général, procureurs de la République et leurs substituts, prêtent serment devant la Cour d'appel de leur ressort. — V. *suprà* no 86.

100. — Le serment est toujours reçu à l'audience de la cour d'appel où siége le premier pré-

sident, et, pendant les vacances, à la chambre des vacations. — Décr. 30 mars 1808, art. 26, et ord. du 3 mars 1815, art. 3.

101. — Le serment doit être renouvelé, en cas de promotion à une charge supérieure, ou de translation dans un autre tribunal. — Instr. min., 27 oct. 1820. — Ortolan et Ledeau, p. 66.

102. — Le serment des magistrats était autrefois conçu en ces termes : « Je jure fidélité au roi des Français obéissance à la charte constitutionnelle et aux lois du royaume. — L. 31 août 1830, art. 1er. — Aujourd'hui, le serment est celui-ci : « En présence de Dieu et devant les hommes, je jure et promets, en mon âme et conscience, de bien et fidèlement remplir mes fonctions, de garder religieusement le secret des délibérations, et de me conduire en tout comme un digne et loyal magistrat. — L. du 8 août 1849.

103. — Une ordonnance du 3 mars 1815 avait ajouté au serment l'engagement de « garder et faire observer les règlemens et ordonnances de Sa Majesté. » Cette addition inutile ou inconstitutionnelle a été supprimée par la loi du 31 août 1830. — Ortolan et Ledeau, t. 1er, p. 4.

104. — Il est délivré, sans frais, aux officiers du ministère public, une expédition de l'arrêt qui constate leur prestation de serment. Cet arrêt contient copie de l'ordonnance de nomination, et leur tient lieu de commission pour se faire installer. — Massabiau, t. 1er, n° 19.

105. — *Installation.* — Les magistrats du ministère public sont installés en audience solennelle de leur tribunal, devant toutes les chambres assemblées. Il est rédigé, par le greffier, un procès-verbal d'installation, signé de lui et du président, dont expédition est transmise immédiatement par le procureur de la République au procureur général du ressort, qui en donne avis au ministre de la justice. — Instr. min. 28 nov. 1811. — Massabiau, t. 1er, n° 22.

106. — Il doit être pourvu au remplacement des magistrats qui, sans cause légitime, ne se font pas recevoir et installer dans le mois à compter du jour où leur nomination leur a été officiellement notifiée. — Arr. 19 vend. an IX, art. 2; circ min. 26 vend. an IX. — Massabiau, n° 24.

107. — Il faut bien se garder, au surplus, de confondre la prestation de serment et l'installation. C'est du jour de la prestation de serment que le traitement commence à courir, et les actes judiciaires faits après la prestation de serment, mais avant l'installation, sont évidemment valables. L'installation ne peut être considérée que comme la reconnaissance d'un fait préexistant : à partir de l'installation, nul n'a le droit d'ignorer la qualité du magistrat; mais elle n'existait pas moins auparavant et il a pu en user.

108. — Les commissaires de police, maires ou adjoints remplissant les fonctions du ministère public près les tribunaux de simple police, ne sont assujettis à aucun serment spécial à raison de ces fonctions. On considère comme suffisant le serment qu'ils ont dû prêter en qualité de commissaires de police et d'officiers municipaux. — V. *suprà* n° 86.

109. — Les magistrats du ministère public doivent, lorsqu'ils prennent possession de leurs emplois, visiter dans les vingt-quatre heures de leur installation les fonctionnaires nommés avant eux, dans l'ordre des préséances. Cette visite doit leur être rendue dans les vingt-quatre heures suivantes. — Arg., art. 10, tit. 20, décret 24 mess. an XII. — Massabiau, t. 1er, n° 23.

110. — Il est aussi d'usage, dans le ressort de la plupart des cours d'appel, que les magistrats, avant de prêter serment, visitent le procureur général, le premier président et tous les membres composant la chambre à laquelle ils doivent se présenter.

Sect. 3°. — *Incompatibilités.*

111. — Les fonctions du ministère public sont incompatibles avec toutes les fonctions de l'ordre administratif, autres que celles de membre d'un conseil municipal, d'un conseil d'arrondissement ou d'un conseil général de département. — L. 22 déc. 1789, sect. 2, art. 10; L. 16-24 août 1790, tit. 2, art. 13, et tit. 8, art. 7; L. 6-27 mars 1791, art. 1er et 27; L. 24 vend. an III, tit. 1er, art. 1er. — Massabiau, t. 1er, n° 82.

112. — Les officiers du ministère public membres des conseils municipaux ou d'arrondissement, peuvent, à ce titre, se trouver momentanément chargés de remplacer le maire ou le sous-préfet absens ou empêchés. L'incompatibilité qui existe entre ces fonctions et les leurs n'empêcherait pas sans doute que les actes par eux faits en qualité de maire ou de sous-préfet ne fussent valables; mais il est sage aux officiers du ministère public d'éviter tout débat sur ce point, en s'abstenant de remplir, même passagèrement, des fonctions administratives, à moins qu'ils n'y soient contraints par une nécessité absolue.

113. — Les fonctions du ministère public sont incompatibles avec le négoce ou avec l'exercice d'une industrie. Cette règle est fondée sur l'usage plutôt que sur un texte précis; mais elle n'en est pas moins incontestablement admise. — Schenck, t. 1er, p. 129; Massabiau, t. 1er, n° 91. — V. ordon. de 1560.

114. — Les officiers du ministère public peuvent, toutefois, placer des capitaux dans une société commerciale, mais ils ne pourraient, sans manquer à leurs fonctions, devenir associés en nom collectif dans une entreprise commerciale.

115. — Les fonctions du ministère public sont encore incompatibles avec l'exercice de la profession d'avocat. — Ordonnance 20 nov. 1822, art. 42.

116. — Les officiers du ministère public ne peuvent se charger d'aucune défense, soit verbale, soit par écrit, à titre de consultation ou autrement, soit dans le ressort des tribunaux où ils exercent leurs fonctions, soit dans tout autre, à l'exception toutefois de leurs causes personnelles, de celles de leur femme, parens ou alliés en ligne directe, et de leurs pupilles. — C. proc., art. 86.

117. — Cette prohibition comprend les avis et instructions sur des matières litigieuses et la rédaction des comptes, actes de liquidation et partages. — Circ. minist. 27 nov. 1821. — Massabiau, t. 1er, n° 89.

118. — Leur profession est également incompatible avec celle d'officier ministériel. — Massabiau, t. 1er, n° 82; Ortolan et Ledeau, t. 1er, p. 34. — L. 6 et 27 mars 1791, art. 1er et 27; 24 vend. an III, tit. 1er, art. 2; 25 vent. an XI, art. 7; décr. 14 juin 1813, art. 40; circ. min. 27 nov. 1821.

119. — ... Avec toute fonction salariée sujette à comptabilité pécuniaire. — L. 24 vend. an III, tit. 1er, art. 2.

120. — ... Avec toute fonction ecclésiastique. — Arg. art. 1er; L. 2-11 septemb. 1790. — Massabiau, *ibid.*

121. — ... Avec toutes les autres fonctions de l'ordre judiciaire. — L. 24 vent. an III, tit. 3, et 24 mess. an V, art. 211. — *Cass.*, 13 sept. 1827, Regnaud dit Sissac. — Ortolan et Ledeau, t. 1er, p. 34; Massabiau, t. 1er, n° 82.

122. — La division et la distinction des pouvoirs étant un principe de notre droit public, il ne peut être permis à la même personne de confondre, de cumuler et d'exercer les fonctions du ministère public, chargé de requérir, et celles du magistrat chargé de délibérer et de statuer. — *Paris*, 3 oct. 1843 (t. 2 1843, p. 788), Leroy.

123. — ....Ou celle de juré. — C. d'instr. crim., art. 383.

124. — Cependant, rien ne s'oppose à ce que le magistrat qui a exercé, en première instance, les fonctions de juge, porte la parole, comme membre du parquet, dans une juridiction supérieure, s'il a été appelé à de nouvelles fonctions. — *Cass.*, 13 niv. an XII, Anthée.

125. — ...Avec le service de la garde nationale. — L. 22 mars 1831, art. 11.

126. — Nous devons ajouter, quoiqu'on ait soutenu le contraire, que les officiers du ministère public ne peuvent, même s'ils y consentent, faire partie de la garde nationale. L'art. 11 de la loi du 22 mars 1831 ne dit pas qu'ils sont dispensés du service de la garde nationale, ce qui eût permis de croire qu'ils pouvaient renoncer à une faveur introduite dans leur intérêt, mais que le service de la garde nationale est incompatible avec les fonctions des magistrats qui ont le droit de requérir la force publique. Les officiers du ministère public sont évidemment dans ce cas. — V. GARDE NATIONALE.

127. — Les officiers du ministère public pourraient-ils être appelés à l'enseignement du droit dans une faculté? M. Ortolan (t. 1er, p. 36), en reconnaissant que la loi du 22 vent. an XII, qui a rétabli les écoles de droit, n'a reproduit à cet égard aucune des prohibitions qui existaient auparavant, pense cependant qu'il est sage de repousser en fait, sinon en droit, ce genre de cumul; et M. Massabiau (t. 1er, n° 82) considère l'enseignement du droit, dans une faculté, comme positivement incompatible avec les fonctions du ministère public.

128. — Il est certain qu'en fait, il n'y a plus d'exemples d'officiers du ministère public qui soient en même temps professeurs dans des facultés de droit. Si cependant un officier du ministère public venait à être nommé professeur, ou réciproquement, les tribunaux ne pourraient, sans illégalité, refuser de l'admettre à exercer ses fonctions.

129. — Les fonctions du ministère public n'étaient pas incompatibles avec la qualité de pair et de député. Elles le sont aujourd'hui avec celle de représentant, sauf toutefois les fonctions de procureur général à la Cour de cassation et à la Cour d'appel de Paris. — L. 8 fév. 1819, art. 84, 85 et 86. — Elles le seraient évidemment avec celles de ministre; car il est impossible qu'un même fonctionnaire soit chargé de donner des ordres et de les recevoir.

130. — Les procureurs généraux près les cours d'appel, et les procureurs de la République ne peuvent être élus représentants par le collége électoral d'un arrondissement compris en tout ou en partie dans le ressort de leurs fonctions. — L. 8 fév. 1849, art. 82. — V. ÉLECTIONS LÉGISLATIVES, nos 1428 et suiv.

131. — Si, par démission ou autrement, ils quittaient leur emploi, ils ne seraient éligibles dans les ressorts dans lesquels ils ont exercé leurs fonctions qu'après un délai de six mois, à dater du jour de la cessation des fonctions. — L. 8 fév. 1849, art. 88 — V. *ibid.* nos 1431 et suiv.

132. — Cette prohibition ne s'étendait pas aux avocats généraux, substituts du procureur général et substituts du procureur de la République, mais la loi nouvelle du 8 février 1849 (art. 82) a compris dans une même disposition tous les membres du parquet.

133. — Celui qui, au moment où il est appelé aux fonctions du ministère public, exerce un emploi incompatible, est tenu d'opter, dans les dix jours qui suivent l'avis par lui reçu de sa nomination. — L. 24 vendém. an III, tit. 4, art. 2 et 3.

134. — Les officiers du ministère public ne peuvent devenir cessionnaires de procès, actions et droits litigieux de la compétence du tribunal dans le ressort duquel ils exercent leurs fonctions. — C. civ. art. 1597.

135. — Les avoués ne peuvent surenchérir pour les officiers du ministère public, près le tribunal devant lequel se poursuit une vente, à peine de nullité de l'adjudication ou de la surenchère et de dommages et intérêts. — C. proc., art. 711, 988. — La loi du 2 juin 1841 a, sous ce rapport, restreint les prohibitions prononcées contre les magistrats par l'ancien art. 713 C. proc.

136. — Les officiers du ministère public ne peuvent prendre part, ni par eux-mêmes, ni par personnes interposées, directement ou indirectement, soit comme parties principales, soit comme associés ou cautions, aux ventes ordinaires ou extraordinaires des coupes de bois de l'Etat, à peine de nullité de l'adjudication et de tous dommages-intérêts. — C. for., art. 20, n° 3.

137. — La parenté peut encore être considérée comme une cause d'incompatibilité relative.

138. — Les parens et alliés jusqu'au degré d'oncle et neveu inclusivement ne peuvent être simultanément membres d'un même tribunal ou d'une même cour, soit comme juges, soit comme officiers du ministère public ou même comme greffiers, sans une dispense du président de la République. Il n'est accordé aucune dispense pour les tribunaux composés de moins de huit juges. — L. 20 avril 1810, art. 63.

139. — En cas d'alliance survenue depuis la nomination, celui qui l'a contractée ne peut continuer ses fonctions sans obtenir une dispense du président de la République — L. 20 avril 1810, art. 63; circ. min. 15 mai 1807. — Schenk, t. 1er, p. 136.

140. — Selon M. Massabiau (t. 1er, n° 85), la prohibition portée par l'art. 63 de la loi du 20 avril 1810 s'étend au beau-père et au gendre, au beau-fils et au second mari de sa mère. — Décl. du roi du 25 août 1708. — Il existe en effet une véritable alliance entre ces personnes.

141. — Mais il n'en existe pas entre deux magistrats qui ont épousé les deux sœurs, et par conséquent ils peuvent siéger dans le même tribunal. — *Cass.*, 18 sept. 1824, Calmard.

Sect. 4°. — *Dispenses.*

142. — Il ne faut pas confondre avec les incompatibilités les dispenses de certaines charges accordées aux officiers du ministère public, à raison de leurs fonctions et auxquelles ils peuvent renoncer.

143. — Ainsi le procureur général et les avocats généraux à la Cour de cassation sont dispensés généralement de toute tutelle. — C. civ., art. 427.

144. — Il en est de même du procureur général près la Cour des comptes. — L. 16 sept. 1807, art. 7.

145. — Quant aux autres officiers du ministère public, ils n'en sont dispensés que lorsqu'ils exercent leurs fonctions dans un département autre que celui où la tutelle s'établit. — C. civ., art. 427.

146. — Les officiers du ministère public qui ont accepté une tutelle postérieurement à la nomination aux fonctions qui les en dispensent, ne peuvent plus s'en faire décharger. — C. civ., art. 430 et suiv. — V., au surplus, TUTELLE.

147. — Les officiers du ministère public ne peuvent être requis pour aucun service public. — L. 27 vent. an VIII, art. 5.

Sect. 5e. — *Droits et devoirs généraux du ministère public.*

148. — Il existe, pour les officiers du ministère public, un certain nombre de règles résultant soit de la loi, soit de décrets ou ordonnances, soit d'usages, et qui forment en quelque sorte la base de leurs fonctions.

§ 1er. — *Hiérarchie.*

149. — Un principe fondamental, c'est que l'exercice de l'action publique appartient aux procureurs généraux près les cours d'appel, et que tous les officiers du ministère public du ressort de la cour, quel que soit leur titre, ne sont que les substituts de ces magistrats. — L. 20 avr. 1810, art. 45.

150. — Les procureurs généraux veillent de plus au maintien de l'ordre dans tous les tribunaux, et ont la surveillance de tous les officiers de police judiciaire et officiers ministériels du ressort. — L. 20 avril 1810, art. 45.

151. — Comme conséquence de cette surveillance accordée au procureur général sur ses substituts, et de cette plénitude de l'action publique qui lui est conférée, les procureurs de la République doivent, 1° aussitôt que les délits parviennent à leur connaissance, lui en donner avis, et exécuter ses ordres relativement à tous actes de police judiciaire. — Code instr. crim., art. 27.

152. — 2° Poursuivre les délits, toutes les fois que le procureur général les en charge soit directement, soit sur les ordres du ministre de la justice, soit sur les plaintes et les dénonciations qui lui sont adressées directement. — C. instr. crim., art. 274 et 275.

153. — « Il est clair, dit Mangin (*De l'action publique*, n° 90), que les procureurs de la République ne peuvent se dispenser de poursuivre sur les plaintes, dénonciations et procès-verbaux qui leur parviennent directement qu'après en avoir référé au procureur général, et lorsque celui-ci a décidé qu'il n'y a pas lieu d'intenter l'action publique.

154. — Cette considération doit trancher la question qui s'élève dans la plupart des parquets, de savoir si les procureurs de la République sont tenus d'informer le procureur général de toutes les plaintes qui leur parviennent, sans exception, ou seulement de lui donner avis des poursuites qu'ils jugent à propos de diriger. Cette dernière interprétation, adoptée dans un grand nombre de parquets, a évidemment pour résultat d'annuler en partie le droit du procureur général quant à l'exercice de l'action publique, puisqu'il ne connaît pas les plaintes restées sans poursuites, et puisqu'il ne connaît les autres que lorsqu'il est presque toujours trop tard pour arrêter l'exercice de l'action publique.

155. — Le ministre de la justice peut sans doute donner des ordres aux procureurs généraux, mais il ne peut par lui-même exercer l'action publique; il peut encore moins en arrêter ou en suspendre le cours. — Mangin, *De l'action publique*, n° 91.

156. — Les actes faits par les substituts du procureur général sont censés faits de son consentement, tant qu'il ne les désavoue pas. — *Ibid.*, n° 93.

157. — Il importe, au surplus, par-dessus tout, de remarquer que si les officiers du ministère public sont liés par leurs devoirs hiérarchiques, lorsqu'il s'agit de rechercher les crimes, les délits, les contraventions, d'en rassembler les preuves, et d'en livrer les auteurs aux tribunaux chargés de les punir, en un mot d'intenter l'action publique et de la suivre, ils ne sont plus liés lorsqu'il s'agit à l'audience de porter la parole et de requérir soit la condamnation, soit l'acquittement. Rien n'empêche par conséquent qu'un procureur de la République interjette, sur l'ordre du procureur général, appel d'un jugement et soutienne à l'audience le mal-fondé de cet appel. — *Ibid.*

§ 2. — *Indépendance à l'égard des tribunaux.*

158. — Quels que soient les devoirs hiérarchiques qui unissent entre eux les différens membres du ministère public, tous jouissent, à l'égard du tribunal près duquel ils remplissent leurs fonctions, de la plus complète indépendance. « Les gens du roi, écrivait, le 11 mars 1730, le chancelier d'Aguesseau au premier président du parlement de Rouen, ne doivent rendre compte qu'à Sa Majesté de ce qu'ils font ou de ce qu'ils ne font pas en son nom. »

159. — « Les officiers du parquet, a dit encore le même magistrat, ne dépendent point des compagnies auprès desquelles ils remplissent les devoirs de l'office public, et elles ne peuvent faire aucun règlement sur la manière dont ils sont obligés de s'en acquitter. — D'Aguesseau, t. 10, p. 22 et 38. L. 10 sept. 1777. — Louis XVI disait au parlement de Grenoble : « Le parlement doit savoir qu'on ne peut mettre en mercuriale mes procureurs généraux sans ma permission. » — Merlin, *Rép.*, v° *Ministère public.*

160. — Ces principes sont encore en vigueur aujourd'hui. Aux termes de l'art. 61 du décret du 20 avr. 1810, les cours d'appel ou d'assises sont tenues d'instruire le ministre de la justice toutes les fois que les officiers du ministère public, exerçant leurs fonctions près de ces cours, s'écartent du devoir de leur état et qu'ils en compromettent l'honneur, la délicatesse et la dignité. — Les tribunaux de première instance doivent également instruire le premier président et le procureur général de la Cour d'appel des reproches qu'ils se croiraient en droit de faire aux officiers du ministère public exerçant dans l'étendue de l'arrondissement soit auprès de ces tribunaux, soit auprès des tribunaux de police. — *Ibid.*

161. — Mais les tribunaux n'ont aucun droit de censure sur les officiers du ministère public qui exercent près d'eux leurs fonctions, alors même que l'accomplissement de ces fonctions offrirait quelque irrégularité. En conséquence, un tribunal de police ne peut, sans excès de pouvoir, déclarer qu'un maire devant agir comme partie publique a agi moins en cette qualité que comme défenseur officieux du prévenu. — *Cass.*, 1er juin 1839 (t. 2 1839, p. 224), Beauvert; 30 déc. 1842 (t. 2 1843, p. 277), Prosmaer; 27 juin 1845 (t. 2 1848, p. 285), Boisserve. — Mangin, n° 113; Carnot, *Disc. jud.*, p. 46; Ortolan et Ledeau, t. 1er, p. 32; Legraverend, t. 2, p. 11.

162. — Les tribunaux ne sauraient interdire la parole au ministère public, ni la lui retirer. Ils ne peuvent point davantage lui adresser des injonctions.

163. — Un tribunal excède ses pouvoirs en adressant publiquement au procureur de la République ou à son substitut l'invitation de ne pas oublier le respect dû à la chose jugée. — *Cass.*, 7 août 1818, Cambournac; — 6 oct. 1791, Trib. de la Nesle. — Mangin, t. 1er, n° 115; Legraverend, t. 2, ch. 1er, p. 11.

164. — La délibération d'un tribunal, lue à l'audience, par laquelle il censure les observations du ministère public, qu'il qualifie de diffamation, constitue un excès de pouvoir. — *Cass.*, 24 sept. 1824, Trib. d'Issoire.

165. — Dans aucun cas, un tribunal ne peut donner acte aux parties de certains passages d'un discours prononcé à l'audience par le ministère public, ni ordonner le dépôt au greffe de ce discours, sous prétexte qu'il contiendrait une injure ou une diffamation. — *Cass.*, 20 oct. 1835, Huvet.

166. — Il n'est pas permis de rendre responsable le ministère public des poursuites qu'il a dirigées dans le sentiment de ses devoirs, ni de reporter cette responsabilité sur l'Etat. — *Cass.*, 7 mai 1825, Henry.

167. — Jugé encore qu'il y a excès de pouvoir dans le sens de l'art. 80 de la loi du 27 vent. an VIII, 1° de la part d'une Cour d'appel qui en prononçant dans une affaire civile et entre particuliers, ordonne, avant faire droit, que, par l'intermédiaire de l'avocat général, il sera pris des renseignemens à l'effet de connaître avec exactitude, dans l'intérêt de la cause, l'existence, la forme et la destination d'un registre tenant lieu du registre des inscriptions hypothécaires. — *Cass.*, 17 avr. 1832, Socalmgachetty.

168. — ... 2° Dans l'arrêt, sur une affaire civile, entre particuliers, qui ordonne, avant faire droit, qu'à la diligence du ministère public, des renseignemens seront transmis par un tiers sur la quantité et la situation précise des biens litigieux. — *Cass.*, 17 avr. 1832, Sababadi.

169. — ... 3° Dans l'arrêt rendu, entre particuliers, qui enjoint à l'avocat général, comme chef du ministère public, de transmettre au procureur de la République de tel endroit, les ordres nécessaires pour que l'exécution de son arrêt ait lieu dans les 24 heures de sa signification. — *Cass.*, 17 avr. 1832, Virassany. — V. d'ailleurs DISCIPLINE, nos 184 et suiv.

170. — Nous avons déjà dit (v° ACTION PUBLIQUE, nos 65 et suiv.) que, sauf le cas prévu par l'art. 235 du Code d'inst. crimin., l'exercice de l'action publique appartient exclusivement aux officiers du ministère public, et que les tribunaux ne peuvent, sans excès de pouvoir, leur adresser des injonctions ou leur donner des ordres.

171. — Ainsi, la chambre correctionnelle d'une cour d'appel n'a pas le droit d'ordonner au ministère public d'exercer des poursuites sur une dénonciation. Ce droit n'appartient qu'à la chambre des mises en accusation ou à l'assemblée générale des chambres. — *Cass.*, 8 déc. 1826, Calmette et Laborde.

172. — Est nul l'arrêt qui surseoit à statuer à l'égard du prévenu poursuivi pour avoir établi, sans autorisation, une usine, jusqu'à ce que le véritable propriétaire de cet établissement soit mis en cause. — *Cass.*, 6 août 1836 (t. 1er 1837, p. 563), Bernardon.

173. — Il n'y a pas de délai légal pour mettre à fin une instruction criminelle; en conséquence, les tribunaux ne peuvent en fixer un au ministère public. — *Douai*, 15 oct. 1832, Valque c. Daniel.

174. — En matière d'instruction publique, l'intention du recteur de l'Académie ne peut ni enchaîner l'action du ministère public, ni empêcher qu'il poursuive la répression d'une contravention, ni autoriser les tribunaux à ne pas la réprimer. En conséquence, un tribunal viole la loi en acquittant l'individu qui a tenu une école sans autorisation, sous le prétexte que le recteur n'a pas l'intention de le poursuivre. — *Cass.*, 5 mars 1825, Coat.

175. — Le refus de la part d'une cour d'assises de donner acte au ministère public des réserves par lui faites de poursuivre un accusé, à raison d'un autre délit, ne constitue pas un excès de pouvoir, et ne met aucun obstacle aux poursuites qu'il a la faculté d'exercer, si le fait est punissable. — *Cass.*, 2 avril 1829, Boucherat.

176. — Au surplus, sur toutes ces questions et sur les rapports intérieurs du parquet, quant à l'exercice de l'action publique, V. ACTION PUBLIQUE, nos 54 et suiv.; AVOCAT GÉNÉRAL, nos 41 et suiv.

177. — Les magistrats du ministère public parlent debout, mais couverts, même en lisant des pièces, et restent assis pendant le prononcé du jugement.

§ 3. — *Amovibilité.*

178. — Les officiers du ministère public étant les agens de la puissance exécutive près des tribunaux, sont amovibles et révocables. — L. 16-24 avril 1790, tit. 8, art. 1er; Const. 5 fruct. an III, art. 216 et 261; Charte 1830, art. 49.; Const. de 1848, art. 86 et 87.

179. — La nécessité de l'amovibilité des officiers du ministère public ne peut être sérieusement contestée. M. Massabiau (t. 1er, nos 77 et 78), sans se prononcer sur son utilité, pense qu'il serait peut-être à désirer que, revenant au système introduit par la loi du 16-24 septembre 1791, on rétablit près des tribunaux civils et criminels, des commissaires du gouvernement inamovibles chargés de donner des conclusions et de faire les actes d'audience, tandis qu'un procureur de la République, toujours révocable, dirigerait les poursuites et exécuterait les ordres du gouvernement.

180. — Ce système, qui compliquerait inutilement l'administration de la justice, et augmenterait le personnel déjà trop nombreux des tribunaux, aurait encore pour résultat certain de ralentir l'action de la justice et de déconsidérer les magistrats chargés des fonctions de procureurs de la République redevenus simplement accusateurs publics. Il ne paraît pas même que dans les conseils de guerre, où ce système s'est perpétué, on ait beaucoup à s'en louer.

§ 4. — *Indivisibilité.*

181. — C'est encore une règle fondamentale que le ministère public est indivisible; ce qui signifie que les actes faits par un officier du ministère public sont censés faits par tous, et que chaque membre du parquet représente la personne morale du ministère public. — Massabiau, t. 1er, no 79; Schenck, t. 1er, p. 131.

182. — Il ne faut pas, toutefois, tirer de la maxime cette conséquence qu'on puisse toujours et indifféremment, lorsqu'un acte doit être notifié au ministère public, s'adresser à un membre quelconque de l'un des parquets de la France. Ainsi, l'art. 187 du Code d'instruction criminelle porte que l'opposition aux jugemens par défaut des tribunaux de police correctionnelle, ne sera recevable qu'autant qu'elle aura été notifiée dans les cinq jours de la signification du jugement, tant au ministère public qu'à la partie civile; il faudrait néanmoins se garder de penser que cette notification pût être faite ailleurs qu'au parquet du tribunal qui a rendu le jugement.

183. — Mais il y a indivisibilité complète entre les membres du parquet du même tribunal et indivisibilité quant à l'autorité de la chose jugée seulement entre les membres de tous les parquets de France. Quant à l'exercice et à la poursuite des actions, soit civiles, soit criminelles, chaque parquet reste libre et indépendant.

184. — Il résulte de ce principe qu'il n'est pas nécessaire, en matière criminelle, que ce soit le même officier du ministère public qui soutienne les débats et assiste aux audiences jusqu'au jugement. — *Cass.*, 15 nov. 1815, Guinchet. — V. d'ailleurs JUGEMENT.

185. — On a, par exemple, jugé que le ministère public avait été régulièrement représenté dans une audience correctionnelle, encore bien que sur quatre audiences le parquet eût été occupé trois fois par un conseiller auditeur, et une seule fois par le procureur général. — *Cass.*, 20 janv. 1826, Michel c. Pierquin.

186. — On a encore jugé qu'un substitut avait pu requérir l'application de la peine devant une cour d'assises dans une affaire où un avocat général avait suivi les débats. — *Cass.*, 6 avril 1827, Courrouve; 29 mars 1832, Thiaut.

187. — ... Qu'un substitut a qualité pour faire une déclaration d'appel dans une affaire correctionnelle pour le jugement de laquelle il a remplacé le procureur de la République à l'audience. — *Cass.*, 29 mars 1822, Lehmann; 14 mai 1825, Antoine Lefèvre.

188. — Il faut même aller plus loin et dire que quand ce ne serait pas le substitut qui aurait porté la parole à l'audience, l'appel par lui interjeté ne serait pas moins valable. Sa seule qualité fait supposer qu'il agit avec le mandat du procureur de la République tant qu'il n'en est pas désavoué. — *Cass.*, 19 fév. 1829, Bouisné. — Mangin, t. 1er, no 94; Carnot, sur l'art. 202 C. instr. crim.

189. — L'appel interjeté au nom du procureur général par le substitut du procureur de la République est valable. — *Cass.*, 7 déc. 1833, Hotteaux c. Lambert.

190. — Les mêmes règles sont applicables en matière civile. — *Cass.*, 18 avril 1836, Delahaye c. Hubert; 5 avril 1841 (t. 1er 1844, p. 573), Malzac c. Maire. — V. JUGEMENT.

191. — Mais l'indivisibilité n'enchaîne pas l'indépendance, et non-seulement des conclusions contraires peuvent être prises dans la même affaire par deux magistrats distincts; mais un procureur de la République pourrait appeler d'un jugement rendu conformément à ses conclusions orales ou écrites. — *Cass.*, 18 vent. an XII, Gouzi et Pendariès. — Carnot, sur l'art. 202 C. inst. crim.; Legraverend, t. 2, p. 406; Schenck, t. 1er, p. 132; Ortolan et Ledeau, t. 1er, p. 26.

192. — A plus forte raison le procureur général peut-il appeler d'un jugement rendu conformément aux conclusions du ministère public près le tribunal de première instance. — *Cass.*, 18 avril 1806, Flachat et Charpentier c. Delaunay.

193. — L'officier du ministère public près d'une cour d'assises saisie par un renvoi de la Cour de cassation, n'est pas lié par les conclusions prises devant la première cour dont l'arrêt a été annulé. — *Cass.*, 9 juin 1826, Loercher.

194. — Faut-il dire, avec MM. Ortolan et Ledeau (t. 1er, p. 26), que lorsqu'il s'agit de l'exécution des jugemens, le principe de l'indivisibilité paraît avec toute son influence, de telle sorte qu'un jugement exécuté par un officier du ministère public serait censé avoir été exécuté par tous, et ne pourrait plus être attaqué par aucun? Ces auteurs citent à l'appui de leur opinion deux arrêts de la cour de *Metz* en date du 30 avril 1819: Berthe, Lefèvre.

195. — Mais ces deux arrêts ont été cassés par deux arrêts de la Cour suprême en date du 17 juin 1819. La Cour a pensé avec raison que le droit d'appel du ministère public près la cour ou le tribunal qui doit en connaître, est indépendant de celui qui appartient au procureur de la République près le tribunal de première instance, et peut être exercé, soit que le procureur de la République n'ait point usé du sien, soit qu'il y ait renoncé, soit qu'il ait acquiescé au jugement. — C. instr. crim., art. 205. — C'est ce qui avait déjà été jugé au surplus par la même cour le 15 déc. 1814 (Gilles) et le 2 août 1815 (Desportes).

196. — On aurait néanmoins tort de conclure de là, avec l'arrêt du 17 juin 1819, que le ministère public près le tribunal de première instance ne doit jamais faire exécuter les jugemens qu'après l'expiration des deux mois accordés, pour interjeter appel, au ministère public près le tribunal ou la Cour d'appel; ce serait une mauvaise interprétation donnée à la loi; ce droit d'appel est exceptionnel, et ne doit point, évidemment, entraver pendant un si long temps l'exécution des jugemens. L'art. 206 veut seulement, et c'est ce qui se fait dans la pratique, que l'exécution soit toujours suspendue pendant les dix jours accordés au condamné pour appeler. — V. EXÉCUTION DES JUGEMENS CRIMINELS, nos 128 et suiv.

§ 5. — *Costume.*

197. — L'arrêté du 24 germinal an VIII, en déterminant le costume des fonctionnaires publics de l'ordre judiciaire, n'avait établi aucune différence entre les membres de la même compagnie.

198. — Ce costume fut remplacé, en vertu de l'arrêté du 2 niv. an XI, par le costume qui est encore porté aujourd'hui.

199. — Quelques modifications y furent cependant introduites par les décrets du 29 messid. an XII et du 7 juill. 1811. Le premier accordait un costume spécial aux premiers présidens et aux procureurs généraux près les cours impériales, et près la Cour de cassation; le second autorisait le président et le procureur impérial du tribunal de Paris à porter, dans les cérémonies publiques, le même costume que les conseillers de cours impériales.

200. — Les différens costumes établis par les arrêtés et décrets précités ont reçu de l'usage des modifications assez importantes. Le même costume sert, dans les tribunaux de première instance, pour les audiences ordinaires et pour les audiences solennelles et les cérémonies publiques. Seulement, dans les audiences solennelles et les cérémonies publiques les magistrats portent la ceinture bleue (à Paris la ceinture noire), et ne portent pas de ceinture dans les audiences ordinaires. L'usage s'est également introduit dans les cours d'appel de porter la toque de velours aux audiences ordinaires, et de réserver la robe rouge pour les audiences solennelles et les cérémonies publiques.

201. — Les procureurs de la République et leurs substituts portent maintenant dans l'usage une robe de laine noire avec simarre de soie, cravate tombante de batiste blanche plissée, toque de laine noire unie, bordée de velours avec un galon d'argent, et une chausse de laine noire.

202. — L'usage a aussi prévalu, dans le ressort de quelques cours d'appel, depuis le décret du 29 mess. an XII, qui assimile pour le costume les procureurs généraux et les premiers présidens, que les procureurs de la République près les tribunaux de première instance portent deux galons d'argent à leur toque comme les présidens de ces tribunaux. « Cet usage, disait le garde des sceaux consulté à cet effet, est fondé en raison et trop bien établi pour qu'il n'ait pas lui-même la force d'un règlement, qu'on doit respecter et qui doit prévaloir sur celui de l'an XII. » — Décr. 1er juill. 1828. — Faure, *Rép. admin. des parquets*, t. 1er, chap. 24, p. 178, no 241.

203. — Aux cérémonies publiques, aux fêtes nationales et dans l'exercice de leurs fonctions, les magistrats doivent toujours être revêtus de leur costume. — Faure, *ibid.*, no 247.

204. — Quant aux cérémonies publiques, il y a cependant une distinction à faire. Les cours d'appel doivent assister en robe rouge aux cérémonies funèbres des têtes couronnées, et en robe noire à toutes les autres cérémonies de ce genre. On y porte d'ailleurs la ceinture et on met des crêpes aux toques. Les tribunaux de première instance doivent paraître à toutes les cérémonies funèbres avec la robe et la ceinture noires et des crêpes autour des toques. — Circ. 31 juill. 1821. — Faure, *Rép. admin.*, t. 1er, no 242.

205. — Les magistrats ont droit de porter, sur l'épaule gauche, la chausse de leur grade de licencié ou de docteur en droit. — Décr. 17 mars 1808, art. 129; 14 déc. 1810, art. 35. — Mais l'usage s'est également introduit que les magistrats des cours et tribunaux, quel que soit leur grade dans les Facultés, portent tous des chausses pareilles.

206. — Quand les officiers du ministère public ont occasion de faire des sommations pour dissiper les attroupemens formés sur la voie publique, ils doivent être décorés d'une écharpe tricolore, sans autre costume. — L. 10 avr. 1831, art. 1er. — Massabiau, t. 1er, no 28.

207. — Il y a quelques tribunaux où une partie des audiences publiques se tiennent à la chambre du conseil par des magistrats sans costume. C'est au ministère public à faire cesser cet abus, soit en refusant d'assister à ces audiences, soit en informant de ce fait le procureur général. — Massabiau, t. 1er, no 29.

§ 6. — *Honneurs, préséance.*

208. — Les magistrats du parquet doivent une visite aux fonctionnaires nommés avant eux dans l'ordre des préséances, quand ceux-ci prennent possession de leur emploi. Ils reçoivent cette visite des fonctionnaires nommés après eux, et la rendent dans les 24 heures. — Décr. 24 mess. an XII, tit. 17, art. 19, et tit. 20, art. 10; ord. 29 oct. 1820, art. 107. — Massabiau, t. 1er, no 30.

209. — Dans les places de guerre et dans les villes de garnison, les officiers de chaque régiment doivent faire, à l'arrivée et au départ, une visite en corps et en grande tenue au procureur de la République, qui doit la rendre au colonel et aux officiers supérieurs dans les vingt-quatre heures. — Décr. 24 messid. an XII, tit. 25, art. 12.

210. — Mais les troupes de passage ne doivent point cette visite. — *Ibid.*, art. 9.

211. — Les magistrats du ministère public participent d'ailleurs aux honneurs rendus aux tribunaux en corps, et se trouvent assujettis aux mêmes devoirs. Nous n'avons donc point à examiner les règles qui déterminent la préséance pour les cours ou tribunaux, mais seulement celles qui ont pour objet de déterminer la préséance pour les membres du parquet, soit entre eux, soit à l'égard des autres membres des mêmes cours ou tribunaux.

212. — Entre les différens membres du parquet, la préséance est déterminée par la nature des fonctions, et pour ceux qui remplissent les mêmes fonctions, pour les avocats généraux, substituts du procureur général et substituts du procureur de la République entre eux, par l'ancienneté.

213. — On n'est pas bien d'accord sur les moyens de déterminer l'ancienneté. Elle se règle, suivant les uns, par la date de la nomination, et quand plusieurs magistrats sont nommés par la même ordonnance, par l'ordre dans lequel ils s'y trouvent placés. — Arg. art. 28 ord. 13 janv. 1826. — Massabiau, t. 1er, no 36.

214. — Elle se règle, suivant d'autres, par la date de la prestation de serment ou par celle de l'installation. — Carré, *Org. et comp.*, t. 1er, p. 143.

215. — La meilleure règle, à notre avis, est celle qui détermine l'ancienneté par la date de la prestation de serment. C'est par le serment seulement qu'on est magistrat; c'est à partir du serment que les fonctions peuvent être exercées et que le traitement commence à courir; c'est donc à partir de la date du serment seulement qu'on doit prendre rang d'ancienneté.

216. — Les magistrats du parquet, comme ceux du tribunal, occupent une place distincte dans les cérémonies publiques, et cette place leur est due; mais il ne leur est dû aucune place spéciale lorsqu'ils assistent comme simples particuliers aux offices religieux. — Conc. 26 messid. an IX, art. 47; décis. min. 9 nov. 1833 et 20 juill. 1837. — Massabiau, no 46.

217. — Les tribunaux doivent avoir pour se rendre aux cérémonies publiques une escorte soit de troupes de ligne, soit de gendarmerie, et c'est le ministère public qui doit, la veille de la cérémonie, adresser une réquisition écrite au commandant du corps chargé de fournir l'escorte. — Décr. 24 messid. an XII, tit. 20, art. 4 et 8, tit. 1er, art. 13; ord. 29 oct. 1820, art. 120; arg. art. 127, L. 22 mars 1831. — Massabiau, t. 1er, no 47.

218. — Le décret du 29 messid. an XII, qui attribue aux procureurs généraux le même costume qu'aux premiers présidens, celui du 7 juill. 1811, qui accorde au président et au procureur impérial près le tribunal de la Seine le costume de conseiller, l'usage enfin qui s'est assez généralement introduit que les procureurs de la République près les tribunaux de première instance portent deux galons à la toque, pourraient conduire à décider qu'il serait convenable que le procureur de la République prît rang dans le tribunal immédiatement après le président. — Cependant l'art. 28 du décr. du 18 août 1810 semble supposer que le procureur de la République ne prendra rang qu'après les juges suppléans, et c'est en effet ce qui a lieu dans l'usage. — Toutefois, il résulte d'une décision ministérielle du 16 oct. 1821, fondée sur l'art. 11, tit. 1er du décret du 24 messid. an XII, que le procureur de la République doit avoir sa place dans les cérémonies publiques auprès du président, et que, s'il n'y a pas de place dans le chœur pour toutes les autorités, le procureur de la République, comme chef du parquet, doit y être placé à côté du président. — Faure, *Rép. admin.*, t. 1er, n° 132.

219. — La difficulté s'est aussi plusieurs fois élevée de savoir si les procureurs généraux des cours d'appel devaient avoir le pas sur les présidens de chambre, et elle a été résolue affirmativement par plusieurs décisions ministérielles. — Faure, *ibid.*, t. 1er, nos 129 et suiv.

220. — Les membres dissidens des cours qui ne veulent point assister à une cérémonie religieuse doivent toujours conserver toute leur liberté. — Décis. minist. 26 oct. 1836. — Faure, t. 1er, n° 135.

221. — Lors d'une convocation extraordinaire des chambres faite par le premier président (pour l'inauguration d'un portrait du roi, par exemple), ce magistrat a le droit de parler le premier et avant le procureur général, auquel la parole ne peut être ensuite refusée. — Décis. minist. 13 mai 1830. — Faure, t. 1er, n° 136.

§ 7. — *Prérogatives.*

222. — Les magistrats du ministère public jouissent, à raison de leurs fonctions, de différentes prérogatives qui leur ont été accordées soit dans l'intérêt du service, soit pour augmenter la considération qui doit les entourer.

223. — Les délits commis envers eux dans l'exercice ou à l'occasion de l'exercice de leurs fonctions sont punis par la loi de peines plus sévères que les mêmes délits commis contre de simples particuliers. — LL. 17 mai 1819, art. 16; 25 mars 1822, art. 6; C. pén., art. 222, 228 et suiv.

224. — Quant aux crimes ou délits commis par eux soit en dehors, soit dans l'exercice de leurs fonctions, le Code d'instruction criminelle a tracé des formes spéciales pour les poursuites à diriger contre eux. — V. FONCTIONNAIRES PUBLICS, nos 859 et suiv.

225. — Et la juridiction des Cours d'appel a été substituée à celle des tribunaux correctionnels pour tous délits commis par eux. — V. COMPÉTENCE CRIMINELLE, FONCTIONNAIRES PUBLICS.

226. — Toutefois, il est une classe de délits spéciaux dont les lois ont, dans l'intérêt des libertés publiques, attribué la connaissance exclusive aux Cours d'assises : nous voulons parler des délits politiques et de la presse, et on a jugé avec raison que la loi du 8 oct. 1820, qui attribue aux Cours d'assises la connaissance de ces délits, a dérogé aux art. 479 et 483 du C. d'instr. crimin. — *Cass.*, 14 août 1831, Fourdinier c. Trescent. — *Douai*, 1er mars 1831, même affaire. — V. aussi le réquis. de M. le proc. génér. Dupin, rapporté sous l'arrêt du 14 avr. 1831, et Parant, *Lois de la presse*, p. 258 et 259.

227. — L'instruction doit se faire conformément aux règles tracées par les art. 480 et suiv. C. instr. crim., et sauf les modifications que nécessite la procédure spéciale aux délits de la presse. — Massabiau, n° 1377. — V. DÉLITS DE PRESSE.

228. — L'art. 479 ne protégerait qu'imparfaitement les magistrats, s'ils restaient justiciables des tribunaux ordinaires pour les délits commis antérieurement à leur nomination; aussi la Cour de cassation a-t-elle décidé que l'art. 479 était applicable lors même qu'au moment de l'entrée en fonctions la poursuite aurait déjà été commencée dans la forme ordinaire. — *Cass.*, 15 nov. 1833, Guérineau; 21 oct. 1825, N... — V. COMPÉTENCE CRIMINELLE, nos 218 et suiv.

229. — A l'inverse, la même Cour a décidé que lorsqu'un magistrat inférieur s'était rendu coupable d'un délit hors de l'exercice de ses fonctions, il restait justiciable de la première chambre civile de la Cour royale, encore bien qu'il eût cessé ses fonctions avant le commencement des poursuites. — *Cass.*, 14 janv. 1832, Chaudreau.

230. — L'incompétence des tribunaux de police correctionnelle pour connaître des délits commis par des officiers de police judiciaire ou par des magistrats est absolue, d'ordre public et proposable pour la première fois en appel. — *Cass.*, 7 fév. 1834, Fordinoi.

231. — On doit conclure de là qu'il ne serait point au pouvoir du magistrat de renoncer à l'opposer et que sa renonciation resterait sans effet. La juridiction exceptionnelle des Cours d'appel a été créée dans ce cas, tout autant dans l'intérêt des fonctions que dans l'intérêt des fonctionnaires.

232. — La difficulté la plus sérieuse en cette matière, consiste dans le point de savoir si l'art. 479 C. instr. crim. a dérogé à l'art. 182 du même Code, qui permet à la partie lésée de citer elle-même directement l'auteur d'un délit devant le tribunal chargé d'en connaître. — V., à cet égard, FONCTIONNAIRES PUBLICS, nos 899 et suiv.

233. — Des formes particulières sont également établies pour l'instruction des crimes commis par les officiers du ministère public soit dans l'exercice de leurs fonctions, soit en dehors de leurs fonctions. — V. FONCTIONNAIRES PUBLICS, nos 908 et suiv., 955 et suiv.

234. — Les officiers du ministère public trouvent du reste, comme les juges, une garantie contre les poursuites injustes et vexatoires dans les formalités de la prise à partie, seule voie que l'on puisse suivre pour les traduire en justice civile, à raison de leurs fonctions. — C. proc., art. 505 et suiv. — Merlin, *Rép.*, v° *Prise à partie*, § 3.

235. — La prise à partie est accordée par la loi, en matière civile comme en matière criminelle, et elle est accordée même contre les héritiers des magistrats. — Carré, *Loi de la proc.*, quest. 1803.

236. — Mais le législateur a expressément déterminé, dans le Code de procédure, les cas dans lesquels il pourrait y avoir lieu à *prise à partie*. — C. proc., art. 505 et suiv. — V. PRISE A PARTIE.

§ 8. — *Résidence et congés.*

237. — Les officiers du ministère public sont tenus de résider dans la ville où siége la juridiction à laquelle ils sont attachés. — Déc. 18 août 1810, art. 29.

238. — Cependant, comme leurs fonctions sont temporaires et révocables, ils conservent, même après leur acceptation, le domicile qu'ils avaient auparavant, s'ils n'ont pas manifesté d'intention contraire. — C. civ., art. 106. — L. 19 avril 1831, art. 11.

239. — La preuve de l'intention de transférer son domicile résulte ordinairement d'une déclaration expresse faite tant à la municipalité du lieu qu'on quitte qu'à celle du lieu où on veut transférer son nouveau domicile. A défaut de déclaration expresse, la preuve de l'intention dépend des circonstances. — C. civ., art. 104 et 105.

240. — Toutefois, la jurisprudence la plus récente semblait, avant la révolution de février, exiger nécessairement une double déclaration pour autoriser les officiers du ministère public à exercer leurs droits politiques dans le lieu où ils remplissaient leurs fonctions. — V. DOMICILE, nos 610 et suiv.

241. — Les magistrats du ministère public ne peuvent en général s'absenter sans congé; cependant il existe quelques exceptions à cette règle.

242. — Ainsi, ceux qui étaient députés n'avaient pas besoin d'un congé pour aller remplir leurs fonctions législatives. On conçoit qu'en cette qualité ils ne relevaient d'aucune autorité judiciaire.

243. — Ils n'en ont pas besoin non plus pour aller exercer, hors de leur arrondissement, leurs droits électoraux; ils doivent seulement donner avis de leur départ et de l'époque présumée de leur retour au procureur général, et assurer ou faire assurer le service pendant leur absence. — Massabiau, n° 63.

244. — La même obligation était évidemment imposée aux officiers du ministère public qui remplissaient les fonctions de député.

245. — Ne peuvent au surplus s'absenter les substituts du procureur de la République près les tribunaux de première instance, pour un temps moindre de huit jours, sans en avoir obtenu la permission du procureur de la République; pour plus de huit jours et moins d'un mois, sans s'être pourvu d'une permission du procureur général, et pour plus d'un mois, sans un congé du ministre de la justice. — Décr. 18 août 1810, art. 30.

246. — Les demandes de congé adressées au procureur général ou au garde des sceaux doivent être accompagnées d'un certificat du procureur de la République constatant que le service ne souffrira pas de l'absence du magistrat. — Décr. 18 août 1810, art. 30; circ. 8 mars 1843.

247. — Les procureurs de la République près les tribunaux de première instance ne peuvent s'absenter plus de trois jours et moins d'un mois sans en avoir obtenu la permission du procureur général, et plus d'un mois sans une autorisation du ministre de la justice. — Décr. 18 août 1810, art. 31.

248. — Les avocats généraux et substituts du procureur général peuvent s'absenter pendant trois jours sans congé. — Décr. 6 juillet 1810, art. 26.

249. — Les membres du parquet des Cours d'appel, autres que le procureur général, obtiennent de ce dernier les congés de moins d'un mois. Pour les congés qui excèdent cette durée, ils doivent s'adresser au ministre de la justice. — Circ. 8 mars 1843.

250. — Dans tous les cas, le ministre prend les ordres du président de la République, si l'absence doit durer plus de six mois. — Décr. 6 juill. 1810, art. 26; circ. 19 févr. 1819, 24 nov. 1822 et 8 mars 1843. — Massabiau, n° 67.

251. — Les procureurs généraux ne peuvent s'absenter plus de trois jours sans congé du garde des sceaux. — Circ. 8 mars 1843.

252. — Le garde des sceaux n'accorde pas de congé de plus de quinze jours sans avoir pris les ordres du gouvernement. — *Ibid.*

253. — Les procureurs généraux, avocats généraux ou substituts du procureur général et procureurs de la République ne peuvent s'absenter, sans congé, même pour un temps qui n'excède pas trois jours, qu'autant qu'ils n'ont, pendant ce temps, aucune fonction à remplir. — *Ibid.*

254. — Les congés ne peuvent être accordés que pour des causes reconnues nécessaires. — Circ. min. de la just., 8 mars 1843; règlem. 30 mars 1808, art. 17. — Faure, t. 1er, n° 201.

255. — L'appréciation de cette nécessité est exclusivement confiée à l'autorité chargée d'accorder le congé. — Circ. 8 mars 1843.

256. — On ne doit pas accorder de congés aux magistrats pour venir à Paris solliciter de l'avancement. — Circ. min. de la just. 7 janv. 1841 et 8 mars 1843.

257. — « C'est, a-t-on dit, sur les notes tenues à la chancellerie et sur le témoignage des chefs de compagnie que le ministre peut juger si les magistrats ont des titres à l'avancement, et leur présence au ministère, non plus que les instances qu'ils feraient en personne, ne sauraient ajouter à leurs chances de succès. » — Faure, t. 1er, p. 154.

258. — Le ministre déclarait en conséquence, dans sa circulaire de 1841, reproduite par celle de 1843, qui a résumé toutes les circulaires précédentes relatives aux congés, qu'il ne considérerait pas comme valables les congés obtenus par les magistrats qui n'auraient d'autre but, en se rendant auprès de lui, que de l'entretenir de demandes d'avancement. Mais cette circulaire n'a jamais été et ne sera probablement jamais rigoureusement observée.

259. — Tout congé énonce, à peine de nullité, l'époque à laquelle il doit commencer et celle à laquelle il doit finir. — Ord. 6 nov. 1822, art. 2 et 4.

260. — Les demandes de congés excédant un mois sont adressées à la chancellerie par l'intermédiaire du procureur général, pour les membres du parquet, et elles doivent être accompagnées d'un certificat délivré par le même magistrat, constatant que le service ne souffrira pas de l'obtention du congé. — Circ. 8 mars 1843.

261. — Plusieurs congés ne peuvent être successivement accordés par un même magistrat, qu'autant que réunis ils n'excèdent pas le plus long congé qui peut être accordé par ce magistrat. — *Ibid.*

262. — Un magistrat inférieur ne peut prolonger le congé qui a été accordé par un magistrat supérieur. — *Ibid.*

263. — Le ministre de la justice peut toujours révoquer les congés qui ont été indûment accordés. — *Ibid.*

264. — Aucun magistrat ne peut sortir du territoire de la République, sans l'autorisation du ministre de la justice. — *Ibid.*

265. — Cette autorisation ne dispense pas le magistrat qui l'a obtenue, des formalités exigées

de tout français qui voyage en pays étrangers. — Déc. du 20 juin 1833. — Faure, t. 1er, n° 207.

266. — Tous les congés, sans exception, quelles que soient leur durée et l'autorité de laquelle ils émanent, doivent être inscrits par les soins du magistrat qui les a obtenus ou de celui qui les a accordés, sur un registre tenu à cet effet au greffe de chaque tribunal. — Circ. 24 nov. 1822 et 8 mars 1843.

267. — Les procureurs généraux et les procureurs de la République doivent rendre compte dans les trois jours au ministre de la justice des congés qu'ils délivrent. — Ord. 6 nov. 1822, art. 1er.

268. — Ils doivent faire connaître au garde des sceaux la date du congé, l'époque à laquelle il doit commencer, celle à laquelle il doit finir, la cause pour laquelle il a été accordé, le lieu dans lequel le magistrat qui l'a obtenu se propose de se rendre, et enfin les moyens pris pour assurer le service durant son absence. — Circ. 8 mars 1843.

269. — Les congés accordés sans les formalités prescrites sont nuls. Le ministre de la justice détermine, suivant les circonstances, les effets de cette nullité. — Circ. 8 mars 1843.

270. — L'absence par congé n'enlève pas le droit au traitement. — *Cons. d'Et.*, 25 oct. 1819. — Carré, *Org. et comp.*, t. 1er, p. 154, n° 81; Massabiau, t. 1er, n° 64.

271. — Mais l'absence sans congé entraîne la privation du traitement, pendant sa durée. — *Ibid.* et circ. 8 mars 1843.

272. — Le magistrat qui s'absente sans congé pendant plus de six mois, peut être regardé comme démissionnaire et remplacé. — LL. 27 vent. an VIII, art. 5, et 20 avr. 1810, art. 48, § 1er; lett. min. 16 mars 1830; circ. 8 mars 1843. — Carré, *Org. et comp.*, t. 1er, p. 153.

273. — On peut également réputer démissionnaire le magistrat qui, après un mois d'absence, a été requis par le procureur général de se rendre à son poste et n'y est pas revenu dans le mois suivant. — L. 28 avr. 1810, art. 48, § 2; circ. 8 mars 1843.

274. — On doit assimiler au magistrat absent sans congé celui qui s'abstient, sans motif légitime dûment constaté, de prendre part aux travaux du tribunal ou de la cour à laquelle il appartient. — Carré, *Org. et comp.*, t. 1er, p. 157; Massabiau, n° 65.

275. — On s'était demandé si, en cas de maladie, les magistrats pouvaient s'absenter sans congé, en se contentant de déposer au greffe une attestation du mauvais état de leur santé. Le doute naissait de l'art. 13 du décret du 30 mars 1808 qui porte que les magistrats absens pour cause de maladie attestée par un officier de santé dont le certificat demeurera déposé au greffe, ne perdront point leurs droits d'assistance.

276. — La difficulté a été tranchée par le garde des sceaux, à l'aide d'une distinction dans la circulaire du 8 mars 1843. Même en cas de maladie, les magistrats ne peuvent s'absenter sans autorisation du lieu de leur résidence. Mais tant qu'ils ne s'en éloignent pas, l'abstention de remplir leurs fonctions occasionnée par leur état de maladie, ne peut être considérée comme absence. — Faure, t. 1er, n° 213.

277. — Les membres du parquet, indépendamment des congés qu'ils ont le droit d'obtenir pour eux-mêmes, sont dans certains cas chargés, soit d'accorder des congés à d'autres magistrats, soit de donner leur avis sur certaines demandes de congé.

278. — Ainsi, les congés sont délivrés aux juges de paix par les procureurs de la République sur un certificat du premier, ou à son défaut, du second suppléant, constatant que le service ne souffrira pas de l'absence. — L. 28 flor. an X, art. 9 et 10.

279. — Les suppléans et greffiers de la justice de paix sont soumis aux mêmes règles que les juges de paix, avec cette seule différence que le certificat constatant que l'absence ne nuira pas au service doit émaner du juge de paix. — Circ. 8 mars 1843.

280. — Ainsi encore les présidens des cours et tribunaux ne peuvent accorder de congés aux juges d'instruction qu'après avoir pris l'avis des procureurs généraux ou de la République. — Ordonn. 6 nov. 1822, art. 3; circ. 8 mars 1843.

§ 9. — *Vacances.*

281. — Il n'existe de vacances légales pour les magistrats que du 1er septembre au 1er novembre de chaque année. — Décr. 10 févr. 1806, art. 1er. — Toutes autres vacances, quelque ancien et quelque bien établi que soit l'usage sur lequel on prétend les fonder, sont illégales. — V. décr. 30 mars 1808, 6 juill. et 18 août 1810; arr. des consuls du 5 fruct. an VIII.

282. — C'est, au surplus, ce qui a été consacré par plusieurs décisions ministérielles et ce qui est généralement reconnu par les auteurs. — V. décis. du 3 mai 1833 et du 27 juin 1836, rapportées par Faure, t. 2, n° 1229. — V. aussi Massabiau, t. 1er, n° 71. — V. VACANCES.

283. — Mais y a-t-il des vacances pour les membres du parquet, et par conséquent du 1er septembre au 31 octobre, seul temps de vacances légales, peuvent-ils s'absenter sans congé? L'affirmative paraît résulter des art. 76 et 77 du décret du 30 mars 1808 portant, le premier, que le service du ministère public sera fait alternativement chaque année par le procureur de la République et son substitut, ou alternativement par les substituts, s'il y en a plusieurs, et le second, que le procureur de la République assistera à l'ouverture de la chambre des vacations. — Massabiau, t. 1er, n° 74.

284. — Néanmoins, plusieurs instructions ministérielles (2 mai 1834, 8 mars 1843) défendent aux officiers du ministère public de s'éloigner du siége de leurs fonctions à aucune époque de l'année, même pendant les vacances, et quels que soient les arrangemens pris pour assurer le service, sans un congé délivré dans la forme légale et inscrit sur le registre du greffe. — Faure, t. 2, n° 1233.

§ 10. — *Discipline.*

285. — Les peines de discipline qui peuvent être infligées aux juges, aux termes de la loi du 20 avr. 1810, ne sont pas applicables aux officiers du ministère public. L'inamovibilité des juges rendait nécessaires, à leur égard, des dispositions spéciales, sans utilité pour les officiers du ministère public. — Massabiau, t. 1er, n° 95.

286. — Les officiers du ministère public, porte l'art. 60 du même décret, dont la conduite est répréhensible, seront rappelés à leur devoir par le procureur général du ressort; il en sera rendu compte au ministre de la justice, qui, suivant la gravité des circonstances, leur fera faire par le procureur général les injonctions qu'il jugera nécessaires, ou les mandera près de lui. — V. DISCIPLINE, nos 177 et suiv.

287. — Le plus ordinairement, les officiers du ministère public dont la conduite est répréhensible sont transférés d'un lieu dans un autre ou révoqués de leurs fonctions. L'amovibilité est donc, en ce qui les concerne, le moyen le plus puissant remis aux mains des chefs de la magistrature pour prévenir ou réprimer les fautes de discipline.

288. — Au surplus, les officiers du ministère public sont complétement indépendans des cours ou tribunaux près desquels ils occupent, et ceux-ci ne peuvent leur adresser ni ordre ni injonction, encore moins leur infliger un blâme ou une réprimande; ils peuvent seulement informer soit le garde des sceaux, soit le procureur général ou le premier président, des reproches qu'ils se croient en droit de faire. — Déc. 6 juill. 1810, art. 61. — V. *suprà* nos 160 et suiv.

289. — Hors les cas où la loi règle spécialement les peines encourues pour crimes ou délits commis par les magistrats, ceux qui ont participé à des crimes ou délits qu'ils étaient chargés de surveiller ou de réprimer, sont punis ainsi qu'il suit : s'il s'agit d'un délit de police correctionnelle, on leur applique le maximum de la peine; s'il s'agit de crimes, on leur applique, savoir : la réclusion, si le crime emporte contre tout autre coupable la peine du bannissement ou de la dégradation civique; les travaux forcés à temps, si le crime emporte contre tout autre coupable la peine de la réclusion ou de la détention; et les travaux forcés à perpétuité, lorsque le crime emporte contre tout autre coupable la peine de la déportation ou celle des travaux forcés à temps. — C. pén., art. 198.

§ 11. — *Traitement.*

290. — Le traitement attaché aux fonctions du ministère public a plusieurs fois varié, et on convient généralement que, comme celui de la plupart des magistrats, il est trop faible, eu égard à l'importance de leurs fonctions et à la position qu'ils occupent.

291. — Toutefois, il faut reconnaître que l'augmentation de traitement accordée aux magistrats par la loi du 3 juill. 1846 a diminué notablement, l'insuffisance contre laquelle on réclamait de toutes parts.

292. — Les tribunaux de première instance ont été divisés quant au rang, et en prenant en considération le nombre de juges dont ils se composent, en huit classes. — V. décret 18 août 1810; lois 11 avril 1838 et 23 avril 1841. — Et les cours d'appel en trois classes.

293. — Mais ces divisions sont sans influence sur les traitemens qui ont été déterminés non par le nombre des magistrats composant la cour ou le tribunal, mais par l'importance de la ville dans laquelle siége cette cour ou ce tribunal. Quant au traitement, les tribunaux de première instance sont divisés en six classes, et les cours d'appel en quatre classes.

294. — L'ordonn. du 2 nov. 1846 garde le silence à l'égard des traitemens des avocats généraux et des substituts des procureurs généraux, dont le rapport avec le traitement des conseillers, réglé par le décret du 30 janvier 1811, n'a point été modifié par la loi de finances du 3 juill. 1846. — V., d'ailleurs, Massabiau, t. 1er, nos 101 et suiv.

295. — Le traitement des substituts du procureur de la République, égal à celui des juges, est, dans les tribunaux de 1re classe de 7,000 fr.; de 4,000 fr. dans ceux de 2e classe; de 3,000 fr. dans ceux de 3e classe; de 2,500 fr. dans ceux de 4e classe; de 2,100 fr. dans ceux de 5e classe, et de 1,800 fr. dans ceux de 6e et dernière classe. — L. 3 juill. 1846 et ordonn. du 2 nov. 1846.; L. 12-28 déc. 1848.

296. — Le nombre total de ces tribunaux est de 361, il n'y a qu'un tribunal de 1re classe, celui de Paris, 4 de 2e, 3 de 3e, 12 de 4e, 126 de 5e, et 215 de 6e classe. — Ordonn. 2 nov. 1846.

297. — Les procureurs de la République et les présidens ont le même traitement que les juges avec un supplément des deux tiers en sus. — Ordonn. 2 nov. 1846 (ils n'avaient auparavant que la moitié en sus [L. 27 vent. an VIII, art. 18]). — De sorte que quand le traitement des juges est de 1,800 fr., celui des procureurs de la République et présidens est de 3,000 fr., et que quand le traitement des juges est de 2,100 fr. celui des présidens et procureurs de la République est de 3,500 fr.

298. — Cependant à Paris les substituts ont 6,000 fr., et le procureur de la République 16,000 fr. — L. du 28 déc. 1848.

299. — Les substituts de première instance à Paris recevaient autrefois un 7e en sus des juges: cette faveur a été supprimée par la loi du 24 avril 1832.

300. — Il est de plus alloué au procureur de la République de la Seine des frais de secrétariat sur les fonds généraux de l'Etat. — Ordonn. 25 juill. 1833, art. 5.

301. — On a accordé aux procureurs de la République de chef-lieu judiciaire une augmentation de traitement de 600 fr. à titre de frais de secrétaire. Elle n'est pas portée dans les états de traitement. — V. ordonn. 21 sept. 1827 et 10 sept. 1839. — De Molènes, t. 2, p. 152; Massabiau, t. 1er, n° 122.

302. — Le traitement des membres des cours d'appel a été successivement réglé par la loi du 27 vent. an VIII, par les décrets des 20 juin 1806 et 30 janv. 1811, et par les ordonnances des 31 déc. 1830, 24 avril 1832, 25 juill. 1833, et 2 nov. 1846, ainsi que par la loi du 28 déc. 1848.

303. — Dans la cour de 1re classe, celle de Paris, le traitement du procureur général est de 18,000 fr., celui du premier avocat général de 12,000 f., des avocats généraux de 10,000 fr., celui des substituts de 8,000 fr. Dans les cours de 2e classe les traitemens sont ainsi fixés: celui du procureur général est de 15,000 fr., celui du premier avocat général est de 9,000 fr. Dans la cour de 3e classe (celle de Toulouse) le traitement du procureur général est de 12,500 fr., celui du premier avocat général de 7,500 fr. Enfin, dans les cours de 4e classe le traitement du procureur général est de 10,000 fr., celui du premier avocat général de 6,000 fr.

304. — Le traitement du procureur général et du premier président de la cour royale de Rennes, qui est de 3e classe, avait cependant été fixé à 18,000 fr. par l'ordonnance du 2 nov. 1846. — V. aussi art. 11 de l'ordonnance du 25 juill. 1833. — Mais la loi du 28 décembre 1848 ne contient aucune disposition particulière pour cette Cour.

305. — Il est enfin à remarquer que le traitement des procureurs généraux est égal à celui des premiers présidens, que celui du premier avocat général est toujours égal à celui des présidens de chambre, que le traitement des autres avocats généraux est supérieur à celui des conseillers, et que celui des substituts du procureur général leur est inférieur. — Excepté cependant à Paris, où les avocats généraux ont les mêmes traitemens que les présidens de chambre; et les substituts, les mêmes traitements que les conseillers. — Décr. du 30 janv. 1811, art. 5. — Le premier avocat général a 2,000 fr. de plus que les présidents de chambre. — V. *suprà* n° 303. — Dans les Cours de 2e classe, les avocats généraux touchent 7,000 fr. et les substituts 4,500 fr.; enfin, dans les Cours de 4e classe, le traitement des avocats généraux est de 4,666 fr., et celui des substituts de 3,000 fr. — Décr. du 30 janv. 1811, ordonn. du 29 nov. 1846.

306. — Les officiers du ministère public ne contribuent pas à la masse, et ne prennent pas part aux droits d'assistance. — Avis Conseil d'État 15 mai 1819; circ. min. 12 août 1819.

307. — Le traitement court du jour de la prestation de serment. — Déc. du 30 janv. 1811, art. 27; circ. min. 24 avril 1819. — Et comme il ne s'agit point ici d'un délai, et que la maxime *Dies termini* n'est point applicable, le jour de la prestation de serment doit être compté pour le traitement.

308. — Quand les officiers du parquet sont remplacés momentanément par un juge ou par un suppléant, il peut leur être fait une retenue proportionnelle sur leur traitement, au profit de celui qui les remplace. — Décr. 30 mars 1808, art. 89; décis. min. déc. 1808. — Massabiau, t. 1er, n° 106. — Ces dispositions sont d'une exécution extrêmement rare.

309. — Le magistrat nommé à de nouvelles fonctions continue à recevoir son traitement tant que la place qu'il occupait demeure vacante et qu'il n'est pas, par sa prestation de serment, entré en jouissance de ses nouveaux appointemens. — Règl. 28 déc. 1838, art. 123 et 124.

310. — Le traitement des magistrats démissionnaires ou admis à la retraite court jusqu'au jour de l'entrée en fonctions de leur successeur, s'ils continuent de les remplir jusque-là; dans le cas contraire, comme aussi lorsque la place est vacante par la mort du titulaire, la moitié du traitement est payée au magistrat qui remplit la place par intérim, l'autre moitié reste attribuée au trésor. — Déc. 30 janv. 1811, art. 28; ordonn. 23 sept. 1814, art. 1er; circ. min. 19 mai 1818.

311. — Les officiers du ministère public cessent d'avoir droit au traitement : 1° dans le cas d'absence sans congé. — L. 27 vent. an VII, art. 5, et 20 avril 1810, art. 48, § 1er. — 2° Lorsqu'il a été décerné contre eux un mandat de dépôt ou d'arrêt, ou une ordonnance de prise de corps, ou quand ils ont été condamnés à une peine correctionnelle, parce qu'ils sont alors de droit suspendus de leurs fonctions. — L. 20 avril 1810, art. 58. — 3° Enfin, lorsque leur destitution ou révocation leur a été officiellement notifiée. — Règ. 28 déc. 1838, art. 127.

312. — Il est fait retenue, au profit de la caisse des retraites, sur les traitemens des magistrats : 1° du premier mois de traitement, 2° des augmentations de traitement, aussi pendant le premier mois, 3° de 5 p. 0/0 par mois, pendant toute la durée des fonctions. — Ord. 24 fév. 1832; circ. min. 26 fév. 1832 et 2 janv. 1838. — Massabiau, t. 1er, n° 105.

313. — Les traitemens des magistrats sont saisissables, savoir : pour un cinquième sur les sommes qui n'excèdent pas 1,000 fr., pour un quart sur les 5,000 fr. suivans, et pour un tiers sur la portion excédant 6,000 fr. — L. 21 vent. an IX; C. proc., art. 580. — V. SAISIE-ARRÊT.

314. — Les traitemens sont payés par douzièmes (L. 28 mars 1790, art. 1er; circ. min. 29 avril 1813) à la fin de chaque mois. Tous les mois sont de trente jours, c'est-à-dire que le traitement de chaque mois se divise par trentième pour les fractions de mois. — Règlem. 28 déc. 1838, art. 124.

315. — Ils sont payés par les receveurs des finances, sur des mandats délivrés par les préfets, d'après les bordereaux émargés qui leur sont adressés tous les mois en triple expédition par les procureurs de la République — Règl. du 28 déc. 1838.

316. — En cas d'absence d'un officier du parquet, soit pour service public ou maladie, soit par congé, l'émargement peut être donné par un autre officier du parquet présent au siége. — Règl. 28 déc. 1838, art. 167.

§ 12. — *Retraites.*

317. — Les magistrats du parquet peuvent être admis à faire valoir leurs droits à la retraite après trente ans de services salariés, dont dix au moins dans l'ordre judiciaire ou à la chancellerie. — Ordonn. 23 sept. 1814, art. 4.

318. — Dans ce cas, il y a droit acquis à la pension et faculté de la réclamer par la voie contentieuse. — Av. Cons. d'État 6 déc. 1820.

319. — Les magistrats qui, même avant trente ans de service, se trouvent par suite d'infirmités *qu'ils ont contractées dans l'exercice de leurs fonctions*, hors d'état de les remplir, ont également droit d'obtenir une pension de retraite. — V. ordon. 17 août 1824.

320. — Avant trente ans, mais après dix ans au moins de service, les magistrats que leur état de maladie ou leurs infirmités mettraient hors d'état de remplir leurs fonctions, ou dont l'emploi viendrait à être supprimé, peuvent obtenir une pension de retraite. Le président de la République, qui est investi dans ce cas d'un pouvoir discrétionnaire, statue, sur le rapport du ministre de la justice. — Ordon. 23 sept. 1814, art. 5; et avis Cons. d'État 17 juill. 1822.

321. — M. Massabiau (t. 1er, n° 134) doute que cette faveur puisse s'appliquer aux officiers du ministère public, en cas de suppression de leur emploi. Il se fonde sur ce qu'elle aurait été introduite par respect pour le principe de l'inamovibilité des juges.

322. — On compte comme service effectif tout le temps d'activité dans des fonctions législatives, judiciaires ou administratives. — La fraction d'une année de service n'est pas comptée au dessous de sept mois; celle de sept mois et plus compte pour une année entière. — Ord. 23 sept. 1814, art. 6 et 9.

323. — Après trente ans de service, la pension de retraite est fixée à la moitié du traitement d'activité, et elle s'accroît d'un vingtième en sus par chaque année de service au delà de trente ans, sans qu'elle puisse excéder 6,000 fr. ni être moindre de 200 fr. — Ordon. 23 sept. 1814, art. 7 et 11.

324. — Avant trente ans, la retraite est fixée au sixième du traitement pour dix ans de service. Elle s'accroît d'un soixantième pour chaque année de service au dessus de dix ans, sans que jamais elle puisse excéder celle qui serait accordée au même magistrat pour trente années. — Ordon. 23 sept. 1814, art. 8.

325. — On ne peut jamais cumuler la pension de retraite avec un traitement d'activité dans des fonctions quelconques. — Ordon. 23 sept. 1814, art. 16.

326. — Les veuves des magistrats décédés après trente ans de service, ont droit d'obtenir une pension. — Ordon. 17 août 1824, art. 1er. — V., aussi, règlem. du 28 déc. 1838.

327. — Cette pension est du tiers de celle dont le mari jouissait ou qu'il aurait eu le droit d'obtenir, sans pouvoir être au-dessous de 100 fr. — *Ibid.*, art. 2.

328. — Les veuves des magistrats décédés en activité de service et ayant moins de trente ans, mais plus de dix ans de service, et les veuves des magistrats décédés en retraite et qui jouissaient d'une pension liquidée pour moins de trente ans de service avant la publication de l'ordonnance de 1824, peuvent obtenir une pension sur les fonds de retenue, en justifiant qu'elle leur est nécessaire. — Ordon. 17 août 1824, art. 3 et 4.

329. — Il n'est jamais accordé de pension aux veuves qui n'ont pas été mariées cinq ans avant la cessation des fonctions de leur mari, non plus qu'à celles qui sont séparées de corps lorsque la séparation a été prononcée sur la demande du mari. — *Ibid.*, art. 7.

330. — La pension des veuves qui contractent un nouveau mariage, cesse de plein droit dès le jour de la célébration. — *Ibid.*, art. 9.

331. — Il peut enfin, dans certains cas et suivant certaines règles, être accordé des secours aux orphelins des magistrats qui sont dans le besoin. — Ordon. 23 sept. 1814 et 17 août 1824. — V. au surplus PENSION.

CHAPITRE III. — *Administration du parquet.*

332. — Indépendamment du rôle que le ministère public est appelé à jouer dans les procès soit civils, soit criminels, les lois, les ordonnances et les instructions ministérielles, ont imposé aux officiers du parquet des droits et des devoirs nombreux, qui ne se rattachent pour la plupart que très-indirectement à l'administration de la justice, et que pour cette raison nous avons cru devoir placer sous le titre d'*Administration du parquet.*

333. — Sous ce titre, au surplus, nous comprenons non-seulement les fonctions administratives des procureurs de la République, mais tout le travail intérieur des parquets, toutes les fois qu'il n'a pas pour objet direct de conduire au jugement d'une affaire soit civile, soit criminelle, ou d'assurer l'exécution d'une décision judiciaire.

334. — Nous y traitons d'ailleurs plus particulièrement des attributions des officiers du ministère public près les tribunaux de première instance. Pour leurs attributions spéciales près la *Cour de cassation*, les *Cours d'appel*, la *Cour des comptes*, le *Conseil d'État*, les *tribunaux de simple police*, on peut en effet consulter ces différens mots.

Sect. 1re. — *Nomination des magistrats.*

335. — La nomination des magistrats se fait par le président de la République sur une liste de trois candidats présentée par les procureurs généraux et premiers présidens. Le procureur de la République et le président du tribunal dans lequel il s'agit de faire entrer un membre ne sont consultés qu'officieusement, et le sont même rarement.

336. — Mais les présidens et procureurs de la République près les tribunaux de première instance ont le droit de présentation directe pour les juges de paix et leurs suppléans.

337. — Quand il y a lieu de pourvoir à une de ces places devenue vacante par décès, démission ou autrement, le président et le procureur de la République se concertent pour adresser au ministre de la justice une liste de trois candidats remplissant les conditions d'âge et de capacité nécessaires.

338. — Quand il s'agit de pourvoir à une place de suppléant, il est convenable que le procureur de la République prenne l'avis du juge de paix sur les candidats à présenter. — Massabiau, n° 3028.

339. — Si le procureur de la République et le président ne s'entendent pas, ils présentent chacun une liste séparée qu'ils adressent le premier au procureur général, le second au premier président. Dans le cas contraire, ils envoient chacun une copie de la même liste.

340. — A cette liste est jointe une lettre d'envoi au ministre, et le tout est adressé au procureur général. — Massabiau, n° 2023.

341. — La liste doit contenir les noms et prénoms des candidats, leur âge, leur fortune, la désignation de leurs fonctions actuelles et antérieures, et des renseignemens et observations sur leur moralité, leur capacité, les services par eux rendus et la considération dont ils jouissent. — Massabiau, n° 2023.

Sect. 2e. — *Officiers ministériels.*

342. — Les procureurs généraux et les procureurs de la République ont été investis par les lois, les ordonnances et les instrutions ministérielles, à l'égard des officiers ministériels, greffiers, notaires, avoués, huissiers et commissaires-priseurs, du double droit, 1° de présentation, 2° de surveillance.

§ 1er. — *Présentation et nomination.*

343. — L'art. 91 de la loi du 28 avril 1816 qui a donné aux officiers ministériels la faculté de disposer de leurs charges a subordonné cette faculté à l'accomplissement de certaines conditions, réglées en grande partie par des circulaires ou décisions ministérielles.

344. — Toute demande ayant pour objet d'obtenir la nomination à une place d'officier ministériel, doit être adressée au président de la République, par l'intermédiaire du procureur de la République, qui la transmet au procureur général et celui-ci au garde des sceaux. Elle doit être appuyée d'un certain nombre de pièces justificatives. — V. OFFICE.

345. — Les procureurs de la République ne doivent envoyer les pièces des candidats au procureur général qu'après s'être assurés qu'elles sont, en tout point, régulières et en bonne forme. Mais dès qu'elles sont régulières, l'envoi doit être fait, si le candidat le demande, quelle que soit l'opinion du procureur de la République sur le mérite ou l'opportunité de la demande et quand même le tribunal aurait émis un avis défavorable.

346. — Le procureur de la République joint aux pièces une lettre non close adressée au garde des sceaux, dans laquelle il émet son avis sur la présentation, et transmet cette lettre et les pièces au procureur général, qui fait parvenir le tout au ministre.

347. — Pour les pièces que les candidats sont tenus de joindre à l'appui de leur demande, et dont les procureurs de la République doivent réclamer la production, V. AVOCAT A LA COUR DE CASSATION, AVOUÉ, COMMISSAIRE-PRISEUR, GREFFIER, HUISSIER, NOTAIRE, OFFICE.

§ 2. — Discipline.

348. — Les officiers ministériels sont placés sous la surveillance des procureurs de la République, qui doivent veiller au maintien de la discipline. — Décr. 30 mars 1808, art. 79.

349. — L'action disciplinaire s'exerce de deux manières : soit en saisissant la chambre de discipline de l'officier ministériel inculpé, soit en le traduisant devant le tribunal réuni en chambre du conseil et en assemblée générale. — Ibid.

350. — Chaque chambre des tribunaux connaît des fautes de discipline qui auraient été commises ou découvertes à son audience. — Ibid., art. 103. — V. DÉLIT D'AUDIENCE.

351. — V., au surplus, pour les règles particulières à chaque profession le mot qui la concerne, AVOCAT A LA COUR DE CASSATION, AVOUÉ, COMMISSAIRE-PRISEUR, GREFFIER, HUISSIER, NOTAIRE, etc.

352. — Le ministère public a droit de prendre communication des registres de délibérations des chambres de discipline des notaires toutes les fois qu'il le juge convenable. — Cette faculté résulte du droit général de surveillance qui lui est attribué par les lois et règlements sur tous les officiers ministériels au nombre desquels on doit ranger les notaires. — Orléans, 26 juill. 1838 (t. 2 1838, p. 233), notaires d'Orléans.

353. — Le procureur de la République doit rendre compte, sans délai, au procureur général des condamnations disciplinaires prononcées par le tribunal. Le procureur général transmet le rapport du procureur de la République au ministre de la justice avec ses observations ; le procureur général rend également compte au garde des sceaux des condamnations disciplinaires prononcées par la cour.

354. — Les greffiers en chef des cours et tribunaux sont placés sous la surveillance des présidents qui ont le droit de les avertir et de les réprimander, et de les dénoncer, s'il y a lieu, au ministre de la justice. — L. 20 avr. 1810, art. 62. — V. GREFFIER.

355. — Les commis greffiers assermentés peuvent être directement avertis ou réprimandés par les procureurs de la République ou procureurs généraux, qui, après la seconde réprimande, ont le droit de les citer devant le tribunal ou la cour et de leur faire ordonner de cesser immédiatement leurs fonctions. — Décr. 6 juill. 1810, art. 58, et 18 août 1810, art. 26.

356. — Le procureur de la République fait régler par le tribunal les résidences des huissiers dans son ressort ; s'il s'agit d'en modifier le nombre, il doit en référer au ministre de la justice. — V. décr. 14 juin 1813, art. 16. — Massabiau, no 3319.

357. — Le procureur de la République désigne, de concert avec le président, les huissiers qui feront le service des assises dans les départements qui ne sont pas chefs-lieux de cour d'appel. — L. 6 juill. 1810, art. 118.

358. — Le procureur de la République soumet chaque année au président une liste de trois candidats parmi lesquels doit être choisi le syndic de la compagnie. — Décr. 14 juin 1813, art. 56.

359. — La nomination est faite par le premier président, sur la présentation du procureur général dans les arrondissemens où siège la cour d'appel. — Ibid.

360. — La plupart des procureurs de la République sont dans l'usage d'attacher au service particulier de leur parquet un ou plusieurs huissiers choisis dans l'élite de la compagnie. L'huissier du parquet est pris ordinairement parmi les huissiers audienciers. Il précède les membres du parquet dans les cérémonies publiques.

361. — Il doit être tenu au parquet un registre destiné à mentionner les actes des huissiers, afin d'arriver exactement à la fixation de leur salaire et à la révision de leurs mémoires. — Décr. du 18 juin 1811, art. 7.

362. — Un autre registre semblable est affecté aux actes des greffiers, c'est-à-dire aux copies,

extraits ou expéditions délivrés par ces officiers et soumis au tarif. — Id., art. 57.

363. — Mais la tenue de ces registres est négligée dans le plus grand nombre des parquets.

Sect. 3e. — Avocats.

364. — La surveillance des officiers du ministère public sur les avocats est fort restreinte. Le ministère public a seulement le droit de se faire représenter copie des délibérations de l'ordre, de dénoncer au bâtonnier tout avocat qui aurait manqué, hors de l'audience, aux devoirs de sa profession, et d'appeler des décisions prises par le conseil de l'ordre.—Ordonn. du 20 nov. 1822, art. 22, 23, 25. — V. AVOCAT.

365. — Pour les délits commis à l'audience, l'avocat peut être puni soit par les juges, soit par voie de discipline. — Ibid., art. 43.

Sect. 4e. — Instruction primaire.

366. — Les procureurs de la République font partie de droit des comités supérieurs d'instruction primaire de leur arrondissement.—L. 28 juin 1833, art. 19. — V. INSTRUCTION PRIMAIRE.

367. — En cas d'absence ou d'empêchement, ils y sont remplacés par leurs subsitituts, qui leur rendent compte des délibérations prises en leur absence.—Arrêté du conseil royal du 26 mai 1837. — Massabiau, no 2866.

Sect. 5e. — Prisons.

368. — Les procureurs de la République font partie de droit des commissions de surveillance des prisons établies par l'ordonn. du 9 avr. 1819. — Duvergier, Bulletin annoté, t. 22, p. 424. — V. PRISONS.

Sect. 6e. — Envois périodiques.

§ 1er. — Vérification des minutes.

369. — Dans les cinq premiers jours de chaque mois, les procureurs généraux et les procureurs de la République doivent vérifier l'état matériel et de situation des feuilles d'audience et toutes autres minutes d'actes reçus et passés dans les greffes de leurs cours et tribunaux. — C. proc., art. 140; C. instr. crim., art. 196; Ordonn. 5 nov. 1823, art. 1er.

370. — La vérification doit comprendre les actes et jugemens en matière commerciale, quand le tribunal civil fait en même temps les fonctions de tribunal de commerce. — Circ. 11 mars 1824. — Massabiau, no 3314.

371. — Hors ce cas, le président du tribunal de commerce fait lui-même la vérification des minutes et en transmet directement le procès-verbal au procureur général. — Ordonn. 5 nov. 1823, art. 6. — V. TRIBUNAL DE COMMERCE.

372. — Les juges de paix vérifient de la même manière les greffes de leurs tribunaux dans les cinq premiers jours du mois, et transmettent leur procès-verbal dans les cinq jours suivans au procureur de la République de l'arrondissement, qui peut toujours, quand il le juge nécessaire, procéder à cette vérification par lui-même ou par un de ses subsitituts.—Ordonn. 5 nov. 1823, art. 3.

373. — Les minutes des tribunaux de simple police sont vérifiées par le procureur de la République dans la ville où il siège ; dans les autres tribunaux de police du ressort par le juge de paix qui les préside. — Ordonn. 5 nov. 1823, art. 1er. L'usage s'est même introduit partout, sans réclamation, que les procureurs de la République ne vérifient que le greffe du tribunal de première instance.

374. — Dans la huitaine de la réception des différens procès-verbaux de vérification, c'est-à-dire avant le 18 de chaque mois au plus tard, le procureur de la République transmet ces procès-verbaux au procureur général, avec un rapport sommaire. — Ordonn. 5 nov. 1823, art. 4.

375. — En cas de contraventions provenant du fait des magistrats, le procureur de la République les dénonce au procureur général, qui lui-même en saisit la chambre à laquelle appartient le premier président. Si les contraventions proviennent du greffier, le procureur de la République requiert contre lui les amendes et autres peines

qu'il peut avoir encourues. — Déc. 20 mars 1832, art. 73 et 74. — V. Massabiau, no 3318.

376. — Dans la seconde quinzaine du mois, le procureur général rend compte au ministre de la justice du résultat de la vérification pour tout son ressort. — Ibid., art. 7.

§ 2. — Notice hebdomadaire.

377. — Les procureurs de la République sont tenus d'envoyer, tous les huit jours, au procureur général une notice des affaires survenues pendant la semaine. — C. instr. crim., art. 249.

378. — Cette notice est relevée sur un registre tenu exprès au parquet. Les frais d'achat de ce registre, comme ceux d'impression de la notice, sont à la charge des menues dépenses du parquet, et ne peuvent pas être compris dans les frais de justice criminelle. — Instr. gén. de 1826, no 93.

379. — La notice doit comprendre, sans distinction, toutes les affaires parvenues à la connaissance du procureur de la République, soit au parquet, soit à l'audience, même celles qui ne sont l'objet d'aucune poursuite de sa part. — Massabiau, t. 3, no 3575.

380. — Sur le vu de cette notice, le procureur général peut, dans la quinzaine, ordonner rapport des pièces à son parquet pour être par lui fait telles réquisitions qu'il jugera convenables. — C. instr. crim., art. 250.

381. — Les procureurs de la République doivent de plus rendre au procureur général et au ministre de la justice un compte spécial de tous les crimes graves qui se commettent dans leur ressort.

§ 3. — Extraits des jugemens.

382. — Les procureurs de la République sont tenus d'envoyer chaque quinzaine au procureur général un extrait des jugemens rendus pendant cet intervalle par le tribunal de police correctionnelle. — C. instr. crim., art. 198.

383. — Pareil extrait doit, aux termes de l'art. 202 du Code d'instruction criminelle, être envoyé au procureur de la République près le tribunal d'appel, dans les départemens qui ne sont pas chef-lieu de cour d'appel ; mais ce second envoi a été supprimé par les instructions ministérielles, dans le but de diminuer les frais de justice criminelle. — Circ. 30 déc. 1812.

384. — Ces extraits doivent contenir les motifs et le dispositif du jugement, afin que le procureur général puisse examiner, en connaissance de cause, s'il y a lieu d'interjeter appel. Le procureur de la République consigne ses observations, s'il le croit nécessaire, en marge de l'extrait. — Massabiau, no 3581.

385. — Leur coût faisant partie des frais de poursuite, doit être compris dans la liquidation des dépens et acquitté sur les fonds généraux des frais de justice criminelle, lorsqu'il n'y a pas de partie civile en cause.—Circ. min. 30 déc. 1812.

§ 4. — Registre de pointe.

386. — Le procureur de la République envoie tous les mois au procureur général un relevé du registre de pointe. — Circ. 6 frim. an X, 31 juill. 1808, 5 oct. 1812 et 29 janv. 1840.

387. — Le registre de pointe indique la date des audiences, leur durée, les jours et les causes des vacations, les noms des magistrats absens, les causes de l'absence. — Circ. min. 1er pluv. an X.

388. — Ce relevé doit aussi indiquer avec soin la nature des audiences, la durée des congés, l'époque des décès et les motifs réels des absences. — Décis. min. 21 août et 4 oct. 1813. —Massabiau, no 3584.

389. — Les officiers du ministère public ne sont pas soumis à la pointe, qui ne concerne que les juges.

§ 5. — Interdiction de communiquer.

390. — Les procureurs de la République adressent chaque mois aux procureurs généraux un état constatant les interdictions de communiquer prononcées pendant le mois par le juge d'instruction, ou un certificat constatant qu'il n'a été prononcé aucune interdiction de ce genre.—Circ. min. 6 déc. 1840, § 7.— Dans quelques tribunaux, cet état est adressé directement au procureur général par le juge d'instruction ; mais l'envoi par le procureur de la République est évidemment plus régulier, puisqu'il crée un double contrôle.

§ 6. — *Mise en surveillance.*

391. — Les procureurs de la République envoient également chaque mois la liste des individus placés sous la surveillance de la haute police par des jugemens rendus dans le mois. — Circul. min. 17 sept. 1827.

§ 7. — *Envois divers.*

392. — Les procureurs de la République doivent adresser aux procureurs généraux un état des jugemens correctionnels rendus en matière de presse et de librairie. — Circ. min. 5 oct. 1822.

393. — ... Et un procès-verbal de vérification du registre des prisons. — Circ. min., 29 juill. 1832. — Cet envoi est négligé dans plusieurs ressorts.

394. — Les procureurs de la République envoient aussi chaque mois au préfet : — 1° l'état des condamnés placés sous la surveillance de la haute police. — Circ. min. 11 mai 1822. — Massabiau, t. 3, n° 3587.

395. — ... 2° Les états des sommes dues aux membres de l'ordre judiciaire de l'arrondissement, pour le traitement du mois qui précède. — Règl. 28 déc. 1838, art. 164 et 165.

396. — Ces états doivent être conformes aux modèles nos 22 et 23, annexés au règlement précité ; ils sont dressés par le greffier du tribunal sous la surveillance et la responsabilité du président et du procureur de la République. — *Ibid.*, art. 148 et 166.

397. — Les procureurs de la République adressent, tous les trois mois, au procureur général, pour être transmis au ministre de la justice, un tableau dressé par le greffier du tribunal et extrait par lui du registre tenu en exécution de l'art. 600 du Code d'instr. crimin., contenant l'énoncé de toutes les condamnations à l'emprisonnement prononcées pendant le trimestre. — C. instr. crim., art. 601.

398. — Pareil extrait est adressé au ministre de l'intérieur, par l'intermédiaire du préfet.

399. — Les procureurs de la République envoient encore, tous les trois mois, au procureur général un compte sommaire de tous les jugemens de simple police qui ont prononcé la peine de l'emprisonnement. — C. instr. crim., art. 178.

400. — A cet effet, les procureurs de la République doivent exiger que les élémens de ce travail leur soient régulièrement fournis aux mêmes époques par les juges de paix de leur arrondissement, et par les maires remplissant les fonctions du ministère public auprès des tribunaux de simple police. — C. instr. crim., 178

401. — Ils envoient aussi, tous les trois mois, au procureur général un compte sommaire des procès-verbaux de vérification des registres d'émolumens tenus par le greffier du justice de paix. — Ordonn. 17 juill. 1825. — Circ. min. 28 juill. même année. — Actuellement les émolumens des juges de paix sont supprimés ; il leur est seulement alloué une indemnité de transport quand ils se rendent à plus de cinq kilomètres du chef-lieu de canton. — L. du 21 juin 1845, art. 1er.

402. — Les procureurs de la République envoient, tous les ans, au procureur général : 1° dans la première quinzaine d'octobre un compte-rendu confidentiel de la manière dont la justice a été administrée dans l'arrondissement pendant l'année judiciaire, des abus qui ont pu être commis, des remèdes à y apporter. — Décr. 20 avr. 1810, art. 8.

403. — ... 2° Dans les cinq premiers jours de novembre, la délibération du tribunal relative à l'exercice de la plaidoirie par les avoués. — Circ. min. 8 juill. 1822.

404. — ... 3° L'expédition de la délibération des avocats concernant l'élection d'un bâtonnier et la formation du conseil de l'ordre. — Circ. min. 6 janv. 1823 ; Ord. du 27 août 1830.

405. — L'ordonn. du 28 juin 1832, art. 3, impose au greffier de chaque tribunal l'obligation de remettre au procureur de la République un compte sommaire tant des sommes consignées entre ses mains que de celles par lui dépensées ou restituées aux parties civiles. Mais ces envois doivent être négligés dans presque tous les parquets depuis que la jurisprudence de la Cour de cassation, interprétant l'art. 160 du décret du 18 juin 1811, a dispensé les parties civiles de la consignation dans le cas de citation directe. — V., au surplus, v° ACTION CIVILE, nos 221 et suiv.

406. — Le procureur de la République doit surveiller, d'accord avec le président, le compte de la justice civile, qui est, comme le compte de la justice criminelle, rédigé dans les trois premiers mois de l'année. Mais la rédaction de ce dernier compte est laissée au greffier. Deux colonnes seulement sont laissées à la fin au président et au procureur de la République pour y consigner leurs observations.

407. — Chaque année les procureurs de la République transmettent au ministre de la justice un état des individus condamnés dans l'année par le tribunal de police correctionnelle, et qui avaient déjà précédemment subi des condamnations. Cet état porte le nom d'*état des récidives*, quoiqu'on y comprenne beaucoup d'autres individus que ceux qui sont légalement en état de récidive.

408. — Les procureurs de la République envoient, chaque année, au procureur général, dans la première quinzaine de mai, l'extrait de la délibération constatant le renouvellement de la chambre de discipline des notaires de leur arrondissement.

409. — Ils envoient également au procureur général, qui le transmet au ministre de la justice, le procès-verbal détaillé constatant la vérification des registres de l'état civil rédigés pendant l'année précédente, dans les différentes communes de l'arrondissement.

Sect. 7e. — *Collections officielles.*

410. — Les chefs du parquet doivent conserver avec le plus grand soin les bulletins des lois des arrêts de la Cour de cassation, et les circulaires ministérielles qui leur sont adressés.

411. — Les bulletins des lois, au fur et à mesure de leur réception, sont énoncés par numéros à l'audience ; le ministère public demande acte au tribunal de la réception et du dépôt qu'il fait au greffe d'un exemplaire à ce destiné. — L. 9 nov. 1789 ; 2 et 5 nov. 1790, art. 15 et 16 ; 13 juin 1791, art. 86 et 87 ; constit. 3 sept. 1791, tit. 3, chap. 4, sect. 1re, art. 5 ; l. 14 frim. an II, sect. 1re, art. 8 ; décr. 25 juin 1811, art. 6 ; circul min. 16 nov. 1813.

412. — Le chef du parquet doit transmettre ces collections sur récépissé à son successeur. — L. 8 pluv. an III, art. 14 ; arr. 10 frim. an IV, art. 1er ; circul. min. 18 avril 1836.

413. — Les procureurs de la République doivent tenir un registre où sont inventoriés et inscrits, à la date de leur réception, les circulaires, lettres et papiers officiels qui leur sont adressés. — Arr. 5 vendém. an V, art. 1er.

Sect. 8e. — *Menues dépenses du parquet.*

414. — Il est alloué à chaque tribunal, sur les fonds des dépenses variables mis à la disposition des préfets par la loi du 28 avril 1816, une somme déterminée pour l'acquit des menues dépenses et frais de parquet. — L. 6 27 mars 1791, art. 37, ord. 27 janv. 1815.

415. — Cette somme est votée par les conseils généraux sur la fixation faite par le ministre de la justice ; et elle sert à acquitter les dépenses d'éclairage, chauffage, impression, achat de livres. Elle sert aussi à l'achat du papier et des plumes, au salaire des concierges et garçons de salle, et généralement au paiement des menues dépenses tant du tribunal que du parquet. — Circ. 16 déc. 1814.

416. — La somme allouée à chaque tribunal se répartit amiablement entre le tribunal et le parquet. Le ministre, auquel on recourt en cas de désaccord, attribue généralement aux chefs du parquet, du quart au cinquième de l'abonnement, et le surplus au tribunal, qui est tenu de payer sur sa quote-part les concierges, les garçons de salle, le bois de chauffage et l'éclairage du parquet. — Circ. min. 30 oct. 1827. — Massabiau, t. 1er, n° 118.

417. — Les sommes allouées à chaque tribunal, pour menues dépenses, sont payées tous les trois mois, sur un mandat délivré par le préfet et adressé au président du tribunal ou au procureur de la République. — Ord. 27 janv. 1815, art. 4 ; circ. min. 7 mai 1816.

418. — Les chefs du parquet ni les membres du tribunal ne sont tenus de rendre compte de l'emploi qu'ils font de ces sommes. — Circ. min. 7 mai 1816.

419. — Lorsqu'elles sont insuffisantes, le tribunal en informe le procureur général par une délibération motivée ; le procureur général adresse l'expédition de cette délibération, avec son avis, au ministre de la justice, qui la transmet, si elle lui paraît fondée, au préfet, pour que celui-ci la soumette au conseil général. — Massabiau, art. 1er, n° 121.

Sect. 9e. — *Franchises et contre-seing.*

420. — Dans l'intérêt du service public, on a accordé aux procureurs généraux et aux procureurs de la République le droit de recevoir en franchise toutes lettres ou paquets fermés ou sous bande, qui leur sont adressés à raison de leurs fonctions, dans toute l'étendue du ressort de la Cour ou du tribunal près desquels ils exercent leurs fonctions. — Ord. gén. du 17 nov. 1844.

421. — Ils ont, en outre, le droit de correspondre par lettres sous bande ou fermées, s'il y a nécessité, et en la constatant, mais, dans tous les cas, en contre-signant leurs lettres, avec certains fonctionnaires déterminés. — *Ibid.*

422. — Les procureurs de la République correspondent notamment avec les procureurs généraux ou de la République, les juges d'instruction et les juges de paix, par toute la France ; avec le sous-préfet, les maires et les commissaires de police, dans l'étendue de leur arrondissement. — *Ibid.*

423. — Les procureurs de la République de chef-lieu judiciaire jouissent de la franchise illimitée, c'est-à-dire du droit de recevoir en franchise toutes les lettres fermées ou sous bande qui leur sont adressées à raison de leurs fonctions, dans toute l'étendue du département. — *Ibid.*

424. — En cas d'absence ou d'empêchement du procureur de la République, les dépêches peuvent être contre-signées par le substitut, mais avec la mention expresse de l'empêchement du procureur de la République. — V. au surplus, pour ce qui concerne les franchises des magistrats du ministère public, l'ord. de 1844, le tableau y annexé, et les différens motifs qui les concernent. — *Ibid.*

CHAPITRE IV. — *Fonctions du ministère public en matière civile.*

425. — Le ministère public, dans les affaires civiles, agit soit comme partie principale, soit comme partie jointe. Il agit comme partie principale lorsqu'il remplit le rôle soit de demandeur, soit de défendeur dans l'instance introduite. Il agit comme partie jointe lorsque, sans requérir formellement que le tribunal prenne telle décision plutôt que telle autre, il se borne à faire connaître son opinion sur la contestation engagée devant le tribunal dont il fait partie.

426. — Le ministère public, en matière civile, n'agit, en général, que comme partie jointe, à l'inverse de ce qui a lieu en matière criminelle, où il agit toujours comme partie principale, même dans les cas où son action est subordonnée à la plainte des parties lésées. Dans les cas ordinaires, la loi a dû laisser aux citoyens le soin de défendre eux-mêmes leurs intérêts civils, et de saisir les tribunaux à leurs frais et risques des réclamations auxquelles ces intérêts peuvent donner lieu.

427. — Cependant il peut arriver, d'une part, que certains intérêts civils soient tellement importans, que la société ne doive point les laisser abandonner ou compromettre, et, aussi que ceux à qui les droits compètent se trouvent dans l'impossibilité absolue de les faire valoir. Dans un cas comme dans l'autre, on ne pouvait refuser au ministère public le droit d'agir comme partie principale.

428. — Il peut arriver, d'autre part, que les droits civils sans commander l'intervention active du ministère public intéressent cependant à un trop haut degré l'ordre social pour qu'on n'exige pas au moins la surveillance du représentant direct de la société auprès des tribunaux. Dans ce cas, le ministère public ne cesse pas, sans doute, d'être partie jointe, mais la loi veut que l'affaire lui soit communiquée, et que le tribunal ait entendu son avis avant de juger.

429. — Un principe général, applicable, au surplus, en matière civile et en matière criminelle, c'est que le ministère public, soit qu'il agisse comme partie principale, ou comme partie jointe, ne peut jamais être condamné aux dépens. — V. FRAIS ET DÉPENS (mat. civ.), nos 159 et suiv., FRAIS ET DÉPENS (mat. crim.), nos 260, 262 et suiv.

430. — Cette règle ne souffre exception que dans le cas où le ministère public agit seulement dans

l'intérêt du domaine de l'État, et non plus comme représentant de la société. — V. *ibid.*, nº 163.

431. — A plus forte raison n'est-il jamais dû de dommages-intérêts à un prévenu acquitté, pour le préjudice qu'a pu lui causer l'instruction dirigée contre lui par la poursuite du ministère public. — *Cass.*, 17 sept. 1825, armateurs de la goëlette *la Marie-Madeleine*. — V. ACTION PUBLIQUE.

Sect. 1re. — *Du ministère public, partie principale.*

432. — Le ministère public, partie principale, agit soit comme demandeur, soit comme défendeur, 1º dans certaines affaires contentieuses; — 2º dans des affaires non contentieuses; — 3º dans des affaires disciplinaires. — Massabiau, t. 1er, nos 301 et suiv.

§ 1er. — *Affaires contentieuses.*

433. — Le ministère public agit par voie principale, pour l'exécution des lois et des jugemens, dans les dispositions qui concernent l'ordre public. — L. 20 avr. 1810, art. 46. — *Cass.*, 23 juin 1835, avoués d'Apt.

434. — Toutefois, il est bon de remarquer qu'en matière civile le ministère public n'agit, en règle générale, que comme partie jointe, et qu'il ne peut agir comme partie principale que dans les cas spécialement déterminés par la loi.

435. — Ainsi on l'a déclaré non recevable dans le pourvoi contre un arrêt qui décharge de l'amende de 150 francs envers le Domaine l'individu contre lequel la condamnation à cette amende était requise pour dénégation de sa signature. — *Cass.*, 9 déc. 1819, Bergasse.

436. — Ainsi encore le ministère public n'a point qualité pour interjeter un appel tendant uniquement à assurer à un plaignant le moyen de recouvrer, à l'aide de la contrainte par corps, les dommages-intérêts qui lui ont été accordés. — *Paris*, 5 mai 1837 (t. 1er 1837, p. 309), Schneider.

437. — Jugé également que les tribunaux civils ne peuvent statuer sur les droits des parties d'après des conclusions prises d'office par le ministère public. — *Cass.*, 18 prair. an VII, Montanier c. Veau.

438. — En conséquence, est sujet à cassation l'arrêt qui annule les conclusions prises par le ministère public de son chef, dans un procès entre parties, et tendant à ce qu'il soit fait défense à l'une d'elles de porter un nom. — *Cass.*, 3 avril 1826, Latour-d'Avergne c. Latour-St-Paulet.

439. — Dans une instance en redressement de compte, le ministère public est non recevable à réclamer la reddition d'un nouveau compte. — *Cass.*, 26 avril 1831, de Faye.

440. — Il ne peut appeler d'un jugement qui, depuis la loi du 8 mai 1816, a autorisé une partie à faire prononcer son divorce par l'officier de l'état civil. — *Cass.*, 5 juill. 1824, Nielly.

441. — ... Ou d'un jugement qu'il croit incompétemment rendu. — *Metz*, 21 janv. 1812, Beaudeux c. Vincent.

442. — ... Quand bien même il soutiendrait que la juridiction correctionnelle pouvait seule être appelée à statuer sur la contestation. — *Poitiers*, 5 août 1819, Martin c. Giraudeau.

443. — Il ne saurait également provoquer la nullité d'une cession de droits litigieux faite à un avocat ou à un avoué exerçant près le tribunal dans le ressort duquel s'élève le procès. — *Cass.*, 29 fév. 1832, Viandey c. Viallard-Flajollet.

444. — ... Ni assigner un propriétaire à l'effet de se voir contraint de louer sa maison à l'exécuteur des hautes œuvres. — *Cass.*, 28 déc. 1829, Muillot.

445. — Mais pourrait-il procéder en pareil cas par la voie correctionnelle pour violation du décret du 18 fév. 1811? — V. EXÉCUTEUR DES ARRÊTS DE JUSTICE CRIMINELLE, nos 48 et suiv.

446. — La Cour de cassation a décidé encore, avec raison, qu'il y avait excès de pouvoir dans l'ordonnance d'un directeur du jury portant que pour vérifier l'état mental d'un prévenu, il serait procédé devant le tribunal civil à la requête du ministère public. — L. 16-24 août 1790, tit. 8, art. 2. — *Cass.*, 15 frim. an VIII, Verdolle. — Le ministère public est sans qualité pour faire vérifier au civil l'état mental d'un individu en dehors des cas prévus par le Code civil, et on ne peut lui enjoindre de faire un acte illégal. D'ailleurs le juge criminel, juge de l'action, est aussi juge de l'exception, et a incontestablement qualité pour décider de l'état mental d'un prévenu ou accusé.

447. — Au surplus, dans tous les cas ci-dessus énumérés, le procureur général près la Cour de cassation conserve toujours le droit de se pourvoir, dans l'intérêt de la loi, contre les décisions qui lui paraissent contraires à la loi. — V. INTÉRÊT DE LA LOI.

448. — Mais il peut agir par voie principale dans les causes qui intéressent le domaine de l'État quand il en est chargé spécialement par le préfet. — V. COMMUNICATION AU MINISTÈRE PUBLIC, nos 34 à 39; DOMAINE DE L'ÉTAT, nos 489 et suiv.

449. — Le ministère public poursuit les officiers de l'état civil pour contravention dans la tenue des registres, ou pour défaut d'apport de ces registres au greffe du tribunal. — C. civ., art. 50 et 53. — V. ACTES DE L'ÉTAT CIVIL.

450. — Il n'est pas nécessaire dans ce cas d'obtenir l'autorisation du Conseil d'État, conformément à l'art. 75 de la constitution du 22 frim. an VIII. — V. Avis Conseil d'État, du 4 pluv. an XII; circ. du min. de la justice, du 22 brum. an XIV.

451. — Lorsque, indépendamment des irrégularités dans la tenue matérielle des registres, il a été commis un crime ou un délit relativement à l'état des personnes, l'action pour la répression de ce crime ou de ce délit appartient encore au ministère public; mais, contrairement à ce qui a lieu dans les cas ordinaires, il ne peut y avoir lieu à poursuites criminelles qu'après que les questions relatives à l'état des personnes ont été jugées par les tribunaux civils, sur la demande des parties intéressées. C'est ce qu'on exprime en général en disant qu'en matière de questions d'état le civil tient le criminel en état. — C. civ., art. 326 et 327. — V. ENFANS (crimes et délits contre les).

452. — Mais si le ministère public n'a point qualité pour intenter l'action en réclamation d'état, il peut incontestablement, lorsqu'un délit de suppression d'état parvient à sa connaissance, faire provoquer par le juge de paix le rassemblement d'un conseil de famille et la nomination d'un tuteur *ad hoc* chargé de poursuivre, au nom de l'enfant, la rectification de son acte de l'état civil.

453. — Le ministère public peut demander et faire prononcer la nullité des mariages contractés contrairement aux dispositions des art. 144, 147, 161, 162, 163, 190 ou 191 du C. civ. — V. C. civ., art. 184. — Massabiau, nº 301, 4º. — V. MARIAGE.

454. — Il agit encore directement lorsqu'il s'agit du rétablissement d'un acte de mariage frauduleusement omis ou supprimé. — C. civ., art. 200.

455. — Peut-il interjeter appel d'un jugement qui annule un mariage pour quelque cause que ce soit? — V. MARIAGE.

456. — Il peut, dans une poursuite en séparation de corps, prendre des réquisitions tendant à ce que la garde des enfans soit confiée à qui de droit. — C. civ., art. 402. — Massabiau, nº 301, 4º. — V. SÉPARATION DE CORPS.

457. — Lorsque la séparation de corps est prononcée contre une femme pour cause d'adultère, le ministère public doit requérir sa condamnation, par le même jugement, à la réclusion dans une maison de correction pendant un temps déterminé, qui ne peut être moindre de trois mois, ni excéder deux années. — C. civ., art. 308.

458. — On a d'ailleurs jugé que, quoique la peine d'emprisonnement soit prononcée, dans ce cas, par les tribunaux civils, elle ne perd pas sa nature correctionnelle; et qu'ainsi il pourrait y avoir lieu, pour le tribunal, à appliquer les peines de la récidive, si la femme avait été déjà condamnée à plus d'une année d'emprisonnement. — *Caen*, 13 janv. 1842 (t. 2 1842, p. 523), Godefroy. — V. ADULTÈRE, nos 175 et suiv.

459. — Dans le cas de fureur, si l'interdiction n'est provoquée ni par l'époux ni par les parens, elle *doit* l'être par le procureur de la République, qui, dans les cas d'imbécillité ou de démence, *peut* aussi la provoquer contre un individu qui n'a ni époux, ni épouse, ni parens connus. — C. civ., art. 491. — V. INTERDICTION.

460. — La loi du 30 juin 1838 sur les aliénés, en chargeant l'autorité administrative du soin de faire placer les aliénés dans les établissemens publics ou privés destinés à les recevoir, sans qu'il soit nécessaire pour cela que l'interdiction ait été préalablement prononcée, a rendu d'une application fort rare les dispositions de l'art. 491 du Code civil. — L. 30 juin 1838, art. 40. — De Molène, t. 1er, p. 199. — V. ALIÉNÉS, COMMUNICATION AU MINISTÈRE PUBLIC, nº 91.

461. — Le procureur de la République du lieu de l'ouverture d'une succession peut d'office demander la déchéance du grevé de substitution qui n'a pas fait nommer de tuteur à la substitution, et faire déclarer le droit ouvert au profit des appelés. — C. civ., art. 1057.

462. — Il peut également provoquer l'inventaire des biens substitués. — C. civ., art. 1061. — V. SUBSTITUTION.

463. — Le ministère public a encore le droit d'agir comme partie principale, 1º dans les demandes tendant à obtenir la réduction de l'hypothèque légale des maris et des tuteurs. — C. civ., art. 2143 à 2145. — V. HYPOTHÈQUE. — *Cass.*, 3 déc. 1844 (t. 1er 1845, p. 113), Baroche.

464. — ... 2º Dans les poursuites contre le trésorier d'une fabrique paroissiale qui a contrevenu aux règles de sa comptabilité. — Déc. 30 déc. 1809, art. 90. — Massabiau, t. 1er, nº 301, 9º. — V. FABRIQUES D'ÉGLISE.

465. — ... 3º Dans les demandes en expropriation pour utilité publique. — L. 3 mai 1841, art. 14. — V. EXPROPRIATION POUR UTILITÉ PUBLIQUE.

466. — ... 4º Dans les instances qui ont pour objet de faire prononcer par jugement contre un officier de l'armée la perte de sa qualité de Français. — Ord. du 30 août 1837. — Massabiau, t. 1er, nº 301, 11º.

467. — ... 5º Dans les demandes en déchéance de brevet d'invention. — L. 25 mai 1838, art. 20. — Massabiau, *ibid.* — V. BREVET D'INVENTION.

468. — ... 6º Dans les demandes relatives à la police des audiences. — *Cass.*, 3 nov. 1806, Furibay. — Massabiau, nº 301, 13º. — V. DÉLIT D'AUDIENCE.

469. — Il a qualité pour requérir l'exécution des mesures d'instruction prescrites dans l'intérêt de la bonne administration de la justice. Notamment pour exiger la signification aux avoués, trois jours au moins avant l'audience fixée pour la plaidoirie, des conclusions des parties. — *Cass.*, 30 août 1836, Sailly et Bailleux.

470. — Le paiement des sommes dues aux colléges nationaux doit être poursuivi devant les tribunaux civils par le ministère public, partie principale à la requête des proviseurs de ces établissemens. Ces instances sont suivies, sans frais, par le procureur de la République à la chambre du conseil. — Déc. 1er juill. 1809, art. 11; ordonn. 12 mars 1817, art. 16. — V. COLLÉGE, nº 34.

471. — Les procureurs de la République doivent prêter aux proviseurs l'appui de leur ministère pour cet objet, toutes les fois qu'ils en sont requis, et faire, en qualité de demandeurs, les poursuites, les assignations et tous actes de procédure nécessaires comme pour les affaires du domaine. — Circ. min. 2 avril 1817. — Massabiau, t. 1er, nº 895.

472. — En cas d'indigence, le ministre de l'instruction publique peut arrêter les poursuites dirigées contre les débiteurs des colléges nationaux, et les procureurs de la République sont tenus d'obéir à ses instructions. — Ordonn. 12 mars 1817, art. 17. — Massabiau, nº 896.

473. — Dans les causes soumises au préliminaire de conciliation, la partie qui n'a pas comparu est condamnée par le tribunal de première instance, sur les conclusions du ministère public, à une amende de 10 fr. — C. proc., art. 56. — V. CONCILIATION, nos 248, 257 et suiv.

474. — Les huissiers qui signifient des copies de citation ou d'exploit de jugement ou d'arrêt illisibles, doivent être condamnés à l'amende de 25 fr. sur la seule provocation du ministère public, et par la cour ou le tribunal devant lequel cette copie a été produite. — Décr. 14 juin 1813, art. 43 et 57; 29 août 1813, art. 2. — V. COPIE DE PIÈCES, nos 17 et suiv.

475. — Le ministère public requiert encore la condamnation à l'amende : 1º contre les officiers ministériels qui ne mentionnent pas la patente des commerçans dans les actes relatifs au commerce de leurs cliens. — Et contre ces derniers, à raison de la même contravention. — L. 25 avril 1844. — V. EXPLOIT, PATENTE, nº 204.

476. — ... 2º Contre les officiers ministériels coupables d'omission ou contravention dans les exploits ou actes de procédure, dans les cas où la nullité n'en est pas formellement prononcée par la loi. — C. proc. 1030. — V. AVOUÉ, HUISSIER.

477. — ... 3º Contre toute personne publique qui refuserait de viser l'original d'une signification dont elle est tenue de recevoir copie. — C. proc., 1039.

478. — ... 4º Contre un notaire qui, ayant reçu un contrat de mariage entre époux dont l'un serait commerçant, n'en aurait pas, dans le mois de sa date, remis un extrait aux greffes et chambres désignés par l'art. 872 du Code de procédure civile et les art. 67 et 68 du Code de Commerce. — C. comm., 67 et 68. — V. CONTRAT DE MARIAGE, nº 62.

479. — ... 5° Contre les notaires destitués ou remplacés, ou contre leurs héritiers, qui n'ont pas remis les minutes de l'étude au successeur dans le mois de sa prestation de serment. — L. 25 vent. an XI, art. 55 et 57. — Massabiau, n° 301, 14°. — V. NOTAIRE.

480. — ... 6° Contre toute personne qui se rend coupable de postulation illicite. — Déc. 19 juill. 1810. — Massabiau, n° 301 *in fine*. — V. POSTULATION.

481. — Enfin, le ministère public peut proposer les exceptions d'incompétence qui tiennent à la matière et, en général, il a le droit de requérir en son nom toutes les mesures que le tribunal peut prendre d'office et sans que les parties y aient formellement conclu. — V. INCOMPÉTENCE.

482. — Jugé sous l'empire de la loi du 15 sept. 1791 que le condamné à la détention étant privé du droit de vendre, le ministère public était recevable à provoquer la nullité d'une aliénation consentie par un individu frappé de cette peine. — L'exercice d'une pareille action n'était en effet que l'exécution de la peine. — *Rouen*, 7 mai 1806, N.....

§ 2. — *Affaires non contentieuses.*

483. — Le ministère public agit encore par voie principale dans les demandes en rectification ou en rétablissement d'actes de l'état civil concernant des indigens (décis min. 6 brum. an XI; L. 25 mars 1817, art. 75), des militaires (circ. min. 22 brum. an XIV), une commune entière ou une masse de citoyens (circ. min. 4 nov. 1814), et enfin toutes les fois que l'ordre public est intéressé. — Av. Cons. d'Etat, 12 brum. an XI. — Massabiau, t. 1er, n° 302. — V. ACTES DE L'ÉTAT CIVIL, nos 517 et suiv.

484. — Lorsqu'un maire est décédé sans avoir signé tout ou partie des actes de l'état civil qu'il a reçus, le procureur de la République peut et doit faire rendre un jugement autorisant le successeur du maire décédé à signer les actes à sa place. — Faure, *Rép. admin. des parquets*, t. 1er, p. 273.

485. — Quand des naissances ou des décès n'ont pas été déclarés à l'officier de l'état civil, le procureur de la République doit pourvoir à ce que la naissance ou le décès soit constaté par jugement, et requérir l'application des peines qui peuvent avoir été encourues. — Massabiau, n° 794.

486. — Le ministère public agit encore par voie d'action pour les demandes en déclaration d'absence, celles surtout concernant les militaires et marins absens de 1792 à 1815 (C. civ., art. 112, 114, 116; L. 13 janv. 1817); pour la nomination d'un curateur à succession vacante (C. civ., art. 812), pour l'apposition et la levée des scellés dans certains cas (C. civ., art. 819; C. procédure, art. 911 et 930), pour faire procéder à l'inventaire des biens de la succession dans ce cas (C. procéd., art. 941), pour l'inscription des hypothèques légales des femmes et des mineurs. — C. civ., art. 2138 et 2194. — Massabiau, t. 1er, n° 302. — V. ABSENCE, HYPOTHÈQUE LÉGALE, SCELLÉS, SUCCESSION VACANTE.

§ 3. — *Affaires disciplinaires.*

487. — Le ministère public est partie principale et agit par voie d'action dans la poursuite des mesures disciplinaires envers des magistrats (L. 20 avr. 1810, art. 49, 50 et 55), envers des notaires (LL. 25 vent. an XI, art. 55; 16 flor. an IV, art. 2), des huissiers et des officiers ministériels en général. — C. comm., art. 76; C. procéd., art. 107, 132, 244, 307, 360, 512, 562, 1031; C. civ., art. 176; décr. 30 mars 1808, art. 102 et 103. — Massabiau, n° 303. — V. DISCIPLINE.

488. — Le ministère public agit, dans ces cas, même dans le silence des parties intéressées, et le paiement de l'amende et des frais ne l'empêcherait pas de se pourvoir contre le jugement. — Massabiau, t. 1er, *ibid.*

489. — Aux termes de l'art. 7 de la loi du 28 juin 1833, tout instituteur privé peut, sur la demande du comité supérieur d'instruction primaire de son arrondissement, ou sur la provocation d'office du procureur de la République, être traduit, pour cause d'inconduite ou d'immoralité, devant le tribunal civil de l'arrondissement et être interdit de l'exercice de sa profession à temps ou à toujours. — V. INSTRUCTION PRIMAIRE.

§ 4. — *Formes de procéder.*

490. — Le ministère public agissant comme partie principale est soumis aux mêmes règles et formes de procéder que les parties ordinaires; seulement il n'est point obligé de se servir du ministère des avoués. Les exploits se donnent en son nom ou sont signifiés à son parquet, où il a toujours élection de domicile. — Massabiau, n° 307.

491. — Toutefois, si le ministère public n'est jamais, de son chef, assisté d'un avoué, l'Etat, la liste civile, les préfets agissant au nom du domaine, et les autres administrations publiques dont le ministère public est le représentant à l'audience, peuvent se faire représenter en outre par un avoué. — V. AVOUÉ.

492. — Il peut opposer les mêmes exceptions, les mêmes moyens que les parties; il doit le faire dans le même ordre, dans les mêmes délais.

493. — Dans les cas où il se présente soit comme demandeur, soit comme défendeur intervenant, il le fait par une requête présentée au tribunal ou notifiée aux parties. — C. procéd., art. 339 et suiv.

494. — Il assiste à toutes les opérations et voies d'instruction qui peuvent être ordonnées. — C. procéd., art. 261, 300 et 315.

495. — Il ne peut être récusé (C. procéd., art. 381); mais il doit de lui-même s'abstenir dans les affaires où la délicatesse et les bienséances l'exigent. — Massabiau, t. 1er, n° 307.

496. — Il ne peut jamais être donné défaut contre lui, puisqu'il assiste nécessairement à toutes les audiences — Massabiau, t. 1er, n° 307. — En tous cas, s'il pouvait y avoir lieu à défaut, ce ne serait qu'au défaut faute de conclure et non au défaut faute de comparaître.

497. — Le ministère public ne peut jamais être condamné aux dommages-intérêts envers les parties ni aux dépens. — Massabiau, *ibid.* — V. FRAIS ET DÉPENS.

498. — Il est dispensé de l'amende et de la consultation préalable en matière de requête civile (C. pr., art. 494 et 495. — V. REQUÊTE CIVILE), et de l'amende quand il se pourvoit en cassation. — L. 2 brum. an IV, art. 17. — V. CASSATION.

499. — Les exploits ou actes faits à la requête du ministère public, agissant comme partie principale sont faits sur papier visé pour timbre et enregistrés gratis ou en débet. Les salaires de l'huissier sont payés comme frais de justice criminelle par les receveurs de l'enregistrement. — V. déc. 18 juin 1811, art. 117 et suiv. et 122 *in fine*; circ. du 30 sept. 1826, sur cet article. — Dalmas, *Frais de justice criminelle*; p. 331.

500. — Il peut attaquer les jugemens par toutes les voies ouvertes aux plaideurs ordinaires; sauf bien entendu l'opposition, puisqu'il ne peut jamais être défaillant.

501. — Ainsi, il peut recourir à l'*appel*, à la *tierce opposition*, à la *requête civile*, au pourvoi en *cassation*, en se conformant aux règles tracées pour les plaideurs ordinaires. — C. proc., art. 456, 474 et 483. — V. ces divers mots.

Sect. 2e. — *Du ministère public, partie jointe.*

502. — Lorsque le ministère public agit comme partie jointe, il ne prend plus de conclusions formelles tendant à l'adoption de telle ou telle marche, il se borne à faire connaître son opinion au tribunal, qui est maître de la suivre ou de la rejeter, sans que le ministère public ait dans aucun cas le moyen de recourir contre la décision.

503. — Le ministère public est partie jointe dans toutes les affaires civiles, en ce sens qu'il peut demander la communication dans toutes les affaires, mais la communication n'est exigée par la loi que dans certaines affaires déterminées. — V. COMMUNICATION AU MINISTÈRE PUBLIC.

504. — Ainsi, sous la loi du 16-24 août 1790 le ministère public devait, à peine de nullité, être entendu dans toutes les causes intéressant des femmes mariées. — *Cass.*, 24 mai 1793, Pailly c. Treseat; 23 flor. an II, Beauchène; 18 prair. an II, Castillon c. Nivat; 15 niv. an III, Kieger c. Sahler; 22 brum. an IV, Comte c. Renault; 18 frim. an IV, Fouve c. Bouteiller; 6 pluv. an IV, Roussel c. Albert; 18 pluv. an IV, Hibelot c. Bardoux; 2 vent. an IV, Vatelet c. Couraut; 14 vent. an IV, Simon c. Choffey; 22 vent an IV, Queste c. Bernailly; 8 fruct. an IV, Bernard c. Gilbert; 13 vend. an V, Poly c. Faisant; 18 vend. an V, Lahoussaye c. Adam; 9 brum. an V, Perrin c. Choizal; 23 brum. an V, Borney c. Vion; 16 niv. an V, Goujon c. Chaussard; 15 vent. an V, Gilbert c. Grimaud; 4 vend. an VI, Wirckon c. Berckel; 6 vend. an VI, Lavalette c. Coiteux; 18 vend. an VI, Labbé c. Goujon; 1er flor. an VI, Lelong c. Boremann; 27 mess. an VI, Depape c. Boremann; 11 therm. an VI, Grisgaut c. Tarkoet; 14 niv. an VIII, Quest c. Saulnier; 15 brum. an XIII, Klein c. Doër.

505. — ... Alors même qu'elles étaient assistées de leur mari, surtout s'il s'agissait d'intérêts qui leur fussent directs et personnels. — *Cass.*, 12 pluv. an III, Petit c. Gauvain; 1er brum. an III, Ganin c. Franchiset; 4 germ. an IV, Tournié c. Boileau; *Bruxelles*, 9 flor. an XIII, Charlier c. de Reuser.

506. — ... Ou lorsqu'elles étaient séparées de biens. — *Cass.*, 18 prair. an II, Castillon c. Nivat.

507. — ... Ou qu'il ne s'agissait pas d'intérêts à elles personnels, et qu'elles étaient marchandes publiques. — *Cass.*, 4 germ. an IV, Tournié c. Boiteau.

508. — Mais le Code de procédure n'exige l'intervention du ministère public lorsqu'une femme mariée est autorisée, qu'autant qu'il s'agit d'une question d'état. — V. COMMUNICATION AU MINISTÈRE PUBLIC, nos 75 et suiv.

509. — Sous l'empire de la loi précitée du 16-24 août 1790, le ministère public devait être entendu dans tous les jugemens intéressant des mineurs. — *Cass.*, 24 vend. an III, Duturtre c. Raby; 4e compl. an IV, Martin-Lefèvre c. Souty; 12 pluv. an V, Jomaux c. Rocroisse; 23 brum. an VI, Hascoët c. Segaro; 26 avr. 1809, Follier c. Tabini.

510. — Il en est encore de même aujourd'hui. — V. COMMUNICATION AU MINISTÈRE PUBLIC, nos 83 et suiv.

511. — Jugé que le ministère public peut, dans l'intérêt d'un mineur, prendre des conclusions présentées mal à propos par les autres parties, et qui se rattachent à un point du procès, surtout lorsque le représentant du mineur acquiesce à ces conclusions, quoique son intérêt personnel s'y oppose. — *Turin*, 20 déc. 1809, Mazé c. Reviglio.

512. — Le jugement rendu sur une demande en nullité de donation n'est pas nul par cela seul que le ministère public n'a pas été entendu sur cette demande. — *Cass.*, 11 vend. an VII, Périgauld.

513. — Le débat élevé sur l'exécution que doivent recevoir en France certaines dispositions d'un jugement rendu par un tribunal étranger n'est pas susceptible de communication au ministère public quand il ne porte que sur une question d'intérêt privé, alors surtout que l'exception d'incompétence proposée devant les premiers juges a été abandonnée en appel. — *Cass.*, 11 janv. 1843 (t. 2 1843, p. 395), Schwartz c. de Barante.

514. — Le ministère public comme partie jointe ne prend aucune part active aux significations et aux autres actes de la procédure, aux enquêtes, rapports d'experts, descentes sur les lieux, ni autres voies d'instruction : ses devoirs se bornent, pendant le cours de l'instruction, à suivre les débats, et à recueillir les notes qui pourront lui être utiles. — Massabiau, t. 1er, n° 308.

515. — Toutefois, il existe quelques exceptions à cette règle. Ainsi le ministère public assiste à l'interrogatoire d'un individu dont l'interdiction a été provoquée, lors même que cet interrogatoire est fait par un juge commissaire dans la demeure du défendeur à l'interdiction. — V. INTERDICTION.

516. — Le ministère public doit donner ses conclusions verbalement et non par écrit. — *Cass.*, 26 niv. an III, N...

517. — Mais il n'est pas nécessaire que le ministère public conclue formellement, il suffit qu'il s'en rapporte à la sagesse du tribunal, ou aux conclusions développées par l'une des parties.

518. — Lorsque le ministère public est partie jointe en matière civile, nul ne peut prendre la parole après lui. Les parties ont seulement le droit de faire passer des notes au tribunal. — Décr. 30 mars 1808, art. 17. — C. proc., art. 111. — A plus forte raison aucune loi ne défend aux parties de présenter à leurs juges des observations et des mémoires dans l'intervalle qui s'écoule entre la clôture des plaidoiries et les conclusions du ministère public, sauf, si ces mémoires ou observations ont été signifiés, à les rejeter de la taxe. En conséquence, l'arrêt qui rejette ces mémoires de la cause, sous prétexte qu'ils ont été tardivement produits, doit être cassé comme portant atteinte au droit de défense. — *Cass.*, 23 août 1848 (t. 2, p. 385), Levacher c. Lemesle.

519. — Les jugemens doivent constater non-seulement la présence, mais encore l'audition du ministère public dans les causes où il doit être entendu. — *Cass.*, 7 brum. an VII, Mennet c. Bonnet. — V. COMMUNICATION AU MINISTÈRE PUBLIC, nos 158 et suiv., JUGEMENT.

520. — Il n'a pas suffi que le jugement portât mention que ses conclusions par écrit avaient été *vues*. — *Cass.*, 15 niv. an III, Kieger c. Sahler. — V. JUGEMENT.

521. — Le défaut d'audition du ministère public dans une cause communicable, donne ouverture à requête civile, mais non à cassation. — *Cass.*, 17 mai 1808, N... — V. COMMUNICATION AU MINISTÈRE PUBLIC, nos 175 et suiv.

522. — Le défaut d'audition publique ne peut, du reste, être invoqué par l'adversaire de celui en faveur duquel cette audition a été prescrite. — *Paris*, 25 flor. an X, Gilles c. Hospices de Pontoise. — V. *ibid.*, nos 167 et suiv.

523. — Pour les divers cas dans lesquels la communication est aujourd'hui nécessaire, pour les formes dans lesquelles elle doit avoir lieu et pour les conséquences du défaut de communication, V. COMMUNICATION AU MINISTÈRE PUBLIC.

Sect. 3e. — *Règles communes.*

524. — Il n'y a pour le ministère public, soit qu'il agisse comme partie principale, soit qu'il agisse comme partie jointe, aucune formule sacramentelle. — M. Massabiau (no 309) pense que le ministère public, partie principale, doit s'énoncer en ces termes, *Nous concluons, nous demandons*, etc.; et que, comme partie jointe, il doit dire : *Nous requérons*, etc. Nous serions plutôt portés à adopter l'opinion inverse. D'après l'usage constant, on désigne sous le nom de *conclusions*, l'opinion émise par le ministère public quand il est partie jointe, et les réquisitions en matière civile comme en matière criminelle indiquent l'action principale du ministère public.

525. — Le ministère public désigne les parties uniquement par leur nom patronymique, sans autre qualification. — Arg. art. 18, L. 27 nov.-1er déc. 1790. — Massabiau, *ibid.*

526. — Bien qu'il soit le défenseur né des mineurs, des femmes, des interdits, il doit conclure contre eux si leur cause est la moins favorable : car il est avant tout l'avocat de la vérité et de la justice.

527. — Le procureur général près la Cour d'appel peut s'en référer aux conclusions du ministère public de première instance; il peut aussi donner de nouvelles conclusions, et adopter un système différent, bien que le magistrat de première instance ait agi comme son substitut.

528. — Lorsque les fonctions du ministère public sont exigées en premier ressort, elles le sont également en appel. Toutefois, lorsque la loi qui a formellement exigé la communication au ministère public en première instance, comme dans le cas prévu par l'art. 762 C. proc. en matière d'ordre, ne contient pas la même disposition pour l'appel, il serait difficile de suppléer au silence de la loi et de tirer une nullité du défaut de communication.

529. — Le fait que les conclusions auraient été données en première instance ne suffirait pas pour dispenser de les fournir en Cour d'appel. L'arrêt rendu dans ce cas serait attaquable.

Sect. 4e. — *Attributions particulières.*

530. — Les officiers du ministère public devant les différentes juridictions ont été investis par la loi d'attributions qui leur sont propres. On ne pourrait sans inconvénient s'occuper ici des fonctions du ministère public près le Conseil d'État, la Cour de cassation, la Cour des comptes, les conseils de guerre ou les tribunaux maritimes. On trouvera ces matières traitées sous les différens mots qui les concernent et auxquels nous renvoyons.

531. — Mais le ministère public près les tribunaux ordinaires a été investi d'attributions spéciales dont quelques-unes au moins doivent trouver leur place ici et auxquelles nous consacrerons autant de paragraphes distincts.

§ 1er. — *État civil.*

532. — Tout ce qui concerne l'état des citoyens intéressant à un haut degré la société, les officiers du ministère public ont été spécialement chargés de diriger et de surveiller la rédaction des registres de l'état civil, d'en assurer le dépôt au greffe du tribunal, de poursuivre la répression des contraventions qui y ont été commises, de conclure dans toutes les causes intéressant l'état des personnes, et d'agir même, dans certains cas, par voie principale, pour faire déclarer nuls des actes contraires aux lois ou en faire opérer la rectification.

533. — Les règles suivant lesquelles les officiers du ministère public font procéder au dépôt et à la vérification des registres de l'état civil ont été tracées au mot ACTES DE L'ÉTAT CIVIL, nos 64 et suivans. — V. aussi, pour la rectification des actes de l'état civil, *ibid.*, nos 507 et suiv.

534. — Le ministère public doit généralement être entendu dans les causes qui intéressent l'état des personnes; mais il n'agit directement lui-même que par exception et dans les cas prévus par la loi. — V. COMMUNICATION AU MINISTÈRE PUBLIC et *suprà* nos 503 et suiv.

535. — Il importe, en cette matière, de ne point confondre avec les actions ayant pour but de modifier l'état des citoyens, celles qui ont pour objet la répression des contraventions, des délits ou des crimes commis dans la tenue des actes de l'état civil : ainsi quoique le ministère public n'ait point qualité pour requérir la rectification d'un acte de l'état civil, il peut néanmoins traduire devant le tribunal civil l'officier de l'état civil qui a contrevenu aux règles tracées par les art. 34 et suiv. du C. civ. — C. civ., art. 50. — V. ACTES DE L'ÉTAT CIVIL et *suprà* no 453.

536. — Pour ce qui concerne la vérification annuelle par les procureurs du roi des registres de l'état civil, V. ACTES DE L'ÉTAT CIVIL, nos 96 et suiv. — Et pour le dépôt des actes de l'état civil au greffe du tribunal, V. *ibid.*, nos 64 et suiv.

§ 2. — *Dispenses pour mariage.*

537. — Les art. 145, 164 et 169 C. civ. et la loi du 16 avr. 1832 autorisent le président de la République à accorder, dans de certaines limites, des dispenses d'âge, de parenté, ou de publications pour mariage. La forme dans laquelle ces dispenses doivent être demandées a été réglée par des décrets ou des instructions ministérielles.

538. — Les demandes de dispenses doivent, dans tous les cas, être adressées par écrit au procureur de la République. — Massabiau, t. 1er, no 952.

539. — Elles le sont, savoir : s'il s'agit de dispense pour parenté, au procureur de la République du lieu de la célébration; s'il s'agit de dispense d'âge, au procureur de la République du domicile. — Arr. 20 prair. an XI. — V. DISPENSE POUR LE MARIAGE, DISPENSE D'AGE, DISPENSE DE PARENTÉ.

540. — Les procureurs de la République doivent, dans tous les cas, faire faire une enquête par les maires ou les juges de paix des lieux où résident les parties, sur l'opportunité, la convenance et la moralité des dispenses sollicitées, et sur l'effet qu'elles produiront dans l'opinion publique. — Circ. min. 28 av. 1832. — Massabiau, no 955.

541. — Les pièces sont ensuite envoyées par eux, avec leur opinion motivée, au ministre de la justice par l'intermédiaire des procureurs généraux, dans la même forme que les présentations d'officiers ministériels, c'est-à-dire que le procureur de la République joint aux pièces une lettre adressée directement au ministre, et qu'il envoie le tout au procureur général. M. Massabiau (no 955) paraît croire, mais à tort, que le procureur de la République doit adresser les pièces avec son avis immédiatement au ministre.

542. — Les lettres patentes portant dispense de mariage sont enregistrées sur les réquisitions du ministère public, et en vertu d'une ordonnance du président, au greffe du tribunal dans le ressort duquel le mariage doit être célébré, sur un registre *ad hoc* tenu par le greffier. Il en est délivré une expédition avec mention de cet enregistrement, pour être annexée à l'acte de mariage, et l'original des lettres patentes est ensuite remis aux impétrants avec la mention de l'enregistrement sur le revers. — Arr. 20 prair. an XI, art. 5; Massabiau, no 958.

543. — L'art. 169 du Code civil autorise aussi le président de la République, ou les officiers qu'il prépose à cet effet, à dispenser les parties pour les causes graves de la seconde publication. C'est au procureur de la République que ce pouvoir a été confié. — V. ACTES DE L'ÉTAT CIVIL, nos 338 et 349; DISPENSE POUR LE MARIAGE, nos 27 et suiv.; MARIAGE.

§ 3. — *Procédures diverses.*

544. — Les différentes lois qui nous régissent ont investi le ministère public, dans une foule de cas, de fonctions spéciales et déterminées qu'il serait trop long et pour ainsi dire sans utilité d'énumérer ici. On se reportera aux différens mots qui concernent ces matières. — V. notamment ABSENCE, ADOPTION, ALIÉNÉS, CASSATION, ÉLECTIONS, INTERDICTION, MARIAGE, PUISSANCE PATERNELLE, RÈGLEMENT DE JUGES, RENVOI D'UN TRIBUNAL A UN AUTRE, RÉVISION, SUBSTITUTION, SUCCESSION VACANTE, TUTELLE, etc.

CHAPITRE V. — *Fonctions du ministère public en matière criminelle.*

Sect. 1re. — *Action publique.*

545. — En matière criminelle, le ministère public est essentiellement partie principale; c'est à lui qu'appartient, à moins de disposition exceptionnelle, la poursuite des contraventions, des délits et des crimes. C'est lui qui est chargé de provoquer et de surveiller l'instruction, de traduire les inculpés ou les prévenus devant les tribunaux de répression, et de faire exécuter les jugemens ou arrêts.

546. — La disposition de l'art. 3 du Code d'instruction criminelle qui permet à la partie lésée de porter son action civile devant les juges criminels, ne fait point exception au principe général qui réserve au ministère public l'exercice de l'action publique. La partie civile en effet ne peut conclure qu'à des dommages-intérêts, et interjeter appel que sur le chef qui lui est relatif seulement. — V. ACTION CIVILE et ACTION PUBLIQUE.

547. — Mais le principe qui réserve exclusivement au ministère public l'exercice de l'action publique, trouve deux exceptions : l'une dans les art. 145 et 182 du C. d'instr. crimin. qui permettent aux parties lésées, par une contravention ou par un délit, de saisir directement les tribunaux de répression, lesquels sont autorisés, dans ce cas, à statuer aussi bien sur l'action publique que sur l'action civile (V. ACTION CIVILE, nos 16 et suiv.); la seconde dans les art. 235 et suiv. du C. d'instr. crimin., 11 de la loi du 20 avril 1810, et 64 du décr. du 6 juillet 1810, qui accordent aux cours d'appel le droit de provoquer d'office une instruction toutes les fois qu'elles le jugent convenable. — V. CHAMBRE DES MISES EN ACCUSATION.

548. — L'art. 59 du C. d'instr. crimin. autorise les juges d'instruction dans tous les cas réputés flagrant délit, à faire directement et par eux-mêmes tous les actes attribués directement aux procureurs de la République. En résulte-t-il que le procureur de la République se trouve privé, dans ce cas, du droit d'exercer l'action publique et contraint de continuer les poursuites commencées par le juge d'instruction? Pour admettre cette conséquence, nous voudrions un texte plus formel que l'art. 59 du C. d'instr. crimin. La loi sans doute, en confiant aux juges d'instruction, dans le cas de flagrant délit, les pouvoirs qu'elle avait remis aux procureurs de la République, s'est préoccupée avec raison des nécessités de la répression dans les premiers momens du crime ou du délit; mais les premiers actes d'instruction accomplis, l'urgence n'existe plus, et rien ne s'oppose à ce que le juge d'instruction transmette au procureur de la République les procès-verbaux et actes dressés en son absence et pour ainsi dire à sa place, afin que celui-ci avise au parti à prendre et saisisse, s'il le veut, le juge d'instruction ou renonce au contraire à exercer toute poursuite. S'il en était autrement, il serait à craindre que les juges d'instruction, sous prétexte de flagrant délit, ne contraignissent les procureurs de la République à exercer des poursuites dans beaucoup de cas où il ne leur convient pas d'en diriger. Il nous paraît d'autant moins nécessaire de saisir la chambre du conseil, que le juge d'instruction, aux termes de l'art. 40, ne peut, dans ce cas, décerner qu'un mandat d'amener, et n'a point le droit de le convertir en mandat de dépôt, tant qu'il n'a point été requis d'informer, par le procureur de la République. — V. FLAGRANT DÉLIT, nos 330 et suiv.

549. — Avant le Code d'instruction criminelle on jugeait déjà que, dans tous les actes judiciaires où l'ordre public est intéressé, et surtout en matière criminelle, le commissaire du pouvoir exécutif est partie nécessaire, comme gardien public et constitutionnel des formes établies par la loi, et surveillant de sa juste application. — *Cass.*, 16 vendém. an VIII, N...

Sect. 2e. — *De l'instruction.*

550. — Les procureurs de la République sont

chargés, sous l'autorité des procureurs généraux, de rechercher et de poursuivre les crimes et les délits, d'en rassembler les preuves, et d'en livrer les auteurs aux tribunaux correctionnels et aux Cours d'assises chargés de les punir. — C. d'instr. crim., art. 8—22.

551. — Sont également compétens : le procureur de la République du lieu du crime ou délit, celui de la résidence du prévenu, et celui du lieu où le prévenu est trouvé. — C. instr. crim., art. 23. — V. INSTRUCTION CRIMINELLE.

552. — La police judiciaire est exercée sous l'autorité des cours d'appel par les gardes champêtres et forestiers, les commissaires de police, les maires et leurs adjoints, les procureurs de la République et leurs substituts, les juges de paix, les officiers de gendarmerie, les commissaires généraux de police, et les juges d'instruction. — C. instr. crim., art. 9.

553. — Aux termes de l'art. 10 du même code, les préfets des départemens et le préfet de police à Paris sont assimilés aux officiers de police judiciaire et peuvent faire les actes confiés à ceux-ci. Ils peuvent également requérir les officiers de police judiciaire, chacun en ce qui le concerne, de faire tous actes nécessaires afin de constater les crimes, délits et contraventions, et d'en livrer les auteurs aux tribunaux chargés de les punir.

554. — Le préfet de police à Paris use seul de ces fonctions, qui sont généralement abandonnées par les préfets des départemens.

555. — Les contraventions sont plus spécialement recherchées par les gardes champêtres, les maires, les gendarmes, les commissaires de police et autres officiers de police judiciaire désignés par la loi. Elles sont poursuivies à la requête des commissaires de police ou des maires. — V. CRIMES, DÉLITS ET CONTRAVENTIONS. — V. aussi TRIBUNAUX DE POLICE.

556. — Les juges de paix, les commissaires généraux et ordinaires de police, les maires et adjoints, les officiers de gendarmerie, tous officiers de police auxiliaires du procureur de la République peuvent, en cas de flagrant délit ou de réquisition d'un chef de maison, faire les actes qui sont de la compétence des procureurs de la République. — C. inst. crim., art. 48 et suiv.

557. — Si le procureur de la République a été prévenu par eux, il peut continuer la procédure ou autoriser l'officier qui l'a commencée à la suivre. — *Ibid.*, art. 52.

558. — En tout cas, les officiers de police auxiliaire sont tenus de transmettre, sans aucun délai, au procureur de la République les plaintes, dénonciations, procès-verbaux et autres actes par eux faits dans les limites de leur compétence. — Le procureur de la République les examine et les transmet, s'il le juge convenable, au juge d'instruction. — C. instr. crim., art. 53. — V. INSTRUCTION CRIMINELLE.

559. — Les différens auxiliaires du procureur de la République étant égaux entre eux, en cas de concurrence c'est à celui qui a commencé les opérations le premier à les continuer. — Massabiau, n° 1644.

560. — Les procureurs de la République acquièrent la connaissance des crimes ou délits au moyen des plaintes, dénonciations, rapports ou procès-verbaux, et par la rumeur publique.

561. — La plainte est la déclaration faite par une personne qui se prétend lésée par un crime ou par un délit. Le droit de se plaindre appartient à toute personne, aux mineurs, aux femmes mariées, même sans autorisation de leurs maris, et aux étrangers. Mais les mineurs et les femmes mariées ne pourraient, sans l'assistance de leur tuteur ou sans l'autorisation de leur mari, se porter parties civiles, et l'étranger qui voudrait être admis à se porter partie civile pourrait être astreint à fournir la caution *judicatum solvi*.

562. — Les dénonciations sont faites soit par tout fonctionnaire ou agent de l'autorité publique qui, dans l'exercice de ses fonctions, acquiert la connaissance d'un crime ou d'un délit, soit par tout citoyen qui en a été témoin sans en recevoir aucun préjudice. — C. instr. crim., art. 29 et 30.

563. — Les dénonciations sont rédigées par les dénonciateurs ou par leurs fondés de procuration spéciale, ou par le procureur de la République, s'il en est requis; elles sont toujours signées par le procureur de la République à chaque feuillet et par les dénonciateurs ou par leurs fondés de pouvoir. Si ceux-ci ne savent signer, il en est fait mention. La procuration demeure toujours annexée à la dénonciation. — C. instr. crim., art. 31.

564. — Les mêmes règles sont applicables aux plaintes. — C. instr. crim., art. 65.

565. — Au surplus, ces formalités ne sont point exigées à peine de nullité, et une plainte n'est pas nulle pour n'avoir pas été signée à toutes les pages, et pour avoir été présentée par un fondé de pouvoirs qui n'a pas justifié de sa procuration. — *Cass.*, 12 janv. 1809, Guidaccioli.

566. — Lorsque des plaintes ou dénonciations sont remises toutes rédigées aux officiers de police judiciaire, ils dressent au bas procès-verbal de leur réception et le font signer par le plaignant ou le dénonciateur. S'il ne sait, ne peut ou ne veut signer, ils doivent le constater. — Massabiau, t. 2, n° 1545.

567. — Toute autorité constituée, tout fonctionnaire ou officier public qui, dans l'exercice de ses fonctions, acquiert la connaissance d'un crime ou d'un délit, est tenu d'en donner avis sur-le-champ au procureur de la République près le tribunal dans le ressort duquel le prévenu pourra être trouvé, et de transmettre à ce magistrat tous les renseignemens, procès-verbaux et autres pièces qui y sont relatifs. — C. instr. crim., art. 29.

568. — Toute personne qui a été témoin d'un attentat soit contre la sûreté publique, soit contre la vie ou la propriété d'un individu, est pareillement tenue d'en donner avis au procureur de la République. — *Ibid.*, art. 30.

569. — Les avocats, avoués, notaires, médecins et sages-femmes, quoique tenus de garder les secrets qui leur sont confiés à raison de leur profession, doivent faire connaître aux autorités compétentes les crimes et délits dont ils ont été les témoins, ou dont ils ont découvert les traces ou les indices. — Massabiau, n° 1541.

570. — Dans tous les cas, et de quelque manière que la poursuite des crimes et délits parvienne aux procureurs de la République, ils sont tenus d'en donner avis au procureur général près la Cour d'appel et d'exécuter ses ordres relativement à tous actes de police judiciaires. — C. instr. crim., art. 27.

571. — Dans l'usage, il n'est donné immédiatement avis au procureur général, que des crimes graves qui portent atteinte à l'ordre social, et surtout des crimes ou délits politiques qui doivent aussi être portés sur-le-champ à la connaissance du ministre de la justice. — Circ. minist. 6 déc. 1840. — Massabiau, t. 2, n° 1533.

572. — Il doit aussi être rendu un compte spécial des délits de la presse. — Circ. minist. 30 juill. 1828 et 9 juin 1829.

573. — Quant aux autres crimes et délits, il n'en est donné connaissance que par la notice envoyée au procureur général, chaque semaine, par les procureurs de la République, conformément à l'art. 249 du Code d'instr. criminelle.

574. — Le procureur général peut, lorsqu'il le juge convenable, ordonner l'apport des pièces à son parquet dans la quinzaine seulement de la réception de la notice, pour être ensuite, par lui, fait, dans un autre délai de quinzaine, telles réquisitions qu'il estimera convenables, et par la Cour être ordonné, dans le délai de trois jours, ce qu'il appartiendra. — C. instr., art. 250.

575. — Mais cet apport ne peut plus être ordonné quand il est survenu une ordonnance de la chambre du conseil sur la compétence, cette ordonnance ne pouvant plus être annulée qu'autant qu'il y a été formé opposition dans les vingt-quatre heures. — Massabiau, t. 2, n° 1536. — V., toutefois, Rogron, sur l'art. 250 C. instr. crim.

576. — Le procureur de la République auquel a été remise une plainte ou dénonciation, peut ne diriger aucune poursuite, si la plainte ou la dénonciation lui paraissent mal fondées, ou si les faits ne constituent à ses yeux ni crime ni délit, ou encore s'il n'existe aucune trace, aucun indice propre à faire découvrir les coupables. Dans ce dernier cas, si le crime est grave, les procureurs de la République ne manquent guère de requérir une instruction, ne fût-ce que pour faire constater judiciairement l'existence du crime, et recueillir des documens qui pourront servir plus tard à en faire découvrir les auteurs.

577. — Lorsque le procureur de la République ne juge pas à propos de transmettre l'affaire ni de suivre, elle est classée au parquet comme ne pouvant donner lieu à aucune poursuite. Les comptes annuels de la justice criminelle consacrent à ces sortes d'affaires des tableaux dans lesquels on distingue avec soin les causes qui ont mis obstacle aux poursuites.

578. — On a jugé que la faculté qu'a le ministère public de laisser sans poursuites, sous sa responsabilité, les plaintes et les dénonciations qu'il estime ne pas présenter un caractère de gravité ou de vraisemblance suffisant pour motiver son action, n'est entièrement discrétionnaire qu'autant qu'il est sans intérêt, et que son inaction ne porterait atteinte à aucun droit légitime ni à aucune disposition spéciale de la loi ou de décision judiciaire ayant force de loi. — *Montpellier*, 22 nov. 1841 (t. 2 1842, p. 573), Balestrier.

579. — En conséquence, lorsqu'un tribunal de police correctionnelle a, conformément à l'art. 25 de la loi du 26 mai 1819, sursis à statuer sur une action en diffamation durant l'instruction sur les faits imputés qui ont fait l'objet d'une dénonciation formelle, le ministère public est tenu de requérir une instruction lorsque le dénonciateur n'a pas qualité pour y faire procéder de son chef ni pour se porter partie civile, et n'a pas consigné préalablement les frais de poursuite. — *Montpellier*, 22 nov. 1841 (t. 2 1842, p. 573), Balestrier.

580. — V. néanmoins, contrairement à cette opinion, *Cass.*, 11 nov. 1840 (t. 2 1843, p. 256), Lafond. — V. aussi DIFFAMATION ET INJURE, nos 593 à 595.

581. — Si l'affaire n'est point classée dans cette catégorie, il faut ou que le procureur de la République se considère comme incompétent et alors renvoie la plainte ou les procès-verbaux aux magistrats compétens, ou qu'il se considère comme compétent, et alors qu'il fasse citer directement l'inculpé devant le tribunal de police correctionnelle ou la Cour d'assises, ou qu'il requière le juge d'instruction d'informer.

582. — La qualification donnée par le plaignant au fait incriminé ne lie pas au surplus le ministère public, qui, dans sa poursuite, doit se conformer aux spécifications et distinctions établies par la loi. — Spécialement, bien qu'un magistrat ait porté plainte pour *faits calomnieux et diffamatoires*, le ministère public a pu et dû les qualifier d'*outrage public*, selon les dispositions de la loi spéciale, et appliquer le mode de poursuite relatif à la prévention. — *Cass.*, 5 juin 1845 (t. 1er 1845, p. 184), Duporzon.

583. — Mais lorsqu'il a fait choix de l'une des différentes voies que la loi lui a ouvertes pour l'exercice de son action, il ne peut pas l'abandonner pour en prendre une autre. — Ainsi il ne peut, après avoir saisi le juge d'instruction, abandonner la voie de l'instruction préparatoire, et traduire directement le prévenu en police correctionnelle. — *Cass.*, 18 juin 1812, Vitrac; 7 juin 1821, Beck.

584. — Toutefois, la Cour d'appel de Paris a eu raison de juger que les poursuites criminelles dirigées contre un individu ne faisaient point obstacle à ce que le ministère public poursuivît d'office son interdiction. Il serait seulement vrai de dire que la poursuite en interdiction est inutile au jugement de l'action criminelle, et ne doit point retarder la décision de la chambre du conseil. — *Paris*, 27 juin 1825, Schirmer.

585. — Les tribunaux de police n'étant, sauf le cas de renvoi par la chambre du conseil ou la chambre d'accusation, saisis de l'action publique qu'à l'égard des personnes traduites devant eux, n'ont pas le droit de prescrire au ministère public de poursuivre des individus contre lesquels il n'a pas cru devoir procéder. — Par suite ils ne peuvent surseoir à statuer sur une contravention qui leur est déférée jusqu'à ce que ces mêmes individus aient été cités. — *Cass.*, 20 déc. 1845 (t. 2 1846, p. 48), Delort.

586. — Les procureurs de la République peuvent toujours citer directement l'inculpé lorsque le fait qui lui est reproché est de la compétence des tribunaux correctionnels, sauf les cas où la poursuite est subordonnée à la plainte de la partie lésée. — C. inst. crim., art. 182. — V. ACTION PUBLIQUE, TRIBUNAUX CORRECTIONNELS.

587. — Les inculpés de DÉLITS DE LA PRESSE (V. ce mot) peuvent aussi être cités directement devant la Cour d'assises, à la requête soit des procureurs généraux, si la Cour d'assises siége au chef-lieu de la Cour d'appel, soit du procureur de la République près le tribunal chef-lieu judiciaire dans les départemens qui ne sont pas le siége d'une Cour d'appel. — L. 9 sept. 1835.

588. — Les circulaires et instructions ministérielles, dans le but de diminuer autant que possible les frais déjà considérables de justice criminelle, recommandent aux procureurs de la République de citer directement les prévenus toutes les fois que la compétence du tribunal n'est pas douteuse et que l'inculpé a un domicile. — Circ. min. du 12 nov. 1815. — Massabiau, t. 2, n° 1554.

589. — Une instruction devrait être requise s'il y avait incertitude soit sur l'existence ou le caractère du délit, soit sur la désignation des individus qui doivent être cités comme prévenus ou

comme témoins, ou enfin si l'affaire, à raison de son importance, était susceptible de recherches ou de développemens exigeant une instruction préparatoire. — Circ. min. 23 sept. 1812. — Massabiau, *ibid.*

590. — Les procureurs de la République doivent requérir une information dans la plupart des affaires dirigées contre des mineurs de moins de seize ans, afin qu'en cas d'acquittement pour défaut de discernement les tribunaux soient en état d'apprécier s'il convient de les remettre à leurs parens ou de les envoyer dans une maison de correction. — Circul. minist. 6 avril 1842. — Massabiau, n° 1559.

591. — On s'est demandé si le ministère public peut citer directement l'inculpé devant le tribunal correctionnel quand le délit n'est constaté par aucun procès-verbal, mais seulement par une plainte ou par une dénonciation? — L'affirmative est avec raison suivie dans la pratique. — Massabiau, t. 2, n° 2023.

592. — Lorsque le procureur de la République juge à propos de poursuivre, et ne croit point devoir citer directement le prévenu, il y a lieu à une instruction qui peut se faire différemment selon que le crime ou le délit est flagrant ou ne l'est pas.

593. — La marche à suivre dans le cas de flagrant délit est tracée dans les art. 32 et suiv. du Code d'instruction criminelle. Le flagrant délit n'autorise au surplus à suivre les règles exceptionnelles indiquées dans cet article que lorsque le fait est de nature à entraîner une peine afflictive ou infamante; mais dans la pratique on se préoccupe peu de cette distinction, et s'il y a urgence, soit parce que les traces du délit peuvent disparaître, soit parce qu'il est à craindre que l'inculpé n'échappe aux recherches de la justice, aucun procureur de la République n'hésite à faire seul les premiers actes d'instruction. — V. FLAGRANT DÉLIT.

594. — Au cas de flagrant délit, le procureur de la République doit se transporter immédiatement sur les lieux, après avoir préalablement donné avis de son transport au juge d'instruction. — C. instr. crim., art. 32.

595. — Mais le procureur de la République qui se transporte sur les lieux pour constater une mort présumée violente dans le cas de l'art. 81 du C. civil, n'est pas tenu de prévenir le juge d'instruction. — Circul. min. 20 nov. 1829. — M. Massabiau (n° 1565) cite néanmoins en sens contraire une lettre du procureur général de Rennes du 7 avril 1837.

596. — Il peut se faire assister du greffier (circulaire 11 fév. 1824) ou, à défaut, d'un citoyen français, majeur, auquel il fait prêter serment de bien et fidèlement remplir les fonctions qui lui seront confiées. — Rogron, sur l'art. 42 du Code d'instr. crim.

597. — Dans les cas ci-dessus indiqués, le procureur de la République dresse les procès-verbaux nécessaires à constater le corps du délit, son état, l'état des lieux, entend les témoins, saisit les pièces pouvant servir à conviction, décerne mandat d'amener contre les inculpés et les interroge, commet, s'il est nécessaire, des hommes de l'art pour lui faire leur rapport, et reçoit leur serment. — C. instr. crim., 33 et suiv. — V., au surplus, FLAGRANT DÉLIT.

598. — Les instructions ministérielles recommandent aux magistrats d'apporter un grand soin dans le choix des experts, de choisir des docteurs en médecine préférablement à des officiers de santé, de prendre à mérite égal ceux qui se trouvent le plus rapprochés du lieu du crime, et de ne point les faire citer par un huissier, mais de les appeler par un réquisitoire sans frais. — L. 19 vent. an XI, art. 15 et 29; instr. gén. 30 sept. 1826, n° XVII; circul. min. 23 sept. et 30 déc. 1812.

599. — Les mêmes règles sont applicables toutes les fois que s'agissant d'un crime ou délit, même non flagrant, commis dans l'intérieur d'une maison, le chef de cette maison requiert le procureur de la République de le constater. — C. instr. crim., art. 46.

600. — Lorsque les officiers du ministère public se transportent à plus de cinq kilomètres de leur résidence, il leur est dû une indemnité de transport. Cette indemnité est de 9 fr. par jour s'ils ne se transportent pas à plus de deux myriamètres, et de 12 fr. dans le cas contraire. — Décret 18 juin 1811, art. 88.

601. — Hors le cas de flagrant délit, le procureur de la République instruit, soit par une dénonciation, soit par toute autre voie, qu'il a été commis dans son arrondissement un crime ou un délit, ou qu'une personne qui en est prévenue se trouve dans son arrondissement, est tenu de requérir le juge d'instruction, d'ordonner qu'il en soit informé, même de se transporter, s'il est besoin, sur les lieux à l'effet d'y dresser tous les procès-verbaux nécessaires. — C. instr. crim., art. 47. — V. INSTRUCTION CRIMINELLE.

602. — Il doit accompagner le juge d'instruction toutes les fois que celui-ci se transporte sur les lieux. — C. instr. crim., art. 62.

603. — C'est à sa requête que les témoins sont cités. — Il fait notifier les citations soit par un huissier, soit par un agent de la force publique, en vertu de la cédule délivrée par le juge d'instruction. — C. instr. crim., art. 72; décret du 18 juin 1811, art. 71.

604. — Si les témoins habitent hors de sa juridiction, il emploie le ministère de l'un des huissiers de la résidence du cité. — Décis. min. 26 oct. 1819. — Dalmas, sur l'art. 84 du décr. 18 juin 1811.

605. — Il pourrait cependant, dans les cas graves et urgens, faire porter la citation par un huissier de son arrondissement, et délivrer à cet effet un mandement exprès et motivé. — L. du 5 pluviôse an XIII, art. 1er; décr. du 18 juin 1811, art. 84; instr. min. 9 avr. 1825

606. — Les huissiers, nonobstant les termes de l'art. 84 du décr. du 18 juin 1811, ont incontestablement le droit d'instrumenter dans tout le ressort du tribunal auquel ils sont attachés, sans qu'il soit besoin d'un mandement exprès; mais ce mandement devient nécessaire pour autoriser le paiement des frais de transport extraordinaires qu'ils seraient dans le cas de réclamer, si par ordre des magistrats ils s'étaient transportés hors du canton de leur résidence. — Circ. min. 23 sept. 1812. — Dalmas, sur l'art. 84 décr. 18 juin 1811.

607. — Les mandemens ne doivent être délivrés que dans des cas fort rares, où il y a véritablement urgence, et la cause en doit être formellement exprimée. Ils sont joints au mémoire de l'huissier. — Circ. min. 9 avril 1825; instr. gén. 30 sept. 1826; décr. 14 juin 1815. — Dalmas, p. 236, sur l'art. 84 du décr. 18 juin 1811.

608. — Tout huissier qui refuserait d'instrumenter dans une procédure suivie à la requête du ministère public, et qui après injonction à lui faite persisterait dans son refus, serait destitué, sans préjudice de tous dommages-intérêts et des autres peines qu'il aurait encourues. — Décr. 18 juin 1811, art. 85. — V. aussi art. 42 décr. 14 juin 1813.

609. — Si le témoin est un militaire présent sous les drapeaux, le ministère public doit, avant la notification, en donner avis au chef du corps. — Instr. min. 15 sept. 1820.

610. — Si le témoin cité ne comparaît pas, le ministère public peut requérir qu'il soit condamné à l'amende, et même contraint par corps. — C. instr. crim., art. 80 et 92.

611. — Le ministère public peut former opposition aux ordonnances du juge d'instruction refusant de condamner à l'amende des témoins qui ne veulent pas déposer. — *Cass.*, 19 fév. 1836, Carrier.

612. — Les mandats de comparution, d'amener et de dépôt peuvent être décernés sans ses conclusions. Il n'en est pas de même des mandats d'arrêt. — *Ibid.*, 62.

613. — Lorsque après plus de deux jours depuis la date d'un mandat d'amener, le prévenu a été trouvé hors de l'arrondissement de l'officier qui a délivré ce mandat, et à une distance de plus de cinq myriamètres du domicile de cet officier, ce prévenu peut n'être pas contraint de se rendre au mandat, mais alors le procureur de la République de l'arrondissement où il a été trouvé et devant lequel il est conduit, décerne un mandat de dépôt en vertu duquel il est retenu dans la maison d'arrêt. — Le mandat d'amener devrait être pleinement exécuté, si le prévenu était trouvé muni d'effets, de papiers ou d'instrumens faisant présumer qu'il serait auteur ou complice du délit pour lequel il est recherché. — C. instr. crim., art 100.

614. — Dans les vingt-quatre heures du mandat de dépôt, le procureur de la République qui l'a décerné en donne avis et transmet les procès-verbaux, s'il en a été dressé, à l'officier qui a décerné le mandat d'amener. — C. instr. crim., art. 101.

615. — Hors les cas réputés par la loi flagrant délit, où le juge d'instruction peut faire directement tous les actes attribués au procureur de la République, il n'appartient qu'au procureur de la République de pourvoir à l'envoi, à la notification et à l'exécution des ordonnances rendues et des mandats délivrés par le juge d'instruction. — Ainsi le juge d'instruction peut décerner les mandats d'amener et de dépôt sans conclusions préalables du procureur de la République, mais il n'a pas le droit de les faire exécuter. — *Cass.*, 29 avr. 1826, Guemord.

616. — Il est du reste bien entendu que l'art. 59 C. instr. crim. ne donne au juge d'instruction le droit de pourvoir à l'envoi, à la notification et à l'exécution de ses ordonnances et mandats qu'autant que le procureur de la République n'est pas présent. Si le législateur investit le premier des pouvoirs du second, dans un cas exceptionnel, ce n'est point pour intervertir les attributions, mais pour que la marche de l'information ne soit pas entravée par l'absence d'un magistrat dont le concours était nécessaire (art. 62). Il est évident que lorsque la cause qui a fait établir cette dérogation au principe général n'existe pas, la dérogation ne peut pas avoir lieu, et que chacun des deux magistrats reste dans la plénitude de ses pouvoirs.

617. — Hors les cas de flagrant délit, le juge d'instruction ne doit faire aucun acte d'instruction et de poursuite qu'il n'ait donné communication de la procédure au procureur de la République. — C. instr. crim., art. 61. — Il résulterait de cette disposition, si elle était rigoureusement exécutée, qu'après chaque acte d'instruction la procédure devrait être communiquée au procureur de la République. Cette marche entraînerait des lenteurs et des difficultés insurmontables.

618. — Aussi, dans la pratique, le juge d'instruction, saisi par un réquisitoire introductif, ne remet les pièces au procureur de la République que quand la procédure est complète, sauf à celui-ci à en demander communication toutes les fois qu'il le juge convenable, cette communication ne lui étant jamais refusée. En remettant la procédure terminée au procureur de la République, le juge d'instruction y joint une ordonnance de soit communiqué.

619. — Dans tous les cas, le ministère public fait les réquisitions qu'il juge convenables; mais il ne peut retenir les pièces plus de trois jours. — C. instr. crim., art. 61. — Cette disposition n'a, au surplus, aucune sanction.

620. — Si le juge d'instruction ne se conforme point aux réquisitions qui lui sont adressées par le procureur de la République, celui-ci peut former opposition à l'ordonnance rendue par le juge d'instruction. — *Cass.*, 23 déc. 1831, Chaillou.

621. — L'opposition du procureur de la République à une ordonnance du juge d'instruction, doit être portée devant la chambre des mises en accusation de la Cour d'appel et non devant la chambre du conseil de première instance. — *Cass.*, 4 août 1820, Chevalier; 1er août 1822, Guende; 10 avril 1829, Bonnet; 24 févr. 1831, N.; 23 déc. 1831, Chaillou.

622. — Ainsi, lorsque le procureur de la République a requis du juge d'instruction une information plus ample, l'audition de certains témoins, la délivrance de mandats de dépôt ou d'arrêt, ou tous autres actes d'instruction, et que le juge d'instruction s'y refuse, le procureur de la République doit porter son opposition à l'ordonnance du juge d'instruction devant la chambre des mises en accusation. La Cour de cassation s'est toujours fondée pour le décider ainsi, sur l'impossibilité de porter à la chambre du conseil, dont le juge d'instruction fait nécessairement partie, le recours contre une décision émanée de ce magistrat. — V. arrêts précités de la Cour de cassation.

623. — Souvent, au lieu de requérir du juge d'instruction une plus ample information, le procureur de la République conclut directement en ce sens devant la chambre du conseil. Cette marche a l'avantage de retarder beaucoup moins l'instruction, et de remettre à un plus grand nombre de magistrats une décision qui peut avoir une grande importance. On ne saurait d'ailleurs en contester la légalité. Mais le procureur de la République ne peut faire ordonner par la chambre du conseil un supplément d'instruction, qu'autant qu'il ne l'a pas encore requis du juge d'instruction qui aurait motivé son refus dans une ordonnance.

624. — Jugé que le commissaire du gouvernement (c'est-à-dire le procureur de la République) a droit de se pourvoir en cassation contre les ordonnances du directeur du jury, aujourd'hui juge d'instruction, quand elles sont rendues à son insu et sans être précédées de ses conclusions, que la loi les a déclarées nécessaires. — *Cass.*, 16 vendém. an VIII, N.... — Massabiau, t. 2, n° 1636.

625. — Mais lorsque le juge d'instruction a décerné un mandat de dépôt ou d'amener, le ministère public ne peut exercer aucun recours contre cette mesure, qui a été prise par le juge dans les limites de ses attributions. — C. instr. crim.

art. 61, § 2. — V. la note sur un arrêt d'Orléans du 21 août 1846 (t. 1er 1847, p. 36), Galaup.

626. — Aucune disposition de loi n'a déterminé le délai dans lequel le procureur de la République doit former son recours contre les ordonnances du juge d'instruction. Il serait naturel d'appliquer à ce recours les règles tracées par l'art. 135 du Code d'instruction criminelle, et de dire qu'il devra être formé dans les vingt-quatre heures à compter du jour de l'ordonnance.

627. — Les circulaires et instructions ministérielles recommandent aux procureurs de la République de bien s'assurer si la procédure est complète avant d'y joindre leur réquisitoire définitif. Ainsi, lorsque le prévenu est en fuite, ils doivent faire décerner contre lui un mandat d'arrêt et le faire régulièrement notifier, toutes les fois qu'ils se proposent de requérir le renvoi soit devant le tribunal de police correctionnel, soit devant la Cour d'assises. A défaut de mandat d'arrêt, l'arrestation du prévenu serait impossible dans l'intervalle qui s'écoule entre l'ordonnance de la chambre du conseil et le jugement, s'il y a renvoi en police correctionnelle, ou l'ordonnance de prise de corps et l'arrêt de la chambre des mises en accusation, s'il y a renvoi devant la Cour d'assises.

628. — La chambre du conseil, saisie par une demande de mise en liberté provisoire sous caution, ne peut statuer que sur les conclusions du ministère public. — C. instr. crim., 114.

629. — C'est contradictoirement avec lui que la caution est discutée, et il doit prendre hypothèque pour assurer le paiement. — C. instr. crim., art. 117 et 121.

630. — Les poursuites, lorsqu'il y a lieu d'en opérer contre la caution, sont faites à la requête du procureur de la République et à la diligence du receveur de l'enregistrement. Les sommes recouvrées sont versées dans la caisse de l'enregistrement. — C. instr. crim., art. 122.

631. — Pour ce qui concerne, au surplus, la délivrance et la mise à exécution des *mandats de comparution*, *d'amener*, *de dépôt* et *d'arrêt*, les *commissions rogatoires*, la *mise en liberté sous caution*, etc., V. INSTRUCTION CRIMINELLE, MANDATS.

Sect. 3e. — *Rapports du ministère public avec la chambre du conseil.*

632. — Lorsque l'instruction est complète, le juge d'instruction la communique au procureur de la République pour qu'il donne ses conclusions. Ce magistrat ne peut retenir la procédure plus de trois jours. — C. instr. crim., art. 61 et 127. — Cette dernière règle n'est pas cependant exécutée strictement, et si la procédure est compliquée, ou si le procureur de la République croit avoir besoin de recueillir quelque renseignement nouveau pour éclairer sa religion, il peut, sans qu'il y ait nullité, retenir la procédure pendant un plus long délai. — Massabiau, t. 2, n° 1932.

633. — Les réquisitions du ministère public doivent être écrites. La loi ne les a d'ailleurs assujetties à aucune forme sacramentelle. — Massabiau, t. 2, n° 1935. — V. CHAMBRE DU CONSEIL, n° 85.

634. — Les circulaires des procureurs généraux recommandent en général aux procureurs de la République de faire des réquisitoires détaillés dans toutes les affaires qui peuvent entraîner le renvoi du prévenu devant la Cour d'assises, de placer en regard de chaque articulation de fait l'indication marginale des divers actes de la procédure sur lesquels elle est fondée, de *qualifier* le fait avec soin dans les termes mêmes de la loi, en énonçant d'abord les circonstances constitutives, puis, et dans des paragraphes distincts, les circonstances aggravantes, enfin de viser les articles de loi dont l'application est demandée. — Massabiau, t. 2, n° 1936.

635. — Le ministère public doit prendre des réquisitions sur tous les faits punissables imputés à l'inculpé, soit dans le réquisitoire introductif, soit par le juge d'instruction dans le cours de ses interrogatoires; et pour qu'il n'y ait pas de doutes à cet égard, les juges d'instruction, dans quelques tribunaux et notamment dans celui de la Seine, terminent leur dernier interrogatoire par une série de questions dans lesquelles ils font connaître à l'inculpé les différens crimes ou délits qui lui sont imputés, en lui demandant s'il a quelques observations à ajouter aux réponses précédemment consignées dans l'interrogatoire.

636. — Le ministère public n'a pas le droit d'assister au rapport fait par le juge d'instruction dans la chambre du conseil, et encore moins à la délibération qui suit ce rapport. L'usage contraire, s'il existe comme on le prétend dans quelques tribunaux, est évidemment illégal. — *Cass.*, 19 sept. 1839 (t. 2 1840, p. 52), Coste. — V. CHAMBRE DU CONSEIL, nos 75 et suiv.

637. — Le procureur de la République peut requérir par ses conclusions, soit la discontinuation des poursuites et la mise en liberté du prévenu, soit son renvoi devant un autre juge d'instruction, soit son renvoi devant le tribunal de simple police, le tribunal de police correctionnelle ou la Cour d'assises, selon la nature des faits qui lui sont imputés. Dans le dernier cas, la chambre du conseil décerne contre le prévenu une ordonnance de prise de corps. — C. instr. crim., art. 127 et suiv.

638. — Elle a, du reste, la faculté, quoique le ministère public se soit borné à requérir un supplément d'informations, de déclarer l'affaire suffisamment instruite, et de statuer au fond sans attendre de nouvelles conclusions. — V. CHAMBRE DU CONSEIL, nos 92, 93 et suiv.

639. — Elle a également le droit de prononcer la mise en prévention de l'inculpé, malgré le désistement du ministère public. Si, en effet, c'est à ce magistrat qu'il appartient de diriger les premières poursuites, aux tribunaux seuls est réservé le droit de statuer sur l'action dont ils ont irrégulièrement saisis. Il est de principe que le désistement ou l'acquiescement du ministère public ne saurait les empêcher de prononcer. — V. ACQUIESCEMENT (mat. crim.), APPEL (mat. crimin.), n° 145; CASSATION (mat. crim.), CHAMBRE DU CONSEIL, n° 192.

640. — Dans aucun cas, le juge d'instruction ne peut se dispenser de faire son rapport. Le procureur de la République qui, après avoir saisi le juge d'instruction, citerait directement le prévenu en police correctionnelle, violerait ouvertement les règles de la compétence. — *Cass.*, 7 juin 1821, Beck. — V. CHAMBRE DU CONSEIL, nos 105 et suiv.

Sect. 4e. — *Ordonnances de la chambre du conseil.*

641. — C'est au ministère public qu'a été confié le soin de faire exécuter, dans tous les cas, les ordonnances de la chambre du conseil, soit en faisant mettre l'inculpé en liberté, soit en le citant devant le tribunal de police correctionnelle, soit en transmettant les pièces au procureur général, lorsque la chambre du conseil a décerné une ordonnance de prise de corps.

642. — L'ordonnance de mise en liberté est exécutée sur un simple ordre du procureur de la République adressé au directeur ou gardien en chef de la maison d'arrêt. — Décis. min. 14 mars 1814. — Massabiau, t. 2, n° 1965. — La présence d'un huissier à la radiation de l'écrou n'est pas nécessaire. — Circ. min. 18 avr. 1843.

643. — Lorsque des individus arrêtés comme vagabonds ou pour défaut de passe-port sont mis en liberté par une ordonnance de non-lieu, le procureur de la République doit leur donner un certificat au moyen duquel ils puissent obtenir un passe-port et éviter une nouvelle arrestation. — Circul. min. 30 déc. 1812. — Massabiau, n° 1966.

644. — Dans aucun cas le procureur de la République ne fait notifier les ordonnances de la chambre du conseil aux prévenus. — Instr. gén. 30 sept. 1826, n° 37. — Ni ne leur en délivrer expédition. — *Ibid.* — Mais il doit en faire signifier à la partie civile.

645. — Mais lorsqu'une ordonnance de prise de corps a été rendue, le procureur de la République doit en donner avis au prévenu (arg. art. 217 C. instr. crim.), afin que celui-ci puisse soumettre à la chambre d'accusation les mémoires qu'il croira utiles à sa défense.

646. — Il doit ensuite transmettre immédiatement les pièces au procureur général après les avoir classées, cotées et paraphées, et y avoir joint un inventaire qui en est fait sans frais par le greffier. — Inst. gén. 1826, n° 52.

647. — Le greffier doit aussi joindre aux pièces un mémoire de liquidation des frais. — Décr. 18 juin 1811, art. 163.

648. — Les procureurs de la République doivent apporter le plus grand soin dans le classement méthodique des pièces. On leur recommande généralement de classer dans un dossier séparé les pièces de forme rangées dans leur ordre de date, de placer ensuite les procès-verbaux et les renseignemens divers, les dépositions des témoins, les interrogatoires des inculpés, le réquisitoire et l'ordonnance de prise de corps.

649. — Ils doivent joindre également aux pièces les actes de naissance des prévenus, s'ils n'ont pas évidemment plus de 18 ans et moins de 70 (C. pén., art. 22); une liste des témoins à entendre devant la Cour d'assises, classés dans l'ordre présumé des débats; enfin une feuille de renseignemens qui sert plus tard à faire le compte-rendu des assises et le compte général annuel de la justice criminelle. — V. circ. minist. 3 mars 1828.

650. — Le procureur de la République peut former opposition aux ordonnances de la chambre du conseil, mais il doit le faire dans un délai de vingt-quatre heures, qui court à compter du jour de l'ordonnance de mise en liberté. — C. instr. crim., art. 135. — V. CHAMBRE DU CONSEIL, nos 269 et suiv., 262 et suiv.

651. — En conséquence, il doit lui être immédiatement donné avis, par le greffier, de toutes les ordonnances de la chambre du conseil. — Massabiau, t. 2, nos 1948 et 1989.

652. — Le procureur de la République peut former opposition à l'ordonnance de la chambre du conseil, alors même qu'elle a été rendue conformément à ses conclusions. — Legraverend, t. 1er, p. 410 à 424; Berriat Saint-Prix, *Dr. crimin.*, p. 105. — V. *suprà* n° 650.

653. — Le droit d'opposition existe, soit que le prévenu ait été arrêté, soit qu'il ne l'ait pas été, et soit que sa mise en liberté ait été accordée ou refusée. — *Cass.*, 13 mai 1813, Werner.

654. — Si la chambre du conseil s'est déclarée incompétente, le procureur de la République adresse les pièces aux magistrats qui doivent connaître de l'affaire. — C. instr. crim., 291 et 220.

655. — Pour tout ce qui est relatif à la compétence de la chambre du conseil, à la procédure devant cette juridiction et aux voies de recours contre ses décisions, V. CHAMBRE DU CONSEIL.

Sect. 5e. — *Charges nouvelles.*

656. — L'inculpé renvoyé hors de poursuites faute de charges, par une ordonnance de la chambre du conseil, ne peut plus être traduit en justice à raison du même fait, à moins qu'il ne survienne des charges nouvelles. — C. instr. crim., art. 246. — V. CHAMBRE DU CONSEIL, nos 177, 298 et suiv.; NON BIS IN IDEM.

657. — Aux termes de l'article 247 C. instr. crim., sont considérés comme charges nouvelles les déclarations des témoins, pièces et procès-verbaux qui, n'ayant pu être soumis à l'examen des juges, sont cependant de nature soit à fortifier les preuves, soit à donner aux faits de nouveaux développemens utiles à la manifestation de la vérité. — En général, on convient que l'expression *charges nouvelles* embrasse, dans sa généralité, toutes les preuves qui servent à établir la culpabilité du prévenu. — Massabiau, t. 2, n° 2002.

658. — D'après Massabiau (t. 2, n° 2066), le principe, en cette matière, c'est que l'information sur les charges nouvelles appartient aux juges qui ont déclaré le non-lieu. De sorte que si le non-lieu a été déclaré même par une ordonnance de la chambre du conseil, confirmée sur opposition par arrêt de la chambre des mises en accusation, l'information nouvelle appartient à la chambre du conseil. Mais il en est autrement lorsque, sur l'opposition à une ordonnance de prévention rendue par la chambre du conseil, le non-lieu a été déclaré par un arrêt de de la chambre des mises en accusation. — Dans ce dernier cas, le procureur de la République ou le juge d'instruction adressent sans délai au procureur général les déclarations de témoins, pièces ou procès-verbaux desquels résultent des charges nouvelles, ou copie de ces pièces si elles ne peuvent être envoyées en original parce qu'elles feraient partie, par exemple, d'une autre procédure; et sur la réquisition du procureur général, le président de la chambre d'accusation indique le juge devant lequel il sera, à la poursuite de l'officier du ministère public, procédé à une nouvelle instruction.

659. — Nous ne saurions, quant à nous, admettre cette doctrine. Les termes généraux dont se servent les articles 246 et 248, C. inst. crim., nous paraissent repousser la distinction de M. Massabiau et exiger que toutes les fois que le non-lieu a été prononcé par la Cour, soit qu'elle ait confirmé ou infirmé la décision des premiers juges, les pièces soient transmises au procureur général. La reprise d'une instruction sur charges nouvelles est en effet une dérogation, ou du moins une modification apportée à la décision

de non-lieu; et elle ne peut dès lors émaner que de la juridiction qui a rendu en dernier ressort cette décision. C'est ce qu'a parfaitement compris M. Legraverend. « Il faut, dit-il (t. 1, p. 451), distinguer relativement aux charges nouvelles le cas où ces charges s'appliquent à un individu sur le sort duquel la chambre d'accusation a eu à statuer, de celui où elles concernent un individu qui n'ayant point été compris dans les premières poursuites, ou en ayant été écarté, *sans opposition*, avant que la chambre d'accusation connût de l'affaire, cette chambre n'a point été appelée à s'occuper de ce qui le concernait. — Dans la première hypothèse, la connaissance de ces nouvelles charges appartient exclusivement à la chambre d'accusation; dans la seconde, c'est par le juge d'instruction qui a primitivement connu de l'affaire qu'il doit être procédé. » — V. INCIDENS, NON-LIEU.

660. — Jugé que le procureur général peut, en cas de charges nouvelles découvertes contre l'inculpé, saisir directement la chambre d'accusation sans s'adresser d'abord au président pour qu'il désigne un conseiller instructeur. — *Cass.*, 18 mai 1839 (t. 2 1839, p. 427), Thuret c. Demiannay.

661. — Le juge d'instruction a également le droit de décerner s'il y a lieu, sur les nouvelles charges et avant leur envoi au procureur général, un mandat de dépôt contre le prévenu qui aurait été déjà mis en liberté. — C. instr. crim., art. 248.

Sect. 6e — *Des mises en accusation.*

662. — Dans les cinq jours de la réception des ordonnances de prise de corps, ou des ordonnances de non-lieu suivies d'opposition, le procureur général est tenu de mettre l'affaire en état, et il doit, dans les cinq jours suivans au plus tard, faire son rapport à la chambre des mises en accusation. — C. instr. crim., art. 217. — V. CHAMBRE DES MISES EN ACCUSATION, nos 139 et suiv.

663. — Le ministère public est censé avoir été entendu lorsque l'arrêt de renvoi constate qu'il a fait son rapport à la chambre des mises en accusation, et déposé son réquisitoire écrit, encore bien qu'aucune mention ne soit faite qu'il a été entendu *oralement*. — *Cass.*, 26 mars 1812, Robinot.

664. — Le procureur général qui, à l'occasion d'une affaire civile, acquiert la connaissance d'un crime resté impoursuivi, peut le dénoncer directement à la Cour d'appel, et cette cour peut ordonner des poursuites conformément aux art. 235 et suiv. du Code d'instruction criminelle. La loi du 20 avril 1810, art. 11, n'a pas interdit au procureur général la faculté de mettre en action la cour d'appel. — *Cass.*, 9 janv. 1812, Herbault.

665. — Les arrêts des chambres des mises en accusation peuvent être déférés à la Cour de cassation par le ministère public. — V. CHAMBRE DES MISES EN ACCUSATION, no 418 et suiv.; CASSATION (mat. crim.), no 425.

666. — Ils peuvent aussi, dans certains cas, être l'objet d'un pourvoi du ministère public dans l'intérêt de la loi. — V. CASSATION (mat. crim.), no 228; INTÉRÊT DE LA LOI.

667. — Lorsque l'ordonnance de prise de corps a été confirmée par la chambre des mises en accusation, le procureur général doit dresser un acte d'accusation, exposant, 1o la nature du délit, 2o le fait et les circonstances qui peuvent aggraver ou diminuer la peine, et enfin un résumé contenant la qualification légale du crime. — C. instr. crim., art. 241. — V. ACTE D'ACCUSATION.

668. — L'acte d'accusation peut contenir l'examen et la discussion des moyens justificatifs invoqués par l'accusé. — *Cass.*, 11 mars 1841 (t. 1er 1842, p. 527), Rey.

669. — Il est nul lorsque son résumé n'est pas conforme au dispositif de l'arrêt de mise en accusation. — *Cass.*, 20 août 1829, Annet.

670. — En conséquence, un acte d'accusation est nul, ainsi que tout ce qui s'en est suivi, lorsqu'au fait de complicité par recélé, mentionné dans l'arrêt de renvoi, le procureur général a ajouté, dans le résumé de l'acte d'accusation, un fait de complicité par aide et assistance. — *Cass.*, 22 juin 1832, Lafont.

671. — L'acte d'accusation et l'arrêt de renvoi sont ensuite notifiés à l'accusé. — C. instr. crim., art. 242. — V. ACTE D'ACCUSATION, nos 138 et suiv. — V. aussi COUR D'APPEL.

Sect. 7e. — *Des fonctions du ministère public à l'audience.*

672. — Le rôle du ministère public devant les différens tribunaux de répression se trouve défini et examiné vis ACTION CIVILE, ACTION PUBLIQUE, COUR D'ASSISES, COUR DE CASSATION, TRIBUNAUX CORRECTIONNELS, etc.

673. — Nous nous bornerons donc à rappeler ici que le ministère public, représentant la société et exerçant directement l'action publique, peut en général requérir toutes les mesures qui lui paraissent nécessitées par le besoin de l'instruction, et le tribunal ou la cour doivent statuer sur ses réquisitions.

674. — Ainsi, lorsque, ajoutant à sa plainte, le ministère public requiert une peine plus grave pour d'autres faits de même nature, le tribunal ne peut, à peine de nullité de son jugement, omettre de prononcer sur les conclusions nouvelles du ministère public. — *Cass.*, 3 juill. 1807, Lanen.

675. — Le ministère public peut saisir une lettre produite spontanément à l'audience par l'accusé, sous la réserve qu'elle lui serait rendue. — *Cass.*, 6 avril 1833, Pointel.

676. — Chaque fois que les débats d'une instance portée par une partie civile devant la juridiction correctionnelle ont établi l'existence d'un délit ou d'une contravention par lesquels cette partie se prétend lésée, il est du devoir du ministère public d'en demander la répression, et s'il ne l'a pas fait en première instance, il doit le faire en cause d'appel. — Vainement la partie contre laquelle il requiert soutiendrait-elle qu'elle n'a été appelée en justice que pour répondre sur une demande en dommages-intérêts; et qu'en requérant contre elle en appel seulement, le ministère public la prive du premier degré de juridiction : l'appel émis fait revivre la cause en son entier, et le silence d'un de ses substituts ne peut interdire au procureur général le droit de demander la répression d'un fait punissable constaté devant la juridiction compétente pour en connaître. — *Nîmes*, 1er juin 1843 (t. 2 1843, p. 688), Devillario c. Ardant.

677. — Il y a nullité du jugement, si le ministère public n'a pas donné ses conclusions. — V. CASSATION (mat. crim.), no 367.

Sect. 8e. — *De l'appel.*

678. — Tout ce qui concerne l'appel par le ministère public des jugemens de simple police ou de police correctionnelle, a été examiné vo APPEL (mat. crim.), nos 27 et suiv., 90 et suiv.

679. — Le procureur de la République près le tribunal d'appel et le procureur général ayant également qualité pour interjeter appel des jugemens correctionnels, un extrait de ces jugemens doit leur être adressé dans la quinzaine par le procureur de la République près le tribunal de première instance. Cependant les circulaires ministérielles, dans le but de diminuer les frais de justice, prescrivent aux procureurs de la République de ne faire délivrer qu'un seul extrait, qu'ils adressent au procureur général, et que celui-ci transmet, s'il y a lieu, au procureur de la République près le tribunal d'appel.

680. — Dans les vingt-quatre heures de la déclaration d'appel, le procureur de la République de première instance doit envoyer au parquet de la cour ou du tribunal supérieur toutes les pièces de la procédure (C. inst. crim., art. 207), lors même que l'appel ne serait pas interjeté par lui. — *Cass.*, 11 janv. 1817, Forêts c. Fontenois.

681. — Si le prévenu est arrêté, il le fait transférer par la gendarmerie dans la maison d'arrêt établie près le tribunal ou la cour qui doit connaître de l'appel.

682. — Le procureur général est partie nécessaire dans toutes les affaires soumises à la décision d'un tribunal criminel. Ainsi, il doit être entendu, sous peine de nullité, à la suite du rapport sur tous les appels des jugemens de police correctionnelle. — *Cass.*, 6 août 1807, Millon.

683. — Il en est de même sous l'empire du C. d'inst. crim., quoique les art. 200 et 210 ne prononcent pas expressément la nullité.

684. — La disposition par laquelle un tribunal d'appel de police correctionnelle jugeant utile la présence d'un prévenu, enjoint au ministère public de le faire citer, doit être considérée comme prescrivant un complément d'instruction et non comme portant atteinte à l'indépendance du ministère public. — *Cass.*, 15 juin 1832, Bignon.

685. — L'appel se juge dans les mêmes formes que les affaires de première instance, si ce n'est que le ministère public doit être fort sobre de réassignation de témoins, puisque les témoignages de l'instance ont été recueillis par le plumitif du greffier et joints soigneusement au dossier d'appel. — C. instr. crim., art. 210, 212.

686. — Le ministère public peut se pourvoir en cassation contre les arrêts ou les jugemens rendus sur appel. — V. CASSATION.

687. — Toutefois il serait sans qualité pour attaquer une décision en tant qu'elle décharge seulement le prévenu des condamnations civiles prononcées contre lui. — *Cass.*, 9 sept. 1844 (t. 1er 1844, p. 103), Marquis.

688. — Il est non recevable à critiquer les décisions qui touchent uniquement aux intérêts civils du prévenu ou de la partie civile. — Ainsi il n'a pas qualité pour se pourvoir en cassation contre un arrêt qui a admis l'intervention d'une partie civile dans une matière où cette intervention n'était pas recevable, par exemple en matière d'usure. — *Cass.*, 7 oct. 1843 (t. 1er 1843, p. 103), Sivelle.

689. — Mais le ministère public qui a introduit une action criminelle sur la plainte de la partie lésée peut, sans une nouvelle plainte, interjeter appel du jugement intervenu. — *Cass.*, 5 juin 1845 (t. 1er 1845, p. 184), Duporzon. — V. APPEL, no 1er.

Sect. 9e. — *De l'exécution des arrêts ou jugemens.*

690. — Les jugemens ou arrêts en matière criminelle sont exécutés à la diligence du ministère public et de la partie civile, chacun en ce qui le concerne. Les poursuites pour le recouvrement des amendes et condamnations sont faites au nom des procureurs généraux ou de la République pour l'administration des domaines. Les officiers du ministère public eux-mêmes sont chargés de l'exécution des condamnations corporelles. — C. instr. crimin., art. 197. — V. EXÉCUTION DES JUGEMENS CRIMINELS.

691. — En cas d'acquittement, c'est sur l'ordre du procureur de la République que le prévenu est mis en liberté; c'est également le procureur de la République qui est chargé, en cas de condamnation, de faire signifier les jugemens s'ils sont par défaut, de faire arrêter et écrouer les condamnés, et de faire remettre, lorsque le jugement est devenu définitif, au receveur de l'enregistrement un extrait destiné à faciliter le recouvrement des amendes, des confiscations et des frais. — Instr. min. 7 juin 1814. — Massabiau, no 2388 et suiv.

692. — Pour l'exécution d'une condamnation à l'emprisonnement, il suffit d'un extrait du jugement au bas duquel le procureur de la République délivre l'ordre d'emprisonner. — Circ. min., 30 déc. 1812.

693. — Cet extrait doit être remis après la formalité de l'écrou au receveur de l'enregistrement pour servir au recouvrement des condamnations pécuniaires. — Déc. 18 juin 1811, art. 62; instr. min. 7 juin 1814, 5o.

694. — La peine de l'emprisonnement pour une année et au-dessous doit être subie dans la maison d'arrêt établie près le tribunal qui l'a prononcée. — Circ. min. 17 mai 1806. — Massabiau, no 2410.

695. — Toutefois, si le condamné demande à subir sa peine dans une autre prison de même ordre, et si l'autorité administrative y consent, le ministère public peut lui accorder cette faveur et, dans ce cas, le procureur de la République transmet un extrait de la condamnation à son collègue du lieu dans lequel la peine devra être subie, en le chargeant d'assurer l'exécution du jugement. — Circ. min. 10 sept. 1822. — Massabiau, no 2411.

696. — Lorsque la peine d'emprisonnement n'excède pas un mois et que le condamné a été arrêté dans un lieu éloigné de celui où il a été jugé, le magistrat du ministère public du lieu de l'arrestation peut suspendre le transfèrement et adresser au ministre de la justice un extrait du jugement avec des observations sur ce qu'il juge convenable de faire, et c'est au ministre à décider. — Circ. min. 17 juill. 1822. — Ortolan et Ledeau, t. 2, p. 243; Massabiau, t. 2, no 2412.

697. — Les condamnés à l'emprisonnement pendant plus d'un an sont transférés par les soins de l'autorité administrative dans des maisons centrales de détention dont les dépenses sont à la charge du budget du ministre de l'intérieur. — Ord. 2 avril 1817, 6 juin 1830.

698. — En conséquence, aussitôt que la condamnation est devenue définitive, le ministère public se fait délivrer par le greffier un extrait du jugement conforme à un modèle donné par le ministère de la justice, et le transmet à l'autorité administrative. — Circ. min. 26 juill. 1817, et 6 déc. 1840, § 10.

699. — Les officiers du ministère public chargés de l'exécution des jugemens sont aussi chargés de faire mettre les condamnés en liberté à l'expiration de leur peine. Le procureur de la République transmet, dans ce cas, un ordre écrit au gardien de la prison, et cet ordre suffit pour couvrir la responsabilité de ce dernier. L'assistance d'un huissier à la radiation de l'écrou n'est plus maintenant nécessaire. — Instruct. gén. 30 sept. 1826, n° 65; circ. min. 18 avr. 1843.

V. au surplus AMNISTIE, EXÉCUTION DES JUGEMENS CRIMINELS, EXÉCUTEUR DES ARRÊTS DE JUSTICE CRIMINELLE, GRACE, PRESCRIPTION, PRISONS.

Sect. 10e. — *Des fonctions du ministère public dans les procédures spéciales.*

700. — Des dispositions particulières déterminent les droits et les devoirs du ministère public dans certaines procédures spéciales, telles que celles de faux, de contumace et de reconnaissance d'identité et en matière de délits forestiers et de pêche fluviale. — Ces dispositions sont rapportées et commentées sous les différens mots auxquels elles se rapportent. — V. CONTUMACE, FAUX, FORÊT, IDENTITÉ, PÊCHE. — V. aussi DÉLITS DE PRESSE, EXTRADITION, FONCTIONNAIRE PUBLIC.

MINISTRE.

1. — Le pouvoir exécutif, exercé, durant la monarchie, sous l'autorité du roi, par les ministres, est aujourd'hui délégué au président de la République, qui, d'après la Constitution de 1848 (art. 64), nomme et révoque les ministres, dont la responsabilité est écrite dans l'art. 68 de la même Constitution.

§ 1er. — *Nomination des ministres* (n° 2).

§ 2. — *Attributions communes à tous les ministres* (n° 32).

§ 3. — *Attributions spéciales à chaque ministre* (nos 72 et suiv.).

—

§ 1er. — *Nomination des ministres.*

2. — La nomination et la révocation des ministres appartenait au roi (L. 27 avr.-15 mai 1791, art. 1er; Ch. 1830, art. 13), au directoire exécutif (Constit. 5 fructid. an III, art. 148), au premier consul (Constit. 22 frim. an VIII, art. 41). — Elle appartient aujourd'hui au président de la République. — Constit. de 1848, art. 64. — Par décret du 28 juin 1848, l'assemblée nationale confia le pouvoir exécutif au général Cavaignac, qui, sous le titre de président du conseil des ministres, fut chargé de nommer le ministère.

3. — L'art. 3 (L. 27 avr. 1791) portait : Nul ne pourra exercer les fonctions de ministre s'il ne réunit les conditions nécessaires à la qualité de citoyen actif. — La Constitution du 22 frim. an VIII exigea que les ministres fussent portés sur la liste des citoyens désignés pour remplir des fonctions nationales. — La loi du 7-8 avr. 1791, la Constitution du 3-14 sept. 1791, tit. 3, ch. 2, sect. 4; la loi du 10 août 1792, art. 1er; le décret du 29 sept. 1792 et la loi du 12 brum. an IV, déclarèrent les fonctions de ministre incompatibles avec celles de membre d'une assemblée législative. — La Constitution de 1791 (*loc. cit.*) avait encore prononcé l'incompatibilité avec les fonctions de membre du tribunal de cassation et du haut jury.

4. — Sous la Charte de 1814 et sous celle de 1830, les ministres pouvaient être membres de la Chambre des pairs ou de la Chambre des députés.

5. — Aujourd'hui, les ministres peuvent être choisis parmi les membres de l'Assemblée nationale. — L. 15 mars 1849, art. 85.

6. — Sous l'ancienne monarchie, le choix des ministres, ainsi que la répartition de leurs attributions, n'était soumis à aucune autre règle que celle du bon plaisir du monarque, qui subit souvent de funestes influences.

7. — Mais l'assemblée nationale, par le décret du 27 avr.-25 mai 1791, arrêta les bases de l'organisation du ministère.

8. — Elle proclama, par l'art. 1er de ce décret, qu'au roi seul appartenaient le choix et la révocation des ministres.

9. — Elle déclara (art. 2) qu'il appartenait au pouvoir législatif de statuer sur le nombre, la division et la démarcation des départemens du ministère. La Constitution du 5 fructid. an III (art. 150) posa le même principe, qui est aujourd'hui, sinon abrogé, du moins tombé en désuétude; car, depuis la Charte de 1814, c'est par des ordonnances du roi qu'ont été réglés les démembremens ou réunions de ministères.

10. — Toutefois, le pouvoir législatif exerce encore, quoique d'une manière tacite, son contrôle sur ces organisations, puisqu'il est appelé en votant les lois de finances, à allouer les fonds nécessaires aux services ainsi nouvellement établis, et qu'il pourrait, en refusant l'allocation, manifester son improbation.

11. — L'art. 13 de la loi du 27 avril-25 mai 1791, déclarait qu'il n'y aurait pas de premier ministre; mais d'après l'ordonnance du 9 juillet 1815, le ministère a encore aujourd'hui un président qui exerce sur ses collègues une influence au moins politique.

12. — L'art. 4 du décret du 27 avril-25 mai 1791, fixait le nombre des ministres à six; savoir : 1° justice; 2° intérieur; 3° contributions et revenus publics; 4° guerre; 5° marine; 6° affaires étrangères.

13. — Cette partie du décret fut respectée jusqu'au 10 août 1792. Mais, le 10 août, l'assemblée nationale déclara que le ministère n'avait pas la confiance de la nation; elle décréta la mise des scellés sur les papiers personnels des ministres et leur remplacement par l'assemblée, qui les nomma provisoirement et hors de son sein.

14. — Le 12 germinal an II, la Convention supprima les ministres à compter du 1er floréal suivant, et les remplaça par douze commissions composées chacune de deux membres et d'un adjoint faisant fonctions de secrétaire et de garde des archives de la commission.

15. — Le 10 vendémiaire an IV, la Convention nationale décréta de nouveau six ministres dans le même ordre et sous les mêmes titres que le décret de 1791, en substituant seulement au titre de ministre des contributions et des revenus publics le titre de ministre des finances. Tous les ministres furent placés sous les ordres du Directoire exécutif.

16. — Le 12 nivôse an IV, un septième ministre fut créé sous le titre de *ministre de la police générale de la République.*

17. — Le Consulat et l'Empire apportèrent quelques modifications aux dénominations de ces ministres. Ainsi, le ministre de la justice s'appela grand juge ministre de la justice; le ministre de la marine devint le ministre de la marine et des colonies; le ministre des affaires étrangères prit le nom de ministre des relations extérieures.

18. — A la même époque, le ministère reçut les accroissements et les modifications suivantes : le 4 nivôse an VIII, création d'un ministre secrétaire d'Etat; le 2 vendémiaire an X, création d'un ministre du trésor public; le 21 ventôse an X, création d'un ministre de l'administration de la guerre; le 21 messidor an XII, création d'un ministre des cultes; le 28 fructidor an X, suppression du ministère de la police générale, dont le rétablissement eut lieu le 21 messidor an XII; enfin, le 22 janvier 1812, création d'un ministère des manufactures et du commerce.

19. — Louis XVIII supprima le ministère de la secrétairerie d'Etat, le ministre de l'administration de la guerre, le ministre du trésor public, le ministre des cultes, et enfin, après l'avoir conservé quatre ans, le ministre de la police générale.

20. — Le 9 juillet 1815, une ordonnance créa le ministère de la maison du roi, qui a cessé d'exister depuis la révolution de juillet 1830. Tout ce qui concernait les biens mobiliers ou immobiliers de la couronne rentra dans les attributions de l'intendant général de la liste civile, et est confié, depuis la révolution de 1848, aux soins du liquidateur général de la liste civile.

21. — Une ordonnance du 24 août 1824 établit un ministère des affaires ecclésiastiques et de l'instruction publique.

22. — Aujourd'hui le nombre des ministres et leurs attributions sont fixés par le pouvoir législatif. — Consl. de 1848, art. 66.

23. — Les départemens ministériels sont présentement (1849) au nombre de neuf : 1° les affaires étrangères; 2° la justice; 3° la guerre; 4° la marine et les colonies; 5° les finances; 6° l'intérieur; 7° les travaux publics; 8° le commerce et l'agriculture; 9° l'instruction publique. — V. sur cette organisation, les ordonnances des 25 janv., 15 mars et 7 mai 1831, 11 oct. 1832, 19 sept. 1836, 23 mai 1839, et 1er mars 1840; le Décr. du gouvernement provisoire du 24 févr. 1848; enfin, l'arrêté de la commission exécutive du 20 mai 1848.

24. — Depuis l'ordonnance du 13 août 1830, on ne donne plus aux ministres le titre de monseigneur; on les appelle seulement monsieur le ministre; mais le titre d'*Excellence* ne leur avait pas été enlevé. Ce dernier titre a cessé d'être en usage depuis la révolution de février.

25. — Le costume des ministres, réglé d'abord par les arrêtés du 3 nivôse an VIII et 29 messidor an XII, a subi diverses modifications, et aujourd'hui les ministres semblent ne plus devoir porter d'autre signe distinctif qu'une écharpe tricolore.

26. — Le conseil des ministres se forme de la réunion de tous les ministres, qui s'assemblent tantôt chez le président de la République chef du pouvoir exécutif, tantôt chez celui des ministres que le décret de nomination a désigné comme président du conseil.

27. — Selon MM. Magnitot et Delamarre (v° *Ministres*), ce fut une ordonnance du 9 juill. 1815 qui donna à la réunion des ministres la dénomination de conseil des ministres, et décora l'un d'eux du titre de *président du conseil*. — Chacun d'eux s'appelle ministre secrétaire d'État au département de la justice, de la guerre, etc.

28. — Le conseil des ministres n'a que des attributions purement consultatives, en ce sens qu'il ne peut, sans la volonté du président de la République, prendre aucune décision obligatoire; mais ses délibérations peuvent produire d'importans effets, puisque, par leur refus de concours, les ministres peuvent obliger le chef du pouvoir exécutif soit à changer de ministres, soit à modifier sa politique. — V. CONSEIL DES MINISTRES.

29. — La Restauration avait créé des ministres d'Etat qu'il était loisible au roi d'appeler à participer dans une certaine proportion aux délibérations du conseil des ministres. Cette institution a cessé avec le règne de Charles X.

30. — L'ordonnance du 11 août 1830 en formant le ministère y adjoignit quatre ministres sans portefeuille, qui avaient bien voix délibérative dans le conseil, mais dont la responsabilité ne pouvait pas être engagée par le contre-seing des actes de l'autorité royale, puisque ce contre-seing ne leur appartenait pas. — Une ordonnance du 17 août 1830 déclara que les fonctions de ces ministres sans portefeuille pouvaient être cumulées avec celles de procureur général à la Cour de cassation. — Mais l'ordonnance du 2 novembre 1830, en formant un nouveau ministère, n'y comprit que des ministres à portefeuille.

31. — Une ordonnance du 9 mai 1816 autorisa la création de sous-secrétaires d'Etat auprès des ministres, lorsqu'ils le jugeraient nécessaire au bien du service. — Cette mesure, qui peut être utile pour améliorer l'expédition des affaires administratives, a été suivie sous le gouvernement provisoire, et par arrêté de la commission du pouvoir exécutif du 11 mai 1848 le nombre des sous-secrétaires d'État a été porté à trois.

§ 2. — *Attributions communes à tous les ministres.*

32. — Les ministres ont un double caractère : ils sont agens du pouvoir exécutif et ils sont juges administratifs.

33. — De la nature des fonctions des ministres, il suit que leur juridiction s'étend partout où s'exerce le pouvoir exécutif.

34. — Les ministres étaient des agens nécessaires du pouvoir royal. — Ainsi, aucun ordre du roi, aucune délibération du conseil ne pouvaient être exécutés, s'ils n'étaient contre-signés par le ministre chargé de la division à laquelle appartenait la nature de l'affaire.

35. — Sous le gouvernement provisoire issu de la révolution du 24 février, plusieurs des ministres étaient membres du gouvernement provisoire et à ce titre investis personnellement d'une partie du

RÉP. GÉN. — IX. 39

pouvoir exécutif. Mais le décret de l'Assemblée nationale du 9 mai, en créant une commission du pouvoir exécutif, rendit aux ministres leur caractère primitif.

36. — Aux termes du décret du gouvernement provisoire du 2 mars 1848, les affaires d'administration courante qui, dans l'état de la législation, ne pouvaient être réglées qu'au moyen d'ordonnances royales, furent valablement décidées par le ministère provisoire du département auquel ces affaires ressortissaient. Mais les affaires pour lesquelles l'arrêt du conseil d'État était exigé, durent continuer à lui être soumises.

37. — Les actes du président de la République autres que ceux par lesquels il nomme et révoque les ministres, n'ont d'effet que s'ils sont contre-signés par un ministre. — Constit. de 1848, art. 67.

38. — En cas d'absence ou d'empêchement d'un des ministres, comme en cas de vacance d'un des ministères, les actes de l'administration de ce département ne peuvent être contre-signés que par celui des autres ministres nommé à cet effet par le président de la République. — *Le ministre chargé par intérim des affaires d'un autre département répond de ses signatures et de ses ordres.* — Décr. 27 avr. 1791.

39. — Les ministres sont intermédiaires entre le pouvoir exécutif et les Chambres législatives. — Ainsi, les ministres qui avaient leur entrée dans l'une ou l'autre Chambre (Charte de 1830, art. 46, 2°) ont encore entrée dans le sein de l'Assemblée nationale; ils sont entendus toutes les fois qu'ils le demandent, et peuvent se faire assister par des commissaires nommés par un décret du président de la République. — Constitution de 1848, art. 69.

40. — Ils procurent l'exécution des lois et des règlemens d'administration publique. — Const. 22 frim. an VIII, art. 54. — V. la formule qui termine ordinairement les ordonnances royales ou les arrêtés du président de la République, et par laquelle un ministre est spécialement chargé de l'exécution de l'ordonnance.

41. — Les ministres proposent au chef du pouvoir exécutif les mesures qu'ils jugent convenables dans l'intérêt du pays et de l'administration. L'exposé des motifs qui déterminent ces mesures est contenu dans des rapports qui sont fréquemment publiés avec le texte des arrêtés du président de la République.

42. — Les ministres sont tenus de rendre compte, en ce qui concerne l'administration, tant de leur conduite que de l'état des dépenses et affaires, toutes les fois qu'ils en sont requis par le Corps législatif. — Décr. 27 avril 1791, art. 27.

43. — Ils proposent au chef du pouvoir exécutif la nomination et la révocation des fonctionnaires publics que, dans l'exécution de leurs fonctions, ils dirigent soit par des ordres, soit par des instructions, soit par des règlemens généraux d'administration publique. — Trolley, *Cours de dr. administr.*, t. 1er, n° 154.

44. — Ils exercent une surveillance sur les fonctionnaires placés sous leurs ordres, soit pour provoquer leur remplacement, soit pour réformer leurs actes, s'il y a lieu.

45. — Le ministre peut réformer tous les arrêtés pris par un agent placé sous ses ordres, à quelque titre et dans quelque matière que ce soit; même en matière contentieuse, tout arrêté pris par un agent doit être déféré au ministre avant d'être l'objet d'un recours devant le Conseil d'État. — Trolley, t. 1er, n° 174. — Mais le ministre n'a ce pouvoir que comme agent et par suite des droits de la hiérarchie administrative; il ne pourrait pas annuler l'arrêté pris par un conseil de préfecture, qui est un tribunal administratif.

46. — De même, ce n'est pas par une décision d'un ministre, mais par un arrêté du président de la République, que les délibérations des conseils généraux des départemens et des conseils d'arrondissement peuvent être annulées ou approuvées. — L. 10 mai 1838, art. 24, 29, 30, 31, 35. — A l'exception, toutefois, des délibérations relatives à la gestion des propriétés départementales. — L. 10 mai 1838, art. 30.

47. — Toutefois, la loi du 18 juill. 1837 confie aux ministres, dans certains cas déterminés, le droit de réformer ou d'approuver les délibérations des conseils municipaux. — L. 18 juill. 1837, art. 20, 34, 48 et 60.

48. — La partie qui a à se plaindre de l'acte d'un fonctionnaire qui porte atteinte à son droit, doit, à moins qu'il ne s'agisse d'incompétence ou d'excès de pouvoir, le déférer au ministre que la mesure concerne, avant de se pourvoir au Conseil d'État. — Le recours devant le ministre n'est assujetti à aucun délai, à aucune déchéance; car aucune loi ne prononce cette peine, et un administrateur est d'ailleurs toujours le maître de réformer ses propres actes ou ceux de ses subordonnés ou de ses prédécesseurs. — Trolley, t. 1er, n° 154.

49. — Chargés de veiller à l'exécution de la loi, les ministres ont le droit, dans l'intérêt de la loi, de déférer au Conseil d'État les arrêtés des conseils de préfecture qui leur paraissent mal rendus et les arrêts de la Cour des comptes qui violent les formes de la loi. — L. 16 sept. 1807, art. 17.

50. — C'est aux ministres ou aux ordonnateurs secondaires, agissant en vertu de leurs délégations, qu'il appartient d'ordonnancer, préalablement à leur acquittement, les dépenses faites pour le compte de l'État. — Ord. 31 mai 1838, art. 58.

51. — De même il est défendu à toute autorité civile ou militaire, à peine d'en répondre personnellement, de disposer d'aucune somme versée dans les caisses publiques autrement qu'en vertu d'ordonnance du ministre compétent, revêtue des formes constitutionnelles. — Arrêté 15 nivôse an VIII, art. 9. — V., au reste, BUDGET, COMPTABILITÉ GÉNÉRALE, DETTE DE L'ÉTAT.

52. — Toute adjudication de travaux ou de fournitures n'est définitive qu'après avoir été approuvée par le ministre compétent. — Ord. 4 déc. 1836, art. 11, et du 31 mai 1838, art. 56. — V. MARCHÉS DE FOURNITURES, TRAVAUX PUBLICS.

53. — Les ministres vérifient administrativement les comptes des payeurs et des receveurs de deniers publics qui ressortissent à leur ministère, avant de les adresser à la Cour des comptes, qui les vérifie définitivement et judiciairement. — Ord. 31 mai 1838, art. 251 et 256.

54. — Ils sont juges du contentieux administratif. Comme exemple de ces rares attributions, nous citerons : la liquidation des dettes de l'État, qui doit être faite en premier ressort par le ministre compétent et, sur l'appel, par le Conseil d'État. — V. DETTES DE L'ÉTAT.

55. — Ils liquident les pensions dues aux fonctionnaires qui appartiennent à leur département. — Ord. 31 mai 1838, art. 234. — V. PENSIONS.

56. — Ils prononcent sur toutes contestations ou demandes relatives à l'exécution, la résiliation et l'interprétation des marchés de fournitures ou services quelconques passés pour le compte de l'État, soit avec eux personnellement, soit en leur nom, avec les agens qu'ils préposent. — L. 12 vendém. an VIII. — V. MARCHÉS DE FOURNITURES.

57. — Aucune forme spéciale n'a été prescrite pour la procédure devant les ministres considérés comme juges. Ainsi, on se pourvoit par lettre ou mémoire signé de la partie. Aucun délai n'est prescrit au ministre pour rendre sa décision; il est libre d'ordonner, pour s'éclairer, telle mesure d'instruction, tel rapport soit de ses bureaux, soit du comité du Conseil d'État attaché à son ministère, soit d'une commission spéciale. C'est donc avec raison que, dans la pratique, cette procédure se divise en deux parties : 1° l'information, qui se compose des publications et affiches, des enquêtes *de commodo et incommodo*, des expertises, plans et devis, des observations et rapports des hommes de l'art, des avis des autorités locales et des contrôles des autorités intermédiaires; 2° l'examen, qui se compose du rapport et de la décision. — Magnitot et Delamarre, *Dict. de dr. adm.*, v° *Ministre*.

58. — La décision émanée d'eux est généralement motivée; mais il n'y a pas non plus, sur ce point, de règle législative. Seulement on conçoit que la partie intéressée doit avoir été mise en position de faire valoir ses droits, et qu'autrement elle aurait le droit de se pourvoir contre l'arrêté ministériel par opposition ou tierce opposition. — *Cons. d'État*, 10 févr. 1830, hospices d'Arras c. domaines; 7 fév. 1834, d'Engler.

59. — Pour être exécutoire contre une partie, la décision du ministre doit avoir été notifiée à cette partie, et la loi n'ayant pas réglé la forme de cette sorte de notification, elle se fait dans la forme administrative, c'est-à-dire par simple lettre.

60. — Les décisions rendues par les ministres en matière contentieuse emportent exécution parée sans avoir besoin de visa ou de mandement des tribunaux. — L. 29 flor. an X, art. 4. — Avis du Conseil d'État, du 25 therm. an XII.

61. — Lorsqu'un ministre a statué comme juge, on comprend que sa décision une fois émise ne puisse plus être révoquée par lui. — Trolley, t. 1er, n° 176. — S'il a rendu une décision contradictoire, le recours contre cette décision doit être formé, à peine de déchéance, dans le délai de trois mois depuis la notification. — Décret 22 juill. 1806, art. 11. — Le délai est le même si le ministre a prononcé comme administrateur, mais en blessant un droit, de manière à faire naître le contentieux. Enfin, il n'y a pas de délai, et le ministre est toujours le maître de rétracter sa décision, selon les besoins du service, si sa décision est restée purement administrative.

62. — Au contraire les ministres peuvent rétracter les actes purement administratifs émanés de leurs prédécesseurs. Mais comme chaque département ministériel a ses attributions réglées, un ministre, fût-il le président du conseil, n'a pas le droit de réformer un acte émané d'un de ses collègues.

63. — C'est par la voie administrative devant le chef du pouvoir exécutif, que le recours est ouvert contre les actes purement administratifs des ministres. — Quant aux décisions rendues en matières contentieuses, elles ne peuvent être déférées qu'au Conseil d'État. — V. CONSEIL D'ÉTAT.

64. — Le sénatus-consulte organique du 16 therm. an X, dans son art. 68, porte : « Les ministres ont rang aux séances et voix délibérative au Conseil d'État. — Mais cette disposition n'est plus en vigueur sous la constitution de 1848, qui a donné une organisation spéciale au Conseil d'État.

65. — Les ministres, ainsi que nous l'avons dit au mot grâce et commutation de peine, n'étaient pas, sous la monarchie, responsables des grâces que le souverain accordait en vertu d'un droit qui lui était propre. Il en est de même aujourd'hui sous la Constitution de 1848, puisque le droit de grâce appartient au président de la République, sauf l'examen et l'avis du Conseil d'État.

66. — Aux dispositions successivement abrogées des lois du 25 sept.-6 oct. 1790, 2e part., tit. 1er, sect. 3; du 10 vend. an IV, art. 11 et suiv.; du 3 brum. an IV, art. 616 et suiv.; de la constitution du 22 frim. an VIII, art. 71; de la charte de 1814, et de l'art. 47 de la charte de 1830, qui avait introduit pour les ministres une juridiction spéciale, que sous le Gouvernement provisoire les juridictions de droit commun avaient remplacée, la constitution de 1848 a substitué en principe que les ministres sont responsables, chacun en ce qui le concerne, de tous les actes du gouvernement et de l'administration. — Constitut. 1848, art. 68. — Les accusations portées contre eux par l'Assemblée nationale sont jugées par la Haute-Cour de justice. — Const. 1848, art. 91.

67. — Toutefois, dans tous les cas de responsabilité des ministres, l'Assemblée nationale peut, suivant les circonstances, renvoyer le ministre inculpé soit devant la Haute-Cour de justice, soit devant les tribunaux ordinaires pour les réparations civiles. — Const. 1848, art. 38.

68. — L'examen des actes des ministres peut du reste être déféré, soit par l'Assemblée nationale, soit par le président de la République, au Conseil d'État, dont le rapport est rendu public. — Const. 1848, art. 99.

69. — Sur la responsabilité qu'imposent aux ministres soit leurs propres actes, soit les actes du pouvoir exécutif qu'ils contre-signent, ainsi que sur les justifications ou excuses qu'ils peuvent alléguer, V. RESPONSABILITÉ MINISTÉRIELLE.

70. — Les ministres condamnés par la Haute-Cour de justice ne peuvent être graciés que par l'Assemblée nationale. — Const. 1848, art. 55.

§ 3. — *Attributions spéciales à chaque ministre.*

71. — *Ministre des affaires étrangères.* — Il correspond avec les ambassadeurs, les ministres résidens, les consuls, les agens accrédités auprès des puissances étrangères; fait et réclame l'exécution des traités et du droit international; surveille et défend au dehors les intérêts politiques et commerciaux de la France; donne au Corps législatif les explications qui lui sont demandées sur les affaires extérieures et les relations diplomatiques; prépare et propose au président de la République les traités de paix qui doivent être approuvés par l'Assemblée nationale. Il propose au président de la République la nomination et la révocation des agens diplomatiques. — L. 27 avril-25 mai 1791, art. 12; L. 10 vend. an IV; Ordonn. 20 août-11 sept. 1833; Constit. 4 nov. 1848.

72. — *Garde des sceaux ministre de la justice.* — Le garde des sceaux de l'État scelle les lois, traités, commissions, lettres patentes et diplômes du gouvernement; fait exécuter les lois relatives à la sanction, promulgation, impression, expédition et envoi des lois et des bulletins; propose aux chambres l'interprétation des lois; correspond habituellement avec les tribunaux et les membres du ministère public, leur donne tous les avertissemens nécessaires, les rappelle à la règle, et veille à ce que la justice soit bien administrée;

transmet au procureur général près la Cour de cassation les pièces et mémoires concernant les affaires qui lui auraient été déférées et qui seraient de nature à être portées à cette Cour, y joint les pièces, mémoires et observations qu'il juge convenables; propose au président de la République la nomination et la révocation des membres de l'ordre judiciaire, du Conseil d'Etat et des autres tribunaux administratifs; transmet au Conseil d'Etat les arrêtés de conflit avec les pièces, mémoires et observations qui y sont joints soit par les parties, soit par le gouvernement; transmet au Conseil d'Etat les demandes et autorisations de poursuivre les fonctionnaires publics, lui défère les appels comme d'abus; nomme le rapporteur chargé de préparer l'instruction des affaires qui lui sont soumises, dirige et surveille ses travaux; nomme, sur la présentation de trois candidats élus par l'assemblée générale de l'ordre, le président du conseil de discipline des avocats au conseil à la Cour de cassation; accorde, refuse et révoque les congés accordés aux membres de l'ordre judiciaire; nomme les magistrats chargés de présider les assises; prononce sur le roulement des magistrats dans les diverses chambres composant les cours et les tribunaux, quand la commission spéciale et l'assemblée générale des chambres ne peuvent s'accorder; présente chaque année le compte de la justice criminelle, civile et commerciale: rend publics les jugemens déclaratifs d'absence et les arrêts de condamnation dont l'impression est ordonnée. Le ministre de la justice a, en outre, dans son département, tout ce qui concerne le personnel, la nomination, la révocation et la discipline des officiers ministériels; les dispenses d'âge et de parenté pour mariage; la naturalisation; l'autorisation pour les étrangers de résider en France, l'autorisation pour les Français de remplir des fonctions publiques en pays étranger; la gendarmerie pour tout ce qui est relatif à la police judiciaire et à l'exécution des mandats de justice; les archives de la nation et l'imprimerie nationale. — V. GARDE DES SCEAUX, GRAND JUGE.

73. — *Ministre de la guerre.* — Il a dans ses attributions la levée, la surveillance, la discipline et la direction des troupes de terre; le génie, l'artillerie, les fortifications et les places de guerre; le corps des officiers; le mouvement et l'emploi des troupes dans l'intérêt de la sûreté intérieure et extérieure de l'Etat; la gendarmerie départementale et la garde républicaine de Paris, pour les commissions, l'avancement, la comptabilité, la tenue, la police militaire et le matériel; le travail sur les grades, l'avancement dans l'armée, les récompenses et les pensions militaires; les fournitures de vivres et des approvisionnemens; les transports militaires; les hôpitaux militaires et les invalides; les écoles militaires; les tribunaux, les prisons et les pénitenciers militaires; les condamnés aux travaux publics et au boulet; la fabrication des poudres et salpêtres, l'administration militaire de l'Algérie. — L. 27 avr.-25 mai 1791, art. 10; L. 10 vend. an IV, art. 6; L. 21 mars-14 avr. 1832; Ord. 30 oct. 1832; L. 21 avr. 1831, art. 50; Ord. 26 déc. 1834; 1er déc. 1831 et 25 nov. 1837. — V. ALGÉRIE.

74. — *Ministre de la marine et des colonies.* — Il a dans ses attributions l'administration des ports, les arsenaux, les approvisionnemens, les magasins de la marine, les dépôts des condamnés aux travaux publics qui sont employés dans les ports, les travaux des ports de commerce; la direction des armemens, constructions, réparations, entretien des vaisseaux, navires et bâtimens de guerre; la levée, la surveillance, la discipline et les mouvemens des troupes de mer, le travail sur les classes, les grades et l'avancement; la police des gens de mer et l'inscription maritime; la direction des forces navales et des opérations militaires, le commissariat de la marine, les hôpitaux de la marine, la correspondance avec les consuls et autres agens diplomatiques, pour ce qui est relatif à l'administration de la marine; la police des grandes pêches maritimes; les colonies; les comptoirs et les établissemens en Afrique et en Asie; l'administration et la surveillance des colonies, pour tout ce qui concerne les contributions, les approvisionnemens, les concessions de terrain, la force publique intérieure et les progrès de l'agriculture et du commerce; les écoles navales, les ingénieurs hydrographes, les tribunaux maritimes, et la répression de la traite des noirs. — L. 27 avr.-25 mai 1791, art. 11; 10 vendém. an IV; 3 brum. an IV; Ord. 7 août 1826; L. 4 mars 1831; 22 avr. 1832; 19 mai 1834.

75. — *Ministre des finances.* — Il a des attributions qui se partagent en plusieurs services: 1° la fortune et les revenus de l'Etat; ce service comprend six directions: les contributions directes, l'enregistrement et les domaines, les douanes et les sels, les contributions indirectes, les postes, les forêts; 2° les monnaies et les ateliers monétaires; 3° le mouvement général des fonds, les négociations, émissions et conversions de valeurs, la préparation des distributions mensuelles de fonds, le contrôle et la mise en paiement des ordonnances; 4° la dette inscrite, c'est-à-dire l'inscription, le mouvement et le contrôle des rentes et des cautionnemens en numéraire, la liquidation des arrérages et intérêts de ces services; 5° la comptabilité générale des finances et la comptabilité des deniers publics, la centralisation de leurs résultats et la situation générale de l'administration des finances et des budgets, les comptes rendus, le contrôle et la surveillance de la gestion des comptables; 6° le contentieux des finances, les poursuites et recouvremens des débets et créances litigieuses, l'agence judiciaire du trésor, le bureau des oppositions, les cautionnemens en rentes et immeubles; 7° la correspondance avec les administrations financières et les archives; 8° le personnel, la nomination aux emplois, la préparation des lois de finance et la liquidation des pensions de retraite; 9° la caisse du trésor. — L. 27 avr.-25 mai 1791, art. 9; Ord. de février 1828 et 21 février 1831.

76. — *Ministre de l'intérieur.* — Ses fonctions, originairement plus étendues, ont servi, par suite de démembremens, à former d'autres ministères. Maintenant, il a dans ses attributions le personnel des préfets, sous-préfets, conseillers de préfecture, maires, adjoints et autres fonctionnaires administratifs; la correspondance avec les diverses autorités administratives, leur surveillance, leur direction, le contrôle et la réformation de leurs actes, l'exécution des lois électorales, le service de la gendarmerie départementale et des sapeurs pompiers de Paris, concurremment avec le ministre de la guerre et en ce qui concerne l'ordre public et les dépenses de casernement; la police générale du pays, les passe-ports et permis de ports d'armes, la surveillance des forçats libérés, mendians, vagabonds et autres individus mis à la disposition du gouvernement; les réfugiés étrangers pour les secours et la police; la surveillance des étrangers qui voyagent en France et leur expulsion du territoire quand la sûreté publique l'exige; l'administration des lignes télégraphiques; les tableaux de population et le recrutement de l'armée, en ce qui concerne l'autorité civile; l'organisation et l'administration des gardes nationales; l'imprimerie et la librairie; l'administration générale des départemens, des communes, des hospices et des établissemens de bienfaisance, l'administration des beaux-arts et des théâtres, la conservation des archives nationales. — L. 27 avr.-25 mai 1791, art. 7; 10 vendém. an IV; Décr. 21 sept. 1812; Ord. 19 mai 1830, 6 avr. 1834, et 23 mai 1839.

77. — *Ministre du commerce et de l'agriculture.* — Il a dans ses attributions la préparation et la présentation des lois de douane, la recherche et publication de tous les documens statistiques sur le commerce, l'industrie et l'agriculture; l'instruction des demandes et réclamations ayant pour objet l'application de lois de douane ou la protection du commerce français à l'étranger; l'administration et l'organisation des chambres de commerce et des chambres consultatives des arts et manufactures, l'administration des poids et mesures, le Conservatoire des arts et métiers; les bergeries, écoles vétérinaires, parcs nationaux; la distribution des encouragemens au commerce, à l'industrie, à l'agriculture; la liquidation des primes accordées à la pêche, les secours aux colons et les secours pour grêle et incendie; l'administration et les règlemens sanitaires, les établissemens thermaux; l'organisation et la présidence du conseil supérieur du commerce, des conseils spéciaux du commerce, la confection et l'application des règlemens relatifs aux professions industrielles; la délivrance des brevets d'invention, l'autorisation et l'examen des statuts des sociétés anonymes, compagnies d'assurance, caisses d'épargnes; l'établissement des foires et marchés; la police des subsistances; la confection des listes des commerçans notables; la nomination des agens de change et courtiers: à l'exception des agens de change de Paris, qui sont dans les attributions du ministre des finances; l'organisation et la composition des conseils de prud'hommes, de l'agriculture et des manufactures, ainsi que du conseil supérieur de santé. — Ord. 6 avr. 1834, 15 avr. 1837 et 23 mai 1839.

78. — *Ministre des travaux publics.* — Il a dans ses attributions l'administration générale des ponts et chaussées et des mines, c'est-à-dire les routes, les ponts, les chemins de fer et les divers objets qui s'y rattachent, la navigation naturelle et artificielle; les ports, les usines, les dessèchemens et toutes les affaires qui en dépendent; la direction des bâtimens civils et des monumens publics (à l'exception, toutefois, de la conservation des monumens historiques qui appartiennent au ministère de l'intérieur), les travaux d'embellissement des villes. — Ordonn. 19 mai 1830.

79. — *Ministre de l'instruction publique.* — Ses attributions ont été d'abord fixées par l'ordonnance du 10 février 1828. Il a une double qualité; il est ministre secrétaire d'Etat et grand maître de l'Université. Ce ministère comprend l'instruction primaire, secondaire et supérieure; les lettres et les sciences, et tous les établissemens scientifiques et littéraires: l'Institut national de France, le Muséum d'histoire naturelle, le collége de France, les bibliothèques publiques, les académies et sociétés littéraires, les établissemens britanniques, l'école des chartes, le dépôt légal de Sainte-Geneviève, les encouragemens et souscriptions littéraires et scientifiques, l'école des langues orientales et le musée d'archéologie, le bureau des longitudes et les observatoires de Paris et de Marseille, les écoles secondaires de médecine, les écoles de pharmacie, d'accouchement, les jurys de médecine pour la réception des officiers de santé, sages-femmes, pharmaciens et herboristes. — Pour les attributions du ministre de l'instruction publique comme grand maître de l'Université, V. UNIVERSITÉ.

80. — Le ministre de l'instruction publique est aussi *ministre des cultes* (Décr. gouv. prov. 24 fév. 1848; Arrêté de la Commis. exécut., 20 mai 1848); ce qui comprend tous les cultes, chrétiens ou non chrétiens: il est chargé de la présentation pour les hautes fonctions ecclésiastiques, de toutes les affaires concernant les cultes et les dépenses du clergé et des services affectés aux besoins du culte. — L. 27 avr.-25 mai 1791, art. 5; 10 vend. an IV, art. 8. — Ord. 26 août 1814; 18 sept. 1839, art. 2 et 5; 1er juin 1828; Décr. 22 juill. 1806; 6 juill. 1810, art. 24, 25, 26, 27, 28, 79 et 82; Ord. 11 oct. 1820; L. 20 avr. 1810, art. 59; Ord. 10 sept. 1817, art. 8, 10 et 14; L. 28 avril 1816, art. 91; C. civ., art. 17-21; Ord. 11 mai 1821, 23 juill. 1823; 26 août 1824 et 4 avril 1834. — Avant la révolution de février, le ministère des cultes formait un annexe du ministère de la justice.

MINISTRES DES CULTES.

1. — En même temps qu'il reconnaît l'existence légale de certains cultes, l'Etat assure aux ministres de ces cultes diverses prérogatives et leur impose quelques devoirs particuliers. — V., à cet égard, les explications détaillées données, v° CULTE, n°s 335 et suiv. — La Constitution républicaine de 1848 n'a modifié en rien les dispositions légales relatives aux ministres du culte, et l'art. 7 de cette Constitution a confirmé, ainsi qu'il suit, le principe relatif au traitement des ministres du culte: « Les ministres, soit des cultes actuellement reconnus, soit de ceux qui seraient reconnus à l'avenir, ont droit de recevoir un traitement de l'Etat. »

2. — L'art. 28 de la Constitution, qui déclare les fonctions publiques rétribuées incompatibles (sauf exception prononcée par la loi électorale) avec le mandat de représentant du peuple, ne s'applique pas aux ministres du culte. Il a été en effet reconnu dans la discussion que, bien que recevant un traitement de l'Etat, les ministres du culte ne sont pas à proprement parler fonctionnaires publics (V. *infrà* n° 6). Aussi plusieurs ministres tant du culte catholique que du culte réformé ont-ils été admis sans contestation sur les bancs de l'Assemblée législative élue en vertu de la loi organique du 15 mars 1849.

3. — Mais, aux termes de l'art. 82 de la même loi, les archevêques, évêques et vicaires généraux ne peuvent être élus dans les départemens compris en tout ou partie dans leurs diocèses.

4. — Aucun étranger ne peut être employé dans les fonctions du ministère ecclésiastique sans la permission du gouvernement. — L. org. 18 germ. an X, art. 32; art. 39 *Lib. Egl. gallic.*; édit de Charles VII du 10 mars 1431; ord. de Louis XII de 1499 et de François Ier de 1525; art. 4 ordonn. de Blois, et ordonn. 1er mars 1683. — Une décision ministérielle de 1814 porte que pour obtenir une succursale il suffit à un étranger d'une autorisation du gouvernement; mais pour obtenir une cure ou tout autre emploi non révocable, il faut être naturalisé. — V. ÉTRANGER, n°s 165 et suiv.

5. — Quant à l'obligation de résidence des per-

sonnes investies d'un ministère ecclésiastique et aux congés qu'elles peuvent obtenir, V. CARDINAL, n° 17; CURE, CURÉ, n°s 168 et suiv.; CONSISTOIRE ISRAÉLITE, n°s 99 et suiv.; CONSISTOIRE PROTESTANT, n°s 19, 21 et suiv.; ÉVÊCHÉ, n°s 83 et suiv., 130; ÉVÊQUE.

6. — Les ministres du culte sont-ils fonctionnaires publics? — V. FONCTIONNAIRE PUBLIC, n°s 40 et suiv., 508 et suiv.; DIFFAMATION ET INJURE, n°s 318 et suiv.

V. aussi ADOPTION, ATTENTAT A LA PUDEUR, CARDINAL, CLERGÉ, CONSISTOIRE ISRAÉLITE, CONSISTOIRE PROTESTANT, CULTE, ÉVÊCHÉ, ÉVÊQUE, MARIAGE, VIOL, etc., etc.

MINISTRE PLÉNIPOTENTIAIRE.

On appelle ainsi les ministres des différentes puissances réunis en congrès soit pour conclure la paix, soit pour d'autres négociations, même dans un lieu où il n'y aurait pas de cour auprès de laquelle ils fussent accrédités. — Magnitot et Delamarre, *Dict. de droit adm.* (à ce mot); Souquet, *Rép. gén. de législ. et de jurisp.*, 371, tabl. — V. AGENS DIPLOMATIQUES.

MINISTRES PUBLICS.

V. AGENS DIPLOMATIQUES.

MINIUM.

Fabrication du minium. — 1re classe des établissemens insalubres. — V. ce mot (nomenclature).

MINUTE.

1. — (Du latin *minuta*, petite écriture.) C'est l'original d'un acte.

2. — Les minutes des jugemens, des procès-verbaux et des actes qui se passent chez les notaires ont particulièrement fixé l'attention des législateurs. — Merlin, *Rép.*, v° *Minute*.

3. — Ces minutes sont ordinairement rédigées sur des feuilles volantes, contrairement aux minutes de certains actes : telles que celles des actes de l'état civil, qui sont dressées sur des registres.

4. — Une règle commune à toutes les minutes, c'est qu'elles doivent être signées des officiers dont les actes sont émanés. — Merlin, *Rép.*, v° *Signature*.

5. — Il est également de règle générale que les minutes soient écrites d'un même contexte.

6. — Cependant, une clause écrite sur la minute d'un acte authentique, d'une autre encre, mais de la même main que le reste de l'acte, et sans que, dans l'écriture de cette clause, il existe de surcharge ou d'addition sujette à une approbation, ne peut être considérée comme nulle; et sa sincérité ne peut être attaquée que par la voie de l'inscription de faux. — *Rennes*, 19 mars 1844 (t. 2 1844, p. 342), Commune de Rennes c. Thélohan.

7. — Pour les règles particulières aux minutes des jugemens, des procès-verbaux et des actes notariés, V. ACTE NOTARIÉ, JUGEMENT (mat. civ.), NOTAIRE, PROCÈS-VERBAL.

8. — Quelquefois la minute d'un acte est dressée en double : telle est, par exemple, celle de l'inventaire des biens du failli, fait par les syndics. — C. com., art. 480. — V. FAILLITE. — V. aussi COLONIES.

9. — Un acte sous seing privé peut être déposé, pour minute, dans un dépôt public, et spécialement chez un notaire, et par là acquérir l'authenticité quant à son existence, et même quant à la vérité des écritures et signatures qu'elle contient, s'il y a eu reconnaissance de ces écritures et signatures par les parties. — V. ACTE AUTHENTIQUE, ACTE NOTARIÉ, DOUBLE ÉCRIT, EXPÉDITION, GREFFE, GREFFIER, NOTAIRE.

10. — Les minutes des actes publics restent en dépôt aux greffes des tribunaux ou aux secrétariats des administrations. — V. GREFFE, GREFFIER, JUGEMENT (mat. civ.).

11. — Les minutes des actes notariés sont déposées chez les notaires qui les ont dressés. — V. NOTAIRE.

12. — A cet égard, il est à remarquer que les minutes se distinguent en *minutes* proprement dites, qui doivent toujours être en dépôt, et en *brevets* dont l'original même peut être délivré aux parties. — V. ACTE NOTARIÉ, BREVET (acte en), NOTAIRE. — V. aussi DONATION ENTRE-VIFS.

13. — Lorsque deux notaires concourent à la rédaction d'un acte, à qui des deux la minute de cet acte doit-elle rester? V. NOTAIRE.

14. — Les huissiers et autres officiers publics qui procèdent aux ventes mobilières doivent garder les minutes de leurs procès-verbaux. — V. ENREGISTREMENT, n°s 3874 et 3875. — V. aussi VENTE PUBLIQUE DE MEUBLES.

15. — En règle générale, les minutes ne peuvent être déplacées du lieu où elles sont déposées. Il y a exception, toutefois, lorsqu'elles sont arguées de faux ou que la justice en demande communication. — V. FAUX INCIDENT, NOTAIRE.

16. — La contrainte par corps a lieu contre tous officiers publics pour la représentation de leurs minutes, quand elle est ordonnée. — C. civ., art. 2060, 6°. — V. CONTRAINTE PAR CORPS.

17. — Comme les minutes doivent rester dans les lieux où elles sont déposées, il en est délivré, selon le besoin ou le droit des intéressés, des copies qui en rapportent la teneur en tout ou en partie. — V. COPIE FIGURÉE, COPIE DE TITRES ET ACTES, EXPÉDITION, EXTRAIT, GROSSE.

18. — Ces copies doivent, en règle générale, n'être que la reproduction textuelle de la minute. — Dès lors, l'addition sur l'expédition d'une clause qui ne se trouve pas sur la minute doit être réputée non avenue. — *Rennes*, 19 mars 1844 (t. 2 1844, p. 342), Commune de Rennes c. Thélohan. — V. aussi ANNEXE DE PIÈCE, BAIL ADMINISTRATIF, COMPULSOIRE, COUR D'ASSISES, DONATION ENTRE ÉPOUX, DONATION ENTRE-VIFS, ENREGISTREMENT, EXPROPRIATION POUR UTILITÉ PUBLIQUE, FRAIS ET DÉPENS (mat. civ.), GREFFE (droits de).

MIQUELON (Ile).

V. SAINT-PIERRE ET MIQUELON.

MIROITIERS.

Patentables de 5e classe. — Droit fixe, basé sur la population; droit proportionnel du 20e de la valeur locative de l'habitation et des lieux servant à l'exercice de la profession. — V. PATENTE.

MISE AU ROLE.

V. GREFFE (droits de), RÔLE.

MISE EN ACCUSATION.

V. CHAMBRE D'ACCUSATION.

MISE EN CAUSE.

1. — Action d'appeler un tiers dans un procès pour faire déclarer commun avec lui le jugement à intervenir. — V. DÉCLARATION DE JUGEMENT COMMUN, GARANTIE.

2. — Il y a lieu à mise en cause, même en appel, de toutes les parties qui auraient droit d'intervenir ou de former tierce opposition, et, par suite, d'attendre, pour le jugement de l'affaire, que les délais des assignations soient expirés. — *Montpellier*, 13 juin 1844 (t. 1er 1845, p. 70), Solignac c. Usquin. — V. INTERVENTION, TIERCE OPPOSITION.

MISE EN DEMEURE.

1. — C'est la demande ou l'interpellation qui est faite à un débiteur de remplir son obligation.

2. — Le mot *demeure*, du latin *mora*, veut dire *retard*. Dans son acception juridique, il désigne le retard qui soumet le débiteur à des dommages-intérêts.

3. — Quand le débiteur est en demeure de faire ce à quoi il s'est obligé, il encourt la peine à laquelle il s'est soumis par la convention, ou que la loi elle-même prononce, comme les dommages-intérêts. — C. civ., art. 1146 et 1228. — Rolland de Villargues, *Rép. du Notariat*, v° *Demeure* (*mise en*), n° 1er.

4. — Pour que le débiteur puisse être réputé mis en demeure, il faut d'abord qu'il y ait retard de satisfaire à l'obligation. Dans les obligations pures et simples, le débiteur est toujours en retard; dans les obligations à terme, il ne l'est qu'après l'expiration du terme, et dans les obligations conditionnelles, qu'après l'événement de la condition. — Rolland de Villargues, *loc. cit.*, n° 4.

5. — Indépendamment du retard dans l'exécution, il faut de plus que la mise en demeure ait été effectuée de l'une des quatres manières suivantes :

6. — 1° *Par une sommation ou acte équivalent.* — Le débiteur est constitué en demeure, porte l'art. 1139 C. civ., soit par une sommation, soit par autre acte équivalent, etc. — Cette disposition est conforme à notre ancienne jurisprudence, mais contraire au droit romain, d'après lequel : *Dies interpellabat pro homine.* — L. 12, ff. C. *De contrah. empt.*

7. — Par ces mots *autre acte équivalent*, on ne peut entendre que des actes écrits; et la preuve verbale ne serait pas admise en pareil cas. — Boiceau et Danty, *Preuve par témoins*, chap. 10; Poullain-Duparc, chap. 10; Toullier, t. 6, n° 253; Duranton, t. 10, n° 241.

8. — Quant à la nature de ces actes écrits, c'est une question qui est nécessairement laissée à l'appréciation des juges. — Toullier, *ibid*; Rolland de Villargues, *loc. cit.*, n°s 13 et 14.

9. — Jugé nécessairement qu'une citation au bureau de paix est un acte de constitution en demeure. — *Cass.*, 14 juin 1814, Gaillard c. Anglade.

10. — Le commandement d'exécuter un arrêt constitue, quels que soient d'ailleurs les termes, une mise en demeure. — *Colmar*, 23 juill. 1845 (t. 2 1845, p. 684), Hirsler c. Hurth.

11. — 2° *Par la convention.* « Le débiteur est constitué en demeure... par l'effet de la convention, lorsqu'elle porte que, sans qu'il soit besoin d'acte et par la seule échéance du terme, le débiteur sera en demeure. » — C. civ., 1139.

12. — Il n'en était pas de même sous notre ancienne jurisprudence, et de pareilles clauses étaient considérées comme simplement *comminatoires*.

13. — Les termes précis de la loi et le respect dû aux conventions ne permettent plus de décider ainsi aujourd'hui. La stipulation doit recevoir son exécution, qu'il s'agisse d'une obligation de faire, ou d'une obligation de donner. — Toullier, t. 6, n° 249; Rolland de Villargues, *loc. cit.*, n°s 17 et 18; Delvincourt, t. 2, p. 529; Zachariæ, *Dr. civ. fr.*, t. 2, p. 315, note 3. — V. cependant CONDITION, n°s 380 et suiv.

14. — La stipulation portant qu'en cas d'inexécution, après un délai préfixé, de certaines clauses d'une convention, l'une des parties sera *de plein droit* déchue du bénéfice de cette convention, est équivalente à la dispense formelle d'une mise en demeure, et emporte l'application de la peine par la seule échéance du terme. — *Cass.*, 27 avr. 1840 (t. 2 1840, p. 200), Bazergue c. Olard et Malignon.

15. — Il est à remarquer qu'il n'est pas absolument nécessaire que dans la convention on ait cumulé cette phrase : *sans qu'il soit besoin d'acte*, avec celle-ci : *et par la seule échéance du terme*, et *vice versâ*. — Rolland de Villargues, *loc. cit.*, n° 19; Duranton, t. 10, n° 444. — Cependant Toullier (*ibid.*) dit qu'il serait plus prudent de cumuler les deux phrases.

16. — 3° *Par la loi.* C'est quand le débiteur est constitué en demeure de plein droit et par la seule disposition de la loi, ce que les auteurs appellent *mora ex lege*. — Cette sorte de mise en demeure était également admise par les lois romaines. — L. 13, § 20, *C. De act. empt.*; L. 2 C. *De jure emphyt.* — Rolland de Villargues, *loc. cit.*, n° 21.

17. — Ainsi, *a* dans la vente à réméré, le terme fixé est de rigueur et ne peut être prolongé par le juge. — C. civ. 1661. — *b* Dans le prêt à usage ou commodat, l'emprunteur est constitué en demeure par la seule échéance du terme. — C. civ. 1881. — *c* Lorsque le débiteur d'une vente constituée laisse écouler deux ans sans payer, le contrat est converti en une obligation exigible. — C. civ. 1912. — *d* Enfin, en matière de vente de denrées et d'effets mobiliers, la résolution a lieu de plein droit et sans sommation au profit du vendeur, après le terme convenu pour le retirement. — C. civ. 1657.

18. — 4° *Par le seul fait de l'inexécution.* C'est quand la chose que le débiteur s'était obligé de donner ou de faire ne pouvait être donnée ou faite que dans un certain temps qu'il a laissé passer. Dans ce cas, on peut dire qu'il y a lieu d'appliquer la maxime des Romains : *Dies interpellabat pro homine.* — Pothier, *Oblig.*, n° 147; Rolland de Villargues, *loc. cit.*, n° 23.

19. — Mais, dans cette dernière demeure, il s'agit plutôt d'une question de fait que d'une question de droit, et il appartient au magistrat d'apprécier les circonstances. — L. 32 D. *De usur.* — Toullier, t. 6, n° 251; Rolland de Villargues, *loc. cit.*, n° 28.

20. — Pour qu'il y ait demeure acquise, il est nécessaire, dans certains cas, que le créancier se soit présenté aux jour et heure fixés par la convention ou par la loi pour l'exécution de l'obligation. — Toullier, t. 6, n° 271; Rolland de Villargues, *loc. cit.*, n° 38.

21. — L'effet de la demeure est de conférer au créancier un droit acquis aux fruits de la chose

due, à la peine convenue (C. civ., art. 1152) faute d'exécution, et à l'indemnité ou aux dommages-intérêts (V. DOMMAGES-INTÉRÊTS), et cela indépendamment de l'obligation principale de donner, de faire ou de ne pas faire qui seule existait jusque-là. — Voët, De usuris, lib. 22, tit. 4er, n° 28; Toullier, t. 6, n° 255.

22. — L'omission d'une mise en demeure peut être un empêchement aux dommages-intérêts réclamés dans une mise en liberté; mais elle n'élève pas une fin de non-recevoir contre cette même demande. — Colmar, 8 mai 1845 (t. 4er 1846, p. 161), Fellmann c. Mathers.

23. — Le débiteur ne peut, par des offres tardives, se soustraire aux obligations dont il s'agit, à moins que le créancier ne consente à les accepter. — Rolland de Villargues, loc. cit., n° 80.

24. — La demeure peut être purgée par la renonciation du créancier. Cette renonciation peut être expresse ou tacite. — Toullier, t. 6, n° 256. .

25. — Il y a renonciation tacite, par exemple : 1° lorsque, depuis que le débiteur est en demeure, le créancier se fait renouveler l'obligation principale sans réserver des droits que cette demeure lui avait acquis. — L. 8, 45 et 18 D. De novat.— Toullier, t. 6, n° 256. — 2° Ou bien lorsque le créancier ne donne pas suite à la demande qu'il avait faite au débiteur. — Arg. C. proc., art. 37.

26. — Mais si, après avoir fait à son débiteur les sommations extrajudiciaires dont parle l'art. 1139 C. civ., le créancier avait laissé écouler un temps plus ou moins long, il ne serait pas pour cela censé avoir renoncé au bénéfice de la mise en demeure. Toutefois, un silence par trop prolongé pourrait, dans certaines circonstances, porter les magistrats à induire qu'il y a eu renonciation. Dans le doute, personne n'est facilement présumé renoncer à son droit.— Toullier, t. 6, n° 257; Rolland de Villargues, loc. cit., n° 84 et 85.

27. — Si la demeure avait été acquise par une assignation à partie, elle pourrait être purgée par la demande de péremption au bout de trois ans. — C. proc., art. 399 et 400.

28. — Si le créancier s'était borné à citer le débiteur en conciliation sans faire suivre cette citation d'un ajournement dans le mois, la demeure serait purgée. — Arg. C. proc., art. 57. — Toullier, t. 6, n° 259. — V. DÉPÔT, DOMMAGES-INTÉRÊTS, EXÉCUTION DES ACTES ET JUGEMENS, FONÊTS, MANDAT, OBLIGATION, OBLIGATION AVEC CLAUSE PÉNALE, OBLIGATION SOLIDAIRE, SUCCESSION SEIGNEURIALE.

MISE EN ÉTAT.

V. CASSATION (mat. crim.), n°s 781 et suiv., 923 et 924.

MISE DE FAIT.

1. — Terme employé, dans les coutumes de Picardie, de Flandres et d'Artois, pour désigner la prise de possession judiciaire d'un bien.

2. — Les immeubles étaient, dans les coutumes, les seuls biens susceptibles de l'exploitation d'une mise de fait. — Toutefois, dans quelques-unes, les meubles étaient également susceptibles de mise de fait. — Merlin, v° Mise de fait, § 1, n° 2.

3. — On usait de la mise de fait non-seulement quant à la propriété et à l'hypothèque, mais encore pour appréhender un usufruit, pour assurer l'exécution d'un bail, etc. Ainsi, une mise de fait tendait : 1° ou à réaliser, soit un contrat d'aliénation de propriété (vente, donation, échange, etc.), soit un simple bail; 2° ou à procurer à un exécuteur testamentaire ou à un légataire la délivrance des biens que l'un devait administrer ou qui avaient été légués à l'autre; 3° ou à mettre une veuve en possession de son douaire préfix; 4° ou à créer une hypothèque sur les biens vers lesquels elle était dirigée ? 5° ou à en saisiner un héritier légitime dans la succession qui lui était dévolue. — Merlin, Rép., v° Mise de fait.

4. — Sur les formalités qui doivent précéder, accompagner et suivre l'exploitation de la mise de fait, et sur les effets divers qui s'y rattachent, V. Merlin, v° Mise de fait, §§ 3 et 4. — L'usage de la mise de fait a cessé avec les justices seigneuriales. Elle est aujourd'hui remplacée par les formalités que le Code civil a étendues à toute la France.— V. HYPOTHÈQUE, NANTISSEMENT, OEUVRE DE LOI.

MISE EN JUGEMENT.

V. FONCTIONNAIRES PUBLICS.

MISE EN LIBERTÉ.

1. — C'est le fait, en matière criminelle, de rendre à la liberté les individus arrêtés sous prévention de crimes ou de délits.

2. — La mise en liberté soit du juge d'instruction, soit de la chambre du conseil, soit des tribunaux devant lesquels les prévenus ont été traduits.

3. — L'article 16 de la loi du 7 pluviôse an IX, qui avait modifié quelques-unes des dispositions du Code du 3 brumaire an IV, autorisait le directeur du jury, magistrat que représente aujourd'hui le juge d'instruction, à mettre en liberté le prévenu contre lequel il avait décerné un mandat d'arrêt, et son ordonnance s'exécutait immédiatement quand elle était conforme aux conclusions du ministère public; dans le cas contraire, le tribunal vidait le conflit.

4. — Un projet de loi présenté aux Chambres législatives le 19 février 1842, reproduisait en partie la disposition qui vient d'être rappelée; mais ce projet n'a pu être converti en loi.

5. — Le Code d'instruction criminelle ne permet pas au juge d'instruction de faire mainlevée du mandat d'arrêt ni du mandat de dépôt; ce droit n'appartient qu'à la chambre du conseil, en conformité des articles 127 et suivants.— V. INSTRUCTION CRIMINELLE, MANDATS D'EXÉCUTION.

6. — Le juge d'instruction a le pouvoir, après l'interrogatoire du prévenu arrêté sous mandat d'amener, de le laisser libre, sans être préalablement tenu de communiquer l'interrogatoire au ministère public, parce que la mise en liberté est alors de droit, du moment que les appréciations personnelles du juge d'instruction ne le conduisent pas à décerner un mandat de dépôt ou d'arrêt. — Paris, 13 mars 1835., Fourquel. — V., néanmoins, Cass., 7 avr. 1837 (t. 4er 1838, p. 204), R...., Toulouse, 16 oct. 1837 (t. 4er 1837, p. 397), Eychenne c. Delpech; Lyon, 27 mars 1839 (t. 2 1839, p. 11), G....

7. — La mise en liberté des prévenus par la chambre du conseil a lieu, sur le rapport du juge d'instruction, d'après les règles tracées par les articles 114, 128 et suiv. du Code d'instruction criminelle. — V. CHAMBRE DU CONSEIL, INSTRUCTION CRIMINELLE, LIBERTÉ PROVISOIRE.

8. — La mise en liberté des prévenus par les tribunaux devant lesquels ils ont été traduits, s'opère conformément aux articles 191, 206, 212 et 358 du Code d'instruction criminelle. — V. COUR D'ASSISES et TRIBUNAL CORRECTIONNEL.

MISE SOCIALE.

V. SOCIÉTÉS.

MISSI DOMINICI.

1. — On appelait ainsi, sous la première et la seconde race des rois de France, des magistrats du conseil envoyés dans les provinces pour réformer les abus qui pouvaient exister dans l'administration de la justice.

2. — Il est souvent parlé de ces missi dominici ou missi regales dans les capitulaires de Charlemagne et dans ceux de ses successeurs. — V. CAPITULAIRE.

3. — Les missi dominici étaient tirés du palais des rois ou des empereurs et envoyés extraordinairement dans les villes de province avec des pouvoirs très-amples.

4. — Leur mission était de connaître de toutes les affaires qui appelaient une réforme, d'y apporter eux-mêmes le remède, et en cas de difficultés, d'en rendre compte au roi. Ils devaient aussi s'informer de quelle manière ceux qui avaient le gouvernement du peuple s'en acquittaient, quelles étaient parmi eux les personnes dignes de récompense et de correction et de réprimande. Ils jugeaient les appels dévolus au roi, réformaient les jugemens injustes, et devaient délivrer le peuple de l'oppression des grands et des puissans. Enfin, l'un des principaux objets de leur mission consistait à s'informer des vexations que les comtes et les juges pouvaient commettre.

5. — Ils ne pouvaient s'arrêter que dans le district des comtes contre lesquels il y avait des plaintes. Enfin, il leur était défendu d'établir leurs plaids dans le district de ceux qui étaient absens pour les affaires publiques.

6. — Leur commission les autorisait à établir des échevins, les avocats, notaires et autres officiers, et à destituer ceux qui n'étaient pas idoines.

7. — Leur pouvoir s'étendait jusque sur les évêques, les abbés, abbesses et monastères, pour s'informer de leur conduite. Ils devaient avoir

soin de purger le pays des voleurs et des brigands, de soutenir les causes des veuves et des orphelins, et celles des personnes consacrées à Dieu, et de protéger les ecclésiastiques contre ceux qui les traitaient durement.

8. — Quand il s'agissait de causes civiles, ou qui n'intéressaient que les laïques, ils les jugeaient en plein plaid avec les juges des lieux. Si la cause intéressait l'Eglise ou quelque ecclésiastique, ils la jugeaient dans un synode avec les évêques et autres ecclésiastiques.

9. — Sous la troisième race, quand on cessa de rédiger en latin les lettres royales, les missi dominici prirent le nom de députés, commissaires, visiteurs, réformateurs.

10.— Mais leur juridiction devint extrêmement rare, les seigneurs refusant, la plupart du temps, de les recevoir.

11. — Dans les derniers temps les plaids tenus par ces envoyés étaient appelés grands jours royaux. — V. GRANDS JOURS, n° 9. — V. aussi JUSTICE SEIGNEURIALE.

MITOYENNETÉ.

Table alphabétique.

MITOYENNETÉ. — **1.** — Sorte de servitude légale qui oblige les copropriétaires d'une chose à la posséder indivisément, sans que l'un puisse contraindre l'autre au partage ou à la licitation, et qui leur impose des obligations réciproques pour l'entretien, la conservation et l'usage de la chose commune.—Pardessus, t. 1er, n° 143 ; Buridan, Cout. de Vermandois, art. 258.

2. — Le mot mitoyenneté vient, suivant les anciens glossateurs, de la réunion des deux pronoms moi et toi, et indique ainsi l'état d'une chose qui appartient à plusieurs d'une manière telle qu'elle ne puisse plus remplir sa destination si elle était partagée.—Pardessus, ibid.

CHAPITRE Ier. — Principes généraux.

3. — La mitoyenneté n'est, à proprement parler, qu'une copropriété indivise régie par des règles spéciales et subordonnée à deux principes généraux qui dominent toute cette matière.

4. — Le premier de ces principes consiste dans l'exclusion de la règle écrite dans l'art. 815 du Code civil, que nul n'est tenu de rester dans l'indivision. Partout où il y a mitoyenneté, soit qu'elle résulte d'une disposition expresse de la loi, soit qu'en l'absence de toute loi elle soit la conséquence nécessaire de la nature ou de l'état des choses, l'indivision est forcée et aucun des copropriétaires mitoyens ne peut demander à en sortir. La volonté simultanée de tous ou l'abandon fait par un seul, de ses droits dans la mitoyenneté, peuvent seuls mettre un terme à l'indivision.

5. — Le second principe en matière de mitoyenneté, c'est que l'usage de la chose mitoyenne tout entière appartient à chacun des copropriétaires, autant toutefois que cela peut se concilier avec l'égalité des droits des communistes ; en d'autres termes, qu'un des copropriétaires mitoyens peut se servir de toute la chose, tant que l'utilité de son copropriétaire ne le contraint pas à partager l'usage par moitié.

6. — Enfin, la mitoyenneté offre ce caractère, qui n'est point général aux servitudes, qu'elle consiste jusqu'à un certain point à faire, et que les copropriétaires sont obligés à la réparation en commun de la chose mitoyenne. — C. civ., art. 655.

7. — La loi a tracé des règles différentes pour la mitoyenneté des murs, des haies et des fossés. Nous examinerons en outre, dans une section distincte, les règles qui s'appliquent aux mitoyennetés non prévues par la loi, mais qui sont la conséquence de l'état des lieux ou de la force des choses.

CHAPITRE II. — Mitoyenneté des murs.

8. — Les murs existans entre deux héritages sont mitoyens ou peuvent le devenir. Indépendamment de tout titre ou de toute convention, la loi, dans certains cas, répute les murs mitoyens. Cette présomption légale, qui dispense de toute preuve, est le moyen le plus simple d'établir l'existence de la mitoyenneté.

9. — Indépendamment des présomptions établies par la loi, la mitoyenneté peut résulter soit de la construction faite en commun, soit de l'acquisition volontaire ou forcée. Ces différens cas devront être examinés séparément.

10. — Enfin, pour épuiser ce qui concerne la mitoyenneté des murs, il importe d'examiner les conséquences de cette mitoyenneté, ses charges, et les causes qui peuvent la faire cesser.

Sect. 1re. — Présomption de mitoyenneté.

11. — Dans tous les cas où la raison et l'intérêt de deux voisins font supposer qu'ils ont pu construire un mur à frais communs, la loi le présume mitoyen.—Pardessus, t. 1er, n° 145 ; Marcadé, Élém. de droit civil français, t. 3, art. 653.

12. — Dans les villes et campagnes, tout mur servant de séparation entre bâtimens jusqu'à l'héberge, ou entre cour et jardin, et même entre enclos dans les champs, est présumé mitoyen, s'il n'y a titre ou marque du contraire. — C. civ. 653.

13. — L'art. 653 établit une présomption légale excluant la preuve contraire, et ce n'est dans les cas spécialement prévus par la loi, c'est-à-dire dans ceux où il y a soit titre, soit marque de non-mitoyenneté.

14. — Il faut conclure de là, que la preuve testimoniale qui serait admissible pour établir la mitoyenneté d'un mur, et sa valeur n'excédait pas 150 fr., serait impuissante pour combattre la présomption de mitoyenneté résultant de l'art. 653 du C. civ.—V. Duranton, t. 5, n° 301.

15. — Mais il faut aussi reconnaître que l'article 653, établissant une présomption légale, contient par cela même une disposition rigoureuse et exceptionnelle, et doit être strictement restreint dans ses termes précis, tandis qu'il est permis aux jurisconsultes d'interpréter plus largement les dispositions de l'art. 654 qui sont un retour au droit commun.

16. — La présomption de mitoyenneté, étant fondée sur la supposition que le mur a été bâti en commun par les deux propriétaires, entraîne la présomption que chacun d'eux a fourni la moitié du sol nécessaire à son établissement. — Duranton, t. 5, n° 301 ; Marcadé, loc. cit.

17. — Il n'en était point ainsi à Rome, où, suivant la loi 13 ff. finium regundorum, tirée d'une loi de Solon, le mur de clôture devait être bâti d'un pied de la ligne séparative des deux fonds, et où une maison devait être distante de la ligne séparative des héritages, de deux pieds au moins. Une constitution de Zénon, rappelée dans la loi 12, § 2, au Code de ædificiis privatis, avait même prescrit de laisser un intervalle de douze pieds entre la maison qu'on voulait bâtir et celle du voisin. — Duranton, n° 302.

18. — Lorsqu'elles étaient bâties en conformité de cette loi, les maisons à Rome se trouvaient séparées par de petites ruelles qu'on appelait ambitus. Cette précaution était prise contre les incendies ; et c'est cet usage que les jurisconsultes romains avaient d'habitude de donner aux maisons le nom d'insula.

19. — Ainsi, la loi consacre la présomption de mitoyenneté dans deux cas bien différens : 1° dans celui où le mur sert de séparation entre bâtimens soit à la ville, soit à la campagne ; 2° dans celui où il sort de séparation entre cours, jardins ou enclos, même dans les champs.

20. — C'est à celui qui prétend qu'un mur est mitoyen à vérifier sa demande, s'il le fait, on ne doit pas admettre les prétentions contraires à cette présomption, résultant de l'état du mur. — Rennes, 23 déc. 1846, N...

ART. 1er. — Murs servant de séparation entre bâtimens.

21. — La loi déclarant mitoyen dans les villes et campagnes tout mur servant de séparation entre bâtimens jusqu'à l'héberge, on en conclut qu'il n'y a pas présomption légale de mitoyenneté lorsque l'un des fonds est bâti et que l'autre ne l'est pas. On doit naturellement croire que le propriétaire du bâtiment a fait seul les frais de la construction du mur qui lui était nécessaire, et que le voisin, auquel ce mur n'était d'aucune utilité, n'a pas contribué à son établissement.—Duranton, t. 5, n° 303 ; Marcadé, loc. cit.

22. — Pothier (Du contrat de société, n° 220) établissait une distinction et voulait que dans les villes où la loi permettait à chacun d'obliger son voisin à faire à frais communs un mur de clôture (Cout. de Paris, art. 202 ; Cout. d'Orléans, art. 236) les murs même qui n'avaient de bâtiment que d'un seul côté fussent néanmoins réputés mitoyens depuis la fondation jusqu'à hauteur que la loi prescrit pour les murs de clôture. « On doit présumer, disait-il, que le voisin qui n'a pas de bâtiment de son côté ayant pu être obligé par l'autre voisin à construire à frais communs un mur de la hauteur prescrite par la loi, y aura été obligé en effet et qu'ils auront construit le mur en commun jusqu'à ladite hauteur.»—V. Bourjon, Des servitudes, liv. 1er. tit. 4e, 2e part, chap. 10, sect. 1re, n° 4.

23. — Cette distinction de Pothier est admise sans restriction par M. Pardessus (t. 1er, n° 149), et par M. Toullier (t. 3, p. 129). — M. Delvincourt (t. 1er, p. 395) établit une sous-distinction. — Dans les villes, dit-il, où l'usage oblige le voisin à contribuer à la clôture commune, si le jardin est clos de tous côtés, le mur du bâtiment doit être présumé mitoyen jusqu'à la hauteur du mur qui forme la clôture des autres côtés. Si le jardin n'est clos que du côté du bâtiment, le mur doit être présumé appartenir en entier au propriétaire de ce bâtiment, par argument de l'art. 670 C. civ.

24. — Mais la distinction de Pothier et celle de M. Delvincourt sont combattues avec force par M. Duranton (t. 5, n° 303). La présomption légale de mitoyenneté n'existe, suivant cet auteur, qu'autant que le mur sert de séparation entre bâtimens, ce sont les termes de la loi ; et il n'est pas permis, selon lui, de les étendre, lorsqu'il s'agit surtout de créer une présomption légale. Il s'agit que le mur qui supporte un bâtiment étant nécessairement plus fort, plus épais et plus élevé qu'un simple mur de clôture, il n'est pas probable que les deux voisins, qui n'avaient pas le même intérêt, l'aient construit en commun, et que le surplus une de ces présomptions de fait que la loi abandonne à la sagesse du magistrat ne peut dans aucun cas, équivaloir à une présomption légale. — Conf., Marcadé, t. 3, art. 653.

25. — C'est cette dernière opinion qui paraît

jusqu'ici admise par la jurisprudence. Ainsi, il a été jugé que, dans les villes où les voisins peuvent réciproquement se contraindre à élever un mur à frais communs pour se clore, les murs des édifices ne doivent pas être réputés mitoyens, du moins jusqu'à la hauteur que l'usage local prescrit pour les murs de cette espèce. — *Pau*, 18 août 1831, Lacroix c. Dubroca; *Rennes*, 9 juillet 1821, Septlivres c. Bonnefin.

26. — La présomption d'après laquelle tout mur servant de séparation entre bâtimens jusqu'à l'héberge est réputé mitoyen, s'il n'y a titre ou marque du contraire, peut être détruite par la preuve qu'à l'époque où le mur a été construit, le terrain de l'un des voisins était ouvert, et que ce n'est que plusieurs années après que le voisin a élevé un bâtiment sur sa propriété. — C. civ. art. 653. — Dans ce cas, l'action en destruction de constructions appuyées sur le mur non mitoyen, ou en paiement de la valeur de la moitié de ce mur, est recevable pendant trente ans. — C. civ., art. 2262. — *Bourges*, 21 déc. 1836, Pezard c. Cordier.

27. — Lorsqu'il y a d'un côté un bâtiment et de l'autre côté des vestiges d'un bâtiment qui y était anciennement adossé et qui est maintenant détruit, le mur doit être réputé mitoyen; car les bâtimens maintenant détruits n'auraient pu être construits, si le mur n'avait pas été mitoyen. — Pardessus, n° 163; Marcadé, *loc. cit.*

28. — En déclarant mitoyens les murs qui servent de séparation entre bâtimens *jusqu'à l'héberge* la loi entend que la présomption de mitoyenneté n'existe que jusqu'au point où deux bâtimens de hauteurs inégales peuvent profiter du jour commun. Au-dessus de ce point, le mur est la propriété exclusive du maître du bâtiment le plus élevé. — Pothier, *Contrat de société*, n° 203; Pardessus, t. 1er, n° 160.

29. — Il en serait ainsi lors même que l'excédant du mur dépasserait le toit du bâtiment le plus élevé, attendu que portant directement sur une partie du mur appartenant exclusivement à l'un des voisins, c'est ce dernier qui est naturellement présumé l'avoir construit à ses frais soit pour garantir son toit de la violence des vents, soit dans la vue d'exhausser un jour son bâtiment. — Duranton, t. 5, n° 306. — *Contrà*, Pardessus, n° 150.

30. — Si, les deux bâtimens étant d'égale hauteur, le mur était plus élevé que les points où cesse l'appui de chacun des deux bâtimens, et que ni l'un ni l'autre ne profite de l'excédant, cet excédant serait réputé mitoyen en vertu de la règle générale qu'à défaut de titres ou de toute autre preuve équivalente, l'objet situé sur la limite de deux héritages appartient en commun à ceux qu'il sépare ainsi. — Pardessus, t. 1er, n° 160.

31. — Si le bâtiment inférieur a ses cheminées adossées au mur supérieur, il y a présomption de mitoyenneté du mur dans les endroits où elles sont placées; car le propriétaire de ce mur n'était point obligé de les souffrir sans indemnité, et d'un autre côté, le maître du bâtiment inférieur, n'étant point obligé de rendre le mur mitoyen en totalité, ne doit être présumé l'avoir fait que dans les parties où cela lui était nécessaire. — Duranton, t. 5, n° 306.

32. — Si, comme on le voit souvent, le toit du bâtiment inférieur, ne s'étendait point parallèlement au mur, mais suivait un plan incliné, d'un ou de deux côtés, la présomption de mitoyenneté suivrait la même direction. — On suppose toujours que la mitoyenneté n'existe que jusqu'au point où elle était nécessaire. — Duranton, t. 5, n° 307.

ART. 2. — *Murs servant de séparation entre cours, jardins et enclos.*

33. — Lorsqu'un mur sert de séparation à deux propriétés également encloses, il est naturel de supposer qu'il a été construit à frais communs; et c'est sur ce fondement que l'art. 653 du Code civil a établi la seconde présomption de mitoyenneté.

34. — Pour que cette présomption existe, il faut que le mur serve de séparation entre cours et jardins ou même entre enclos dans les champs. Ainsi il importerait peu que les propriétés ne fussent pas de même nature, pourvu qu'elles eussent l'une et l'autre la qualité de cour, jardin ou enclos. — Duranton, n° 304, t. 5; Marcadé, t. 3, art. 653.

35. — Un mur servant de séparation entre deux fonds qui ne seraient ni l'un ni l'autre cour, jardin ou enclos, devrait être présumé mitoyen, non en vertu de l'art. 653 qui est muet sur ce point, mais par la raison qu'aucun des propriétaires n'y pourrait prétendre plus de droit que l'autre. — Duranton, t. 5, n° 305; Pardessus, t. 1er, n° 159.

36. — Lorsqu'il n'existe aucune preuve qui constate que, pendant quarante ans, l'une ou l'autre des parties ait joui paisiblement et exclusivement d'un mur ou talus séparant leurs propriétés, ce mur ou talus doit être réputé mitoyen. — C. civ., art. 653 et 654. — *Rennes*, 14 mai 1810, Charmois c. Guibert.

37. — Quoique les mots *cour* et *jardin* n'aient point une signification bien précise, il est probable que les tribunaux refuseraient d'appliquer cette qualification à un terrain non clos, et qu'un mur construit entre un terrain clos et un autre terrain cultivé en légumes ou fleurs, mais non enclos, ne serait pas réputé mitoyen.

38. — Nous n'hésitons pas à penser qu'on devrait considérer comme clos un terrain entouré d'un ou de plusieurs côtés par des haies vives. La qualification d'enclos est, au surplus, dit M. Pardessus, moins difficile à connaître par l'usage qu'à définir (t. 1er, n° 159).

39. — Le mur construit antérieurement au Code civil, et qui porte des signes reconnus par l'usage local comme signes de mitoyenneté, peut être déclaré mitoyen, encore que sa construction ne réalise pas les présomptions de mitoyenneté établies par l'art. 654 du Code. — C. civ., 654. — Spécialement, d'après les usages anciens de la ville de Montauban, les filets en brique formant saillie sur un héritage établissaient, jusqu'à preuve contraire, la mitoyenneté des murs, au profit de cet héritage. — *Cass.*, 18 juill. 1837 (t. 2 1838, p. 97), Bonnecaze c. Maffre.

40. — Un ancien mur empiétant sur la presque totalité du fossé en litige peut, ainsi que le serait une borne, être regardé comme un titre de mitoyenneté en faveur du propriétaire de ce mur. — *Douai*, 15 févr. 1836, Dubois c. Hamez. — Solon, *Traité des servitudes réelles*, n° 189.

41. — Jugé, au contraire, qu'on ne peut invoquer d'autres présomptions de mitoyenneté que celles indiquées par la loi. — *Spécialement*, la circonstance qu'un escalier a été autrefois attaché à un mur ne forme pas en faveur du propriétaire du côté duquel se trouvent les intersignes de cet escalier, une présomption de mitoyenneté. — On ne peut regarder comme telle l'existence de harpes ou pierres d'attente. — *Rennes*, 9 juill. 1821, Septlivres c. Bonnefin. — Goupy, *sur Desgodets*, notes sur l'art. 211 *Cout. Paris*; Duranton, t. 5, n° 309.

42. — L'héritier qui, avec ses cohéritiers, a vendu une maison séparée de sa propriété par un mur offrant des intersignes nombreux et manifestes de mitoyenneté, et qui a livré à l'acquéreur des actes mentionnant les deux propriétés voisines comme ayant appartenu autrefois au père de famille, ne peut être admis à prouver par témoins que le mur a été démoli et reconstruit par lui seul depuis moins de trente ans; mais avant la vente, il doit être regardé comme ayant autorisé le vendeur à regarder le mur comme mitoyen, et le silence gardé, sur ce point, dans l'acte de vente, doit s'interpréter contre lui. — *Rennes*, 27 août 1835, Barnabé c. Daussy.

ART. 3. — *Quand cesse la présomption de mitoyenneté.*

43. — La présomption légale de mitoyenneté établie par l'art. 652 du C. civ. ne peut cesser que dans deux cas : 1° s'il y a titre; 2° s'il y a marque de non-mitoyenneté. — Marcadé, t. 3, art. 654.

§ 1er. — *Titre contraire à la présomption de mitoyenneté.*

44. — Nous n'avons point à examiner ici les questions qui peuvent s'élever, en général, sur la validité des titres. Mais la présomption de mitoyenneté cédant aussi bien aux marques qu'aux titres, on a dû se demander laquelle de ces deux preuves de non-mitoyenneté devrait l'emporter lorsqu'elles sont en désaccord.

45. — « Toute preuve matérielle qui n'est évidemment qu'une présomption, dit M. Pardessus (t. 1er, 161), devant céder à la preuve littérale, celui qui justifierait, par ce genre de preuve, qu'un mur n'est pas mitoyen, pourrait l'invoquer nonobstant la présomption résultant de la situation des héritages. » — Pothier, *Contrat de société*, n° 206; Bourjon, *Des servitudes*, part. 2, chap. 10, sect. 1re, n° 2; Duranton, t. 5, n° 311.

46. — Mais le titre ferait-il encore réputer le mur mitoyen, si les marques de non mitoyenneté avaient une existence continue, publique, non équivoque, de plus de trente ans après la date du titre? La négative est professée par M. Pardessus (t. 1er, n° 161), et par Delvincourt (t. 1er, p. 395), et Toullier (t. 3, p. 130). — Cet état de choses, selon M. Pardessus, donne lieu de croire que les parties ont fait de nouvelles conventions par suite desquelles le mur a été reconstruit avec des signes de propriété exclusive au profit de l'un des deux propriétaires limitrophes.

47. — M. Duranton (t. 5, n° 311), repousse, avec raison, cette doctrine. Pour acquérir par prescription la propriété exclusive du mur, il faut ou une contradiction aux droits du propriétaire indivis que nous ne supposons pas, ou une jouissance exclusive qui n'est que la conséquence nécessaire de l'existence des marques de non-mitoyenneté. Ces marques peuvent fort bien avoir été établies précairement, ou être la suite de la jouissance indivise des propriétaires mitoyens, et il n'y a par conséquent aucune induction à en tirer. — *Sic*, Marcadé, t. 3, n° 654; Zachariæ, t. 2, p. 45, n° 24.

48. — Jugé qu'un mur peut, comme tout autre immeuble, s'acquérir par la possession de trente ans. Il suffit, pour cela, d'y avoir fait des actes ou des entreprises qui excluent toute supposition de mitoyenneté. — *Pau*, 18 août 1834, Lacroix c. Dubroca.

49. — Si au lieu de supposer, comme nous l'avons fait, un titre établissant la mitoyenneté et des marques de propriété exclusive au profit de l'un des voisins, nous supposons au contraire un titre établissant la propriété exclusive et des marques de mitoyenneté au profit du voisin, nous dirons encore que le titre doit prévaloir, quelque anciens que soient les signes de mitoyenneté. Dès qu'il y a titre de propriété exclusive en faveur de l'un des voisins, que font désormais les signes en faveur de l'autre? Celui-ci n'a pu prescrire contre le titre émané de lui ou de son auteur, parce qu'on ne peut pas se changer à soi-même la cause et le principe de sa possession. — Duranton, t. 5, n° 311.

50. — Toutefois, s'il est vrai que le titre doit toujours l'emporter, soit pour établir la mitoyenneté, soit pour la repousser, nous n'hésitons pas à croire que celui des voisins qui aurait placé des corbeaux dans le mur de son voisin et les y aurait gardés pendant trente ans publiquement aurait acquis par prescription le droit de les conserver. Il est incontestable, sans doute, que celui qui possède par indivis, en vertu d'un titre, ne peut se changer à lui-même le principe de sa possession; mais il est également certain que la reconnaissance que je ne suis point propriétaire ne m'empêchera pas de le devenir au moyen de la prescription trentenaire. Seulement, comme il s'agit ici de l'emporter sur un titre, je ne pourrai prescrire que dans les limites de ma possession. *Tantum præscriptum quantum possessum.* — Conf. Marcadé, *loc. cit.*

51. — On devrait considérer comme un titre faisant fléchir la présomption de non-mitoyenneté la stipulation par laquelle celui qui se trouve en même temps propriétaire de deux bâtimens déclare, sans restriction ni réserve, en les vendant successivement à deux acquéreurs différens, que le mur séparatif sera mitoyen.

52. — Le mur, dans ce cas, n'est pas mitoyen jusqu'à l'héberge seulement, il l'est dans son entier.

53. — Il y aurait titre de non-mitoyenneté si, en construisant le mur, j'avais fait faire une notification à mon voisin, par laquelle je protestais contre toute prétention future de sa part à la mitoyenneté, à moins toutefois que le voisin ne produisît une preuve contraire, par acte, qu'il a déclaré vouloir que le mur fût construit en commun. — Duranton, t. 5, n° 308. — Jugé cependant que la présomption de mitoyenneté ne disparaît pas parce qu'il est intervenu entre deux voisins une convention par laquelle ils ont réparti entre eux les frais de réparations du mur séparatif d'après des bases particulières. — *Caen*, 7 août 1848 (t. 1er 1849, p. 646), Bertrand c. Deliles.

§ 2. — *Marques de non-mitoyenneté.*

54. — Il y a marque de non-mitoyenneté lorsque la sommité du mur est droite et à plomb de son parement d'un côté, et présente de l'autre un plan incliné; il y a encore marque de non-mitoyenneté lorsqu'il n'y a que d'un côté ou un chaperon ou des filets et corbeaux de pierre qui y auraient été mis en bâtissant le mur. Dans ces cas, le mur est censé appartenir exclusivement au propriétaire du côté duquel sont l'égout ou les corbeaux et filets de pierre. — C. civ., art. 654.

55. — On appelle *chaperon* le sommet du mur formé avec de la chaux ou du plâtre, et quelquefois recouvert avec de la tuile pour mieux garantir le mur.—Duranton, t. 5, nº 309 ; Marcadé, t. 3, art. 654.

56. — On donne le nom de *filets* soit à la moulure qui saille au bout du chaperon du mur et excède sa surface perpendiculaire, soit à des morceaux de bois qui sont enfoncés dans le mur, et dont les bouts paraissent au dehors. — Pardessus, nº 162.

57. — Par *corbeaux*, on entend des morceaux de pierre placés dans le mur, et dont la saillie excède sa surface perpendiculaire. — Pardessus, nº 162; Desgodets, sur l'art. 214 de la *Cout. de Paris*; Pothier, *Contrat de société*, nº 205.

58. — On croit généralement que les corbeaux ont été placés en bâtissant le mur quand l'épaisseur du mur et la saillie que fait le corbeau sont faits d'une seule et même pierre, parce que c'était le meilleur moyen de donner au mur la solidité nécessaire pour supporter la poutre. — Duranton, nº 309 ; Marcadé, t. 3, art. 654.

59. — Les harpes ou pierres d'attente, qui sont des pierres que fait saillir du côté du voisin celui qui bâtit le premier, afin que, lorsque le voisin viendra à bâtir à son tour les deux maisons se trouvent liées ensemble et qu'il ne soit pas nécessaire de faire des entailles et des incrustemens qui détérioreraient la jambe-boulisse de la première maison, ne peuvent fournir aucun préjugé relativement à la mitoyenneté. — Goupy, *sur Desgodets*, *Cout. de Paris*, art. 214 ; Duranton, t. 5, nº 309 ; Marcadé, t. 3, art. 654.

60. — Les coutumes contenaient, quant aux signes de non-mitoyenneté, des dispositions très-diverses, que les rédacteurs du Code paraissent avoir voulu également écarter. Ainsi, on ne considérerait plus aujourd'hui comme signes de non-mitoyenneté les *corbeaux* ou *corbelets de défense* établis de manière que celui du côté duquel ils étaient placés n'en pût faire aucun usage (Cout. d'Orléans, art. 241; Cout. de Nivernais,, ch. 10, art. 4), ni les anneaux, chevilles ou crochets destinés à attacher des espaliers, ni les lucarnes ou petites ouvertures en usage dans les pays méridionaux. — Cœpolla, t. 1er, cap. 40, nº 15 et seq.; Pardessus, nºs 162 et suiv.

61.—Mais si ces signes avaient été établis avant le Code, ils conserveraient encore aujourd'hui tout leur effet. La loi n'a point d'effet rétroactif, et ces signes attestaient au moment de la publication du Code un droit acquis que le législateur n'a pu vouloir détruire. — Duranton, t. 5, nº 310.

62. — Toutes les présomptions de mitoyenneté résultant du § 1er de l'art. 653 peuvent se résumer dans les circonstances qui indiqueraient que l'un des propriétaires a tout fait pour que les eaux tombent de son côté.

63. — Un cordon de pierres horizontal en saillie ne peut être assimilé aux filets ou larmiers mentionnés dans l'art. 654 C. civ. — *Rennes*, 9 juill. 1821, Septlivres c. Bonnefin.

64. — Au surplus, pour que les marques dont parle l'art. 654 fassent présumer la non-mitoyenneté, il faut que l'état du mur ait commencé avec la construction ou subsiste depuis trente ans. Si donc l'un des voisins articulait que cet état du mur est récent, que ce n'est qu'une voie de fait de la part de l'autre, qu'elle a eu lieu depuis la construction, et sans titre, on ne pourrait se dispenser de l'admettre à le prouver, soit au pétitoire, soit au possessoire, et lui refuser le droit de faire rétablir les choses dans leur ancien état. — Pardessus, nº 163. — *Contrà* Delvincourt, t. 1er, p. 554.

65.—La prescription doit-elle être rangée parmi les titres légitimes qui attribuent la propriété exclusive d'un mur? M. Pardessus (t. 1er, nº 161) répond affirmativement. « La copropriété n'empêche pas, dit-il, qu'un seul ne puisse acquérir par prescription les droits de son associé ; mais il faut, pour cela, que, pendant trente ans, un voisin ait toléré, de la part de l'autre, des actes excluant toute idée de mitoyenneté sur le mur auquel la présomption légale attribue cette qualité, et que, de son côté, il n'ait fait aucun usage de ce mur. — V. Arrêt du 22 mai 1770, cité par Denisart, vº *Mur*, nº 15 ; Lapeyrière, vº *Prescription*; Dunod, *Des prescriptions*, part. 1re, chap. 12, p. 81 et 101.

66. — La possession annale suffirait-elle pour fonder au possessoire la présomption de non-mitoyenneté ? Dès qu'on reconnaît que la possession trentenaire pourrait avoir pour effet d'attribuer à un des voisins la propriété exclusive du mur auparavant présumé mitoyen, on ne peut refuser à la possession annale le pouvoir de fonder une action possessoire. — Duranton, nº 314. — *Contrà* Toullier, t. 3, nº 188; Merlin, *Rép.*, vº *Mitoyenneté*.

67.—Pour repousser cette opinion, on a dit que l'art. 653 ne reconnaissait pas pour les murs, comme le fait l'art. 670 pour les fossés, la possession contraire comme destructive de la présomption de mitoyenneté. Mais il est beaucoup plus raisonnable de supposer que l'art. 670 qu'on n'hésite pas à appliquer aux fossés, quoiqu'il ne parle que des haies, contient simplement l'application à un cas particulier d'un principe général, et qu'en l'appliquant aux murs on se conforme à l'esprit bien entendu de la loi. — Pardessus, nº 163.

68. — Le fait d'adosser contre un bâtiment séparatif de propriété le mur d'une plate-blande, d'y appuyer des espaliers, d'y fixer des crochets en fer pour soutenir des arbres, ne constitue que l'exercice d'acte de simple tolérance et de bon voisinage qui ne peuvent faire acquérir la mitoyenneté par prescription. — *Pau*, 18 août 1834, Lacroix c. Dubroca.

69. — On ne peut appliquer des espaliers ou des vignes sur un mur non mitoyen. — *Paris*, 30 janv. 1811, Houbé c. Elleviou.

70. — Comme un mur peut être mitoyen en partie seulement, on doit distinguer entre les marques de non-mitoyenneté celles qui, par leur nature, ont rapport à la totalité du mur, et celles qui ne peuvent produire qu'une preuve locale ou partielle. — Pardessus, nº 164.

71. — L'existence d'une sommité droite d'un côté et inclinée ou arrondie en chaperon de l'autre, s'applique à la totalité du mur et doit le faire attribuer en entier à celui qui peut invoquer l'existence de ces marques. — Pardessus, nº 164.

72. — Quant aux filets ou corbeaux, il en est autrement et on ne doit présumer la non-mitoyenneté que pour la partie du mur qui s'élève au-dessus de ces marques. — Pardessus, *ibid.*

73. — Il est à remarquer d'ailleurs que la loi semble exiger non pas un seul mais plusieurs corbeaux ou filets. — Pardessus, *ibid.*

74. — Un mur de terrasse étant réputé partie intégrante du terrain qu'il soutient, n'a pas besoin d'être muni de signes exclusifs pour être réputé non mitoyen. — Pardessus, nº 150.

75. — Ainsi, un mur de terrasse est réputé de droit appartenir exclusivement au propriétaire de cette terrasse. — Néanmoins, ce dernier ne peut, par des travaux quelconques, se procurer, sur l'héritage voisin, une vue plus facile que celle qui résulte naturellement de l'élévation de son terrain. — *Orléans*, 19 janv. 1849 (t. 1er 1849, p. 182), Viot c. Blet.

76. — Lorsqu'il existe des deux côtés des marques de non-mitoyenneté, soit de même nature, soit de nature différente, elles se neutralisent dans tous les cas où la clôture est forcée, et le mur est réputé mitoyen.—Duranton, nº 312.

77.—Il en sera de même dans les lieux où la clôture n'est pas forcée, mais où, à raison de la nature des propriétés voisines, le mur est présumé mitoyen à moins de marque du contraire, comme s'il sert de séparation entre cours ou jardins, ou entre enclos même dans les champs.—C. civ., art. 653. — Duranton, t. 5, nº 312.

78.—Mais on ne devrait pas considérer comme mitoyen un mur recouvert d'un chaperon des deux côtés, et qui servirait de séparation à la campagne entre un terrain clos de murs de tous les côtés et un terrain complétement ouvert. On doit supposer, soit que le propriétaire de l'enclos, en construisant son mur a laissé derrière un petit espace pour recevoir une partie des eaux de pluie, soit que le maître du fonds non enclos ne s'est point opposé à la construction du mur avec ce chaperon de son côté.—Duranton, *ibid.* — V. cependant *Bordeaux*, 22 fév. 1844 (t. 2 1844, p. 404), Tillet c. Lapoyade. — V. MUR.

79. — La présomption légale de mitoyenneté établie par l'art. 653 C. civ. n'est pas applicable, surtout dans les lieux où la clôture n'est pas forcée, au mur d'un bâtiment contigu à un terrain non clos. — *Bordeaux*, 6 déc. 1844 (t. 1er 1845, p. 544), Lafont c. Raguenaud.

Sect. 2e. — *Acquisition de la mitoyenneté.*

80. — Lorsque deux voisins s'accordent, l'un pour vendre, l'autre pour acheter la mitoyenneté d'un mur, leurs rapports se trouvent naturellement réglés par la convention; et c'est à elle qu'il faut se reporter pour déterminer les droits et les devoirs des copropriétaires mitoyens.

81. — Ce que nous venons de dire de l'acquisition volontaire de la mitoyenneté s'appliquerait, et à plus forte raison, à la construction volontairement faite en commun; mais, par une

exception dont les motifs sont faciles à apprécier, le législateur autorise les voisins, dans certains cas, à contraindre leurs voisins soit à construire à frais communs des clôtures sur les limites de leurs propriétés respectives, soit à leur vendre la mitoyenneté des murs déjà existans, et c'est de ce double droit également exorbitant qu'il importe de préciser avec soin l'étendue et les conséquences.

ART. 1er. — *Murs mitoyens par construction faite en commun.*

82.—Chacun peut contraindre son voisin, dans les villes et faubourgs, à contribuer aux constructions et réparations de la clôture faisant séparation de leurs maisons, cours et jardins assis èsdits villes et faubourgs : la hauteur de la clôture sera fixée suivant les règlemens particuliers ou les usages constans et reconnus ; et, à défaut d'usages et de règlemens, tout mur de séparation entre voisins qui sera construit ou rétabli à l'avenir doit avoir au moins trente-deux décimètres (dix pieds) de hauteur, compris le chaperon, dans les villes de 50,000 âmes et au-dessus, et vingt-six décimètres (huit pieds) dans les autres. — C. civ., art. 663.

83. — Dans les villes et faubourgs, une haie ne peut être considérée comme une clôture dans le sens de l'art. 663 C. civ.; dès lors, l'un des propriétaires peut forcer l'autre à remplacer cette haie par un mur. — *Amiens*, 15 août 1838 (t. 1er 1839, p. 576), Gueule c. Piet.

84. — Hors des villes et faubourgs, le propriétaire qui veut se clore doit le faire sur son propre terrain si son voisin ne consent pas à faire un mur mitoyen. — *Limoges*, 20 mars 1822, Grateyrolle c. Lacroix.

85.—Quoique en général le libre consentement des parties intéressées doive seul déterminer la clôture commune, l'art. 663 autorise l'un des voisins à contraindre l'autre, dans certains cas, à construire un mur en commun sur la limite de leurs héritages respectifs. Ce droit étant évidemment exorbitant, il importe de déterminer les localités auxquelles il s'applique, la nature des propriétés dont parle l'art. 663, et enfin l'étendue du droit de chaque voisin.—Pardessus, *Servitudes*, t. 1er, nºs 146 et suiv.

86. — L'art. 663 ne rend la clôture forcée que dans les villes et faubourgs pour les maisons, cours et jardins assis èsdites villes et faubourgs. Que faut-il donc entendre par villes et faubourgs? La solution de cette question était déjà très-difficile sous l'ancien droit, quoique des chartes, des priviléges, d'anciennes fortifications pussent servir d'élémens d'appréciation; et la disparition de ces anciens monumens l'a rendue encore plus délicate. — Pardessus, nº 147.

87. — On doit incontestablement considérer comme ville la réunion d'habitans à laquelle cette qualification a été légalement conférée par un acte administratif. — Duranton, nº 319, not. 1re; Pailliet, *Comment. sur les servit.*, p. 777 ; Pardessus, nº 147 ; Marcadé, t. 3, nº 663.

88. — Mais à défaut d'acte administratif, il est incontestable qu'il appartient aux tribunaux de décider si une commune a ou non le caractère de ville ; et qu'ils ne pourraient, sans se rendre coupables de déni de justice (C. civ., art. 4) refuser de se prononcer sur cette question. — *Rennes*, 9 mars 1820, Bourgneuf c. Lecornec et Foucault. — Pardessus, nº 147.

89. — Dans ce cas, ils devraient donc se décider par les qualifications données à la commune dans des actes non suspects; à défaut de ces preuves, ordonner que, dans un délai déterminé, celui qui prétend que la commune est une ville, justifiera d'un acte administratif qui lui attribue ou lui reconnaisse cette qualification; enfin, en l'absence de tous ces élémens de décision, ils devraient prononcer suivant leurs connaissances particulières. — Pardessus, *loc. cit.*; Duranton, nº 319, not. 1re; Pailliet, *Comment. sur les servit.*, p. 777.

90. — Le mot *ville*, dans son acception usuelle et commune, emporte l'idée d'une population nombreuse à laquelle sont réunis des établissemens publics pour l'harmonie de l'association générale et des besoins civils et commerciaux. — Pontrieux, dont la population n'excède pas douze à quinze cents âmes, qui n'a d'établissemens que ceux qui sont communs aux simples bourgs, et qui ne possède rien de ce qui caractérise une ville, ne peut être qualifiée telle dans le sens de l'art. 663 C. civ. — *Rennes*, 9 mars 1820, Bourgneuf c. Lecornec et Foucault.

91. — S'il n'est pas facile de déterminer quand une réunion d'habitans doit porter le nom de

ville, il ne l'est pas davantage de fixer à quel point finit le faubourg d'une ville, dont les dernières habitations, destinées soit à l'exploitation, soit à l'agrément, peuvent être séparées de celles qui sont agglomérées. — On appelle *faubourgs*, dit Pothier, la continuité de maisons qui est hors les portes des villes, *continentia urbis ædificia*. — LL. 2, ff., *De verb. signif.* C., liv. 6, tit. 38. — Pothier, *Du contrat de société*, 2e append., art. 1er, no 234; Toullier, *Droit civ.*, t. 3, p. 166.

92. — C'est dans les plans et les cadastres faits par les autorités compétentes qu'il faudrait aller chercher la solution d'une semblable question; en pareille matière, les décisions de l'administration feraient la loi des tribunaux. — Pardessus, *Servit.*, no 147.

93. — L'art. 663, C. civ., qui oblige les propriétaires contigus à contribuer aux frais de clôture en parlant des maisons, cours et jardins, comprend tout ce qui en forme une dépendance nécessaire. — Ainsi, par exemple, un espace de terrain réservé par un propriétaire pour communiquer de son jardin dans la rue sans traverser sa maison, est nécessairement une dépendance du jardin ou de la maison, et est dès lors soumis pour la clôture de séparation avec les bâtimens, cours ou jardin du voisin, aux dispositions de l'art. 663 C. civ. — *Cass.*, 27 nov. 1827, Gaudin c. Moudenard de Roquelaure; 14 mai 1828, mêmes parties; *Limoges*, 26 mai 1838 (t. 2 1838, p. 650), Chabrol c. Lathière. — Pardessus, *Servit.*, no 148; Delvincourt, t. 1er, p. 392; Toullier, t. 3, no 165. Desgodets et Goupy, sur l'art. 209 *Cout. de Paris*.

94. — Les termes de l'art. 663 ne sont pas restrictifs à ce point qu'il faille nécessairement que les terrains que le mur doit séparer soient en nature de *cours* et *jardins*. Ils doivent être étendus au cas où il s'agit d'un héritage susceptible d'être assimilé à cette nature de fonds comme faisant une dépendance intime de l'habitation. — *Limoges*, 26 mai 1838 (t. 2 1838, p. 650), Chabrol c. Lathière.

95. — Toullier (t. 3, no 165) pose en principe, avec raison, qu'on ne doit pas appliquer l'article 663 aux terrains cultivés ou aux prairies qui sont situés derrière des maisons et jardins, et qui sont de grande étendue. Les tribunaux n'hésiteraient probablement pas à se prononcer dans le même sens.

96. — Celui dont la propriété se trouverait à l'extrémité des faubourgs d'une ville, n'aurait pas le droit de contraindre à contribuer à la clôture commune le voisin dont la propriété ne ferait plus partie des faubourgs. — Pardessus, no 149.

97. — Comme tous les droits facultatifs, celui que donne l'art. 663 ne peut se prescrire par défaut d'exercice pendant un temps plus ou moins long. — Buridan, *Coutumes de Vermandois*, art. 270; *Coutumes de Reims*, art. 361; Pardessus, *Servitudes*, no 149.

98. — Le terrain du mur mitoyen doit être pris également sur chaque propriété; l'emplacement ne pourrait être pris exclusivement sur une seule des propriétés, même sous prétexte que ce terrain est le plus solide: à plus forte raison le voisin ne pourrait-il obliger son voisin à lui céder une portion de son terrain, même la plus minime, sous prétexte d'alignement et de redressement. — *Cass.*, 5 déc. 1832, Schneider et Lallemant c. Coustier.

99. — Les matériaux de la clôture dépendent de l'usage des lieux et de la nature des héritages, et les frais doivent être supportés en commun. L'un des voisins ne pourrait exiger que la clôture se fît en matériaux plus chers que ceux qu'on emploie ordinairement. On ne destine pas le mur de clôture à supporter des édifices; ce qu'on veut seulement, c'est procurer aux voisins, dans les villes, une clôture plus solide que dans les campagnes. Il semblerait donc suffisant d'employer à cet usage des pierres liées avec de la terre. — Pardessus, *Servitudes*, p. 150; Toullier, t. 3, p. 167; Desgodets, *Coutume de Paris*, art. 209; Marcadé, t. 3, art. 663.

100. — Si les deux terrains entre lesquels le mur doit être construit étaient d'inégale hauteur, et si par conséquent le mur devait nécessairement supporter dans une partie, sinon dans toute sa hauteur, les terres de l'un des propriétaires limitrophes, il y aurait, à défaut de convention amiable, un réglement à faire entre eux par les tribunaux, et les principes qui devraient servir de base à ce règlement sont faciles à poser.

101. — On devrait d'abord distinguer la partie du mur qui supporte des terres d'un côté, de celle qui se trouve libre des deux côtés. Cette dernière devrait être construite à frais communs. Quant à l'autre, il ne faut point oublier que l'art. 663 du Code civil ne rend forcée entre voisin que la clôture; or tout ce qui, dans cette partie inférieure du mur, est la conséquence non de la clôture, mais de l'élévation de l'un des héritages au-dessus de l'autre, et est fait par conséquent dans l'intérêt de cet héritage, doit retomber à la charge de son propriétaire. Dès lors, l'excédant d'épaisseur nécessité par l'état des lieux devra être pris en entier sur le propriétaire du terrain le plus élevé; et l'augmentation de dépense qui résultera soit de cet excédant d'épaisseur, soit de la nécessité d'employer des matériaux de meilleure qualité, retombera également à sa charge. — V. Pardessus, no 149.

102. — Ce que nous disons de la construction s'appliquera également à l'entretien, et les dépenses occasionnées par la différence d'élévation des terrains devront être à la charge du propriétaire supérieur. — V. au surplus sur ces questions Denizart, vo *Mur*, no 13; arrêt du 26 mai 1767; Desgodets, sur les art. 187 à 191 de la *Coutume de Paris*; Pardessus, *Servitudes*, t. 1er, no 150; Toullier, t. 3, no 162 et la note.

103. — Jugé au contraire que la construction doit se faire dans ce cas aux frais des deux voisins. — *Caen*, 13 mai 1837 (t. 2 1837, p. 293), Dillage c. Lecampion.

104. — Quant à la hauteur à donner au mur qui sert de séparation entre deux terrains qui n'ont pas le même niveau, on doit la calculer à partir du niveau du sol le plus élevé. Toutefois, le propriétaire de ce terrain pourrait offrir de creuser son terrain dans une étendue de 19 décimètres (6 pieds) de largeur et avec une profondeur telle que le mur séparatif eût de son côté la hauteur déterminée par l'art. 663. L'abaissement des terres d'un côté aurait dans ce cas le même effet que l'exhaussement du mur. — *Caen*, 13 mai 1837 (t. 2 1837, p. 293), Dillage c. Lecampion. — Pardessus, no 150.

105. — La hauteur du mur de clôture dépend soit des règlemens locaux, soit des usages constans et reconnus. A défaut de règlemens ou usages, la loi donne la hauteur des clôtures à construire, mais postérieurement au Code civil. Tout mur de séparation entre voisins qui sera construit ou rétabli à l'avenir doit, aux termes de l'art. 663 C. civ., avoir au moins 32 décimètres (10 pieds) de hauteur compris le chaperon dans les villes de 50,000 âmes et au-dessus, et 26 décimètres (8 pieds) dans les autres. — Marcadé, t. 3, art. 665.

106. — Les murs construits antérieurement, qui n'auraient pas cette hauteur, mais celle qui était exigée aux termes de règlemens ou usages existans lors de leur construction, doivent subsister jusqu'à ce qu'il y ait lieu de les reconstruire. — Pardessus, *Servitudes*, no 151.

107. — Si, au contraire, le mur de clôture avait une hauteur supérieure à la hauteur fixée par le Code civil, il ne serait pas libre à un seul des propriétaires de l'y réduire. L'état du mur serait censé être l'effet de la volonté des deux copropriétaires, et, pour le faire cesser, il faudrait que ces volontés concourussent de nouveau. — Denisart, vo *Mur*, no 5; arrêt 21 juill. 1762.

108. — Mais de ce que l'un des voisins ne pourrait faire réduire à la hauteur légale le mur de clôture qui surpasserait cette hauteur, il n'en faudrait pas conclure que l'un d'eux pût empêcher l'autre de l'élever davantage. Le principe à tirer de l'art. 663 est que chacun a droit de contraindre son voisin à conserver au mur de clôture sa hauteur, sans la diminuer; mais la défense de l'exhausser serait une servitude qui ne pourrait résulter que d'une convention expresse. — Ferrière, *Cout. de Paris*, tit. *Des servitudes, ad fin.* — Arrêt du Parlement de Paris de l'année 1780 au *Répert. de la jurisprud.*, vo *Servitudes*, sect. 16, no 4; Pardessus, *Servitudes*, no 151.

109. — Quelle épaisseur doit-on donner à un mur mitoyen dans les lieux où elle n'a pas été fixée par les usages ou les coutumes? — Cette épaisseur doit être, en général, d'un demi-mètre ou 18 pouces. — Buridan, *Cout. de Reims*, art. 361; Pardessus, no 151.

110. — Dans les lieux où la clôture est forcée, le voisin requis par l'autre de construire un mur mitoyen a-t-il le droit de s'y refuser, en offrant de donner à celui-ci la moitié de l'emplacement nécessaire, et en renonçant à prétendre aucun droit de mitoyenneté sur le mur construit?

111. — On argumente, pour l'affirmative, de la discussion du Conseil d'État lors de la rédaction de l'art. 663, et de la reconnaissance formelle qui y fut faite du droit d'abdication; de la conformité du principe qu'on veut établir avec l'art. 656 qui permet à tout copropriétaire d'abdiquer la mitoyenneté d'un mur, pour se dispenser de contribuer aux réparations et reconstructions; enfin, d'anciens principes établis par l'usement de Rennes: art. 3. — Desgodets, art. 209 *Cout. de Paris*, p. 353; Malleville, *Analyse rais. sur l'art.* 663; *Procès-verbal des conf.*, t. 3, p. 150; Toullier, t. 3, nos 163 et 164; Zachariæ, t. 3, 163. — *Contrà*, du moins en ce que cette règle a d'absolu, Pardessus, *Servit.*, no 168; Duranton, no 319. — Ces auteurs estiment que la faculté existe dans le cas du rétablissement du mur; mais non dans le cas d'une construction première. — V. cependant Marcadé, t. 3, art. 663. — C'est ainsi, d'ailleurs, que la question paraît résolue par la jurisprudence. — *Cass.*, 19 déc. 1819, Desjardins c. Marette; 5 mars 1828, Martin c. Balin.

112. — Pour la négative, on dit: que l'art. 663 forme une exception au droit commun et à la liberté naturelle de chaque propriétaire de disposer de sa chose comme bon lui semble, exception limitée aux villes et aux faubourgs; qu'elle est, par conséquent, une mesure de police et de sûreté abandonnée à la vérité à la discrétion de l'un des voisins, mais inévitable pour l'autre dès que le premier en aurait réclamé l'exercice et décidé l'opportunité; qu'enfin, elle est fondée sur la sûreté commune et sur le besoin de prévenir les inconvéniens d'un voisinage trop immédiat.

113. — ... Que de ce principe il résulte que l'un des voisins ne peut se soustraire à l'obligation de se clore par un mur, quand même il prétendrait qu'il serait suffisamment clos par un fossé, une haie vive ou sèche, une clôture en planches ou en palissades. — Que dans le cas même où il consentirait à la construction d'un mur, il ne devrait pas consister en pierres sèches superposéees, sans liaison par un mortier de chaux, de plâtre ou du moins de terre; car, l'expression de mur ne peut s'entendre d'une construction de cette espèce. — Loisel, *Instit. coutum.*, liv. 2, tit. 3, no 5, Buridan, *Cout. de Vermandois*, art. 270; Desgodets, art. 209 *Cout. de Paris*; ff., l. 157, *De verb. signif.*, qui donne en ces mots la définition du mur: *Paries est, sive murus, sive maceria est.*

114. — Il a été jugé en ce dernier sens que la servitude établie par l'art. 663, relativement à l'obligation de contribuer aux frais de clôture dans les villes et faubourgs entre voisins, est d'ordre public, de telle sorte que l'un des propriétaires voisins ne peut s'affranchir de cette obligation en abandonnant le droit de mitoyenneté au mur ou au fonds sur lequel il est assis. — *Rennes*, 16 déc. 1829, Bissel c. d'Obrée. — V., au surplus, sur cette question, *infrà* nos 159 et suiv.

115. — Dans les lieux où un voisin a droit de contraindre son voisin à construire un mur de clôture à frais communs, celui qui a construit le mur seul peut-il exiger ultérieurement le remboursement de la moitié des dépenses? La négative ne paraît pas douteuse. Elle ne saurait faire doute, si on reconnaît au voisin le droit d'abandon pour se soustraire à l'obligation imposée par l'art. 663; mais, quand même on méconnaîtrait le droit d'abandon, on ne peut nier que l'art. 663 donne seulement action pour contraindre à construire un mur en commun, que celui qui l'a construit seul a réglé sa position et a acquis ainsi certains avantages, comme le droit d'ouvrir des jours dans le mur, et qu'il doit maintenant attendre que le voisin excipe de son droit d'acquérir la mitoyenneté. — Toullier, t. 3, p. 114.

116. — On objecte toutefois à cette opinion que le voisin qui a construit seul le mur a rempli une obligation commune, qu'il a fait utilement l'affaire de son voisin, puisqu'il pouvait contraindre celui-ci à contribuer aux frais de la clôture, et que, sous ce rapport il est injuste de lui refuser le droit de réclamer le remboursement de ses avances. — C. civ. 1375. — Goupy, *sur Desgodets*, art. 194 *Cout. de Paris*; arrêt du 10 juin 1561, rapporté par La Rocheflavin, liv. 6, tit. 42, art. 51; Pardessus, t. 1er, no 152; Delvincourt, t. 1er, p. 192. — V. *contrà* Toullier.

117. — Le propriétaire qui, d'accord avec son voisin, a fait l'avance des frais de construction d'un mur de clôture mitoyen, a pour se faire rembourser de cette avance une action réelle, ou tout au moins une action mixte, *personalis in rem scripta*, qu'il peut valablement exercer contre le tiers détenteur, alors surtout que celui-ci a acheté la propriété avec tous ses droits et toutes ses charges. — *Cass.*, 21 mars 1843 (t. 1er 1843, p. 637), Pochet-Desroches c. Blanchet; *Paris*, 3 avr. 1841 (t. 1er 1841, p. 589), mêmes parties.

ART. 2. — *Murs mitoyens par acquisition volontaire ou forcée.*

118. — Tout propriétaire joignant un mur a la faculté de le rendre mitoyen en tout ou en partie, en remboursant au maître du mur la moitié de sa valeur ou la moitié de la valeur de la portion qu'ils veut rendre mitoyenne, et moitié de la valeur du sol sur lequel le mur est bâti. — C. civ., art. 661.

119. — Celui qui a le droit de jouir d'un héritage en vertu d'un bail à long terme, avec la stipulation expresse du droit d'y bâtir, peut se prévaloir de la disposition de l'art. 661 C. civ., qui impose à tout voisin l'obligation de vendre la mitoyenneté du mur contigu à un autre héritage. — *Bruxelles*, 16 janvier 1819, Van Neron c. Denart.

120. — L'art. 661 C. civ. établit une faculté qui est d'ordre public, et qui par conséquent ne se perdrait point par le défaut d'usage pendant trente ans. — Pardessus, t. 1er, n° 153; Duranton, t. 5, n° 322.

121. — L'art. 661 C. civ. qui accorde au propriétaire joignant un mur la faculté de le rendre mitoyen en tout ou en partie, ne s'applique pas aux édifices publics destinés à l'exercice du culte. — *Toulouse*, 13 mai 1831, Delhom c. fabrique de Carbonne.

122. — Ainsi, le voisin d'une église ne pourrait pas acquérir la mitoyenneté de ses murs. — *Cass.*, 5 déc. 1838 (t. 2 1838, p. 543), Rougier c. Saunières.

123. — Mais ces édifices deviennent susceptibles de toutes les modifications de la propriété privée, et, par conséquent, cessent d'être exempts de la servitude de mitoyenneté, dès que, perdant leur destination première, ils sont devenus propriété privée. — Même arrêt.

124. — Il est clair qu'on ne pourrait point, sans danger, appliquer ces principes d'une manière trop absolue, et que les tribunaux auraient le pouvoir d'examiner si l'édifice, même destiné à un usage public, soutenu par un mur dont le voisin veut acquérir la mitoyenneté, est de telle nature que l'existence de la mitoyenneté puisse occasionner dans le présent ou dans l'avenir de sérieux inconvéniens.

125. — Il n'y aurait pas de raisons, par exemple, pour ne pas soumettre au droit commun les murs d'une salle de spectacle appartenant à une ville, quoique destinés à un usage public.

126. — Lorsque le voisin a pris le mur de son voisin pour le rendre mitoyen, celui à qui le mur appartient exclusivement a le droit de le reprendre, s'il n'est pas payé de la valeur de la mitoyenneté. Ce droit donne lieu à une action réelle qui peut être exercée contre tout détenteur de l'immeuble, en quelques mains qu'il passe. — *Paris*, 22 janv. 1834, Rousseau c. Odiot.

127. — La mitoyenneté d'un mur peut toujours s'acquérir, lors même que le fonds de celui qui veut rendre le mur mitoyen est séparé de ce mur par une portion de terrain trop peu considérable pour être utile au propriétaire voisin. — *Bourges*, 9 déc. 1837 (t. 2 1838, p. 179), Bouchardon c. Croq. — Delvincourt, t. 1er, p. 554, note 7; Pardessus, t. 1er, n° 154.

128. — On supposait, dans l'espèce de cet arrêt, que l'espace laissé en dehors du mur était trop peu considérable pour que le propriétaire pût en tirer aucune utilité. Mais il en serait autrement si l'espace était suffisant, soit pour passer des échelles, soit pour établir l'égout du toit; on ne pourrait plus supposer que le propriétaire, en le laissant en dehors de son mur, a voulu malicieusement éluder la loi, et on ne pourrait par suite le contraindre à en céder la propriété. — V. cependant *Douai*, 7 août 1845 (t. 1er 1847, p. 131), Leclercq. — Duranton, t. 5, n° 324; Pardessus, n° 154.

129. — Le propriétaire riverain d'un mur non mitoyen ne peut être admis à en acquérir la mitoyenneté, lorsque par suite de conventions particulières le propriétaire de ce mur, pour se conserver les avantages de la libre circulation de l'air et d'une large diffusion de lumière, a grevé la propriété voisine de la servitude *non ædificandi* et *non altius tollendi*. L'établissement de jours de souffrance dans ce mur constitue une simple restriction et non une aggravation de la servitude. En conséquence, le propriétaire du fonds servant n'est pas fondé à demander la suppression de ces jours. — *Orléans*, 1er déc. 1848 (t. 1er 1849, p. 164), Compe. du Phénix c. Ravel.

130. — Si le voisin veut acquérir la mitoyenneté, il doit, aux termes de l'art. 661, payer la moitié de la valeur réelle et la moitié du terrain; mais si celui duquel on veut acheter, avait construit un mur plus fort de beaucoup que les murs ordinaires, à cause de la construction d'une cave ou d'une fosse d'aisances, le voisin ne devrait payer cette mitoyenneté que suivant la

MITOYENNETÉ, ch. 2, s. 2e, a. 2.

charge qu'il veut imposer au mur, et selon ce que ce mur exige de solidité, sauf plus tard l'obligation qui pourrait lui incomber de payer un supplément de prix, pour le cas où il aurait à construire à son tour une cave ou une fosse d'aisances.

131. — L'art. 661, qui accorde à tout propriétaire joignant un mur la faculté de le rendre mitoyen en tout ou en partie, est conçu en termes absolus, et, dès lors, il ne doit supporter aucune distinction. On ne pourrait, par exemple, refuser à un voisin la faculté d'acquérir la mitoyenneté d'un mur, sous prétexte qu'il n'a pas l'intention de construire.

132. — On a même jugé que le propriétaire d'un mur de séparation construit sous l'empire de la coutume de Paris peut être contraint à en céder la mitoyenneté, aux termes de l'art. 661 C. civ., lorsque son voisin ne la réclame pas spécialement pour bâtir, seul cas néanmoins dans lequel la coutume ordonnait la cession. — *Cass.*, 1er déc. 1813, Chosson c. Payet.

133. — On ne pourrait pas davantage demander compte au voisin qui peut acquérir la mitoyenneté d'une partie seulement d'un mur, des motifs qui l'empêchent d'acquérir la mitoyenneté du tout. Ce qui ne veut pas dire que les tribunaux n'auraient pas le droit d'apprécier l'étendue de l'usage que l'acquéreur entend faire du mur mitoyen. Nous n'hésitons pas à penser, par exemple, qu'on devrait considérer comme faisant usage de la totalité du mur celui qui appuierait sa maison sur les extrémités de ce mur, et qu'on ne l'autoriserait pas à n'acquérir que la mitoyenneté de ces extrémités, en laissant à son voisin la propriété exclusive de la partie intermédiaire.

134. — A plus forte raison n'autoriserait-on pas un voisin à acquérir la mitoyenneté de la partie supérieure du mur seulement. En se servant de la partie supérieure d'un mur on se sert nécessairement de la partie inférieure du même mur, puisqu'elle soutient l'autre. Mais à l'inverse on pourrait acquérir la propriété de la partie inférieure du mur sans acquérir la mitoyenneté de la partie supérieure. — Pardessus, n° 156; Duranton, n° 327.

135. — Toutefois, si le propriétaire du mur avait des caves sous la partie dont son voisin désire acquérir la mitoyenneté, celui-ci qui ne voudrait point en avoir, ne serait obligé de payer la moitié de la valeur de la fondation que jusqu'à concurrence de la partie nécessaire pour soutenir un mur ordinaire. — Pardessus, *ibid.*; Duranton, n° 327.

136. — Celui qui demande la mitoyenneté d'un mur dans une étendue suffisante pour adosser des cheminées, doit payer, indépendamment de l'espace en hauteur et en largeur qu'auront les tuyaux adossés, une augmentation de largeur que l'usage a fixée à un pied, parce qu'on ne peut appuyer solidement des cheminées sans faire à droite et à gauche des arrachis et de la maçonnerie nouvelle. — Pardessus, n° 156.

137. — Le fait que le propriétaire du mur aurait un droit d'égout sur le fonds de son voisin n'empêcherait pas celui-ci d'acquérir la mitoyenneté, sauf à lui, lorsqu'il voudra faire des appuis ou adossemens d'édifices à ce mur, à les disposer de manière à ne pas nuire au droit d'égout. — *Bourges*, 21 déc. 1831, Lollaire c. Gauthier. — Pardessus, t. 1er, n° 155.

138. — Le propriétaire du fonds servant ne pourrait, dans ce cas, élever des constructions qui rendraient nécessaires, pour l'exercice de la servitude, des ouvrages sur le toit de l'édifice dominant. — Même arrêt.

139. — Le voisin à qui un mur appartient exclusivement ne peut, pour éluder l'obligation d'en vendre la mitoyenneté, le démolir, même en offrant de contribuer pour moitié à la construction d'un autre mur qui serait élevé sur la ligne séparative des deux héritages limitrophes. — Pardessus, n° 155.

140. — L'art. 661 n'autorise le propriétaire joignant un mur à en acquérir la mitoyenneté que moyennant le remboursement au maître du mur de la moitié de sa valeur. L'acquéreur ne pourrait donc pas, sous prétexte que le mur est plus épais ou construit en matériaux plus chers qu'il ne lui est nécessaire, prétendre ne rembourser qu'une partie de la valeur du mur. L'article 661 contient déjà une disposition exorbitante qu'il faut se garder d'aggraver dans l'application, en s'écartant de ses termes. — Pardessus, n° 155; Marcadé, t. 3, art. 653. — *Contrà*, Desgodets, sur l'art. 194 *Cout. de Paris*, n° 28; Delvincourt, t. 1er, p. 356.

MITOYENNETÉ, ch. 2, s. 2e, a. 2.

141. — M. Pardessus (*Servit.*, t. 1er, n° 155), tout en reconnaissant en principe la justesse de cette décision, est d'avis néanmoins que dans les villes ou faubourgs où la clôture est forcée, le propriétaire du mur ne puisse exiger plus que la valeur d'un mur qui serait construit avec les matériaux et dans les dimensions usitées pour ces sortes de clôtures. Nous n'hésiterions pas à repousser cette distinction. S'il est vrai que la clôture soit forcée dans les villes, l'acquisition de la mitoyenneté ne l'est pas, au moins selon nous, et dès lors celui qui veut user de la faculté à lui accordée par l'art. 661 doit en subir les conséquences.

142. — Mais nous nous empressons de reconnaître que la distinction de M. Pardessus devrait nécessairement être admise, si l'on reconnaissait au propriétaire du mur dans les villes et faubourgs le droit de contraindre son voisin à en acquérir la mitoyenneté, et dans les cas où il userait de ce droit seulement.

143. — Il est bien entendu que le propriétaire du mur ne peut exiger que la moitié de sa valeur présente, et non la moitié de ce qu'il a coûté à construire. — Pardessus, n° 157; Marcadé, t. 3, *loc. cit.*

144. — M. Duranton (t. 5, n° 323) semble admettre que, dans les lieux où la clôture est forcée, ce n'est pas seulement la moitié de la valeur du mur, mais la moitié des frais de construction qui doit être remboursée pour l'acquisition de la mitoyenneté. « Dans ce cas, dit-il, celui qui a construit a fait l'affaire de l'autre, et il a l'action de gestion d'affaires pour être indemnisé. » Cette doctrine, contraire aux termes généraux de l'art. 661, doit, à notre avis, être repoussée. Sans doute je pouvais contraindre mon voisin à contribuer à la clôture commune; mais dès que je n'ai pas usé de ce droit, je n'ai fait en construisant que mon affaire et non la sienne, et ne puis, par conséquent, me prétendre son gérant d'affaires.

145. — On devra, pour estimer cette valeur présente, prendre en considération toutes les circonstances qui peuvent diminuer sa solidité ou nécessiter sa reconstruction plus ou moins prochaine. — Pardessus, *ibid.*

146. — Si le mur suffisant pour la clôture respective n'avait besoin d'être fortifié ou reconstruit que parce que celui qui voudrait en acquérir la mitoyenneté désirerait faire bâtir dessus, l'acquéreur devrait en payer la valeur actuelle, sauf à user ensuite du droit qui lui est assuré par l'art. 659, de l'exhausser et même de le reconstruire. — Pardessus, *ibid.*

147. — En cas d'acquisition forcée de la mitoyenneté, tous les frais de demande et d'expertise doivent être payés par l'acquéreur, quand même il aurait fait des offres suffisantes, parce que le propriétaire du mur peut, de très-bonne foi, ignorer la valeur de la mitoyenneté. — *Limoges*, 12 avril 1820, Degas c. Fourat. — Pardessus, n° 158.

148. — Le propriétaire du mur peut aussi exiger que la valeur lui en soit payée *préalablement* à toute entreprise. — Pardessus, n° 158.

149. — Le voisin qui achète la mitoyenneté d'un mur, ne peut exiger la destruction des cheminées qui ont été pratiquées dans son épaisseur avant l'acquisition de la mitoyenneté. — *Poitiers*, 28 déc. 1841 (t. 1er 1842, p. 256), Baslide c. Hénon et Bourbier.

150. — De cette disposition de l'art. 661, qui autorise tout propriétaire joignant un mur à en acquérir la mitoyenneté, et de celle de l'art. 675, qui porte que l'un des voisins ne peut pratiquer dans le mur mitoyen aucune ouverture, est née la question de savoir si l'acquisition de la mitoyenneté d'un mur donne le droit de faire boucher les ouvertures de quelque nature que ce soit qui y existaient avant l'acquisition de la mitoyenneté.

151. — En principe, nous n'hésiterions pas à répondre négativement. Le droit d'acquérir, malgré le propriétaire, la mitoyenneté d'un mur, est un droit exorbitant qui ne doit point être étendu au delà des termes de la loi. Or, la loi dit simplement que le voisin ne pourra *pratiquer* dans le mur mitoyen aucune fenêtre ou ouverture, et ce n'est pas dire qu'il ne pourra pas conserver celles existant antérieurement à l'acquisition de la mitoyenneté. C'est d'ailleurs une règle de droit commun, que l'acquéreur prenne les choses dans l'état où elles se trouvent, et que le propriétaire par indivis ne puisse modifier l'état de la chose commune sans le consentement de ses copropriétaires.

152. — Toutefois, cette règle ne devrait point être entendue d'une façon trop absolue. L'acquisition de la mitoyenneté, si elle n'augmente pas les droits de l'acquéreur, ne doit point non plus les diminuer; ainsi nous n'hésiterons pas à lui permettre 1° de faire boucher tous les jours qui ne sont point légalement établis; — 2° de contraindre l'ancien propriétaire du mur à supprimer, mais seulement lorsque l'acquéreur de la mitoyenneté voudrait construire, tous les jours de souffrance. Quant aux servitudes de jour établies soit par titre, soit par prescription, elles auraient pour effet d'empêcher l'acquéreur de la mitoyenneté de construire; autrement l'acquisition de la mitoyenneté serait un moyen de faire indirectement ce qu'on ne peut faire directement.

153. — Ainsi, jugé que le propriétaire joignant un mur qu'il a rendu mitoyen en usant de la faculté que lui accordait l'art. 661 du Code civil, ne peut, en vertu de la mitoyenneté acquise, forcer le maître du mur à fermer les fenêtres que celui-ci y avait pratiquées avant que ce mur eût été rendu mitoyen. — *Bruxelles*, 31 oct. 1827, G.... — Marcadé, t. 3, art. 661.

154. — Ces principes ont été en partie consacrés par la jurisprudence. Ainsi il a été formellement reconnu, par de nombreux arrêts, que les jours de souffrance ne sont point un obstacle à l'acquisition de la mitoyenneté, et qu'ils doivent être supprimés encore bien qu'ils existent depuis plus de trente ans, les actes de pure faculté ne pouvant fonder ni possession ni prescription. — *Toulouse*, 28 déc. 1832, Boyssade c. Bernardet; *Paris*, 18 juin 1836, Lireux c. Massé; *Cass.*, 30 mai 1838 (t. 2 1838, p. 279), Toury c. Bonnet; *Lyon*, 26 juill. 1838 (t. 2 1838, p. 633), Mory c. Sorchaut; *Bastia*, 25 mai 1839 (t. 1er 1844, p. 279), Cecconi; *Toulouse*, 8 fév. 1844 (t. 1er 1844, p. 278), Germa c. Corne; *Bordeaux*, 27 juin 1845 (t. 1er 1847, p. 746), Brignaud c. Villa.

155. — Jugé même qu'encore bien qu'il n'ait pas l'intention de construire, l'acquéreur de la mitoyenneté peut faire boucher immédiatement les jours de souffrance. — *Cass.*, 1er déc. 1813, Chosson c. Payet; 5 déc. 1814, Leloup c. Delamarche; *Toulouse*, 28 déc. 1832, Boyssade c. Bernardet; *Paris*, 18 juin 1836, Lireux c. Massé; *Bastia*, 25 mai 1839 (t. 1er 1844, p. 279), Cecconi; *Toulouse*, 8 fév. 1844 (t. 1er 1844, p. 278), Germa c. Corne. — Duranton, t. 5, n° 325.

156. — La servitude *non ædificandi et altius non tollendi*, qui grève un mur mitoyen au profit de l'un des héritages séparés par ce mur, ne donne pas au propriétaire du fonds dominant le droit de pratiquer des jours dans la partie du mur mitoyen par lui exhaussée, et le propriétaire du fonds servant peut toujours, en acquérant la mitoyenneté de cette partie, demander que lesdits jours soient bouchés, alors même qu'ils ne constitueraient que des jours de souffrance. — *Cass.*, 29 fév. 1848 (t. 2 1848, p. 350), Comp. du Phénix c. Ravel.

157. — Les jours de souffrance reconnus comme tels, encore qu'ils ne soient pas rigoureusement grillés ou ferrés dans les dimensions légales, ne peuvent pas engendrer la prescription du droit de vue contre le propriétaire voisin, et l'empêcher, *en cas de construction*, d'acquérir la mitoyenneté du mur dans lequel ils sont pratiqués. — *Paris*, 29 avr. 1839 (t. 1er 1839, p. 593), Mesnard et Garreau c. Roux.

158. — Des fenêtres percées dans le mur de pignon d'une maison, et donnant vue directe sur le toit de la maison voisine adossée à un mur, peuvent être considérées comme de simples jours de tolérance, non susceptibles, dès lors, d'être acquis par la prescription. — En conséquence, et si ce caractère leur est reconnu par les juges du fond, elles doivent être supprimées lorsque le propriétaire de la maison construite en adossement veut l'exhausser après avoir payé ou offert de payer la mitoyenneté du mur dans lequel ces fenêtres existent. — *Cass.*, 24 déc. 1838 (t. 1er 1839, p. 33), Meyer c. Clauss.

159. — Lorsqu'un propriétaire vend volontairement une portion de terrain et la mitoyenneté d'un mur y attenant, sans stipuler la conservation d'un jour pratiqué dans ce mur, et sans que rien indique qu'il ait eu l'intention de conserver ce jour, qui ne lui est pas nécessaire, l'acquéreur peut en exiger la suppression. L'art. 694 C. civ. n'est pas applicable au cas où les propriétaires ont volontairement vendu sans réserve tout à la fois l'héritage passible de la servitude et la mitoyenneté du pignon en faveur duquel elle est établie. — *Bourges*, 6 mars 1847 (t. 1er 1848, p. 69), Lecomte c. Dion et Duvigneaux.

160. — Les jours de coutume ou de tolérance ouverts dans un mur mitoyen ne constituent pas une servitude susceptible d'être acquise par la prescription, et ne mettent point obstacle à ce que le voisin puisse acquérir la mitoyenneté du mur où ces jours sont établis. Pour que des jours ouverts dans un mur mitoyen soient considérés comme jours de coutume, il n'est pas nécessaire qu'ils aient été strictement établis conformément aux dispositions des art. 676 et 677 C. civ. Ils ne conservent pas moins le caractère de jours de simple faculté par cela seul que, sans être à la hauteur voulue par la loi, ni à fer maillé et verre dormant, ils sont assez élevés pour qu'ils ne puissent être considérés comme fenêtres d'aspect. — *Montpellier*, 20 avr. 1846 (t. 2 1846, p. 241), Lanus c. Raffit. — Marcadé, t. 3, art. 677.

161. — Dans les pays de droit écrit, et notamment dans le ressort du parlement de Toulouse, c'était, selon Lavignerie (*Arrêts* inédits *du parlement de Toulouse*, v° *Servitude*, p. 179), la *hauteur d'appui* ou l'*élévation au-dessus de l'appui* qui déterminait la nature de la vue droite et celle de coutume, et si cette vue était ou n'était pas une servitude. « Par exemple, dit cet auteur, si je construis une fenêtre à hauteur d'appui et qui porte directement sur l'héritage du voisin, j'annonce par là l'intention de posséder par droit et à titre de servitude; si, au contraire, je construis des fenêtres au-dessus de hauteur d'appui, j'annonce seulement que j'entends prendre du jour sans incommoder personne, parce que cette vue peut m'être utile, et qu'elle ne peut pas être nuisible au voisin, *quoiqu'elle ne soit pas d'ailleurs garnie de fer maillé ni de verre dormant*. Dans ce cas, il y a tolérance de la part du voisin et pure faculté de la mienne. » C'est d'après cette autorité, sans doute, que la Cour de Montpellier a décidé, par arrêt du 28 déc. 1825 (Ezpezel c. Debat), que, dans le ressort du parlement de Toulouse, la construction d'une fenêtre à accoudoir et à aspect, pratiquée dans un mur mitoyen ou non, et ouvrant sur le fonds du voisin, suffisait, quand elle avait subsisté pendant 30 ans, pour acquérir la servitude de vue droite, et que le voisin ne pouvait, en bâtissant, rendre inutile l'usage de cette vue.

162. — Mais lorsqu'il existe dans le mur de vraies servitudes de jour, le voisin ne peut, en acquérant la mitoyenneté, contraindre le propriétaire du mur à boucher ses fenêtres. — *Grenoble*, 20 juill. 1822, Bouloud c. Cutlier; *Cass.*, 19 janv. 1825, Derne c. Poissat et Granger; *Montpellier*, 28 déc. 1825, Espezel c. Debat; *Grenoble*, 1er août 1827, Mermet c. Curtil; *Bordeaux*, 1er déc. 1827, Lestrade c. Bayle; *Nancy*, 7 fév. 1828, Gérard c. Milla; *Toulouse*, 21 avr. 1830, Lagarde c. Acoquat-Padon; *Grenoble*, 3 déc. 1830, Constantin c. Bouvot; *Cass.*, 1er déc. 1835, Lanus c. Jeannot; *Paris*, 3 juin 1836, d'Hochereau c. Hospices de Paris; *Cass.*, 21 juill. 1836, Thomas c. Rousson; *Lyon*, 26 juill. 1838 (t. 2 1838, p. 633), Mory c. Sorchant; *Bordeaux*, 27 juin 1845 (t. 1er 1847, p. 746), Brignand c. Villa; *Bastia*, 28 août 1846 (t. 2 1846, p. 555), Pozzo di Borgo c. Ponte.

163. — On convient que, lorsqu'il y a titre ou destination du père de famille, il n'est pas possible de boucher ces jours; que, dans ce cas, la mitoyenneté ne se peut acquérir; que si le titre ne s'explique pas, le voisin ne peut bâtir qu'à la distance de six ou deux pieds. — C. civ., art. 678, 679.

164. — Mais lorsqu'il n'y a pas de titre, Toullier (t. 3, n° 536) a écrit, en reproduisant la doctrine de Merlin, qu'on peut toujours acquérir la mitoyenneté; qu'à la vérité on n'a pas le droit de faire supprimer les jours purement et simplement, mais qu'on peut bâtir contre le mur immédiatement ou exhausser le mur mitoyen, de façon à rendre ces jours complétement inutiles.

165. — Ainsi jugé que la faculté accordée à tout propriétaire joignant un mur de le rendre mitoyen emporte nécessairement le droit de bâtir contre ce mur, et, par suite, de boucher les fenêtres y existant, quelle que soit leur ancienneté. — *Angers*, 20 août 1818, Guillin c. Marie; *Pau*, 12 avr. 1826, Noguès c. Fourcade; *Nîmes*, 21 déc. 1826, Reynaud c. Bastide; *Toulouse*, 28 déc. 1832, Boyssade c. Bernardet; *Bastia*, 19 oct. 1834, Mastagli et Salice c. Designorio; 25 mai 1839 (t. 1er 1844, p. 279), Cecconi; *Toulouse*, 8 fév. 1844 (t. 1er 1844, p. 278), Germa c. Corne.

166. — Jugé aussi que le copropriétaire d'un mur mitoyen peut, au mépris de la servitude de fenêtre oblique acquise par prescription de son copropriétaire, être autorisé à exhausser ce mur. — *Cass.*, 10 janv. 1810, Morand c. Carpentier.

167. — Cette doctrine tient à une opinion toute personnelle à Merlin qui, partant du principe qu'il existe une servitude légale en faveur du fonds voisin sur les fonds environnans, servitude passive aux termes de laquelle ce voisin ne peut jeter les yeux, ni ouvrir des jours sur le voisin, considère, quand trente ans se sont passés depuis qu'il exerce cette servitude, que le fonds est affranchi de cette charge légale, et qu'il est, par conséquent, seulement revenu à son état naturel, sans qu'il ait acquis pour cela un droit sur l'autre. — Merlin, *Rep.*, v° *Vue*, § 3, n° 8.

168. — M. Duranton réfute cette opinion et démontre que Merlin argumente à tort d'un arrêt de la Cour de *Cass.* du 10 janv. 1810 (Moraud c. Carpentier), qui jugeait avec raison que la servitude de fenêtre oblique était distincte de celle *altius non tollendi*. La première, en effet, empêche le voisin de bâtir à la distance de deux pieds seulement, tandis que l'autre l'empêche de construire sur tout son terrain si le titre ne s'explique pas, sinon à la distance exprimée dans le titre. — Desgodets, *sur l'art.* 208 *Cout. de Paris*; Duranton, t. 5, n° 326. — V. encore Laurière, *Coutume de Paris*, art. 199; Lemaître, *Coutume de Paris*, p. 227; Pothier, *Contrat de société*, n°s 248, et *Coutume d'Orléans*, art. 231, n° 2; Pardessus, *Servitudes*, n° 211; Delvincourt, t. 1er, p. 397; Toullier, t. 3, n° 193; Solon, *Servitudes*, n° 143; Marcadé, *Elém. de dr. civ.*, t. 3, sur les art. 675, 676 et 677; Zachariæ, t. 2, § 244, n° 13; Carou, *Principes sur les actions possessoires*, n° 273.

169. — Le propriétaire d'une maison qui a la mitoyenneté de la partie inférieure d'un mur séparatif d'une maison voisine ne peut, sous le prétexte qu'il veut élever sa maison, réclamer la mitoyenneté de la partie supérieure du mur, lorsque le voisin y possède des fenêtres d'aspect ou vues droites, depuis plus de trente ans, et que d'ailleurs les lieux paraissent aux juges, d'après certains indices, avoir été mis dans l'état où ils se trouvent en vertu d'une convention des propriétaires antérieurs. — *Grenoble*, 20 juill. 1822, Boulloud c. Catlier.

170. — La prohibition qui résulte de l'art. 675 C. civ. pour le copropriétaire d'un mur mitoyen de pratiquer des ouvertures dans ce mur n'a pour objet que de soustraire le fonds voisin à la servitude de vue ou d'aspect qui résulterait de ces ouvertures. En conséquence, cette prohibition cesse lorsque la maison voisine a été démolie et que le sol en a été réuni à la voie publique. — *Montpellier*, 9 juin 1848 (t. 1er 1849, p. 80), Compan c. Claparède; *Cass.*, 31 janv. 1849 (t. 1er 1849, p. 48), mêmes parties.

Sect. 3e. — *Effets de la mitoyenneté.*

171. — Chaque copropriétaire a droit de se servir de la chose commune pour les usages auxquels elle est destinée par sa nature. Mais, ce droit est limité par l'intérêt des autres copropriétaires, auxquels la loi réserve incontestablement la faculté de s'opposer à ce qu'un seul abuse de la chose commune et s'en serve de manière à les priver de l'usage qu'ils peuvent y prétendre concurremment.

172. — L'exercice de ce droit peut se produire dans quatre cas principaux : 1° il peut consister à bâtir contre le mur mitoyen; — 2° à y appliquer et même y appuyer des ouvrages; — 3° à y faire des enfoncemens; — 4° à l'exhausser. — Pardessus, n° 170.

173. — Remarquons, relativement aux deux premiers cas, qui n'offrent d'ailleurs que peu de difficultés, que jamais le droit de bâtir, d'appuyer ou d'appliquer divers objets contre le mur, ne peut s'étendre jusqu'à faire, sur la sommité de ce mur, quelqu'appui qui occasionnerait une saillie du côté du voisin. — Cœpolla, *Tract. servit.*, cap. 28, n° 4; Pardessus, *Tr. des servitudes*, n° 171.

174. — On n'y peut donc faire aucunes corniches ou saillies du côté du voisin, y passer des tuyaux de poêles ou autres, pas même y placer des gouttières en saillie pour recevoir les eaux de ses combles, quoique ces gouttières jetassent les eaux sur l'héritage de celui qui les a faites. Il faut les établir sur l'épaisseur du mur, et assez profondes pour qu'elles ne laissent pas les eaux refluer par-dessus les bords. — Desgodets et Goupy sur l'art. 196 de la *Cout. de Paris*, n° 12; — Pardessus, *Servitudes*, n° 171; Toullier, *Droit civ.*, t. 3, n° 212.

175. — Il est également défendu d'adosser au mur mitoyen du fumier, du bois, des terres, aucune chose enfin, qu'à la condition de prendre les précautions nécessaires pour que ces objets ne puissent nuire au mur, et encore, avec ces précautions même, faut-il qu'ils ne soient pas élevés assez haut pour qu'on puisse voir ou pénétrer chez le voisin. — Desgodets et Goupy, art. 192 *Cout. de Paris*, n° 5, et art. 206, n° 1.

176. — Les tribunaux ne pourraient autoriser l'un des voisins à pratiquer des ouvertures dans le mur mitoyen, contrairement aux termes de l'art. 675 du Code civil.

177. — On ne peut fixer à un mur mitoyen une enseigne volante dont le placard peut gêner les voisins. — *Rennes*, 20 févr. 1811, le Harivel c. Pêche.

178. — Tout copropriétaire peut faire bâtir contre un mur mitoyen et y faire placer des poutres ou solives dans toute l'épaisseur du mur à 54 millimètres (2 pouces) près, sans préjudice du droit qu'a le voisin de faire réduire à l'ébauchoir la poutre jusqu'à la moitié du mur, dans le cas où il voudrait lui-même asseoir des poutres dans le même lieu ou y adosser une cheminée. — C. civ., 657.

179. — L'art. 657 n'exige pas le consentement du voisin pour faire bâtir contre le mur mitoyen ou y placer des poutres. Ce consentement, ou l'expertise, à défaut de consentement, ne sont exigés que pour les autres travaux de nature à compromettre la solidité du mur. — Duranton, t. 5, n° 335.

180. — Celui qui appuie un bâtiment sur le mur d'autrui, dans lequel il pratique en même temps des enfoncemens, se rend, par cela même, passible de dommages et intérêts. — *Rennes*, 9 juill. 1821, Septlivres c. Bonnefin.

181. — L'un des voisins ne peut pratiquer dans le corps d'un mur mitoyen aucun enfoncement, ni y appliquer ou appuyer aucun ouvrage sans le consentement de l'autre, ou sans avoir, à son refus, fait régler par experts, les moyens nécessaires pour que le nouvel ouvrage ne soit pas nuisible aux droits de l'autre. — Art. 662.

182. — La faculté de faire des *enfoncemens* donne-t-elle le droit de pratiquer une armoire, un tuyau, une cheminée dans le mur mitoyen? S'il en était ainsi, comme le voisin aurait, de son côté, un droit égal, il en résulterait qu'il ne resterait plus entre les deux voisins aucune séparation, ou que du moins il n'en resterait qu'une insuffisante.

183. — Les seuls enfoncemens qui semblent autorisés sont ceux de poutres ou solives, et, par analogie, de chambranles de cheminées, de harpes en pierres ou de barres de fer. — L'art. 657 permet de les placer dans toute l'épaisseur du mur, à 54 millimètres (2 pouces) près. Toutefois, le voisin aurait le droit de percer le mur d'outre en outre, à la condition de le rétablir sur-le-champ du côté de son voisin, dans une épaisseur de 54 millimètres. — *Coutumes d'Orléans*, art. 232; *Usement de Nantes*, art. 42; Desgodets et Goupy, art. 208 de la *Cout. de Paris*. — Pardessus, *Servit.*, n° 172, Marcadé, t. 3, art. 657.

184. — L'un des voisins ne peut, sans contrevenir à l'art. 662 du Code civil, agrandir un enfoncement existant depuis longtemps dans le mur mitoyen, avant d'avoir préalablement obtenu le consentement de l'autre propriétaire, ou fait régler par experts les moyens nécessaires pour que le nouvel ouvrage ne soit pas nuisible aux droit du voisin. — *Angers*, 31 juill. 1829, Bruzon c. Charles. — Delvincourt, t. 1er, p. 161, notes 3 et 4; Pardessus, nos 180 et 181; Duranton, nos 335 et suiv.; Solon, nos 149 et suiv.

185. — Il peut se faire que, dans l'épaisseur même du mur où se pratiquent les enfoncemens et au droit de ces enfoncemens, le voisin possède déjà une cheminée construite de façon à interdire les enfoncemens. Il faut examiner à quel titre cette cheminée existe. Si le propriétaire de la cheminée l'a établie dans le mur à une époque où il était seul propriétaire de ce mur, le voisin n'a pas le droit d'enfoncer ses poutres; il n'a acheté la mitoyenneté du mur que suivant son état au temps où il en est devenu copropriétaire. Il n'a donc d'autre droit que d'appuyer ses poutres au mur. Il en serait de même si la cheminée avait été construite sous l'empire d'une coutume ou d'un usage antérieur contraire au Code. — Pardessus, *Servit.*, n° 172.

186. — Suivant M. Pardessus (n° 172), si aucune de ces circonstances ne se rencontre, la construction d'une cheminée dans le mur mitoyen constitue une usurpation, et dès lors le voisin qui veut pratiquer un enfoncement a le droit de la faire détruire, sans qu'on puisse lui opposer aucune prescription. Toutefois, la jurisprudence paraît s'être décidée en sens contraire. — *Bastia*, 8 févr. 1840, Tavera, et *Dijon*, 18 août 1847 (t. 1 1848, p. 608), Legrand c. Marie.

187. Jugé encore que l'art. 662 du C. civ., qui défend à l'un des voisins de pratiquer dans le corps du mur mitoyen aucun enfoncement ni d'y appliquer ou appuyer aucun ouvrage, sans le consentement de l'autre, ne peut recevoir son application au cas où il est constant soit que les travaux dont se plaint le voisin existaient déjà lors de l'acquisition qu'il a faite de la mitoyenneté du mur, soit que ces travaux ne compromettent pas la solidité du mur. — Mais si ces ouvrages, sans nuire aux droits du voisin sur le mur, deviennent cependant pour lui une cause d'incommodité, et diminuent, en raison de leur nature, la valeur locative de sa propriété, les tribunaux peuvent, sans en ordonner la suppression, accorder à la partie lésée des dommages-intérêts. — *Cass.*, 7 janv. 1845 (t. 1er 1845, p. 354), Groud c. Genty.

188. — Lorsque deux maisons contiguës et appartenant à des propriétaires différens ont été louées à la même personne, il ne peut être pratiqué des ouvertures, pendant la durée du bail, dans le mur mitoyen, par le locataire ou par l'un des propriétaires, contre le gré de l'autre. Ces ouvertures ne peuvent être regardées comme de simples dispositions faites par le locataire pour son usage, et l'un des deux propriétaires peut en demander la suppression avant la fin des baux. — *Cass.*, 5 déc. 1814, Leloup c. Delamarche; *Rouen*, 5 fév. 1817, mêmes parties.

189. — L'intervention du locataire dans la contestation qui s'élève à ce sujet entre les deux propriétaires n'est pas recevable. — *Rouen*, 5 fév. 1817, Leloup c. Delamarche et Piffaut-Delatour.

190. — Le bailleur doit au preneur une indemnité à raison du dommage qui a été occasionné à ce dernier par la reconstruction d'un mur mitoyen dont il n'a pas été appelé à vérifier la nécessité, et sans qu'il ait été prévenu des travaux avant le jour où l'exécution en a commencé. — *Angers*, 4 août 1847 (t. 1er 1848, p. 250), Houdoyer c. Mesnières. — Pothier, *Du louage*, n° 78; Troplong, *Du louage*, t. 2, n° 248.

191. — Mais le propriétaire qui, en vertu des art. 658 et 659 C. civ., fait reconstruire et surélever le mur mitoyen, mais sans apporter ni négligence, ni retard dans l'exécution des travaux, ne fait qu'user de son droit, et n'est, en conséquence, tenu à aucune indemnité en faveur du locataire de la maison voisine, à raison du trouble éprouvé par celui-ci dans sa jouissance. — Cette indemnité est due audit locataire par le propriétaire de la maison qu'il habite, bien qu'il s'agisse de l'exercice d'un droit légal que ce dernier ne pouvait empêcher et que le locataire aurait pu prévoir. — *Paris*, 19 juill. 1848 (t. 2 1848, p. 288), Jeannette et Daroux c. Plattel et Esseline.

192. — L'acquéreur de la mitoyenneté d'un mur a le droit de le reconstruire à plein, sans être tenu à aucune indemnité envers le voisin pour raison d'une diminution de loyers occasionnée par la suppression de retraites que celui-ci avait ménagées dans le mur. — *Paris*, 3 févr. 1848 (t. 1er 1848, p. 460), Damaiseau c. Fournier.

193. — La prescription ne peut en général être invoquée par un des copropriétaires du mur mitoyen pour faire autoriser des actes qui seraient contraires aux règles de la mitoyenneté. — Pardessus, n° 172.

194. — Tout copropriétaire peut faire exhausser le mur mitoyen, mais il doit payer seul la dépense de l'exhaussement, les réparations d'entretien au-dessus de la hauteur de la clôture commune et en outre l'indemnité de la charge, en raison de l'exhaussement et suivant sa valeur. — C. civ., art. 458.

195. — On peut exhausser le mur sans avoir intention de construire, uniquement, par exemple, pour empêcher le voisin d'avoir vue sur notre fonds. — Pardessus, n° 173.

196. — La faculté qu'a tout copropriétaire d'exhausser le mur mitoyen peut être limitée, dans l'intérêt du propriétaire voisin, et les tribunaux peuvent, suivant les circonstances, régler la hauteur de la construction. — *Metz*, 12 juin 1807, Hulot c. Faynot. — Desgodets, sur l'art. 195, *Cout. de Paris*, n° 12; Denizart, v° *Servitude*, n° 3; Pothier, *Contrat de soc.*, n° 212; Dunod, *Traité des prescriptions partic.*, chap. 12, p. 87; Pardessus, n° 172; Toullier, t. 3, n° 402; Duranton, t. 5, nos 330 et 331; Marcadé, t. 3, art. 659.

197. — Il faut supposer, pour admettre cette décision, que l'exhaussement n'avait pour objet que de nuire au voisin; nous aurions plus de peine à l'approuver si, comme dans l'espèce de l'arrêt, le propriétaire qui réclame l'exhaussement pouvait justifier que cet exhaussement lui est d'une utilité quelconque. — Duranton, n° 330.

198. — Si un mur mitoyen n'est pas d'une solidité suffisante pour supporter une surélévation, l'un des copropriétaires peut faire reconstruire en entier le mur à ses frais, mais en indemnisant l'autre propriétaire de tous les dommages quelconques qui pourraient résulter pour lui des travaux de démolition et de reconstruction. — *Caen*, 28 juin 1844 (t. 1er 1845, p. 469), Huet et Benard c. Delaroque et Monsecret. — Toullier, t. 3, p. 140, n° 204; Pardessus, *Des servitudes*, t. 1, n° 174.

199. — Sous l'empire des statuts de la ville de Louvain, lorsque le propriétaire de deux maisons contiguës les avait vendues à deux acquéreurs différens, avec cette clause que lesdites maisons étaient vendues dans l'état où elles se trouvaient, l'un des acquéreurs ne pouvait exhausser le mur mitoyen séparatif des deux maisons, de telle sorte que la maison du voisin devînt moralement inhabitable. — *Bruxelles*, 23 août 1810, Mathys c. Grandbeke.

200. — Lorsque l'exhaussement d'un mur mitoyen fait refouler la fumée dans la cheminée du voisin, celui-ci peut exiger que sa cheminée soit exhaussée aux frais du copropriétaire du mur mitoyen qui a pratiqué l'exhaussement. — *Limoges*, 4 mai 1813, Larieux c. Vialle. — Pardessus, t. 1er, n° 174.

201. — De ce qu'un mur mitoyen a été construit par un propriétaire auquel appartenaient alors les deux maisons, il n'en résulte pas qu'il y ait destination du père de famille empêchant, après la vente d'une des maisons, l'acquéreur d'exhausser le mur mitoyen. — *Metz*, 12 juin 1807, Hulot c. Fagnot.

202. — Lorsque la toiture de deux maisons voisines n'a qu'une pente et que l'un des voisins en élevant le mur mitoyen empêche par ces travaux l'écoulement des eaux, mais qu'il y supplée en faisant pratiquer une chandelatte qui, aboutissant à un tuyau de descente, continue de conduire les eaux vers le sol, le voisin auquel une sommation a dénoncé ces ouvrages et qui les a laissé faire sans opposer leur insuffisance et a ensuite lui-même, en élevant son mur, donné un cours différent aux eaux pluviales, ne peut soutenir que ses propres travaux doivent être payés par le voisin qui a bâti le premier. — *Nancy*, 23 novembre 1833, Inet c. Grégoire.

203. — Lorsque l'un des propriétaires d'un mur mitoyen joignant la voie publique laisse exécuter des travaux dans ce mur par son copropriétaire sans faire aucune réclamation, il est censé les avoir approuvés, et par conséquent il ne peut exercer aucun recours contre l'auteur des travaux dans le cas où l'autorité, les considérant comme confortatifs, viendrait à ordonner la démolition du mur. — Du moins l'arrêt qui interprète ainsi son silence, par appréciation des faits de la cause, ne tombe pas sous la censure de la Cour de cassation. — *Cass.*, 30 mai 1842 (t. 2 1842, p. 603), Dru c. Grandin et Gosset.

204. — En cas d'exhaussement, suivant quelle valeur doit être payée l'indemnité de la charge? — L'indemnité de surcharge s'estimait, d'après l'article 197 de la coutume de Paris, sur le pied du coût d'une toise sur six de tout ce qui excédait la partie mitoyenne, et cette indemnité était payée à chaque fois qu'il devenait nécessaire de reconstruire cette même partie.

205. — Le Code se borne à dire qu'elle sera payée *en raison de l'exhaussement et suivant sa valeur*. Ce qui est bien vague. Car que fait la valeur de l'exhaussement relativement à la dégradation plus prompte qu'il doit causer à la partie mitoyenne? On pourrait donc prendre pour base générale de l'estimation la disposition de la coutume de Paris, sauf à s'en écarter en plus ou en moins, suivant les circonstances. — Marcadé, t. 3, art. 658.

206. — Si le mur mitoyen n'est pas en état de supporter l'exhaussement, celui qui veut l'exhausser doit le faire reconstruire en entier à ses frais, et l'excédant d'épaisseur doit se prendre de son côté. — C. civ. 659. — Marcadé, t. 3, art. 661.

207. — Les frais d'expertise pour déterminer l'alignement du mur reconstruit, ceux d'étaiement, de déplacement, et tous autres nécessités par la reconstruction, sont à la charge du propriétaire qui veut faire exhausser le mur. — Pardessus, n° 174.

208. — Celui qui fait des exhaussemens et appuie des ouvrages sur un mur mitoyen et sur un mur qui ne l'est point encore, sans avoir préalablement pris le consentement du voisin, ou sans avoir fait régler par experts l'indemnité qui peut être due à celui-ci, doit être condamné en tous les dépens des procès que suscitent ses entreprises, quoique dans le cours du procès il ait fait des offres suffisantes à raison de l'indemnité dont il est tenu, et que son voisin ait élevé incidemment des contestations mal fondées. — *Riom*, 29 mars 1824, Gourline c. Vairon.

209. — Un voisin pourrait toujours empêcher l'autre de reconstruire le mur, même à ses frais, si cette reconstruction, entraînant des inconvéniens inévitables, n'était pas nécessaire à l'exhaussement. — Pardessus, *ibid.*

210. — Mais lorsque la reconstruction est nécessaire à l'exhaussement, le voisin ne pourrait demander une indemnité pour le préjudice qu'il souffre de la reconstruction, en ce qu'elle le prive pendant un certain temps de la jouissance de ses appartemens, sauf à empêcher que cette privation ne soit prolongée au delà du strict nécessaire. — Pardessus, *ibid.*; Duranton, n° 331; Toullier, n° 208; Pothier, *Contrat de soc.*, n° 215.

211. — Mais il a droit d'exiger que les choses soient rétablies exactement dans l'état où elles se trouvaient avant la reconstruction, sans distinction entre les objets nécessaires et les objets de luxe par lui adossés au mur mitoyen. — Duranton, n° 331, Toullier, n° 208.

212. — Lorsqu'un des voisins, pour faire des caves, construit en dessous du mur mitoyen, il est propriétaire exclusif de cette partie comme il le serait de la surélévation, et on ne peut pas plus lui interdire l'un que l'autre; mais il est dans tous les cas assujetti aux mêmes conditions. — Pardessus, n° 174.

213. — Le voisin qui n'a pas contribué à l'exhaussement peut en acquérir la mitoyenneté en payant la moitié de la dépense qu'il a coûté et la valeur de la moitié du sol fourni par l'excédant d'épaisseur, s'il y en a. — C. civ., art. 660.

214. — Le voisin qui veut acquérir la mitoyenneté de l'exhaussement doit payer la moitié de la dépense qu'il a coûté et la moitié de la valeur du sol, tandis que quand il s'agit d'acquérir la mitoyenneté, non pas de l'exhaussement, mais du mur, c'est la moitié de la valeur actuelle qu'il faut payer; ce qui est réellement bien différent.

215. — On peut donc dire, dans le cas de l'art. 660, que la loi a voulu obliger le copropriétaire du mur à contribuer aux frais de l'exhaussement, en s'entendant avec son voisin, et, en tout cas, lui ôter tout espoir d'acquérir dans la suite, à peu de frais, la mitoyenneté de l'exhaussement.

216. — On a jugé que le copropriétaire d'un mur mitoyen qui l'a fait exhausser à ses frais, ne peut, sans le consentement du voisin à qui appartient une moitié de ce mur, pratiquer dans la partie exhaussée des jours à fer maillé et verre dormant. — *Douai*, 17 fév. 1840, Ladrière c. Boniface.

217. — Les motifs de cet arrêt sont qu'il n'est permis de pratiquer des jours qu'à ceux qui sont propriétaires du mur, et que celui dont il s'agit n'est propriétaire que de l'exhaussement; mais la loi ne dit pas que pour ouvrir des jours dans un mur il faille être propriétaire exclusif de ce mur et depuis le fondement jusqu'au sommet, autrement il faudrait dire que les divers propriétaires d'une maison divisée en étages n'auraient pas le droit d'éclairer chacun l'étage qui lui appartient. — Duranton, n° 333.

218. — La faculté d'acquérir la mitoyenneté de l'exhaussement du mur, accordée au voisin par l'art. 660 C. civ., peut être exercée, encore que le voisin qui fait cette acquisition ne se propose pas de bâtir contre le mur, et qu'il n'ait d'autre but que de contraindre l'auteur de l'exhaussement à fermer les jours et fenêtres qu'il y a pratiqués. — *Toulouse*, 28 juin 1847, Leclerc c. Dignat.

219. — A quelque usage qu'on veuille employer un mur mitoyen, le consentement du copropriétaire est toujours requis; sauf le droit du juge de suppléer ce consentement dans le cas où il serait injustement refusé, en faisant déterminer par un expert les précautions à prendre pour que les ouvrages projetés ne puissent nuire au voisin. — Pardessus, n° 178.

220. — A défaut d'un consentement volontaire et par écrit donné par le voisin, celui qui veut faire bâtir contre le mur mitoyen, y placer des poutres, pratiquer des enfoncemens, enfin y appuyer ou appliquer quelque ouvrage que ce soit, doit déclarer, par acte extrajudiciaire, à son voisin, ce qu'il entend faire, et le sommer de lui donner son consentement. — Pardessus, *ibid.*

221. — La preuve testimoniale du consentement donné par le voisin ne serait point admissible, d'après l'art. 1341 C. civ., parce qu'il s'agit d'un objet dont la valeur est indéterminée. — Pardessus, *Servitudes*, n° 178.

222. — L'expert ne doit être nommé par les tribunaux qu'à défaut par les parties de s'entendre. — Delvincourt, t. 1er, p. 401.

223. — Est-ce par voie d'action que le voisin, en cas de refus de consentement, doit faire procéder à l'expertise? — M. Pardessus (*Servitudes*, n° 179) enseigne que la loi se bornant à exiger que l'indication des moyens soit faite par experts, il suffit d'employer la voie du référé conformément aux art. 806 et suiv. C. pr. civ.

224. — Toullier résout la question par une distinction. Suivant ce jurisconsulte, s'il s'agit d'ouvrages auxquels le voisin ne doive pas contribuer, et pour lesquels on ne soit pas obligé d'entrer chez lui, on peut, sur son refus de consentement, faire régler par experts les moyens à prendre pour que le nouvel ouvrage ne lui soit pas nuisible, sauf à répondre du dommage dans le cas où il établirait qu'il lui en a été causé. — Si, au contraire, il s'agit d'ouvrages auxquels le voisin doit contribuer, ou s'il est nécessaire d'entrer chez lui, il devient indispensable de le faire citer en justice. — Toullier, *Droit civ.*, t. 3, n° 207.

225. — Aujourd'hui c'est au propriétaire et non au maçon ou à l'entrepreneur, comme le prescrivaient certaines coutumes, à faire sommation à son voisin de consentir aux travaux ou de nommer un expert. — Toullier, t. 2, n° 307; Duranton, t. 5, n° 336; Marcadé, t. 3, art. 662.

226. — Le copropriétaire d'un mur mitoyen qui le fait abattre, sans avoir préalablement fait constater contradictoirement le mauvais état du mur et la nécessité de sa démolition, est non recevable à prouver par témoins le mauvais état du mur, et, par là, il a perdu le droit de forcer son copropriétaire à la reconstruction du mur. — *Bourges*, 14 janv. 1834, Caignant c. Métayer. — Toullier, t. 3, n° 214; Solon, *Servitudes*, n° 169.

227. — Lorsqu'il y a lieu de substituer un mur à une clôture en bois mitoyenne, établie anciennement par le père de famille, le mur doit être construit sur l'emplacement de la clôture, bien que les fondations à faire doivent se prendre uniquement dans la cave de l'un des copropriétaires. — *Cass.*, 5 déc. 1832, Schneider c. Coustier.

228. — Lorsqu'on reconstruit un mur mitoyen ou une maison, les servitudes actives et passives se continuent à l'égard du nouveau mur ou de la nouvelle maison, sans toutefois qu'elles puissent être aggravées, et pourvu que la reconstruction se fasse avant que la prescription soit acquise. — C. civ., art. 665.

Sect. 4e. — *Charges de la mitoyenneté.*

229. — La réparation ou reconstruction du mur mitoyen sont à la charge de tous ceux qui y ont droit, et proportionnellement au droit de chacun. — C. civ., art. 655.

230. — Les villes et communes pour les bâtimens destinés à un usage public, et dont elles ont la propriété, sont tenues, comme les simples particuliers, de contribuer aux réparations et reconstructions des murs mitoyens. — *Cass.*, 17 mars 1836, ville de Poitiers c. Carbon.

231. — Le copropriétaire d'un mur mitoyen qui l'a fait abattre, sans avoir fait contradictoirement établir son mauvais état, doit le reconstruire à ses frais, et ne peut être admis à prouver par témoins le mauvais état du mur avant sa démolition.

232. — Le propriétaire qui, d'accord avec son voisin, a fait l'avance des frais de reconstruction ou réparation du mur mitoyen a, pour se faire rembourser de son avance, une action réelle qu'il peut valablement exercer contre le tiers détenteur, bien qu'étranger à la convention.

233. — L'art. 655 du Code civil ouvre à chacun des copropriétaires une action réciproque pour faire constater contradictoirement l'état de péril ou de ruine prochaine du mur mitoyen, pour en demander la réparation ou reconstruction, et, en cas de refus ou retard, pour y procéder seul et poursuivre le voisin en paiement de la part dans les dépenses. — Pardessus, n° 166.

234. — Lorsque la reconstruction du mur mitoyen est nécessitée par la faute d'un des voisins, comme lorsqu'il a élevé sur ce mur une construction qui en a causé la ruine, sans prendre les précautions convenables, les frais de reconstruction doivent retomber exclusivement à la charge de celui qui a élevé la construction. — Pardessus, n° 166.

235. — Les réparations d'un mur mitoyen ne doivent être supportées à frais communs entre les propriétaires qu'autant qu'elles sont nécessaires des deux côtés du mur, ou dans sa totalité. — *Grenoble*, 20 juill. 1822, Bouloud c. Cattier.

236. — Le propriétaire inférieur peut forcer le propriétaire supérieur à contribuer à la reconstruction du mur de clôture qui les sépare et supporter les terres de surélévation. — *Angers*, 23 avr. 1819, Grifaton c. Férard.

237. — Le propriétaire supérieur ne peut se dispenser de contribuer à la reconstruction ou aux réparations du mur de clôture, en offrant d'enlever les terres de surcharge et de mettre le terrain qui longe le mur de niveau avec les terres du voisin, au moyen d'un fossé qu'il pratiquerait dans toute la longueur de ce mur, et qui l'isolerait du terrain plus élevé. — Mais il peut éviter la charge de surhaussement, en nivelant son terrain, dans la partie qui longe le mur, de manière cependant que le mur de clôture soit toujours élevé de huit pieds au-dessus de la surface à laquelle le terrain se trouve réduit, et que le propriétaire supérieur n'ait de vue sur le voisin qu'à distance fixée par le règlement. — Même arrêt.

238. — Les dommages et les incommodités résultant de la reconstruction du mur mitoyen doivent être supportés par chacun des voisins sans indemnité pour ce qui le concerne, à moins que la reconstruction n'ait été nécessitée par la faute d'un seul des copropriétaires mitoyens. — Pardessus, n° 167.

239. — Ainsi jugé que les incommodités qui résultent des constructions entre voisins dérivent de la nécessité, et dès lors ne donnent pas lieu à des indemnités au profit de celui qui les supporte. — Sauf, dans le cas où elles se prolongeraient, le droit pour le voisin de faire déterminer en justice le délai dans lequel elles devraient être mises à fin. — *Limoges*, 4 mai 1813, Larieux c. Vialle.

240. — En cas de reconstruction du mur, un des voisins ne peut pas exiger que le mur soit reconstruit en matériaux de même nature que ceux qui le composaient, si ces matériaux offrent des inconvéniens ou ne sont plus en usage, de même qu'il ne peut s'opposer à ce qu'on donne au mur une plus grande épaisseur si cela est nécessaire. Les tribunaux, en cas de désaccord, devront en pareil cas décider de ce qu'il est raisonnable de faire. — Pardessus, n° 187.

241. — Cependant tout propriétaire d'un mur mitoyen peut se dispenser de contribuer aux réparations et reconstructions, en abandonnant le droit de mitoyenneté, pourvu que le mur mitoyen ne soutienne pas un bâtiment qui lui appartienne. — *Rennes*, 9 mars 1820, Bourgneuf c. Lecornu.

242. — ... Ou pourvu que les réparations n'aient pas été rendues nécessaires par son fait ou par celui des personnes dont il répond. — Duranton, t. 5, n° 318.

243. — On ne peut donc s'affranchir par l'abandon, que des réparations occasionnées par la vétusté ou la force majeure. — *Ibid.*

244. — L'art. 656 du Code civil, suivant lequel le voisin peut se dispenser de contribuer aux réparations et reconstructions du mur mitoyen en abandonnant le droit de mitoyenneté, s'applique aux constructions nouvelles comme aux reconstructions. — *Angers*, 12 mars 1847 (t. 1er 1847, p. 649), Leconte c. Péan-Dugué. — Marcadé, t. 3, art. 656.

245. — De cet art. 656 combiné avec l'art. 663, est venue la question de savoir si l'on pourrait également se soustraire à l'obligation de faire ces réparations et reconstructions dans les lieux où la clôture est forcée. — Cette question est fort controversée entre les divers interprètes du Code civil.

246. — Malleville, Toullier et Favard de Langlade ont écrit qu'on peut se soustraire à cette obligation, en abandonnant tout droit à la mitoyenneté et la moitié du sol sur lequel le mur doit être construit. — V. usement de Rennes, art. 3. — Malleville, *Analyse de la discuss. du C. civ.*, t. 1er, p. 118; Toullier, t. 3, nos 163 et 164; *Procès-verbal du Cons. d'Etat*, t. 3, p. 150; Favard de Langlade, *Rép. de jurispr.*, v° *Servitudes*; Paillet, sous l'art. 656, n° 9. — V., aussi, Carou, *Act. possess.*, n° 402; Perrin, *C. des constr.*, n° 547; Zachariæ, t. 2, § 240, note 7; Marcadé, sur l'art. 663.

247. — Il existe, dans le sens de ces autorités, un arrêt de la Cour de cassation qui pose en principe que l'art. 663 du Code civil, qui permet à chacun de contraindre son voisin à contribuer aux constructions et réparations de la clôture séparant leurs maisons, ne déroge pas à l'art. 656 du même Code, qui dispense tout copropriétaire d'un mur mitoyen de contribuer aux réparations et reconstructions, en abandonnant le droit de mitoyenneté, et que l'art. 656 doit s'entendre aussi bien des villes et faubourgs que des campagnes. — *Cass.*, 19 déc. 1819, Desjardins c. Marette; 5 mars 1828, Martin c. Balin; *Toulouse*, 7 janv. 1834, Astre c. Coloméra; *Angers*, 12 mars 1847 (t. 1er 1847, p. 649), Leconte c. Péan-Dugué.

248. — L'opinion contraire a été soutenue par Pothier (*Du contrat de société*, n° 223). « Dans les villes, dit cet auteur, où il y a une loi qui oblige les voisins à construire à communs frais un mur de clôture pour s'enclore (Paris, art. 209; Orléans, art. 236), chacun des voisins est obligé de contribuer aux réparations, et même à la reconstruction du mur de clôture, sans qu'il puisse se décharger de cette obligation en offrant d'abandonner sa part dans la communauté du mur. » — V., dans le même sens, *Angers*, 23 avril (et non janv.) 1819, Griffaton c. Ferrard; *Paris*, 29 juill. 1828, Bardon c. Vincent; *Bordeaux*, 7 déc. 1827, Nasse c. Libes; *Rennes*, 16 déc. 1829, Bisset c. d'Obrée; *Amiens*, 15 août 1838 (t. 1er 1839, p. 576), Guonte c. Piot.

249. — Et cette doctrine est professée par Delvincourt (t. 1er, page 559) et par MM. Pardessus (*Servit.*, nos 149, 168) et Duranton (t. 5, n° 319). Ce dernier jurisconsulte établit néanmoins une distinction. Suivant lui, la clôture est obligatoire, en théorie, et il est impossible de se soustraire à cette obligation en abandonnant la moitié du sol sur lequel le mur sera construit. Mais il ne paraît pas éloigné de penser qu'on peut se soustraire à la réparation du mur mitoyen en abandonnant la copropriété de ce mur et la moitié du sol sur lequel il est construit. — *Bordeaux*, 7 déc. 1827, Nasse c. Libes. — V., encore, Desgodets, *L. des bâtim.*, p. 412 et suiv.; Solon, *Servit.*, nos 178, 222 et suiv.; Rolland de Villargues, *Rép. du notar.*, v° *Abandon de mitoyenneté*.

250. — Cette dernière distinction ne nous paraît pas admissible. On conçoit parfaitement que dans les lieux où la clôture n'est pas forcée, on puisse se soustraire à l'obligation de réparer le mur mitoyen en l'abandonnant; mais dans les lieux où elle est forcée, la réparation du mur n'est pas une charge de la propriété de ce mur seulement; c'est une charge de la propriété tout entière qu'il s'agit d'enclore, et soit qu'il existe un mur, soit qu'il n'en existe pas, ce n'est qu'en abandonnant l'héritage tout entier qu'on pourrait se soustraire à la servitude de clôture dont il est grevé.

251. — Lorsque, sur la sommation faite par l'un des voisins à l'autre de se clore, ou plutôt de contribuer à la clôture commune, le second déclare être prêt à abandonner la moitié du sol sur lequel le mur doit être construit, le premier se trouve-t-il obligé de construire un mur? Evidemment non, et de ces deux volontés contraires il résultera que le mur restera en ruines et que même dans les villes et faubourgs, et malgré l'article 663, un voisin ne pourra contraindre l'autre à se clore. C'est la conséquence forcée de la jurisprudence de la Cour de cassation. — Pardessus, n° 168 et add. finales, note D.; Duranton, t. 5, n° 320; Marcadé, t. 3, art. 663.

252. — « Si après que mon voisin, dit Pothier (*Contrat de société*, n° 221), m'a fait l'abandon de son droit de communauté au mur pour se décharger des réparations... je néglige moi-même de les faire, et je laisse tomber le mur en ruine, le voisin pourra révoquer son abandon et demander à partager les matériaux provenant de la ruine du mur et à rentrer dans la portion de terrain qui lui appartenait. » C'est une doctrine qui ne paraît pas contestable. — Duranton, n° 320.

253. — Mais pourrai-je également, me fondant sur le contrat résultant de l'acceptation faite par le voisin de l'abandon de la mitoyenneté, le contraindre non à me rendre ce que je lui ai cédé, mais à construire ainsi qu'il s'y était implicitement obligé? Il faudrait pour admettre l'affirmative que l'acte d'acceptation contînt des dispositions formelles; autrement il est naturel de ne remettre l'une des parties à défaut d'exécution par l'autre que dans l'état où elle se trouvait avant le contrat.

254. — Nous dirions également que si le propriétaire auquel la mitoyenneté du mur a été abandonnée après avoir d'abord réparé ou reconstruit ce mur, le négligeait ensuite et le laissait tomber en ruines, le voisin pourrait toujours, se fondant sur la condition mise à son abandon, rentrer dans la propriété de la moitié du sol sur lequel ce mur est construit.

255. — Le propriétaire qui a abandonné la mitoyenneté du mur peut toujours contraindre son voisin à la lui céder de nouveau, mais en payant moitié de la valeur du mur, et moitié de la valeur du sol, conformément à l'art. 664. — Pardessus, n° 169.

256. — L'art. 656, suivant lequel le voisin peut se dispenser de contribuer aux réparations et reconstructions du mur mitoyen en abandonnant le droit de mitoyenneté, s'applique aux

constructions nouvelles comme aux reconstructions; et lorsqu'un propriétaire qui veut se clore assigne son voisin pour le faire contribuer aux frais de construction du mur qui doit séparer leurs héritages, ce dernier peut s'affranchir de cette obligation en abandonnant la moitié du terrain sur lequel le mur de clôture doit être assis. — *Cass.*, 5 mars 1828, Martin c. Balin. — *Contrà Paris*, 22 nov. 1825, mêmes parties. — Delvincourt, t. 1er, p. 569, note 2.

257. — On ne peut contraindre son voisin à contribuer à la construction du mur de clôture que jusqu'à la hauteur réglée par la loi pour les murs de cette espèce; et si l'un des voisins a besoin d'un mur plus élevé, il doit construire à ses frais ce qui excède la hauteur ordinaire des murs de clôture. — Pothier, *Du contrat de société*, n° 223.

258. — Celui qui a un droit exclusif à une clôture ne peut, même dans un lieu où la clôture est forcée, contraindre le voisin avec lequel elle n'est pas mitoyenne à contribuer à sa réparation ou à sa reconstruction. — *Rennes*, 9 mars 1820, Bourgneuf c. Lecornu.

259. — Mais il est indubitable que le propriétaire exclusif d'un mur servant de clôture dans une ville pourrait, après l'avoir détruit, contraindre son voisin à contribuer à la construction d'un mur mitoyen sur les limites de leurs propriétés respectives. Ce ne serait que l'application littérale de l'art. 663 du C. civ.

CHAPITRE III. — *Mitoyenneté des haies et fossés.*

Sect. 1re. — *Haies.*

260. — La haie est une clôture d'épines, de ronces ou d'autres arbrisseaux, quelquefois même de branches sèches. On appelle haie *sèche* ou *morte*, celle qui est faite avec du bois coupé; et haie *vive* ou *à pied*, celle faite avec des arbrisseaux vivans. — Pardessus, *Servitudes*, n° 187.

261. — La haie sèche peut se planter sur la ligne séparative des héritages, sans observation de distances, à moins que les usages locaux ne l'exigent. — Elle ne peut anticiper sur l'héritage voisin, et son renouvellement fréquent empêchera que la question de propriété puisse jamais rester douteuse. — Pardessus, *Servitudes*, n° 187.

262. — Toute haie qui sépare des héritages est réputée mitoyenne, à moins qu'il n'y ait qu'un seul des héritages en état de clôture, ou s'il n'y a titre ou possession suffisante au contraire. — C. civ., 670.

263. — Il faut pour qu'il y ait présomption de mitoyenneté, que les deux héritages soient en état de clôture, mais il n'est pas nécessaire que les clôtures soient de même espèce. — Pardessus, n° 188; Duranton, n° 368.

264. — On considérerait comme clos un terrain entouré de fossés en tout ou en partie. — L. 28 sept.-6 oct. 1791, C. pén. 391. — Duranton, n° 368.

265. — La présomption légale de mitoyenneté d'une haie résultant de l'état de clôture de deux héritages voisins ne peut être détruite par la simple preuve qu'un seul des propriétaires a planté cette haie, ce fait établi ne pourrait être considéré comme l'équivalent d'un titre; mais il servirait seulement de point de départ à la possession trentenaire, si d'autres faits d'une possession exclusive venaient s'y rattacher. — *Bourges*, 17 déc. 1841 (t. 2 1842, p. 115), Vallet c. Baudry. — Marcadé, t. 3, art. 670, §§ 2 et 3.

266. — Si, dans le cas où l'un des deux fonds est clos, le propriétaire de l'héritage non clos se mettait en devoir de le clore; comme il acquerrait par là une présomption de mitoyenneté, le maître de l'héritage clos pourrait lui faire signifier une protestation pour conserver la présomption de propriété exclusive qui résulte en sa faveur de ce que son héritage est seul en état de clôture. — Duranton, n° 372.

267. — Les présomptions admises sous l'ancien droit, en matière de propriété de haies, continuent à subsister pour les haies plantées sous l'empire des anciennes lois. — Duranton, n° 373.

268. — Si, entre la haie et l'un des deux héritages qu'elle sépare, se trouve un fossé, la haie est censée appartenir à celui qu'elle touche immédiatement. — Coquille, Quest., 298; Pothier, *Contr. de soc.*, n° 225; Pardessus, n° 188.

269. — Si les bornes destinées à fixer les limites de deux fonds étaient situées au dehors d'une haie, elle devrait nécessairement être censée appartenir au fonds qu'elle touche immédiatement. — Pardessus, n° 188; Duranton, n° 387.

MITOYENNETÉ, ch. 3, sect. 1re.

270. — Lorsqu'il existe entre deux fonds une haie et un fossé, et qu'on ignore à qui ils appartiennent, ou que leur existence ne remonte point à une époque assez ancienne pour que les présomptions autrefois admises leur puissent être appliquées, on devra supposer que c'est la haie plutôt que le fossé qui sert de séparation aux deux héritages. — Duranton, n° 375.

271. — Les arbres qui se trouvent dans la haie mitoyenne sont mitoyens comme la haie, et chacun des deux propriétaires a droit de requérir qu'ils soient abattus. — C. civ., 674.

272. — Il n'y a pas à distinguer si les arbres ont ou non plus de trente ans. — Duranton, n° 377.

273. — L'arbre abattu doit être partagé par moitié. Quant aux fruits, à défaut de convention expresse, il serait raisonnable de les attribuer au propriétaire du côté duquel ils se trouvent. — V. Duranton, nos 376 et suiv. — M. Duranton voudrait même que l'arbre abattu ne fût pas partagé par moitié, mais de la même manière que les fruits. Une pareille doctrine aurait pour effet de créer dans la pratique des contestations incessantes et des difficultés insolubles.

274. — Lorsque deux propriétaires riverains ont partagé les fruits des arbres implantés dans une haie séparative de leurs héritages, et l'ont élaguée, chacun de leur côté, pendant plus de trente ans, cette jouissance commune est suffisante pour lever tous les doutes, s'il peut en exister, sur la mitoyenneté de la haie. — *Bourges*, 1er juill. 1840 (t. 1er 1841, p. 89), Belin c. Cailloux.

275. — L'art. 670 du Code civil a abrogé tous les usages locaux, en matière de mitoyenneté des haies. — *Bourges*, 30 nov. 1834, Lenoir c. de Choiseul.

276. — Nous avons déjà dit plus haut, sur l'art. 663 du Code civil, que dans les villes et faubourgs, une haie ne peut être considérée comme une clôture, dans le sens de cet article, et qu'un des voisins peut contraindre l'autre à la remplacer par un mur. — Duranton, n° 382.

277. — La haie mitoyenne ne peut être détruite que du consentement commun. Si néanmoins un seul des propriétaires avait fait arracher la haie pour y substituer un mur bâti uniquement sur son propre terrain, il serait difficile d'admettre l'autre à exiger que les choses fussent remises dans l'état primitif, parce que l'intérêt est la véritable mesure des actions. — *Cass.*, 28 avr. 1829, Bernard c. Lynier.

278. — La présomption de mitoyenneté des haies établie par l'art. 670 cède, aux termes même de cet article, lorsqu'il y a titre ou possession suffisante au contraire. Il n'y a pas de difficulté spéciale en cette matière pour l'interprétation du titre, mais que faut-il entendre par les mots *possession suffisante*?

279. — En d'autres termes, la présomption de mitoyenneté d'une haie cédera-t-elle à la possession annale, ou faudra-t-il au contraire, pour la détruire, la possession trentenaire? La question paraît vivement controversée entre la jurisprudence et les auteurs. La plupart des auteurs décident que la possession dont parle l'art. 670 est la possession annale, qui est suffisante, dans ce cas, pour équivaloir à un titre et détruire la présomption de mitoyenneté. — Toullier, art. 1, nos 228 et 229; Duranton, t. 5, n° 370; Pardessus, *Servit.*, t. 1er, n° 288; Pailliet, *Des servit.*, p. 788; Merlin, *Rép.*, v° *Haie*, n° 3; Vaudoré, *Droit rural français*, t. 1er, p. 63, n° 141; Garnier, *Des actions possessoires*, p. 224 et 225; Brody, *Commentaire sur les servitudes* ou *services fonciers*, p. 82; Marcadé, t. 3, art. 670 et la note.

280. — Mais il a été jugé, au contraire, que la possession annale ne suffit pas pour faire acquérir la propriété exclusive d'une haie mitoyenne et que la possession trentenaire peut seule, en ce cas, équivaloir à un titre. — *Angers*, 7 juill. 1832, Geslain c. Laurent; *Bourges*, 31 mars 1832, Lineau c. Philippe; 27 mars 1835, Aloisec c. Lagrue; *Cass.*, 13 déc. 1836 (t. 1er 1837, p. 204), Thoreau Lassalle c. Aymé; *Bourges*, 31 mars 1837 (t. 1er 1838, p. 465), Mongne c. Sachot; *Cass.*, 17 janv. 1838 (t. 1er 1838, p. 244), Gautheron c. Schmitz; *Bourges*, 17 déc. 1841 (t. 2 1842, p. 115), Vallet c. Baudry.

281. — Malgré les autorités nombreuses qui semblent lutter en sens contraire, nous ne saurions considérer cette question comme soulevant une difficulté bien sérieuse. L'art. 670, en parlant de possession suffisante et en ne la définissant pas, s'en est référé aux principes généraux en matière de possession. Dès lors la possession an d'une haie doit en faire présumer la propriété exclusive, et être suffisante pour autoriser le possesseur annal à se faire maintenir en possession par le juge du possessoire. Mais si, au lieu d'agir au possessoire ou après y avoir agi, l'un des voisins intente au pétitoire une action pour se faire considérer comme propriétaire exclusif de la haie, il est clair qu'à défaut de titre il devra justifier de la possession trentenaire.

282. — Nous irions même plus loin; et, si, après que l'un des voisins se sera fait maintenir dans la ...sion annale de la haie, l'autre voisin l'atta...ue au pétitoire et établit qu'à une époque peu ...oignée, et sans qu'on puisse lui prouver qu'il ...a été autrement pour le temps antérieur, il a ...ui de la haie comme d'une haie mitoyenne, ...us pensons que les tribunaux devraient re...garder la preuve de la possession trentenaire ...mme suffisamment faite et le rétablir dans la copropriété de la haie.

283. — Ainsi, jugé que le propriétaire dont l'héritage est borné par une haie peut en réclamer mitoyenneté en se fondant uniquement sur la disposition de l'art. 670 C. civ., bien que la pos...ion annale de cette haie ait été précédem...ent reconnue, par un jugement rendu au possessoire, appartenir exclusivement au propriétaire voisin. — *Cass.*, 15 déc. 1830 (t. 1er 1837, p. 204), ...oreau-Lassalle c. Aymé.

284. — Jugé encore que l'art. 670 C. civ., por...tant que toute haie qui sépare deux héritages est ...utée mitoyenne s'il n'y a titre ou possession ...sante au contraire, n'entend pas parler d'une ...session acquisitive de la prescription. Qu'en conséquence, si la possession d'une haie séparative de deux héritages a été, tant avant que depuis le Code civil, exclusivement exercée par le propriétaire d'un de ces deux héritages, cette possession n'a pas dû, pour détruire la présomption de mitoyenneté, soit réunir les caractères exigés ...r la loi ancienne pour acquérir la prescription, ...it durer pendant le délai prescrit par le Code civil pour ce dernier objet. — Il est au contraire ...us juste de dire que c'est au juge à décider s'il ...a ou non possession suffisante pour détruire la ...somption de mitoyenneté. — *Cass.*, 14 nov. 1833, Choiseul c. Maratrat.

285. — C'est à celui qui se prétend propriétaire ...lusif de la haie séparative de deux héritages à ...ouver son droit de propriété. — *Paris*, 30 juin ...809, Letors c. Soupant.

286. — L'existence d'une haie suppose avec ...e celle d'un rejet, et, par suite, la propriété ...ne partie du sol sur lequel croît cette haie. — ...uai, 13 nov. 1840 (t. 2 1840, p. 768), Ducatez c. ...autecœur.

287. — L'un des copropriétaires d'une haie mi...enne peut, sans le consentement de l'autre, ...arracher et la remplacer par des constructions, ...urvu qu'elles n'excèdent pas la partie de ter...in qui lui appartient. — *Cass.*, 22 avril 1829, ...rnard c. Lynier. — Duranton, t. 5, no 331.

288. — Celui qui plante une haie est obligé de lais...la distance prescrite par les règlemens particu...s actuellement existans ou par les usages con...us et reconnus; et, à défaut de règlemens et ...ges, un demi-mètre (environ un pied et demi) ...distance de la ligne séparative des deux héri...es. — C. civ., art. 671.

Sect. 2e. — *Fossés.*

289. — Les fossés qui séparent les héritages se ...isent en plusieurs espèces: les uns sont des...tinés à l'écoulement des eaux pluviales, dont la ...gnation nuirait aux fonds cultivés. *Fossa est ...receptaculum aquæ manu factum.* — L. 1 § 5, ff., *ut ...flum. pub. navig. liceat.* — Pardessus, no 182.

290. — L'existence de ces fossés ne paraît pas ...ins nécessaire que celle du lit des cours d'eaux. ...nd deux héritages sont séparés par un fossé ...celle espèce, le propriétaire de l'un d'eux ne ...ut ni supprimer ce fossé, ni refuser de con...urir à l'entretien et au curage, même en abandonnant à l'autre pour le tout. — Pardes..., *ibid.*

291. — Parmi les autres fossés, dont l'utilité ...plus bornée, nous n'avons à nous occuper ...e de ceux qui servent à clore ou à séparer les ...itages, et à propos desquels la loi décide ...'ils sont réputés mitoyens. — C. civ., art. 666.

292. — Tous fossés entre deux héritages sont ...umés mitoyens, s'il n'y a titre ou marque contraire. — C. civ., art. 666.

293. — On regarderait comme un titre plutôt ...e comme une simple marque de non-mitoyenneté les bornes existantes, pourvu qu'elles ne fussent pas démenties par un titre. — Duranton, t. 5, no 349.

294. — L'expression *fossé entre deux*, employée dans un titre, par cela seul qu'elle n'attribue pas à un seul la propriété exclusive d'un fossé, indique que le fossé est mitoyen entre les propriétaires dont il sépare les héritages. — *Bordeaux*, 31 janv. 1835, Chibalon c. Bazanae.

295. — La possession annale d'un fossé ne détruit pas la présomption légale de mitoyenneté. — *Douai*, 15 fév. 1836, Dubois c. Hamez.

296. — La possession trentenaire peut seule, à l'exclusion de la possession annale, détruire la présomption légale de mitoyenneté de tout fossé existant entre deux héritages, s'il n'y a titre ou marque du contraire. — *Poitiers*, 23 juin 1836, Commune de Vendeuvre c. Laverchère; *Bourges*, 26 mai 1825, Charlot c. Lerasle, *Douai*, 15 fév. 1830, Dubois c. Hamez. — V. *suprà*, nos 278 et suiv., ce qui a été dit des haies mitoyennes.

297. — Jugé, néanmoins, que le fossé séparatif de deux héritages dont l'un est entièrement clos et l'autre clos en partie seulement doit être réputé dépendre exclusivement de l'héritage entièrement clos. — Il en est ainsi alors surtout que, par la nature de ses produits (s'il consiste, par exemple, en bois taillis), l'héritage entièrement clos semble l'avoir été pour le besoin de sa défense; tandis que l'autre est en état de culture ordinaire. — La présomption de propriété exclusive qui résulte de cette double circonstance ne saurait être détruite par ce fait que les terres du fossé auraient été rejetées des deux côtés. — *Limoges*, 1er août 1839 (t. 1er 1841, p. 428), Betoux c. Cialis.

298. — Le fossé qui sépare un fonds particulier enclavé dans une forêt domaniale est présumé être une dépendance de ce fonds lorsque, en l'absence de tout titre positif, le rejet est de son côté et que la possession est d'ailleurs conforme. — Ordonn. 1669, tit. 27, art. 4; C. civ., art. 666, 667, 668 et 2226. — *Angers*, 20 mai 1842 (t. 2 1842, p. 686), Devillers.

299. — Le propriétaire d'un talus placé entre son champ et le fonds du voisin n'a pas le droit de faire établir un fossé sur ce dernier fonds, sous prétexte qu'un talus ou rejet de terre suppose nécessairement un fossé, lorsqu'il ne prouve pas autrement l'existence antérieure du fossé. — *Cass.*, 16 mars 1831, Chatou des Morandais c. Varin.

300. — La largeur des fossés mitoyens est présumée prise sur chacun des héritages qu'ils séparent, et les propriétaires de ces héritages possèdent le fossé par indivis. — Mornac, *ad leg.* 7, § 1er, ff. *De perid. et commod. rei vendit.*; Chopin, *ad Cons. Paris*, lib. 1er, tit. 4, no 16; Coquille, *Quæst.*, 298; Pardessus, *Servitudes*, no 183; Marcadé, t. 3, art. 669.

301. — Le fossé mitoyen est entretenu aux frais communs des deux propriétaires, le jet des terres qui provient du curage leur appartient également, et chacun d'eux doit veiller et concourir à sa conservation, comme au cas de mur mitoyen. — Pardessus, *Servitudes*, *ibid.*; Duranton, t. 5, p. 358.

302. — Il y a marque de non-mitoyenneté lorsque la levée ou le rejet de la terre se trouve d'un côté seulement du fossé. — Art. 667.

303. — Le fossé est censé appartenir exclusivement à celui du côté duquel le rejet se trouve. — Art. 668.

304. — Dans le cas de l'art. 667, la présomption est que le propriétaire, du côté duquel se trouve le rejet, a fait seul le fossé en entier sur son terrain; puisqu'il ne pouvait contraindre son voisin ni à concourir à la clôture, ni à recevoir les terres sorties du fossé. — Poullain-Duparc, *Princ. du dr. français*, liv. 4, chap. 7, no 16; Pardessus, *Servit.*, no 183.

305. — Ces terres eussent été jetées des deux côtés, si le fossé eût été fait sur les deux terrains, en vertu de la maxime *Qui a douve a fossé.* — Loisel, *Inst. cout.*, liv. 2, t. 3, art. 7; Coquille, *Cout. du Nivernais*, chap. 15, art. 1er.

306. — Le curage d'un fossé qui sépare deux héritages, opéré à différentes époques par un des propriétaires riverains qui a employé des terres provenant de ce curage à la culture de son terrain, sont insuffisans pour détruire la présomption légale de mitoyenneté, qui ne peut être détruite que par deux exceptions: titre ou rejet exclusif de la terre. — *Angers*, 6 mars 1835, Audelard c. Mignot.

307. — Lorsqu'une cour a déclaré, en fait, que les terres d'un fossé ont été jetées également des deux côtés, elle peut, pour attribuer la propriété du fossé à l'un des riverains, se fonder sur cette règle que les fossés existant entre des terres labourables et des bois font partie de ces derniers, pour la défense desquels ils sont présumés avoir été établis. — *Cass.*, 20 mars 1828, Dassonvillez c. Péraut.

308. — Jugé par le même arrêt que le franc-bord est la conséquence de la propriété du fossé, et doit être attribué au riverain déclaré propriétaire du fossé.

309. — Doit-on admettre d'autres signes de non-mitoyenneté que ceux des art. 667 et 668? — On dirait en vain que ces articles ne sont qu'énonciatifs et n'ont rien de limitatif. Leur rédaction est calquée sur celle des art. 653 et 654 relatifs au mur mitoyen; et en conséquence lorsque le rejet se trouvera également sur les deux bords, ou qu'il n'en restera plus de vestiges, le fossé sera présumé mitoyen. — Poullain-Duparc, *Principes du dr. français*, liv. 4, chap. 7, no 17; Pardessus, no 183.

310. — Il ne faut point appliquer aux fossés la disposition de l'art. 670, qui attribue la propriété exclusive d'une haie à l'héritage qui est seul en état de clôture. — Pardessus, *Servit.*, no 183; Duranton, t. 5, no 653.

311. — L'usage admis dans plusieurs localités que le fossé qui joint une haie en dehors soit censé appartenir au propriétaire de cette haie ne repose plus sur rien aujourd'hui, le Code n'ayant point consacré les anciens usages et n'ayant admis d'autre marque de non-mitoyenneté que celle qui résulte du rejet de la terre d'un seul côté. — Duranton, t. 5, no 354.

312. — Mais pour les fossés existant avant le Code dans ces conditions il y a droit acquis; et la loi, n'ayant point d'effet rétroactif, n'a pu le détruire. — Duranton, no 355.

313. — Le copropriétaire qui seul aurait fait le curage ne pourrait prétendre avoir prescrit la propriété du fossé, parce que le curage est une conséquence de l'obligation d'entretenir la chose commune. S'il a fait seul les frais de l'entretien et du curage, il n'a que le droit de se faire rembourser la moitié de ses dépenses. — Pardessus, *Servit.*, no 183; Duranton, no 358.

314. — Si le curage ne prouve rien il n'en est pas de même du rejet, qui fait présumer la propriété exclusive du fossé au profit de celui du côté duquel il se trouve; et que par conséquent tout propriétaire a intérêt à surveiller. — C. civ., art. 668.

315. — M. Duranton pense qu'en général celui qui a curé seul le fossé ayant agi comme propriétaire exclusif, il y a lieu d'intenter contre lui, dans l'année du trouble, l'action possessoire pour faire rétablir le rejet; que, passé l'année du trouble, la possession lui serait acquise, et qu'il faudrait l'attaquer au pétitoire. — C. civ., art. 666 et 670; C. proc., art. 3. — Duranton, no 356.

316. — Si, depuis longtemps, le fossé avait disparu, celui qui possède de son côté une élévation de terre qui, pour quelque raison que ce fût, pourrait passer pour douve, ne serait pas admis à contraindre son voisin à lui délaisser l'emplacement nécessaire pour creuser un fossé. — Pardessus, *Servit.*, no 188.

317. — Le copropriétaire d'un fossé mitoyen peut-il se soustraire à l'obligation de l'entretenir en abandonnant ses droits? — La question est controversée. — Goupy (*sur* Desgodets, art. 213, *Cout. de Paris*, note du no 2) tient pour la négative.

318. — L'opinion contraire est professée par M. Pardessus (*Servit.*, no 184) qui enseigne qu'en principe la faculté de renoncer à la copropriété pour se dispenser de l'entretien est admise, et que cette règle ne pourrait fléchir que dans le cas où le fossé mitoyen serait d'une nécessité absolue. — Pothier, *Contrat de société*, no 229; Duranton, no 300; Marcadé, t. 3, art. 669.

319. — Favard (*Rép.*, vo *Servitudes*, sect. 2, § 4, no 11) est d'avis que l'abandon du fossé n'est possible que dans les lieux où la clôture n'est pas forcée, mais cette distinction est repoussée par M. Duranton (t. 5, no 360).

320. — Si l'un des voisins veut faire l'abandon d'un fossé mitoyen, il doit notifier cet abandon à l'autre, qui peut exiger qu'il en soit dressé acte authentique aux frais du cédant. Si le cessionnaire néglige de faire curer et d'entretenir le fossé à ses dépens, ou s'il le laisse combler, le cédant pourra faire révoquer la cession qui n'a été faite que dans la vue de jouir de l'avantage d'une séparation, et sous la condition que le fossé serait entretenu en bon état. — Pardessus, *Servit.*, no 185.

321. — Le cédant ne pourrait revenir sur la cession qu'il a faite, et forcer son voisin à lui revendre la mitoyenneté du fossé, comme cela

se pratique à l'égard du mur mitoyen dans le cas de l'art. 656 C. civ., l'art. 664 est restrictif; il ne s'applique qu'à la mitoyenneté des murs et ne peut s'étendre à celle des fossés. — Pardessus, *Servit.*, n° 185.

322. — Dans le cas où celui des voisins auquel l'autre voudrait faire la cession refuserait de l'accepter, M. Pardessus (*ibid.*) enseigne que les deux voisins laisseront subsister le fossé sans le curer; mais qu'aucun d'eux n'aura le droit d'exiger qu'il soit comblé, et que l'emplacement soit partagé entre eux. — *Contrà*, Duranton, art. 5, n° 361.

323. — Le copropriétaire d'un fossé mitoyen ne peut, sans le consentement de l'autre copropriétaire, combler la moitié du fossé qui borde son héritage. — *Angers*, 1er juin 1836, Joullain c. Guyard.

324. — Dans les villes et faubourgs, où la clôture est forcée, un voisin peut contraindre l'autre à contribuer à la construction d'un mur, mais il ne pourrait le contraindre à contribuer à l'établissement d'un fossé pour recevoir les eaux de leurs propriétés respectives. — Duranton, n° 360.

325. — Le voisin d'un fossé ne peut non plus contraindre son voisin à lui en céder la mitoyenneté. — Duranton, n° 363.

326. — L'usage établi dans certains lieux que le propriétaire du fossé fût aussi propriétaire d'une portion déterminée de terrain du côté du voisin n'existe plus sous le Code, et on pourrait maintenant commencer le talus du fossé sur la limite extrême de l'héritage du voisin. Il serait sage néanmoins de ne pas s'y exposer, parce que, s'il y avait un éboulement, le propriétaire voisin aurait le droit de se plaindre et de demander des dommages-intérêts. — Duranton, n° 364.

327. — Celui qui veut faire un fossé pour son intérêt exclusif, doit en prendre toute la largeur sur son héritage. — Ord. de 1669, tit. 27, art. 4; *Cod. forest.*, art. 14. — Pardessus, *Servit.*, n° 186.

328. — Les usages locaux peuvent seuls déterminer la distance à observer entre un fossé et l'héritage voisin, et servir à décider si un espace quelconque de terrain au delà du fossé est réputé appartenir au maître de ce fossé. — Règlement du parlement de Normandie du 17 avr. 1751, art. 15; Boucher d'Argis, *Cod. rur.*, ch. 19, n° 4.

329. — Est à l'abri de la cassation l'arrêt qui décide que, d'après l'usage général des lieux, les deux berges ou bords d'un fossé ne sont pas présumés de plein droit appartenir au propriétaire du fossé. — *Cass.*, 22 fév. 1827, Delacroix c. Dufay.

330. — Si des arbres croissent dans un fossé, ils en suivent la condition (Pardessus, *Servit.*, nos 186, 194, 198; Toullier, t. 3, nos 234 et 235; Duranton, t. 5, n° 380) et sont, par conséquent, mitoyens comme le fossé lui-même.

331. — Un arbre cru dans un fossé séparatif de deux héritages, n'est pas mitoyen, lorsque le fossé appartient à l'un des propriétaires, et que celui qui réclame la mitoyenneté ne prouve pas que le tronc de cet arbre soit en aucune partie sur son terrain. — *Cass.*, 22 fév. 1830, Dugué c. de Vanssay, — V., au surplus, FOSSÉ.

CHAPITRE IV. — *Autres espèces de mitoyenneté.*

332. — Quoique le Code civil n'ait rendu l'indivision forcée que pour les murs, haies et fossés, les motifs qui la lui ont fait établir s'appliquent également à beaucoup d'autres objets: par exemple, à des allées, à des puits, à des fosses d'aisances, cloaques, puisarts, etc., communs à plusieurs maisons. L'utilité que chacun des copropriétaires tire de la chose commune devant cesser par le partage ou par la licitation, il y a bien évidemment dans ce cas, selon M. Pardessus, une servitude d'indivision. — Pardessus, n° 190.

333. — Il en faudrait dire autant des lits des canaux, des cours d'eau, etc. — Pardessus, *ibid.*

334. — La servitude d'indivision, comme toutes les autres, doit être établie sur un fonds et au profit d'un autre fonds. Ainsi, lorsque plusieurs propriétaires auront en commun acheté un pressoir pour en jouir, chacun successivement, pendant des périodes de temps déterminées, il n'y aura entre eux qu'indivision, et chacun pourra la faire cesser en demandant le partage ou la licitation. Mais il en serait autrement si ce pressoir avait fait partie d'une succession partagée entre les ayans droit, qui se seraient réservé le droit d'en user chacun pour les besoins de la part qui lui est échue. — Pardessus, t. 1er, n° 191.

335. — Nous appliquerions la même décision au cas où plusieurs propriétaires, sans lien entre eux, auraient acheté en commun une propriété quelconque pour la faire servir non à leur usage personnel, mais à celui de leurs propriétés respectives. La servitude d'indivision, créée du consentement commun des parties, ne pourrait cesser que par leur concours.

336. — L'usage de la chose commune se détermine dans ce cas par le titre. A défaut de titre, l'étendue des droits de chacun des copropriétaires sera déterminée, par les tribunaux, d'après les usages locaux, l'équité ou l'intention présumée des parties. — Pardessus, nos 192 et 193.

337. — Les réparations faites aux escaliers et aux lieux d'aisances communs à deux maisons contiguës, doivent être supportées par chacun des deux propriétaires dans la proportion de la valeur de chacune des deux maisons, et non par moitié, si les maisons ne sont pas d'une égale valeur. — *Lyon*, 5 févr. 1834, Crépin c. Celse.

338. — Lorsque, dans un acte de partage d'immeubles, il est stipulé qu'un puits situé dans un des lots *sera commun*, cette clause confère à chacun des copartageans non pas un simple droit de puisage ou de servitude, mais un droit de copropriété susceptible d'être transmis à des tiers qui, l'ayant acquis de bonne foi et par juste titre, peuvent en obtenir la prescription par le fait de jouissance pendant dix ou vingt ans. — *Bordeaux*, 21 déc. 1837 (t. 2 1840, p. 28), Gros c. Servant.

339. — Lorsque les différens étages d'une maison appartiennent à divers propriétaires; si les titres de propriété ne règlent pas le mode de réparations et reconstructions, elles doivent être faites ainsi qu'il suit: Les gros murs et le toit sont à la charge de tous les propriétaires, chacun en proportion de la valeur de l'étage qui lui appartient. — Le propriétaire de chaque étage fait le plancher sur lequel il marche. — C. civ., 664.

340. — L'art. 664 s'applique à tous les gros murs de la maison, et non pas seulement aux murs de pourtour. — Proudhon, n° 699.

341. — Le droit qui compète à chacun des propriétaires des divers étages d'une même maison est un droit absolu et complet auquel ne dérogent pas les dispositions des art. 663 et 664 du Code civ. — *Nîmes*, 3 déc. 1839 (t. 1er 1840, p. 460), Nogaret c. Benezet.

342. — L'art. 664 du Code civil, qui règle le mode de réparation des gros murs d'une maison dont les étages appartiennent à divers propriétaires, établit entre eux une servitude réciproque plutôt qu'une communauté de propriété. *Grenoble*, 15 juin 1832, Ducros c. Duport-Lavillette.

343. — Dès lors, le propriétaire de chaque étage peut y faire les innovations qu'il juge convenables, pourvu qu'il ne nuise pas à ses copropriétaires. — Même arrêt.

344. — Ainsi, le propriétaire du rez-de-chaussée pourrait appuyer un auvent contre le mur de ce rez-de-chaussée, pourvu qu'il n'en résultât ni incommodité pour les propriétaires des autres étages, ni atteinte à la solidité de l'édifice.

345. — Jugé que le propriétaire d'un troisième étage et d'un galetas peut exhausser le toit commun tant que cela ne produit aucune surcharge, et par conséquent que cela ne porte point préjudice aux copropriétaires. — *Grenoble*, 12 août 1828, Murzonne c. Savalette. — *Contrà*, *Grenoble*, 27 nov. 1821, Labbe c. Pirault.

346. — Lorsqu'un bâtiment, composé d'un rez-de-chaussée et d'un premier étage, appartient à deux propriétaires différens, le propriétaire du premier étage peut en élever un second sans le consentement du propriétaire du rez-de-chaussée. — *Paris*, 17 mars 1838 (t. 1er 1838, p. 610), Massol c. Decroix; *Rouen*, 22 mai 1840 (t. 2 1840, p. 703), Coté et Lecerf c. Méry de Bellegarde.

347. — Remarquons que l'art. 664 compte le rez-de-chaussée pour un étage. — Pardessus, *Servit.*, n° 193.

348. — Il ne faut pas restreindre les expressions de l'art. 664 aux seuls ouvrages de réparations et de reconstructions, mais les étendre à tout ce qui concerne la consistance et la solidité de la maison.

349. — Nous serions portés à penser avec Delvincourt que les propriétaires doivent contribuer en commun à la réparation des voûtes des caves qui ne doivent point être mises en entier à la charge du propriétaire du rez-de-chaussée. — Delvincourt, t. 1er, p. 385. — Il en serait de même de toutes autres parties indispensables à l'existence du bâtiment entier, ou demeurées nécessaires mais communes à tous; par exemple, des fosses d'aisances, des piliers soutenant la construction, etc. — Marcadé, t. 3, art. 664. — *Contrà*, Duranton, t. 5, n° 342.

350. — Pour parvenir à établir la proportion dont parle l'art. 664 on estime la valeur intrinsèque de la maison entière, et celle de chaque étage séparément; puis on fait une ventilation entre la valeur de chaque étage, et le montant des réparations ou autres ouvrages à faire, sans prendre en considération la valeur artificielle de chaque étage, résultant d'embellissemens ou d'ornemens. — Pardessus, *Servitudes*, n° 193; Toullier, t. 3, n° 223.

351. — L'entretien du plancher ne se trouvant qu'à la charge de celui qui marche dessus, le propriétaire du rez-de-chaussée ne serait soumis à aucune obligation; à moins que les caves, au lieu d'être couvertes d'une voûte, comme elles le sont ordinairement, ne fussent couvertes que d'un simple plancher.

352. — Le propriétaire du dernier étage semble chargé de l'entretien, tant du plancher de l'étage inférieur, sur lequel il marche, que du plancher du comble. Toutefois, il importe d'établir ici une distinction. Le comble ou grenier appartient-il à ce propriétaire seul? Aux termes de la loi, il est seul chargé de l'entretenir, puisqu'il *marche* dessus. Mais, si la propriété de ce grenier est commune, l'entretien incombe à tous les propriétaires, puisque tous *marchent* dessus. — Pardessus, *Servit.*, n° 193.

353. — Lorsqu'on refait des planchers entre deux étages appartenant à des propriétaires différens, ils doivent être remis de niveau dans leur plus grande hauteur. — Desgodets sur l'art. 205 de la *Coutume de Paris*, n° 17, et un arrêt du 18 août 1650 qu'il cite. — Pardessus, *Servitudes*, n° 193.

354. — Les plafonds sont à la charge de ceux qui occupent un appartement plafonné, en l'absence de stipulations contraires.

355. — L'obligation imposée au propriétaire de chaque étage de faire le plancher sur lequel il marche, ne s'étend pas jusqu'au plafond qui se trouve au-dessous de ce plancher et qui est à la charge du propriétaire de l'étage inférieur. — Duranton, n° 344; Marcadé, t. 3, art. 664.

356. — Le propriétaire du premier étage fait l'escalier qui y conduit; le propriétaire du second étage fait, à partir du premier, l'escalier qui conduit chez lui, et ainsi de suite. — C. civ., art. 664.

357. — Au premier aspect, cette disposition de l'art. 664 paraît onéreuse au propriétaire du premier étage, dont l'escalier est fréquenté par les locataires de tous les étages supérieurs. Toutefois, on a voulu éviter, en posant un principe absolu, les calculs souvent arbitraires d'une contribution relative. — Pardessus, *Servit.*, n° 193; Toullier, t. 3, n° 224.

358. — Si les caves n'appartiennent qu'à un seul ou à quelques uns, il résulte des principes exposés ci-dessus que l'escalier qui y conduit est à la charge de ce propriétaire ou de ces propriétaires.

359. — Le propriétaire d'une cave qui se prolonge sous la cour de la maison de son voisin doit contribuer pour moitié avec celui-ci aux réparations du pavage ou dallage, ainsi que l'explique l'art. 664 C. civ., en matière de servitude, parce qu'il importe également à l'un et à l'autre que ces objets, étant à ciel ouvert, soient solidement établis et réparés; mais il en est autrement lorsqu'il existe une écurie au-dessus de la voûte de la cave, par le motif que, dans ce cas, ce n'est que la toiture qui garantit simultanément et la cave et l'écurie des intempéries atmosphériques et que les infiltrations du fumier sont alors du fait personnel du propriétaire de l'écurie. — *Bourges*, 8 avril 1840 (t. 2 1840, p. 609), Gaudry c. Gauthé.

360. — Lorsqu'une maison composée de plusieurs étages a été partagée entre plusieurs propriétaires, sous l'empire d'un usage ou d'une loi qui soumettait le propriétaire de l'étage le plus élevé à la réparation du toit, celui-ci ne peut, sous prétexte que l'acte de partage ne règle pas le mode de réparations, contraindre, en vertu de l'art. 664 C. civ., les propriétaires inférieurs à la réparation du toit commun. — *Cass.*, 9 mars 1819, Sauzay c. Fiable. — Pardessus, n° 193; Toullier, t. 3, n° 224; Fremy-Ligneville, *Code des architectes*, n° 300.

361. — Mais le toit de l'escalier doit être entretenu à frais communs. — Pardessus, *ibid.*; Toullier, *ibid.*

362. — Chacun des copropriétaires doit contribuer aux impôts comme pour les gros murs et le toit, avec cette restriction, toutefois, que l'impôt des portes et fenêtres reste à la charge de chacun de ceux qui les ont dans leur étage; mais celui de la porte cochère ou de l'allée commune entre dans les dépenses générales. — Duranton, t. 5, n° 334.

363. — Si la maison vient à être démolie ou incendiée pour cause de vétusté, chacun des propriétaires peut contraindre les autres à opter entre l'abandon de leurs droits et la reconstruction à frais communs. — Duranton, n° 347.

364. — Si la ruine était due à la faute de l'un des propriétaires, celui-là ne pourrait se décharger par l'abandon de l'obligation de reconstruire, indépendamment des dommages-intérêts que pourraient lui demander ses copropriétaires. — Proudhon, Du domaine de propriété, n° 700.

365. — Le mur de façade d'une maison dont les étages appartiennent à divers propriétaires forme entre eux une propriété indivise et commune dont ils doivent pouvoir jouir également. — En conséquence, lorsque même l'autorité administrative aurait jugé la partie inférieure du mur assez solide pour être maintenue, l'autorité judiciaire ne devra pas moins en ordonner la destruction, si cette démolition est nécessaire pour que les propriétaires des étages supérieurs puissent rétablir leur façade, démolie par mesure de sûreté publique. — En le décidant ainsi, les tribunaux n'empiètent pas sur les attributions de l'autorité administrative. — Le propriétaire de la partie inférieure du mur sera soumis à cette démolition, encore bien que, par ce fait, il se trouve privé d'une partie de sa propriété, étant obligé de construire son nouveau mur en arrière du premier pour se soumettre à l'alignement. — En ce cas, l'indemnité payée pour le terrain abandonné à la voie publique doit se répartir entre les propriétaires des divers étages proportionnellement à la valeur qu'ils possèdent dans l'immeuble soumis au remaniement. — Nîmes, 4 févr. 1840 (1. 1er 1840, p. 477), Massal c. Delfos.

366. — Lorsqu'une maison a été partagée de manière que l'un des copropriétaires a eu pour lot l'appartement du dessus et l'autre l'appartement du bas, chacun des copartageans a la propriété exclusive de son lot, mais ne peut établir de servitude sur la portion de maison qui est échue à son voisin. — Besançon, 20 août 1812, Gay c. Picaud. — V. ABANDON, EXHAUSSEMENT, FOSSÉS, HAIES, INDEMNITÉ, MUR, SERVITUDES.

MOBILIER.

V. ASSURANCES TERRESTRES, BIENS, n°s 294 et suiv.; COMMUNAUTÉ, ENREGISTREMENT, SAISIE-EXÉCUTION.

MOBILISATION.

V. BIENS, n°s 248 et suiv.; COMMUNAUTÉ, RENTES.

MODE.

1. — On appelle ainsi tout pacte accessoire ou clause ajoutée à la convention principale ou à la disposition entre-vifs ou testamentaire pour imposer aux contractans ou donataire ou à légataire certaines obligations, certaines charges qui modifient le contrat ou la disposition.

2. — Le mode ne suspend point, comme la condition, l'accomplissement ni l'exécution de la convention ou de la disposition. C'est ce qui le distingue principalement de la condition. — Toullier, t. 6, n° 505.

3. — Le mode ne doit être accompli qu'après l'exécution de la convention ou de la disposition, parce que l'intention des contractans ou du donateur ou du testateur est ordinairement qu'une portion de la chose ou de sa valeur soit employée ou aide à remplir la charge. — L. 40, ff., § 1. De condit. et demonstr. — Toullier, t. 6, n° 505.

4. — Le mode étant une charge du contrat, il y a présomption que le contrat n'eût pas été passé, sans cette charge. Dès, lors le défaut d'accomplissement du mode donne lieu à la résolution du contrat. Et quoique le mode se rapproche de la condition résolutoire, ou plutôt il y est véritablement une condition résolutoire tacite légale, dans le sens de l'art. 1184 C. civ. qu'il porte que la condition résolutoire est toujours sous-entendue dans les contrats synallagmatiques pour le cas où l'une des deux parties ne satisfera pas à son engagement. — Toullier, t. 6, n° 506.

5. — Toutefois cette condition tacite n'a pas, à bien des égards, et sur des points importans, le

même effet que la condition résolutoire expresse. — Toullier, ibid.

6. — Cette matière a été traitée au Digeste dans un titre spécial intitulé : De conditionibus et demonstrationibus et causis et modis eorum quæ in testamento scribuntur, liv. 35, tit. 1er. — Et au Code, sous la rubrique : De conditionibus insertis tam legatis quam fideicommissis et libertatibus, liv. 6, tit. 46. — V. aussi Ortolan, Explications histor. des Instit., liv. 2, tit. 20, § 34, t. 2, p. 538.—V. CONDITION, DISPOSITIONS A TITRE GRATUIT, LEGS, TESTAMENT.

MODES, MODISTES.

1. — Marchands de modes, modistes. — Patentables : les premiers de 8e classe, et les autres de 5e. — Droit fixe, basé sur la population ; droit proportionnel du 20e de la valeur locative de l'habitation et des lieux servant à l'exercice de la profession.

2. — Modistes à façon.—Patentables de 8e classe : même droit fixe, sauf la différence de classe ; droit proportionel du 40e de la valeur locative de tous les locaux qu'elles occupent, mais seulement dans les communes de 20,000 âmes et au-dessus. — V. PATENTE.

MODÈLES ET DESSINS DE FABRIQUE.

V. PROPRIÉTÉ INDUSTRIELLE.

MODÉRATION DE DROITS ou D'AMENDES.

1.—En principe, nulle autorité ne peut modérer les droits dus ou les amendes encourues.

2. — Toutefois, dans certains cas, le ministre des finances et même le préfet accordent des réductions d'amendes ou modérations de droits et d'impôts. — V. AMENDE (crim.), ALIGNEMENT, BATEAUX A VAPEUR, CONTRIBUTIONS DIRECTES, ENREGISTREMENT.

MŒURS.

V. BONNES MŒURS, OUTRAGE.

MOHATRA (Contrat).

1.—Contrat par lequel un individu achète des marchandises à crédit et à très-haut prix, pour les revendre au même instant à celui qui les a vendues, ou à un tiers interposé, argent comptant et à bon marché. — Pothier, Vente, n° 38 ; Duvergier, Vente, t. 4er, n° 44.

2. — Un pareil contrat ne constitue pas une vente, mais un prêt à taux usuraire. — Mêmes auteurs.

3. — Aussi Pothier dit-il que le premier acquéreur qui a revendu peut se dispenser de payer le prix stipulé, et se borner à rembourser la somme qu'il a reçue ; et qu'il pourrait même, le cas échéant, y avoir lieu à poursuites extraordinaires pour prêt usuraire.

4. — Pour éviter les fraudes résultant de pareils contrats, l'art. 444 de l'ord. d'Orléans de 4660 faisait défense à tous marchands et autres de supposer aucun prêt de marchandises appelé perte de finances, qui se fait par revente de la même marchandise à personnes supposées, à peine de punition corporelle et de confiscation de biens.—Arrêté du 48 avril 4551, rapporté par Laroche Flavin, lettre M., liv. 4, tit. 3, arrêt 4.—Duvergier, Vente, t. 1er, n° 44, note.

5. — Cette législation n'existe plus aujourd'hui ; c'est aux juges à apprécier si le contrat de revente est sérieux ou non et constitue ou non un prêt déguisé.

MOIREURS D'ÉTOFFES.

1. — Moireurs d'étoffes pour leur compte. Patentables de 6e classe. — Droit fixe, basé sur la population, et droit proportionnel du 20e de la valeur locative de l'habitation et des lieux servant à l'exercice de la profession.

2. — Moireurs d'étoffes à façon. Patentables de 8e classe. — Même droit fixe, sauf la différence de classe ; droit proportionnel du 40e de tous les locaux qu'ils occupent, mais seulement dans les communes de 20,000 âmes et au-dessus. — V. PATENTE.

MOIS.

1. — C'est la douzième partie de l'année.

2. — Le mois est astronomique ou civil.

3. — Le mois astronomique est le temps que le soleil emploie à parcourir la douzième partie du zodiaque. Tous les mois astronomiques sont égaux en durée.

4. — Le mois civil est ce qu'on nomme janvier, février, mars, etc. — Ces mois sont inégaux : il y en a sept de 31 jours, quatre de trente, et le mois de février est tantôt de 28, tantôt de 29 jours.

5. — Pour la division du mois des Romains, V. IDES, NONES ET CALENDES. — Et pour la division du mois républicain, V. CALENDRIER, n° 42 et suiv.

6. — Relativement à l'échéance des lettres de change et des billets à ordre, les mois sont tels qu'ils sont fixés par le calendrier grégorien. — C. comm., art. 439 et 487.—V. LETTRE DE CHANGE.

7. — Relativement à une lettre de change tirée d'un pays où le calendrier grégorien était en vigueur, et payable à deux mois de date dans un pays régi par le calendrier républicain, les deux mois de date devaient être calculés d'après le second de ces calendriers. — Cass., 48 brum. an XI, Coppens c. Neef. — Merlin, Quest., v° Prolét, § 2.

8. — Cette disposition est-elle applicable aux matières ordinaires? Oui ; car il serait contre la raison de calculer les délais de deux manières, lorsqu'il y a identité de raison. D'ailleurs, la manière indiquée par le Code de commerce est la plus naturelle, la plus conforme à l'usage ordinaire, puisque les mois du calendrier grégorien sont la seule manière de compter usitée parmi le peuple. — Toullier, t. 6, n° 683.—V. au surplus, DÉLAI, n° 33, DÉLAI POUR FAIRE INVENTAIRE, n°s 68 et suiv.

9. — La peine à un mois d'emprisonnement est de trente jours. — C. pén., art. 40.

10. — Toutefois cette disposition, n'ayant pour objet que des peines criminelles, correctionnelles et de police, ne s'applique pas à une mesure purement civile. Spécialement à l'amende encourue par le notaire qui n'a pas, dans les deux premiers mois de l'année, déposé au greffe le double de son répertoire.—Cass., 30 juill. 4846, Saliceti et Falconeti. — V. ABRÉVIATION, APPEL (civ.), CASSATION, DATE, EXPLOIT (civ.).

MONITEUR UNIVERSEL.

1.—Journal officiel fondé le 24 sept. 4789, qui rapporte officiellement les lois et les actes du gouvernement. La partie même qui n'est pas officielle présente d'une manière ordinairement impartiale la marche du Gouvernement.

2. — Le ministre de l'intérieur a jugé nécessaire qu'une collection de ce journal fût formée dans chaque préfecture pour y composer un recueil toujours utile. Le Moniteur est donc envoyé à toutes les préfectures, et les abonnemens en sont acquittés à Paris sur les fonds des centimes centralisés pour frais d'administration. Les numéros doivent être successivement déposés aux archives de chaque préfecture, où ils sont conservés pour être réunis en collection. — Circ. du min. de l'int., comte Siméon, du 20 sept. 4820 ; circulaires, instructions et autres actes émanés du ministère de l'intérieur, t. 4, p. 98.

MONITOIRE.

1. — Acte ou mandement que fait l'Eglise et par lequel il est enjoint à toutes personnes, sous peine d'excommunication ou d'autres censures ecclésiastiques, de déclarer ce qu'elles savent sur un fait que l'on instruit civilement ou criminellement par-devant les tribunaux.

2. — L'usage des monitoires est fort ancien. Il était autorisé par les papes et par les conciles, et en France par des ordonnances des rois et la jurisprudence des Parlemens.—Ainsi les conciles de Bâle et de Trente marquaient le temps, la manière et la retenue avec laquelle on devait user des monitoires et des censures qui y étaient employées. — Merlin, Rép. jurisp., v° Monitoire.

3. — D'après l'ordonnance de 4670 (tit. 7) les monitoires ne pouvaient être ordonnés que par les juges chargés de l'instruction de l'affaire, qui désignaient les faits sur lesquels les révélations devaient être faites.

4. — Ils ne devaient être ordonnés et décernés que pour des matières graves, et lorsqu'il paraissait très-difficile de se procurer autrement les éclaircissemens dont on avait besoin. « Il importe, dit à ce sujet Favard de Langlade (v° Monitoire), de ne pas employer l'influence de la religion sans un puissant motif d'intérêt public. »

5. — Cette jurisprudence se trouve confirmée

par un grand nombre d'arrêts; entre autres par un arrêt rendu au Parlement de Dijon le 5 juill. 1670, rapporté au *Journal du Palais*, et d'après lequel il n'était pas permis d'obtenir monitoire pour la violation d'un dépôt volontaire. — *Ancien Journal du Palais* (publié par Blondeau et Guéret, édit. année 1755), t. 1er, à sa date, Sicier c. Vacher.

6. — Au surplus, les règles relatives aux monitoires pouvaient se résumer ainsi. — Le monitoire doit avoir pour objet un cas grave ou la poursuite d'un crime important (l'ordon. d'Orléans, art. 18, ne les autorisait que pour crime et scandale public, et l'art. 26 de l'édit de 1695 ajoutait que la publication ne devait en avoir lieu qu'autant qu'on ne pourrait avoir autrement les preuves des sujets de plainte). — Le monitoire ne peut être demandé que par les parties intéressées, c'est-à-dire par la partie poursuivante ou par la partie publique dans l'intérêt de la société. — Il ne peut être publié d'office par les supérieurs ecclésiastiques, mais seulement sur l'arrêté pris par le ministre, après instruction faite par le tribunal, et cet arrêté une fois envoyé à l'évêque, celui-ci ne peut, sans abus, refuser la publication du monitoire (l'ordon. de 1670, art. 2, tit. 7, disait : *à peine de saisie du temporel*). — Le monitoire ne doit comprendre que les faits énoncés dans l'acte qui le prescrit, et il ne doit pas désigner nominativement les personnes contre lesquelles il est décerné (à peine d'amende, suivant l'ordon. de 1670, art. 4). — Les publications de monitoires sont faites par les curés, et les révélations faites à la suite sont reçues soit par ces curés, qui les adressent cachetées au procureur du roi près le tribunal qui instruit l'affaire, soit par le juge. — V., sur ces divers points, la décision impériale du 10 sept. 1806, déc. minist. 22 sept. 1812, rapp. de M. Portalis, indiqués par M. Vuillefroy, *Traité de l'admin. du culte catholique*.

7. — L'usage des monitoires est-il abrogé ? — La négative semblerait résulter d'un décret du 10 sept. 1806 qui en autorise l'usage, en certains cas, lorsque le gouvernement juge à propos de s'en servir pour découvrir quelque crime grave. — D'après cette décision, le ministre de la justice peut rendre par ordonner les monitoires; et c'est à lui que les révélations doivent être adressées par les magistraux, les curés ou les vicaires qui les ont reçues. — V., en ce sens, Vuillefroy, *loc. cit*. — Cet auteur invoque de plus un rapport de M. Portalis.

8. — M. l'abbé André donne sur les monitoires (*Diction. droit canon*, v° *Monitoire*) des détails auxquels on peut recourir. Il indique (§ 3) quelles sont les personnes qui, à raison de leur absence, maladie, intérêt, position particulière, degré de parenté, etc., etc., sont dispensées de la révélation.

9. — Au reste, les explications qui viennent d'être données n'ont guère qu'un intérêt historique; car il nous semble vrai de dire avec M. l'abbé André (*ibid.*) que les monitoires ne sont plus d'usage en France.

MONNAIES.

Table alphabétique.

1. — Pièces d'or, d'argent ou de tout autre métal, frappées par l'autorité souveraine et marquées au coin du prince ou de l'État, pour être données en paiement dans les transactions commerciales.

2. — Quelquefois, au lieu d'être en métal, la monnaie consiste en d'autres signes représentatifs des valeurs, par exemple en papier de crédit.

3. — Les métaux, signe représentatif et gage des denrées, pouvant être altérés par différentes proportions d'alliage, il convenait que chaque pièce de ces métaux fût accompagnée d'une marque authentique de son poids et de son titre. Le souverain dut donc mettre son empreinte sur chaque pièce de monnaie, afin que le public y donnât sa confiance. — Merlin, *Rép.*, v° *Monnaie*, § 1er, n° 1er.

4. — De là la conséquence nécessaire que la fabrication des monnaies est essentiellement réservée au souverain. Elle ne saurait appartenir aux particuliers. Aussi une loi du 3 sept. 1792, en renouvelant cette défense, prohibe-t-elle la circulation d'une monnaie émise par des particuliers sous le nom de *médailles de confiance*. — Merlin, *ibid.*

5. — Autrefois, l'administration et le contentieux des monnaies formaient des institutions spéciales et constituaient une juridiction particulière qui avait le rang de Cour souveraine (V. **COUR DES MONNAIES**). Cet état de choses a été supprimé par la loi de 1790 sur l'ordre judiciaire; et tout le contentieux civil et criminel des monnaies est rentré sous l'empire du droit commun.—Favard, *Rép.*, v° *Monnaie*, sect. 2, n° 15.

6. — L'ancienne Cour des monnaies fut donc remplacée par une administration (V. L. 22 vendém. an VI, arrêtés 40 prair. et 10 therm. an XI). Puis cette administration elle-même a été remplacée à son tour par une commission, suivant une ordonnance, du 26 déc. 1827, qui contient de plus des dispositions sur la fabrication des monnaies.

7. — À la commission des monnaies, une ordonnance royale du 24 mars 1832 réunit la monnaie des médailles. Enfin l'organisation de la commission des monnaies et médailles a été réglée en dernier lieu par une ordonnance royale du 17 déc. 1844, art. 86 et suiv.

8. — En France, la fabrication des monnaies ne peut avoir lieu que dans les hôtels des monnaies (arrêté 10 prairial an XI). — Ce sont des particuliers nommés par le gouvernement qui achètent les valeurs métalliques à leur compte, et livrent ainsi à la fabrication, comme monnaies frappées. — Les directeurs des monnaies sont soumis à la patente et assujettis, comme un droit fixe de 4,000 fr. à Paris, et de 800 fr. dans toutes les autres villes. — Le droit proportionnel de 20e sur le loyer d'habitation seulement. — V. **PATENTE**.

9. — À l'autorité administrative seule appartient le droit d'apprécier la régularité de l'expertise faite dans l'objet de déterminer le prix des ustensiles et outils servant à la fabrication des monnaies, que le directeur doit laisser à celui qui le remplacera, aux termes de l'art. 37, L. 28 vendém. an IV. — Cons. d'État, 29 juin 1842, Ricard.

10. — On distingue dans les monnaies deux sortes de valeurs différentes : 1° la valeur réelle, c'est-à-dire celle de l'or, de l'argent ou du métal qui forme la principale base de leur composition; — 2° la valeur numérique qui leur est assignée par l'autorité publique, en ajoutant à la valeur réelle les frais de fabrication. — Merlin, *Rép.*, v° *Monnaie*, § 1er, n° 2 s.

11. — Dans chaque pays, la monnaie nationale est reçue pour sa valeur numérique; mais les monnaies étrangères ne sont comptées que pour leur valeur réelle. — Merlin, *ibid.*

12. — La dénomination de la monnaie fut d'abord prise de son poids, c'est-à-dire que ce qui s'appelait une livre pesait une livre. Les métaux ayant ensuite changé de prix, on a conservé les mêmes dénominations en diminuant le poids des pièces. — Merlin, § 1er, n° 2, *ibid.*

13. — Autrefois on appelait monnaie *forte*, ou monnaie *parisis*, celle qui était plus forte en aloi ou en titre que celle qu'on appelait *tournois*; celle-ci était plus faible d'un quart. La monnaie forte ou parisis était encore appelée *royale*, pour la distinguer de la monnaie de billon que les archevêques et les principaux barons avaient la permission de faire battre dans leurs terres : et comme c'était à l'ours qu'on faisait battre la plus grande quantité de cette même monnaie, elle fut appelée de la *tournoise*... Ce fut à cause de la différence entre ces deux monnaies que les *rentes* contenues dans les vieux titres sont stipulées payables en monnaie forte, royale ou parisis, laquelle fut de tout temps réglée à un quart de plus que la monnaie commune.—Merlin, § 1er, *ibid.*

14.—Les monnaies réelles et effectives de France au moment de la première révolution, étaient : 1° en or, le louis d'or de 24 livres , le double louis de 48 livres, et le demi-louis de 12 livres; — 2° en argent, l'écu de 6 livres, l'écu de 3 livres, la pièce de 24 sous, la pièce de 12 sous et la pièce de 6 sous; — 3° en billon, les pièces de 2 sous, de 2 liards, d'un sou, de 6 deniers et le liard.—Merlin, *Rép.*, v° *Monnaie*, § 1er, n° 5.

15.—Ces monnaies ont été remplacées par une nouvelle monnaie dite monnaie *décimale*, parce que le titre et le poids en sont réglés par le calcul décimal, principale base du nouveau système de poids et mesures.

16. — Le titre des diverses monnaies nouvelles et les frais de fabrication ont été successivement déterminés par les lois des 2 août 1793, 12 sept. 1793 , 17 frim. an II, 28 therm. an III (2 lois); 9 vent. an IV, 25 germ. an IV, 3 brum. an V (3 lois), 17 flor. an VII, 7 germ. an XI; déc. 7 mess. an XII, 24 janv. 1807, 15 sept. 1807 , déc. 6 avril 1830 et 25 févr. 1835; déc. 3 mars 1848.

17. — Quant au type des monnaies, il a subi nécessairement les changements commandés par la succession naturelle des souverains ou des diverses révolutions qui ont eu lieu en France. Le dernier type a été déterminé par le décret du 3 mars 1848.

18. — D'après ces diverses lois, l'unité monétaire est le franc. Le franc se divise en dix décimes, et le décime en dix centimes. — Toutes les monnaies expriment des fractions ou des multiples du franc. Ainsi ce sont des pièces de 1 centime, 5 centimes, 10 centimes, 25 ou 50 centimes; 1 franc, 2 francs, 5, 20, 40 francs.—Favard, *Rép.*, v° *Monnaie*, sect. 2.

19. — Outre les pièces de monnaie, fractions ou multiples du franc, il en avait été établi d'autres, telles que les pièces de 15 sous et de 30 sous. — Décr. 14 août 1794, 16 avril et 26 mai 1792.—Mais plus tard il fut fabriqué des pièces de 10 centimes en billon, ayant pour type un N surmonté d'une couronne impériale. — L. 15 sept. 1807, art. 16 et suiv.

20. — Les anciennes monnaies ont été successivement réduites et démonétisées par les dispositions suivantes :

21. — Décret du 12 sept. 1810 qui réduit la pièce d'or de 48 livres tournois à 47 fr. 20 c. , la pièce d'or de 24 livres à 23 fr. 55 cent. ; la pièce d'argent de 6 livres à 5 fr. 80 cent., et la pièce d'argent de 3 livres à 2 fr. 75. — Art. 1er.

22. — D'après le même décret (art. 3), les pièces dites de 30 et de 15 sous pouvaient circuler pour la valeur de 1 fr. 50 cent. et de 75 cent.; mais elles ne pouvaient entrer dans les paiements que pour les appoints au-dessous de 5 francs.

23. — Loi 14 juin 1829, portant que les écus de 6 livres, de 3 livres, les pièces de 24 sous, 12 sous et 6 sous tournois, ainsi que les pièces d'or de 48 livres, de 24 livres et de 12 livres, cesseront d'avoir cours forcé sous leur valeur nominale au 1er avr. 1834. — Le délai a été prorogé jusqu'au 1er octobre suivant par la loi du 30 mars 1834.

24. — Loi du 10 juill. 1845 qui ordonne le retrait de la circulation et la démonétisation des pièces de 6 liards, de celles de 10 centim. à lettre N, et des pièces de 45 sous et de 30 sous.—Art. 1er.

25. — D'après un premier décret du gouvernement provisoire du 1 mars 1848, les monnaies nationales sont : 1° Pour l'or, les pièces de 40 fr., de 20 fr.; et 40 fr.; — pour l'argent, les pièces de 5 fr., 2 fr., 1 fr., 50 cent. et 25 cent.; — 2° pour le cuivre, les pièces de 40 cent., 5 cent., 2 cent. et 1 cent. — Suivant un autre décret du même jour, les anciennes monnaies de cuivre, de bronze et de métal de cloche devront être retirées de la circulation et démonétisées.

26. — On ne peut dans les actes publics ainsi que dans les annonces et affiches se servir de dénominations de monnaie autres que celles de monnaie décimale. — L. 25 vent. an XI, art. 17; 16 juin 1824, art. 10; 4 juill. 1837, art. 5. — V. POIDS ET MESURES.

27. — La valeur du franc comparée à celle de l'ancienne livre tournois est comme 81 à 80, c'est-à-dire que 80 francs représentent 81 livres tournois. En déterminant ainsi le rapport du franc à la livre tournois, un arrêté du Directoire exécutif du 26 vend. an VII donna deux tableaux comparatifs comme devant servir de base pour la comptabilité. — Merlin, *Rép.*, v° *Monnaie décimale*, n° 11; Favard, sect. 1re, n° 7.

28. — A partir du 1er vend. an VIII, toutes les transactions ou actes entre les particuliers ont dû exprimer les sommes en francs, décimes et centimes; et les sommes sont censées évaluées de cette manière, même quand elles seraient énoncées en livres, sous et deniers. — L. 17 flor. an VII, art. 2.

29. — L'acquittement des obligations antérieures au 1er vend. an VIII, doit se faire en valeurs de l'ancienne livre tournois, quand même l'expression de *franc* se trouverait écrite dans les notes, au lieu de celle de *livres*, sauf le cas où la valeur du nouveau franc a été formellement stipulée. — Même loi, art. 3.

30. — Jugé, en conséquence que, dans une espèce où il s'agissait d'un acte remontant à 1789, un tribunal ne pouvait condamner à payer en francs une somme due en livres tournois. — *Rennes*, 8 janv. 1818, Perron c. Léon.

31. — ... Que le prix d'une location est censé stipulé en livres tournois, lorsque la jouissance a commencé à une époque où la comptabilité en francs n'était pas impérieusement établie. — *Rennes*, 7 mai 1816, Bisson c. Mancel.

32. — ... Que celui qui, postérieurement à la loi du 17 flor. an VII, et à une époque où il était réputé héritier de biens affermés, a reçu de bonne foi en livres tournois les fermages de ces biens, conformément aux conventions passées entre le défunt et les fermiers, ne peut, lorsque plus tard il est tenu de rendre compte au véritable héritier, être astreint à restituer des fermages en francs: il ne doit rendre que ce qu'il a réellement reçu. — *Cass.*, 1er août 1832, Lehugeur c. Delalande.

33. — Lorsqu'un paiement a été fait et reçu en francs postérieurement à la loi qui a établi une différence entre le franc et la livre tournois, il y a lieu à restitution de la différence — *Cass.*, 1er fruct. an X, Marical c. Millet-Lafosse. — *Cons. d'Etat*, 11 déc. 1816, Ceren. — V., au surplus, LETTRE DE CHANGE.

34. — La restitution est de droit au profit du gouvernement comme au profit d'un particulier, et elle est exigible même d'un entrepreneur de travaux publics qui prouve avoir fait ses paiemens en francs et non en livres comme il avait été payé lui-même. — *Cons. d'Etat*, 11 déc. 1816, Ceren c. Ponts et chaussées.

35. — Une lettre de change doit être payée dans la monnaie qu'elle indique. — C. comm., art. 143. — V. LETTRE DE CHANGE.

36. — S'il n'avait été stipulé aucune espèce de monnaie déterminée pour le paiement d'une somme, le débiteur pourrait-il ne faire le paiement qu'en monnaie de billon?

37. — Deux arrêts du conseil des 1er août 1738 et 22 août 1771 avaient permis de faire entrer les pièces de 6, 12 et 24 sous pour un quarantième dans les paiemens. Un troisième arrêt du 11 déc. 1774 ordonna que ces mêmes pièces ne pourraient plus entrer dans les paiemens que par appoints et en espèces découvertes. Comme les motifs qui avaient fait rendre cet arrêt s'appliquaient aux pièces de billon, un quatrième arrêt, du 21 janv. 1781, ordonna que, «pour ramener les sous à leur destination primitive, il ne serait plus délivré dans les paiemens aucuns sacs de sous:» il permit seulement de donner à deniers découverts des pièces de 6 liards et de 2 sous pour les appoints qui pourront se payer en écus de 6 liv. ou de 3 liv.; à l'effet de quoi l'arrêt dérogea aux précédens règlemens qui permettaient de donner dans les paiemens le quarantième en sous.

38. — Un arrêté du Directoire exécutif, du 14 niv. an IV, tout en reconnaissant que la monnaie de cuivre n'était destinée que pour les appoints, ordonna «qu'il ne pourrait être admis en paiemens de tous les droits et contributions.... que le quarantième en monnaie de cuivre de la somme à payer indépendamment de l'appoint; le surplus devrait être acquitté en espèces d'or ou d'argent.» — Un autre arrêté, du 18 vendém. an VI, étendit cette disposition aux pièces de billon connues sous la dénomination de *monnaie grise*; et quoique ces arrêtés fussent relatifs au paiement des contributions, l'application en fut généralement faite, et sans réclamation, aux paiemens faits de particuliers à particuliers comme du gouvernement aux particuliers et des particuliers au gouvernement. — Lettre min. 28 nov. 1809. — Merlin, *Quest.*, v° *Paiement*, § 3.

39. — Un décret du 21 fév. 1808 porte que la pièce de 10 cent., dont la fabrication a été ordonnée par la loi du 15 sept. 1807, ne sera donnée et reçue qu'à découvert, et seulement pour les appoints d'un franc et au-dessous. Mais ce décret, spécial pour cette espèce de monnaie, ne doit pas être étendu aux autres.

40. — Enfin, le décret du 18 août 1810 porte (art. 2): La monnaie de cuivre et de billon, de fabrication française, ne peut être employée dans les paiemens que pour l'appoint de la pièce de 5 fr., si ce n'est de gré à gré.

41. — De cette expression, pour l'*appoint* de la pièce de 5 fr., «il résulte, dit Toullier (t. 7, n° 54), qu'on ne peut pas donner 5 fr. en billon, comme on le dit assez communément, mais seulement l'appoint de la pièce de 5 fr.: c'est-à-dire ce qui est au dessous de 5 fr., au plus 4 fr. 95 cent.; ce qui est conforme à la destination de cette monnaie, *uniquement destinée aux appoints*.

42. — Ainsi, ajoute Toullier (*ibid*), la Cour de cassation a évidemment méconnu l'état actuel de la législation, en décidant qu'on ne peut, dans les paiemens, forcer les créanciers à recevoir plus d'un quarantième en monnaie de billon, outre les appoints, et qu'il ne peut être dérogé à cette règle par des usages particuliers introduits dans différentes places de commerce. — *Cass.*, 28 mai 1810, Bijotat c. Terrien.

43. — Les monnaies décriées ne peuvent pas être conservées par ceux qui en sont propriétaires ou dépositaires; elles ne peuvent non plus être données en paiement. On a cependant quelquefois permis de les donner pour leur poids. — Edit fév. 1726; décr. 7 oct. 1755; L. 14 germin. an XI, art. 1er; L. 30 mars 1834, art. 2. — Merlin, *Rép.*, v° *Monnaie*, § 1er, n° 7.

44. — Un arrêté ministériel du 1er juin 1818, conforme aux anciennes lois, et notamment à un édit du 15 fév. 1726, a prescrit aux receveurs de deniers publics de cisailler et de difformer les espèces fausses qui leur seraient offertes en paiement et de les rendre en cet état au porteur. Les dispositions de cet arrêté n'ont pas cessé d'être en vigueur. Toutefois, s'il arrivait que des pièces d'abord réputées fausses, d'après leur apparence extérieure, fussent, après avoir été cisaillées, reconnues de bon aloi par le comptable qui les aurait difformées, celui-ci ne devrait pas les rendre au porteur, mais les admettre pour leur valeur nominale. Les receveurs des finances les accepteraient à leur tour pour la même valeur si également elles leur paraissaient bonnes, nonobstant le cisaillement. — Arrêté du min. des fin. du 2 août 1845.

45. — Déjà une loi du 20 vent. an IV avait prononcé des peines sévères contre ceux qui refuseraient de recevoir les monnaies métalliques nouvellement frappées. — D'après l'art. 75, n° 11 et 478 C. pén., sont punissables d'amende depuis 6 fr. jusqu'à 10 fr., et de plus de la peine de l'emprisonnement, pendant cinq jours au plus, en cas de récidive, ceux qui refusent de recevoir les espèces et monnaies nationales non fausses ni altérées, selon la valeur pour laquelle elles ont cours.

46. — L'individu qui se refuse à recevoir des pièces de monnaie ayant cours légal en France ne peut être relaxé des poursuites dirigées contre lui, par le motif qu'il pensait que les pièces étaient fausses, s'il résulte du procès-verbal dressé contre lui que les pièces étaient bonnes. — *Cass.*, 29 déc. 1836 (t. 2 1837, p. 323), Chave.

47. — Le fait par un percepteur d'avoir refusé dix pièces de monnaie de billon, sur le motif que la plupart d'entre elles (six seulement) étaient fausses, ne constitue pas la contravention prévue par l'art. 475, n° 11 C. pén., alors qu'il ne lui a pas été fait de sommation par le contribuable de recevoir isolément les pièces qui étaient bonnes. — *Cass.*, 8 juill. 1843 (t. 2 1843, p. 1843, p. 637), Roucher.

48. — Lorsqu'un percepteur des contributions refuse de recevoir des pièces de monnaie ayant cours légal, le commissaire de police peut, en vertu de l'art. 11 C. instr. crim., se transporter chez lui pour constater ce refus. Le procès-verbal qu'il dresse dans cette circonstance fait foi jusqu'à preuve contraire. — *Cass.*, 26 sept. 1845 (t. 2 1846, p. 124), Reyniers.

49. — L'introduction des monnaies de cuivre et de billon de fabrique étrangère est prohibée. Ces monnaies ne peuvent être admises dans les caisses publiques en paiement des droits et contributions, de quelque nature qu'ils soient, payables en numéraire. — Décr. 11 mai 1807, art. 1er et 2. — Favard, *Rép.*, v° *Monnaie*, sect. 1re, nos 13 et suiv.

50. — Les pièces de monnaie d'or et d'argent au type du ci-devant royaume d'Italie ont toujours cours légal en France, aux termes du décret du 24 janv. 1807, qui n'a été abrogé ni modifié par aucune loi ni ordonnance postérieures. — *Cass.*, 10 août 1826, Fourgeot. — V., au surplus, FAUSSE MONNAIE, nos 84 et suiv.

51. — Une ordonnance du 20 juill. 1835 approuve les tarifs des prix auxquels doivent être payées, au change des monnaies, les espèces et matières d'or et d'argent de France et des pays étrangers.

52. — Dans les assurances maritimes, les prix stipulés en monnaies étrangères sont évalués en monnaie de France. — C. comm., art. 338. — V. ASSURANCE MARITIME.

53. — Lorsque, dans une opération quelconque, il y a lieu de déterminer en francs le prix de monnaies ou valeurs étrangères, on suit ordinairement le cours moyen de la Bourse, certifié par un agent de change. — Rolland de Villargues, *Rép. du not.*, v° *Monnaie*, n° 12.

54. — Le changeur qui, en échange de monnaies étrangères, a remis des valeurs françaises, d'après le taux auquel il a évalué les monnaies étrangères par lui reçues, ne peut, après que le marché a ainsi été exécuté, demander à l'échangiste la restitution de ce qu'il prétendrait avoir payé au delà de la valeur réelle des monnaies étrangères. — *Paris*, 11 mars 1833, Sidi-Mohammed c. Mersanne.

55. — En temps de guerre, le calcul des monnaies étrangères doit être fait d'après la comparaison de la valeur intrinsèque des monnaies des deux nations. — *Rennes*, 2 mars 1813, N...

56. — Les receveurs, et spécialement ceux des revenus publics, peuvent profiter du bénéfice résultant de la différence des espèces qu'ils reçoivent et qu'ils versent. — *Liège*, 20 juin 1825, Longrée c. domaines.

57. — Lorsque, dans un marché de transports militaires, le prix du fret a été fixé à une certaine somme payable au lieu du débarquement, à raison de 4 réaux pour franc, l'entrepreneur qui a été payé en francs ne peut profiter de la plus-value qu'avaient au moment du paiement 4 réaux sur 1 franc, et s'il l'a touchée, il doit être soumis à restitution. — *Cons. d'Etat*, 15 juin 1825, Renard-Maze.

58. — La sortie des monnaies étrangères, ainsi que des matières d'or et d'argent est permise en se conformant aux lois sur les douanes et sur la garantie. — Ord. 8 juill. 1814. — V. MATIÈRES D'OR ET D'ARGENT.

59. — Relativement au système monétaire des colonies, V. COLONIES, nos 354 et suiv., en y ajoutant qu'une ordonnance royale du 17 oct. 1839 a rectifié l'art. 12 de l'ord. du 30 août 1826, concernant le système monétaire des Antilles françaises.

60. — Le mot *francs*, sans l'addition de ceux-ci, *argent de France*, employé dans une condamnation pour contravention aux lois sur les douanes qui régissent la Martinique, ne doit s'entendre que des francs, monnaie ou argent de la colonie. En conséquence, l'arrêt qui contient cette expression ne peut pas être cassé sous le prétexte qu'il y a une différence notable entre la monnaie de France et la monnaie coloniale. — Ord. 22 mai 1768, art. 4; Arr. du Cons. 30 août 1784. — *Cass.*, 20 mars 1827, Dellue c. Douanes.

61. — Celui qui fabrique ou altère des monnaies se rend coupable de fausse monnaie — V. FAUSSE MONNAIE.

62. — Pour prévenir le crime de fausse monnaie, ou du moins pour en rendre l'exécution moins facile, on a soumis à une grande surveillance les instrumens qui servent à cet usage.

63. — Plusieurs lettres patentes et arrêts des conseils, dont les plus anciens remontent à 1672, défendent à tout ouvrier, graveur et monnayeur, à l'exception des commis et gardes-balanciers de l'Etat, établis à Paris dans les galeries du Louvre, et dans les hôtels des monnaies pour les autres villes, d'avoir de semblables instrumens en leur possession, sous peine d'être déclarés faux-monnayeurs.

64. — Il fut dérogé, par lettres patentes du 28 juill. 1783, à cette prohibition absolue, en ce qui touche les manufacturiers, orfèvres, horlogers, graveurs, fourbisseurs et autres artistes et ouvriers faisant usage de presses, moutons, laminoirs, balanciers, etc. Ils durent toutefois deman-

der la permission d'avoir ces instrumens. Ces lettres patentes ont été confirmées par un arrêté du 3 germ an IX, art. 1.

65. — En ce qui touche les balanciers adoptés pour la fabrication des monnaies de l'État, le décret du 24 avr. 1808 prescrit leur confection dans l'hôtel des monnaies, à Paris, sous la surveillance de l'administration des monnaies (art. 1). Toute personne qui établirait de semblables balanciers serait poursuivie et jugée d'après les lois établies contre les faux-monnayeurs (art. 2).

66. — Il était autrefois défendu, sous des peines sévères, aux orfévres, joailliers et autres ouvriers travaillant en or et en argent, de difformer les espèces pour les employer à leurs ouvrages. C'est une question indécise de savoir si les anciennes lois sont encore aujourd'hui en vigueur à ce sujet. — Favard, sect. 2, n° 17.

67. — La monnaie peut encore, comme on l'a vu (*suprà* n° 2), ne pas être en matière métallique; et souvent des gouvernemens ont substitué des papiers de crédit à la monnaie, pour toutes les transactions sociales. — V. PAPIER-MONNAIE.

68. — Mais, pour que les papiers-monnaies puissent avoir un cours forcé comme monnaie il faut qu'ils soient émis au nom du souverain Un papier de crédit d'un établissement particulier ne saurait avoir cette valeur.

69. — Aussi un avis du Conseil d'État du 12-30 frim. an XIV a-t-il décidé, comme ne pouvant offrir aucune difficulté, que les billets de la Banque de France, établis pour la commodité du commerce, n'étant que de simple confiance, le porteur d'une lettre de change pouvait les refuser et exiger son paiement en numéraire. — V. BANQUE DE FRANCE, n° 90.

70. — Toutefois, un décret du gouvernement provisoire, du 15 mars 1848, porte que les billets de la Banque de France seront reçus comme monnaie légale par les caisses publiques et par les particuliers (art. 1); et que, jusqu'à nouvel ordre, la Banque est dispensée de l'obligation de rembourser ses billets avec des espèces (art. 2).

71. — Un règlement du 18 août 1825, particulier aux îles du banc de Terre-Neuve, autorise le paiement en morue sèche des fournitures de pêche et des billets ou obligations payables dans la colonie.

72. — Jugé que ce règlement ne s'applique pas au paiement des salaires d'ouvriers, et qu'en conséquence, ces salaires doivent être payés en argent. — Cass., 10 août 1840 (t. 2 1840, p. 285), Campion et Theroulde c. Duquesnel. — V. aussi BON DE CHANGE, DEGRÉS DE JURIDICTION, PAIEMENT, RÉPÉTITION.

MONOPOLE.

1. — C'est la faculté pour une personne ou pour un petit nombre de personnes de vendre exclusivement des marchandises et denrées dont le commerce devrait être libre, ou d'exercer exclusivement une industrie déterminée. — V. ACCAPAREMENT, AGENT DE CHANGE, BREVET D'INVENTION, COURTIERS, LIBERTÉ DU COMMERCE ET DE L'INDUSTRIE.

2. — On donne aussi le nom de *monopole* à toutes les conventions iniques que les marchands font entre eux pour altérer ou enchérir de concert quelque marchandise. — V. HAUSSE ET BAISSE DU PRIX DES DENRÉES ET MARCHANDISES, LIBERTÉ DU COMMERCE ET DE L'INDUSTRIE. — V. aussi ACCAPAREMENT, GAZ, GRAINS.

MONSTRE.

V. HOMICIDE, SUCCESSION.

MONT-DE-PIÉTÉ.

Table alphabétique.

MONT-DE-PIÉTÉ. — **1.** — Établissement public, autorisé par le gouvernement, où l'on prête de l'argent sur gages, moyennant un certain intérêt et dont les bénéfices sont exclusivement appliqués au profit des hospices.

SECT. 1re. — *Historique et nature des monts-de-piété* (n° 2).

SECT. 2e. — *Établissement et organisation des monts-de-piété* (n° 15).

§ 1er. — *Organisation administrative* (n° 18).

§ 2. — *Biens* (n° 21).

§ 3. — *Opérations* (n° 31).

§ 4. — *Responsabilité* (n° 72).

§ 5. — *Compétence* (n° 77).

§ 6. — *Comptabilité* (n° 84).

SECT. 3e. — *Mont-de-piété de Paris* (n° 89).

———

Sect. 1re. — Historique et nature des monts de-piété.

2. — L'institution des monts-de-piété remonte au quatorzième siècle. Les premiers établissemens dont l'histoire fasse mention sont celui de Padoue, fondé en 1491, et celui de Pérouse, autorisé par le pape Léon X en 1551.

3. — Le nom de mont-de-piété (*monti di pietà*) paraît, malgré quelques interprétations différentes, venir du mot *monti*, qui, en Italie, indiquait les lieux publics dans lesquels on plaçait des fonds à intérêt. — Lorsqu'on établit des *monti* où l'on prêtait aux indigens sur gages, mais gratuitement, on donna à ces établissemens, pour les distinguer des autres *monti* et pour leur faire ressortir leur caractère charitable, le nom de *monti di pietà*. — Durieu et Roche, *Établissemens de bienfaisance*, v° Mont-de-piété.

4. — De l'Italie ce genre d'établissement pénétra dans le midi de la France, puis dans les Pays-Bas. — Durieu et Roche, *loc. cit.* — Mais on ne parvint qu'avec peine à le naturaliser dans les autres parties du royaume : Louis XIII l'avait essayé sans succès en 1626 ; on le tenta vainement pendant la minorité de Louis XIV. Enfin Louis XVI y réussit ; et par lettres patentes du 9 déc. 1777, il fonda le mont-de-piété de Paris.

5. — Les monts-de-piété se trouvèrent nécessairement enveloppés dans la confiscation générale dont la loi du 23 messid. an II frappa, sans exception, tous les établissemens de bienfaisance.—Mais, bientôt après, la loi du 17 therm. an III, consacrant par cela même l'existence du mont-de-piété de Paris, prit quelques dispositions relatives à l'administration de ce mont-de-piété ; et, plus tard, une circulaire ministérielle du 8 messid. an IX invita les préfets à réorganiser les monts-de-piété dans les localités où leur action paraîtrait utile.

6. — Durant la suspension du mont-de-piété, plusieurs maisons de prêt sur gages s'étaient ouvertes qui lui firent concurrence lors de son rétablissement, et commirent de nombreux abus.— C'est pour remédier à ces inconvéniens que la loi du 16 pluviôse an XII prononça la suppression des établissemens de ce genre, et déclara qu'à l'avenir aucune maison de prêt sur nantissement

ne pourrait être établie qu'au profit des pauvres et avec l'autorisation du gouvernement. — V. MAISONS DE PRÊT SUR GAGES.

7. — Indépendamment du mont-de-piété de Paris, il existait, avant 1789, dans les provinces du nord de la France, divers monts-de-piété, qui se trouvèrent aussi supprimés par suite des événemens de la Révolution. Vainement le gouvernement essaya de les rétablir en 1798, et le décret du 24 messid. an XII (13 juill. 1804), qui ordonnait cette réorganisation, ne commença à être exécuté qu'en 1806.

8. — Depuis lors, il s'est élevé un assez grand nombre de monts-de-piété.— En voici la nomenclature, par ordre d'institution : — Paris, fondé en 1777, rétabli par le décr. du 24 mess. an XII; Bordeaux, décr. du 3 juin 1806 ; Marseille, rétabli par décr. du 10 mars 1807 ; Lyon, décr. du 23 mai 1810 ; Versailles, décr. 31 mai 1810 ; Metz, fondé en 1781, rétabli par décret du 25 sept. 1813 (V. aussi ord. 3 mars 1845) ; Nantes, décr. du 3 déc. 1813 ; Toulon, ord. 31 nov. 1824 ; Dijon, ord. 5 fév. 1822 ; Reims, ordonn. 4 sept. 1822 ; Boulogne-sur-mer, ord. 27 nov. 1822 ; Besançon, ord. 17 sept. 1823 ; Rouen, ord. 22 nov. 1826 ; Strasbourg, ord. 8 déc. 1826 ; Brest, ord. 6 déc. 1826 ; Nîmes, ord. 6 mars 1828 ; Tarascon, fondé en 1676, rétabli par ord. du 15 oct. 1828 ; Beaucaire, fondé en 1583, rétabli par ordonn. 7 nov. 1830 ; Apt, ordonn. 12 mars 1831 ; Carpentras, ordonn. 28 juin 1831 ; Brignolle, ord. 6 juill. 1831 ; Saint-Omer, ord. 7 nov. 1831; Dieppe, ord. 13 nov. 1831 ; Angers, ord. 25 déc. 1831 ; Avignon, fondé en 1577, reconnu par ord. 27 janv. 1832 ; Calais, ord. 24 juill. 1832 et 3 mars 1845 ; Saint-Germain-en-Laye, ord. 18 sept. 1833; Saint-Quentin, ord. 5 mai 1833 ; Nancy, ord. 12 mars 1834 ; Lunéville, ord. 22 mars 1835 ; le Havre, ord. 21 déc. 1836 ; l'Isle (Vaucluse), fondé en 1675 et reconnu par ord. du 3 févr. 1836 ; Lyon, 16 août 1836; Arles, ord. 30 août 1841 ; Limoges, ord. 30 nov. 1841 et 29 janv. 1842 ; Arras, fondé en 1624, rétabli par ord. du 3 mars 1845.

9. — En outre, les villes de Montpellier et de Toulouse possèdent, sous le nom d'œuvres ou de maisons de prêt gratuit, des maisons qui n'exigent que le remboursement des sommes qu'elles ont avancées sur nantissement. Le premier est ancien, l'autre a été fondé le 27 août 1826.— D'autres établissemens existent avec la seule approbation des autorités locales. — Durieu et Roche, t. 2, p. 478.

10. — Le but principal de ce genre d'établissement est de venir en aide aux personnes peu fortunées, qui, ayant besoin d'argent, ne peuvent offrir en garantie que des effets mobiliers. « Ce moyen, porte le préambule des lettres patentes de 1777, nous a paru le plus capable de faire cesser les désordres que l'usure a introduits et qui n'ont que trop fréquemment entraîné la perte de plusieurs familles. Nous étant fait rendre compte du grand nombre de mémoires et de projets présentés à cet effet, nous avons cru devoir rejeter tous ceux qui n'offrent que des *spéculations de finances*, pour nous arrêter à un plan formé uniquement dans des vues de bienfaisance et digne de fixer la confiance publique, puisqu'il devant des secours d'argent peu onéreux aux emprunteurs dénués d'autres ressources, et que le bénéfice qui résultera de cet établissement sera entièrement appliqué au soulagement des pauvres et à l'amélioration des maisons de charité. »

11. — Ses avantages au moment de la création étaient : 1° la modicité de l'intérêt, comparé surtout à celui excessif qu'exigeaient précédemment les usuriers ; 2° la conservation assurée du gage, qui, dans les maisons de prêt particulières, non autorisées, devenait très-souvent la proie de prêteurs escrocs ; 3° l'affectation spéciale des bénéfices au profit des hospices.

12. — Depuis lors, le taux de l'intérêt dans les monts-de-piété, a pris un accroissement notable, et le rapport fait au roi en 1837, par M. le ministre de l'intérieur, énonce qu'à cette époque il variait de 4 à 18 pour 100.

13. — L'élévation du taux de l'intérêt a plusieurs fois excité des plaintes assez vives, et motivé des pétitions présentées aux Chambres. On a soutenu, notamment, que par ces établissemens créés contre l'usure, l'usure est érigée en monopole. Une circulaire du ministre de l'intérieur, du 6 août 1840, répond à cet égard dans les termes suivans : « Il y a inexactitude et injustice dans cette appréciation. Les frais de régie des monts-de-piété sont nécessairement considérables, et ils ne peuvent, évidemment, être payés que par les emprunteurs, qui trouvent précisément dans cette gestion la garantie de la conservation de leurs dépôts. Mais, au fond, les opérations des monts-de-piété ne sont dirigées par aucune pensée de spéculation, et, pour répondre au reproche d'usure, il suffit de faire connaître que le mont-de-piété de Paris, par exemple, est constitué en perte sur tous les prêts qui n'excèdent pas la somme de 12 fr., et que le nombre de ces prêts est annuellement de près de 900,000 fr., c'est-à-dire qu'il forme les trois quarts des opérations totales. » — V. aussi Durieu et Roche, p. 479.

14. — Il est probable, au surplus, que ces plaintes ont été entendues ; car, ainsi qu'il sera dit plus bas, le taux des intérêts perçus par les monts-de-piété semble tendre à diminuer sensiblement. — V. *infrà* nos 31 et suiv.

Sect. 2e. — *Établissement et organisation des monts-de-piété.*

15. — Les monts-de piété ne peuvent être établis *que dans l'intérêt des pauvres,* et en vertu de l'autorisation du gouvernement. — Aussi, dès 1807, le ministre de l'intérieur, ayant proposé l'établissement à Caen d'un mont-de-piété *par voie d'actions*, le Conseil d'Etat émit un avis ainsi conçu : « Considérant que l'on doit essentiellement se proposer, par l'établissement des monts-de-piété et par leur direction, de venir au secours de la classe la plus pauvre de la société, de faire baisser l'intérêt du prêt sur gage, et à la charge de faire tourner *exclusivement au profit des hospices* l'espèce de bénéfice qui en résulte ; qu'il ne peut, *par conséquent*, être accordé de monts-de-piété qu'aux villes où la caisse municipale et celle des hospices, ou l'une des deux, fournissent un capital suffisant pour la mise en action de l'établissement, sans qu'on puisse, en aucun cas, recourir à la voie des actions qui appellerait les étrangers au partage des bénéfices, et ferait ainsi tourner en spéculations privées des établissemens qui ne doivent se proposer que la bienfaisance publique, déclare qu'il n'y a lieu à délibérer. » — V. Durieu et Roche, p. 480.

16. — Pour l'établissement d'un mont-de-piété le préfet du département adresse le projet au ministre de l'intérieur, qui le soumet au président de la République en Conseil d'Etat. — Décr. 24 mess. an XII, art. 14.

17. — Malgré l'intention, plusieurs fois manifestée par le gouvernement, de soumettre ces établissemens à un règlement général, il n'en existe pas encore, et chacun d'eux est régi par un règlement particulier, qui accompagne d'ordinaire l'ordonnance de création. Toutefois, les principes qui président à la rédaction de ces règlemens spéciaux sont presque tous les mêmes ; et ils ont leur base dans un règlement du 18 fruct. an XII, rapporté par Roche et Durieu (t. 2, p. 466), et dans le règlement du 8 therm. an XIII, spécial au mont-de-piété de Paris. Nous exposerons donc les règles qui paraissent communes, sauf à rapporter ensuite quelques dispositions qui concernent en particulier le mont-de-piété de la ville de Paris.

§ 1er. — *Organisation administrative.*

18. — Les monts-de-piété sont administrés, sous l'autorité du ministre de l'intérieur, et sous la surveillance du préfet du département, par une administration gratuite, composée de cinq ou de sept membres dont le maire est le président-né. — V. *infrà* nos 89 et suiv., l'organisation particulière du mont-de-piété de Paris. — Les administrateurs sont nommés par le préfet ou par le ministre de l'intérieur sur une liste triple de candidats présentés par l'administration. — Durieu et Roche, *loc. cit.*

19. — Ces administrateurs exercent leurs fonctions dans les mêmes limites et d'après les mêmes règles que celles qui régissent l'administration des hospices ou des bureaux de bienfaisance. Ils délibèrent sur l'établissement du budget, sur la clôture de l'exercice, le règlement des comptes de chaque exercice, l'achat ou la vente des propriétés ; en un mot, sur tout ce qui peut intéresser la gestion des établissemens confiés à leurs soins. Leurs délibérations doivent être approuvées soit par le ministre de l'intérieur, soit par le préfet, suivant leur importance, ainsi qu'il y a lieu de le faire dans les mêmes circonstances pour les hospices. L'administration choisit parmi ses membres un vice-président et un secrétaire. Elle désigne, chaque mois, un de ses membres pour remplir les fonctions d'administrateur surveillant.

20. — Le service de l'établissement est ordinairement confié à un directeur, un caissier et un garde-magasin nommés par le ministre de l'intérieur, et à d'autres employés à la nomination du préfet sur la présentation de l'administration. Le directeur tient les registres des délibérations. Il exerce, sous les ordres des administrateurs, la surveillance la plus étendue sur toutes les parties du service. Le caissier fait toutes les recettes et toutes les dépenses conformément aux crédits ouverts au budget, et d'après les ordonnancemens du directeur, visés par l'administrateur surveillant. Il tient les registres de comptabilité. Le garde-magasin est chargé du classement et de la garde des nantissemens, dont il est responsable. — Circ. 18 fruct. an XII ; de Watteville, *Code de l'administration charitable*, p. 148.

21. — Des appréciateurs sont attachés à chaque mont-de-piété pour faire l'estimation de tous les objets présentés en nantissement. Dans les villes où il existe des commissaires-priseurs, les fonctions d'appréciateurs sont exclusivement remplies par eux, à moins qu'ils ne refusent de se soumettre aux conditions proposées par le conseil d'administration. — V. art. 30 du règl. du 8 therm. an XIII (pour Paris) ; et art. 5 de l'ordonn. du 26 juin 1816, qui crée des commissaires-priseurs dans les départemens.

22. — La désignation des commissaires-priseurs appréciateurs est faite, pour les départemens, par les administrateurs des monts-de-piété, qui fixent le nombre des officiers nécessaires pour le service (ordonn. 1816, art. 5) ; et pour Paris, par le ministre de l'intérieur, sur l'avis du préfet du département et la présentation de candidats en nombre triple, faite par la chambre des commissaires-priseurs : c'est également le ministre de l'intérieur qui, sur l'avis du préfet et la proposition du conseil d'administration, fixe le nombre de ces commissaires-priseurs. — V., sur leur responsabilité, *infrà* nos 72 et suiv.

23. — Tous les employés supérieurs, à l'exception des commissaires-priseurs chargés des appréciations, sont tenus de fournir des cautionnemens dont la quotité est réglée par le ministre de l'intérieur sur la proposition du conseil d'administration. Le cautionnement est versé à la caisse de l'établissement (Durieu et Roche, t. 2, p. 482 ; Règlem. 8 therm. an XIII, art. 36 et suiv.). Ces cautionnemens ont pour gages les biens affectés également aux prêteurs et aux emprunteurs (*ib.*, § 3). — V. du moins ordonn. d'autorisation : 30 août 1841 — *Arles* ; 30 nov. 1841 et 29 janv. 1842. — *Limoges* ; 3 mars 1845 — *Versailles* et *Arras*.

24. — Les administrations des monts-de-piété peuvent demander qu'il soit accordé des pensions aux employés de ces établissemens ; il en est à leur égard comme des autres établissemens de bienfaisance. — Ce qui concerne les monts-de-piété des départemens est réglé par les décret 7 fév. 1809 et ordonn. 6 sept. 1820. — Quant au mont-de-piété de Paris, tout est réglé à cet égard par un décret du 22 sept. 1812, par les ordonn. des 21 déc. 1832 et 1er juin 1844, et par un décret du gouvernement du 15 mars-6 mai 1848. — V. Durieu et Roche, vo *Mont-de-Piété*, t. 2, p. 482, et vo *Pension de retraite* ; Duvergier, *Coll.* t. 44, p. 178.

§ 2. — *Biens.*

25. — L'ordonnance qui autorise un mont-de-piété lui confère la vie civile et le rend apte à en faire tous les actes. — Aussi l'ordonn. du 18 juin 1823 déclare-t-elle applicables aux monts-de-piété les formes déterminées à l'égard des hospices, en ce qui concerne les constructions, reconstructions, acquisitions, ventes, échanges, ainsi que les prêts et emprunts autres que les opérations ordinaires de cette nature autorisées par les règlemens. — Ordonn. 18 juin 1823, art. 2.

26. — Quant aux legs et dons qui pourraient être faits aux monts-de-piété, l'ordonn. de 1823 ne s'en occupe pas spécialement ; et l'ordonn. du 2 avril 1817, « qui détermine les règles à suivre pour l'acceptation et l'emploi des dons et legs qui peuvent être faits en faveur tant des établissemens ecclésiastiques que de tous autres établissemens d'utilité publique, » ne mentionne pas expressément les monts-de-piété. — Toutefois, MM. Durieu et Roche (*loc. cit.*) pensent que les monts-de-piété sont compris nécessairement dans l'ord. de 1807 ; et ils citent à l'appui de leur opinion l'ordonn. du 27 nov. 1822, qui, en autorisant l'établissement d'un mont-de-piété à Boulogne, dispose (art. 12) « que les donations, legs, aumônes qui pourraient être faits aux monts-de-piété, seront acceptés par ses administrateurs, en se conformant aux formalités prescrites *par les lois et règlemens.* »

27. — Les bénéfices réalisés par les monts-de-piété sont versés dans les caisses des hospices. — Et si quelquefois le gouvernement a autorisé les monts-de-piété à donner un autre emploi à leurs fonds, ce n'a été et ne devait être que du consentement des hospices. — Avis du comité de l'intérieur, du 13 fév. 1833. — Vuillefroy et Monnier, *Principes d'administration*, p. 435 ; Durieu et Roche, *loc. cit.*

28. — Toutefois, un rapport fait au roi, le 5 avril 1837, par le ministre de l'intérieur, conseille l'application des bénéfices à la formation d'une dotation propre au mont-de-piété, et qui procurerait le moyen de réduire le taux de l'intérêt ; et ce système est mis en application par plusieurs ordonnances d'autorisation. — V. notamment 30 août 1841, *Arles* ; 30 nov. 1841, *Limoges* ; et 3 mars 1845, *Versailles*. — C'est assurément, disent MM. Durieu et Roche, accomplir la destination des monts-de piété (le soulagement des pauvres), que d'employer les bénéfices à réduire progressivement le taux de l'intérêt qui grève la classe indigente.

29. — Les dettes anciennes des monts-de-piété ayant été déclarées nationales comme celles des hospices par la loi du 23 messid. an II (avis du Conseil d'Etat, du 8 therm. an XIII), il y a eu lieu d'appliquer à leur égard la déchéance prononcée par la loi de finances du 15 janv. 1810. — *Conseil d'État*, 6 fév. 1822, Chauvin ; 22 fév. 1826, Arfelière.

30. — Aujourd'hui les monts-de-piété ne peuvent contracter de dettes, pour leurs opérations, que conformément à leurs statuts — V. *infrà* no 65. — Quant aux emprunts qui auraient une autre cause, il y a lieu de leur part, comme il a été dit plus haut, de se conformer aux règles tracées pour les hospices — V. HOSPICES, no 353.

§ 3. — *Opérations.*

31. — Les opérations des monts-de-piété consistent dans 1o le dépôt des objets mobiliers offerts en nantissement, 2o leur appréciation pour fixer la quotité du prêt, 3o le prêt, 4o le renouvellement à l'échéance, 5o le dégagement, la vente (à défaut de renouvellement ou dégagement) et l'emploi de l'excédant, 7o les emprunts nécessaires pour accroître les ressources de ces établissemens. — En outre, les registres qui constatent les opérations doivent être tenus conformément à certaines prescriptions légales.

32. — *Dépôt.* — Le dépôt, par l'emprunteur, des effets mobiliers qu'il doit laisser en nantissement de la somme prêtée est la première formalité à remplir. Nul n'est admis à déposer, s'il n'est connu et domicilié, ou assisté d'un répondant connu et domicilié (décr. 8 therm. an XIII, art. 47). C'est ce que disposent également les lettres patentes du 9 déc. 1777, art. 2. — De même il est défendu de prêter aux mineurs sans l'aveu de leurs parens ou de leurs tuteurs. — Même décret.

33. — Tout déposant est tenu de signer l'acte de dépôt de l'effet apporté pour nantissement. — Si le déposant est illettré, l'acte de dépôt doit être signé par son répondant. — Sont exemptés de la formalité prescrite par le présent article les actes de dépôts estimés au-dessous de 24 fr. — Même décret, art. 48.

34. — Lorsqu'il s'élève des doutes contre le déposant, sur sa légitime possession ou son droit de disposition des effets par lui apportés en nantissement, il en est rendu compte au préfet de police. Le prêt demandé est provisoirement suspendu et les effets suspectés sont retenus au magasin jusqu'à ce qu'il en ait été autrement ordonné. — *Ibid.*, art. 49.

35. — Lorsque des objets volés ont été déposés dans un mont-de-piété par des personnes ni connues, ni domiciliées, ni assistées d'un répondant remplissant ces conditions, le mont-de-piété peut être condamné à restituer ces objets aux véritables propriétaires, sans qu'il ait le droit d'exiger au préalable de ceux-ci le remboursement du prêt ou principal intérêt ou droit. — Dans ce cas, le mont-de-piété peut même être condamné à des dommages-intérêts, en réparation du préjudice causé aux propriétaires ; et ce préjudice peut être considéré comme constant, sans expertise préalable. — *Cass.*, 28 nov. 1832, mont-de-piété de Strasbourg c. Blum.

36. — Et il résulte des motifs du même arrêt qu'on ne peut considérer comme une personne *connue* et *domiciliée* une simple servante momentanément en condition en ville. — Même arrêt.

37. — *Appréciation.* — Le dépôt préalable est

exigé tant pour s'assurer de l'individualité du déposant que pour faire procéder à l'appréciation des objets déposés. Cette appréciation est faite soit par des commissaires-priseurs attachés spécialement à l'établissement sous le titre d'*appréciateurs* et qui sont nommés ainsi qu'il a été dit plus haut, soit par des appréciateurs spéciaux dans les lieux où il n'existe pas de commissaires-priseurs.—V. *suprà* nos 21 et 22.

38. — Les appréciateurs sont chargés, en cette qualité, de faire l'appréciation des effets mobiliers offerts en nantissement, tant au chef-lieu que dans les succursales; et de procéder, lorsqu'il y a lieu, à la vente de ces objets. La compagnie des commissaires-priseurs est garante envers l'administration du mont-de-piété des suites de leur estimation. En conséquence, lorsqu'à défaut de dégagement, il est procédé à la vente du nantissement, si le produit de cette vente ne suffit pas pour rembourser au mont-de-piété le montant en principal, intérêts et droits de la somme par lui prêtée, sur la foi de l'estimation de l'appréciateur, la compagnie des commissaires-priseurs est tenue de compléter la différence. — Décret 8 therm. an XIII, art. 31 à 36.

39. — Il a été jugé que l'appréciateur d'un mont-de-piété, qui s'est soumis au règlement d'administration qui mettait à sa charge la différence en moins entre les prix d'évaluation et le produit de la vente des effets engagés, peut être déclaré responsable, quoiqu'il n'ait pas, comme l'exigeait ce règlement, signé la mention des estimations, s'il est d'ailleurs constant, d'après les circonstances de la cause, que c'est lui qui a fait ces évaluations. — *Cass.*, 5 nov. 1834, Goubert c. mont-de-piété de Strasbourg.

40. — ... Encore bien qu'il apparaîtrait que, sous divers rapports, l'administration se serait immiscée dans les fonctions d'appréciateur. — Même arrêt.

41. — La preuve que les estimations ont été faites par les commissaires-priseurs appréciateurs peut résulter spécialement du bulletin par lui remis au caissier du mont-de-piété, portant l'évaluation des effets et la somme prêtée. — Même arrêt.

42. — En cas de responsabilité, l'appréciateur peut être condamné aux intérêts de la différence existant entre le produit de la vente des effets et la somme due au mont-de-piété, non-seulement à compter du jour de la demande, mais même à partir d'une époque antérieure, pour rendre le mont-de-piété indemne de tout préjudice. — Même arrêt.

43. — La responsabilité de l'appréciateur continue de subsister alors même que la vente aurait été faite hors de sa présence, si toutefois elle a eu lieu avec affiches, annonces à l'avance, et dans les formes et délais déterminés par le règlement. — *Cons. d'Etat*, 23 avril 1823, Agnier c. mont-de-piété de Nantes.

44. — L'appréciateur d'objets à vendre au mont-de-piété qui s'en rend adjudicataire et les revend avec bénéfices ou qui partage avec un autre appréciateur les bénéfices des adjudications par lui faites à son profit doit être considéré comme un agent du gouvernement prenant ou recevant un intérêt dans les actes qu'il était chargé de surveiller, et est passible des peines portées par l'art. 175 C. proc., encore bien qu'il soit responsable de ses évaluations. — *Cass.*, 4 févr. 1832, Ballet.

45. — L'art. 175 est également applicable à l'appréciateur au mont-de-piété qui, en estimant au-dessus de leur valeur les nantissements, s'est fait prêter, sous des noms supposés ou sous le nom d'un tiers, des sommes plus fortes que celles que les nantissements pouvaient garantir, et qui s'est ainsi procuré un avantage ou intérêt qu'il n'aurait pas obtenu en agissant régulièrement. — Même arrêt.

46. — La durée du prêt est d'un an, sauf à l'emprunteur la faculté de dégager ses effets avant le terme ou d'en renouveler l'engagement à l'échéance du terme.— Décret 8 therm. an XIII, art. 54. —La faculté de renouvellement n'existait pas sous les lettres patentes de 1777.

47. — Le minimum des prêts est fixé par l'ordonnance d'autorisation. — V., notamment, ordonn. 16 août 1836, *Lyon*; 30 août 1841, *Arles*; 30 nov. 1841, *Limoges*; 3 mars 1845, *Versailles* et *Arras*.

48.—*Prêt.*—Les lettres patentes de 1777 fixaient le *maximum* de l'intérêt à 2 deniers pour livre par mois, soit 10 pour 100 par an. — Le décret du 8 therm. an XIII n'a pas déterminé de maximum d'intérêt. D'ordinaire cette détermination a lieu par l'ordonnance d'autorisation. — V. Durieu et Roche (t. 2, p. 488), qui citent une décision du Conseil d'Etat du 14 nov. 1833; Vuillefroy et Monnier, *Principes d'administration*, p. 437. —V., aussi, entre autres, les ordonnances citées au numéro qui précède. — Suivant le susdit décret spécial au mont-de-piété de Paris, le conseil d'administration règle tous les six mois le taux des droits de prêt à payer par les emprunteurs; ce taux se compose de l'intérêt des sommes prêtées, des droits d'appréciation, de dépôt et autres frais généraux de régie. Les droits se calculent par demi-mois (la quinzaine commencée est due en entier).—Art. 55, 56 et 57.

49. — En général, maintenant le droit unique à percevoir par le mont-de-piété, soit à Paris, soit dans les départemens, pour intérêts et frais de toute espèce, ne peut excéder 12 pour 100 par an; il diminue parfois lorsque la somme prêtée dépasse 1,000 fr., et doit être réduit à mesure que les produits croissant couvrent les frais de régie et d'administration. — Ord. des 16 août 1836, art. 79, et 30 nov. 1840, art. 28. — V. *suprà* no 13. — MM. Durieu et Roche disent qu'à Paris l'intérêt est de 9 pour 100.

50. — Ajoutons qu'indépendamment des maisons de prêt gratuit établies à Montpellier et à Toulouse (V. *suprà* no 9), il existe plusieurs monts-de-piété qui prêtent à un très-modique intérêt.—MM. Durieu et Roche (*loc. cit.*) citent celui d'Angers qui prête jusqu'à cinq francs sans aucune espèce d'intérêt, et au delà de cette somme ne prélève qu'un intérêt de 1 pour 100.

51. — Le montant des sommes à prêter est réglé, quant au nantissement en vaisselle ou bijoux d'or et d'argent, aux quatre cinquièmes de leur valeur au poids; et quant à tous autres effets, aux deux tiers du prix de leur estimation. Telle est la base générale adoptée. — Ord. 16 août 1836, *Lyon*. — V. aussi 3 mars 1845, *Arras*.

52.—La somme réglée est comptée à l'emprunteur, et il lui est délivré en même temps une reconnaissance sur papier libre, et au porteur, contenant la désignation du nantissement, la date et le montant du prêt. — Décr. 8 therm. an XIII, art. 59 et 60.

53. — En cas de perte de cette reconnaissance, l'emprunteur doit en faire aussitôt la déclaration au directeur général du mont-de-piété, qui est tenu de la recevoir et de la faire inscrire sur le registre d'engagement, en marge de l'article dont la reconnaissance est adirée. — *Ibid.*, art. 61.

54. — La même déclaration est faite aussi par l'emprunteur chez le commissaire de police de son quartier, avec l'assistance de deux témoins, qui attestent son individualité et sa moralité; le commissaire en délivre un certificat au déclarant, qui le représente au bureau où il a emprunté.— Décision du préfet de police du 9 sept. 1809.

55. — *Renouvellement des prêts.* — Si à l'expiration de la durée du prêt, l'emprunteur veut empêcher la vente des effets donnés en nantissement, et renouveler son engagement, il y est admis en payant les intérêts et droits dus au mont-de-piété à raison du premier prêt, plus la différence qui peut être trouvée, d'après la nouvelle appréciation qui en est faite, entre la valeur actuelle du nantissement et celle qu'il avait à l'époque du premier prêt. Au moyen de ce paiement, le renouvellement ou rengagement s'opère, d'après la valeur actuelle du gage, dans la même forme, aux mêmes termes, conditions et pour le même délai que le prêt primitif.—Décr. 8 therm. an XIII, art. 62, 63, 64.

56.—*Dégagement et revendication des nantissemens.* — L'emprunteur qui veut dégager son nantissement, soit avant, soit pendant, soit après le terme fixé pour la durée du prêt, mais avant la vente du gage, doit rapporter sa reconnaissance, et en acquitter le montant en principal, intérêts et droits. S'il a perdu sa reconnaissance, il ne peut dégager le nantissement qu'après l'échéance, et, alors, il n'obtient, soit le nantissement, soit le *boni* résultant de la vente, qu'en donnant une décharge spéciale, avec cautionnement d'une personne domiciliée et reconnue solvable : cette décharge est simplement inscrite au registre d'engagement, si la valeur du gage est au-dessous de 100 francs, et au-dessus de cette somme elle est donnée par acte notarié. — *Ibid.*, art. 65, 68, 69.

57. — En cas de perte du nantissement, la valeur en est payée au propriétaire au prix d'estimation fixé lors du dépôt, et avec augmentation d'un quart en sus à titre d'indemnité. Si l'effet est avarié, le propriétaire peut l'abandonner à l'établissement, au prix de la première estimation, ou le reprendre tel qu'il est, et recevoir en indemnité, d'après estimation nouvelle faite par deux appréciateurs de l'établissement, la différence reconnue entre la valeur actuelle dudit effet, et celle qui lui avait été assignée lors du dépôt.— *Ibid.*, art. 66, 67.

58. — Si un nantissement est revendiqué pour cause de vol ou pour tout autre motif, le réclamant est tenu, pour en obtenir la remise : 1o de justifier, dans les formes légales, de son droit de propriété; — 2o de payer en principal, intérêts et droits la somme pour laquelle l'objet a été engagé, sauf son recours contre qui de droit. — *Ibid.*, art. 70.

59. — *Vente des nantissemens, et emploi de l'excédant.* — Les effets non dégagés à échéance sont vendus publiquement aux enchères par le ministère des commissaires-priseurs du mont-de-piété, nonobstant toute opposition et sans qu'il soit besoin d'y appeler l'opposant, autrement que par la publicité des annonces qui doivent être faites au moins dix jours à l'avance; sauf audit opposant à faire valoir ses droits, s'il y a lieu, sur l'excédant ou *boni* restant net du prix de la vente après l'entier acquittement de la somme due au mont-de-piété. — *Ibid.*, art. 71, 76, 78, 79.

60. — Bien que la durée des engagemens soit d'une année seulement, la vente des effets n'a lieu qu'après le treizième mois; et les droits sont retenus pour quatorze mois.

61. — Les oppositions au paiement du boni ne peuvent être formées qu'entre les mains du directeur général, lors même que l'engagement aurait eu lieu dans une succursale, et elles ne sont obligatoires pour le mont-de-piété qu'autant qu'elles sont visées à l'original par le directeur, qui est tenu de le faire sans frais. — *Ibid.*, art. 96.

62. — L'excédant ou *boni* est payé à l'emprunteur, s'il n'y a point d'opposition, ou sur la mainlevée de celle qui aurait été formée, ou bien aux mains de l'opposant qui a fait valider son opposition. Ce paiement a lieu sur la représentation de la reconnaissance ou de la décharge spéciale dont il est parlé art. 68. L'excédant ou *boni* ne peut plus être réclamé après trois ans de la date de la reconnaissance; il est versé à la caisse des hospices. — *Ibid.*, art. 71, 92 à 99.

63. — Lorsqu'au lieu d'excédant il y a déficit, c'est, ainsi qu'il a été dit plus haut, la compagnie des commissaires-priseurs qui en est responsable. — V. *suprà* no 21.

64. — Il a été jugé par une ordonnance de référé du président du tribunal de la Seine du 20 avril 1844, que les syndics d'un failli qui, avant sa faillite, a déposé des marchandises au mont-de-piété et ne les a pas retirées dans le délai fixé, ne peuvent s'opposer à ce qu'elles soient vendues par l'administration du mont-de-piété, avec le concours de ses agens. — Cette vente ne peut avoir lieu que d'après le mode ordonné par le décret du 8 therm. an XIII, dans l'intérêt des emprunteurs, et pour mettre à couvert la responsabilité des agens de l'administration. — V. sous *Paris*, 27 avril 1844 (t. 2 1844, p. 90), syndics Brunswigh c. directeur du mont-de-piété de Paris.

65. *Emprunts.* — Le décret du 8 therm. an XIII a autorisé le mont-de-piété de Paris à recevoir, quand ses besoins l'exigeront, et à employer les fonds qui lui sont offerts par les particuliers; l'intérêt de ces fonds est payé au taux fixé, chaque année, par le conseil d'administration. Il est délivré au prêteur, à titre de reconnaissance de placement, deux billets payables au porteur, dont un pour le principal et l'autre pour l'intérêt. — *Ibid.*, art. 102, 103 et 104. — Ces dispositions se retrouvent dans les autorisations nouvellement délivrées. — V. notamment ord. précitées 16 août 1836, *Lyon*; 30 août 1841, *Arles*; 3 mars 1845, *Arras*. — Il est à remarquer, toutefois, que les trois premières de ces ordonnances ne parlent que de la délivrance, aux prêteurs de *billets à ordre*, ce qui exclut les *billets au porteur*. — MM. Vuillefroy et Monnier (*Principes d'administration*, p. 485) disent, en effet, que le Conseil d'Etat a pensé qu'il n'était pas convenable qu'un mont-de-piété pût émettre des *billets au porteur*. L'art. 63 de l'ordon. du 3 fév. 1836 [Vaucluse (*l'Isle*)] permet cependant la délivrance des billets soit nominatifs, soit au porteur, au choix des prêteurs, et celle du 3 mars 1845 (art. 83 et suiv., *Arras*), ne parle que de la délivrance de *billets au porteur*.

66. — Les emprunts ainsi faits pour subvenir aux opérations des monts-de-piété le sont sous l'hypothèque générale des biens dépendant de la dotation des hospices. Les bâtimens du mont-de-piété, ensemble les capitaux versés dans la caisse de cet établissement par l'administration des hôpitaux, soit qu'ils proviennent du produit des aliénations autorisées par les lois, soit qu'ils fassent partie de quelques autres recettes extraordinaires de fonds leur appartenant, servent également d'hypothèque et de garantie pour les prêteurs. — Le décr. 8 therm. an XIII (art. 45) a été suivi, en ce qui concerne cette disposition, par d'autres ordonnances d'autorisation. — V. notamment l'ord. précitée, 30 août 1841. — V. aussi ord. 3 mars 1845, art. 77 et suiv. : *Arras*.

67. — *Tenue des registres*. — L'art. 411 du Code pénal punit d'un emprisonnement de quinze jours au moins et de trois mois au plus et d'une amende de 100 fr. à 2,000 fr. ceux qui, ayant l'autorisation d'établir une maison de prêt sur gage ou nantissement n'auraient pas tenu un registre conforme aux règlemens, contenant de suite, sans aucun blanc ni interligne, les sommes ou les objets prêtés, les noms, domicile et profession des emprunteurs, la nature, la quantité, la valeur des objets mis en nantissement.

68. — L'infraction prévue par cet article est purement matérielle; elle existe par le seul fait de l'omission du registre, quelle que soit d'ailleurs l'intention du délinquant. — La bonne foi de celui-ci pourrait bien en atténuer les effets légaux, mais ne la ferait pas disparaître. — Chauveau et Hélie, *Théorie du Code pénal*, t. 4, p. 433.

69. — « La contravention, disent MM. Chauveau et Hélie (t. 7, p. 434), résulte soit de l'omission complète du registre, soit des irrégularités commises dans sa tenue : ainsi, la seule omission de l'inscription d'un prêt serait une contravention punissable; car chaque prêt est un contrat qui doit être formellement constaté. » — Règl. 8 therm. an XIII, art. 48. — L'omission de cet acte sur le registre serait, en réalité, l'omission du registre en ce qui concerne cet acte particulier.

70. — Jugé toutefois que la tenue des registres du mont-de-piété par le directeur, d'une manière irrégulière et contraire à l'art. 411 C. pén., peut n'être pas considérée comme constituant le délit prévu par cet article, lorsque ce mode a été approuvé par les inspecteurs des finances et a paru offrir assez de garanties. — *Cass.*, 4 fév. 1832, Ballet.

71. — Plusieurs ordonnances d'autorisation (19 mars 1834, *Nancy*; 6 déc. 1826, *Brest* et *Strasbourg*) exemptent des droits de timbre et d'enregistrement les registres, les reconnaissances, les procès-verbaux de vente, et généralement *tous les actes relatifs aux établissemens autorisés*. MM. Durieu et Roche (t. 2, p. 490), sans adopter la généralité de cette disposition, pensent que les monts-de-piété jouissent incontestablement de toutes les exemptions de droit qui sont accordées aux établissemens de bienfaisance.

§ 4. — *Responsabilité*.

72. — Les monts-de-piété sont nécessairement responsables envers les emprunteurs de la représentation des nantissemens mobiliers par eux fournis. — Les mêmes biens qui servent de garantie aux prêteurs (V. le § qui précède) servent également de gage aux emprunteurs. — Décr. 8 therm. an XIII et ord. 30 août 1841 (*Arles*), 3 mars 1845 (*Arras*).

73. — Pour assurer d'autant plus le gage des prêteurs et des emprunteurs, les ordonnances d'autorisation imposent aux monts-de-piété l'obligation de faire assurer contre l'incendie leurs bâtimens, mobilier, ainsi que les nantissemens qui y sont déposés. — De même, les mesures les plus rigoureuses doivent être prises pour empêcher les soustractions.

74. — La responsabilité de l'établissement ne cesse qu'en cas de vol et pillage à force ouverte, ou par suite d'émeute populaire, ou en cas d'incendie arrivé par le feu du ciel et autres accidens extraordinaires et hors de toute prévoyance humaine. — Ord. 16 août 1836, art. 122 (*Lyon*); 3 mars 1845 (*Versailles*), art. 70.

75. — L'administration du mont-de-piété d'une ville est civilement responsable du préjudice causé par l'infidélité des employés, qui, étant à sa nomination, doivent agir sous ses ordres et sont révocables par elle. — Toutefois le tiers qui se prétend lésé par la faute d'un de ces employés ne peut se faire indemniser par l'administration s'il est établi qu'il a lui-même agi avec mauvaise foi, et que la prudence la plus commune l'eût mis à l'abri du danger auquel il s'est volontairement exposé. — *Nancy*, 7 mars 1844 (t. 1er 1844, p. 430), mont-de-piété de Nancy c. Jacob dit Saqui.

76. — L'administration du mont-de-piété contre laquelle un tiers demande le remboursement du prix de reconnaissances vendues par un de ses employés, et reconnues falsifiées, peut exiger la remise de ces reconnaissances alors que le tiers restant porteur de l'acte de vente souscrit à son profit est toujours en état d'exercer ses droits contre son vendeur. — Même arrêt.

§ 5. — *Compétence*.

77. — Les contestations qui s'élèvent entre les monts-de-piété et les tiers à l'occasion soit de la revendication d'objets déposés, soit d'emprunts faits par ces établissemens sont de la compétence des tribunaux ordinaires. Il ne s'agit en effet là que d'intérêts privés, et aucune loi n'en a déféré l'appréciation à l'autorité administrative.

78. — Mais les contestations qui s'élèvent entre les monts-de-piété et les appréciateurs peuvent, sous le rapport de la compétence, donner lieu à quelque difficulté.

79. — Il faut, dans tous les cas, admettre avec MM. Roche et Durieu (t. 2, p. 491) qu'on ne doit pas s'arrêter aux dispositions du règlement qui déterminerait cette compétence, attendu que les juridictions sont d'ordre public, et qu'il n'est pas au pouvoir du gouvernement d'y déroger. — C'est ce que le Conseil d'Etat a formellement proclamé le 29 mars 1832 (mont-de-piété de Strasbourg c. comm.-pris. de cette ville). — V. cependant *Cons. d'Etat* du 23 avr. 1823, Aguier c. mont-de-piété de Nantes.

80. — Il a été jugé que c'est à l'autorité judiciaire et non à l'autorité administrative à statuer sur une demande en dommages-intérêts formée par des commissaires-priseurs contre les appréciateurs d'un mont-de-piété qui se seraient immiscés dans les fonctions réservées aux commissaires-priseurs par la loi du 28 avr. 1816 et par l'ordonnance du 26 juin 1816 (art. 5). — *Cons. d'État* du 25 fév. 1818, comm. pris. de Marseille c. appréciateurs du mont-de-piété de Marseille : « Attendu, porte cette ordonnance, qu'il s'agit d'une contestation sur des intérêts purement privés. »

81. — Mais si, par suite du refus fait par les commissaires-priseurs d'une ville d'accepter les conditions qui leur sont offertes par la commission administrative du mont-de-piété, il a été nommé par le ministre un appréciateur en dehors de la compagnie, c'est à l'autorité administrative qu'il appartient de connaître de l'action en dommages-intérêts intentée par les commissaires-priseurs contre cet appréciateur, « la contestation ayant pour objet le mérite d'un acte administratif. » — *Cons. d'État* du 19 août 1837, comm.-pris. Brest c. Richard Duplessis.

82. — Les contestations des monts-de-piété avec les compagnies des commissaires-priseurs sur l'effet de la garantie qui est due par ces compagnies sont exclusivement du ressort des tribunaux. — *Cons. d'État* du 29 mars 1832, mont-de-piété de Strasbourg c. comm.-pris.

83. — Bien que l'autorité administrative ait le droit de régler le service intérieur du mont-de-piété, et par conséquent celui du commissaire-priseur chargé de faire les appréciations, néanmoins le Conseil de préfecture est incompétent pour décider si la compagnie des commissaires-priseurs a droit de pourvoir, soit par l'appréciateur titulaire, soit par l'appréciateur adjoint, au service des appréciateurs d'un mont-de-piété, sans que le titulaire soit tenu d'obtenir, pour se faire remplacer, l'autorisation préalable de la commission administrative. — Aucune disposition de loi ou de règlement n'autorisant le conseil de préfecture à intervenir ainsi, par une décision réglementaire dans l'administration intérieure du mont-de-piété. — *Cons. d'Etat* du 14 juill. 1838, mont-de-piété de Rouen c. Vauchel et comp. des comm. priseurs.

§ 6. — *Comptabilité*.

84. — Suivant l'ord. du 18 juin 1823 (art. 1), « les budgets et le compte des monts-de-piété doivent être réglés comme les budgets et les comptes des hospices. » — V. HOSPICES, nos 460 et suiv., 528 et suiv.

85. — Mais le service des monts-de-piété n'est pas placé sous la surveillance du receveur des finances. — Instr. min. fin. 17 juin 1840, art 1123.

86. — L'art. 1er, ord. du 18 juin 1823, ajoutait que le règlement de ces budgets et comptes aurait lieu les conseils de charité préalablement entendus, et les conseils municipaux à défaut des conseils de charité, ou en concurrence avec eux, dans les communes qui ont fait des fonds pour ces établissemens. — Les conseils de charité ont été supprimés par l'ord. du 2 avr. 1831. — Et d'un autre côté, la loi du 18 juill. 1837 (art. 21) a fait disparaître la distinction introduite par l'ord. de 1823. — Les budgets et les comptes doivent donc être soumis aux conseils municipaux dans tous les cas. — Ils doivent l'être aussi aux commissions administratives des hospices qui ont intérêt à la bonne gestion des monts-de-piété. — Durieu et Roche, t. 2, p. 493.

87. — On ne peut considérer comme revenus de ces établissemens les fonds dont le mouvement sert à alimenter les prêts faits par eux. Ce n'est que le produit des intérêts payés par les emprunteurs qui, avec les autres ressources annuelles que possèdent les monts-de-piété, constitue le revenu qui doit servir de base pour soumettre leur budget à l'approbation des préfets ou à celle du ministre. Le revenu doit être évalué d'après les produits de l'année précédente. — Circ. 15 juill. 1823. — De Watteville, *C. de l'administration charitable*, p. 148.

88. — Les monts-de-piété étant autrefois créés par ordonnance royale, leur administration et leur comptabilité pouvaient être modifiées de la même manière. Ainsi les comptables ne pouvaient prétendre avoir un droit acquis à rendre leurs comptes, suivant le mode tracé par les règlemens existant au moment de leur installation, par exemple au roi en son Conseil d'Etat, lorsqu'une ordonnance postérieure avait prescrit une autre forme à cette reddition de comptes, en déclarant, par exemple, que ces comptes seraient renvoyés à la Cour des comptes et apurés par elle. — *Cons. d'Etat* du 15 juill. 1832, Baron.

Sect. 3e. — *Mont-de-piété de Paris*.

89. — La plupart des règles qui viennent d'être tracées sur l'organisation et les opérations des monts-de-piété sont applicables au mont-de-piété de Paris. C'est même le décret du 8 therm. an XIII, spécial à ce mont-de-piété, qui sert généralement de base aux règlemens qui accompagnent les ordonnances d'autorisation. — Il est toutefois certaines règles qui le concernent exclusivement, et qui dès lors appellent une mention particulière.

90. — L'administration du mont-de-piété de Paris a été réglée successivement par les décrets des 24 mess. an XII et 8 therm. an XIII. Le premier de ces décrets a reçu diverses modifications, relatives à la composition du conseil d'administration, par l'ordonnance royale du 12 janv. 1831, qui soumet désormais les comptes du mont-de-piété de Paris à la Cour des comptes. Quant aux dispositions, beaucoup plus étendues, du second décret, elles continuent à subsister.

91. — L'établissement du mont-de-piété de Paris se compose du chef-lieu de cet établissement et de ses succursales. — Décr. 8 therm. an XIII, art. 1er.

92. — Les succursales sont des bureaux et magasins particuliers, situés hors de l'enceinte de l'établissement central, dont ils dépendent, et distribués dans les divers points où ils sont jugés nécessaires par le conseil d'administration. Toutes les opérations relatives au prêt sur nantissement s'exécutent, dans les succursales, de la même manière qu'au chef-lieu. — *Ibid.*, art. 3, 4, 100; ord. 12 janv. 1831, art. 1er.

93. — Suivant l'ord. du 12 janv. 1831, art. 1er, le mont-de-piété de Paris était régi par un conseil d'administration composé du préfet de la Seine, président de droit; du préfet de police, membre de droit; de quatre membres du conseil général d'administration des hospices de Paris, de deux membres du conseil général de la Seine, d'un membre de la chambre du commerce de Paris, et d'un régent de la Banque de France.

94. — Les membres de ce conseil d'administration, autres que les deux préfets, étaient choisis par le ministre de l'intérieur, sur des listes triples, présentées par les différens corps dont ils étaient tirés, sur l'avis du préfet de la Seine. Leurs fonctions duraient quatre ans, ils étaient renouvelés chaque année par quart, et les membres sortans ne pouvaient être réélus qu'après une année d'intervalle. — *Ibid.*, art. 2.

95. — L'administration était exercée, sous l'autorité du conseil, par un directeur général, nommé par le ministre de l'intérieur, qui surveillait tous les services, et faisait rapport au conseil de tout ce qui intéressait l'établissement. Il ne pouvait être chargé du maniement des fonds. — Décr. 8 therm. an XIII, art. 5, 6; ord. 12 janv. 1831, art. 3.

96. — Le directeur avait sous ses ordres des agens-comptables, chargés des recettes et dépenses, et des garde-magasins préposés à la con-

servation des dépôts d'effets mobiliers, nommés par le ministre de l'intérieur, sur la présentation du préfet de la Seine, et divers autres employés nécessaires au service de l'administration, qui étaient nommés par le préfet de la Seine, sur la présentation du conseil d'administration, à l'exception néanmoins des appréciateurs, dont la nomination avait lieu dans la forme ci-dessus indiquée nº 22. Il était chargé, sous sa responsabilité personnelle, de l'exécution et du maintien des lois, des règlemens généraux, des décisions particulières émanées soit du ministre de l'intérieur, soit du préfet du département ou du conseil d'administration, concernant la régie du mont-de-piété. En conséquence, il devait veiller à la tenue régulière des registres constatant les opérations du mont-de-piété. — Décr. 8 therm. an XIII, art. 5, 6, 7, 43; ord. 12 janvier 1831, art. 4.

97. — L'ordonn. du 12 janv. 1831 déférait à la Cour des comptes la connaissance des comptes du mont-de-piété de Paris (art. 6), et l'art. 5 de la même ordonnance investissait la même Cour du droit d'apurer tous les comptes arriérés de ce mont-de-piété.

98. — Dans le système de cette ordonnance, la régie du mont-de-piété devait être gratuite; l'ordonnance du 3 nov. 1831 a changé ce mode en confiant cette régie à un directeur recevant un traitement sous la surveillance d'un conseil d'administration et sous l'autorité du préfet de la Seine.

99. — Il a été jugé que le directeur général du mont-de-piété de Paris, comptable tant en recettes qu'en dépenses du produit des opérations de cet établissement, était justiciable de la Cour des comptes, pour l'apurement de ses comptes.— *Cons. d'État* du 12 juill. 1836, Pelégot.

100.— Et la même ordonnance a décidé qu'un particulier chargé provisoirement, par arrêté du préfet de la Seine, de la direction générale des monts-de-piété de Paris, doit être considéré non comme ordonnateur, mais comme comptable, et soumis dès lors à rendre compte de sa gestion devant la Cour des comptes, surtout si l'arrêté qui l'a nommé ne contient aucune dérogation au décret du 8 therm. an XIII, qui déclare ce directeur comptable. — Même ordonnance.

101. — A la différence de ce qui a lieu pour les monts-de-piété des départemens, les budgets et comptes du mont-de-piété de Paris ne doivent pas être soumis aux commissions administratives des hospices, le conseil général des hospices étant représenté par quatre membres dans le conseil d'administration du mont-de-piété. — Durieu et Roche, t. 2, p. 493.

102. — L'organisation du mont-de-piété a été récemment modifiée par un arrêté du 15 mars—6 mai 1848, dont voici les dispositions :— Art. 1er. Le conseil d'administration du mont-de-piété existant aujourd'hui est dissous. — Art. 2. Le mont-de-piété de Paris sera désormais régi par un conseil d'administration composé de dix membres, présidé par l'un d'eux, lequel, en cas de partage, aura voix prépondérante. Les délibérations pourront être prises par la moitié plus un. — Art. 3. Les membres de ce conseil et le président seront nommés par M. le ministre de l'intérieur. — Leurs fonctions seront gratuites, et il ne leur sera alloué aucun jeton de présence. — Art. 4. L'administration sera exercée, sous l'autorité du conseil, par le président nommé, lequel remplacera le commissaire du gouvernement, dont les fonctions devront dès lors cesser.— Il sera chargé de veiller à l'exécution des lois, décrets, ordonnances, règlemens généraux ou décisions particulières émanés du ministre de l'intérieur et du conseil d'administration. — Art. 5. Le président du conseil aura sous ses ordres tout le personnel de l'administration. — Les chefs de service désignés dans l'art. 3 de l'ord. du 3 nov. 1831, resteront, en cas de vacance, comme par le passé, à la nomination du ministre de l'intérieur, qui aura seul le droit de les révoquer, après avoir, au préalable, pris l'avis du conseil d'administration. — Les autres agens, préposés et employés seront nommés par le président, après avis du conseil, lequel devra être consulté lorsqu'il s'agira de donner de l'avancement aux chefs et employés de tous grades, même à ceux qui restent à la nomination du ministre, ou de prononcer leur suspension, révocation ou mise à la retraite. — Art. 6. L'administration du mont-de-piété sera tout entière placée sous l'autorité immédiate du ministre de l'intérieur, qui devra désormais seul approuver les délibérations du conseil d'administration quand elles auront pour objet des dispositions réglementaires, des demandes de dépenses, de crédits, les comptes et budgets annuels de l'administration. Le président du conseil d'administration pourra lui soumettre toutes les autres délibérations dignes de fixer son attention.— Art. 7. En cas d'absence, maladie ou empêchement quelconque du président, il pourra se faire suppléer par un des membres du conseil qu'il désignera. — Art. 8. Le conseil d'administration nommera parmi ses membres un vice-président et un secrétaire. — Art. 9. Les employés supérieurs de l'administration pourront être appelés dans le sein de ce conseil et assister à ses séances pour y donner les renseignemens nécessaires. — Ils seront, dans ce cas, convoqués par M. le président quand il le jugera convenable. — Par suite de cet article, la direction avait été supprimée ; elle a été rétablie depuis.

103. — Le mont-de-piété de Paris a, depuis quelque temps, établi, sous le titre de *Caisse d'à-compte*, une caisse qui reçoit les à-compte successifs que les déposans veulent verser pour parvenir au dégagement de leurs effets. — Cette caisse est un lieu de dépôt où les sommes versées, ne pouvant plus être retirées, s'accumulent successivement et conduisent insensiblement au dégagement.

104. — Un arrêté du 17 mars 1848 avait fixé à *cent francs* le maximum des engagemens au mont-de-piété. Mais une décision rendue dès le commencement de l'année 1849 ayant déclaré qu'il n'y avait plus lieu d'invoquer les dispositions de l'arrêté de 1848, les engagements se font depuis lors comme ils se faisaient avant cet arrêté. — V. COMMISSAIRES-PRISEURS. — V., en outre, COMMISSIONNAIRE AU MONT-DE-PIÉTÉ, MAISON DE PRÊT SUR GAGES.

MONTEURS.

Monteurs de métiers, monteurs en bronze.— Patentables, les premiers de 6e et les derniers de 7e classe. — Droit fixe, basé sur la population ; droit proportionnel, pour les premiers, du vingtième de la valeur locative de l'habitation et des lieux servant à l'exercice de la profession, et, pour les derniers, du quarantième de tous les locaux qu'ils occupent, mais seulement dans les communes de 20,000 âmes et au-dessus. — V. PATENTE.

MONUMENS FUNÈBRES.

Entrepreneurs de monumens funèbres. — Patentables de 5e classe.—Droit fixe, basé sur la population ; droit proportionnel du 20e de la valeur locative de l'habitation et des lieux servant à l'exercice de la profession. — V. PATENTE

MONUMENS PUBLICS.

V. DÉGRADATIONS DE MONUMENS ET OBJETS D'UTILITÉ OU D'ORNEMENT PUBLICS.

MORGANATIQUE.

V. MARIAGE DE LA MAIN GAUCHE.

MORT, MORT NATURELLE.

1. — La mort naturelle est la fin de la vie.

2. — Comme, dans le langage de la loi, il y a la vie civile indépendamment de la vie naturelle, il y a également la mort civile. — V. ce mot.

3. — Dans le doute, et quand il s'agit d'interpréter les termes d'une loi ou d'une convention, la mort s'entend de la mort naturelle et non de la mort civile.—L. 121, § 2, ff., *De verb. oblig.* — Duranton, t. 8, nº 490.

4. — La mort a pour effet principal de faire passer tous les droits actifs et passifs qu'avait un défunt sur la tête de ses héritiers légitimes ou institués. — V. HÉRITIER, LEGS, SUCCESSION, TESTAMENT.

MORT (Peine de).

1. — Au sommet de l'échelle pénale est placée la peine de mort.—La peine de mort ôte le pouvoir de nuire; elle est en rapport avec le délit dans le cas d'assassinat ; enfin, elle est éminemment exemplaire par la terreur qu'elle inspire. —Mais elle est *inégale*, car, terrible pour les uns, elle reste presque nulle pour quelques autres, *indivisible, irréparable.* A côté d'avantages incontestables, elle offre donc de graves inconvéniens.

2. — Tout le monde connaît les longues discussions auxquelles l'emploi de cette peine a donné lieu. Nous nous bornerons donc à résumer en quelques mots les principales objections élevées contre son application.

3. — La peine de mort a été longtemps admise sans contestation. — Ce n'est que vers le siècle dernier que des doutes ont été élevés sur sa *légitimité*, puis sur son *efficacité*, puis enfin, plus récemment, sur sa *nécessité*.—Elle est *illégitime*, disait-on, car l'homme a un droit personnel à l'existence qu'il tient de Dieu, et ce droit est inviolable. — *Inefficace*, puisque, malgré sa constante application, le nombre des crimes n'a point diminué, et qu'elle n'inspire aucune crainte aux criminels. — *Non nécessaire*, à raison de l'adoucissement des mœurs qui, rendant les hommes plus sensibles aux autres peines, permet à la société de laisser enfin reposer une arme aussi terrible. — Quant à Beccaria, qui fondait la société sur un contrat, il n'admettait pas qu'aucun de ses membres pût être supposé avoir cédé aux autres le droit de lui ôter la vie. — *Des délits et des peines*, chap. 16.

4. — Mais à ces considérations on répond avec raison : 1º relativement à l'inviolabilité de la vie humaine, que toute peine n'est que la privation d'un bien, que tout bien peut offrir matière à pénalité, et qu'il n'y a aucun motif particulier d'en excepter la vie elle-même; — que d'ailleurs cette prétendue inviolabilité est suffisamment contredite et condamnée par le consentement universel et constant des peuples même les plus religieux, dont la peine de mort n'a jamais soulevé la réprobation ; — 2º sur la perpétuité des crimes et l'indifférence des malfaiteurs, que ce n'est point à raison des peines, mais à raison des mœurs et des temps que les délits varient; qu'on sait bien les crimes qui ont été commis malgré la peine de mort, mais qu'on ignore ceux qu'elle a empêchés ; enfin, qu'il est contestable que les crimes aient augmenté, et inexact de prétendre que la mort soit vue sans effroi, c'est au contraire la peine la plus redoutée. Enfin, on ajoute que sa non-nécessité est encore problématique. Sans doute, on peut en diminuer les cas d'application et les rendre de plus en plus rares ; mais il serait imprudent de la supprimer tout à coup: le temps seul et une expérience incontestable peuvent servir de guide à cet égard.

5. — L'abolition de cette peine fut pourtant réclamée, mais en vain, lors de la discussion du Code pénal de 1791. Tout ce que purent obtenir ses partisans, fut une loi du 4 brumaire an IV, dont l'art. 1er porte : « A dater du jour de la publication de la paix générale, la peine de mort sera abolie dans la République française. » Toutefois, cette loi ne fut pas exécutée; et une autre loi du 8 nivôse an X décida que « la peine de mort continuerait d'être appliquée dans les cas déterminés par les lois, jusqu'à ce qu'il en eût été autrement ordonné. »

6. — Rien n'indique que la question ait été agitée à l'occasion du Code pénal de 1810, où la peine capitale se trouva trop prodiguée ; ce n'est qu'en 1832 qu'on s'en occupa législativement de nouveau. Le législateur ne crut pas pouvoir l'abolir immédiatement et se borna à en rendre moins fréquente l'application en la restreignant aux crimes les plus graves, sauf le pouvoir, peut-être trop large, attribué aux jurés de la rendre plus rare encore par l'admission des circonstances atténuantes. — La mort est donc encore et doit rester écrite dans nos lois pénales.

7. — V., au reste, sur la peine de mort les considérations développées par MM. Chauveau et Hélie dans leur *Théorie du C. pénal* (t. 1er, p. 99 et suiv.), et les nombreuses autorités par eux citées.

8. — Lors du vote de la Constitution de 1848, quelques représentans demandèrent que la peine de mort fût supprimée d'une manière absolue; mais cette proposition fut repoussée.

9.— Les cas pour lesquels la loi de 1832 a aboli la peine de mort prononcée par le C. pén. de 1810 sont les suivans : complots non suivis d'attentats (V. COMPLOT), fabrication ou émission de fausse monnaie (V. FAUSSE MONNAIE), contrefaçon ou usage des sceaux de l'Etat, effets du trésor public ou billets de banque (V. CONTREFACTION DES SCEAUX et CONTREFACTION DES EFFETS PUBLICS ET BILLETS DE BANQUE), divers cas d'incendie (V. INCENDIE), meurtre joint à un délit lorsque la relation de cause à effet n'existe pas entre ces deux faits (V. MEURTRE), vol avec les cinq circonstances aggravantes (V. VOL), l'arrestation exécutée avec un faux costume, sous un faux nom ou sous un faux ordre de l'autorité publique ; l'arrestation illégale avec menace de mort (V. ARRESTATION ILLÉGALE et SÉQUESTRATION DE PERSONNES).

10.—Par un arrêté du 26 février 1848 le gouversement provisoire de la République française avait proclamé le principe de l'abolition de la peine de mort en matière politique. L'art. 5 de la Constitution républicaine a consacré définitivement ce principe : « La peine de mort, dit l'article 5, est abolie en matière politique. »

11. — Mais que doit-on entendre par *matière politique* ! et suffira-t-il, par exemple, que le meurtre, l'incendie se lient à des faits politiques pour que l'exemption prononcée par la Constitution doive leur profiter ? — Cette question seulement devant la Cour de cassation (ch. crim.), dans l'aff. Daix et autres (assassinat du général Bréa et du capitaine Mangin), a été résolue en ce sens que l'art. 5 de la Constitution ne profite qu'aux crimes *purement politiques*, et non aux crimes qui leur sont connexes. — En conséquence est passible de la peine de mort l'insurgé politique qui s'est rendu coupable d'assassinat. — *Cass.*, 9 mars 1849 (t. 1er 1849, p. 141), Daix. — V. aussi dans le même sens les conclusions de M. le proc. gén. Dupin.

12. — Mais l'usage d'armes dans un mouvement insurrectionnel constitue, *lorsqu'il est dégagé de circonstances de criminalité du droit commun*, un crime politique régi par l'art. 5 de la Constitution. — *Cass.*, 3 févr. 1849 (t. 1er 1849, p. 262), Durand.

13. — Au reste, l'art. 5 de la Constitution n'a eu pour effet que de *modifier* et non de *supprimer* la pénalité pour les crimes politiques emportant autrefois la peine de mort. — En pareil cas, la peine de mort est remplacée par celle qui vient immédiatement après dans l'échelle des pénalités, c'est-à-dire (pour les crimes politiques), par la déportation ; et s'il existe des circonstances atténuantes, par la détention et le bannissement. — Même arrêt. — Cet arrêt fort important contient une théorie complète sur la gradation des peines en matière de crimes politiques.

14. — Autrefois la peine de mort était le plus souvent accompagnée de tortures accessoires, et son exécution n'était qu'un long et douloureux supplice. — Les divers degrés de cruauté variaient suivant la gravité des crimes. — Les ordonnées pour crime de lèse-majesté étaient écartelés ; les parricides, les sacrilèges, les incendiaires étaient brûlés ; les assassins et meurtriers roués ; enfin, les auteurs des autres crimes punis de la peine capitale, simplement décapités s'ils étaient nobles, et pendus s'ils étaient roturiers. Loysel, liv. 6, tit. 2, max. 26.

15. — L'Assemblée constituante fit disparaître ces pratiques barbares, et posa la première dans nos codes ce principe d'humanité « que, désormais, la peine de mort ne devait plus être que la simple privation de la vie. » — L. 28 sept. 1791. En conséquence, et après avoir reproduit le principe, le code pén. de 1791 voulut-il par son art. 3 que les tous condamnés à mort eussent la tête tranchée ; son but était que la peine de mort fût la moins douloureuse possible dans son exécution. — L'art. 12 du Code pénal, qui est aujourd'hui en vigueur, répète, sans modification, la disposition de l'art. 3 du code de 1791. — En matière militaire la décapitation est remplacée par le fusillement.

16. — Le projet du code de 1810 dérogeait à ce principe dans les cas de parricide, de conjugicide, de fratricide, d'empoisonnement, d'incendie et de meurtre exécuté avec tortures ; il voulait qu'à l'égard le coupable eût le poing coupé avant son exécution, mais cette aggravation de peine ne fut admise que pour le parricide. On pensa qu'il était convenable que le crime le plus atroce fût puni d'une peine plus grave que les autres.

17. — La loi de 1832 a fait disparaître ce dernier vestige de barbarie, et maintenant la mutilation est bannie de nos codes ; seulement l'exécution du parricide est toujours accompagnée d'un appareil destiné à la rendre plus exemplaire sans rien ajouter au supplice du coupable. L'art. 12 du C. pén. veut que le condamné soit conduit sur le lieu de l'exécution en chemise, nu-pieds et la tête couverte d'un voile noir. — Il doit être exposé sur l'échafaud pendant qu'un huissier fait au peuple lecture de l'arrêt de condamnation, puis il est immédiatement exécuté à mort.

18. — Ces accessoires doivent-ils être subis par les complices du parricide ? — Nous hésitons à le penser. — V., au reste, l'analyse sur l'assimilation des complices aux auteurs, en matière de parricide, v° COMPLICITÉ, n° 252 et suiv.

19. — Il est d'ailleurs hors de doute qu'elle ne pourraient être prononcés contre un mari qui aurait tué sa femme. — *Cass.*, 7 germ. an VII, Faphé.

Jugé aussi que, sous la loi du 25 sept. —

RÉP. GÉN. — IX.

6 oct. 1791, les coupables condamnés à mort pour crime d'*assassinat*, d'*incendie* ou de *poison*, étaient les seuls qui pussent être assujettis à porter la chemise rouge en allant au lieu de l'exécution. Qu'ainsi cette peine ne pouvait être appliquée aux individus condamnés pour. vol. — *Cass.*, 6 mess. an VII, Perrin ; 28 flor. an IX, Petit-Bruel.

21. — « Les corps des suppliciés doivent être délivrés à leur famille si elle les réclame, à la charge par elle de les faire inhumer sans aucun appareil. — C. pén., art. 14.

22. — Le mot *appareil* ne s'applique qu'aux pompes des funérailles et non aux cérémonies religieuses. — On ne pourrait donc refuser de rendre le corps à la famille sous prétexte qu'elle veut le présenter à l'église, à moins que cette cérémonie ne doit elle-même présenter de l'appareil. C'est ce qui résulte clairement de la discussion qui a eu lieu au conseil d'État sur cet article. — Locré, t. 29, p. 116 ; Chauveau et Hélie, t. 4er, p. 342.

23. — L'art. 27 prévoit le cas où une femme condamnée à mort se déclare enceinte ; s'il est vérifié qu'elle l'est réellement, elle ne doit subir sa peine qu'après sa délivrance.

24. — Cet article est emprunté à l'ordonn. de 1670 (tit. 25, art. 13) qui voulait qu'on vérifiât si la femme était enceinte, alors même qu'elle n'avait fait aucune déclaration. — Cette dernière disposition n'a point été reprise par le C. pén. ; cependant MM. Carnot (C. pén., art. 27), Chauveau et Hélie (t. 1er, p. 345) pensent qu'elle doit toujours être appliquée.

25. — Un décret du 23 germ. an III alla même jusqu'à ordonner que toute femme prévenue de crime emportant peine de mort ne pourrait être mise en jugement qu'il n'eût été vérifié qu'elle n'était pas enceinte (art. 1er), et déclara définitif le sursis provisoire à tout jugement de mort rendu contre les femmes dont l'exécution avait été suspendue pour cause de grossesse (art. 2) ; sauf aux comités de législation et de sûreté générales à statuer définitivement sur la mise en liberté ou la détention ultérieure desdites condamnées (art. 3).

26. — Sous l'empire de ce décret, il a été jugé que si une femme enceinte avait été mise en jugement comme prévenue d'un crime emportant peine de mort, sans avoir été préalablement visitée, le jugement était nul. — *Cass.*, 2 vent. an XIII, Carton.

27. — La mise en jugement ne pouvait même avoir lieu lorsque, d'après la déclaration des médecins qui l'avaient visitée, il restait du doute sur la grossesse. — *Cass.*, 27 nov. 1806, Melle.

28. — Jugé cependant qu'il n'y avait pas lieu de casser l'arrêt qui avait condamné à mort une femme, sans qu'elle eût été visitée avant sa mise en jugement, s'il était constaté devant la Cour de cassation qu'alors elle n'était pas enceinte. — *Cass.*, 8 mai 1807, Besseyre.

29. — Mais il y avait nullité des débats, de la déclaration du jury et du jugement, alors même que cette femme eût été préalablement visitée et que les médecins eussent déclaré qu'elle n'était pas enceinte, lorsqu'il était ultérieurement reconnu qu'elle se trouvait réellement enceinte au moment où elle avait été mise en jugement. — *Cass.*, 8 germ. an XIII, Salve.

30. — Au reste, la loi du 23 germ. an III a été abrogée, quelque implicitement, par l'art. 27 du Code pénal. — *Cass.*, 7 nov. 1844, Bonnefoy. — Cette proposition, enseignée également par Bourguignon (*Man. et Jurispr. des codes criminels, sous l'art. 27 C. pén.*), Merlin (*Rép., v° Grossesse, n° 3*), Favard (v° *Grossesse*), MM. Chauveau et Hélie (t. 1er, p. 345) est combattue par Carnot (*Code pén., art. 27*), qui pense que la loi de germinal est encore en vigueur et doit être exécutée ; mais l'opinion de cet auteur ne nous paraît pas devoir être admise.

31. — S'il y a lieu de craindre que l'état de grossesse de l'accusée ne lui permette pas de supporter les débats, le président des assises puisera, non dans la loi de l'an III, mais dans les pouvoirs généraux dont il est investi, le possibilité de renvoyer l'affaire à une autre session. — Chauveau et Hélie, t. 1er, p. 346.

32. — L'art. 377 du Code d'instruction crimin. porte que si le condamné veut faire une déclaration, elle sera reçue par un des juges de la déclaration assisté du greffier. — C'est à lui que la lorsque l'exécution d'une condamnée doit être faite dans un lieu où ne siège ni Cour d'assises ni tribunal de première instance, le juge dont parle l'art. 377 du Code d'instruction criminelle doit être le juge de paix du canton. — *Cass.*, 4 janv. 1845 (t. 1er 1845, p. 715), Romaot et Graill.

33. — Les déclarations dont parle l'art. 377

doivent être spontanées. En conséquence il y a violation de cet article lorsque le juge, au lieu d'attendre que le condamné le fasse appeler, se rend auprès de lui, lui adresse des questions, et fait dresser un procès-verbal constatant qu'il ne lui a été fait aucune révélation, et que le condamné s'est contenté de protester de son innocence. — Même arrêt.

34. — Le procureur général peut, il est vrai, requérir soit la tribunal d'arrondissement, de charger un de ses membres de recevoir, le cas échéant, les déclarations du condamné ; mais cette mesure ne peut être ordonnée d'office. — En conséquence il y a excès de pouvoir lorsque le tribunal, sans attendre les réquisitions du ministère public, prend une délibération par laquelle il ordonne qu'un de ses membres se transportera sur le lieu de l'exécution pour y recevoir, s'il y a lieu, les déclarations du condamné. — Même arrêt.

35. — La condamnation à la mort naturelle emporte la mort civile (C. civ., art. 23). — Si la condamnation a été prononcée par contumace, la mort civile est suspendue jusqu'à l'expiration du délai pour purger la contumace. — C. civ., art. 27. — V. MORT CIVILE.

V., en outre, ACTES DE L'ÉTAT CIVIL, n°s 446, 453 ; ALGÉRIE, n°s 499, 203 ; EXÉCUTION DES JUGEMENS CRIMINELS, n°s 88 et suiv., 102 et suiv., 109 et suiv. ; FEMME, n°s 22 et suiv. ; GROSSESSE, n°s 6 et suiv.

MORT ACCIDENTELLE.

V. ACTES DE L'ÉTAT CIVIL, AUTOPSIE, CADAVRE, n° 6.

MORT CIVILE.

Table alphabétique.

MORT CIVILE. — 1. — La mort civile est une peine d'une nature particulière, qui résulte de l'exécution, soit réelle, soit par effigie, de la condamnation à certaines peines, et par suite de laquelle le condamné est privé de toute participation aux droits civils et politiques.

Sect. 1ʳᵉ. — *Condamnations qui emportent la mort civile.*

2. — La mort civile n'a lieu qu'à la suite de condamnations à des peines dont l'effet est de priver celui qui est condamné de toute participation aux droits civils. — C. civ., art. 22.

3. — Elle n'est donc point une peine principale, mais la conséquence, l'accessoire légal d'une peine ou plutôt de la condamnation à une peine; dès lors elle n'a pas besoin d'être prononcée par jugement. — Richer, *Traité de la mort civile*, part. 2°, liv. 2, chap. 2, sect. 1ʳᵉ; Pothier, *Traité des personnes*, part. 1ʳᵉ, tit. 3, sect. 2ᵉ; Toullier, t. 1ᵉʳ, n° 272 *in fine*; Delvincourt, t. 1ᵉʳ, note 5, sur la page 24; Merlin, *Répert.* (5ᵉ édit.), v° *Mort civile*, § 1ᵉʳ, art. 1ᵉʳ *in fine*; Duranton, t. 1ᵉʳ, n° 213; Coin-Delisle, *Jouissance et privation des droits civils*, commentaire sur l'art. 22, p. 74, n° 3; Marcadé, *Eléments de droit civil français*, t. 1ᵉʳ, p. 198, n° 1ᵉʳ; Zachariæ, *Connaissance du droit civil français*, t. 1ᵉʳ, p. 320, § 162; Achille Renaud, *Traité de la mort civile* (brochure 1843), p. 13; Ducaurroy, Bonnier et Roustain, *Comm. du Code civ.*, t. 1ᵉʳ, art. 24.

4. — Mais si la mort civile n'est point une peine principale, pouvant faire l'objet direct d'une condamnation, elle n'en est pas moins une peine, et une peine énorme. C'est une peine qui résulte de l'application d'une autre peine, dont l'exposition publique est une conséquence légale de certaines condamnations. — Marcadé, *ubi suprà*, p. 499, n° 3; Valette, *Observations sur Proudhon* (*Traité sur l'état des personnes*), édit. de 1842, t. 1ᵉʳ, p. 436.

5. — Comme peine, la mort civile a peu d'avantages tandis qu'elle offre de graves inconvéniens; elle est inégale, indivisible, immorale, irréparable, peu exemplaire, etc... « Quelle n'est pas, disait le rapporteur de la commission nommée par la Chambre des députés, en 1832, quelle n'est pas l'inégalité de cette peine, qui pour quelques condamnés équivaut à la mort même, et pour d'autres n'ajoute à leur état ni privation, ni infamie ! — La mort civile dissout le mariage, elle rompt de vive force un lien que les parties ne voudraient pas rompre; elle donne à la fidélité les effets du concubinage, elle punit la vertu; soit que le condamné mérite et obtienne sa grâce, sa succession s'est ouverte, il rentre dans la société sans fortune comme sans famille; en cas de condamnation par contumace, les effets accomplis au bout de cinq ans deviennent irrévocables, un nouveau jugement, une déclaration d'innocence ne sont plus qu'une dérisoire et stérile réparation. — La déshérence, qui attribue à l'Etat les biens acquis par le condamné, fait revivre la confiscation, et, dans les cas où la représentation n'est pas admise, l'incapacité dont le condamné est frappé dépouille ses enfans et transporte à d'autres familles l'héritage qu'il aurait recueilli, et que ses enfans auraient retrouvé dans sa succession. »

6. — Lors de la révision de 1832, la suppression de la mort civile fut vivement réclamée. Un député fit même une proposition formelle dans ce but; cependant, malgré la majorité évidemment acquise à ces vœux d'humanité, ils furent repoussés dans les deux Chambres, qui, tout en constatant la nécessité de modifications importantes, se bornèrent à appeler l'attention du gouvernement sur cette partie de la législation. — Ce résultat fut dû aux nombreux points de contact de cette peine avec notre droit civil, aux graves difficultés qu'une abolition immédiate ne permettait point de résoudre d'une manière satisfaisante, enfin aux promesses faites par les ministres de proposer une mesure législative à cet égard. « Il y a nécessité, dit alors M. le garde des sceaux, de modifier la législation sur la mort civile, mais la commission a parfaitement senti, comme le gouvernement, que ce n'était pas à l'occasion d'une loi sur le Code pénal qu'il fallait porter atteinte aux dispositions du Code civil. Dans une session prochaine, une loi sera présentée aux Chambres sur cette grave question. — Il y a déjà plus de seize ans que les vœux ont été exprimés et ces promesses faites, une révolution s'est accomplie, et cependant la réforme est encore à venir. Espérons que, depuis si longtemps et si solennellement reconnue nécessaire, elle ne se fera plus trop attendre.

7. —Établie par les Romains, qui lui attribuaient les effets les plus rigoureux (*Instit.*, liv. 1ᵉʳ, tit. 16, § 2; *L. relegati*, ff., *De pœnis*), la mort civile passa dans notre ancien droit, où elle naît comme accessoire des peines perpétuelles des galères, du bannissement, de la détention

en maison de force et de la condamnation à mort par contumace. — Muyart de Vouglans, p. 75; Jousse, *Comm. ord.* 1670, p. 86. — Le Code pénal du 25 sept.-6 oct. 1791 (tit. 4, art. 1ᵉʳ,2 et 3) l'avait supprimée; mais, bientôt rétablie pour les émigrés (L. 28 mars 1793, t. 4ᵉʳ, sect. 1ʳᵉ, art. 1ᵉʳ, elle fut, malgré l'opposition du Tribunat, introduite dans le Code civil, puis dans nos codes répressifs.

8. — Le principe que la mort civile n'est qu'une peine accessoire peut souffrir des exceptions. Rien n'empêche en effet qu'une loi vienne la ranger au nombre des peines principales. C'est ce qu'a déjà fait, depuis le Code, le décret du 6 avril 1809, relatif aux Français qui ont pris du service ou accepté des fonctions chez l'étranger. — Contrà, Guichard, *Dr. civil*, n° 307. — Proudhon (*De l'usufruit*, t. 4, n° 1986) n'hésite pas à déclarer qu'il ne faut avoir aucun égard aux dispositions du décret de 1809, en tant qu'il prononce la mort civile dans divers cas où elle ne résulte pas des dispositions de la loi. — V. ÉTRANGER.

9. — La Cour des pairs a aussi prononcé la mort civile directement et comme peine principale contre les ministres de Charles X. Mais cette application de la mort civile, née de la position exceptionnelle dans laquelle était placée la Cour des pairs relativement aux peines qu'elle pouvait appliquer, a excité avec raison, de la part des auteurs, une énergique réprobation. — Marcadé, t. 1ᵉʳ, p. 200; Achille Renaud, p. 14, note 1ʳᵉ.

10. — Voyons maintenant quelles sont les condamnations qui peuvent emporter la mort civile. Les rédacteurs du Code civil n'ont placé au nombre de ces condamnations que la condamnation à la mort naturelle (art. 23). C'est que la peine de mort était la seule perpétuelle qui existât en France lors de la rédaction du Code civil. Ne sachant pas quelles peines seraient admises par les législateurs chargés de la rédaction du Code pénal, les rédacteurs du Code civil ont cherché uniquement à faire cesser les questions élevées sous l'ancienne jurisprudence sur les peines emportant mort civile. C'est pour cela que, dans l'art. 24, ils ont érigé en règle que « les autres peines *afflictives* et *perpétuelles* n'emportaient la mort civile qu'autant que la loi y aurait attaché cet effet. » Or, les autres condamnations auxquelles le Code pénal de 1810 (art. 18) a attaché la mort civile, sont celles aux travaux forcés à perpétuité et à la déportation.

11. — La France n'ayant pas eu jusqu'à présent de lieu de déportation, cette peine a été convertie en une détention perpétuelle. Cette détention entraîne-t-elle la mort civile? Sous le Code pénal de 1810, les condamnés à la déportation qui subissaient leur peine dans la maison du Mont-Saint-Michel n'encouraient pas la mort civile, parce qu'ils n'y étaient détenus que *provisoirement*, jusqu'à ce que la déportation pût réellement être exécutée, ainsi que cela résulte de l'ordonnance même du 2 avril 1817, qui a déclaré que la maison du Mont-Saint-Michel serait affectée aux condamnés à la déportation (V., en ce sens, *Toulouse*, 21 août 1820, Escoubès, c. Négrié). Mais, depuis la révision du Code pénal en 1832, il en est autrement. L'art. 17 de ce Code porte, en effet, que tant qu'un lieu de déportation n'aura pas été établi les condamnés subiront à *perpétuité* la peine de la détention. Cette peine est donc une peine perpétuelle, située à celle de la déportation. Dès lors elle doit en produire tous les effets (V. Coin-Delisle, sur l'art. 22, p. 44, n° 7 et 8; Marcadé, t. 1ᵉʳ, p. 203, n° 2; Achille Renaud, p. 44). — C'est du reste ce qui résulte formellement des explications échangées à la Chambre des députés à l'occasion d'un amendement destiné à appliquer seulement, dans ce cas, l'art. 29 du Code pénal, et à faire de cet amendement. — Chauveau, *C. pén. prog.*, p. 116 à 121; Chauveau et Hélie, *Th. C. pén.*, ch. 4, t. 1ᵉʳ, p. 496.

12. — L'art. 18 (§ 2) du Code pénal réserve au gouvernement le droit d'accorder au condamné à la déportation l'exercice des droits civils ou de quelques-uns de ces droits.

13. — Le § 2 de l'art. 18 ne devait, dans l'intention du législateur de 1810, recevoir son application qu'au lieu de la déportation, où des droits nouveaux pouvaient être accordés au déporté tout en respectant, pour le passé, ce qui était acquis contre lui. Malgré la substitution d'une autre peine comme exécution de celle de la déportation, le législateur de 1832 n'a rien changé à cette disposition. Nous pensons néanmoins que ce paragraphe ne doit point recevoir une extension exagérée, et qu'il ne peut s'appliquer qu'aux droits civils à venir et non à ceux qu'a détruits la mort civile; enfin, ainsi que le disent les auteurs de la *Théorie du Code pénal* (t. 1ᵉʳ, p. 204), « qu'il a pour but, non de suspendre ou de limiter les effets de la mort civile au moment où elle est encourue, mais de rendre au condamné l'exercice de ses droits civils pour l'avenir, lorsque la grâce vient mettre un terme à la peine afflictive et le restituer à la société. » — *Sic* Ducaurroy, Bonnier et Roustain, *Comment. du C. civ.*, sous l'art. 24, n° 80.

14. — La mort civile n'est point attachée à la peine de la réclusion perpétuelle. En conséquence, lorsque la peine de mort prononcée contre un condamné a été commuée en une réclusion perpétuelle, celui-ci ne peut être réputé avoir été frappé de mort civile. — *Orléans*, 5 févr. 1847, (t. 1er 1847, p. 400), Diolot c. Camus.

15. — Les condamnations à mort, aux travaux forcés à perpétuité et à la déportation, prononcées par les conseils de guerre, emportent-elles mort civile, comme celles qui émanent des tribunaux ordinaires? — Pothier (*Traité des personnes*, tit. 3, sect. 2, alin. 28) nous apprend que, sous l'ancienne jurisprudence, pour qu'une condamnation dont la mort civile était une suite pût y donner lieu, il fallait qu'elle eût été prononcée en justice réglée ; une condamnation à mort, prononcée par un conseil de guerre pour délit militaire, n'empêchait pas le condamné de mourir *integri status*. Une ordonnance du 17 janv. 1730 dérogea à cette jurisprudence en disposant que tout déserteur condamné à mort pour crime de désertion encourrait la mort civile. Cette disposition fut restreinte plus tard, par une ordonn. du 12 déc. 1774, aux militaires qui passeraient à l'étranger en temps de guerre. — Néanmoins, Richer (*Traité de la mort civile*, p. 34) et Desquiron (même traité, p. 105 et suiv.) prétendant que les conseils de guerre avaient été assimilés aux tribunaux, par l'ordonnance précitée du 17 janv. 1730, en ont conclu que toute condamnation à l'une des peines afflictives et perpétuelles ci-dessus mentionnées, prononcée par un conseil de guerre, emportait la mort civile.—Merlin (*loc. cit.*, art. 2, n° 3), MM. Duranton (t. 1er, n° 218), et Coin-Delisle (sur les art. 23 et 24, p. 73, n° 2) professent la même opinion. Selon ce dernier auteur, le Code civil, en plaçant la mort civile parmi les effets que produit la condamnation à l'une des trois peines dont il s'agit, sans s'occuper des tribunaux par lesquels est rendue la sentence, a compris les condamnations prononcées par les tribunaux d'exception comme par les tribunaux ordinaires. Mais la doctrine contraire est soutenue par Delvincourt (t. 1er, note 2, sur la page 24), lequel s'appuie sur la loi 11, D., *De testam. milit.*, ainsi conçue : *Ex militari delicto capite damnatis testamentum facere licet super bonis duntaxat castrensibus*. Cependant, cette loi pourrait plutôt, comme il est aisé de le voir, être opposée à la doctrine de Delvincourt qu'elle ne lui est favorable. En effet, si le militaire condamné n'avait la faculté de tester que relativement à son pécule *castrense* seulement (*duntaxat*), on serait fondé à en induire que, à l'égard de ses autres biens, il était mort civilement. Aussi croyons-nous, avec MM. Marcadé (t. 1er, p. 272, n° 3) et Achille Renaud (p. 32 et suiv.), que la véritable raison de décider se trouve dans l'art. 5 C. pén. Cet article porte que les dispositions de ce Code ne s'appliquent pas aux contraventions, délits et crimes militaires. Il ne résulte pas de cet article, il est vrai, d'une manière péremptoire, que les militaires en matière criminelle ne sont pas soumis au droit commun ; mais il fait naître au moins de graves motifs de doute. Et c'est un principe évident pour tous que lorsqu'il s'agit d'une pénalité extrêmement rigoureuse, on ne peut l'admettre que pour les cas où elle est incontestable. Il est encore une autre raison de décider, c'est que la mort civile ne peut être encourue que dans le cas d'un texte précis qui la déclare applicable. Or, pour les crimes et délits purement militaires, ce texte n'existe pas, et il est interdit, en matière pénale, de raisonner par analogie. Hors donc le cas excepté par l'ordonn. du 12 déc. 1774, il n'y a aucune raison de s'écarter de l'ancienne jurisprudence qui affranchissait de la mort civile les militaires condamnés pour délit militaire. Ce serait autre chose, si un militaire avait été condamné par un conseil de guerre pour un délit commun.—Achille Renaud, p. 34.

16. — La mort civile résultait autrefois de la prononciation de vœux monastiques solennels ; mais les lois nouvelles ont aboli ce genre de mort civile. — *Gênes*, 8 juill. 1809, Magnocavalli c. Tarchini.—V. aussi, en ce sens, Zachariæ, t 1er, p. 321.

17.—Elle était encore encourue, d'après les lois révolutionnaires, par le simple fait de l'émigration, lorsque le prévenu avait été inscrit sur la liste des émigrés et que le délai péremptoire pour les réclamations s'était écoulé. — Loi 28 mars 1793.

18. — Sous l'empire du Code crim. du 3 brum. an IV, comme sous la législation tant ancienne que nouvelle, la condamnation à la mort naturelle emportait la mort civile, sans qu'il y eût lieu de distinguer entre la condamnation contradictoire et celle par contumace. — *Cass.*, 2 avril 1844, (t. 1er 1844, p. 689), David c. Fouyer.—V. aussi *Agen*, 22 janv. 1824, Rech Laroque.

19. — Les actes de souveraineté étrangère n'ayant aucune force ni pouvoir en France, surtout sur l'état des Français, il s'ensuit que les condamnations judiciaires ne peuvent produire la mort civile en France qu'autant qu'elles ont été prononcées par des tribunaux français. En conséquence, si un Français s'est rendu coupable d'une action contraire aux lois d'un pays étranger où il s'est trouvé et qu'il ait subi une condamnation emportant la mort naturelle ou civile, il sera considéré parmi nous comme décédé *integri status*, et ses héritiers légitimes seront admis à lui succéder. — Ord. de 1629, art. 61. — Richer, 2e part., liv. 1er, chap. 2, sect. 8e, p. 38 ; Desquiron, p. 112, chap. 7, nos 202 et suiv.; Merlin, art. 2, n° 5; Proudhon, *Traité sur l'état des personnes*, édit. de 1842, t. 1er, p. 135; Delvincourt, t. 1er, note 2 sur la page 23; Coin-Delisle, sur l'art. 22, p. 71, n° 4; Valette, *Observat. sur Proudhon*, t. 1er, p. 136, note 2; Achille Renaud, p. 35; Chauveau et Hélie, *Théorie du Cod. pén.*, t. 1er, ch. 9, p. 429.

20. — Le Français mort civilement en France devrait-il être considéré comme tel à l'étranger? Non; car s'il est vrai que les statuts personnels d'un individu le suivent partout, le jugement de condamnation qui en a modifié l'application à son égard ne saurait être respecté à l'étranger. Ce Français y jouira donc des mêmes droits civils que tout autre Français, à moins de traités particuliers. — Achille Renaud, *ubi suprà*. — On doit décider, par la même raison, que l'étranger, frappé dans son pays d'une peine emportant mort civile, jouira aussi en France de tous les droits généraux accordés aux étrangers.— Coin-Delisle, *loc. cit.*, n° 5; Valette, *ubi suprà*. — *Contrà* d'Argentré *sur Bretagne*, art. 128, glose 6; Delvincourt, t. 1er, p. 187 ; Duranton, t. 1er, n° 88; Demangeat, *Histoire de la condition civ. des étrangers en France*, p. 375.

21. — Les condamnations emportant mort civile prononcées en France contre des étrangers, sont également, encore par application du même principe, sans effet vis-à-vis d'eux dans leur patrie. Mais rien ne s'oppose à ce que les étrangers que les condamnations atteignent demeurent frappés en France de mort civile. Il serait même étrange que les étrangers qui auraient enfreint les lois françaises ne pussent être privés, pendant leur séjour en France, des droits qu'elles leur accordent ; ils se trouveraient en effet dans une position plus avantageuse que les Français mêmes. L'art. 35 du C. pén. revisé en 1832 suppose, d'ailleurs, qu'ils peuvent être condamnés à la dégradation civique. Il y a même raison de décider, en ce qui concerne la mort civile. — V., en ce sens, Coin-Delisle, p. 72, n° 6; Valette, *Observations sur Proudhon*, t. 1er, p. 135, note *a*, n° 1er. — *Contrà*, Proudhon, p. 135.

Sect. 2e. — *A quelle époque commence la mort civile.*

22.— Sous l'ancien droit, et avant l'ord. crimin. de 1670, c'était une question fort controversée que de savoir si la mort civile commençait du moment où la condamnation à une peine capitale avait été prononcée au criminel, ou si elle ne datait que de l'exécution de la sentence. — V. Richer, p. 143 et suiv.— L'ordonnance criminelle de 1670 (tit. 17, art. 29) dit en termes très-précis qu'elle n'est encourue qu'à compter de l'exécution de la sentence. Dans les discussions qui eurent lieu au sujet de la rédaction du Code civil, on proposa de l'attacher immédiatement à la condamnation. Mais cette opinion était contraire à la nature de la mort civile. Conséquence nécessaire d'une peine, il était juste en effet qu'elle ne pût commencer qu'avec cette peine. Les rédacteurs du Code civil ont donc eu raison de soutenir sur ce point la disposition de l'ordon. de 1670.

23. — La mort civile n'étant encourue que par l'exécution, il en résulte que si le condamné meurt avant cette exécution, il est censé être mort dans l'intégrité de ses droits. Dès lors, les actes d'aliénation qu'il a consentis avant l'exécution de la peine ne peuvent être attaqués comme faits en fraude des droits de ses héritiers. Son testament est valable. De même, toutes les successions ouvertes à son profit après la prononciation de l'exécution viennent grossir son patrimoine. — Discussion au Conseil d'Etat, Locré, *Législation civile*, t. 2, p. 192, n° 20; Toullier, t. 1er, n° 274; Coin-Delisle, *Comment. sur l'art.* 23, n° 1er; Zachariæ, t. 1er, p. 321 et 322, et ses annotateurs, p. 322, note 3.

24. — Il en est de même si le condamné a mis fin à ses jours. — Coin-Delisle et les annotateurs de Zachariæ, *ubi suprà*.

25. — Pour déterminer d'une manière précise l'époque à laquelle commence aujourd'hui la mort civile, il faut distinguer le cas où la condamnation a été prononcée contradictoirement d'avec celui où elle a été rendue par contumace.

§ 1er. — *Condamnation contradictoire.*

26.—Les condamnations contradictoires n'emportent la mort civile qu'*à compter du jour de leur exécution* soit réelle, soit par effigie. — C. civil, art. 26.

27. — L'exécution réelle ou par effigie est constatée par un procès-verbal. Ce procès-verbal doit être, sous peine de 100 francs d'amende, dressé par le greffier et transcrit par lui dans les vingt-quatre heures au pied de la minute de l'arrêt. La transcription est signée par lui, et il est fait mention du tout, sous la même peine, en marge du procès-verbal. Cette mention doit être également signée, et la transcription fait preuve comme le procès-verbal même.—C. instr. crim., art. 378.

28. — La représentation de ce procès-verbal est indispensable pour établir l'exécution, et par conséquent pour prouver la mort civile. Il ne peut y être suppléé par d'autres moyens de preuve. — V. en ce sens *Riom*, 28 nov. 1838 (t. 1er 1839, p. 107), Vidal c. Chassagnon.—*Contrà*, Achille Renaud, p. 49. — *Cass.*, 26 thermid. an XIII, Desverneys c. Gluye.

29. — L'exécution par effigie, qui a lieu lorsque le condamné n'est pas entre les mains de la justice, se faisait autrefois de diverses manières. Dans certaines provinces, on se contentait de faire publier la sentence par un crieur public ; dans d'autres, l'arrêt était censé exécuté lorsque des tableaux, sur lesquels était inscrit le nom du condamné, avaient été attachés aux portes et entrées des lieux où la condamnation avait été prononcée. L'ordonnance criminelle de 1670 introduisait un mode général d'exécuter les jugemens contre les condamnés absens : elle voulut que les effigies et les tableaux fussent attachés dans la place publique (art. 16). Aujourd'hui, cette exécution s'opère au moyen d'un extrait du jugement de condamnation affiché, par l'exécuteur des jugemens criminels, à un poteau planté au milieu d'une des places publiques de la ville chef-lieu de l'arrondissement où le crime a été commis. — C. instr. crim., art. 472.

30. — Les mots de l'art. 26 *à compter du jour de leur exécution* ont donné lieu à la question de savoir si la mort civile du condamné doit commencer avec le jour de l'exécution ou à l'expiration de ce jour, ou si elle ne doit être encourue qu'au moment même de l'exécution. Merlin (*Rép.*, v° *Mort civile*, § 1er, art. 5, n° 5) démontre fort bien que les mots *à compter de tel jour* ne peuvent avoir un sens *exclusif* du jour de l'exécution. Autrement, on admettrait à succéder, après son exécution publique, un homme retranché de la société civile, et peut-être du nombre des vivans. — Coin-Delisle, sur l'art. 26, p. 86.—Mais ces mots ne sont-ils pas *inclusifs* du jour de l'exécution? Ici commence la difficulté. Les auteurs qui prétendent que les mots *à compter du jour de leur exécution* signifient que la mort civile est encourue dès le commencement de ce jour s'appuient sur l'art. 2134 C. civ., d'après lequel les hypothèques n'ont de rang que *du jour* de leur inscription, de sorte que les diverses hypothèques prises le même jour, quoiqu'à des heures différentes, ont le même rang; puis sur l'art. 2260, qui dit que la prescription se compte *par jours* et non *par heures*. — Toullier, t. 1er, n° 274; Merlin, *ubi suprà;* Proudhon, édit. de 1842, t. 1er, p. 138; Desquiron, *Traité de la mort civile*, n° 235; Zachariæ, t. 1er, p. 322, et ses annotateurs, note 4; Achille Renaud, p. 41.—Nous ne pouvons admettre cette doctrine. D'abord, les art. 2134 et 2260 nous semblent sans rapport avec la question que nous examinons. Quelle relation peut-il y avoir en effet entre la mort civile et les hypothèques ou la prescription? En second lieu, faire rétroagir l'exécution au commencement du jour où elle a eu lieu, c'est faire commettre au législateur une inconséquence et une injustice : une inconséquence en ce que l'effet existerait avant la cause, nous avons vu que la mort civile n'était que la suite, l'accessoire d'une condamnation ; une injustice en ce que le condamné serait privé de succéder et de transmettre avant l'exécution de sa condamnation. La mort civile ne peut donc pas être encourue avant l'exécution. L'ancienne jurisprudence le décidait ainsi. — V., dans le sens de cette dernière opinion, Delvincourt, t. 1er, note 6 sur la page 24 : Duranton, t. 1er, n° 221 ; Coin-Delisle, *loc. cit.*; Marcadé, t. 1er, p. 234, n° 2 ; Valette, *Observat. sur Proudhon*, t. 1er, p. 139, note (*a*), n° 1er ; Ducaurroy, Bonnier et Roustain, t. 1er, sous l'art. 26, n° 89.

31. — M. Duranton (t. 1er, n° 223) prétend que la mort civile doit dater du jour de l'affiche prescrite par l'art. 36 C. pén. — Merlin (*loc. cit.*) a réfuté cette opinion, qui est, selon nous, complétement inadmissible.

32. — Nous avons maintenant à rechercher à quel moment la condamnation peut être considérée comme exécutée. — Lorsqu'il s'agit de la peine de mort, le moment de l'exécution réelle de la condamnation ne peut faire l'objet d'aucun doute : c'est celui où le condamné est frappé du coup mortel. — Coin-Delisle, sur l'art. 26, p. 84, n° 4 ; Marcadé, t. 1er, p. 235, n° 3 ; Valette, *Observ. sur Proudhon*, t. 1er, p. 141, n° 2 ; Achille Renaud, p. 42 *in fine*.

33. — Les auteurs sont divisés au contraire sur le commencement de l'exécution réelle de la condamnation aux travaux forcés à perpétuité. Les uns enseignent que cette exécution commence par l'exposition ; ils se fondent sur ce que l'exposition ayant lieu, d'après l'art. 22 C. pén., absolument et forcément dans tous les cas de travaux perpétuels, doit n'être considérée que comme un mode d'exécution de cette dernière peine. — Toullier, t. 1er, n° 275 ; Merlin, *Rép.*, v° *Mort civile*, § 1er, art. 5, n° 4 ; Duranton, t. 1er, n° 222 ; Coin-Delisle, *ubi suprà*, n° 5 ; les annotateurs de Zachariæ, t. 1er, p. 322, note 2 ; Valette, *loc. cit.* — D'autres, et cette opinion nous paraît plus conforme à la loi, pensent que l'exécution de la condamnation aux travaux perpétuels ne peut commencer que par l'entrée au bagne du condamné. En effet, disent-ils, si l'exposition est attachée accessoirement à la condamnation aux travaux perpétuels, elle n'en est pas moins une peine distincte. L'art. 22 précité le reconnaît lui-même, puisqu'il porte en termes exprès que le condamné sera exposé *avant de subir sa peine*. Donc le but du législateur a été de cumuler ces deux peines. Dès lors la première ne peut être un mode d'exécution de la seconde. — Marcadé, *loc. cit.*; Achille Renaud, p. 43 ; Ducaurroy, Bonnier et Roustain, t. 1er, *loc. cit.*

34. — En ce qui concerne la condamnation à la déportation, l'exécution ne pouvait en avoir lieu, sous l'empire du Code pénal de 1810, que par la translation du condamné hors du territoire continental de la France. — *Toulouse*, 21 août 1820, Escoubès c. Negrié. — Aujourd'hui l'exécution de cette condamnation date du moment où le condamné est écroué dans la maison de détention qui lui a été assignée. — Coin-Delisle, sur l'art. 26, n°s 7 et 8 ; Marcadé et Valette, *ubi suprà* ; Achille Renaud, p. 44.

35. — Si le condamné prenait la fuite et recouvrait la liberté dans le trajet de la conciergerie à l'échafaud, au bagne ou à la maison de détention, la condamnation ayant lieu, dans ce cas, par effigie, elle serait réputée exécutée à l'heure où le procès-verbal, qui doit être dressé à cet effet, constaterait que l'extrait du jugement de condamnation a été affiché sur un poteau au milieu de la place publique, et, dès ce moment, le condamné serait frappé de tous les effets de la mort civile. — Si un condamné meurt avant l'exécution, il meurt *integri status*. — Basnage, *sur Normandie*, art. 143 ; Bouhier, *sur Bourgogne*, ch. 55, n° 337 ; Coin-Delisle, p. 84, n° 4.

§ 2. — *Condamnation par contumace.*

36. — A Rome, les condamnations par contumace ne produisaient leurs effets qu'après l'expiration d'une année. Ce délai était accordé au condamné pour se représenter. Si son absence se prolongeait au delà, ses biens tombaient au fisc. Dans les premiers temps de notre monarchie, la confiscation des biens du contumax ne pouvait également avoir lieu avant le terme d'un an et un jour. — V. notamment ord. de Louis IX de

1270, chap. 26. — L'ordonnance de Moulins (fév. 1556) recula d'une à cinq années, à dater de l'exécution de l'arrêt, le terme fatal après lequel le condamné perdait ses biens à jamais (art. 28). Le contumax ne pouvait se représenter en justice, pour purger sa contumace, qu'après avoir obtenu des lettres de grande chancellerie. Il était mort civilement dès le jour de la condamnation. Sous l'ordonnance criminelle de 1670, les condamnations par contumace n'emportèrent plus la mort civile que cinq ans après leur exécution par effigie. — V., en ce sens, Achille Renaud, p. 56. — *Contrà*, Richer, p. 196 ; Delvincourt, t. 1er, not. 2 sur la p. 25. — Le contumax qui venait à décéder dans les cinq années sans être représenté mourait *integri status*. — Coin-Delisle, sur l'art. 27, p. 87, n° 1er *in fine*; Renaud, p. 58. — Sous le Code pénal du 3 brum. an IV, la mort civile commençait avec l'exécution de la condamnation ; mais l'arrêt rendu par contumace pouvait être anéanti, si le condamné était arrêté ou revenait de son chef pendant les vingt années qui en suivaient l'exécution : c'est-à-dire jusqu'à ce qu'il y eût prescription.

37. — Suivant l'ancienne législation, qui accordait au condamné cinq années pour purger sa contumace, comme aussi suivant la législation intermédiaire, qui en accordait vingt, la mort civile (à la différence de la législation nouvelle) n'était pas suspendue jusqu'à l'expiration du délai pour purger la contumace, mais elle était encourue du jour même où le jugement de condamnation était exécuté par effigie. — Ordon. 1670, art. 29 ; C. crim. 3 brum. an IV, art. 480. — En conséquence, si le condamné mourait après l'expiration du délai sans avoir purgé sa contumace, il était regardé comme mort civilement du jour de l'exécution du jugement par effigie, et de ce jour il subissait tous les effets de la mort civile, parmi lesquels l'un des plus graves était l'ouverture de sa succession au profit de ceux qui ce jour-là étaient ses héritiers légitimes. — *Cass.*, 2 avril 1844 (t. 1er 1844, p. 669), David c. Fouyer.

38. — Lors de la rédaction du Code civil, on agita longtemps la question de savoir à quelle époque commencerait la mort civile pour le condamné par contumace : si ce serait du jour même de l'exécution par effigie, ou après l'expiration des cinq années qui suivraient cette exécution. Ce fut ce dernier système qui l'emporta. L'art. 27 C. civ. est en effet ainsi conçu : « Les condamnations par contumace n'emporteront la mort civile qu'après les cinq années qui suivront l'exécution du jugement par effigie, et pendant lesquelles le condamné peut se représenter. »

39. — Le délai de cinq ans après lequel, aux termes de cet article, la mort civile atteint le condamné, ne doit commencer à courir que le lendemain du jour de l'exécution par effigie. — Marcadé, t. 1er, p. 237 ; Achille Renaud, p. 64.

40. — Il résulte de ce qui précède que la mort civile, dans le cas de condamnation par contumace, ne saurait commencer s'il n'y avait pas d'exécution par effigie, ou du moins tant qu'il n'y en aurait pas. — *Paris*, 10 mai 1815, Doscot c. Jumel. — Guichard, *Des droits civils*, n° 341.

Sect. 3e. — *État du contumax après l'exécution de l'arrêt jusqu'à l'expiration du délai de cinq années.*

41. — « Les condamnés par contumace seront, pendant les cinq ans, ou jusqu'à ce qu'ils se représentent ou qu'ils soient arrêtés pendant ce délai, privés de l'exercice des droits civils. — Leurs biens seront administrés et leurs droits exercés de même que ceux des absens. » — L. 41 et 42, ff., *De accus.* — C. civ., art. 28.

42. — Il ne résulte pas de la dernière disposition de cet article que le condamné par contumace à une peine emportant mort civile soit placé dans la position d'un absent déclaré. — *Lyon*, 20 avr. 1831, D... c. domaines ; *Paris*, 24 juin 1834, N...

43. — La condamnation par contumace a seulement pour effet de donner à la direction des domaines le droit de régir et administrer les biens du condamné comme le seraient ceux d'un absent. — V. l'arrêt de *Lyon* ci-dessus.

44. — Toutefois, cette proposition ne dérive pas de l'art. 28 précité du Code civil. Au contraire, d'après cet article, les héritiers présomptifs du condamné pouvaient se faire envoyer en possession provisoire de ses biens. Mais le Code d'instruction criminelle a innové sur ce point. D'après ce dernier Code, la régie des domaines s'em-

pare des biens du contumax à l'expiration des dix jours qui suivent l'ordonnance de se représenter (art. 465 et 466), et elle en conserve l'administration, même après l'exécution de l'arrêt de condamnation, ainsi que l'ont décidé la cour de Lyon (V. *suprà* n° 42) et la cour de Montpellier (19 mars 1836, Fabry c. domaines). Les auteurs sont aussi généralement d'accord sur ce point. — Toullier, t. 1er, n° 276 ; Duranton, t. 1er, n° 228 ; Coin-Delisle, sur l'art. 28, n° 8 ; Marcadé, t. 1er, p. 240, n° 3 ; Valette, *Observat. sur Proudhon*, t. 1er, p. 145 et suiv. ; Achille Renaud, p. 67. — V. cependant Desquiron, n° 307.

45. — Lorsque le tiers détenteur d'un immeuble se trouve condamné par contumace à une peine emportant la mort civile, c'est au domaine par conséquent, comme détenteur de ses biens, que doit être faite la sommation de payer ou de délaisser, quoique le condamné soit encore dans les délais pour purger sa contumace. — *Bordeaux*, 3 fév. 1835, Kellinghuzen c. domaines et Latour-Dupin. — Les biens des condamnés par contumace, quoique séquestrés, n'en sont pas moins soumis à l'exercice des droits des créanciers ; mais ils ne peuvent se pourvoir que dans les formes exigées des créanciers du fisc. — Décis. du grand juge du 17 prair. an II et circ. du 11 août 1807.

46. — Quand la condamnation est prononcée contre une femme mariée sous le régime de la communauté, elle ne dépouille pas le mari de l'administration des biens de la femme pour en saisir la direction des domaines. — *Lyon*, 20 avr. 1831, D... c. domaines. — Coin-Delisle, sur l'art. 28, p. 91, n° 6 *in fine*.

47. — Sous l'empire du Code pénal du 3 brum. an IV, la régie administrait au profit de l'Etat ; elle gagnait les fruits. — Av. Cons. d'Etat, 19 août-20 sept. 1809. — Aujourd'hui, elle doit régir les biens du contumax *comme biens d'absent* (C. instr. crim., art. 471), c'est-à-dire qu'elle n'a plus d'autres pouvoirs que ceux des envoyés en possession provisoire en cas d'absence proprement dite. — Valette, *ubi suprà*, n° 44.

48. — Ainsi, elle rend compte de son administration à qui il appartient (C. instr. crim., art. 471), c'est-à-dire au contumax, s'il se représente ou est arrêté avant l'expiration du délai de cinq ans à partir de l'exécution par effigie (C. civ., art. 29), ou à ses héritiers s'il laisse écouler le délai de grâce. — Ducaurroy, Bonnier et Roustain, t. 1er, sous l'art. 30, n° 97.

49. — A quelle époque le compte doit-il être rendu aux héritiers ? L'art. 471, C. instr. crim., porte que le compte du séquestre sera rendu après que la condamnation sera devenue irrévocable par l'expiration du délai donné pour purger la contumace. Ce délai est de vingt ans à dater de l'arrêt (même Code, art. 635), mais nous pensons que cet art. 471 ne peut recevoir d'application qu'en matière de condamnation à des peines afflictives ou infamantes qui n'emportent pas la mort civile. En effet, tout ce qui est relatif à la mort civile a été réglé spécialement par le Code civil. Or, aux termes des art. 25 et 30 de ce Code, la succession du condamné s'ouvre définitivement au profit de ses héritiers à l'expiration des cinq ans qui ont suivi l'exécution par effigie. Dès lors, il est évident qu'à ce moment cesse l'administration de la régie des domaines et que, par conséquent, naît pour elle l'obligation de rendre compte. Cette doctrine est généralement enseignée par les auteurs. — Desquiron, p. 259 ; Duranton, t. 1er, n° 229 ; Coin-Delisle, sur l'art. 28, p. 91, n° 5 ; Marcadé, *loc. cit.*; Valette, *Observat. sur Proudhon*, t. 1er, p. 142, note (*a*), n° 2 ; Achille Renaud, p. 67. — V. aussi, dans le même sens, *Montpellier*, 19 mars 1836, Fabry c. domaines. — V. cependant Delvincourt, t. 1er, note 8 sur la page 25.

50. — L'administration des domaines doit continuer jusqu'à l'expiration du délai de cinq ans accordé au condamné pour purger la contumace, encore bien que le conjoint ou les héritiers aient demandé dans l'intervalle à être envoyés en possession. — *Paris*, 27 déc. 1834, domaines c. Bordigné.

51. — Toutefois, les biens du contumax étant considérés et régis *comme biens d'absent*, il s'ensuit qu'en rendant compte la régie peut prendre la portion de fruits accordée par l'art. 127 C. civ., sur les biens d'un absent aux envoyés en possession provisoire ou à l'administrateur légal. Comme cette reddition doit avoir lieu au plus tard à la fin de la cinquième année, ce sera toujours les quatre cinquièmes des revenus du condamné qui appartiendront à la régie. — V. en ce sens Marcadé, p. 244, n° 4 ; Achille Renaud, n°s 67 et suiv. — *Contrà*, Valette, *Observat. sur Proudhon*, 1er, p. 146.

52. — Le contumax, ainsi que nous l'avons vu, ne perd pas seulement la gestion de sa fortune pendant les cinq ans ou jusqu'à ce qu'il se représente ou soit arrêté dans ce délai, mais il est encore, pendant ce temps, *privé de l'exercice des droits civils*. Proudhon (t. 1er, p. 142) voit dans cette dernière disposition l'établissement d'un état d'*interdiction légale*, par suite duquel le contumax serait privé non-seulement de l'exercice de tous les droits qui peuvent être exercés en son nom par la régie des domaines, mais aussi de ceux qu'elle ne peut exercer pour lui, comme le droit de tester et de se marier. M. Valette, son annotateur (p. 147), pense qu'on pourrait peut-être dire que c'est là frapper à l'avance le contumax d'une mort civile au moins partielle, et alors décider qu'il pourrait exercer tous les droits qui seraient anéantis si on lui en enlevait l'exercice. Cependant il ne propose cette opinion qu'avec une extrême défiance, l'art. 28 C. civ., que nous avons rapporté en commençant cette section, ne faisant aucune distinction. — Selon M. Marcadé (t. 1er, p. 239, n° 2), le contumax ne peut tester, ni faire ou recevoir une donation entre-vifs. Mais cet auteur enseigne que la privation de l'exercice des droits civils résultant de l'art. 28 ne forme relativement au mariage qu'un empêchement *prohibitif*. — V. aussi Guichard, n° 341. — Nous ne pouvons pas plus admettre la seconde branche de l'opinion de M. Marcadé que la doctrine proposée par M. Valette. Oter à quelqu'un l'exercice des droits civils, c'est en effet évidemment le dépouiller de la capacité de se marier. Le mariage est un acte civil d'une trop haute importance pour que le législateur, s'il avait entendu conserver au contumax le droit de le faire, ne se fût pas formellement expliqué à cet égard. La généralité des termes de l'art 28 est la meilleure preuve qu'il n'a pas voulu qu'on distinguât entre les droits civils dont il a privé le contumax. Le mariage que ce dernier contracterait pendant les cinq ans serait donc *radicalement* nul. — V. en ce sens Achille Renaud, p. 70 et suiv.

53. — Quant au mariage contracté antérieurement à l'exécution de la sentence, il continue de produire des effets civils pendant les cinq ans (*Lyon*, 20 avril 1831, D... c. Domaines); les enfans qui en naissent, durant ce délai, sont légitimes. — Guichard, n° 340; Coin-Delisle, p. 92, n° 9; Achille Renaud, p. 72.

54. — S'il s'ouvre une succession au profit du contumax pendant les cinq ans qui suivent l'exécution par effigie, elle ne peut être acceptée ou répudiée en son nom par la régie des domaines. — Achille Renaud, p. 72.

55. — ... A moins qu'elle ne prouve l'existence dudit condamné, conformément aux art. 135 et 136 du Code civil. Il n'existe, en effet, aucune présomption légale qui répute le condamné par contumace vivant durant les cinq annés qui suivent l'exécution. — *Cass.*, 23 mars 1841 (t. 1er 1841, p. 548), Bessière-Bastide c. Domaines.

56. — A défaut de cette preuve, la succession est dévolue à ceux avec lesquels le contumax aurait eu le droit de concourir, ou à ceux qui l'auraient recueillie à son défaut. Mais s'il reparaissait avant l'expiration des cinq ans, il aurait l'action en pétition d'hérédité. C'est en ce sens seulement qu'il est vrai de dire, avec MM. Duranton (t. 1er, n° 228) et Coin-Delisle (p. 92, n° 6), que les biens du contumax s'accroissent des successions et des legs qui lui échoient.

57. — Le contumax ne peut, pendant le délai de grâce, non-seulement agir en justice comme demandeur, mais même défendre personnellement aux actions qui lui sont intentées. Il sera représenté par ses héritiers, si, son absence ayant précédé de longtemps l'ordonnance de se représenter, ceux-ci se sont fait envoyer en possession dans le cours des cinq années. — C. civ., art. 134. — Dans le cas contraire, c'est à la régie des domaines qu'appartient l'exercice de ses actions. Il n'est pas nécessaire de faire nommer un curateur pour le représenter en justice. — *Montpellier*, 19 mars, Fabry c. Domaines; 26 mars 1836, Vaquier.

58. — Mais si l'administration des domaines a elle-même quelque réclamation à former contre le condamné, pour le recouvrement de droits d'enregistrement, par exemple, elle doit diriger son action contre un curateur *ad hoc* nommé préalablement au contumax. — *Cass.*, 6 déc. 1836 (t. 1er 1837, p. 166), Chamblain c. l'Enregistrement.

59. — La nomination de ce curateur et les poursuites ne doivent pas être précédées d'une mise en demeure du condamné contumax à personne ou domicile. — Même arrêt.

60. — Lorsque le condamné par contumace se représente volontairement dans les cinq années, à compter du jour de l'exécution, ou lorsqu'il a été saisi et constitué prisonnier dans ce délai, le jugement est anéanti de plein droit. L'interdiction légale dans laquelle il se trouvait est levée, et il est remis en possession de ses biens; il redevient alors un accusé ordinaire. — C. civ., art. 29.

61. — Le contumax n'est *constitué* prisonnier que lorsqu'il a été écroué dans la maison d'arrêt dépendant de la juridiction où il doit subir son jugement. Il ne suffirait donc pas qu'on se fût emparé de sa personne. Dès lors, s'il venait à s'évader avant d'être écroué, le jugement de contumace subsisterait, et le délai de cinq ans continuerait à courir. — Coin-Delisle, sur l'art. 29, p. 93, nos 3 et 5.

62. — Lorsque le jugement est anéanti, le condamné n'étant plus et n'ayant jamais été qu'un simple accusé, doit-on en conclure que les actes qu'il a faits pendant la contumace reprennent toute leur force : en d'autres termes, que le jugement de condamnation est anéanti pour le passé comme pour l'avenir? — V., pour l'*affirmative*, Toullier, t. 1er, n° 278; Delvincourt, note 2 sur la page 27; Desquiron, p. 380 et 388; Coin-Delisle, p. 93, n° 2; Valette, *Observat. sur Proudhon*, t. 1er, p. 149. — Pour la *négative*, Duranton, t. 1er, n° 230; Marcadé, t. 1er, p. 246; Achille Renaud, p. 73. — Nous adoptons cette dernière doctrine par le motif que donnent les auteurs qui l'enseignent, à savoir : que l'incapacité légale dont le contumax est frappé depuis l'exécution de la condamnation, n'est point seulement une conséquence de cette condamnation; mais aussi une punition infligée au contumax en raison de sa désobéissance à l'ordonnance de se représenter, de sa rébellion contre la loi.

63. — Mais si l'anéantissement du jugement ne valide pas les actes antérieurs à la reparution du contumax, il fait cesser au moins les condamnations accessoires : telles que les amendes, les réparations adjugées à la partie civile.

64. — Le contumax qui a reparu en justice est jugé de nouveau; et si, par ce nouveau jugement, il est condamné à la même peine ou à une peine différente, emportant également la mort civile, celle-ci n'a lieu qu'à compter du jour de l'exécution du second jugement. — C. civ., art. 29.

65. — Si, après avoir été constitué prisonnier et avant que le second jugement ait été rendu, le contumax s'évade, le premier jugement n'en demeure pas moins anéanti. Le contumax ne peut plus perdre la vie civile qu'à l'expiration d'un nouveau délai de cinq années, à compter du jour de l'exécution d'un second arrêt de contumace. — Carnot, sur l'art. 476 C. instr. crim.; Coin-Delisle, p. 93, n° 4; Achille Renaud, p. 74 et suiv. — *Contrà* Guichard, n° 345; Marcadé, t. 1er, p. 247, n° 2.

66. — Si le condamné par contumace meurt dans le délai de grâce des cinq années, sans s'être représenté, ou sans avoir été saisi ou arrêté, *il est réputé mort dans l'intégrité de ses droits*. Le jugement de contumace est anéanti de plein droit, sans préjudice néanmoins de l'action de la partie civile, laquelle ne peut être intentée contre les héritiers du condamné que par la voie civile. — C. civ., art. 31. — Duranton, t. 1er, n° 238; Delvincourt, t. 1er, p. 27. — *Contrà*, Coin-Delisle, p. 94, n° 2.

67. — Les actes faits depuis l'exécution du jugement par le contumax mourant dans le délai de grâce ne deviennent pas valables. Les expressions *intégrité de ses droits*, dont s'est servi le législateur dans l'article précité, ne doivent pas en effet s'entendre de la *jouissance* et de l'*exercice* des droits civils; elles n'ont été employées que pour exprimer la jouissance complète de ces droits. Reste le mot *réputé*. Il n'est qu'un vestige de l'ancien système rejeté par le Code. Le seul argument qu'on puisse tirer de l'emploi de ce mot, c'est que l'art. 31 contient une rédaction vicieuse. D'ailleurs, la mort du contumax avant qu'il ait comparu ne peut avoir de plus grands effets que la comparution. Or, ainsi que nous l'avons dit, la comparution du contumax n'anéantit pas pour le passé l'interdiction légale à laquelle il a été soumis. C'est pour cette doctrine que se sont prononcés MM. Marcadé (t. 1er, p. 263, n° 2) et Ach. Renaud (p. 77). Mais le système contraire est enseigné par Delvincourt (t. 1er, note 2 sur la page 27), Toullier (t. 1er, n° 278), MM. Coin-Delisle (sur l'art. 31, p. 97, n° 2), et Valette (*Observ. sur Proudhon*, t. 1er, p. 147, n° 2). — Le mariage d'un condamné par contumace à une peine emportant mort civile est-il dissous à compter des cinq ans à partir desquels la mort civile commence à frapper le condamné, ou bien des vingt ans nécessaires pour rendre cette mort civile irrévocable? Pour les vingt ans, Delvincourt, t. 1er, p. 222; Duranton, t. 1er, n° 233. — *Contrà*, Desquiron, n° 450; Richelot, t. 1er, n° 114; Valette, *Observations sur Proudhon*, p. 177; Marcadé, t. 1er, p. 259. — V., au surplus, MARIAGE.

68. — Quoique la condamnation par contumace soit anéantie de plein droit par la mort du condamné dans le délai de cinq ans, l'action civile n'est cependant pas éteinte. L'art. 31 réserve aux parties intéressées le droit d'agir contre les héritiers du contumax, sur la tête desquels a passé l'obligation civile résultant du délit. Elles peuvent exercer ce droit : soit qu'elles n'aient pas agi encore lors de la mort du contumax, soit qu'elles se soient portées parties civiles dans le procès criminel qui a conduit au jugement par contumace et que ce jugement ait prononcé des dommages-intérêts à leur profit. Mais l'action civile intentée contre les héritiers doit toujours être portée devant les tribunaux civils : c'est aussi ce qui résulte de l'art. 31. — V., sur ce point, Marcadé, t. 1er, p. 266, n° 3.

Sect. 4e. — *État du contumax qui ne se représente qu'après les cinq ans, mais avant la prescription de la peine.*

69. — Si le condamné par contumace, qui se représente ou est constitué prisonnier après les cinq années de grâce, à partir desquelles il a été frappé de mort civile, est absous par le nouveau jugement, ou n'est condamné qu'à une peine qui n'emporte pas mort civile, il rentre dans la plénitude de ses droits civils pour l'avenir, et à compter du jour où il a reparu en justice; mais le premier jugement conserve, pour le passé, les effets que la mort civile a produits dans l'intervalle écoulé depuis l'époque de l'expiration des cinq ans jusqu'au jour de sa comparution en justice. — C. civ., art. 30.

70. — Le mot *absous* est pris ici dans l'acception la plus large. Il désigne tant les cas où l'accusé est *acquitté*, c'est-à-dire déclaré non coupable, que celui où il est *absous*, c'est-à-dire déclaré coupable d'un fait qui n'est puni par aucun texte de loi. — C. instr. crim., art. 364. — V. Delaporte, *Pandectes françaises*, sur l'art. 30; Duranton, t. 1er, n° 237; Coin-Delisle, *Comment.* sur l'art. 30, p. 96, n° 9; Marcadé, t. 1er, p. 248, n° 1er; Valette, *Observations sur Proudhon*, t. 1er, p. 144, note *a*; Achille Renaud, p. 147, note 3.

71. — L'art. 30, précité, ne réintègre pour l'avenir dans la plénitude de ses droits civils le contumax qui reparaît après les cinq ans, que lorsqu'il est absous par le second jugement ou condamné à une peine qui n'emporte pas mort civile. D'où l'on conclut, par argument *à contrario*, que si le second jugement était semblable au premier, c'est-à-dire prononçait une peine à laquelle est attachée celle de la mort civile, le contumax n'aurait point cessé depuis le jour de la reparution en justice jusqu'au jugement définitif d'être mort civilement. Mais ce système nous paraît avoir été modifié par l'art. 476 C. instr. crim. Cet article, après nous avoir appris par une disposition générale et relative à tous les cas de contumace que quand le condamné reparaît en justice avant que la peine soit éteinte par prescription, le jugement rendu par contumace est anéanti de plein droit, restreint cette disposition pour le cas particulier de contumace en mort civile : « Si la condamnation par contumace, dit-il, était de nature à emporter la mort civile, et si l'accusé n'a été arrêté ou ne s'est représenté qu'après les cinq ans qui ont suivi l'exécution du jugement de contumace, ce jugement, conformément à l'art. 30 du C. civ., conservera, pour le passé, les effets que la mort civile aurait produits dans l'intervalle écoulé depuis l'expiration des cinq ans jusqu'au jour de la comparution de l'accusé en justice. » Il ne fait, comme on le voit, aucune distinction; il déclare que le jugement ne conserve ses effets que jusqu'au jour de la comparution du condamné en justice, sans examen du point de savoir si le second jugement est un jugement d'acquittement ou de condamnation. Mais, répond-on, l'art. 476, C. instr. crim., renvoie à l'art. 30 C. civ., et cet article veut que le premier jugement ne soit anéanti pour l'avenir que lorsque le second aura absous le contumax ou prononcé une peine qui n'emporte pas mort civile. Dans ce système, le procès recommencé contre le contumax par suite de sa reparution s'instruirait contre un *mort civilement*; et si le second jugement prononçait la même peine, ce ju-

gement aurait pour effet de frapper de mort civile un individu déjà mort civilement : ce qui est absurde. Nous croyons que le renvoi à l'art. 30 n'a eu pour objet que de maintenir les effets produits par la mort civile, jusqu'au jour de la comparution en justice. Ainsi, le contumax qui, après sa comparution, décède sans avoir obtenu un second jugement, décède *integri statûs*. — V., dans le sens de cette opinion, Delvincourt, t. 1er, note 8 sur la page 27 ; Duranton, t. 1er, no 238 ; Marcadé, t. 1er, p. 250, no 3 ; Valette, *ubi suprà*. — *Contrà*, Coin-Delisle, p. 94, nos 1 et 2 ; Achille Renaud, p. 148 et suiv.

72. — La comparution du contumax après l'expiration des cinq ans, même dans le cas où il est absous, n'empêchant pas que le premier jugement conserve pour le passé les effets que la mort civile avait produits, il s'ensuit que les biens que possédait le contumax au moment où il a été frappé de mort civile ont été dévolus à ses héritiers et continuent de leur appartenir. — Desquiron, p. 257, no 389 ; Toullier, t. 1er, no 293 Proudhon, p. 144 ; Coin-Delisle, p. 95, no 3 ; Marcadé, p. 252, no 4 ; Achille Renaud, p. 153. — V., cependant, Delvincourt, note 8 sur la page 27.

73. — Les successions qui lui sont échues pendant les cinq ans de grâce, sont passées avec la sienne à ses héritiers ; celles ouvertes depuis l'expiration de ces cinq années jusqu'au jour de sa comparution en justice ont été irrévocablement recueillies par les héritiers que la loi appelait à son défaut, ou par l'Etat à défaut d'héritiers. — Coin-Delisle, *loc. cit.*, no 4 ; Achille Renaud, *ubi suprà*.

74. — Le testament fait depuis l'expiration des cinq ans par un contumax qu'un second jugement aurait plus tard absous n'en demeurerait pas moins nul, comme fait par un homme incapable. Mais celui qu'il aurait fait avant l'état de contumace ou pendant les cinq ans de grâce devrait être déclaré valable. — Coin-Delisle, no 5.

75. — Le mariage dissous par la mort civile ne reprend pas son existence par la rentrée du contumax dans la vie civile. — Desquiron, p. 262, no 390 ; Achille Renaud, p. 153. — Si les époux veulent revivre ensemble conjugalement, il faut qu'ils contractent un nouveau mariage devant l'officier de l'état civil. — Delvincourt, t. 1er, note 8 sur la page 27 ; Coin-Delisle, p. 96, no 6 ; Marcadé, t. 1er, p. 259. — Ils doivent aussi régler les conventions civiles de ce nouveau mariage par un second contrat de mariage : autrement, ils se trouveraient mariés de plein droit sous le régime de la communauté légale. — Proudhon, *Traité de l'usufruit*, t. 4, no 2020 ; Coin-Delisle et Marcadé, *eod. loc.*

76. — Les enfans que le condamné a eus pendant sa mort civile, même de la femme avec laquelle il était marié auparavant, sont des enfans naturels ; mais, rentré dans la vie civile, il peut les reconnaître ou les légitimer. — Delvincourt, *ibid.* ; Desquiron, p. 263 ; Coin-Delisle, p. 96, no 7 ; Bressoles, *Revue de législ. et de jurispr.* par Wolowski, t. 7, p. 137 ; Marcadé, p. 260, no 7 ; Achille Renaud ; p. 153. — V. toutefois, sur ce point, Toullier, t. 1er, no 293.

77. — Le condamné à mort par contumace qui a été amnistié plus de cinq ans après son exécution par effigie n'a pas qualité pour demander la liquidation de la communauté, à laquelle sa femme a d'ailleurs renoncé depuis la condamnation. — Il ne peut non plus demander pour la première fois en appel à exercer les droits de son fils mineur comme usufruitier légal de ses biens. — *Rennes*, 11 mai 1847 (t. 2 1847, p. 338), Guérin de la Houssaye.

Sect. 5e. — *Effets de la mort civile.*

78. — L'individu qui est frappé de mort civile est retranché du rang des personnes, *personam non habet*. — Il meurt pour l'Etat dont il est membre, pour la société à laquelle il appartient, et pour ses héritiers et tous ceux qui ont des droits subordonnés à son décès. Ainsi les droits politiques et les droits civils lui sont ravis. Il est dépouillé non-seulement de l'exercice mais même de la jouissance de ces droits. Il ne lui reste plus que l'état naturel inhérent à sa qualité d'homme vivant.

79. — Selon Toullier (t. 1er, no 255), la mort civile fait perdre la qualité de Français ; mais nous ne pouvons accepter cette solution, qui tendrait à refuser au mort civilement qui se trouverait en pays étranger, et pour les droits naturels que la mort civile ne saurait lui enlever, la protection que tout gouvernement accorde à ses nationaux pour des intérêts purement civils. Une pareille rigueur nous paraît excessive, et nous ne saurions l'admettre qu'autant que nous la trouverions formellement prescrite par une loi positive. C'est, du reste, en ce sens que s'est prononcé M. Duvergier (*sur Toullier, ibid.*, à la note), qui combat l'opinion de Toullier.

80. — L'enfant du mort civilement n'a donc, pour s'assurer la qualité de Français, aucune formalité à remplir, et, dès lors, les dispositions de l'art. 10 C. civ. lui sont inapplicables.

81. — La contrainte par corps pour recouvrement des frais de justice criminelle ne peut être exercée contre l'individu qui, par suite d'une condamnation à une peine afflictive perpétuelle, a été frappé de mort civile. Peu importe que cet individu ait obtenu la remise de la peine afflictive, si l'ordonnance qui lui a accordé sa grâce a maintenu tous les autres effets de la condamnation. — *Nancy*, 21 nov. 1846 (t. 1er 1847, p. 754), Conter c. enreg.

82. — Le mort civilement conservant le droit de vie physique, on ne pouvait lui refuser le moyen de pourvoir aux besoins de son existence. Incapable de tous les actes fondés sur le droit civil, il devait pouvoir conserver ceux dérivant de la loi naturelle et du droit des gens. Il lui est donc permis, avec le produit de son travail ou de ses économies, d'acheter, de prêter à intérêt, de faire le commerce. Il peut aussi vendre, échanger, prendre ou donner en location. Ce point, controversé sous l'ancien droit (V. Richer, p. 206 ; Pothier, *Traité des personnes*, tit. 3, sect. 2), ne fait aujourd'hui l'objet d'aucun doute. — V. Tronchet, séance du 14 therm. an IX ; Toullier, t. 1er, no 280 ; Vazeille, *Des prescriptions*, no 23 ; Guichard, nos 329 et 335 ; Desquiron, no 402 ; Proudhon, t. 1er, p. 153 ; Coin-Delisle, sur l'art. 25, no 3 ; Zachariæ, t. 1er, p. 324 ; Marcadé, p. 207, no 1er et suiv. ; Achille Renaud, p. 133 et suiv. ; Troplong, *Vente*, t. 1er, no 75. — V. aussi *Montpellier*, 19 nov. 1840 (t. 2 1841, p. 74), Préfet de l'Aude c. G. — Et V. *Cass.*, 28 frim. an XIII, Névitien-Mauléon c. Aygobère.

83. — Mais si le mort civilement a la faculté de faire les actes du droit des gens, peut-il donner à ces actes les formes déterminées par les lois civiles ? M. Troplong prétend qu'il ne peut ni vendre ni acheter par acte public (*Vente*, t. 1er, no 175), ni prendre ou donner hypothèque (*Hypothèques*, t. 2, no 463 *ter*). Il est évident que cette doctrine, si elle devait prévaloir, rendrait tout à fait illusoire la faveur accordée au mort civilement de pouvoir contracter d'après le droit des gens. Car à quoi lui servirait-il de pouvoir vendre, s'il lui était interdit de faire transcrire son contrat au bureau des hypothèques, afin de conserver son privilége de vendeur ? de pouvoir louer, s'il lui était défendu de s'assurer par une hypothèque les garanties nécessaires contre les dégradations du fermier ? à quoi lui servirait-il de donner un mandat, s'il ne pouvait le faire que par un acte dont la signature serait contestable ? Il faut donc bien reconnaître que le mort civilement peut emprunter au droit civil les formes nécessaires pour donner aux actes du droit des gens qu'il contracte toute l'efficacité dont ils sont susceptibles. — V., en ce sens, Merlin, *Rép.*, vo *Mort civile*, § 1er, art. 3, no 5 ; Coin-Delisle, sur l'art. 25, nos 4 et suiv. ; Valette, *Observations sur Proudhon*, p. 151, note *a* ; Marcadé, t. 1er, p. 212.

84. — Le mort civilement peut aussi, dans la limite des droits qui lui sont conservés, se prévaloir de la prescription trentenaire, à l'effet d'acquérir et de se libérer, et de la prescription de bonne foi qui s'accomplit par dix ou vingt ans. — Vazeille, *Des prescriptions*, no 23 ; Troplong, *De la prescription*, no 36 ; Zachariæ, *loc. cit.* ; Duranton, t. 21, no 95 ; Achille Renaud, p. 135. — Si le mort civilement avait acquis une chose à titre gratuit, ce dernier auteur pense que dans ce cas il ne pourrait prescrire.

85. — Il peut faire et recevoir une remise de dettes. — Duranton, t. 1er, no 263 ; Coin-Delisle, sur l'art. 25, no 10 ; les annotateurs de Zachariæ, t. 1er, p. 324.

86. — ... Obtenir un brevet d'invention. — Renouard, *Traité des brevets d'invention*, p. 310 ; Coin-Delisle, *ubi suprà*, no 83.

87. — ... Etre arbitre compromissoire. — Merlin, *Quest. de droit*, vo *Arbitre*, § 14, art. 5 ; Coin-Delisle, *ibid.* — *Contrà* Pigeau, *Procéd. civ.*, liv. 1er, tit. 3, no 5 ; Mongalvi, *De l'arbitrage*, no 31 ; Chauveau sur Carré, Quest. 3260, p. 639.

88. — Le mort civilement pourrait-il former une plainte pour injure ou diffamation reçue même publiquement ? — Non : parce qu'un individu qui est considéré comme mort, est censé naturellement n'avoir ni considération ni honneur ; et que là où il n'y a ni l'un ni l'autre, il n'y a pas d'injure ni de diffamation possible. — Achille Renaud, p. 134, à la note. — *Contrà*, Coin-Delisle, sur l'art. 25, no 3.

89. — Après ces notions générales, examinons les effets particuliers de la mort civile ; voyons quels sont les droits civils dont elle entraîne la privation. L'art. 25 C. civ. contient à cet égard une énumération qu'on ne doit pas considérer comme limitative. C'est ce qu'enseignent tous les auteurs. — Locré, *Esprit du Code civil*, no 1er sur l'art. 23 ; Merlin, *loc. cit.* ; Toullier, t. 1er, no 279 ; Duranton, t. 1er, no 247 ; Guichard, *Traité des droits civils*, no 329 ; Coin-Delisle, sur l'art. 25, no 2 ; les annotateurs de Zachariæ, t. 1er, p. 323 ; Marcadé, t. 1er, p. 209, no 2. ; Richelot, *Princ. du droit civil*, t. 1er, no 111. — L'art. 25 a eu uniquement pour but de prévenir les doutes sur les effets de la mort civile, et de décider les points sur lesquels les opinions étaient partagées. — Coin-Delisle, *ib.*

90. — Les effets particuliers de la mort civile énumérés dans l'art. 25, sont au nombre de neuf. Nous en ferons l'objet d'autant de paragraphes distincts.

§ 1er. — *Ouverture de la succession du mort civilement.*

91. — Par la mort civile, le condamné perd la propriété de tous les biens qu'il possédait ; sa succession est ouverte au profit de ses héritiers, auxquels ses biens sont dévolus de la même manière que s'il était mort naturellement et sans testament. — C. civ., art. 25, § 1er.

92. — Le testament fait par un individu en état de mort civile est nul, quelle que soit l'époque où ce testament a été passé. — *Agen*, 23 juin 1824, Cabrillac.

93. — On s'est souvent demandé pourquoi le testament que le mort civilement avait pu faire avant l'exécution de la condamnation demeurait sans effet. Plusieurs auteurs ont donné pour raison que le testateur devait être capable à la double époque de la confection du testament et de la mort. Or, ont-ils dit, celui que la mort civile vient frapper ne peut pas avoir cette seconde capacité (Toullier, t. 1er, no 281 ; Merlin, *Rép.*, vo *Mort civile*, § 1er, art. 3, no 1er ; Delvincourt, t. 1er, note 7 sur la page 23 ; Duranton, t. 1er, no 248 ; Coin-Delisle, *Comment.* sur l'art. 25, p. 78, no 17). Mais on peut répondre que le condamné est aussi capable lors de sa mort civile que toute autre personne l'est au moment de sa mort naturelle. Il est évident en effet qu'au moment où la mort civile frappe le condamné, elle le trouve nécessairement *vivant civilement*. Par conséquent, regarder un individu comme déjà incapable par l'effet de la mort civile, au moment où cette mort l'atteint, c'est mettre l'effet avant la cause. Aussi d'autres auteurs ont-ils cherché à justifier autrement la disposition du C. civil qui annule le testament de celui qui a encouru la mort civile. La loi, selon eux, en consacrant les volontés dernières des mourans, en donnant à cette volonté une puissance qui leur survit, a pu refuser cette haute faveur à celui qui s'est mis dans le cas d'être retranché de la société. De sorte que ce ne serait pas pour *incapacité* mais pour *indignité* que le testament du condamné resterait sans effet (Valette, *Observat. sur Proudhon*, t. 1er, p. 149, note *a* ; Marcadé, t. 1er, p. 228, no 11). Toutefois, nos lois ne connaissent pas, comme le fait avec raison remarquer M. Achille Renaud (p. 88 et suiv.) une *indignité* du testateur. Nous croyons donc avec ce dernier auteur que l'effet rétroactif de la mort civile sur un testament fait antérieurement par le condamné, ne peut s'expliquer que par une réminiscence du droit romain. A Rome, la *capitis diminutio media* (perte de la qualité de Romain) emportait la nullité du testament fait antérieurement. Il fallait, en effet, pour qu'un testament fût valable, une capacité non interrompue du testateur jusqu'à son décès. La mort civile étant considérée comme une institution analogue à la *capitis diminutio media* des Romains, on lui a attribué le même effet.

94. — Si, au lieu d'un testament, c'était une donation de biens à venir, une institution par contrat de mariage, qui eût été faite par celui que la mort civile est venue frapper ensuite, cette donation serait valable ; car il y a, dans ce cas, pour le donataire, un droit irrévocablement acquis du jour même de la donation, et le crime du donateur ne doit pas avoir pour effet indirect de révoquer une libéralité que le donateur ne pouvait pas révoquer directement. — Delvincourt, t. 1er, note 7 sur la page 25 ; Duranton, t. 1er, nº 249; Coin-Delisle, *ubi suprà*, nº 18; Marcadé et Valette, *loc. cit.*; Achille Renaud, p. 92; Richelot, nº 113.

95. — Les biens dont le mort civilement perd la propriété, formant une véritable succession, transmise à ses héritiers comme s'il était mort naturellement, ceux-ci ne les recueillent qu'avec les dettes et charges dont ils sont grevés. Dès lors, s'ils n'ont point accepté cette succession sous bénéfice d'inventaire, ils peuvent être tenus des dettes *ultra vires*.

§ 2. — *Incapacité de succéder et de transmettre à titre de succession les biens acquis depuis la mort civile.*

96. — Non-seulement le mort civilement perd la propriété de tous les biens qu'il possédait, mais encore il est incapable de recueillir aucune succession ouverte postérieurement à sa mort civile. — C. civ., art. 25, § 2. — La raison en est que c'est à la parenté civile que la loi attribue la faculté de succéder : or le mort civilement n'a plus de famille. — Toullier, t. 1er, nº 282; Duranton, t. 1er, nº 261; Coin-Delisle, p. 79, nº 21.

97. — Il suit de là que le mort civilement qui aurait, pendant sa mort civile, fait acte d'héritier sur une succession, aurait fait un acte radicalement nul, qui ne pourrait lui être opposé s'il revenait plus tard à la vie civile. — Arg. motifs de *Cass.*, du 16 mai 1815, Caron c. Bontron. — Coin-Delisle, *ubi suprà*, nº 18.

98. — Il ne peut non plus transmettre à titre de succession les biens qu'il a acquis par la suite. — C. civ., art. 25, § 2. — Il aurait été en effet inconséquent de lui laisser transmettre ses biens à ses plus proches parens, tandis qu'il ne pouvait pas recueillir leurs successions.

§ 3. — *Incapacité de disposer ou de recevoir par donation ou testament.*

99. — Le mort civilement ne peut ni disposer de ses biens, en tout ou en partie, soit par donation entre-vifs, soit par testament, ni recevoir à ce titre, si ce n'est pour cause d'alimens. — C. civ., art. 25, § 3.

100. — Mais il a été décidé qu'avant le Code civil, l'individu frappé de mort civile pouvait valablement faire une donation entre-vifs. — *Cass.*, 1er août 1811, Bereur de Malans c. Rigonaux; 14 juin 1827, de Luxembourg c. de Béranger. — V. cependant Richer, *De la mort civile*, p. 223 et suiv.; Desquiron, p. 310.

101. — La prohibition faite au mort civilement de disposer et de recevoir par donation entre-vifs s'étend-elle aux dons manuels qui se consomment par la tradition? Oui, s'ils peuvent être légalement prouvés. — Delvincourt, t. 1er, note 9, sur la page 25; Valette, *Observations sur Proudhon*, t. 1er, p. 151, note *a*; Achille Renaud, p. 116. — Non. — Toullier, t. 1er, nº 282, à la note; Duranton, t. 1er, nº 263; Zachariæ, t. 1er, p. 324. — Nous adoptons cette dernière opinion par la raison que les dons manuels ne peuvent être assimilés à des donations entre-vifs, qui supposent toujours l'écriture et l'authenticité; que ces dons sont restés dans les limites du droit naturel, et que le mort civilement est capable de tous les contrats qui en dérivent; qu'enfin il serait impossible, ou du moins fort difficile, d'empêcher de pareilles libéralités. M. Coin-Delisle (p. 79, nº 24) pense, avec Locré (*Esprit du Code civil*, sur l'art. 25, nº 3), que la validité des donations manuelles est subordonnée au peu de valeur des objets donnés; mais ce système, ne reposant sur aucune autorité, doit être rejeté.

102. — Jugé, conformément à notre opinion, que l'individu frappé de mort civile est capable de transmettre manuellement tous objets mobiliers. — *Montpellier*, 19 nov. 1840 (t. 2 1841, p. 74), préfet de l'Aude c. G...

103. — Le législateur, tout en déclarant le mort civilement en général incapable de recevoir par donation entre-vifs ou pour cause de mort, lui a cependant permis de recevoir à ces mêmes titres des alimens. La cour de Paris a fait application de ce principe par arrêt du 27 nov. 1813, Kadot de Sebville c. de Longonay.

104. — Si la libéralité alimentaire faite au profit du condamné excédait ses besoins, les parties qui y auraient intérêt pourraient la faire réduire. — Richer, p. 223; Proudhon, *Traité de l'usufruit*, t. 4, nº 1977; Coin-Delisle, p. 79, nº 25.

105. — Le mort civilement peut-il donner à titre d'alimens? Nous ne le pensons pas. L'exception *si ce n'est pour cause d'alimens*, ne peut s'appliquer qu'à la prohibition de recevoir. L'incapacité de donner est absolue. M. Duranton (t. 1er, nº 262), qui entend aussi de cette manière le texte de l'art. 25, crée une exception pour le cas où le condamné ferait une disposition alimentaire au profit de ses ascendans, descendans, conjoint, frère ou sœur; mais c'est refaire la loi au lieu de l'expliquer. — Coin-Delisle, p. 80, nº 28.

§ 4. — *Incapacité d'être tuteur et membre d'un conseil de famille.*

106. — Tous les liens qui unissaient le condamné à la famille et à la société étant rompus par l'effet de la mort civile, il en résulte qu'il ne peut être tuteur ni concourir aux opérations de la tutelle. — C. civ., art. 25, § 4. — Et que, dès lors, il est de plein droit destitué d'une tutelle dont il aurait été antérieurement revêtu. — C. civ., art. 448.

107. — Si le mort civilement était mineur, on ne pourrait pas davantage lui nommer de tuteur. — Marcadé, t. 1er, p. 213, nº 4.

§ 5. — *Incapacité d'être témoin et expert.*

108. — Le mort civilement ne peut être témoin dans un acte solennel ou authentique, ni être admis à porter témoignage en justice. — C. civ., art. 25, § 5. — La loi exige en effet dans la personne des témoins tantôt les droits civils, tantôt les droits politiques (C. civ., art. 980; L. 25 vent. an X, art. 9); et le mort civilement n'a ni les uns ni les autres. Quant au témoignage à porter en justice, il eût inspiré trop peu de confiance; et au lieu de dissiper les doutes, il les eût augmentés.

109. — Cependant, il peut être entendu en matière criminelle : à titre de simples renseignemens, c'est-à-dire sans être admis à prêter serment au préalable. — Duranton, t. 1er, nº 264; Coin-Delisle, p. 80, nº 30; Valette, *Observat. sur Proudhon*, t. 1er, p. 152, note *b*; Morin, *Dict. du dr. crimin.*, vº *Mort civile*.

110. — Il ne peut non plus être expert, car le rapport d'expert est en soi une espèce de témoignage d'un ordre plus relevé que la déposition sur un fait qu'on a vu. — Guichard, nº 329; Coin-Delisle, *ubi suprà*.

§ 6. — *Incapacité d'ester en justice.*

111. — Avant la promulgation du Code, la mort civile n'emportait pas l'incapacité d'ester en justice, sans l'assistance d'un curateur, lorsqu'il s'agissait d'exercer une action dérivant d'un contrat du droit des gens : tel qu'un contrat de vente. — *Cass.*, 17 avril 1809, Gauthier c. de Brivezac.

112. — Mais le Code civil a défendu, d'une manière générale et sans distinction, au mort civilement de procéder en justice, soit en défendant, soit en demandant, si ce n'est sous le nom et par le ministère spécial d'un curateur. Ce curateur lui est nommé par le tribunal où l'action est portée (art. 25, § 6), sur une requête présentée à cet effet.

113. — D'où suit pour le mort civilement l'incapacité d'acquiescer aux prétentions de ses adversaires.

114. — C'est directement contre le curateur ou à sa requête que l'action doit être intentée, et par suite, les exploits délivrés. Le nom d'un individu retranché de la société ne doit pas retentir dans les tribunaux. — Coin-Delisle, p. 80, nº 34. — Ce curateur doit être nommé par le tribunal et non par une assemblée de parens. — Toullier, t. 1er, nº 283, note 2.

115. — Il en est ainsi encore bien qu'il n'ait été pris contre l'individu frappé de mort civile, aucune des mesures prescrites en pareil cas, et qu'il soit resté publiquement en possession de ses biens, et dans l'exercice de tous les droits civils. — *Nîmes*, 6 juill. 1812, Boyer c. Reginel et de Blacas.

116. — Les procédures qui auraient eu lieu sans nomination de curateur, seraient radicalement nulles; et la nullité, d'ordre public, puisqu'elle n'a été établie dans l'intérêt d'aucune des parties, pourrait être proposée par chacune d'elles, ou suppléée d'office par le juge, en tout état de cause, même en appel. — Coin-Delisle, *ubi suprà*, nº 109. — Anal. *Cass.*, 23 nov. 1808, de Feuillens c. de Rémigny.

117. — Si le mort civilement portait plainte devant la justice criminelle, il ne pourrait suivre l'action civile que par le ministère d'un curateur, mais, s'il commettait un crime ou un délit, on pourrait suivre contre lui, sans qu'il fût besoin de lui en faire créer un. — Richer, p. 248; Coin-Delisle, *loc. cit.*

118. — Les fonctions du curateur cessent avec l'affaire pour laquelle il a été nommé. — Coin-Delisle, *ibid.* — Ce curateur doit être nommé par le tribunal et non par une assemblée de famille. — Toullier, t. 1er, nº 283, note 2.

§ 7. — *Incapacité de contracter mariage.*

119. — L'homme qui est mort civilement ne peut contracter un mariage qui produise aucun effet civil. — C. civ., art. 25, § 7.

120. — Mais rien ne l'empêche de former une union avec une femme qui veut bien partager son sort et de faire bénir cette union par le ministre de son culte; sans qu'on puisse requérir contre ce dernier l'application des art. 199 et 200 du Code pénal, qui punissent le ministre du culte qui procède aux cérémonies d'un mariage avant qu'il lui soit justifié d'un acte de mariage préalablement reçu par l'officier de l'état civil. — Marcadé, t. 1er, p. 220, nº 6.

121. — La femme qui se serait ainsi attachée au sort d'un mort civilement, ne serait que sa concubine; les enfans qui en naîtraient ne seraient que des enfans illégitimes (Achille Renaud, p. 119). — C'est une conséquence nécessaire de ce que le mariage contracté par le mort civilement est dépouillé de tous *effets civils*. Cependant ces enfans auraient sur celui de leur père ou mère qui ne serait pas mort civilement, les mêmes droits que le Code accorde aux enfans nés hors mariage. — Toullier, t. 1er, nº 248; Coin-Delisle, sur l'art. 25, nº 34.

122. — Les biens que possède le mort civilement au jour de sa mort naturelle, appartenant à l'Etat, ainsi que nous le verrons plus loin, la femme qui s'est attachée à lui depuis la mort civile et les enfans qu'ils ont eus n'y peuvent rien prétendre qu'au moyen de la bienfaisance du chef du pouvoir exécutif. Néanmoins, on doit décider que les meubles se trouvant dans la maison qu'ils habitaient appartiendront à la femme; car le mort civilement avec lequel elle vivait étant retranché du sein de la société, la loi ne peut reconnaître que cette femme pour maîtresse de la maison. — Toullier, *ubi suprà*.

123. — Cependant le mariage contracté par le mort civilement, produirait les effets civils à l'égard de l'autre époux, et des enfans nés de cette union, s'il avait été contracté de bonne foi par l'autre époux. Cette opinion est fondée sur l'art. 202 du Code civil, dont l'application au cas présent ne saurait être douteuse. — Pothier, *Traité du contrat de mariage*, nº 440; Delvincourt, t. 1er, note 2 sur la page 26; Toullier, t. 1er, nº 248; Duranton, t. 1er, nº 257; Coin-Delisle, nº 35; Marcadé, t. 1er, p. 221, nº 7; Achille Renaud, p. 130; cependant M. Solon (*Théorie des nullités*, t. 1er, nos 200 et 201) estime que la solution de la validité du mariage dépend des circonstances.

124. — Ainsi : la bonne foi d'une femme qui a épousé un mort civilement, suffit pour que les avantages stipulés en sa faveur dans le contrat de mariage ne puissent lui être contestés. — *Cass.*, 14 juin 1827, hérit. de Luxembourg c. de Bérenger.

125. — Merlin (*Quest. de droit*, vº *Légitimité*, § 5), d'après Richer (p. 248), restreint la possibilité de la bonne foi au cas où le mort civilement aurait dissimulé son nom. Mais comment penser que la publication donnée à l'exécution, exécution qui n'est qu'un fait, ait toute la force d'une disposition législative qui ne peut être ignorée de personne, et qu'elle puisse empêcher l'époux d'invoquer sa bonne foi, alors même que le condamné ne se serait pas présenté sous un faux nom? Les questions de bonne foi ne tombent-elles pas d'ailleurs entièrement dans le domaine du juge, pour le cas où la loi n'a pas établi formellement des présomptions contraires? Enfin, l'art. 202 du Code civil, qui fait produire au mariage nul les effets civils à l'égard de l'époux de bonne foi, est conçu en termes généraux et embrasse tous les cas où la bonne foi peut exister et l'erreur être excusable. — Delvincourt, Coin-Delisle et Achille Renaud, *loc. cit.*

126. — Si la bonne foi donne à la mère et aux enfans le titre d'épouse et d'enfans légitimes, elle ne peut toutefois avoir pour effet de conférer aux enfans le droit de succéder aux biens que leur père a acquis depuis la mort civile, non pas qu'ils n'aient pas par eux-mêmes qualité pour succéder, ou qu'ils ne se rattachent pas à leur père, mais parce que ce dernier est incapable de transmettre sa succession. — C. civ., art. 25, § 1er. — V. Richer, p. 244; Pothier, *loc. cit.*; Toullier

t. 1er, n° 284 *in fine;* Duranton, t. 1er, n° 258; Vazeille, *Traité du mariage*, n° 281; Coin-Delisle, sur l'art. 25, n° 36; Marcadé, p. 222, n° 8, et p. 225, n° 10; Achille Renaud, p. 131. — *Contrà* Delvincourt, t. 1er, note 4 sur la page 26.

127. — Les enfans du mort civilement, dans le cas dont il s'agit, étant légitimes, se rattachent nécessairement à leur père, encore bien que ce dernier ne puisse pas, de son côté, se dire père légitime de ces enfans; d'où il résulte qu'ils ont, comme les enfans nés de mariages réguliers, le droit de succéder aussi bien dans la famille de leur père qu'aux parens de leur mère. — *Cass.*, 15 janv. 1816, d'Orsay c. Duval. — Toullier, *ubi suprà;* Duranton, t. 1er, n° 259; Vazeille, n° 280; Marcadé, p. 223, n° 9; Achille Renaud, *loc. cit.* — V., en sens contraire, Merlin, *Quest. de droit*, v° *Légitimité*, § 5; Coin-Delisle, n° 37.

§ 8. — *Dissolution du mariage.*

128. — Le mariage dans lequel se trouvait engagé le condamné au moment où la mort civile est venue l'atteindre, est dissous quant à tous ses effets civils. — C. civ., art. 25, § 8 et 227.

129. — Cette disposition a donné lieu à une controverse fort remarquable. On s'est demandé si c'était le *lien* du mariage que le législateur avait voulu rompre, ou si, respectant ce lien, il n'avait pas voulu seulement le priver de ses effets civils. — C'est pour cette dernière opinion que s'est prononcé Toullier (t. 1er, n° 285), dont la doctrine a été développée dans une consultation délibérée par lui et cinq autres avocats de Rennes pour une famille de ses amis. Mais l'universalité des auteurs (V. Locré, *Esprit du Code civil*, t. 1er, p. 394; Malleville, *Analyse raisonnée du Code civil*, sur l'art. 25; Merlin, *Rép.*, v° *Mariage*, sect. 3, § 1er; Proudhon, t. 1er, p. 151; Delvincourt, t. 1er, note 3, sur la page 26; Desquiron, *Mort civile*, n° 413; Duranton, t. 1er, n° 251; Vazeille, *Du mariage*, n°s 35, 84, 229 et 527; Rolland de Villargues, *Rép. du notariat*, v° *Mariage*, n° 63; Guichard, n°s 330 et suiv.; Coin-Delisle, sur l'art. 25, n°s 32 et 33; Marcadé, p. 213, n° 5; Achille Renaud, p. 119 et suiv.; Zachariæ, § 474, note 2) ont décidé que le *lien* même du mariage était dissous par la mort civile, et que la femme pouvait se remarier après la mort civile de son mari, dans le même délai qu'après sa mort naturelle. — Dans l'ancienne jurisprudence, dont la doctrine enseignée par Toullier n'est qu'une réminiscence, le mariage étant à la fois un contrat civil et religieux, le lien du mariage n'était pas rompu par la mort civile. Mais lorsque la loi du 3 septembre 1791 eut déclaré que le mariage ne serait plus considéré que comme un *contrat civil*, le législateur a bien pu détruire entièrement une institution de droit civil : *Civilis ratio civilia jura corrumpere potest.* C'est ce qu'il a fait en disposant d'une manière générale, dans les art. 25 et 227 du Code civil, que la mort civile était une cause de dissolution du mariage. La doctrine professée par l'universalité des auteurs a été consacrée aussi par la jurisprudence. — *Douai*, 3 août 1819, Delvarre; *Toulouse*, 26 mai 1837 (t. 2 1837, p. 185), Delbais c. le maire de Bruniquel.

130. — L'art. 227 C. civ. portant que le mariage se dissout *par la condamnation devenue définitive* de l'un des époux à une peine emportant mort civile, on en a conclu que cet article avait dérogé à l'art. 25 du même Code; et que, dans le cas de condamnation par contumace, le mariage n'était pas dissous par l'effet de la mort civile, mais par l'expiration des vingt années accordées au condamné pour purger sa contumace. — *Angers*, 21 août 1840 (t. 1er 1841, p. 267), de Girardin c. le maire de Saint-Léger-des-Bois. — Delvincourt, t. 1er, p. 92, note 13; Duranton, t. 1er, n° 253. — Cette opinion n'est nullement fondée. D'abord, nous ne croyons pas qu'on puisse considérer un article du Code civil comme abrogeant ou modifiant un autre article du même Code; car toutes les dispositions du Code civil ont reçu la même sanction, et aucune d'elles ne peut obtenir de préférence fondée sur ce qu'elle aurait été promulguée postérieurement à une autre. En second lieu, ce n'est pas par l'expiration du délai de vingt ans que la condamnation par contumace devient définitive; mais bien, ainsi que nous l'avons dit, par l'expiration des cinq années qui suivent l'exécution par effigie. Le mot *définitive* employé dans l'art. 227 n'a pas d'autre objet que de rappeler que la mort civile ne suit plus immédiatement, comme autrefois, l'exécution par effigie de la condamnation prononcée par contumace. — *Douai*, 3 août 1819, Delvarre. — V., en ce sens, Vallette, *Observations sur Proudhon*, t. 1er, p. 177, note (*a*); Achille Renaud, p. 122 et suiv.

§ 9. — *Droits et actions auxquels la mort civile donne ouverture.*

131. — La mort civile dissolvant le mariage, l'époux et les héritiers du mort civilement peuvent exercer respectivement les droits et actions auxquels sa mort naturelle donnerait ouverture. — C. civ., art. 25, § 9.

132. — Sous l'ancienne jurisprudence, la mort civile ne donnait pas ouverture aux gains de survie. — Richer, chap. 7, sect. 2, p. 481. — La première réduction de l'art. 25 portait également que les gains de survie ne pourraient être exercés qu'après la mort naturelle du condamné; mais cette exception à l'ouverture de tous les droits du conjoint a été rejetée : par le motif que la loi doit faire ce qu'eût fait la convention, si les parties eussent pu prévoir la mort civile. — Réal, *Séance du 24 therm. an IX.* — Les gains de survie sont donc aujourd'hui compris dans la disposition précitée de l'art. 25. — Toullier, t. 1er, n° 286; Coin-Delisle, sur l'art. 25, n° 38; Achille Renaud, p. 105.

133. — A la mort civile d'un époux commun en biens, la communauté est dissoute. — C. civ., art. 1441. — La femme peut obliger les héritiers du mari à rapporter à la masse tout ce dont ils sont débiteurs envers la communauté, à titre de récompense ou d'indemnité (art. 1468), même les sommes qui auraient été tirées de la communauté ou la valeur des biens que le mort civilement y aurait pris pour doter un enfant d'un autre lit (art. 1469); elle reprend ses biens personnels qui ne sont point entrés en communauté, s'ils existent en nature, ou ceux qui ont été acquis en remploi (art. 1470); elle peut exercer sur la part de la communauté appartenant aux héritiers de son mari les créances qui lui sont dues, lorsque le prix de ses biens a été employé à payer une dette personnelle de son mari (art. 1478); elle peut demander l'exécution de la donation que ce dernier a pu lui faire (art. 1480), et réclamer son préciput (art. 1517).

134. — Si la femme est mariée sous le régime dotal, elle peut exiger la restitution de suite si elle consiste en immeubles ou en meubles non estimés par le contrat; et une année après que la mort civile a commencé, si elle consiste en argent. — C. civ., art. 1564 et 1565.

135. — La femme peut demander pendant l'année qui suit la mort civile des alimens aux dépens de la succession de son mari ou les intérêts de sa dot. Dans l'un et l'autre cas, l'habitation dans le domicile conjugal lui est assurée (art. 1570). Mais il n'en est pas de même des habits de deuil. — V. Richer, p. 506.

136. — La femme du mort civilement est dégagée des liens de la puissance maritale. — *Cass.*, 24 flor. an XIII, Joubert c. Kofœd; *Riom*, 15 juin 1820, Depierre c. Darcis. — Achille Renaud, p. 128; Richer, p. 512. — *Contrà Cass.*, 14 fruct. an XII, Rohan-Guemenée c. Rohan-Rochefort.

137. — Dès lors elle n'a plus besoin d'autorisation pour contracter. — *Paris*, 20 mars 1817, Gaudu c. Contades. — Richer, *ubi suprà;* Coin-Delisle, sur l'art. 25, n° 38. — V. aussi *Cass.*, 8 févr. 1830, Dieulouhec c. de Preissac.

138. — Les enfans que le condamné a eus antérieurement à sa mort civile cessent d'être sous sa puissance. La mort civile met également fin aux jouissances légales qui étaient attachées à la puissance paternelle. — C. civ., art. 384. — Marcadé, t. 1er, p. 209, n° 2; Achille Renaud, p. 128.

139. — Avec la dissolution de la puissance paternelle, disparaît encore, pour les enfans qui n'ont pas atteint la majorité fixée pour le mariage, l'obligation de demander le consentement de leur père. — Richer, p. 254; Desquiron, p. 330; Marcadé, *loc. cit.*; Achille Renaud, p. 129.

140. — Une autre conséquence de la dissolution de la puissance paternelle, c'est que le mort civilement ne peut plus émanciper ses enfans. — Marcadé, *ibid.*

141. — L'usufruit s'éteint par la mort civile de l'usufruitier (C. civ., art. 617), et est réuni à la propriété, quand même il aurait été constitué à titre onéreux, ou à titre d'alimens, sans que le propriétaire dont la propriété s'est trouvée consolidée par la mort civile de l'usufruitier, soit obligée à lui fournir des alimens durant sa vie naturelle. L'art. 617 C. civ. est général et absolu, il ne fait aucune distinction. — V., en ce sens, Achille Renaud, p. 105 et 110; Merlin, *Rép.*, v° *Légataire*, § 2, n°s 9 et 11. — Les droits d'usage et d'habitation sont également éteints par la mort civile. — Proudhon, n°s 2796 et 2825; Zachariæ, t. 2, § 2825, n° 11.

142. — Mais la rente viagère ne s'éteint pas par la mort civile du propriétaire; le paiement doit en être continué pendant sa vie naturelle. — C. civ., art. 1982. — C'est à ses héritiers que le paiement de cette rente doit être fait. Le mort civilement n'a pas le droit de leur demander d'en être alimenté. — Toullier, t. 1er, n° 287; Valette, *Observat. sur Proudhon*, t. 1er, p. 152, note (*c*); Achille Renaud, p. 109. — V. cependant Malleville, *Analyse raisonnée du Code civil*, sur l'art. 25; Merlin, *Rép.*, v° *Rente viagère*, n° 14.

143. — Toutefois, si la rente viagère avait été constituée pour alimens et à titre purement gratuit, elle devrait être continuée au mort civilement et non à ses successeurs, par la raison qu'un don gratuit et purement personnel ne peut être employé contre la volonté manifestée par le donateur. Si cette rente viagère se montait à une somme tellement forte qu'elle mît le condamné à même de vivre dans le luxe, il y aurait lieu de la réduire, et cette réduction devrait se déterminer non par la condition du condamné, mais par la mesure des alimens qui lui sont nécessaires pour soutenir son existence, après appréciation des autres moyens de vivre qu'il pourrait avoir. — Toullier, *ubi suprà;* Achille Renaud, p. 109 et suiv. — V. aussi Valette, *loc. cit.*

144. — La donation faite avec clause de retour revient au donateur au moment où la mort civile atteint le donataire. Les héritiers de ce dernier ou le fisc ne jouissent plus, comme autrefois (Richer, p. 475; Desquiron, p. 439), de cette donation jusqu'à sa mort naturelle. — Achille Renaud, p. 107.

145. — Si une personne a promis à quelqu'un de lui payer, tant qu'elle vivra, une pension annuelle, afin de lui procurer les moyens de s'établir, et qu'elle vienne à être frappée de mort civile, les héritiers de cette personne ne seront pas obligés, jusqu'à sa mort naturelle, de continuer à payer cette pension au donataire. — Achille Renaud, p. 108.

146. — La société finit par la mort civile de l'un des associés, et le mandat par celle du mandant ou du mandataire. — C. civ., art. 1865 et 2003.

§ 10 — *Alimens.*

147. — Nous avons vu précédemment (n°s 92 et suiv.) que le mort civilement pouvait recevoir, pour cause d'alimens, des libéralités entre-vifs ou testamentaires. Mais a-t-il aussi le droit d'exiger des alimens de ses héritiers? Ne faut-il pas, à cet égard, distinguer entre les ascendans et les descendans et les héritiers collatéraux?

148. — Les auteurs qui prétendent que, conformément aux art. 205 et suiv. C. civ., les enfans du mort civilement lui doivent des alimens, et réciproquement, se fondent sur ce que les liens naturels ne sont pas rompus par la mort civile. — Delvincourt, t. 1er, n° 8 sur la page 25; Duranton, t. 1er, n° 255; Vazeille, *Du mariage*, n° 487; Coin-Delisle, sur l'art. 25, n° 27; les annotateurs de Zachariæ, t. 1er, p. 324, note 6; Marcadé, p. 210, n° 3; Rolland de Villargues, v° *Mort civile*, n° 38; Chardon, *Puissance paternelle*, n° 275. — Cette doctrine a été consacrée par arrêt de la Cour de Paris du 18 août 1808, Depinay-Saint-Luc. — Mais, ainsi que le fait remarquer M. Achille Renaud (p. 138), si les liens de la nature ne sont pas rompus par la mort civile, ils ne sont plus reconnus par la loi; d'où il suit qu'ils ne peuvent constituer que des devoirs pour l'accomplissement desquels il n'y a pas de contrainte. Aussi, ajoute M. Renaud, la loi dit-elle simplement que celui qui est mort civilement *peut recevoir* des alimens, et non qu'il *peut en demander*. Cette opinion est aussi celle qui est professée à l'école de droit de Paris par M. Bugnet, comme nous l'apprend M. Marcadé (*ubi suprà*). A la raison tirée de ce que la loi ne reconnaît pas le lien naturel, M. Bugnet en ajoute une autre, qui consiste à dire que l'action en justice pour exiger des alimens appartenant au droit civil ne peut pas compéter à celui qui est mort aux yeux de la loi civile. Ces deux raisons sont également vraies, quelle que soit la condamnation qui a produit la mort civile. Nous ne croyons donc pas qu'il y ait lieu de distinguer, comme l'a fait un auteur (Desquiron, n°s 463 et suiv.), entre le condamné à la peine de mort, soit contradictoirement, soit par contumace, et les condamnés à la peine des travaux forcés à perpétuité ou à la déportation pour refuser au premier le droit de réclamer des alimens et l'accorder aux seconds.

149. — L'enfant qui, pendant la contumace de son père condamné à une peine emportant la mort civile, lui aurait fourni des sommes pour son entretien et sa subsistance, aurait le droit, dans le cas où son père décéderait dans les cinq ans de grâce, et par conséquent *integri statûs*, de répéter contre sa succession les sommes par lui fournies, sans qu'on pût soutenir qu'en payant ces sommes il n'avait fait qu'acquitter volontairement une dette naturelle, pour laquelle la loi n'admettait pas de répétition. — *Douai*, 14 fév. 1832, Lefebvre.

150. — Dans le cas où l'opinion qui accorde au mort civilement le droit d'exiger des alimens prévaudrait, on ne pourrait cependant décider que ses héritiers collatéraux appelés à recueillir sa succession seraient tenus de lui en fournir. C'est ce qu'enseignent les auteurs mêmes qui pensent que le mort civilement peut demander en justice des alimens à ses ascendans ou descendans. — V. Coin-Delisle et les annotateurs de Zachariæ, *ubi suprà*. — V. aussi Proudhon, *De l'usufruit*, nos 1984 et suiv.

Sect. 6e. — *Décès du mort civilement. — Biens acquis depuis la mort civile.*

151. — Le mort civilement étant incapable de faire un testament et de transmettre à titre de succession les biens qu'il a acquis depuis sa mort civile, il s'ensuit qu'au jour de sa mort naturelle ces biens sont dévolus à l'Etat par droit de déshérence. — C. civ., art. 33, § 1er. — Suivant MM. Ducaurroy, Bonnier et Roustain (t. 1er, art. 33, no 102,), ce n'est pas à titre de déshérence que l'Etat acquiert, mais comme biens vacans et sans avoir besoin de se faire envoyer en possession.

152. — Ce droit de déshérence s'applique non-seulement aux biens dont le mort civilement a la détention de fait, mais encore à ceux dont il a la possession civile, ou, en d'autres termes, sur lesquels il a un droit de propriété. — *Montpellier*, 19 nov. 1840 (t. 2 1841, p. 74), Préfet de l'Aude c. G...

153. — Le mort civilement ne peut faire, directement ou indirectement, des dispositions qui aient pour but de soustraire les biens par lui acquis au droit de déshérence établi au profit de l'Etat. — Même arrêt.

154. — Ainsi, l'Etat aurait une action en nullité contre les donations entre-vifs ou testamentaires que le mort civilement aurait faites depuis sa mort civile encourue. Les contrats à titre onéreux qu'il a consentis doivent seuls être maintenus. — Guichard, no 353.

155. — Du reste, l'Etat, en s'emparant des biens du mort civilement, est tenu d'acquitter ses dettes.

156. — Mais cette obligation doit se borner aux dettes contractées par le mort civilement depuis la mort civile encourue. Les créanciers antérieurs ne peuvent revenir sur les biens laissés par le mort civilement au jour de son décès. — Achille Renaud, p. 143, note 2. — *Contrà*, Coin-Delisle, sur l'art. 25, no 14.

157. — L'art. 33 C. civ., § 2, renferme une disposition qui a pour but de tempérer la rigueur du § 1er. Ainsi, le chef du pouvoir exécutif, d'après cet article, a la faculté de faire au profit de la veuve, des enfans ou parens du condamné, telles dispositions que l'humanité lui suggérera relativement aux biens qu'il laisse à son décès. — Aujourd'hui ce droit appartient au Président de la République.

158. — On s'est demandé si cette faculté pouvait être exercée à l'égard de la veuve et des enfans dans le cas d'un mariage contracté *de mauvaise foi* de part et d'autre, c'est-à-dire avec la connaissance acquise, à l'autre époux, de l'état de son conjoint. Cette question doit se résoudre affirmativement. Cela ne peut faire l'objet d'aucun doute. D'abord, l'art. 33 est général et ne comporte aucune distinction. En second lieu, pourquoi la femme qui s'est attachée à un mort civilement mériterait-elle moins la faveur du chef de l'État que celle à laquelle il était uni antérieurement et qui a continué d'habiter avec lui? La position des enfans n'est-elle pas la même dans un cas comme dans l'autre? N'oublions pas non plus qu'il s'agit ici d'une disposition d'humanité qui exclut toute sévérité. — Marcadé, t. 1er, p. 270, no 2.

159. — Le Président de la République peut disposer seul, directement et immédiatement, des biens du mort civilement; il n'y a pas lieu d'employer les formalités ordinairement requises pour l'aliénation des biens de l'Etat. — Marcadé, *ibid.*

160. — Lorsque l'Etat s'abstient d'appréhender, en vertu du droit de déshérence établi par l'article 33 C. civ., les biens acquis par le condamné depuis la mort civile, et dont celui-ci se trouve en possession au jour de sa mort naturelle, ces biens ne sont abandonnés aux personnes appelées à les recueillir qu'à la charge de payer les dettes même antérieures à la mort civile du défunt. — *Paris*, 31 janv. 1848 (t. 1er 1848, p. 405), Carrère c. Lacassin.

Sect. 7e. — *Comment la mort civile peut cesser.*

161. — La mort civile peut cesser par l'obtention de lettres de grâce qui l'abolissent virtuellement ou explicitement, mais d'une manière certaine. Les lettres de grâce qui font remise de la peine ne peuvent, par elles-mêmes, rendre le condamné à la vie civile. La raison en est que la mort civile n'est pas un effet de la peine, mais un effet de la condamnation suivie de l'exécution. — V., en ce sens, *Cass.*, 30 nov. 1810, Pie Bonelli. — Proudhon, *De l'usufruit*, no 2023; Coin-Delisle, sur l'art. 32, no 15; Marcadé, t. 1er, p. 274, no 4; Achille Renaud, p. 157. — *Contrà*, Toullier, t. 1er, no 291; Merlin, *Rép.*, vo *Mort civile*, § 1er, art. 6, no 5; Guichard, no 333; Duranton, t. 1er, no 240; Zachariæ, t. 1er, p. 326, § 165. — V. encore, sur ce point et dans le premier sens, Foucart, *Du dr. admin.*, no 108; Trolley, *C. de dr. admin.*, no 109; Demolombe, *Cours de C. civ.*, t. 1er, no 235.

162. — La grâce pure et simple n'a pas virtuellement pour effet de relever celui qui en est l'objet des incapacités, et spécialement de la mort civile, résultant de la condamnation exécutée. Ces incapacités ne peuvent disparaître que par la réhabilitation. En conséquence, celui qui a été frappé d'une condamnation emportant mort civile ne peut prendre part à une succession ouverte postérieurement à l'obtention des lettres de grâce, mais antérieurement à sa réhabilitation. — *Nîmes*, 11 janv. 1848 (t. 1er 1848, p. 421), Ginoux c. Lert; *Montpellier*, 17 août 1847 (t. 2 1847, p. 743), O... — V. aussi *Rouen*, 23 avr. 1845 (t. 2 1846, p. 419), Malherbe c. Lefèvre; *Nancy*, 21 nov. 1846 (t. 1er 1847, p. 754), Conier.

163. — Dans tous les cas, les lettres de grâce ne peuvent détruire les effets que la mort civile a produits avant leur obtention. Elles ne sauraient en effet avoir plus de force que l'art. 30 n'en attribue au jugement qui acquitte ou absout le condamné. — Merlin, Toullier, Duranton, Marcadé, Renaud, *loc. cit.*; Guichard, no 334; Coin-Delisle, nos 12 et 13, et 161.

164. — Ainsi, le mort civilement qui a obtenu des lettres de grâce est non recevable à réclamer une succession ouverte pendant sa mort civile, et dont l'héritier appelé à son défaut s'est trouvé saisi de plein droit, ni revendiquer aux mains des tiers les immeubles vendus par cet héritier. — *Cass.*, 30 nov. 1810, Pie Bonelli. — Merlin, *eod. loc.*; Coin-Delisle, *ubi suprà*; Proudhon, no 2024.

165. — Si les lettres de grâce étaient obtenues avant l'exécution de la sentence, le condamné n'aurait jamais été mort civilement, puisque la mort civile n'est encourue que par l'exécution. — Coin-Delisle, no 14; Toullier, Duranton, Marcadé, Achille Renaud, *loc. cit.*; Guichard, no 334.

166. — Les lettres de grâce qui, dans le cas où la condamnation aurait été prononcée par contumace, interviendraient après l'exécution par effigie, mais avant l'expiration des cinq années, auraient également pour effet de faire considérer le condamné comme n'ayant jamais été mort civilement.

167. — Lorsque la condamnation est par contumace, la grâce peut aussi bien avoir lieu avant que cette condamnation soit devenue irrévocable par l'expiration du délai de la prescription, c'est-à-dire du délai de vingt ans, qu'après l'expiration de ce délai. Car, quoique le contumax puisse se représenter en justice pour purger sa contumace tant que la peine n'est pas prescrite, il n'en est pas moins, jusqu'à ce qu'il se représente, dans la position de tout autre *condamné*; et, dès lors, rien ne s'oppose à ce qu'il profite des bienfaits de la clémence royale. Mais, lorsqu'il s'est représenté, comme il est redevenu simple *accusé*, il n'y a plus lieu à grâce. La grâce ne pourrait intervenir utilement qu'après le nouveau jugement. — V. cependant Marcadé, t. 1er, p. 275.

168. — Nous avons vu aussi plus haut, nos 69 et suiv., que le condamné dont la mort civile était la suite d'une condamnation par contumace, recouvrait pour l'avenir la jouissance des droits civils par sa représentation en justice, lorsque cette représentation était suivie d'un jugement qui l'acquittait, l'absolvait, ou prononçait contre lui une peine qui n'entraînait pas la mort civile.

169. — L'amnistie éteint la mort civile en remettant la peine dont elle était la conséquence. Il y a entre l'amnistie et la grâce cette différence, que l'amnistie s'étend aux coupables condamnés et à ceux qui ne le sont pas, mais contre lesquels des poursuites sont commencées, tandis que la grâce ne s'exerce qu'en faveur de ceux qui ont déjà été condamnés. Du reste, l'amnistie n'a pas plus que la grâce d'effet rétroactif.

170. — La solution de la question de savoir quels sont les effets de l'amnistie à l'égard du condamné par contumace qui a encouru la mort civile a été quelque temps incertaine : ainsi on jugeait d'abord que l'amnistie rétablit de plein droit la communauté; que le mari amnistié recouvre le droit d'exercer les actions mobilières de sa femme, et qu'il redevient maître des deniers dotaux. — *Besançon*, 16 fév. 1808, Masson-d'Ivrey c. Magnin. — Une autre cour avait décidé que l'amnistie accordée au condamné par contumace, même six ans après l'exécution de sa condamnation, anéantit complétement les effets de cette condamnation; qu'il est censé n'avoir jamais été privé de la vie civile, et que son mariage n'a reçu aucune atteinte de sa condamnation. — *Angers*, 21 août 1840 (t. 1er 1841, p. 267), de Girardin c. le maire de Saint-Léger.

171. — Mais la Cour de cassation s'est plus tard prononcée en sens contraire; ainsi, elle a jugé : 1o que la mort civile encourue par le mari émigré a eu pour effet de dissoudre la communauté et de rendre propres à sa femme les biens qui lui sont échus par suite du partage de la communauté fait avec l'Etat, ou qu'elle a acquis avant l'amnistie de son mari; que cette amnistie n'a pu rétablir rétroactivement la communauté, et faire considérer comme acquêts les biens antérieurement advenus à la femme ou acquis par elle. — *Cass.*, 10 août 1842 (t. 2 1842, p. 576), Delée.

172. — ... 2o Que l'amnistie ne relève pas le contumax des effets de la mort civile par lui définitivement encourue, et ne détruit pas, notamment pour l'avenir, la dévolution des biens opérée au profit de ses héritiers. — *Cass.*, 1er fév. 1842 (t. 1er 1842, p. 417), Lechauf. — Les auteurs se sont aussi rangés à cette opinion. — Merlin, *Rép.*, vo *Mariage*, sect. 2, § 2; Desquiron, *Mort civile*, no 450; Valette, *Observations sur Proudhon*, t. 1er, p. 477; Marcadé, sur l'art. 227; Demolombe, *Cours de droit civil*, t. 1er, nos 231 et 232; Rodière et Pont, *Contrat de mariage*, t. 1er, no 756.

173. — Si la peine emportant mort civile est commuée en une peine temporaire, cette commutation ne peut détruire pour l'avenir les effets de la mort civile qu'autant que les lettres de commutation contiennent l'intention formelle du gouvernement à cet égard. — Proudhon, *De l'usufruit*, no 2029 et suiv.; Coin-Delisle, sur l'art. 32, no 16; Marcadé, t. 1er, p. 275; Achille Renaud, p. 157. — *Contrà*, Merlin, *Rép.*, vo *Mort civile*, § 1er, art. 6, no 5; Guichard, no 333; Zachariæ, t. 1er, p. 326, § 165.

174. — La prescription de la peine, laquelle s'opère par l'expiration du délai de vingt ans à dater du jugement (C. instr. crim., art. 635), ne fait, en aucun cas, cesser la mort civile. — C. civ., art. 32.

175. — Le mort civilement, par suite d'une condamnation par contumace, n'est pas même admis, après la prescription de la peine, à se présenter pour purger sa contumace, — C. instr. crim., art. 641 — et faire cesser les effets de la mort civile qu'il a encourue. La mort civile est désormais irrévocable. — Toullier, t. 1er, no 234; Zachariæ, *ubi suprà*, no 473; Marcadé, t. 1er, p. 268; Achille Renaud, p. 154.

176. — Décidé aussi, sous l'empire du C. d'instr. crim. du 3 brum. an IV, que le contumax ne pouvait, après l'expiration du délai pour la prescription de la peine, réclamer sa portion dans des successions ouvertes, soit avant, soit après l'exécution de ce jugement, et auxquelles il aurait été appelé concurremment avec d'autres héritiers. — *Agen*, 22 janv. 1824, Rech-Laroque.

V. ACTES DE L'ÉTAT CIVIL, ACTES RESPECTUEUX, ADULTÈRE, ALIMENS, ASSURANCES SUR LA VIE, AYANT CAUSE, BREVET D'INVENTION, CONTUMACE, DROITS CIVILS, EXPERTS, MARIAGE, PEINE, SUCCESSION.

MORT-GAGE.

1. — Ce terme désignait ordinairement une convention par laquelle le débiteur abandonnait son héritage à son créancier pour en toucher les revenus en compensation des intérêts de sa créance. C'est ce contrat que le Code civil nomme *antichrèse*.

2. — Ce terme désignait aussi l'action de donner un bien entre-vifs ou par testament pour en jouir tant que le donateur, son héritier ou celui du testateur n'aurait pas payé au donataire ou légataire la somme fixée par le testament ou la donation. — Cout. de Tournay, tit. XI, art. 33; Tournaisis, ch. 8, art. 38, et ch. 28, art. 4; Gouvernance de Douai, tit. *Aliénation d'héritage*, *Lille*, ch. 2, art. 4, et Châtellenie de Lille, tit. 9, art. 5.

3. — Dans les deux espèces de *mort-gage* qui viennent d'être définies, l'héritage engagé demeurait infructueux pour celui à qui appartenait le droit de rachat jusqu'au paiement de la somme fixée pour ce rachat, et le mort-gagiste faisait les frais siens sans être obligé de les imputer sur le principal. Mais dans la seconde espèce, le mort-gage était purement gratuit, le mort-gagiste n'y intervenait que par son acceptation, et il dépendait uniquement de la volonté du donateur en mort-gage, tandis que la première espèce, c'est-à-dire l'antichrèse, constitue un contrat synallagmatique à titre onéreux, par lequel un débiteur accorde la jouissance de son bien pour l'intérêt de ce qu'il doit.

4. — Les biens donnés en mort-gage par donation ou testament rachetés par le vrai héritier demeuraient patrimoniaux. Cette disposition des Coutumes de la Gouvernance de Douai (tit. 2, art. 34) et de la Châtellenie de Lille (tit. 2, art. 38) est aujourd'hui sans objet, notre nouvelle législation n'admettant pas de différence dans la succession entre les propres et les acquêts. Il faut également considérer comme abrogés par le C. civ. les art. 6, tit. 17, Cout. Châtellenie de Lille, et 34, chap. 11, Cout. Tournay, qui interdisaient la faculté de purger le mort-gage. — Merlin, *Rép.*, v° *Mortgage*, n° 6.

MORUE (Pêche de la).

La pêche de la morue a donné lieu à des dispositions législatives spéciales destinées à la réglementer et à l'encourager. Les plus récentes sont les lois des 22 avril 1832, 21 avril 1833, 9 juill. 1836, 25 juin 1841, relatives aux encouragemens; — les ordonnances des 26 avril 1833, 2 sept. 1836, 8 fév. 1840, rendues pour l'exécution desdites lois; — la loi du 5 juill. 1836 et l'ord. du 18 nov. 1837, relatives au jaugeage des bâtimens à voiles du commerce; — l'ord. du 25 fév. 1842, qui modifie sous certains rapports celles des 26 avril 1833, 2 sept. 1836, 8 fév. 1840. — Celles du 24 avr. 1842, portant règlement sur la police de la pêche de la morue à l'île de Terre-Neuve. L'arrêté du 2 mai 1848, relatif à la composition des commissions chargées de vérifier si la morue importée dans les colonies françaises est de bonne qualité et propre à la consommation alimentaire (cet arrêté modifie sous ce rapport les ord. des 26 avril 1833 et 8 fév. 1840). — La loi du 23 nov. 1848, relative aux sels destinés à la pêche de la morue. — V. PÊCHE, SEL.

MOSAIQUES (Marchands de).

Patentables de 6e classe. — Droit fixe, basé sur la population; droit proportionnel, du 20e de la valeur locative de l'habitation et des lieux servant à l'exercice de la profession. — V. PATENTE.

MOTIFS DE JUGEMENT.

V. ALGÉRIE, n° 68; JUGEMENS.

MOTIF DE LA LOI.

1. — C'est l'ensemble de toutes les causes qui lui ont donné naissance.

2. — Le motif de la loi est éloigné ou déterminant : il est *éloigné*, lorsque le dispositif de la loi est plus général et plus étendu; *déterminant*, lorsqu'il est moins étendu. — Mailher de Chassat, *Traité de l'interprétation des lois*, p. 137, note 2.

3. — Il sert à retracer le but du législateur : de là cet axiome que le motif de la loi en est l'âme, et est par suite toute la loi (Mailher de Chassat, *ibid.*, p. 3). N'est-ce pas aussi une vieille maxime de droit que *correctâ ratione legis, cesselur correcta lex ipsa*.

4. — C'est un des meilleurs moyens d'interprétation des lois. — V. LOIS.

5. — Il ne faut pas le confondre avec le *motif légal de décision*. « Il peut arriver, dit M. Mailher de Chassat (p. 126), qu'un souverain érige en lois des préceptes ou des principes qui jusque-là *n'avaient pas reçu force de loi*; comme il peut arriver que ces préceptes ou principes soient déjà des lois, et qu'ils se trouvent énonciativement rappelés dans la loi nouvelle. Dans le premier cas, les simples préceptes, convertis en lois par le législateur, sont proprement les motifs de la loi. Dans le second, les lois antérieures, rappelées par la loi nouvelle, sont la *raison de décider.* »

6. — Le motif de la loi peut être supprimé, et la loi néanmoins subsister (Thibaut, *Théorie de l'interprétation des lois*, § 22). — Mais alors le motif primitif de la loi est remplacé par un autre. Car il n'y a pas de loi sans motif : *Cessante ratione legis, cessat lex ipsa.* — Mailher de Chassat, p. 137, note 3.

MOULAGE.

Exécution d'un ouvrage par le moyen d'un moule. — V. PROPRIÉTÉ INDUSTRIELLE.

MOULES DE BOUTON.

Fabricans de moules de boutons. — Patentables de 8e classe. — Droit fixe, basé sur la population; — droit proportionnel du 40e de la valeur locative de tous les locaux qu'ils occupent, mais seulement dans les communes de 20,000 âmes et au-dessus. — V. PATENTE.

MOULIN.

1. — Personnes tenant moulin à blé, à huile, à garance, à tan, etc. — Patentables : droit fixe de 6 fr. pour une seule paire de meules ou de cylindres; de 15 fr. pour deux paires; de 25 fr. pour 3 paires; de 40 fr. pour 4 paires; et 20 fr. par paire en sus, jusqu'au maximum de 300 fr. — Droit proportionnel du 20e de la valeur locative de l'habitation, des magasins de vente complètement séparés de l'établissement, et du 40e de l'établissement industriel.

2. — Le droit fixe ci-dessus est réduit de moitié pour les moulins à eau qui, par manque ou par crue d'eau, sont forcés de chômer pendant une partie de l'année équivalente au moins à quatre mois.

3. — On considère comme marchand, le propriétaire d'un moulin qui achète du grain. — V. PATENTE.

4. — Les moulins à broyer le plâtre, la chaux et les cailloux, — les moulins à farine dans les villes, font partie de la seconde classe des établissemens insalubres.

5. — Quant aux moulins à huile, ils sont rangés dans la troisième classe seulement. — V. ÉTABLISSEMENS INSALUBRES (nomenclature).

6. — Outre l'autorisation préalable à laquelle ils sont soumis comme établissemens insalubres, les moulins à farine ne peuvent être établis qu'en vertu d'une seconde autorisation, s'ils doivent être formés sur un cours d'eau navigable ou flottable. Cette seconde autorisation est accordée par le préfet, sous l'approbation du ministre de l'intérieur et sauf recours des parties intéressées devant le ministre. — Cormenin, *Droit administr.*, 5e édit., t. 1er, p. 511. — V. cependant un avis du Conseil d'État, du 31 octobre 1817, qui semble réserver au Conseil d'État seul le droit d'autoriser définitivement l'établissement d'un moulin à eau.

7. — Les moulins à farine établis sur des cours d'eaux non navigables, ni flottables, sont également soumis à cette seconde autorisation, et le préfet ayant la police de ces cours d'eaux peut ordonner, relativement aux moulins, toutes les mesures provisoires nécessaires au maintien de la crue et de l'écoulement des eaux. — Cormenin, *Dr. admin.*, 5e édit., t. 1er, p. 546.

8. — En ce qui concerne les moulins à vent, malgré les inconvéniens qui en peuvent résulter, à cause du mouvement, du bruit et de l'ombre de ces moulins qui épouvantent les chevaux, ils peuvent être établis sans une autorisation préalable de l'administration, et les anciens règlemens des province ne sont plus en vigueur. — Arrêt du Conseil d'État, 7 avr. 1819. — De Magnitot et H. Delamarre, t. 2, p. 213.

9. — Mais le pouvoir municipal chargé de veiller à la sûreté des routes peut, par des règlemens spéciaux, fixer une distance des routes en deçà de laquelle les moulins à vent ne peuvent être construits. — L. 24 août 1790. — De Magnitot et H. Delamarre, t. 2, p. 213.

10. — L'art. 77 de la loi du 30 avril 1806 est ainsi conçu : « Si un moulin à vent se trouve dans la ligne des douanes, et s'il est établi par procès-verbal qu'il a servi à la contrebande des grains ou farines, l'administration peut le frapper d'interdiction ou en ordonner le déplacement, sauf recours au Conseil d'État. » C'est la seule disposition législative concernant les moulins à vent. — V. COURS D'EAU, DOUANES, ÉTABLISSEMENS INSALUBRES, SERVITUDES, USINES.

11. — En ce qui concerne les règles relatives à l'établissement des moulins au point de vue civil et administratif, et aux droits ou obligations qui en résultent, V. USINES.

MOULINIERS EN SOIE.

Patentables : — droit fixe de 10 fr. par 100 tavelles jusqu'au maximum de 200 fr.; — droit proportionnel du 20e de la valeur locative de l'habitation et des magasins de vente complètement séparés de l'établissement, et du 40e de l'établissement industriel. — V. PATENTE.

MOULURES.

1. — Fabricans de moulures pour leur compte. Marchands en boutique. — Patentables de 5e classe. — Droit fixe, basé sur la population; — droit proportionnel du 20e de la valeur locative de l'habitation et des lieux servant à l'exercice de la profession.

2. — Fabricans de moulures à façon. — Patentables de 7e classe. — Même droit fixe, sauf la différence de classe; — droit proportionnel du 40e de la valeur locative de tous les locaux qu'ils occupent, mais seulement dans les communes de 20,000 âmes et au-dessus. — V. PATENTE.

MOUSSE.

V. ÉQUIPAGE (Gens d'), nos 35 et suiv.

MOUTARDIERS.

1. — Marchands moutardiers en gros. — Patentables de 4e classe : droit fixe, basé sur la population; — droit proportionnel du 20e de la valeur locative de l'habitation et des lieux servant à l'exercice de la profession.

2. — Marchands moutardiers en détail. — Patentables de 7e classe. — Même droit fixe, sauf la différence de classe; droit proportionnel du 40e de la valeur locative de tous les locaux qu'ils occupent, mais seulement dans les communes de 20,000 âmes et au-dessus. — V. PATENTE.

MOUTONS ET AGNEAUX.

Marchands de moutons et agneaux. — Patentables de 4e classe. — Droit fixe, basé sur la population; droit proportionnel du 20e de la valeur locative de l'habitation et des lieux servant à l'exercice de la profession. — V. PATENTE. — V. encore ANIMAUX, nos 77 et 96; BIENS, n° 80; FORÊTS, nos 1255, 1412, 2517 et suiv., 2554; PATURAGE, USAGE.

MOUVEMENT INSURRECTIONNEL.

1. — Tout ce qui se rattache aux attentats, aux complots, aux attroupemens, aux provocations à l'insurrection commises par la voie de la presse, à la détention illicite des armes et munitions de guerre, aux associations illicites, aux cris séditieux, etc., est traité vis ARMES, ASSOCIATIONS ILLICITES, ATTENTAT, ATTROUPEMENT, COMPLOT, CRIMES CONTRE LA SURETÉ DE L'ÉTAT, CRIS SÉDITIEUX, DÉLITS DE PRESSE, etc. — Il nous reste à rapporter quelques dispositions relatives au *mouvement insurrectionnel*. Ce mot, employé dans plusieurs dispositions de la loi du 24 mai 1834, se réfère aux actes matériels de provocation à l'insurrection ou même aux actes d'insurrection.

2. — La loi du 24 mai 1834 dispose ainsi qu'il suit : Art. 5. Seront punis de la détention les individus qui, dans un mouvement insurrectionnel, auront porté soit des armes apparentes ou cachées, ou des munitions, soit un uniforme ou costume, ou autres insignes civils ou militaires. Si les individus porteurs d'armes apparentes ou cachées, ou de munitions, étaient revêtus d'un uniforme ou costume, ou d'autres insignes civils ou militaires, ils seront punis de la déportation. Les individus qui auront fait usage de leurs armes seront punis de mort.

3. — Art. 6. Seront punis des travaux forcés à temps les individus qui, dans un mouvement insurrectionnel, se seront emparés d'armes ou de munitions de toute espèce, soit à l'aide de violences ou de menaces, soit par le pillage des boutiques, postes, magasins, arsenaux et autres établissemens publics, soit par le désarmement des agens de la force publique. Chacun des coupables sera de plus condamné à une amende de 200 fr. à 5,000 fr.

4. — Art. 7 Seront punis de la même peine les individus qui, dans un mouvement insurrectionnel, auront envahi, à l'aide de violences ou menaces, une maison habitée ou servant à l'habitation. — Art. 8. Seront punis de la détention les individus qui, dans un mouvement insurrectionnel, auront, pour faire attaque ou résistance envers la force publique, envahi ou occupé des édifices, postes ou autres établissemens publics. La peine sera la même à l'égard de ceux qui, dans le même but, auront occupé une maison habitée avec le consentement du propriétaire ou du locataire qui, connaissant le but des insurgés, leur aura procuré sans contrainte l'entrée de ladite maison.

5. — Art. 9. Seront punis de la détention les individus qui, dans un mouvement insurrectionnel, auront fait ou aidé à faire des barricades, des retranchemens ou tous autres travaux ayant pour objet d'entraver ou d'arrêter l'exercice de la force publique. — Ceux qui auront empêché, à l'aide de violences ou menaces, la convocation ou la réunion de la force publique, ou qui auront provoqué ou facilité le rassemblement des insurgés, soit par la distribution d'ordonnances ou de proclamations, soit par le port de drapeaux ou autres signes de ralliement, soit par tout autre moyen de rappel. — Ceux qui auront brisé ou détruit un ou plusieurs télégraphes, ou qui auront envahi, à l'aide de violences ou menaces, des communications ou la correspondance entre les divers dépositaires de l'autorité publique.

6. — Le seul fait de s'être trouvé armé dans un mouvement insurrectionnel n'est pas punissable, abstraction de la question intentionnelle. — V. la discussion de la loi du 24 mai 1834 sous l'art. 5. — Duvergier, *Coll.*, t. 34, p. 128 et suiv.

7. — Les peines édictées par la loi du 24 mai 1834 sont prononcées sans préjudice de celles que les coupables auraient pu encourir comme auteurs ou complices de tous autres crimes, sauf, dans le concours de deux peines, à n'appliquer que la plus grave (art. 10). — En outre, l'art. 463 sur les circonstances atténuantes est applicable, sauf le renvoi facultatif des condamnés sous la surveillance de la haute police, pour un temps qui ne peut excéder le maximum de la durée de l'emprisonnement prononcé par la loi (art. 11).

8. — Quant à la compétence, le caractère politique des faits incriminés par les art. 5 et suiv., outre que ce sont des crimes, les place naturellement dans la juridiction du jury. Il a du reste été reconnu dans la discussion que les insurgés ne pouvaient être assimilés à des militaires, et que la juridiction des conseils de guerre ne pouvait être compétemment saisie : sauf toutefois le cas d'état de siége. — V. DÉLIT POLITIQUE, ÉTAT DE SIÉGE, SIÉGE (état de), TRIBUNAUX MILITAIRES.

9. — Depuis la révolution de février 1848, il est intervenu, à la date du 7 juin 1848, une nouvelle loi sur les attroupemens. Cette loi a fait subir des modifications importantes à celle du 10 avril 1831.

MOYENS DE FAUX.
V. FAUX INCIDENT.

MOZAMBIQUE (Établissement du Canal de).
V. MAYOTTE (Ile).

MUET.
V. DISPOSITION A TITRE GRATUIT, SOURD-MUET.

MULES, MULETS, MULETIERS.

1. — Marchands de mulets et mules. — Patentables de 4e classe. — Droit fixe, basé sur la population; — droit proportionnel du 20e de la valeur locative de l'habitation et des lieux servant à l'exercice de la profession.

2. — Muletiers. — Patentables de 7e classe. — Même droit fixe, sauf la différence de classe; — droit proportionnel du 40e de la valeur locative de tous les locaux qu'ils occupent, mais seulement dans les communes de 20,000 âmes et au-dessus. — V. PATENTE.

MULQUINIERS.

Ceux qui préparent le fil pour les chaînes servant à la fabrication des tissus. — Patentables de 6e classe. — Droit fixe, basé sur la population; — droit proportionnel du 20e de la valeur locative de l'habitation et des lieux servant à l'exercice de la profession. — V. PATENTE.

MUNICIPALITÉ.

On donne ce nom au corps chargé de représenter la commune, d'agir pour elle, et de remplir, dans de certaines limites, des fonctions publiques et administratives. — V. COMMUNE, MAIRE, POUVOIR MUNICIPAL.

MUNITIONS.
V. POUDRES ET MUNITIONS DE GUERRE.

MUR.

1. — Ouvrage en pierres, moellons ou autres matériaux et destiné, le plus souvent, soit à clore ou à séparer des héritages ou diverses parties d'une même propriété, soit à soutenir des constructions.

2. — Selon la destination spéciale qui leur est donnée et le mode de leur construction, les murs reçoivent la dénomination de murs de clôture, murs séparatifs ou de séparation, murs de face, d'appui, de soutènement, de refend, gros murs, contre-murs.

3. — Le mur *de clôture* est celui qui n'est édifié que pour faire séparation entre deux héritages sans porter de constructions ni d'un côté ni de l'autre.

4. — Lorsque le mur construit sur la limite de deux héritages supporte des bâtimens de part et d'autre, on l'appelle plus particulièrement mur *séparatif* ou *de séparation*. S'il n'existait de constructions que d'un côté : le mur serait séparatif quant à l'héritage dont il soutiendrait les constructions, et mur *de clôture* par rapport à l'autre.

5. — On appelle murs *de face* ceux qui forment les diverses façades ou l'une des façades du bâtiment et qui entourent le terrain. Les murs de cette espèce qui sont construits sur la voie publique sont assujettis à recevoir les poteaux ou supports des réverbères, et on ne peut les construire, les réparer ou les démolir sans alignement et permission de l'autorité administrative. — Perrin, *Code des constructions*, n° 398; Pardessus, *Servitudes*, n° 141. — V. ALIGNEMENT, POUVOIR MUNICIPAL, VOIRIE.

6. — Les murs *d'appui* sont ceux qui ne se montent qu'à hauteur d'appui des bras ou des coudes. On leur donne généralement un mètre (3 pieds) d'élévation. — Perrin, *Code des constructions*, n° 399.

7. — On appelle mur *de soutènement* un petit mur ou contre-mur que l'on appuie à un édifice, à une terrasse, à un mur, pour les soutenir et les fortifier. Lorsque l'on change le niveau de l'un des terrains contigus, on construit des murs de ce genre pour soutenir les terres.

8. — Le mur de soutènement qui consolide une maison placée sur le bord d'une rivière est réputé partie inhérente à la maison ; son entretien pourrait cependant être mis pour partie à la charge de l'État, s'il était endommagé par le heurt des bateaux. — Toussaint, *Code de la propriété*, t. 1er, p. 478.

9. — Le mur *de refend* est celui qui sépare les murs du bâtiment. Il doit être élevé aplomb des deux côtés et avoir 44 centimèt. (16 pouces) d'épaisseur. — Perrin, n° 401; Toussaint, t. 2, n° 1882.

10. — On entend par *gros murs* ceux qui font partie essentielle de la construction. Cette dénomination s'applique aux murs de face, aux murs de refend, aux pignons mitoyens ou non en élévation ou en fondation, aux jambes de pierre, aux pans de bois, aux cloisons en charpente et maçonnerie quand elles règnent de fond en comble, et à celles qui séparent les appartemens lorsqu'elles portent des planchers et qu'elles sont en même temps formées de poteaux assemblés à tenons et mortaises par le haut et par le bas dans des sablières établies et destinées à maintenir l'édifice ; enfin aux murs de clôture, de séparation, de soutènement. — Lepage, *Des bâtimens*, t. 1er, p. 52 et 58; Perrin, n° 400; Toussaint, v° *Mur*.

11. — Toussaint donne les conseils suivans (t. 2, n° 1823) pour la construction des murs dans les villes. Les murs et fondations d'un bâtiment, dit-il, depuis le bon et solide fond jusqu'au rez-de-chaussée, doivent être construits en moellons et libage de bonne qualité, bien ébousinés, les lits et joints piqués et élevés d'arrase et liaison, en parpaings et boutisses, avec bon mortier pur, tiers chaux et deux tiers bon sable graveleux (le plâtre est interdit pour ces parties de mur) ; ceux au-dessus doivent être élevés en retraite de 8 centimèt. (3 pouces) de chaque côté ; ainsi le mur en élévation ayant 49 centimèt. (18 pouces) par le bas, le mur en fondation doit avoir 65 centimèt. (2 pieds) d'épaisseur, et les murs en élévation seront hourdés en plâtre passé au panier.

12. — Lorsque chacun des étages d'une maison appartient à un propriétaire différent, la répartition des frais de réparation ou reconstruction des gros murs se fait entre les intéressés d'après des règles spéciales. — V. ÉTAGE, MITOYENNETÉ.

13. — Le *Contre-mur* est un mur appliqué additionnellement à un autre mur pour le garantir, le préserver ou le soutenir. — V. ce mot.

14. — On distingue aussi les murs de clôture forcée, les murs contigus ou non contigus, et ceux qui sont ou ne sont pas mitoyens.

15. — Les murs de *clôture forcée* sont ceux qui, dans les villes et faubourgs, doivent séparer les héritages bâtis ou non bâtis des terrains limitrophes, la hauteur de ces murs est déterminée par les règlemens particuliers ou les usages constans et reconnus dans les lieux où il en existe ; et pour les lieux où il n'existe ni règlemens ni usages ces murs doivent avoir 32 décimètres (10 pieds) compris le chaperon dans les villes de 50,000 âmes et au-dessus, et 16 décimètres (8 pieds) dans les autres villes. — C. civ., art. 663. — V. CLÔTURE, MITOYENNETÉ.

16. — Il résulte du texte de l'art. 663 C. civ., que cet article ne s'applique qu'aux murs qu'il a fallu construire depuis la promulgation du titre des servitudes (10 fév. 1804). Ceux qui existaient déjà à cette époque sont maintenus dans l'état où ils se trouvent, jusqu'à ce qu'il y ait lieu de les reconstruire.

17. — Les murs de clôture forcée doivent être érigés sur la ligne séparatrice des héritages, de manière que leur épaisseur soit prise moitié sur l'un des terrains contigus, moitié sur l'autre, et dans aucun cas l'un des voisins ne pourrait être contraint à fournir plus de la moitié du terrain nécessaire, lors même qu'on lui offrirait une indemnité et que la construction dût y gagner en solidité. — *Cass.*, 5 déc. 1832, Schneider et Lallemand c. Coustier.

18. — Les deux voisins pourraient, du reste, donner au mur telle hauteur que bon leur semblerait, pourvu qu'elle ne fût pas inférieure à la hauteur légale ou à celle qu'exigent les règlemens ou usages. — Malleville, *Procès verb. des conf. du Cons. d'État*, t. 3, p. 151; Perrin, n° 405; Toullier, t. 3, n° 462. — *Pandectes françaises*, t. 5, p. 438.

19. — De l'obligation de se clore, dans les villes et faubourgs, dérive celle d'acquérir, du moins jusqu'à hauteur de clôture, la mitoyenneté du mur de clôture construit par le voisin. — V. MITOYENNETÉ.

20. — Le mur de clôture forcée doit être établi en pierre et maçonnerie, et non en bois ou en pierres sèches. Si cependant la clôture existait déjà par la destination du père de famille, et qu'elle fût en pan de bois, l'un des voisins ne pourrait exiger que ce pan de bois fût, à frais communs, remplacé par un mur en maçonnerie. Dans tous les cas, s'il fallait faire ce changement, on devrait bâtir le mur sur l'emplacement de l'ancienne clôture, bien que les fondations dussent être établies uniquement dans la cave de l'un des voisins. — *Cass.*, 5 décemb. 1832, Schneider et Lallemand c. Coustier. — Perrin, n° 424.

21. — Quant aux difficultés qui peuvent s'élever sur la nature et l'étendue de la servitude légale de clôture forcée, sur la répartition entre les voisins des frais de construction et d'entretien de la clôture, et sur les moyens pour l'un d'eux de se soustraire à cette obligation, V. CLOTURE, nos 19 et suiv., et surtout MITOYENNETÉ, SERVITUDES.

22. — Le mur *contigu* est celui qui, construit sur l'extrémité du terrain de celui qui l'a fait ériger, joint sans intermédiaire la propriété voisine. On dit aussi que dans ce cas le mur joint *sans moyen* l'héritage voisin. — Lepage, *Des bâtimens*, t. 1er, p. 40; Desgodets, *Coutume de Paris*, art. 198, n° 5; Perrin, n° 441; Delvincourt, t. 1er, p. 16, et aux notes, p. 554, note 7; Fournel, *Du voisinage*, t. 2, p. 40 et suiv.

23. — Le mur *non contigu* est celui qui joint avec moyen l'héritage voisin, c'est-à-dire qui est séparé de cet héritage par un espace quelconque appartenant ou au domaine public, ou à une commune, ou au propriétaire même du mur. — Fournel, v° *Mur*; Perrin, n° 428; Lepage, t. 1er, p. 40, 41 et 97; Delvincourt, t. 1er, p. 552, n° 4, note.

24. — Le mur *mitoyen* est celui qui, placé directement sur la ligne séparative de deux héritages limitrophes, appartient par moitié aux propriétaires de ces héritages. — Fournel, t. 2, p. 44; Lepage, t. 1er, p. 39 et suiv.; Toullier, t. 3, n° 183; Perrin, n° 469. — V. MITOYENNETÉ.

25. — Les principes qui régissent la contiguïté sont intimement liés à ceux qui régissent la mitoyenneté. — Nous avons traité des uns et des autres sous les mots MITOYENNETÉ, et SERVITUDES.

26. — Quant aux murs des places de guerre et forteresses, ils font, aux termes de l'art. 550 du Code civil, partie du domaine public.—V. DOMAINE PUBLIC, PLACES DE GUERRE.

MURIATE D'ÉTAIN.

Fabrication du sel ou muriate d'étain: 2° classe des établissemens insalubres. — V. ce mot (nomenclature.)

MUSÉE.

V. DÉPÔT PUBLIC, LISTE CIVILE.

MUSICIENS AMBULANS.

V. MÊNÊLEUR. (Les règles de police sont les mêmes.)

MUSIQUE.

1.—Science des sons, art de les disposer de manière à affecter agréablement l'oreille.
2. Les compositions musicales confèrent à leur auteur un droit exclusif que l'on appelle habituellement propriété artistique. — V. PROPRIÉTÉ ARTISTIQUE, PROPRIÉTÉ LITTÉRAIRE.
3. — Les publications musicales sont en général soumises aux mêmes formalités que les publications d'imprimés ou de gravures. — V. DESSINS, GRAVURES, IMPRIMERIE.
4. — Cependant elles sont affranchies de quelques-unes de ces formalités quand elles ne sont accompagnées ni de texte ni de dessins.
5. — Ainsi la publication de la musique sans texte peut avoir lieu sans l'autorisation préalable exigée par l'art. 20 de la loi du 9 sept. 1835, pour les dessins et gravures. — *Paris*, 15 nov. 1837 (t. 2 1837, p. 592), Schlesinger. — V. DESSIN.
6. — Mais lorsque la musique est accompagnée d'un texte outre le titre par lequel elle est annoncée, elle est assimilée aux ouvrages d'imprimerie, et elle est soumise dès lors à la déclaration et au dépôt.—Même arrêt. — *Cass.*, 29 mai 1823, Magny et Momigny. — Parant, *Lois de la presse*, p. 48; De Gratier, *Comment. sur les lois de la presse*, t. 1er, p. 79, n° 9. — V. IMPRIMERIE.
7. — L'éditeur qui publie la musique dont il est propriétaire doit en déposer deux exemplaires pour conserver la propriété de son œuvre, conformément à la loi du 19 juill. 1793. — V. PROPRIÉTÉ ARTISTIQUE, PROPRIÉTÉ LITTÉRAIRE.
8. — Les marchands de musique sont rangés parmi les patentables de 5° classe, et sont soumis, comme tels, à un droit fixe, basé sur la population; le droit proportionnel est du 20° de la valeur locative de l'habitation et des lieux servant à l'exercice de la profession. — V. PATENTE.

MUTATION.

1. — Ce mot indique tout changement qui s'opère dans le droit de propriété ou de possession d'un bien ou d'un droit par la transmission qui s'en fait par vente, échange, donation, succession, etc. Ce terme est principalement employé en matière d'enregistrement. — V. ENREGISTREMENT.
2. — On nomme droit de mutation par décès celui qui est dû pour toute dévolution de biens à titre successif, soit qu'elle ait lieu par l'effet de la loi, soit qu'elle résulte de la volonté de l'homme. — V. ENREGISTREMENT.

MUTILATION.

V. CASTRATION, RECRUTEMENT, TENTATIVE.

MUTILATION D'ARBRES.

V. ARBRES ET PLANTES, DESTRUCTION ET DÉVASTATION DES RÉCOLTES, FORÊTS.

MYSTIQUE (Testament).

V. TESTAMENT.

N

NACRE.

1. — Marchands de nacre brute. Patentables de 3° classe. — Droit fixe, basé sur la population; droit proportionnel du 20° de la valeur locative de l'habitation et des lieux servant à l'exercice de la profession.
2. — Fabricans d'objets en nacre de perles pour leur compte; marchands d'objets en nacre: patentables de 5° classe. — Mêmes droits fixes (sauf la différence de classe) et proportionnels que les précédens.
3. — Fabricans d'objets en nacre de perles, à façon; patentables de 7° classe. — Même droit fixe que les précédens, à la différence de classe; droit proportionnel du 40° de la valeur locative de tous les locaux qu'ils occupent, mais seulement dans les communes de 20,000 âmes et au-dessus. — V. PATENTE.

NAISSANCE.

V. ACTES DE L'ÉTAT CIVIL.

NAISSANCE TARDIVE.

Naissance d'un enfant plus de 300 jours après le moment présumé de la conception. — V. ENFANS NATURELS, ENFANS ADULTÉRINS, LÉGITIMITÉ.

NAIZAGE.

Dans l'ancien pays de Bresse ce mot servait à désigner le droit de faire rouir du chanvre dans l'étang d'autrui. — V. ÉTANG.

NANTISSEMENT.

1. — Contrat par lequel un débiteur ou un tiers pour lui remet une chose au créancier pour sûreté de la dette. — C. civ., art. 2071 et 2077.
2. — Ce contrat est donc, comme l'hypothèque et le cautionnement, un contrat *accessoire*, puisqu'il présuppose l'existence d'une obligation dont il vient assurer l'exécution. C'est aussi un contrat *réel*, comme le prêt et le dépôt, puisqu'il n'est parfait que par la remise de la chose.
3. — Il ne *produit* qu'une seule obligation directe, celle du créancier qui reçoit la chose, de la restituer, lorsqu'il aura été intégralement payé. Le débiteur ne se trouve obligé qu'implicitement à garantir au créancier la possession de cette chose, et qu'incidemment à rembourser les dépenses faites pour sa conservation. D'où il suit que le nantissement doit être rangé dans la classe des contrats synallagmatiques imparfaits.
4. — Le nantissement d'une chose mobilière s'appelle *gage*. — C. civ., art. 2072. — Nous avons expliqué sous le mot *gage* toutes les règles relatives au nantissement mobilier.
5. — La Cour de cassation a jugé récemment qu'en matière commerciale, le contrat de nantissement, alors même qu'il intervient entre personnes résidant dans des villes différentes, et que dès lors il ne rentre pas dans les termes de l'art. 95 C. comm., n'existe régulièrement qu'autant qu'il réunit les conditions exigées par l'art. 2074 du C. civ.; et qu'en conséquence, si le transfert en douanes constitutif du nantissement ne contient l'énonciation que des marchandises engagées, et non celle de la somme empruntée, le prêteur ne peut réclamer le privilége réservé au créancier-gagiste. — *Cass.*, 17 mai 1847 (t. 2 1847, p. 404), Fourchon c. Benard. — V., à cet égard, nos observations détaillées sous cet arrêt, et v° GAGE, n°s 454 et suiv.
6. — Jugé néanmoins que l'accomplissement des formalités prescrites par l'art. 2074 C. civ. pour la validité du contrat de gage et du privilége qu'il confère à l'égard des tiers ne peut être exigé des banques de commerce dûment autorisées, mais aussi que celles-ci ne peuvent invoquer cette dérogation au droit commun qu'autant que, dans leurs opérations, elles se conforment à leurs statuts. — *Bordeaux*, 17 avr. 1845 (t. 2 1845, p. 200). Banque de Bordeaux c. Darhampé. — V. BANQUE.
7. — La chose qui par suite de ce contrat est donnée au créancier s'appelle aussi *nantissement*. — Pothier, v° *Nantissement*, n° 1.
8. — Le nantissement d'une chose immobilière s'appelle *antichrèse*.—V. ce mot. — C. civ., art. 2072.
9. — Toutefois, l'antichrèse, selon M. Delvincourt (*Cours de Code civil*, t. 3, p. 208, note 2), ne peut être regardée comme un véritable contrat de nantissement. Voici la raison qu'en donne cet auteur: « Il est de l'essence du nantissement de donner au créancier un droit réel sur la chose donnée en gage, et par suite le droit de se faire payer par privilége sur le prix. Or rien de tout cela n'existe dans l'antichrèse, qui n'est simplement le pouvoir donné par le débiteur à son créancier de percevoir les fruits d'un immeuble par imputation sur sa créance. »
10. — Dans l'un et l'autre cas, c'est un contrat intéressé de part et d'autre, à titre onéreux.
11. — Le nantissement diffère de l'hypothèque en ce que le nantissement se fait par la tradition de la chose qui est remise entre les mains du créancier; que l'hypothèque est un droit que le créancier acquiert dans les biens de son débiteur qui en sont susceptibles, sans que son débiteur lui en fasse aucune tradition. — Pothier, *Traité du nantissement*, n° 2. — V. HYPOTHÈQUE.
12. — Jugé que l'acte par lequel les parties, pour réaliser un contrat de nantissement, préexistant, ont simulé une vente, a pu, sans qu'il y eût ouverture à cassation, être considéré comme constituant avec ce dernier contrat une seule convention; et, dès lors, s'il a été enregistré, le nantissement a pu être déclaré régulier, bien que l'acte qui le constate spécialement n'ait pas été revêtu également de la formalité de l'enregistrement. — *Cass.*, 23 juill. 1844 (t. 2 1844, p. 682), Hue et Barthélemy. — V. GAGE.
13. — ... Et que le contrat par lequel l'imprimeur qui, voulant éditer un ouvrage, emprunte à cet effet une somme d'argent, et déclare reconnaître le prêteur pour propriétaire des caractères et du papier destinés à l'impression et de toute l'édition de l'ouvrage à éditer, constitue non une vente, mais un simple nantissement ; lorsque l'imprimeur se réserve la vente du livre et stipule que la propriété cédée devra cesser soit par le remboursement qu'il fera de la somme prêtée, soit dans le cas où le produit de la vente couvrirait le prêteur de sa créance. — *Bourges*, 14 juin 1844 (t. 2 1845, p. 587), Simonin c. Syonnet. — V. GAGE.
V., au reste, ANTICHRÈSE, CAUTIONNEMENT, COMMENCEMENT DE PREUVE PAR ÉCRIT.

NANTISSEMENT (Féod.).

1. — On donnait le nom de nantissement dans certaines coutumes à un acte judiciaire par lequel on prenait civilement possession d'un héritage pour enjoindre à titre de propriété, d'usufruit, d'hypothèques, etc. C'était l'ensemble, le complément, le résultat des formalités que l'on appelait tantôt *vest* et *dévest*, tantôt *dessaisine* et *saisine*, tantôt *déshéritance* et *adhéritance*, tantôt *mise en fait*, tantôt enfin *main assise*.
2. — Le nantissement pris dans ce sens, dit Merlin (*Rép.*, v° *Nantissement*, n° 2), tire son origine du droit féodal. Les seigneurs, suivant la féudistes, étaient autrefois propriétaires de tous les héritages situés dans leurs territoires respectifs. Dans la suite, ils ont inféodé ou accensé une partie à leurs vassaux : mais le domaine direct de ces fonds demeurant toujours dans leurs mains, ceux-ci ne pouvaient pas se dire propriétaires dans toute l'étendue de ce mot; par conséquent ils ne pouvaient pas être en leur pouvoir de transférer leurs droits à des tiers sans l'intervention des seigneurs, et les donations, ventes ou constitutions d'hypothèques qu'ils en faisaient n'étaient pour ainsi dire que des procurations

signandum. Par suite de ce raisonnement, ce nantissement était dans presque toutes nos coutumes une voie indispensable pour acquérir des droits réels sur les biens dont on était acheteur, donataire, preneur d'hypothèques, etc.; mais, dans la suite, l'usage en a été restreint à celles de Picardie, du Vermandois et des Pays-Bas.

3. — Comme, sous l'ancien droit, ce n'était pas par la simple convention, mais par la tradition que la propriété des choses était transférée, certaines coutumes avaient déterminé que la tradition des immeubles ne pourrait avoir lieu qu'en suivant les formalités du nantissement. Dans les pays régis par ces coutumes, qu'on appelait *pays de nantissement*, cette tradition des immeubles ne pouvait se faire que par des *devoirs de loi* ou *œuvres de loi*, ou par *mise de fait*. Tant que la tradition en cette forme n'était pas opérée, l'acquéreur ne pouvait être considéré comme propriétaire; tout son droit se bornait à une action personnelle contre celui qui avait signé le contrat d'aliénation passé à son profit. — V. Hainaut, ch. 94, art. 1er; Liége, ch. 6, art. 1er; Artois, art. 71; Châtellenie de Lille, tit. 10, art. 3; Vermandois, art. 126; Cambresis, tit. 5, art. 1er; Amiens, art. 137; Boulonnais, art. 115; Ponthieu, art. 111; Péronne, art. 264; Reims, art. 162; Chauny, art. 32, etc.

4. — De ce que le nantissement était la seule tradition légale, il suivait que de deux acheteurs ou donateurs d'un même bien, le premier nanti avait la préférence sur l'autre, bien que son contrat fût postérieur en date. — Cout. Vermandois, art. 128; Chauny, art. 33; Reims, art. 166.

5. — Il en était de même pour les locataires dans les coutumes où il était d'usage de nantir les baux.

6. — L'inaccomplissement des formalités prescrites par la loi laissait l'acheteur ou donataire exposé à toutes les poursuites des créanciers, même chirographaires, du vendeur ou donateur. — Maillart, sur l'art. 71 *Cout. d'Artois*; Merlin, vo *Nantissement*, § 1er, no 2.

7. — Toutefois, la possession continuée pendant un temps égal à celui que les différentes coutumes exigeaient pour la prescription des immeubles suppléait au nantissement et en produisait tous les effets. — Coutume Vermandois, art. 130; de Liége, chap. 6, art. 6; de Reims, art. 168; de Chauny, art. 35; de Péronne, art. 265.

8. — L'acquéreur qui n'avait ni pris saisine par le nantissement, ni possédé pendant le temps requis pour prescrire, avait néanmoins une possession qu'il pouvait protéger par l'action possessoire. — Coutume de Reims, art. 167; de Vermandois, art. 129; de Chauny, art. 34. — Le bien ainsi détenu était, relativement à celui qui l'avait acquis, considéré comme immeuble et réglé comme tel soit en communauté, soit en succession. — Merlin, *Rép.*, vo *Nantissement*, § 1er, no 4.

9. — Du reste, le défaut de nantissement tout en rendant nuls et sans effet les actes sur lesquels il n'intervenait pas, ne les empêchait pas de produire une action personnelle contre celui qui les avait consentis. — Merlin, *Rép.*, vo *Nantissement*, § 1er, no 7, et Roussaud de la Combe, vo *Nantissement*, no 4.

10. — Le nantissement n'était pas nécessaire 1o pour les actes que faisait un souverain relativement aux terres qu'il possédait dans ses états; 2o pour l'aliénation des immeubles fictifs tels qu'une rente constituée, un office; 3o pour l'adjudication par décret qui, suivant plusieurs coutumes de Flandre et de Hainaut, transmettait sans œuvres de loi la propriété pleine et incommutable (mais tel n'était pas le droit commun des pays de nantissement); 4o pour les dispositions d'immeubles faites par contrat de mariage, toutefois il y avait encore sur ce point divergence entre les coutumes (Merlin, vo *Nantissement*, § 1er, no 6); 5o pour la transmission des biens d'un défunt à ses héritiers légitimes, que la loi en saisissait de plein droit; 6o pour le partage entre cohéritiers, parce que ce partage n'étant pas attributif, mais seulement déclaratif de propriété, ne donnait rien de nouveau aux copartageans, et ne faisait que déclarer les portions dont ils étaient respectivement saisis par la loi (Coutume de Cambresis, tit. 14, art. 1er; de Châtellenie de Lille, tit. 2, art. 59); 7o pour la transmission des biens du défunt à son légataire (Coutume de Reims, art. 171; Parlem. de Paris, 12 déc. 1701), mais le contraire était décidé par la Coutume de Gand, rubr. 28, art. 4; de Douai, chap. 2, art. 3; d'Artois, art. 74. — Merlin, *Rép.*, vo *Nantissement*, § 1er, no 6.

11. — Le nantissement était aussi nécessaire pour les actes qui ne faisaient que diminuer ou grever la propriété: tels étaient 1o la concession à titre d'acensement ou d'inféodation; 2o le bail emphytéotique (Coutume de Valenciennes, article 28; de Cambresis, tit. 16, art. 6. — (Toutefois les Coutumes de Reims, art. 172, et de Vermandois, art. 130, disposaient autrement); 3o la constitution d'un usufruit ou d'une servitude (Coutume de Cambresis, tit. 5, art. 1er; de Hainaut, chap. 122, art. 9); 4o enfin l'hypothèque conventionnelle.

12. — Ainsi, dans les Coutumes de Picardie et de Vermandois l'hypothèque conventionnelle ne pouvait s'acquérir par une autre voie que celle du *Nantissement*. De même les Coutumes de Flandre, d'Artois, de Cambresis, de Hainaut, de Liége, de Namur, de Luxembourg, de Brabant et de Hollande refusaient toute hypothèque aux contrats quelconques, à moins qu'ils ne fussent nantis suivant les formalités prescrites par chacune de ces lois. — Merlin, *Rép.*, vo *Nantissement*, § 2, art. 4 et 5.

13. — Mais l'édit de Louis XV, de juin 1771, par son art. 35 abrogea l'usage des saisines et nantissemens pour acquérir hypothèque et préférence. Dérogeant à cet effet à toutes coutumes et usages à ce contraires, une déclaration du 23 juin 1772 disposa que les formalités de saisine et mise de fait, de nantissement ne seraient point nécessaires pour acquérir hypothèque sur les immeubles réels et fictifs, et ordonna qu'à l'avenir l'hypothèque dans les coutumes de nantissement s'acquerrait tant par actes passés devant notaires que par jugemens, de la même manière et ainsi qu'il se pratique dans les autres coutumes; dérogeant à cet effet à tout ce que lesdites coutumes de saisine et de nantissement pourraient avoir établi au contraire.

14. — Il est à remarquer 1o que cet édit et cette déclaration n'avaient abrogé le nantissement que par rapport aux hypothèques, et l'avaient laissé subsister pour les actes d'aliénation; — 2o que cet édit et cette déclaration n'avaient été ni enregistrés au Parlement de Flandre ni exécutés dans le ressort du Conseil d'Artois et que, par conséquent, dans les pays soumis à ces juridictions les formalités du nantissement étaient demeurées en vigueur non-seulement pour les aliénations, mais encore pour les hypothèques.

15. — La coutume de Vermandois, art. 125, et la coutume de Reims, art. 180, admettaient l'hypothèque judiciaire à compter seulement du jour de l'exécution de la sentence; mais l'ordonnance de Moulins, qui conférait aux jugemens hypothèque du jour de leur prononciation, prévalut sur le texte de ces coutumes.

16. — Quoique la prescription coutumière pût suppléer au nantissement et assurer à l'acquéreur une propriété incommutable, elle ne pouvait produire le même résultat à l'égard du créancier qui avait joui paisiblement d'une rente assignée par un simple contrat personnel sur un immeuble. Ce créancier n'acquérait pas par la jouissance une hypothèque réelle sur ce bien. — En effet, ce créancier n'exerçait aucun droit sur le bien affecté par contrat à sa rente. Il recevait du débiteur même ses arrérages, et il n'avait contre lui qu'une action personnelle en cas de retard ou de refus de paiement. Il n'était donc pas possible qu'il acquît une hypothèque par prescription, car on ne prescrit jamais ce qu'on ne possède pas.

17. — Il n'y avait pas lieu de recourir aux formalités du nantissement, quand, par disposition de droit, il y avait hypothèque tacite (coutume d'Amiens, art. 139). — Ainsi, ces formalités n'étaient pas requises pour le douaire. — Coutumes Amiens, art. 115; Péronne, art. 135 et 269; Laon, art. 124; Reims, art. 282.

18. — Quoique le contrat fût passé à Paris, le nantissement ou l'ensaisinement était requis dans les coutumes qui exigeaient cette formalité: parce qu'ils constituaient des statuts réels qui affectaient les biens. — Rousseau de Lacombe, vo *Nantissement*, no 13; Boullenois, *Quest. mixt.*, *qu.* 7.

19. — Après la suppression des justices seigneuriales il fallut, pour les pays où l'édit de juin 1771 et la déclaration du 27 juin 1772 n'avaient pas été publiés, suppléer aux formalités du nantissement, qui ne pouvaient plus s'accomplir dans les formes déterminées par les coutumes. Aussi la loi du 19 sept. 1790 remplaça le nantissement en prescrivant la transcription des grosses des contrats d'aliénation ou d'hypothèque sur des registres tenus au greffe des tribunaux de district de la situation des biens.

20. — La loi du 11 brumaire an VII, et plus tard le Code civil, remplacèrent ce mode de consacrer les aliénations et de constituer les hypothèques. — V. HYPOTHÈQUE, TRANSCRIPTION, VENTE.

NATATION.

Personnes tenant une école de natation. — Patentables de 5e classe. — Droit fixe, basé sur la population; — droit proportionnel du 20e de la valeur locative de l'habitation, et du 40e des locaux servant à l'exercice de la profession. — V. PATENTE.

NATION, NATIONALITÉ.

1. — Ce mot est employé pour désigner l'ensemble de tous les individus soumis à un même gouvernement, encore bien qu'ils ne soient pas compris dans le même territoire, lorsque cet ensemble est considéré relativement aux autres nations.

2. — Ainsi, le mot *nation* embrasse tous les peuples qui sont placés sous la domination du même gouvernement, quoique leurs mœurs et leur législation soient différentes.

3. — Moins général, au contraire, comme on le voit, que le mot nation, le mot *peuple* désigne l'association ou l'ensemble de tous les individus compris dans un même territoire, abstraction faite du gouvernement auquel ils sont soumis.

4. — Lorsqu'on considère chaque nation en elle-même comme formant un corps moral distinct des individus qui la composent, ce corps moral ou être collectif prend le nom d'*Etat*. — V. Sérigny, *Du droit public français*, t. 1er, p. 19.

5. — La condition de l'individu faisant partie d'une nation, et le bénéfice qui en résulte pour lui, de jouir de tous les droits civils ou politiques attribués aux membres de cette nation, s'appellent *nationalité*.

6. — La nationalité unit entre eux par un lien naturel tous les individus qui dépendent d'une même nation. — Hennequin, *Introd. hist. à l'étude de la législ. franç.*, t. 1er, p. 20 et 21.

7. — Pour déterminer la nationalité des individus qui naissaient en France, on s'attachait autrefois au principe territorial: principe qui est encore en vigueur en Angleterre. Mais le principe personnel a prévalu lors de la rédaction du Code civil. Ainsi aujourd'hui c'est la qualité du père qui détermine surtout celle de l'enfant, et non plus exclusivement le lieu de la naissance. — Pour la manière dont s'acquiert ou se perd la nationalité française, V. FRANÇAIS et NATURALISATION.

8. — Quant aux droits civils et politiques dont peuvent jouir ceux qui ont acquis cette nationalité, V. DROITS CIVILS, DROITS POLITIQUES, ÉLECTIONS LÉGISLATIVES, ÉTRANGERS, etc., — V. aussi, SOUVERAINETÉ.

NATTIERS.

Patentables de 8e classe. — Droit fixe, basé sur la population; — droit proportionnel du 40e de la valeur locative de tous les locaux qu'ils occupent, mais seulement dans les communes de 20,000 âmes et au-dessus. — V. PATENTE.

NATURALISATION.

1. — On appelle ainsi l'acte par lequel un étranger acquiert la qualité de Français et de citoyen français, et les droits qui y sont attachés.

2. — Est considéré comme étranger non-seulement l'individu qui est né en pays étranger de parens étrangers, mais encore celui qui est né de parens étrangers sur le territoire de France. — V. ÉTRANGER.

3. — La manière dont les enfans nés en France de parens étrangers pouvaient, sous l'empire du Code civil, devenir Français, a déjà été traitée au mot FRANÇAIS (sect. 2). Mais cette législation été modifiée depuis la révolution de 1848; de sorte que nous aurons encore à nous occuper ici des conditions que doivent remplir non-seulement les étrangers proprement dits, mais aussi les enfans nés en France d'étrangers, lorsqu'ils veulent acquérir la qualité soit de Français, soit de citoyens français.

4. — Quant à ce qui concerne la naturalisation des Français en pays étranger, V. FRANÇAIS, sect. 4, § 1er.

5. — Autrefois la naturalisation d'un étranger en France s'opérait par lettres patentes du roi, appelées lettres de naturalité. Ces lettres étaient accordées en grande chancellerie, et enregistrées dans les Cours souveraines. — Denizart, vo *Naturalisation*, nos 3, 9 et 10; Merlin, *Rép.*, *cod. verb.*, no 1er; Guichard, *Tr. des dr. civils*, édit. de 1821, no 57.

6. — Elles devaient aussi être enregistrées en la Cour des comptes. — Bacquet, *Aubaine*, 3e part., ch. 23; Loysel, *Institut. coutum.*, tit. 1er, no 97; d'Aguesseau, 32e plaidoyer (édit. in-4o, t. 3),

p. 129; Pothier, *Tr. des personnes*, 1re part., tit. 2, sect. 3 (édit. Dupin, t. 8, p. 33); Coin-Delisle, *Jouissance et privation des droits civils, Comment.* sur l'art. 8 C. civ., n° 11.

7. — ... Et même à la Chambre des domaines. —*Paris*, 3 juill. 1833, Duc de Bavière.

8. — Depuis la révolution de 1789, ce mode de naturalisation a été changé. La première loi qui ait été rendue sur cette matière est celle du 30 avr.-2 mai 1790. Elle porte : « Tous ceux qui, nés hors du royaume, de parens étrangers, sont établis en France seront réputés Français et admis, en prêtant le serment civique, à l'exercice des droits de citoyen actif, après cinq ans de domicile continu dans le royaume, s'ils ont en outre ou acquis des immeubles, ou épousé une Française, ou formé un établissement de commerce, ou reçu dans quelque ville des lettres de bourgeoisie, nonobstant tous règlemens contraires, auxquels il est dérogé...»

9. — Merlin (*Rép.*, v[is] *Divorce*, sect. 4, § 10, et *Naturalisation*, § 3, n° 4) a pensé que cette loi avait eu un double objet, celui d'appeler les étrangers établis en France à la qualité de Français, pourvu qu'ils remplissent une des conditions ajoutées à la résidence de cinq ans, et le second de ne leur imposer le serment civique qu'autant qu'ils voudraient exercer les droits de citoyens actifs; d'où il résulterait que le défaut de serment civique n'aurait pu leur enlever la qualité de Français que leur imprimait la présomption de la loi.— *Cass.*, 27 avr. 1819, d'Alsace c. de Caraman; *Paris*, 18 mars 1823, Wagner c. Préfet de la Seine; *Colmar*, 26 déc. 1829, Perrenod c. Préfet du Haut-Rhin; *Riom*, 7 avr. 1835, Onslow. — Mais la doctrine contraire a été consacrée par les arrêts suivans : *Paris*, 9 vent. an XII, Macmahon c. Latour; *Nîmes*, 22 déc. 1825, Entric Forster c. Préfet du Gard; *Montpellier*, 22 juin 1826, Loth c. Préfet de l'Hérault. — Coin-Delisle, n° 12.

10. — La loi du 30 avril-2 mai 1790 fut remplacée par la Constitution du 3 sept. 1791, qui exigea le serment civique, non comme condition de l'exercice des droits de citoyen, mais comme simple acceptation de la naturalisation (Legat, *Code des étrangers*, p. 404; Coin-Delisle, n° 13). Elle exigea aussi cinq ans de domicile, et, de plus, l'une ou l'autre de ces trois circonstances : la possession d'immeubles situés en France, le mariage avec une Française, un établissement d'agriculture ou de commerce (art. 3). Toutefois, cette constitution permit que le pouvoir législatif, pour des considérations importantes, donnât à un étranger un acte de naturalisation, sans autres conditions que de fixer son domicile en France et d'y prêter le serment civique (art. 4).

11. — La Constitution de 1791 a été abrogée implicitement par celle du 24 juin 1793, dont l'art. 4 était ainsi conçu : « Tout étranger âgé de 21 ans accomplis, qui, domicilié en France depuis une année, y vit de son travail, ou acquiert une propriété, ou épouse une Française, ou adopte un enfant, ou nourrit un vieillard; tout étranger enfin qui sera jugé par le Corps législatif avoir bien mérité de l'humanité, est admis à l'exercice des droits de citoyen français.» — V. en effet dans le sens de l'abrogation implicite de la Const. de 1791 deux arrêts de *Lyon* du 10 nov. 1827, Casati c. Préfet du Rhône, et Jay c. le même.

12. — Il suffisait donc, sous la constitution de 1793, pour acquérir la qualité de citoyen français, et pour être irrévocablement investi des droits qu'elle confère, que l'étranger fût âgé de 21 ans accomplis, qu'il eût établi depuis une année au moins son domicile en France, et qu'il y eût vécu de son travail. — *Lyon*, 26 nov. 1841 (t. 2 1842, p. 185), Hutter c. Préfet de la Loire.

13. — Il a été jugé aussi que, sous l'empire de cette constitution, l'étranger majeur de vingt-un ans devenait Français par une année de domicile en France, lorsque, soit avant, soit après l'expiration de cette année, il avait épousé une Française. — *Amiens*, 12 mars 1840 (t. 1er 1842, p. 95), Sénéchal c. Préfet de l'Oise.

14. — Toutefois, la condition d'un domicile en France depuis une année ne pouvait être réputée accomplie par le fait seul d'une simple résidence. —*Orléans*, 25 juin 1830, Rau c. Préfet du Loiret.— Même pour l'exploitation d'une entreprise commerciale.—*Cass.*, 11 avr. 1848 (t. 2 1848, p. 6), Mosselmann.

15. — La présence et les services d'un étranger pendant une année sous le drapeau français remplissaient complétement les deux conditions de domicile et de travail exigées par la constitution de 1793. — *Lyon*, 26 nov. 1841 (t. 2 1842, p. 185), Hutter c. Préfet de la Loire.

16. — L'étranger, âgé de 21 ans accomplis, qui avait établi depuis une année au moins son domicilé en France et y vivait de son travail, acquérait-il de plein droit la qualité de citoyen français; était-il, en d'autres termes, dispensé de faire une déclaration et de prêter le serment civique? Plusieurs arrêts se sont prononcés pour l'affirmative.—V. *Lyon*, 10 nov. 1827, Casati et Jay c. Préfet du Rhône; *Assises de la Seine*, 1er août 1838 (t. 2, 1838, p. 52), Ducimetière Monod. — M. Duvergier (*Collect. des lois*, 2e édit., t. 5, p. 354, note 2) a prétendu au contraire que, dans le cas dont il s'agit, la naturalisation ne pouvait être acquise de plein droit et par la seule force de la loi, qu'il y avait nécessité pour l'étranger de manifester le vœu de profiter des dispositions de la constitution de 1793, de réclamer la qualité de citoyen français. Cette dernière doctrine a été consacrée par la cour d'Orléans, suivant arrêt du 25 juin 1830, Rau c. Préfet du Loiret.

17. — Mais, en admettant que la Constitution du 24 juin 1793 conférât de plein droit la qualité de Français aux étrangers âgés de vingt-un ans accomplis qui, domiciliés en France, y vivaient de leur travail, sans même qu'il fût nécessaire de constater leur consentement, au moins faudrait-il, pour que ces deux conditions aient été réputées remplies dans le sens de la loi, 1° qu'il s'agît d'un domicile sérieux, de nature à faire présumer l'intention actuelle de se fixer en France; 2° que le travail exigé comme moyen d'existence fût de telle nature, qu'il fît supposer une sorte de communauté, de lien, d'agrégation de l'étranger à la nation française. — *Bordeaux*, 17 juin 1847 (t. 2 1847, p. 468), Davidson frères c. Préfet de la Gironde.

18. — Ainsi l'étranger qui, sous l'empire de cette constitution, remplissait seulement les fonctions de secrétaire particulier ou de chancelier du consul d'une nation étrangère, doit, alors surtout qu'aucun autre fait n'a révélé de sa part l'intention de changer de nationalité, être réputé n'avoir pas acquis la qualité de Français, une pareille résidence n'ayant été qu'accidentelle et précaire, et un pareil travail ne l'associant pas à la patrie.—Même arrêt.

19.—L'arrêté pris, sous l'empire de la constitution précitée, par les représentans du peuple le 21 brum. an II, et ratifié par la Convention nationale, par la loi du 7 messid. an III, a, au contraire, conféré de plein droit le titre de citoyens français aux Suisses qui s'étaient établis à Besançon en 1793 pour y fonder une manufacture d'horlogerie, et, par conséquent, les descendans de ces Suisses n'ont pu se soustraire à la loi du recrutement. — *Besançon*, 14 déc. 1844 (t. 2 1845, p. 404), Préfet du Doubs c. Zelleveger.

20. — Au surplus, la Constitution du 24 juin 1793 n'a eu qu'une existence éphémère; dès le 10 oct. de la même année (19 vendém. an II) un décret en suspendit les effets, en ordonnant que le gouvernement provisoire de la France serait révolutionnaire jusqu'à la paix. Cependant ce décret n'a pu déroger aux droits acquis. Ainsi, la naturalisation opérée sous la Constitution de 1793 n'en a pas moins été irrévocable, nonobstant l'effet suspensif de ce décret. — *Colmar*, 13 oct. 1829, Stéhélin c. Préfet du Haut-Rhin.— Coin-Delisle, n° 14.

21. — D'après la Constitution du 5 fructid. an III (22 août 1795), qui a remplacé celle du 24 juin 1793, l'étranger devenait en même temps Français et citoyen. Cette Constitution a élevé à sept années le temps du stage politique. Elle a exigé encore que l'étranger déclarât, avant tout, l'intention de se fixer en France, qu'il y payât une contribution directe et y possédât ou une propriété foncière, ou un établissement d'agriculture ou de commerce, ou qu'il y eût épousé une Française (art. 10 de la Constitution). M. Coin-Delisle (n° 15) pense que la déclaration de se fixer en France constituait implicitement la demande en naturalisation, et qu'elle s'opérait par la seule force de la loi, quand postérieurement l'étranger avait accompli la résidence de sept ans, que de plus il payait une contribution foncière, et présentait l'une des quatre autres conditions alternatives d'où la loi tirait la présomption de son attachement au sol français.

22. — Sous l'empire de cette Constitution, le fait isolé de la résidence en France d'un étranger n'aurait donc pas pu suffire pour faire acquérir la qualité de Français. C'est ce qui a été jugé par la Cour de cassation. — Arr. 26 janv. 1835, Maire de Corte c. Pelizza. — Mais le même arrêt a décidé que la résidence aurait pu produire cet effet si elle avait été accompagnée de l'une au moins des conditions énumérées en l'art. 10 de la Constitution. Cette solution paraît contraire à l'opinion de M. Coin-Delisle, selon lequel, comme nous venons de le voir, la déclaration et le paiement d'une contribution foncière étaient, dans tous les cas, d'absolue nécessité, tandis que ce n'était qu'à l'égard des autres conditions qu'il existait une alternative.

23. — Quoi qu'il en soit, la Constitution de 1795 n'a pu produire son effet que du jour où son acceptation par le peuple français a été proclamée, c'est-à-dire le 22 sept. 1795. — En conséquence, l'étranger qui, avant cette dernière époque, avait rempli les conditions exigées par la Constitution de 1793 pour être Français, a été irrévocablement investi de cette qualité.—*Colmar*, 13 oct. 1829, Stéhélin c. Préfet du Haut-Rhin.

24. — Cette Constitution de 1795 a été elle-même abrogée par celle du 22 frim. an VIII (13 déc. 1799). Suivant cette dernière, l'étranger acquérait bien également en même temps, comme sous la précédente, la qualité de Français et celle de citoyen, mais il suffisait qu'après avoir atteint l'âge de vingt-un ans, il déclarât l'intention de se fixer en France et y eût résidé pendant dix années consécutives (art. 3). Ainsi, les conditions exigées par la Constitution de 1795 ont été remplacées par une plus longue durée de stage.

25. — Dès l'an IX, la nouvelle Constitution du 22 frim. fut suspendue dans les départemens du Golo et du Liamone (Corse). Toutefois, cette suspension interrompit seulement l'exercice des droits civiques et politiques des habitans de ces départemens; elle ne put faire cesser l'exercice de leurs droits privés, ni changer leur capacité. — *Aix*, 1er fév. 1834, Commune de Piana c. commune de Renno.

26. — Des considérations d'intérêt public y firent aussi apporter quelques modifications. Ainsi le sénatus-consulte du 26 vendém. an XI autorisa le gouvernement, pendant cinq ans à partir de sa publication, à admettre à jouir des droits de citoyen français, après un an de domicile seulement, les étrangers qui rendraient ou auraient rendu des services importans à l'Etat, qui apporteraient dans son sein des talens, des inventions ou industries utiles, ou qui formeraient de grands établissemens (art. 1er).—Cette autorisation a été rendue perpétuelle par un autre sénatus-consulte du 19 févr. 1808 (art. 1er).

27. — Cette admission à jouir des droits de citoyen français était conférée par un arrêté ou un décret spécial du gouvernement, pris sur le rapport du ministre de l'intérieur, le Conseil d'Etat entendu (art. 2 des mêmes sénatus-consultes). Il était en outre délivré une expédition de cet arrêté ou de ce décret, visée par le grand juge (art. 4), à l'impétrant, qui devait ensuite, muni de cette expédition, prêter devant la municipalité de son domicile le serment d'être fidèle au gouvernement établi par la constitution; il était tenu registre et dressé procès-verbal de cette prestation de serment (art. 4). M. Coin-Delisle (n° 17) enseigne que c'était le serment qui complétait la naturalisation et mettait l'impétrant en possession de son nouvel état. — V. CONSEIL D'ÉTAT, n°s 224 et suiv.

28. — Dans le cas où il n'aurait point existé à la mairie de registres servant à inscrire les prestations de serment des étrangers naturalisés, ou que ces registres auraient été perdus, les tribunaux ne pourraient refuser d'admettre comme preuve supplétive de la prestation du serment celle qui résulterait de différens actes ou titres non suspects, sous prétexte que cette preuve ne serait pas authentique ou légale. — *Cass.*, 4 fév. 1822, Maccdermott c. Domaine. — Coin-Delisle, *ubi suprà*, et *Comment. sur les actes de l'état civil*, art. 46, n° 7.

29. — Il a été également dérogé à la constitution de l'an VIII par l'art. 13 C. civ., duquel il résulte que l'étranger ne peut être admis à jouir des droits civils qu'autant qu'il aura obtenu du gouvernement l'autorisation de résider en France. En effet, le Conseil d'Etat, consulté sur la question de savoir si l'étranger qui voulait devenir citoyen français, par la voie qu'indiquait l'art. 3 de la Constitution de l'an VIII, était assujetti à la disposition de l'art. 13 C. civ., a été d'avis que, *dans tous les cas* où un étranger voulait s'établir en France, il était tenu d'obtenir la permission du gouvernement; et que ces permissions pouvant être, suivant les circonstances, sujettes à des modifications, à des restrictions, et même à des révocations, ne sauraient être déterminées par des règles ou des formules générales. — V. Avis du Conseil d'Etat du 20 prair. an II (9 juin 1803). — V. aussi, en ce sens, Legat, *C. des étrang.*, p. 294; Duranton, t. 1er, n°s 142 et 143; Valette, *Observations sur Proudhon, Traité des personnes*, t. 1er, p. 184, note *a*, n° 2.

30. — En conséquence, le stage de dix ans

exigé par la Constitution de l'an VIII n'a pu, à partir de la publication du titre 1er du C. civ., commencer à courir, tant que l'ordonnance d'autorisation n'avait pas été rendue. — Coin-Delisle, sur l'art. 8, no 17, et sur l'art. 13, no 1er; Valette, *ubi suprà*.

31. — Enfin, un décret du 17 mars 1809 n'a pas voulu que même après l'accomplissement de toutes les conditions qui précèdent, on pût encore considérer l'étranger comme investi de plein droit de la qualité de Français; il a exigé que la naturalisation fût prononcée par le souverain sur la demande de l'étranger transmise avec les pièces à l'appui par le maire de son domicile au préfet du département, qui devait les adresser avec son avis au ministre de la justice: en sorte qu'à partir de la publication de ce décret, il n'a plus existé de naturalisation de plein droit. — Merlin, *Rép.*, vo *Naturalisation*, no 2; Guichard, nos 59 et 60; Coin-Delisle, *eod. loc.*; Foucart, *Elémens de dr. publ. et admin.*, t. 1er, p. 172 et 173.

32. — Le décret du 17 mars 1809 et le sénatus-consulte du 19 fév. 1808 ne s'appliquent cependant qu'aux individus nés hors de France, d'étrangers, et par conséquent étrangers eux-mêmes, et non à ceux qui sont nés en France, même d'étrangers. — *Paris*, 13 nov. 1841 (t. 1er, 1842, p. 371), Saisset c. Wallerstein.

33. — Ainsi, celui qui est né en France, sous la Constitution de l'an VIII, d'un père étranger, mais résidant en France, qui n'a pas cessé lui-même d'y demeurer après avoir accompli sa vingt-unième année, qui s'est soumis à la loi du recrutement, qui est inscrit sur les contrôles de la garde nationale, est citoyen français, et, à ce titre, capable d'exercer les droits électoraux. — Même arrêt.

34. — La Charte de 1814 avait laissé subsister la Constitution de l'an VIII, le sénatus-consulte de 1808 et le décret de 1809. C'est ce qui résulte d'une ordonnance du 4 juin 1814. En effet, l'art. 2 de cette ordonnance porte que « les dispositions du Code civil, relatives aux étrangers et à leur *naturalisation*, restent en vigueur et seront exécutées selon leur forme et teneur. » Or, le Code civil, en se bornant à dire (art. 7) que la qualité de citoyen français s'acquérait *conformément à la loi constitutionnelle*, s'est référé à la Constitution de l'an VIII, seul texte constitutionnel qui existât en 1803, pour la voie à prendre par les étrangers pour acquérir la qualité de Français et de citoyen. La Charte de 1830 n'a également rien innové en ce point. C'est donc à cette Constitution de l'an VIII, modifiée par les sénatus-consulte et décret précités, que la matière de la naturalisation des étrangers en France a été soumise depuis 1830 (V. no 31, Merlin, *loc. cit.*; Guichard, no 58; Legat, p. 405; Coin-Delisle, no 18) jusqu'à la révolution de 1848.

35. — Toutefois, l'ordonnance du 4 juin 1814 avait introduit, par son art. 1er, une modification qui distinguait encore l'étranger naturalisé du Français d'origine. Ainsi, elle interdisait au premier de siéger à l'avenir aux Chambres législatives, à moins qu'il n'eût obtenu du roi des *lettres de naturalisation*, vérifiées par les deux Chambres. C'était avec cette modification qu'elle avait maintenu les lois précédentes. — Merlin, *ibid.*; Duvergier, *sur Toullier*, t. 1er, p. 183, no 264, note *a*.

36. — La vérification des lettres de grande naturalisation par les Chambres n'était pas une simple formalité telle que les Chambres fussent obligées d'accueillir les lettres de naturalisation. Le mot *vérifier* emporte en effet l'idée d'un examen fait en pleine connaissance de cause. S'il eût dû en être autrement, l'ordonnance du 4 juin 1814 aurait employé la formule accoutumée pour l'enregistrement des lois dans les cours et tribunaux; elle aurait dit que les lettres seraient *lues, publiées* et *enregistrées* dans les Chambres. L'omission de cette formule prouve que celles-ci avaient le droit de voter et de voter au scrutin secret, ainsi que cela avait été reconnu maintes fois, sur la question de savoir si les lettres seraient ou ne seraient pas déclarées vérifiées. On peut notamment consulter à cet égard les lettres de naturalisation accordées le 28 février 1828 au prince d'Arenberg, le rapport de la commission et la dissertation de M. Dupin aîné au sujet de ces lettres (*Moniteur* des 16, 20, 22 et 27 avril 1828). — V. aussi, dans le même sens, Legat, p. 406 et suiv.; Duvergier, *Coll. des lois* 2e édit., t. 28, p. 36, note 1.

37. — Ainsi, sous la législation qui a précédé la révolution de 1848, il y avait deux espèces de naturalisation: la *grande naturalisation* qui rendait apte soit à être nommé par le roi membre de la Chambre des pairs, soit à être élu membre de la Chambre des députés; et la *simple naturalisation* qui ne conférait, avec la plénitude des droits civils, que la partie des droits politiques non comprise dans la grande naturalisation.

38. — La simple naturalisation pouvait avoir lieu, comme nous l'avons vu, dans deux cas: après la résidence de dix années en France précédée des formalités requises, ou ayant l'accomplissement de ce stage de dix ans. — Sénatus-consulte du 19 févr. 1808. — Selon Merlin (*Rép.*, vo *Naturalisation*, no 4), les lettres qui étaient délivrées par suite du décret du 17 mars 1809, pour constater la naturalisation, se nommaient, dans le premier cas, *lettres de déclaration de naturalité* et, dans le second, *lettres de naturalisation*. Cette distinction a été avec raison combattue par M. Coin-Delisle (no 20). En effet, le *Bulletin des Lois*, qui contient beaucoup de lettres de déclaration de naturalité, n'a jamais publié de lettres de naturalisation.

39. — La naturalisation étant une faveur, et les conditions imposées à la faculté de devenir Français, par les diverses lois qui se sont succédé, étant substantielles, l'étranger qui réclame la qualité de Français doit prouver qu'il a réellement rempli les conditions exigées par la loi sous laquelle il prétend que sa naturalisation s'est opérée. L'accomplissement de ces conditions ne peut être ni présumé ni suppléé. — Coin-Delisle, sur l'art. 8, C. civ., no 22.

40. — Dès lors, de ce qu'un étranger a résidé en France depuis 1789 jusqu'en 1825, il ne s'en est pas suivi qu'il ait acquis la qualité de Français. — *Montpellier*, 22 juin 1826, Loth c. préfet de l'Hérault.

41. — L'acquisition de cette qualité n'a pu résulter non plus de la seule réunion des circonstances suivantes: 1o que l'étranger avait habité en France pendant longtemps; 2o qu'il s'y était marié; 3o qu'il y avait servi dans les vétérans; 4o qu'il avait été garde champêtre. — *Nîmes*, 22 déc. 1825, Entric Forster c. préfet du Gard.

42. — A l'occasion de l'élection comme député de M. Emile de Girardin, en 1839, il s'est élevé devant la Chambre des députés la question de savoir si on pouvait prouver sa nationalité, établir qu'on avait acquis la qualité de Français, de citoyen français, par une possession d'état politique. M. Amilhau soutint l'affirmative, en se fondant sur ce que la possession, suffisant pour garantir les plus minces intérêts, devait suffire à plus forte raison pour garantir le plus grand de tous les titres; que les électeurs, en ne réclamant pas contre l'inscription, avaient sanctionné cette possession, et qu'enfin on ne pouvait la détruire qu'en prouvant que celui qui s'était présenté comme Français ne jouissait pas de cette qualité. M. Hennequin combattit ce système. Après avoir justifié la nécessité de reconnaître des effets à la possession en matière civile, il prétendit que la possession ne pouvait être érigée en maxime en matière politique, par la raison que la possession politique ne pouvait s'autoriser, comme la possession civile, des épreuves de la contradiction, que cette possession, en effet, n'était pas en lutte avec un intérêt vivant, actuel; que le vote dans les colléges électoraux pouvait s'expliquer par l'inattention, la négligence des électeurs, auxquels la loi reconnaissait cependant le droit de contestation, et qu'enfin le service dans la garde nationale ne présentait pas un caractère plus déterminant, parce qu'on ne pouvait ne pas ouvrir les rangs de la garde nationale à celui qui voulait s'y placer. Ce fut cette dernière opinion qui prévalut devant la Chambre des députés (V. séance du 13 avril, *Moniteur* du 14) et, en annulant l'élection de M. Emile de Girardin, elle consacra un principe qu'elle avait déjà admis en 1824 à l'occasion de l'élection de M. Benjamin Constant.

43. — De 1814 à 1848, la naturalisation n'a pu se prouver par la représentation des lettres de déclaration de naturalité. — Coin-Delisle, no 21; Richelot, *Principes du droit civil*, t. 1er, p. 107, note. — Il n'y a pas de raison pour qu'il n'en soit pas encore de même.

44. — Tel était l'état de la législation et de la jurisprudence en matière de naturalisation, lorsque le gouvernement provisoire rendit, le 28 mars 1848, un décret par lequel il autorisa le ministre de la justice à accorder la naturalisation à tous les étrangers qui la demanderaient et qui justifieraient par actes officiels ou authentiques qu'ils résidaient en France depuis cinq ans et qui, en outre, produiraient à l'appui de leur demande l'attestation par le maire de Paris ou le préfet de police, pour le département de la Seine, et par les commissaires du gouvernement (aujourd'hui les préfets ou sous-préfets) pour les autres départemens, qu'ils étaient dignes, sous tous les rapports, d'être admis à jouir des droits de citoyen français.

45. — Il résulte des termes mêmes de ce décret que l'autorisation accordée au ministre de la justice n'était que provisoire. Le gouvernement provisoire a voulu par là faciliter la naturalisation des étrangers « qui avaient acquis (porte le texte du décret) des titres certains à l'estime publique en prenant une part active aux événemens de février. » Ce décret, qui a remplacé la législation antérieure, est encore aujourd'hui appliqué à toutes les demandes de naturalisation. Mais MM. de Vatimesnil et Lefebvre-Duruflé, représentans du peuple, pensant qu'il était temps de rentrer dans les voies tracées par l'expérience, ont présenté à l'Assemblée législative un projet de loi ayant pour objet de rétablir la nécessité de l'autorisation préalable et du stage politique de dix années. La commission chargée d'examiner ce projet a déposé son rapport à la séance du 1er août 1849, et conclu à la prise en considération.

46. — Tout en facilitant la naturalisation des étrangers, le décret du gouvernement provisoire du 28 mars 1848 a laissé subsister les droits établis dans l'intérêt du trésor national par l'ordonnance du 8 oct. 1814 et par la loi du 28 avr. 1816. Mais il a maintenu en même temps la disposition de l'ordonnance du 8 oct. 1814, qui autorise à remettre lesdits droits, en tout ou en partie, suivant l'état de fortune des réclamans. — V. COMMISSION DU SCEAU, no 9.

47. — Comme nous l'avons fait remarquer sous le mot FRANÇAIS (nos 45 et suiv.), l'individu né en France de parens étrangers est placé, relativement à la naturalisation, dans une position bien préférable à celle de l'étranger proprement dit. Deux conditions seulement sont imposées à cet individu: la première, c'est qu'il réclame la qualité de Français; la seconde, c'est qu'il fixe son établissement en France. Mais l'art. 9 du Code civil voulait que sa réclamation fût formée dans l'année qui suivait l'époque de sa majorité. Il en résultait que s'il laissait passer cette année sans agir, il demeurait privé du bénéfice de la loi et se trouvait dans la position d'un étranger ordinaire. On a pensé que son ignorance ou sa négligence ne pouvait le priver de la faculté que lui accorde l'art. 9 précité. De là la loi du 22 mars 1849, qui permet à l'individu né en France d'un étranger de faire, même après l'année qui suivra l'époque de sa majorité, la déclaration prescrite par cet article. Toutefois, elle ne lui concède ce droit qu'autant qu'il se trouve dans l'une des deux conditions suivantes: 1o s'il sert ou s'il a servi dans les armées françaises de terre ou de mer; 2o s'il a satisfait à la loi du recrutement sans exciper de son extranéité.

48. — Jugé, par application de cette loi, que l'individu né en France d'un étranger devenu momentanément Français par la réunion de son pays à la France, et qui a perdu cette qualité en ne remplissant pas les formalités prescrites par la loi du 14 oct. 1814, n'a pu acquérir la qualité de Français par une déclaration faite après l'année qui avait suivi sa majorité, alors qu'il avait excipé de son extranéité pour se soustraire à la loi du recrutement. — *Cass.*, 7 mai 1849 (t. 2 1849, p. 71), Salzbourg.

49. — L'individu né en France d'un étranger qui, sous l'empire du Code civil, avait déclaré dans l'année de sa majorité sa volonté d'être Français, fait sa soumission de fixer son domicile en France, qu'il y avait réellement établi dans l'année, avait acquis par cela seul la qualité de Français, sans qu'il eût besoin de demander et d'obtenir des lettres de déclaration de naturalité. — *Cass.*, 19 août 1844 (t. 2 1844, p. 238), Maire de Saint-Florent c. Malfati.

50. — Lorsque la naturalisation a été acquise par l'accomplissement des formalités prescrites par une loi alors en vigueur, elle a continué à produire ses effets nonobstant les conditions nouvelles exigées par les lois postérieures. C'est en effet un principe constant de tous les temps qu'une loi ne dispose que pour l'avenir, et n'a point d'effet rétroactif. — C. civ., art. 2. — Ainsi, l'étranger qui a acquis la qualité de citoyen français selon les lois antérieures soit à la Constitution de 1795, soit à celle de l'an VIII, n'a pas eu besoin, pour la conserver, de remplir les conditions imposées par ces nouvelles constitutions, même, si c'est avant le décret du 17 mars 1809, d'obtenir des lettres de déclaration de naturalité. Sur ce point, la jurisprudence est constante. — *Cass.*, 27 avr. 1819, d'Alsace c. Caraman; *Paris*, 18 mars 1823, Wagner c. préfet de la Seine; *Rennes*, 12 fév. 1824, Haentjens c. préfet de la Loire-Inférieure; *Amiens*, 12 fév. 1824, Falton

c. préfet de la Somme, et 14 fév. 1824, Thibaud c. le même; deux arrêts de Lyon du 10 nov. 1827, Casati c. préfet du Rhône, et Jay c. le même; *Montpellier*, 12 nov. 1827, Sullin c. préfet de l'Aude; *Colmar*, 13 oct. 1829, Stéhélin c. préfet du Haut-Rhin; 26 déc. 1829, Perrenod c. le même; *Riom*, 7 avr. 1835, Onslow; *Cour d'assises de la Seine*, 1er août 1838 (t. 2 1838, p. 52), Ducimetière-Monod. — V. aussi, dans le même sens, Merlin, *Rép.*, v° *Naturalisation*, n° 5; Coin-Delisle, n° 19.

51. — La naturalisation acquise a pour effet de rendre l'étranger vrai naturel français, et de lui en conférer tous les droits, tant civils que politiques, et même aujourd'hui celui d'être représentant du peuple aux assemblées nationales.

52. — Sur la question de savoir si les lettres de déclaration de naturalité doivent rétroagir au jour où les formalités prescrites ont été accomplies, V. le mot FRANÇAIS, n° 142, et Duvergier, *sur Toullier*, t. 1er, n° 261, p. 181, note.

53. — La Cour de cassation a consacré récemment le principe de la rétroactivité à l'égard des lettres de déclaration de naturalité accordées à l'individu né en France d'un étranger; elle a décidé, en effet, que le bénéfice de la qualité de Français était acquis pour cet individu à dater du jour même de sa naissance, et non pas seulement pour l'avenir. — *Cass.*, 19 juill. 1848 (t. 2 1848, p. 609), B. c. G. — V. aussi *Paris*, 11 déc. 1847 (t. 2 1848, p. 577), Kuhn c. Stacpoole. — Merlin, *Rép.*, vis *Français*, § 1er, n° 1er, et *Légitimité*, sect. 4, § 3, n° 3 *in fine*; Toullier, t. 1er, n° 261; Legat, *C. des étrangers*, n° 11, p. 12 et suiv.; Coin-Delisle, *Jouiss. et priv. des dr. civ.*, sous l'art. 9, nos 3 et 15; Zachariæ, *Dr. civ. franç.*, § 69, t. 1er, p. 154; Taulier, *Th. C. civ.*, t. 1er, p. 125. — V. cependant Delvincourt, t. 1er, p. 192, note 5; Duranton, t. 1er, n° 199; Valette, *Observ. sur Proudhon* (*Etat des Personnes*), t. 1er, p. 122; Duvergier *sur Toullier*, t. 1er, n° 261, note; Fœlix, *Dr. intern. privé*, p. 41 (2e éd.); Demolombe, *C. de C. civ.*, t. 1er, n° 163; Serrigny, *Tit. de dr. publ.*, t. 1er, p. 145; Marcadé, *Elém. du dr. civ.*, sous l'art. 9, n° 1er; Richelot, *Principes du dr. civ. franç.*, t. 1er, n° 69; Buquet, sur Pothier (*Introd. gén. aux cout., tit. des Personnes*), t. 1er, p. 10, et *tit. des Personnes*, t. 9, p. 17 et 18; Ducaurroy, Bonnier et Roustain, *Comment. théor. et prat. C. civ.*, sous l'art. 9, t. 1er, n° 51, p. 30.

54. — De ce que les femmes n'exercent pas les droits politiques et qu'elles peuvent jouir des droits civils en obtenant l'autorisation d'établir leur domicile en France (C. civ., art. 13), M. Coin-Delisle (n° 23) en a conclu que la naturalisation leur était inutile. Nous ne saurions partager ce sentiment. Car, si les femmes sont incapables des droits politiques, aucune loi ne s'oppose à ce qu'elles deviennent Françaises. L'autorisation d'établir leur domicile en France, loin de leur attribuer cette qualité, les maintient au contraire dans leur état d'étrangères, or la faveur seule de porter le titre de Françaises nous paraît suffisante pour motiver à leur égard l'utilité de la naturalisation. D'ailleurs, de cette manière, les enfans qu'elles pourraient avoir hors du mariage, le père étant inconnu, deviendraient eux-mêmes Français, les enfans dans ce cas suivant la condition de leur mère.

55. — Un autre effet de la naturalisation est d'attribuer aux enfans de l'étranger, nés après la naturalisation, la qualité de Français. — *Paris*, 18 mars 1823, Wagner c. préfet de la Seine. — Duranton, t. 1er, n° 120; Coin-Delisle, *ubi suprà*; n° 53; Magnin, *Traité des minorités*, t. 1er, n° 3.

56. — Il a même été jugé que ces enfans étaient non-seulement Français, mais encore citoyens, et comme tels aptes à exercer les droits politiques. — *Rennes*, 12 fév. 1824, Haentjens c. préfet de la Loire-Inférieure.

57. — Mais à l'égard des enfans qui seraient nés antérieurement à la naturalisation du père, ils sont demeurés étrangers. Il n'est pas au pouvoir de leur père de changer leur état. — D'Aguesseau, 32e plaidoyer (*ubi suprà*), n° 6; Merlin, *Rép*, v° *Légitime*, sect. 3, § 1er, n° 9; Legat, p. 7; Duranton, Coin-Delisle et Magnin, *loc. cit.* — *Grenoble*, 16 déc. 1828, Perregaux; — V. ABDICATION DE PATRIE, AUBAINE (droit d'), CITOYEN FRANÇAIS, DROITS CIVILS ET POLITIQUES, ÉLECTIONS COMMUNALES, ÉLECTIONS DÉPARTEMENTALES, ÉLECTIONS LÉGISLATIVES, ÉTRANGERS, FRANÇAIS.

NATURALISTES.

Patentables de 6e classe. — Droit fixe, basé sur la population; droit proportionnel du 20e de la valeur locative de l'habitation et des lieux servant à l'exercice de la profession.

NAUFRAGE.

1. — C'est la submersion d'un navire par une fortune de mer qui donne lieu à la perte totale ou partielle soit de ce navire, soit de son chargement.

2. — Le naufrage a lieu en pleine mer ou sur une côte, avec ou sans bris ou échouement

3. — Le naufrage proprement dit s'opère par un fait de force majeure et sans la volonté de l'homme. S'il était occasionné par la faute volontaire du capitaine, du pilote ou de toute autre personne, il constituerait un acte de baraterie. — V. BARATERIE, CAPITAINE DE NAVIRE, nos 525 et suiv.

4. — Est réputé naufragé, dans le sens de l'art. 27, tit. 9, liv. 4 de l'ordonn. de 1681, le navire trouvé en mer, n'ayant plus à son bord que des cadavres ou des hommes à demi morts, et devenus tout à fait incapables de tenter le moindre effort ou de manifester une volonté. — *Rouen*, 2 déc. 1840 (t. 1er 1841, p. 164), Lecoq et Maillet-Duboullay c. Vieillard.

5. — Le naufrage d'un navire donne lieu à différentes mesures relatives au sauvetage des effets naufragés, et attribue divers droits à ceux qui effectuent ce sauvetage.

6. — Ces mesures concernent le capitaine du navire, les propriétaires ou armateurs, ceux qui ont fait assurer le navire ou son chargement, les particuliers, et l'administration.

7. — En ce qui concerne les devoirs du capitaine, des propriétaires ou armateurs qu'il représente, et ceux des assurés, V. ASSURANCE MARITIME et CAPITAINE DE NAVIRE, nos 297 et suiv.

8. — Tout individu qui est témoin d'un naufrage ou de l'échouement d'un bâtiment sur les côtes, quelle que soit d'ailleurs sa qualité, doit en informer sur-le-champ l'officier en chef de l'administration de la marine le plus voisin des lieux. En cas de négligence ou de refus, ils peuvent être réputés complices du pillage des effets naufragés. — Arr. 27 therm. an VII, art. 1er, et 17 flor. an IX, art. 1er et 2.

9. — Les autorités locales sont tenues de se rendre au premier avertissement d'un naufrage, de pourvoir au sauvetage, et d'empêcher le pillage des navires et effets, dont ils rapportent état et procès-verbal. — L. 9-13 août 1791, tit. 1er, art. 3, 4, 5; Arr. 27 therm. an VII, art. 3, 4, 5, et 17 flor. an IX, art. 2.

10. — Tous voituriers, charretiers et mariniers sont tenus de se transporter, avec chevaux, harnais et bestiaux, au lieu du naufrage et de l'échouement, à la première sommation qui leur en est faite, à peine de 50 fr. d'amende, et même de plus forte peine, s'il y échet. L'ordonnance portant condamnation à l'amende ou autre peine est affichée aux frais des contrevenans. — Ord. 1681, liv. 4, tit. 9, art. 7; 10 janv. 1770, article 6. — Goujet et Merger, *Dict. de dr. comm.*, v° *Naufrage*, n° 12.

11. — Toutes autres personnes qui, le pouvant, refusent ou négligent de faire les travaux, le service, ou de prêter le secours dont ils sont requis, en cas de naufrage, sont passibles d'une amende de 6 fr. à 10 fr. inclusivement. — C. pén. 475, n° 12.

12. — Il est défendu aux particuliers employés au sauvetage et à tous autres, sous peine de restitution du quadruple et de punition corporelle, de porter ailleurs qu'aux lieux indiqués aucun des effets naufragés; il leur est également défendu de rompre les coffres, ouvrir les ballots et couper les cordages ou mâtures sauvés du naufrage. — Ord. 1681, liv. 4, tit. 9, art. 5.

13. — Il est enjoint à tous ceux qui tirent du fond de la mer, ou trouvent sur les flots des effets provenant de jet, bris ou naufrage, de les mettre en sûreté et d'en faire, vingt-quatre heures au plus tard après leur arrivée, leur déclaration à l'officier d'administration de la marine dans l'arrondissement duquel ils ont abordé, à peine d'être punis comme receleurs. — Ordonn. 1681, liv. 4, tit. 9, art. 19; Arr. 17 flor. an IX, art. 1er.

14. — Ceux qui trouvent sur les grèves et rivages de la mer quelques effets échoués ou jetés par les flots, sont tenus de faire, dans le même délai, une semblable déclaration. — Même Ord., art. 20.

15. — Si les objets naufragés sont furtivement enlevés, l'officier d'administration de la marine du lieu du délit, ou le fonctionnaire public qui le supplée, est tenu de prendre sur-le-champ les renseignemens nécessaires, d'entendre les témoins qui lui sont indiqués, et faire toutes visites domiciliaires chez les personnes inculpées de soustraction ou de recel de ces objets. — Arr. 27 therm. an VII, art. 6, et 17 flor. an IX, art. 1er.

16. — En cas de pillage des effets naufragés à force ouverte par attroupement, la commune du lieu du délit en est civilement responsable. — L. 18 vend. an IV; Arr. 27 therm. an VII, art. 7.

17. — Les objets sauvés sont transportés dans des magasins qui ne peuvent jamais être ceux appartenant à l'officier maritime ou à son secrétaire, ni communiquer avec les maisons qu'ils habitent. — Ord. 1770, art. 8.

18. — L'officier d'administration de la marine nomme d'office un gardien bon et solvable des effets et marchandises sauvés du naufrage et échouement. — Ord. 1770, art. 7; Arr. 17 flor. an IX, art. 1er.

19. — Les objets périssables ou qui ne sont pas susceptibles d'être conservés, peuvent être vendus par l'officier d'administration de la marine, sur la réquisition du chef des classes. — L. 9-13 août 1791, tit. 1er, art. 6; Arr. 17 flor. an IX, article 1er. — Quant aux autres objets, ils ne peuvent être vendus qu'après un an et un jour écoulés sans réclamation de la part des propriétaires. — Ord. 10 janv. 1770, art. 13, 24; L. 9-13 août 1791, art. 6; Arr. 17 flor. an IX, art. 1er.

20. — Le produit de la vente des objets naufragés est déposé à la caisse des invalides de la marine, sauf réclamation par qui de droit. — Arr. 17 flor. an IX, art. 3; Ord. 22 mai 1816, art. 5, n° 5, et 31 mai 1838, art. 575 et 576. — V., au surplus, CAISSE DES INVALIDES DE LA MARINE, nos 18 et suiv.

21. — Les propriétaires des effets naufragés ont un an et un jour pour réclamer; à défaut de quoi l'excédant du produit de la vente, après le paiement de tous les frais, appartient au domaine. — Ordonn. 10 janv. 1770, art. 24; L. 9-13 août 1791, art. 6; arrêté 17 flor. an IX, art. 1er.

22. — Néanmoins, cette prescription d'un an et un jour ne s'applique qu'aux effets naufragés recueillis par l'Etat, et non à ceux qui auraient été soustraits au moyen d'un crime ou d'un délit. Dans ce dernier cas, ce n'est que par la prescription de l'action criminelle que s'éteint l'action utile en restitution et dommages-intérêts. — C. instr. crim. 637 et 638. — Beaussant, *C. marit.* t. 1, p. 62; Goujet et Merger, v° *Naufrage*, n° 25.

23. — Un ancien usage, qui blessait tous les sentimens d'humanité, attribuait, à titre de *droit de naufrage*, au premier occupant les effets des naufragés. Mais cet usage avait déjà été proscrit, en France, même avant l'ordonnance de 1681. Aujourd'hui les mesures de protection et de sûreté prescrites par nos lois, en cas de naufrage, sont applicables aux navires étrangers, à moins de dispositions contraires dans les traités ou conventions. — Arrêté 17 flor. an IX, art. 1er. — Goujet et Merger, v° *Naufrage*, n° 26.

24. — Les droits attribués aux personnes qui opèrent le sauvetage varient selon les circonstances; ils consistent en 1° primes d'avertissement; 2° part des objets sauvés; 3° taxes de sauvetage. — Goujet et Merger, n° 27.

25. — Il est payé par privilége et préférence sur les premiers deniers de la vente des effets sauvés, à celui qui le premier a donné avis naufrage et échouement au bureau de l'inscription maritime, trois francs par lieue, l'aller et retour compris, à partir du lieu du naufrage échouement, jusqu'à celui dudit bureau. Mention en est faite dans le procès-verbal que dresse l'officier d'administration de la marine à son vée, ainsi que de l'heure à laquelle il a été averti — Ordonn. 10 janv. 1770, art. 1er; arrêt 17 fl an IX, art. 1 et 2.

26. — Relativement à la part des objets sa il faut, en général, pour qu'une attribution qu conque puisse en être faite à celui qui a sauvé l objets, que ces objets puissent être consid comme ayant été perdus par leur propriétaire; sorte que celui qui les trouve réunisse en sa sonne la double qualité d'inventeur et de sau teur. — Goujet et Merger, n° 29.

27. — D'après l'art. 27, tit. 9, liv. 4 de l'ordo de 1681, le sauveteur a droit au tiers, en es ou en deniers et sans frais, des effets nau qui ont été trouvés en pleine mer ou tirés de fond.

28. — Lorsque les objets sauvés en pleine sont des propriétés ennemies, le droit de sa tage est des deux tiers de la valeur des sauvés. Le tiers restant, après déduction de frais, est versé dans la caisse des invalides de marine. — L. 26 niv. an 6, art. 1 et 2.

29. — Pour avoir droit au tiers de la valeur effets naufragés accordé par l'art. 27, tit. 9, 4, ordonn. 1681, il ne suffit pas d'avoir a le premier le navire naufragé, d'être monté à bord, d'avoir même pu lui faire parcourir un certain espace; il faut encore que le navire ou les marchandises aient été amenés en lieu de sûreté. — *Rouen*, 2 déc. 1840 (t. 1er 1841, p. 164), Lecoq et Maillet-Duboullay c. Vieillard.

30. — L'inventeur du navire naufragé qui, dans l'impuissance où il est par ses seules forces de traîner à terre ce navire, vient requérir le secours d'un bâtiment à vapeur, ne doit pas seulement au propriétaire de ce bâtiment un simple droit de remorquage ordinaire, mais bien une part dans le tiers accordé par l'ordonnance au sauveteur. — Même arrêt.

31. — Toutefois, les droits de sauvetage, en vertu de la loi du 26 nivôse an VI, ne sont dus qu'à ceux dont les efforts sont reconnus avoir sauvé un navire du naufrage et non à ceux qui, après d'autres, ont pris part au sauvetage. — *Cons. d'Etat*, 10 févr. 1816, Gessin c. caisse des Invalides.

32. — Le sauveteur a droit aux huit dixièmes des navires qui ont sombré sans laisser d'indices à la surface de l'eau, et qui sont retenus au fond, où ils peuvent être dangereux pour la navigation, les deux autres dixièmes étant réservés au domaine, à défaut par les propriétaires de ces navires d'avoir annoncé l'intention d'en faire le relèvement dans les deux mois de la déclaration du naufrage au bureau de l'inscription maritime. — Ordonn. 15 juin 1735. — Beaussant, *C. maritime*, t. 2, p. 94.

33. — Il a également droit à la totalité 1° des ancres tirées du fond de la mer et trouvées sans bouées, lorsqu'elles ne sont pas réclamées dans le même délai de deux mois. — Ord. 1681, tit. 9, art. 28. — 2° Et des vêtemens des cadavres trouvés sur les flots et mis sur le rivage. — *Ibid.*, art. 35, Beaussant, *C. marit.*, p. 77. — V., au surplus, ÉPAVES, nos 56 et suiv., 61 et suiv.

34. — Quant à la taxe de sauvetage, c'est celle qui est allouée, comme indemnité de temps et de travail, à ceux qui ont concouru au sauvetage d'objets naufragés qui n'ont été trouvés ni au fond de la mer ni sur les flots, mais simplement sur le rivage. — Ord. 1681, art. 11.

35. — Cette taxe est réglée provisoirement par l'officier d'administration de la marine, qui en cas de contestations renvoie les parties devant le tribunal de commerce. — L. 9-13 août 1791, art. 6 et 7; arr. 17 flor. an IX, art. 1er.

36. — La compétence du ministre de la marine pour statuer sur l'importance et le partage de la prime du sauvetage n'existe qu'autant que le sauvetage a été opéré par des bâtimens de l'Etat ou avec leur concours, le ministre est incompétent lorsque ce sont des navires marchands qui seuls ont fait le sauvetage; dans ce cas, les difficultés qui s'élèvent entre les sauveteurs sont de la compétence de l'autorité judiciaire et non de l'autorité administrative. — *Cons. d'Etat*, 30 janv. 1828, Young Nicolatis.

37. — Les frais de sauvetage ayant lieu pour la conservation de la chose, sont privilégiés. — C. civ., art. 2102, 3°. — Beaussant, *C. marit.*, t. 2, p. 62.

38. — Il suit de là que le capitaine peut, s'il est besoin, emprunter pour le paiement de ces frais, et affecter, par privilége, les débris du navire et les effets sauvés. — Pardessus, n° 643.

39. — Les vacations des officiers publics qui assistent au sauvetage sont réglées par un arrêté du 29 pluv. an IX et un décret du 20 flor. an XIII.

40. — Dans certains cas, le naufrage entraîne la perte totale ou partielle des loyers des gens d'équipage (V. ÉQUIPAGE [gens d']) et celle des sommes prêtées à la grosse aventure. — V. PRÊT A LA GROSSE.

41. — Le naufrage donne ouverture, suivant les circonstances, soit à l'action d'avaries, soit à l'action en délaissement. — V. ASSURANCE MARITIME, AVARIES.

42. — Le dépôt fait en cas de naufrage constitue un dépôt nécessaire. — C. civ., art. 1949. — V. DÉPÔT, nos 246 et suiv.

43. — L'administration de la marine est seule saisie du droit de vérifier les titres de propriété de ceux qui réclament les marchandises sauvetées par elle. — Par conséquent, c'est à cette administration que les propriétaires de ces marchandises doivent adresser leurs réclamations; et non à la juridiction commerciale, qui n'est pas compétente pour en connaître. — *Montpellier*, 16 mai 1845 (t. 2 1845, p. 799), administration de la marine c. Jouve.

V. aussi ASSURANCE MARITIME, AVARIES, CAPITAINE DE NAVIRE, CONSUL, ÉPAVES, ÉQUIPAGE (gens d'), FRET.

NAVETIERS (Fabricans).

Patentables de 7e classe. — Droit fixe, basé sur la population; droit proportionnel du 40e de la valeur locative de tous les locaux qu'ils occupent, mais seulement dans les communes de 20,000 âmes et au-dessus. — V. PATENTE.

NAVIGABILITÉ.

V. COURS D'EAU.

NAVIGATION.

SECT. 1re. — *Historique. — Principes généraux* (n° 1).
SECT. 2e. — *Tarifs de navigation* (n° 13).
§ 1er. — *Assiette des tarifs* (n° 13).
§ 2. — *Dispenses* (n° 37).
SECT. 3e. — *Perception des droits de navigation* (n° 45).
SECT. 4e. — *Contraventions, poursuites et peines. — Nomenclature des bassins de navigation* (n° 61).

—

Sect. 1re. — *Historique. — Principes généraux.*

1. — Jusqu'en 1790 la navigation des fleuves et rivières était loin d'être libre. Les seigneurs féodaux s'étaient attribué les droits de péage les plus abusifs, en ce qu'au lieu de servir à créer et à perfectionner les voies de navigation, dans l'intérêt du commerce, ils ne servaient qu'à enrichir ceux qui s'en attribuaient le produit.

2. — L'ordonnance de 1669 entreprit, il est vrai, d'apporter des modifications profondes à un pareil état de choses, en supprimant, d'une manière absolue, tous droits, de pertuis, d'avalage, pontonnage, établis depuis cent ans sans titre. — Mais en même temps l'ordonnance maintenait les droits fondés sur titres, ou établis sur des titres récognitifs d'anciens droits, comme aussi les droits établis à raison de constructions nouvellement faites, et à titre de dédommagemens pour des dépenses d'utilité reconnue.

3. — Colbert n'avait donc pas apporté un remède complet au mal. Bien plus, la puissance de certains seigneurs, ou l'influence du favoritisme, arrivèrent à faire maintenir des droits supprimés par l'ordonnance, et même à en faire créer de nouveaux; de telle sorte qu'en 1758 M. de Boulogne, alors contrôleur général des finances, constatait *«grand nombre de péages dont le revenu appartient aux seigneurs des paroisses, lesquels sont évalués à 2,500 livres.»*

4. — Et ce chiffre n'a rien de surprenant quand on se rappelle, par exemple, que sur la seule ligne de navigation de la Saône à la mer entre Gray et Arles les conducteurs de bateaux étaient assujettis à s'arrêter trente fois pour le paiement de trente droits, s'élevant au total à plus de 30 pour 100 de la valeur de la marchandise.

5. — Plus hardis que Colbert, Turgot d'abord, puis Necker avaient médité la suppression absolue de tous ces droits, qui fut en effet prononcée, sans indemnité aucune, par l'art. 13 de la loi du 15-28 mars 1790.

6. — Mais cette suppression ne devait être que momentanée. Les droits de navigation furent rétablis par la loi du 30 floréal an X, sous le nom d'*octroi de navigation*.

7. — Aux termes de l'art. 1er de ladite loi, les produits de cet octroi devaient être affectés spécialement à l'entretien des ouvrages établis ou à établir sur les canaux et rivières; l'emploi devant être fait (art. 2) limitativement sur chaque cours d'eau ou canal des sommes perçues pour la navigation sur ce même cours d'eau ou canal.

8. — La loi du 30 floréal an X fut suivie de l'arrêté du 11 prairial an XI, lequel posa en principe la division des cours d'eau en bassins de navigation. — V. COURS D'EAU, nos 173 et suiv. — V. aussi *infrà* n° 15. — Chaque bassin fut, par suite, partagé en arrondissemens de navigation, lesquels comprenaient chacun plusieurs bureaux. — L. du 9 juill. 1836.

9. — Depuis longtemps la spécialité de l'affectation des produits de l'octroi de navigation a cessé d'avoir lieu. Ces produits sont versés au trésor, et le budget de l'Etat subvient aux dépenses nécessaires pour l'entretien ou le perfectionnement des voies navigables.

10. — Mais la loi du 30 floréal an X et l'arrêté du 11 prairial an XI ont été bien plus profondément modifiés encore par la loi du 9 juillet 1836, qui a institué l'uniformité des droits de navigation sur les cours d'eau navigables.

11. — Il est vrai que cette loi, dont nous étudierons les dispositions, ne parle que de dix bassins sur vingt-un qui existent en France. Mais, ainsi que le faisait remarquer le ministre des finances en apportant le projet à la Chambre des députés, sur les vingt-un bassins sept ne sont pas imposés parce qu'ils sont à peine navigables. — «Deux autres, ajoutait le même ministre, ne pouvaient être compris dans la loi : la Somme parce que sa canalisation étant achevée, la perception de la partie au-dessous d'Abbeville jusqu'à Saint-Valery devait être incessamment établie de la même manière que dans la partie supérieure du canal concédé; et l'Hérault parce que dépendant en quelque sorte du canal du Midi, il devait rester assujetti au même tarif.» — De son côté la Chambre, sur la proposition de sa commission, retrancha, par des motifs spéciaux, les deux bassins, fort secondaires du reste, de l'Escaut et de l'Aa, ce qui, en dernière analyse, a réduit à dix le nombre des bassins de navigation auxquels la loi du 9 juill. 1836 demeure applicable.

12. — Toutefois, il ne faut pas oublier que la loi de 1836 n'a trait qu'aux *cours d'eau* et non aux *canaux*, lesquels sont restés soumis chacun à des tarifs spéciaux de navigation.

Sect. 2e. — *Tarifs de navigation.*

§ 1er. — *Assiette des tarifs.*

13. — L'arrêté du 11 prairial an XI portait, art. 5 : «Les tarifs en vertu desquels doit se faire la perception sont déterminés par des arrêtés spéciaux pour chaque arrondissement.

14. — Il suit de là, ainsi que le fait remarquer M. Duvergier (*Collect. des lois*, t. 36, p. 265) sous la loi du 9 juillet 1836, que le taux des tarifs varie non-seulement de bassin à bassin, mais même entre les rivières d'un même bassin, et entre les arrondissemens établis sur la même rivière. Les bases de la perception différaient également.

15. — La loi du 9 juillet 1836 ayant pour but de ramener tous les tarifs à un taux et à des bases uniformes, du moins dans les limites du possible, a pris pour élémens : 1° la distance parcourue, 2° le poids de la marchandise calculée d'après le jaugeage du bateau.

16. — A dater du 1er janvier 1837, le droit de navigation intérieure ou de péage spécifié (lequel a été établi temporairement sur certaines rivières), sur toute la partie navigable ou flottable des fleuves et rivières *dénommés au tableau annexé à la loi*, est demeuré imposé par distances de cinq kilomètres en raison de la charge réelle des bateaux en tonneaux de mille kilogrammes ou du volume des tonnes en décastères.

17. — Le nombre des tonneaux imposables est déterminé, au moment du jaugeage des bateaux et pour chaque degré d'enfoncement, par la différence entre le poids de l'eau que déplace le bateau chargé, et celui de l'eau que déplace le bateau vide, y compris les agrès. Le degré d'enfoncement doit être indiqué au moyen d'échelles métriques incrustées dans le bordage extérieur du bateau. — L. 9 juill. 1836, art. 2.

18. — A cet effet, aucun bateau ne peut naviguer sur les fleuves, rivières ou cours d'eau, qu'après avoir été préalablement jaugé à l'un des bureaux désignés, par chaque cours de navigation, par ordonnance royale (aujourd'hui par décret du président de la République). — *L. 9 juill. 1836*, art. 19.

19. — Le procès-verbal de jaugeage détermine le tirant d'eau à vide, et la dernière ligne de flottaison à charge complète est fixée de manière que le bateau, dans son plus fort chargement, présente toujours un décimètre en dehors de l'eau. Toute charge qui produirait un renfoncement supérieur à la ligne de flottaison ainsi fixée est interdite. — *Ibid.*

20. — Les bateaux existant au moment de la loi de 1836 ont dû, dans les six mois qui ont suivi sa promulgation, être conduits à vide au bureau

RÉP. GÉN. — IX. 44

de jaugeage; tout bateau nouveau a dû depuis être présenté, soit avant ses premiers voyages, soit après son premier déchargement, à l'un des bureaux de jaugeage.— *Ibid.*, art. 10 et 11.

21. — Toutefois, les bateaux qui ne font qu'un voyage peuvent être jaugés à l'un des bureaux de navigation ou au lieu du déchargement, mais il n'est pas permis de les dépecer avant que les droits aient été acquittés. — *Ibid.* art. 11.

22. — Les marchandises ci-après dénommées sont soumises au droit fixé pour la 2e classe du tarif: — 1° les bois de toute espèce autres que les bois étrangers d'ébénisterie ou de teinture, le charbon de bois ou de terre, le coke et la tourbe, les écorces et les tans; sur la demande qui lui en fut faite à la chambre des pairs, le ministre des finances déclara expressément que tous les dérivés des bois, excepté les bois étrangers, devaient être compris dans la seconde classe des tarifs; — 2° le fumier, les cendres et les engrais de toute sorte; — 3° les marbres et granits bruts ou simplement dégrossis, les pierres et moellons, les laves, les grès, le tuf, la marne et les cailloux; — 4° le plâtre, le sable, la chaux, le ciment, les briques, tuiles, carreaux et ardoises; — 5° enfin le minerai, le verre cassé, les terres et ocres. — L. 9 juill. 1836, art. 3.

23. — Toutes les marchandises non désignées ci-dessus doivent être imposées à la première classe du tarif. — *Ibid.*

24. — Les bateaux chargés de marchandises donnant lieu à la perception de deux droits différens sont soumis au droit le plus élevé, tant à la remonte qu'à la descente, à moins que les marchandises imposées comme étant de première classe ne forment pas le dixième de celles qui sont transportées, auquel cas chaque droit doit être appliqué séparément aux deux parties du chargement. — Loi du 9 juillet 1836, art. 4.

25. — Tout bateau sur lequel y a des voyageurs paie le droit imposé à la première classe du tarif, quelle que soit la nature du chargement. — Il doit être ajouté au poids reconnu un dixième de tonneau pour chaque voyageur descendu du bateau avant la vérification.— L. 9 juillet 1836, art. 5.

26. — Sur une interpellation qui lui fut adressée par M. Jars, le ministre des finances déclara que l'impôt établi par la loi nouvelle devait être acquitté sans préjudice du paiement de l'impôt du dixième auquel ces bateaux sont assujettis par assimilation aux voitures de terre.

27. — Sur l'observation qui lui fut encore faite par un membre de la chambre des députés, qui lui demandait si l'article devait être appliqué dans toute sa rigueur, ainsi, par exemple, à un batelier qui recevrait par charité un individu dans son bateau, le même ministre répondit que la loi ne pouvait prévoir tous les cas, et que ses prescriptions devaient être absolues, mais que dans l'application on apporterait toute l'indulgence et la douceur compatibles avec la sûreté de la perception.

28. — Du reste, il ne faut pas oublier que la loi de 1836 est spéciale; en conséquence, lorsque le tarif spécial à un canal de navigation n'impose que le transport *des marchandises*, on ne saurait, par voie d'assimilation, assujettir à un droit le transport *des voyageurs*.— *Cass.*, 3 av. 1848 (t. 2 1848, p. 92), Contributions indirectes c. Union de l'Indre.

29.— La loi du 9 juill. 1836, exclusivement relative aux droits de navigation intérieur sur le canal du Centre et les rivières désignées dans les tableaux qui y sont annexés, ne peut s'appliquer au canal de Bretagne, pour lequel une loi spéciale (celle du 14 août 1822) a été faite. — En conséquence, les fractions de distance, affranchies de tout droit sur le canal de Bretagne par ladite loi spéciale, ne peuvent y être assujetties en vertu de la loi du 9 juill. 1836. — *Cass.*, 3 avr. 1848 (t. 2 1848, p. 92), Contributions indirectes c. Union de l'Indre.

30. — Les dispositions de la loi de 1836 sur l'assiette de l'impôt comme pour sa perception, demeurent applicables aux bateaux à vapeur. — L. 19 juill. 1836, art. 17.

31.—Notons, toutefois, qu'à l'égard des bateaux à vapeur, lors du jaugeage, la machine, le combustible pour un voyage, et les agrès, sont compris dans le tirant d'eau à vide.

32. — M. Jars avait demandé, lors de la discussion de la loi à la chambre des députés, que l'équipage fût aussi compris dans l'évaluation matérielle du bateau: le ministre déclara que dans l'ordonnance d'exécution pour le jaugeage des bateaux à vapeur, on tiendrait compte de l'espace nécessaire aux employés chargés de la comptabilité du bateau et au mécanicien; mais que quant au reste de l'équipage, il était impossible d'évaluer l'emplacement occupé par lui.

33. — Les trains de marchandises quelconques sont imposés à un droit double de celui perçu pour les trains non chargés. — Le droit sur les trains est réduit de moitié pour toute la partie des rivières où la navigation ne peut avoir lieu avec des bateaux. — *Ibid.*, art. 7.

34. — Dans la discussion de la loi, M. le ministre des finances est convenu, sur l'interpellation qui lui en fut faite, que l'intention du gouvernement n'était pas d'imposer comme marchandises des objets destinés à la réparation des trains: «cela, ajoutait le ministre, sera nécessairement inséré dans l'ordonnance d'exécution qui sera rendue après l'adoption de la loi.»

35. — Comme aussi les espaces laissés vides entre les coupons des trains et ceux dans lesquels seraient placés les tonneaux pour maintenir les trains à flot, ne sont point compris dans le cubage. — L. 9 juill. 1836, art. 2.

36. — Spécialement les bascules à poisson sont imposées en raison de leur volume extérieur en mètres cubes. Chaque mètre cube est assimilé par la perception à un tonneau de marchandise de deuxième classe. — Les bascules entièrement vides ne paient aucun droit. — L. 9 juill. 1836, art. 8. — V. PÊCHE.

§ 2. — *Dispenses.*

37. — Sont exempts des droits : 1° les bateaux entièrement vides. — L. 9 juill. 1836, art. 9, 1°.

38. — ... 2° Les bâtimens et bateaux de la marine de l'Etat affectés au service militaire de ce département ou du département de la guerre, sans intermédiaire de fournisseurs ou d'entrepreneurs. — *Ibid.*, 2°. — V. MARINE.

39. — ... 3° Les bateaux employés exclusivement au service ou aux travaux de la navigation par les agens des ponts et chaussées. — *Ibid.*, 3°.

40. — Jugé que la loi ne faisant ici aucune distinction, à la différence du cas précédent, les bateaux employés exclusivement au dévasement des ports par les agens des ponts et chaussées, ne sont pas soumis au droit de navigation intérieure, soit qu'ils appartiennent à l'administration des ponts et chaussées, soit qu'ils appartiennent à des tiers.— *Bordeaux*, 16 juin 1847 (t. 2 1847, p. 483), Contributions indirectes c. Bonnet.

41. — ... 4° Les bateaux pêcheurs, lorsqu'ils portent uniquement des objets relatifs à la pêche. — L. 9 juill. 1836, art. 9, 4°. — V. PÊCHE.

42. — ... 5° Les bacs, batelets et canots servant à traverser d'une rive à l'autre. — *Ibid.*, art. 5.

43. — Jugé que le droit de navigation imposé sur les bateaux et bâtimens naviguant sur les fleuves et rivières de l'intérieur, n'est pas dû par les bateaux dits *allèges* servant à passer d'une rive à l'autre le lest d'un navire mouillé dans le port. — *Bordeaux*, 16 juin 1847 (t. 2 1847, p. 481), Contributions indirectes c. Labarthe et Saujon.

44.—...6° Les bateaux appartenant aux propriétaires ou fermiers, et chargés d'engrais, de denrées, de récoltes et de grains en gerbes pour le compte desdits propriétaires ou fermiers, lorsqu'ils auront obtenu l'autorisation de se servir de bateaux particuliers dans l'étendue de leur exploitation. — L. 9 juill. 1836, art. 9, n° 6.

Sect. 3e. — *Perception des droits de navigation.*

45. — « L'octroi de navigation, porte l'art. 4 de l'arrêté du 8 prairial an XI, est *régi*, sauf le cas où, sur l'avis du préfet et sur le rapport du ministre, la mise en forme ou régie intéressée aura été ordonnée par le gouvernement. »

46. — La perception se fait au moyen d'un receveur et d'un contrôleur dans chaque bureau. *Ibid.*, art. 6.

47. — Les recettes de chaque bureau sont versées dans la caisse du receveur général du département où est placé le chef-lieu de l'arrondissement de navigation. — *Ibid.*, art. 7.

48.— Les receveurs et contrôleurs des bureaux établis à la limite de plusieurs arrondissemens font simultanément le service de ces arrondissemens, sauf à opérer le versement du produit des recettes, faites par chaque arrondissement, dans chacun de ces arrondissemens.— *Ibid.*, art. 8.

49.—Les préposés à l'octroi de navigation sont à la nomination du ministre de l'intérieur. — Ils sont porteurs de commissions, lesquelles doivent être enregistrées au secrétariat-général de la préfecture où les bureaux sont établis. — *Ibid.*, art. 12.

50. — L'arrêté du 8 prair. an XI contient en outre sur la comptabilité des bureaux de navigation des dispositions de détail qu'il est inutile de rapporter ici.

51. — La perception se fait au bureau de navigation, qu'indique un poteau placé en face sur le port, et une plaque sur laquelle doit être inscrit le tarif. —Arrêté du 8 prair. an XI, art. 22. — Cette dernière prescription a perdu évidemment beaucoup de son importance depuis l'uniformité des tarifs établie par la loi de 1836.

52. — Pour éviter la fraude qui s'opérait à l'égard des bateaux ne passant dans leur parcours devant aucun bureau, un arrêté du 22 févr. 1806 a prescrit l'établissement de poteaux destinés à marquer l'*enceinte* des bureaux.

53. — La perception doit être faite à chaque bureau de navigation : 1° pour les distances déjà parcourues, si le droit n'a pas été acquitté à un bureau précédent ; — 2° pour les distances à parcourir jusqu'au prochain bureau, ou seulement jusqu'au lieu de destination, si le déchargement doit être effectué avant les prochains bureaux; — 3° enfin pour les distances parcourues ou à parcourir entre deux bureaux.—L. 9 juil. 1836, art. 11.

54.—Toutefois, et par dérogation aux principes généraux, l'administration des contributions indirectes peut consentir des abonnemens payables par mois, d'avance ou par voyage : 1° pour les bateaux qui servent habituellement au transport des voyageurs ou des marchandises d'un port à l'autre; — 2° pour ceux de petite capacité, lorsqu'ils ne sont pas au delà de trois distances du port auquel ils appartiennent.

55. — En outre, et à l'égard des bateaux de toute nature, quelque éloigné que soit le point de destination, le batelier a la faculté de payer au départ ou à l'arrivée, pour toutes les distances à parcourir ou qui auront été parcourues sur la partie d'une rivière ou d'un canal imposé au même tarif, à la charge par lui de faire reconnaître à chaque *lieu de station* la conformité du tirant d'eau avec les laissez-passer dont il doit être muni. — *Ibid.* — Il convient de remarquer que ce n'est pas à chaque *bureau*, mais seulement dans le *lieu où il stationne*, que le batelier est tenu de faire opérer la vérification prescrite.

56. — Toutes les fois qu'un batelier a payé au départ jusqu'au lieu de destination, pour la totalité du chargement possible de son bateau en marchandises de première classe, il n'est tenu aux bureaux intermédiaires de navigation que d'y représenter sur réquisition son laissez-passer. — L. 9 juill. 1836, art. 13.

57. — Lorsque le conducteur veut payer le droit à l'arrivée, il doit se munir, au premier bureau de navigation, d'un acquit à caution qui doit être représenté aux employés du bureau de destination, et déchargé par eux après justification de l'acquittement des droits. — A défaut de cette justification, le conducteur et sa caution sont tenus de payer les droits pour tout le trajet parcouru, comme si le bateau avait été entièrement chargé de marchandises de première classe. — L. 9 juill. 1836, art. 14.

58. — Tout conducteur de bateaux, de trains, ou de bascules à poisson, doit, à défaut de bureau de navigation, se munir à la recette buraliste des contributions indirectes du lieu du départ ou de chargement, d'un laissez-passer indiquant d'après sa déclaration le poids et la nature du chargement ainsi que le point du départ. — Ce laissez-passer ne peut être délivré pour les bateaux chargés qu'autant que le déclarant s'engage, par écrit et sous caution, d'acquitter les droits au bureau de navigation le plus voisin du lieu de destination, ou à celui devant lequel il aura à passer pour s'y rendre. — Tout chargement supplémentaire fait en cours de transport doit être déclaré de la même manière. — L. 9 juill. 1836, art. 15.

59. — Les laissez-passer, acquits à caution, connaissemens et lettres de voiture, doivent être représentés, à toutes réquisitions, aux employés des contributions indirectes, des douanes, des octrois de la navigation, ainsi qu'aux éclusiers, maîtres de pont et pertuis. Ils doivent toujours être en rapport avec le chargement. — Cette exhibition doit être faite au moment même de la réquisition des employés.— L. 9 juill. 1836, art. 16.

60. — Défense est faite à tout maître de pont ou de pertuis de monter ou descendre aucun bateau avant de s'être fait représenter la quittance des droits de navigation; et ce à peine d'être contraint personnellement au remboursement de ces droits par les voies prescrites pour le paiement des contributions. — Arrêté du 8 prair. an XI, art. 28.

Sect. 4e. — *Contraventions, poursuites et peines.* — *Nomenclature des bassins de navigation.*

61. — Il est défendu à tout conducteur de bateaux, trains, etc., de passer les bureaux sans payer, à peine de 50 francs d'amende. — Arrêté 8 prair. an XI, art. 23.

62. — En cas d'insulte ou de violence, l'amende est de 400 francs; indépendamment des dommages-intérêts et de peines plus graves, si le cas y échet. — *Ibid.*, art. 24.

63. — Les autorités civiles et militaires sont tenues, sur la réquisition écrite des préposés au droit de navigation, de requérir et de prêter main-forte pour l'exécution des lois et règlemens relatifs à leurs fonctions. — Les procureurs de la République doivent faire poursuivre, même d'office, devant les tribunaux les auteurs des insultes et violences qui auraient pu être commises, et ce tant sur la clameur publique que sur les procès-verbaux dressés et affirmés par les préposés de l'octroi. — *Ibid.*, art. 25.

64. — Tout procès-verbal doit être affirmé devant le juge de paix du canton, dans les trois jours, sous peine de nullité. — Arr. 11 prairial an XI, art. 27.

65. — « Lorsque le conducteur d'un bateau prétend qu'il n'est pas soumis au paiement du droit, soit parce que le bâtiment qu'il conduit n'est pas compris dans la loi, soit parce qu'il croit être dans le cas de l'exemption, alors il y a véritablement question sur le fond du droit. » — D'Agar, *loc. cit.*

66. — Or la loi du 30 flor. an X, dont l'arrêté du 8 prair. an XI, art. 45, et la loi du 9 juill. 1806, art. 21, n'ont fait que confirmer les dispositions, statue que les contestations seraient jugées dans les formes propres aux contributions indirectes, c'est-à-dire par les conseils de préfecture. — V. CONSEIL DE PRÉFECTURE, CONTRIBUTIONS INDIRECTES.

67. — C'est également dans les formes propres aux contributions indirectes, c'est-à-dire devant les tribunaux correctionnels, sur procès-verbaux des juges de paix, que doivent être constatées et poursuivies les contraventions commises en matière de droits de navigation. — L. 9 juill. 1836, art. 21.

Nomenclature des bassins de navigation.

Les bassins de navigation sont au nombre de vingt-un; mais quelques-uns seulement méritent d'être mentionnés, les autres étant à peine navigables. — Ce sont :

1° LE BASSIN DE L'ESCAUT. — Bassin considérablement réduit depuis les traités de 1814.

2° LE BASSIN DE L'AA. — Même observation que pour le précédent.

3° LE BASSIN DE LA SOMME. — Il comprend la Somme et l'Authie.

4° LE BASSIN DE LA SEINE. — Il comprend la Seine, l'Aube, l'Yonne, le Cure, l'Armançon, la Marne, la Saulx, l'Ornain, l'Ourcq canalisé, le Grand Morin, l'Oise, l'Aisne, et l'Eure. — Des règlemens particuliers sont établis pour le régime de la navigation aux abords de Paris. — V. VILLE DE PARIS.

5° LE BASSIN DE L'ORNE. — Il comprend l'Orne, la Dive, et le Torques.

6° LE BASSIN DE LA VILAINE. — Il comprend la Loire, l'Allier, le Loiret, le Cher, l'Indre, la Creuse, la Vienne, le Clain, la Thouet, le Loir, la Layon, la Sarthe, la Mayenne, le Maine, l'Erdre, l'Aubançeau, et la Sèvre Nantaise.

7° LE BASSIN DE LA LOIRE. — Il comprend la Loire, l'Allier, le Loiret, le Cher, l'Indre, la Creuse, la Vienne, le Clain, la Thouet, le Loir, la Layon, la Sarthe, la Mayenne, le Maine, l'Erdre, l'Aubançeau, et la Sèvre Nantaise.

8° LE BASSIN DE LA CHARENTE, SEUDRE, ET SÈVRE-NIORTAISE. — Il comprend la Boutonne, la Seudre, la Charente, la Sèvre-Niortaise, le Nigeon, l'Autise, et la Vendée.

9° LE BASSIN DE LA GIRONDE. — Il comprend la Gironde, la Garonne, le Saint, l'Ariège, la Tarn, la Baïse, le Lot, le Dordogne, la Vézère, la Sarre, et l'Isle.

10° LE BASSIN DE L'ADOUR. — Il comprend l'Adour, la Midouze, le Gave de Pau, la Nive.

11° LE BASSIN DE L'HÉRAULT.

12° LE BASSIN DU RHONE. — Il comprend le Rhône, le Doubs, la Bienne, la Seille, l'Ain, l'Isère, la Drôme, le Gardon, l'Ardèche, la Durance, et le Petit-Rhône.

13° LE BASSIN DE LA MOSELLE. — Il comprend la Moselle, la Meurthe, la Sarre, et la Seille.

14° LE BASSIN DE LA MEUSE. — Il comprend la Meuse, la Sambre, l'Ourthe, la Nesdre, et la Roër.

NAVIRE.

Table alphabétique.

NAVIRE. — 1. — On appelle ainsi tous les bâtimens ou embarcations qui servent sur mer au transport des hommes et des marchandises.

SECT. 1re. — *Dispositions générales* (n° 2).

SECT. 2e. — *Manières d'acquérir la propriété des navires* (n° 28).

§ 1er. — *Vente volontaire des navires* (n° 34).

§ 2. — *Saisie et vente forcée des navires* (n° 44).

SECT. 3e. — *Des propriétaires de navires* (n° 124).

SECT. 4e. — *Privilèges sur les navires* (n° 172).

SECT. 5e. — *Responsabilité des armateurs et des propriétaires de navires* (n° 263).

Sect. 1re. — *Dispositions générales.*

2.—Sous la dénomination de *navires et autres bâtimens de mer* (tit. 1er, liv. 2), le Code de commerce comprend tous les bâtimens employés au commerce maritime, quelle que soit leur dimension.

3. — Dans le sens légal, le mot générique de *navire* s'applique même à des chaloupes, à des barques ou à toute autre embarcation, lorsque ces objets ne sont point eux-mêmes des accessoires destinés au service d'un bâtiment plus considérable. — Pardessus, t. 3, n° 599.

4. — Le nom de vaisseau est plus spécialement réservé aux bâtimens de l'Etat.

5. — Les noms particuliers de chaque espèce de navires varient suivant leur grandeur, leur forme et leur capacité. — Ainsi on distingue des trois-mâts, des bricks, des cutters, des brigantins, etc.

6. — Lorsque, dans certains actes, il est important de préciser le sens de ces sortes de dénominations, le terme dont les parties se sont servies doit être entendu suivant l'interprétation qu'on lui donne dans le lieu du contrat. — Emerigon, t. 1er, p. 179; Dageville, t. 2, p. 11.

7. — Le mot *navire*, employé sans restriction, comprend le corps du bâtiment et les agrès, c'est-à-dire tous les accessoires indispensables pour rendre le bâtiment propre à la navigation, tels que les mâts, les voiles, les câbles, les ancres, les chaloupes ou canots, etc.—Pardessus, t.3, n° 599; Emerigon, t. 1er, p. 180.

8. — Mais il n'en est pas de même des approvisionnemens de guerre ou de bouche, et des avances faites aux gens de mer, qu'on désigne ordinairement sous le nom d'*armement* et *victuailles*. — Pardessus, *loc. cit.*

9. — Le navire conserve toujours son identité, quoique tout ou partie des matériaux qui le composaient dans le principe aient été successivement remplacés par suite d'accidens ou de vétusté. — Emerigon, t. 1er, p. 180; Pardessus, t. 3, n° 599; Boulay-Paty, t. 1er, p. 103.

10. — Les navires et autres bâtimens de mer sont meubles.—C. civ., 531; C. comm., 190.—Mais l'importance de ces objets a fait établir des règles spéciales relativement à la manière d'en acquérir la propriété, d'en opérer la saisie et la vente, et enfin aux droits que les créanciers du propriétaire peuvent exercer.

11. — M. Pardessus conclut de là qu'un navire ne doit pas être considéré comme compris dans la clause d'un acte ou dans la disposition d'une loi qui ne concernerait que les marchandises (t. 3, n° 599).

12. — Les navires doivent être munis de pièces constatant leur nationalité. L'accomplissement de cette mesure est indispensable pour l'exécution des lois et ordonnances relatives à la marine marchande. — Par ce moyen, le gouvernement connaît l'état de cette marine, de ses ressources, et l'emploi des marins inscrits.

13. — Il importe également aux intérêts particuliers, aux assureurs, aux chargeurs, par exemple, d'être exactement renseignés sur le sort des navires, sur leur âge, sur leurs voyages, sur le lieu où ils se trouvent. — Enfin, la constatation de la nationalité est surtout indispensable pour que les navires nationaux puissent profiter des avantages que la France a stipulés pour eux dans les pays étrangers. — Beaussant, *C. maritime*, t. 1er, p. 170.

14. — Pour constater la nationalité d'un navire, sa description, et enfin à qui il appartient, il est dressé un acte appelé *acte de francisation*.— V. FRANCISATION (acte de).

15. — On y voit que l'ancienne législation (modifiée récemment par la loi du 9 juin 1845) exigeait non-seulement que les navires fussent français, mais encore qu'ils appartinssent à des Français (nos 44 et suiv.).

16.—Jugé toutefois 1° que la prohibition d'armer des navires en France, prononcée contre tous étrangers, était essentiellement politique et dans l'intérêt du gouvernement; mais que des particuliers ne pouvaient s'en prévaloir pour empêcher un étranger d'entreprendre le commerce maritime. — *Rennes*, 7 mai 1818, Weisbrod c. N...

17. — ... 2° Que la francisation n'a lieu qu'après le jaugeage et le tonnage du navire (nos 17 et 18).

18. — Le tonnage ou la contenance des navires se détermine par une mesure cubique appelée *tonneau*, représentée par un espace d'un stère quatre cent quatre millièmes, ou quarante deux pieds cubes (ordonn. de 1681, art. 5, tit. 10, liv. 2). — On appelle *jaugeage* l'opération par laquelle se constate le tonnage des navires, cette opération est confiée à la douane.

19. — Le décret du 27 vendémiaire an II avait déterminé d'une manière précise le mode de jaugeage. Ce mode a été changé par le décret du 12 nivôse an II, et modifié depuis par une ordonnance, du 18 novembre 1837, rendue en exécution de l'art. 6 de la loi du 5 juillet 1836. De nouvelles modifications ont encore été établies par les ordonnances des 20 février 1839 et 18 juin 1843. — Les droits de jaugeage ont été fixés par la loi du 24 juillet 1843.

20.— Quand un bâtiment est changé dans sa forme, dans son tonnage ou de toute autre manière, le renouvellement de l'acte de francisation est nécessaire. — L. 27 vend. an II, art. 21.

21. — ... 3° Que le navire doit être inscrit sous son nom, dont il ne lui est plus ensuite permis de changer. — L. 5 juillet 1836, art. 8, n° 65.

22. — De plus, les navires doivent, comme toutes les embarcations de commerce employées à la navigation maritime, être marqués à la poupe, en lettres blanches sur un fond noir, de leur nom ainsi que du port auquel ils appartiennent. — L. 6 mai 1841, art. 21.

23. — Jugé, avant la loi du 6 mai 1841, que le défaut de marque et de numérotage d'un bâtiment au-dessus de trente tonneaux, entraîne contre le capitaine l'amende prononcée par l'art. 19 de la loi de vendémiaire an II; il n'y a que les bâtimens au-dessous de ce tonnage qui en soient exempts, en vertu de l'art. 4 de la même loi. — Tribunal de *Toulon*, 24 avril 1833, douanes c. Loubatière. — V., aussi, *Cass.*, 17 (et non 16) déc. 1835, douanes c. Loubatière.

24. — Le propriétaire doit déclarer aussi le port auquel il désire attacher son navire; car chaque navire dépend d'un port dans lequel il est immatriculé. — De Beaussant, t. 1er, p. 479 et suiv.

25. — Quand il y a vente ou mutation de tout ou partie du bâtiment, elle est inscrite au dos de l'acte de francisation. — V. FRANCISATION (acte de), nos 79 et suiv.

26. — En outre de ces mesures générales, les bâtimens à vapeur sont soumis à des règlemens spéciaux. — De Beaussant, t. 1er, p. 494. — V. BATEAUX A VAPEUR.

27.—Les navires français doivent naviguer sous le pavillon français. — V. PAVILLON.

Sect. 2e. — *Manières d'acquérir la propriété des navires.*

28. — On devient propriétaire d'un navire soit en le faisant construire, soit en l'acquérant par un des moyens généraux qui transfèrent la propriété en général (Pardessus, t. 3, n° 601). Ainsi la propriété d'un navire peut se transmettre à titre gratuit ou onéreux, ou à titre successif.

29. — La propriété d'un navire peut également s'acquérir par la prescription trentenaire (C. civ., art. 2262). — Mais celui qui aurait acheté de bonne foi un navire *à non domino* ne pourrait s'en prétendre propriétaire incommutable, alors même que le navire aurait fait un voyage en son nom et pour son compte; ce voyage a pu purger le privilège du vendeur sans porter atteinte au droit du véritable propriétaire.—Dageville, t. 2, p. 157; Boulay-Paty, t. 1er, p. 351. — *Contrà*, Pardessus, t. 3, n° 618.

30. — De même, le copropriétaire d'un navire ne pourrait acquérir par la prescription les portions de ses coïntéressés qu'au moyen d'une possession continue et exclusive du navire entier. — C. civ., art. 2236.

31. — Le capitaine ne peut acquérir la propriété du navire par prescription. — C. com., art. 430.

32. — La vente des navires est volontaire ou forcée.

33. — Pour ce qui concerne les droits d'enregistrement des ventes de navire, ainsi que des ventes de débris de navire, V. ENREGISTREMENT.

§ 1er. — *Vente volontaire des navires.*

34. — La vente volontaire d'un navire doit être faite par écrit, et peut avoir lieu par acte public ou par acte sous signature privée. — Elle peut être faite pour le navire entier ou pour une portion du navire. — C. comm., art. 195.

35. — L'écriture n'est exigée ici que comme moyen de preuve; si la vente verbale était déniée par les parties, la preuve testimoniale ne serait pas admissible; si, au contraire, elle était avouée par les parties, elle serait obligatoire entre elles, mais elle ne pourrait être opposée aux tiers intéressés à la contester. — Valin, sur l'art. 3, tit. *des Nav.;* Boulay-Paty, t. 1er, p. 167; Dageville, t. 2, p. 50; Pardessus, t. 3, n° 607.

36. — La vente volontaire ou la promesse de vente et d'acquisition d'un navire, n'est obligatoire qu'autant qu'elle résulte d'un acte revêtu de la signature de toutes les parties et fait en plusieurs originaux. — En conséquence, la promesse de vendre ou d'acquérir un navire, qui n'est établie que par une note dressée à la suite d'une conférence entre les parties, mais sans être signée et faite en double, ne peut former titre en faveur du prétendu vendeur pour obliger le prétendu acquéreur à prendre livraison. — Trib. de *Marseille*, 25 sept. 1833, Quirel (*J. Marseille*, 14, 1, 97).

37. — On ne peut considérer comme un acte écrit, faisant preuve de la translation de propriété d'un navire, la mention, faite sur le livre-journal de celui qui se prétend propriétaire, que la propriété de ce navire lui aurait été cédée, surtout s'il n'a été fait à cette époque ni affirmation nouvelle, ni changement sur l'acte de francisation. — *Rouen*, 23 janv. 1841 (t. 1er 1841, p. 422), Arnaud c. Lamotte.

38. — La vente d'un navire peut-elle avoir lieu par correspondance? — Rés. implicite, *Rennes*, 29 juill. 1819, Chaumont c. Loisel.

39. — Le tribunal qui a reconnu en fait que la vente d'un navire n'était pas définitivement arrêtée avant sa perte, doit déclarer cette vente nulle et ordonner la restitution du prix avancé par l'acquéreur. — *Cass.*, 5 frim. an XIV, Eberstein.

40. — L'acte de vente sous signature privée peut être opposé aux tiers quoiqu'il n'ait pas de date certaine. — Dageville, t. 2, p. 51; Pardessus, t. 3, n° 607. — *Contrà*, Boulay-Paty, t. 3, p. 162.

41. — On peut vendre volontairement un navire, lorsqu'il est en voyage comme lorsqu'il est dans le port. Mais il y a cette différence entre les deux cas que si le navire est en voyage lors de la vente, ce voyage n'est pas compté relativement à l'extinction des droits des créanciers, dont le navire ou son prix continue d'être le gage, et qui peuvent même attaquer la vente, s'ils la croient faite en fraude de leurs droits. — C. comm., art. 196.

42. — Que la vente volontaire d'un navire so faite pendant qu'il est en voyage ou dans le po l'acte de vente doit contenir copie de l'acte francisation du navire. — Art. 18 du décret du oct. 1793.

43. — Cet article s'applique à la vente d' portion de navire comme à celle d'un navi entier, aux petits comme aux grands bâtim — Boulay-Paty, t. 1er, p. 171.

§ 2. — *Saisie et vente forcée des navires.*

44. — Un navire peut, comme tout autre o mobilier, être vendu par autorité de justice, suite de la saisie qu'en a faite, pour quelque ca et même pour quelque somme que ce soit, créancier de celui auquel il appartient.

45. — Le créancier qui veut poursuivre la sai et vente forcée d'un navire appartenant à débiteur, doit être porteur d'un titre exécuto —C. procéd., art. 545, 551. — Une saisie cons toire autorisée par l'ordonnance du juge ne rait pas. Le saisissant devrait obtenir une damnation, par suite de l'acte conservatoire aurait été autorisé à faire. — Pardessus, t. 3, n° p. 31.

46. — Le bâtiment prêt à faire voile n'est saisissable, si ce n'est à raison des dettes cont tées pour le voyage qu'il va faire; et même, ce dernier cas, le cautionnement de ces d empêche la saisie. — Le bâtiment est censé prê faire voile lorsque le capitaine est muni de expéditions pour son voyage. — C. comm., art. — V. EXPÉDITIONS (marine).

47. — Tout créancier peut former opposi au départ d'un navire. — *Rennes*, 17 février 18 Lehech c. Bretel.

48. — Les dispositions de l'art. 215 doivent appliquées aux bateaux des rivières navi telles que la Loire, etc. — *Rennes*, 21 mars 1 Noyer; *Cass.*, 25 oct. 1814, Froust c. Noyer. Boulay-Paty, t. 1er, p. 245; Pardessus, t. 3, 610; Dageville, t. 2, p. 109.

49. — Plus particulièrement, l'affréteur train de bateaux sur une rivière ne peut cher la vente d'un bateau saisi à la requête vendeur, sans avoir préalablement fourni le tionnement ordonné par l'art. 215 C. comm. *Rennes*, 21 mars 1812, Noyer.

50. — On ne peut déclarer le navire insaisissable, comme prêt à mettre à la voile, lorsque l'inhibition de remettre le billet de sortie a été notifiée au capitaine de port avant la délivrance des expéditions pour le voyage. — *Aix*, 20 août 1819, Rebecquy c. Raoul.

51. — La caution doit être présentée et reçue dans la forme prescrite par le C. de procéd., art. 517 et suiv. (Boulay-Paty, t. 1er, p. 244), devant le tribunal civil de l'arrondissement où la saisie a eu lieu. — Pardessus, t. 3, no 610.

52. — L'objet du cautionnement est de représenter le navire à l'époque du retour déterminé par le congé, ou de payer la dette s'il ne revient pas. Quand même le défaut de retour serait l'effet d'une force majeure, la caution ne devrait pas moins être poursuivie à l'époque convenue; elle a la ressource de faire assurer le navire. — Pardessus, *loc. cit.*

53. — La durée du cautionnement doit s'étendre jusqu'au retour du navire, et le départ ne peut avoir lieu qu'après la réception de la caution. — Dageville, t. 2, p. 108; Boulay-Paty, t. 1er, p. 244.

54. — Celui qui ferait partir un navire sans donner le cautionnement requis serait responsable de la dette, et pourrait être poursuivi par le créancier pour son paiement. — Boulay-Paty, t. 1er, p. 241.

55. —On peut saisir un navire en voyage, pour dettes contractées dans le lieu où il a fait relâche, sauf au capitaine à obtenir mainlevée de la saisie, en donnant caution. — Pardessus, *loc. cit.* — Emerigon, t. 2, p. 368; Boulay-Paty, t. 1er, p. 245.

56. — Jugé en ce sens que le navire qui est en cours de voyage dans un lieu d'échelle ou de relâche est saisissable. — *Marseille*, 12 mars 1830, Berardi (*J. Mars.*, 11, 1, 89).

57. —Le président du tribunal de commerce pourrait autoriser une saisie conservatoire jusqu'à ce que le créancier ait pu obtenir un jugement de condamnation, s'il s'agissait d'une dette contractée pour le voyage que le navire est sur le point d'entreprendre. — Dageville, t. 2, p. 109.

58. — L'art. 215 est applicable aux navires étrangers comme aux navires français. Ce n'est pas le cas d'invoquer la disposition de l'art. 16, qui dispense les étrangers de fournir caution en matière commerciale; on ne peut pas supposer que la loi ait voulu leur accorder plus de privilége qu'aux nationaux.—Boulay-Paty, t. 1er, p. 244. — Dageville (t. 2, p. 110) va même jusqu'à soutenir que l'étranger doit donner caution non-seulement à raison des dettes contractées pour le voyage, mais encore pour toute autre dette.

59. — On ne peut saisir entre les mains du receveur des douanes les expéditions d'un navire. — L'auteur d'une telle saisie doit être condamné à des dommages-intérêts si elle a empêché le navire de partir à temps pour sa destination.—*Rennes*, 28 fév. 1824, Haranchipy c. Ficher-Desmaisons. — Rauter, *Cours de procédure*, p. 319; Roger, *Saisie-arrêt*, no 163; Pardessus, t. 3, p. 84.

60. — L'opposition formée entre les mains du receveur des douanes sur les papiers et passe-port nécessaires pour le départ d'un navire n'a pas le caractère d'une saisie-arrêt. — *Rouen*, 2 fév. 1841 (t. 1er 1841, p. 310), capitaine Cullin et compagnie anglaise de navigation c. compagnie française du Phénix.

61. — Le créancier auquel un navire a été affecté à titre de nantissement et qui figure comme en étant le propriétaire et l'armateur ne peut, par des oppositions à la sortie et par des poursuites en vente de son gage, arrêter l'exécution de l'affrétement consenti par le capitaine, antérieurement aux poursuites et hors du lieu du domicile de ce créancier armateur. En conséquence, les affréteurs qui ont déjà chargé les marchandises à bord du navire dont il s'agit ont le droit d'exiger que les oppositions soient levées, et que le voyage pour lequel le capitaine a engagé le navire soit effectué, nonobstant les droits, actions et priviléges que le nantissement confère au créancier. — *Marseille*, 25 juill. 1832, Gilibert (*J. Mars.*, 13, 1, 268).

62. — Il ne peut être procédé à la saisie de tous bâtimens de mer que vingt-quatre heures après commandement de payer. — C. comm., art. 198.

63. — Dès lors est nulle la saisie d'un navire si vingt-quatre heures auparavant il n'a été fait au débiteur commandement de payer. — *Rennes*, 28 fév. 1824, Haranchipy c. Ficher-Desmaisons.

64. — L'huissier doit-il exprimer l'heure à laquelle il signifie l'exploit? Non; il suffit que le commandement soit fait la veille : c'est du moins l'usage suivi. — Boulay-Paty, t. 1er, p. 181; Dageville, t. 2, p. 68.

65. — Néanmoins, le texte de la loi exigeant un intervalle de vingt-quatre heures entre le commandement et la saisie, il y aurait nullité si la saisie commençait dès le matin du lendemain du commandement, qui n'aurait été signifié qu'après midi de la veille, et la preuve testimoniale de l'heure serait en ce cas admissible. — Boulay-Paty, t. 1er, p. 181.

66. — Si le propriétaire du navire habite hors du ressort du tribunal devant lequel doit se poursuivre la saisie, le commandement doit également lui être notifié à personne ou à domicile. — Delvincourt, t. 2, p. 197; Boulay-Paty, t. 1er, p. 185; Pardessus, t. 3, no 609. — S'il est absent ou en fuite, on doit se conformer, pour la notification du commandement, à l'art. 69, § 8 du Code de procédure. — Si son absence a été déclarée par jugement, le commandement est fait à l'administrateur légal ou aux héritiers envoyés en possession. — S'il habite les colonies françaises ou les pays étrangers, le commandement doit être signifié au parquet du procureur de la République près le tribunal dans l'arrondissement duquel se trouve le navire. — Boulay-Paty, t. 1er, p. 185; Pardessus, t. 3, no 609; Dageville, t. 2, p. 71.

67. — Toutefois, si le commandement doit être fait à la personne du propriétaire ou à son domicile, ce n'est que lorsqu'il s'agit d'une action générale à exercer contre lui; le commandement peut être fait au capitaine du navire, si la créance est du nombre de celles qui sont susceptibles de privilége sur le navire. — C. com., art. 199.

68. — Il y a lieu d'excepter aussi le cas où le propriétaire du navire aurait un domicile élu par l'acte même constitutif de la créance, ou par tout autre acte également valable. Ce serait alors l'art. 111 du Code civil qu'il faudrait appliquer.— Boulay-Paty, t. 1er, p. 186; Pardessus, t. 3, no 609; Dageville, t. 2, p. 71. — Si on agissait en vertu de deux créances, l'une privilégiée et l'autre ordinaire, il faudrait suivre, à l'égard de chacune d'elles, la distinction tracée par l'art. 199.— Boulay-Paty, t. 1er, p. 184; Pardessus, *loc. cit.*

69. — Pour que la saisie soit valable, il ne faut pas que le commandement soit périmé, c'est-à-dire qu'il ait plus d'un an de date; en ce cas, un nouveau commandement serait indispensable.— Boulay-Paty, t. 1er, p. 182; Dageville, t. 2, p. 69.

70. — Le procès-verbal de saisie doit être fait dans la forme ordinaire.—C. procéd., art. 585 et 586—L'huissier doit être accompagné de deux témoins, qui signent l'original et la copie. — Un itératif commandement n'est point nécessaire, puisque, par la nature des choses; la saisie ne se pratique pas au domicile du débiteur. — Pardessus, t. 3, no 611. — *Contrà*, Dageville, t. 2, p. 72.

71. — La signature du procès-verbal de saisie par les deux témoins constituant une formalité substantielle, l'omission de cette formalité entacherait de nullité la saisie. — Boulay-Paty, t. 1er, p. 188, Dageville, t. 2, p. 72.

72. — L'huissier énonce dans le procès-verbal de saisie les nom, profession et demeure du créancier pour qui il agit; — le titre en vertu duquel il procède; — la somme dont il poursuit le paiement;— l'élection de domicile faite par le créancier dans le lieu où siége le tribunal devant lequel la vente doit être poursuivie, et dans le lieu où le navire saisi est amarré; — les noms du propriétaire et du capitaine; — le nom, l'espèce et le tonnage du bâtiment. — Il fait l'énonciation et la description des chaloupes, canots, agrès, ustensiles, armes, munitions et provisions; il établit un gardien. — C. comm., art. 200.

73. — Les deux élections de domicile prescrites par cet article ne sont pas alternatives, elles doivent concourir ensemble; mais les actes de procédure doivent être signifiés au domicile élu dans le lieu où siége le tribunal. —Boulay-Paty, t. 1er, p. 189; Dageville, t. 2, p. 73.

74. — Quoique la description des agrès et apparaux du navire ne soit pas indispensable à la validité de la saisie, elle est néanmoins utile pour rendre le gardien responsable des soustractions qui pourraient être commises.

75. — Si le procès-verbal de saisie ne mentionnait que le *navire, agrès et apparaux*, sans autre énonciation, les agrès et apparaux non désignés n'en seraient pas moins compris dans la saisie. Mais alors l'adjudicataire n'aurait le droit de réclamer que ce qui se trouverait dans le navire au moment de la livraison. — Valin (sur l'art. 2, titre *De la saisie*) faisait une distinction; il ne comprenait pas, sous l'énonciation générique d'*agrès*, la chaloupe et les canots. Mais l'opinion contraire, soutenue par Emerigon (ch. 6, sect. 7), a prévalu dans l'usage et la doctrine. —Boulay-Paty, t. 1er, p. 189; Dageville, t. 2, p. 74.

76. —Quant aux canons et autres munitions de guerre qui ne sont pas rigoureusement indispensables pour la navigation, mention expresse doit en être faite dans le procès-verbal de saisie. — Boulay-Paty, t. 1er, p. 193.

77. — L'énonciation des accessoires du navire, quand elle a lieu dans le procès-verbal de saisie, ne restreint pas le droit de l'adjudicataire aux objets énoncés, de manière que, s'il se trouve dans le navire, au moment de la livraison, plus d'agrès et apparaux qu'il n'en a été énoncé, l'adjudicataire a droit de réclamer la totalité, parce que le navire, dans tous les cas, est censé être adjugé avec toutes ses dépendances. — Valin, sur l'art. 2, titre *De la saisie*; Boulay-Paty, t. 1er, p. 192; Dageville, t. 2, p. 74.

78. — L'ordonnance de 1681 exigeait que le gardien établi par l'héritier fût *solvable*; quoique le Code n'ait pas reproduit cette condition, on doit néanmoins décider que le créancier saisissant serait responsable, si l'insolvabilité du gardien était notoire. — Boulay-Paty, t. 1er, p. 194; Dageville, t. 2, p. 75.

79. — Si le propriétaire du navire demeure dans le ressort du tribunal où la vente doit être poursuivie, une copie du procès-verbal de saisie, avec citation au tribunal pour voir procéder à la vente des choses saisies, doit lui être notifiée, à personne ou à domicile, dans le délai de trois jours (C. comm., art. 201); mais ce délai ne commence à courir que du lendemain du jour de la saisie. — Boulay-Paty, t. 1er, p. 196; Dageville, t. 2, p. 76. — S'il demeure hors de l'arrondissement du tribunal, les significations et citations sont données à la personne du capitaine; ou, en cas d'absence, à celui qui représente le capitaine ou le propriétaire. — C. comm., art. 201.

80. — Dans le dernier cas, le délai de la comparution est augmenté d'un jour pour deux myriamètres et demi de distance entre le domicile du propriétaire et le lieu où siége le tribunal. — C'est du moins ainsi qu'est généralement interprétée la rédaction un peu confuse de l'art. 201 C. comm. — Boulay-Paty, t. 1er, p. 198; Verrières. — Dageville pense (t. 2, p. 78), au contraire, que, sans déroger aux délais de distance établis par l'art. 1033 du C. de proc., on doit appliquer à la notification l'augmentation de délai prescrite par l'art. 201.

81. — Lorsque les significations et citations sont faites au capitaine, ou à celui qui représente le propriétaire, elles doivent être faites *à personne* et non pas seulement *à domicile*. — Boulay-Paty, t. 1er, p. 197; Dageville, t. 2, p. 76.

82. — Si le propriétaire est étranger et hors de France, les significations et citations doivent être faites au parquet du procureur de la République près le tribunal où la saisie est portée; et l'on observe les délais prescrits en pareil cas. — C. comm., 201; C. proc., 69.

83. — Lorsque le propriétaire du navire ne demeure point dans le ressort du tribunal, et que le navire n'a ni maître, ni capitaine, ni gardien, ni représentant établi, les significations doivent être faites au saisi, à son vrai domicile; et s'il n'en a point de connu, il faut se conformer aux dispositions de l'art. 69 du Code de procédure. — Boulay-Paty, t. 1er, p. 199; Dageville, t. 2, p. 79.

84. — Le tribunal devant lequel la vente doit être poursuivie est non le tribunal de commerce, mais le tribunal civil de l'arrondissement, parce que les tribunaux de commerce ne peuvent connaître de la saisie des navires comme de toutes autres voies d'exécution. — Avis du *Cons. d'Etat* du 17 mai 1809. — En conséquence l'assignation donnée au propriétaire du navire saisi, doit, à peine de nullité, contenir constitution de l'avoué par le ministère duquel aura lieu la poursuite. — C. proc., 61.

85. — Si la saisie a pour objet un bâtimen dont le tonnage soit au-dessus de dix tonneaux, il doit être fait trois criées et publications des objets en vente. — Les criées et publications sont faites consécutivement de huitaine en huitaine, à la bourse et dans la principale place publique du lieu où le bâtiment est amarré. — L'avis en est inséré dans un des papiers publics imprimés dans le lieu où siége le tribunal devant lequel la saisie se poursuit; et s'il n'y en a pas, dans l'un de ceux imprimés dans le département. — C. comm., 202.

86. — Les criées et publications ne doivent commencer qu'après la notification de la saisie, mais il n'est pas nécessaire d'attendre les délais de l'assignation. — Boulay-Paty, t. 1er, p. 201; Dageville, t. 2, p. 80. — *Contrà*, Pardessus (t. 3, no 612) pense que la première criée ne doit avoir lieu que le jour indiqué pour la comparution.

87. — Il n'est plus nécessaire aujourd'hui que les criées et publications aient lieu, comme sous l'ordonnance, un jour de dimanche : procès-verbal doit en être dressé, quoique le Code ne l'exige pas ; sans cela, la disposition de la loi pourrait être éludée. — Boulay-Paty, t. 1er, p. 201 et suiv.; Dageville, t. 2, p. 80.

88. — S'il n'existait pas de papiers publics dans le département, il serait convenable de faire insérer l'avis dans une des feuilles du département le plus voisin. — Dageville, t. 2, p. 81.

89. — Dans les deux jours qui suivent chaque criée et publication, il est apposé des affiches au grand mât du bâtiment saisi, à la porte principale du tribunal devant lequel on procède, dans la place publique et sur le quai du port où le bâtiment est amarré, ainsi qu'à la bourse de commerce. — C. comm., 203.

90. — S'il n'existait pas de bourse de commerce soit dans le lieu où le navire est amarré, soit dans le lieu où siége le tribunal saisi de la vente, cette circonstance devrait être légalement constatée, pour justifier que cette disposition de la loi n'a pas pu être exécutée. — Dageville, t. 2, p. 82 ; Boulay-Paty, t. 1er, p. 203.

91. — Delvincourt pense qu'il ne faut qu'une seule apposition d'affiches ; mais c'est là une erreur : on doit apposer des affiches à trois reprises différentes, à la suite de chaque criée. — Boulay-Paty, t. p. 204 ; Dageville, t. 2, p. 83.

92. — Les criées, publications et affiches doivent désigner les nom, profession et demeure du poursuivant ; — les titres en vertu desquels il agit ; — le montant de la somme qui lui est due ; — l'élection du domicile par lui faite dans le lieu où siége le tribunal, et dans le lieu où le bâtiment est amarré ; — les noms et domicile du propriétaire du navire saisi ; — le nom du bâtiment, et s'il est armé ou en armement, celui du capitaine ; — le tonnage du navire ; — le lieu où il est gisant ou flottant (cette expression indique qu'on peut saisir un navire en rade et à flot sur ses ancres) ; — le nom de l'avoué du poursuivant ; — la première mise à prix ; — les jours des audiences auxquelles les enchères seront reçues. — C. comm., 204.

93. — Ces formalités sont-elles prescrites à peine de nullité ? Oui ; mais les nullités résultant de leur inobservation doivent être proposées avant l'adjudication définitive. — Pardessus, t. 3, p. 39 ; Laporte, sur l'art. 204 du C. de comm. ; Boulay-Paty, t. 1er, p. 207 ; Dageville, t. 2, p. 84.

94. — Après la première criée, les enchères seront reçues le jour indiqué par l'affiche. — Le juge commis d'office pour la vente continue de recevoir les enchères, après chaque criée, de huitaine en huitaine, à jour certain fixé par son ordonnance. — C. comm., 205.

95. — Après la troisième criée, l'adjudication est faite au plus offrant et dernier enchérisseur, à l'extinction des feux, sans autre formalité ; sauf au juge commis d'office à accorder, sur la réquisition de l'une des parties, ou d'office, s'il le juge convenable, une ou deux remises de huitaine chacune, qui sont publiées et affichées. — C. comm., 206.

96. — Le juge ne pourrait accorder plus de deux remises. — Boulay-Paty, t. 1er, p. 212 ; Pardessus, t. 3, no 612 ; Dageville, t. 2, p. 87.

97. — Le dernier enchérisseur peut-il s'opposer à la remise, et demander de suite l'adjudication, avec déclaration que sans cela il retire son enchère ? Oui. — Locré, sur l'art. 206 C. comm. — *Contrà*, Boulay-Paty, t. 1er, p. 213 ; Dageville, t. 2, p. 88. — L'enchérisseur ne peut rétracter son enchère, parce qu'il a dû s'attendre à la remise, sur le fondement que la loi l'autorise. — Il reste donc adjudicataire définitif, si la remise ne produit aucune surenchère. — Pardessus, t. 3, no 612.

98. — Si la saisie porte sur des barques, chaloupes et autres bâtimens du port de dix tonneaux et au-dessous, l'adjudication est faite à l'audience, après la publication sur le quai pendant trois jours consécutifs, avec affiche au mât, ou, à défaut, en autre lieu apparent du bâtiment, et à la porte du tribunal. — Il doit être observé entre la signification de la saisie et la vente un délai de huit jours francs, augmenté des délais ordinaires accordés en raison des distances. — C. comm., no 207.

99. — Le juge-commissaire peut également, dans ce cas, accorder une ou deux remises ; mais les publications ayant lieu de jour à jour, ces remises ne pourraient être chacune que d'un jour. — Valin, sur l'art. 9, tit. 14 ; Boulay-Paty, t. 1er, p. 217 ; Pardessus, t. 3, no 612 ; Dageville, t. 2, p. 90.

100. — Si la même saisie comprenait un bâtiment du port de dix tonneaux, et au-dessous, et un bâtiment de plus grande capacité, appartenant l'un et l'autre au même propriétaire, on devrait procéder sur le tout par une poursuite unique, assujettie aux formalités prescrites pour le plus grand des deux navires. — Boulay-Paty, t. 1er, p. 217 ; Pardessus, t. 3, no 613 ; Dageville, t. 2, p. 90.

101. — Les adjudicataires des navires de tout tonnage sont tenus de payer le prix de leur adjudication dans le délai de vingt-quatre heures, ou de le consigner, sans frais, au greffe du tribunal de commerce, à peine d'y être contraints par corps. — C. comm., art. 209.

102. — En général, il est plus prudent de consigner le prix que de le payer dans les vingt-quatre heures. En effet, il pourrait ne pas l'être avec sécurité, car les créanciers auxquels un navire est affecté ont un délai plus long pour faire valoir leurs droits. — Art. 212.

103. — A défaut de paiement, ou de consignation, le bâtiment est remis en vente, et adjugé trois jours après une nouvelle publication et affiche unique, à la folle enchère des adjudicataires, qui sont également contraignables par corps pour le paiement du déficit, des dommages, des intérêts et des frais. — Cod. comm., art. 209.

104. — Si le navire était revendu pour un prix plus considérable, quoique le fol enchérisseur ne dût pas profiter de cet excédant de prix, il serait néanmoins équitable d'imputer sur cet excédant les frais faits pour parvenir à la nouvelle adjudication, de manière à ne laisser à la charge du fol enchérisseur que la portion de frais excédant le bénéfice de la revente. — Valin, sur l'art. 10, tit. *De la saisie* ; Boulay-Paty, t. 1er, p. 226 ; Dageville, t. 2, p. 97.

105. — Il peut arriver que des effets appartenant à autrui aient été compris dans la saisie, ou qu'un navire soit mis en vente comme appartenant en totalité à celui qui n'est que quirataire ; dans ces divers cas, il y a lieu à une demande en distraction.

106. — Cette demande doit être formée et notifiée au greffe du tribunal avant l'adjudication. — Si elle n'était formée qu'après l'adjudication, elle serait convertie de plein droit, en opposition à la délivrance des sommes provenant de la vente (C. comm., art. 210), pourvu toutefois qu'elle fût intentée dans les trois jours après l'adjudication. — C. comm., art. 212. — Boulay-Paty, t. 1er, p. 227 ; Dageville, t. 2, p. 99.

107. — Si la demande avait été faite entre les mains de l'huissier, il y aurait nécessité de la réitérer au greffe. — Valin, sur l'art. 11, tit. *De la saisie* ; Boulay-Paty, t. 1er, p. 228 ; Dageville, t. 2, p. 99.

108. — Le demandeur ou l'opposant a trois jours pour fournir ses moyens. — Le défendeur a trois jours pour contredire. — La cause est portée à l'audience sur une simple citation. — Cod. com., art. 211.

109. — Les délais fixés par cet article ne sont pas susceptibles d'être prorogés à raison des distances, lorsque le demandeur en distraction ne demeure pas dans l'arrondissement où la vente est poursuivie. — Boulay-Paty, t. 1er, p. 231 ; Dageville, t. 2, p. 100 ; Pardessus, t. 3, no 615.

110. — Lorsque le jugement qui statue sur la demande en distraction est frappé d'appel, il faut distinguer : si la distraction est ordonnée, il doit être sursis à l'adjudication ; mais si la demande est rejetée, le tribunal peut ordonner l'exécution provisoire de son jugement, avec caution, et passer outre à l'adjudication. — Valin, sur l'art. 12, tit. *De la saisie* ; Boulay-Paty, t. 1er, p. 231 ; Dageville, t. 2, p. 101 ; Pardessus, t. 3, no 615.

111. — Dans tous les cas on peut, sur l'appel, présenter une requête en abréviation de délai, conformément à l'art. 647 du C. de comm. — Boulay-Paty, t. 1er, p. 232 ; Dageville, t. 2, p. 101.

112. — Pendant trois jours après celui de l'adjudication, les oppositions à la délivrance du prix sont reçues ; passé ce temps, elles ne sont plus admises. — C. com., art. 212. — Ces oppositions sont valablement faites au greffe du tribunal de commerce où le prix a été consigné par l'adjudicataire, et n'ont pas besoin d'être formées au greffe du tribunal civil où la vente a eu lieu. — *Poitiers*, 9 mai 1848 (t. 1er 1849, p. 915), Gachinard c. Bonnemort.

113. — La déchéance prononcée contre les opposans en retard n'a lieu que dans l'intérêt des autres créanciers, et ne peut être invoquée par le saisi. — Si, donc, tous les créanciers opposans désintéressés, il restait encore des deniers, ils ne pourraient être délivrés au saisi, au préjudice des oppositions, même tardives. — Boulay-Paty, t. 1er, p. 234 ; Dageville, t. 2, p. 102.

114. — Les créanciers opposans sont tenus de produire au greffe leurs titres de créance, dans les trois jours qui suivent la sommation qui leur en est faite par le créancier poursuivant ou par le tiers saisi ; faute de quoi il est procédé à la distribution du prix de la vente, sans qu'ils y soient compris. — C. com., art. 213.

115. — Le *tiers saisi*, dont il est ici question n'est autre que le *débiteur saisi* ; c'est une erreur qui s'est glissée dans la rédaction du Code. — Boulay-Paty, t. 1er, p. 237 ; Dageville, t. 2, p. 101.

116. — Le délai de trois jours n'est pas fatal, et les créanciers opposans sont toujours à temps de produire leurs titres, tant que la distribution n'est pas faite. — Boulay-Paty, t. 1er, p. 235 ; Dageville, t. 2, p. 103.

117. — Jugé au contraire que l'expiration du délai de trois jours, à partir de la sommation qui leur en est faite, dans lequel les créanciers opposans sur le prix de vente d'un navire doivent produire au greffe leurs titres de créance, emporte déchéance. Toute production ultérieure est sans effet, alors même qu'elle aurait lieu avant la clôture de la distribution provisoire par le juge-commissaire. — *Aix*, 17 juill. 1828, Fabry c. c. Sauvaire.

118. — La collocation des créanciers et la distribution de deniers sont faites entre les créanciers privilégiés, dans l'ordre prescrit par l'art. 191 ; et entre les autres créanciers, au marc le franc de leurs créances. — Tout créancier colloqué l'est tant pour son principal que pour les intérêts et frais. — C. comm., 214.

119. — Les propriétaires ou copropriétaires qui n'ont formé leur demande en distraction que dans les trois jours après l'adjudication doivent être colloqués pour le montant de la valeur de leurs droits, y compris les frais d'instance, avant tous les autres créanciers, même privilégiés, — et quand même leur opposition n'aurait été faite qu'après les trois jours de l'adjudication, s'il reste des deniers, les créanciers opposans payés, ils devraient être préférés à tous les créanciers opposans retardataires. — Valin, sur les art. 11 et 14, tit. *De la saisie* ; Boulay-Paty, t. 1er, p. 239 et suiv. ; Dageville, t. 2, p. 105.

120. — Dans une instance en distribution du prix d'un navire où l'armateur ne se trouve pas en cause, il ne peut pas dépendre du capitaine de l'y appeler en introduisant une instance en condamnation contre lui pour solde de reliquat de compte, à raison de la gestion du navire, et en demandant la jonction de cette instance avec l'instance née de l'opposition à la distribution. — *Aix*, 21 nov. 1833, Blanchenay (*J. Mars.*, 14, 1 237).

121. — Dans l'instance en distribution du prix d'un navire, la partie intéressée à contester ou à faire réduire le privilége accordé par un jugement rendu par le tribunal de commerce auquel elle est étrangère, a le droit d'attaquer immédiatement ce jugement par tierce opposition devant le tribunal saisi de la distribution, afin de faire valoir personnellement, contre le créancier porteur du jugement attaqué, les exceptions qui tendent à écarter le privilége prétendu par le créancier. — Même arrêt.

122. — L'adjudicataire d'un navire étranger, saisi et vendu en France aux enchères publiques, et dont le prix, déposé à la caisse des consignations, est devenu l'objet d'une procédure d'ordre et de distribution, est fondé à réclamer, dans la distribution, une somme non mentionnée au cahier des charges et qu'il a été obligé de payer pour droit d'invalides, au consul de la nation à laquelle ce navire ressortissait, afin d'en obtenir les expéditions nécessaires pour le faire naviguer, et cela, quoiqu'il n'ait formé sa réclamation qu'après la clôture provisoire de l'ordre. — Même arrêt.

123. — Il y a encore plusieurs autres cas de vente forcée d'un navire, par exemple : lorsqu'un navire dépend d'une succession bénéficiaire, ou de l'actif d'une faillite dont les syndics opèrent la vente ; on observe, dans ces divers cas, les formalités qui viennent d'être tracées. — Pardessus, t. 3, no 616.

Sect. 3e. — *Des propriétaires de navire.*

124. — Un navire peut appartenir à plusieurs copropriétaires. Ce cas est même très-fréquent, à cause des avances considérables qu'exigent la construction et l'armement d'un navire, et auxquelles ne pourrait pas toujours suffire la fortune d'un particulier.

125. — On appelle les parts du navire ou *portions*, et les propriétaires de ces parts *[...]taires* ou *portionnaires*. Ces parts sont or[dinaire]ment au nombre de 24, de sorte que chacun [pos]sède un ou plusieurs vingt-quatrièmes.

126. — La copropriété d'un navire constitue une espèce de société en participation. — Lehir, *Des armateurs et des propriétaires de navires*, p. 42.

127. — Jugé cependant que la copropriété d'un navire ne constitue point, entre les intéressés, une société en-participation, donnant lieu à l'arbitrage forcé. En conséquence, le copropriétaire qui est assigné par son cointéressé devant le tribunal de commerce, à raison d'une difficulté relative à l'armement du navire, ne peut décliner la juridiction de ce tribunal et demander le renvoi devant arbitres. — Trib. de, *Marseille*, 31 mai 1833, Calvo (*J. Marseille*, 12, 1, 183).

128. — Les droits entre associés copropriétaires de navires peuvent se constater par toute espèce d'actes écrits, par les livres, la correspondance et même, en l'absence d'écrits, par la preuve testimoniale. — Arg. C. comm., art. 49. — Lehir, p. 13.

129. — Jugé au contraire que la copropriété d'un navire ne peut être prouvée par témoins comme une association en participation. — Trib. de *Marseille*, 22 nov. 1824, Cautelier (*J. Marseille*, 5, 1, 333).

130. — A l'égard des tiers, la copropriété est établie par l'acte de francisation, au dos duquel les droits de chacun des copropriétaires doivent être inscrits, conformément à l'art. 17 du décret du 18 oct. 1793; autrement, le navire serait, dans l'intérêt des tiers, réputé appartenir à celui ou à ceux dont les noms seraient inscrits. — Pardessus, t. 9, n° 620; Lehir, p. 16.

131. — Le tiers qui a traité avec le propriétaire d'un navire en cette qualité n'a pas d'action personnelle contre celui qui, dans l'acte de francisation, et par suite d'une simulation concertée entre lui et le véritable propriétaire, a été désigné comme maître du navire, alors que, n'ayant pas connu cet acte, il n'a pu compter que sur la responsabilité de la personne avec laquelle il a contracté directement. — *Cass.*, 12 janv. 1847 (t. 1er 1847, p. 668), Lacoin c. Alem.

132. — La poursuite de saisie et vente d'un navire est régulièrement introduite contre ceux que l'acte de francisation indique comme propriétaires de ce navire. En conséquence, il ne suffit pas à celui dont le nom a été porté à tort sur l'acte de francisation d'établir qu'il est étranger à la propriété du bâtiment pour obtenir son renvoi de l'action et échapper à la condamnation aux dépens. — *Rouen*, 23 janv. 1844 (t. 1er 1844, p. 422), Arnaud. c. Lumotte.

133. — L'acte de francisation d'un navire n'est que déclaratif de propriété : en sorte qu'il ne peut être opposé par celui qui le fait en son propre et privé nom contre ceux qui réclameraient des droits de copropriété sur ce navire, et qui prouveraient une copropriété antérieure à l'acte de francisation ou une cession postérieure d'intérêt au navire. — Pardessus, 24 avr. 1816, Pichaud.

134. — Quoique le Code de commerce n'ait point défini l'association des copropriétaires de navires, il l'a soumise néanmoins à quelques règles spéciales; ainsi, pour tout ce qui concerne l'intérêt commun des propriétaires d'un navire, l'avis de la majorité est suivi.—C. com., art. 220.

135. — C'est là une dérogation au principe général de l'art. 1859 C. civ., en vertu duquel chacun des copropriétaires peut s'opposer aux opérations nouvelles qui ne sont pas encore ordonnées; mais cette dérogation était commandée par le besoin de favoriser les entreprises maritimes, et la nécessité de les délivrer des entraves du droit commun.

136. — Cela, du reste, ne doit s'entendre que du cas où les copropriétaires n'ont réglé par aucune stipulation la manière dont la chose commune serait administrée; car les conditions d'une fois une fois établies, il ne peut y être dérogé du consentement de tous les associés. — Pardessus, t. 3, n° 620; Boulay-Paty, t. 1er, p. 347; Lehir, t. 2, p. 151; Lehir, p. 13.

137. — La majorité se détermine par le nombre de parts dans le navire, et non par celui des propriétaires; de sorte qu'un seul, dont la copropriété serait de plus de moitié, l'emporterait sur tous les autres, quel que fût leur nombre. — civ., art. 220. — Pardessus, t. 3, n° 620; Boulay-Paty, t. 1er, p. 340.

138. — On doit entendre par *intérêt commun* tout qui est relatif à l'entreprise et à la destination voyage, au choix du capitaine et de l'équipage, la fixation des gages, à la réduction des instructions, à l'affrétement du navire, etc. Si donc la majorité se refusait à consentir aux frais de radoub, l'armement et mise hors du navire, la minorité pourrait se faire autoriser à emprunter à la grosse pour le compte des refusans sur leur portion d'intérêt dans le navire.—Arg. C. comm.,

art. 233. — Pardessus, t. 3, n° 621 ; Boulay-Paty, t. 1er, p. 340 ; Lehir, p. 13.

139. — Lu disposition de l'art. 220 C. comm., d'après laquelle l'avis de la majorité des propriétaires d'un navire doit être suivi en tout ce qui concerne leur intérêt commun, ne peut s'étendre jusqu'à accorder à cette majorité le droit de fixer arbitrairement la nature des réparations à faire au navire, et la quotité des dépenses qu'elles nécessiteront. En cas de discord entre les propriétaires, au sujet des réparations à opérer au navire commun, il appartient, au contraire, aux tribunaux d'ordonner, sans égard pour l'avis de la majorité, que le devis des travaux sera dressé par experts, et que l'exécution en aura lieu par voie d'adjudication au rabais.—*Aix*, 23 févr. 1837 (t. 2 1840, p. 587), Bontoux c. Sicaud.

140. — Mais de ce que la majorité peut contraindre la minorité à contribuer à l'armement du navire en commun, il ne s'ensuit pas que la majorité puisse forcer la minorité à s'associer aux spéculations commerciales auxquelles elle voudrait se livrer, par exemple en achetant et en expédiant pour le compte de l'association un chargement sur le navire. — Valin, t. 1er p. 543; Pardessus, t. 3, n° 621; Dageville, t. 2, p. 452; Boulay-Paty, t. 1er, p. 341 et suiv. — Il en serait autrement, si l'association avait été contractée précisément dans ce but. — Pardessus, *ibid*.

141. — Si la majorité employait le navire au transport de sa cargaison, la minorité, malgré son refus de contribuer à cette opération, n'aurait pas moins le droit de réclamer sa part dans le fret, que la majorité serait tenue de payer, à dire d'experts, à raison du chargement par elle fait. — Valin, t. 1er, p. 543 ; Pardessus, t. 3, p. 621; Dageville, t. 2, p. 452; Boulay-Paty, t. 1er, p. 844; Lehir, p. 14.

142. — Si la majorité était d'avis du désarmement et de la discontinuation des voyages, la minorité ne pourrait se faire autoriser par justice à faire naviguer le navire. — Valin, t. 2, p. 549; Boulay-Paty, t. 4, p. 345 et suiv.; Dageville, t. 2, p. 453 ; Pardessus, t. 3, n° 631. — Contra Emerigon, qui se fonde sur ce qu'une pareille décision serait contraire à la destination du navire et au but de l'association.

143. — Lorsqu'une décision a été prise, soit pour fréter le navire, soit pour toute autre expédition déterminée, la majorité ne peut plus revenir contre cette décision, qui doit être exécutée, si la minorité l'exige, nonobstant une délibération contraire. — Pardessus, t. 3, n° 621 ; Dageville, t. 2, p. 453. — Il faudrait cependant excepter le cas où la nouvelle délibération aurait pour objet de faire un second appel de fonds à raison de l'insuffisance des premiers fonds votés. — Dageville, *loc. cit.* — Contra Lehir, p. 13.

144. — Lorsque les avis sont partagés de telle sorte qu'il est impossible d'établir une majorité sur la décision à prendre, la licitation du navire devient nécessaire. — Pardessus, t. 3, n° 622. — Cependant Dageville (t. 2, p. 455) pense qu'en cas de partage l'avis pour la navigation doit prévaloir.

145. — L'assurance ne doit pas être considérée comme objet d'*intérêt commun*. Chacun des intéressés est donc libre de faire assurer sa part, sans pouvoir y être contraint par ses autres cointéressés. — Pardessus, t. 3, n° 624 ; Lehir, p. 14.

146. — L'aliénation volontaire du navire ne peut être valablement décidée que du consentement unanime de tous les copropriétaires. Si ce consentement ne peut être obtenu, la licitation est la seule ressource. — Pardessus, t. 3, n° 623; Favard de Langlade, v° *Navire*, § 1er, n° 8; Boulay-Paty, t. 1er, p. 349.

147. — En vain la majorité ferait-elle procéder à cette vente par la voie des enchères, et lui donnerait-elle ainsi les apparences d'une vente sur licitation ; la vente, quoique publique, n'en serait pas moins volontaire, et par conséquent en dehors du pouvoir de la majorité. — Boulay-paty, t. 1er, p. 349 ; Dageville, t. 2, p. 156.

148. — La licitation du navire ne peut être accordée que sur la demande des propriétaires formant ensemble la moitié de l'intérêt total dans le navire, s'il n'y a, par écrit, convention contraire (C. comm., 220).

149. — Ainsi, celui qui est propriétaire d'une portion de navire moindre que la moitié, et qui veut sortir de l'indivision, n'a pas d'autre moyen que de vendre sa part à ses copropriétaires ou à un tiers. Dans ce dernier cas, ses cointéressés n'auraient s'y opposer, ni exercer un droit de préemption ou de retrait, sans une convention expresse. — Pardessus, t. 3, n° 623.

150. — Dageville (t. 2, p. 159) enseigne que la licitation ne peut être ordonnée que sur la de-

mande des propriétaires formant la moitié, ni plus ni moins, des intérêts du navire; mais nous ne pensons pas que la disposition de la loi doive être entendue ainsi. Le législateur a voulu évidemment dire que la licitation ne pourrait avoir lieu que si elle était demandée par une partie des intéressés représentant *au moins* la moitié des intérêts dans le navire. — Pardessus, t. 3, n° 623 ; Lehir, p. 30.

151. — Si la copropriété se composait de plusieurs navires, la licitation ne pourrait également avoir lieu que si la demande des propriétaires formant ensemble la moitié de l'intérêt total dans tous les navires. — Pardessus, t. 3, n° 623; Dageville, t. 2, p. 160.

152. — Les dispositions de l'art. 220 s'appliquent aux navires de toute espèce, aux petits comme aux grands bâtimens.—Boulay-Paty, t. 1er, p. 366 ; Dageville, t. 2, p. 460.

153. — La circonstance que, parmi les copropriétaires du navire, il se trouverait des femmes, des mineurs, n'apporte aucune modification à ces principes. — Pardessus, t. 3, n° 623 ; Boulay-Paty, t. 1er, p. 366 ; Dageville, t. 2, p. 153.

154. — Seulement, si parmi les copropriétaires il se trouvait un mineur, un absent, un interdit, un héritier bénéficiaire, la masse d'un failli, la licitation devrait être faite dans la forme des ventes sur saisie. — Pardessus, t. 3, n° 623.

155. — Dans les autres cas les formes de la licitation sont tracées par la justice, à moins qu'il n'y ait accord, entre tous les copropriétaires, soit sur la licitation elle-même, soit sur les formes dans lesquelles elle devra avoir lieu. — Pardessus, t. 3, n° 623 ; Boulay-Paty, t. 1er, p. 350.

156. — Chaque copropriétaire peut demander que les étrangers soient admis aux enchères. — Dageville, t. 2, p. 459.

157. — Lorsqu'un navire appartient à plusieurs propriétaires, il est dans l'usage que l'un d'eux, soit exclusivement chargé de tout ce qui concerne la gestion des affaires de l'armement; cette personne, ainsi chargée de représenter toutes les autres, a reçu le nom d'*armateur*.

158. — Lorsque l'armateur agit comme mandataire de ses consociés ou copropriétaires, ses pouvoirs sont définis par son mandat ou par les usages du commerce. Il est investi ordinairement de tous les droits des propriétaires eux-mêmes il les exerce seul ; et le capitaine, nommé par lui seul, lui doit compte comme à l'association entière. — Lehir, p. 22.

159. — L'intérêt de sommes sociales qu'un armateur aurait employées à son usage personnel doit courir du jour de l'emploi, antérieurement à la demande légalement formée. — Rennes, 27 janv. 1826, Lemée-Desfontaines c. Roquefouille.

160. — Il est à regretter que le C. de commerce ne se soit pas occupé de l'étendue de la responsabilité que peut contraîner pour les propriétaires de navires la gestion de l'armateur. Chaque propriétaire peut être, en effet, responsable de cette gestion, ou *jusqu'à concurrence seulement de sa part* dans le navire, ou *indéfiniment, suivant la proportion de son intérêt dans le navire*, ou solidairement. La première de ces opinions a été adoptée par Dageville (t. 2, p. 431), et la dernière par Boulay-Paty (t. 1er, p. 354). M. Lehir (p. 27) pense, au contraire, que les copropriétaires de navires, quirataires ou portionnaires, ne sont pas tenus solidairement des engagemens de l'armateur; mais qu'ils le sont indéfiniment, proportionnellement à leur intérêt ou à leur portion dans le navire. Ce dernier sentiment nous paraît préférable.

161. — Le mandat donné à l'armateur n'est pas ordinairement gratuit. La responsabilité relative à ses fautes doit donc lui être rigoureusement appliquée. — C. civ., art. 1992. — Lehir, p. 30.

162. — L'armateur chargé de la gestion et de l'administration du navire commet une faute grave, dont il est responsable, lorsqu'il néglige de prévenir les copropriétaires du navire des changemens opérés dans le voyage primitif, et les met ainsi dans l'impossibilité de faire assurer leur part de propriété pour le nouveau voyage. — Montpellier, 10 déc. 1835, Chatelain et Le Provost c. Jourdan.

163. — Les actions relatives à l'armement et aux opérations du navire sont valablement dirigées contre l'armateur. — Lehir, p. 31.

164. — Il n'est pas nécessaire qu'un armateur qui procède contre les fournisseurs du constructeur, lesquels réclament privilège sur le navire, justifie du mandat de ses cointéressés dans l'armement. — Rennes, 7 mai 1818, Weisbrod.

165. — Lorsqu'un associé a employé dans la reconstruction d'un navire les débris d'un navire social, *reconnu innavigable par tous les intéressés* et *démoli à leur connaissance*, le fait seul de l'emploi des vieux matériaux ne suffit pas pour conférer à tous les associés un droit de copropriété dans le navire neuf. — *Rennes*, 27 janv. 1826, Lemée-Desfontaines c. Roquefeuille.

166. — L'associé qui, après avoir fait part à ses coassociés d'une demande de fonds pour radouber un navire, s'avise de le faire démolir *à leur insu*, et *sans en avoir fait constater l'innavigabilité*, ne peut réclamer la propriété exclusive du navire nouveau, dans la construction duquel on a fondu la coque et les gréemens de l'ancien. — Même arrêt.

167. — Une société en participation pour l'armement d'un navire, est dissoute par la confiscation et la vente du navire. En conséquence, à partir de cette époque, le gérant de l'association ne peut plus obliger ses coparticipans.

168. — Le préposé des armateurs d'un navire ne peut, pour ses profits dans l'expédition non encore liquidés, faire une saisie-arrêt sur eux, s'il est étranger ainsi qu'eux. — *Rouen*, 11 janv. 1817, Peyts, Joints et John Forsell c. Story.

169. — Les armateurs sont en général soumis à la patente. — V. ARMATEUR, nos 4 et suiv.

170. — Mais avant la loi du 25 avril 1844, on a considéré comme n'étant pas assujetti à la patente d'armateur, celui qui, copropriétaire d'un navire, contribuait seulement pour une très-petite partie aux frais d'armement et d'équipement du bâtiment, et ne s'occupait nullement des opérations relatives à l'armement. — *Cons. d'Etat*, 11 août 1841, Jacquemont.

171. — Décidé également que les propriétaires des navires qui ne sont pas de cabotage et se livrent seulement aux voyages de long cours, ne sont pas soumis à la patente. — *Cons. d'Etat*, 4 mai 1843, Rabot.

Sect. 4e. — *Priviléges sur les navires.*

172. — Les navires sont affectés aux dettes du vendeur et spécialement à celles que la loi déclare privilégiées. — C. comm., art. 190.

173. — Les navires sont affectés à toutes les dettes du vendeur, sans distinction de créances simples ou privilégiées. — *Aix*, 20 août 1819, Borecquy c. Raoul.

174. — Sont privilégiées, et dans l'ordre où elles sont rangées, les dettes ci-après désignées. — C. comm., art. 191.

175. — 1o Les frais de justice et autres faits pour parvenir à la vente et à la distribution du prix. — C. comm., art. 191, 1o.

176. — Il ne faut pas comprendre dans cette classe de frais ni placer au même rang ceux que chaque créancier a pu faire individuellement dans l'intérêt de sa créance; ces frais forment l'accessoire de la créance et suivent le sort de sa collocation. — Boulay-Paty, t. 1er, p. 112; Dageville, t. 2, p. 17; Pardessus, t. 3, no 954.

177. — Les *autres frais*, dont parle l'art. 191, en les distinguant des frais de justice, ne peuvent être que les faux frais. — Locré, sur l'art. 191.

178. — ... 2o Les droits de pilotage, tonnage, cale, amarrage et bassin ou avant bassin. — C. comm., art. 191, 2o.

179. — ... 3o Les gages du gardien, et frais de garde du bâtiment, depuis son entrée dans le port jusqu'à la vente.— C. comm., art. 191, 3o.

180. — ... 4o Le loyer des magasins où se trouvent déposés les agrès et les apparaux.—C. comm., art. 191, 4o.

181. — Si le navire est vendu seul et que les apparaux soient déposés dans plusieurs magasins, les propriétaires de ces magasins devront concourir entre eux, sans priorité de date, au marc le franc, sur le prix du navire, pour les loyers des agrès et apparaux. — Si au contraire le navire est vendu avec ses agrès et apparaux, les propriétaires des magasins concourront, comme précédemment, au marc le franc, sur le prix du vaisseau; mais, de plus, chacun d'eux pourra exercer son privilége de locateur sur les objets déposés dans ses magasins.—Boulay-Paty, t. 1er, p. 113; Pardessus, t. 3, no 943.

182. — ... 5o Les frais d'entretien du bâtiment et de ses agrès et apparaux, depuis son dernier voyage et son entrée dans le port. — C. comm., art. 191, 5o.

183. — ... 6o Les gages et loyers du capitaine et autres gens de l'équipage employés au dernier voyage. — C. comm., art. 191, 6o.

184. — Quoique les gens de l'équipage aient encore un autre privilége pour leurs loyers sur le fret (art. 271 C. comm.), les créanciers d'un ordre postérieur ne sont pas fondés à les renvoyer à se faire payer sur le fret. — Boulay-Paty, t. 1er, p. 115.

185. — Le droit de chapeau réclamé par le capitaine ne doit pas être admis au nombre des créances privilégiées sur le prix du navire en distribution. — *Aix*, 21 nov. 1833, Blancheñay (*J. Marseille*, 14, 1, 242).

186. — ... 7o Les sommes prêtées au capitaine pour les besoins du bâtiment pendant le dernier voyage, et le remboursement du prix des marchandises par lui vendues pour le même objet. — C. comm., art. 191, 7o.

187. — Les prêts à la grosse et les prêts ordinaires sont également privilégiés. — Boulay-Paty, t. 1er, p. 119; Dageville, t. 2, p. 21. — Pour jouir du privilége, il suffit que l'acte de prêt exprime que l'emprunt a eu lieu pour les besoins de la navigation. Le prêteur n'est pas tenu de justifier de l'emploi utile des deniers empruntés. — Boulay-Paty, t. 1er, p. 119; Valin, sur l'art. 7, tit. *des Contrats à la grosse;* Pothier, no 52; Emerigon, t. 2, p. 468.

188. — Lorsque plusieurs emprunts ont été faits à des époques successives et pendant le même voyage, la priorité est acquise au dernier emprunt, et ainsi de suite en remontant dans l'ordre inverse des dates. Cependant, si ces divers emprunts avaient pour objet une seule réparation exigeant des dépenses considérables, les différens prêteurs devraient concourir dans la même classe, sans aucune préférence entre eux, parce que, dans ce cas, le motif qui fait accorder la priorité au dernier créancier en date n'existe plus. Il en est de même pour les ventes de marchandises. — Boulay-Paty, t. 1er, p. 118; Dageville, t. 2, p. 21 et 22; Pardessus, t. 3, no 954.

189. — ... 8o Les sommes dues au vendeur, aux fournisseurs et ouvriers employés à la construction, si le navire n'a point encore fait de voyage, et les sommes dues aux créanciers pour fournitures, travaux, main-d'œuvre, pour radoub, victuailles, armement et équipement, avant le départ du navire, s'il a déjà navigué. — C. comm., art. 191, 8o.

190. — La confiscation du navire au profit de l'Etat ne détruit ni le privilége accordé pour les créances consistant en fournitures et victuailles, ni l'affectation au paiement de ces fournitures des navires mêmes pour lesquels elles ont été faites, lorsqu'il n'y a pas collusion entre les fournisseurs et les capitaines. — *Conseil d'Etat*, 6 février 1810, Griffon.

191. — Lorsque le navire a fait un voyage, le vendeur est déchu de son privilége, même à l'égard des créanciers non privilégiés, c'est-à-dire qu'il concourt avec eux par contribution pour les sommes qui lui sont dues. — Boulay-Paty, t. 1er, p. 122 et suiv.; Dageville, t. 2, p. 22, et Delvincourt, t. 2, p. 184.—V. aussi Pardessus, *Droit comm.*, no 954.—Valin (sur l'art. 17, tit. 14, liv. 1er de l'ordonnance) pensait que le navire, quelque voyage qu'il fît, restait affecté au privilége du vendeur; et, suivant Emerigon, un voyage du navire n'entraînait de déchéance du privilége qu'à l'égard des autres créanciers privilégiés.

192. — Jugé, dans ce sens, que le vendeur d'un navire perd son privilége lorsque le navire a fait, sans opposition de sa part, un voyage sous le nom et aux risques de l'acquéreur. — C. comm., art. 191, § 8, et 193. — Dans ce cas, le privilége est purgé, non-seulement vis-à-vis des créanciers privilégiés, mais aussi à l'égard des créanciers non privilégiés. — *Aix*, 17 juillet 1828, Fabri et Millou c. Sauvaire.

193. — Mais le vendeur qui a ainsi perdu le privilége que la loi lui accordait peut revendiquer le navire non payé entre les mains de l'acquéreur, à la condition par lui de respecter les priviléges acquis et de ne rentrer en possession qu'après avoir acquitté les créances privilégiées. — Emerigon, t. 2, p. 602; Dageville, t. 1er, p. 26.

194. — Si le navire, avant d'avoir navigué, avait eu besoin de radoub et de réparation, par suite d'un long séjour dans le port de construction, les fournisseurs et ouvriers employés à ces réparations devraient concourir avec les fournisseurs et ouvriers employés à la construction. — Dageville, t. 2, p. 23.

195. — Le privilége des fournisseurs et ouvriers sur le navire subsiste-t-il encore lorsqu'ils ont été employés par un entrepreneur chargé de faire construire le navire pour le compte d'un tiers?

196. — Jugé en général qu'ils n'ont de privilége sur le navire que si l'entrepreneur avec lequel ils ont traité en est en même temps propriétaire; mais s'il construit à forfait pour le compte d'un tiers, ils n'ont d'action contre ce tiers que jusqu'à concurrence de ce que celui-ci peut devoir à l'entrepreneur. — *Rouen*, 31 mai 1826, Lemère c. Frémont.

197. — Cependant il peut se faire que les fournisseurs et ouvriers aient complétement ignoré que le constructeur ne travaillait qu'à forfait. — On a décidé dans ce cas qu'un fournisseur avait privilége quand rien n'avait pu lui indiquer que l'entrepreneur travaillât à forfait et non pour son propre compte. — *Aix*, 30 mai 1827, Teissier et Mauric c. Portanier; *Cass.*, 30 juin 1829, mêmes parties.

198. — Mais les fournisseurs et ouvriers n'ont pas droit au privilége, lorsqu'il est constant qu'ils n'ont pu ignorer que l'entrepreneur ne construisait pas pour lui-même, mais pour le compte d'un tiers à forfait, et alors surtout qu'il résulte des circonstances qu'ils ont entendu traiter avec l'entrepreneur sans avoir en vue aucune garantie spéciale sur le navire.— L'appréciation des faits qui tendent à prouver que la foi des fournisseurs et ouvriers n'a pu être trompée, est abandonnée à la conscience et à la sagesse des tribunaux. — *Caen*, 21 mars 1827, Lelain c. Vauquelin; *Poitiers*, 23 avr. 1846 (t. 1er 1848, p. 291), Amblard c. Renaud.

199. — Pour que les fournisseurs et ouvriers soient réputés avoir eu connaissance du marché, il n'est pas nécessaire que ce marché leur ait été notifié; il suffit au propriétaire de prouver qu'ils ont su, n'importe par quelle voie, que l'entrepreneur ne faisait pas construire pour lui-même. — Emerigon, t. 2, ch. 12, sect. 3; Boulay-Paty, t. 1er, p. 124; Delvincourt, t. 2, p. 185; Pardessus, t. 3, no 943; Dageville, t. 1er, p. 24.

200. — Dans les sommes dues pour victuailles, il faut comprendre celles qui sont dues pour fournitures de vivres faites aux matelots avant le départ, de l'ordre du capitaine. — Delvincourt, t. 2, p. 186.

201. — Le propriétaire du navire qui a conservé la qualité d'armateur, a exclusivement le droit, dans le lieu de sa demeure, d'accorder privilége aux fournisseurs de victuailles, en arrêtant les comptes visés par le capitaine. — L'affréteur ne doit pas être réputé armateur, du moins à l'égard des tiers, et n'a pas le droit d'engager le navire, même dans le lieu de la demeure des propriétaires, en ce qui concerne les victuailles, s'il a été chargé de les fournir. — *Trib. de Marseille*, 5 juill. 1825, Millou. (*J. Mars.*, 6, 1, 168.)

202. — Les fournitures faites, d'ordre du capitaine, en logement, nourriture, blanchissage et frais de maladie, soit au capitaine, soit aux ge de son équipage, pendant la relâche du navire, donnent lieu, en faveur des fournisseurs, non-seulement à une action personnelle contre capitaine, mais encore à un privilége sur le navire.— Il en serait autrement d'une somme d'argent prêtée au capitaine pour une autre cause que pour les besoins du navire. — *Trib. de Marseille*, 19 juin 1835, Estublier. (*J. de Marseille*, 15, 1, 296.)

203. — Ceux qui ont prêté des deniers po rembourser le vendeur, les fournisseurs ou ployés à la construction, ne sont substitués au privilége de ces derniers qu'autant qu'ils ont soin de se faire subroger d'une manière exp à leurs droits. — Pardessus, t. 3, no 954.

204. — Si le navire était assuré, en cas perte, le privilége du vendeur, des fourniss et employés à la construction n'est pas trans sur le prix de l'assurance. — Emerigon, t. 2, 613; Boulay-Paty, t. 1er, p. 135; Delvincourt, t. p. 186; Pardessus, t. 3, no 957. — *Contrà*, V t. 3, sur l'art. 3, titre *des Prescriptions.*

205. — Les créanciers ne peuvent donc sommer le propriétaire, après le départ du vire, de leur déclarer s'il l'a fait ou non assu et s'ils le font assurer jusqu'à concurrence sommes qui leur sont dues, ils ne pourront p tendre sur le prix de l'assurance un droit de férence, parce qu'ils n'ont pu valablement a que comme *negotiorum gestores* du proprié et par conséquent dans l'intérêt de la masse d créanciers. — Emerigon, *loc. cit.;* Delvin t. 2, p. 187.

206. — Le privilége s'applique au profit time aussi bien qu'au capital. — Pardessus, t. no 954.

207. — ... 9o Les sommes prêtées à la grosse le corps, quille, agrès, apparaux, pour rad victuailles, armement et équipement avant départ du navire. — C. comm., art. 191.

208. — Ce privilége est acquis au prêteur,

que les deniers aient été fournis aux propriétaires eux-mêmes, soient qu'ils l'aient été au capitaine dans les cas permis par les art. 232 et 233 C. com. — Boulay-Paty, t. 1er, p. 140.

209. — Si le voyage était rompu par quelque événement, par exemple, si le navire était saisi avant d'avoir mis à la voile, les prêteurs à la grosse ne pourraient exercer leur privilége qu'autant qu'ils auraient couru des risques, soit parce que la convention aurait fixé le commencement des risques au jour du prêt, soit parce qu'elle l'aurait fixé au jour du chargement du navire, et que le navire aurait commencé à prendre charge avant la rupture du voyage. — Dageville, t. 2, p. 28; Boulay-Paty, t. 1er, p. 141.

210. — Le prêt à la grosse renouvelé, c'est-à-dire celui qui, après le voyage, est laissé capital à profit maritime entre les mains de l'emprunteur pour produire, ainsi cumulé, un nouvel intérêt, jouit-il du même privilége? — Non, suivant Pardessus, t. 3, n° 954. — *Contrà* Boulay-Paty (t. 1er, p. 143), Dageville (t. 2, p. 29); d'après lesquels le prêt renouvelé est également privilégié, mais après toutes les sommes empruntées pour le dernier voyage. — V., au surplus, PRÊT A LA GROSSE.

211. — ... 10° Le montant des primes d'assurances faites sur le corps, quille, agrès, apparaux, et sur armement et équipement du navire dues pour le dernier voyage. — C. comm., art. 191, § 10.

212. — En cas d'assurance d'un navire pour un temps limité (C. comm., art. 335), le privilége sur le prix du navire dû à l'assureur ne doit pas être restreint à la prime due pour le dernier voyage; au contraire, il s'étend à la totalité des primes, sans aucune distinction des voyages faits jusqu'à l'expiration du temps limité, ces voyages devant être, vis-à-vis de l'assureur, considérés comme un seul et même voyage auquel s'applique l'art. 191 du Code de commerce. — *Rouen*, 7 juill. 1828, Fontaine c. assurances générales.

213. — L'assureur à temps limité d'un navire destiné à faire chaque jour un ou plusieurs voyages a un privilége pour le paiement de la prime stipulée. Ce privilége n'est pas éteint par la vente volontaire du navire, faite dans le temps fixé pour l'assurance, si, depuis l'échéance du terme stipulé, le navire n'a pas fait un des voyages dont parle l'art. 194 du Code de commerce. — *Rouen*, 26 mai 1840 (t. 2 1840, p. 208), Lacroix c. Lloyd français.

214. — ... 11° Les dommages-intérêts dus aux affréteurs pour le défaut de délivrance des marchandises qu'ils ont chargées, ou pour remboursement des avaries souffertes par lesdites marchandises par la faute du capitaine ou de l'équipage. — C. comm., art. 191, § 11.

215. — Les créanciers compris dans chacun des numéros du présent article viennent en concurrence, et au marc le franc, en cas d'insuffisance du prix. — C. comm., art. 191.

216. — Le privilége accordé aux dettes énoncées dans l'art. 191 ne peut être exercé qu'autant qu'elles sont justifiées dans les formes suivantes. — C. comm., art. 192.

217. — 1° Les frais de justice par les états de frais arrêtés par les tribunaux compétens. — C. comm., art. 192, § 1.

218. — Les états de frais sont arrêtés par le président du tribunal de première instance, la connaissance de la vente des navires sur saisie appartenant aux tribunaux ordinaires. — Av. Cons. d'Etat, 17 mai 1809. — Dageville, t. 2, p. 37.

219. — ... 2° Les droits de tonnage et autres par les quittances légales des receveurs. — C. comm., art. 192, § 2.

220. — ... 3° Les dettes désignées par les nos 1, 3, 4 et 5 de l'art. 191 sont constatées par des états arrêtés par le président du tribunal de commerce. — C. comm., art. 192, § 3.

221. — Les gages du gardien et les frais de garde peuvent être taxés par le président du tribunal de commerce s'il les trouve exagérés, sauf recours contre sa décision. — Pardessus, t. 3, n° 954.

222. — ... 4° Les gages et loyers de l'équipage par les rôles d'armement et désarmement arrêtés dans les bureaux de l'inscription maritime. — C. comm., art. 192, § 4.

223. — ... 5° Les sommes prêtées et la valeur des marchandises vendues pour les besoins du navire pendant le dernier voyage par des états arrêtés par le capitaine, appuyés de procès-verbaux signés par le capitaine et les principaux de l'équipage constatant la nécessité des emprunts. — C. comm., art. 192, § 5.

224. — ... 6° La vente du navire par un acte ayant date certaine, et les fournitures pour l'armement, équipement et victuailles du navire sont constatées par les mémoires, factures ou états visés par le capitaine et arrêtés par l'armateur, dont un double est déposé au greffe du tribunal de commerce avant le départ du navire, ou au plus tard dans les dix jours après son départ. — C. comm., art. 192, § 6.

225. — Cette disposition de l'art. 192 est absolue, et l'accomplissement de la formalité n'est pas suppléé par l'obtention d'un jugement portant condamnation contre le capitaine au paiement du montant des fournitures. — *Caen*, 28 fév. 1844 (t. 2 1844, p. 387), Lecordier c. Valette.

226. — Il faut de plus que les droits des fournisseurs et ouvriers ne soient pas prescrits. — Or toutes actions en paiement pour fournitures de bois et autres choses nécessaires aux constructions, équipement et ravitaillement du navire sont prescrites un an après ces fournitures faites. — C. comm., art. 433.

227. — La fin de non-recevoir prise des dispositions de l'art. 433 Code commerce contre l'action en paiement de fournitures de bois pour la construction d'un navire, est applicable à l'action formée contre le fournisseur lui-même par des tiers auxquels il a acheté le bois par lui livré pour être employé à la construction d'un navire. — *Montpellier*, 12 févr. 1830, de Roquefeuille c. Millet.

228. — La prescription ne peut avoir lieu s'il y a cédule, obligation, arrêté de compte ou interpellation judiciaire. — C. comm., 434.

229. — La prescription annale établie par l'art. 433 Code commerce, n'est pas opposable au fournisseur de bois, pour la construction d'un navire, qui, après s'être présenté à la faillite de son débiteur avant l'expiration d'une année à partir des fournitures, et pendant que la propriété du navire en construction était en litige, vient ensuite réclamer le paiement de sa fourniture de celui qui avait commandé la construction et qui a été reconnu en définitive propriétaire du navire non achevé. — *Aix*, 30 mai 1827, Teissère et Maurice c. Portanier; *Cass.*, 30 juin 1829, mêmes parties.

230. — ... 7° Les sommes prêtées à la grosse sur le corps, quille, agrès, apparaux, armement et équipement, avant le départ du navire, sont constatées par des contrats passés devant notaire ou sous signature privée, dont les expéditions en double sont déposées au greffe du tribunal de commerce dans les dix jours de leur date. — C. comm., 192, § 7.

231. — Il suffit qu'il soit reconnu que des avances faites pour les besoins d'un navire ont été remboursées pour que le billet à la grosse souscrit dans le but de les acquitter, postérieurement à leur extinction, ne puisse être opposée pour établir un privilége sur le navire au préjudice de la masse des créanciers. Peu importe que l'auteur des avances, porteur de ce billet, soit resté créancier ordinaire du propriétaire du navire pour des sommes supérieures au montant du billet à la grosse. — *Cass.*, 4 mars 1835, Luce c. Risnich.

232. — Celui qui, après avoir fait des avances pour l'armement, les victuailles et une partie de la cargaison d'un navire, a fait assurer le tout en son nom personnel, et est resté nanti des polices, peut, lorsqu'il en a touché le prix en vertu d'une autorisation de l'assuré, le retenir par voie de compensation, jusqu'à concurrence de ce qui lui est dû, encore bien que les paiemens des assureurs aient eu lieu en billets à ordre ou en traites qui, par événement, ne sont échus qu'après la faillite du propriétaire du navire. — *Rouen*, 17 juill. 1824, Foache c. Amerval.

233. — ... 8° Les primes d'assurances sont constatées par les polices ou par les extraits des livres des courtiers d'assurances. — C. comm., 192, § 8.

234. — Les primes d'assurances peuvent encore être constatées par la représentation de billets de prime qui n'auraient pas été acquittés. — Dageville, t. 2, p. 38; Pardessus, t. 3, n° 954.

235. — Lorsque la police a été souscrite par une compagnie autorisée et sans l'intermédiaire d'officiers publics, l'extrait ou copie de la police pris sur le registre où elles sont copiées jour par jour, pourrait également satisfaire au vœu de la loi. — Dageville, t. 2, p. 38.

236. — Lorsque la police porte quittance, un écrit, même avec date certaine, ne serait point admis pour prouver le contraire, les contre-lettres ne produisant aucun effet contre les tiers. — C. civ., art. 1321. — Pardessus, t. 3, n° 954.

237. — L'assureur qui, au lieu d'exiger, aux termes du contrat d'assurance, le paiement de la prime au comptant, consent à recevoir de l'assuré un billet causé *valeur en prime d'assurance due suivant la police, n°, etc.*, n'est point censé par là faire novation. — *Lyon*, 29 déc. 1830, Assurances générales c. Monffray.

238. — ... 9° Les dommages-intérêts dus aux affréteurs sont constatés par les jugemens, ou par les décisions arbitrales intervenues. — C. comm., 192, § 9.

239. — Une transaction par acte authentique ou par acte sous signature privée devrait également conserver le privilége, sauf les droits des tiers en cas de fraude. Ils pourraient même exiger, dans certaines circonstances, sans être obligés de prouver la fraude, que la transaction fût confirmée par un jugement ou une sentence arbitrale. — Dageville, t. 2, p. 38.

240. — Les priviléges des créanciers sont éteints, indépendamment des moyens généraux d'extinction des obligations, par la vente en justice faite dans les formes établies par le titre 2, livre 2 du Code de commerce; ou lorsqu'après une vente volontaire le navire a fait un voyage en mer sous le nom et aux risques de l'acquéreur, et sans opposition de la part des créanciers du vendeur. — C. comm., art. 193.

241. — Quoique l'art. 193 ne parle que des créances privilégiées, les créanciers même non privilégiés ont un droit de suite, sur le navire vendu, tant que leurs droits n'ont pas été purgés par le nouveau propriétaire. En effet, l'art. 190 dit d'une manière générale que les navires sont *affectés* aux dettes du vendeur, et *spécialement* à celles que la loi déclare privilégiées, ce qui indique qu'ils sont affectés à toute espèce de dettes, sauf la différence résultant du privilége.

242. — La vente faite en justice a pour effet de purger les priviléges, parce que les formalités qui l'accompagnent sont une garantie que le navire n'a pas été vendu au-dessous de sa valeur; et que le prix, d'ailleurs, étant mis en réserve pour les créanciers, le droit de suite serait sans objet.

243. — Quoique le Code ne parle que de la vente faite sur saisie, on doit, par analogie, étendre la disposition de l'art. 193 à la licitation du navire appartenant à des mineurs ou dépendant d'une succession bénéficiaire, qui doit être poursuivie dans la forme des ventes sur saisie. — Pardessus, t. 3, n° 950.

244. — Mais la vente volontaire, quoique faite en justice, ne libérerait pas l'acquéreur. — Dageville, t. 2, p. 41; Pardessus, t. 3, n° 950.

245. — Si, malgré la vente, le voyage est fait sous le nom du vendeur, l'opposition n'est pas nécessaire pour conserver le privilége. — Boulay-Paty, t. 1er, p. 160.

246. — L'opposition des créanciers du vendeur n'est valable qu'autant qu'elle est signifiée non-seulement à ce dernier, mais encore à l'acquéreur (arg. tiré de l'art. 2244 C. civ.). — Dageville, t. 2, p. 42; Boulay-Paty, t. 1er, p. 163.

247. — Si, dans le cours du voyage entrepris pour purger les priviléges, et pendant les délais fixés, le navire contractait de nouvelles dettes pour se radouber, les créanciers de l'acquéreur obtiendraient la priorité sur les créanciers du vendeur. — Dageville, t. 2, p. 48.

248. — Quant à ceux qui sont devenus créanciers depuis la vente, mais avant le commencement ou l'achèvement du voyage, il faut distinguer: si la vente a acquis une date certaine, ils n'ont évidemment aucun droit; mais si la vente, faite par acte sous seing-privé, n'a pas été enregistrée, ils ont pu acquérir des droits sur le navire, tant que les expéditions n'ont pas été délivrées à l'acquéreur. — Boulay-Paty, t. 1er, p. 163. — *Contrà*, Dageville, t. 2, p. 53.

249. — L'ordonnance n'avait pas défini dans quel cas un navire serait censé avoir fait un voyage; la jurisprudence néanmoins considérait comme un voyage suffisant, le voyage dans lequel un navire avait changé d'amirauté. — Valin, t. 1er, p. 568.

250. — Aujourd'hui, un navire est censé avoir fait un voyage en mer, lorsque son départ et son arrivée ont été constatés dans deux ports différens et trente jours après le départ; lorsque, sans être arrivé dans un autre port, il s'est écoulé plus de soixante jours entre le départ et le retour dans le même port, ou lorsque le navire, parti pour un voyage de long cours, a été plus de soixante jours en voyage, sans réclamation de la part des créanciers du vendeur. — C. comm. 194.

251. — Un voyage en mer quel qu'il soit, même de petit cabotage, suffit pour purger les priviléges, pourvu qu'il satisfasse aux conditions requises par l'art. 194. — Boulay-Paty, t. 1er, p. 164.

252. — Quelles que soient les causes qui aient pu faire relâcher le navire dans un port, autre

que celui du départ, avant l'expiration de ce délai de trente jours, la navigation qui n'a pas eu cette durée n'est pas comptée. — Dageville, t. 2, p. 47; Boulay-Paty, t. 1er, p. 165; Pardessus, t. 3, n° 950.

253. — Peu importe la plus ou moins grande distance du port d'arrivée à celui du départ, pourvu que l'intervalle des trente jours se trouve exactement écoulé entre le départ d'un port et l'arrivée dans un autre. — Boulay-Paty, t. 1er, p. 165; Pardessus, t. 3, n° 950; Dageville, t. 2, p. 48.

254. — Afin de justifier du *voyage en mer* exigé par la loi après la vente volontaire d'un navire, pour qu'il soit purgé des dettes du vendeur, il suffit de constater son départ et son arrivée dans deux ports différens, quelque courte que soit la durée du trajet, s'il s'est écoulé trente jours depuis le départ. — Trib. de *Marseille*, 10 mars 1830, Grousset. (*J. Marseille*, 11, 1, 248.)

255. — Mais on ne devrait pas considérer comme un voyage le fait du départ d'un navire qui n'irait dans un port voisin que pour se faire radouber, quelque temps qu'il se fût écoulé depuis le départ. — Dageville, t. 2, p. 47; Boulay-Paty, t. 1er, p. 166; Pardessus, t. 3, n° 950.

256. — Un navire qui se trouve en armement dans un port n'est pas censé en voyage, par cela seul que ce port n'est pas celui de sa matricule. — En conséquence, la vente volontaire d'un navire faite dans un port où il est armé, mais différent de celui de sa matricule, peut être opposée aux créanciers privilégiés du vendeur; si d'ailleurs elle a été inscrite sur l'acte de francisation et si elle a été suivie d'un voyage en mer ou d'une navigation de soixante jours, sous le nom et aux risques de l'acquéreur et sans opposition de la part des créanciers du vendeur. — Le voyage en mer doit être censé fait au nom de l'acquéreur du navire, encore que le congé délivré pour ce voyage, au port de l'armement, n'énonce pas les noms des propriétaires; si d'ailleurs ces noms sont énoncés dans l'acte de francisation. — *Aix*, 22 déc. 1824, Tamisier c. Collin.

257. — La vente volontaire d'un navire en voyage ne préjudicie pas aux créanciers du vendeur. — En conséquence, nonobstant la vente, le navire ou son prix continue d'être le gage desdits créanciers, qui peuvent même, s'ils le jugent convenable, attaquer la vente pour cause de fraude. — C. comm., 196.

258. — Il ne faut pas conclure de la rédaction de cet article, que les créanciers puissent, à leur gré, ou réclamer le prix, ou faire revendre le navire. — Le navire ne continue à être le gage des créanciers que lorsque la vente en est annulée comme frauduleuse; lorsqu'au contraire elle est maintenue, le prix seul est affecté à l'exercice de leurs droits. — Dageville, t. 2, p. 55.

259. — Pour éteindre le droit de suite des créanciers, l'acquéreur a la faculté d'opter entre le désintéressement des créanciers opposans ou l'abandon du navire. — Dans le premier cas, il acquiert la propriété libre et incommutable de son navire, même à l'égard des créanciers qui n'ont pas formé opposition en temps utile, en vertu de la règle : *Jura vigilantibus succedunt*. Dans le second cas, l'abandon du navire tourne au profit de tous les créanciers opposans ou non. — Boulay-Paty, t. 1er, p. 161; Dageville, t. 2, p. 44; Pardessus, t. 3, n° 950.

260. — Cette déclaration d'abandon doit être faite au greffe du tribunal civil et signifiée aux créanciers opposans. — Pardessus, t. 3, n° 950.

261. — Si le navire, vendu en cours de voyage, entreprenait, après son retour, un nouveau voyage, sous le nom de l'acquéreur, sans opposition de la part des créanciers, leur droit serait éteint, conformément à l'art. 193. — Boulay-Paty, t. 1er, p. 171.

262. — Ce qui précède s'applique à la vente d'une portion de navire aussi bien qu'à la vente de la totalité, aux barques et petits bâtimens, comme aux grands navires. — Valin, sur l'art. 2, tit. *Des navires*; Boulay-Paty, t. 1er, p. 166; Dageville, t. 2, p. 48.

Sect. 5e. — *Responsabilité des armateurs et des propriétaires de navires.*

263. — Le capitaine est tout à la fois le mandataire et le préposé de l'armateur : de là résulte pour ce dernier un double genre de responsabilité. Comme commettant, il est responsable des *faits* du capitaine; comme mandant, il est responsable des *engagemens* contractés par le capitaine pour l'exécution de son mandat. — Lehir, p. 35.

264. — Jugé que le propriétaire du navire peut être condamné comme civilement responsable des contraventions commises par son capitaine dans une expédition faite par ses ordres, sous sa direction présumée et presque sous ses yeux et alors que l'arrêt le déclare, lui, en contravention. Dans ce cas, il doit répondre de l'amende encourue; en matière de douanes, surtout, où elle a le caractère non d'une peine, mais de simple réparation civile. — *Cass.*, 30 avr. 1830, Roignan c. douanes.

265. — Mais la responsabilité cesse lorsque le capitaine a pris, dans un connaissement, l'obligation de porter en France une marchandise prohibée. Elle ne s'étend pas aux engagemens que les lois interdisent, et encore moins au cas où ce seraient les fraudateurs ou leurs complices qui voudraient lui faire supporter une perte. — *Aix*, 30 déc. 1819, Chicallat et Clastrier c. Altaras et Sciamma.

266. — De même, le capitaine qui ne fait pas de consulat ou rapport de sa navigation au lieu du reste, ne commet pas par là une faute dont l'armateur puisse être responsable. — En conséquence, si, faute de représentation du consulat, l'assuré ne peut obtenir des assureurs le montant du déficit, il n'a pas de recours contre l'armateur. — *Aix*, 7 mai 1821, Treillet c. Richard.

267. — Le mandat du capitaine en cours de voyage est borné, quant aux actions passives, à celles qui sont relatives à la réclamation d'un droit réel et privilégié par le navire. — Spécialement si, un navire ayant été affrété pour un voyage, puis sous-affrété, moyennant un prix plus élevé, pour le même voyage, il arrive que ce dernier prix soit recouvré par le capitaine, qui, sur l'ordre de l'armateur, le verse entre les mains d'un correspondant de ce dernier, la demande en paiement de la somme représentant le bénéfice du sous-affrétement ne peut être intentée par l'affréteur contre le capitaine, mais seulement contre l'armateur. — Trib. de *Marseille*, 11 févr. 1828.

268. — Du reste, quant aux *faits* du capitaine, la responsabilité de l'armateur est purement *civile*; elle ne peut jamais être *criminelle*, à moins qu'il n'ait été complice. — Lehir, p. 35.

269. — Si, en règle générale, le mandant et le commettant répondent d'une manière indéfinie des engagemens contractés par le mandataire ou des faits du préposé, l'armateur ne répond des engagemens et des faits du capitaine que dans les cas et les limites déterminés par la loi. — Cette dérogation au droit commun est fondée sur la nécessité où se trouve l'armateur de choisir le capitaine dans une classe d'hommes spéciaux, sur l'impossibilité où il est de surveiller sa gestion au milieu des mers, et sur la mutation forcée qui peut avoir lieu dans la personne du capitaine, pendant le voyage, à l'insu de l'armateur.

270. — Avant d'avoir été modifié par la loi du 14 juin 1841, l'art. 216 du Code de commerce portait : « Tout propriétaire est civilement responsable des faits du capitaine pour ce qui est relatif au navire et à l'expédition; la responsabilité cesse par l'abandon du navire et du fret. »

271. — Cette disposition, puisée presque littéralement dans l'ordonnance de 1681, avait fait revivre parmi les auteurs la controverse qui s'était élevée dans l'ancienne jurisprudence.

272. — Les uns pensaient, avec Emerigon, que les propriétaires de navires pouvaient, dans tous les cas, par l'abandon du navire et du fret, s'affranchir de la responsabilité qui pesait sur eux soit à raison des faits, soit à raison des engagemens du capitaine. — Boulay-Paty, t. 1er, p. 269 et suiv.

273. — Les autres, avec Valin, soutenaient qu'ils étaient tenus sur tous leurs biens des engagemens légalement contractés par le capitaine, et qu'ils ne pouvaient s'affranchir, par l'abandon du navire et du fret, que de ceux des engagemens du capitaine qui seraient le résultat d'une infraction à ses devoirs. — Pardessus, t. 3, n° 663.

274. — Jugé, dans le sens de la première opinion, que l'abandon du navire et du fret libérait les propriétaires non-seulement de la responsabilité civile relative aux faits, c'est-à-dire aux fautes, délits et quasi-délits du capitaine, mais encore de celle relative aux engagemens légitimes contractés par le capitaine, en cours de voyage, pour les besoins du navire. — *Rennes*, 16 janv. 1821, Lesourd c. Delsaux; trib. de *Marseille*, 30 juin 1828, Bouet (*J. Marseille*, 9, 1, 193); 4 janv. 1830, Tolluire (*J. Marseille*, 11, 1, 1); 20 sept. 1830, Aymes (*J. Marseille*, 11, 1, 276); *Aix*, 8 fév. 1831, Fabry c. Tourrel; trib. de *Marseille*, 22 sept. 1831, Daniel (*J. Marseille*, 13, 1, 8).

275. — Jugé, au contraire, que l'art. 216 du Code de commerce ne concernait que ceux des engagemens du capitaine qui résultaient soit de sa faute, soit d'un délit ou d'un quasi-délit, et non ceux qu'il avait contractés légalement. — *Cass.*, 1er juill. 1834, Tourrel c. Fabry; 24 janv. 1842 (t. 1er 1842, p. 145), propriét. du navire *les Trois-Frères* c. Lecarpentier.

276. — En conséquence, le propriétaire du navire était personnellement responsable des engagemens contractés par le capitaine en cours de voyage, dans les bornes de son mandat, pour les besoins réels du navire, tels par exemple que la vente de marchandises ou les emprunts à la grosse faits pour subvenir au radoub et aux réparations du navire; de telle manière qu'il ne pouvait se décharger de cette responsabilité, même par l'abandon du navire et du fret. — *Rouen*, 23 mai (et non mars) 1818, Marc et Deslandes c. Quenouille; *Bruxelles*, 26 avril 1819, Dirk-Koning c. Havenith; *Cass.*, 16 juill. 1827, Wulfrand-Puget c. Mercier; *Rouen*, 29 déc. 1831, assureurs c. Heurtault; *Cass.*, 14 mai 1833, Chicallat c. Levavasseur; 1er juill. 1834, Tourrel c. Fabry; 24 janv. 1842 (t. 1er 1842, p. 145), propriét. du navire *les Trois-Frères* c. Lecarpentier.

277. — Le commerce maritime fut vivement alarmé de cette diversité dans la jurisprudence, et les réclamations amenèrent la loi du 14-17 juin 1841, qui a changé non-seulement l'art. 216, mais encore les art. 234 et 298 du Code de commerce, ainsi qu'on l'a vu V^is^ CAPITAINE DE NAVIRE et FRET.

278. — Le nouvel art. 216 est ainsi conçu : « Tout propriétaire de navire est civilement responsable des faits du capitaine, et tenu des engagemens contractés par ce dernier pour ce qui est relatif au navire et à l'expédition. Il peut dans tous les cas s'affranchir des obligations ci-dessus par l'abandon du navire et du fret. Toutefois la faculté de faire abandon n'est point accordée à celui qui est en même temps capitaine et propriétaire ou copropriétaire du navire. Lorsque le capitaine ne sera que copropriétaire, il ne sera responsable des engagemens contractés par lui, pour ce qui est relatif au navire et à l'expédition, que dans la proportion de son intérêt.

279. — Il y a donc lieu de décider, comme l'avait déjà fait la Cour de Bruxelles avant la loi de 1841, que les propriétaires d'un navire sont tenus du remboursement d'un emprunt à la grosse fait par le capitaine, pour et au nom de ces propriétaires. — *Bruxelles*, 5 janv. 1822, Pedermach et Westrus c. Huning-Gogel.

280. — Quand même l'armateur aurait interdi[t] au capitaine d'emprunter à la grosse, il n'en serait pas moins responsable, aux termes de l'art. 216, des emprunts contractés par le capitaine; à moins que les prêteurs n'eussent eu connaissance de la défense. — Boulay-Paty, t. 2, p. 74; Lehir, p. 62.

281. — Quant à la question de savoir si l'art. 216 s'applique aussi à l'emprunt à la grosse contracté par le capitaine, aux termes des art. 233 et 322 C. com., pour l'expédition du navire frété du consentement des propriétaires, elle ne peut fai[re] aucun doute en présence des déclarations explicites de la commission de la Chambre des députés.

282. — Ce que nous avons dit de la respon[sa]bilité de l'armateur relativement aux emprunts [à] la grosse, s'applique *à fortiori* à la vente ou à l[a] mise en gage des marchandises pendant le voyage. L'armateur est donc responsable, lorsque le capitaine a vendu ou mis en gage les marchandis[es] même sans avoir rempli les formalités exig[ées] sauf le cas de fraude ou de collusion entre le [ca]pitaine et les chargeurs. — Lehir, p. 67.

283. — Mais il peut s'affranchir de cette [res]ponsabilité en faisant abandon du navire et du fret : et il devrait jouir de cette faculté, lors m[ême] que le capitaine aurait vendu ou mis en gage [les] marchandises au port de destination; car la n[ou]velle disposition de l'art. 216 est générale et [ab]solue. — Lehir, p. 68.

284. — Lorsqu'il y a lieu, en cas d'abandon, [d']établir une répartition, conformément à l'art. [...] *in fine*, les marchandises avariées ne doivent [être] estimées que d'après leur valeur réelle et le p[rix] qu'on a pu en tirer. Autrement leur valeur po[ur]rait être absorbée en entier par la portion [que] prendrait le propriétaire des marchandises [per]dues. — Lehir, p. 76.

285. — Lorsqu'une partie des marchandises [a] été déchargée dans l'hypothèse prévue par l'[art.] 234, ces marchandises ne doivent pas contri[buer] à la perte; elles ne sont point comprises [dans] celles mentionnées dans l'art. 298. — Lehir, p. [...]

286. — D'après le second paragraphe du no[...]

art. 216, la faculté de faire abandon n'est point accordée à celui qui est en même temps capitaine et propriétaire ou copropriétaire du navire. Mais lorsque le capitaine n'est que copropriétaire, il n'est responsable des engagemens contractés par lui, pour ce qui est relatif au navire et à l'expédition, que dans la proportion de son intérêt.

287. — Avant la loi nouvelle, le capitaine copropriétaire répondait, en cas de faillite de ses coïntéressés, d'une manière indéfinie, des engagemens qu'il avait contractés. C'était la conséquence de l'opinion généralement admise sur la solidarité des copropriétaires de navires.— Valin, liv. 2, tit. 8, art. 2; Pothier, *Louage maritime*, n° 50; Pardessus, t. 3, n° 661; Fremery, p. 196.— *Contrà*, Lehir, p. 97.

288. — La disposition nouvelle de l'art. 216 ne s'applique qu'aux *engagemens* contractés par le capitaine; il répondrait indéfiniment, copropriétaire ou non, des faits dommageables, délits et quasi-délits qu'il commettrait dans sa gestion. — C. comm., art. 221, 228, 229, 238 et 241.—Lehir, p. 98.

289.—Lorsque l'armateur a accepté les lettres de change tirées par le capitaine, à l'occasion de l'emprunt à la grosse que celui-ci a contracté, il ne peut plus tard en refuser le paiement en abandonnant le navire et le fret. — Lehir, p. 55.

290. — Cependant, la simple approbation mise par le propriétaire du navire au bas des billets de grosse souscrits par le capitaine, ne rend pas ce propriétaire personnellement obligé envers le prêteur au delà du navire et du fret. — *Aix*, 26 mai 1818, Chicallat c. Guérin.

291. — L'abandon comprend le navire et le fret, mais non le bénéfice de l'assurance dont le navire aurait été l'objet. Cela résulte formellement des rapports des commissions des deux Chambres et du rejet d'un amendement qui tendait à faire comprendre l'assurance dans l'abandon. — Séance de la Chambre des pairs du 17 avr. 1841, *Moniteur* du 18, p. 1022. — Lehir, p. 100.

292. — Le propriétaire du navire qui fait l'abandon au chargeur, conformément à l'art. 216 C. com., n'est pas tenu d'y comprendre le prix de l'assurance. — *Rennes*, 12 août 1822, Lecocq c. Tirevert.

293.—C'est à l'armateur seul qu'il appartient de déclarer s'il entend ou non faire abandon, sauf sa responsabilité à l'égard de ses copropriétaires. — Lehir, p. 110.

294. — Si l'armateur fait abandon, ses copropriétaires sont irrévocablement engagés par cet abandon; mais s'il ne le fait pas, par quelque motif que ce soit, pourront-ils exercer eux-mêmes, chacun en ce qui le concerne, le droit d'abandon? Oui, s'ils sont encore dans les délais; l'art. 216 suppose la faculté d'un abandon partiel. — *Secùs* si les délais de l'abandon sont expirés. — Lehir, p. 110.

295. — Dans ce dernier cas, l'armateur se trouvera seul engagé, pour le tout, à l'égard des tiers, si les propriétaires du navire ne sont connus que de lui, si leur nom ne figure pas sur l'acte de francisation et s'ils n'ont jamais fait acte de gestion ou de propriétaires. Mais s'ils sont inscrits sur l'acte de francisation, s'ils sont connus des ...ers qui ont contracté avec le capitaine, ils se...ont tenus des obligations de l'armateur, solidai...ment, suivant Boulay-Paty (t. 1er, p. 354); et ...ulement dans les proportions de leur intérêt, suivant M. Lehir (p. 112).

296. — Quant à l'armateur, qui se trouve dans ...e cas d'une responsabilité indéfinie et non par...gée à l'égard des tiers, il a contre ses copropri...ires un recours dont l'étendue dépend des conditions de l'association. — Lehir, p. 113.

297. — Quant au délai dans lequel doit être ...t l'abandon, il varie suivant les cas.

298. — S'il s'agit de marchandises vendues ou ...ises en gage pendant la traversée, il résulte des ...rmes mêmes de l'art. 234 que le paiement ne ...ut en être exigé qu'après l'arrivée du navire; ...u s'il a fait naufrage, après la nouvelle de ce ...ufrage : le propriétaire a donc jusqu'à ce mo...ent pour délibérer s'il doit ou non faire aban...n. — Lehir, p. 104.

299. — S'il s'agit d'un emprunt à la grosse, le ...ropriétaire n'est tenu de faire abandon qu'après ...re fixé sur le sort du navire et sur le point de ...voir s'il y a eu ou non des avaries; jusque-là il ...t différer le paiement d'une traite tirée sur ...i pour paiement d'un prêt à la grosse. — Arg. ...: 325 et 327 C. comm.. — Lehir, p. 105.

300. — Mais dans le cas d'un emprunt ordi...aire, il faut que le propriétaire, aussitôt que la ...ite tirée sur lui par le capitaine lui est présen...., paie de suite ou fasse abandon.—Lehir, p. 106.

301.—L'abandon est régulièrement fait en tout état de cause, et jusqu'à ce qu'il résulte de quelque acte émané du propriétaire du navire qu'il a formellement renoncé à l'exercice de ce droit. — Une telle renonciation ne peut s'induire d'un règlement d'avaries communes provoqué par le capitaine et opéré dans le lieu de la décharge, mais hors du lieu de la demeure du propriétaire du navire et sans aucune participation de sa part; ni de la connaissance extralégale que le propriétaire du navire aurait eue de l'instance en règlement d'avaries introduite par le capitaine, et du silence qu'il aurait gardé sur l'introduction et la poursuite de cette instance. — Trib. de *Marseille*, 30 juin 1828 (*J. Mars.*, 9, 1, 193).

302.—Le propriétaire condamné comme civilement responsable des condamnations prononcées contre son capitaine en matière de douanes, ne peut proposer pour la première fois, devant la Cour de cassation, l'abandon du navire et du fret pour se soustraire à l'amende. — *Cass.*, 30 avril 1830, Roignan c. Douanes.

303.— L'abandon du navire et du fret n'est pas recevable, de la part des propriétaires, même après que la vente judiciaire du navire a été poursuivie à leur encontre, qu'ils en ont été dépouillés par les voies légales et que la distribution du prix en a été opérée.— *Aix*, 26 mars 1825, Bernaert; 25 janv. 1832, Lecesne c. Lemée.

304. — Mais l'abandon est recevable après la saisie du navire qui n'opère que la séquestration et non l'expropriation. — Trib. de *Marseille*, 30 juin 1828 (*J. Marseille*, 9, 1, 193).

305. — L'armateur peut faire l'abandon au premier réclamant qui se présente, sauf aux autres parties intéressées à faire valoir leurs droits pour être admises au partage du prix du navire. — Lehir, p. 116.

306.—Une fois l'abandon du navire consommé à l'égard d'un créancier, les autres créanciers n'ont plus d'action personnelle soit contre le capitaine, soit contre l'armateur; ils n'ont pas non plus d'action contre celui à qui l'abandon est fait; ils n'ont qu'une action réelle sur le navire abandonné ou sur le prix de la vente qui en est faite. — Trib. de *Marseille*, 20 sept. 1830 (*J. Marseille*, 11, 276).

307.—L'abandon est valable à l'égard du tiers porteur du contrat à la grosse comme à l'égard du prêteur primitif. — Trib. de *Marseille*, 4 janv. 1830 (*J. Marseille*, 11, 1, 1).

308. — L'armateur peut, tout à la fois, faire abandon aux prêteurs et aux chargeurs, et délaissement aux assureurs; mais il faut pour cela que les engagemens contractés par le capitaine l'aient été légalement, ou bien, dans le cas contraire, que les assureurs se soient chargés de la baraterie de patron. — Boulay-Paty, t. 1er, tit. 3, sect. 1re; Lehir, p. 118.

309. — Les assureurs, à leur tour, peuvent comme l'armateur, aux droits duquel ils se trouvent, se dispenser de tout paiement, en abandonnant le navire et le fret. — Lehir, p. 119.

310. — L'armateur d'un navire peut, même après avoir fait aux assureurs le délaissement du navire et du fret, faire au chargeur sur le navire l'abandon de ce navire et du fret, aux termes de l'art. 216 C. comm. — Le chargeur, dans ce cas, a contre les assureurs un recours pour se faire payer des créances qui lui sont dues par privilége sur le navire, et les assureurs ne peuvent s'en affranchir qu'en faisant eux-mêmes l'abandon.— *Rennes*, 12 août 1822, Lecocq c. Tirevert.

311. — Les propriétaires des navires équipés en guerre ne sont toutefois responsables des délits et des déprédations commises en mer par les gens de guerre qui sont sur leurs navires, ou par les équipages, que jusqu'à concurrence de la somme pour laquelle ils ont donné caution, à moins qu'ils n'en soient participans ou complices. — C. comm., art. 217.

312. — L'armateur ne pourrait être poursuivi criminellement qu'autant qu'il aurait coopéré personnellement aux déprédations commises par les équipages de son navire, ou qu'il les aurait ordonnées ou conseillées. Mais, pour être condamné à la réparation du dommage causé, il suffirait qu'il en eût eu connaissance et qu'il en eût partagé le profit. — Dageville, t. 2, p. 143.

313. — La caution dont parle cet article est celle que l'arrêté du 23 mai 1803 (2 prair. an XI) oblige les armateurs de fournir, quand ils prennent des lettres de marque.

314. — L'armateur peut être contraint par corps à l'exécution des engagemens du capitaine dont la loi le déclare responsable.—*Cass.*, 8 nov. 1832, Dagneau c. Cuenin.

315. — Celui qui est créancier à raison d'un fait du capitaine, dont l'armateur est responsable, peut actionner directement l'armateur sans mettre le capitaine en cause, ou agir contre tous les deux à la fois. —Dageville, t. 2, p. 139.

316. — L'armateur, qui est civilement responsable des engagemens contractés par le capitaine dans les termes de son mandat, est soumis à la même juridiction que le capitaine, et peut être assigné devant le tribunal du lieu où l'obligation souscrite par le capitaine était payable, encore que ce tribunal ne soit pas celui de son domicile et que l'action contre les deux défendeurs n'ait pas été simultanément intentée par le prêteur. — *Cass.*, 14 mai 1833, Chicallat c. Levavasseur.

317. — La responsabilité de l'armateur n'étant que la conséquence de celle du capitaine, l'arrêt qui décharge le capitaine s'applique également à l'armateur. — *Cass.*, 28 fév. 1834, Soulié et Joncas c. Douanes.

318. — La libération des faits du capitaine emporte aussi celle des fautes de l'équipage placé sous ses ordres. — Trib. de *Marseille*, 15 oct. 1833 (*J. Marseille*, 14, 1, 48).

V. ASSURANCE MARITIME, AVARIES, CAPITAINE DE NAVIRE, COMPLOT, COURTIERS MARITIMES, DOUANES, ENREGISTREMENT, ESCROQUERIE, FRET, NAUFRAGE.

NAVIRES (Constructeurs de).

1. — Patentables de 3e classe. — Droit fixe, basé sur la population; droit proportionnel du 20e de la valeur locative de l'habitation et des lieux servant à l'exercice de la profession.

2. — Quant aux propriétaires de navires, ils sont imposés, non en cette qualité, mais comme armateurs.

V. PATENTE.

NÉCESSAIRES.

1. — Marchands de nécessaires, fabricans de nécessaires pour leur compte. Patentables : les premiers de 4e classe, et les derniers de 6e. — Droit fixe, basé sur la population; droit proportionnel du 20e de la valeur locative de l'habitation et des lieux servant à l'exercice de la profession.

2. — Fabricans de nécessaires à façon. Patentables de 8e classe. — Même droit droit fixe, sauf la différence de classe; droit proportionnel du 40e de la valeur locative de tous les locaux qu'ils occupent, mais seulement dans les communes de 20,000 âmes et au-dessus. — V. PATENTE

NÉCESSITÉ (Contravention).

V. CRIMES, DÉLITS ET CONTRAVENTIONS, EMBARRAS SUR LA VOIE PUBLIQUE.

NÉGLIGENCE.

V. ASSURANCES MARITIMES, ASSURANCES TERRESTRES, BLESSURES ET COUPS, CAUTIONNEMENT, CRIMES, DÉLITS ET CONTRAVENTIONS, DÉPÔT, ÉVASION, FORÊTS, HOMICIDE, MEURTRE, QUASI-DÉLIT, RESPONSABILITÉ, ETC.

NÉGOCE, NÉGOCIANS.

Les négocians sont soumis à la patente et assujettis par suite, 1° à un droit fixe de 400 fr. à Paris; de 300 fr. dans les villes de 50,000 âmes et au-dessus; de 200 fr. dans les villes de 30,000 à 50,000 âmes, et dans celles de 15,000 à 30,000 âmes qui ont un entrepôt réel; de 150 fr. dans les villes de 15,000 à 30,000 âmes, et dans les villes d'une population inférieure à 15,000 âmes qui ont un entrepôt réel; de 100 fr. dans toutes les autres communes; — 2° à un droit proportionnel du 15e de la valeur locative de l'habitation et des lieux servant à l'exercice de la profession.

V. PATENTE.—V. aussi COMMERCE, COMMERÇANT.

NEGOCIATION.

V. AGENT DE CHANGE, BILLET A ORDRE, COURTIERS, EFFETS PUBLICS, ENDOSSEMENT, LETTRE DE CHANGE.

NEGOTIORUM GESTOR.

V. ABSENCE, GESTION D'AFFAIRES, MANDAT.

NÈGRES.

V. COLONIES, ESCLAVAGE, NOIRS, TRAITE DES NOIRS.

NÉORAMA (Directeur de).

V. DIORAMA.

NERFS (Batteurs de).

Patentables de 8e classe. — Droit fixe, basé sur la population ; droit proportionnel du 40e de la valeur locative de tous les locaux qu'ils occupent, mais seulement dans les communes de 20,000 âmes et au-dessus.

NETTOIEMENT DE LA VOIE PUBLIQUE.

V. BALAYAGE ET NETTOIEMENT DE LA VOIE PUBLIQUE, BOUES ET LANTERNES.

NEUTRALITÉ.

1. — Lorsqu'une guerre éclate entre plusieurs nations, l'état de celles qui veulent demeurer en paix, considéré par rapport aux nations belligérantes, s'appelle *état de neutralité*.

2. — Cet état impose aux nations neutres l'obligation rigoureuse de s'abstenir de toute participation à la guerre, et même de ne rien faire en faveur de l'une des nations belligérantes qui puisse tourner au détriment des autres. — Ortolan, *Règles internationales*, t. 2, p. 66 et suiv.

3. — En vertu de leur état de neutralité, les nations neutres ont le droit de continuer avec les parties belligérantes toute espèce de relations pacifiques, et, notamment, le commerce maritime, à moins que ces parties n'aient été régulièrement mises en état de blocus et sauf certaine restrictions provenant de ce que chaque nation belligérante peut empêcher que la nation neutre n'abuse de ce droit pour favoriser son ennemi en ce qui a directement rapport à la guerre. — V. COMMERCE MARITIME, PRISES MARITIMES.

NEVEU ET NIÈCE.

1. — Degré de parenté en ligne collatérale.

2. — Le mariage (sauf dispenses) est prohibé entre l'oncle et la nièce, la tante et le neveu. — V. ENREGISTREMENT, DISPENSES DE MARIAGE, MARIAGE, SUCCESSION.

NOBLE, NOBLESSE.

1. — Qualité d'un homme noble. On distinguait avant la révolution française plusieurs ordres de noblesse : la noblesse d'extraction, la noblesse d'épée et la noblesse de robe. Ces deux dernières étaient dites *noblesses de concession*. — V. Pothier, *Etat des personnes*.

2. — La noblesse d'extraction était celle qu'on avait en vertu de sa naissance. Elle se prouvait par la possession. D'après la déclaration de 1664, il fallait rapporter des preuves de cette possession depuis 1550. Au temps de Louis XV, il suffisait d'établir une possession de cent ans.

3. — La noblesse de concession était celle qui était conférée par le roi. Les concessions étaient générales ou particulières. — Pothier, *Etat des personnes*, part. 1re, tit. 1er, art. 2.

4. — Les concessions générales étaient celles qui avaient lieu en faveur de tous les descendans mâles de ceux qui avaient été pourvus de certains offices auxquels la noblesse était attachée. — Pothier, *ibid.*

5. — Une concession générale du prince faisait encore acquérir la noblesse par le service militaire. — *Ibid.*

6. — Les concessions particulières de la noblesse étaient celles qui étaient faites à ceux que le roi voulait en gratifier par des lettres qu'il leur accordait. — *Ibid.*

7. — La noblesse jouissait de très-grands priviléges; ainsi, elle remplissait tous les grades supérieurs dans les armées; elle était exempte de certains impôts; elle avait ses représentans à l'assemblée des états généraux, où elle exerçait une véritable prépondérance.

8. — Les nobles avaient la préséance sur le tiers état sauf exception vis-à-vis les officiers de judicature, qui, dans leur ressort, précédaient les simples gentilshommes de race. — Pothier, part. 1re, tit. 1er, art. 3.

9. — Les nobles pouvaient se qualifier *écuyers* et porter des armoiries timbrées. — Pothier, *ibid.*

10. — Ils étaient exempts de *tailles*, de *taillons*, de *crues d'aides* et de *subsides*, auxquels les roturiers étaient sujets. Ils avaient le droit de faire valoir quatre charrues sans pouvoir y être imposés. — *Ibid.*

11. — Ils ne devaient pas le droit de franc fief pour les fiefs qu'ils possédaient. — *Ibid.* — V. FÉODALITÉ.

12. — Ils n'étaient pas sujets aux corvées personnelles, et n'étaient pas tenus d'acquitter en personne les corvées réelles ; ils étaient exempts de la banalité de four, moulin, pressoir. — *Ibid.* — V. FÉODALITÉ.

13. — Plusieurs églises cathédrales et plusieurs abbayes étaient affectées aux gentilshommes pour les canonicats et les places monacales. — *Ibid.*

14. — Une partie du temps requis pour obtenir des grades dans les facultés était remis aux nobles. Ainsi, les roturiers bacheliers en droit civil et canonique devaient faire cinq années d'études avant d'obtenir leur grade. Les nobles n'étaient obligés de subir que trois ans. — *Ibid.*

15. — En matière civile, les baillis et sénéchaux avaient seuls le droit de juger les causes des nobles, à l'exclusion des prévôts, sans préjudice toutefois des juges des seigneurs. — *Ibid.*

16. — En matière criminelle, les nobles pouvaient, en tout état de cause, demander à être jugé toute la grand'chambre du parlement où leur procès était pendant assemblée. — *Ibid.*

17. — Les peines des gentilshommes différaient de celles infligées aux roturiers. Pour un des crimes méritant la mort, on pendait les roturiers, on décapitait les nobles. — Loysel, *Règl.* 18, tit. 2, liv. 4. — Il y avait cependant exception pour tout crime dérogeant à la noblesse, comme trahison, larcin, parjures ou faux. — Même auteur.

18. — La noblesse se perdait 1° par la dégradation, 2° par la dérogeance, 3° par le commerce, sauf la province de Bretagne : le commerce maritime ne faisait plus perdre la noblesse dans aucune province depuis l'édit d'août 1668, non plus que le commerce de terre en gros depuis l'édit de 1701 ; 4° par l'exploitation de la ferme d'autrui. — V. Pothier, *Des personnes*, part. 1re, tit. 1er, art. 4.

19. — V., au reste, vis BARON, COMTE, DUC, FÉODALITÉ.

20. — Jugé que le pouvoir qu'avaient certains nobles dans la ci-devant principauté de Liége, de donner un caractère d'authenticité à certains actes faits sous leur signature et scel, comme procurations *ad lites*, constitutions de rentes, etc., ne s'étendait pas à tous actes quelconques, même aux plus importans : tels qu'un acte de reconnaissance d'enfant naturel. — Dans tous les cas, ce même pouvoir n'appartenait pas aux étrangers nobles qui se trouvaient accidentellement dans cette principauté. — *Bruxelles*, 27 juill. 1827, M...

21. — Les décrets des 19 juin 1790 et 27 sept. 1791 abolirent les titres de noblesse. Un citoyen ne put plus porter que son nom de famille.

22. — Un décret du 30 mars 1806 et un sénatus-consulte du 14 août de la même année rétablirent les titres. — V. MAJORAT.

23. — L'art. 71 de la charte de 1814 était ainsi conçu : « La noblesse ancienne reprend ses titres, la nouvelle conserve les siens. Le roi fait des nobles à volonté; mais il ne leur accorde que des rangs et des honneurs, *sans aucune exemption des charges et des devoirs de la société*.

24. — Une ordonnance du 15 juill. 1814 créa une commission du sceau, chargée de connaître 1° de toutes les affaires qui, d'après les statuts et réglemens relatifs aux titres et majorats, ressortissaient à l'ancien conseil du sceau des titres; 2° de statuer sur la régularité, quant à leur forme extérieure, des actes de la juridiction gracieuse de Sa Majesté.

25. — L'art. 26 de la charte constitutionnelle de 1830 a reproduit l'art. 71 de la charte de 1814.

26. — Mais la loi du 28 avril 1832 abrogea la disposition de l'art. 259 du C. pén., qui punissait le fait de s'être attribué des titres royaux non légalement concédés. — Et dès lors, à partir de cette époque, chacun put impunément se parer de titres de noblesse sans être justiciable d'autre tribunal que de l'opinion publique; à moins toutefois que cette usurpation ne couvrît un autre délit : par exemple une escroquerie, cas dans lequel les peines concernant le délit commis sont restées applicables. — V. ESCROQUERIE.

27. — Il a été jugé, sous cette charte, que l'ordonnance royale qui confère un titre nobiliaire en le déclarant transmissible à un tiers, et qui porte que ce tiers joindra à son nom le nom de celui à qui ce titre est conféré, ne dispensait pas ce tiers, lorsqu'il voulait prendre ce titre et opérer cette adjonction de noms, de remplir au préalable les formalités prescrites 1° pour l'obtention des titres de noblesse, 2° pour les changemens ou additions de noms. — L. 11 germinal an XI, art. 4 et suiv. — *Cass.*, 22 avr. 1846 (t. 1 1846, p. 300), Terray.

28. — Jugé en outre que le tribunal qui, saisi par la voie d'une demande en rectification d'acte de l'état civil, autorise le tiers appelé à prendre ce titre de noblesse et à porter cette addition de noms, et en conséquence décide que l'ordonnance royale sera transcrite en marge des actes de l'état civil de ce tiers et de ses enfans, avec la mention expresse du nom que ce tiers se prétend autorisé à ajouter à son nom propre, commet un excès de pouvoir, et son jugement doit être annulé par la Cour de cassation, chambre des requêtes, sur le recours exercé par le gouvernement en vertu de l'art. 80 de la loi du 27 ventôse an VIII. — Même arrêt.

29. — L'intérêt qui pouvait se rattacher à ce mot a beaucoup diminué depuis que la Constitution de 1848, dans son art. 107, a déclaré « abolis à toujours tout titre nobiliaire, toute distinction de naissance, de classe ou de caste. » — Abolition à peu près illusoire, puisque, depuis 1789, les titres ne couvraient plus aucun privilége et qu'il n'existait plus également de distinction de castes.

V. ACTES DE L'ÉTAT CIVIL, ARMOIRIES, BARON, CHEVALIER, COMTE, DUC, FÉODALITÉ, MAJORAT.

NOCES (Secondes).

1. — On appelle ainsi un mariage qui a été précédé d'un autre.

2. — Bien que les secondes noces ne soient pas contraires aux bonnes mœurs, elles supposent néanmoins le plus souvent l'oubli d'un premier engagement, du plus fort et du plus saint de tous les liens et que la mort ne devrait pas dissoudre, surtout lorsqu'il en reste des enfans qui doivent continuer d'être en première ligne l'objet de l'affection du survivant. Aussi, dans tous les temps, les législateurs ont cru devoir prévenir les abus résultant d'un désir trop violent de convoler à de secondes noces, en imposant certaines peines et probibitions à l'époux convolant.

3. — D'après les lois romaines, les femmes qui se remariaient dans l'année de deuil étaient notées d'infamie et perdaient une partie des avantages que leurs maris avaient pu leur faire. — L. 6, ff., *De his qui infam. notant*; L. 1 et 2, ch. *De secund. nupt.* — Ces dispositions furent suivies en France. — V. DEUIL, nos 8 et suiv.

4. — Jugé que la loi du 17 niv. an II n'a pas abrogé les lois anciennes qui privaient de ses avantages la femme qui se remariait dans l'année du deuil. — *Cass.*, 3 brum. an IX, Lafon c. Bonnemort ; *Riom*, 14 flor. an XI, Lambert c. Cofly; *Pau*, 25 prair. an XII, Latournerie c. Navarrine; 18 messid. an XII Sauveterre ; *Cass.*, 1 mai 1808, Beaulieu c. Favier. — Merlin, *Rép.*, vis *Deuil*, § 2, et *Noces* (*secondes*), § 2.

5. — Suivant le C. civ. (art. 228), la femme ne peut contracter un nouveau mariage qu'après dix mois révolus depius la dissolution du mariage précédent. — V. MARIAGE. — Mais la femme qui se remarie dans les dix mois de son premier mariage ne perd pas les avantages que lui avait faits son premier mari. — *Colmar*, 17 juin 1808, Grosshenny c. Kronenberger.

6. — Dans l'ancien droit, la femme qui passait à un second mariage ne perdait point, par son convol, la propriété des biens provenant de l'institution faite en sa faveur par son beau-père. — *Toulouse*, 25 mars 1813, Jougla c. Tasteyre et Lafourcade.

7. — En Lorraine l'époux survivant, investi, de plein droit et en vertu de la coutume, de la propriété des meubles ou choses réputées telles, conservait cette propriété en se remariant, malgré les dispositions de l'édit de Léopold, de 1711, sur les secondes noces. — *Metz*, 17 mars 1818, Kilzinger c. Sartorius.

8. — De plus, les lois romaines privaient du droit de succéder à ses enfans décédés en état de pupillarité la veuve qui convolait en secondes noces, sans leur avoir fait nommer un tuteur. — L. 6, C., *Ad senatuscons. Tertullianum*.

9. — Cette disposition avait-elle été abolie par la loi du 17 nivôse an II? La Cour de cassation avait d'abord décidé l'affirmative. — *Cass.*, 23 vent. an VIII, Combes c. Monceré. — Mais plus tard, et dans la même affaire, la Cour, sur les conclusions de Merlin, revint sur sa propre jurisprudence et adopta la négative. — *Cass.*, 24 fructid. an XIII, Combes c. Monceré. — Merlin, *Rép.*, vis *Noces* (*secondes*), § 2, et *Quest.*, *eod. verbo*.

10. — Le bénéfice des peines encourues par la femme qui convolait à de secondes noces *non petitis tutoribus* appartenait aux enfans du premier

lii, sans égard à la qualité d'héritier. — *Grenoble,*
6 août 1814, Couturier c. Constantin.

11. — Enfin, sous le droit romain, on obligea
indistinctement les femmes ayant des enfans d'un
premier lit, qui convolaient à de secondes noces,
à réserver à ces enfans tout ce dont elles avaient
profité par libéralité des biens de leur père. —
[*Fæmina* 3, C., *De secund. nupt.*—La disposition
fut ensuite appliquée aux hommes qui passaient
aussi à de secondes noces. — L. *Generaliter eod.*

12. — En outre, il fut interdit aux pères et mères
convolant en secondes noces d'avantager de leurs
biens particuliers les nouveaux époux plus que
le moins prenant de leurs enfans. — L. *Hoc edic-
tale C. eod. tit.*

13. — Ces dispositions passèrent dans notre
droit français et furent consacrées par l'édit des
secondes noces de 1560.

14. — Aujourd'hui l'homme ou la femme, qui,
ayant des enfans d'un autre lit, contracte un second ou subséquent mariage, ne peut donner à
son nouvel époux qu'une part d'enfant légitime
le moins prenant, et sans que, dans aucun cas,
ces donations puissent excéder le quart des biens.
— C. civ., art. 1098. — V. QUOTITÉ DISPONIBLE.

V. aussi DISPOSITION A TITRE GRATUIT, DONA-
TION DÉGUISÉE, DONATION ENTRE-VIFS, DOUAIRE.

NOIRS.

1. — Les noirs ou nègres sont ou esclaves ou
libres.

2. — Pour ce qui concerne les noirs esclaves,
on a vu (v° CODE NOIR, COLONIES et ESCLAVAGE)
quel avait été d'abord leur sort, puis quelles dispositions ont été successivement prises pour établir leurs rapports avec leurs maîtres, et en définitive les conditions de leur affranchissement.—
L. 18 juill. 1845.

3. — On verra au mot TRAITE DES NOIRS quelles
conventions sont intervenues entre les différentes
nations civilisées pour arriver à la répression du
commerce des esclaves.

4. — L'avénement de la République a apporté
aujourd'hui un changement complet dans la condition des esclaves résidant sur le sol des colonies et autres possessions françaises.

5. — L'esclavage, porte le décret du 27 avril
1848, sera entièrement aboli dans toutes les colonies et possessions françaises, deux mois après
la promulgation du présent décret dans chacune
d'elles. A partir de cette promulgation, tout châtiment corporel, toute vente de personnes non
libres sont absolument interdits.—Art. 1er.

6. — Le système d'engagement à temps établi
au Sénégal est supprimé. — Art. 2.

7. — Sont amnistiés les anciens esclaves condamnés à des peines afflictives ou corporelles
pour des faits qui, imputés à des hommes libres,
n'auraient point entraîné ce châtiment. Sont rappelés les individus déportés par mesure administrative. — Art. 4.

8. — L'Assemblée nationale réglera la quotité
de l'indemnité qui devra être accordée aux colonies. — Art. 5.

9. — Le principe que le sol de la France affranchit l'esclave qui le touche est appliqué aux
colonies et possessions de la République. — Art. 7.

10. — A l'avenir, même en pays étranger, il est
interdit à tout Français de posséder, d'acheter ou
de vendre des esclaves, de participer, soit directement, soit indirectement, à tout trafic ou exploitation de ce genre. Toute infraction à ces
dispositions entraînera la perte de la qualité de
citoyen français. Néanmoins, les Français qui se
trouveront atteints par ces prohibitions, au moment de la promulgation du présent décret, auront un délai de trois ans pour s'y conformer.—
Ceux qui deviendront possesseurs d'esclaves en
pays étranger, par héritage, don ou mariage,
devront, sous la même peine, les affranchir ou
les aliéner dans le même délai, à partir du jour
où leur possession aura commencé. — Art. 8.

11. — Enfin, d'après l'art. 6 de la Constitution
du 4 nov. 1848, l'esclavage ne peut exister sur
aucune terre française.

12. — Quant aux noirs libres qui étaient confondus avec les mulâtres sous la dénomination
générique de *gens de couleur,* il est évident qu'en vertu de l'abolition de l'esclavage ils
sont relevés pour l'avenir de toutes ces incapacités qui faisaient d'eux une classe d'hommes à
part.

V. GENS DE COULEUR.

NOIR ANIMAL, MINÉRAL, DE FUMÉE, D'IVOIRE.

1. — Fabriques et dépôts de noir animalisé. —

Fabrication du noir d'ivoire et du noir d'os, lorsqu'on n'y brûle pas la fumée. — 1re classe des
établissemens insalubres.

2. — Fabrication du noir de fumée. — Fabrication du noir d'ivoire et de noir d'os, lorsqu'on
brûle la fumée. — Carbonisation et préparation
des schistes bitumineux, pour fabriquer le noir
minéral. — 2e classe des établissemens insalubres.
— V. ce mot (nomenclature).

3. — Les fabricans de noir animal sont soumis
à la patente. Droit fixe de 50 fr. ; — droit proportionnel du 20e de la valeur locative de l'habitation, des magasins de vente complétement séparés de l'établissement, et du 25e de l'établissement
industriel. — V. PATENTE.

NOLIS, NOLISSEMENT.
V. FRET.

NOM ET PRÉNOM.

Table alphabétique.

NOM ET PRÉNOM. — **1.** — Le nom sert à désigner un individu. — Le nom a pour objet de
distinguer entre eux ceux qui portent le même
nom.

2. — On désigne encore par des noms les agré-
gations de personnes, les choses.

§ 1er. — *Historique* (n° 3).

§ 2. — *Propriété des noms de famille*
    (n° 19).

§ 3. — *Changemens ou additions de noms*
    (n° 44).

§ 4. — *Prénoms* (n° 97).

---

§ 1er. — *Historique.*

3. — Chez les Romains, on distinguait : 1° le
nomen, nom de famille qui était donné à toute la
race ; 2° le *cognomen*, surnom donné à chaque
branche ainsi appelée *quia nomini adjiciebatur*;
3° le *prænomen*, nom particulier à celui qui le
portait et qui se mettait avant le nom ; 4° enfin le
agnomen, ou surnom donné à un citoyen pour une
cause particulière. — Merlin, *Rép.*, v° *Nom*, § 1er.

4. — En France on admettait aussi plusieurs sortes de noms : le nom de famille, qui répond au
nomen; celui de baptême ou prénom, *prænomen*;
et le nom de seigneurie, qui répond au *cognomen*
des Romains.

5. — Le nom de famille ou patronymique ou
simplement le nom est celui qui, de père en fils,
a toujours été porté par une famille. — Merlin,
Rép., v° *Nom*, § 1er.

6. — Le prénom ou le nom de baptême est celui d'un nom qui est donné à l'enfant quand on
le présente au baptême. Ce nom, ou ces noms,
car on en donne souvent plusieurs, doit être inscrit sur les registres de l'état civil (autrefois sur
les registres de baptême). — Ce prénom ou nom
de baptême sert, comme nous l'avons dit, à distinguer les différens citoyens qui portent le
même nom de famille. — Merlin, *ibid.*

7. — Enfin, autrefois, le nom de seigneurie était
le surnom pris d'une terre ou antérieurement
d'un fief, on l'ajoutait au nom de famille. — Merlin, *ibid.*

8. — Dans le droit romain, les changemens de
noms, de prénoms et de surnoms étaient absolument libres, ils n'étaient répréhensibles que lorsqu'ils étaient motivés par quelque intention frauduleuse. — L. 1, C. *De mutat. nominis.*

9. — Il fut un temps, en France, où, conformément à cette loi, on changeait de nom sans aucune solennité. — Merlin, *Rép.*, v° *Nom*, § 3, n° 2

10. — Mais comme la licence de changer de
nom et d'armes produisait les plus grands abus,
Henri II y remédia par l'édit d'Amboise du
26 mars 1555 (art. 9). Il porte expressément que,
pour éviter la supposition des noms et des armes,
défenses sont faites à toutes personnes de changer
leurs noms et leurs armes sans avoir obtenu des
lettres de dispense et permission, à peine de 1,000
livres d'amende, d'être punis comme faussaires
et être exautorés et privés de tout degré et privilége de noblesse.

11. — Mais, cet édit n'ayant été que faiblement
exécuté (il paraît qu'il n'avait pas été enregistré,
Merlin, *Rép.*, v° *Promesse de changer de nom*), une
ordonnance de 1629, d'après la proposition des
états généraux assemblés en 1614 et 1615, enjoignit à tous gentilshommes de signer en leurs
actes et contrats du nom de leurs familles, et non
de leurs seigneuries, sur peine de faux et d'a-
mende arbitraire » (art. 211).

12. — Cette ordonnance ne fut pas plus heureuse
que ne l'avait été l'édit de 1555, et les noms des
seigneuries continuèrent à créer des noblesses
factices qui devinrent plus tard la tige d'un
grand nombre de ces dénominations nobiliaires
dont se parèrent tant de familles.

13. — L'abus des noms de seigneurie amena
celui des noms de guerre; on appelait ainsi les
noms que prenaient les soldats soit pour épargner à leur véritable nom et à leur famille le dés-
honneur dont ils pouvaient le couvrir à l'armée,
soit pour échapper plus aisément aux comptes
qu'ils pouvaient avoir à rendre à la justice quand
ils s'engageaient sous les drapeaux. — Loyseau,
Des ordres, chap. 12. — Par la même raison, les
courtisans et les escrocs avaient aussi leurs
noms de guerre. — Magnitot et Delamarre, *Dict.
de dr. administ.*, v° *Nom.*

14. — Tel était l'état des choses au moment de
la révolution. En abolissant les titres de noblesse,
l'Assemblée constituante ordonna à chaque citoyen de ne porter désormais que son nom de
famille. — Déc. 19 juin 1790 et 27 sept. 1791. —
Elle réintégra en même temps dans leurs anciens
noms, les villes, bourgs, villages et paroisses auxquels les ci-devant seigneurs avaient attaché
ceux de leur race. — Déc. 23 juin 1790. — Ma-
gniot et Delamarre, *ibid.*

15. — Plus tard, un décret du 24 brum. an II
(16 oct. 1793) reconnut à chaque citoyen la faculté de se nommer comme il lui plairait : en se
conformant aux formalités prescrites par la loi.

16. — Mais, des inconvéniens très-graves étant
résultés de cet état de choses, un décret du 6 fruct.
an II (23 août 1794) porte qu'aucun citoyen ne
pouvait porter de noms ni de prénoms autres
que ceux exprimés dans son acte de naissance

(art. 1er), et défendit d'ajouter aucun surnom à son nom propre, à moins qu'il n'eût servi jusqu'alors à distinguer les membres d'une même famille, sans rappeler les qualifications féodales ou nobiliaires (art. 2).

17. — Ce décret, dont un arrêté du 19 nivôse an VI (8 janv. 1798) rappela plus tard l'exécution, fut suivi de la loi non moins importante du 11 germinal an XI (1er avril 1804), qui règle encore aujourd'hui, ainsi qu'on le verra plus loin, tout ce qui concerne les prénoms et les changemens de noms.

18.—Sous l'empire, comme il y avait des juifs qui n'avaient pas de nom de famille ni de prénoms fixes, un décret du 20 juill. 1808 leur imposa l'obligation d'en adopter dans les trois mois et d'en faire la déclaration devant l'officier de l'état civil de la commune où ils étaient domiciliés. Il ne pouvait être admis comme nom de famille aucun nom tiré de l'*Ancien Testament* ni aucun nom de ville, à l'exception de ceux que les juifs avaient constamment portés.

§ 2. — *Propriété des noms de famille.*

19. — Le nom patronymique est une propriété de la famille qui le porte.—*Paris*, 7 germ. an XII, Bourbon-Leblanc c. Busset; *Cass.*, 16 mars 1841 (t. 1er 1841, p. 481) Constant c. Tartanson.

20. — D'où il suit que cette famille a le droit de s'opposer à ce qu'aucun individu s'en empare par un titre exprès et légal. — *Paris*, 7 germ. an XII, Bourbon-Leblanc c. Busset.

21. — Les femmes, bien que par le mariage elles entrent dans une famille étrangère et cessent de porter le nom de leur père, n'en ont pas moins intérêt et qualité pour s'opposer, même par voie judiciaire, à ce que le nom patronymique de leur famille soit usurpé par d'autres familles. — *Cass.*, 16 mars 1841 (t. 1er 1841, p. 481), Constant c. Tartanson.

22. — Un nom de famille est une propriété dont nul ne peut jouir qu'en vertu d'une filiation légale.—*Douai*, 26 déc. 1835, Leleux c. Jean-Louis.

23.—Un enfant naturel ne peut porter de nom autre que celui qui lui a été donné dans son acte de naissance. — *Cass.*, 22 juin 1819, Ruffi c. de Pontevès.

24. — L'enfant naturel promu à la charge de notaire ne peut exercer ses fonctions sous le nom de la personne que son acte de naissance désigne comme sa mère, quand cet acte constate que la déclaration de la mère a été faite par une sage-femme, indépendamment de toute volonté de la part de la personne qui a été désignée, et lorsque depuis son acte de naissance il ne produit aucun acte de reconnaissance émané de la personne dont il veut porter le nom. — Décis. min. just. 11 juill. 1835.

25. — L'enfant adultérin est sans droit pour prendre le nom de son père, alors même que celui-ci le lui aurait toujours donné. Ce nom appartient exclusivement aux membres de la famille, comme faisant partie de l'état des personnes. — *Paris*, 22 mars 1828, Adèle c. Pillot de Coligny; *Angers*, 8 déc. 1824, Cordelet.

26. — L'enfant adultérin, inscrit dans son acte de naissance sous le nom du père qui le reconnaît, n'acquiert le droit de porter ce nom ni par l'aveu tacite de la famille ni par la possession trentenaire.—*Douai*, 26 déc. 1835, Leleux c. Jean-Louis.

27. — Par conséquent, les enfans légitimes ont le droit d'empêcher un enfant adultérin de porter le nom de famille, et de faire rectifier les actes sur lesquels ce nom lui serait attribué. — *Aix*, 12 déc. 1839 (t. 1er 1840, p. 349), Laffé.

28. — De même, un frère a qualité pour demander la radiation du nom de sa famille inscrit sur l'acte de naissance d'un enfant adultérin de son frère. — *Douai*, 26 déc. 1835, Leleux c. Jean-Louis.

29. — De ce que les noms de famille constituent une véritable propriété pour ceux qui les portent, il s'ensuit que c'est aux tribunaux civils à connaître de la contestation entre les prétendans droit à cette même propriété.

30. — La preuve de la propriété d'un nom se fait au moyen des actes de l'état civil et de la généalogie des parties. — V. ACTES DE L'ÉTAT CIVIL, GÉNÉALOGIE.

31. — En cette matière, la possession, même centenaire, ne peut résulter que d'actes consignés dans les registres publics et non d'actes passés dans le sein des familles. — *Paris*, 26 janv. 1824, sous *Cass.*, 3 avril 1826, de Latour-d'Auvergne c. de Latour-Saint-Paulet.

32. — Celui qui se prétend fils naturel d'un individu ne peut porter le nom de son prétendu père qu'à la condition de justifier d'un titre ou du moins de la possession. — *Paris*, 7 germ. an XII, Bourbon Leblanc c. Busset.

33. — La généalogie sanctionnée par une ordonnance royale, mais qui n'a été faite que pour procurer à une famille les honneurs de la cour, ne peut pas attribuer à cette famille le droit irrévocable de porter le nom qu'elle lui confère. — En conséquence, une famille restée étrangère à l'acte généalogique, ainsi qu'à l'ordonnance de sanction, peut prétendre à la propriété exclusive du nom que le généalogiste a attribué à d'autres et leur faire interdire le droit de porter ce nom. —*Cass.*, 18 mars 1834, de la Châtaigneraie c. Tourzel.

34. — Ainsi qu'on l'a vu v° ARMOIRIES, (n° 37), celui qui ne présente ni titres originaux ni expéditions de titres, mais de simples copies de titres, ne justifie pas de son droit à un *nom* et à des *armoiries* qu'il réclame. — *Cass.*, 25 févr. 1823, de Croy-Chanel c. de Croy-d'Havré.

35. — Celui qui porte un nom autre que celui inscrit dans son acte de naissance ne peut être autorisé à conserver ce nom usurpé, bien que depuis sa naissance il l'ait porté et que dans divers actes civils ou judiciaires il ait été ainsi dénommé. — *Cass.*, 29 juin 1825, Calonne.

36.— Ainsi de même en l'absence d'une autorisation par ordonnance du roi, l'individu qui porte un nom autre que celui exprimé dans son acte de naissance ne peut, s'il est attaqué par les parties intéressées, être autorisé à conserver ce nom en se fondant sur ce qu'il aurait été donné à son père et à son aïeul dans des lettres et états de service. — *Paris*, 15 avr. 1837 (t. 1er 1837, p. 448), de Mauroy c. Camuzat. — V. cependant *infrà* nos 83 et suiv.

37. — Lorsque le nom qu'un individu se donne comme appartenant à une filiation autre que la sienne n'appartient pas exclusivement à la famille de celui qui intente cette action, ce dernier ne peut requérir qu'il soit ordonné au défendeur qui reconnaît ne pas appartenir à cette famille de délaisser le nom qu'il a pris et d'en prendre un autre. — *Bruxelles*, 25 nov. 1829, Vanderhelst c. Vanweyenberg.

38. — Un tribunal civil qui, par suite d'une réclamation purement civile, défend à un individu de porter un nom usurpé, ne peut, en même temps, prononcer contre lui des peines en cas d'infraction des dispositions de son jugement. — Trib. d'appel de *Paris*, 7 germ. an XII, Bourbon-Leblanc c. Busset.

39. — Puisque le nom constitue une propriété privée, il s'ensuit que la question définitive de propriété ne peut se vider qu'entre les parties intéressées.

40. — Ainsi, lorsque, dans une instance où il s'agit de propriété de nom, l'une des parties prétend avoir, seule et exclusivement, le droit de porter un nom, le ministère public ne peut conclure, de son chef, à ce qu'il lui soit fait défense de porter ce nom. — *Cass.*, 3 av. 1826, de Latour-d'Auvergne c. de Latour-Saint-Paulet.

41. — Par la même raison, un arrêt de la Cour des comptes, bien que rendu contradictoirement avec le procureur général de cette Cour, ne peut donc acquérir force de chose jugée sur la propriété d'un *nom* et d'*armoiries*; et il ne peut être opposé à des tiers qui n'y étaient pas parties. — *Cass.*, 25 fév. 1823, de Croy-Chanel c. de Croy-d'Havré.

42. — Lorsque, sur la demande tendant à être autorisé à porter un nom et des armoiries, la Cour royale met les parties *hors de cour* en ce qui concerne les armoiries, elle laisse ainsi les parties dans l'état où elles étaient auparavant; et son arrêt ne peut être, à raison de cette circonstance, sujet à cassation. —Même arrêt,

43. — Jugé encore que l'usurpation d'un nom constitue non un délit public, mais une infraction à la loi civile qui donne à la partie intéressée le droit de poursuivre l'usurpateur devant les tribunaux civils. — *Paris*, 7 germin. an XII, Bourbon-Leblanc c. Busset.

§ 3. — *Changemens ou additions de noms.*

44. — D'après l'édit d'Amboise de 1555, c'était au roi seul qu'il appartenait d'autoriser les changemens de noms et d'armes. — Merlin, *Rép.*, v° *Nom*, § 3. — Bien que l'on contestât sous l'ancienne jurisprudence que cette ordonnance eût été enregistrée dans les parlemens, il est cependant constant qu'on sollicitait ordinairement la permission du prince. — Merlin, v° *Promesse de changer de nom.*

45.— En admettant même que l'édit d'Ambo[ise] n'eût pas été enregistré, il était obligatoire; en sorte que, sous son empire, tout changement [ou] addition de nom, de la part de *toutes personnes*, n'était valable qu'au moyen de l'autorisation [du] roi. — *Spécialement*, sous l'empire de l'édit [de] 1555, lorsqu'un legs avait été fait sous la condi[tion] que le légataire ajouterait à son nom le nom [du] testateur, et que ce légataire, au lieu d'obtenir du roi l'autorisation de faire cette addition [de] nom, s'était contenté de faire rendre un jugement de rectification de son acte de naissance, le [legs] est caduc pour défaut d'accomplissement de [la] condition imposée. — *Cass.*, 16 novemb. 1824, Préaux c. Longchamps.

46. — Sous l'ancien droit français on pouvait, sans autorisation du roi, ajouter à son nom de famille un surnom tiré d'une terre noble [que] l'on avait acquise. Mais on ne pouvait prendre [ce] surnom seul, ou en le faisant précéder seule[ment] de l'initiale de son nom de famille. — [Le] vendeur de cette seigneurie, bien qu'il soit resté en possession de ce nom, n'est pas fondé à s'opposer à ce que l'acquéreur l'ajoute aujourd'h[ui] à son nom de famille. — *Nîmes*, 7 juillet 1829, Lafare c. Cabot de Lafare.

47. — Aujourd'hui, toute personne qui a qu[elque] raison de changer de nom doit en adresser la demande motivée au gouvernement. — L. [11] germ. an XI, art. 4.

48. — Jugé, en conséquence, qu'on ne p[eut] changer de nom sans l'autorisation du gouvernement.—*Paris*, 7 germ. an XII, Bourbon-Leblan[c] c. Busset.

49.— Celui qui en l'absence d'une autorisatio[n] formelle a ajouté à son nom patronymique in[di]qué dans son acte de naissance un autre no[m], fût-ce même celui de sa mère, doit, sur la d[e]mande des parties intéressées, être condamné [à] le supprimer: alors même que son père l'au[rait] toujours porté, en vertu d'un usage local. — De [ce] que depuis l'instance en suppression de nom [le] défendeur se serait pourvu à fin d'autorisation, [il] n'en résulte pas qu'il y ait conflit de nature [à] entraîner un sursis au jugement de la cause. — *Nîmes*, 15 déc. 1840, Capdeville c. Vidal.

50. — Toutefois les lois des 6 fruct. an II et [11] germ. an XI n'ont eu pour objet, comme l'ordo[n]nance d'Amboise de 1555 et l'ordonnance de 1[629], que d'empêcher de nouveaux changemens ou [ad]ditions de noms, sans l'autorisation du sou[ve]rain; elles ne peuvent, sans rétroactivité, s'a[p]pliquer à des droits acquis, maintenus d'ailleurs par la Charte constitutionnelle. — *Nîmes*, 7 ju[il.] 1829, de Lafare c. Cabot de Lafare.

51.—Jugé aussi que sous l'ancien droit celui [qui] avait été investi pour partie des honneurs, pouvo[irs] et priviléges attachés à une seigneurie avait [le] droit de joindre à son nom ce titre seigneurial; ses descendans doivent être maintenus dans cet[te] possession, encore bien que le premier titul[aire] eût perdu le droit de justice qu'il tenait à ti[tre] d'engagement. — Les édits concernant les ch[an]gemens de nom n'avaient pas été enregistrés [au] parlement de Franche-Comté. La noblesse, [dans] le ressort de ce parlement, pouvait s'acquérir p[ar] prescription, à plus forte raison une simple [qua]lification nobiliaire ou féodale. — *Besançon*, [..] juill. 1844 (t. 1er 1845, p. 677), de Falletans c. G[ar]nier de Falletans.

52. — Les édits de 1555 et de 1629 ne sont [pas] applicables à une dénomination qui, dans le p[rin]cipe, a été légitimement obtenue; non plus [que] la loi du 11 germ. an XI, laquelle ne peut att[ein]dre des droits acquis antérieurement à sa [pro]mulgation. — Même arrêt.

53. — Sous l'ancienne législation, on po[uvait] sans autorisation du roi, ajouter à son nom [pa]tronymique celui du fief que l'on avait acquis. Et il en était de même à plus forte raison [de] l'engagiste de ce fief avec droit de haute, m[oyen]ne et basse justice. — Dès lors, l'addition d['une] pareille qualification ne saurait constituer [une] usurpation du nom patronymique de l'an[cien] propriétaire sur qui le fief avait été confisqué. Nonobstant la dépossession du fief retourné [à] l'ancien possesseur, les descendans de l'ac[qué]reur ont pu être conservés dans la facul[té de] porter cette qualification dont ils sont en po[sses]sion depuis deux siècles et qui, au moyen [de] l'adjonction constante de leur nom patrony[mi]que, ne permet pas de confondre les deux f[amil]les. — *Cass.*, 15 déc. 1845 (t. 2 1846, p. 408), mê[mes] parties.

54. — La loi du 6 fruct. an II, relative [aux] noms propres arbitraires, n'a pas rendu im[...]

sible tout changement conventionnel de nom. — Une telle convention n'est pas nulle pour ne pas exprimer que l'on aura recours au gouvernement pour obtenir son autorisation, cette condition est sous-entendue et suppléée de droit. — *Cass.*, 13 janv. 1813, Musnier c. de Folleville. — Toullier, t. 6, n° 644, note; Rolland de Villargues, *Rép. du notar.*, v° *Nom*, n° 29.

55. — La loi du 6 fruct. an II, qui défendait à tout citoyen de porter un nom autre que celui exprimé dans son acte de naissance, et prononçait les peines de l'emprisonnement et de l'amende contre les contrevenans, avait pour but d'empêcher les émigrés de changer de nom et de se soustraire ainsi aux poursuites du gouvernement révolutionnaire; dès lors, cette loi a été abrogée par les lois postérieures. Elle ne pourrait en tout cas être invoquée contre un étranger. — *Lyon*, 30 août 1827, Grandis.

56. — La condition imposée à un légataire de porter les nom et prénoms du testateur n'est pas en elle-même contraire à la loi. — *Cass.*, 4 juill. 1836, Papin-Ruillier c. de Longchamp. — V. CONDITION, n°s 213 et suiv.

57. — Mais un testateur ne peut autoriser son légataire à porter son nom au préjudice de ses héritiers du même nom. — *Cons. d'Etat*, 23 déc. 1815, Brechard c. Dechamps.

58. — Aux termes de la loi du 11 germ. an XI, c'est au chef du gouvernement qu'il appartient de statuer sur les demandes relatives à des changemens ou à des additions de noms. — *Cons. d'Etat*, 6 juillet 1825, de Lonchamp c. Labazordière.

59. — A lui seul appartient le droit de changer, modifier ou rectifier les actes émanés de lui à ce sujet, et les tribunaux ordinaires sont incompétens en cette matière. — En conséquence, une cour royale qui a enregistré des lettres de noblesse n'a pu, ultérieurement, sans excès de pouvoir, ordonner l'addition d'un nouveau nom à celui de l'individu anobli, tant sur les lettres de noblesse que sur l'arrêt d'enregistrement d'icelles, quoique cette addition eût été autorisée par une ordonnance royale rendue depuis l'obtention des lettres. — *Cass.*, 18 (et non 14) fév. 1824, Boscary.

60. — Toutefois, en matière d'adoption, l'autorisation n'est pas nécessaire pour conférer le nom de l'adoptant à l'adopté, et l'adoption confère le nom de l'adoptant à l'adopté en l'ajoutant au nom propre de ce dernier. — C. civ., 347. — V. ADOPTION.

61. — Le gouvernement prononce dans la forme prescrite pour les règlemens d'administration publique. — L. 11 germ. an XI, art. 5.

62. — S'il admet la demande, il autorise le changement de nom par un arrêté rendu dans la forme des règlemens d'administration publique; mais cet arrêté n'a son exécution qu'après la révolution d'une année à compter du jour de son insertion au Bulletin des lois. — L. 11 germ. an XI, art. 6.

63. — Pendant le cours de l'année, toute personne y ayant droit est admise à présenter requête au gouvernement pour obtenir la révocation de l'arrêté autorisant le changement de nom; et cette révocation est prononcée par le gouvernement s'il juge l'opposition fondée. — L. 11 germ. an XI, art. 7.

64. — Celui qui est en possession d'un nom est recevable à s'opposer à ce que le même nom soit conféré à une autre famille, bien que cette famille soit alliée de la sienne. — *Cons. d'Etat*, 12 août 1818, de Montlezun c. de Lagarde; 12 déc. 1818, d'Albizzy c. Colavier.

65. — Un particulier ne peut être autorisé à ajouter à son nom patronymique le nom d'une commune, lorsque le maire s'y oppose en vertu d'une délibération du conseil municipal. — L'inscription antérieurement faite du nom de cette commune dans des actes de l'état civil du solliciteur étant son propre fait, ne peut lui constituer un titre. — *Cons. d'Etat*, 27 déc. 1820, Go... c. commune de Juvigny.

66. — Les prénoms constituent une propriété comme les noms de famille, et l'ordonnance qui autorise à les prendre peut être frappée d'opposition par les ayans droit. — *Cons. d'Etat*, 23 déc. 1815, Bidot-Lauriagon c. Mignette.

67. — Lorsqu'un tiers s'oppose à ce qu'un individu obtienne l'autorisation d'ajouter un nouveau nom à son nom habituel, ce litige doit être porté par voie de juridiction gracieuse devant le garde des sceaux pour être statué, sur son rapport, par le chef du gouvernement : sauf le droit pour ce tiers de se pourvoir contre l'ordonnance qui autorise l'addition du nom et d'en demander la révocation conformément à la loi du 11 germ. an XI. — *Cons. d'Etat*, 21 août 1816, de Bethune c. de Bethune-Perrin.

68. — Celui qui est en possession d'un nom est recevable à s'opposer à ce que le même nom soit conféré à un autre personne, sans qu'il soit besoin que la requête soit formée au nom de la famille tout entière. — *Cons. d'Etat*, 3 janv. 1818, de Lénoncourt c. Viallet.

69. — .... Ou sauf aux tribunaux a décider la question de propriété. — *Cons. d'Etat*, 2 juin. 1819, Adhémar c. d'Héran.

70. — L'ordonnance royale qui accorde à un particulier l'autorisation d'ajouter un nom au sien peut être l'objet, de la part d'un tiers, d'un recours, par la voie contentieuse, devant le conseil d'Etat. — *Cons. d'Etat*, 10 janv. 1822, De Bray.

71. — L'autorisation d'addition d'un nom peut être révoquée sur l'opposition d'une famille à qui ce nom appartient. — *Cons. d'État*, 23 déc. 1815, Thiébaut c. François.

72. — Mais la voie de l'opposition n'étant établie que dans l'intérêt et pour la conservation des droits des tiers, il s'ensuit qu'elle n'est recevable qu'autant que le tiers opposant justifie avoir lui-même des droits au nom faisant l'objet de la concession.

73. — Ainsi une partie ne peut, sans intérêt personnel et sans intérêt de famille, demander la suppression des noms dont son adversaire fait précéder ceux qui lui sont attribués par son acte de naissance. — Elle ne peut surtout conclure à cette suppression si le demandeur a des droits à réclamer sous les noms qu'il ajoute aux siens, et s'il déclare par là préjudicier aux moyens et exceptions du défendeur. — *Bruxelles*, 7 juill. 1812, P...

74. — Celui qui ne prouve, ni par son acte de naissance, ni par d'autres documens, qu'il soit en possession légale d'un nom, n'a pas qualité pour s'opposer à l'ordonnance qui confère ce nom à un autre particulier. — *Cons. d'État*, 1er mai 1822, Durand de Villeplaine c. Boscary de Villeplaine.

75. — Celui qui, dans son acte de naissance, a reçu un surnom qui n'avait pas été pris par ses auteurs, et qui ne lui a été donné qu'à raison de la possession d'une terre, est sans droit et sans qualité pour faire interdire au possesseur actuel de cette terre de prendre le même surnom. — *Cass.*, 14 nov. 1832, Siran c. Poulhariez.

76. — L'opposition d'un conseil de famille à l'ordonnance qui autorise le mari de sa parente à ajouter à son nom et à celui de ses enfans le nom de cette dernière, n'est pas recevable lorsque des parens plus proches déclarent donner leur consentement. — *Cons. d'État*, 26 juin 1822, Halligon c. Trois-OEufs-Halligon.

77. — Lorsqu'un particulier a obtenu du gouvernement la permission de porter le nom d'une commune, un habitant de cette commune n'a pas qualité pour demander la révocation de l'ordonnance. — Mais sur le vœu exprimé par le conseil municipal de la commune, ladite ordonnance peut être révoquée. — *Cons. d'État*, 8 janv. 1817, Leroy de Rieulle c. Delaservette.

78. — L'ordonnance qui a conféré le nom est attaquable pendant un an, à partir de l'insertion au *Bulletin des lois*. — *Cons. d'État*, 18 avril 1816, de la Rozière c. Taillefer; 12 déc. 1818, d'Albizzy c. Colavier.

79. — Et ce n'est qu'à partir de cette insertion que le délai commence à courir. — *Cons. d'État*, 3 juin 1818, de Lenoncourt c. Vallet.

80. — Décidé que le délai de l'opposition contre une ordonnance royale qui autorise l'addition d'un nom avec la transmission de la pairie ne pouvait courir que du jour du décès du titulaire donateur. — *Cons. d'État*, 16 déc. 1831, Lally de la Neuville c. Patron d'Aux de l'Escaut.

81. — L'opposition formée dans l'année est recevable, encore bien qu'il ait été délivré par erreur un certificat de non-opposition. — *Cons. d'Etat*, 12 août 1818, de Montlezun c. Delagarde

82. — La concession des noms étant un acte de faveur, ne confère un droit aux impétrans qu'après les délais fixés par la loi. Il s'ensuit que pendant ce délai l'acte de concession ne saurait fournir aucune exception contre les opposans. — *Cons. d'Etat*, 2 juin 1819, Adhémar c. d'Héran.

83. — Les porteurs légitimes d'un nom de famille sont donc fondés à demander la révocation des ordonnances autorisant des tiers à s'en emparer. — *Cons. d'Etat*, 23 déc. 1815, Bréchard c. Dechamps; 18 avril 1816, de la Rozière c. Taillefer; 18 nov. 1818, Nadreau c. Pautrot; 2 juin 1819, Adhémar c. d'Héran.

84. — Et, sur leur opposition, le Conseil d'Etat révoque l'ordonnance d'autorisation, sauf aux tribunaux, en cas de litige sur la propriété du nom, à décider la question de propriété. — *Cons. d'Etat*, 18 nov. 1818, Nadreau c. Pautrot; 12 mai 1819, de Caumont c. Bretonet; 2 juin 1819, Adhémar c. d'Héran.

85. — S'il n'y a pas eu d'opposition, ou si celles qui ont été faites n'ont point été admises, l'arrêté autorisant le changement de nom a son plein et entier effet à l'expiration de l'année. — L. 11 germ. an XI, art. 8.

86. — La décision du ministre de la justice qui refuse à un particulier l'autorisation d'ajouter un nom au sien, ne peut donner lieu au recours par la voie contentieuse devant le Conseil d'Etat. — *Cons. d'Etat*, 28 oct. 1831, d'Hervilly; 9 janv. 1832, Villars.

87. — Une lettre ministérielle portant refus d'accorder l'addition ne crée pas, en faveur des tiers, un titre qui mette obstacle à ce que l'impétrant obtienne plus tard l'autorisation qu'il sollicite. — *Cons. d'Etat*, 6 juill. 1825, de Longchamp c. Labazordière.

88. — Les ordonnances du chef du gouvernement et les décisions ministérielles portant refus d'autorisation de changer de nom, ne constituent, à l'égard du postulant, que des actes de juridiction volontaire. — Cormenin, *Droit admin.*, v° *Nom*, n° 3.

89. — Dès lors l'ordonnance portant autorisation de porter un nom, ne fait point obstacle à toute action en justice de la part de celui qui prétend avoir un droit exclusif à porter le nom primitivement pris par l'impétrant. — *Cons. d'Etat*, 8 janv. 1831, Hallay-Coetquen.

90. — Quand le concessionnaire répond aux oppositions qui sont formées contre la concession qu'il réclame, qu'il a des droits acquis au nom qu'il demande à être autorisé à porter, l'ordonnance de concession doit être révoquée et le concessionnaire renvoyé devant les tribunaux compétens.

91. — Une discussion s'est élevée sur le point de savoir s'il ne vaudrait pas mieux qu'une ordonnance simplement interlocutoire renvoyât devant les tribunaux compétens pour la question d'état, sauf au chef du gouvernement à statuer. M. Marcadé (V. Dissert., *Thémis*, t. 3, p. 140) pense et avec raison, ce nous semble, que dans ce cas l'ordonnance d'autorisation doit être révoquée parce que, si la demande du concessionnaire est accueillie par les tribunaux, le recours au chef du gouvernement devient dès ce moment complétement inutile.

92. — Toutefois les règles précédentes souffrent exception lorsqu'il s'agit non plus de changement ou d'addition de nom, mais de la simple rectification d'un nom qui a été altéré.

93. — Ainsi on peut, sans violer les dispositions des lois des 6 fruct. an II et 11 germ. an XI, porter et prendre dans les actes publics un autre nom que celui que vous donne votre acte de naissance lorsqu'il est certain qu'on ne change pas son nom, mais qu'on lui rend seulement sa pureté primitive, altérée pendant plusieurs siècles par l'abus d'une prononciation vicieuse. — *Nîmes*, 6 juin 1839 (t. 1er 1839, p. 627), d'Adhémar c. d'Azémar.

94. — De même, ce n'est pas par voie de demande en changement de noms, et par conséquent auprès du gouvernement, qu'il y a lieu de se pourvoir lorsque le nom d'individus d'une même famille a été altéré ou changé dans les actes de l'état civil; c'est là une rectification sur laquelle les tribunaux sont compétens pour statuer sur la demande des descendans de ces individus. — *Rennes*, 15 fév. 1826, Lezerec.

95. — Enfin, l'art. 9 de la loi du 11 germinal an XI ajoute : « Il n'est rien innové, par la présente loi, aux dispositions des lois existantes relatives aux questions d'état entraînant changement de noms, qui doivent être toujours poursuivies devant les tribunaux dans la forme ordinaire. »

96. — Les noms une fois donnés aux navires ne peuvent plus être changés. — L. 5 juill. 1836, art. 8. — V. NAVIRE.

§ 4. — *Prénoms.*

97. — A compter de la publication de la présente loi, les noms en usage dans les différens calendriers, et ceux des personnages connus de l'histoire ancienne, pourront seuls être reçus comme prénoms sur les registres de l'état civil, destinés à constater la naissance des enfans, et il est interdit aux officiers publics d'en admettre aucun autre dans leurs actes. — L. 11 germin. an XI, art. 1er.

98. — Par suite, on ne saurait donner comme prénom, soit toute autre espèce de noms que ceux indiqués ci-dessus, soit le nom d'une famille existante. — Arg. art. 2, même loi.

99. — Jugé en ce sens, qu'on ne peut donner pour prénom à un enfant le nom de famille d'un individu qui ne reconnaît pas en être le père. — Celui dont le nom a été ainsi usurpé a une action pour en obtenir la suppression. — Il peut même demander des dommages-intérêts contre ceux qui l'ont donné à l'enfant. — *Bruxelles*, 5 janv. 1807, Bovy c. Riga.

100. — Toute personne, ajoute la loi du 11 germ. an XI, qui porte actuellement, comme prénom, soit le nom d'une famille existante, soit un nom quelconque, qui ne se trouve pas compris dans la désignation de l'article précédent, pourra en demander le changement en se conformant aux dispositions de ce même article. — Art. 2.

101. — Le changement aura lieu d'après un jugement du tribunal d'arrondissement, qui prescrira la rectification de l'acte de l'état civil. Ce jugement sera rendu, le commissaire du gouvernement entendu, sur simple requête présentée par celui qui demandera le changement, s'il est majeur ou émancipé; et par les père et mère ou tuteur s'il est mineur. — Art. 3, *ibid.*

V., en outre, ACTE NOTARIÉ, COURS D'ASSISES, ENQUÊTE, EXPLOIT, INSCRIPTION HYPOTHÉCAIRE, JUGEMENT (mat. civ.).

NOM COLLECTIF.

V. SOCIÉTÉ.

NOM COMMERCIAL.

1. — Qualification servant à désigner un établissement commercial.

2. — Le nom commercial consiste soit dans le nom patronymique de celui qui exerce un commerce, soit dans la dénomination particulière donnée à un établissement, soit enfin dans l'emblème adopté pour distinguer un établissement des autres établissemens de même nature.

3. — On appelle aussi quelquefois *nom commercial* la qualification donnée par un fabricant à ses produits, ou l'indication du lieu d'où ils proviennent.

4. — Tout commerçant a la propriété exclusive du nom qui sert à empêcher de confondre son établissement avec les établissemens rivaux; les produits par lui fabriqués, avec ceux de ses confrères. — Blanc, *De la contrefaçon*, p. 214; Goujet et Merger, *Dict. de dr. comm.*, v° *Nom*, n°s 6 et 7.

5. — Cette propriété n'est pas limitée dans sa durée comme celle garantie par un brevet. — V. BREVET D'INVENTION. — Elle n'est pas soumise, comme celle des marques de fabrique, à la nécessité d'un dépôt. — *Paris*, 3 juin 1843 (t. 2 1843, p. 291), Spencer c. Meunier et Huré. — Blanc, p. 215; Goujet et Merger, n°s 33 et suiv. — V. PROPRIÉTÉ INDUSTRIELLE.

6. — On peut, en général, l'assimiler à celle des enseignes, avec laquelle parfois elle se confond. — V. ENSEIGNE, n°s 22 et suiv.

7. — Si deux personnes exerçant la même profession sont homonymes, il est certain qu'on ne peut les empêcher ni l'une ni l'autre de se servir de leur nom. Mais les tribunaux ont le droit incontestable de leur prescrire les mesures qu'ils jugent convenables, telles que l'addition d'un prénom ou d'un surnom, afin d'éviter toute confusion. — V., sur ce point et autres difficultés analogues, ENSEIGNE, n°s 98 à 101 et 37 et suiv. — Il est impossible de poser, en pareille matière, des règles fixes et invariables, les juges se décident nécessairement dans chaque espèce d'après les circonstances particulières à la cause. Le seul principe que l'on puisse proclamer, c'est qu'on doit empêcher toute concurrence déloyale et prévenir la confusion qu'un commerçant de mauvaise foi chercherait à établir entre sa maison et celle d'un rival.

8. — C'est ainsi qu'on a décidé avec raison: qu'il y avait usurpation de nom, dans des espèces où un nom n'avait été pris, cependant, que d'une manière détournée. Par exemple, lorsqu'on avait adopté pour enseigne: *Au Verdier*; quand un voisin, exerçant le même commerce, s'appelait *Verdier*. — V. ENSEIGNE, n°s 91 et 92.

9. — Et que, dans une autre espèce, sur la poursuite des propriétaires de la fabrique d'eau de Cologne établie à Paris, sous la raison *Jean-Marie Farina (de Cologne)*, on a interdit à un individu portant le nom de *Farina* et ayant parmi ses prénoms ceux de *Jean-Marie*, possédant également un établissement à Cologne, de former à Paris un établissement de même nature sous la raison sociale *Jean-Marie Farina (de Cologne)*. — On a ordonné que la nouvelle maison serait tenue de faire précéder, dans sa raison de commerce, le nom de *Farina* de tous ses prénoms dans l'ordre où ils sont inscrits dans l'acte de naissance, et en caractères de même grosseur; de la manière suivante: *Jean-Georges-Charles-Marie-Eugène-Hubert Farina.* — *Cass.*, 2 janv. 1844 (t. 1er 1844, p. 423), Krammer Durff c. Collas.

10. — L'acquéreur d'un fonds de commerce peut, à moins de stipulations contraires insérées dans l'acte de vente, s'intituler *successeur d'un tel* (son vendeur). — V. ENSEIGNE, n° 31.

11. — Il a également le droit de se servir de la désignation *ancienne maison* TELLE. — V. *ibid.*, n° 36; Goujet et Merger, n° 40.

12. — Mais une convention expresse serait indispensable pour l'autoriser à laisser sur ses factures et sur son enseigne le nom seul de son prédécesseur, sans aucune énonciation de nature à indiquer que l'établissement a changé de mains.

13. — L'ancien ouvrier, l'ancien apprenti d'un industriel sont-ils fondés à s'intituler *ancien ouvrier de tel* ou *élève de tel*? — V. ENSEIGNE, n°s 60 à 68.

14. — Si un fabricant, au lieu de donner son propre nom à un produit de son industrie, le désigne sous un nom de fantaisie, nul autre ne peut se servir de cette dénomination pour qualifier des produits de même nature. — Goujet et Merger, n°s 20 et suiv.

15. — Il a été jugé par application de ce principe que l'on devait considérer comme une propriété particulière la dénomination *encre de la petite vertu.* — Trib. de la *Seine*, 25 juill. 1835 (*Gaz. des Tribun.*, 29 juill. 1835).

16. — De même que le nom de *Rekachou* est une imitation illicite de *Racahou.* — Trib. de la *Seine*, 29 mars 1833 (*Gaz. des Tribun.*, 30 mars 1833).

17. — Mais cette règle cesse d'être applicable quand il s'agit d'une désignation générique. Celui qui s'en sert le premier n'acquiert aucun droit privatif à une dénomination de ce genre. — Goujet et Merger, n° 21.

18. — ... A moins, toutefois, que cette dénomination ne désigne un objet breveté; car nul ne pourrait alors employer ni même imiter cette désignation, pendant la durée du privilége de l'inventeur. — Blanc, p. 218.

19. — Pour les voitures publiques, par exemple, il est des désignations génériques, telles que *fiacres, cabriolets, calèches*, que tout le monde peut employer. Il en est d'autres, au contraire, de spéciales, comme *tuléciennes, citadines*, qui sont susceptibles d'une propriété exclusive. — Blanc, p. 219; Goujet et Merger, n° 30.

20. — L'usurpation de pareilles qualifications ne constitue pas sans doute un délit de contrefaçon (V. CONTREFAÇON), mais la loi la considère comme une atteinte à la propriété d'autrui et la punit par des dommages-intérêts.

21. — Quant à l'usurpation du nom du lieu de provenance des marchandises, elle constitue un délit spécial réprimé par la loi du 28 juill. 1824. « Quiconque, porte cette loi, aura soit apposé, soit fait apparaître par addition, retranchement ou par une altération quelconque sur des objets fabriqués le nom d'un fabricant autre que celui qui en est l'auteur, ou la raison commerciale d'une fabrique autre que celle où lesdits objets auraient été fabriqués, ou enfin le nom d'un lieu autre que celui de la fabrication, sera puni des peines portées en l'art. 423 C. pén., sans préjudice des dommages-intérêts, s'il y a lieu. » — « Tout marchand commissionnaire ou débitant quelconque sera passible des effets de la poursuite lorsqu'il aura sciemment exposé en vente ou mis en circulation les objets marqués des noms supposés ou altérés. » — Il en est de même de la contrefaction des marques d'un fabricant. — V. CONTREFACTION DES MARQUES DU COMMERCE, n°s 12 et suiv.

22. — En conséquence, le fabricant dont on a soit usurpé, soit imité le nom, sur des produits quelconques, a contre l'auteur de cette usurpation ou imitation une double action: soit par voie de plainte et d'action civile devant les tribunaux correctionnels; soit par voie d'action en dommages-intérêts devant les tribunaux ordinaires.

23. — Mais dans cette dernière hypothèse, comme dans le cas d'une simple usurpation de nom sur une enseigne ou autres analogues, est-ce le tribunal civil ou le tribunal de commerce qui doit être saisi de la demande en dommages-intérêts?

24. — Une distinction est nécessaire. Si le débat, comme cela arrive le plus souvent, s'élève entre deux commerçans, le fait dommageable étant essentiellement commercial, bien qu'il constitue un quasi-délit, l'action est de la compétence du tribunal de commerce. — Mais le tribunal civil seul peut connaître de la contestation, si le procès s'engage entre un commerçant et un non-commerçant. Par exemple, s'il s'agit d'une demande formée par un ancien négociant en suppression de son nom sur les factures de son successeur. Les quasi-délits rentrent en effet généralement dans les attributions exclusives des tribunaux de première instance, et cette règle ne peut souffrir exception que lorsque la demande en dommages-intérêts prend sa source dans un fait de concurrence commerciale déloyale. — V. ENSEIGNE, n°s 106 et suiv. — Goujet et Merger, n° 57 et suiv.

25. — Lorsqu'une demande en dommages-intérêts pour usurpation de nom ou de marque de fabrique est formée tout à la fois contre l'auteur et vendeur originaire des produits contrefaits et contre le débitant de ces mêmes produits, l'assignation peut être donnée aux deux défendeurs devant le tribunal du domicile de l'un d'eux, au choix du demandeur, l'action dans ce cas étant indivisible, puisqu'il s'agit d'un fait de contrefaçon auquel l'un a concouru par la fabrication et l'autre par le débit. — *Paris*, 3 juin 1843 (t. 2 1843, p. 291), Spencer c. Meunier et Huré.

26. — Un fabricant étranger peut-il, comme un Français, poursuivre devant les tribunaux français ceux qui usurpent son nom pour en marquer ses produits?

27. — L'affirmative ne souffre aucune difficulté quand l'étranger a été admis par le roi à fixer son domicile en France, ou lorsqu'il existe entre sa nation et la France des traités qui admettent la réciprocité.

28. — Dans le cas contraire, la question est vivement controversée. La Cour de cassation se prononce en effet contre l'action de l'étranger, par la raison que cette action reposait uniquement sur un droit civil. — *Cass.*, 14 août 1844 (t. 2 1844, p. 337), Gueland c. Rowland et Bouvret.

29. — Elle décide même qu'un Français chargé en France d'un dépôt des produits du fabricant étranger, et opérant dans son intérêt personnel la vente de ces produits, n'a pas davantage qualité pour se plaindre de l'emploi du nom du fabricant étranger, qui n'a pu lui transmettre un droit d'action devant les tribunaux français dont lui-même n'était pas investi. — Même arrêt.

30. — Mais cette doctrine, combattue par plusieurs arrêts de Cours d'appel, nous paraît peu conforme à l'esprit de la loi et surtout à l'équité. Ne peut-on pas en effet soutenir que le droit de réclamer des dommages-intérêts pour un fait qui cause un préjudice matériel résulte de la loi naturelle plutôt que de la loi civile? Or, comme le disait M. Siméon dans son rapport au Tribunat: « Les effets du droit naturel se communiquent partout à l'étranger comme au citoyen. Pour en jouir, il n'est pas nécessaire d'être membre d'une certaine nation plutôt que d'une autre; il suffit d'être homme. C'est du *droit naturel* que dérivent presque tous les contrats. Les particuliers sont obligés entre eux, et dans le même Etat, et d'un Etat à l'autre, par toutes les conventions licites qu'ils font réciproquement. Si les étrangers ne peuvent réclamer les droits qui naissent de la loi civile, tels que ceux des successions et des testamens, ils peuvent, tout comme les citoyens, exercer les actions qui descendent des contrats; c'est là le droit *général*. Ils peuvent, à moins d'une loi prohibitive expresse, acquérir et posséder des biens, les échanger, les vendre, les donner entre-vifs; mais ils ne peuvent ni disposer ni recueillir à cause de mort. En un mot, le droit civil proprement dit est celui de chaque cité ou de chaque nation. Le droit civil général est celui de tous les hommes civilisés. » D'après la Cour de cassation, c'est le principe de l'art. 11 C. civ., le principe de la réciprocité, qui domine ces matières; et on ne peut aujourd'hui justifier d'aucune concession au profit du nom ou des marques de fabricans étrangers. Ainsi, dans l'état actuel de nos traités diplomatiques de commerce, l'industrie française jouirait pleinement de la liberté de contrefaire en France les marques de fabriques étrangères et de se servir impunément des noms des fabricans étrangers. La continuation d'une telle situation serait, comme le dit fort bien M. Fœlix (*Traité du droit international privé*, n° 568), une calamité de plus à ajouter à celles que l'égoïsme national a déjà attirées à la France, en provoquant des mesures de rétorsion dans les pays étrangers. Cette opinion est aussi partagée par M. Pardessus (*Cours de droit comm.*, t. 6, n° 1479). Si l'industrie nationale a besoin d'être protégée contre la concurrence de ses rivales étrangères, si notre législation douanière a cru devoir, dans cette vue de tutelle, prononcer

des prohibitions absolues, ou grever des droits les plus élevés de ses tarifs l'importation des produits étrangers, jamais il n'est entré dans aucun esprit que cette protection pût venir d'un encouragement à copier des marques et des noms étrangers. — V., dans ce sens, *Paris*, 30 nov. 1840 (t. 2 1840, p. 685), Guemot-Lagoutte c. Rowland; 4 juin 1843 (t. 2 1843, p. 294), Spencer c. Meunier et Huré; *Rouen*, 8 mai 1845 (t. 2 1845, p. 476), Gueland c. Rowland. — Goujet et Merger, n°s 43 et suiv. — V. ÉTRANGER, n°s 7 et suiv.

31. — D'après M. Serrigny (t. 4er, p. 351) : on devrait accorder protection à l'étranger contre l'usage de son nom quand il a d'abord exploité son industrie en France, et la lui refuser quand il a commencé par livrer les produits dans son pays. Cette distinction ne nous semble reposer sur aucune base solide.

V. CONTREFAÇON, CONTREFACTION DES MARQUES DE COMMERCE, ENSEIGNE, MARQUE DE FABRIQUE, PROPRIÉTÉ INDUSTRIELLE.

NOMINATION.

1. — Désignation d'un individu pour l'exercice d'une fonction.

2. — Suivant la nature des fonctions, la nomination appartient au choix des citoyens ou à celui de l'autorité.

V. entre autres mots: CONSUL, ÉCOLE MILITAIRE, ENSEIGNEMENT, ÉVÊQUE, EXPERTISE, FACTEUR AUX HALLES, FONCTIONNAIRES PUBLICS, FORÊTS, GARDE NATIONALE, GARDE-PÊCHE, JUGE, JUSTICE DE PAIX, NOTAIRE, OFFICE.

NON BIS IN IDEM.

Table alphabétique.

1. — NON BIS IN IDEM. — Brocard de droit, ou plutôt de pratique, dont le sens est qu'un accusé qui a été jugé, condamné ou absous par un arrêt ou autre jugement rendu en dernier ressort ou passé en force de chose jugée, ne peut plus être poursuivi pour raison du même fait. — Merlin, *Rép.* v° *Non bis in idem.*

SECT. 1re. — *Conditions moyennant lesquelles la maxime* non bis in idem *est applicable* (n° 2).
§ 1er. — *Décisions légales* (n° 19).
§ 2. — *Décisions irrévocables* (n° 33).
§ 3. — *Faits identiques, distincts, ou connexes* (n° 54).
§ 4. — *Réserves* (n° 143).
SECT. 2e. — *Actes desquels peut résulter l'application de la maxime* non bis in idem (n° 149).
§ 1er. — *Déclarations du jury* (n° 150).
§ 2. — *Décisions des cours d'assises*

Jugemens correctionnels et de simple police (n° 160).
§ 3. — *Arrêts et ordonnances des chambres d'accusation et du conseil.* — *Charges nouvelles* (n° 182).
SECT. 3e. — *Influence de la chose jugée au civil sur le criminel et vice versâ* (n° 249).

—

Sect. 1re. — *Conditions moyennant lesquelles la maxime* non bis in idem *est applicable.*

2. — Il est de principe dans notre droit criminel que tout accusé, quand il a été jugé souverainement et régulièrement, ne peut plus, quelle qu'ait été l'issue de la poursuite, être l'objet d'une seconde accusation pour le même fait. — La société est censée avoir obtenu toute la réparation à laquelle elle pouvait prétendre, l'action publique est éteinte. — C'est ce qu'on exprime par ces mots : *non bis in idem.*

3. — Les lois 9 et 11 au Code, *De accus. et inscript.*; 2 ff., *De off. præs.*, consacrant la même maxime, qui, adoptée plus tard par notre ancien droit (Muyart de Vouglans, t. 2, p. 440; Jousse, t. 3, p. 442; Papon et Bouchel, v° *Absolution*) et le droit canonique, passa dans la Constitution de 4791 (chap. 5, art. 9), et de là dans le Code pénal de 4791 (2e part., tit. 4er, art. 28, et tit. 8, art. 4er), puis fut recueillie par le Code de brum. an 1V (art. 67, 255 et 426), et enfin par notre Code d'instruction criminelle, dont l'art. 360 la formule en ces termes : « Toute personne acquittée légalement ne pourra plus être reprise ni accusée à raison du même fait. »

4. — Un accusé ne peut pas subir deux condamnations à raison du même fait. La seconde est nulle comme violant la règle *non bis in idem.* — *Cass.*, 30 mai 1806, Guilhomeau.

5. — Le principe d'ordre public d'après lequel toute personne acquittée légalement ne peut plus être reprise ni accusée à raison du même fait, s'applique aux simples délits, bien que, par ses termes, l'art. 360 C. instr. crim. ne paraisse disposer que relativement aux crimes. — *Cass.*, 8 août 1846 (t. 4er 1846, p. 64), Rumeau.

6. — Les éléments de la chose jugée, déterminés par les art. 1350 et 1351 du Code civil, sont, en matière criminelle, les mêmes qu'en matière civile. — Même arrêt.

7. — L'individu acquitté de la prévention résultant de ce qu'il aurait ouvert dans Paris une deuxième boutique de charcuterie sans permission, ne peut pas être poursuivi de nouveau à raison du même fait, encore bien que le jugement d'acquittement ait été cassé dans l'intérêt de la loi. — *Cass.*, 17 janv. 1829, Corps.

8. — Lorsque les faits de dol et fraude accompagnant un prêt usuraire ont été considérés par un arrêt souverain comme constituant non le délit d'escroquerie, mais celui d'abus des faiblesses d'un mineur, on ne peut plus y rechercher d'après la loi de 1791, comme autrefois, les caractères de ce double constitutifs de l'escroquerie d'après la loi du 3 septembre 1807. Ce serait violer la règle *non bis in idem.* — *Agen*, 27 mars 1841 (t. 2 1841, p. 40), Vigué.

9. — Lorsque le conseil de préfecture a statué sur une contravention résultant de l'excès de chargement d'une voiture, il suffit que son arrêté n'ait pas été infirmé pour que le ministère public soit non recevable à poursuivre la même contravention devant les tribunaux. — *Cass.*, 22 févr. 1834, Lafitte et Caillard. — *Cass.*, 27 avr. 1848 (t. 4er 1848, p. 540), Malhomme.

10. — Le principe du droit commun qui ne permet pas qu'un accusé légalement acquitté sur un chef puisse être remis en jugement sur ce chef, est applicable devant les conseils de guerre. — *Cass.*, 26 nov. 1842 (t. 2 1843, p. 529), Fabus.

11. — D'après l'art. 360 C. d'instr. crim., un fait ne peut donner lieu qu'à une poursuite, et bien qu'il ne parle que du cas d'*acquittement*, il en devrait être de même, à fortiori, de celui de condamnation. Un accusé ne pourrait donc être poursuivi une seconde fois sur le motif qu'il lui a été infligé une peine trop légère, et, par suite,

si le tribunal de répression avait omis de prononcer toutes les peines applicables, il ne pourrait réparer cet oubli par un second jugement. — Chauveau et Hélie, *Cod. pén.*, t. 1er, p. 417; Mangin, *Act. publ.*, t. 2, nº 371; Carnot, *C. pén.*, art. 56, nº 15.

12. — Spécialement, un tribunal criminel ne peut pas ajouter, par jugement nouveau, la peine de la récidive à une condamnation qu'il a prononcée; le premier jugement ayant terminé sa mission, le second est entaché d'excès de pouvoir. — *Cass.*, 18 flor. an VII, Salanard; 18 fruct. an XIII, Arnaud.

13. — Lorsqu'il a été statué sur une contravention par le tribunal de simple police du maire, le tribunal de simple police du juge de paix ne peut, sans violer la chose jugée et la maxime *non bis in idem*, se permettre d'y statuer de nouveau, malgré les vices d'incompétence qui pourraient infecter le premier jugement. — *Cass.*, 1er avr. 1813, Bressiano. — Mangin, *Traité de l'action publ.*, t. 2, nº 375; Merlin, *Rép.*, vº *Non bis in id.*, nº 4.

14. — Lorsque la citation délivrée à un contrevenant reproduit par erreur une circonstance déjà écartée définitivement par le tribunal correctionnel, et qui donnait au fait incriminé le caractère d'un délit, le ministère public peut rectifier cette erreur à l'audience, et le tribunal de police viole l'autorité de la chose jugée en rejetant cette rectification et se déclarant incompétent, sans aucun débat préalable. — *Cass.*, 13 juill. 1833, Helis.

15. — Il faut même décider que quand l'acquittement imprime comme conséquence nécessaire un caractère licite aux faits qui ont motivé la poursuite, l'exception de chose jugée couvre non-seulement ceux antérieurs à l'acquittement, mais aussi les faits postérieurs de même nature. — Spécialement, lorsqu'un médecin étranger, poursuivi pour exercice illégal de la médecine en France, a été renvoyé des poursuites par le motif qu'il était pourvu d'une autorisation du gouvernement, l'acquittement ainsi prononcé met obstacle à ce que ce médecin soit ultérieurement poursuivi à raison de faits nouveaux d'exercice de la médecine. — Ces faits nouveaux sont, aussi bien que les anciens, couverts par l'autorité de la chose jugée. — *Cass.*, 18 avril 1839 (t. 2 1839, p. 564), Gavarini. — La décision sur laquelle s'appuie cette interprétation que nous donnons à l'art. 360, nous paraît hors de toute controverse. Il est vrai qu'un arrêt du 28 janv. 1832 a jugé que l'individu acquitté des poursuites dirigées contre lui pour avoir *exploité* un établissement insalubre *non autorisé* peut être poursuivi pour des faits postérieurs à son acquittement et qu'un autre arrêt a également décidé que le jugement d'acquittement pour contravention à un règlement municipal qui impose certaines obligations aux habitans (et, par exemple, qui leur prescrit de balayer devant les maisons) n'est pas un obstacle aux poursuites dirigées pour contraventions nouvelles du même genre, et ces arrêts sont approuvés par Mangin (*Traité de l'action publique*, t. 2, nº 403); mais ces décisions ne contrarient en rien celle que nous venons de citer. En effet, l'acquittement dont on se prévalait, dans les espèces qui les ont amenées, pour en faire résulter l'autorité de la chose jugée, ne portait que sur la contravention elle-même prise isolément; il ne jugeait rien en dehors de la contravention même qui était déférée aux magistrats.

16. — Il en serait de même encore du cas d'*absolution*. — Mangin, *Act. publ.*, nº 382. — Un accusé est *acquitté* quand le jury l'ayant déclaré non coupable, le président de la cour d'assises rend en sa faveur une ordonnance d'*acquittement; absous* lorsque, reconnu auteur du fait incriminé, il ne doit néanmoins être prononcé contre lui aucune peine, soit qu'il ait agi sans discernement, soit que la loi soit muette sur la répression à infliger: la cour d'assises rend alors un arrêt d'*absolution*.

17. — Lorsqu'un individu a été condamné à une peine correctionnelle sous un faux nom, il ne peut être jugé de nouveau pour la même affaire sous un autre nom. — On doit seulement établir l'identité de cet individu connu sous deux noms différens. — *Gand*, 6 nov. 1833, Vereyken.

18. — Mais pour avoir force probante, c'est-à-dire *autorité de chose jugée*, et pour pouvoir motiver conséquemment l'application de la maxime *non bis in idem*, il faut que la décision sur laquelle on la fonde soit légale et irrévocable. — *Cass.*, 12 fév. 1813, Vigneron et Sterne. — Ces deux indispensables conditions résultent la première des termes exprès de l'art. 360 C. instr. crim., la seconde des principes les plus élémentaires et les plus incontestables du droit.

§ 1er. — *Décisions légales.*

19. — L'art. 9, chap. 5 de la Constitution du 14 sept. 1791 portait: « Tout homme *acquitté par un jury légal* ne peut plus être repris ni accusé à raison du même fait. » L'art. 426 du Code du 3 brum. an IV: « Tout individu ainsi *acquitté*.... ne peut plus être repris ni accusé à raison du même fait. » — L'art. 360 du Code instr. crimin., en prohibant de poursuivre un individu quelconque sur le fait à l'égard duquel il a été acquitté, subordonne formellement cette prohibition au cas où l'acquittement a été *légalement prononcé*. — *Cass.*, 12 fév. 1813, Vigneron et Sterne.

20. — Ce mot *légalement*, inséré dans l'art. 360, sans avoir donné lieu à la moindre réflexion, n'existait donc pas dans le Code de brumaire, et pourrait bien n'avoir que le sens des mots *par un jury légal*, qui se trouvaient dans la Constitution de 1791 et ne concernaient que l'institution nouvelle du jury: car, en principe, les actes illégaux des tribunaux ne peuvent être réformés que conformément à certaines règles; et si les parties intéressées ont négligé d'exercer leur recours dans les délais et les formes prescrits, ces actes acquièrent la même autorité que s'ils étaient réguliers, et deviennent inattaquables. — Mangin, *Act. publ.*, nº 375.

21. — Ainsi un jugement, quoique rendu par un juge incompétent, acquiert l'autorité de la chose jugée, lorsqu'il n'est pas attaqué par les parties dans les délais de la loi. — *Cass.*, 1er avr. 1813, Bressiano. — Bourguignon, *Jurisp. C. crim.*, art. 360, nº 2. — Quand même, dit M. le président Barris dans ses notes, l'incompétence serait fondée *sur la matière*.

22. — Il en est de même alors que le juge, reconnaissant plus tard l'erreur qu'il a commise sur la compétence, rapporterait son jugement. — Même arrêt.

23. — ...Ou que le tribunal aurait été irrégulièrement composé, par exemple, sans le concours du ministère public. — Mangin, *Act. pub.* nº 375.

24. — La cassation d'un jugement de condamnation, comme ayant été rendu par une juridiction incompétente, n'a pas pour effet de lui enlever l'autorité de la chose jugée dans les chefs prononçant un acquittement et contre lesquels le pourvoi n'avait pas été dirigé. — *Cass.*, 20 juill. 1832, Geoffroy.

25. — Lorsqu'une cour d'appel, malgré un arrêt de la Cour de cassation portant règlement de juges et prononçant ainsi définitivement sur la compétence, a réformé un jugement du tribunal correctionnel et renvoyé le prévenu de la plainte, son arrêt acquiert, par le silence du ministère public qui ne l'a pas déféré à la Cour de cassation, l'autorité de la chose jugée, et ne permet point, dès lors, d'intenter de nouvelles poursuites contre le même prévenu, à raison du même fait, quelque qualification qu'on veuille lui donner. — *Cass.*, 25 sept. 1835, Devaucleroy.

26. — Lorsqu'après s'être déclarée incompétente pour connaître d'une action en responsabilité par suite de faute, une cour d'assises a reconnu l'existence de cette faute et renvoyé l'affaire à une autre audience pour fixer les dommages-intérêts, il y a chose jugée de sa part sur le point de savoir s'il y a eu faute ou non, et le défendeur ne peut plus être admis à plaider sur ce point. — *Cass.*, 1er mars 1832, Décombe.

27. — Il ne faut donc pas trop s'attacher au mot *légalement* et lui donner une signification trop restreinte: Mangin (*Act. publ.*, nº 375) pense « qu'il a été employé dans l'unique but d'exprimer qu'une ordonnance illégale d'acquittement du président de la Cour d'assises est susceptible d'être cassée au préjudice de la partie acquittée, si elle a été attaquée régulièrement; que cette expression sert à modifier l'art. 409, d'après lequel l'annulation de l'ordonnance d'acquittement ne peut être poursuivie que dans l'intérêt de la loi, et sans préjudicier à la partie acquittée, mais qu'elle n'empêche pas que cette ordonnance, que des arrêts, que des jugemens, quelque illégaux qu'ils puissent être, n'acquièrent l'autorité de la chose jugée, si l'on n'a pris contre eux les voies de réformation ou d'annulation établies par la loi. »

28. — La jurisprudence de la Cour de cassation vient à l'appui de cette opinion en décidant que l'accusé n'est *légalement* acquitté que lorsqu'il a été déclaré non coupable *par le jury*. — Si, donc, le jury l'ayant déclaré coupable, le président, sans consulter la Cour, et sans entendre le ministère public, a prononcé une ordonnance d'acquittement, cet acquittement n'est pas légal, et l'art. 409 du Code d'instr. crim. ne serait point un obstacle à ce que cette ordonnance fût cassée sur le recours du ministère public, et à ce que l'accusé fût renvoyé devant une autre Cour d'assises pour y être puni sur la déclaration du jury. » — *Cass.*, 24 oct. 1811, Lenoir; 14 nov. 1811, même partie; 7 fév. 1812, Ruat; 21 janv. 1813, Philibert; 2 juill. 1813, Henet et Dupart. — Bourguignon, *Jurisp. C. crim.*, art. 360, nº 8; Carnot, *Cod. pén.*, art. 356, nº 5; Laporte, vº *Ordonnance d'acquittement*.

29. — L'ordonnance d'acquittement prononcée sur une déclaration du jury contradictoire ne saurait pas davantage être réputée un acquittement légal. — *Cass.*, 2 juill. 1813, Heneck; 19 prair. an X, Rivoire. — Bourguignon, *Jurisp. C. crim.*, art. 360, nº 9.

30. — Lorsqu'un accusé a été enlevé de vive force de la prison du juge compétent, pour être traduit devant un tribunal absolument incompétent, l'acquittement prononcé par ce tribunal ne peut pas être considéré comme un véritable jugement; c'est plutôt un acte illégal et arbitraire qui ne tient son existence que de l'abus du pouvoir et de la force, et qui ne fait point obstacle à ce que l'accusé soit mis de nouveau en jugement devant le tribunal compétent. — *Cass.*, 12 fév. 1813, Vigneron c. Sterne. — Laporte, vº *Cour spéciale*, nº 8; Legraverend, t. 2, ch. 5, p. 477; Carnot, *C. instr. crim.*, art. 360, nº 2; Bourguignon, *Jurisp. C. crim.*, art. 360, nº 60; Notes de M. le président Barris.

31. — Mais l'ordonnance d'acquittement à laquelle a concouru un juré âgé de moins de trente ans ne serait pas une cause de nullité suffisante pour faire passer une second fois en jugement l'accusé acquitté. — Le mot *légalement* doit être pris ici dans un sens restrictif, c'est-à-dire qu'il suffit que l'ordonnance d'acquittement soit le résultat d'une déclaration du jury convoqué par l'autorité publique. — Bourguignon, *Jurisp. C. crim.*, art. 360, nº 11; Carnot, *ibid.*, même art., nº 9, et art. 481, nº 4.

32. — L'administration des contributions indirectes ayant seule qualité pour poursuivre la répression des délits commis à son préjudice, peut, sans violer la règle *Non bis in idem*, traduire de nouveau devant les tribunaux un délinquant déjà poursuivi irrégulièrement à raison du même fait par le ministère public. — *Rennes*, 9 déc. 1846 (t. 1er 1847, p. 589), Contributions indir. c. Palard. — V., au surplus, CONTRIBUTIONS INDIRECTES, nos 201 et suiv.

§ 2. — *Décisions irrévocables.*

33. — Une décision est irrévocable lorsqu'elle n'est plus susceptible d'aucun recours, qu'il n'existe plus aucun moyen de la faire réformer ou de l'anéantir; enfin, que les voies de l'appel, du pourvoi en cassation ou de la requête civile, sont définitivement fermées ou épuisées.

34. — Ainsi, l'arrêt de *condamnation* rendu contre un contumace n'est point irrévocable, et ne peut, dès lors, acquérir l'autorité de la chose jugée, puisque, d'après l'art. 476 du Code d'instr. criminelle, il tombe de plein droit si le condamné se représente ou est arrêté.

35. — Lorsque plusieurs individus accusés du même crime ont été jugés les uns contradictoirement, les autres par contumace, les arrêts rendus contre les premiers ne peuvent pas avoir contre les seconds l'autorité de la chose jugée. — Ainsi, dans cette hypothèse, une cour spéciale ne pourrait baser sa compétence à l'égard des contumaces, sur l'arrêt rendu contradictoirement avec les autres inculpés. — *Cass.*, 25 avril 1811, Biegler et Steigleter.

36. — L'arrêt d'*absolution* contre un contumace est définitif et ne tombe point par la présence de l'accusé. Cela résulte du même article (C. instr. crim., 476), qui ne parle que de l'arrêt rendu *contre* l'accusé; de l'art. 360, qui ne fait aucune distinction, dans sa prohibition de rechercher de nouveau toute personne déjà acquittée, entre ceux qui ont été jugés par contumace et ceux qui l'ont été contradictoirement; enfin, d'un arrêt de la Cour de cassation du 18 vent. an XII (et non an X), Collin. — Mangin, *loc. cit.*, nº 395; Merlin, *Quest.*, vº *Contumace*, § 4, et *Rép.*, *cod. verb.*, § 3, nº 6; Bourguignon, *Jurispr. C. crim.*, art. 476, t. 2, p. 401, et *Manuel*, art. 476, nº 2; Carnot, *Instr. crim.*, ch. *Des contumaces*, obs. prél., nº 6, et art. 476, nº 3.

37. — Par suite, si l'accusation porte sur plusieurs crimes et qu'il y ait condamnation par contumace pour les uns et acquittement pour les autres, l'arrêt est définitif quant aux chefs d'acquittement, et ne tombe, si le condamné se représente, qu'en ce qui concerne les condamnations prononcées. — *Cass.*, 15 nov. 1821, Fourshan; — Mangin, *ibid.*, nº 396.

38. — Mais, en cas d'acquittement, par contumace, sur les circonstances aggravantes seulement, et de condamnation sur le fait réduit par là à un crime moindre ou à un simple délit, l'acquittement tomberait avec la condamnation elle-même; car les circonstances sont indivisiblement liées au fait principal, et il serait impossible de remettre l'un en question sans y remettre les autres. — Merlin, *Rép.*, v° *Contumace*, § 3; Mangin, *Act. publ.*, n° 397.

39. — Tout arrêt de condamnation rendu par contumace est anéanti de plein droit par la représentation du condamné, soit qu'il prononce des peines afflictives et infamantes, soit que, d'après le résultat des débats, il ne prononce que des peines correctionnelles ou de police. — *Cass.*, 27 août 1819, Guelfucci; 29 juill. 1813, Soye; 1er juill. 1820, Grosbois: 22 frim. an VII, Darmaing; 13 vent. an XI, Duthil.

40. — L'arrêt de contumace étant, par la représentation de l'accusé, anéanti par la force de la loi et censé, dès lors, n'avoir jamais existé, ne peut être susceptible d'acquiescement. — Le condamné ne pourrait déclarer, si cet arrêt n'avait prononcé qu'une peine correctionnelle, s'en tenir à cette condamnation, et échapper ainsi aux chances d'un nouveau jugement. — La disposition de l'art. 476 du C. d'instr. crim. est d'ordre public. — C'était déjà la doctrine admise généralement sous l'empire de l'art. 18, tit. 17, Ordonn. 1670, dont les dispositions ont été le principe des art. 10 et suiv. du code de brumaire et 476 du Code d'instruction criminelle. — La même interprétation doit donc être admise aujourd'hui. — *Cass.*, 13 vent. an XI, Duthil; 29 juill. 1813 Soye; 27 août 1819, Guelfucci; 22 frim. an VII, Darmaing. — Merlin, *Rép.*, v° *Contumace*, § 3, n° 6; Mangin, *Act. publ.*, n° 398; M. le président Barris, note 180.

41. — Il faut aussi que le jugement soit définitif; ainsi, le tribunal correctionnel qui, annulant le procès-verbal constatant un délit de chasse et renvoyant les prévenus des fins du procès-verbal, délaisse au ministère public à se pourvoir, ainsi qu'il avisera, pour faire la preuve du délit, ne statue point sur le fond de l'affaire; en conséquence, il peut, sans violer la maxime *Non bis in idem*, connaître postérieurement du fond de l'affaire, alors que le ministère public produit des témoins à l'appui de sa poursuite. — *Cass.*, 11 août 1834, Beffroy. — Petit, *Du droit de chasse*, t. 1er, p. 331.

42. — L'arrêt par lequel un tribunal se déclare incompétent n'étant qu'un arrêt provisoire, ne peut mettre obstacle à de nouvelles poursuites dans le cas de nouvelles charges. — *Cass.*, 19 janv. 1809, Saunal.

43. — Le tribunal de répression qui a sursis à statuer jusqu'au jugement d'une question préjudicielle de propriété élevée devant lui, ne peut statuer au fond si le jugement rendu par la juridiction compétente, sur la question de propriété, a été déféré à la juridiction supérieure qui n'a pas encore statué sur le recours. — *Cass.*, 23 mai 1806, Besson c. Thuret.

44. — Une Cour d'assises qui se borne à réserver une action à une partie contre une autre ne viole aucunement la chose jugée qui résulterait d'un arrêt de non-lieu, cette exception pouvant toujours être invoquée lors de l'exercice de l'action. — *Cass.*, 3 déc. 1836 (t. 1er 1838, p. 37), Demiannay c. Thuret.

45. — Les jugemens qui, violant la loi, n'ont été de la part des parties ou du ministère public l'objet d'aucun recours, ne peuvent être attaqués que dans l'intérêt de la loi, conformément aux art. 88 L. 27 vent. an VIII et 432 C. instr. crimin. Mais alors la cassation ne profite en général à aucune des parties. — *Cass.*, 17 janv. 1829, Corps. — V. CASSATION.

46. — Dans l'ancien droit, comme dans le droit romain, la maxime *non bis in idem* recevait exception dans trois cas: 1° lorsqu'il y avait fraude ou collusion dans le premier jugement, de la part de l'accusé, ou de celle de la partie publique, ou de celle du juge; 2° si le premier juge qui a connu de l'affaire était radicalement incompétent; 3° si le jugement d'absolution avait été surpris par le dol et la fraude de l'accusé. — L. 75, ff., *De re jud.*; L. 3, § 1er, ff., *De prævaric.*; L. 11, C. *De accusat.* — Jousse, t. 3, p. 31; Muyart de Vouglans, t. 2, p. 111.

47. — Aujourd'hui, les décisions contre lesquelles les parties ne se sont pas pourvues et qui sont passées en force de chose jugée ne peuvent être déférées à la Cour de cassation, soit sur l'ordre du gouvernement, soit par le procureur général de cette Cour, que lorsqu'elles sont contraires à la loi. — C'est la disposition formelle

des art. 441 et 442 C. instr. crimin., articles succédant, sur ce sujet, aux art. 80 et 88 de la loi du 27 vent. an VIII.

48. — Mais les auteurs, pas plus que la jurisprudence, ne sont d'accord sur les effets que doit, dans ce cas, produire la cassation de ces décisions. — Faut-il la restreindre, *dans tous les cas*, à l'intérêt de la loi, et n'en faire profiter ni souffrir les parties, ou bien doit-on distinguer et en faire profiter les parties lorsque la cassation est provoquée par le gouvernement en vertu de l'art. 441, tandis que la chose jugée conserverait toute sa puissance si le pourvoi n'était formé qu'en conformité de l'art. 442?

49. — Carnot distingue le cas où l'annulation porte sur des actes ou jugemens intervenus dans un procès qui a été jugé en dernier ressort, de celui où elle s'applique à des actes ou jugemens intervenus dans un procès encore pendant. — Ce n'est que dans le premier cas et lorsqu'il n'y a pas eu de recours par les intéressés contre le jugement définitif que l'annulation ne peut profiter aux parties; mais elle leur profite dans le second cas, si le jugement définitif n'est pas rendu. — Carnot, *Instr. crim.*, t. 3, p. 226.

50. — Legraverend adopte cette distinction, et pense que l'annulation des jugemens définitifs eux-mêmes profite aux parties condamnées. — *Législ. crim.*, t. 2, p. 464.

51. — La Cour de cassation a pendant longtemps cassé, dans le cas de l'art. 441, au profit ou au préjudice des parties. — V., notamment, *Cass.*, 21 mai 1843, Mariette; 12 oct. 1815, Mire; 8 août 1816, Prudhomme; 5 fév. 1818, Roussac; 26 févr. 1818, Combalusier; 15 juill. 1819, Fabry; 1er juill. 1820, Spréafico; 31 août 1821, Hanchois; 5 juin 1823, Rassel; 5 fév. 1824, Carrel; 27 juin 1822, André; 9 septemb. 1824, Allavoine et Galban. — L'opinion de Merlin (*Rép.*, v° *Rébellion*, § 3) et de Favard (*Rép.*, t. 1er, p. 412) est conforme à cette jurisprudence. — V. aussi Bourguignon, *Jurisp. des C. crim.*, t. 2, p. 346.

52. — Mais elle est revenue depuis sur sa doctrine et a déclaré qu'elle ne pouvait casser que dans l'intérêt de la loi, et sans que la cassation pût en rien réagir sur la position des parties. — *Cass.*, 2 avr. 1831, Mazar. — C'est aussi l'opinion à laquelle M. Merlin, abandonnant également celle qu'il avait d'abord émise, s'est définitivement arrêté. — V. *Quest.*, v° *Min. publ.*

53. — Mangin (*Actes publics*, nos 377 à 380) pense que les art. 441 et 442 du C. instr. crim. ne sont que l'exacte reproduction des art. 80 et 88 de la loi du 27 vent. an VIII, et que, dès lors, l'art. 441 n'a pas introduit un droit nouveau, ainsi que le dit la Cour de cassation dans quelques-uns des arrêts établissant sa première jurisprudence, et que l'enseigne M. Favard de Langlade, en faisant profiter les parties de l'annulation prononcée sur la demande du gouvernement; mais que l'art. 80 de la loi de vent. an VIII donnait cet effet, comme le donne encore aujourd'hui l'art. 441 du Code, à la cassation qui intervient dans les cas qu'ils prévoient. — Ce ne serait donc que quand l'annulation est demandée par le procureur général, spontanément, en vertu de l'art. 442, qu'elle ne pourrait en rien profiter ni préjudicier aux parties. — C'est à cette opinion que nous nous rangeons, c'est celle qui nous paraît le plus en harmonie avec l'esprit et la lettre de la loi.

§ 3. — *Faits identiques, distincts, ou connexes.*

54. — 1° *Faits identiques.* — Que doit-on entendre par le *même fait* dont il est question dans l'art. 360 du Code d'instr. criminelle? — Le mot *fait* exprime-t-il l'acte matériel, ou bien l'acte qualifié? — C'est dans ce dernier sens que se sont prononcés la jurisprudence et la plupart des auteurs. — *Cass.*, 30 janv. 1840 (t. 1er 1840, p. 570), Certier; 5 fév. 1841 (t. 1er 1841, p. 665), B... (ch. réun.); 25 nov. 1841 (t. 1er 1842, p. 738), Certier; *Orléans*, 8 janv. 1842 (t. 1er 1842, p. 740), Garang; *Nancy*, 14 fév. 1844 (t. 1er 1844, p. 279), Nau; *Cass.*, 3 juill. 1847 (t. 2 1847, p. 377), Roger. — Merlin, *Rép.*, v° *Non bis in idem*, n° 5 *bis*; Legraverend, *Lég. crim*, t. 1er, p. 446; Mangin, *Act. publ.*, n° 409; Bourguignon, *Jur. C. crim.*, art. 360, n° 4. — « Car autrement, dit Legraverend (*ibid*), ce serait faire porter l'autorité de la chose jugée sur un objet qui n'aurait même pas été mis en question. »

55. — En effet, un fait, suivant les circonstances qui en augmentent ou en atténuent la gravité, et selon le point de vue sous lequel on l'envisage, peut constituer un crime ou un simple délit: par exemple, un meurtre peut dégénérer en homicide par imprudence; une tentative d'empoisonnement, ne constituer qu'un avortement, etc. — Or, d'après le sens donné généralement au mot

fait, la poursuite suivie d'acquittement du chef du meurtre ou de la tentative d'empoisonnement, ne ferait nul obstacle à une nouvelle poursuite pour homicide involontaire ou avortement.

56. — « Cette acception, porte l'arrêt précité de la Cour de Nancy (14 fév. 1844), est la seule qui puisse appartenir au mot *fait* dans le langage de nos lois criminelles, par la raison toute simple qu'elles ne s'occupent des actions humaines qu'en tant qu'elles sont susceptibles d'une répression judiciaire, et que, hors de là, tout fait de l'homme leur est indifférent et qu'elles n'ont rien à y voir.

57. — La loi romaine le décidait déjà formellement dans le même sens (L. 9, *C. de accusat. et inscript.*), et, après elle, notre ancienne jurisprudence fortifiée encore de l'autorité du droit canonique. — Il ne paraît même point qu'il se fût élevé de controverse sérieuse entre les criminalistes à cet égard. « Il suffit, disait Muyard de Vouglans (*Instit.*, p. 81), que le *crime* qui fait l'objet de la nouvelle accusation soit précisément le même que celui dont on a été accusé, pour que cette nouvelle accusation ne puisse plus être écoutée. »

58. — Mais le Code de brumaire s'était écarté de cette doctrine en prescrivant, par ses art. 374, 377 et 380, d'interroger les jurés d'abord sur la matérialité du fait, puis sur la participation de l'accusé, enfin sur la moralité du fait et sur toutes les circonstances aggravantes ou atténuantes résultant de l'acte d'accusation, de la défense et des débats. — D'où la conséquence que le fait, se trouvant ainsi envisagé sous toutes ses faces, ne pouvait plus, après l'acquittement ou l'absolution de l'accusé, présenter une infraction qui n'eût été jugée, et fournir prétexte à une nouvelle incrimination.

59. — Le Code d'instruction criminelle n'a point admis cette doctrine: d'après son art. 327, les jurés ne doivent être interrogés que sur le crime tel qu'il résulte de l'acte d'accusation, et sur les circonstances aggravantes qui résultent des débats, ou les faits d'excuse proposés par l'accusé (C. instr. crim., art. 338 et 339). — Seulement, la jurisprudence a permis aux présidens d'assises de soumettre au jury des questions subsidiaires envisageant le fait dans toutes ses modalités; mais elle ne leur en fait point une obligation, qui ne pourrait du reste résulter que de la loi: en sorte que, s'ils ont cru devoir user de cette faculté, aucune nouvelle poursuite ne peut plus être exercée, tout est définitivement jugé à l'égard de l'accusé. Mais, s'ils se sont bornés aux questions résultant de l'acte d'accusation, on revient au système du droit romain, et le même fait peut être envisagé sous un autre point de vue, et, comme constituant un crime ou un délit différent, motiver des poursuites subséquentes. — Carnot combat cependant ces solutions, en se fondant à tort, comme on vient de le voir, sur la prétendue identité de doctrine qu'il estime exister entre les deux Codes de brumaire et d'instruction criminelle (*C. instr. crim.*, *art.* 360, t. 2, p. 714).

60. — Remarquons, d'ailleurs, avec le même arrêt de la Cour de Nancy, que le mot *fait*, lorsqu'il se rencontre dans d'autres textes du Code d'instruction criminelle, y est évidemment employé comme synonyme de *crime* ou *délit*. — Ainsi, dans les art. 32, 40, 94, 133, 193, on lit: « Lorsque le *fait* entraînera une peine afflictive...; » dans l'art. 114, « Si le *fait* n'emporte pas une peine...; » dans l'art. 195, « Les *faits* dont les personnes citées seront jugées coupables...; » dans l'art. 341, « Si l'accusé est déclaré coupable du *fait* principal...; » dans l'art. 344, « Les jurés délibéreront sur le *fait* principal...; » dans l'art. 361, « Lorsqu'un accusé aura été inculpé sur un autre *fait*... » — Rien ne peut faire supposer que ce ne soit pas dans le même sens que le mot *fait* ait été écrit dans l'art. 360 du même code. Si même on considère qu'il s'y trouve en corrélation directe et nécessaire avec les mots *acquittée* et *accusée* on se convaincra qu'il est impossible de lui attribuer une acception différente puisque, d'après l'économie de nos lois criminelles et les règles de notre système d'accusation, personne en France ne peut être accusé ni acquitté de faits bruts et matériels, mais seulement et exclusivement de faits constituant de véritables crimes.

61. — La jurisprudence est unanime sur ce point; toutefois il faut avoir soin de distinguer les décisions rendues sous l'empire du Code de brumaire de celles intervenues depuis le Code d'instruction criminelle, puisqu'à raison des différences existant entre eux, ainsi que nous venons de le voir, les solutions sont et doivent être en complète opposition.

62. — C'est ainsi que, sous le Code du 3 brumaire an IV, lorsque le fait mentionné dans l'acte d'accusation se divisait en plusieurs crimes, encore bien que le président n'eût posé de question au jury que sur l'un de ces crimes, l'acquittement qui intervenait libérait l'accusé sur le tout; et il ne pouvait pas être poursuivi de nouveau à raison des autres crimes. — En conséquence, lorsqu'un individu était accusé d'avoir empoisonné une femme au moyen d'un breuvage qui l'avait fait avorter, bien que le président n'eût interrogé le jury que sur l'empoisonnement, l'accusé ne pouvait pas être poursuivi de nouveau à raison de l'avortement. — *Cass.*, 14 pluv. an XII, Stein.

63. — De même l'individu acquitté d'une prévention d'escroquerie commise en prenant un faux nom dans un acte public, ne pouvait pas être poursuivi de nouveau à raison du même fait considéré comme constituant un crime de faux. — *Cass.*, 10 juill. 1806, Vassal. — Il en serait encore ainsi aujourd'hui. « Il serait irrégulier, dit Legraverend (t. 1er, ch. 11, p. 423), de vouloir poursuivre par la voie criminelle, à raison d'un fait qui offrirait à la fois, dans ses circonstances indivisibles, les caractères d'un crime et ceux d'un simple délit, un individu qui aurait d'abord été traduit mal à propos devant un tribunal correctionnel et qui y aurait été acquitté. Le prévenu ne doit pas, en pareil cas, être victime de l'erreur des magistrats. — V., aussi, Merlin, *Rép.*, v° *Non bis in idem*, n° 6; Bourguignon, *Man. d'instr. crim.*, *art.* 250, n° 3; Carnot, *C. instr. crim.*, *art.* 250, n° 8.

64. — L'individu acquitté sur une plainte en violation de dépôt, par arrêt qui déclare légitime la conversion par lui faite des objets déposés en objets d'une autre espèce, ne peut être poursuivi de nouveau pour rétention en nature de partie du dépôt. — *Cass.*, 10 messidor an XII, Bertrand c. de Rohan.

65. — Mais jugé, d'après les principes que nous venons d'exposer, qu'un individu pourrait, sans qu'il y eût violation de la maxime *non bis in idem*, être encore poursuivi soit criminellement, soit correctionnellement:

66. — 1° Sous la prévention d'homicide involontaire après avoir été acquitté de l'accusation d'infanticide.

67. — Ainsi jugé qu'une personne acquittée d'une accusation d'infanticide peut être ultérieurement poursuivie correctionnellement pour homicide par imprudence ou négligence. — *Cass.*, 24 oct. 1811, Tychenne; 30 janv. 1840 (t. 1er 1840, p. 570), Certier; 5 fév. 1841 (t. 1er 1841, p. 665), B... (ch. réun.); 25 nov. 1841 (t. 1er 1842, p. 738), Certier; *Orléans*, 8 janv. 1842 (t. 1er 1842, p. 740), Garang; *Cass.*, 7 mai 1842 (t. 2 1842, p. 694), Porcher; *Paris*, 11 janv. 1843 (t. 1er 1843, p. 275), Prétlal; *Nancy*, 14 fév. 1844 (t. 1er 1844, p. 279), Nau; *Cass.*, 6 mars 1845 (t. 2 1845, p. 427), Boyer; 2 mai 1845 (t. 2 1845, p. 460), Lingotte; 5 juill. 1845 (t. 2 1845, p. 560), Leclerc; 14 avril 1848 (t. 2 1848, p. 479), Gouelo.

68. — On opposerait en vain que les motifs, du reste secrets, par lesquels le jury a déclaré l'accusé non coupable d'homicide volontaire, pouvant être tels qu'ils excluent aussi la culpabilité d'homicide par imprudence, il y a chose jugée par leur déclaration, ou qu'au moins il en résulte un doute légal qui doit s'interpréter en faveur du prévenu. — *Nancy*, 14 fév. 1844 (t. 1er 1844, p. 279), Nau.

69. — Jugé, au contraire, que la réponse négative du jury aux questions qui lui sont posées sur une accusation du crime d'infanticide, a l'autorité de la chose jugée sur toutes les modifications dont le fait est susceptible, et ne permet pas que de nouvelles poursuites soient exercées contre le même individu, comme prévenu d'homicide involontaire commis par imprudence. — *Riom*, 2 janv. 1829, Debeau; *Agen*, 28 juill. 1830, Estieux; *Colmar*, 5 janv. 1831, Stoffer; *Poitiers*, 28 août 1837 (t. 2 1837, p. 613), Nicolas; 28 mars 1840 (avec l'arrêt de cass. du 25 nov. 1841 [t. 1er 1842, p. 738]), Certier; *Angers*, 26 mai 1840 (t. 1er 1843, p. 441), Monnais; *Besançon*, 6 mai 1841 (t. 1er 1841, p. 665), B...

70. — Toutefois lorsque, après avoir été acquittée du crime d'infanticide, une fille est poursuivie devant le tribunal correctionnel sous la prévention d'homicide par imprudence, elle doit être renvoyée de la poursuite, si les juges correctionnels reconnaissent que les faits de la cause présentent les caractères non du délit d'homicide par imprudence, mais bien d'un homicide volontaire. — En pareil cas le tribunal, tout en se déclarant incompétent quant aux charges constituant un crime d'après les débats, doit, à raison de la chose jugée, s'abstenir d'appliquer les dispositions de l'art. 193 C. instr. crim., qui prescrivent de renvoyer le prévenu devant le juge d'instruction compétent. — *Limoges*, 10 juin 1847 (t. 1er 1848, p. 290), Vernadaud.

71. — ... 2° Sous la prévention d'homicide par imprudence après mise en accusation et acquittement pour meurtre.

72. — Ainsi jugé que, le président d'une cour d'assises n'étant point tenu d'interroger le jury sur des circonstances susceptibles de donner au fait un caractère différent de celui qui forme l'objet de l'accusation, ce serait faussement appliquer le principe de la chose jugée que d'étendre une déclaration négative du jury à tous les autres caractères de criminalité sous lesquels le fait peut être envisagé. Dès lors, l'individu acquitté d'une accusation de meurtre peut encore être poursuivi à raison du même homicide considéré comme maladresse, imprudence ou négligence. — *Cass.*, 23 oct. 1812, Recayte; 29 oct. 1812, Diffis; 16 juill. 1842 (t. 2 1842, p. 682), Lyautey.

73. — L'accusé déclaré coupable d'homicide, mais sans intention de le commettre, peut encore être poursuivi comme inculpé d'homicide involontaire commis par imprudence, lorsque le jury n'a pas été interrogé sur ce délit. — *Cass.*, 21 janv. 1813, Philibert-Guillaume.

74. — Jugé, au contraire, que l'individu acquitté par la Cour d'assises de l'accusation de tentative d'homicide volontaire, en portant plusieurs coups de couteau, ne peut être poursuivi de nouveau à raison du même fait, modifié et qualifié différemment, à raison d'une nouvelle circonstance, et notamment pour blessures volontaires ayant occasionné une incapacité de travail pendant plus de vingt jours. — *Bruxelles*, 23 déc. 1831, Buclens.

75. — Cette dernière opinion devait au reste être suivie sous le Code du 3 brum. an IV, comme on l'a vu *suprà* (n° 58). — Ainsi lorsqu'un jury s'était expliqué par la formule *Il n'y a pas lieu à accusation* sur une inculpation d'homicide, sa déclaration embrassait indéfiniment le fait dans tous ses rapports avec la pénalité; de manière que l'inculpé ne pouvait plus être poursuivi, même par voie de police correctionnelle ou de simple police. — *Cass.*, 5 fév. 1808, Valette.

76. — ... 3° Sous la prévention de vol, après mise en accusation et acquittement pour meurtre suivi de vol.

77. — Ainsi, lorsque, dans une accusation de meurtre suivi de vol, le jury, après avoir répondu négativement sur la question relative à l'existence du meurtre, a déclaré qu'il n'échéait de délibérer sur celle de vol, sa décision ne met pas obstacle à ce que l'accusé soit poursuivi correctionnellement pour vol. — *Cass.*, 8 nov. 1838 (t. 1er 1843, p. 440), Bouchardy.

78. — ... 4° Sous la prévention de rébellion envers des agens de la force publique dans l'exercice de leurs fonctions, après acquittement de l'accusation de violence avec effusion de sang sur ces mêmes agens dans l'exercice de leurs fonctions. — *Cass.*, 3 avr. 1847, et *Poitiers*, 29 mai 1847 (t. 2 1847, p. 277), Badin.

79. — ... 5° Pour provocation à la désertion après acquittement sur l'accusation d'avoir excité des soldats à passer à l'ennemi ou aux rebelles. — *Cass.*, 21 oct. 1831, Thomas.

80. — ... 6° Pour attaque ou résistance à la force armée, à la tête de bandes dans lesquelles l'accusé exerçait un commandement, après avoir été acquitté d'une accusation d'attentat ayant pour but soit de détruire le gouvernement, soit d'exciter à la guerre civile. — *Cass.*, 2 août 1832, Hassenfratz.

81. — ... 7° Pour attentat aux mœurs, après acquittement du crime de viol. — *Cass.*, 22 nov. 1816, Gauchart.

82. — Encore bien qu'un individu accusé d'attentat à la pudeur avec violence ait été déclaré non coupable et acquitté, la Cour d'assises peut, sans violer l'autorité de la chose jugée, le condamner à des dommages-intérêts comme auteur d'un simple attentat à la pudeur. — *Cass.*, 5 mai 1832, Gombault c. Lagoguey.

83. — Le tribunal qui condamne, pour délit d'excitation habituelle de la jeunesse à la corruption, un individu précédemment acquitté d'une accusation d'attentat à la pudeur avec violence, peut, sans violer la maxime *Non bis in idem*, prendre en considération cet attentat comme fait surabondant d'immoralité. — *Cass.*, 6 (et non 5) juill. 1834, Fernet.

84. — ... 8° Sous la prévention de banqueroute simple après acquittement sur une accusation de banqueroute frauduleuse, lorsque les faits constitutifs de ce délit de banqueroute simple n'ont pas été soumis à l'appréciation du jury. — *Cass.*, 13 août 1825, Turpin; *Metz*, 18 déc. 1826, N...; *Montpellier*, 14 août 1837 (t. 2 1837, p. 532), B...; *Nancy*, 11 mai 1838 (t. 1er 1844, p. 325), Dreyfus. — Renouard, *Faill. et banq.*, t. 2, p. 457; Boulay-Paty, t. 2, p. 535; Mangin, 403. — *Contrà*, *Aix*, 9 août 1837 (t. 2 1837, p. 531), Brunet.

85. — Le nouvel art. 571 C. comm. n'ayant pas maintenu les dispositions de l'ancien art. 593 du même Code, qui, antérieurement à la loi du 28 mai 1838, rangeait l'abus de confiance parmi les cas de banqueroute frauduleuse, le négociant failli acquitté de l'accusation de banqueroute frauduleuse peut, sans qu'il y ait violation de la règle *Non bis in idem*, être poursuivi comme prévenu d'abus de confiance. — *Cass.*, 7 juin 1845 (t. 2 1845, p. 302), Roaldez.

86. — ... 9° Pour fabrication, sans autorisation, de médailles, après acquittement du fait d'émission de médailles séditieuses. — *Cass.*, 8 (et non 7) déc. 1832, Lepy-Danville.

87. — ... 10° Pour remplacement frauduleux après acquittement de l'accusation de faux en matière de remplacement militaire. — *Douai*, 8 mars 1838 (t. 2 1838, p. 190), Hellemuth. — *Contrà*, *Grenoble*, 31 juillet 1833, Pernet.

88. — Le renvoi en police correctionnelle pour remplacement frauduleux peut avoir lieu alors surtout que les faits qui motivent sa comparution devant le tribunal correctionnel sont distincts de ceux relatifs au faux. — *Douai*, 8 mars 1838 (t. 2 1838, p. 190), Hellemuth.

89. — ... 11° Pour les crimes, délits et contraventions commis dans l'exercice de ses fonctions, bien que ces faits aient été déjà punis disciplinairement. — Et réciproquement l'exercice de l'action publique n'entraîne nullement la chose jugée, à l'égard de l'action disciplinaire. — V. *infrà* n° 259.

90. — Cependant la doctrine ci-dessus exposée n'a pas été généralement admise, et, indépendamment de quelques arrêts que nous avons indiqués, il existe quelques décisions en sens contraire.

91. — Ainsi jugé que le mot *fait* dont se sert l'art. 360 C. instr. crim., s'entend de l'acte quelconque, commis par un individu, qui, soit par lui-même, soit par les circonstances qui s'y rattachent, est répréhensible, prévu par les lois pénales, et par suite qualifié crime ou délit. — *Bruxelles*, 23 déc. 1831, Buclens.

92. — ... Qu'on ne peut, sans violer la maxime *non bis in idem*, intenter plusieurs poursuites successives à raison des diverses circonstances d'un même fait, et spécialement renvoyer en police correctionnelle, pour remplacement frauduleux, l'individu acquitté de l'accusation de faux en matière de remplacement militaire. — *Grenoble*, 31 juill. 1833, Pernet.

93. — ... Et que l'individu acquitté par jugement passé en force de chose jugée, de la prévention d'avoir fait des plantations sur ses terres longeant une rivière, sans observer la distance fixée par la loi, ne peut, sans qu'il y ait violation de la maxime *Non bis in idem*, être poursuivi de nouveau, à raison des mêmes plantations, comme inculpé d'avoir fait des plantations nuisibles au cours de la rivière. — *Cass. belge*, 22 oct. 1845, Wagmans.

94. — Toutefois, la jurisprudence de la Cour de cassation ne recevra pas son application, et l'individu acquitté d'une accusation ne pourra plus être poursuivi à raison du même fait considéré comme constituant un autre crime ou un autre délit, lorsque la déclaration du jury ou l'arrêt d'absolution excluent l'existence de cet autre crime ou de cet autre délit, ou seulement lorsque la déclaration du jury, l'arrêt ou le jugement peuvent être interprétés dans le sens de cette exclusion. — Merlin, *Quest.*, v° *Délit*, § 2, n° 6; Mangin, *Act. publ.*, n° 409.

95. — Dès lors, la déclaration du jury que l'accusé est non coupable de meurtre, portant sur l'homicide autant que sur l'absence de volonté, ne permet plus qu'aucune poursuite soit exercée contre l'accusé à raison de cet homicide. — *Cass.*, 29 oct. 1812, Diffis.

96. — De même, l'individu acquitté comme auteur d'un délit consommé, ne peut pas être remis en jugement à raison du même fait présenté comme constituant simplement une tentative. — *Cass.*, 11 brum. an VII, Leemans.

97. — 2° *Faits distincts.* — On ne peut considérer comme le *même fait*, celui qui, bien que se rapportant au crime, objet de l'accusation première, a pourtant une existence indépendante, et constitue par lui-même un acte distinct et parfaitement détaché; alors les premières poursuites n'auraient aucune influence sur les nouvelles. — Mangin, *Act. publ.*, n° 402; Chauveau et Hélie, *Th. C. pén.*, t. 2, p. 143; Carnot, *C. instr.*

cr., art. 360, n° 7; Merlin, *Rép.*, v° *Non bis in id.*, n° 12.

98. — L'acquittement d'un individu sur la prévention de diverses escroqueries commises envers des conscrits de telles et telles années, n'établit pas en sa faveur l'autorité de la chose jugée sur des escroqueries commises envers d'autres conscrits des mêmes années. — *Cass.*, 5 oct. 1810, Bertrand. — Merlin, *Rép.*, v° *Non bis in idem*, n° 12.

99. — En conséquence un individu peut, après avoir été acquitté sur un fait de recélé, être remis en jugement sur un autre fait de recélé relatif au même vol, mais postérieur à son acquittement. — *Cass.*, 29 déc. 1814, Michel.

100. — L'individu acquitté d'une accusation de meurtre avec préméditation suivi de vol peut, sans qu'il y ait violation de la chose jugée, être mis de nouveau en accusation pour crime de recélé des effets faisant l'objet du même vol. — « En effet, dit Mangin (n°s 403 et 405), le recélé est un fait distinct du crime de vol, puisqu'il suppose sa préexistence, que l'auteur de l'un peut n'être pas l'auteur de l'autre. » — *Cass.*, 5 févr. 1829, Gény.

101. — Un commissaire-priseur condamné correctionnellement à l'amende pour avoir illégalement procédé à une vente à l'encan de marchandises neuves, peut être ultérieurement condamné par la Cour d'assises comme s'étant rendu coupable, en pratiquant ladite vente, de complicité de banqueroute frauduleuse. — *Cass.*, 21 nov. 1844 (t. 2 1845, p. 287), Sauvé.

102. — L'arrestation d'un individu qui, sur la sommation des agens de la force publique, refuse avec rébellion de prêter secours dans un incendie et de se mettre à la chaîne, et par suite la détention dont sa personne est l'objet, ne sauraient l'affranchir des peines prononcées par l'art. 475, n° 12 du Code pénal. — En pareil cas, il n'y a pas lieu à l'application de la maxime *Non bis in idem*. — *Cass.*, 8 oct. 1842 (t. 1er 1843, p. 166), Moine.

103. — Le ministère public, qui, dans un premier réquisitoire, en vertu de la loi du 8 avril 1831, a signalé l'existence d'un délit prévu par les lois de la presse dans la publication d'un article de journal, peut, sans violer la maxime *Non bis in idem*, déférer à la Cour d'assises le même article comme renfermant un second délit. — *Cass.*, 8 mars 1833, Pinondel. — De Grattier, *Comment. sur les lois de la presse*, t. 2, p. 272, n° 5.

104. — L'accusé de piraterie et de traite des noirs, qui est acquitté sur le fait de piraterie par un conseil maritime, peut être poursuivi pour le délit de traite devant les tribunaux ordinaires. — *Cass.*, 25 mars 1830, Vincent.

105. — Celui qui a été condamné à l'emprisonnement comme coupable de dénonciation calomnieuse peut, sans qu'il y ait violation de la maxime *Non bis in idem*, être poursuivi de nouveau comme coupable de faux témoignage pour avoir répété à l'audience, comme témoin assermenté, les faits faux par lui consignés dans sa plainte jugée calomnieuse. — *Cass.*, 31 juill. 1823, Chapey.

106. — L'individu acquitté d'une accusation de banqueroute frauduleuse et de faux peut, sans qu'il en résulte une violation de la règle *Non bis in idem*, être poursuivi de nouveau comme prévenu d'usure habituelle, pour des faits non connexes et à raison desquels la chambre d'accusation a donné acte au ministère public de ses réserves. — *Cass.*, 27 janv. 1831, Radez. — Les réserves et le défaut de connexité lèvent toute espèce de difficulté; et, d'ailleurs, abstraction faite de ces deux circonstances, les élémens du délit d'usure diffèrent tellement de ceux des crimes de banqueroute frauduleuse et de faux, qu'il n'y aurait, dans la nouvelle poursuite, aucune violation de la chose jugée. — Mangin, *Action pub.*, n° 403.

107. — ... Ou pour abus de confiance et escroquerie, surtout si la poursuite de ces délits a été réservée par la chambre du conseil et celle d'accusation.

108. — Les décisions judiciaires intervenues en faveur du prévenu sur des faits de même nature, ne peuvent légalement avoir aucune influence sur l'action intentée contre lui à raison de faits postérieurs à ces décisions. — *Cass.*, 18 janv. 1839 (t. 1er 1839, p. 545), Labourey.

109. — Ainsi, l'arrêt qui acquitte un individu de la prévention de port illégal de la décoration de la Légion d'honneur, ne fait point obstacle à des poursuites nouvelles, si le même individu continue de porter cette décoration. — *Cass.*, 29 mars 1833, Tassard de Saint-Germain.

110. — Le jugement qui renvoie un individu des poursuites exercées contre lui à raison d'une contravention, n'empêche pas qu'il ne puisse être ultérieurement poursuivi et condamné pour une semblable contravention. — *Cass.*, 21 nov. 1835, Chemin; 14 déc. 1833, Prévot; 11 oct. 1827, Casevecchie; 29 nov. 1838 (t. 1er 1843, p. 438), Gelot. — Mangin, t. 2, n° 403.

111. — Par la même raison, le fait qui a motivé une condamnation, comme constituant une contravention, peut donner lieu, de la part du ministère public, à de nouvelles poursuites comme contenant également une seconde contravention. — *Cass.*, 22 mars 1838 (t. 1er 1840, p. 403), Delbarre.

112. — De même la condamnation prononcée pour une contravention par le tribunal de simple police ne fait pas obstacle à ce qu'à raison du même fait matériel le tribunal correctionnel soit saisi de la répression d'un délit. — *Cass.*, 3 juill. 1847 (t. 2 1847, p. 377), Roger.

113. — L'exploitation d'un établissement insalubre, au mépris des défenses de l'autorité administrative, constitue, à mesure qu'elle se continue, un fait nouveau qui peut faire l'objet d'une nouvelle poursuite, quoique le prévenu ait été précédemment renvoyé d'une action intentée contre lui à raison de cette exploitation. — *Cass.*, 28 janv. 1832, Piédel.

114. — Le renvoi, par le tribunal de police, d'un individu inculpé d'infraction à un règlement de police ne fait point obstacle à ce que le même individu soit de nouveau poursuivi pour une seconde infraction au même règlement et constatée par un procès-verbal différent, alors d'ailleurs que ledit règlement, produit d'une manière incomplète la première fois, l'a été plus régulièrement la seconde. — *Cass.*, 25 avril 1833, Véricelle; Barbolat; Alagente (trois arrêts).

115. — Le renvoi de plusieurs contrevenans, par le motif qu'ils n'étaient point compris dans un règlement de police tel qu'il était représenté, ne peut faire obstacle à ce qu'une autre contravention formellement constatée à sa charge ou à celle d'un autre inculpé par un procès-verbal régulier ne reçoive, à une audience postérieure, l'application des peines encourues, si alors le règlement est représenté complet et régulier. — *Cass.*, 25 avril 1833, Bouillet c. Véricelle.

116. — L'individu poursuivi pour avoir préparé, annoncé et débité un remède secret, ne peut opposer comme fin de non-recevoir à l'action du ministère public l'acquittement prononcé au profit d'un autre individu prévenu d'avoir annoncé la vente du même remède, non plus que celui rendu en sa faveur par le motif que la prévention n'était pas suffisamment justifiée alors que les poursuites du ministère public sont fondées sur des faits postérieurs aux décisions invoquées. — *Rouen*, 21 sept. 1840 (t. 1er 1841, p. 95), Johnson; *Cass.*, 19 nov. 1840 (t. 1er 1841, p. 95), mêmes parties; *Paris*, 16 janv. 1841 (t. 1er 1841, p. 95), mêmes parties.

117. — Lorsque le tribunal de simple police qui a précédemment repoussé l'action du ministère public. pour contravention à un arrêté municipal, se trouve saisi par lui d'une nouvelle action, en vertu d'un nouvel arrêté, il ne peut prendre pour base de sa décision l'autorité de la chose jugée. — *Cass.*, 17 juill. 1834, Collet.

118. — La partie qui a figuré comme défenderesse dans un précédent pourvoi, peut se présenter comme demanderesse en cassation contre l'arrêt rendu par suite de l'annulation prononcée sur le premier pourvoi. — *Cass.*, 21 fév. 1835, Zimmermann.

119. — Le jugement qui rejette une plainte comme n'étant pas suffisamment justifiée ne met point obstacle à ce qu'une poursuite soit exercée à raison d'un nouveau fait à l'appui duquel on produit des actes et des titres qui n'avaient pas été invoqués dans le premier procès. — *Cass.*, 23 juill. 1836, Lecouteux c. Bouelle.

120. — Le jugement qui surseoit aux poursuites exercées à raison d'un délit forestier commis dans une partie de bois, n'a point l'autorité de la chose jugée relativement à un autre délit commis postérieurement dans une autre partie du même bois et n'oblige point le tribunal saisi du second délit à surseoir également aux poursuites. — *Cass.*, 31 oct. 1816, Berard.

121. — Il en serait autrement si un jugement passé en force de chose jugée ayant ordonné un sursis aux poursuites contre un individu prévenu d'avoir fait des excavations sur la voie publique, jusqu'à décision sur la question préjudicielle de propriété, ce même prévenu avait fait de nouvelles excavations avant le jugement de l'instance civile. En pareil cas, le tribunal de police ne pourrait le condamner, à raison de ces derniers faits, sous le prétexte qu'un arrêté spécial a été pris par le maire depuis le jugement ordonnant le sursis. — *Cass.*, 20 juill. 1821, Barbier; 14 août 1823, Dubarret; 21 oct. 1824, Serouart. — Mangin, *Act. publ.*, t. 1er, n° 224.

122. — Cependant la Cour de cassation a jugé que la maxime *non bis in idem* ne s'oppose pas à ce que des faits usuraires antérieurs à une première condamnation pour délit d'habitude d'usure soient l'objet d'une nouvelle poursuite, s'ils étaient inconnus, lors de la première, et s'ils sont étrangers aux faits qui l'ont motivée. — *Cass.*, 5 août 1826, Martin. — Mangin critique fortement, et avec raison, suivant nous, cet arrêt, qui ne nous paraît pas soutenable. Il dit que les faits nouvellement découverts ne sont eux-mêmes que des élémens du délit qui a été jugé. « Les deux actions, ajoute-t-il, ont une cause commune, il n'y a que les moyens de prouver qui sont différens... On ne contestera pas sans doute que la poursuite du délit d'usure est indivisible, comme l'est la poursuite de tout autre délit; qu'il n'est pas permis au ministère public de former autant d'accusations qu'il y a de faits différens en nombre suffisant pour constituer l'usure. » — Mangin, *Act. publ.*, n° 405. — V. aussi, à l'appui de cette opinion, Ayrault, *Inst. jud.*, p. 401; Jousse, *Mat. cr.*, t. 3. p. 20.

123. — Par suite du même principe, la personne poursuivie comme complice d'un crime et acquittée, ne pourrait plus être poursuivie pour d'autres faits de complicité antérieurs à la première accusation mais découverts seulement depuis l'acquittement. — Mangin, *ibid*, n° 406.

124. — Mais les circonstances du fait ne doivent pas être confondues avec des faits distincts. — Ainsi celui qui est prévenu de vol dans une maison, peut subir autant de jugemens qu'il y a eu de vols commis au préjudice des différens habitans de la maison; mais il ne peut être jugé autant de fois qu'il y avait d'objets volés. — Mangin, *ibid.*, n° 404.

125. — Quand les faits sur lesquels se fondent les deux poursuites sont connexes, la première décision a autorité relativement aux seconds délits, lorsqu'elle les exclut, et qu'elle est inconciliable avec leur coexistence. — Merlin, *Rép.*, v° *Non bis in idem*, n° 8.

126. — Ainsi, lorsqu'un individu accusé d'avoir commis un faux, à l'aide duquel il se serait rendu coupable du crime de concussion, a été acquitté pour avoir agi *sans dessein de crime*, et *plutôt par erreur et par ignorance que par malice*, il ne peut pas être ultérieurement poursuivi à raison du crime de concussion. — *Cass.*, 23 frim. an XIII, Villeregnier.

127. — Mais, si les faits n'étaient pas indivisibles quoique connexes, les derniers pourraient encore être poursuivis après l'acquittement sur les premiers. Par suite, lorsque, malgré la connexité qui existe entre le délit de contravention à un règlement sur les épizooties et les faux commis dans un certificat de maire ayant pour objet de dissimuler cette violation, la chambre des mises en accusation et, par suite, la Cour d'assises n'ont statué que sur le faux, l'acquittement de l'accusé n'empêche pas de reprendre la poursuite, sur le fait de la violation des règlemens sur les épizooties, quand même cette action n'aurait pas été réservée au ministère public. — *Cass.*, 28 fév. 1828, Bugnet. — Mangin, *Act. publ.*, t. 2, p. 358, n° 408, et p. 374, n° 410.

128. — L'acquittement pour meurtre suivi de vol n'empêche pas la poursuite pour recel des objets volés. — *Cass.*, 5 févr. 1829, Gény; 8 nov. 1838 (t. 1er 1843, p. 440), Bouchardy.

129. — L'acquittement pour viol ne forme pas obstacle à la poursuite pour voies de fait. — *Cass.*, 30 mai 1812, Ribes, Berthès et Chaila.

130. — Le notaire acquitté de l'accusation d'un crime de faux commis dans l'acte d'adjudication d'un immeuble peut ultérieurement être poursuivi en police correctionnelle pour s'être rendu adjudicataire de l'immeuble par le même acte, sous le nom d'une personne interposée, sans qu'il résulte de cette nouvelle poursuite une violation de la chose jugée. — *Cass.*, 28 déc. 1816, Amyot. — « En effet, dit Mangin (*Act. publ.*, t. 2, p. 358, n° 408), l'adjudication était le but assigné au faux et le faux était présenté comme en ayant été le moyen. Le moyen pouvait n'avoir pas été employé, mais cela n'excluait pas le fait de s'être rendu adjudicataire. » — Après avoir rapporté cet arrêt, Merlin (*Quest.*, v° *Délit*, § 2, n° 4) dit qu'il semblerait résulter de l'art. 361, C. instr. crim., que si, dans l'espèce, le ministère public n'eût pas fait des réserves avant la clôture des débats, il n'y aurait pas pu y avoir lieu à de nouvelles poursuites; « mais il faut bien faire attention, ajoute-t-il, que l'art. cité ne se réfère qu'au cas où c'est seulement dans le cours des débats que survient l'inculpation de l'accusé sur un autre fait, et que, dans l'espèce, le délit avait été signalé dès les premiers actes de l'instruction.

131. — Sous le Code de brumaire, tous les délits connexes sur lesquels l'instruction avait porté devaient être compris dans le même acte d'accusation. — Les mêmes solutions n'auraient donc pu être rendues, du moins quant aux crimes connexes auxquels s'appliquait seuls cette disposition; et encore il n'y avait, en cas d'infraction, que l'acte d'accusation d'annulé. Dès lors, l'action publique pour la poursuite des crimes non compris dans ledit acte n'était-elle pas éteinte?

132. — Spécialement, lorsqu'un individu avait été renvoyé devant le jury comme accusé de banqueroute frauduleuse, et devant le tribunal de police correctionnelle comme prévenu de complicité d'escroquerie, son acquittement sur le premier chef ne le déchargeait point de la prévention relative au second, malgré les rapports existant entre les deux délits. En conséquence, il ne pouvait être mis hors de cause sous le prétexte que, le montant des billets qui servaient de base à la prévention d'escroquerie ayant été porté dans son bilan et ayant fait un des élémens de la banqueroute frauduleuse, il y avait chose jugée sur la question de fraude relativement à ces titres. — *Cass.*, 26 vent. an XI, Sombret-Guillebert.

133. — Toutefois, si les faits poursuivis en second lieu avaient été compris dans l'acte d'accusation, ils étaient censés avoir été implicitement jugés avec l'autre crime, et il n'y avait plus de poursuites possibles. — Merlin, *Quest.*, v° *Délit*, § 2; Mangin, *Act. publ.*, n° 408.

134. — Jugé néanmoins que l'acquittement d'un orfèvre sur une accusation de complicité de vol, par recel, ne met pas obstacle à ce qu'il soit condamné en police correctionnelle pour défaut d'inscription des objets volés sur son registre, encore bien que ce défaut d'inscription ait été mentionné dans l'acte d'accusation, et qu'il ait servi d'élément à l'inculpation de complicité, surtout si l'action correctionnelle exercée avant la poursuite criminelle, et seulement suspendue, avait été expressément réservée. — *Cass.*, 27 oct. 1809, Leclerc et Latouche.

135. — Le jugement qui, ayant l'autorité de la chose jugée, déciderait que le fait même qui a donné lieu aux poursuites n'*existe point*, n'empêcherait pas une nouvelle poursuite dirigée contre un autre auteur ou complice. — Et l'art. 443 du C. instr. crim., qui ouvre la voie de la révision, suppose formellement que cela a eu lieu. — Merlin, *Quest.*, v° *Faux*, § 6; Mangin, *Act. publ.*, n° 400.

136. — Mais, dans l'ancien droit, si le principal accusé avait été absous, les complices ne pouvaient plus être recherchés. — Jousse, t. 3, p. 21.

137. — Aujourd'hui, il n'en serait pas de même, si l'accusé principal n'avait été acquitté qu'à défaut de charges suffisantes ou par des exceptions à lui personnelles, comme sa bonne foi; car cela n'exclut ni l'existence d'un autre auteur principal, ni la mauvaise foi des complices. — Mangin, *ibid.*, n° 400.

138. — Mangin (*ibid.*) pense que cette solution, bonne pour le cas où il s'agit d'un crime pouvant avoir pour auteur indifféremment tel ou tel individu, par exemple le vol, l'incendie, etc., doit être rejetée lorsque le délit s'attache à la personne déterminée qui seule ne peut être coupable, comme la bigamie, la banqueroute, etc. — Alors l'absolution de l'auteur doit entraîner l'impossibilité de reprendre les poursuites contre tous autres.

139. — La Cour de cassation avait décidé en ce sens par un arrêt de défaut du 11 frim. an XII (Calenge c. Bourdon et Lévêque); mais, sur l'opposition de la partie civile, elle a rendu un nouvel arrêt tout contraire. — *Cass.*, 13 prair. (et non germin.) an XII, mêmes parties.

140. — Nous pensons avec Mangin (n° 400) que le premier de ces arrêts était plus juridique. Du reste la même cour paraît être revenue depuis aux premiers principes, en décidant que, lorsqu'un commerçant failli, accusé de banqueroute frauduleuse pour avoir détourné partie de son actif au préjudice de ses créanciers, a été déclaré non coupable, celui qui les a recélés ne peut pas être condamné comme coupable de complicité du crime de banqueroute frauduleuse qui est reconnu ne pas exister. — *Cass.*, 22 janv. 1830, Brunet; 17 mars 1831, Bombart.

141. — L'acquittement du failli étant définitif et irréfragable, forme un obstacle permanent à ce que la participation que le complice aurait pu prendre à quelque détournement, sous l'empire du Code de commerce de 1808, d'après lequel la complicité de banqueroute frauduleuse ne pouvait résulter que d'un concert avec le failli, puisse jamais recevoir une qualification criminelle. — *Cass.*, 2 mai 1840 (t. 1er 1844, p. 326), Houdeville, Chevalier et Dumesnil.

142. — Si un fait n'est incriminé que comme conséquence d'un crime antérieur, la décision souveraine que celui-ci n'existe point a l'autorité de la chose jugée relativement au premier. — Ainsi, on ne peut condamner pour avoir recélé un déserteur celui qui a reçu chez lui un individu que le conseil de guerre a acquitté de la prévention de désertion. — *Cass.*, 7 mars 1806, Barré. — Mangin, *Act. publ.*, n° 401.

§ 4. — *Réserves.*

143. — Lorsque, dans les circonstances que nous avons ci-dessus énumérées, la seconde poursuite est autorisée, elle peut être exercée par le ministère public, bien que des réserves n'aient point été faites par lui dans la première instance, ou alors même qu'elles ne lui auraient pas été accordées; car le ministère public ne pourrait pas plus renoncer à l'action publique que le juge ne peut entraver cette dernière et lui créer des causes d'extinction. — Mangin, *Act. publ.*, n° 410.

144. — Néanmoins, l'art. 361 C. instr. crimin. porte : « Lorsque, dans le cours des débats, l'accusé aura été inculpé sur un autre fait, soit par des pièces, soit par les dépositions des témoins, le président, après avoir prononcé qu'il est acquitté de l'accusation, ordonnera qu'il soit poursuivi à raison du nouveau fait; en conséquence, il le renverra, en état de mandat de comparution ou d'amener, suivant les distinctions établies par l'art. 91, et même en état de mandat d'arrêt, s'il y échet, devant le juge d'instruction de l'arrondissement où siége la cour, pour être procédé à une nouvelle instruction. Cette disposition ne sera toutefois exécutée que dans le cas où, avant la clôture des débats, le ministère public aura fait des réserves à fin de poursuites. »

145. — Cet article s'entend des faits nouveaux qui résultent de l'instruction écrite, comme des faits qui ne résultent que des débats. — Mangin, *Act. publ.*, n° 410.

146. — Mais la Cour de cassation a jugé qu'il n'avait point pour effet de subordonner l'action du ministère public à des réserves, et que celles dont il parle ne sont nécessaires que pour autoriser le président de la Cour d'assises à décerner des mandats contre l'individu acquitté de l'accusation et qui, dans le cours des débats, a été inculpé sur un autre délit — *Cass.*, 28 fév. 1828, Bugnet.

147. — C'est ainsi encore que la même Cour a rendu un arrêt portant que le refus de la Cour d'assises de donner acte au ministère public de ses réserves de poursuivre un accusé acquitté, pour un délit révélé par les débats, ne constituait pas un excès de pouvoir, et ne mettait aucun obstacles aux poursuites qu'il a la faculté d'exercer, si le fait est punissable. — *Cass.*, 2 avril 1829, Boucherat.

148. — Lorsque, dans une poursuite qui présentait tout à la fois un attentat à la pudeur avec violence et un attentat aux mœurs en excitant à la débauche et à la corruption de la jeunesse au-dessous de l'âge de vingt-un ans, le ministère public n'a soumis à la chambre des mises en accusation que les faits qualifiés crimes, en se réservant de poursuivre correctionnellement les faits qualifiés délits, si la Cour, consacrant cette décision, a déclaré qu'il n'y avait lieu à suivre sur les faits qualifiés crimes, et donné acte au ministère public de ses réserves, il ne peut y avoir, dans la poursuite correctionnelle ultérieure, une violation de la chose jugée. — *Cass.*, 18 avr. 1828, Philippot.

Sect. 2e. — *Actes desquels peut résulter l'application de la maxime* non bis in idem.

149. — D'après le Code du 3 brumaire an IV, l'ordonnance de mise en liberté d'un prévenu, rendue par un officier de police judiciaire après quelques actes d'instruction, n'empêchait pas que ce prévenu fût poursuivi de nouveau pour le même fait (art. 67). Mais il ne pouvait l'être à moins de survenance de nouvelles charges après la déclaration du jury d'accusation portant qu'il n'y avait pas lieu à accusation (art. 255). Enfin, l'accusé acquitté par suite d'une déclaration du jury de jugement ne pouvait plus être recherché sous aucun prétexte (art. 426). C'est encore ainsi qu'il faut décider sous le Code d'instruction criminelle.

§ 1er. — *Déclarations du jury.*

150. — Les déclarations du jury statuent sur l'existence du fait qui motive l'accusation. Elles sont définitives, indépendantes des décisions qui combinent ces faits avec la loi pénale, et constituent, par suite, des jugemens parfaitement indépendans, et auxquels on doit reconnaître l'autorité de la chose jugée. — *Cass.*, 14 pluv. an VII, Ladevis.

151. — Conséquemment, l'accusé acquitté par suite de la déclaration du jury de jugement ne peut plus être repris, à raison du même fait, à peine de nullité de toute la procédure qui pourrait être dirigée de nouveau contre lui. — *Cass.*, 11 vent. an VIII, Jung.

152. — De même, une affaire dans laquelle il était intervenu, sous le Code du 3 brumaire an IV, une déclaration du jury, portant qu'il n'y avait pas lieu à accusation, ne pouvait plus être portée légalement devant le tribunal criminel soit par la partie publique, soit même par la partie plaignante. — *Cass.*, 21 prair. an VII, Kerouartz; 15 messid. an VIII, Haslaver; 27 pluv. an VIII, Schnler.

153. — Lorsque, sur une accusation d'homicide volontaire ou par imprudence, à l'aide d'un couteau-poignard, le jury a rendu un verdict d'acquittement, la position de l'accusé, traduit plus tard en police correctionnelle pour port d'armes prohibées, ne peut être aggravée en raison de la première accusation. — Il y a, sur ce point, chose jugée, et il n'y a pas lieu d'accueillir l'appel *à minimâ* du ministère public, fondé sur ce que le tribunal de première instance n'aurait condamné le prévenu qu'à une simple amende, sans prendre en considération l'usage qui avait été fait de l'arme prohibée. — *Nancy*, 3 juill. 1844 (t. 2, 1844, p. 574), Palenotte.

154. — Il résulte de là que les déclarations du jury peuvent continuer à subsister malgré la cassation de l'arrêt qui en est la suite, et que ce ne sont jamais que des vices qui leur sont propres qui peuvent en déterminer l'annulation. — Mangin, *ibid.*, n° 384; Merlin, *Rép.*, v° *Révision de procès*, § 3, art. 2, n° 6.

155. — Aussi a-t-il jugé que l'accusé acquitté sur un chef d'accusation par un jury légal ne peut pas, après la cassation du jugement qui l'avait condamné sur un autre chef, être remis en jugement à raison du premier. — *Cass.*, 25 vent. an VII, Morel; 7 fruct. an XII, Gusell.

156. — L'accusé qui a obtenu la cassation de l'arrêt de condamnation rendu contre lui sur un chef, ne peut pas être remis en jugement à raison des autres chefs sur lesquels il a été acquitté. — *Cass.*, 1er frim. an III, Duclos.

157. — Ainsi, lorsque, dans une accusation de faux par contrefaçon d'écriture et de signature, le jury n'a été régulièrement interrogé que sur la contrefaçon de signature, et a fait, sous ce rapport, une réponse négative, cette partie de sa déclaration est définitivement acquise à l'accusé, et ne peut, après la cassation de l'arrêt de condamnation, faire l'objet d'une nouvelle question au jury devant une autre Cour d'assises saisie par le renvoi de la Cour de cassation. — *Cass.*, 20 sept. 1828, Girard.

158. — Toutefois, la Cour d'assises peut, sans violer l'autorité de la chose jugée, et malgré l'opposition de l'accusé, ordonner que les témoins cités seront entendus sur des faits relatifs à un précédent procès criminel, intenté à cet accusé, et sur lequel il a été acquitté. — *Cass.*, 7 janv. 1836, Lefrançois.

159. — Remarquons, en terminant, que, le jury étant obligé de restreindre son appréciation au point de vue sous lequel le fait lui est présenté, sa déclaration ne peut produire l'effet de la chose jugée que dans les limites de l'accusation, et de la question qui lui a été posée. — *Nancy*, 14 févr. 1844 (t. 1er 1844, p. 280), Nau.

§ 2. — *Décisions des cours d'assises, — Jugemens correctionnels et de simple police.*

160. — Les décisions par lesquelles les cours d'assises statuent sur l'identité d'un individu sont de véritables arrêts, protégés, comme tels, par l'autorité de la chose jugée. — Dès lors, quand une cour d'assises a déclaré que l'identité d'un individu avec un condamné évadé n'était pas constante, elle ne peut plus, sans violer la chose jugée, déclarer, par un nouvel arrêt, qu'il y a identité. — *Cass.*, 12 août 1825, Rosay. — Mangin, *Act. publ.* n° 383.

161. — Les jugemens contre lesquels il n'y a pas eu d'appel devenant irrévocables et acquérant l'autorité de la chose jugée, la cour de justice criminelle qui déclare non recevable un appel dont elle est saisie ne peut plus annuler le jugement qui en est l'objet, pour vice de forme, ni renvoyer le fond devant un autre tribunal correctionnel. — *Cass.*, 12 pluv. an XIII, Monin et Vigier ; 12 (et non 16) pluv. an XIII, Brizoux.

162. — L'art. 360 est applicable aux matières correctionnelles et de simple police aussi bien qu'aux matières de grand criminel : on ne pourrait le restreindre à ces dernières sur le motif qu'il est placé sous la rubrique *Des affaires qui doivent être soumises au jury*. — Mangin, *ibid.*; Morin, *Dictionn. dr. crim.*, v° *Chose jugée* ; Merlin, *Quest.*, v° *Cassation*, § 26 ; Carnot, *C. instr. crim.*, art. 427, n° 6.

163. — Le jugement qui prononce l'acquittement d'un prévenu a en sa faveur l'autorité de la chose jugée, quoiqu'il ait été cassé dans l'intérêt de la loi, si le ministère public ne l'a pas attaqué dans le délai prescrit. En conséquence, le prévenu acquitté ne peut plus être poursuivi ni condamné à raison du même fait. — *Cass.*, 17 janv. 1812, Jeannin.

164. — Lorsqu'en infirmant le jugement de condamnation rendu par un tribunal de police correctionnelle, un tribunal d'appel a renvoyé le prévenu devant le juge d'instruction, pour être procédé par la voie criminelle, la chambre des mises en accusation ne, peut, sans violer elle-même l'autorité de la chose jugée, déclarer qu'il n'y a lieu à suivre, sous le prétexte que, le jugement de première instance ayant été exécuté, l'appel n'était pas recevable, et que la poursuite criminelle serait une violation de la maxime *Non bis in idem*. — *Cass.*, 17 juin 1819, Berthe ; Lefebvre (deux arr.).

165. — Le tribunal de police qui s'est déclaré incompétent, par un premier jugement, pour connaître d'une affaire, n'a pas le droit de s'en ressaisir, même sur une ordonnance de renvoi du directeur du jury, sans violer la chose jugée par son premier jugement, qui ne peut être anéanti que par le tribunal de cassation. — *Cass.*, 27 prair. an IX, Tubeuf.

166. — Quelque incompétemment qu'ait été rendu l'arrêt qui, en statuant sur un appel de police correctionnelle, a déclaré n'y avoir lieu à suivre sur une plainte en banqueroute simple et en banqueroute frauduleuse, il a acquis l'autorité de la chose jugée sur les deux faits, s'il n'a pas été attaqué dans les délais de droit, et il met obstacle à une poursuite ultérieure à raison de la banqueroute frauduleuse. — *Cass.*, 12 oct. 1811, Mondot-Lagorce.

167. — Le jugement qui acquitte un maire de l'accusation de prévarication, intentée sans autorisation préalable du gouvernement, ne peut être anéanti à son préjudice, et n'est susceptible d'être cassé que dans l'intérêt de la loi. — *Cass.*, 6 juin 1811, Lions.

168. — Si les principes généraux de la matière ne démontraient invinciblement cette solution, elle résulterait surabondamment et de la manière la moins équivoque d'un avis du Conseil d'Etat converti en décret le 12 nov. 1806. — « Le juge d'appel, est-il dit dans ce décret, doit respecter le chef du jugement relatif au délit ; ce jugement ayant passé en force de chose jugée, il a tous les droits d'une vérité incontestable. *Res judicata pro veritate habetur.* — S'il y a absolution d'un prévenu qui aurait dû être condamné, c'est son bonheur, il est jugé ; il est jugé sans appel ni réclamation, puisque le vengeur public ne se plaint pas. — A plus forte raison s'il y a une peine trop légère, la cour criminelle ne devra pas d'office l'aggraver. »

169. — Aussi la Cour de cassation a-t-elle toujours reconnu au jugement d'acquittement l'autorité de la chose jugée, relativement à l'action publique, même devant le tribunal de second degré saisi par l'appel seul de la partie civile, et sauf au juge à examiner de nouveau le fait, mais uniquement pour justifier sa compétence. — *Cass.*, 18 juill. 1806, Leroux ; 10 janv. 1806, Delmas ; 13 fév. 1807, Dadone ; 23 fév. 1811, Favrot ; 18 avril 1811, Gayant c. Jaucourt ; 15 janv. 1814, Decormeille ; 19 mai 1815, Grébauval c. Simonnet ; 21 mars 1817, Bezac ; 1er mai 1818, Camet ; 7 mai 1819, Achard ; 29 juill. 1819, Leydier ; 3 janv. 1822, Dubreuil ; 26 fév. 1825, Obert ; 4 mars 1825, Aulard ; 28 déc. 1827, Bodard ; 23 sept. 1837 (t. 2 1839, p. 498), Brochet c. Borgat ; 23 juin 1837 (t. 2 1839, p. 496) Gand ; 20 août 1840 (t. 2 1840, p. 405), Goulard c. act. des mines de Mége-Coste. — V., au surplus, v° APPEL (mat. crim.), n°s 277 et suiv.

170. — Et alors même que le prévenu aurait également appelé, sa position ne peut être empirée soit par l'application d'une peine supérieure, soit par une déclaration d'incompétence, et cela en matière de simple police comme en matière correctionnelle. — Il y a toujours *chose jugée* relativement aux chefs qui ont été résolus en sa faveur. — *Cass.*, 27 août 1812, Brion ; 19 fév. 1813, Poule ; 17 nov. 1814, Favre ; 3 mars 1820, Sautereau ; 25 mars 1825, Labro ; 11 mars 1826, Guillon ; 30 juin 1827, Menghi ; 18 juill. 1828, Martin ; 12 mars 1829, Rollero ; 22 juill. 1830, Leberquier ; 21 avril 1832, Maîtrejean ; 30 mars 1837 (t. 1er 1837, p. 413), Marel ; 31 mai 1838 (t. 1er 1843, p. 438), Grignon ; 24 août 1838 (t. 1er 1843, p. 437), Paul et Dineux. — Legraverend, t. 2, ch. 4, p. 401 et 402 ; Carnot, *C. instr. cr.*, art. 202, n° 3 ; Merlin, *Quest.*, v° *Appel*, § 5. — V., au surplus, APPEL (mat. crim.), n°s 261 et suiv.

171. — Toutefois, le tribunal d'appel peut, sur les conclusions seules du condamné, se déclarer incompétent. — *Cass.*, 21 avril 1832, Rousselet.

172. — Lorsqu'il n'y a d'appel que sur une disposition d'un jugement, le tribunal d'appel ne peut, sans violer l'autorité de la chose jugée, infirmer ce jugement dans une autre disposition à laquelle ces parties ont acquiescé. — *Cass.*, 9 mai 1812, Cloudt ; 7 mai 1813, droits réunis c. Howels.

173. — Le procureur général qui n'a pas appelé, dans les délais de la loi, d'un jugement de police correctionnelle prononçant incompétemment sur un fait qui constituait le crime de faux, ne peut, sans violer l'autorité de la chose jugée, exercer une poursuite criminelle à raison de ce faux. — *Cass.*, 10 juill. 1806, Vassal. — Bourguignon, *Manuel d'instr. crim.*, sur l'art. 250, t. 1er, p. 349.

174. — Mais il n'y a jugement qu'autant qu'il y a *décision* d'un tribunal compétent sur un litige qui lui est soumis. — Ainsi l'acte par lequel un tribunal de police, saisi d'une plainte en injures, constate que les deux parties ont comparu et se sont accordées, ne constitue point un jugement attaquable devant la Cour de cassation et susceptible dès lors d'acquérir l'autorité de la chose jugée. — *Cass.*, 31 oct. 1828, Prévost. — Mangin, *Act. publ.*, t. 2, n° 393.

175. — Mais si le tribunal de police, reconnaissant qu'il est incompétent pour résoudre une question préjudicielle de propriété, a ordonné un renvoi à fins civiles et fixé un délai au prévenu pour faire statuer sur son exception, bien que son jugement soit passé en force de chose jugée, et qu'il ait décidé au fond après le délai expiré sans diligences de la part du prévenu, le tribunal d'appel, saisi de la connaissance du jugement du fond, a le droit d'ordonner de nouveau, sur l'exception préjudicielle, le renvoi à fins civiles. — *Cass.*, 9 août 1828, Gaultier.

176. — De même, bien qu'un arrêt ordonnant une preuve qui, dans l'esprit des juges, semblait, si elle était rapportée, enlever au fait imputé le caractère de délit, ait acquis l'autorité de la chose jugée à défaut de pourvoi en temps utile, les juges du fond ne sont pas liés et n'en demeurent pas moins parfaitement libres quel que soit le résultat de la preuve sur la décision du fond. — *Cass.*, 28 mai 1836, Bouchereau de Saint-Georges. — Il est constant, en matière civile, que les tribunaux ne sont pas liés par les jugemens interlocutoires qu'ils ont rendus. Le même principe doit être suivi en matière criminelle.

177. — La décision d'un tribunal correctionnel ou de police qui se bornerait à déclarer constans les faits qui font l'objet de la poursuite, et renverrait pour l'application de la peine devant un autre tribunal, ne pourrait non plus jamais acquérir l'autorité de la chose jugée. — « Car, dit Mangin, il est impossible de concevoir un jugement, sans y attacher la possibilité d'une exécution quelconque. » — *Act. publ.*, n° 393.

178. — ... Comme aussi le jugement qui prononcerait une peine non prévue par nos lois pénales. — Mangin, *ibid.*

179. — ... Et le jugement dont les disposition seraient contradictoires et inconciliables entre elles ; qui, notamment, déclarerait un accusé coupable et innocent, le condamnerait à la peine de mort et ordonnerait sa mise en liberté, etc. — Merlin, *Rép.*, v° *Chose jugée*, § 14.

180. — En matière de contravention, un jugement ne saurait être invoqué comme ayant force de chose jugée qu'autant qu'il a statué sur le fait même qui a donné lieu aux poursuites. — *Cass.*, 22 mars 1838 (t. 1er 1840, p. 402), Sorel-l'Obligeois.

181. — Le jugement par lequel un tribunal de simple police s'est déclaré incompétent pour connaître d'une première contravention à un règlement municipal, n'a pas l'autorité de la chose jugée sur une nouvelle action intentée contre la même partie à raison d'une autre contravention postérieure. — *Cass.*, 26 mars 1819, Chénel.

§ 3. — *Arrêts et ordonnances des chambres d'accusation et du conseil. — Charges nouvelles.*

182. — D'après l'art. 246 C. instr. crimin., « le prévenu à l'égard duquel la Cour d'appel aura décidé qu'il n'y a pas lieu au renvoi à la Cour d'assises, ne pourra plus y être traduit à raison du même fait, à moins qu'il ne survienne de nouvelles charges. » — Il en était ainsi déjà sous la législation antérieure. — *Cass.*, 5 br. an XIII, Ghislain ; 6 messid. an VII, Godin ; 3 vendém. an VIII, Kerouartz ; 13 vent. an VIII, Mulnaer ; 28 brum. an IX, Dumas.

183. — Jugé, en ce sens, que les arrêts des chambres d'accusation qui déclarent n'y avoir lieu à suivre sur un fait dont elles ont été saisies affranchissent pleinement l'inculpé de toute poursuite ultérieure à raison du même fait, tant qu'il ne survient pas contre lui des charges nouvelles. — Qu'en conséquence, lorsqu'un arrêt de non-lieu à suivre a été rendu sur une inculpation de coups et blessures ayant (sans intention) occasionné la mort, le ministère public ne peut poursuivre de nouveau l'inculpé par la voie correctionnelle comme coupable d'un homicide involontaire par imprudence. — *Cass.*, 11 mars 1848 (t. 2 1848, p. 357), Fromageot.

184. — Les chambres des mises en accusation ne prononçant que sur des indices, leurs arrêts ne peuvent jamais avoir l'autorité de la chose jugée relativement aux arrêts des Cours d'assises qui ne sont rendus que d'après la preuve du fait et la conviction de l'accusé. — *Cass.*, 21 nov. 1812, Léger-Lafont.

185. — Le silence de l'art. 246 C. instr. crim. sur les décisions des Cours d'appel, en matière de police simple ou correctionnelle, n'empêche point qu'il ne leur soit applicable comme à celles de la compétence des Cours d'assises. — Du moment que les ordonnances des chambres du conseil étaient susceptibles d'être déférées à la chambre d'accusation par voie d'opposition, on devait accorder aux arrêts rendus par ces chambres, en pareil cas, la même force qu'à ceux intervenus en matière criminelle. — Mangin, *ibid.*, n° 386.

186. — L'ordonnance de la chambre du conseil qui, n'ayant en vue que l'insuffisance des indices de culpabilité, décide qu'il n'y a lieu à suivre contre les prévenus, par le motif que les faits imputés ne sont pas punissables, n'est qu'une décision provisoire, qui ne fait aucun obstacle à la reprise des poursuites en cas de découverte de charges nouvelles. — *Cass.*, 15 av. 1842 (t. 1er 1843, p. 700), Picola c. Cabrera.

187. — Les ordonnances de la chambre du conseil non suivies d'opposition ont la même autorité que les arrêts des chambres d'accusation : aussi, l'ordonnance de mise en liberté, contre laquelle il n'a été formé aucune opposition dans les vingt-quatre heures, a acquis l'autorité de la chose jugée. Le procureur général est non recevable à l'attaquer. Le pouvoir qui lui est conféré par l'art. 250 C. instr. crim., de faire apporter les pièces et de saisir la Cour d'appel, ne s'applique qu'au cas où la poursuite est encore entière. — *Cass.*, 27 févr. 1812, Garrigue ; 19 mars 1813, Gans ; 13 sept. 1811, Jacot ; 19 mars 1812, Lebouvier ; 2 août 1812, Sonnet ; 6 mars 1818, Guerive ; 5 août 1813, Bouchard ; 18 septemb. 1834, Guérineau. — Conf., Legraverend, t. 1er, chap. 10, p. 388 ; Carnot, sur l'art. 217 C. instr. crimin., t. 2, p. 175, n° 1er ; sur l'art. 228, p. 221 ; sur l'art. 235, p. 257, et sur l'art. 246, p. 288, n° 6 ; de Serre, *Manuel*, t. 1er, p. 174 ; Mangin, *Traité de l'action publique*, t. 2, p. 312, n° 357 ; Merlin, *Rép.*, v° *Opposit. à une ordonn.*, n° 3 ; M. le président Barris, notes 62 et 68.

188. — Le jugement qui, après une ordonnance de non lieu à suivre, a condamné le plaignant, pour dénonciation calomnieuse, ne rend pas cette ordonnance définitive et n'empêche pas, par suite, s'il survient des charges nouvelles, que l'instruction soit reprise. — *Nîmes*, 25 mars 1847 (t. 1er 1848, p. 205), Vieilleden.

189. — Lorsqu'une dénonciation contre un fonctionnaire public a été suivie d'une ordonnance de non-lieu, la vérité des faits qu'elle contenait ne peut plus être discutée devant le tribunal correctionnel où est postérieurement traduit le dénonciateur : ce dernier n'a plus qu'à se défendre sur la question intentionnelle. — *Cass.*, 2 mai 1834, Coudray.

190. — Les ordonnances de mise en prévention se bornant, en matière de grand criminel, à renvoyer le prévenu et les pièces devant la chambre d'accusation, ne sont pas susceptibles d'acquérir l'autorité de la chose jugée relativement à la qualification des faits. La Cour de cassation l'a ainsi décidé en matière de presse le 16 août 1832 (Paulin, aff. du *National*); mais sa solution est applicable dans toutes les matières de grand criminel,

191. — Jugé également que l'ordonnance de mise en prévention et de prise de corps rendue par la chambre du conseil dans une poursuite pour crime, n'est point susceptible d'acquérir l'autorité ni de produire les effets de la chose jugée. Que, en conséquence, si le tribunal dont elle émane est, après l'acquittement de l'accusé par la Cour d'assises, saisi correctionnellement de la connaissance du même fait considéré comme simple délit, il ne peut refuser de statuer sur cette prévention, et se déclarer incompétent, sur le motif que sa juridiction a été épuisée par ladite ordonnance. — *Nancy*, 14 février 1844 (t. 1er 1844, p. 280), Nau.

192. — Lorsque, sur une prévention de faux, la chambre du conseil a écarté le chef relatif à la fabrication de la pièce fausse, et maintenu seulement le chef relatif à l'usage de la pièce fausse, la chambre des mises en accusation, qui a le droit de modifier les qualifications des crimes ou délits, peut, sans violer l'autorité de la chose jugée, rétablir, dans l'arrêt de renvoi aux assises, le chef de fabrication écarté par les premiers juges. — *Douai*, 4 juill. 1834, Petit. — La chambre des mises en accusation a, sans contredit, le droit de modifier, de changer les qualifications arrêtées par les premiers juges et même de rétablir des circonstances aggravantes par eux écartées; mais la fabrication et l'usage de la pièce fausse constituent deux crimes entièrement distincts, qui peuvent exister l'un sans l'autre ou avoir été commis par des individus différens. On peut donc penser que l'autorité de la chose jugée sur l'un de ces crimes ne peut recevoir aucune atteinte du droit de révision attribué à la cour sur l'autre chef, et que, dans l'espèce, la cour de Douai a statué sur un fait dont elle n'était point saisie.

193. — Quant aux ordonnances de la chambre du conseil qui renvoient des prévenus en police correctionnelle, elles sont indicatives mais non attributives de juridiction; elles ne lient point le tribunal correctionnel, qui doit se déclarer incompétent lorsqu'il reconnaît que l'affaire sort des bornes de sa compétence. — *Cass.*, 12 mars 1813, Duane; 7 mars 1835, Marion et Vallat. — Merlin, *Rép.*, vº *Tribunal de police*, sect. 2, § 3; Legraverend, t. 1er, chap. 11, p. 443; Carnot, sur l'art. 182 Code instruction criminelle, t. 2, p. 21, nº 6. — On jugeait de même, sous le Code du 3 brumaire an IV, à l'égard des ordonnances du directeur du jury. — *Cass.*, 17 vent. an XII, Charnay; 5 fév. 1808, Vitta; 8 nov. 1809, Richard. — V. pourtant, en sens contraire, un arrêt de la cour supérieure de Bruxelles du 2 juin 1832, règlem. de jug., V.... — *Cass.*, 5 août 1818, règlem. de juges, Bouchard.

194. — En conséquence, l'appel du procureur général, fondé sur l'incompétence du tribunal de police correctionnelle, ne peut pas être déclaré non recevable sous le prétexte que l'ordonnance de renvoi n'a pas été frappée d'opposition par le procureur de la République. — *Cass.*, 30 mars 1816, Valade. — Carnot, sur l'art. 271 C. instr. crimin., nº 16. — Bourguignon (*Jurisprud. des Codes crim.*, sur l'art. 202 C. instr. crim., t. 1er, p. 453, nº 6) dit qu'il aurait fallu décider le contraire si la chambre du conseil avait erré *en point de fait*, en déclarant que la prévention de crime n'existait pas, et qu'elle n'eût renvoyé devant le tribunal correctionnel que pour un simple délit. L'ordonnance, en ce cas, n'ayant pas été attaquée, le prévenu ne pourrait plus, selon lui, être poursuivi *criminellement* sans violer la maxime *Non bis in idem*. C'est une erreur.

195. — Le ministère public peut appeler d'un jugement de police correctionnelle, pour cause d'incompétence, encore bien qu'il n'ait pas formé opposition à l'ordonnance de la chambre du conseil qui a renvoyé l'affaire en police correctionnelle. — *Cass.*, 4 sept. 1813, Dick et Mackenback. — Merlin, *Répert.*, vº *Tribunal de police*, sect. 2e, § 3.

196. — De même le tribunal correctionnel, malgré la qualification donnée au délit par la chambre du conseil, a le droit de caractériser le fait de la prévention, selon ce qui résultera de l'instruction. Ainsi, il peut condamner comme coupable d'escroquerie l'individu envoyé devant lui sous la prévention de banqueroute simple. — *Cass.*, 19 mars 1813, Gans. — Carnot, sur l'art. 130, C. instr. crim., t. 1er, p. 155, nº 4.

197. — Le tribunal de police correctionnelle peut bien, nonobstant l'ordonnance de la chambre du conseil, par laquelle il a été saisi d'une affaire, se déclarer incompétent, sur le motif que le fait présente le caractère d'un crime, mais il violerait l'autorité de la chose jugée par cette ordonnance s'il renvoyait le prévenu devant un juge d'instruction. — *Cass.*, 21 octobre 1813, Bourdin. — Merlin. *Rép.*, vº *Tribunal de police*, sect. 2, § 3.

198. — La partie lésée, sur la plainte de laquelle il est intervenu en chambre du conseil, après instruction, une ordonnance portant qu'il n'y a lieu à suivre, est non recevable à citer directement à sa requête le prévenu en police correctionnelle. — *Cass.*, 18 avr. 1812, Lallemand c. Martin.

199. — Les ordonnances de la chambre du conseil ne peuvent avoir l'autorité de la chose jugée relativement aux points qui lui ont été déférés, qu'autant qu'elle a statué *expressément*. — Dès lors, si la chambre du conseil, saisie de deux délits différens imputés au même individu, a prononcé pour l'un des délits le renvoi devant la police correctionnelle, en omettant de statuer sur l'autre, cette omission ne peut être considérée comme constituant implicitement une ordonnance de non-lieu relativement au délit qu'elle concerne, et le ministère public ainsi que la partie civile restent toujours libres de saisir le tribunal correctionnel de la connaissance de ce délit. — *Cass.*, 6 janv. 1837 (t. 2 1837, p. 136), Jeannin et Joyeur c. Jeunesse et le duc de Rovigo.

200. — ... Et, par suite, le tribunal correctionnel ne peut refuser d'en connaître. — *Cass.*, 4 juin 1830, Delarue.

201. — Lorsque la chambre du conseil, statuant sur une procédure qui comprenait plusieurs vols dont un seul présentait le caractère de crime, n'a déclaré la prévention établie que relativement aux vols simples, le tribunal correctionnel ne peut, s'il n'est pas survenu de nouvelles charges, s'occuper du vol qualifié et renvoyer le prévenu devant le juge d'instruction pour être procédé par la voie criminelle. — *Cass.*, 5 août 1813, règlem. de juges, Bouchard.

202. — Quant aux arrêts de renvoi qui n'ont point été attaqués dans les délais (art. 296 C. instr. crim.), ils ont l'autorité de la chose jugée et saisissent irrévocablement les cours d'assises. — *Cass.*, 26 janv. 1815, Brochet; 2 fév. 1815, Guérin; 20 avr. 1820, Alquin; 23 mars 1820, Durand; 22 juin 1820, Delahaye; 27 juill. 1820, Caron; 4 déc. 1823, Castaing.

203. — Ces dernières ne peuvent donc, comme les tribunaux correctionnels après renvoi de la chambre du conseil, se déclarer incompétentes. Notamment sous le prétexte que l'accusé est militaire. — *Cass.*, 5 fév. 1819, Arnaud.

204. — ... Ou que le crime de rébellion et de contrebande armée, qui lui a été renvoyé, est placé dans les attributions de cours spéciales. — *Cass.*, 2 fév. 1815, Guérin.

205. — La Cour d'assises saisie par un arrêt de la chambre d'accusation de la connaissance d'un délit de presse, ne peut connaître de questions préjudicielles élevées par le prévenu, telles que la nullité de la saisie et l'irrégularité des poursuites, et sur lesquelles l'arrêt de la chambre d'accusation a déjà statué. — *Cass.*, 4 août 1831, Gallois. — De Gratier, *Comment. loi de la presse*, t. 1er, p. 358 et 370.

206. — L'accusé qui a reçu l'avertissement prescrit par l'art. 296 C. instr. crim., et qui ne s'est point pourvu en cassation, est non recevable, après que l'arrêt de mise en accusation a acquis l'autorité de la chose jugée, à se plaindre de ce que le fait de l'accusation constituait un simple délit, et ne le rendait pas justiciable de la Cour d'assises. — *Cass.*, 12 sept. 1816, Richer.

207. — Mais si les arrêts des chambres d'accusation ont l'autorité de la chose jugée relativement à la mise en accusation et au renvoi de l'accusé devant la Cour d'assises, et si, par suite, ces dernières ne peuvent se dessaisir, il n'en est pas de même quant à la qualification donnée aux faits par l'arrêt de renvoi, alors même que cet arrêt n'a été frappé d'aucun pourvoi. — *Cass.*, 16 déc. 1812, Carini; 15 oct. 1813, Hartmann; 3 fév. 1814, Gishodes; 21 avr. 1814, Fradet; 22 déc. 1814, Blondeaux; 19 juin 1817, Hubert; 8 août 1817, Pallenté; 5 fév. 1819, Arnaud. — Carnot, sur l'art. 231 C. inst. crim., nº 9.

208. — C'est d'après la déclaration du jury, et non d'après l'arrêt de renvoi, que les Cours d'assises doivent caractériser les faits de l'accusation. — *Cass.*, 5 fév. 1819, Arnaud.

209. — Elles ont le droit de prononcer sur l'application de la loi pénale, d'après toutes les circonstances résultant des débats qui peuvent avoir modifié les faits de la prévention. — *Cass.*, 8 août 1817, Pallenté.

210. — ... Et doivent délibérer sur les faits déclarés par le jury, pour en fixer la qualification, et pour leur faire l'application de la peine d'après les seules règles de la loi et de leur conscience. — *Cass.*, 15 oct. 1813, Hartmann.

211. — Par suite, elles peuvent s'assurer s'il existe des circonstances atténuantes ou aggravantes non exprimées dans l'arrêt de renvoi, déclarer, s'il y a lieu, que le jury s'est trompé au fond, décider en droit que le fait de l'accusation est ou n'est pas défendu, et condamner ou absoudre l'accusé. — En conséquence, la Cour d'assises peut, sans violer l'autorité de la chose jugée, manifester son avis, dans le cas de l'art. 352 C. instr. crim., que l'individu renvoyé devant elle comme accusé de faux par supposition de personne est coupable de faux par supposition de nom. — *Cass.*, 21 avr. 1814, Fradet.

212. — Les arrêts de mise en accusation n'ont point non plus l'autorité de la chose jugée, pour les Cours d'assises, quant aux questions qu'ils ont écartées. — Dès lors, celles-ci peuvent statuer sur une exception de prescription rejetée par la chambre d'accusation. — *Cass.*, 15 juill. 1813, Mantica.

213. — Il en est de même des tribunaux correctionnels; l'arrêt d'une chambre d'accusation qui a rejeté la prescription opposée par le prévenu, et l'a renvoyé à la police correctionnelle, n'a point l'autorité de la chose jugée, la police correctionnelle peut toujours juger de nouveau la question sur la prescription. — *Cass.*, 9 oct. 1812, Saubès. — Bourguignon, sur l'art. 637 C. inst. crim., *Jurisprud. des Codes crim.*, t. 2, p. 533.

214. — Si la chambre des mises en accusation s'était déclarée incompétente à cause d'un état de choses temporaire, par exemple d'une mise en état de siége, elle pourrait, cet état de choses cessant, c'est-à-dire après la dissolution des conseils de guerre, connaître de la même affaire sans violer l'autorité de la chose jugée par son premier arrêt. — *Cass.*, 17 août 1832, Vaillant.

215. — L'arrêt de compétence rendu par une Cour spéciale et confirmé par la Cour de cassation avait l'autorité de la chose jugée pour la chambre des mises en accusation, lorsque le procès non encore jugé avant l'installation de la Cour impériale était porté devant elle. — *Cass.*, 27 juin 1811, Doz-Molette.

216. — Merlin (*Répert.*, vº *Non bis in idem*, § 5 *bis*) professe que dans le cas où l'arrêt de non-lieu de la chambre d'accusation ne serait pas motivé et serait passé en force de chose jugée, il produirait les mêmes effets que les déclarations négatives du jury d'accusation sous la loi de brumaire. — Mangin, qui adopte cette opinion, ajoute que, dans ce cas, la chambre d'accusation devrait être réputée avoir tout jugé, sauf la survenance de charges nouvelles. — Mangin, *Act. publ.*, nº 411.

217. — Spécialement, lorsque la chambre d'accusation déclare n'y avoir lieu à suivre sur une prévention d'attentat à la pudeur avec violence, le prévenu ne peut être ultérieurement poursuivi au correctionnel pour violences. — *Cass.*, 14 mai 1840 (t. 1er 1841, p. 13), Daab.

218. — Sous le Code d'instruction criminelle, les ordonnances des chambres du conseil et les arrêts des chambres d'accusation ne forment obstacle aux nouvelles poursuites qu'autant qu'elles ont porté sur le fait même qu'elles ont examiné.

219. — Ainsi, il ne peut plus y avoir lieu à surseoir au jugement du délit de calomnie, lorsque, par un arrêt passé en force de chose jugée, la chambre des mises en accusation a déclaré que les faits imputés sont éteints par la prescription. — *Cass.*, 23 mai 1829, Adrien.

220. — Toutefois, sous le Code du 3 brumaire an IV, encore bien qu'un acte d'accusation contînt, dans son exposé, plusieurs circonstances propres à caractériser un crime; la déclaration du jury, portant qu'il n'y avait lieu à accusation, n'avait pas, relativement à ce crime, l'autorité de la chose jugée, s'il ne se trouvait pas rappelé, dans le résumé de l'acte d'accusation, comme l'un des objets sur lesquels le jury avait à délibérer. — *Cass.*, 29 mars 1811 (règl. de juges), H...

221. — Après qu'il était intervenu une déclaration du jury, portant qu'il n'y avait lieu à accusation, le tribunal criminel ne pouvait pas, sous le prétexte que le mandat d'arrêt était nul, faire recommencer une procédure contre l'inculpé à raison du même fait. — *Cass.*, 13 vent. an VIII, Ghislain.

222. — Sous le Code du 3 brumaire an IV, lorsqu'un jury s'était expliqué par la formule : *Il n'y a pas lieu à accusation*, sur une inculpation d'homicide, sa déclaration embrassait indéfiniment le fait dans tous ses rapports avec la pénalité, de manière que l'inculpé ne pouvait plus être poursuivi, même par voie de police correctionnelle ou de simple police. — *Cass.*, 5 févr. 1808, Valette; 11 (et non 21) therm. an VII, Cordey.

223. — Sous le Code de brumaire, l'acte d'accusation devait porter sur toutes les circonstances du fait incriminé, et le jury d'accusation l'examiner dans toutes ses modalités. Dès lors, s'il intervenait une ordonnance portant qu'il n'y avait point lieu à accusation, le prévenu ne pouvait plus être recherché, sous aucun prétexte, à raison des crimes différens, des délits ou des contraventions que pouvait constituer ce fait. — Merlin, *Rép.*, v° *Non bis in idem*, § 5 et suiv.; Mangin, *Act. publ.*, n° 411; Legraverend, t. 1er, ch. 2, sect. 3, p. 321.

224. — Quant aux ordonnances rendues par les juges d'instruction ou les autres officiers de police judiciaire, elles ne sauraient acquérir l'autorité suffisante pour empêcher de nouvelles poursuites; et il y aurait lieu de leur appliquer la règle posée par l'art. 67 du Code du 3 brumaire an IV, ainsi conçue : « L'acte par lequel un juge de paix met en liberté un prévenu, n'étant qu'une *décision provisoire de police*, n'empêche pas que celui-ci ne soit recherché et poursuivi de nouveau pour le même fait. »

225. — Sous le Code du 3 brumaire an IV, l'ordonnance par laquelle le directeur du jury mettait un prévenu en liberté n'était qu'une décision provisoire qui n'empêchait pas de nouvelles poursuites, à raison du même fait, sans même qu'il fût besoin de nouvelles charges. — En conséquence cette ordonnance ne pouvait pas être attaquée par la voie extraordinaire de la cassation, qui ne doit être prise que lorsque toutes les voies légales ont été épuisées. — *Cass.*, 7 messid. an VIII, N...

226. — Les arrêts par lesquels les Cours spéciales se déclaraient incompétentes pour insuffisance de preuves, avaient autorité de chose jugée tant que, sur nouvelles charges, il n'avait pas été rendu un nouvel arrêt de compétence à raison du même fait. — *Cass.*, 18 mars 1809, Leboutiller c. Guillot. — La Cour de cassation fait journellement l'application de ce principe aux ordonnances de la chambre du conseil et aux arrêts de la chambre des mises en accusation, en prononçant sur des demandes en règlement de juges.

227. — De même, le renvoi des poursuites prononcé par la chambre du conseil ou par la chambre d'accusation, n'a pas l'autorité de la chose jugée, lorsqu'il est survenu de nouvelles charges. — *Cass.*, 27 juill. 1820, Caron.

228. — Enfin la disposition portant que toute personne acquittée légalement ne peut pas être recherchée à raison du même fait, n'est nullement applicable au cas où il a été déclaré qu'il n'y avait lieu à suivre, soit par une ordonnance de la chambre du conseil, soit par un arrêt de la chambre d'accusation. La poursuite peut, en ce cas, être reprise, s'il survient des charges nouvelles. — *Cass.*, 15 juin 1820, de Montguyon.

229. — Sous le Code du 3 brumaire an IV, lorsque, sur un acte d'accusation dressé contre plusieurs individus, il était intervenu une déclaration du jury, portant, à l'égard des uns, qu'il n'y avait lieu et, à l'égard des autres, qu'il y avait lieu à accusation, ceux qui se trouvaient ainsi acquittés ne pouvaient plus être repris, à moins qu'il ne fût survenu de nouvelles charges. En conséquence, le tribunal criminel qui, en annulant la procédure, ordonnait qu'elle serait recommencée, à l'égard de tous, commettait un excès de pouvoir. — *Cass.*, 8 germ. an VIII, Baudin et Allègre; 23 flor. an XI, Abeille. — La même espèce ne peut plus se présenter; mais on peut appliquer cette solution au cas où l'arrêt qui renverrait aux assises une partie des inculpés serait annulé par la Cour de cassation.

230. — Ainsi, sous le même code et la Constitution de l'an III, le prévenu, à l'égard duquel il avait été déclaré par un jury légal n'y avoir lieu à accusation, ne pouvait pas être poursuivi de nouveau à raison du même fait, si de nouvelles charges n'étaient pas produites ni même alléguées contre lui. — *Cass.*, 21 prair. an VII, Kerouartz; 1 messid. an VII, Groslevin; 6 messid. an VII, Godin; 17 messid. an VII, Mismer; 3 vendém. an VIII, Kerouartz; 5 brum. an XIII, Chisbain; 13 vent. an VIII, Mulenaer; 28 brum. an IX, Dumas.

231. — Sous le même code, le tribunal criminel avait le droit de décider s'il était survenu des charges nouvelles contre un individu repris après une première déclaration du jury portant qu'il n'y avait lieu à accusation. — *Cass.*, 17 vent. an XII, Gsell. — Merlin, *Rép.*, v° *Révision de procès*, § 3, art. 2. — Cette décision nous semble avoir méconnu les pouvoirs du jury, qui, étant appelé à décider s'il y avait lieu ou non à accusation, devait seul être appelé à apprécier les charges nouvelles, comme aujourd'hui les chambres du conseil et d'accusation.

232. — Sous le même code, lorsque, après une déclaration du jury, portant qu'il n'y avait lieu à accusation, il survenait des charges nouvelles, il ne pouvait être inséré dans le nouvel acte d'accusation que des faits nouveaux qui pussent donner lieu à accusation, et on devait les séparer des précédens, avec une mention de la première déclaration, à peine de nullité. — *Cass.*, 6 brum. an VIII, Lepoule.

233. — Dans le cas où, après un arrêt d'incompétence rendu par une cour spéciale, et confirmé par la Cour de cassation, il intervenait (avant la suppression de ces cours) sur la poursuite intentée alors devant la juridiction ordinaire, une déclaration du jury, portant qu'il n'y avait lieu à accusation, l'arrêt d'incompétence et la déclaration du jury ne mettaient aucun obstacle à ce que, lorsqu'il survenait des charges nouvelles, la poursuite fût reprise devant la Cour spéciale. — *Cass.*, 3 janv. 1811, Poncelet.

234. — Une cour de justice criminelle n'étant pas liée par les actes d'instruction faits par un de ses membres, en vertu de sa délégation, pouvait ordonner de plus amples poursuites, et décerner un mandat d'arrêt, bien que le membre délégué eût refusé de le faire. — *Cass.*, 5 mai 1808, Badin.

235. — *Charges nouvelles.* — Les ordonnances de la chambre du conseil et les arrêts des chambres d'accusation peuvent donc acquérir l'autorité de la chose jugée, et ils la conservent jusqu'à ce que, dit l'art. 246 il survienne de nouvelles charges. — « Sont considérées comme charges nouvelles, ajoute l'art. 247, les déclarations de témoins, les pièces et procès-verbaux qui n'ayant pu être soumis à l'examen de la Cour d'appel sont cependant de nature soit à fortifier les preuves que la Cour aurait trouvées trop faibles, soit à donner aux faits de nouveaux développemens utiles à la manifestation de la vérité. »

236. — Les charges nouvelles dont il est question dans les art. 246 et 247 C. instr. crim. doivent s'entendre des charges relatives à l'*existence* du fait incriminé aussi bien que de celles qui concernent la *culpabilité* du prévenu. — En conséquence, une ordonnance de la chambre du conseil, qui déclare que le fait de la prévention *n'existe* pas, ne fait pas obstacle à la reprise des poursuites sur nouvelles charges. — *Nîmes*, 25 mars 1847 (t. 1er 1848, p. 205), Vieilleden.

237. — L'expression *charges nouvelles* embrasse dans sa généralité, d'après un arrêt de la Cour de cassation, toutes preuves servant à établir la culpabilité du prévenu : les dispositions de l'art. 247 sont, à cet égard, simplement démonstratives. — *Cass.*, 21 oct. 1820, Bréval.

238. — Les charges nouvelles peuvent donc se puiser, ainsi que l'enseigne Mangin, dans la découverte de nouvelles circonstances, de nouvelles preuves, de nouveaux indices se rattachant aux faits que la première instruction avait fait connaître, dans des procès-verbaux, dans des pièces que les magistrats n'ont pas eues sous les yeux lors de leur premier examen. La loi confie à leur sagesse l'appréciation de tout ce qui peut constituer une charge nouvelle, et, dans cette appréciation, ils ne relèvent que de leur conscience. — Mangin, *Act. publ.*, n° 388.

239. — Le fait que le capitaine d'un navire prévenu de s'être livré à la traite des nègres aurait jeté à la mer trente-neuf de ces malheureux, doit être considéré comme une charge nouvelle, lorsqu'il n'est point mentionné dans la première information, encore bien que la Chambre du conseil ait déclaré qu'il n'existait aucun indice que le prévenu se fût livré à la traite. — *Cass.*, 10 avr. 1823, Boucher.

240. — Il n'est pas indispensable que les circonstances nouvelles, pour acquérir le caractère de charges nouvelles aient été puisées dans une autre affaire ou résultent d'une cause accidentelle; il suffit que de nouvelles plaintes, l'indication de nouveaux témoignages ou d'indices graves parviennent au ministère public pour qu'il puisse provoquer et le juge d'instruction opérer une nouvelle information. — Mangin, *ibid.*, n° 389. — *Contrà*, Carnot, *Inst. crim.*, t. 2, p. 292 et 293.

241. — La marche à suivre, en cas de survenance de nouvelles charges, est tracée par l'art. 248, en ces termes : « En ce cas, l'officier de police judiciaire ou le juge d'instruction adressera, sans délai, copie des pièces et charges au procureur général près la Cour d'appel; et, sur la réquisition du procureur général, le président de la section criminelle indiquera le juge devant lequel il sera, à la poursuite de l'officier du ministère public, procédé à une nouvelle instruction, conformément à ce qui a été prescrit. Pourra, toutefois, le juge d'instruction décerner, s'il y a lieu, sur les nouvelles charges, et avant leur envoi au procureur général, un mandat de dépôt contre le prévenu qui aurait été déjà mis en liberté d'après les dispositions de l'art. 229. »

242. — Cet article n'empêche point la chambre d'accusation d'ordonner directement des poursuites, ainsi que les art. 235 et 236 lui en donnent le droit, et de commettre un de ses membres pour l'instruction. — Ainsi jugé que le procureur général peut saisir directement cette chambre, qui ordonne alors la reprise de l'instruction, attendu la survenance de nouvelles charges, et commet un de ses membres pour y procéder. — *Cass.*, 18 mai 1839 (t. 2 1839, p. 427), Thuret c. Demiannay.

243. — Du reste, il n'y a que la juridiction qui a connu des premières charges qui soit compétente pour apprécier les nouvelles. — *Cass.*, 31 août 1821, Olive; *Paris*, 30 nov. 1838 (t. 2 1838, p. 576), P... c. R... — Car il n'a été dérogé, en pareil cas, par aucune disposition de loi, au principe des deux degrés de juridiction. — Par conséquent, si l'instruction s'était arrêtée à la chambre du conseil, cette chambre seule serait ressaisie par la survenance de charges nouvelles, et l'affaire ne pourrait être instruite directement par la chambre d'accusation. — *Cass.*, 31 août 1821, Olive. — Bourguignon, sur l'art. 247 C. instr. crim.; Legraverend, t. 1er, p. 477, chap. 11; Carnot, sur l'art. 247 C. instr. crim.

244. — Mais si l'ordonnance ou l'arrêt de non-lieu étaient motivés non sur l'insuffisance de charges, mais sur une appréciation de droit, par exemple sur l'existence de la prescription, l'autorité de la chose jugée serait irréfragable, et la survenance de nouvelles charges n'y pourrait porter atteinte. — *Cass.*, 9 mai 1812, Roger c. Hendron.

245. — Il en serait de même si la poursuite avait été repoussée en vertu d'une amnistie, ou par la chose jugée, ou par le motif que le fait, en le supposant vrai, ne serait puni par aucune loi. — Mangin, *ibid.*, n° 390.

246. — « Mais, dit le même auteur (n° 391), si le fait avait été déclaré éteint par la prescription de trois ans, comme constituant un simple délit, que devrait-on décider dans le cas où les nouvelles charges lui donneraient le caractère d'un crime qui ne se trouverait point prescrit? Je crois que les juges pourront le renvoyer devant les tribunaux, parce que cette première décision ne doit son existence qu'à l'insuffisance des charges existantes quand elle a été rendue; qu'elle n'a anéanti tout droit de poursuite contre le fait de la plainte, et ne lui a ôté tout caractère pénal, qu'eu égard à l'état des charges, telles que l'instruction les présentait. » Néanmoins, Mangin pense qu'il en serait autrement si les nouvelles charges prouvaient seulement une interruption de la prescription : parce qu'elles ne prouveraient qu'une erreur de fait, et ne constitueraient pas de véritables *charges nouvelles*.

247. — Si la chambre du conseil avait renvoyé devant le tribunal correctionnel le prévenu d'un fait constituant un crime, et si le ministère public avait laissé écouler trois ans sans exécuter cette ordonnance, la survenance postérieure de nouvelles charges n'autoriserait point à reprendre les poursuites, bien que la prescription de l'action publique soit, en cas de crime, de dix ans. — Legraverend, *Législ. crimin.*, t. 1er, p. 93. — Mangin approuve cette doctrine, par le motif fort juste que, quand une chambre du conseil ou une chambre d'accusation a renvoyé une affaire devant un tribunal, elle en est entièrement dessaisie; en sorte que les charges, tant anciennes que nouvelles, ne peuvent plus être apppréciées que par le tribunal lors des débats qui ont lieu devant lui. — Mangin, *Act. publ.*, n° 391.

248. — La disposition de l'art. 246 C. instr. crim. est générale et reçoit application même lorsque le prévenu a été renvoyé par la chambre d'accusation devant le tribunal correctionnel à raison d'un autre fait. — Ainsi, dans le cas où une chambre d'accusation, saisie de la double prévention d'attentat à la pudeur avec violence et de proxénétisme, écarte le premier chef et prononce, sur le second, un renvoi devant le tribunal correctionnel, ce tribunal n'a plus à s'occuper de l'inculpation de crime souverainement jugée par la chambre d'accusation, et ne peut, dès lors, motiver son incompétence qu'à l'égard des faits dont la connaissance lui a été renvoyée, mais non à l'égard de ceux qui constituaient le crime. — *Cass.*, 28 avr. 1842 (t. 2 1842, p. 544), D...

Sect. 3°. — *Influence de la chose jugée au civil sur le criminel et vice versâ.*

249. — Tout ce qui se rattache à cette matière a été traité v° CHOSE JUGÉE, n°s 640 et suiv. — On peut aussi consulter v° ACTION CIVILE, n°s 181 et suiv. et 284 et suiv.

250. — En ce qui concerne spécialement l'influence du civil sur le criminel, V. CHOSE JUGÉE, n°s 649 et suiv., à quoi il faut ajouter :

251. — Lorsqu'un juge de paix saisi d'une plainte en injures verbales s'est déclaré incompétent et a renvoyé l'affaire devant le tribunal de police, ce même juge de police, se fonder sur l'instruction faite devant lui comme juge civil pour statuer sur la prévention. — Cette instruction, n'ayant aucune autorité propre, ne peut influer sur la décision d'un juge autre que celui qui y a procédé. — *Cass.*, 11 oct. 1810, Eisenmann.

252. — Le jugement rendu civilement qui maintient un particulier en possession d'un droit au bac, contre les prétentions du fermier administratif, ne fait pas obstacle à ce que le tribunal de police condamne ce particulier, sur la poursuite du ministère public, comme coupable d'avoir usé du droit au bac au préjudice du même fermier. — *Cass.*, 24 fév. 1837 (t. 1er 1837, p. 319), Bardon.

253. — En ce qui concerne spécialement l'influence du criminel sur le civil, V. CHOSE JUGÉE, n°s 668 et suiv., à quoi il faut ajouter :

254. — La déclaration du jury portant que l'accusé n'est pas *coupable* est une déclaration complexe qui peut bien enlever au fait reproché tout caractère de criminalité, mais qui ne préjuge rien sur l'existence matérielle de ce fait. — En conséquence, une ordonnance d'acquittement rendue à la suite d'une semblable déclaration ne fait pas autorité de chose jugée sur la question de savoir si l'individu acquitté est ou non l'auteur de ce fait, et ne rend pas la partie civile non recevable à le prouver par les voies de droit, et à réclamer des dommages-intérêts. — *Orléans,* 23 juin 1843 (t. 2 1843, p. 365), Sousamé c. Gantot ; *Paris,* 11 fév. 1845 (t. 1er 1845, p. 229), Varnier c. Hiardot.

255. — Les jugemens rendus en matière criminelle ou correctionnelle sur la poursuite du ministère public, n'ont pas, en ce qui concerne la constatation du fait qui a motivé la condamnation, l'autorité de la chose jugée à l'égard des tiers. — On doit considérer comme tiers celui qui, avant la poursuite du ministère public, a acquis de bonne foi des objets obtenus à l'aide d'escroquerie. — *Bruxelles,* 4 nov. 1829, Nélis c. de Lantremange.

256. — L'arrêt de la chambre des mises en accusation qui déclare qu'il n'existe pas contre un failli des indices suffisans de culpabilité de banqueroute simple ou frauduleuse ne renferme pas l'autorité de la chose jugée. — Dès lors cet arrêt n'enlève pas aux créanciers la faculté de former au concordat une opposition fondée d'ailleurs sur des causes différentes de celles de la poursuite du ministère p.blic. — *Paris,* 22 mars 1838 (t. 1er 1838, p. 475), Ardant c. Genthon ; *Toulouse,* 13 mars 1839 (t. 1er 1844, p. 326), Saget c. Vigniaux.

257. — Le comptable qui a été renvoyé de la plainte en soustraction portée contre lui devant les tribunaux, ne peut s'affranchir par l'exception de chose jugée des effets de la responsabilité civile dont il était tenu. — *Cons. d'Etat,* 16 déc. 1838, Collet.

258. — La Cour d'assises peut, sans violer aucune loi, prendre pour une des bases de sa décision sur les dommages-intérêts le fait que la déclaration de culpabilité rendue par le jury n'a pas été unanime. — *Cass.,* 30 déc. 1813, Reynier et Boissière c. Michel.

259. — *Actions disciplinaires.* — L'action criminelle et l'action disciplinaire sont également indépendantes l'une de l'autre ; la première n'a aucune influence sur la seconde, et *vice versâ.* V., à cet égard, CHOSE JUGÉE, n° 759 et suiv., et DISCIPLINE, n° 48 et suiv., à quoi il faut ajouter :

260. — Lesdécisions par lesquelles les prud'hommes répriment les infractions de leur compétence,

doivent être assimilées à celles qui émanent des juridictions disciplinaires, et ne font point dès lors obstacle à l'action publique, qui peut être exercée sans qu'il en résulte violation de la maxime *Non bis in idem.* — *Cass.,* 8 avril 1836, Canisse (trois arrêts).

V. ACQUITTEMENT, APPEL, BLESSURES, CHOSE JUGÉE, CONTUMACE, DISCIPLINE, HOMICIDE, IDENTITÉ, RÉSERVE, TRIBUNAL DE POLICE CORRECTIONNEL, CRIMINEL.

NONCES.

1. — Ministres publics envoyés par le pape pour le représenter dans toutes sortes d'affaires auprès des puissances étrangères.

2. — Les nonces jouissent des mêmes immunités et priviléges que les membres du corps diplomatique. — V. AGENT DIPLOMATIQUE.

NOS-BÉ, NOS-CUMBA (Iles).

Ces îles, qui font partie des dépendances de l'île de la Réunion (ci-devant Bourbon), sont, à ce titre, soumises à un régime particulier. — V. BOURBON (Ile).

NOTABLES.

On désigne ainsi, dans les établissemens français de l'Inde, les principaux habitans appelés, dans certains cas, à concourir à l'administration de la justice. — V. INDE (établissemens de l').

NOTABLES COMMERÇANS.

1. — C'était la dénomination sous laquelle le Code de commerce de 1808 désignait les commerçans inscrits sur la liste des électeurs appelés à nommer les membres des tribunaux de commerce et à les remplacer en cas d'empêchement des juges titulaires et des suppléans.

2. — L'édit de nov. 1563 qui établit à Paris les juges-consuls en confia l'élection au prévôt des marchands et aux échevins de la ville de Paris, en l'assemblée de cent notables bourgeois de ladite ville.

3. — La seconde élection étant ainsi réglée par l'art. 2 du même édit, soixante bourgeois, appelés par les juges-consuls, durent en élire trente d'entre eux, qui procédèrent immédiatement à l'élection.

4. — Ce mode, confirmé par l'art. 16 de l'édit de février 1776, fut supprimé par l'art. 7, tit. 12, L. 16-24 août 1792, qui portait : « Les juges de commerce seront élus dans l'assemblée des négocians, banquiers, marchands, manufacturiers, armateurs et capitaines de navires de la ville où le tribunal les a établis. » Mais l'élection par le suffrage *quasi-universel* des commerçans fut réglée par l'art. 618 du Code de commerce de 1808, qui délégua l'élection à une assemblée composée de notables commerçans.

5. — La liste des notables, d'après l'art. 619 du Code de commerce, était dressée sur tous les commerçans de l'arrondissement, par le préfet, et approuvée par le ministre de l'intérieur, auquel l'ordonnance du 2 janvier 1828 a substitué le ministre de l'agriculture et du commerce. — V. DOMICILE, n° 487.

6. — Cette liste devait principalement comprendre les chefs des maisons les plus anciennes de l'arrondissement et les plus recommandables par la probité, l'esprit d'ordre et d'économie. — C. comm., 619.

7. — Le nombre des notables ne pouvait être au-dessous de vingt-cinq dans les villes où la population n'excédait pas 15,000 âmes. Dans les autres villes il devait être augmenté à raison d'un électeur pour 1,000 âmes de population. — C. comm., 619.

8. — Les notables électeurs appelés à choisir les juges des tribunaux de commerce, devaient être Français natifs ou naturalisés. — L. 14 oct. 1814 et 5 févr. 1817 ; circ. min. intér., 17 oct. 1817. — Gillet, *Anal. chronolog. circ. min. justice,* p. 168.

9. — Jugé qu'il y a nullité pour excès de pouvoir dans la délibération prise par un tribunal de commerce, et contenant un blâme contre l'autorité administrative relativement au mode de confection de la liste des notables. — *Cass.,* 16 janv. 1844 (t. 1er 1844, p. 529), proc. gén. à la Cour de cass. c. le tribunal de commerce d'Angers.

10. — Les procès-verbaux des assemblées de commerçans devaient être envoyés aux préfets, qui les transmettaient au ministre de la justice avec leurs observations. — Circ. min. just., 28 oct. 1813. — Gillet, *Analyse circ. min. just.,* p. 132.

11. — Les préfets devaient faire la convocation des notables commerçans toutes les fois qu'elle était nécessaire, et sans attendre aucun avertissement particulier. La convocation devait être faite un mois à l'avance.

12. — Une loi du 28 août 1848 a remplacé l'assemblée composée des notables commerçans par une assemblée composée de citoyens français commerçans patentés depuis cinq ans, de capitaines au long cours et de maîtres au cabotage ayant commandé des bâtimens pendant cinq ans et domiciliés depuis deux ans au moins dans le ressort de ce tribunal. — V. TRIBUNAL DE COMMERCE.

NOTAIRES.

Table alphabétique.

CHAPITRE Ier. — *Historique.*

1. — Dès que l'écriture fut assez répandue pour qu'on pût en reconnaître les avantages, on dut s'en servir pour conserver la trace des événemens, et ceux qui connaissaient cet art devinrent les agens naturels auxquels ceux qui l'ignoraient s'adressèrent pour constater les engagements, les conventions qu'ils passaient entre eux. Il en fut ainsi notamment chez les Égyptiens, les Hébreux et les Grecs.

2. — Mais les actes qu'ils recevaient n'avaient qu'un caractère privé, jusqu'à ce qu'ils eussent été présentés, devant témoins, au magistrat établi pour les revêtir du sceau public et leur imprimer ainsi l'authenticité. — Rolland de Villargues, *Rép. du notariat*, v° *Notaire*, n° 3.

4. — Les Romains eurent d'abord des esclaves publics (*servi publici*), des scribes, des tabulaires chargés de recevoir les conventions des parties — Souquet, *Dict. des temps légaux*, 380ᵉ tabl., 3ᵉ coll., n° 2, 3, — et même, dans certains cas, de stipuler

pour elles. — L. 2, ff, *Rem pup. vel adol. salv. fore*; L. 18, ff. *De adopt.*; *Instit.* § 3, *eod. tit.*

5. — Plus tard furent institués des tabellions, véritables officiers publics dont les clercs prenaient *note* (*scheda*) des volontés des parties, d'où leur vint le nom de *notaires* (*notarii*). Cette note servait à la rédaction définitive de l'acte sur lequel deux témoins devaient apposer leurs cachets pour en certifier la sincérité. — Nov. 44 et 73. — Souquet, *ubi sup.*

6. — Ces formalités ne suffisaient pas encore pour conférer aux actes le caractère de l'authenticité. Il fallait, pour cela qu'ils eussent été, comme les jugemens, transcrits sur les registres d'audience (*translata in publica monumenta*). — L. 6, C, *De re judic.*, n° 73, cap. 7, § 3.

7. — En France, on ne trouve guère de traces du notariat avant Louis IX. Cependant, Grégoire de Tours (*Hist. Francorum*, lib. 9, cap. 26) rapporte que la reine Ingoberge, veuve du roi Caribert, qui commença à régner en 654, fit son testament devant un notaire. — Le génie de Charlemagne avait compris que la mission de recevoir et de constater les volontés humaines devait être revêtue d'un caractère public. Il en fit une sorte de magistrature, et appela les notaires *judices chartularii*. Il prescrivit même, dans un capitulaire de l'année 805, aux évêques, aux abbés et aux comtes, d'avoir chacun un notaire.

8. — L'anarchie des règnes suivans renversa cet essai comme tant d'autres, et pendant longtemps le droit de recevoir les actes fut confondu avec celui de rendre la justice. C'est ainsi qu'il passa d'abord des seigneurs aux juges, et qu'ensuite les clercs ou greffiers de ceux-ci remplirent l'office de notaire, recevant et publiant les contrats hors même la présence de leurs patrons, mais y parlant toujours en leur nom. — « De là vient, dit Loiseau (*Office*, liv. 2, chap. 5, n° 48 et 49), qu'en France les contrats notariés ont exécution forcée, ainsi que les sentences.—Rolland de Villargues, *Rép. du not.*, v° *Notaire*, n° 12, 13, 14.

9. — Louis IX reprit l'œuvre de Charlemagne. Il établit soixante notaires, en titre d'office, dans la prévôté de Paris, pour y recevoir les actes de la juridiction volontaire et donner à ces actes, par leur attestation, la force et le sceau de l'autorité publique. Ces notaires formaient une espèce de corps ou de confrérie qui avait un centre commun au Châtelet, dans une salle destinée à recevoir leurs bureaux.—Il leur était défendu d'exercer leurs fonctions ailleurs qu'en ce lieu. Ils devaient toujours être deux pour recevoir et attester un acte, et le porter ensemble au scelleur qui avait aussi son bureau près de leur salle, afin que, sur leur témoignage, cet officier y apposât, sous l'autorité du prévôt de Paris, le sceau de la juridiction du Châtelet.

10. — En 1302, Philippe IV établit, dans tous ses domaines, des notaires créés à l'instar de ceux de Paris, exerçant les mêmes fonctions, imprimant à leurs actes le même caractère. Dans peu d'années cet exemple fut suivi par tous les seigneurs laïques et ecclésiastiques, et l'institution adoptée dans toute la France.

11. — Postérieurement, des besoins de finances amenèrent la création, à côté des notaires, de tabellions, garde-notes, garde-scels, dont les premiers délivraient les grosses des actes reçus en minutes par les notaires; les seconds conservaient le dépôt des actes qui se trouvaient chez les notaires au temps de leur résignation ou de leur mort, et les troisièmes scellaient les grosses expédiées par les tabellions. — Cependant il n'en fut pas ainsi à Paris, où le notariat et le tabellionage ne furent jamais séparés. Mais, en 1597, Henri IV réunit les offices de tabellions et de garde-notes à ceux des notaires, qu'il rendit héréditaires. Quant à ceux des garde-scels, continuèrent de subsister jusqu'en 1706; époque à laquelle Louis XIV enjoignit aux notaires d'avoir un sceau aux armes du roi, et de l'apposer eux-mêmes sur leurs actes.

12. — On distinguait : 1° les *notaires royaux*, qui exerçaient, en vertu de provisions délivrées par le roi, dans le ressort des bailliages et sénéchaussées auxquels ils étaient attachés; excepté ceux de Paris, Montpellier et Orléans, qui pouvaient instrumenter dans toute la France; 2° les *notaires seigneuriaux*, qui, nommés par les seigneurs justiciers, n'exerçaient que dans l'étendue seulement de la justice dont ils dépendaient; 3° les *notaires apostoliques*, créés principalement pour les prises de possession des bénéfices et autres actes ecclésiastiques.—Souquet, *ubi suprà*, n° 3; Loiseau, *Des seigneuries*, chap. 8; édits de sept. 1547 et déc. 1691; Rolland de Villargues, *eod. verbo*, n° 18, 19.

13. — Malgré la séparation opérée par Louis IX

entre les deux juridictions, les notaires furent cependant, jusqu'en 1791, considérés comme des officiers de la juridiction contentieuse; et les grosses durent toujours être intitulées du nom du juge dans le ressort duquel le notaire instrumentait. — Gagnereaux, *Encyclopédie des lois sur le notariat*, p. 38, n° 7.

14. — Tel fut le notariat en France jusqu'à la Révolution. La loi du 6 octobre 1791 vint modifier profondément son organisation. — Après avoir aboli la vénalité et l'hérédité des offices de notaires, elle supprime les offices eux-mêmes et pourvoit à leur remplacement par la création de *notaires publics* établis dans chaque département et ayant le droit d'instrumenter dans toute l'étendue de leur département et non au-delà. — L. 6 oct. 1791, sect. 1re, art. 1, 2 et 3; sect. 2, art. 1, 2, 8, 11 et 12. — Qualifiés par cette loi de *fonctionnaires publics* (sect. 2, art. 1er), c'est au nom du chef du gouvernement qu'ils intitulent leurs grosses ou expéditions exécutoires et ordonnent l'exécution du contenu aux actes (sect. 2, art. 14). Ainsi se trouve rompu le dernier lien qui les rattachait au pouvoir judiciaire.

15. — Aussi leur autorité n'est-elle plus, comme on le pensait autrefois, une émanation de l'autorité judiciaire, mais les notaires sont les délégués directs et spéciaux du pouvoir exécutif. — Toullier, *Dr. civ.*, t. 6, n° 241; Souquet, *ubi suprà*, et 4e col., n° 11; Gagnereaux, p. 38, n° 6.

16. — Toutefois, le notariat est resté placé dans les attributions du ministre de la justice (L. 19 brum. an IV; L. 25 vent. an XI, art. 4) et, comme nous le verrons ci-après, il est soumis à la surveillance disciplinaire des tribunaux.

17. — Les notaires sont également soumis, relativement à leurs actes, à la surveillance de l'administration de l'enregistrement. — L. 22 frim. an VII.

18. — A la loi du 6 oct. 1791 a succédé celle du 25 vent. an XI, qui, tout en conservant aux notaires le caractère de fonctionnaires publics que leur avait attribué la première, a organisé le notariat tel qu'il existe aujourd'hui.

19. — Cette loi, expliquée et modifiée, dans une de ses dispositions, par celle du 24 juin 1843, complétée par l'ordonnance du 4 janv. 1843, qui remplace, à cet égard, l'arrêté du 2 niv. an XII, forme le code de la matière.

20. — Toutefois, il est à remarquer que l'ordonnance du 4 janv. 1843 n'est point introductive d'un droit nouveau et n'a fait que développer les principes qui régissaient antérieurement le notariat. — *Cass.*, 19 août 1844 (t. 1er 1845, p. 39), Gouvert.

CHAPITRE II. — *Organisation du notariat.*

Sect. 1re. — *Nombre et placement des notaires.*

21. — La loi du 6 oct. 1791 (tit. 1er, sect. 2, art. 8) avait réservé au Corps législatif le droit de déterminer le nombre et le placement des notaires.

22. — Pour les villes, la population; pour les campagnes, l'éloignement des villes et l'étendue du territoire, combinés avec la population, devaient être les principales bases de l'établissement des notaires publics. — *Ibid.*, art. 9.

23. — La loi du 25 vent. an XI a transféré ce droit au gouvernement, en en restreignant l'exercice dans de certaines limites. — Art. 31.

ART. 1er. — *Nombre des notaires.*

24. — Dans les villes de 100,000 habitans et au-dessus, il ne peut y avoir plus d'un notaire par 6,000 habitans. Dans les autres villes, bourgs ou villages, il doit y avoir deux notaires au moins et cinq au plus, par chaque arrondissement de justice de paix. — L. 25 vent. an XI, art. 31.

25. — Lorsque dans une ville siège d'une Cour d'appel ou d'un tribunal de première instance concourent, avec les notaires des communes rurales dépendant des justices de paix dont le chef-lieu est établi dans cette ville, pour former, quant au nombre, l'établissement des notaires de ces justices de paix.

26. — Un arrêté du 11 fruct. an XI a fixé le nombre des notaires de Paris à 114. — Gagnereaux, *Encyclop. du notar.*, p. 160, n° 2.

27. — Il est toujours libre au gouvernement d'augmenter le nombre des notaires, tant qu'il n'a pas atteint les limites fixées par l'art. 31, sans que les autres notaires de la localité aient le *droit* de s'en plaindre et d'exiger une indemnité quelconque des nouveaux collègues qui leur sont donnés.

28. — La même liberté existe quant aux suppressions ou réductions de places, pourvu qu'on ne descende pas au-dessous des limites fixées par l'art. 31.

29. — Néanmoins, quelles que soient les fluctuations de la population des villes ou les modifications apportées dans l'établissement des justices de paix, les suppressions ou réductions de places ne peuvent être effectuées que par mort, démission ou destitution. — L. 25 vent. an XI, art. 32.

30. — La demande tendant au rétablissement d'un office de notaire supprimé n'est pas recevable par la voie contentieuse. — *Cons. d'Etat*, 29 juin 1844, Usse.

31. — Les héritiers d'un notaire décédé dont l'office est supprimé sont non recevables à intenter une action en indemnité contre le successeur désigné d'un autre notaire du même canton, également décédé, mais dont l'étude est conservée. — Jugem. du trib. de *Valence*. — Gagneraux, *Encyclopédie du notariat*, p. 163, no 15. — Toutefois, quand une suppression d'office a lieu, il est d'usage que le gouvernement fixe une indemnité, qui est répartie, à la charge des autres notaires, d'après le bénéfice présumé que chacun d'eux devra retirer de la suppression.

32. — Le notaire dont l'office a été supprimé ou ses ayans droit ne peuvent réclamer par la voie contentieuse contre la décision du ministre de la justice qui a refusé, en raison des circonstances, de leur reconnaître droit à une indemnité. — *Cons. d'Etat*, 29 juin 1844, Usse.

33. — Lorsque le ministre de la justice a décidé que les notaires d'une résidence ne pourraient transmettre leurs offices qu'après avoir indemnisé les héritiers d'un autre notaire de la même résidence prédécédé, et dont la place a été supprimée, il n'appartient pas aux tribunaux de statuer sur la question de savoir si une indemnité est ou n'est pas due, ni, à plus forte raison, d'en fixer la quotité. — *Rennes*, 29 juin 1833, Calvary c. Lebourchis.

34. — Lorsqu'il intervient une ordonnance de fixation, par suite de laquelle il doit y avoir réduction des places de notaires, le notaire dont la résidence doit être supprimée a droit à la première place qui viendrait à vaquer dans une résidence conservée, à charge d'indemniser soit le titulaire qui se retire, soit les héritiers, et sous la condition de souffrir la suppression immédiate de l'office qu'il possède et de transférer sa résidence dans la commune siége de l'office conservé. — Déc. min. just., 9 févr. 1822, 25 août 1832 et 7 juin 1837. — Gagneraux, *ibid.*, p. 162, no 8.

35. — Décidé, par application de cette règle, que si un office doit être supprimé dans un chef-lieu d'arrondissement, et si, dans une commune rurale de cet arrondissement, un notaire vient à donner sa démission en faveur d'un aspirant au notariat, il y a lieu, sous les conditions qui précèdent, d'accorder la préférence à celui des notaires menacé de suppression qui consentirait à prendre à sa charge les conventions faites avec le démissionnaire. — Décis. minist. justice, 18 nov. 1834.

36. — Lorsqu'il y a une réduction à effectuer dans le nombre des notaires d'un canton, une mutation ne peut y être autorisée qu'à la charge par l'aspirant de justifier de la cession de deux titres : l'un, d'un notaire dont l'office est conservé; l'autre, d'un notaire dont la place doit être supprimée. — Décis. ministre de la justice, 2 déc. 1835.

37. — Cela suffit, d'ailleurs, alors même que, malgré cette réduction, le nombre des notaires dépasserait encore celui fixé par l'ordonnance, parce que les réductions s'opèrent *une à une*.

38. — Il suffirait même au candidat d'être cessionnaire d'un seul titre appartenant à une résidence conservée, si, lorsque le nombre des places ne dépasse pas le maximum fixé par la loi, il justifiait que les notaires menacés de suppression ont refusé de donner leur démission en sa faveur, ou de prendre pour eux la cession qu'il avait obtenue, et d'aller occuper la résidence du titre cédé. — Décis. min. just. 15 juin 1835.

39. — Il en serait de même si le notaire menacé de suppression déclarait renoncer à toute indemnité pour lui et ses héritiers, en se réservant la faculté de continuer, sa vie durant, l'exercice de

ses fonctions. — Décis. min. just. fév. 1832 et mai 1836.

40. — Il n'est pas non plus nécessaire de la production de deux titres lorsque le cédant n'avait lui-même été nommé qu'après accomplissement de cette condition, alors même qu'il resterait encore des réductions à opérer. — Décis. min. just. 30 déc. 1834.

41. — Il résulterait d'une décision du ministre de la justice du 1er mars 1832 (Gagneraux, *ibid.*, no 11), que, sur les deux titres à produire par le cessionnaire aspirant au notariat, un au moins doit lui avoir été cédé par un notaire vivant. — Cette solution est trop absolue et il est facile de citer une espèce où son application deviendrait impossible. C'est le cas où le nombre des notaires d'un canton devant être réduit, en vertu d'ordonnance, de trois à deux, minimum fixé par la loi, deux des titulaires viendraient à décéder sans avoir disposé de leurs offices. On ne voit aucun motif raisonnable qui pût empêcher la nomination de celui qui aurait traité avec leurs héritiers et acquis les deux offices.

42. — Lorsque, par suite d'une réduction qui devant frapper proportionnellement sur les places d'un chef-lieu d'arrondissement, plusieurs de ces dernières doivent être supprimées, un notaire de chef-lieu qui n'avait été nommé que sur la production d'un seul titre ne peut pas transmettre son office, en offrant de rapporter la cession du titre d'un notaire de canton. Il doit procurer l'extinction d'un titre dans le chef-lieu d'arrondissement qu'il habite. — Déc. min. just. 30 déc. 1834.

43. — Les notaires seuls qui, nommés avant la loi du 28 avr. 1816, ont versé le supplément de cautionnement exigé par cette loi, peuvent céder leur office. En conséquence, ne serait pas considérée comme valable la cession du titre d'un notaire qui n'aurait pas satisfait à cette obligation. Elle ne pourrait compter au cessionnaire comme un des deux titres qu'il doit présenter. — Décis. min. just. 2 déc. 1835.

44. — Le notaire, en exercice, devenu cessionnaire de l'office d'un notaire décédé, ne peut, en conservant ses fonctions, le retrocéder à un tiers. — Décis. min. just. 1er mars 1832.

ART. 2. — *Résidence des notaires.*

45. — C'est au gouvernement qu'il appartient de fixer le lieu de la résidence de chaque notaire. — L. 25 vent. an XI, art. 31. — *Cons. d'Etat*, 28 mars 1822, Caron c. ch. notaires de Lyon; 9 mai 1838, Bideau.

46. — L'indication de la résidence se fait dans l'acte de nomination du notaire. — L. 25 vent. an XI, art. 45.

47. — La décision du garde des sceaux qui prononce sur le lieu où doit être fixée la résidence d'un notaire ne peut être déférée au Conseil d'Etat par la voie contentieuse. — *Cons. d'Etat*, 9 mai 1838, Bideau.

48. — Une fois la résidence indiquée, un notaire ne peut être déplacé sans son consentement, sauf au gouvernement, en cas de refus de ce notaire d'aller occuper une autre résidence, à déclarer qu'à la première mutation son successeur devra y transférer son étude. — Rolland de Villargues, *Rép. du not.*, vo *Résidence*, nos 31 et 32.

49. — Le notaire, déjà en exercice, qui demande à être pourvu d'un office dans une autre résidence ne peut obtenir cette nomination avant d'avoir donné sa démission pure et simple de l'office qu'il occupe, ou avoir traité lui-même de cet office, de manière qu'on puisse en même temps nommer à la résidence désignée et nommer son successeur. — Décis. du garde des sceaux 1er janv. 1846.

50. — Aux termes de l'art. 4 L. 25 vent. an XI, chaque notaire doit résider dans le lieu qui lui a été fixé par le gouvernement.

51. — Néanmoins, à moins que l'ordonnance de nomination n'ait indiqué le chef-lieu ou tel hameau d'une commune comme résidence du notaire, celui-ci pourrait habiter telle partie qu'il lui plairait de cette commune. — Massé, *Parfait notaire*, t. 1er, liv. 1er, chap. 11, p. 33 (6e édit.).

52. — Mais le notaire auquel son ordonnance de nomination assigne le chef-lieu d'une commune pour le lieu où il doit résider, contrevient à la règle de la résidence s'il transporte son habitation et le dépôt de ses minutes dans une des sections de cette même commune. — *Toulouse*, 31 déc. 1844 (t. 1er 1845, p. 290), Tourreil (solution implic.).

53. — Il y a contravention à l'obligation de résidence de la part d'un notaire qui, sans abandonner la résidence qui lui a été assignée et sans réquisition préalable des parties, se transporte

habituellement et à jour fixe dans une autre commune pour y exercer son ministère. — Avis du *Conseil d'Etat*, 7 fruct. an XII. — *Cass.*, 15 juill. 1840 (t. 2 1840, p. 171), Boissel c. Manchou; 11 janv. 1841 (t. 1er 1841, p. 170), Dépinay c. Toutenel; *Rennes*, 24 août 1841 (t. 2 1841, p. 483), L.; *Paris*, 31 janv. 1843. (t. 1er 1843, p. 292), M. c. R.; *Rennes*, 11 déc. 1843 (t. 1er 1845, p. 246), N. c. X.

54. — Et il en serait ainsi alors même que le notaire n'instrumenterait que dans l'étendue du canton de sa résidence. — *Cass.*, 11 janv. 1841 (t. 1er 1841, p. 170), Dépinay c. Toutenel.

55. — Or les résidences notariales sont établies tout à la fois dans l'intérêt public et dans l'intérêt respectif des notaires. — *Riom*, 18 mai 1833, Anglade c. Desmanèches; *Rennes*, 24 août 1841 (t. 2 1841, p. 483), L.

56. — Il s'ensuit donc que l'infraction donne lieu à une double action, savoir : à l'action publique et à l'action civile, lesquelles sont indépendantes l'une de l'autre. — *Cass.*, 11 janv. 1841 (t. 1er 1841, p. 170), Bertin et Piolle c. Dauphin; *Paris*, 31 janv. 1843 (t. 1er 1843, p. 292), M... c. B....

57. — Ces deux actions sont complétement indépendantes l'une de l'autre, et peuvent être exercées, cumulativement ou séparément, sans aucun ordre de procédure fixe et déterminé. — *Cass.*, 15 juill. 1840 (t. 2 1840, p. 171), Boissel c. Manchou (sol. implic.).

58. — C'est au ministre de la justice, seul et à l'exclusion des tribunaux, qu'il appartient de connaître, et de réprimer l'infraction à l'obligation de résider. — *Metz*, 21 juill. 1818, D... c. C...; *Nîmes*, 23 déc. 1825, sous *Cass.*, 21 fév. 1827, Guérin; *Paris*, 14 mars 1832, Letort; *Riom*, 18 mai 1833, Anglade c. Desmanèches; *Metz*, 30 juin 1846 (t. 2 1846, p. 529), Hurleaux.

59. — Toutefois, le garde des sceaux doit demander l'avis du tribunal : sur le point de savoir si un notaire a enfreint sa résidence et est dans le cas d'être remplacé (L. du 25 vent. an XI, art. 4); mais c'est alors par voie consultative, et non par la voie contentieuse. — *Cass.*, 24 juin 1829, Guillemeteau; *Paris*, 14 mai 1832, Letort.

60. — Par conséquent le procureur de la République ne peut pas, même au nom du ministre, traduire le notaire inculpé devant le tribunal, pour faire déclarer qu'il a contrevenu à la loi de la résidence. — Mêmes arrêts.

61. — Et un tribunal n'est point autorisé à déclarer un notaire démissionnaire, et encore moins à le destituer : pour cause d'éloignement du lieu de la résidence. — *Turin*, 9 janv. 1810, Ferione.

62. — Le ministère public peut exiger l'expédition de l'avis donné par un tribunal au garde des sceaux, sur le point de savoir si un notaire doit être remplacé pour défaut de résidence dans le lieu où il est établi. — En cas de refus par le greffier de délivrer l'expédition demandée, il peut y être contraint par corps. — *Poitiers*, 1er juill. 1831, Leuzon.

63. — L'infraction à l'obligation de résidence étant bien constatée, le ministre de la justice peut alors déclarer que le notaire est considéré comme démissionnaire, et proposer au gouvernement son remplacement. — L. du 25 vent. an XI, art. 4.

64. — Toutefois, il résulte des termes mêmes de l'art. 4, et du pouvoir *facultatif* donné au ministre, que la démission n'est pas encourue de plein droit et qu'elle doit être déclarée par le gouvernement.

65. — Quoi qu'il en soit, les décisions rendues par le garde des sceaux sur les contraventions commises à cet égard ne peuvent être déférées au Conseil d'Etat par la voie contentieuse. — *Cons. d'Etat*, 28 août 1822, Coron c. notaires de Lyon.

66. — Cependant ce droit attribué au ministre de la justice, de proposer le remplacement du notaire qui contrevient à l'obligation de résidence, n'exclut pas celui accordé au ministère public de requérir et aux tribunaux de prononcer une peine disciplinaire, pour le même fait, contre le notaire qui compromet ainsi sa dignité. — *Rouen*, 9 fév. 1839, Boissel c. Manchou; *Cass.*, 15 juill. 1840 (t. 2 1840, p. 171), mêmes parties; 11 janv. 1841 (t. 1er 1841, p. 170), Dépinay c. Toutenel; *Paris*, 31 janv. 1843 (t. 1er 1843, p. 292), M... c. B...; *Toulouse*, 31 déc. 1844 (t. 1er 1845, p. 290), Tourreil.

67. — En conséquence, alors même que le gouvernement n'aurait point jugé à propos d'user de son pouvoir, les tribunaux ne peuvent se refuser à constater la contravention commise par un notaire non résidant, et à lui appliquer les peines disciplinaires. — *Toulouse*, 31 déc. 1844 (t. 1er 1845, p. 290), Tourreil.

68. — Jugé, par suite, que pour qu'un notaire

puisse être poursuivi disciplinairement, comme coupable d'infraction à la loi sur la résidence, il suffit qu'il fasse des transports périodiques dans une commune autre que celle de sa résidence, afin d'y attendre la clientèle et d'y passer des actes de son ministère; qu'il n'est pas nécessaire qu'il ait un dépôt de minutes dans cette commune. — *Rouen*, 26 juin 1837 (t. 1er 1838, p. 12), Toutenel.

69. — De même le notaire qui, avant de parachever ses actes et de leur donner l'authenticité par l'apposition de sa signature, entend, hors du lieu de sa résidence, les énonciations des parties dont il va être passé acte, les rédige ou les fait rédiger par écrit, commet une faute disciplinaire, passible au moins des peines infligées en vertu de l'art. 53 de la loi de l'an XI, en instrumentant ainsi en partie hors de son ressort pour tout ce qui précède la signature de ses actes. — *Toulouse*, 21 déc. 1844 (t. 1er 1845, p. 290), Tourreil.

70. — Jugé, au contraire, que lorsqu'un notaire se donne une double résidence, en recevant habituellement, certains jours de la semaine, des actes dans une autre commune du ressort de son arrondissement, où réside le notaire du lieu, il ne peut être poursuivi, pour ce fait, par voie de discipline. — *Cass.*, 21 fév. 1827, Guérin.

71. — ... Que le notaire d'une commune qui se rend habituellement, à divers jours de la semaine, dans un chef-lieu de canton de son ressort où il n'est pas domicilié, pour y recevoir les actes de son ministère, n'est point passible d'une peine disciplinaire, comme étant en contravention aux lois et règlemens sur le notariat. — *Paris*, 14 mai 1832, Letort.

72. — ... Qu'on ne saurait non plus induire de ce fait que le notaire a une seconde résidence, s'il est constant qu'il a conservé son établissement et son étude dans le lieu qui lui a été assigné. — Même arrêt.

73. — Lorsque des poursuites ont été dirigées par le ministère public contre des notaires sur l'inculpation d'*avoir offert leur ministère sans réquisition de la part des parties*, l'arrêt qui rejette cette inculpation, comme non fondée en fait, ne peut être attaqué devant la Cour de cassation sous le prétexte qu'il aurait dû considérer les faits reprochés auxdits notaires comme contenant une infraction à l'obligation de la résidence. — *Cass.*, 14 juill. 1840 (t. 2 1840, p. 494), Pinot et Escolant.

74. — Quoi qu'il en soit, la Cour qui, sur le réquisitoire du ministère public, juge disciplinairement un notaire, en raison de son infraction à la résidence légale, ne peut lui appliquer que les peines expressément prévues par la loi (c'est-à-dire une peine disciplinaire); et non une simple amende, sous prétexte qu'il existerait, en sa faveur, des circonstances favorables. — *Cass.*, 11 janv. 1841 (t. 1er 1841, p. 170), Dépinay c. Toutenel.

75. — Devrait, en conséquence, être cassé l'arrêt qui rejetterait l'action, par le seul motif qu'elle reposerait sur un fait de résidence que le gouvernement pourrait apprécier et sur lequel il n'aurait pas statué. — *Cass.*, 11 janv. 1841 (t. 1er 1841, p. 170), Bertin et Piollet c. Dauphin.

76. — Quant à l'action civile, elle appartient à ceux qui éprouveraient un préjudice de cette infraction à l'obligation de résidence: c'est-à-dire aux notaires nationaux. — C. civ., art. 1382.

77. — Ainsi jugé que le fait par un notaire d'aller, habituellement et à jour fixe, dans une commune autre que celle de sa résidence, pour y tenir étude ouverte, donne lieu à une action en dommages-intérêts de la part des notaires qui souffrent par là un préjudice. — *Riom*, 18 mai 1833 et 28 fév. 1834, Anglade c. Desmanèches; *Lyon*, 30 août 1838 (t. 2 1839, p. 486), Veyre c. Bourette; *Cass.*, 15 juill. 1840 (t. 2 1840, p. 171), Boissel c. Manchou; 11 janv. 1841 (t. 1er 1841, p. 170), Bertin et Piollet c. Dauphin, Dépinay c. Toutenel (deux arrêts); *Rennes*, 24 août 1841 (t. 2 1841, p. 483), ...; *Paris*, 31 janv. 1843 (t. 1er 1843, p. 292), M... B...; *Rennes*, 11 déc. 1843 (t. 1er 1845, p. 246), ... c. X... — *Contrà*, *Metz*, 21 juill. 1818, D... c. ...

78. — ... Et alors surtout que le notaire emploie des moyens illicites pour détourner la clientèle de ses confrères. — *Rouen*, 26 janv. 1837 (t. 1er 1838, p. 12), Toutenel c. D... P...

79. — Il faut décider de même, à plus forte raison, lorsque le notaire transporte son domicile dans une commune autre que celle de sa résidence, y tient étude ouverte et y conserve le dépôt de ses minutes. — *Riom*, 28 déc. 1846 (t. 1er 1847, p. 393), Clavaron c. Girard.

80. — Toutefois une Cour d'appel qui constate en fait qu'un notaire qui a passé un certain nombre d'actes dans une commune autre que celle de sa résidence légale, mais dépendant de son ressort, et où il possède un appartement qu'il occupe avec sa famille, peut décider qu'il n'a pas contrevenu à l'art. 4 de la loi du 25 vent. an XI sur le notariat, si d'ailleurs il ne se rendait pas, à des époques périodiques, dans cette commune, où il n'avait ni clercs, ni registres, ni livres de droit; mais que ses minutes, ses clercs se trouvaient, au contraire, au lieu de sa résidence légale. — *Cass.*, 30 avril 1845 (t. 2 1845, p. 701), notaires de Toulouse c. Monereau.

81. — Il est encore à remarquer que lorsqu'un notaire ne réside pas dans le lieu qui lui a été fixé par le gouvernement, mais habite une autre commune du même canton, laquelle n'est la résidence d'aucun notaire, un autre notaire de ce canton peut n'être point, pour ce seul fait, fondé à demander des dommages-intérêts contre son confrère; car il peut se faire qu'il n'éprouve aucun préjudice de ce changement de résidence.

82. — L'inobservation, de la part d'un notaire, de la résidence qui lui a été fixée, ne peut être excusée sous prétexte de bonne foi. — *Rouen*, 26 juin 1837 (t. 1er 1838, p. 12), Toutenel c. D... P...

83. — L'action en dommages-intérêts peut être intentée sans que l'infraction ait préalablement donné lieu à l'action publique ou administrative. — *Cass.*, 15 juill. 1840 (t. 2 1840, p. 171), Boissel c. Manchou; 11 janv. 1841 (t. 1er 1841, p. 170), Bertin et Piollet c. Dauphin; *Riom*, 26 déc. 1846 (t. 1er 1847, p. 393), Clavaron c. Girard.

84. — Jugé, au contraire, que la seule inobservation, par un notaire, de la résidence qui lui a été fixée, ne peut, tant qu'il n'a pas été statué par le gouvernement, sur cette infraction, le soumettre à une action en dommages-intérêts, de la part des notaires du lieu où il exercerait à tort, sauf le cas où il chercherait à attirer à lui la clientèle, par des moyens frauduleux et des manœuvres coupables. — *Aix*, 29 juill. 1837 (t. 2 1837, p. 542), Dauphin c. Bertin.

85. — L'action en dommages-intérêts à former par le notaire lésé est purement civile. — *Rennes*, 11 déc. 1843 (t. 1er 1845, p. 246), N... c. X...

86. — Par conséquent, elle est de la compétence exclusive des tribunaux civils et ne peut être portée devant la chambre des notaires. — *Cass.*, 15 juill. 1840 (t. 2 1840, p. 171), Boissel c. Manchou (sol. impl.).

87. — Lorsqu'un notaire réside ailleurs que dans le lieu où il exerce ses fonctions, il ne saurait se prévaloir de cette contravention pour prétendre que son domicile politique existe dans le lieu de sa résidence réelle et non dans celui de sa résidence légale. — *Rennes*, 4 nov. 1834, de Miniac c. préfet d'Ille-et-Vilaine.

ART. 3. — *Ressort des notaires.*

88. — Plusieurs édits ou ordonnances (de nov. 1542, déc. 1543, mai 1636, oct. 1705, sept. 1733 et avr. 1765) avaient défendu aux notaires d'instrumenter hors de leurs ressorts, sous les différentes peines d'amende contre le notaire, de nullité de l'acte, et de dommages-intérêts envers les parties. Mais la doctrine des peines ou nullités comminatoires, qui s'était introduite dans la jurisprudence, tendait constamment à infirmer l'autorité de ces dispositions.

89. — Aussi la Cour de cassation a-t-elle jugé que, sous l'ancienne législation, les actes passés par un notaire hors de son ressort entraînaient bien une amende contre lui, mais n'étaient pas nuls. — *Cass.*, 5 avril 1836, Grange c. Delorme. — Cette décision résultait nécessairement, d'ailleurs (depuis la loi du 6 oct. 1791), de l'art. 5 (tit. 1er, sect. 1re), aux termes duquel les actes reçus par les notaires hors des limites de leur ancien arrondissement, avant la publication de cette loi, ne pouvaient être attaqués pour cause d'incompétence.

90. — La loi du 6 oct. 1791 n'ayant admis qu'une seule classe de notaires établis sur un pied d'égalité parfaite, tous ceux d'un même département pouvaient exercer dans toute l'étendue de ce département et non ailleurs. — Tit. 1er, sect. 2, art. 11.

91. — La loi de 1791 ne prononçait pas la nullité des actes reçus par un notaire hors des limites de son département. Bien plus, une loi postérieure, du 18 brum. an II, porte (art. 2) : « Les actes que les notaires auraient reçus *ou recevraient* hors des limites du département dans l'étendue duquel leur résidence est fixée, ne pourront être annulés du chef de l'incompétence de ces officiers. » — L. 6. oct. 1791.

92. — Jugé, en conséquence, que, depuis la loi des 29 sept.-6 oct. 1791, les notaires ont valablement continué d'instrumenter, dans leur ancien ressort, jusqu'à la loi du 25 vent. an XI, qui a complété la nouvelle organisation sur le notariat. — *Bourges*, 7 juill. 1814, Labbe-Saint-Georges c. Barbançoire.

93. — ... Que, sous l'empire des lois des 6 oct. 1791 et 18 brum. an II, tout notaire était compétent pour instrumenter dans l'entière étendue du département de sa résidence, et délivrer expédition des actes d'un notaire décédé qui lui étaient momentanément confiés, avant que les héritiers du défunt ou l'autorité publique eussent désigné, pour la remise des notes, un notaire de leur choix. — *Nîmes*, 8 juin 1838 (t. 2 1838, p. 419), Rivière c. Mazon.

94. — D'après l'art. 5 L. 25 vent. an XI : « Les notaires exercent leurs fonctions, savoir : ceux des villes où est établi le tribunal d'appel, dans l'étendue du ressort de ce tribunal; ceux des villes où il n'y a qu'un tribunal de première instance, dans l'étendue du ressort de ce tribunal; ceux des autres communes, dans l'étendue du ressort de la justice de paix. »

95. — Cette disposition est sanctionnée par l'art. 6, qui porte : « Il est défendu à tout notaire d'instrumenter hors de son ressort, à peine d'être suspendu de ses fonctions pendant trois mois, d'être destitué en cas de récidive, et de tous dommages-intérêts; » et par l'art. 68, qui comprend l'art. 6 dans l'énumération des dispositions prescrites à peine de nullité.

96. — Ainsi, il y a aujourd'hui en France trois classes de notaires : 1° les notaires de Cour d'appel, 2° ceux d'arrondissement, 3° ceux de justice de paix ou de canton.

97. — Les conditions d'admission au notariat et les garanties exigées des notaires sont plus ou moins sévères, selon que les candidats au notariat aspirent à l'une ou à l'autre de ces classes.

98. — Bien que le notaire résidant dans un bourg ou village dépendant d'une justice de paix dont le chef-lieu est établi dans une ville siége de Cour d'appel, ou de tribunal de première instance, ait le droit, sur la réquisition des parties, de se rendre dans cette ville pour y instrumenter, il ne doit pas être considéré comme notaire de première ou de deuxième classe; ce titre n'appartient qu'à ceux dont la résidence est fixée dans la ville. — Avis *Cons. d'Etat*, 7 fruct. an XII.

99. — Lorsqu'une ville est divisée en plusieurs justices de paix dont dépendent des communes rurales, le notaire d'une de ces communes ne peut instrumenter que dans la partie de cette ville ressortissant à la justice de paix à laquelle il est attaché. — Déc. min. just., 7 juin 1837.

100. — Hors de leur ressort, les notaires ne sont plus officiers publics; leur qualité est pour ainsi dire attachée au territoire. Ainsi, ils n'ont aucun caractère pour attester la vérité de la convention, la présence des parties contractantes, leurs signatures ou leur déclaration de ne savoir signer, les actes qu'ils reçoivent sont donc privés de toute authenticité.

101. — En conséquence, un acte reçu par un notaire hors de son ressort est nul, s'il n'est signé de toutes les parties contractantes, ou qu'il ne puisse valoir que sous la forme authentique : tel qu'une donation. — *Pau*, 11 mars 1811, Mondran c. Gapharre.

102. — Le notaire qui, recevant un acte hors de son ressort, le date d'un lieu où il a le droit d'instrumenter, se rend coupable du crime de faux. — L. 25 vent. an XI, art. 6-12; C. pén., art. 146. — V. à cet égard v° FAUX, nos 304 et suiv.

103. — Un notaire ne peut être réputé avoir instrumenté hors de son ressort parce qu'il a assisté à la rédaction d'un acte ou d'une promesse de vente sous seing privé, si ensuite l'acte public a été passé dans le lieu de sa résidence. — *Cass.*, 3 juill. 1826, Prosnier. — Rolland de Villargues, *Rép.*, v° *Ressort*, nos 9 et 10.

104. — Il en serait de même si un notaire, après avoir présidé, hors de son ressort, à la réception d'enchères et à l'adjudication d'immeubles, mais déclaré qu'il ne pourrait y passer les actes, les avait ensuite rédigés dans son étude. — *Cass.*, 3 juill. 1826, Dubois. — Rolland de Villargues (n° 8) critique cet arrêt en disant que l'art. 6 L. 25 vent. an XI ne défend pas seulement aux notaires de recevoir des actes, mais d'*instrumenter* hors de leur ressort.

105. — On ne peut demander la nullité d'un acte authentique, comme ayant été reçu par un notaire hors de son ressort, lorsque ce notaire était depuis longtemps inscrit sur le tableau de l'arrondissement où l'acte a été passé, qu'il y a constamment instrumenté, que le ministère public a toujours gardé le silence, et enfin que le lieu où l'acte a été reçu est sur les confins de deux arrondissemens différens. — *Angers*, 30 mai 1817, Sigogne c. Simon.

106. — L'art. 205 du C. de proc. fait exception, pour le cas qu'il prévoit, à la règle posée dans l'art. 6 L. du 25 vent. an XI. — V. VÉRIFICATION D'ÉCRITURES.

107. — Un notaire n'a pu, dans l'intervalle de la publication de la loi du 25 vent. an XI à la réception de sa commission ou à la prestation de son nouveau serment, instrumenter dans l'étendue de son ancien ressort; il a dû se renfermer dans la circonscription fixée par la nouvelle loi. — *Pau*, 11 mars 1811, Mondran c. Gapharre.

108. — Jugé encore que les notaires en exercice lors de la promulgation de la loi du 25 vent. an XI, qui n'ont pas obtenu du gouvernement leur confirmation dans un délai fixé, ont dû se renfermer dans l'arrondissement déterminé par l'art. 5 de cette loi, à peine de nullité des actes qu'ils ont reçus hors de cet arrondissement. — *Cass.*, 10 décemb. 1816, Théalier c. Valençon.

Sect. 2e. — *Conditions pour être nommé notaire, et nomination des notaires.*

109. — Pour être nommé notaire, il faut nécessairement offrir des conditions de garantie qui répondent à l'importance des fonctions dont on doit être revêtu. Ces conditions sont celles d'idonéité et quelques autres que le législateur a cru devoir prescrire.

110. — De plus, et indépendamment de l'accomplissement de ces conditions, le candidat doit, s'il n'est pas nommé directement par le gouvernement, présenter la cession régulière et à juste prix faite à son profit par le précédent titulaire d'office. — V., à cet égard, OFFICE.

ART. 1er. — *Conditions d'idonéité.*

111. — Ces conditions sont au nombre de cinq, il faut : 1° jouir de l'exercice des droits de citoyen; 2° avoir satisfait aux lois sur la conscription militaire (aujourd'hui aux lois sur le recrutement); 3° être âgé de 25 ans accomplis; 4° justifier de capacité; 5° justifier de moralité. — L. 25 vent. an XI, art. 35-43.

112. — La justification des trois premières de ces conditions est facile.

113. — La première s'établit et par l'acte de naissance de l'aspirant et par un certificat du maire de son domicile qu'il ne se trouve dans aucun cas de privation ou suspension des droits civils ou politiques. — V. CITOYEN FRANÇAIS, DROITS CIVILS, FRANÇAIS.

114. — La seconde condition est toute naturelle. En effet, pour être digne d'une fonction publique, il faut avoir satisfait aux lois de son pays, surtout dans un point aussi essentiel. — Rolland de Villargues, v° *Notaire*, n° 101. — V. RECRUTEMENT.

115. — L'aspirant justifie qu'il a satisfait aux lois du recrutement : soit par la production d'un certificat du maire de son domicile, constatant ou que son numéro n'a pas été appelé, ou qu'il a fourni un remplaçant, ou qu'il a été réformé; soit par la production d'actes constatant sa libération du service militaire, tels qu'un congé définitif.

116. — Quant à l'accomplissement de la condition d'âge, il est prouvé par la production de l'acte de naissance; à défaut, par un acte de notoriété et par tous les autres moyens de preuve admis en pareil cas. — C. civ., art. 46 et suiv. — V. ÉTAT CIVIL.

117. — Celui qui aurait obtenu sa nomination sur la production d'un faux acte de naissance devrait être destitué par le tribunal. — Art. 53. — Rolland de Villargues, *Rép.*, v° *Notaire*, n° 129.

118. — Autrefois, on pouvait, dans certains cas, obtenir des dispenses d'âge. Mais il ne saurait en être de même aujourd'hui. Ce serait contrevenir à la loi, et le pouvoir exécutif ne peut que la faire exécuter. — Décis. min. just. 9 janv. 1837. Favard, *Rép. de la législat. du notariat*, v° *Notaire*, sect. 4, n° 1er.

119. — Relativement aux deux autres conditions, comme elles forcent d'entrer dans plus de développemens, elles seront l'objet des deux paragraphes suivans.

§ 1er. — *Justification de capacité.*

120. — La justification de capacité se fait 1° par la justification du stage (L. 25 vent. an XI, art. 36, n° 42); 2° par la production d'un certificat de capacité obtenu de la chambre des notaires du ressort dans lequel le candidat devra exercer. — Art. 43 et 44.

121. — 1° *Stage.* — Le stage consiste à travailler dans l'étude d'un notaire pendant un certain nombre d'années entières et consécutives. — Ce travail doit avoir nécessairement pour objet les matières du notariat, et non tout autre service qui y serait étranger. — V. STAGE.

122. — Ceux qui travaillent ainsi chez un notaire portent le titre de *clercs*, qu'ils aspirent ou non au notariat. — V. CLERC.

123. — L'art. 36 (L. 25 vent. an XI) a fixé le nombre d'années nécessaires pour l'accomplissement du stage pour le notariat. — V., à cet égard, vis CLERC et STAGE.

124. — 2° *Certificat de capacité.* — L'art. 43 de la loi du 25 ventôse an XI, porte : « L'aspirant demandera à la chambre de discipline du ressort dans lequel il devra exercer un certificat de moralité et de capacité. Le certificat ne pourra être délivré qu'après que la chambre aura fait parvenir au commissaire du gouvernement du tribunal de première instance (le procureur de la République) l'expédition qui l'aura accordé. » — Puis l'art. 44 ajoute : « En cas de refus, la chambre donnera un avis motivé et le communiquera au commissaire du gouvernement, qui l'adressera au grand juge (ministre de la justice), avec ses observations. »

125. — La délivrance d'un certificat de capacité implique évidemment examen préalable du candidat. Toutefois, comme cet examen n'est pas impérieusement prescrit par la loi, il est certain que la chambre pourrait en dispenser un candidat dont la capacité serait notoire pour chacun de ses membres.

126. — Cet examen doit porter naturellement sur le droit et la jurisprudence théorique et pratique, dans leurs rapports avec le notariat. Il est ordinairement oral. Mais rien n'empêcherait la chambre de poser au candidat des questions à résoudre par écrit.

127. — L'obligation de demander un certificat de capacité pour être nommé notaire est générale et ne souffre aucune exception, quelles qu'aient pu être d'ailleurs les dispenses totales ou partielles de stage accordées aux candidats. Elle existe pour l'ancien notaire qui, après avoir cessé ses fonctions, veut redevenir notaire; elle existe même pour celui qui ne ferait que changer de résidence, si ce changement emportait démission de son ancien titre et une nouvelle nomination : car, pour obtenir cette nomination, il serait précisément dans le cas de celui qui veut redevenir notaire, après avoir cessé de l'être. — Décis. min. just. 9 juin 1835. — V., toutefois, déc. min. just. 15 janv. 1836.

128. — Lorsque le certificat de capacité produit par un aspirant porte une date ancienne, il est de règle d'exiger la production d'un certificat plus nouveau. — Déc. minist. just., 23 mai 1846.

129. — Le certificat devant être délivré par la chambre dans le ressort de laquelle le candidat devra exercer, il semble qu'il doive indiquer dans sa demande le lieu où il se propose de résider. — Rolland de Villargues, *Certificat de moral. et de capac.*, n° 11.

130. — En général, les chambres de notaires ne peuvent refuser de délibérer sur la demande de certificat qui leur est faite : sous prétexte qu'il n'est pas nécessaire d'augmenter le nombre des notaires. — Déc. minist. just., 6 vendém. an XIII. — Gagneraux, *Encycl. du not.*, p. 181, n° 4.

131. — En cas de refus, le ministère public peut poursuivre disciplinairement les membres de la chambre pour contravention à l'art. 3 de la loi du 25 ventôse an XI. — Art. 53. — *Douai*, 25 mars 1831, chamb. des notair. de Boulogne.

132. — Toutefois, l'obligation de délibérer n'existe qu'autant que l'aspirant y a un intérêt né et actuel (même arrêt). — Et cet intérêt lui-même n'existe pas lorsque le nombre des notaires a été légalement fixé dans le ressort de la chambre dont on demande à subir l'examen, et qu'aucune place n'est vacante. — Peu importe que le maximum des charges de notaire n'ait pas encore été atteint dans la localité dont il s'agit. — Même arrêt.

133. — Lorsque deux candidats se présentent pour la même place, la chambre doit procéder à l'examen de chacun d'eux et accorder ou refuser le certificat dans la forme ordinaire. — Rolland de Villargues, n° 12.

134. — D'après une circulaire du grand juge, du 22 vent. an XII, faite pour l'exécution de l'art. 43 de la loi du 25 vent. an XI, lorsque, sur l'envoi qui lui avait été fait, en conformité de ses dispositions, le ministère public avait approuvé la délibération qui accordait le certificat, et qu'il s'agissait de la délivrance de celui-ci au candidat, la chambre devait prendre une nouvelle délibération confirmative ou infirmative de la première. Il y avait là double emploi. — Désormais le certificat peut être délivré, sans nouvelle assemblée, par le président ou le secrétaire de la chambre, après la communication faite au procureur de la République. Il n'y aurait lieu à nouvelle délibération que si le magistrat refusait l'*admittatur*. — Déc. minist. just., 8 mai 1837.

135. — Dans tous les cas, la délibération de la chambre, et la délivrance ou le refus fait par elle d'un certificat, n'est qu'un avis. Ainsi, lorsqu'elle a refusé le certificat demandé, le refus, formulé sous forme d'avis motivé, doit toujours être adressé par elle au procureur de la République, qui est tenu lui-même de le transmettre au ministre de la justice, avec ses observations, ce qui implique pour celui-ci la faculté de passer outre. — Art. 44.

136. — Cependant, avant d'adresser les pièces à l'autorité supérieure, assez fréquemment les procureurs de la République provoquent un nouvel examen et une nouvelle délibération de la chambre des notaires. — Gagneraux, *ibid.* p. 182, n° 16.

137. — Quant à la capacité physique de l'aspirant, il faut qu'elle soit telle qu'il puisse exercer les fonctions de notaire. Ainsi on a toujours exclu les aveugles, les muets, les sourds. — V., sur ce dernier chef, une décision conforme du ministre de la justice, du 7 janv. 1837. — Il suffirait même de l'affaiblissement d'un de ces organes, et la question dépendrait des circonstances. — Rolland de Villargues, v° *Notaire*, n° 163, 2e édit.

§ 2. — *Justification de moralité.*

138. — Le certificat de moralité est demandé, accordé ou refusé par les chambres de discipline, dans les mêmes cas, de la même manière, par la même délibération et avec les mêmes effets que pour le certificat de capacité. — L. 25 vent. an XI, art. 43 et 44.

139. — Sans doute, il n'y a pas ici lieu à un examen de la nature de celui auquel procèdent les chambres pour constater la capacité du candidat. Mais les chambres peuvent faire prendre tous renseignemens, pour s'édifier sur la moralité qu'elles ont à attester; elles peuvent également demander au candidat lui-même toutes explications nécessaires sur des faits qui pourraient faire suspecter sa probité ou sa délicatesse.

140. — De même que le certificat de capacité, si le certificat de moralité produit par l'aspirant porte une date ancienne, il est de règle d'exiger la production d'un certificat plus nouveau. — Déc. min. just., 23 mai 1848.

141. — Si l'opposition formée par le créancier d'un notaire, entre les mains du syndic de la chambre, pour le paiement de sa créance, ne peut avoir pour effet d'empêcher le notaire de vendre son office, néanmoins elle est valable, en ce sens, que la chambre peut s'en prévaloir, pour imposer, par mesure de discipline, au successeur de ce notaire, l'obligation d'employer au paiement de la créance le prix de la vente, et pour lui refuser, jusque-là, un certificat d'admission. — *Bourges*, 31 mai 1826, Jarry c. Binet.

142. — Les tribunaux sont incompétens connaître d'une demande formée contre chambre de notaires à l'effet de faire biffer ou disparaître de ses registres une délibération par laquelle elle a refusé à un candidat un certif de moralité, sur le motif que cette délibérati renfermerait l'énonciation de faits faux tendant à inculper l'honneur et la délicatesse de ce didat. — *Bruxelles*, 10 nov. 1829, D... c. ch. des not. d'Anvers.

ART. 2. — *Conditions autres que celles d'idonéité.*

143. — Ces conditions consistent dans l' gation pour le notaire avant d'entrer en fonctions 1° de fournir un cautionnement, 2° de p serment, 3° et de déposer sa signature et phe.

144. — 1° *Cautionnement.* — Déjà la loi du 6 1791 et celle du 7 vent. an VIII avaient soumis notaires au versement, à titre de garantie cautionnement, d'un fonds de responsabilité deniers. — V. CAUTIONNEMENT (Fonction etc.), nos 31, 84 et suiv.

145. — Vint ensuite la loi du 25 vent. an XI, portant (art. 33) : « Les notaires exercent sans patentes, mais ils sont assujettis à un cautionnement fixé par le gouvernement.... et qui sera spécialement affecté à la garantie des condamnations prononcées contre eux par suite de l'exercice de leurs fonctions. — Lorsque, par l'effet de cette garantie, le montant du cautionnement aura été employé en tout ou en partie, le notaire sera suspendu de ses fonctions jusqu'à ce que le cautionnement ait été entièrement rétabli; et faute par lui de rétablir, dans les six mois, l'intégralité du cautionnement, il sera considéré comme démissionnaire et remplacé. »

146. — « Le cautionnement (ajoute l'art. 34) sera fixé par le gouvernement, en raison combinée des ressort et résidence de chaque notaire, d'après un *minimum* et un *maximum*. — Ces cautionnemens seront versés, remboursés et les intérêts payés, conformément aux lois sur les cautionnemens, sous la déduction de tous versemens antérieurs. »

147. — Enfin, la loi du 28 avril 1816 est encore venue modifier cet état de choses en exigeant un supplément de cautionnement des notaires ainsi que des autres officiers ministériels (art. 88). — Quant à la patente, l'art. 13 (n° 2) de la loi du 25 avril 1844 les en exempte formellement.

148. — Au ministère public appartient le droit de requérir et au tribunal celui de prononcer la suspension du notaire dont le cautionnement se trouve absorbé en tout ou en partie. — Arg. L. 25 vent. an VII, art. 53.

149. — Le cautionnement versé par un notaire ne peut tenir lieu du cautionnement de son successeur; et lorsqu'un notaire a été admis à changer de résidence, le cautionnement versé pour l'ancienne résidence ne peut non plus être appliqué à la résidence nouvelle. — Circul. min. just. 31 oct. 1836.

150. — Quant aux priviléges que la loi attribue pour les cautionnemens des notaires, soit pour faits de charge, soit en faveur du trésor, V. CAUTIONNEMENT (Fonds et), nos 156 et suiv., 168 et suiv.

151. — 2° *Serment* (Prestation du). — Dans les deux mois de sa nomination, le pourvu d'un titre de notaire est tenu, à peine de déchéance, de prêter, à l'audience du tribunal auquel la commission a été adressée, le serment de remplir ses fonctions avec exactitude et probité. — L. 25 vent. an XI, art. 47.

152. — Le pourvu qui n'a pas prêté serment dans les deux mois peut encore y être admis par le tribunal, s'il prouve que le retard ne saurait lui être imputé. — Circ. min. just. 29 mai 1837.

153. — Il ne peut être admis à prêter serment qu'en représentant l'original de sa commission et la quittance du versement de son cautionnement. — L. 25 vent. an XI, art. 47.

154. — Il n'a le droit d'exercer qu'à compter du jour où il a prêté serment. — Art. 48. — V. C. pén., 196.

155. — Il est tenu de faire enregistrer le procès-verbal de prestation de serment au secrétariat de la municipalité de sa résidence, aux greffes de tous les tribunaux dans le ressort desquels il a le droit d'exercer (art. 47), et au secrétariat de la chambre de discipline à laquelle il ressortit, sur un registre d'immatricule tenu à cet effet. — Stat. not. Paris, 6 nov. 1808.

156. — Quant à la formule du serment à prêter, aux modifications successives qu'y ont apportées les lois nouvelles, et aux conséquences du refus de prestation d'un nouveau serment, V. SERMENT DES FONCTIONNAIRES CIVILS ET POLITIQUES.

157. — 3° *Dépôt de signature et paraphe.* — Avant d'entrer en fonctions, les notaires sont tenus de déposer au greffe de chaque tribunal de première instance de leur département, et au secrétariat de la municipalité de leur résidence, leur signature et paraphe. — De plus, les notaires à la résidence des tribunaux d'appel doivent faire ce dépôt au greffe des autres tribunaux de première instance de leur ressort. — L. 25 vent. an XI, art. 49.

158. — Cette disposition a pour but de faire connaître légalement la signature des notaires et de mettre le juge à même de la légaliser avec connaissance de cause sur les actes qui doivent être exécutés hors de leur ressort. — V. LÉGALISATION.

159. — Aucune sanction spéciale n'est attachée par la loi au défaut de dépôt ordonné par l'art. 49. On ne pourrait donc y appliquer que les peines de discipline.

160. — Un notaire ne peut employer d'autres signature et paraphe que ceux dont il a fait le dépôt. — V. L. 6 oct. 1791, tit. 4, art. 19; stat. not. Paris, 17 juin 1813.

161. — Cependant on peut admettre qu'un notaire pourrait, suivant les circonstances, les modifier, en ayant soin d'en donner avis à la chambre de discipline, et au tribunal, et de faire un nouveau dépôt dans tous les lieux indiqués par l'art. 49. Tel serait, par exemple, le cas où l'âge, des infirmités ou un accident auraient modifié l'écriture du notaire; tel serait encore celui où il aurait obtenu l'autorisation de changer de nom.

162. — Suivant Chassanée, un notaire qui s'est servi d'une signature et d'un paraphe depuis qu'il est en fonction, peut s'opposer à ce qu'un nouveau notaire portant le même nom que lui, emploie la même manière de tracer sa signature et son paraphe. — *Catalogus gloriæ mundi*, *pars* 7, *conclus.* 33.

ART. 3. — *Nomination des notaires.*

163. — Sous l'empire de la loi du 6 oct. 1791, les nominations aux places de notaire se faisaient sur des listes de candidats dressées à la suite de concours ouverts dans tous les chefs-lieux de département. Le tit. 4 de cette loi réglait les conditions nécessaires pour être admis à concourir, les formes de concours et le mode de nomination lorsqu'il y avait des places vacantes.

164. — D'après l'art. 45 de la loi du 25 vent. an XI, les notaires devaient être nommés par le premier consul. Ce droit de nomination, comme partie du pouvoir exécutif, a passé successivement à l'empereur, au roi (Charte 1814 et 1830), au Gouvernement provisoire, à la commission exécutive de 1848, au général Cavaignac (décr. 24 juin); il appartient aujourd'hui au président de la République (Constit. 4 nov. 1848, art. 4).

165. — La nomination est faite sur la présentation du ministre de la justice.

166. — Le notaire nommé obtient du chef du pouvoir exécutif une commission qui énonce le lieu fixe de la résidence. — L. 25 vent. an XI, art. 45.

167. — Cette commission est adressée *dans son intitulé* au tribunal de première instance dans le ressort duquel se trouve cette résidence. — Même article.

168. — Mais ce n'est là qu'une formule. En fait, la commission est envoyée par le ministre de la justice au procureur général près la cour à laquelle ressortit le tribunal de la résidence du notaire; puis transmise par ce magistrat au procureur de la République près ce tribunal, elle est remise par celui-ci au titulaire pour qu'il se mette en mesure afin d'être installé conformément à la loi.

ART. 4. — *Notaires en exercice lors de la promulgation de la loi du 25 ventôse an XI.*

169. — La loi du 25 vent. an XI contient (sous le titre 3) plusieurs dispositions applicables aux individus alors pourvus d'un titre de notaire. Ces dispositions ont encore leur intérêt toutes les fois qu'il s'agit d'apprécier la validité des actes reçus par ces notaires.

170. — Beaucoup d'entre ces notaires n'étaient alors pourvus que de titres provisoires. — Arg. L. 6 oct. 1791, tit. 1er, sect. 1re, art. 4; 18 brum. an II, art. 1er; 7 pluv. an 3, art. 1er.

171. — La loi du 25 vent. an XI maintient définitivement tous les notaires, sans distinction des notaires alors en exercice de ceux qui, sans avoir été remplacés, n'avaient interrompu l'exercice de leurs fonctions ou n'avaient été empêchés d'y entrer que pour cause soit d'incompatibilité, soit de service militaire. — Art. 62 et 63.

172. — Ils peuvent donc reprendre ou continuer l'exercice de leurs fonctions, mais sous plusieurs conditions applicables à tous indistinctement, soit qu'ils n'eussent que des titres provisoires ou qu'ils fussent pourvus d'une institution définitive, en vertu de la loi du 6 oct. 1791, dans les lieux où l'organisation qu'elle avait promise avait pu être régularisée. — Loi du 6 oct. 1791, tit. 1er, sect. 1re, art. 3 et 4; sect. 2, art. 1er et suiv.; tit. 2 et 4; L. des 18 brum. an II et 7 pluv. an III.

173. — « Ils seront tenus, dans les trois mois du jour de la publication de la présente loi : 1° de remettre au greffe du tribunal de première instance de leur résidence, et sur un récépissé du greffier, tous les titres et pièces concernant leurs précédentes nomination et réception; 2° de se pourvoir, avec ce récépissé, auprès du gouvernement, à l'effet d'obtenir du premier consul une commission confirmative, dans laquelle seront rappelés la date de leur nomination et réception précédentes et lieu fixe de leur résidence. » — L. du 25 vent. an XI, art. 64.

174. — « Dans les deux mois qui suivront la délivrance de cette commission, chacun desdits notaires sera tenu de prêter le serment prescrit par l'art. 47, et de se conformer aux dispositions de l'art. 49 pour le dépôt des signature et paraphe. — Le présent article et le précédent seront exécutés à peine de déchéance. » — Art. 65.

175. — De plus, ces deux articles sont au nombre de ceux dont l'art. 68 exige l'accomplissement à peine de nullité des actes comme authentiques.

176. — Mais il nous semble qu'à l'égard des notaires en exercice lors de la publication de la loi de ventôse, tous les actes reçus par eux avant la déchéance encourue sont valables.

177. — Il en serait peut-être autrement pour ceux qui auraient été reçus dans le même intervalle par les notaires dont s'occupe l'art. 63, et qui n'auraient pas rempli les formalités nécessaires pour obtenir une nouvelle commission.

178. — Ce n'est pas seulement au bout de cinq mois que la déchéance a été encourue; elle s'applique spécialement, *pro suâ parte*, à chacun des deux art. 64 et 65, et il en est de même de la nullité des actes.

179. — C'est donc inutilement qu'un notaire qui aurait laissé passer trois mois, à dater de la publication de la loi, sans satisfaire aux prescriptions de l'art. 64, aurait cependant obtenu une commission confirmative, prêté serment et fait le dépôt de ses signature et paraphe avant l'expiration du cinquième mois. Cette commission ne saurait influer sur les droits acquis aux tiers en vertu des art. 64 et 68 combinés. Après le dernier jour du troisième mois, le notaire était déchu; il n'a donc pu, jusqu'à sa réinstallation, recevoir aucun acte, comme notaire, à peine de nullité. — L'absence d'une commission nouvelle ne saurait être qu'un motif de plus pour faire prononcer cette nullité.

180. — La cour de Turin a donc bien jugé en décidant que l'ancien notaire, qui, dans les trois mois de la publication de la loi du 25 vent. an XI, n'avait pas déposé au greffe les titres et pièces mentionnés dans l'art. 64, était réputé déchu de plein droit de ses fonctions, surtout s'il n'avait pas été compris dans la confirmation ultérieure du gouvernement. — Qu'en conséquence, le testament par lui reçu depuis sa déchéance était nul, sans qu'on pût, en ce cas, invoquer l'erreur commune relativement à cette déchéance. — *Turin*, 21 avril 1807, Marengo.

Sect. 3e. — *Cessation des fonctions de notaire. — Transmission des minutes et répertoires.*

ART. 1er. — *Cessation des fonctions de notaire.*

181. — Les notaires sont institués à vie. — L. 25 vent. an XI, art. 2. — Par conséquent, ils sont inamovibles.

182. — D'où il suit que leurs fonctions ne cessent qu'à leur mort, à moins qu'ils ne s'en démettent de leur vivant.

183. — Toutefois, l'inamovibilité qui met les notaires à l'abri d'une révocation arbitraire ne saurait être pour eux un brevet d'impunité; s'ils trompent la confiance publique, ils doivent et peuvent être suspendus ou destitués suivant la gravité des cas.

184. — Ainsi, la cessation des fonctions de notaire a lieu dans trois cas : 1° par la démission; 2° par le décès; 3° par la destitution du titulaire. — Quant à la suspension, elle ne donne lieu qu'à une cessation momentanée.

185. — Ces trois causes de cessation des fonctions de notaire sont reconnues d'ailleurs par l'art. 32, qui consacre le principe de l'inamovibilité en disant : « Les suppressions ou réductions de places ne seront effectuées que par mort, démission ou destitution. »

186. — La démission est expresse ou tacite, — volontaire ou forcée.

187. — La démission expresse est l'acte par lequel un notaire déclare au chef du gouvernement qu'il résigne son office. — Cette déclaration est transmise au ministre de la justice par l'intermédiaire du procureur de la République.

188. — Après la réception de cette déclaration, il reste à aviser, par le gouvernement, à la nomination d'un successeur; à moins que la place ne doive être supprimée.

189. — Avant la loi du 28 avril 1816, toute liberté appartenait au gouvernement, à l'égard de cette nomination, pourvu qu'elle fût faite en faveur d'un candidat réunissant toutes les conditions de capacité exigées par la loi pour être notaire. Mais la loi précitée a gravement modifié cet état de choses, en reconnaissant aux titulaires d'offices le droit de présenter des successeurs. — V., à ce sujet, OFFICE.

190. — La démission tacite résulte d'un fait qui suppose l'abandon des fonctions. Tel serait le cas où un notaire aurait accepté les fonctions de juge, ou toute autre incompatible avec celles de notaire. — Arg. l. 25 vent. an XI, art. 7.

191. — La démission est volontaire lorsque rien n'obligeait le notaire à se démettre de ses fonctions.

192. — Elle est forcée, lorsqu'elle est attachée, par la loi, comme conséquence, à certains faits.

193. — Tels sont les cas du notaire qui abandonne sa résidence (L. 25 vent. an XI, art. 4), de celui qui néglige de rétablir son cautionnement absorbé, ou entamé, par suite de condamnations prononcées contre lui (art. 33). — V. aussi SERMENT DES FONCTIONNAIRES ET PROFESSIONNEL.

194. — La démission est alors déclarée par le gouvernement. Il n'appartiendrait pas aux tribunaux de le faire.

195. — Ainsi jugé, sous l'empire de la loi du 6 oct. 1791, qu'il n'appartenait pas à l'autorité judiciaire de décider si les infirmités survenues à un notaire l'empêchaient d'exercer ses fonctions. — *Paris*, 23 therm. an X, Leblanc.

196. — Le notaire qui a donné sa démission en faveur d'un tiers, peut néanmoins continuer l'exercice de ses fonctions tant que sa démission n'a pas été acceptée par le gouvernement. — *Rennes*, 24 janv. 1821, Caro c. Trevelo.

197. — D'après Rolland de Villargues, il ne devrait même cesser d'exercer que du jour de l'installation de son successeur. — *Rép. du not.*, vo *Démission*, no 22. — V. aussi Favard, vo *Notaire*, t. 3, p. 721.

198. — Dans tous les cas, les actes par lui reçus depuis sa démission, mais antérieurement à la nomination de son successeur, sont valables et authentiques. — *Rennes*, 24 janv. 1821, Caro c. Trevelo.

199. — Mais ces principes ne sont applicables ni au cas où la démission résulterait de l'acceptation de fonctions incompatibles avec celles de notaire, ni à celui où il s'agirait de démission forcée.

200. — Ainsi l'acte reçu par un notaire nommé avoué, et ayant prêté serment en cette qualité, serait nul sans aucun doute, alors même qu'il n'aurait pas encore été pourvu à son remplacement comme notaire.

201. — Il en serait de même de celui reçu par un notaire postérieurement à la notification de l'acte du gouvernement qui l'aurait déclaré démissionnaire pour infraction aux règles de résidence. — Décis. min. just., 19 janv. 1837.

202. — Le notaire dont la démission est volontaire peut la rétracter jusqu'à ce qu'elle ait été acceptée par le gouvernement, sauf les dommages intérêts, s'il y a lieu, envers le tiers avec lequel il aurait traité pour la cession de son office. Le même droit appartient à celui-ci, sous la même condition. — V. Rolland de Villargues, *Rép.*, vo *Démission*, nos 24, 25 et 26. — Décis. min. just., 9 janv. 1837. — V. OFFICE.

203. — Comme la démission, alors même qu'elle est forcée, ne saurait être assimilée à une destitution, le notaire démissionnaire conserve, dans tous les cas, la faculté de présenter un successeur. Sauf au gouvernement à lui fixer un délai pour l'exercice de cette faculté, et, faute à lui de l'avoir fait dans le délai fixé, à pourvoir au remplacement. Dans ce cas, le gouvernement impose ordinairement au notaire nommé l'obligation de payer au titulaire la valeur de l'office : soit d'après un prix fixé par le gouvernement lui-même, soit d'après estimation. — Gagneraux, *Encycl. du not.*, p. 64, no 16; p. 169, no 20; p. 184, nos 14 et 15.

ART. 2. — *Transmission des minutes et répertoires.*

204. — Au nombre des mesures les plus importantes à prendre lorsqu'un notaire vient à cesser ses fonctions, se trouvent celles relatives à la transmission des minutes.

205. — Par un édit de mars 1575 Henri III avait créé des *notaires gardes-notes* dont l'office consistait exclusivement à recevoir le dépôt des minutes des notaires qui, par décès ou autrement, cessaient leurs fonctions, et à en délivrer grosses et expéditions aux parties.

206. — Ces offices et d'autres analogues furent successivement abolis par Henri IV et Louis XV (éd. de mai 1597 et févr. 1764), à l'exception de ceux qui existaient dans les terres dépendant de l'apanage d'Orléans, dans le ressort du parlement de Flandres, et dans la province d'Artois; de sorte que dans les lieux ainsi exceptés, et dans quelques autres contrées réunies plus tard à la France, il existait encore, lors de la promulgation de la loi du 25 vent. an XI, des dépôts de minutes connus sous les diverses dénominations de *chambre des contrats, bureau de tabellionage*, etc. — C'est en faveur des possesseurs *actuels* de ces dépôts qu'a été inséré dans la loi précitée l'art. 60, qui leur en laisse la garde; tout en réservant aux notaires seuls de la localité ou du voisinage le droit de délivrer des grosses ou expéditions des actes qui s'y trouvent

207. — Mais, comme le fait observer M. Gagneraux (p. 236, no 2), cette disposition a un caractère transitoire et ne s'étend pas aux héritiers des possesseurs *actuels* lors de la promulgation de la loi, auxquels s'appliquent expressément l'art. 61 et par analogie les art. 54 et suiv. de la même loi.

208. — Il résulte de ces dispositions de la loi que les minutes des notaires ne peuvent être transmises qu'à des notaires et jamais à des personnes privées.

209. — Les minutes des actes notariés constituent une propriété à la fois publique et privée : publique, en ce que la société est intéressée à leur conservation et a le droit de veiller à leur transmission pour en suivre la trace et les retrouver au besoin; privée, en ce qu'au notaire seul qui les possède appartiennent les bénéfices attachés à leur possession et que ces bénéfices sont même transmissibles à ses héritiers dans une certaine mesure. — Art. 59.

210. — C'est par ce double caractère que s'expliquent et se justifient les dispositions des art. 54 à 61.

211. — Sous l'empire de la loi du 6 oct. 1791, il était de règle que les minutes devaient rester au lieu de la résidence du notaire. — Tit. 3, art. 2 et 4, no 8.

212. — Le notaire qui passait dans une autre résidence ne pouvait emporter les minutes. Elles devaient être transmises à un autre notaire de la résidence qu'il abandonnait, selon les formes indiquées aux articles précités.

213. — Cependant, s'il ne devait pas y avoir de notaire dans la résidence abandonnée, et que le titulaire fût seulement transféré dans une autre commune du même canton, il devait emporter ses minutes. Si, au contraire, il passait dans un autre canton, ces minutes devaient rester à un notaire du canton de la résidence délaissée. — Arg. art. 2.

214. — On distinguait en outre, selon que le notaire qui cessait ses fonctions devait être ou non remplacé.

215. — S'il n'y avait pas lieu à remplacement, on appliquait les principes ci-dessus. Le démettant ou ses héritiers devaient, dans un délai déterminé, remettre les minutes et répertoires à celui qu'ils voudraient choisir des notaires de la résidence ou, à défaut, des notaires du canton, en faisant avec lui, sur les recouvremens, telle convention que bon leur semblait. — Art. 13.

216. — Faute de remise dans le délai d'un mois à dater de la démission, ou du décès, elle devait être opérée d'abord, à titre provisoire, par les soins du ministère public, entre les mains du plus ancien notaire de la résidence ou du canton, selon la distinction établie ci-dessus. La remise en était faite ensuite, définitivement, toujours à un notaire de la résidence ou du canton, dans les formes et sous les conditions établies aux art. 6, 7 et 8.

217. — Dans tous les cas où il y avait lieu à remplacement, les minutes passaient au successeur : à la charge des recouvremens arbitrés à l'amiable entre parties et, à défaut, à dire d'experts. — Art. 14 et 15.

218. — En conséquence, le fonctionnaire nommé pour remplacer provisoirement un notaire décédé était autorisé, jusqu'à la fixation du nombre des notaires dans le lieu où le défunt exerçait, à demander la remise des minutes de son prédécesseur. — *Paris*, 12 vent. an X, Bordier c. Levassor.

219. — Jugé, au contraire, que lorsque les héritiers d'un notaire décédé avaient remis les minutes à un notaire de leur choix, le notaire qui venait ensuite à être nommé en remplacement du défunt ne pouvait exiger que ces mêmes minutes lui fussent remises. — *Cass.*, 26 niv. an XII, Martinet c. Bougereau.

220. — Les dispositions de la loi de 1791 sur la transmission des minutes ont été modifiées par la loi du 25 ventôse an XI.

221. — Les minutes et répertoires d'un notaire remplacé, ou dont la place aura été supprimée, peuvent être remis par lui ou par ses héritiers à l'un des notaires résidant dans la même commune, ou à l'un des notaires résidant dans le même canton, si le remplacé était le seul notaire établi dans la commune. — L. 25 vent. an XI, art. 54.

222. — Les minutes d'un notaire appartiennent au successeur avec lequel il a traité, et qu'il a fait agréer du gouvernement : sous la seule condition de fixer sa résidence dans une autre commune du canton, bien qu'il y ait un second notaire dans le lieu de l'ancienne résidence. — *Dijon*, 1er avr. 1818, Tissier c. Gay.

223. — Lorsque deux notaires exercent concurremment leurs fonctions dans une même résidence, si l'un d'eux donne sa démission il peut valablement céder ses minutes au notaire qui a été nommé sur sa présentation, et en remplacement d'un autre notaire décédé dont l'office est sujet à extinction, bien que le cessionnaire aille exercer, par ordre du gouvernement, dans la résidence du remplacé. — Ces minutes ne doivent pas nécessairement rester dans la commune où elles ont été reçues, et être remises au seul notaire qui s'y trouve actuellement. — *Aix*, 29 sept. 1838 (t. 1er 1839, p. 437), Poulle.

224. — La remise des minutes d'un notaire décédé, faite à titre de cession par ses héritiers, dans l'étude d'un notaire en exercice, est définitive. — *Bastia*, 7 août 1842 (t. 2 1842, p. 655), Avazeri c. Mariani.

225. — En conséquence, si le notaire dépositaire vient à décéder, ses minutes ne reviennent pas auxdits héritiers, et doivent être remises au successeur du dépositaire encore bien qu'en vertu d'une ordonnance du président elles aient été déposées provisoirement entre les mains d'un autre notaire qui se fonderait, pour les retenir, sur la cession nouvelle que lui en auraient faite les premiers déposans. — Même arrêt.

226. — De même encore, quand les héritiers d'un notaire décédé ont remis les minutes et répertoires à un autre notaire du même lieu, ils ne peuvent être tenus ensuite à les remettre au notaire qui vient d'être nommé à la place du défunt, quand même il eût été, dès auparavant, nommé notaire provisoire, surtout s'il n'avait ni fait connaître sa nomination ni mis en demeure de remettre les minutes. — *Nîmes*, 14 messid. an XII, Rouvières c. Molines et Boissier.

227. — Par conséquent, lorsqu'après le décès d'un notaire ses héritiers ont choisi un notaire pour lui faire la remise de ses minutes, le juge ne peut, sans motifs particuliers, ordonner qu'elle sera faite à un autre. — *Colmar*, 14 juin 1811, Bremsinger c. Lex.

228. — Lorsqu'après le décès d'un notaire dont l'office est supprimé les héritiers ont remis volontairement, et sans ordonnance de justice, les minutes à un autre notaire du même canton, ils ne peuvent, surtout après plusieurs années, retirer ces minutes des mains du dépositaire en prétendant que la remise n'était que provisoire. Du moins c'est à eux à prouver qu'elle n'était pas définitive. — *Orléans*, 11 déc. 1828, Voisin et Guérin c. Auché.

229. — Toutefois le droit, pour le notaire ou ses héritiers, de transmettre les minutes et répertoires, suppose qu'ils ont toujours celui de céder l'office. — Il n'en est plus de même quand ils ont été déclarés déchus de ce dernier droit.

230. — Jugé, dès lors, qu'un notaire destitué n'a pas le droit de disposer, conformément à l'art. 54, des minutes de son étude. — *Angers*, 11 févr. 1841 (t. 1er 1841, p. 651), T... c. B... — V. la note sous cet arrêt.

231. — Que les syndics d'un notaire tombé en faillite n'ont pas le droit de traiter, avec un autre notaire, de la remise des minutes du failli, alors surtout qu'un notaire, en remplacement de ce failli, a été nommé par l'autorité. — *Bruxelles*, 23 mars 1829, Jottrand c. Brulé.

232. — Si la remise des minutes et répertoires du notaire remplacé n'a pas été effectuée, conformément à l'art. 54, dans le mois à compter du jour de la prestation de serment du successeur, elle doit être faite à celui-ci. — L. du 25 vent. an XI, art. 55.

233. — Les héritiers d'un notaire peuvent, sans attendre la prestation de serment du successeur de ce notaire, remettre les minutes et répertoires du défunt à l'un des notaires résidant dans la commune ou dans le canton. — *Bruxelles*, 20 janv. 1823, N...; 10 avril 1823, N...

234. — La même Cour avait jugé auparavant, mais à tort, ce nous semble, que les héritiers du notaire remplacé ne peuvent faire la remise de ses minutes et répertoires à un autre notaire *avant ou après* le mois de sa prestation de serment, mais seulement dans le courant même de ce mois. — *Bruxelles*, 20 juill. 1820, Renard c. Godschalk.

235. — Lorsqu'il n'y a qu'un changement de résidence qui n'exige point de serment, le délai du mois commence à courir de l'entrée en fonctions du notaire dans sa nouvelle résidence du même ressort. — Même arrêt.

236. — Lorsque la place de notaire est supprimée, le titulaire ou ses héritiers sont tenus de remettre les minutes et répertoires, dans le délai de deux mois du jour de la suppression, à l'un des notaires de la commune ou à l'un des notaires du canton, conformément à l'art. 54. — Loi 25 vent. an XI, art. 56.

237. — « Le commissaire du gouvernement près le tribunal de première instance (porte l'art. 57) est chargé de veiller à ce que les remises ordonnées par les articles précédens soient effectuées et, dans le cas de suppression de la place, si le titulaire ou les héritiers n'ont pas fait choix, dans les délais prescrits, du notaire à qui les minutes et répertoires devront être remis, le commissaire indiquera celui qui en demeurera dépositaire. »

238. — Le titulaire ou ses héritiers, en retard de satisfaire aux dispositions des art. 56 et 58, sont passibles d'une amende de 100 fr. par chaque mois de retard, à compter du jour de la sommation qui leur a été faite d'effectuer la remise. — Art. 57.

239. — Si la remise n'est pas faite dans le délai fixé, le notaire détenteur peut être condamné par corps, sur la demande du successeur médiat aussi bien qu'immédiat, tant à effectuer cette remise qu'à des dommages-intérêts. — *Bruxelles*, 20 juill. 1820, Renard c. Godschalk.

240. — A défaut par le notaire qui vend son étude de remettre son répertoire et ses minutes à son successeur, le procureur de la République doit le citer devant le tribunal civil : à l'effet de se conformer aux art. 55, 56 et 57, loi du 25 vent. an XI. Si cependant le notaire forme opposition à l'action du ministère public, et conclut à des dommages-intérêts contre le procureur de la République, il peut être condamné à une amende, qui, avant la loi du 15 juin 1824 (art. 10), se renouvelait par chaque mois de retard à remettre ses minutes. — *Orléans*, 23 fév. 1821, Jousselin.

241. — Dans tous les cas il doit être dressé un état sommaire des minutes remises; et le notaire qui les reçoit s'en charge au pied de cet état, dont un double doit être remis à la chambre de discipline. — Art. 58.

242. — Le notaire qui a pris possession des minutes de son prédécesseur, sans en avoir fait dresser un état sommaire, reste chargé de toutes les minutes inscrites au répertoire et, par suite, peut être déclaré responsable pour la non-représentation d'une de ces minutes. — *Angers*, 23 juin 1847 (t. 2 1847, p. 308), Police c. Aureau.

243. — « Le titulaire ou les héritiers et le notaire qui recevra les minutes, aux termes des art. 54, 55 et 56, traiteront, de gré à gré, des recouvremens, à raison des actes dont les honoraires sont encore dus et du bénéfice des expéditions. — S'ils ne peuvent s'accorder, l'appréciation en sera faite par deux notaires dont les parties conviendront ou qui seront nommés d'office parmi les notaires de la même résidence ou, à leur défaut, parmi ceux de la résidence la plus voisine. » — Art. 59.

244. — Le successeur d'un notaire qui accuse son prédécesseur d'avoir conservé, par devers lui, des expéditions, des actes imparfaits et même des minutes de l'étude, peut, alors même qu'il n'agit pas par voie de plainte criminelle en détournement, requérir et obtenir le droit d'apposer les scellés sur les meubles indiqués comme recélant ces pièces. — *Bourges*, 10 août 1836 (t. 1er 1837, p. 344), Desfosses c. Achet.

245. — Le notaire qui, en cédant son office, s'est réservé le droit de se faire délivrer les expéditions nécessaires à ses recouvremens, n'a pas qualité pour s'opposer à ce que le cessionnaire, en vendant lui-même son office, transmette les minutes des actes réservés soit au notaire de la commune où il exerce, soit à l'un de ceux du canton. — *Riom*, 17 juill. 1843 (t. 1er 1844, p. 694), Dubois c. Savelon. — V., cependant, *Orléans*, 12 juin 1839, sous *Cass.*, 12 janv. 1841 (t. 1er 1841, p. 230), Dutard c. Renard.

246. — « Immédiatement après le décès d'un notaire ou autre possesseur de minutes, les minutes et répertoires doivent être mis sous les scellés, par le juge de paix de la résidence, jusqu'à ce qu'un autre notaire en ait été provisoirement chargé par le président du tribunal de première instance de la résidence. — Art. 61.

247. — Jugé que, lors du décès d'un notaire, le juge de paix doit, dans l'intérêt public, veiller au dépôt des minutes du notaire par ses héritiers, sans que cependant il ait le droit d'en constater l'état matériel. — *Orléans*, 11 janv. 1815, Gauthier c. N...

Sect. 4e. — *Notaires honoraires.*

248. — Un notaire retiré après un long exercice peut solliciter la qualité d'*honoraire*, soit parce qu'il aurait rendu des services importans à la compagnie, soit parce qu'il se serait distingué par des travaux connus, soit enfin parce qu'il aurait obtenu des dignités ou des magistratures. — *Stat. not.*, Paris, 2 fruct. an XIII. — V. HONORAIRE, HONORARIAT.

249. — Suivant un arrêt du conseil, du 13 fév. 1685, les notaires honoraires faisaient partie des assemblées générales de la communauté des notaires du Châtelet.

250. — Le titre de notaire honoraire était alors conféré par lettres du souverain. — Edit d'août 1673.

251. — La loi du 6 oct. 1791, celle du 25 vent. an XI et l'arrêté du 2 niv. an XII ne parlent point des notaires honoraires. Cependant la tradition en avait été conservée. D'après les statuts des notaires de Paris, le titre de notaire honoraire ne pouvait être accordé que par l'assemblée générale des notaires de l'arrondissement, et à celui qui se retirait après vingt ans d'exercice, si ce n'est dans certains cas spéciaux. — Délib. assemb. génér. not. Paris, 15 brum. et 2 fruct. an XIII. — V., aussi, déc. minist. just., 18 fév. 1830.

252. — Aujourd'hui le titre de notaire honoraire est conféré par le gouvernement, sur la proposition de la chambre de discipline et le rapport du garde des sceaux, après vingt années consécutives d'exercice des fonctions de notaire. — Ordonn. 4 janv. 1843, art. 29.

253. — Et il ne peut être accordé qu'aux notaires qui ont au moins vingt années d'exercice. — Déc. garde des sceaux, 9 juill. 1847.

254. — Les notaires honoraires ont le droit d'assister aux assemblées générales, mais seulement avec voix consultative. — Ordonn. 4 janv. 1843, art. 30.

255. — La chambre de discipline connaît de toutes les plaintes qui peuvent être portées contre un notaire honoraire et suit, à son égard, la forme ordonnée pour les notaires en exercice. — — *Stat. not.*, Paris, 1er mai 1813. — V. *infrà* nos 1302 et suiv.

CHAPITRE III. — *Fonctions des notaires.*

256. — Les notaires ne sont pas des fonctionnaires publics en ce sens qu'ils exercent au nom de l'État une portion de l'autorité publique (V. FONCTIONNAIRE PUBLIC). Comme leur mission se borne à constater des faits et à donner l'authenticité aux actes qu'ils reçoivent, ils ne sont en réalité que des officiers publics ou ministériels.

257. — Jugé, en ce sens, que les notaires ne sont ni des dépositaires ni des agens de l'autorité publique; mais seulement des personnes agissant dans un caractère public, lesquelles sont placées par la loi, relativement à la répression des injures commises envers elles, dans la classe des simples particuliers. — *Riom*, 13 nov. 1846 (t. 1er 1847, p. 604), Hyvert c. M...

258. — Cependant la loi du 25 vent. an XI porte (art. 1er) : « Les notaires sont des *fonctionnaires publics* établis pour recevoir... » Et il est à remarquer que cette rédaction de l'article a été adoptée par suite du changement d'une première rédaction qui appelait seulement les notaires *officiers publics*. — L. 25 vent. an XI, art. 1er. — Rolland de Villargues, *Rép. du not.*, t. 1er.

259. — Mais il y a lieu de répondre ici ce que nous disions vo FONCTIONNAIRE PUBLIC (nos 2 et suiv.), que c'est un de ces cas où l'on retrouve, dans le langage de la loi, le vague et l'indétermination qui dans le langage usuel s'attachent au mot *fonctionnaire public*. Sans doute le notaire exerçant des fonctions dans un caractère public peut être, en un sens, réputé fonctionnaire public (et c'est en ce sens que la loi de ventôse le considère), mais ne saurait être considéré comme fonctionnaire public dans l'acception restreinte et légale de ce mot.

260. — Relativement aux actes qu'ils sont chargés de conserver en leur qualité de notaires, les notaires sont des dépositaires publics. — V. DÉPOSITAIRES PUBLICS.

Sect. 1re. — *Attributions des notaires.*

ART. 1er. — *Attributions générales et particulières.*

261. — « Les notaires (porte l'art. 1er de la loi du 25 vent an XI) sont les fonctionnaires publics établis pour recevoir tous les actes et contrats auxquels les parties doivent ou veulent faire donner le caractère d'authenticité attaché aux actes de l'autorité publique, et pour en assurer la date, en conserver le dépôt, en délivrer des grosses et expéditions. »

262. — La loi disant que les notaires sont *les* fonctionnaires, etc., il s'ensuit qu'il n'y en a pas d'autres qu'eux qui aient droit aux fonctions en question. Ce n'est pas comme si la loi eût dit *des* fonctionnaires, etc.; ce qui eût pu faire supposer que d'autres fonctionnaires partagent les mêmes fonctions. L'intention du législateur est d'autant moins équivoque à cet égard, que le projet de loi portait le mot *des* qui a été supprimé pour y substituer celui de *les*. — Rolland de Villargues, vo *Notaire*, no 141 (1re édit.).

263. — En ce qui concerne 1o la réception des actes par les notaires, V. ACTE NOTARIÉ; — 2o la date de ces mêmes actes, V. DATE, ENREGISTREMENT, RÉPERTOIRE; — 3o le dépôt et la conservation de ces actes, V. *infrà* nos 492 et suiv.; — 4o et enfin la délivrance des grosses et expéditions, V. *infrà* nos 578 et suiv.

264. — Mais ces fonctions ne leur appartiennent que dans la sphère de la juridiction volontaire. Tous les actes de la juridiction contentieuse leur sont interdits.

265. — Cependant la loi leur a attribué quelques actes de cette dernière classe, soit exclusivement, tels que les sommations respectueuses (C. civ., art. 154), soit concurremment avec d'autres fonctionnaires ou officiers, tels que les procès-verbaux constatant le refus du conservateur des hypothèques ou le retard apporté par lui à transcrire les actes de mutation, à inscrire les droits hypothécaires, à délivrer les certificats requis (C. civ., art. 2199), les protêts faute d'acceptation ou de paiement (C. comm., art. 173).

266. — De plus, la jurisprudence les a reconnus habiles : 1o à recevoir la revente par folle enchère, quand l'adjudication avait eu lieu devant eux par suite d'une commission par justice. — V. FOLLE ENCHÈRE, nos 69 et suiv.

267. — ... 2o A faire des offres réelles. — *Lyon*, 14 mars 1827, Lagier c. Rigaudon; *Bordeaux*, 30 juin 1836, Laville. — Toullier, p. 7, no 201; Favard de Langlade, vo *Offres réelles*, no 2; Bioche et Goujet, *Dictionn. de proc.*, vo *Offres réelles*, no 53. — Et même à faire la sommation d'assister à la consignation de ces offres. — *Agen*, 17 mai 1836 (t. 1er 1837, p. 368), Agut et Libespère c. Salles.

268. — ... 3o A recevoir les déclarations de pourvoi en matière criminelle, correctionnelle ou de police, lorsqu'il est constaté qu'il n'y avait personne au greffe ou que le greffier a refusé de les recevoir. — V. CASSATION (mat. crim.), nos 432 et suiv.

269. — Mais on ne peut en dire autant des actes d'appel, qui, bien que reçus par un notaire, ne seraient valables qu'autant qu'ils auraient été notifiés, par exploit d'huissier, dans le délai de droit. — *Pau*, 19 mai 1806, Bezin c. Dupony; 16 août 1809, Hiribarren. — Gagneraux, *Encycl. du not.*, p. 45, § 7, 1o. — V., au surplus, APPEL, nos 1249 et suiv.

270. — Bien qu'il y ait des actes qui doivent nécessairement être passés devant notaires, tels que les donations, contrats de mariage, constitutions d'hypothèque (C. civ., art. 931, 1394, 2127), les actes de société anonyme (C. comm., art. 40), etc., ils ne cessent point d'appartenir, pour cela, à la juridiction volontaire. — Rolland de Villargues, vo *Notaire*, nos 151, 152 et 153.

271. — L'expression générale *actes et contrats* comprend tous traités, engagemens, conventions, tous faits que les citoyens peuvent avoir intérêt à faire constater légalement : tels que les testamens, inventaires, états de lieux, compromis, actes de notoriété, etc. — Rolland de Villargues, vo *Notaire*, no 147.

272. — Jugé, par application de ces principes, que, depuis la loi du 27 mars 1791, les greffiers n'ont pu, concurremment avec les notaires, procéder à des inventaires. — *Cass.*, 5 frim. an VIII, Gérard c. Perrot; 11 frim. an X, mêmes parties. — V., au surplus, INVENTAIRE, nos 57 et suiv.

273. — Cependant la loi a, dans certains cas, enlevé au ministère des notaires certains actes qui appartiennent, par leur nature, à la juridiction volontaire, tels que les actes de mariage (C. civ., art. 75), les actes d'adoption et de tutelle officieuse (C. civ., art. 353, 363), les actes d'émancipation (C. civ., art. 477).

274. — Une autre exception, introduite par l'usage et consacrée par l'édit du 21 avr. 1692, autorisait les secrétaires d'État à recevoir la minute des contrats de mariage des princes et princesses de la famille royale. Ils en délivraient une copie à un notaire, qui pouvait en faire des expéditions comme s'il avait lui-même reçu l'acte. — Rolland de Villargues, v° *Notaire*, n° 58.

275. — Les baux et autres actes d'administration des biens de l'Etat sont également dispensés, pour l'adjudication, du ministère des notaires. — Rolland de Villargues, v° *Notaire*, n° 57.

276. — Mais comme les exceptions ne s'étendent pas, ils conservent le droit exclusif de recevoir les baux et ventes consentis à l'Etat. — Rolland de Villargues, *ibid.*

277. — Enfin, la nécessité a fait conférer aux chanceliers des consulats étrangers certaines attributions notariales. — V. CONSUL, nos 436 et suiv.

278. — Dans d'autres circonstances, les notaires sont en concours avec d'autres officiers ou fonctionnaires. — V. *infrà* nos 295 et suiv.

279. — Indépendamment de leurs attributions générales ci-dessus détaillées : — 1° Les notaires sont commis par le tribunal, ou par le président, pour représenter les présumés absens, dans les inventaires, comptes, partages et liquidations dans lesquels ils sont intéressés. — C. civ., art. 113. — V. ABSENCE. — ...Ou encore les aliénés. — L. 30 juin 1838, art. 36. — V. ALIÉNÉS, nos 238 et suiv.

280. — 2° Ils sont commis pour procéder aux comptes, rapports, formation de masses, prélèvemens, compositions de lots et fournissemens entre copartageans. — C. civ., art. 828, 831 ; C. proc., art. 976. — V. PARTAGE.

281. — 3° Ils doivent être commis aux ventes judiciaires d'immeubles appartenant à des mineurs ou à des interdits, toutes les fois que les intérêts de ceux-ci l'exigent. — V. VENTE JUDICIAIRE D'IMMEUBLES. — Il en est de même pour la vente de biens dépendant d'une succession bénéficiaire.

282. — Le notaire commis pour recevoir les enchères peut l'être également pour les opérations ultérieures de la vente. — *Rouen*, 3 prairial an XII, Pillon c. Jubert de Bouville.

283. — 4° Les notaires, à défaut d'agens de change, certifient, par leur assistance, l'individualité des parties, la vérité de leurs signatures et celle des pièces produites pour opérer la vente des rentes représentées par les inscriptions départementales. — L. 14 avril 1819 ; ordonn. même date, art. 6.

284. — 5° Ils délivrent les certificats de propriété pour les transferts de rentes sur l'État, lorsqu'il y a inventaire ou partage, par acte public ou transmission gratuite, par acte entre-vifs ou par testament. — L. 28 flor. an VII, art. 6.

285. — 6° Ils délivrent, dans le même cas, les certificats de propriété, pour le remboursement des cautionnemens fournis par les titulaires d'emploi. — Décr. 18 sept. 1806, art. 1er.

286. — ..., 7° Les certificats de propriété à produire par les veuves et orphelins de militaires pensionnés, pour obtenir le paiement des arrérages échus au décès de ces militaires ou une pension ou des secours. — Ordonn. 16 oct. 1822. — Gagneraux, *Encycl. du not.*, p. 42, n° 36, 11°.

287. — ... 8° Les certificats de vie des chevaliers de Saint-Louis qui ont des pensions sur l'hôtel des Invalides. — Décis. du 2 févr. 1825. — La loi ne reconnaît plus de décoration si ce n'est la Légion d'honneur, dont les statuts doivent être revisés et mis en harmonie avec la forme républicaine. — Const. de 1848, art. 108.

288. — ... 9° Enfin les certificats de vie nécessaires pour le paiement des rentes viagères et pensions sur l'Etat. — Ces certificats étaient autrefois exclusivement délivrés par les notaires nommés à cet effet, et qui prenaient le titre de *notaires certificateurs.* — Mais le droit de délivrer les certificats de vie a été étendu d'abord à tous les notaires de Paris et ensuite à tous ceux de la France par deux ordonnances des 30 juin 1814 et 6 juin 1839. — V., au surplus, CERTIFICAT DE VIE, nos 14 et suiv.

289. — 10° Ils reçoivent le dépôt des testamens olographes, par suite d'ordonnance du président du tribunal. — C. civ., art. 1007; arr. régl. 21 avril 1751.

290. — 11° Ils dressent les actes de notoriété pour rectifier les erreurs de noms et de prénoms dans les inscriptions sur le grand livre de la dette publique. — L. fruct. an V; arrêté 27 frim. an XI. — Gagneraux, *ibid.*, p. 44, 30°.

291. — 12° Enfin, ils rapportent les procès-verbaux de carence, après décès (l. 6-27 mars 1791, art. 10), sauf le cas où le juge de paix se présente pour apposer les scellés. — C. proc. civ., art. 924. — Gagneraux, *ibid.*, 32°.

292. — Les notaires peuvent recevoir le dépôt de tous actes non contraires aux lois, à l'ordre public ou aux bonnes mœurs, les annexer à leurs minutes, et en délivrer des expéditions.

293. — Bien qu'aux termes des art. 1020 C. proc. et 61 C. comm., les sentences arbitrales doivent être déposées aux greffes des tribunaux civils ou de commerce, selon les cas auxquels s'appliquent ces deux articles, cependant si, avant le dépôt, les parties majeures et capables de transiger, acceptaient les dispositions du jugement arbitral, à titre de transaction, elles pourraient dispenser les arbitres du dépôt au greffe et les autoriser à effectuer ce dépôt, ou l'effectuer elles-mêmes dans l'étude d'un notaire chargé de la mettre au rang de ses minutes et d'en délivrer des expéditions.

294. — Rien ne s'opposerait à ce qu'il en fût ainsi dans le même cas, nonobstant l'art. 819 C. procéd., d'un procès-verbal d'expertise ordonnée en cours d'instance, et dont les parties accepteraient les conclusions pour terminer leurs différends. Quand les parties sont d'accord, *le juge n'y a que voir,* dit Loiseau.

ART. 2. — *Fonctions des notaires dans leurs rapports avec d'autres fonctionnaires ou officiers publics.*

295. — Les membres de l'ordre judiciaire ne peuvent s'immiscer dans les fonctions notariales; ils peuvent seulement, lorsque des déclarations, reconnaissances ou consentemens interviennent en cours d'instance, en décerner acte aux parties qui le demandent.

296. — Cependant le juge de paix, lorsqu'un essai de conciliation est porté devant lui, dresse procès-verbal des conditions de l'arrangement, s'il y en a, et, dans ce cas, les conventions des parties insérées au procès-verbal ont force d'obligation privée. — C. procéd., art. 54. — V., à ce sujet, CONCILIATION, nos 275 et suiv.

297. — Relativement au droit pour les notaires, de procéder aux ventes publiques de meubles ou aux ventes de récoltes, concurremment avec les huissiers, commissaires-priseurs et huissiers, V. VENTE DE FRUITS ET RÉCOLTES, VENTE PUBLIQUE DE MEUBLES.

298. — Le notaire commis par justice pour procéder à une vente par licitation, n'empiète point sur les attributions des huissiers en dressant un acte par lequel il constate le dépôt en son étude des placards d'affiches de cette vente visés par les maires. — Un pareil acte ne constitue pas un procès-verbal d'apposition d'affiches du ministère des huissiers. — *Cass.*, 27 nov. 1834, huissiers d'Avesnes c. Marchand. — Bioche et Goujet, *Dict. de procéd.*, v° *Licitation*, n° 64.

299. — Les notaires peuvent rédiger et certifier les polices d'assurance dans la même forme que les courtiers. — Les notaires sont dispensés, pour ces sortes d'actes, de suivre les formalités prescrites par la loi du 25 vent. an XI, relative à l'organisation du notariat. — Ils peuvent, de la même manière que les courtiers, attester la vérité d'un contrat d'assurance par leur seule signature. — *Cass.*, 7 fév. 1833, courtiers d'assurance de Marseille c. notaires de Marseille.

300. — La mission confiée aux notaires comme aux courtiers de rédiger et certifier les contrats d'assurance emporte avec elle le pouvoir de les négocier. — *Cass.*, 7 fév. 1833, même arrêt.

301. — Lorsque des ventes judiciaires d'immeubles sont renvoyées devant eux, les notaires peuvent, dans certains cas, être en concurrence avec les avoués pour la rédaction du cahier des charges. — V. VENTE JUDICIAIRE D'IMMEUBLES.

Sect. 2e. — *Fonctions et professions incompatibles avec celles de notaire.*

302. — Les fonctions de notaire sont incompatibles avec celles de juges, procureurs de la République près les tribunaux, leurs substituts; de greffiers, d'avoués, d'huissiers, de préposés à la recette des contributions directes et indirectes; de juges, greffiers et huissiers des justices de paix; de commissaires de police et de commissaires aux ventes. — L. 25 vent. an XI, art. 7.

303. — De ce que les fonctions de notaire sont incompatibles avec celles d'avoué et d'huissier, il suit qu'un mandat *ad lites* est incompatible avec les fonctions de notaire. — *Bourges*, 5 juill. 1841, sous *Cass.*, 31 janv. 1843 (t. 1er 1843, p. 677), Charlet c. Lardenelle, mêmes parties.

304. — Les fonctions de notaire sont également incompatibles avec celles de sous-préfet (Arr. gouv. 3 brum. an XII), de conseiller de préfecture (Av. du Conseil d'État, 10 vent. an XIII; Cormenin, *Dr. admin.*, v° *Conseils de préfecture*, t. 1er, p. 188), de secrétaire de préfecture et de sous-préfecture (Arg. L. 24 vend. an III, tit. 2, art. 5), de contrôleur des contributions directes (Décis. min. fin., 8 prair. an XIII), de directeur de la poste aux lettres (Déc. min. just. 5 fév. 1806), de secrétaire des conseils de prudh'ommes (Décis. min. just. 1808 ou 1809), d'avocat (Décr. 14 déc. 1810, art. 18; Ordonn. 20 nov. 1822, art. 42), de commissaire-priseur (Ord. 31 juill. 1822), de greffiers de police près les maires, parce qu'il y a même motif d'incompatibilité que pour les greffiers de justices de paix (Legraverend, t. 2, p. 307), de receveur de l'enregistrement (Arr. gouv. 21 germ. an V), de conservateur des hypothèques (L. 21 vent. an VII). — Gagneraux, *ibid.*, p. 58, nos 4 et 5.

305. — Un capitulaire de Charlemagne, de l'année 811, a déclaré les ecclésiastiques incapables d'être notaires, et une ordonnance du 28 décemb. 1490 a prononcé la même incapacité à l'égard des religieux. — Gagneraux, *ibid.*, n° 3.

306. — Le garde des sceaux a décidé, le 25 novemb. 1828, qu'un greffier de justice de paix, ancien notaire, ne pouvait insérer cette dernière qualité dans le protocole des actes de son ministère. — Le ministre a aussi déclaré, dans une lettre écrite au procureur du roi de Bazas, le 15 juill. 1829, qu'un notaire ne pourrait joindre à son titre celui d'avocat. — Gagneraux, *ibid.*, n° 6.

307. — Mais il n'y a point incompatibilité entre les fonctions de notaire et celles d'adjoint au maire (Décis. min. just. 7 mars 1808), de membre du conseil de discipline de la garde nationale (*Bruxelles*, 18 janv. 1833, arr. cité par Gagneraux), de suppléant du juge de paix (Décis. min. just. 22 janv. 1827).

308. — On peut même poser, en principe, que les fonctions de notaire n'ont rien d'incompatible avec les fonctions purement honorifiques, telles que celles de membre de la chambre des députés, membre des conseils généraux de départemens, des conseils d'arrondissement, des conseils municipaux, de maire, de membre des comités d'arrondissement de l'instruction primaire, de membre des conseils de recensement ou des jurys de révision de la garde nationale, etc.

309. — Toutefois, le même individu ne peut lever les scellés, comme suppléant du juge de paix, et faire inventaire, en qualité de notaire. — Souquet, *Dictionn. des temps légaux*, 381e tableau, 5e col., n° 24; Gagneraux, *Encycl. du not.*, p. 58, n° 8.

310. — Suivant Gagneraux (*ibid.*, n° 8), la cour de cassation aurait jugé, le 5 janv. 1822, qu'en cas d'empêchement des juges suppléans, avocats et avoués, un notaire licencié en droit pouvait être appelé pour compléter un tribunal.

311. — Nous ne pourrions souscrire à la doctrine de ces arrêts, les fonctions judiciaires ne peuvent être, en aucun cas, déléguées qu'à ceux qui y ont été appelés par la loi. La loi appelle, à défaut de juges suppléans, les avocats et les avoués, parce qu'ils sont essentiellement attachés à l'ordre judiciaire. Les licenciés en droit, au contraire, n'ont encore de titre que dans l'ordre des fonctions de l'université; ils n'appartiennent point encore à l'ordre judiciaire, et c'est pour cela, sans doute, que les art. 118 C. pr. et 49 règlem. 10 mars 1808 n'autorisent point à les appeler subsidiairement, comme les avocats et avoués, à défaut de juges suppléans.

Sect. 3e. — *Prohibitions faites aux notaires.*

ART. 1er. — *Intérêt du notaire lui-même à l'acte.*

312. — Il va sans dire qu'un notaire ne peut instrumenter pour lui-même, et par conséquent recevoir un acte dans lequel il serait intéressé. — Toullier, t. 8, n° 73; Rolland de Villargues, *Rép. du not.*, v° *Notaire*, n° 304; Augan, *Cours de notar.*, p. 41.

313. — Peu importerait que l'acte fût à son avantage ou à son désavantage. La confiance que la loi attache aux actes notariés vient de ce qu'elle suppose en eux absence de tout intérêt qui ait pu mettre en péril l'impartialité avec laquelle ils doivent se contenter d'être les interprètes des conventions qu'ils reçoivent. — Rolland de Villargues, n° 303. — *Contrà*, Lacombe, v° *Notaire*, n° 15. — Mais le notaire pourrait-il invoquer lui-même la nullité de l'acte? Nous ne le pensons pas.

314. — Cependant la Cour de Turin, se fondant sur ce qu'aucune loi, dans le Piémont, ne défendait à un notaire de recevoir des actes dans lesquels il était partie intéressée, a jugé, le 23 frim an XI (Arnaldo c. Gamba), qu'avant la réunion de ce pays à la France, un notaire avait pu y recevoir l'acte de vente d'un immeuble qui lui appartenait.

315. — Bien qu'un notaire puisse représenter les présumés absens dans les inventaires, comptes, partages et liquidations qui les intéressent (C. civ., 113), cependant il ne peut pas instrumenter dans ces opérations. — L. 6 oct. 1791, tit. 1er, sect. 2e, art. 7. — Gagneraux, p. 59, *Encycl. du not.*, n° 8.

316. — Jugé en conséquence qu'un notaire ne peut, dans l'acte qu'il reçoit, accepter pour les parties absentes. — *Toulouse*, 31 juillet 1830, Chrestien c. de Nicol.

317. — Toutefois, Rolland de Villargues (*ubi suprà*, n° 310) pense que, bien qu'un notaire ne puisse stipuler pour les absens, l'acceptation d'une obligation, c'est-à-dire l'intervention du notaire, dans un acte unilatéral, ne serait qu'une chose surabondante et qui ne pourrait vicier l'acte : *Utile per inutile non vitiatur*.

318. — Mais on a répondu, avec raison, que cette intervention du notaire a toujours pour effet de l'intéresser, jusqu'à un certain point, aux suites de l'acte; que l'acceptation, pour le créancier absent, d'une obligation unilatérale, surabondante ou non, peut donner naissance à des contestations, ne fût-ce que sur la question de savoir si cette acceptation a pu conférer certains droits, créer ou éteindre, augmenter ou restreindre certaines obligations; que le notaire engage aussi sa responsabilité soit comme mandataire, soit comme *negotiorum gestor*; et que dès lors on ne saurait reconnaître à l'acte toute l'autorité d'un acte authentique.

319. — Jugé, en ce cas, que, lorsqu'un notaire stipule dans un acte, comme mandataire, cet acte perd son caractère d'authenticité, bien qu'il s'agisse d'un acte unilatéral, et que les notaires soient dans l'usage abusif de recevoir les actes de cette nature, en l'absence de la partie au profit de laquelle l'obligation est souscrite, et d'accepter en son nom. — *Rouen*, 2 févr. 1829, Leseigneur c. d'Aligre.

320. — De même est nul comme acte notarié, et dès lors ne peut conférer hypothèque, l'acte de prêt dans lequel le notaire rédacteur est indiqué comme ayant, au nom du prêteur absent, consenti au prêt et à ses conditions, compté les fonds à l'emprunteur, et stipulé l'hypothèque. — En pareil cas, en effet, le notaire doit être considéré comme ayant agi à la fois comme officier public et comme partie soit à titre de mandataire, soit à titre de *negotiorum gestor* du prêteur. — *Besançon*, 17 juill. 1844 (t. 1er 1845, p. 682), Damalix c. Villenet; *Cass.*, 3 août 1847 (t. 2 1847, p. 628), mêmes parties.

321. — Le syndic-gérant d'un hospice, qui exerce en même temps les fonctions de notaire, peut recevoir, en cette dernière qualité, les baux et autres actes qui intéressent l'hospice, mais, dans ce cas, un administrateur autre que le notaire doit stipuler au nom de l'hospice. — Lett. min. just. et fin., 11 avril 1809. — Gagneraux, *ibid.*, 60, n° 10.

322. — De même un notaire, qui est syndic, maire, administrateur, peut recevoir des actes, pour la faillite, la commune ou l'établissement, pourvu qu'un autre administrateur figure dans l'acte et que le notaire n'y ait point d'intérêt personnel. — Rolland de Villargues, nos 318, 319.

323. — Le notaire, subrogé tuteur d'un mineur, pourrait aussi recevoir le contrat de mariage de ce mineur, pourvu que, dans les cas prévus par les art. 160 et 1398 C. civ., il fût resté étranger à la délibération du conseil de famille qui a autorisé le mariage et réglé les conventions matrimoniales.

324. — Jugé qu'un notaire ne peut, pour le même acte respectueux, remplir le double rôle de mandataire de l'enfant et d'officier instrumentaire. — *Douai*, 8 janv. 1828, Decluny.

325. — Du principe de la prohibition, il suit qu'un notaire ne peut recevoir une procuration dans laquelle il serait constitué mandataire.

326. — Il est souvent d'usage de laisser les noms du mandataire en blanc dans les procurations. Suivant Rolland de Villargues (v° *Notaire*, n° 307) le notaire qui aurait reçu une semblable procuration pourrait, à la rigueur, la remplir ou la laisser remplir à son nom. Cette solution nous paraît contraire au principe de la prohibition. En acceptant la procuration, le notaire se rend partie à l'acte. Or, c'est là ce qu'il ne doit jamais faire, sauf les cas d'exceptions formellement autorisées.

327. — Mais rien ne s'opposerait, ce nous semble, à ce qu'il pût acquérir, en vertu d'une procuration passée devant lui, à moins toutefois que la procuration ne contînt pouvoir de vendre à lui nommément. — Rolland de Villargues, n° 320.

328. — Un notaire ne peut recevoir un testament par lequel le testateur le nommerait légataire ou se reconnaîtrait débiteur à son profit. Rolland de Villargues, nos 314, 315 et 316; Toullier, t. 8, n° 73.

329. — Toutefois, un testament notarié par lequel le testateur affecte une somme au paiement d'honoraires dus antérieurement au notaire rédacteur n'est pas nul, comme contenant une libéralité au profit de ce dernier, encore bien que la somme affectée excéderait la dette qu'elle est destinée à éteindre; une pareille disposition ne faisant point obstacle à la taxe, et, par suite, à la réduction de la dette reconnue. — *Cass.*, 27 mai 1845 (t. 2 1845, p. 547), Keiner c. Fossé et Degissey.

330. — Un notaire pourrait encore recevoir un testament contenant legs au profit d'un hospice ou d'un bureau de bienfaisance dont il est membre; parce que, outre qu'il n'y a pas un intérêt personnel, il agit ici simplement comme notaire et non comme administrateur, et ne représente, par conséquent, ni l'hospice ni le bureau de bienfaisance. — Rolland de Villargues, *ibid.*, n° 318 et 319.

331. — Mais un testament olographe pourrait être déposé par le testateur au notaire qui y serait nommé légataire, sauf au président, lorsque ce testament lui serait présenté, à en ordonner le dépôt en l'étude d'un autre notaire. — Gagneraux, p. 59, n° 4; Grenier, *Donation*. t. 1er, n° 292.

332. — A plus forte raison pourrait-il recevoir l'acte de suscription d'un testament mystique dans lequel il aurait été nommé légataire, puisque le testament lui est présenté clos et scellé et que, par conséquent, il n'est pas censé en connaître les dispositions. — Gagneraux, *ibid.*, n° 5. — Arg. *Nîmes*, 21 fév. 1820, Lafond c. Benoit.

333. — Peu importerait d'ailleurs que le testament eût été écrit par le notaire lui-même, puisque la présence d'un fonctionnaire public n'était pas exigée pour le rendre valable; ce n'est qu'en qualité de simple particulier qu'il a pu être appelé par le testateur pour écrire ses dernières volontés. — Même arrêt.

334. — Un legs général de tous les intérêts qui peuvent être dus à un testateur par ses débiteurs, entraîne la nullité du testament, si le notaire qui l'a reçu ou ses parens au degré prohibé sont au nombre des débiteurs, lors de la confection de l'acte et au moment de l'ouverture de la succession, sans qu'on puisse prétendre, pour faire subsister le testament, que les titres de créance du notaire et de ses parens n'ont pas de date certaine et qu'ils ont pu être placés frauduleusement parmi les papiers du testateur, si d'ailleurs aucun indice de fraude ne s'élève contre la véracité de ces créances. — *Lyon*, 29 avril 1825, Chassagneux c. Maire de Soleymieux. — Mais cet arrêt a été cassé par la Cour de cassation, le 20 juin 1827, par le motif que les titres de créance n'avaient pas date certaine au moment de la confection du testament, et n'en avaient acquis une que par leur relation dans l'inventaire dressé à la mort du testateur.

335. — Il n'y a pas lieu à cassation d'un arrêt qui décide qu'un testament par lequel le légataire universel est chargé de payer, en principal et intérêt, le montant d'un billet dû au notaire rédacteur, ne contient pas de disposition en faveur de ce notaire, lorsqu'il est constant que le créancier n'a été relevé d'aucune déchéance ou prescription, et que le billet par lui présenté n'était attaquable sous aucun rapport. — *Cass.*, 4 mai 1840 (t. 2 1840, p. 113), Guyard c. Dion.

336. — Un testament public est valable, quoique le notaire qui l'a reçu y ait été constitué, par le testateur, dépositaire de billets ou obligations qu'il doit restituer. — *Cass.*, 27 déc. 1831, Petit c. Martin et Grellet.

337. — En principe : le notaire qui reçoit un testament peut y être nommé exécuteur testamentaire, parce qu'il ne s'agit là que d'une charge qui lui est imposée, d'un mandat donné non dans les intérêts du notaire, mais dans ceux du testateur ou plutôt de sa succession. — *Diction. du notar.*, 3e édit., n° 6. — *Contrà*, Gagneraux, *Encycl. du not.*, n° 6.

338. — Toutefois si la disposition contenait attribution d'un salaire, ou d'un présent, même modique, on retomberait sous l'application de la prohibition, parce qu'il y aurait alors disposition en faveur du notaire. — Alors même que celui-ci, au décès du testateur, renoncerait aux fonctions d'exécuteur testamentaire. — *Douai*, 15 janv. 1834, Houcke c. Delangle.

339. — Si l'acte notarié dans lequel l'un des notaires figure comme partie est nul comme acte authentique, il n'en vaut pas moins, comme acte sous seing privé, s'il est signé de toutes les parties. — *Cass.*, 28 brum. an XIV, Billois c. Villavicensio et Leroy; *Aix*, 8 prair. an XII, S... c. Guitard. — C'est le principe général inscrit aux art. 68 de la loi du 25 vent. an XI et 1318 du Code civil. — V., cependant, *Orléans*, 3 mai 1848 (t. 1er 1849, p. 532), Deschamps c. de Perthuis.

340. — Il n'est pas plus permis à un notaire d'éluder la loi que de la violer ouvertement. — Aussi l'ordonnance du 4 janv. 1843 (art. 12, 4°) fait-elle aujourd'hui défense expresse aux notaires de « s'intéresser, soit par eux-mêmes, soit par personnes interposées, soit directement, soit indirectement, dans aucune affaire pour laquelle ils prêtent leur ministère. »

341. — Ainsi, est nulle l'adjudication judiciaire suivie d'une déclaration de command faite par l'adjudicataire, au profit du notaire commis, par le ministère duquel l'adjudication a été prononcée. — *Colmar*, 10 fév. 1835, Kroell c. Rey et Zimmermann.

342. — Ainsi encore, l'acte reçu par un notaire dans son intérêt personnel, sous le nom d'un de ses clercs, est nul comme acte authentique et ne peut dès lors conférer un droit hypothécaire. — *Angers*, 13 mars 1847 (t. 1er 1847, p. 655), Martin c. Morand.

343. — Mais il en est autrement de l'acte reçu, sous le même prête-nom, non par le notaire intéressé lui-même, mais par un confrère suppléant ce notaire. Un pareil acte est valable, alors même qu'il aurait été rédigé dans l'étude du notaire qui doit en profiter, avec stipulation que celui-ci en gardera minute. Cette dernière stipulation constitue, il est vrai, une contravention à la loi sur le notariat, qui oblige les notaires à garder minute des actes qu'ils reçoivent, mais ne peut influer sur la validité même de l'acte. — Même arrêt.

344. — De même un acte, contenant obligation hypothécaire consentie au profit d'une société en commandite, n'est pas nul par cela seul que le notaire instrumentaire serait un des actionnaires de cette société, alors surtout que son intérêt se borne à la possession d'une seule action, et qu'aucune cause de suspicion ne s'élève contre son impartialité. — *Paris*, 22 mai 1848 (t. 1er 1848, p. 693), de Marenholtz c. Gouin.

345. — La peine de la destitution pourrait être prononcée contre le notaire qui se serait adjugé à lui-même, sous le nom d'une personne interposée, des biens qu'il avait vendus aux enchères, en sa qualité d'officier public. — *Cass.*, 30 déc. 1811, Chemin.

346. — L'art. 175 du C. pén. est-il applicable à un notaire qui s'est rendu adjudicataire, par interposition de personne, d'un immeuble dont il a reçu l'adjudication? — Non, *Cass.*, 18 avril 1817, Roget. — Mais oui, si le notaire avait été commis par justice. — *Cass.*, 28 déc. 1816, Amyot.

347. — MM. Chauveau et Hélie (*Théorie du C. pén.*, t. 4, p. 139) soutiennent que l'art. 175 n'est applicable dans aucun cas : « Ce que cet article a voulu protéger, disent-ils, c'est l'intérêt public contre les fraudes des agens de l'Etat. La surveillance dont il est parlé, c'est la surveillance administrative, cette surveillance qui est armée d'assez d'autorité pour pouvoir s'interposer avec avantage dans les transactions qui intéressent l'Etat. »

348. — La prohibition cesse dans certains cas. — Ainsi, 1° un notaire a capacité pour constater dans la forme authentique les dépôts qui lui sont faits. — *Cass.*, 27 déc. 1831, Petit c. Martin et Grellet.

349. — ... 2° Quand il s'agit de quittances ou décharges du prix des ventes publiques de meubles, les notaires peuvent les recevoir eux-mêmes, quoiqu'elles soient consenties en leur faveur. — Avis du *Conseil d'Etat*, 21 oct. 1809. — Gagneraux, *ibid.*, p. 59, n° 3.

350. — ... 3° Un notaire peut également, lorsqu'il a été nommé séquestre, donner quittance, par acte passé devant lui, des sommes qu'il reçoit en cette qualité. C'est une espèce de dépôt qu'il reçoit. — Rolland de Villargues, vo *Notaire*, no 309.

351. — Peut-il recevoir le compromis qui le nomme arbitre? — Un arrêt de règlement, du 2 mai 1687, prononçait la négative, et cette solution s'appuierait encore aujourd'hui du principe général de la prohibition par application duquel un notaire ne peut recevoir la procuration qui le constitue mandataire. Mais l'opinion contraire peut invoquer l'art. 1005 du C. de procéd., qui autorise le compromis par procès-verbal devant les arbitres choisis.

352. — Jugé, en ce dernier sens, qu'un notaire a qualité pour recevoir un acte de compromis dans lequel les parties le nomment arbitre. — *Toulouse*, 17 juill. 1826, Cluzel; *Lyon*, 9 fév. 1836 (t. 1er 1837, p. 387), Brosselard c. C. — Ou tiers arbitre. — *Toulouse*, 18 août 1837 (t. 2 1837, p. 517), Villeneuve.

ART. 2. — *Parenté ou alliance avec les parties ou les témoins ou entre les notaires.*

353. — Une ordonnance de Henri II, de juin 1552, défendait (art. 3) aux notaires, en matière bénéficiale, de recevoir des actes entre leurs parens, jusqu'au degré de cousin germain inclusivement.

354. — Mais, en règle générale, aucune loi ne leur avait interdit de recevoir des actes dans lesquels leurs proches parens seraient parties ou intéressés. Il existait seulement deux arrêts de règlement du Parlement de Paris, des 11 août 1607 et 8 juin 1635, qui leur défendaient de recevoir des actes en faveur de leurs parens, jusqu'au degré de cousin germain inclusivement; cette jurisprudence n'était pas constante: ainsi qu'on le voit par un autre arrêt du même Parlement, du 9 juill. 1659. — Gagneraux, *ibid.*, p. 60, no 15.

355. — Aussi jugé qu'avant la loi du 25 vent. an XI, un acte de vente n'était pas nul pour avoir été reçu par un notaire parent d'une des parties au delà du degré de cousin germain. — *Paris*, 7 germ. an XII, Mortaigne c. Boursier.

356.—Au surplus, le principe que les lois n'ont pas d'effet rétroactif s'opposerait énergiquement à ce qu'on pût appliquer les dispositions des articles 8 et 68 L. 25 vent. an XI aux actes antérieurs à leur promulgation. — *Cass.*, 7 août 1811, Barré c. Gardien (solut. impl.). — Merlin, *Répert.*, vo *Notaire*, § 7.

357. — D'après l'art. 8 L. 25 vent. an XI, ainsi qu'on l'a déjà vu (vo ACTE NOTARIÉ, nos 100 et suiv.), « les notaires ne peuvent recevoir des actes dans lesquels leurs parens ou alliés en ligne directe à tous les degrés et en collatérale jusqu'au degré d'oncle ou de neveu inclusivement, seraient parties, ou qui contiendraient quelques dispositions en leur faveur. » — « A peine, ajoute l'art. 68, de nullité de l'acte, comme authentique; sauf à valoir comme acte sous seing privé, s'il est revêtu de la signature de toutes les parties contractantes.

358. — On ne pourrait argumenter, pour étendre aujourd'hui cette prohibition, de ce que l'article 283 C. proc. permet de reprocher un témoin pour cause de parenté ou alliance, jusqu'au degré de cousin issu de germain inclusivement. Le reproche est facultatif et le droit de le faire est périmé, sauf les exceptions, par le silence de la partie qui aurait eu intérêt à l'adresser (*ibid.*, art. 282); tandis que la partie qui a comparu volontairement devant un notaire peut toujours arguer de nullité l'acte rapporté par lui, eût-elle connu, dès le principe, le lien qui l'unissait à toutes les parties ou à l'une d'elles.

359. — Toutefois, la nullité pourrait être couverte par la ratification postérieure. — C. civil, art. 1337, 1338 et suiv. — Rolland de Villargues, *Rép. du not.*, vo *Parenté*, no 71.

360. — Le notaire en second recevant l'acte aussi bien que celui qui garde la minute, il s'ensuit que la prohibition s'applique à l'un et à l'autre dans les mêmes limites. — Rolland de Villargues, no 44.

361.—La parenté naturelle ou adoptive produit les mêmes empêchemens que la parenté légitime, au moins dans les degrés où il y a une vraie parenté. — Rolland de Villargues, no 56.

362. — Mais, comme les incapacités ne peuvent s'étendre, le notaire pourrait, en droit rigoureux, quoiqu'il fût convenable pour lui de s'abstenir, recevoir un acte dans lequel figurerait ou serait intéressée la mère de son enfant naturel reconnu. Elle n'est ni son épouse, ni sa parente, ni son alliée. — Rolland de Villargues, no 52.

363. — Le notaire, fils naturel d'un individu, pourrait recevoir un acte auquel serait partie le

frère adoptif de son père. La reconnaissance d'un enfant naturel ne produit ni parenté ni alliance entre celui-ci et la parenté collatérale de son père. A plus forte raison en est-il de même lorsque cette parenté collatérale provient de l'adoption. — V. ENFANT NATUREL. — Rolland de Villargues, no 58.

364. — De même, la paternité adoptive n'établissant aucun lien entre l'adoptant et la famille de l'adopté, le notaire père adoptif d'un individu peut instrumenter pour le frère de celui-ci. — Rolland de Villargues, no 59.

365. — L'affinité donne lieu, et dans les mêmes limites, aux mêmes prohibitions que la parenté. — L. 25 vent. an XI, art. 8.

366. — Ainsi, est nul l'acte reçu par un notaire beau-frère de l'une des parties.— Rolland de Villargues, vo *Notaire*, no 300.

367. — Mais un époux n'a pour alliés du chef de son conjoint que ceux qui en sont les *parens*. Ainsi les alliés de ce dernier ne lui sont rien dans le sens de la loi. — *Cass.*, 5 prair. an XIII, Pechon. — D'où il suit qu'un notaire pourrait recevoir un acte dans lequel serait partie le mari de la sœur de sa femme. — Rolland de Villargues, vo *Parenté*, nos 48, 49.—*Contrà* Loret, *Élém. de la science not.*, t. 1er, p. 200.

368. — Jugé même que le mari ne peut être considéré comme partie dans un acte lorsqu'il n'y figure que pour assister ou autoriser sa femme, si, d'ailleurs, il ne contracte aucun engagement personnel, ou s'il ne retire de l'acte aucun avantage qui lui soit propre, par exemple en qualité de chef de la communauté. — Dès lors, un notaire a pu recevoir un acte, dans lequel figurait son beau-frère, à l'effet *seulement* d'autoriser sa femme contractante. — *Nancy*, 2 févr. 1838 (t. 2 1838, p. 74), Martel c. Barret et Albert.

369. — Rien ne s'opposerait non plus à ce que le notaire reçût des actes intéressant les beau-père et belle-mère de son fils ou de sa fille. Ils ne sont pas les alliés du premier. — Rolland de Villargues, no 50.

370. — Il n'est pas douteux que l'alliance survit au décès du conjoint qui la produisait, lorsqu'il est resté des enfans de son mariage.—*Cass.*, 16 juill. 1810, Chapais c. Rondeau.—Conf. Favard, vo *Tutelle*, no 820; Hautefeuille, p. 524.

371. La jurisprudence paraît également fixée, dans ce sens, même dans le cas où il n'existerait pas d'enfans du mariage, et où le conjoint survivant aurait convolé à de secondes noces. — *Bruxelles*, 11 juin 1812, Brinaut; *Cass.*, 24 févr. 1825, Roberjot; *Dijon*, 6 janv. 1827, Saint-Aignan; *Nîmes*, 28 janv. 1831, Vigne; *Cass.*, 16 juin 1834, Dupont; 10 oct. 1839 (t. 1er 1840, p. 14), Peytel. — Conf. Magnin, *Traité des minorités*, t. 1er, nos 327 et 331; Brillon, vo *Affinité*, qui cite un arrêt du parlement d'Aix, de 1642; Duperrier, t. 2, p. 419; Gagneraux, *ubi suprà*, p. 61, nos 19 et 20.

372. — L'opinion contraire, consacrée par l'arrêt de la Cour de Paris, du 12 mars 1830 (cassé le 16 juin 1834, Dupont), est enseignée par Toullier, t. 9, no 388; Duranton, t. 3, no 458, en note; Carré, *L. de la procédure*, no 241. — On invoque aussi la loi 3, § 1, ff., *De postulando*; la règle exprimée par Loisel (*Inst. cout.*, liv. 1er, tit. 32, p. 183): *Morte ma fille, mort mon gendre*; l'édit d'août 1737, art. 5; Ferrière, vo *Récusation*; Lalande, sur Orléans, art. 183; Despeisses, t. 1er, p. 284; Rousseau de Lacombe, vo *Affinité*; enfin, les paroles de Cambacérès, lors de la discussion de l'art. 207 du Code civil: *Le gendre, dès qu'il est veuf sans enfans, devient étranger au beau-père.*

373. — Cette dernière opinion nous paraît préférable et plus conforme au caractère légal de l'affinité. —V. Gaius (*Inst.* 63; *Inst. Justin.*, liv. 1er, tit. 10, § 6 et 7) et Ducaurroy (*Inst. expliq.*, t. 1er, no 145), qui dit, en commentant le § 6 ci-dessus: « L'alliance que le mariage établit *se dissout avec le mariage*; mais, chose remarquable, ce n'est qu'après avoir été dissoute que l'affinité commence, à proprement parler, à former un empêchement particulier (au mariage). »

374. — L'art. 8 est applicable aux testamens comme aux autres actes. — *Douai*, 29 mai (et non mars) 1810, Londa c. Delavoix. — Il est étrange, en présence des termes de cet article, que cette question se soit élevée, et qu'il ait fallu un arrêt pour la résoudre. — Conf. Grenier, *Donat.*, t. 2, p. 50; Toullier, t. 5, no 388.

375. — La prohibition est même plus sévère que dans les autres cas; car elle doit s'étendre au delà du degré fixé par l'art. 8. Aux termes de l'art. 975 du Code civil: « Ne peuvent être pris pour témoins du testament, par acte public, ni les légataires à quelque titre qu'ils soient, ni leurs parens ou alliés jusqu'au 4e degré inclusivement. » — A plus forte raison le notaire, pre-

mier témoin de l'acte, serait-il incapable de recevoir le testament, s'il était parent d'un légataire dans la limite indiquée par cet article. — Rolland de Villargues, vo *Parenté*, no 45.

376. — Ainsi jugé que le testament public reçu par un notaire oncle par alliance et grand-oncle de deux légataires, est radicalement nul.—*Douai*, 17 mars 1815, Despret c. Lermuzeau.

377. — Mais est valable le testament mystique contenant un legs en faveur d'un parent du notaire qui a dressé l'acte. — *Montpellier*, 9 févr. 1836, Bashoult c. Guiraud-Bessières.

378. — A l'égard du testateur, sa parenté avec le notaire ne donne naissance à la prohibition que dans les limites de la loi de ventôse. — Rolland de Villargues, *ibid.*, no 47.

379. — Par conséquent, il n'est pas défendu à un notaire de recevoir le testament de son cousin germain. — *Riom*, 3 déc. 1827, Deveyrac. — Gagneraux, *ubi suprà* no 354, p. 61, no 18.

380. — La prohibition s'applique également au dépôt d'un acte dans lequel figurent des parens ou alliés du notaire au degré prohibé. L'acte de dépôt se réfère à l'acte déposé où les parens sont parties, ce qui produit l'empêchement. — Rolland de Villargues, *ibid.*, no 67.

381. — Le mandataire est, comme tel, intéressé à l'acte dans lequel il représente son mandant, il donne par conséquent naissance à la prohibition à l'égard de tout notaire qui serait son parent ou son allié dans les limites posées par l'art. 8. — Lett. min. just. 5 fév. 1825. — Gagneraux, *ubi suprà* no 349, p. 61, no 22; Rolland de Villargues, no 52. — *Contrà*, Loret, *ibid.*, sur l'art. 8.

382. — Il en serait de même, *à fortiori*, du mandant, qui, bien que ne figurant point en personne, est véritablement partie à l'acte dans lequel son mandataire stipule pour lui ou l'oblige. — Rolland de Villargues, no 52. — *Contrà*, Loret, *ibid.*

383. — La même solution s'appliquerait évidemment au tuteur, syndic, gérant, *negotiorum gestor* ainsi qu'au mineur, à l'interdit ou à celui dont on a géré les affaires. — Rolland de Villargues, nos 54 et 55.

384. — La parenté ou l'alliance d'un notaire, au degré prohibé par la loi, à l'égard d'une seule des parties figurant dans l'acte qu'il rédige, rend cet acte nul à l'égard de toutes les parties. — *Cass.*, 27 mars 1839 (t. 1er 1839, p. 335), Martel et Albert.

385. — Jugé toutefois qu'un notaire peut recevoir un acte concernant une société anonyme ou en commandite à laquelle un de ses parens au degré prohibé par la loi sur le notariat serait intéressé comme actionnaire ou sociétaire, alors même que ce parent serait l'un des administrateurs ou mandataires salariés de cette société. — *Cass.*, 30 juill. 1834, Durand c. Caisse hypothécaire.

386. — L'art. 8 ne défend pas seulement au notaire de recevoir un acte où son parent ou allié serait partie, mais tout acte qui contiendrait une disposition en faveur de ce parent: d'où il suit qu'il ne pourrait recevoir une donation ou un testament contenant quelque avantage au profit de son parent. — *Douai*, 29 mai 1810, Londas c. Delacroix. — Rolland de Villargues, nos 68 et 69.

387. — La nullité encourue dans le cas où un notaire recevrait des actes contenant des dispositions en faveur de ses parens jusqu'au degré d'oncle ou de neveu, est absolue, et doit être appliquée, quelque éventuelle et quelque modique que soit la disposition. En conséquence, est nul le testament dans lequel le testateur, en léguant un immeuble, déclare que, si le légataire veut le vendre un jour, il sera tenu de donner la préférence à un tel, neveu du notaire. — *Bourges*, 30 juin 1828, Moreau c. Dauvergne.

388. — La levée des scellés et l'inventaire sont deux actes distincts rapportés par deux fonctionnaires d'un ordre différent. Or la prohibition n'atteint que l'acte même rapporté par le notaire et ne saurait être étendue au cas où un juge de paix parent de celui-ci ferait la levée des scellés apposés sur des meubles dont le notaire ferait de son côté l'inventaire. — Rolland de Villargues, no 61.

389.—Relativement à la parenté ou à l'alliance des notaires entre eux, un arrêt de règlement du Parlement de Paris du 22 mai 1550 défendait aux notaires parens aux degrés de père et fils, de frères, d'oncle et de neveu, de beaux-frères et gendres de s'associer pour passer ensemble des actes; et un autre arrêt du 24 nov. 1601 faisait la même défense aux notaires père et fils. — Denisart, vo *Notaire*, no 58.

390. — Ainsi qu'on l'a vu (vo ACTE NOTARIÉ, no 100), deux notaires parens ou alliés au degré prohibé par l'article 8 ne peuvent concourir au même acte. — L. 25 vent. an XI, art. 10. — Et la contravention à cette disposition entraîne la nullité de l'acte. — Art. 68.

391. — Le notaire qui représente un absent dans un inventaire, peut-il être parent au degré prohibé du notaire instrumentaire? Oui; en effet, le notaire qui représente l'absent agit, en ce cas, en vertu du mandat que lui a conféré le tribunal. C'est un fonctionnaire que la justice a investi de sa confiance, et que ne peut atteindre le soupçon. — Rolland de Villargues, v° *Parenté*, n° 75.

392. — Un aspirant peut être nommé notaire dans un canton où son frère exerce les mêmes fonctions. — Décis. min. just., 10 juin 1846.

393. — Quant aux prohibitions résultant de la parenté ou de l'alliance des notaires ou des parties avec les témoins instrumentaires, V. TÉMOIN INSTRUMENTAIRE.

394. — Le notaire empêché pour cause d'intérêt personnel, de parenté ou d'alliance, ne pourrait se faire substituer par un confrère, et conserver lui-même la minute de l'acte. — Décis. min. just., 18 janv. 1809. — Rolland de Villargues, v° *Acte notarié*, n°s 34, 35 et 36.

395. — Mais cette substitution pourrait avoir lieu en cas d'empêchement accidentel et non légal, tel que maladie, absence, etc. — Instruct. 11 nov. 1819. — Rolland de Villargues, n°s 37, 38, 39 et 40.

ART. 3. — *Prohibitions diverses.*

396. — Aux termes de l'art. 1597, C. civ., «... les notaires ne peuvent devenir cessionnaires des procès, droits et actions litigieux qui sont de la compétence du tribunal dans le ressort duquel ils exercent leurs fonctions, à peine de nullité et des dépens, dommages et intérêts. »

397. — Il ne paraît pas douteux qu'à l'égard des notaires d'un chef-lieu de Cour d'appel, la prohibition s'appliquerait à toute cession semblable de procès, droits et actions qui ressortiraient à cette Cour. — Arg. 5, L. 25 vent. an II. — Duranton, t. 16, n° 144.

398. — Que faut-il entendre par *droits litigieux*, dans le sens de l'art. 1597? — V. DROITS LITIGIEUX.

399. — « Il est (de plus) interdit aux notaires, soit par eux-mêmes, soit par personnes interposées, 1° de se livrer à aucune spéculation de bourse ou opération de commerce, banque, escompte et courtage. » — Ordonn. 4 janv. 1843, art. 12.

400. — « 2° De s'immiscer dans l'administration d'aucune société, entreprise ou compagnie de finance, de commerce ou d'industrie. » — *Ibid.* — Telle serait, par exemple, l'entreprise ou l'administration d'une bourse commune ou souscription relative au recrutement ou au remplacement, quand bien même il s'agirait d'un établissement autorisé. — Stat. ch. not. Paris, 10 avril 1823, art. 1er.

401. — « 3° De faire des spéculations relatives à l'acquisition et à la revente des immeubles, à la cession de créances, droits successifs, actions industrielles et autres droits incorporels. » — Ord. 4 janv. 1843, art. 12.

402. — Suit-il de là qu'un notaire ne puisse placer ses fonds sur une banque publique, nationale ou étrangère; acheter ou vendre, pour son compte personnel, des fonds publics, nationaux ou étrangers; s'intéresser dans aucune société: une société d'assurance mutuelle contre l'incendie, par exemple? Nous ne le pensons pas; et il nous semble que l'ordonnance n'a pu vouloir atteindre que ce qui avait un véritable caractère de spéculation commerciale, ce qui sortait du calme de la vie ordinaire pour entrer dans les agitations de la vie commerciale.

403. — Ainsi jugé qu'un notaire, en tant que notaire, ne peut être considéré comme négociant, et par suite être déclaré en état de faillite. — *Paris*, 12 fructid. an XI, Baudoulet c. Labourelle.

404. — Il en serait autrement du notaire qui se livrerait habituellement à des opérations de banque et de courtage; qui tiendrait une agence d'affaires, ou aurait établi une manufacture en société. — V. FAILLITE, n°s 66 et suiv.

405. — « 4° De placer, en leur nom personnel, des fonds qu'ils auraient reçus, même à la condition d'en servir l'intérêt. » — Ordonn. 4 janv. 1843, art. 12. — Ce qui ne s'applique évidemment qu'aux fonds déposés ou versés au notaire, en qualité de notaire; mais ne saurait s'étendre aux sommes empruntées par lui, et dont il a, par conséquent, la libre disposition à titre de propriétaire. — Arg. C. civ., 1892.

406. — « 5° De se constituer garants ou cautions, à quelque titre que ce soit, des prêts qui auraient été faits par leur intermédiaire, ou qu'ils auraient été chargés de constater, par acte public ou *privé*. » — Ordonn. 4 janv. 1843, art. 12.

407. — « 6° De se servir de prête-noms en aucune circonstance, même pour des actes autres que ceux désignés ci-dessus. » — *Ibid.*

408. — Les contraventions aux prohibitions portées en l'art. 12, ordonnance du 4 janvier 1843, peuvent être punies, suivant la gravité des cas, de peines plus ou moins fortes, même de la suspension ou de la destitution, qui sont prononcées soit par les chambre des notaires, soit par les tribunaux. — V. *infrà* n° 3.

409. — Les déclarations des 19 mars 1696 et 14 juillet 1699, qui défendaient aux notaires d'écrire ou signer comme témoins, aucun acte sous signatures privées, à peine d'interdiction, nullité desdits actes et 200 livres d'amende, ont été abrogées par les lois nouvelles sur l'enregistrement et le notariat. — *Cass.*, 30 nov. 1807, Enregistrement c. Top. — Avis du Cons. d'Et, 26 mars 1808. — Merlin, *Rép.*, v° *Notaire*, § 5, n° 13; Duranton, 13, n° 1828. — Instruct. de la régie, 29 juin 1808, art. 386, n° 4.

410. — Néanmoins, les notaires doivent s'abstenir de toute participation à la rédaction de contre-lettres qui auraient pour objet de détruire les actes reçus par eux. — Rolland de Villargues, v° *Notaire*, n° 183.

Sect. 4e. — *Ministère forcé des notaires. — Empêchemens.*

411. — « Les notaires sont tenus de prêter leur ministère, lorsqu'ils en sont requis. » — L. 25 vent. an XI, art. 3. — La loi du 6 octobre 1791 ajoutait (tit. 1er, sect. 2, art. 6): « *A moins d'empêchement légitime.* » — Lors de la discussion de la loi de ventôse, au Conseil d'Etat, on proposa de maintenir cette restriction, mais elle fut écartée comme superflue. — Gagneraux, *Encyclop. du notar.*, t. 1er, p. 50, n° 1.

412. — Les empêchemens sont *prohibitifs* ou *facultatifs* pour le notaire, en ce sens que, dans le premier cas, il *doit* refuser son ministère; tandis que dans le second il *peut* le faire, mais n'y est pas obligé.

413. — 1° *Empêchemens prohibitifs.* — Dans l'exercice de leurs fonctions, les notaires doivent veiller au maintien et à la conservation des lois et règlemens qui intéressent l'ordre public et les bonnes mœurs. — V. L. 6 oct. 1791, tit. 1er, sect. 2, art. 6. — Ils doivent conséquemment se refuser à insérer dans leurs actes toute clause qui y serait contraire, qui porterait atteinte à la liberté religieuse d'un donataire, d'un héritier, d'un légataire; qui tendrait à le détourner de remplir les devoirs imposés, d'exercer les fonctions déférées aux citoyens par les lois ou la constitution. — Gagneraux, *ibid.*, p. 50, n° 2.

414. — Ainsi, un notaire ne pourrait, sans s'exposer à une répression sévère, et même à la destitution, recevoir une protestation contre une loi ou contre un acte du pouvoir exécutif fait dans la limite de ses attributions. — Circ. gouv. 29 niv. an XI.

415. — Il en serait de même, à notre avis, par exemple, d'une protestation contre une décision judiciaire ayant acquis l'autorité de la chose jugée et devenue inattaquable.

416. — Le notaire devrait encore s'abstenir s'il ne pouvait rédiger son acte à la satisfaction des parties sans contrevenir aux lois et arrêtés du gouvernement concernant les noms et qualifications supprimés, les clauses et expressions féodales, les mesures et l'annuaire légal, ainsi que la numération décimale. — L. 25 vent. an XI, art. 17. — V. les mots NOM, POIDS ET MESURES. — V., au surplus, ACTE NOTARIÉ, n°s 199 et suiv., 371 et suiv.

417. — Le notaire doit encore refuser son ministère toutes les fois qu'il s'agit: 1° de stipuler la contrainte par corps, hors les cas où elle est autorisée par la loi. — L. 15 germ. an VI, tit. 1er, art. 1 et 2; C. civ., 2063.

418. — ... 2° D'actes de prêt dans lesquels il serait stipulé, à la connaissance du notaire, un intérêt usuraire. — Ordonn. juin 1510, art. 65; l. 3 sept. 1807.

419. — Ainsi jugé que le notaire qui a favorisé des emprunts usuraires et prêté son ministère pour en réaliser les actes, encourt des peines de discipline. C'est en vain qu'il s'excuserait parce que le ministère des notaires est forcé. — *Caen*, 15 déc. déc. 1828, G.....

420. — ... 3° D'un acte sur le caractère frauduleux duquel les parties n'auraient pas craint de s'expliquer devant lui. — Rolland de Villargues, v°s *Acte notarié*, n° 202, et *Notaire*, n° 261.

421. — ... D'actes où figureraient des parties en état d'ivresse. — Circ. min. just. 17 mai 1821. — Gagneraux, *ibid.*, n° 3, 4°.

422. — Il en devrait être de même s'il paraissait au notaire qu'une partie n'est pas saine d'esprit ou que sa volonté n'est pas libre. — Rolland de Villargues, v° *Notaire*, n° 252; Merlin, *Rép.*, v° *Notaire*, § 5.

423. — Les notaires sont juges de la capacité et de l'état des facultés intellectuelles des personnes qui ont recours à leur ministère; en conséquence, ils peuvent s'abstenir de clore l'acte par leur signature lorsque le testateur leur paraît atteint d'aliénation ou dans une position à ne pouvoir exprimer une volonté libre et spontanée. — *Bordeaux*, 3 août 1841 (t. 2 1841, p. 642), Chastin-Amiaud c. Réveillaud.

424. — ... 5° D'actes ayant pour objet, de la part du titulaire d'un majorat, d'aliéner ou de grever de privilége ou d'hypothèque les biens qui composent ce majorat. — Décr. 1er mars 1808, art. 41 et 43.

425. — ... 6° D'actes portant cession de pensions sur l'Etat accordées par le gouvernement. — Arr. gouv. 7 therm. an X; avis *Cons. d'Etat*, 23 janv.-2 fév. 1808.

426. — ... 7° D'aliénation, aux enchères, d'immeubles appartenant à des absens, à des mineurs, à des interdits, à des femmes mariées sous le régime dotal, à moins d'autorisation préalable et avec l'accomplissement des formalités judiciaires, sous peine de destitution, suspension ou d'amende selon les circonstances. — Décis. min. just. 21 nov. 1826. — Gagneraux, *ibid.*, p. 51, n° 3, 8°.

427. — ... 8° D'actes concernant les communes, ou les établissemens publics, dans tous les cas où l'autorisation est requise, si cette autorisation n'a pas été préalablement obtenue. — Décis. min. just. 21 mai 1806 et 21 fév. 1831.

428. — ... 9° De procéder à des inventaires où des absens seraient intéressés et ne seraient point représentés par des tuteurs ou des fondés de procuration. — Arr. règl. 21 avr. 1751.

429. — ... 10° De tout acte contraire aux mœurs ou à l'ordre public: tel que les contrats de mariage par *paroles de présens*, c'est-à-dire les actes par lesquels deux personnes déclareraient se prendre pour époux (ordonn. de Blois, de 1559, art. 34; déclar. de juin 1697); les procurations à l'effet de contracter mariage. — Stat. not. Paris, 14 nov. 1811.

430. — ... 11° Des déclarations par manière de dépositions ou de révélations sur des minutes ou autrement. — *Ibid.* 28 mars 1688.

431. — Les notaires ne doivent pas non plus se rendre les agens de l'injure ou de la diffamation. Aussi un arrêt du parlem. de Bordeaux, du 5 fév. 1704, leur défendait de recevoir des actes qui contiendraient des inculpations contre des tiers, et aujourd'hui cette défense devrait encore être observée. — Gagneraux, *ibid.*, p. 50, n° 3, 1°.

432. — Le motif qui permet, dans l'usage, de laisser le nom du mandataire en blanc, dans une procuration, ne peut s'appliquer au cas où il s'agit d'une obligation. Un notaire ne peut donc recevoir une obligation où le nom du créancier est en blanc. — L. du 25 vent. an XI, art. 13. — Rolland de Villargues, v° *Notaire*, n° 334.

433. — Les notaires sont garans de l'exactitude des faits qu'ils attestent dans les certificats délivrés par eux, et répondent de leur négligence à s'assurer de l'exactitude de ces faits. — Un notaire doit donc refuser de délivrer un certificat de propriété toutes les fois qu'il ne trouve pas les droits des parties suffisamment justifiés par les pièces qu'elles produisent. — Gagneraux, *ibid.*, p. 51, n° 5.

434. — Le notaire doit également refuser d'agir pour celui qui se prétendant mandataire par écrit d'un tiers, et comparaissant en cette qualité, ne justifierait pas de ses pouvoirs. — Rolland de Villargues, *ubi suprà*, n° 257.

435. — Si le nom, l'état et la demeure des parties ne sont pas connus du notaire, il doit leur refuser son ministère jusqu'à ce que leur individualité lui ait été attestée par deux citoyens connus de lui, ayant les mêmes qualités que celles requises pour être témoins instrumentaires. — L. du 25 vent. an XI, art. 2. — V. ACTE NOTARIÉ, n°s 153 et suiv.

436. — En pareil cas, le notaire qui aurait négligé de se faire attester l'individualité des parties pourrait encourir la peine de la destitution. — *Turin*, 31 janv. 1813, Cottalorda; *Poitiers*, 21 mai 1823, D.; 21 mai 1824, D...

437. — Quant à la responsabilité dont il peut

être tenu vis-à-vis des parties, V. *infrà* nos 785 et suiv.

438. — Enfin, les notaires doivent s'abstenir de faire aucun acte de la juridiction contentieuse les dimanches et jours de fête légale (L. 18 germ. an X, art. 57; arr. gouv. 29 germ. an X) et le 1er janvier. — Av. du Conseil d'État, 20 mars 1810. — C. proc., art. 1037; C. comm., art. 162.

439. — 2° *Empêchement facultatif.* — Les notaires *peuvent* refuser leur ministère les dimanches et jours de fête légale, attendu que ces jours sont fixés pour le repos des fonctionnaires.

440. — Ils le *peuvent* également si les parties ne consignent pas d'avance entre leurs mains les droits d'enregistrement de l'acte à passer, attendu qu'ils sont personnellement responsables du défaut d'enregistrement. — L. 22 frim. an VII, art. 29. — Gagneraux, *ibid.*, p. 51, n° 9.

441. — Enfin, l'art. 3 de la loi du 25 vent. an XI reçoit exception toutes les fois que le notaire justifie d'un fait quelconque qui l'a mis dans l'impossibilité de déférer à la réquisition des parties. — Tel serait, notamment, le cas d'une maladie ou infirmité continuelle ou momentanée. — Rolland de Villargues, v° *Notaire*, n° 251.

Sect. 5e. — *Obligations diverses imposées aux notaires.*

442. — Ces obligations consistent principalement, comme on va le voir : 1° à tenir un répertoire et des registres; 2° à avoir dans leur étude un tableau des interdits; 3° à déposer un extrait des contrats de mariage de commerçans; 4° et enfin à garder le secret sur les opérations de leur ministère.

443. — De plus, le notaire appelé à faire inventaire après le décès d'un titulaire de majorat, devrait faire notifier ce décès au procureur général du sceau des titres, s'il ne l'avait été, et, à peine d'interdiction, faire mention, dans l'intitulé de l'inventaire, du certificat constatant cette notification. — V. MAJORAT.

444.—Tout notaire dépositaire d'un testament contenant legs au profit des établissemens publics est tenu d'en donner avis aux administrateurs de ces établissemens, lors de l'ouverture ou publication du testament. — Ordonn. 2 avril 1817, art. 5.

445.—La mission des notaires ne se borne pas toujours à recevoir et constater purement et simplement les conventions des parties. Ils sont aussi les conseils de ces parties, doivent les éclairer sur les effets et la portée des engagemens qu'elles contractent, et leur responsabilité peut se trouver engagée soit par suite de négligence à cet égard, soit même à raison des conseils qu'ils auraient donnés. — V. à cet égard *infrà* nos 785 et suiv.

446. — Les notaires sont tenus d'avoir un sceau et des panonceaux. — V. ces mots.

ART. 1er. — *Répertoire et registres.*

447. — Les notaires sont tenus d'avoir chaque année un répertoire sur lequel ils inscrivent sommairement et dans l'ordre chronologique tous les actes qu'ils reçoivent.—L. 22 frim. an VII, art. 49.

448. — Ils doivent faire viser ce répertoire tous les trois mois par les receveurs de l'enregistrement (même loi art. 51), et en déposer, dans les deux premiers mois de chaque année, un double au greffe du tribunal de leur immatriculation. — L. 26 sept.-6 oct. 1791, tit. 3, art. 16. — V. RÉPERTOIRE.

449. — Les notaires sont obligés, à peine de destitution, dépens et dommages-intérêts envers les parties, d'inscrire les protêts qu'ils reçoivent sur un registre particulier tenu dans la forme des répertoires. — C. comm., art. 176. — V. REGISTRE DE PROTÊTS.

450. — Ils doivent aussi tenir un registre spécial destiné à recevoir l'indication des noms, prénoms, date de naissance et domicile des rentiers viagers et pensionnaires dont ils sont requis de constater l'existence. — V. CERTIFICAT DE VIE, nos 73 et suiv.

ART. 2. — *Tableau des interdits et des individus pourvus d'un conseil judiciaire.*

451. — « Le notaire tiendra exposé dans son étude un tableau sur lequel il inscrira les noms, prénoms, qualités et demeures des personnes qui, dans l'étendue du ressort où il peut exercer, sont interdites et assistées d'un conseil judiciai-

re, ainsi que la mention des jugemens relatifs; le tout immédiatement après la notification qui lui en aura été faite, et à peine des dommages-intérêts des parties. » — L. 25 vent. an XI, art. 18.

452. — Cette disposition, dont le but et l'utilité sont manifestes, est renouvelée de trois arrêts de règlement du parlement de Paris des 18 mars 1614, 25 nov. 1621 et 11 fév. 1633.

453. — Des art. 501 C. civ., 897 C. proc., 92 et 175 du tarif, il résulte que le tableau doit contenir les interdictions et dations de conseil prononcées d'ans l'*arrondissement*. Ces dispositions ont ajouté, sous ce rapport, aux prescriptions de l'art. 18 L. 25 vent. à l'égard des notaires de justice de paix. Quant aux notaires des chefs-lieux de Cours d'appel, ils restent, sans nul doute, obligés, par les termes de cet article, à l'égard de tous jugemens ou arrêts rendus dans le ressort de la cour près laquelle ils exercent, dès qu'il leur a été donné connaissance de ces jugemens ou arrêts soit par la notification dont parle l'art. 18, soit dans les formes établies par l'art. 92 du tarif.

454. — D'après les art. 501 C. civ. et 897 C. de procéd. civ., le jugement d'interdiction ou de dation de conseil doit être, à la diligence des demandeurs, signifié, inscrit, dans les dix jours, au tableau dont parle l'art. 18 L. 25 vent. Mais les art. 92 et 175 du tarif ont encore modifié ces dispositions. Suivant l'art. 192, ces jugemens ne sont pas signifiés aux notaires de l'arrondissement. Il en est simplement remis, sur récépissé, un extrait au secrétaire de la chambre des notaires, qui le communique à ses collègues, lesquels sont tenus d'en prendre note et de l'afficher dans leur étude. — Et, suivant l'art. 175, tous les notaires de l'arrondissement sont tenus de prendre à la chambre communication du même extrait et de l'afficher également au tableau prescrit par l'art. 18 L. 25 vent. — S'ils négligeaient de prendre ce soin, le secrétaire de la chambre devrait, dans l'intérêt des tiers, leur adresser dans le plus bref délai possible la note nécessaire pour l'insertion au tableau. — Rolland de Villargues, v° *Tableau des interdits*, n° 7.

455. — A Paris, le grand nombre des jugemens de cette nature ne permettant pas de les comprendre dans un placard, le public est averti par avis affiché dans l'endroit le plus apparent de toutes les études de notaires, que les interdictions et dations de conseils sont inscrites sur un registre tenu par chaque notaire et toujours à la disposition de ceux qui voudraient y puiser des renseignemens.

456. — L'insertion au tableau doit avoir lieu bien que le jugement soit susceptible d'appel, et, en cas d'arrêt confirmatif, extrait de cet arrêt doit être également inséré. — Rolland de Villargues, n° 4.

457. — Le notaire qui négligerait d'insérer au tableau un jugement d'interdiction ou de dation de conseil dont il aurait eu légalement connaissance ou qui y apporterait quelque retard, s'exposerait sans nul doute à une action en responsabilité de la part des tiers qui ayant contracté dans son étude, ou sur la foi de renseignemens puisés à son tableau ou à son registre, auraient souffert préjudice par suite de cette négligence ou de ce retard. — C. civ., art. 1382, 1383, 1384.

458. — Il en serait de même dans le cas où l'infidélité de l'extrait affiché aurait induit une partie en erreur sur les noms et l'identité de la personne interdite ou pourvue d'un conseil judiciaire.

459. — Mais une fois l'extrait inséré au tableau ou porté au registre, c'est aux parties intéressées à en prendre connaissance. Le notaire ne peut être tenu de se rappeler tous les noms qui s'y trouvent ou de consulter ce tableau toutes les fois que des parties se présentent devant lui pour passer un acte. Il ne saurait donc, en principe, répondre de l'incapacité d'une partie qui a traité dans son étude, par cela seul que son nom figurait au tableau des interdits. — Merlin, *Rép.*, v° *Interdiction*, § 6; Toullier, t. 2, n° 1332; Rolland de Villargues, n° 11.

ART. 3. — *Dépôt d'extraits des contrats de mariage de commerçans.*

460. — Le notaire qui a reçu un contrat de mariage entre époux dont l'un est commerçant doit, ainsi qu'on l'a déjà vu (v° CONTRAT DE MARIAGE, nos 62 et suiv.), en transmettre un extrait, dans le mois de sa date, aux greffes et chambres désignés par l'art. 872 C. proc. civ., pour être exposé au tableau, conformément au même article. — Cet extrait annonce si les époux sont mariés en communau-

té, s'ils sont séparés de biens, ou s'ils ont contracté sous le régime dotal. — C. comm., art. 67.

461. — Le délai d'un mois accordé par l'art. 67 doit être augmenté d'un jour par cinq myriamètres de distance du lieu où le contrat a été fait à celui où doivent en être déposés les extraits. — Décis. min. fin. 19 oct. 1813.

462. — La remise des extraits dans les chambres des notaires et des avoués est constatée par acte inscrit sur un registre spécial. — Déc. min. fin. et just. 5 mai 1813.

463. — Cependant elle peut l'être également par un certificat du secrétaire de la chambre, soumis au droit d'enregistrement d'un franc. — Décis. minist. fin. et just. 19 oct. 1828 et 2 mars 1829.

464. — Il suffit, ainsi qu'on l'a vu (v° COMMERÇANT, n° 63), qu'un individu soit qualifié commerçant dans son contrat de mariage, pour que le notaire doive faire le dépôt d'extrait de son contrat. — *Colmar*, 4 mai 1829, M...

465. — Toutefois, la qualité de négociant donnée à un individu dans son contrat de mariage ne suffit pas pour soumettre ce contrat à la formalité du dépôt, et pour obliger le notaire à l'amende, en cas d'omission, s'il est reconnu que c'est par erreur que cette qualité de négociant a été prise. — *Bourges*, 27 fév. 1826, Bédu.

466. — Un pharmacien ne devant pas être réputé commerçant (V. cependant COMMERÇANT, n° 113), le notaire qui reçoit son contrat de mariage n'est pas tenu d'en déposer un extrait. — *Montpellier*, 19 fév. 1836, Léotard.

467.—Il ne suffirait pas que l'extrait fût déposé à la maison commune du domicile des époux, il faut qu'il soit affiché dans l'auditoire du tribunal de première instance de l'arrondissement.—*Bourges*, 13 juin 1826, Morot.

468. — L'insertion, par extrait, des contrats de mariage des commerçans aux tableaux des chambres des notaires et des avoués cesse d'être obligatoire, lorsqu'il n'existe pas d'établissemens semblables dans le lieu du domicile du mari. — *Paris*, 16 mars 1821, sous *Cass.*, 10 déc. 1822, Enregistrement c. Varry; *Colmar*, 10 juin 1834, Billig.

469. — Mais les ministres de la justice et des finances ont décidé, les 16 juill. 1823 et 30 avril 1824, que l'extrait doit être affiché aux greffes des tribunaux de première instance et de commerce, et, à défaut de l'existence de ce dernier tribunal, dans la principale salle de la mairie du domicile du mari, et toujours dans les chambres désignées par l'art. 872 C. procéd., parce qu'elles existent au chef-lieu de chaque arrondissement. — Instr. de la Régie, art. 1089.

470. — Le notaire qui a reçu le contrat de mariage est tenu de faire la remise ordonnée par l'art. 67 C. comm., sous peine de 100 fr. d'amende, et même de destitution, et de responsabilité envers les créanciers, s'il est prouvé que l'omission soit la suite d'une collusion. — C. comm., 68.

471. — Mais cette amende de 100 fr. prononcée par l'art. 68 C. comm., a été comprise dans la réduction à 20 fr. prononcée par la loi du 16 juin 1824 (art. 10). — *Bourges*, 13 juin 1826, Morot; *Cass.*, 27 août 1828, même partie; *Colmar*, 4 mai 1829, M... — *Contrà*, *Colmar*, 10 juin 1834, Billig.

472. — L'amende est encourue, pour chaque contrat de mariage dont les extraits n'ont pas été déposés; mais il n'est dû qu'une seule amende, par contrat de mariage, quel que soit le nombre des extraits non déposés. — Rolland de Villargues, *Rép. du not.*, v° *Dépôt des contrats de mariage*, nos 18 et 19.

473. — C'est au ministère public et non à la régie de l'enregistrement qu'il appartient de poursuivre les notaires qui ont contrevenu aux dispositions des art. 67 et 68 C. comm., sauf à la régie à poursuivre directement le recouvrement des amendes, après condamnation. — *Paris*, 16 mars 1821, Enregistrement c. Varry; *Cass.*, 10 déc. 1822, mêmes parties. — Déc. min. just. et fin. 15 mars et 25 avr. 1808; instr. Rég., art. 284 et 1577, n° 236. — Carnot, *Discipline judic.*, p. 96, n° 40; *Dict. des dr. d'enreg.*, vis *Dépôt aux greffes*, n° 8, *Instance*, n° 66, et *Notaire*, n° 85; Rolland de Villargues, *Rép.*, v° *Amende*, n° 7; Bioche et Goujet, *Dict. de procéd.*, v° *Discipline*, n° 201.

474. — Sont sujets à l'appel les jugemens des tribunaux civils prononçant des condamnations à l'amende contre des notaires, par exemple pour défaut d'affiche de contrat de mariage d'un négociant. — Dès lors, le pourvoi en cassation formé contre ces jugemens par le ministère public est non recevable. — *Cass.*, 29 octobre 1834, Drojat.

475. — Est également sujet à l'appel, le jugement qui a renvoyé le notaire de la poursuite. — *Cass.*, 16 mai 1825, Bédu ; même jour, Morot.

476. — Le notaire qui, en raison de sa bonne foi et alors qu'il y avait doute si celui dont il a reçu le contrat de mariage était commerçant, n'a pas déposé un extrait du contrat, doit n'être pas condamné à l'amende. — *Montpellier*, 19 fév. 1836, Léotard.

477. — Avant la loi du 16 juin 1824, la prescription de l'action pour contravention à l'article 68 C. comm. n'avait lieu que par 30 ans; mais cette prescription a été réduite à deux ans par l'art. 14 de ladite loi du 16 juin 1824.

478. — Toutefois, la réduction n'est pas applicable à une contravention à raison de laquelle il y avait eu déjà des poursuites exercées avant cette loi. Ces contraventions restent soumises à la prescription de trente ans. — *Bourges*, 27 fév. 1826, Bédu.

479. — De même le notaire poursuivi ne peut non plus invoquer la prescription de deux ans introduite par la loi du 16 juin 1824, si le défaut d'insertion et d'affiche est antérieur à la publication de cette loi. Ici ne s'applique pas l'art. 6 du décret du 23 juill. 1810, lequel n'a trait qu'aux crimes et délits emportant peine afflictive ou infamante. — *Bourges*, 13 juin 1826, Morot.

ART. 4. — *Secret.*

480. — Par état et par profession, les notaires sont dépositaires des secrets qu'on leur confie. — De là plusieurs conséquences :

481. — Ils ne peuvent révéler ces secrets, sous peine d'un emprisonnement d'un à six mois et d'une amende de 100 à 500 fr. — C. pén., art. 378. — Domat, *Dr. publ.*, liv. 2, tit. 5, sect. 5, n° 5.

482. — D'où il suit qu'ils ne peuvent communiquer les actes par eux reçus, en donner ou laisser prendre copie quelconque à d'autres qu'aux personnes intéressées en nom direct, héritiers ou ayans droit, que dans les cas et sous les conditions prévus par la loi. — L. 25 vent. an XI, art. 23 et 24 ; C. proc., art. 839, 846 et suiv.

483. — De plus, ils ne peuvent être tenus de déposer en justice, des faits qu'ils n'ont appris que comme notaires, dans l'exercice ou à l'occasion de l'exercice de leurs fonctions. — V., sur le principe, Ferrière, *Parf. not.*, liv. 1er, ch. 18 ; Langlois, *Droits des not.*, ch. 7 ; Massé, *Parf. not.*, liv. 1er, ch. 15 ; Jousse, *Instr. crim.*, t. 2, p. 104 ; Muyard de Vouglans, *L. crim.*, p. 784 ; Serpillon, *Code crim.*, t. 2, p. 448 ; Merlin, *Rép.*, v° *Tém. judic.*, § 1er, art. 6 ; Carnot, *Sur 378 C. pén.* ; Toullier, t. 8, n° 424 ; Bioche et Goujet, *Diction. de proc.*, v° *Enquête*, n° 181 ; Bourguignon, *Jurispr. des C. crim. sur 322 Instr. crim.* ; Chauveau et Hélie, *Théor. C. pén.*, t. 6, p. 522 et suiv.

484. — Ainsi, jugé qu'en matière civile un notaire n'est pas tenu de déposer des faits qui se sont passés dans son étude et lui ont été révélés en sa qualité de notaire. — *Bordeaux*, 16 juin 1835, Otard c. Espinasse.

485. — Mais cette obligation cesserait, si toutes les parties intéressées invoquaient le témoignage du notaire sur les faits qui se seraient passés ou les explications qui auraient eu lieu au moment de la réception de l'acte ; sans que, toutefois, les modifications qui pourraient en résulter, dans le sens et la portée des clauses de cet acte, pussent préjudicier aux droits que les termes de ces clauses auraient pu, dans l'intervalle, conférer à des tiers.

486. — L'obligation du secret cesserait-elle également, si le témoignage du notaire était invoqué par quelques-uns des intéressés en nom direct? Oui. — (V. *J. pal.*, note, sous *Bordeaux*, 16 juin 1835, Otard.) — Cette solution nous paraît douteuse.

487. — Elle cesserait évidemment encore, si l'intérêt légitime du notaire l'exigeait ; par exemple si, poursuivi sous prétexte de refus de ministère, il ne pouvait se disculper qu'en déclarant qu'il s'agissait d'un acte contraire aux lois, aux mœurs, dolosif ou frauduleux.

488. — Un notaire n'est pas tenu de déposer en justice, des faits relatifs à une instance correctionnelle pendante entre deux parties, lorsqu'il déclare que c'est dans le secret de son étude que ces faits lui ont été révélés. Il en devrait être ainsi, quand bien même la partie qui lui a confié ces faits l'autoriserait à les faire connaître. — *Montpellier*, 24 sept. 1827, Teyssier c. T...

489. — Jugé, au contraire, qu'en matière criminelle, la dispense accordée par la jurisprudence, aux avocats et aux avoués, de déposer en justice, des faits qu'ils n'ont connus qu'en leur dite qualité, dans les procès de leurs cliens, ne peut ni ne doit être étendue aux notaires, qui ne sont pas appelés, comme eux, à exercer le droit de défense en faveur duquel cette exception a été établie. — *Cass.*, 23 juill. 1830, Cressent.

490. — ... Que, dans tous les cas, le notaire qui n'est appelé à déposer ni sur des pourparlers, ni sur des confidences qui lui auraient été faites, mais seulement sur des faits matériels, tels que l'apport dans son étude, d'une somme d'argent paraissant provenir d'un vol, ne peut refuser d'en rendre témoignage. — Même arrêt.

491. — La première partie de cette décision, approuvée par MM. Chauveau et Hélie (*Th. C. pén.*, t. 6, p. 522 et suiv.), est, avec raison, critiquée en principe par les auteurs du *Journ. du pal.*, qui refusent d'admettre aucune distinction entre les procès civils et les procès criminels. — Les notaires sont, sous le rapport du secret de leur cabinet, dans la même position que les avocats et les avoués ; ils donnent des conseils, ils reçoivent des confidences. Si leur ministère ne touche pas immédiatement à la défense des accusés ou des prévenus, il s'y trouve intimement lié, et la divulgation faite par un notaire serait aussi odieuse que si elle émanait d'un avocat. — V. note sous l'arrêt cité.

CHAPITRE IV. — *Réception et conservation des actes notariés. — Délivrance des copies.*

Sect. 1re. — *Forme des actes notariés.*

492. — On a vu (v° ACTE NOTARIÉ) où, comment et avec quelles formalités les actes notariés devaient être reçus. Nous nous contenterons de rapporter ici quelques décisions survenues depuis l'impression du mot.

493. — Relativement à l'obligation par le notaire de se faire certifier l'individualité des parties qui passent des actes devant lui (V. ACTE NOTARIÉ, nos 53 et s.), jugé que le notaire qui reçoit un acte, dans lequel contracte une partie qu'il ne connaît pas, ne doit accepter, pour l'attestation de l'identité, que des témoins connus de lui, et offrant toute garantie de moralité et de sincérité. — *Paris*, 29 janv. 1847 (t. 1er 1847, p. 244), Esnée c. Pain.

494. — Relativement à l'obligation pour le notaire d'indiquer les noms, prénoms, professions et demeures des parties (V. ACTE NOTARIÉ, nos 217 et suiv.), jugé qu'il n'est pas nécessaire à peine d'amende contre le notaire rédacteur qu'un acte notarié contienne la mention des noms, prénoms, professions, qualités et demeures des personnes pour lesquelles l'un des contractans déclare se porter fort. — *Rennes*, 30 juin 1845 (t. 2 1845, p. 777), Eon.

495. — ... Que, lorsque, dans un contrat, un tiers, se disant régisseur général de divers propriétaires, stipule dans leur intérêt, le notaire est tenu d'énoncer dans l'acte les noms et prénoms de ces propriétaires. — *Rennes*, 18 nov. 1846 (t. 2 1846, p. 738), Guéhéneuf.

496. — ... Qu'on doit réputer *parties* dans un acte notarié non-seulement les personnes qui stipulent pour elles-mêmes ou pour d'autres, mais encore celles pour lesquelles la stipulation a lieu. — Qu'en conséquence, lorsque, dans un acte de partage notarié, auquel un tiers a figuré comme se portant fort d'héritiers mineurs, le notaire a omis de mentionner les qualités et demeures de ces mineurs, il y a de sa part contravention. — *Cass.*, 18 janv. 1848 (t. 1er 1848, p. 139), Bureau.

497. — Relativement à l'obligation par le notaire de faire mention de la patente des individus qui y sont soumis (V. ACTE NOTARIÉ, nos 229 et suiv.), jugé qu'un notaire doit s'abstenir de prêter son ministère à un individu sujet à patente, jusqu'à ce qu'il justifie de sa patente, et qu'il ne lui suffit pas, pour échapper à l'amende prononcée par la loi, de mentionner dans l'acte la non-existence de la patente. — *Paris*, 19 mai 1845 (t. 2 1846, p. 765), Doubledent.

498. — Les actes dont les notaires sont dépositaires publics et dont ils peuvent délivrer des copies sont de deux espèces. Les uns sont ceux qui ont été reçus par les notaires mêmes et constituent les actes notariés proprement dits. Les autres sont ceux qui leur sont déposés pour minutes.

499. — 1° *Actes notariés proprement dits.* — Comme on l'a vu (ACTE NOTARIÉ, nos 568), les notaires sont tenus de garder minute de tous les actes qu'ils reçoivent — L. 25 vent. an XI, art. 20. — Il y a cependant exception pour certains actes simples, qui peuvent être délivrés en brevet. — V. BREVET.

500. — L'obligation de garder minute est le principe, la faculté de délivrer en brevet est l'exception ; cette exception est facultative pour les parties, qui peuvent exiger que l'acte soit rapporté en minute.

501. — Mais cette obligation ne s'applique qu'aux actes parfaits. — En conséquence, lorsque le notaire s'est abstenu de clore un testament par sa signature, parce que le testateur lui a paru atteint d'aliénation ou dans une position à ne pouvoir exprimer une volonté libre et spontanée, il n'est pas obligé de garder minute du testament fait en pareille circonstance. — *Bordeaux*, 3 août 1841 (t. 2 1841, p. 642), Chastin-Amiaud c. Re- de Villarveillaud.

502. — Lorsqu'un acte n'est pas de ceux qui peuvent être rapportés en brevet, il n'est pas loisible aux parties de dispenser le notaire d'en garder minute. — Ord. d'Orléans de 1560, art. 84 ; arr. du parlement de Paris, 19 avr. 1714. — V. aussi Rolland de Villargues, v° *Minute*, nos 52 et 53.

503. — L'acte qui devant être conservé en minute aurait été délivré sous forme de brevet, serait nul comme acte authentique ; il vaudrait seulement comme écrit sous seing privé, s'il était revêtu de la signature de toutes les parties contractantes. — L. 25 vent. an XI, art. 20 et 68. — Rolland de Villargues, *ibid.*, n° 55.

504. — Un acte notarié qui est reçu par deux notaires peut-il être fait en double minute? Il y avait doute autrefois. Un arrêt du conseil du 7 déc. 1769 supposait l'affirmative, puisqu'il réglait, pour ce cas, un mode de contrôle. — Pour la négative, on invoquait une délibération de la communauté des notaires de Paris du 10 déc. 1775 et un arrêt de règlement du 17 mars 1783.

505. — « Quoi qu'il en soit, dit Rolland de Villargues (v° *Minute*, n° 59), l'usage des doubles minutes n'est pas formellement prohibé par la loi nouvelle, et il serait certainement impossible de prononcer la nullité de l'acte qui aurait été passé de cette manière. — Loret, *Élém. de la science not.*, t. 1er, p. 337.

506. — Il y a plus, des décisions ministérielles et de la régie consacrent implicitement l'usage des doubles minutes en réglant le mode d'enregistrement de l'acte. — Délib. 26 fév. 1806, décr. min. fin. 16 août 1808 ; délib. 27 nov. 1832, appr. le 12 déc. — V. aussi ENREGISTREMENT, n° 1184. — En outre, le législateur consacre formellement la validité des actes en double minute aux colonies. — V. COLONIES, n° 410.

507. — Le mode de rédaction d'un acte en double minute peut offrir des inconvéniens, par exemple, dans la délivrance des grosses ou expéditions, puisque chacun des deux notaires tient de sa qualité de dépositaire le droit de faire cette délivrance. — Rolland de Villargues, n° 61.

508. — Lorsque deux minutes sont rédigées, il doit en être fait mention dans l'acte en ajoutant que chacun des deux notaires est resté en possession d'une de ces deux minutes. — Loret, *ibid.*, t. 1er, p. 337 ; Rolland de Villargues, *ibid.*

509. — Les actes notariés, ainsi que les extraits et expéditions qui en sont délivrés, doivent être écrits sur papier timbré. — L. 13 brum. an VII, art. 12, n° 1er. — V. TIMBRE, nos 56 et suiv.

510. — Chaque minute doit être écrite sur une feuille de papier séparé ; il n'y a exception qu'à l'égard des actes qui, étant la conséquence d'autres, peuvent être écrits à la suite de ces mêmes actes. — L. 13 brum. an VII, art. 23. — V. TIMBRE, nos 475 et suiv.

511. — Tous les actes reçus par les notaires sont en général soumis à la formalité de l'enregistrement, et c'est sur les minutes ou brevets que doit être mise la mention de la formalité. — V. ENREGISTREMENT, nos 1169 et suiv.

512. — 2° *Actes déposés pour minutes.* — Quant aux actes déposés à un notaire, pour être placés au rang de ses minutes, sans doute à partir du dépôt ils font partie des minutes du notaire, et celui-ci peut en délivrer des copies (L. 25 vent. an XI, art. 21) ; mais le dépôt ne change pas leur valeur, et ils restent ce qu'ils étaient avant : à moins que toutes les parties concourant à l'acte de dépôt ne consentent à une reconnaissance qui donne acte ou caractère d'authenticité.

513. — Dès lors, quand un acte authentique est déposé pour minute à un notaire, celui-ci peut délivrer une grosse s'il y a lieu. — Tel est le cas, par exemple, où une obligation d'une somme minime ayant été rédigée en brevet, le créancier lui fait le rapport pour minute de cette obligation. — V. RAPPORT POUR MINUTE.

514. — Quand un acte sous seing privé est déposé pour minute par toutes les parties qui en reconnaissent l'écriture et en approuvent le contenu, cet acte, s'identifiant avec l'acte de dépôt, devient authentique comme lui à partir de ce moment. — V. ACTE AUTHENTIQUE, nos 57 et suiv. — V. aussi EXÉCUTION DES ACTES ET JUGEMENS, nos 201 et suiv.; GROSSE, nos 9 et suiv.

515. — Mais il en est autrement quand le dépôt n'est pas fait par toutes les parties intéressées; puisqu'il manque la reconnaissance et le consentement des absens, l'acte ne saurait être réputé authentique.

516. — Dès lors le notaire devant lequel une partie a sommé une autre de comparaître à l'effet d'assister au dépôt d'un acte sous seing privé contenant obligation au profit de la première, par la seconde, ne peut, en cas de protestation de celle-ci contre la sincérité de l'acte, le recevoir au rang de ses minutes, pour en délivrer ensuite une expédition qui ait exécution parée.—*Nîmes*, 24 août 1842, Arboussel c. Canonge.

517. — Les notaires peuvent en général recevoir toute espèce d'actes à titre de dépôt pour minutes. Toutefois, il y a exception pour les actes dont la loi prescrit le dépôt entre les mains d'un autre officier ou fonctionnaire public.

518. — Ainsi le rapport dressé par un expert nommé par justice doit nécessairement être déposé au greffe du tribunal qui a désigné l'expert. L'art. 319 C. procéd. civ. dispose, à cet égard, d'une manière générale. — En conséquence, et en l'absence de toute disposition qui déroge à cet art. 319, le rapport dressé par un expert commis par le juge de paix, en vertu de la loi du 7 juin 1791, pour estimer, par suite d'un congément, la valeur des édifices et superficies, doit être déposé au greffe de la justice de paix, et ne saurait, sous aucun prétexte, et alors même que la nomination dudit expert aurait été consentie d'un commun accord par les parties, être déposé en l'étude d'un notaire. — Par suite, le notaire qui a reçu un pareil dépôt doit, sur la poursuite du ministère public, être contraint de se dessaisir des minutes et de les rétablir au greffe; et le tribunal peut ordonner que cette opération aura lieu à ses frais. — *Cass.*, 8 avril 1845 (t. 1er 1845, p. 455), Lagillandais.

519. — Un notaire ne peut, sous peine d'amende, recevoir aucun acte en dépôt sans dresser acte de dépôt. — L. 22 frim. an VII, art. 43. — V. ENREGISTREMENT, nos 1345 et suiv.

520. — Il ne peut non plus recevoir aucun acte en dépôt qu'il ne l'ait fait préalablement enregistrer. — L. 22 frim. an VII, art. 42. — V. ENREGISTREMENT, nos 1238 et suiv. — Il faut en outre que l'acte reçu en dépôt soit écrit sur papier timbré du timbre prescrit, ou visé pour timbre. — L. 13 brum. an VII, art. 24 et 26, no 3. — V. TIMBRE, nos 548 et suiv.

521. — De plus, aux colonies, les notaires ne peuvent recevoir en dépôt les actes sous signatures privées, translatifs de propriété ou d'usufruit de biens immobiliers, en faire aucun usage ni aucune mention, sans qu'ils aient été préalablement soumis à la formalité de la transcription; et ils sont tenus de rapporter tout au long, dans leurs minutes, la mention de cette formalité mise par le conservateur sur lesdits actes. — Ord. 1er juill. 1831, art. 2. — V. COLONIES, no 350.

Sect. 2e. — *Minutes des actes notariés.*

ART. 1er. — *A qui appartient la minute d'un acte.*

522. — La conservation des minutes, imposée comme obligation aux notaires, est, en même temps, pour eux, une source d'avantages, le droit de délivrer grosse ou expédition d'un acte n'appartenant, en général, qu'au notaire possesseur de la minute (V. *infrà* nos 578 et suiv.). Il est donc important, quand deux notaires concourent à la réception d'un acte, de savoir auquel d'entre eux en restera la minute.

523. — Il n'y a pas de difficulté lorsqu'un des deux notaires n'a été appelé que pour la régularité de l'acte et pour assister à la réception de cet acte, en qualité de *notaire en second*. La minute appartient sans contredit à celui *qui reçoit*. — La question s'élève dans le cas où deux notaires ont été appelés par les parties, ou nommés par le tribunal pour la possession d'un acte. — La minute alors doit rester à celui des deux notaires nommé par celle ou pour celle des deux parties qui avait le droit de choix, de préférence à l'autre.

524. — Mais quand une partie a-t-elle droit

de choisir le notaire en premier? On peut dire en général que c'est quand cette partie doit payer les frais de l'acte. Du moins tel est l'usage pour les cas où la loi ne contient pas de disposition expresse.

525. — Ainsi jugé que lorsqu'il s'agit de réaliser un acte tel qu'une constitution d'hypothèque dont les frais doivent être payés par le débiteur, le choix du notaire appartient à celui-ci et non au créancier. — *Bordeaux*, 26 juill. 1843 (V. sous *Cass.*, 3 juill. 1844, t. 2 1844, p. 223), Filhon c. Barrouil. — En admettant un usage contraire, la violation de cet usage ne saurait donner ouverture à cassation; un usage, quel qu'il soit, ne pouvant être considéré comme une loi. — *Cass.*, 3 juill. 1844 (t. 2 1844, p. 223), mêmes parties.

526. — Mais il est des cas pour lesquels la loi contient des dispositions explicites sur le choix du notaire; c'est en matière d'inventaire, quand il y a lieu d'y procéder par suite d'ouverture de succession ou de dissolution de communauté. — V., à cet égard, INVENTAIRE, nos 69 et suiv.

527. — Alors, dans le cas de concours de deux ou plusieurs notaires, la minute doit rester à l'un d'eux d'après les distinctions suivantes :

528. — Entre deux notaires qui procèdent à un inventaire, la minute appartient au plus ancien. —Statuts des Notaires de Paris, 13 mai 1681, art. 17.—*Colmar*, 30 juill. 1825, Muller c. Dietrich; *Paris*, 13 juin 1832, de la Rochefoucauld c. Moisant; *Bordeaux*, 15 avr. 1835, Dubois c. Marbotin.—Rolland de Villargues, *Rép. du notar.*, vo *Minute*, nos 44 et suiv.

529. — ... Et cela bien que l'autre notaire ait toujours été le notaire de la famille. — *Paris*, 13 juin 1832, de la Rochefoucauld c. Moisant.

530. — ... Ou bien qu'il ait reçu le testament du défunt et qu'il représente les parties qui ont le plus fort intérêt dans la succession. — *Colmar*, 30 juill. 1825, Muller et Dietrich c. Schœffer.

531. — C'est également au notaire le plus ancien que doit rester la minute, lorsqu'après le décès du mari, suivi quelques jours après de celui de sa femme, il est procédé conjointement à l'inventaire des deux successions par le notaire des héritiers du mari et par celui des héritiers de la femme.—*Bourges*, 24 nov. 1845 (t. 2 1847, p. 194), Lebel c. Russ.

532. — ... Ou encore la minute de l'inventaire dressé par deux notaires respectivement choisis : l'un par les héritiers du défunt, l'autre par la veuve commune en biens et légataire universelle en usufruit de son mari. — *Nancy*, 24 août 1835, Viry c. Bastien.

533. — Jugé, toutefois, qu'en cas de dissentiment entre le conjoint survivant commun en biens et les héritiers de l'autre conjoint, la minute de l'inventaire doit, si l'intérêt des parties l'exige, rester au notaire de la situation des immeubles et d'une portion du mobilier, alors d'ailleurs que ce notaire est le plus ancien.—*Paris*, 4 janv. 1833, Saint-Amand.

534. — Le notaire le plus ancien est celui qui a un plus grand nombre d'années passées dans sa résidence, quelle que soit la classe de ce notaire.—Rolland de Villargues, vo *Ancienneté*, no 2. — Mais un notaire de canton qui passe notaire dans un chef-lieu d'arrondissement n'a rang d'ancienneté parmi ses nouveaux confrères qu'à partir de sa nouvelle installation et non à partir de sa nomination primitive. — En conséquence, s'il est appelé pour procéder à un inventaire concurremment avec un notaire d'arrondissement moins ancien que lui dans le notariat, mais plus ancien comme notaire d'arrondissement, la minute doit rester à ce dernier. — *Douai*, 31 mars 1832, Vautryen c. Roels; *Cass.*, 16 avril 1834, mêmes parties.

535. — Bien que l'un des deux notaires appelés à un inventaire ne réside pas sur les lieux, s'il est le plus ancien en exercice, la minute doit lui rester de préférence à l'autre notaire résidant sur les lieux, et choisi par l'exécuteur testamentaire et la majorité des héritiers. — *Paris*, 22 août 1831, Bonnet c. Jacquin.

536. — Jugé au contraire que la garde de la minute d'un inventaire dressé par deux notaires résidant, l'un à Paris, l'autre dans le ressort de la Cour d'appel de Paris, doit rester, non au plus ancien, mais à celui qui exerce dans l'arrondissement du domicile du défunt et de la résidence de la majorité des parties intéressées. — *Paris*, 17 janv. 1845 (t. 1er 1845, p. 403), de Maussac c. de Brosses.

537. — C'est aussi au notaire le plus ancien que doivent être renvoyées les opérations du partage et de la liquidation. — *Paris*, 13 juin 1832, de la Rochefoucauld c. Moisant.—V. aussi INVENTAIRE.

538. — Néanmoins, lorsque le notaire déjà commis en justice vient à décéder ou à quitter ses fonctions avant que l'opération ait été terminée ou même commencée, le droit d'être commis, pour la même opération, en remplacement de ce notaire, passe à son successeur à cause de la possession en quelque sorte acquise à l'étude, en vertu du premier jugement. — Délib. not. Paris, 30 déc. 1823, art. 2.

539. — Après l'ouverture d'une succession, lorsqu'il y a dissidence entre l'exécuteur testamentaire, les successibles et le légataire universel, sur le choix du notaire par le ministère duquel aura lieu l'inventaire, le choix doit être fixé, non par les divers motifs de préférence qui pourraient être invoqués, mais par une nomination faite d'office par le président du tribunal.— *Bordeaux*, 15 avril 1835, Dubois c. Marbotin.

540. — Lorsque l'arrêt qui prononce la séparation de corps et de biens, sur la demande du mari, ordonne que la liquidation aura lieu à la requête de ce dernier, la minute de l'inventaire et les autres actes de la liquidation doivent être déposés au notaire du mari, encore bien que celui choisi par la femme soit plus ancien. — *Paris*, 28 oct. 1841 (t. 2 1841, p. 568), D...

541. — Les règles ci-dessus souffrent exception, lorsqu'il s'agit de certains actes spéciaux, aux termes des anciens règlemens des notaires de Paris, qui sont toujours en vigueur. — Gagneraux, *Encycl. du not.*, p. 127, no 20.—On peut aussi consulter le règlement intérieur de la chambre du 27 avril 1847, qui reproduit et consacre les dispositions de tous les règlemens antérieurs.

542. — Les règlemens sur la garde des minutes ne souffrent pas d'exception, et la minute d'un acte doit être prise par le notaire auquel les règlemens l'attribuent, quoique l'acte soit rédigé en forme de procès-verbal, et par suite de sommations données pour comparaître dans l'étude de l'autre notaire coopérant à ce même acte. — Délib. not. Paris, 2 avril 1807.

543. — Lorsqu'un notaire substitue un de ses confrères c'est au substitué et non au substituant que doit rester la minute, qui doit également en faire mention; mais l'un et l'autre doivent porter l'acte sur leur répertoire, avec mention, par le substituant, que la minute est restée aux mains du notaire suppléé. —Décis. minist. fin. et just., instr. Rég. enreg., 11 nov. 1819, no 909.

544. — Mais il n'en serait plus ainsi, si le notaire suppléé se trouvait empêché pour parenté, alliance ou intérêt personnel. La minute serait alors conservée par le notaire qui aurait reçu l'acte. — Décis. min. just. 18 et 22 nov. 1807. — Gagneraux, *ibid.*, p. 62, no 62, et p. 370.

ART. 2. — *Conservation, communication et dessaisissement des minutes.*

§ 1er. — *Conservation et communication des minutes.*

545. — Dès 1685, un édit de Henri III, du mois de mai, enjoignait aux notaires de séparer leurs minutes par années et d'avoir des maisons convenables pour les y tenir en bon ordre. Un arrêt de règlement, du 13 avril 1720, leur défendait de déplacer leurs minutes de leurs études.

546. — Il résulte d'autres décisions qu'un notaire ne pouvait déchirer un acte, même imparfait, avant qu'il y eût été pourvu par un acte subséquent. Ainsi jugé dans une espèce où la femme d'un des contractans ayant refusé de signer l'acte, le notaire l'avait supprimé et avait été, pour ce fait, actionné en dommages-intérêts (arr. règl. du 22 mars 1659). Trois autres arrêts, des 3 déc. 1643, 7 avril 1664 et 3 avril 1677, avaient aussi défendu aux notaires de déchirer les actes une fois qu'ils avaient reçu leur forme, même du consentement des parties, à moins qu'ils n'eussent été refaits. — Jousse, *Journ. des aud.*; Gagneraux, *ibid.*, p. 125, no 5.

547. — Il est même très-douteux aujourd'hui qu'en cas de réfection d'un acte au lieu et place d'un acte antérieur régulièrement reçu, il fût permis au notaire, même du consentement des parties, soit de leur remettre le premier, soit de l'anéantir. — Rolland de Villargues, *Rep.*, vo *Minute*, nos 82 à 85.

548. — Sous l'ancienne jurisprudence, en cas de perte d'une minute, par cas fortuit ou force majeure, le notaire ou les parties pouvaient obtenir ordonnance du juge, d'après laquelle tout porteur d'une expédition de cet acte devait la rapporter dans l'étude du notaire, pour que celui-ci en tirât une copie destinée à tenir lieu de minute. On pourrait encore aujourd'hui suivre cette marche, sauf à savoir jusqu'à quel point une pa-

reille ordonnance pourrait obliger le porteur de l'expédition. La solution dépendrait beaucoup des circonstances. Il est certain par exemple que si une partie produisait en justice expédition d'un acte dont la minute serait perdue, l'autre partie, que cet acte intéresserait également, pourrait demander et obtenir que l'expédition produite fût rapportée au notaire pour que celui-ci en tirât copie remplaçant la minute perdue. — V., au surplus, COPIE DE TITRES ET ACTES.

549. — Un décret du 16 août 1793 autorisait, dans le même cas, le notaire à compulser les registres du bureau de l'enregistrement de sa résidence. Rien ne s'opposerait à ce que ce moyen fût encore employé. Mais l'extrait de l'enregistrement serait soumis, quant à ses effets, aux dispositions de l'art. 1336 du C. civ. — Gagneraux, *ibid.*, p. 125, n° 8.

550. — Nul doute que si une minute avait été enlevée de l'étude d'un notaire, et que celui-ci vînt à en connaître le ravisseur ou le détenteur, il n'eût action contre lui pour obtenir la restitution de la minute, sans préjudice de l'action publique contre les auteurs et complices de l'enlèvement. — C. pén., art. 254 à 256.

551. — Le notaire qui ne pourrait représenter la minute d'un acte qui aurait été reçu par lui, serait responsable des conséquences de la non-existence ou de la disparition de cette minute. — V. *infrà* n° 169.

552. — Lorsque l'existence d'un acte est déniée par le notaire qui l'a reçu, et qu'il n'en est point fait mention sur son répertoire, elle peut être suffisamment établie par un extrait des registres du bureau de l'enregistrement, alors surtout que le notaire ne justifie pas de la tenue d'un répertoire régulier. — *Douai*, 1er juill. 1816, Delsaux c. Faure.

553. — A plus forte raison, quand une partie représente la grosse d'un acte notarié dont la minute ne se retrouve pas parmi celles du notaire qui a reçu l'acte, elle ne peut être obligée de prouver que cette minute a existé. — *Bourges*, 17 mai 1827, Graillot c. Lelong.

554. — Il ne suffit pas aux notaires de délivrer des expéditions aux parties, ou à leurs ayans droit; ils sont encore obligés de leur représenter la minute de l'acte, pour qu'ils puissent en constater l'état. — Ord. 1539, art. 177. — *Paris*, 22 juill. 1809, Gouraincourt c. Bellan.

555. — De même, les notaires doivent donner connaissance aux parties des minutes des actes dont ils sont dépositaires. — *Pau*, 12 fév. 1833, Fréchon c. Berrut et Verdon.

556. — Toutefois, lorsque la communication oculaire d'un acte est demandée à un notaire, il est en droit de choisir les précautions qui lui paraissent les plus convenables et les plus propres à la conservation du dépôt qui lui est confié. — Même arrêt.

557. — Il est reconnu, par exemple, que la personne intéressée qui requiert la communication d'un acte ne peut exiger qu'il lui soit remis entre les mains. — Rolland de Villargues, *Rép.*, v° *Communication*, n° 7; Gagneraux, *Comment. sur la loi du 25 vent. an XI*, art. 23, n° 19, et *Encyclopédie du notariat*, t. 1er, p. 135.

558. — Alors le notaire peut déclarer ne vouloir représenter l'acte que devant le président du tribunal. — Dans ce cas, les frais de déplacement ne sont point à la charge du notaire. — *Pau*, 12 fév. 1833, Fréchon c. Berrut et Verdon. — Massé, *Parf. not.*, t. 1er, p. 80; Bioche et Goujet, *Dict. de procéd.*, v° *Copie*, n° 16.

§ 2. — *Dessaisissement des minutes.*

559. — Les notaires ne peuvent se dessaisir d'aucune minute, si ce n'est, dans les cas prévus par la loi, en vertu d'un jugement. — L. 25 vent. an XI, art. 22. — Cette disposition s'applique tant aux actes reçus en minute qu'à tous actes et pièces déposés au notaire pour être mis au rang des minutes. — Rolland de Villargues, *Rép.*, v° *Minute*, n° 92.

560. — Cette prohibition est la reproduction de celles déjà faites par deux arrêts de règlement des 15 mars 1567 et 15 avril 1722; elle résultait également d'un acte de notoriété du Châtelet de Paris, du 18 nov. 1687.

561. — Aussi, lorsqu'un notaire, obligé de rendre un compte en justice, a joint à ses pièces justificatives, pour être remise au juge commissaire, la minute d'un acte par lui reçu, il encourt les peines de discipline pour s'être dessaisi d'une minute hors des cas prévus par la loi. — *Metz*, 7 mai 1822, L...

562. — La prohibition s'applique aux testamens publics comme à tous les autres actes notariés, dont les testamens ne diffèrent que parce qu'ils sont soumis à des formalités plus sévères. — V. Duranton (t. 9, n° 61), Grenier (*Des donations*, n° 227), qui citent à l'appui de leurs opinions un avis du Conseil du 7 avril 1821, approuvé le 9 sept. 1822. — Sous l'ancienne jurisprudence, un édit du mois de mars 1693 autorisait l'opinion contraire encore soutenue par Toullier (t. 5, n° 658). — V. aussi Merlin, *Rép.*, v° *Notaire*, § 6, n° 6.

563. — Le notaire ne peut pas non plus se dessaisir de la minute d'un acte susceptible d'être soumis à l'approbation de l'autorité supérieure, cette approbation pouvant très-bien être donnée sur une expédition. — Déc. min. just., 18 nov. 1828 et 22 fév. 1830. — Gagneraux, *Comment.* sur la loi du 25 vent. an XI, art. 22, p. 129, n° 29.

564. — L'art. 22 s'applique également aux actes imparfaits. — Arr. régl. 24 mars 1639, arg. C. proc. 841. — Gagneraux, *ibid.*, p. 129, n° 28.

565. — D'après une décision du ministre de la justice du 12 brum. an XII, le notaire commis par justice pour procéder à la vente de biens de mineurs devait déposer au greffe du tribunal le procès-verbal d'adjudication; mais cette décision a été justement rapportée le 28 flor. suivant (V. Circul. Rég. enreg., 8 prair. an XII), elle dépouillait, en effet, les notaires d'un droit qui leur appartient en vertu de l'art. 1er L. 25 vent. an XI.

566. — Mais lorsqu'un notaire commis judiciairement, en vertu de l'art. 976 C. procédure, pour procéder, entre copartageans, à la liquidation de l'indivision, n'a pu parvenir à les concilier et a dû, en conséquence, dresser procès-verbal de leurs dires et prétentions respectives, il doit déposer au greffe ce procès-verbal, sur le vu duquel le tribunal prononcera entre parties. — C. procéd. civ., 977.

567. — Les cas dans lesquels un notaire peut se dessaisir d'une minute sont ceux de poursuite en faux principal, de faux incident ou de vérification d'écritures. — Code d'instr. crim., 452; C. procéd., 221 et 201. — Dans le premier cas, le dessaisissement ne peut avoir lieu qu'en vertu d'ordonnance du ministère public ou du juge d'instruction; dans les deux autres, en vertu d'ordonnance du juge commissaire.

568. — Il est un autre cas prévu par l'art. 852 C. procéd., lorsqu'il y a eu compulsion (V. ce mot); quand il y a contestation sur les honoraires réclamés par un notaire, l'apport de la minute peut encore devenir nécessaire.

569. — De plus, les juges ont le droit d'ordonner l'apport au greffe de la minute d'un acte notarié, lorsque son inspection peut éclairer leur religion. — *Cass.*, 6 janv. 1830, Bourgois c. Pigny.

570. — Ainsi, dans le cas où les juges pensent qu'il est indispensable d'avoir sous les yeux un testament olographe déposé chez un notaire, ils peuvent ordonner que ce notaire, après s'être conformé aux dispositions de l'art. 203, C. proc., l'adressera au greffier par la voie de la poste. — *Rennes*, 3 mars 1831, Legloannec c. Lebaron.

571. — Il va sans dire que le notaire doit se dessaisir de la minute, pour la soumettre à l'enregistrement (V. ce mot).

572. — Il en est de même lorsqu'il est nécessaire de mettre sur la minute d'un acte un autre acte qui se passe en exécution du premier, et qui ne peut être reçu par le même notaire : par exemple, la décharge donnée au notaire qui a procédé à une vente. La minute sur laquelle doit être inscrit le nouvel acte peut être alors transportée dans l'étude du notaire qui instrumente. — Gagneraux, *ibid.*, p. 129, n° 37; Rolland de Villargues, *Rép.*, v° *Minute*, n° 95.

573. — Enfin, une ordonnance royale, du 17 déc. 1828, prescrit aux anciens notaires de Saint-Domingue, résidant en France, de déposer au secrétariat général de la marine toutes les minutes d'actes par eux passés dans cette île, dont ils seraient détenteurs, et impose la même obligation aux notaires du royaume pour tous semblables actes qu'ils auraient reçus en dépôt.

574. — Avant de se dessaisir d'une minute, le notaire en dresse et signe une copie figurée qui, après avoir été certifiée par le président et le procureur de la République, est substituée à la minute, dont elle tient lieu, jusqu'à sa réintégration. — L. 25 vent. an XI, art. 22.

575. — Suivant l'art. 203 C. proc., lorsque, pour une vérification d'écriture, le notaire se dessaisit d'une minute ou autres pièces, il en est fait préalablement expédition ou copie collationnée, laquelle est vérifiée sur la minute ou original par le président du tribunal de l'arrondissement, qui en dresse procès-verbal. Cette expédition ou copie est mise, par le dépositaire, au rang de ses minutes, pour en tenir lieu, jusqu'au renvoi des pièces, et il peut en délivrer des grosses ou expéditions, en faisant mention du procès-verbal qui a été dressé.

576. — Des dispositions analogues sont prescrites pour les cas de poursuites en faux ou de faux incidens. — V. C. instr. crim., art. 455 et C. proc., art. 226 et 227. — V. FAUX, FAUX INCIDENT, VÉRIFICATION D'ÉCRITURES.

577. — L'art. 203 C. proc. n'a point abrogé l'art. 22 L. 25 vent. an XI. L'expédition ne dispense donc pas le notaire de dresser copie figurée de la minute dont il se dessaisit. — Gagneraux, *ibid.*, p. 130, n° 40. — V. COPIE FIGURÉE.

Sect. 3e. — *Copies des actes notariés.*

578. — A l'exception des actes délivrés en brevet, et sauf les cas très-rares où la minute peut être déplacée, les actes notariés n'apparaissent hors de l'étude du notaire que sous la forme de copies, c'est-à-dire : 1° d'expéditions; 2° de grosses; 3° ou d'extraits.

579. — On a déjà vu, sous chacun de ces trois mots, et sous celui de COPIE DE TITRES ET ACTES, les règles relatives à la délivrance des copies de tous les actes authentiques en général. — Nous ajouterons ici l'analyse de quelques dispositions concernant les copies des actes notariés en particulier.

580. — L'art. 21 L. 25 vent. an XI porte : « Le droit de délivrer des grosses et des expéditions n'appartiendra qu'au notaire possesseur de la minute, et néanmoins tout notaire pourra délivrer copie d'un acte qui lui aura été délivré pour minute. »

581. — On a vu (vis EXPÉDITION, n° 7, et GROSSE, n° 27) que pendant la vacance d'une étude par suite de décès, le notaire détenteur des minutes avait le droit d'en délivrer des grosses et des expéditions. — Décis. min. fin. 22 juin 1813.

582. — Sous l'empire des lois des 29 sept., 6 oct. 1791 et 18 brum. an II, tout notaire était compétent pour délivrer, dans l'étendue de son ressort, expédition des actes d'un notaire décédé qui lui étaient momentanément confiés, avant que les héritiers du défunt ou l'autorité publique eussent désigné pour la remise des notes un notaire de leur choix. — *Nîmes*, 8 juin 1338 (t. 2 1838, p. 419), Rivière c. Mazon.

583. — En maintenant à la garde de leurs possesseurs actuels les dépôts de minutes, sous les dénominations de *chambre des contrats*, *bureau de tabellionage*, et autres, l'art. 60 L. 25 vent. an XI porte que les grosses et expéditions ne pourront en être délivrées que par un notaire de la résidence des dépôts, ou, à défaut, par un notaire de la résidence la plus voisine, sauf le cas où lesdits dépôts de minutes auraient été remis au greffe d'un tribunal, les grosses et expéditions pouvant alors en être délivrées par le greffier.

584. — Le notaire investi, par suite de création nouvelle résultant d'une ordonnance royale, de l'office qui avait appartenu antérieurement à son père et qui avait été supprimé au décès de celui-ci, ne pouvait, lorsqu'il ne détenait les minutes de l'étude paternelle que pour le compte de la succession, à laquelle d'ailleurs il avait renoncé, et non pour son compte personnel, être tenu d'en délivrer des expéditions aux parties intéressées. — Mais il était obligé de délivrer des expéditions du moment où un arrêté du procureur du roi, pris en conformité de l'art. 57 de la loi du 25 vent. an XI, l'avait rendu légalement dépositaire desdites minutes. — *Cass.*, 7 juill. 1846 (t. 2 1846, p. 496), Eliceiry c. Sunhary. — Cette solution serait évidemment encore applicable aujourd'hui.

585. — La forme dans laquelle chacune de ces trois espèces de copies des actes peut être délivrée est la même. — V. ce que nous avons dit, à cet égard, v° EXPÉDITION, n° 44.

586. — Chacune de ces espèces de copies ne peut être délivrée que sur papier timbré (V. TIMBRE), et doit être revêtue du sceau du notaire. — V. SCEAU.

587. — 1° *Expéditions.* — En ce qui concerne les personnes qui ont droit d'obtenir des expéditions, V. COPIE DE TITRES ET ACTES, nos 80 et suiv.; COMPULSOIRE; EXPÉDITION, nos 26 et suiv.; à quoi il faut ajouter :

588. — Un notaire ne peut se refuser à délivrer une seconde expédition d'une procuration au mandataire, si le mandant n'y a point formé d'opposition. — *Paris*, 2 mai 1808, Goupil c. Monget.

589. — Un notaire est tenu, sous peine de dommages-intérêts, de fournir, soit par lui-même, soit par son successeur, expédition des actes qu'il a reçus. — Dans ce cas il a une action en garantie contre son successeur, auquel il a fait la remise de ses minutes; et cela quand bien même il n'aurait été dressé aucun état des minutes, délivré aucun récépissé lors de leur remise. — *Bourges*, 17 juin 1829, Gourjon c. Régnier.

590. — Un notaire ne peut, en vendant sa charge, se réserver des expéditions faites ou à faire des actes de son exercice. — *Orléans*, 12 juin 1839, sous *Cass.*, 12 janv. 1841 (t. 1er 1841, p. 230.), Dutard c. Renard.

591. — Ainsi, un notaire démissionnaire n'est pas, dans le sens de la loi, partie intéressée *en nom direct* dans les actes qu'il a reçus. — En conséquence, le successeur d'un notaire démissionnaire ne peut, sans autorisation du président du tribunal civil, délivrer à son prédécesseur des expéditions des actes reçus par ce dernier; lors même que, dans le traité de vente de son office, le titulaire se serait réservé toutes les expéditions faites et à faire des actes de son exercice. — Même arrêt.

592. — Le notaire créancier de frais d'actes dus par un individu tombé depuis en faillite, peut refuser expédition de ces actes aux syndics, bien qu'ils offrent de payer le coût des expéditions, tant qu'il n'est pas remboursé des frais des minutes mêmes des actes. — *Paris*, 23 (et non 13) oct. 1834, Dehodencq c. Bonnaire.

593. — Un notaire n'est pas tenu de délivrer l'expédition d'un acte dont les honoraires ne lui ont pas été payés. — C. proc., 851; Déc. min. just. 15 nov. 1844.

594. — En ce qui concerne le droit pour les tiers de demander expédition des actes, V. COMPULSOIRE, nos 4 et suiv.

595. — Les tribunaux peuvent, suivant les circonstances et les espèces, accueillir ou repousser les demandes à fin de compulsoire. — *Cass.*, 2 mai 1838 (t. 1er 1838, p. 581), Boudry c. Noyer. — Spécialement, lorsqu'un paquet cacheté a été remis par une partie à un notaire, sous la condition expresse que ce paquet ne pourrait être ouvert que dans certains cas déterminés par l'acte de dépôt, un tiers ne peut, si les cas prévus ne se sont pas réalisés, obtenir par une demande en compulsoire l'ouverture du paquet destiné à rester secret. Ce serait manquer au respect dû à la foi du dépôt. — Même arrêt.

596. — 2° *Grosses.* — Relativement aux actes qui peuvent être délivrés en forme de grosse, V. EXÉCUTION DES ACTES ET JUGEMENS, nos 196 et suiv., et GROSSE, nos 5 et suiv.

597. — ... Aux personnes à qui les grosses peuvent être délivrées, V. GROSSE, nos 33 et suiv.

598. — ... A la forme des grosses, V. GROSSE, nos 40 et suiv.

599. — Les grosses doivent être revêtues de la formule exécutoire. — V., à cet égard, EXÉCUTION DES ACTES ET JUGEMENS, nos 133 et suiv.; FORMULE EXÉCUTOIRE.

600. — D'après l'arrêté du gouvernement provisoire, du 13 mars 1848, la nouvelle formule exécutoire est ainsi conçue : *République française. Au nom du peuple français* (suit la teneur de l'acte). ... *En conséquence la République mande et ordonne à tous huissiers*, etc. — Art. 1er.

601. — Les porteurs des grosses et expéditions des actes, délivrées avant l'ère républicaine, qui voudraient les faire mettre à exécution, devront préalablement les présenter à un notaire afin d'ajouter la formule ci-dessus indiquée à celle dont elles étaient précédemment revêtues (art. 2). — Ces additions doivent être faites sans frais (art. 3).

602. — En ce qui concerne les secondes grosses, V. GROSSE, nos 60 et suiv.

603. — ... Et les grosses par ampliation, V. AMPLIATION, et GROSSE, nos 62 et suiv.

604. — 3° *Extraits.* — Relativement aux extraits des actes notariés, V. EXTRAITS.

CHAPITRE V. — *Droits et honoraires des actes de notaires.*

605. — Malgré leur titre de fonctionnaires publics, les notaires ne sont pas rétribués par l'État, mais par les parties qui les ont employés.

606. — Ils ont droit : 1° au remboursement de leurs avances; 2° à une rétribution pour leurs peines et soins.

607. — Lorsque deux notaires ont été concurremment appelés à un acte par les parties, ou y ont également coopéré, il est de règle que les honoraires se partagent également entre eux. — Stat. not. Paris, 13 mai 1681, art. 15; 14 nov. et 19 déc. 1816, 27 févr. 1823.

Sect. 1re. — *Avances ou déboursés.*

608. — Les notaires ont droit de répéter les avances et déboursés de toute nature qu'ils ont faits à l'occasion des actes par eux reçus.

609. — Ainsi le notaire qui a payé de ses deniers les intérêts d'une somme prêtée dans son étude et à titre d'avance faite au créancier a droit de répétition contre le créancier, dans le cas où il n'a pas été remboursé de ses avances. — *Paris*, 28 mars 1837 (t. 1er 1837, p. 406), Huvey c. Bertinot.

610. — Toutefois, il faut que ces avances et déboursés aient été faits dans la mesure que comportaient la nature et l'importance des actes reçus. S'il en avait été fait au delà, ils pourraient être rejetés par le juge comme frais frustratoires.

611. — Ce n'est qu'autant que par leur faute, impéritie ou négligence, ils ont fait des actes inutiles ou frustratoires, que des notaires peuvent être privés du droit de répéter leurs avances, et spécialement des droits d'enregistrement. — *Cass.*, 24 août 1825, Campmas c. de Cayla.

612. — *Spécialement*, lorsque, dans un acte de vente, l'acquéreur a cédé une créance au vendeur en paiement du prix, la rétrocession que, d'après les conventions des parties, le notaire constate dans l'acte avoir été faite de cette même créance par le vendeur à un tiers, ne doit pas être considérée comme inutile et donnant lieu à des frais frustratoires, sous prétexte qu'une simple indication de paiement aurait suffi et évité un droit d'enregistrement. — Même arrêt.

613. — Toutefois le notaire qui a payé au conservateur des hypothèques un droit plus fort que celui fixé par la loi ne peut le répéter contre son client. — *Amiens*, 21 nov. 1823 (sous *Cass.*, 19 janv. 1831), Portebois c. Morand.

614. — Comme les notaires n'agissent pas en qualité de mandataires de leurs cliens, lorsqu'ils acquittent les droits d'enregistrement d'actes par eux reçus, il s'ensuit qu'ils ne peuvent exiger l'intérêt des sommes ainsi déboursées, du jour de l'avance, mais seulement du jour de la demande. — *Cass.*, 30 mars 1830, Savoye c. Renaud; 11 nov. 1833, Holder c. Richard et Mounier; 24 juin 1840 (t. 2 1840, p. 128), Coste c. Guyot; *Caen*, 7 juin 1837 (t. 2 1837, p. 417), Hébert et Suffray c. Letouzey et Thomasse; *Dijon*, 22 avril 1844 (t. 1er 1846, p. 269), N...; — *Contrà*, *Grenoble*, 14 juill. 1838 (t. 1er 1846, p. 269), Dorey c. Blacan; *Riom*, 8 déc. 1838 (t. 2 1839, p. 386), B... c. A... — Rolland de Villargues, vo *Honoraires*, no 326.

615. — Mais le notaire qui a, comme mandataire, fait des avances à un client, relativement aux affaires dont celui-ci l'avait chargé, a droit, en cette qualité, à l'intérêt de ces avances du jour où elles sont constatées. — Dans ce cas, les avances pour le remboursement de sommes dues par le client ont pu être réputées faites, non pas le jour seulement du remboursement effectif de ces sommes, mais même le jour de leur exigibilité; alors que, d'après la convention entre le client débiteur et le notaire, celui-ci était obligé de tenir les capitaux prêts aux échéances et à la disposition des ayans droit. — *Cass.*, 31 déc. 1845 (t. 2 1846, p. 433), Roullée c. Baudenom de Lamaze.

616. — Un notaire ne peut porter en compte à la partie pour laquelle il a reçu plusieurs actes et fait diverses recettes des intérêts de droits d'enregistrement et d'honoraires supputés avec capitalisation de 6 mois en 6 mois, et des droits de recette à raison de 5 pour 100 sur la somme encaissée pour le compte du client. Mais si ces articles ont été volontairement admis par le client, celui-ci ne peut plus en contester la légitimité. — *Douai*, 10 juill. 1847 (t. 2 1847, p. 429), Garson c. Poultier.

Sect. 2e. — *Honoraires.*

617. — Les rétributions dues aux notaires, assez improprement désignées par la qualification d'*honoraires*, ont d'abord été, sauf quelques dispositions toutes spéciales, exclusivement réglées par le principe posé en l'art. 51, L. 25 vent. an XI, portant : « Les honoraires et vacations des notaires seront réglés à l'amiable, entre eux et les parties; sinon par le tribunal civil de la résidence du notaire sur l'avis de la chambre et sur simples mémoires, sans frais. »;

618. — Plus tard est intervenu le décret du 6 fév. 1807, dont plusieurs dispositions et le ch. 7 notamment contiennent un tarif particulier pour les notaires. Ce tarif fixe la rétribution de certains actes. C'est l'objet des art. 168 à 172 et 174. Mais le plus grand nombre, c'est-à-dire les actes ordinaires et purement volontaires, sont régis par la disposition de l'art. 173 : « Tous les autres actes du ministère des notaires, notamment les partages et ventes volontaires qui auront lieu par-devant eux, seront taxés par le président du tribunal de première instance de leur arrondissement, suivant la nature et les difficultés que leur rédaction aura présentées, et sur les renseignemens qui leur seront fournis par les notaires et les parties. »

619. — Les notaires ne peuvent être privés du droit de percevoir des honoraires pour les actes qu'ils ont reçus que lorsque, par leur faute, impéritie ou négligence, ils ont fait des actes inutiles ou frustratoires. — *Cass.*, 24 août 1825, Campmas c. de Cayla.

620. — L'action en restitution d'honoraires perçus par un notaire au delà du tarif peut être intentée plus de dix ans après que les parties ont effectué le paiement et reçu la quittance du notaire, l'art. 1304 C. civ. n'étant pas ici applicable. — *Cass.*, 19 janv. 1831, Portebois c. Morand.

621. — Un notaire qui est condamné à restituer les sommes qu'il a perçues pour honoraires au delà du tarif doit les intérêts de ces sommes à compter seulement du jour de la demande, et non du jour de la perception. — *Amiens*, 21 nov. 1823 (sous *Cass.*, 19 janv. 1831), Portebois c. Morand.

ART. 1er. — *Honoraires fixés par un tarif.*

622. — Les fixations du tarif sont calculées : 1° soit à raison du temps réel ou présumé employé par eux à l'affaire. — On compte alors par *vacation*. 2° Soit à raison de l'importance pécuniaire de cette affaire. — Leur rétribution est alors proportionnée à l'importance de l'acte. 3° Soit à raison du nombre de *rôles* employés par eux dans les expéditions de toute espèce.

§ 1er. — *Vacations.*

623. — 1° *Vacations ordinaires.* — On désigne par *vacation* un espace de temps limité par la loi à trois heures qu'un officier public emploie à l'accomplissement d'un acte.

624. — La rétribution des notaires est tarifée par vacations, toutes les fois qu'il s'agit des actes énoncés dans les art. 166 et 168 du tarif des frais en matière judiciaire (décret du 16 février 1807) et 13 du tarif des frais en matière criminelle. — Décr. 18 juin 1811.

625. — Il suit de là que, pour toutes les opérations indiquées dans ces articles, il y a nécessité de constater le temps qu'on y a consacré, en indiquant l'heure du commencement et de la fin de chaque séance.

626. — Toutefois, il n'est pas permis de faire autant de vacations qu'on l'entend. Lorsque les notaires opèrent dans le lieu de leur résidence, il ne leur est passé que trois vacations par jour : deux par matinée et une seule l'après-dîner. — Tar. civ., art. 151.

627. — Mais ils peuvent faire quatre vacations par jour quand ils opèrent dans un autre lieu. — Arg. tar. civ., art. 151, § 1er, et 170 combin.

628. — D'après l'art. 168 du tarif civil, il est dû par vacation aux notaires de Paris 9 fr., à ceux des villes où y il a un tribunal de première instance 6 fr., partout ailleurs 4 fr.

629. — Mais cette disposition doit être combinée avec celle du troisième décret du 16 février 1807, dont l'art. 1er porte que le tarif des frais et dépens de la Cour d'appel de Paris est rendu commun aux Cours d'appel de Lyon, Bordeaux, Rouen et Bruxelles, et que toutes les sommes portées en ce tarif seront réduites d'un dixième pour la taxe des frais et dépens dans les autres Cours d'appel.

630. — Il suit de là que la vacation des notaires de Lyon, Bordeaux et Rouen doit être payée 9 fr., comme à Paris, tandis qu'à Rennes, par exemple, chef-lieu de Cour d'appel, au lieu de 6 fr. qui leur seraient dus aux termes de l'art. 168, pris isolément, il doit leur être alloué 9 fr. moins 1/10, c'est-à-dire 8 fr. 10 c.

631. — Quant aux notaires de toutes les résidences autres que les chefs-lieux de Cour d'appel, ou que les villes excédant 30,000 âmes de population, leurs vacations demeurent fixées à 6 fr. et 4 fr., aux termes des art. 168 du tarif et 3 du décret du 16 fév. 1807 combinés.

632. — L'art. 13 du tarif criminel renvoyant, pour les cas qu'il prévoit, à l'art. 166 du tarif civil, c'est encore d'après les dispositions de ce dernier article que doivent être taxées, dans ces cas, les vacations des notaires.

633. — Le protêt fait par un notaire est un procès-verbal qui rentre dans la classe de ceux dont s'occupe l'art. 168, bien que celui-ci n'en parle pas d'une manière spéciale. Il y a donc lieu, dans ce cas, de taxer les notaires d'après les dispositions de cet article et non d'après celles de l'art. 65, qui ne concerne que les huissiers. — V., toutefois, Gagneraux, *Encycl. du notar.*, p. 200, n° 20.

634. — La vacation commencée est réputée vacation acquise, en ce sens qu'il ne peut jamais être compté moins d'une vacation quelque courte qu'ait été une opération. — Gagneraux, *ibid.*, n° 19.

635. — Mais si une opération a nécessité plusieurs séances, il ne faudrait pas calculer le nombre des vacations *de chaque séance*, mais au moyen des indications relatives au commencement et à la fin des séances, additionner le nombre total d'heures employées à l'opération, et calculer sur le tout, en divisant par trois la somme des heures, et obtenir ainsi le nombre des vacations.

636. — Dans tous les cas où il est alloué des vacations aux notaires, il ne leur est rien passé pour les minutes de leurs procès-verbaux (Tarif, art. 169). — Mais il va sans dire qu'on doit toujours leur rembourser le papier timbré qu'ils ont employé.

637. — 2° *Vacations aux ventes publiques d'immeubles.* — La loi du 26 juill. 1790 contenait, à cet égard, les dispositions suivantes (art. 8) : « Il ne pourra être perçu par les officiers (notaires, greffiers, etc.), que 2 s. 6 d. du rôle de grosse des procès-verbaux ; 2 s. 6 d. pour l'enregistrement d'une opposition, et 1 liv. 10 s. par vacation de prisée..., et ce sans préjudice des conventions particulières qui pourront modifier ou abonner les droits. »

638. — Plus tard intervint la loi du 17 sept. 1793, portant (art. 3) : « Il ne pourra être perçu par lesdits officiers (notaires, greffiers...), lorsqu'ils procéderont aux ventes, que 3 liv. par vacation, et 5 s. pour l'enregistrement d'une opposition. Il leur sera accordé en outre les deux tiers du prix des vacations pour l'expédition du procès-verbal de chaque séance, sans y comprendre les droits d'enregistrement et de timbre. — (Art. 4.) Les officiers publics qui rempliront les mêmes fonctions dans les départemens, ne pourront également y percevoir que les deux tiers du prix des vacations, ainsi qu'elles sont fixées par la loi du 26 juill. 1790. La Convention nationale rapporte l'art. 8 de cette même loi qui les autorisait à percevoir 2 s. 6 d. par rôle de grosse des procès-verbaux. »

639. — La Cour de cassation a décidé que ces lois étaient encore en vigueur à l'égard des commissaires-priseurs autres que ceux établis à Paris par la loi du 27 vent. an IX. — *Cass.*, 13 juin 1825, Charles.

640. — Mais, quant aux notaires, l'art. 168 (8°) du tarif comprenant tous les procès-verbaux qu'ils dresseront, et dans lesquels ils seront tenus de constater le temps qu'ils y auront employé, on doit décider que les procès-verbaux des ventes mobilières doivent être payés d'après les proportions établies par le tarif, eu égard à la localité à laquelle appartient le notaire. — Gagneraux, *Encycl. du not.*, p. 203, n° 38.

641. — Le garde des sceaux a même décidé que des conventions particulières consenties librement par des personnes capables de disposer de leurs droits, dans le but d'accorder une remise de tant pour cent sur le prix d'une vente volontaire de meubles, n'avaient rien de contraire ni à l'ordre public ni aux bonnes mœurs. En conséquence, il a invité les membres du ministère public à ne point s'immiscer dans ces conventions. — Lett. 14 sept. 1828. — Gagneraux, *ibid.*, n° 39.

642. — 3° *Vacations aux liquidations de successions et formations de comptes.* — « Il sera passé aux notaires pour la formation des comptes que les copartageans peuvent se devoir de la masse générale de la succession, des lots et des fournissemens à faire à chacun des copartageans, une somme correspondant au nombre des vacations que le juge arbitrera avoir été employées à la confection de l'opération. » — Tarif civ., art. 171.

643. — Comme il s'agit là de pièces à consulter et d'opérations importantes à préparer dans le silence du cabinet, il n'y a pas lieu d'indiquer le commencement et la fin du travail. C'est sur ce travail lui-même que le juge taxateur apprécie le temps et fixe le nombre des vacations qui ont dû y être consacrées.

644. — 4° *Frais de voyage.* — D'après l'art. 170 du Tarif, « quand les notaires seront obligés de se transporter à plus d'un myriamètre de leur résidence, indépendamment de leur journée, il leur sera alloué, pour tous frais de voyage et nourriture, par chaque myriamètre, un cinquième de leurs vacations, et autant pour le retour, et par journée qui sera comptée à raison de cinq myriamètres, aussi pour l'aller et le retour, quatre vacations. »

645. — La chambre des notaires de Paris a pris, le 1er avril 1819, pour l'exécution de cette disposition, une délibération ainsi conçue : — « L'indemnité allouée aux notaires, pour tous frais de voyage et de nourriture, se compose du cinquième, par chaque myriamètre, des vacations qui leur sont allouées pour une journée de route. Le calcul se fait de la même manière pour le retour ; mais les vacations de séjour se comptent comme celles employées au lieu de la résidence, sans indemnité. Ainsi, pour aller à 20 myriamètres, il est alloué : 1° quatre journées de quatre vacations chacune, donnant, à 9 fr. par vacation, pour chaque journée 36 fr., et pour quatre journées. . . 144f
2° à titre d'indemnité des frais de voyage et de nourriture : pour chaque myriamètre 7 fr. 20 c., faisant un cinquième de 36 fr., et pour 20 myriamètres. 144

en tout. 288
autant pour le retour. . 288

TOTAL. . . . 576

Indépendamment des vacations de séjour, qui se calculent, comme celles employées au lieu de la résidence, sans aucune indemnité. »

646. — Cette délibération, qui paraît avoir sainement appliqué l'art. 170 du Tarif, pourrait, *mutatis mutandis*, servir de règle dans les autres localités.

647. — Mais cette fixation n'est relative qu'aux actes mentionnés dans l'art. 168, ou qui, de leur nature, doivent être rédigés sur les lieux et nécessitent ainsi des voyages. Dans toutes les autres circonstances, ce serait le cas d'appliquer les règles exposées (*infrà* nos 71 et suiv.) lorsque nous parlerons des actes non tarifés spécialement par la loi. — Gagneraux, p. 200, n° 24.

648. — Dans les cas prévus par l'art. 166 du tarif, les frais de voyage du notaire sont aussi réglés conformément à l'art. 170. Mais il n'en est plus ainsi dans ceux prévus à l'art. 13 du tarif criminel. Aux termes de l'art. 15, ils sont assimilés alors aux médecins, chirurgiens, experts, interprètes et jurés ; et on leur applique les art. 90 et suiv. du même tarif.

649. — Lorsque, par suite d'une procédure en vérification d'écriture, faux principal ou incident, un notaire a dû se transporter au delà d'un myriamètre de sa résidence pour déposer des minutes au greffe, le second voyage qu'il est obligé de faire pour aller les reprendre lui donne droit à une indemnité ; mais pour frais de voyage seulement : attendu qu'il n'a qu'à se présenter au greffe, retirer les pièces et s'en aller. — Décis. min. just., 4 mars 1820. — Gagneraux, *ibid.*, p. 198, n° 15.

650. — Il n'est pas dû de frais de voyage au notaire qui ne résidant pas dans le lieu où se trouve établi un bureau d'enregistrement est obligé d'y porter ses actes pour les faire enregistrer. — Gagneraux, *ibid.*, p. 204, n° 41. — V. toutefois Vernet, *Tr. des honoraires.*

§ 2. — *Honoraires basés sur l'importance pécuniaire de l'acte.*

651. — 1° *Vente judiciaire d'immeubles.* — Cette matière était autrefois réglée par l'art. 172 du tarif, qui accordait aux notaires, dans le cas où les tribunaux renverraient des ventes d'immeubles devant eux, les remises accordées aux avoués par l'art. 113, mais sans distinction de celles dont le prix n'excéderait pas 2,000 fr., et leur interdisait, au moyen de cette remise, de rien exiger pour les minutes de leurs procès-verbaux de publication et d'adjudication. — V., sur cet article, Gagneraux, *ibid.*, p. 201 et 202.

652. — Nous nous bornons à cette indication parce que cet article est aujourd'hui remplacé par les dispositions de l'ordonn. du 10 oct. 1841, contenant un nouveau tarif pour les ventes judiciaires d'immeubles. — V. cette ordonnance et notamment l'art. 20, qui abroge l'art. 172.

653. — Toutefois, il est encore utile de le connaître parce qu'il servirait de règle de solution pour toutes les questions nées à la suite de faits antérieurs à la promulgation de l'ord. du 10 oct. 1841. — C. civ., art. 2.

654. — Aux termes de l'art. 14 de l'ordonnance précitée, « dans les cas où les tribunaux renvoient des ventes d'immeubles par-devant les notaires, ceux-ci ont droit sur le prix des biens vendus, jusqu'à 10,000 fr. à 1 p. 0/0 ; sur la somme excédant 10,000 fr. jusqu'à 50,000 fr., à 1/2 p. 0/0 ; sur la somme de 50,000 fr. jusqu'à 100,000 fr., à 1/4 pour 0/0 ; et sur l'excédant de 100,000 fr. indéfiniment, à 1/8 pour 0/0. » Moyennant ces allocations, les notaires sont chargés de la rédaction du cahier des charges, de la réception des enchères et de l'adjudication... Ils ne peuvent rien exiger pour les minutes de leurs procès-verbaux : si ce n'est leurs simples déboursés, justifiés par pièces régulières. — *Ibid.*, art. 19.

655. — ... Dans tous les cahiers des charges, il est expressément défendu de stipuler, au profit des officiers ministériels, d'autres et plus grands droits que ceux énoncés au présent tarif ; toute stipulation, quelle qu'en soit la forme, est nulle de droit. — *Ibid.*, art. 18.

656. — ... Les remises proportionnelles fixées par l'art. 14 doivent être perçues dans toute la République, sans distinction de résidence. — *Ibid.*, art. 16, 4e alinéa.

657. — Jugé, même, dès avant l'ordonnance du 10 oct. 1841, que, si, dans le cas de ventes d'immeubles renvoyées, par justice, devant notaire, celui-ci avait inséré au cahier des charges une clause par laquelle il stipulait à son profit des droits plus élevés que ceux portés au tarif, cette clause devait être considérée comme non écrite et sans effet. — *Paris*, 20 mai 1836, de Méricourt c. A...

658. — Que les remises indûment perçues par un notaire, en vertu d'une clause de cette nature, devaient être restituées par lui. — Même arrêt.

659. — Que lorsque le notaire avait touché les remises directement de l'adjudicataire, et que ce n'était point par voie d'ordre qu'elles lui avaient été versées, le créancier inscrit qui avait eu connaissance du cahier d'enchères et qui avait produit, sans réclamations, comme sans réserves, était encore, à l'instant où il apparaissait que les fonds manqueraient sur lui, recevable à demander la restitution en sa faveur des droits que le notaire avait mal à propos reçus. — Même arrêt.

660. — 2° *Certificats de vie.* — Pour les honoraires des notaires, à cet égard, V. CERTIFICAT DE VIE, nos 94 et suiv.

§ 3. — *Rôles.*

661. — Le rôle d'expédition se compose du recto et du verso d'un feuillet écrit, contenant un certain nombre de lignes à la page et de syllabes à la ligne.

662. — Les rôles d'expédition des notaires doivent contenir vingt-cinq lignes à la page et quinze syllabes à la ligne. — Tar. civ., 174. — Les rôles de grosse du cahier des charges pour parvenir à une vente judiciaire d'immeubles renvoyée devant un notaire, ne doivent contenir que douze syllabes à la ligne. — Ord. 10 oct. 1841, art. 14.

663. — Il leur est payé, d'après l'art. 174 Tar. civ., à Paris, 3 fr. ; dans les villes où il y a un tribunal de première instance, 2 fr. ; partout ailleurs, 1 fr. 50 c. — Mais ces dispositions doivent se combiner avec celles du décret du 16 fév. 1807. — Gagneraux, *Ibid.*, p. 204, n° 42.

664. — Cependant lorsqu'il s'agit de ventes judiciaires d'immeubles renvoyées devant les notaires, il ne leur est dû, pour rôle de la grosse du cahier des charges, à Paris, Marseille, Lyon, Bordeaux et Rouen, que 2 fr., dans les chefs-lieux de Cour d'appel et dans les villes dont la population excède 30,000 âmes, 1 fr. 80, partout ailleurs, 1 fr. 50 c. — Ordonn. 10 oct. 1841, art. 14 et 16 combin.

665. — Les règles posées aux numéros précédens sont applicables aux expéditions délivrées même dans un intérêt public. — Gagneraux, *ibid.*, n° 43.

666. — Toutefois il est fait exception pour celles délivrées aux préposés de la régie de l'enregistrement, qui, fixées à 2 s. 6 d. par rôle par la loi des 15-19 déc. 1790, art. 14, ont été portées à 75 c. par rôle par une décision du ministre des finances du 9 janv. 1808. — Gagneraux, *ibid.* — Reste à savoir jusqu'à quel point est légale une décision ministérielle en matière de taxe.

667. — Il résulte d'une lettre du ministre de la justice, du 10 oct. 1835, qu'un notaire chargé provisoirement du dépôt de minutes d'un notaire appartenant à une classe inférieure, ne peut se faire payer le rôle d'expédition que sur le pied de la classe du notaire auquel appartenaient les minutes. — Gagneraux, *ibid.*, n° 46.

668. — Il est dû un droit de rôle entier, alors

même que le recto et le verso ne seraient pas entièrement couverts d'écriture. Mais il paraît conforme à l'esprit de la loi de réduire proportionnellement, lorsque le second rôle ou les suivans ne sont pas complets. — Même déc. min. — Gagneraux, *ibid.*, n° 45.

669. — Le notaire qui, pour obtenir paiement de ce qui lui est dû pour rédaction d'un compte de tutelle, délivre expédition sur papier timbré des états de situation, n'en peut réclamer le compte. — Trib. de *Belfort*, 26 juin 1827 (sous *Cass.*, 11 nov. 1833, Holder c. Richard et Mounier).

670. — Il est d'usage à Paris que les honoraires de la première expédition d'un acte auquel ont concouru deux notaires, se partagent entre eux par moitié. Mais il n'en est plus ainsi pour ceux des suivans, qui appartiennent intégralement au notaire qui délivre l'expédition.

ART. 2. — *Honoraires non fixés par un tarif. — Règlement amiable.*

671. — D'après l'art. 51 de la loi du 25 vent. an XI, les honoraires et vacations des notaires devaient être réglés à l'amiable; sinon ils l'étaient judiciairement.

672. — Jugé, en conséquence, que lorsque les honoraires dus à un notaire pour un acte de vente et les frais y relatifs, ont été fixés et convenus à l'amiable, entre lui, le vendeur et l'acquéreur, ces derniers ne peuvent ultérieurement attaquer cette fixation comme excessive et provoquer la taxe. — *Paris*, 13 avr. 1809, Bellot c. Serreau.

673. — ... Et que lorsque les honoraires d'un notaire ont été réglés entre lui et le fondé de pouvoirs du client, celui-ci n'est pas recevable à contester le règlement comme excessif et à provoquer la taxe. — *Paris*, 21 avr. 1806, Mercier c. Deculant.

674. — Devrait-il en être de même depuis la publication de l'art. 173 du tarif du 16 fév. 1807? La question a été résolue en sens divers.

675. — Ainsi, jugé que la taxe ne peut être requise qu'à défaut de règlement amiable. — *Paris*, 4 déc. 1822, Perrot c. Ragon; *Cass.*, 17 mars 1829, Holder c. Grisez.

676. — Et lorsque les honoraires ont été réglés à l'amiable entre un notaire et ses cliens, ceux-ci sont non recevables à en requérir la taxe. — *Paris*, 4 déc. 1822, Perrot c. Ragon; *Douai*, 17 juin 1831, Bodin c. Poyer.

677. — ... Alors surtout qu'il y a eu exécution du règlement. — *Douai*, 17 juin 1831, Bodin c. Poyer.

678. — Ainsi, lorsque les parties intéressées, renonçant à la clause du cahier des charges, qui fixait les honoraires du notaire d'après le tarif des frais et dépens, sont, par un règlement amiable, convenues avec cet officier d'un prix différent, elles ne peuvent ensuite invoquer le tarif, et demander la restitution de ce qu'elles auraient payé au delà, quoique dans les limites de la convention. — *Cass.*, 17 mars 1820, Holder c. Grisez.

679. — Par la même raison, lorsque, dans une vente par adjudication devant notaire, les parties ont fixé dans le cahier des charges un droit de tant pour cent sur le prix, pour les déboursés et honoraires du notaire, l'adjudicataire ne peut plus réclamer taxe de ces déboursés et honoraires, quand bien même ils excéderaient les sommes allouées par le tarif. — *Cass.*, 27 mai 1829, Lettré c. Delacroix.

680. — Toutefois, la faculté de régler à l'amiable les honoraires d'un notaire ne doit s'entendre qu'à l'égard des actes qui n'ont pas été taxés par le décret de 1807. — *Amiens*, 9 mai 1823, Portebois c. Morand; *Cass.*, 19 janv. 1831, mêmes parties.

681. — Jugé, au contraire, que le décret du 16 fév. 1807 a dérogé, sous le rapport de la taxe des actes notariés, aux dispositions de la loi du 25 vent. an XI, qui autorisaient les règlemens amiables d'honoraires entre les notaires et les parties. — *Cass.*, 1er déc. 1841 (t. 1er 1842, p. 390), Ravin c. Dufour.

682. — ... Que depuis ce décret du 16 fév. 1807, les honoraires des notaires ne peuvent être réglés amiablement, entre eux et les parties, à un taux supérieur à celui du tarif. — *Amiens*, 21 nov. 1823 (sous *Cass.*, 19 janv. 1831), Portebois c. Morand.

683. — ... Qu'en principe, tout fonctionnaire public ou officier ministériel soumis à la taxe ne pouvant par aucun moyen échapper à l'investigation de la justice, un notaire ne peut pas à l'avance fixer aléatoirement le montant de ses honoraires. — *Bourges*, 5 juill. 1841, sous *Cass.*, 31 janv. 1843 (t. 1er 1843, p. 677), Charlet c. Lardenelle.

684. — ... Que l'insertion, faite par un notaire, dans un acte par lui passé, d'une convention qui fixe ses honoraires, même du consentement de ses cliens, est illégale; et qu'un pareil engagement, fût-il régulier, n'en est pas moins soumis à l'examen des juges, lorsqu'il est contesté par les parties. — *Bourges*, 19 av. 1839 (t. 2 1839, p. 91), Gadoin c. Guerre; *Paris*, 14 mars 1848 (t. 1er 1848, p. 576), de Puyvert c. Beaudenon de Lamaze.

685. — Enfin que les dispositions du décret du 16 fév. 1807 sont d'ordre public, et que le droit qu'il consacre pour les parties de recourir à la taxe peut être exercé par elles alors même qu'elles auraient exécuté volontairement, par le paiement, le règlement amiable. — *Cass.*, 1er déc. 1841 (t. 1er 1842, p. 390), Ravin c. Dufour.

686. — La disposition de l'ordonnance du 10 octobre 1841 (art. 18), qui défend de stipuler au profit des officiers ministériels, dans les cahiers des charges, d'autres et plus grands droits que ceux énoncés au tarif, et qui annule de plein droit toute stipulation contraire, quelle qu'en soit la forme, est d'ordre public. En conséquence, elle peut être invoquée par toutes les parties, et spécialement par un adjudicataire auquel une pareille stipulation est opposée par le notaire qui a procédé à l'adjudication, comme faisant partie du cahier des charges. — *Cass.*, 7 déc. 1847 (t. 2 1847, p. 749), Duval c. Deswartz.

687. — Jugé que les règlemens amiables qui auraient eu lieu entre un notaire et les parties ne privent pas celles-ci du droit de recourir à la taxe du président du tribunal. Peu importe d'ailleurs qu'il s'agisse d'actes spécialement tarifés ou non par le décret de 1807. — *Cass.*, 1er déc. 1841 (t. 1er 1842, p. 390), Ravin c. Dufour.

688. — Le notaire qui, comme condition d'un prêt qu'il procure, stipule qu'il lui sera fait une remise sur la somme fixée pour les honoraires de la vente des biens qu'un autre notaire est chargé de faire pour l'emprunteur et qui plus tard, sur le refus de ce partage, menace d'entraver les ventes et propose à un huissier de le charger de poursuites, à condition de participer aux bénéfices qu'elles pourraient produire, commet une infraction grave aux devoirs de sa profession et se rend passible de peines disciplinaires. — *Paris*, 11 janv. 1841 (t. 1er 1841, p. 251), C...

689 — Quoi qu'il en soit, et en admettant qu'un règlement amiable pût lier irrévocablement les parties, il faudrait que ce règlement eût été réel et qu'il n'eût point été entaché de dol ou de fraude.

690. — Lorsque, dans un compte rendu à ses cliens, un notaire s'est payé, par voie de retenue, des honoraires dont l'allocation n'avait réellement fait l'objet d'aucune convention avec les cliens, ceux-ci peuvent, en établissant l'erreur, le dol ou la fraude, réclamer ultérieurement le règlement des honoraires et répéter ce qui a été porté au delà de la taxe. — *Amiens*, 9 mai 1823, Portebois c. Morand.

691. — La clause d'un acte notarié portant fixation des honoraires qui seront payés au notaire rédacteur peut, à raison des circonstances, être considérée comme dépourvue du caractère d'un règlement amiable et d'un engagement librement consenti. Dès lors, malgré cette fixation, la partie est recevable à requérir la taxe. — Dans ce cas, le notaire qui demande en même temps ses déboursés suivant la taxe, et les honoraires d'après la convention, peut être déclaré, quant à présent, non recevable pour le tout, sauf à lui à faire comprendre dans une même taxe les honoraires et les déboursés. — *Cass.*, 7 mai 1839 (t. 2 1839, p. 319), Debourge c. Rinuy.

692. — Une cour d'appel qui reconnaît en fait qu'il n'y a point eu de règlement amiable des honoraires d'un notaire entre lui et ses cliens peut, par suite, accueillir l'action formée par ces derniers en restitution de ce que le notaire a perçu au delà du tarif. — *Cass.*, 19 janvier 1831, Portebois c. Morand.

693. — Lorsqu'une partie a acquitté volontairement et sans réserve une note sommaire à elle fournie par un notaire pour ses déboursés et honoraires, *sans distinction*, elle est néanmoins recevable, *sur le vu du mémoire détaillé*, à demander la réduction de ces mêmes honoraires, qu'elle prétend être excessifs. — *Cass.*, 10 avril 1827, Obry c. Sockeel.

694. — C'est le tribunal civil et non le président de ce tribunal qui est compétent pour connaître d'une pareille action. — Même arrêt.

695. — En supposant que le tribunal ne fût pas compétent, la partie qui n'a pas opposé cette incompétence ne peut s'en prévaloir pour la première fois devant la Cour de cassation. — Même arrêt.

696. — Lorsque, dans un acte d'adjudication, la somme allouée pour honoraires au notaire et mise à la charge de l'adjudicataire paraît exorbitante, la régie de l'enregistrement peut la faire réduire par le président du tribunal à ce qui est légitimement dû, à l'effet de percevoir, sur l'excédant, les mêmes droits que sur le prix principal de la vente. — *Cass.*, 10 déc. 1816, Rodrigues c. Enregistrement. — V. ENREGISTREMENT.

697. — Cette réduction peut être faite par le président seul, sans qu'il soit obligé de consulter la chambre de discipline des notaires. — Même arrêt.

698. — Lorsqu'un cahier des charges porte que l'adjudicataire paiera, en sus de son prix, 5 cent. par franc pour frais d'impression et apposition d'affiches, vacations et honoraires, les tribunaux peuvent, en interprétant cette clause, décider que ce n'est pas au notaire, mais au vendeur, que les 5 cent. doivent rester. — *Cass.*, 24 mars 1825, Delamarre c. Gonnier.

Sect. 3e. — *Taxe des droits et honoraires.*

699. — Lorsqu'il y a contestation entre les parties et le notaire sur les droits et honoraires réclamés par celui-ci, il y a nécessairement lieu de recourir à l'intervention de la justice.

ART. 1er. — *Bases de la taxe.*

700. — A l'égard des avances, il suffit qu'elles aient été légalement faites et qu'elles soient justifiées par le notaire, pour que leur chiffre entier lui soit alloué sans difficulté.

701. — Quant aux droits réclamés par lui à titre d'honoraires ou de rétribution, s'ils sont fixés par un article du tarif ou tout autre texte obligatoire, ce texte doit être le guide du magistrat taxateur, qui n'a plus qu'à en faire l'application à l'espèce.

702. — La mission devient plus difficile lorsqu'il s'agit d'un acte dont le coût n'a pas été fixé par le tarif, c'est-à-dire lorsqu'il procède en vertu de l'art. 173, parce qu'à raison même du pouvoir en quelque sorte discrétionnaire qui lui est conféré, il doit concilier équitablement les droits des parties et du notaire, et tout en ménageant l'intérêt des premiers, accorder au second une juste rétribution de son travail.

703. — A cet égard, il est assez généralement d'usage de diviser les actes en deux classes: la première donnant lieu à des honoraires proportionnels, qui varient suivant les localités, la nature et l'importance des actes; la seconde ne donnant lieu qu'à des honoraires fixes, également variables. — Gagneraux (*Encyclop. du not.*, p. 206, 207 et 208) donne une énumération étendue des actes qui appartiennent à l'une et l'autre classe.

704. — Jugé par application de cet usage que les honoraires des notaires, à Alger, doivent être payés, à raison de 3/4 p. 0/0, sur le capital des actes qu'ils reçoivent d'après le tarif, pour les villes de second ordre en France, et non d'après le tarif plus élevé de la capitale. — *Alger*, 17 avril 1833, Cappé c. Guertin et Borbery.

705. — Et qu'une rente assise à Alger sur des immeubles doit être capitalisée sur le pied de 10 p. 0/0 pour avoir le rapport des 3/4 p. 0/0 des honoraires d'un notaire à Alger. — Même arrêt.

706. — Toutefois, ces usages n'ont rien d'officiel et ne sont obligatoires ni pour les parties, ni pour les notaires, ni pour le juge taxateur.

707. — Jugé, en conséquence, que le notaire qui a passé un contrat de prêt, après avoir mis en rapport l'emprunteur et le prêteur, ne peut, bien qu'il n'ait reçu ni honoraires ni gratifications, réclamer pour droit de négociation 1 p. 100 sur la valeur du capital emprunté. — *Toulouse*, 25 janv. 1842 (t. 2 1842, p. 361), Esquerré c. C...

708. — L'usage immémorial et constant où seraient ces fonctionnaires de percevoir une pareille rétribution peut bien suffire à la justification morale de la conduite du notaire qui l'a réclamée, mais ne saurait devenir la source d'un droit qu'aucune loi ne consacre. — Même arrêt.

709. — Une cour d'appel ne peut, sur la demande des notaires d'une ville, homologuer le tarif que ceux-ci ont arrêté pour les honoraires des actes de leur ministère qui ne sont pas tarifés par la loi, et que l'art. 51 l. 25 vent. an XI laisse à l'arbitrage du tribunal sur l'avis de la chambre. — *Nîmes*, 30 août 1811, notaires de Mende.

710. — En effet, ce serait là, de la part des tribunaux faire un règlement à l'instar des anciens parlemens, et empiéter, soit sur le pouvoir législatif, soit sur le pouvoir exécutif, ce que proscrivent également et les principes de notre constitution, et la disposition toute spéciale de l'art. 5 du C. civ.

711. — Jugé même qu'il y a lieu d'annuler, comme contraire à la loi, le règlement par lequel les notaires d'un arrondissement déterminent leurs rapports, soit entre eux, soit vis à vis de leurs cliens, et fixent leurs honoraires et émolumens. — *Bourges*, 30 juin 1829, notaires d'Issoudun.

712. — Toutefois, lorsque les notaires d'un arrondissement ont arrêté un tarif pour le règlement uniforme de leurs honoraires, le tribunal ne peut, sans excès de pouvoir, se saisir spontanément de la connaissance de ce tarif pour l'approuver ou l'improuver par voie de disposition générale, ni, dans le cas où il le considère comme illégal, inviter le ministère public à prendre des réquisitions pour réprimer ce règlement illégal. — La délibération qu'un tribunal peut avoir prise sur ces divers points doit être annulée par la chambre des requêtes en vertu de l'art. 80 de la loi du 27 vent. an VIII. — *Cass.*, 26 janv. 1841 (t. 1er 1841, p. 553), notaires de Saint-Malo.

713. — Les juges taxateurs n'ont donc d'autres règles à suivre que celles établies par la loi. — Ainsi aux termes de l'art. 173 du Tarif, il évalue les honoraires dus au notaire suivant la nature de l'acte, les difficultés que sa rédaction a présentées, et sur les renseignemens qui lui sont fournis par les parties et le notaire. — Rolland de Villargues, vº *Honoraires*, nº 25; Rémy, *Emolum. des notaires*, p. 48; Vernet, *Tarif des honor. des notaires*; Gagneraux, *Comment. sur la loi du 25 vent. an XI*, t. 2, art. 51, nº 73.

714. — Pour les actes contenant quittance et mainlevée des hypothèques, il n'est dû au notaire qu'un droit de quittance. — *Amiens*, 21 nov. 1823, sous *Cass.*, 19 janv. 1831, Portebois c. Morand.

715. — Jugé qu'un notaire dont les soins ont été employés à la négociation d'une vente d'immeubles, ne peut réclamer un salaire pour droit de courtage, lorsque la vente ne s'est pas réalisée. — *Aix*, 6 avril 1832, Charves c. Roche.

716. — Cette décision a été bien rendue dans l'espèce, en ce que le notaire avait agi uniquement comme mandataire d'une des deux parties, et qu'il réclamait des honoraires à l'autre quoiqu'il n'eût rapporté aucun acte. Mais il semble que la solution eût dû être différente, s'il avait été l'agent des deux parties, ou s'il s'était adressé à celle qui lui avait demandé son intervention. — V. la note sous cet arrêt.

ART. 2. — *Procédure de la taxe.*

717. — Dans le système de l'art. 51 de la loi du 25 vent. an XI, il n'y avait pas véritablement de taxe des droits et honoraires des notaires, mais seulement lieu à un jugement rendu sur une action portée directement devant le tribunal, à l'effet de faire prononcer soit sur l'existence même de la créance, soit sur le montant de cette créance.

718. — L'art. 173 du tarif du 16 fév. 1807 a modifié ce système. Aujourd'hui il y a véritablement taxe, et, dans notre opinion, le tribunal ne peut plus être saisi directement que dans deux cas : ou lorsque le notaire assigne les parties en exécution d'un règlement amiable, ou lorsque les parties agissent elles-mêmes contre le notaire, en répétition pour trop perçu. — Hors le cas de règlement amiable, ils ne pourraient être saisis par le notaire qu'après qu'il aurait fait préalablement taxer son mémoire, à la charge de qui de droit.

719. — La taxe des frais et honoraires réclamés par les notaires, doit être faite par le président du tribunal, et non par le tribunal lui-même. — Le décret du 16 février 1807 (art. 173) a dérogé sur ce point à l'art. 51 de la loi du 25 vent. an XI. — *Rennes*, 28 juin 1821, Gaillard c. Lebeau; *Cass.*, 12 fév. 1838 (t. 1er 1838, p. 278), Favier c. Coderc.

720. — Favard (*Rép.*, vº *Honoraires*, § 2, nº 11), Rolland de Villargues (*Rép.*, vº *Honoraires*, nº 99) et Gagneraux (*Encycl. du notar.*, p. 209, nº 68) se fondant sur une lettre du ministre de la justice au procureur général, à Bourges, du 10 juin 1822, de laquelle il résulterait que l'art. 173 n'a fait que substituer le président du tribunal au tribunal lui-même, pensent que ce magistrat doit toujours, conformément à l'art. 51 de la loi du 25 ventôse, prendre l'avis de la chambre des notaires.

721. — Jugé, au contraire, que l'avis préalable de la chambre des notaires n'est pas nécessaire pour la taxe que le président du tribunal doit faire des honoraires des notaires, et qu'à cet égard l'art. 51 de la loi du 25 vent. an XI a été abrogé par l'art. 173 du décret du 16 fév. 1807. — *Cass.*, 24 mars 1825, Delamarre c. Gomier; 5 déc. 1825, Condol c. Mathieu (sol. impl.); 19 mars 1828, Nardin c. Ponroy; *Bourges*, 30 déc. 1829, Prunier; *Douai*, 17 juin 1831, Bodin c. Poyer; *Cass.*, 12 fév. 1838 (t. 1er 1838, p. 278), Favier c. Coderc.

722. — Lorsqu'une partie requiert du président du tribunal civil la taxe d'un acte reçu par un notaire de l'arrondissement, celui-ci est tenu, sur une simple lettre missive du président, et sans qu'il soit besoin d'une citation judiciaire, de se transporter en personne chez ce magistrat et d'y apporter la minute de l'acte à taxer. — *Bourges*, 30 déc. 1829, Prunier.

723. — S'il s'élève une contestation entre un notaire et son client, sur la quotité des honoraires dus au premier, le président du tribunal civil est compétent pour ordonner l'apport des minutes, bien que le droit de taxe lui-même soit dénié. — *Bordeaux*, 4 août 1841 (t. 1er 1842, p. 74), Malescot.

724. — Lorsque le président a taxé les dépens en l'absence des parties ou du notaire, ou bien qu'on veut se pourvoir contre une taxe qu'on trouve irrégulièrement faite, quelle est la juridiction qu'on doit saisir? Peut-on se pourvoir par opposition devant le président lui-même? Le recours contre son ordonnance doit-il être porté devant le tribunal ou bien devant la Cour d'appel? La jurisprudence est divisée à cet égard.

725. — Jugé que l'ordonnance du président qui taxe les honoraires d'un notaire, n'a pas les caractères d'un jugement. — *Cass.*, 15 mars 1847 (t. 1er 1847, p. 676), Varnier c. Rebours.

726. — De même, la déclaration du tribunal saisi de l'opposition à la taxe faite par le président des frais d'actes d'un notaire, qu'il reçoit cette opposition en la forme, n'entraîne pas nécessairement la supposition que le tribunal ait attribué à cette taxe le caractère de jugement, alors d'ailleurs que par la même décision l'opposant se trouve condamné directement au paiement des frais taxés. — *Cass.*, 7 janv. 1846 (t. 1er 1846, p. 310), Lenoble c. Besnard.

727. — D'où il suit 1º que les parties qui veulent réclamer contre la taxe faite par ordonnance du président ne sont pas tenues de former opposition à cette taxe devant le président qui l'a arrêtée, et qu'elles peuvent porter leur réclamation devant le tribunal par voie de citation directe. — *Cass.*, 11 nov. 1833, Holder c. Richard et Mounier.

728. — ... 2º Que l'ordonnance du président doit être attaquée par voie d'opposition ou plutôt de recours devant le tribunal, et non par voie d'appel devant la Cour royale. — *Rennes*, 28 juin 1821, Gaillard c. Lebeau; *Rouen*, 20 déc. 1844 (t. 1er 1845, p. 269), Varnier c. Sageat; *Cass.*, 21 avril 1845 (t. 1er 1845, p. 577), Delaunay c. Lemen; 15 mars 1847 (t. 1er 1847, p. 676), Varnier c. Rebours.

729. — Peu importe d'ailleurs que la taxe ait été réglée par le président après débat contradictoire entre les parties, ou par défaut contre l'une d'elles. — *Cass.*, 15 mars 1847 (t. 1er 1847, p. 676), Varnier c. Rebours.

730. — Jugé, au contraire, que les ordonnances des présidens des tribunaux de première instance qui statuent sur les oppositions formées à la taxe des honoraires du notaire sont susceptibles d'appel devant les Cours d'appel. — *Paris*, 22 déc. 1832, Haracque c. Poissons.

731. — ... Qu'en pareil cas, le président exerçant le pouvoir confié habituellement au tribunal entier, son ordonnance ne peut être réformée que par la voie d'appel. — *Rouen*, 6 janv. 1845 (t. 1er 1845, p. 269), Varnier c. Sageat.

732. — Jugé, du reste, que dans le premier système, le président du tribunal qui a arrêté la taxe des frais dus à un notaire n'est pas tenu de s'abstenir lorsqu'une demande est portée devant le tribunal au sujet de cette taxe. — *Cass.*, 11 nov. 1833, Holder c. Richard et Mounier.

733. — ... Que le tribunal appelé à régler les honoraires d'un notaire doit le faire sur l'avis de la chambre et sur simples mémoires, sans frais. — L. 25 vent. an XI, art. 51.

734. — L'avis préalable de la chambre ne doit être exigé, de la part des tribunaux, que lorsqu'il y a contestation sur la *quotité*, et non lorsque le *droit* en lui-même est contesté. — *Cass.*, 19 avril 1826, Lenoble c. Petit.

735. — Les tribunaux peuvent procéder directement à la taxe des frais et honoraires sans l'avis préalable de la chambre des notaires, si les parties y consentent respectivement. — *Cass.*, 9 fév. 1836, Nusse c. Lescur.

736. — Cet avis n'est pas non plus nécessaire, lorsque la difficulté relative aux honoraires ne s'élève qu'accessoirement à une contestation principale. — *Cass.*, 5 déc. 1825, Condol c. Mathieu.

737. — Au surplus, le jugement n'est pas nul, pour ne pas contenir le *visa* de la délibération de la chambre, s'il est évident d'ailleurs que le tribunal en a pris connaissance. — *Cass.*, 10 avr. 1827, Obry c. Sockcel.

Sect. 4e. — *Action des notaires en paiement de leurs droits et honoraires.*

ART. 1er. — *Quand et contre qui elle peut être exercée. — Exceptions.*

738. — Les notaires peuvent, sur la simple représentation des minutes des actes par eux reçus, poursuivre ceux qui y sont parties, en paiement de leurs honoraires et déboursés. — *Cass.*, 14 oct. 1811, Meynard c. Massias.

739. — Car la représentation des minutes prouve légalement que les avances ont été faites et que le remboursement n'en a pas eu lieu. — *Cass.*, 4 avr. 1826, Mandosse c. Prévost.

740. — Jugé même que la foi due à ces actes ainsi représentés ne peut être détruite par de simples présomptions de paiement. — *Cass.*, 14 oct. 1811, Meynard c. Massias.

741. — ... Et que si les avances excèdent 150 fr., la libération des parties envers le notaire ne peut être induite de simples présomptions. — *Cass.*, 4 avr. 1826, Mandosse c. Prévost.

742. — De même, si la créance du notaire excède 150 fr., celui des débiteurs solidaires auquel il demande le remboursement n'est pas, en l'absence d'un commencement de preuve par écrit, admissible à prouver par témoins le paiement qu'il prétendrait avoir été fait par l'un des autres débiteurs. — *Toulouse*, 20 avr. 1847 (t. 2 1847, p. 362), Gisclard c. Cathala.

743. — Toutefois, cette dernière décision ne doit être adoptée qu'avec réserve. Car il est une circonstance que la Cour de cassation elle-même a considéré comme une présomption de paiement contre le notaire : c'est la remise par lui des pièces ou expéditions, *Pièces rendues, pièces payées*, dit-on à ce sujet. — Favard, *Rép.*, vº *Honoraires*, nº 19; Rolland de Villargues, vº *Honoraires*, nº 102.

744. — Aussi la Cour de cassation a-t-elle décidé, depuis, que la possession des minutes ne suffit pas pour établir que les frais des actes sont dus au notaire, surtout s'il a délivré aux parties des expéditions sans faire aucune réserve, et qu'en pareil cas la loi abandonne aux lumières et à la prudence des juges les présomptions légales sur l'extinction des obligations. — *Cass.*, 18 nov. 1813, Deloche c. Derigny.

745. — La délivrance de l'expédition d'un acte notarié fait légalement présumer que les avances et frais de cet acte ont été payés. — *Cass.*, 4 avr. 1826, Mandosse c. Prévost.

746. — De même, la délivrance par un notaire de l'expédition d'un acte par lui reçu, jointe au long silence qu'il a gardé, peut, dans certaines circonstances, faire preuve complète de libération de ses honoraires. — *Douai*, 13 fév. 1835 (et non 1834), Dequen c. Roussel, Douillet et Dupuich.

747. — Tel est le cas où la délivrance a été faite sans aucune réserve, et alors surtout qu'il s'agit d'actes de vente dont les prix étaient payables dans l'étude du notaire. — Dès lors, le cessionnaire des créances résultant de ces mêmes actes peut exiger la délivrance des grosses en en payant seulement le coût. — *Dijon*, 13 avr. 1847 (t. 2 1848, p. 492), Poingel c. Girardon.

748. — La quittance donnée sans réserve par un notaire pour des frais d'actes reçus par lui fait présumer le paiement d'actes antérieurs. — *Bordeaux*, 8 déc. 1835, Goutard c. Dubreuilh-Brachet.

749. — Pour faire repousser cette présomption de paiement, il faut : 1º que le notaire prenne la précaution d'inscrire sur l'expédition qu'il l'a délivrée, quoique ses honoraires lui fussent dus; 2º ou bien qu'il se fasse donner une reconnaissance du montant de ses honoraires. — Rolland de Villargues, vº *Honoraires*, nº 105.

750. — On ne peut invoquer contre un notaire créancier d'une des parties contractantes, comme commencement de preuve par écrit à l'effet d'établir la libération de cette partie envers lui, le fait qu'il aurait reçu, sans faire aucune réclamation, l'acte contenant quittance du prix payé à celle-ci par l'acquéreur de l'immeuble sur lequel ce notaire avait pris inscription. — *Bordeaux*, 14 fév. 1832, Tenant c. Passerieux.

751. — Les notaires n'ont aucun privilége à raison des honoraires et déboursés qui peuvent leur être dus sur les sommes payées à leurs débiteurs en leur étude. — En conséquence, ils ne peuvent retenir ces sommes jusqu'à concurrence de ce qu'ils prétendent leur être dû, alors surtout que les frais qu'ils réclament n'ont pas été taxés. — *Angers*, 24 mai 1843 (t. 1er 1845, p. 159), Gruau c. P...

752. — Un notaire peut former une demande en paiement de ses honoraires avant de les avoir fait taxer par le tribunal de son arrondissement. En effet, aucune loi n'exige la taxe préalable des coûts et honoraires d'un notaire, pour valider son action en paiement, puisque, en tout état de cause, cette taxe peut être demandée et obtenue. — *Orléans*, 9 nov. 1820, Gauthier c. Ranque. — Colas de la Noue, vo *Notaire*, no 647.

753. — Lorsque des parties s'adressent à un notaire pour la rédaction d'un acte, et requièrent, l'une comme l'autre, son ministère, l'acte est rédigé dans leur intérêt commun et pour leur avantage réciproque; enfin, l'acte, par sa nature, forme un tout indivisible, — Arrêt du Parlement de Bretagne, 6 juill. 1753. — Le notaire peut donc s'adresser indistinctement à l'une ou à l'autre pour être payé de ce qui lui est dû. — Rolland de Villargues, *Rép. du not.*, vis *Honoraires*, no 76, *Partage*, no 30, et *Notaire*, § 6; Duranton, *Droit français*, t. 11, no 202.

754. — Les notaires peuvent poursuivre ceux qui sont parties aux actes en paiement de leurs honoraires et déboursés. — *Cass.*, 14 oct. 1811, Meynard c. Massias.

755.—Bien plus, les notaires ont une action solidaire contre toutes les parties contractantes, non-seulement pour le remboursement de leurs avances, mais aussi pour le paiement de leurs honoraires. — *Cass.*, 15 nov. 1820, Demametz c. Liard; 19 avr. 1826, Lenoble c. Petit; *Riom*, 8 déc. 1838 (t. 2 1839, p. 386), B... c. A...; *Toulouse*, 20 avr. 1847 (t. 2 1847, p. 362), Gisclard c. Cathala. — Merlin, *Rép.*, vo *Notaire*, § 6; Favard, *Rép.*, vo *Honoraires*, § 2.

756.— ... Sauf, toutefois, le recours de la partie qui a payé, contre les autres, s'il y a lieu.—*Cass.*, 19 avril 1826, Lenoble c. Petit.

757. — Jugé, en conséquence, que le notaire qui a acquitté de ses deniers les droits d'enregistrement d'un acte de vente passé devant lui, a une action *solidaire* contre toutes les parties contractantes, pour le remboursement de ses avances. — *Cass.*, 26 juin 1820, Thomassin c. Revel.

758. — ... Que le notaire qui a négligé de se faire rembourser l'enregistrement d'un acte de vente peut, lorsque l'acquéreur est devenu insolvable, agir contre le vendeur, comme coobligé solidaire. — *Cass.*, 20 (et non 29) mai 1829, Guerinet c. Bailly.

759. — Et même, en pareil cas, le notaire a une action tant contre le vendeur que contre l'acquéreur, pour s'en faire rembourser. — *Caen*, 7 juin 1837 (t. 2 1837, p. 417), Hébert et Saffray c. Letouzey et Thomasse.

760. — Toutefois, lorsque le mari a vendu les immeubles dotaux de sa femme en vertu des pouvoirs à lui donnés par le contrat de mariage, le notaire qui a reçu l'acte de vente n'a point d'action contre la femme pour le paiement des frais de cet acte, mais seulement contre l'acquéreur ou contre le mari. — *Grenoble*, 27 mai 1841 (t. 1er 1842, p. 154), Bayle c. Bernard.

761.—Lorsque des cohéritiers chargent un notaire de la liquidation d'une succession qui leur est échue en commun, ils sont tenus solidairement du paiement de ses honoraires. — *Cass.*, 27 janv. 1812, Aujubault c. Tessier de Marguerite.

762. — Il n'y a pas novation à la dette solidaire vis-à-vis du notaire par cela seul que celui-ci aurait accordé à l'une des parties un délai pour sa libération. — *Toulouse*, 20 avril 1847 (t. 2 1847, p. 362), Gisclard c. Cathala.

763. — L'action solidaire qui appartient aux notaires pour le paiement de leurs honoraires et déboursés, contre les parties qui ont figuré dans un acte, ne reçoit aucune atteinte des stipulations faites par cet acte entre les parties. — Et *particulièrement* : un notaire conserve son action solidaire contre le bailleur, quoique par l'acte de bail il ait été convenu que le coût en serait supporté par le preneur. — *Cass.*, 10 (et non 8) nov. 1828, Longiavi c. Hospices d'Ajaccio.

764. — Toutefois : tant qu'il n'existe pas encore d'acte notarié, l'action solidaire n'existe pas en faveur du notaire. — Celui-ci ne peut s'adresser qu'aux parties qui l'ont chargé de dresser l'acte.

765. — Ainsi : lorsqu'un acte de vente est demeuré imparfait par la non-signature de toutes les parties qui, sachant signer, devaient y figurer comme acquéreurs, le notaire instrumentaire n'a point une action solidaire contre les parties signataires pour le paiement de ses honoraires et des droits d'enregistrement.—*Cass.*, 26 juill. 1832, Lassaux et Caron c. Templier.

766. — Par la même raison, le notaire qui a rédigé une promesse de vente sur la demande du vendeur, et sans mandat de la part de l'acquéreur, ne peut réclamer ses honoraires que contre le vendeur. — *Cass.*, 5 janv. 1819, Faure c. Chasteau. — En effet, le notaire n'ayant point reçu de mandat de la part de l'acquéreur ne pouvait avoir d'action contre lui. —Favard, *Rép.*, vo *Honoraires*, no 79.

767. — Un notaire n'a pas action directe contre un avoué, à raison des actes dont celui-ci l'a chargé pour ses cliens, alors surtout que l'action est dirigée à une époque où cet avoué a lui-même perdu tout recours contre ses cliens. — *Paris*, 21 janv. 1813, Deloche c. Delamarre.

768. — Les notaires ont qualité pour se pourvoir eux-mêmes contre l'administration de l'enregistrement, en restitution des droits qu'ils ont payés de trop pour les parties. — V. ENREGISTREMENT.

ART. 2. — *Compétence.*

769. — L'art. 60 du Code de procédure dispose que les demandes formées pour frais par les officiers ministériels seront portées au tribunal où les frais ont été faits.

770. — Cette disposition s'applique-t-elle aux notaires? Oui. En effet, si la raison de l'attribution donnée, sur ce point, au tribunal où les frais ont été faits est qu'il peut les liquider avec plus de justice, de connaissance de cause et de célérité; si le législateur a voulu, d'un autre côté, éviter le déplacement d'un officier ministériel du lieu de l'exercice de ses fonctions; s'il a considéré qu'il était juste que le juge d'une demande de frais fût celui sous la juridiction duquel le contrat s'est passé entre la partie et l'officier ministériel, tout cela peut s'appliquer au notaire et à l'huissier comme à l'avoué et au greffier. Et, quant aux notaires, on ne peut contester que pour procéder au règlement de leurs frais et honoraires, il n'est pas sans exemple que le juge demande la représentation des minutes qui en sont l'objet. Or prétendra-t-on que le notaire devra porter lui-même ou envoyer les minutes à des distances quelquefois fort éloignées? Les frais et les dangers d'un pareil déplacement sont trop visibles pour que l'on puisse croire que le législateur ait eu cette intention.— Carré (*L. de la procéd.*), t. 1er. p. 11, qui avait d'abord embrassé l'opinion contraire. — Rolland de Villargues, *Rép. du notar.*, vo *Honoraires*, no 112, et Bioche et Goujet, *Dict. de procéd.*, vo *Taxe des honoraires des notaires*.

771.—Jugé, en ce sens, que les notaires sont des officiers ministériels dans le sens de l'art. 60 du Code de procédure. — *Orléans*, 15 mars 1832, Porcher c. Pardon.

772. — ... Qu'en conséquence ils peuvent porter devant le tribunal de leur domicile les demandes en paiement des frais à eux dus, bien que ce ne soit pas celui du domicile du défendeur. — Trib. *Gaillac*, 30 août 1824 (sous *Cass.*, 7 mai 1828), Vernhes; *Orléans*, 15 mars 1832, Porcher; *Poitiers*, 27 janv. 1846 (t. 2 1846, p. 591), Boulet c. Siccatteau.

773. — Et cela sans qu'il y ait lieu de distinguer entre le cas où les notaires ont instrumenté par suite d'un renvoi ou d'une commission du tribunal, et celui où ils l'ont fait par le libre choix des parties.—*Orléans*, 15 mars 1832, Porcher c. Pardon.

774. — Jugé également que le tribunal devant lequel des frais ont été faits par un notaire pour parvenir à une adjudication d'immeubles est compétent pour connaître de l'action intentée par ce notaire en paiement desdits frais contre l'adjudicataire. — *Cass.*, 7 déc. 1847 (t. 2 1847, p. 749), Duval c. Desswartz.

775. — Jugé, au contraire, qu'un notaire ne peut point assigner en paiement de ses frais, devant le tribunal de son domicile, un débiteur domicilié dans le ressort d'un autre tribunal, lorsque ces frais n'ont pas été faits par suite d'un renvoi ou d'une commission émanée du tribunal devant lequel le notaire a porté sa demande.—*Poitiers*, 7 déc. 1830, Pelletier c. Ayraud. — Circ. min. just. 30 nov. 1829.

776. — C'est le tribunal de première instance, et non le juge de paix, qui est compétent pour connaître des demandes en restitution de frais et honoraires payés par une partie à son notaire, encore qu'il s'agisse d'une somme inférieure à 200 fr. — *Orléans*, 12 déc. 1844 (t. 2 1844, p. 682), Rougé c. Robert.

777. — Jugé même qu'un notaire ne peut poursuivre le paiement de ses honoraires que devant le tribunal de son domicile. — *Toulouse*, 7 août 1819, Bertrand c. Cabarrus.

778. — Mais cet arrêt nous semble être allé trop loin. — En effet, l'art. 60 C. proc., qui déroge à la règle *Actor sequitur forum rei*, semble ne pouvoir être invoqué que par les officiers en faveur desquels cette dérogation a été introduite, d'autant plus qu'il est admis qu'un notaire peut valablement citer ses cliens devant le juge de paix, pour le paiement de ses honoraires et déboursés, lorsqu'ils n'excèdent pas le terme de la compétence de ce magistrat. — Lett. min. just. 4 déc. 1826, 8 nov. 1827, 28 mai 1828, 30 nov. 1829. — V. aussi Gagneraux, p. 212, no 95.

779. — Il en est de même relativement à la demande formée par un notaire en paiement du reliquat d'un compte d'honoraires réglé amiablement entre lui et son client, alors même que le montant de ce reliquat de compte est inférieur à 200 fr. — *Cass.*, 21 avril 1845 (t. 1er 1845, p. 576), Auger c. Audiger.

780. — Par la même raison, la demande du notaire est dispensée du préliminaire de conciliation. — Chauveau *sur Carré*, t. 1er, no 211.

781. — Le principe exceptionnel contenu aux art. 60 C. pr. civ. et 173 Tar. n'autorise les notaires à porter devant le tribunal de leur domicile les demandes en paiement de leurs honoraires que lorsqu'il s'agit de la rédaction d'actes de leur ministère, et non dans le cas où il s'agit de celle d'actes sous seing privé. — En conséquence ils doivent, dans ce dernier cas, porter leur action devant le tribunal du défendeur, conformément au principe général établi par l'art. 58 C. pr. — *Bourges*, 22 fév. 1842 (t. 2 1842, p. 745), de Villieux c. Vergne.

782. — Indépendamment de l'action ouverte aux notaires dans la forme ordinaire, ainsi qu'on vient de le voir, les notaires qui ont fait, pour les parties, l'avance des droits d'enregistrement peuvent prendre exécutoire du juge de paix de leur canton. L'opposition qui serait formée contre cet exécutoire, ainsi que toutes les contestations à cet égard, doivent être jugées comme les instances formées par la régie de l'enregistrement en recouvrement des droits.— L. 22 frim. an VII, art. 30. — V., à cet égard, ENREGISTREMENT.

783. — Toute demande devant être introduite et instruite suivant la loi en vigueur au moment où elle est formée, et non suivant la loi du temps où le droit a pris naissance, un tribunal ne peut, sans effet rétroactif, annuler un exécutoire délivré par un juge de paix à un notaire pour paiement d'actes reçus par ce dernier, par le motif que les avances auraient été faites avant la publication de la loi du 22 frim. an VII, qui établit ce mode de poursuite. — *Cass.*, 4 avr. 1826, Mandosse c. Prevost.

784. — Le notaire que des héritiers majeurs ont nommé, par-devant le juge de paix, pour procéder en qualité d'expert au partage de la succession indivise, peut, bien que sa nomination n'ait pas été confirmée par la justice, se faire, pour le règlement de ses vacations, délivrer un exécutoire et agir ensuite par voie de commandement ou de saisie-arrêt. — *Cass.*, 17 avr. 1838 (t. 1er 1838, p. 603), Barrère c. Parenteau. — V. EXPERTISE, nos 410 et suiv.

CHAPITRE VI. — *Responsabilité des notaires.*

785. — Après avoir prononcé la nullité des actes faits en contravention aux dispositions qu'il énumère, et déclaré dans quels cas ils peuvent encore valoir comme écrits sous signature privée, l'art. 68 L. 25 vent. an XI ajoute : « Sauf, dans les deux cas, s'il y a lieu, les dommages-intérêts contre le notaire contrevenant. »

786. — Le principe de la responsabilité des notaires, déjà consacré par l'ancienne jurisprudence (V. L. 6 *C. de magistrat. conveniend.*; Furgole, *Des testam.*, t. 4, chap. 12; Ferrière, *Parf. not.*, t. 1er, p. 78; Rousseau de Lacombe, vo *Not.*, no 12; Denizart, vo *Nullité*, no 32), ne saurait être aujourd'hui contesté. Son application seule aux différentes espèces qui se présentent soulève des difficultés.

787. — Toutefois il y a lieu de distinguer entre la responsabilité du notaire instrumentaire, qui reçoit les actes et est investi de la confiance des cliens, et la responsabilité du notaire en second, qui ne fait le plus souvent que donner une signature de pure forme.

Sect. 1re. — *Responsabilité du notaire instrumentaire.*

788. — La responsabilité des notaires s'applique ou aux actes de leur ministère, ou aux actes en dehors de leur ministère.

ART. 1er. — *Actes du ministère des notaires.*

789. — Les notaires doivent d'abord, à peine de tous dommages-intérêts, dresser les actes que les parties les chargent de recevoir. — C. civ. 1383.

790. — Ainsi, lorsqu'une convention a été passée en présence d'un notaire et que celui-ci a été chargé d'en rédiger l'acte, il est passible de dommages-intérêts pour n'avoir pas rédigé cet acte. — *Riom*, 28 fév. 1825, Favier c. Linossier; *Limoges*, 1 juin 1840 (t. 1er 1841, p. 70), Arfouilloux c. Breton et Mathurin; *Cass.*, 20 janv. 1841 (t. 2 1841, p. 138), Berthonnier c. Masson.

791. — De même, le notaire qui ne peut représenter la minute d'un contrat de mariage qu'il a reçu est passible de dommages-intérêts envers celui qui est privé par là des avantages qui devaient résulter pour lui de ce contrat. — *Douai*, 1er juillet 1816, Delsaux c. Faure.

792. — Les notaires sont également responsables s'ils ne donnent pas aux actes qu'ils reçoivent la sanction nécessaire, par l'apposition de leur signature et l'enregistrement dans les délais prescrits.

793. — Ainsi, un notaire est responsable de la nullité d'un acte qu'il n'a point revêtu de sa signature, sous le prétexte qu'on ne lui avait pas consigné les droits d'enregistrement, surtout s'il ne prouve point et n'articule pas qu'il ait exigé cette consignation. — *Bourges*, 29 avr. 1823, Raisonnier c. Mollet et Binet.

794. — Un notaire doit indemniser les parties du préjudice qu'elles éprouvent par le défaut d'enregistrement des actes passés devant lui, encore bien qu'il n'ait pas reçu les fonds nécessaires pour acquitter les droits, s'il a négligé d'exiger, au moment de l'acte, la consignation d'une somme destinée à y faire face. — *Nîmes*, 14 fév. (et non mai) 1813, Genoyer c. Boisson.

795. — Les notaires chargés de donner l'authenticité aux actes ne sont pas seulement responsables de leur dol, mais encore de leur impéritie ou de leur négligence; ils doivent ne pas omettre les formalités à l'accomplissement desquelles la loi attache l'authenticité des actes. Les ignorer ou les omettre, c'est de leur part une faute lourde dont ils doivent subir les conséquences. — C. civ. 1382. — Merlin, *Rép.*, vo *Notaire*, no 58; Grenier, *Donat.*, supplém., p. 115; Toullier, t. 5, no 389 et suiv.; Perrin, *Nullités*, p. 263 et suiv.; Proudhon, *Usufr.*, t. 3, no 1518.

796. — Les notaires sont responsables du dommage qu'ils causent par leur faute, imprudence ou négligence dans l'exercice de leurs fonctions. *Liége*, 11 fév. 1829, Martinot c. N.

797. — Les notaires sont responsables des vices de forme, fautes ou erreurs par eux commises, dans la rédaction des actes passés devant eux, s'il en résulte quelque préjudice pour les parties. — *Lyon*, 31 avril 1832, sous *Cass.*, 19 avril 1836, Guyon c. Travers et Charbogne.

798. — La responsabilité des notaires est engagée dans tous les cas d'inexécution des obligations qui leur sont imposées par les diverses dispositions qui régissent la forme des actes notariés. — *Cass.*, 1er juin 1840 (t. 2 1840, p. 132), Cantel c. Thubeuf.

799. — En conséquence, le notaire qui n'a pas été réellement présent à la réception des actes qu'il a mis au rang de ses minutes est responsable envers les parties du préjudice dont ce défaut de présence est devenu l'occasion. — Même arrêt.

800. — Toutefois, on fait une distinction entre les formalités extrinsèques, que le notaire est, par ses fonctions mêmes, chargé d'observer, et les formalités intrinsèques ou qui appartiennent à la substance de l'acte. L'omission des premières donne lieu à la responsabilité du notaire; il en est autrement de l'omission des secondes. — Rolland de Villargues, *Rép. du notariat*, vo *Responsabilité*, no 34; Massé, *Parf. notaire*, liv. 1er, chap. 17.

801. — Le notaire instrumentaire doit indemniser les parties intéressées des préjudices résultant pour elles du défaut de régularité des signatures d'un acte reçu par lui. — *Metz*, 2 mars

NOTAIRES, ch. 6, sect. 1re, art. 1er.

1840 (t. 2 1841, p. 521), Grenez et Grandidier c. Schemel.

802. — Lorsque, sur la production par les parties d'un titre sous seing privé qu'il s'agissait de remplacer, et où le nom d'une des parties se trouvait mal orthographié, un notaire a dressé son acte en conservant la même orthographe, il n'encourt aucune responsabilité, bien que la partie ait régulièrement signé son nom au bas de l'acte authentique. — Par suite: le notaire n'est pas non plus responsable de la nullité de l'inscription hypothécaire prise en vertu du bordereau qu'il a dressé, et où il a reproduit la même erreur d'orthographe. — *Riom*, 8 déc. 1846 (t. 2 1847, p. 230), Dupeyrix c. Boudot.

803. — Relativement à la responsabilité que le notaire encourt pour ne s'être pas fait attester l'individualité des parties contractantes ou des témoins instrumentaires, V. ACTE NOTARIÉ, nos 153 et suiv.

804. — Nous ajouterons qu'un notaire est responsable des conséquences de la fausseté d'une procuration dans laquelle il a reçu, pour certifier l'individualité de la partie, l'attestation de deux témoins dont l'un est logé en hôtel garni, et l'autre sans domicile bien certain, et qu'on n'a pu retrouver à une époque rapprochée de l'acte. — *Paris*, 29 janv. 1847 (t. 1er 1847, p. 244), Esnée c. Pain.

805. — Bien qu'un notaire n'ait point exigé la représentation de la procuration en vertu de laquelle les parties ont déclaré agir, il n'est pas pour cela, et quoiqu'il ait pu, d'après la notoriété publique, apprendre la révocation du mandat, tenu, en cas de nullité des contrats à défaut de mandat, des dommages-intérêts envers les parties de bonne foi, s'il a pu et dû croire qu'elles avaient devers elles les moyens de faire valider les actes pour lesquels il a prêté son ministère. — *Alger*, 17 avril 1833, Cappé c. Guertin et Berbery.

806. — On a vu (vo CERTIFICAT DE VIE, nos 88 et suiv.) que les notaires certificateurs étaient garans et responsables envers le trésor public de la vérité des certificats de vie par eux délivrés, qu'ils aient ou non exigé des parties requérantes l'intervention de témoins pour attester l'individualité, sauf, dans tous les cas, leur recours contre qui de droit. — Déc. du 21 août 1806, art. 9.

807. — Pour qu'un notaire soit déclaré responsable des fausses énonciations contenues dans un certificat de propriété qu'il a délivré, et à l'aide duquel celui qui l'a obtenu s'est approprié indûment le produit d'une rente sur l'État, il ne suffit pas que l'on constate l'erreur; il faut en outre, et nécessairement, que les juges appelés à statuer sur la question de dommages-intérêts aient reconnu qu'il y avait eu *faute* de la part du notaire. — *Cass.*, 9 août 1843 (t. 2 1843, p. 352), Cary-Montrand c. Fol.

808. — Le notaire qui a délivré le certificat de propriété à l'effet de faire opérer la mutation d'une rente recueillie par une fille dans la succession de son père n'est point responsable, vis-à-vis du cessionnaire de cette rente, de ce que ce certificat ne porterait pas la mention que l'héritière est mariée sous le régime dotal. — Trib. civ. *Paris*, 28 fév. 1844, sous *Paris*, 13 fév. 1845 (t. 1er 1845, p. 298), Comp. d'assurances générales c. Doin.

809. — Le notaire est responsable de la nullité d'un contrat de mariage résultant de ce que les témoins instrumentaires étaient parens des parties au degré prohibé par la loi du 25 vent. an XI. — *Riom*, 20 nov. 1818, Peschaud c. Farraille et Bos; *Colmar*, 16 mars 1813, N... c. L...

810. — ...Ou de ce que le contrat ne contient pas mention suffisante de la signature des témoins. — *Paris*, 25 mai 1826, Guerreau c. Jarry.

811. — ...Ou de ce qu'un acte par lui reçu n'aurait pas été signé des témoins instrumentaires. — *Riom*, 8 déc. 1847 (t. 2 1848, p. 103), Eyraud c. Messe.

812. — ...Ou bien de ce qu'un acte de donation entre-vifs par lui reçu ne contiendrait pas une mention suffisante de la présence des témoins à la lecture et à la signature de l'acte. — *Douai*, 15 juin 1847 (t. 2 1847, p. 485), N... c. Charlet.

813. — Le notaire qui n'a pas fait apposer la signature d'un témoin sur la minute de l'acte de donation et qui, néanmoins, a fait mention de cette signature dans l'expédition, est responsable envers les donataires de la nullité de la donation. — *Paris*, 1er flor. an XI, Graillot c. Breuiller.

814. — Le notaire est responsable envers les parties contractantes de la nullité d'un acte de donation entre-vifs prononcée pour cause d'insuffisance de la mention de la présence des témoins.

— *Douai*, 15 juin 1847 (t. 2 1847, p. 485), N... c. Charlet.

815. — Le notaire qui, recevant l'acte d'une donation consentie par une femme mariée avec l'assistance de son mari, déclare cet acte signé par toutes les parties, et lui donne la perfection par sa propre signature, bien que le mari se soit retiré durant le cours de la rédaction en disant qu'il reviendrait signer, est responsable de la nullité de l'acte résultant de la non-signature du mari de la donatrice. — Les donateurs ne sauraient être déclarés garants des condamnations prononcées contre le notaire en ce que la nullité de l'acte résulterait de leur dol et fraude. En pareil cas la nullité provient uniquement de la fausse déclaration du notaire, et elle ne pourrait être réparée par la signature apposée postérieurement par le mari de la donatrice. — *Cass.*, 19 août 1845 (t. 1er 1845, p. 235), Nouhaud c. Chastaing; 5 mai 1846 (t. 1er 1846, p. 714), mêmes parties.

816. — Un notaire est passible de dommages-intérêts, lorsque c'est par une faute grave ou par impéritie de sa part qu'un testament a été annulé, par exemple, parce que c'est dans un renvoi intercalé et non approuvé que se trouve la mention que le testateur a déclaré ne savoir signer, de ce requis. — *Riom*, 18 juill. 1820, Petit c. C...

817. — ... Ou bien lorsqu'un testament est annulé à raison d'une surcharge. — *Toulouse*, 29 avr. 1826, Servières c. Randé et Grèze.

818. — ... Ou pour omission de la mention de la lecture du testament au testateur. — *Colmar*, 4 juill. 1809, Meyer c. Liefs; *Caen*, 2 déc. 1835, Butel c. Robert.

819. — ... Alors surtout que le notaire a connu le vice de rédaction au moment où il était temps encore de le corriger. — *Caen*, 2 déc. 1835, Butel c. Robert.

820. — ... Ou pour l'omission de la mention de cette même lecture au testateur en présence des témoins. — *Rouen*, 7 juin 1809, P... c. Aubry; *Grenoble*, 13 juill. 1831, Bérard c. Servonnet.

821. — Le notaire qui, en recevant un testament, a dû connaître l'incapacité d'un des témoins instrumentaires, est responsable de la nullité du testament prononcée par suite de cette incapacité. — *Cass.*, 15 janv. 1835, Renou c. Berthelot.

822. — Tel est le cas où la qualité de repris de justice qu'avait l'un des témoins pouvait, en raison des circonstances, être facilement connue du notaire. — *Limoges*, 22 janv. 1838 (t. 2 1838, p. 287), Guérin-Lézé c. Baignol.

823. — Il en est de même encore en cas d'incapacité des témoins instrumentaires résultant de la parenté de l'un d'eux avec l'un des légataires, alors surtout que cette parenté a été révélée pendant la rédaction du testament. — Peu importe d'ailleurs que le témoin ait été appelé par le testateur. — *Riom*, 8 juin 1844 (t. 2 1845, p. 357), Laubignat c. D... — *Contrà*, *Trèves*, 18 nov. 1812, Henninger c. Waudelin.

824. — De plus: le notaire qui, recevant un testament, ne demande pas aux témoins s'ils sont parens ou alliés des légataires commet une faute dont il est responsable, alors même que ces témoins auraient été appelés par le testateur. — *Lyon*, 3 janv. 1842 (t. 1er 1842, p. 397), Flory c. B... *Cass.*, 7 juill. 1847 (t. 2 1847, p. 45), Guinault c. Ressort; *Nîmes*, 17 janv. 1848 (t. 1er 1848, p. 464), Enjolras c. Bonhomme; 7 nov. 1848 (t. 1er 1849, p. 513), Lavie c. Clément.

825. — C'est à lui à établir que l'incapacité des témoins lui a été cachée ou qu'il n'a pu la connaître. — *Nîmes*, même arrêt.

826. — Le notaire qui ne s'informe pas de l'âge des témoins appelés à prendre part à un testament et qui, par suite de cette omission, admet un témoin mineur, commet une faute des conséquences de laquelle il est responsable. — *Caen*, 31 mai 1842 (t. 2 1842, p. 528), N... c. Badion.

827. — Mais le notaire n'est pas responsable de la nullité lorsqu'il a pris, pour s'assurer de la capacité des témoins, les précautions que la prudence lui commandait, par exemple s'il a exposé d'une manière développée et même minutieuse aux personnes présentées pour être témoins quelles étaient les conditions exigées pour pouvoir figurer, en cette qualité, dans le testament, alors surtout que le témoin dont la parenté avec l'un des légataires a causé la nullité du testament a été choisi par le testateur, malgré l'offre du notaire de produire lui-même tous les témoins. — *Douai*, 9 nov. 1846 (t. 2 1847, p. 116), Meurillon c. Vandermesch.

828. — Le notaire qui, en recevant un testament, néglige de s'assurer de l'identité des témoins et n'adresse aucune interpellation, ni au testateur, ni aux témoins, pour s'éclairer sur le point de savoir si ces derniers sont ou non parens des légataires peut, sans qu'il en résulte aucune violation de la loi, être déclaré coupable de négligence, et, à ce titre, responsable de la nullité résultant de ce que l'un des témoins était parent de l'un des légataires au degré prohibé par l'art. 975 C. civ. — *Cass.*, 7 juill. 1847 (t. 2 1847, p. 45), Guinard c. Ressort.

829. — Il en est de même lorsqu'il s'est borné à adresser à cet égard une interpellation aux parties, mais sans prendre les précautions nécessaires pour contrôler la sincérité de leur réponse. — *Grenoble*, 6 août 1846 (t. 2 1847, p. 116), Platel c. Pion.

830. — Un notaire est passible de dommages-intérêts, envers un héritier institué, lorsque le testament est annulé pour défaut d'énonciation de la demeure des témoins, surtout s'il a été à même, avant le décès du testateur, de découvrir cette omission et de la réparer. — *Liége*, 11 fév. 1829, Martinot c. N...

831. — Le notaire qui oublie de dater un testament authentique est responsable envers les légataires de la nullité qui résulte de cette omission. — *Rouen*, 24 juill. 1828, Bertin c. Périnelle.

832. — Jugé cependant que l'acte nul par la faute du notaire ne le soumet pas à des dommages envers les intéressés, à moins qu'il ne soit coupable de dol ou d'une grande ignorance. — *Rouen*, 7 juin 1809, P.... c. Aubry; *Grenoble*, 16 août 1810, Amblard c. Tournillon; *Colmar*, 11 fév. 1815, Rieffol c. Bauer.

833. — ... Qu'on ne saurait ranger dans cette catégorie l'omission, par le notaire, dans le testament, de la mention expresse de la lecture en présence des témoins. — *Rouen*, 7 juin 1809, P... c. Aubry.

834. — ... Que la déclaration de nullité d'un testament n'entraîne pas nécessairement la responsabilité du notaire à qui cette nullité est imputable. — *Cass.*, 27 nov. 1837 (t. 2 1837, p. 489), Blenet c. Cherel-Humbert.

835. — ... Que le notaire qui, sans dol ni mauvaise foi, a oublié de dater le testament qu'il a reçu, n'est point garant envers les légataires de la nullité résultant de cette omission. — *Riom*, 10 janv. 1810, Martin c. Conche.

836. — ... Que l'omission de la mention d'une seule signature dans un acte qui en contient plusieurs ne peut être considérée comme une faute *lourde* de la part du notaire qui a reçu l'acte, et donner lieu contre lui à des dommages-intérêts au profit de la partie lésée. — *Douai*, 7 mai 1819, Lottin c. Lefrançois et Bron.

837. — ... Qu'enfin le notaire répond des nullités de ses actes, qui dérivent des vices dans la qualité des témoins instrumentaires, mais seulement s'il y a eu, de sa part, faute, négligence ou imprudence. — *Lyon*, 3 janv. 1842 (t. 1er 1842, p. 397), Flory c. B...

838. — Toullier s'élève avec force contre la jurisprudence consacrée par les décisions qui précèdent. « Si l'on admettait, dit-il, d'un côté, que les nullités des testamens (et autres actes) appartiennent à la fragilité de l'esprit humain, et que cette fragilité ne soumet à aucune responsabilité; d'un autre côté, que les omissions les plus graves ne sont que des distractions qui peuvent échapper à tout le monde, la règle importante de la responsabilité des notaires serait brisée, ou ne serait plus, dans la main des juges, qu'une règle de plomb qui fléchirait au gré de leurs passions. Il faudrait ranger toutes ces questions au nombre de celles que le jurisconsulte Chasseneux appelait plaisamment *casus pro amico*. Il n'y a point d'imprudence plus caractérisée et moins excusable que de s'engager à faire des actes d'où dépendent le repos et la fortune des familles, sans avoir les connaissances de son état, sans être doué de la présence d'esprit nécessaire pour observer les formes prescrites. » — T. 5, nos 389 et suiv.

839. — Aussi a-t-il été décidé, dans ce dernier sens, que lorsqu'un acte de donation est déclaré nul par cela que l'un des témoins qui ont assisté le notaire n'était pas citoyen français, le notaire qui a reçu l'acte et auquel on ne peut reprocher ni fraude ni dol peut néanmoins être tenu de garantir le donataire et être condamné envers lui à des dommages-intérêts. — *Colmar*, 10 août 1818, Weil c. Grad et D...

840. — ... Qu'un notaire peut, même hors le cas de dol et de fraude, être déclaré responsable envers la partie de la nullité d'un testament prononcée pour défaut de mention expresse de la déclaration du testateur qu'il ne sait ou ne peut signer. — *Cass.*, 14 mai 1822, Mercier c. Hounemann.

841. — ... Que le notaire rédacteur de l'acte de suscription d'un testament mystique est responsable des suites du vice de forme de cet acte. — *Bordeaux*, 16 juin 1834, Conil c. Magne et Pastourie.

842. — Bien qu'en thèse générale les notaires ne soient pas responsables de la nullité des actes pour l'omission des formalités intrinsèques, il en est cependant autrement lorsqu'il s'agit de ces formalités qu'ils sont censés ne devoir pas ignorer d'après la nature de leur profession.

843. — Jugé donc d'une manière générale que les notaires sont responsables des nullités qu'ils commettent dans leurs actes, soit que ces nullités résultent du dol, de l'impéritie ou de la négligence, soit qu'elles aient rapport aux formalités intrinsèques ou extrinsèques. — *Nancy*, 2 fév. 1838 (t. 2 1838, p. 74), Martel c. Barret et Albert.

844. — Ainsi, le notaire qui a reçu un acte contenant une procuration conférée par un individu dans un état d'imbécillité notoire est responsable de la nullité de cet acte : alors surtout qu'il n'a pu ignorer cet état d'imbécillité, cause de l'annulation. — *Aix*, 23 avr. 1847 (t. 2 1847, p. 455), Esmenard et Combet c. Cartier. — V., sur la responsabilité des notaires, la note détaillée sous l'arrêt de *Rennes*, du 23 nov. 1846 (t. 1er 1847, p. 12), Daubé c. Duclos.

845. — Les notaires sont responsables des nullités des actes qu'ils rédigent, encore qu'elles ne se rattachent point à la forme extérieure de ces actes et qu'elles consistent seulement dans l'omission des clauses que les parties avaient l'intention d'y faire insérer. — *Cass.*, 27 mars 1839 (t. 1er 1839, p. 335), Martel et Albert.

846. — Spécialement, bien qu'une donation soit régulière en la forme sans acceptation, le notaire qui l'a rédigée est responsable de la nullité résultant du défaut d'acceptation, s'il est constant que les donataires avaient intention d'accepter dans la donation même. — L'arrêt qui le décide ainsi, sans imputer au notaire aucun dol ni faute lourde, mais en reconnaissant seulement de sa part négligence et impéritie, échappe à la censure de la Cour suprême. — *Nancy*, 2 févr. 1838 (t. 2 1838, p. 74), Barret et Albert c. Martel; *Cass.*, 27 mars 1839 (t. 1er 1839, p. 335), mêmes parties.

847. — Ainsi encore : le notaire qui a conseillé et rédigé un acte de donation entre-vifs par une femme majeure de seize ans mais mineure de vingt-un, en faveur de son mari, des biens qu'elle laissera à son décès, peut être déclaré responsable et condamné à des dommages-intérêts comme garant du préjudice résultant de la nullité prononcée par le tribunal. — *Cass.*, 12 avril 1843 (t. 1er 1843, p. 585), Burdelot c. Briand et Louazel.

848. — Le notaire qui a procédé à l'adjudication par suite de conversion d'une saisie immobilière, mais sans que les formalités préalables d'affiches et de publications aient été remplies, est responsable envers l'adjudicataire des suites de la nullité de l'adjudication. — *Colmar*, 4 juin 1830, M... c. Blaës.

849. — Le notaire qui, dans un acte de mainlevée, énonce par erreur le numéro d'une autre inscription que celle à radier, militant au profit du même créancier contre le débiteur, a pu être déclaré responsable du préjudice que cette erreur cause au créancier. — Le conservateur des hypothèques, qui a opéré la radiation de l'inscription, a pu être aussi déclaré responsable à l'égard du créancier, quand la lecture entière de l'acte de mainlevée eût pu lui faire apercevoir l'espèce d'erreur qu'il contenait. — *Cass.*, 19 avril 1836, Guyon c. Travers et Charbogne.

850. — Lorsque le tort commun d'un notaire et d'un conservateur des hypothèques, qui, dans une mainlevée d'inscription ont énoncé par erreur le numéro d'une autre inscription que celle à radier, peut être regardé comme n'ayant pas été étranger au créancier, partie lui-même dans l'acte qui contient l'erreur, la responsabilité doit être allégée. — *Lyon*, 13 avr. 1832, Guyon c. Travers et Charbogne; *Cass.*, 19 avr. 1836, mêmes parties. — Le notaire et le conservateur doivent, dans ce cas, être condamnés solidairement. — Même jugement.

851. — Le notaire rédacteur d'un acte d'affectation hypothécaire est responsable de la nullité résultant de ce que l'hypothèque, dans sa constitution, ne contient pas la désignation de la situation des biens hypothéqués, alors même que dans les inscriptions postérieures on aurait essayé de réparer ce vice. — *Dijon*, 23 déc. 1843 (t. 1er 1844, p. 313), Dupuis c. Passerat, Darru et Richard.

852. — Jugé cependant que, d'après les circonstances particulières de la cause, un notaire avait pu n'être pas considéré comme soumis nécessairement à la responsabilité, pour avoir, dans un

acte portant stipulation d'hypothèques, omis de désigner la nature et la situation des biens soumis à l'hypothèque, contrairement aux prescriptions de l'art. 2159 du Code civil. — *Cass.*, 6 déc. 1843 (t. 2 1843, p. 828), Menguy.

853. — Que le notaire chargé de dresser la quittance du prix d'une vente passée devant un autre notaire ne commet pas une faute grave en ne recherchant pas si les qualités des vendeurs ont été bien établies dans l'acte de vente, spécialement, s'il n'existe pas d'autres propriétaires que les vendeurs ou ceux dont l'existence lui a été déclarée, et n'est point, dès lors, si d'ailleurs il a agi de bonne foi, responsable, envers l'acquéreur qui a payé son prix, de la nullité partielle de la vente prononcée sur la demande de copropriétaires demeurés étrangers à l'acte. — *Lyon*, 12 mars 1847 (t. 2 1848, p. 428), Dumarest c. Michaille.

854. — Toutefois, il y a exception quand il s'agit d'une nullité résultant d'une erreur de droit tenant à la substance même de la disposition ou de la convention.

855. — Jugé, en ce sens, que les notaires ne sont pas responsables des erreurs de droit qui tiennent à la substance des conventions et en entraînent la nullité. — *Riom*, 28 juill. 1829, Guillaume c. Duchollet; *Orléans*, 26 janv. 1839 (t. 1er 1839, p. 239), Prégent c. Baudouin; *Cass.*, 22 déc. 1840 (t. 2 1843, p. 652), mêmes parties.

856. — ... Ou quand la nullité est le résultat d'une erreur de droit qu'un esprit attentif et exercé ne peut pas toujours reconnaître et prévenir. — *Bordeaux*, 9 déc. 1847 (t. 1er 1848, p. 395), Fauchey c. Faure et Gasquet.

857. — Ainsi un notaire n'est pas responsable de la nullité résultant, dans un acte de constitution d'hypothèques, du défaut de spécialisation des immeubles hypothéqués, alors surtout qu'il est constaté en fait qu'il n'a pas agi comme mandataire des parties, et que sa bonne foi n'a pas été mise en doute. — *Cass.*, 22 déc. 1840 (t. 2 1843, p. 652), Baudouin c. Prégent.

858. — Les notaires ne sont pas non plus responsables des nullités commises dans les actes passés devant eux, lorsqu'il s'agit d'un point de droit sur lequel il y avait diversité d'opinion. — *Agen*, 16 août 1836, Lapeyrère c. Thézan.

859. — De même encore, le notaire qui, par une interprétation vicieuse de la loi, occasionne la nullité d'un testament, ne peut être responsable du préjudice causé, lorsque le point qu'il a mal interprété n'était résolu formellement ni par un texte spécial, ni par la jurisprudence, et qu'au contraire il était controversé entre les auteurs. — *Douai*, 2 janv. 1837 (t. 2 1837, p. 522), de Bailleul c. Delangle.

860. — Spécialement, un notaire n'est pas responsable de la nullité d'un testament mystique, résultant de ce que l'acte de suscription passé à la campagne, au lieu d'être signé par six témoins, ne l'a été que par quatre, lorsqu'à l'époque de cet acte il y avait controverse sur la nécessité de la signature des six témoins. — *Agen*, 16 août 1836, Lapeyrère c. Thézan.

861. — Spécialement encore, l'annulation d'un testament, en ce que le notaire qui l'a reçu aurait été institué exécuteur testamentaire salarié, ne rend pas celui-ci responsable de dommages-intérêts envers les légataires. — *Douai*, 2 janv. 1837 (t. 2 1837, p. 522), de Bailleul c. Delangle.

862. — Un notaire ne peut être déclaré responsable de la nullité d'un testament résultant de la solution erronée qu'il a donnée à un point de droit controversé, par exemple à celui de savoir si l'incapacité d'instrumenter résultant à son égard de l'affinité a cessé par le décès sans postérité de la personne qui l'a produite. — *Bordeaux*, 11 mars 1843 (t. 2 1843, p. 652 et 672), Descombes c. Gréau.

863. — Un notaire n'est pas responsable de la nullité résultant du défaut de mention que le testament est écrit par lui, lorsque cette nullité a été commise dans les premiers temps de la publication du Code civil. — *Bordeaux*, 12 (et non 13) janv. 1812, Lajonie c. Razac.

864. — Le notaire qui reçoit un testament annulé ensuite par inobservation d'une formalité prescrite par la loi du 25 vent. an XI, peut être déclaré non responsable de la nullité, lorsque le testament a été passé à une époque où l'application de cette loi aux testamens était controversée. — *Lyon*, 18 janv. 1832, Blenet et Cherel-Humbert c. Guillermet.

865. — Le notaire qui a reçu un acte contenant transport d'une créance pupillaire, sans que le tuteur se soit conformé aux prescriptions de l'article 452 C. civ., n'est point responsable de la nullité du transport, cette nullité étant une question controversée. — *Douai*, 28 juin 1843 (t. 1er 1844, p. 600), Frémaux c. Léonard.

866. — Lorsque le contrat de mariage date d'une époque où les opinions n'étaient point encore fixées sur les formalités qui lui appartenaient, la faute du notaire est excusable et il y a lieu de rejeter la demande en garantie et en dommages et intérêts qui serait formée contre lui. — *Riom*, 28 mai 1824, Granet c. Jausenet.

867. — De même, en cas de nullité d'un contrat de mariage résultant de ce que les père et mère auraient stipulé pour une fille mineure, hors de sa présence au contrat, le notaire n'est pas responsable de cette nullité, lorsqu'il est constaté que ce mode de procéder était d'un usage constant dans le pays, et que son illégalité était controversée entre des tribunaux. — *Limoges*, 21 mars 1846 (t. 1er 1847, p. 585), Guérin-Lezé c. Nicollet.

868. — Enfin, un tribunal a pu décider qu'il n'y a pas eu de la part du notaire faute lourde entraînant nécessairement sa responsabilité, dans une nullité par lui commise, alors qu'il s'agissait de l'application d'une loi nouvelle. — *Dijon*, 12 août 1847 (t. 2 1848, p. 25), Desvilles c. Guenièvre et Lasnet.

869. — Les notaires ne sont pas non plus responsables, envers les parties contractantes, de la nullité des actes qu'ils ont reçus, quand cette nullité provient également du fait des parties. — *Bourges*, 28 août 1832, Chalopin c. Paris et Delaroche.

870. — Lorsque deux époux ont fait dresser une donation mutuelle par un même acte, ils ne peuvent, en cas d'annulation de cet acte, exercer un recours en garantie contre le notaire. — Même arrêt.

871. — Sous l'ordonnance de 1735, lors même que l'acte de suscription d'un testament mystique n'aurait pas énoncé explicitement la déclaration du testateur que le papier qu'il présentait au notaire contenait son testament, le notaire, n'étant accusé ni de dol, ni de fraude, n'était soumis à aucune responsabilité. — *Cass.*, 11 frim. an VII, Willemain c. Ternet.

872. — La responsabilité des notaires ne peut s'appliquer aux nullités qu'on peut considérer comme exclusivement propres aux parties elles-mêmes, comme lorsque c'est un testateur qui a dicté la disposition nulle. — Et *particulièrement* : lorsqu'un testament a été annulé parce que le notaire rédacteur et l'un des témoins instrumentaires se trouvaient au nombre des débiteurs auxquels celui-ci avait, sans distinction, accordé un sursis pour le paiement de leurs dettes, et que cette disposition offrait le caractère d'une libéralité, cette nullité ne peut donner lieu à responsabilité contre le notaire. — *Riom*, 28 juill. 1829, Alla-Guillaume c. Duchollet. — Favard, *Rép.*, v° *Notaire*, sect. 8; Rolland de Villargues, *Rép. du not.*, v° *Responsabilité des notaires*, n° 34; Solon, *Nullités*, t. 2, n° 237.

873. — Le notaire qui, dans un contrat de mariage, admet pour témoins instrumentaires des parens des parties, au degré prohibé par la loi du 25 vent. an XI, ne commet pas une faute lourde qui le rende passible de dommages-intérêts envers les parties, alors surtout qu'a assisté au contrat un magistrat (un procureur général près d'une Cour criminelle) qui était censé plus instruit que le notaire, et qui avait été appelé comme conseil des parties. — *Riom*, 20 nov. 1818, Peschaud c. Parraille et Bos.

874. — L'effet de la responsabilité du notaire pour défaut d'enregistrement d'un acte passé devant lui, cesse dans le cas où, indépendamment de la faute du notaire, la partie aurait éprouvé le même préjudice par suite d'une faute ou d'une omission qui lui serait personnelle. — *Nîmes*, 14 fév. (et non mai) 1813, Genoyer c. Boisson.

875. — Lorsqu'un acte de vente à réméré a été annulé non-seulement pour irrégularités commises par le notaire, en ce sens qu'il y aurait des renvois non approuvés, et omission de signature des témoins, mais encore pour fausses désignations données par l'acquéreur, celui-ci ne peut exercer d'action récursoire contre les héritiers du notaire qui a rédigé l'acte informe qualifié vente; car cet acquéreur n'est pas recevable à se plaindre de fausses énonciations et d'irrégularités commises dans son seul intérêt et auxquelles il a participé. — *Orléans*, 6 janv. 1813, Bénard c. Pélicier.

876. — Lorsqu'un testament par acte public a été annulé pour un vice de forme, le notaire qui l'a reçu n'est point passible de dommages-intérêts si le testament était, d'ailleurs, atteint d'une autre nullité résultant de l'incapacité du testateur. Le notaire peut faire valoir ce moyen, alors même que les héritiers naturels ne l'ont pas opposé. — *Bruxelles*, 30 juin 1818, Mineur c. Lebrun.

877. — Les notaires ne sont pas responsables du défaut de capacité des parties qui se présentent devant eux pour contracter. — *Alger*, 17 avril 1833, Cappé c. Guertin et Berbery.

878. — Ainsi le notaire qui a reçu un testament n'est pas responsable de la nullité de ce testament résultant de ce que le testateur qui a déclaré ne pas écrire pouvait cependant écrire et signer. — *Trèves*, 18 nov. 1812, Henninger c. Waudelin.

879. — Bien que le notaire qui ne s'informe pas de l'âge des témoins appelés à prendre part à un testament, et qui, par suite de cette omission, admet un témoin mineur, commette une faute des conséquences de laquelle il est responsable; cependant cette faute, et par suite sa responsabilité, est atténuée par la double circonstance que le témoin mineur a été appelé par le légataire, et que sa force physique pouvait donner à croire qu'il était majeur, et alors surtout que le légataire, informé longtemps avant le décès du testateur, de la nullité du testament, n'en a pas instruit le notaire pour le mettre à même de la réparer. — *Caen*, 31 mai 1842 (t. 2 1842, p. 528), N... c. Badion.

880. — La responsabilité du notaire qui a reçu un testament, déclaré nul pour défaut de formalités, peut être bornée aux frais et dépens qui ont eu lieu, s'il paraît que le légataire lui-même n'a pas été étranger à l'inobservation des formalités. — *Caen*, 15 janv. 1823, Lévêque c. Noyer et Denis.

881. — Le notaire n'est pas responsable de la nullité résultant de ce qu'un testament qu'il aurait reçu contiendrait quelques dispositions en faveur de ses parens. — *Douai*, 29 mai (et non mars) 1810, Londas c. Delacroix.

882. — La responsabilité du notaire cesse encore quand la partie a été avertie de l'irrégularité de l'acte et a pu y remédier. — Spécialement, lorsque la grosse d'un acte confère des droits hypothécaires dont quelques-uns ont été omis dans l'inscription rédigée et prise par le notaire, celui-ci n'est pas garant des conséquences de cette omission, s'il a remis la grosse de l'inscription, et que le créancier ait eu un temps suffisant pour compléter son inscription. — *Bourges*, 20 nov. 1844 (t. 1er 1846, p. 623), Mutel c. Garilland.

883. — Sur la responsabilité des notaires soit instrumentaires, soit commis, qui procèdent à un inventaire, V. INVENTAIRE.

884. — Les notaires sont encore responsables de la soustraction ou de la détérioration des minutes des actes qu'ils reçoivent; car la conservation de ces minutes est un des devoirs de leur profession.

885. — Ainsi, lorsqu'un testament déposé chez un notaire a été mangé par les rats, et que la délivrance d'un legs constant est entravée par le défaut de représentation de ce testament, le notaire doit être condamné à indemniser le légataire. — *Rennes*, 14 avril 1831, Besnier c. Lagrée.

886. — Il en serait de même dans le cas où l'humidité aurait altéré une minute au point de ne pouvoir être lue. — Rolland de Villargues, *Rép. du notar.*, v° *Responsab. des notaires*, n° 77.

887. — Le notaire qui ne peut représenter la minute, inscrite au répertoire de son prédécesseur, d'une obligation contre laquelle les héritiers du prétendu débiteur s'inscrivent en faux, est tenu de les indemniser du préjudice résultant pour eux de l'impossibilité de justifier cette inscription de faux : alors que, en permettant à son prédécesseur de travailler dans l'étude, il a à s'imputer d'avoir laissé les minutes à la disposition de ce dernier, qui a dû en détruire plusieurs pour faire disparaître les traces des faux par lui commis. — *Angers*, 23 juill. 1847 (t. 2 1847, p. 308), Police c. Aureau.

888. — L'arrêt qui décide, par appréciation des faits, que le notaire n'est pas responsable de la perte de papiers qui lui ont été déposés, parce qu'ils étaient insignifians, est à l'abri de la cassation. — *Cass.*, 19 juill. 1838 (t. 2 1838, p. 363), Becq c. Pétrigille.

889. — Enfin, les notaires sont responsables des conséquences qui résulteraient pour les parties des expéditions ou des extraits inexacts qu'ils auraient délivrés des actes passés devant eux.

890. — Ainsi le notaire qui délivre un extrait incomplet d'acte de société et le fait publier, comme mandataire des parties, est responsable, non-seulement en sa qualité de mandataire, mais encore comme notaire, des inexactitudes de la publication. — *Douai*, 21 nov. 1840 (t. 2 1840, p. 676), Richez c. H...

891. — Le notaire répond notamment de toutes les conséquences de l'omission de la clause de l'acte de société qui exige le concours des signatures des deux associés gérans sur les billets de la société. Le notaire ne pourrait échapper à cette responsabilité qu'autant qu'il établirait que la création des billets a profité à la société. — Même arrêt.

892. — De même le notaire qui, en délivrant et faisant publier l'extrait d'un acte de société, omet une clause essentielle, par exemple celle relative à l'emploi de la signature sociale, se rend coupable de faute lourde, et doit être déclaré responsable, soit comme officier instrumentaire, soit comme simple mandataire des parties, du préjudice occasionné par l'abus qui a été fait de cette signature, à moins qu'il ne prouve que les sommes empruntées ont profité à la société. — *Douai*, 21 nov. 1840 (t. 1er 1841, p. 40), Thieulcux et Richebez c. Flayelle.

893. — Le droit d'apprécier la gravité de la faute reprochée au notaire et de décider si cet officier doit ou non encourir la garantie est laissé à la prudence des tribunaux. — *Cass.*, 14 mai 1822 Mercier c. Hounemann ; 27 nov. 1837 (t. 2 1837, p. 489), Blenet c. Cherel ; *Nancy*, 2 fév. 1838 (t. 2 1838, p. 74), Martel c. Barret et Albert.

894. — En règle générale, les dommages-intérêts doivent être l'équivalent de la perte éprouvée par la partie. — Ainsi, les dommages-intérêts dus par un notaire, faute d'avoir rédigé un arrêté de compte dressé devant lui, se composent de la somme formant le reliquat des intérêts de cette somme, des à-compte payés au notaire pour frais de timbre et d'enregistrement de l'obligation qu'il devait rédiger, et des intérêts de ces à-compte. — *Riom*, 28 février 1825, Favier c. Linossier.

895. — De même un notaire qui a, malgré l'état notoire d'imbécillité d'un individu, reçu une procuration pour lui, est tenu non-seulement de la nullité de l'acte, mais encore de ses suites. — *Aix*, 23 avr. 1847 (t. 2 1847, p. 455), Esmenard c. Cartier.

896. — Par la même raison, quand, dans l'expédition d'un acte par lui délivré, un notaire a donné à cet acte une date autre que celle qui lui appartient, et que des fruits ont été perçus par suite de cette erreur, il est tenu à la restitution de ces fruits. — *Bourges*, 28 août 1832, Chalopin c. Paris et Delaroche.

897. — Ainsi encore le notaire déclaré responsable de la nullité d'un testament reçu par lui, doit indemniser les légataires de tout le préjudice résultant pour eux de l'annulation de ce testament. — *Lyon*, 25 nov. 1847 (t. 1er 1848, p. 463), Ressort et Vernay c. Guinault; *Nîmes*, 17 janv. 1848 (t. 1er 1848, p. 464), Enjolras c. Bonhomme.

898. — Cependant les magistrats qui déclarent un notaire responsable de la nullité d'un testament ne sont pas obligés de condamner le notaire à réparer tous les dommages que cette nullité cause au légataire institué. Ils peuvent, en considération des circonstances, apprécier l'étendue et les conséquences de la responsabilité. — *Grenoble*, 6 août 1846 (t. 2 1847, p. 116), Platel c. Pion. — Par exemple : si le legs était grevé d'un usufruit, il y aurait lieu de faire la déduction de cet usufruit. — *Nîmes*, 7 nov. 1848 (t. 1er 1849, p. 513), Lavie c. Clément.

899. — Un notaire est responsable des frais d'une saisie immobilière annulée pour vice de forme de l'acte par lui reçu et en vertu duquel cette saisie a été pratiquée. — Quant au montant de l'obligation même, le notaire ne peut, dans ce cas, en être déclaré responsable si, outre le titre irrégulier, le créancier avait, contre son débiteur, d'autres titres réguliers dont il a négligé de se servir. — *Riom*, 8 déc. 1847 (t. 2 1848, p. 103), Eyraud c. Messe.

900. — Dans le cas où un acte de donation est annulé, dans une de ses dispositions, pour cause de surcharge dans des mots, il n'y a pas violation des principes en matière de garantie, par cela que les juges ne l'ont pas prononcée contre le notaire ou ses héritiers, s'il n'est pas prouvé que la volonté du donateur était de donner une somme plus forte que celle que les juges ont déclarée exister dans l'acte. — *Cass.*, 27 juill. 1825, Valette c. Maury.

901. — La quotité des dommages-intérêts dépendent de la nature et de la gravité de l'omission ou de l'irrégularité qui est reprochée au notaire. — *Cass.*, 27 nov. 1837 (t. 2 1837, p. 489), Blenet c. Cherel-Humbert; *Nancy*, 2 fév. 1838 (t. 2 1838, p. 74), Martel c. Barret et Albert.

902. — Lorsqu'un testament notarié est déclaré nul pour vice de forme, le notaire ne doit pas être condamné à indemniser un légataire de la totalité des avantages que lui fait perdre la nullité du testament alors que, sans dol ni même impéritie absolue de la part du notaire, il y a eu seulement insuffisance des expressions dont il s'est servi pour constater que le testateur, interpellé de signer, avait déclaré de sa propre bouche ne pouvoir le faire et pour constater la cause de cet empêchement. — *Caen*, 27 août 1827, Labbé c. Cosnard.

903. — Quelle que soit la cause de nullité qui entraîne la responsabilité d'un notaire, les juges peuvent le condamner, pour tous dommages-intérêts, aux frais de l'acte déclaré nul et aux dépens de l'instance. — *Toulouse*, 29 avr. 1826, Servières c. Rahdé; *Nancy*, 2 fév. 1838 (t. 2 1838, p. 74), Martel c. Barret et Albert.

904. — Spécialement : le notaire peut être condamné, pour tous dommages-intérêts, aux dépens de l'instance en nullité du testament, sans que l'arrêt qui le décide ainsi encoure la censure de la Cour de cassation. — *Cass.*, 27 nov. 1837 (t. 2 1837, p. 489), Bienet c. Chorel-Humbert.

905. — De même l'arrêt qui décide que le notaire ou son successeur qui ne peut représenter la minute d'un acte dressé par lui doit être condamné, sur la demande en dommages-intérêts de la partie qui se prétend lésée par cette disparition de titre, à supporter pour tous dommages-intérêts les frais d'un nouvel acte, ou du jugement qui en tient lieu, ne donne aucune ouverture à cassation, sous le rapport de l'appréciation de l'étendue du dommage. — *Cass.*, 20 janv. 1841 (t. 2 1841, p. 138), Berthonnier c. Masson.

906. — Lorsque, dans l'expédition d'un acte par lui reçu, un notaire a commis une erreur qui a donné lieu à une transaction entre les parties, il n'est tenu d'aucune responsabilité, si le dommage résultant de l'erreur, relativement à l'objet du contrat, est d'une valeur tellement minime qu'elle paraît n'avoir eu aucune influence sur la transaction. — Du moins, l'arrêt qui le décide ainsi, par appréciation des faits de la cause, échappe à la censure de la Cour de cassation. — *Cass.*, 19 janv. 1832, Lautour c. Compagnon.

907. — Jugé cependant que l'arrêt d'une Cour d'appel qui, après avoir déclaré constant l'inaccomplissement de quelques-unes des prescriptions substantielles imposées par la loi aux notaires pour la réception des actes, affranchit néanmoins le notaire poursuivi devant elle de toute responsabilité, en se fondant sur ce que cet inaccomplissement n'aurait pas été la cause du dommage éprouvé, n'échappe pas, comme décision en fait, à la censure de la Cour de cassation. — *Cass.*, 1er juin 1840 (t. 2 1840, p. 132), Cantel c. Thubeuf.

908. — Le principe qui rend les notaires responsables des fautes commises dans un acte doit être appliqué aux héritiers avec moins de rigueur, alors surtout que la garantie est réclamée contre eux, après plus de trente ans, à une époque où ils sont dénués des moyens de justification que leur auteur aurait pu faire valoir. — Ainsi, ils peuvent n'être condamnés qu'aux dépens de l'instance pour tous dommages. — *Angers*, 9 mars 1825, Leroy c. Chiron.

909. — Dans le cas où un testament notarié a été annulé pour une cause qui n'engage point la responsabilité du notaire, des dommages-intérêts ne sauraient être réclamés plus tard contre cet officier pour une autre cause de nullité que renferme le testament mais sur laquelle ne se serait point basé le jugement qui l'a déclaré nul. — *Agen*, 16 août 1816, Lapeyrère c. Thézan.

910. — Un notaire déclaré non responsable de la nullité d'un acte, et non passible des dommages-intérêts envers les parties, en ce que la faute qui lui est reprochée ne saurait être réputée faute lourde, peut cependant être condamné aux dépens à titre de dommages-intérêts. — *Lyon*, 18 janv. 1832, Bienet c. Guillermet.

911. — Jugé de même à l'égard du notaire déclaré non responsable de la nullité d'un acte prononcée par l'application d'un point de droit controversé. — *Douai*, 2 janv. 1837 (t. 2 1837, p. 522), Bailleul c. Delangle; *Bordeaux*, 14 mars 1843 (t. 2 1842, p. 652 et 672), Descombes.

912. — Sur l'étendue de la responsabilité encourue par le notaire, lorsqu'il ne s'est pas fait certifier l'individualité des parties, V. ACTE NOTARIÉ, nos 153 et suiv.

913. — Le notaire peut être condamné, même par corps, au paiement des dommages-intérêts dont il est tenu envers une partie, par suite de sa responsabilité. — *Riom*, 28 fév. 1825, Favier c. Linossier. — V., au surplus, CONTRAINTE PAR CORPS, nos 172 et suiv.

914. — L'action en garantie, dirigée contre un notaire à raison de la nullité d'un acte par lui reçu, doit être portée devant le tribunal du domicile du notaire, et non devant le tribunal saisi de la demande en nullité de l'acte. — *Bordeaux*, 27 juin 1839 (t. 2 1839, p. 577), Merlin-Lacombe c. Thoureau.

915. — Jugé cependant que l'action en garantie, dirigée contre un notaire en raison du retard mis à la transcription d'un acte de donation dont il se serait chargé, peut être portée par le donataire devant le tribunal par lui saisi d'une demande en nullité des poursuites d'expropriation dont il est l'objet, à la requête des créanciers du donateur. — *Cass.*, 2 mars 1846 (t. 1er 1846, p. 683), Thifaine-Desauneaux c. de Rochefort.

916. — Le notaire qui se rend caution solidaire d'un commerçant est, à raison de ce cautionnement, justiciable du tribunal de commerce. — *Paris*, 27 sept. 1843 (t. 1er 1844, p. 136), X... c. Laffitte, et 25 nov. 1843 (t. 1er 1844, p. 137), Lemoine c. Pistorius.

917. — Sous l'ordonnance de 1731, l'action en garantie contre le notaire, à raison de la nullité d'un acte de donation, n'était ouverte qu'au moment où était exercée l'action principale en nullité de l'acte. — *Paris*, 1er floréal an XI, Graillot c. Breuiller.

918. — Une pareille action est prescriptible par dix ans. — C. civ., 1304. — Arg. *Pau*, 4 févr. 1830, Garonne c. Baron.

919. — Mais les dix ans ne commencent à courir que du jour où l'action en garantie aurait pu être exercée, c'est-à-dire du jour de l'introduction de l'action en nullité. — *Paris*, 1er flor. an XI, Graillot c. Breuiller.

ART. 2. — *Actes en dehors du ministère des notaires.*

920. — Tant que le notaire ne fait que se renfermer dans le cercle des fonctions qui lui sont attribuées par la loi, c'est-à-dire donner l'authenticité aux actes qu'il reçoit, il ne peut encourir aucune responsabilité soit à raison des conséquences que ces actes peuvent avoir pour les parties, soit à raison de l'omission des formalités ultérieures que ces mêmes parties auraient dû accomplir pour la conservation de leurs droits.

921. — L'omission par un notaire, qui a reçu un contrat d'hypothèque pour sûreté d'un placement de fonds, d'avoir averti le prêteur de l'action résolutoire à laquelle était exposé l'immeuble hypothéqué, à défaut de paiement du prix, ne le rend pas responsable de la somme prêtée. — *Paris*, 27 nov. 1834, Connan c. Bernard.

922. — Ainsi encore, le notaire qui n'a point agi comme mandataire de son client n'est pas responsable des suites d'un placement de fonds dont il a reçu l'acte. — *Paris*, 22 nov. 1833, Morin c. C...

923. — Lorsqu'un acte notarié contenant constitution de rente est régulier, quant à la forme, aux énonciations de la propriété et aux inscriptions hypothécaires données comme sûretés, le notaire n'est point responsable de l'insuffisance des garanties déclarées au crédi-rentier, si celui-ci ne prouve pas que le notaire a agi comme son mandataire, et non pas seulement comme rédacteur de l'acte. — *Caen*, 6 juill. 1835, Duval c. Durand.

924. — Un notaire n'est responsable de la solidité des placemens de fonds faits par actes passés devant lui qu'autant qu'il a agi non-seulement comme simple rédacteur de la convention, mais encore comme mandataire ou *negotiorum gestor* du prêteur. — *Douai*, 18 juill. 1843 (t. 1er 1844, p. 248), Hénon c. Broutta; 25 juill. 1843 (t. 1er 1844, p. 148), Lengrand c. Foulon; 29 déc. 1845 (t. 1er 1846, p. 470), Delerue c. Beauvois; *Rouen*, 16 nov. 1846 (t. 1er 1847, p. 70), Pinant c. Martin.

925. — Le notaire n'est pas tenu, à moins de mandat spécial, de surveiller, dans l'intérêt du prêteur, les suites d'un acte d'emprunt passé devant lui. — *Aix*, 29 juill. 1839 (t. 1er 1840, p. 360), Pabau c. Lions.

926. — Un notaire devant lequel des parties ont comparu, pour y passer un contrat de prêt, et qui n'a pas reçu de mandat particulier et salarié, pour prendre des renseignemens particuliers sur la solvabilité de l'emprunteur, ne peut être réputé garant de la solidité du placement, alors surtout qu'il a pris tous les renseignemens et toutes les précautions d'usage, et qu'il a donné connaissance du tout au prêteur. — Même arrêt.

927. — Le prêteur qui a versé ses fonds entre les mains du notaire rédacteur de l'acte de prêt, n'est pas responsable de la perte éprouvée par l'emprunteur, par suite de la déconfiture du notaire, lorsque celui-ci peut être considéré comme le mandataire respectif des parties. — En pareil cas, l'emprunteur n'a d'action que contre le notaire lui-même. — *Cass.*, 7 mars 1842 (t. 1er 1842, p. 430), Grevin c. Lescallet.

928. — L'arrêt qui refuse de déclarer le notaire rédacteur d'un acte d'emprunt responsable du détournement, opéré par son prédécesseur, des fonds empruntés, ne méconnaît point les principes sur la responsabilité des notaires, principes dont il n'a même pas eu à faire l'application, lorsque non-seulement rien ne constate que cet officier public ait été, à aucune époque, constitué dépositaire de la somme empruntée ou chargé d'en faire emploi, ni qu'il ait, par sa faute, causé un dommage quelconque à l'emprunteur, mais qu'au contraire il est établi que ce dernier avait autorisé le versement des fonds par lui empruntés entre les mains dudit prédécesseur, qui a dû seul en être responsable. — L'emprunteur ne peut se plaindre que la Cour d'appel se soit, en pareil cas, fondée sur un mandat tacite donné par lui, alors que l'enquête, à l'effet d'établir l'existence dudit mandat, n'a été ordonnée que sur sa propre demande. — *Cass.*, 5 août 1847 (t. 1er 1848, p. 45), Besniard c. Aureau.

929. — Les notaires ne sont pas obligés, en leur qualité de notaire, et sous peine de responsabilité, de remplir les formalités extrinsèques aux actes qu'ils reçoivent. — *Cass.*, 14 juill. 1847 (t. 1er 1848, p. 46), Deschamps c. Deleau.

930. — Ainsi, le notaire qui a reçu un acte de vente n'est obligé, à moins d'un mandat exprès, par lui accepté, ni d'en faire opérer la transcription pour conserver le privilége du vendeur, ni de requérir l'inscription de l'hypothèque consentie, suivant le même contrat, par l'acquéreur au profit du vendeur. — Il en est surtout ainsi lorsque le vendeur, étant lui-même ancien notaire, savait nécessairement, sans avoir besoin de recourir à des conseils étrangers, ce qu'il convenait de faire pour assurer ses droits. — Même arrêt. — V. aussi *Riom*, 7 déc. 1848 (t. 2 1849), Fournier c. Mauzat-Laroche.

931. — Mais *quid*, quand le notaire a été le conseil d'une partie relativement à l'acte qu'il a reçu pour elle? La jurisprudence est divisée à cet égard; les questions résolues contre les notaires l'ont été sans doute en considération des faits particuliers de chaque cause. Dans le doute, il nous semble qu'il faut décider en faveur de la non-responsabilité du notaire; à moins de dol ou de fraude de sa part, car *consilii fraudulenti nulla est obligatio*.

932. — Jugé, dans le sens de la responsabilité, que le notaire qui a été en même temps le conseil du prêteur dans un placement de fonds, est responsable de la somme prêtée. — *Paris*, 27 nov. 1834, Connan c. Bernard.

933. — Que les notaires sont responsables envers les parties, non-seulement lorsqu'ils n'ont pas rempli quelques-unes des formalités prescrites pour donner aux conventions le caractère d'authenticité attaché aux actes de l'autorité publique, mais encore toutes les fois que la convention est annulée par suite d'une faute commise par eux comme conseils de ces mêmes parties. — *Cass.*, 6 déc. 1843 (t. 2 1843, p. 827), Ollivier c. Menguy.

934. — A plus forte raison le notaire qui incite et engage ses cliens dans un placement de fonds qu'il sait ne pas être bon, est à bon droit déclaré responsable du dommage résultant de ce placement. — *Cass.*, 29 déc. 1847 (t. 1er 1848, p. 238), Duclos c. Daubé.

935. — Jugé, au contraire, que le notaire qui, sans se constituer mandataire de son client pour un placement de fonds, s'est borné à indiquer à celui-ci un emprunteur dont il n'a point été chargé de vérifier la solvabilité, n'est point responsable du défaut de solidité de ce placement, en ce que, sur l'expropriation, les immeubles hypothéqués n'auraient pas été vendus à un prix égal à la valeur qui leur avait été attribuée par l'emprunteur. — *Paris*, 22 mai 1832, Wilson c. Bertinot.

936. — ... Que le notaire par les conseils duquel un créancier a accepté une hypothèque qui lui était offerte par le débiteur, n'est point responsable du défaut de solidité de cette hypothèque, à raison de l'existence de plusieurs créances antérieurement inscrites, alors surtout qu'il n'a pas reçu mission de s'assurer soit de la valeur des biens donnés en hypothèque, soit des charges qui pouvaient les grever. — Toutefois si, à raison des renseignemens inexacts donnés par ce notaire, il a été dans la nécessité de justifier sa conduite, il y a lieu de compenser les dépens de l'instance. — *Paris*, 26 janv. 1833, Cheron c. Ingé.

937. — Jugé même que le notaire par les conseils duquel a eu lieu un placement de fonds, mais qui n'a ni agi comme mandataire du préteur, ni reçu un salaire à l'occasion du prêt, n'est point, à raison des conseils par lui donnés, responsable de la solidité du placement, même lorsque connaissant la position de l'emprunteur, par suite de laquelle le prêt pouvait avoir pour le prêteur des suites dommageables, il a négligé ou omis de faire connaître cette position à celui-ci. — *Paris*, 16 août 1832, Narjot c. Lucet.

938.—Toutefois, ce dernier arrêt n'échappe pas entièrement à la critique. Le notaire qui connaissait le danger du placement devait ne pas le conseiller, ou au moins devait ne pas laisser ignorer au prêteur le fait d'où naissait ce danger. Il y avait dans cette réticence une faute grave, des suites de laquelle il aurait dû répondre.

939.—Il y a plus, on a décidé que les notaires, par cela seul qu'ils recevaient un acte, étaient les conseils des parties qui passaient cet acte devant eux. Mais de pareilles décisions ne sauraient être adoptées d'une manière absolue; à moins de preuve contraire, le notaire doit être présumé s'être renfermé dans son rôle muet de rédacteur de l'acte : c'est même le plus souvent son devoir.

940. — Ainsi jugé que les notaires n'ont pas seulement pour mission de donner aux actes qu'ils reçoivent le caractère d'authenticité; qu'ils sont tenus de faire comprendre à leurs cliens la portée des engagemens qu'ils contractent, et les chances qu'ils courent, faute de prendre certaines précautions, notamment s'il s'agit de prêt hypothécaire fait par une personne étrangère aux affaires. — *Paris*, 18 fév. 1842 (t. 1er 1842, p. 300), Courtois c. G...; 12 août 1842 (t. 1er 1843, p. 154), Maufra c. Lauffel.

941. — ... Et que les fautes des notaires, à cet égard, engagent leur responsabilité, lorsqu'elles sont assez lourdes pour ne pouvoir être excusées. — Même arrêt.

942. — ... Que le notaire qui, en dressant un acte de placement au nom d'une partie qui n'assiste pas à la rédaction du contrat, et en stipulant à son profit une subrogation dans l'exercice d'un droit de réméré, néglige de lui faire connaître qu'elles seront, relativement aux hypothèques légales existantes sur l'emprunteur, les conséquences du réméré, et se borne, sans en faire l'objet d'une observation toute spéciale, à écrire dans l'acte que l'hypothèque légale purgée par l'acquéreur subsistera de nouveau par l'effet de l'exercice du réméré, est responsable envers cette partie des effets de l'hypothèque légale sur le sort de sa créance. — *Rouen*, 21 janv. 1841 (t. 1er 1841, p. 413), Dailly c. T...

943. — ...Que le notaire qui a inséré dans un acte de prêt la déclaration de l'emprunteur que les biens affectés et hypothéqués sont d'une valeur supérieure à leur valeur réelle, et qu'ils sont grevés d'inscriptions hypothécaires pour une somme moindre que celle dont ces immeubles sont frappés, est responsable du silence qu'il a gardé envers le prêteur, alors qu'il avait lui-même de ces faits une parfaite connaissance. *Rennes*, 23 nov. 1846 (t. 1er 1847, p. 12), Daubé c. Duclos.

944. — Lorsque les notaires, ne se renfermant pas dans les limites de leurs fonctions, agissent en outre comme mandataires des parties, ils doivent nécessairement répondre des fautes qu'ils ont commises dans l'exercice de leur mandat. A cet égard, leur condition est la même que celle de tout autre mandataire. — C. civ., art. 1992.

945. — Jugé, en ce sens, que, quand un notaire, sortant des attributions que la loi lui assigne, se rend, pour préparer, conclure et exécuter la convention elle-même, l'agent ou le mandataire de l'une des parties, il se soumet aux obligations qui dérivent de la gestion d'affaires ou du mandat, et devient responsable des fautes qu'il a pu commettre. — *Colmar*, 29 pluv. an X, Wessang c. Schiellé; *Paris*, 28 fév. 1842 (t. 1er 1842, p. 302), Billard c. Martinon; *Rennes*,... Ollivier c. Menguy, sous *Cass.*, 6 déc. 1843 (t. 2 1843, p. 827); *Poitiers*, 30 juin 1847 (t. 2 1847, p. 695), Molineau c. Blot et Guillet; *Paris*, 27 nov. 1847 (t. 1er 1848, p. 183), Raymond c. Duhosq.

946. — Lorsque, dans un contrat d'adjudication, il a été dit que le prix des biens vendus serait versé entre les mains du notaire, qui paierait les créanciers du vendeur; ce notaire n'a pu remettre les fonds au vendeur, personnellement, sans être tenu de garantir l'acquéreur, en cas de poursuites de la part des créanciers hypothécaires. — *Colmar*, 29 pluv. an X, Wessang c. Schiellé.

947. — De même, le notaire qui a remis les fonds à l'emprunteur, avant d'avoir pris les inscriptions stipulées au contrat, est responsable de sa négligence. — *Paris*, 5 mars 1836, Bourdeau c. Chapenel.

948. — Le notaire chargé d'opérer un placement sur bonne hypothèque est responsable de l'insolvabilité de l'emprunteur, lorsqu'il a négligé de prendre les informations nécessaires et différé de faire inscrire l'hypothèque résultant de l'acte d'emprunt. — *Toulouse*, 30 mai 1829, Ollier c. Chrestien.

949. — Le notaire chargé d'effectuer le placement de fonds dont il est dépositaire engage sa responsabilité, vis-à-vis des prêteurs, lorsqu'il remet ces fonds à l'emprunteur, avant que les justifications de garantie hypothécaires, stipulées au contrat, aient été fournies. — Cette responsabilité existe alors même qu'il serait mentionné au contrat que la somme prêtée a été comptée à vue des notaires et des parties. — *Paris*, 29 août 1834, Bertinot c. Hue de Grosbois; *Cass.*, 3 déc. 1835, mêmes parties.

950. — Le notaire qui s'est constitué le mandataire d'un prêteur pour les actes d'exécution du contrat, est responsable du préjudice que le créancier éprouve par suite du retard à faire inscrire la créance. — *Douai*, 16 avril 1847 (t. 2 1847, p. 447), Rigolet de Saint-Pons et Petit c. Trouin.

951. — Lorsqu'en prêtant une somme d'argent sur simple billet, pour le compte de son client lui-même, un notaire a négligé de faire signer le billet en sa présence, il peut ensuite, dans le cas où la signature de l'un des emprunteurs est reconnue fausse, être déclaré responsable de la somme prêtée. — *Angers*, 28 mars 1833, Martigné c. Chevalier.

952. — Le notaire qui a été en même temps mandataire salarié d'un individu, homme illettré, qui a placé en lui toute sa confiance, est responsable envers celui-ci du préjudice que sa faute lourde lui a occasionné : par exemple si le mandant a, par suite de cette faute, été obligé de payer deux fois un prix de vente. — *Cass.*, 28 nov. 1843 (t. 2 1843, p. 802), Lemoine-Mandat c. Germain.

953. — C'est, au surplus, aux juges du fait qu'il appartient de prononcer sur l'exécution du mandat. — *Cass.*, 9 août 1836 (t. 1er 1837, p. 222), Latreille c. Delmas-Grossin.

954. — Quant à la preuve de l'existence du mandat, elle résulte nécessairement des faits et circonstances de la cause; car le mandat peut avoir été donné verbalement. — C. civ., art. 1985.

955. — Ainsi, la preuve de ce mandat ainsi que de son accomplissement peut résulter de la correspondance entre les parties. — *Paris*, 21 janv. 1845, sous *Cass.*, 3 août 1847 (t. 2 1847, p. 701), Soudée c. de Brazais (sol. implic.).

956. — Un notaire qui a fait un placement de fonds dans l'intérêt de l'un de ses cliens peut, selon les circonstances, être réputé avoir agi comme mandataire, et en conséquence être déclaré responsable du préjudice qu'éprouve ce client par suite des fautes commises dans l'exécution du mandat. — *Rennes*, 9 juill. 1834, Teissier c. Faraud.

957. — En pareil cas le notaire s'est constitué le mandataire du prêteur, lorsque c'est lui qui, sans la participation de son client, s'est chargé de procurer le placement. — *Paris*, 28 fév. 1842 (t. 1er 1842, p. 302), Billiard c. Martinon.

958. — De même, un notaire est considéré comme mandataire ou *negotiorum gestor* d'une partie, par exemple, lorsque, stipulant un prêt pour elle, il compte les fonds à l'emprunteur, stipule l'hypothèque et accepte les conditions de l'obligation. — *Besançon*, 17 juill. 1844 (t. 2 1845, p. 682), Damalix c. Vittenet; *Cass.*, 3 août 1847 (t. 2 1847, p. 628), mêmes parties.

959. — Le notaire qui ne met pas le prêteur en rapport avec l'emprunteur, qui prend inscription pour le créancier, qui paie les intérêts à leur échéance, qui conserve les grosses du contrat, et fait diriger des poursuites contre le débiteur, se soumet, indépendamment de l'obligation générale inhérente à ses fonctions, à un mandat spécial donnant lieu à responsabilité. — *Paris*, 18 fév. 1842 (t. 2 1842, p. 300), Courtois c. G...

960. — Vainement opposerait-il la péremption que le créancier aurait laissée s'opérer de l'inscription... Cette circonstance ne saurait l'affranchir de toute responsabilité, s'il est constant que le créancier, alors même que l'inscription n'eût pas été périmée, ne serait point venu en ordre utile. — Même arrêt.

961. — Le notaire qui s'interpose spontanément pour le placement des fonds d'un particulier et qui indique lui-même des emprunteurs, dont il atteste la solvabilité, se constitue ainsi mandataire des prêteurs et devient responsable, du prêt fait par son intermédiaire, faute de s'être assuré d'une manière exacte de cette solvabilité et d'avoir exigé la représentation des titres de propriété des biens donnés en hypothèque. — *Douai*, 22 déc. 1840 (t. 1er 1841, p. 178), Becq c. Petitbon.

962. — Le notaire qui se charge de placer des deniers appartenant à un mineur émancipé, et qui les place sur simple billet, sans le consentement formel du mineur et de son curateur, en demeure responsable et doit les restituer si le débiteur vient à tomber en déconfiture. — *Rennes*, 23 nov. 1846 (t. 1er 1847, p. 15), Lannos et Terrieu.

963. — Cependant le caractère de mandataire ou de *negotiorum gestor* du prêteur ne résulte pas nécessairement pour le notaire de ce qu'il aurait indiqué un emprunteur, à la demande du prêteur... ou encore de ce qu'il aurait reçu ses honoraires sur le taux, fixé par un tarif local, pour le cas où les fonds ont été procurés par le notaire. *Rouen*, 10 nov. 1846 (t. 1er 1847, p. 70), Pinant c. Martin.

964. — Le notaire qui a été chargé non-seulement de rédiger un acte constitutif d'hypothèque au profit d'un de ses cliens, mais encore de prendre les mesures nécessaires à la conservation des droits de celui-ci, doit être réputé avoir agi non-seulement comme notaire, mais encore comme mandataire. — *Paris*, 21 janv. 1845, sous *Cass.*, 3 août 1847 (t. 2 1847, p. 701), Soudée c. de Brazais.

965. — En conséquence, il est responsable vis-à-vis de son client de la perte de la créance hypothécaire occasionnée par sa négligence et son imprudence dans l'accomplissement de son mandat; notamment : 1° en ce qu'il a laissé ignorer à son client la position hypothécaire de l'emprunteur; — 2° et en ce que restant toujours l'intermédiaire entre le créancier son client et le débiteur, il a déterminé le premier à se dessaisir d'une partie de ses garanties et à rester dans l'inaction relativement au recouvrement de sa créance. — Même arrêt.

966. — Lorsqu'un notaire s'est chargé des démarches à faire pour obtenir des mainlevées d'inscriptions et en faire opérer la radiation, il doit être considéré comme le mandataire de ses cliens; et il est passible en cette qualité des dommages-intérêts auxquels sa négligence a pu donner lieu. — *Paris*, 14 fév. 1823, S... c. de Boisdénemets.

967. — Le notaire qui reçoit un acte conférant hypothèque, et qui se charge, moyennant salaire, de dresser le bordereau d'inscription, est responsable de la nullité de l'inscription, causée par l'omission, dans le bordereau, de la mention de la date et de la nature du titre, lors même que, pour requérir l'inscription, le bordereau irrégulier a été remis au créancier, qui pouvait en vérifier et en corriger les vices. — *Toulouse*, 25 juill. 1835, Latreille c. Delmas-Grossin; *Cass.*, 9 août 1836 (t. 1er 1837, p. 222), mêmes parties.

968. — Cependant le créancier, qui a accepté une hypothèque, ne peut pas imputer au notaire l'insuffisance de la garantie qui lui a été offerte, s'il n'établit pas que ce notaire a agi comme son mandataire; ou, lors même qu'il aurait agi en cette qualité, qu'il y a eu faute grave dans l'appréciation des immeubles hypothéqués. — *Paris*, 28 mars 1837 (t. 1er 1837, p. 406), Huvet c. Bertinot.

969. — Lorsqu'un notaire, négociateur d'un emprunt au profit de ses cliens, dont il connaît parfaitement la solvabilité et les relations, insère dans l'acte de prêt par lui reçu des déclarations fausses sur la non-existence d'hypothèques, ou sur la qualité de propriétaire que s'attribue l'un des emprunteurs, il commet là une faute lourde, équipollente à dol, par suite de laquelle il est responsable de tout le préjudice souffert par le prêteur. — Du moins, l'arrêt qui juge ainsi, par appréciation des faits de la cause, échappe à la censure de la Cour de cassation. — *Cass.*, 14 déc. 1841 (t. 1er 1842, p. 149), Lavallée c. Fonaux.

970. — Le fait du notaire qui se charge de recevoir, dans l'intérêt des parties, les deniers formant l'objet d'actes d'emprunt rédigés par lui, et de distribuer ces deniers aux créanciers de l'emprunteur, ne rentre dans aucune des attributions notariales. — En agissant ainsi, le notaire fait acte de mandataire et doit, en conséquence, rendre compte de son mandat. — *Besançon*, 2 juin 1843 (t. 1er 1844, p. 49), Riduet c. Bugnottet.

971. — La clause portant que le prix d'un immeuble sera payé en l'étude du notaire qui a procédé à l'adjudication, n'autorise pas ce notaire à recevoir le prix et à en donner quittance. — *Cass.*, 23 nov. 1830, Huttot et Ménard c. Patureaud; 21 nov. 1836 (t. 1er 1837, p. 87), de Préaulx c. Drouard.

972. — Cependant les juges ont pu induire ce

pouvoir de toucher le prix, en combinant ladite indication avec les faits et circonstances de la cause. — *Cass.*, 12 mars 1844 (t. 1er 1844, p. 790), Michel c. Gastineau.

973. — Lorsqu'un notaire chargé de faire une adjudication d'immeubles à terme a reçu le pouvoir d'en toucher le prix, et qu'en même temps des honoraires ont été fixés, il devient responsable du recouvrement du prix, s'il a négligé de faire les poursuites nécessaires. — *Metz*, 24 juin 1822, Langlois c. Thibault.

974. — Le notaire qui s'est volontairement chargé de vendre des immeubles appartenant à ses cliens, ainsi que d'opérer pour eux des acquisitions, et qui, en conséquence, a payé ou reçu diverses sommes, a pu être déclaré, par l'appréciation souveraine des faits émanée de la Cour royale, s'être constitué, par cette gestion volontaire, leur mandataire, et leur devoir par suite compte de son mandat. — *Cass.*, 22 août 1842 (t. 2 1843, p. 127), Bordier c. Moulin.

975. — Lorsqu'un notaire ou un officier ministériel, en procédant à une vente immobilière, stipule qu'il aura droit à 10 c. par franc du produit de cette vente, il est garant du recouvrement : à moins que le contraire ne soit expressément convenu. — *Metz*, 14 juin 1823, Fraugnut c. Gerardin.

976. — Le notaire qui a procédé, en vertu d'une procuration, à une vente de meubles dont le prix devait être payé comptant, est présumé en avoir touché le prix et est tenu de justifier de sa libération, quelque temps qui se soit écoulé depuis la vente, sauf prescription. — *Douai*, 19 déc. 1835, Denier c. Declercq.

977. — Mais, lorsqu'un effet de commerce a été confié à un notaire, sans qu'on lui ait donné mandat exprès d'en recevoir le montant, il n'est pas responsable du défaut de paiement survenu ultérieurement par la faillite des débiteurs. Il n'est tenu qu'à la restitution de la traite, telle qu'il l'avait reçue. — *Cass.*, 5 déc. 1825, Coudol c. Mathieu.

978. — Lorsque, dans un contrat d'adjudication il est dit que le prix sera payé dans l'étude du notaire qui y a procédé, sans lui donner cependant mandat de recevoir, l'acquéreur qui paie son prix entre les mains de ce notaire, créancier lui-même inscrit sur l'immeuble vendu et qui en reçoit quittance, est subrogé légalement dans les droits et hypothèques dudit notaire, lequel n'a pu toucher qu'en sa qualité de créancier. — La quittance, même sous seing privé et sans date certaine, peut dès lors être opposée au cessionnaire à qui ce notaire a transporté sa créance par acte régulier. — *Paris*, 27 avr. 1846 (t. 1er 1846, p. 708), Bisson c. Brunet.

979. — Le notaire qui reçoit en dépôt le prix de la vente immobilière dont il a passé l'acte, et qui le paie à des créanciers du vendeur, fait acte de mandataire, même à l'égard de l'acquéreur; et si, sur le motif d'éteindre les dettes les plus onéreuses à raison du taux de l'intérêt ou de l'imminence des poursuites, il épuise le prix à désintéresser les créanciers derniers inscrits sur l'immeuble vendu, il est garant envers cet acquéreur des poursuites ultérieures des premiers inscrits non payés. — *Cass.*, 22 juin 1836, Noël c. Joly.

980. — Le notaire rédacteur d'un acte de vente qui s'est chargé de remplir les formalités nécessaires pour que l'acquéreur, homme complétement illettré, puisse payer son prix avec sécurité, doit être réputé avoir agi comme mandataire ou au moins comme *negotiorum gestor* de cet acquéreur et, par suite, est responsable du préjudice résultant de l'éviction survenue ultérieurement. En pareil cas, l'existence du mandat résulte notamment de ce que, le prix de la vente ayant été stipulé payable dans son étude, ce notaire a requis la transcription de l'acte, retiré l'état des inscriptions et, enfin, reçu la quittance du prix ainsi que les actes de mainlevée. — *Poitiers*, 30 juin 1847 (t. 2 1847, p. 695), Molineau c. Blot.

981. — Le notaire qui a reçu un acte de vente ne peut être actionné, comme responsable, en ce qu'il aurait omis de retirer un état d'inscription hypothécaire, qu'autant que l'acquéreur établit, suivant les règles ordinaires à la preuve du mandat, avoir donné à ce notaire, qui l'a acceptée, la mission de remplir cette formalité. L'acquéreur ne saurait faire résulter virtuellement la preuve d'un pareil mandat de ce que le notaire a été chargé de recevoir l'acte et de le présenter à la transcription. — *Cass.*, 2 juin 1847 (t. 2 1847, p. 288), M... c. D...

982. — Le notaire qui, chargé de vendre les immeubles d'un client poursuivi par ses créanciers, insère dans le cahier d'enchères que le paiement du prix s'effectuera à son étude pour être ensuite versé entre les mains des créanciers inscrits sur ces biens, se constitue mandataire à l'effet de prendre toutes les mesures pour arriver à cette libération, et devient passible de dommages-intérêts s'il demeure dans l'inaction, si, par exemple, ayant vendu à terme, il omet, bien qu'il n'en fût pas chargé d'une manière expresse, de faire cession des prix de vente dans l'intérêt de ses mandans. — *Colmar*, 15 juin 1847 (t. 2 1847, p. 137), D... c. Wagner.

983. — Au surplus, les questions relatives à l'existence du mandat, et à ses conséquences, sont des questions de fait. Par conséquent l'arrêt qui, pour appliquer le principe de la responsabilité, déclare constante l'existence du mandat, de la faute lourde et du préjudice causé, échappe à la censure de la Cour de cassation. — *Cass.*, 28 nov. 1843 (t. 2 1843, p. 802), Lemoine c. Germain.

984. — Tout ce qu'on vient de dire relativement à la responsabilité du notaire qui a agi en qualité de mandataire, doit nécessairement recevoir son application lorsque le notaire a agi comme *negotiorum gestor* de la partie.

985. — Ainsi un notaire à qui des prix de vente ont été versés pour le compte du vendeur, dont il a volontairement géré l'affaire, est responsable vis-à-vis des acquéreurs à raison de la non-distribution des deniers entre tous les créanciers, dans l'ordre de leurs inscriptions. — *Nancy*, 10 juin 1835, Joly c. Noël.

986. — Le notaire qui a agi comme *negotiorum gestor* dans un placement de fonds, peut être déclaré responsable, envers le prêteur, des fautes par lui commises dans cette gestion : notamment en ne s'assurant pas d'une manière exacte de la solvabilité des emprunteurs, et en n'exigeant pas la représentation des titres de propriété des biens donnés en hypothèque. — *Cass.*, 19 mars 1845 (t. 1er 1845, p. 388), Becq c. Petitbon.

987. — Toutefois le notaire chargé des affaires d'une succession est dégagé de toute responsabilité pour le renouvellement des inscriptions hypothécaires au profit des héritiers lorsque ceux-ci ont donné à d'autres un mandat spécial à cet effet, et que d'ailleurs le renouvellement, s'il avait eu lieu, n'aurait pu empêcher la totalité du gage d'être absorbée par des créances antérieures. — *Rennes*, 19 mai 1845 (t. 2 1845, p. 278), Manceau c. Dussaint.

988. — Un notaire ne peut être actionné comme responsable d'une faute commise par lui en qualité de *negotiorum gestor* lorsque cette faute consiste non dans un fait, mais dans une omission de faire. En pareil cas, le notaire pourrait être poursuivi pour inexécution de mandat; mais ce serait au soi-disant mandant à prouver alors ce contrat, d'après les formalités ordinaires. — *Lyon*, 18 juillet 1845 (t. 2 1845, p. 581), D... c. E...

989. — Quand le notaire peut-il être considéré comme ayant agi en qualité de *negotiorum gestor?* Cela dépend nécessairement des circonstances, qu'il appartient au pouvoir des juges d'apprécier.

990. — Ainsi, les juges peuvent faire résulter de la part d'un notaire l'existence d'une pareille gestion volontaire, de cette circonstance qu'il se serait interposé spontanément pour le placement des fonds d'un particulier, en indiquant lui-même les emprunteurs et en attestant leur solvabilité. — *Cass.*, 19 mars 1845 (t. 1er 1845, p. 388), Becq c. Petitbon.

991. — Le notaire qui s'est entremis pour une partie dans la négociation d'un prêt, et qui lui a promis de ne rien négliger de ce qui pourrait concourir à l'entière sûreté de ses fonds, doit être considéré comme s'étant constitué le *negotiorum gestor* de cette partie et est dès lors responsable, envers elle, s'il a affirmé trop légèrement que le prêt offrait toute sécurité, et s'il n'a pas vérifié à la conservation des hypothèques que les biens donnés en garantie avaient été précédemment aliénés par des contrats suivis de transcription. — *Douai*, 28 janv. 1846 (t. 1er 1846, p. 574), Harlay c. Baroux.

992. — La gestion volontaire des affaires d'autrui, telle qu'elle est prévue et déterminée par l'art. 1372 C. civ., reposant uniquement sur des faits, ne peut être soumise, quant à la preuve de son existence, aux prohibitions prononcées par les art. 1341 et 1985 C. civ. Aussi elle peut être prouvée par la preuve testimoniale. — *Cass.*, 19 mars 1845 (t. 1er 1845, p. 388), Becq c. Petitbon.

993. — Les juges du fond peuvent, sans violer aucune loi, décider que la remise d'une somme d'argent, faite à un notaire pour en opérer le placement, constitue non un prêt, mais un dépôt volontaire, encore que le notaire se soit soumis au paiement des intérêts jusqu'au jour du placement. — *Cass.*, 18 nov. 1834, Barre c. Gambier.

994. — Pour tout ce qui concerne les dépôts faits aux notaires, et la qualification à donner à leurs actes au défaut de restitution de leur part, V. ABUS DE CONFIANCE, nos 118 et suiv.; DÉPOSITAIRES PUBLICS, DÉPOT.

995. — Une cour d'appel a pouvoir pour décider souverainement qu'il résulte des circonstances de la cause que le compte auquel est assujetti un notaire des sommes qu'il a reçues pour ses cliens, en dehors de ses fonctions notariales, a été rendu, et que cet officier ministériel se trouve complétement libéré. — *Cass.*, 19 nov. 1844 (t. 1er 1845, p. 31), Riduet c. Bugnollet.

996. — Si un notaire ne peut être tenu de fournir à ses cliens un compte judiciaire des sommes qu'il a payées ou reçues pour eux, alors qu'ils excipent de l'inexactitude d'une liquidation antérieure suivie de décharge, il ne peut néanmoins se refuser à leur donner une copie du compte qui a servi de base à cette liquidation. — *Nancy*, 25 avril 1844 (t. 2 1844, p. 239), Laurent c. Clément.

997. — Le notaire tenu de rendre un compte comme séquestre, et qui, par sa conduite particulière et dans son intérêt privé, donne lieu à une mauvaise contestation entre les héritiers du débiteur, dont le bien est mis en séquestre, en doit supporter personnellement les dépens. — *Orléans*, 15 mai 1822, N...

998. — Le notaire est responsable non-seulement de ses faits et de ses fautes, mais encore de ceux qui sont ses préposés : c'est-à-dire de ses clercs. — V. CLERC.

999. — Ainsi, le notaire est responsable des sommes reçues par ses clercs en son nom; ils sont considérés comme ses mandataires tacites, alors surtout qu'il s'agit d'opérations que le notaire lui-même avait annoncé par affiches et prospectus devoir être faites en son étude. — *Cass.*, 2 déc. 1824, Gaume c. habitans de Besançon.

1000. — Les clercs peuvent sans doute être responsables, mais ce ne doit être que pour des faits purement personnels; relativement aux faits qu'ils ont commis comme simples préposés ou mandataires du notaire, la responsabilité doit entièrement retomber sur celui-ci.

1001. — Ainsi, lorsque des procurations en blanc ont été adressées à un notaire par deux de ses cliens, par l'un à l'effet d'emprunter, par l'autre à l'effet d'opérer un placement; s'il arrive que le notaire fasse figurer dans ces procurations deux clercs de son étude : ceux-ci ne sauraient encourir la responsabilité résultant de la fausseté du placement s'il est constant que leur participation n'a porté aucun préjudice au porteur, et que le détournement des fonds par le notaire est antérieur à la confection de l'acte. — Dans ce cas le notaire est le véritable mandataire du prêteur, qui doit s'imputer de lui avoir accordé sa confiance. — *Paris*, 10 nov. 1842 (t. 1er 1843, p. 454), Lemaître et Dubuisson c. Pinard.

1002. — De même, comme le mandataire n'est responsable vis-à-vis du mandant qu'autant qu'il a été mandataire sérieux, une procuration dans laquelle un notaire, à la connaissance du mandant, fait insérer le nom de son principal clerc, afin de pouvoir, sous ce nom, administrer les affaires de son client, et dresser, comme notaire, les actes intéressant celui-ci, est un acte simulé qui n'engage point la responsabilité du prête-nom et la laisse peser tout entière sur le notaire. — *Orléans*, 7 janv. 1843 (t. 1er 1843, p. 282), Brilliard c. Petit-Dumoteux.

1003. — Le premier clerc d'un notaire auquel mandat avait été donné de toucher une créance pour l'un de ses cliens a pu valablement donner quittance des sommes reçues du débiteur, s'il est reconnu par les parties, et, d'ailleurs, de notoriété publique, que ce premier clerc suppléait le notaire dans tout ce qui concernait la gestion des affaires dont il était chargé, et qu'il faisait, à sa place, les recettes, quand l'occasion s'en présentait. — *Cass.*, 4 août 1835, Cosnard c. Brout et Frament.

1004. — L'étendue de la responsabilité encourue par le notaire pour fautes par lui commises comme mandataire ou comme *negotiorum gestor* de la partie, varie suivant les circonstances. — L'appréciation en appartient aux juges du fait.

1005. — Jugé, en ce sens, que c'est aux juges du fait qu'il appartient de prononcer sur les conséquences du mandat donné à un notaire en dehors de ses fonctions. — *Cass.*, 9 août 1836 (t. 1er 1837, p. 222), Latreille c. Delmas-Grossin.

1006. — En règle générale, le notaire doit être condamné à indemniser son client de tout le préjudice que celui-ci a éprouvé.

1007. — Ainsi le notaire qui est responsable pour avoir remis à l'emprunteur les fonds empruntés, avant d'avoir pris les inscriptions stipulées au contrat, doit compte au prêteur de la somme pour laquelle celui-ci aurait été colloqué, si l'inscription avait été requise en temps utile. — *Paris*, 5 mars 1836, Bourdeau c. Chapenel.

1008. — Ainsi encore, lorsqu'une Cour d'appel a constaté en fait qu'un notaire avait été non-seulement le notaire, mais encore le mandataire d'un de ses cliens pour une constitution d'hypothèque, et que, par sa négligence, son imprudence et ses assertions, il avait occasionné la perte de la créance hypothéquée, c'est avec raison qu'elle a condamné le notaire à rembourser le montant de cette créance. — *Cass.*, 3 août 1847 (t. 2 1847, p. 701), Soudée c. de Brazais.

1009. — De même, le notaire condamné à indemniser son client de la perte du capital d'une rente est tenu également de la restitution de tous les arrérages non perçus, sauf subrogation dans tous les droits du garanti, et non pas seulement des arrérages échus depuis la demande. — *Paris*, 12 août 1842 (t. 1er 1843, p. 154), Maufra c. Lauffel.

1010. — La responsabilité encourue par un notaire pour fautes commises dans un mandat qu'il a accepté est d'autant plus rigoureuse que ce mandat doit être réputé salarié à raison des honoraires des actes que l'accomplissement de ce même mandat procurait à son étude. — *Poitiers*, 30 juin 1847 (t. 2 1847, p. 695), Molineau c. Blot et Guillet.

1011. — Toutefois, la règle que des dommages-intérêts dus par le notaire doivent être l'équivalent du préjudice causé peut ne pas recevoir sa rigoureuse application en raison des circonstances et quand il est constant que le notaire a été de bonne foi.

1012. — Jugé, en ce sens, que, dans le cas où un notaire est responsable d'un placement pour n'avoir pas pris les informations nécessaires sur l'emprunteur et avoir différé de faire inscrire l'hypothèque, les dommages-intérêts peuvent être arbitrés et modifiés par le juge, suivant les circonstances, et la bonne foi du notaire. — *Toulouse*, 30 mai 1829, Ollier c. Chrestien.

1013. —...Que lorsqu'un notaire est déclaré responsable des fautes qu'il a commises, comme *negotiorum gestor*, dans un placement de fonds, les juges peuvent, en raison des circonstances, modérer les conséquences du principe de la responsabilité. — *Douai*, 28 janvier 1846 (t. 1er 1846, p. 574), Harlay c. Baroux.

1014. — Lorsque, pour un placement de fonds, le notaire n'a pas reçu de mandat spécial, et lorsque sa bonne foi n'est pas douteuse, les juges peuvent prendre en considération ces circonstances, et, tout en reconnaissant qu'il y a de la part de l'officier ministériel faute grave, restreindre la réparation du dommage à une partie seulement du préjudice éprouvé. — *Douai*, 22 déc. 1840 (t. 1er 1841, p. 178), Becq c. Petitbon; *Cass.*, 19 mars 1845 (t. 1er 1845, p. 388), mêmes parties.

1015. — Cette modération des dommages-intérêts doit surtout avoir lieu lorsque la partie lésée doit s'imputer à elle-même une partie du préjudice qu'elle a éprouvé.

1016. — On l'a jugé ainsi relativement à un placement de fonds à l'égard duquel la conduite du prêteur n'avait pas été exempte d'imprudence. — *Douai*, 22 déc. 1840 (t. 1er 1841, p. 178), Becq c. Petibon; *Cass.*, 19 mars 1845 (t. 1er 1845, p. 388), mêmes parties.

1017. — De même, en cas de rédaction, dans l'étude de ce notaire, d'un bordereau d'inscription qui s'est trouvé n'être pas valable, une cour d'appel a pu faire peser les conséquences de la nullité du bordereau, partie sur le notaire et partie sur le créancier à qui il avait été remis pour requérir lui-même l'inscription. — *Cass.*, 9 août 1836, Latreille c. Delmas-Grossin.

1018. — Bien qu'ils aient déclaré qu'il y a eu de la part d'un notaire et d'un tiers, auxquels un prêteur s'était adressé pour avoir des renseignemens sur la solvabilité de l'emprunteur, une imprudence blâmable, en présentant cet emprunteur comme solvable, tandis qu'il ne l'était pas, et que sans leurs assertions le prêt n'aurait pas eu lieu, les juges peuvent cependant ne pas condamner le notaire et le tiers à réparer le dommage éprouvé par le prêteur par suite de l'insolvabilité du débiteur, ou du moins ne les condamner qu'aux frais de l'instance pour tous dommages-intérêts, s'ils reconnaissent en même temps que la principale, la véritable cause du dommage éprouvé par le prêteur a été sa propre imprudence. — *Cass.*, 25 août 1831, Livet c. Duvant et Senée.

1019. — Le prêteur dont il ne s'est pas agi de placer les fonds à l'intérêt légal et sur hypothèque suffisante, mais qui, au moyen de l'encaissement de primes et d'intérêts anticipés, a souscrit au profit de l'emprunteur des effets négociables, avec stipulation, comme garantie principale, des bénéfices espérés sur la revente ultérieure de l'immeuble hypothéqué, est réputé avoir connu l'éventualité du gage, et ne peut, en cas de perte, s'en prendre qu'à lui-même de l'avoir accepté. — *Douai*, 29 déc. 1845 (t. 1er 1846, p. 470), Delrue c. Beauvois.

1020. — Dans le cas même où un notaire doit être considéré comme mandataire, sa responsabilité n'est point engagée si c'est de bonne foi qu'il a consigné, sur la déclaration du prêteur, la valeur donnée au gage hypothécaire et si ce gage n'a subi de dépréciation que postérieurement aux actes de prêt. — *Rouen*, 16 nov. 1846 (t. 1er 1847, p. 70), Pinant c. Martin.

1021. — Lorsque le notaire rédacteur d'une obligation a garanti verbalement la solidité du placement de la somme prêtée, et que, les biens hypothéqués ayant été vendus, le prêteur n'a pu néanmoins être utilement colloqué sur le prix, le notaire est déchargé de tout recours, s'il prouve qu'au temps du prêt les immeubles donnés en gage étaient, d'après l'opinion générale et le cours ordinaire des ventes, d'une valeur suffisante pour faire face à toutes les dettes. — *Bordeaux*, 9 déc. 1841 (t. 1er 1842, p. 333), Bernaud c. Poujaud de Nanclas.

1022. — Les notaires doivent-ils être condamnés par corps au paiement des sommes qu'ils sont tenus de restituer aux parties ou de leur payer à titre d'indemnités? La jurisprudence est divisée à cet égard. — V. CONTRAINTE PAR CORPS, nos 172 et suiv.

1023. — Aux décisions rapportées (*loc. cit.*) nous ajouterons que les notaires ne sont pas sujets à la contrainte par corps pour des réparations civiles par eux encourues lorsqu'ils ont été trompés sur les noms et les personnes des parties contractantes. — *Paris*, 12 therm. an XII, Colin c. le Trésor.

1024. — Décidé, d'un autre côté, qu'un notaire est contraignable par corps pour la restitution d'un prix de vente d'immeuble laissé entre ses mains pour l'extinction des créances hypothécaires et qu'il a employé à ses propres affaires. — *Angers*, 25 août 1847 (t. 1er 1848, p. 52), Poté c. Maricot.

1025. — Si les notaires peuvent être déclarés responsables lorsqu'ils ont agi comme mandataires ou *negotiorum gestores* des parties, ils ont droit, de leur côté, de réclamer, outre les dépenses qu'ils ont faites, une juste indemnité pour le temps et les soins qu'ils ont donnés à l'affaire d'autrui. La nature de leurs fonctions exclut la présomption qu'ils aient agi gratuitement.

1026. — Jugé, en ce sens, que le mandat donné à un notaire d'effectuer le placement d'une somme d'argent ne doit pas, en l'absence de toute convention écrite, être présumé gratuit. — *Angers*, 28 mars 1833, Martigné c. Chevalier.

Sect. 2e. — *Responsabilité du notaire en second.*

1027. — L'ancienne législation proclamait l'absence de toute responsabilité de la part du notaire en second. La déclaration du roi du 4 sept. 1706 portait que les notaires ne pourraient être repris pour les actes qu'ils auraient signés en second, mais seulement pour ceux qu'ils auraient passés comme notaires. — Blondela, en rapportant les statuts des notaires de Paris, homologués par le parlement, et d'après lesquels les notaires étaient obligés de signer l'un pour l'autre les actes et contrats sans le pouvoir refuser, observe que le notaire en second, ne signant qu'à la relation de son confrère, *n'est tenu de rien.* — *Traité des connaissances nécessaires à un notaire*, t. 1er, no 420.

1028. — En effet, il suffit de considérer la nature du ministère que remplit le notaire en second. Ce notaire tient lieu des deux témoins instrumentaires : *Notarius vicem duorum testium sustinet*, dit Ferrière (*Parf. Notaire*, t. 1er, p. 66). Comme eux, il ne reçoit aucun émolument. Partout, dans la loi, le notaire en second est placé sur la même ligne et dans la même position que les témoins; autrement il faudrait admettre que les actes passés devant deux notaires auraient plus de force et de valeur que ceux qui seraient reçus par un seul notaire assisté de deux témoins. Or on ne trouve nulle part que les témoins puissent être rendus responsables des vices de l'acte auquel ils concourent, sauf le cas où ils auraient sciemment participé à la prévarication du notaire. Si les témoins pouvaient être recherchés, où est l'homme qui s'exposerait, sans aucune compensation, à une responsabilité aussi grave, aussi étendue, dont presque toujours il serait hors d'état de calculer toutes les conséquences? Les témoins instrumentaires et le notaire en second ne font autre chose qu'assister le notaire rédacteur et dépositaire de l'acte, sans avoir à s'occuper des irrégularités ou des vices dont l'acte peut être entaché. Ils ne sauraient donc encourir aucune responsabilité.

1029. — Néanmoins, ces raisons, quelque puissantes qu'elles soient, ne sont pas adoptées par tous les auteurs et l'on peut voir les graves objections que soulève contre elles notamment Toullier (t. 8, nos 74 à 78, et t. 13, *Append.*, p. 542). — V., aussi, Drion, *Du notaire en second*, p. 93 et 110.

1030. — Jugé, en ce dernier sens, que le notaire qui signe un acte en second est responsable, vis-à-vis des parties, des conséquences de la fausseté de cet acte, bien même qu'il n'ait ni assisté à sa passation, ni à la signature des parties. — *Rennes*, 19 juill. 1834, Jochaud c. Lavergne et Dubois; *Cass.*, 11 nov. 1835, mêmes parties. — Toullier, t. 8, no 75.

1031. —...Qu'il suffit, pour rendre applicable à un notaire le principe de la responsabilité, que les juges déclarent qu'il y a eu faute de sa part, et qu'il n'est pas nécessaire, au contraire, qu'ils reconnaissent l'existence d'une faute grave. — Même arrêt.

1032. — De plus : un jugement du tribunal civil de Paris du 12 therm. an XII (V. à sa date) avait décidé que les notaires étaient solidairement responsables des dommages-intérêts, lorsqu'ils avaient été trompés sur les noms et les personnes des parties contractantes. — Colin et Lallemand c. le trésor. — Ce qui supposerait par conséquent la responsabilité du notaire en second.

1033. — La question de la responsabilité du notaire en second a perdu désormais une grande partie de son intérêt, depuis la promulgation de la loi du 21 juin 1843 (V. ACTE NOTARIÉ, no 66). — Toutefois la difficulté subsiste toujours quant à la responsabilité du notaire en second, relativement aux actes à la lecture et à la signature desquels il doit assister à peine de nullité.

1034. — Au surplus ce qu'on vient de dire concerne la responsabilité des notaires en second, en tant qu'ils concourent à l'acte au moyen de la signature qu'ils apposent sur la minute. Mais un notaire ne saurait encourir de responsabilité pour avoir signé en second une expédition qui se trouverait n'être pas régulière.

1035. — Jugé, en ce sens, que la signature du notaire en second sur les expéditions ou extraits d'actes n'étant qu'une espèce de légalisation officieuse de la signature du premier, et n'ayant nullement pour objet d'attester la conformité de l'extrait ou de l'expédition avec la minute, ne rend pas le notaire qui la donne responsable du contenu en l'extrait ou en l'expédition. — *Paris*, 25 janv. 1834, de Pancemont c. Trésor public, et Louvancourt (deux arrêts).

CHAPITRE VII. — *Discipline du notariat.*

Sect. 1re. — *Ministre de la justice et ministère public. — Préposés de l'enregistrement.*

1036. — Comme officiers ministériels, les notaires sont nécessairement sous la surveillance du ministre de la justice. — V. DISCIPLINE, nos 236 et suiv.; OFFICIER MINISTÉRIEL et OFFICE.

1037. — De plus, comme on le verra, le ministre de la justice peut être appelé à connaître de la révision d'une décision de discipline intérieure rendue contre un notaire. — V., aussi, DISCIPLINE, nos 314 et suiv.

1038. — Pour tout ce qui concerne le notariat et les objets qui y sont relatifs, les notaires sont placés sous la surveillance du ministère public; celui-ci a le droit et de constater les contraventions faites par les notaires aux lois qui les régissent, et d'en poursuivre la répression.

1039. — Et les notaires sont soumis à la surveillance du ministère public non-seulement en vertu de la loi du 25 ventôse an XI et autres spéciales au notariat, mais encore d'après celle du 20 avril 1810 sur les officiers ministériels en général.—V. DISCIPLINE, n° 250.

1040. — Ce droit de surveillance et de poursuite conféré au ministère public entraîne comme conséquence nécessaire le droit de se faire représenter les actes qui peuvent le mettre à même de découvrir les infractions qu'il doit faire punir.

1041. — Ainsi, le ministère public a droit de se faire représenter et d'examiner tous les registres où les actes des notaires peuvent se trouver inscrits. — *Bourges*, 3 janv. 1831, Notaires de La Châtre.

1042. — ... De demander en tout temps et sans réserves, communication des registres des délibérations des chambres des notaires. — *Orléans*, 26 juill. 1838 (t. 2 1838, p. 233); *Cass.*, 2 juill. 1839 (t. 2 1839, p. 56), Notaires d'Orléans.

1043. — ... D'obtenir une expédition des délibérations de la chambre, en ce qui concerne les poursuites disciplinaires qu'elle aurait pu diriger contre l'un de ses membres. — *Metz*, 28 juin 1838 (t. 2 1838, p. 234), Notaires de Rethel.

1044. — Et le ministère public a droit d'exiger la communication non-seulement des registres des délibérations des chambres de discipline, mais encore des pièces et documens produits à ces chambres et qui ont servi de base à ces délibérations. — Même arrêt.—Arrêté min. just. 11 avril 1836, Notaires de Neufchâtel.

1045. — ... Et, par exemple, des rapports faits par un des membres de la chambre et qui ont servi d'élémens à sa résolution. — Même arrêt.

1046.—Les chambres des notaires ne pourraient donc refuser la communication demandée, sous prétexte que les art. 11 et 12 de l'arrêté du 2 nivôse an XII ne leur enjoignent de la faire, et encore par simple expédition, que lorsqu'il s'agit d'une délibération contenant avis de suspension. — *Orléans*, 26 juill. 1838 (t. 2 1838, p. 233), Notaires d'Orléans.

1047. — De même une chambre de notaires ne peut point refuser de communiquer au ministère public une délibération qu'elle a prise à l'égard d'un de ses membres, sous prétexte que cette délibération, n'emportant ni suspension ni peine plus grave, est une mesure de discipline intérieure qui doit, par sa nature, demeurer secrète, alors surtout que la délibération a été provoquée par le ministère public. — *Amiens*, 23 août 1828, et *Cass.*, 25 août 1829, Notaires de Beauvais.

1048. — Lorsque la chambre des notaires, réunie pour procéder à son organisation, délibère, en même temps, sur un objet de discipline intérieure, et que les deux délibérations se trouvent confondues dans un seul et même procès-verbal, il ne suffit pas de donner au procureur de la République un extrait de la partie qui concerne l'organisation de la chambre, il peut exiger une expédition entière du procès-verbal.—*Bourges*, 8 déc. 1828, Notaires de La Châtre.

1049. — Les ordres précis de la chambre ne peuvent excuser le refus du secrétaire de délivrer cette expédition. — Même arrêt.

1050. — Le ministère public poursuivant l'annulation d'un règlement par lequel une chambre des notaires a fixé les honoraires que devraient réclamer à l'avenir les notaires de l'arrondissement a le droit d'exiger communication du registre des délibérations de la chambre. — Il ne suffirait pas qu'on lui délivrât une copie imprimée du règlement. — *Bourges*, 23 mars 1829, Notaires d'Issoudun.

1051. — Le même droit de surveillance et de poursuite n'appartient pas aux tribunaux. — Ainsi jugé qu'une cour d'appel (chambre d'accusation) ne peut enjoindre au ministère public d'exercer des poursuites disciplinaires contre un notaire : cet objet est étranger à ses attributions. — *Cass.*, 8 oct. 1829, Carpgot.

1052.—Jugé, cependant, qu'un tribunal peut condamner une chambre de discipline à lui communiquer le registre de ses délibérations, à l'effet de désigner celles dont il y a lieu de délivrer expédition à un notaire réclamant. — *Caen*, 11 déc. 1826, Syndic des notaires de Caen c. L...

1053. — De plus, un tribunal est compétent pour ordonner qu'il sera délivré à un notaire une expédition de la délibération qui prononce contre ce notaire des peines de discipline intérieure. — *Paris*, 28 avr. 1832, T... c. chambre des notaires de Provins.

1054. — *Préposés de l'enregistrement.* — La surveillance de la régie de l'enregistrement vient en aide à celle du procureur de la République pour tout ce qui constitue des contraventions aux lois sur la forme des actes.

1055.— Ainsi, les préposés de l'enregistrement ont qualité pour constater les contraventions en pareille matière et en dresser procès-verbaux.—LL. 22 frim., art. 52 et 54. — *Rennes*, 22 avr. 1833, Pinot; *Orléans*, 8 janv. 1834, Laya; *Amiens*, 19 juill. 1834, N... ; *Orléans*, 27 mars 1835 et *Cass.*, 16 mars 1836, Lottin.

1056. — Quant aux moyens de contrôle que la loi met à la disposition des préposés de l'enregistrement et aux communications qu'elle leur donne le droit d'exiger, V. ENREGISTREMENT, nos 1371 et suiv.

1057. — Les procès-verbaux dressés par les préposés ne sont autre chose que la dénonciation du fait qui sert de base aux poursuites du ministère public, et ne font foi de leur contenu que jusqu'à preuve contraire.—*Orléans*, 27 mars 1835, Lottin; *Cass.*, 16 mars 1836, mêmes parties.

1058. — Les employés de l'enregistrement qui les dressent doivent les transmettre au procureur de la République chargé de la répression.—*Rennes*, 22 avr. 1833, Pinot.

1059. — En effet, à la différence des amendes en matière d'enregistrement, dont la poursuite appartient aux employés de la régie et se fait par voie de contrainte, la poursuite des amendes encourues par les notaires, pour contravention à la loi du 25 vent. an XI, est réservée au ministère public. — *Cass.*, 5 déc. 1821, Allaire; 24 juin 1822, Boucaud.—V. ENREGISTREMENT, n° 2512.—V., aussi, *suprà* nos 1054 et suiv.

1060. — Les amendes progressives prononcées dans certains cas contre les notaires par des lois sur l'enregistrement et le dépôt des répertoires ont été réduites à une seule amende, quelle que soit la durée du retard. — Quant aux amendes fixes prononcées par les lois sur le notariat comme sur d'autres matières, elles ont été réduites pour celles de 500 fr. à 50 fr., celles de 100 fr. à 20 fr., celles de 50 fr. à 10 fr., et toutes celles au-dessous de 50 fr. à 5 fr. — L. 16 juin 1824, art. 10.

1061. — Lorsqu'un notaire a commis plusieurs contraventions, est-il dû autant d'amendes qu'il y a de contraventions? Il faut distinguer.

1062. — Il n'est dû qu'une seule amende pour toutes les contraventions de même nature que le notaire peut avoir commises dans le même acte. — *Douai*, 13 déc. 1842 (t. 2 1843, p. 651), B... — Rolland de Villargues, v° *Amende*, n° 5; Sebire et Carteret, *Encyclopédie du droit*, v° *Abréviation*, n° 12.

1063. — Ainsi, lorsqu'un notaire est passible de l'amende pour surcharge, interligne ou addition dans un acte qu'il a reçu, il n'est dû cependant qu'une seule amende, quel que soit le nombre des contraventions. — *Cass.*, 24 avr. 1809, Claudel.

1064. — Mais il n'en est plus de même quand les contraventions existent dans des actes distincts et qui diffèrent entre eux par leur nature comme par leur objet. — *Douai*, 13 déc. 1842 (t. 2 1843, p. 651), B...

1065.—Ainsi, le notaire est passible d'autant d'amendes qu'il y a d'actes renfermant des surcharges, interlignes ou additions, ou encore de blancs laissés, alors même qu'il n'eût été dressé, pour tous ces actes, qu'un seul procès-verbal. — *Cass.*, 29 janv. 1812, Estoup ; *Metz*, 15 janv. 1819, Steimmetz.

1066. — Comme on l'a vu (v° ENREGISTREMENT, nos 4984 et suiv.), on décidait généralement, avant la loi du 16 juin 1824, que les amendes encourues par un notaire, pour contravention à la loi du 25 vent. an XI, ne se prescrivaient que par trente ans. — *Cass.*, 10 déc. 1806, Lecorguin ; *Trèves*, 30 nov. 1812, N... ; *Cass.*, 5 déc. 1821, Allaire; 10 déc. 1821, Pinard ; 24 juin 1822, Boucaut.— Décis. min. just. et fin. 13-27 sept. 1816, instr. 748.—Mais la durée pour la prescription a été réduite à deux ans par l'art. 14 L. 16 juin 1824.

1067.—Cette prescription de deux ans ne court, en ce qui regarde les testamens et les donations à cause de mort, que du jour où ces contraventions ont pu être découvertes par les préposés de l'administration de l'enregistrement. — *Rennes*, 26 nov. 1845 (t. 1er 1846, p. 408), Pinot.

1068. — La prescription qui couvre les contraventions commises par les officiers publics dans la rédaction de leurs actes, est d'ordre public; et doit conséquemment être suppléée d'office par le juge, lorsqu'elle n'est point proposée par la partie. — *Paris*, 28 mai 1842 (t. 2 1842, p. 5), Champion, Berchon et Charlot.

1069. — Quoi qu'il en soit, les amendes que la loi du 25 vent. an XI prononce contre les notaires ont un caractère de pénalité qui ne permet pas d'en poursuivre la condamnation contre leurs héritiers.—*Nancy*, 30 août 1844 (t. 1er 1845, p. 356), Labouille.

Sect. 2e. — *Chambres de discipline.*

1070. — La loi du 25 vent. an XI n'avait pas organisé le régime intérieur du notariat; elle avait, par son art. 50, renvoyé cette organisation à des règlemens ultérieurs, et ainsi laissé le régime intérieur du notariat sous l'empire des anciens règlemens et usages. La promesse contenue dans cet art. 50 a été réalisée plus tard : d'abord par l'arrêté du 2 niv. an XII, et, en dernier lieu, par l'ordonnance royale du 4 janv. 1843.

1071. — Dans un grand nombre de ses dispositions, l'ordonnance n'est que la reproduction de l'arrêté. Il nous suffira donc le plus souvent de la citer, sauf à faire remarquer, dans celles de ses dispositions que nous aurons à examiner, et lorsqu'il y aura lieu, les modifications apportées par elle au régime établi par l'arrêté du 2 niv.

1072. — Il y a près de chaque tribunal civil de première instance, et dans la ville où il siége, une chambre des notaires chargée du maintien de la discipline parmi les notaires de l'arrondissement. — Ord. 4 janv. 1843, art. 1er.

1073. — Le nombre des membres de cette chambre varie suivant les localités. Il est de dix-neuf à Paris, de douze dans les arrondissemens où le nombre des notaires dépasse cinquante, et de sept dans tous les autres. — Art. 4.

1074. — Mais les chambres peuvent délibérer au nombre de douze membres, à Paris; de sept dans les lieux où elles sont composées de neuf membres, et de cinq dans les autres. — Art. 5.

1075. — Les nombres fixés par l'art. 4 peuvent être augmentés ou réduits par une ordonn. roy. (aujourd'hui par un décret du président de la République) qui, dans ce cas, détermine en même temps le nombre de membres dont la présence est nécessaire à la validité des délibérations, et déclare, s'il y a lieu, que les membres sortans pourront être réélus. — Art. 9.

1076. — Les membres de la chambre choisissent entre eux un président, un ou plusieurs syndics, un rapporteur, un secrétaire et un trésorier. — Art. 5 et 7.

ART. 1er. — *Nomination des membres et officiers de la chambre. — Durée de leurs fonctions.*

1077. — *Nomination des membres.* — Les membres de la chambre sont nommés par l'assemblée générale des notaires de l'arrondissement, convoquée à cet effet.

1078. — D'après l'art. 21 de l'arrêté du 2 niv. an XII, cette assemblée devait se tenir de droit le 15 brum. de chaque année. Plus tard, un décret impérial, du 4 avril 1806, en fixa la réunion au 1er mai de chaque année à partir de 1807.

1079. — Plus tard, une circulaire du garde des sceaux, du 18 avril 1833, fixa au 3 mai, au lieu du 1er, le jour des assemblées générales des notaires. — On contesta la force obligatoire de cette circulaire. Mais il est à remarquer que le ministre n'avait nullement l'intention d'imprimer cette force à sa circulaire : c'était un simple avis qu'il donnait, sans dire qu'il considérât comme nulles les délibérations prises le 1er mai.

1080. — Jugé cependant que cette circulaire était obligatoire, et que le notaire qui refusait de s'y conformer était passible d'une peine de discipline. — *Douai*, 15 juin 1835, Becq.

1081. — Aujourd'hui, d'après l'art. 28 de l'ord. du 4 janv. 1843, « la nomination des membres de la chambre doit avoir lieu dans la première quinzaine du mois de mai de chaque année. »

1082. — Les votes ne peuvent pas se porter avec une entière liberté sur tous les notaires de l'arrondissement. La liberté du choix est limitée. En effet, 1° dans les chefs-lieux de Cours d'appel, deux au moins, et dans les autres villes un au moins des membres de la chambre doivent résider là où siége le tribunal de première instance. —Art. 8 et 25, et *suprà* nos 1072 et suiv.—2° La moitié au moins des membres de la chambre doit être choisie dans les plus anciens notaires en exercice, formant les deux tiers de tous les notaires du ressort. — Art. 25.

1083. — Le notaire d'une classe inférieure qui passe dans une classe supérieure, n'y a rang d'ancienneté qu'à dater de sa dernière nomination et installation. — Gagneraux, *Encycl. du not.*, p. 312, *a*, n° 3.

1084. — La nomination a lieu à la majorité absolue des voix, au scrutin secret, et par bulletins de liste contenant chacun un nombre de noms qui ne peut excéder celui des membres à nommer. — Art. 25.

1085. — Si un bulletin contenait un nombre de noms supérieur à celui des membres à nommer, il y aurait lieu de l'annuler, et non de considérer comme non écrits les derniers noms, parce qu'on ne pourrait pas, avec certitude, attacher un caractère de préférence, de la part du votant, aux noms premiers inscrits. — Au contraire, serait incontestablement valable le bulletin qui contiendrait moins de noms qu'il n'y aurait de membres à nommer. — Rolland de Villargues, v° *Chambre de discipline*, n° 64.

1086. — Il était de règle, à Paris notamment, que le notaire élu membre de la chambre ne pouvait, même sous prétexte de mauvaise santé ou de maladie, refuser les fonctions qui lui étaient ainsi déférées. Tout refus, sans distinction, entraînait contre le refusant une amende de 300 liv. et l'interdiction de l'entrée de la chambre. — Arrêt Parlem. Paris, 19 juill. 1644 (V. Lévêque, *Chartres des notaires au Châtelet de Paris*); Gagneraux, *ibid.*, p. 303, n° 3, et p. 314, t. 1er, n° 2.

1087. — D'après l'art. 25 ordonn. 4 janv. 1843, « le notaire élu membre de la chambre ne peut refuser les fonctions qui lui ont été déférées, qu'autant que son refus a été agréé par l'assemblée générale. »

1088. — *Nomination des officiers.*—Les membres désignés pour composer la chambre nomment entre eux le président et les autres officiers de la chambre. — Ordonn. 4 janv. 1843, art. 27.

1089. — Ils procèdent à ce choix (art. 27), par voie d'élection, en suivant le mode de l'art. 25, c'est-à-dire que les nominations ont lieu au scrutin secret et à la majorité absolue des voix. Mais, selon nous, il doit être procédé, non par bulletins de liste, mais par bulletins individuels, si ce n'est à l'égard des syndics, lorsqu'il y a lieu d'en nommer trois ou deux. — Art. 7.

1090. — Le président doit toujours être pris parmi les plus anciens désignés dans l'art. 25, sauf toutefois l'application de l'art. 8; c'est-à-dire que le notaire doit résider dans le chef-lieu de la Cour d'appel ou du tribunal de première instance.

1091. — Le président doit, sauf le cas prévu par l'art. 8 de l'ordonnance du 4 janvier 1843, être choisi parmi les membres appartenant à la classe d'ancienneté. — Déc. garde des sceaux, 15 oct. 1845.

1092. — A égalité de voix, le plus ancien d'âge est préféré. — Art. 27.

1093. — Les membres élus officiers ne peuvent refuser. — *Ibid.*

1094. — L'élection des officiers doit être faite, au plus tard, le 15 mai, et la chambre est constituée aussitôt après cette élection. — Art. 28.

1095. — *Durée des fonctions.* — Tous les ans la chambre est renouvelée par tiers; et lorsque le nombre de ses membres n'est pas divisible par tiers, par portions approchant le plus du tiers: en faisant alterner, chaque année, les portions inférieures et supérieures au tiers, mais en commençant par les inférieures. — Ord. 4 janv. 1843, art. 26. — Ainsi, en supposant la chambre composée de sept membres: à la fin de la première année il en sortira deux; à la fin de la seconde, trois; à la fin de la troisième, deux; et ainsi de suite.

1096.—Dans une chambre nouvellement créée, l'ordre de sortie devrait, pour les premières années, être indiqué par le sort. Ensuite on suivrait l'ordre d'ancienneté de nomination. — Arrêté 2 niv. an XII, art. 19.

1097. — A Paris, un membre sortant de la chambre, même avant d'y être resté trois ans, ne peut être réélu avant l'expiration d'une année.—Délib. assembl. génér. 1er mai 1810; Règlem. 29 oct. 1846, appr. par minist. just. le 4 nov. suiv.

1098. — Les nominations des officiers de la chambre se renouvellent chaque année. Les mêmes peuvent être réélus; à égalité de voix, le plus ancien d'âge est préféré. — Art. 27.

1099. — Les chambres des notaires sont, comme les notaires eux-mêmes, placées sous la surveillance du ministère public. Celui-ci a donc le droit de s'enquérir de la composition de la chambre, et de poursuivre devant les tribunaux l'annulation d'une composition irrégulière de la chambre. — V. *suprà* nos 1036 et suiv.

ART. 2. — *Attributions de la chambre et de ses officiers.*

1100. — Les attributions de la chambre sont: 1° de prononcer ou de provoquer, suivant les cas, l'application de toutes les dispositions de discipline. — Ord. 4 janv. 1843, art. 2. — V., aussi, art. 14 et suiv.; L. 25 vent. an XI, art. 53.

1101. — ... 2° De prévenir ou concilier tous différends entre notaires, et notamment ceux qui pourraient s'élever soit sur des communications, remises, dépôts ou rétentions de pièces, fonds et autres objets quelconques; soit sur des questions relatives à la réception et garde des minutes, à la préférence ou concurrence dans les inventaires, partages, ventes ou adjudications et autres actes, et, en cas de non-conciliation, d'émettre son opinion par simple avis. — Ordonn., art. 2.

1102.—... 3° De prévenir ou concilier également toutes plaintes et réclamations de la part des tiers, contre des notaires à raison de leurs fonctions; donner simplement son avis sur les dommages-intérêts qui pourraient être dus, et réprimer, par voie de censure et autres dispositions de discipline, toutes infractions qui en seraient l'objet, sans préjudice de l'action devant les tribunaux, s'il y a lieu. — *Ibid.*

1103. — Toutefois la juridiction des chambres de discipline des notaires est facultative de la part des parties litigantes; en conséquence il est loisible aux parties, au lieu de porter leur différend devant la chambre de discipline, d'en saisir directement les tribunaux. — *Colmar*, 30 juill. 1825, Müller et Dietrich c. S'Choeffer.

1104. — Une délibération de chambre de notaires qui, même sur la demande d'un notaire et d'un de ses cliens, prononce sur les contestations qui les divisent, mais qui ne mentionne point de compromis régulier constituant légalement un tribunal arbitral, et qui ne contient aucun dispositif, n'est qu'un simple avis et n'a point le caractère de jugement. — Et il en est surtout ainsi alors que cette délibération n'a été, comme sentence arbitrale, ni déposée ni rendue exécutoire. — *Cass.*, 6 janv. 1846 (t. 2 1846, p. 422), Dumoulin c. Grulé.

1105.—... 4° De donner son avis sur les difficultés concernant le règlement des honoraires et vacations des notaires, ainsi que sur tous différends soumis, à cet égard, au tribunal civil. — Ordonn. 4 janv. 1843, art. 2.

1106. — La chambre des notaires peut faire le règlement des vacations de l'un d'eux, sans que celui-ci soit cité pour y être présent. — *Rennes*, 16 juill. 1812, Georges c. Mocudé.

1107. — Mais des membres de la chambre ne peuvent donner un certificat sur un règlement de vacation. — Même arrêt.

1108. — ... 5° De délivrer ou refuser tous certificats de bonnes mœurs et capacité à elle demandés par les aspirans aux fonctions de notaire, prendre, à ce sujet, toutes délibérations, donner tous avis motivés, les adresser ou communiquer à qui de droit. — Ord. 4 janv. 1832, art. 2. — V. *suprà* nos 120 et suiv.

1109. — Le candidat à une charge de notaire qui prétend avoir été calomnié, dans les délibérations prises par la chambre, à l'occasion de sa sollicitation, peut demander la communication de ces délibérations. — En cas de refus, les tribunaux peuvent ordonner qu'elle sera faite par l'intermédiaire du procureur de la République. — *Cass.*, 31 août 1831, notaires de Caen c. Hoguais.

1110. — ... 6° De recevoir en dépôt les états des minutes dépendant des études des notaires qui ont cessé leurs fonctions, et non pas seulement, comme le dit l'ordonnance (art. 2), l'état des minutes des études de notaires supprimés. — L. 25 vent. an XI, art. 58. — Gagneraux, *ibid.*, p. 234, n° 9.

1111. — Une chambre des notaires n'est soumise à aucune responsabilité, relativement à des minutes d'actes qui peuvent avoir été déposées dans une de ses salles, lorsque ce dépôt n'a point eu lieu par son ordre, et n'a été effectué par des notaires que dans leur intérêt particulier. — *Bourges*, 17 juin 1829, Gourjon c. Regnier.

1112.—... 7° De représenter tous les notaires de l'arrondissement, collectivement: — collectivement sous le rapport de leurs droits et intérêts communs. — Ordonn. 4 janv. 1843, art. 2.

1113. — Ainsi, la compagnie des notaires a droit et qualité pour attaquer, comme lui portant préjudice, une ordonnance de référé qui nomme un commissaire-priseur pour procéder à une vente rentrant dans les attributions exclusives des notaires. — *Paris*, 15 juin 1833, comm.-pris. c. notaires de Paris.

1114. — Indépendamment de ces pouvoirs conférés à la chambre collectivement, il en est de spéciaux attribués à chacun de ses officiers individuellement.

1115. — Le président a la police de la chambre; il la convoque extraordinairement quand il le juge à propos ou sur la réquisition motivée de deux autres membres; il a voix prépondérante en cas de partage. — Art. 6.

1116. — Le syndic est partie poursuivante contre les notaires inculpés; il est entendu préalablement à toutes délibérations de la chambre, qui est tenue de statuer sur ses réquisitions; il a, comme le président, le droit de la convoquer; il poursuit l'exécution de ses délibérations; enfin, il agit pour la chambre dans tous les cas et conformément à ce qu'elle a délibéré. — *Ibid.*

1117. — Les syndics des chambres de notaires ont seuls qualité pour représenter la compagnie devant les tribunaux, pour le maintien des droits et intérêts communs, de telle sorte qu'on doit déclarer non recevable l'intervention de commissaires spéciaux nommés à cet effet. — *Paris*, 25 août 1834, notaires d'Epernay.

1118. — Jugé, toutefois, qu'un notaire nommé membre d'une chambre de discipline a droit d'intervenir, au cas où la délibération portant nomination est attaquée devant les tribunaux. — Même arrêt.

1119. — Et que, sur l'appel interjeté par le syndic, au nom de la chambre, le secrétaire peut, sans avoir été appelé individuellement, faire valoir ses griefs contre le jugement appelé prononçant des condamnations contre lui. — *Bourges*, 8 oct. 1828, notaires de la Châtre.

1120. — Le syndic de la chambre des notaires a qualité pour intervenir, au nom de la compagnie, dans une instance d'appel dont le but serait de restreindre leurs attributions, et, par exemple, de faire défendre à l'un d'eux de procéder, en certain cas, à la vente d'objets mobiliers, à l'exclusion des commissaires-priseurs. — *Colmar*, 30 janv. 1827, Commissaires-priseurs de Strasbourg c. Wengler et Notaires de Strasbourg.

1121. — De même, le syndic a droit et qualité pour poursuivre au nom de la compagnie les empiétemens commis contre les attributions des notaires, et, par exemple, pour réclamer des dommages-intérêts contre un huissier qui a procédé à une vente d'arbres encore sur pied. — *Rouen*, 23 juin 1845 (t. 1er 1846, p. 209), B... c. Saint-Requier.

1122. — Mais il a été jugé que le procureur de la République a seul le droit, à l'exclusion du syndic, d'appeler du jugement du tribunal civil qui annule une délibération de la chambre de discipline provoquant la suspension d'un notaire. —*Caen*, 11 déc. 1826, Syndic des notaires de Caen c. L...

1123. — Jugé également que le syndic est sans qualité pour attaquer un jugement qui annule une délibération de la chambre, lorsqu'en première instance il avait demandé à être mis hors de cause, et que c'est sur la réquisition du ministère public qu'il a été statué. — *Cass.*, 31 août 1831, Notaires de Caen c. Hoguais.

1124. — Le rapporteur recueille les renseignemens sur les faits imputés aux notaires et en fait rapport à la chambre. — Ordonn. 4 janv. 1843, art. 6.

1125. — Le secrétaire rédige les délibérations de la chambre, est gardien des archives, tient le registre d'inscription des aspirans au notariat, et délivre toutes les expéditions, à moins qu'il ne réside pas dans la ville où siége le tribunal de première instance, auquel cas le président ou le syndic a la garde des archives, tient le registre d'inscription et délivre les expéditions des délibérations de la chambre. — *Ibid.*, art. 8 et 33.

1126. — Il doit être tenu, en outre, au secrétariat, un registre destiné à constater la remise des extraits de contrats de mariage de commerçans et de jugemens prononçant séparation de corps ou de biens. — Circ. min. just. 15 mai 1813.

1127.—La délivrance des certificats constatant le dépôt fait à la chambre des demandes, jugemens, extraits de contrats, dans les cas où ces dépôts sont prescrits par la loi, ne donne lieu à la perception d'aucun droit à titre d'honoraires par le secrétaire (décis. min. just. 16 fév. 1835). Cependant il est d'usage à Paris de percevoir, dans ce cas, un droit de 5 fr. pour la chambre.

1128. — Le trésorier tient la bourse commune, perçoit les cotisations imposées à chaque notaire dans l'intérêt de cette bourse, et fait les autres recettes et dépenses autorisées par la chambre. — A la fin de chaque trimestre, la chambre assemblée arrête son compte et lui en donne décharge. — Ord. 4 janv. 1843, art. 6 et 39.

1129. — Toutefois, c'est le syndic et non le trésorier qui a qualité pour poursuivre en justice le recouvrement des cotisations arriérées. — Décis. min. just. 20 oct. 1834.

1130. — Dans les villes chefs-lieux de Cours d'appel, le président *ou* le syndic *et* le secrétaire doivent nécessairement être choisis parmi les notaires résidant au chef-lieu. — Partout ailleurs, il suffit qu'un de ces trois officiers de la chambre appartienne au chef-lieu de l'arrondissement. — Ordon. 4 janv. 1843, art. 8.

1131. — Lorsqu'une ordonnance a réduit le nombre des membres de la chambre au-dessous de sept, les fonctions spéciales attribuées à ses officiers peuvent être cumulées, à l'exception néanmoins de celles de président, de syndic et de rapporteur, qui doivent toujours être exercées par trois membres différens. — *Ibid.*, art. 11.

1132. — D'où suit, comme le fait remarquer Gagneraux (*ibid.*, p. 306, *c*), que, quelle que soit la réduction des membres d'une chambre, elle devra toujours être composée de trois membres au moins.

1133. — Le cumul, autorisé par l'art. 11, peut aussi avoir lieu momentanément en cas d'absence ou empêchement de quelques-uns des officiers de la chambre. Dans ce cas, les officiers se suppléent entre eux et peuvent même être suppléés par d'autres membres de la chambre nommés par le président; et s'il est absent, par la majorité des membres présens en nombre suffisant pour délibérer. — *Ibid.*, art. 11.

1134. — Il en devrait être ainsi même pour le remplacement momentané du président lorsqu'il est absent. — En effet, la disposition finale de l'art. 11, conforme d'ailleurs à l'art. 8 de l'arrêté du 2 nivôse an XII, est général pour tous les officiers de la chambre, et ne fait aucune exception pour le président.

1135. — *Nec obstat* une décision du ministre de la justice du 2 janv. 1837, portant que le président absent ou empêché peut être suppléé momentanément par le syndic, si d'ailleurs les fonctions de celui-ci sont remplies par un autre notaire de la chambre.

1136. — Indépendamment des fonctions spéciales attribuées aux officiers de la chambre, tous les membres qui la composent ont voix délibérative dans toutes les assemblées de la chambre. — Ordonn. 4 janv. 1843, art. 10.

1137. — Néanmoins, dans les affaires où le syndic est partie poursuivante, il ne prend point part à la délibération (même art.). En cela il y a dérogation à l'art. 7 de l'arrêté de l'an XII, lequel accordait toujours, dans ce cas, au syndic voix consultative, et même voix délibérative, lorsque son opinion était à décharge.

ART. 3. — *Assemblées générales.*

1138. — Outre l'assemblée générale qui a lieu pour la nomination des membres de la chambre, il *doit*, chaque année, en être convoqué une seconde. — De plus, il *peut* en être convoqué d'extraordinaires, par le président ou le syndic, toutes les fois que la chambre le juge convenable. — Ord. 4 janv. 1843, art. 22.

1139. — Tous les notaires de l'arrondissement sont invités à s'y trouver (*ib.*), et doivent se rendre à cette invitation.

1140. — La négligence d'un notaire à se rendre à l'assemblée annuelle tenue pour le renouvellement de la chambre, est une faute qui le rend passible des peines de discipline. — *Bourges*, 23 juill. 1827, Debeize et Frottier.

1141. — Le fait de la part d'un notaire de ne pas se rendre à l'assemblée générale, constitue une contravention, alors même que, par une décision antérieure, il aurait été privé du droit d'avoir voix délibérative dans cette assemblée. — *Douai*, 1er févr. 1839, sous *Cass.*, 23 déc. 1839 (t. 1er 1840, p. 81), Becq.

1142. — La présence du tiers des notaires de l'arrondissement, non compris les membres de la chambre, est nécessaire pour la validité des délibérations de l'assemblée générale et des élections auxquelles elle procède. — Ordonn. 4 janv. 1843, art. 24.

1143. — L'assemblée générale délibère sur toutes les questions qui lui sont soumises par la chambre. Les règlemens qu'elle fait, ainsi que ceux qui auraient pu être arrêtés par la chambre, sont remis au procureur de la République, adressés au procureur général, et soumis par celui-ci

à l'approbation du ministre de la justice. — *Ibid.*, art. 23.

ART. 4. — *Bourse commune.*

1144. — Il est pourvu aux dépenses de la chambre au moyen d'une bourse commune tenue par le trésorier. — Ordonn. 4 janv. 1843, art. 39.

1145. — Il n'y est versé que les sommes nécessaires aux dépenses votées par l'assemblée générale. Mais ce vote n'est exécutoire qu'après avoir reçu l'approbation du ministre de la justice. — *Ibid.*

1146. — L'assemblée générale propose également la répartition des sommes votées entre les notaires de l'arrondissement. Le rôle en est rendu exécutoire par le premier président de la Cour d'appel du ressort, sur l'avis du procureur général. — *Ibid.*

1147. — La délibération de l'assemblée générale doit être soumise à l'approbation du ministre de la justice, avant d'être rendue exécutoire par le premier président de la Cour d'appel. — Déc. du min. just., 8 sept. 1843.

1148. — La délibération qui fixe la cotisation n'a pas besoin d'être renouvelée chaque année; elle est exécutoire tant qu'elle n'est pas rapportée. — Déc. du min. just., 20 oct. 1834.

1149. — Une fois homologué et rendu exécutoire, le rôle des cotisations n'est susceptible d'aucun recours devant l'autorité administrative. Aux tribunaux appartient de statuer sur les difficultés auxquelles peut donner lieu la perception des fonds votés. — Déc. du min. just., du 20 oct. 1834.

1150. — Le recouvrement se fait par le trésorier. Mais, en cas de contestation, c'est au syndic à poursuivre soit par voie d'action, soit par voie d'exécution. — *Ibid.*

1151. — La cotisation votée par l'assemblée générale est un impôt; elle ne peut donc sortir des bornes qui lui sont tracées à cet égard. — En conséquence est illégale la délibération portant qu'une rétribution sera perçue pour la délivrance des certificats de capacité et moralité aux aspirans au notariat. — *Ibid.*

Sect. 3e. — *Discipline proprement dite.*

ART. 1er. — *Étendue et durée de l'action disciplinaire.*

1152. — L'action disciplinaire peut s'exercer sur tout ce qui serait de nature à porter atteinte aux principes et aux habitudes de probité, d'honneur, de délicatesse et de stricte observation des lois que doivent pratiquer les notaires. Par conséquent elle s'applique à des faits non définis à l'avance, et même à des actes qui, émanés des autres citoyens, ne donneraient lieu à aucune répression.

1153. — Il ne faut donc regarder l'art. 12 de l'ordonnance du 4 janv. 1843, qui défend certains actes aux notaires, que comme une énumération simplement démonstrative, en dehors de laquelle une foule d'autres faits d'improbité ou d'indélicatesse peuvent motiver des répressions disciplinaires.

1154. — On a vu (vº DISCIPLINE, nos 237 et suiv.) quelles règles de discipline étaient imposées aux officiers ministériels en général et par conséquent aux notaires. Aux décisions que nous avons rapportées il faut joindre les suivantes, qui regardent spécialement les notaires.

1155. — Le notaire qui, par un traité secret, s'est soumis à rétrocéder son office quand le fils de l'ancien notaire aurait atteint l'âge requis pour le reprendre, et a exigé qu'on lui garantît un *minimum* des revenus de cet office, ne peut, par cela même, être considéré comme ayant manqué à la dignité de ses fonctions, bien qu'il ait, en outre, maintenu l'étude et les minutes dans la maison de l'ancien titulaire, sans y avoir lui-même de domicile. — *Aix*, 4 déc. 1840 (t. 2 1841, p. 55), Florent.

1156. — Le fait pur et simple d'un exercice intérimaire des fonctions de notaire ne peut motiver l'application d'aucune peine lorsque ce fait est dénué de toute circonstance propre à compromettre les intérêts du public ou à porter atteinte à la dignité du caractère dont le notaire est revêtu. — Même arrêt.

1157. — Un arrêt ne blesse pas le principe de la non-rétroactivité des lois, parce qu'il applique des peines disciplinaires prévues par la loi du 25 vent. an XI à un fait antérieur à la nomination du notaire, tel qu'un traité fictif présenté

au lieu du traité réel, alors que ce fait réalisé, d'ailleurs, sous l'empire de cette loi, a eu pour objet et pour effet de faire acquérir le titre de notaire à celui qui s'en est rendu coupable, et que, comme notaire, il a agi en conséquence de ce fait. — *Cass.*, 20 juill. 1841 (t. 2 1841, p. 255), W.

1158. — La dissimulation, dans le traité présenté au gouvernement, d'une partie du prix de la cession d'un office de notaire, est un fait de charge qui rend le cessionnaire, devenu notaire, passible de peines disciplinaires, et notamment de la destitution, alors surtout 1º qu'il a affirmé sur l'honneur, devant la chambre des notaires, qu'il n'avait souscrit aucune obligation en dehors du traité; 2º qu'il a faussement affirmé au chef du parquet n'avoir pas en sa possession la contre-lettre qui lui avait été effectivement remise; 3º et qu'il a usé de mauvais procédés et apporté de la mauvaise foi dans ses relations avec la veuve de son prédécesseur, notamment en refusant de lui remettre la contre-lettre en question. — *Orléans*, 7 févr. 1846 (t. 1er 1849, p. 50), Laisné.

1159. — Si, en raison de l'absence d'intention de nuire, il n'y a pas faux criminel de la part du notaire qui a envoyé son clerc dans une commune pour y procéder à une vente publique, et qui a ensuite revêtu de sa signature cet acte, comme ayant été passé par lui, il y a cependant là un fait matériel qui, bien qu'exempt de criminalité, suffit pour faire condamner le notaire à une peine de discipline, par exemple à la censure. — *Nancy*, 26 (et non 25) juin 1825, G...

1160. — Le notaire qui énonce faussement dans un acte reçu par lui que les témoins signataires se trouvaient présens devient passible de peines disciplinaires, encore qu'il s'agisse d'un acte pour la validité duquel la présence des témoins n'était pas exigée par la loi. — *Amiens*, 16 avr. 1845 (t. 2 1845, p. 616), P...

1161. — Une chambre de notaires a pu, sans excès de pouvoir, trouver dans la collaboration d'un notaire avec son prédécesseur un fait illicite de nature à motiver une poursuite disciplinaire contre lui. — *Cass.*, 16 nov. 1846 (t. 2 1848, p. 360), Gavot c. notaires de Marseille.

1162. — Un notaire est passible d'une peine disciplinaire pour avoir reçu des actes d'acquisition ou de revente dans lesquels il était personnellement intéressé, par suite d'une association en participation formée avec l'un des contractans. — Vainement il invoquerait sa bonne foi : la bonne foi, en cas pareil, ne pouvant résulter que de l'ignorance de la loi, cette excuse, dont nul n'est fondé à exciper, est inadmissible surtout de la part d'un notaire, notamment en ce qui concerne les dispositions fondamentales de la loi du 25 vent. an XI. — *Cass.*, 19 août 1844 (t. 1er 1845, p. 39), Gouvert.

1163. — Le refus de la part d'un notaire d'apporter ses minutes au président du tribunal civil qui en a besoin pour la taxe des honoraires de ce notaire, et la déclaration faite par celui-ci au président qu'il proteste à l'avance contre la taxe qui pourrait avoir lieu et qu'il ne s'y soumettra pas, constituent un manque de respect qui le rend passible d'une peine disciplinaire. — *Bordeaux*, 4 août 1841 (t. 1er 1842, p. 74), Malescot.

1164. — Le notaire qui a favorisé des emprunts usuraires et prêté son ministère pour en réaliser les actes, encourt des peines de discipline. C'est en vain qu'il s'excuserait sur ce que le ministère du notaire est forcé. — *Caen*, 15 déc. 1828, G...

1165. — Le notaire qui, comme condition d'un prêt qu'il procure, stipule qu'il lui sera fait une remise sur la somme fixée pour les honoraires de la vente des biens qu'un autre notaire est chargé de faire pour l'emprunteur, et qui, plus tard, sur le refus de ce partage, menace d'entraver les ventes et propose à un huissier de le charger des poursuites à condition de participer aux bénéfices qu'elles pourraient produire, commet une infraction grave aux devoirs de sa profession, et se rend passible des peines disciplinaires. — *Paris*, 11 janv. 1841 (t. 1er 1841, p. 251), C...

1166. — Un notaire chargé de la vente par licitation d'un immeuble a pu, par suite d'une résolution prise par les cohéritiers, tous majeurs, de n'admettre comme enchérisseur que celui qui fournirait immédiatement une caution solvable, ne pas recevoir les offres d'un individu notoirement insolvable qui refusait de souscrire à cette condition, et sans encourir pour cela aucune peine. — *Pau*, 10 janv. 1835, Rolland.

1167. — Les notaires sont soumis aux peines de discipline, non-seulement pour les fautes commises dans le cercle de leurs fonctions purement notariales, mais encore pour celles commises dans la gestion des affaires qui leur sont confiées. — *Metz*, 14 juin 1825, N...

1168. — Le notaire coupable d'un délit qui blesse les mœurs, sans porter atteinte à sa probité, encourt des peines disciplinaires que les tribunaux peuvent, en usant de la latitude qui leur est donnée par l'art. 53, L. 25 vent. an XI, proportionner à la gravité du fait et réduire à une supension temporaire. — *Bordeaux*, 6 juin 1833, V... L...

1169. — L'action disciplinaire n'est pas subordonnée à l'existence d'un préjudice causé aux parties. Dès lors un notaire poursuivi pour infraction disciplinaire ne saurait exciper de ce qu'il n'a causé de préjudice à personne. — *Cass.*, 19 août 1844 (t. 1er 1845, p. 39), Gouvert.

1170. — L'action disciplinaire est tout à fait indépendante de l'action publique à raison des crimes, délits ou contraventions commis par un notaire et l'exercice de l'une de ces deux actions n'exclut nullement l'exercice postérieur de l'autre. — V., à cet égard, CHOSE JUGÉE, nos 759, et DISCIPLINE, nos 18 et suiv. ; NON BIS IN IDEM.

1171. — Ainsi, un notaire déjà traduit, soit en police correctionnelle, soit en cour d'assises, et et acquitté, peut être à raison des mêmes faits, poursuivi par voie disciplinaire. — *Bordeaux*, 20 mars 1811, B...; *Agen*, 18 janv. 1842 (t. 2 1842, p. 526), Deller.

1172. — Spécialement, un notaire qui a déjà été poursuivi et puni pour fait d'usure peut encore être traduit en justice par mesure de discipline pour le même fait. — *Metz*, 20 mai 1826, N...

1173. — De même, un notaire qu'un arrêt de non-lieu a renvoyé d'une poursuite exercée contre lui pour crime de faux peut néanmoins être destitué disciplinairement à raison des mêmes faits considérés comme constituant une indélicatesse et un manquement aux devoirs de sa profession. — *Cass.*, 2 août 1848 (t. 2 1848, p. 549), B...

1174. — Jugé cependant que les tribunaux ne peuvent prononcer la destitution d'un notaire par cela seul qu'il aurait été condamné à une peine correctionnelle. — *Turin*, 22 août 1810, Gaudi. — Mais cet arrêt a été cassé le 20 nov. 1811. — V. CHOSE JUGÉE, no 771.

1175. — Quoi qu'il en soit, jugé que dans l'exercice de l'action disciplinaire on ne peut se prévaloir contre le notaire des informations qui ont eu lieu dans la procédure criminelle devant le juge d'instruction relativement au fait incriminé. — *Limoges*, 21 juin 1838 (t. 1er 1839, p. 100), Lenoble.

1176. — L'action disciplinaire est imprescriptible. — V. DISCIPLINE, nos 24 et suiv., et les décisions qui y sont rapportées.

1177. — Jugé en outre qu'un notaire acquitté d'un délit pour lequel il avait été poursuivi, sur le fondement que l'action était prescrite, peut ultérieurement être suspendu ou destitué de ses fonctions par voie de discipline à raison du même fait. — *Cass.*, 30 déc. 1824, T... — V. cependant *Bourges*, 20 avr. 1825, L..., et vo CHOSE JUGÉE, no 776.

ART. 2. — *Peines disciplinaires.*

1178. — On distingue les peines disciplinaires en deux classes, selon qu'elles peuvent être appliquées par la chambre de discipline ou seulement par les tribunaux.

§ 1er. — *Peines de discipline intérieure.*

1179. — Les peines disciplinaires que peut appliquer la chambre, et que l'on appelle *simples peines disciplinaires* ou *peine de discipline intérieure* sont : 1o le rappel à l'ordre; 2o la censure simple; 3o la censure avec réprimande par le président au notaire inculpé, en personne, dans la chambre assemblée; 4o la privation de voix délibérative dans l'assemblee générale; 5o enfin l'interdiction de l'entrée de la chambre pendant un espace de temps qui ne peut excéder trois ans pour la première fois, et qui peut s'étendre à six en cas de récidive. — Ord. 4 janv. 1843, art. 14.

1180. — Bien que cet article ne le dise pas d'une manière formelle, il semble que la privation de voix délibérative dans l'assemblée générale doit être temporaire, et par conséquent limitée de la même manière que l'interdiction de l'entrée de la chambre. La dernière partie de la phrase paraît s'appliquer également à l'une et à l'autre peine.

1181. — La chambre pourait-elle prononcer à la fois plusieurs de ces peines ou les combiner ensemble, par exemple, en cas de récidive, prononcer la censure et l'interdiction de l'entrée de la chambre pendant trois ans seulement? Une chambre de discipline a décidé l'affirmative.

1182. — Le fait de la part d'un notaire de ne pas se rendre à l'assemblée générale constitue une contravention, alors même que, par une décision antérieure, il aurait été privé du droit d'avoir voix délibérative dans cette assemblée. — *Douai*, 1er fév. 1839, Becq, sous *Cass.*, 23 déc. 1839 (t. 1er 1840, p. 81.

1183. — Jugé que la chambre des notaires ne peut point prononcer une peine de discipline intérieure contre un notaire pour un fait qui constitue une contravention à une disposition expresse de la loi sur le notariat, tel que celui d'avoir signé un acte reçu, hors sa présence, par son clerc. — *Nancy*, 30 mai 1834, T...

1184. — Mais cet arrêt ne peut faire jurisprudence; car la discipline embrasse toutes les fautes, de quelque nature qu'elles soient, commises par les notaires dans l'exercice de leurs fonctions, sans préjudice de toute autre action à laquelle ces fautes pourraient donner lieu.

1185. — La discipline intérieure des notaires est de la compétence exclusive des chambres de notaire. — *Cass.* (ch. civ.), 1er avril 1844 (t. 1er 1844, p. 521), Laprevoté.

1186. — Par conséquent, l'application des peines se rattachant à la discipline intérieure appartient exclusivement à ces chambres. — *Nancy*, 2 juin 1834, C...; *Cass.*, 20 janv. 1847 (t. 1er 1847, p. 119), P...

1187. — Les tribunaux civils sont donc incompétens pour prononcer contre un notaire, sur la poursuite du ministère public, les peines disciplinaires énumérées dans l'art. 10. — Arr. 2 niv. an XII; — *Nancy*, 2 juin 1834, C... — *Cass.*, 1er avr. 1844 (t. 1er 1844, p. 521), Laprevoté; 20 janv. 1847 (t. 1er 1847, p. 119), P... — *Contrà Paris*, 9 janv. 1837 (t. 1er 1837, p. 42), K...

1188. — Et ils ne peuvent prononcer que la condamnation à la destitution, à la suspension, à l'amende et aux dommages-intérêts, conformément aux dispositions de l'art. 53 de la loi du 25 vent. an XI. — *Cass.*, 1er avr. 1844 (t. 1er 1844, p. 521), Laprevoté.

1189. — Jugé également qu'aucune disposition législative n'attribuant aux tribunaux le droit de connaître des décisions disciplinaires des chambres de notaires, et de les approuver ou infirmer, ils doivent se déclarer incompétens à cet égard. — *Cass.*, 11 mars 1846 (t. 1er 1846, p. 528), Baufresne c. Cosnard.

1190. — Mais comme c'est par les conclusions et non par le jugement que se détermine la compétence, une Cour d'appel est compétente pour prononcer contre un notaire la simple peine disciplinaire de l'avertissement, lorsque l'action dirigée devant elle par le ministère public concluait à la suspension. — Le notaire ainsi frappé disciplinairement serait d'ailleurs sans intérêt à se faire un grief d'une modération de peine qui lui profiterait. — *Cass.*, 8 avr. 1845 (t. 1er 1845, p. 455), Lagillardais.

1191. — De même, les tribunaux ont, aussi bien que les chambres de discipline, pouvoir pour prononcer contre les notaires les peines disciplinaires d'un degré inférieur, soit lorsque le fait reproché a perdu à l'audience le caractère de gravité qui dans l'origine paraissait devoir lui faire appliquer une peine plus élevée, soit même lorsque ces tribunaux ont été directement saisis par la citation du ministère public. — *Douai*, 15 juin 1835, Becq; pourvoi rejeté 16 juin 1836. — *Paris*, 9 janv. 1837 (t. 1er 1837, p. 42), K...; *Amiens*, 16 avr. 1845 (t. 2 1845, p. 616), P...; *Cass.*, 20 nov. 1848 (t. 1er 1849, p. 545), V...

1192. — Toutefois, ce qu'on vient de dire suppose que les chambres de discipline font leur devoir. — En cas de refus ou d'inaction des chambres de discipline, le ministère public a le droit de poursuivre et les tribunaux celui de réprimer toutes les contraventions que les lois et réglemens sur le notariat punissent d'une peine disciplinaire, et cela sans distinction entre les contraventions plus ou moins graves et qui doivent donner lieu à l'application de telle ou telle peine. — Ainsi, par exemple, le fait d'absence par un notaire à une réunion générale, peut être poursuivi par le ministère public et être puni par le tribunal, d'un rappel à l'ordre. Le pouvoir de la chambre de discipline, pour le réprimer et lui appliquer cette peine, n'est pas exclusif. — *Bourges*, 23 av. 1827, Debeize et Frottier; *Cass.*, 16 juin 1836, et 23 déc. 1839 (t. 1er 1840, p. 81), Becq.

1193. — Le tribunal civil est seul compétent, à l'exclusion de la chambre de discipline, pour prononcer la peine disciplinaire encourue par un notaire pour refus d'apport de ses minutes au président du tribunal civil qui en a besoin pour la taxe des honoraires de ce notaire. La loi ne renvoie le notaire devant ses pairs que lorsqu'il s'agit d'une infraction à la discipline intérieure, mais non quand l'infraction reprochée peut, à cause de sa gravité, amener des condamnations sévères. — *Bordeaux*, 4 août 1841 (t. 1er 1842, p. 74), Malescot.

§ 2. — *Peines de discipline à appliquer par les tribunaux.*

1194. — Les peines disciplinaires que les tribunaux peuvent appliquer sont, outre celles exceptionnelles qu'on vient de voir : 1o la suspension, 2o la destitution, 3o les amendes portées par les lois sur le notariat. Ces peines ne peuvent être prononcées que par les tribunaux. — L. 25 vent. an XI, art. 53.

1195. — Toutes suspensions, destitutions, condamnations d'amende, de dommages-intérêts requises par le ministère public ou par les parties contre des officiers ministériels, tels que les notaires, doivent être prononcées par le tribunal civil de leur résidence. — *Cass.*, 21 mai 1844 (t. 2 1844, p. 236). G...

1196. — La suspension ou la restitution doivent être prononcées dans tous les cas prévus par les lois. Tels sont, pour la suspension, ceux indiqués par les art. 6, 23 et 33, L. 25 vent. an XI; pour la destitution, ceux spécifiés dans les art. 6, 16 et 26 de la même loi, l'art. 68 du C. de comm., relatif au dépôt de l'extrait du contrat de mariage d'un commerçant, l'art. 176 du même Code, relatif à la remise des copies de protêt et à la tenue du registre des protêts, l'art 12, décr. du 4 mai 1809, sur l'obligation, à peine d'interdiction, pour le notaire appelé à inventorier des biens ayant appartenu au titulaire d'un majorat, de se faire représenter le certificat constatant la notification de son décès au commissaire du sceau des titres; l'art. 10, ordonn. 3 juill. 1816, concernant la défense faite aux notaires de conserver entre leurs mains des deniers qu'ils doivent verser à la caisse des dépôts et consignations.

1197. — Toutefois, la poursuite d'office accordée au ministère public par l'art. 53 L. 25 vent. an 11, n'est pas restreinte aux seuls cas prévus par cette loi, comme entraînant la suspension ou destitution des notaires. — *Bordeaux*, 3 déc. 1827, Dejarnac.

1198. — Les art. 6, 16, 23, 26 et 33 ne sont pas limitatifs, mais purement démonstratifs, et la suspension ou la destitution des notaires peut être prononcée toutes les fois que leurs fautes sont jugées assez graves pour que l'intérêt de la société exige l'application de l'une ou l'autre de ces peines. — *Amiens*, 30 mars 1821, N...; *Metz*, 20 mai 1826, N...; *Bourges*, 23 juill. 1827, Debeize; *Cass.*, 24 juin 1828, Dejarnac; 20 juill. 1841 (t. 2 1841, p. 255), W... — *Contrà*, *Bruxelles*, 19 juillet 1809, N...

1199. — Les tribunaux civils ont un pouvoir discrétionnaire pour l'appréciation des fautes commises par les notaires et qui seraient de nature à entraîner leur suspension ou destitution. — *Cass.*, 31 oct. 1811, Tarrichi; 30 déc. 1811; 24 juin 1828, Dejarnac.

1200. — Et un notaire peut être destitué ou suspendu pour tous actes contraires à la probité et à la délicatesse dont il se rendrait coupable soit dans l'exercice soit même hors de l'exercice de ses fonctions. — *Amiens*, 30 mars 1821, N...

1201. — Ainsi, un notaire peut être suspendu disciplinairement lorsque, par suite du désordre de ses affaires, il a été obligé de prendre des arrangemens avec ses créanciers, et que, par défaut de soins, il a exposé ses cliens à ne pas être intégralement payés des sommes qu'ils lui ont confiées. — *Toulouse*, 13 mai 1836, Tailhades.

1202. — Ainsi, encore, les tribunaux ont pu prononcer contre un notaire la peine de la destitution, pour s'être adjugé à lui-même, sous le nom d'une personne interposée, des coupes de bois qu'il avait vendues aux enchères en sa qualité d'officier public. — *Cass.*, 30 décembre 1811, Chemin.

1203. — ... Ou pour avoir été condamné pour habitude d'usure, et s'être en outre attiré de graves reproches de la part des magistrats, à l'occasion de deux procédures en faux dirigées contre deux actes reçus par lui. — *Bordeaux*, 3 décemb. 1827, et *Cass.*, 24 juin 1828, Dejarnac.

1204. — ... Ou pour avoir signé et fait usage

d'une contre-lettre par laquelle il est déclaré que le traité sur lequel le notaire a été nommé n'est que fictif, et que la seconde convention doit seule être exécutée, alors surtout que le traité occulte n'a pour objet que de constituer le notaire nommé comme le mandataire ou gérant du notaire remplacé. — *Cass.*, 20 juill. 1841 (t. 2 1841, p. 255), W...

1205. — Toutefois, le notaire qui, après avoir reçu un acte de vente, participe à la confection d'une contre-lettre, en l'écrivant de sa main, n'est point passible des peines disciplinaires prononcées par l'art. 53 L. 25 vent. an XI, lorsque cette contre-lettre a pour objet un supplément de prix dont il n'est pas fait mention dans l'acte authentique. — *Lyon*, 18 fév. 1841 (t. 1er 1841, p. 575), Rousset.

1206. — Jugé, cependant, que la destitution ne doit pas être prononcée contre un notaire acquitté d'une accusation de faux, lorsqu'on ne peut lui attribuer aucune intention frauduleuse, et que le prétendu faux n'a causé aucun préjudice ni à l'Etat, ni aux parties contractantes. — *Colmar*, 8 mars 1825, A... — Mais cela ne veut pas dire qu'on ne pourrait appliquer à ce notaire aucune autre peine disciplinaire.

1207. — L'art. 52 L. 25 vent. an XI explique les principaux effets de la suspension et de la destitution. — Tout notaire frappé d'une de ces deux peines doit, aussitôt après la notification qui lui en a été faite, cesser l'exercice de ses fonctions, à peine de tous dommages et intérêts et des autres condamnations prononcées par les lois contre tout fonctionnaire suspendu ou destitué qui continue l'exercice de ses fonctions (V. C. pén., art. 197). — Le notaire suspendu ne peut les reprendre, sous les mêmes peines, qu'après la cessation du temps de la suspension. De plus, la violation de cet article entraînerait la nullité des actes.— Art. 68.

1208. — Les jugemens qui prononcent la suspension ou la destitution sont exécutoires par provision, nonobstant appel, excepté quant aux condamnations pécuniaires. L'appel n'est donc pas suspensif de l'effet de la cessation des fonctions, à partir de la notification du jugement. — Art. 53.

1209. — Mais il n'en serait point ainsi dans le cas où la suspension ou la destitution n'aurait été prononcée que par un jugement par défaut, que l'on fût encore dans les délais de l'opposition ou que l'opposition fût formée ; l'art. 53 n'a en vue que les jugemens contradictoires. — Gagneraux, *Encyclop. du not.*, p. 214, n° 9.

1210. — Toutefois, la suspension d'un notaire ne le prive pas du droit de délivrer aux parties intéressées expédition des actes qu'il a reçus antérieurement. — Lett. min. just. — Gagneraux, *ibid.*, n° 10.

1211. — Lorsqu'un jugement prononce la destitution d'un notaire certificateur, il ne doit pas être entendu comme se rapportant seulement au titre de certificateur, mais comme emportant déchéance absolue du titre de notaire. — Décis. min. just. 29 oct. 1835.

1212. — La durée de la suspension prononcée contre un notaire doit être limitée. Ainsi un tribunal ne peut ordonner qu'un notaire restera suspendu de ses fonctions jusqu'à ce que le successeur qu'il devra présenter ait été nommé et installé. — *Montpellier*, 25 fév. 1833, G...

1213. — Le notaire destitué est privé de la faculté de présenter un successeur (L. 28 avr. 1816, art. 91). — Le tribunal qui prononce la destitution d'un notaire ne saurait donc l'autoriser à présenter un successeur à l'agrément du gouvernement. — *Bordeaux*, 6 juin 1833, V... L...

1214. — Néanmoins, le notaire destitué conserve le droit de réclamer du successeur nommé le prix de son office, si celui-ci n'a obtenu sa nomination qu'à condition de payer ce prix.—*Lyon*, 1er mars 1838 (t. 2 1838, p. 395), C... c. R... — V. au surplus OFFICE.

1215. — Quant aux amendes, elles ne peuvent être prononcées qu'en vertu d'un texte précis de la loi. — V., à cet égard, v° ENREGISTREMENT.

1216. — Une Cour d'appel ne peut, même sous prétexte des circonstances atténuantes, prononcer une amende au lieu d'une autre peine disciplinaire, contre un notaire poursuivi pour infraction à l'obligation de résidence. — *Cass.*, 11 janv. 1841 (t. 1er 1841, p. 170), Dépinay.

ART. 3. — *Exercice de l'action disciplinaire.*

§ 1er. — *Mode de procéder de la chambre.*

1217. — Il y a lieu de distinguer suivant que

la chambre est chargée de prononcer; 1° comme arbitre conciliateur, 2° ou comme comité consultatif, 3° ou enfin comme juge.

1218. — 1° *Cas où la chambre agit pour prévenir ou concilier des différends.*—Dans ce cas, la chambre ne remplit pas les fonctions de juge, mais seulement d'arbitre conciliateur, sauf aux parties, en cas de non-conciliation, à se pourvoir ensuite devant les juges compétens, et sans préjudice aussi de l'action disciplinaire contre le notaire qui pourrait être trouvé en faute, à l'occasion des affaires ainsi portées devant la chambre.

1219. — La marche à suivre par la chambre dans le cas dont il s'agit, est tracée par les art. 18 et 20 de l'ordonnance correspondant aux art. 14 et 15 de l'arrêté de niv. an XII.

1220. — Art. 18. « Quant aux différends entre notaires et aux difficultés sur lesquelles la chambre est chargée d'émettre son avis, les notaires peuvent se présenter contradictoirement et sans citation préalable devant la chambre ; ils pourront également y être cités soit par simples lettres énonçant les faits, signées des notaires qui s'adressent à la chambre et envoyées par le secrétaire auxquels ils en remettent des doubles, soit par des actes d'huissier dont ils déposeraient les originaux au secrétariat. Les lettres et citations seront préalablement visées par le président de la chambre. Le délai pour comparaître sera celui fixé par l'art. 17 (cinq jours au moins). »

1221. — Si ce sont des tiers qui portent leurs réclamations devant la chambre, ils peuvent y appeler de la même manière le notaire inculpé, ou bien déposer simplement leur plainte au secrétariat ou entre les mains du syndic ; celui-ci par lettre indicative des faits signée de lui et envoyée par le secrétaire qui en tient note, cite le notaire à comparaître, et s'il n'obéit pas, il est cité une seconde fois à la même diligence par ministère d'huissier. — Art. 17.

1222. — 2° *Cas où la chambre agit comme comité consultatif.*—Art. 20. « La chambre prendra ses délibérations, sur les plaintes et réclamations des tiers, après avoir entendu ou dûment appelé, dans la forme ci-dessus prescrite, les notaires inculpés ou intéressés, ensemble les tiers qui voudront être entendus, et qui, dans tous les cas, pourront se faire représenter ou assister par un notaire. »

1223. — Lorsque l'inculpation portée contre un notaire paraît assez grave pour mériter la suspension ou la destitution, les pouvoirs de la chambre changent de nature : elle cesse d'être juge pour devenir comité consultatif, et encore sa constitution doit-elle être momentanément modifiée.

1224. — Elle s'adjoint, par la voie du sort, à Paris, dix autres notaires, partout ailleurs, un nombre inférieur de deux à celui des membres de la chambre. La chambre, ainsi composée, émet par forme de simple avis, et à la majorité absolue des voix, son opinion sur la suspension et sa durée, ou sur la destitution. — Ordonn. 4 janv. 1843, art. 15.

1225. — Les voix sont recueillies par *oui* ou par *non ;* mais l'avis ne peut être formé qu'autant que les deux tiers au moins de tous les membres appelés à l'assemblée sont présents. — *Ibid.*

1226. — La chambre composée comme il est dit (art. 15) peut ordonner une nouvelle instruction, si elle le juge nécessaire, avant de formuler son avis.

1227. — Dans tous les cas, le notaire inculpé doit être cité à comparaître, et entendu dans toutes ses explications.

1228. — Si l'avis est pour provoquer la suspension ou la destitution, une délibération est rédigée, et deux expéditions du procès-verbal de cette délibération sont, l'une déposée au greffe du tribunal, l'autre remise au procureur de la République. — Art. 16.

1229. — Si, au contraire, la chambre n'estime pas qu'il y ait lieu de provoquer l'une ou l'autre des deux peines dont il s'agit, la fonction des adjoints doit cesser avec le motif qui les avait fait appeler, et la chambre, constituée comme avant leur adjonction, prononce, s'il y a lieu, l'application d'une peine de discipline intérieure, sans que les adjoints puissent concourir à cette décision. — Gagneraux, *ibid*, p. 309, *a*, n° 2.

1230. — 3° *Cas où la chambre prononce comme juge.* — Lorsqu'il s'agit de l'application des peines de discipline, c'est toujours à la diligence du syndic que la poursuite a lieu, et il est tenu de dénoncer à la chambre les faits relatifs à la discipline, soit d'office, soit sur l'invitation du procureur de la République, soit sur la provocation des parties intéressées ou d'un des membres de la chambre. — Art. 17.

1231. — Est régulière la délibération d'une chambre de notaires dans laquelle le syndic a figuré, mais avec voix consultative seulement, comme partie contre un notaire poursuivi disciplinairement, et alors que ce syndic avait un intérêt personnel dans la poursuite. — *Cass.*, 10 mars 1846 (t. 1er 1846, p. 526), Daufresne c. Cosnard.

1232. — Mais il n'est pas obligé de citer immédiatement le notaire inculpé à comparaître. Il peut se contenter d'abord de porter les faits à la connaissance de la chambre, qui, de son côté, peut ou donner mission au rapporteur de citer et d'instruire, ou ordonner la citation immédiate du notaire dénoncé.

1233. — Il peut donc interroger des témoins et dresser procès-verbal de leurs dépositions.

1234. — Mais vis-à-vis des simples citoyens, le syndic n'a aucun caractère, aucune autorité officielle, d'où suit qu'il peut bien les inviter à lui fournir tous les éclaircissemens dont il a besoin, à faire devant lui toutes dépositions, mais que ceux-ci ne sont nullement obligés de déférer à ces invitations.

1235. — Quelle que soit la mesure adoptée par elle, il est toujours du devoir de celui-ci, si les faits ont besoin d'être éclaircis et prouvés, de prendre tous renseignemens et de se livrer à toutes investigations à cet égard.

1236. — Lorsqu'il y a lieu de citer le notaire inculpé à comparaître devant la chambre la citation est donnée à la diligence du syndic, dans les formes prescrites par l'art. 17, et toujours à un délai qui ne peut être moindre de cinq jours.

1237. — Si la poursuite a eu lieu sur la plainte d'un notaire ou d'autres personnes intéressées, ils ont le droit d'assister à la séance indiquée pour la comparution (arg. art. 18 et 20). Il convient donc de leur faire donner avis, par le secrétaire, du jour où se tiendra cette séance.

1238. — La chambre doit nécessairement entendre les explications du notaire cité, et du notaire ou des parties plaignantes. Elle peut, en outre, admettre tous autres moyens d'instruction qu'elle jugerait utiles, entendre, par conséquent, des témoins appelés d'office par elle, ou présentés par les parties plaignantes et le notaire inculpé.

1239. — Mais, libre sur le mode de former sa conviction, elle n'est pas tenu d'admettre à déposer les témoins produits de part et d'autre. — Déc. min. just. 2 janv. 1837.

1240. — Une chambre de notaires a pu puiser les élémens d'une décision disciplinaire prise contre un notaire dans des délibérations antérieures lors desquelles le notaire inculpé a été appelé à s'expliquer sur les faits qui lui étaient reprochés. — *Cass.*, 16 nov. 1846 (t. 2 1848, p. 360), Gavot c. notaires de Marseille.

1241. — Les tiers intéressés peuvent se faire représenter ou assister d'un notaire (art. 20). — Cet article n'accorde pas expressément le même droit au notaire inculpé, mais il ne le lui interdit pas. Néanmoins, nous pensons que la chambre peut exiger sa comparution en personne. Quant à l'assistance d'un collègue, on ne voit aucun motif sérieux pour que la chambre puisse s'y opposer. — V., toutefois, Gagneraux, *ibid.*, p. 311, *a*, n° 1.

1242. — « Lorsqu'un notaire est parent ou allié, en ligne directe, à quelque degré que ce soit, et en collatérale, jusqu'au degré d'oncle ou de neveu inclusivement, de la partie plaignante ou du notaire inculpé ou intéressé, il ne peut prendre part à la délibération. » — Ordonn. 4 janv. 1843, art. 19.

1243. — Le notaire, membre de la chambre, qui aurait exprimé, dans la chambre, la connaissance qu'il avait de l'inexactitude d'une inculpation de faux imputé à un notaire, ne doit pas, par cela seul, être considéré comme témoin et empêché de prendre part à la délibération sur la poursuite disciplinaire dirigée contre le notaire inculpé, à l'occasion du fait qui avait donné lieu, à l'imputation de faux. — Déc. min. just. 2 janv. 1837.

1244. — Si la chambre reconnaît que le notaire cité est en faute, elle peut lui appliquer une des peines de discipline intérieure énumérées dans l'art. 14. Elle prononce, dans ce cas, par voie de décision. — V. arrêté du 2 niv. an XII, art. 9.

1245. — La délibération est motivée ; elle est signée par le président et le secrétaire à la séance même où elle est prise. Elle contient les noms des membres présens. — Ordonn. 4 janv. 1843, art. 20.

1246. — Si elle prononce une peine, elle doit être notifiée dans la même forme que les cita-

NOTAIRES, ch. 7, sect. 3e, a. 3, § 2.

tions (*ibid.*), c'est-à-dire par huissier ; car ce n'est que sur citation par huissier que le notaire inculpé est strictement obligé de comparaître. — Arg. art. 17.

1247. — La notification se fait à la requête du syndic. — Arg. *ibid.*

1248. — Les décisions disciplinaires émanées des chambres de notaires sont sans effet tant qu'elles n'ont pas été régulièrement notifiées. — *Paris*, 25 août 1834, notaires d'Epernay.

1249. — Spécialement, lorsqu'une chambre de discipline a prononcé contre un notaire la privation de voix délibérative dans l'assemblée générale, ce notaire peut être admis à prendre part aux opérations de l'assemblée, si la décision ne lui a pas été régulièrement notifiée, et cela bien que cette décision soit connue et du notaire et de l'assemblée. — Même arrêt.

1250. — Le notaire condamné par défaut peut-il former opposition ? Il est difficile de l'admettre, en droit, en présence de la double citation par lettre et par huissier qui doit lui avoir été donnée en vertu de l'art. 17, ce qui ne permet guère de supposer qu'il ait pu ignorer la poursuite dirigée contre lui. — Gagneraux, *ibid*, p. 312, § 1er, n° 3.

1251. — Cependant, il nous semble que la chambre peut admettre l'opposition en raison des circonstances. Comme ses décisions, en pareil cas, sont de simples mesures de discipline intérieure, pour l'application desquelles elle a un pouvoir discrétionnaire, il est de toute justice que si le notaire condamné démontre ou qu'il n'a pas eu, en effet, connaissance de la poursuite, ou qu'il lui a été impossible d'obéir à la citation et de donner à temps connaissance à la chambre de cette impossibilité, celle-ci puisse revenir sur ce qui a été fait et prononcer ensuite, d'après les nouveaux éclaircissemens qui lui sont fournis par le notaire opposant.

1252. — Les décisions disciplinaires n'étant que des mesures de discipline intérieure, ne peuvent être l'objet d'aucun recours devant les tribunaux : ceux-ci doivent se déclarer incompétens pour y statuer, alors même que la décision prononcerait une peine qu'il n'appartenait pas à la chambre d'infliger ; par exemple, l'exclusion de la chambre. — *Paris*, 28 avril 1832, T..... c. Chambre des not. de Provins.

1253. — Dès lors, la nullité d'une décision disciplinaire, même pour excès de pouvoir, ne pourrait être demandée par voie d'action principale devant le tribunal civil. — *Caen*, 5 avril 1838 (t. 2 1838, p. 194), R... c. Chambre des notaires de Mortagne.

1254. — Ainsi, il résulterait de ces arrêts et de l'art. 103 décret 30 mars 1808 : que les décisions de discipline intérieure ne seraient pas sujettes à l'appel. — Peut-être, cependant, le ministre de la justice aurait-il le droit de les reviser. — Arg. *Cass.*, 20 avril 1842 (t. 1er 1842, p. 617), B... — V. au surplus, DISCIPLINE, n° 313 et suiv.

1255. — Les décisions disciplinaires concernant les notaires n'étant que des mesures de police intérieure, ne pourraient être l'objet d'un recours en cassation en ce qui concerne le fond. — *Cass.*, 4 déc. 1833, T...c. Chambre des not. de Provins. — V. DISCIPINE, n° 331.

1256. — Il en serait autrement, et la voie du recours en cassation serait admise si la décision était attaquée pour violation des formes constitutives, incompétence et excès de pouvoir. — *Caen*, 5 avril 1838 (t. 2 1838, p. 194), B... c. Ch. des not. de Mortagne ; *Cass.*, 16 nov. 1846 (t. 2 1848, p. 360), Gavot c. Chambre des not. de Marseille (sol. implic.). — *Contrà*, *Cass.*, 4 déc. 1833, T... c. Ch. des not. de Provins. — V., au surplus, DISCIPLINE, nos 336 et suiv.

1257. — Il n'y a pas excès de pouvoir dans une décision disciplinaire par cela qu'un notaire qui n'avait pas assisté à une séance antérieure y aurait pris part, alors que, dans cette séance, de simples explications ont été officieusement demandées à l'inculpé, et que celui-ci a été mis à même et en demeure de présenter sa défense à la séance à laquelle la décision a été rendue. — *Cass.*, 16 nov. 1846 (t. 2 1848, p. 360), Gavot c. Chambre des not. de Marseille.

§ 2. — *Poursuites devant les tribunaux.*

1258. — Au ministère public seul appartient le droit de *poursuivre* l'application des peines disciplinaires énumérées dans l'art. 53 l. 25 vent. an XI, la suspension, la destitution et l'amende, pour contravention aux lois sur le notariat. — Gagneraux, *ibid.*, p. 218, n° 13, et *suprà* nos 1197 et suiv.

1259. — Malgré les termes de l'art. 53 qui semble aussi accorder le droit d'exercer ces poursuites aux parties intéressées, cette disposition ne doit leur être appliquée qu'à l'égard des dommages-intérêts. Il est de principe, en effet, qu'il n'appartient pas aux particuliers de requérir l'application des peines. C'est un droit réservé aux fonctionnaires auxquels la loi l'a exclusivement attribué. — C. instr. crim., art. 1er.

1260. — L'action disciplinaire est distincte de l'action criminelle et elle est purement civile. — *Cass.*, 6 janv. 1835, Debourges.

1261. — Et ce sont les tribunaux civils et non les tribunaux correctionnels que la loi a voulu saisir de l'action disciplinaire. — *Cass.*, 22 fév. et 6 mai 1844 (t. 2 1844, p. 18), Carle.

1262. — En effet, les infractions commises par les notaires aux règles prescrites par la loi du 25 ventôse an XI ne doivent pas être considérées comme des délits. — *Cass.*, 30 juin 1814, Friot et Castex.

1263. — Les art. 102 et 103 du décret du 30 mars 1808 qui ont investi les Cours d'appel du droit de statuer *omisso medio*, sur les fautes commises par les officiers ministériels et découvertes à l'audience, ne sont pas applicables aux notaires. — *Rennes*, 9 juill. 1834, Tessier et Faraud ; *Cass.*, 12 août 1835, Tessier ; 29 mars 1841 (t. 1er 1811, p. 457), Thévard et Girard ; *Nîmes*, 14 avril 1842 (t. 1er 1842, p. 754), B... ; *Orléans*, 22 fév. 1845 (t. 1er 1845, p. 440), Lucas.

1264. — En conséquence, des peines disciplinaires ne peuvent être requises incidemment en appel contre des notaires ; elles doivent être poursuivies par action principale intentée par le ministère public, devant le tribunal de la résidence des notaires inculpés. — Mêmes arrêts.

1265. — Un tribunal de première instance ne peut donc non plus, sans commettre un excès de pouvoir et sans porter atteinte à l'indépendance du ministère public, se saisir d'office d'une poursuite disciplinaire contre un notaire, et enjoindre au procureur de la République de le citer à sa barre à jour fixe. — *Orléans*, 22 fév. 1845 (t. 1er 1845, p. 440), Lucas.

1266. — L'action du ministère public étant indépendante du droit de surveillance et de police attribué aux chambres de discipline, il peut poursuivre d'office et les tribunaux prononcer la destitution, sans prendre préalablement l'avis de la chambre. — *Cass.*, 13 mai 1807, Champeaux ; 6 déc. 1808, R... ; 13 déc. 1810, Ryex ; 2 août 1848 (t. 2 1848, p. 549), B...

1267. — Le ministère public n'est pas tenu non plus de citer préalablement le notaire devant cette chambre. — *Amiens*, 30 mars 1821, N... ; *Bordeaux*, 3 déc. 1827, de Jarnac.

1268. — Mais l'action du ministère public est soumise aux formes ordinaires de la procédure. Il doit donc donner assignation au notaire inculpé, en lui laissant, pour préparer sa défense, le délai ordinaire des ajournemens. — Gagneraux, *ibid.*, p. 219, nos 20 et 21.

1269. — En conséquence, un tribunal ne peut, à la requête du ministère public, prononcer la suspension, la destitution ou la déchéance d'un notaire, si celui-ci n'a été préalablement entendu ou assigné pour comparaître. — *Turin*, 12 janv., Marengo ; 22 août 1810, Gaudi.

1270. — Par la même raison, le ministère public ne peut présenter à l'audience d'autres griefs que ceux exprimés dans l'exploit d'assignation. — *Pau*, 28 janv. 1824, Vidal.

1271. — De son côté, le notaire est soumis aux formes ordinaires de la procédure civile. — V. DISCIPLINE, nos 271 et suiv.

1272. — Lorsque le notaire réclame la preuve testimoniale contre l'existence de la contravention, il est tenu de suivre la voie de l'enquête prescrite par le Code de procédure. — Ainsi, il doit signifier au ministère public, dans les formes et les délais voulus par le Code de procédure, les noms, prénoms et domiciles des témoins qu'il veut faire entendre. — *Colmar*, 1er fév. 1831, L... — V. DISCIPLINE, nos 273 et suiv.

1273. — Jugé que les poursuites disciplinaires exercées par le ministère public contre les notaires devant les tribunaux civils, aux termes de l'art. 53 de la loi du 25 vent. an XI, sont réglées par le Code d'instruction criminelle, et non par les dispositions du Code de procédure. — Que dès lors le notaire poursuivi ne peut pas se prévaloir de l'art. 283 du Code de procédure civile pour reprocher un témoin cité à la requête du ministère public, et qu'il prétendrait avoir été précédemment condamné pour faux. — *Dijon*, 6 déc. 1844 (t. 1er 1845, p. 46), Poinsel.

1274. — Cet arrêt a été déféré à la Cour de cassation ; mais la Cour n'a pas donné de solution sur la question. Le rapporteur a pensé que l'action disciplinaire étant civile et non correctionnelle, l'enquête à laquelle elle pourrait donner lieu était soumise aux formes prescrites par le Code de procédure civile, et non à celles prescrites par le Code d'instruction criminelle. — V. 18 fév. 1845 (t. 1er 1846, p. 476), Poinsel.

1275. — Les tribunaux ont tout pouvoir pour apprécier la pertinence des faits dont le ministère public demande à faire preuve. — Par suite, il n'y a contravention à aucune loi dans l'arrêt qui a rejeté comme non pertinente la preuve des faits offerte par le ministère public. — Il en est ainsi spécialement dans le cas où un notaire, qui avait énoncé dans une procuration des faits matériellement faux, ayant été seulement suspendu par le motif que sa faute n'était qu'une coupable distraction, le ministère public, qui concluait à la destitution de ce notaire, aurait offert de prouver que sa faute était au contraire le résultat d'une volonté réfléchie. — *Cass.*, 15 déc. 1846 (t. 2 1847, p. 165), Marchal.

1276. — Les tribunaux doivent statuer en audience publique en non chambre du conseil. — V. DISCIPLINE, nos 287 et suiv.

1277. — ... A moins que la discussion publique des faits ne soit de nature à entraîner des inconvéniens, auquel cas le tribunal peut ordonner le huis-clos, sauf à prononcer le jugement publiquement et dans la salle d'audience. — Décis. du min. just., 22 déc. 1835.

1278. — Le tribunal qui prononce une peine disciplinaire contre un notaire ne peut ordonner que son jugement sera lu à tous les membres de la compagnie, et inscrit ensuite sur le registre des délibérations de la chambre. — *Douai*, 13 fév. 1843 (t. 1er 1844, p. 350), Trux. — V., à cet égard, DISCIPLINE, nos 302 et suiv.

1279. — Il ne peut ordonner non plus que ce jugement sera affiché et publié dans les journaux, l'art. 1036 du C. proc. civ. étant sans application en matière de discipline. — Même arrêt. — Rolland de Villargues, *Rép. du not.*, v° *Discipline notariale*, n° 175, 2e édit. — *Contrà*, *Paris*, 26 mars 1839 (t. 1er 1839, p. 417), Thomassin.

1280. — Celui qui a traité avec un notaire dont la destitution est poursuivie par le ministère public, ne peut intervenir dans l'instance en destitution. — *Toulouse*, 22 mai 1826, P...

1281. — Les jugemens disciplinaires sont exécutoires par provision, nonobstant appel, excepté quant aux condamnations pécuniaires. — L. 25 vent. an XI, art. 53.

1282. — *Opposition.* — Les jugemens rendus en matière disciplinaire sont, sans contredit, susceptibles d'opposition.

1283. — Un jugement de suspension rendu par défaut contre un notaire est réputé avoir reçu sa pleine et entière exécution dans les six mois, lorsque 1° il a été notifié à personne, 2° qu'il a été suivi d'un autre par défaut portant condamnation contre le même notaire, pour avoir continué l'exercice de son état postérieurement à la notification du premier. — L'opposition formée au premier jugement, vingt-quatre jours après le second, est non recevable. — *Cass.*, 30 mars 1824, Renard.

1284. — *Appel.* — On a vu (v° DISCIPLINE, nos 329 et suiv.) que les décisions de discipline intérieure ne sont pas sujettes à l'appel, et qu'elles ne le sont que dans le cas où il y a condamnation prononcée en jugement. — Décr. du 30 mars 1808, art. 103.

1285. — Mais, d'après l'art. 53, L. du 25 vent an XI, tous jugemens prononçant des suspensions, destitutions, condamnations d'amende et dommages-intérêts contre des notaires, sont sujets à l'appel. — *Cass.*, 21 mai 1844 (t. 2 1844, p. 236). G...

1286. — Ainsi, sont appelables les jugemens qui, sur la demande du ministère public, condamnent des notaires à l'amende, par application de l'art. 68 C. comm., pour n'avoir pas accompli les formalités qui leur sont imposées pour la publicité des contrats de mariage des commerçans. — *Cass.*, 16 mai 1825, Bedu ; 29 oct. 1830, Drojat.

1287. — Dans ce cas il n'y pas lieu d'appliquer la loi du 22 frim. an VII, qui déclare non susceptibles d'appel les jugemens rendus en matière d'enregistrement : sous prétexte que la poursuite du ministère public a eu pour base un procès-verbal dressé par un vérificateur de la régie de l'enregistrement. — *Cass.*, 29 oct. 1830, Drojat. — Et dès lors le pourvoi en cassation formé contre ces jugemens par le ministère public est non recevable. — Même arrêt.

1288. — A l'égard des amendes, il y a toujours lieu à appel; quel que soit le taux des amendes demandées ou prononcées. — *Metz*, 15 janv. 1819, Steimmetz; *Cass.*, 10 déc. 1822, Varry; *Bruxelles*, 17 avr. 1824, N...

1289. — La voie de l'appel est ouverte au ministère public comme au notaire condamné.

1290. — Ainsi, le ministère public peut appeler d'un jugement qui rejette sa demande à fin de destitution contre un notaire. — *Cass.*, 13 mai 1807, Champeaux.

1291. — ... Alors même qu'il aurait fait signifier ce jugement sans réserve et avec commandement de s'y conformer. — *Cass.*, 13 déc. 1824, Bazille.

1292. — ... Et encore bien que le jugement qui, sur les poursuites du ministère public, a relaxé le notaire des poursuites dirigées contre lui ait été rendu par erreur contre l'administration de l'enregistrement, laquelle a été condamnée aux dépens. — *Douai*, 12 déc. 1842 (t. 2 1843, p. 656), N...

1293. — Lorsqu'un notaire a été renvoyé d'une plainte formée contre lui à raison d'une prétendue infraction à la loi sur le notariat, ce notaire non plus que le syndic de la chambre chargé de prendre fait et cause pour lui ne sont pas recevables, comme étant sans intérêt, à interjeter appel de cette décision, par le motif que les juges ont statué non sur le droit, mais sur le fait. — *Colmar*, 18 mars 1834.

1294. — L'appel doit être interjeté suivant les formes de la procédure civile, et non par déclaration au greffe, comme dans une instance correctionnelle. — *Douai*, 15 juin 1835, Becq.

1295. — Cependant, de ce que le ministère des avoués n'est pas nécessaire (V. *suprà* nos 1260 et 1268), il suit que l'acte d'appel du notaire appelant n'est pas nul pour ne pas contenir constitution d'avoué. — Même arrêt.

1296. — Il n'est pas non plus nécessaire de consigner l'amende de fol appel : si elle a été mal à propos consignée, elle doit être restituée. — Même arrêt. — V. APPEL, n° 1652.

1297. — *Pourvoi en cassation.* — Relativement au pourvoi en cassation contre les décisions rendues par les tribunaux en matière disciplinaire, V. DISCIPLINE, nos 329 et suiv.

1298. — Bien que les cours d'appel aient un pouvoir discrétionnaire pour constater et apprécier les faits à raison desquels des poursuites disciplinaires sont exercées contre un notaire, un arrêt est sujet à la censure de la Cour de cassation lorsque après avoir constaté en fait qu'un notaire a contrevenu à une disposition formelle de la loi, il refuse de lui appliquer la peine qu'il a encourue. — *Cass.*, 19 août 1844 (t. 1er 1845, p. 39), Gouvert.

1299. — Le pourvoi du ministère public contre un arrêt qui rejette la demande en destitution d'un notaire devient sans objet, et par conséquent inadmissible, si, au moment où il a été formé, la démission du notaire était déjà acceptée par le ministre, qui avait pourvu à son remplacement, et si l'ordonnance de nomination du successeur avait reçu son exécution à la diligence du ministère public lui-même. — *Cass.*, 11 juill. 1827, Sarda.

1300. — En matière disciplinaire, comme en toute autre matière, le droit de la défense est inviolable et sacré. — *Cass.*, 21 mai 1844 (t. 2 1844, p. 236), G... — V. DISCIPLINE, nos 294 et suiv.

1301. — Un notaire n'a pas été privé de son droit de légitime défense lorsque, sur l'appel d'un jugement par défaut qui, après vérification des faits, l'a condamné disciplinairement à la destitution, et sur son opposition à l'arrêt par défaut qui confirme ce jugement, dont les motifs sont adoptés, ce notaire s'est présenté enfin devant la Cour, et s'est borné à conclure à ce que le ministère public lui fît connaître textuellement les lois pénales dont il requérait l'application, et subsidiairement à ce qu'on lui notifiât les pièces de l'instruction. — *Cass.*, 21 mai 1844 (t. 2 1844, p. 236), G...

Sect. 4e. — *Notaires honoraires. — Clercs.*

1302. — *Notaires honoraires.* — D'après le règlement de la compagnie des notaires du département de la Seine du 29 oct. 1846, approuvé par le garde des sceaux le 24 nov. suivant, et lequel reproduit les dispositions de délibérations précédentes des 1er mai 1843 et 2 sept. 1844, la chambre de discipline a droit de connaître de toutes les plaintes qui pourraient être formées contre un notaire honoraire, et suit à son égard la forme ordonnée pour les notaires en exercice. — Art. 19, § 1er.

1303. — Si l'inculpation portée à la chambre contre un notaire honoraire paraît assez grave pour entraîner sa radiation, la chambre doit s'adjoindre, par la voie du sort, six notaires honoraires qui ont voix délibérative. Quand l'avis émis par la majorité des membres de la chambre ainsi composée est pour la radiation, l'expédition de la délibération contenant cet avis doit être adressée au garde des sceaux par l'intermédiaire du procureur de la République et du procureur général. — Même art., § 2.

1304. — *Clercs.* — Les chambres exercent une surveillance générale sur la conduite de tous les aspirans de leur ressort et peuvent, suivant les circonstances, prononcer contre eux, soit le rappel à l'ordre, soit la censure, soit enfin la suppression du stage pendant un temps qui ne peut excéder une année. — Ord. 4 janv. 1843, art. 37.

1305. — Il est procédé contre les clercs dans les mêmes formes que celles prescrites par l'ordonnance à l'égard des notaires. — Néanmoins, les dispositions des art. 15 et 16 ne leur sont pas applicables. — Dans tous les cas, le notaire dans l'étude duquel travaille le notaire inculpé est préalablement entendu ou appelé. — *Ibid.*

V. ACTE NOTARIÉ, CAPACITÉ, COMPULSOIRE, CONTRAT DE MARIAGE, COPIE DE PIÈCES, DATE, DÉPÔT, DISCIPLINE, ENREGISTREMENT, EXPÉDITION, GROSSES, HONORAIRES, INVENTAIRE, MINUTES, PROCURATION, RÉSIDENCE, TAXE, TÉMOINS, TESTAMENT, VENTE.

NOTAIRE CERTIFICATEUR.

V. NOTAIRE.

NOTAIRE EN SECOND.

V. NOTAIRE.

NOTE D'AUDIENCE.

V. GREFFIER, JUGEMENT.

NOTICES.

On appelle ainsi les documens et tableaux de statistique ou de toute autre nature que les parquets sont tenus de transmettre périodiquement soit aux procureurs généraux, soit au garde des sceaux, et quelquefois aux autorités militaires et administratives, soit pour faciliter l'action de la justice, soit pour faire connaître comment elle est administrée. — Ce travail, qui tous les jours s'étend davantage, est plus spécialement imposé aux parquets de première instance. — V. MINISTÈRE PUBLIC, STATISTIQUE.

NOTIFICATION.

Exploit par lequel on donne à une partie connaissance d'un acte qui l'intéresse. — V. COUR D'ASSISES, EXPLOIT, PURGE, SIGNIFICATION, etc.

NOTORIÉTÉ.

1. — C'est la connaissance publique d'une chose quelconque, comme d'un usage, d'une loi, d'un fait. — On dit alors que l'usage, la loi, le fait sont notoires, qu'ils sont de notoriété publique.

2. — On trouve dans le droit canonique et dans les interprètes que les faits notoires n'ont pas besoin d'être prouvés. — De là une foule de distinctions entre la notoriété de fait et la notoriété de droit, la notoriété permanente et la notoriété passagère. — Toullier, t. 8, n° 13.

3. — Dans la jurisprudence antérieure au Code, la notoriété de fait, aussi embarrassante et aussi difficile à prouver que le fait lui-même n'était point admise en France. On n'y admettait, et on n'admet encore aujourd'hui que la notoriété de droit résultant d'un jugement ou d'un acte authentique que doit produire celui qui allègue une pareille notoriété. — Toullier, *ibid.*

4. — Cependant, la notoriété de fait n'est pas sans importance, et elle produit des effets remarquables. — V., entre autres mots, ASSURANCE MARITIME, CALOMNIE, COMMERÇANT, CRIMES CONTRE LA SURETÉ DE L'ÉTAT, DONS ENTRE CONCUBINS, INTERDICTION.

5. De plus, lorsque dans les actes qui attestent certains faits, la notoriété est déclarée exister sur les mêmes faits, elle donne à ces actes un caractère et une autorité qu'ils n'auraient pas toujours sans elle. Sans cette attestation de notoriété, ce seraient de simples certificats. — Rolland de Villargues, *Rép. du not.*, v° *Notoriété*, n° 7. — V. ACTE DE NOTORIÉTÉ.

NOTORIÉTÉ (Acte de).

V. ACTE DE NOTORIÉTÉ.

NOUGAT.

Fabricans expéditeurs de nougat. — Patentables de 4e classe. — Droit fixe basé sur la population, — droit proportionnel du 20e de la valeur locative de l'habitation et des lieux servant à l'exercice de la profession. — V. PATENTE.

NOURRICES.

1. — L'obligation où se trouve l'administration publique de veiller à ce qui intéresse la vie des hommes, lui impose le devoir de veiller sur les nourrices auxquelles les enfans sont confiés.

2. — Ce devoir fut compris par la Convention, qui, dans l'organisation du bureau central (V. ce mot), affecta l'un des dix bureaux qui le composaient au placement des nourrices et au recouvrement des mois qui leur étaient dus.

3. — Déjà, du reste, la sollicitude du législateur, à cet égard, s'était manifestée par les lois des 1er décembre 1791 et 15 août 1792, qui avaient accordé des secours aux pères de famille détenus pour dettes relatives à des mois de nourrice. — Défense avait été faite d'exercer la contrainte par corps pour cette cause, et, aux termes du décret du 25 août 1792, toutes les personnes détenues devaient être élargies.

4. — Les règles relatives aux nourrices se rapportent soit aux nourrices en général, soit spécialement aux bureaux de nourrices.

5. Quant aux nourrices auxquelles des enfans sont confiés par l'administration des hospices, nous avons vu (v° ENFANT TROUVÉ, nos 76 et suiv.) comment leurs droits, devoirs et obligations sont réglés par des dispositions spéciales. — V. ENFANS TROUVÉS.

6. — *Nourrices en général.* — Aux termes d'une ordonnance du préfet de police du 9 août 1828 (art. 1er), motivée sur l'insuffisance des garanties que présentent en général les nourrices et les meneurs, aubergistes et logeurs, toute nourrice de la campagne, qui vient à Paris ou dans la banlieue pour s'y procurer un nourrisson, doit être munie d'un certificat délivré par le maire de la commune et attestant : 1° qu'elle a des moyens d'existence suffisans ; 2° qu'elle est de bonne vie et mœurs; 3° qu'elle n'a point *actuellement* de nourrisson, et que l'âge de son dernier enfant permet qu'elle en prenne un ; 4° qu'elle est pourvue d'un garde-feu et d'un berceau pour l'enfant qui lui sera confié. — Aucune nourrice ne peut se charger d'un enfant sans avoir présenté ce certificat à la préfecture, où, sur l'exhibition qu'elle en fait, il est procédé à son inscription. — *Idem*, art. 2.

7. — Tant que cet enregistrement dans les bureaux de la préfecture n'a pas été opéré, il est fait défense expresse à tous *meneurs* et *meneuses*, *aubergistes logeurs* et autres de s'entremettre pour leur procurer des nourrissons (art. 5). Il est défendu aux mêmes personnes de reconduire les nourrices dans leurs communes sans qu'elles se soient munies de l'acte de naissance de l'enfant qui leur a été confié, ou, à défaut, d'un bulletin provisoire de la mairie où la déclaration a été faite. — Art. 4 et 5.

8. — Il est également prescrit aux meneurs et meneuses et à toutes autres personnes qui se chargent d'amener ou de procurer des nourrices à Paris ou dans la banlieue : 1° d'emporter ou faire emporter aucun enfant nouveau-né sans que cet enfant soit accompagné de la nourrice qui doit l'allaiter (art. 6), et dans aucun cas une nourrice ne peut se charger de deux enfans à la fois (art. 3); 2° de se présenter par-devant le préfet de police pour justifier de leurs moyens d'existence, du mode de transport qu'ils emploieront (art. 7), et aux logeurs et aubergistes qui les reçoivent chez eux d'en faire la déclaration au préfet de police, qui se réserve de faire examiner et surveiller, sous le rapport de la salubrité, les localités destinées par eux à les recevoir.

9. — Toutes contraventions aux dispositions de cette ordonnance sont déférées aux tribunaux (art. 10).

10. — Les actions relatives au paiement des nourrices sont généralement portées devant le juge de paix. — V. JUSTICE DE PAIX, nos 477 et suiv.

11. — L'action en paiement pour la nourriture et les soins que les nourrices donnent aux enfans qui leur sont confiés, se prescrit comme les arrérages des pensions alimentaires, ou comme généralement tout ce qui est payable par an ou à des termes périodiques plus courts, c'est-à-dire par cinq ans.

12. — Les actes relatifs au recouvrement des sommes qui n'excédent pas 100 fr. dues pour mois de nourrice, sont enregistrés gratis. — L. 16 juin 1824, art. 6.

13. — *Bureau de nourrices.* — Il existe à Paris un bureau où les nourrices venant de la campagne à Paris pour y chercher des nourrissons, sont reçues et logées pendant leur séjour et en attendant qu'on réclame leurs soins.

14. — Ce bureau de nourrices a été établi par les déclarations des 29 janv. 1715, 1er mars 1727, 27 déc. 1762, 24 juill. 1769 ; par la loi du 25 mars 1806 et le décret du 30 juin de la même année.

15. — Suivant l'art. 1er décret de 1806, l'administration du bureau de nourrices de la ville de Paris fait partie des attributions de l'administration générale des secours et hôpitaux de ladite ville : sous l'autorité du préfet du département, pour la partie administrative ; et pour la police, sous celle du préfet de police.

16. — Et d'après l'art. 9 du même décret, c'est au roi (aujourd'hui au président de la République), sur la proposition du ministre de l'intérieur, qu'est réservé le droit de faire les règlemens concernant le bien de l'établissement, en ce qui concerne la correspondance avec les maires du lieu où habitent les nourrices, pour la surveillance et la police.

17. — Les art. 3, 4 et 5 règlementent le mode de recouvrement du prix des mois de nourrice des enfans de la ville de Paris et de la banlieue.

18. — Outre le bureau général dont nous venons de parler, il existe plusieurs bureaux de nourrices tenus par des particuliers. Or les dispositions précédentes s'appliquent également à ces bureaux. L'art. 39 du décret du 16 mess. an VIII les met en effet sous la surveillance du préfet de police.

NOURRISSEURS.

Nourrisseurs de vaches et de chèvres pour le commerce du lait. — Patentables de 6e classe ; — droit fixe basé sur la population, droit proportionnel du 20e de la valeur locative de l'habitation et des lieux servant à l'exercice de la profession. — V. PATENTE.

NOUVEAUTÉS (Marchands de).

Patentables de 2e classe ; — droit fixe basé sur la population, droit proportionnel du 20e de la valeur locative de l'habitation et des lieux servant à l'exercice de la profession. — V. PATENTE.

NOUVEL ŒUVRE (Dénonciation de).

V. ACTION POSSESSOIRE, nos 170 et suiv. ; DÉNONCIATEUR DE NOUVEL ŒUVRE.

NOUVELLES.

V. ASSURANCE MARITIME, DÉLIT DE PRESSE, no 444 ; ÉCRIT PÉRIODIQUE, no 84.

NOUVELLES CHARGES.

V. CHAMBRE DU CONSEIL, nos 177, 198 et suiv. ; CHAMBRE DES MISES EN ACCUSATION, nos 134, 238 et suiv., et surtout NON BIS IN IDEM.

NOUVELLETÉ.

1. — On appelle ainsi en matière d'action possessoire le trouble ou l'innovation apportés à la jouissance d'un possesseur.

2. — Ce n'est en sens qu'on dit que la complainte a lieu dans le cas de *saisine* et *nouvelleté* ; en d'autres termes, quand un trouble est apporté à une possession qui aurait eu plus d'un an et un jour. — V. COMPLAINTE, SAISINE, et surtout ACTION POSSESSOIRE.

NOVATION.

Table alphabétique.

NOVATION. — **1.** — C'est la substitution d'une nouvelle obligation à une ancienne, laquelle demeure éteinte.

Sect. 1re. — *Caractères de la novation ; ses différentes espèces.*

2. — Le caractère essentiel et constitutif de la novation est d'opérer l'extinction de l'ancienne dette et d'y en substituer une nouvelle. — L. 1, ff., *De novat.* — Il n'y a point novation si l'ancienne dette n'est pas éteinte. Aussi le Code a-t-il placé cette matière sous le chapitre *De l'extinction des obligations.* — Toullier, t. 7, n° 270.

3. — Des additions ou modifications faites à la première obligation peuvent n'en pas entraîner l'extinction dans toutes ses parties. Les points auxquels il n'a pas été dérogé restent dans toute leur force, l'ancienne dette n'est pas éteinte ; il n'y a pas novation, et le débiteur reste obligé en vertu des deux obligations. — L. 2, ff., *De novat.*, § 3, *Instit. quib. modis toll. oblig.* — Toullier, t. 7, n° 270. — Ainsi, le contrat de novation est toujours complexe ; on y peut toujours distinguer deux conventions : l'une d'éteindre une obligation préexistante, l'autre d'en contracter une nouvelle. — Toullier, t. 7, n° 271.

4. — Ces deux conventions sont la condition l'une de l'autre. S'il n'existait point d'obligation ancienne qu'on voulût éteindre, la nouvelle ne serait pas contractée : ainsi l'ancienne en trouvant nulle, la nouvelle resterait sans cause. Et si la nouvelle obligation était nulle dans son principe, l'ancienne ne serait pas éteinte ; car l'extinction resterait sans cause. — Toullier, t. 7, n° 271.

5. — La novation s'opère de trois manières : 1° lorsque le débiteur contracte envers son créancier une nouvelle dette qui est substituée à l'ancienne, laquelle est éteinte ; 2° lorsqu'un nouveau débiteur est substitué à l'ancien, qui est déchargé par le créancier ; 3° lorsque, par l'effet d'un nouvel engagement, un nouveau créancier est substitué à l'ancien, envers lequel le débiteur se trouve déchargé. — C. civ., art. 1271.

6. — La première manière a lieu, comme on le voit, entre les mêmes parties sans l'intervention d'une nouvelle personne. Cette espèce de novation s'appelle simplement *novation.* — Toullier, t. 12, n° 272.

7. — La novation par substitution d'un nouveau débiteur à l'ancien était appelée *expromissio* par les jurisconsultes romains, et ils donnaient le nom d'*expromissor* au nouveau débiteur qui promait ainsi sur lui seul l'obligation. L'expromission différait de l'*adpromissio* ou cautionnement, en ce que, par ce dernier contrat, le premier débiteur n'était point déchargé et l'obligation de l'*adpromissor* était une sûreté de plus que recevait le créancier. — L. 8, *De novat.* — Toullier, t. 7, n° 274.

8. — Il existe une autre espèce de novation, très-fréquente, qu'on appelle *délégation*, et dans laquelle il y a presque toujours à la fois substitution d'un débiteur à un autre débiteur, et substitution d'un créancier à un autre créancier, quoique l'objet de la nouvelle obligation soit le même que celui de l'ancienne. — V. DÉLÉGATION.

9. — Enfin, il y a une espèce particulière de novation qui s'opère aussi sans l'intervention d'une tierce personne, par une convention faite non pas avec le débiteur originaire, mais avec son héritier. L'art. 879 C. civ. veut que le droit de demander la séparation des patrimoines ne puisse plus être exercée, lorsqu'il y a *novation* dans la créance contre le défunt, par l'acceptation de l'héritier pour débiteur. — V. SÉPARATION DES PATRIMOINES.

10. — Comme la loi définit pas les caractères auxquels on doit reconnaître la novation, la décision qui la reconnaît donne ouverture à cassation. Mais il appartient exclusivement aux juges du fond d'apprécier, surtout en matière commerciale, si la preuve de l'existence de ces caractères résulte des faits, présomptions et actes du procès. — *Cass.*, 16 nov. 1844 (t. 2 1843, p. 410), Bataillé c. Dufil.

11. — La décision qui statue sur l'existence d'une novation doit constater qu'il y a eu de la part des parties volonté de l'opérer, et que cette volonté s'est manifestée par un des trois modes que la loi (art. 1271) détermine pour constituer la novation, et il appartient à la Cour de cassation d'examiner si la novation résulte réellement des circonstances relevées par l'arrêt. — Spécialement : le créancier d'une rente viagère incessible et insaisissable est réputé avoir fait novation à la créance résultant pour lui des arrérages qui lui sont dus, lorsque après le règlement de ladite créance il en a laissé le montant entre les mains du débiteur, qui s'est obligé à lui en payer les intérêts, sa créance primitive s'étant ainsi transformée en une créance pour prêt, dépouillée du caractère d'insaisissabilité. — *Cass.*, 19 août 1844 (t. 2 1844, p. 680), Ricquier de la Bonnevalière c. Leroy. — V. CASSATION.

Sect. 2e. — *Obligations qui peuvent faire l'objet de la novation.*

12. — Toutes espèces d'obligation, soit civiles, soit naturelles, peuvent faire l'objet de la novation. — L. 1re, ff., *De novat.* — Car les obligations naturelles ne sont pas nulles, mais seulement dénuées d'action.—Pothier, *Oblig.*, n° 589; Toullier, t. 6, n° 390, et t. 7, n° 292 ; Duranton, t. 12, n° 293.

13. — Les obligations susceptibles d'être annulées ou rescindées pour quelque vice, comme l'erreur, la violence ou le dol, ou à raison de l'incapacité de l'obligé, peuvent, au moyen de la novation, servir de cause suffisante à des obligations valables. Toutefois, il faut distinguer en raison de la nature du second acte. Si c'est simplement la même obligation à laquelle on veut donner la force qui lui manquait, ce n'est alors qu'un acte confirmatif qui, pour être valable, doit réunir les conditions prescrites par l'art. 1338 du Code civil. Si, au contraire, le nouvel engagement diffère notablement du premier, il y a novation. — Duranton, t. 12, n° 294.

14. — Une promesse qui n'a aucune cause quelconque, ou qui n'a eu qu'une cause immorale ou honteuse, ne pourrait servir de cause valable à une autre obligation par la voie de la novation. — Duranton, t. 12, n° 295.

15. —Ainsi, l'obligation de payer une dette de jeu, en la considérant même comme naturelle, n'est pas susceptible de novation : puisqu'elle a une cause réprouvée par la loi.— *Limoges*, 8 janv. 1824, Boudet c. Ramboz, Bardenat et Descourières.

16. — Une donation nulle en la forme ne pouvant être confirmée par aucun acte, le donateur ne saurait la valider par la voie de la novation. — Duranton, *Des contr.*, n° 872.

17.—Pour qu'il puisse y avoir lieu à novation, il faut que la première obligation subsiste encore au moment du contrat. Ainsi la novation ne serait point possible si la première obligation avait pour objet un corps certain, et que ce corps eût péri par cas fortuit au moment de la seconde. Il en serait autrement si le débiteur avait pris sur lui les cas fortuits, ou s'il était en demeure d'exécuter la première obligation. — Duranton, t. 12, n° 275.

18. — Une obligation conditionnelle peut être l'objet de la novation.— L. 8, § 1er, et L. 14, § 1er, ff., *De novat.*; Toullier, t. 7, nos 317 et suiv.; Duranton, t. 12, nos 296 et suiv.

19. — Les obligations à terme peuvent également faire l'objet de la novation. Si c'est la première obligation qui a terme, comme le terme n'empêche pas l'existence du lien de droit, la novation a lieu immédiatement, bien que le second contrat ne puisse recevoir son exécution qu'après l'échéance de la première dette.— L. 5 et L. 8, § 1er, ff., *De novat.*; Pothier, *Oblig.*, n° 587; Duranton, t. 12, nos 301 et 302.

Sect. 3e. — *Personnes entre lesquelles la novation peut s'opérer.*

20. — La novation ne peut s'opérer qu'entre personnes capables de contracter (C. civ., art. 1272); car il est nécessaire que le créancier et le débiteur aient la capacité, l'un de remettre l'ancienne obligation, l'autre de contracter la nouvelle, puisque c'est en cela que consiste la novation. — Merlin, *Rép.*, v° *Novation*, § 4; Toullier, *Droit civ.*, t. 7, n° 293.

21. — Les mineurs, les interdits et les femmes mariées ne peuvent consentir de novation que dans les cas même où ils pourraient contracter une obligation ou au moins en toucher seuls le montant. — Duranton, *Dr. pr.*, t. 12, n° 281. — Mais, en général, la novation est valide, si elle rend leur condition meilleure. — Toullier, t. 7, nos 294 et 298.

22. — Les tuteurs, les maris, les mandataires, ne peuvent non plus consentir une novation qu'autant que la nouvelle créance ou les changemens faits à l'ancienne n'excèdent pas les pouvoirs qu'ils tiennent de la loi ou de leur mandat. — Toullier, t. 7, n° 295. — Ainsi le tuteur ayant qualité pour recevoir les paiemens des créances sans l'autorisation du conseil de famille, peut faire novation de ces créances: sauf à répondre du tort que sa faute causerait au mineur. — Duranton, t. 12, n° 279.

23.— En tout cas, le créancier capable de contracter ne peut opposer au débiteur mineur, interdit ou femme mariée non autorisée, l'incapacité où il était de consentir la novation. — Pothier, *Oblig.*, nos 590 et suiv.; Merlin, *Rép.*, v° *Novation*, § 4; Toullier, t. 7, n° 298; Delvincourt, *Cours de droit civil*, t. 2, p. 505; Duranton, t. 12, nos 280 et 282.

24. — Le pouvoir de recevoir n'entraîne pas celui de faire novation. Car pour cela il faut en général avoir le droit de toucher le paiement dans son propre intérêt. —Toullier, t. 7, n° 296 ; Duranton, t. 12, n° 276.

25. — Un tiers simplement indiqué pour recevoir le paiement n'a pas qualité pour faire novation de la créance, car il n'est pas créancier : *non est in obligatione, sed tantum in solutione.* — L. 27, ff., *De pactis*.— Pothier, *Oblig.*, n° 557; Duranton, t. 12, nos 277 et 315.

26. — Cependant, si l'indication avait été faite dans l'intérêt du tiers; par exemple, si le créancier avait voulu lui faire une libéralité, ou s'acquitter envers lui d'une somme qu'il lui devait, ce tiers pourrait faire novation avec le débiteur. Car alors il ne nuirait point aux droits du créancier. — Rolland de Villargues, *Rép.*, v° *Novation*, n° 39.

27.—Il en serait de même si l'indication avait été faite spécialement dans l'intérêt du débiteur ; par exemple, s'il avait été dit qu'il pourrait se libérer avec le tiers d'une manière quelconque. La novation serait encore valable, sans préjudice des droits du créancier contre ce dernier, lequel serait toujours tenu de lui faire raison du montant de l'obligation primitive, à moins de convention contraire. — Rolland de Villargues, *Rép.*, v° *Novation*, n° 40.

28. — C'était autrefois une question controversée que celle de savoir si le créancier solidaire pouvait faire novation de la dette. — Pothier, *Oblig.*, n° 591 ; Merlin, *Rép.*, v° *Novation*, § 4. — Aujourd'hui que la remise faite par un créancier solidaire ne libère le débiteur que pour la part de ce dernier (C. civ., art. 1198), il en résulte que la novation qu'il a consentie n'est valide que pour sa part et qu'elle ne peut nuire aux autres créanciers. — Toullier, t. 7, n° 296.

29. — La même décision devrait être appliquée au cas où la novation aurait été consentie par l'un des associés.— Toullier, t. 7, n° 296; Rolland, *Rép.*, v° *Novation*, n° 36.

30. — Quant à la novation consentie par l'un des débiteurs solidaires, elle libère les autres : puisque l'obligation ancienne est éteinte. — C. civ., art. 1281. — Mais ils ne sont point liés par la nouvelle obligation qu'il y a substituée ; il a seulement un recours contre chacun d'eux pour leur portion dans l'ancienne dette qu'il a acquittée.—Toullier, t. 7, n° 296 ; Duranton, t. 11, nos 175 et suiv.

31. — En conséquence jugé que le codébiteur, solidaire d'une créance, qui souscrit en son nom *seul* un nouveau titre en remplacement de celui qui était signé tant par lui que par son codébiteur a son recours contre celui-ci pour la moitié de l'ancienne dette commune. — *Cass.*, 30 mars 1819, Moulin c. Pailleux.

32. — L'usufruitier ne peut consentir la novation des créances soumises à l'usufruit. Ces créances peuvent bien être éteintes en cas qu'on vienne à les rembourser ; leur usage même consiste à forcer le remboursement des capitaux quand elles sont exigibles. L'usufruitier qui reçoit ou exige le remboursement n'use que suivant la destination de la chose, mais elles ne sont pas destinées à être transformées en d'autres créances par la novation. — Proudhon, *De l'usufruit*, n° 1054.

Sect. 4e. — *De quelle manière s'opère la novation.*

33.—La novation supposant deux obligations, puisque l'une doit éteindre l'autre, il faut qu'il y ait deux conventions distinctes. — Rolland de Villargues, *Rép.*, v° *Novation*, n° 42.

34. — Il n'est pas nécessaire, pour qu'il y ait novation, que la première convention ait précédé de longtemps la seconde; il suffit qu'elle l'ait précédée d'un instant de raison. Elle peut être faite par le même acte.— Pothier, *Oblig.*, n° 588 ; Duranton, *Dr. fr.*, t. 12, n° 303; Rolland de Villargues, *Rép.*, v° *Novation*, n° 43.

35. — Tel est le cas dans une acquisition ou dans un contrat d'acquisition : je fais intervenir un tiers qui s'oblige à ma place à vous payer la somme que je vous dois, et dont vous me déchargez.—L. 44, § 6, ff. *De oblig. et act.*; Pothier, *Oblig.*, n° 588 ; Rolland de Villargues, *Rép.*, v° *Novation*, n° 44.

36. — Bien plus, la novation peut avoir lieu avant l'existence de l'obligation : par exemple si je stipule que Séius me paiera 1,000 fr., que Titius sera obligé de me payer en vertu de la stipulation que je ferai avec lui.—L. 8, § 2, ff., *De novat.* — Ce n'est là au fond qu'une novation conditionnelle. — Rolland de Villargues, *Rép.*, v° *Novation*, n° 45.

37. — La novation ne se présume point, il faut que la volonté de l'opérer résulte clairement de l'acte. — C. civ., art. 1273.

38. — Sous l'empire de la cout. du Hainaut, il n'y avait novation qu'autant que les parties avaient formellement annoncé l'intention de l'opérer. — Cout. Hainaut, ch. 104, art. 2. — *Cass.*, 21 janv. 1806, Desenfans c. Sibille et Derome.

39. — Toutefois, il n'est pas nécessaire que la volonté de faire novation soit expressément déclarée ainsi que l'exigeait Justinien (L. 8, C. *De novat.*), qui en cela avait dérogé à l'ancien droit romain, d'après lequel la novation se présumait facilement, il suffit que, de quelque manière que ce soit, la volonté des parties soit évidente et ne puisse être révoquée en doute. — Pothier, *Oblig.*, n° 559; Toullier, t. 7, n° 277; Rolland de Villargues, *Rép.*, v° *Novation*, n° 47.

40. — Ainsi jugé qu'il n'est pas nécessaire que les parties expriment textuellement qu'elles font novation, il suffit que l'intention de l'opérer résulte de l'acte. — *Cass.*, 16 janv. 1828, Malhelin c. Rousseau Saint-Philippe.—*Rouen*, 10 juin 1835, Davie c. Demarets.

41. — Ainsi, de la part du créancier, il y aurait manifestation suffisante de l'infraction de faire novation s'il disait qu'il se *contente* de la seconde obligation.—Pothier, *Oblig.*, n° 559; Toullier, t. 7, n° 277.

42. — La volonté d'opérer la novation résulte encore nécessairement du nouvel acte lorsque la seconde obligation est en tout incompatible avec la première, c'est-à-dire lorsqu'elles ne peuvent subsister ensemble toutes les deux. — Basnage, *Traité des hypothèques*, 1re part., ch. 17; Toullier, t. 7, n° 278.

43. — Par cela seul que le créancier et le débiteur auraient passé un nouvel acte, et y auraient fait des changemens ou modifications à la première obligation, il ne s'ensuivrait pas qu'il y eût novation. Comme la novation ne se présume pas, il faudrait décider que les parties ont seulement voulu modifier, diminuer ou augmenter la dette plutôt que de l'éteindre pour lui en substituer une nouvelle.—Merlin, *Rép.*, v° *Déclinatoire*, § 1er; Duranton, t. 12, n° 286.

44. — La disposition de l'article 1273 C. civ., « La novation ne se présume pas, il faut que la volonté de l'opérer résulte clairement de l'acte, » ne déroge point aux règles générales du Code civil sur la preuve de l'existence des obligations. — *Cass.*, 14 mars 1834, Mahoudeau c. Wagon.

45. — En conséquence, l'existence de la novation peut être admise quand la preuve n'en résulte que de circonstances de fait appuyées d'un commencement de preuve par écrit. — *Cass.*, 9 juill. 1834, Désessarts c. Capitain.

46.—C'est aux juges du fond qu'il appartient de décider si un acte opère novation ; leur décision à cet égard ne peut tomber sous la censure de la Cour de cassation. — *Cass.*, 16 janv. 1828, Mathelin c. Rousseau Saint-Philippe; 19 juin 1832, Grasset c. Grimaudet ; 22 juin 1841 (t. 2 1841, p. 339), Deleutre c. Martel.

47. — Ainsi, c'est moins une question de droit qu'une question d'interprétation d'acte et de volonté des parties contractantes, que celle de savoir si un acte par lequel le créancier de deux débiteurs solidaires consent à ce que sa créance soit acquittée par l'un d'eux, contient novation. Dès lors, cette question a pu être jugée en ce sens, qu'il n'y a pas eu novation, sans que cette décision puisse donner prise à la censure de la Cour de cassation. — *Cass.*, 10 août 1830, Fleurot c. Lalanne.

48. — Jugé au contraire que la déclaration des juges du fond, que la volonté des parties d'opérer novation résulte clairement de l'acte, n'est pas souveraine. — Il entre dans le droit et le devoir de la Cour de cassation de comparer cette déclaration et les énonciations de l'acte avec les dispositions de l'art. 1271 C. civ. pour décider si cet acte présente ou non les caractères légaux de la novation. — *Cass.*, 22 juin 1841 (t. 2 1841, p. 132), Barbaud c. Vergue-Dugoulet.

49. Nous avons vu que la novation s'opérait de trois manières : 1° par la substitution d'une dette à une autre dette ; 2° par la substitution d'un débiteur à un autre débiteur ; 3° par la substitution d'un créancier à un autre créancier.

§ 1er. — *Substitution d'une nouvelle dette à l'ancienne.*

50. — La novation s'opère lorsque le débiteur contracte envers son créancier une nouvelle dette qui est substituée à l'ancienne, laquelle est éteinte. — C. civ., 1271. — En pareil cas, la novation a lieu entre les mêmes parties et sans l'intervention d'une nouvelle personne.

51. — Pour qu'il y ait novation il faut, non-seulement que les deux dettes soient valables, mais encore que la nouvelle diffère en quelque chose de la première, par exemple sur le lieu du paiement, sur les sûretés, etc. Autrement il n'y aurait pas nouvelle dette, mais seulement la reconnaissance d'une dette. — Duranton, t. 12, n° 285. — Toutefois ces différences peuvent, comme on va le voir, ne constituer qu'une modification de la première dette, laquelle continue de subsister.

52. — Ainsi, il n'y a pas novation dans la créance, lorsque, sur les offres de remboursement, le créancier ayant opposé que ce remboursement doit être précédé d'un avertissement de trois mois d'avance, il est convenu entre les parties que ce délai de trois mois courra à partir du jour des offres. — L. 8, *C. de novat. et deleg.* — *Cass.*, 21 brum. an VII, Bussy et Caudy c. Jamme et Gex.

53. — Lorsque deux individus ont fait une transaction par suite d'opérations commerciales, on ne saurait trouver des élémens suffisans pour décider qu'il y a eu novation, et que dès lors les tribunaux de commerce sont incompétens, ni dans les délais accordés par cet acte à celui qui s'est reconnu débiteur, encore qu'il ait cessé de faire le commerce, ni dans la différence entre la dette qui y est reconnue et celle qui est prétendue avoir existé antérieurement, ni enfin dans la différence entre l'intérêt de 5 p. 0/0 qui y est stipulé. — *Bruxelles*, 30 juin 1818, Feline c. Suremont.

54. — La convention par laquelle un débiteur, après avoir abandonné tout ce qu'il possède à ses créanciers, s'engage, envers l'un d'eux, par un acte séparé, à lui payer, jusqu'à concurrence du montant intégral de sa créance, ce qui pourra lui rester dû après la répartition des dividendes, n'emporte pas novation. — En conséquence, si la créance est commerciale, elle reste soumise à la compétence des tribunaux de commerce, avec toutes les garanties que la loi lui attribue. — *Cass.*, 7 juin 1837 (t. 1er 1843, p. 58), Capelle c. Pezet. — Toullier, t. 7, nos 277 ; Rolland de Villargues, *Rép. du not.*, v° *Novation*, n° 48 ; Duranton, *Cours de dr. français*, t. 12, nos 285 et suiv.

55. — Le renouvellement d'effets de commerce a pu être considéré, d'après les circonstances, comme emportant une simple prorogation d'échéance dans l'intérêt du débiteur principal, et non une novation ayant pour effet de libérer la caution. — *Cass.*, 16 juin 1846 (t. 1er 1847, p. 18), Bouzenot c. Renard.

56. — Il n'y a point nécessairement novation, par cela que le créancier reçoit du tiers qui lui est délégué par le débiteur un à-compte, pour lequel il lui donne quittance, et qu'il lui accorde un délai pour payer le surplus. — *Cass.*, 13 (et non 17) janv. 1818, Damien c. Larmoyer.

57. — La conversion de traites en plusieurs coupures faites par le porteur de concert avec l'accepteur n'opère point de novation à l'égard du tireur ; en sorte que si l'accepteur tombe en faillite avant l'échéance de ces traites, le porteur perd son recours contre ce tireur. — *Paris*, 2 août 1809, Dittemer et Brelaz c. Compte.

58. — Lorsqu'il est intervenu entre le tireur et l'accepteur d'une lettre de change, Anglais tous deux, acte de *cognovit* qui équivaut, dans la jurisprudence anglaise, à une espèce d'arrêté de compte exécutoire touchant cette même lettre de change et ses accessoires, il n'y a point là novation qui rende désormais le premier titre intransmissible. — *Douai*, 1er déc. 1834, Wellesley c. Tourasse.

59. — Lorsque le propriétaire d'un billet a accordé un sursis à l'individu qui s'en est approprié le montant par un abus de confiance, sous la promesse faite par ce dernier de le rembourser à l'époque convenue, à peine d'être poursuivi devant les tribunaux compétens, il ne peut résulter de là une fin de non-recevoir contre la plainte de la partie lésée. On ne saurait prétendre qu'il y a eu là une novation qui a civilisé l'affaire. — *Bordeaux*, 21 juill. 1830, Bourbon c. Renier.

60. — Il n'y a pas novation à la dette solidaire de plusieurs parties envers le notaire qui a rédigé leurs conventions, par cela seul que le notaire aurait accordé à l'une d'elles un délai pour sa libération. — *Toulouse*, 20 avril 1847 (t. 2 1847, p. 362), Gisclard c. Cathala.

61. — ... Ou par cela que le débiteur d'une créance qui ne portait point intérêts s'est obligé, après l'échéance, d'en payer et en a payé réellement. — Le paiement de ces intérêts emporte, de la part du débiteur, reconnaissance de l'obligation principale. — *Bruxelles*, 31 oct. 1828, N...

62. — Une dette commerciale dans l'origine ne perd point ce caractère et n'est point convertie en une obligation civile, par cela qu'elle est reconnue par acte notarié et garantie par une hypothèque. Dès lors le débiteur reste justiciable du tribunal de commerce et contraignable par corps. — *Grenoble*, 17 juin 1826, Duverney c. Baudet.

63. — Jugé également qu'il n'y a point novation d'une dette commerciale en une dette civile, par cela que cette dette a été reconnue dans un acte notarié, garantie par hypothèque et accompagnée de la remise au débiteur des titres commerciaux, alors surtout que la nature commerciale de la dette est mentionnée dans l'acte notarié, et que l'intérêt est stipulé à 6 p. °/o, comme en matière de commerce. En conséquence, le débiteur assigné en paiement de cette dette devant le tribunal de commerce est non recevable à demander son renvoi devant les juges civils. — *Cass.*, 21 fév. 1826, Cardon c. Richard-Lenoir. — Merlin, *Rép.*, v° *Faillite*, § 2, art. 5.

64. — ... Qu'une créance originairement commerciale reste toujours la même, malgré la convention survenue ultérieurement que la somme sera payée par parties en un certain délai ; dès lors le débiteur ne peut se soustraire à la juridiction commerciale ni à la contrainte par corps, sur le motif que sa dette, par l'effet de la convention, n'est plus qu'une dette purement civile. — *Cass.*, 11 février 1829, Foullon c. Laurence.

65. — ... Que la novation d'une dette commerciale en une dette civile ne résulte pas de ce que cette dette a été reconnue dans un acte qualifié de *transaction sur procès*, de ce qu'elle a été garantie par hypothèque, et de ce que les intérêts en ont été stipulés à 5 p. 0/0. — *Paris*, 27 avr. 1837 (t. 1er 1837, p. 473), Rey-Thorin c. Cacan.

66. — Toutefois, lorsque de la part du débiteur d'une lettre de change il y a eu reconnaissance de la dette, cette reconnaissance a pour effet de substituer la prescription de trente ans à celle de cinq ans, qui, dans le principe, atteignait la créance. — *Cass.*, 6 nov. 1832, Dupuy c. Puthod. — V., au surplus, LETTRE DE CHANGE.

67. — Le traité par lequel l'héritier fixe en argent le montant de la légitime due à ses frères et sœurs, doit être considéré comme un simple règlement de créance n'opérant pas novation : en conséquence, le légitimaire conserve, nonobstant ce traité, le droit d'être colloqué en privilége sur les biens de la succession par la voie de séparation de patrimoines. — *Grenoble*, 8 juin 1825, Mercier c. Barcemont.

68. — Lorsque le mari, débiteur de reprises matrimoniales, est institué usufruitier par sa femme, l'attribution qui lui est faite, à titre d'usufruit, pour le remplir de son legs, de la somme qu'il doit comme mari, opère novation par substitution de la dette de l'usufruitier à celle du mari. — Dès lors, l'hypothèque légale qui était attachée à la dette du mari s'éteint avec cette dette ; et la loi ne soumettant point celle de l'usufruitier à une semblable charge, il ne peut plus être pris d'inscription contre lui à aucun de ces deux titres. — *Bordeaux*, 5 mars 1842 (t. 2 1842, p. 430), Lacrompe de Laboissière.

69. — Le vendeur d'un immeuble qui reçoit des billets en paiement du prix de vente ne fait pas par cela seul novation dans sa créance, et conserve toujours les actions qui compètent au vendeur. — Merlin, *Rép.*, v° *Novation* ; Troplong, *Hypoth.*, n° 199 *bis* ; Zachariæ, *Dr. civ. franç.*, t. 20, § 223, note 19 ; Coulon, *Questions de droit*, t. 2, p. 251.

70. — L'opinion contraire, fondée sur ce qu'il y a changement d'objet de la nouvelle obligation, est enseignée par MM. Toullier, Duranton, Grenier, Delvincourt, Persil.

71. — Toutefois, on excepte le cas où la remise des billets de la part de l'acheteur n'a eu lieu que comme un mode plus avantageux au vendeur : *ad pretium recipiendum et utilitatis commercii sui causâ*. Car alors cette remise n'est qu'une exécution du contrat. — Toullier, t. 7, n° 282 ; Duranton, t. 12, nos 287, 292 ; Grenier, *Hypoth.*, t. 2, n° 385 ; Delvincourt, t. 2, p. 780, notes ; Persil, *Règl. hypoth.*, art. 2103, § 1, n° 6.

72. — Jugé, dans l preemier cas, que, si, à l'époque fixée pour le paiement de son prix, un vendeur a reçu de son acquéreur des billets à ordre qui n'ont été causés *valeur reçue comptant* que pour les rendre transmissibles par la voie de l'endossement, il n'y a point là novation dans la créance résultant de l'acte de vente, et que, par suite, l'action en résolution peut toujours être formée. — *Liége*, 15 fév. 1812, Maillen c. Kreymans.

73. — ... Que l'acceptation par le vendeur, par acte postérieur à l'aliénation, de billets à terme en paiement du prix qui lui est dû, n'emporte pas novation, alors qu'il stipule en même temps que, faute de paiement des billets à l'échéance, il rentrera dans tous ses droits. — *Cass.*, 16 août 1820, Chenereilles c. Lajarrige.

74. — ... Que la remise de la part de l'acquéreur au vendeur d'un effet négociable comme complément du prix de vente, avec réserve par le vendeur de ses droits jusqu'au parfait paiement, n'opère pas novation. — Dès lors le vendeur ou ses héritiers peuvent réclamer le montant de la somme qui reste due sur le prix de la vente en vertu de l'acte de vente lui-même, et sans être tenu de représenter l'effet ; sauf à l'acquéreur à établir sa libération par la production de cet effet acquitté ou par toute autre preuve. — Les juges ne peuvent, *surtout d'office*, condamner le vendeur à fournir, en recevant le montant de ce qui lui reste dû, caution de la valeur de l'effet. — *Cass.*, 3 mai 1837 (t. 2 1837, p. 114), Sancan c. Mourlan.

75. — ... Que la remise que fait l'acquéreur au vendeur d'un mandat sur un tiers, pour le paiement du prix, n'opère pas novation, encore bien que l'acte notarié de la vente porte quittance du prix, s'il est constant que les parties entendaient se référer au paiement à effectuer en vertu du mandat. — Dès lors, à défaut de paiement du mandat à l'échéance, la somme due produit, de plein droit, des intérêts en faveur du vendeur, lesquels doivent se capitaliser et produire de nouveaux intérêts à partir de la demande en justice. — *Cass.*, 24 juill. 1828, Dullemagne c. Cheynel.

76. — ... Que la stipulation, dans un acte de vente d'immeubles, que le prix sera payable en effets de commerce souscrits à l'instant au profit du vendeur n'emporte pas novation et ne rend pas le vendeur non recevable à demander la résolution de la vente à défaut de paiement de ces effets, encore bien que l'acte contiendrait quittance du prix. — *Cass.*, 22 juin 1841 (t. 2 1841, p. 132), Barbaud c. Vergne-Dugoulet.

77. — ... Que, lorsque le vendeur d'un immeuble consent, mais sans quittancer son contrat de vente, à recevoir des billets à ordre pour le montant de son prix, la réception de ces billets, souscrits pour prix d'immeuble et même les poursuites qu'il exerce à l'effet d'en obtenir le paiement à l'échéance n'opèrent pas novation de sa créance : dès lors il peut être admis, faute de paiement desdits billets, à former une demande en résolution de la vente. — *Bourges*, 24 nov. 1841 (t. 2 1842, p. 271), Fontaine c. Lebœuf et Godeau.

78. — Jugé au contraire que le vendeur qui, en échange de lettres de change remises par l'acquéreur, donne sans réserve quittance du prix de la vente est réputé faire novation à sa créance, et perd le droit d'exercer les actions qui compètent au vendeur à défaut du paiement du prix, surtout s'il a obtenu contre l'acquéreur, en vertu de lettres de change, une condamnation commerciale et par corps. — *Bourges*, 6 mai 1837 (t. 2 1837, p. 442), Vergne-Dugoulet c. Barbaud.

79. — ... Que l'acceptation, de la part du vendeur d'un immeuble, de lettres de change en paiement du prix, avec quittance, emporte substitution d'un titre à un autre, et dès lors le débiteur ne peut plus être poursuivi qu'en vertu de lettres de change. — *Cass.*, 15 mai 1839 (t. 2 1839, p. 257), Salava c. Raymond.

80. — ... Que le seul consentement à la radiation des inscriptions prises pour sûreté de son privilége, s'il est donné par le vendeur dans des circonstances telles qu'il ne puisse s'expliquer que par l'intention d'opérer novation, l'opère en effet et doit être considéré, au moins vis-à-vis des tiers, comme une renonciation du vendeur au droit qu'il a d'obtenir la résolution de la vente. — *Dijon*, 19 avr. 1833, Désessarts c. Capitain. — V. cet arrêt, rapporté avec l'arrêt de rejet du 9 juill. 1834.

81. — ... Que le vendeur d'un immeuble par acte authentique qui consent à donner dans l'acte de vente, en échange d'une simple promesse souscrite par l'acquéreur, quittance du prix qui ne lui pas encore été payé, opère novation de sa créance quant aux tiers, et renonce à toute action contre le tiers détenteur. — Il est, par la même raison, non recevable à intenter une action contre le possesseur de bonne foi après l'expiration de la prescription de dix ou de vingt années. — *Lyon*, 6 août 1840 (t. 1er 1841, p. 260), Boulet c. Riaux et Grouillet.

82. — Lorsqu'un négociant, après avoir constitué en dot à sa fille une somme déterminée, reçoit de son gendre une quittance de cette somme, mais écrit sur son livre-journal que, malgré l'existence de cette quittance dans ses mains, il redoit encore une partie de la somme quittancée, cette mention ne doit être considérée que comme une contre-lettre, et non comme un titre formant novation. En conséquence, si ce négociant vient à faillir, l'annotation faite sur son livre-journal ne peut être opposée aux syndics, qui, dans ce cas, représentant la masse des créanciers, doivent être considérés comme des tiers. — *Agen*, 9 juill. 1847 (t. 2 1847, p. 457), Sambauzel c. Gignoux.

83. — En fait de vente mobilière, jugé qu'il n'y a pas de novation par cela qu'un vendeur de denrées a reçu de l'acquéreur des billets de commerce avec déclaration que le prix lui a été payé comptant; le vendeur est présumé n'avoir donné quittance que sauf encaissement. — *Nancy*, 4 janv. 1827, Jacqueray c. Escalier-Jomain.

84. — ... Qu'on ne peut dire qu'il se soit opéré *novation* dans la créance du vendeur lorsqu'il a reçu en paiement des marchandises vendues un mandat payable à terme, et ce mode de paiement du prix ne s'oppose pas à l'exercice de l'action en revendication intentée avant l'échéance du mandat qui n'a point été accepté. — *Cass.*, 6 nov. 1823, Aymard c. Imbert et Chateau.

85. — ... Que l'acceptation d'effets de commerce en paiement de marchandises vendues au comptant n'opère pas novation, de sorte que le vendeur soit non recevable à exercer la revendication en cas de faillite de l'acheteur. — Cette revendication est admissible lors même que la marchandise a été livrée directement à l'acheteur, et que celui-ci l'a chargée sur un navire affrété par lui. — *Aix*, 26 avr. 1827, Cubanellas c. Blaseo.

86. — ... Que le négociant qui pour prix de sa marchandise reçoit des billets à ordre ne fait pas pour cela novation à sa créance. En conséquence, en cas de non-paiement à l'échéance, il est recevable à revendiquer les marchandises par lui vendues, s'il se trouve d'ailleurs dans le cas prévu pour l'exercice de la revendication. — *Bordeaux*, 10 juin 1831, Nicolas c. Houtarède.

87. — ... Que le fait de la part du vendeur de choses mobilières de recevoir des traites en paiement du prix de vente n'emporte pas, par cela seul, novation dans sa créance; il peut en conséquence, si les traites ne sont pas acquittées à leur échéance, demander, comme vendeur non payé, la résolution de la vente. — *Paris*, 20 juill. 1831, Testelin-Waresquelle c. Harding.

88. — ... Que le commerçant qui reçoit des billets à ordre pour prix de ses marchandises n'opère point novation de sa créance de vendeur. — En conséquence, il peut revendiquer, en cas de non-paiement à l'échéance, les marchandises par lui vendues : si d'ailleurs elles ne sont pas entrées dans le magasin de l'acheteur. — *Bordeaux*, 10 juin 1831, Nicolas c. Houtarède.

89. — ... Que le vendeur d'effets mobiliers qui accepte des billets à ordre en paiement de son prix ne fait point novation à sa créance et ne perd pas son privilége, lors même que ces billets seraient garantis par l'aval d'un tiers. — *Gand*, 26 mars 1833, Cotman c. N...

90. — Le vendeur qui reçoit des billets en paiement du prix de la vente ne fait pas par cela seul novation de sa créance; il reste toujours libre d'exercer les actions qui compètent au vendeur à défaut de paiement du prix. — *Limoges*, 4 fév. 1835, Bouyer c. Gay de Nexon.

91. — ... Que la remise faite par l'acheteur au vendeur de ses billets pour le prix de son achat constitue entre le vendeur et l'acheteur un règlement qui, loin d'opérer novation, n'est que l'exécution même de la vente; ce règlement non réalisé n'équivaut pas à un paiement effectif, et dès lors ne fait pas obstacle à la revendication. — *Rouen*, 2 avr. 1811, Mignot c. Besson.

92. — ... Que le règlement d'une fourniture en ses propres effets ne libèrent le débiteur qu'autant que ces effets sont acquittés à leur échéance. — *Rouen*, 1er mars 1827, Mattard c. Taupin-Poitevin.

93. — Qu'une traite donnée seulement pour faciliter le paiement du prix d'un marché n'opère pas novation. — *Cass.*, 19 août 1811, Domaines c. Duval.

94. — La création d'effets de commerce qui a pour objet d'acquitter une dette préexistante constitue un simple mode de paiement, exclusif de la novation. — *Cass.*, 28 juill. 1823, Neuville c. Levieux-Balon.

95. — De même, le créancier qui a accepté des billets en paiement de sa créance ne fait pas novation, lorsqu'il a été dit que le paiement ne serait valable et définitif qu'autant que les billets seraient acquittés. — *Bordeaux*, 4 juill. 1832, Douanes c. Perrons.

96. — Les remises de traites faites en compte courant ne constituent qu'une créance conditionnelle, sauf encaissement. Cette règle s'applique au cas même où les valeurs non payées ont été admises dans un nouveau compte courant, s'il apparaît des circonstances que le nouveau compte ouvert n'a été entre les parties qu'un moyen de solder le premier. Il n'y a point là novation, ni par conséquent dérogation aux garanties primitivement stipulées. — *Douai*, 7 mai 1846 (t. 1er 1847, p. 131), Marmottan c. Blondel. — V., aussi, Delamarre et Lepoitevin, *Traité de la commission*, n° 2, p. 496; Goujet et Merger, *Dict. de droit comm.*, v° *Compte courant*, n° 22; — V., aussi, COMPTE COURANT, nos 35 et 36.

97. — Celui qui a garanti la balance d'un compte courant, à quelque époque qu'il serait réglé, ne peut prétendre que ce compte a été clos par la quittance donnée au débiteur, lorsque cette quittance n'a eu d'autre objet, à la connaissance et dans l'intérêt de la caution, que de régulariser ce même compte courant à l'occasion du passage du commerce de la maison du créditeur à celle de son successeur. — *Cass.*, 18 mai 1847 (t. 2 1848, p. 681), Lechêne c. Dunoyer.

98. — En tout cas, ne peut donner ouverture à cassation l'arrêt qui, appréciant les actes et circonstances de la cause, a décidé en fait que la dation d'effets de commerce en paiement d'une dette n'a point opéré novation lorsque le créancier est resté saisi du titre originaire de la créance. — *Cass.*, 27 juill. 1820, Boué.

99. — Jugé, au contraire, que, si, pour se libérer d'une obligation qu'il avait contractée par acte public, un individu a souscrit des lettres de change causées *valeur reçue en quittances*, il y a novation de la dette, et le souscripteur de ces traites est soumis à la contrainte par corps. — *Agen*, 27 août 1808, Bonhomme c. Neuville.

100. — ... Que le débiteur qui souscrit une lettre de change pour le paiement d'une dette purement civile fait novation, et consent un véritable contrat commercial pour l'exécution duquel il est justiciable des tribunaux de commerce. — *Colmar*, 22 nov. 1815, Heilmann c. Deschamps.

101. — ... Que le débiteur, qui, poursuivi en paiement d'une obligation, prouve que des billets à ordre par lui souscrits ont été substitués à cette obligation du consentement du créancier, peut être déclaré libéré, bien qu'il ne représente aucun des billets acquittés. — *Cass.*, 16 janv. 1828, Mathelin c. Rousseau Saint-Philippe.

102. — ... Que dans le cas où un créancier déclare, dans un acte, accepter en paiement de sa créance des billets à ordre souscrits par son débiteur, il y a novation, bien que le créancier ait ajouté qu'il donnait quittance et décharge *en tant que les billets seraient payés*. — Même arrêt.

103. — ... Que le créancier qui accepte sans réserve des billets à ordre de son débiteur, en paiement de sa créance, est réputé faire novation à cette créance, et perd le droit d'exercer l'action, qui aurait pu lui compéter avant cette acceptation, en paiement du prix de sa créance. — *Bourges*, 12 juin 1838 (t. 2 1838, p. 501), Clary-Mantrand c. Fouverne.

104. — Avant le Code civil, le créancier hypothécaire qui avait reçu des billets à ordre, avec stipulation que ces billets acquittés viendraient en à-compte sur sa créance, n'était point présumé avoir fait novation pour cette partie. — En conséquence, il a dû conserver son droit hypothécaire, pour l'intégralité de sa créance, en cas de non-acquittement des billets. — *Paris*, 28 germ. an XII, Chobert c. Etienne.

105. — Par cela qu'un créancier, porteur d'un titre authentique, en vertu duquel il a pris inscription, reçoit des billets à ordre de son débiteur, il n'en résulte pas qu'il y ait novation, encore bien que le créancier ait négocié ces billets, alors surtout qu'il n'a point donné de quittance libératrice ou mainlevée de son inscription, et qu'au contraire il est resté saisi du titre primitif. — *Rouen*, 3 janv. 1822, Larrible c. Sellier.

106. — La création d'effets de commerce qui a pour objet d'acquitter le montant d'une obligation hypothécaire préexistante n'emporte pas novation. — *Cass.*, 15 juin 1825, Aubé c. prince de Condé.

107. — Décidé de même à l'égard de billets à ordre donnés et reçus à l'acquit partiel d'une obligation notariée et hypothécaire. — *Paris*, 18 mars 1825, Liénard c. Festeau.

108. — Le créancier hypothécaire qui a consenti à recevoir de l'acquéreur de l'immeuble des billets pour le montant de son bordereau de collocation, sous la réserve toutefois de tous les effets de son bordereau en cas de non-paiement des billets, n'en conserve pas moins le droit de poursuivre, en vertu de ce bordereau, tout tiers, détenteur de l'immeuble, qui n'aurait pas payé son prix. On ne saurait induire de la remise des billets qu'il y a eu novation dans la créance. — *Orléans*, 18 nov. 1836 (t. 1er 1837, p. 354), Bouchet c. Auquet.

109. — Jugé, au contraire, que si le créancier, porteur d'un titre authentique avec inscription hypothécaire, accepte, sans aucune réserve, des billets de son débiteur, il y a novation dans sa créance, de telle sorte que le premier titre est éteint et que le paiement des billets peut être refusé jusqu'à la radiation de l'inscription hypothécaire. — *Paris*, 7 décemb. 1814, Leblond c. Bizet.

110. — Il n'y a point novation, lorsque, en acceptant les mandats en paiement du montant de condamnations judiciaires, le créancier ne remet point au débiteur les titres constitutifs de sa créance. — *Toulouse*, 30 mai 1823, Souiech c. Commenge.

111. — La quittance donnée par le propriétaire à son fermier en recevant de lui, pour paiement de ses fermages, des billets à ordre qu'il a négociés depuis, opère dans le titre de la créance une novation qui s'oppose à l'exercice de tout recours contre la caution du bail. — *Cass.*, 2 janv. 1807, Vergue.

112. — Les juges du fond ont pu décider, sans que leur décision donne en cela ouverture à cassation, qu'un bail à complant qui interdit au preneur certaines facultés qui lui étaient accordées par un précédent bail, entaché de féodalité, a fait novation à ce bail, encore bien qu'il soit dit dans le second bail *que le tout avait lieu conformément à ce qui est exprimé dans le premier bail*. — *Cass.*, 19 juin 1832, Grasset c. Grimaudet.

113. — Les billets souscrits par l'agent d'une compagnie au nom et pour le compte de cette compagnie, afin d'obtenir un terme pour le paiement d'une dette exigible, n'opèrent point novation aux droits et priviléges inhérens à l'obligation première, et doivent être considérés comme un mode de libération, et non comme un changement de créance ou une substitution de débiteur. — *Aix*, 22 fév. 1841 (t. 2 1841, p. 322), Comp. d'assur. c. Robert.

114. — Jugé que l'insertion d'une créance civile dans un compte courant existant entre deux négocians emporte novation de cette créance et la rend commerciale. — *Orléans*, 14 juillet 1847 (t. 2 1847, p. 551), Grainville c. Moisson. — C'est aussi ce qu'enseigne M. Pardessus (*Cours de dr. comm.*, t. 1er, n° 52, *in fine*). Mais cette doctrine paraît très-contestable. — En effet, 1°, d'après les art. 2059 et s. C. civ., la contrainte par corps en matière civile n'a lieu que pour certaines créances déterminées. Donc le négociant qui est créancier d'un autre négociant, mais d'une dette purement civile, n'entraînant pas la contrainte par corps, ne peut, de sa seule autorité et par le seul fait de l'insertion de cette créance dans le compte courant qu'il tient avec son débiteur, se conférer le droit d'en poursuivre le recouvrement par la voie de la contrainte par corps. — 2° D'après l'art. 2063 du même Code, il est défendu à tous Français de se soumettre à la contrainte par corps, hors les cas déterminés par la loi, et ce à peine de nullité de son consentement. Donc le débiteur d'une dette civile ne peut, de son côté, consentir à transformer cette dette en une dette commerciale, car ce serait se soumettre volontairement à la contrainte par corps hors les cas déterminés par la loi. — 3° Enfin, aux termes de l'art. 1272 du même Code, la novation ne peut s'opérer qu'entre personnes capables de contracter : donc, en supposant que l'insertion d'une créance civile dans un compte courant emporte novation de cette créance, parce qu'il y aurait substitution de la dette commerciale à la dette civile, ce qui est douteux, cette novation ne serait pas valable, puisqu'elle aurait pour effet de soumettre le débiteur à une voie d'exécution à laquelle il lui est interdit de se soumettre. — V., aussi, Noblet (*Compte courant* : n° 53, pour la novation résultant de la passation d'une créance en compte courant; et n° 243, pour ce qui concerne les cas où la contrainte par corps peut être prononcée).

115.— Lorsqu'un ouvrier qui a réparé un objet de son art a reçu un billet à ordre pour solde du prix tant de la main-d'œuvre que de la matière fournie, il y a novation dans la créance et il perd tout privilége sur l'objet réparé. — *Lyon*, 29 mars 1833, Iberg c. Chevalier.

116. — Ce fait seul de la part du commissionnaire qui a acheté des marchandises en son nom, pour son commettant, et en a payé le prix, d'avoir tiré des traites sur son commettant et de les avoir négociées après acceptation de celui-ci, ne suffit pas pour le faire réputer comme définitivement payé. La réception de ces acceptations ne peut être considérée que comme un remboursement conditionnel dépendant du paiement des traites à leur échéance, n'opérant pas novation dans la créance du commissionnaire, et ne mettant pas obstacle à ce que, en cas de faillite du commettant, il revendique les marchandises non encore arrivées dans les magasins, si, d'ailleurs, les traites n'ont pas été payées à l'échéance et sont représentées protestées. — *Rouen*, 4 janv. 1825, Fort c. Nélaton.

117. — Si, au lieu de toucher les fonds remis chez son banquier par le débiteur, pour le paiement de la dette, le créancier a consenti à recevoir une lettre de change de ce banquier, le débiteur a pu, par suite de l'appréciation qu'une Cour d'appel a faite de cet arrangement, être déclaré libéré envers son créancier, bien que, par suite de la faillite du banquier, avant l'échéance de la traite reçue, le créancier n'ait pas été payé. — *Cass.*, 30 nov. 1829, Delafaye c. Bonnault.

118. — L'assureur qui, au lieu d'exiger, aux termes du contrat d'assurance, le paiement de la prime au comptant, consent à recevoir de l'assuré un billet causé *valeur en prime d'assurance due suivant la police n°*, etc., n'est point censé par là faire novation. — *Lyon*, 29 déc. 1830, Assurances générales c. Monfray.

119. — Il y a encore novation quand la seconde obligation est incompatible avec la première, et qu'elles ne pourraient subsister ensemble toutes les deux.— Basnage, *Des hypoth.*, 1re part., ch. 17; Toullier, t. 7, n° 278.

120. — Tel est le cas où un prêt a été converti en dépôt, car il est impossible que la même chose soit due à titre de prêt et à titre de dépôt.— Menochius, *De præsumptionibus*, lib. 3, n° 43; Toullier, t. 7, n° 279; Grenier, *Hypoth.*, n° 497; Rolland de Villargues, *Rép.*, v° *Novation*, n° 53.

121. — D'où l'on conclut que le cours des intérêts qui avaient été stipulés pour le prêt cesse dès le moment de la seconde convention, et que l'hypothèque et le cautionnement sont éteints, à moins que le créancier ne les ait expressément réservés.

122. — Jugé, en conséquence de ces principes, que le débiteur d'un prix de vente qui, après avoir fait des offres réelles, a consenti, par suite de conventions particulières, à ne payer qu'une partie de son prix et à conserver le surplus, sans intérêts, à la disposition des créanciers qui se présenteraient, a pu, bien que la novation ne fût pas formellement stipulée, être considéré comme devenu simple dépositaire. — *Cass.*, 1er sept. 1806, Asseré c. Desportes.

123. — La nouvelle convention est encore incompatible avec l'ancienne, et par conséquent il y a novation, lorsque l'objet de l'obligation est changé, lorsqu'il n'est plus le même que celui de l'ancienne.— Tel est le cas où un immeuble est donné en paiement d'une somme prêtée et pour sûreté de laquelle il y avait hypothèque et caution. La vente de cet immeuble au créancier constitue novation; dès lors l'hypothèque et le cautionnement sont éteints, et ne peuvent plus revivre, lors même que le créancier serait évincé de l'immeuble.— Basnage, *Traité des hypoth.*, 2e part., chap. 7; Toullier, t. 7, n° 282; Rolland de Villargues, *Rép.*, v° *Novation*, n° 65.

124. — On trouve encore un autre exemple de l'incompatibilité entre les deux conventions dans la conversion d'une somme exigible en une rente viagère ou perpétuelle. En effet, autre chose est l'obligation d'une somme exigible, et autre chose est l'obligation d'une rente, moyennant un capital qui est aliéné. La créance d'une rente n'est proprement que la créance des arrérages qui en courent, et non celle du capital, qui, ne pouvant plus être exigé, n'est plus dû dans l'acception propre de ce mot.— Basnage, *Des hypoth.*, part. 2e, chap. 7; Pothier, n° 559; Toullier, t. 7, nos 280 et 304; Grenier, *Hypoth.*, n° 499; Delvincourt, t. 2, p. 556; Rolland de Villargues, *Rép.*, v° *Novation*, n° 66.

125. — Jugé, en ce sens, que la conversion d'un capital exigible en une rente, sans réserve des priviléges attachés à la créance primitive, emporte novation.— *Caen*, 21 oct. 1826, Fouet c. Moulinet.

126. — Jugé, au contraire, que la conversion d'une créance exigible en une rente constituée n'opère pas de plein droit la novation. — *Rennes*, 18 déc. 1811, Kérambard et Fabré c. Boussineau.

127. — La conversion du prix exigible d'une vente en une rente perpétuelle n'opère pas novation, lors surtout que l'intention des parties n'est pas évidente à cet égard. Dès lors, en cas de non-paiement des arrérages de la rente, la résolution de la vente peut être demandée.— *Bourges*, 5 fév. 1812, Brissard c. Commaille.

128. — Jugé également que le vendeur qui consent à une constitution de rente en représentation du prix, n'opère pas dans la créance une novation qui l'empêche de demander la résolution de la vente, en cas de non-paiement de la rente, comme il l'aurait pu en cas de non-paiement du prix. — *Paris*, 11 mars 1816, Dubose c. Roinville.

129. — ... Que la conversion d'un prix de vente en rente perpétuelle n'opère pas novation quant au droit qui appartient au vendeur de demander la résolution à défaut de paiement du prix; dès lors, faute par l'acquéreur de servir la rente pendant deux années, le vendeur ou son cessionnaire peut demander contre lui, non pas seulement le remboursement du capital de la rente, mais encore la résolution de la vente elle-même. — *Bordeaux*, 23 mars 1832, Gatinel c. de Beauroyre.

130. — Toullier (t. 7, n° 305) est d'avis au contraire qu'il y a novation en pareil cas. « Le vendeur, dit-il, n'est plus créancier du prix de la vente, mais seulement d'une rente annuelle et perpétuelle. Faute de paiement de cette rente, pendant deux ans, il peut en exiger le rachat (C. civ. 1912), mais non pas faire résoudre la vente qui a précédé la constitution de rente; car, quoique consignées l'une et l'autre dans le même acte, il y a deux contrats différens : 1° la vente consentie moyennant une somme fixe; 2° la constitution de rente, qui aliène cette somme, moyennant une rente annuelle et perpétuelle.

131. — Lorsqu'une rente foncière a été convertie en un capital payable avec intérêts à une époque déterminée, et que les parties ont déclaré maintenir les droits, priviléges et hypothèques dérivant des actes primitifs, il n'y a point là une novation qui doive entraîner pour la nouvelle dette un droit proportionnel d'enregistrement.— Du moins c'est là une appréciation d'actes qui échappe à la censure de la Cour de cassation. — Délib. de la régie, 14 mai et 13 sept. 1823.—*Cass.*, 11 août 1836, Enregistrement c. Laroche.

132. — Il y aurait encore moins lieu à difficulté si l'obligation de rembourser la rente était la suite du défaut de paiement des arrérages pendant deux années; en sorte que cette obligation ne fût que l'exécution de l'art. 1912 du Code civil. —Déc. min. fin. 3 févr. 1812; instr. gén., n° 1027. —Rolland, *Rép.* v° *Novation*, n° 60.

133. — Il y aurait novation dans la conversion d'une rente viagère en un capital exigible, lors même que ce capital serait le même que celui pour lequel la rente a été constituée; car ce capital ayant été aliéné à fonds perdu, pour que le débiteur eût la faculté de le rembourser, il n'a pu revenir en la possession du créancier que par un contrat nouveau. — Cependant, les parties peuvent convenir, dans ce cas, que les priviléges et hypothèques attachés à la rente viagère passeront à la nouvelle créance. — Grenier, *Hypothèques*, n° 499; Rolland, *Rép.*, v° *Novation*, nos 61 et 62.

134. — La conversion d'une rente viagère en une rente perpétuelle et réciproquement, doit, d'après les principes ci-dessus, entraîner novation. — Cependant, en matière d'enregistrement, la régie a décidé le contraire.— Rolland, *Rép.*, v° *Novation*, n° 64. — V. ENREGISTREMENT.

135. — Le créancier d'une rente qui a consenti la réduction du taux des arrérages pour éviter le remboursement autorisé par une loi, ne fait pas novation en ce qui concerne le garant. — Duranton, t. 12, n° 289.

136. — La substitution d'une obligation à la promesse de livrer des actions de la Banque de France, constituées en dot, est une novation. — Décis. min. fin. 13 août 1811.

137. — Les obligations conditionnelles pouvant faire l'objet de la novation, il y a lieu de distinguer si la condition est suspensive ou résolutoire.

138. — La condition suspensive peut être apposée à la première ou à la seconde obligation.— Si c'est à la première, toute novation supposant une première dette, il n'y a novation qu'autant que la condition s'accomplira. —Tellement que si dans l'intervalle, *pendente conditione*, la chose qui ferait l'objet de la dette conditionnelle venait à périr, il n'y aurait pas de novation; car la condition ne pouvant pas confirmer la dette d'une chose qui n'existe pas, il n'y aurait pas encore eu de première dette à cause du second engagement. — L. 8, § 1, et L. 14, ff., *De novat.* — Toullier, t. 7, n° 315; Duranton, t. 12, n° 296.

139. — Réciproquement, si la première obligation était pure et simple, et que la seconde eût lieu sous une condition suspensive, la novation ne pourrait avoir lieu qu'autant que la condition du nouveau contrat s'accomplirait. — L. 14, § 1, ff., *De novat.* — Toullier, t. 7, n° 318; Duranton, t. 12, n° 296.

140. — D'où il suit qu'il n'y aura pas de novation, si, avant l'accomplissement de cette condition, la première dette vient à s'éteindre, par exemple, par la perte de la chose qui en faisait l'objet, car la novation suppose l'existence d'une première obligation. — L. 14, § 1, ff., *De novat.* — Duranton, t. 12, n° 297; Rolland, *Rép.*, v° *Novation*, n° 82.

141. — S'il s'agit d'une condition résolutoire expresse ou tacite, comme une pareille condition n'empêche pas l'exécution de l'obligation à laquelle elle est attachée, qu'elle suppose même au contraire cette exécution (C. civ. 1183), l'ancienne obligation est éteinte, et avec elle tous ses accessoires; car l'ancienne et la nouvelle obligation ne peuvent exister ensemble, la nouvelle a pris la place de l'ancienne.—Si donc la nouvelle vient à être résolue par l'événement de la condition, cette résolution fera sans doute revivre l'ancienne obligation en faveur du *créancier*; mais aussi, comme elle ne doit avoir d'effet qu'entre les parties, elle ne nuira point aux *tiers*, tels que les cautions, les codébiteurs et les autres créanciers du débiteur : l'obligation ancienne continuera de subsister sans ses accessoires.—Toullier, t. 7, n° 315; Rolland, *Rép.*, v° *Novation*, n° 83.

§ 2. — *Substitution d'un nouveau débiteur à l'ancien.*

142. — La novation s'opère lorsqu'un nouveau débiteur est substitué à l'ancien, qui est déchargé par le créancier.. — C. civ., 1271.

143. — Pour qu'il y ait novation, il n'est pas absolument nécessaire, comme paraît le vouloir l'art. 1275 en matière de délégation, que le créancier ait déclaré expressément qu'il entendait décharger son débiteur; il suffit que sa volonté à cet égard résulte clairement de l'acte. — Pothier, *Oblig.*, n° 594; Duranton, t. 12, n° 309.

144. — Il n'y a point novation dans le règlement fait à l'échéance d'une obligation entre le créancier et celui que le débiteur a chargé de la dette, si cet acte ne décharge pas formellement l'ancien débiteur.— *Riom*, 29 juin 1830, Bonnefoy.

145. — De ce que le créancier par compte courant d'une société commerciale qui a été dissoute, et à laquelle a succédé une nouvelle société chargée de payer les dettes de l'ancienne, a continué ses opérations avec la nouvelle, il n'en résulte pas que ce créancier puisse être réputé avoir fait novation à sa créance sur l'ancienne société et accepté la nouvelle pour débitrice; en ce cas, le créancier conserve ses droits contre les anciens associés. — *Cass.*, 5 janv. 1835, Daire c. Desmarets; *Rouen*, 10 juin 1835, mêmes parties.

146. — Dès lors, s'il a reçu de la seconde société des sommes excédant les versemens qu'il lui a faits, il peut imputer ces sommes d'abord sur les versemens par lui faits à la nouvelle société et le surplus sur ce qui lui est dû par la société dissoute. Vainement on prétendrait que l'imputation doit être faite en premier lieu sur la dette de celle-ci comme plus ancienne. — *Cass.*, 5 janv. 1835, Daire c. Desmarets.

147. — Lorsqu'un créancier colloqué poursuit un des acquéreurs par expropriation, il peut, en cas d'insuffisance de la nouvelle vente, attaquer d'autres acquéreurs; sans que ceux-ci soient en droit de prétendre qu'il s'est opéré une novation dans sa créance, et qu'il a accepté le premier acquéreur pour son débiteur. — *Grenoble*, 29 janv. 1825, Durand c. Salomon.

148. — Le créancier qui, tout en acceptant pour débiteur direct l'acquéreur d'un immeuble affecté à sa créance, et en déchargeant les vendeurs, ses coobligés solidaires, réserve son hypothèque sur cet immeuble, ne fait pas novation. — *Cass.*, 11 juill. 1827, Cardon c. Devouges.

149. — Le jugement qui ordonne que le tiers saisi paiera le saisissant, jusqu'à concurrence de ce qu'il doit au saisi, n'opère aucune novation dans la créance, et le saisissant reste toujours créancier direct de son débiteur. — *Toulouse*, 22 anv. 1829, Boué c. Géraud. — Roger, *Saisie-arrêt*, nos 45 et 628.

150. — La stipulation portant que l'acquéreur d'un immeuble grevé d'un douaire retiendra entre ses mains le fonds de ce douaire, n'a pas pour effet de l'en constituer débiteur personnel. — Ce n'est toujours qu'en qualité de tiers détenteur qu'il est resté obligé. — En conséquence, on ne peut voir une novation à cette obligation ni dans un acte par lequel le vendeur, hors la présence de l'acquéreur, donne de nouveau son consentement à ce que celui-ci retienne entre ses mains le fonds dudit douaire; ni dans une sentence d'ordre, qui, conformément aux conclusions des parties, ordonne : 1° qu'il sera laissé entre les mains dudit acquéreur, et sur le prix de son acquisition, la somme nécessaire à la sûreté du douaire; 2° et que, dans le cas où cet acquéreur voudrait se libérer, le remboursement et l'emploi de ladite somme ne pourraient se faire qu'en présence de la douairière, ou elle dûment appelée. — *Orléans*, 20 juill. 1848 (t. 2 1848, p. 171), d'Aumale c. de Brancas.

151. — Il n'y a pas novation, par suite de substitution d'un débiteur à un autre, par cela que le créancier d'une rente en reçoit les arrérages des mains de l'acquéreur de l'immeuble affecté au service de cette rente, lequel avait été chargé de les servir d'après son contrat d'acquisition. — *Bruxelles*, 18 oct. 1819, Lataille c. Franssens.

152. — Le fait de la part du créancier d'une rente, d'en recevoir plusieurs termes d'un tiers qui, par une convention passée avec le débiteur, s'est obligé à la payer, n'opère pas novation, et n'arrête pas l'action du créancier contre le débiteur primitif, ou contre le détenteur de biens hypothéqués à la sûreté de la rente. — *Bourges*, 31 déc. 1830, Préville c. Davidière.

153. — Lorsque, dans le cours de son exploitation, un fermier a, par cas fortuit, perdu la majeure partie de deux récoltes, le bail n'est pas censé avoir pris fin par cela seul que, du consentement verbal du propriétaire, le fermier a placé son propre gendre à la tête de l'exploitation. En vain dirait-on que ce consentement révèle de la part du bailleur l'intention de faire novation au bail et de renoncer à la compensation qui peut s'établir entre les récoltes postérieures et les récoltes antérieures. — *Cass.*, 13 janvier 1835, Thiroux de Gervilliers c. Fillon.

154. — Lorsqu'au lieu de toucher des fonds remis chez son banquier par le débiteur, pour le paiement de la dette, le créancier a consenti à recevoir une lettre de change de ce banquier, le débiteur n'en est pas moins libéré. Dès lors, si, le banquier tombant en faillite, il arrive que la lettre de change ne soit pas acquittée, la perte est à la charge non du débiteur, mais du créancier. — *Bourges*, 22 août 1828, Bonnault c. Delafaye.

155. — Lorsque le créancier de deux époux a accepté du mari seul, en paiement, pour la totalité, une maison, et a subrogé le mari dans ses droits envers la femme, il est censé avoir consenti à une novation de la dette; de telle sorte que, s'il vient à être évincé de la maison, il ne conserve de recours que contre le mari. — *Bourges*, 21 déc. 1825, Emonot c. Chevalier.

156. — A la différence de la novation par substitution de dette entre les mêmes parties, l'obligation du nouveau débiteur n'a pas besoin de contenir quelque chose de plus ou de différent que celle de l'ancien. — Pothier, *Oblig.*, n° 597.

157. — La novation sur la substitution d'un nouveau débiteur peut s'opérer sans le concours du premier débiteur (C. civ., art. 1274). En cela la novation diffère de la délégation, dans laquelle, au contraire, le délégué est présenté par le débiteur lui-même. — Duranton, t. 12, n° 306.

158. — La novation peut même s'opérer malgré le premier débiteur, car le tiers pourrait payer la dette nonobstant son opposition; or, si au lieu de paiement le créancier veut bien se contenter de l'obligation du tiers, le débiteur n'a point à y trouver à redire. — L. 8, § 5, ff., *De novat.* — Toullier, t. 7, n° 273; Duranton, t. 12, n° 306.

159. — Mais, quelle que soit la solvabilité de celui qui se présente, le créancier n'est point obligé de l'agréer à la place de son débiteur, il ne pourrait être tenu que d'en recevoir le paiement. — Duranton, t. 12, n° 307.

160. — Le créancier qui a reçu des à-compte sur sa créance de l'héritier du débiteur n'est pas pour cela seul censé avoir accepté cet héritier pour débiteur et consenti novation de sa créance. — *Grenoble*, 21 juin 1841 (t. 1er 1843, p. 39), Collin et Perret c. Morel et Doyon.

161. — Lorsqu'un traité ou accord intervenu entre le créancier et l'héritier du débiteur n'est qu'un simple règlement de compte, on ne peut dire qu'il y ait novation. — Le créancier envers lequel l'héritier s'oblige par le même acte à payer le montant de la créance à des délais rapprochés n'accepte point par là l'héritier pour débiteur. — *Grenoble*, 9 août 1826, Rey c. Bos.

162. — Le créancier qui a accepté de la part de l'héritier du débiteur la conversion d'un capital exigible en une rente, ne peut plus demander la séparation des patrimoines. — *Caen*, 21 oct. 1826, Fouet c. Moulinet.

163. — Le créancier d'une succession n'est pas réputé avoir fait novation et renoncé au bénéfice de la séparation des patrimoines en donnant à l'héritier une quittance pure, simple et sans réserve des intérêts ou arrérages de sa créance, et en produisant son titre à la faillite de cet héritier. — *Paris*, 23 mars 1824, Remy et Biale c. Denon.

164. — Par cela qu'un propriétaire reçoit des héritiers de son fermier, qui continuent le bail, le montant de ses fermages en billets à ordre, et qu'il exerce les poursuites nécessaires pour parvenir au paiement de ces billets, il ne fait rien qui ne doive être considéré comme fait en vertu de son bail, et qui puisse servir non pas à établir une novation, mais seulement à faire présumer la volonté de changer la nature de sa créance, et qui par suite le rende non recevable à demander la séparation des patrimoines, alors surtout que dans le récépissé des billets il a dit : *lesquels billets acquittés, la présente vaudra quittance.* — *Poitiers*, 28 janv. 1823, de Beaumont c. Moinard.

165. — Lorsque la donation universelle en usufruit, sans caution et sans emploi, faite par la femme au profit de son mari, dans le contrat de mariage, reçoit son exécution, il s'opère une novation dans la dette du mari, qui, de détenteur, comme mari, des biens de sa femme, en devient détenteur comme usufruitier. — Par suite, l'hypothèque légale, garantissant la restitution qu'il devait faire en sa qualité de mari, doit être réputée éteinte en même temps qu'a été éteinte la dette maritale à laquelle a été substituée la dette de l'usufruitier. — Il importe peu d'ailleurs qu'il y ait eu liquidation des reprises de la femme lorsque ces reprises sont en totalité soumises à l'usufruit. — *Paris*, 9 mars 1844 (t. 1er 1844, p. 534), Tremery c. Landois. — V. HYPOTHÈQUE LÉGALE.

§ 3. — *Substitution d'un nouveau créancier à l'ancien.*

166. — La novation s'opère lorsque, par l'effet d'un nouvel engagement, un nouveau créancier est substitué à l'ancien, envers lequel le débiteur se trouve déchargé. — C. civ., art. 1271. — Tel est le cas où, voulant faire une libéralité à quelqu'un, ou lui ouvrir un crédit, j'engage mon débiteur à s'obliger envers lui, moyennant quoi je le décharge envers moi. — Pothier, *Oblig.*, n° 584; Toullier, t. 7, n° 274; Duranton, t. 12, n° 312.

167. — Mais il faut de plus que le débiteur consente à la novation : car, si le nouvel engagement avait le même objet que la première obligation, il n'y aurait qu'un transport de créance; lequel substitue, à la vérité, un créancier à un autre, mais non pas une nouvelle obligation à une ancienne. — L. 1 C. *De novat.* — Pothier, *Oblig.*, n° 584; Toullier, t. 7, n° 274; Duranton, t. 12, n° 313.

168. — Lorsqu'une première obligation est entachée d'une nullité radicale, cette nullité peut être opposée au nouveau créancier, en faveur de qui le débiteur consentirait de renouveler son engagement, si le second créancier connaissait le vice de la première dette.

169. — Ainsi, le cessionnaire d'une obligation ayant pour cause une dette de jeu n'est point à l'abri de l'action en nullité que peut former le débiteur, lorsqu'un nouvel engagement, souscrit en sa faveur, a opéré novation de la créance, s'il n'a point ignoré le vice de la cause originaire. — *Cass.*, 30 nov. 1826, Deslongchamp c. Bourdon.

Sect. 5e. — *Effets de la novation.*

170. — L'effet de la novation est d'éteindre l'ancienne dette de la même manière que le ferait un paiement réel. — Toullier, *Dr. civ.*, t. 7, n° 297; Rolland de Villargues, *Rép.*, v° *Novat.*, n° 87.

171. — D'où il suit que, dans la novation par suite de substitution d'une dette à une autre, l'ancienne dette est éteinte avec tous ses accessoires, et les priviléges et hypothèques qui y étaient attachés ne passent point à celle qui lui est substituée. — C. civ., art. 1278. — La novation faite entre le créancier et l'un des débiteurs solidaires libère les autres, celle qui s'opère à l'égard du débiteur principal libère la caution. — C. civ., art. 1281.

172. — Ainsi, la novation d'une créance résultant d'un prix de vente emporte, de la part du vendeur, renonciation à son privilége et à la faculté qu'il a de demander la résolution de la vente s'il n'est payé. — *Cass.*, 9 juill. 1834, Désessarts c. Capitain.

173. — ... Que, par la même raison, les intérêts de l'ancienne obligation cessent de courir; que la demeure du débiteur et la peine encourue, s'il y en avait une, sont purgées; que la contrainte par corps ne subsiste plus, etc. — Rolland de Villargues, *Rép.*, v° *Novation*, n° 91.

174. — Mais le créancier peut, par une clause expresse, se réserver les priviléges et hypothèques de l'ancienne créance, alors ces droits passent à la nouvelle. — C. civ., art. 1278. — L. 12, § 5, ff., *Qui potior. in pign.*

175. — Jugé, en conséquence, qu'on peut, en faisant novation, retenir et réserver les hypothèques de la créance originaire. — On le peut en convertissant une rente viagère en un capital exigible. — *Cass.*, 15 mars 1815, Pichot c. Vaillant.

176. — Toutefois, si la nouvelle obligation était plus forte que la première, l'hypothèque ne serait transmise que jusqu'à concurrence du montant de cette première obligation. — Pothier, *Oblig.*, n° 600; Toullier, t. 7, n° 310; Delvincourt, t. 2, p. 569, note.

177. — De plus, lorsque la novation s'opère entre le créancier et l'un des débiteurs *solidaires*, les priviléges et hypothèques de l'ancienne créance ne peuvent être réservés que sur les biens de celui qui contracte la nouvelle dette (C. civ., art. 1280), à moins que le créancier n'ait exigé l'accession des codébiteurs (C. civ., art. 1281). — Car le créancier qui pouvait ne pas accepter la novation qui a pour effet de décharger le codébiteur solidaire de l'action personnelle, doit avoir le droit de retenir ses biens pour sûreté de la créance conservée contre un seul des débiteurs : car, évidemment, qui peut le plus peut le moins. — Duranton, t. 12, n° 305; Rolland de Villargues, *Rép.*, v° *Novation*, n° 97.

178. — C'est sur le contrat même de novation que doit se faire la réserve des anciennes hypothèques pour sûreté de la nouvelle créance; elle ne pourrait avoir lieu par une convention postérieure. — Le consentement du premier débiteur ne saurait faire revivre l'ancienne hypothèque ni transporter à la nouvelle les priviléges et l'antériorité qui y étaient attachés au préjudice des créanciers intermédiaires. — L. 30, ff. *De novat.* — Toullier, t. 7, n° 312; Delvincourt, t. 2, p. 570; Rolland, *Rép.*, v° *Novation*, nos 103 et 104.

179. — Quelque réserve que fasse le créancier par l'acte qui contient la novation, les cautions de l'ancienne dette ne peuvent être obligées à la nouvelle si elles n'y consentent. — Toullier, t. 7, n° 314. — C'est une conséquence du principe qu'à leur égard il y a extinction véritable et totale de l'obligation. — Rolland de Villargues, *Rép.*, v° *Novation*, n° 99.

180. — Il faudrait décider de même à l'égard du tiers qui, même sans être caution, aurait fourni l'hypothèque. La novation opérée avec le débiteur emporterait l'extinction de cette hypothèque; nonobstant toute réserve : à moins que le tiers ne consentît à cette réserve. — Rolland, *Rép.*, v° *Novation*, n° 101.

181. — Bien que la novation faite entre le créancier et l'un des débiteurs solidaires libère les autres, et que celle qui s'opère à l'égard du débiteur principal libère les cautions; néanmoins le créancier peut exiger dans le premier cas l'accession des codébiteurs, ou dans le second celle des cautions. Alors l'ancienne créance continue de subsister, et la novation n'a pas lieu si les codébiteurs ou les cautions refusent d'accéder au nouvel arrangement (C. civ., art. 1281). En effet, le créancier est bien le maître de mettre telle condition qu'il lui plaît à la novation, puisqu'il s'agit d'un contrat purement volontaire.

182. — Lorsque la novation s'opère par la substitution d'un nouveau débiteur, les priviléges et hypothèques primitifs de la créance ne peuvent point passer sur les biens du nouveau débiteur (C. civ., art. 1279), car les créanciers de celui-ci ne peuvent point souffrir de la novation.

183. — Mais le créancier peut réserver les priviléges et hypothèques établis sur les biens de l'ancien débiteur. En effet, il ne s'agit point de constituer une nouvelle hypothèque. Le créancier qui pouvait retenir la personne de l'ancien débiteur dans les liens de l'obligation première, en ne faisant pas novation, peut, à plus forte raison, retenir ses biens pour sûreté de la dette qu'un tiers veut bien payer en son acquit, et faire aussi remise de l'action personnelle à l'ancien débiteur, en réservant contre lui l'action hypothécaire. — Toullier, t. 7, nos 312 et 313, notes; Duranton, t. 12, nos 310 et 311 ; Rolland, *Rép.*, vo *Novation*, nos 95 et 98.

184. — L'ancienne dette une fois éteinte par la novation, ne peut plus revivre : vainement on opposerait l'art. 1184 du C. civ., qui porte que la *condition résolutoire* est toujours sous-entendue dans les contrats synallagmatiques, pour le cas où *l'une des parties ne satisfera point à son engagement.* Car s'il est vrai que l'effet de cette condition est de remettre les choses au même état que si la convention n'avait point existé (C. civ., art. 1183), cela ne doit s'entendre qu'à l'égard des *parties,* selon les expressions mêmes de la loi, et non à l'égard des personnes qui ne sont pas intervenues dans le nouveau contrat, telles que les cautions de l'ancienne obligation. — Toullier, t. 7, no 306.

185. — Cette règle est applicable : 1o à l'acceptation en paiement d'une chose dont le créancier est par la suite évincé. L'obligation de la caution, éteinte par cette acceptation, ne revit point par l'éviction. — 2o Au cas où le créancier consent à recevoir un mineur pour seul obligé à la place de l'ancien débiteur. La restitution qu'obtient ensuite le mineur contre son obligation ne fait pas revivre l'ancienne dette. — Toullier, t. 7, no 302. — 3o Au cas où le délégué accepté par le créancier devient insolvable ; le créancier n'a point alors de recours contre le débiteur qu'il a déchargé, et dont l'obligation ne peut plus revivre. — V. DÉLÉGATION. — 4o Au cas d'une dette qui était de droit éteinte par la compensation. — V. COMPENSATION. — Rolland, *Rép.*, vo *Novation*, nos 409 et suiv.

186. — Toutefois, pour que l'extinction de l'ancienne obligation puisse avoir lieu, il faut que la novation puisse subsister civilement ou au moins naturellement. — V. *suprà* no 14.

V. ASSURANCES MARITIMES, AVEU, CAUTIONNEMENT, COMPÉTENCE COMMERCIALE, PRÉSOMPTION.

NOVELLES.

1. — Ce nom n'était point donné, avant Justinien, à des édits publiés, après le Code théodosien, par Théodose et par ses successeurs. Mais on l'applique le plus ordinairement au recueil des constitutions publiées après la promulgation du Digeste, des Institutes et du Code de Justinien.

2. — Ces constitutions, composées les unes en latin, les autres en grec, furent publiées en langue latine, peu de temps après la mort de Justinien. Ce recueil, connu sous le nom de *Vulgate,* fut plus tard appelé *Corpus authenticorum,* et les Novelles s'appelèrent alors *authentiques.*

3. — D'après la loi du 30 vent. an XII, les Novelles, en général, n'ont plus aucune autorité législative en France.

NUE PROPRIÉTÉ.

Propriété dont l'usufruit est détaché au profit d'une autre personne que le nu propriétaire.—V. PROPRIÉTÉ, USUFRUIT.

NUIT.

V. DROITS ET TAPAGES, CHASSE, nos 228, 232, 430, 676, 684 ; EMPRISONNEMENT, nos 409 et suiv. ; EXPLOIT, nos 60 et suiv., FERMETURE DES LIEUX PUBLICS, FORÊTS, VOL.

NULLITÉ.

Table alphabétique.

NULLITÉ. — **1.** — Ce mot désigne à la fois et l'état d'un acte qui est nul et comme non avenu, et le vice qui empêche cet acte de produire son effet. — Merlin, *Rép.*, vo *Nullité.*

Sect. 1re. — *Caractères de la nullité ; ses espèces ; en quoi elle diffère de la rescision.*

2. — Quelques auteurs distinguent l'acte nul de l'acte inexistant, confondus très-souvent par la loi, la jurisprudence ou la doctrine. Il arrive quelquefois cependant qu'on oppose la nullité de *non-existence* à la nullité d'*annulabilité.* D'autres fois les auteurs appellent l'acte inexistant un acte *radicalement* ou *substantiellement* nul.

3. — Lorsque la convention est sans objet, elle ne peut jamais produire une obligation : elle ne constituerait pas non plus un contrat. — Rolland de Villargues, *Rép.* du *not.*, vo *Nullité*, no 24 et 25.

4. — L'inexistence d'un acte est indépendante de toute déclaration judiciaire. Elle ne se couvre ni par la confirmation ni par la prescription. Les juges peuvent prononcer, même d'office, cette inexistence. — Rapport au Tribunal par M. Jaubert. — Locré, *Lég.*, t. 12, p. 523 ; Zacharlæ, *Cours de droit civil français*, t. 1er, p. 67.

5. — Toullier (t. 3, no 349 et suiv.) distingue l'acte *nul* de l'acte *non valable.* Mais cette distinction est combattue par Solon (*Théorie des nullités,* no 322 et suiv.), qui s'efforce d'établir l'identité des deux expressions. Son opinion, partagée par Rolland de Villargues (no 31), nous paraît aussi devoir être adoptée.

6. — Les nullités sont d'ordre public ou d'intérêt privé, suivant qu'elles résultent de la contravention aux lois qui ont pour objet l'intérêt public ou aux lois qui ont principalement pour but les intérêts privés des citoyens. — Solon, t. 1er, nos 31 et suiv.; Zacharlæ, *Cours de droit civil français*, t. 1er, p. 69.

7. — Les nullités d'ordre public se subdivisent en *nullités d'ordre public proprement dites* et *nullités d'ordre public secondaires*, suivant qu'il s'agit de la contravention aux lois dont l'objet est de déterminer les droits de la société à l'égard de chacun de ses membres, telles sont les lois qui constituent notre droit public, concernant les bonnes mœurs, la police générale, ou se rapportent aux choses placées hors du commerce; ou bien de la contravention aux lois qui, bien que non portées dans l'intérêt général, s'élèvent néanmoins au-dessus des lois de pur droit privé. Telles sont les lois qui règlent la forme des actes, celles qui intéressent les communes, les mineurs, les interdits, les femmes mariées, enfin qui se rattachent aux intérêts ne pouvant être débattus en justice qu'en présence du ministère public. — Solon, *Théor. sur la nullité des actes*, n° 8; Henrion de Pansey, *Du pouvoir municipal*, liv. 2, ch. 18, § 12; Perrin, *Traité des nullités*, p. 53. — V. aussi Toullier, t. 7, n° 553; Dunod, *Traité des prescriptions*, 1re part., ch. 8, p. 47.

8. — Les nullités sont, en outre, *absolues* ou *relatives*. Les nullités absolues sont celles que la loi prononce en faveur de toutes les personnes intéressées à s'en prévaloir, et que peut demander le ministère public lui-même. Ces nullités résultent de la violation des lois qui ont l'intérêt public pour but principal. Les nullités relatives sont produites par la contravention à des lois qui n'intéressent que certaines personnes, comme les mineurs, les interdits, etc., ou qui résultent de l'irrégularité d'un exploit. — Solon, *ibid*, t. 1er, n° 9; Perrin, *Nullités*, p. 58; Zachariæ, t. 1er, p. 69.

9. — Ainsi, la nullité relative est en réalité une faculté que la loi reconnaît à certaines personnes pour faire annuler un acte, qui à l'égard de toutes autres conserve sa valeur, plutôt qu'elle n'est une nullité. — Solon, *ibid*, n° 10.

10. — Il est essentiel de ne pas confondre la nullité absolue et la nullité relative. L'absolue ne peut jamais devenir relative; et la relative, absolue. — Solon, n° 11.

11. — De plus, Toullier (t. 7, n° 552) divise la nullité absolue en nullité absolue dans l'intérêt public et en nullité absolue dans l'intérêt privé.— Rolland de Villargues, *Répert. du not.*, nos 42, 43 et 44.

12. — Toutes les nullités produites par l'intérêt public sont absolues; mais la réciproque n'est pas également vraie, et l'on ne pourrait dire que toutes les nullités absolues ont pour cause l'intérêt public. — Toullier, n° 555.

13. — Ce qui distingue la nullité absolue de la nullité relative, c'est la disposition de la loi. Toute disposition qui proclame sans restriction la nullité d'un acte, sans qu'on ait à examiner quel a été le motif du législateur, qu'il ait été mu par l'intérêt public ou l'intérêt privé, cette disposition, par cela même qu'elle n'est pas limitée à certaines personnes, produit une nullité absolue, dont peut se prévaloir quiconque y a intérêt. — Toullier, n° 558. — V., cependant, Zachariæ, t. 1er, p. 69.

14. — On distingue encore les *nullités de plein droit* des *nullités par voie d'action*. Les premières sont celles que le législateur a formellement établies ou qui proviennent d'un vice par suite duquel l'acte ou le contrat n'a pu se former. Elles sont absolues quand elles proviennent d'une contravention qui a frappé de non-existence le contrat ou la convention, tandis qu'elles ne sont que relatives quand le contrat conserve une certaine force. — Les nullités par voie d'action sont celles qui n'ont pas été formellement prononcées par le législateur, elles dépendent plutôt des circonstances du fait que de la disposition du droit, elles doivent conséquemment être appréciées par le juge. — Ces nullités n'empêchent pas l'acte de produire en certains cas le même effet que s'il était valable. Ainsi, un titre pourrait malgré elles être translatif de propriété et le possesseur n'en pourrait pas moins se croire de bonne foi. — Domat, *Lois civiles*, liv. 4, tit. 6; Solon, *Nullités*, n° 12; Perrin, *Traité des nullités*, p. 132; Toullier, t. 7, n° 521; Rolland de Villargues, v° *Nullité*, § 1er.

15. — Ainsi, le mariage du mort civilement, entaché d'un vice certain, irrécusable, est nul de plein droit. Il en faut dire autant de l'acte postérieur au jugement d'interdiction. Mais si l'acte avait été passé antérieurement, le juge ne pourrait décider à son égard qu'après avoir examiné le fait. — Locré, *Espr. du C. civ.*, 1re édit., t. 6, p. 171; Solon, *ibid.*, nos 13 et 14; Perrin, *ibid.*, p. 135.

16. — Le juge a, le plus fréquemment, le pouvoir d'admettre ou de repousser les nullités qui ne sont pas prononcées de plein droit, tandis que si elles l'étaient il ne pourrait se dispenser de les accueillir. — C. civ., art. 1350 et 1352.

17. — Mais les nullités de plein droit n'ont d'effet que si un jugement les a reconnues, parce que les parties ne peuvent se rendre justice à elles-mêmes. Les mots *nullité de droit* ou *de plein droit*, employés par le législateur, ne sauraient donc être considérés comme synonymes de ceux de : *nullité qu'il n'est pas nécessaire de faire prononcer*. — Solon, n° 16; Zachariæ, t. 1er, p. 70; Perrin, p. 132 et suiv.

18. — Jugé, en ce sens, qu'on ne reconnaît point en France de nullités de plein droit, et que les actes d'un corps constitué subsistent tant que l'annulation n'en a pas été prononcée par l'autorité compétente. — *Cass.*, 16 janv. 1826, Moureau; 28 avr. 1826, Descoutures; *Agen*, 29 avr. 1841 (t. 2 1841, p. 43), Dumorel c. Laffitte. — Chassan, *Des délits de la parole*, t. 1er, n° 408.

19. — La loi communale du 21 mars 1831 en offre d'ailleurs un exemple. L'art. 28 porte : « Toute délibération d'un conseil municipal portant sur des objets étrangers à ses attributions est *nulle de plein droit.* » Cependant, ce même article charge le préfet d'en prononcer la nullité : « Le préfet, en conseil de préfecture, *déclarera la nullité.* »

20. — Sous l'ancien droit, on divisait les nullités en deux espèces : celles que prononçaient les coutumes et ordonnances et qu'on appelait *nullités d'ordonnance*; et celles qui, d'après l'usage, rendaient l'acte sujet à rescision, mais non nul de plein droit. — Solon, n° 17.

21. — A Rome, les nullités de droit se rencontraient très-fréquemment. Celui qui était obligé, par l'acte qui les contenait, n'avait pas besoin de les faire prononcer, l'acte étant comme non avenu. Mais si l'acte avait été exécuté, on pouvait revenir contre cette exécution, sans qu'il fût nécessaire d'être autorisé à cet effet, tandis que pour agir en rescision il était besoin d'en avoir obtenu la permission du préteur.

22. — Le préteur accordait alors l'action de *restitution en entier*, c'est-à-dire une action par laquelle les personnes mineures ou majeures se disant lésées ou surprises par dol, crainte, erreur, etc., portaient leurs plaintes en justice et demandaient à être, en connaissance de cause et contradictoirement, rétablies dans l'état où elles se trouvaient avant l'acte. Cette action avait été introduite parce que les lois n'ayant rien statué à l'égard des contrats infectés de violence, de dol ou d'erreur, ils étaient valables dans la rigueur du droit.

23. — En France, dans les anciens principes, le roi seul, comme source de toute justice, pouvait rendre sans effet l'acte sujet à rescision; au lieu que pour le contrat nul, le juge pouvait en prononcer la nullité qui lui était demandée. Pour faire prononcer la rescision d'un acte, il fallait obtenir des lettres de chancellerie, expédiées et scellées au nom du roi, ordonnant aux juges d'accorder la demande si les faits se trouvaient véritables.

24. — De là était venue cette vieille maxime : *Voies de nullité n'ont lieu en France* (Loisel, *Instit. cout.*, liv. 5, tit. 2, reg. 5 *et ibi* de Laurière). — Ce qui signifiait que le droit romain ne pouvait, en France, opérer la nullité des actes qu'il proscrivait. Mais cette maxime ne s'appliquait pas aux nullités que prononçaient les ordonnances ou les coutumes, nullités qui produisaient leur effet sans qu'il fût besoin de lettres royaux. — Dargout, *Inst. de dr. fr.*, t. 2, p. 12.

25. — La loi du 7 sept. 1790 (art. 20) a supprimé les chancelleries et aboli l'usage des lettres royaux qui s'y expédiaient, et aujourd'hui la rescision et la nullité sont demandées de la même manière (art. 21). — La prescription est la même pour l'une et l'autre.

26. — Suit-il de là qu'il n'y ait plus lieu de distinguer les obligations nulles de droit de celles qui sont seulement rescindables? — Suivant Toullier, il y a trois différences remarquables entre l'action en nullité et celle en rescision. 1° Celui qui oppose la nullité n'a nullement besoin de prouver qu'il a été lésé; la loi ayant déclaré l'acte nul, cela suffit. — Dans l'action en rescision, au contraire, l'acte est réputé valable jusqu'au jugement qui, reconnaissant le vice dont il est infecté, le déclare nul. — C'est à celui qui l'attaque à prouver que son consentement n'a pas été valable, et surtout qu'il a été lésé. — Ainsi, le mineur *non restituitur tanquàm minor, sed tanquàm læsus*, à moins que l'obligation ne fût nulle de droit. — 2° Le juge ne pourrait rejeter la nullité si elle était prononcée par la loi; tandis qu'il peut, au contraire, admettre ou repousser l'action en rescision, suivant les faits qu'il est chargé d'apprécier. — 3° Les actes nuls étant comme non avenus, ils ne peuvent produire aucun droit ni être exécutés provisoirement; la possession qui les a suivis est sans valeur. Ils ne pourraient, par conséquent, transférer la propriété. — Il en serait autrement si le titre était seulement rescindable. Comme il a l'apparence d'un titre légal, l'exécution provisoire lui est due. — D'Argentré, *Cout. de Bretagne*, art. 383, *gloss.*, 1, n° 25; Loisel, *Inst. cout.*, liv. 3, tit. 5, n° 9; Duparc-Poullain, *Principes de droit*, t. 8, p. 75; Bourjon, *Droit commun de la France.* — V., aussi, Voët, *In tit., ff., de restit. in integr.*, n° 25; Huberus, *In eumd. tit.*). — Tout cela serait au reste applicable à l'acte nul, mais d'une nullité non apparente, comme serait un contrat ayant une cause illicite non exprimée dans l'acte, et devant par suite être prouvée.

27. — Duranton (*Droit franç.*, t. 12, nos 524 et suiv.) combat cette doctrine. Suivant lui, l'unique différence existant actuellement entre l'action en nullité et celle en rescision, c'est que quand la demande se fonde sur la lésion, le défendeur peut en arrêter le cours par l'offre d'une indemnité, et empêcher ainsi la rescision de l'acte (C. civ., 1681 et 891). — Il en serait, au cas où le mineur agit en rescision pour simple lésion, en vertu de l'art. 1305, comme au cas de vente et de partage.

28. — Mais cette similitude que Duranton trouve entre les deux actions qu'il veut confondre n'est point partagée par les auteurs, et ils sont généralement d'avis que, bien que la distinction à établir entre les deux actions ait peu d'importance, aujourd'hui qu'elles s'exercent de la même manière et qu'elles sont soumises à la même prescription, il y a cependant lieu de ne pas les confondre. — Delvincourt, t. 2, p. 180, et notes, p. 588; Toullier, t. 6, n° 92, et t. 7, n° 544; Merlin, *Rép.*, v° *Nullité*, § 2, 8 et 9; Zachariæ, t. 2, p. 425; Solon, t. 1er, nos 18, 19, 76 et suiv., et 277; Perrin, p. 49 et 93; Rolland de Villargues, vis *Nullité* et *Rescision*, nos 1er et suiv.; Favard, *Rép.*, v° *Nullité*, § 6, n° 4.

29. — Aussi, en raison de cette différence, est-il de jurisprudence qu'on ne saurait, en général, convertir sur l'appel une demande en nullité en demande en rescision. — V. DEMANDE NOUVELLE, nos 68 et suiv.

30. — ... Que la vente d'un immeuble appartenant à un mineur, opérée sans l'accomplissement des formalités prescrites par la loi, donne lieu à une action en nullité, et non pas seulement à une action en rescision; que cette nullité est, du reste, une nullité substantielle, qui n'a pas besoin d'être textuellement écrite. — *Paris*, 18 mars 1839 (t. 1er 1839, p. 337), Merlin c. Chapuy et Laval.

31. — La renonciation à faire valoir une action en nullité n'emporte pas la renonciation à l'action en rescision. — Toullier, t. 8, n° 540; Rolland de Villargues, n° 11.

32. — On distingue encore les nullités en *continues* ou *non continues*. — Les premières sont celles qui ont une cause si grave et si absolue que la loi met un continuel obstacle à ce que l'acte qui en est vicié puisse jamais exister. — Les secondes sont celles que fait naître une cause passagère; telles sont, pour la plupart, les nullités du mariage. — Solon, n° 20.

33. — Les nullités découlent du texte de la loi ou de son esprit. Elles sont aussi ou textuelles ou virtuelles. — Les nullités virtuelles sont celles qui proviennent de la violation d'un précepte qu'il était indispensable d'observer, soit comme conséquence des principes généraux du droit, soit comme moyen de parvenir à un but que le législateur s'était spécialement proposé. — Zachariæ, t. 1er, p. 98; Toullier, t. 7, n° 518.

34. — La nullité d'un acte dépend non pas de la qualification qu'il a reçue, mais de sa substance.

Sect. 2e. — *Causes des nullités.*

35. — Les causes de nullité peuvent être ramenées aux suivantes : 1° défaut de volonté de la part des contractans, 2° incapacité des contractans, 3° nature de l'objet de l'engagement, 4° défaut de cause licite, 5° défaut de caractère ou de pouvoir de l'officier qui a concouru à l'acte, 6° vice de forme, 7° contravention aux lois fiscales.

36. — 1° *Défaut de volonté de la part des contractans.* — En effet, les conventions n'existent que par la volonté, sans elle point de contrat (C. civ., art. 1156 et 1163). Cette volonté doit être fondée sur l'intention de contracter, un simple projet ne suffirait pas, et la volonté des diverses parties doit se rapporter au même objet. — Solon, nos 31, 32 et 33; Perrin, p. 40 et suiv. — V. OBLIGATION.

37. — 2° *Incapacité des contractans.* — Car on

n'est pas tout de consentir, il faut de plus pouvoir le faire légalement. *In consensu requiruntur et voluntas et* POTESTAS. Il n'est point de consentement s'il ne renferme ce double caractère. — Solon, n° 34. — V. OBLIGATION.

38. — Ainsi, sont nuls les engagemens contractés par les mineurs, les interdits, les femmes mariées non autorisées par leurs maris, etc. — C. civ., art. 1124. — V. AUTORISATION DE FEMME MARIÉE, INTERDICTION, MINEUR, TUTELLE, etc.

39. — Dans tous ces cas, la nullité n'est que relative; les personnes avec lesquelles l'incapable a contracté ne pourraient s'en prévaloir (C. civ., art. 225, 1125, n° 2, et arg. de ces art.).—Anciennement, au contraire, celui qui avait traité avec une femme non dûment autorisée pouvait invoquer la nullité aussi bien que la femme elle-même; la nullité était alors absolue.—Duranton, t. 12, n° 527; Zachariæ, t. 2, p. 429.

40. — Toutefois, l'action en nullité n'est point admise contre les obligations qui se forment indépendamment de la capacité de l'obligé: par exemple, contre les obligations provenant d'un délit ou d'un quasi-délit (arg. de l'art. 1310 C. civ.). — Zachariæ, t. 2, p. 429. — V. CRIMES, DÉLITS ET CONTRAVENTIONS, QUASI-DÉLIT.

41. — Le législateur a été amené par des motifs de convenance et d'ordre public à prononcer quelques autres incapacités, et à en faire des causes radicales de la nullité des actes. Ainsi: le tuteur ne peut acquérir les biens du mineur placés sous sa tutelle, ni passer avec lui certains autres actes que la loi détermine (C. civ., art. 450.) —V., aussi, C. civ., art. 472 et 907.—Solon, *Théorie des nullités*, t. 1er, n° 120. — V, TUTELLE.

42. — De même la loi frappe certains individus de l'incapacité de recevoir par dispositions à titre gratuit de certaines personnes (V. DISPOSITIONS A TITRE GRATUIT); d'autres, de la faculté d'aliéner (V. DOT) ou de se rendre acquéreurs ou cessionnaires (V. DROITS LITIGIEUX, VENTE, etc.).

43. — 3° *Nature de l'objet de l'engagement.*—C'est la loi qui a fixé les choses à l'égard desquelles aucune convention ne peut être faite. — C. civ., art. 1128, 1129 et 1130; C. proc., art. 1004. — V. OBLIGATION.

44. — 4° *Défaut de cause licite.* — La cause étant le motif déterminant du contrat, sans cause il n'y a point de contrat. — C. civ., art. 1131. — V. OBLIGATION.

45. — La convention qui serait entachée d'une cause illicite en serait aussi tellement viciée, que celui qui l'aurait souscrite n'aurait nullement besoin de s'adresser à la justice pour se faire dégager. Du moins, il serait toujours admis, lorsqu'on l'attaquerait, à répondre qu'il n'y a pas d'obligation.—Jaubert, *Discussion au Cons. d'Etat*; Rolland de Villargues, v° *Nullité*, n° 23; Favard, *Rép.*, v° *Nullité*, § 4, n° 1er.

46. — 5° *Défaut de caractère ou de pouvoir de l'officier qui a concouru à l'acte.* — En effet, *Non major est defectus quàm defectus potestatis.* Ainsi serait nul l'acte passé par un notaire hors du lieu de sa résidence, l'exploit signifié par un huissier incompétent. — Avis du Conseil d'Etat du 4 juin 1813, approuvé le 4 juill. — Solon, t. 1er, nos 165 et suiv. — V. HUISSIER, NOTAIRE.

47. — Jugé, en ce sens, qu'il n'est pas de nullité plus formelle que celle qui résulte des actes ou des exploits faits par des individus sans pouvoir et sans caractère pour y procéder. — *Cass.*, 1 nov. 1831, commune de Branges c. Germain et Maleissye.

48. — Le défaut d'attribution, de la part du juge qui a concouru à un arrêt, emporte nullité, bien que celle-ci ne soit pas formellement prononcée par la loi. *Incompetentia judicis rectè pragmaticis dicitur nullitas nullitatum.*—Faber, *Cod.*, liv. 3, *tit.* 3, *defin.* 4, *note* 5. — *Cass.*, 4 juin 1822, Leblin c. commune de Vollenay. — V. JUGEMENT.

49. — 6° *Vice de forme.* — Il faut distinguer entre les formes requises pour constituer l'acte, lui conférer l'existence, celles dont on dit: *Forma dat esse rei*, et celles qui ont uniquement pour but de rendre l'acte plus sûr, plus authentique. L'omission des premières fait que l'acte est considéré comme s'il n'existait pas, car il ne remplit point les conditions qui l'avaient fait admettre par la loi. On nomme *intrinsèques* ces sortes de formes. Les secondes, appelées *formalités accidentelles* ou *secondaires*, n'empêchent pas d'exister l'acte qui n'en est pas revêtu. — Solon, n° 29; Perrin, p. 43.

50. — En matière civile, la nullité de forme est généralement odieuse. Ainsi, on ne peut la suppléer; et on ne doit l'admettre qu'avec circonspection, et lorsqu'il est évident que le législateur a entendu la prononcer. — Solon, n° 30.

51. — En matière criminelle, le vice des formes

ou leur inobservation entraînent la nullité de l'acte si cette nullité est formellement prononcée par la loi, ou bien s'il s'agit d'incompétence, ou enfin s'il a été omis ou refusé de prononcer soit sur une ou plusieurs demandes de l'accusé, soit sur une ou plusieurs réquisitions du ministère public, tendant à user d'une faculté ou d'un droit accordé par la loi. — C. instr. crim., art. 408.

52. — 7° *Contravention aux lois fiscales.*—D'après ces lois, les actes en général doivent être écrits sur papier timbré, puis soumis à l'enregistrement, etc. — Cependant il est de règle que la contravention n'entraine pas la nullité de l'acte. —Merlin, *Quest.* v° *Mariage*, § 4.

53. — Mais, suivant Perrin (p. 213 et suiv.), il faut poser en principe que la contravention aux lois fiscales qui sont d'ordre public entraîne nullité si cette contravention n'est pas frappée d'une autre peine, comme l'amende, par exemple, ce qui, du reste, a presque toujours lieu.

54. — Quand les actes sont entachés d'une des causes que nous venons d'examiner, ils sont nuls par la volonté de la loi. La partie intéressée à se prévaloir de la nullité n'a alors qu'à prouver l'existence de celle-ci, et le juge ne peut se dispenser de la prononcer. — Solon, t. 1er, n° 178.

Sect. 3e. — *Dans quels cas les nullités peuvent être opposées.*

55. — La loi seule peut prononcer les nullités: c'est là un principe constant. — Toullier, t. 7, n° 480, et t. 12, n° 37; Merlin, *Quest.*, v° *Tableau des interdits*, § 1er; Solon, *Théorie des nullités*, t. 1er, *pr.*; Rolland de Villargues, *Rép. du not.*, v° *Nullité*, n° 26.

56. — D'où il suit que, quand la loi est muette, on ne doit point suppléer arbitrairement les nullités. — Denisart, v° *Nullité*, n° 58; Toullier, t. 7, nos 482 et 517; Rolland de Villargues, n° 28.

57. — Jugé, ainsi, que les nullités, étant une peine, sont de droit étroit, et qu'en matière de contributions indirectes, les tribunaux ne peuvent pas admettre d'autres nullités ou déchéances que celles qui sont exprimées par la loi d'une manière positive et absolue. — *Cass.*, 27 fév. 1823, Contributions indirectes c. Delarue.

58. — Pareillement, en thèse générale, la peine de nullité ne peut être suppléée dans une disposition législative qui, en prescrivant des formalités non essentiellement constitutives de la régularité de certains actes, n'a pas expressément attaché cette peine à leur omission. — *Cass.*, 6 août 1836 (t. 1er 1837, p. 345), Douanes c. Muzio.

59. — Toutefois il ne faut pas conclure de ce qui précède, que le juge ne doive déclarer la nullité que quand le législateur l'a textuellement prononcée. Car, pour n'être pas formellement articulée, la volonté du législateur peut n'en être pas moins positive. Ainsi, le Code civil ne déclare nulle part, d'une manière générale, la nullité des actes contrevenant à son commandement ou à sa défense. Il ne la prononce que dans certains cas spéciaux. Mais il ne dit pas que la nullité ne doit être appliquée que dans ces cas. Aussi décide-t-on généralement que le juge peut et doit quelquefois prononcer la nullité d'un acte auquel le législateur n'a pas attaché la sanction de cette peine.

60. — Jugé, en conséquence, que l'art. 1304 du Code civil n'est point limitatif des cas où l'action en nullité ou rescision est admise. — *Rouen*, 30 déc. 1823, Bongaut.

61. — De même: la délibération du conseil de famille prise par des parens dont le nombre n'égalerait pas celui que fixe la loi serait nulle, bien que cette nullité ne soit pas formellement prononcée. — C. civ., 407 et suiv., et 415. — Perrin, *Traité des nullités*, p. 179.

62. — Le jugement émané d'un tribunal de commerce composé de moins de trois juges serait également nul, bien que l'art. 626 Code comm. ne déclare pas la nullité.

63. — A la différence du Code civil: le Code de procédure déclare positivement qu'aucun exploit ou acte de procédure ne pourra être déclaré nul, si la nullité n'en est pas formellement prononcée par la loi. — C. proc., 1030. — Le Code d'instruction criminelle (art. 407 et suiv.) contient une disposition de cette nature. — Cependant, on reconnait généralement, et avec raison, des nullités pour inobservation de règles dans des cas où ces codes ne les prononcent pas. — Zachariæ, t. 1er, p. 67; Solon, t. 1er, n° 303; Favard de Langlade, *Rép.*, v° *Nullité*, n° 4.

64. — Il y a nullité non-seulement lorsque le

législateur la prononce textuellement, mais encore lorsqu'il se sert de termes équivalens. Par exemple, lorsqu'il dit: *L'obligation ne peut avoir aucun effet* (C. civ., 1131); *l'acte n'a point d'effet* (C. civ., 1321); *est sans effet* (C. civ., 1430); *ne produit aucun effet* (C. civ., 1974); *n'est pas valable* (C. civ., 948, 1050, 1338, etc.); *n'est pas obligatoire* (C. civ., 1429); *sera réputé ou censé non avenu* (C. proc., 150 et 438); ou encore qu'il ait écrit: *il n'y a pas contrat* (C. civ., 1587 et 1592). — Perrin, p. 117 et 210; Rolland de Villargues, v° *Nullité*, nos 31 et 32; Duranton, t. 12, n° 529; Thémis, t. 1er, p. 480. — V., néanmoins, Toullier, t. 8, nos 319 et suiv.

65. — Il y a également nullité quand la loi déclare qu'*on sera non recevable*, qu'*on ne sera pas reçu*, qu'*on ne sera pas admis*, qu'*on n'est pas admissible*, que *l'acte n'est pas susceptible de*... A plus forte raison en est-il de même dans les cas où la loi prononce des déchéances. — Perrin, p. 210 et 212.

66. — Mais les mots *est tenu de* ou *sera tenu de* n'entraînent pas forcément et par eux-mêmes la nullité des actes faits contrairement à leur prescription. — Perrin, *Traité des nullités*, p. 200.

67. — Toutes les fois que le législateur prononce la peine de la nullité, le juge ne peut hésiter à l'appliquer. — Solon, t. 1er, n° 303; Perrin, p. 115; Rolland, v° *Nullité*, n° 30. — Et cela quand même le motif de la nullité serait puisé dans une présomption de lésion et qu'on prétendrait que le plaignant n'a éprouvé aucune lésion. En effet, il y a là présomption qui n'admet pas la preuve contraire. — C. civ., 1352. — Zachariæ, t. 2, p. 427.

68. — Sous la loi romaine, quand la nullité n'était pas formellement prononcée par la loi, elle devait être sous-entendue dans les lois prohibitives. — L. 5, *C. de legibus*. — Les jurisconsultes français admirent cette règle, tout en la modifiant beaucoup. Mais la législation française ne l'adopta point. Ainsi, l'ordonnance de 1667 répète souvent la clause irritante: *sous peine de nullité*, ce qu'elle n'eût pas fait, puisque c'eût été inutile, si on eût dû appliquer la peine à toutes les dispositions prohibitives.

69. — Lors de la discussion du projet du Code civil, on voulut y insérer un article ainsi conçu: *Les lois prohibitives emportent peine de nullité quoique cette peine n'y soit pas formellement exprimée.* Mais on rejeta cette disposition trop absolue. Défendre un acte n'est pas toujours vouloir l'annuler quand il est consommé. Tel est le cas où la femme a contracté un second mariage avant les dix mois de la dissolution du premier. — C. civ., 228. —En effet, il y aurait alors plus d'inconvénient à annuler le mariage qu'à le maintenir. — Merlin, *Rép.*, v° *Nullité*, § 1er; Toullier, t. 7, nos 497 et suiv.; Duranton, t. 12, n° 529; Favard, v° *Nullité*, § 1er, nos 2 et suiv.; Solon, t. 1er, nos 307 et suiv., 331, 385 et suiv.; Rolland de Villargues, nos 33 et suiv. — V. aussi Perrin, *Traité des nullités*, p. 190.

70. — Quant aux cas où le législateur ne défend plus mais ordonne certaines prescriptions, c'est-à-dire quand il s'agit de lois impératives, V. ce que nous avons dit v° FORMALITÉS.

71. — On peut tracer les règles suivantes quand il s'agit de l'interprétation des lois en matière de nullités: — 1° Toute disposition impérative ou prohibitive ayant pour objet l'exercice ou la conservation d'un droit naturel est, en général, essentielle, et absolue, et doit être observée à peine de nullité. Ainsi, sont présumées prescrites à peine de nullité, les formalités nécessaires pour assurer le droit de légitime défense; les dispositions tendant à conserver la puissance paternelle, la liberté individuelle, etc. — Solon, *Théorie des nullités*, t. 1er, nos 336 et 340.

72. — 2° Toute disposition prohibitive ou impérative qui ne s'appuie plus sur la loi naturelle, mais repose sur la loi civile et arbitraire, est présumée non essentielle, l'acte consenti au mépris de ses dispositions ne doit être annulé que si le législateur en a clairement manifesté l'intention. — Solon, n° 341.

73. — 3° Toute disposition qui intéresse directement et principalement l'ordre public et les bonnes mœurs doit être observée rigoureusement, sans qu'on doive se préoccuper si la nullité est ou n'est pas formellement prononcée par le législateur. — Solon, nos 342 et 346; Perrin, p. 182 et 207.

74. — 4° L'inobservation d'une loi intéressant surtout les particuliers ne produit, au contraire, la nullité de l'acte ou de la convention faits contre son vœu, qu'autant que la loi prononce formellement cette nullité; ou que, par suite de la contravention, l'acte se trouve vicié dans son essence. — Solon, n° 347.

75. — 5° Tous les actes faits par un individu à

qui la loi refuse une qualité pour agir, pour exercer un droit, et qui tiennent à l'exercice de ce droit, sont nuls, bien que le législateur ne le déclare pas d'une manière expresse. — Toutefois, l'acte ne serait pas nul si la partie qui l'a consenti avait plusieurs qualités dont l'une lui permettait de le faire. On devrait supposer qu'elle a agi dans la qualité qui valide, et non dans celle qui annule l'acte. — Arg. de l'art. 1157, C. civ. — Solon, nº 348; Perrin, p. 177 et 406.

76. — A cette classe de nullités pourraient se rattacher celles qui proviennent de l'incapacité des personnes : règle qui comporte des modifications nombreuses. — Perrin, p. 184.

77. — 6º Les conditions qu'exige la loi comme nécessaires à l'acquisition ou à la conservation d'un droit doivent être observées, à peine de nullité, quelles que soient les expressions dont s'est servi le législateur. Tels seraient les délais fixés par la loi pour intenter une action, acquérir, exercer ou conserver un droit. Mais la loi est, au contraire, le plus souvent comminatoire dans la fixation des délais de pure instruction. — Solon, nºs 349 et 350; Perrin, p. 227 et suiv.

78. — 7º Toute injonction, toute défense faite par le législateur, sous la menace d'une peine autre que la peine de nullité, sous celle d'amende. par exemple, est présumée ne pas annuler les actes faits contrairement à la loi, car il n'est pas supposable que le législateur ait voulu prononcer deux peines contre cette infraction. — L. 41, ff., *De pœnis*. — Merlin, *Rép.*, vº *Nullité*. — Mais cette règle n'est en réalité qu'une présomption susceptible d'exceptions nombreuses. — Toullier, t. 7, nº 486; Solon, nº 351; Perrin, p. 193 et suiv. et 204; Rolland de Villargues, *Rép. du not.*, vº *Nullité*, nº 34.

79. — 8º Toutes les injonctions, les défenses, formalités ou conditions tenant à la substance d'un acte ou d'une convention sont faites ou prescrites à peine de nullité, bien que le législateur n'ait pas formellement prononcé cette peine. — Solon, nºs 356 et suiv.; Perrin, p. 221 et 234; Rolland de Villargues, nº 98. — V., à cet égard, ce que nous avons dit vº FORMALITÉS.

80. — Cette règle semble en contradiction avec l'art. 1030 C. procéd., mais l'esprit qui a présidé à la rédaction de cet article, qui ne s'applique, du reste, qu'aux actes de la procédure, n'a voulu nullement détruire cette règle. En effet, comment supposer que le législateur ait pu désirer rendre valable un acte vicié dans son essence? — Solon, nº 353.

81. — Jugé ainsi que l'art. 1030 du C. de procéd., en restreignant les nullités des exploits ou actes de procédure au cas où elles sont prononcées par la loi, n'a pu s'occuper que de la forme extérieure des actes, et non pas des cas où la substance même de l'acte est attaquée et où l'on peut dire que l'acte n'a pas réellement d'existence. — *Paris*, 19 mars 1825, Carlotti c. Breuilland.

82. — De même, la signature du procès-verbal de carence, ou même simplement du renvoi placé en marge et constatant le *parlant à*, par les témoins qui ont accompagné l'huissier, cette signature étant de l'essence même de l'acte, la nullité qui résulte de son absence existe sans qu'elle ait eu besoin d'être expressément prononcée par la loi. — *Cass.*, 20 juin 1837 (t. 2 1837, p. 271), Ramondeneq c. Gaigneron.

83. — 9º On ne peut assimiler au défaut d'indication même l'erreur dans une indication substantielle, à moins qu'elle ne soit assez grave pour empêcher l'acte de remplir son objet. — Ainsi, une erreur de copiste ne suffit pas pour faire annuler un acte de procédure. — *Cass.*, 23 avril 1834, Dauxert c. Lechevallier. — Solon, nº 366.

84. — 10º La contravention à des dispositions de loi prescrivant de surseoir à des poursuites, entraîne nullité. On ne saurait considérer en effet ces dispositions comme simplement comminatoires. — Perrin, p. 225.

Sect. 4e. — *Comment les nullités sont déclarées. — Fins de non-recevoir.*

85. — La nullité n'existe pas de plein droit. Aussi doit-elle être en général prononcée par jugement. A cet égard, il n'y a pas lieu de distinguer entre les cas où la loi accorde seulement contre un acte l'action en nullité et ceux où elle prononce elle-même cette nullité. — Zachariæ, t. 1er, p. 69, et t. 2, p. 427, note.

86. — La demande en nullité peut être opposée par voie d'action ou par voie d'exception. Mais on ne peut ni par action principale en nullité ni par exception attaquer les jugemens : ceux-ci ne peuvent l'être que par les voies légales que la loi a déterminées. — Solon, t. 1er, nºs 417 et suiv.; Perrin, p. 138 et suiv.; Rolland, vº *Nullité*, nº 49.

87. — Les contrats judiciaires, les aveux faits en justice tiennent tout à la fois des jugemens et des conventions. Mais, comme dans leur essence ils sont véritablement des conventions, ce sont les règles, non des jugemens; mais celles des obligations conventionnelles, qui doivent leur être appliquées. Ces actes peuvent conséquemment être attaqués par les voies de nullité ou de rescision.

88. — Après avoir formé une demande en nullité contre un acte par suite de certain vice, on pourrait en former une seconde à raison d'un autre vice : si celui-ci formait cause de l'action. Ainsi, après avoir succombé dans une action en nullité tirée d'un vice de forme, on pourrait renouveler sa demande en la fondant sur un défaut de consentement, sur l'incapacité des parties, etc. — Toullier, t. 12, nºs 164 et suiv.; Rolland, *Rép. du not.*, vº *Nullité*, nºs 70 et suiv. — V. CHOSE JUGÉE.

89. — La nullité de forme, lorsqu'elle n'est pas d'ordre public, se couvre par la défense au fond.

90. — Jugé ainsi que la nullité d'un exploit d'ajournement pour défaut d'accomplissement de l'une des formalités prescrites par l'art. 61 du C. de procéd. civ., est couverte par les défenses au fond. — *Cass.*, 2 mars 1837 (t. 2 1837, p. 39), Billonneau. — V. EXPLOIT.

91. — Une pareille nullité ne peut non plus être opposée pour la première fois devant la Cour de cassation. — *Cass.*, 2 mars 1837 (t. 2 1837, p. 39), Billonneau. — Merlin, *Quest.*, vº *Cassation*, § 37; Poncel, *Des jugemens*, t. 2, p. 287 et suiv. — V., au surplus, CASSATION (mat. civ.), nºs 998 et suiv., 1115 et suiv.

92. — L'exception de nullité doit être proposée par les parties. Le juge ne saurait la suppléer d'office. Mais il en serait autrement des nullités du fond qui seraient puisées dans des considérations d'ordre public.

93. — On peut opposer plusieurs fins de non-recevoir à l'action en nullité ou en rescision, indépendamment de celle qui résulte de la prescription par suite de l'expiration du délai. — C. civ., art. 1304.

94. — D'abord la confirmation ou ratification valablement faite, effaçant le vice dont l'obligation est infectée, éteint l'action en nullité ou en rescision. — L'exécution volontaire de l'acte, après l'époque à laquelle l'obligation pouvait être valablement confirmée ou ratifiée, suffit, à défaut d'acte de confirmation ou ratification, pour élever une fin de non-recevoir contre la demande en nullité ou rescision. — C. civ., art. 1338. — Solon, *Traité des nullités*, t. 2, ch. 16; Zachariæ, t. 1er, p. 71; Toullier, t. 8, nº 506, et t. 7, nºs 561 et 572; Rolland de Villargues, vº *Rescision*, nº 69.

95. — Avant le Code civ., par cela qu'on avait exécuté purement et simplement un acte nul, on n'était pas non recevable à en demander ultérieurement la nullité ou la rescision. — *Turin*, 26 mai 1807, Avogadro.

96. — Mais, sous le Code, l'exécution volontaire d'un acte de vente portant quittance du prix couvre non-seulement les moyens de *nullité* ou de *rescision* que le vendeur pouvait invoquer contre cet acte pour cause de dol et de fraude, mais encore l'*exception* de non-paiement du prix. Ainsi, le vendeur qui a exécuté volontairement l'acte de vente portant quittance du prix au profit de l'acquéreur ne peut être admis à prouver que ce prix ne lui a point été payé. — *Cass.*, 5 janv. 1830, Rigot c. Dembas.

97. — Toutefois, l'héritier qui a exécuté le testament de son auteur, peut ultérieurement en demander la nullité pour des vices non apparens, qui n'ont été découverts que depuis l'exécution. — *Cass.*, 27 août 1818, Fauchey.

98. — De même, la reconnaissance ou exécution de l'obligation, de la part de l'héritier du donateur, ne le rend pas non recevable à en opposer la nullité s'il n'est prouvé que, lors de cette reconnaissance, il savait que la donation était usuraire. — *Bordeaux*, 17 déc. 1827, Maze c. Gentieu.

99. — La nullité résultant des vices de forme d'un acte ne peut être l'objet d'une ratification expresse ou tacite que quand l'acte est représenté. — *Cass.*, 8 janv. 1838 (t. 2 1838, p. 282), Barbotte c. Lamard.

100. — La nullité d'un legs excessif fait à un enfant naturel par personne interposée n'est pas d'ordre public; elle peut être couverte par l'acquiescement des héritiers. Dès lors, ceux de ces héritiers qui ont exécuté le testament sont non recevables à invoquer cette nullité. — *Cass.*, 16 août 1841 (t. 2 1841, p. 399), Lafargue c. Stevenson. — Toullier, t. 5, nº 162; Merlin, *Rép.*, vis *Nullité*, § 3, nº 12, et *Réserve coutumière*, § 5. — Pothier, *Traité des donations*. sect. 3, art. 5, § 7; Lemerle, *Traité des fins de non-recevoir*, ch. 5.

101. — Jugé même que les parties ont la faculté, en ce qui concerne leur intérêt particulier, de renoncer à se prévaloir d'une nullité, fût-elle d'ordre public : ainsi elles peuvent, mais par une ratification expresse, couvrir la nullité qui, dans un testament, frappe une substitution prohibée. — *Montpellier*, 24 mars 1841, sous *Cass.*, 18 avr. 1842 (t. 2 1842, p. 434), Cabrolier c. Caimels. — Cette décision est en opposition formelle avec le principe posé en l'art. 6 C. civ., et la jurisprudence. Mais il est à remarquer que la Cour de cassation ne l'a point sanctionné, et que, dans l'espèce, la Cour royale, en déclarant que la ratification n'avait point existé, n'avait point directement à s'occuper de la validité ou de la non-validité : elle ne l'a donc fait pour ainsi dire que surabondamment; et il est possible que si le principe eût dû produire effet, la même Cour se fût prononcée dans un sens différent.

102. — Dans les contrats synallagmatiques, toute nullité, soit de forme, soit substantielle, peut être couverte par l'exécution volontaire des parties. — Tel est le cas où une transaction sous seing privé est nulle pour défaut de signature de l'une des parties sur l'un des originaux. — *Cass.*, 19 déc. 1820, Lescours. — Toullier, t. 8, nºs 517 et suiv. — V., au surplus, ACTE SOUS SEING PRIVÉ, nºs 52 et suiv.

103. — Jugé cependant que la nullité d'un acte résultant du défaut de signature de l'un des contractans n'est pas couverte par l'exécution de cet acte consentie par ce contractant. — *Toulouse*, 18 janv. 1828, Bousquet c. Lerat.

104. — Un acte n'est réputé exécuté par la partie non présente à sa rédaction, et qui n'y a pas été valablement représentée, qu'autant qu'il est prouvé qu'elle en a connu la substance. — Ainsi, le fait d'avoir reçu des loyers n'est pas une exécution d'un prétendu contrat de bail lorsqu'il n'est pas établi que celui qui les a reçus ait eu connaissance des stipulations contenues dans ce contrat. — On ne peut, à plus forte raison, considérer comme preuve d'exécution la *supposition* qu'une partie a *dû* partager les loyers touchés par le signataire du bail. — *Cass.*, 9 mai 1842 (t. 2 1842, p. 10), Delcambre c. Luxardo.

105. — La déclaration faite par une Cour d'appel qu'un acte nul en la forme a été exécuté par la partie qui pouvait en demander la nullité (ce en quoi elle n'a fait qu'un acte de bonne foi), et qu'en outre sa validité a été reconnue par l'ayant cause de cette partie, lequel en invoque la nullité, autorise l'application de l'art. 1338 C. civ., suivant lequel l'exécution volontaire d'un acte avec connaissance du vice dont il est affecté équivaut à la confirmation ou à la ratification. — *Cass.*, 23 nov. 1841 (t. 1er 1842, p. 130), Dulagat c. Vincendeau.

106. — Si l'exécution n'est que partielle, elle n'en est pas moins une approbation de l'acte : approbation suffisante pour effacer le vice de celui-ci. — Duranton, t. 12, nº 558; Rolland de Villargues, vº *Nullité*, nº 80; vº *Rescision*, nº 70.

107. — Toutefois, il ne faudrait pas appliquer ceci d'une manière absolue. Ainsi, celui qui aurait exécuté en partie, et cela volontairement, une obligation sans cause, ou pour une cause illicite, ne pourrait répéter ce qu'il aurait ainsi librement payé : à raison du principe *Cujus per errorem soluti est repetitio, ejusdem consultò dati donatio est*. — L. 53, ff., *De reg. jur.* — Mais, la nullité n'en serait pas moins opposable, quant au surplus. — Duranton, t. 12, nº 559; Rolland de Villargues, vº *Nullité*, nº 81.

108. — Toute autre approbation tacite suffirait également pour faire disparaître les vices d'erreur, de violence ou de dol, d'incapacité ou de vice de forme. — Rolland de Villargues, *Rép. du not.*, vº *Nullité*, nº 82.

109. — Les nullités se couvrent également des transactions régulièrement consenties, et par la renonciation à les proposer. — *Pau*, 11 janv. 1826, Paucis c. Pelleport. — Duranton, t. 12, nº 554; Rolland de Villargues, vis *Nullité*, nºs 83 et 84, et *Rescision*, nºs 71 et 72.

110. — Le compromis étant une sorte de transaction, il en résulte que la sentence arbitrale dont il est suivi élève aussi une fin de non-recevoir contre l'action en nullité ou en rescision si cette sentence n'est pas régulièrement réformée. — Duranton, t. 12, nº 555; Rolland de Villargues, nº 85.

111. — Sur la manière dont peuvent être couvertes les nullités dans différentes matières particulières, V. APPEL, CONCILIATION, COUR D'ASSISES, DEGRÉ DE JURIDICTION, ENQUÊTE, EXCEPTION, INSCRIPTION HYPOTHÉCAIRE, JUGEMENT (mat. crimin.), etc.

Sect. 5e. — *Qui peut se prévaloir des nullités.*

112. — *Point de nullité sans griefs.* — Cette règle de l'ancien droit, consacrée par la jurisprudence et la doctrine, a pour objet de repousser toute action dont le mobile serait la chicane et la malice : *Malitiis hominum non est indulgendum.* — Solon, *Nullités*, t. 1er, nos 407 et suiv.; Perrin, *ibid*, p. 118 et 119.

113. — Elle est d'ordre public et peut être prononcée d'office par les tribunaux ; ils peuvent également l'admettre en tout état de cause, et par conséquent en appel pour la première fois. — *Cass.*, 4 avr. 1810, Fasciaux c. conservateur des hypothèques de Bruxelles.

114. — Les nullités d'ordre public ne peuvent pas plus que les autres être proposées par un simple particulier qu'autant que l'acte nul lui porte préjudice. — *Cass.*, 17 mai 1810, H... — Il n'en était pas de même autrefois (Dunod, *des Prescriptions*, part. 1re, chap. 8); et surtout sous la législation romaine, où il n'y avait point de magistrats chargés d'agir dans l'intérêt de la société. — L. 2, § 3, ff., *De popul. act.* — Solon, nos 414 et 431. — V. aussi ACTION POPULAIRE.

115. — Aujourd'hui, outre les intéressés, c'est aux magistrats du ministère public qu'appartient l'exercice des actions qui intéressent l'ordre public. Mais ils ne peuvent toutefois exercer l'action en nullité que dans les cas où la loi leur accorde expressément cette faculté. — Solon, t. 1er, no 482.

116. — Mais, en général, quiconque a souffert des suites d'une contravention a le droit de se plaindre et de demander la nullité de l'acte, à moins cependant qu'il n'en soit empêché par des raisons d'ordre public. — Solon, t. 1er, nos 426 et suiv. ; Perrin, p. 122.

117. — Dans le cas d'une nullité de forme provenant d'une omission qui frappe de *non esse* l'acte qui la renferme, cet acte n'existant pas ne saurait obliger personne. Tous les intéressés peuvent exciper de cette nullité. Ce cas se présente, par exemple, dans tous les contrats et actes solennels. — Solon, t. 1er, no 432.

118. — Le simple possesseur, même de mauvaise foi, peut opposer la nullité absolue d'un acte à celui qui réclame la propriété. — Toullier, t. 7, no 557; Rolland de Villargues, vo *Nullité*, no 45.

119. — Il en serait de même, à plus forte raison, des créanciers chirographaires du vendeur, puisqu'ils peuvent exercer tous les droits et actions de leur débiteur (C. civ., art. 1166), et les créanciers hypothécaires postérieurs en date pourraient se prévaloir de la nullité des titres antérieurs en vertu desquels on voudrait les primer. — Toullier, t. 17, no 560.

120. — Dans le cas d'engagemens pris par le mineur, l'interdit ou la femme mariée, la nullité ne peut être invoquée que par eux et non par ceux avec qui ils ont contracté. — C. civ., art. 1125.

121. — Ainsi jugé que la nullité de la vente des biens d'un mineur faite par son tuteur, sans les formalités prescrites, est purement relative et ne peut être invoquée que par le mineur. — *Paris*, 10 janv. 1835, Desmarquettes c. Buglet.

122. — Ainsi encore, la restitution accordée aux mineurs ne profite qu'à eux seuls, et à leurs représentans, et non aux majeurs qui se sont obligés avec eux. Toutefois, il en serait autrement au cas d'obligations indivisibles. Mais, s'il s'agit de la vente d'un fonds commun entre un mineur et un majeur, la vente ne sera rescindée que pour la part qu'avait le mineur dans ce fonds. — *Cass.*, 16 fév. 1814, Méardi, 30 août 1815, de Vaudreuil c. Sallonieil. — Duranton, t. 12, no 546; Favard, *Rép.*, vo *Nullité*, § 6, no 3.

123. — La nullité d'actes d'acquisition ou d'aliénation d'immeubles consentie par une commune sans autorisation ne peut être opposée que par la commune elle-même, et non par ceux qui ont contracté avec elle. — *Cass.*, 3 mai 1841 (t. 1er 1842, p. 647), d'Albert c. Commune de Montdragon. — V., au surplus, COMMUNE, nos 250 et suiv.

124. — Dans les inscriptions hypothécaires plusieurs des énonciations que doivent contenir les bordereaux d'inscription tiennent à leur essence; mais, ces énonciations n'étant exigées qu'afin d'assurer aux créanciers leur rang hypothécaire, eux seuls peuvent se prévaloir de l'irrégularité de l'inscription. Le débiteur ne le pourrait, car pour lui elle est sans grief. — Solon, t. 1er, no 438. — V. INSCRIPTION HYPOTHÉCAIRE.

125. — L'acte radicalement nul ne peut être attaqué par tous intéressés encore qu'ils n'aient que l'action en nullité relative. — Ainsi, l'acceptation d'une donation par une femme mariée est radicalement nulle, même vis-à-vis du donateur, si la femme n'a pas été autorisée. — Solon, t. 1er, nos 441, 442; Rolland de Villargues, *Rép. du not.*, vo *Nullité*, no 47.

126. — Le but de la nullité étant de réparer un tort, les héritiers de celui qui pouvait s'en prévaloir ont qualité comme lui pour obtenir cette réparation pendant le temps qui restait au défendeur à l'époque de sa mort (L. 3, § 9; 18, § 5, ff., *De minor.*). Les héritiers peuvent intenter cette action de la même manière que leur auteur pouvait le faire. — Solon, t. 1er, no 443.

127. — Cette règle a ses exceptions. Il est des cas où les héritiers ne succèdent pas à l'action, ou dans lesquels celle-ci ne leur est pas transmise avec le même caractère, la même étendue. Ainsi : les héritiers du mari, qui, n'ayant pas autorisé sa femme, peut demander la nullité de l'acte qu'elle a ainsi consenti, encore qu'il n'en souffre aucun préjudice, ne sauraient, après la mort du mari, proposer la nullité d'un pareil acte, que s'ils avaient pour le faire un intérêt pécuniaire. — Solon, no 444.

128. — De même, toutes les fois qu'un des époux peut demander la nullité de son mariage, les collatéraux, ses héritiers, ne peuvent la demander que dans le cas où ils ont un intérêt né et actuel. — C. civ., art. 187. — Solon, no 445. — V. MARIAGE.

129. — Dans le cas où le juge douterait si l'héritier a, comme son auteur, qualité pour intenter la nullité, il devra s'en tenir à la règle générale : qui est que les actions en nullité et en rescision passent aux héritiers, et que ceux-ci ont le droit et le pouvoir de les exercer comme auraient pu le faire leurs auteurs. — Solon, t. 1er, no 446.

130. — Lorsqu'il y a plusieurs héritiers, un seul ne peut intenter une action en nullité ou en rescision, qu'autant qu'il agit concurremment avec ses cohéritiers, ou qu'il les a mis en cause pour que le jugement à intervenir leur fût commun. Il en serait autrement si le bénéfice de la nullité ne devait pas profiter à tous les héritiers, mais seulement à celui qui intente l'action. — Solon, t. 1er, nos 483 et 484.

131. — Un acte privé auquel manque la signature de quelques-uns des membres qui y figurent peut être attaqué en nullité par ceux mêmes dont il porte la signature, celle de toutes les parties étant considérée comme la condition de la signature de chacune d'elles. — Perrin, p. 65.

132. — L'action en nullité et en rescision est cessible : elle peut être transmise à titre gratuit ou à titre onéreux, sauf l'exception de l'art. 1167 C. civ. Le cessionnaire peut l'exercer comme le cédant aurait pu le faire. — Solon, no 447.

133. — Jugé ainsi que le cessionnaire du mineur peut opposer comme le mineur lui-même la nullité de la vente d'immeubles appartenant à ce dernier, et consentie par le tuteur sans les formalités qu'exige la loi. — *Paris*, 18 mars 1839 (t. 1er 1839, p. 337), Merlin c. Chapuy et Laval.

134. — Mais le cessionnaire de tous droits et actions, en général, n'aurait qualité pour intenter les actions en nullité et en rescision que le cédant était en droit d'exercer personnellement, qu'autant que celui-ci les lui aurait cédées nominativement. — *Limoges*, 27 nov. 1811, Maulmond du Chalard c. Yagot la Goussière. — Solon, t. 1er, no 448.

135. — Les créanciers peuvent demander la nullité des actes faits par leur débiteur en fraude de leurs droits. — C. civ., art. 1167. — V. CRÉANCIER, FRAUDE.

136. — Les actions en nullité et celles en rescision appartenant au débiteur, peuvent être proposées par ses créanciers (C. civ., art. 1166). Ceci ne soulève aucun doute, si l'action a pour objet une nullité absolue. — Solon, t. 1er, no 465.

137. — Si, au lieu d'un acte radicalement nul, il s'agissait d'un acte frappé seulement de nullité relative, d'une nullité établie en faveur du seul débiteur, les créanciers ne pourraient proposer cette nullité que si elle n'était pas exclusivement attachée à la personne du débiteur. Car il ne faut pas confondre les droits personnels avec ceux attachés exclusivement à la personne. — Solon, nos 466 et suiv. ; Merlin. *Quest. de droit*, vo *Hypothèque*, § 4 ; Grenier, *Hypothèques*, no 44 ; Duranton, t. 12, no 568. — V., cependant, Toullier, t. 7, no 566 ; *Thémis*, t. 3, p. 42; Rolland de Villargues, *Rép. du not.*, vo *Nullité*, no 48.

138. — Les créanciers d'une femme mariée qui a contracté sans autorisation dans un cas où cette autorisation était exigée, peuvent exercer l'action en nullité du chef de la femme. — Duranton, t. 10, no 561 ; t. 12, no 569.

139. — Un créancier ne peut se prévaloir d'une nullité de procédure dont ne se prévaut pas son débiteur lui-même, malgré le droit qu'en a ce dernier. — Solon, t. 1er, no 478.

140. — Ainsi, jugé que les créanciers n'ont pas le droit de reproduire les moyens de nullité dont s'est désisté le saisi. — *Cass.*, 23 juill. 817, Martin c. Burdin.

141. — Il est loisible à la caution de proposer ou d'opposer la nullité de l'acte, si l'obligation est entachée d'un vice réel attaquant sa substance : comme serait celui, par exemple, qui résulterait du dol, de l'erreur, etc. Mais elle ne le pourrait si la nullité était purement personnelle au principal obligé. — Argum. de l'art. 2012 C. civ.; L. 7, § 1er, et L. 19, ff., *De except.* — Solon, t. 1er, no 479.

142. — Les actions en nullité ou en rescision peuvent être exercées par les représentans légaux de la personne à qui elles appartiennent. Ainsi, le tuteur a qualité pour exercer celles appartenant au mineur; le mari, pour exercer celles de la femme; les syndics d'une faillite, celles appartenant soit au failli, soit à la masse des créanciers, etc., etc. — Solon, nos 480 et 481.

143. — L'auteur d'une nullité de procédure ne peut jamais s'en prévaloir. — Solon, t. 2, no 146.

144. — Jugé, ainsi, qu'on ne peut se ménager une nullité pour venir s'en prévaloir ensuite. — *Poitiers*, 5 mai 1825, Dubut c. Delor et Bernard.

145. — Celui qui a traité sciemment avec un courtier de commerce pour une opération commerciale que la loi interdisait à celui-ci, ne peut exciper de cette infraction pour faire annuler la convention. — *Bordeaux*, 15 mai 1846 (t. 1er 1847, p. 255), Bolher c. Rochabrun.

146. — On ne peut, non plus, se prévaloir d'une nullité résultant du fait de son représentant. — *Cass.*, 25 janv. 1825, commune de Gex c. Jacquemier.

147. — Dans le doute, les nullités peuvent être proposées par tous les intéressés. — Solon, t. 1er, no 485.

Sect. 6e. — *Preuves des nullités.*

148. — En général, les nullités ne se présument pas. C'est à la partie qui les propose à en fournir la preuve. Tant qu'elle ne l'a pas fait, les conventions et actes produits en justice sont réputés valables. — Solon, no 480 ; Favard, *Rép.*, vo *Nullité*, § 5, no 1er.

149. — La preuve des nullités est facile quand celles-ci sont tirées d'une irrégularité dans la forme. On n'a qu'à représenter l'acte. S'il ne contient pas les formalités prescrites, le juge doit en prononcer la nullité. Ainsi serait déclaré nul le testament qui ne contiendrait pas la mention de l'accomplissement des formalités constitutives de l'acte. — C. civ., art. 972 et suiv. — Solon, no 487 ; Perrin, no 167.

150. — Les énonciations contenues dans un acte et tenant à sa substance, sont réputées vraies ; les formalités dont l'accomplissement est mentionné dans cet acte, sont présumées avoir été bien remplies. — V. FORMALITÉS. — Toutefois, cette présomption peut être détruite par la voie de l'inscription de faux. — Solon, t. 1er, no 488. — V. ACTE, ACTE AUTHENTIQUE.

151. — Quant aux nullités qui tiennent au fond, il est bien difficile de les prouver par l'acte lui-même ou par d'autres écrits ayant *vim probandi* ; on peut alors prouver par témoins ou par présomptions qu'une convention est l'effet du dol, de la fraude, de la violence, de l'erreur, du défaut de cause. — Solon, t. 1er, nos 489 à 506. — V. PREUVE TESTIMONIALE, PRÉSOMPTION.

152. — C'est au demandeur, en matière de nullité, comme dans toutes les matières de droit, à prouver les faits sur lesquels il appuie sa demande. Il n'est dispensé de le faire que quand la loi établit en sa faveur la présomption de ces faits. — Solon, t. 1er, no 508.

153. — Il y a présomption légale d'un fait, d'une circonstance entraînant la nullité d'un acte, lorsque celui-ci étant assujetti à des formalités substantielles, ces formalités n'ont pas été

observées. La présomption légale est alors que l'acte n'a point rempli son objet, il est frappé de nullité; et la partie qui veut se prévaloir de celle-ci, n'a qu'à le produire et établir les omissions qu'il renferme. L'autre partie ne serait pas même admise à prouver que, malgré ces omissions, l'acte a produit son effet (arg. des art. 1350, n° 8, et 1352 C. civ.).—Solon, t. 1er, n° 509.

154. — Cette présomption serait la même si, l'original étant perdu, la copie authentique contenait des omissions essentielles. On présumerait que ces mêmes omissions existaient dans l'original. — Solon, t. 1er, n° 509. — V. ACTES ANCIENS, COPIE DES TITRES ET ACTES.

155.—La présomption légale des faits pouvant entraîner la nullité ou la rescision d'un acte, se tire quelquefois de la nature de cet acte et des circonstances au milieu desquelles il a été passé. Par exemple, serait nulle la constitution d'une rente viagère créée sur la tête d'une personne atteinte de la maladie dont elle est décédée dans les vingt jours de la date du contrat (C. civ., art. 1975); la fraude serait ici présumée de plein droit. — Solon, t. 1er, n° 511.

156. — Cette présomption légale des faits peut se tirer aussi de l'état de la personne en faveur de laquelle la loi a établi l'action en rescision ou en nullité. Ainsi, il y a, en faveur du mineur, présomption légale de lésion; par cela seul qu'il a fait un acte pour lequel la loi le répute incapable. — C'est à l'autre partie à prouver que le mineur n'a pas été lésé et qu'il a utilement employé l'argent qui lui a été remis.—Solon, t. 1er, nos 515 et 516.

Sect. 7e. — *Effets de la nullité et de la rescision.*

157. — L'effet de tout jugement qui reconnaît une nullité, est de faire considérer l'acte vicié par elle, sinon comme n'ayant jamais existé, au moins comme n'ayant jamais eu d'effet: *Quod nullum est nullum producit effectum*. Car, si la loi, en annulant un acte, ne peut empêcher qu'il ait eu lieu, elle peut en anéantir les effets, en le réduisant à un pur fait.—L. 5, *Cod. de legibus*.—Dunod, *Prescription*, p. 47; Toullier, t. 7, nos 529 et 557; Rolland de Villargues, *Rép. du notariat*, v° *Nullité*, n° 88.

158.—Toutefois, la règle n'est pas absolument vraie. Ainsi, par cela qu'un acte a existé de fait, il en peut résulter des effets indépendans du caractère sous le rapport duquel le juge a prononcé. Ceci a lieu quand cet acte constitue un délit (C. proc., art. 1030), renferme un aveu (*Cass.*, 29 nov. an VII, Talandier c. Lage.), ou crée des relations de fait entre les parties. Par exemple, bien qu'un mariage ait été annulé, il n'en aura pas moins établi de fait une communauté de biens entre les époux.—Zachariæ, t. 1er, p. 70. — V. aussi Toullier, t. 1er, n° 665.

159.—Lorsqu'il s'agit d'appliquer la règle *Quod nullum est*, etc., il faut distinguer l'acte de la convention. Si la convention réunit les conditions nécessaires pour que le lien de droit ait pu se former, elle est valable nonobstant la nullité de l'acte. Il ne cesse d'en être ainsi que quand la loi a exigé pour la validité de la convention l'acte et sa solennité. — Solon, t. 2, nos 5 et suiv.

160. — Si l'acte nul ne prouve pas ce qui a été fait, il peut néanmoins le corroborer quelquefois. Jugé ainsi qu'un acte nul peut, suivant les circonstances, servir de commencement de preuve par écrit. Tel serait un billet nul pour défaut du *bon* ou *approuvé* (C. civ., t. 1326).— V. APPROBATION DE SOMME. — Il en est de même des actes notariés nuls, lorsqu'ils sont signés par toutes les parties. — V. ACTE NOTARIÉ.

161. — C'est encore en vertu de la distinction existant entre l'acte et la convention qu'on décide : 1° qu'un acte nul pouvant servir de commencement de preuve par écrit, cet acte suffit pour que les juges puissent valider une convention dans les cas où la preuve testimoniale est admise; ou au moyen de présomptions graves, précises et concordantes.

162. — ... 2° Que la convention n'est pas détruite par la nullité du titre, quand le droit a été accompli sans le secours du titre.

163. — .. 3° Qu'un acte nul peut néanmoins servir à prouver un fait qu'il renferme, cet acte nul comme contrat étant bon comme écrit émané du signataire. Ainsi, un testament olographe, nul comme contrat, peut, dans certains cas, valoir pour constater une dette.

164. — ... 4° Qu'un inventaire, quoique déclaré nul, remplit cependant son objet en certains cas, lorsque la personne qui était obligée de le faire a agi de bonne foi.

165. — ... 5° Qu'un acte nul peut être regardé comme l'exécution et la ratification d'une obligation amiable. Ainsi, ne pourrait prétendre qu'il ne doit rien celui qui aurait fait des offres ultérieurement déclarées nulles. — Solon, t. 2, nos 43-66. — V. aussi Rolland de Villargues, v° *Nullité*, nos 95 et suiv.; Perrin, p. 155.

166. — De même que la nullité de l'acte n'invalide pas la convention, de même la nullité de celle-ci n'est pas couverte par la régularité de l'acte. Et, à cet égard, il n'y a aucune distinction à faire entre la nullité et la rescision. — Solon, t. 2, n° 68.

167. — L'annulation d'une convention a un effet rétroactif au jour du contrat. Elle rétablit les choses dans l'état où elles se trouvaient avant celui-ci. — En conséquence, les fruits perçus doivent être restitués (L. 24, § 4, ff., *De minor.*); tout ce qui a été touché en vertu du contrat doit être rendu. — Les charges créées, les aliénations, les hypothèques consenties par celui dont le contrat est déclaré nul, sont anéanties (C. civ., 2125). Il n'a pu, en effet, transmettre plus de droits qu'il n'en avait. — Toullier, t. 7, nos 543 et 548; Duranton, t. 12, nos 561, 564 et 567; Favard, v° *Nullité*, § 6, n° 1er; Solon, t. 2, nos 69 et suiv.; Zachariæ, t. 2, p. 437; Merlin, *Rép.*, v° *Rescision*, n° 4; Persil, *Priviléges et hypothèques*, sur l'art. 2157, n° 27; Rolland de Villargues, v° *Nullité*, nos 100 et suiv., v° *Rescision*, nos 88 et suiv.

168. — De la règle qu'on ne peut transmettre à autrui plus de droits qu'on n'en a, résulte que l'annulation ou rescision d'une convention réfléchit contre les tiers auxquels ces droits ont été transmis. — Domat, *tit. des rescisions et restitutions en général*, n° 6; Toullier, t. 7, nos 549 et 550; Duranton, t. 12, n° 564; Zachariæ, t. 2, p. 438; Rolland de Villargues, *Rép. du not.*, v° *Nullité*, n° 102; Solon, t. 2, n° 150.

169. — Lorsque les tiers tiennent leurs droits de celui qui agit en nullité, ils ne peuvent éprouver de préjudice par suite de la résolution de l'acte ou de la convention.—Solon, t. 2, nos 159 et suiv.

170. — Le droit romain n'étendait pas, dans tous les cas, l'effet de la rescision contre les tiers possesseurs. — Voët, ff., *De in integr. restit.*, n° 10.

171. — Sous l'empire du Code civil encore en vigueur, l'action en nullité pour cause de dol n'est pas, comme sous l'empire du droit romain, une action purement personnelle qui ne puisse pas atteindre les tiers de bonne foi. — *Spécialement :* le tiers acquéreur qui a acquis de bonne foi de l'acquéreur primitif, à une époque où la première vente n'était pas attaquée pour cause de dol, peut être évincé, s'il est prouvé que cette première vente était entachée de dol. —*Bruxelles*, 2 juin 1836, de Limmingue c. Bodaert. — V., cependant, *Cass.*, 18 déc. 1810, Lerebours c. Fontenelle.—Chardon, *Dol et fraude*, t. 1er, n° 35.

172. — Chez nous, dans certains cas, la bonne foi donne au tiers des droits auxquels ne peut prétendre celui qui lui a transmis la chose. Ainsi, le possesseur de bonne foi fait les fruits siens. — C. civ., 549.

173. — Dans le cas où une cause non apparente rend l'acte seulement annulable ou rescindable, l'action en nullité ou rescision n'a pas effet contre les tiers de bonne foi, qui ont accompli les formalités nécessaires pour avertir ceux qui pouvaient avoir des droits sur la chose objet du contrat. — Solon, t. 2, nos 163 et suiv.

174. — L'obligation des restitutions réciproques renferme non-seulement le principal, mais encore les accessoires.—C. civ., 547.— Solon, t. 2, n° 73; Rolland de Villargues, n° 101.

175. — Jugé, en conséquence, que l'accessoire suivant le sort du principal, la nullité de l'obligation principale entraîne celle des accessoires. — *Cass.*, 20 juin 1837 (t. 2 1837, p. 52), Boisauber c. Freslon.

176. — Le jugement a tellement pour effet le rétablissement des parties dans leur ancien état, que celui qui se serait prévalu d'une nullité relative ne serait plus admis à y renoncer après le jugement qui la prononce. Il ne le pourrait, du moins, que si tous les intéressés y consentaient. — Solon, t. 2, n° 74.

177. — Tout ce qui a été livré ou payé au demandeur en nullité ou à celui pour le compte duquel il agit doit être restitué par lui. Toutefois, les mineurs interdits, ou femmes mariées non autorisées, ne peuvent être tenus de rembourser ce qui leur aurait été payé, qu'autant qu'il serait prouvé que ce qui a été payé a tourné à leur profit. — C. civ., 1312. — C'est au défendeur à fournir la preuve que la somme payée a profité à l'incapable. — Meslé, *Des minorités*, p. 503; Duranton, t. 12, nos 561 et 862 : Rolland de Villargues, nos 103 et 104.

178.—Aussi c'est avec raison que les tribunaux condamnent une femme mariée au paiement d'une dette qu'elle a contractée sans l'autorisation de son mari, lorsqu'ils reconnaissent et constatent en fait que la somme prêtée a été employée au profit de la femme.—*Cass.*, 12 mars 1844 (t. 2 1844, p. 486), Caire c. Manelle. — V. aussi AUTORISATION DE FEMME MARIÉE, nos 236, 644 et suiv.

179. — La femme mariée qui, sans l'autorisation de son mari, a contracté un emprunt, peut (ainsi que ses héritiers), malgré la nullité de cet emprunt être poursuivie en restitution jusqu'à concurrence de l'avantage qu'elle en a retiré. — Cette restitution peut même donner naissance à une action personnelle contre le mari si la somme empruntée a servi à acquitter des charges du ménage dont le mari devait être passible. — *Caen*, 20 juin 1845 (t. 2 1845, p. 582), Mallet c. Deverre.

180. — Le jugement, annulant un acte, ne peut contenir, en outre, une peine contre une des parties par le motif que la nullité aurait été causée par elle. Il en serait autrement, si la loi autorisait d'une manière formelle la condamnation à des dommages-intérêts. — C. civ., 1597, 1630. — Solon, t. 2, n° 90.

181.—La nullité une fois prononcée, il n'existe plus de différence entre un titre annulable ou rescindable. Mais, sous plusieurs rapports, il y a lieu de distinguer tant que l'annulation n'est pas définitive.

182. — Lorsque l'acte est frappé d'une nullité absolue, il ne produit aucun droit, aucune action, aucune exception. Il ne peut donc transférer la propriété. Tellement que lorsqu'on le présente, on ne tient aucun compte de la possession qui l'a suivi. L'acte ne peut non plus être exécuté provisoirement à la différence de l'acte rescindable. — Dunod, *Prescriptions*, p. 47; Toullier, t. 7, nos 529 et 557; Rolland de Villargues, *Rép. du notariat*, v° *Nullité*, nos 89, 90 et 91; Solon, t. 2, n° 97; Zachariæ, *Cours de droit civil français*, t. 1er, p. 70.

183. — Si la nullité qui vicie l'acte n'est que relative, mais de plein droit, le titre est pour celui qui demande la nullité comme s'il n'existait pas. On ne peut conséquemment l'exécuter provisoirement. Si, au contraire, il n'est qu'annulable ou rescindable, il est réputé valable jusqu'à ce que le contraire ait été décidé. Les juges peuvent, en outre, dans ce cas, ce qui garantit tous les droits, ordonner le séquestre des choses qui sont l'objet du titre ou de la disposition qu'on attaque. — Solon, t. 2, n° 98.

184. — Si l'une des parties produisait, en matière possessoire, un titre nul de plein droit, ne transférant pas la propriété, le juge de paix ne pourrait en ordonner l'exécution provisoire. Il devrait le considérer comme n'existant pas. — Solon, t. 2, nos 99 et 100.

185. — On retrouve en matière de prescription de dix et vingt ans la différence du titre nul de plein droit et de celui qui est seulement annulable. — C. civ., 2262, 2265, 2267. — Solon, t. 2, n° 102. — V. PRESCRIPTION.

186. — L'acte qui contient divers chefs ne dépendant pas les uns des autres, peut être annulé ou rescindé pour un des chefs et maintenu quant aux autres. — Solon, t. 2, n° 103.

187. — Si les divers chefs de l'acte tenaient les uns des autres et si les uns pouvaient être considérés comme conditions des autres, il n'en serait plus de même. C'est ce qui a lieu au cas d'une convention indivisible ou par sa nature, ou par la volonté des parties, ou bien par la disposition de la loi. — Solon, t. 2, nos 104 et suiv; p. 163 et suiv.; Favard de Langlade, v° *Nullité*, § 6, n° 3.

188. — Un engagement, nul dans son principe, ne peut, en général, revivre par suite d'événemens postérieurs : *Quod initio vitiosum est, non potest tractu temporis convalescere* (L. 29, ff., *De reg. jur.*). — Cependant, cette règle est inapplicable en beaucoup de cas.

189. — Réciproquement, un acte valable dans son principe ne se trouve pas détruit par les événemens postérieurs qui empêcheraient de se former un acte semblable. — L. 185, ff., *De reg. jur.* — Toullier, t. 7, n° 447; Rolland de Villargues, n° 103.

190. — Pour les actes de procédure, l'effet de la nullité s'arrête en général à l'acte nul et ne s'étend pas à ceux dont il a été précédé, à moins toutefois qu'il ne leur fût essentiel ou qu'il n'eût dû être passé dans un délai fixé rigoureusement.

— Solon, t. 2, nos 141, 142 et 143. — V., au surplus, CASSATION (mat. civ.), nos 190 et suiv.

191. — Si un acte de procédure est nul pour vice de forme, il ne donne pas lieu contre la partie adverse à des dommages-intérêts, ce qui arriverait si le vice de la procédure provenait du fond; car, dans ce dernier cas, il existe un fait personnel qui a été préjudiciable. — Solon, t. 2, no 144.

192. — La nullité des actes de procédure et ses effets devant, autant que possible, être restreints, si on peut refaire l'acte irrégulier intervenu dans une instance sans violer aucune disposition essentielle, il ne faut pas étendre la nullité à d'autres actes. — Solon, t. 2, no 145.

193. — La violation, en matière criminelle, d'une formalité que la loi prescrit à peine de nullité, rend nulle toute la procédure qui a suivi le premier acte vicié de nullité. — V. CASSATION (mat. crim.), nos 1042 et suiv.

194. — Parmi les effets de la nullité est celui qui rend responsable ceux par le fait de qui elle est arrivée. — V. RESPONSABILITÉ.

195. — Les actes nuls et frustratoires, ainsi que ceux qui donnent lieu à une amende, sont à la charge des officiers ministériels qui les ont passés. Ces derniers peuvent même être condamnés à des dommages-intérêts envers la partie qui en souffre, et se voir suspendus de leurs fonctions (C. procéd., art. 1031). — Favard, *Rép.*, vo *Nullité*, § 6, no 5. — V. HUISSIER, NOTAIRE.

196. — Lorsque la nullité provient du fait d'un fonctionnaire public, ceux qui en souffrent ne peuvent obtenir d'en être indemnisés que quand la loi accorde l'action personnelle contre ces fonctionnaires. Dans les autres cas, la nullité pèse sur les particuliers sans qu'ils puissent se prévaloir de ce qu'ils n'ont pas figuré à la confection de l'acte frappé de nullité. — Perrin, *Traité des nullités*, p. 156.

197. — Lorsqu'une instruction est annulée soit par la Cour de cassation, soit par une Cour d'appel, ces cours peuvent ordonner que les frais de la procédure à recommencer seront à la charge de l'officier ou juge instructeur qui aura commis la nullité. Néanmoins cette disposition n'aura lieu que pour des fautes très-graves. — C. d'instr. crim., art. 415.

Sect. 8e. — *Prescription des actions en nullité et en rescision.*

§ 1er. — *Caractères de la prescription. — Dans quel cas elle a lieu.*

198. — Un des moyens de couvrir la nullité des actes et conventions se tire, comme on l'a vu, de la prescription. En effet, celui qui, pouvant agir pour faire annuler un engagement ou un acte qui lui préjudicie, garde le silence, semble reconnaître la justice et la validité de ce titre, ou témoigne tout au moins qu'il n'entend pas en proposer la nullité. — Solon, t. 2, no 462.

199. — Sous l'ancienne jurisprudence, la prescription était de trente ans pour l'action en nullité et de dix ans pour l'action en rescision. — Dunod, *Prescriptions*, part. 2, chap. 8, p. 176; Merlin, *Rép.*, vo *Nullité*, § 8.

200. — Jugé que, sous l'ordonnance de 1539, le mineur avait trente ans à partir du jour de sa majorité, pour intenter l'action en nullité contre une renonciation faite au profit de son tuteur ou de l'administrateur qui gérait ses biens (ordonn. de 1539, art. 151), et que le délai de dix ans, fixé par l'art. 134 de l'ordonn., n'était relatif qu'aux actions rescisoires et non aux actions en nullité. — *Cass.*, 3 messid. an IV, Pinthon c. Laporte et Simonnet.

201. — D'après cet art. 134, ordonn. de 1539, l'action en restitution pour cause de majorité (différente de l'action en nullité) se prescrivait par dix ans à partir de la majorité. — *Cass.*, 28 mars 1820, Adenot; 5 juill. 1827, Ravel c. Maltère.

202. — Jugé encore que, sous l'ordonn. de 1539, le mineur dont les biens avaient été vendus par le tuteur, sans formalités de justice, n'avait que dix ans, du jour de sa majorité, pour attaquer la vente. — *Cass.*, 14 nov. 1826, de Bourbel c. Payen.

203. — L'art. 134 de l'ordonnance de 1539, qui portait à trente-cinq ans le délai dans lequel les mineurs devaient exercer leurs actions en restitution, devait être entendu en ce sens, qu'ils avaient dix ans à partir de leur majorité. Ainsi, le mineur qui, sous l'empire des lois nouvelles fixant la majorité à vingt et un ans, est parvenu à trente et un ans sans avoir exercé ses actions en restitution, est frappé de déchéance. — *Paris*, 18 fév. 1809, Delavalette c. Courault; *Cass.*, 30 mai 1814, Fargès et Pontcarré c. Lagrange.

204. — Par l'effet de la loi du 20 sept. 1790, qui a fixé à vingt et un ans l'âge de la majorité, la faculté de l'action en rescision accordée au mineur par l'ordonnance de 1539 (art. 134), jusqu'à trente-cinq ans accomplis, a été restreinte à la trente-unième année. — *Cass.*, 17 avril 1816, Ferradou c. Létu.

205. — Sous l'empire de la coutume de la Marche, une institution faite par un mineur dans le contrat de mariage de son frère, était seulement susceptible de rescision et non pas nulle de plein droit, et elle ne pouvait plus être attaquée après dix ans à partir de la majorité de l'instituant, si pendant tout ce temps il était resté sans réclamer. — *Cass.*, 30 nov. 1814, Confolant c. Michellet.

206. — La prescription de dix ans établie par l'art. 29 de l'édit perpétuel de 1611, ne s'appliquait qu'à l'action en rescision et non à l'action en nullité. — *Liége*, 12 mai 1809, Servotte c. Maseaux.

207. — Avant le Code, l'action dirigée par une femme devenue veuve contre la vente de son immeuble dotal, étant une action en nullité et non en rescision, ne se prescrivait que par trente ans et non par dix ans. — *Cass.*, 28 fév. 1825, Poux c. Raynaud.

208. — On n'est pas recevable à repousser l'application de la prescription décennale prononcée par l'ordonnance de 1510, pour la rescision des contrats fondée sur dol, crainte, violence et déception d'outre moitié, par la raison que la nullité invoquée serait d'ordre public. — *Cass.*, 28 mai 1828, Bottard (sol. impl.).

209. — En général, sous l'ancien droit l'action en nullité du traité sur une succession future, ne se prescrivait que par trente ans. — V. SUCCESSION FUTURE.

210. — La législation intermédiaire étant muette sur le délai des actions en nullité ou rescision des contrats, ce délai, lorsqu'il s'agit d'un acte passé en l'an II, doit être réglé par l'art. 46 de l'ordonnance de 1510, qui prononce la prescription décennale pour les actions en rescision. — *Cass.*, 28 mai 1828, Bottard.

211. — Depuis le Code, il ne peut plus s'élever de pareilles discussions, les lois actuelles soumettant les actions en nullité comme celles en rescision à une même prescription de dix ans, à moins qu'une loi particulière ne les limite à une prescription de plus courte durée. — C. civ., art. 1304.

212. — L'action en nullité d'un acte antérieur au Code est prescrite d'après les lois anciennes, encore bien que la prescription ait été suspendue jusqu'à une époque postérieure au Code. — *Toulouse*, 27 août 1833, Rivière c. Beaudéan; *Cass.*, 15 déc. 1825, Blanc c. Mathieu et Carlin. — V., aussi, *Pau*, 4 fév. 1830, Garonne c. Baron; *Cass.*, 26 avril 1832, Quarré de Villers c. Garnier.

213. — Jugé, cependant, que quand on a renoncé, avant la promulgation du Code civil, à une succession qui ne s'est ouverte qu'après cette époque, le délai dans lequel l'action en nullité de la renonciation peut être intentée doit être réglé par le Code. — *Cass.*, 28 mai 1828, Bottard.

214. — La prescription de dix ans établie par l'art. 1304 du Code civil ne doit pas être restreinte aux seuls cas où il s'agit de conventions synallagmatiques, mais elle s'étend en général aux contrats même unilatéraux, et notamment aux renonciations à succession. — *Grenoble*, 6 déc. 1842 (t. 2 1843, p. 670), Achard c. Meunier et Falconnet.

215. — La prescription de dix ans, prononcée par l'art. 1304 du Code civil pour les actions en nullité, s'applique à l'erreur de droit comme à l'erreur de fait. — *Besançon*, 1er mars 1827, Petel c. Cardot et Mandelet. — V., aussi, *Cass.*, 20 août 1829, Demersseman c. Vankempen.

216. — Il y a une grande différence entre la prescription de l'action en nullité dont il est ici question, et celle de dix et vingt ans dont parlent les art. 2265 et suiv. du Code civil. — Dans la première, comme c'est du véritable propriétaire que le titre émane, on ne saurait dire que ce propriétaire n'en a pas connu l'existence, et s'il garde le silence pendant dix ans, ce ne peut être que parce que son intention est de renoncer à l'action qu'il peut avoir. — Dans la seconde, au contraire, le titre émane *à non domino*. Pour le véritable propriétaire ce n'est pas un titre, c'est *res inter alios acta*. La loi décide donc avec raison qu'il n'est censé connaître cette chose que par la possession d'un autre, possession qu'il ne lui est pas permis d'ignorer si elle se prolonge pendant le temps exigé pour la prescription.

217. — Dès lors, il est, dans le Code, des dispositions faites pour une de ces prescriptions qu'on ne saurait appliquer à l'autre. Telle est, par exemple, la disposition de l'art. 2265 C. civ. relative à la nécessité que le véritable propriétaire habite le ressort de la cour d'appel dans lequel se trouve l'immeuble dont l'aliénation est illégale, disposition qui ne saurait s'appliquer à l'action en nullité. — Solon, t. 2, nos 464 et 465; Toullier, t. 7, nos 605 et 606; Rolland de Villargues, nos 54 et suiv.

218. — Il en faudrait dire autant de la disposition de l'art. 2267. On ne pourrait appliquer à l'action en nullité ce dernier article, qui déclare que « le titre nul par défaut de forme ne peut servir de base à la prescription de dix et vingt ans. » Car l'art. 1304 C. civ. n'établit aucune distinction entre les causes de nullité. — Zachariæ, *Cours de droit civil français*, t. 1er, p. 71, et t. 2, p. 440; Rolland de Villargues, *Rép. du notariat*, vo *Nullité*, nos 23 et 24; Toullier, t. 7, no 599. — V. cependant Merlin, *Rép.*, vo *Nullité*, § 8, no 3; Perrin, *Traité des nullités*, p. 381; Marbeau, *Traité des transactions*, no 315. — V., aussi, *Cass.*, 23 janv. 1832, Fargeot c. Laroche.

219. — Toutefois, si la nullité n'était pas susceptible d'être couverte par la ratification ou confirmation, elle ne pourrait l'être par la prescription de dix ans, celle-ci étant une sorte de ratification tacite. — Toullier, t. 7, nos 561 et suiv.; Solon, t. 2, no 477; Zachariæ, t. 2, p. 440.

220. — Ainsi, une donation entre-vifs, nulle en la forme, ne pouvant être couverte par aucun acte confirmatif (C. civ., art. 1339), il s'ensuit que le vice ne peut être effacé par la prescription de dix ans. L'action dure trente ans. — *Caen*, 26 fév. 1827, Chédeville c. Bidard. — Duranton, t. 10, no 639, et t. 12, no 538; Rolland de Villargues, *Rép. du not.*, vo *Nullité*, no 17; Zachariæ, t. 2, p. 440 et 441.

221. — Pareillement, l'action en réduction d'une donation peut être intentée après le délai de dix ans fixé pour les actions en nullité ou en rescision d'une convention. Cette action en réduction doit être assimilée à une action en pétition d'hérédité, et peut être intentée dans les trente ans à partir du jour du décès du donateur. — *Rouen*, 3 juill. 1835, Prudhomme c. commune de Pont-de-l'Arche.

222. — Au surplus, pour bien appliquer le premier alinéa de l'art. 1304, il est important de ne pas confondre les actes nuls avec les actes inexistans.

223. — Ainsi, un acte sous seing privé non signé de la partie à qui on l'oppose étant sans existence et non pas seulement annulable, ne pourrait être validé par la prescription de dix ans; il en serait autrement s'il s'agissait d'un acte notarié qui constatât la présence du vendeur et sa déclaration de ne savoir signer. S'il y avait eu possession à la suite de ce titre, il devrait être attaqué par voie d'inscription de faux dans les dix ans à partir du jour de sa date. — C. instr. crim., art. 637. — Si l'acte n'avait pas été exécuté, l'exception serait toujours opposable. — Toullier, t. 7, nos 607 et 608; Solon, t. 2, no 458; Duranton, t. 12, no 539; Rolland de Villargues, nos 14 et suiv.; Merlin, *Rép.*, vo *Ratification*, no 9.

224. — L'action en nullité d'un acte notarié, pour défaut d'énonciation de la déclaration d'une partie qu'elle ne sait ou ne peut signer, se prescrit par dix ans. — L. 25 vent. an XI, art. 14. *Pau*, 4 fév. 1830, Garonne c. Baron.

225. — Sur la prescription de l'action en nullité du traité fait par le mineur avec son tuteur, contrairement à l'art. 475 C. civ. V. TUTELLE.

226. — Quant aux communes, Solon (t. 2, no 479) pense qu'on ne pourrait leur opposer la prescription de dix ans, par le motif qu'elles ne peuvent renoncer aux actions en nullité qu'elles sont en droit d'exercer. — C. civ., art. 2227.

227. — Jugé, au contraire, que la prescription de dix ans, établie par l'art. 1304 C. civ., contre l'action en nullité ou en rescision des conventions est opposable aux communes comme aux particuliers. — Qu'elle est opposable spécialement lorsque l'action en nullité est fondée sur ce que l'aliénation de biens communaux aurait été opérée par le maire sans l'accomplissement d'aucune des formalités légales. — *Caen*, 4 mars 1848 (t. 2 1848, p. 437), Guérin c. Commune de Bacilly. — V. aussi COMMUNE, no 366.

228. — L'action en nullité de la vente d'un immeuble dotal faite, avec autorisation de justice, par une femme mariée, ne dure que dix ans; et, néanmoins, l'action en paiement du prix indûment payé ne s'éteint que par la prescription trentenaire. — *Cass.*, 9 janv. 1828, Sautel c. Lafont. — V. DOT, no 817.

229. — Le délai fixé pour la prescription de l'action en nullité des actes que la femme a con-

sentis sans autorisation, n'est interrompu ni suspendu par le convol de cette femme. — Duranton, t. 12, n° 541.

230. — Le délai de dix ans court contre la femme, pendant le mariage, lorsque l'engagement est solidaire entre elle et son mari. — *Paris*, 18 fév. 1809, Delavalette c. Courault.

231. — Le délai de l'art. 1304, relativement à l'action en nullité qui peut appartenir à la femme, ne se rapporte qu'aux contrats et non aux jugemens qui ne sont attaquables par elle que par les voies ordinaires et peuvent passer en force de chose jugée. — Ainsi, une femme mariée n'est pas, après l'expiration du délai d'appel, recevable à attaquer par voie de nullité le jugement rendu contre elle dans une instance où elle aurait procédé sans l'autorisation de son mari. — *Cass.*, 7 oct. 1812, Pagès c. Galy.

232. — L'action accordée au mari pour faire annuler l'obligation que sa femme a contractée sans son autorisation, est recevable, encore qu'il se soit écoulé plus de dix ans depuis la date de l'obligation, la prescription de l'art. 1304 contre l'action en nullité ou en rescision d'une convention ne s'appliquant qu'à ceux qui y ont été parties. — *Montpellier*, 27 avr. 1831, Hostalier c. Andrieux. — Delvincourt, t. 2, p. 596; Rolland de Villargues, n° 63. — V., cependant, Solon, t. 2, n° 489.

233. — La prescription de dix ans, dont parle l'art. 1304 C. civ., ne s'applique point à la demande en nullité des testamens. Cet article ne dispose que pour la demande en nullité ou en rescision d'une *convention*. La raison de cette différence, c'est que le demandeur en nullité d'un testament n'a point pris part à l'acte, tandis que celui qui demande la nullité d'une convention y a concouru. — *Bordeaux*, 14 mars 1843 (t. 2 1843, p. 672), Descombes. — Toullier, t. 7, n° 617; Duranton, t. 12, n° 531; Rolland de Villargues, *Rép. du not.*, v° *Nullité*, n° 55; Perrin, *des Nullités*, p. 382; Zachariæ, t. 2, § 337 et note 11.

234. — Si le demandeur réclamait des dommages-intérêts, et non la nullité de l'acte pour dol, son action durerait trente ans. — Chardon, *du Dol et de la Fraude*, t. 1er, n° 54.

235. — L'action en nullité passe aux héritiers. Mais, ils n'ont pour l'intenter que le temps qui restait à leur auteur au moment de son décès, lorsque cet auteur est mort en état de pouvoir agir. S'il était décédé, au contraire, avant que le délai eût commencé de courir, ils auraient les dix ans de l'art. 1304 C. civ. — Duranton, t. 12, n° 547; Toullier, t. 7, n° 615; Rolland de Villargues, v° *Rescision*, n° 59.

236. — Ainsi, les héritiers d'un individu décédé en minorité ne peuvent plus demander la nullité des actes consentis illégalement par son tuteur alors qu'ils ont laissé écouler dix années sans réclamation depuis le décès. — *Cass.*, 20 avr. 1842 (t. 1er 1842, p. 719), Bothon et Aulas c. Berthelier.

237. — Relativement à la prescription de la nullité d'un contrat pour cause de stipulation sur une succession future, V. SUCCESSION FUTURE.

238. — L'art. 1304 parle seulement de l'action en nullité et en rescision des conventions, il ne dit rien de l'exception en vertu de laquelle on peut également opposer la nullité de l'acte ou de la convention. Or, quelle est la durée de cette exception? *Quæ temporalia sunt ad agendum, perpetua fiunt ad excipiendum*, a dit Godefroy, sur la L. 5, *Cod. de except.* — V. aussi L. 5, § 6, ff., *De doli mali except.* — Cette maxime n'a pas cessé d'être vraie. L'exception est perpétuelle, c'est-à-dire qu'elle dure autant que l'action. — Toutefois, ce n'est qu'autant que celui qui peut faire annuler la convention serait demeuré possesseur. — Zachariæ, *Cours de droit civil français*, t. 2, p. 443 et 444; Toullier, t. 7, nos 600 et suiv.; Solon, t. 2, n° 495; Perrin, p. 381. — V., cependant, Duranton, t. 12, n° 549.

239. — Jugé que celui qui pour se défendre d'une action formée contre lui se prévaut de la nullité d'un jugement peut invoquer contre les prescriptions qui lui sont opposées la maxime *Quæ temporalia sunt ad agendum, perpetua fiunt ad excipiendum.* — *Caen*, 16 janv. 1846 (t. 1er 1846, p. 732), Henri c. Edet.

240. — Jugé qu'on doit considérer comme défendeur celui qui, sur le commandement d'exécuter une obligation qu'il a consentie, demande la nullité de cette obligation comme simulée. Dès lors, si on lui oppose qu'il n'est plus dans les délais de l'art. 1304 C. civ., pour faire prononcer la nullité, il y a lieu d'appliquer la règle *Quæ temporalia sunt ad agendum, perpetua fiunt ad excipiendum.* — *Cass.*, 24 janv. 1833, Solirène.

241. — ... Que la maxime *Quæ temporalia sunt* ne peut être invoquée que par celui qui, malgré l'acte dont on poursuit l'exécution contre lui, n'a pas cessé de posséder. — *Paris*, 4 févr. 1830, Garonne c. Baron.

242. — Ainsi, la vente avec faculté de rachat, renfermant un prêt usuraire, peut être déclarée nulle sur la demande en déguerpissement de l'acquéreur, lors même qu'il se serait écoulé plus de dix ans depuis le contrat, si le vendeur est toujours resté en possession de l'objet aliéné. Là ne s'applique pas la prescription de l'art. 1304 C. civ. — *Aix*, 9 mars 1834, Amouroux c. Chastellus.

243. — De même, la prescription de dix ans établie par l'art. 1304 C. civ. contre l'action en nullité ou rescision n'est applicable qu'à celui qui, étant dépouillé de la chose, n'a élevé aucune réclamation en temps de droit; mais elle peut toujours, par voie d'exception, être repoussée par celui qui n'a jamais été dépossédé ou au moins entravé dans sa jouissance ou possession. Il y a lieu, dans ce cas, à l'application de la maxime *Quæ temporalia*, etc. — Ainsi celui qui, pendant sa minorité, a souscrit une obligation pour sûreté de laquelle il a été pris inscription, peut, dans le cas où le créancier requiert sa collocation dans un ordre, demander la nullité de l'obligation en excipant de sa minorité, bien que plus de dix ans se soient écoulés depuis sa majorité. — ... L'inscription ne saurait être considérée comme une entrave ou un trouble à la possession ou jouissance. — *Rouen*, 9 janv. 1838 (t. 2 1839 p. 599), Burgot c. Martin.

244. — La maxime *Quæ temporalia* ne peut donc être invoquée que par celui qui, étant en possession, n'a pas besoin de recourir à d'autres titres, tant qu'il n'est pas attaqué; elle ne pourrait l'être par celui qui, ayant laissé posséder, demande l'annulation d'un titre qu'on lui oppose et qu'il a laissé confirmer par la possession. — Ainsi, l'héritier qui, par un acte passé en minorité, s'est dépouillé d'une succession ouverte à son profit, ne peut pas, si, après plus de dix ans à partir de sa majorité, il intente une demande en pétition d'hérédité, exciper de sa minorité pour faire annuler l'acte dont il est l'auteur et qui lui serait opposé. — *Cass.*, 5 avr. 1837 (t. 1er 1837, p. 534), Dansonne c. Rue. — Merlin. *Rép.*, v° *Prescription*, sect. 2, § 25; Toullier, t. 7, n° 602; Troplong, *Prescription*, t. 2, n° 827.

245. — De même, la règle d'après laquelle l'exception est perpétuelle, quoique l'action soit temporaire, ne s'applique pas au cas où le contrat a été exécuté de la part de celui qui oppose l'exception. — *Cass.*, 20 avril 1831 Popon c. Bergeron.

246. — La signification qu'un créancier fait à l'héritier du débiteur, conformément à l'art. 877 C. civ., du titre de l'obligation, avec commandement de payer, met cet héritier en demeure de demander, s'il le juge convenable, la nullité de cette obligation, et, dès lors, le délai de dix ans accordé par l'art. 1304 pour intenter cette action commence à courir contre lui. — Alors cesse d'être applicable la maxime *Quæ temporalia*, etc. — *Riom*, 19 fév. 1845 (t. 2 1848, p. 9), Pommory c. Demossier.

247. — L'action en nullité de la vente de la chose d'autrui formée après un délai de plus de dix ans par un des vendeurs (qui l'a d'ailleurs exécutée), est passible de la prescription de l'art. 1304 C. civ., alors même que la nullité ne serait proposée que par voie d'exception. — *Cass.*, 23 janv. 1832, Fargeot c. Laroche.

248. — Celui qui, plus de dix ans après sa minorité, intente une action en paiement, ne peut, si on lui oppose une quittance signée de lui en minorité, en demander la nullité sur ce motif. L'art. 1304 C. civ. reçoit ici son application sans qu'on soit recevable à se prévaloir de la maxime *Quæ temporalia*, etc. — *Cass.*, 27 juin 1837 (t. 1er 1838, p. 350), Dubourg c. Callarec. — V., aussi, *Angers*, 27 déc. 1815, Latourdal c. Milscent.

249. — Le demandeur contre l'action duquel on oppose un titre n'est plus recevable à l'attaquer de nullité, d'après la règle *Quæ temporalia sunt*, lorsqu'il a laissé passer, sans réclamer, le délai accordé pour l'action en nullité ou en rescision. — *Bordeaux*, 1er juill. 1830, Chartroulle.

250. — Relativement à la nullité d'une obligation comme usuraire, V. USURE.

251. — Quand il y a lieu à appliquer la prescription, il ne faut pas confondre les actions en nullité et en rescision avec l'action en répétition. Celle-ci est soumise aux règles de la prescription ordinaire et dure conséquemment trente ans. — C. civ., art. 2262. — Zachariæ, *Cours de dr. civ. franç.*, t. 2, p. 443; Duranton, t. 12, nos 550 et 551.

252. — L'action en redressement de comptes pour erreurs, omissions ou faux emplois, différant essentiellement de l'action en rescision ou nullité d'une convention, n'est point, comme elle, prescriptible par dix ans. — *Bordeaux*, 10 juin 1828, Lussac c. Lapoterie.

253. — L'action en nullité de la clause insérée dans un contrat d'antichrèse, par laquelle il est stipulé qu'après un certain délai, le preneur deviendra propriétaire de l'immeuble par le seul défaut de paiement ou terme convenu, n'est pas soumise à la prescription de dix ans. — *Toulouse*, 5 mars 1831, Teyssèdre c. Romain.

254. — De même, la prescription de dix ans établie par l'art. 1304 C. civ. contre l'action en nullité ou en rescision des contrats n'est pas opposable à celui qui prétend, par exemple, que l'acte qualifié *vente* n'est réellement qu'un simple nantissement. — *Poitiers*, 18 juill. 1838 (t. 2 1838, p. 548), Morillon c. Lys.

255. — Jugé, cependant, que l'action qui a pour but de faire déclarer acte de prêt usuraire, ou simple nantissement, un acte de vente d'immeubles consenti avec pacte de réméré, est soumise à la prescription de dix ans établie contre l'action en nullité ou rescision des conventions. — *Limoges*, 2 août 1839 (t. 2 1839, p. 600), Tixier c. Garaud.

256. — L'art. 1304 C. civ. n'est opposable qu'aux personnes qui ont été parties à l'acte. Si elles n'y avaient pas figuré, elles pourraient exciper de la nullité, dès qu'on opposerait la convention aux droits réclamés par elle, et tant qu'il n'y aurait pas prescription de l'action produite par ses droits. — *Cass.*, 8 janv. 1838 (t. 2 1838, p. 282), Barboite c. Hamard.

257. — Par la même raison, la prescription de dix ans dérivant de l'art. 1304 C. civ. est inapplicable aux nullités des jugemens, lorsque surtout elles sont attachées à l'inobservation des formalités établies dans l'intérêt des tiers — *Caen*, 16 janv. 1846 (t. 1er 1846 p. 732), Henri c. Edet.

258. — Sur la durée de l'action révocatoire accordée aux créanciers par l'art. 1167 C. civ., V. FRAUDE, nos 165 et suiv.; à quoi il faut ajouter:

259. — Jugé que l'action en nullité dirigée par des créanciers contre un acte consenti par leur débiteur en fraude de leurs droits, n'est soumise qu'à la prescription de trente ans. — *Riom*, 3 août 1840 (t. 1er 1841, p. 339), Durand c. Reboisson.

260. — La prescription fondée sur l'art. 1304 C. civ. ne peut être invoquée que par les créanciers ou légataires en faveur desquels un héritier bénéficiaire aurait fait, sous forme de renonciation au greffe, l'abandon des biens qui lui revenaient dans une succession, et non par les cohéritiers étrangers à cet abandon, et ne pouvant, dès lors, s'en prévaloir. — *Cass.*, 25 mars 1840 (t. 1er 1840, p. 708), Forbin-la-Barben c. Rosières de Soran.

261. — Mais on n'est pas recevable à faire prononcer la nullité d'une obligation, aux termes de l'art. 1304 du Code civil, lorsqu'on avait connaissance de la nullité plus de dix ans avant la demande. — *Cass.*, 28 juin 1826, de Bellecote c. Armagis.

262. — Nous avons vu que la loi n'accorde en général la prescription de dix ans qu'autant qu'une loi particulière ne limite pas l'action à un moindre délai. Tel est, par exemple, le cas de mariage contracté sans le consentement des père et mère, ou avant l'âge requis (V. MARIAGE), ou bien lorsqu'il s'agit de la demande en rescision d'une vente pour lésion (V. VENTE).

§ 2. — *De quelle époque court la prescription. — Causes qui la suspendent.*

263. — La différence que nous avons vue exister entre la prescription ordinaire et celle de l'art. 1304 du Code civil, sert aussi à faire connaître l'époque à laquelle le délai commence à courir utilement. — Pour la prescription ordinaire, les dix ou vingt ans commencent à courir de l'entrée en possession; car, c'est par celle-ci seulement que le véritable propriétaire a pu apprendre la vente de sa chose, puisqu'il n'a pas assisté à l'acte. C'est, au contraire, à partir du contrat que court la prescription de l'action en nullité, lorsque la cause de la nullité était connue ou censée l'être; et si la nullité était ignorée ou si la partie n'était pas libre, la prescription commence du jour où le moyen de nullité a été découvert, ou du jour où la contrainte a cessé. — Solon, t. 2, n° 476; Toullier, t. 7, nos 603 et 604; Duranton, t. 12, nos 533 et 537; Rolland de Villargues, *Rép. du not.*, v° *Nullité*, n° 56; Zachariæ, t. 2, p. 44, n. 4.

264. — Le délai courrait à partir du contrat, même dans le cas où un terme serait accordé pour l'exécution de ce contrat. — En effet, le débiteur pourrait agir en nullité avant le terme, pour se faire relever de son engagement. — Duranton, t. 12, n° 533. — V., cependant, Toullier, t. 7, n° 611; Rolland de Villargues, n° 58.

265. — Mais *quid* si l'obligation, sujette à nullité ou rescision, était sous une condition suspensive? On peut dire que jusqu'au jour de l'événement il n'existe point de contrat, et qu'il y a seulement l'espérance qu'il se réalisera. D'où la conséquence que le créancier ne pouvant agir jusque-là, la prescription ne saurait courir contre lui (C. civ., 2257). — Mais on répond que le débiteur peut très-bien agir, bien que la condition ne soit pas encore accomplie, car il a intérêt à demander au plus tôt l'annulation du contrat, tout conditionnel qu'il est, les preuves du vice pouvant disparaître avec le temps, et la condition s'accomplir ensuite. — Duranton, t. 12, nº 534; Solon, t. 2, nº 492, Rolland de Villargues, nºs 59 et suiv. — V., cependant, Toullier, t. 7, nº 609.

266. — Le temps de la prescription ne court, au cas de violence, que du jour où elle a cessé. Dans le cas d'erreur ou de dol, du jour où ils ont été découverts. — C. civ., 1304.

267. — Mais c'est au demandeur en nullité, qui agit plus de dix ans après le contrat, à prouver qu'il est encore dans le délai utile. — *Cass.*, 26 juill. 1825, Revel c. Demerseman. — Zachariæ, *Cours de dr. civ. fr.*, t. 2, p. 445 (note); Duranton, t. 7, nº 558; t. 10, nº 128, et t. 12, nº 536; Rolland de Villargues, *Rép. du not.*, vis *Partage*, nºs 296 et 318, et *Rescision*, nºs 54 et 81. — V., cependant, Chardon, *Du dol et de la fraude*, t. 1er, nº 53.

268. — Jugé de même que c'est à celui qui allègue une erreur de droit sur laquelle il se fonde pour faire annuler un acte, par exemple, un partage, à prouver l'époque à laquelle cette erreur a été découverte. — *Besançon*, 1er mars 1827, Petel c. Cardot et Mandelet.

269. — La prescription de l'action en nullité ou en rescision d'un contrat fait en fraude des créanciers, court (ainsi qu'on l'a vu vº FRAUDE, nº 169) du moment où le dol a été découvert, et non pas seulement du jour où le créancier a pu recueillir de nouvelles preuves de la fraude. — *Colmar*, 17 févr. 1830, Kœchlin c. Kuentz.

270. — Le délai de dix ans pour la durée des actions en rescision, ne commence à courir, quand il s'agit d'un acte renfermant des conventions simulées, que du jour où la partie qui demande la nullité de ces conventions a eu connaissance que son cocontractant refuse d'exécuter les conventions. — *Cass.*, 16 août 1831, Lorphelin c. Jaumotte.

271. — En règle générale, le délai de la prescription de l'action en nullité ou en rescision, ne commence à courir que du jour où l'on a pu valablement ratifier l'acte ou la convention. — Ainsi: pour les actes annulables pour défaut de formes les dix ans courent du jour de l'acte, si la nullité est apparente ou de nature à ne pouvoir être ignorée de la partie intéressée, ou du jour où la nullité a été connue, si la nullité était cachée ou inconnue. — A l'égard des actes passés par les interdits, la prescription commence du jour où l'interdiction est levée. — Quant à ceux faits par les mineurs, le délai part de la majorité (C. civ., 1304), ou de leur décès, s'ils meurent avant celle-ci. — Peu importe que le mineur et l'interdit aient connu ou ignoré la nullité de l'acte; la loi ne distingue pas. — Solon, t. 2, nºs 481 et 482; Duranton, t. 12, nºs 537 et 543.

272. — L'action en nullité d'actes faits par le tuteur, agissant à ce titre, dure dix ans, à partir de la majorité du mineur, et non à partir seulement du jour où ces actes lui auraient été connus, sauf toutefois le cas d'erreur, de violence ou de dol. — *Cass.*, 30 mars 1830, Chagot c. Lambert. — En pareil cas, le mineur ayant été représenté par le tuteur, agissant à ce titre, c'est comme s'il y avait été partie lui-même: *Factum tutoris, factum pupilli.*

273. — La prescription de dix ans établie par l'art. 475 C. civ., à l'égard des actions qui compètent au mineur contre son tuteur relativement aux faits de la tutelle, n'est pas applicable au cas où l'action en nullité de ce compte est fondée sur des faits de fraude, de violence, ou sur le défaut de capacité dans la personne du mineur. Il y a lieu, dans ce cas, à la prescription de l'art. 1304, qui court du jour où le dol et la fraude ont été connus, ou de celui où la violence a cessé, et non du jour de la majorité du mineur. — *Cass.*, 10 fév. 1830, Poussin c. Desneux.

274. — Si l'action en nullité ou en rescision est accordée à plusieurs mineurs, dont les biens ont été vendus sans que les formalités légales aient été observées, elle n'est pas indivisible dans son objet, de sorte que pour chaque mineur les dix ans courent de leur majorité respective, d'où résulte que l'action peut être prescrite à l'égard des uns, bien que conservée à l'égard des autres. — Solon, t. 2, nº 486.

275. — Jugé ainsi que la prescription de l'action en rescision d'une obligation solidaire entre des mineurs, court contre les uns, à partir de leur majorité, quoiqu'elle se trouve encore suspendue à l'égard des autres à cause de leur minorité. — *Cass.*, 5 déc. 1826, Douceur c. Pointel.

276. — Quant à l'époque où commence à courir la prescription des actes passés par la femme sans autorisation de son mari, cette prescription commence du jour de la dissolution du mariage (C. civ., 1304), ou de celui de la séparation de biens, celle-ci plaçant les biens sous l'empire de la prescription (C. civ., 1561). Cependant, si l'action en nullité devait réfléchir contre le mari, elle ne partirait plus du jour de la séparation de biens, mais de celui de la dissolution du mariage. — Si la femme avait été autorisée, la prescription courrait contre elle aussi bien que contre le mari (C. civ., 1676), sauf son recours contre celui-ci (C. civ., 2264). — Toullier, t. 7, nº 613; Solon, t. 2, nº 488; Duranton, t. 12, nºs 540 et suiv.; Delvincourt, t. 2, p. 596 (notes); Vazeille, *Prescriptions*, nº 528; Zachariæ, t. 2, p. 445; Rolland de Villargues, *Répert. du not.*, vº *Rescision*, nºs 52 et suiv.

277. — Ce n'est pas du jour où l'arrêt qui autorisait un divorce a acquis l'autorité de la chose jugée, mais du jour où le divorce a été légalement prononcé par l'officier de l'état civil, que courent les dix ans accordés aux femmes pour l'exercice de l'action en nullité ou rescision des actes qu'elles ont souscrits pendant le mariage. — *Poitiers*, 5 mai 1825, Dubut c. Delor et Bernard.

278. — L'art. 1304 C. civ., qui limite, à l'égard des femmes mariées, le délai de l'action en nullité à dix ans à partir de la dissolution du mariage, est applicable alors même qu'il s'agit d'actes passés et d'une dissolution de mariage opérée antérieurement au Code. — *Paris*, 14 avril 1826 (V. sous *Cass.*, 26 avril 1832), Quarré de Villers c. Garnier.

279. — Dans le cas où deux actes de même nature (par exemple deux actes de cession de droits successifs) intervenus entre les mêmes parties à des époques différentes sont indivisibles, la prescription de l'action en nullité ou en rescision contre le premier de ces actes ne court que de la date du second, pourvu qu'à cette date la prescription ne soit pas encore acquise. — *Cass.*, 8 fév. 1841 (t. 1er 1841, p. 652), Florand c. Nadaud.

280. — Relativement à l'époque à partir de laquelle commence à courir le délai pour la prescription de l'action en nullité ou en rescision d'un partage d'ascendant, V. PARTAGE D'ASCENDANT.

281. — Pour que la prescription puisse s'opérer, il faut que, pendant tous les jours dont se sont composées les dix années exigées par l'art. 1304, la convention ait pu être ratifiée. Si pendant quelques jours la ratification n'avait pu avoir lieu, ces jours ne compteraient pas. C'est ainsi que quand l'action en nullité ou en rescision passe à un mineur ou à un interdit, ce qui manquait aux dix ans nécessaires pour arrêter cette action ne commence à courir qu'à la majorité ou à la levée de l'interdiction (C. civ., 2252). Jusque-là le mineur et l'interdit n'ont pas capacité pour ratifier valablement, et la prescription ne peut courir contre eux. — Pothier, *Vente*, nº 348; Domat, *Lois civiles*, liv. 2, tit. *de la restitution*, sect. 1re, nº 15; Zachariæ, *Cours de dr. civ. fr.*, t. 2, p. 445, 446; Troplong, *Des prescriptions, sur l'art.* 2252 *C. civ.*; Merlin, *Questions de droit*, vº *Rescision*, § 5; *Rép.*, *Add.*, vº *Rescision*, nº 5 *bis*; Solon, t. 2, nº 493. — V., cependant, Toullier, t. 7, nºs 615 et 616; Duranton, t. 12, nº 548; Rolland de Villargues, *Répert. du not.*, vº *Nullité*, nºs 67 et suiv., vº *Rescision*, nº 60.

282. — Jugé sous le Code, que le délai pour intenter l'action en nullité ou en rescision est suspendu pendant la minorité de l'héritier du contractant. — *Limoges*, 26 mai 1838 (t. 2, 1838, p. 508), Thévenot c. Bauby.

283. — De même, l'art. 1304 C. civ., qui fixe à dix ans la durée de l'action en nullité et en rescision d'une convention, et décide qu'à l'égard du mineur le temps ne court que du jour de sa majorité est applicable aux actes faits par le majeur auquel le mineur succède, aussi bien qu'aux actes faits par le mineur lui-même. — *Pau*, 11 déc. 1835, Cazentre c. Mur; *Nîmes*, 20 juin 1839 (t. 2 1839, p. 51), Meynaud c. Peyrot.

284. — Jugé, cependant, que l'art. 1304 C. civ., qui veut que la prescription de l'action en nullité des conventions demeure suspendue en faveur des mineurs, s'applique uniquement aux actes faits par les mineurs eux-mêmes, et non à ceux faits par les majeurs qu'ils représentent, en telle sorte que, pour attaquer ces actes, les mineurs n'ont, comme les majeurs, que le délai de dix années. — *Angers*, 22 mai 1834, Richault c. Luguet.

285. — L'héritier qui, après avoir renoncé par un traité à ses droits successifs en faveur de ses cohéritiers, a formé contre eux une demande en partage de l'hérédité, a interrompu, au moyen de cette demande, la prescription décennale de l'action en nullité ou en rescision de ce traité. — *Cass.*, 2 mars 1837 (t. 2 1837, p. 39), Billoneau.

286. — Le mineur devenu majeur qui, le jour même de l'expiration des dix années qui ont suivi sa majorité, demande le partage de biens vendus sans les formalités exigées pour la vente des biens des mineurs, proteste suffisamment contre la vente, et interrompt par là la prescription qui était sur le point de s'accomplir. Il n'est pas indispensable, pour que la prescription ait été interrompue, qu'il y ait demande en nullité de la convention. — *Bourges*, 23 mars 1830, Achet c. Aupetit.

287. — La demande en partage d'une succession portant qu'il y sera procédé *sans égard à aucun acte qui serait produit*, contient virtuellement la demande en rescision d'un traité passé entre les cohéritiers sur cette même succession. — Une pareille demande est interruptive de la prescription de dix ans contre l'action en rescision. — *Bordeaux*, 27 mars 1833, Billonneau.

288. — Mais jugé que la demande en partage dans laquelle il est dit que le défendeur n'obtiendra que la part qui lui est attribuée par la loi, ne comprend pas implicitement la demande en nullité d'une vente faite par le défunt de tous ses biens au défendeur, comme contenant une donation déguisée, et ne suffit point pour interrompre la prescription de cette action. — *Bordeaux*, 1er juill. 1830, Chartroulle.

289. — La prescription de la demande en nullité d'une quittance, pour cause de fraude et de dol, peut être déclarée interrompue par une citation en conciliation, dans laquelle la quittance n'est pas mentionnée, mais où l'on réclame la somme qui y est portée. — *Cass.*, 14 juill. 1829, Verse c. Kolm.

290. — Indépendamment des mots auxquels on a renvoyé dans le cours de cet article, on peut encore consulter principalement les suivans: ABSENCE, ACTE, ACTE AUTHENTIQUE, ACTES DE L'ÉTAT CIVIL, ACTE NOTARIÉ, ACTE SOUS SEING PRIVÉ, APPROBATION DE SOMME, ARBITRAGE, ASSURANCES MARITIMES, ASSURANCES TERRESTRES, AUTORISATION DE FEMME MARIÉE, COMPÉTENCE ADMINISTRATIVE, COMPROMIS, CONFLIT, CONSEIL DE FAMILLE, CONTRAT DE MARIAGE, CONTRE-LETTRE, DISPOSITIONS A TITRE GRATUIT, DOL, DONS ENTRE CONCUBINS, DONATION DÉGUISÉE, DONATION ENTRE-VIFS, DOT, DOUBLE ÉCRIT, ENREGISTREMENT, EXPROPRIATION POUR UTILITÉ PUBLIQUE, ERREUR, FORÊTS, INSCRIPTION HYPOTHÉCAIRE, OBLIGATION, OFFICE, RESCISION.

NULLITÉS (Mat. Crim.).

1. — Les principes qui régissent les nullités d'actes de procédure en matière civile sont également applicables, en général, en matière criminelle. — V. NULLITÉS (Mat. Civ.).

2. — Il faut notamment distinguer avec le même soin les nullités relatives des nullités absolues.

3. — Celles-ci sont proposables en tout état de cause; celles-là, au contraire, doivent, à peine de déchéance, être opposées *in limine litis*.

4. — Les art. 146 et 184 du C. d'inst. crim. contiennent une disposition formelle à cet égard pour le cas où la nullité de la citation provient de ce qu'on n'a pas laissé au prévenu un délai assez long pour comparaître.

5. — Cette disposition doit être étendue par analogie aux autres nullités d'actes de procédure. Il y a d'ailleurs même raison de décider qu'en matière civile. — *Cass.*, 24 mai 1811, Fonte c. Lades; 23 fév. 1815, Accard; 18 avril 1822, Burlin; *Pau*, 24 déc. 1829, Forêts c. Larazet; *Cass.*, 20 juill. 1832, Balat; 7 janv. 1836, Tranchant; 5 mars 1836, Pierrard; 19 janv. 1837 (t. 2 1840, p. 96), Dersouville; 12 avril 1839 (t. 2 1839, p. 668), Forêts c. Bagelot; *Bordeaux*, 20 août 1841 (t. 1er 1842, p. 465), Filhon c. Ordonneau. — V. EXPLOIT (mat. crim.), FORÊTS, INSTRUCTION CRIMINELLE, TRIBUNAL CORRECTIONNEL, TRIBUNAL DE POLICE.

6. — C'est ainsi que le défaut de pourvoi contre l'arrêt de renvoi à la Cour d'assises couvre les vices de la procédure antérieure à cet arrêt. — *Cass.*, 19 janv. 1833, Ledieu c. Ministre de la guerre. — V. CHAMBRE DES MISES EN ACCUSATION, COUR D'ASSISES.

7. — Le condamné qui s'est pourvu en cassation

dans le délai de la loi ne peut tirer une nullité de ce que le président de la Cour d'assises aurait omis de l'avertir qu'il avait trois jours pour se pourvoir en cassation. — *Cass.*, 24 juill. 1834, *Progress'd e l'Aube*.

8. — Jugé encore que le moyen de nullité tiré de ce qu'en première instance il aurait été fait illégalement des perquisitions au domicile des témoins et des investigations sur leurs livres de commerce pour vérifier leurs déclarations, ne peut pas être proposé pour la première fois devant la Cour de cassation. — *Cass.*, Corbis c. courtiers de Paris.

9. — Mais si la nullité provient d'un vice essentiel à l'acte sur lequel s'appuie la prévention, cette nullité constitue une exception péremptoire, en d'autres termes un moyen de défense au fond, et par conséquent elle est valablement opposée en tout état de cause.

10. — Ainsi, en matière de contributions indirectes, les nullités de forme des procès-verbaux peuvent être proposées pour la première fois en appel. — *Cass.*, 10 av. 1807, Droits réunis c. Pichard ; 18 nov. 1813, Droits réunis c. Saquebouille. — V. CONTRIBUTIONS DIRECTES, n° 449.

11. — La nullité d'un procès-verbal d'un garde-champêtre n'est pas couverte par le silence du prévenu. — *Cass.*, 5 mars 1835, Hette.

12. — Il en est de même en matière forestière des nullités provenant de l'omission dans les actes introductifs de l'instance de formalités substantielles. — *Cass.*, 8 mars 1833, Forêts c. Sussoubre. — V. FORÊTS.

13. — En matière correctionnelle, la tardiveté de l'appel peut être invoquée pour la première fois devant le tribunal saisi par le renvoi de la Cour de cassation. — *Cass.*, 27 sept. 1828, Moreau c. Miquelard.

14. — Lorsqu'un individu condamné par défaut en première instance pour injures graves, par le tribunal d'une colonie où le Code d'instruction criminelle n'a pas été publié, décla les faits qui lui sont imputés et demande que le plaignant soit tenu d'en rapporter la preuve, il ne peut pas être déclaré non recevable dans cette défense, sous le prétexte qu'il aurait dû se pourvoir par opposition envers le jugement par défaut, s'il n'a interjeté son appel qu'après l'expiration du délai de l'opposition. — *Dijon*, 15 pluv. an XI, Vandrimey, c. Lamaillanderie ; *Cass.*, 10 janv. 1823, Lafontaine c. Romager.

V. APPEL (mat. crim.), CASSATION (mat. crim.), CHAMBRE DES MISES EN ACCUSATION, CHAMBRE DU CONSEIL, CONTRIBUTIONS INDIRECTES, COUR D'ASSISES, DOUANES, EXPLOIT, INSTRUCTION CRIMINELLE, TRIBUNAL CORRECTIONNEL, TRIBUNAL DE POLICE, etc.

NULLITÉS DE PROCÉDURE.

Table alphabétique.

NULLITÉS DE PROCÉDURE. — 1. — Irrégularités qui empêchent un acte de procédure de produire ses effets.

Sect. 1re. — *Par qui les nullités peuvent être établies et déclarées.*

2. — Au législateur seul appartient le droit d'établir des nullités.

3. — « Aucun exploit ou acte de procédure, porte l'art. 1030 du Code de procédure civile, ne pourra être déclaré nul, si la nullité n'en est pas formellement prononcée par la loi.—Dans le cas où la loi n'aurait pas prononcé la nullité, l'officier ministériel pourra, soit pour omission, soit pour contravention, être condamné à une amende qui ne sera pas moindre de cinq francs et n'excédera pas cent francs. » — V. AVOUÉ, EXPLOIT, HUISSIER.

4. — Toutefois, cette règle doit être appliquée avec discernement. On irait, en effet, évidemment contre le vœu de la loi si l'on maintenait un acte qui manquerait des conditions essentielles à son existence, encore bien que la loi n'en prononçât pas expressément la nullité.

5. — Il existe dans le Code de procédure un grand nombre de titres parmi lesquels on peut citer celui de la saisie-exécution et celui des rapports d'experts, qui ne prononcent pas une seule fois la peine de nullité ; cependant il est bien évident que les parties ne sont pas libres de substituer aux formes tracées par la loi celles qu'il leur plairait de préférer.

6. — Aussi la jurisprudence s'accorde-t-elle avec tous les auteurs à décider que l'art. 1030 ne peut être appliqué à la lettre et sans distinction.

7. — Ainsi, par exemple, doit être annulée la consignation faite par suite d'offres réelles, si celui à qui les offres ont été faites n'a pas été appelé. — *Cass.*, 1er fruct. an XI, Girard c. Lego.
— V. OFFRES RÉELLES.

8. — Il en est de même du procès-verbal de contravention en matière de contributions indirectes si copie de ce procès-verbal n'est pas remise immédiatement après la clôture au contrevenant présent à la saisie. — *Cass.*, 1er fév. 1806, Douanes c. Vigne.

9. — ... Et du procès-verbal d'arrestation lors duquel l'huissier a refusé de conduire le débiteur en référé devant le président du tribunal. — V. EMPRISONNEMENT.

10. — Mais où commence pour le juge l'obligation de prononcer une nullité non écrite dans la loi ? Quelles règles doit-il suivre à cet égard ? Là existent de graves et nombreuses difficultés.

11. — Nous avons examiné sous les divers mots du répertoire l'influence que peut avoir sur la validité de chaque acte spécial les irrégularités dont il peut être entaché, nous nous bornerons ici à poser quelques règles générales sur l'application de l'art. 1030.

12. — D'abord nous ferons observer que cet article ne s'occupe que des nullités qui tiennent aux actes eux-mêmes et non à la qualité soit des parties personnellement, soit des officiers ministériels qui les représentent. L'incapacité des uns et des autres pour faire certains actes ne peut procéder hors de leur ressort est régie par des lois spéciales. — *Carré, Lois de la procéd.*, quest. n° 3392 ; Boitard, t. 3, p. 492 ; Thomine, sur l'art. 1030, t. 2, p. 689.

13. — Il faut, en second lieu, remarquer que l'art. 1030 C. procéd. ne concerne que les actes de procédure faits par les officiers ministériels. On ne saurait l'étendre aux autres actes prescrits pour l'établissement et la conservation des citoyens, par exemple aux inscriptions hypothécaires. — *Carré*, quest. 3393.— INSCRIPTION HYPOTHÉCAIRE. — V. aussi JUGEMENT.

14. — Enfin, les mots à *peine de nullité* ne sont pas sacramentels. La loi doit être réputée prononcer la nullité lorsqu'elle dit qu'un acte n'est pas valable, ou qu'il n'y a pas d'acte, ou que l'acte ne peut produire d'effets, ou qu'il est considéré comme non avenu. — Bioche, *Dict. pr.*, v° *Nullité*, n° 10.

15. — Mais on ne saurait admettre la nullité d'un acte de procédure par cela seul que la loi s'explique en termes impératifs ou en termes prohibitifs. — Bioche, *loc. cit.*, n° 11 ; Carré, quest. 3392.

16. — Il est indispensable de distinguer les *nullités substantielles* et les *nullités accidentelles*, secondaires ou *accessoires*.

17. — En d'autres termes, il faut rechercher quelle a été l'intention du législateur, le but qu'il s'est proposé en prescrivant une formalité, et les conséquences, les dangers que peut entraîner l'omission de cette formalité. — Si par suite de cette omission le but proposé se trouve manqué, si l'économie de la procédure tout entière est détruite, il y a nullité substantielle. Si, au contraire, l'irrégularité commise qui ne seule seulement quelques retards ou quelques frais, des difficultés plus ou moins grandes, mais insuffisantes pour paralyser le vœu de la loi, il n'y a qu'une *nullité secondaire* qu'on ne peut prononcer en l'absence d'une disposition expresse.— Bonnenne, *Théorie de la procéd. civ.*, t. 3, p. 271, et *Régime comm.*, t. 1er, p. 390 ; Carré et Chauveau, quest. 3392.

18. — Dans le doute sur le point de savoir si la formalité omise est ou non substantielle, l'acte doit être réputé valable. — Carré et Chauveau, *ibid.* ; Berriat, p. 189.

19. — Quant aux actes que la loi ne défend ni ne prescrit, ils sont régis sans aucune restriction par l'art. 1030. Ils peuvent, dans certains cas, être considérés comme frustratoires, mais la nullité n'en doit jamais être prononcée.

20. — Il a été jugé avec raison, en ce sens, que l'acte d'appel fait à la requête de plusieurs parties et signé par quelques-unes d'entre elles seulement n'est pas nul à l'égard des autres, puisque la formalité de la signature n'est prescrite par aucune loi. — *Trèves*, 5 fév. 1810, N....

21. — Les nullités doivent, en règle générale, être prononcées par les tribunaux. — L'ancienne maxime de notre droit, que *les voies de nullité n'ont point lieu en France*, existe encore aujourd'hui.

22. — Il faut toujours tenir pour constant qu'un acte ne cesse de produire effet que lorsqu'il a été annulé par les juges compétens.

23. — Deux exceptions seulement à ce principe sont admises par les art. 366 et 692 du C. de proc. (V. RÈGLEMENT DE JUGES, SAISIE IMMOBILIÈRE).

24. — Mais ces exceptions confirment la règle. Puisque le législateur a cru nécessaire, dans les deux cas spéciaux dont il s'agit, de décider expressément qu'on n'aurait pas besoin de faire prononcer la nullité, on doit en effet en conclure que, dans toute autre circonstance, un jugement est indispensable.

25. — Au surplus, quand une fois la nullité d'un acte est régulièrement prononcée, il est évident que tous les actes ultérieurs qui avaient ce premier acte pour base doivent également être annulés, et réciproquement que les actes faits par la partie adverse, au mépris de l'acte nul, doivent être maintenus. — Carré et Chauveau, quest. 3395.

26. — Aucune des nullités prononcées par le C. de procédure n'est comminatoire, les tribunaux ne peuvent se dispenser de les prononcer quand elles sont proposées. — C. de procéd., art. 1029.

Sect. 2e. — *Diverses espèces de nullités.*

27. — On divise les nullités en plusieurs espèces.

28. — Ainsi, l'on distingue, comme on l'a vu plus haut, les nullités *substantielles*, c'est-à-dire celles qui portent atteinte à l'essence même de l'acte, et les nullités *accidentelles* qui n'altèrent pas la substance de l'acte, ne l'empêchent pas de produire effet.

29. — Cette distinction est d'une haute importance quand il s'agit de décider si une nullité, non prononcée expressément par la loi, doit être admise ou rejetée par les tribunaux. — V. *suprà* no 11.

30. — A un autre point de vue, on divise les nullités en nullités *intrinsèques* et nullités *extrinsèques*. Les premières sont celles qui s'aperçoivent à la seule inspection de l'acte : telle est l'omission du nom du demandeur ou du défendeur dans un exploit. Les secondes sont celles qui ne portent pas sur une formalité matérielle de l'acte, et qui ne peuvent pas se reconnaître à la simple lecture de cet acte : telle est par exemple la nullité résultant de l'incapacité d'agir du demandeur. — Pigeau, C. comm., sur l'art. 173.

31. — Mais la division la plus importante et la plus utile, sous le rapport de la procédure, est celle des nullités *absolues* et des nullités *relatives*.

32. — On appelle *nullités absolues* celles qui peuvent être opposées en tout état de cause par les parties et même suppléées d'office par les tribunaux, parce qu'elles intéressent l'ordre public. — V., aussi, no 16.

33. — Les *nullités relatives*, au contraire, sont celles qui doivent être invoquées par les parties dès le début du procès, qui sont converties par toute défense au fond, et ne peuvent pas être prononcées d'office, par la raison qu'elles sont conséquemment introduites dans l'intérêt privé des parties, lesquelles sont libres de ne pas s'en prévaloir. — V. *infrà* nos 114 et suiv.

34. — Le germe de cette division se trouve dans l'art. 173 C. proc., qui dispose : — « Toute nullité d'exploit ou d'acte de procédure est couverte, si elle n'est proposée avant toute défense ou exception autre que les exceptions d'incompétence. »

35. — Peu importe que les nullités contenues dans l'exploit soient substantielles ou non, l'art. 173 ne distingue pas, et en outre toutes les formalités que doivent contenir les actes d'exploits sont demandées à peine de nullité. — Un arrêt de *Cass.*, 21 déc. 1811 (Rémond c. Dusaulois), qui paraît contraire, ne l'est pas néanmoins, puisqu'il se borne à décider que la contre-enquête demandée par la partie adverse n'est point une défense soit en sa forme, soit au fond. — Carré, quest. 753.

36. — Ainsi : la nullité, basée sur ce que l'huissier n'a pas signé la citation, se couvre par le silence du défendeur et ne peut être proposée en appel pour la première fois. — *Cass.*, 20 juill. 1832, Balat.

37. — Il en est de même des nullités de l'exploit d'ajournement résultant soit de ce que l'huissier n'a pas déclaré que le voisin auquel la copie a été laissée a signé sur l'original, soit de ce que le délai de huitaine, prescrit par l'art. 72 C. proc., n'a pas été observé. — *Cass.*, 1er déc. 1836, Hubert ; 2 mars 1837 (t. 2 1837, p. 39), Billoneau.

38. — La partie à laquelle le moyen de nullité est imputable ne peut, et surtout pour la première fois en appel, demander la nullité du procès-verbal de non-conciliation. — *Cass.*, 4 germ. an VIII, Lebreton c. Laperrière. — Berriat, t. 1er, p. 142 et 477 ; *Praticien français*, t. 2, p. 27.

39. — La nullité de l'assignation pour défaut de transcription du procès-verbal de non-conciliation est, par la même raison, tardivement proposée en appel. — *Paris*, 29 pluv. an X, Travers. — Chauveau et Carré, t. 2, quest. 739 *bis*, note 9.

40. — Il faut bien remarquer que les expressions dont se sert l'art. 173, *exploit, acte de procédure*, sont génériques et doivent être prises dans une large acception.

41. — Cet article s'applique donc, non-seulement aux ajournemens introductifs d'instance, mais encore en général à tous les actes de procédure, notamment, 1o aux procédures d'enquête. — *Bruxelles*, 17 janv. 1810, Vandenhende c. N... ; *Colmar*, 20 fév. 1811, Blum c. Carmesson ; *Metz*, 19 avr. 1811, Macherai c. Delvich ; *Nîmes*, 6 août 1819, Astey c. Bouret ; *Bordeaux*, 1er mars 1826, Versaveau c. Brouillet. — Carré, quest. 746 ; Chauveau, *sur Carré*, no 739 *bis*, § 1er ; Boitard, quest. 582. — V. ENQUÊTE, nos 532 et suiv., 959 et suiv.

42. — ..... 2o A celles de saisie soit mobilière, soit immobilière. — *Cass.*, 3 avr. 1827, Beauchêne c. Lecharpentier ; *Riom*, 21 janv. 1832, Fouilhoux c. Raynard ; *Bourges*, 17 av. 1839 (t. 2 1841, p. 649), Mouzat c. Girardot.

43. — En conséquence, est couverte, par une défense au fond, la nullité d'un procès-verbal de saisie-exécution résultant du défaut de commandement préalable au saisi. — *Besançon*, 30 mai 1828, Jamez c. Tuaillon. — Bioche, no 102, vo *Exception*.

44. — On ne peut, après avoir conclu au fond, demander la nullité d'une saisie-brandon, fondée sur ce qu'il n'y a pas eu un jour d'intervalle entre le commandement et la saisie. — *Cass.* belge, 14 mars 1833, Schrockaet c. Nechelput.

45. — En supposant qu'il y eût nullité de ne pas signifier au mari et à la femme une copie séparée pour chacun d'eux du commandement en saisie immobilière, de la saisie et du procès-verbal d'apposition des placards, cette nullité est couverte pour n'avoir été proposée qu'après la demande en sursis aux poursuites. — *Bordeaux*, 22 juin 1840 (t. 2 1840, p. 270), Ducau-Nibout c. Desbats.

46. — Jugé cependant que la nullité d'une saisie peut être invoquée, même après qu'on a posé des conclusions au fond, pourvu qu'elle tienne au fond même. — *Besançon*, 7 janv. 1815, Bardey c. Renaud. — V., au surplus, SAISIE-EXÉCUTION, SAISIE IMMOBILIÈRE.

47. — ... 3o A celles de surenchère. — *Paris*, 19 août 1807, Julien c. Rollat. — V. SURENCHÈRE.

48. — ... 4o A celles d'ordre. — *Limoges*, 3 juill. 1824, Tarade c. Gorce. — V. ORDRE.

49. — ... 5o A celles de validité ou de nullité d'offres réelles. Ainsi : la nullité d'offres réelles fondée sur ce qu'elles auraient été signifiées à un domicile qui n'est pas celui du créancier, doit être proposée avant toute défense au fond ; elle n'est pas proposable pour la première fois en appel. — *Cass.*, 5 déc. 1826, Chabanier c. Clermont. — *Contrà*, *Rennes*, 28 avr. 1813, N...

50. — ... 6o A celles d'expertise. — *Cass.*, 6 oct. 1806, N... c. Landan.

51. — ... 7o Aux actes respectueux. — *Agen*, 27 août 1829, Roussaux.

52. — Jugé encore que la fin de non-recevoir contre une opposition à un jugement par défaut est couverte par une défense. — *Cass.*, 28 mars 1808, Berembroeck c. Evoy. — V., du reste, *infrà* no 147.

53. — ... Que le défaut de signature d'un avoué au bas d'une requête présentée au président d'un tribunal civil n'est qu'un vice de forme qui se trouve couvert par les plaidoiries au fond, lorsque les parties intéressées ne se sont point alors prévalues de cette irrégularité. — *Douai*, 15 mai 1841 (t. 2 1841, p. 429), Citerne c. Grebert.

54. — Par suite, la constitution de l'avoué de première instance ne peut être annulée en appel pour vices de forme non relevés avant le jugement attaqué. — *Rennes*, 31 août 1810, Decourbe c. Chiron.

55. — La nullité d'un protêt fait à l'étranger, puis envoyé à la Guadeloupe, et de la dénonciation, basée sur le défaut de légalisation de la signature de l'huissier, est couverte si elle n'est opposée avant la défense au fond. — *Bordeaux*, 19 août 1840 (t. 2, 1840, p. 717, Noailles c. Changeur.

56. — Jugé que l'exception tirée de ce que le demandeur agit frustratoirement pour se procurer un nouveau titre, doit être présentée avant toute défense au fond. — *Bordeaux*, 24 août 1831, Dupuy c. Puthod.

57. — ... Que la nullité d'un acte d'appel doit être invoquée avant toute défense au fond. — *Orléans*, 22 déc. 1813, N... — Carré, quest. 739 *bis*, § 1er.

58. — ... Que l'intimé doit à peine de déchéance demander la nullité de l'appel avant de répondre aux griefs de l'appelant. — *Rennes*, 2 juin 1808, N....

59. — Enfin que le propriétaire qui, pour fixer l'importance de l'indemnité qu'il réclamait, a provoqué et obtenu une nomination d'experts, n'est pas recevable à contester ensuite ce mode de liquidation et à se plaindre que les formes administratives déterminées par la loi de 1807 n'ont pas été suivies. — *Cass.*, 22 janv. 1829, Tristan c. préfet de la Gironde.

60. — L'art. 173 s'étend même aux actes d'instruction faits devant la Cour de cassation. — Chauveau *sur Carré*, quest. 739 *bis*, § 1er. — *Cass.*, 21 juin 1815, commune de Chevigney c. Dorney.

61. — En conséquence, après avoir défendu au fond, le défendeur est non recevable à se plaindre de n'avoir reçu qu'une seule copie de l'arrêt d'admission, bien qu'il agisse en deux qualités. — Même arrêt.

62. — Peut-on considérer les jugemens ou ordonnances des juges comme des actes de procédure, de telle sorte que les nullités qui les concernent doivent être proposées avant toute défense au fond ? — L'affirmative a été décidée par quelques arrêts. — *Cass.*, 11 frim. an IX, Bardonnex c. Mercier ; *Colmar*, 8 déc. 1813, Muhler c. N... ; *Rennes*, 10 déc. 1813, Chauvin c. N... ; *Bourges*, 31 déc. 1814, Joinville c. N... ; *Rennes*, 20 avr. 1820, Leroux c. Leroy ; *Lyon*, 6 fév. 1832, Micard c. Froget. — Mais une jurisprudence aujourd'hui certaine considère, avec raison, comme d'ordre public toutes les nullités résultant d'un vice de rédaction dans les jugemens, ou de la composition irrégulière d'un tribunal. Ces nullités peuvent donc être opposées en tout état de cause. — *Orléans*, 28 juill. 1820, Coudray c. Mainier ; *Toulouse*, 24 janv. 1825, Tarrisse c. Souquié ; *Bourges*, 16 janv. 1826, Jacob ; *Poitiers*, 21 mars 1827, Pascault c. Juteau ; *Bordeaux*, 20 mai 1829, Ducot c. Rivas ; 22 janv. 1834, Piet c. Blondet ; *Cass.*, 15 juill. 1834, Balazuc. — V. d'ailleurs JUGEMENT.

63. — Toutefois, la nullité du jugement de première instance, non invoquée en Cour d'appel, ne peut être proposée en cassation ; car ce jugement n'existe plus, ou il se confond avec l'arrêt confirmatif. — *Cass.*, 4 niv. an IX, Petit c. Negré ; 30 nov. 1831, Lepingleux. — V. décr. 30 mars 1808.

64. — L'exécution spontanée du jugement couvre aussi les nullités qu'il renferme. — *Cass.*, 19 avr. 1826, Choffin c. Lavert ; *Poitiers*, 8 juill. 1830, Blondeau c. Dufour. — V. ACQUIESCEMENT.

65. — La nullité de la signification d'un jugement ou d'un arrêt se couvre-t-elle comme les nullités d'autres actes de procédure ? — L'art. 173 C. proc. suppose une défense pour que la nullité soit couverte : d'où il résulte que le silence du plaideur ne couvrira pas la nullité, mais qu'il faudra un acte de volonté manifesté par des actes ; les tribunaux apprécieront l'importance de ces actes.

66. — Jugé ainsi que la nullité de la signification d'un jugement ou d'un arrêt peut nécessairement être demandée dès que la nullité ou la tardiveté du recours est opposée par l'adversaire, car jusque-là il n'y a pas d'intérêt à le faire. — *Rennes*, 5 avril 1814, Mazureau c. N... — Chauveau *sur Carré*, Quest. 739 *bis*, p. 228 ; Bioche, no 97, vo *Exception*.

67. — De même, l'appelant contre lequel a été pris un arrêt par défaut peut, avant d'y former opposition, exciper devant la Cour de ce que la signification qu'on lui en a faite est nulle. — *Bruxelles*, 5 mars 1832, V...

68. — S'il s'agit de nullité de conventions, de titres, en un mot de fins de non-recevoir et non plus de simples exceptions, l'art. 173 cesse d'être applicable ; parce que quelque général qu'il soit il ne concerne cependant que les *actes de procédure*. — Chauveau *sur Carré*, quest. 739 *bis*, § 2. — V. EXCEPTION, FIN DE NON-RECEVOIR.

69. — Ainsi il ne peut être invoqué, en matière de nullité, de titres quelconques, tels que ventes, obligations, donations, ce sont des moyens du fond, qui peuvent être opposés en tout état de cause. — *Cass.*, 4 avr. 1810, Fasciaux c. Conservateur des hypothèques ; 1er mai 1815, Varnier c. Leroy ; 24 fév. 1825, Roberjot c. Pollet ; *Colmar*, 14 juill. 1836 (t. 2 1837, p. 434), Baur c. Salomon. — Boncenne, t. 3, p. 266 ; Batard, n° 584 ; Thomine, t. 1er, p. 326 ; Favard, t. 2, p. 468 ; Bioche, v° *Exception*, n° 96.

70. — ... Ni en matière de déchéance résultant de l'expiration du délai comporté pour faire un acte ; par exemple, dans le cas de tardiveté d'appel. — *Cass.*, 3 niv. an VIII, Beyssellance c. Lambert ; *Turin*, 6 juill. 1808, Rolfi c. commission des hospices de Mondovi ; *Grenoble*, 11 fév. 1813, Poncet c. Barbier ; *Colmar*, 18 nov. 1815, Stephan c. W... ; *Angers*, 15 janvier 1820, Grimoux c. Moreau ; *Poitiers*, 12 août 1823, Martin c. Grosset ; *Lyon*, 7 fév. 1834, Montarad c. Cros. — *Contrà*, *Cass.*, 30 nov. 1830, Commune de St.-Albin c. commune de Gorrevod. — V. APPEL.

71. — Toutefois, il arrivera souvent que les juges prononceront la déchéance mais en vertu de ce principe incontestable, qu'on peut opposer à un plaideur sa renonciation implicite à un droit ouvert en sa faveur, et aussi en vertu de cette disposition textuelle : « La prescription peut être opposée en tout état de cause, même devant la Cour royale, *à moins que la partie qui n'aurait pas opposé le moyen de la prescription ne doive, par les circonstances, être présumé y avoir renoncé.* » — C. civ., art. 2224. — Chauveau *sur Carré*, t. 2, p. 209, quest. 739 *bis*.

72. — Jugé, dans ce sens, que la partie qui, sur l'opposition tardive d'un jugement de défaut par elle obtenu, plaide au fond, sans se prévaloir de la déchéance encourue par sa partie adverse, est censée renoncer au bénéfice de cette exception et devient non recevable à la proposer en cause d'appel. — *Cass.*, 18 niv. an XII, Perthon c. Juillette ; 9 janv. 1827, Chatigny c. Lamiral ; 1er juill. 1834, Anfrya.

73. — De même, le défendeur qui ne s'est pas pourvu par voie d'opposition contre l'ordonnance du président qui permet d'assigner à bref délai n'est pas recevable dans sa demande en nullité de l'action, sur le motif qu'elle ne requérait pas célérité, et qu'elle devait subir l'épreuve de la conciliation. — *Bourges*, 20 déc. 1831, Chaulon c. Scilliers.

74. — Du reste, si l'opposition était nulle en la forme, il est certain que l'art. 173 serait applicable sans aucun doute, puisqu'il s'agirait d'une nullité d'acte de procédure.

75. — En conséquence, la partie qui ne se borne pas à demander la nullité d'une opposition pour vice de forme, mais qui conclut formellement à ce que l'opposant soit débouté au fond, couvre la nullité qui vicierait l'opposition. — *Grenoble*, 22 avr. 1814, Juget c. Villoz.

76. — La fin de non-recevoir établie par l'art. 435 C. comm. contre l'action pour dommages arrivés à la marchandise peut être invoquée pour la première fois en appel. — *Aix*, 4 janv. 1820, Maurin et Assureurs c. Salavy.

77. — Il en est de même de la fin de non-recevoir tirée de la tardiveté de l'action en désaveu d'un enfant. — *Agen*, 28 mai 1821, Deslouet c. Duchemin. — Chauveau et Carré, quest. 739 *bis*, § 4, 751 et note.

78. — Et de celle résultant de la tardiveté de la dénonciation d'un protêt aux endosseurs. — *Cass.*, 29 juin 1819, Valet c. Dors. — Mais il y est renoncé par celui qui, en première instance, demande un délai pour payer. — V. PROTÊT.

79. — Il appartient exclusivement aux juges du fond de décider, d'après les énonciations de l'exploit introductif d'instance, s'il y a lieu d'adjuger tout ou partie d'un marais dont le désistat est demandé. — En pareil cas, l'exception tirée d'une désignation inexacte ne constitue pas une nullité de procédure à laquelle l'art. 173 C. proc. civ. soit applicable. — *Cass.*, 3 janv. 1842 (t. 1er 1842, p. 166), commune de Vauvert c. de Cabrières et de Lisleroi.

80. — L'art. 173 est encore évidemment inapplicable à l'exception de la chose jugée, laquelle n'est point une exception de procédure, mais une exception de droit pouvant être opposée en tout état de cause. Néanmoins, il peut se faire qu'on soit censé y avoir renoncé, et dans ce cas les juges pourront prononcer la déchéance. — V. CHOSE JUGÉE.

81. — Jugé même qu'une quittance peut être produite après que le jugement de condamnation est irrévocable. — *Lyon*, 9 juill. 1830, Léon c. Mérieux.

82. — Il n'est pas non plus nécessaire que la nullité résultant de ce que le jugement de séparation de biens a été exécuté avant l'accomplissement des formalités prescrites pour en assurer la publicité, soit proposée *in limine litis*. — *Caen*, 15 juill. 1828, Bunot c. Barbey.

83. — Quand la nullité résulte du mode d'introduction de l'action, par exemple, si l'on a cité devant un tribunal incompétent, il ne serait pas juste de dire qu'il s'agit d'un acte de procédure, il s'agit en réalité d'une question de compétence, l'ordre public est donc intéressé à la nullité *absolue*.

84. — Toutefois, il est nécessaire de distinguer s'il s'agit d'une incompétence *ratione materiæ* ou d'une incompétence *rationæ personæ*. Dans le premier cas, l'art. 173 n'est pas applicable ; dans le second cas, il l'est au contraire, car il n'y a plus une règle d'ordre public, mais bien une disposition en faveur d'un intérêt privé. — V. INCOMPÉTENCE.

85. — Jugé qu'on ne peut exciper pour la première fois en appel de ce qu'une demande est prématurée ; ainsi : le colon contre lequel est dirigée une demande en congément, ne peut, après avoir plaidé au fond en première instance, opposer devant la cour que la demande est précipitée, attendu qu'il y a lieu à une continuation de jouissance par tacite réconduction. — *Rennes*, 11 sept. 1813, Picholat c. N...

86. — Au reste il est bien évident que l'art. 173 C. proc. ne peut pas s'appliquer *littéralement* à tous les actes de procédure dans sa disposition qui ordonne d'en proposer la nullité avant toute défense ou exception, puisqu'un acte nul peut être fait pendant l'instance. Alors on doit décider que la nullité est couverte, toutes les fois qu'une partie agit de manière à faire supposer nécessairement qu'elle regarde l'acte comme valable. — Carré, quest. 746.

Sect. 3e. — *Par qui et comment les nullités doivent être proposées. — Actes qui les couvrent.*

§ 1er. — *Par qui et comment les nullités doivent être proposées.*

87. — Les nullités ne peuvent, en général, être proposées que par les parties qui y ont un intérêt né et actuel. — Bioche, v° *Nullité*, n° 27.

88. — Il faut, en outre, que la nullité ait été commise au préjudice de celui qui l'invoque.

89. — Ainsi : un des créanciers assigné personnellement sur une instance en séparation, ne peut se prévaloir de la nullité des assignations données à d'autres créanciers qui n'en excipent point. — *Besançon*, 26 avril 1806, Outhier c. Magrin.

90. — Lorsque, de plusieurs héritiers assignés en matière réelle, les uns l'ont été régulièrement et les autres irrégulièrement, ces derniers ont seuls qualité et intérêt pour demander la nullité de l'exploit. — *Cass.*, 23 déc. 1828, Dejoux c. Guillet.

91. — Il a encore été jugé que lorsque la nullité d'un exploit est demandée pour omission de formalités essentielles dans la copie laissée à l'un des assignés solidaires, mais que la copie signifiée à l'autre débiteur n'est pas représentée, cette nullité doit être écartée, parce qu'il y a présomption que cette dernière copie est régulière, ce qui suffit pour valider la procédure à l'égard de tous les débiteurs solidaires. — *Metz*, 21 juin 1822, Dhermange c. Plier.

92. — Toutefois, un créancier est recevable à demander, comme exerçant les droits de son débiteur, une nullité profitable à celui-ci. — *Paris*, 19 août 1807, Jullien c. Rolet ; *Bourges*, 13 août 1829, Lerasle c. Ferré ; *Orléans*, 15 janv. 1833, Louet-Clermont c. Petit et Brisson. — *Contrà Paris*, 20 mars 1833, Yvonnet c. Bonneau. — A moins que cette nullité ait déjà été couverte par ce débiteur. — *Cass.*, 9 août 1820, Huton c. Pinlon ; 14 févr. 1826, Choquet c. Douzenel. — V. SURENCHÈRE.

93. — La partie qui a commis elle-même la nullité ne saurait en argumenter. — *Cass.*, Lebreton c. Laperrière. — Berriat, p. 142.

94. — En principe, les juges ne peuvent prononcer d'office la nullité de procédure. Le silence de la partie doit en effet être considéré comme un acquiescement qui couvre l'irrégularité commise. — Carré, quest. 747 ; Bioche, v° *Exception*, n° 201.

95. — Peu importe que le défendeur fasse défaut. — *Rennes*, 11 juill. 1812, Fouillé c. Guillon. — Carré, quest. 748. — V. JUGEMENT PAR DÉFAUT, n° 105.

96. — Cependant, le juge aurait la faculté de suppléer la nullité de l'exploit qui ne prouverait pas la signification à la partie et expliquerait son absence. — Carré, *ib.* ; Bioche, *ib.* — V. JUGEMENT PAR DÉFAUT, n° 106.

97. — L'art. 173 du Code de procédure civile est absolu ; il peut être invoqué même contre le tuteur qui, ayant qualité pour agir, n'aurait pas proposé, avant toute défense au fond, un moyen de nullité, alors même que cette nullité aurait pour objet de faire tomber un acte interruptif de prescription. — L'art. 2222 du Code civil, qui porte que celui qui ne peut aliéner ne peut renoncer à la prescription acquise, ne fait pas obstacle à son application. — *Cass.*, 18 avril 1838 (t. 1er 1838, p. 520), de Pastoret c. le Domaine.

98. — Et contre les communes. — *Cass.*, 10 janv. 1810, commune de Saint-Ouen c. Dugrès.

99. — Cet acte s'applique au demandeur qui procède sur un exploit déjà signifié, comme au défendeur. — *Cass.*, 18 avril 1838 (t. 1er 1838, p. 520), de Pastoret c. le Domaine.

100. — Les nullités doivent, comme on a déjà dit, être demandées *in limine litis*. — V. *suprà* n° 34.

101. — Mais il n'est pas nécessaire d'énoncer nommément la nullité d'une assignation, il suffit de déclarer *in limine litis* qu'on la fera valoir, et de la relever ensuite en plaidant. — *Aix*, 7 mai 1810, B...

102. — En conséquence, lorsque la nullité d'un exploit a été proposée à l'audience avant toute défense ou exception, les tribunaux ne peuvent la déclarer couverte, sous le seul prétexte qu'elle n'a pas été indiquée formellement par un acte spécial d'avoué. — *Cass.*, 6 nov. 1811, Pontat c. Brunet.

103. — La nullité d'un exploit ne peut être demandée pour la première fois en cassation. — *Cass.*, 2 mars 1837 (t. 2 1837, p. 39), Billoneau.

104. — Les règles qui précèdent ne concernent que les nullités relatives. Les nullités absolues peuvent, ainsi que nous l'avons fait remarquer plus haut (n° 32), être proposées en tout état de cause par toutes les parties, même celles du chef de qui elles proviennent, et être suppléées d'office par les tribunaux.

105. — Lorsqu'une partie assignée en référé sur un point de contestation dont la connaissance appartient au tribunal entier, ne propose point le déclinatoire, le tribunal peut donc d'office prononcer la nullité de l'assignation. — *Cass.*, 29 avril 1818, Enregistrement c. Boy. — V. JUGEMENT PAR DÉFAUT, n° 105.

106. — Jugé, au contraire, qu'un tribunal ne peut d'office prononcer la nullité d'une délibération d'un conseil de famille. — Préfet de Loir-et-Cher c. Pastoret.

107. — Si la nullité n'intéresse pas l'ordre public, mais qu'elle constitue une fin de non-recevoir au fond, le tribunal est incompétent pour la prononcer d'office ; mais la partie qui y a intérêt la propose valablement en tout état de cause. — V. *suprà* n° 34, et FIN DE NON-RECEVOIR.

108. — Par exemple, le moyen tiré de ce que le titre du créancier étant un jugement par défaut, la saisie immobilière pratiquée en son nom aurait dû être précédée de la notification du certificat de non-opposition exigé par les art. 164 et 548 du Code de procédure civile, est un moyen du fond qui n'a pas besoin, pour être recevable, d'avoir été proposé avant toute autre exception et défense. — *Bourges*, 23 mars 1841 (t. 2 1841, p. 676), Guillemet c. Geoffrion.

109. — La partie qui a demandé d'abord la nullité de la contrainte par des moyens tirés du fond, n'est pas non recevable à la demander ensuite par le motif que la régie aurait procédé par voie de mémoire au lieu de procéder selon les formes ordinaires. Ici ne s'applique pas l'art. 173 du Code de procédure. — *Cass.*, 6 août 1828, Enregistrement c. Marchand.

110. — Jugé, au contraire, que la nullité d'une clause compromissoire pour défaut de désignation du nom des arbitres, ne peut être considérée comme un moyen d'ordre public qu'on puisse invoquer en tout état de cause, et notamment pour la première fois devant la Cour de cassation. — *Cass.*, 3 janv. 1844 (t. 1er 1844, p. 421), Philippon c. Chabert.

111. — ... Et que le moyen de nullité dans la forme, pris du défaut d'assignation au mari dans l'exploit donné contre la femme, pour l'autoriser à ester en jugement, est couvert par la défense au fond. — *Paris*, 21 nov. 1812, Levaillant c. Cendrier ; *Cass.*, 16 nov. 1825, Cairon.

112. — Un tribunal peut-il remettre à statuer sur les nullités proposées en même temps que sur le fond? Une distinction nous paraît nécessaire : Si toutes les parties ont conclu sur la nullité, et subsidiairement sur le fond, l'affirmation ne saurait souffrir, selon nous, aucune difficulté; l'article 172, qui défend de joindre l'incident au fond, est, en effet, exclusivement relatif aux déclinatoires pour incompétence. — Mais si le demandeur en nullité n'a pas posé de conclusions subsidiaires sur le fond, le tribunal est forcé de statuer d'abord sur l'exception qui lui est soumise. — *Cass.*, 31 janv. 1821, Tourailles c. Foucher.

113. — Dans tous les cas, il est bien évident que si le tribunal accueille la nullité de l'assignation, il ne peut statuer sur le fond du procès, même en matière commerciale. — *Paris*, 19 déc. 1812, Sarraille c. Lancie.

§ 2. — *Actes qui couvrent les nullités.*

114. — On a déjà vu plus haut que les nullités absolues ne sont couvertes par aucun acte. Elles peuvent être proposées en tout état de cause, et la seule fin de non-recevoir admise contre elles résulte du silence gardé par les parties pendant le temps accordé pour attaquer les actes en paiement.

115. — Les nullités relatives, au contraire, ou nullités d'actes de procédure sont couvertes, aux termes de l'art. 173 C. proc., si elles ne sont pas proposées avant toute défense au fond ou toute exception autre que celles d'incompétence.

116. — Cette disposition est précise et rigoureuse, il semblerait donc nécessaire d'en conclure que tout acte qui implique de la part du défendeur l'intention d'engager le débat au fond ou de soulever une exception autre qu'un déclinatoire, emporte renonciation au droit de se prévaloir des nullités commises dans les actes de procédure antérieurs.

117. — Toutefois, il faut combiner l'art. 173 avec l'art. 166 du même Code, qui exige que la caution *judicatum solvi* soit demandée avant toute exception, et décider que cette demande, pas plus que le déclinatoire, ne couvre les nullités de procédure. — V. CAUTION JUDICATUM SOLVI, nos 105 et suiv.; EXCEPTIONS, no 118; INCOMPÉTENCE, no 79.

118. — Mais ces deux exceptions sont les seules qui ne produisent pas un tel effet. Ainsi : la simple demande en communication de pièces sur lesquelles l'adversaire fonde ses prétentions ne permet plus de proposer la nullité des actes de procédure antérieurs, à moins qu'elle ne soit faite sous toutes réserves.

119. — Il est bien évident néanmoins que le défendeur est recevable à se prévaloir des nullités qu'il découvre dans les pièces à lui communiquées. Par exemple des vices dont se trouve entaché l'original de l'ajournement. On ne saurait en effet être réputé avoir renoncé à invoquer une nullité dont on n'avait pas antérieurement connaissance. — *Agen*, 4 avr. 1810, Decos c. Vigine. — Boncenne, t. 3, no 296; Merlin, *Quest.*, vo *Appel*, § 10.

120. — Jugé dans ce sens que le défendeur ne peut, après avoir demandé communication de pièces, arguer de nullité l'assignation introductive d'instance. — *Cass.*, 30 janv. 1810, Baver c. Schneider; *Besançon*, 1er déc. 1818, N...; *Orléans*, 15 nov. 1820, N...; *Colmar*, 5 janv. 1821, Eckersviller c. Jebseim; *Bourges*, 30 mars 1829, Bourdiau c. commune Sainte-Marie; 25 fév. 1834, Fuist c. Rateau; *Rennes*, 10 juill. 1835, Loy c. Lafayette; *Bourges*, 3 juin 1840 (t. 2 1840), Martin c. Chamblanc; 6 déc. 1841 (t. 2 1842, p. 278), Decourvol c. Brière.

121. — ... Qu'un intimé ne peut invoquer la nullité de l'appel dirigé contre lui après avoir demandé sans réserve la communication des pièces de l'appelant. — *Turin*, 16 janvier 1809, Baretta c. Colla; *Besançon*, 1er déc. 1818, N... — *Contrà*, *Cass.*, 26 juill. 1808, Orhiel et Doncle c. Schnetter.

122. — Peu importe que celui-ci ne les ait point communiquées. — *Rennes*, 23 sept. 1815, N....

123. — L'intimé couvre même les nullités de l'appel de son adversaire, en recevant volontairement communication des pièces de celui-ci. — *Rennes*, 9 avril 1811, Ramel c. Galliot.

124. — Mais la sommation de communiquer une pièce *avec réserve des moyens de nullité*, n'est pas une fin de non-recevoir contre la demande en nullité de l'acte d'appel. — *Pau*, 26 juill. 1809, Darbin c. Dubedon; *Liége*, 31 juill. 1811, Gaillard c. Fossignier; *Angers*, 27 juill. 1820, Bossace c. Vanier. — *Contrà*, *Rennes*, 17 janv. 1817, N.

125. — Surtout si des conclusions expresses en nullité ont précédé la sommation de communiquer. — *Pau*, 26 juill. 1809, Darbin c. Dubedon; *Amiens*, 30 nov. 1821, Boileau c. Houy.

126. — Le défendeur à l'action négatoire qui a communiqué ses titres de propriété, mais sous la réserve de tous ses droits, n'en est pas moins recevable à opposer l'exception résultant du défaut d'autorisation. — *Orléans*, 19 juin 1829, Guyard c. Frappier.

127. — Du reste, nous ferons remarquer que toutes les fois qu'une demande en communication de pièces aura trait au fond de la cause, des réserves ne pourront pas empêcher la nullité d'être couverte. On doit décider ainsi, parce que, si l'on adoptait l'opinion contraire, les réserves étant de style, on ne couvrirait jamais des nullités que la loi cherche à couvrir par toute défense. — Boncenne, Favard, Thomine, Carré, *loc. cit.*

128. — La sommation faite à l'appelant de fournir ses griefs rend l'intimé non recevable à proposer ensuite la nullité de l'appel. — *Trèves*, 31 juill. 1812, Surges c. Becker.

129. — La mise en cause d'un garant ou la demande d'un délai pour cette mise en cause couvre les nullités de procédure s'il est notifié purement et simplement au demandeur. — *Limoges*, 13 juill. 1822, de Saint-Marsaule c. Bayle. — Thomine, t. 1er, p. 319; Demiau, p. 146; Pigeau, *Comm.*, t. 1er, p. 400; Chauveau *sur Carré*, t. 2, quest. 439 *bis*, § 7; Bioche et Goujet, vo *Exception*, no 101; Boncenne, t. 1er, p. 296. — V. EXCEPTION, no 118; GARANTIE, nos 66 et suiv.

130. — Mais il en est autrement si notification de l'appel en garantie est faite après que le défendeur a proposé son moyen de nullité. — Thomine, Demiau, Pigeau et Chauveau, *loc. cit.* — *Rennes*, 9 août 1819, Decroux c. Lion.

131. — Jugé avant le Code que celui qui demande que tous les cohéritiers de celui qui l'assigne soient mis en cause ne renonce pas pour cela à demander ensuite la nullité de l'exploit d'assignation. — *Paris*, 14 pluv. an XI, Renard c. Imbert. — Mais cet arrêt est contraire à l'art. 173 C. procéd.

132. — Des conclusions étant des moyens de défense, il est certain que toute conclusion au fond prise et signifiée sans avoir invoqué les moyens de nullité antérieure couvre cette nullité. — *Cass.*, 14 janv. 1807, Combe c. Verbrouck; *Paris*, 27 août 1807, Moreton c. Delacoste; *Agen*, 23 juill. 1808, Descoubet; *Paris*, 17 janv. 1809, Dugrety c. commune de Saint-Ouen; *Besançon*, 16 juill. 1813, N....; *Cass.*, 5 déc. 1832, Savoye c. Detours.

133. — Des défenses au fond couvrent même la nullité d'une contrainte décernée au nom d'une administration publique. — *Cass.*, 7 août 1807, Enreg. c. Guy.

134. — De même, en matière d'enregistrement, lorsque l'adversaire de la régie a défendu au fond sur une demande à fin d'expertise, il est non recevable à invoquer ultérieurement la nullité de la procédure. — *Cass.*, 13 août 1838 (t. 2 1838, p. 113), Delamotte c. enreg.

135. — Des conclusions tendant, soit à la péremption, soit à la nullité du jugement, constituent des défenses au fond. — *Paris*, 21 juin 1825, Roussey.

136. — *A fortiori* : le défendeur qui plaide au fond après avoir été débouté des moyens de nullité par lui proposés, se rend non recevable à appeler du jugement qui a rejeté ces moyens. — *Rennes*, 4 mai 1812, Lecoz c. Duportal; *Grenoble*, 27 août 1813, Nicolas c. maire de Treschon.

137. — La fin de non-recevoir contre l'appel d'un jugement non exécutoire par provision, résultant de ce qu'il a été interjeté dans la huitaine de la prononciation du jugement, est couverte dès que l'intimé a défendu au fond. — *Bordeaux*, 21 déc. 1832, Francès c. Pierre-Jean.

138. — L'intimé qui se borne à défendre le jugement dont est appel sans proposer aucune fin de non-recevoir couvre les nullités dont l'acte d'appel était vicié. — *Rennes*, 27 juill. 1810, Quemar c. Guilleron.

139. — Une partie qui a plaidé et conclu devant la cour d'appel, à l'audience solennelle après l'arrêt de renvoi de la cause ne peut ensuite attaquer de nullité ce renvoi et se plaindre que l'affaire n'ait pas été jugée en audience ordinaire. — *Cass.*, 15 mars 1826, Haluin c. Buisson; 19 juill. 1827, Villemont c. commune de Gannat.

140. — Le consentement à une expertise est une véritable défense au fond avant laquelle on doit proposer toute exception dilatoire. — *Orléans*, 1er août 1823, Dair c. Baujouan.

141. — Le souscripteur d'un billet à ordre qui a comparu en conciliation et a défendu à la demande en paiement, est non recevable à exciper ensuite de ce que la demande n'a pas été précédée d'un protêt. — *Toulouse*, 28 mars 1832, Casseau c. Esquilat.

142. — De même, la péremption d'une instance de justice de paix, à défaut d'exécution d'un interlocutoire, est couverte elle-même par la demande après coup d'une expertise nouvelle. — *Cass.*, 22 mars 1837 (t. 1er 1837, p. 371), d'Havrincourt c. Tetart. — *Contrà*, *Rouen*, 26 nov. 1824, Montigny c. l'Aîné. — Chauveau *sur Carré*, quest. 739 *bis*, § 4.

143. — Enfin, l'intimé ne peut plus opposer la nullité de l'exploit d'appel après avoir pris et signifié des conclusions tendant à ce que l'appel fût déclaré non recevable et subsidiairement mal fondé. — *Nîmes*, 28 fév. 1826, Salion c. Magnificat.

144. — Jugé toutefois que la nullité de l'acte d'appel n'est pas couverte par des conclusions prises par l'intimé, tendant simplement à faire déclarer l'appel non recevable. — *Turin*, 19 mai 1806, Beardi et Saint-Martin c. Corneliano; *Limoges*, 17 juill. 1835, Delart c. Commune de Valière.

145. — Celui qui, sur une action intentée contre lui, déclare s'en rapporter à la justice, se rend non recevable à proposer, en appel, les exceptions préjudicielles qu'il aurait pu opposer en première instance. — *Spécialement*, lorsqu'après le partage opéré entre un frère et sa sœur de la succession de leur mère, leur père décède, que la sœur actionne alors son frère en partage de l'hérédité paternelle et même maternelle, nonobstant l'acte de partage qu'elle soutient être nul, que le frère s'en rapporte au tribunal, qui ordonne le partage des deux successions, le frère, sur l'appel, n'est pas recevable à opposer l'acte de partage à l'action en division de la succession de la mère. — *Agen*, 21 juill. 1824, Lanusse c. Salanave.

146. — La partie qui s'en rapporte à justice purement et simplement, sans distinction entre le fond et la forme, est censée avoir contesté sur le fond et ne peut décliner sa mise en cause. — *Douai*, 14 avr. 1837 (t. 1er 1838, p. 91), Duquesne c. Gauthier, Fauchon et Allaux.

147. — *A fortiori* doit-on décider que l'intimé qui a obtenu un arrêt par défaut confirmatif du jugement attaqué sans exciper de la nullité de l'acte d'appel, n'est plus recevable à proposer cette nullité lorsque l'appelant a formé opposition à l'arrêt par défaut. — *Colmar*, 22 fév. 1812, Zipff c. Weslesbolds; *Paris*, 27 févr. 1813, Lisfranc c. Haïnaux et Haubert. — *Contrà*, *Angers*, 15 janv. 1829, Grimoux c. Moreau.

148. — L'intimé qui n'a pas interjeté incidemment appel du jugement de première instance qui a omis de statuer sur sa demande en nullité d'un acte de procédure, est non recevable à invoquer de nouveau cette nullité en cause d'appel. — *Cass.*, 24 juin 1834, Sabat c. Mayrel.

149. — La nullité d'un exploit, signifié durant une enquête, se couvre par des conclusions verbales au fond, *bien qu'elle ait été proposée antérieurement par écrit.* — *Cass.*, 22 avril 1806, Royer c. Plouvie. — Merlin, vo *Loi*, § 5, no 9.

150. — Lorsque le défendeur a conclu au fond, il est non recevable à faire valoir un moyen de nullité de forme, quoiqu'il en ait parlé dans les motifs de ses conclusions. — *Toulouse*, 9 fév. 1828 Ambiallet c. Blaquierre. — Boitard, sur l'art. 173 C. proc.

151. — Le défendeur qui, en première instance, a conclu vaguement au rejet de la demande par fins de non-recevoir ou relaxance, ne peut invoquer en appel un moyen déterminé de nullité contre cette demande. — *Agen*, 6 avril 1811, de Bessière c. de Laurière.

152. — En principe, des réserves expresses, générales ou spéciales, contenues dans une défense au fond, ne conservent pas le droit d'opposer ultérieurement la nullité; car elles sont de style et ne peuvent être utiles que dans le cas où la partie est forcée de faire un acte pour conserver ses droits : par exemple, d'assister à une enquête. — Thomine, t. 1er, p. 327; Boncenne, t. 3, p. 303; Favard, t. 2, p. 461; Chauveau, *Dict. gén. proc.*, vo *Exception*, 62 à 80, art. 5; Chauveau *sur Carré*, quest. 739 *bis*, p. 219; Carré, no 740; Pigeau, t. 1re, p. 393-505.

153. — Ainsi : l'on ne peut invoquer la nullité d'un appel après avoir conclu au fond, lors bien qu'en le faisant on se soit réservé tous moyens de nullité contre cet acte. — *Bourges*, 24 août 1808, Rebecqui c. Ducruet.

154. — A plus forte raison l'intimé couvre-t-il la nullité de l'appel en signifiant des réponses au fond, contenant seulement une réserve vague d'exceptions de droit. — *Bruxelles*, 3 juin 1807, N...

155. — Cependant, il a été décidé qu'on ne couvre pas les nullités de procédure, si, après les avoir proposées, on fait valoir quelques moyens au fond, sous toutes réserves. — *Rennes*,

15 mars 1821, Saint-Aignan c. Lecorre ; 27 sept. 1817, Tollier c. Bureau.

156. — L'intimé peut, sans couvrir les nullités, conclure d'abord la nullité, puis et subsidiairement au fond, car en appel on plaide à toutes fins. — *Rennes*, 15 mars 1821, Saint-Aignan c. Lecorre. — Chauveau et Carré, quest. 739 *bis*, p. 220.

157. — La défense au fond présentée par le défendeur principal couvre les nullités d'exploit, non-seulement à son égard ; mais même à l'égard de son garant, dont il est réputé en ce cas l'ayant cause. — Le garant se rend lui-même non recevable à proposer ces nullités d'exploit, soit en demandant acte de sa déclaration qu'il n'entend prendre aucune part à la demande en reprise d'instance formée par le demandeur originaire contre le défendeur principal, soit en exécutant volontairement le jugement qui a déclaré l'instance reprise avec toutes les parties. — *Cass.*, 1er mars 1824, Commune de Branges c. Germain et Malessie ; 14 fév. 1826, Choquet c. Douzenels.

158. — Lorsqu'il y a eu appel de la part de toutes les parties d'une sentence d'arbitres forcés et qu'elles ont conclu au fond, l'une d'elles n'est pas recevable à former opposition à l'ordonnance d'exécution. — *Grenoble*, 8 mars 1824, Royanez c. N...

159. — Ce n'est pas *proposer* un moyen de nullité, dans le sens de l'art. 173 C. proc. civ., que de protester de se pourvoir pour faire déclarer un acte *nul et de nul effet*, lorsque d'ailleurs on ne dit ni ne précise en quoi consisterait le moyen de nullité. En conséquence, la défense au fond qui intervient après de pareilles conclusions rend non recevables les moyens de nullité qu'on pourrait plus tard préciser. — *Cass.*, 18 avr. 1838 (t. 1er 1838, p. 520), de Pastoret c. le Domaine.

160. — Le demandeur qui, au cas de non-comparution de l'une des parties assignées, omet de requérir défaut contre le défaillant et plaide au fond contradictoirement avec la partie comparante, se rend par là non recevable à demander ultérieurement pour ce motif la nullité du jugement rendu au fond qui ne prononce aucune condamnation contre le défaillant. — *Bordeaux*, 10 juill. 1835, Plauteau c. Labrousse.

161. — L'état du litige est fixé par les conclusions écrites, et non par les plaidoiries. Dès lors l'avocat qui, au lieu de développer le moyen de nullité, objet de conclusions formelles, plaide au fond, ne couvre pas la nullité. — D'ailleurs, il est de règle que l'avocat ne peut faire ni aveu ni concession contraires à son client. — *Cass.*, 30 mai 1810, Paquet c. Grusl. — Favard, t. 2, p. 462 ; Merlin, vº *Saisie immobilière*, § 6, art. 2, nº 11 ; Carré, quest. 741.

162. — Une exception ne peut être légalement réputée avoir été proposée, à tel point que son rejet sans motifs donne lieu à cassation, qu'autant qu'elle se trouve mentionnée dans les qualités. — Il ne suffirait pas qu'elle eût été formulée dans une requête signifiée et des conclusions déposées au greffe. — *Cass.*, 20 févr. 1839 (t. 2 1839, p. 269), Clany c. Doublet ; 14 janv. 1840 (t. 1er 1840, p. 516), Callard c. Pernet-Godin ; 29 avr. 1840 (t. 2 1840, p. 981), Freydien c. Grand.

163. — Sous l'ordonnance de 1667, comme aujourd'hui, les nullités d'exploit ne pouvaient plus être proposées après qu'il avait été défendu au fond. — *Cass.*, 6 vendém. an XI, Bourgeois. — Ordonn. 1667, tit. 5, art. 5. — Merlin, *Quest.*, vº *Bureau de paix*, § 5 et 6 ; Berriat, p. 191.

164. — *Actes divers.* — Les actes qui ne constituent ni une exception ni une défense au fond, couvrent, comme on l'a vu plus haut, les nullités relatives, s'ils impliquent, de la part de celui de qui ils émanent, une approbation implicite de l'acte nul. — Il en est autrement, si, d'après leur nature, ils n'emportent pas nécessairement une renonciation au droit de se prévaloir de la nullité.

165. — Mais de quels actes doit s'induire une telle renonciation ? De nombreuses difficultés se sont élevées sur ce point.

166. — *Comparution du défendeur.* — On s'est d'abord demandé si la comparution du défendeur ou son aveu qu'il a reçu la copie de l'ajournement couvrira les vices de cet acte.

167. — La négative nous paraît certaine. En effet, si on décidait que la comparution couvre la nullité résultant de fausses indications, il arriverait que le défendeur mal assigné ne comparaîtrait pas et se laisserait condamner par défaut, et ce ne serait qu'après les frais d'expédition, de signification et d'exécution qu'il formerait son opposition fondée sur la nullité de l'assignation. Tous ces frais retomberaient à la charge du demandeur, et la perte de temps serait bien plus considérable que si on avait admis le défendeur à invoquer la nullité dès le principe. — On voit donc qu'il y a avantage de temps et économie à autoriser le défendeur mal assigné pour défaut d'indications personnelles suffisantes, à venir dire : cet exploit est nul, je ne l'ai pas reçu *légalement*. — Telle est, du reste, l'opinion de la plupart des auteurs modernes. — Boncenne, *Théor. de la proc.* t. 3, p. 52 ; Pigeau, *Comm.*, t. 1er, p. 393, nº 3 : Boitard, sur l'art. 173 ; Chauveau *sur Carré, loc. cit.*, Favard, *Rép.*, t. 2, p. 462 ; Thomines, t. 1er, p. 327 ; Merlin, *Quest.* vº *Appel*, § 10, art. 1er, nº 2 ; Berriat, t. 1er, nº 220.

168. — A bien plus forte raison doit-on décider que si un défendeur se présente pour soutenir la nullité d'un ajournement parce qu'il ne contient ni l'objet de la demande ni l'exposé sommaire des moyens, il ne couvre pas la nullité par sa comparution ; puisque ces formalités ne sont pas seulement requises pour le faire arriver aux pieds du tribunal, mais encore pour qu'elles lui apprennent pourquoi et sur quoi on prétend le faire condamner. — V. les auteurs cités.

169. — Jugé dans ce sens que la partie qui produit la copie d'un exploit qui lui a été signifiée par son adversaire, ne se rend pas, par cela seul, non recevable à en demander la nullité. — *Cass.*, 22 brum. an XIII, Testu-Balincourt c. commune de Champigny ; 12 frim. an XIV, Bridy c. commune de Pampoux ; *Rennes*, 11 déc. 1817, N.... — *Contrà Turin*, 19 mars 1808, Machetti c. Camosso ; *Douai*, 27 juin 1835, Becq c. Legrand.

170. — Il en serait ainsi, bien que des conclusions eussent été prises, si le défendeur avait eu soin d'y insérer expressément qu'il n'entendait pas entrer dans le mérite du fond. — *Cass.*, 25 vend. an XII, Jouin c. Limoges.

171. — ... Ou si l'intimé, sans plaider au fond, s'était borné à conclure à la non-recevabilité de l'appel. — *Turin*, 19 mai 1806, Beardi c. Corneliano.

172. — De même : la partie qui a comparu en référé sur une assignation donnée à trop bref délai et au domicile qui n'est pas le sien, peut néanmoins invoquer la nullité d'une assignation semblable qui lui est ensuite donnée devant le tribunal. — *Paris*, 13 mess. an XII, Bérenger c. Léyx.

173. — La nullité d'une assignation n'est pas couverte par cela seul que les héritiers de l'assigné se sont bornés à comparaître dans une instance en garantie dirigée contre eux à l'occasion de l'objet même pour lequel l'assignation a été donnée à leur auteur, et qu'il est intervenu un jugement qui a déclaré purement et simplement reprise l'instance introduite par cette assignation. — *Cass.*, 8 nov. 1831, Commune de Branges c. Germain et Maleissye.

174. — La nullité de l'appel tirée de ce que copie n'en a pas été laissée à chacun des intimés, peut être invoquée même par celui auquel on a laissé une copie. — *Dijon*, 3 mai 1827, d'Alligre c. Lacordaire.

175. — Le défendeur qui assigné par erreur à comparaître un jour où le tribunal ne tenait pas d'audience, a comparu à la première audience après ce jour et a consenti à la remise de la cause, ne peut soutenir que l'assignation à lui donnée est nulle, sous prétexte qu'elle lui indiquait pour comparaître un jour où les juges ne siégeaient pas. — *Bordeaux*, 19 juin 1832, Bourdeau c. Dupuy.

176. — Jugé encore qu'un tribunal peut, sans violer la loi, décider que la comparution du défendeur devant le juge de paix, au jour fixé par la citation, couvre la nullité de la citation, encore que le défendeur ait proposé cette nullité avant toute défense ou exception. — *Bourges*, 5 août 1817, Joly c. Pellé-Demon ; Berriat, t. 2, p. 199, *Cass.*, 21 mai 1828 ; Lebarrois de Lemmery c. Binet.

177. — ... Et que la comparution des parties devant les trois arbitres couvre la nullité de la nomination du tiers arbitre. — *Cass.*, 17 janv. 1826, Lévêque c. Tranquar.

178. — ... Que la nullité de l'exploit d'assignation en reprise d'instance, résultant du défaut d'énonciations suffisantes, est couverte par la comparution volontaire et sans réserves de la partie devant le juge commis pour lui faire subir un interrogatoire sur faits et articles. — *Bordeaux*, 26 août 1833, Larepédie c. Marcillac et Saint-Georges.

179. — ... Si le jour où un rapport doit être fait devant un tribunal ou une cour n'a pas été indiqué, les parties ne peuvent se prévaloir de cette omission lorsqu'elles ont comparu et repris leurs conclusions le jour où le rapport a été fait. — *Cass.*, 10 mai 1826, Dabbadie.

180. — ... Qu'il en est de même en matière d'enquête. — *Cass.*, 30 juill. 1828, Lavie.

181. — ... Enfin que la nullité d'un exploit est en général couverte par la comparution volontaire de la partie assignée et son concours à l'opération pour laquelle elle est appelée. — *Paris*, 30 mai 1811, Petit. — V., dans le même sens, *Cass.*, 7 déc. 1813, Bertrand c. Destour ; 7 mai 1818, Debane c. Mazerat ; *Riom*, 4 juin 1819, R... c. Clavière ; *Toulouse*, 25 janv. 1822, Fargues c. Matieu. — V., aussi, Carré, quest. 644.

182. — Il est certain, en effet, que lorsqu'une partie consent à procéder, sans aucune protestation, à une opération à laquelle elle a été appelée, elle renonce par cela même à critiquer l'acte qui l'y a convoquée. Si elle se croit fondée à se prévaloir de quelque irrégularité, elle doit présenter tout d'abord ses griefs ; plus tard elle est sans intérêt légitime à les faire valoir.

183. — Mais la nullité de l'assignation à fin d'assister à la requête directe, n'est pas couverte par l'enquête contraire faite par le défendeur ; car l'exécution du jugement interlocutoire n'est qu'une préparation des moyens de défense et non une défense soit en la forme, soit au fond. — *Cass.*, 24 déc. 1811, Raymond c. Dusautier. — *Contrà Paris*, 19 août 1808, Dufort. — V. Carré, quest. 753 ; Favard, *Rép.*, vº *Exception*.

184. — *Offres réelles.* — Des offres réelles après l'assignation couvrent les nullités de cet exploit, alors même que ces offres ont été jugées insuffisantes. — *Riom*, 21 janv. 1832, Fouilloux c. Reynard. — Bioche, nº 103, vº *Exception*.

185. — La nullité de l'appel se couvre également par la déclaration de l'intimé dans un acte d'avoué, qu'il va poursuivre l'exécution provisoire du jugement attaqué. — *Caen*, 13 mars 1816, Jouanut c. N....

186. — *Silence prolongé.* — La nullité d'un exploit est couverte par le silence du débiteur qui avait intérêt à la faire valoir et qui a laissé écouler tous les délais que la loi lui accordait pour se pourvoir contre la condamnation prononcée contre lui. — *Rennes*, 7 mars 1820, Chiron de Kerlaly c. Guillet de la Brosse.

187. — La nullité d'un exploit peut être déclarée avoir été couverte par un jugement, encore bien que ni la minute ni l'expédition de ce jugement ne soient représentées, s'il est constant qu'il a été rendu. — *Cass.*, 24 nov. 1829, Dufour c. de Villemain.

188. — Le défendeur qui a opposé la nullité du titre invoqué contre lui ne peut reprocher aux juges de n'avoir pas statué expressément sur ce moyen de nullité, s'ils l'ont rejeté implicitement en adjugeant les conclusions du demandeur. — *Colmar*, 2 août 1811, R... c. S...

189. — De même : la partie qui a, dans ses conclusions, parlé de nullités de procédure, sans en préciser aucune, ne peut se faire un moyen de cassation de ce que la nullité a été rejetée sans énonciation de motifs. — *Cass.*, 4 juill. 1838 (t. 2 1838, p. 63), Barbereau.

190. — *Constitution d'avoué.* — Il faut, selon nous, appliquer à la constitution d'avoué la règle tracée plus haut pour la comparution de la partie.

191. — En conséquence, l'intimé peut invoquer la nullité de l'exploit d'appel qui lui a été notifié, quoiqu'il ait constitué avoué, sans faire aucune réserve. — *Cass.*, 9 janv. 1807, Vert c. Paisselier ; 9 janv. 1809, mêmes parties ; *Bruxelles*, 1 avril 1807, Martens c. Devos ; *Cass.*, 28 oct. 1811, Harth c. Herranschmitt ; *Colmar*, 26 janv. 1816, Bujelin c. Heinès ; *Cass.*, 17 janv. 1827, Clermont-Tonnerre c. Latour d'Auvergne. — *Contrà*, *Rennes*, 17 fév. 1809, N.. ; *Limoges*, 22 déc. 1812, Paupy c. Dufour.

192. — A plus forte raison en est-il ainsi lorsque la constitution d'avoué contient des réserves. — *Paris*, 31 mars 1813, Mainguet c. Girard ; *Colmar*, 23 avr. 1822, Stainlé c. Dumesnil ; *Bourges*, 13 mai 1842 (t. 1er 1843, p. 239), Piquet c. Lefèvre, Frelat et Patois.

193. — Mais la constitution d'avoué, signifiée sans protestation ni réserve, couvre la nullité de l'ajournement, lorsque l'avoué constitué a demandé la remise de la cause à l'échéance du délai de l'assignation. — *Liége*, 19 fév. 1812, Stasse c. Wilmaert ; *Colmar*, 2 janv. 1818, Barxel.

194. — La signification de constitution faite à l'avoué de l'appelant par l'avoué de l'intimé, couvre-t-elle la nullité d'un acte d'appel résultant d'une constitution irrégulière ? — On décide généralement la négative, par suite de ce principe : que la constitution et la signification de constitution d'avoué sont des formalités essentielles pour qu'on puisse se présenter en justice : d'où il résulte que l'intimé qui signifie constitution d'avoué au véritable avoué de l'appelant, ne renonce pas par là à se prévaloir de la nullité de la fausse constitution faite par celui-ci. Adopter l'opinion contraire, ce serait engager l'intimé à ne point comparaître, à laisser faire des frais et amener une perte de temps considérable, sûr qu'il serait du pouvoir, lors de l'exécution du jugement, invoquer la nullité. — Merlin, *Quest.*, v° *Appel*, § 10, art. 1er, n° 2.

195. — Jugé, dans ce sens, par la *Cour de cassation*, le 4 sept. 1809, Pierret; par celle de *Pau*, le 22 juill. 1819, Pujo c. Bastère; celle de *Limoges*, le 14 avr. 1813, N...; et celle de *Rennes*, le 21 juin 1814, N....

196. — Jugé, au contraire, que la nullité d'un acte d'appel qui renferme élection de domicile chez un avoué près la Cour impériale, mais non constitution de cet avoué, est couverte par l'acte d'occuper l'avoué de l'intimé signifie à l'avoué chez lequel l'appelant a élu domicile. Et même que la réserve que l'intimé fait dans cet acte de tous ses moyens de fait, de droit et de nullité, ne doit s'entendre que des moyens autres que ceux tirés de l'irrégularité ou du défaut de constitution d'avoué. — *Rennes*, 26 avr. 1810, N...; *Bruxelles*, 3 mai 1810, Vanterberg c. Bray; *Cass.*, 24 fév. 1813, Gargoieux c. Carteron; *Paris*, 9 mai 1826, Nantel c. Léger; *Nîmes*, 17 nov. 1828, Arsac c. Sgnare. — Carré, quest. 754.

197. — Quoi qu'il en soit, le défaut de constitution d'avoué de la part du défendeur n'entraîne pas la nullité de la procédure lorsque, dans le cours de l'instance, il a été signifié une requête en défense, et d'autres actes d'avoué débattus par le demandeur, et qui, dès lors, faisaient suffisamment connaître le nom et la qualité de l'avoué qui occupait. — *Aix*, 26 fév. 1836, Cramer c. Gouret.

198. — *Mise au rôle*. — La mise de la cause au rôle ordinaire ne couvre pas la nullité de l'appel, qu'il faut bien donner au défendeur les moyens de faire juger cette exception. — *Liége*, 28 nov. 1814, Mussin c. Lonhienne.

199. — Demander une audience hors du rôle extraordinaire, ce n'est pas non plus renoncer aux moyens de nullité. — *Bruxelles*, 4 déc. 1807, Cossé c. Martens.

200. — Mais, l'intimé qui fait porter la cause au rôle des audiences solennelles renonce par cela seul à exciper des nullités de l'acte d'appel. — *Aix*, 20 déc. 1811, Bescher. — En effet, il demande par là que la cause soit mise en état d'être plaidée au fond, puisqu'en audience solennelle on ne plaide qu'au fond.

201. — De même, la commune qui a soutenu qu'elle était suffisamment autorisée à plaider sur un appel à elle signifié, et qui fait placer la cause au rôle, avant d'avoir proposé la nullité de cet appel, est non recevable à soutenir qu'il est nul. — *Liége*, 3 avril 1810, commune de Millen c. commune de Malle.

202. — Un intimé peut conclure à la non-recevabilité de l'appel de son adversaire, après lui avoir donné avenir à l'audience. — *Cass.*, 23 mai 1808, Dubusque c. Lanelongue.

203. — Un intimé ne couvre pas non plus les nullités de l'appel à lui signifié en consentant au renvoi de la cause à une audience déterminée. — *Cass.*, 23 avril 1833, Préfet des Hautes-Pyrénées c. Jacomet.

204. — Cependant, la nullité de la Constitution d'avoué est couverte par la demande successive de plusieurs remises de cause. — *Bruxelles*, 21 sept. 1831, Monmaerst c. Coutuner.—Chauveau et Carré, t. 2, quest. 739 *bis*, n° 11.

205. — La nullité d'un exploit d'assignation ou acte d'appel n'est pas couverte par la demande en jonction de profit de défaut joint. — *Bourges*, 30 août 1828, Roblin c. Patriot. — *Poitiers*, 10 mai 1814, Lavergne c. Laugier; 22 juill. 1831, Jimet c. Hèbre. — V. JUGEMENT PAR DÉFAUT.

206. — Toutefois, s'il a été rendu un jugement en jonction de profit de défaut, contradictoirement avec les avoués des parties présentes, les nullités d'exploit sont couvertes de la part de ces parties, s'il n'y a eu aucune opposition aux conclusions de ce jugement. — *Besançon*, 15 nov. 1808, N... c. N....; *Rennes*, 22 avril 1813, N.... c. N.....

207. — La signification du jugement attaqué faite par l'avoué de l'intimé n'est pas, évidemment, une fin de non-recevoir contre la demande en nullité de l'appel. — *Bordeaux*, 6 juin 1832, Quénoi c. Tirait.

208. — Il en serait de même si l'intimé demandait *congé-défaut* contre l'appelant. — *Cass.*, 20 févr. 1833, Villemandi c. Bonneau. — Chauveau et Carré, t. 2, quest. 739 *bis*, § 13.

209. — La partie condamnée par défaut en première instance a-t-elle le droit de proposer en appel un moyen de nullité contenu dans l'exploit introductif d'instance? Une première distinction est nécessaire entre le cas où la partie condamnée par défaut a formé opposition, et celui où elle n'a pas formé opposition. Dans la première hypothèse, une sous-distinction doit encore être faite. Il faut voir si le défaillant a conclu au fond dans son opposition ou s'il n'y a que contesté. S'il a conclu au fond, d'après ce que nous avons dit *suprà*, il est certain qu'il ne pourra pas proposer en appel des nullités comprises dans l'exploit d'assignation de première instance, puisqu'elles auront été couvertes par ses conclusions. Mais, s'il a déclaré s'opposer purement et simplement, sans fournir de moyens à l'appui de son opposition, il n'aura pas couvert les nullités. — Chauveau *sur Carré* (*loc. cit.*). — V., cependant, *Paris*, 17 avril 1809, Bute c. Rosans.

210. — Jugé dans ce sens que les nullités de la première assignation ne sont de tout acte ultérieur sont couvertes par l'opposition si elle conclut au fond.—*Paris*, 3 août 1807, Cholois c. Danière; *Rennes*, 14 août 1813, de Pincé c. Guillot; 23 avril 1814, Henneman c. Leloup; *Grenoble*, 22 avril 1815, Jugst c. Vicloy; *Cass.*, 20 décembre 1830, G....

211.—Décidé toutefois que la nullité d'un exploit d'ajournement n'est pas couverte par des conclusions prises dans une requête d'opposition à un jugement par défaut, quand même elles tendraient à faire déclarer le demandeur purement et simplement non recevable, ou, en tout cas, mal fondé dans sa demande, si, d'ailleurs, dans le corps de la requête, on n'a pas défendu au fond. — *Poitiers*, 22 déc. 1837 (t. 1er 1841, p. 179), Duportat c. Coussault.

212.— Et que les conclusions au fond du premier acte extrajudiciaire d'opposition sont valablement rectifiées et changées par la requête d'avoué à avoué. — *Orléans*, 26 août 1812, N....

213. — Si la partie condamnée n'a pas fait opposition, elle peut proposer en appel les nullités d'exploit ou d'incompétence; puisqu'on ne saurait lui imputer de s'être défendue ni d'avoir encore proposé aucune autre exception.—Favard, *Rép.*, t. 2, p. 458; Pigeau, *Comm.*, t. 1er, p. 391; Chauveau *sur Carré* (*loc. cit.*).

214. — L'appel n'est pas une défense au fond, qui couvre les moyens de nullité de l'exploit in-

troductif d'instance. — *Agen*, 6 juillet 1812, Deicussot c. Boussi.

215. — *A fortiori*, la nullité de l'appel du jugement définitif n'est point couverte par l'appel des jugemens interlocutoires qui l'ont précédé. *Cass.*, 11 octobre 1809, Baivel c. Lomer.

216. — Mais il ne faut décider ainsi qu'autant que l'acte d'appel est pur et simple et ne contient point de défense. Autrement l'art. 473 serait applicable.

217. — Ainsi, un acte d'appel motivé d'un jugement de séparation de biens constitue une exception ou des défenses qui couvrent les nullités de forme des actes d'exécution de ce jugement de séparation. — *Amiens*, 9 déc. 1825, Cottard.

218. — De même, l'appelant qui a interjeté appel pour les torts et griefs que lui porte un jugement, et notamment parce que les premiers juges ont ordonné et homologué à tort une expertise, doit être réputé avoir couvert les nullités de forme pouvant vicier leur décision. — *Cass.*, 27 nov. 1837 (t. 2 1837, p. 513), Temporel c. Poncin.—V., d'ailleurs, *suprà* n° 143.

Sect. 4e. — *Effets des nullités.*

219. — Un acte dont la nullité est régulièrement prononcée est considéré comme n'ayant jamais existé; il ne peut donc produire aucun effet.

220. — Une procédure nulle n'interrompt donc ni la prescription ni la péremption. Elle ne constitue pas le débiteur en demeure.

221. — Toutefois les nullités de procédure ne frappent que sur les actes qui en sont viciés ou sur les actes qui ont pour conséquence nécessaire de ceux-ci. Elles n'ont pas pour résultat d'éteindre l'action ou le droit qui ont été irrégulièrement exercés. — Bioche, v° *Nullité*, n° 40.

222. — La partie, si elle est encore dans les délais, peut renouveler l'acte nul. — Bonceune, t. 3, p. 266; Merlin, *loc. cit.*; Chauveau, *ib.*

223. — Par exemple: un huissier, commis pour signifier un jugement rendu par défaut, peut renouveler de son chef la signification, s'il s'aperçoit que la première est nulle. — *Cass.*, 26 nov. 1810, Laplène. — Carré-Chauveau, t. 2, quest. 750; Merlin, v° *Signification*, n° 12.

224. — Jugé toutefois que l'huissier spécialement commis pour notifier un jugement qui emporte la contrainte par corps, est sans qualité pour réitérer cette signification et en réparer les nullités. — *Rennes*, 26 déc. 1814, Depincée c. N...!

225. — Les officiers ministériels qui ont rédigé les actes annulés sont passibles, suivant les circonstances, de peines disciplinaires et de dommages-intérêts envers les parties. — V. AVOUÉ, DISCIPLINE, HUISSIER, RESPONSABILITÉ.

226. — En supportant, dans tous les cas, le coût de ces actes, qui ne peuvent être mis à la charge de leurs clients.—C. procéd., 1031.—V. *ib.*

V. ACQUIESCEMENT, APPEL, CHOSE JUGÉE, DÉFENSE, DÉSAVEU, ENQUÊTE, EXÉCUTION, GARANTIE, JUGEMENT (civil), OFFRES RÉELLES, PRESCRIPTION, PROTÊT, RÉFÉRÉ, SAISIE, SURENCHÈRE, TUTEUR, VENTE.

NUMÉRAIRE.

V. BANQUE, BANQUE DE FRANCE, MONNAIES.

O

1. — On appelle *oblations* les droits que les ministres du culte sont autorisés à percevoir pour l'administration des sacremens (L. organ. du 18 germ. an X, art. 69; Déc. du 30 déc. 1809, art. 35, § 11 et 10) Ces oblations sont aussi connues sous le titre d'*honoraires*.

2. — On appelle aussi oblations les offrandes purement volontaires faites à l'autel ou hors de l'autel, à la quête ou au tronc, par dévotion ou pour quelque cause pieuse.

3. — Dans les premiers siècles, l'entretien des

ministres du culte avait lieu par les dons libres des fidèles; plus tard, cet entretien fut assuré par les nombreuses dotations qui constituèrent les biens ecclésiastiques. Aussi l'art. 15 de l'ord. d'Orléans défendit-il aux prélats, gens d'église et curés d'exiger aucune chose pour l'administration des sacremens, sépultures et autres choses spirituelles, nonobstant les prétendues louables coutumes et communes usances, laissant à la discrétion d'un chacun de donner ce que bon lui semblera.

4. — Mais, plus tard, sur les réclamations du

clergé, l'ordonnance de Blois (art. 15) rétablit les oblations. — L'édit de 1695 (art. 27) qualifiant ces oblations d'*honoraires*, voulut que le règlement en fût fait par les archevêques ou évêques, sous l'approbation des parlemens.

5. — Lorsqu'après la tourmente révolutionnaire l'exercice public du culte catholique fut rétabli, les biens ecclésiastiques étant supprimés, aucun doute ne pouvait exister sur le rétablissement des oblations destinées à entretenir les ministres du culte.

6. — Aujourd'hui les oblations sont fixées, dans

chaque diocèse, par un règlement rédigé par l'évêque et approuvé par ordonnance rendue sur le rapport du ministre des cultes, et délibérée en Conseil d'Etat.

7. — Aucune oblation ne peut être perçue en dehors du règlement, et aucun règlement ne peut être publié ni autrement mis à exécution qu'après avoir été approuvé par le gouvernement (*L.* du 18 germin.-an X, art. 69; avis int. et des cultes, 1er juin 1838) : sauf, bien entendu, la volonté des particuliers, libres de faire telles ou telles oblations qu'il leur plaît. — *Cons. d'Etat*, 4 mars 1830, Gancel c. Partie.

8. — Il importe de maintenir la distinction entre les rémunérations personnelles aux ecclésiastiques réglées par les évêques, sous l'approbation du gouvernement, et les taxes destinées à faire face à des dépenses matérielles, pour l'établissement desquelles les autorités locales doivent être consultées, ainsi que l'exigent les lois sur la matière et récemment la loi municipale du 18 juill. 1837. — *Avis du Conseil d'Etat*, 29 déc. 1837 ; 18 mai 1838. — V. FABRIQUE D'ÉGLISE, INHUMATION, nᵒˢ 48 et suiv. — Il est donc à désirer que les règlements soient, sinon séparés, du moins partagés en deux parties bien distinctes pour éviter toute confusion entre les oblations dues aux ecclésiastiques et les perceptions assurées aux fabriques. — Mêmes avis.

9. — « Il importe de distinguer en cette matière les oblations qui peuvent être réclamées indistinctement de tous les fidèles, et dont le prix par conséquent doit être à la portée de tous, de celles qui ne présentent pas ce caractère de généralité, ou qui n'ajoutant qu'à la pompe extérieure, ne sont demandées que pour les personnes qui sont en état de les payer. Ainsi, il importe à la religion autant qu'aux intérêts des fidèles, que toutes les oblations qui ont trait aux cérémonies des mariages soient fixées de manière à ne jamais arrêter par l'élévation de leur prix les personnes peu aisées qui désireraient faire bénir leur union par l'église. — *Avis du Conseil d'Etat*, 48 mai 1838. — Les évêques ont toujours prescrit aux ecclésiastiques de leurs diocèses de ne recevoir aucune oblation chaque fois que leur ministère est réclamé par les indigens.

10. — On ne doit faire entrer dans le tarif aucune obligation arbitraire et purement fiscale : « Telle serait l'obligation de faire un office semblable dans la paroisse du décès et dans celle des funérailles. Elle ne devrait pas être admise, et l'on devrait laisser aux familles la faculté de régler à leur gré les dépenses des funérailles. » — *Avis du Conseil d'Etat*, 5 janv. 1838.

11. — Aucune disposition étrangère au tarif des oblations et à leur répartition ne peut être introduite dans le règlement, spécialement des amendes contre les ecclésiastiques et autres officiers de l'église. — Wuillefroy, *Traité de l'administration du culte catholique*, vᵒ *Oblation*, nᵒ 2. — « Les amendes, en effet, sont mises, par les lois pénales, dans la classe des peines de police. Ces peines ne peuvent être prononcées que par la loi ou par des règlements administratifs portant sur les objets de police confiés à la vigilance ou à l'autorité des corps municipaux. Or une pénalité de pareille matière ne rentre dans aucun des cas spécifiés par le Code pénal au titre des Contraventions de police. » — *Avis du Conseil d'Etat*, 9 nov. 1831.

12. — Le règlement dressé par l'évêque doit déterminer les proportions dans lesquelles les oblations sont partagées entre le curé, ses vicaires et autres officiers ecclésiastiques. — Déc. minist. du 16 nov. 1807.

13. — En cas de contestation pour l'acquit des oblations autorisées, c'est aux juges de paix qu'il appartient de statuer sur les poursuites exercées et de condamner au paiement les débiteurs. — Décisions minist. du 18 avril 1807, 14 oct. 1807.

14. — On peut aussi consulter, en ce qui concerne les oblations, le *Dictionn. de droit canon*, de l'abbé André, vᵛ *Oblation, Honoraires, Casuel*, et le *Traité de l'administration du culte cathol.*, par M. Wuillefroy, vᵒ *Oblations*. — V., en outre, FABRIQUE D'ÉGLISE, QUÊTE.

OBLIGATION.

Table alphabétique.

OBLIGATION.— 1. — C'est toute nécessité de se conformer à une loi de la nature physique, morale ou sociale.

CHAPITRE Ier. — Dispositions préliminaires.

2. — Considérée sous le rapport du droit, l'obligation est, dans un sens général, synonyme de devoir. Dans un sens restreint, elle signifie une nécessité juridique, vinculum juris.— Inst., L. D. oblig.—Pothier, Des obligations, no 1er.

3. — Les faits qui engendrent le devoir sont du domaine de la conscience. Ceux qui engendrent le lien de droit sont du domaine de la loi qui les protège et au besoin leur prête main-forte.

4. — Ces derniers établissent seuls entre les personnes des rapports juridiques. Ils créent, modifient ou anéantissent des droits.

5.—A tout droit correspond une obligation que ce droit soit réel ou personnel.

6. — Dans ce sens, le seul propre ici, l'obligation est une nécessité juridique qui astreint une personne envers une autre à donner, à faire ou à ne pas faire. Juris vinculum quo necessitate adstringimur alicujus rei solvendæ. — Inst., tit. De oblig., liv. 3.

7. — Toutefois une promesse ne constitue une obligation parfaite et n'est obligatoire qu'autant qu'elle est faite avec intention de s'engager, et qu'elle confère à l'autre partie le droit d'en réclamer l'exécution en justice. — Orléans, 3 juin 1842 (t. 2 1842, p. 21), Millet c. Chambellan.— Wolff, Jus nat., 3e part., § 702; Toullier, Dr. civ., t. 6, no 8.

8. — Quand tel n'est pas le caractère de la promesse, l'obligation est dite imparfaite. On donne pour exemple de cette sorte d'obligation la promesse de doter une fille d'une somme déterminée, si elle se marie convenablement et au gré de sa famille. — Wolff et Toullier, ibid.

9. —Jugé que telle est encore la promesse faite par lettres missives de verser annuellement, pendant un certain nombre d'années, une somme déterminée dans la caisse des pauvres.—Cette promesse ne constitue qu'une obligation imparfaite, qui n'oblige que dans le for interne; et son exécution, bien que déjà réalisée pendant une partie de temps fixé, ne peut être réclamée en justice. — Orléans, 23 avr. 1842 (t. 1er 1842, p. 640), maire de Caen c. Evrard.

10. — Cependant, ajoute Toullier (ibid.), celui qui promet avec réflexion, quoique sans vouloir conférer le droit d'exiger l'accomplissement de sa promesse, parce qu'il veut qu'on n'en repose sur sa parole, n'en doit pas moins être fidèle à ses engagements, à moins qu'il n'ait de justes motifs de changer de volonté.

11. — Dans une obligation figurent toujours une personne comme sujet actif, et une autre personne comme sujet passif, et une chose ou un fait, objet du droit. — Le sujet actif se nomme créancier, le sujet passif débiteur.

12.— L'obligation est parfaite par le seul consentement des parties. — C. civ., art. 1138.

13. — Il n'en a pas toujours été ainsi. La volonté qui forme le consentement est insaisissable, et les civilisations, à leur origine, ont cherché à la matérialiser. De là le symbole si fréquent dans le droit romain pur, le pus Quiritium. Ainsi la balance et la pièce d'airain, æs et libra, dans la vente solennelle, le nexum mancipium, mancipatio; la manum conserere, dans la rei vindicatio. — Gaïus, comm. 4, pro legis actionibus, § 1er et suiv.; Ortolan, Explication historique des Instituts, L. 4, p. LVII et suiv., no 47.

14. — Ainsi, l'obligation se forme par la stipulation, interrogation verbale et solennelle, laquelle reste saisie d'une promesse conforme, responsio, promissio. Des paroles consacrées sont exigées : Spondes ? Spondeo; — Promittis ? Promitto; — Dabis! Dabo; — Facies! Faciam. — Inst., tit. De oblig.

15. — Plus tard et à mesure que la société se civilise, le symbole disparaît, n'est plus qu'une entrave, et le prêteur atténue les conséquences souvent injustes de l'asservissement aux formes. — Ortolan, Ibid.

16.—Dans la stipulation, la formule rigoureuse disparaît; le grec même y est admis. — Inst. L. 3, t. 15, § 1er.

17.— A côté de l'obligation civile, nous avons l'obligation naturelle. Les pactes, cette conventio destituta nomine et causâ, se divisent en deux espèces : pacta vestita et pacta nuda. — L. 7, § 4er et seg. D. De pactis; Heineccius, Elementa juris, no 774 et seq.; Duranton, no 56 et suiv. — En un mot le droit des gens prend la place du droit civil.

18. — La loi française est une dans sa source. Elle a rejeté cette distinction entre les parties et les contrats dont nous allons parler.—V., cependant, Toullier, t. 6, no 53 et suiv.

19. — Toute obligation vient d'elle immédiatement ou médiatement. Immédiatement, par un simple acte, de la volonté du législateur; médiatement, par la volonté ou le fait de l'homme.

20. — De là cinq sources des obligations : 1o La loi, 2o les contrats, 3o les quasi-contrats, 4o les délits, 5o les quasi-délits. Chacune de ces matières est expliquée au titre qui lui est propre.

21. — On se propose ici d'examiner les obligations naissant des contrats. — Quant aux contrats en eux-mêmes et à leurs divisions, V. CONTRAT.

22. — Les obligations se forment de diverses manières; de là plusieurs divisions, telles que celles des obligations conditionnelles, obligations solidaires, divisibles, indivisibles, etc.

CHAPITRE II. — *Conditions essentielles pour la validité des conventions.*

23. — Les conditions, ou élémens constitutifs, des conventions sont ou essentielles, ou naturelles, ou accidentelles.

24. — Les conditions exigées par l'art 1108 C. civ. doivent se retrouver dans tous les contrats.

25. — Mais il en est qui, pour conserver leur caractère, doivent réunir des élémens essentiels à ce caractère; par exemple, ôtez au contrat de vente l'objet, le prix sur lesquels les parties doivent être d'accord (art. 1583), et vous n'aurez plus qu'une donation. De même, enlevez au louage le prix, et vous avez un contrat de bienfaisance.

26. — La forme n'est pas en général une condition essentielle; elle est utile pour la preuve. —V. PREUVE LITTÉRALE.

27. — Les conditions naturelles sont celles que, par interprétation de la volonté des parties, la loi fait résulter elle-même de leur convention. Ainsi, la garantie due par le vendeur à l'acheteur (C. civ., art. 1626). Les contractans peuvent exclure ces conditions par leur convention.

28. — Les conditions accidentelles sont celles qui dérogent au droit commun, soit pour en étendre les effets, soit pour les restreindre. Tels sont, par exemple, les intérêts du prix de la vente, qui ne doivent courir que du jour de la sommation de payer (C. civ., art. 1652), et que les parties peuvent faire courir à partir de la vente (*ibid.*), le pacte de rachat. — Duranton, t. 10, nos 96 et suiv.; Pothier, *Des oblig.*, nos 5 et suiv.

29. — On n'a à s'occuper ici que des conditions essentielles à la solidité de toute convention. L'art 1108 C. civ. en exige quatre : 1° le consentement de la partie qui s'oblige; 2° sa capacité de contracter; 3° un objet certain qui forme la matière de l'engagement; 4° enfin une cause licite dans l'obligation.

Sect. 1re. — *Consentement.*

ART. 1er. — *Formation du consentement. — Pollicitation.*

30. — Le consentement nécessaire à l'existence d'un contrat doit être réciproquement donné par toutes les parties. L'art. 1108 C. civ., qui n'exige que le consentement de la personne qui s'oblige, est rédigé d'une manière vicieuse.

31. — Le consentement se manifeste par les offres et par l'acceptation.

32. — La proposition faite par une partie n'est obligatoire pour elle qu'après l'acceptation. — *Cass.*, 18 août 1818, de Barras c. Magne de Saint-Victor.

33. — Il en serait de même si la proposition était modifiée par des conditions non suivies d'exécution avant la révocation. — Même arrêt.

34. — En effet, les simples offres non acceptées qu'en droit l'on nomme *pollicitations*, ne produisent aucune obligation.—Pothier, n° 4; Duranton, t. 10, n° 52.

35. — Jugé, cependant, que lorsque le proche parent d'un émigré a déclaré son intention de se rendre adjudicataire des biens de celui-ci, pour les céder ensuite à ses enfans mineurs, moyennant le remboursement de ses avances, lorsqu'en outre, depuis la réquisition faite dans ce dessein, l'acquéreur a spontanément sommé le curateur des enfans de recevoir la subrogation pour des pupilles, cette intention ainsi manifestée, quoique non acceptée, forme un contrat obligatoire au profit des enfans. — Du moins, l'arrêt qui, d'après l'appréciation des actes et faits, a décidé que, dans ces cas, l'acquéreur n'était qu'une personne interposée, qui avait acheté dans l'intérêt des enfans, échappe à la censure de la Cour de cassation. — *Cass.*, 28 mars 1821, Dubouret c. de la Borderie Saint-Sernin.

36.—...Qu'il ne peut résulter aucune fin de non-recevoir contre un prévenu d'usurpation sur la voie publique, de ce que, pendant l'instance dans laquelle il se prétend propriétaire du terrain, il aurait offert à la commune de transporter sur un autre lieu le passage des habitans; ce qui n'aurait pas été accepté par elle. — *Cass.*, 14 août 1823, Dubarret.

37. — Sur une masse de rentiers, si quelques-uns seulement ont signé une convention par laquelle ils s'engagent à libérer leur débiteur au moyen d'abandonnemens par lui faits, et chargent l'un d'eux de poursuivre l'exécution de ce traité, qui ne doit être obligatoire qu'autant qu'il réunira toutes les signatures, ce simple projet a néanmoins pu être regardé comme un traité à forfait, ayant pour effet de lier les premiers signataires, en ce sens que, si le commissaire par eux nommé s'est rendu cessionnaire des droits et créances des non-signataires, il est réputé n'avoir agi qu'en sa qualité de mandataire au nom des autres signataires du traité à forfait, lequel devient, dès lors, obligatoire pour lui-même. — *Cass.*, 15 avr. 1834, Gadot.

38. — La promesse de payer ce qu'on doit est obligatoire; car elle suppose l'existence d'une dette antérieure.

39.— La reconnaissance d'une dette faite même à un absent n'est pas une simple pollicitation. C'est la preuve d'une obligation déjà existante et elle n'a pas besoin d'être acceptée. — Duranton, t. 10, n° 54.

40. — Jugé, en ce sens, qu'une obligation avec constitution d'hypothèque peut être considérée comme un acte unilatéral et par suite n'a pas besoin d'être acceptée par le créancier.—*Limoges*, 27 mai 1831, sous *Cass.*, 27 août 1833, Joseph c. Carelo et Bouly.

41. — Si les offres ont été faites à plusieurs personnes, et que quelques-unes seules aient accepté, il faut distinguer. On peut les retirer s'il paraît, soit par la manière dont elles sont conçues, soit par la nature des offres, de leur objet, de la fin que se proposait celui qui les a faites, que son intention était qu'elles ne fussent valables qu'autant qu'elles seraient acceptées par tous ceux à qui elles étaient faites. — Toullier, t. 6, n° 24, note 1.

42. — Les mêmes règles s'appliquent au contrat judiciaire.

43. — Jugé, en ce sens, qu'un consentement donné en justice ne lie pas la partie qui l'a donné, lorsque l'autre partie ne l'a point accepté. — *Cass.*, 13 mai 1824, de Magnoneourt c. Aymonet de Contreglise. — V., au surplus, CONTRAT JUDICIAIRE, nos 14 et suiv.

44. — Jusqu'à la révocation, qui doit être manifeste, on est censé persévérer dans sa proposition.

45. — C'est ainsi que la promesse faite par affiches, d'une récompense pour celui qui trouverait et rapporterait un objet perdu est obligatoire, si elle n'est pas révoquée avant que l'objet perdu ait été trouvé. — *Turin*, 3 août 1810, Lione c. Mongardino.

46. — Lorsqu'une partie fait une déclaration, dans le cours d'une plaidoirie, l'autre doit, à peine de déchéance, en demander acte à l'instant même. — *Metz*, 6 janvier 1818, Germain c. Mathelin.

47. — Les offres et l'acceptation peuvent du reste être faites à des intervalles séparés. — Toullier, t. 6, n° 26.

48. — Si les offres se font par correspondance, elles ne peuvent être révoquées qu'après le temps nécessaire pour recevoir une réponse. Cette doctrine a un grand intérêt dans les affaires commerciales, à cause des variations qu'éprouvent du jour au lendemain certaines marchandises.— Toullier, t. 6, n° 30.

49. — Celui qui a fait une promesse en fixant à l'autre partie un délai pour l'acceptation, ne peut la révoquer avant l'expiration de ce délai. — Toullier, t. 6, n° 24; Duvergier, v° *Vente*, t. 1er, nos 56 et 57.

50. — Toutefois, on devrait, même dans ce cas, reconnaître à l'auteur de la proposition le droit de la révoquer aussi longtemps qu'elle ne serait pas parvenue à la connaissance de celui à qui elle a été adressée. — Mêmes auteurs.

51.— Mais, d'un autre côté, le contrat devenant parfait par le seul effet du concours des volontés, l'auteur des offres ne peut plus les révoquer, quoiqu'il ignore leur acceptation. — Zachariæ, *Dr. civ. franç.*, t. 2, p. 464 et 465.

52. — On oppose à cela l'art. 932, alin. 2 C. civ.; mais cet article, spécial aux donations entre-vifs, ne doit pas être étendu aux contrats. — Toullier, t. 6, n° 29; Duranton, t. 17, n° 45; Duvergier, *Vente*, t. 1er, nos 58 et suiv.; Merlin, *Rép.*, v° *Vente*, § 1er, art. 3, n° 11.

53. — Au surplus, et comme la question est principalement agitée à l'occasion des ventes par correspondance, V. VENTE.

54.— Les offres doivent être acceptées en temps utile, c'est-à-dire à une époque où l'auteur de ces offres n'a pas perdu, de fait et de droit, la capacité de les accepter : comme, par exemple, s'il était tombé en état de démence, ou qu'il eût subi un changement d'état qui l'eût privé de la capacité de contracter.—Zachariæ, t. 2, p. 465, note 4.

55. — Néanmoins, celui qui dans l'ignorance de pareilles circonstances, aurait accepté la proposition qui lui est adressée et fait en conséquence des préparatifs qui lui eussent occasionné des dépenses, serait fondé à réclamer des dommages-intérêts. — Pothier, *Vente*, n° 32; Duranton, t. 16, n° 45; Duvergier, t. 1er, n° 67; Troplong, t. 1er, n° 27; Pardessus, *Droit comm.*, t. 1er, n° 250.

56. — Les héritiers de celui à qui la proposition a été faite, ne peuvent pas l'accepter.—Toullier, t. 6, n° 31; Duvergier, *loc. cit.*, n° 69.

57. — Jugé que, dans le cas d'une vente d'immeubles déclarée faite à plusieurs individus dont les uns sont présens et les autres absens, le contrat est valable même à l'égard des absens, encore que personne n'ait promis leur fait, pourvu qu'eux ou leurs héritiers déclarent vouloir profiter du contrat, avant qu'il ait été révoqué par les parties signataires, alors surtout que le vendeur n'élève aucune difficulté. — Dans ce cas, l'acquéreur présent, qui paie le prix même entier, doit la restitution des fruits aux absens, à partir du jour de leur demande, sauf le remboursement du prix et des intérêts, de la part de ceux-ci, en ce qui les concerne. — *Caen*, 27 avril 1812, Poligny. — Toullier (t. 6, n° 31) dit, en parlant de cet arrêt, que les considérans sont contraires aux principes, et dénués de raisons solides, mais qu'il est bien rendu au fond.

58. — C'est une question de savoir s'il faut une acceptation particulière lorsque l'une des parties accorde plus ou moins que l'autre ne demande. Les jurisconsultes romains étaient divisés. Ulpien et Paul soutenaient que l'engagement se formait sans nouvelle acceptation. *Semper in summis quod minùs est sponderi videtur* (D., L. 83, § 3, *De verb. oblig.*). Gaïus était d'une opinion contraire, et Justinien l'érigea en loi (*Instit. de inutil. stipul*). Toullier (t. 6, n° 27) rejette cette opinion. Je demande que vous me prêtiez 20,000 fr.; vous m'en offrez 10,000 : il ne peut y avoir consentement, parce que je puis avoir intérêt à ne pas emprunter de petites sommes pour n'avoir pas plusieurs créanciers.

59. — Il est, cependant, des cas où, malgré la différence des offres et de l'acceptation, la convention est parfaite. Ainsi, j'ai offert de vous louer un appartement 500 fr.; sans connaître mes offres, vous avez offert 600 fr. : il y a contrat pour un loyer de 500 fr.. — Le commerce présente de fréquens exemples de ces conventions dans les ventes qui se font par lettres. — Toullier, t. 6, n° 23.

60. — En général, l'acceptation doit être conforme aux offres. Il n'y aurait donc pas convention si les unes étaient conditionnelles ou à terme, et l'autre pure et simple et sans terme. — Toullier, t. 6, n° 27.

61. — Tous les genres de preuve sont admis pour faire connaître l'acceptation. — Toullier, t. 6, n° 29.

62. — Lorsque les parties contractantes sont convenues de rédiger leurs conventions par écrit, il n'existe pas d'engagement entre elles tant que cette formalité n'est pas accomplie. — *Agen*, 17 janv. 1824, Fonis c. Pellaroque. — Pothier, *Oblig.*, n° 11; Duranton, t. 10, n° 84.

63. — Lorsque dans un acte sous signatures privées, contenant entre deux individus promesse réciproque de vendre et d'acheter, il a été convenu que *si, dans un délai fixé, l'acte sous seing privé n'est pas converti en un acte public et le prix payé, la vente sera comme non avenue et de nul effet*, cette stipulation forme une condition essentielle de la vente; tellement que, si le délai expire sans qu'elle ait été remplie, celui qui avait promis d'acheter ou son cessionnaire ne peut plus contraindre celui qui avait promis de vendre, à accomplir sa promesse. — *Toulouse*, 19 août 1806, Moussous c. Fauré. — Duvergier, *Vente*, t. 1er, n° 166.

64. — Jugé, cependant, que l'inexécution apposée à une vente verbale, qu'elle serait, dans un délai convenu, réalisée par acte notarié, n'entraîne pas de plein droit la résiliation. — *Colmar*, 15 janv. 1818, Hummel c. Fresch et Schott. — V., au surplus, VENTE.

65.— Le consentement peut se manifester d'une manière expresse, par paroles, par écrit, par signes, ou d'une manière tacite par des faits ou des actes qui l'indiquent suffisamment. —Zachariæ, t. 2, p. 466; Toullier, t. 6, nos 33 et 34. — V. aussi ACQUIESCEMENT.

66. — Ce principe ne reçoit exception qu'à l'é-

gard des contrats solennels, comme les donations (C. civ., 931), les conventions matrimoniales (C. civ., 1394), etc., et dans le cas où les parties ont fait dépendre l'existence de leurs conventions de certaines formalités extrinsèques.

67. — Est civilement obligatoire l'acte unilatéral par lequel une partie s'engage envers une autre à lui vendre un immeuble, moyennant un prix convenu, et ce, aussitôt qu'elle aura fait connaître par écrit son acceptation, et pourvu qu'elle le fasse dans un délai prescrit. — Le promettant soutiendrait en vain que l'acceptation de la promesse signifiée par exploit d'huissier ne peut équivaloir à l'acceptation par écrit stipulée dans la promesse, et que l'huissier aurait au moins dû être muni d'un mandat spécial, si notamment, par un acte postérieur, le fait de l'huissier a été pleinement ratifié. — *Bruxelles*, 23 mars 1831, Aerisens c. van Nes.

68. — Le négociant qui garde le silence sur une lettre reçue, ou qui ne la contredit pas, est censé, en thèse générale, en approuver le contenu, et, par suite, est tenu d'exécuter les engagemens qui s'y trouvent exprimés. — *Aix*, 5 mai 1826, Gros c. Loir Piot. — V. LETTRE MISSIVE.

69. — Lorsqu'un négociant avertit son commettant d'une chose qu'il a cru devoir faire dans son intérêt, le silence de celui-ci est une approbation tacite de la gestion de son correspondant. — *Cass.*, 8 germ. an XI, Vanoverstraeten, c. Tourton et Ravel. — Merlin, *Quest.*, vo *Compte courant.*

ART. 2. — *Vices du consentement.*

70. — Le consentement doit être donné librement, en connaissance de cause. — L'erreur, la violence le dol le vicient. — C. civ., 1109.

71. — A l'erreur il faut rapporter la lésion ou le dommage éprouvé par suite d'une fausse appréciation des choses objet du contrat. — V. LÉSION.

72. — Il faut encore rapporter à l'erreur toutes les causes permanentes ou passagères qui, comme nous le verrons (*infrà* nos 237 et suiv.), ôtent à un individu la capacité de consentir avec connaissance de cause. — Les mêmes causes peuvent encore se rapporter au dol, quand elles ont été provoquées par l'autre partie : par exemple V. IVRESSE, nos 20 et suiv.

§ 1er. — *Erreur.*

73. — L'erreur (comme on l'a vu vo ERREUR, no 1) est la non-conformité ou l'opposition de nos idées avec la nature ou l'état des choses.

74. — Ainsi, elle consiste à croire vrai ce qui est faux, à supposer une chose qui n'existe pas ou la croire autre qu'elle n'est. — Duranton, t. 10, no 106.

75. — Il n'y a point de consentement valable, et par conséquent point d'obligation, lorsque le consentement n'a été donné que par erreur. — C. civ., 409. — V. ERREUR.

76. — Quelquefois, cependant, l'erreur n'est point une cause de nullité d'un acte, d'une convention. C'est lorsqu'un fait faux, mais ayant d'ailleurs toutes les apparences de la vérité, a été longtemps regardé comme vrai par un grand nombre de personnes. — V. ERREUR COMMUNE.

77. — On a vu (vo ERREUR, nos 5 et suiv.) que l'erreur se divise principalement en erreur de droit et en erreur de fait, et qu'en ce qui concerne cette dernière l'erreur peut porter : 1o sur la nature même de la convention ; 2o sur la cause de l'obligation ; 3o sur la chose qui en fait l'objet ; 4o sur la personne avec laquelle on entend contracter ; 5o sur le motif qui engage à contracter. — Demante, *Cours de dr. civ.*, t. 2, no 530.

78. — De plus, l'erreur de fait, bien que se rapportant à l'une des divisions qui précèdent, est quelquefois considérée par opposition à l'erreur de droit. — Enfin, il y a des erreurs purement matérielles : comme de calcul ou de rédaction.

79. — 1o *Erreur sur la nature de la convention.* — En ce qui concerne cette erreur, V. ERREUR, nos 7 et suiv.

80. — Quand un marché a été conclu, et qu'après un interlocutoire ordonné pour entendre les parties, les juges reconnaissent qu'il y a doute sur la nature de la convention, et que, par exemple, s'agissant d'arbres de haute futaie vendus, chacune des parties a à s'imputer des torts respectifs, faute d'en avoir suffisamment désigné l'identité, le marché doit être déclaré nul et comme non avenu. — *Orléans*, 16 juill. 1819, de Menou c. Foucher.

81. — 2o *Erreur sur la cause.* — En ce qui concerne l'erreur sur la cause de l'obligation, V. ERREUR, nos 28 et suiv., 89.

82. — 3o *Erreur sur la chose.* — En ce qui concerne l'erreur sur la chose objet de l'obligation, V. ERREUR, nos 6, 26, 28 et suiv. — A quoi il faut ajouter :

83. — L'erreur sur le genre de culture de l'immeuble acquis par adjudication, étant une erreur portant sur la qualité de la chose plutôt que sur la substance, ne peut motiver la demande en nullité de l'adjudication. — *Colmar*, 15 nov. 1831, Walh c. Malapert. — Pothier, no 18 ; Delvincourt, t. 2, p. 118 et note 2 (édit. de 1819) ; Toullier, t. 6, nos 56 et 57 ; Duranton, t. 10, nos 115 et 116. — *Contrà*, L. 21, § 2, ff., *De act. empt. et vend.*

84. — Celui qui a acheté une découverte pour laquelle le vendeur avait obtenu un brevet d'invention, par exemple une méthode d'écriture, peut demander la nullité de l'obligation par lui contractée, comme contenant une erreur sur la substance de la chose, si la méthode ne produit pas les résultats promis par le vendeur. — *Grenoble*, 27 mai 1831, Souheiran c. Bernardet.

85. — Un acte de vente duquel il résulte que le vendeur n'a agi que dans l'ignorance de la valeur des choses, de ses droits et qualités, peut être annulé, alors surtout que cette erreur provient du fait de l'acheteur. — *Angers*, 22 mai 1817, Leroux c. Martineau. — Pothier, no 18 ; Delvincourt, t. 2, p. 118, *ibid* ; Toullier, t. 6, nos 56 et suiv. — V. aussi Lebrun, *Successions*, liv. 4, chap. 1er, no 58 ; Solon, *Des nullités*, t. 1er, no 274. — V. VENTE.

86. — Le tiers détenteur de biens hypothéqués à une créance, qui s'est engagé à payer tout ou partie de la créance, ne saurait ensuite demander la nullité de son obligation, sous prétexte qu'il y a eu erreur dans son obligation en ce qu'il ignorait, au moment où il l'a souscrite, que le débiteur principal possédait d'autres biens hypothéqués à la même créance. — *Aix*, 10 févr. 1832, Serraire c. Escudier et Tardieu.

87. — Celui au profit duquel a été délivré un mandat de virement sur la Banque de France par une partie qui y a un compte ouvert, et sur le carnet duquel le caissier a apposé son visa ainsi conçu : *contrôlé et payé*, devient immédiatement propriétaire de la somme à lui transportée, sans qu'il y ait lieu, pour cause d'erreur matérielle, à répétition de la somme ainsi touchée fictivement, ou à l'annulation du crédit obtenu. — *Paris*, 14 fév. 1832, Banque de France c. Hubert.

88. — L'erreur n'étant une cause de nullité de la convention que lorsqu'elle tombe sur la substance même de la chose qui en est l'objet, un huissier ne peut revenir sur la cession qu'il a faite de son office, lorsqu'il ne prouve ni qu'il ait été contraint de faire cette vente, ni qu'il y ait eu erreur de sa part sur la chose même, objet de la cession. — *Cass.*, 17 mai 1832, Mélayer c. Hue.

89. — 4o *Erreur sur la personne.* — En ce qui concerne l'erreur sur la personne, V. ERREUR, nos 6, 42 et suiv.

90. — Jugé, à cet égard, qu'une femme catholique qui, sans le savoir, a épousé un ci-devant moine profès, peut demander la nullité de son mariage pour cause d'erreur dans la personne. — *Colmar*, 6 déc. 1811, Karm c. Charpion. — V. MARIAGE.

91. — L'erreur sur la qualité de la personne est une cause de nullité, lorsque c'est en considération de cette qualité que le contrat a eu lieu. Par exemple, si l'on a traité avec un tel qu'on croyait à tort avoir la qualité d'héritier ; si l'on a partagé avec une personne qu'on regardait à tort comme cohéritière. — Delvincourt, t. 2, p. 118, note 5 ; Duranton, t. 10, no 126.

92. — Jugé que la reconnaissance, au profit d'un individu non héritier, de certains droits héréditaires, reste sans effet lorsqu'elle est le fruit d'une erreur évidente. — *Douai*, 10 avril 1840 (t. 2 1840, p. 579), Mouton c. Delimeux.

93. — 5o *Erreur sur le motif.* — En ce qui concerne l'erreur sur le motif, V. ERREUR, nos 9 et suiv.

94. — 6o *Erreur de fait et erreur de droit.* — A l'appui de l'exposé de la doctrine présentée (vo ERREUR, nos 6 et suiv.) sur ce qui regarde l'erreur de fait, il faut ajouter les décisions suivantes :

95. — L'erreur est une cause de rescision contre les partages. Et, particulièrement, lorsqu'un des héritiers a omis de faire valoir un acte qui lui donnait qualité de donataire à titre de préciput, il peut demander la rescision du partage pour cause d'erreur. — *Toulouse*, 19 janv. 1834, Genyes. — V. PARTAGE.

96. — De même des héritiers qui, dans l'ignorance d'un testament fait en leur faveur, ont consenti à un partage égal avec leurs cohéritiers, peuvent révoquer ce consentement après la découverte du testament. — *Turin*, 25 juill. 1806, Vinardi.

97. — Le créancier hypothécaire qui n'a consenti à la radiation de l'inscription prise sur les biens de son débiteur, que dans la persuasion erronée où il était que le prix de la vente de ces biens était absorbé, peut faire annuler cette radiation pour erreur de fait. En ce cas, le reliquat du prix de cette vente appartient par préférence au vendeur jusqu'à concurrence de sa créance hypothécaire. — *Rennes*, 10 mars 1821, Chevalier c. Bourlet.

98. — Le mandant qui, dans l'ignorance qu'un billet souscrit par son mandataire avait une fausse cause, l'a spontanément acquitté, est fondé à répéter du créancier la somme qu'il a ainsi payée par erreur. — *Cass.*, 24 janv. 1827, Loudools c. Bénech. — V. RÉPÉTITION.

99. — Quant à l'erreur de droit, V. ce qui a été dit vo ERREUR, nos 72 et suiv. ; à quoi il faut ajouter :

100. — La reconnaissance faite dans un acte de partage du droit d'un cohéritier par l'héritier plus proche est irrévocable si elle provient d'une erreur générale, sur le véritable sens de la loi qui règle la succession. — *Paris*, 23 flor. an X, Ecoutin et Couprin c. Leblanc-Duplessis ; *Cass.*, 13 germ. an XII, mêmes parties.

101. — Lorsqu'il est constant que les parties qui ont transigé sur l'exécution d'un acte ont eu connaissance d'un acte postérieur, portant annulation du premier, elles doivent être réputées avoir transigé sur la validité de cet acte, et elles ne peuvent être reçues à se prévaloir de l'erreur résultant de ce qu'il aurait été à tort considéré comme valable. Cette erreur ne serait d'ailleurs qu'une erreur de droit, qui n'est point de nature à faire rescinder une transaction. — *Cass.*, 14 nov. 1838 (t. 1er 1839, p. 254 et 255), Cavay c. Duclerc.

102. — La clause d'une transaction qui met à la charge d'une partie une portion de dettes plus considérable que celle qu'elle devrait supporter d'après sa qualité, contient une erreur de droit et non une erreur de fait pouvant donner lieu à rescision. — *Bastia*, 8 fév. 1837 (t. 2 1837, p. 244), Mattei c. Canelli.

103. — L'acquiescement résultant de l'exécution d'un jugement ordonnant un partage ne peut être annulé pour erreur de droit. — *Bordeaux*, 15 messid. an XIII, Berge.

104. — Lorsqu'un partage a été volontairement exécuté par tous les héritiers, la rescision n'en peut être demandée pour erreur de droit. — Spécialement : celui qui a laissé opérer le partage par souche, n'est pas recevable à demander qu'il soit refait par tête. — *Agen*, 15 mars 1824, Lavardac.

105. — En admettant que, sous le Code civil, l'erreur de droit, qui tombe sur la personne du donataire, puisse vicier la donation, comme l'erreur de fait, il faut que cette erreur soit prouvée par le donateur, et qu'elle ait été la seule cause vraiment déterminante du contrat, pour que la donation soit annulée. — *Cass.*, 13 juin 1826, d'Authieulle c. de Limoges.

106. — L'erreur de droit est une excuse valable pour celui qui l'allègue, non pas à l'effet d'acquérir, mais seulement à l'effet de conserver ou de ne pas perdre. — *Metz*, 28 nov. 1817, Gallez.

107. — L'erreur de droit ne peut être opposée à celui qui l'a commise. Du moins, lorsque, par suite de cette autorisation, les mineurs ont été envoyés en possession du legs et en ont joui paisiblement pendant plusieurs années, on doit les regarder comme possesseurs de bonne foi et leur appliquer les art. 549 et 550 C. civ. — *Rennes*, 4 juin 1828, Ollivier c. Allain.

108. — La convention contractée par erreur n'est pas nulle de plein droit ; elle donne seulement lieu à une action en nullité ou rescision. — C. civ., art. 1117. — V. NULLITÉ, RESCISION.

109. — C'est à celui qui allègue une erreur de droit sur laquelle il se fonde pour faire annuler un acte, par exemple un partage, à prouver l'époque à laquelle cette erreur a été découverte. — *Cass.*, 26 juill. 1825, Revel c. Demerssemun ; *Besançon*, 1er mars 1827, Petel c. Chabot. — Duranton, t. 7, no 558, et t. 10, no 128 ; Rolland de Villargues, *Rép.*, vis *Partage*, nos 296 et 318, et *Rescision*, no 81.

110. — L'action en nullité ou en rescision pour cause d'erreur dure dix ans à partir du jour où cette erreur a été découverte, quand elle n'est pas limitée à un moindre temps par une loi particu-

lière. — C. civ., art. 1304. — V. NULLITÉ, RESCISION. — V. aussi ERREUR.

111. — Cette prescription de dix ans s'applique à l'erreur de droit comme à l'erreur de fait. — *Besançon*, 1er mars 1827, Petel c. Chabot.

112. — 6° *Erreur de calcul.* — L'erreur de calcul ne vicie pas les conventions. — V. ERREUR DE CALCUL.

113. — 7° *Erreur de rédaction, de plume.* — Il en est de même des erreurs de plume. — V. ERREUR DE RÉDACTION.

§ 2. — *Dol.*

114. — On a vu (v° DOL) quels étaient les caractères du dol et ses diverses espèces, et (v° FRAUDE, nos 2 et suiv.) en quoi il différait de la fraude.

115. — Il faut se reporter à ces deux mots pour voir comment le dol vicie le consentement et par conséquent rend l'obligation nulle. De plus, il y a lieu d'ajouter à ce que nous avons dit à cet égard :

116. — Jugé que les conventions ne font loi entre les parties, lors même qu'elles sont dans la forme authentique, qu'autant que le consentement des contractans n'est pas vicié par une des causes mentionnées en l'art. 1109 C. civ.; au nombre de ces causes se trouvent le dol et par conséquent l'escroquerie, qui n'est qu'une espèce particulière de dol. — *Cass.*, 23 nov. 1838 (t. 2 1839, p. 542), X...

117. — ... Que le fait par plusieurs personnes, à qui les forces d'une succession sont connues, d'avoir, soit à raison de leur profession, soit à la faveur de l'opinion donnée par elles aux héritiers légitimes sur la difficulté de faire reconnaître leurs droits, obtenu de ceux-ci, à cet effet, un mandat dont le salaire est excessif, constitue le dol et la fraude, et ce mandat doit être déclaré nul. — *Cass.*, 7 août 1837 (t. 2 1837, p. 374), Lauradour c. Givry.

118. — Mais lorsque la fraude n'est pas le principal motif qui détermine une convention, elle ne suffit pas pour la faire annuler. — *Poitiers*, 14 mai 1823, Darbez c. Aubin.

119. — Les juges doivent admettre, nonobstant l'art. 504 C. civ., l'action de dol invoquée pour faire annuler une obligation contractée par un individu dont l'interdiction n'aurait pas été provoquée avant son décès, et cela quand bien même l'articulation présenterait le défunt comme ayant été en état de démence au moment du contrat. — *Douai*, 25 juin 1845 (t. 2 1845, p. 250), Veroust c. Fontaine.

120. — Quant aux modes de preuve soit du dol, soit de la fraude, on les a exposés, vis DOL (nos 64 et suiv.), et FRAUDE (nos 17 et suiv.); à quoi nous ajouterons :

121. — L'une des parties contractantes est recevable à prouver par témoins que l'acte qu'elle a signé a été surpris par dol ou par fraude et qu'il n'est pas, par conséquent, l'effet d'un consentement libre. — *Cass.*, 20 fév. 1811, Cannognosa c. Operti; *Colmar*, 26 fév. 1819, Dichlmann c. Rampp. — V., au surplus, PREUVE TESTIMONIALE.

122. — La fraude constitutive de l'escroquerie, qui n'est qu'une espèce particulière de dol au moyen de laquelle le consentement à une obligation authentique a été surpris, est susceptible d'être prouvée par témoins, sans qu'il y ait violation de l'art. 1319 C. civ. — *Cass.*, 23 nov. 1838 (t. 2 1839, p. 542), X...

123. — Mais il est inutile d'ordonner la preuve de faits tendant à prouver une fraude, lorsque cette fraude n'a pas été le principal motif qui a déterminé la convention. — *Poitiers*, 14 mai 1823, d'Arbez c. Aubin.

§ 3. — *Violence.*

124. — Le consentement ne peut être obligatoire s'il n'est pas libre. Le vice de violence, bien qu'il n'empêche pas absolument, comme l'erreur, l'existence d'un consentement tel quel, rend tout contrat qui en est entaché, susceptible d'être annulé. — C. civ., art. 1111-1117.

125. — La nullité étant ici le résultat nécessaire du défaut de liberté de consentement, il n'y a pas lieu de distinguer par qui la violence a été exercée. L'art. 1111 tranche ainsi une question autrefois controversée. — Pothier, n° 23.

126. — Peu importe aussi que la violence ait été exercée par une seule personne ou par une corporation, une compagnie. — V. au *Dig.* le tit. 2 du liv. 4, *Quod met. causâ.* Ce titre est utile à consulter sur cette matière.

127. — Il y a violence lorsqu'elle est de nature à faire impression, c'est-à-dire à inspirer de la crainte à une personne raisonnable. Il faut que cette crainte soit celle d'exposer sa personne ou sa fortune à un mal, que ce mal soit considérable. — C. civ., art. 1112, § 1er.

128. — La loi ajoute : qu'il soit *présent.* Zachariæ (*Droit civil théorique français*, t. 2, p. 469) pense que cette dernière expression doit être retranchée. Il n'est pas nécessaire, dit-il, que les menaces se réalisent à l'instant même pour vicier le consentement, il suffit qu'elles inspirent *actuellement* des craintes assez graves pour déterminer à contracter. Ainsi une menace d'incendie vicie le consentement, bien qu'elle ne doive pas s'exécuter de suite. En rédigeant l'art. 1112, on est, ajoute-il, parti de cette idée que des menaces dont l'effet ne doit se réaliser que dans un avenir plus ou moins éloigné ne sont pas de nature à faire sur l'esprit de celui qui en est l'objet une impression assez vive pour le décider à s'en racheter au moyen d'un sacrifice. Cette idée est vraie en général, mais on l'a formulée d'une manière inexacte. — V. aussi Duranton, t. 10, n° 151; Delvincourt, t. 2, p. 118, notes 1 et 2.

129. — Des menaces dont l'effet est incertain et éloigné peuvent être considérées comme ne constituant pas la violence que l'art. 1112 C. civ. déclare être une cause de nullité des obligations. — *Pau*, 22 août 1833 (sous *Cass.*, 4 nov. 1835), Gassiot c. Courrége.

130. — Le fait de la violence peut être physique ou moral; en d'autres termes, il peut se manifester par la force ou par des menaces.

131. — La détention arbitraire d'une personne est un fait de violence qui vicie les conventions que cette personne a passées dans le but de recouvrer sa liberté. — Pothier, *Des obligat.*, n° 26; Toullier, t. 6, n° 81; Duranton, t. 10, nos 142 et 143; Merlin, *Quest.*, v° *Crainte*, § 2.

132. — Mais la menace faite à un débiteur d'exercer contre lui une voie de droit, par exemple, la contrainte par corps, ne l'autorise pas à attaquer les conventions qu'il a passées avec le créancier pour se soustraire à cette voie d'exécution. — Mêmes auteurs.

133. — Lorsqu'un individu a reçu un remboursement en assignats à une époque où le papier-monnaie avait cours forcé, il est non recevable à prétendre que c'est par violence qu'il a été contraint de consentir à ce remboursement. — *Colmar*, 10 nov. 1809, Grivel c. Parmentier.

134. — La crainte d'une peine ou d'une contrainte légale n'est pas, lorsqu'elle a motivé une obligation ou une quittance, une cause de rescision de cet acte. — *Cass.*, 29 mess. an XI, Anseels c. Campenaere.

135. — Une obligation qu'un débiteur souscrit dans un corps de garde où il a été conduit à sa prière, et en présence de son ami, pour se soustraire à la contrainte par corps que son créancier exerçait contre lui, ne saurait être annulée, comme étant le résultat de la violence. — *Paris*, 9 prair. an XII, Blondeau c. Touchard.

136. — Il en est de même de la transaction faite dans une maison d'arrêt entre un débiteur et son créancier qui l'a fait incarcérer, lorsque d'ailleurs il n'existe ni dol ni fraude. — *Paris*, 12 févr. 1806, Withersheim c. Defrance.

137. — L'obligation contractée par un débiteur en état d'arrestation et en vue d'obtenir sa liberté ne saurait, par cela seul, être considérée comme lui ayant été extorquée par violence. — *Douai*, 11 juill. 1835, Colet c. Danker.

138. — Une obligation souscrite en prison est nulle si, d'une part, elle est contractée au profit de celui dont la plainte a donné lieu à l'incarcération et, d'autre part, si le contractant avait juste sujet de croire que l'obligation qu'il souscrivait contribuerait à hâter sa liberté. — *Bruxelles*, 28 mai 1812, N...

139. — Un débiteur qui, ayant connaissance de la gêne de son créancier, en aurait profité pour lui faire subir une réduction sur sa créance, n'aurait pas employé, en admettant le fait comme vrai, une violence morale suffisante pour faire restituer ce créancier contre sa renonciation. — Dès lors celui qui, ayant droit à une indemnité non liquidée, fait une quittance définitive, moyennant une somme qu'il reçoit, ne peut plus tard réclamer une plus forte somme, sous prétexte qu'il n'a donné cette quittance que pour obtenir un paiement immédiat, dont il avait besoin pour arrêter des poursuites urgentes, et que son débiteur lui aurait refusé sans la réduction qu'il a supportée. — *Bastia*, 9 av. 1845, L... c. Commune de Bastia.

140. — Un arrêt du parlement de Paris distinguait si l'acte consenti par le débiteur emprisonné lui causait un préjudice considérable, tel qu'on pût présumer qu'il n'eût pas consenti en état de liberté; ou si l'incarcéré n'avait fait que ce qu'il aurait volontairement fait, s'il eût été libre. — Merlin, *Quest.*, v° *Crainte.* — En présence des dangers auxquels la puissance de son créancier peut exposer le débiteur, il semble que les tribunaux pourraient adopter la même décision si une lésion très-forte attestait l'effet de la contrainte. — Duranton, t. 1er, n° 143. — *Contrà*, Toullier, t. 6, n° 82.

141. — La violence faite à une personne surprise en flagrant délit d'adultère, ou de tout autre crime, rend nulles les conventions qu'elle a souscrites pour ne pas être dénoncée. La loi, en pareil cas, n'autorise pas la violence, et d'ailleurs ces conventions ont une cause illicite. — Duranton, t. 10, n° 144; Rolland de Villargues, v° *Violence*, n° 18.

142. — Mais la promesse consentie librement, sans menace, sans violence physique, ou le paiement fait en réparation du tort causé sont valables comme faits *transactionis causâ.* — Duranton, n° 145; Rolland de Villargues, *loc. cit.*

143. — La menace faite à une personne de porter contre elle une dénonciation à raison d'un crime, d'un délit, ne l'autorise pas à attaquer les conventions passées avec son créancier. Nul, en effet, n'a à redouter l'infamie s'il n'a commis une action infâme. Elle ne peut lui être imprimée que par une condamnation. — L. 7, D. *Quod metûs causâ;* L. 9, C. *De his quæ vi metûsve causâ gesta sunt.* — Duranton, t. 10, n° 147.

144. — Ainsi, par cela seul qu'au moment où un individu a consenti une transaction, il était, sur la plainte même de ceux avec qui il a transigé, poursuivi par le ministère public, pour prétendus faux commis dans les actes qui font l'objet de la transaction, il n'y a pas lieu de déclarer cette transaction nulle comme étant l'effet de la violence. — *Bruxelles*, 14 juin 1828, H...

145. — Toutefois, les circonstances peuvent être telles que la crainte d'une dénonciation calomnieuse puisse être considérée comme le résultat de la violence. — Duranton, nos 147, 148.

146. — Mais si les conventions passées dans ces hypothèses ne doivent pas être regardées comme entachées de violence, elles peuvent souvent se trouver destituées de cause. — Duranton, t. 10, n° 146.

147. — On ne pourrait attaquer les poursuites faites pour se sauver ou se garantir d'un danger. Evidemment, l'obligation a une cause. — Pothier, n° 24; Delvincourt, t. 2, *ibid.*; Duranton, t. 10, n° 149. — Suivant ces auteurs : si la récompense promise était hors de proportion avec le service rendu, les juges la pourraient réduire. — *Contrà*, Toullier, t. 6, n° 85; Rolland de Villargues, nos 31 et suiv. — La reconnaissance, disent-ils, est généreuse et ne calcule pas.

148. — L'engagement de réparer le préjudice causé par un procès injuste, souscrit en faveur du perdant par celui qui l'a gagné, sur la menace, faite par un avocat sollicité de plaider pour ce dernier, de ne pas lui prêter les secours de son ministère dans une affaire correctionnelle intéressant son honneur et sur le point d'être appelée, ne peut être considéré comme un engagement sans cause et entaché de violence. — *Bourges*, 10 juin 1842 (t. 1er 1844, p. 175), Charlet c. Jouannin.

149. — On a égard, du reste, en cette matière, à l'âge, au sexe et à la condition des personnes. — C. civ., art. 1112, § 2. — Ajoutons à leur caractère et à la faiblesse de leur esprit.

150. — Ainsi est nul, comme entaché de violence morale, l'acte par lequel des gens illettrés renoncent au bénéfice d'un testament par suite de la crainte que leur a inspirée un notaire en les menaçant de poursuites criminelles s'ils en faisaient usage. — *Douai*, 28 juin 1841 (t. 1er 1842, p. 134), Hamain c. Leuillet.

151. — Il n'est pas nécessaire que ce soit la personne même ou la fortune du contractant qui soit menacée, il suffit encore qu'il y ait danger pour ses proches. La violence exercée sur eux serait donc pour lui une cause de restitution. Du reste, la règle est limitée à cet égard au conjoint, aux ascendans et aux descendans. — C. civ., art. 1113.

152. — Le mot *descendans* comprend les enfans naturels comme les enfans légitimes. La loi ne distingue pas. — Duranton, t. 10, n° 152.

153. — Mais il ne comprend pas les enfans adoptifs. — Duranton, *eod.* — Il est à regretter que la loi n'ait pas dit que la violence exercée sur le frère ou la sœur de la partie contractante serait une cause de nullité.

154. — La seule crainte révérencielle envers le père ou la mère, ou autre ascendant, sans qu'il

y ait eu de violence exercée, ne suffit point pour annuler le contrat. — C. civ., art. 1114.

155. — Mais s'il s'est joint à cette crainte quelque violence, quand même elle n'aurait pas le caractère de gravité que la loi exige dans les autres cas pour produire la nullité de l'engagement, le contrat est susceptible d'être annulé. — Pothier, n° 27; Delvincourt, t. 2, *ibid.*; Toullier, t. 6, n° 80; Duranton, t. 10, n° 154; Rolland de Villargues, *Rép.*, v° *Violence*, nos 8 et 9; Merlin, *Quest.*, v° *Crainte*, § 2.

156. — Ainsi, lorsqu'une mère enferme dans une chambre sa fille enceinte et la menace de l'abandonner dans les douleurs de l'enfantement si elle ne signe pas un acte de cession de ses droits en faveur de sa sœur, il y a là non pas seulement crainte révérencielle, mais violence de nature à annuler la convention. — *Trèves* (et non *Bruxelles*), 22 août 1808, Haas.

157. — La menace d'un père à son fils de le priver de sa succession par des moyens détournés, par exemple en vendant ses biens moyennant une rente viagère, s'il ne veut consentir tel acte, aurait un caractère qui, joint à la crainte révérencielle, pourrait faire annuler le contrat. — Duranton, t. 10, n° 154.

158. — La seule crainte révérencielle de la femme envers son mari, n'est pas suffisante pour faire annuler les contrats qu'elle a passés avec lui ou avec des tiers sous son autorisation. — Duranton, t. 10, n° 155.

159. — A plus forte raison, la seule crainte révérencielle du subordonné envers son supérieur, du domestique envers son maître, n'est-elle pas une cause de nullité. Mais dans ces hypothèses, la crainte révérencielle sera une circonstance capable de donner plus de gravité à la violence réelle exercée. — Duranton, n° 156.

160. — En tout cas, et ainsi qu'on l'a vu (v° CASSATION, nos 674 et 676), l'appréciation des faits de violence ne peut donner ouverture à cassation. — *Cass.*, 4 nov. 1835, Gassiot c. Courrége.

161. — La convention contractée par violence n'est pas nulle de plein droit. Elle donne seulement lieu à une action en rescision. — C. civ., art. 1117 et 1304. — V. NULLITÉ, RESCISION.

162. — La violence peut être constatée par témoins ou par présomptions; c'est une sorte de quasi-délit dont on n'a pu se procurer la preuve par écrit. — Pothier, n° 800; Merlin, *Rép.*, v° *Preuve;* Toullier, t. 9, nos 172 et suiv.; Duranton, t. 10, n° 160; Chardon, *Dol et fraude*, t. 1er, n° 97. — V. PRÉSOMPTION, PREUVE TESTIMONIALE.

163. — La violence exercée pour arracher un consentement, a toujours le caractère de dol, et les faits de violence articulés contre un acte peuvent être appréciés par les tribunaux, d'après les présomptions qu'en matière de dol et de fraude l'art. 1353 du Code civil abandonne aux lumières, à la prudence du magistrat. — *Cass.*, 5 fév. 1828, commune de Bagnères c. Soulerat.

164. — L'action en nullité atteint jusqu'aux tiers, ils n'ont pas plus de droits que l'auteur de la violence, et les immeubles peuvent être revendiqués contre eux, en faisant préalablement rescinder le contrat.

165. — Quant aux meubles, la possession valant titre, la revendication n'est pas possible, si ce n'est dans les deux cas exceptionnels de l'article 2279.

166. — Si la violence a été commise par plusieurs, les délinquans sont solidairement tenus des dommages-intérêts adjugés à la partie lésée (C. pén., art. 55). — La restitution faite par l'un d'eux libère les autres vis-à-vis de la partie (C. civ., art. 1200); mais sans préjudice des peines et amendes qui seraient prononcées contre chacun des coupables, et des frais de procès envers l'Etat. — V. DOMMAGES-INTÉRÊTS, FRAIS (mat. crim.), OBLIGATION SOLIDAIRE.

167. — Le contrat formé par violence, n'étant pas absolument nul, peut être confirmé par le consentement, même tacite; bien plus, par le simple silence de la personne devenue libre: pourvu que ce silence se soit prolongé pendant le temps fixé pour la restitution (C. civ., art. 1115). — Ce temps est de dix ans depuis la cessation de la violence. — C. civ., art. 1304. — V., du reste, NULLITÉ, RATIFICATION.

ART. 3. — *Consentement par un tiers.*

168. — Il naît quelquefois pour nous des droits et obligations, quand le consentement a été donné non-seulement par nous-même, mais encore par un autre que nous.

§ 1er. — *Engagement ou stipulation pour autrui.*

169. — On ne peut, en général, dit l'art. 1119 C. civ., s'engager ni stipuler en son propre nom que pour soi-même. Cet article présente deux questions : 1° Devient-on créancier en stipulant un droit pour un autre que soi? 2° Devient-on débiteur en promettant pour objet de l'obligation un fait ou l'abstention d'un fait pour un autre que soi?

170. — D'abord nul doute que les tuteurs ou autres administrateurs légaux, les mandataires agissant dans les limites de leur mandat, les commissionnaires (C. comm., art. 91), les syndics, toute personne ayant pouvoir de justice ne puissent stipuler ou promettre pour autrui.

171. — Celui qui a contracté avec l'adjoint du maire d'une commune, pour des fournitures qu'il savait être imposées à la commune, mais qui n'a consenti à faire cette fourniture qu'au moyen de l'obligation personnelle de l'adjoint, peut, bien qu'il ait porté le prix de ses fournitures parmi ses créances contre la commune, et qu'il en ait obtenu la liquidation partielle, poursuivre l'adjoint personnellement sans être obligé d'agir contre la commune. — *Bourges*, 7 mai 1824, Brisot c. Sanglé-Ferrière et la ville de Clamecy.

172. — Le service militaire étant une dette personnelle et nécessaire, l'obligation contractée par le père tuteur pour le remplacement de son fils mineur au service militaire est obligatoire pour le fils. — *Paris*, 3 juin 1829, Leclerc c. Callippe; *Bourges*, 5 déc. 1832, Balle c. Bouet. — V., au surplus, REMPLACEMENT MILITAIRE.

173. — L'obligation contractée envers une personne qui a stipulé en son propre nom, bien qu'ayant agi en réalité dans l'intérêt d'un tiers dont elle était mandataire, peut, par appréciation des faits, être considérée comme valable et comme devant produire, à l'égard de ce tiers, les effets qu'elle eût produits au profit du stipulant, s'il eût agi dans son intérêt personnel. — Dans ce cas, l'hypothèque a le sort de la créance dont elle n'est que l'accessoire : elle doit donc profiter au véritable bénéficiaire de l'obligation, bien qu'elle soit prise par le stipulant en son nom personnel. — *Cass.*, 6 juill. 1842 (t. 2 1842, p. 517), Guillais c. Salles.

174. — Un mandat, soit légal, soit conventionnel, n'est pas même nécessaire pour contracter valablement au nom d'autrui. On le peut en la seule qualité de gérant d'affaires. — La ratification donnée par le commettant équivaut alors au mandat qui a manqué dans le principe.

175. — Bien plus, le seul fait de l'utilité de la gestion aura pour effet de rendre applicables au commettant les engagemens pris en son nom. — C. civ., 1375. — V. GESTION D'AFFAIRES.

176. — Du reste, remarquons que l'administrateur mandataire ou gérant, promettant le fait de la personne au nom de laquelle il agit, ne contracte aucun engagement personnel; et pareillement qu'en stipulant audit nom pour autrui, il n'acquiert personnellement aucun droit. Sauf, bien entendu, la faculté que lui réservent les art. 1120 et 1121. — Demante, *Cours de droit civil*, t. 2, n° 545.

177. — L'art. 1119 n'est donc pas applicable à toutes ces personnes. A qui l'est-il donc? Il faut voir dans cette disposition une traduction de ces passages des Instit. (liv. 3, tit. 19, § 19 et 21) : *Alteri nemo stipulari potest. Versâ vice : qui alium facturum promisit, videtur in eâ esse causâ ut non teneatur.* Ce principe se conçoit très-bien avec les exigences solennelles de la stipulation; mais, en droit français, et en présence de l'art. 1157, il ne se comprend plus. N'est-il pas clair, en effet, que cette promesse : *Je m'engage à ce que Paul vous prête 10,000 francs* équivaut à celle-ci : *Je me porte fort que Paul.....* etc. Aussi, en pratique, on n'hésite pas à appliquer l'art. 1120 à pareil engagement. — Pothier, *Des oblig.*, n° 56. — *Contrà*, Duranton, t. 10, n° 209.

178. — Quoi qu'il en soit, le principe accepté, voyons les exceptions.

179. — On peut se porter fort pour un tiers en promettant le fait de celui-ci, dit l'art. 1120 du Code civil. C'est en effet s'engager soi-même que de faire une pareille promesse, puisqu'on se soumet aux dommages-intérêts dans le cas où le tiers ne s'exécuterait pas. — *Quod si effecturum se, ut Titius daret, spoponderit, obligatur.* — Instit., *loc. cit.*, § 3; Toullier, t. 6, n° 156.

180. — Ainsi, celui qui se porte fort pour un tiers, est tenu d'indemniser l'individu avec lequel il a traité, si le tiers ne ratifie pas l'engagement pris en son nom. — *Rennes*, 19 juill. 1820, Delpech c. Labiez.

181. — La loi ne prescrit pas de délai pour apporter la ratification du tiers. — Duranton, t. 10, n° 247; Rolland de Villargues, *Rép. du notariat*, v° *Stipulation pour autrui*, n° 53. — Les tribunaux ont donc une question de retard à apprécier avant de condamner aux dommages-intérêts.

182. — On peut, sans mandat, dit Toullier (t. 8, n° 170), acquérir au nom d'une tierce personne, en promettant qu'elle ratifiera le contrat; et si cette personne refuse de tenir l'engagement, celui qui l'avait pris en son nom demeure lui-même personnellement obligé. — Merlin, *Quest.*, v° *Stipulation pour autrui*, § 8.

183. — Il y a également lieu d'appliquer en matière d'enregistrement le principe que la stipulation faite en faveur d'un tiers n'a d'effet à son égard qu'autant qu'il a manifesté l'intention d'en profiter. — *Cass.*, 15 mai 1827, Enregistrement c. Ligny. — Comme autres exemples de l'application de ce principe, V. ENREGISTREMENT : entre autres, nos 2022, 3043 et 4474.

184. — L'obligation contractée par un tiers dont on se porte fort s'accomplit et lie irrévocablement ce tiers dès qu'il l'a ratifiée et réalisée, sans qu'elle ait besoin d'être acceptée de nouveau par le créancier qui l'a acceptée à l'avance en la stipulant. — *Cass.*, 27 août 1833, Joseph c. Carelon et Bouly.

185. — On peut toujours promettre le fait d'autrui, en ajoutant à la promesse une clause pénale. — Inst., § 21, *De inutil. stip.*

186. — Les mots : *je me porte fort* ne sont pas solennels. Il faut avant tout rechercher l'intention sérieuse des parties (C. civ., 1156). — C'est une question abandonnée à la prudence des tribunaux.

187. — La signature et l'approbation de l'écriture, apposée par une tierce personne non dénommée dans l'acte, ne peuvent être assimilées à l'engagement de se porter fort. — *Bourges*, 24 févr. 1832, Gaget c. Arpot.

188. — Celui qui se porte fort pour un mineur ne peut pas se prévaloir de l'incapacité de ce dernier. — *Rennes*, 19 juill. 1820, Delpech c. Lebiez.

189. — Le majeur qui s'est porté fort pour un mineur, demeure obligé, encore que l'engagement de ce dernier ait été déclaré nul, par suite de la minorité. — *Cass.*, 16 févr. 1814, Méurdi.

190. — Le tuteur qui a vendu les biens de son pupille sans formalités de justice, mais en promettant la ratification de celui-ci à la majorité, ne peut, dans le cas où la ratification n'est pas rapportée, être relevé de l'obligation de payer des dommages-intérêts à l'acquéreur, qu'autant qu'il prouve que cet acquéreur n'a éprouvé aucun préjudice, ou que celui qu'il a éprouvé est imputable à sa mauvaise foi. — *Cass.*, 1er mai 1815, Dufay c. Morel. — Toullier, t. 6, n° 156.

191. — Dans ces divers cas la promesse obligatoire pour celui qui l'a faite, ne l'est pas pour celui dont le fait a été ainsi promis. — C. civ., 1165.

192. — Toutefois, les préposés à la conduite d'un navire, à un commerce, à une usine, etc., peuvent, en contractant pour les affaires auxquelles ils sont préposés, engager accessoirement leurs commettans. — Inst., § 2, *Quod cum eo.* — Demante, t. 2, n° 547.

193. — Cette règle doit être appliquée généralement aux promesses personnelles faites par tout mandataire pour les affaires qui lui sont confiées (C. civ., 1998); et même aux promesses personnelles du gérant, si la gestion est ratifiée (C. civ., 1998, § 2) ou si elle est utile (C. civ., 1375).

194. — Celui qui, après avoir figuré dans un acte comme mandataire d'un tiers, donne hypothèque sur un immeuble qui lui appartient, n'est pas obligé personnellement à exécuter la convention; il n'est tenu que jusqu'à concurrence de la valeur de l'immeuble hypothéqué. — *Bruxelles*, 21 févr. 1814, Demayer c. Spigellers.

195. — On peut encore stipuler, au profit d'un tiers, lorsque telle est la condition d'une stipulation que l'on fait pour soi-même, d'une donation ou de toute autre aliénation que l'on fait à un autre (C. civ., 1121). L'intérêt personnel, appréciable en argent, que l'on a à l'exécution d'une pareille stipulation, valide la stipulation accessoire au profit du tiers. — Ainsi, lorsque, obligé de bâtir une maison à Paul, ou de lui payer une somme que je lui dois, je stipule de vous que vous lui bâtirez cette maison, que vous lui paierez cette somme, cette stipulation est très-valable parce qu'elle est dans mon intérêt. — Duranton, t. 10, nos 229, 231, 232, 233.

196. — L'intérêt personnel de celui qui stipule en

son propre nom pour autrui est dans tous les cas une cause suffisante, 1° pour autoriser l'action du stipulant ; 2° pour que le tiers puisse s'approprier la stipulation en déclarant à cet égard sa volonté.

197. — Cet intérêt n'est pas nécessairement pécuniaire. Ainsi un père peut valablement stipuler en son propre nom le remplacement de son fils aux armées. — V. *suprà* n° 172.

198. — La responsabilité du mandataire ou même du simple gérant envers le mandant ou le maître de l'affaire, constitue de leur part un intérêt suffisant pour valider les stipulations qu'ils font en leur propre nom pour le mandant ou pour le maître.

199. — Celui qui a déclaré acquérir un immeuble au nom et comme mandataire d'une commune est non recevable à retenir cet immeuble, sous prétexte qu'il n'avait pas reçu mandat de la commune dûment autorisée mais d'une réunion d'habitans sans caractère public. — *Bourges*, 9 juin 1828, Commune de Quincy c. Pinoteau. — V., au surplus, COMMUNE, n°s 250 et suiv.

200. — Mais la stipulation faite pour un tiers sans mandat ou qualité qui donnât le droit de la faire ne serait pas valable, elle est sans intérêt ; et d'ailleurs ce serait une manière trop facile d'éluder le principe de l'art. 1119, que de stipuler au nom d'un tiers. — Duranton, t. 10, n° 236.

201. — Il en serait ainsi quand même le stipulant se serait porté fort pour le tiers et que le tiers aurait ratifié. Cela ne ferait pas que le stipulant eût intérêt à la stipulation. — Duranton, t. 10, n° 237, et les autorités qu'il invoque.

202. — Il en est autrement dans le cas de déclaration de command ou d'élection d'ami. Ces déclarations ne supposent pas nécessairement un mandat. — Duranton, n° 238.

203. Le Code de commerce offre aussi qeulques exceptions au principe de l'art. 1119 C. civ. — V. les art. 91, 92 C. comm. — V. aussi COMMISSIONNAIRE.

204. — La promesse d'acquitter la dette d'un tiers, dans laquelle on n'est pas intéressé, par exemple, de réparer le tort que cause à un mineur le défaut d'inscription hypothécaire omise par son tuteur, ne forme pas un lien de droit entre celui qui l'a faite et celui qui l'a reçue, lorsqu'elle n'a eu pour cause aucune obligation préexistante, soit civile, soit naturelle. — Dans ce cas, la promesse de payer est simplement une libéralité qui ne serait valable qu'autant qu'elle aurait été revêtue des formes d'une donation. — *Bourges*, 6 mai 1829, Chappu c. Sallé.

205. S'il y a obligation préexistante, la reconnaissance, même faite au profit d'un absent, est valable. — Duranton, t. 10, n° 22 ; Rolland de Villargues, *Rép.*, v[is] *Obligation*, n° 4, et *Pollicitation*, n° 5.

206. — Lorsque dans un contrat d'acquisition, un individu a déclaré qu'il acquérait, tant pour lui que pour un tiers désigné, il n'y a contrat formé entre lui et ce tiers qu'autant que celui-ci a accepté la stipulation avant révocation de la part de l'acquéreur. — *Bordeaux*, 21 juill. 1827, Gressier. — Pothier, n° 59 ; Toullier, t. 6, n° 153.

207. — Lorsque la stipulation pour un tiers résulte d'une donation faite à un autre, le tiers doit être capable de recevoir. — Delvincourt, t. 2, p. 69, note 1.

208. — Peu importe du reste que la charge à lui imposée doive être accomplie purement ou simplement, ou soit soumise à une condition suspensive. — Toullier, t. 5, n° 40.

209. — Celui qui a fait une stipulation pour un tiers ne peut plus la révoquer, si le tiers a déclaré vouloir en profiter. — C. civ., art. 1121, § 2.

210. — Lorsqu'un débiteur a fait abandon de tous ses biens à son créancier, à la charge par celui-ci de payer les créances antérieures à la sienne, cette stipulation, soit qu'on la considère comme vente ou donation, impose au créancier une obligation personnelle dont un tiers créancier peut, bien qu'il n'ait pas figuré à l'acte, réclamer directement l'exécution. — *Limoges*, 4 juin 1833, de Miomandre c. de Courthille.

211. — L'engagement qu'un père a souscrit au bas du testament olographe de son fils, d'acquitter un legs rémunératoire fait par ce dernier à un tiers envers qui le legs n'est que le paiement d'une dette naturelle, ne peut être révoqué par sa seule volonté et sans le concours de son fils, même avant l'acceptation du légataire, si celui-ci déclare vouloir en profiter. — *Grenoble*, 12 fév 1829, Roche c. Riveron.

212. — L'acceptation du tiers n'est soumise à aucune forme particulière. — Duranton, t. 10, n° 240.

213. — La déclaration d'acceptation peut intervenir avant le terme fixé pour l'exécution de la disposition faite en sa faveur. Peu importe même que la stipulation soit conditionnelle : le tiers peut toujours l'accepter pour la rendre irrévocable, sauf les chances de caducité.

214. — Jusqu'à l'acceptation du tiers, le stipulant peut révoquer sa stipulation (C. civ., art. 1121). Toutefois, le consentement du débiteur serait nécessaire s'il avait intérêt au maintien de la condition imposée au profit du tiers. — Comme autres exceptions, V. les art. 1082 et 1395 du C. civ. — Duranton, t. 9, n°s 550, 551, 601, 603, et t. 10, n° 243.

215. — Celui qui, sans mandat, a acquis des immeubles au nom d'une tierce personne pour laquelle il s'est porté fort, peut, également, sans mandat, les aliéner valablement tant que l'acquisition n'a pas été acceptée ou ratifiée par cette tierce personne. — *Toulouse*, 27 juin 1839 (t. 2 1839, p. 378), Mazas c. Castanet.

216. — Jugé cependant que le mandataire qui a payé, en bons de liquidation provenant de la vente des biens de son mandant émigré, qu'il était chargé de gérer, des immeubles qu'il a acquis depuis, doit être réputé avoir fait cette acquisition pour le compte du mandant, en sorte que celui-ci a droit de réclamer ces immeubles jusqu'à concurrence de son prix, encore que le mandataire n'aurait pas déclaré acquérir dans l'intérêt du mandant, et l'arrêt qui le décide ainsi ne peut être cassé. — *Cass.*, 13 juill. 1831, Duchatenet c. de Mereylhac.

217. — Le donateur peut également révoquer la donation ; elle n'est, à proprement parler, qu'un mandat conféré au donataire, et qui peut être retiré tant qu'il n'a pas été exécuté. — Grenier, *Donations*, t. 1er, n° 74.

218. — Le stipulant ou le donateur peut exiger à son profit l'exécution de la stipulation ou donation révoquée toutes les fois que la stipulation pour le tiers n'aura eu pour but que l'avantage du stipulant, ou que le débiteur n'a pas lui-même intérêt à exécuter plutôt envers le tiers qu'envers le stipulant. Cependant il n'en serait pas ainsi s'il résultait des circonstances que, sans avoir un intérêt appréciable à prix d'argent, le débiteur n'a consenti la stipulation qu'en faveur du tiers. — Duranton, t. 10, n°s 245, 246 ; Merlin, *Rép.*, v° *Convention*, § 4 ; *Quest.*, v° *Stipulation pour autrui*.

219. — En règle générale : la mort du débiteur n'empêche pas celui qui a fait la stipulation au profit du tiers de la révoquer, s'il l'eût pu du vivant du débiteur. — Duranton, t. 10, n° 247.

220. — La mort du stipulant ou donateur n'empêche pas ses héritiers de révoquer la stipulation ou la donation, si leur auteur avait encore ce droit. — Duranton, n° 248.

221. — Jugé, cependant, que, si l'acquéreur décède sans avoir révoqué sa déclaration et avant l'acceptation du tiers, celui-ci ne peut plus accepter, parce que le concours des deux volontés pour la validité du contrat ne subsiste plus. — *Bordeaux*, 12 juill. 1827, Grellier.

222. — Le tiers ne perd pas non plus, par cette mort, le droit de rendre par son acceptation la stipulation ou la donation irrévocable.

223. — S'il vient à mourir avant d'avoir accepté, ses héritiers peuvent, avant la révocation, accepter la stipulation ; pourvu qu'elle ne soit pas personnelle à leur auteur, circonstance qu'auront à apprécier les tribunaux. — Duranton, n° 249.

224. — En supposant qu'on puisse voir une stipulation en faveur du créancier dans la clause générale par laquelle un cohéritier qui vend ses droits à son cohéritier charge celui-ci, de sa part des dettes héréditaires, il faut au moins, pour l'efficacité de cette stipulation, que le créancier déclare, en temps utile, vouloir en profiter ; de telle sorte que si cette déclaration n'intervient qu'après la prescription de la dette, elle reste sans effet. — *Cass.*, 12 fév. 1829, Beaumann c. Bragelongue.

§ 2. — *Engagemens ou stipulations pour ses héritiers ou ayans cause.*

225. — C'est, en quelque sorte, stipuler ou promettre pour nous-mêmes que de stipuler ou promettre pour nos héritiers, puisqu'ils continuent notre personne. — C. civ., art. 1122.

226. — Cette proposition s'étend également aux diverses espèces de successeurs à la chose qui fait l'objet de la stipulation, tels que les donataires, légataires à titre particulier, acheteurs, coéchangistes et tous autres ayant reçu cette chose à titre particulier. — C. civ., art. 724, 1009, 1012 et 1122.

227. — Toutefois, il y a entre les héritiers et les ayans cause une distinction résultant de la différence même de leurs qualités. Ainsi les ayans cause n'ont que le droit de réclamer le bénéfice de la stipulation relative à la chose à laquelle ils ont succédé, tandis que les héritiers représentant la personne ont les actions personnelles qu'elle avait. Ainsi encore, les ayans cause ne sont point tenus des obligations du *de cujus* et ne souffrent que l'exercice des droits réels ; tandis que les héritiers sont tenus des obligations réelles et personnelles de leur auteur. — Toullier, t. 6, n°s 428 et suiv. — V., au surplus, AYANT CAUSE.

228. — Lorsque des frères ont abandonné la jouissance d'un fonds à leur sœur avec faculté pour celle-ci d'acquérir la propriété du fonds, moyennant certaine somme, une pareille clause a pu être déclarée présenter une stipulation non personnelle à la sœur, mais transmissible à ses héritiers, sans que l'arrêt qui le décide ainsi puisse être censuré par la cour de cassation. — *Cass.*, 24 mars 1830, Paul c. Passage.

229. — On est même toujours censé avoir stipulé ou promis pour soi, ses héritiers et ayans cause, à moins que le contraire ne soit exprimé ou ne résulte de la nature de la convention. — C. civ., art. 1122.

230. — La première limitation doit être évidente. — Duranton, t. 10, n°s 256 et suiv.

231. — La seconde limitation s'applique à plusieurs cas. Voici les principaux : 1° La faculté accordée à la femme de reprendre son apport franc et quitte ne s'étend qu'à elle. — C. civ., art. 1514. — 2° La communauté entre époux cesse de plein droit à la mort naturelle ou civile de l'un d'eux. — C. civ., art. 1441. — 3° Les louages d'ouvrage sont dissous par la mort de l'ouvrier, de l'architecte ou de l'entrepreneur. — C. civ., art. 1795. — 4° La tutelle ne passe pas aux héritiers du tuteur. — C. civ., art. 419. — V. encore les cas des art. 617, 625, 1865, 1980 et 2003.

232. — La règle qui veut que, dans les contrats, on soit toujours censé stipuler tant pour soi que pour ses héritiers et ayans cause, reçoit exception toutes les fois que la convention est de telle nature qu'elle ne puisse être accomplie par l'héritier lui-même comme elle l'eût été par son auteur. — Il en est ainsi spécialement en matière de compromis. — *Cass.*, 28 janv. 1839 (t. 1er 1839, p. 108), Barret c. Noyer. — V. COMPROMIS, n°s 266 et suiv.

233. — Les profits de la stipulation, la charge de la promesse ne peuvent, en principe, être attribués en tout ou en partie à un seul des héritiers futurs à l'exclusion des autres. La raison en est que la créance, ou la dette, ayant pris naissance en la personne du stipulant, ou du promettant, se divise de plein droit entre tous les héritiers. — V. Pothier (n° 65), qui dit encore que, stipuler au profit d'un seul des héritiers comme *tel*, c'est disposer d'une chose héréditaire ; et qu'on ne le peut que par testament. — L. 33, D. *De pactis* ; L. 56, § 1er ; L. 137, § 8, *eod. verbo* ; C. civ., art. 1221, 4°. — Duranton, t. 10, n°s 260 et suiv. — Toullier (t. 5, n° 417) combat l'autorité de Pothier, celle des lois romaines, et se range à un avis opposé.

234. — Du reste, le stipulant peut sans difficulté décharger l'un de ses héritiers d'une dette à l'exclusion des autres. Leur condition n'est point aggravée par la restriction, puisqu'ils ne devront toujours chacun que leur part dans la dette. — Pothier, n° 64 ; Toullier, t. 6, n° 415 ; Duranton, t. 10, n° 261.

235. — Pareille convention ne sera pas limitée à la seule personne nommée. Elle s'étendra aux personnes que le stipulant aurait indubitablement désignées, si elles avaient existé. — L. 33, L. 40 (§ 3), D., *De pactis*. — Ainsi : si n'ayant qu'une fille au moment de la stipulation, je stipule que mon créancier ne pourra poursuivre sa créance contre elle ; et que s'il en survient des enfans, ceux-ci ne devront rien. — Toullier, t. 6, n° 415.

236. — L'art. 1122 trouve sans difficulté son application quand on stipule d'une manière générale pour ses héritiers. Mais il n'en est pas de même quand on désigne la personne pour laquelle on stipule. Les auteurs, en ce cas, sont d'accord qu'il faut déclarer que l'on stipule pour elle comme future héritière. La raison qu'ils donnent de cette décision est que la stipulation eût été d'abord pour autrui et nulle comme telle. — C. civ., art. 1119. — Pothier, *Des oblig.*, n° 62 ; Duranton, t. 10, n° 260 ; Toullier, t. 6, n° 154. — Cependant, on peut dire : que si l'acte est susceptible d'être interprété autrement que comme stipulation pour autrui, il n'y aura pas nullité.

Sect. 2e. — *Capacité des parties contractantes.*

237. — En principe: toute personne peut contracter, si elle n'en a pas été déclarée incapable par la loi. — C. civ., art. 1123.

238. — Cette règle s'applique aux personnes mêmes qui ne jouissent pas des droits civils, les contrats étant, en général, de droit naturel.

239. — Les personnes morales, c'est-à-dire les personnes dont l'individualité repose sur une abstraction juridique, peuvent également contracter en observant certaines formalités. — V., entre autres mots, BUREAU DE BIENFAISANCE, COMMUNAUTÉS RELIGIEUSES, COMMUNE, DÉPARTEMENT, ÉTABLISSEMENS PUBLICS ET RELIGIEUX, ÉTAT, FABRIQUE D'ÉGLISE, HOSPICES, SÉMINAIRES.

240. — Quant aux incapables de contracter d'après la nature et la loi : ce sont en général les mineurs, les interdits, les femmes mariées, dans les différents cas prévus. — C. civ., art. 1124.

241. — Les incapacités qui peuvent empêcher de contracter naissent, comme on l'a vu (vo INCAPACITÉ, nos 2 et suiv.), de la nature ou de la loi, ou de la nature et de la loi conjointement.

242. — Relativement aux premières, V. AVEUGLE, CÉCITÉ, DÉMENCE, INTERDICTION, SOURD-MUET.

243. — L'imperfection des organes de l'ouïe et de la parole ne rend point incapable de contracter, et, par suite, de vendre un immeuble à charge d'une rente viagère, alors que l'appréciation des circonstances ne révèle rien de suspect. — *Angers*, 1er févr. 1843 (t. 1er 1843, p. 383), Garnier c. Roger.

244. — L'individu blessé qui, dans un moment où la gravité de son état ne lui permettait pas d'avoir une volonté libre et éclairée, a signé une renonciation à tous dommages-intérêts, est néanmoins toujours recevable à former une pareille demande. — *Bordeaux*, 20 févr. 1845 (t. 2 1845, p. 191), Mespoulède c. Messageries.

245. — De plus, pour contracter, il faut être sain d'esprit (arg. C. civ., 901), et en état de donner un consentement avec discernement, liberté et réflexion. C'est ce que ne peut faire un homme en démence, en état d'ivresse, de délire. — V. IVRESSE.

246. — La personne faible d'esprit, possédant encore quelques facultés intellectuelles, n'est pas incapable de contracter, pourvu qu'il soit prouvé qu'elle agissait en connaissance de cause. — Solon, *Nullités*, nos 44 et suiv. — V. INTERDICTION.

247. — Est nulle, pour défaut de consentement valable, une aliénation générale de tous biens, moyennant une pension viagère, lorsque, outre les indices de dol, il est constant que le vendeur, fréquemment en proie à des attaques d'épilepsie, en a été frappé peu de jours avant la vente. — *Riom*, 26 févr. 1820, Preslier.

248. — Les tribunaux qui ont demandé la nullité d'un acte pour cause de démence notoire à l'époque de sa passation, doivent ordonner non-seulement la preuve des faits de démence, mais encore celle de la notoriété de la démence à l'époque de la passation de l'acte. — *Metz*, 1er déc. 1829, Schweitzer.

249. — Relativement aux incapacités de contracter résultant de la loi civile seulement. — V. DROITS CIVILS, ÉTABLISSEMENS PUBLICS, ÉTRANGER, etc.

250. — Relativement à l'incapacité des mineurs, V. C. civ., 450, 481 à 484, 487, 1305 et 1314. — V. ACTION EN NULLITÉ OU EN RESCISION, MINORITÉ. — V. aussi CONSEIL DE FAMILLE, MINEUR, NULLITÉ, RESCISION, TUTELLE.

251. — ... A celle des interdits, V. C. civ., 502, 503, 504. — V. aussi INTERDICTION.

252. — ... A celle des femmes mariées, V. C. civ., 215, 217, 1427, 1426, 1530, 1536, 1576. — V. aussi AUTORISATION DE FEMME MARIÉE, COMMUNAUTÉ, DOT, MARIAGE.

253. — A ces incapacités générales, on peut ajouter l'incapacité des personnes pourvues d'un conseil judiciaire. — C. civ., 499, 513. — V. CONSEIL JUDICIAIRE.

254. — La capacité n'est pas, comme le dit l'art. 1108, une condition essentielle des conventions. — Le contrat où figure un incapable n'est pas nul de plein droit. Il donne seulement lieu à une action en nullité ou en rescision que le mineur, l'interdit, la femme mariée peuvent intenter dans les cas prévus par la loi. — Art. 1125, al. 1.

255. — L'incapacité du mineur, de l'interdit, de la femme mariée, leur est personnelle. En conséquence, les personnes capables de s'engager ne peuvent leur opposer leur incapacité (art. 1125, al. 2). Elles doivent s'imputer d'avoir traité avec ces incapables.

256. — Le défaut d'autorisation du conseil de famille pour l'exercice des droits immobiliers du mineur, ne constitue qu'une nullité relative dont le mineur est seul recevable à se prévaloir. — *Bordeaux*, 20 août 1833, Lafaye c. Pradines.

657. — Le mineur peut seul aussi provoquer l'annulation de l'obligation qu'il a souscrite. Mais la ratification donnée par lui, en majorité, d'une hypothèque consentie en minorité ne peut nuire aux créanciers hypothécaires dont les droits ont été régulièrement acquis antérieurement à cette ratification. — *Nancy*, 1er mai 1812, D.... c. N.....

258. — On peut en dire autant des communes. — V. COMMUNE, no 250 et suiv. — Ainsi jugé que celui qui a souscrit une transaction emportant acquisition et aliénation de biens immeubles de la part d'une commune ne peut opposer à celle-ci son incapacité résultant du défaut d'approbation de l'autorité supérieure, conformément aux art. 54 et 56 de la loi du 14 déc. 1789. — *Cass.*, 3 mai 1841 (t. 1er 1842, p. 647), d'Albert c. commune de Mondragon.

259. — Lorsqu'un bien propre à la femme a été vendu sans son consentement par son mari, cette nullité étant propre à la femme peut être couverte par le consentement que celle-ci a ultérieurement donné à la vente. — *Bruxelles*, 4 avril 1829, Tielmans c. Devroède.

260. — La maxime *Nemo potest esse auctor in rem suam* n'est pas applicable au cas où la femme s'oblige *envers un tiers* conjointement avec son mari, mais seulement dans le cas où elle s'oblige envers son mari. — *Besançon*, 27 janv. 1807, N... c. Lagut.

261. — Il résulte de la combinaison des art. 2 et 4 C. comm. que la femme mineure ne peut faire le commerce sans avoir obtenu la double autorisation de son mari et de sa famille. — Duranton, t. 2, no 476; Vazeille, t. 2, no 330; Pardessus, no 63. — V. AUTORISATION DE FEMME MARIÉE COMMERÇANTE, nos 269 et suiv.

262. — La femme mariée non-commerçante qui s'engage solidairement avec son mari commerçant, au paiement d'obligations de commerce, peut être assignée conjointement avec lui devant le tribunal de commerce. — *Douai*, 23 fév. 1839 (t. 2 1844, p. 436), Delrue c. Cautel. — V. COMPÉTENCE COMMERCIALE, no 61.

263. — Lorsque les mineurs, les interdits, les femmes mariées sont admis, en ces qualités, à se faire restituer, contre leurs engagemens, le remboursement de ce qui aurait été, en conséquence de ces engagemens, payé pendant la minorité, l'interdiction ou le mariage, ne peut en être exigé, à moins qu'il ne soit prouvé que ce qui a été payé a tourné à leur profit. — C. civ., art. 1312. — V. NULLITÉ, RESCISION.

264. — La loi établit en outre des incapacités particulières à certains contrats. A cette classe appartiennent les mandataires qui ne peuvent acheter les biens qu'ils sont chargés de vendre; le tuteur qui ne peut acheter ni prendre à ferme les biens du mineur, accepter la cession de quelque droit ou créance contre lui (art. 450); les époux entre lesquels le contrat de vente ne peut avoir lieu que dans trois cas (art. 1595). — C. civ., art. 1597, 1840, 2045, 2124. — V., au surplus, MANDAT, TRANSACTION, TRANSPORT, TUTELLE, VENTE.

Sect. 3e. — *Objet et matière des conventions.*

265. — Toute convention doit avoir un objet. — C. civ., art. 1108.

266. — L'objet est la prestation à laquelle on s'est engagé, le *quid debetur*.

267. — Cette prestation peut consister dans la livraison d'une chose, l'accomplissement ou l'abstention d'un fait. — C. civ., 1126, 1127.

268. — Il faut que la chose objet de l'obligation soit : 1o utile à l'un des contractans. C'est à ce point de vue que le droit envisage les choses. Point d'intérêt, point d'action. — Toullier, t. 6, p. 146 et suiv. — 2o Possible. Car il est évident que l'impossibilité de fournir la chose équivaut à la non-existence de cette chose. — Pothier, nos 134 et suiv. — 3o Certaine et déterminée; — — 4o dans le commerce; — 5o enfin, licite.

269. — La loi laissant aux parties la plus grande liberté pour tout ce qu'elle n'a pas défendu, il serait impossible d'énumérer tous les objets permis des obligations. Il faut donc se borner à indiquer les principaux de ces objets.

270. — Toutes les obligations se bornent à donner, à faire ou à ne pas faire quelque chose. — C. civ., art. 1101 et 1126.

271. — Dans les obligations de donner, le débiteur doit, en général, conférer la propriété de l'objet promis.

272. — Sous le nom de *chose* on comprend ici les meubles comme les immeubles, les choses incorporelles comme les choses corporelles, les actions de l'homme ou même leurs omissions. — Toullier, t. 6, no 113.

273. — Le simple usage ou la simple possession d'une chose peut être, comme la chose même, l'objet du contrat. — C. civ., art. 1127. — Le simple usage, comme dans le concordat, le louage. La simple possession, comme dans le gage.

274. — La simple garde de la chose peut aussi être l'objet d'un contrat, par exemple d'un dépôt, d'un séquestre.

275. — Les choses futures peuvent même être l'objet d'une obligation, bien que leur existence soit incertaine. — C. civ., art. 1130, § 1er. — Ainsi, je puis vendre les vins que je recueillerai cette année.

276. — L'objet du contrat peut ne consister que dans une simple espérance; par exemple, je puis vendre le produit d'un coup de filet, les bénéfices que je pourrai retirer de telle entreprise, de telle société.

277. — Je puis vendre également un droit d'hérédité, une succession ouverte. Ces contrats sont dits aléatoires. — V. CONTRAT ALÉATOIRE.

278. — La simple prétention à une hérédité est un objet suffisant. — L. 10 et 11 *De hered. vend.* D. — Duranton, t. 10, no 300.

279. — On peut assurer la récolte de plusieurs années. — V. ASSURANCE TERRESTRE.

280. — L'obligation résultant d'un contrat ayant pour objet des choses futures est conditionnelle. Si donc, pour rester dans le cas d'une vente de fruits à naître, la récolte vient à périr par cas fortuit, le contrat est nul faute d'objet.

281. — Il en est autrement dans l'hypothèse d'un forfait; l'espérance seule est alors l'objet du contrat. Ce contrat est aléatoire et il subsiste quand même le produit serait nul. — Toullier, t. 6, no 144; Duranton, t. 10, no 301.

282. — Une obligation peut être valablement contractée pour un crédit ouvert, bien que les valeurs ne se trouvent pas versées actuellement. — Si le montant du crédit a été versé, le débiteur ne peut se soustraire à l'exécution de l'obligation. — *Toulouse*, 5 juin 1832, Courrech c. Fornier. — V. CRÉDIT OUVERT.

283. — La règle que les choses futures peuvent être l'objet d'une obligation est susceptible de quelques exceptions. Ainsi les blés en vert ne peuvent être l'objet d'un contrat de vente. — V. BLÉS EN VERT, et la loi du 6 mess. an III.

284. — Une seconde exception a lieu à l'égard des successions futures. — C. civ., art. 1130, § 2. — V. SUCCESSION FUTURE.

285. — Quant aux objets qui ne peuvent être l'objet d'obligations conventionnelles, ils consistent principalement dans les suivans.

286. — 1o *Choses et faits inutiles.* — L'objet de tout contrat doit être de nature à offrir quelque avantage pécuniaire au créancier. Sans cet avantage il ne peut être admis à poursuivre en justice l'exécution forcée de la promesse qui lui a été faite; car les juges ne sauraient comment apprécier les dommages-intérêts. — Pothier, no 18. — V. CHOSES INUTILES.

287. — On doit regarder comme inutiles : la promesse de ne pas sortir de sa maison pendant un certain temps. C'est aliéner en vain une partie de sa liberté. — Toullier, t. 6, no 146.

288. — ... La stipulation pour autrui telle que l'entend le Code civil, art. 1119.

289. — ... La convention par laquelle je stipule une chose qui déjà est à moi, même si elle venait à cesser de m'appartenir. — Pour que pareille convention fût valable, il faudrait n'avoir sur la chose qu'un droit incomplet, résoluble. — Pothier, no 154; Duranton, t. 10, nos 322 et 323.

290. — ... La stipulation d'un fait à l'exécution duquel le stipulant n'aurait pas intérêt. — Toutefois ce fait peut devenir la condition ou la charge d'une obligation. — Pothier, no 139; Toullier, t. 6, no 847.

291. — Toutefois la promesse d'une chose inutile peut devenir obligatoire par une clause pénale. — V. OBLIGATION AVEC CLAUSE PÉNALE.

292. — Du reste, pour annuler une convention, l'inutilité doit être évidente; dans le doute on doit la maintenir. — Toullier, t. 6, no 147.

293. — 2o *Choses et faits indéterminés.* — Sur ce

qui constitue des choses et faits indéterminés, V. CHOSE DÉTERMINÉE, CHOSE INDÉTERMINÉE.

294. — On ne doit pas considérer comme indéterminé l'engagement de donner des alimens. — Pothier, n° 131; Toullier, t. 6, nos 143, 144.

295. — ... Celui d'indemniser une personne des dommages-intérêts qu'elle a soufferts ou qu'elle pourra souffrir.

296. — Ainsi l'engagement de garantir et indemniser un tiers de tout ce qu'il pourra payer à raison d'endossemens qu'il a souscrits ou qu'il souscrira pour une personne désignée, est valable bien que portant sur une somme incertaine quant à sa quotité; cette quotité étant susceptible d'être déterminée. — *Metz*, 28 mars 1833, D... c. N...

297. — Si l'obligation a un fait pour objet, il faut qu'il soit déterminé. La promesse de bâtir une maison sans que l'emplacement soit désigné serait indéterminée. — Pothier, n° 137; Delvincourt, t. 2, p. 466, notes.

298. — 3° *Choses et faits impossibles.* — V. ce qui a été dit à cet égard v° CHOSES IMPOSSIBLES.

299. — On doit considérer comme chose impossible la vente d'une chose qui n'existait plus au moment du contrat.

300. — Dans cette hypothèse, l'acheteur conservera pendant trente ans son action en répétition du prix sans qu'on puisse lui opposer la disposition de l'art. 1304. — L. 57, D. *De contrah. empt.* — Duranton, t. 12, n° 531; Zachariæ, *Droit civil théorique français*, t. 2, p. 486, note 13; Toullier, t. 6, n° 123.

301. — L'art. 1662 C. civ., qui assujettit, dans le cas d'erreur sur la mesure, l'action de l'acheteur comme celle du vendeur à la prescription annale, n'est pas applicable à l'action en résolution d'un contrat de vente pour raison de la non-existence, à l'époque du contrat, de tout ou partie des objets vendus; cette action dure trente ans. — *Rennes*, 28 juill. 1811, de Lambilly c. Thabuis. — V. au surplus VENTE.

302. — L'impossibilité relative seulement à l'obligé ne vicie pas le contrat. C'est à lui à s'imputer la témérité de son engagement. — Pothier, n° 136; Delvincourt, t2. , p. 466, notes; Duranton, t. 10, n° 317.

303. — Une impossibilité temporaire ne vicie pas non plus le contrat.

304. — Ainsi, si un officier ministériel ou son héritier s'oblige à présenter à l'agrément du roi un tiers désigné, mais que ce tiers n'ait pas l'âge requis pour occuper l'office vacant, ce défaut d'âge, qui n'est qu'un obstacle temporaire, ne porte point atteinte à la convention. — *Besançon*, 25 mars 1828, Bugnottet c. Pinard et Perrot.

305. — Parmi les choses et faits impossibles se rangent les choses et les faits d'autrui, puisqu'ils ne sont pas en notre pouvoir.

306. — Le legs et la vente de la chose d'autrui sont déclarés nuls par les art. 1021 et 1599. — V. LEGS, VENTE.

307. — Toutefois, par choses d'autrui, on doit entendre celles qui appartiennent à une personne déterminée; autrement, le contrat serait valable. Ainsi, je puis vendre une pendule, un diamant, une collection d'ordonnances, etc., sauf à les acheter si je ne les possède pas. — Toullier, t. 5, n° 516.

308. — De même, la vente de la chose d'autrui n'est pas nulle dans les affaires de commerce. — Toullier, t. 6, n° 132. — Voyez, toutefois, C. pén., art. 422.

309. — Quant au principe que l'on ne peut stipuler ou promettre le fait d'autrui, V. *suprà* nos 218 et suiv.

310. — 4° *Choses hors du commerce.* — On a vu (v° CHOSES HORS DU COMMERCE) en quoi ces choses consistent. — A quoi nous ajouterons :

311. — L'inaliénabilité des immeubles dotaux les soustrait, pendant un certain temps, au commerce. — C. civ., art. 1554 et suiv. — V. DOT.

312. — Les biens affectés à un majorat sont également soustraits au commerce, tant que subsiste le caractère dont ils sont affectés. — V. MAJORAT.

313. — Sous le C. civil, les biens formant un titre clérical ne sont pas, comme sous l'ancienne législation, frappés d'inaliénabilité. — *Toulouse*, 22 avril 1831, Castelnau.

314. — On doit ranger dans la classe des opérations commerciales une association ayant pour objet l'exploitation d'un brevet de maître de poste. — *Orléans*, 21 fév. 1837 (t. 2. 1837, p. 529), Gaudriot c. Cotty.

315. — 5° *Choses et faits illicites.* — Ce sont, comme on l'a vu (v° CHOSES ILLICITES), les choses ou les faits défendus ou réprouvés par la loi.

316. — Relativement à la question de savoir quand une chose ou un fait doit ou non être réputé illicite, et par suite peut ou ne peut faire l'objet d'une convention, voici les exemples que nous fournit la jurisprudence.

317. — Doivent être considérées comme illicites les conventions tendant à gêner la liberté des mariages : telles que celles qui contiennent une clause pénale, en cas de dédit. Dès lors un arrêt échappe à la censure de la Cour de cassation lorsqu'il déclare en fait que, si un projet de mariage est resté sans effet, ce n'a pas été par un simple changement de volonté de la part de celui qui ne l'a pas réalisé, et que cette inexécution n'a porté aucun préjudice à l'époux délaissé. — *Cass.*, 6 juin 1821, Chenneveau c. Champigny. — V. PROMESSE DE MARIAGE.

318. — Il en est de même des conventions arrêtées entre deux pères de famille d'unir leurs enfans avec clause de la même nature. — Duranton, t. 10, n° 319.

319. — Est nulle la convention par laquelle deux époux arrêtent de se séparer judiciairement, et cette nullité entraîne celle de la clause stipulée contre celui qui n'exécuterait pas la convention. — *Caen*, 14 nov. 1825, Lebourgeois.

320. — On a vu, sous la loi du 10 brum. an V, qui prohibait le commerce des marchandises anglaises, considérer comme nul, et comme ne pouvant donner lieu à aucune action, l'achat de telles marchandises fait par un Français, même ailleurs qu'en France, alors surtout qu'il ne justifierait pas que sa consommation dût se faire à l'étranger, et que tout donnait lieu de penser le contraire. — *Liége*, 11 juin 1812, Primavesi c. Godeez.

321. — Dans un temps où l'exportation des grains était prohibée, un permis d'exportation a pu être l'objet d'une obligation entre négocians. — *Cass.*, 5 août 1806, Possel c. Jacobi.

322. — Est nulle la convention qui a pour objet l'introduction en fraude de marchandises prohibées. Cette nullité, étant d'ordre public, ne peut être couverte par un commencement d'exécution. — *Bastia*, 21 déc. 1830, Carbuccia c. Bonifoll.

323. — La contrebande en pays étranger n'est point réprimée par les lois françaises. — *Spécialement*, le traité passé entre la France et l'Espagne le 9 fév. 1824 n'a point été violé par des opérations de contrebande pratiquées de concert et dans leur intérêt particulier par des Français et des Espagnols. — Dès lors, les conventions relatives à de pareilles opérations peuvent être l'objet d'une action judiciaire, — *Cass.*, 25 août 1835, Lacrouts c. Batbedat.

324. — Par la même raison, la contrebande à l'étranger peut être, en France, l'objet licite d'un contrat d'assurance. — *Aix*, 30 août 1833 (sous *Cass.*, 25 mars 1835), Boy de la Tour c. Cherbonnel.

325. — Jugé, cependant, qu'un acte d'affrétement qui a pour objet un commerce frauduleux dans les États d'une puissance étrangère, a une cause illicite. — Sa nullité entraîne celle de la clause pénale stipulée pour en assurer l'exécution. — *Rennes*, 1er déc. 1826, Trementin c. Delisle.

326. — Et, d'un autre côté, ne peuvent être l'objet d'une action en justice les conventions qui auraient pour objet de corrompre les agens des douanes d'un gouvernement étranger. — *Pau*, 11 juin 1834, sous *Cass.*, 25 août 1835, Lacrouts c. Batbedat.

327. — Lorsqu'une action a pour but l'apurement d'un compte sur des opérations d'un commerce probibé par les lois, tel que la traite des noirs, les tribunaux doivent refuser d'y prononcer, même à l'égard d'articles qui n'auraient pas un rapport direct avec ce commerce illicite. — *Cass.*, 7 nov. 1832, Mille c. Théberard.

328. — La convention ayant pour objet une opération sur des marchandises prohibées ne peut donner lieu à aucune action en justice. En conséquence, l'acheteur qui a souscrit des billets à ordre en paiement de ces marchandises, lesquelles ont été saisies, ne peut appeler le vendeur en garantie sur la demande en condamnation formée contre lui par les tiers porteurs. — *Paris*, 7 mars 1846 (t. 1er 1846, p. 675), Godefroy et Fillieux c. Houdelette.

329. — Quoi qu'il en soit: si la convention n'est illicite qu'à l'égard d'une des parties, l'autre peut en réclamer l'exécution. — Toullier, t. 6, n° 128; Rolland de Villargues, *Rép.*, v° *Convention*, nos 57 et 50.

330. — Sont illicites les clauses qui tendent à entraver la liberté du commerce.

331. — Ainsi est nul, comme contraire à l'ordre public et aux lois le traité par lequel plusieurs individus se sont engagés envers un tiers à ne pas concourir, ni pour leur compte, ni pour celui d'autrui, sous peine d'indemnité, à une entreprise pour un service public dont ce tiers voulait se rendre adjudicataire. Dès lors, en cas d'inexécution du traité, l'action en paiement de l'indemnité n'est point recevable. — *Colmar*, 15 janv. 1830, Desrues c. Leroux.

332. — Est également illicite et par conséquent nul comme propre à gêner la liberté du commerce et à nuire à la concurrence le traité par lequel des fabricans d'une même marchandise se sont engagés à déposer les produits de leurs fabriques dans un magasin commun, pour n'y être vendus que suivant le prix convenu entre eux. — Cette décision constitue une appréciation d'acte qui, étant dans dans le domaine de la Cour d'appel, échappe à la censure de la Cour de cassation. — *Cass.*, 18 juin 1828, Enfert c. Bonneau-Létang.

333. — Le traité par lequel les huissiers d'un chef-lieu d'arrondissement sont convenus que le service de l'audience serait fait par un seul d'entreux, et que les actes de leur ministère seraient signifiés par certains, dans la ville, et par d'autres à la campagne, n'est pas valable. — *Montpellier*, 28 août 1830, Rochevable c. Gelzy et Roger. — Bioche et Goujet, *Dict. de proc.*, v° *Huissier* n° 57, 2e édit.

334. — La convention par laquelle les huissiers auraient soumis à une amende de 35 fr. celui d'entre eux qui, pour obtenir un bénéfice à lui propre, engagerait des parties à ne pas plaider ou à ne pas ramener leur titre à exécution, est illicite et contraire à l'ordre public. — Même arrêt.

335. — Lorsqu'il intervient un traité entre des entrepreneurs de fournitures de traverses de bois pour un chemin de fer et des fournisseurs des bois de la marine, par lequel les premiers s'engagent à livrer à ceux-ci tous les bois à leur convenance dans les coupes à enchérir par eux, et à n'intéresser aucun tiers dans leurs opérations, tandis que, de leur côté, les derniers s'interdisent toute acquisition directe ou indirecte de bois dans les localités où leurs contractans entendraient opérer, un pareil traité est nul, comme ayant pour objet de créer un monopole, et pour effet de détruire la liberté du commerce en écartant la concurrence. — L. 2 mars-14 juin 1791; C. civ., art. 1131; C. pén., art. 412-419; C. for., art. 22. — *Colmar*, 14 août 1840 (t. 1er 1841, p. 564), Auvray c. Koecklin.

336. — Au contraire, la convention par laquelle un négociant s'engage envers d'autres à ne plus expédier directement ni indirectement sur une place déterminée des marchandises de son commerce n'a rien d'illicite et doit être réputée obligatoire. — Une telle convention, si elle ne contient aucune clause qui en limite la durée, prend fin par un changement survenu dans l'état ou la qualité des parties contractantes et notamment par le décès de l'une d'elles. — Dans ce cas, le contrat étant résilié, le refus de la part d'une des parties d'en continuer l'exécution ne saurait donner lieu contre elle à des dommages-intérêts, quelque préjudice que cette résiliation fût de nature à causer aux autres parties. — *Pau* 7 août 1837 (t. 2 1838, p. 137), Poney et Souviraa c. Bégué.

337. — Est licite la convention par laquelle tous les libraires d'une ville s'engagent, sous peine de dommages-intérêts, à tenir leurs magasins fermés les dimanches et jours de fêtes légales. — *Colmar*, 10 juill. 1837 (t. 2 1837, p. 397), Geng c. Reffinger.

338. — Il n'y a rien de contraire à la loi dans la convention par laquelle un tiers s'engage à se rendre adjudicataire de biens expropriés pour les faire rentrer dans la possession du saisi après avoir satisfait aux clauses de l'adjudication. L'art. 713 C. proc., qui défend aux avoués de se rendre adjudicataires pour le saisi, n'est point applicable à ce cas. — Une pareille convention entre le saisi et un tiers ne peut être critiquée par les créanciers qu'autant que leurs droits auraient été frauduleusement lésés. — *Colmar*, 12 juill. 1825, Loriot c. Armand.

339. — Autrefois on avait considéré comme licite la clause d'une obligation hypothécaire qui stipule qu'à défaut de paiement par le débiteur, dans le délai fixé, le créancier aura, après simple commandement, le droit de faire vendre les immeubles hypothéqués aux enchères devant notaires sur affiche, sans saisie ni autres formalités. — *Poitiers*, 8 mars 1833, Bonnet c. Rabier et Savinien.

340. — La validité de cette clause, dite *de voie passée*, avait été reconnue par arrêt de la Cour de cassation du 28 mai 1840 (t. 2 1840, p. 372, Podesta), sur les conclusions conformes de M. le procureur général Dupin. Mais la nouvelle loi sur les ventes judiciaires des biens immeubles la prescrit d'une manière absolue. — L. 2 juin 1841; C. proc., art. 742.

341. — Est licite et doit, dès lors, être exécutée, sous peine de dommages-intérêts, la convention par laquelle deux parties, après une adjudication d'immeubles, s'interdisent réciproquement la faculté de sous-acquérir tel ou tel lot de ces immeubles. — *Pau*, 16 juin 1840 (t. 1er 1841, p. 114), Dubarry c. Bruyeau.

342. — La clause d'un contrat de vente sous seing privé par laquelle un vendeur et un acquéreur conviennent que les droits d'enregistrement seront à la charge de celle des parties qui en rendra la perception nécessaire est une clause licite, autorisée par l'art. 31 de la loi du 22 frim. an VII. Le vendeur qui, par son fait, a encouru la perception de ces droits, n'est pas fondé à demander la nullité de la clause. — *Cass.*, 16 août 1831, Michomet; 13 mars 1839 (t. 1er 1839, p. 357), Boisseau c. Pelleray.

343. — La convention par laquelle une partie consent à ce qu'une poursuite de saisie immobilière soit continuée contre elle, et renonce à arguer de nullité les actes déjà faits, est licite et la rend non recevable à demander soit la nullité de la procédure par elle reconnue valable, soit la mise hors de cause. — *Bordeaux*, 11 juill. 1835, Lemoine-Reclus c. Gérard.

344. — Est licite le traité par lequel il est convenu entre le débiteur saisi et un tiers que celui-ci surenchérira l'immeuble déjà adjugé, qu'il subrogera le débiteur à ses droits, sous toutes les obligations de sa surenchère, et qu'à défaut par ce dernier de satisfaire à son engagement le tiers demeurera propriétaire de l'immeuble au prix pour lequel il avait été adjugé. — *Paris*, 10 mars 1812, Huyard c. Guittard.

345. — Un acquéreur peut s'interdire la faculté de provoquer un ordre en justice pour la distribution du prix de vente qui lui a été consentie, même dans le cas où il y a plus de trois créanciers. — C. proc., art. 775. — Le défaut d'exécution rend l'acquéreur passible de dommages-intérêts. — *Cass.*, 28 juill. 1819, Pissaguet c. Dupont.

346. — La convention par laquelle une compagnie d'assurances garantit les propriétaires des voitures contre les condamnations pécuniaires qui peuvent être prononcées à raison d'accidens occasionnés par leur imprudence ou par celle de leurs préposés n'a rien d'illicite et doit recevoir son exécution. — *Paris*, 1er juill. 1845 (t. 2 1845, p. 793), Comp. d'assur. l'Automédon c. Isot.

347. — La convention qui a pour cause l'établissement d'une *maison de débauche* est illicite comme contraire aux bonnes mœurs et à l'ordre public. — Les tribunaux n'ont pas à connaître de l'exécution ou de l'inexécution de pareils traités. — En conséquence, les parties sont respectivement sans action l'une à l'égard de l'autre pour tout ce qui se rattache à une pareille convention. — *Paris*, 30 nov. 1839 (t. 1er 1840, p. 41), Pillot c. Bergunion et Marlot.

348. — Le traité fait entre un directeur de théâtre et un entrepreneur à l'effet d'assurer, moyennant salaire, le succès des pièces représentées à ce théâtre est illicite. — Cette nullité est absolue, et s'applique à toutes les conventions contenues dans le traité, lesquelles ne peuvent produire aucun effet. — *Paris*, 3 juin 1839, Mennecier c. Cormon et Cournal; 4 avril 1840 (t. 1er 1840, p. 700), Dutacq c. Cochet.

349. — Peut-on répéter les sommes données en exécution d'un pareil engagement? La négative ressort implicitement de ces deux décisions. Elle est, en outre, consacrée par un arrêt de la Cour d'appel de *Paris* du 30 nov. 1839 (t. 1er 1840, p. 41), Pillot c. Bergunion et Marlot.

350. — Est illicite l'association de malfaiteurs avec condition tendant à rendre compte ou à faire distribution du produit des méfaits. Son auteur est punissable des travaux forcés à temps, conformément à l'art. 267 C. pén. — *Cass.*, 24 avr. 1834, Niel.

351. — Une société ayant pour objet la fabrication et la vente d'un remède secret et prohibé par la loi est radicalement nulle comme illicite et contraire à l'ordre public. — Une telle association ne peut donner naissance à une action en justice. — *Paris*, 15 juin 1838 (t. 2 1838, p. 105), Morison c. Blain et Servan.

352. — La vente d'une officine de pharmacien consentie au profit d'un élève en pharmacie non encore reçu, et sous la condition que l'exploitation aura lieu sous le nom du vendeur, mais sans que celui-ci soit garant des accidens qui pourraient résulter de la gestion du cessionnaire, est nulle comme faite sous une condition illicite et contraire à l'ordre public. — *Cass.*, 13 mai 1833, Legros c. Paillard.

353. — N'est pas illicite et nulle une société formée entre deux ouvriers imprimeurs pour l'exploitation matérielle d'une imprimerie dont le brevet appartient à un tiers qui en reste titulaire. — *Aix*, 14 déc. 1827, Dufort c. Olive.

354. — Le traité par lequel un agent de change s'engage envers un tiers à lui faire une remise sur les courtages de chaque affaire que celui-ci lui procurera n'a rien de contraire à l'ordre public ni aux lois, et doit recevoir son exécution. — *Paris*, 10 fév. 1844 (t. 1er 1844, p. 307), Lecordier c. Croquelois.

355. — Mais est illicite, comme contraire à l'ordre public et aux bonnes mœurs, la convention par laquelle un entremetteur se fait promettre une prime pour s'interposer dans un mariage. — *Paris*, 17 juill. 1842 (t. 2 1844, p. 116), Francfort c. Provost. — Toullier, t. 6, no 303; Duranton, t. 10, no 309 et 319.

356. — La convention par laquelle un médecin s'oblige à donner, *pendant toute sa vie*, les soins de son art à une personne et aux gens de sa maison, n'est contraire ni aux bonnes mœurs ni à l'ordre public. — Une telle convention n'est pas non plus prohibée par l'art. 1780 du Code civil, aux termes duquel on ne peut engager ses services qu'à temps; cet article n'étant applicable qu'aux domestiques et gens de travail, dans la classe desquels on ne peut faire entrer les médecins. — *Cass.*, 21 août 1839 (t. 2 1839, p. 205), de Feuchères c. Mojon.

357. — Les conventions de remplacement des conscrits dans le service militaire avaient d'abord été déclarées illicites. — *Cass.*, 12 déc. 1810, Zerboi c. Bertinato. — Mais depuis la loi du 10 mars 1818, sur le recrutement, on s'est relâché de cette sévérité. — V. REMPLACEMENT MILITAIRE.

358. — Avant la loi du 28 avril 1816, les études d'avoués, de notaires, les charges d'huissiers, de greffiers ne pouvaient faire l'objet d'une convention. Elles étaient en cela sous l'empire du droit commun et des lois abolitives de la vénalité de toutes les charges. Mais, depuis cette loi, il en est autrement, et une convention est licite quand elle a pour objet l'une des charges dont le titulaire peut présenter son successeur. — V. OFFICE.

359. — En est-il de même à l'égard des emplois autres que ceux dont parle la loi du 28 avril 1816, et doit-on considérer comme licite la convention par laquelle le titulaire s'engage à se démettre de sa charge au profit d'un individu moyennant une somme d'argent?

360. — Pour la négative, on dit : Les emplois publics sont des choses hors du commerce; et l'art. 91 de la loi du 28 avril 1816 fait une exception à l'égard des offices de notaire, etc. Ce principe doit être restreint dans les limites posées par cette loi. D'ailleurs, l'intérêt public exige qu'un libre concours présente au choix du chef du gouvernement les sujets les plus dignes de remplir les emplois publics. Dès lors, céder ou vendre à prix d'argent, en dehors de l'exception consacrée par l'art. 91 de la loi précitée, un de ces emplois, c'est faire une convention dont la cause est tout à la fois prohibée par la loi et contraire à l'ordre public.

361. — Jugé, en ce sens, que les emplois publics, autres que les offices pour lesquels l'art. 91 de la loi du 28 avril 1816 a consacré le droit de présentation, ne peuvent être l'objet d'une cession licite. — *Paris*, 18 nov. 1837 (t. 1er 1838, p. 209), Scarcey c. Duguet; 8 févr. 1840 (t. 1er 1840, p. 188), Leroy c. Tonnelier.

362. — Ainsi, sont illicites et nuls : le traité par lequel une personne promet de payer une rente viagère à un receveur des contributions, si elle est nommée à la place de ce fonctionnaire. — *Paris*, 8 nov. 1825, Deséjourné c. Juris.

363. — ... La vente d'une charge de chancelier près d'un consulat. — *Paris*, 18 nov. 1837 (t. 1er 1838, p. 209), Scarcey c. Duguet.

364. — ... Le traité fait relativement à la cession d'une place de percepteur. — *Nancy*, 12 nov. 1829, Brau c. Rovel; *Paris*, 8 févr. 1840 (t. 1er 1840, p. 188), Leroy c. Tonnelier.

365. — Jugé également avant la loi du 28 avril 1816 : que les perceptions de contributions n'étant point transmissibles à prix d'argent, une convention faite à l'occasion d'une démission de ce genre d'emploi ne peut être réputée licite. — *Paris*, 23 avril 1814, Derudder C. Sauvage.

366. — Par suite de l'annulation d'une pareille convention l'acquéreur a droit à la restitution des sommes qu'il a payées, comme contraint et forcé. Mais, il n'en est pas de même des sommes qu'il a payées volontairement. — *Paris*, 18 novembre 1837 (t. 1er 1838, p. 209), Scarcey c. Duguet.

367. — Toutefois l'acquéreur n'est pas obligé de tenir compte au vendeur des bénéfices qu'il a faits dans l'exercice de la charge pendant le temps de la possession. — Même arrêt.

368. — Par la même raison celui au profit de qui la démission a été donnée ne peut être contraint de remplir ses engagements, bien que la convention ait été suivie d'exécution pendant plusieurs années. — *Nancy*, 12 nov. 1829, Brau c. Rovel,

369. — Enfin, l'exécution volontaire de ce traité pendant plus de dix ans n'en couvre pas la nullité. — *Paris*, 8 nov. 1825, Deséjourné c. Juris.

370. — Pour l'affirmative on répond, et avec plus de raison, ce nous semble, que l'engagement pris par un fonctionnaire public de donner la démission de son emploi n'a nullement pour objet d'engager le fait du chef du gouvernement; mais seulement de faciliter à un particulier les moyens de succéder à un titulaire : qu'une pareille convention, n'ayant rien de contraire à la loi, aux bonnes mœurs ni à l'ordre public, peut donner lieu à une obligation licite.

371. — Jugé, en ce sens, que l'avantage résultant de la démission d'un emploi public peut former la matière d'un engagement. — *Cass.*, 2 mars 1825 Corbin c. Fannié; *Bord.* 5 déc. 1845 (t. 1er 1846, p. 366), Dupron c. Constantin.

372. — Ainsi : un percepteur de contributions, qui a constitué une dot à sa fille dans son contrat de mariage, peut se libérer valablement en s'obligeant à donner et en donnant en paiement de la dot la démission de sa place au profit de son gendre, qui a été nommé par suite de cette démission. — *Cass.*, 2 mars 1825, Corbin c. Fannié.

373. Ainsi sont également licites et valables : la convention qu'un percepteur se démettra de sa place et que l'autre contractant lui paiera annuellement une pension du jour où il aura été nommé à cette place. — *Amiens*, 18 juin 1822, Maillard c. Quevrain.

374. — ... La convention par laquelle un percepteur des contributions s'oblige, moyennant une indemnité, à se démettre de sa place. — *Grenoble*, 5 juillet 1825, Prial c. Faure.

375. — ... Le traité par lequel une personne s'engage à payer une somme déterminée ou à servir une rente à un homme en place, par exemple à un garde général des forêts, sous la condition de se démettre de son emploi en sa faveur. Le service de la rente doit être continué, encore bien que l'emploi ait été supprimé ultérieurement. — *Amiens*, 18 janv. 1820, Ménesson c. Defrégals.

376. — ... La constitution d'une rente souscrite au profit du titulaire d'un bureau de tabac stipulée comme prix de la démission de ce titulaire. — *Bordeaux*, 5 déc. 1845 (t. 1er 1846, p. 366), Dupron c. Constantin.

377. — Toutefois, en supposant qu'une obligation pût trouver une cause licite dans la démission d'une fonction publique, telle qu'une place de percepteur, il ne saurait en être ainsi de l'engagement déterminé par des actes qui ne présenteraient d'autre caractère que celui dépendant d'événemens qu'on pourrait devoir à l'influence des sollicitations, de la faveur ou de l'intrigue. — *Bordeaux*, 22 déc. 1832, Lafarque c. Labalengue.

378. — Lorsqu'il est convenu entre deux individus présentés comme candidats à une place dont la nomination appartient au gouvernement que l'un se démettra de sa candidature en faveur de l'autre, à condition que, si ce dernier est nommé, il l'admettra pour son associé, sur le pied d'égalité parfaite, dans la manutention et les émolumens, un pareil traité est nul comme ayant une cause illicite. — *Lyon*, 12 janv. 1822, Nivière c. Lardon.

379. — On doit considérer comme licite le traité par lequel un huissier, moyennant une certaine rétribution, s'engage, pendant un certain temps, à travailler et tenir son cabinet dans le domicile d'un autre huissier, ainsi que le cabinet de ce dernier; à y faire tous les actes et à en remettre le produit à ce dernier, encore bien que les affaires lui seraient adressées personnellement. — *Angers*, 14 août 1823 (sous *Cass.*, 10 fév. 1835), Roulet c. Baudinier.

Sect. 4e. — *Cause des obligations.*

380. — La cause des obligations consiste, en général, 1o soit dans une obligation antérieurement imposée à celui qui contracte un nouvel engagement, et sous ce rapport la théorie de la cause se lie à celle de la novation et à celle de la confirmation des obligations. — Zachariæ, *Droit civil théorique français*, t. 2, p. 474.

381. — ... 2° Soit dans une prestation en retour de laquelle l'une des parties s'oblige envers l'autre. C'est ce qui a lieu dans les conventions à titre onéreux. Ici la cause de l'obligation de l'un des contractans se confond avec l'objet de l'obligation de l'autre, et la théorie de la cause se lie d'une manière intime à celle de l'objet. — Zachariæ, *ibid.*

382. — Dans la première, on envisage en elle-même, isolément, la prestation due par les parties; dans la seconde, on apprécie les prestations respectivement dues par les contractans en les opposant l'une à l'autre. C'est ainsi que dans les contrats synallagmatiques la cause de l'obligation de l'une des parties est l'objet de l'obligation de l'autre. — Zachariæ, *ibid.*

383. — A Rome, les obligations n'étaient pas, en général, parfaites par le seul consentement. Le droit civil (*jus Quiritium*) les avait entourées de solennités que les jurisconsultes ont appelées *causæ obligandi*. Le mot *cause* ne peut avoir ce sens en droit français, et il faut bien se garder de recourir pour l'interprétation des règles du Code civil sur la cause aux principes qui régissaient ces *causæ obligandi*.

384. — Dans le droit français, la cause consiste dans le motif qui porte les parties à contracter. — Toullier, t. 6, n° 167; Delvincourt, t. 2, p. 122, édit. de 1819.

385. — La cause est un des élémens essentiels des conventions. — C. civ., art. 1108. — Toute obligation sans cause, ou sur une fausse cause, ou sur une cause illicite, ne peut avoir aucun effet. — C. civ., art. 1131.

ART. 1er. — *Défaut de cause.*

386. — Un engagement sans cause est un acte de folie, auquel la loi ne peut donner aucun effet. — C. civ., art. 1131.

387. — L'engagement est sans cause : 1° lorsqu'il n'en a jamais existé.

388. — Ainsi l'obligation contractée pour réparation d'un délit est sans cause, si ce délit est reconnu non existant. — On peut, en conséquence, en demander la nullité, et exciper pour cela du jugement rendu au criminel qui déclare le corps du délit non constant. — *Cass.*, 17 (et non 18) mars 1813, Tourangin c. Charret.

389. — Une obligation résultant de la mention, dans un contrat de mariage, de l'apport d'une somme est nulle, comme dépourvue de cause, s'il est reconnu que la somme n'a pas été apportée. — *Rennes*, 25 fév. 1828, Berdoulet c. Vallée et Renault.

390. — Une Cour a pu, sans méconnaître les principes établis par les art. 1131 et 1132 C. civ., juger en fait, et en appréciant les actes et dires des parties, qu'une obligation souscrite au profit d'un individu pour restitution de contributions payées par celui-ci en l'acquit du souscrivant, et une constitution de rente pour salaires et déboursés, étaient sans cause, et par conséquent nulles. — *Cass.*, 9 juin 1812, Ch... c. B...

391. — Est valable la condition apposée à un legs de souscrire une obligation au profit d'une personne déterminée, et cette condition constitue une cause réelle de l'obligation. — *Riom*, 1er mars 1830, Courbon c. Faure.

392. — Ne peut être considérée comme sans cause l'obligation de partager avec des parens les biens d'une succession dont ils avaient été exclus, à la charge par eux de concourir aux frais à faire pour recouvrer cette même succession. — Ce n'est point là une donation sujette aux formalités de cette espèce d'acte, mais bien un contrat aléatoire. — *Bruxelles*, 22 mars 1810, Cornet c. Gillion.

393. — On ne peut considérer comme dénuée de cause l'obligation souscrite, par l'acquéreur d'un bien vendu nationalement, au profit de l'ancien propriétaire, pour prix de la ratification que ce dernier a consentie de la vente. — Une telle obligation n'a d'ailleurs été ni révoquée ni annulée par la loi du 27 avr. 1825 sur l'indemnité accordée aux émigrés. — *Cass.*, 23 juill. 1833, de Framont c. Filhon. — V. OBLIGATION NATURELLE.

394. — Jugé, au contraire, qu'on doit réputer sans cause l'engagement que, dans le but d'assurer davantage son acquisition, un acquéreur de biens nationaux a pris de payer une indemnité à l'ancien propriétaire de ces biens. — *Colmar*, 3 déc. 1808, Roi c. Klinglin.

395. — Dans une vente sur licitation entre majeurs et mineurs, les colicitans majeurs ne peuvent valablement garantir ou cautionner la vente relativement aux mineurs vis-à-vis de l'adjudicataire. Il y a là obligation sans cause. — *Metz*, 12 août 1818, Bertin c. Guenin.

396. — Jugé, au contraire, que les majeurs peuvent valablement cautionner la vente d'un immeuble qu'ils possèdent par indivis avec des mineurs. Une telle obligation n'est pas sans cause. — *Cass.*, 6 juin 1821, mêmes parties.

397. — Il n'y a ni lettre de change ni acte de commerce ni même aucune obligation civile dans un billet souscrit par un négociant et ainsi conçu : Je prie M....., négociant à....., de vouloir bien compter à M..... la somme de....., qu'il portera à mon débit, et dont je lui tiendrai compte, suivant l'avis, etc..... — *Cass.* 26 déc. 1827, Gaëtan de Souza c. Bidon.

398. — La libre détermination de l'un des contractans d'exercer en faveur de l'autre un acte de bienfaisance ou de libéralité est une cause suffisante d'obligation.

399. — C'est ce qui a lieu dans le contrat de mandat, où la volonté du mandataire suffit pour l'obliger à exécuter le mandat et à répondre de son inexécution; dans le contrat de commodat, de prêt sans intérêts, de dépôt, et quelques autres contrats.

400. — Des services rendus forment une cause valable d'obligation, sans qu'il y ait à examiner si ces services auraient été ou non par eux seuls dans le cas de donner ouverture à une action civile pour en obtenir la récompense. — *Caen*, 19 mai 1841 (t. 1er 1844, p. 301), Hélie c. Yon. — V. DONATION RÉMUNÉRATOIRE.

401. — On doit regarder comme cause valable d'une obligation : la promesse qui engage quelqu'un à faire ce à quoi eût dû seule le porter la reconnaissance. — Pothier, n° 46; Duranton, t. 10, n° 341.

402. — L'acte privé par lequel un héritier a constitué une rente viagère au profit d'un ancien serviteur, pour déférer à la recommandation que le défunt lui en a faite dans son testament, a pu être déclaré obligatoire. — *Metz*, 28 avril 1806, Maigret c. de Salse.

403. — Une obligation a une cause valable, lorsque c'est un sentiment d'honneur et de délicatesse qui l'a fait souscrire. — En pareil cas, l'arrêt qui a décidé en point de fait, d'après l'interprétation des actes, ne peut donner ouverture à cassation. — *Cass.*, 10 mars 1818, Labat c. Desmolin.

404. — La convention par laquelle un parent s'engage à payer, comme *dette d'honneur*, les dettes d'un de ses parens, est licite. Une telle obligation a cause valable. — *Rouen*, 23 mai 1837 (t. 2 1839, p. 276), Richer.

405. — Une obligation naturelle peut servir de cause à une obligation civile par voie de novation. — V. OBLIGATION NATURELLE. — V., aussi, NOVATION, RÉPÉTITION.

406. — L'utilité publique est aussi la cause d'un grand nombre d'obligations, telles que celles de payer les impôts, faire le service militaire, céder, moyennant indemnité, sa propriété à l'Etat, à une commune, etc.

407. — Les quasi-contrats, les délits, les quasi-délits sont des causes d'obligations civiles. — Art. 1371 et suiv., 1382, 1383. — V. ces mots.

408. — N'est pas sans cause ou nulle l'obligation souscrite par un receveur de loterie au profit de son administration, pour l'indemniser du paiement d'un billet irrégulier délivré par imprudence. — *Cons. d'Etat*, 22 oct. 1810, Bouvier.

409. — La responsabilité dont est tenue une personne, par rapport aux actions d'une autre personne, est encore une cause d'obligations. — Art. 1384. — V. RESPONSABILITÉ.

410. — 2° Un engagement est sans cause lorsque cette cause a cessé d'exister.

411. — Ainsi la reconnaissance souscrite par erreur, d'une dette déjà acquittée, constitue une obligation sans cause et ne doit produire aucun effet. — *Paris*, 7 vent. an XI, Massey c. Lasnier.

412. — Toutefois, il faut distinguer entre les contrats de bienfaisance et les contrats intéressés. Les premiers deviennent caducs lorsque la cause vient à cesser, même depuis le contrat. Ainsi, l'obligation de fournir des alimens s'éteint à la mort du créancier; la donation faite en faveur d'un mariage, devient caduque si le mariage est déclaré nul. Quant aux contrats intéressés, il faut distinguer encore entre les conventions qui ne contiennent qu'une seule obligation contractée pour la totalité, et consommée au moment où le contrat reçoit sa perfection, et les conven-

tions qui contiennent plusieurs obligations se renouvelant successivement. Ainsi la vente ne contient qu'une seule obligation principale, celle de livrer la chose et de payer le prix. Si la chose périt après la perfection du contrat l'acheteur ne doit pas moins le prix. Au contraire, dans les conventions contenant des obligations successives, telles que le louage, l'assurance contre l'incendie, la cessation de la cause fait cesser l'obligation du locataire, de l'assureur. — Toullier, t. 6, nos 172, 173; Duranton, t. 10, n° 376.

413. — Ce principe a été appliqué aux rentes et il a été jugé que, l'effet devant cesser avec la cause de l'obligation, il s'ensuit que les rentes dont la cause était le droit exclusif qu'avait sur les torrens le gouvernement piémontais, avant la réunion à la France, ont été éteintes par la publication, dans le Piémont, du Code civil, qui, par les art. 538 et 644, range les torrens dans la classe des rivières privées. — *Cass.*, 21 févr. 1810, Domaines c. Sozzi.

414. — Est nul le billet causé valeur en compte sur le prix d'une vente lorsque cette vente a été annulée. — *Bruxelles*, 23 juillet 1817, Borgnies c. Renier.

415. — Est également nul le billet souscrit après la cession du privilége d'un journal et causé valeur en compte sur l'administration de ce journal, si l'acte de cession vient à être annulé. — Même arrêt.

416. — Un acte fait dans la vue d'une séparation de corps que les époux se proposent de demander, ne peut continuer à recevoir ses effets, si la séparation qui en est la cause est ensuite déclarée nulle. — *Bruxelles*, 15 févr. 1827, B.....

417. — L'arrêt qui annule une constitution de rente, parce que la cause qui y est exprimée se trouve être la même que celle d'une quittance précédente, est suffisamment justifié par le fait reconnu que, depuis l'époque de la quittance, celui en faveur de qui la rente a été constituée ne justifie d'aucune autre cause nouvelle. — *Cass.*, 9 juin 1812, Ch... c. B...

418. — 3° Enfin un contrat est encore sans cause lorsque la cause dépendant de l'avenir ne s'est pas réalisée.

419. — Celui qui a acheté une découverte pour laquelle le vendeur avait obtenu un brevet d'invention, par exemple une méthode d'écriture, peut demander la nullité de l'obligation par lui contractée, comme dénuée de cause, si la méthode ne produit pas les résultats promis par le vendeur. — *Grenoble*, 27 mai 1831, Soubeiran c. Bernardet.

420. — Un billet à-ordre, causé *valeur en vente d'un office d'huissier*, doit être réputé sans cause, si le souscripteur n'est point investi de la charge. — *Paris*, 13 fév. 1837 (t. 1er 1837, p. 223), Bergunion c. Guillon.

421. — Lorsque, par suite de dispositions législatives, l'exécution de la convention est devenue impossible; la nullité, prévue pour le cas où cette irrévocabilité ne pourrait être obtenue, s'est accomplie de plein droit, et les lois postérieures n'ont pu faire revivre ce contrat. — *Cass.*, 29 juill. 1829, Bouclier c. d'Orléans.

422. — Quand l'obligation a réellement une cause, le défaut d'expression de cette cause dans l'acte qui prouve le contrat n'entraîne pas la nullité de l'obligation. — C. civ., art. 1132. — Le Code civil a ainsi tranché une question très-controversée par la doctrine et par la jurisprudence anciennes. — Toullier, t. 6, n° 175; Duranton, t. 10, n° 352.

423. — Mais comme la cause est une des conditions essentielles de cette obligation (C. civ., art. 1108, 1131), il en résulte que le créancier doit justifier de la cause de l'engagement qu'il invoque; et que si cette preuve ne ressort pas de la nature ou de l'acte qui constate cet engagement, il doit le faire d'une autre manière. — L'imposer au débiteur serait d'ailleurs exiger de lui la preuve d'une négative absolue et le réduire à l'impossible. — Delvincourt. t. 2, p. 231; Duranton, t. 10, n° 355; Zachariæ, t. 2, p. 475.

424. — Par suite, lorsque la cause d'une obligation n'est pas suffisamment indiquée dans un acte, et qu'il y a articulation de dol et de fraude, les juges peuvent faire dépendre la validité de l'acte des explications que donnera le créancier sur la cause de l'obligation. — *Cass.*, 22 av. 1828, Renaud c. Chollet.

425. — Jugé, au contraire, qu'une obligation dont la cause n'est point exprimée est néanmoins présumée en avoir une; que, dès lors, c'est au débiteur à prouver que l'obligation n'a en réalité aucune cause. — *Bourges*, 12 févr. 1825, Rignault c. Blerzy et Martin; *Agen*, 3 juill. 1830, Carrère c. Birrau.

426. — Lorsqu'une mère a reconnu devoir à l'un de ses fils une somme déterminée, parce qu'*elle est sa débitrice*, ajoutant qu'*elle ne veut pas dire d'où procède cette dette*, mais qu'*elle connaît sa conscience obligée au paiement de cette somme*; une pareille obligation exprime une cause suffisante. Et tant que cette cause n'a pas été reconnue fausse et illicite, le fils ne peut pas être obligé de prouver qu'il est créancier et comment il l'est devenu. — *Cass.*, 9 janv. 1822, Ladreyt c. Boyt.

427. — Quoi qu'il en soit, c'est au débiteur, qui avance que la cause alléguée par le créancier est fausse, à en faire la preuve. — *Liége*, 19 fév. 1824, Forir c. Coulon.

428. — Lorsqu'on a d'abord soutenu qu'un acte à titre onéreux avait un prêt pour cause, on n'est plus recevable à prétendre ensuite qu'il avait eu pour cause réelle une libéralité. — *Caen*, 18 juill. 1826 (sous *Cass.*, 7 janvier 1829), Héon c. Montier-Grandière.

429. — Une reconnaissance de devoir dont la cause n'est pas exprimée peut être déclarée nulle pour défaut de cause valable, soit comme acte à titre onéreux, soit comme acte à titre gratuit, si, après avoir affirmé qu'il en a prêté le montant, le porteur soutient ensuite contre les dénégations du souscripteur que l'acte contient une libéralité, sur la cause de laquelle il n'a point à s'expliquer. — Même arrêt.

430. — On doit considérer comme valable l'engagement sous seing privé contracté par un individu de nourrir l'enfant dont telle personne est enceinte, bien que la cause n'en soit pas exprimée, alors qu'il n'est pas prouvé ni même allégué qu'il soit le fruit du dol, de la fraude ou de la violence. Seulement cet engagement, s'il est illimité dans ses termes, doit être restreint à satisfaire les premiers besoins de l'enfant, suivant la fortune de sa mère, et à pourvoir à son entretien jusqu'à l'époque où il pourra trouver dans son travail des moyens d'existence. — *Agen*, 24 février 1825, Cayre c. Lamothe.

431. — Il suffit qu'un billet argué de nullité comme étant sans cause soit déclaré avoir pour cause une transaction verbale, pour que l'arrêt qui le décide ainsi ne puisse être cassé en ce qu'il aurait déclaré causée une obligation sans cause. — *Cass.*, 28 nov. 1831, Paret c. Comte.

432. — L'arrêt qui, en appréciant les faits et circonstances qui ont précédé et suivi un acte de constitution de rente viagère, déclare que cet acte renferme une obligation ordinaire dont la cause est justifiée, et non une donation, et qui dès lors déclare cet acte valable, bien qu'il ne soit pas dans la forme voulue pour les donations, échappe à la censure de la Cour de cassation. — *Cass.*, 3 février 1846 (t. 2 1846, p. 70), Mésauge c. Lecomte.

433. — Il est, du reste, généralement admis que la cause d'un billet est suffisamment justifiée par ces mots : *je dois* ou *je reconnais devoir*. — Pothier, *Oblig.*, no 42; Denisart, *Rép.*, vo *Billet*; Merlin, *Quest.*, vo *Cause des obligat.*, § 1er; *Discussion au Conseil d'Etat, sur l'art.* 1132, *exposé des motifs*, par M. Bigot-Préameneu; Locré, *Lég.*, t. 12, p. 138 et 139, no 7, p. 325, no 287; Duranton, t. 10, nos 353 et 357; Toullier, t. 9, no 83. — V., cependant, Delvincourt, *Cours de C. civ.*, t. 2, p. 123, note 3.

434. — Jugé, en ce sens, que la cause d'une obligation est suffisamment exprimée par ces mots : *je reconnais devoir*. — *Bourges*, 15 mess. an IX, Hennequin c. Gondouaud; *Paris*, 20 flor. an X, Brodel c. Bouron; *Nîmes*, 8 mars 1820, Dumazel c. Vergèze; *Cass.*, 9 janv. 1822, Ladreyt c. Boyt; 29 août 1831, Petit c. Bruyères; *Nancy*, 25 avril 1833, mêmes parties.

435. — De même, un billet par lequel un individu se reconnaît débiteur d'une somme ou d'un objet quelconque, sans autre explication, est, par cela seul, présumé avoir une cause légitime. — *Rennes*, 24 août 1816, B. c. M.

436. — Une pareille obligation est valable tant qu'on ne prouve pas que la cause en est fausse ou illicite. — *Cass.*, 29 août 1831, Petit c. Bruyères.

437. — Ce n'est point au porteur d'un tel titre à prouver qu'il est créancier ni comment il est devenu créancier; c'est à celui qui prétend que l'obligation est fondée sur une cause fausse ou illicite à justifier son allégation. — *Rennes*, 24 août 1816, A... c. M...; *Nancy*, 25 avril 1833, Petit c. Bruyères.

438. — Décidé, même, que le billet par lequel un non-négociant « *s'oblige de payer la somme de....* » à un tiers, n'est pas nul comme obligation sans cause. — L'existence d'une pareille obligation fait présumer qu'elle a une juste cause, à moins que cette présomption ne soit détruite par les faits et circonstances du procès. — *Angers*, 5 janvier 1843 (t. 2 1843, p. 36), Burin c. Royer. — *Contrà*, Denisart, *Rép.*, vo *Billet*.

439. — Par la même raison, dès l'instant qu'une Cour a déclaré qu'il existait une dette elle a implicitement déclaré qu'il y avait obligation ayant une cause légitime. — *Cass.*, 22 avril 1828, Lafonta c. Boc.

440. — Jugé que les juges criminels ne sont pas compétens pour statuer sur l'existence ou la non-existence de la cause d'une obligation. — *Cass.*, 17 (et non 18) mars 1813, Tourangin c. Charret.

441. — Le défaut de cause dans un contrat constitue une nullité radicale, qui ne peut être couverte par l'exécution volontaire de l'acte. — *Bordeaux*, 24 décembre 1844 (t. 1er, 1, 1844, p. 570), Bibard c. Mauxion.

442. — L'obligation reconnue sans cause ne peut valoir comme donation déguisée lorsque les faits et circonstances ne permettent pas de croire que le souscripteur ait sciemment voulu faire une donation. — *Caen*, 11 mars 1843 (t. 2, 1847, p. 240), Deschandelliers c. Desmares.

443. — Le tiers porteur d'une obligation sans cause qui en a connu le vice, lors de la cession, est passible de l'exception du défaut de cause ouverte au profit de l'obligé contre le cédant. — *Cass.* 18 juill. 1808, Karker c. Platian. — V., cependant, ENDOSSEMENT, nos 177 et 191.

ART. 2. — *Fausse cause.*

444. — Comme l'obligation sans cause, l'obligation sur fausse cause est considérée par la loi comme non existante (C. civ. 1131). Elle est véritablement sans cause, en effet, puisqu'elle n'en a pas d'autre que l'erreur des contractans.

445. — Ainsi un contrat dont la cause exprimée est fausse n'est pas en réalité un contrat, et ne peut valoir comme titre en la partie simulée. — *Turin*, 2 fév. 1811, Pinot c. Bodin.

446. — L'acte dont la cause est reconnue simulée peut être annulé comme étant sans cause réelle. — Dès lors, bien que celui qui l'attaque se borne à soutenir que la cause est simulée, les juges peuvent, par appréciation des faits, déclarer l'acte dénué de cause : sans violer l'art. 1347, suivant lequel le commencement de preuve par écrit doit rendre vraisemblable le fait allégué. — *Cass.*, 2 avr. 1838 (t. 1er 1840, p. 330), Menassier c. Desvoys.

447. — La cession d'une méthode brevetée pour laquelle il a été annoncé des avantages qui n'existent pas, peut être annulée pour fausse cause. — *Grenoble*, 27 mai 1831, Soubeiran c. Bernardet.

448. — On ne peut considérer comme reposant sur une cause fausse l'obligation souscrite par l'acquéreur d'un bien vendu nationalement au profit de l'ancien propriétaire, pour prix de la ratification que ce dernier a consentie de la vente. — *Cass.*, 23 juill. 1833, de Framont c. Filhon. — V. OBLIGATION NATURELLE.

449. — Une obligation peut être annulée pour fausse cause, quoique son objet n'excède pas la quotité disponible, si d'ailleurs le juge reconnaît que l'ensemble des faits exclut toute idée de libéralité, et cette nullité peut être demandée par les héritiers du souscripteur. — *Cass.*, 19 janv. 1830, Teillier c. Lacaze.

450. — Quand il est reconnu que la cause exprimée dans un acte obligatoire est fausse, les juges qui, en cherchant s'il existe réellement une cause, sont amenés à induire des circonstances que l'acte contient, sous la forme d'obligation, une donation déguisée en sus de la quotité disponible, déjà irrévocablement épuisée, peuvent considérer cet acte comme une obligation sans cause ou sur cause illicite, et par suite l'annuler, aux termes de l'art. 1131 du Code civil, sur la demande même de celui qui l'a souscrit. — Décider ainsi ce n'est point porter atteinte à la règle qui veut que la donation excédant la quotité disponible soit seulement réductible, et que la réduction ne puisse être demandée que par les héritiers à réserve. — *Cass.*, 8 avril 1835, Razand c. Pascal.

451. — Lorsque la cause est énoncée dans l'acte qui constate l'engagement, ou dans un acte séparé, on doit s'en tenir aux énonciations de cet acte, sauf au débiteur à prouver la fausseté de la cause qui y est indiquée. — Zachariæ, *Droit civil théorique français*, t. 2, p. 476.

452. — Au reste, l'obligation sans cause et l'obligation sur fausse cause étant toutes deux considérées comme inexistantes par l'art. 1131, il n'y a pas d'importance à les distinguer en pratique. — Pothier, no 42; Duranton, t. 10, no 350. — V., toutefois, Toullier, t. 6, no 170.

453. — On ne peut attaquer un engagement, contracté à une époque où l'on était majeur et jouissant de tous ses droits, sous prétexte qu'il était sans cause ou que la cause était fausse, lorsque cela n'est point prouvé. — *Paris*, 2 mai 1808, Goupil c. Mongat.

454. — Le tiers détenteur de biens hypothéqués à une créance, qui s'est engagé à payer tout ou partie de la créance, ne saurait ensuite demander la nullité de son obligation, sous prétexte qu'il y a eu erreur ou fausse cause dans son obligation en ce qu'il ignorait, au moment où il l'a souscrite, que le débiteur principal possédait d'autres biens hypothéqués à la même créance. — *Aix*, 10 févr. 1832, Serraire c. Escudier et Tardieu.

455. — Pour qu'il y ait lieu à prononcer la nullité d'un engagement pour fausse cause, il ne suffit pas que celle qui est énoncée ne soit pas la véritable cause qui a déterminé les parties; il faudrait l'absence de celle que les parties ont crue exister. — *Lyon*, 20 janv. 1840 (t. 2 1840, p. 482), Galley c. Burnard.

456. — Ainsi il est de jurisprudence constante que l'obligation qui exprime une fausse cause n'est pas nulle, si elle a une cause réelle et licite. — *Cass.*, 2 déc. 1812, Bodin c. Pinot; *Metz*, 2 avril 1813, Keinen c. Becker; *Cass.*, 10 juin 1814, Baumann c. Moesner; *Toulouse*, 27 déc. 1830, Fontanier c. Douilhas; *Cass.*, 19 juin 1832, Bradel c. Busnot; *Pau*, 11 nov. 1834, Semmartin c. Bégué; *Aix*, 13 nov. 1839 (t. 2 1841, p. 84), Burlin c. Richaud; *Grenoble*, 3 févr. 1842 (t. 1er 1844, p. 302), Boissat c. Colomb de Gatines; *Nîmes*, 16 janv. 1843 (t. 1er 1844, p. 305), Larroque c. d'Albignac. Merlin, *Rép.*, vo *Simulation*, § 5, art. 3, et *Quest.*, vo *Cause des obligations*, § 2, no 3; Toullier, t. 6, nos 176 et 390; Duranton, *Droit franç.*, t. 10, nos 337, 338 et 350; Rolland de Villargues, *Rép. du not.*, vo *Cause des obligations*, no 60; Solon, *Nullités*, nos 511 et suiv.

457. — De même, une obligation n'est pas nulle, parce que la cause qui y est énoncée est différente de celle qui y a donné lieu, lorsqu'il n'y a, d'ailleurs, aucune preuve de fraude ni de mauvaise foi. — *Paris*, 28 août 1812, Catlin c. Grandin.

458. — Ainsi : une obligation ne peut être annulée parce que sa valeur dite fournie en numéraire, ne l'a été réellement qu'en effets de commerce exactement payés à leurs échéances. — *Cass.*, 2 déc. 1812, Bodin et Boutoux c. Pinot.

459. — Ainsi encore : dans le cas où un billet exprime faussement qu'il est consenti pour prêt, il n'en est pas moins valable s'il a été souscrit en réparation du préjudice que le signataire aurait occasionné au créancier; en empêchant, par exemple, un des parens de ce dernier de tester en sa faveur, ou en faveur d'une personne dont il est l'héritier présomptif. — Une telle cause est licite et a pu amener un engagement à titre onéreux, sans qu'il soit besoin d'examiner si elle était de nature à donner lieu à une action devant les tribunaux. — *Nîmes*, 16 janv. 1843 (t. 1er 1844, p. 305), Larroque c. d'Albignac.

460. — Mais l'obligation serait nulle, si la cause réelle n'était pas licite.

461. — Ainsi est nul, comme ayant une fausse cause, un billet qui, souscrit *pour prêt* à un officier, n'a eu, dans la réalité, d'autre cause qu'une convention verbale par laquelle l'officier s'est engagé à procurer à un militaire un congé de réforme. — *Riom*, 23 nov. 1820, Métailler c. Rougier.

462. — Lorsque le créancier déclare en justice que l'obligation a pour véritable cause non celle exprimée dans l'acte, mais une autre cause licite, un pareil aveu est indivisible, et l'obligation ne peut être annulée comme étant sans cause. — *Cass.*, 13 juill. 1808, Vivien c. Goriay. — V., au surplus, AVEU, nos 77, 103 et 155.

463. — Le débiteur qui doit prouver la fausseté de la cause ne peut, sans un commencement de preuve par écrit, faire admettre la preuve testimoniale, à moins qu'il s'agisse d'établir que la cause réelle était illicite. — C. civ., 1341 combiné avec 1347-1353. — Duranton, t. 10, no 357.

464. — Ainsi : la preuve testimoniale est admissible pour établir qu'une obligation notariée causée pour prêt, n'a réellement pour cause qu'une dette de jeu. — *Lyon*, 21 déc. 1822, Pernety c. Sadan.

465. — De même, lorsqu'on prétend qu'un billet souscrit *pour prêt*, au profit d'un officier, l'a été en réalité pour prix d'un congé de réforme qu'un officier s'est engagé à procurer à un militaire, la preuve testimoniale est admissible, contre la teneur du billet, pour prouver la fausseté de la cause, et la même preuve peut fonder une demande en restitution d'une somme, excédant 150 fr., payée d'avance pour le même objet. — *Riom*, 23 nov. 1820, Métailler c. Rougier. — V., au surplus, PREUVE TESTIMONIALE.

466. — Le serment, l'interrogatoire sur faits et articles sont des voies ouvertes pour faire connaître l'existence et la vérité de la cause. — C. civ., 1358; C. proc., 324. — Duranton, n° 358; Delvincourt, t. 2, p. 188 et suiv., notes 6 et 7.

467. — Si le débiteur vient à faire la preuve de la fausseté de la cause, le contrat demeure inefficace : à moins que le créancier n'établisse, de son côté, l'existence d'une cause ainsi que celle qui a été exprimée — Merlin, *Rép.*, v° *Convention*, § 2; Toullier, t. 6, n° 177; Duranton, t. 10, n° 351; Zachariæ, t. 2, p. 476.

468. — Peut-on confirmer ou ratifier une obligation sans cause ou sur fausse cause? Non, en général, car l'acte confirmatif serait lui-même sans cause. — Favard de Langlade, *Rapport au tribunat*; Discours du tribun Mouricault au Corps législatif; Merlin, *Rép.*, v° *Ratification*; Duranton, t. 10, n° 371. — V. *suprà* n° 380.

469. — Toullier (t. 6, n° 180) soutient, au contraire, qu'une convention sans cause ou sur une cause fausse peut être ratifiée comme toute autre convention radicalement nulle; et, par conséquent, il décide que l'exécution volontaire de l'obligation sans cause n'est autre chose qu'une ratification tacite, une renonciation à opposer le vice de cette convention : pourvu que la fausseté de la cause fût connue au moment de l'exécution volontaire.

470. — Mais l'exécution partielle, même volontaire, de cette obligation, ne donnera pas au porteur de l'acte le droit d'exiger le surplus de la promesse. — Duranton, t. 10, n° 372.

ART. 3. — *Cause illicite.*

471. — La cause des contrats doit être licite. Ainsi, un contrat est nul lorsque la prestation en vue de laquelle l'une des parties s'est engagée, est contraire aux lois, à l'ordre public ou aux bonnes mœurs. — C. civ., art. 1133.

472. — Il en est autrement dans les dispositions entre-vifs ou testamentaires. Les conditions impossibles, celles qui sont contraires aux lois ou aux bonnes mœurs sont réputées non écrites. — C. civ., art. 900. — V. CONDITION, DISPOSITION A TITRE GRATUIT.

473. — La question de savoir si la cause d'une obligation est contraire à l'ordre public ou aux bonnes mœurs, est laissée à l'appréciation des tribunaux.

474. — L'arrêt qui annule une obligation, en se fondant sur ce que la cause en est illicite, est suffisamment motivé, sans qu'il soit nécessaire que les juges aient dit par quels motifs la cause était illicite. — *Cass.*, 20 mai 1828, Lapierre c. Haurie.

475. — En cette matière, la théorie de la cause se lie intimement avec la théorie de l'objet. Il y a donc lieu de se reporter souvent de l'une à l'autre. — V. *suprà* nos 426 et suiv.

476. — Ont une cause illicite et contraire aux lois : la promesse faite pour obtenir une action criminelle. En pareil cas, la répétition de ce qui a été payé n'est pas possible. — Pothier, nos 43 et suiv.; Toullier, t. 6, n° 126.

477. — ... La stipulation contraire à la cession de biens judiciaires. — C. civ., art. 1268.

478. — ... Celle qui fixerait au réméré un temps qui excéderait cinq années. — C. civ., art. 1660.

479. — ... La promesse de rester dans l'indivision. — C. civ., 1815.

480. — ... La renonciation faite par la femme à son hypothèque légale.

481. — .... Et en général toute convention portant atteinte à la puissance maritale, aux droits de succession légale, etc., ou allant contre cette foule de prohibitions qui restreignent, sous un intérêt général, la liberté des contractans.

482. — Est nul comme ayant une cause illicite le billet souscrit par une femme au profit de son mari, sous la condition qu'il renoncerait à se pourvoir en cassation contre un jugement qui a prononcé leur séparation de corps. — *Cass.*, 2 janv. 1823, Pion.

483. — Le billet souscrit au profit du mari pour prix de son consentement à l'aliénation d'un immeuble de sa femme peut être déclaré avoir une cause licite. — *Cass.*, 10 nov. 1829, Poirier c. Warion.

484. — Le billet qui a pour cause les relations qui ont existé entre celui qui l'a souscrit et la femme au profit de laquelle l'engagement a eu lieu doit être annulé comme ayant une cause illicite, *pretium stupri*. La publicité des relations, cause de ce billet, ne peut constituer un préjudice qui motive, au profit de la femme, une réparation à titre de dommages-intérêts, ces relations étant un fait commun aux deux parties. — *Riom*, 11 août 1846 (t. 2 1846, p. 458), B.... c. Br....

485. — Jugé, au contraire, que l'obligation souscrite par le complice de la femme adultère en faveur du mari n'est pas nulle comme ayant une cause immorale. — *Paris*, 19 mai 1843 (t. 2 1843, p. 101), Parinet c. Mignon.

486. — L'obligation prise par une partie de ne pas se marier du vivant d'une personne sans son consentement par écrit est nulle comme ayant une cause contraire aux lois et aux bonnes mœurs. — *Paris*, 14 juill. 1810, Clément c. Monget.

487. — Si, par suite d'un projet de mariage non réalisé, des dépenses ont été faites par le futur pour arriver à la célébration, par exemple l'obtention de dispenses, des voyages, etc., il suffit que la future ait, par correspondance avec un tiers et par son organe, pris l'engagement d'indemniser le futur, qu'ensuite elle ait refusé, pour qu'elle ne puisse plus demander la nullité de son engagement, comme reposant sur une cause illicite. — *Cass.*, 27 juin 1833, Coutot c. Leloussey et Pelletier.

488. — Ne peut être considéré comme ayant une cause illicite le rappel, à une succession, de parens qui en étaient exclus, à la charge par eux de concourir, dans tous les cas, aux frais à faire pour recouvrer cette même succession. — *Bruxelles*, 22 mars 1810, Cornet c. Gillion.

489. — L'obligation de garantir des opérations de contrebande est une cause illicite. — *Colmar*, 26 fév. 1819, Dielhmann c. Rumpp.

490. — Le souscripteur d'une obligation notariée causée pour prêt fait avant l'acte, mais dont la véritable cause a été l'introduction de marchandises prohibées, est recevable à prouver, même contre un tiers cessionnaire, le vice de la cause de l'obligation, et à en demander la nullité. — *Colmar*, 19 fév. 1828, Reimlinger c. Billviller-Klenck.

491. — Mais lorsqu'un Français a acheté des marchandises prohibées en France à un étranger qui pouvait légalement les vendre dans son pays, sans avoir à s'inquiéter de leur destination, une pareille obligation a pour le vendeur une cause licite, et elle doit obtenir son exécution. — *Colmar*, 10 juin 1814, Baumann c. Moesner et Boll.

492. — L'obligation de livrer une grande quantité d'avoine n'est point une cause illicite, en ce sens qu'elle tomberait sous la prohibition des anciens règlemens de police qui prohibaient le monopole des grains. Ces règlemens sont depuis longtemps tombés en désuétude, et aucune autorité publique ne les a fait revivre depuis la publication du Code civil. — *Metz*, 6 mai 1817, Baum c. Perin et Valzer.

493. — Les loteries étrangères étant prohibées en France, il s'ensuit que les lettres de change souscrites en paiement de billets d'une loterie étrangère sont illicites et ne peuvent donner lieu à une action devant les tribunaux français. — *Paris*, 25 (et non 4 ni 5) juin 1829, Aguier et de Folleville c. Castelinard. — V. LOTERIE.

494. — Toute convention ayant pour but d'entraver la liberté des enchères est nulle, comme ayant une cause illicite et contraire à la loi. — C. pén., art. 412.

495. — Celui qui a consenti une obligation fondée en réalité sur une cause illicite, telle qu'un concert frauduleux pour entraver la liberté des enchères, a le droit non-seulement de se refuser à payer ce qui n'a pas encore été acquitté, mais même de répéter ce qui a été payé. — *Limoges*, 16 avr. 1845 (t. 2 1846, p. 674), C.. c. X...

496. — Est nul, comme ayant une cause illicite, un billet qui, souscrit *pour prêt* à un officier, n'a eu, dans la réalité, d'autre cause qu'une convention verbale par laquelle l'officier s'est engagé à procurer à un militaire un congé de réforme. — *Riom*, 23 nov. 1820, Métailler c. Rougier.

497. — Lorsqu'une dette ayant une cause illicite, telle que des jeux de bourse, est devenue l'objet d'une obligation notariée causée pour prêt, cette obligation est entachée du vice primitif de la dette, même à l'égard du cessionnaire, alors surtout que celui-ci n'ignorait pas le vice originaire. — *Paris*, 5 fév. 1834, Parent c. Aubertron.

498. — L'obligation souscrite volontairement par un individu au profit d'une fille pour réparer le tort fait à celle-ci dans son honneur ne peut être déclarée nulle comme étant sans cause ou comme contraire aux bonnes mœurs. — *Rennes*, 24 août 1816, A... c. M...

499. — De même, l'obligation que contracte un homme de payer une certaine somme à une demoiselle, *pour l'indemniser des torts qu'il lui a faits par ses assiduités et ses promesses, qui l'ont empêchée de s'établir comme elle aurait pu le faire dans les occasions qui se sont présentées*, n'a point une cause illicite et immorale. — *Poitiers*, 7 juill. 1825, Hector R... c. D...

500. — Les conventions qui tendraient à rétablir la féodalité, ou le régime féodal, auraient une cause illicite. — Toullier, t. 6, n° 185. — V. FÉODALITÉ.

501. — Peut-on faire revivre aujourd'hui une rente autrefois féodale, supprimée sans indemnité? La convention par laquelle l'ancien débiteur, propriétaire de l'immeuble qui la devait, s'oblige d'en continuer le paiement, a-t-elle une cause licite? Il faut distinguer :

502. — Si la convention nouvelle n'est qu'un acte récognitif de l'ancien titre féodal, si elle n'y fait pas novation; cet acte nouveau, n'ayant pas d'autre force que l'ancien, n'efface pas le caractère féodal de la rente. — *Cass.*, 28 vend. an XII, Darry c. Fracquet; 25 oct. 1808, mêmes parties.

503. — Il en serait autrement s'il y avait novation, parce qu'alors la convention serait réputée avoir pour cause l'acquittement d'une obligation naturelle. — V. OBLIGATION NATURELLE.

504. — Ainsi, on ne peut considérer comme ayant une cause illicite l'obligation souscrite par l'acquéreur d'un bien vendu nationalement, au profit de l'ancien propriétaire, pour prix de la ratification que ce dernier a consentie de la vente. — *Cass.*, 23 juill. 1833, de Tramont c. Filhon.

505. — La constitution de dot faite en 1789, par des père et mère, à un couvent de religieuses, pour le noviciat et les vœux de leur fille, est une obligation ayant une cause encore subsistante aujourd'hui, malgré la suppression des couvens. — *Paris*, 25 avr. 1826, Faucheur c. Mariette.

506. — La promesse d'une certaine somme, faite en faveur d'une communauté religieuse par une personne admise à y prononcer ses vœux, constitue une obligation valable, alors surtout que la somme promise n'a rien d'excessif. — *Poitiers*, 17 mai 1832, Quinefault c. religieuses de Notre-Dame.

507. — Une obligation telle que celle résultant d'un bail à complant, peut, quoique nulle en ce qu'elle contiendrait des énonciations féodales, devenir la cause naturelle et légale d'un nouvel engagement. — *Angers*, 9 juillet 1830 (V., sous *Cass.*, 19 juin 1832), Grassel c. Grimaudet.

508. — La condition imposée aux copropriétaires d'une église d'exécuter les règlemens d'une ancienne confrérie religieuse supprimée et non reconnue par les lois nouvelles, est illicite et contraire à l'ordre public. — *Cass.*, 12 mars 1839 (t. 1er 1839, p. 330), Fabrique de Sainte-Eulalie et Masclary c. Prades.

509. — La convention par laquelle un individu cède à un autre le nom et la raison d'une ancienne maison de commerce, avec les droits, titres, priviléges et prérogatives qui y avaient été attachés autrefois, n'est point illicite et ne peut être annulée comme sans cause d'après les lois abolitives des anciens priviléges. — *Metz*, 11 déc. 1818, Demares c. Van Robais (sol. implic.).

510. — Un contrat volontairement passé avec un gouvernement usurpateur, et dont l'effet serait de dépouiller le gouvernement légitime, ne doit pas être réputé un simple acte d'obéissance, et ne peut lier le prince envers le particulier qui l'a consenti, surtout lorsqu'il y a lieu de présumer que ce contrat a été passé depuis la cessation du gouvernement de *fait* de l'usurpateur. — *Paris*, 8 (et non 3) févr. 1817, Liste civile c. Barandon.

511. — La capitulation ou traité ayant pour objet l'armement, au nom d'un prince français émigré, de troupes destinées à servir contre la France, est une obligation avec cause illicite qui, viciée dès son origine, n'a pu être validée par l'art. 11 de la charte de 1814, lequel a eu pour but unique d'éteindre toute action publique ou privée à raison des votes ou opinions émis jusqu'à sa publication, et non de légitimer pour l'avenir des conventions frappées de nullité. — *Paris*, 21 juin 1833, Erbach c. Charles X.

512. — La transaction entre un ancien seigneur et une commune, motivée sur les revendications que celle-ci était en droit d'exercer en vertu des lois de 1792 et de 1793, doit être réputée avoir une cause valable. — *Cass.*, 3 mai 1841 (t. 1er 1842, p. 647), Albert c. commune de Mondragon.

513.—La stipulation d'une remise proportionnelle sur le montant d'une créance, qui a principalement pour objet d'obtenir à prix d'argent, des employés d'une administration publique, nationale ou étrangère, une plus prompte expédition de la liquidation de cette créance, est fondée sur une cause illicite, et ne peut conséquemment donner lieu à aucune action en justice. — *Paris*, 9 janv. 1843 (t. 1er 1843, p. 254), Alloard c. Blanc.

514.—On doit déclarer illicite et nulle, comme contraire à la loi, à l'ordre public et aux mœurs, une promesse qui n'a eu pour cause que l'emploi du crédit et des sollicitations d'une personne auprès d'une administration à l'effet de faire obtenir une place à la nomination du gouvernement.—*Colmar*, 25 juin 1834, Cambefort et Scwilgué.

515.—Une obligation souscrite au profit d'une femme par un créancier de l'Etat, en reconnaissance des soins que cette femme devra se donner auprès des agens du gouvernement pour obtenir la liquidation de la créance, peut être annulée comme ayant une cause illicite.—*Cass.*, 20 mai 1828, Lapierre c. Haurie.

516.—Cependant, les circonstances de fait influent beaucoup sur la manière dont on doit envisager l'obligation. Ainsi on ne saurait considérer comme ayant une cause illicite le traité intervenu entre des individus pour que l'un sollicite au profit de l'autre une grâce du gouvernement. — Merlin, *Quest.*, vo *Cause*, § 2. — V. aussi Rolland de Villarges, *Rép. du not.*, vo *Obligation*, no 31.

517. — Sous le Code de comm. de 1808, la jurisprudence était partagée sur la question de savoir si les engagemens souscrits par le failli pour obtenir un concordat favorable avaient ou non une cause illicite.— Aujourd'hui la question est tranchée par l'art. 597 C. comm., qui frappe la stipulation d'une nullité absolue, et prononce en outre des peines contre le créancier. — V. FAILLITE, nos 1556 et suiv.

518.— Une obligation qui annonce une cause licite doit être annulée, si un autre acte qui s'y rapporte, et passé entre les mêmes parties, indique qu'elle a réellement une cause contraire aux lois et aux bonnes mœurs. — *Paris*, 14 juill. 1810, Clément c. Monget.

519. — Une obligation est valablement souscrite comme condition d'un legs alors même qu'il serait reconnu qu'elle doit tourner au profit d'un enfant qualifié, par le testateur, de son enfant adultérin, si d'ailleurs le vice d'adultérinité n'est pas légalement établi. Annuler, en ce cas, l'obligation pour incapacité de l'enfant, serait admettre indirectement la recherche de la paternité. — *Riom*, 1er mars 1830, Courbon c. Faure.

520. — La maxime : *Nemo auditur suam turpitudinem allegans*, ne fait pas obstacle à ce qu'une partie demande la nullité d'une convention à laquelle elle est intervenue, lorsque cette convention est illicite, prohibée par la loi, contraire aux bonnes mœurs et à l'ordre public. — *Riom*, 11 janv. 1837 (t. 2 1837, p. 380), Vasson c. Bourguignon ; *Limoges*, 16 avril 1845 (t. 2 1840, p. 674), C... c. X...

521. — Spécialement : la nullité d'un contrat de mariage passé après la célébration du mariage étant d'ordre public, les parties contractantes sont recevables à l'invoquer. — *Riom*, 11 janv. 1837 (t. 2 1837, p. 380), Vasson c. Bourguignon.

522. — Jugé, au contraire, que le souscripteur d'une obligation ne peut se dispenser de l'exécuter en alléguant que son engagement aurait eu une cause illicite. — *Lyon*, 20 janv. 1840 (t. 2 1840, p. 482), Galley c. Burnard.

523. — En tout cas : l'héritier est recevable à attaquer pour fraude à la loi l'obligation contractée par son auteur, alors surtout qu'il s'agit d'un acte de donation faite à son préjudice. — *Poitiers*, 16 juill. 1846 (t. 1er 1847, p. 94), de Maynard c. Chopin.

524. — La preuve testimoniale, et, par suite, les présomptions, sont admissibles pour établir qu'une obligation illicite a été déguisée sous l'apparence d'une opération commerciale. — *Limoges*, 16 avr. 1845 (t. 2 1846, p. 674), C... c. X...

CHAPITRE III. — *Effets des obligations.*

Sect. 1re. — *Dispositions générales.*

525. — Les conventions légalement formées tiennent lieu de loi à ceux qui les ont faites. — C. civ., art. 1134, § 1er.

526. — Il résulte tout d'abord de ce principe que les lois déclaratives, c'est-à-dire les lois qui, prévoyant le cas où des parties ne régleraient pas elles-mêmes leurs droits respectifs, les déterminent à leur place, ne peuvent être appliquées à des rapports réglés par elles que *in subsidium* pour les points sur lesquels les conventions sont muettes ou incomplètes.

527.—Mais il n'en faut pas conclure que l'interprétation énoncée des clauses d'un contrat donne ouverture à cassation. — V. CASSATION (mat. civ.), nos 482 et suiv., 509 et suiv., 568 et suiv.

528. — Lorsqu'un huissier étant convenu avec un autre huissier de tenir le cabinet de ce dernier, un arrêt a décidé que, par suite de la translation que le second avait faite de son domicile dans un autre quartier de la ville, le traité avait été résilié d'accord, et qu'il y avait lieu de ne pas ordonner l'exécution d'une clause pénale stipulée et de compenser les indemnités réclamées de part et d'autre, cet arrêt n'a fait là qu'une appréciation d'actes et de faits qui était entièrement dans les attributions de la Cour royale. — *Cass.*, 10 fév. 1825, Roulet c. Baudinier.

529. — Lorsque, par suite d'une renonciation faite par la mère à une rente viagère qu'elle avait imposée comme condition d'une donation consentie à ses enfans, ceux-ci ont stipulé une pension à son profit, cette pension, bien que qualifiée de *pension alimentaire*, peut être considérée non comme l'acquit de la dette légale d'alimens, mais comme le résultat d'une convention sans que cette appréciation, toute de fait, tombe sous la censure de la Cour de cassation.— *Cass.*, 25 janv. 1842 (t. 2 1842, p. 657), Girault.

530. — Il en serait autrement si, après avoir reconnu en fait l'existence de tous les élémens constitutifs d'un acte juridique, le jugement n'avait pas donné à cet acte la qualification voulue par la loi. — Merlin, *Rép.*, vo *Société*, sect. 3e, § 3, art. 2, no 3 ; Carré, *Lois de l'organisation*, t. 2, p. 767 et suiv. ; Toullier, t. 6, no 193.

531. — Lorsqu'une Cour a déclaré un contrat nul comme manquant de quelqu'une de ses conditions essentielles (par exemple comme une vente faite sans prix), son arrêt peut être attaqué par la voie de cassation s'il est établi que le contrat renfermait toutes les conditions nécessaires pour sa validité.—*Cass.*, 12 (et non 22) août 1812, Delambre c. d'Héricy.

532. — Lorsqu'un officier s'est obligé à payer une rente tant qu'il conserverait sa place, le jugement qui le condamne à continuer cette rente, même après qu'il a perdu sa place, viole le contrat et doit être cassé. — *Cass.*, 26 pluv. an XI, Chenevières c. Lacase.

533.—Quand une convention est claire et précise il n'est pas permis aux juges de la modifier, en supposant aux parties une intention contraire au sens littéral de la clause. Ils ne peuvent non plus substituer une obligation à une autre obligation, encore bien que celle-ci présentât à la partie intéressée les mêmes avantages et les mêmes sûretés que la première. — Ainsi : ils ne peuvent pas décharger le preneur à fief de l'obligation expressément contractée de *construire un bâtiment* sur le terrain fieffé, en accueillant son offre de fournir une hypothèque suffisante pour assurer le paiement de la rente. — *Caen*, 28 janv. 1827, Allaire.

534. — Lorsqu'un débiteur actionné en paiement d'une obligation qu'il a souscrite oppose aux ayans cause de son créancier un acte libératoire dont la teneur ni la signature ne sont méconnues, l'arrêt qui, dans ce cas, condamne le débiteur à payer le montant de l'obligation, par le motif qu'il ne justifie pas de sa libération, est nul pour défaut de motifs et pour contravention aux lois qui ordonnent de maintenir les actes légalement passés entre les parties. — *Cass.*, 18 avril 1836, Delavigne c. Hélis.

535.—Formées par le consentement mutuel, les conventions peuvent se dissoudre par un consentement contraire ou pour les causes que la loi autorise. — C. civ. 1134 (§ 20) et 1234.

536. — Cette proposition, prise en droit romain, où elle se présente fréquemment, n'est pas absolument vraie. Ainsi Primus a acheté hier la maison de Secundus. Tous deux, aujourd'hui, révoquent, par un mutuel dissentiment, ce contrat de vente. Il n'en aura pas moins produit ses effets. Primus a été, est propriétaire (C. civ. 1138), et il contracte vis-à-vis de Secundus les obligations du vendeur. S'il est tuteur, s'il est marié, cette maison reviendra à Secundus, grevée d'une hypothèque légale (C. civ., 2121, 2135) et de deux droits de mutation. Il en est de même du mariage, qui ne peut se dissoudre par le consentement mutuel, et des conventions matrimoniales, qui ne peuvent recevoir aucun changement pendant le mariage. — C. civ., 1395. — Toullier, t. 6, no 193 ; Duranton, t. 10, no 353.

537. — Les conventions doivent être exécutées de bonne foi. — C. civ., 1134, § 3. — Cette disposition bannit de notre Code la distinction romaine entre les contrats de droit strict et les contrats de bonne foi. — Toullier, t. 6, nos 195, 334 et suiv. ; Malleville, sur l'art. 1134.

538. — Une convention dans laquelle il est stipulé que les parties traitent de bonne foi doit être exécutée de cette manière, et non d'après les règles absolues du droit strict.—*Douai*, 5 juin 1841 (t. 2 1841, p. 278), Choquet c. Vaast.

539. — Les juges ne violent pas la loi des parties en modifiant, d'après les droits respectifs des contractans, la nature de la cause et la situation des choses, l'exécution d'une convention qu'il est désormais impossible d'exécuter littéralement. — *Cass.*, 19 juill. 1827, de Forbin Janson c. Dautant. — Bioche et Goujet, *Dict. de proc.*, vo *Exécution des jugemens et actes*, no 70.

540. — Lorsqu'un créancier s'est engagé à ne demander le remboursement de sa créance qu'après le décès du débiteur, avec la clause néanmoins que celui-ci ne pourrait laisser les intérêts s'accumuler pendant plus de deux ans, le remboursement n'est pas exigible de plein droit en cas d'inexécution de cette clause ; et le débiteur peut purger la demeure par des offres réelles, tant que la déchéance n'a pas été prononcée par le juge. — *Colmar*, 30 avril 1816, N...

541. — Les conventions obligent non-seulement à ce qui y est exprimé, mais encore à toutes les suites que l'équité, l'usage ou la loi donnent à l'obligation d'après sa nature. — C. civ., art. 1135.

542. — Un père qui a promis, dans le contrat de mariage de sa fille, de loger et nourrir les futurs époux, peut être condamné au paiement d'une indemnité, lorsque, par son fait, les époux ont été obligés de se loger et nourrir ailleurs. Et cette indemnité peut être réclamée, après le décès de la fille, par l'époux qui a fait l'avance des frais de nourriture et de logement. — Dans ce cas l'indemnité peut être fixée à une somme plus forte que celle à laquelle avait été évaluée l'obligation du père dans le contrat de mariage, lorsque les juges reconnaissent que cette évaluation n'avait été insérée dans le contrat qu'à raison des droits d'enregistrement. — *Cass.*, 8 mars 1831, Letourneur c. Decorde. — V., au surplus, ALIMENS, nos 125 et suiv.

543. — C'est une suite naturelle des conventions que les mandataires soient tenus de répondre de leur mandat, de leur faute ou de leur négligence. — V. MANDAT.

544. — ... Que celui qui établit une servitude accorde tout ce qui est nécessaire pour en user. C. civ., 696. — V. SERVITUDE.

545. —...Que chacun réponde de ses fautes, de sa négligence.—V. DOMMAGES-INTÉRÊTS, RESPONSABILITÉ.

546.—...Que le cautionnement indéfini d'une obligation principale s'étende à tous les accessoires de la dette, même aux frais de la première demande et à tous ceux postérieurs à la dénonciation qui en est faite à la caution.—C. civ., art. 2016 — V. CAUTIONNEMENT.

547. — C'est encore une suite naturelle de l'obligation, qu'elle soit exécutée sans délai, s'il n'y a pas de terme stipulé, à moins que sa nature n'entraîne la nécessité d'un délai.—V. DÉLAI, TERME.

548. — C'est une règle d'équité : que nul ne peut s'enrichir injustement aux dépens d'autrui.

549. — A défaut de la loi, l'usage est d'une grande autorité, et il suffit. — C. civ., art. 1159 et 1160. — V. INTERPRÉTATION DES CONVENTIONS, USAGE.

550. — La loi règle parfois les points sur lesquels les parties ne se sont pas expliquées ou ne l'ont fait que d'une manière incomplète.

551. — Ainsi le vendeur est tenu de la garantie de la chose vendue.—C. civ., art. 1626.—V. VENTE.

552. — Ainsi, encore, si le locataire d'une maison ou d'un appartement continue sa jouissance après l'expiration du bail par écrit, sans opposition de la part du bailleur, il sera censé les occuper aux mêmes conditions, pour le terme fixé par l'usage des lieux, et ne pourra plus en sortir ni en être expulsé qu'après un congé.—C. civ., art. 1759 et 1776. — V. BAIL.

553. — Quelquefois même la loi sert de contrat

RÉP. GÉN. — IX. 56

aux parties. — V. COMMUNAUTÉ, CONTRAT DE MARIAGE.

554. — Toute obligation confère au créancier le droit de forcer le débiteur à son exécution.

555. — La marche qu'il a à suivre varie suivant la forme extérieure de l'acte constatant l'obligation. C'est à la procédure à indiquer cette marche, ainsi que les moyens de contrainte. — Toullier, t. 6, no 208 à 215. — V. EXÉCUTION DES ACTES ET JUGEMENTS.

Sect. 2e. — *Effets de l'obligation de donner.*

556. — Le mot *donner* est employé par le Code dans plusieurs sens. Tantôt il signifie faire une libéralité, tantôt livrer, transférer la propriété, faire avoir, restituer une chose sur laquelle on a un droit préexistant. Il indique encore, faire de la chose un certain usage qu'on ne peut ranger dans les droits réels : comme dans le prêt, par exemple.

557. — La loi le prend ici dans son acception la plus générale, celle de transférer la propriété, le simple usage ou la simple possession d'une chose (C. civ., art. 1126, 1127), ou encore celle de restituer.

558. — L'obligation de donner emporte celle de livrer, c'est-à-dire de remettre la chose au pouvoir du créancier. — C. civ., art. 1136.

559. — La délivrance s'accomplit de la manière indiquée aux art. 1604 et suiv. C. civ., lorsqu'il s'agit de délivrer des immeubles ou des effets mobiliers, et aux art. 1689 et suiv., lorsqu'il s'agit du transport de créances et autres droits incorporels. Dans les autres cas, elle s'effectue en vertu des règles spéciales de la convention qui a produit l'obligation. Ainsi le bailleur est obligé de livrer la chose louée en bon état de réparations de toute espèce (C. civ., art. 1720), tandis que le vendeur se libère en livrant la chose dans l'état où elle se trouvait lors de la vente. — C. civ., art. 1614. — V. BAIL, VENTE.

560. — Pour le temps et le lieu où la délivrance doit être faite, V. PAIEMENT.

561. — L'obligation de donner emporte encore celle de veiller jusqu'à la livraison à la conservation de la chose, le tout à peine de dommages-intérêts. — C. civ., art. 1136, 1137. — V. DOMMAGES-INTÉRÊTS.

562. — L'art. 1138 C. civ., qui règle les effets de l'obligation de donner vis-à-vis du créancier, a soulevé de nombreuses critiques, et sur sa disposition principale et sur ses vices de rédaction. Il contient deux principes des plus importans : 1° que la propriété se transmet par le seul effet des conventions, indépendamment de la tradition et de toute autre solennité ; 2° que la chose est aux risques du créancier, disons mieux, du nouveau propriétaire, encore bien que la tradition ne lui ait point été faite.

563. — L'abrogation du principe romain, la translation de propriété par la tradition, déjà énoncée par l'art. 711, est donc formellement prononcée. De bons esprits ont attaqué cette disposition. Elle jette, disent-ils, une incertitude très-grande sur la transmission de la propriété, puisqu'il n'existe aucun moyen de s'assurer d'une manière certaine, ostensible, si la personne qui se prétend propriétaire l'est véritablement, si elle a ou non aliéné ses droits. Le jour où l'art. 1138 sera devenu populaire, ajoutent-ils, il faudra changer la législation sur ce point, car de tous côtés apparaîtra la fraude. Ces craintes sont fondées, et il est à regretter que le système de la loi de brum. an VII n'ait pas été maintenu. — V., sur ce point, *De la transmission de la propriété par l'effet des obligations*, par M. Bonnier (*Revue de législation et de jurisprudence*, t. 6, p. 432); *Thémis*, t. 9, p. 1re et suiv.; *Exposé des motifs du projet de de loi relatif à l'acquisition, à la conservation et à la publicité des droits réels sur les immeubles*, par M. Rossi (*Revue de législation et de jurispr.*, t. 11, p. 12); Troplong, *De la vente*, t. 1er, chap. 1er, § 40.

564. — Avant la révolution de 1789, la transmission conventionnelle des immeubles ne devenait parfaite que par le concours d'un juste titre et de la tradition. Dans les provinces du Nord ou *pays de nantissement*, on tenait pour règle que la propriété des immeubles ne pouvait se transférer civilement qu'au moyen d'une investiture donnée par le seigneur ou ses officiers de justice et précédée de la renonciation de l'ancien propriétaire à tous ses droits. C'était l'*investitura alliodalis*. A cette règle d'origine germanique se rattachait un système hypothécaire offrant quelques points de ressemblance avec notre législation. — Zachariæ, *Droit civil théorique français*, t. 1er, p. 434 et suiv.

565. — La loi du 11 brum. an VII sur le régime hypothécaire érigea en droit commun le principe des pays de nantissement, en substituant à l'acte judiciaire alors en usage la formalité de la transcription.

566. — Il résultait de la combinaison des art. 26 et 28 de cette loi que l'acquéreur d'un immeuble n'en devenait propriétaire, à l'égard des tiers, que par l'effet de la transcription; que, jusque-là, les aliénations faites par le vendeur, les hypothèques par lui consenties étaient valables.

567. — Lors de la discussion du Code civil, la section de législation du Conseil d'Etat adopta le système de la loi de brumaire et proposa deux articles qui soulevèrent de longs débats. La question fut deux fois ajournée, ainsi que le prouve l'article 1140; et enfin en rayant du projet le premier article proposé par la section de législation et en maintenant le second, aujourd'hui l'art. 2183 du Code, on décida que, si, d'un côté, la transcription n'était pas nécessaire pour transférer la propriété vis-à-vis des tiers, elle devenait, de l'autre, indispensable pour la consolider vis-à-vis des créanciers hypothécaires. — V. *Analyse raisonnée de la discussion du C. civ. au Conseil d'Etat*, par Malleville, t. 3, p. 37, 38 et 357, et t. 4, p. 223; Zachariæ, t. 1er, p. 432 et suiv.; Persil, *Régime hypothécaire* sur les art. 2181 et 2182; Merlin, *Rép.*, vo *Inscription hypothécaire*, § 4, no 8, § 8 *bis* no 2; Locré, *Esprit du C. de proc.* (sur l'art. 831); *Bibliothèque du barreau*, 1808, t. 1er, p. 389; Grenier, *Des hypoth.*, t. 2, nos 350 et suiv.

568. — Malgré ces débats, et en s'appuyant sur l'absence d'un texte bannissant formellement le système de la loi du 11 brum. an VII, on a soutenu qu'il devait encore régir la transmission conventionnelle des immeubles.

569. — Cette opinion est inadmissible, et il semble hors de doute que si on faisait une seconde vente d'une chose déjà vendue, et qu'on mît le second acquéreur en possession, cette vente serait nulle (C. civ., art. 1599). « La propriété, dit l'art. 1138, est transférée par le seul consentement, et il en résulte que le vendeur ne peut plus concéder de droits sur une chose qui ne lui appartient plus, et que l'acquéreur, devenu propriétaire a l'action en revendication. » — Toullier, t. 6, no 204, et t. 7, nos 34 et 35.

570. — Le créancier peut-il demander la nullité du contrat, même avant tout trouble et éviction, s'il prouve qu'on lui a vendu ou promis la chose d'autrui ? — V. VENTE.

571. — Ce principe de la transmission de la propriété, par le seul effet des conventions, s'appliquait, en droit romain, à plusieurs cas; par exemple : aux legs faits *per vindicationem*, aux actes de partage, à la vente d'un objet avec réserve d'usufruit, ou en le prenant à loyer. — Duranton, t. 10, no 424.

572. — Il n'est même pas absolu en droit français. Ainsi, il reçoit exception : 1° quand il s'agit d'une obligation alternative sous condition suspensive ou ayant pour objet une chose déterminée seulement dans son espèce. — V. CONDITION, OBLIGATION ALTERNATIVE.

573. — ... 2° Quand on se porte fort pour un tiers. — V. PORTE-FORT. — V., aussi, *suprà* nos 169 et suiv.

574. — ... 3° Quand il s'agit de donations entre-vifs d'immeubles. Ces donations ne deviennent efficaces, à l'égard des tiers, qu'au moyen de la transcription de l'acte qui les renferme. — V. TRANSCRIPTION DES DONATIONS.

575. — ... 4° Quand il s'agit des acquisitions d'immeubles susceptibles d'hypothèques, la transcription étant nécessaire pour consolider ces acquisitions à l'égard des créanciers hypothécaires. — V. TRANSCRIPTION.

576. — ... 5° L'hypothèse prévue par l'art. 1141 est encore une exception. En effet, d'après cet article, de deux personnes à qui on s'est obligé successivement de donner un objet mobilier, celle-là reste propriétaire qui en a été mise en possession. *En fait de meubles, la possession vaut titre* (C. civ., art. 2279); et la revendication n'est admise, contre le tiers supposé de bonne foi, que pour les choses perdues ou volées (C. civ., art. 2268).

577. — Du reste : la propriété étant transférée au premier créancier, il a le droit de faire saisir la chose et de se la faire remettre comme sienne. Ce serait alors au possesseur à prouver sa bonne foi. C'est la condition de la préférence qui lui est accordée. — Duranton, t. 10, no 431.

578. — On doit regarder comme possession réelle, dans le sens de l'art. 1141, la possession d'un acheteur d'objets mobiliers, à qui les clefs du lieu qui les contient ont été remises et qui les a encore (C. civ., art. 1606). Cet acheteur en effet peut enlever les objets sans une nouvelle volonté du vendeur. — Duranton, t. 10, *loc. cit.*

579. — L'art. 1141 C. civ., qui porte que, lorsqu'une chose mobilière a été promise à deux personnes, celle des deux personnes qui a été mise en possession doit être préférée, ne s'applique qu'aux objets mobiliers et non aux droits incorporels. — *Bordeaux*, 26 août 1831, Pillet c. Chauvin; *Caen*, 10 fév. 1832, Marc-Colle c. Sénicourt. — Troplong, *Vente*, t. 2, no 888; Duvergier, *Vente*, t. 2, no 196; Pothier, *Vente*, no 358; Bourjon, t. 1er, p. 466, no 11, et Ferrières *sur Paris*, art. 108, p. 128, no 10.

580. — Un second effet de l'obligation de donner est de mettre la chose aux risques du nouveau propriétaire, *dès l'instant où elle a dû être livrée* (C. civ., art. 1138, § 2). Ces derniers mots donnent lieu à une équivoque. Il fallait dire : *dès la naissance de l'obligation*. Autrement, il résulterait que, dans une obligation à terme, la chose ne serait aux risques du créancier qu'à l'arrivée du terme. Or le terme n'a aucune influence sur l'obligation, dont il ne fait que retarder l'exécution. — C. civ., p. 1185. — Duranton, t. 10, no 420; Toullier, t. 6, no 202 et la note; dissertation de M. Bonnier citée *suprà* (*Revue de législ.*, t. 6, p. 438 et suiv.).

581. — Si l'obligation était sous une condition suspensive, la chose ne serait aux risques du créancier qu'à partir de l'événement de la condition (C. civ., art. 1182). Si la chose périt avant, la perte est pour le débiteur; bien que la condition accomplie ait un effet rétroactif au jour du contrat (C. civ., art. 1179). — Duranton, t. 10, no 420.

582. — Tout débiteur d'un corps certain et déterminé est libéré par la perte de ce corps quand elle est arrivée sans faute et avant sa mise en demeure (C. civ., art. 1302). Dans l'ancien droit il en était ainsi. Et si la chose périssait par cas fortuit avant la tradition, la perte était supportée par l'acheteur (Inst., liv. 3, tit. 23, § 3); en vertu de ce principe, et non de la règle *Res perit domino* : règle inexacte et incertaine. — Bonnier, *op. et loc. cit.*

583. — Le principe de l'art. 1302 cesse d'être applicable si le débiteur s'est chargé des cas fortuits ou s'il est en demeure de livrer la chose objet de son obligation (C. civ., art. 1138 *in fine*). Dans le premier cas il peut même échapper aux dommages-intérêts en prouvant que la chose eût également péri chez le créancier (C. civ., art. 1302, al. 2). — V., au surplus, PERTE DE LA CHOSE DUE.

Sect. 3e. — *Effets de l'obligation de faire ou de ne pas faire.*

584. — Le respect dû à la liberté de l'homme ne permet pas de le contraindre à faire ce qu'il a promis ou à s'abstenir du fait qu'il s'était interdit. De là le principe général que toute obligation de faire ou de ne pas faire se résout en dommages-intérêts. — C. civ., art. 1142.

585. — Les délais fixés pour l'accomplissement d'une obligation de faire, par exemple celle de construire, n'ont pas couru contre la personne mal à propos inscrite sur la liste des émigrés, pendant tout le temps de cette inscription. — *Paris*, 22 pluv. an X, Leriche c. Gontard.

586. — Sous le code du 3 brum. an IV : un jugement qui, en condamnant à une réparation d'honneur à raison d'injures verbales n'avait pas assuré d'ailleurs l'exécution de la peine par une condamnation pécuniaire qui pût au besoin en tenir lieu, était nul, comme illusoire dans son objet. — *Cass.*, 20 juill. 1812, Nervaux c. Roydet. — V., au surplus, DIFFAMATION, no 219.

587. — Un tribunal de simple police excède ses pouvoirs en ordonnant que dans le cas où un domestique refuserait de rentrer chez son maître, ou rendrait de mauvais services après y être rentré, il ne pourrait plus habiter la commune avant une époque déterminée. — *Cass.*, 23 août 1810, Martin.

588. — L'obligation que contracte un mandataire (dans l'acte qui lui passe en compte une somme que le mandant lui avait donné ordre de transférer à un tiers) de rapporter la preuve que le paiement a vraiment eu lieu constitue une simple obligation de faire, au cas d'inexécution, résoluble en dommages-intérêts et non une obligation pure et simple de rembourser, à défaut de justification du paiement, la somme passée en compte. Dès lors les juges ne peuvent condamner le mandataire qu'aux dommages-intérêts résultant du défaut d'inexécution de l'obligation, et non le condamner au paiement de la somme,

par cela seul qu'il ne rapporte pas la preuve à laquelle il s'était soumis. — *Cass.*, 21 août 1832; Rancès c. d'Ossuna.

589. — La question de savoir si l'inexécution d'une obligation de faire a causé un préjudice, et est de nature à donner lieu à des dommages-intérêts, rentre dans l'appréciation exclusive des juges du fond. — Spécialement : lorsque l'obligation imposée au titulaire d'une concession de remettre à un tiers désigné, en vertu de leurs conventions particulières, un nombre déterminé d'actions, est devenue inexécutable par la vente forcée de la totalité de la concession, les juges peuvent, s'ils le trouvent convenable d'après les faits et circonstances, se borner à ordonner la remise des actions, faute de quoi le créancier serait réputé vendeur pour une portion équivalente au montant de ces actions, sans être tenu de condamner le concessionnaire à des dommages-intérêts. — *Cass.*, 25 juill. 1837 (t. 2 1837, p. 130), Joannis c. Rivière, Rochn, d'Espagnac et autres.

590. — Cependant l'obligation de ne pas faire et celle de faire ne se résolvent pas nécessairement et toujours en dommages-intérêts. Le créancier peut, en effet, obtenir de la justice de détruire ou faire détruire, aux dépens du débiteur, ce qui a été fait en contravention à l'engagement, comme aussi de faire ou faire faire ce que celui-ci n'a pas exécuté. — C. civ., art. 1143 et 1144; C. de procéd., art. 72, 806 et suiv. — Delvincourt t. 2, p. 527, notes.

591. — Suivant Rolland de Villargues (*Rép.*, v° *Obligation*, n° 177), le créancier peut même être autorisé à acheter aux dépens du débiteur les choses fongibles ou déterminées seulement quant à leur espèce qui font l'objet de l'obligation.

592. —...Le tout sans préjudice de plus amples dommages-intérêts s'il y a lieu. Il reste ainsi fort peu de différence entre ces obligations et celles de donner. Pour les rendre plus sensibles on a dit que toute obligation de faire rentrait dans la classe des biens meubles. — Toullier, t. 3, n° 20.

593. — Il n'est pas toujours nécessaire que le créancier se fasse autoriser par justice à faire exécuter l'engagement du débiteur. Dans un grand nombre de cas, cette autorisation serait nécessairement tardive. Ainsi au moment de la vendange, mon débiteur ne peut ou ne veut me fournir une cuve qu'il m'a promise; je puis m'en procurer une à ses frais, car il y a péril en la demeure. De même si un individu qui s'est obligé de me transporter en telle ville me laisse en route par son fait, je puis faire exécuter son obligation par un autre. Seulement, dans ces cas et autres semblables, le créancier doit faire exécuter l'obligation aux meilleures conditions possibles. — Duranton, t. 10, n° 461.

594. — Cette faculté de faire accomplir l'obligation du débiteur par un tiers ne s'applique pas aux obligations purement personnelles, telles que celles d'un artiste ou d'un auteur renommés. — Rolland de Villargues, n° 183, v° *Obligation*.

595. — Le débiteur poursuivi pour inexécution de son obligation peut offrir la chose promise, si elle est encore possible : il doit alors les dommages-intérêts résultant de son retard. — Toullier, t. 6, n° 219.

596. — Du principe posé par l'art. 1142, il ne faut pas conclure que l'obligation de faire soit alternative et que le débiteur puisse se libérer par le paiement des dommages-intérêts lorsqu'il peut exécuter l'engagement. — Duranton, t. 10, n° 458; Toullier, t. 6, n° 218.

597. Car, c'est parce qu'il n'est pas obligé sous une alternative qu'il n'est point tenu aux dommages-intérêts s'il n'a pu faire ce qu'il a promis ou s'il a exécuté ce qu'il s'était interdit. — Duranton, *ibid.*

598. — Si l'obligation de faire ne peut être appréciée en argent, le créancier peut demander la résolution du contrat. — Toullier, t. 6, n° 220.

599. — Le créancier ne peut être contraint de recevoir une autre chose que celle qui lui est due et il ne peut demander que celle-là. — C. civ., art. 1243.

600. — Si l'obligation est de ne pas faire, celui qui y contrevient doit les dommages-intérêts par le seul fait de la contravention. — C. civ., art. 1145. — V. DOMMAGES-INTÉRÊTS.

601. — Les obligations de faire passent-elles aux héritiers? Les anciens jurisconsultes étaient divisés sur cette question. Justinien la trancha dans le sens de l'affirmative. — L. 13, C. *De contrah. et committ. stip.* — Toullier (t. 6, n° 406) pense que, sous le Code, la règle générale est que les obligations de faire ne passent point aux héritiers et que les cas où ils sont tenus de ces obligations n'en sont que les exceptions. — Arg. C. civ., 1122, 1795. — V. même auteur, nos 404 à 419.

Sect. 4e. — *Effet des conventions à l'égard des tiers.*

602. — Les conventions ne peuvent obliger les tiers. — C. civ., art. 1119, 1165. — En effet, ne tirant leur force obligatoire que du consentement des parties, elles ne doivent produire d'effet qu'entre elles ou leurs représentans.

603. — Les art. 507 et 516 C. comm. (L. 28 mai 1838) sur les faillites font seuls exception à cette règle.

604. — Il en est de même, jusqu'à un certain point, de la prescription de dix à vingt ans. — C. civ., art. 2265.

605. — Le vendeur ne pourrait consentir, au profit d'un tiers, un droit d'usufruit ou de servitude sur le fonds vendu, bien qu'il ne fût pas livré, pourvu que le titre de l'acheteur pût être opposé au tiers par une date certaine et antérieure à celle de son titre. — C. civ., art. 1328. — Duranton, t. 10, nos 532 et 533.

606. — Il en serait de même si la concession de l'usufruit ou de la servitude eût eu lieu avant l'accomplissement de la condition sous laquelle la vente a été faite. La condition accomplie rétroagit, en effet, au jour du contrat. — C. civ., art. 1179. — Duranton, t. 10, *loc. cit.*

607. — Les appelés à une substitution ne souffrent pas des charges imposées par le grevé. — V. SUBSTITUTION.

608. — Ni le propriétaire de celles imposées par l'usufruitier et réciproquement. — V. USUFRUIT.

609. — Les conventions des héritiers entre eux, même dans un partage, au sujet du paiement des dettes ou au sujet des créances, ne peuvent ni nuire aux tiers, ni leur être opposées. — C. civ., art. 1220. — Elles n'opèrent que des mandats de payer ou des cessions d'actions. — Duranton, t. 7, nos 163, 429, 519, et t. 10, n° 537. — V. aussi PARTAGE.

610. — Les ventes faites par un héritier apparent peuvent-elles nuire aux véritables héritiers qui ne se présentent pas? — V. PÉTITION D'HÉRÉDITÉ, PROPRIÉTAIRE APPARENT.

611. — La ratification par un majeur d'une obligation consentie en minorité ne nuit pas aux tiers. — C. civ., art. 1338, § 3. — V. RATIFICATION.

612. — La stipulation de la faculté d'acquérir un immeuble pour soi, à l'exclusion des tiers, n'empêche pas celui en faveur de qui elle a eu lieu de s'obliger envers un tiers, de le mettre à part de cette propriété, après l'acquisition. — L. 81, ff. *De verborum signific.* — En pareil cas, le propriétaire qui a concédé la faculté d'acquérir doit être déclaré non recevable, pour défaut de droit et de qualité, à se plaindre de l'obligation prise envers les tiers. — *Cass.*, 17 juin 1839 (t. 2 1839, p. 415), Vassé-Tendron c. Wandecasteel.

613. — Les réserves qu'un huissier insère de son chef, au profit du débiteur, dans la quittance qu'il donne à ce dernier, ne peuvent nuire au créancier. — *Bruxelles*, 14 vent. an XII, Vanpoucke c. Carton.

614. — Par la même raison qu'elles n'obligent pas les tiers, les conventions ne peuvent non plus, en général, leur profiter. — C. civ., 1165.

615. — Ainsi : le vendeur ne pourrait stipuler une servitude pour le fonds vendu, car il stipulerait ainsi pour autrui.

616. — Lorsque le porteur d'un acte a profité d'un blanc existant au-dessus du contexte de cet acte, pour y placer un contrat de société entre lui et le signataire de l'écrit primitif, ce dernier peut opposer la fausseté de ce contrat aux tiers qui ont traité sur la foi des stipulations qu'il renfermait. — Les tiers ne sont pas fondés à prétendre que la fabrication de la convention qu'ils invoquent équivaut à un abus de blanc seing, et que celui qui a signé l'acte originaire est responsable envers eux de l'erreur dans laquelle il les a entraînés, par l'imprudence qu'il a eue d'apposer sa signature à un acte au-dessus duquel se trouvait un blanc dont il était si facile d'abuser. — *Paris*, 7 févr. 1824, Marchais-Dussablon c. Delassaigne.

617. — Cependant la loi excepte le cas de l'art. 1121. — V. *suprà* nos 469 et suiv.

618. — Les art. 1208, 1210, 1285, 1287, 2036 du Code civil font également exception au principe que les conventions ne peuvent profiter au tiers. — V. CAUTIONNEMENT, OBLIGATION SOLIDAIRE, REMISE DE LA DETTE.

619. — Les appelés à une substitution permise en profitent, bien qu'ils n'aient pas été parties dans l'acte de donation, et qu'ils ne se portent pas héritiers du grevé. — V. SUBSTITUTION.

620. — Les enfans du mariage peuvent profiter aussi, de leur chef, des donations de biens à venir. — C. civ., 1082. — V. DONATION PAR CONTRAT DE MARIAGE.

621. — Un créancier peut se prévaloir des actes intervenus entre son débiteur et des tiers, dans lesquels ses droits ont été reconnus, pour en faire résulter la reconnaissance de son titre, bien qu'il n'y ait pas été partie. — *Cass.*, 29 déc. 1835, Fonade c. Chaumont; 27 janv. 1836, Debonnay c. Labouré.

622. — Lorsqu'un débiteur a fait abandon de tous ses biens à son créancier, à la charge par celui-ci de payer les créances antérieures à la sienne, cette stipulation, soit qu'on la considère comme vente ou comme donation, impose au créancier une obligation personnelle dont un tiers créancier peut, bien qu'il n'ait pas figuré à l'acte, réclamer directement l'exécution. — *Cass.*, 4 juin 1833, de Miomandre c. de Courthille.

623. — Bien que les conventions n'aient d'effet qu'entre les parties contractantes, néanmoins, les créanciers peuvent exercer tous les droits et actions de leur débiteur, à l'exception de ceux qui sont exclusivement attachés à la personne. — C. civ., 1166. — V. CRÉANCIER, nos 36 et suiv.

624. — Ainsi, par exemple, les créanciers peuvent former opposition à un jugement rendu par défaut contre leur débiteur. — *Cass.*, 8 avr. 1812, Ducasse c. Casse. — V. FRAUDE, JUGEMENT PAR DÉFAUT, nos 596 et suiv.

625. — De plus, les créanciers peuvent, en leur nom personnel, attaquer les actes faits par leur débiteur en fraude de leurs droits. — C. civ., 1167. — V. ACTION RÉVOCATOIRE, CRÉANCIER, nos 8 et suiv.

626. — Enfin, indépendamment de l'action révocatoire, qui a pour effet d'annuler des actes sérieux, mais frauduleux, les tiers intéressés peuvent exercer l'action en déclaration de simulation, qui a pour but de faire déclarer simulés des actes faits pour éluder la loi. — V. SIMULATION.

Sect. 5e. — *Interprétation des conventions.*

627. — Lorsque les conventions présentent de l'obscurité ou de l'ambiguïté dans leurs clauses ou dans leur rédaction, la loi, la doctrine et la jurisprudence ont tracé au juge chargé de les interpréter certaines règles qui rendent sa marche plus rapide et plus sûre. — V., à ce sujet, INTERPRÉTATION DES CONVENTIONS.

CHAPITRE IV. — *Extinction des obligations.*

628. — L'art. 1234 C. civ. indique les différentes manières dont s'éteignent les obligations. Mais ce dénombrement est incomplet. Nous l'avons donné plus exact, d'après Toullier (t. 7, n° 2), v° EXTINCTION. Il y a donc lieu de se reporter à ce mot; et pour les détails, à chacun des mots de renvoi qui y sont indiqués.

CHAPITRE V. — *Preuve des obligations et de leur extinction.*

629. — Celui qui réclame l'exécution d'une obligation doit la prouver. — C. civ., art. 1315, § 1er.

630. — Réciproquement, celui qui se prétend libéré doit justifier le paiement ou le fait qui a produit l'extinction de son obligation. — C. civ., art. 1315, § 2.

631. — L'existence ou l'extinction des obligations se prouvent par la preuve littérale, la preuve testimoniale, les présomptions, l'aveu de la partie et le serment (C. civ., art. 1316). — V. chacun de ces mots. — V. aussi PREUVE.

OBLIGATION (Titre).

1. — C'est le nom qu'on donne quelquefois, par abus de langage, à l'acte ou titre constatant l'obligation même, ou l'engagement pris par le débiteur de payer une somme déterminée.

2. — Telles sont les obligations de la ville de Paris. — V. BANQUE DE FRANCE, n° 65.

3.—Considérées relativement au mode de leur rédaction, les obligations sont notariées ou sous seing privé; dans ce dernier cas elles se confondent ordinairement avec les billets.—V. ACTE NOTARIÉ, ACTE SOUS SEING PRIVÉ, BILLET.

4. — Dans les obligations notariées elles-mêmes, on distingue entre celles qui restent en minute et celles qui sont délivrées en brevet. — V. ACTE NOTARIÉ, BREVET (acte en), MINUTE.

5. — Considérées relativement au mode de leur transmission, les obligations sont nominales, à ordre ou au porteur. — V. BILLET ET OBLIGATION AU PORTEUR, ENDOSSEMENT.

V. au surplus PREUVE LITTÉRALE.

OBLIGATION ACCESSOIRE.

V. OBLIGATION PRINCIPALE ET ACCESSOIRE.

OBLIGATION ALTERNATIVE.

1. — C'est celle qui a lieu quand par la même convention on stipule ou l'on promet deux ou plusieurs choses, de manière que le débiteur ne soit obligé d'en donner qu'une seule. On l'appelle encore *obligation disjonctive*. — Toullier, t. 6, nº 689.

2.—Le caractère de l'obligation alternative est la disjonctive *ou* (Duranton, t. 11, nos 133-134; L. 12, *D. De verb. oblig.*) ou bien la disjonctive *soit*, répétée devant chacun des objets de l'obligation.

3. — Dès lors, quand il résulte d'un contrat de vente, et qu'il n'est pas d'ailleurs dénié, que le prix est payable soit en argent, soit en marchandises, l'arrêt qui condamne l'acquéreur à payer ce prix en argent, sans maintenir dans ses termes l'alternative réservée à celui-ci pour le mode de libération, doit être cassé en ce chef. — *Cass.*, 28 janv. 1846 (t. 1er 1846, p. 523), Labussière c. Zuber.

4. — Mais l'appréciation en argent d'une rente foncière en grains ne constitue pas une obligation alternative d'où résulterait que le débiteur pût l'acquitter soit en grains, soit en argent. — *Rennes*, 6 août 1813, Launier c. N... — Toullier, t. 6, nº 689.

5. — L'obligation souscrite par un maire, conjointement avec les membres du bureau de bienfaisance, et dans laquelle le maire déclare avoir pris de la caisse, en leur présence, une somme déterminée, en s'engageant de la restituer sous peu de temps, ou à donner une hypothèque convenable pour sûreté ultérieure, est un véritable contrat qui ne se trouve pas dans la classe de ceux dont parle l'ordonnance de 1733. — Ce contrat, ne contenant pas stipulation d'intérêts, renferme non une obligation alternative, mais une obligation pure et simple de restituer la somme empruntée, sauf que le débiteur promet de donner une hypothèque dans le cas où il ne paiera pas sous peu de temps. — *Bruxelles*, 14 fév. 1820, Lois c. Bureau de bienfaisance de Bruges.

6. — Comme il n'y a que l'une ou l'autre des choses comprises dans la convention qui soit due et non pas les deux, le débiteur d'une obligation alternative est libéré par la délivrance de l'une des deux choses qui étaient comprises dans l'obligation.—C. civ., art. 1189.— L. 110, ff., § 3, *De reg. jur.* — Toullier, t. 6, nº 689.

7. — Le choix appartient au débiteur, s'il n'a pas été expressément accordé au créancier. — C. civ., art. 1190. — L. 25, ff., *De contrah. empt.*

8. — L'opposition appartient de droit au débiteur lorsqu'elle n'a pas été expressément réservée au créancier. — *Cass.*, 8 nov. 1815, Dupré c. de la Richardie.

9. — L'objet de l'obligation alternative est en suspens jusqu'au moment du choix qui le détermine. Il suit de là que la nature mobilière ou immobilière des créances qui ont pour objet des meubles ou des immeubles, sous l'alternative des uns ou des autres, est aussi en suspens jusqu'au choix du débiteur ou du créancier, lorsque le choix est déféré à ce dernier. — Pothier, *Oblig.*, nº 254; Toullier, nº 699.

10. — Quand deux actions alternatives essentiellement distinctes sont ouvertes à une partie, l'interruption de la prescription de l'une ne s'étend pas à l'autre.— Particulièrement, l'héritier dont la légitime aurait été fixée à une somme en argent et qui avait le droit de réclamer ou la somme d'argent ou des immeubles, par la voie d'une action réelle, n'a point interrompu la prescription de l'action réelle en agissant par la voie d'une action mobilière et personnelle contre l'héritier détenteur des biens pour le paiement de la somme fixée à titre de légitime. — *Nîmes*, 6 mars 1832, Villevielle c. Vidal.

11.— Le débiteur, quand il a le choix, peut se libérer en délivrant l'une des deux choses promises; mais il ne peut pas forcer le créancier à recevoir une partie de l'une et une partie de l'autre. — C. civ., art. 1191. — V., au surplus, PAIEMENT.

12.—Si le créancier a le choix, il ne peut également exiger partie de l'une des choses et partie de l'autre. — L. 8, ff., § 1er, *De legat.*, nº 30. — Toullier, nº 690.

13. — Si le débiteur meurt avant d'avoir fait son choix, son droit passe à ses héritiers. Il en est de même à l'égard des héritiers du créancier si celui-ci meurt avant d'avoir exercé le droit de choisir qui lui était déféré. — Toullier, nº 691.

14. — Le choix du débiteur ou celui du créancier, lorsqu'il lui appartient, détermine l'obligation à la chose qu'ils ont choisie. L'obligation cesse alors d'être alternative; et si le choix a été accepté par la personne intéressée, on ne peut plus varier sans une cause légitime. — Toullier, nº 692.

15. — Lorsqu'il y a plusieurs obligations alternatives divisées par année, le choix fait dans une année n'empêche point de varier dans les autres années. — L. 21, ff., § 6, *De act. empt.* — Pothier, *Oblig.*, nº 247; Toullier, nº 693.

16.— L'obligation est pure et simple dans son principe, quoique contractée d'une manière alternative, si l'une des deux choses promises ne pouvait être le sujet de l'obligation (Code civil, art. 1192), car alors il n'y a jamais eu de choix à faire. — Toullier, nº 694.

17. — L'obligation quoique alternative dans son principe devient pure et simple, si l'une des choses promises périt, et ne peut plus être livrée, même par la faute du débiteur. Le prix de cette chose ne peut pas être offert à sa place.—C. civ., art. 1193, § 1er.

18. — Si les deux choses sont péries, et que le débiteur soit en faute à l'égard de l'une d'elles, il doit payer le prix de celle qui a péri la dernière. — C. civ., art. 1193, § 2.

19. — En cas de perte des choses promises, et quand le choix a été déféré par la convention au créancier : 1º ou l'une des choses seulement est périe, et alors, si c'est sans la faute du débiteur, le créancier doit avoir celle qui reste; si le débiteur est en faute, le créancier peut demander la chose qui reste ou le prix de celle qui est périe. — C. civ., art. 1194, § 1er et 2.

20. — 2º Ou les deux choses sont péries, et alors, si le débiteur est en faute à l'égard des deux, ou même à l'égard de l'une d'elles seulement, le créancier peut demander le prix de l'une ou de l'autre à son choix.—C. civ., art. 1194, § 3.

21. — Si les deux choses sont péries sans la faute du débiteur et avant qu'il soit en demeure, l'obligation est éteinte conformément à l'art. 1302. — C. civ., art. 1195. — V. PERTE DE LA CHOSE DUE.

22. — Les mêmes principes s'appliquent au cas où il y a plus de deux choses comprises dans l'obligation alternative. — C. civ., art. 1196.

23. — Toutefois les règles ci-dessus tracées, relativement au sort de l'obligation alternative en cas de perte des choses dues, ne sont applicables qu'aux obligations dont l'objet est certain et déterminé au moment même du contrat; elles ne peuvent l'être aux obligations dont l'objet n'est pas encore déterminé, quoiqu'il soit certain que l'objet existe : par exemple, à l'obligation de donner une somme, un cheval, etc. — Toullier, nº 695.

24. — Il résulte de ce qu'on vient de lire que l'obligation alternative ne saurait être confondue avec l'obligation conditionnelle, puisqu'elle existe dès le principe.—V. OBLIGATION CONDITIONNELLE.

25. — ... Ni avec l'obligation garantie par une clause pénale. Car cette clause n'est stipulée que pour le cas où le débiteur manquerait à son engagement.—V. OBLIGATION AVEC CLAUSE PÉNALE.

26. — Quant à sa différence avec l'obligation facultative, V. OBLIGATION FACULTATIVE.

OBLIGATION CIVILE.

1. — C'est celle qui est sanctionnée par le droit positif.

2. — Aux obligations civiles, on oppose les obligations naturelles. — V. OBLIGATION NATURELLE.

3. — Les obligations sont purement civiles, lorsqu'elles ne reposent pas sur le droit philosophique, et tirent à la fois du droit positif et leur origine et leur sanction. — Zachariæ, *Droit civil franç.*, t. 2. p. 256.

4. — Telles sont les obligations résultant d'une condamnation injuste passée en force de chose jugée, et, en général, toutes obligations attachées à une présomption légale contraire à la vérité et dont la loi ne permet pas de démontrer la fausseté. — C. civ., art. 1350, 1352 et 1363.

5. — On peut faire valoir, sous la garantie de l'Etat, par voie d'action ou d'exception, toutes les obligations civiles, qu'elles soient ou non reconnues par le droit philosophique. — Zachariæ, t. 2, p. 258.

6. — On donne encore le nom d'obligations *civiles* aux obligations ordinaires considérées par opposition aux obligations commerciales. — V. COMPÉTENCE COMMERCIALE, COMPTE COURANT, ENDOSSEMENT.

OBLIGATION AVEC CLAUSE PÉNALE.

Table alphabétique.

Acte confirmatif, 26 s.
Action, 16.
Adjudication de travaux, 53.
Bonnes mœurs, 18.
Cassation, 14 s.
Chose d'autrui (vente de la), 21.
Clause comminatoire, 52. — pénale, 2 s., 6, 13 s. — (effets de la), 39 s. — (héritiers), 67 s. — (objet), 16 s.
Codébiteur, 73.
Compromis, 29.
Condition, 1.
Consignation, 5.
Convention, 3. — tacite, 37.
Créancier, 34.
Dédit, 10.
Délai, 66.
Dépens, 51.
Divisibilité, 67 s.
Dol, 20.
Dommages-intérêts, 11, 16, 19 s., 39, 54 s.
Droit romain, 41.
Erreur de calcul, 31.
Erreur de droit, 31.
Etablissement public, 25.
Exécution empêchée, 76 s. — partielle, 55 s., 78.
Exigibilité, 52.
Fait d'autrui, 24.
Force majeure, 53.
Héritier du débiteur, 67 s.
Hypothèque, 72.
Incapable, 65.
Intérêts, 5, 15, 52, 61, 65.
Juge (pouvoir du), 52, 54 s., 61 s.
Jugement, 3 s., 48.
Mise en demeure, 40, 42 s., 47.
Nullité, 18 s., 22, 32.
Obligation accessoire, 17. — alternative, 7. — à terme, 40 s. — conditionnelle, 6, 9, 12 s. — de donner, 43. — de faire, 35, 43, 59. — de ne pas faire, 45. — divisible, 69. — facultative, 8. — indivisible, 60, 70 s., 80. — inutile, 28. — principale, 17 s., 22, 32 s., 36. — principale (exécution), 34, 38, 49.
Offres, 50 s., 77.
Ordre public, 5.
Peine, 25, 27, 29, 34 s., 38. — (modification de la), 56, 58 s., 61. — excessive, 54, 65.
Plein droit, 13.
Préjudice, 62.
Prêt, 48.
Rescision, 26.
Réserves, 65.
Résolution, 54.
Retard, 4 s., 16, 36, 60, 63, 66.
Sommation, 50.
Stipulation pour autrui, 23, 25, 58.
Terme, 42, 44, 47.
Transaction, 30 s.

OBLIGATION AVEC CLAUSE PÉNALE. — 1. — C'est l'obligation contractée sous la condition qu'une partie paiera quelque chose, si elle n'exécute pas la convention.

§ 1er. — *Nature de la clause pénale* (nº 2).
§ 2. — *Objet et but de la clause pénale* (nº 16).
§ 3. — *Effets de la clause pénale. — Quand elle peut être modifiée* (nº 39).
§ 4. — *De la clause pénale à l'égard des héritiers du débiteur* (nº 67).

---

§ 1er. — *Nature de la clause pénale.*

2. — La clause pénale est celle par laquelle le débiteur, pour mieux assurer l'exécution d'une convention par lui contractée, s'engage à une prestation quelconque, par exemple au paiement d'une certaine somme d'argent, dans le cas où il n'accomplirait pas son obligasion. — C. civ., art. 1226.

3. — La clause pénale peut résulter non-seulement de la convention, mais encore d'une disposition d'un jugement provoqué par les conclusions d'une des parties.

4. — Ainsi jugé que d'après l'art. 548 C. de proc.,

les jugemens qui ordonnent quelque chose à faire par des tiers étant exécutoires contre eux, comme s'ils avaient été parties, une cour d'appel a pu, pour l'exécution d'un arrêt infirmatif qui avait ordonné la remise d'une mineure confiée à des dames religieuses, condamner les supérieures du couvent, bien qu'elles n'eussent point figuré dans le premier arrêt, en y ajoutant une clause pénale pour chaque jour de retard. — *Paris*, 23 août 1834, P..... c. P. ... et les supérieurs du couvent X....

5. — Toutefois la clause pénale prononcée par un jugement de condamnation ne saurait contenir de dispositions contraires aux lois d'ordre public.

6. — Ainsi le jugement qui ordonne que le débiteur d'une somme d'argent en effectuera la consignation dans un délai déterminé ne peut, à défaut de consignation, condamner le débiteur à payer à titre de dommages-intérêts, et par chaque jour de retard, une somme excédant l'intérêt légal. — *Bordeaux*, 26 juin 1847, (t. 2-47, p. 504), Talleret-Lacoste c. Beauvallon. — V., au surplus, INTÉRÊTS, nº 45.

7. — La clause pénale suppose toujours une obligation primitive et principale qui existe indépendamment de l'obligation secondaire conditionnelle qu'elle engendre. L'obligation avec clause pénale ne doit donc pas être confondue : 1º ni avec l'obligation alternative. Celle-ci est toujours une. Son objet est indéterminé entre deux ou plusieurs choses, dont le choix appartient au débiteur s'il n'a été déféré au créancier. Au contraire, la première renferme deux obligations : l'une primitive, l'autre purement secondaire et éventuelle. — Vinnius, sur le § 18, Inst. *De mat. stip.*, nº 1; Toullier, t. 6, nº 805; Duranton, t. 11, nº 314.

8. — 2º... Ni avec l'obligation facultative. Tout en ayant des points de ressemblance nombreux, elles diffèrent en ce que, dans l'obligation facultative, le créancier ne peut réclamer que la somme ou la chose convenue, en cas d'inexécution (C. civ, art. 1152); tandis que dans l'obligation avec clause pénale, il peut demander l'exécution de la peine ou l'exécution de l'obligation principale (C. civ., art. 1228). — Duranton, t. 11, nº 322.

9. — 3º... Ni avec l'obligation conditionnelle. La première suppose toujours, comme on l'a vu, une obligation préexistante. La seconde, au contraire, ne prend naissance que par l'événement de sa condition. De cette différence sortent des effets pratiques très-importans. — Toullier, t. 6, nºs 804, 805, 806, 807.

10. — ... 4º Ni avec l'obligation avec *dédit* ou peine stipulée pour le cas de rétractation. Le dédit forme par lui-même l'obligation du contrat, et n'a pas pour but d'assurer l'exécution d'une obligation principale. — V. DÉDIT.

11. — ... 5º Ni enfin avec la clause portant que celui qui manquera à son engagement paiera une somme à titre de dommages-intérêts. — C. civ., art. 1152. — Cette dernière clause est une espèce de forfait qui remplace pour le créancier le profit de l'obligation principale. La véritable clause pénale lui donne la faculté d'abandonner la clause pour demander l'exécution de l'obligation principale. — Duranton, t. 11, nº 322.

12. — L'obligation à laquelle on ajoute une clause pénale, peut être conditionnelle. Alors l'obligation secondaire en résultant est subordonnée à deux conditions, celle de l'événement de l'obligation principale et celle inhérente à sa propre nature. — Rolland de Villargues, *Rép. du not.*, vº *Clause pénale*.

13. — La clause pénale, quand elle porte que la peine sera encourue de plein droit par la seule expiration du terme, réunit à ses avantages naturels ceux d'une obligation conditionnelle. — Toullier, t. 6, nº 807.

14. — Une Cour d'appel peut, sans donner ouverture à cassation, décider qu'une clause d'un contrat ne constitue pas une clause pénale exigeant une mise en demeure pour être exécutée.

15. — Jugé, aussi, que l'arrêt qui décide que la convention par laquelle une partie s'oblige à livrer à un terme fixé une chose dont elle a reçu le prix, et, à défaut de livaison, à payer les intérêts de ce prix, ne constitue pas essentiellement une obligation avec clause pénale, mais seulement une simple stipulation d'intérêts qui oblige le débiteur à les payer sans qu'il soit nécessaire de le mettre préalablement en demeure de remplir son obligation principale, échappe, comme se livrant à une interprétation qui lui appartient souverainement, à la censure de la Cour de cassation. — *Cass.*, 3 déc. 1834, Sannejouand c. Vallée.

§ 2. — *Objet et but de la clause pénale.*

16. — La clause pénale peut avoir deux objets : 1º de fixer les dommages-intérêts dus pour inexécution ou retard dans l'exécution; 2º de donner à une obligation l'effet de produire action en justice.

17. — L'obligation qu'engendre la clause pénale est une obligation secondaire et accessoire. La nullité de l'obligation principale entraînera donc celle de la clause pénale. — C. civ., art. 1227, § 1er.

18. — Ainsi toute clause pénale ajoutée à une promesse impossible, prohibée, ou contraire aux bonnes mœurs, est nulle. — Pothier, nº 338; Toullier, t. 6, nºs 815 et suiv.; Duranton, t. 11, nº 332.

19. — Cette règle souffre exception dans les cas où, malgré les nullités de l'obligation principale, il serait dû des dommages-intérêts déterminés par la clause pénale.

20. — C'est en général ce qui arrivera toutes les fois que le dol du débiteur pourra donner lieu à ces dommages-intérêts. — Rolland de Villargues, *Rép.*, vº *Clause pénale*.

21. — Lorsqu'un individu a vendu un immeuble qui ne lui appartenait point, mais seulement à quelqu'un dont il est le présomptif héritier, la stipulation faite ultérieurement d'une peine pour le cas où cette vente ne recevrait pas son exécution doit avoir son effet, si d'ailleurs il est établi que l'acquéreur ignorait que la chose n'appartenait pas au vendeur. — *Cass.*, 17 mars 1825, Morelle c. Dehennot. — V. aussi Duvergier, *Vente*, t. 1er, nºs 299 et suiv.; Troplong, *Vente*, sur l'art. 1600.

22. — Une seconde exception existe dans les cas où la nullité de l'obligation principale proviendrait de l'absence d'un lien de droit que la clause pénale aurait pour objet de suppléer.

23. — C'est ainsi que la clause pénale ajoutée à une stipulation faite pour autrui est valable, quoique l'art. 1119 porte qu'on ne puisse stipuler que pour soi-même. — Inst., § 19, *De inut. stip.*; Pothier, nº 339; Toullier, t. 6, nº 814.

24. — En sens inverse, il en est de même de la clause ajoutée à la promesse du fait d'un tiers sans se porter fort pour lui. Elle est valable si le tiers n'exécute pas. — Duranton, t. 11, nºs 330, 331; Merlin, *Rép.*, vº *Peine contractuelle*.

25. — Mais la peine ajoutée à un contrat ne peut être stipulée au profit d'un tiers, même au profit du fisc, d'un hôpital, ou de tout autre établissement public. La règle qu'on ne peut stipuler au profit d'un tiers s'applique à l'obligation pénale aussi bien qu'à l'obligation principale. — L. 42, D. *De receptis qui arbitr. recept.* — Merlin, *Questions de droit*, vº *Peine compromissoire*, p. 29; Toullier, t. 6, nº 846.

26. — Les obligations rescindables pour cause d'incapacité, de violence, erreur ou dol pouvant être confirmées, rien n'empêche d'ajouter à l'acte confirmatif une clause pénale pour le cas où le débiteur reviendrait contre la convention primitive.

27. — Il faut alors distinguer si cet acte est réellement l'acte confirmatif de l'art. 1338, ou s'il se borne seulement à la promesse d'une peine dans le cas où le débiteur n'exécuterait pas l'engagement primitif. Dans le premier cas, le créancier peut opter entre l'acte confirmatif et la peine stipulée (C. civ., art. 1229); dans le second cas, il ne peut que demander la peine. — Pothier, nº 343; Duranton, t. 11, nºs 332, 333.

28. — Les obligations inutiles, c'est-à-dire n'étant d'aucun avantage appréciable pour le stipulant, ne donnent pas d'action, mais elles acquièrent une sanction par la stipulation d'une clause pénale. — Toullier, t. 6, nº 817; Rolland de Villargues, nºs 19, 20.

29. — Nul doute qu'on ne puisse ajouter une peine à un compromis; mais la peine payée en exécution de cette clause pourra être répétée si le compromis est entaché d'une nullité radicale. — Merlin, *Quest.*, vº *Peine compromissoire*, p. 241; Rolland de Villargues, *Rép.*, vº *Clause pénale*, nº 37; Toullier, nºs 819 à 828; Duranton, t. 11, nº 349.

30. — Quant aux transactions auxquelles l'art. 2047 permet d'ajouter une peine, et autres actes par lesquels une partie stipule une peine pour le cas où l'autre partie attaquerait une convention précédente, il y a divergence entre les auteurs. Il nous semble que la peine, dans tous ces cas, doit être, à moins de circonstances spéciales, considérée comme un dédommagement du préjudice que le seul fait d'une attaque causerait à l'autre partie, et peut par conséquent être réclamée cumulativement avec le principal : et rien ne paraît indiquer que l'art. 2047 ait eu pour but d'établir une exception à l'art. 1229, § 2. — V. *Exposé des motifs*, par Bigot-Préameneu, et *Rapport au tribunat*, de Albisson. — Locré, *Lég.*, t. 15, p. 420, nº 5, et p. 433, nº 5; Duranton, t. 11, nº 345; Zachariæ, t. 2, § 310, note 4, et t. 3, § 146. — En sens contraire, V. Toullier, t. 6, nº 829; L. 10, § 1, D. *De pactis* (2, 14); L. 122, § 6, D. *De V. O.* (45, 1; Pothier, nºs 343 et 348.

31. — On a vu (vº OBLIGATION, nºs 81 et 105) que la clause d'une transaction qui met à la charge d'une partie une portion de dette plus considérable que celle qu'elle devait supporter d'après sa qualité contient une erreur de droit et non une erreur de fait pouvant donner lieu à rescision. — Cependant, la partie qui, dans ce cas, croit de bonne foi qu'il y a eu seulement une erreur de calcul commise dans la rédaction de l'acte, et se borne à demander la réparation de cette erreur, n'encourt pas la peine stipulée contre celui qui attaquerait la transaction. — *Bastia*, 8 fév. 1837 (t. 2 1837, p. 244), Mattei c. Canelli.

32. — La nullité de la clause pénale n'entraîne pas celle de l'obligation principale. — C. civ., art. 1227, § 2. — En effet, le principal ne dépend pas de l'accessoire et peut subsister sans lui. — Si donc l'objet de la clause pénale est un fait impossible, ou contraire aux lois, elle est nulle; mais l'obligation principale n'en aura pas moins son effet, si d'ailleurs elle est valable. — Duranton, t. 11, nº 334.

33. — La clause pénale ayant pour but d'assurer l'exécution de l'obligation principale, il en résulte : 1º qu'on ne doit pas facilement supposer aux parties l'intention d'avoir voulu étendre ou restreindre l'obligation principale, par la stipulation de cette clause. — L. 122, § 2, D., *verbo Oblig.* — Pothier, nº 341.

34. — 2º Que le créancier, au lieu de demander la peine stipulée, peut poursuivre l'exécution de l'obligation principale. — C. civ., art. 1228.

35. — Toutefois, s'il s'agit d'une obligation de faire qui ne peut être exécutée que par le débiteur, le créancier est, en cas de refus du débiteur, forcé de recourir à la peine. — Duranton, t. 11, nº 338.

36. — 3º Que le créancier ne peut demander en même temps le principal et la peine, à moins qu'elle n'ait été stipulée pour le simple retard. — C. civ., art. 1222, § 2.

37. — Cette stipulaion peut être expresse ou tacite. Mais une convention tacite de cette nature ne se présume pas facilement. Elle doit ressortir de l'intention non équivoque des parties : intention assez facile à connaître dans les contrats unilatéraux, mais présentant plus de difficultés quand il s'agit de contrats synallagmatiques. — Duranton, t. 11, nº 344.

38. — Jugé que l'art. 1229 C. civ., qui prohibe le cumul du principal et de la peine, n'est pas applicable au cas où, ce cumul ayant été positivement stipulé pour le simple retard, le débiteur n'a pas rempli son obligation dans le délai fixé dans la convention. — *Cass.*, 27 avr. 1840 (t. 2 1840, p. 200), Bazergue c. Olard et Malignon.

§ 3. — *Effets de la clause pénale. — Quand elle peut être modifiée.*

39. — L'effet de la clause pénale est de déterminer, par avance, et à titre de forfait, l'étendue des dommages-intérêts dus au créancier par le débiteur qui n'exécuterait pas son obligation ou ne la remplirait que d'une manière imparfaite. — C. civ., art. 1239, § 1er. — Pothier, nº 350.

40. — Il en résulte que la peine n'est encourue que du jour de la demeure, sans qu'il y ait lieu de distinguer si l'obligation primitive contenait ou non un terme. — C. civ., art. 1230, 1139, 1146. — V., aussi, DOMMAGES-INTÉRÊTS, nºs 89 et suiv.

41. — Il en était autrement dans le droit romain. Lorsque les parties étaient convenues d'un terme, la peine avait lieu de plein droit aussitôt que le terme était écoulé. — L. 23, D. *De oblig. et nat.*, et L. 12, C. *De contrahend. vel committend. stipul.* — Dans notre ancienne jurisprudence française, on tenait au contraire pour maxime que l'effet des clauses pénales insérées dans les obligations était subordonné à la mise en demeure du débiteur et à un jugement préalable qui en ordonnât l'exécution. — *Cass.*, 26 avr. 1808, de Breuilpont c. de la Maisonfort. — V. aussi Chabot, *Quest. transit.*, vº *Clause pénale*, t. 1er, p. 67.

42. — Le Code civil a pris un juste milieu entre la rigueur du droit romain et le relâchement de l'ancienne jurisprudence. — V. Merlin, *Rép.*, vº *Peine contractuelle*, § 3; Duranton, t. 11, nº 353. — Ainsi : la seule échéance du terme ne suffit pas

pour faire encourir la peine, comme à Rome (C. civ., art. 1230); il faut, de plus, que le débiteur ait été constitué en demeure par une sommation ou autre acte équivalent (C. civ., art. 1139). Mais, à la différence de la jurisprudence ancienne, il n'est pas besoin de jugement préalable. — *Cass.*, 3 déc. 1834, Sannejouaud c. Vallée.

43. — Cette règle est formellement appliquée à l'obligation soit *de donner*, soit *de prendre*, soit *de faire*. — C. civ., art. 1230.

44. — Mais, par exemple, le débiteur est constitué en demeure par la seule échéance du terme :

45. — 1° Lorsqu'il s'agit d'une obligation de ne pas faire, cas auquel le seul fait de la contravention met le débiteur en demeure. — C. civ., art. 1145.

46. — 2° Lorsque la loi contient à cet égard une disposition spéciale, comme dans les art. 1302 (2e alin.), 1378 combiné avec 1379, 1685 et 1881.

47. — 3° Lorsqu'il a été formellement stipulé que la mise en demeure résulterait, sans qu'il fût besoin d'acte, de la seule échéance du terme. — C. civ., art. 1139.

48. — L'obligation pénale stipulée à la charge du débiteur, dans un contrat de prêt à terme, de rembourser le capital dans le cas où il ne paierait pas les intérêts aux époques convenues, n'est encourue de plein droit qu'autant qu'il en a été fait stipulation expresse. Autrement elle doit être prononcée par le juge. — *Bruxelles*, 24 mai 1809, Porris c. Dewalsche.

49. — 4° Enfin, lorsque l'obligation ne pouvait être exécutée que dans un certain temps que le débiteur a laissé passer. — C. civ., art. 1146.

50. — Dans tous ces cas, le débiteur qui paie ou offre de payer sur la sommation ou l'acte qui le met en demeure peut éviter son effet et partant la peine. La sommation, l'acte de mise en demeure sont en effet conditionnels. Si donc le débiteur obéit de suite, il n'est point en retard. *Is moram videtur fecisse qui litigare maluit quam solvere*, dit la loi 82, § 1er, ff. *verbo Obligat.* — Duranton, t. 11, n° 355.

51. — Jugé, en ce sens, que le débiteur peut, par des offres réelles et dans des circonstances extraordinaires, échapper à la peine stipulée en cas de défaut de paiement, quoiqu'il soit dit dans le contrat que la clause est de rigueur. Toutefois, dans ce cas, le débiteur peut être condamné aux dépens quoique les offres soient déclarées valables. — *Colmar*, 11 nov. 1815, Marx et Weyl c. Ricard.

52. — Sauf ces circonstances exceptionnelles, la stipulation insérée dans une obligation, que la créance deviendra exigible de plein droit à défaut de paiement des intérêts dans un délai convenu, n'est point une cause purement comminatoire abandonnée au pouvoir discrétionnaire du juge. — *Paris*, 23 avril 1831, Allart c. Bocquet.

53. — De même, la clause pénale stipulée dans une adjudication de travaux publics, pour le cas d'inexécution par l'entrepreneur de ses obligations, doit être appliquée lorsqu'il n'y a pas eu empêchement résultant de force majeure. — *Cons. d'Etat*, 8 août 1834, Catelin.

54. — Les juges ne peuvent point prononcer la résolution d'une obligation contractée avec clause pénale, et fixer eux-mêmes les dommages-intérêts dus pour inexécution de cette obligation, en se fondant, d'une part, sur ce que l'obligation est devenue inexécutable par le fait de la partie obligée et, d'autre part, sur ce que la peine stipulée est excessive. — *Cass.*, 1er déc. 1828, Crignier c. Vasseur.

55. — Du principe que la clause pénale est la compensation des dommages et intérêts que le créancier souffre de l'inexécution de l'obligation principale, il résulte encore que le juge ne peut modifier la peine que lorsque l'obligation principale a été exécutée en partie. — C. civ., art. 1231. — *Paris*, 8 juill. 1812, Razuret et Faber c. Testard. — Pothier, *Oblig.*, n° 350; Toullier, *Droit civil*, t. 6, n° 837; Rolland de Villargues, *Rép. du not.*, v° *Clause pénale*, n° 56.

56. — Toutefois, il existe deux opinions contraires sur cette disposition. L'une la regarde comme facultative, laissée à l'arbitrage des juges, et décide, en conséquence, que l'on aurait tort de conclure que toute exécution partielle, soit que le créancier ait ou non consenti (art. 1244), soit qu'elle lui ait ou non profité, donnerait lieu à modifier la peine. — Demante, *Cours de dr. civ.*, t. 2, n° 683; Toullier, t. 6, n° 839.

57. — Dans l'autre opinion on distingue si le créancier a consenti ou non à recevoir un paiement partiel, s'il en a profité ou non. L'art. 1231 n'aurait alors été rédigé que dans la prévoyance du paiement partiel, fait sans le consentement du créancier, sans qu'il en eût profité, et cet article ne saurait être appliqué aux cas contraires. — Duranton, t. 2, n° 358, et n° 360.

58. — Quoi qu'il en soit, le principe que la peine doit ou peut être modifiée, lorsque l'obligation a été exécutée en partie, s'applique aussi au cas de la promesse faite pour un tiers qui l'a exécutée en partie. — Dumoulin, *De divid. et individ.*, § 3, n° 531; Pothier, n° 351; Duranton, t. 11, n° 360; Rolland de Villargues, v° *Clause pénale*, n° 58.

59. — Il en est de même des obligations de faire un certain ouvrage : comme une maison, un théâtre. Si donc l'entrepreneur a commencé et non achevé l'ouvrage au jour fixé, les juges ont la faculté de modifier la peine. — Toullier, t. 6, n° 358; Duranton, t. 11, n° 362.

60. — L'art. 1231 s'applique même aux obligations d'une indivisibilité absolue : telles qu'une promesse de servitude. — V. l'exemple qu'en donne Pothier, n° 253. — Dumoulin, *De divid. et individ.*, § 3, nos 472 et 473; Duranton, t. 11, n° 363.

61. — Les juges peuvent encore modifier la peine, si, ayant pour objet d'assurer le paiement d'une somme d'argent, cette peine se trouve être supérieure aux intérêts légaux de la somme principale. — L. du 3 sept. 1807; Zachariæ, t. 2, § 310, et note 7.

62. — Dans tous les cas la modification de la peine est laissée à la sagesse des juges, qui ont à voir quel préjudice a éprouvé le créancier. — *Paris*, 8 juill. 1812, Razuret et Faber c. Testard. — V., aussi. Pothier, n° 350; Toullier, t. 6, n° 837; Rolland de Villargues, n° 56.

63. — Mais la peine est encourue en entier, et le juge ne la peut réduire sur la seule considération que le retard a été peu considérable, alors qu'elle a été stipulée pour simple retard. — Duranton, t. 11, n° 361.

64. — Du reste, les parties peuvent stipuler que le juge n'aura pas le droit de réduire la peine. — Toullier, t. 6, n° 839.

65. — Cette décision doit cependant recevoir quelques modifications, par exemple si, comme on l'a vu, la peine était hors de proportion avec l'intérêt ordinaire pour ce qui reste à payer; ou encore si le paiement partiel reçu avec réserves de la peine entière était fait par un incapable. — Duranton, t. 11, n° 365.

66. — Le délai accordé par le juge, en vertu de l'art. 1244, au débiteur, n'empêche pas que la peine stipulée pour simple retard soit encourue. — C. civ., 1134. — Duranton, t. 11, n° 359.

§ 4. — *De la clause pénale à l'égard des héritiers du débiteur.*

67. — La peine encourue par celui qui meurt sans l'avoir payée, se divise de plein droit entre ses héritiers, comme toute autre dette, en sorte que chacun d'eux n'en est tenu que pour sa part héréditaire. — C. civ., art. 1220.

68. — Si tous les héritiers contreviennent à la clause pénale, la peine encourue se divise également entre eux. Chacun n'en est tenu que pour sa part, car il n'existe pas de loi qui prononce en ce cas la solidarité contre eux. — Toullier, t. 6, n° 841.

69. — Si un seul d'entre eux y contrevient, la peine n'est encourue que par lui seul, et pour la part seulement dont il est tenu dans l'obligation primitive, sans qu'il y ait d'action contre ceux qui l'ont exécutée, lorsque cette obligation est divisible. — C. civ., art. 1233, § 1er.

70. — Cette règle reçoit exception : 1° lorsque l'obligation primitive contractée avec une clause pénale est d'une chose indivisible. — C. civ., art. 1232.

71. — 2° Lorsque la clause pénale a pour but d'imprimer à une obligation divisible de sa nature le caractère d'indivisibilité, au moins quant au paiement. — C. civ., art. 1218, 1221 (5°) et 1233, § 2.

72. — Dans ces deux hypothèses, la loi permet au créancier de poursuivre soit le contrevenant pour la totalité de la peine, soit chacun des cohéritiers pour leur part, et hypothécairement pour le tout : sauf recours contre celui qui a fait encourir la peine. — C. civ., art. 1232, 1233. — Demante, *Cours de dr. civ.*, t. 2, n° 686; Duranton, t. 11, n° 377.

73. — La règle établie par l'art. 1232 et par l'art. 1233 (§ 2) s'applique aux codébiteurs aussi bien qu'aux cohéritiers. — V. Demante, *op. et loc. cit.*; Pothier, n° 358; Duranton, t. 11, n° 375.

74. — Si tous avaient fait la contravention, la peine pourrait être demandée pour le tout contre chacun d'eux : sauf leur recours entre eux.

75. — L'art. 1232 ne soulève pas beaucoup de difficultés. Il a été tiré de Pothier (n° 355), et on en peut voir dans cet auteur un exemple d'application. — V., aussi, Duranton, t. 11, nos 370 et suiv.

76. Sur l'art. 1233 (§ 2) à propos de ces mots : « au cohéritier à empêcher l'exécution de l'obligation pour la totalité » il s'élève deux questions.

77. — 1° Le créancier n'ayant pas voulu recevoir les offres faites par un ou plusieurs des héritiers, la peine est-elle encourue en entier par chacun d'eux faute par eux d'avoir offert le total? M. Duranton (n° 379), écartant tout d'abord le cas où plusieurs des héritiers, ou tous, seraient mis en demeure de remplir l'obligation principale, cas où l'affirmative n'est pas douteuse, adopte la négative pour le cas où les offres ont été faites avant la mise en demeure, s'appuyant pour cela sur les termes de l'art. 1233 que nous venons de rapporter. Au contraire Toullier (n° 843), suivant en cela l'opinion de Pothier (n° 360), dont l'article a été tiré, soutient que l'héritier n'éviterait pas d'encourir la peine par l'offre de ce qu'il doit pour sa part héréditaire dans la dette primitive.

78. — 2° L'héritier doit-il encore sa part dans la peine que son cohéritier a fait encourir, lorsqu'avant l'échéance, ou lors de l'échéance, le cohéritier a reçu cette part sans faire de réserve quant à la peine? Même division entre les auteurs. — Duranton, t. 11, nos 379-380; Toullier, t. 6, n° 843.

79. — Un héritier, qui, en contrevenant à l'engagement du défunt, n'a fait qu'user de son droit particulier, ne doit que la part de la peine, quoiqu'il eût empêché la convention d'être exécutée en totalité. — Pothier, n° 363; Toullier, t. 6, n° 844; Duranton, t. 11, n° 374.

80. — Lors même que l'obligation est indivisible, la contravention envers l'un des créanciers ou héritiers de créancier fait-elle encourir la peine pour le total et envers tous? En droit romain, la peine était, en principe, encourue au profit de tous : en équité, ceux à l'égard desquels l'engagement avait été exécuté étaient repoussés par l'exception de dol. — V. Paul, L. 2, § *fin.*; D. *De verb. obl.* L. 3, § 1er, *eod.* — Nul doute qu'ils n'auraient pas d'action en droit français. — Pothier, n° 364; Duranton, t. 11, n° 376. — V., au surplus, CAUTIONNEMENT, CONDITION, OBLIGATION, OFFRES RÉELLES.

OBLIGATION CONDITIONNELLE.

1. — C'est celle qui est contractée sous une condition quelconque; elle est en ce cas opposée à l'obligation pure et simple.

2. — On peut voir, v° CONDITION, quelles sont les différences d'obligations conditionnelles et quels en sont les effets. — Aux différentes décisions que nous avons rapportées à ce sujet, il convient d'ajouter les suivantes :

3. — Une obligation conditionnelle n'a de date que celle où elle a été consentie, quoique la condition apposée se soit accomplie plus tard. En conséquence, l'obligation souscrite par un émigré avant son émigration, de garantir un tiers, ne peut avoir d'autre date que celle mise sur cette obligation; encore bien que la garantie résultant de cet acte n'ait été exercée que postérieurement à l'émigration : dès lors, cet émigré ou ses représentants ont le droit de se libérer des causes de cette garantie, en offrant un capital nominal en rente 3 % sans intérêt, aux termes de l'art. 18 L. 27 avr. 1825. — *Cass.*, 16 mars 1831, Demeaux c. Dapremont.

4. — Une promesse de vente consentie avec fixation de terme pour l'acceptation de la vente par l'acquéreur ne constitue ni une obligation potestative, dans le sens de l'art. 1174 (C. civ.), ni une obligation à terme soumise aux dispositions de l'art. 1188, mais une obligation sous une condition suspensive. — *Paris*, 18 déc. 1840 (t. 1er 1841, p. 272), Domaine c. Sicard. — V., au surplus, VENTE.

5. — Les obligations contractées sous une condition suspensive ne donnent pas lieu à la perception des droits d'enregistrement tant que l'événement prévu n'est pas arrivé. — Mais il en est autrement quand la condition est résolutoire. — V. ENREGISTREMENT, nos 113 et suiv.

OBLIGATION CONJONCTIVE ET DISJONCTIVE.

1. — L'obligation *conjonctive* est celle qui contient plusieurs choses réunies par une conjonction pour indiquer qu'elles sont toutes également l'objet ou la matière de l'engagement.

2. — L'obligation conjonctive a pour objet de réunir dans un même acte deux ou plusieurs choses qui sont également dues. — Toullier, t. 6, n° 686.

3. — Par exemple je promets de vous donner mon cheval, mon bœuf et cent francs, je suis alors engagé à donner toutes ces choses, sans pouvoir me dispenser d'en donner une seule ; mais alors il y a autant de stipulations, autant de dettes que de choses contenues dans la promesse. — L. 29 et 86 D. *De verb. oblig.* — Toullier, *ibid.*

4. — Le débiteur peut dès lors diviser le paiement de ces quatre choses, quoique régulièrement il ne puisse forcer le créancier à recevoir en partie le paiement d'une dette même divisible. — C. civ., art. 1244. — Toullier *ibid.*

5. — Mais pour qu'il y ait plusieurs dettes, il faut que les choses comprises dans l'obligation soient énumérées ; ainsi il n'y aurait qu'une seule dette et non une obligation conjonctive si je vous avais promis tous mes bestiaux. — Toullier, n° 687.

6. — Il y a aussi plusieurs stipulations dans une somme payable à différens termes. — Toullier, n° 688.

7. — L'obligation est *disjonctive* lorsque tout en stipulant ou en promettant deux ou plusieurs choses par la même convention, le débiteur n'est cependant obligé d'en donner qu'une seule. — Toullier, n° 689. — On donne encore à cette obligation le nom d'*alternative*. — V. OBLIGATION ALTERNATIVE.

OBLIGATION DIVISIBLE ET INDIVISIBLE.

OBLIGATION DIVISIBLE ET INDIVISIBLE. — **1.** — L'obligation est divisible ou indivisible selon qu'elle a pour objet ou une chose qui dans sa livraison, ou un fait qui dans l'exécution, est ou n'est pas susceptible de division soit matérielle, soit intellectuelle. — C. civ., art. 1217.

2. — La matière des obligations divisibles ou indivisibles est l'une des plus épineuses que présente le Code civil. Les articles qui la régissent, critiqués par les auteurs, soulèvent des doutes nombreux. Pour les résoudre avec sûreté, il est indispensable d'étudier Dumoulin (V. *C. Molinæi opera*, t. 3, p. 89 et suiv.) et l'extrait de Pothier (*Oblig.*, n° 287 et suiv.).

3. — Les rédacteurs du Code ont en effet, sauf quelques modifications de détail, suivi la doctrine de ce dernier auteur.

SECT. 1re. — *Obligation divisible et indivisible en général* (n° 4).

SECT. 2e. — *Effets de l'obligation divisible* (n° 44).

§ 1er. — *Effets de la divisibilité* (n° 44).

§ 2. — *Exceptions à la divisibilité* (n° 57).

SECT. 3e. — *Effets de l'obligation indivisible* (n° 99).

SECT. 4e. — *Indivisibilité en matière de contrat judiciaire et de procédure* (n° 120).

Sect. 1re. — *Obligation divisible et indivisible en général.*

4. — L'obligation est divisible ou indivisible comme on l'a vu (*suprà* n° 1er) selon que la chose ou le fait qui en est l'objet est ou non susceptible de division soit matérielle, soit intellectuelle. — C. civ., art. 1217.

5. — C'est donc par l'objet de l'obligation que se juge la divisibilité ou son indivisibilité. — Duranton, t. 11, n° 554 ; Demante, *Cours de droit civil*, t. 2, n° 667.

6. — Il peut arriver que cet objet soit divisible, mais que le rapport sous lequel il a été considéré lui fasse perdre son caractère et rende l'obligation indivisible. — C. civ., art. 1218. — De là trois espèces d'indivisibilité.

7. — 1° L'indivisibilité absolue, *individuum naturâ et contractu*, qui a lieu lorsque la chose ou le fait, objets de l'obligation, ne sont pas susceptibles par leur nature d'indivision même intellectuelle. — C. civ., art. 1217. — Pothier, n° 291.

8. — Il faut ranger ainsi cette espèce d'obligation de constituer une servitude réelle, celle d'en souffrir l'exercice. — C. civ., art. 709, 710. — Pothier, n° 291 ; Duranton, t. 11, n° 559 ; Zachariæ, *Droit civil théorique français*, t. 2, § 301, note 4. — Selon Toullier (t. 6, n° 785), l'indivisibilité de la servitude ne porte que sur le droit pris en abstraction et est sans aucune utilité réelle en pratique.

9. — 2° La seconde espèce d'indivisibilité, qui se rencontre le plus souvent, c'est celle indépendante de la nature de l'objet de l'obligation, et que Dumoulin et Pothier ont nommée *individuum obligatione*. Ce qui la fait exister, c'est le rapport sous lequel les parties ont considéré cet objet. — C. civ., art. 1218.

10. — Telles sont les obligations de construire une maison, un théâtre ; de livrer un terrain destiné à leur construction. — Dumoulin, part. 2, n°° 312 à 315 ; Pothier, n°° 293 et suiv.

11. — L'objet de ces obligations est divisible et matériellement et intellectuellement. Mais, dans l'obligation de construire une maison, on envisage moins le fait passager que le résultat définitif de l'opération. Or une maison n'existe que par la réunion de toutes les parties. De même , un terrain fort divisible en lui-même cesse de l'être s'il devient l'objet d'une obligation dans laquelle il est envisagé comme destiné à un usage qui exige la totalité de ce terrain.

12. — De même, l'obligation de livrer un cheval n'est pas une obligation indivisible de sa nature. Un cheval ne peut, il est vrai, être matériellement divisé, mais il peut l'être intellec-

tuellement, en supposant plusieurs héritiers ou acquéreurs copropriétaires et obligés de céder chacun leur part indivise. Pour éviter ces cessions partielles, les parties peuvent rendre l'obligation indivisible. — Pothier, n° 293 ; Toullier, t. 6, n° 775.

13. — L'obligation de fournir une journée de travail est indivisible, et il en résulte que l'ouvrier qui s'est retiré avant la fin de la journée n'est libéré d'aucune partie de sa dette. — Pothier, n° 296 ; Duranton, t. 11, n° 562.

14. — Les exemples suivans, de cette espèce d'obligation indivisible *obligatione*, sont fournis par la jurisprudence.

15. — Une rente foncière, due par plusieurs détenteurs et établie par un même titre, constitue une créance indivisible. — *Cass.*, 3 juillet 1810, domaines c. Labbaye.

16. — Une entreprise de mouture étant par sa nature une affaire indivisible, les entrepreneurs sociétaires sont solidairement tenus de payer les fermages du moulin qu'ils ont pris à bail ; quand bien même aucune stipulation n'aurait été faite à cet égard. — L. 4, t. 1, § 2, ff. *De duob, reis ; nov.* 99 ; C. civ., art. 1292. — *Bruxelles*, 28 nov. 1806 , Doyen c. Caraman.

17. — L'obligation *non solidaire* par laquelle deux particuliers s'engagent à livrer à un tiers une certaine quantité de grains est indivisible. — *Metz*, 4 mai 1817, Baum c. Perrin. — V. DROIT ÉCRIT, n° 79.

18. — L'obligation contractée par un individu de nommer des arbitres pour prononcer sur les contestations qui pourraient s'élever entre lui et un tiers, est une obligation indivisible qui passe sur la tête de ses héritiers. — *Bordeaux*, 4 avr. 1829, Senlex c. Misceaux.

19. — L'obligation imposée aux héritiers d'entretenir les faits de leur auteur est indivisible, de telle sorte que chacun d'eux est tenu pour le tout d'exécuter les transactions consenties par le défunt : et, par exemple, celles qui auraient pour objet la renonciation à la délivrance d'un legs, ou l'engagement de payer une somme d'argent. — *Cass.*, 27 mai 1835, Murot c. Guillaume.

20. — Les copropriétaires par indivis d'une maison sont tenus indivisiblement envers l'usufruitier d'en faire les grosses réparations. — *Cass.*, 11 janv. 1825, Oursel c. Gosson.

21. — Les frais et vacations des experts-arbitres nommés sur la demande *expresse* des parties forment une dette indivisible dont celles-ci sont tenues en totalité. — *Cass.*, 11 août 1813, Lescuyer c. Clerc.

22. — La preuve ayant pour objet de reconnaître et de régler la hauteur du déversoir d'un étang est indivisible à l'égard des copropriétaires. — *Cass.*, 9 août 1831, Gand c. commune de Lionville.

23. — L'arrêt qui statue sur un objet indivisible de sa nature, par exemple sur la fixation d'un barrage à l'entrée d'un canal, a l'autorité de la chose jugée, même à l'égard des tiers qui n'y ont pas été parties ; sauf à ceux-ci à l'attaquer par voie de tierce opposition. — *Cass.*, 19 déc. 1832, Heitmann c. Thys.

24. — L'obligation contractée conjointement par deux vendeurs de livrer un immeuble affranchi de toutes charges hypothécaires est, de sa nature, une obligation indivisible, dont l'inexécution peut motiver une condamnation solidaire à des dommages et intérêts. — Il ne suffirait pas que l'un de ces vendeurs, sous prétexte que la vente n'a été faite que conjointement, et non solidairement, rapportât mainlevée de la moitié des inscriptions hypothécaires. — *Paris*, 16 juill. 1829, Chauveau et Burceux c. Delaruelle.

25. — En cas de vente en commun, lorsque plusieurs copropriétaires d'un immeuble indivis entre eux se sont soumis à la garantie, sans exprimer que chacun vendrait et promettrait garantie seulement jusqu'à concurrence de sa portion, l'obligation de garantie est indivisible et chaque vendeur en est tenu pour le tout. — *Bordeaux*, 4er mars 1826, Versaveau c. Brouillet.

26. — Jugé cependant que lorsque des héritiers sont obligés de rapporter à leurs cohéritiers mainlevée de l'inscription d'une hypothèque qu'il a consentie sur ses biens propres pour une dette de la succession ; cette obligation, quoiqu'indivisible par la qualité de la chose, se convertit en celle secondaire de dommages-intérêts, laquelle est divisible et se donne lieu, dès lors, à aucune solidarité. — *Bruxelles*, 26 mai 1810, Collin c. Ségnens.

27. — L'obligation de garantie résultant de la vente d'un immeuble est indivisible lorsqu'elle est opposée par voie d'exception contre la demande que forme l'un des héritiers du vendeur en revendication de l'immeuble vendu. — On a pu, d'ailleurs, sans violer la loi, considérer qu'il a été dans l'intention des parties de rendre l'obligation indivisible. — *Cass.*, 19 févr. 1811, Levergeois c. Sajeau.

28. — Quoique l'obligation contractée par le débirentier ou sa caution relativement aux intérêts et au remboursement du capital de la rente soit divisible; néanmoins, la faculté qui leur compète est indivisible et ne peut être exercée par partie, ni par son débiteur ou sa caution, ni par les héritiers. — *Bruxelles*, 14 juill. 1818, Castique c. Rossaert.

29. — L'obligation reste indivisible lorsque c'est le crédirentier qui répète contre les héritiers le capital de la rente devenu exigible, puisque, pouvant assigner tous les débiteurs à la fois, il n'est pas exposé à souffrir malgré lui le morcellement de la créance. — *Même arrêt.*

30. — L'obligation des divers sous-acquéreurs partiels d'un immeuble au paiement du prix dû au vendeur primitif non payé est nécessairement solidaire, en ce que le paiement du prix quoique divisible de sa nature n'est pas susceptible d'exécution partielle. — *Cass.*, 30 juill. 1834, Laugier c. Icard; Tassy c. Icard.

31. — L'obligation de garantie de la part du père qui a reçu sans pouvoir une somme due à ses enfans majeurs passe à ses enfans, et l'exception qui en résulte est indivisible à l'égard de chacun d'eux. — *Cass.*, 5 janv. 1815, Lacoste c. Barinques.

32. — Lorsqu'un dommage a été causé par plusieurs personnes, sans qu'il soit possible de déterminer la part que chacune d'elle a prise dans le fait qui l'a occasionné, les tribunaux peuvent condamner toutes ces personnes solidairement à payer la réparation. Cette réparation due à la partie lésée constitue un objet indivisible. — *Cass.*, 8 nov. 1836 (t. 1er 1837, p. 8), Lefebvre et Seisière c. Lefebvre-Soyez.

33. — Lorsque deux faits ne constituant qu'une seule et même contravention ont donné lieu successivement à deux jugemens interlocutoires, dont le second prononce en même temps quelques condamnations définitives, l'indivisibilité de la matière a pour effet de réserver le droit d'appel du premier jugement jusqu'au moment où ce droit se trouve ouvert pour le second. — *Cass*, 25 sept. 1835, Moreau.

34. — Les juges du fond ont un pouvoir souverain pour apprécier si deux actes sont liés entre eux d'une manière indivisible. — Ainsi l'arrêt qui décide qu'une cession faite par un frère à un autre de ses droits dans la succession d'un troisième frère, moyennant un prix unique qui est stipulé tant pour cette cession que pour la ratification d'une précédente cession faite par le cédant, de ses droits dans les successions de ses père et mère, est indivisible avec cette première cession et ne forme avec elle qu'un même tout, échappe, comme statuant en fait, à la censure de la Cour de cassation. — *Cass.*, 8 févr. 1841 (t. 1er 1841, p. 633), Horand c. Nadaud.

35. — ... Enfin la troisième espèce d'indivisibilité est celle qui n'affecte pas l'obligation elle-même, mais seulement le paiement : *individuam solutione* (C. civ., art. 1121, 2e et 5e). Telle est l'obligation de donner une somme d'argent pour tirer une personne de prison.

36. — Le Code civil a reproduit cette théorie, sauf quelques modifications, ainsi qu'on le verra plus loin.

37. — Toutes les obligations qui ne rentrent pas dans l'une des classes d'obligations indivisibles ci-dessus, sont divisibles.

38. — Les obligations qui suivent ont été jugées divisibles.

39. — La promesse de fournir hypothèque, faite par le mari seul durant la communauté, ne constitue pas une obligation indivisible, de telle sorte qu'en cas d'acceptation de cette communauté par la femme ou ses héritiers ceux-ci puissent être poursuivis pour la totalité de la dette. — *Bruxelles*, 19 août 1807, Byl c. Eman.

40. — Lorsque des héritiers sont obligés de rapporter à leur cohéritier inattaquable de l'inscription d'une hypothèque qu'il a consentie sur ses biens propres pour une dette de la succession; cette obligation, quoique indivisible par la qualité de la chose, se convertit en celle secondaire de dommages-intérêts, laquelle est divisible et ne donne lieu, dès lors, à aucune solidarité. En cas de vente de l'immeuble hypothécaire, l'acquéreur a contre les cohéritiers du vendeur les mêmes droits que ce dernier. — *Bruxelles*, 26 mai 1810, Colin c. Ségoens.

41. — Encore bien que plusieurs débiteurs se soient obligés solidairement au paiement de la

dette, leurs héritiers n'en sont tenus que pour leur part et portion quand la dette n'est pas indivisible. — *Bruxelles*, 25 juillet 1825, Duvivier c. Vanderdilft.

42. — Si le remboursement du capital d'une rente constituée est une chose indivisible lorsqu'il est offert par le débiteur, il n'en est pas de même lorsque ce remboursement est exigé par le créancier. C'est alors une action divisible qui n'entraîne pas la solidarité entre les débiteurs, s'il y en a plusieurs. — *Liége*, 8 février 1815, Pirkin c. Potesta.

43. — Une redevance en grains, étant par sa nature susceptible de division, peut être payée par portions, quoiqu'elle forme le prix d'un objet indivisible. — *Cass.*, 2 mars 1809, Karcher.

Sect. 2e. — *Effets de l'obligation divisible.*

§ 1er. — *Effets de la divisibilité.*

44. — La doctrine de la divisibilité ou de l'indivisibilité des obligations a pour but de faire connaître quand les dettes peuvent être acquittées ou exigées par parties.

45. — Lorsqu'il n'existe qu'un seul créancier et un seul débiteur, les obligations divisibles doivent être exécutées comme si elles étaient indivisibles.—C. civ., art. 1220 et 1244.

46. — La distinction des obligations en divisibles ou indivisibles, n'a donc d'importance que dans les deux cas suivants : 1o Lorsque, dès le principe, il existe plusieurs débiteurs ou plusieurs créanciers; 2o lorsque le créancier ou le débiteur, unique dans l'origine, se trouve, avant l'extinction de l'obligation, représenté par plusieurs héritiers. — C. civ., art. 1220-1223.

47. — Le Code civil, en consacrant le principe de la division des dettes et des créances, a suivi le système de la loi romaine, système adopté généralement dans les pays de coutumes; à l'exception des coutumes de Normandie, de l'Artois et d'Amiens (L. 25, § 13, D. *famil. erciscundæ*; L. 6, C. *eod. tit.*; L. 2 C. *De hered. act.*—V. Coutume de Paris, art. 332; Denisart, vo *Action*). On a souvent attaqué ce système comme contraire aux droits des créanciers, qu'il oblige à multiplier leurs demandes, à recevoir des paiemens partiels, et à supporter des insolvabilités. Mais ces attaques tombent facilement en présence de la faculté qu'ont les créanciers d'exiger un gage, une hypothèque, une caution, pour sûretés, et des art. 875, 876, 1017 et 2141. — Duranton, t. 11, no 271.

48. — Pour quela division soit lieu, il n'est pas nécessaire que la chose soit divisible en parties physiques et distinctes; il suffit qu'elle puisse être divisée intellectuellement. Si donc la dette est de plusieurs corps déterminés, la division se fait in *partes singularum rerum*. Par exemple, je dois mon cheval blanc et mon cheval noir et mon créancier meurt laissant deux héritiers : je ne me libérerai pas en donnant à l'un mon cheval blanc, à l'autre mon cheval noir; mais en donnant à chacun la moitié de chaque cheval. La raison en est que la valeur des ces chevaux peut être très-inégale. —Pothier, no 321; Toullier, t. 6, no 751, 755.

49. — Si la dette est d'un certain nombre de choses du même genre, comme dix arpens de terre indéterminément, la division se fait numériquement. — L. 54, I. 117, D. *De verb. obligat.* et L. 29, D. *De solutioni.* — Cujas sur le premier de ces textes; Toullier, t. 6, no 756; Duranton, t. 11, no 287.

50. — Si elle est de choses qui consistent en nombre, poids et mesure, la division se fait de même par nombre. — L. 19, *De solut.* D. — Toullier, t. 6, no 757.

51. — La division, une fois opérée, peut-elle cesser, si les portions viennent à se réunir en une seule personne? Il faut distinguer : plusieurs personnes ont-elles promis ou stipulé conjointement une seule et même chose; la division a constitué autant de dettes ou de créances que si elles étaient le résultat d'actes séparés. Leur réunion sur la tête de l'un des débiteurs ou des créanciers, de quelque manière qu'elle arrive, n'en opère pas la consolidation. Mais la dette ou la créance, unique dans son origine, a-t-elle été divisée *ex post facto*, par accident, la réunion des parties divisées en opère la consolidation. — Pothier, nos 310, 318; Toullier, t. 6, no 758.

52. — La division cesserait également si les portions des différens héritiers du créancier, ou du débiteur, étaient réunies par voie de cession particulière ou par celle de partage. — Pothier, no 319; Dumoulin, part. 2, no 24 et suiv.

53. — Il y a plus : ces auteurs, et avec eux Toullier (no 755), soutiennent que, si les héritiers du

créancier se réunissent pour donner à un seul mandataire une procuration de recevoir, le débiteur ne pourrait payer par parties, ces héritiers étant toujours libres de renoncer à un droit introduit en leur faveur.

54. — M. Duranton (t. 11, no 275) repousse ces décisions, et avec raison, ce nous semble, en s'appuyant sur la loi 5, D. *famil. erciscundæ* sur l'art. 1220, dont la disposition est générale, de droit, et non pas une simple faculté dont on peut user ou ne pas user, et ensuite sur ce que des créanciers étrangers au débiteur ou au créancier ne peuvent modifier leurs droits.

55. — Chacun des débiteurs ne devant que sa part dans la dette, il en résulte qu'il n'est pas tenu de l'insolvabilité de son cohéritier; celui-ci recueilli plus de biens qu'il n'en faudrait pour payer la totalité de la dette. — Pothier, no 309; Toullier, t. 6, no 759.

56. — On ne peut admettre à cet égard les exceptions de l'ancienne jurisprudence. — Toullier, t. 4, no 535; t. 6, no 759; Rolland de Villargues, *Rép. du not.*, vo *Obligations indivisibles*, nos 27 à 31.

§ 2. — *Exceptions à la divisibilité.*

57. — Le principe de la division des dettes reçoit exception *à l'égard des héritiers du débiteur*, dans les cinq hypothèses qui suivent. — C. civ., art. 1221

58. — Avant d'examiner chacune de ces hypothèses, remarquons qu'il s'agit dans l'art. 1221 d'un cas intermédiaire entre la divisibilité et l'indivisibilité ; que cet article ne modifie aussi les caractères de la divisibilité que pour partie, vis-à-vis des *héritiers du débiteur* et non de ceux des créanciers : d'où il résulte que ces derniers n'auront pas, dans les cinq hypothèses ci-dessous, le droit de poursuivre le débiteur pour le tout. — Duranton, t. 11, no 276.

59. — *1re hypothèse* : « Lorsque la dette est hypothécaire. » — C. civ., art. 1221, 4o.

60. — Il était assez inutile de le dire en présence de l'art. 2114. — En effet, l'hypothèque est de sa nature indivisible ; elle subsiste en entier sur tous les immeubles qui en sont affectée, sur chacun et sur chaque partie de ces immeubles. Elle les suit en quelques mains qu'ils passent.

61. — Des conséquences de cette indivisibilité de l'hypothèque, bien plus que de l'exception à la divisibilité des obligations, il résulte que l'héritier détenteur de l'immeuble hypothéqué peut être poursuivi pour la totalité de la créance sur cet immeuble et sur lui seul. — Caen, 14 fév. 1826, Couet-Delahaye c. Alix.

62. — Ses cohéritiers ne sont tenus de la dette que pour leur part, s'ils ne sont pas propriétaires d'une partie de l'immeuble hypothéqué. — Même arrêt.

63. — Quoique garantie par une hypothèque, l'obligation ne cesse donc pas pour cela d'être divisible. — C. civ., art. 1220, alin. 2o.

64. — Il y a mieux : le détenteur de l'immeuble hypothéqué peut délaisser (C. civ., art. 2172), et, se libérant ainsi de la poursuite hypothécaire, il ne doit plus que sa part dans la dette.

65. — Si même il avait aliéné cet immeuble, le créancier n'aurait plus contre lui qu'une action personnelle et pour sa part. — L. 2, C., *Si unus et plur. hered.* — Duranton, t. 11, no 277.

66. — Ce qu'on vient de dire de l'hypothèque est nécessairement applicable au gage. Il est, comme elle, indivisible. — C. civ., art. 2083. — V. GAGE.

67. — *2e hypothèse* : « Lorsque la dette est d'un corps certain. » — C. civ., art. 1221, alin. 2e.

68. — Ajoutons : et que ce corps certain se trouve, par suite de partage, entre les mains de l'un des débiteurs, qui peut alors être poursuivi seul et doit être condamné à le livrer.

69. — Le cas de partage pouvait seul être prévu par la loi ; car, avant lui, chacun des débiteurs ne peut être poursuivi et condamné que pour sa part, puisque la chose est indivise et qu'aucun d'eux ne jouit seul de la faculté de la livrer. — V. Exposé des motifs, par Bigot-Préameneu; Locré, *Lég.*, t. 12, p. 538, no 404; Duranton, t. 11, no 283 et suiv.

70. — Et même, après le partage, la disposition de l'art. 1221 (2e) ne consacre une véritable exception aux effets de l'indivisibilité, qu'en ce qui concerne l'interruption de la prescription. En effet, si l'héritier dans le lot duquel est tombé le corps certain peut être seul poursuivi et condamné, ce n'est pas parce que la dette est indivisible, mais bien parce que la propriété de ce corps certain a été transférée au créancier. — C civ., art. 1138. — Duranton, t. 11, nos 282 et suiv.

71. — Du reste la faculté dont jouit le créancier de poursuivre et de faire condamner pour le tout l'héritier détenteur du corps certain, ne le prive pas du droit d'agir contre ses cohéritiers pour leur part. — Pothier, no 301.

72. — Si l'objet n'était plus en la possession du défunt au moment de sa mort, soit parce qu'il avait cessé de pouvoir être livré par sa faute, soit parce qu'il avait péri avant sa mise en demeure, l'obligation se convertit en une obligation de dommages-intérêts qui se divise entre tous les héritiers; l'art. 1221 (2o) ne s'appliquant qu'à l'hypothèse où la chose due est détenue par l'un de ces héritiers.

73. — Si l'héritier détenteur a vendu la chose de bonne foi, le créancier a contre l'acquéreur l'action en revendication; si, bien entendu, il s'agit d'un immeuble. A l'égard de l'héritier, il ne peut être poursuivi pour le tout qu'autant qu'il a reçu le prix; et il ne peut l'être que pour sa part, s'il offre au créancier de céder les actions contre l'acquéreur. L'héritier ne doit, en effet, la totalité que comme détenteur. — Duranton, t. 11, no 607; Pothier, no 304 et suiv.

74. — L'expression *corps certain* employée dans l'art. 1221, indique suffisamment qu'elle ne s'applique qu'aux choses déterminées dans leur individualité, et non à celles qui ne sont déterminées que quant à leur espèce. La question de savoir si ces dernières peuvent être payées par parties, rentre dans l'application du no 5 de l'art. 1221. — Duranton, t. 11, no 286; Toullier, t. 6, no 775.

75. — Quant aux héritiers du créancier, chacun d'eux peut, avant le partage, demander sa part. Si la chose ne peut se livrer partiellement, le débiteur, pour se libérer, doit exiger que tous les héritiers s'accordent pour la recevoir.

76. — 3e *hypothèse*. Lorsqu'il s'agit de la dette alternative de choses au choix du créancier, dont l'une est indivisible. — C. civ., art. 1221, 3o.

77. — La loi a voulu prévenir qu'on imaginât que le choix du créancier était altéré par la mort du débiteur. — V. Exposé des motifs, par M. Bigot-Préameneu; Locré, *Lég.*, t. 12, p. 538, no 101; Toullier, t. 6, no 765; Duranton, t. 11, nos 289 et suiv.

78. — Cette disposition ne peut, sous aucun rapport, être regardée comme une exception au principe de la divisibilité; car ou le créancier choisira la chose divisible et la division aura lieu, ou il choisira la chose indivisible et l'art. 1217 sera applicable: mais non l'art. 1221. — Delvincourt, t. 2, p. 148 et 515 (édit. de 1829); Pothier, no 312; Toullier, t. 6, no 765; Duranton, t. 11, no 289.

79. — 4e *hypothèse*. — Lorsque l'un des héritiers est chargé seul, par le titre constitutif, de l'exécution de l'obligation. — C. civ., 1221, 4o.

80. — Ce titre peut indifféremment être une convention ou un testament. *Lex non distinguit*. — Toullier, t. 6, no 773; Duranton, t. 11, nos 292, 293. — Delvincourt (t. 2, p. 143, note 3) a soutenu que ce titre ne peut être qu'un testament. — V. la réfutation de cette opinion dans Toullier, *loc. cit.*, note 2.

81. — Il pourrait même être postérieur à la convention primitive. — V. l'*Exposé des motifs*, Locré, *Lég.*, t. 12, p. 338, no 101; Zachariæ, *Dr. civ., théor. franç.*, t. 2, § 301, note 32; Toullier, t. 6, no 771.

82. — Cette exception au principe que l'on ne peut ni s'engager ni stipuler en son propre nom que pour soi-même, est facile à comprendre en présence du tort que peut causer au créancier la division des dettes entre un grand nombre d'héritiers. Elle peut arrêter une source de procès.

83. — La loi 56, § 1er, ff., *verbo Oblig.*, déclarait inutile la convention qui mettait toute la dette à la charge d'un seul des héritiers du débiteur. Mais elle n'a jamais été suivie, en France du moins, dans le sens rigoureux de ses termes. — On peut consulter, sur son interprétation, Dumoulin, part. 2, nos 30 et 31; Pothier, no 313; Toullier, t. 6, nos 772, 773; Duranton, t. 11, no 296; Chabot de l'Allier, *Des successions*, sur l'art. 873.

84. — L'héritier ainsi chargé par la convention de la totalité de la dette, a son recours contre ses cohéritiers. — C. civ., 1221, 4o et *in fine*.

85. — Mais pourra-t-il en être privé par une clause expresse? Oui, quand cette clause est insérée dans un testament; et alors que la dette n'excède pas la réserve, si l'héritier y a droit. — Toullier, t. 6, no 273; Duranton, t. 11, no 293. — Les termes de l'art. 1121 (4o) paraissent formellement contraires à ce que le débiteur puisse, par une convention avec le créancier, mettre toute la dette à la charge d'un seul de ses héritiers. Le Code consacre ainsi l'opinion de Dumoulin et de Pothier, et les exceptions ne s'étendent pas. — Pothier, nos 64 et suiv.; Toullier, *loc. cit.*; Duranton, t. 11, no 295.

86. — Le débiteur chargé de toute la dette doit-il être condamné pour le tout, lors même qu'il demanderait à mettre en cause ses codébiteurs pour faire diviser la condamnation? Non: Duranton, t. 11, no 297; — Oui: Toullier, t. 6, no 767 Zachariæ, t. 2, p. 301, notes 32, 34 et 35.

87. — D'après les termes de l'art. 1221 (no 4), il n'est pas douteux que le débiteur ne puisse obliger solidairement deux ou plusieurs de ses héritiers. En effet, ces termes n'établissent pas une règle d'ordre public et alors, si on déroge pour un, on peut déroger pour deux, trois, etc. Mais il faut que cette clause soit formelle. — Toullier, *loc. cit.* — *Contrà*, Duranton, t. 11, no 297.

88. — Jugé, en effet, que la solidarité existe entre tous les débiteurs d'une rente, s'il y a stipulation que cette rente ne pourra s'acquitter partiellement. — *Rennes*, 25 juin 1818, Laqueille c. Dermitte.

89. — 5e *hypothèse*: Lorsqu'il résulte, soit de la nature de l'engagement, soit de la chose qui en fait l'objet, soit de la fin qu'on s'est proposée dans le contrat, que l'intention des parties a été que la dette ne pût s'acquitter partiellement. — C. civ., art. 1221, 5o.

90. — Il est assez difficile de trouver un exemple d'obligation indivisible *solutione* résultant de la nature de l'engagement. Les auteurs citent la dette d'un attelage, celle de donner à ferme une métairie, la dette d'alimens. — Toullier, t. 6, nos 775 et suiv. — Ces exemples rentrent évidemment dans la catégorie des obligations indivisibles *solutione* à raison de leur objet ou de leur fin. Cela est vrai surtout pour la dette d'alimens, en supposant même, qu'elle est indivisible *solutione*, ce qui peut être contesté. — Dumoulin, part. 2, nos 338 et 341. — A cet égard, Toullier (no 779, *loc. cit.*) abandonne la question à la prudence des tribunaux.

91. — Dans la catégorie des obligations indivisibles *solutione* résultant de l'objet rentrent encore les dettes de choses seulement déterminées quant à leur espèce, lorsque, bien que susceptibles de divisions intellectuelles, elles ne peuvent être cependant réellement divisées. — Dumoulin, part. 3, no 228; Pothier, no 315; Toullier, t. 6, no 775. — Quant aux choses déterminées dans leur espèce, elles sont régies par le no 2 de l'art. 1221.

92. — Comme exemple d'obligation indivisible *solutione* résultant de la fin qu'on s'est proposée, on donne la promesse de payer une somme d'argent pour tirer quelqu'un de prison. — Pothier, no 315. — Toullier (t. 6, no 781) fait observer d'après Dumoulin (p. 2, no 40) que si l'un des héritiers, avant d'être poursuivi pour le tout, offrait sa part de la somme, et que le créancier retenu en prison pût la conserver sans frais et avec sûreté, il ne pourrait la refuser, sauf à lui d'agir pour le reste contre les autres héritiers.

93. — Jugé qu'on ne peut induire d'une promesse d'hypothèque insérée dans une obligation que l'intention des contractans a été que la dette ne pût s'acquitter partiellement; en conséquence elle est divisible entre les héritiers du débiteur. *Caen*, 14 fév. 1825, Couet-Delahaye c. Alix.

94. — Lorsqu'en paiement d'une rente due par la succession, et dont ils n'étaient tenus que divisément d'après l'art. 870 C. civ., des héritiers ont remis au créancier un gage indivis pour sûreté du service de la rente, ils ont pu, en cas de perte du gage, être condamnés solidairement à garantir le service de la rente. — *Cass.*, 15 juill. 1834, Balazac.

95. — Lorsque l'obligation contractée au profit d'un cercle n'est pas susceptible d'exécution partielle (par exemple l'obligation contractée par une compagnie pour l'éclairage au gaz du local occupé par le cercle), chaque membre de celui-ci peut demander l'exécution entière de cette obligation. — *Aix*, 2 juillet 1844 (t. 1er 1845, p. 57), Cercle philharmonique de Marseille c. Compag. d'éclairage au gaz.

96. — D'après l'ancienne jurisprudence, le codébiteur d'une obligation indivisible *solutione*, quoique non autorisé à se libérer en n'offrant que sa part, ne pouvait cependant pas être poursuivi pour le tout. — Pothier, no 316.

97. — Le Code civil, innovant en ce point, donne au créancier le droit de poursuivre et de faire condamner chacun des débiteurs pour la totalité de la dette, sauf son recours. — C. civ., art. 1221 et dernier.

98. — La disposition de l'art. 2249, relative à l'interruption de la prescription, par l'interpellation faite à l'un des débiteurs, n'est pas applicable à l'obligation indivisible *solutione tantùm*. — Toullier, t. 6, no 797.

Sect. 3e. — *Effets de l'obligation indivisible.*

99. — Pour bien comprendre les effets de l'obligation indivisible, il est nécessaire de les rapprocher des effets de l'obligation solidaire. Et d'abord il ne faut pas confondre ces deux espèces d'obligations. Si elles se ressemblent en ce que les unes et les autres sont exigibles en entier par chaque créancier contre chaque débiteur, elles diffèrent dans leur origine. L'obligation solidaire naît du titre même qui la constitue; l'obligation indivisible, de l'impossibilité d'accomplir partiellement la prestation qui en fait l'objet. — Dumoulin, *loc. cit.*

100. — Ainsi, il faut tenir pour certaine cette proposition qu'une obligation solidaire n'est pas pour cela indivisible; et réciproquement, qu'une obligation indivisible n'est pas pour cela solidaire. Cependant cette proposition a été souvent méconnue par la jurisprudence.

101. — Jugé que la disposition d'un arrêt qui condamne des héritiers à payer solidairement une dette de leur auteur, mais dans la qualité directement exprimée d'héritiers bénéficiaires du défunt et limitativement sur les deniers et immeubles de la succession, explique suffisamment que la condamnation n'est point personnelle, et qu'elle est uniquement fondée sur la solidarité ou plus exactement sur l'indivisibilité hypothécaire qui résulte contre chaque héritier de la possession d'un immeuble de la succession. En conséquence on est mal fondé à soutenir en cassation que cet arrêt viole le principe de la divisibilité des dettes entre héritiers. — *Cass.*, 9 janv. 1827, Chaligny c. Lemiral.

102. — Lorsque deux personnes se sont conjointement engagées de remettre à une autre des titres et documens, moyennant une somme reçue au moment du contrat, c'est là une obligation indivisible d'après laquelle les deux obligés sont tenus solidairement ou à remettre les titres ou à rembourser toute somme reçue, bien qu'ils en aient touché divisément des parties inégales. — *Bordeaux*, 24 juin 1834, Sibille et Glace c. Gilbert.

103. — Les effets de l'indivisibilité et de la solidarité doivent être considérés: 1o Quant aux créanciers (C. civ., art. 1224); 2o quant aux débiteurs (C. civ., art. 1222, 1223, 1225).

104. — 1o L'obligation solidaire et l'obligation indivisible ont cela de commun que l'une et l'autre sont intégralement exigibles par chaque créancier contre chaque débiteur; mais elles diffèrent en ce que la solidarité ne passe pas aux héritiers, tandis qu'au contraire l'indivisibilité leur profite. En d'autres termes, l'obligation solidaire se divise, d'après l'article 1220, entre les héritiers du créancier et du débiteur; tandis que l'obligation indivisible, résultat d'une impossibilité, s'exécute entre les héritiers de chacun d'eux comme avant la mort de leurs auteurs, sauf quelques modifications. — C. civ., art. 1222, 1224, 1o.

105. — Sur la manière dont le cocréancier doit tenir compte au débiteur de la remise qui lui a été faite, au cas de servitude ou d'une obligation de faire considérée comme indivisible, telle que de bâtir un théâtre, une maison, celle de donner un corps certain ou indéterminé non susceptible de division naturelle, V. Duranton, t. 11, nos 314, 315.

106. — Chaque héritier du créancier ne peut être autorisé à recevoir seul le prix au lieu de la chose: par exemple, par suite de novation ou à raison de l'inexécution d'une obligation de faire ou de ne pas faire convertie en dommages-intérêts. Sous ce rapport, les droits des créanciers solidaires sont plus étendus. Chacun d'eux étant créancier de toute la chose due et l'étant *totaliter*, si, sur sa demande, le débiteur ne remplit pas son obligation, il doit être condamné envers lui en total aux dommages-intérêts. — Pothier, no 326; Duranton, t. 11, no 313.

107. — Enfin, l'indivisibilité produit, à certains égards, plus d'effets que la solidarité, notamment en ce qui concerne l'interruption de la suspension de la prescription. — C. civ., art. 2249, 2o. — V., au surplus, OBLIGATION SOLIDAIRE.

108. — Lorsque, pour une obligation indivisible, des offres ont été faites à plusieurs personnes, il faut, pour qu'elles ne puissent plus être rétractées, qu'elles soient acceptées par tous ceux à qui elles ont été adressées. — *Cass.*, 4 juill.

1810, Robillard c. Amey-Désaulnais. — Merlin, *Rép.*, vo *Contrat judiciaire;* Toullier, t. 6, no 24; Rolland de Villargues, *Rép.*, vo *Contrat judiciaire*, no 8.

109. — 2o Les codébiteurs solidaires sont des cautions mutuelles, des mandataires réciproques; ce qui n'a pas lieu entre les codébiteurs d'une chose indivisible. De là les différences suivantes :

110. — Le jugement obtenu contre l'un des débiteurs solidaires l'est contre tous, tandis que celui obtenu contre le débiteur d'une obligation indivisible ne peut l'être contre tous; il n'a pas mandat de soutenir le procès.

111. — Réciproquement : l'arrêt rendu en faveur d'un des débiteurs solidaires profite au codébiteur, bien que celui-ci n'ait pas interjeté appel. — *Cass.*, 27 mai 1829, Feulon c. Mallet. — Il n'en est pas de même en matière indivisible.

112. — Le codébiteur solidaire tenu par sa promesse ou par la loi, de toute la dette, ne peut exiger la mise en cause de ses codébiteurs pour faire diviser la condamnation. Elle ne peut avoir lieu que pour faire statuer sur le recours en garantie. L'art. 1225 réserve formellement cette mise en cause à l'héritier du débiteur assigné pour la totalité de l'obligation, et lui accorde un délai à cet effet. Elle fait diviser la condamnation entre tous les cohéritiers, qui doivent alors exécuter, conjointement et chacun pour sa part, l'obligation indivisible. C'est ce qui résulte de l'esprit de la loi. On ne concevrait pas que l'effet de l'appel en cause autorisé par l'art. 1225, dût se borner à faire statuer sur le recours de l'héritier poursuivi; car c'est là une faculté du droit commun. — C. de procéd., art. 175. — Dumoulin, 2e part., nos 460 et suiv., part. 3e, nos 90 et 104; Pothier, no 330; Duranton, t. 11, nos 303 et suiv.

113. — Cette interprétation est d'ailleurs confirmée par l'exception posée dans l'art. 1225, ainsi conçu : « L'héritier poursuivi peut demander un délai pour mettre en cause ses cohéritiers, *à moins que la dette ne soit de nature à ne pouvoir être acquittée que par lui.* Telle serait la dette d'une servitude que le défunt a promise sur l'un de ses fonds qui est échu à l'héritier poursuivi. Il peut alors être condamné seul, sauf son recours en indemnité contre ses cohéritiers. » — Dans ce cas-là même, il peut les appeler en cause pour faire statuer sur ce recours. — C. proc., art. 175. — Duranton, t. 11, no 305.

114. — Si la dette est de nature à ne pouvoir être acquittée que par tous conjointement, telle, par exemple, que la dette d'une servitude promise par le défunt sur un fonds encore indivis entre ses héritiers, ils doivent s'accorder, c'est-à-dire, dans l'espèce, consentir le libre exercice de la servitude sur le fonds indivis. S'ils ne peuvent ou ne veulent s'accorder, chacun d'eux peut être poursuivi pour le tout, et mettre en cause ses cohéritiers. — Pothier, no 332; Duranton, t. 11, no 310.

115. — A la différence du codébiteur solidaire (C. civ., 1205), le codébiteur d'une chose indivisible est libéré par la perte de cette chose arrivée même par sa faute ou depuis la mise en demeure de son coobligé. Ce fait est, par rapport à lui, un véritable cas fortuit. — Duranton, t. 11, no 266.

116. — Cette règle générale, que le codébiteur d'une obligation indivisible ne répond pas du fait de son coobligé, souffre exception dans les trois cas suivans :

117. — 1o Lorsqu'il s'agit d'une obligation indivisible *in non faciendo;* par exemple, l'obligation contractée par le défunt de ne pas empêcher son voisin de passer sur ses propriétés. Si l'un des héritiers contrevient à cette obligation, le créancier peut agir contre tous les héritiers. Seulement la condamnation aux dommages-intérêts frappera pour la totalité le contrevenant et les autres pour leur part, sauf recours. — Pothier, no 336.

118. — 2o Lorsque l'obligation indivisible est accompagnée d'une clause pénale, la contravention d'un seul des codébiteurs fait encourir la peine. Comme dans le cas précédent, la peine peut être demandée au débiteur contrevenant en totalité, aux autres pour leur part, pourvu que l'objet qui fait la matière de la peine soit lui-même divisible. — Duranton, t. 11, nos 368 et 369.

119. — 3o Lorsque par le refus de l'un d'eux de concourir à l'exécution intégrale de l'obligation, il advient une condamnation de dommages-intérêts qui se divisent comme dans les deux premiers cas.

Sect. 4e. — *Indivisibilité en matière de contrat judiciaire et de procédure.*

120. — Le contrat judiciaire formé par l'acceptation de la contestation, par les acquiescemens exprès ou tacites, est-il divisible ou indivisible? Sur ce point, la doctrine est muette et la jurisprudence incertaine. — V., à cet égard ainsi que sur l'indivisibilité des procédures, vis ACQUIESCEMENT, APPEL, CONCILIATION, CONTRAT JUDICIAIRE, FRAIS ET DÉPENS (mat. civ.). — A quoi il faut ajouter les décisions suivantes :

121. — En matière divisible, l'héritier qui s'est pourvu en temps utile ne relève point de sa déchéance son cohéritier qui a laissé expirer le délai du pourvoi. — *Cass.*, 7 nov. 1821, Wamant c. Demolon.

122. — La prescription de l'action principale emporte extinction de l'action hypothécaire, par suite de l'indivisibilité de ces deux actions. — *Riom*, 6 juill. 1830, Planeix c. Lambert.

123. — La transaction consentie par un majeur, tant en son nom qu'en celui du mineur, quoique nulle vis-à-vis de celui-ci, est valable à l'égard du majeur, lorsque cette transaction est susceptible de division. — On doit considérer comme divisible dans son exécution la disposition d'un jugement qui prononce la résolution d'une vente d'immeubles faite à plusieurs personnes; dès lors, la renonciation de l'un des acquéreurs à l'appel interjeté du jugement ne peut profiter à ceux dont la renonciation est valable. — *Cass.*, 25 novemb. 1834, Ladague c. Philippot.

124. — Il n'y a pas indivisibilité, quant à la régularité des formes, entre les actes signifiés à des héritiers; par exemple, la validité de l'acte d'appel signifié à un héritier ne couvre pas les nullités de la copie signifiée à son héritier. — *Grenoble*, 14 août 1811, Buisson.

125. — Les copropriétaires d'immeubles expropriés sur des mineurs profitent des moyens de nullité proposés par le ministère public en faveur de ceux-ci; en conséquence, ils peuvent appeler conjointement avec les mineurs du jugement qui les rejette. — *Bruxelles*, 26 juin 1832, N....

126. — En matière de choses divisibles, la restitution accordée à des héritiers mineurs ne profite pas aux cohéritiers majeurs. — *Metz*, 22 août 1806, Leclerc c. Bovier.

127. — Mais elle leur profite en matière de choses indivisibles; par exemple, quand il s'agit de servitudes. — *Cass.*, 28 mars 1820, Adenot.

128. — De même, lorsqu'une obligation indivisible a été solidairement contractée par un majeur et un mineur, si ce dernier excipe plus tard de sa minorité, l'obligation doit être déclarée nulle, même à l'égard du majeur. On ne saurait invoquer ici l'art. 1125 C. civ. — *Besançon*, 14 août 1845 (t. 2 1847, p. 36), Kamerlet c. Desprez.

OBLIGATION FACULTATIVE.

1. — C'est celle qui, n'ayant pour objet qu'une seule chose, donne au débiteur la faculté de se libérer en remplaçant cette chose par une autre.

2. — Cette faculté s'exprime ordinairement par la formule *si mieux n'aime*, etc.

3. — On trouve des exemples d'obligations facultatives : 1o dans le cas de la rescision d'une vente pour cause de lésion. — C. civ., art. 1681. — L'objet déterminé de la demande de la part du vendeur est de se faire restituer l'immeuble vendu, en rendant le prix qu'il a reçu, mais l'acquéreur a la faculté de payer le supplément du juste prix. — Toullier, t. 7, no 701.

4. — ... 2o Dans l'action hypothécaire dirigée contre un tiers possesseur. — C. civ., art. 2168. — Dans ce cas, le créancier ne peut demander que l'immeuble qui est son gage; mais le possesseur a la faculté de retenir cet immeuble en payant la créance. — Toullier, *ibid.*

5. — L'obligation facultative diffère essentiellement de l'obligation estimative : en ce qu'elle ne porte que sur une seule prestation, tandis que cette dernière en comprend plusieurs.

6. — La chose accessoire au moyen de laquelle le débiteur d'une obligation facultative peut se libérer, ne forme pas l'objet de cette obligation. *Non est in obligatione, sed adjuta solutionis gratiâ.* Toullier, no 700.

7. — De ce principe découlent les conséquences suivantes : 1o La nature mobilière ou immobilière, divisible ou indivisible d'une obligation facultative se détermine par l'objet principal de cette obligation; celle de l'obligation alternative, par le paiement. — Duranton, t. 11, nos 156 et 157; Toullier, t. 6, nos 699 et 700.

8. — 2o L'obligation facultative dont l'objet principal est entaché de quelque vice est nulle, quoique aucun vice ne frappe la chose accessoire. Au contraire, il suffit pour la validité de l'obligation alternative, que l'une ou l'autre des choses qu'elle comprend soit exempte de vice. L'obligation alors se concentre sur celle-là. — C. civ., art. 1192 et 1193. — Duranton, t. 11, no 154.

9. — 3o Le créancier d'une opération facultative ne doit comprendre dans sa demande que la chose principale, objet de cette obligation. Celui d'une obligation alternative doit y comprendre les deux choses, en laissant le choix au débiteur de payer celle qu'il voudra. — Duranton, t. 11, no 156.

10. — 4o L'obligation facultative s'éteint par la perte de la chose principale arrivée sans la faute et avant la mise en demeure du débiteur (C. civ., art. 1302), alors même que la chose accessoire existerait encore. Cela n'est absolument vrai, pour l'obligation alternative, que dans un seul cas, la perte des deux choses comprises dans cette obligation sans la faute du débiteur et avant la mise en demeure.

11. — Lorsqu'une convention a pour objet deux hypothèses, dont la seconde est sans sanction, et n'est soumise à aucun délai pour son exécution, la décision par laquelle les juges, sans porter atteinte au droit résultant de la première hypothèse, refusent de rendre la seconde obligatoire dans un délai déterminé, échappe, comme fondée uniquement sur une interprétation pure et simple de contrat, à la censure de la Cour de cassation, et elle ne peut donner prise à cette censure, en ce qu'elle aurait considéré comme facultatif un engagement alternatif. — *Cass.*, 14 janv. 1839 (t. 1er 1839, p. 42), Vignon.

OBLIGATION INDIVISIBLE.

V. OBLIGATIONS DIVISIBLE ET INDIVISIBLE.

OBLIGATION NATURELLE.

1. — C'est, dans le sens juridique, celle qui procède d'un fait ou d'un acte auquel la loi refuse action; c'est un droit sans contrainte légale.

2. — Dans le droit romain, on réduisait à quatre les sources de l'obligation naturelle : 1o Les manifestations de volonté non conformes aux conditions exigées par le droit civil, ce qui comprenait les pactes et les dispositions de dernière volonté; — 2o les contrats consentis par des personnes frappées d'une incapacité générale ou relative, telles que le pupille, l'interdit et le fou, l'esclave, les personnes *ex eâdem familiâ,* le fils de famille qui empruntait, la femme qui s'engageait pour autrui; — 3o les obligations repoussées par une exception perpétuelle, par exemple celle du sénatus-consulte macédonien; 4o un devoir précis, mais non obligatoire : par exemple, la prestation des *operæ officiales* par l'affranchi à son patron, la constitution de dot faite par la mère. — L. 26, § 4, D., *De cond. ind.*, et L. 32, § 2, *eodem.*

3. — En général, l'obligation naturelle produisait deux effets : la non-répétition, la compensation; et elle pouvait être novée, constituée, cautionnée, garantie par un gage. — Saturnin Vidal, *Dissert. sur l'obligation naturelle selon le droit romain et le Code civil* (*Revue de législation*, année 1841, p. 312 et suiv., 367 et suiv.).

4. — Dans notre droit, quelques auteurs contestent l'existence de l'obligation naturelle; suivant eux, toutes les dispositions générales qui régissent les affaires humaines émanent du même législateur. Comment se peut-il, dès lors, que celui-ci, s'il croit une obligation valable, ne lui donne pas d'action; et s'il la croit nulle, qu'il lui donne des effets indirects? — L'art. 1235, 2o, C. civ., le seul qui parle de l'obligation naturelle, n'est qu'un de ces souvenirs, si fréquens dans notre Code, de la loi romaine, un emprunt maladroit fait à Pothier.

5. — Il y a même différence d'opinion entre les auteurs sur le caractère de l'obligation naturelle. Selon les uns, les obligations naturelles sont celles qui sont indiquées par la conscience; selon les autres, celles qui découlent des lois de l'honneur et de la délicatesse.

6. — Mais on peut dire que ces deux définitions sont inexactes, en ce que la première confond les obligations naturelles avec les devoirs de pure morale; et que la seconde présente comme base, des sentimens qui varient suivant les individus, les positions sociales, et échappent à toute analyse.

7. — Suivant Zachariæ (*Dr. civ. français*, t. 2, p. 257), les obligations naturelles sont celles que la législation positive aurait pu sanctionner sans sortir de la sphère légitime du droit et sans empiéter sur la morale.

8. — Dans le silence de la loi, la question de savoir quels sont les devoirs qui constituent des obligations de cette espèce est, en règle générale, abandonnée aux lumières du juge. — Zachariæ, *ibid.*; Duranton, t. 10, n° 36.

9. — Toutefois, l'obligation naturelle n'existe qu'autant qu'elle résulte d'un fait personnel à celui que l'on prétend obligé. — *Cass.*, 5 mai 1835, La Rochefoucault.

10. — La bienfaisance et la gratitude ne sont que des devoirs moraux (Duranton, t. 10, n° 42). Au contraire les devoirs imposés par les liens du sang, par la piété filiale, constituent des obligations naturelles, qui peuvent être, par conséquent, le fondement d'obligations civiles.

11. — Ainsi il y a accomplissement d'une obligation naturelle dans les sommes payées ou promises pour la nourriture et l'éducation d'un enfant naturel. — *Paris*, 2 août 1825, Turville c. B..; *Bordeaux*, 5 août 1847 (t. 1er 1848, p. 679), Brunet c. Bourbon; 5 janv. 1848 (t. 1er 1848, p. 679), Marquez c. Croski. — V. au surplus ENFANT NATUREL, nos 142 et suiv.

12. — Les devoirs imposés par les dernières volontés d'une personne non manifestées dans les formes légales, constituent des obligations naturelles. — *Cass.*, 26 janv. 1826, Lauzon et Berland c. Bonnard.

13. — Dès lors, l'acquittement volontaire par les enfans, d'un don verbal fait *in extremis* par leur mère à son mari, n'est que l'accomplissement d'un devoir de piété filiale et, par conséquent, l'acquittement d'une obligation naturelle. — *Colmar*, 22 nov. 1839 (t. 1er 1840, p. 160), Chatelain.

14. — L'obligation de payer une somme pour récompense de soins reçus en temps de maladie constitue l'acquittement d'une dette naturelle, et n'a pas besoin, pour être valable, d'être revêtue des formalités de la donation. — *Douai*, 2 juill. 1847 (t. 2 1847, p. 375), Guidez c. Thuet. — V., au surplus, DONATION RÉMUNÉRATOIRE, nos 8 et suiv.

15. — De même, l'acte sous seing privé par lequel des héritiers déclarent constituer une rente à un tiers, pour obéir à la volonté de leur auteur, est valable et doit avoir son effet. — *Cass.*, 26 janv. 1826, Lauzon et Berland c. Bonnard.

16. — L'engagement qu'un père a souscrit au bas du testament olographe de son fils, d'acquitter un legs rémunératoire fait par ce dernier à un tiers, est une obligation naturelle. — *Grenoble*, 12 fév. 1829, Roche c. Riveron.

17. — Lorsqu'un arrêt déclare qu'un acte de constitution de rente n'est pas une donation entre-vifs, mais une simple obligation; que cette obligation est fondée sur une cause naturelle, bien qu'elle ne soit pas exprimée dans l'acte, et que, par suite, l'acte est valable, un tel arrêt présente une appréciation d'actes qui échappe à la censure de la Cour de cassation. — *Cass.*, 22 août 1826, Colnet c. Langordière.

18. — La rétrocession faite par une femme de partie des immeubles destinés à la couvrir de ses reprises doit être considérée comme une obligation naturelle. — *Cass.*, 5 mai 1835, La Rochefoucault.

19. — Lorsque, par des raisons politiques, la loi retire à une obligation naturelle la sanction qu'elle lui avait accordée, cette obligation naturelle continue de subsister, comme telle, malgré l'extinction de l'obligation civile. — Toullier, t. 6, n° 383; Zachariæ, t. 2 p. 257, note 9.

20. — Jugé ainsi que le frère d'un émigré qui, renonçant à se prévaloir de la mort civile encourue par celui-ci, consent à partager avec lui la succession paternelle, doit être réputé, non pas faire un acte de libéralité, mais remplir une obligation naturelle. — *Cass.*, 3 août 1814, Enregistr. c. Coustin de Masnadeau.

21. — Les détenteurs de biens d'émigrés étaient-ils, avant la loi d'indemnité du 27 avril 1825, tenus, en vertu d'une obligation naturelle, de restituer ces biens à leurs anciens propriétaires, ou du moins d'indemniser ces derniers?

22. — La Cour de cassation a été partagée à cet égard. — Tantôt elle a décidé qu'on pouvait considérer comme l'accomplissement d'une obligation naturelle les traités passés entre les anciens propriétaires et les détenteurs des biens, qui demandaient à s'en assurer la tranquille possession. — V. BIENS NATIONAUX, nos 24 et suiv.

23. — Jugé également qu'on doit considérer non comme une obligation sans cause, mais comme l'acquit d'une obligation naturelle, la rétrocession gratuite d'un bien national, faite avec réserve d'usufruit par l'acquéreur de ce bien, en faveur de l'ancien propriétaire, et alors l'acte ne saurait être considéré comme une donation entre-vifs. — *Aix*, 22 avril 1828, Barbaroux c. de Castellane. — V. aussi, *Nancy*, 9 févr. 1829, Rennel c. de Roye. — V. ÉMIGRÉS, n° 433.

24. — Par d'autres arrêts, au contraire, la Cour de cassation a déclaré nulle, comme dérogatoire à une loi intéressant l'ordre public, toute convention intervenue entre l'ancien et le nouveau propriétaire ayant pour objet la confirmation par le premier du droit de propriété du fonds. — V. BIENS NATIONAUX, nos 23, 29 et suiv.

25. — Jugé de même, dans ce dernier sens, que l'obligation contractée par l'acquéreur d'un bien national envers l'ancien propriétaire, afin d'obtenir de ce dernier la ratification de la vente, est nulle et de nul effet, comme ayant une cause illicite. — *Tribunal de Cherbourg*, 15 juill. 1827 (*Journ. du Palais*, 3e édit., t. 21, p. 1393, à la note).

26. — En effet, s'il y avait obligation naturelle de restitution ou d'indemnité, cette obligation ne pouvait peser que sur l'Etat, qui avait profité de la confiscation, et non sur les détenteurs qui avaient payé le prix de leurs acquisitions. — Zachariæ, t. 2, p. 257, 258, note 9.

27. — La même divergence d'opinion ne pouvait exister relativement à l'obligation naturelle dont pouvait être tenu le débiteur d'une rente qui avait été supprimée comme féodale ou entachée de féodalité. Le débiteur n'était pas dans la position de l'acquéreur de biens nationaux qui se trouvait avoir déjà acquitté une première fois sa dette en payant son prix.

28. — Aussi a-t-il été jugé que le débiteur d'une rente féodale en est resté naturellement tenu malgré les lois abolitives de la féodalité. — *Cass.*, 3 juill. 1811, Rigaud c. Berjaud.

29. — Et que le débiteur qui a volontairement payé les arrérages d'une rente féodale abolie est présumé acquitter une obligation naturelle, et ne peut répéter. — *Angers*, 31 juill. 1822, de Serrant c. Royer.

30. — Mais, d'un autre côté, le débiteur pouvait vouloir profiter du bénéfice de la loi, et exciper d'une libération résultant pour lui de la nature de la dette. Dès lors, dans quel cas le débiteur pouvait-il être considéré comme ayan voulu rester obligé?

31. — Jugé que l'acte par lequel le débiteur a reconnu, depuis la loi du 17 juill. 1793, mais sans dérogation au titre primordial, une rente foncière constituée originairement avec mélange de féodalité, est nul, quand bien même cet acte récognitif ne rappellerait aucune stipulation caractéristique de la féodalité. — *Cass.*, 25 oct. 1808, Dany c. Facquet.

32. — Jugé également que le paiement de ces rentes ne rend pas les débiteurs de ces rentes non recevables à invoquer le bénéfice des lois abolitives de la féodalité. — *Cass.*, 27 juill. 1818, Kromenacker c. Schneider.

33. — Mais si, depuis l'abolition des rentes créées avec mélange de droits féodaux, celui qui devait une rente de cette nature s'est obligé d'en continuer le paiement, il ne peut plus invoquer la loi du 17 juill. 1793, lors même que l'acte rappellerait les actes antérieurs, s'il résulte des faits que les parties ont entendu opérer novation. En ce cas l'obligation a une cause naturelle suffisante pour la validité de l'acte. — *Cass.*, 3 juill. 1811, Rigaud c. Berjaud.

34. — De même une obligation telle que celle résultant d'un bail à complant peut, quoique nulle en ce qu'elle contiendrait des énonciations féodales, être regardée comme une obligation naturelle, s'il y a eu novation. Et en pareil cas les juges du fond peuvent décider qu'il y a eu novation, bien qu'il soit dit dans le second bail que *le tout avait lieu conformément à ce qui est exprimé dans le premier bail.* — *Cass.*, 19 juin 1832, Grasset c. Grimaudet.

35. — Enfin, jugé que la reconnaissance du *titre nouvel* que le débiteur d'une rente foncière, mélangée de féodalité, consent postérieurement à l'abolition du régime féodal opère novation; qu'en ce cas l'obligation a une cause naturelle suffisante. — *Cass.*, 28 janv. 1840 (t. 1er 1840, p. 498), Rivière c. Lafont.

36. — On doit encore classer parmi les obligations naturelles et non parmi les simples devoirs moraux : 1° les dettes de jeu. — C. civ., art. 1967 comb. art. 1235, § 2. — 2° Les obligations qui ont été déclarées prescrites. — C. civ., art. 2223. — 3° Les engagemens annulés à raison d'une incapacité prononcée contre une personne qui était moralement capable de s'engager. — Arg. C. civ., art. 2012. — Zachariæ, t. 2, p. 258; Toullier, 6, n° 381.

37. — Suivant Toullier (t. 6, nos 380 et 384), il faut encore regarder comme obligations naturelles : 1° les donations dont l'acte ne contient pas une mention expresse d'acceptation. — 2° Celles qui ne seraient faites que sous seing privé. — Arg. C. civ., art. 1338, 1340. — 3° La convention synallagmatique rédigée sous seing privé, lorsque l'acte ne contient pas la mention qu'il a été fait double. — C. civ., art. 1325. — 4° Le billet sous seing privé qui n'est pas entièrement écrit de la main du débiteur. — C. civ., art. 1326. — 5° La reconnaissance d'un enfant naturel faite sous seing privé.

38. — L'obligation naturelle qui a été volontairement acquittée ne peut donner lieu à la répétition. — C. civ., art. 1235. — V. RÉPÉTITION DE L'INDU.

39. — Toutefois, l'accomplissement d'une obligation naturelle ne confère pas à cette obligation le caractère d'obligation civile : l'exécution partielle d'une obligation naturelle n'autorise pas le créancier à en réclamer, par voie d'action, l'exécution intégrale, et n'enlève pas au débiteur le droit d'en refuser l'accomplissement ultérieur. — Zachariæ, t. 2, p. 259.

40. — Une obligation naturelle dont la cause n'est pas réprouvée par des raisons d'ordre et d'intérêt public peut être l'objet d'un cautionnement. — V. CAUTIONNEMENT, nos 37 et suiv.

V. aussi ERREUR, OFFICE, TRANSACTION.

OBLIGATION A ORDRE.

V. ENDOSSEMENT.

OBLIGATION PERSONNELLE ET RÉELLE.

1. — L'obligation personnelle est celle qui est inhérente à la personne; l'obligation réelle est celle qui est attachée à la chose : *Pactorum quædam in rem sunt, quædam in personam.* — L. 7, § 8, *De pact.* ff.

2. — Ainsi, sous le rapport de la prestation, l'obligation est réelle quand elle consiste dans la délivrance d'un objet quelconque. Elle est personnelle quand la prestation consiste dans l'accomplissement d'un fait autre que la délivrance d'une chose ou dans l'omission d'un fait. — Zachariæ, *Dr. civ. théor. franç.*, t. 2, p. 275.

3. — On appelle encore obligation réelle celle dont le débiteur est tenu comme possesseur de certaines choses ou de certains biens. Telle est l'obligation imposée au tiers détenteur d'un immeuble hypothéqué de payer ou délaisser (C. civ., art. 2168), celle en vertu de laquelle l'acquéreur d'un immeuble loué par bail à date certaine, est tenu de respecter ce bail. — C. civ., art. 1743. — V. BAIL, HYPOTHÈQUE. — L'obligation personnelle est, au contraire, celle dont le débiteur est tenu personnellement et sur son patrimoine.

4. — La faculté que s'est réservée un ancien seigneur dans une transaction avec une commune, de, pour soi et sa famille, autrement non, envoyer pacager un certain nombre de moutons sur un terrain, a pu, sans qu'il y eût ouverture à cassation, être considérée comme un droit personnel au seigneur et à sa famille, et, à ce titre, être déclarée non transmissible à des tiers par voie de cession. — *Cass.*, 4 juin 1833, Bourrat c. commune de Saint-Anthème.

5. — La faculté de retrait accordée à la femme propriétaire d'un immeuble, relativement à la portion indivise de ce même immeuble acquise par le mari seul durant le mariage, est un droit personnel à la femme. — *Cass.*, 14 juillet 1834, Falèze c. Blondeau.

6. — La convention par laquelle un débiteur de fermages prescriptibles par cinq ans impose à un tiers, qui l'accepte, au moyen d'arrangemens convenus, l'obligation de désintéresser le créancier, constitue une obligation personnelle à la charge de ce tiers. — *Paris*, 8 janvier 1842, sous *Cass.*, 5 août 1845 (t. 2 1845, p. 299), Guidon c. Delamotte.

7. — En pareil cas, le recours du débiteur primitif, qui, par suite de l'inexécution de l'obligation personnelle du tiers, se trouve obligé de désintéresser le créancier, ne tombe pas sous l'application de la prescription quinquennale. — Même arrêt.

8. — Les obligations personnelles se subdivisent, à leur tour, en obligations réelles et en obligations personnelles proprement dites, suivant que, conformément à la règle générale de

l'art. 1122, elles passent aux héritiers et successeurs universels du débiteur, ou que, par exception à cette règle, elles ne se transmettent pas et restent exclusivement attachées à la personne du débiteur. — Zachariæ, *ibid.*

9. — En général, les obligations résultant des conventions sont réelles. On est censé stipuler et s'engager pour soi et pour ses héritiers ou ayans cause. — C. civ., art. 1122. — V. AYANT CAUSE.

10. — Il n'y a d'exception à cette règle que dans deux cas : 1° Lorsque la convention porte expressément que l'exécution ne pourra en être exigée par les héritiers ou contre eux ; 2° Lorsque cela résulte de la nature de l'engagement (C. civ., art. 1122). C'est ce qui arrive en cas de mandat de société, etc...

11. — C'est d'après les circonstances que les juges décident si une obligation est réelle ou personnelle. Quelquefois la loi le détermine elle-même, par exemple dans les art. 951, 1514, etc...

12. — La stipulation d'un terme indéfini est personnelle au stipulant et ne s'étend pas à ses héritiers, bien qu'il ait stipulé tant pour lui que pour les siens et ayans cause. — *Paris,* 15 mars 1823, Griotteray c. Leprieur.

13. — Lorsque des frères ont abandonné la jouissance d'un fonds à leur sœur, avec faculté pour celle-ci d'acquérir la propriété du fonds, cette clause a pu être déclarée présenter une stipulation non personnelle à la sœur, mais transmissible à ses héritiers, sans donner ouverture à cassation.— *Cass.,* 24 mars 1830, Paul c. Passage.

14. — Les obligations ne passent pas seulement aux successeurs à titre universel, mais encore aux successeurs à titre particulier. On est censé avoir stipulé pour les ayans cause. — C. civ., art. 1120.

15. — Les droits qu'un citoyen acquiert par contrat ou autrement composent son patrimoine. Il peut les transmettre à des successeurs particuliers ou à des ayans cause à titre gratuit ou onéreux.

16. — Les droits réels attachés à un immeuble passent, même, de plein droit ; sans stipulation, aux possesseurs. Cette proposition s'applique aux servitudes.

17. — Le successeur d'un immeuble à titre particulier peut, même, exercer tous les droits personnels acquis par son auteur pour l'utilité de cet immeuble. Ainsi le droit de faire bâtir par un architecte, qui s'y est engagé, un édifice sur un fonds, passe à l'acquéreur ou au donataire ou légataire de ce fonds. — Toullier, t. 6, n° 424. — *Contrà,* Pothier, *Donations,* p. 523 et suiv.

18. — Le profit du pacte personnel au vendeur passe, pour le temps de sa vie, au successeur à titre particulier, si la convention ou la loi ne s'y oppose pas.—L. 17, § 5, D. *De pact.*—Toullier, t. 6, n° 425. — C'est en conséquence de ce principe, que l'usufruitier qui n'a qu'un droit personnel peut le louer, le vendre ou le céder, sans pouvoir en user ainsi pour les droits d'usage et d'habitation.

19. — Les obligations d'une personne vivante ne passent point à ses successeurs à titre singulier avec ses biens. Il faut qu'ils en soient chargés par convention. Autrement, c'eût été gêner sans nécessité la liberté et la sûreté du commerce.— V. Toullier, t. 6, n° 425.

20. — Mais on peut arriver à ce résultat : — 1° En imposant au transport de la propriété des charges et des conditions dont l'inexécution entraîne la résolution du transport.—Telles sont la clause du rétablement, la constitution d'une rente foncière. — Toullier, t. 6, n° 427 et suiv.

21.—2° En divisant les éléments de la propriété et en conférant des droits réels qui pèsent sur chacun des possesseurs : telles sont, par exemple, les servitudes, les hypothèques.

22. — Ces droits peuvent, du reste, être conférés par translation, sans aliéner le fonds ; aussi bien que par rétention, en l'aliénant.—Toullier, t. 6, n° 433.

23.—3° Par l'effet de l'hypothèque.—V. HYPOTHÈQUE.

24.—4° Par l'assignat ou l'assiette.—V. VENTE.

OBLIGATION AU PORTEUR.
V. BILLET ET OBLIGATION AU PORTEUR.

OBLIGATIONS PRINCIPALE ET ACCESSOIRE.

1. — De deux obligations, l'une doit être considérée comme principale, et l'autre comme accessoire, quand la première est le fondement

---

sur lequel repose l'existence de la seconde. — Zachariæ, *Droit civil,* t. 2, p. 340.

2. — Cette distinction est importante, par exemple, 1° pour la fixation des degrés de juridiction et de la compétence. — V. DEGRÉS DE JURIDICTION, n° 235 et suiv. — 2° Ou en matière d'hypothèque. — V. HYPOTHÈQUE.

3.—Cette corrélation existe entre deux obligations : 1° Lorsque l'une d'elles est la conséquence légale de l'autre. C'est ainsi que les dommages-intérêts constituent une obligation accessoire de l'obligation principale à raison de laquelle ils sont dus. — Toullier, t. 6, n° 463. — 2° Lorsque l'une des obligations est formée en considération de l'autre et se rattache à celle-ci comme le moyen à la fin.—Tels sont la clause pénale, le cautionnement, le nantissement. — Zachariæ, *ibid.*

4. — Le sort des obligations accessoires de la seconde espèce est, en général, subordonné à celui de l'obligation principale à laquelle elles se rattachent. — Ainsi elles s'éteignent avec elles ; elles sont frappées des mêmes nullités. — C. civ., art. 1227, § 1er; 1281, § 1er; 1287, § 1er; 1294, § 1er; 1301, § 1er; 2012, § 1er.

5. — Ce principe ne peut s'appliquer aux obligations accessoires de la première espèce. Leur extinction, leur nullité ne sont pas, en général, considérées comme des conséquences de l'extinction ou de la nullité de l'obligation principale.— Ainsi, quoique la vente de la chose d'autrui soit nulle, la loi n'en reconnaît pas moins la validité de l'obligation accessoire de dommages-intérêts, dont la cause se trouve dans la nullité même de l'obligation principale. — V. OBLIGATION AVEC CLAUSE PÉNALE, CAUTIONNEMENT, DOMMAGES-INTÉRÊTS.

6. — L'engagement pris par un tiers de garantir le remboursement d'un prêt fait à un autre, mais dont il a profité, constitue une obligation principale et non un cautionnement, bien que ce tiers ne se soit engagé à payer la dette qu'à défaut par l'emprunteur de le faire.—*Limoges,* sous *Cass.,* 17 janv. 1849 (t. 1er 1849, p. 129), Renaud c. Jarre. — Au surplus, CAUTIONNEMENT, n°s 23 et suiv., 35 et suiv.

OBLIGATION RÉELLE.
V. OBLIGATION PERSONNELLE ET RÉELLE.

OBLIGATION SOLIDAIRE.

Table alphabétique.

OBLIGATION SOLIDAIRE. — 1. — C'est celle qui donne à chacun de plusieurs créanciers le droit de se faire payer la chose entière ou qui impose à plusieurs débiteurs la charge de payer, un seul pour tous, la chose qu'ils doivent en commun.

Sect. 1re. — *Comment s'établit la solidarité.*

2. — La solidarité ne se présume point ; il faut qu'elle soit expressément stipulée. — C. civ., art. 1202, alin. 1er.

3. — Il n'y a pas solidarité, lorsque, sans la stipuler, des tiers détenteurs règlent dans une dette que chacun d'eux supportera dans une dette. — *Aix,* 10 fév. 1832, Serraire c. Escudier.

4. — M. Duranton (t. 11, n° 169) décide qu'il en serait ainsi, quand même il existerait plusieurs acquéreurs engagés solidairement envers les vendeurs.

5. — Jugé, en ce cas, que la vente faite par plusieurs personnes d'une chose qui leur appartenait de commun, mais par portions inégales, n'est pas, à moins de stipulation expresse, réputée solidaire. La présomption est que chaque propriétaire ne s'est obligé que pour sa part.— *Colmar,* 23 juill., 1841, Clavey, c. Moroge.

6. — Les héritiers ne peuvent être condamnés

solidairement au paiement des dettes de la succession. — *Cass.*, 20 juin 1820, Lefort c. Vallet.

7. — Il en était de même sous la coutume de Paris. — *Cass.*, 3 août 1792, Bullet c. Mazarès.

8. — ... Et cela, quand même ils seraient les héritiers d'un des débiteurs solidaires. — *Cass.*, 27 nov. 1839 (t. 1er 1840, p. 151), Broutin c. Massot.

9. — Suivant l'ancienne jurisprudence du duché de Luxembourg, les héritiers de l'époux prédécédé n'étaient pas solidaires, soit entre eux, soit avec le conjoint survivant, pour le paiement des dettes de la communauté. — *Metz*, 10 juin 1812, Tornaco.

10. — L'arrêt qui condamne *solidairement du chef de leurs auteurs* les héritiers de deux individus obligés solidaires, doit être entendu en ce sens : que la solidarité n'est prononcée que contre les successions vis-à-vis l'une de l'autre, et non contre les héritiers de chacune d'elles entre eux. — *Cass*., 29 janv. 1838 (t. 1er 1838, p. 500), Beaumier c. Gauffriau.

11. — Jugé que la solidarité que les statuts normands établissaient entre cohéritiers n'a pas été abolie par la loi du 20 août 1792. — *Cass.*, 2 fév. 1813, Jouenne c. Roussel.

12. — Pour avoir renoncé à l'exception de division, on ne peut pas dire qu'une caution a obligé solidairement ses héritiers; mais seulement qu'elle a renoncé à la division de son action entre les fidéjusseurs, s'il en existe. — *Bruxelles*, 14 juill. 1818, Castique c. Rosaert.

13. — Les rentes convenancières ne sont pas dues solidairement, à moins de stipulation contraire. — *Rennes*, 24 février 1813, Chanu-Dulimour.

14. — En se servant du mot *expressément*, la loi n'a pas entendu dire que les expressions *solidaires*, *solidairement*, *solidarité* sont sacramentelles. On peut les remplacer par des termes de même valeur, tels que ceux-ci : *l'un pour l'autre, un seul pour le tout, chacun pour le tout.* — Toullier, t. 6, no 721; Pothier, no 629; Duranton, t. 11, no 190. — V. aussi Nouveau Denizart, vo *Caution*, p. 321, no 9; Poulain, sur l'art. 430 Coutume de Bretagne, no 7; arrêt du 6 août 1822, rapp. par Bougier, lett. O, no 3.

15. — Ainsi, la solidarité est expressément stipulée par la clause qui oblige conjointement deux personnes avec renonciation à tout bénéfice de division et de discussion. — *Grenoble*, 20 juill. 1830, Payer c. Latreille.

16. — Cette décision est fondée sur ce qu'il a dû être dans l'intention commune des parties de s'obliger *conjointement et solidairement*, bien qu'il n'y ait pas eu stipulation expresse de solidarité. — Même arrêt.

17. — En matière commerciale, la solidarité peut résulter des conventions et de la correspondance des parties. Par exemple, il a été décidé qu'il y avait solidarité lorsque les parties l'ayant déjà stipulée pour une autre somme importante, et faisant une exploitation en commun, elles ont, dans leur correspondance, demandé alternativement des fonds, arrêtant alternativement aussi les comptes, et écrivant au bailleur de fonds de ne faire qu'un compte, qu'il était convenu entre elles et lui qu'elles ne faisaient qu'un. — *Cass.*, 9 janv. 1838 (t. 1, 1838, p. 631), Loisel c. Pluchard.

18. — L'individu non-négociant qui se rend caution d'une obligation commerciale, par exemple de la promesse de souscrire des billets pour une opération commerciale, ne devient pas par cela seul, en l'absence de toute soumission expresse, contraignable par corps. — *Cass.*, 7 juin 1837. (t. 2 1837, p. 251), Capelle c. Pezet.

19. — La femme qui, avant la faillite de son mari, avait souscrit solidairement avec lui des billets, est sa coobligée et non pas seulement sa caution. — *Angers*, 2 août 1816, Hardiau c. Boulard.

20. — Lorsque des sommes ont été payées indûment, mais divisément, à plusieurs personnes, la restitution ne peut en être ordonnée solidairement. — *Cass.*, 22 juin 1824, Fitler et Darnal c. Lombard.

21. — Lors même que les vendeurs d'un objet indivis pourraient être contraints solidairement à l'exécution de la vente, le tribunal ne peut prononcer contre eux cette solidarité si l'acquéreur ne la demande pas. Il ne peut pas non plus les condamner solidairement à des dommages-intérêts. — *Rennes*, 30 août 1811, Gohaud et Hyvert c. Lebert.

22. — Les détenteurs d'un fonds grevé d'une redevance foncière, au profit d'une église, ont pu être condamnés solidairement et hypothécairement pour le tout au service de cette redevance, bien que la loi du 20 août 1792 ait aboli la solidarité pour le paiement des rentes foncières. Seulement cette condamnation doit être entendue en ce sens : que ce n'est que comme détenteurs du fonds qu'ils sont solidaires, et qu'ils peuvent s'en affranchir en faisant procéder à la division de la rente. — *Cass.*, 23 nov. 1831, Sébastien-Guillaume c. Fabrique de St-Calais. — Merlin, *Rép.*, vo *Rentes foncières*, § 2, art. 2; Duranton, t. 6. no 748.

23. — Le mandataire qui a chargé, au nom du mandant, un huissier de signifier un acte nul, et l'huissier qui a fait cette signification sont responsables envers le mandant des suites de la nullité de cet acte et passibles envers lui de dommages-intérêts; mais leur obligation n'est pas solidaire, et chacun d'eux ne peut être tenu que de la part des dommages-intérêts mise spécialement à sa charge. — *Paris*, 18 avr. 1836, Hersent c. Lorée.

24. — Jugé encore que l'art. 1202 C. civ., qui statue que la solidarité ne se présume pas, ne règle que la solidarité conventionnelle. — *Cass.*, 29 fév. 1836, Trésor public c. Schumann et Langlumé des Angles.

25. — Le caractère de solidarité peut-il résulter d'une disposition de dernière volonté? La raison de douter se trouve dans les termes de l'art. 1202, qui semble ne la faire résulter que d'une convention; et dans la nature même de ce caractère, qui aggrave beaucoup la position des débiteurs. — Pothier (no 629) et Toullier (t. 6, no 720) décident l'affirmative : parce que, disent-ils, le testateur peut mettre à la transmission de ses biens telles conditions qu'il lui plaît, pourvu qu'elles ne soient pas contraires aux lois. — V. aussi Duranton, t. 11, no 187.

26. — La nature d'une affaire peut rendre une obligation solidaire, quand bien même il n'aurait été fait à cet égard aucune stipulation. — V. à cet égard OBLIGATIONS DIVISIBLE ET INDIVISIBLE.

27. — La règle que la solidarité ne se présume pas, qu'il faut la stipuler expressément, cesse dans les cas où elle a lieu de plein droit, en vertu d'une disposition de la loi. — C. civ., art. 1302.

28. — La solidarité prononcée par la loi a les mêmes effets que celle établie par les contrats. — Toullier, t. 6, no 729; t. 10, no 205.

29. — La femme peut être condamnée conjointement et solidairement avec son mari au paiement d'une somme qu'ils ont promise à un chirurgien pour prix des leçons données à leurs enfants communs. — *Cass.*, 12 janv. 1828, Sartin c. Dechaud.

30. — Le confesseur qui a reçu d'un malade une somme d'argent pour l'employer à des restitutions secrètes et la personne qu'il s'est adjointe pour l'exécution de ce mandat, peuvent l'un et l'autre être condamnés solidairement à la restitution. — *Caen*, 12 mars 1828, Adelée et Dubuat c. de Dungy.

31. — Une Cour peut condamner solidairement des époux à payer les intérêts d'un legs dû par l'un d'eux, lorsque, la demande originaire ayant été dirigée contre eux, ils n'ont produit aucune exception sur la qualité en laquelle ils étaient cités et que, d'ailleurs, toute latitude est laissée à l'exercice de leurs actions respectives. — *Cass.*, 24 juin 1828, Trumeau c. Mignot et Patureau.

32. — L'art. 1202 s'applique à la condamnation aux dépens. Dès lors les juges ne sauraient suppléer la solidarité en pareil cas. — V. FRAIS ET DÉPENS (mat. civ.), nos 277 et suiv.

33. — Mais quand plusieurs individus sont condamnés pour un même crime ou pour un même délit, ils sont tenus solidairement : 1o des amendes; 2o des restitutions; 3o des dommages-intérêts; 4o des frais. — V. DOMMAGES-INTÉRÊTS, nos 171 et suiv.; FRAIS ET DÉPENS (mat. crim.), nos 308 et suiv.

34. — Ainsi jugé que la solidarité peut être prononcée par les tribunaux civils contre tous les individus condamnés à des dommages-intérêts, pour avoir glané ensemble d'une manière contraire aux règlemens. — *Cass.*, 23 déc. 1818, Rigaud c. Chevalier.

35. — La solidarité entre tous les individus condamnés pour un même délit, à raison des restitutions, dommages-intérêts et frais, est de droit et doit être prononcée alors même qu'il n'y a pas été conclu par la partie civile. — *Poitiers*, 6 janv. 1838 (t. 1er 1838, p. 192), Carpentier c. Cognac.

36. — Celui qui a pris part à la publication d'un mémoire injurieux et diffamatoire, bien qu'il ne l'ait pas signé, peut être condamné solidairement avec le signataire aux dommages-intérêts auxquels cette publication donne lieu. — *Cass.*, 11 juin 1839 (t. 2 1839, p. 5), Rousseau c. Commeraix. — V., au surplus, DIFFAMATION, nos 720 et suiv.

37. — Lorsque des héritiers naturels ont soustrait un testament olographe, dont l'existence est prouvée par une enquête, et qui contenait des dispositions particulières en faveur de non successibles, ils doivent être condamnés solidairement à payer, à titre de dommages-intérêts, les sommes dont les légataires institués paraissent, d'après l'enquête, avoir été gratifiés par le testateur. — *Montpellier*, 23 mai 1832, Payre c. Viguier.

38. — Relativement aux quasi-délits, la loi ne prononce pas expressément la solidarité; mais on a décidé qu'elle résultait de l'art. 1382 C. civil. — Rauter, *Cours de législation criminelle*, t. 1er, p. 181; Toullier, t. 11, no 151; Duranton, t. 11, no 194. — V. DOMMAGES-INTÉRÊTS, nos 171 et suiv.

39. — Jugé, en conséquence, que lorsqu'un dommage a été causé par plusieurs personnes, sans qu'il soit possible de déterminer la part que chacune d'elles a prise dans le fait qui l'a occasionné, les tribunaux peuvent condamner toutes ces personnes solidairement à payer la réparation. — *Cass.*, 8 nov. 1836 (t. 1er 1837, p. 8), Lefebvre et Scillère c. Lefebvre-Soyez.

40. — On a décidé de même en cas de dol et de fraude. — *Nancy*, 18 mai 1827, Cerfbeer c. Lefèvre; *Paris*, 26 fév. 1829, Morizat c. Jacquinet. — V. DOL, nos 115 et suiv.

41. — Ainsi les acquéreurs *non solidaires* d'un immeuble, coupables de dol et de fraude, peuvent être condamnés solidairement à la restitution des fruits. — *Cass.*, 3 juill. 1817, Paris c. Gossel.

42. — Lorsqu'un fait de fraude est reconnu constant, sa répression, par une condamnation solidaire à des dommages-intérêts, doit atteindre tous ceux qui ont concouru à cet acte; par exemple, l'acquéreur et le sous-acquéreur d'objets vendus en fraude des créanciers d'un failli. — *Cass.*, 3 févr. 1829, Bourdin c. Maret.

43. — Les tiers qui ont colludé avec un débiteur pour soustraire ses biens aux poursuites de ses créanciers légitimes sont solidairement passibles avec lui des dommages-intérêts auxquels les manœuvres frauduleuses du débiteur peuvent donner ouverture en faveur des créanciers. Lors même que ces tiers feraient la déclaration qu'ils renoncent à tous droits de propriété sur les biens dont ils semblaient être devenus acquéreurs sérieux et légitimes, ils ne peuvent échapper aux effets des inscriptions hypothécaires auxquels ils se sont exposés par suite de leur qualité ostensible d'acquéreurs. — *Bordeaux*, 16 mars 1832, Brieu c. Jouvante.

44. — Lorsqu'un même jugement condamne à la fois plusieurs personnes au paiement d'une certaine somme, sans fixer les parts respectives, chacune d'elles doit payer sa part virile de la condamnation, quelle que soit l'origine de la dette, et quand même les personnes condamnées auraient été tenues de la dette *solidairement* ou *par portions inégales.* — *Bastia*, 16 mars 1831, Montera c. Ginli.

45. — Jugé, toutefois, que lorsque les habitans d'une commune sont condamnés en la personne du maire, ensemble et solidairement, l'exécution de la sentence peut être poursuivie contre un habitant en particulier. — *Bordeaux*, 26 août 1833, Lignac c. Verlhiac.

46. — ... Et si la condamnation a été prononcée pour fait de dépaissance exercée sans droit sur un terrain, l'exécution peut également être poursuivie contre celui qui, sans être habitant de la commune, y possède des fonds et des bestiaux qui ont pris part à la dépaissance. — Même arrêt.

47. — Celui qui est personnellement tenu d'une restitution, est sans intérêt et conséquemment sans droit à se plaindre de ce que la solidarité aurait été à tort prononcée contre les autres parties en cause. — *Cass.*, 12 juill. 1837 (t. 2 1837, p. 452), Valory c. Berthelier.

Sect. 2e. — *Solidarité entre les créanciers.*

48. — L'obligation est solidaire entre plusieurs créanciers, lorsque le titre donne expressément à chacun d'eux le droit de demander le paiement du total de la créance, et que le paiement fait à l'un d'eux libère le débiteur, encore que le bénéfice de l'obligation soit partageable et divisible entre les créanciers. — C. civ., art. 1197.

49. — Cette solidarité a lieu lorsque plusieurs stipulent la même chose de la même personne, en même temps et dans l'intention évidente que la chose sera due à chacun d'eux pour le total, de manière cependant qu'il n'y ait qu'une obli-

gation de la part des coobligés. — Duranton, t. 11, n° 163.

§ 1er. — *Effets de la solidarité entre les créanciers et le débiteur.*

50. — A Rome chaque créancier solidaire était considéré, dans ses rapports avec le débiteur, comme seul et unique créancier, et il avait le droit de disposer de la créance, de la modifier, de l'éteindre et de lier ainsi ses cocréanciers. — L. 45, I. 2, D. *De duobus reis.*

51. — Le Code civil pose, au contraire, en principe que les créanciers solidaires ne sont associés entre eux que pour le bénéfice de la créance et, comme conséquence, n'attribue à chacun d'eux, pour ce qui excède sa part, qu'un mandat à l'effet de poursuivre et de recevoir le paiement de ce qui est dû aux autres.

52. — Le débiteur ne peut opposer à la demande du créancier solidaire l'exception de division, malgré la divisibilité du bénéfice de l'obligation (C. civ., art. 1197). — Cette conséquence cesse à l'égard des héritiers du créancier (C. civ., art. 1219 et 1220). — L'obligation solidaire n'est pas pour cela indivisible. — Pothier, n° 324; Zachariæ, t. 2, p. 264, note 16.

53. — Tout acte qui interrompt la prescription à l'égard de l'un des créanciers solidaires profite aux autres créanciers. — C. civ., art. 1199. — V. PRESCRIPTION.

54. — La reconnaissance de la dette faite par le débiteur à l'un des créanciers profite également à tous les autres. — Arg. C. civ., art. 1179. — Pothier, n° 260.

55. — De même encore, la demande formée par l'un des créanciers solidaires fait courir les intérêts au profit des autres. — Arg. C. civ., art. 1199, 1206 et 1207. — Duranton, t. 11, n° 181.

56. — Le paiement de toute la dette libère le débiteur aussi bien envers les créanciers à qui il a été fait qu'envers les autres. — C. civ., art. 1197.

57. — ... Et cela quand même le paiement a lieu par compensation. — Duranton, t. 11, n° 178. — *Contrà*, Delvincourt, t. 2, p. 134, n° 2.

58. — Chaque créancier ayant le pouvoir de recevoir le paiement, le débiteur peut payer à qui bon lui semble tant qu'il n'a pas été prévenu par les poursuites de l'un de ses créanciers. — C. civ., art. 1198, 2e alin.

59. — Cependant le pouvoir donné à chaque créancier de recevoir la totalité de la créance, ne lui en attribue cependant pas la propriété; et il s'ensuit qu'il ne peut, comme à Rome, faire remise de toute la dette. — C. civ., art. 1198, 2e alin.

60. — La novation faite par l'un des créanciers solidaires ne libère également le débiteur que pour la part de ce créancier. — Arg. C. civ., art. 1198. — Duranton, t. 11, n° 176.

61. — La transaction, la prestation du serment déféré par l'un des créanciers solidaires n'entraînent, au profit du débiteur, une présomption légale de libération que pour la part de ce créancier. — Arg. C. civ., art. 1365, 2e alin. — Zachariæ, t. 2, p. 265.

62. — A la différence du mandat ordinaire, le mandat donné par le titre de l'obligation à chaque créancier est irrévocable; et il en résulte qu'on ne peut lui appliquer les différentes manières dont finit le mandat ordinaire. — C. civ., art. 2003 et suiv.

63. — Ce mandat ne doit pas être non plus confondu avec le mandat de l'*adjectus solutionis gratiâ*. — Toullier, t. 6, n° 708.

§ 2. — *Effets de la solidarité des créanciers entre eux.*

64. — A raison même de leur qualité, les créanciers solidaires sont réputés associés. Le bénéfice de la créance se partage entre eux par portions égales, sauf convention contraire, et le créancier qui en a reçu la totalité est tenu envers chacun de ses cocréanciers du montant de leurs parts respectives. — Delvincourt, t. 2, p. 134, note 6; Toullier, t. 6, n° 727; Duranton, t. 11, nos 170 et suiv.; Zachariæ, t. 2, p. 266.

65. — Cette règle générale, qui ne peut soulever aucun doute, était, en droit romain, l'exception. En effet, celui des créanciers qui avait reçu le paiement n'était point obligé, en principe, d'en partager le montant. — L. 62, *Princip. ad legem falcidiam*, *D.* et Vinnius sur le § 1er, *Instit.*, *De duobus reis.*

66. — Ce principe souffrait exception : 1° lorsque la créance provenait d'une chose commune à tous; chaque créancier avait alors contre le cocréancier qui avait reçu le paiement l'action

pro socio pour se faire rendre compte de sa part: 2° ou bien quand il y avait une volonté contraire de la part des parties ou du testateur.

67. — Les stipulations qui rendaient les créanciers solidaires, *correi stipulandi*, étaient nombreuses sous la loi romaine. Chez nous il n'y a que de rares exemples d'une pareille convention, le mandat ordinaire offrant plus d'avantages que ce mandat réciproque et irrévocable donné à chaque créancier solidaire. Le Code civil a suivi l'exemple des législations qui l'ont précédé. Il a fait comme elles un traité de la matière, utile, du reste, au débiteur, en lui évitant des frais par les dispositions des art. 1199 et 1365.

68. — Cette espèce de solidarité doit être expressément stipulée (art. 1197 et 1302). Elle ne résulte que des contrats; car c'est en vain qu'on la cherche dans les quasi-contrats, les délits et les quasi-délits, ou encore dans une disposition de la loi. — Toullier, t. 6, n° 704; Duranton, t. 1er, n° 171 et 172. — V. cependant Pothier, n° 259.

69. — Les cohéritiers qui vendent solidairement un immeuble de la succession sont tenus de garantir l'acquéreur non-seulement des faits communs, mais encore de ceux qui sont personnels à l'un ou à l'autre d'entre eux. — Lorsqu'un cohéritier a donné pouvoir de vendre sa part dans les immeubles de la succession aux prix, charges, clauses et conditions que le mandataire jugerait à propos, le mandataire a pu soumettre le mandant à garantir solidairement avec ses cohéritiers la vente de la totalité des immeubles. — *Paris*, 27 frim. an XII, Peau de Saint-Gilles c. Cordier.

70. — Lorsqu'une vente a été consentie solidairement par deux individus, la nullité ne peut en être demandée, pour la totalité, par l'un des vendeurs ou son ayant cause sans le concours de l'autre. — *Cass.*, 23 nov. 1841 (t. 1er 1842, p. 139), Dulugat c. Vincendeau.

Sect. 3e. — *Solidarité entre les débiteurs.*

71. — Il y a solidarité de la part des débiteurs lorsqu'ils sont obligés à une même chose de manière que chacun puisse être contraint pour la totalité, et que le paiement fait par un seul libère les autres envers le créancier. — C. civ., art. 1200.

72. — Lorsqu'un individu ne s'est obligé au paiement d'une dette que solidairement avec la succession du débiteur, il ne peut être poursuivi du vivant de ce dernier. — *Cass.*, 29 floréal an VII, Hemart c. Contant de Lille.

73. — La solidarité entre les débiteurs a pour but d'augmenter les sûretés du créancier, en lui donnant la faculté de contraindre chacun d'eux au paiement de toute la dette. Elle est d'un usage très-fréquent.

74. — La solidarité n'est pas la seule cause qui force l'un de plusieurs débiteurs à subir l'obligation entière. L'indivisibilité a également cet effet. — C. civ., art. 1222. — V. OBLIGATIONS DIVISIBLE ET INDIVISIBLE.

§ 1er. — *Effets de la solidarité entre le créancier et les débiteurs.*

75. — L'obligation solidaire est une dans son objet, mais elle se compose d'autant de liens juridiques qu'il y a de débiteurs. — Inst., § 1er et 2, tit. 16, L. 3, *De duobus reis*; Pothier, n° 263. — De là les conséquences suivantes :

76. — L'un des débiteurs peut être obligé différemment de l'autre (C. civ., art. 1201), notamment sous le rapport du terme ou de la condition. Seulement, dans le cas où l'un des débiteurs est engagé sous condition suspensive, et l'autre à terme, la solidarité n'existera qu'au moment de la réalisation de la condition : d'où il suit que le débiteur à terme n'aura son recours contre son codébiteur sous condition, que du jour de cette réalisation (C. civ., art. 2030). — Duranton, t. 11, n° 189.

77. — L'incapacité de l'un des obligés, sa minorité, son interdiction n'influent pas sur la validité de l'engagement des autres obligés. Elle fournit à l'incapable une action en rescision que ne peut opposer au créancier le coobligé (C. civ., art. 1208). — Duranton, t. 11, n° 189; Zachariæ, t. 2, p. 267, note 24.

78. — Lorsque plusieurs individus s'étant obligés solidairement il est ajouté que l'un d'eux cautionne l'autre, et que celui-ci a seul profité de la somme prêtée, cette circonstance ne détruit pas la solidarité. — *Cass.*, 19 prairial an VII, Lagrange c. Larochette de Lafeuilharade.

79. — Le créancier peut s'adresser à celui des débiteurs qu'il veut choisir, sans que celui-ci puisse lui opposer le bénéfice de division. — C. civ., art. 1203.

80. — Lorsque des codébiteurs se sont engagés solidairement, avec renonciation au bénéfice de division et de discussion, le créancier peut, en cas d'insuffisance des immeubles d'un des codébiteurs hypothéqués à sa créance, poursuivre la vente de tous ses autres immeubles sans être tenu de discuter préalablement les immeubles des autres débiteurs, quoique spécialement affectés au paiement de sa créance. — *Toulouse*, 26 juill. 1834, Gariasse c. Caujolle.

81. — Si, dans l'acte par lequel deux débiteurs ont déclaré s'obliger solidairement, il a été stipulé qu'à défaut de paiement les poursuites du créancier seraient d'abord exercées sur les biens de l'un d'eux, et que ce ne serait que dans le cas d'insuffisance du prix de ces biens que ceux de l'autre débiteur pourraient être saisis, il y a dans une pareille clause dérogation à la solidarité, de sorte que, si le créancier perd, par son fait, ses droits sur les biens du débiteur soumis le premier aux poursuites, il ne peut recourir contre l'autre débiteur, alors d'ailleurs qu'il est reconnu que les biens du premier auraient été suffisans pour éteindre la dette. — *Bourges*, 7 mars 1831, Pilté-Grenet c. Pilté.

82. — Le débiteur poursuivi a le droit d'appeler en cause ses codébiteurs. — C. c. civ., 1213; C. de proc., 175. — Pigeau, t. 1er, p. 183; Duranton, t. 11, n° 215.

83. — Ces derniers ont même la voie de l'intervention, et cela bien qu'ils ne soient pas poursuivis. — *Bordeaux*, 19 août 1829, Cosselin c. Lapeyre.

84. — Il ne résulte ni du texte ni de l'esprit d'aucune loi que la condamnation prononcée contre l'un des débiteurs solidaires seul soit exécutoire contre l'autre, ni *spécialement* que le déguerpissement d'un fonds par l'effet de la clause résolutoire prononcée contre un détenteur d'une partie de ce fonds donne droit d'évincer de leurs portions par voie d'exécution les autres qui n'ont été ni appelés ni parties dans le jugement. — *Cass.*, 11 févr. 1824, Chaubet c. Anduze.

85. — Les jugemens n'ayant d'effet qu'à l'égard de ceux pour et contre qui ils ont été rendus, la chose jugée à l'égard de l'un des débiteurs solidaires ne saurait soumettre les autres à son empire lorsque le jugement a été rendu par suite de collusion entre le créancier et le débiteur condamné. — *Lyon*, 8 août 1833, Roussel. — V. CHOSE JUGÉE.

86. — En cas de règlement entre divers tiers détenteurs de la portion que chacun paiera dans une dette, mais sans stipulation de solidarité, le créancier ne peut, dans le cas où l'un des tiers détenteurs ne paie pas sa part, actionner les autres en garantie. — *Aix*, 10 fév. 1832, Serraire c. Escudier.

87. — Lorsque l'un des débiteurs meurt en laissant plusieurs héritiers, l'obligation reste solidaire; mais les héritiers n'en sont tenus que pour leur part, à moins qu'elle ne soit indivisible. — C. civ., 1220. — Pothier, n° 288; Delvincourt, t. 2, p. 131 et 135; Toullier, t. 6, n° 747; Duranton, t. 11, n° 216.

88. — Le créancier de deux époux ses débiteurs solidaires ne peut exercer contre eux simultanément la contrainte par corps. — L. 17 avril 1832, art. 21. — V. CONTRAINTE PAR CORPS.

89. — Chaque débiteur a le droit de payer la totalité de la dette sans que le créancier puisse en exiger la division. — *Cass.*, 15 mars 1827, Tamanhan c. Detrois. — Toullier, t. 6, nos 728 et suiv.

90. — Ainsi, le créancier qui vient en ordre utile pour une dette solidaire n'est pas fondé à exiger, malgré les débiteurs, une collocation partielle de sa dette, jusqu'à concurrence de la part du saisi, afin d'être colloqué dans le même ordre pour une créance postérieure. — Même arrêt.

91. — Si la chose due a péri par la faute, le fait ou pendant la demeure de l'un des débiteurs solidaires, les autres codébiteurs ne sont pas déchargés de l'obligation de payer le prix de la chose; mais ceux-ci ne sont point tenus des dommages-intérêts. — C. civ., art. 1205, alinéa 1er.

92. — Seulement, le créancier peut répéter les dommages-intérêts tant contre les débiteurs par la faute desquels la chose a péri que contre ceux qui étaient en demeure. — C. civ., art. 1205, alinéa 2.

93. — Que si c'est par la faute de l'un des héritiers de l'un des débiteurs, ou depuis sa mise en demeure, que la chose a péri, les cohéritiers sont libérés. — Art. 1302. — Le cautionnement ne peut les atteindre. L'héritier en faute ou en demeure ne doit même le prix de la chose que pour sa part et le surplus *propter moram aut culpam*. Les débiteurs solidaires ne rapporteront que cette part d'héritiers. — Pothier, n° 306; Duranton, t. 11, n° 218.

§ 2. — *Effets du mandat réciproque entre les codébiteurs solidaires.*

94. — Le paiement fait par l'un des débiteurs solidaires libère tous les autres. — C. civ., 1200. — C'est une conséquence du mandat tacite que se donnent réciproquement les débiteurs par leur association.

95. — Les poursuites faites contre l'un des débiteurs solidaires interrompent la prescription à l'égard de tous. — C. civ., art. 1206.

96. — Cet article s'applique à tous droits, actions et actes susceptibles d'être prescrits ou périmés.

97. — Ainsi l'exécution d'un jugement par défaut contre un des débiteurs solidaires, empêche la péremption du jugement à l'égard des autres. — Sur cette question controversée, V. JUGEMENT PAR DÉFAUT, nos 627 et suiv.

98. — Jugé, en outre, que, lorsque, dans une instance formée contre deux coobligés solidaires, le jugement a été rendu contradictoirement avec l'un et par défaut contre l'autre, l'opposition de ce dernier est recevable et conserve le droit commun, s'il est indivisible, bien que le jugement ait acquis force de chose jugée relativement au défenseur condamné contradictoirement. Et il en est spécialement ainsi relativement au jugement qui prononce la résiliation, pour cause d'inexécution des conditions, d'un bail consenti solidairement à deux cofermiers. — *Cass.*, 3 fév. 1846 (t. 2 1848, p. 695), Guinebart c. Bellon de Chassy et Coquerel.

99. — Relativement à l'effet de l'appel interjeté par un des codébiteurs solidaires, V. APPEL, nos 1559 et suiv.

100. — La notification faite par l'un des débiteurs solidaires profite à ses codébiteurs. — *Paris*, 12 prair. an X, V.... c. N..... — V. les lois *Ult. C. De duobus reis*, 8 et 10; Pothier, *Oblig.*, nos 272 et 273; Toullier, t. 7, n° 729, et t. 10, n° 208.

101. — La demande d'intérêts formée contre l'un des débiteurs solidaires fait courir les intérêts à l'égard de tous. — C. civ. 1207.

102. — La reconnaissance de la dette faite par l'un des débiteurs solidaires, interrompt la prescription à l'égard de tous. — C. civ. 2249 alin. 2. — V. PRESCRIPTION.

103. — Mais lorsqu'une obligation solidaire est prescrite, la reconnaissance ultérieure faite par l'un des débiteurs ne peut nuire à ses coobligés. — *Paris*, 8 pluviôse an X, Martin c. Despré.

104. — Ainsi, la partie assignée solidairement en paiement des frais par un avoué qui a occupé pour elle et pour d'autres ne peut, si elle a avec raison invoqué la prescription contre lui, être privée du bénéfice de cette exception par la reconnaissance antérieure que sa codébitrice aurait faite. — *Paris*, 9 fév. 1833, Petit de Gatine c. Deblois Gardic.

105. — Ainsi, encore, le paiement d'arrérages fait par le débiteur solidaire d'une rente après la prescription acquise et le décès de son codébiteur, ne peut pas nuire aux héritiers de ce dernier. — *Paris*, 8 pluv., an X, Martin.

106. — Un débiteur solidaire n'est tenu que du jour de la demande au paiement des intérêts d'une obligation qui n'en porte pas; si l'un des codébiteurs s'est personnellement engagé de les payer avant cette demande, c'est là une obligation nouvelle qui ne peut pas aggraver la position des autres. — *Rennes*, 16 janv. 1818, N...

107. — L'interpellation faite à l'un des héritiers du codébiteur solidaire, ou la reconnaissance de cet héritier, n'interrompt pas la prescription à l'égard des autres cohéritiers, quand même la créance serait hypothécaire, si l'obligation n'est indivisible. — C. civ., 2249, alin. 2. — V. PRESCRIPTION.

108. — Le codébiteur solidaire poursuivi par le créancier peut opposer toutes les exceptions qui résultent de la nature de l'obligation, et toutes celles qui lui sont personnelles, ainsi que celles qui sont communes à tous les codébiteurs. — Il ne peut opposer les exceptions qui sont purement personnelles à quelques-uns des autres codébiteurs. — C. civ., 1208.

109. — Le jugement de condamnation obtenu contre un codébiteur solidaire ne rend pas les autres codébiteurs non recevables à opposer les exceptions qui leur sont personnelles, alors surtout que ce jugement, rendu à la fois contre les deux codébiteurs, n'a statué définitivement qu'à l'égard du premier et préparatoirement seulement à l'égard du second. — *Toulouse*, 26 déc. 1840 (t. 1er 1841, p. 451), Arroui c. Monferran.

110. — Le mari solidairement obligé avec sa femme au paiement d'une dette, ne peut être affranchi de la moitié de cette dette si l'obligation vient à être annulée vis-à-vis de la femme. — *Cass.*, 7 juin 1836, Dechavannes c. Perrault.

111. — Le concordat fait par un commerçant avec ses créanciers ne peut profiter à sa femme qui s'est obligée solidairement avec lui et qui n'a point été partie dans l'acte d'atermoiement. — *Paris*, 18 avr. 1815, Albertoni c. Maillet.

112. — Relativement aux effets de la compensation opposée au créancier par le codébiteur solidaire, V. COMPENSATION, nos 138 et suiv.

113. — Lorsque le créancier d'une rente, au service de laquelle deux personnes étaient solidairement obligées, a fait prononcer la résolution contre l'une d'elles et, par suite, est rentré en possession d'une partie des héritages affectés au service de la rente, l'autre codébiteur est par là même déchargé de la solidarité tant pour les arrérages échus que pour la continuation du service de la rente. — *Liège*, 8 fév. 1815, Pirkin c. Potesta; *Riom*, 16 juin 1818, Baroche c. Margeride.

114. — La présomption de libération attachée au jugement rendu en faveur de l'un des débiteurs doit profiter à tous les autres. L'affirmative semble résulter formellement des art. 1350 et 1351. — Zachariæ, t. 2, p. 269, note 32.

115. — Cependant jugé que lorsque, de deux individus condamnés par défaut à payer solidairement une certaine somme à titre de réparations civiles, l'un a obtenu, sur son opposition, la réduction de la dette en ce qui le concernait, tandis que l'autre, sur son appel, a vu confirmer à son égard le jugement par défaut, ce dernier, poursuivi, en vertu de l'arrêt, pour la totalité de la somme, n'est point fondé à prétendre se prévaloir de la réduction prononcée en faveur de son coobligé. — Dans tous les cas, l'arrêt qui décide que cette réduction ne porte aucune atteinte à la condamnation principale, qu'elle n'est qu'une répartition faite par le juge, eu égard aux torts respectifs des parties condamnées, et que par conséquent le bénéfice de la réduction ne doit profiter qu'à celle qui l'a obtenue, sauf à l'autre à se pourvoir contre le jugement qui l'a prononcée, ne viole pas les principes sur la solidarité des obligations. — *Cass.*, 30 janv. 1827, Hoclet c. Billeret.

116. — Le jugement rendu contre l'un des débiteurs n'empêche pas les autres de proposer les moyens de défense qui leur sont personnels : le droit leur est donné par l'art. 1351. Ils peuvent même se pourvoir par voie de tierce opposition contre ce jugement, s'ils le croient le résultat d'un concert frauduleux entre le créancier et le codébiteur.

117. — Jugé ainsi que le vendeur d'un immeuble, coobligé solidaire avec ses acquéreurs au paiement des frais, déboursés et honoraires dus au notaire qui a passé l'acte de vente, est recevable à former tierce opposition au jugement qui a condamné les acquéreurs au paiement de ces frais, déboursés et honoraires, et dont le notaire réclame l'exécution contre lui. On ne peut pas lui opposer l'autorité de la chose jugée, en ce qu'il aurait été représenté dans l'instance par ses coobligés solidaires à la même dette. — *Cass.*, 29 nov. 1836 (t. 1er 1837, p. 65), Guiffrey c. Bégis. — Delvincourt, t. 2, p. 134.

118. — La confusion opérée entre l'un des codébiteurs et le créancier profite aux autres, mais seulement jusqu'à concurrence de la part de ce codébiteur. — C. civ., art. 1209.

§ 3. — *Effets de la solidarité des codébiteurs entre eux.*

119. — Les codébiteurs solidaires sont, jusqu'à preuve du contraire, réputés associés. Se fondant sur cette présomption, la loi divise, de plein droit, la dette entre eux par portions égales; ou plus exactement en raison de l'intérêt de chacun dans la cause de cette dette. — C. civ., art. 1215.

120. — Celui qui a payé la totalité de la dette solidaire peut réclamer contre les autres tout l'excédant de sa part et portion.

121. — Le débiteur solidaire qui a acquitté la dette a un recours contre son codébiteur pour la portion dont celui-ci est tenu; et son action ne peut être repoussée par l'intention qu'il aurait exprimée de prendre à sa charge personnelle la dette tout entière, si rien ne justifie qu'il ait pris un engagement positif à cet égard. — *Caen*, 27 nov. 1846 (t. 1er 1847, p. 279), Lepégois c. Rouxeville.

122. — Mais celui qui a été solidairement avec un autre, condamné au paiement d'une dette, doit, à défaut de toute justification contraire, être réputé débiteur personnel de la moitié de cette dette. — Dès lors, en cas de faillite de la part de son codébiteur, il ne peut être admis au passif que pour la moitié de la créance. — *Caen*, 23 mars 1847 (t. 2, p. 47, p. 466), Duroy.

123. — Le recours a-t-il lieu dans le cas même où la dette solidaire naît d'un délit? Dans l'ancienne jurisprudence on décidait l'affirmative. — Pothier, n° 282. — Cette décision doit encore être suivie. — Delvincourt, t. 2, p. 145, note 3.

124. — Outre la dette, nul doute que le codébiteur ne puisse réclamer les intérêts à partir du paiement qu'il a fait. — C. civ., art. 2028.

125. — Ils lui sont dus, même si la créance n'en produit pas : soit en vertu de l'art. 2001, soit en vertu de l'art. 2028. — Duranton, t. 11, n° 245; Zachariæ, t. 2, p. 271.

126. — Jugé, d'après ce principe, que les intérêts des sommes avancées par le débiteur solidaire pour libérer ses codébiteurs, même des intérêts de leur part et portion dans la dette, lui sont dus à partir du jour qu'il les a payés. — *Bordeaux*, 16 juill. 1830, Ducarpe c. Couillaud.

127. — Pour exercer son recours, le codébiteur peut agir soit comme subrogé aux droits du créancier (C. civ., art. 1251, 3°), soit par une action en recours naissant de la société formée entre lui et ses coobligés, soit par l'action directe résultant du mandat qu'ils se sont réciproquement donné. — *Limoges*, 8 août 1835, Jouhannaud c. Raynaud.

128. — Dans tous les cas, le codébiteur qui a payé en entier la dette solidaire, ne peut répéter contre ses coobligés que les part et portion de chacun d'eux. — C. civ., art. 1214, alin. 1er.

129. — Cette disposition s'applique même au cas de subrogation conventionnelle. Elle ne saurait en effet donner au codébiteur qui l'a stipulée, des droits plus étendus que la subrogation légale opérée de plein droit à son profit d'après l'art. 1252 (3°). — Arg. C. civ., art. 875. — Pothier, n° 281; Delvincourt, t. 2, p. 504; Duranton, t. 11, nos 243, 244, et t. 12, n° 168. — En sens contraire, V. Toullier, t. 7, n° 163.

130. — Jugé que le coobligé solidaire, subrogé aux droits du créancier qu'il a payé, ne peut, malgré cette subrogation, demander à chacun de ses coobligés que sa part de la dette. — *Paris*, 7 therm. an X, Bourlon-Chavanges c. Jacobé.

131. — Mais cette limitation ne peut concerner le tiers détenteur. Jugé, en effet, que l'acquéreur d'un immeuble, qui, en sa qualité de détenteur, est forcé de payer une dette de laquelle son vendeur et les cohéritiers de ce dernier étaient tenus solidairement, peut actionner chacun d'eux pour la totalité de ce qu'il a payé. — *Cass.*, 27 fév. 1816, Cazette c. Devauchelles.

132. — En effet, il s'opère en sa faveur une subrogation légale qui le met à la place du créancier, remboursé, et lui donne, comme à celui-ci, une action contre chacun des codébiteurs pour le paiement du total dans tous les cas où la dette est solidaire entre eux. — Pothier, *Oblig.*, n° 281; Toullier, t. 6, nos 735 et suiv.; Rolland de Villargues, *Rép.*, v° *Solidarité*, nos 71 et suiv.

133. — Le codébiteur qui a payé plus que sa part dans la dette ne peut exercer de poursuite hypothécaire contre son codébiteur que pour la part proportionnelle de ce dernier.

134. — Jugé, en ce sens, que le cohéritier qui, par l'effet de l'hypothèque, acquitte avec subrogation le total de la dette commune, ne peut répéter contre chacun de ses cohéritiers que sa part contributive dans la dette acquittée. — *Paris*, 30 vent. an XIII, Besnard c. Auger. — Chabot, *Comment. sur les success.*, t. 3, p. 608, art. 875; Toullier, t. 4, n° 555; Duranton, t. 7, nos 448 et suiv.

135. — Lorsque la dette est payable en plusieurs termes, le codébiteur qui a payé le premier terme peut exercer de suite son recours contre ses codébiteurs pour le recouvrement de sa part dans ce qu'il a payé. — Duranton, t. 11, n° 245.

136. — Tant qu'il n'a pas payé pour son codébiteur, le débiteur solidaire ne peut, comme la caution simple, agir contre lui après l'échéance de l'obligation. — *Riom*, 18 août 1840 (t. 2 1841, p. 396), Bouffet c. Coudert.

137. — L'insolvabilité de l'un des débiteurs ne doit pas rester à la charge de celui qui a payé; la perte qui en résulte se répartit, par contribution, entre tous. — C. civ., art. 1214, 2°.

138. — Le coobligé solidaire subrogé aux droits du créancier qu'il a payé la supporte également. — *Paris*, 7 therm. an X, Bousion-Chavanges c. Jacobi.

139. — Cette règle s'applique au cas même où le créancier a renoncé à l'action solidaire envers l'un des débiteurs, cette renonciation ne pouvant nuire aux autres codébiteurs. — C. civ., art. 1215.

140. — Jusqu'à présent, nous avons supposé, avec la loi, que la dette avait été contractée dans l'intérêt commun des codébiteurs; mais elle peut ne concerner que l'un d'eux, et alors les rapports des codébiteurs entre eux sont régis par les règles du cautionnement. — C. civ., art. 1216. — V. CAUTIONNEMENT.

141. — Le codébiteur solidaire d'une créance, qui souscrit en son nom *seul* un nouveau titre en remplacement de celui qui était signé tant par lui que par son codébiteur, a son recours contre celui-ci pour la moitié de l'ancienne dette commune. — *Cass.*, 30 mars 1819, Moulin c. Pailleux.

Sect. 4e. — *Remise expresse ou tacite de la solidarité par le créancier.*

142. — La solidarité peut cesser sans que l'obligation soit éteinte; par exemple, par la remise qu'en fait le créancier.

143. — Il ne faut pas confondre la remise de la dette avec celle de la solidarité. La première libère tous les codébiteurs quand même elle ne serait faite qu'à l'un d'eux (C. civ., art. 1285), et devient ainsi une exception réelle. La seconde ne produit qu'une exception personnelle au profit de celui à qui la solidarité est remise, en ce sens que la solidarité continue à subsister contre tous les autres.

144. — Jugé que le créancier qui a fait remise de sa dette à l'un des débiteurs solidaires, même avec déclaration expresse qu'il entendait réserver tous ses droits contre eux, ne peut répéter le montant de sa créance que déduction faite de la part de celui qui a obtenu la remise. — *Rouen*, 21 mars 1822, Daigremont c. Pepin du Feugray. — Pothier, *Contrat de change*, nos 177, 178; Toullier, t. 7, no 329; Pardessus, *Contrat de change*, t. 1er, no 311; Duranton, t. 11, nos 224 et 227.

145. — ... Que la décharge donnée par le créancier à l'un des débiteurs solidaires ne libère pas les autres, lorsqu'il a réservé tous ses droits contre ces derniers; et cela quand même, par des arrangemens particuliers entre les codébiteurs, mais étrangers au créancier, le débiteur déchargé aurait été tenu de la totalité de la dette. — *Paris*, 30 mars 1808, Bertrand c. Fabre.

146. — S'il y a non pas simple remise de la solidarité, mais bien remise de la dette elle-même au profit de l'un des codébiteurs, le créancier perd toute action contre lui et ne conserve que, sous déduction de sa part, l'action solidaire contre ses autres codébiteurs, qui, par ce fait du créancier, se trouvent n'avoir plus de recours à exercer contre leur codébiteur déchargé. — Pothier, nos 275, 277; Delvincourt, t. 2, p. 500; Duranton, t. 11, nos 224 et 231; Zachariæ, t. 2, p. 271, note 36.

147. — Le créancier peut, en remettant la solidarité à l'un des débiteurs, se la réserver contre les autres sans aucune déduction. Il n'y a là rien de contraire aux principes.

148. — Le créancier qui consent à la division de la dette, à l'égard de l'un des codébiteurs, conserve son action solidaire contre les autres, mais sous la déduction de la part du débiteur qu'il a déchargé de la solidarité. — C. civ., 1210.

149. — Le créancier qui reçoit divisément la part de l'un des débiteurs, sans réserver dans la quittance la solidarité ou les droits en général, ne renonce à la solidarité qu'à l'égard de ce débiteur. — C. civ., art. 1211, alin. 1er.

150. — Le créancier n'est pas censé remettre la solidarité au débiteur, lorsqu'il reçoit de lui une somme égale à la portion dont il est tenu, si la quittance ne porte pas que c'est *pour sa part.* — C. civ., art. 1211, alin. 2.

151. — Jugé ainsi que le créancier qui a donné quittance à l'un des débiteurs d'une obligation commerciale solidaire de la somme formant sa part dans la dette, mais sans énoncer que c'est pour sa part, ne peut être présumé avoir renoncé à la solidarité. — *Amiens*, 22 janv. 1840 (t. 2 1841, p. 490), Franqueville c. Gaudefroy.

152. — Le créancier qui renonce à la solidarité d'un de ses débiteurs, et qui reçoit un à-compte d'un autre, ne perd pas cette solidarité, tant contre ce dernier que contre ceux qui ne lui ont encore payé aucune somme à valoir. — *Colmar*, 31 juillet 1813, Jacomo c. Mahler.

153. — ... Et cela quand même le créancier eût ajouté *pour sa part.* La présomption qui pourrait résulter de ces mots se trouve détruite par ceux-ci *à-compte.* Ils expriment le contraire d'un paiement intégral et contiennent contre le débiteur une réserve pour ce qui reste à payer. — Rolland de Villargues, *Rép. du not.* vo *Obligation solidaire*, no 874.

154. — Il n'y a pas remise de la solidarité, si, s'agissant d'une dette payable en plusieurs termes, tous les débiteurs ont payé divisément le premier terme et reçu une quittance contenant les expressions *chacun pour sa part.* — Rolland de Villargues, *ibid*, no 100.

155. — Le créancier n'est pas censé non plus remettre la solidarité par la simple demande formée contre l'un des codébiteurs *pour sa part*, si celui-ci n'a pas acquiescé à la demande ou s'il n'est pas intervenu un jugement de condamnation. — C. civ., art. 1211, alin. 3.

156. — Par ces mots *simple demande* il faut entendre une demande intentée sans aucune réserve qui puisse faire présumer l'intention de conserver la solidarité.

157. — Jusqu'à l'acquiescement, ou jusqu'au jugement, le créancier peut revenir sur sa demande, poursuivre les autres débiteurs et exiger la totalité de la dette. — Art. 1204, 1364. — Pothier, no 277; Toullier, t. 6, no 743; Rolland de Villargues, *Rép.*, no 91.

158. — Le créancier qui reçoit, divisément et sans réserve, la portion de l'un des codébiteurs, dans les arrérages ou intérêts de la dette, ne perd la solidarité que pour les arrérages ou intérêts échus, et non pour ceux à échoir, ni pour le capital, à moins que le paiement divisé n'ait été continué pendant dix ans consécutifs (C. civ., art. 1212). Autrefois il fallait 30 ans. — Pothier, no 279.

159. — Par les arrérages échus il faut entendre ceux qui ont été payés. C'est de ceux-là seuls que le créancier peut donner quittance.

160. — Le créancier qui, en donnant quittance, veut conserver la solidarité, n'a pas besoin d'employer les mots : *sans préjudice de la solidarité.* Il peut se servir de tout autre équivalent : par exemple *sans préjudice de mes droits*, *tous droits réservés.* — Rolland de Villargues, no 89; Duranton, t. 11, no 234.

161. — L'effet de la solidarité est-il modifié lorsque le créancier a, par son fait, rendu impossible la subrogation aux sûretés existant à son profit du chef de l'un des débiteurs (C. civ., art. 2037 et 1382)? Sur cette proposition vivement controversée en ce qui concerne la caution solidaire, V. CAUTIONNEMENT, nos 296 et suiv.

162. — Jugé que le débiteur solidaire n'est pas, comme la caution, déchargé de son obligation par cela seul qu'il ne peut plus, par le fait du créancier, être subrogé dans les droits de celui-ci. La disposition de l'art. 2037 C. civ. n'est applicable qu'au cas de cautionnement. — *Cass.*, 5 déc. 1843 (t. 2 1843, p. 815), Durand c. Balaran; *Riom*, 2 juin 1846 (t. 2 1846, p. 399), Carton c. Missonnet; *Dijon*, 30 avr. 1847 (t. 1er 1848, p. 63), Vernay. — Troplong, *Cautionnement*, no 563.

163. — Le codébiteur solidaire ne peut s'affranchir de la portion contributive de son codébiteur libéré, en opposant au créancier l'exception *cedendarum actionum*, que dans le cas où la libération s'est opérée par un fait personnellement imputable au créancier. — *Limoges*, 29 août 1839 (t. 1er 1840, p. 58), Maumy c. Hospice de Limoges.

164. — Mais si la libération du codébiteur est la conséquence d'un fait également imputable à son codébiteur et à son créancier, le premier demeure obligé pour le tout, parce qu'il n'est pas recevable à opposer à celui-ci une négligence qui leur est commune. — Spécialement, lorsque l'immeuble grevé d'une portion de rente foncière se trouve affranchi entre les mains de l'acquéreur qui a fait transcrire; à défaut par le créancier d'avoir requis inscription dans les délais, le codébiteur solidaire de l'autre portion de la rente reste tenu du service de la rente entière : à moins qu'il n'ait mis, lors de la transcription, le créancier commun en demeure de pourvoir à la conservation de ses droits. — Même arrêt. — V. CAUTIONNEMENT, nos 296 et suiv.

V. aussi ALIMENS, FAILLITE, MANDAT, SOCIÉTÉ.

OBLIGATION A TERME.

C'est celle pour l'acquittement de laquelle un délai est accordé. — V. TERME.

OBSCURITÉ.

V. ACTE, ACTE D'ACCUSATION, DONATION ENTRE-VIFS, INTERPRÉTATION DES CONVENTIONS.

OCCUPATION.

1. — Manière d'acquérir la propriété, en vertu du droit naturel ou des gens, par la prise de possession, avec l'intention de devenir propriétaire, d'une chose qui n'appartient à personne.

2. — On comprend que le droit civil a dû, même dès les premiers instans de l'organisation des sociétés, apporter des restrictions à ce mode primitif d'acquérir la propriété. Ainsi, puisant des exemples dans notre droit français, nous rappellerons que les immeubles vacans et sans maître, situés dans le territoire français, sont, ainsi que les biens meubles ou immeubles des personnes décédées sans héritiers, soustraits aux effets de l'occupation et sont attribués à l'État, qui ne peut être dépouillé, de la propriété qu'il tient de la loi civile, qu'autant que la possession contraire à la sienne s'est continuée pendant le temps nécessaire à l'accomplissement de la prescription. — Duranton, t. 4, no 269.

3. — Ce sont également des lois particulières, créées par le droit civil, qui règlent l'acquisition de la propriété des meubles perdus, naufragés ou jetés à la mer. — V. JET A LA MER, NAUFRAGE.

4. — Mais l'occupation, dès qu'elle existe, fait acquérir la propriété des choses qui n'ont encore appartenu à personne, telles que les animaux sauvages, les coquillages trouvés sur le bord de la mer. — V. CHASSE, PÊCHE, VARECH.

5. — Quant aux choses mobilières abandonnées par leur propriétaire, il faut, pour qu'elles puissent devenir la propriété de celui qui s'en empare, qu'elles aient été abandonnées avec l'intention de ne les avoir plus : ainsi, l'abandon de la chose par force majeure ou dans l'intention d'éviter un péril n'autorise pas l'acquisition de celui qui s'empare de la chose abandonnée. — V. CHOSES PERDUES, ÉPAVES, PROPRIÉTÉ, TRÉSOR.

OCÉANIE (Établissemens de l').

1. — Une ordonnance royale du 28 avril 1843 contient des dispositions sur l'administration de la justice aux îles Marquises, et investit le gouverneur de certains pouvoirs spéciaux.

2. — D'après cette ordonnance, le gouverneur a la faculté : 1o à l'égard des fonctionnaires ou agens du gouvernement qui se conduiraient mal, de les suspendre, avec privation de moitié de leur traitement, et même de les renvoyer en France pour rendre compte de leur conduite au ministre de la marine; 2o et à l'égard de tous autres, y compris les indigènes, de les mettre en surveillance ou même de les expulser de la colonie. — Art. 6.

3. — Le gouverneur est autorisé à faire tous règlemens pour le service administratif et dans l'intérêt de la colonie, et à établir à cet effet les peines réclamées par l'urgence et la gravité des circonstances. Il ne peut toutefois établir de peines afflictives ou infamantes qu'en cas de guerre. — Art. 7.

4. — Les conseils de guerre connaissent : 1o des délits et crimes commis par tous individus, Français et étrangers; 2o des délits et crimes commis par les habitans contre la sûreté de la colonie ou contre les personnes et les propriétés des Français et étrangers. — Quant aux crimes et délits entre les habitans, ils doivent, jusqu'à nouvel ordre, continuer d'être jugés d'après les usages locaux : sauf au gouverneur à modérer les peines. — Art. 1er.

5. — Les peines prononcées par les conseils de guerre sont, à l'option du juge, soit celles résultant du Code pénal militaire et du Code pénal métropolitain de 1810 modifié par la loi de 1832, soit celles établies par le gouverneur. — Art. 2.

6. — En cas de condamnation, par les conseils de guerre, à une peine afflictive et infamante, le gouverneur peut ordonner l'exécution de l'arrêt ou prononcer le sursis quand il y a lieu de recourir à la clémence du chef du gouvernement. — Art. 3.

7. — Les procès civils autres que ceux entre habitans sont jugés 1o par deux tribunaux de première instance composés chacun du commandant particulier et de deux employés du gouvernement, au choix du gouverneur (ces tribunaux prononcent en dernier ressort jusqu'à 500 fr.); 2o par un conseil d'appel composé du gouverneur, du chef du service administratif et du chirurgien en chef : les arrêts peuvent être attaqués par le recours en cassation. — Art. 4.

8. — Les tribunaux appliquent les lois civiles françaises, modifiées soit par des ordonnances du gouvernement, soit par des arrêtés locaux, soit par les usages du pays. — Art. 5.

9. — Une ordonn. royale, du 16 déc. 1842, a réglé le mode de tramission, par la voie de Panama, des correspondances destinées pour les colonies françaises du Grand-Océan.

10. — Une autre ordonn., du 17 oct. 1846, a créé un détachement de gendarmerie à cheval pour le service des établissemens français dans l'Océanie.

11. — Les établissemens de l'Océanie sont nécessairement compris dans toutes les dispositions nouvelles qui, depuis l'établissement de la République, ont été rendues relativement aux colonies et aux possession françaises séparées de la métropole. — V. NOIRS. — V. aussi, pour l'indication de ces nouvelles dispositions, v° MARTINIQUE.

OCRE JAUNE.

Calcination de l'ocre jaune pour la convertir en ocre rouge. — 3° classe des établissemens insalubres. — V. ce mot à la nomenclature.

OCTROI.

Table alphabétique.

octroi. — 1. — Taxe indirecte et locale établie au profit d'une commune sur certains objets de consommation, pour subvenir aux dépenses de cette commune.

2. — Cette taxe municipale a été ainsi nommée à son origine, parce que le souverain *octroyait* aux communes le droit de s'imposer.

3. — En 1835 on comptait en France 1423 communes soumises aux droits d'octroi, et le produit de ces droits pour la même année s'est élevé à 71 millions 995 mille francs. — V., du reste, *Annales des octrois*, p. 1.

SECT. 1re. — *Historique et nature de l'octroi* (n° 1).

SECT. 2e. — *Établissement des octrois* (n° 17).

SECT. 3e. — *Différens modes de perception de l'octroi* (n° 45).

Sect. 1re. — *Historique et nature de l'octroi.*

1. — L'origine de l'octroi est fort ancienne en France. Dès 1295, le roi autorise la ville de Lyon à lever un impôt sur les marchandises y vendues; en 1337, une pareille autorisation fut accordée à la ville de Paris, et bientôt le même droit fut octroyé à la plupart des villes du royaume.

2. — Supprimés par l'assemblée constituante le 19 fév. 1791, les octrois furent définitivement rétablis sous le consulat, la 5 ventôse an VIII, et depuis ils n'ont cessé d'être non-seulement maintenus, mais considérablement étendus dans leurs limites et augmentés dans leurs produits par les gouvernemens qui se sont succédé.

3. — Les octrois, comme les droits d'aides, ont souvent servi de ressource à l'État dans les temps difficiles; quelquefois une portion de leurs produits a été spécialement affectée à l'entretien des hospices, et ils ont pris, alors, la dénomination

d'octroi *de bienfaisance;* mais leur véritable destination est de subvenir aux besoins particuliers des communes qui les établissent, et ce caractère prédomine aujourd'hui dans la législation y relative.

7. — Le règlement le plus complet sur cette matière est celui du 27 mai 1809, presque entièrement reproduit dans l'ordonnance du 9 décembre 1814; et les lois les plus importantes sont celles des 28 avril 1816, 26 mars 1831, 29 mars 1832, 24 mai 1834 et 11 juin 1842.

8. — L'ordonnance du 9 décembre 1814, portant règlement sur les octrois, que son préambule annonce comme ayant pour objet de coordonner et rassembler les mesures d'exécution disséminées dans les règlemens antérieurs, n'a point abrogé pour cela toutes les dispositions qu'elle ne reproduit pas, et notamment le décret du 17 mai 1809. — *Douai,* 19 janv. 1833, octroi de Douai c. Deloffre.—Nous indiquerons au fur et à mesure qu'elles se présenteront, dans l'ordre que nous avons adopté, les principales dispositions antérieures à l'ordonnance de 1814, qui sont aujourd'hui en vigueur.

9. — Le droit d'octroi, quoiqu'il se perçoive d'ordinaire à l'entrée des communes, ne doit pas être confondu avec le *droit d'entrée.* Outre que celui-ci est perçu au profit de l'État, il ne frappe que sur les boissons; ayant pour base la population, il est restreint aux villes de 40,000 âmes et au-dessus; il offre un taux fixe et uniforme, et ne peut être établi ou modifié que par une loi. Au contraire, le droit d'octroi se perçoit au profit particulier de chaque commune (où il existe (sauf le prélèvement du dixième pour le trésor); il peut atteindre, outre les boissons, tous les objets destinés à la consommation locale; déterminé par le besoin seul, il peut s'étendre à toutes les communes, sans égard à leur population; son assiette varie suivant les localités; enfin, il s'établit et se modifie selon le vœu des conseils municipaux sanctionné par l'autorité.

10. — Un droit perçu au profit d'une ville sur des objets destinés à sa consommation, ne perd pas le caractère d'octroi, parce qu'il se perçoit dans une autre commune et parce que l'État a omis de le soumettre au prélèvement du dixième. Ainsi, le droit perçu par la caisse de Poissy, au profit de la ville de Paris, sur les bœufs, vaches, veaux et moutons qui sont achetés aux marchés de Sceaux et de Poissy pour l'approvisionnement de Paris, est un véritable droit d'octroi. — L. 28 avril 1816, art. 147; ordonn. 22 déc. 1819 et 28 mars 1821. — *Cass.*, 22 mars 1832, bouchers de Paris c. caisse de Poissy.

11. — Un des caractères essentiels du droit d'octroi consistant à n'être imposé que sur les objets destinés à la consommation locale (à moins d'une exception expresse déterminée par une loi spéciale), on ne peut considérer comme octrois municipaux: 1° le droit de péage établi au profit d'une ville, comme taxe de construction et d'entretien d'un port, pour l'universalité des marchandises qui y débarquent ainsi que sur les personnes embarquant dans les bateaux ou en débarquant. — *Cass.*, 24 juin 1840 et 28 mars 1840 (t. 2 1840, p. 143, et t. 2 1841, p. 156), Labastie c. Lavielle.

12. — 2° La taxe sur la location des places dans les foires et marchés. — *Cass.*, 26 fév. an XIII, Lemestais c. Lamant. —*Contrà, Cass.*, 15 janv. 1820, Collet-Gardien.

13. — 3° La taxe imposée aux marchands qui déposent des huitres dans les parcs appartenant à une commune. — *Cass.*, 8 nov. 1821, Duhommet c. Hervieux.

14. — Bien que les droits de pesage, mesurage et jaugeage établis dans quelques communes aient été assimilés aux octrois sous plusieurs rapports, et notamment pour l'emploi d'une portion de leurs produits (loi du 29 flor. an X), ils ne constituent pas de véritables droits d'octroi. — *Cass.*, 7 avril 1837 (t. 1er 1837, p. 401), Nidul.

15. — Une ordonnance du 3 juin 1818 a supprimé les octrois par abonnement. Nous verrons, sect. 7, § 5; quelle est l'étendue de cette prohibition.

16. — Indépendamment des octrois municipaux, on désigne quelquefois aussi sous le nom d'*octroi de navigation* un droit de navigation établi sur les fleuves, rivières et canaux navigables. Mais les produits de ce droit, au lieu de servir aux besoins généraux de la commune, sont spécialement et limitativement affectés au balisage, à l'entretien des chemins et bords de halage, et celui des pertuis, écluses, barrages et autres ouvrages d'art établis pour l'avantage de la navigation (loi du 30 flor. an X, art. 1er). — C'est donc

à tort, suivant nous, que ce droit est qualifié d'octroi. — Au surplus, les principes y relatifs seront expliqués au mot NAVIGATION.

Sect. 2e. — *Établissement des octrois.*

17. — L'établissement d'un octroi n'intéresse pas seulement la commune au profit de laquelle il doit se percevoir, cette mesure touche encore, sous beaucoup de rapports, à l'intérêt général. D'abord, la taxe doit frapper les personnes même étrangères à la commune, et profiter en partie à l'Etat; d'un autre côté, il importe d'éviter que les communes ne s'isolent les unes des autres par des taxes prohibitives, et ne favorisent, dans des vues étroites de convenance locale, l'emploi exclusif de certains produits médiocres, au détriment d'autres plus importans pour le pays entier, tels que les produits de l'agriculture, des bestiaux, des manufactures, des mines, etc. — De là, pour le gouvernement, la nécessité de soumettre à un contrôle permanent l'établissement et la modification des taxes d'octroi votées par les conseils municipaux, ainsi que les règlemens relatifs à leur perception.

18.—Lorsque les revenus d'une commune sont insuffisans pour ses dépenses, il peut, sur la demande du conseil municipal, y être établi un octroi sur les consommations. — L. 28 avr. 1816, art. 147.

19.—Les octrois doivent être délibérés d'office par les conseils municipaux; mais cette délibération peut être provoquée par le préfet, lorsque l'examen du budget de la commune lui fait reconnaître l'insuffisance de ses revenus ordinaires, soit pour couvrir les dépenses annuelles, soit pour acquitter les dettes arriérées, ou pourvoir aux besoins extraordinaires. — Ord. 9 déc. 1814, art. 5.

20. — Si les conseils municipaux refusent ou négligent de délibérer sur l'établissement d'un octroi reconnu nécessaire, il en est rendu compte par le ministre de l'intérieur, sur le rapport duquel il est statué. — Ord. du 9 déc. 1814, art. 9.

21.—Les délibérations des conseils municipaux tendant à l'établissement d'un octroi, sont adressées par le maire au sous-préfet, et renvoyées par celui-ci, avec ses observations, au préfet, qui les transmet avec son avis au ministre de l'intérieur. Celui-ci autorise, s'il y a lieu, le conseil municipal à délibérer le tarif et les règlemens.— Ord. 9 déc. 1814, art. 6.

22. — La désignation des objets imposés, le tarif, le mode et les limites de la perception sont délibérés par le conseil municipal, et réglés de la même manière que les dépenses et les revenus communaux. — L. 28 avril 1816, art. 147.

23. — Les projets de règlemens et de tarifs, délibérés par les conseils municipaux, en vertu de l'autorisation du ministre de l'intérieur, parviennent aux préfets, avec l'avis des maires et des sous-préfets. Les préfets les transmettent au directeur général des contributions indirectes, pour être soumis au ministre des finances, sur le rapport duquel l'approbation est accordée, s'il y a lieu. — Ord. 9 déc. 1814, art. 7.

24. — Dans ces projets, les objets destinés à la consommation locale doivent seuls être imposés et le droit d'octroi ne peut excéder le droit d'entrée perçu au profit du trésor, le tout sauf les cas extraordinaires d'exception, prévus par des lois spéciales, et il ne doit être inséré aucune disposition contraire aux lois et règlemens relatifs aux différens droits imposés au profit du trésor. — L. 28 avr. 1816, art. 148, 159; L. 11 juin 1842, art. 9.

25. — En cas d'infraction, de la part des conseils municipaux, aux règles précédemment posées, le ministre des finances, sur le rapport du directeur général des contributions indirectes, en réfère au Conseil d'Etat, qui statue.—L. 28 avr. 1816, art. 151.

26. — L'établissement des taxes d'octroi votées par les conseils municipaux et les règlemens relatifs à leur perception, sont autorisés par ordonnances du roi (aujourd'hui par décrets du président de la République) rendues dans la forme des règlemens d'administration publique.—L. 11 juin 1842, art. 8.

27. — Par suite, le règlement municipal, qui établit un droit d'octroi, n'a d'effet obligatoire qu'autant qu'il a été approuvé par le gouvernement. — *Cass.*, 15 janv. 1820, Collet.

28. — Mais ce règlement acquiert par l'approbation du gouvernement force de loi et doit recevoir son exécution. — *Cass.*, 8 niv. an X, Intérêt de la loi.

29. — Les habitans lésés par les règlemens d'octroi votés par le conseil municipal ont le droit de recourir à l'autorité supérieure; mais lorsque ces règlements ont reçu l'approbation du gouvernement, il ne peut appartenir aux tribunaux de leur refuser force et exécution sur des motifs d'utilité et d'équité dont ils ne sont pas juges. — *Cass.*, 19 mai 1836, Maire de la Bugnière c. Siguier.

30. — Le règlement de l'octroi, qui est en cours d'exécution, a force obligatoire, lors même que l'époque de sa publication ne serait pas établie. — *Bruxelles*, 3 avr. 1817, Octroi de Tournay c. Lauwers.

31. —C'est au Conseil d'Etat, et non aux conseils de préfecture, qu'il appartient d'interpréter une ordonnance royale (aujourd'hui un décret du président de la République) portant règlement et tarif d'octroi.— *Cons. d'Etat*, 14 janv. 1839, Lyonnet c. ville de Gien.

32. — L'ordonnance d'autorisation peut restreindre ou supprimer des articles du tarif, sans consulter de nouveau le conseil municipal.

33. — L'ordonnance qui restreint ou rejette d'un tarif d'octroi des articles proposés par le conseil municipal, est inattaquable devant le Conseil d'Etat par la voie contentieuse. — *Cons. d'Etat*, 18 juill. 1838, Aubrineau.

34. — Les règlemens et tarifs définitifs d'octroi ne doivent (comme les projets votés par les conseils municipaux) contenir aucune disposition contraire à celle des lois et règlemens relatifs aux différens droits imposés au profit du trésor, et notamment aux droits sur les boissons. — Ord. 9 déc. 1814, art. 99; L. 28 avr. 1816, art. 150.

35. — Les droits d'octroi qui sont établis sur les boissons, autrefois en vertu d'ordonnances royales, aujourd'hui de décrets du président de la République, ne peuvent excéder ceux qui sont perçus aux entrées des villes au profit du trésor (le décime non compris). — L. 11 juin 1842, art. 9.

36. — Dans les communes qui, à raison de leur population, ne sont pas soumises à un droit d'entrée sur les boissons, le droit d'octroi établi par ordonnance royale (aujourd'hui par décret du président de la République) ne peut dépasser le droit d'entrée déterminé par la loi pour les villes d'une population de 4,000 âmes.—Même art.

37. — La disposition de l'art. 149 de la loi du 28 avril 1816, qui autorisait l'établissement par ordonnance royale (aujourd'hui par décret du président de la République) d'une taxe d'octroi supérieure au droit d'entrée, est abrogée.—Désormais aucune taxe d'octroi de cette nature ne peut être établie qu'en vertu d'une loi. — Même art.

38. — Les taxes d'octroi actuellement existantes en vertu d'ordonnances antérieures à la présente loi, et qui sont supérieures aux limites fixées par l'article précédent, continueront à être perçues pendant toute la durée déterminée par l'ordonnance d'autorisation. — Ces surtaxes, ainsi que celles dont la durée est illimitée, cesseront néanmoins de plein droit au 31 décembre 1852, sans préjudice du droit qu'ont les communes d'y renoncer avant ce délai. — *Ib.*, art. 10.

39. — A chaque session législative, et au moment de la présentation du budget, il doit être distribué aux Chambres (aujourd'hui à l'Assemblée nationale) un état indiquant les communes dans lesquelles les droits d'octroi ont été élevés au-dessus des droits d'entrée. — L. 24 mai 1834, art. 25.

40. — Les préfets doivent veiller à ce que les objets portés aux tarifs des octrois de leur département soient, autant que possible, taxés au même droit dans les communes d'une même population. — Ord. 9 déc. 1814, art. 100.

41. — Sous l'empire de la loi du 27 frimaire an VIII, les préfets avaient le droit non-seulement de faire des règlemens provisoires, et le gouvernement celui de faire des règlemens définitifs pour la perception des octrois, mais encore d'établir tout mode de surveillance et de perception suivant les localités (L. 27 frim. an VIII, art. 3 et 11). — Ainsi était obligatoire, pour les tribunaux, l'arrêté d'un préfet revêtu de l'approbation du ministre de l'intérieur, par lequel arrêté, pour assurer la perception de l'octroi sur les bêtes tuées dans la commune, il était ordonné aux bouchers de les faire marquer aux quatre pieds avant d'en mettre les viandes en vente.— *Cass.*, 8 vent. an X, Carme. — Aujourd'hui le droit de faire des règlemens d'octroi provisoires, tant pour le préfet que pour le ministre de l'intérieur, semble repoussé par la loi du 11 juin 1842, art. 8, qui voulait autrefois une ordonnance royale, aujourd'hui un décret du président de la République, pour autoriser l'établissement des taxes d'octroi et les règlemens relatifs à leur perception. — Mais la mesure de surveillance énoncée dans l'arrêt rentrerait encore dans les attributions administratives du préfet, s'il ne s'agissait que de faciliter ainsi l'exécution d'un tarif d'octroi régulièrement autorisé.

42. — Les frais de premier établissement de régie et de perception des octrois des villes sujettes au droit d'entrée seront proposés par le conseil municipal, et soumis par la régie des contributions indirectes à l'approbation du ministre des finances : dans les communes non sujettes au droit d'entrée (c'est-à-dire celles au dessous de 4,000 âmes), ces frais seront réglés par les préfets. Dans aucun cas, et sous aucun prétexte, les maires ne peuvent excéder les frais alloués, sous peine d'en répondre personnellement. — Ord. 9 déc. 1814, art. 10; L. 12 déc. 1830, art. 3.

43. — Dans les villes ayant un octroi, le contingent personnel et mobilier peut être payé en totalité ou en partie par les caisses municipales, sur la demande qui en est faite aux préfets par les conseils municipaux. — Ces conseils déterminent la portion du contingent qui doit être prélevée sur les produits de l'octroi. — Leurs délibérations ne reçoivent exécution qu'après avoir été approuvées autrefois par ordonnance royale, aujourd'hui par décret du président de la République. — L. 21 avr. 1832, art. 20.

44. — Sur la demande des conseils municipaux il peut être fait application, dans les villes sujettes à l'octroi, des dispositions de l'art. 10 de la loi du 1er mars 1822, qui prohibe la fabrication et la distillation des eaux-de-vie dans la ville de Paris. — L. 24 mai 1834, art. 10.

45. — Dans les communes sujettes aux droits d'octroi, ces entrepôts à domicile seront supprimés, sur la demande des conseils municipaux, lorsqu'un entrepôt public y aura été régulièrement établi. — L. 28 juin 1833, art. 9.

Sect. 3e. — *Différens modes de perception des droits d'octroi.*

46. — Le conseil municipal décide si le mode de perception de l'octroi sera la régie simple, la régie intéressée, le bail à ferme ou l'abonnement avec la régie des contributions indirectes. Dans tous les cas, la perception se fait sous la surveillance du maire, du sous-préfet et du préfet.— L. 28 avr. 1816, art. 147. — Ces différens modes de perception vont être l'objet des quatre paragraphes suivans.

§ 1er. — *Régie simple.*

47. — La régie simple est la perception de l'octroi, pour le compte et aux frais de la commune, sous l'administration immédiate du maire. — Elle comporte l'application plus large des principes généraux en matière d'octroi, sauf les dispositions particulières qui peuvent être introduites dans le règlement de chaque ville qui adopte ce mode de perception.

48. — En cas de régie simple, le préposé en chef de l'octroi est nommé, sur la présentation du maire, par le ministre des finances. Les autres employés sont nommés par le maire, sous l'approbation du préfet.— Le directeur des contributions indirectes peut faire révoquer ces divers agens. — L. 28 avr. 1816, art. 154 et suiv.; Ord. 9 déc. 1814, art. 56, 57 et 92.

49. — Les contestations qui peuvent s'élever sur l'administration ou la perception de l'octroi sont alors de la compétence du préfet seul, sauf recours au ministre de l'intérieur. — *Cons. d'Etat*, 15 déc. 1824, Madinier.

50. — L'art. 136 du décret du 17 mai 1809 qui oblige les préfets à ne statuer sur les contestations qui s'élèvent sur l'administration ou la perception des octrois, qu'avec l'assistance des conseils de préfecture, ne s'applique qu'au cas où il existe un bail ou une régie intéressée passés avec l'adjudicataire de l'octroi. — Même ord.

51. — Les conseils de préfecture sont incompétens pour statuer sur les contestations élevées entre une commune et un fournisseur de viande, relativement au paiement des droits d'octroi dont ce dernier se prétend exempt d'après les conditions de son marché. — *Cons. d'Etat*, 16 févr. 1825, Chabaud c. ville de Carcassonne.

52. — Un conseil de préfecture qui décide que les bouchers d'une ville ont le droit d'abattre des bestiaux hors des limites de l'octroi excède ses pouvoirs, en ce qu'il statue sur des demandes en interprétation de règlement de l'octroi et par voie de disposition générale et réglemen-

taire. — *Cons. d'Etat*, 31 janv. 1827, Ovrillard et Sabilleau c. ville de Limoges.

§ 2. — *Mise en ferme.*

53. — La mise en ferme est l'adjudication pure et simple des produits de l'octroi au profit d'un fermier, moyennant un prix par lui payé annuellement à la commune sans compte de frais ni partage de bénéfices. — Décr. 17 mai 1809, art. 108. — Les droits d'octroi sont, alors, perçus aux frais et pour le compte du fermier seul, et celui-ci se libère pleinement envers la commune en payant le loyer stipulé par le bail. — L'affermement ne change rien aux règles de la perception à l'égard des redevables; mais les conditions portées au cahier des charges ont force de règlement pour les obligations réciproques du fermier et de la commune.

54. — Les adjudicataires des octrois des villes ayant une population de 5,000 âmes et au-dessus, sont faites par le maire, sur les lieux mêmes, à l'hôtel de la mairie; pour les villes d'une population moindre, les adjudications sont faites à la sous-préfecture, par le sous-préfet, en présence du maire. — Décr. 17 mai 1809, art. 110.

55. — Aucune adjudication ne peut être faite qu'en présence du directeur de la régie ou d'un préposé délégué par ce dernier, lesquels signent le procès-verbal. — *Ibid.*, art. 111.

56. — L'adjudication ne peut excéder trois années, sauf le cas où l'on aurait à y comprendre ce qui reste à courir de l'année commencée; et, dans tous les cas, elle doit toujours avoir pour terme le 31 décembre. Elle n'est définitive qu'après l'approbation du ministre des finances. — *Ibid.*, art. 112.

57. — Lorsque l'acte d'adjudication du bail à ferme d'un octroi a été approuvé par le ministre des finances, sous la réserve de divers retranchemens et modifications, si l'approbation notifiée à l'adjudicataire a été revêtue de son acceptation, il se trouve engagé; et, dans le cas où il met du retard à prendre possession, le bail ne doit pas moins courir pour son compte du jour fixé par le cahier des charges, sauf à la ville à lui rendre compte de clerc à maître des produits de l'octroi perçus depuis l'époque où le bail a dû commencer jusqu'au jour de la mise en jouissance de l'adjudicataire. — *Cons. d'Etat*, 22 juin 1825, commune de Mortagne c. Barbereau.

58. — D'un autre côté, l'adjudicataire de l'octroi d'une commune, qui, aux termes du cahier des charges, doit entrer en possession à une époque fixe, mais après l'approbation du ministre des finances, n'est pas responsable des conséquences du retard que peut éprouver cette approbation; et si, par suite du retard indépendant de sa volonté, il est privé de plusieurs mois de jouissance, il a droit à une indemnité.

59. — La décision du ministre des finances qui refuse d'approuver l'adjudication du bail à ferme d'un octroi est un acte purement administratif, qui ne peut être déféré au Conseil d'État par la voie contentieuse. — *Cons. d'Etat*, 16 janv. 1828, Pantard.

60.—Les adjudications sont toujours précédées au moins de deux affiches, de quinzaine en quinzaine, lesquelles sont insérées dans les journaux du département. Elles sont faites aux enchères publiques, à l'extinction des bougies, au plus offrant et dernier enchérisseur. — Décr. 17 mai 1809, art. 113.

61.—Ne sont admises aux enchères que les personnes d'une moralité, d'une solvabilité ou d'une capacité reconnues par le maire, sauf le recours au préfet. —*Ibid.*, art. 114.

62. — A cet effet, trois mois au moins avant le renouvellement du bail, il en est donné avis dans les journaux avec invitation, à tous ceux qui voudraient concourir, de se présenter au secrétariat de la municipalité pour satisfaire aux dispositions précédentes. — *Ibid.*, art. 115.

63. — Les adjudicataires font par écrit, au moment de l'adjudication, avant de la signer, la déclaration indicative des noms, prénoms, professions et demeures de leurs associés, s'il y a lieu; ils joignent au procès-verbal l'acte de société, s'il en existe : sinon les associés présens signent, avec les adjudicataires, le procès-verbal *Ibid.*, art. 116.

64. — Les adjudicataires des droits d'octroi sont rangés dans la 1re classe des patentables et assujettis par suite à un droit fixe, basé sur la population, et à un droit proportionnel du 20e de la valeur locative du loyer d'habitation seulement.

65. — Après l'adjudication, aucune enchère n'est reçue si elle n'est faite dans les vingt-quatre heures, et signifiée, par l ministère d'un huissier, à l'autorité qui a procédé à cette adjudication, et s'il n'est pas offert un douzième en sus du prix auquel cette adjudication a été portée. Dans ce cas, les enchères sont rouvertes sur la dernière offre. — *Ibid.*, art. 117.

66. — Les frais de perception qui, aux termes du décret de 1809, ne doivent pas dépasser 12 p. 0/0, sont fixés par le conseil municipal.

67. — Le fermier a le libre choix de ses préposés; néanmoins, il peut lui être enjoint, par l'administration, de destituer et remplacer ceux de ces derniers qui auraient donné lieu à des plaintes fondées. — Décr. 17 mai 1809, art. 103.

68. — L'adjudicataire ne peut transférer son droit au bail, en tout ou en partie, sans le consentement de l'autorité locale, approuvé par le ministre des finances. — *Ibid.*, art. 109.

69. — Les contestations qui peuvent s'élever entre les communes et les fermiers des octrois, sur le sens des clauses des baux, sont déférées au préfet, qui statue en conseil de préfecture, après avoir entendu les parties, sauf le recours au Conseil d'Etat dans la forme et les délais prescrits par le décr. du 22 juill. 1806. Toutes autres contestations qui peuvent s'élever entre les communes et les fermiers des octrois doivent être portées devant les tribunaux. — Décr. 17 mai 1809, art. 136.

70. — Le conseil de préfecture, seul, en l'absence du préfet, est incompétent pour statuer sur les difficultés touchant le sens des clauses d'un bail d'octroi entre une commune et son fermier.

71. — C'est devant le préfet, en conseil de préfecture, et non devant le Conseil d'Etat, que doivent être portées les contestations relatives à la clause d'un bail d'octroi, portant que le fermier sera tenu de conserver dans leurs grades respectifs les employés qui seront en activité au moment où il prendra le service. — *Cons. d'Etat*, 12 avr. 1829, Delahaye-Beauruel.

72. — Lorsqu'il a été contradictoirement décidé par le Conseil d'Etat, que la demande en résiliation d'un bail d'octroi, formée par le fermier contre la commune, était non de la compétence du conseil de préfecture, mais du préfet en conseil de préfecture, l'arrêté préfectoral qui intervient ne peut plus être attaqué pour incompétence. — *Cons. d'Etat*, 22 juin 1836, Delaporte c. ville de Saintes.

73. — La résiliation des baux, pour malversations de la part des fermiers, ne peut être prononcée que par le préfet, en conseil de préfecture, sauf le recours au Conseil d'Etat; elle ne peut l'être par un arrêté du maire, approuvé même par le préfet et le ministre des finances. — *Cons. d'Etat*, 3 juin 1820, ville de Rennes c. Impositions directes.

74 — Il a été jugé que la demande d'un fermier de l'octroi en indemnité pour cause de non-jouissance est de la compétence des tribunaux, quoique dans le cahier des charges il soit dit qu'il ne pourra réclamer des dommages-intérêts sous aucun prétexte. — *Bastia*, 7 mai 1836, ville de Bastia. — Mais cette décision ne paraît pas devoir faire jurisprudence; car il y a nécessité, dans ce cas, d'interpréter la clause du bail, pour décider si elle ne fait point obstacle à la demande d'indemnité, et cette appréciation appartient au préfet en conseil de préfecture.

75. — Bien que le cahier des charges porte que les fermiers de l'octroi ne pourront être reçus, sous aucun prétexte, à demander des indemnités, la commune a pu être condamnée à leur payer une indemnité pour pertes résultant d'un cas de force majeure : dans le cas, par exemple, où ils n'ont pu, sans danger pour leur personne, percevoir les droits d'octroi, et suivre le mouvement des vins admis en entrepôt. — *Cons. d'Etat*, 27 nov. 1835, ville de Cahors.

76. — L'émeute, qui interrompt pendant plusieurs jours la perception des droits d'octroi, ne donne point au fermier le droit de demander la résiliation de son marché; elle lui donne seulement droit à une indemnité contre la ville. — *Cons. d'Etat*, 22 juin 1836, Delaporte c. ville de Saintes.

77. — On doit prendre pour base de l'indemnité due au fermier, pour interruption de la perception des droits par suite de l'émeute, la différence entre les recettes moyennes dans la même période de temps avant et après l'émeute, en tenant compte toutefois des antécédents locaux qui auraient pu diminuer ces produits. — Même ordon.

78. — Un préfet, en conseil de préfecture, qui, à l'occasion d'une demande en indemnité formée par l'adjudicataire de l'octroi d'une ville, pour réduction dans l'étendue de sa perception, ordonne une expertise, et, en cas de partage, la nomination d'un tiers expert, est tellement lié par son arrêté, que, dans ce dernier cas, il ne peut, sans se réformer lui-même, prononcer sur la quotité de l'indemnité. — C'est étendre beaucoup la maxime que la décision interlocutoire préjuge le fond : sans doute le principe de l'indemnité a été admis par cela seul que des experts ont été nommés pour arbitrer la quotité; mais leur avis peut-être modifié par la décision définitive.

79. — L'arrêté d'un préfet en conseil de préfecture, approuvé même par le ministre, qui accorde une indemnité à l'adjudicataire de l'octroi d'une ville, pour cause de modification dans l'exercice, et sans au préalable avoir consulté la municipalité, est exécutoire provisoirement, sauf opposition de la part du maire, qui peut présenter des moyens de défense, et obtenir même un nouvel arrêté contraire au premier.

80. — Lorsqu'il s'agit non pas de difficultés entre une commune et son fermier d'octroi, mais de contestations survenues entre ce fermier et plusieurs habitans, relativement à l'application du tarif, c'est aux tribunaux ordinaires, et non au préfet en conseil de préfecture, qu'il appartient d'en connaître. — *Cons. d'Etat*, 20 mars 1828, Guichard c. Thomas et Harras.

§ 3. — *Régie intéressée.*

81. — La régie intéressée est, comme la mise en ferme ordinaire, une adjudication de produits de l'octroi, moyennant un prix convenu; mais avec condition que les bénéfices, s'il y en a, après le prélèvement du prix d'adjudication et les frais alloués pour la perception, seront partagés entre la commune et le régisseur.

82. — L'adjudication a lieu dans les mêmes formes que pour la mise en ferme ordinaire.

83. — La régie intéressée ne change rien aux règles ordinaires de la perception à l'égard des redevables. Les obligations réciproques de la commune et du régisseur sont déterminées par le cahier des charges de l'adjudication.

84. — Le régisseur a les mêmes droits que le fermier ordinaire pour la nomination des employés.

85. Les contestations qui peuvent s'élever sur l'administration ou la perception des octrois en régie intéressée, entre les communes et les régisseurs de ces établissemens, sont déférées au préfet, qui statue en conseil de préfecture, après avoir entendu les parties, sauf le recours au Conseil d'Etat dans la forme et les délais prescrits par le décret du 22 juillet 1806. — Décr. 17 juin 1809, art. 136.

§ 4. — *Abonnement avec la régie des contributions indirectes.*

86. — L'abonnement dont il s'agit ici est la perception de l'octroi par l'administration des contributions indirectes, pour le compte et aux frais de la commune, sans aucun partage du produit de l'impôt, mais moyennant une indemnité fixe en ce qui touche seulement les traitemens des employés chargés de cette perception.

87. — La régie des contributions indirectes est autorisée à traiter de gré à gré avec les communes pour la perception de leurs octrois. Ces traités ne sont définitifs qu'après avoir été approuvés par le ministre des finances. — Loi du 28 avril 1816, art. 158.

88. — Les maires qui jugent de l'intérêt de leur commune de traiter avec la régie des impositions indirectes pour la perception et la surveillance particulière de leur octroi, adressent, par l'intermédiaire du sous-préfet, leurs propositions au préfet; celui-ci les communique au directeur des contributions indirectes pour donner ses observations et les soumettre ensuite, avec son avis, au directeur général des contributions indirectes, qui propose, s'il y a lieu, au ministre des finances d'y donner son approbation. — Ord. du 9 déc. 1814, art. 94.

89. — L'abonnement à contracter entre la régie et les communes ne peut, en aucun cas, avoir pour objet le produit de l'impôt; il ne peut porter que sur les traitemens fixes ou éventuels des préposés. Tous les autres frais, de quelque nature qu'ils soient, doivent être intégralement acquittés par les communes sur les produits bruts des octrois. — *Ibid.*, art. 95.

90. — La conséquence de cet abonnement est de remettre la perception et le service de l'octroi entre les mains des employés ordinaires des contributions indirectes. Cependant dans les villes où il est nécessaire de conserver des préposés affectés spécialement au service de l'octroi, ces préposés sont nommés par les préfets sur la proposition des maires et après avoir pris l'avis des directeurs des contributions indirectes. Leur nombre et leur traitement sont fixés par cette régie; ils sont révocables soit sur la demande du maire, soit sur celle des directeurs. Lorsque le préfet ne juge pas convenable de déférer à la demande de ce dernier il fait connaître ses motifs au directeur général des contributions indirectes, qui prononce définitivement. — Même article.

91. — Les maires conservent le droit de surveillance sur les préposés, et celui de transiger sur les contraventions. — Même art.

92. — Les abonnemens conclus avec les communes subsistent de plein droit jusqu'à ce que la commune ou la régie en ait notifié la cessation. Cette notification doit toujours avoir lieu, de part ou d'autre, six mois au moins à l'avance. — *Ibid.*, art. 96.

93. — Les receveurs versent le montant de leurs recettes pour le compte de l'octroi, tous les cinq jours au moins, dans la caisse municipale, sous la déduction des frais de perception convenus par l'abonnement et dont ils tiennent compte comme de leurs autres recettes pour le trésor. — *Ibid.*, art. 67 et 97.

94. — La remise du service des octrois pour la perception desquels il a été conclu un abonnement avec la régie des contributions indirectes, lui est faite par le maire. Cette remise et celle des maisons, ustensiles, effets de bureau et autres servant à la perception des octrois sont constatées par un procès-verbal rédigé en quadruple expédition, lequel est signé par le maire et le préposé en chef de la régie dans chaque résidence, ou par des commissaires délégués à cet effet, de part et d'autre, dans les villes où cela est jugé nécessaire. Un des procès-verbaux est déposé à la mairie, un autre est remis au directeur des contributions indirectes dans le département, le troisième est adressé au préfet, et le quatrième à la régie des contributions indirectes. — *Ibid.*, art. 1er et 98.

95. — Il suffit qu'il y ait contestation sur le sens d'un acte administratif, par exemple d'une décision ministérielle qui, en exécution d'une ordonnance royale, a fixé entre une commune et la régie des contributions indirectes le droit de surveillance dû aux employés de la régie des contributions indirectes, pour que, sur la demande en validité d'une saisie-arrêt, formée à la requête de l'administration, une Cour d'appel ait dû surseoir à statuer jusqu'après décision de l'autorité compétente sur le sens et la légalité de l'acte contesté. — *Cass.*, 22 janv. 1834, Contrib. indir. c. ville de Bayonne.

§ 5. — *Restitution de droits.*

96. — Aux termes de l'art. 247 L. 28 avril 1816, les contribuables de qui il aurait été exigé ou perçu quelques sommes au delà du tarif, ou d'après ces seules dispositions d'instruction ministérielle, peuvent en réclamer la restitution.

97. — La demande en restitution doit être formée dans les six mois; elle est instruite et jugée dans les formes observées en matière de domaines. — *Ibid*

98. — Les six mois dont il est question dans cet article courent à compter de la prescription. — *Cass.*, 6 déc. 1848 (t. 1er 1849, p. 91), Courmes c. ville de Marseille.

99. — D'où la conséquence que les droits indûment perçus doivent être restitués non pas seulement à partir de la demande en restitution, mais encore pendant les six mois qui ont précédé cette demande. — Même arrêt.

100. — Mais lorsque la perception a été régulièrement faite, il ne peut y avoir restitution sous aucun prétexte.

101. — Il en est ainsi notamment lorsque l'assujetti a payé les droits, au lieu de réclamer l'exercice de la faculté d'entrepôt.

102. — Toutefois la restitution dans ce cas ne peut être refusée qu'autant que l'objet introduit était soumis à un droit d'octroi; car si aucun droit n'était dû, la restitution devrait être faite. — *Cass.*, 2 fév. 1848 (t. 1er 1848. p. 434), Maire de Roubaix et Motte c. Bossut.

Sect. 4e. — *Prélèvement au profit du trésor sur les droits d'octroi.*

103. — Bien qu'en principe général le produit de l'octroi appartienne à la commune où il est établi, nous avons vu que, sous l'ancienne législation, le gouvernement avait déjà plusieurs fois appliqué au profit de l'État une portion de cet impôt qui variait suivant les circonstances. L'arrêté des consuls du 24 frimaire an XI obligea toutes les villes de plus de 4,000 âmes à verser au trésor public un vingtième du produit de leur octroi; la loi du 24 avril 1806 porta ce prélèvement au dixième, et la loi du 28 avril 1816 l'étendit à toutes les communes sans distinction de leur population.

104. — Ce prélèvement du dixième est destiné à dédommager l'État de la faculté qu'il accorde aux villes de s'imposer un octroi, impôt qui souvent atténue les recettes du trésor. — Avis Cons. d'Ét., 12 juill. 1823.

105. — Il ne peut être fait aucun autre prélèvement sur le produit des octrois sous quelque prétexte que ce soit et en vertu de quelques lois ou ordonnances que ce puisse être. — L. 28 avril 1816, art. 153.

106. — Le prélèvement du dixième dû à l'État ne peut porter que sur l'octroi légalement établi. Aussi, l'État n'est pas fondé à réclamer le prélèvement du dixième sur une surtaxe au droit d'octroi qu'une commune s'est imposée sans y avoir été autorisée par une ordonnance du chef du gouvernement. — *Cass.*, 27 janv. 1834, Contributions indirectes c. Ville de Voiron.

107. — Le produit net des octrois est seul passible du prélèvement du dixième au profit du trésor. — L. 28 avril 1816, art. 153.

108. — Pour fixer ce produit net, on déduit sur les recettes brutes de toute nature : 1° Les frais de premier établissement, entretien ou renouvellement de bureaux, pataches, mobilier et clôtures, et ceux de perception et recouvrement de toute espèce. — Dareste, *Annales des contrib. ind.* t. 2, § 112.

109. — ... 2° Le prix de l'abonnement que la régie aurait consenti avec la commune en remplacement du droit de vente en détail. — Lois 28 avril 1816, art. 73 et 153; 25 juin 1841, art. 18.

110. — ... 3° Le montant de la contribution personnelle et mobilière dans les villes où elle est remplacée par une addition aux taxes de l'octroi. — *Ibid.* — L. 25 mars 1817, art. 48; 21 avril 1832, art. 20.

111. — ... 4° Les dettes communales arriérées, causées par les événemens de 1813, 1814 et 1815, et pour l'acquittement desquelles il a été créé des taxes additionnelles à l'octroi. — L. 25 mars 1817, art. 47; 15 mai 1818, art. 47.

112. — ... 5° Le produit des centimes additionnels que les villes ont été ou seront autorisées à ajouter temporairement aux tarifs de leur octroi, pour subvenir à des dépenses d'utilité publique. — L. 17 août 1822, art. 16.

113. — La loi du 3 juillet 1846 (budget des recettes pour 1847) a complété cette dernière mesure en disposant, par son art. 12, que l'exemption du prélèvement de 10 pour 100 accordée par la loi de 1822, dans les cas qu'elle détermine, serait applicable toutes les fois que les taxes additionnelles concerneraient des objets d'utilité publique, générale ou locale, et qu'elles seraient spécialement affectées à des dépenses temporaires et accidentelles.

114. — Les frais de justice tombés en non-valeur, doivent-ils être admis en déduction avant le prélèvement du dixième? A cet égard une distinction paraît indispensable : si les frais avancés par la commune ou son fermier n'ont pu être recouvrés par suite seulement de l'insolvabilité du redevable, ils doivent entrer en déduction. Si, au contraire, le défaut de recouvrement provient de la faute du fermier, ou de la commune, qui a laissé périmer l'instance ou prescrire l'action contre le redevable, l'État peut refuser de les déduire pour fixer son prélèvement.

115. — Le prix de l'abonnement fixe que les villes ayant un octroi sont autorisées à payer au trésor pour frais de casernement et d'occupation de lits militaires ne peut être considéré comme un remboursement à l'État de sa part dans les droits d'octroi perçus sur les objets consommés par les troupes, mais bien comme une charge communale ordinaire qui doit être acquittée sur les revenus des villes. — Dès lors, ce prix ne peut être déduit, sur le produit brut de l'octroi, avant le paiement du dixième attribué au trésor. — *Cass.*, 25 mars 1840 (t. 1er 1840, p. 706), Contrib. indir. c. Besançon.

116. — Le pavage entier et à neuf d'une ville doit être considéré comme une dépense extraordinaire et temporaire. En conséquence, les centimes additionnels, ajoutés au tarif de l'octroi pour subvenir à cette dépense, doivent être déduits, conformément à l'art. 16 de la loi du 17 août 1822, avant le prélèvement du dixième dû à l'État.

117. — Au contraire, la taxe imposée sur un objet, tel que la volaille, qui, jusqu'alors, n'avait pas été compris dans le tarif de l'octroi est un droit ordinaire et non temporaire qui ne peut être considéré comme centimes additionnels et, par suite, être exempté du prélèvement du dixième au profit du trésor. — Même ord.

118. — Les budgets des communes, lors même qu'ils ont été approuvés par ordonnance du chef du gouvernement, ne constituent que des aperçus de recettes et dépenses prescrits pour l'ordre de la comptabilité, et ne peuvent préjudicier aux droits des tiers. — Ainsi, le budget d'une ville, portant réduction du dixième dû à l'État sur le produit net de l'octroi, ne peut, encore bien qu'il ait été approuvé par ordonnance du chef du gouvernement, empêcher la régie des contributions indirectes de réclamer le paiement de ce dixième sans égard à cette réduction. — *Cass.*, 25 mars 1840 (t. 1er 1840, p. 706), Contrib. ind. c. ville de Besançon.

119. — Le droit de 10 pour 100 du produit net des octrois, qui est prélevé au profit du trésor d'après l'art. 153 de la loi du 28 avril 1816, est versé dans les caisses de la régie aux époques qu'elle a déterminées. — Le montant de ce prélèvement est arrêté tous les mois par des bordereaux de recette et de dépense visés et vérifiés par le préposé surveillant de l'octroi. — Le recouvrement s'en poursuit par la saisie des deniers de l'octroi, et même par voie de contrainte à l'égard du receveur municipal. — L. 28 avr. 1816, art. 157.

120. — Le paiement du dixième des droits d'octroi dû à l'État ne peut être poursuivi par l'administration des contributions indirectes contre le fermier de l'octroi ou contre sa caution, la régie doit agir directement contre le receveur municipal; alors surtout que, par suite d'événements qui avaient suspendu la perception des droits d'octroi, le fermier a obtenu, contre la municipalité, un jugement qui modifiait les clauses du traité d'adjudication, et l'autorisait à verser la totalité des recettes dans les mains du receveur municipal. — *Cass.*, 20 avr. 1836, Contrib. ind. c. Marquet.

Sect. 5e. — *Matières soumises aux droits d'octroi.*

121. — En général, les droits d'octroi ne doivent être imposés que sur les objets destinés à la consommation locale. Il ne peut être fait exception à cette règle que dans des cas extraordinaires, et en vertu d'une loi spéciale. — L. 28 avr. 1816, art. 148.

122. — L'art. 11 de l'ordonnance du 9 décembre 1814, qui avait posé la règle d'une manière absolue, voulait que les objets tarifés fussent toujours compris dans les cinq divisions suivantes, savoir : 1° boissons et liquides; 2° comestibles; 3° combustibles; 4° fourrages; 5° matériaux. — Ces divisions forment encore aujourd'hui les bases ordinaires et principales des tarifs d'octroi, qui renvoient fort souvent à leur nomenclature; elles servent, d'ailleurs, à classer les dispositions législatives concernant les divers objets qu'elles renferment : en conséquence, il importe de les faire connaître.

123. — Sont compris dans la première division : les vins, vinaigres, cidres, poirés, hydromels, bières, eaux-de-vie, esprits, liqueurs et eaux spiritueuses. — Ordonn. 9 déc. 1814, art. 11.

124. — Lorsque le tarif d'octroi comprend les vins, bières et poirés, on ne peut prétendre à une exemption pour les boissons connues sous les noms de demi-vin, tri-vin, petit-vin, petit-cidre, piquette, aquarelle, eau passée sur le marc ou pour toute autre espèce de boisson, quelle que soit la dénomination provenant du raisin, des poires ou des pommes avec ou sans mélange d'eau. — *Cass.*, 2 avr. 1813, Droits réunis c. Cassagneau.

125. — Le tribunal appelé à faire l'application d'un règlement de l'octroi qui renvoie aux dispositions relatives aux contributions indirectes, peut, sans violer aucune loi, accorder sur de

vinaigres de vin la déduction de 7 0/0 établie, pour ouillage, coulage et affaiblissement de degré, par la loi du 25 mars 1817, art. 87, sur les vins, cidres, poirés et autres marchandises analogues. — *Cass.*, 24 mars 1829, Octroi de Lille c. Stiévenard.

126.—Les vendanges, ou fruits à cidre ou poiré, sont assujetties aux droits à raison de trois hectolitres de vendange pour deux hectolitres de vin, et de cinq hectolitres de pommes ou de poires pour deux hectolitres de cidre ou poiré.—Ordonn. 9 déc. 1814, art. 12.

127. — La vendange est soumise au droit d'octroi par cela même que le vin y est assujetti, quoiqu'elle n'ait pas été nominativement désignée dans le règlement de l'octroi. — *Cass.*, 28 mars 1812, Granat.

128. — Dans les pays où la bière est la boisson habituelle et générale, celle importée, quelle que soit la qualité, ne peut être taxée qu'au quart en plus du droit imposé sur la bière fabriquée dans l'intérieur. — Ordonn. 9 déc. 1814, art. 14.

129. — De ce que le droit d'octroi est un impôt de consommation, il résulte que les bières préparées ou fabriquées dans un lieu doivent payer le droit d'octroi en raison de la livraison à la consommation locale sans égard aux quantités prises en charge à la fabrication par les employés des contributions indirectes. — *Cass.*, 14 déc. 1846 (t. 1er 1847, p. 288), Maire de Douai c. Thouin.

130. — Les eaux-de-vie et les esprits doivent être divisés, pour la perception, d'après les degrés, conformément au tarif des droits d'entrée. — *Ibid.*, art. 12.

131. — Les eaux dites de Cologne, de la reine de Hongrie, de mélisse, et autres dont la base est l'alcool, doivent être tarifées comme les liqueurs. — *Ibid.*, art. 13.

132. — Les huiles peuvent aussi, suivant les localités, être imposées; la taxe en est déterminée suivant leur qualité et leur emploi. — *Ibid.*, art. 15.

133. — Le droit d'octroi, ne frappant que les objets destinés à la consommation locale, et non ceux destinés au commerce général, n'atteint pas des sucres employés à la fabrication de liqueurs devant être expédiées hors du lieu de fabrication. — *Cass.*, 11 fév. 1846 (t. 2 1846, p. 95), Octroi de Cahors c. Edoux.

134. — Sont compris dans la deuxième division les objets servant habituellement à la nourriture des hommes, à l'exception toutefois des grains et farines, fruits, beurre, lait, légumes et autres menues denrées. — Ordonn. 9 déc. 1814, art. 16. — V. *suprà* no 120.

135. — Ne sont point compris dans ces exceptions les fruits secs et confits, les pâtes, les oranges, les limons et citrons, lorsque ces objets sont introduits dans les villes en caisses, tonneaux, barils, paniers ou sacs, ni le beurre et le fromage venant de l'étranger. — *Ibid.*, art. 17.

136. — Depuis la loi du 28 avr. 1816, qui a dérogé aux dispositions exceptionnelles des lois antérieures, les conseils municipaux peuvent soumettre les grains, la farine, etc., au paiement d'un droit d'octroi. — *Cass.*, 18 juill. 1834, Gairal c. Octroi de Marseille.

137. — D'après l'art. 18 de l'ord. de 1814, les bêtes vivantes devaient être taxées par tête. — Les bestiaux abattus au dehors et introduits par quartier devaient payer au prorata de la taxe par tête; les viandes dépecées, fraîches ou salées, étaient seule imposées au poids.

138. — Cet état de choses a été changé par la loi du 10-12 mai 1846, ainsi conçue : — Art. 1er. « A partir du 1er janvier 1847 les droits d'octroi sur les bestiaux de toute espèce seront établis à raison du poids des animaux, et perçus au kilogramme.

139. — » Néanmoins ces mêmes droits pourront continuer à être fixés par tête pour les octrois où la taxe sur les bœufs n'excédera pas huit francs. » — Même article.

140. — Art. 2. « La conversion du droit par tête en droit au poids ne devra donner lieu à aucune augmentation du produit actuellement perçu. — Cette disposition sera applicable aux communes qui auront opéré la transformation et augmenté leurs tarifs avant la promulgation de la présente loi. »

141. — Art. 3. « A l'égard des villes ou bourgs dont les octrois sont affermés, la conversion de la taxe par tête en taxe au poids ne pourra avoir lieu avant l'expiration des baux qu'avec le consentement du fermier de l'octroi. »

142. — Art. 4. « A dater de la promulgation de la présente loi, aucune adjudication d'octroi n'aura lieu, sauf l'exception établie par le § 2 de l'art. 1er, que sur un tarif par lequel les bestiaux seront imposés au poids. »

143. — Art. 5. « La viande dite *à la main*, ou par quartier, ne pourra pas être soumise, à l'entrée dans les villes, à un droit supérieur aux droits d'abattoir et d'octroi sur les bestiaux de toute espèce. »

144. — Art. 6 et dernier. « Un tableau présentant le produit total des octrois par chapitres de perception et par communes, sera annexé annuellement aux comptes généraux du ministère de l'intérieur. Il comprendra 1o le nombre et les quantités de chaque espèce de bestiaux ayant acquitté le droit d'octroi, 2o le montant du produit des droits perçus sur chaque espèce de viande, 3o le prix de vente au consommateur. »

145.—Les coquillages, le poisson de mer, frais, sec ou salé, de toute espèce, et celui d'eau douce peuvent être assujettis aux droits d'octroi, suivant les usages locaux, soit à raison de leur valeur vénale, soit à raison du nombre et du poids, soit par paniers, barils ou tonneaux. — Ord. 9 déc. 1814, art. 19.

146.—Sont compris dans la troisième division : 1o toute espèce de bois à bruler, les charbons de bois et de terre, la houille ou la tourbe, et généralement toutes les matières propres au chauffage; 2o les suifs, cires et huiles à brûler. — *Ibidem.* art. 20.

147. — La loi du 28 avril 1816, qui ne déclare susceptibles du droit d'octroi que les objets destinés à la consommation locale, doit, par sa relation avec les lois antérieures, être entendue en ce sens : que le droit d'octroi porte sur tous ceux des objets tarifés qui sont consommés dans la localité même, quels que soient d'ailleurs le mode et l'objet de la consommation, par opposition avec ceux qui ne font qu'y passer ou y séjourner en entrepôt. — *Cass.*, 8 mars 1847 (t. 1er 1847, p. 342), Sanson c. ville de Rouen.

148. — Il suffit donc, pour qu'un objet soit soumis au droit d'octroi, qu'il rentre dans les catégories légales, établies par le décret du 17 mai 1809 et l'ordonnance du 9 déc. 1814, et qu'il soit employé sur les lieux à une consommation quelconque, sans distinction entre la consommation personnelle des habitans et la consommation industrielle. — *Cass.*, 6 déc. 1848 (t. 1er 1849, p. 92), Courmes c. ville de Marseille.

149. — Ainsi les graisses, suifs, charbons, cercles, planches employés à la consommation pour un besoin industriel, sont (à moins d'exemption spéciale accordée par les conseils municipaux) soumis au droit d'octroi aussi bien que ceux destinés à la consommation personnelle des habitans. — Même arrêt.

150. — Il en est de même des huiles employées à la fabrication du savon, alors surtout que la faculté d'entrepôt n'a pas été régulièrement réclamée. — Même arrêt.

151. — Les charbons consommés dans les établissemens industriels pour la fabrication des produits destinés au commerce général sont (à moins d'exemption spéciale accordée par les conseils municipaux) soumis au droit d'octroi, aussi bien que ceux destinés à la consommation personnelle des habitans. — *Cass.*, 30 mai 1848 (t. 2 1848, p. 198), Ville de Dunkerque c. Dosnabruck; 8 mars 1847 (t. 1er 1847, p. 342), Sanson c. Ville de Rouen. — V., aussi, dans le même sens, le réquisitoire de M. le procureur général Dupin sous l'arrêt da *Cass.* précité du 8 mars 1847. — On invoquait encore une consultation délibérée par M. Daniel, du barreau de Rouen.

152. — Nous devons toutefois faire observer que cette dernière jurisprudence est vivement débattue et que d'imposantes autorités appuient l'opinion contraire. — La Cour de cassation elle-même s'est trouvée divisée, et les chambres des requêtes et criminelle avaient successivement consacré (par arrêts des 27 nov. 1844 (t. 2 1844, p. 601), Maire de Douai c. Biot; 11 fév. et 24 août 1846 (t. 2 1846, p. 95 et 707), Octroi de Givet c. Minero-Hauslaer) une doctrine opposée à celle de la chambre civile. — V. encore un avis du Conseil d'Etat du 20 mars 1839 et une lettre de M. le ministre des finances, dont le texte est rapporté sous l'arrêt précité du 27 nov. 1844. — Néanmoins, la jurisprudence de la Chambre civile paraît devoir l'emporter.

153. — Lorsque le tarif joint au règlement de l'octroi d'une ville ne spécifie comme soumis à l'impôt que les *fagots dits modernes et ordinaires*, le jugement qui en décidant en fait que les *bourrées* ne rentrent pas dans la désignation du mot *fagots* les déclare exemptes de l'impôt ne viole aucune loi. — *Cass.*, 17 déc. 1838 (t. 2 1838, p. 627), Lepaire c. le fermier de l'octroi de la ville de Corbeil.

154. — Le règlement d'octroi qui soumet au même droit les *bougies de toute espèce*, comprend dans cette classe les bougies connues sous le nom de *stéariques*. Celles-ci ne peuvent être considérées comme des chandelles perfectionnées, par cela qu'il entrerait plus de suif dans leur composition que dans celles de *cire* ou de *blanc de baleine*. — Peu importe l'époque de leur invention, si le règlement dont il s'agit est postérieur et si les réglemens précédens s'appliquaient aussi à toute espèce de bougies.

155. — La quatrième division comprend les pailles, foins et tous les fourrages, verts ou secs, de quelque nature, espèce ou qualité qu'ils soient; le droit doit être réglé par botte ou au poids. — Ord. 9 déc. 1814, art. 21.

156. — Lorsque le règlement d'un octroi soumet indéfiniment et génériquement la paille aux droits d'octroi, comme faisant partie des fourrages, cette disposition comprend la paille en grains ou en gerbes, comme la paille battue. — *Cass.*, 2 juill. et 22 déc. 1820, Octroi de la Ferté-sous-Jouarre c. Guichard; *Metz*, 31 juill. 1821, Octroi de Belfort c. Dauphin.

157. — Lorsque le règlement d'un octroi soumet le foin aux droits d'octroi, il comprend le *regain* qui est le produit des deuxième et troisième récoltes, comme le foin proprement dit, qui est le produit de la première. — *Cass*, 22 déc. 1820, et *Metz*, 31 juill. 1821, Octroi de Belfort c. Dauphin; *Cass.*, 29 mai 1829, Givert c. Octroi de Barbezieux.

158. — Sont compris dans la cinquième division les bois soit en grume, soit équarris, façonnés ou non, propres aux charpentes, constructions, menuiserie, ébénisterie, tour, tonnellerie, vannerie et charronnage. — Ordon. 9 déc. 1814, art. 21.

159. — Lorsque le tarif d'un octroi ne comprend les bois blancs qu'en planches, auvages et chanlattes, celui qui a fait abattre des peupliers dans le rayon de l'octroi, sans déclaration préalable, n'est point en contravention tant que ces arbres n'ont pas été façonnés d'une manière quelconque. — *Cass.*, 31 déc. 1825, Jobit c. Létourneau.

160. — Le sapin ne doit être considéré que comme bois blanc, et ne peut être, pour la perception du droit d'octroi, rangé dans la catégorie des bois durs. — Le jugement qui le décide ainsi ne viole pas l'art. 192 du Code forestier et ne commet aucun excès de pouvoir. — *Cass.*, 15 juill. 1844 (t. 2 1844, p. 116), Octroi de Melun c. Monnard.

161. — Sont également compris dans cette division : les pierres de taille, moellons, pavés, ardoises, tuiles de toute espèce, briques, craies et plâtres. — *Ibid.*, art. 22.

162. — Le tarif d'un règlement d'octroi qui impose la pierre de taille est applicable à toute pierre de taille introduite, brute ou déjà taillée. — Le droit doit être perçu du moment que la pierre de taille est introduite, sans qu'il soit besoin d'attendre le résultat d'une suite d'opérations : spécialement l'achèvement d'un pont à la confection duquel elle est destinée. — En supposant que le moellon ne fût pas compris dans les mots génériques *pierre de taille*, cela ne s'entendrait que du moellon introduit comme tel et ne s'appliquerait pas à celui produit par le travail auquel serait soumise plus tard la pierre de taille introduite. — *Cass.*, 17 déc. 1841 (t. 1er 1842, p. 732), Bénezech.

163. — Le règlement d'octroi qui soumet à un droit déterminé, comme matériaux destinés à la consommation, les moellons de toute espèce au-dessous de quinze centimètres introduits de l'extérieur ou recueillis et employés dans le rayon, doit être entendu en ce sens : que ce droit ne doit pas nécessairement être dû pour tous moellons de cette dimension purs de tout mélange de terre, quel que soit d'ailleurs leur emploi ultérieur. — Et spécialement il n'y a pas lieu à la perception du droit sur les moellons qui, résultat brut des déblais opérés par une compagnie de chemin de fer, doivent être et sont en réalité employés par elle à des remblais, sans aucun triage et dans le même état où ils ont été extraits. — *Amiens*, 11 juin 1846; *Douai*, 22 mars 1847; *Cass.*, 19 nov. 1847 (V. ces trois arrêts au t. 2 1847, p. 658), Ville d'Abbeville c. Guibert. — V., cependant, *contrà*, *Cass.*, 2 janv. 1847 (*ibid.*), mêmes parties.

164. — Jugé, aussi, que les droits fixés par le règlement d'octroi d'une ville pour les matériaux propres à la construction, tels que moellons et bisets, ne frappent ceux-ci qu'autant qu'ils sont entrés dans un but d'art et de maçonnerie, et non lorsqu'ils restent mêlés aux terres et débris avec lesquels ils se trouvent confondus au moment de l'extraction. — Que, spécialement, les entrepreneurs d'un chemin de fer obligés de pratiquer des tunnels qui fournissent des matières contenant des moellons ou bisets, ne peuvent être assujettis au paiement de droits d'octroi lorsqu'ils emploient ces matériaux ainsi confondus à faire des remblais dans le périmètre de l'octroi. — *Caen*, 19 déc. 1845 (t. 1er 1846, p. 716), Ville de Rouen c. Mackensie et Brassey.

165. — La chaux fait nécessairement partie du tarif qui assujettit le plâtre; mais il faut distinguer la chaux vive de la chaux éteinte, ainsi que le plâtre pulvérisé du plâtre brut. — Instr. min. 25 sept. 1809.

166. — Les droits doivent être imposés par hectolitre, kilogramme, mètre cube ou carré, ou stère, ou par fraction de ces mesures.— Ordonn. 9 déc. 1814, art. 23.

167. — Cependant, lorsque les localités ou la nature des objets l'exigent, le droit peut être fixé au cent ou au millier ou par voiture, charge ou bateau. — Même art.

168.— Les droits d'octroi ne doivent être établis que d'après les mesures légalement consacrées, quelles que soient les dénominations de mesures contenues au tarif. — Ainsi, bien que le tarif d'une ville porte que le bois de toute espèce sera assujetti au droit de 1 fr. 50 c. par double stère, moule ou corde, ce droit ne peut être perçu que par stère, seule mesure reconnue par la loi; et non par moule et par corde, mesures anciennes et prohibées : en conséquence, ces mesures doivent, pour la perception du droit, être réduites en stère. — *Cass.*, 18 juill. 1842 (t. 2 1842, p. 219), Thibaudet c. Monsu et Crestin.

169. — Les tribunaux ne peuvent exempter des droits d'octroi les bois dont le diamètre, mesuré conformément au tarif, les soumet au droit de 20 c. par mètre, sous le prétexte qu'en adoptant un autre mode de calcul pour en mesurer le pourtour leur dimension se trouve inférieure à celle soumise à l'impôt. — *Cass.*, 19 juill. 1828, Octroi de Limoges c. Raynaud.

170. — Lorsqu'un tarif d'octroi soumet au droit les bois de construction, de charronnage, équarris ou non, ayant un nombre déterminé de centimètres au milieu de la longueur, le pourtour des bois équarris doit être supputé comme s'ils étaient encore, au moment de leur introduction, dans leur état primitif. — Même arrêt.

171. — Les métiers à filer le coton ne peuvent être légalement assujettis à un droit d'octroi. On ne saurait les considérer comme matériaux pour leur appliquer les dispositions des art. 16 du décret du 17 mai 1809 et 11 de l'ordonnance réglementaire du 9 déc. 1814. — *Cass.*, 2 fév. 1848 (t. 1er 1848, p. 434), maire de Roubaix et Motte c. Bossut.

172. — Les objets récoltés, préparés ou fabriqués dans l'intérieur d'un lieu soumis à l'octroi, ainsi que les bestiaux qui y sont abattus, sont toujours assujettis aux mêmes droits que ceux introduits de l'extérieur. — Ord. 9 déc. 1814, art. 24.

173. — Il en était de même sous l'empire de la loi du 5 ventôse an VIII. Ainsi les bières fabriquées dans l'intérieur des villes pour y être consommées, n'étaient pas affranchies de l'octroi de bienfaisance établi sur les objets de consommation locale. — *Cass.*, 9 mai 1809, octroi de Nantes c. Kern et Dubray.

174. — L'article du tarif d'un octroi qui assujettit les objets fabriqués dans l'intérieur au même droit que ceux introduits de l'extérieur est applicable au cas où les matières premières qui sont l'objet de la fabrication dans l'intérieur, ont déjà payé le droit à l'introduction. — Ainsi, d'après une telle disposition, les chandelles fabriquées dans l'intérieur d'une commune avec des suifs qui ont payé le droit à leur entrée, sont soumises au même droit que les chandelles introduites de l'extérieur. — *Cass.*, 27 avril 1825, Reiss c. Bommer.

175. — Les soudes factices, ne rentrant dans aucune des cinq catégories exprimées par le décret du 17 mai 1809 et l'ordonnance du 9 déc. 1814, échappent au droit d'octroi. — *Cass.*, 6 déc. 1848 (t. 1er 1849, p. 92), Courmes c. ville de Marseille.

176. — Les approvisionnemens en vivres destinés pour le service de la marine, ne sont soumis, dans les ports, à aucun droit d'octroi. Ces approvisionnements sont introduits dans les magasins de la marine de la manière prescrite pour les objets admis en entrepôt. Le compte en est suivi par les employés d'octroi, et les droits ne sont exigés que sur les quantités qui sont enlevées pour l'intérieur du lieu sujet aux droits et à toute autre destination que les bâtiments de l'État. — Ord. 9 déc. 1814, art. 103.

177. — Les provisions de voyage d'un navire en relâche dans un port, non débarquées et destinées exclusivement à la consommation de l'équipage, ne sont point sujettes aux droits d'octroi, nonobstant l'offre faite par la régie d'un bulletin d'entrepôt. — L. 28 avril 1816, art. 20, 24 et 148. — *Cass.*, 26 juill. 1820, Contrib. indir. c. Leprince.

178. — Lorsqu'il n'est justifié d'aucun règlement particulier qui assujettisse au droit d'octroi les marchandises chargées sur un navire étant dans le port d'une ville, ce droit ne peut pas être exigé tant que les marchandises n'ont pas été débarquées et introduites dans la ville même. — L. 27 frim. an VIII, art. 11.—*Cass.*, 23 frim. an XIV, Boiton c. Querelle.

179. — Les matières servant à la confection des poudres sont exemptes du droit d'octroi. — Ord. 9 déc. 1814, art. 104. — Ces matières comprenent généralement le bois à charbon, les salpêtres, soufres et potasses.

180. — Sont aussi affranchis des droits d'octroi : 1° les médicaments et spécialement les éthers (Circ. min., 15 juill. 1835); 2° la morue et ses diverses variétés, telles que les stockwichs et les merluches (Déc. min. fin. 10 juill. 1827).

181. — Enfin, la plupart des tarifs ou règlemens particuliers exemptent du droit d'octroi les menus objets à l'usage des classes indigentes : tels que les ronces, copeaux, bois mort, les herbes fraîches par charge individuelle; et ces différentes exemptions sont recommandées par une circulaire du ministre des finances du 25 septemb. 1809.

182. — Les objets, tels que les râpés et vendanges, non désignés au tarif joint à l'ordonnance réglementaire de l'octroi d'une commune, ni au bail de cet octroi, qui est basé sur le tarif, ne peuvent être soumis au droit sous ce prétexte qu'ils ne rentrent pas dans les exceptions prévues par la loi.

Sect. 6e. — *Limites de la perception des droits d'octroi.*

183. — Les règlemens d'octroi doivent déterminer les limites de la perception, les bureaux où elle doit être opérée, et les obligations et formalités particulières à remplir par les redevables ou les employés, en raison des localités, sans toutefois que ces règles particulières puissent déroger aux dispositions de la présente ordonnance. — Ordonn. du 9 déc. 1814, art. 25.

184. — Les droits d'octroi sont toujours perçus dans les faubourgs des lieux sujets. — *Ibid.*, art. 26.

185. — L'art. 26 de l'ordonnance du 9 décembre 1814 affranchissait des droits d'octroi les dépendances rurales entièrement détachées du lieu principal.

186. — Toutefois, cet affranchissement n'était point applicable à un établissement industriel dépendant d'une propriété rurale de cette espèce. — *Cass.*, 9 fév. 1833, Ville de Castres c. Barthe.

187. — L'art. 147 L. 28 avr. 1816, en accordant aux conseils municipaux, d'une manière absolue et sans restriction, le droit de régler les limites de la perception de l'octroi, a, par cela même, dérogé implicitement à la disposition de l'ord. du 9 déc. 1814, d'après laquelle les dépendances rurales, entièrement détachées du lieu principal, étaient affranchies du droit d'octroi. — En conséquence, maintenant, les conseils municipaux sont libres de comprendre ou de ne pas comprendre ces dépendances rurales dans les limites de l'octroi. — Avis du Conseil d'Etat, 20 août 1818. — *Cons. d'Etat*, 1er sept. 1819, Ducluseau c. ville d'Angoulême, et 11 fév. 1836, Dussart. — *Cass.*, 19 mai 1836, Maire de la Brugnière c. Siguier.

188. — L'art. 21 L. 28 avr. 1816, qui exempte du droit d'entrée sur les boissons les habitations éparses et les dépendances rurales entièrement détachées du lieu principal, ne concerne que les droits qui se perçoivent au profit de l'Etat, et ne dispense pas du paiement des droits d'octroi qui sont perçus au profit des communes. — *Cass.*, 9 juill. 1819, habitans de la Pocquinerie; 26 mai 1827, Octroi de Rouen c. Miquelard.

189. — Des perceptions peuvent être établies dans les banlieues autour des grandes villes, afin de restreindre la fraude; mais les recettes faites dans ces banlieues appartiennent toujours aux communes dont elles sont composées. — L. 28 avr. 1816, art. 152.

190. — Les conseils municipaux étant autorisés à fixer les limites de la perception de leurs octrois, et même, à l'égard des grandes villes, à étendre cette perception sur les banlieues qui les entourent, un tribunal ne peut, sans empiéter sur les attributions de l'autorité administrative, décider, contre la teneur du règlement municipal, qu'un hameau n'est pas assujetti aux droits d'octroi. — *Cass.*, 8 niv. an X (intér. de la loi); 9 juill. 1819, habitans de la Pocquinerie.

191. — On ne peut considérer comme grandes villes, pour étendre l'octroi aux banlieues environnantes, que les villes possédant une population d'au moins 4,000 habit. — En conséquence les communes banlieues entourant une ville d'une population inférieure à 4,000 âmes, peuvent attaquer devant le Conseil d'Etat l'ordonnance qui les a comprises dans le rayon de l'octroi de cette ville. — *Cons. d'État*, 23 août 1836, commune de Saint-Pierre c. ville de Montmarsan.

192. — Les communes soumises à l'octroi de banlieue ont le droit de faire admettre les boissons en entrepôt aux mêmes conditions que dans l'intérieur de la ville. — L. 23 juillet 1820, art. 3.

193. — Lorsqu'une ordonnance a étendu le rayon d'octroi d'une ville, les marchandises qui existaient entre l'ancien et le nouveau rayon, au moment de l'ordonnance, sont assujetties au paiement des droits; sauf aux dépositaires des marchandises à se soumettre à l'entrepôt fictif pour éviter un paiement immédiat. — On ne peut pas dire qu'appliquer ainsi cette ordonnance ce soit lui donner un effet rétroactif. — *Cass.*, 2 juin 1836, Sorel c. ville d'Amiens.

194. — Les limites du territoire auquel s'étend la perception doivent être indiquées par des poteaux sur lesquels sont inscrits ces mots : *octroi de...* — Ord. 9 déc. 1814, art. 26.

195. — La disposition qui veut que dans chaque commune sujette à l'octroi il soit planté des poteaux indicatifs des limites du territoire qui y est assujetti, est une mesure d'ordre public et de police générale qui s'applique à tous les octrois quel que soit le mode sous lequel ils sont régis. — *Cass.*, 22 fév. 1811, Octroi de Nantes c. Bureau.

196. — Le fermier qui n'a fait planter aucuns poteaux indicatifs des limites du territoire soumis à l'octroi, et qui n'a pas mis par ce moyen le public en état de les connaître, est non recevable à se plaindre de ce qu'un contrevenant aurait été renvoyé de sa poursuite. — Même arrêt.

197. — Les objets assujettis à l'octroi ne peuvent être introduits que par les barrières ou bureaux désignés à cet effet; les tarifs et règlemens doivent être affichés dans l'intérieur et à l'extérieur de chaque bureau, lequel doit être indiqué par un tableau portant ces mots : *Bureau de l'octroi*. — Ordonn. 9 déc. 1814, art. 27.

198. — Celui qui a franchi le bureau de l'octroi sans déclarer des objets sujets aux droits, et qui a, sur l'interpellation des préposés, fait une réponse mensongère, ne peut pas être acquitté, sous le prétexte que l'introduction en ville n'était pas encore accomplie. — *Cass.*, 5 brum. an XII, Palmier.

199. — Le cabaretier qui, contrairement au règlement municipal de l'octroi, a introduit des boissons sans en avoir fait la déclaration ne peut pas être excusé sous le prétexte que le bureau qui existait avant d'arriver à sa demeure a été supprimé, dès qu'il en existe un autre un peu plus loin où il aurait dû faire sa déclaration. — — *Cass.*, 26 juin 1807, Moreau c. Hubert.

200. — Le règlement de l'octroi qui oblige les conducteurs des voitures à faire la déclaration, à l'entrée, des objets soumis au droit, sous peine d'amende et de confiscation, et qui charge les employés de vérifier l'exactitude des déclarations, en ordonnant la saisie des objets non déclarés ou faussement déclarés, n'est pas restreint, pour son exécution, aux barrières de l'octroi; les contraventions peuvent être recherchées et constatées même dans l'intérieur de la ville. — *Cass.*, 15 juin 1839, Octroi de Blanc.

201. — Dans les communes où la perception ne peut être opérée à l'entrée, il est établi au centre, suivant les localités, un ou plusieurs bureaux. Dans ce cas les conducteurs ne peuvent décharger les voitures ni introduire au domicile des destinataires les objets soumis à l'octroi, avant d'avoir acquitté les droits auxdits bureaux. — Ordonn. 9 déc. 1814, art. 34.

202. — Celui qui a introduit des objets soumis aux droits sans en acquitter le montant à la barrière, ainsi qu'il y était obligé par le règlement municipal de l'octroi, ne peut pas être renvoyé de l'action de la régie, sous le prétexte qu'il les a acquittés plus tard à un autre bureau

— *Cass.*, 18 niv. an X, Octroi de Caen c. Gauthier-Saint-Lambert.

203. — La disposition de la loi du 6 mars 1831, qui exempte du droit de barrière les usines situées à une distance moindre de deux mille cinq cents mètres du poteau, doit s'entendre d'une distance mesurée en ligne directe, et non sur les détours que fait la route.—*Liége*, 9 janv. 1834, N...

204. — Celui qui transporte vers sa ferme ou sa grange le foin qu'il a acheté sur pied peut invoquer l'exemption des droits de barrière accordée par l'art. 7, § 7 L. 18 mars 1833.—*Gand*, 16 nov. 1836, Octroi c. Bettens.

205. — En affranchissant de l'impôt des barrières les voitures employées au transport d'objets nécessaires au service de certaines usines, la loi du 18 mars 1833 a compris dans cette exemption toutes matières servant à l'exploitation de ces usines et notamment les transports de farines sortant du moulin. — *Bruxelles*, 13 févr. et 21 mars 1834, Moonens. — Ces deux décisions émanées d'une juridiction étrangère ne pourraient s'appliquer en France qu'à des dispositions analogues qui se rencontreraient dans les lois ou règlemens relatifs à l'octroi.

206. — Lorsqu'il y a contestation sur les limites du rayon d'un octroi, et que le conseil de préfecture fixe l'interprétation du règlement délimitatif de cet octroi, sa décision ne peut pas avoir, comme les interprétations législatives, un effet rétroactif. En conséquence, un tribunal ne porte aucune atteinte aux pouvoirs de l'autorité administrative en refusant d'appliquer cette décision à des faits antérieurs. — L. 16 fruct. an III. — *Cass.*, 21 mai 1824, maire de Béziers c. Brun.

207. — L'étendue et les limites du rayon de l'octroi peuvent être souverainement appréciées par les juges du fond. — Spécialement, les juges peuvent décider que le rayon de l'octroi d'une ville maritime, comprenant, d'après les termes du règlement, le *port dans toutes ses parties*, s'étend même aux portions de la plage successivement couvertes et découvertes par le flux et le reflux de la mer ; et une telle décision échappe à la censure de la Cour suprême. — *Cass.*, 7 nov. 1840 (t. 2 1841, p. 466), Bourdon c. octroi de Calais.

Sect. 7e. — *Personnes soumises aux droits d'octroi et obligations à elles imposées.*

208. — Nulle personne, quels que soient ses fonctions, ses dignités ou son emploi, ne peut prétendre, sous aucun prétexte, à la franchise des droits d'octroi. — Ordonn. 9 déc. 1814, art. 105.

209. — Cet article met fin aux prétentions d'affranchissement précédemment élevées par diverses administrations, telles que la guerre et la marine, la société pour le canal du Midi, et différens propriétaires étrangers ; prétentions qui, d'ailleurs, avaient été repoussées par de nombreuses décisions.

210. — De ce que l'administration des ponts et chaussées a, dans l'intérêt de la navigation, prohibé le stationnement des bateaux à l'entrée d'une ville, il ne s'ensuit pas que le conducteur d'une diligence d'eau puisse exciper de cette prohibition pour entrer immédiatement en ville et se soustraire ainsi aux déclarations d'octroi. — Ordonn. 9 déc. 1814, art. 28. — *Cass.*, 6 sept. 1845 (t. 2 1845, p. 761), octroi d'Abbeville c. Grandsire.

211. — Les agens diplomatiques étrangers ne sont pas même exceptés. — Lettre du min. des relations extérieures au min. des finances, 7 vent. an XIII.

212. — Quant aux obligations imposées aux redevables des droits d'octroi, elles consistent dans les formalités qui vont être énoncées sous les cinq paragraphes suivants.

§ 1er. — *Déclarations et expéditions.*

213. — Tout porteur ou conducteur d'objets assujettis à l'octroi est tenu, avant de les introduire, d'en faire la déclaration au bureau, d'exhiber aux préposés de l'octroi les lettres de voiture, connaissemens, chartes parties, acquits à caution, congés, passavans et toutes autres expéditions délivrées par la régie des contributions indirectes, et d'acquitter les droits. — Ordonn. 9 déc. 1814, art. 28.

214. — L'introduction sans déclaration d'un objet soumis au droit constitue une contravention qui ne peut être excusée sous prétexte de bonne foi du contrevenant.— *Cass.*, 14 mars 1835, Rochetin c. Courtois.

215. — Lorsque le conducteur d'un objet soumis à l'octroi refuse de faire aucune déclaration, ce fait constitue une contravention. — *Cass.*, 7 mars 1818, Contr. indir. c. Fouquet. — *Mémorial de la régie*, t. 8, p. 336, et t. 10, p. 216 et 220.

216. — Le refus de déclaration ne peut être excusé par le motif que le refusant est en réclamation auprès de l'autorité administrative. — *Cass.*, 2 mai 1822, Octroi de Belfort c. Dauphin.

217. — Mais le refus d'acquitter les droits d'octroi réclamés par les préposés ne constitue pas une contravention lorsque les objets régulièrement déclarés ont été introduits dans les magasins du consommateur en présence des préposés, qui pouvaient ou s'opposer à l'introduction ou décerner une contrainte pour obtenir le paiement des droits.—*Cass.*, 19 sept. 1845 (t. 1er 1846 p. 303), Ville de Périgueux c. Durand.

218. — Lorsque des boissons sujettes au droit d'octroi sont trouvées en circulation dans l'intérieur de la ville sans que le porteur soit muni d'un laissez-passer, elles sont présumées frauduleusement introduites, et donnent lieu contre celui-ci à l'application d'une amende, lorsque, d'après le règlement de l'octroi, l'unique preuve de l'acquit des droits consiste dans la production du laissez-passer. — *Cass.*, 20 août 1846 (t. 1er 1847, p. 481), Octroi de Bordeaux c. Bodineau.

219. — Une insuffisance de déclaration sur la quantité, le poids et le nombre des objets introduits équivaut à une fausseté de déclaration et entraîne la même peine. — Spécialement : le voiturier qui déclare d'une manière inexacte la quantité d'une voiture de foin non bottelé qu'il veut introduire, commet une contravention qui ne peut être excusée sous le prétexte qu'il n'était tenu de faire qu'une déclaration approximative. — L. du 28 avril 1816, art. 27 ; L. du 29 mars 1832, article 8 ; Loi du 24 mai 1834, article 9.

220. — La déclaration d'une quantité moindre au bureau de l'octroi ne peut pas être excusée sur le motif qu'il y a eu erreur et non mauvaise foi. — *Bruxelles*, 3 avril 1837, Octroi de Tournay c. Lauwers.

221. — Le fait que les employés de l'octroi auraient consenti à l'introduction de denrées en se contentant de la déclaration à eux faite, ne met pas obstacle à ce que, si cette déclaration a été reconnue incomplète, les denrées soient saisies à l'intérieur postérieurement à cette introduction. — *Cass.*, 29 avril 1843 (t. 2 1843, p. 519), Octroi de la ville de Foix c. Bosc.

222. — Lorsqu'un procès-verbal régulier constate qu'un individu a contrevenu au règlement d'octroi prescrivant à tout porteur ou conducteur d'objets soumis aux droits de les conduire directement au bureau central pour acquitter ces droits ou fournir soumission valable de les acquitter, le tribunal saisi de la connaissance de la contravention ne peut relaxer le prévenu en se fondant sur ce que ce prévenu aurait accompli des formalités équivalant à celles prescrites et en admettant comme excuse l'absence d'intention frauduleuse. — *Cass.*, 20 novembre 1845 (t. 1er 1846, p. 547), Fournier c. Gouchon.

223. — Les courriers sont obligés d'acquitter les droits sur les objets soumis à l'octroi qu'ils introduisent dans un lieu sujet. — Ordonn. du 9 déc. 1814, art. 33.

224. — Des voyageurs qui rentrent dans la commune de leur domicile ou résidence ordinaire ayant encore une portion de vin que la loi leur accorde avec exemption d'expéditions et de droits pour leur usage pendant leur voyage, sont, pour cette portion qui leur reste, tenus d'acquitter les droits d'entrée et d'octroi auxquels cette commune est assujettie pour tous les vins destinés à la consommation du lieu sujet. — *Cass.*, 18 nov. 1825, Contrib. ind. c. David.

225. — Lorsqu'un voyageur, interpellé par un employé de l'octroi, a déclaré faussement n'avoir aucun objet sujet aux droits il ne peut plus, au moment où l'employé annonce qu'il va procéder à la visite de sa voiture, rétracter cette fausse déclaration, qui demeure acquise contre lui. Dans ce cas, la rétractation ne peut être réputée spontanée et tendant à réparer une erreur commise de bonne foi ; mais elle doit être considérée comme le résultat de l'intention manifestée par l'employé de vérifier la fausse déclaration — *Cass.*, 21 nov. 1840 (t. 1er 1841, p. 399), Octroi de Rennes c. Marçais.

226. — La déclaration relative aux objets arrivant par eau doit contenir la désignation du lieu de déchargement, lequel ne peut s'effectuer que les droits n'aient été acquittés ou au moins valablement soumissionnés. — Ordonn. du 9 déc. 1814, art. 28.

227. — Celui qui opère le débarquement de boissons arrivées par eau sans avoir fait déclaration, ne peut être excusé sous le prétexte qu'une patache servant de bureau qui existait précédemment a été supprimée ; la déclaration devant toujours être faite à la patache la plus voisine. — *Mémorial de la régie*, t. 10, p. 184.

228. — Toute personne qui récolte, prépare ou fabrique dans l'intérieur d'un lieu sujet à l'octroi, des objets compris au tarif, doit en faire la déclaration, et acquitter immédiatement le droit, si elle ne réclame la faculté de l'entrepôt. —Ord. 9 déc. 1814, art. 36.

229. — Les propriétaires auxquels, par tolérance, on a permis d'entrer leurs vendanges sans déclaration ni acquittement du droit d'octroi, sont tenus de faire la déclaration exacte de ces récoltes au moment où l'on procède à leur inventaire. En conséquence, une déclaration reconnue fausse lors de l'inventaire est punissable comme si elle avait été faite à l'entrée. — *Cass.*, 24 juin 1836, Aure c. Petit-Didier.

230. — Celui qui a fait une fausse déclaration de la quantité de vendanges qu'il introduisait dans une ville sujette aux droits d'octroi ne peut être acquitté sous le prétexte que par suite de la fermentation la quantité de vendanges a pu paraître plus considérable qu'elle ne l'était réellement, ni sous celui que la loi exige moins d'exactitude dans la déclaration des vendanges que dans celle des boissons. — *Cass.*, 23 mai 1828, Contributions indirectes c. Teusch.

231. — L'art. 138 de la loi du 28 avril 1816, qui soumet les distillateurs et bouilleurs de profession à faire par écrit, avant de commencer à distiller, toutes les déclarations nécessaires pour que les employés puissent surveiller leur fabrication, en constater les résultats et les prendre en charge sur leur portatif, est entièrement restrictif dans sa disposition, uniquement applicable aux distillateurs et bouilleurs de profession, et ne peut être étendu aux bouilleurs de cru.— *Cass.*, 7 oct. 1836 (t. 1er 1837, p. 123), Octroi de Salins et Contributions indirectes c. Debulle.

232. — Lorsqu'un règlement d'octroi porte que « les bestiaux existants dans l'enceinte de cet octroi doivent, lors de leur introduction, acquitter les droits, et que les propriétaires sont tenus de justifier de la quittance de ces droits lors du recensement, » qu'il ajoute ensuite que « les *accrus* doivent être déclarés dans les quatre jours de leur naissance, et sont également soumis aux droits, sauf l'augmentation proportionnelle lorsqu'ils changent de classe, » ces *accrus* sont soumis au paiement des droits, non pas seulement au moment de leur consommation, mais même au moment de la déclaration de leur naissance, sauf l'augmentation proportionnelle lorsqu'ils changent de classe. — *Cass.*, 6 juin 1837 (t. 2 1837, p. 351), Octroi de Bordeaux c. Redeuil.

233. — Lors du recensement des bestiaux fait par les employés, le propriétaire est tenu de justifier immédiatement du paiement des droits. Le retard apporté dans cette justification ne peut être excusé par la représentation postérieure de la quittance.

234. — Ne peut pas être acquitté le boucher qui, contrairement à un arrêté de l'autorité municipale, a étalé de la viande sans pouvoir justifier du paiement du droit d'octroi. — *Cass.*, 28 vendém. an X, Hamel.

235. — Le boucher ou charcutier qui n'a pas représenté aux préposés de l'octroi, au moment même de leur exercice, la quittance du droit dû pour le bétail ou les viandes trouvés dans son domicile, ne peut pas être acquitté sur la représentation postérieure de cette quittance faite durant les poursuites ou à l'audience. — *Cass.*, 10 oct. 1822, Dupont ; 31 janv. 1829, Octroi d'Evreux c. Leclerc.

236. — Lorsque, en procédant au recensement des bestiaux dans une ville, en vertu d'un règlement municipal, les employés de l'octroi ont trouvé des moutons qui n'étaient pas marqués du signe prescrit, chez un individu qui n'a pas représenté la quittance du droit dû à l'entrée, le tribunal ne peut prononcer son acquittement, sous le prétexte que la marque faite sur les moutons a pu s'effacer. — *Cass.*, 26 mai 1827, Octroi de Cognac c. Burnel.

237. — Le refus ou le défaut de paiement des

droits d'octroi dus pour une récolte ne peut pas être excusé sur le motif que cette récolte ne serait rentrée que depuis peu de jours, et à cause de la pluie, et qu'elle ne serait pas encore terminée.— *Cass.*, 30 déc. 1837, Sabran.

238. — Le maître qui souffre que son domestique fasse en sa présence une fausse déclaration aux préposés de l'octroi, et qui l'approuve par son silence, est personnellement passible des peines prononcées contre ce dernier. — *Cass.*, 21 juillet. 1808, Van Gorp c. octroi de Turnhout.

239.— Le propriétaire des denrées introduites est civilement responsable de la déclaration incomplète faite par son préposé, alors même qu'il n'aurait été présent ni à la déclaration ni à l'introduction. — *Cass.*, 29 avril 1843 (t. 2 1843, p. 519), ville de Foix c. Bosc.

240. — Mais aucune condamnation ne peut être prononcée contre lui alors que l'auteur de la contravention n'a pas été directement mis en cause, et que son nom n'est même pas indiqué au procès-verbal de saisie. —Même arrêt.

§ 2. — *Vérifications et visites.*

241. — Les préposés de l'octroi peuvent, après interpellation aux conducteurs, faire sur les bateaux, voitures, et autres moyens de transport, toutes les visites, recherches et perquisitions nécessaires soit pour s'assurer qu'il n'y existe rien qui soit sujet aux droits, soit pour reconnaître l'exactitude des déclarations. —Ord. 9 déc. 1814, art. 28.

242. — Les conducteurs sont tenus de faciliter toutes les opérations nécessaires aux vérifications des employés. — Même art.

243. — Les diligences, les fourgons, fiacres, cabriolets et autres voitures de louage sont soumis aux visites des préposés de l'octroi. —*Ibid*, art. 32.

244.— Ces visites, recherches et perquisitions peuvent être faites non-seulement sur les voitures publiques, mais aussi sur les voitures particulières suspendues.—L. des 29 mars 1832, art. 7, et 24 mai 1834, art. 9.

245.— Les voitures même de la maison du roi n'en étaient pas exemptes. — Ord., 15 févr. 1775.

246. —Il est défendu aux préposés de l'octroi, sous peine de destitution et de dommages et intérêts, de faire usage de la sonde dans la visite des caisses, malles et ballots annoncés contenir des effets susceptibles d'être endommagés. Dans ce cas, comme dans tous ceux où le contenu des caisses ou ballots est inconnu, ou ne peut être vérifié immédiatement, la vérification est faite soit à domicile, soit dans les emplacemens à ce destinés. — Ord. 9 déc. 1814, art. 35.

247. — Les préposés de l'octroi peuvent reconnaître à domicile les quantités récoltées, préparées, fabriquées, et faire toutes les vérifications nécessaires pour prévenir la fraude.—*Ibid.*, art. 36.

248. — Les visites et vérifications à domicile ont lieu non-seulement chez les récoltans et fabricans, mais aussi chez les entrepositaires (art. 36 et 44). — V. ci-après § 4.

249. — Toutefois, à l'égard des entrepositaires et marchands de boissons en gros, brasseurs et distillateurs, les vérifications et visites auxquelles ils sont soumis, dans les lieux sujets au droit d'entrée, sont faites exclusivement par les employés de la régie, comme les préposés de l'octroi. —*Ibid.*, art. 91..

250. — Les brasseurs dont les établissemens sont situés dans le rayon d'octroi d'une ville sont tenus, bien qu'ils aient payé à l'entrée de la ville les droits d'octroi dont les bières sont passibles, de justifier, jusqu'à livraison des bières aux consommateurs, de l'acquit de ces droits. — En vain prétendraient-ils qu'une fois les bières entrées dans leurs magasins en ville, ils sont, comme le consommateur, affranchis de toute vérification et de tout exercice.— En conséquence, le fait par un brasseur d'avoir fait circuler dans la ville des bières non accompagnées de quittances concordantes, ou de s'être refusé aux vérifications des préposés, le rend passible d'amende. — *Cass.*, 6 mai 1848 (t. 1er 1849, p. 23), Greiner c. Octroi de Besançon.

251. — Le recensement des bestiaux doit, en général, avoir lieu dans l'intérieur de la maison ou de l'étable, et précéder la saisie. Néanmoins, au défaut de représentation ou de la quittance des droits, les employés peuvent valablement saisir les bestiaux, qu'ils n'ont pu encore recenser, au moment où ces bestiaux sortent de l'étable pour être conduits dans l'intérieur de la ville.

252. — L'art. 237 L. 28 avr. 1816, qui se trouve au tit. 7 sous la rubrique des Dispositions générales, et qui autorise les employés à s'introduire dans l'habitation des particuliers non sujets à l'exercice, sans l'assistance d'un magistrat, pour y suivre des marchandises transportées en fraude au moment d'être saisies, se réfère à tout ce qui précède, aux octrois comme aux boissons, et s'applique aux employés de l'octroi comme à ceux des contributions indirectes. — *Cass.*, 5 sept. 1834, Foltz. — Dans ce cas, les préposés de l'octroi peuvent poursuivre et saisir dans l'intérieur les objets qu'ils ont vus pénétrer du dehors, sans acquitter le droit, s'ils ne les ont pas perdus de vue. — Instr. du min. des fin. 25 sept. 1809.

253. — Les personnes voyageant à pied et à cheval ne doivent pas être arrêtées, questionnées ou visitées sur leur personne ou en raison de leurs malles et effets; mais tout individu soupçonné de faire la fraude à la faveur de cette exception, peut être conduit devant le maire ou devant un officier de police pour y être interrogé et la visite de ses effets autorisée, s'il y a lieu. — Ordon. 9 déc. 1814, art. 30 et 31.

254. — Toute personne entrant dans une ville à pied ou à cheval est réputée voyageur, dans le sens de l'art. 30 ordon. 9 déc. 1814 et de l'art. 44 L. 28 avr. 1816, et exempte de la visite des employés de l'octroi, lors même que c'est un habitant d'un village voisin ou même une personne de la ville rentrant de la promenade. — *Cass.*, 25 août 1827, Marcel; 20 juin 1828, Lecomte; 22 mars 1834, Colas-Desfrancs c. Octr. d'Orléans.

255. — La défense faite aux préposés de l'octroi d'arrêter les voyageurs, de les questionner et de les visiter, ne peut s'appliquer au cas où les objets introduits en fraude sont en évidence. — *Cass.*, 18 vendém. an X, Thaler.

256. — Il doit y avoir concomitance de l'employé au voyageur conduit devant l'officier de police par suite de soupçon de fraude, de sorte que l'employé puisse le surveiller. Le voyageur qui, sommé de venir subir la visite du commissaire de police, et après avoir obtenu que l'employé lâchât la bride de son cheval sur sa promesse de n'aller qu'au pas, a mis aussitôt son cheval au trot, et a échappé ainsi à la surveillance de l'employé, qui l'a perdu de vue, doit être déclaré avoir contrevenu à l'art. 34 de l'ordonnance de 1814; encore bien qu'il se soit rendu chez le commissaire de police, mais seul et en l'absence de l'employé qui n'a pu s'y rendre qu'après lui. — *Cass.*, 19 juillet 1828, Contr. ind. c. Lecomte.

257. — Les courriers ne peuvent être arrêtés à leur passage sous prétexte de la perception, mais les préposés sont autorisés à assister au déchargement des malles; et tout courrier, tout employé des postes ou de toute autre administration publique, qui serait convaincu d'avoir fait ou favorisé la fraude, doit être destitué par l'autorité compétente, outre les peines résultant de la contravention. — Ord. 9 déc. 1814 art. 33.

258. — Les courriers de la malle-poste, à leur entrée dans une ville, ne doivent pas être visités. Ils ne sont même pas obligés de déclarer les objets soumis à l'octroi et qui doivent être consommés dans la localité; sauf aux préposés à accompagner les malles-postes au lieu du déchargement, afin de percevoir les droits qui pourraient être dus. — *Cass.*, 2 janv. 1841 (t. 1er 1841, p. 600), Contr. ind. c. Castel.

259. — Les visites et vérifications que les employés de l'octroi sont autorisés à faire pendant le jour seulement, ne peuvent avoir lieu que dans les intervalles de temps ci-après déterminés; savoir : pendant les mois de janvier, février, novembre et décembre, depuis sept heures du matin jusqu'à six heures du soir; pendant les mois de mars, avril, septembre et octobre, depuis six heures du matin jusqu'à sept heures du soir; pendant les mois de mai, juin, juillet et août, depuis cinq heures du matin jusqu'à huit heures du soir. — Loi 28 avril 1816, art. 26 et 236.

260. —Toute personne qui s'oppose à l'exercice des fonctions des préposés de l'octroi est passible d'une amende de 50 fr. En cas de voies de fait, il en est dressé un procès-verbal qui est envoyé au procureur de la République, pour en poursuivre les auteurs, et leur faire infliger les peines portées contre ceux qui s'opposent avec violence à l'exercice des fonctions publiques. — Lois 27 frim. an VIII, art. 15, 28 avr. 1816, art. 238; C. pén. art. 209 et suiv.

261. — L'opposition à l'exercice des employés est passible de l'amende, soit qu'elle ait eu lieu sans violence ou avec voies de fait. — *Cass.*, 15 oct. 1840 (t. 2 1840, p. 784), Castels c. Contr. indir.

262. — Dans ce dernier cas, l'amende peut être cumulée par les tribunaux correctionnels avec la peine de l'emprisonnement. — Même arrêt.

263. — Les employés de l'octroi placés en observation, pour surveiller l'entrée frauduleuse d'objets soumis au droit, en dehors du rayon dans lequel ils ont droit d'instrumenter, n'en sont pas moins à leur poste et dans l'exercice de leurs fonctions. — En conséquence, les violences et voies de fait commises à leur égard, dans ces circonstances, donnent lieu à l'application de l'art. 209 du Code pénal. — *Cass.*, 14 mai 1842 (t. 2 1842, p. 492), Hyvernaud.

§ 3. — *Passe-debout et transit.*

264. — Le conducteur d'objets soumis à l'octroi qui veut traverser seulement un lieu sujet, ou y séjourner moins de vingt-quatre heures, est tenu d'en faire la déclaration au bureau d'entrée, conformément à ce qui est prescrit par l'art. 28, et de se munir d'un passe-debout, qui est délivré sur le cautionnement ou la consignation des droits. La restitution des sommes consignées, ainsi que la libération de la caution, s'opère au bureau de la sortie. Lorsqu'il est possible de faire escorter les chargemens, le conducteur est dispensé de consigner ou de faire cautionner les droits. — Ord. 9 déc. 1814, art. 37.

265. — L'individu qui se présente à l'entrée d'une ville pour la traverser avec des objets sujets aux droits d'octroi n'est dispensé de consigner les droits ou de donner une caution pour leur montant qu'autant qu'il y a possibilité pour les employés de faire escorter le chargement.— Ord. 9 déc. 1814, art. 37 et 75. — Spécialement, cette possibilité n'existe pas, et l'escorte n'est pas due, lorsque l'employé se trouve seul au bureau de l'octroi. — *Cass.*, 25 juill. 1845 (t. 1er 1848, p. 574), ville de Périgueux c. Landrodie.

266. — En cas de séjour au delà de vingt-quatre heures, le conducteur d'objets introduits sur une déclaration de passe-debout doit faire dans ce délai, et avant le déchargement, une déclaration de transit : avec indication du lieu où seront déposés les dits objets, qui devront être représentés aux employés à toute réquisition. La consignation ou le cautionnement du droit subsisteront pendant toute la durée du séjour. — Ordonn. 9 déc. 1814, *ibid.*

267. — Les règlemens locaux d'octroi peuvent désigner des lieux où les objets en passe-debout ou en transit devront demeurer déposés, ainsi que les ports ou quais où les navires, bateaux, coches, barques et diligences devront stationner. — *Ibid.*, art. 39.

268. — Les voitures et transports militaires chargés d'objets assujettis au droit, sont soumis à ces règles. — *Ibid.*, art. 40.

269. — En matière d'octroi, celui qui, ayant obtenu un passe-debout pour faire traverser une ville par des marchandises, les a déchargées avant d'arriver à la barrière indiquée dans sa soumission, ne peut pas être renvoyé des poursuites de la régie, sous le prétexte que le lieu où il a arrêté le convoi est le seul port où se font les chargemens pour la destination de ces marchandises. — *Cass.*, 15 pluv. an XI, Velasquez.

270. — Lorsque le règlement d'un octroi soumet à la déclaration tous les vins qui entreront dans la ville, et n'excepte du paiement, consignation ou cautionnement du droit que les vins traversant la ville en transit sans y séjourner plus de douze heures, un contrevenant ne peut être acquitté, sous le prétexte que les vins en transit ne sont pas expressément soumis à la déclaration; et que d'ailleurs les préposés s'étant présentés au bateau chargé des vins introduits, le conducteur leur a fait connaître le nombre de tonneaux. — *Cass.* 8 fév. 1811. Desperriés.

271. — En matière d'octroi, celui qui a contrevenu à un arrêté du préfet portant que les objets déclarés en transit sortiront en mêmes fût, nature, degré et quantité qu'ils seront entrés, ne peut pas être renvoyé de la prévention sous le prétexte que l'eau-de-vie qu'il a présentée à la sortie étant en plus grande quantité et à un degré plus fort que celle entrée, il ne pouvait pas en avoir conservé pour la distribuer sans payer les droits. — *Cass.*, 30 frim. an XIII, Octroi de Caen c. Bréville.

272. — Celui qui, après avoir fait entrer des objets en transit, en présente d'autres de nulle valeur à la sortie, commet une contravention équivalant à une introduction frauduleuse et, dès lors, est passible d'amende. — *Bordeaux*, 20 janv. 1809. — *Mémorial*, t. 5, p. 174.

273. — Le fabricant de draps qui a introduit dans une ville des huiles en transit, et qui ne justifie pas de leur sortie, ne peut être affranchi du paiement des droits d'octroi, sous le prétexte que les fabricans de tissus de laine ont la faculté de recevoir en entrepôt les huiles nécessaires à leur fabrication, s'il n'a rempli aucune des formalités exigées pour l'entrepôt des huiles. — *Cass.*, 24 janv. 1825, Maire de Bourges c. Tourangin.

§ 4. — *Entrepôt.*

274. — L'entrepôt est la faculté donnée à un propriétaire ou à un commerçant de recevoir et d'emmagasiner dans un lieu sujet à l'octroi, sans acquittement du droit, des marchandises qui y sont assujetties et auxquelles il réserve une destination extérieure. — Ord. 9 déc. 1814, art. 41.

275. — Les éleveurs de bestiaux ne peuvent jouir de la faculté d'entrepôt. — *Cass.*, 3 avril 1840 (t. 1er 1840, p. 409), Madrière. — Mais il est établi pour eux, comme pour les bouchers, un mode particulier de surveillance ou de contrôle, pour qu'ils puissent, par analogie des mesures qui constituent l'entrepôt, n'acquitter les droits sur le bétail qu'à l'instant de l'abattage. — Instr. min. des fin. 25 sept. 1809.

276. — L'entrepôt peut être réel ou fictif. Il est toujours illimité. — Ord. 9 déc. 1814, art. 4.

277. — L'entrepôt réel a lieu dans un magasin public, à ce destiné, où les marchandises sont placées sous la garde d'un conservateur et sous la garantie de l'administration de l'octroi, laquelle est responsable des altérations ou avaries qui proviennent du fait de ses préposés. — *Ibid.*, art. 41 et 47.

278. — L'administration des entrepôts n'est responsable des pertes et des avaries qu'éprouvent les marchandises placées dans ses magasins, qu'autant qu'elles sont *prouvées* provenir de son fait ou de celui de ses préposés. — *Cass.*, 12 mai 1830, Vassal c. admin. des entrepôts.

279. — L'administration de l'entrepôt général des boissons qui laisse sortir de ses magasins des marchandises qui y ont été placées en entrepôt, sans exiger de celui qui agit au nom de l'entrepositaire la représentation d'un pouvoir régulier, est responsable de la perte de ces marchandises. — *Paris*, 20 mai 1828, Préfet de la Seine c. André Cottier. — La responsabilité cesse, si l'administration de l'octroi prouve que celui qui agit au nom de l'entrepositaire a reçu un mandat *verbal* dont l'exécution a été approuvée par ce dernier. — *Cass.*, 28 mars 1831, Operman c. Ville de Paris.

280. — L'entrepôt fictif a lieu au domicile de l'entrepositaire. — Ordonn. du 9 déc. 1814, art. 41.

281. — Les règlemens locaux doivent déterminer les objets pour lesquels l'entrepôt est accordé, ainsi que les quantités au-dessous desquelles on ne peut l'obtenir. — Même art.

282. — Le silence du règlement d'octroi d'une ville sur les conditions de l'entrepôt et les devoirs des entrepositaires ne peut avoir pour effet d'y paralyser l'exécution des lois et règlemens qui régissent cette matière. — *Douai*, 19 janv. 1833, Octroi de Douai c. Doloffre.

283. — D'après les règlemens généraux sur les octrois, les huiles doivent être rangées suivant leur emploi, soit dans la classe des comestibles, soit dans la classe des combustibles, et ne peuvent pas être considérées comme des liquides. Ainsi : un règlement d'octroi qui porte que les boissons et liquides seront admissibles à l'entrepôt fictif, ne s'applique pas à l'huile de poisson. — *Cass.*, 5 avril 1826, Octroi de Cherbourg c. Henri.

284. — Une ordonnance, approuvant le règlement municipal d'une ville, qui prescrit l'ouverture d'un entrepôt public et la suppression des entrepôts particuliers, et porte que les droits seront acquittés à la sortie de l'entrepôt, quel que soit le destinataire, avant l'enlèvement, ne peut avoir pour effet d'obliger les bouilleurs et distillateurs, légalement autorisés, à payer d'abord un droit d'entrée sur la matière brute, c'est-à-dire sur les vins destinés à être convertis en eau-de-vie, puis un second droit sur le produit de la distillation. En conséquence, toute saisie de vins faite pour avoir paiement d'un double droit doit être déclarée nulle s'il est reconnu que les vins saisis ne pouvaient être employés que pour la chaudière. — *Cass.*, 9 octobre 1834, Langlade.

285. — Toute personne qui fait conduire dans un lieu sujet des marchandises soumises au tarif, pour y être entreposées, soit réellement, soit fictivement, est tenue, sous peine d'amende, d'en faire la déclaration préalable au bureau de l'octroi, de s'engager à acquitter le droit sur les quantités qu'elle ne justifierait pas avoir fait sortir de la commune, de se munir d'un bulletin d'entrepôt, et de désigner, en outre, si l'entrepôt est fictif, les magasins, chantiers, caves, celliers et autres emplacemens où elle veut déposer lesdites marchandises. L'entrepositaire est tenu aussi de déclarer au bureau de l'octroi les objets entreposés qu'il veut expédier au dehors et de les représenter aux préposés des portes ou barrières, lesquels, après vérification des quantités et espèces, délivrent un certificat de sortie. — Ord. 9 déc. 1814, art. 28, 42 et 43.

286. — Les préposés de l'octroi tiennent un compte d'entrée et de sortie des marchandises entreposées; à cet effet, ils peuvent faire à domicile, dans les magasins, chantiers, caves, celliers des entrepositaires, toutes les vérifications nécessaires pour reconnaître les objets entreposés, constater les quantités restantes et établir le décompte des droits dus sur celles pour lesquelles il n'est pas représenté de certificat de sortie. Ces droits doivent être acquittés immédiatement par les entrepositaires, et, à défaut, il est décerné contre eux des contraintes qui sont exécutoires nonobstant opposition et sans y préjudicier. — Ordonn. 9 déc. 1814, art. 44. — Lors du règlement de décompte, il est accordé aux entrepositaires une déduction sur les marchandises entreposées dont le poids ou la quantité est susceptible de diminuer. Cette déduction est fixée pour les boissons par l'art. 5 de la loi des finances du 31 juill. 1821 ; la quotité pour les autres objets doit être fixée par les règlemens locaux. — *Ibid.*; et loi de 1821, article précité.

287. — Les fermiers de l'octroi qui reçoivent des vins en entrepôt, soit que ces vins se trouvent déposés dans le local spécialement affecté à l'entrepôt de l'octroi, ou dans des caves et magasins particuliers, sont assimilés aux facteurs et commissionnaires, et, comme tels, assujettis aux exercices des préposés de la régie et à l'obligation de représenter des expéditions pour toutes les boissons tenues sous leur garde. — *Cass.*, 15 déc. 1808, Droits réunis c. octroi de Malines.

288. — L'administration de l'octroi d'une ville ne peut se prévaloir des bulletins de l'administration des contributions indirectes, pour le recouvrement des droits d'entrepôt sur des manquans dans des liquides introduits dans le rayon de l'octroi. — *Cass.*, 5 avril 1826, Octroi de Cherbourg c. Henri.

289. — Dans les communes où la perception des droits sur les vendanges, pommes ou poires, ne peut être opérée au moment de l'introduction, l'administration de l'octroi accorde l'entrepôt à tous les récoltans et est autorisée à faire faire un recensement général pour constater les quantités de vin, cidre ou poiré fabriquées. Les préposés de l'octroi se borneront, dans ce cas, à faire chaque année deux vérifications à domicile chez les propriétaires qui n'entrèposent que les seuls produits de leur cru : l'une avant, l'autre après la récolte. — Ord. 9 déc. 1814, art. 46.

290. — Mais, dans les villes sujettes au droit d'entrée, c'est à la régie des contributions indirectes qu'appartient exclusivement le pouvoir de décider si le droit du Trésor et aussi le droit d'octroi sur les vins, cidres ou poirés provenant de nouvelle récolte seront perçus par voie de recensement général. — Loi 28 avr. 1816, art. 40.

291. — Les objets reçus dans un entrepôt réel sont, après vérification, marqués ou rouannés, et inscrits par le conservateur sur un registre à souche et avec indication de l'espèce, la qualité et la quantité de l'objet entreposé, des marques et numéros des futailles ou colis et des noms et demeure du propriétaire; un récépissé détaché de la souche, contenant les mêmes indications, et signé par le conservateur, est remis à l'entrepositaire. — Ord., 9 déc. 1814, art. 48.

292. — Pour retirer de l'entrepôt les marchandises qui y ont été admises, l'entrepositaire est tenu de représenter le récépissé d'admission, de déclarer les objets qu'il veut enlever et de signer sa déclaration pour opérer la décharge du conservateur; il est tenu, en outre, d'acquitter les droits pour les objets qu'il fait entrer dans la consommation de la commune, de se munir d'une expédition pour ceux destinés à l'extérieur, et de rapporter au dos un certificat de sortie délivré par les préposés aux portes. — *Ibid.*, art. 49.

293. — Les cessions de marchandises peuvent avoir lieu dans l'entrepôt, moyennant une déclaration de la part du vendeur et la remise du récépissé d'admission. Il en est délivré un autre à l'acheteur, dans la forme prescrite par l'art. 48. — *Ibid.*, art. 50.

294. — L'entrepôt réel est ouvert en tout temps aux entrepositaires, tant pour y soigner leurs marchandises que pour y conduire les acheteurs. — *Ibid.*, art. 51.

295. — Les rouliers ou conducteurs qui déposent à l'entrepôt des marchandises refusées par les destinataires peuvent obtenir de l'administration de l'octroi le paiement des frais de transport et des déboursés dûment justifiés. — *Ibid.*, art. 52.

296. — A défaut par le propriétaire d'objets entreposés de veiller à leur conservation, le conservateur se fait autoriser par le maire à y pourvoir. Les frais d'entretien et de conservation sont remboursés à l'administration de l'octroi sur les mémoires et états réglés par le maire. — *Ibid*, art.. 53. — Les propriétaires d'objets entreposés sont tenus d'acquitter, tous les mois, les frais de magasinage, lesquels doivent être déterminés par le règlement général de l'octroi ou par un règlement particulier approuvé par le ministre des finances. — *Ibid.*, art. 54.

297. — Si, par suite de dépérissement d'objets entreposés ou par toute autre cause, leur valeur, au dire d'experts appelés d'office par l'administration de l'octroi, n'excède pas moitié en sus des sommes qui peuvent être dues pour frais d'entretien, frais de transport, ou magasinage, il est fait sommation au propriétaire, ou à son représentant, de retirer lesdits objets; et à défaut, ils sont vendus publiquement par ministère d'huissiers. Le produit net de la vente, déduction faite des sommes dues, avec intérêts, à raison de cinq pour cent par an, est déposé dans la caisse municipale, et tenu à la disposition du propriétaire. — *Ibid.*, art. 55.

298. — Toute fraude de la part d'un entrepositaire serait punissable alors même que, de fait, elle n'aurait consisté qu'à masquer des manquans, si d'ailleurs elle avait pour objet d'éluder les droits d'octroi.

§ 5. — *Abonnement.*

299. — Les octrois par abonnement, établis en vertu de l'arrêté du 4 thermidor an X, sont abolis. — Ord. 3 juin 1818, art. 1er.

300. — Les octrois dits par abonnement étaient perçus sur tous les habitans de la commune sujette au droit d'octroi, d'après un rôle de répartition basé sur la consommation présumée de chaque habitant. En conséquence, ce mode de perception avait pour effet de substituer une véritable contribution directe à l'impôt indirect de l'octroi.

301. — Le but de l'ordonnance de 1818, exprimé dans son préambule, a été de ramener la perception des octrois aux seuls modes textuellement consacrés par l'art. 147 de la loi du 28 avril 1816, savoir : la régie simple, la mise en ferme, la régie intéressée, et l'abonnement avec la régie des contributions indirectes. — Les abonnemens prohibés par cette ordonnance sont ceux définis sous le numéro précédent.

302. — La défense ne s'applique pas aux abonnemens d'octroi consentis avec des bouchers ou avec quelques autres classes de contribuables, lesquels doivent être considérés comme des fermes partielles et se trouvent ainsi autorisés par la loi de 1816. — Déc. cons. d'adm. 8 juill. 1818; Circ. min. des fin. 10 sept. 1818.

303. — La demande des habitans d'une ville, en annulation des arrêtés d'un maire et d'un préfet, rendus en matière d'abonnement aux droits d'octroi, ne peut être présentée au Conseil d'Etat que par suite du renvoi ordonné par le roi (aujourd'hui par le président de la République) sur le rapport du ministre de l'intérieur. — *Cons. d'Etat*, 31 mai 1807, faubourgs et hameaux de Poitiers.

Sect. 8e. — *Employés de l'octroi.*

304. — Les employés de l'octroi interviennent dans presque toutes les opérations relatives à la perception, comme on peut le voir dans la plupart des articles composant le mot OCTROI. Nous nous bornerons à parler ici du personnel, des écritures et de la comptabilité.

§ 1er. — *Personnel.*

305. — Dans toutes les communes où les produits annuels du droit d'octroi s'élèvent à 20,000 fr. et au-dessus, il peut être établi un préposé en chef de l'octroi. Ce préposé est nommé par le ministre des finances sur la proposition du maire, approuvée par le préfet, et sur le rapport du directeur général des contributions indirectes. — L. 28 avril 1816, art. 155.

306. — Le ministre des finances peut nommer d'office un préposé en chef de l'octroi dans une ville où le produit annuel de l'octroi s'élève à 20,000 fr. au moins, si le maire refuse de présenter un candidat. — *Cons. d'Etat* 14 juill. 1819, Chosson c. Contrib. indir.

307. — Le traitement du préposé surveillant est fixé par le ministre des finances, sur la proposition du conseil municipal, et fait partie des frais de perception de l'octroi. — L. 28 avr. 1816, art. 155.

308. — Les dispositions qui précèdent ne sont point applicables à l'octroi de Paris, dont l'administration est soumise à des règlemens particuliers. — Même art.

309. — Les autres préposés de tout grade des octrois sont nommés par les préfets sur la proposition des maires. — Le directeur général des contributions indirectes peut, dans l'intérêt du trésor, faire révoquer ceux de ces préposés qui ne remplissent pas convenablement leurs fonctions. — Ord. 9 déc. 1814, art. 56 et 95; L. 28 avril 1816, art. 156.

310. — Les préposés de l'octroi nommés par les préfets ont seuls le caractère suffisant pour constater les contraventions. Ce droit n'appartient pas aux individus nommés par les fermiers de l'octroi. — *Colmar*, 15 mars 1837 (t. 1er 1840, p. 262), Ruesch c. Morand-Rolla.

311. — Les préposés de l'octroi doivent être âgés au moins de vingt-un ans accomplis. Ils sont tenus de prêter serment devant le tribunal civil de la ville où ils exercent; et dans les lieux où il n'y a pas de tribunal, devant le juge de paix. Ce serment est enregistré au greffe sans le ministère d'avoué, et donne ouverture à un droit fixe d'enregistrement de trois francs. — Le préposé qui change de résidence n'est pas obligé de renouveler son serment; il lui suffit de faire viser sa commission, sans frais, par le juge de paix ou le président du tribunal civil du lieu où il doit exercer. — Les préposés doivent toujours être porteurs de leur commission et la représenter lorsqu'ils en sont requis. — Le port d'armes leur est accordé, dans l'exercice de leurs fonctions, comme aux employés des contributions indirectes. Il leur est défendu de faire le commerce des objets compris au tarif, et ils sont passibles des peines portées par le Code pénal contre les fonctionnaires publics prévaricateurs lorsqu'ils favorisent la fraude, soit en recevant des présens, soit de toute autre manière. — Ord. 9 déc. 1814, art. 58, 60 et 63.

312. — Tous les préposés comptables des octrois sont tenus de fournir un cautionnement en numéraire qui est fixé par le ministre des finances, à raison du vingt-cinquième brut de la recette présumée. — Le minimum ne peut être au-dessous de 200 fr. — Pour les octrois des grandes villes, il est présenté des fixations particulières. — Ces cautionnemens sont versés au trésor, qui en paie l'intérêt au taux fixé pour ceux des employés des contributions indirectes. — L. 28 avr. 1816, art. 159.

313. — Tout préposé destitué, ou démissionnaire, est tenu, sous peine d'y être contraint par corps, de remettre immédiatement sa commission, ainsi que les registres et autres effets dont il a été chargé; et, s'il est receveur, de rendre ses comptes. — *Ibid.*, art. 44.

314. — Les préposés qui arrêtent, questionnent ou visitent, sur leurs personnes ou en raison de leurs malles et effets, les voyageurs à pied ou à cheval, sont réputés commettre des actes de violence et peuvent être poursuivis correctionnellement et condamnés à 50 fr. d'amende et à 6 mois d'emprisonnement. — L. 27 frim. an VIII, art. 12; Ordonn. 9 déc. 1814, art. 30.

315. — Les règlemens particuliers ne peuvent déroger aux règlemens généraux. En conséquence, les préposés d'octroi, dans les villes où des règlemens particuliers, approuvés par ordonnance du chef du gouvernement, leur prescrivent de faire à domicile la visite des voitures particulières devant séjourner au moins quatre heures dans la ville, ne peuvent être passibles de dommages-intérêts pour avoir visité ces voitures à la barrière, conformément aux prescriptions de la loi et aux instructions de l'administration des contributions indirectes. — *Cass.*, 23 mai 1842 (t. 1er 1842, p. 763), de Montalet c. Gimolluet.

316. — Les préposés de l'octroi sont placés sous la protection de l'autorité publique. Il est défendu de les injurier, maltraiter et même de les troubler, dans l'exercice de leurs fonctions, sous les peines de droit. Les autorités civiles et militaires, ainsi que la force publique, sont tenues de leur prêter aide et assistance toutes les fois qu'elles en sont requises. — Ordonn. 9 déc. 1814, art. 65; L. 28 avr. 1816, art. 245.

317. — Avant la loi du 28 avr. 1816, les préposés de l'octroi ne pouvaient être poursuivis, pour les faits relatifs à l'exercice de leurs fonctions, sans l'autorisation du gouvernement. — *Cass.*, 12 déc. 1806, Grenier.

318. — Toutefois cette autorisation n'était pas nécessaire pour poursuivre un simple préposé d'un régisseur d'octroi, qui n'était point commissionné comme agent du gouvernement. — *Cass.*, 8 déc. 1808, Golburn.

319. — Aujourd'hui, les préposés des octrois peuvent, comme les employés des contributions indirectes, être mis en jugement sans l'autorisation préalable du gouvernement. — *Cass.*, 25 août 1827, Marcel; 19 mars 1836, Lisandre et Nignau c. Basc. — Mangin, *De l'action publique*, t. 2, p. 19.

320. — L'action correctionnelle intentée contre ces employés ne peut être admise, lorsqu'il n'est articulé contre eux aucuns faits de violence autres que ceux de l'emploi de la force nécessaire pour triompher de la résistance du contrevenant et opérer la saisie des objets de fraude. — Même arrêt du 19 mars 1836.

321. — L'administration de l'octroi est civilement responsable du dommage causé par ses agens, dans l'exercice ou à l'occasion de l'exercice de leurs fonctions. Peu importe que l'employé de l'octroi, lors du fait donnant lieu à la responsabilité civile, ait agi dans l'intérêt de la régie des contributions indirectes, surtout lorsque celle-ci n'a pas été mise en cause par l'administration de l'octroi. — Peu importe, aussi, que le fait reproché à l'employé de l'octroi constitue un crime, pour lequel il n'avait point reçu mandat de l'administration de l'octroi; celle-ci l'ayant commissionné pour les faits civils à l'occasion desquels le crime a été commis. — *Cass.*, 19 juill. 1826, Octroi de Marseille c. Lieutaud.

§ 2. — *Écritures et comptabilité.*

322. — Tous les registres employés à la perception ou au service de l'octroi sont à souche. Les perceptions ou déclarations y sont inscrites sans interruption ni lacune. Les quittances ou expéditions qui en sont détachées sont marquées du timbre de la régie des contributions indirectes, dont le prix, fixé par la loi à dix centimes, est acquitté par les redevables et son produit versé dans les caisses de la régie. — Ordonn. 9 déc. 1814, art. 66; L. 28 avr. 1816, art. 243.

323. — Le droit de timbre des expéditions d'octroi, n'étant que le remboursement du timbre d'enregistrement auquel ces expéditions étaient précédemment soumises, ne peut être considéré comme un prélèvement interdit par l'art. 153 de la loi du 28 avril 1816, et ne peut être perçu au profit de la commune. — Ordonn. 14 juill. 1819.

324. — Les recettes de l'octroi sont versées à la caisse municipale tous les cinq jours au moins, et plus souvent même dans les villes où les perceptions sont importantes. — *Ibid.*; Ordonn. 9 déc. 1814, art. 67.

325. — La régie des contributions indirectes détermine le mode de comptabilité des octrois, ainsi que la forme et le modèle des registres, expéditions, bordereaux, comptes et autres écritures relatifs au service des octrois; elle fait faire la fourniture de toutes les impressions nécessaires sur la demande des maires. — *Ibid.*, art. 68.

326. — Tous les registres servant à la perception des droits d'entrée sur les vins, cidres, poirés, esprits et liqueurs, aux déclarations de passe-debout, de transit, d'entrepôt et de sortie pour ces mêmes boissons; ceux employés pour recevoir les déclarations de mise de feu de la part des brasseurs et distillateurs; enfin les registres portatifs tenus pour l'exercice des redevables soumis en même temps aux droits d'octroi et à ceux dus au trésor, sont communs aux deux services. La moitié des dépenses relatives à ces registres est supportée par l'octroi et payée sur les mémoires dressés par la régie des contributions indirectes, approuvés par le ministre des finances. — *Ibid.*, art. 69.

327. — Les registres autres que ceux dont l'usage est commun aux octrois et aux droits d'entrée, sont cotés et paraphés par le maire; ils sont arrêtés par lui le dernier jour de chaque année, déposés à l'administration municipale, et renouvelés tous les ans. A l'égard des autres registres, les maires peuvent en prendre communication, sans déplacement, et en faire faire des extraits pour ce qui concerne les recettes des octrois. — *Ibid.*, art. 70.

328. — Les états et bordereaux de recettes et de dépenses des octrois sont dressés aux époques qui ont été déterminées par la régie des contributions indirectes. Un double de ces états et bordereaux, signé du maire, est adressé au préposé supérieur de la régie pour être transmis au directeur du département, et par celui-ci à son administration. — *Ibid.*, art. 71.

329. — Les comptes d'octroi sont rendus par le receveur aux maires, et arrêtés par ces derniers dans les trois mois qui suivent l'expiration de chaque année. — *Ibid.*, art. 72.

330. — Les altérations commises frauduleusement sur les registres d'un octroi, constituent un faux en écriture publique. — *Cass.*, 2 juill. 1820, Viellet.

331. — En matière d'octroi, une cour de justice criminelle peut, sans violer aucune loi, induire des aveux judiciaires faits par le préposé qui a tenu le registre: qu'une déclaration, telle qu'elle y a été consignée, présente une irrégularité qui en altère la substance. — *Cass.*, 11 nov. 1808, Octroi de Cologne c. Farina et Clément.

Sect. 9e. — *Rapports de l'administration de l'octroi avec celle des contributions indirectes et attributions réciproques de leurs employés.*

332. — La surveillance générale de la perception et de l'administration de tous les octrois du royaume est formellement attribuée à la régie des contributions indirectes; elle l'exerce sous l'autorité du ministre des finances, qui donne les instructions nécessaires pour assurer l'uniformité et la régularité du service et régler l'ordre de la comptabilité particulière à ces établissemens. — Ordonn. du 9 déc. 1814, art. 89.

333. — Nous avons vu (*suprà* no 325) que les pièces nécessaires aux écritures et à la comptabilité sont fournies à l'administration de l'octroi par la régie des contributions indirectes.

334. — Les préposés des octrois se servent, pour l'exercice de leurs fonctions, des jauges, sondes, rouannes et autres ustensiles dont les employés des contributions indirectes font usage. La régie leur fait fournir ces ustensiles, dont le prix est payé par les communes. — *Ibid.*, art. 93.

335. — Les préposés de l'octroi sont tenus, sous peine de destitution, d'opérer la perception des droits d'entrée établis au profit du trésor, toutes les fois que la régie des contributions indirectes le juge convenable. Ils doivent alors, sous la même peine, exiger de tout conducteur d'objets soumis au droit d'entrée la représentation des expéditions requises, vérifier les chargemens, et rapporter procès-verbal des fraudes et contraventions qu'ils découvrent; enfin, ils remettent chaque jour à l'employé en chef des contributions indirectes un relevé des objets, frappés du droit au profit du trésor, qui ont été introduits. La régie fait exercer relativement à ces perceptions tel genre de surveillance et de contrôle qu'elle juge nécessaire. — Ordonn. du 9 déc. 1814, art. 92; L. du 28 avril 1816, art. 154.

336. — Les employés de l'octroi sont sans caractère pour assister les employés des contributions indirectes hors des limites de la commune pour laquelle ils sont commissionnés et assermentés. — *Cass.*, 4 juin 1841, Larrieu.

337. — Lors même que le règlement d'octroi leur attribue le droit de surveiller les brasseries dans tout l'arrondissement, ils ne peuvent saisir les bières hors des limites de la commune. — Même arrêt.

338. — Lorsque la régie des contributions indirectes charge de la perception des droits d'entrée des préposés commissionnés par elle, les communes sont tenues de les placer avec leurs propres receveurs dans les bureaux établis aux portes des villes. — L. 28 avr. 1816, art 154.

339. — Des remises sont accordées par la régie des contributions indirectes à l'octroi pour la perception des droits d'entrée opérée par les employés de l'octroi. Le produit de ces remises est réparti entre tous les employés d'octroi d'une même commune, dans la proportion qui est déterminée par le maire. — Ordonn. 9 déc. 1814, art. 89.

340. — L'administration des contributions indirectes est civilement responsable des employés de l'octroi, lorsqu'ils sont préposés par elle et agissent dans son intérêt. — *Cass.*, 30 janvier 1833, Contribut. indir. c. Paul.

341. — Les employés des contributions indirectes concourent au service des octrois, et rapportent procès-verbal pour les fraudes et contraventions, relatives aux droits d'octroi, qu'ils découvrent. — Ordonn. 9 déc. 1814, art. 93.

342.—Ils suivent, dans l'intérêt des communes, comme dans celui du Trésor, les exercices, dans l'intérieur des lieux sujets, chez les entrepositaires de boissons et chez les brasseurs et distillateurs; il est tenu compte, par l'octroi, à la régie des contributions indirectes, de partie des dépenses occasionnées par ces exercices. — *Ibid.*, art. 91.

Sect. 10e. — *Poursuites en paiement des droits d'octroi.*

343. — *Contraintes.* — Le recouvrement des droits d'octroi peut être poursuivi soit contre les régisseurs, fermiers, receveurs et autres préposés à la recette desdits droits, soit contre les redevables. Dans tous les cas, la poursuite s'opère par voie de contraintes, qui sont exécutoires par provision, et sans y préjudicier. — Décr. 15 nov. 1810, art. 1er; circ. de la régie, 13 juill. 1812; ordonn. 9 déc. 1814, art. 36 et 44; loi 28 avr. 1816, art. 239. — Dareste, *Annales des octrois*, p. 260.

344.— Ces contraintes sont décernées, savoir : contre les régisseurs, fermiers, receveurs et autres préposés à la recette par le receveur municipal; et contre les redevables, par les receveurs chargés de la perception de l'octroi. — Les premières sont visées par le maire, les secondes soit par le maire, soit par le préposé en chef de l'octroi, et les unes comme les autres sont rendues exécutoires par le juge de paix. Elles sont toutes faites à la requête du maire ou du fermier, si l'octroi est en régie simple ou en ferme ordinaire; et, cumulativement, à la requête du maire et du régisseur, ou du directeur des contributions indirectes, si l'octroi est en régie intéressée ou perçu par l'administration des contributions indirectes en vertu d'abonnement. Dans ce dernier cas, elles ont lieu poursuite et diligence du directeur seul; et dans tous les autres cas, poursuite et diligence du préposé en chef ou principal de l'octroi. — Décr. 15 nov. 1810, art. 1er et 2; circul. précitée du 13 juillet 1812. — Dareste, *Annales des octrois*, p. 45 et 71.

345. — Il n'est délivré qu'une seule contrainte à raison des sommes qui peuvent être dues à la fois pour droits de contributions indirectes et d'octroi. — Et, dans ce cas, la contrainte a lieu aux requête, poursuite et diligence du directeur des contributions indirectes, seul chargé du recouvrement des droits dus simultanément aux deux administrations. — Arg. décr. 17 mai 1809, art. 164; circ. précitée du 13 juill. 1813.

346. — Les contraintes entraînent la contrainte par corps contre les personnes ci-après désignées : 1° Les comptables chargés de la perception des deniers d'octroi ou de la garde ou de l'emploi des effets mobiliers appartenant aux communes, ainsi que leurs cautions, agens et préposés ayant personnellement géré et fait la recette. — L. 17 avr. 1832, art. 9.— 2° Les fermiers et régisseurs intéressés de l'octroi, ainsi que leurs cautions, agens et préposés ayant personnellement géré l'entreprise.—*Ibid.*, art. 10.— 3° Tous les redevables, débiteurs et cautions, des droits d'octroi, qui ont obtenu un crédit et qui n'ont pas acquitté à échéance le montant de leurs soumissions ou obligations. — *Ibid.*, art. 11.

347. — *Compétence.* — Les contestations qui peuvent s'élever sur l'application du tarif ou sur la quotité des droits exigés par les receveurs d'octroi doivent être portées devant le juge de paix dans le canton duquel siége l'administration municipale, à quelque somme que le droit contesté puisse s'élever, pour être par lui jugées, sommairement et sans frais, soit en dernier ressort si le droit réclamé n'excède pas 100 fr., soit à la charge d'appel, devant le tribunal de première instance de l'arrondissement, si le droit est supérieur à cette somme. — L. 27 frim. an VIII, art 13; 2 vend. an VIII, art. 1er; ordonn. 9 déc. 1814, art. 81; 25 mai 1838, art. 1er.

348. — En conséquence, sont de la compétence du juge de paix; sauf l'appel devant le tribunal de première instance, suivant la quotité de la somme réclamée : 1° les contestations sur le fond du droit et sur l'application du tarif d'octroi aux objets fabriqués dans l'intérieur d'une commune. — *Cass.*, 6 prair. an IX, Pille; 27 avr. 1825, Reiss c. Bommer.

349.—...Les contestations sur le point de savoir si des charbons employés pour une usine sont ou non assujettis aux droits comme les objets destinés à la consommation locale. — *Cass.*, 19 sept. 1845 (t. 1er 1846, p. 303), Ville de Périgueux c. Durand.

350. — ... 2° Les difficultés qui s'élèvent entre le maire et les brasseurs d'une commune sur la quotité des droits d'octroi qui peuvent être dus sur la fabrication des bières. — *Rouen*, 2 janvier 1819, Octroi de Rouen c. Chevalier.

351.— ... 3° Celles relatives aux contraintes décernées à fin de paiement des droits d'octroi, et les demandes en restitution des sommes payées en vertu de ces contraintes. — *Cons. d'Etat*, 31 janv. 1834, Couture c. ville de Bordeaux. — C'est même, le plus souvent, par voie d'opposition aux contraintes devant le juge de paix que s'engagent les débats soit sur l'application du tarif, soit sur la quotité des droits réclamés.

352. — En cas de contestation sur l'application du tarif ou sur la quotité du droit, le porteur ou conducteur de l'objet à raison duquel le droit est réclamé est tenu de consigner, avant tout, le montant de ce droit entre les mains du receveur; faute de quoi, il ne peut passer outre, ni introduire dans le lieu sujet l'objet qui a donné lieu à la contestation : sauf à lui à se pourvoir devant le juge de paix du canton. Il ne peut être entendu qu'en représentant la quittance de ladite consignation au juge de paix. — Ord. 9 déc. 1814, art. 81.

353. — Les demandes en restitution des sommes ainsi consignées doivent être soumises à la juridiction civile du juge de paix, et, en cas d'appel, du tribunal de première instance; parce qu'elles se rattachent toujours à une contestation sur l'application du tarif ou sur la quotité du droit dont elles ne sont que l'accessoire. — *Cass.*, 24 niv. an XI, Octroi de Lyon c. Gui.

354.—Les contestations relatives à l'application d'un tarif d'octroi peuvent être portées devant le juge de paix sans dépôt préalable du mémoire exigé par l'art. 51 de la loi du 18 juill. 1837, et sans que la commune ait été autorisée à y défendre. — Et les tribunaux de première instance peuvent statuer sur l'appel interjeté par la commune alors même que cette dernière ne se serait pas munie d'autorisation soit pour appeler, soit pour ester sur l'appel. — *Cass.*, 2 février 1848 (t. 1er 1848, p. 434), Maire de Roubaix et Motte c. Bossut et Ce.

355. — Lorsqu'il y a contestation à la fois sur les droits de contributions indirectes et d'octroi, il doit être procédé sur le tout conformément aux dispositions législatives concernant les contributions indirectes.—Décr. 17 mai 1809, art. 164. — En conséquence, la cause doit être portée, non pas devant le juge de paix, mais devant le tribunal de première instance. — *Rouen*, 2 janv. 1819, Octroi de Rouen c. Chevalier; *Cass.*, 3 avr. 1830, Contr. ind. c. Escatafal. — Augier, *Encyclopédie des juges de paix*, v° *Octroi*, p. 168, n° 18.

356. — Lorsque le règlement de l'octroi d'une ville ne se réfère à la législation des contributions indirectes, pour les contestations à naître sur le fond du droit, que dans le cas où il s'agit tout à la fois de droits de contributions indirectes et d'octroi, on doit, s'il s'agit uniquement d'octrois, recourir aux dispositions législatives, concernant les octrois, et, par conséquent, à la juridiction du juge de paix. — *Cass.*, 7 mars 1818, Contr. ind. c. Fouquet.

357. — La disposition de l'art. 136 du décret du 17 mai 1809, qui attribue à l'autorité administrative la connaissance des contestations entre le fermier de l'octroi et la commune, n'est pas applicable au cas où la commune figure dans la contestation relative à la perception des droits d'octroi, non en qualité de bailleresse, mais en qualité de contribuable. — Dans ce cas la commune est considérée comme un simple particulier, et le juge de paix est compétent pour connaître du litige. — *Cass.*, 20 déc. 1841 (t. 1er 1842, p. 281), Mourier c. Maire d'Alais.

358. — C'est au tribunal de première instance, et non au juge de paix, qu'il appartient de décider si les droits d'octroi perçus par une commune sont soumis au prélèvement du dixième au profit de l'Etat. — *Cass.*, 27 janv. 1834, Contr. ind. c. Ville de Voiron. — La contestation porte, alors, non pas précisément sur le droit d'octroi, mais bien sur le prélèvement du dixième, qui constitue un véritable impôt indirect.

359. — L'ordonnance du chef du gouvernement, approbative du budget d'une commune, qui porte réduction du dixième dû au Trésor sur le produit net de l'octroi ne lie aucunement le tribunal de première instance appelé à statuer sur cette contestation. — *Cass.*, 25 mars 1840 (t. 1er 1840, p. 706), Contr. ind. c. Ville de Besançon.

360. — C'est aussi au tribunal de première instance qu'il appartient de décider si l'octroi perçu dans des communes comprises dans le rayon d'octroi d'une ville, appartient à ces communes ou à la ville. Dans le cas où cette question nécessite l'interprétation d'actes administratifs, le tribunal saisi doit, non pas se déclarer incompétent, mais seulement surseoir en retenant la cause au fond. — *Cass.*, 15 janv. 1840 (t. 1er 1840, p. 314), commune de Rouceux c. ville de Neufchâteau.

361. — La juridiction civile des juges de paix et des tribunaux de première instance n'est, en général, compétente pour connaître des contestations en matière d'octroi qu'à une double condition : qu'il n'y ait pas eu de contravention commise, et que le conducteur ait préalablement consigné le droit; mais lorsque, au lieu de consigner, le conducteur a refusé de payer le droit, et qu'il a été dressé procès-verbal de la contravention, l'affaire doit être suivie par la voie correctionnelle. — *Cass.*, 7 mars 1818, Contrib. indir. c. Fouquet.

362. — Toutefois, il ne suffit pas qu'il ait été dressé un procès-verbal de contravention pour changer l'ordre des juridictions. — Aussi, c'est au juge de paix, et non au tribunal de police correctionnelle, qu'il appartient de prononcer lorsque celui qui est prévenu d'avoir fraudé les droits d'octroi, en transportant des objets d'un lieu à un autre, soutient qu'il n'était dû aucun droit. — *Cass.*, 15 déc. 1808, intérêt de la loi, Ders et Perret. — Carré, *Juridiction des juges de paix*, t. 3, n° 1823 et suiv. — Angles, *Encyclop. des juges de paix*, v° *Octroi*. — Pourvu, bien entendu, qu'il y ait eu consignation du droit réclamé.

363. — Lorsqu'un fournisseur de vivres, chargé de l'approvisionnement des troupes stationnées dans une commune, poursuivi en paiement des droits d'octroi, soutient en avoir été affranchi, et demande, pour justifier sa prétention, la communication des registres de l'octroi, le maire poursuivant ne peut suppléer à cette communication par la production d'une feuille volante, certifiée conforme aux registres seulement par le contrôleur de l'octroi et visée par le directeur. — La double déclaration de ce fournisseur, qu'il a effectivement introduit des bestiaux dans la ville, mais qu'il a été convenu avec l'autorité qu'il ne paierait aucun droit pour cette introduction, est indivisible et, par suite, insuffisante pour devenir le fondement d'une condamnation contre lui. — *Cass.*, 4 août 1828, Maire de Carcassonne c. Cazenave.

364. — Les juges de paix et tribunaux de première instance sont incompétens pour statuer sur les amendes encourues et demandées pour contravention aux droits d'octroi (L. 17 fr. an VIII, art. 17). — Cette incompétence est matérielle et peut être proposée en tout état de cause, et même pour la première fois devant la Cour de cassation. — *Cass.*, 26 nov. 1810, Pont-Chapelle c. Octroi d'Argentan.

365. — Les tribunaux ne peuvent modifier le tarif de l'octroi sous le prétexte de l'interpréter par l'usage. — Ils ne peuvent surtout statuer à cet égard par voie réglementaire en décidant qu'à l'avenir les droits seront perçus sous les modifications qu'ils indiquent. — Ainsi, lorsque le tarif fixe à tant par stère le droit à percevoir sur les bois en grume, un tribunal ne peut, même en se fondant sur l'usage, déclarer ce droit réductible dans la proportion du sixième de la circonférence dudit bois, et ordonner que dorénavant cette réduction sera ainsi opérée. — *Cass.*, 11 mai 1841 (t. 2 1841, p. 201), Latour c. Delaunoy.

366. — Le jugement qui, après avoir ordonné la restitution d'un droit perçu, ajoute que l'administration sera tenue de prendre des mesures pour que semblable restitution ait lieu à l'avenir sans obstacle dans les mêmes circonstances, doit être annulé comme prononçant par voie générale et réglementaire. — *Cass.*, 8 juin 1830, Octroi de Paris c. Julliard.

367. — *Prescription.* — La législation particulière aux octrois n'ayant fixé aucun délai spécial après lequel la prescription serait acquise, soit aux redevables pour les droits, soit aux communes pour la restitution des objets saisis, il en résulte que ces droits et restitution ne se prescrivent que par trente ans. — C. civ., art. 2227 et 2262.

Sect. 11e. — *Poursuite des contraventions aux droits d'octroi.*

368. — Les contraventions en matière d'octroi résultent de l'inaccomplissement des différentes formalités prescrites aux redevables relativement à la perception des droits, et qui se trouvent exposées dans les articles précédens. — La poursuite de ces contraventions s'opère ainsi qu'il va être expliqué sous les quatre paragraphes suivans.

§ 1er. — *Action et compétence.*

369. — Les contraventions aux droits d'octroi qui ne sont accompagnées d'aucun délit touchent beaucoup moins à l'intérêt public qu'à l'intérêt privé de la commune, du fermier ou du régisseur de l'octroi, qui ont seuls droit aux amendes, sauf la portion réservée aux employés (ordonn. 9 déc. 1814, art. 83 et 84). — En conséquence, l'action en poursuite de ces contraventions appartient; savoir : à la commune ou au fermier, si l'octroi est en régie simple ou en ferme ordinaire; et cumulativement, à la commune et au régisseur, ou au directeur des contributions indirectes, si l'octroi est en régie intéressée ou perçu par l'administration des contributions indirectes en vertu d'abonnement.

370. — Par suite, le fermier de l'octroi, comme représentant la commune, a qualité à l'effet de poursuivre seul la répression de semblables contraventions. — *Cass.*, 26 août 1826, Balleroy c. Lebourgeois.

371. — Et ces contraventions ne peuvent être poursuivies d'office par le ministère public. — *Cass.*, 25 août 1827, Leblanc.

372. — Lorsque les contraventions constatées sont communes aux contributions indirectes et à l'octroi, la régie des contributions indirectes dirige seule les poursuites au nom des deux administrations. — Arg. décr. 17 mai 1809, art. 164.

373. — Mais, dans ce cas, le maire de la commune ou le fermier de l'octroi est recevable à intervenir, soit devant le tribunal correctionnel, soit en cause d'appel, dans la contestation existant entre l'administration des contributions indirectes et le prévenu de la double contravention relative aux droits de contributions indirectes et d'octroi. — *Cass.*, 18 juill. 1817, Maire de Rouen c. Malleux.

374. — Lorsque les contraventions en matière d'octroi sont accompagnées d'un délit, les poursuites peuvent être exercées cumulativement par la commune, le fermier ou régisseur de l'octroi, ou le directeur des contributions indirectes (suivant le mode de perception de l'octroi), et par le ministère public : chacun dans l'intérêt respectif qu'il représente. — C'est en ce sens seulement que nous paraît devoir être entendue la confusion de l'action publique et de l'action civile dont parle l'arrêt de cassation précité du 26 août 1826, Balleroy (V. *suprà* no 323); encore est-il plus exact et plus vrai de dire que les actions, lors même qu'elles existent simultanément, ne se confondent pas pour cela, et continuent, au contraire, à s'exercer distinctement et par les mêmes personnes.

375. — L'opposition, sans violence, à l'exercice des employés de l'octroi, constitue, non pas une simple contravention contre l'intérêt privé de la commune ou du fermier de l'octroi, mais bien un délit contre l'ordre public. En conséquence, le ministère public est recevable à poursuivre d'office le prévenu. — *Cass.*, 13 nov. 1833, et *Orléans*, 8 fév. 1834, Terrier. — Il a même seul qualité pour la poursuite de ce délit, conformément aux principes généraux du droit criminel.

376. — Dans ce cas, la régie de l'octroi est non recevable à se pourvoir par appel contre le jugement rendu en police correctionnelle sur la poursuite du ministère public seul. — *Cass.* 13 mars 1806, Brainsiaux c. octroi de Lille.

377. — *Compétence.* — Avant la loi du 24 mai 1834, l'action résultant des procès-verbaux en matière d'octroi et les questions naissant de la défense du prévenu étaient de la compétence exclusive, soit du tribunal de simple police, soit du tribunal correctionnel du lieu de la rédaction du procès-verbal, suivant la quotité de l'amende. — Ordonn. 9 déc. 1814, art. 78.

378. — En conséquence, les contraventions en matière d'octroi, qui n'emportaient pas une amende supérieure à 15 fr., étaient de la compétence du tribunal de simple police. — *Cass.*, 22 juin 1821, Contr. indir. c. Pingault.

379. — Celles qui entraînaient une amende supérieure à 15 fr. étaient de la compétence du tribunal de police correctionnelle. — *Cass.*, 27 sept. 1828, Moreau c. Miquelard.

380. — Lorsque le tribunal de police correctionnelle se trouvait saisi d'une contravention, en matière d'octroi, qui n'entraînait qu'une amende de 15 fr., ou au-dessous, et qu'aucune des parties n'avait demandé le renvoi en simple police, son jugement était en dernier ressort. — *Cass.*, 22 juin 1821, Contr. indir. c. Pierre Pingault.

381. — Aujourd'hui, toute contravention ou fraude en matière d'octroi devant entraîner une amende dont le *minimum* est fixé à 100 fr. (L. 24 mai 1834, art. 9), le tribunal de police correctionnelle est seul compétent pour en connaître.

382. — Le tribunal correctionnel, comme juge des contraventions en matière d'octroi, est également compétent pour connaître des exceptions qui, sans toucher au fond du droit réclamé, tendent à détruire le fait matériel de la contravention. — Il en est ainsi de l'exception que le prévenu prétend faire résulter de la vérité de sa déclaration à l'égard des objets introduits.

383. — Lorsqu'un prévenu a déclaré s'inscrire en faux contre un procès-verbal des préposés de l'octroi, le tribunal correctionnel saisi de l'action principale est juge de la nature des moyens sur lesquels repose l'inscription; en conséquence, il ne peut renvoyer à procéder sur le faux avant d'avoir décidé si les moyens sont pertinens et admissibles. — *Cass.*, 21 avril 1809, Chollois.

384. — Le tribunal correctionnel saisi d'une contravention doit surseoir à statuer, lorsqu'il s'élève une question préjudicielle de la connaissance du juge civil; c'est-à-dire touchant au fond du droit. — Ainsi, lorsque l'individu inculpé d'avoir introduit des objets en contravention au règlement d'octroi prétend que le fait incriminé ne rentre pas, par sa nature, dans les prévisions de ce règlement; le tribunal de police correctionnelle doit renvoyer devant le juge de paix, pour être statué sur cette question. — *Cass.*, 18 avril 1833, Chernault. — Pourvu que le prévenu ait consigné le droit exigé avant l'introduction dans le lieu sujet de l'objet qui a donné lieu à la contestation. — Même article.

385. — Le prévenu de contravention en matière d'octroi, qui n'a pas usé de la faculté que lui accordait l'ordonnance du 9 déc. 1814 (art. 81), de demander son renvoi devant le juge de paix, après avoir consigné le droit réclamé, est non recevable à se plaindre de la prétendue incompétence du tribunal correctionnel. — *Cass.*, 22 déc. 1820, octroi de Belfort c. Dauphin. — Dans ce cas, le prévenu doit être considéré comme ayant reconnu implicitement que le droit est dû; et il ne peut plus contester que le fait matériel de la contravention.

386. — En matière d'octroi, lorsque le fait qui constitue la contravention est constant, les tribunaux ne peuvent acquitter le prévenu, sous le prétexte de sa bonne foi. — *Cass.*, 23 vend. an XI, Aurès; 2 mai 1822, octroi de Belfort c. Dauphin; 14 mars 1835, Rochelin c. Courtois; *Bruxelles*, 9 nov. 1835, N...; *Cass.*, 1er mars 1838, octroi de Bordeaux.

§ 2. — *Procès-verbaux et inscription de faux.*

387. — Les procès-verbaux constatent les contraventions aux droits d'octroi, et peuvent être rédigés par un seul préposé. Ils doivent énoncer la date du jour de leur rédaction, la nature de la contravention, et, en cas de saisie, la déclaration qui en aura été faite au prévenu; les noms, qualités et résidence de l'employé verbalisant et de la personne chargée des poursuites; l'espèce, le poids ou la mesure des objets saisis; leur évaluation approximative; la présence de la partie à la description, ou la sommation qui lui aura été faite d'y assister; le nom, la qualité et l'acceptation du gardien; le lieu de rédaction du procès-verbal et l'heure de la clôture. — Ordonn. 9 déc. 1814, art. 75.

388. — Il n'est pas nécessaire que le procès-verbal de contravention soit écrit de la main du préposé qui l'a rédigé et signé. — *Nîmes*, 7 mars 1822, Nicolas c. octroi d'Uzès.

389. — Les procès-verbaux de contravention aux droits d'octroi sont dressés à la requête du maire ou du fermier, si l'octroi est en régie simple ou en ferme ordinaire; et cumulativement à la requête du maire et du régisseur, ou du directeur des contributions indirectes, si l'octroi est en régie intéressée, ou perçu en vertu d'abonnement par l'administration des contributions indirectes. Dans ce dernier cas, le procès-verbal est fait poursuite et diligence du directeur seul; et, dans les autres cas, il a lieu poursuite et diligence du préposé en chef ou principal de l'octroi. — Dareste, *Ann. des octrois*, p. 45 et 71.

390. — Si le procès-verbal a pour but de constater en même temps des contraventions aux droits des contributions indirectes et d'octroi, il doit toujours être dressé, sous le premier rapport, à la requête du directeur des contributions indirectes; et pour le tout poursuites et diligence de ce directeur seul. — Circ. 16 janv. 1817. — Dareste, *Ann. des octrois*, p. 285 et 286.

391. — Un procès-verbal de contravention en matière d'octroi ne peut pas être annulé pour n'avoir pas été rédigé au moment même de l'introduction, si à ce moment le contrevenant a été arrêté par la force armée pour sûreté publique, et conduit à la mairie, où les préposés de l'octroi ont dressé leur procès-verbal. — *Cass.*, 18 vendém. an X, Thaler.

392. — Dans le cas où le motif de la saisie porte sur le faux ou l'altération des expéditions, le procès-verbal doit énoncer le genre de faux, les altérations ou surcharges; et les dites expéditions, signées et paraphées du saisissant *ne varietur*, doivent être annexées au procès-verbal, qui contiendra la sommation faite à la partie de le parapher et sa réponse. — Ord. 9 déc. 1814, art. 76.

393. — Avant l'ordonnance de 1814, les procès-verbaux de contravention en matière d'octroi n'étaient pas nuls à défaut de sommation de les signer. — *Cass.*, 9 juin 1808, octroi de Perpignan c. Estève. — Et on devrait encore décider de même aujourd'hui, hors le cas prévu par l'art. 76 de cette ordonnance. — V. *suprà* nos 340 et 345.

394. — Si le prévenu est présent à la rédaction du procès-verbal, cet acte énoncera qu'il lui en a été donné lecture et copie. En cas d'absence du prévenu, si celui-ci a domicile ou résidence connue dans le lieu de la saisie, le procès-verbal lui sera signifié dans les vingt-quatre heures de la clôture. Dans le cas contraire, le procès-verbal sera affiché, dans le même délai, à la porte de la maison commune. Ces procès-verbaux, significations et affiches pourront être faits tous les jours indistinctement. — Ordon. 9 déc. 1814, art. 77.

395. — En matière d'octroi, l'inobservation des formalités prescrites par l'ordonnance du 9 déc. 1814, relativement aux procès-verbaux, n'emporte nullité qu'autant qu'il s'agit de formalités substantielles. Ainsi, l'omission de la signification du procès-verbal au contrevenant, ordonnée par l'art. 77, n'emporte pas nullité lorsqu'elle n'a pas eu pour résultat de porter atteinte aux droits de la défense : en ce qu'il est constant que le contrevenant n'a pas ignoré les faits relatifs à la saisie, et qu'il a même été sommé d'assister à la rédaction du procès-verbal. — *Cass.*, 17 juin 1836 (t. 1er 1837, p. 193), Rochelin c. Bataille; 7 nov. 1840 (t. 2 1841, p. 466), Bourdon c. Octroi de Calais.

396. — Les procès-verbaux des employés, constatant la fraude, doivent être affirmés devant le juge de paix de l'arrondissement dans lequel siège l'administration municipale, dans les vingt-quatre heures de leur date, sous peine de nullité, et ils doivent être enregistrés dans le délai de quatre jours. — Lois 22 frim. an VII, art. 20; 27 frim. an 8, art. 8.

397. — Un seul employé de l'octroi peut affirmer un procès-verbal dressé par plusieurs. Il n'est pas nécessaire que l'acte d'affirmation soit notifié aux prévenus. — *Cass.*, 7 nov. 1840 (t. 2 1841, p. 466), Bourdon c. Octroi de Calais.

398. — Le délai de vingt-quatre heures prescrit pour l'affirmation des procès-verbaux est de rigueur. Il court à partir de la clôture du procès-verbal. — *Cass.*, 5 janv. 1809, Lallemant.

399. — Non à partir de l'heure à laquelle la rédaction a commencé. — *Cass.*, 29 mai 1818, Hernier.

400. — Un procès-verbal des préposés à la perception des droits d'octroi ne peut pas être annulé sous le prétexte qu'il n'a pas été donné lecture de l'affirmation aux saisis. Cette formalité n'est prescrite par aucune loi ni par aucun règlement. — *Cass.*, 22 mai 1807, Lombardi c. Cortassa et Rosso.

401. — En matière d'octroi, lorsque le procès-verbal est irrégulier, le tribunal ne peut refuser d'entendre les témoins produits par le receveur pour établir la contravention. — C. inst. crim., art. 154. — *Cass.*, 28 août 1812, Gor; 14 mars 1833, Rochelin c. Courtois.

402. — Lorsque les procès-verbaux de contravention sont argués de nullité, les juges peuvent, sans admettre la preuve testimoniale, offerte pour y suppléer, se décider, sur la culpabilité des prévenus, d'après leurs aveux et le résultat des débats. — C. inst, crim., art. 154. — *Cass.*, 6 juin 1835, Putriel.

403. — Nous avons vu que les préposés de l'octroi ont le droit de constater les contraventions aux lois sur les contributions indirectes, et que, réciproquement, les préposés des contributions indirectes ont le droit de verbaliser en matière d'octroi; mais les formalités prescrites pour la régularité des procès-verbaux dépendent de la matière à laquelle appartient la contravention. Ainsi, le procès-verbal des préposés de l'octroi qui a été affirmé dans les trois jours, mais après le délai de vingt-quatre heures accordé par la loi du 27 frim. an VIII, est tout à la fois: régulier, comme constatant une contravention aux lois sur les contributions indirectes, et nul, comme constatant une contravention en matière d'octroi. — *Cass.*, 14 déc. 1821, Micol c. Contrib. indir.

404. — Un procès-verbal de contravention aux lois sur les octrois ne peut pas être annulé pour inobservation des formalités prescrites par le décret du 1er germinal an XIII, qui est spécial aux droits réunis. — Décr. 1er germ. an XIII, art. 21, 25 et 26. — *Cass.*, 27 févr. 1806, Droits réunis c. Boudray; 1er mai 1806, Octroi de Paris c. Méguard.

405. — *Inscription de faux.* — En matière d'octroi, les procès-verbaux de contravention font foi en justice jusqu'à inscription de faux. — *Cass.*, 23 vendém. et 5 frim. an XI, 30 messid. an XII et 9 juin 1808, Aurès, Legays et Entremine, Octroi de Perpignan c. Estève; *Colmar*, 10 mars 1835, Berger c. Schnel.

406. — Les procès-verbaux font foi, jusqu'à inscription de faux, non-seulement des faits matériels de fraude, mais encore des dires et déclarations des parties qui peuvent fortifier les faits constatés. — L. 8 déc. 1814, art. 139. — Mais on ne peut opposer à un prévenu la déclaration faite en son absence par une tierce personne étrangère au procès et à sa poursuite. — *Cass.*, 22 fév. 1811, Octroi de Nantes c. Bureau.

407. — La foi qui est due, jusqu'à inscription de faux, à tout procès-verbal régulier, en matière d'octroi, ne peut pas être détruite par de prétendues invraisemblances ni par des conjectures, ni par des circonstances blâmables dans la conduite des employés. — *Cass.*, 18 nov. 1825, Contr. ind. David c. Maugin. — *Traité des procès-verbaux*, p. 396, n° 233.

408. — On ne peut détruire la force d'un procès-verbal de cette espèce, par la production d'un passe-debout délivré une heure après la saisie. — *Cass*, 23 vendém. an XI, Aurès; 5 frim. an XI, Legays.

409. — Lorsqu'il est établi par un procès-verbal régulier qu'un individu a introduit sans déclaration au bureau de l'octroi des marchandises sujettes aux droits, et que le déchargement en a été fait sans le concours d'un déchargeur juré, le prévenu ne peut être acquitté, sous le prétexte que le chargement de la voiture n'a pas été vérifié au moment de son introduction, ni même depuis, et que rien n'établit l'identité entre l'objet saisi et celui introduit en fraude. — *Cass.*, 11 mars 1808, Octroi c. Ponsaerts.

410. — Lorsqu'il résulte, d'un procès-verbal régulier, qu'au moment où les préposés de l'octroi ont trouvé chez un boucher un bœuf nouvellement abattu et dépouillé, ce boucher a déclaré n'avoir point de quittance du droit et leur en a offert le paiement, qu'il était obligé, par le règlement de l'octroi, d'effectuer préalablement, et lorsque, d'un autre côté, la quittance produite dans le cours de l'instance est datée d'une heure postérieure à celle où le bœuf a été trouvé abattu, ces faits établissent une preuve suffisante de la contravention, pour que le tribunal ne puisse, sans violer la loi et le règlement de l'octroi, prononcer l'acquittement du prévenu. — *Cass.*, 23 nov. 1821, Contrib. ind. c. Gourdiat.

411. — Lorsqu'un procès-verbal des employés de l'octroi constate le colportage de viande dépecée, contrairement à un arrêté du maire, concernant la police de la boucherie, le tribunal saisi de cette contravention ne peut, sans violer la foi due au procès-verbal, jusqu'à inscription de faux, renvoyer le prévenu des poursuites par le motif que le fait du colportage n'est pas suffisamment établi. — *Cass.*, 5 sept. 1834, Aubert.

412. — Lorsqu'un procès-verbal des préposés de l'octroi constate l'opposition, avec voies de fait, à l'exercice de leurs fonctions, et l'introduction frauduleuse de boissons à l'aide de vessies cachées sous un corset; les moyens de faux dirigés contre ce procès-verbal, et consistant : 1° en ce que le prévenu ne portait pas de corset et, conséquemment, pas de vessies, ce que les préposés ont pu voir lorsqu'il s'est déshabillé publiquement autant que la décence lui permettait de le faire; 2° en ce qu'il fut saisi au collet par un des préposés sans que celui-ci lui eût fait connaître sa qualité, et que, s'il a frappé ce dernier, ce n'est que dans le cas de légitime défense, ne sont pas suffisans pour justifier le prévenu de la fraude, et des contraventions qui lui sont imputées, et, dès lors, ne peuvent être admis. — *Cass.*, 24 déc. 1841 (t. 2 1842, p. 14), Contrib. indirectes c. Theil.

413. — Lorsqu'un fait n'est rapporté dans un procès-verbal qu'en interligne non approuvé par les rédacteurs, ce tribunal ne doit y avoir aucun égard. — *Mémorial de la régie*, t. 10, p. 182.

414. — Un jugement interlocutoire qui a ordonné la preuve par témoins de faits contraires à ceux constatés par le procès-verbal d'un employé de l'octroi assermenté ne peut, bien que passé en force de chose jugée et fortifié de l'acquiescement des parties, lier les juges, qui, lors de la décision du fond, doivent faire prévaloir la foi due à un procès-verbal régulier sur une preuve que la loi ne permet qu'en cas d'inscription de faux. — *Cass.*, 16 oct. 1842 (t. 1er 1843, p. 379), Octroi de Bordeaux c. Guimbertleau.

415. — Les procès-verbaux ne font foi que jusqu'à preuve contraire, et sans qu'il soit besoin de recourir à l'inscription de faux, des faits d'injure, de trouble aux exercice et rébellion qu'ils peuvent constater. — *Cass.*, 22 janv. 1819, Guichard; 23 décemb. 1820, Hamen; 6 novemb. 1823, Marcel.

416. — Pour l'inscription de faux et ses suites, on doit suivre les règles prescrites par les art. 458 et suivans du Code d'instruction criminelle. — D'Agar, *Man. des contrib. indir.*, t. 2, p. 273.

417. — Les formalités prescrites par le décret du 1er germ. an XIII ne sont pas applicables en matière d'octroi : il n'y a aucun délai fatal pour faire la déclaration d'inscription de faux contre un procès-verbal de contravention. — *Cass.*, 29 août 1811, N... — Mangin, *Procès-verbaux*, n° 223.

418. — La déclaration faite postérieurement à l'audience indiquée par l'assignation est non recevable encore bien que, par suite de la multiplicité des affaires, la cause n'ait pas été appelée ce jour-là, et que l'inscrivant ait fait sa déclaration à l'audience où la cause est venue en ordre utile. — *Cass.*, 18 mars 1836, Desquiron. — Legraverend, t. 1er, ch. 5, p. 234; Mangin, *Procès-verbaux*, p. 120, n° 50.

419. — Lorsque des agens de l'administration des contributions indirectes ont dressé un procès-verbal, que le prévenu s'est inscrit en faux contre ce procès-verbal, et qu'il a été renvoyé devant le juge compétent pour faire statuer sur son inscription de faux; que, par suite du refus du procureur de la République de suivre sur cette inscription, ce prévenu a saisi le tribunal civil, qui s'est déclaré compétent, le tribunal correctionnel saisi de nouveau de l'affaire ne doit pas se déclarer compétent et renvoyer l'instruction devant l'un de ses membres : il doit, au contraire, se déclarer incompétent, surseoir à statuer, et renvoyer devant les juges compétens, qui sont les juges criminels. — *Paris*, 5 janv. 1843 (t. 1er 1843, p. 360), Delacourt.

420. — Sous l'arrêté du 29 therm. an XI on ne pouvait poursuivre par la voie criminelle l'inscription de faux contre le procès-verbal d'un préposé de l'octroi, sans avoir obtenu préalablement l'autorisation du préfet. Il en est autrement depuis la loi du 28 avr. 1816 (art. 244). — *Cass.*, 5 niv. an XIV, Moreau c. Martineau.

§ 3. — *Dispositions pénales.*

421. — En général, les contraventions en matière d'octroi sont punies de la confiscation des objets saisis et d'une amende de 100 à 200 fr. — L. 28 avr. 1816, art. 46; 29 mars 1832, art. 8; 24 mai 1834, art. 9.

422. — Les voitures, chevaux et autres objets servant au transport doivent être saisis, à défaut par le contrevenant de consigner le maximum de l'amende ou de donner caution solvable. — L. 28 avr. 1816, art. 27; 29 mars 1832, art. 8; 24 mai 1834, art. 9.

423. — La confiscation s'étend aux futailles, sacs, paniers et enveloppes servant au transport des objets de fraude. — *Cass.*, 5 août 1808, Droits réunis c. Maudelaine

424. — L'amende n'est pas collective, mais individuelle. Elle doit être appliquée à chacune des personnes qui ont pris part à la même contravention. — *Cass.*, 25 mars 1825, Bourquin; 16 avr. 1825, Leure.

425. — L'amende en matière d'octroi est moins une peine qu'une réparation civile: en conséquence, l'art. 365 du Code d'instruction criminelle, qui prohibe le cumul des peines, n'est point alors applicable et il y a lieu de prononcer autant d'amendes qu'il y a de contraventions. — *Cass.*, 26 août 1826, Balleroy c. Lebourgeois. — Peu importe que ces contraventions diverses aient été constatées par un seul procès-verbal. — Même arrêt.

426. — Tout objet sujet à l'octroi, qui, nonobstant l'interpellation faite par les préposés, est introduit sans avoir été déclaré, ou sur une déclaration fausse ou inexacte, doit être saisi. — Ordonn. 9 déc, 1814, art. 29.

427. — Est considérée comme fausse et inexacte la déclaration des marchandises dont les différentes qualités sont soumises à des droits différens, et qui les suppose toutes de la même qualité imposée au droit le plus faible. — *Cass.*, 8 juill. 1822, douanes c. Lilleman.

428. — Une fois la saisie faite d'un objet entré sans déclaration, le paiement postérieur du droit à un autre bureau ne peut invalider cette saisie. — *Cass.*, 28 niv. an X, douanes c. Vanderlic.

429. — Il en est de même de la levée d'une expédition, après la déclaration de la saisie. — *Cass.*, 5 frim. an XI, Legays.

430. — L'amende de 100 à 200 fr., portée par l'art. 8 de la loi du 29 mars 1832 contre ceux qui tentent d'introduire des *denrées* en fraude des droits d'octroi, est applicable non-seulement lorsqu'il s'agit de marchandises destinées à la nourriture de l'homme ou des animaux, mais à toute espèce d'objets sujets aux droits. — *Cass.*, 17 janv. 1839 (t. 1er 1839, p. 315), Contributions indirectes c. Hennet et Bailly.

431. — Ceux qui ne peuvent justifier du paiement des droits d'octroi pour les objets saisis à l'intérieur sont présumés les avoir introduits en fraude; en conséquence, le tribunal ne peut se dispenser de prononcer contre eux l'amende et la confiscation. — *Cass.*, 22 mai 1835, Octroi de Salins c. Petot.

432. — Celui qui, contrairement au règlement de l'octroi, a fait entrer dans son chantier des eaux-de-vie sans avoir fait la déclaration prescrite et sans avoir payé le droit d'octroi, dont il devait représenter la quittance aux employés, est passible d'une amende et de la confiscation de ses marchandises, lors même que les droits de circulation et de consommation générale sur les boissons auraient été supprimés. — Cette suppression serait inapplicable aux droits d'octroi. — *Cass.*, 18 juill. 1817, maire de Rouen c. Malleux.

433. — La contravention résultant de ce qu'un négociant a fait extraire de son entrepôt, sans déclaration préalable, sans expédition et sans payer les droits, des marchandises qui y étaient soumises, est passible des mêmes peines. — *Cass.*, 19 août 1836, Octroi de Caen c. Brazil.

434. — Celui qui a fait entrer dans une ville sujette à octroi un chariot de houille dont la vérification a accusé un chargement supérieur à la quantité déclarée, doit être condamné tout à la fois à la confiscation de l'excédant non déclaré et à l'amende. — *Bruxelles*, 8 nov. 1835, N...

435. Tout porteur ou conducteur d'objets soumis aux droits d'octroi étant tenu de payer les droits avant de les introduire dans la commune, on ne peut connaître la déclaration qu'il en a faite que par le laissez passer et la quittance qu'il représente ; et il est passible de l'amende pour la quantité excédant celle énoncée dans ces deux pièces, quand même la quantité vérifiée serait conforme à la lettre de voiture qui a dû être produite lors de sa déclaration. — *Cass.*, 27 févr. 1806, Droits réunis c. Boudray.

436. — Est valable la saisie des bestiaux sortant de l'étable pour être conduits dans l'intérieur de la ville, à l'égard desquels la quittance des droits n'est pas représentée. — Vainement dirait-on que la saisie ne peut précéder le recensement qui ne doit avoir lieu que dans l'intérieur de la maison ou de l'étable. — *Cass.*, 3 avr. 1840 (t. 1er 1840, p. 409), Madrières.

437. — Lorsque les denrées sont soumises aux droits d'octroi à la sortie comme à l'entrée, la fausse déclaration à la sortie est passible de la même amende que la fausse déclaration à l'entrée. — *Cass.*, 24 mai 1833, Diemer c. Vinkelmann.

438. — Lorsqu'un brasseur, jouissant de l'entrepôt pour les droits d'octroi des bières qu'il fabrique dans l'intérieur d'une ville, présente à un bureau de sortie des tonneaux dans lesquels il a substitué de l'eau à la bière qu'il avait déclarée au bureau central vouloir exporter, pour faire décharger d'autant son compte d'entrepôt, cette substitution constitue une contravention passible d'amende. — *Cass.*, 7 janv. 1814, Beeck c. Octroi de Louvain.

439. — La substitution d'eau aux liquides ou boissons par un entrepositaire dans les recensemens qui ont eu lieu chez lui, est prohibée en matière d'octroi aussi bien qu'en matière de contributions indirectes (L. 28 avr. 1816, art. 59; Décr. 17 mai 1809, art. 93 et 94). — Une semblable substitution, faite dans le but de dissimuler des manquans, afin de les soustraire à la perception des droits, et la déclaration infidèle de l'entrepositaire, aux employés de l'octroi, constituent une contravention passible d'amende. — *Douai*, 19 janv. 1833, Octroi de Douai c. Deloffre.

440. — De même, la substitution d'une tonne d'eau à une tonne d'huile, dans le but de frustrer l'octroi des droits dont le paiement est dû, ou de masquer un déficit, constitue une contravention prévue et réprimée par les art. 11 L. 27 frim. an VIII, 127 L. 8 déc. 1814, 44 ordonnance 9 déc. 1814, 95 décret 17 mai 1809. — *Cass.*, 6 juin 1835 Pratviel.

441. — Le jugement qui, sur la poursuite du ministère public, condamne un prévenu à l'emprisonnement pour s'être opposé avec violence et voies de fait à l'exercice des fonctions des employés de l'octroi, ne fait point obstacle à ce que la régie ne poursuive et n'obtienne contre le contrevenant une condamnation à l'amende. — *Cass.*, 15 oct. 1840 (t. 2 1840, p. 784), Castels c. Contrib. indir.

442. — Lorsqu'il résulte d'un procès-verbal régulièrement dressé par les employés de l'octroi que des objets entrés en fraude ont été saisis dans une maison dont le propriétaire n'en ignorait pas l'origine, et qui lui-même connaissait la fraude et la favorisait, les tribunaux ne peuvent renvoyer celui-ci des poursuites, par le motif qu'il résulte des débats : qu'avant l'arrivée des employés il s'était plaint de l'introduction dans sa maison des objets saisis et avait ordonné aux fraudeurs de les emporter. — Ces faits ne détruiraient pas, d'ailleurs, les énonciations du procès-verbal constatant qu'au moment où les employés sont entrés dans la maison il n'y avait eu de la part du propriétaire de cette maison aucune résistance, aucune opposition aux faits qu'ils ont constatés. — En conséquence, il y a lieu, dans ce cas, non-seulement à la confiscation des objets saisis ; mais à une condamnation à l'amende contre le propriétaire, comme complice de la fraude. — *Cass.*, 1er mars 1838 (t. 1er 1840, p. 373), Contrib. indir. c. Arnaud.

443. — Avant la loi du 24 mai 1834, l'amende, en matière d'octroi, était d'une valeur égale à celle de l'objet saisi. La quotité de cette amende était fixée d'après la valeur commerciale de l'objet saisi dans le lieu où l'introduction frauduleuse avait été faite, et non d'après le prix d'achat. — *Cass.*, 22 germ. an XIII, Boytou c. Doynel.

444. — Avant 1834, la simple tentative d'introduction en fraude, d'objets soumis aux droits d'octroi, ne constituait pas une contravention ; il fallait qu'il y eût introduction réelle. — *Cass.*, 11 déc. 1821, Octroi de Lyon c. Micol.

445. — Aujourd'hui l'introduction ou la tentative d'introduction d'objets soumis au droit d'octroi, à l'aide d'ustensiles préparés ou de moyens disposés pour la fraude, donne lieu à la saisie de ces objets, ainsi qu'à celle des ustensiles, chevaux, voitures, bateaux et autres objets servant au transport. — Le contrevenant doit même être arrêté et détenu s'il ne consigne le montant de l'amende encourue. — L. 28 avril 1816, art. 223 et 224 ; L. 29 mars 1832, art. 8 et 9 ; L. 24 mai 1834, art. 9.

446. — La fabrication et la distillation des eaux-de-vie et esprits dans les villes où ces opérations sont prohibées sur la demande des conseils municipaux, sont punies d'une amende de 1,000 à 3,000 fr. Les eaux-de-vie et esprits trouvés en fraude, les chaudières qui ne seraient pas fixées à demeure et maçonnées sont, en outre, saisis et confisqués. — L. 28 avril 1816, art. 129 ; L. 1er mai 1822, art. 10 ; L. 24 mai 1834, art. 10.

447. — Les objets saisis par suite de contravention aux règlemens d'octroi sont déposés au bureau le plus voisin : si la partie saisie ne se présente pas dans les dix jours, à l'effet de payer la quotité de l'amende par elle encourue, ou si elle ne forme pas, dans le même délai, opposition à la vente ; la vente desdits objets est faite par le receveur, cinq jours après l'apposition à la porte de la maison commune, et autres lieux accoutumés, d'une affiche signée de lui et sans aucune autre formalité. — Ord. 9 déc. 1814, art. 79.

448. — Néanmoins si la vente des objets saisis est retardée, l'opposition ne peut être formée jusqu'au jour indiqué pour la vente. L'opposition est motivée et contient assignation, à jour fixe, devant le tribunal de police correctionnelle, avec élection de domicile dans le lieu où siége le tribunal. Le délai de l'échéance de l'assignation ne peut excéder trois jours. — *Ibid.*, art. 80.

449. — Dans les cas où les objets saisis sont sujets à dépérissement, la vente peut en être autorisée avant les délais ci-dessus fixés, par une simple ordonnance du juge de paix, sur requête. — *Ibid.*, art. 82.

450. — Tant que la vente des objets saisis à tort, pour contravention aux lois sur les octrois, n'a pas été effectuée, le prévenu conserve le droit d'en réclamer la remise en nature lorsque le règlement particulier, qui fixe un délai de huitaine pour cette revendication, ne prononce aucune déchéance. — *Cass.*, 22 février 1841, Octroi de Nantes c. Bureau.

451. — Celui qui, après avoir soutenu un procès contre le fermier des droits d'octroi, finit par succomber, n'est pas responsable civilement envers lui des droits que d'autres individus ont refusé d'acquitter durant la contestation. Le fermier ne peut imputer qu'à lui-même d'avoir négligé de dresser des procès-verbaux contre eux. — *Metz*, 31 juillet 1821, Octroi de Belfort c. Dauphin.

452. — Le prévenu reconnu coupable d'une contravention doit être condamné aux dépens. Le tribunal ne peut ordonner que les dépens seront compensés entre le prévenu et le fermier de l'octroi qui l'a poursuivi. — C. d'inst. crim., art. 194. — *Cass.*, 26 août 1826, Balleroy c. Lebourgeois.

453. — Sous la loi du 14 brum. an VII, le voiturier qui, par suite d'une contestation sur le droit de passe aux barrières, avait refusé de consigner le montant du droit, ou de donner caution, ne pouvait, en obtenant gain de cause, réclamer des dommages et intérêts résultant de la mise en fourrière de ses chevaux. — *Cass.*, 23 messid. an X, Ruelle c. Bodin.

454. — Le produit des amendes et confiscations pour contravention aux règlemens de l'octroi, déduction faite des frais et prélèvemens autorisés, doit être attribué : moitié aux employés de l'octroi, pour être réparti d'après le mode qui sera arrêté, et moitié à la commune. — Ord. 9 déc. 1814, art. 84.

455. — Une portion peut en être affectée à la dotation de caisses locales de retraite et de secours pour les préposés. — Décr. 17 mai 1809, art. 147.

456. — La contrainte par corps a lieu pour les contraventions d'octroi : contre les fraudeurs et contrevenans qui n'ont pas acquitté les amendes prononcées contre eux par jugemens ou qui n'ont pas fourni caution solvable. — L. 28 avril 1816, art. 223 ; 29 mars 1832, art. 9 ; 24 mai 1834, art. 9.

457. — Aux termes de l'art. 9 de la loi du 29 mars 1832 : l'introduction ou la tentative d'introduction d'objets soumis aux droits d'octroi à l'aide d'ustensiles préparés ou de moyens disposés pour la fraude, donne lieu à l'application des art. 223, 224 et 225 de la loi du 28 av. 1816. — Cet article ne disposait que pour la ville de Paris, mais l'art. 9 de la loi du 24 mai 1834 en a rendu la disposition, ainsi que celle des art. 7 et 8, applicable à toutes les communes ayant un octroi.

458. — Il suit de là que, dans les cas prévus par cet article, les fraudeurs peuvent être constitués prisonniers (L. 28 avr. 1816, art. 223), sauf à être conduits sur-le-champ devant un officier de police judiciaire ou remis à la force armée chargée de les conduire devant le juge compétent ; lequel statue de suite, par une décision motivée, sur leur emprisonnement ou leur mise en liberté. — Néanmoins, les prévenus peuvent être mis en liberté provisoire sous caution. — *Ibid.*, art, 225.

459. — Dans le cas de fraude par escalade, par souterrain ou à main armée, il est infligé au contrevenant une peine correctionnelle de six mois de prison, outre l'amende et la confiscation. — L. 28 av. 1816, art. 46 ; 29 mars 1832, art. 8 ; 24 mai 1834, art. 9.

460. — Les prévenus qui ont fait la fraude par souterrain ou par escalade peuvent, en outre, être poursuivis administrativement pour la réparation des dégradations qu'ils auraient commises aux murs et clôtures. — Instr. min. fin. du 25 sept. 1809.

§ 4. — *Recours contre les jugemens et prescriptions.*

461. — Lorsqu'il s'agit de contraventions qui intéressent l'octroi seul, la procédure se règle par le C. d'instruction criminelle ; et non par le décret du 1er germinal an XIII, relatif aux contributions indirectes. Ainsi : l'appel d'un jugement de police correctionnelle, rendu en cette matière, doit être interjeté dans les dix jours de la prononciation, et non pas seulement dans la huitaine de la signification du jugement. — *Metz*, 28 déc. 1820, Hamon ; *Cass.*, 26 juin 1824, Maire de Bayeux c. Creps.

462. — Mais les dispositions du décret du 1er germinal an XIII doivent être suivies, s'il s'agit de contraventions qui intéressent en même temps la régie des contributions indirectes et l'octroi. Alors, il suffit que l'appel du jugement rendu sur la contravention commune ait été interjeté dans la huitaine de la signification. — Même arrêt.

463. — Le maire qui se pourvoit en cassation, au nom de sa commune, contre un jugement correctionnel relatif à une contravention aux droits d'octroi, ne peut être assimilé à un agent public, et, à ce titre, dispensé de consigner l'amende ; ce n'est, en ce cas, qu'un agent particulier de la commune. — *Cass.*, 7 oct. 1836 (t. 1er 1837, p. 123), Octroi de Salins et Contr. indir. c. Debulle. — Il en est de même, à plus forte raison, du fermier de l'octroi. — *Mémorial de la régie*, t. 10, p. 186.

464. — Mais, lorsque le maire d'une commune, comme administrateur de l'octroi, s'est pourvu, concurremment avec la régie des contributions indirectes, contre un jugement correctionnel, relatif à une contravention commune aux droits de contributions indirectes et d'octroi, la régularité du pourvoi de la régie suffit pour justifier celui du maire du défaut de consignation d'amende. — *Cass.*, 26 mars 1819, Malleux.

465. — La déclaration en fait, par les juges du fond, que les objets saisis en contravention par les employés de l'octroi l'ont été dans le rayon de l'octroi, échappe à la censure de la Cour de cassation. — *Cass.*, 7 nov. 1840 (t. 2 1841, p. 406), Bourdon c. Octroi de Calais.

466. — La législation des octrois n'indique qu'un délai spécial pour la prescription des poursuites relatives aux contraventions ; dès lors, il faut suivre les règlemens. Ainsi, d'après l'art. 640 du Code d'instruction criminelle, l'action publique et l'action civile résultant des procès-verbaux d'octroi sont prescrites après trois années révolues. — Girard, *Tableau des contraventions en matière de contr. indir.*, no 654, note 34.

467. — Par le même motif, les peines portées par les jugemens ou arrêts relatifs à des contraventions d'octroi, se prescrivent par cinq ans, suivant les distinctions indiquées aux art. 636 et 639 du Code d'instr. crim.

468. — On ne peut interrompre la prescription pour le recouvrement des amendes prononcées par jugement, qu'en faisant procéder soit à la saisie des biens du condamné, soit à son emprisonnement, en vertu de la contrainte par corps.

— *Cass.*, 17 juin 1835, enreg. c. Pascault-Dubuissonnet.

469. — Mais la condamnation aux dépens étant purement civile, ne se prescrit que par trente ans. — *Cass.*, 23 janv. 1828, Boulard.

Sect. 12e. — *Transactions sur les contraventions aux droits d'octroi.*

470. — Les maires sont autorisés, sauf l'approbation des préfets, à faire remise, par voie de transaction, de totalité ou de partie des condamnations encourues, même après le jugement rendu. — Ordonn. 9 déc. 1814, art. 83. — Cet article suppose le cas le plus ordinaire, qui est celui de la régie simple.

471. — Dans ce cas, c'est au maire, par voie de transaction, et non au tribunal, qu'il appartient de prendre en considération les présomptions de bonne foi susceptibles d'excuser la représentation tardive d'une quittance des droits d'octroi. — *Cass.*, 31 juill. 1829, Octroi d'Evreux c. Leclerc.

472. — Les fermiers de l'octroi ne peuvent transiger sur les contraventions qu'avec l'autorisation du maire, et sauf l'approbation du préfet. Cette condition est habituellement exprimée d'une manière formelle dans le cahier des charges. — Girard, *Manuel des contr. indir.*, no 558, note 1re; Lettre du min. des fin., 18 août 1836. — Il en est de même, à plus forte raison, du régisseur, au cas de régie intéressée, et du directeur des contributions indirectes en cas de perception de l'octroi par abonnement avec la régie.

473. — Le refus d'autoriser de la part du maire doit être motivé, et peut donner lieu à un recours au préfet et ensuite au ministre des finances. — *Annales*, t. 2, § 165, 2o.

474. — Le droit de transiger sur les contraventions appartient exclusivement à la régie des impositions indirectes, et, d'après les règles qui lui sont propres, toutes les fois que la saisie a été opérée dans l'intérêt commun des droits d'octroi et des droits imposés au profit du Trésor. — Ord. 9 déc. 1814, art. 83.

Sect. 13e. — *Remplacement et suppression des octrois.*

475. — Les communes qui veulent supprimer leur octroi, ou le remplacer par une autre perception, doivent en faire parvenir la demande par le maire au préfet, qui, après en avoir reçu l'autorisation du ministre de l'intérieur, autorise, s'il y a lieu, le conseil municipal à délibérer sur cette demande. La délibération du conseil municipal, accompagnée de l'avis du sous-préfet, et du maire, est adressée par le préfet, avec ses observations et l'état des recettes et des besoins des communes, au ministre des finances, sur le rapport duquel l'approbation du chef du gouvernement est accordée s'il y a lieu. Les droits d'octroi continuent, dans ce cas, à être perçus jusqu'à ce que la suppression de l'octroi ou la mise à exécution du mode de remplacement ait été autorisée. — Ord. 9 déc. 1814, art. 7, 9, 85, 86, 87; L. 11 juin 1842, art. 8.

476. — Si les conseils municipaux refusent ou négligent de délibérer sur les changemens à apporter aux tarifs et règlemens d'octroi; il en est rendu compte par le ministre des finances, sur le rapport duquel il est statué. — L. 28 avr. 1816, art. 9.

477. — Les modifications des taxes d'octroi votées par les conseils municipaux sont autorisées par ordonnance du président de la République, rendue dans la forme des règlemens d'administration publique. — L. 11 juin 1842, art. 8.

478. — Un arrêté du conseil municipal, ayant pour objet de modifier le règlement d'un octroi, est sans autorité devant les tribunaux, lorsqu'il n'a pas été approuvé dans la même forme que le règlement. — L. 28 avril 1816, art. 8.

479. — Ainsi: les délibérations des conseils municipaux qui modifient ou interprètent les règlemens de l'octroi approuvés par l'autorité compétente, ne peuvent être prises en considération qu'autant qu'elles sont elles-mêmes revêtues d'une semblable approbation. — *Cass.*, 2 juin 1820, Octroi de la Ferté-sous-Jouarre c. Guichard; 22 déc. 1820 et 31 juill. 1821, Octroi de Belfort c. Dauphin; 27 avr. 1825, Reiss c. Bommer.

480. — Les tribunaux sont incompétens pour modifier le tarif d'un octroi sanctionné par l'autorité supérieure. — *Cass.*, 27 avr. 1825, Reiss c. Bommer.

481. — C'est au conseil d'Etat, et non aux conseils de préfecture, qu'il appartient d'interpréter une ordonnance du chef du gouvernement, portant règlement et tarif d'octroi. — *Cons. d'Etat*, 14 janv. 1839, Lyonnet c. ville de Gien.

482. — Lorsqu'une demande, bien que qualifiée de requête en interprétation, tend réellement à provoquer la réformation d'une ordonnance du chef du gouvernement qui a statué par voie réglementaire et dans un intérêt général, et notamment dans le cas où elle a prohibé la fabrication des eaux-de-vie dans l'intérieur des limites de l'octroi d'une ville, cette demande n'est pas admissible devant le Conseil d'Etat par la voie contentieuse.

Sect. 14e. — *Octroi et entrepôt de Paris et de la banlieue.*

483. — L'ordonnance du 9 déc. 1814 (art. 102) prescrivait un règlement particulier d'organisation pour l'octroi et l'entrepôt de Paris. Ce règlement a été arrêté par une autre ordonnance du 25 décembre de la même année, qui s'exprime ainsi (art. 17): « Les dispositions de notre ordonnance du 9 de ce mois seront observées pour l'octroi de Paris, en tout ce qui n'est pas contraire à la présente. » Cette ordonnance, du 25 déc. 1814, n'est relative, pour le surplus, qu'au service intérieur; et elle a été elle-même remplacée par celle du 22 juillet 1831, dont voici les principales dispositions.

484. — L'octroi de Paris et les entrepôts et établissemens qui en dépendent, continueront d'être régis et administrés, suivant les règlemens particuliers actuellement en vigueur, sous l'autorité immédiate du préfet de la Seine et sous la surveillance générale du directeur de l'administration des contributions indirectes, par un directeur et trois régisseurs formant un conseil d'administration présidé par le directeur. — Ord. 22 juillet 1831, art. 1er.

485. — Les directeurs et régisseurs sont nommés, savoir: les directeurs par le pouvoir exécutif, sur la proposition du ministre des finances, et les régisseurs par le ministre du commerce et des travaux publics, sur la proposition du préfet de la Seine. Tous les autres préposés sont nommés par le préfet de la Seine. — *Ibid.*, art. 2.

486. — Toutes les mesures concernant l'administration, le personnel, la perception, la comptabilité et les instances à suivre devant les tribunaux seront délibérées en conseil d'administration et soumises au préfet de la Seine; sauf les exceptions pour objets à traiter d'urgence, lesquels seront déterminés par un règlement particulier concerté entre les ministres des finances, du commerce et des travaux publics. — *Ibid.*, art. 5.

487. — L'administration des contributions indirectes peut faire exercer une surveillance immédiate sur les receveurs et autres préposés de l'octroi; elle peut faire vérifier les caisses, arrêter les registres et faire verser immédiatement les fonds dans les caisses auxquelles ils sont destinés. — *Ibid.*, art. 10.

488. — L'administration des contributions indirectes peut placer dans les dépôts et autres établissemens de l'octroi le nombre d'employés qu'elle juge nécessaires pour son service. — *Ibid.*, art. 11.

489. — Les droits d'octroi à la fabrication des bières continueront d'être constatés chez les brasseurs par les employés des contributions indirectes, qui pourront, en outre, s'il y a lieu, et sur la demande de l'administration municipale, être chargés de constater les autres droits d'octroi dans l'intérieur de Paris. — *Ibid.*, art. 12.

490. — Les fraudes et contraventions qui ne concernent que l'octroi seront poursuivies par le directeur au nom du préfet de la Seine. Les transactions que le directeur pourra consentir ne seront définitives qu'après avoir été approuvées par le préfet, sur l'avis émis par le conseil d'administration. — *Ibid.*, art. 14.

491. — Le droit d'octroi perçu sur les bières brassées dans l'intérieur de Paris frappe la fabrication et non la consommation. En conséquence, les brasseurs sont non recevables à demander la restitution du droit perçu pour les bières qu'ils expédient hors de la ville. — *Cass.*, 8 juin 1830, Octroi de Paris c. Julliard.

492. — L'amende de 1,000 fr. prononcée par l'art. 46 L. du 28 avril 1816, a été modifiée, par la loi du 29 mars 1832, en ce qui concerne la ville de Paris, et n'est plus que de 100 à 200 fr. pour l'introduction frauduleuse en voitures particulières suspendues, non-seulement lorsque les objets introduits en fraude ne sont soumis qu'au droit d'octroi, mais encore lorsqu'ils sont tout à la fois soumis au droit d'entrée et au droit d'octroi (L. du 29 mars 1832, art. 8). — *Cass.*, 21 sept. 1833, Contrib. indir. c. Levert.

493. — Les mesures de détail sont réglées par plusieurs ordonnances du pouvoir exécutif, ou par des arrêtés du préfet du département de la Seine, ou du préfet de police chargé de veiller à la sûreté des ponts et des quais, et de maintenir le bon ordre sur les points d'arrivage.

494. — Une ord. du chef du gouvern, du 17 août 1832, approuve le tarif supplémentaire pour la perception de l'octroi de Paris, qui y est annexé. Cette ordonnance rappelle plusieurs lois qui lui servent de base: ce sont les lois des 28 avril 1816, 26 juin 1824, 12 déc. 1830, 26 mars 1831 et 29 mars 1832. L'art. 16 de la loi du 26 mars 1831 réserve aux conseils municipaux des villes autorisées à prélever une portion de la contribution mobilière sur les produits de l'octroi le droit de déterminer le contingent qui doit être acquitté de cette manière, et celui qui doit être perçu au moyen d'un rôle. En conséquence, cette disposition est applicable à l'octroi de Paris.

495. — Un décret du 2 janv. 1814, un arrêté du préfet du 17 sept. 1816 et une ordonnance royale du 27 oct. 1819 fixent le régime de l'entrepôt réel.

496. — L'entrepôt fictif ou à domicile est interdit à Paris pour les boissons (L. 28 avril 1816, art. 39) et en général pour toutes les autres denrées tarifées.

497. — Il est établi à Paris, sur le quai de Jemmapes, vis-à-vis l'entrepôt des douanes des marais, un entrepôt public d'octroi, dans lequel sont admis les articles compris au tarif des droits d'octroi de cette ville à l'exception, toutefois, des objets suivans: 1o les boissons et autres liquides, sauf les essences de térébenthine; 2o les bestiaux et la viande fraîche de boucherie, les bois à brûler, les fagots, les charbons de bois et le poussier, les fourrages secs, tels que foin, sainfoin, luzerne et la paille. Quant aux avoines, elles peuvent être reçues en entrepôt dans la partie du local agréée par l'administration de l'octroi. Le conseil municipal est appelé à délibérer sur les dispositions réglementaires qui régissent l'entrepôt. — Ordon. 29 juin 1838, art. 1er.

498. — *Octrois et entrepôts de la banlieue.* — Dans toutes les communes des arrondissemens de Sceaux et de St-Denis, qui forment la banlieue de Paris, il est établi un droit d'octroi sur les eaux-de-vie, esprits et liqueurs. — Ord. 11 juin 1817.

499. — A leur entrée sur le territoire de la banlieue, les conducteurs de ces boissons doivent faire la déclaration de leur chargement et se munir d'un acquit à caution de l'octroi, ou de la quittance du droit, à peine de saisie et d'une amende de 100 à 200 francs pour les eaux-de-vie, esprits et liqueurs qui circulent dans la banlieue sans être accompagnés de l'une ou l'autre de ces expéditions. — *Ibid.*, art. 18; L. 28 avr. 1816, art. 46; 29 mars 1832, art. 8; 24 mai 1834, art. 9.

500. — L'octroi de la banlieue est géré par la direction des droits d'entrée et d'octroi de Paris, avec le concours et la surveillance des maires et des sous-préfets, sous l'autorisation du préfet de la Seine et de l'administration des contributions indirectes. — Ordon. 11 juin 1817, art. 3.

501. — La répartition des produits, sauf quelques réserves, s'opère à la fin de chaque mois entre toutes les communes au prorata de leur population. — *Ibid.* art. 5.

502. — Dans la banlieue de Paris, les entrepositaires et marchands en gros d'eaux-de-vie, esprits et liqueurs sont soumis à l'exercice du détail; mais ils jouissent des déductions portées en l'art. 87 de la loi du 25 mars 1817. — L. 23 juill. 1820, art. 3.

V. ABONNEMENT, ACQUIT A CAUTION, AUTORISATION DE PLAIDER, AVEU, BLESSURES ET COUPS, CAISSE DES DÉPOTS ET CONSIGNATIONS, DÉPOSITAIRES PUBLICS.

OCULISTE.

1. — L'oculiste exerce évidemment une des branches de l'art de guérir; dès lors, malgré le silence gardé à cet égard par la loi du 19 vent. an XI sur la médecine, on doit dire que celui qui exerce sans diplôme de docteur, ou d'officier de santé, l'art de l'oculiste, exerce illégalement la médecine, et est soumis, par conséquent, aux peines prononcées par la loi de l'an XI. — *Cass.*, 20 juill., et *Paris*, 2 oct. 1833, Williams.

V., aussi, dans le même sens, Coffinières, nᵒˢ 86 et 87; Morin, *Dictionnaire de droit crim.*, vᵒ *Art de guérir.* — Cette décision est fondée sur ce que la loi de l'an XI dispose d'une manière générale et absolue. — V. MÉDECINE ET CHIRURGIE.

2. — L'individu qui exerce sans diplôme l'art de l'oculiste ne peut même être excusé sur les motifs qu'il donnerait ses soins *gratuitement* aux indigens, qu'il serait qualifié d'oculiste dans des brevets à lui délivrés par plusieurs rois de France et dans des actes émanés d'autorités administratives; enfin : qu'il serait patenté depuis plusieurs années comme oculiste, et qu'il serait en possession publique et non contestée de cet état.—V. l'arrêt de cassation précité, et Bousquet, *Dictionnaire de droit*, vᵒ *Art de guérir.*

3. — Jugé, au contraire, que celui qui a exercé sans titre légal la profession d'oculiste peut être acquitté, si, déjà poursuivi d'autres fois pour pareil fait et acquitté par les tribunaux, il a pu croire de bonne foi qu'il en avait le droit. — *Paris*, 2 oct. 1833, Williams.

4. — L'autorité de l'arrêt précité de la Cour de cassation reçoit-elle quelque atteinte d'un autre arrêt plus récent de la même cour, qui refuse d'appliquer les pénalités de la loi de l'an XI à celui qui exerce sans diplôme la profession de dentiste? Nous ne le pensons pas. Nous avons exposé, d'ailleurs, sous le mot DENTISTE, les considérations qui devaient faire repousser cette doctrine nouvelle de la Cour suprême, et nous ne pouvons que renvoyer, dès lors, à tout ce que nous avons dit sous ce mot sur l'exercice des professions accessoires dans l'art chirurgical ou médical.

ŒILLETS MÉTALLIQUES (Fabricans d').

Patentables de 8ᵉ classe : — droit fixe basé sur la population; — droit proportionnel du 40ᵉ de la valeur locative de tous les locaux qu'ils occupent, mais seulement dans les communes de 20,000 âmes et au-dessus. — V. PATENTE.

ŒUFS.

1. — Marchands expéditeurs d'œufs; — patentables de 4ʳᵉ classe : — droit fixe basé sur la population; — droit proportionnel du 45ᵉ de la valeur locative de l'habitation et des lieux servant à l'exercice de la profession. — V. PATENTE.

2. — Quant aux marchands d'œufs en détail, V. COQUETIER.

ŒUVRES DE LA LOI.

1.—Sous cette dénomination collective comme sous celle de *devoirs de loi* on comprenait les dessaisines ou déshéritances et les saisines ou adhéritances, c'est-à-dire les formalités qui constituaient le nantissement.

2. — Les formalités des œuvres de loi n'étaient pas uniformes dans toutes les coutumes.

3. Selon les coutumes de Vermandois (art. 426), de Reims (art. 465), et la plupart des coutumes des Pays-Bas, il fallait, pour opérer le nantissement, que le vendeur et l'acheteur comparussent devant les officiers de la seigneurie dont relevait le bien, que le vendeur mît entre les mains du chef de la juridiction un bâton symbole de l'héritage, et que le juge le mît à son tour entre les mains de l'acheteur.

4. — Dans la coutume de Douai, le nantissement s'opérait par la reconnaissance du contrat faite en présence de deux échevins : à moins qu'il ne s'agît d'une adjudication par décret; en ce cas, il fallait que l'adjudicataire prît saisine en présence de sept échevins, en mettant la main au bâton.

5.—Dans les Pays-Bas, chaque espèce de biens était soumise à un tribunal particulier; les fiefs devaient dépendre de la cour féodale composée du bailli, des hommes de fiefs, et les rotures ou mainfermes de la Cour échevinale, composée d'un prévôt, d'un maïeur, et des censitaires du seigneur. C'était donc selon la nature des biens à l'un ou à l'autre de ces tribunaux qu'il fallait avoir recours.

6. — Les coutumes fixaient divisément le nombre de juges qui devaient assister aux œuvres ou devoirs de loi.

7. — Les œuvres de loi, hors le cas d'empêchement légitime, ne devaient pas se passer

---

ailleurs que dans l'auditoire de la justice seigneuriale. Mais on ne devait jamais présumer que les juges les eussent faits hors de leur auditoire, à moins que cela ne fût prouvé. — *Parlem. Douai*, 21 fév. 1691.—Merlin, vᵒ *Devoirs de loi*, § 4ᵉʳ, nᵒ 23.

8. — Les œuvres de loi supposaient nécessairement deux parties : l'une pour se dessaisir, l'autre pour être saisie; toutes deux pouvaient, dans la plupart des coutumes, se faire représenter par procureur.

9. — Dans les coutumes d'Amiens, art. 137; de Péronne, art. 264; de Douai, chap. 3, art. 2, où les œuvres de loi se faisaient par la simple reconnaissance du contrat en présence des officiers du seigneur : l'acquéreur pouvait, soit comme porteur de l'acte, soit comme fondé de pouvoir, se dessaisir au nom du vendeur et prendre ensuite saisine pour lui-même; il pouvait effectivement remplir seul les fonctions des deux contractans, puisque ces fonctions se bornaient, pour l'un comme pour l'autre, à une simple lecture du contrat et à l'exposition des conditions qu'il renfermait; mais il en était autrement dans les coutumes où les œuvres ou devoirs de loi se faisaient par le symbole d'un bâton : les fonctions du vendeur ou débiteur étaient tout à fait incompatibles avec celles de l'acquéreur ou du créancier, le premier donnait et l'autre recevait vraiment le droit réel. Or, on ne peut donner et recevoir, tout ensemble, ni être à la fois débiteur et créancier. — Merlin, vᵒ *Devoirs de loi*, § 2, nᵒ 6.

10. — En général la dessaisine ne produisait aucun effet si elle n'était suivie de la saisine, de même la saisine n'opérait rien si elle n'était précédée de la dessaisine; mais la saisine dès qu'elle était prouvée faisait présumer l'existence de la dessaisine, car il n'était pas probable que les officiers du seigneur eussent ensaisiné quelqu'un sans une dessaisine préalable.

11.— Les œuvres de loi devaient contenir une déclaration exacte de chaque partie d'héritage vendue, donnée, hypothéquée, il fallait qu'ils en spécifiassent l'étendue et les limites; et s'ils étaient conçus en termes généraux, on était fondé à en demander la nullité (Cout. Amiens, art. 137; Cambresis, tit. 5, art. 44). Mais il n'était pas nécessaire que les contrats en vertu desquels se faisaient les œuvres de loi continssent une spécification exacte et détaillée de tous les héritages. Les registres des seigneurs, sur lesquels les devoirs de loi étaient transcrits, suppléaient au contrat.

12.— Les œuvres de loi devaient être enregistrés au greffe des juges qui les avaient reçus (Cout. Vermandois, art. 419 et 420; Reims, art. 177; Amiens, 145). Cet enregistrement devait avoir lieu dans un ordre continu, à peine de dommages-intérêts. — Rousseau de la Combe, vᵒ *Nantissement*, nᵒ 13.

13. — Quand la minute des œuvres de loi était perdue ce n'était point à la grosse qu'il fallait recourir, mais au registre dans lequel l'acte était transcrit. Lorsque les registres, les minutes et les grosses avaient été enlevés ou brûlés, la preuve des devoirs de loi se faisait par un record des juges qui les avaient reçus, et s'ils étaient morts, on admettait indistinctement toutes sortes de témoins.

14.— La suppression des justices seigneuriales prononcée par la loi du 4 août 1789 entraîna la suppression des œuvres ou devoirs de loi. — V. NANTISSEMENT.

OFFENSE.

Table alphabétique.

OFFENSE. — 1. — On entend par *offense* toute attaque, allégation ou imputation distincte de ce qui, dans le langage ordinaire, s'appelle une *insulte*, une *injure*, ou un *outrage*; et qui, néanmoins, est de nature à jeter sur une personne comme sur ses intentions des insinuations portant atteinte à sa considération à son honneur. — V. DIFFAMATION-INJURE, OUTRAGE.

2. — Ce mot avait eu longtemps, dans le langage de la législation de la presse, dans le langage juridique, une signification particulière, spéciale. Il ne s'appliquait point aux attaques dont la définition précède, lorsqu'elles étaient dirigées contre de simples particuliers; ou même contre des magistrats responsables. Il ne s'employait que pour sauvegarder des pouvoirs essentiellement irresponsables, comme le roi, les Chambres, les souverains étrangers. — L. 17 mai 1819, art. 9 et suiv.; 25 mars 1822, art. 15 et 16; C. pén. revisé en 1832, art. 86; L. 9 sept. 1835, art. 2 et suiv.

3.—C'est en ce sens ce mot a été également employé par l'Assemblée nationale dans l'art. 2 du décr. du 11-12 août 1848, relatif à la répression des crimes et délits commis par la voie de la presse. Là encore, en effet, il n'a pour objet que de sauvegarder le respect dû à l'Assemblée nationale, affranchie de toute responsabilité.

4. — Mais l'Assemblée législative a créé, en cette matière, une innovation en étendant la dénomination d'*offense* à des attaques dirigées contre le président de la République, que la Constit. de 4 nov. 1848 (art. 68) déclare responsable et place ainsi sur le même rang que les magistrats ou fonctionnaires. — V. *infrà* nᵒ 34 et suiv.

§ 1ᵉʳ. — *Offense envers le chef du gouvernement* (nᵒ 5).

§ 2. — *Offense envers les chambres, l'Assemblée nationale* (nᵒ 43).

---

§ 1ᵉʳ. — *Offense envers le chef du gouvernement.*

5. — Sous ce paragraphe nous traitons des offenses qui étaient commises envers le roi, avant la révolution du 24 février 1848, et de celles qui peuvent être commises envers le président de la République, c'est parce qu'il comprend ces deux sortes d'offense que nous l'avons intitulé *Offense envers le chef du gouvernement.*

6. — La loi du 17 mai 1819 (art. 9) punissait celui qui s'était rendu coupable d'offense envers la personne du roi d'un emprisonnement qui ne pouvait être de moins de six mois, ni excéder cinq années, et d'une amende qui ne pouvait être au-dessous de 500 fr. ni excéder 10,000 fr. Le coupable pouvait, en outre, être interdit de tout ou partie des droits mentionnés à l'art. 42 Code pén., pendant un temps égal à celui de l'emprisonnement auquel il était condamné. Ce temps courant à compter du jour où le coupable avait subi sa peine.

7. — Mais, pour que, d'après l'art. 9 précité, l'offense fût punissable, il fallait qu'elle eût été commise par l'un des moyens énoncés dans l'art. 4ᵉʳ de la même loi; c'est-à-dire soit par des discours écrits ou menaces proférées dans des lieux ou réunions publics, soit par des écrits, des imprimés, des dessins, des gravures, des peintures ou emblèmes vendus ou distribués, mis en

60

vendus ou exposés dans des lieux ou réunions publics, soit par des placards ou affiches exposés aux regards du public.

8. — Les offenses commises envers la personne du roi par un moyen de publication autre que ceux qui viennent d'être énoncés n'étaient prévues et punies par aucune loi. Lors de la révision du Code pénal en 1832, il fut inséré dans l'art. 86 de ce Code une disposition qui eut pour objet de les réprimer. Cet article punit, en effet, des peines édictées en l'art. 9 de la loi du 17 mai 1819, toute offense envers la personne du roi commise *publiquement*. Dans cet article les modes de publications n'étaient plus désignés, limités. L'offense au roi commise par gestes, lorsqu'elle avait été publique, tombait même sous l'application de cet article. — De Grattier, *Comment. des lois de la presse*, t. 1er, p. 165; Chassan, *Traité des délits et contraventions de la parole*, 2e édition, t. 1er, no 290.

9. — La loi du 17 mai 1819 et l'art. 86 C. pén. n'avaient point établi de distinction entre les offenses envers le roi. La même peine les atteignait toutes, de quelque nature qu'elles fussent. Mais la loi du 9 sept. 1835 créa deux catégories d'offenses : les offenses *graves* et les offenses *légères*, et, par conséquent, une pénalité différente pour chacune d'elles.

10. — L'offense grave n'existait que lorsque l'offense avait pour but d'exciter à la haine et au mépris de la personne du roi ou de son autorité constitutionnelle. Exclusivement politique, elle fut élevée au rang d'attentat à la sûreté de l'État, déférée à la cour des pairs et punie de la détention et d'une amende de 10,000 à 50,000 fr. — L. 9 sept. 1835, art. 2.

11. — Nous n'avons à nous occuper ici que de la seconde catégorie d'offenses, c'est-à-dire des offenses *légères*. Tout ce qui concerne les offenses *graves* a été traité au mot ATTENTAT CONTRE LE ROI. — V. ce mot.

12. — Depuis la loi du 9 sept. 1835, toute offense au roi, autre que celle qualifiée *attentat*, a continué à être punie conformément à l'art. 9 de la loi du 17 mai 1819. — L. 9 sept. 1835, art. 3.

13. — Cette loi de 1835 avait laissé également subsister l'art. 86 C. pén., dont l'application avait lieu, ainsi que nous l'avons déjà fait remarquer, à des cas d'offenses commises par des moyens autres que ceux énoncés dans l'art. 1er de la loi du 17 mai 1819. — Chassan, t. 1er, no 291.

14. — L'offense légère pouvait être commise par irrévérence envers le roi, par une attaque contre l'inviolabilité de sa personne, et par l'imputation de blâme ou de responsabilité des actes du gouvernement dirigée contre lui. — Chassan, t. 1er, no 283.

15. — L'offense par irrévérence envers le roi consistait en de simples manquements produits par un écart de langage ou d'imagination, sans importance politique. — Chassan, t. 1er, no 284; Bories et Bonassies, *Diction. de la presse*, t. 2, vo *Offense*, nos 9 et 10.

16. — Le mot *offense* n'impliquait point ici la nécessité d'un outrage, d'une diffamation ou d'une injure. En déclarant la personne du roi inviolable et sacrée, la Charte de 1830 (art. 12) avait voulu qu'aucune imputation ne pût l'atteindre personnellement. Ainsi : il pouvait y avoir offense au roi dans un fait qui n'aurait été ni un outrage, ni une diffamation, ni une injure, même envers un simple particulier. — *Cass.*, 4 mars 1831, de Brian. — Chassan, t. 1er, nos 285 et 286; Bories et Bonassies, no 11.

17. — De ce que la personne du roi était inviolable et sacrée il résultait qu'on ne pouvait en aucun cas être admis à prouver contre le roi la vérité des faits imputés et poursuivis comme constitutifs de l'offense, et que même ces faits étaient toujours réputés faux. A ce cas ne s'appliquait point l'article 20 de la loi du 26 mai 1819. — *Cass.*, 20 juill. 1832, *la Tribune*; Cour d'assises de l'Isère, 29 nov. 1841 (t. 2 1842, p. 723), *Gazette du Dauphiné*. — Parant, *Lois de la presse*, p. 350; de Grattier, t. 1er, p. 467; Chassan, t. 1er, nos 286 et suiv.; Bories et Bonassies, no 16.

18. — On ne pouvait pas, par suite du même principe, distinguer, dans les offenses envers le roi, celles qui dérivaient de l'imputation de faits antérieurs à son avénement et celles qui dérivaient de l'imputation de faits postérieurs. — Cour d'assises de l'Isère, citée au numéro qui précède. — Chassan, t. 1er, no 288.

19. — L'art. 12 de la Charte de 1830, qui consacrait l'inviolabilité de la personne du roi, avait reçu même une sanction spéciale. Toute attaque contre cette inviolabilité avait été, en effet, considérée comme une offense et érigée en délit. La loi du 29 nov. 1830, qui prévoyait ce délit, le punissait d'un emprisonnement de trois mois à cinq ans et d'une amende de 300 fr. à 6,000 fr.

20. — L'offense par l'imputation de blâme ou de responsabilité des actes du gouvernement, dirigée contre le roi, était punie, par l'art. 4 de la loi du 9 sept. 1835, d'un emprisonnement d'un mois à un an et d'une amende de 500 francs à 5,000 francs.

21. — Les citoyens pouvaient toutefois s'adresser au roi, par voie de pétition, ou par voie de la presse, pour lui dénoncer des abus et lui découvrir les maux de la patrie. Mais la plainte eût réalisé le délit précité, si elle eût impliqué une imputation, même indirecte, de blâme ou de responsabilité à raison de ces abus ou de ces maux. — Chassan, t. 1er, no 294.

22. — Le délit d'offense au roi résultait du fait seul de l'attaque contre l'inviolabilité de sa personne ou de l'imputation de blâme ou de responsabilité des actes du gouvernement. On ne se préoccupait point des termes dans lesquels était faite l'allégation ou l'imputation. Ainsi : ces termes fussent-ils même exempts de toute espèce d'irrévérence, les délits dont il s'agit pouvaient néanmoins exister. Si au fait de l'attaque se joignait l'offense par la forme du langage, il y avait alors un double délit. — Chassan, t. 1er, no 293.

23. — Toutefois une condition était indispensable pour l'existence du délit d'offense par les deux moyens indiqués dans le numéro qui précède, comme pour le délit d'offense par irrévérence envers le roi : c'était qu'il y eût eu publicité dans le fait de l'attaque ou de l'imputation ; et cette publicité devait avoir eu lieu par l'un des modes indiqués dans l'art. 1er L. 17 mai 1819. — Parant, p. 421; Chassan, t. 1er, no 296.

24. — Nous avons, au mot DÉLITS DE PRESSE, no 206, examiné si l'on pouvait discuter dans un journal la question de savoir si le roi n'avait pas outre-passé ses droits, s'il avait le droit de régner et de gouverner, sans que cette discussion constituât par elle-même une offense envers le roi par attaque contre l'inviolabilité de sa personne.

25. — Ce n'était point attaquer l'irresponsabilité du roi ou son inviolabilité que de discuter, critiquer et même blâmer les discours qu'il prononçait lors de l'ouverture de chaque session des Chambres ou dans toute solennité qui avait un caractère public. Ces discours étaient des *actes d'État* dont le contrôle et le blâme étaient permis, pourvu que le langage dans lequel ce contrôle ou ce blâme avait lieu ne contînt rien d'irrévérencieux. — Chassan, t. 1er, nos 299 et 300. — V. DÉLITS DE PRESSE, no 207.

26. — Les caractères de l'offense par attaque contre l'inviolabilité du roi ou par l'imputation de blâme ou de responsabilité des actes du gouvernement n'ayant point été définis par la loi, c'était aux magistrats, au surplus, qu'il appartenait d'apprécier si les faits qui leur étaient déférés étaient de nature à constituer ce délit. — *Cass.*, 15 oct. 1825, Catineau. — De Grattier, t. 1er, p. 436 et suiv.; Chassan, t. 1er, no 292; Bories et Bonassies, no 12.

27. — Lorsque l'offense avait été commise envers les membres de la famille royale, elle était punie d'un emprisonnement d'un mois à trois ans et d'une amende de 100 fr. à 5,000 fr. — L. 17 mai 1819, art. 10.

28. — La disposition précitée était générale. D'une part, elle ne permettait pas qu'on distinguât entre les membres de la famille royale; elle les comprenait tous indistinctement. De l'autre, elle s'appliquait aussi bien à l'offense commise envers un membre isolé de cette famille qu'à celle qui aurait été commise contre la famille considérée collectivement. — Chassan, t. 1er, no 492.

29. — Il a été jugé que cette disposition devait également recevoir son application lorsque l'offense avait été commise envers la mémoire d'un membre de la famille royale décédé. — *Cass.*, 24 avril 1823, Clauses. — De Grattier, t. 1er, p. 167.

30. — L'offense envers un membre de la famille royale résultait notamment des plaisanteries ou railleries par lesquelles il était tourné en ridicule, ou d'insinuations qui le représentaient comme nuisible aux succès de l'armée. — De Grattier, t. 1er, p. 169.

31. — Par une loi du 30-31 août 1842, le régent avait été assimilé au roi. L'art. 4 de cette loi déclarait, en effet, applicables au régent l'art. 12 de la Charte de 1830 et toutes les dispositions législatives qui protégeaient la personne et les droits constitutionnels du roi. Il en résultait que tout ce que nous avons dit relativement à l'offense commise envers le roi s'étendait également à l'offense envers le régent. — Chassan, t. 1er, no 313 et suiv.; Bories et Bonassies, nos 18 et 19. — V., au surplus, DÉLITS DE PRESSE, nos 217 et suiv.

32. — Les offenses envers le roi, les membres de la famille royale et le régent, de quelque manière qu'elles eussent été commises, étant des délits publics, étaient poursuivies d'office à la requête du ministère public. — L. 26 mai 1819, art. 1er; L. 8 oct. 1830, art. 4.

33. — Soit que ces offenses fussent de la catégorie de celles que punissaient les lois des 17 mai 1819, 29 nov. 1830 et 9 sept. 1835, soit qu'elles rentrassent dans la catégorie de celles réprimées par l'art. 86 C. pén., elles étaient de la compétence des cours d'assises, ainsi que cela résulte de la combinaison des art. 1er, 6 et 7 de la loi du 8 oct. 1830. — *Cass.*, 25 nov. 1819, Legendre; 31 mars 1832, Roy de Lachaise; 31 juill. 1834, Bompart. — Parant, p. 246; Chassan, t. 2, no 1401; Morin, *Diction. de droit crim.*, vo *Offense au roi*, *in fine*.

34. — Un décret de l'Assemblée constituante du 11-12 août 1848, par ses art. 1er et 2, a maintenu en vigueur, sauf quelques modifications, les lois des 17 mai 1819 et 25 mars 1822, et a édicté les mêmes peines contre les attaques et les offenses commises envers l'Assemblée nationale par l'un des moyens énoncés en l'art. 1er L. 17 mai 1819. Les art. 1er et 2 du décret précité ont été déclarés applicables aux attaques contre les droits et l'autorité que le Président de la République tient de la Constitution; et aux *offenses envers sa personne*, par l'art. 1er, § 1er, du décret du 27 juill. 1849 relatif à la presse et rendu par l'Assemblée législative. Mais les offenses dont il s'agit ici ne peuvent plus être que celles qui se commettent *par irrévérence* envers le Président de la République.

35. — Dans la séance de l'Assemblée législative du 25 juill. 1849 (V. *Moniteur* du 26), il s'est élevé, au sujet du mot *offense*, que renferme l'art. 1er du décret précité, une discussion dont l'objet était de savoir si ce mot pouvait être légalement maintenu en ce qui concerne le Président de la République. MM. Denayrouse et Charamaule avaient proposé un amendement tendant à ce qu'on substituât aux mots « *et aux offenses envers sa personne* », ceux-ci « *et aux injures et diffamations dirigées contre sa personne* ». Ils se fondaient, à cet égard, sur ce que le mot *offense* n'avait été jusqu'alors, ainsi que nous l'avons déjà fait remarquer (V. *suprà* no 2), appliqué dans le sens légal qu'aux pouvoirs irresponsables; et sur ce que le Président de la République étant, au contraire, essentiellement responsable (art. 68 Constit. du 4 nov. 1848), ses actes devaient pouvoir être librement discutés, censurés, critiqués. Ce système fut fortement appuyé par MM. Bac et Nettement. Mais il fut combattu par M. le rapporteur Combarel de Leyval et par le ministre de la justice, qui s'attachèrent à démontrer que le mot *offense* n'avait point pour but d'exclure la responsabilité du Président de la République, d'interdire la discussion et la critique de ses actes, de l'attaquer par voie d'accusation, de protéger l'individu, la personne, mais uniquement de protéger le pouvoir, que le Président de la République tient de la Constitution, contre des insinuations, des attaques qui ne sont ni des injures, ni des diffamations et qui, bien que revêtues des formes les plus polies en apparence, conduisent à la dégradation, à la déconsidération de ce pouvoir. A la suite de cette discussion, l'amendement de MM. Denayrouse et Charamaule fut rejeté. Un autre amendement, qui avait pour objet de substituer au mot *offense* les mots *diffamation, injure* et *outrage*, fut également rejeté.

36. — Dans le cas d'offense envers le Président de la République, la poursuite a lieu d'office, comme sous la monarchie, par le ministère public. « La poursuite, porte l'art. 1er, § 2 du décret du 27 juill. 1849, *sera* exercée d'office par le ministère public. » Le mot *sera* avait été substitué par la commission au mot *pourra*, qui se trouvait dans le projet primitif du gouvernement. Lors de la discussion sur cet article (séance de l'Assemblée législative du 25 juill., V. *Moniteur* du 26), M. Charamaule proposa de le remplacer par un amendement ainsi conçu : « La poursuite ne pourra être exercée d'office par le ministère public que du consentement du Président de la République, » prétendant que l'article précité, qui n'est que la reproduction de celui admis par la commission, consacrait une doctrine incompatible avec la dignité et l'indépendance des magistrats. Mais sur l'observation du ministre de la justice qu'il ne craignait point, dans le cas dont il s'agit, de conflit entre le ministère public et le Président de la République, le paragraphe de la commission fut adopté.

37. — Dans la même séance, et à l'occasion de la discussion du même article, M. Emile Leroux avait proposé un amendement qui interdisait la preuve des faits imputés au Président de la République, et ne permettait que d'exercer, dans les limites tracées par la Constitution, les droits qu'elle consacre relativement à la responsabilité de ce magistrat. Mais cet amendement ne fut pas non plus adopté. Il résulte de là que la vérité des faits imputés au Président de la République, et poursuivis comme constituant une offense, à la différence de ce qui existait sous la monarchie (V. *suprà* n° 17), peut être prouvée; cela d'ailleurs est une conséquence nécessaire de la responsabilité du Président.

38. — Sous l'empire de la monarchie il avait été décidé qu'en matière d'offense envers la personne du roi, il ne pouvait être fait application de l'art. 463, C. pén., relatif aux circonstances atténuantes. — *Cass.*, 11 août 1832, Pitrat.

39. — Aujourd'hui, il en est différemment. — Déjà, par le décret de l'Assemblée nationale des 11-12 août 1848 (art. 4), l'art. 463, C. pén., avait été rendu applicable aux délits de presse. Dans la séance de l'Assemblée législative du 27 juill. 1849 (V. *Moniteur* du 28), M. Emile Leroux proposa d'ajouter au décret du 27 du même mois de juillet un article additionnel ainsi conçu: « L'art. 463 C. pén. est applicable aux crimes et délits prévus par la présente loi. » Malgré l'observation faite par le ministre de la justice, que le décret du 11 août 1848 n'était point abrogé, M. Emile Leroux insista, et l'article additionnel par lui proposé fut mis aux voix et adopté. Ainsi des circonstances atténuantes peuvent être admises en faveur du prévenu d'offense envers le président de la République; et, dans ce cas, la peine ne peut jamais dépasser la moitié du maximum déterminé par la loi. — Décr. du 27 juill. 1849, art. 1er.

40. — Il n'a été rien changé par les décrets précités à la compétence des Cours d'assises en cette matière. C'est toujours à ces Cours qu'il appartient de statuer sur les offenses commises envers le chef du gouvernement.

41. — Toutefois, il ressort de la discussion qui s'est élevée sur l'art. 1er du décr. du 27 juill. 1849, une modification, une innovation qu'il importe d'indiquer ici. Sous la monarchie, le jury devait se demander, en se pénétrant d'abord des dispositions de la loi pour savoir ce qui constituait une offense, si en effet l'écrivain avait commis une offense en dépassant les limites tracées par la loi. Aujourd'hui, le jury n'a plus besoin de se reporter aux lois écrites; il est placé au-dessus de la loi. Le point de décider s'il y a ou non offense envers le président de la République dans le fait imputé est abandonné à sa souveraine et consciencieuse appréciation. Il en est de même de la question de savoir si la publicité a été ou non suffisante.

42. — A l'égard des offenses commises envers les chefs des gouvernemens étrangers, V. DÉLITS DE PRESSE, nos 220 et suiv.

§ 2. — *Offense envers les chambres, l'Assemblée nationale.*

43. — Avant la révolution du 24 fév. 1848, deux Chambres étaient chargées de l'exercice de la puissance législative collectivement avec le roi: la Cambre des pairs et la Chambre des députés (Charte de 1830, art. 14). Ces Chambres étaient donc des élémens essentiels du gouvernement. Leurs droits et leur autorité devaient être spécialement protégés.

44. — Dans les atteintes qui pouvaient être portées à l'une ou à l'autre de ces Chambres, une distinction avait paru nécessaire. Le fait qui avait pour but d'affaiblir leurs droits, de saper leur autorité, constituait un délit qui était qualifié d'*attaque contre les Chambres*. Tout ce qui est relatif à ce délit a été traité au mot DÉLITS DE PRESSE, nos 254 et suiv. Mais lorsque le fait n'avait pour but que d'ébranler le respect qui était dû aux Chambres, il s'appelait *offense*: c'est de ce dernier délit qu'il s'agit ici.

45. — Les offenses contre les Chambres ou l'une d'elles pouvaient être commises de deux manières: par les moyens ordinaires de publication ou par la voie du compte-rendu de leurs séances dans les journaux. Dans le premier cas, le délit était prévu et puni par la loi du 17 mai 1819; dans le second, par la loi du 25 mars 1822.

46. — L'art. 11 de la loi du 17 mai 1819 punissait d'un emprisonnement d'un mois à trois ans et d'une amende de 100 francs à 5,000 francs l'offense commise envers les Chambres ou l'une d'elles par l'un des modes de publicité énoncés dans l'art. 1er. — V. *suprà* n° 2.

47. — Il importait peu, pour l'application de cet article, que l'offense eût été commise pendant que les Chambres étaient réunies, ou dans l'intervalle d'une session à l'autre. La clôture de la session, en effet, n'enlevait rien aux Chambres de leur caractère. Le même respect leur était dû; la même protection devait leur être accordée. — Chassan, t. 1er, n° 329; Bories et Bonassies, n° 23.

48. — Il n'était pas davantage nécessaire, pour qu'il y eût offense envers les Chambres, que l'imputation fût dirigée contre la Chambre entière; il suffisait qu'elle le fût contre une fraction de cette chambre, considérée collectivement. Ainsi, il y avait offense contre la Chambre entière, lorsque cette offense était adressée à la minorité, encore bien que quelques membres eussent été nominativement désignés. — De Grattier, t. 1er, p. 170; Chassan, t. 1er, n° 330; Bories et Bonassies, n° 26.

49. — Il a été jugé spécialement que l'excitation des citoyens au mépris ou à la haine contre les membres de la Chambre des pairs ou ceux de la Chambre des députés, pris collectivement, constituait nécessairement le délit d'offense envers les Chambres. — *Cass.*, 13 janv. 1838 (t. 2, 1838, p. 494), Sers et Raissac.

50. — Il pouvait même se faire que l'imputation ou l'allégation dirigée contre un membre de l'une des deux Chambres, *en cette qualité*, pût être considérée comme une offense envers la Chambre elle-même. L'appréciation des circonstances constitutives de l'offense appartenait à la Chambre qui se croyait offensée. — De Grattier, t. 1er, p. 170.

51. — Conçu dans des termes généraux, l'art. 11 L. 17 mai 1819 était également applicable, quelle que fût la condition de l'auteur de l'offense, fût-il membre de l'une des deux Chambres. Il ne pouvait y avoir d'exception à cet égard que si l'offense résultait d'un discours prononcé dans le sein de l'une des deux Chambres. — Même loi, art. 21. — De Grattier, *loc. cit.*; Bories et Bonassies, n° 47.

52. — D'après les art. 28 et 29 de la Charte de 1830, la Chambre des pairs connaissait des crimes de haute trahison et des attentats à la sûreté de l'Etat; et, à cet effet, elle se réunissait comme *cour de justice* (même Charte, art. 22). Cette différence de dénomination a donné lieu à la question de savoir si l'imputation dirigée contre la Chambre des pairs réunie en cour de justice, à l'occasion des fonctions qu'elle remplissait en cette qualité, pouvait constituer une offense envers la Chambre des pairs. Le doute venait de ce que, dans le cas dont il s'agit, cette Chambre exerçait de véritables fonctions judiciaires, qui semblaient en faire un corps distinct du corps politique. Mais on a fait remarquer, avec raison, que lorsque la Chambre des pairs se réunissait en cour de justice, elle ne cessait pas d'être Chambre des pairs; que cela résultait des termes mêmes de l'art. 22 de la Charte de 1830; et qu'enfin le pouvoir judiciaire dont elle était investie, n'étant qu'accidentel, ne pouvait effacer son caractère politique, lequel était permanent. C'est ce système que la Chambre des pairs a elle-même consacré, le 29 mai 1835, dans l'*affaire* dite *des défenseurs des accusés d'avril*. — V., aussi, en ce sens, de Grattier, t. 1er, p. 172 et 173; Chassan, t. 1er, n° 332; Bories et Bonassies, nos 27 à 32.

53. — La même question ne pouvait se présenter à l'égard de la Chambre des députés, qui, dans aucun cas, n'exerçait de fonctions judiciaires; même lorsqu'elle statuait sur les délits d'offense commis envers elle, ou lorsqu'elle s'occupait de la mise en accusation des ministres. — Chassan, *loc. cit.*; Bories et Bonassies, n° 28.

54. — Si la Chambre des députés avait terminé ses sessions, soit par l'expiration du mandat de chacun de ses membres, soit par suite d'une dissolution prononcée par le roi, il ne semble pas que l'imputation dont elle eût été ultérieurement l'objet pût constituer une offense dans le sens de l'art. 11 de la loi du 17 mai 1819, puisqu'elle ne pouvait plus autoriser la poursuite de ce fait. C'est même ce qui a été jugé par la Cour de Paris (V. arrêt du 19 oct. 1827 rapporté avec l'arrêt de cass. du 7 déc. même année, Lardier). La Cour de cassation paraît elle-même avoir implicitement admis dans l'arrêt précité cette décision, qu'approuvent également MM. Parant (p. 109), Mangin (*De l'action publique*, t. 1er, n° 149) et Bories et Bonassies (nos 33 et suiv.). — Mais elle a été combattue par M. de Grattier (t. 1er, p. 171), qui s'est fondé notamment sur ce que la Chambre des députés formait un être moral que ne détruisaient pas la fin de ses sessions ou sa dissolution; et dont la nouvelle Chambre n'était qu'une continuation.

55. — Relativement aux offenses commises contre les Chambres par la voie spéciale du compte-rendu de leurs séances dans les journaux, les caractères qui les constituent, le mode de poursuite qui leur est applicable et les peines dont elles sont passibles ont été indiqués au mot COMPTE-RENDU. — V. ce mot, chap. 3, nos 202 et suiv.

56. — La loi du 25 mars 1822 (art. 7) ne distinguait point entre l'offense commise par la voie du compte-rendu des séances envers l'un des pairs ou des députés et celle commise contre la Chambre entière. Elle les plaçait sur la même ligne et leur appliquait la même peine et le même mode de poursuite. — V. encore à cet égard le mot COMPTE-RENDU, *loc. cit.*

57. — Mais, lorsque l'imputation dirigée contre un des membres de la Chambre des pairs ou des députés, au lieu d'être renfermée dans le compte-rendu d'un journal, lui avait été adressée par tout autre moyen de publication, elle n'était plus qualifiée d'*offense*, elle prenait le nom d'*outrage*. — L. 25 mars 1822, art. 6. — V. OUTRAGE.

58. — Voyons maintenant à qui appartenait le droit de poursuivre la répression des offenses commises envers les Chambres ou l'une d'elles. — Le législateur a pensé que le soin d'apprécier la gravité de ces offenses et de décider si elles étaient de nature à donner lieu à une poursuite devait appartenir aux Chambres elles-mêmes. L'art. 2 L. 26 mai 1819 est ainsi conçu: « Dans le cas d'offense envers les Chambres ou l'une d'elles, par voie de publication, la poursuite n'aura lieu qu'autant que la Chambre qui se croira offensée l'aura autorisée. »

59. — Le ministère public ne pouvait donc poursuivre d'office les délits d'offense commis envers les Chambres. La Cour de cassation l'a jugé ainsi dans une espèce où l'offense avait été commise envers la Chambre des députés, même après sa dissolution. — Arr. du 7 déc. 1827, Lardier. — V., aussi, en ce sens, Mangin, t. 1er, n° 149.

60. — Au lieu d'autoriser la poursuite par la voie ordinaire, la Chambre offensée pouvait ordonner que le prévenu serait traduit à sa barre; et, après qu'il avait été entendu ou dûment appelé, elle pouvait le condamner, s'il y avait lieu, aux peines portées par les lois. Sa décision était exécutée sur l'ordre du président de la Chambre. — L. 25 mai 1822, art. 15.

61. — Toutefois, le droit de mander le délinquant à sa barre n'appartenait à la Chambre des pairs ou à la Chambre des députés que lorsque l'offense était commise pendant le cours de la session. — Chassan, t. 1er, n° 333 *in fine*.

62. — Ainsi, la Chambre des pairs réunie comme cour de justice dans l'intervalle d'une session à l'autre ne pouvait connaître des offenses qui lui étaient adressées à raison de ses fonctions législatives; mais elle pouvait juger celles qui lui étaient adressées à raison de ses fonctions judiciaires. — Chassan, t. 1er, n° 333; Bories et Bonassies, nos 39 et 40.

63. — Il résulte donc de ce qui précède que les Cours d'assises, dans la compétence desquelles rentrait la connaissance des délits d'offense envers les Chambres ou l'une d'elles, ne pouvaient en être saisies qu'autant que la Chambre contre laquelle l'offense avait été dirigée avait décidé qu'une réparation lui était nécessaire; et que n'ayant pas jugé convenable d'ordonner que le prévenu serait traduit à sa barre, elle avait autorisé la poursuite contre lui. — *Cass.*, 7 déc. 1827, Lardier; 13 janv. 1838 (t. 2 1828, p. 494), Sers et Raissac.

64. — Lorsque le délit d'offense avait été commis par un membre de la Chambre des députés envers la Chambre des pairs, rien ne s'opposait à ce que cette dernière assemblée jugeât l'inculpé. Mais elle ne pouvait l'appeler devant elle que lorsque la poursuite avait été autorisée par la Chambre des députés elle-même. — Arg. de l'art. 44 Charte de 1830.

65. — Le même droit n'appartenait point à la Chambre des députés lorsque l'offense lui avait été adressée par un pair. C'était encore dans ce cas à la Chambre des pairs à en connaître. — Arg. de l'art. 29 même Charte.

66. — Par un décret du gouvernement provisoire du 24 févr. 1848, la Chambre des pairs a été abolie; et à cette Chambre, ainsi qu'à la Chambre des députés, il a été substitué une Assemblée nationale unique, à laquelle a été délégué le pouvoir législatif. — Constit. 4 nov. 1848 , art. 20. — Cette Assemblée n'a plus à connaître de l'offense envers les Chambres, puisqu'elles ont cessé d'exister. — Rapport de M. Berville sur le décr. du 11-12 août 1848. — Mais l'offense à l'Assemblée nationale elle-même est toujours un délit qui doit être réprimé.

67. — En abolissant, par son décret du 6 mars 1848, la loi du 9 oct. 1835, sur les crimes, délits et contraventions de la presse, le gouvernement provisoire n'avait point voulu cependant que ces délits restassent impunis. Par l'art. 2 de ce décret il a maintenu, en effet, en vigueur toutes les lois antérieures sur cette matière, auxquelles il n'avait pas été expressément dérogé. Les lois de 1819 et de 1822 continuaient donc de subsister ; et, par conséquent, jusqu'à ce que l'Assemblée nationale eût révisé la législation sur la presse, c'était dans les deux lois précitées qu'il fallait chercher les moyens de répression contre l'offense envers cette Assemblée.

68. — Le décret du 11-12 août 1848 a laissé également subsister les lois des 17 mai 1819 et 25 mars 1822, en y introduisant cependant quelques modifications. Mais, relativement à l'offense qui peut être commise envers l'Assemblée nationale, l'art. 2 de ce décret n'est que la reproduction de l'art. 14 de la loi du 17 mai 1819. Il est ainsi conçu : « L'offense, par l'un des moyens énoncés en l'art. 1er de la loi du 17 mai 1819, envers l'Assemblée nationale, sera punie d'un emprisonnement d'un mois à trois ans et d'une amende de 100 à 5,000 fr. »

69. — L'art. 15 de la loi du 25 mars 1822, qui permettait aux Chambres d'appeler à leur barre le prévenu d'offenses envers elles, pourrait encore recevoir aujourd'hui son application. Cela résulte de la discussion qui s'est élevée à l'Assemblée nationale sur l'art. 8 du décret du 11-12 août 1848. — V. notre Collect. des lois, ann. 1848, p. 264, note 4.

70. — Mais aujourd'hui , comme autrefois , le délit d'offense envers l'Assemblée nationale ne peut être poursuivi d'office par le ministère public. L'autorisation préalable de l'Assemblée offensée est indispensable.

71. — Quant à l'imputation dirigée contre un ou plusieurs membres individuellement de l'Assemblée nationale, le décret précité (art. 5) lui a conservé la qualification d'outrage que lui avaient donnée les anciennes lois. — V. OUTRAGE.

72. — Aucune loi n'ayant tracé les formes à suivre par l'Assemblée nationale statuant sur les délits d'offense commis envers elle, cette Assemblée doit suivre les règles tracées par le C. d'inst. crim., et la loi du 26 mai 1819. MM. Dories et Bonassies (n° 51 et 52) le décidaient ainsi à l'égard des Chambres législatives antérieures à l'Assemblée nationale.

73. — Lorsqu'il s'est écoulé six mois depuis que l'offense a été commise, toute action se trouve prescrite. Toutefois, si l'Assemblée nationale suspend ses séances, pendant un temps déterminé, le délai de six mois ne court pas dans cet intervalle. La disposition de l'art. 29 de la loi du 26 mai 1819, d'après lequel le délai de six mois ne courrait pas dans l'intervalle des sessions des Chambres, est applicable à ce cas.

OFFENSE AUX CHAMBRES.
V. OFFENSE.

OFFICE.

Table alphabétique.

OFFICE.— 1. — Titre qui donne le droit d'exercer quelque fonction publique.

2. — Cette dénomination ne s'applique aujourd'hui qu'aux charges des officiers ministériels, c'est-à-dire aux avocats à la Cour de cassation, aux avoués, huissiers, aux commissaires-priseurs, courtiers et agens de change. — V. OFFICIERS MINISTÉRIELS.

3. — On dit aussi l'office d'un notaire et d'un greffier, quoique, à vrai dire, ils ne soient pas des officiers ministériels. — V. *eod. verbo*.

4. — L'agréé n'est pas un officier ministériel. Il n'a aucun caractère public. — V. AGRÉÉ.

5. — Autrefois, dans les offices étaient comprises même les charges de judicature et de finance.

6.—L'office diffère de la commission en ce que les fonctions publiques conférées par la commission ne sont que temporaires, tandis que celles conférées par l'office sont à vie.

7. — L'acte qui confère un office s'appelle *provision de l'office*. Il ne peut émaner que du gouvernement.

8. — L'acte de *nomination à l'office* est celui par lequel on désigne au gouvernement ceux auxquels l'office doit être conféré.

Sect. 1re. — *Historique et dispositions générales.*

9. — Émanation du pouvoir souverain, les fonctions publiques ne doivent être concédées qu'au seul mérite et à la capacité. Elles ne sont pas dans le commerce. Ce principe, aujourd'hui, ne souffre plus de controverse.

10. — Montesquieu, tout en disant que les charges ne doivent pas être vénales dans les Etats despotiques, soutient que cette vénalité est bonne dans un état monarchique (*Esprit des lois*, liv. 5, ch. 49).

11. — Quoi qu'il en soit, la vénalité des offices fut souvent proscrite par les lois françaises et, cependant, elle ne laissa pas de continuer de subsister en fait. — Elle ne disparut que lors des réformes amenées par la révolution de 1789.

12. — La vénalité s'appliquait aux charges de judicature, de finance, de municipalité, etc.

13.—L'acquéreur d'une charge publique jouissait du droit de la vendre, de la donner, de l'échanger, de la transmettre à ses héritiers.

14. — Toutefois, l'effet de la vénalité était restreint à la finance et ne s'appliquait pas au titre.

15.—[La finance d'un office était une créance sur le roi, représentative des deniers qui avaient été versés dans le trésor public par le premier acquéreur de l'office. C'était cette créance, qui, entre particuliers, était regardée comme vénale; et, dans ce fait, elle s'acquérait à prix d'argent, comme si c'eût été un fonds de terre, une rente, une lettre de change, etc. — Merlin, *Rép.*, v° *Office*, § 2.

16. — Mais le titre de l'office, c'est-à-dire le droit d'exercer les fonctions publiques qui y étaient attachées, n'était point du tout dans le commerce. Le roi ne le conférait jamais qu'à vie; et le décès ou la démission du titulaire le faisait toujours rentrer de plein droit dans la main du prince, qui en disposait à son gré. — Merlin, *ibid.*

17. — Néanmoins, on sent que pour être pourvu du titre il fallait être déjà pourvu de la finance.

18. — Pour prévenir toute exagération dans le prix de cession de la finance, des règlemens publics en fixaient le cours au delà duquel il était défendu de rien stipuler directement ou indirectement. — V. ordonn. de déc. 1665, édit de juill. 1669, lettres patentes du 27 nov. 1671.

19. — Si la liberté des transactions fut possible sous ce point de vue, ce ne fut qu'accidentellement vers la fin du regne de Louis XIV. Mais l'édit de déc. 1709, qui permet aux propriétaires, aux veuves et aux héritiers, et même à leurs simples ayans cause, de vendre leurs offices comme bon leur semblerait, ce ce comme indemnité des sommes qu'ils avaient fournies pendant les guerres, ne fut pas de longue durée. L'édit de mai 1724 rétablit la fixation des offices. Les édits qui suivirent furent rendus dans le même esprit. — V. éd. de fév. 1771, art. 16, 48; arrêt du cons. du 6 juill. 1772, art. 47; éd. d'oct. 1781 et janv. 1782.

20. — Merlin (v° *Office*, § 2) rapporte même qu'à Paris les notaires ne souffraient, dans aucun contrat, un prix supérieur à celui de la finance, et qu'ils ne manquaient jamais de donner à ceux qui voulaient le stipuler, connaissance des lois qui s'y opposaient. C'était aussi la pratique du

Châtelet. Lorsqu'on procédait dans ce tribunal à l'adjudication d'un office, on n'y recevait pas d'enchère au-dessus du prix de la fixation.

21. — Cette distinction entre le titre et la finance nécessitait deux actes pour l'aliénation : l'un pour le titre, l'autre pour la finance.

22. — Il fallait que le postulant représentât d'une part une procuration *ad resignandum* et de l'autre un traité ou contrat de vente.

23. — A Rome, quoique proscrite par la législation (*Lex ult.*, C., *ad Legem Juliam repetund.*, et la Novelle 8 de Justinien), la vénalité n'en fut pas moins poussée jusqu'à l'excès. — Lucain, liv. 4er; Sénèque, *Epít.* 115; Quintilien, *Déclam.* 345.

24. — La vénalité des offices, successivement établie et abolie depuis Philippe-le-Bel jusqu'à Louis XVI, était dans les derniers temps de l'ancienne monarchie considérée comme une conséquence de l'inamovibilité. — *Dictionn. du notar.*, v° *Office*, n°4 et 5; Dard, *Traité des offices*, p. 17 et suiv.; Batalliard, *Du droit de propriété des offices*, p. 22 et suiv.

25. — Ce fut dans la nuit du 4 août 1789 que la vénalité reçut un coup mortel. L'Assemblée constituante décréta l'établissement prochain d'une justice gratuite et la suppression de la vénalité des offices de judicature et de municipalité.

26. — Ce décret ne fut évidemment rendu que dans le but de mettre un terme aux abus graves et multipliés occasionnés par la vénalité des charges de judicature, mais n'a pu porter atteinte aux droits de propriété des offices ministériels. — Batalliard, *ibid.*, p. 80.

27. — Bientôt l'Assemblée constituante se vit contrainte de proscrire la vénalité des offices ministériels au mépris des droits acquis. — V. les discuss. sur les lois des 6 oct. 1791, 26 vent. an XI; L. du 20 mars, 47 avril, 8 mai, 6 oct. 1791. — Batalliard, *ibid.*, p. 88.

28. — Quant au remboursement de la finance, il subit le sort de toutes les dettes de l'Etat. Il fut converti, par le décret du 24 août 1793, en une inscription de rente sur le grand-livre de la dette publique, en faveur du titulaire ou de ses ayans cause.

29. — D'après l'art. 66 de ce décret, les créanciers directs de la nation tenaient sur le grand-livre ont pu rembourser, au moyen d'un transfert, leurs créanciers personnels ayant hypothèque spéciale ou privilégiée sur l'objet liquidé.

30.—Pour qu'il y eût, d'après la loi du 24 août 1793, lieu au remboursement en inscriptions, il fallait que celui que l'on voulait rembourser fût créancier personnel de celui qu'on rembourserait, et qu'il fût créancier hypothécaire ou privilégié sur l'objet liquidé. — Cass., 3 mess. an XI, Liffroy c. Balland.

31. — L'acquéreur d'un office, qui depuis a été supprimé, a pu rembourser son vendeur au moyen du transfert de l'inscription délivrée pour le montant de la liquidation, encore bien que dans l'acte de vente il y eût indication de paiement. La caution de l'acquéreur a pu exercer ce droit, si celui-ci ne l'a pas fait. — Cass., 47 fruct. an XII, Lacouture c. Lecamus.

32. — Le défaut d'opposition de la part du créancier aux provisions obtenues par le dernier titulaire d'un office n'entraînait pas l'extinction de l'hypothèque spéciale ou privilégiée. — Cass., 28 vent. an VIII, Clément c. Couture.

33. — Lors même qu'un office a été acquis solidairement par le mari et par la femme, la liquidation par suite de suppression a été valablement faite au nom du mari seul en qualité de titulaire. — Cass., 4 vent. an X, Béhague c. Lépinoy.

34. — Cette liquidation faite, il est permis au ci-devant titulaire de rembourser, au moyen du transfert d'une inscription sur le grand-livre, les créanciers qui avaient privilége ou hypothèque sur cet office. — Même arrêt.

35. — Comme dans l'ancienne législation, le titre et la finance d'un office pouvaient former deux propriétés distinctes appartenant à des personnes différentes. Ceux qui avaient traité avec le propriétaire de la finance et auxquels les intérêts de cette finance avaient été délégués entre autres sûretés, ont dû être regardés comme créanciers directs ayant hypothèque spéciale sur cette même finance. — *Paris*, 29 mai 1815, Lamoignon c. Baujon.

36. — Le propriétaire de la finance a pu user, contre ses créanciers, du bénéfice des lois des 24 août 1793 et 21 frim. an VI, nonobstant l'obligation personnelle qu'il avait contractée de fournir et faire valoir. — Même arrêt.

37. — Le créancier personnel avec hypothèque et privilége sur un office a pu, nonobstant la stipulation de remboursement en numéraire et la renonciation à toutes lois contraires, être remboursé par la voie du transfert de tout ou partie des inscriptions sur le grand livre provenant de la liquidation de l'office supprimé. — Il n'a point été dérogé à la loi du 24 août 1793 par les lois des 15 fruct. an V et 24 frim. an VI. — *Cass.*, 20 flor. an XI, Bernard c. Varenard.

38.—D'après l'art. 161 du même décret (24 août 1793), on pouvait disposer de tous les objets compris dans le grand-livre de la dette publique, comme de créances mobilières, sauf, contre les seuls propriétaires lors actuels ou leur succession, l'exercice de toutes actions, emplois et recours, comme par le passé.

39. — Les créanciers hypothécaires sur les anciens offices ont conservé leur hypothèque par des oppositions sur les inscriptions au grand-livre, pour le remboursement des finances. — *Paris*, 14 (et non 25) nov. 1814, de Touy c. de Foissy.

40. —Mais les priviléges et hypothèques sur les offices réservés par l'art. 161 L. 24 août 1793 contre les propriétaires lors actuels d'inscriptions sur le grand-livre de la dette publique, ont été supprimés par les lois subséquentes. — *Paris*, 12 vent. an XII, Sicard.

41. — Plus tard survint la loi du 8 niv. an VI sur le tiers consolidé, dont l'art. 4 porte : « Il ne sera plus reçu, à l'avenir, d'oppositions, sur le tiers conservé de la dette publique inscrite ou à inscrire. Celles faites sont maintenues, mais le débiteur saisi pourra offrir de rembourser l'opposant à due concurrence avec le tiers conservé; et le créancier qui refuserait son remboursement peut y être contraint en justice, si mieux il n'aime donner mainlevée de l'opposition.

42. — L'opposition du créancier du titulaire d'un office supprimé, au remboursement de cet office, ne peut être considérée ni comme une opposition réelle et hypothécaire, ni comme une saisie-arrêt sujette à la péremption. — *Cass.*, 1er frim. an X, Trouillebert c. Baron.

43. — Dans le cas où la loi autorise un transfert comme mode de libération : par exemple, d'une inscription sur le grand-livre pour la liquidation des finances d'un office; les tribunaux peuvent obliger le créancier à l'accepter. —*Cass.*, 12 brum. an IX, Lucas c. Lecordier.

44.—Encore bien que les titulaires d'offices supprimés aient pu, nonobstant toutes clauses contraires, rembourser en inscriptions sur le grand-livre leurs créanciers personnels ayant hypothèque spéciale ou privilége sur ces offices, un tribunal a pu décider en fait, et sans qu'il y eût ouverture à cassation, qu'un débiteur avait renoncé à cette faculté en continuant de payer en numéraire les arrérages de la rente qu'il servait. — *Cass.*, 15 messid. an XII, Vanduffet c. Bernardy.

45. — L'obligation imposée à un individu de payer une somme annuelle tant qu'il conservera la place, dont le stipulant s'est démis en sa faveur, cesse au cas de suppression de cette charge, quand bien même le titulaire aurait obtenu une pension de retraite. — *Cass.*, 2 germ. an X, Chenevières c. Lacaze.

46. — Sur l'opposition à l'arrêt par défaut qui précède, jugé également que le jugement qui a condamné l'officier à continuer le service de la rente, même après qu'il avait perdu sa place, violait le contrat et devait être cassé. — *Cass.*, 26 pluv. an XI, mêmes parties.

47. — Dans l'intervalle qui s'écoula entre les lois de 1789 et 1790 et celle de 1816, l'usage se rétablit peu à peu de traiter des offices.

48. — Mais les tribunaux ne reconnaissaient pas la validité de ces traités, bien qu'ils ne portassent que sur la clientèle et non sur le titre. — *Paris*, 12 oct. 1815, Canonne c. Huguenin; *Bordeaux*, 27 janv. 1816, Galon c. Gaillardon.

49.—Décidé, en ce sens, que si les conventions relatives au bail d'une charge de notaire étaient licites avant la Révolution, et si l'obligation contractée alors par le preneur avait une cause légitime, un pareil engagement a cessé de subsister faute de cause, d'après la disposition des lois qui ont aboli la vénalité des offices, encore bien que le preneur ait ensuite exercé les fonctions de notaire en vertu d'une nomination du gouvernement sous un cautionnement exigé. —*Cass.*, 7 sept. 1814, Morin c. Bonnat.

50. — Enfin vint la loi du 28 avril 1816, dont l'art. 91 porte : « Les avocats à la Cour de cassation, notaires, avoués, greffiers, huissiers, agens de change, courtiers, commissaires-priseurs pourront présenter à l'agrément de Sa Majesté des successeurs, pourvu qu'ils réunissent les qualités exigées par les lois. — Cette faculté n'aura pas lieu pour les titulaires destitués. »

51. — Le même article ajoute : « Il sera statué par une disposition particulière sur l'exécution de cette disposition et sur les moyens d'en faire jouir les héritiers ou ayans cause desdits officiers. — ... Cette faculté de présenter des successeurs ne déroge pas, au surplus, au droit de Sa Majesté de réduire le nombre desdits fonctionnaires, notamment celui des notaires dans les cas prévus par la loi du 25 vent. an XI sur le notariat. »

52. — Cette loi, qui devait régler le droit des héritiers ou des ayans cause des titulaires, n'a pas encore été rendue. La jurisprudence y a suppléé.

53.—On remarquera que la loi de 1816 n'a pas rétabli la vénalité des charges. Le gouvernement ne perçoit rien dans le cas de mutation du titre; la concession est toujours gratuite de sa part. — Elle n'a fait que rendre les charges héréditaires pour indemniser les officiers ministériels de l'augmentation de cautionnement qu'elle leur imposait, et sauf examen des conditions dans lesquelles se présentent les successeurs.

54. — Ce droit de présenter un successeur est un droit de propriété *sui generis* qui a été reconnu de nouveau par les ordonnances des 29 mai et 3 juillet 1816 sur les agens de change, des 12 fév. 1817 et 18 août 1819 sur les huissiers, du 18 août 1819 sur les avoués près la cour d'appel de Paris, et par un grand nombre d'autres dispositions.

55. — Enfin la loi du 21 avril 1832, celle du 25 juin 1841, en soumettant les traités de transmission à un impôt (V. ENREGISTREMENT, nos 3683 et suiv.), ont donné une nouvelle force à la législation sur les offices.

56. — Dans les premiers momens qui suivirent la révolution du 24 février 1848, les officiers ministériels conçurent de graves craintes sur le droit qu'ils pourraient avoir à l'avenir de transmettre leurs offices; et cet état de choses amena une diminution considérable dans la valeur des charges.

57.—D'un autre côté, beaucoup de traités passés entre des titulaires et leurs cessionnaires étaient à ce moment soumis à l'approbation du gouvernement. Par une circulaire adressée dans les premiers jours de mars 1848 aux procureurs généraux, le ministre de la justice, membre du gouvernement provisoire, leur manda qu'avant de faire suite à la demande à fin de nomination des candidats proposés comme officiers ministériels en remplacement des titulaires avec qui ils avaient traité « il désirait savoir si les parties entendaient persister dans leur traité ou si leur intention était, au contraire, de le modifier. »

58. — Cette double circonstance donna lieu à la question de savoir quelle était la validité des traités encore en suspens lors de la proclamation de la République. — V. *infrà*.

59. — Toutefois, des explications furent provoquées à cet égard dans l'Assemblée nationale et il en est résulté que l'intention du nouveau gouvernement est de maintenir pour l'avenir le droit de présentation en faveur des officiers titulaires tel qu'il existait auparavant.

Sect. 2e. — *Droit du gouvernement.*

60. — Les droits du gouvernement consistent 1° à nommer aux offices vacans; 2° à destituer les titulaires; 3° à réduire le nombre des offices; 4° à en augmenter le nombre; 5° enfin, à changer la résidence de certains d'entre les officiers ministériels. — L'exercice de ces droits est soumis à certaines conditions.

61. — *Nomination aux offices vacans.* — Ce droit est fondé sur l'art. 91 de la loi du 28 avril 1816, et de plus, sous l'ancien gouvernement, sur l'art. 13 de la Charte constitutionnelle du 14 août 1830, et aujourd'hui sur l'art. 64 de la Constitution du 4 nov. 1848.

62. — ... Sauf le droit qu'ont les titulaires de présenter leurs successeurs à l'agrément du gouvernement. — V. *infrà* n° 124.

63. — Il y a vacance par l'incompatibilité des fonctions, par l'abandon de l'office ou le refus d'en exercer les fonctions, par la destitution, la démission ou le décès du titulaire, et enfin par la suppression de l'office. — V. AGENT DE CHANGE, AVOCAT A LA COUR DE CASSATION, AVOUÉ, COMMISSAIRE-PRISEUR, COURTIER, GREFFIER, HUISSIER et NOTAIRE.

64. — *Destitution des officiers ministériels.* — Le droit de destitution appartient aux tribunaux. — Décr. 30 mars 1808, art. 103. — V. DISCIPLINE, nos 306 et suiv.

65. — Et au gouvernement, lorsqu'une condamnation disciplinaire est intervenue contre le titulaire. — V. *eod. verbo*, n° 307.

66. — Jugé en ce sens que le droit de transmission des offices conféré aux titulaires par la loi du 28 avril 1816 ne fait pas obstacle à ce que leur destitution soit prononcée lorsqu'elle est encourue. — *Cass.*, 12 av. 1837 (t. 1er 1837, p. 277), A...

67. — Mais en l'absence de tout précédent judiciaire, le gouvernement pourrait-il exercer ce droit? Nous avons enseigné la négative v° AVOUÉ, nos 89 et suiv.

68. — *Réduction du nombre des offices.* — Les lois et décrets du 27 ventôse an VIII, art. 92 et 96, 6 juillet 1810, art. 114 et 120, 14 juin 1813, art. 8, ont attribué au gouvernement le pouvoir de fixer le nombre des offices, pouvoir qui nécessairement comprend celui de réduire ou d'augmenter.

69. — D'après l'art. 32 de la loi du 25 ventôse an XI sur le notariat, les suppressions ou réductions d'office ne peuvent avoir lieu que par mort, destitution ou démission. — On applique ce principe d'équité aux autres offices.

70. — Lorsque la suppression d'un office a été décrétée par le gouvernement, si l'un des titulaires vient à décéder, une indemnité est due à ses héritiers. — Elle est à la charge des confrères, et se règle entre eux, proportionnellement à la part présumée que chacune retirera de l'extinction de l'office. — Décis. min. 1er juin, 17 oct. 1837; 8 fév. 1839, 2 mars 1841. — Ord. 30 mars 1838.

71. — L'officier ministériel qui consent à se démettre de ses fonctions sans présenter un successeur jouit des mêmes droits que la veuve et les héritiers de celui qui serait décédé dans l'exercice de ses fonctions.

72. — Dans le cas où la suppression atteint plusieurs offices, la réduction n'a pas lieu non plus immédiatement; seulement, pour être nommé, on doit présenter au gouvernement deux démissions. — Ord. 19 janv. 1820, art. 2.

73. — Cette double acquisition est définitive au profit du nouveau titulaire, c'est-à-dire que son successeur ne sera pas soumis à l'obligation de représenter deux démissions, bien que les réductions n'aient pas été toutes opérées. — Bioche, *Dict. de proc.*, v° *Office*, n° 32.

74.—Au surplus, entre les officiers ministériels, il n'y a aucune distinction à faire, par rapport à la réduction. Peu importe que la création des offices des uns soit antérieure à celle des autres. Le droit de chacun d'eux est le même. — Par exemple, dit M. Bioche (n° 33), si le nombre des avoués près un tribunal n'avait été pendant plusieurs années que de sept, que plus tard il se fût élevé à onze, et qu'enfin, une ordonnance le fixât à sept, les propriétaires des sept titres originaires seraient non recevables à prétendre que la réduction ordonnée doit porter exclusivement sur leurs quatre confrères nommés en dernier lieu. En effet, s'il en était ainsi, l'ordonnance de réduction ne recevrait jamais une exécution complète, puisque l'obligation de réunir deux titres n'étant imposée qu'aux successeurs des quatre titulaires nommés depuis les sept anciens, il n'y aurait, en réalité, extinction que de deux titres au lieu de quatre.

75. — Quand la suppression porte sur l'étude d'un notaire dans un canton, la présentation sur un seul titre pour une des résidences conservées, est admise, à la condition qu'aucun notaire d'une résidence supprimée ne veuille être substitué au cessionnaire. — Bioche, n° 34.

76. — Ce qui vient d'être dit des notaires est pratiqué à l'égard des commissaires-priseurs.

77. — Mais il en est nécessairement autrement 1° à l'égard des avoués qui habitent la même résidence;

78. — ... 2° Des huissiers dont les fonctions s'exercent dans tout l'arrondissement, et dont la résidence est indiquée par le tribunal auquel ils appartiennent, selon les besoins des justiciables.

79. — Il peut arriver que le cessionnaire d'un premier titre ne puisse, alors qu'il doit être porteur de deux démissions, se procurer immédiatement le second. Dans ce cas, le traité n'est anéanti que s'il y a eu à cet égard une clause spéciale. — Bioche, n° 36.

80. — Dans cette même hypothèse, il est possible que les deux titres soient acquis par deux personnes différentes. Si la suppression comprend plusieurs offices, chacun d'eux devra se procurer le second titre qui lui manque; si elle n'en comprend qu'un seul, le tribunal, à défaut par les compétiteurs de s'entendre, présente l'un d'eux à l'agrément du gouvernement. — Bioche, n° 37.

81. — En cas de destitution ou de déchéance pour défaut de versement du cautionnement ou du supplément du cautionnement, les officiers ministériels ne sont pas remplacés, lorsque la réduction a été prononcée. — Ordonn. 19 janv. 1820, art. 3.

82. — ... Et même une pareille suppression ne dispense pas de représenter deux titres, lorsque le chiffre des extinctions ne se trouve pas encore atteint.

83. — Souvent, c'est la communauté des officiers ministériels qui traite directement avec les titulaires, pour arriver à opérer la réduction ordonnée.

84. — Il a donc été jugé que lorsqu'il a été pris entre les notaires d'une ville, dont le nombre doit être réduit, l'engagement de payer une indemnité, réglée de gré à gré, à celui qui donnera sa démission en faveur de la compagnie, cette indemnité peut être réclamée, lors même que le notaire n'aurait donné sa démission que pour faciliter la transmission d'un autre titre, quand néanmoins, par l'effet de cette démission les notaires se trouvent réduits au nombre légal. Du moins, l'arrêt qui le décide ainsi échappe à la censure de la Cour suprême. — *Cass.*, 4 juin 1835, Nau c. Paillet.

85. — Un pareil engagement n'est autre qu'un des contrats innommés appelés par les lois romaines *Do ut des, Do ut facias*, contrats consacrés par le Code civil, et d'après lesquels la partie qui a rempli son engagement a le droit d'exiger des dommages-intérêts de celle qui n'a pas satisfait au sien. En conséquence, cet engagement ne peut être assimilé à un contrat ou promesse de vente, laquelle devrait être considérée comme nulle, faute de fixation de prix. — Même arrêt.

86. — De ce qu'il n'aurait pas été stipulé dans la convention que la quotité de l'indemnité serait fixée de gré à gré entre les parties, il faut en conclure non que l'engagement a été contracté sous une condition potestative de la part des obligés, mais qu'en cas de refus de ceux-ci, le juge doit intervenir pour fixer cette même quotité. — Même arrêt.

87. — Lorsqu'un officier ministériel a cédé à ses confrères tous ses droits à la finance de sa charge, celui auquel est accordée l'institution de l'office du cédant ne peut exercer qu'en payant une indemnité de dépossession égale au montant du prix vénal actuel de cet office, il ne pourrait se borner à payer seulement la somme qu'ils ont déboursée. — *Rennes*, 14 (et non 24) nov. 1832, Sauvé c. Besnard.

88. — Lorsqu'une indemnité a été assise à la charge des communautés par suite du décès d'un officier ministériel ou de son consentement à se démettre de ses fonctions sans présenter un successeur, le partage de cette indemnité se règle de la manière suivante :

89. — S'il s'agit d'une simple réduction, l'indemnité est supportée par tous les autres titulaires, proportionnellement à l'intérêt qu'ils avaient à l'estimation du titre.

90. — Mais l'acquéreur d'un office, nommé à la condition de payer une indemnité aux héritiers du titulaire d'un autre office supprimé, ne peut exiger que ses confrères contribuent au paiement de cette indemnité. — Décis. garde des sceaux, 12 nov. 1835.

91. — Si la réduction frappe plusieurs officiers, l'indemnité est à la charge de ceux des officiers ministériels qui n'ont pas, par eux mêmes ou leurs prédécesseurs, réuni deux titres sur leur tête. — Décis. garde des sceaux 17 oct. 1837, 2 mars 1841.

92. — S'il y a des réductions à opérer dans un canton où il y a des notaires des deux classes, l'indemnité n'est pas à la charge des deux classes, mais à la charge de celle des classes sur laquelle la réduction a porté. — Déc. min. just. 18 nov. et 30 déc. 1834, 28 déc. 1838.

93. — L'indemnité peut être réglée à l'amiable entre les parties, sauf à soumettre le traité à l'approbation du gouvernement.

94. — A défaut d'arrangement entre les parties, c'est le gouvernement qui détermine la valeur de l'office, après que la chambre de discipline, le tribunal et le ministère public ont été appelés à donner leur avis. Ils sont en même temps consultés sur le mode de contribution des titulaires restans au paiement de l'indemnité. — Décr. min. just. 8 févr. 1839, 2 mars 1841.

95. — Les chambres de discipline et les tribunaux ne prononcent qu'après avoir entendu contradictoirement les parties intéressées dans leurs observations.

96. — Dans l'estimation de l'indemnité due pour la suppression d'un office de notaire, on doit faire deux parts : celle du titre, celle des minutes.

97. — Au surplus, si dans une même résidence plusieurs notaires sont conservés, les ayans droit à l'indemnité ont la faculté de céder leurs minutes à tel ou tel de ces notaires, tandis que lorqu'elle n'en compte qu'un, les minutes suivent le sort du titre. — Bioche, n° 49.

98. — Le gouvernement est omnipotent pour décider si une indemnité est due ou non, et à quel chiffre elle doit s'élever.

99. — Dès lors, il n'y a pas lieu de se pourvoir par la voie contentieuse : 1° ni contre l'ordonnance de suppression d'un office de notaire ; 2° ni contre la décision du ministre de la justice qui, en raison des circonstances, refuse une indemnité au notaire dont l'office a été supprimé, ou à ses ayans droit. — *Cons. d'Etat*, 29 juin 1844, Usse.

100. — Si le gouvernement rejette le principe de l'indemnité, les tribunaux n'ont pas le pouvoir de modifier, d'une manière quelconque, la décision administrative. — Rolland de Villargues, *Rép. du not.*, v° *Réduction*, n° 57; Bioche, v° *Office*, n° 58.

101. — Ainsi, lorsque le ministre de la justice a pris une décision portant que la nomination du successeur d'un notaire n'aurait lieu qu'après paiement préalable d'une indemnité aux héritiers d'un autre notaire du même canton, prédécédé, et dont la place a été supprimée, il n'appartient pas aux tribunaux de statuer sur la question de savoir si une indemnité est ou n'est pas due, ni à plus forte raison d'en fixer la quotité. — *Rennes*, 29 juin 1833, Calvary c. Lebourchis.

102. — De même, l'interprétation de l'ordonnance appartient à l'administration et non aux tribunaux.

103. — « Toutefois, ajoute Rolland de Villargues (*ibid.*, n° 56), s'il n'y a eu qu'une simple omission de statuer sur l'indemnité les tribunaux peuvent être saisis de la question.

104. — On notifie aux parties intéressées l'ordonnance du gouvernement qui règle l'indemnité.

105. — L'indemnité est immédiatement exigible, à moins qu'il n'y ait convention contraire.

106. — Dans tous les cas : tant que l'indemnité n'a pas été soldée, aucune mutation n'est autorisée dans le canton. — Déc. garde des sceaux 8 fév. 1839, 2 mars 1841.

107. — La somme des indemnités est productive d'intérêts, les titulaires conservés profitant du moment même du bénéfice de la réduction. Au surplus, c'est là une question abandonnée à l'administration.

108. — De nombreuses décisions ministérielles, qui reposent sur un incontestable principe d'équité, reconnaissent aux titulaires des études à supprimer, la préférence pour être pourvus des offices vacans dans les résidences conservées, à la seule condition de se substituer au candidat dans toutes les clauses de son traité avec le titulaire conservé. — Déc. min. just. du 8 juill. 1819, 25 août 1832, 17 oct. 1837, 6 mai 1839, 2 mars 1841.

109. — Un droit de cette nature est tout personnel. — Décis. du garde des sceaux, 29 oct. 1844.

110. — *Augmentation du nombre des offices.* — Ce droit résulte implicitement des mêmes dispositions législatives, qui confèrent le droit de réduire ce même nombre. — V. *suprà* n° 51.

111. — De plus, l'art. 12 de la loi du 25 juin 1841 reconnaît ce droit au gouvernement dans les termes les plus formels. L'intérêt public commandait d'ailleurs qu'il en fût ainsi.

112. — L'art. 12 de la loi du 25 juin 1841 porte qu'en cas de création nouvelle de charges ou offices, les ordonnances qui y pourvoiront seront assujetties à un droit proportionnel sur le montant du cautionnement attaché à la fonction ou à l'emploi. Toutefois, ajoute-t-il, si les nouveaux titulaires sont soumis, comme condition de leur nomination, à payer une somme déterminée pour la valeur de l'office, le droit de 2 % sera exigible sur cette somme.

113. — Ainsi, il résulte clairement de cette disposition fiscale que le gouvernement a le droit d'imposer une indemnité au titulaire d'une charge nouvelle au profit des titulaires des anciens offices.

114. — Mais il n'y a là qu'un droit et non un devoir pour le gouvernement ; et jusqu'à présent il n'en a pas usé. Toujours le ministre de la justice a refusé les indemnités sollicitées et a rejeté les arrangemens qui étaient intervenus sur ce point. — Rolland de Villargues, v° *Réduction*, n° 58; Bioche, n° 63.

115. — Au reste, les chambres de discipline sont consultées sur l'opportunité de la création de charges nouvelles. Ainsi, par exemple, à Marseille, le gouvernement a exigé que les nouveaux courtiers fussent présentés par les anciens, lorsqu'en 1839 le nombre des courtiers fut porté de 70 à 150.

116. — *Changement de résidence de certains officiers ministériels.* — Ce droit n'appartient au gouvernement qu'à l'égard des notaires et des commissaires-priseurs.

117. — La résidence des avoués, des greffiers, des avocats à la Cour de cassation est toujours dans le lieu où siége le tribunal. — V. AVOCAT A LA COUR DE CASSATION, AVOUÉ, GREFFIER.

118. — Celle des agens de change et des courtiers est déterminée dans les villes qui ont des Bourses de commerce. — V. toutefois AGENT DE CHANGE, n° 23, et COURTIER, n° 21.

119. — Enfin, on a vu (v° HUISSIER, nos 37 et suiv.) que c'était aux tribunaux qu'appartenait le droit de fixer la résidence des huissiers et que ce droit entraînait celui de les déplacer.

120. — Quant aux notaires et aux commissaires-priseurs, le droit du gouvernement est absolu en ce qui concerne le changement de résidence.

121. — Ici se présente encore la question de savoir s'il est dû une indemnité au titulaire de l'office déplacé? Nous répéterons ce qui a été dit plus haut ; c'est au gouvernement à prononcer, suivant les circonstances.

122. — En transférant son étude dans une autre résidence, un notaire n'a pas le droit de déplacer ses minutes. Elles doivent être remises dans l'étude d'un notaire du canton de son ancienne résidence.

123. — Le notaire déplacé conserve son droit d'ancienneté. — Arr. garde-des-sceaux, 15 mai 1845. — V., au surplus, NOTAIRE.

Sect. 3e. — *Droit des titulaires, de leurs héritiers et ayans cause.*

124. — Les droits du titulaire d'un office consistent : 1° à présenter à l'agrément du gouvernement son successeur ; 2° à traiter de son office, moyennant un prix.

125. — Il suit de là qu'on ne peut contester au titulaire l'existence d'un véritable droit de propriété sur l'office.

126. — Que les offices ne soient plus vénaux et que le mode de leur transmission ne soit plus ce qu'il était avant 1789, cela ne saurait être contesté. Ce qui est également certain, c'est que des offices, tels que ceux de judicature, sont rentrés d'une manière absolue dans les mains du gouvernement, et qu'ils n'empruntent à la capacité de celui qui les exerce, aucune valeur intrinsèque susceptible de profiter au successeur de cet office tandis que les offices des avoués, notaires, huissiers et autres, tout en procédant de la délégation de l'autorité publique, empruntent aussi leur importance et leur valeur à la capacité de celui qui en est le titulaire. Sous ce rapport, ils ne sont rentrés qu'imparfaitement dans la disposition du gouvernement.

127. — Le droit d'exercer l'office est fécondé par la moralité, l'intelligence, les lumières du titulaire, et il est vrai de dire que lorsque ce titulaire se démet et que l'institution, par un acte de la puissance publique, passe à son successeur, celui-ci profite en même temps de l'accroissement que ce titulaire a su donner aux produits de son office. Or, cet accroissement doit bénéficier à celui qui a su l'amener.

128. — Ces conséquences se rattachent si invinciblement à la nature des choses, qu'elles se retrouvent consacrées dans la législation qui a suivi l'abolition de la vénalité des offices. Ainsi la loi du 6 oct. 1791 autorisait les notaires qui ne trouvaient pas place dans la nouvelle organisation à traiter de la possession de leurs minutes et des recouvremens qui s'y rattachaient. — La loi du 25 vent. an XI (art. 59) donnait aux conventions intervenues entre le titulaire et son successeur un objet plus étendu encore, puisqu'à la possession des minutes et aux recouvremens, il ajoutait un objet futur, le *bénéfice des expéditions*.

129. — Il en fut bientôt de même à l'égard des clientèles et recouvremens des avoués et huissiers, et cet état de choses fut reconnu et consacré par les décrets des 19 et 25 mars 1808 qui en réduisant à 150 le nombre des avoués près le tribunal de la Seine, allouèrent aux 112 qui devaient cesser leurs fonctions, et à raison de la perte de leur pratique, une indemnité que devaient payer ceux qui étaient maintenus. Cet usage se généralisa. Les officiers ministériels traitaient de leurs commissions en même temps que de leurs clientèles, et le porteur d'une démission ainsi achetée obtenait facilement du tribunal près duquel le titulaire exerçait ses fonctions, sa présentation au ministre de la justice, et agréé par le ministre, il était commissionné par le chef de l'Etat.

130. — Enfin on a vu que la loi du 28 avril 1816 soumit les officiers ministériels à une augmentation de cautionnement, et leur accorda en échange le droit de présenter un successeur à l'agrément du pouvoir.

131. — S'il est difficile de reconnaître à ces officiers un droit aussi absolu que celui de la propriété proprement dite sur un titre dont la collation appartient toujours au souverain, on ne peut méconnaître qu'ils ont le droit de transmettre leur charge, à titre d'argent, sous cette condition : *sauf l'agrément du gouvernement*, qui, attestant à la société que tel réunit les conditions d'âge et de capacité requises pour telles fonctions, a le droit de refuser un candidat présenté, mais n'a pas le pouvoir d'en choisir un en dehors de la présentation faite par le titulaire. — Toullier, t. 2, n° 112; Troplong, *Vente*, n° 220; Duranton, *Vente*, t. 16, n° 182; Bioche, v° *Office*, n° 68; Rolland de Villargues, v° *Office*, n° 51.

132. — Remarquons que ce n'est pas seulement le fait de la présentation d'un successeur qui a été considéré, dans les diverses ordonnances intervenues en cette matière, comme faisant entre les contractans l'objet de la convention. Toutes les mesures administratives prescrites pour empêcher l'exagération des prix stipulés dans les traités de ce genre ont pour objet l'appréciation de la valeur des produits de la charge, et par conséquent l'appréciation de la valeur de la clientèle. C'est ainsi que la circulaire du ministre de la justice du 18 juin 1828 recommande aux membres du parquet de s'assurer si la somme convenue entre les parties est réellement en proportion avec la valeur de la charge, eu égard à ses produits. La circulaire du même ministre du 16 oct. 1828 interdit la cession faite aux risques et périls de l'acquéreur, et celle du 18 avril 1837 déclare inadmissible la clause portant que la cession est faite à forfait. — Gillet, *Analyse chronol. des circulaires, instructions et décisions du ministre de la justice*, p. 301, 307 et 370.

133. — Cette interprétation pratique de la loi du 28 avril 1816, émanée du ministre de la justice, se fortifierait au besoin des déclarations émises dans les discussions des Chambres. — V. *Monit.* 22 juill. 1822, le rapport de M. Sapey du 18 sept. 1836, la discussion du 30 juin 1837 à la Chambre des députés, et celle du 17 fév. 1838 à la Chambre des pairs.

134. — Elle reçoit encore un nouvel appui des lois des 21 avril 1832 et 25 juin 1841, qui ont soumis à un impôt les traités relatifs aux transmissions des offices.

135. — Enfin une nouvelle garantie de cette inviolabilité se retrouve dans le rapport du garde des sceaux qui précède l'ordonnance sur le notariat du 4 janv. 1843. « A aucune époque, » dit ce rapport, le gouvernement n'a songé à » admettre ni à proposer aucune altération de » ce droit, et les inquiétudes qui ont pu se ré- » pandre à ce sujet n'ont jamais eu le moindre » fondement. »

136. — Aussi a-t-il été constamment jugé que les offices sont, sous ce rapport, et avec la condition qu'on indiquera tout à l'heure, une propriété d'une espèce particulière, susceptible de transmission comme les autres propriétés. — *Cass.*, 20 juin 1820, Lavalley c. Gainé; 10 déc. 1823, Jezequel; *Orléans*, 18 août 1824, N...; 28 févr. 1828, Chenot c. Malleste; *Besançon*, 25 mars 1828, Bugnottet c. Pinard; *Lyon*, 9 févr. 1830, Crouzat c. Foujols; 16 févr. 1831, Bernardeau c. Vosdey; *Rennes*, 14 nov. 1832, Sauve c. Besnard; *Paris*, 11 déc. 1834, Picou c. Fontaine; *Douai*, 20 janv. 1838 (t. 2 1839, p. 413), Boudry c. de Grammont; *Cass.*, 23 janv. 1843 (t. 1er 1843, p. 200), Eichinger c. Martha, et 30 juill. 1844 (t. 1er 1845, p. 231), Chedeville c. Delamotte.

137. — Jugé de même qu'en donnant aux officiers publics et spécialement aux notaires le droit de présenter leur successeur à l'agrément du roi, l'art. 91 L. 28 avr. 1816 leur a, par cela même, dénié le droit de disposer de leurs offices d'une manière absolue, puisque le contrôle du chef du gouvernement doit toujours intervenir pour rechercher si les traités présentent, notamment sous le rapport du prix, toutes les garanties d'une bonne gestion. — *Rouen*, 17 mai 1845 (t. 1er 1845, p. 673), O...

138. — Par conséquent, un officier ministériel a donc pu valablement céder la finance, c'est-à-dire la valeur vénale de son office, à sa femme séparée de biens, en paiement de ses dot et reprises. — *Bordeaux*, 20 mars 1840 (t. 2 1841, p. 298), Dumergue c. Lebègue.

139. — Jugé, au contraire, que la faculté accordée par l'art. 91 de la loi du 28 avr. 1816 ne saurait être assimilée à un droit de propriété, et que le traité par lequel le titulaire d'un office s'engage à se démettre et à présenter et, d'autre part, le candidat s'oblige à payer une somme convenue, n'a pas le caractère de vente et ne peut engendrer le privilége du vendeur. — *Rouen*, 29 déc. 1847 (t. 1er 1848, p. 1), Syndic Lehon c. Declercq.

140. — Quoi qu'il en soit, la cession ne peut avoir pour objet que la charge, ses produits et ses accessoires; elle ne saurait comprendre le titre, que le gouvernement peut seul conférer. — Spécialement en ce qui concerne les huissiers, leur résidence respective étant fixée par le tribunal suivant les besoins du service, cette résidence ne peut devenir l'objet d'une des conditions du traité. — Cir. min. just. 28 juin 1849, n° 4.

141. — Jugé, en ce sens, que le titre d'huissier audiencier près une cour ou un tribunal, ne peut être l'objet d'un traité ou d'un prix vénal. — *Paris*, 30 mai 1843 (t. 2 1843, p. 139), Bruet; *Rouen*, 7 juillet 1846 (t. 1er 1847, p. 327), Mesme c. Mathias.

142. — Dès lors, en cas de cession des deux titres, le cessionnaire non désigné comme huissier audiencier est dispensé de payer le prix fixé par une contre-lettre pour le premier de ces deux titres, sans pouvoir toutefois réclamer en outre une diminution sur le prix de l'office porté sur le traité. — *Rouen*, même arrêt.

143. — Ce droit de propriété *sui generis* que la loi du 28 avr. 1816 reconnaît à certains officiers ministériels étant un droit purement exceptionnel, on ne saurait l'étendre au possesseur de toute autre charge ou emploi. — V., à cet égard, v° OBLIGATION. — Cependant la question est controversée.

144. — Ainsi jugé qu'une charge d'agréé au tribunal de commerce ne constitue pas un office dont la loi reconnaisse la transmission. — *Cass.*, 13 déc. 1847 (t. 1er 1848, p. 78), Dieutre c. Salambier. — *Contrà*, *Paris*, 25 juill. 1846 (t. 2 1846, p. 591), mêmes parties.

145. — Jugé également que les brevets de maîtres de poste ne constituent pas, au profit des titulaires, comme les offices ministériels, une propriété qu'ils puissent transmettre à leur gré, et qui fasse partie de leur succession. — *Riom*, 30 mai 1838 (t. 2 1838, p. 313), Hébrard c. Irnaud.

146. — Les créanciers du titulaire vendeur de l'office lui-même, ne peuvent ni saisir ni faire vendre aux enchères publiques la charge de leur débiteur. La dignité de ces fonctions publiques souffrirait une trop grave atteinte de cette concurrence. — *Caen*, 12 juill. 1827, Dussaulx c. Tissot; *Limoges*, 10 nov. 1830, Duvignaud c. Delavergne; *Amiens*, 24 avr. 1845 (t. 2 1845, p. 421), Crépin c. Flers. — Bataillard, p. 151; Bioche, v° *Office*, n° 70; Duvergier, *Société*, n° 53; Gagneraux, *Encycl. des lois sur le notariat*, t. 1er, p. 189; Dard, *Traité des offices*, t. 2, p. 114, 492 et suiv.; Rolland de Villargues, v° *Notaire*, n° 354. — V., cependant, *Colmar*, 29 mai 1835, Jacquemoux c. Tamine.

147. — Ils ne sont pas non plus subrogés au droit qu'ont le titulaire, sa veuve, ses héritiers ou ayans cause, de présenter un successeur. — V. *infrà* n° 221.

148. — D'ailleurs, ils ne sont pas désarmés pour cela, ils peuvent former opposition sur le cautionnement de leur débiteur ou, si le titulaire a vendu, sur le prix de l'office.

149. — Ils peuvent faire notifier leurs titres à la chambre syndicale, et demander qu'aucun traité ne soit admis par elle sans qu'il leur ait été communiqué, ou même sans qu'il ne contienne l'engagement de la part du nouveau titulaire de les payer. — Dard, p. 512.

150. — L'opposition formée entre les mains des syndics de la chambre ne peut avoir pour effet d'empêcher la vente de l'office; elle est seulement valable en ce sens que la chambre peut s'en armer pour imposer au titulaire l'obligation d'employer le prix de la vente au paiement de la créance, et pour refuser au candidat un certificat d'admission. — *Bourges*, 31 mai 1826, Jarry c. Binet.

151. — En cas de connivence entre le titulaire et le successeur désigné, l'annulation du traité peut être immédiatement poursuivie en justice : afin d'empêcher sa nomination, dont l'effet serait irréparable. La demande doit être notifiée soit à la chambre syndicale, soit au ministre de la justice.

152. — La nomination faite, l'action des créanciers ne serait plus qu'une action à fin de dommages-intérêts contre le nouveau titulaire.

153. — Dans le cas où des mineurs se trouveraient propriétaires indivis de l'office, la vente ne pourrait encore avoir lieu qu'à l'amiable. — Joye, *Annales judiciaires*, v° *Notaire*, n° 151; Bioche, n° 72, et le jugement rapporté sous l'arrêt précité, n° 150.

154. — L'exploitation d'un office peut-elle devenir l'objet d'une société? — V., à cet égard, AGENT DE CHANGE, nos 235 et suiv., et SOCIÉTÉ.

155. — Jugé que la société qui a pour objet l'exploitation d'une charge d'agent de change, est radicalement nulle comme contraire à l'ordre public. — *Paris*, 2 janv. 1838 (t. 1er 1838, p. 152), de Boullenois c. Chastenet-Beaulieu; 17 juill. 1843 (t. 1er 1844, p. 479), Chaulin c. Marcel de Bruges.

156. — Il en est de même de toute association pour l'exploitation et le partage des produits d'un office de notaire. — *Rennes*, 29 déc. 1839 (t. 2 1840, p. 340), Girard c. Tessier.

157. — Mais la convention par laquelle le cessionnaire d'un office de notaire s'est engagé à tenir compte à son cédant, pendant dix années, de la moitié de ses émolumens, pour prix de l'office, n'a rien de contraire à l'ordre public, si le notaire en exercice n'est point tenu de communiquer à son coassocié les actes dont les émolumens produisent sa recette. En conséquence, elle doit être déclarée valable. — *Toulouse*, 14 nov. 1836 (t. 1er 1837, p. 241), Sabatier c. Pignères.

158. — De même, un officier ministériel peut allouer à son commis ou à son clerc une quote-part dans les bénéfices et produits de l'office, quand c'est à titre d'appointemens. — V. SOCIÉTÉ.

159. — La vente de partie d'un office, par exemple de la moitié, est nulle comme ayant pour objet une chose qui n'est pas dans le commerce. — *Nîmes*, 7 déc. 1848 (t. 1er 1849, p. 450), Siméonis c. Perrineau.

160. — Par suite, lorsqu'après avoir acquis la moitié d'un office d'avoué, moyennant une somme qu'il a payée au titulaire, un individu a depuis subrogé dans l'effet de son traité un tiers qui l'a remboursé, il est tenu de restituer à celui-ci la somme reçue, encore bien que la rétrocession ait été faite avec clause de non-garantie. — Même arrêt.

161. — La cession d'une charge ou d'un office dont la loi autorise la transmission est indivisible. — Si le cédant a réservé pour un certain nombre d'années une part quelconque dans les produits, ces produits font partie intégrante du prix. Par conséquent, ils ne tombent point dans l'usufruit légal de la mère survivante. — *Rouen*, 19 juill. 1837 (t. 1er 1838, p. 118), Mazens.

ART. 1er. — *Nature des offices.*

162. — Les offices sont réputés meubles (C. civ., 516, 529. — V. MEUBLES). — Autrefois, ils étaient réputés immeubles et étaient, à ce titre, susceptibles d'hypothèques. — Merlin, *Rép.*, v° *Office*, § 11. — Ils étaient donc susceptibles d'hypothèques, et pouvaient être vendus par décret; mais le prix d'adjudication ne pouvait s'élever au delà du tarif.

163. — Par conséquent, les offices tombent dans la communauté, soit qu'ils aient été acquis ou échangés ou même conférés à titre gratuit au mari durant le mariage. — V. COMMUNAUTÉ, nos 101 et suiv., 778, 1299, 1388.

164. — Une charge d'officier ministériel est une propriété d'une nature particulière qui n'est pas soumise aux principes du droit commun applicables aux objets mobiliers dépendant d'une succession. — Spécialement : le mari doit compte aux héritiers de sa femme de la valeur de son office au moment de la dissolution de la communauté, et non du prix qu'il a pu en retirer postérieurement. — *Paris*, 6 avril 1843 (t. 1er 1843, p. 595), Ranté.

165. — Jugé, de même, que lors de la liquidation de la société conjugale, l'office doit être estimé d'après sa valeur à l'époque de la dissolution de cette société. — *Bordeaux*, 6 janv. 1846 (t. 2 1846, p. 251), Tatin. — V. COMMUNAUTÉ, nos 109, 778 et suiv.

166. — ... Et le mari doit récompense à la communauté pour la somme qu'il y a prise afin de fournir un cautionnement de son office ministériel. — Même arrêt.

167. — Le prix d'une charge est une somme employée pour former un établissement, qui, à ce titre, est sujette à rapport entre cohéritiers, d'après l'art. 851 du Code civil. — Duranton, t. 7, n° 321. — V. RAPPORT A SUCCESSION.

168. — La valeur de la charge d'un courtier décédé fait partie de sa succession bénéficiaire, et doit, par conséquent, profiter à ses créanciers avant que les héritiers puissent y prétendre. — *Cass.*, 22 mai 1828, N...

ART. 2. — *Droit de présentation.*

169. — Le droit de présentation appartient 1° au titulaire et 2° à sa veuve, ou à ses héritiers ou ayans cause. — L. 28 avril 1816, art. 91.

170. — Dans les colonies, les officiers ministériels, et les fonctionnaires dont la loi de 1816 fait mention, ne jouissent pas du même droit que ceux de la métropole. Ils sont nommés par le gouverneur même et destituables par cette autorité, après que les tribunaux près desquels ils exercent ont été consultés. — Dard, p. 540 et suiv. — V., au surplus, ALGÉRIE, COLONIES.

171. — A partir de 1816, le droit de présentation n'a pu être exercé que par les titulaires qui avaient fourni le supplément de cautionnement exigé par cette loi. — Déc. minist. just., 2 déc. 1835.

172. — Une ordonnance du 12 janv. 1820 a déclaré révoqué, après deux ans à partir de sa promulgation, tout officier ministériel qui n'aurait pas opéré le versement du supplément. — V. CAUTIONNEMENT DES FONCTIONNAIRES, nos 80 et suiv. — Au surplus, les titulaires d'offices de création nouvelle jouissent à cet égard de la même faveur que ceux dont les offices étaient créés avant la loi de 1816. — Disc. garde des sceaux, chamb. des Dép., 3 fév. 1838.

173. — On ne considère pas en cette matière l'origine de l'office. Qu'il soit un propre du mari ou un acquêt de communauté, c'est le titulaire qui a seul le droit de traiter. — V. COMMUNAUTÉ, nos 101 et suiv.

174. — L'inaliénabilité de la dot de la femme ne s'étendant pas au droit de présentation : c'est le mari qui est admis à présenter un successeur, même au cas où l'office est dotal. — V. DOT, n° 522.

175. — Nul doute que le candidat dont la présentation n'a pas été agréée est sans qualité pour présenter à son tour un tiers au gouvernement.

176. — Une décision du ministre de la justice, du 8 juill. 1835, porte aussi 1° que le cessionnaire d'un office de notaire qui dans les deux mois de sa nomination ne s'est pas fait installer, ayant ainsi encouru la déchéance de l'art. 47 de la loi du 25 vent. an XI, n'a pas le droit de présenter un successeur. C'est le titulaire seul qui jouit de ce droit, ou ses héritiers.

177. — ... 2° Que lorsque le titulaire d'un office, après l'avoir cédé à un tiers réputé démissionnaire à défaut de s'être fait installer dans le délai de deux mois, est tombé en faillite, le gouvernement est autorisé à refuser une présentation faite par le syndic de la faillite et à poursuivre la destitution du titulaire failli

178. — On doit conclure de cette décision que le droit de présentation ne continue pas moins de résider en la personne du titulaire, malgré son état de faillite.

179. — Sous l'ancien gouvernement, le serment politique était exigé de la part des officiers ministériels, à peine d'être réputés démissionnaires, et des circulaires ministérielles avaient décidé qu'à défaut de prestation de serment le titulaire ne jouissait pas du droit de présentation. — Min. de la justice 19, 25 janv. et 24 févr. 1832. — *Agen*, 23 mai 1836 (t. 1er 1837, p. 423), Ercausse c. Cenal.

180. — Aujourd'hui, que le serment politique se trouve aboli par le décret du gouvernement provisoire, du 1er mars 1848, ce précédent n'a plus d'autre intérêt que l'intérêt historique. — V. SERMENT.

181. — Le notaire qui est réputé démissionnaire par l'autorité, pour défaut de résidence dans le lieu qui lui avait été indiqué, ne perd pas le droit de présentation, alors d'ailleurs qu'il n'ajourne pas indéfiniment la cession de son office. — Circ. 2 nov. 1835.

182. — En effet, la renonciation à un droit ne se présume pas. On décidera donc encore, en vertu de ce principe, que l'officier ministériel qui accepte des fonctions incompatibles avec celles qu'il exerce n'est pas déchu de ce droit, bien qu'il soit réputé démissionnaire. — Sauf, lorsque l'intérêt public l'exige, à prescrire à l'officier ministériel réputé démissionnaire de présenter un successeur dans un certain délai.

183. — Un notaire est pareillement réputé démissionnaire lorsqu'il n'a pas rétabli, dans un délai de six mois, son cautionnement, dont le chiffre a été diminué ou absorbé par des condamnations pour faits de charge. — L. 25 vent. an XI, art. 33. — V. FAIT DE CHARGE.

— Il convient d'en dire autant des autres officiers ministériels, et de les obliger à présenter un successeur, s'ils ne parviennent pas à rétablir leur cautionnement. — Bioche, n° 120.

184. — La destitution enlève au titulaire le droit de présentation. — L. 28 avr. 1816, art. 91.

185. — On sait que la dégradation civique emporte destitution des fonctions publiques. — C. pénal, art. 34. — V. DÉGRADATION PUBLIQUE.

186. — La démission de l'officier ministériel, fût-elle antérieure aux poursuites, n'arrête pas les poursuites de destitution. — Déc. garde des sceaux, 20 nov. 1837.

187. — Et l'acquittement de l'officier ministériel au criminel ne fait pas obstacle à ce que celui-ci soit ultérieurement poursuivi et même destitué pour le fait qui servait de base à l'accusation. — V. CHOSE JUGÉE, nos 759 et suiv.

188. — La faculté de présenter un successeur est seulement suspendue, s'il existe contre le titulaire une prévention dont la conséquence serait la destitution.

189. — Quant à la suspension du titulaire, elle ne produit pas le même effet que sa destitution ; il n'en conserve pas moins le droit de présenter un successeur. — Déc. garde des sceaux 11 sept. 1837, 2 mai 1839 et 5 avril 1844.

190. — Une des conséquences de la destitution c'est qu'elle rend nécessairement nulle la cession qui a pu être faite de l'office, lorsqu'elle a été prononcée antérieurement à la présentation, par ce titulaire, de son cessionnaire à l'agrément du gouvernement. — *Riom*, 10 févr. 1845 (t. 1er 1845, p. 168), Coste et Grandpré c. Doiry ; *Lyon*, 18 févr. 1847 (t. 2 1847, p. 20), Permézel c. Carra.

191. — En conséquence, le porteur d'une pareille cession ne peut en poursuivre l'exécution sur la somme que le successeur, nommé directement par le gouvernement, a été chargé de payer directement *à qui de droit* : alors même que cette nomination directe aurait eu lieu au profit du candidat présenté originairement par le titulaire. — *Lyon*, 18 fév. 1847 (t. 2 1847, p. 20), Permezel c. Carra.

192. — Ainsi encore, l'officier ministériel qui, après la vente de son office par acte sous seing privé, est révoqué par ordonnance royale, ne peut plus invoquer contre son successeur les clauses du traité non rappelées dans l'ordonnance portant *nomination directe* du nouveau titulaire, et notamment celle qui aurait pour but la réalisation de cet acte devant notaire. — *Cass.*, 17 juin 1840 (t. 2 1840, p. 478), Poisson c. Pantin.

193. — Telle est même la rigueur de la loi, que le notaire destitué ne conserverait pas la disposition de ses minutes. — *Angers*, 11 fév. 1841 (t. 1er 1841, p. 651), T... c. B... — *Contrà*, Rolland de Villargues, v° *Minute*, n° 125; Gagneraux, *Comment. sur la loi du 25 vent. an XI*, art. 54, n° 6; Favier, n° 812.

194. — En vain objecte-t-on que l'art. 54 de la loi du 25 vent. an XI, qui accordait le droit aux notaires de transmettre leurs minutes ou répertoires à un notaire de leur choix, n'admet pas de distinction entre les notaires destitués et les notaires démissionnaires. Le droit de disposer des minutes est une marque de confiance donnée au titulaire dont la carrière est honorablement remplie ; et si l'on suppose (ce qui du reste peut être contesté avec avantage) que les minutes dont un notaire est dépositaire puissent être considérées comme la *propriété privée* des officiers ministériels, il faut dire que cette propriété a été résolue entre les mains des notaires par la peine de la destitution.

195. — En Belgique la jurisprudence est conforme, bien que la loi de 1816 n'y soit pas en vigueur. Ainsi les syndics d'un notaire tombé en faillite n'ont pas le droit de traiter avec un autre notaire de la remise des minutes du failli, alors surtout qu'un notaire en remplacement de ce failli a été nommé par l'autorité — *Bruxelles*, 23 mars 1829, Jottrand c. Brulé.

196. — Il résulte de ce principe que le refus de remettre les minutes expose le notaire dépositaire à des dommages-intérêts au profit du titulaire nommé à l'office vacant, surtout si la nomination de celui-ci a été subordonnée au paiement d'une somme entre les mains des créanciers de l'ancien titulaire : somme dans l'évaluation de laquelle la possession des minutes a été prise en considération. — *Angers*, 11 fév. 1841 (t. 1er 1841, p. 651), T... c. B...

197. — Quant au droit de traiter des recouvremens, il appartient toujours à l'officier ministériel destitué. — Rolland de Villargues, v° *Recouvrement*, n° 4; Bloche, n° 105.

198. — Jugé, en ce sens, que les recouvremens dépendant de l'office d'un notaire destitué pour cause de déconfiture, ne sont pas compris dans la somme que l'ordonnance de nomination du successeur a mise à la charge de celui-ci comme prix de l'office; et que, par conséquent, les créanciers du notaire destitué sont fondés à exiger que le successeur tienne compte de ces recouvremens en sus de la somme fixée par l'ordonnance. — *Lyon*, 28 juin 1845 (t. 2 1847, p. 463), Deplace c. Ducruet.

199. — Lorsqu'un huissier est frappé de la peine de la suspension, la chambre peut déléguer un ou plusieurs membres de la corporation pour exploiter l'étude de l'huissier suspendu. Dans ce cas les produits de l'office appartiennent aux membres délégués, et ils peuvent en disposer en faveur d'une œuvre de bienfaisance. Il leur est interdit d'en faire profiter leur confrère frappé de suspension. — Décis. min. just. 10 juin 1846.

200. — Dans le cas de destitution, le gouvernement, néanmoins, est dans l'usage d'imposer au successeur l'obligation de payer une indemnité, représentative de la valeur de l'office, sinon au titulaire destitué, du moins à ses héritiers ou ses créanciers. — Joye, p. 152; Bloche, n° 108; Favard de Langlade, *Rép.*, v° *Office*, n° 71. — Décis. min. just. 16 fév. 1835, 20 nov. 1837.

201. — Lorsqu'un individu a été investi de l'office d'un titulaire destitué, sous la condition de payer à celui-ci une somme déterminée : l'officier destitué a contre lui une action pour obtenir le paiement de cette somme. — *Lyon*, 1er mars 1838 (t. 2 1838, p. 395), C... c. R...

202. — En effet, l'officier ministériel destitué ne perd pas pour cela la propriété du prix de l'office qu'il n'a plus le droit d'exercer; et l'indemnité que le gouvernement impose à son successeur est en réalité le prix de cet office. — *Lyon*, 24 janv. 1849 (t. 2 1849, p. 156), Barbe c. Lebrument.

203. — La consignation de cette indemnité dans une caisse publique ne crée point un privilége au profit de la masse de tous les créanciers indistinctement; et cette valeur, aussi bien que tout le surplus de l'avoir du titulaire déchu, reste soumise aux conséquences de la manière dont chaque créancier poursuit l'exercice de son droit. — Même arrêt.

204. — Jugé cependant que l'avoué réputé démissionnaire pour refus de prêter serment, ne peut exiger de l'avoué nommé par le gouvernement pour le remplacer le paiement du prix de cet office. — *Agen*, 23 mai 1836 (t. 2 1837, p. 423), Encausse c. Conac.

205. — Le successeur désigné est-il recevable à intervenir dans l'instance en destitution ? Non, selon nous, car son intérêt n'est qu'indirect. — *Toulouse*, 22 mai 1826, P...

206. — Souvent il arrive qu'un titulaire ne pouvant pas résigner immédiatement ses fonctions au profit d'une personne qui ne réunit pas les conditions d'âge ou d'aptitude, les confie à un ami à charge par lui de se désister au profit de cette personne à une époque déterminée. Dans cette hypothèse, le nouveau titulaire n'est réellement pas propriétaire de l'office ; mais s'il manquait à ses engagements, l'ancien titulaire n'aurait aucun moyen légal de le forcer à donner sa démission : seulement des dommages-intérêts lui seraient dus. — Dard., p. 349.

207. — *Veuve, héritiers ou ayans cause.* — En cas de décès du titulaire, le droit de présentation passe à sa veuve, à ses héritiers ou ayans cause. — *Besançon*, 25 mars 1828, Bugnottet c. Pinard. — V. aussi *Moniteur*, séance de la Chambre des députés du 18 sept. 1830.

208. — Mais ce n'est qu'à la condition que le titulaire ait lui-même conservé ce droit intact, car ils ne peuvent avoir plus de droits que leur auteur. Ainsi il ne faudrait pas que ce droit fût éteint par la destitution ou par la dégradation civique du titulaire.

209. — Les ayans cause sont les donataires ou légataires soit universels, soit à titre universel ou à titre particulier.

210. — Les offices peuvent donc faire l'objet d'une donation ou d'un legs dont les conditions sont soumises au droit commun.

211. — Tant que la délivrance n'a pas été consentie, les légataires n'ont pas le droit de disposer de l'office ou de faire une présentation. — Duranton, t. 9, p. 336; Dard, p. 398.

212. — En cas de succession vacante, le curateur ne jouit pas de ce droit; car il n'est que l'administrateur de la succession et non le représentant du défunt. Le gouvernement pourvoit donc à la vacance, en imposant au nouveau titulaire l'obligation de consigner le prix de l'office pour être remis à qui de droit. — Joye, p. 151; Favier, n° 821; Bioche, n° 128. — *Contrà*, Rolland de Villargues, v° *Office*, n° 88.

213. — Traiter de l'office, c'est faire acte d'héritier. Aussi les héritiers qui ne veulent pas prendre qualité doivent-ils se faire autoriser par le président du tribunal de la succession à en disposer et à présenter le successeur, dans le cas où il y a urgence.

214. — Si les héritiers ont déclaré accepter la succession sous bénéfice d'inventaire, ils n'ont besoin d'aucune autorisation pour traiter de l'office et faire la présentation.

215. — Cependant, s'ils tiennent à agir sans prendre qualité et sans qu'on puisse en induire de leur part une acceptation, l'art. 796 C. civ. leur trace la marche à suivre. Une requête est présentée au tribunal, qui accorde l'autorisation en chambre du conseil. — V. SUCCESSION BÉNÉFICIAIRE.

216. — S'il y a désaccord entre les héritiers, la partie la plus diligente présente requête pour obtenir l'autorisation.

217. — L'autorisation du mari est nécessaire à la femme mariée sous le régime de la communauté, lorsque l'office lui est échu en propre. — Favier, *De l'admission au notariat*, n° 823; Rolland de Villargues, n° 91; Bioche, n° 125. — V. AUTORISATION DE FEMME MARIÉE, nos 105 et suiv.

218. — Lors même que la femme est mariée sous le régime dotal, l'inaliénabilité ne s'étend pas au droit de présentation. — V. DOT, n° 522. — Bioche, n° 125.

219. — Le tuteur a besoin, pour aliéner l'office, d'y être autorisé par une délibération du conseil de famille, homologuée par la justice : l'office n'étant pas un meuble ordinaire. — Rolland de Villargues, n° 93. — V. TUTELLE.

220. — Il a été jugé que le créancier d'un officier ministériel pouvait être admis à exercer le droit de présentation d'un successeur par subrogation aux héritiers du titulaire. — *Paris*, 17 nov. 1838 (t. 2 1838, p. 464), Bezout c. Vivier; *Colmar*, 29 mai 1835, Jacquemoux c. Tamine.

221. — Mais il nous semble que le droit de présentation est personnel; il est le corollaire du titre, le titulaire seul peut donc l'exercer. La cession qu'il en ferait à un tiers serait nulle. — *Riom*, 10 févr. 1845 (t. 1er 1846, p. 168), Coste c. Doiry.

222. — En conséquence, le traité par lequel le titulaire d'un office s'oblige envers son créancier à donner sa démission, non en sa faveur, mais en faveur de telle personne que ce dernier lui indiquera, est nul comme contraire à l'ordre public. — *Douai*, 20 janv. 1838 (t. 2 1839, p. 413), Boudry c. de Grammont et Baston.

223. — Il est vrai qu'à défaut du titulaire, sa veuve, ses héritiers ou ayans cause jouissent du droit de présenter un successeur, mais c'est parce qu'ils continuent la personne du titulaire. C'est encore le titulaire qui agit par eux. — Admettre la doctrine contraire, ce serait ouvrir la porte aux plus grands désordres. La déconsidération tomberait sur des fonctions qui doivent attirer le respect public. Chaque créancier présenterait un successeur, et la fraude se glisserait impunément dans les traités. — Décision min. just. 1er mars 1832.

224. — En conséquence, les créanciers d'un officier ministériel ne peuvent pas demander que sa charge soit mise aux enchères. — *Limoges*, 10 nov. 1830, Duvignaud c. Delavergne.

225. — Quoique aucun délai ne soit fixé pour présenter un successeur (Rapp. Ch. députés 18 sept. 1830.), l'administration est fondée, dans un intérêt public, à enjoindre aux ayans droit de présenter un successeur dans un délai qu'elle indique; et, à défaut par ceux-ci de le faire, à pourvoir directement à la vacance, en imposant au successeur l'obligation de payer la valeur de la charge : valeur que l'on établit conformément à ce qui a été dit ci-dessus nos 94 et suiv.

226. — La déchéance n'est pas encourue de plein droit; tant que le ministre ne l'a pas prononcée ou qu'il n'a pas nommé un nouveau titulaire, les ayans droit ont tout pouvoir de traiter. — Bioche, n° 134.

227. — Si, dans ce cas, l'administration négligeait d'imposer à l'impétrant l'obligation de payer la valeur de l'office auquel elle a pourvu directement, les ayans droit ne seraient pas pour cela déchus du droit de réclamer cette valeur; car nul ne saurait être dépouillé de sa propriété sans indemnité.

228. — En conséquence, décidé que celui qui a été nommé en remplacement d'un notaire décédé, sans être présenté par les héritiers de ce dernier, doit tenir compte de la valeur de l'office appréciée par le tribunal. — *Rennes*, 28 févr. 1838, Mocudé c. Joubaire.

229. — ... Peu importe que le nouveau titulaire soit le gendre du défunt, et qu'une autre résidence lui ait été désignée, dès lors qu'il a été nommé en son remplacement. — *Grenoble*, 4 fév. 1837 (t. 2 1837, p. 467), Servant c. Galix.

Sect. 4e. — *Traités relatifs aux offices.*

230. — Le droit de présentation emporte, comme on l'a vu (n° 50), le droit de stipuler un prix pour la cession de l'office.

231. — Nous examinerons successivement la forme des traités, les diverses conditions qui peuvent y être stipulées, et les droits et obligations qui en résultent respectivement pour les parties.

ART. 1er. — *Forme des traités. — Enregistrement.*

232. — Aucune forme particulière n'est prescrite pour les traités de cession d'offices.

233. — Néanmoins, il est indispensable que les conventions soient constatées par écrit. — L. 25 juin 1841, art. 6.

234. — Autrement, le gouvernement se refuserait à agréer le candidat présenté par le titulaire; car il importe essentiellement à l'ordre public qu'un contrôle supérieur s'exerce sur les traités des offices.

235. — A défaut de traité par écrit, la preuve testimoniale serait-elle admissible s'il se rencontrait dans la cause un commencement de preuve par écrit? La négative, enseignée par M. Bioche (n° 150), est condamnée, avec juste raison, selon nous, par un arrêt. — *Bordeaux*, 7 mai 1834, Michelot c. David.

236. — La démission d'un office d'avoué, en faveur d'un successeur, et l'entrée en jouissance de celui-ci, font présumer une vente valable de l'office, dont un tribunal peut fixer le prix à défaut des parties. — *Colmar*, 26 nov. 1823, l'Hoste c. Rey.

237. — L'acte est assujetti aux formalités ordinaires; s'il est sous seing privé, il doit être fait double. — V. ACTE SOUS SEING PRIVÉ.

238. — Il convient même d'en faire une troisième copie, pour la remettre à l'administration.

239. — Une décision ministérielle, du 12 déc. 1835, reconnaît que le traité constaté par une délibération de la chambre de discipline, et portant la signature des parties, est valable, et qu'il n'est pas besoin qu'il soit fait double, attendu que c'est là un acte public.

240. — Jugé avant cette loi que l'authenticité du traité sous signatures privées intervenu entre un officier ministériel et son successeur est suffisamment établie par l'ordonnance de nomination qui vise ce traité, et par la prestation de serment du nouveau titulaire. — *Paris*, 9 fév. 1839 (t. 1er 1839, p 303), P...

241. — Une simple présentation par lettre missive suffirait-elle si la cession de l'office n'était pas faite à titre onéreux, mais faisait l'objet d'une libéralité? La loi du 28 août 1816, dit M. Mollot (*Bourses de commerce*, n° 105), ne demande qu'une chose pour que le contrat soit formé entre les parties, savoir : le fait de la présentation du titulaire accepté par le successeur. Ce fait une fois établi par lettre ou par tout autre acte, le titulaire ne peut plus retenir la présentation sans le consentement du titulaire désigné. Cependant, tout en reconnaissant que cette présentation par lettre missive est valable vis-à-vis du titulaire, on peut dire que jusqu'à l'acceptation de la démission le titulaire tient l'office *in bonis*.

242. — Entre le donateur et le donataire, la donation est parfaite par la nomination de celui-ci; et le preneur ne pourra pas plus tard revenir sur sa libéralité, en se fondant sur ce que la donation n'a pas été reçue devant le notaire. En effet, il n'appartient pas aux tribunaux de pouvoir effacer l'ordonnance de nomination.

243. — Il y a même raison de décider pour la validité de la donation relativement aux tiers intéressés.

244. — Mais tant que la nomination n'est pas faite et qu'un acte formel, reçu dans la forme légale, n'assure pas au donataire la propriété de l'office, les tiers sont fondés à se prévaloir du vice de la donation; de même que le donateur est autorisé à revenir sur sa détermination. — Dard, p. 357.

245. — Il est vrai que les art. 6 et 8 de la loi du 25 juin 1841 ne paraissent pas exiger autre chose qu'un écrit quelconque pour établir la donation, mais ce n'est là qu'une loi fiscale qui n'a point dérogé aux principes élémentaires. — Rolland de Villargues, *eod. verbo*, n° 283; Bioche, n° 154.

246. — Jugé, cependant, que la présentation n'est pas assujettie aux formalités prescrites pour les ventes, les donations ou les testamens et, particulièrement, que les héritiers d'un courtier qui, avant son décès, a, par une simple lettre, présenté son successeur à la nomination du gouvernement ne peuvent prétendre que la présentation, emportant le droit de percevoir les émolumens attachés à la place, est un bien appréciable à prix d'argent, dont il ne pouvait disposer que dans la forme des actes translatifs de propriété. — *Cass.*, 8 févr. 1826, Ross c. Duverdier.

247. — Le traité est soumis, depuis la loi du 25 juin 1841, à la formalité de l'enregistrement.

248. — L'art. 6 de cette loi exige que cette formalité soit remplie avant que le traité soit produit à l'appui de la demande de nomination du successeur désigné.

249. — Quant au droit d'enregistrement à percevoir et à toutes les questions qui peuvent surgir à cet égard, V. ENREGISTREMENT, nos 3683 et suiv., 4446 et suiv.

ART. 2. — *Étendue de la cession.*

250. — La cession de l'office comprend 1° l'obligation de présenter le cessionnaire à l'agrément du gouvernement, et de coopérer à sa nomination, en donnant sa démission à son profit.

251. — Dans l'usage, l'officier ministériel remet à son successeur, au moment même de la signature du traité, une démission écrite sur une feuille de papier timbrée et contenant sa présentation à l'agrément du gouvernement.

252. — Il est toujours prudent d'exiger la remise de la démission, parce que (comme on le verra *infrà* n° 454), le manque de parole de l'officier ministériel ne donne pas aux tribunaux le droit de suppléer à la présentation. Elle n'engendre contre lui qu'une action en dommages-intérêts.

253. — 2° La clientèle. — Toutefois, ajoute M. Bioche (n° 157), la clientèle peut être cédée à un autre qu'au successeur désigné pour le titre. — Cette remarque est fort juste en principe, mais nous doutons fort qu'une pareille stipulation reçût l'approbation de l'autorité.

254. — 3° La remise des dossiers des affaires courantes, s'il s'agit d'offices d'avocat à la Cour de cassation, d'avoué, d'huissier.

255. — S'il s'agit d'une étude de notaire, celle des minutes et répertoires, des actes imparfaits, des expéditions, des pièces et des notes concernant les cliens.

256. — L'art. 55 de la loi du 25 ventôse an XI permettait aux titulaires de transporter leurs minutes ou leurs répertoires au notaire de leur choix; et faute par eux d'avoir usé de cette faculté dans le mois à partir de la prestation de serment de leur successeur, l'art. 55 voulait que la remise en fût faite à ce dernier. Mais ces dispositions ne sont plus en vigueur, maintenant que la cession des offices est consacrée par la loi.

257. — Par la même raison, les actes imparfaits, c'est-à-dire ceux qui sont inachevés ou auxquels manquent les conditions exigées pour leur validité, appartiennent à l'étude. — L'art. 841 C. proc. permet même d'en délivrer une expédition, moyennant une autorisation préalable. — V. ACTES IMPARFAITS.

258. — Quant aux actes en brevet, ils ne peuvent non plus sortir de l'étude. C'est la propriété des parties. — V. BREVET (Actes en).

259. — Il est possible de se réserver le bénéfice des expéditions déjà levées, mais la remise de ces titres ne peut avoir lieu dans aucun cas par le notaire démissionnaire.

260. — C'est donc à bon droit qu'il a été jugé que le successeur d'un notaire démissionnaire ne pouvait, sans autorisation du président du tribunal civil, délivrer à son prédécesseur des expéditions des actes reçus par ce dernier, lors même que dans le traité de vente le titulaire se serait réservé toutes les expéditions faites et à faire des actes de son exercice. — *Cass.*, 12 janv. 1841 (t. 1er 1841, p. 230), Dutard c. Renard.

261. — Une sentence arbitrale intervenue sur cet objet serait nulle comme touchant à une matière d'ordre public, et ne serait pas dès lors susceptible d'acquérir force de chose jugée. — Même arrêt. — V. ARBITRAGE, CHOSE JUGÉE, COMPROMIS.

262. — Au contraire, les blancs seings sont la chose du notaire démissionnaire. C'est à lui personnellement qu'ils ont été confiés. Il est de son devoir de les enlever.

263. — L'avoué qui cède sa charge avec tous les bénéfices attachés au titre, à l'exception des ordres par lui ouverts ou sur lesquels il postule comme avoué, encore bien qu'ils aient été ouverts par ses confrères, a droit à tous ceux dans lesquels, au moment de la cession, un seul acte aurait été fait, et alors même que le juge commissaire n'aurait pas ouvert son procès-verbal. — *Caen*, 16 déc. 1846 (t. 1er 1847, p. 238), Lefevre.

264. — En principe, les recouvremens ne font pas partie de la cession. — Bioche, n° 160; Rolland de Villargues, v° *Recouvrement*, n° 5.

265. — Jugé, cependant, qu'un notaire n'a pu se réserver ses recouvremens. — *Orléans*, 12 juin 1839, sous *Cass.*, 12 janv. 1841 (t. 1er 1841, p. 230), Dutard c. Renard. — Mais on remarquera que l'arrêt n'a fait qu'émettre un principe dans ses *considérans*, et qu'il a reculé devant l'application de ses conséquences ; car le dispositif porte que les expéditions réclamées seront remises à l'ancien titulaire par le nouveau.

266. — Aujourd'hui, le gouvernement exige que les recouvremens soient cédés en même temps que l'office. — Circul. minist. just. 10 août 1843.

267. — L'estimation des recouvremens doit même être faite séparément, afin que le gouvernement puisse mieux se rendre compte du prix.

268. — En principe, le legs d'un office ne comprendrait pas les recouvremens. Tout dépend, au surplus, de l'interprétation, en cette matière. — Duranton, t. 9, n° 237; Rolland de Villargues, v° *Recouvrement*, n° 21; Bioche, n° 161. — V., au surplus, LEGS, nos 644 et suiv.

269. — Enfin, le prix devant être déterminé d'une manière fixe et invariable, la vente du mobilier garnissant l'étude doit, lorsqu'elle a lieu, faire l'objet d'un prix distinct et d'un acte séparé.

ART. 3. — *Prix et conditions de la cession.*

270. — Autrefois, les offices ne pouvaient être vendus au delà du prix fixé par le rôle ou l'état général établi à la chancellerie. Toute convention était nulle. — Edits oct. 1781, janv. 1782. — V. *suprà*.

271. — Actuellement, la fixation du prix dépend de la volonté des parties. Sous ce rapport, la loi ne leur impose aucune entrave. — V. le rapport fait à la Chambre des députés le 18 sept. 1830 et celui du 1er oct. 1831.

272. — Cependant, l'exagération dans le prix serait un motif suffisant pour le gouvernement de se refuser à nommer le successeur désigné. — V. *infrà* n° 284.

273. — Lorsque le prix d'un office, fixé d'abord par les parties dans le traité arrêté entre elles, a été plus tard réduit dans l'ordonnance de nomination, l'acquéreur de la charge ne doit que la somme déterminée par le gouvernement et non celle convenue dans le traité. — *Nîmes*, 30 déc. 1841 (t. 1er 1842, p. 219), Giraudy c. Constant.

274. — D'un autre côté, la réduction pour cause de lésion n'est admise qu'en cas de dol ou de fraude. — V. *infrà* n° 489.

275. — Dès lors, un traité fait de bonne foi et sans fraude ne peut donc être attaqué par le successeur agréé du gouvernement, et déjà en possession, sous prétexte que le prix est excessif et dépasse la proportion établie par les instructions ministérielles. — *Cass.*, 20 juin 1820, Lavalley c. Gainé.

276. — Ainsi, les tribunaux peuvent apprécier si le prix stipulé pour la vente d'un office de greffier de juge de paix est en proportion avec le prix ordinaire des charges de cette nature. On ne peut forcer les juges à prendre pour règle une circulaire ministérielle du garde des sceaux, de 21 fév. 1817, adressée aux procureurs du roi pour empêcher le prix exorbitant de ces charges, et indiquant comme base des sacrifices à faire par l'acceptant à son prédécesseur le produit du greffe pendant deux ans. Cette instruction ne renferme point de disposition prohibitive, et n'est point obligatoire pour les tribunaux. — *Orléans*, 13 mai 1825, Aublet c. Landry.

277. — L'évaluation d'une étude de notaire faite en prenant le quart du revenu donné par le chiffre moyen des actes et celui de leur produit et en capitalisant ce quart au taux de 5 p. 0/0, peut être considérée comme représentant la valeur de l'office. — *Agen*, 27 juill. 1843 (t. 1er 1844, p. 129), Lafourcade c. Moulezan.

278. — En général, la base sur laquelle est établi le prix de la cession est dix fois au plus le prix de la moyenne des cinq dernières années.

279. — Est valable la convention de s'en rapporter pour la fixation du prix à l'arbitrage d'un tiers. — *Bordeaux*, 12 mai 1840, (t. 2 1840, p. 191), Gellineau c. Chaigneaux. — V. VENTE.

280. — Donc, quand une vente a été faite pour un prix en partie déterminé et en partie éventuel et conditionnel, les tiers, qui ont reçu la mission de fixer cette dernière partie, ne sont pas simples experts, chargés d'émettre un avis à titre de renseignemens, mais des arbitres, qui doivent, ainsi que l'exprime l'art. 192 C. comm., régler irrévocablement ce que l'acheteur est tenu de payer au vendeur. — Même arrêt.

281. — L'estimation du tiers doit être soumise à la formalité de l'enregistrement, et jointe aux pièces produites pour la nomination.

282. — Tout le prix de la cession doit être porté au traité ; autrement la nomination serait une surprise. Une contre-lettre, de même qu'une stipulation verbale, n'a donc entre les parties contractantes aucun caractère obligatoire, et ne peut servir de base à une action en justice. En un mot, l'art. 1381 C. civil n'est pas applicable en cette matière. — Circul. du minist. de la just., 28 juin 1849, n° 1er.

283. — En premier lieu, la jurisprudence avait adopté la doctrine contraire. — *Cass.*, 20 juin 1820, Lavalley c. Gainé ; 13 nov. 1823, Seguin c. Boisson; 8 fév. 1826, Ross c. Duverdier; 28 fév. 1828, Chenot c. Malteste; *Grenoble*, 16 déc. 1837 (t. 1er 1840, p. 339), Second c. Brun; *Toulouse*, 22 fév. 1840 (t. 2 1840, p. 410), La Courbe c. Clarène.

284. — Mais depuis il y a eu unanimité dans la jurisprudence pour décider que toute contre-lettre ou traité secret ayant pour but de tromper le gouvernement sur le prix réel d'un office par la dissimulation d'une partie de ce prix est radicalement nul comme contraire à la morale, à l'ordre public, et reposant sur une cause illicite; qu'un pareil traité n'engendre ni obligation civile ni obligation naturelle. — *Paris*, 11 nov. 1839 (t. 2 1839, p. 502), Raymond c. Rateau; *Rennes*, 29 déc. 1839 (t. 1er 1840, p. 340), Girard c. Tessier; *Paris*, 31 janv. 1840 (t. 2 1840, p. 340), Poisson c. Mure; 15 fév. 1840 (t. 1er 1840, p. 340), Legrip c. Moreau; *Rouen*, 23 déc. 1840 (t. 2 1841, p. 299), Houache c. Daubermesnil; *Cass.*, 7 juill. 1841 (t. 2 1841, p. 367), Poisson c. Mure; *Rouen*, 18 fév. 1842 (t. 2 1842, p. 44), Chedeville c. Delamotte; *Cass.*, 7 mars 1842 (t. 2 1842, p. 431), Nicolle c. Cardronnet; *Metz*, 14 fév. 1843 (t. 1er 1843, p. 340), Deschet c. Lecoq; *Paris*, 30 mai 1843 (t. 2 1843, p. 139), Bruet ; 2 juin 1843 (t. 2 1843, p. 139), Deherain c. Deplace; *Orléans*, 8 fév. 1844 (t. 1er 1844, p. 452), Trolle c. Honeau et Surville c. Raymond; *Paris*, 1er mars 1844 (t. 1er 1844, p. 507), Quinton c. Adhémar; *Angers*, 30 mai 1844 (t. 2 1844, p. 82), Planchenault c. Houliot; 20 juin 1844 (t. 2 1844, p. 82), N... ; *Cass.*, 30 juill. 1844 (t. 1er 1845, p. 231), Chedeville c. Delamotte; 1er août 1844 (t. 1er 1845, p. 237), Marion c. Chabannier; *Caen*, 12 fév. 1845 (t. 1er 1845, p. 233), Chedeville c. Delamotte; *Paris*, 24 fév. 1845 (t. 1er 1846, p. 412), Poisson c. Pantin; 26 mai 1845 (t. 1er 1845, p. 765), Langlet c. Lecointe; *Rouen*, 16 juin 1845 (t. 1er 1846, p. 283), Toullemin c. Gueudeville; *Cass.*, 11 août 1845 (t. 2 1845, p. 307), Planchenault c. Houliot; 17 déc. 1845 (t. 2 1848, p. 189), Peltier c. Lanthony ; 5 janv. 1846 (t. 1er 1846, p. 300), Deschets c. Lecoq ; 10 fév. 1846 (t. 2 1848, p. 667), Langlet c. Lecointe; *Paris*, 28 mars 1846 (t. 1er 1846, p. 685), Chevalier c. Muzard ; 5 déc. 1846 (t. 2 1846, p. 728). Pitois c. Couchies ; 12 janv. 1847 (t. 1er 1847, p. 300), Bourg c. Rivière; *Orléans*, 11 fév. 1847 (t. 1er 1847, p. 517), Lainé c. Gallopin ; *Nîmes*, 6 mai 1847 (t. 1er 1848, p. 158), G..... c. C.... ; *Rouen*, 10 mai 1847, sous *Cass.*, 26 déc. 1848 (t. 1er 1849, p. 517), Dupont c. Sellier; *Cass.*, 22 juin 1847 (t. 2 1848, p. 446), Guinton c. Adhémar ; *Orléans*, 13 août 1847 (t. 2 1847, p. 522), Caudel c. Mascret.

285. — De même la convention qui, prenant le prétexte d'un changement de résidence, a pour objet de soustraire en son entier un traité à l'investigation de l'administration supérieure, est nulle ainsi que les obligations et cautionnemens souscrits en exécution de ce traité. — *Rouen*, 16 juin 1845 (t. 1er 1846, p. 283), Toullemin c. Gueudeville.

286. — De même encore la transaction intervenue sur l'exécution d'un traité secret ayant pour objet d'élever le prix ostensible de la vente d'un office est nulle comme le traité secret lui-même. — *Cass.*, 20 juin 1848 (t. 2 1848, p. 654), Mesnil c. Défaut.

287. — La contre-lettre doit être, comme faisant fraude à une loi d'ordre public, annulée par l'autorité judiciaire, sans qu'il y ait lieu de renvoyer à l'examen du garde des sceaux la question de savoir si le total du prix résultant de l'acte patent et de la contre-lettre n'excède pas la valeur légitime de l'office. Elle ne saurait être soit excusée par le motif qu'elle aurait eu lieu sous l'empire d'un usage consacré, soit protégée par le fait d'une erreur commune. — *Caen*, 12 fév. 1845 (t. 1er 1845, p. 233), Chedeville c. Delamotte.

288. — Les contre-lettres consenties même en faveur des cessionnaires d'offices et réservant, par exemple, à leur profit, la faculté de faire vérifier les produits annoncés par des officiers ministériels du même ordre, sont nulles, comme blessant l'ordre public, et leur nullité peut être opposée d'office par le ministère public. — *Bourges*, 27 janv. 1843 (t. 1er 1844, p. 470), Duprilot c. Alban.

289. — Les principes d'ordre public au nom desquels sont frappées de nullité toutes les obligations occultes, en matière de cession d'office, s'appliquent avec la même force soit aux compromis, soit aux sentences arbitrales qui ont pour objet les différends nés à l'occasion de ces conventions illicites. — *Paris*, 3 juin 1843 (t. 2 1843, p. 139, Dehérain c. Deplace.

290. — La procuration donnée par un individu à l'effet de cautionner le paiement du prix d'une charge de notaire ne peut s'appliquer qu'au prix approuvé par l'autorité supérieure. En conséquence est nul à l'égard de la caution l'engagement pris par le mandataire pour tout ce qui excède ce prix. — *Lyon*, 21 janv. 1847 (t. 2 1847, p. 459), Bert c. Girardon.

291. — Lorsque la vente d'un office a eu lieu y compris les recouvremens évalués à une somme déterminée dans le prix total, la contre-lettre par laquelle le vendeur se réserve de faire ces recouvremens est nulle. — *Orléans*, 13 août 1847 (t. 2 1847, p. 522), Caudel c. Mascret.

292. — Lorsque les recouvremens ont été compris dans les deux traités, sans distinction, le vendeur n'est point admis à prétendre que la valeur doit en être ajoutée au prix de l'office, alors que le traité ostensible, qui reçoit seul son exécution par suite de l'annulation du traité secret, ne contient aucune fixation à ce sujet. L'enregistrement des deux traités demeure à la charge de l'acheteur. L'enregistrement des quittances doit être supporté par la partie qui a donné lieu à leur production. — *Paris*, 12 janv. 1847 (t. 1er 1847, p. 300), Bourg c. Rivière.

293. — Toutefois, tout traité secret n'est pas par cela même frappé de nullité ; il doit recevoir son exécution s'il n'a pas pour objet de faire fraude à la loi soit sur le prix, soit sur les conditions de nomination du cessionnaire.

294. — Ainsi n'est pas nulle la contre-lettre qui, contrairement au traité ostensible, déclare que les débets restent la propriété du vendeur, encore bien que par ce traité ils soient censés cédés à l'acquéreur de l'office. — *Orléans*, 11 fév. 1847 (t. 1er 1847, p. 517), Lainé c. Gallopin.

295. — Jugé également que les traités secrets relatifs à des transmissions d'offices ministériels ne sont nuls que lorsque le prix qui y est porté est supérieur à celui indiqué dans le traité ostensible, ou lorsqu'ils contiennent des dispositions qui auraient pu faire rejeter la nomination du successeur. — *Orléans*, 31 janv. 1846 (t. 2 1847, p. 29), Beaugé c. Belluot.

296. — Spécialement, lorsque le traité secret, convenu avant que le cessionnaire eût atteint l'âge requis, ne diffère de celui soumis plus tard à la chancellerie que par des clauses transitoires devenues sans objet et étrangères au prix et aux conditions de la cession, ce traité est suffisant pour conférer au cédant le privilége du vendeur, et pour l'autoriser à transmettre le bénéfice de ce privilége, par voie de subrogation consentie en vertu de cet acte, au tiers qui l'a payé après nomination du cessionnaire. — Même arrêt.

297. — Un traité occulte et verbal ayant pour objet un supplément de prix payé par anticipation en sus du prix porté dans le traité ostensible de cession d'un office constitue une véritable fraude à la loi. Dès lors, son existence peut être prouvée par témoins. — De plus, cette fraude intéressant l'ordre public, la répression peut en être demandée par celui qui en a été victime, sans qu'on puisse lui opposer une fin de non-recevoir tirée de ce qu'il y a lui-même participé. — *Nîmes*, 6 mai 1847 (t. 1er 1848, p. 158), G.... c. C....

298. — Un arrêt décide suffisamment que la stipulation d'un supplément de prix en dehors de celui porté au contrat de cession d'un office est nulle, comme illicite, lorsqu'il déclare dans un de ses motifs qu'il est de l'intérêt public que le prix de transmission des offices ne dépasse pas une juste mesure et soit toujours en rapport avec les bénéfices, et que la justice ne saurait trop énergiquement flétrir les traités occultes contenant un supplément de prix. — *Cass.*, 7 juill. 1841 (t. 2, 1841, p. 367), Poisson c. Murc.

299. — Mais si le traité secret contenant un supplément de prix est nul, cette nullité peut-elle être invoquée par celui qui a volontairement payé ce supplément; et n'y a-t-il pas de sa part obligation naturelle, qui le rende non recevable à former une action en répétition?

300. — Quelques arrêts ont reconnu l'existence de l'obligation naturelle, et par suite la non-recevabilité de l'action en répétition des sommes payées. — *Paris*, 31 janv. 1840 (t. 1er 1840, p. 340), Poisson c. Murc; *Rouen*, 18 févr. 1842 (t. 2 1842, p. 44), Chedeville c. Delamotte; *Metz*, 14 févr. 1843 (t. 1er 1843, p. 340), Deschets c. Lecoq.

301. — Jugé encore que lorsqu'il est constant que le supplément de prix stipulé au delà du prix ostensiblement convenu pour la vente d'un office a été volontairement acquitté et que le titre qui réglait cette convention a été retiré des mains de l'ancien titulaire, ce dernier ne saurait être admis à répéter ce supplément de prix ni à imputer le paiement sur la portion du prix encore due. — *Cass.*, 23 août 1842 (t. 1er 1843, p. 339), Gallée c. Beaucellier.

302. — ... Que celui qui a payé le supplément de prix est, à raison de l'indignité résultant pour lui de la participation à la fraude, non recevable à exiger la restitution de ce qu'il a payé, bien qu'il ne résulte de la stipulation d'un supplément de prix aucune obligation soit civile ou naturelle. — *Orléans*, 8 févr. 1844 (t. 1er 1844, p. 453), Trollé c. Roudau et Surville c. Reymond.

303. — ... Et que la caution obligée seulement au paiement du prix d'un office, tel qu'il est fixé dans le traité ostensible, ne peut critiquer le paiement d'un supplément de prix porté dans une convention secrète, fait avec des deniers par elle mis à la disposition de l'acquéreur, et en demander l'imputation sur le prix officiel, lorsqu'il résulte des circonstances de la cause que cette caution a connu et approuvé l'imputation sur le prix supplémentaire. — *Paris*, 15 févr. 1840 (t. 1er 1840, p. 340), Legrip c. Moreau.

304. — Mais, comme on l'a vu (*suprà* nos 284 et suiv.), une jurisprudence presque générale décide que le paiement de la part de l'acquéreur ne saurait confirmer l'acquit d'une obligation naturelle.

305. — En conséquence, si le supplément de prix a été payé, celui qui l'a versé peut en demander la restitution, laquelle est fondée, alors, non sur le traité secret, mais sur le fait du paiement d'une somme non due. — *Paris*, 30 mai 1843 (t. 2 1843, p. 139), Bruet; 1er mars 1844 (t. 1er 1844, p. 507), Quinton c. Adhémar; *Angers*, 30 mai 1844 (t. 1er 1844, p. 52), Planchenault c. Houliot; 20 juin 1844 (t. 2 1844, p. 52), N....; *Cass.*, 30 juill. 1844 (t. 1er 1845, p. 231), Chedeville c. Delamotte; 1er août 1844 (t. 1er 1844, p. 237), Marion c. Chabanier; *Caen*, 12 févr. 1845 (t. 1er 1845, p. 233), Chedeville c. Delamotte; 11 août 1845 (t. 2 1845, p. 307), Planchenault c. Houliot; *Cass.*, 5 janv. 1846 (t. 1er 1846, p. 300), Lecoq c. Deschets; *Paris*, 5 déc. 1846 (t. 2 1846, p. 728), Pitois c. Couchies; 12 janvier 1847 (t. 1er 1847, p. 300), Bourg c. Rivière; *Nîmes*, 6 mai 1847 (t. 1er 1848, p. 158), Gr... c. C...; *Rouen*, 10 mai 1847, sous *Cass.*, 26 déc. 1848 (t. 1er 1849, p. 517), Dupont c. Sellier.

306. — De même sont également sujets à répétition les paiemens faits en vertu d'une transaction intervenue sur l'exécution d'un traité secret ayant pour objet d'élever le prix ostensible de la vente d'un office. — *Cass.*, 20 juin 1848 (t. 2 1848, p. 654), Mesnil c. Défaut.

307. — Par la même raison, le vendeur qui se serait réservé ses recouvremens en dehors du traité ostensible serait également tenu de faire la restitution de ceux qu'il aurait touchés en capital et intérêt. — *Orléans*, 13 août 1847 (t. 2 1847, p. 522), Caudel c. Mascret.

308. — L'arrêt qui refuse d'admettre l'action en répétition ne saurait échapper à la cassation par le motif qu'il constaterait en fait qu'en réalité le montant du traité secret, joint au prix du traité ostensible, n'excédait pas la valeur vénale de l'office telle qu'elle résulte des bases d'appréciation adoptées d'ordinaire par la chancellerie. — *Cass.*, 5 janv. 1846 (t. 1er 1846, p. 300), Lecoq c. Deschets.

309. — Il pourrait cependant se faire que l'action en répétition du supplément de prix, quoique non prescrite, ne fût plus non recevable, c'est si la chose jugée ne permettait plus d'entrer dans un nouvel examen de la nature de l'obligation.

310. — Tel est le cas où la créance pour un supplément de prix a été colloquée définitivement dans une contribution sans contestation d'aucune des parties, et où ensuite il y a eu exécution par le paiement. — *Paris*, 19 juin 1846 (t. 1er 1847, p. 156), Gaillardon c. Picou.

311. — Sous l'ancien gouvernement, un grand nombre d'anciens titulaires se plaignirent à la Chambre des députés du préjudice qui résultait pour eux de la jurisprudence des tribunaux. Mais, dans un ordre du jour du 15 février 1845, il fut reconnu que les Chambres ne pouvaient être appelées à apprécier le préjudice qui pouvait résulter pour le vendeur d'un office de la jurisprudence qui annulait les contre-lettres en pareille matière. — *Monit.* du 16 février.

312. — C'est à compter du jour de la demande seulement, et non à partir du paiement, que les sommes acquittées en vertu du traité secret dont la restitution est ordonnée produisent des intérêts. — *Paris*, 12 janv. 1847 (t. 1er 1847, p. 300), Bourg c. Rivière; *Orléans*, 13 août 1847 (t. 2 1847, p. 522), Caudel c. Mascret. — V., en outre, INTÉRÊT, nos 163 et suiv.

313. — Jugé, au contraire, que la restitution des intérêts est due depuis le jour de l'indu paiement. — *Nîmes*, 6 mai 1847 (t. 1er 1848, p. 158), G... c. C...

314. — Si l'acquéreur n'a point encore payé le prix de son traité ostensible, le supplément versé est réputé un paiement fait à compte sur ce prix.

315. — Jugé, en ce sens, que le supp prix payé en vertu d'un traité secret doit être considéré comme un à-compte sur le prix véritable, et à ce titre est imputable sur le prix du traité ostensible. — *Paris*, 1er mars 1844 (t. 1er 1844, p. 507), Quinton c. Adhémar; 24 février 1845 (t. 1er 1846, p. 412), Pantin c. Poisson; *Cass.*, 17 déc. 1845 (t. 2 1848, p. 189), Peltier c. Lanthony.

316. — De même les sommes payées à compte doivent être imputées sur le prix du traité officiel et non sur le supplément de prix. — *Paris*, 15 févr. 1840 (t. 1er 1840, p. 340), Legris c. Moreau; *Toulouse*, 22 févr. 1840 (t. 1er 1840, p. 410), Lacombe c. Clarène.

317. — Il en est ainsi surtout si la contestation relative à l'imputation ne s'élève pas seulement entre les deux contractans, mais encore intéresse des tiers. — *Cass.*, 17 déc. 1845 (t. 2 1848, p. 189), Peltier c. Lanthony.

318. — Peu importe d'ailleurs que le supplément de prix ait été versé même antérieurement au traité patent. — Même arrêt.

319. — La nullité de la stipulation d'un supplément de prix en dehors du traité ostensible est nulle 1° à l'égard des créanciers de l'acquéreur, pour lesquels elle constitue une véritable contre-lettre qui ne peut leur être opposée. — *Rouen*, 23 déc. 1840 (t. 1er 1841, p. 299), Houache c. Daubermesnil.

320. — ...2° A l'égard de la caution de l'acquéreur, laquelle ne peut plus être subrogée contre celui-ci dans un droit qui n'appartient pas au vendeur. — Même arrêt.

321. — Cette nullité est opposable aux concessionnaires du vendeur qui ont connu l'origine de la créance. — *Paris*, 14 août 1840, sous *Cass.*, 7 mars 1842) (t. 1er 1842, p. 431), Nicolle c. Cardronnet.

322. — ... Et alors même qu'à l'égard de ces cessionnaires l'acquéreur se serait engagé par un acte séparé. — *Paris*, 28 mars 1846 (t. 1er 1846, p. 685), Chevalier c. Muzard.

323. — Toutefois, les sommes payées en exécution de la contre-lettre ne peuvent être compensées avec le prix porté au traité patent au préjudice du transport que l'ex-titulaire de l'office a fait de ses droits à l'un de ses créanciers sérieux et légitimes, et que le cessionnaire de l'office a accepté purement et simplement, et sans aucune réserve. — *Caen*, 12 fév. 1845 (t. 1er 1845, p. 238), Chedeville c. Delamotte.

324. — Jugé également que l'acquéreur de l'office ne peut, au préjudice du cessionnaire de tout ou partie du prix porté au traité ostensible, exercer cette répétition au moyen d'une imputation sur le prix apparent, alors que la cession a été faite et notifiée avant que l'acquéreur ait exercé l'action en répétition. — *Rouen*, 10 mai 1847, Dupont c. Sellier et *Cass.*, 26 déc. 1848 (t. 1er 1849, p. 517), mêmes parties.

325. — La prescription de dix ans, établie par l'art. 1304 C. civ., n'est point applicable à un traité secret ayant pour but d'augmenter le prix apparent d'un office, puisque c'est là une obligation dont la cause est illicite ou contraire à l'ordre public. La prescription de trente ans est la seule qui puisse être invoquée. — *Paris*, 5 déc. 1846 (t. 2 1846, p. 728), Pitois c. Couchies; 12 janv. 1847 (t. 1er 1847, p. 300), Bourg c. Rivière.

326. — Jugé à plus forte raison que l'action en nullité d'une stipulation de cette nature et en répétition du supplément de prix ne peut être repoussée par la prescription de dix ans établie dans l'art. 1304 C. civ., lorsqu'elle n'a été proposée que par exception à la demande en paiement de tout ou partie du prix porté dans le traité ostensible. — *Paris*, 26 mai 1845 (t. 1er 1845, p. 765), Langlet c. Lecointe.

327. — ... Que la répétition d'une somme payée à titre de pot-de-vin, en dehors et en outre du prix d'un office stipulé par le traité apparent, peut être formée par voie d'exception à la demande en paiement du prix ostensible, bien qu'il se soit écoulé plus de dix ans depuis le paiement de ce pot-de-vin. — *Cass.*, 10 fév. 1846 (t. 2 1848, p. 667), Langlet c. Lecointe.

328. — Quoi qu'il en soit, l'action civile ne met pas obstacle à ce que l'officier ministériel qui a dissimulé une partie de prix ne soit poursuivi disciplinairement. — *Rennes*, 29 déc. 1839 (t. 1er 1840, p. 340), Girard c. Tessier; *Toulouse*, 22 fév. 1840 (t. 1er 1840, p. 410), Lacombe c. Clarène.

329. — Aussi a-t-il été jugé, en ce sens, que les juges peuvent considérer comme une infraction disciplinaire donnant lieu à la destitution d'un notaire la signature et l'usage d'une contre-lettre par laquelle il est déclaré que le traité sur lequel le notaire a été nommé n'est que fictif, et que la seconde convention doit seule être exécutée, alors surtout que le traité occulte a pour objet de ne constituer le notaire nommé que comme le mandataire ou gérant du notaire remplacé. — *Cass.*, 10 juill. 1841 (t. 2 1841, p. 255), W...

330. — ... Que la dissimulation d'une partie du prix de cession d'un office constitue une fraude qui tombe sous le coup d'une action disciplinaire, sans qu'il y ait lieu de distinguer entre le cas où la fraude poursuivie résulte d'un fait postérieur à l'entrée en fonctions de l'officier public, et celui où elle résulte d'un fait antérieur, lorsque d'ailleurs elle a été mise en œuvre comme moyen de se procurer l'agrément du gouvernement. — *Rouen*, 17 mai 1845 (t. 1er 1845, p. 673), O...

331. — ... Que la dissimulation, dans le traité présenté au gouvernement, d'une partie du prix de la cession d'un office de notaire, est un fait de charge qui rend le cessionnaire, devenu notaire, passible de peines disciplinaires, et même de la destitution. — *Orléans*, 7 fév. 1846 (t. 1er 1849, p. 50), Laisné. — V. NOTAIRE.

332. — Enfin, un notaire a pu être frappé de peines disciplinaires, et même de la destitution, lorsque, poursuivi en paiement d'un supplément du prix de son office, stipulé par contre-lettre, il a, en refusant ce paiement comme indu, fondé son refus sur divers mensonges assez graves pour faire considérer leur auteur comme indigne de la profession du notariat. — *Cass.*, 19 août 1847 (t. 1er 1849, p. 605), N...

333. — Pendant quelque temps on exigeait des parties contractantes une affirmation sous serment de la sincérité du prix de la cession (V. la circulaire du procureur général à la Cour de Riom (M. de Boissieux) du 10 déc. 1830). Mais une circulaire de M. Teste a fait justice de cet abus qui semblait imité des anciens parlemens. « Je ne saurais, disait-il, approuver comme règle générale ce mode de découvrir la vérité; il me paraît présenter plus d'inconvéniens que d'avantages. Il faut le réserver pour certains cas exceptionnels où la fraude envers des tiers serait cachée sous le chiffre ou sous les conditions ostensibles d'un traité dont les auteurs n'oseraient pas affirmer la sincérité par serment et auxquels on épargnerait ainsi soit le refus de l'institution du gouvernement, soit les suites fâcheuses d'une contestation judiciaire; mais ces cas doivent être excessivement rares. »

334. — On ne manque jamais de consulter les chambres de discipline sur la valeur de l'office cédé, et celles-ci ne peuvent se refuser à donner leur avis. — Arrêté du garde des sceaux, du 10 juill. 1841.

335. — *Clauses particulières de la cession.* — D'abord, l'objet du traité étant la cession de l'office, il n'est pas permis de stipuler que le prix sera exigible, même dans le cas où le successeur désigné n'obtiendrait pas sa nomination du gouvernement. — Rolland de Villargues, v° *Office*, n° 184; Bioche, *eod. verbo*, n° 180.

336. — Dans ce cas, M. Duranton (t. 16, n° 182) admet le successeur désigné à proposer un candidat en son lieu et place.

337. — Au surplus aucune raison ne nous paraît proscrire la clause par laquelle le titulaire stipulerait, pour ce cas, à son profit, une indemnité, bien qu'à cet égard une circulaire du garde des sceaux (19 oct. 1836) en décide autrement. Souvent, en effet, la publicité donnée à un traité jette de la perturbation dans la clientèle. Souvent aussi le titulaire a perdu l'occasion de traiter. Il peut être malade et hors d'état de continuer la gestion d'une étude. Pourquoi le fait d'autrui retomberait-il sur lui? — Bioche, n° 181. — *Contrà*, Favier, *De l'admission au not.*, n° 850.

338. — La clause par laquelle le cessionnaire d'un office déclare acquérir à ses risques et périls, est contraire à la loi comme portant atteinte au principe d'après lequel les cessions de cette nature ne produisent effet qu'avec la sanction du gouvernement: par suite, elle doit être réputée non écrite. — *Lyon*, 30 mars 1849 (t. 2 1849, p. 108), Mazeirat c. Demoustier.

339. — Il en est autrement quand cette clause ne signifie rien autre chose sinon que l'acquéreur sera tenu de supporter toutes les dépréciations que viendrait à éprouver l'étude avant ou après la nomination.

340. — ... Ou bien que toutes les démarches nécessaires pour faire agréer sa demande par le gouvernement, sont à sa charge. — *Nancy*, 12 juill. 1834, Riche c. N...

341. — Souvent le titulaire prend l'engagement de présenter son successeur à sa clientèle, de demeurer avec lui pendant un certain temps, de lui céder son droit au bail des lieux occupés par l'étude.

342. — Il est inutile de stipuler l'interdiction pour le titulaire de reprendre les mêmes fonctions dans l'arrondissement. Cette condition est sous-entendue.

343. — Mais le titulaire ne pourrait prendre le même engagement à l'égard de ses enfans. La puissance paternelle ne va pas jusque-là (déc. minist. just., 1837). Sauf aux enfans, s'ils sont majeurs, à intervenir au traité, et à garantir l'acquéreur contre cette éventualité.

344. — Les produits de l'étude ne peuvent appartenir à l'acquéreur qu'à partir de sa nomination. Aussi l'administration rejette-t-elle impitoyablement toute clause qui lui attribue tout ou partie des produits de l'étude avant cette époque. — Bioche, n° 186; Favier, n° 851.

345. — Cette sévérité, juste en principe, pourrait, ce nous semble, recevoir une exception dans le cas où l'acquéreur donnant ses soins à l'office, en trouverait la récompense dans une quote-part des produits.

346. — Une circulaire du ministre de la justice du 8 nov. 1848 a reconnu, en ce qui concernait le notariat, que les recouvremens étant la propriété du titulaire, celui-ci a l'option de les conserver ou de les céder à son successeur.

347. — Cette décision a été maintenue et étendue à tous les officiers publics. Mais dans aucun cas on ne doit souffrir que, pour faciliter la rentrée des recouvremens, le cédant se réserve le droit de s'immiscer dans la gestion de son successeur et de compulser ses minutes. — Circ. min. just. 28 juin 1849, n° 6.

348. — Toutefois on ne saurait, dans un intérêt purement privé, tel qu'une question de rapport entre cohéritiers, être admis à prouver qu'un notaire, depuis la cession de son étude, rédigeait les actes reçus par son successeur, et que c'est à lui, dès lors, que les honoraires étaient dus. — *Bordeaux*, 6 janv. 1834, Poumeau c. Rullié.

349. — De plus, l'administration stipule les intérêts des tiers; ainsi, elle ne permet pas de distraire du prix la moindre somme, sous le nom de *pot-de-vin* ou d'*épingles*, pour l'attribuer directement au vendeur obéré. C'est le gage des créanciers comme le reste. — Troplong, *Hypothèques*, n° 935.

350. — Elle proscrit aussi les délégations de prix, ou les subrogations partielles, lorsqu'elles avantageraient l'un au détriment de l'autre. — Circ. min. just. 28 juin 1849, n° 4. — Favier, p. 852; Rolland de Villargues, n° 169; Bioche, n° 189.

351. — Toutefois, il ne faut pas oublier que le pouvoir de l'administration est discrétionnaire et les circonstances peuvent motiver l'infraction de ces règles.

352. — *A fortiori* les paiemens anticipés sont-ils prohibés. — Circ. min. just. 28 juin 1849, n° 4. — V. cependant *infrà* n° 363.

353. — Il faut toujours que le prix soit fixe et ferme au moment de la cession, sans jamais dépendre d'éventualités ultérieures. — Circ. min. just. 28 juin 1849, n° 4.

354. — La chancellerie est aussi dans l'habitude, depuis quelques années, d'exiger que le prix ne soit pas stipulé payable immédiatement après la nomination, afin de laisser aux créanciers le temps de faire des actes conservatoires.

355. — Les intérêts ne peuvent courir non plus que du jour de la nomination. — Massabiau, n° 3142. — C'est, en effet, de ce jour-là seulement que le titulaire est dessaisi de l'office, bien qu'il continue d'en remplir les fonctions jusqu'à l'installation du nouveau titulaire. Jusque-là le bénéfice des actes lui appartient.

356. — Jugé, toutefois, que les intérêts du prix d'un office d'avoué ne sont dus que du jour de la demande. — *Colmar*, 26 nov. 1823, Lhoste c. Rey.

357. — Lorsqu'il a été stipulé dans un contrat de cession d'office que le prix montant à 23,000 f. sera payable: 13,000 fr. dans cinq ans, et le surplus dans dix ans, le tout avec intérêt sur le pied de 5 0/0 par an, on doit l'entendre en ce sens que les intérêts seront exigibles à l'échéance de chaque année, et non pas qu'ils se cumuleront pour ne l'être qu'en même temps que le capital. — *Angers*, 1er févr. 1840 (t. 1er 1841, p. 469), Grasset c. Gérôme.

358. — On proscrit encore, par une raison de convenance, la stipulation de payer le prix en effets de commerce, soit que la remise en doive avoir lieu avant ou après la nomination. — Circ. min. just. 28 juin 1849, n° 4. — Favier, n° 854; Bioche, n° 192.

359. — ... Celle portant que la vente sera résolue en cas de non-paiement du prix. La libre disposition de l'office est de l'essence même du contrat. — Déc. min. just. 7 juin 1837.

360. — .... La réserve des priviléges sur la charge; car ces termes pourraient comprendre l'élection résolutoire qui n'appartient pas au vendeur, il n'y a lieu qu'à réserver le privilége sur le prix de la charge. — Déc. min. just. 20 avril 1840. — La circul. minist. just. 28 juin 1849 (n° 4) proscrit d'une manière générale les réserves de priviléges.

361. — ... L'interdiction de vendre la charge avant que le prix intégral ait été soldé. Mais rien ne s'oppose à ce que le prix ne devienne totalement exigible par le seul fait de la vente. — Déc. min. just. 7 juill. 1837.

ART. 4. — *Paiemens anticipés et transports du prix avant la nomination.*

362. — On a vu (n° 354) qu'en thèse générale le gouvernement ne permettait pas de verser tout ou partie du prix de la cession avant la nomination; qu'il exigeait même que le prix ne fût payable que quelque temps après la nomination, enfin qu'il repoussait toute délégation anticipée faite au détriment de la masse des créanciers.

363. — Cependant les paiemens ou délégations faits par anticipation, nonobstant cette défense, sont-ils valables? — Pour la négative, on dit que la propriété des offices est une propriété *sui generis*; que le traité de la cession se passe entre trois personnes: le cédant, le cessionnaire et le gouvernement; que le gouvernement agit dans l'intérêt des tiers et de l'ordre public; que, si un créancier était intervenu dans une vente de meubles, s'il avait été stipulé avec lui dans son intérêt, pour obtenir son consentement indispensable, que le prix serait payé à une certaine époque, et sous certaine condition, l'acheteur ne serait pas évidemment libre de renoncer au bénéfice du terme et de la condition. — Bioche, n° 191.

364. — Jugé, en ce sens, que le paiement du prix fait antérieurement à la nomination du cessionnaire est nul à l'égard des créanciers du cédant. — *Angers*, 12 août 1840 (t. 2 1841, p. 293), P... c. N...; *Riom*, 10 févr. 1845 (t. 1er 1846, p. 168), Coste c. Doiry.

365. — ... Que, le traité par lequel un officier ministériel s'engage, moyennant un prix convenu, à donner sa démission, et à présenter comme son successeur l'acquéreur de son office, restant sans valeur tant qu'il n'a pas reçu la sanction de l'autorité par l'ordonnance de nomination de ce dernier, la forme stipulée comme condition de la démission ne saurait, jusqu'à l'ordonnance, être considérée comme étant dans le commerce et pouvant faire l'objet d'une convention valable, en telle sorte que le transport consenti, même sans fraude, par le démissionnaire, dans l'intervalle de la signature à l'ordonnance de nomination, ne peut être opposé aux autres créanciers. — *Paris*, 23 déc. 1843 (t. 1er 1844, p. 241), Goudard c. Belon.

366. — ... Que le transport du prix fait par le titulaire à l'un de ses créanciers entre la date du traité et celle de l'ordonnance royale qui investit le successeur est nul; qu'un pareil transport ne vaut que comme acte conservatoire, et que dès lors, si les autres créanciers ont pratiqué une saisie-arrêt, le prix doit se distribuer au marc le franc entre eux et le cessionnaire. — *Bourges*, 11 déc. 1844 (t. 1er 1846, p. 320), Vergne c. Limousin et Charasson.

367. — Pour l'affirmative, on répond avec un arrêt de *Cass.*, 15 janv. 1845 (t. 1er 1846, p. 166), Goudard c. Belon: que si la transmission des offices intéresse essentiellement l'ordre public, et si, pour cette raison, le gouvernement reste libre, malgré les traités consentis, de rejeter le successeur ou de l'accepter, d'admettre les conditions stipulées entre les parties, de les modifier ou de leur en imposer d'autres, il n'en existe pas moins à l'égard de celles-ci, dans leur intérêt privé, une convention dépendante d'un événement futur et incertain de la nature de celles qui sont définies par les art. 1168 et suiv. C. civ.; que la loi du 28 av. 1818 n'ayant pas réglé entre les parties la nature et les effets de la transmission qu'elle autorise, elle en a par cela même laissé la détermination sous l'empire du droit commun. Aucune disposition de ce droit ne déclare incessible et insaisissable le prix convenu pour la transmission d'un office pendant le temps qui s'écoule entre la présentation du successeur et sa nomination.

368. — Jugé, en ce sens, qu'en matière de cession d'office, si le gouvernement est juge de ce qui concerne l'intérêt public, ce qui est relatif à l'intérêt privé des parties ou de leurs créanciers reste soumis aux principes du droit commun et à la juridiction des tribunaux. — *Aix*, 8 janv. 1841 (t. 2 1841, p. 294), de Gasquet c. Bernard.

369. — Ainsi, l'acquéreur d'une charge de notaire a pu valablement payer par anticipation et avant sa nomination une partie du prix à son cédant ou à des créanciers de celui-ci. — Même arrêt.

370. — Tout paiement anticipé, du moment qu'il est fait de bonne foi, est valable, quoique antérieur à la nomination; car les créanciers qui forment des saisies-arrêts entre les mains du débiteur de leur débiteur, sont les ayans cause de ce dernier: en conséquence, le tiers saisi peut leur opposer des quittances sous seing privé, sans date certaine, qui constatent les paiemens par lui faits, sans fraude, au saisi, avant toute opposition. — *Cass.*, 8 nov. 1842 (t. 2 1843, p. 553), Rival c. de Gasquet.

371. — De même, le prix d'un office peut, avant la nomination du cessionnaire, être délégué valablement, même à l'égard des créanciers du cédant, et ce prix est valablement payé au délégataire, même avant l'investiture du cessionnaire, de telle sorte que toute saisie-arrêt postérieure de la part des créanciers du cédant est sans effet. — *Cass.*, 16 janv. 1849 (t. 2 1849, p. 102), Cabrol c. Roc.

372. — La clause par laquelle un notaire stipule en cédant son office, qu'en cas de transmission dudit office par le cessionnaire avant l'entier paiement du prix, celui-ci sera tenu de charger son acquéreur d'acquitter directement au premier cédant ce qui lui restera dû, doit être considérée comme licite. — *Angers*, 20 juill. 1843 (t. 2 1843, p. 655), Poissault c. Richard (solut. implic.).

373. — Si, par suite de la suppression, par ordre de la chancellerie, de la clause de la délégation dans le traité de revente, le premier acquéreur a consenti que le premier cédant formât une saisie conservatoire entre les mains du nouveau titulaire pour suppléer à la délégation, il ne peut plus critiquer cette saisie pour cause de non-exigibilité de la dette. — Même arrêt.

374. — Et s'il élève à cet égard une critique mal fondée, il doit être condamné à une partie des frais de l'instance alors même que, dans l'autorisation de former saisie-arrêt, il aurait exprimé qu'il n'entendait pas être passible de tous les frais qui seraient la suite ou la conséquence de cette saisie. — Même arrêt.

375. — Le paiement par anticipation d'une portion du prix d'un office ne peut être déclaré sans valeur relativement aux créanciers du cédant, pour n'avoir pas été porté à la connaissance du ministre de la justice. — *Aix*, 8 janv. 1840 (t. 2 1841, p. 294), Gasquet c. Bernard.

376. — ...Et la délégation, que par l'acte même contenant cession de son office un officier ministériel a faite à l'un de ses créanciers, du prix stipulé au traité, doit continuer de recevoir son exécution, bien que la chancellerie ait exigé un nouvel acte de cession de l'office, pur et simple, et sans délégation. — *Toulouse*, 10 déc. 1845 (t. 2 1845, p. 170), Daliot et Gouazé c. Ferrier. — Il a même été jugé que le titulaire d'un office peut, même avant de s'en démettre, en céder la valeur à un tiers, à l'effet de saisir celui-ci de la propriété du prix de l'office pour le moment où il sera vendu : une pareille convention ne portant nullement atteinte au droit de présentation. — *Toulouse*, 2 déc. 1847 (sous *Cass.*, 16 janv. 1849 [t. 2 1849, p. 102]), Cabrol c. Roé et Jæger-Schmidt.

377. — Mais la règle souffre exception dans le cas de fraude. — *Paris*, 13 mai et 26 juill. 1843 (t. 2 1843, p. 336), Cochet c. Chenet et Bourreau c. Barbier.

378. — Au surplus, de pareilles cessions sont subordonnées à la nomination du successeur présenté; et il a été jugé, en conséquence, que la destitution d'un titulaire, en le privant du droit de présenter un successeur, rend nulles les cessions qu'il a pu consentir antérieurement, la nomination qui intervient plus tard de la part du gouvernement étant faite directement et *proprio motu*. — *Riom*, 10 fév. 1845 (t. 1er 1846, p. 168), Corte c. Doiry; *Lyon*, 18 fév. 1847 (t. 2 1847, p. 20), Kermezel c. Carra.

ART. 5. — *Présentation, nomination et installation du cessionnaire de l'office.*

§ 1er. — *Présentation du candidat. — Pièces à produire pour la nomination.*

379. — La présentation, dit M. Bioche (no 243), est le contrat entre le titulaire démissionnaire et l'administration. Voyons dans quelle forme elle a lieu.

380. — Les candidats doivent produire : 1o l'acte de démission ou de présentation du titulaire, ou, à défaut du titulaire, de ses héritiers et ayans cause.

381. — Si l'aspirant n'a pu réunir tous les héritiers du titulaire décédé, il suffit qu'il justifie du consentement de la majorité d'entre eux. — Déc. min. just., 23 mai 1846.

382. — Cette démission est écrite sur timbre ordinaire, l'administration exigeant que toutes les pièces produites soient timbrées ou visées pour timbre. Elle renvoie toujours le dossier, quand cette formalité n'a pas été remplie à l'égard de l'une des pièces.

383. — Aucune forme n'est prescrite pour la démission ou la présentation. — Une simple lettre suffit donc; seulement, le visa pour timbre est nécessaire.

384. — La signature du titulaire est exigée au bas de la démission, même dans le cas où l'acte en est reçu par un greffier, par un juge de paix, ou devant une chambre de discipline. — Favier, no 898; Rolland de Villargues, no 318; Bioche, no 247.

385. — Elle doit être légalisée par le président du tribunal. Quant à la signature des héritiers ou ayans cause, c'est le maire de leur domicile qui seul a caractère pour la certifier.

386. — Quand la place est vacante par le décès du titulaire, l'aspirant doit produire : 1o l'acte de décès de ce titulaire.

387. — ...2o Une supplique au garde des sceaux, ministre de la justice, de faire droit à la présentation.

388. — ... 3o Un double du traité de cession de l'office. — L. 28 avr. 1816, art. 91.

389. — Ce traité doit être rédigé avec précision et clarté; il faut éviter d'y insérer des clauses inutiles ou équivoques qui pourraient faire naître des débats judiciaires. — Circ. min. just., 28 juin 1849, no 4.

390. — Ce traité, ainsi que tous les actes produits à l'appui des cessions d'office, doit être sur papier timbré. — L. 13 brum. an VII, art. 12. — Circ. min. just., *id.*, no 5.

391. — Ce traité doit avoir été enregistré préalablement. — L. 25 juin 1841, art. 6. — Circ. min. just., *ibid.*

392. — Les signatures de toutes les parties doivent de plus être légalisées par le maire. — Circul. min. just., *ibid.* — Massabiau, t. 3, no 136.

393. — Si les héritiers du titulaire décédé sont mineurs, la cession devant être faite par le tuteur autorisé par délibération du conseil de famille, homologuée par le tribunal, on doit joindre aux pièces une expédition du jugement homologatif. — Lefoulon, *Indicateur judiciaire de la Cour de Caen.* — V. cependant Massabiau, no 3137.

394. — Dans tous les cas, un extrait de l'intitulé d'inventaire, ou un acte de notoriété, est nécessaire pour constater que les cédans sont bien seuls héritiers du titulaire décédé.

395. — Si la transmission de l'office résulte d'un legs ou d'un don entre-vifs, on exige l'expédition du testament ou de la donation, dûment légalisée, ainsi que de l'acte constatant la délivrance du legs ou l'envoi en possession.

396. — En outre, le candidat, dans le cas où il reste des titres à éteindre dans l'arrondissement ou dans le canton, doit justifier l'engagement pris pour contribuer à leur extinction.

397. — ... 4o Un état, divisé par années, des bénéfices du titulaire pendant les cinq dernières années d'exercice. — Lefoulon, *ibid.* — C'est sur la moyenne de ces cinq dernières années que l'évaluation des produits des offices doit en général être établie, et le mode de vérification de ces produits varie suivant la nature des offices cédés. — Circ. min. just., 28 juin 1849, no 3.

398. — Pour les notaires, outre le relevé de leurs registres de recette, il faut constater le nombre d'actes passés, et, afin d'apprécier l'importance de ces actes, les comparer aux droits d'enregistrement dont ils ont motivé la perception. — Circul. min. just., *ibid.*

399. — Pour les avoués, on peut puiser d'utiles renseignemens dans le registre qu'ils doivent tenir, en vertu de l'art. 151 Décr. 16 fév. 1807, et exiger un relevé du rôle d'audience, dressé ou certifié par le greffier, contenant le nombre des affaires dans lesquelles le cédant a occupé tant en demandant qu'en défendant. — Circul. min. just., *ibid.*

400. — Pour les huissiers et les commissaires-priseurs, outre le relevé de leur répertoire, ils doivent produire un état, dressé ou certifié par le receveur de l'enregistrement, constatant le nombre des actes qu'ils ont signifiés ou des ventes et des prisées auxquelles ils ont procédé. — Circul., *ibid.*

401. — ... 5o Leur acte de naissance, constatant qu'ils ont 25 ans accomplis. — Ord. 6 juill. 1810, art. 115 (L. 25 ventôse an VIII, art. 95). Cette pièce est sur timbre et légalisée.

402. — Lorsque cet acte manque, on ne peut y suppléer que par un jugement rectificatif, rendu conformément à l'art. 46 du C. civ., et inscrit sur les registres de l'état civil du lieu de la naissance du postulant. — Décis. du 4 mars 1834. — Faure, *Rép. admin.*, t. 1er, p. 39.

403. — Il ne peut être accordé de dispenses d'âge. — Décis. 12 nov. 1823 et 23 janv. 1835; Faure, *ibid.*, p. 40.

404. — Lorsque le nom n'est point écrit dans les autres pièces comme dans l'acte de naissance, l'identité du candidat doit être constatée au moyen d'un acte de notoriété. Si le candidat prétendait que l'erreur se trouve dans l'acte de naissance, un jugement de rectification serait nécessaire. — Décis. 31 juill. 1828, 13 nov. 1832; 5 août 1834 et 5 sept. 1840. — Faure, *Rép. administ. des parquets.*

405. — ...6o La démission de tout emploi incompatible avec les nouvelles fonctions sollicitées.

406. — Si le candidat était lui-même pourvu d'un office transmissible, il n'obtiendrait sa démission que lorsque le successeur, désigné par lui, aurait été nommé. Toutefois les deux demandes en nomination pourraient être transmises ensemble à la chancellerie. — Lefoulon, *ibid.*

407. — ... 7o Un certificat de libération du service militaire, à moins que le candidat n'ait 30 ans accomplis. — L., 22 mars 1832, art. 48.

408. — Ce certificat est délivré par le sous-préfet sur papier libre, mais on le fait viser pour timbre.

409. — ... 8o Un certificat du maire de la commune dans laquelle le candidat a son domicile, attestant qu'il jouit de ses droits civils, civiques et politiques. Ce certificat est délivré sur timbre, ou, s'il ne l'est pas, il doit être visé pour timbre. La signature en est légalisée par le sous-préfet.

410. — ... 9o Un certificat constatant que l'aspirant est de bonne vie et mœurs. Ce certificat est

délivré, comme le précédent, par le maire du domicile ou de la résidence actuelle de l'aspirant. On n'exige pas à la chancellerie que ces deux certificats soient délivrés séparément, et on permet de les réunir. Dans tous les cas, la signature du maire doit être légalisée par le sous-préfet.

411. — ... 10o Un ou plusieurs certificats établissant le stage voulu par la loi. Ils doivent énoncer, d'une manière claire et précise, le jour où a commencé le travail, et celui où il a fini; et comme ils émanent de fonctionnaires attachés à l'ordre judiciaire, les signatures doivent être légalisées par les présidens des tribunaux civils. — Lefoulon, *ibid.*

412. — Quoique aucune condition de stage n'ait été imposée aux greffiers, on exige, avec raison, qu'ils justifient d'un travail de nature à leur procurer la connaissance nécessaire pour bien remplir les fonctions de greffier. Il est arrivé assez fréquemment que des aspirans, qui ne justifiaient d'aucun travail, ou qui ne justifiaient que d'un travail trop court, ont été admis à subir un examen devant le procureur de la République, à la suite d'un temps d'épreuve passé dans un greffe, et dont la durée avait été fixée par le ministre. — Lefoulon, *ibid.* — V. GREFFIER.

413. — Les procureurs de la République agiraient sagement en faisant toujours subir un examen aux aspirans aux fonctions de greffier, avant de consentir à donner leur agrément à la nomination; intéressés plus que tous autres à ce que le greffier de leur tribunal soit instruit et intelligent, les magistrats seraient indubitablement appuyés par le garde des sceaux dans leurs justes exigences.

414. — ... 11o Expédition de la délibération du tribunal dans le ressort duquel l'aspirant veut exercer, et par laquelle il est présenté à l'agrément du gouvernement (L. 27 vent. an VIII, art. 95). Les greffiers de justice de paix et les notaires sont dispensés de la production de cette pièce. Les greffiers des tribunaux de commerce sont présentés par ces tribunaux.

415. — Les avocats à la Cour de cassation doivent être licenciés en droit (V. AVOCAT A LA COUR DE CASSATION, no 26), avoir suivi le barreau pendant trois ans et être inscrits au tableau.

416. — Les candidats aux fonctions d'avoué doivent produire : 1o un certificat constatant qu'ils ont suivi les cours de législation criminelle et de procédure civile, et subi un examen devant les professeurs (L. 22 vent. an XII, art. 26). La production d'un diplôme de licencié en droit remplace un certificat, et vaut de plus au candidat une exemption de deux années de stage. — V. AVOUÉ.

417. — ... 2o Des certificats constatant un travail de cinq ans dans une étude d'avoué. — L. 20 mars 1791, art. 6, et 13 mars 1804, art. 26; décret 6 juill. 1810, art. 115.

418. — Les notaires sont divisés en trois classes : ceux qui résident au chef-lieu de la Cour d'appel, ceux qui résident au chef-lieu du tribunal de première instance, et ceux qui résident dans un canton où ne siége qu'une justice de paix, et les conditions de stage imposées aux avocats varient selon les classes. — Ord. 4 janv. 1843. — V. NOTAIRE.

419. — On exige des aspirans aux fonctions d'huissier, deux ans de stage chez un huissier, un avoué ou un notaire, ou trois ans dans un greffe de Cour d'appel ou de première instance. — V. déc. 15 juin 1813. — V. HUISSIER.

420. — Quant aux commissaires-priseurs, dont la loi ne s'est point occupée, on a pensé qu'ils devaient être assujettis au même stage que les huissiers; mais cette opinion n'est pas suivie. — V. COMMISSAIRE-PRISEUR, nos 43 et 44.

421. — Les avocats à la Cour de cassation, avoués, huissiers et notaires doivent produire un certificat d'*admittatur* délivré par la chambre de discipline. — La signature apposée au bas de l'expédition doit être légalisée par le président du tribunal civil. — Ce certificat s'explique et sur la moralité et sur la capacité du candidat.

422. — Les agens de change, courtiers et commissaires-priseurs sont aussi dans l'obligation de présenter leur successeur à la chambre syndicale. — V. AGENT DE CHANGE, no 57; COURTIER et COMMISSAIRE-PRISEUR, no 47.

423. — Il n'est pas permis aux chambres de discipline de retenir des pièces que le candidat a produites pour obtenir le certificat de moralité et de capacité. — Déc. garde des sceaux 20 mars 1844.

§ 2. — *Instruction de la demande à fin de nomination.*

424. — Les pièces nécessaires pour la présentation et la transmission de l'office sont remises au chef du parquet du tribunal de première instance de l'arrondissement, s'il s'agit d'officiers ministériels attachés à ce tribunal : c'est-à-dire des avoués, huissiers, greffiers, commissaires-priseurs et notaires.

425. — ... Aux procureurs généraux près les cours d'appel, s'il s'agit d'avoué ou de greffier près ces cours.

426. — ... Au procureur général près la cour de cassation, s'il s'agit d'avocat à la cour ou de greffier de la cour.

427. — A Paris les agens de change sont nommés sur la présentation du ministre des finances; dans les départemens, sur celle du ministre du commerce. — V. AGENT DE CHANGE, nos 57 et 58. — Les pièces parviennent au ministre du commerce par les préfets.

428. — Quant aux courtiers, ils sont placés dans les attributions du ministre du commerce. — V. COURTIER, n° 25.

429. — Le chef du parquet de première instance et les procureurs généraux près les cours d'appel et de cassation sont spécialement chargés de l'instruction de la nomination.

430. — Le premier transmet les pièces aux procureurs généraux près les cours d'appel (circul. 15 juill. 1820), les autres les transmettent au garde des sceaux, ministre de la justice, en accompagnant l'avis de la chambre de discipline des observations qu'ils jugent à propos de faire. — Arg. L. 25 vent. an XI, art. 44; circul. 22 vent. an XII.

431. — Les magistrats de première instance, tout en transmettant les pièces aux procureurs généraux, s'adressent dans leurs rapports au garde des sceaux même.

432. — Les observations portent sur la sincérité du traité, la valeur de l'office et la moralité du candidat. — Lett. min. just. 21 nov. 1838, circ. proc. gén. Riom 10 déc. 1839.

433. — Si le prix paraît exagéré, les magistrats doivent convoquer le tribunal et la chambre de discipline et prendre leur avis.

434. — Les chambres de discipline n'ont pas le droit de refuser l'avis demandé. — Circ. min. just. 10 juill. 1841. — Bioche, n° 265. — *Contrà*, Favier, *De l'admission au not.*, n° 836.

435. — Dans tous les cas, le vendeur et l'acquéreur sont prévenus de l'incident et appelés tour à tour à fournir des explications devant la chambre de discipline et le tribunal.

436. — Le gouvernement n'est aucunement lié par la délibération de la chambre et du tribunal.

437. — S'il estime que le prix de la cession soit exagéré, le titulaire reprend sa démission ou consent, à son gré, à la réduction proposée.

§ 3. — *Nomination, réception et installation du titulaire.*

438. — Les officiers ministériels étaient nommés, avant les événemens de février 1848, par une ordonnance du roi, rendue sur le rapport du ministre de la justice. — Aujourd'hui ils sont nommés par le président de la République.

439. — Les candidats nommés ne sont appelés à exercer leurs fonctions qu'après la réception et la prestation du serment. — Car ce n'est que le serment politique qui a été aboli par le décret du 1er mars 1848, et le serment professionnel subsiste toujours. — V. SERMENT.

440. — L'installation consiste dans la lecture de l'ordonnance de nomination. Le tribunal donne acte de cette lecture et ordonne que l'ordonnance sera transcrite sur le registre du greffe à ce destiné, afin d'y avoir recours au besoin.

441. — Elle n'a lieu qu'autant que le titulaire justifie du dépôt de cautionnement. — V. CAUTIONNEMENT (fonct.), n° 80.

442. — Il est d'usage que le titulaire rende visite, avant l'installation, aux chambres du tribunal, les bienséances l'exigent aussi.

443. — On comprend que, dans l'intervalle qui s'écoule entre la nomination et l'installation, le cours des fonctions publiques ne peut être interrompu, l'intérêt public l'exige et l'intérêt du titulaire lui-même.

444. — Aussi, quoique l'officier ministériel soit dessaisi de la propriété de l'office par la nomination du successeur, il n'en continue pas moins à remplir ses fonctions, ce n'est réellement qu'à partir de l'installation qu'il perd son caractère. — Arg. L. 25 vent. an XI, art. 51. — Rolland de Villargues, v° *Démission*, n° 22; Favard de Langlade, *Rép.*, v° *Notaire*, t. 3, p. 721.

445. — Seulement, le successeur devant lui servir les intérêts du prix de la cession dès le jour de la nomination, le bénéfice des actes qu'il fait profite au successeur.

446. — Jugé que le notaire qui a donné sa démission en faveur d'un tiers peut néanmoins continuer l'exercice de ses fonctions tant que sa démission n'a pas été acceptée par le gouvernement. En conséquence, sont valables et authentiques les actes remis par lui antérieurement à la nomination de son successeur. — *Rennes*, 24 janv. 1821, Caro c. Trevelo.

447. — Un délai de deux mois est accordé pour l'installation; ce délai passé sans qu'elle ait été régularisée, le titulaire est réputé démissionnaire : sans que pour cela l'ancien titulaire reprenne ses fonctions, ou, du moins, il lui faut, pour les exercer de nouveau, la consécration de l'autorité comme à tout autre.

ART. 6. — *Effets et résolution de la cession.*

448. — Il y a lieu d'appliquer, en pareil cas, les règles communes aux contrats de vente, modifiées seulement par les exigences de la matière.

449. — Lorsqu'un officier ministériel, après avoir traité de son office, est révoqué, et que l'ordonnance de révocation reconnaît néanmoins la vente, et en consacre le bénéfice au profit de l'acquéreur, cette vente reste soumise à toutes les règles du droit commun, et notamment à la garantie du vendeur. — *Paris*, 24 fév. 1845 (t. 1er 1846, p. 412), Lantin c. Poisson.

450. — Avant tout il est à remarquer que la cession de l'office ne donne pas un *jus in re*, mais un *jus ad rem*. En effet, le titre n'est pas l'objet de la vente, le vendeur ne fait que s'obliger à présenter l'acquéreur.

451. — On a jugé, avec raison, sous l'empire de l'ancienne législation, que l'acte portant expressément vente d'un titre d'huissier était nul, encore qu'il fût allégué que les parties n'avaient entendu parler que de la clientèle, et que la nullité était proposable d'office. — *Paris*, 12 oct. 1815, Canonne c. Huguenin.

452. — L'obligation du vendeur de donner sa démission étant une obligation de faire, se résout en dommages-intérêts.

453. — Nonobstant la cession, l'office reste donc dans les mains du vendeur, il reste *in bonis* du vendeur.

454. — ... Et si le vendeur, manquant à la foi promise, ne remet pas à son successeur désigné la démission sans laquelle le gouvernement n'a pas le droit de le nommer, malgré l'existence du traité, un jugement ne peut en tenir lieu. — Duvergier, v° *Vente*, n° 208; Bioche, v° *Office*, n° 205.

455. — Dans ces termes, l'engagement pris par un avoué, dans le contrat de mariage de sa fille, de se démettre de son office en faveur de son gendre, ne constitue pas une promesse de vente valant vente, mais bien une simple obligation de faire, qui, en cas d'inexécution, doit se résoudre en dommages-intérêts. — *Aix*, 5 janv. 1830, Sermet c. Rigordy; *Montpellier*, 20 juill. 1832, Jourdan c. Pailhade; *Limoges*, 17 janv. 1833, Lachaud c. Deschamps; *Agen*, 18 avr. 1836, Delpech c. Lamemorie; *Cass.*, 4 janv. 1837 (t. 1er 1837, p. 54), Jourdan c. Pailhade.; *Douai*, 20 janv. 1838 (t. 2 1839, p. 413), Bouchy c. de Grammont. — *Contrà*, *Bordeaux*, 7 mai 1834, Michelot c. David.

456. — De même, le titulaire d'un office, qui, après avoir traité de cet office, refuse de se démettre de ses fonctions, ne peut être contraint par justice à donner sa démission. Il doit être seulement condamné à payer des dommages-intérêts à celui avec qui il a traité. — *Agen*, 6 janv. 1836, Lubet c. Doussel.

457. — Si même la démission ayant été donnée, est ensuite reprise par le titulaire, avant qu'elle ait été acceptée par le ministre, la nomination n'est pas possible. Tout se réduit à une question de dommages-intérêts. — Décis. garde des sceaux 5 mai 1834. — *Contrà*, Duvergier, *ibid.*

458. — Lorsque, après s'être engagé à présenter pour son successeur un tiers qui devait lui être désigné, un notaire refuse de faire cette présentation, il doit supporter les dommages-intérêts réclamés par le tiers contre la personne avec qui il avait traité. — *Limoges*, 17 janv. 1833, Lachaud c. Deschamps et Chambras.

459. — Le notaire qui, prétextant l'impossibilité de faire accepter par l'autorité supérieure une clause insérée dans l'acte de cession de son office, retire la démission qu'il avait donnée, et empêche ainsi la nomination de son cessionnaire, se rend par là passible envers celui-ci de dommages-intérêts. — *Angers*, 24 janv. 1846 (t. 2 1848, p. 293), Pinguenet c. Poupon.

460. — Reste à savoir l'époque à laquelle la démission est réputée acceptée. — Evidemment, elle est acceptée lorsque sa présentation est agréée, lorsque le successeur désigné est nommé.

461. — Mais l'acceptation résulterait encore de tout autre acte témoignant de l'intention de la part du ministre de pourvoir au remplacement du titulaire. Et par exemple, si un officier ministériel ayant donné sa démission, un délai quelconque lui était accordé pour présenter un successeur, on y verrait à bon droit une acceptation de la démission. — Décis. garde des sceaux 9 janv. 1837.

462. — Au surplus, le point de savoir si le retrait de la démission est légitime, est exclusivement du ressort de l'administration. — *Cass.*, 28 févr. 1828, Chenot c. Malleste. — Rolland de Villargues, n° 273; Bioche, n° 208.

463. — Auparavant, c'était seulement par la prestation de serment qu'il était dessaisi. — *Cout. de Paris*, art. 95; L. 31 août 1830. — Bourjon, t. 1er, p. 390.

464. — Du moment que le titulaire d'un office de notaire a été investi de ses fonctions, tous les émolumens lui appartiennent et il a le droit de réclamer les sommes perçues à ce titre par son prédécesseur pour actes faits depuis la cession. — *Bordeaux*, 6 janv. 1834, Poumeau c. Rullié.

465. — Sous l'ancienne législation le vendeur avait la faculté de rentrer dans son office en révoquant la procuration *ad resignandum* et le traité par lequel il s'était engagé à la donner. Cela s'appelait exercer le *regrès*, faculté monstrueuse, puisque l'une des parties se trouvait ainsi dégagée de tout lien, tandis que l'autre était toujours obligée. Aucun texte de loi n'autorisait positivement le regrès. — L'usage l'avait consacré, mais les lois actuelles ne permettent pas le retour de cet abus.

466. — Aussi jugé que l'action en *regrès*, usitée anciennement en matière de vente d'office, n'est plus praticable dans la législation actuelle. — *Cass.*, 13 nov. 1823, Seguin c. Boisson.

467. — Du moins, si le titulaire conserve encore le droit de retirer sa démission, tant que la nomination de son successeur désigné n'a pas été signée, il s'expose, en usant de cette faculté extrême, à payer des dommages-intérêts proportionnés au préjudice qu'éprouve le successeur, si ce dernier n'a pas motivé le retrait de la démission.

468. — Jugé, toutefois, que l'officier ministériel qui a donné mandat de traiter de son office, aux prix et conditions qui seraient fixés par le conseil de son ordre, ne peut plus, lorsqu'une cession est intervenue dans les termes du mandat, avant révocation de sa part, ni retirer la démission par lui donnée, ni se soustraire à l'exécution du traité. — *Paris*, 14 janv. 1845 (t. 1er 1846, p. 293), Pouret-Breteville c. Lemarquière. — On remarquera que cet arrêt s'est borné à ordonner l'exécution du traité quant aux conditions pécuniaires, sauf à l'autorité administrative à statuer sur le retrait de la démission.

469. — *Vice versâ*, le successeur désigné a bien le droit de renoncer au bénéfice de la cession, mais il encourt une condamnation en des dommages-intérêts, si son refus n'est pas motivé.

470. — Dans le cas où il aurait eu juste raison de retirer sa présentation, il peut être pourvu d'un autre office; autrement il en serait indigne. — Déc. garde des sceaux, 18 juill. 1836.

471. — La réserve faite, lors de la vente d'un office par le titulaire, pour lui ou ses héritiers, de reprendre la charge dans un temps et pour un prix déterminé, alors même qu'on la considérerait comme personnelle au vendeur ou à ses héritiers, peut, en cas de faillite de celui-ci, devenir entre le syndic et le cessionnaire l'objet d'une transaction à laquelle le vendeur n'a pas le droit de s'opposer. — *Amiens*, 6 janv. 1842 (t. 1er 1846, p. 339), Fresson.

472. — La destitution du titulaire anéantit la cession. — V. *suprà* n° 64.

473. — Si l'administration exige le retranchement de certaines clauses du traité ou prescrit telles ou telles conditions nouvelles, ni l'une ni l'autre des parties contractantes n'est obligée à consentir la modification proposée. Le refus de l'une des parties amène la résolution du contrat sans dommages-intérêts.

474. — Bien qu'il ait été stipulé dans le traité de vente d'un office de notaire que, dans le cas où la nomination ne serait pas obtenue dans un délai fixé, le traité serait résolu de plein droit, sans indemnité; le retard qu'éprouve la nomination, par suite de la persistance de l'une des parties à maintenir cette clause, dont l'autorité demande la suppression, et l'instance judiciaire, nécessitée par son refus de consentir la résolution amiable du traité, peuvent entraîner contre elle des dommages-intérêts au profit de l'autre partie, en faveur de laquelle la clause avait été principalement consentie. — *Paris*, 18 nov. 1843 (t. 1er 1844, p. 267), Brossard c. Vignéau.

475. — Dans ce cas, si les tribunaux pensent nécessaire de renvoyer les parties devant la chambre des notaires, ce ne peut être que pour avoir l'avis de cette chambre et non pour lui abandonner la fixation des dommages-intérêts, qu'ils doivent se réserver. — Même arrêt.

476. — Spécialement le cessionnaire d'un office dont la nomination a été empêchée par l'insertion dans le traité d'une clause que l'administration a refusé d'admettre (telle que la réserve d'un privilége au profit du cédant), n'est pas fondé à réclamer contre ce cédant des dommages intérêts à raison du refus qu'il aurait fait de renoncer à la clause mettant obstacle à la nomination. — *Poitiers*, 1er juill. 1841 (t. 1er 1846, p. 165), L... c. R...

477. — La cession d'un office subordonnée à la nomination du cessionnaire, doit être résolue si le gouvernement met à cette nomination des conditions non prévues par le contrat. — *Bordeaux*, 18 juillet 1840 (t. 1er 1841, p. 496), Larenaudie c. Bargues.

478. — Par suite : le tiers porteur de billets à ordre, causés valeur en vente d'office, ne peut poursuivre le souscripteur, si celui-ci n'est pas nommé. — *Paris*, 13 fév. 1837 (t. 1er 1837, p. 223), Bergunion c. Guillon.

479. — Celui qui, par conventions passées uniquement avec le cédant d'un office, s'est d'abord porté caution solidaire pour une partie du prix, et a ensuite payé cette même somme, est fondé à répéter ce qu'il a avancé si le gouvernement refuse d'agréer le cessionnaire. — Il en est ainsi encore bien que dans le contrat de mariage du cessionnaire avec la fille mineure de la caution, il ait été dit que ladite partie du prix de l'office sera acquittée sur les droits paternels échus de la future. Une telle stipulation non acceptée d'ailleurs par le cédant, ne peut équivaloir à une délégation au profit de ce dernier — *Angers*, 24 avril 1844 (t. 2 1844, p. 300), Garnier c. Bouvet.

480. — Le cessionnaire d'un office qui, par sa faute, n'a point été agréé par le gouvernement, ne peut point se soustraire aux obligations du traité sur le motif que la résolution de l'acte sans indemnité avait été stipulée en cas de non-admission pour quelque cause que ce fût. — *Rennes*, 1er fév. 1834, Morel c. du Couédic.

481. — Cependant, en thèse générale, le successeur désigné, dont la présentation n'est pas agréée par le gouvernement, n'est passible d'aucuns dommages-intérêts envers son vendeur. C'est là un cas de force majeure. — Duranton, t. 16, n° 182; Troplong, v° *Vente*, n° 220 ; Bioche, n° 217.

482. — Pour que le fait de l'acquéreur donne ouverture à une action en dommages-intérêts, il faut qu'il soit postérieur au traité ou du moins, s'il est antérieur, qu'il ait été celé au vendeur. — Duranton, t. 16, n° 182; Bioche, n° 221.

483. — Et même aucune indemnité ne serait due, si le vendeur avait négligé de s'éclairer sur la moralité de son successeur et ses antécédens.

484. — Dans une espèce où un officier ministériel avait promis de se démettre de ses fonctions en faveur de son gendre, par un contrat de mariage où il constituait en dot à sa fille une somme représentative du prix de cette démission, le tribunal a condamné le titulaire à payer la totalité de cette somme à son gendre, à défaut par lui d'avoir réalisé sa promesse. La fixation du chiffre de l'indemnité est abandonnée au pouvoir discrétionnaire du juge. — *Cass.*, 4 janv. 1837 (t. 1er 1837, p. 54), Jourdan c. Pailhade. — Rolland de Villargues, v° *Office*, n° 235 ; Bioche, n° 223.

485. — Nul doute encore que le titulaire ne soit aucunement astreint à subir la réduction de prix que le gouvernement impose comme condition de la nomination.

486. — Mais, en ce qui concerne les héritiers ou représentans, il a été décidé que s'il était de bonne justice de laisser au titulaire lui-même l'option, ou de retirer en ce cas sa présentation, et de conserver sa charge, ou de consentir à la réduction du prix par lui stipulé, cette même option serait impossible à l'égard de ses héritiers, parce que, si ces héritiers persistaient dans des intentions jugées exagérées et contraires aux intérêts généraux de la société, il arriverait alors que des populations entières se trouveraient privées des services qui sont l'unique et nécessaire objet des offices. — *Nîmes*, 30 déc. 1841 (t. 1er 1842, p. 219), Geraudy c. Constant.

487. — Toutefois il nous semble que, si l'héritier ou représentant était à même de conserver le titre, et qu'il préférât faire valoir l'office, il y aurait injustice de la part du gouvernement dans une nomination précipitée. L'héritier ou représentant devrait être consulté et mis en demeure d'opter.

488. — Autrefois on n'admettait pas la rescision pour cause de lésion même d'outre-moitié, par la raison que le prix était réputé incertain. — Loyseau, *Des offices*, liv. 8, ch. 2, n° 28 ; Bourjon, *Droit commun*, p. 371.

489. — De nos jours, le prix une fois agréé par le gouvernement, le successeur n'est pas fondé à réclamer une diminution, alléguât-il qu'il a été dans l'erreur sur la valeur vénale de l'office, quand il a eu à sa disposition tous les élémens nécessaires pour s'éclairer à cet égard. Ici, en effet, ce n'est pas sur la substance même de la chose que porterait l'erreur. L'art. 1674 n'est pas non plus applicable à l'espèce, parce que la rescision pour cause de lésion n'appartient qu'au vendeur d'un immeuble. — *Cass.*, 20 juin 1820, Lavalley c. Gainé ; *Paris*, 17 mai 1832, Métayer c. Hue; 14 déc. 1832, Hersant c. Lebouteux. — Troplong, *Vente*, n° 739 ; Duvergier, *eod.*, t. 2, n° 72 ; Duranton, t. 16, n° 472 ; Solon, *Des nullités*, n° 260.

490. — L'acquéreur d'un office de notaire n'est point fondé à demander une diminution de son prix sur le motif que le nombre des actes, le produit de chacun d'eux et celui de l'étude seraient moindres que ceux annoncés par le vendeur, s'il ne s'agit que d'une différence *minime*, et si avant de traiter il a eu en sa possession les répertoires et registres pendant un temps suffisant pour pouvoir s'éclairer. — *Riom*, 19 avr. 1847 (t. 2 1847, p. 606), Jobier c. Berthelot.

491. — ... Ni sur le motif qu'il y aurait eu dol de la part du cédant, en ce que celui-ci, en lui prodiguant toute espèce de prévenances et de politesses, l'aurait empêché de se mettre en rapport avec les personnes qui auraient pu l'éclairer sur la véritable valeur de l'office. — *Bordeaux*, 20 mai 1848 (t. 1er 1849, p. 211), Guillier c. Barrois.

492. — ... Ni sur cette circonstance que le cédant lui aurait remis une note où les produits de l'office aurait été exagérés, alors qu'il a été mis à même de vérifier l'exactitude des élémens fournis en prenant communication de tous les renseignemens qui pouvaient l'éclairer. — Même arrêt.

493. — .. Ni sur cette autre circonstance que le cédant aurait fait figurer dans le chiffre de ses recettes la totalité de quelques-uns de ses honoraires réglés d'après le tarif, bien qu'en réalité il en eût fait la remise d'une partie. — Même arrêt.

494. — L'acquéreur de l'office qui a pris connaissance des registres, répertoires et livres de l'étude ne peut demander une réduction de prix qu'autant qu'il établirait que le vendeur a usé à son égard de dol et de fraude. — *Paris*, 1er mars 1844 (t. 1er 1844, p. 507), Quinton c. Adhémar.

495. — Jugé qu'il y a eu de la part du vendeur dol et fraude, par exemple, si les produits de l'office ont été exagérés, et si les recouvremens sont inférieurs au chiffre porté dans le traité. — *Paris*, 24 février 1845 (t. 1er 1846, p. 412), Pantin c. Poisson.

496. — La disposition de l'art. 1641 C. civ., sur la garantie due par le vendeur à raison des défauts cachés de la chose vendue, étant une disposition générale qui s'applique à toute espèce de vente, est applicable, par conséquent, à la vente d'un office et de la clientèle qui s'y trouve attachée. — *Cass.*, 2 août 1847 (t. 2 1847, p. 601), Gravelle c. Regnard ; *Paris*, 28 janv. 1848 (t. 1er 1848, p. 141), Chenard-Fréville c. Jallon.

497. — Il y a vice caché de cette nature quand, peu de temps après le traité, le vendeur devient l'objet de poursuites, de saisies-arrêts ou de saisies-exécutions, et, de plus, est condamné pour abus de confiance envers ses anciens cliens. En pareil cas, la diminution des produits de l'étude donne lieu à une réduction du prix de la vente. — Même arrêt.

498. — De même le prix de vente d'un office de notaire, fixé d'après les produits indiqués aux répertoires et registres d'étude, a pu être réduit lorsqu'il est démontré que ces répertoires et registres portent notamment certains actes indiqués en double, d'autres actes faits dans l'intérêt du titulaire vendeur à l'aide de prête-noms, des mentions de délivrance d'expéditions qui n'ont été ni faites ni requises, des perceptions d'honoraires non dus ou provenant de causes étrangères à l'exercice du notariat, etc., et, de plus, lorsque des poursuites criminelles dirigées ultérieurement contre l'ancien titulaire ont entraîné une dépréciation de l'office entre les mains du cessionnaire. — *Cass*, 2 août 1847 (t. 2 1847, p. 601), Gravelle c. Regnard.

499. — Jugé encore que l'acquéreur d'un office à qui son vendeur n'a pas fait connaître l'existence de conventions passées avec des tiers, pour l'envoi d'affaires, moyennant un prélèvement ou abandon des bénéfices, a droit à une diminution du prix de l'office. — *Aix*, 26 juillet 1838 (t. 1er 1840, p. 319), Long c. Pissin.

500. — ... Que la vente d'un office de notaire doit être considérée comme entachée de vice rédhibitoire alors que le nombre des actes indiqués comme annuellement reçus a été exagéré à l'aide de procédés inusités, sans qu'il ait été possible d'en faire la vérification sur le répertoire. — *Bourges*, 27 janv. 1843 (t. 1er 1844, p. 470), Duprillot c. Alban.

501. — ... Enfin, que le fait par un notaire d'avoir dénaturé le relevé des produits de son étude en ajoutant frauduleusement des chiffres sur les registres qui ont servi de base à son traité avec son successeur, puis de s'être servi de manœuvres frauduleuses pour empêcher la vérification, et d'avoir ainsi fait croire à des produits beaucoup plus considérables que ceux qui existaient réellement, constitue le délit d'escroquerie prévu par l'art. 405 C. pén. — *Cass.*, 13 août 1842 (t. 2 1842, p. 693), Gesarel. — V. ESCROQUERIE.

502. — On doit considérer comme vices cachés et comme donnant lieu à une diminution de prix l'état de déconfiture dans lequel le vendeur se serait, à l'insu du public, trouvé au moment de la vente, les abus de confiance dont il aurait pu se rendre coupable envers les cliens, et qui auraient eu pour effet de diminuer la clientèle de l'étude, ainsi, également, que la circonstance que par suite de la fuite du vendeur, et de l'apposition des scellés sur les dossiers de l'étude, le successeur se serait vu dans l'impossibilité de suivre les affaires commencées. — *Caen*, 22 juill. 1837 (t. 2 1838, p. 325), Dalleroy c. Delavande.

503. — De ce que, au moment où le successeur a poursuivi sa nomination en remplacement du vendeur, les vices cachés de l'office cédé auraient été connus en partie il résulte bien de la part de ce successeur une renonciation à la résiliation de la vente, mais non une renonciation à une demande en diminution de prix. — Même arrêt.

504. — ...Et la déclaration ou l'aveu fait par un acheteur, qu'il ne doit plus qu'une certaine somme sur son prix, ne peut être regardé comme un commencement de preuve par écrit suffisant pour faire admettre la preuve par témoins, que l'acheteur a renoncé à demander une diminution sur le prix pour vice de la chose vendue. — Même arrêt.

505. — Mais le cessionnaire d'un office n'est pas fondé à demander une indemnité pour cause de diminution des produits de cet office depuis l'époque du traité jusqu'à celle de sa nomination, lorsque cette diminution peut lui être imputée en ce que, nonobstant l'état de maladie du cédant, qui ne permettait pas à celui-ci de conserver la clientèle de l'office, ce cessionnaire a négligé de poursuivre sa nomination. — *Rouen*, 7 juillet 1846 (t. 1er 1847, p. 327), Hesme c. Mathias.

506. — La suspension du titulaire faisant également un préjudice au successeur, une indemnité peut être allouée à ce dernier.

507. — L'acquéreur d'un office n'est pas dispensé d'en payer le prix, par cela seul que l'office a été ultérieurement supprimé ; mais le vendeur et ses ayans cause ne peuvent en exiger le paiement avant que la liquidation de l'indemnité qui peut être due au titulaire ait été faite par le gouvernement : cette décision a lieu, même à l'égard des offices vendus en Piémont avant que ce pays eût été réuni à la France. — *Turin*, 11 fév. 1811, Durandi c. Mollo.

508. — Lorsque, peu de jours après la vente d'une étude de notaire, le vendeur a disparu, et a été déclaré en état de faillite ; l'acquéreur, qui, par suite de ces événemens, n'a point été mis en possession des minutes de l'étude, peut se refuser à exécuter le traité, sans être passible de dommages-intérêts pour indemniser les créanciers de la dépréciation de l'étude. — *Paris*, 26 déc. 1832, Bernard c. Chauvot.

509. — Le traité est-il résilié par la mort du titulaire arrivée avant la nomination du candidat? Oui, dit M. Bioche, car c'est une obligation personnelle qui ne peut passer à ses héritiers. —

Cependant on peut dire que pour les héritiers, et à la différence de leur auteur, il ne s'agit pas d'une obligation de faire, mais bien d'une obligation de donner.

510. — Les offices n'étant point dans le commerce, leur cession n'en confère point la propriété au nouveau titulaire tant que l'ordonnance de nomination n'est pas intervenue. En conséquence, il y a nullité d'ordre public dans la vente que le cessionnaire non élu se permet de faire de la charge; et il doit restituer les sommes qu'il a reçues sur le prix, en principal et intérêt. — *Angers*, 9 juill. 1846 (t 2. 1848, p. 342), Després c. Dufresnoi.

511. — La cession d'un office étant essentiellement subordonnée à la nomination du successeur, que le gouvernement est libre de faire ou de ne pas faire, c'est dès lors un contrat sous condition suspensive qui, au cas de défaillance de la condition sans la faute d'aucune des parties, n'engendre d'obligation pour personne. — *Colmar*, 22 juin 1848 (t. 2 1848, p. 30), Kuhlmann c. Commerson.

512. — Par conséquent, le cessionnaire d'un office peut être considéré comme déchargé de son engagement par la survenance d'un événement grave (la révolution du 24 février) avant que la cession ait été exécutée, au moyen de sa nomination, et par la demande, de la part de la chancellerie, d'une ratification du traité primitif. — Même arrêt.

513. — La révolution de février a constitué un événement de force majeure, par suite duquel le cessionnaire d'un office, dont la nomination n'avait point encore eu lieu, a eu, en vertu de l'art. 1182 C. civ., la faculté de se désister de son engagement en raison non-seulement de la dépréciation survenue dans la valeur des offices, mais encore d'une altération dans leur titre et d'une détérioration réelle et profonde dans les conditions mêmes de leur existence qui, avant février, était certaine, reconnue et protégée, tandis qu'à l'avenir elle était livrée à des chances d'abolition possible, ou tout au moins soumise à des réserves inquiétantes. — *Paris*, 2 févr. 1849 (t. 1ᵉʳ 1849, p. 220), Peaucellier c. Delorme.

514. — D'ailleurs, la demande faite aux parties par le ministre de la justice du gouvernement provisoire, d'un consentement nouveau et réitéré, a eu pour résultat de faire défaillir la condition sous laquelle la convention avait été faite. — Même arrêt.

515. — Jugé au contraire que le cessionnaire d'un office qui avait contracté avant la révolution de février, et dont la nomination n'avait pas encore eu lieu à cette époque, n'est pas délié de son engagement par suite de cette révolution, on ne saurait voir la *détérioration* prévue par l'art. 1182 C. civ. dans la dépréciation de la valeur de l'office résultant d'un événement politique. — *Lyon*, 30 mars 1849 (t. 2 1849, p. 108), Mazeirat c. Demoustier.

516. — Quand la cession est intervenue au profit d'un individu qui n'a pas l'âge requis pour être nommé, il faut attendre qu'il ait atteint cet âge. La cession n'est donc pas nulle, comme ayant pour objet une chose impossible. — *Besançon*, 25 mars 1828, Bugnottet c. Penard. — V. aussi *Rennes*, 1ᵉʳ (et non 3) févr. 1834, Morel c. Ducouédic. — Bataillard, p. 147; Rolland de Villargues, nᵒ 128; Bioche, nᵒ 211.

517. — Toutefois, il convient d'entendre cette solution en ce sens qu'un trop long délai ne reste pas à courir.

518. — On a vu (*suprà* nᵒ 208) que la démission du titulaire ne pouvait être donnée sous la condition que le titre serait résigné plus tard au profit de telle ou telle personne; et que l'*intérimaire* ou confidentiaire qui manquerait à sa parole, en ne proposant pas à l'époque indiquée le tiers à l'agrément du gouvernement, était passible de dommages-intérêts, sauf toutefois qu'on peut l'obliger à donner sa démission.

519. — Lorsqu'un notaire a donné sa démission au profit d'un individu, à la charge par ce dernier de se démettre lui-même de ses fonctions après un certain nombre d'années, en faveur d'un tiers, le terme n'est pas tellement de rigueur que ce dernier ne puisse plus, après qu'il est expiré, réclamer l'exécution du traité, si d'ailleurs il est constant que ce tiers n'a pas été capable plus tôt de succéder à l'office. — *Colmar*, 3 janv. 1826, Laurent c. Bangratz.

520. — Rolland de Villargues (nᵒ 131) estime, d'un autre côté, que l'*intérimaire* ou *confidentiaire* n'est pas recevable à conclure à des dommages-intérêts lorsqu'on n'exécute pas à son égard les conditions du traité secret.

521. — Mais il a été jugé que lorsqu'un ancien notaire a consenti à gérer une étude par intérim jusqu'à ce que le propriétaire de l'office ait atteint l'âge requis par les lois, les dommages-intérêts auxquels il a droit doivent être proportionnés non-seulement aux frais de déplacement, mais encore aux bénéfices dont il a été privé. — *Agen*, 21 mai 1836, Rigaud c. Lacaze.

522. — Par dérogation aux règles ordinaires en matière de donation, dérogation fondée sur le caractère particulier qui attache à la propriété des offices l'investiture du gouvernement, le donataire d'un office ne peut en être dépouillé lorsqu'il en a été investi par le gouvernement, bien que la résolution de la donation soit judiciairement prononcée pour cause d'inexécution des conditions. Il n'est passible que de dommages-intérêts, sauf au donataire à délaisser l'office s'il le juge convenable. — Dard, p. 370.

523. — Il faut en dire autant 1ᵒ du cas où la résolution de la donation est prononcée pour cause d'ingratitude. — Le jugement doit donner le choix au donataire ou de remettre sa démission au donataire, ou de lui payer telle somme à titre d'indemnité.

524. —... 2ᵒ Du cas où elle est prononcée pour cause de survenance d'enfant. — Remarquons que si le donataire préfère conserver l'office, on doit en estimer la valeur, non pas à l'époque de la donation, mais bien à celle de la naissance de l'enfant opérant la révocation. — Dard, p. 374.

525. — Même solution si ce sont des créanciers du donateur antérieurs à la donation, qui attaquent la libéralité sur le fondement qu'il n'est permis de donner *nisi ære alieno deducto*. — Dard, p. 376.

526. — De même le défaut de paiement du prix de l'office ou de l'exécution des conditions de la cession faite à titre onéreux, ne permet pas de dépouiller le titulaire de son office.

ART. 7. — *Privilége du vendeur.*

527. — L'officier ministériel démissionnaire a un privilége sur le prix de la revente faite par son cessionnaire.

528. — Cette solution est fondée sur l'équité. Ne serait-il pas souverainement injuste, en effet, que le vendeur d'un office ne jouît pas des mêmes droits que le vendeur d'un meuble ou d'un objet mobilier? On objecte 1ᵒ que la cession d'un office est un contrat innommé, et non pas une vente. Mais c'est là une erreur : il y a toujours vente la où se rencontrent ces trois conditions : *res, pretium, consensus*. — 2ᵒ Que l'art. 2102 n'accorde de privilége au vendeur d'objets mobiliers non payés, qu'autant que l'acquéreur les détient encore, et que cette condition de la possession ne peut exister en matière de privilége d'office, puisque l'office étant de sa nature insaisissable, l'exercice du privilége ne commence qu'au moment où la possession de l'acquéreur, cette condition *sine quâ non*, s'est évanouie. Mais est-ce que la somme due par le nouveau titulaire n'est pas la représentation de la chose vendue?

529. — La jurisprudence est unanime sur ce point. — *Orléans*, 12 mai 1829 (sous *Cass.*, 16 fév. 1831), Bernardeau c. Vordey; *Lyon*, 9 fév. 1830, Crouzat c. Fouzols; *Cass.*, 16 fév. 1831, Bernardeau c. Vordey; *Paris*, 11 déc. 1834, Picou c. Fontaine; 8 juin 1836, Rivière c. Péan Saint-Gilles; *Colmar*, 12 mars 1838 (t. 1ᵉʳ 1839, p. 154), Martha c. Eichinger; *Caen*, 24 juin 1839 (t. 2 1841, p. 297), Beaumont c. Pierre; *Toulouse*, 22 fév. 1840 (t. 1ᵉʳ 1840, p. 410), Lacombe c. Clarène; *Paris*, 1ᵉʳ déc. 1840 (t. 2 1840, p. 680), Deffaux c. Creveux. — Bioche, nᵒ 274; Troplong, *Priviléges et hypothèques*, nᵒ 187. — V. le rapport de M. Sapey à la Chambre des députés le 18 sept. 1830.

530. — Il a même été jugé qu'une charge d'agréé et une agence d'affaires, étant dans le commerce, et, par conséquent, susceptibles de transmission par vente, leur cession emportait privilége au profit du vendeur. — *Rouen*, 25 juill. 1846 (t. 2 1846, p. 591), Sallambier.

531. — Jugé également, que bien que le titre d'agréé au tribunal de commerce ne constitue pas un office dont la loi reconnaisse la transmission, cependant la vente qu'un agréé fait de sa pratique ou clientèle emporte à son profit, conformément à l'art. 2102, nᵒ 4 C. civ., un privilége sur le prix de revente. — *Cass.*, 13 déc. 1847 (t. 1ᵉʳ 1848, p. 78), Dieutre c. Sallambier.

532. — Cependant les agréés n'ont pas de caractère officiel, et ne sauraient être assimilés aux officiers ministériels. — *Bourges*, 11 mai 1839, t. 1ᵉʳ 1844, p. 478), Detouche c. Sarde. — V. au surplus AGRÉÉ, nᵒˢ 12 et suiv. — Il semblerait donc qu'on ne pourrait invoquer en leur faveur la disposition tout exceptionnelle de l'art 91 de la loi du 28 avr. 1816. — A plus forte raison en doit-il être de même à l'égard des agens d'affaires. — V. AGENT D'AFFAIRES, nᵒ 36.

533. — Jugé donc que l'officier ministériel démissionnaire a privilége sur le prix de la revente faite par le titulaire son successeur. — *Colmar*, 27 janv. 1834, Deck; *Paris*, 12 mai 1835, Michau c. Libon; *Orléans*, 31 janv. 1846 (t. 2 1847, p. 49), Beaugé c. Belluot.

534. — ... Surtout si avant la signification du transport, le vendeur avait formé opposition à la transmission de l'office. — *Paris*, 12 mai 1835, Michau c. Lebon.

535. — ... Et le premier vendeur peut faire signifier son opposition avant le délai fixé pour le payement de sa créance. — *Paris*, 1ᵉʳ déc. 1840 (t. 2 1840, p. 680), Deffaux c. Creveux. — V. aussi *Paris*, 1 juin 1836, Rivière c. Péan Saint-Gilles.

536. — Jugé également que le vendeur d'un office conserve son privilége, même sur le prix des reventes successives de la charge, lorsque ces ventes se sont opérées sans son consentement, malgré une condition prohibitive de son contrat, et si de plus il a fait tout ce qu'il pouvait faire pour la conservation de ses droits. — *Paris*, 23 mai 1838 (t. 2 1838, p. 89), Leroux c. Guingand.

537. — Il peut même exercer ce privilége sur l'indemnité accordée aux créanciers du cessionnaire destitué. — *Orléans*, 31 janv. 1846 (t. 2 1847, p. 29), Beaugé c. Belluot.

538. — Jugé, toutefois, que le vendeur d'un office ministériel n'a de privilége que sur le prix de la cession qu'en a faite son successeur immédiat; et qu'il n'en a aucun sur le prix de la revente faite par l'un de ses successeurs médiats. — *Orléans*, 3 juill. 1847 (t. 2 1847, p. 495), Guerche c. Boucard.

539. — Ont droit à ce privilége non-seulement le vendeur, mais les personnes que le vendeur a subrogées en son nom et place.

540. — Spécialement, lorsqu'un office a été vendu au mari et à la femme qui se sont solidairement obligés au paiement du prix, la femme qui de ses deniers a payé ce prix est subrogée aux droits du vendeur; dès lors, elle a droit d'être colloquée par privilége sur le prix de revente de l'office. — *Bordeaux*, 20 mars 1840 (t. 2 1841, p. 298), Dumergue c. Lebègue. — V. aussi *Paris*, 3 juin 1845 (t. 2 1845, p. 770), Lehon c. Declercy.

541. — Le privilége s'étend aussi bien au prix de la clientèle qu'au prix du titre, lors même que le prix de la revente a été fractionné dans le traité, et appliqué partie au titre, partie à la clientèle. — *Paris*, 8 juin 1836, Rivière c. Péan Saint-Gilles.

542. — Vainement on oppose, dit M. Bioche (nᵒ 277), que les élémens dont se compose la clientèle attachée à un office sont, par leur nature, essentiellement variables, de telle sorte qu'il n'est pas certain que le cessionnaire transmette à son successeur les mêmes rapports avec les mêmes cliens que ceux qui lui ont été transmis à lui-même par son prédécesseur. — Ce qui fait l'objet de la cession de la clientèle attachée à l'office, c'est cette garantie plus ou moins certaine que le passé donne pour l'avenir. Bien que la clientèle puisse s'améliorer ou dépérir entre les mains du successeur, néanmoins celui-ci cède sa charge et sa clientèle à un nouveau titulaire, et lui transmet aussi, sous ce rapport, les avantages que la gestion de son prédécesseur lui a procurés à lui-même.

543. — Mais le privilége ne s'étend pas au prix des recouvremens, surtout lorsque la vente des recouvremens, soumise à des conditions particulières, était distincte de celle de l'office. — *Paris*, 8 juin 1836, Rivière c. Péan Saint-Gilles; 23 mai 1838 (t. 2 1838, p. 89), Leroux c. Guingand.

544. — Si, au contraire, les recouvremens avaient été confondus avec l'office, le privilége n'aurait pas dû subir la moindre diminution. — Bioche, nᵒ 279.

545. — En supposant que les recouvremens aient été cédés pour un prix distinct, le privilége ne pourrait s'exercer que dans un seul cas : savoir si à leur tour ces mêmes recouvremens se trouvaient compris dans la revente pour un prix distinct.

546. — La somme affectée dans la revente au privilége du vendeur se compose : 1ᵒ du prix du titre nu; 2ᵒ du prix de la clientèle; 3ᵒ du prix des recouvremens, si ce sont précisément les mêmes que ceux qui avaient été cédés, originairement, comme on vient de le voir.

547. — Si les recouvremens cédés pour un prix distinct, lors de la revente, sont dus à l'occasion d'actes du ministère du second vendeur, il est évident que le privilége du premier vendeur ne s'exercera pas sur ce prix. — *Paris*, 8 juin 1836, Rivière c. Péan Saint-Gilles.

548. — Le prix de la charge d'un agent de change, spécialement, n'est pas affecté non plus par privilége au remboursement des parties qui ont fourni à l'officier ministériel les fonds de son cautionnement, quand ce cautionnement vient à être épuisé par les faits de charge. — *Cass.*, 30 mars 1831, Cuoq c. Roger. — Bioche, n° 294.

549. — Le bailleur de fonds n'a qu'un privilége de second ordre sur le cautionnement même. — V. CAUTIONNEMENT (fonctionnaires, etc.)

550. — On a vu (*suprà* n° 64) que le titulaire destitué n'a pas le droit de présenter un successeur et de traiter de son office ; mais que souvent le gouvernement impose à l'individu pourvu de l'emploi vacant l'obligation de payer à l'ancien titulaire ou à ses créanciers ou ayans droit une somme quelconque.

551. — Le vendeur de l'office a-t-il un privilége sur cette somme ? — Pour la négative, on dit : Il ne s'agit plus d'un prix mais d'une libéralité qui n'est pas la conséquence nécessaire de la nomination, puisque la destitution a éteint le droit de présentation. — En n'attribuant pas enfin à telle personne le montant de cette indemnité, le gouvernement a assez manifesté que son intention était que tous les créanciers fussent admis indistinctement au partage. — Confér. des avocats de Paris, 10 janv. 1835.

552. — Pour l'affirmative, on répond que l'indemnité imposée au nouveau titulaire n'est que la représentation du prix de l'office. — A quel titre, sans cela, le gouvernement exigerait-il qu'elle fût payée ? Le nouveau titulaire ne profite-t-il pas de la considération que le prédécesseur médiat avait attachée à l'office ? — Bioche, n° 285.

553. — On peut se demander, en outre, si, en prescrivant que la somme à payer par le nouveau titulaire *sera distribuée à qui de droit*, l'ordonnance d'institution n'indique pas par là que le gouvernement entend respecter le rang et les droits des créanciers tels qu'ils étaient avant la destitution et, en un mot, faire de l'indemnité, sous le rapport de la distribution, l'équivalent absolu du prix de vente sur lequel les créanciers avaient le droit de compter.

554. — La jurisprudence des Cours d'appel est divisée dans le sens du privilége en faveur du vendeur. — *Paris*, 11 déc. 1834, Picou c. Fontaine ; *Lyon*, 1er mars 1838 (t. 2 1838, p. 395), C... c. R... ; *Bordeaux*, 2 déc. 1842 (t. 2 1843, p. 332), Boursier c. Jacquet ; *Paris*, 3 juin 1845, p. 770, Lehon c. Declercq ; *Orléans*, 31 janv. 1846 (t. 2 1847, p. 29), Bauzé c. Belluot. — *Contrà*, *Rouen*, 29 déc. 1847 (t. 1er 1848, p. 1), Lehon c. Declercq.

555. — Quant à la Cour de cassation, sa jurisprudence est que le privilége du vendeur ne peut s'exercer, après la destitution de l'acquéreur, sur la somme que le gouvernement oblige le nouveau titulaire de verser à la caisse des consignations pour être distribuée à qui de droit, ou de payer, à titre de dédommagement, aux créanciers et autres ayans droit de l'officier ministériel privé de son office. — *Cass.*, 7 juill. 1847 (t. 2 1847, p. 22), Lehon c. Declercq ; 13 fév. 1849 (t. 1er 1849, p. 330), Lavallée c. Allard de Grandmaison.

556. — Par suite, le vendeur qui a cédé une partie de son prix, avec subrogation dans son privilége au profit de son cessionnaire, ne saurait être actionné en garantie par ce dernier à raison de la perte du privilége, le fait de la destitution constituant alors, à l'égard du cédant et du cessionnaire, un véritable cas de force majeure. — *Cass.*, 13 févr. 1849 (t. 1er 1849, p. 330), mêmes parties.

557. — Par application de ce principe, que l'indemnité dont le paiement est imposé par le gouvernement à un officier ministériel nommé en remplacement d'un titulaire destitué, est la représentation du prix de l'office, il a été décidé que les créanciers du titulaire étaient valablement saisis par la signification de leurs titres, bien que la somme fût déposée à la caisse des dépôts et consignations, mais que leur opposition n'arrêtant les sommes que jusqu'à concurrence des causes de la saisie-arrêt, le transport fait par le saisi, de ce qui excède les causes de l'opposition, est valable, et le nouveau cessionnaire est saisi du montant de son transport du jour de la signification au tiers saisi. — *Paris*, 26 juill. 1843 (t. 2 1843, p. 336), Cochet c. Chenet.

558. — Jugé encore 1° Que la faillite de l'officier ministériel n'empêche pas l'exercice de ce privilége s'il prend sa source dans des actes antérieurs à la loi de 1838 sur les faillites. — *Paris*, 3 juin 1845 (t. 1er 1845, p. 770), Lehon c. Declercq.

559. — Nous avons dit au surplus (v° FAILLITE, n° 2097) que l'art. 550 C. comm., qui ne permettait pas au vendeur d'effets mobiliers non payés de les revendiquer, et ne lui accordait pas de privilége, ne s'appliquait pas aux ventes d'offices. Nous persistons dans cette solution. En effet, l'art. 550 C. comm. a eu pour but de prévenir la fraude, la collusion entre deux commerçans. C'est là une disposition toute dans l'intérêt du commerce. Mais la vente d'un office n'est pas un acte de commerce. Elle est d'ailleurs constatée par un acte authentique soumis à l'approbation de l'autorité, et il est à la connaissance du public que le prix de la cession n'est jamais payé comptant. D'un autre côté : le commerçant qui livre sa marchandise doit s'attendre à ce qu'elle devienne le gage des créanciers de l'acheteur, s'il n'en reçoit pas de suite le prix. Cette pensée n'est jamais celle du titulaire qui se démet de ses fonctions. — Renouard, *Des faillites*, t. 2, p. 307 ; Bioche, n° 292.

560. — Jugé, en ce sens, que la faillite de l'acquéreur ne fait point d'obstacle à l'exercice de ce privilége, et on ne peut opposer au vendeur le concordat consenti au failli par les autres créanciers, lorsqu'aucune réclamation ne s'est élevée sur la réserve faite par le vendeur de son privilége. — *Paris*, 23 mai 1838 (t. 2 1838, p. 89), Leroux c. Guingand.

561. — .... Que le vendeur d'une charge de courtier de commerce doit être payé par préférence à tous les créanciers de l'acquéreur failli, sur le prix de la revente de cette charge. — *Paris*, 6 août 1824, Besson c. Tartairon.

562. — Jugé, au contraire, que le vendeur d'une charge de courtier de commerce est déchu de son privilége par la survenance de la faillite du titulaire. — *Paris*, 16 janv. 1843 (t. 1er 1843, p. 198), Jarre c. Blanchard.

563. — ... 2° Et que la caution qui a payé une partie du prix de l'office est subrogée aux droits et priviléges du vendeur. — *Paris*, 3 juin 1845 (t. 1er 1845, p. 770), Lehon c. Declercq.

564. — Lorsque, dans une cession d'office, un tiers a payé une partie du prix pour le compte du cessionnaire, et a été subrogé dans le privilége du vendeur jusqu'à concurrence de la somme payée, cette garantie doit recevoir son effet de la part du cédant après que le cessionnaire est tombé en déconfiture, lors même que le traité produit au gouvernement serait entaché de simulation quant au prix réel de l'office, la preuve de cette simulation ne pouvant être offerte par aucune des parties contractantes, ni faite par témoins hors les cas prévus par les art. 1347 et 1348 C. civ. — *Rennes*, 21 juill. 1847 (t. 2 1847, p. 395), Allard de Grandmaison c. Lavallée.

565. — L'art. 2102 C. civ. exigeant que la chose vendue soit encore en la possession de l'acheteur lorsque la vente a été faite à terme, on s'est demandé si le vendeur conservait son privilége lorsqu'il avait accordé des délais à son acquéreur. Mais, comme juge un arrêt (*Paris*, 1er déc. 1840 (t. 2 1840, p. 680), Deffaux c. Creveux), le privilége se trouve irrévocablement fixé sur le prix de l'office revendu par l'effet de l'investiture du nouveau titulaire, car, à partir de cette époque, la charge n'étant plus entre les mains du débiteur, est représentée par le prix lui-même tant qu'il n'est pas sorti des mains de l'officier ministériel nouvellement investi. — Bioche, n° 292.

566. — Le privilége disparaît au cas où le vendeur fait novation. Mais dans quel cas y a-t-il novation ? — V. NOVATION.

567. — Le fait, par le vendeur d'un office, d'avoir accepté du cessionnaire une obligation hypothécaire causée pour prêt, n'emporte pas novation à sa créance privilégiée. — *Orléans*, 31 janv. 1846 (t. 2 1847, p. 29), Baugé c. Belluot.

568. — Tout paiement s'impute sur la dette privilégiée, à moins de stipulation contraire.

569. — Le privilége du vendeur est assuré par la signification d'une opposition faite avant la signification du transport consenti à son détriment — *Paris*, 12 mai 1835, Michau c. Lebon.

570. — L'inexigibilité de la créance du vendeur ne met pas obstacle à ce que celui-ci ne fasse des actes conservatoires. — *Paris*, 8 janv. 1836, Rivière c. Péan Saint-Gilles ; 1er déc. 1840 (t. 1er 1840, p. 680), Deffaux c. Creveux.

571. — C'est naturellement entre les mains du successeur, ne fût-il que successeur désigné, que la saisie-arrêt doit être signifiée.

572. — Néanmoins, elle peut l'être non moins valablement entre les mains du syndic de la chambre de discipline. — Merlin, *Rép.*, v° *Opposition au sceau des provisions d'office* ; Bioche, n° 300.

573. — Sans doute, la chambre n'en doit pas moins délivrer au successeur désigné le certificat de moralité et de capacité indispensable pour sa nomination ; mais la chambre se trouve par là autorisée à exiger du successeur l'engagement de consacrer son prix au remboursement du privilége.

574. — Si la chambre manque à ce devoir, l'administration, avertie de l'existence de l'opposition par la délibération même de la chambre, ou par la production au dossier de la copie, ne consentirait pas à sa nomination avant que des droits aussi respectables que ceux du vendeur aient été sauvegardés. — Déc. min. justice du 9 fév. 1838.

575. — Au besoin même, elle charge le ministère public du soin d'avertir le vendeur, ou les autres parties intéressées, de se mettre en garde et de faire leurs diligences, et elle ne nomme le successeur désigné que lorsque les actes conservatoires ont été signifiés. — Rolland de Villargues, *eod. verbo* n° 431.

ART. 8. — *Tribunaux compétens pour connaître des contestations sur l'exécution des traités.*

576. — Le rôle de l'administration a été défini. C'est un rôle de surveillance : que le candidat présenté soit ou ne soit pas agréé par elle, tout ce qui touche aux intérêts privés des parties ne la concerne pas. Elle n'est donc pas juge des contestations qui viendraient à surgir à l'occasion de la cession.

577. — Ainsi, le traité qui fixe les conditions de la démission appartient au droit civil. — *Cass.*, 13 nov. 1828, Seguin c. Boisson.

578. — Dès lors, quand une décision ministérielle a refusé l'agrément du gouvernement à la nomination du successeur d'un notaire, en se fondant sur deux traités qui réglaient les intérêts privés des parties, un tribunal peut, sans se mettre en opposition avec cette décision, ordonner que l'un des contrats seulement sera exécuté suivant sa forme et teneur. Les juges, en décidant, dans ce cas, que les deux contrats ne sont pas indivisibles et que le premier peut et doit être exécuté indépendamment du second, font une appréciation d'actes et de fait qui échappe à la censure de la Cour de cassation. — *Cass.*, 28 fév. 1828, Chemot c. Malteste. — V. aussi *Paris*, 14 janv. 1845 (t. 1er 1546, p. 293), Pourret c. Lemarquière.

579. — Mais les tribunaux ne peuvent, sans méconnaître leur compétence et sans excès de pouvoir, se substituer à l'administration et accueillir un prix qu'elle n'eût peut-être pas approuvé s'il eût été stipulé dans l'acte qui lui a été présenté. — *Cass.*, 5 janv. 1846 (t. 1er 1846, p. 300), Lecoq c. Deschets.

580. — Ainsi, ils ne peuvent valider le paiement d'une contre-lettre relative à la transmissin d'un office en faisant eux-mêmes l'évaluation de ses produits et en déclarant que le prix du traité ostensible et de la contre-lettre ne représentait que la valeur de cet office. — Même arrêt.

581. — La demande en réduction du prix d'un office pour prétendue exagération des produits de la part du cédant, ne portant que sur des intérêts et des engagemens privés, rentre dans la compétence des tribunaux civils, qui peuvent en connaître sans empiéter sur les attributions du pouvoir administratif. — *Paris*, 24 fév. 1845 (t. 1er 1846, p. 412), Fantin c. Poisson.

582. — Il en est de même de celle en dommages-intérêts fondée sur le retrait de la démission du titulaire. — V. *suprà* n° 458.

583. — Les tribunaux sont compétens pour décider si des traités secrets doivent être réputés faire fraude à la loi par cela que le prix qui y est porté serait supérieur à celui indiqué dans le traité ostensible, ou qu'ils contiendraient des dispositions qui auraient dû faire rejeter la nomination du cessionnaire. — *Orléans*, 31 janvier 1846 (t. 2 1847, p. 29), Beaugé c. Bellnot.

584. — Ils le sont également pour connaître de la demande formée par les créanciers d'un notaire destitué contre le successeur de celui-ci relativement au recouvrement de l'étude. — *Lyon*, 28 juin 1845 (t. 2 1847, p. 463), Deplace c. Ducruet.

585. — Toutefois il ne faut pas perdre de vue que tant que le gouvernement n'a pas statué sur l'investiture du cessionnaire d'un office, les tribunaux, bien que compétens pour apprécier l'efficacité des conventions intervenues entre les parties, ne peuvent prononcer de condamnation contre ce cessionnaire au profit de son cédant,

— *Lyon*, 30 mars 1849 (t. 2 1849, p. 108), Mazairat c. Demoustier.

586. — Lorsqu'une indemnité est accordée aux créanciers d'un officier ministériel destitué, la distribution est faite judiciairement, et non pas administrativement, entre eux. — Déc. min. 27 juill. 1835.

OFFICE DIVIN.

V. CULTE, JOURS FÉRIÉS.

OFFICIALITÉS.

V. TRIBUNAUX ECCLÉSIASTIQUES.

OFFICIERS DE L'ÉTAT CIVIL.

V. ACTES DE L'ÉTAT CIVIL, FONCTIONNAIRES PUBLICS, MAIRE, MARIAGE.

OFFICIERS DE GENDARMERIE.

V. GENDARMERIE, OFFICIERS DE POLICE AUXILIAIRES, OFFICIERS DE POLICE JUDICIAIRE.

OFFICIERS DE JUSTICE.

On comprend généralement sous cette dénomination les agens chargés d'assurer l'exécution des décisions judiciaires.

OFFICIER MINISTÉRIEL.

1. — On appelle ainsi les personnes pourvues d'un *office* et exerçant une *profession* dont les fonctions forment une dépendance de l'administration de la justice.

2. — La loi est muette sur ce qu'il faut entendre par ce mot. On le trouvebien employé dans les art. 1030 et 1031 du Code de procédure civile, mais c'est seulement pour désigner les avoués et les huissiers. — Or, il est incontestable qu'il y a d'autres officiers ministériels que les avoués et les huissiers.

3. — Carré (*Organ. jud.*, art. 408) attribue ce nom à tout officier que la loi oblige à prêter son ministère aux parties, lorsqu'il en est légalement requis.

4. — Selon Toullier (t. 7, n° 265), « il faut entendre par officiers ministériels les ministres inférieurs de la loi, ceux dont on est forcé d'employer le ministère pour certains cas, dont on ne peuvent le refuser. »

5. — Un officier ministériel, dit Boncenne (*Introd.*, p. 583), est celui qui est nommé par le gouvernement pour prêter son ministère aux magistrats et aux parties. Tels sont les avoués, les greffiers, les notaires, les commissaires-priseurs et les huissiers. »

6. — Ces définitions manquent d'exactitude. — Et d'abord, il est des fonctionnaires qui ne reçoivent leur investiture que de l'autorité publique. Tels sont les greffiers. Or, les greffiers sont membres des cours et tribunaux auxquels ils appartiennent, bien qu'ils n'aient pas la qualité de magistrats (V. GREFFIER, n° 66). — Les greffiers exercent une fonction, les officiers ministériels exercent une profession.

7. — On en compte d'autres qui sont dépositaires d'une partie du pouvoir souverain. Tels sont les notaires. — Ils intitulent en effet leurs actes au nom du pouvoir souverain. Ils forment donc un corps indépendant (V. NOTAIRE). — Cependant, il a été jugé que l'art. 230 du Code de procédure s'applique aux notaires. — *Cass.*, 13 mars 1812, Sisterhem c. Teissen. — V. BLESSURES ET COUPS, n° 245.

8. — D'un autre côté, l'obligation de prêter son ministère aux parties n'est pas le trait caractéristique de l'officier ministériel. — En effet, les juges sont aussi obligés à rendre la justice, et cependant un juge n'est pas un officier ministériel.

9. — Si l'on admet que les officiers ministériels sont ceux dont les fonctions forment une dépendance de l'administration de la justice, on reconnaîtra cette qualité : 1° aux avoués (V. AVOUÉ, n° 405). — Les art. 1030 et 1031 du Code de procédure civile les désignent ainsi, de même que la loi du 27 ventôse an VIII, titre 7, et le décret du 6 juillet 1810, titre 4.

10. — ... 2° Aux huissiers. — Les motifs sont les mêmes. — V. HUISSIER.

11. — 3° Aux commissaires-priseurs dont les attributions sont un démembrement de celles des huissiers. — V. COMMISSAIRE-PRISEUR.

12. — ... 4° Aux gardes du commerce. — V. GARDE DU COMMERCE, n° 11. — Leurs attributions sont aussi un démembrement de celles des huissiers.

13. — ... 5° Aux agens de change. — Il est vrai que les agens de change sont commerçans, mais ce n'est là qu'une nuance. D'une autre part, on ne peut les considérer comme fonctionnaires publics. — V. AGENT DE CHANGE, n°s 73 et suiv.

14. — ... 6° Aux courtiers de commerce. — V. COURTIER, n°s 20, 37 et suiv.

15. — ... 7° Enfin aux avocats à la Cour de cassation. — V. AVOCAT A LA COUR DE CASSATION, n° 42.

16. — Quant aux agréés, non-seulement leur caractère n'a rien de public, mais encore leur ministère n'est pas obligatoire. — Ce sont de simples particuliers, de simples mandataires. — V. AGRÉÉ, n° 42.

17. — Ici on ne parle que de ce qui concerne l'officier ministériel en général ; et il faut se reporter à chacun des mots précédens pour la question de détail, et pour savoir notamment quels sont les droits et prérogatives de chacun d'eux, les devoirs , les conditions requises pour leur nomination. — V. AGENT DE CHANGE, n°s 73 et suiv.

18. — De même, on trouvera v° OFFICE les solutions diverses qui intéressent la transmission des offices ; et v° DISCIPLINE, celles qui intéressent l'action disciplinaire.

19. — Rappelons seulement quelques principes généraux. — Les officiers ministériels sont responsables des fautes qu'ils commettent dans l'exercice de leurs fonctions. — V. ABUS DE CONFIANCE, RESPONSABILITÉ.

20. — Avant d'être installés dans leurs fonctions, ils doivent préalablement justifier de la quittance de leur cautionnement (art. 96 L. 28 avril 1816). — V. CAUTIONNEMENT (fonctionnaires), n°s 80 et suiv.

21. — Le cautionnement est affecté , par premier privilège, à la garantie des condamnations prononcées contre eux pour faits de charge. — V. CAUTIONNEMENT (fonctionnaires, etc.), n°s 21 et suiv., 444 et suiv.

22. — Quand ils changent de fonctions ou seulement de résidence, ils doivent fournir un nouveau cautionnement, sauf à retirer l'ancien après l'accomplissement des formalités voulues par la loi. — L. 25 nivôse an XIII.

23. — L'art. 33 de la loi du 25 ventôse an XI qui veut qu'en cas d'opposition sur le cautionnement d'un notaire, celui-ci demeure suspendu de ses fonctions jusqu'à ce que le cautionnement ait été entièrement rétabli, et soit considéré comme démissionnaire si, dans les six mois, il n'y a pas pourvu, concerne exclusivement le notariat.

24. — C'est une fort grave question que celle de savoir si les officiers ministériels peuvent être révoqués par le gouvernement, et dans quel cas ? — Nous avons discuté cette question (v° AVOCAT, n°s 89 et suiv.), en démontrant combien était monstrueuse la théorie qui permettrait au pouvoir de prononcer une destitution de *place* sans poursuite ni condamnation préalable.

25. — En quittant leurs offices, quelques-uns des officiers ministériels peuvent en conserver le titre purement honoraire ; mais ils doivent y être autorisés par le gouvernement. — V. NOTAIRE, n° 248 et suiv.

26. — Les violences dont un officier ministériel serait victime dans l'exercice de son ministère ou à cette occasion sont punies par l'art. 230 C. pénal. — V. BLESSURES ET COUPS, n° 208. — V. en outre ALGÉRIE, COLONIES, CONSEIL PRIVÉ (COLONIES), CONTRAINTE PAR CORPS, DÉLIT D'AUDIENCE, DOMICILE, FONCTIONNAIRES PUBLICS.

OFFICIERS DE PAIX.

1. — Fonctionnaires spéciaux à la ville de Paris , établis une première fois par la loi des 21-29 sept. 1791, supprimés par l'art. 40 de la loi du 19 vendém. an IV, rapporté depuis sur ce point par la loi du 23 flor. de la même année.

2. — Les officiers de paix sont au nombre de vingt-quatre, suivant la loi des 21-29 sept. 1791, dont la loi du 13 flor. an IV a reproduit la prescription sur ce chef.

3. — L'art. 43 de cette même loi voulait qu'ils fussent nommés par le préfet. Un arrêté des consuls du 12 mess. an VIII, art. 55 et 44, réserva implicitement au gouvernement cette nomination, qu'une ordonnance non insérée au Bulletin des lois), en date du 25 fév. 1822, a attribuée au ministre de l'intérieur.

4. — Bien qu'aucune disposition de loi, décrets et arrêtés ou ordonnances n'assujettisse les officiers de paix au serment, de fait ils remplissent toujours cette formalité.

5. — L'art. 3 de la loi du 13 flor. an IV prescrivait que les officiers de paix eussent comme marque distinctive un petit bâton blanc sur lequel étaient gravés ces mots : *Force à la loi.* Sur la pomme du bâton était un œil, symbole de la surveillance.

6. — Les officiers de paix ne sont point officiers de police judiciaire. — Éloin et Trébuchet, *Dict. de police*, v° *Officier de paix* : « Ils sont chargés, disent ces auteurs, par la loi du 13 flor. an IV d'instruire le préfet de police de tout ce qui se passe dans Paris et d'exécuter ses ordres. Leur surveillance s'étend à toutes les branches de la police administrative ; ils veillent spécialement au maintien de la tranquillité publique ; arrêtent les délinquans et les conduisent devant les commissaires de police. »

9. — Leurs procès-verbaux en matière de contravention ne valent que comme simples rapports. — Mêmes auteurs.

10. — Ils ne peuvent mettre à exécution un mandat d'amener, de perquisition ou d'arrêt, sans l'assistance d'un commissaire de police, qui rédige le procès-verbal. — Mêmes auteurs.

11. — Ces diverses attributions, l'institution elle-même des officiers de paix, ont été l'objet de discussions solennelles, il y a quelque vingt ans, dans une affaire devenue célèbre par le nom et la position des prévenus. La Cour de Paris reconnut alors implicitement (arrêt du 27 mars 1827 , Isambert) et la légalité de l'institution des officiers de paix , et leur droit d'arrestation en cas de flagrant délit : il est néanmoins regrettable que l'arrêt ait laissé indécises certaines questions pleines d'intérêt, qui avaient été franchement abordées tant par les juges de première instance que par les défenseurs des prévenus, et qui se résument dans les quatre points suivants :

12. — 1° L'institution des officiers de paix a-t-elle une existence légale ? — La Cour juge l'affirmative assez explicitement ; mais elle n'appuie sa décision d'aucun raisonnement. M. Collinières (*Traité de la liberté individuelle*, t. 2, p. 468 et suiv.) a longuement combattu l'existence de cette institution. MM. Chauveau et Faustin Hélie (*Théorie du Code pén.*, t. 3, p. 140) penchent pour le même système, parce que le Code d'inst. crim., qui a énuméré avec soin les fonctionnaires auxquels il délègue le soin d'arrêter les citoyens, ne fait aucune mention des officiers de paix. Mais Mangin (*Tr. des procès-verb.*, p. 175, n° 77) répond : « Le Code ne contient aucune disposition dont on puisse induire la suppression de ces agens de l'autorité publique, créés par des lois spéciales et chargés d'une mission spéciale. Dès qu'ils ne sont pas compris dans les officiers de police judiciaire, on doit conclure sans doute qu'ils n'ont cette qualité, mais voilà tout. Leur compétence est limitée à ce qui concerne le maintien de la tranquillité publique. » Nous adoptons entièrement cette opinion.

13. — 2° Les officiers de paix ont-ils le droit d'arrêter sur-le-champ les individus surpris en flagrant délit sur la voie publique ? — L'affirmative résulte également de l'arrêt de la cour de Paris, et ne peut d'ailleurs être sérieusement contestée, soit qu'on considère les officiers de paix comme agens de la force publique, soit que l'on prétende qu'ils sont privés de tout caractère public, car l'art. 106 du C. d'inst. crim. en fait un devoir à chaque citoyen. — V. ARRESTATION, FLAGRANT DÉLIT.

14. — 3° Les officiers de paix peuvent-ils, hors le cas de flagrant délit, arrêter sans mandat les prévenus ? — La négative ne présente pas le plus léger doute. Les fonctionnaires revêtus expressément par le Code d'inst. crim. n'auraient pas eux-mêmes ces droits.

15. — 4° Enfin, les officiers de paix pourraient-ils, hors le cas de flagrant délit, mettre à exécution un mandat de justice délivré par le magistrat compétent ? — Cette question est subordonnée à celle de savoir s'ils ont une existence légale. La solution que nous avons admise à cet égard doit donc nous faire décider l'affirmative. Mais fussent-ils confondus parmi les agens subalternes de la police, les officiers de paix n'en pourraient sans doute concourir à une arrestation pour prêter main-forte à un officier au agent revêtu d'un caractère incontesté; et les violences exercées contre eux devraient être punies des peines portées aux articles 230 et 231 du Code d'inst. crim.: il en serait de même encore alors qu'on les considérerait comme simples citoyens chargés d'un ministère de service public.

V. AGENT DE POLICE.

OFFICIERS DE POLICE.

V. AGENS DE L'AUTORITÉ, AGENS DE POLICE, OFFICIERS DE PAIX.

OFFICIERS DE POLICE AUXILIAIRES.

1. — En principe, la recherche et la poursuite des crimes et délits n'appartient qu'au procureur de la République. C'est dans ce fonctionnaire que se personnifie en quelque sorte le ministère public.

2. — Néanmoins, et pour la plus prompte instruction des affaires criminelles, la loi a admis le concours de certains fonctionnaires qu'elle comprend sous la dénomination générique de : officiers auxiliaires du procureur de la République.

3. — Ces fonctionnaires sont : les juges de paix, les officiers de gendarmerie, les commissaires généraux de police (C. instr. crim., art. 48), les maires et adjoints aux maires, et les commissaires de police (id., art. 50), qui tous figurent en outre au nombre des officiers de police judiciaire. — V. COMMISSAIRE DE POLICE, GENDARMERIE, JUSTICE DE PAIX, MAIRE, OFFICIERS DE POLICE JUDICIAIRE.

4. — Les officiers auxiliaires du procureur de la République reçoivent les dénonciations des crimes ou délits commis dans les lieux où ils exercent leurs fonctions habituelles (C. inst. cr., art. 48), c'est-à-dire les fonctions qui leur sont spécialement affectées d'après leur propre institution; et par conséquent, ils sont compétens à cet égard pour ce qui concerne tout le territoire soumis à leur juridiction. — V. INSTRUCTION CRIMINELLE.

5. — Dans le cas de flagrant délit et de réquisition d'un chef de maison, ils font tous les actes de la compétence du procureur de la République, en se conformant aux règles établies au chapitre des procédures habituelles (C. inst. cr. instr. crim., art. 49). — Alors, ainsi que le disait Treilhard dans l'exposé des motifs, ils ne se bornent pas à donner avis au parquet, ils font agir sur-le-champ. L'apparition de l'officier de police judiciaire peut empêcher quelquefois la consommation entière d'un crime; elle prévient du moins la fuite du coupable et l'enlèvement des pièces de conviction. Tous les actes que pourrait faire le juge de paix dans ce moment, les officiers auxiliaires sont autorisés à le faire. — V. FLAGRANT DÉLIT.

6. — Les officiers de police auxiliaire doivent renvoyer sans délai les dénonciations, procès-verbaux et autres actes faits par eux dans le cas de leur compétence au procureur de la République, qui est tenu d'examiner sans retard les procédures, et de les transmettre au juge d'instruction, avec les réquisitions qu'il juge convenables. — C. instr. crim., art. 53.

7. — Outre les pouvoirs dont la loi leur a expressément conféré l'exercice, les officiers auxiliaires ont obligation à recevoir et sont dans l'obligation d'exécuter les délégations que leur adresse le juge d'instruction (V. INSTRUCTION CRIMINELLE, nos 176 et suiv.) ou le ministère public (V. FLAGRANT DÉLIT, nos 91 et suiv.). — V. aussi COMMISSION ROGATOIRE.

8. — Dans le cas de dénonciation de crimes autres que ceux qu'ils sont directement chargés de constater, les officiers de police auxiliaires doivent transmettre sans délai au procureur de la République les dénonciations qui leur ont été faites. — C. inst. cr., 54.

9. — Quant aux attributions des divers officiers auxiliaires du procureur de la République, comme officiers de police judiciaire, V. OFFICIERS DE POLICE JUDICIAIRE.

OFFICIERS DE POLICE JUDICIAIRE.

§ 1er. — Fonctionnaires chargés des attributions d'officiers de police judiciaire (no 1).

§ 2. — Préfets (no 17).

§ 3. — Attribution à certains fonctionnaires des fonctions d'officier de police judiciaire (no 29).

§ 4. — Discipline des officiers de police judiciaire (no 53).

———

§ 1er. — Fonctionnaires chargés des attributions d'officiers de police judiciaire.

1. — La police judiciaire, qui a pour objet de rechercher les délits, d'en rassembler les preuves et d'en livrer les auteurs aux tribunaux chargés de la répression, a besoin de manifester son action avec promptitude et énergie. Le moindre retard pourrait faire disparaître le coupable et les traces de son crime. Il faut donc que les agens de la police judiciaire soient répandus partout, et que leur activité ne se ralentisse jamais.

2. — Tel est le but que s'est proposé le législateur, lorsque, par l'art. 9 du Code d'instruction criminelle, il a fait l'énumération des fonctionnaires auxquels il confère le titre et les attributions d'officiers de police judiciaire. Ces fonctionnaires sont indiqués dans l'ordre suivant par l'art. 9 du Code d'instruction criminelle.

3. — Les gardes champêtres et forestiers. Les gardes-champêtres et forestiers des particuliers sont officiers de police judiciaire comme les gardes des communes ou des forêts de l'Etat. — Cass., 16 fév. 1821, Loubet-Capéru. — V. GARDE CHAMPÊTRE, GARDE FORESTIER.

4. — Les commissaires de police. Mais non les agens de police. — Cass., 22 fév. 1809, Lavis et Descroux; 30 mars 1839 (t. 2 1839, p. 293), Rieux. — V. AGENT DE POLICE. — Quid des officiers de paix. — V. OFFICIERS DE PAIX. — V. COMMISSAIRE DE POLICE.

5. — Les maires et adjoints au maire. — V. MAIRE.

6. — Les procureurs de la République et leurs substituts. — V. MINISTÈRE PUBLIC.

7. — Les juges de paix, et bien entendu leurs suppléans. — V. JUSTICE DE PAIX.

8. — Les officiers et simples gendarmes. Mais non les sous-officiers et simples gendarmes, sauf dans les départemens de l'Ouest en ce qui concerne les sous-officiers et brigadiers. — V. GENDARMERIE, nos 132 et suiv.

9. — Les commissaires généraux de police. — V. COMMISSAIRE DE POLICE.

10. — Enfin, les juges d'instruction. — V. JUGE D'INSTRUCTION.

11. — Des divers fonctionnaires qu'indique l'art. 9 du Code d'instruction criminelle, les procureurs de la République et leurs substituts ont seuls, aux termes de la loi (C. instr. crim., art. 22), qualité pour la recherche de tous les crimes, délits et contraventions. — V. INSTRUCTION CRIMINELLE, MINISTÈRE PUBLIC. Les autres ne sont investis des attributions d'officiers de police judiciaire que dans certaines limites que nous avons déterminées sous chacun des mots qui leur sont spécialement affectées. — V. ces mots.

12. — Toutefois ces distinctions, dit M. Massabiau (Manuel du procureur du roi), n'empêchent pas que tous les officiers de police judiciaire, et chacun d'eux en particulier, ne puissent constater toutes les infractions à la loi dont ils ont connaissance, de quelque nature que ce soit; mais leurs procès-verbaux n'ont en justice la force que la loi leur accorde qu'autant qu'ils ont pour objet des matières qui rentrent dans les attributions spéciales du fonctionnaire rédacteur. »

13. — D'un autre côté, il ne faut pas oublier que même pour les crimes ou délits de leur compétence, les officiers de police judiciaire n'ont qualité que dans l'étendue du territoire assigné à leurs fonctions, sauf toutefois en ce qui concerne les juges d'instruction, les membres du ministère public et les juges de paix, au cas de fausse monnaie, de contrefaçon du sceau de l'E-

tat ou de faux effets publics. — C. instr. crim., art. 464. — V. BILLET DE BANQUE, FAUX, FAUSSE MONNAIE.

14. — C'est au procureur de la République de leur ressort que les officiers de police judiciaire sont tenus de transmettre l'avis des crimes ou délits commis dans leur circonscription, en même temps qu'ils lui font parvenir tous les renseignemens, procès-verbaux et actes qui y sont relatifs. — C. instr. crim., art. 29. — V. INSTRUCTION CRIMINELLE, no 464.

15. — Ce devoir est absolu. — « Toutefois, en certaines matières pour lesquelles il est permis de transiger, comme les douanes, les contributions indirectes et les octrois, cet envoi ne peut être fait que sur l'ordre et par les soins du fonctionnaire qui a pu consentir à la transaction, et quand il y a renoncé. » — Massabiau, t. 2, no 1486.

16. — Certains officiers de police judiciaire ont, relativement aux crimes et aux délits, des droits plus étendus; ils agissent dans ce cas comme officiers de police auxiliaires du procureur de la République. — V. ce mot.

§ 2. — Préfets.

17. — En dehors des différens fonctionnaires que nous avons indiqués, l'art. 10 du Code d'instruction criminelle donne « aux préfets des départemens et au préfet de police, à Paris, le droit de faire personnellement, ou requérir les officiers de police judiciaire chacun en ce qui les concerne, de faire tous actes nécessaires à l'effet de constater les crimes, délits et contraventions, et d'en livrer les auteurs aux tribunaux chargés de les punir, conformément à l'art. 8 du même code.

18. — Quoique les préfets soient autorisés à faire des actes tendant à constater les crimes, délits et contraventions, ils ne peuvent cependant être considérés comme officiers de police judiciaire. Le législateur n'a pas voulu les soumettre à la surveillance instituée, par l'art. 279 du Code d'inst. crim., au procureur général sur tous les officiers de police judiciaire de leur ressort. L'orateur du gouvernement s'est prononcé expressément à ce sujet. — Treilhard, séance du conseil d'Etat, 4 oct. 1808. — V. encore Bourguignon, Manuel d'instr. crim., t. 1er, p. 46, no 5, et Jurisp. des Codes crim., t. 1er, p. 83, 1er. — Carnot, Inst. crim., art. 10, no 8; Legraverend, t. 1er, p. 164; Mongis, Procès-verbaux, p. 480, no 279. — V., au surplus, FLAGRANT DÉLIT, no 101.

19. — L'attribution donnée aux préfets des départemens et au préfet de police à Paris est de nouvelle création. On a considéré que ces fonctionnaires avaient pour parvenir à la découverte de la vérité des moyens d'investigation qui manquent aux officiers de l'ordre judiciaire, et on a craint qu'en les obligeant à recourir à ceux-ci on ne fût exposé à compromettre le fruit de leurs découvertes; ils n'interviennent donc que lorsqu'il s'agit de faits que la police administrative a portés à leur connaissance. C'est à raison de ces faits seulement que l'art. 10 leur confère le droit de constater les crimes, délits et contraventions.

20. — Et, dès lors, ils restent étrangers aux dénonciations officielles imposées à tous fonctionnaires, et notamment aux officiers de police judiciaire, qui acquièrent, dans l'exercice de leurs fonctions, la connaissance d'un crime ou d'un délit dont ils sont obligés de prévenir sur-le-champ le procureur de la République, seul compétent, ainsi que le juge d'instruction, pour y donner suite.

21. — Les préfets n'ayant évidemment ni la surveillance ni la direction de l'action publique, à constater les faits qu'ils ont découverts, à renvoyer ensuite les actes de constatation à qui de droit.

22. — Mais alors qu'il existe flagrant délit ou réquisition d'un chef de maison, ils peuvent, en se conformant bien entendu aux règles du Code d'inst. crim., procéder aux premiers actes d'instruction, et leur pouvoir va même jusqu'à décerner des mandats d'amener contre les inculpés. — V. FLAGRANT DÉLIT, sect. 3. — Carnot (p. 453) prétend que cette compétence s'étend à tous les cas.

23. — Sauf, bien entendu, à se retirer dès que la police judiciaire est saisie. Il ne peut, en effet, jamais y avoir de conflit entre le préfet et le procureur de la République ou le juge d'instruction. Le préfet ne peut faire que pour se mettre à leur place; les eût-il devancés sur les lieux, il doit se retirer dès qu'ils se présentent.

24. — Absent, le préfet est suppléé par un conseiller de préfecture investi de ses attributions; présent, il ne pourrait déléguer à ce fonctionnaire aucun des pouvoirs que la loi lui attribue en ces matières.

25. — Mais la délégation faite par le préfet à un officier de police judiciaire serait valable, en tant, bien entendu, que cette délégation s'appliquerait à des actes pour lesquels l'officier de police judiciaire serait compétent.

26. — Et, soit que les actes aient été faits par lui, ou en vertu de délégation, le préfet doit au plus tôt les transmettre au procureur de la République, lequel, ainsi que le juge d'instruction, saisis par ce renvoi, continuent l'instruction de l'affaire, sans être tenus de rendre compte au préfet du résultat de l'instruction, à laquelle désormais il demeure étranger.

27. — Toutefois, si le procureur de la République ou le juge d'instruction ont besoin de nouveaux renseignemens, ils doivent les demander au préfet, en se conformant à l'art. 3 du décret du 4 mai 1812, qui prescrit de demander ces renseignemens par écrit, et les préfets sont tenus de les donner dans la même forme. — Mangin, *Traité des procès-verbaux*, p. 148 et suiv.; Bourguignon, sur l'art. 10, t. 1er, p. 83.

28. — Remarquons que l'initiative des préfets, dans l'instruction criminelle, étant, en principe, facultative, ils ne pourraient être distraits de leurs fonctions administratives par l'effet de commissions rogatoires, qui ne peuvent être envoyées par les procureurs de la République et les juges d'instruction qu'aux officiers de police judiciaire. — V., au surplus, PRÉFET.

§ 3. — *Attribution à certains fonctionnaires des fonctions d'officier de police judiciaire.*

29. — En dehors du Code d'instr. criminelle, des lois spéciales ont donné le droit de constater certains délits et certaines contraventions, qu'elles déterminent, à divers fonctionnaires étrangers par leurs attributions ordinaires, aux fonctions d'officiers de police judiciaire.

30. — Ainsi : les *porteurs de contrainte* ont qualité pour constater les injures qui peuvent leur être adressées, ou les actes de rébellion dont ils peuvent être l'objet. — Arr. 16 therm. an VII, art. 24. — V. CONTRIBUTIONS DIRECTES.

31. Les *employés des contributions indirectes* doivent rechercher les fraudes et contraventions en matière d'impôts indirects. — L. 5 vent. an XII; décr. 1er germ. an XIII, 28 fl. an XIII, 28 av. 1816, 2e partie, titre 7. — V. CONTRIBUTIONS INDIRECTES, BOISSONS.

32. — Les *préposés des douanes* sont chargés de constater les contraventions aux lois concernant les importations, les exportations et la circulation des marchandises. — L. 9 floréal an VII, titre 4; 28 avril 1816, 3e partie, titre 6. — V. DOUANES.

33. — Les *employés des octrois* sont appelés spécialement à relever les fraudes aux droits d'octroi des communes. — L. 7 frim. an VIII. — V. OCTROI.

34. — Les *vérificateurs des poids et mesures* constatent les infractions aux lois et règlemens sur les poids et mesures. — Arr. 7 fruct. an VII, art. 3; 27 prair. an IX. — V. POIDS ET MESURES.

35. — Les *préposés des ponts à bascule* ont qualité en ce qui concerne les contraventions aux lois et règlemens sur le chargement des voitures. — Décr. 13 juin 1806, art. 39; ordonn. 19 juill. 1528, art. 20. — V. ROULAGE, VOITURES PUBLIQUES.

36. — Les *ingénieurs et conducteurs des ponts et chaussées* ont droit quant aux contraventions commises en matière de grande voirie, tant pour les voies de terre que pour les cours d'eau navigables. — L. 29 flor. an X, art. 2. — V. CONDUCTEUR DES PONTS ET CHAUSSÉES, NAVIGATION, PONTS ET CHAUSSÉES, ROUTES, VOIRIE.

37. — Les *piqueurs et cantonniers-chefs des ponts et chaussées* sont, depuis la loi du 25 mars 1842, investis des mêmes pouvoirs que les ingénieurs et conducteurs. — V. CANTONNIERS, no 22; PONTS ET CHAUSSÉES. — Quant aux simples *cantonniers*, il y a controverse; on paraît penser que rien n'est changé à leur égard, et que l'art. 49 du décret du 16 déc. 1811, qui leur est demeuré applicable, ne leur confère que le droit de dénonciation et non celui de constatation. — Cependant M. Duverger (*Man. du juge d'instr.*, t. 1er, no 82) professe une opinion contraire.

38. — Les *agens de la navigation* constatent les contraventions sur les cours d'eau navigables. — L. 29 flor. an X, art. 2. — V. COURS D'EAU, NAVIGATION, VOIRIE.

39. — Les *agens voyers* celles commises sur les chemins vicinaux. — L. 21 mai 1836, art. 11. — Cette compétence ne s'exerce, du reste, qu'en tant que les contraventions ont pour résultat la détérioration de ces chemins : ainsi les agens voyers n'ont pas qualité pour constater l'inobservation des règlemens sur les constructions joignant la voie publique. — *Cass.*, 23 janv. 1841 (t. 1er 1842, p. 273), Jeannois. — V. CHEMINS VICINAUX, VOIRIE.

40. — Les *préposés de l'administration des postes* constatent les infractions aux lois et règlemens sur le transport des lettres et imprimés. — L. 4 juill. 1837, art. 7; ordonn. 17 av. 1829, art. 20, 34, 45. — V. POSTES.

41. — Les *agens et arpenteurs forestiers* sont chargés de la recherche des délits et contraventions commis dans les bois soumis au régime forestier. — Décr. 15 av. 1811, art. 13. — C. forestier, art. 160. — V. FORÊTS.

42. — Les *garde-vente* ont mission spéciale de constater les délits et contraventions commis dans les coupes des bois de l'Etat. — C. forestier, art. 31. — V. FORÊTS, GARDE-VENTE.

43. — Les *maîtres, contre-maîtres et aides contre-maîtres de marine* constatent les délits et contraventions relativement aux bois réservés pour le service de la marine. — Code forestier, art. 134. — V. FORÊTS.

44. — Les *garde-pêche* sont chargés de la recherche des contraventions en matière de pêche fluviale. — L. 15 avr. 1829, art. 37 et 38. — V. GARDE PÊCHE, PÊCHE.

45. — Les *garde-rivières* doivent assurer l'exécution des lois et règlemens sur les eaux. — Ord. 31 juill. 1833. — V. COURS D'EAU, GARDE RIVIÈRE.

46. — Les *gardes-canaux* sont investis de pouvoirs analogues quant aux canaux. — Décr. 22 fév. 1813. — La loi du 15 avr. 1829 (art. 36) leur a encore donné le droit de constater les délits de pêche. — V. CANAUX, GARDE CANAUX.

47. — Les *garde-digues* sont préposés à la garde et conservation des digues établies soit sur les bords de la mer, soit le long des fleuves, rivières ou canaux. — Décr. 16 déc. 1811. — V. DIGUES, GARDE DIGUES.

48. — Les *employés des bureaux de garantie* sont appelés à constater les contraventions aux lois sur le poinçonnage des matières et ouvrages d'or et d'argent. — L. 19 brum. an VI, art. 102. — V. MATIÈRES D'OR ET D'ARGENT.

49. — Les *commissaires du gouvernement près les hôtels des monnaies* doivent rechercher les délits commis dans lesdits hôtels. — L. 21 vendém. an IV, art. 38. — V. MONNAIES.

50. — Les *gardes du génie et des fortifications* sont préposés à la recherche et à la constatation des dégradations, soustractions ou usurpations commises dans les établissemens militaires. — L. 29 mars 1806; ord. 1er août 1821, tit. 2. — V. GARDES DES FORTIFICATIONS.

51. — Les *portiers-concierges des places de guerre* sont chargés des mêmes attributions en ce qui concerne les vols, dégradations ou autres délits commis dans les établissemens militaires appartenant aux communes. — Décr. 16 sept. 1811, tit. 2, art. 15. — V. PLACES DE GUERRE.

52. — Les *membres des commissions sanitaires* exercent les fonctions de la police judiciaire *exclusivement* pour tous les crimes, délits et contraventions commis dans l'enceinte et les portes des lazarets et autres lieux réservés, concurremment avec les officiers ordinaires pour les crimes, délits et contraventions en matière sanitaire, dans les autres parties de leur ressort. — L. 3 mars 1822, art. 17; ord. des 17 avr. 1822, art. 7, et 7 août 1822, art. 72. — V. POLICE SANITAIRE.

§ 4. — *Discipline des officiers de police judiciaire.*

53. — « Tous les officiers de police judiciaire, même les juges d'instruction, sont soumis à la surveillance du procureur général. — Tous ceux qui, d'après l'article 9 du présent Code, sont à raison de fonctions, même administratives, appelés par la loi à faire quelques actes de police judiciaire, sont, *sous ce rapport seulement*, soumis à la même surveillance. » — Cod. instr. crim., art. 279.

54. — « En cas de négligence des officiers de police judiciaire et des juges d'instruction, le procureur général doit les avertir; cet avertissement doit être consigné par lui sur un registre à cet effet. » — C. instr. crim., art. 280.

55. — L'article 280 n'a disposé que pour le cas de négligence : un avertissement alors a paru suffisant au législateur. Ce n'est point une peine. Néanmoins, il constitue un reproche sévère, et laisse après lui des traces, puisqu'il est consigné sur un registre. — Mangin, *Procès-verbaux*, p. 490, no 280.

56. — Le même auteur (*ubi suprà*) fait remarquer que de ce que l'avertissement officiel est destiné à constituer l'officier de police judiciaire en état de récidive, et qu'il doit être consigné, il faut déduire qu'il ne saurait être adressé par observations au fonctionnaire négligent. — Teulet, d'Auvilliers et Sulpicy sur l'art. 280 (no 4).

57. — Toutefois, et avant de recourir à la mesure déjà solennelle de l'avertissement officiel, il est loisible au procureur général de faire telles observations qu'il jugera à propos au fonctionnaire négligent. — Mangin, *ibid.*

58. — La récidive après l'avertissement officiel expose le délinquant à des poursuites plus sévères, dont l'article 281 contient l'indication. « Il y a récidive, porte l'art. 282 C. inst. crim., lorsque le fonctionnaire sera repris, pour quelque affaire que ce soit, avant l'expiration d'une année, à compter du jour de l'avertissement consigné sur le registre. » Ces conditions sont de rigueur.

59. — MM. Teulet, d'Auvilliers et Sulpicy (C. instr. crim., art. 282, no 3) font remarquer que la loi s'est servie d'expressions trop générales, en disposant qu'il y aurait récidive lorsque le fonctionnaire serait repris *pour quelque cause que ce fût*. Il faut nécessairement que le nouveau fait ait la gravité d'une négligence, s'il n'en a pas précisément la nature. L'expérience enseigne, au surplus, qu'il pourrait y avoir lieu à des poursuites plus sérieuses, si le fait avait plus de gravité.

60. — En cas de récidive, le procureur général dénoncera les officiers de police judiciaire à la Cour, sur l'autorisation de laquelle il les fera citer à la chambre du conseil. La Cour leur enjoindra d'être plus exacts à l'avenir, et les condamnera aux frais, tant de la citation que de l'expédition et de la signification de l'arrêt. — C. instr. crim., art. 281.

61. — Le procureur général n'a donc pas le droit de citer directement les officiers de police négligens devant la Cour, il faut que celle-ci lui en donne l'autorisation. Or, la Cour, nonobstant le premier avertissement, dont il ne lui appartient pas de rechercher l'opportunité, peut toujours, appréciant sévèrement la gravité de la faute reprochée, estimer que la négligence du fonctionnaire n'est pas de nature à justifier les poursuites disciplinaires sollicitées. — Mangin, p. 494, no 282; Carnot, art. 281, no 3; Bourguignon, *Man. d'instr. crim.*, t. 1er, p. 376, note *a*.

62. — Mais l'autorisation accordée, est-ce devant les chambres assemblées ou devant la chambre d'accusation seulement que l'officier de police judiciaire doit être cité? Un arrêt déjà ancien de la Cour de cassation a, nonobstant les réclamations de l'inculpé, maintenu la compétence de la chambre d'accusation. — *Cass.*, 12 fév. 1813, Miquel. — Mangin, p. 493, no 281. — Toutefois, MM. Teulet, d'Auvilliers et Sulpicy (aussi *sur* l'art. 281, no 4) embrassent l'opinion contraire, par ce motif que la loi ayant parlé de citation devant la Cour, il semble naturel d'entendre par cette expression *la Cour* les chambres assemblées. — Carnot (art. 281, no 7), après avoir soutenu d'abord cette opinion, s'est rangé depuis à la doctrine de la Cour de cassation.

63. — Quoi qu'il en soit, que l'injonction ait lieu par les chambres assemblées, ou qu'elle émane de la chambre d'accusation, comme il ne s'agit que d'une affaire de simple discipline, l'article 281 veut, avec raison, que la poursuite soit toujours portée à la chambre du conseil. — Bourguignon, t. 1er, p. 376, note *a*; Carnot, art. 281, no 8.

64. — Il est non moins évident que la condamnation aux frais, dont il est parlé au § 3 de l'art. 281, ne peut être prononcée qu'autant que l'injonction a lieu, et non si le fonctionnaire est renvoyé de la poursuite. — Carnot, *ibid.*; Morin, *Discipline des cours et tribunaux*, t. 1er, no 64.

65. — Bourguignon (*Jurispr.*, t. 1er, p. 563) estime qu'avant de recevoir son exécution la décision contenant des injonctions devrait être communiquée au ministre et approuvée par lui avant de recevoir exécution. Mais Mangin (p. 495, no 282) fait remarquer avec raison qu'aux termes de l'art. 56 de la loi du 20 avril 1810, il n'y a lieu à soumettre à la révision du ministre que les décisions portant soit censure avec réprimande, soit suspension provisoire. — Teulet, d'Auvilliers et Sulpicy, *ubi suprà*, no 7.

66. — Aucune disposition de loi n'interdit à l'officier de police réprimandé, et qui n'a point comparu sur la citation, de former opposition à l'arrêt. — Mangin, *Procès-verbaux*, p. 495, no 282.

67. — Mais le recours en cassation n'est pas re-

cevable en cette matière. — *Cass.*, 12 févr. 1813, Maquel. — Carnot, *Instr. crim.*, art. 220, n° 3; Legraverend, t. 2, p. 10; Bourguignon, t. 1er, p. 563.

68. — Les procureurs de la République étant officiers de police judiciaire peuvent être traduits devant la cour d'appel par le procureur général en raison de leurs fonctions. — Carnot, *Instr. crim.*, art. 279, n° 4. — Mais, ainsi que le fait observer Mangin, ce n'est qu'à raison de leur conduite en qualité d'officiers de police judiciaire, c'est-à-dire dans la constatation des crimes et délits flagrans ou réputés tels; car comme officiers du ministère public, ils ne sont nullement sous la discipline des cours et tribunaux. — Teulet, d'Auvilliers et Sulpicy, sur l'art. 280, n° 5. — V., au surplus, DISCIPLINE.

OFFICIERS DE PORT.

1. — Officiers chargés de veiller à tout ce qui concerne la police des quais, ports et havres.

2. Ils ont remplacé ceux qu'on appelait autrefois *maîtres de quai* dans les ports ordinaires, et *capitaines de port* dans les ports royaux. — Ordonn. 1681, liv. 4, tit. 2. — Beaussant, *Code maritime*, t. 1er, p. 602.

3. — Les officiers de port ont été organisés par la loi du 9-23 août 1791, et par le décret modificatif du 10 mars 1807, qui renvoie néanmoins encore à l'ordonnance de 1681.

4. — Il y a : 1° dans les principaux ports maritimes des capitaines et des lieutenans de port, en raison des besoins du service. — Décret 10 mars 1807, art. 2. — 2° Dans les ports, criques et havres d'un ordre inférieur, des maîtres de quai. — Art. 3.

5. — Il faut pour être nommé : 1° capitaine de port, être âgé de 30 ans et avoir 10 ans de navigation effective dont quatre dans la marine de l'Etat. — Art. 4. — 2° Maître de port, être également âgé de 30 ans, avoir 10 ans de navigation effective, et justifier d'un certificat d'aptitude. — Art. 5.

6. — Les capitaines et lieutenans de port sont nommés par le chef du gouvernement (art. 6), et les maîtres de port par le ministre de l'intérieur. — Art. 7.

7. — Leurs fonctions consistent principalement : 1° A entretenir la sûreté et la propreté dans les ports et rades, et à maintenir l'ordre à l'entrée, au départ et dans le mouvement des bâtimens de commerce. — Décr. 10 mars 1807, art. 10.

8. — A cet effet, ils assignent à chaque bâtiment sa place, l'y font amarrer, et surveillent les lestages et délestages des navires. — Art. 11.

9. — ... 2° A veiller à la sûreté de tous les bâtimens flottans, à prescrire les mesures qui peuvent la garantir, et à diriger les secours à porter aux navires naufragés ou en danger. — Art. 12.

10. — ... 3° A faire observer les règlemens concernant les quais, places ou chantiers aboutissant ou attenant aux ports; à veiller à leur conservation ; à dresser des procès-verbaux contre les contrevenans, qu'ils font ensuite poursuivre soit devant les conseils de préfecture, soit devant les tribunaux. — Art. 13, 14 et 15.

11. — ... 4° A maintenir la police parmi les pilotes. — Art. 16.

12. — ... 5° A faire sonder les rivières navigables et à tenir registre des sondes. — Art. 17.

13. — ... 6° A assister au lancement à la mer des bâtiments de commerce, en faisant prendre à cet égard toutes les précautions nécessaires. — Art. 18.

14. — ... 7° A obtempérer aux réquisitions des ingénieurs civils et militaires pour la conservations des ouvrages qui se font dans les ports, ou pour la police des travaux de la mer. — Art. 19.

15. — Ils sont soumis : 1° à l'administration de la marine et placés sous les ordres des préfets maritimes, commandans des ports et commissaires de la marine, pour tout ce qui touche la conservation et la liberté des mouvemens des bâtimens de l'État, l'arrivée, le départ ou le séjour des objets d'approvisionnement ou d'armement destinés à la marine militaire. — Art. 20 et 21 ; ord. 14 juin 1844, art. 9 et 50.

16. — ... 2° A l'administration de l'intérieur, et placés sous les ordres des maires, sous-préfet, et préfets pour toutes leurs autres fonctions. — Décr. 10 mars 1807, art. 20.

OFFICIERS DE SANTÉ.

Table alphabétique.

OFFICIERS DE SANTÉ. — **1.** — On reconnaît deux sortes d'officiers de santé, les *officiers de santé civils* et les *officiers de santé militaires*. — Il ne sera question dans cet article, que des officiers de santé civils, c'est-à-dire de ceux dont l'existence et les conditions d'exercice sont réglées par la loi du 19 vent. an XI. — Quant aux *officiers de santé militaires*, V. ce mot.

2. — Comme on l'a vu (v° MÉDECINE ET CHIRURGIE), la loi du 19 vent. an XI, actuellement en vigueur, reconnaît deux ordres de médecins : les *docteurs* et les *officiers de santé*. Nous avons dit que cette organisation était depuis longtemps l'objet des réclamations du corps médical, et que, lors de la discussion du projet de loi présenté en 1847, la question de savoir s'il y avait lieu de supprimer les officiers de santé pour ne plus reconnaître que des docteurs en médecine, avait été très-vivement agitée dans le sein de la Chambre des pairs, et même résolue affirmativement par cette Chambre. Il ne saurait entrer dans le plan de cet ouvrage de résoudre la question. — Jusqu'à ce que la loi du 19 vent. an XI soit modifiée, elle continue de subsister, et le titre d'officier de santé continue aussi de constituer un titre légal pour exercer la médecine, Nous devons donc passer en revue les dispositions législatives et les monumens de jurisprudence qui concernent cet ordre de praticiens.

3. — Les conditions requises pour obtenir le diplôme d'officier de santé sont moins rigoureuses que celles exigées pour l'obtention du diplôme de docteur. — Ainsi, ceux qui se destinent à devenir officiers de santé ne sont pas obligés d'étudier dans les écoles de médecine. Il suffit, suivant l'art. 15 de la loi du 19 vent. an XI, qu'ils aient été attachés pendant six années comme élèves à des docteurs, ou qu'ils aient suivi pendant cinq années consécutives la pratique des hôpitaux civils ou militaires. Le même article ajoute qu'une étude de trois années consécutives leur tiendra lieu de la résidence de six années chez les docteurs ou de cinq années dans les hospices. Mais aujourd'hui, d'après les ordonn. des 3 oct. 1841 et 10 avril 1842, les trois années consécutives dans les écoles de médecine ne peuvent les dispenser de faire pendant une année le service d'un hôpital.

4. — L'ordonn. du 9 août 1836, qui dispose que nul ne peut être admis à soutenir son premier examen dans une faculté de médecine, sans justifier du diplôme de bachelier ès sciences, relève de cette obligation les élèves qui, en prenant leur cinquième inscription, déclarent n'aspirer qu'au titre d'officier de santé. — V. ENSEIGNEMENT, n° 610.

5. — Pour la réception des officiers de santé, il est formé dans le chef-lieu de chaque département un jury composé de deux docteurs domiciliés dans le département, nommés par le ministre, et présidé par un professeur de la faculté (L. du 19 vent. an XI, art. 16; ordonn. du 30 juill. 1823, art. 16). Un arrêté du 16 juill. 1820 modifié dans quelques-unes de ses dispositions, par une ordonn. du 15 mars 1827, forme de tous les départemens de France, trois arrondissemens (autant que de facultés de médecine) partagés chacun en deux divisions. Dans chaque faculté deux professeurs sont, par ordonnance, nommés présidens des jurys médicaux de cette faculté pour cinq années consécutives, et l'un et l'autre doivent présider alternativement chaque division.

6. — Les jurys médicaux ouvrent une fois par an des examens pour la réception des officiers de santé. Ces examens sont au nombre de trois (anatomie, élémens de la médecine, chirurgie et pharmacie); ils ont lieu en français et en public. — L. du 19 vent. an XI, art. 17).

7. — Dans les départemens où sont situées les écoles de médecine, le jury doit être pris parmi les professeurs de ces écoles, et les réceptions d'officiers de santé être faites dans leur enceinte. — Même loi, art. 18.

8. — Une décision du chef du gouvernement, du 6 mai 1827, soumet les candidats à la production d'un certificat de bonne vie et mœurs, et ordonne la consignation préalable des frais d'examen. Ces frais et leur répartition entre les membres du jury ont été réglés par une circulaire ministérielle du 5 mars 1829. — Trébuchet, *Jurisprudence de la médecine*.

9. — Suivant une ordonnance royale du 25 août 1847, les années d'études ou de stage des aspirans au titre d'officier de santé ne peuvent être comptées qu'à partir du jour où ces jeunes gens ont accompli leur seizième année.

10. — Le jury médical n'a aucune surveillance à exercer sur les officiers de santé, et il n'est institué que pour l'examen ou l'admission des aspirans. En conséquence, le membre du jury médical qui fait au ministère public une dénonciation contre un officier de santé ne peut se soustraire à l'action en dommages-intérêts, en invoquant la protection accordée par la loi aux autorités constituées et aux fonctionnaires publics. — *Paris*, 24 fév. 1807, Anthénac c. Petit.

11. — Les diplômes des officiers de santé sont visés par les doyens des facultés de médecine ou par les recteurs des académies. — Décret 4 juin 1809.

12. — Les formalités prescrites aux médecins et chirurgiens pour l'enregistrement de leur diplôme au greffe du tribunal et à la sous-préfecture (L. 19 vent. an XI, art. 24, 25, 26) sont applicables aux officiers de santé. — V. MÉDECINE ET CHIRURGIE.

13. — A la différence des docteurs en médecine, qui peuvent exercer leur profession dans toutes les communes de France, les officiers de santé ne peuvent s'établir que dans le département où ils auront été examinés par le jury, après s'être fait enregistrer comme il vient d'être dit. — Même loi, art. 29.

14. — L'administration, il faut le dire, use, en ce qui concerne l'exécution de cet art. 29, d'une grande tolérance. C'est ainsi, d'une part, que des officiers de santé ont été autorisés par des préfets à se faire recevoir par le jury médical d'un département autre que celui où ils doivent exercer, ce qui était une première infraction à la loi, qui veut que les officiers de santé ne puissent s'établir que *dans le département où ils ont été examinés*, et non dans le département pour lequel ils ont été examinés. C'est ainsi, d'autre part, et l'infraction était plus directe encore, que des officiers de santé reçus par le jury médical d'un département ont été admis, sans que l'autorité s'en soit émue, et même autorisés (V. l'espèce d'un arrêt du 11 juin 1840 [t. 2 1840, p. 189, Colin]), à exercer dans d'autres départemens.

15. — Mais ces actes de pure tolérance, dont les tribunaux n'ont pas pris sur eux de reconnaître la légalité (V. les motifs précités de l'arrêt du 11 juin 1840), n'ont pas empêché la loi de subsister; et toutes les fois que la jurisprudence a eu à se prononcer à cet égard, elle a proclamé que l'art 29 de la loi de l'an XI, loin d'être tombé en désuétude, est demeuré en vigueur, et que l'obligation qu'il renferme doit être exécutée. — *Cass.*, 28 mars 1838 (t. 1er 1840, p. 351), Lecouffe; *Colmar*, 5 juill. 1838 (t. 2 1838 p. 647), Landrau; *Cass.*, 14 mars 1839 (t. 1er 1843, p. 353), le même; 18 nov. 1841 (t. 1er 1842, p. 46), Lebocq; 16 oct. 1847 (t. 1er 1848, p. 33), Demorest.

16. — Jugé encore que l'individu qui a été reçu officier de santé par des autorités françaises, et dans un pays qui, à cette époque, appartenait à la France, ne peut non plus, lorsque ce pays a cessé de faire partie du territoire, exercer en France la profession d'officier de santé, si, n'ayant pas été naturalisé Français, il n'a obtenu une autorisation à cet effet du gouvernement. — *Cass.*, 18 oct. 1839 (t. 2 1839, p. 479), Vandenbrouck.

17. — On doit donc considérer comme contraire aux vrais principes l'arrêt qui décide que l'art. 29 de la loi du 19 vent. an XI, qui défend aux officiers de santé de se livrer à l'exercice de la médecine *hors du département dans lequel ils ont été reçus*, ne met pas obstacle à ce que celui qui a obtenu du préfet du département dans lequel il est domicilié l'autorisation de subir son examen de réception devant le jury médical d'un autre département revienne, après son admission, s'établir et exercer dans le département de son domicile. — *Bordeaux*, 9 mai 1845 (t. 2 1848, p. 112), Egly.

18. — La Cour de cassation, dans son arrêt du 18 nov. 1841 précité, a même eu à déterminer d'une manière fort précise ce qu'on doit entendre par le mot *s'établir* de l'art. 29. De savans médecins (MM. Olivier d'Angers, Velpeau et Adelon) avaient écrit dans les *Annales de médecine légale* (année 1841) que la prohibition de *s'établir* hors du département où il a été reçu ne s'opposait pas à ce que l'officier de santé *allât* exercer sa profession *partout* où l'appelle la confiance d'un malade, mais seulement à ce qu'il *fixât sa résidence* ailleurs que dans le département où il a été reçu. « On ne saurait, disaient-ils, contester que tout citoyen a le droit de se faire soigner dans ses maladies par le médecin, docteur ou officier de santé qui lui paraît mériter la préférence; or, comment concilier ce droit avec l'inhibition faite à un officier de santé de dépasser telle ou telle circonscription? Du moment où il est mandé, il peut porter ses soins à qui les réclame; seulement il ne peut prendre domicile, il ne peut *établir* résidence hors de son département. Dans l'occasion, ce serait aux tribunaux à apprécier les faits, à voir si un exercice plus ou moins fréquent dans un autre département constitue un établissement en contravention à la loi. » Et la Cour de Paris avait adopté cette interprétation. Mais la Cour de cassation a décidé, *in terminis*, que les officiers de santé sont sans droit et sans qualité pour exercer leur art hors des limites du département, *lors même qu'ils y sont appelés*; que la disposition de l'art. 29 est restrictive, et que le mot *s'établir*, qui y est employé, ne signifie autre chose, dans le sens de la loi, qu'*établir le siége de sa pratique*.

19. — M. Trébuchet (*Jurisp. de la médec.*, p. 429, note), dit qu'il arrive parfois que les officiers de santé viennent à Paris avant l'époque ordinaire de la réunion du jury devant lequel ils doivent subir un nouvel examen. — Ils doivent alors, dit-il, se faire inscrire tant à la préfecture de la Seine que dans les bureaux de la faculté au nombre des personnes qui se proposent de se présenter devant le jury; et si le doyen de la Faculté donne en leur faveur un avis favorable, le préfet les admet *conditionnellement* à l'enregistrement de leur diplôme et ils peuvent alors exercer leur état. Mais, ajoute-t-il, cette tolérance n'est que provisoire et cesse dès que le jury est réuni.

20. — Mais, une fois posé et reconnu que l'art. 29 de la loi de l'an XI contient une prescription qui doit être rigoureusement exécutée, reste la question de savoir quelle peine encourt l'officier de santé qui se soustrait à son application. — La Cour de Bourges, par arrêt du 5 août 1847, avait vu, dans le fait par l'officier de santé d'avoir exercé, en cette qualité, hors de sa circonscription, le délit d'*usurpation du titre d'officier de santé*, ce qui le faisait tomber sous l'application de l'art. 36, § 3, de la loi précitée. La Cour de cassation a sagement proscrit une pareille interprétation. — *Cass.*, 16 oct. 1847 (t. 1er 1848, p. 33), Demorest.

21. — On ne comprend pas, en effet, comment celui à qui le titre d'officier de santé a été réellement conféré à la suite d'épreuves subies pourrait être considéré comme ayant *usurpé* ce titre par cela seul qu'il aurait dépassé les limites territoriales dans lesquelles la loi lui prescrivait de se renfermer. On n'est *usurpateur* qu'autant qu'on se pare d'un titre qu'on n'a pas le droit de porter; or, il est évident que, même là où il n'a pas la liberté d'exercer, l'officier de santé conserve son titre que rien ne peut lui ravir une fois qu'il lui a été conféré. — Serait-il d'ailleurs rationnel d'appliquer à l'officier de santé, c'est-à-dire à celui qui a une capacité médicale reconnue, une peine correctionnelle, par cela seul qu'il exerce hors de son département, tandis que l'art. 35 de la loi de l'an XI ne punit que d'une peine de police le fait de pratiquer sans titre l'art médical?

22. — On lit, il est vrai, dans l'arrêt de cassation précité du 24 mars 1838, que « le diplôme d'officier de santé obtenu dans un département *est nul et sans effet partout ailleurs, et ne dispense pas de subir les examens dans le nouveau département où l'officier de santé veut aller s'établir.* » — Mais la nullité et l'inefficacité du diplôme, en ce qui concerne l'exercice dans tel ou tel département, ne détruit pas le titre qui résulte du diplôme lui-même. C'est en vain également qu'on voudrait argumenter de l'arrêt du 18 oct. 1839, dans l'espèce duquel le prévenu avait été condamné par application de l'art. 36, § 3 (qui prévoit l'usurpation du titre d'officier de santé), bien qu'il eût été reçu officier de santé; car le diplôme dont excipait ce prévenu lui avait été délivré par le jury médical d'un département qui avait cessé de faire partie de la France, en sorte qu'il était devenu, par le fait de sa nationalisation en pays étranger, médecin étranger; que le diplôme qui lui avait été accordé avait perdu son caractère de diplôme français; d'où l'arrêt a pu conclure qu'il usurpait le titre dont il se parait tant qu'il ne justifiait pas d'un diplôme délivré par l'autorité française compétente. — D'ailleurs, il ne faut pas l'oublier, lorsque le législateur, par l'art. 36 de la loi du 29 vent. an XI, a édicté une peine correctionnelle spéciale contre le fait d'avoir exercé illégalement la médecine avec usurpation du titre de docteur ou d'officier de santé, il a eu en vue de prémunir les familles contre l'abus qui pourrait être fait de leur confiance et de leur crédulité; mais peut-on dire de celui qui, étant réellement officier de santé, exerce sous ce titre, hors de sa circonscription, qu'il fait appel à une confiance imméritée, et qu'il se donne abusivement aux yeux du public les apparences d'un savoir qui ne lui appartient pas? Nullement. S'il se présente comme officier de santé, et si cette qualification suppose chez lui une capacité qui inspire confiance, il n'a, en définitive, à se reprocher aucun mensonge, aucun fait de tromperie ou de charlatanisme envers le public, sauf à compter avec la loi qui restreignait rigoureusement sa pratique dans l'enceinte de tel ou tel département.

23. — Le fait par l'officier de santé ne constitue donc qu'une infraction à l'art. 29. de la loi du 29 vent. an XI. — Cet article, il est vrai, ne prononce aucune peine, mais il a nécessairement sa sanction dans l'art. 35, qui prévoit tous les cas d'exercice illégal de la médecine, soit que cette illégalité résulte de l'absence de diplôme, soit qu'elle résulte du défaut d'inscription sur les listes opérée en vertu des art. 25 et 26. — *Cass.*, 7 juill. 1838 et *Colmar*, 24 mars 1838 précités. — La contravention, en pareil cas, est donc passible d'une amende de simple police, ainsi qu'il a été dit pour le cas d'exercice illégal de la médecine. — V. MÉDECINE ET CHIRURGIE.

24. — Jugé que le contrevenant à la prohibition de l'art. 29 rend l'officier de santé passible des peines prononcées contre ceux qui exercent l'art de guérir sans diplôme, certificat ou lettre de réception. — *Cass.*, 14 mars 1839 (t. 1er 1843, p. 353), Landrau. — Laugier et Duruy, *Pandectes pharmaceutiques*, édit. de 1837, p. 270. — V. cependant Morin, *Dictionnaire du droit criminel*, v° *Art de guérir*.

25. — Et c'est à tort, selon nous, que l'arrêt précité du 16 oct. 1847 (V. n° 20), tout en déclarant avec raison, en pareil cas, l'officier de santé passible d'une amende de simple police, a cherché la sanction de l'art. 29 dans l'art. 471 n° 15 C. pén. L'art. 471, en effet, n'a pu être invoqué par la Cour qu'à raison du silence de l'art. 29, et comme application du principe que, dans le silence de la loi sur l'étendue de la peine à infliger à un fait déclaré punissable, il y a lieu de descendre jusqu'à la peine la moindre dans l'échelle pénale, c'est-à-dire jusqu'à la peine de simple police. — Mais il ne faut pas perdre de vue que ce principe n'est admissible qu'autant que la loi elle-même, tout en se taisant sur l'étendue d'une peine, en a cependant décrété l'application; et c'est ainsi notamment que, dans le silence de l'art. 35 de la loi du 19 ventôse an XI. sur l'importance de l'amende pécuniaire dont il rend expressément passibles les infractions qu'il prévoit, plusieurs arrêts se sont prononcés pour l'amende de simple police. — V. MÉDECINE ET CHIRURGIE. — Lorsqu'au contraire le texte qui renferme une prohibition ne contient aucune sanction pénale, même indéterminée, le principe rappelé plus haut reste sans application, aucune peine ne peut être prononcée; et c'est en vain qu'on voudrait invoquer, pour introduire une pénalité, l'art. 471, n° 15, C. pén., car un arrêt très-explicite, rendu par la Cour de cassation le 20 fév. 1845 (t. 1er 1845, p. 691), en matière de contravention à l'art. 34 de la loi du 21 germin. an XI, qui impose aux épiciers l'obligation de tenir les substances vénéneuses dans des lieux sûrs et séparés, dont ils auront seuls la clef, décide que cet art. 471, n° 15, ayant pour unique but d'assurer l'exécution des réglemens et arrêtés de l'autorité administrative et de l'autorité municipale, ne peut être appliqué à l'inexécution d'une loi, et refuse de réprimer, au moyen de la peine de police prononcée par cet article la contravention (dépourvue de toute sanction pénale) au susdit art. 34 de la loi de germin. an XI — V. PHARMACIE. — C'est donc pour violation de l'art. 35, qui, ainsi que nous l'avons dit plus haut, prononce une peine de simple police par cela même qu'il ne détermine pas l'étendue de la peine qu'il décrète, et non pour violation de l'art. 471, n° 15, dont l'application échappait complétement, que la cassation de l'arrêt qui condamnait l'officier de santé pour usurpation de titre devait être prononcée.

26. — L'ancien chirurgien-major aux armées de terre et de mer, qui, aux termes de la loi du 19 vent. an XI, n'a pas passé de thèse de doctorat, mais s'est pourvu du certificat délivré par le sous-préfet, conformément à la même loi, doit être assimilé à l'officier de santé et n'exercer que dans le département où il a reçu ledit certificat. — V. Tribunal correctionnel de Paris, 31 mars 1843 (*Bulletin des tribunaux*, n° du 1er avril).

27. — Jugé que lorsque, par suite de l'arrêté d'un préfet portant que nul ne pourrait exercer la profession de médecin, chirurgien et pharmacien, à moins qu'il n'eût préalablement justifié d'un titre légal au maire de sa commune, un officier de santé dont le titre a paru insuffisant s'est pourvu devant le préfet, un tribunal criminel ne peut, sans excéder ses pouvoirs, condamner cet officier de santé pour contravention à l'arrêté préfectoral, avant que le préfet ait statué sur sa réclamation. — *Cass.*, 28 vent. an X, Baillif.

28. — On s'est demandé quelle peine encourt l'officier de santé *qui usurpe le titre de docteur*. — La Cour de cassation a décidé que l'usurpation du titre réprimée par l'art. 36 de la loi du 19 vent. an XI n'était qu'une circonstance aggravante du fait d'exercer *sans titre* l'art de guérir; d'où la conséquence qu'elle ne saurait jamais être reprochée à celui qui exerce *avec titre*. Et que dès lors l'officier de santé, par cela même qu'il a un titre pour exercer l'art de guérir, n'encourt aucune peine en prenant celui de docteur, attendu que ce n'est là de sa part « qu'un acte de vanité répréhensible » (et il s'agissait, en fait, dans l'espèce, d'un officier de santé exerçant hors de son département). — *Cass.*, 11 juin 1840 (t. 2 1840, p. 189), Colin; *Bordeaux*, 7 mai 1845 (t. 2, 1848, p. 112), Egly. — Morin, *Dict. de droit crim.*, v° *Art de guérir*.

29. — Nous n'oserions affirmer que sous ce dernier rapport la doctrine de la Cour de cassation soit parfaitement conforme aux principes, et il nous semble plus rationnel de dire avec M. Trébuchet (*Jurisp. de la médecine*, p. 431, notes), que l'officier de santé qui prend le titre de docteur ne commet pas un simple acte de vanité, mais un délit punissable dans les termes de l'art. 36, § 2, de la loi de l'an XI, puisque, bien qu'autorisé à exercer l'art de guérir avec un titre qui n'inspire qu'un degré restreint de confiance, il se pare, pour s'attirer une confiance plus grande, d'un titre qui suppose des connaissances bien autrement étendues.

30. — L'exercice illégal de l'art de guérir avec usurpation du titre d'officier de santé est puni d'une amende de 500 fr. — L. 19 vent. an XI, art. 36. — V., sur l'exercice illégal, v° MÉDECINE ET CHIRURGIE.

31. — Les officiers de santé étant présumés, légalement parlant, avoir moins de capacité et d'instruction que les docteurs, parce qu'ils sont soumis à moins d'épreuves, la loi (art. 29) leur interdit de pratiquer les *grandes opérations chirurgicales* sans la surveillance et l'inspection d'un docteur s'il en existe sur les lieux.

32. — En outre la loi (même art.) les soumet à un recours en indemnité, en cas d'accidens graves arrivés à la suite d'opérations exécutées hors de cette surveillance et cette inspection.

33. — On considère comme grandes opérations chirurgicales, dit M. Orfila (p. 46), l'ablation d'un membre, la résection des extrémités osseuses dans les grandes articulations, les opérations pratiquées sur des organes essentiels à la vie, la lithotomie, la lithotritie, l'opération du sarcocèle, celle de la hernie étranglée, l'opération de la cataracte, l'opération césarienne, l'embryotomie.

34. — Un arrêt de la Cour de Paris de 1843 cité par M. Orfila (p. 52) a considéré comme *opération grave* la réduction de la fracture des os de l'avant-bras. M. Orfila dit que cette décision ne supporte pas le plus léger examen, et que l'officier de santé a le droit, en vertu de son titre, de pratiquer une pareille opération hors de la présence d'un docteur.

35. — En comparant ce qui résulte de cet article avec ce qui a été dit (v° MÉDECINE ET CHIRURGIE) sur la responsabilité médicale, on voit que tandis que la responsabilité ne pèse sur les docteurs en médecine qu'autant qu'ils ont commis des fautes graves ou des actes impardonnables d'impéritie ou d'imprudence dans l'exercice de leur art, au contraire le seul fait par un officier de santé de n'avoir pas dans une grande opération chirurgicale réclamé l'assistance d'un docteur, lorsqu'elle est prescrite, est une négligence suffisante pour entraîner sa responsabilité dès que l'opération a été suivie d'accidens graves. Il n'est besoin d'alléguer, pour motiver l'application de l'art. 29 de la loi du 19 vent. an XI, aucune autre faute contre l'exercice de la médecine. — Chauveau et Hélie, *Théorie du Code pénal*, t. 5, p. 480 *in fine*.

36. — Mais cet article 29 fait-il exception aux art. 319 et 320 du Code pénal, qui prononcent une peine d'emprisonnement et une amende contre « quiconque, par maladresse, imprudence, inattention, négligence ou inobservation des règlemens, a commis involontairement un homicide, ou en a été involontairement la cause, ou a seulement, par son défaut d'adresse ou de précaution, occasionné des blessures ou coups? » Non. L'art. 29 de la loi du 19 vent. an XI ne prévoit que le cas d'accidens graves et non celui de la mort du malade; le cas où l'officier de santé ne se conforme pas aux règles de sa profession, mais non celui où il commet une maladresse, une imprudence. Il n'exclut donc pas l'application des art. 319 et 320 du Code pénal, lorsque la faute commise par l'officier de santé rentre dans les termes de ces articles. — Chauveau et Hélie, *ubi suprà*, p. 479.

37. — Il a été jugé en effet que l'officier de santé qui a pratiqué une grande opération hors de la présence d'un docteur en médecine peut, s'il en est survenu des accidens, être poursuivi comme coupable de blessures par imprudence ou inobservation des règlemens. — *Angers*, 1er avril 1833, C... c. Chevalier; *Paris*, 5 juill. 1833, Charpentier c. Durand.

38. — Au reste, indépendamment de la responsabilité spéciale résultant contre lui de l'art. 29 dans le cas prévu par cet article, l'officier de santé est, comme le docteur, soumis aux règles de responsabilité résultant des principes généraux, et tout ce qui a été dit à cet égard en ce qui concerne les docteurs lui est applicable. — V. MÉDECINE ET CHIRURGIE.

39. — Lorsque l'officier de santé appelle, conformément à l'art. 29, un docteur pour l'assister et le guider dans une grande opération chirurgicale, la présence de ce docteur couvre sa responsabilité, à moins qu'il n'y ait à lui reprocher quelque faute personnelle, comme serait, par exemple, le fait d'avoir attendu trop tard pour appeler le docteur ou d'avoir mis une négligence coupable dans l'exécution de ses prescriptions. — On comprend que ce sont là des circonstances entièrement abandonnées à l'appréciation des tribunaux.

40. — L'officier de santé n'est évidemment responsable, à raison du seul fait de ne pas avoir appelé de docteur pour une opération grave, qu'autant qu'il ne s'agissait pas d'une opération *à faire sans délai* sous peine de mort pour le sujet, ou d'accidens très-sérieux. — Tel est l'avis de M. Orfila (p. 46), qui désapprouve la rédaction de l'art. 29 de la loi du 19 vent. an XI.—Ainsi, qu'à la suite d'une blessure, l'artère crurale ait été ouverte, et qu'une hémorragie effrayante compromette les jours du malade, un officier de santé, seul témoin du danger imminent, pourrait-il être passible d'une peine s'il se hâte de mettre l'artère à nu, et s'il applique une ligature salutaire? — L'opération césarienne, la hernie étranglée, l'application du forceps, ne peuvent-elles pas non plus être d'une telle urgence que l'officier de santé doive agir seul? — Évidemment, il doit y avoir là une large part d'appréciation pour les tribunaux, et M. Orfila (p. 46) pense que, dans ces divers cas, la contravention à l'art. 29 de la loi de l'an XI devrait être excusée.

41. — Ainsi jugé que l'officier de santé qui, pour sauver une femme en couches dont le danger était imminent et dont tout fait présumer que l'enfant était mort, a pratiqué avec succès l'opération de l'embryotomie, ne peut être poursuivi comme coupable d'homicide par imprudence pour avoir opéré sans l'assistance d'un docteur. — *Rouen*, 29 juin 1843 (t. 1er 1844, p. 193), Cormon. —(Il paraissait d'ailleurs, dans l'espèce de cet arrêt, qu'il n'y avait pas de docteur sur les lieux, ce qui excluait l'application de l'art. 29.)

42. —On trouve aussi dans le *Traité de médecine légale* de M. Orfila (p. 54 et suiv.) et dans les *Annales d'hygiène publ. et de médecine lég.* (t. 23, 1840) une consultation médico-légale, rédigée par MM. Paul Dubois et Olivier d'Angers, à la suite de laquelle est intervenue une ordonnance de non-lieu en faveur d'un officier de santé accusé d'avoir appliqué le forceps sans appeler un docteur. — « Les circonstances qui requièrent l'application du forceps, disent ces docteurs, ne sauraient être prévues dans un grand nombre de cas, et, quand elles se présentent, tout délai apporté à la terminaison artificielle de l'accouchement pouvant devenir préjudiciable à l'enfant et à la mère, et compromettre le salut de l'un et de l'autre, l'accoucheur, lorsqu'il n'a que le titre d'officier de santé, est non-seulement excusable de ne pas se conformer au texte rigoureux de la loi et de ne pas différer l'opération jusqu'à l'arrivée d'un docteur, mais il pourrait même être répréhensible de sacrifier à ce texte les intérêts que le législateur a voulu, au contraire, protéger. »

43. — La loi du 19 vent. an XI (art. 27) disposait que les fonctions de médecins et chirurgiens jurés appelés par les tribunaux ne pourraient être remplies que *par des médecins* ou *chirurgiens* reçus suivant les formes anciennes, ou *par des docteurs* reçus suivant celles de la loi nouvelle; ce qui excluait les officiers de santé. Mais cet article, qui se trouve en harmonie avec l'art. 81 du Code civil, a été modifié, au moins dans certaines limites, par l'art. 44 du Code d'instruction criminelle, qui porte que « s'il s'agit de mort violente ou d'une mort dont la cause soit inconnue ou suspecte, le ministère public se fera assister *d'un ou de deux officiers de santé* qui feront leur rapport sur les causes de la mort et l'état du cadavre. » — « Or, dit M. Trébuchet, les officiers de santé peuvent, par suite de ces premières opérations, être appelés devant les tribunaux, et cela arrive même presque toujours lorsque les tribunaux viennent à être saisis de l'affaire à l'occasion de laquelle ils ont instrumenté » (p. 429, notes). — V., au reste, v° MÉDECINE ET CHIRURGIE (chap. 2, *Méd. lég.*).

44. — Nous avons vu (v° ALIÉNÉ) qu'en matière de placement dans les maisons d'aliénés, les certificats exigés par la loi du 30 juin 1838, art. 8, ne sont admis que s'ils émanent de docteurs en médecine et non d'officiers de santé. — V. ce mot, nos 81 et 91.

45. — Tout ce qui a été dit en ce qui concerne les honoraires des médecins et les droits ou devoirs qui peuvent leur appartenir ou peser sur eux en cette qualité est applicable aux officiers de santé. — V. MÉDECINE ET CHIRURGIE.

46. — Aux termes de l'art. 27 de la loi du 19 vent. an XI, les fonctions de médecin ou de chirurgien en chef dans les hôpitaux civils ne peuvent être remplies que par des docteurs; ce qui exclut les officiers de santé.

47. — Mais les art. 143 et suiv. du règlement du 1er avril 1831 autorisent, à défaut d'officiers de santé militaires, l'admission provisoire des officiers de santé civils pour le service près les corps de troupe et dans les hôpitaux. La désignation de ces officiers de santé civils est faite par les intendans militaires, ils sont licenciés aussitôt que leurs services cessent d'être nécessaires; mais ils peuvent, en cas d'insuffisance des cadres, concourir pour les emplois d'officiers de santé commissionnés, s'ils remplissent d'ailleurs les conditions exigées pour l'admission et l'avancement. — V. OFFICIERS DE SANTÉ MILITAIRES.

48. — Tout ce qui concerne la vente des médicamens et le droit que dans certains cas peuvent avoir les officiers de santé de débiter des remèdes pharmaceutiques est traité v° PHARMACIE.

49. — Les officiers de santé sont exempts de la patente. — L. 25 avr. 1844, art. 13, n° 3. — V. MÉDECINE ET CHIRURGIE, MÉDECINE LÉGALE, OFFICIERS DE SANTÉ MILITAIRES, PHARMACIE.

OFFICIERS DE SANTÉ MILITAIRES.

1. — De nombreuses dispositions réglementaires ont organisé le corps des officiers de santé militaires de terre et de mer. Il ne saurait être dans le plan de ce recueil d'entrer à cet égard dans tous les détails des divers règlemens intervenus. Nous devrons nous borner à quelques indications.

2. — Le corps des officiers de santé de l'armée de terre se recrute par des élèves en chirurgie. — Il se compose de trois divisions distinctes, les médecins, les chirurgiens, les pharmaciens.

3. — L'admission dans le corps des officiers de santé militaires a lieu suivant des formes et moyennant des conditions qui sont réglées par les ordonnances ci-après citées. — Il a été créé des hôpitaux militaires d'instruction, et, à Paris, un hôpital de perfectionnement, dans lesquels des cours sont ouverts pour l'enseignement des différentes branches de l'art de guérir. — Les mêmes ordonnances déterminent aussi les conditions d'admission dans ces hôpitaux.

4. — Parmi les diverses organisations successives du corps des officiers de santé militaires, et remontant à une époque éloignée, M. Durat-Lassalle (*Droit et législation des armées de terre et de mer*, t. 4, p. 44 de la notice historique) cite principalement celles des 7 et 16 ventôse an II, 9 messidor an II, 23 fructidor an VII, l'arrêté du 24 therm. an VII, concernant les hôpitaux militaires et qui a servi de modèle à tous les règlemens postérieurs sur cette matière, enfin un arrêté du 9 frim. an XII qui organisa le personnel du service de santé en général, tant dans les hôpitaux que dans les régimens. — V., en outre, le décret du 30 nov. 1811, qui, en même temps qu'il organise le service de santé, règle la subordination des officiers de santé et sert, sous ce rapport, de point de départ à l'ordonnance du 12 août 1836.

5. — L'ordonnance du 18 sept. 1824 et le règlement du 20 déc. de la même année sur le service général des hôpitaux militaires, fait subir au personnel des officiers de santé une complète réorganisation : cette ordonnance distingue les *officiers de santé brevetés* et ceux *simplement commissionnés*.

6. — La matière est en ce moment régie 1° par le règlement du 1er avril 1831, règlement en plus de mille articles, concernant le service des hôpitaux et tout ce qui concerne le personnel des officiers qui y sont attachés; — 2° par les ordonn. des 12 août 1836, 6 fév. 1839, 24 mars 1840, 18 av. 1840, 19 oct. 1841. — On trouve dans ces divers documens législatifs tout ce qui concerne la composition du corps, la hiérarchie, le conseil de santé des armées, les hôpitaux d'instruction, l'hôpital de perfectionnement, le concours, l'admission dans le corps, l'avancement, la distinction et les conditions d'aptitude dans les grades, le professorat, la subordination, la solde, etc., etc.

7. — Un décret du gouvernement provisoire, du 3 mai 1848, relatif à l'organisation de l'armée de terre, dispose (art. 1er) 1° que les officiers de santé de l'armée de terre forment un corps distinct sous le titre de *corps des officiers de santé militaires*; — 2° que ce corps fonctionne par l'action de ses chefs directs suivant l'ordre hiérarchique des grades, sous l'autorité du ministre et des officiers investis du commandement; — 3° qu'il est soumis au contrôle administratif de l'intendance militaire, comme tous les autres corps de l'armée, conformément aux dispositions particulières déterminées par un règlement ultérieur.

8. — Aux termes des art. 2 et 3, la hiérarchie du corps des officiers de santé comprend dans les trois branches du service les grades ci-après: — élève sous-aide (sous-lieutenant), sous-aide (lieutenant), aide-major 1re et 2e classe (capitaine), major 1re et 2e classe (chef de bataillon), principal (lieutenant-colonel), principal inspecteur (colonel), inspecteur général (général de brigade).

9. — Suivant l'art. 5, les attributions du conseil de santé sont analogues à celles des comités consultatifs permanens des diverses armes. — Enfin les art. 6 et 7 portent 1° que le ministre de la guerre fera préparer et publier un règlement sur l'exécution du service de santé, et que le décret du 3 mai ne recevra son exécution qu'à partir du jour de la promulgation dudit règlement.

10. — Le service médical à bord des bâtimens de l'Etat et dans les ports, est fait par des officiers de santé de la marine. Les grades dans ce corps sont établis ainsi qu'il suit: — inspecteur général (contre-amiral); 1er médecin, 1er chirurgien, 1er pharmacien en chef (capitaines de vaisseau); 2e médecin, 2e chirurgien, 2e pharmacien en chef (capitaines de frégate); médecin-professeur, chirurgien-professeur, pharmacien-professeur (anciennement capitaines de corvette, grade supprimé par arrêté du 3 mai 1848); chirurgiens et pharmaciens de 1re, de 2e et de 3e classe (lieutenans de vaisseau, lieutenans de frégate, élèves de marine de 1re classe).

11. — L'organisation actuelle du personnel des officiers de santé de la marine est réglée par l'ordonnance du 17 juillet 1835, qui fixe la composition du corps, la dénomination des grades, qui détermine les règles d'admission et d'avancement, la destination des chirurgiens pour le service de la mer, les cas où l'on peut appeler des officiers de santé auxiliaires. Ce qui se rapporte au conseil de santé est l'objet tant du titre 7 de cette ordonnance, que des ordonnances antérieures du 17 sept. 1828 sur le service général des ports et du 3 janv. 1835 sur le commissariat. Mais toutes ces dispositions ont reçu une modification par l'ordonn. du 14 juin 1844, concernant le service administratif de la marine. — Le chap. 8 de cette ordonnance détermine de nouveau la com-

12. — Le règlement du 23 juill. 1836 détermine tout ce qui est relatif à l'admission des étudians et des élèves, à l'enseignement, au concours, à la nomination des chirurgiens auxiliaires.

13. — V., en outre, l'ordonnance du 12 juillet 1841, qui modifie les cadres des officiers de santé employés au service des ports et à bord des bâtimens de l'État, et l'ordonn. du 21 oct. 1841, qui modifie les cadres des pharmacians de la marine.

14. — Ce qui concerne le service de santé aux colonies est réglé par l'ordonn. du 2 sept. 1839. — Duvergier, t. 39. p. 408. — V. aussi le tit. 5 de l'ord. précitée du 17 juill. 1835.

15. — Les différens règlemens et ordonnances précités, concernant les officiers de santé militaires, soit de terre, soit de mer, sont rapportés dans l'ouvrage de M. Durat-Lasalle (t. 4 et 5).

16. — Les officiers de santé des armées de terre et de mer font partie de l'armée. — Nul doute dès lors que la juridiction des conseils de guerre ne leur soit applicable comme à tous autres militaires, à raison des crimes ou délits qu'ils peuvent commettre. — V. DÉLITS MILITAIRES, TRIBUNAUX MARITIMES, TRIBUNAUX MILITAIRES.

17. — La loi du 19 mai 1834 sur l'état des officiers leur est applicable (art. 26 de cette même loi), sans qu'il y ait lieu de distinguer, comme cela avait été demandé dans la discussion, entre les officiers de santé brevetés et les officiers employés temporairement.

18. — Les chirurgiens militaires ont quelquefois le caractère d'officiers publics. — Ainsi, aux termes de l'art. 982 C. civ., les testamens des militaires malades ou blessés peuvent être reçus par l'officier de santé en chef, assisté du commandant militaire chargé de la police de l'hospice. — V. TESTAMENT.

19. — Les officiers de santé militaires reçus docteurs en médecine jouissent nécessairement, quant au titre, de tous les droits attachés à ce titre. — Quant à ceux qui n'ont pas le diplôme de docteur, ils ne peuvent faire de pratique civile que comme pourraient le faire les officiers de santé ordinaires. Leur position, sous le rapport de la pratique civile, n'est pas parfaitement définie, et, en général, ils se consacrent exclusivement à la pratique militaire.

20. — Au reste, les chirurgiens des armées qui veulent se faire recevoir docteurs jouissent de certaines facilités et immunités qui sont indiquées (V. ENSEIGNEMENT, n° 609) dans les ord. des 16 mai 1841 et 15 mai 1842. Ces ordonnances ont été modifiées par une autre ordonnance du 26 oct. 1847, en ce qu'ils exigeaient des chirurgiens de la guerre ou de la marine la condition, pour obtenir ces immunités, de se vouer pendant quinze ans au service de santé militaire ou de la marine.

21. — Les officiers de santé des armées de terre et de mer sont exempts du service militaire. — V. RECRUTEMENT.

V. ARMÉE, MÉDECINE ET CHIRURGIE, OFFICIERS DE SANTÉ.

OFFRE.

C'est ce qu'on propose à quelqu'un. — V. CONTRAT, OBLIGATION.

OFFRES LABIALES.

On appelle ainsi, dans la pratique, de simples offres verbales, ou même des offres par écrit, mais qui ne sont point accompagnées de la représentation effective des objets qu'on offre. — V. OFFRES RÉELLES.

OFFRES RÉELLES ET CONSIGNATION.

Table alphabétique.

OFFRES RÉELLES ET CONSIGNATION. — **1.** — Les offres réelles sont celles qui sont accompagnées de l'exhibition des deniers ou autres choses offertes.

2. — La consignation est le dépôt, entre les mains de fonctionnaires publics, de la chose offerte ou refusée, ou des sommes dont un débiteur veut se libérer nonobstant les empêchemens qui arrêtent sa libération.

SECT. 1ʳᵉ. — *Des offres réelles et de la consignation en général* (n° 3).

SECT. 2ᵉ. — *Des offres réelles. — De leur nature. — Conditions pour leur validité* (n° 12).

§ 1ᵉʳ. — *A qui les offres doivent être faites* (n° 32).

—

Sect. 1ʳᵉ. — *Des offres réelles et de la consignation en général.*

3. — Lorsque le créancier refuse son paiement, le débiteur peut lui faire des offres réelles; et au refus du créancier de les accepter, consigner la somme ou la chose offerte. — C. civ. 1257. Le refus injuste du créancier ne doit pas, en effet, préjudicier au débiteur qui veut s'acquitter. — Toullier, *Droit civ.*, t. 7, n° 187.

4. — On fait ordinairement des offres pour arrêter le cours des intérêts d'une dette, pour prévenir l'effet d'une peine, pour pouvoir retirer une chose donnée en nantissement, pour libérer une caution, ou des biens grevés d'hypothèques. — Duranton, t. 12, n° 202.

5. — Les offres réelles avant consignation ne sont nécessaires qu'à l'égard du créancier direct, qui peut recevoir et libérer. — *Cass.*, 24 juin 1812, Coche c. Bellier.

6. — Mais des offres ne sont pas nécessaires quand le créancier ne peut recevoir : par exemple, lorsqu'il s'agit de sommes saisies ou du prix d'un immeuble grevé d'inscriptions. Alors la consignation seule suffit. — Toullier, t. 7, n° 215. — V. CONSIGNATION.

7. — Lorsque le créancier est inconnu : par exemple, en matière d'effets de commerce dont le porteur ne se présente pas à l'échéance; les offres étant impossibles sont également non obligatoires, on procède immédiatement à la consignation (décret du 3 frimaire an II).—Bioche et Goujet, *Dict. de procéd.*, v° *Offres réelles*, n° 5 et 52. — Duranton, t. 12, n° 202. — V. CONSIGNATION.

8. — Bien que les offres réelles suivies de consignation libèrent le débiteur et tiennent lieu à son égard de paiement (C. civ., 1257), ce n'est cependant pas un paiement proprement dit; car le débiteur peut retirer la chose tant que le créancier ne l'a pas acceptée, et alors ni les codébiteurs ni les cautions ne sont libérés. — Duranton, t. 12, n° 201.

9. — Si les offres suivies de consignation libèrent le débiteur envers son créancier et tiennent lieu de paiement à son égard, elles ne libèrent pas ce dernier envers ses propres créanciers qui ont des oppositions non rendu la consignation nécessaire. — Toullier, t. 7, n° 487; Delvincourt, *Cours de c. civ.*, t. 2, p. 156, n° 4, édit. de 1819.

10. — Les offres faites antérieurement au décret du 25 messidor an III pour le remboursement d'une créance avant l'échéance du terme, n'ont libéré le débiteur qu'autant que la consignation en a eu lieu également avant la publication de ce décret. — *Cass.*, 28 mess. an IX, Adrien c. Descollon ; 17 thermid. an V, Casin c. Ducoffre.

11. — Sous l'empire de la coutume de Normandie, l'obligation imposée au retrayant, d'offrir et de consigner, au jour de l'assignation, les deniers du contrat, existait alors même que le retrait s'exerçait non sur un immeuble mais sur un droit de retrait aliéné. — *Cass.*, 22 frim. an XI, Géricault c. Lebigot.

Sect. 2e. — *Des offres réelles. — De leur nature. — Condition pour leur validité.*

12. — Les offres doivent être réelles, c'est-à-dire accompagnées de la représentation effective des deniers ou des autres objets dus. De simples offres par parole ne sont pas des offres dans le sens de la loi, car elles peuvent n'être pas sincères; et dans tous les cas, elles ne donnent point au créancier le pouvoir d'appréhender la chose et d'en disposer. — Duranton, t. 12, n° 200; Toullier, t. 7, n° 188; Favard, *Rép.*, t. 4, p. 81; Rolland de Villargues, *Rép.*, v° *Offres labiales*, n° 1er.

13. — Des offres verbales faites à l'audience ne sont qu'une simple promesse de paiement; et il est expressément défendu aux juges de les autoriser, comme d'accorder au débiteur un délai quelconque après qu'il a été mis en demeure par une sommation. — *Cass.*, 3 déc. 1838 (t. 1er 1839, p. 307), Cornier.

14. — Toutefois il a été jugé que les juges peuvent admettre une exception en se fondant sur des offres faites au bureau de conciliation et renouvelées devant le tribunal de première instance ainsi que devant la cour. — *Cass.*, 4 mars 1824, Dorvaux c. Remlinger.

15. — Mais des offres réelles sont valablement faites à la barre d'un tribunal sans l'intermédiaire d'un officier ministériel. — *Cass.*, 2 juill. 1835, de Saint-Paul. — Alors, le tribunal en donne acte. — Carré, *Lois de proc.*, n° 2784; Bioche et Goujet, *Dict. de proc.*, v° *Offres réelles*, n° 55.

16. — Quand des offres réelles suffisantes sont faites à la barre d'un tribunal, et que le tribunal en donne acte, elles ne doivent pas être nécessairement suivies de consignation. — *Cass*, 2 juill. 1835, de Saint-Paul; et *Bordeaux*, 16 janv. 1833, Terrens c. Dupuy. — V. *infrà* n° 199.

17. — Le débiteur peut, par des offres réelles et dans des circonstances extraordinaires, échapper à la peine stipulée en cas de défaut de paiement, quoiqu'il soit dit, dans le contrat, que *la clause est de rigueur*. — Le débiteur peut, dans ce cas, être condamné aux dépens, quoique les offres soient déclarées valables. — *Colmar*, 10 nov. 1815, Marx et Weyl c. Ricard.

18. — Lorsqu'un créancier s'est engagé à ne demander le remboursement de sa créance qu'après le décès du débiteur, avec la clause néanmoins que celui-ci ne pourrait laisser les intérêts s'accumuler pendant plus de deux ans, le remboursement n'est pas exigible de plein droit en cas d'inexécution de cette clause, et le débiteur peut purger la demeure par des offres réelles, tant que la déchéance n'a pas été prononcée par le juge. — *Colmar*, 30 avril 1816, N...

19. — La peine de remboursement du capital d'une rente prononcée par l'art. 1912 C. civ. est définitivement encourue par la demande en remboursement qu'a formée le créancier après mise en demeure de payer les arrérages échus, et les offres de ces arrérages faites ultérieurement ne sont plus recevables. — *Cass.*, 12 juill. 1813, Godard c. de Frondeville.

20. — Quoiqu'une demande n'ait été accueillie qu'à la charge par le demandeur de justifier de certains faits dans un délai déterminé, il n'en résulte pas nécessairement que ce délai passé sans justification, le demandeur ne puisse encore réclamer l'exécution du jugement, en offrant de faire les justifications ordonnées. En pareil cas, le délai accordé par les juges peut n'être considéré que comme comminatoire. — *Cass.*, 7 août 1826, Commis c. Michon.

21. — Aucune loi ne défend, à peine de nullité, d'opposer aux offres réelles des conditions justes et bien fondées. — *Cass.*, 31 janv. 1820, Luzet c. Hardy. — Pigeau, t. 2, p. 492.

22. — Telles sont les conditions nécessaires à la conservation des droits du débiteur. — Duranton, t. 12, n° 210. — Mais sont considérées comme viciant les offres réelles les conditions qui ont pour but de faire la loi au créancier. — Favard, *Rép.*, v° *Offres*, n° 3; Berriat, *Proc. civ.*, p. 644.

23. — Ainsi encore: un débiteur, en offrant à son créancier le montant de sa dette, peut valablement, et sans vicier ses offres, y apposer la condition de vérification de l'état des effets saisis, à l'effet de constater les détériorations et d'en rendre responsable qui de droit. — *Cass.*, 31 janv. 1820, Luzet c. Hardy.

24. — Mais des offres réelles sont nulles, si elles ont été faites au domicile élu par le créancier, avec défense à l'huissier d'opérer la consignation dans le cas où le créancier ne consentirait pas à donner mainlevée d'une saisie-arrêt précédemment déclarée nulle par un jugement frappé d'appel, et si elles n'ont pas été renouvelées depuis l'arrêt qui a confirmé ce jugement. — *Cass.*, 3 fév. 1825, de Thamanan c. Saint-Mézard.

25. — Les offres faites par la caution, à la charge de rapporter mainlevée de l'inscription prise par suite du cautionnement, sont nulles, comme imposant une condition que le créancier n'a ni qualité ni capacité pour accomplir, et ne peuvent pas, par conséquent, faire suspendre les poursuites de saisie immobilière dirigées contre la caution. — *Paris*, 22 août 1839 (t. 1er 1841, p. 328), Duperret c. Bruyer-Drouot.

26. — Il n'y a pas contrat judiciaire lorsque des offres à l'audience ne sont acceptées que sous diverses modifications. — *Cass.*, 21 fév. 1831, Pittié c. Dubois.

27. — La demande qui peut être intentée, soit en validité, soit en nullité des offres, doit être formée d'après les règles établies pour les demandes principales; si elle est incidente, elle doit être formée par requête. — C. proc., art. 815. — La demande principale en validité est dispensée du préliminaire de conciliation. — C. proc., art. 49.

28. — Le créancier, à qui il a été fait des offres réelles, peut en demander la nullité par action principale, et n'est pas obligé d'attendre que celui qui a fait des offres agisse pour proposer la nullité par voie d'exception. — *Cass.*, 18 août 1813, Kergourlet c. Kerroué.

29. — Ne peut être considérée comme frustratoire la demande formée devant les tribunaux par le débiteur qui a fait à son créancier des offres réelles non acceptées afin d'en prononcer la validité et être autorisé à consigner. — *Bordeaux*, 16 janv. 1833, Terrens c. Dupuy.

30. — Les juges peuvent valider et déclarer suffisantes les offres réelles de ce qui est alloué à une partie par des experts, encore bien qu'aucune offre n'ait précédé l'expertise. — *Cass.*, 3 août 1836, Laury c. Louis-Philippe.

31. — La loi exige, pour la validité des offres, le concours de sept conditions, que nous allons indiquer dans les paragraphes suivans.

§ 1er. — *A qui les offres doivent être faites.*

32. — Pour que les offres réelles soient valables, il faut qu'elles soient faites au créancier ayant la capacité de recevoir ou à celui qui a pouvoir de recevoir pour lui. — C. civ., art. 1258, 1° — V. PAIEMENT.

33. — Le syndic d'une faillite a qualité pour recevoir les offres réelles des adjudicataires des biens du failli, qui veulent se libérer, après avoir rempli les formalités prescrites pour purger. — *Cass.*, 11 mai 1825, Dyvrande c. Délandre.

34. — Lorsque le créancier a été déclaré absent les offres doivent être faites à l'envoyé en possession provisoire de ses biens, ou à celui qui en a l'administration légale. Si l'absence n'a point encore été déclarée, les offres peuvent être faites au domicile qu'avait l'absent lors de son départ. — Duranton, t. 12, n° 213.

35. — Sont nulles les offres réelles faites à un huissier au moment où il notifie au débiteur des mainlevées d'inscriptions et somme simplement ce dernier de déclarer ce qui l'empêche de payer. — *Bourges*, 29 mars 1814, Pericaud c. Berry.

36. — Quand la convention indique un tiers pour recevoir le paiement, des offres peuvent lui être valablement faites. — Pothier, *Oblig.*, n° 574; Toullier, t. 7, n° 189; Delvincourt, *Cours de dr. civ.*, t. 2, p. 155, note 3. — Mais c'est avec le créancier lui-même qu'il faut en faire juger la validité, si le tiers ne l'est pas devenu lui-même par délégation ou autrement. — Duranton, t. 12, n° 203.

37. — On n'a pas pu, pour le rachat d'une rente convenancière, faire les offres du capital à celui qui était simplement préposé à la recette des arrérages. — *Cass.*, 4 therm. an IX, Corlouer c. Chathnon.

§ 2. — *Par qui elles doivent être faites.*

38. — Les offres doivent être faites par une personne capable de payer (C. civ., art. 1258, 2°). — Pour savoir quelles sont ces personnes, V. PAIEMENT.

39. — Jugé que l'adjudicataire, bien qu'il ait poursuivi l'ordre, que le règlement provisoire de cet ordre ait été dressé, et que les contestations élevées sur ce règlement aient été jugées, peut valablement se libérer de son prix par des offres réelles suivies de consignation. — *Paris*, 12 déc. 1835, Duval c. Demoustier. — V. CONSIGNATION.

40. — Un tiers, même non intéressé, peut valablement faire les offres, pourvu qu'elles aient seulement pour objet d'opérer la libération du débiteur. — Delvincourt, t. 2, p. 156; Thomine, *Procéd.*, t. 2, p. 402; Bioche et Goujet, *Dict. de procéd.*, v° *Offres réelles*, n° 9. — V. PAIEMENT.

41. — Ainsi, la consignation autorisée par la loi du 6 therm. an III, du montant d'un effet négociable dont le porteur ne s'est pas présenté dans les trois jours de l'échéance, peut être faite par un tiers au nom du débiteur. — *Cass.*, 13 germ. an X, Roger c. Voissière.

42. — Un étranger qui n'a aucun intérêt personnel à l'acquittement de la dette, peut obliger le créancier à recevoir le paiement qu'il lui offre au nom du débiteur. — Les offres réelles que fait en pareil cas l'étranger pour arrêter les poursuites commencées, sont valables et constituent le créancier en demeure. — Le créancier qui, nonobstant les offres, a passé outre à la vente des meubles du débiteur en vertu d'une ordonnance de référé attaquée par la voie d'appel, est passible de dommages-intérêts. — *Paris*, 11 août 1806, Bourdon de Septenville c. Raisnée.

43. — Mais les offres réelles ne peuvent être valablement faites par un tiers en son nom propre et sous condition de subrogation. — *Cass.*, 12 juill. 1813, Godard c. Defrondeville. — Il y a même raison de décider qu'en matière de paiement. — V. ce mot.

44. — Toutefois, un créancier ne peut refuser son remboursement offert par un tiers, sous prétexte que le procès-verbal d'offres exprimerait que le bailleur de fonds est subrogé à son droit, alors que les offres sont faites à la charge, non pas que le créancier subrogera, mais seulement qu'il donnera quittance au profit de celui qui le paie. — *Cass.*, 11 juill. 1843, Villa c. Delrieu.

45. — De plus, pour que les offres du tiers soient recevables, il faut que le créancier ait demandé le paiement de sa créance ou que la dette soit échue; car le créancier ne saurait être tenu d'accepter, quand il y trouve préjudice pour ses intérêts. — Thomine, *Procéd.*, t. 2, p. 402; Bioche et Goujet, *Dict. de procéd.*, v° *Offres réelles*, nos 9 et 10.

46. — D'où il suit que le créancier serait fondé à refuser les offres réelles du tiers non intéressé, et à poursuivre judiciairement pour éviter une perte. — Thomine, t. 2, p. 402.

§ 3. — *Quelle somme doit être offerte.*

47. — Ces offres réelles doivent être de la totalité de la somme exigible, des arrérages ou intérêts dus, des frais liquidés et d'une somme pour les frais non liquidés, sauf à parfaire (C. civ., art. 1258, 3°). Car il ne dépend pas du débiteur de se libérer partiellement.

48. — Quand il s'agit de frais non liquidés, l'offre d'une somme modique, sauf à parfaire, est suffisante lors même qu'il y aurait des frais pour une somme considérable. C'était autrefois l'usage, et l'on s'y est tenu après discussion au Conseil d'Etat. — *Paris*, 10 févr. 1807, Mollet c. Buchey et Brunelet; *Toulouse*, 2 févr. 1820, G... c. P... — Maleville, *Ann. du C. civ.* sur l'art. 1258; Toullier, t. 7, n° 192; Pigeau, *Procéd.*, t. 2, p. 489, et *Comment.*, t. 2, p. 500; Hautefeuille, *Procéd.*, p. 446; Rolland de Villargues, *Rép.*, v° *Offres réelles*, n° 9.

49. — Jugé en conséquence que les offres réelles faites par le débiteur avant la signification du jugement rendu en matière sommaire et contenant liquidation des frais, sont valables, si elles sont d'une somme fixe pour les frais liquidés, sauf à parfaire. — *Paris*, 19 déc. 1825, Deberly c. Dumoulin.

50. — ... Que le souscripteur d'un billet à ordre qui fait des offres réelles de la somme exigible en capital et intérêts, et d'une somme quelconque pour les frais non liquidés, sauf à parfaire cette somme, est censé offrir, sous la dénomination de *frais*, le coût de l'enregistrement du billet payé par le créancier. — Dans ce cas, on ne peut pas déclarer les offres insuffisantes sous prétexte qu'elles ne font pas mention expresse et spéciale du droit d'enregistrement. — *Cass.*, 19 déc. 1827, Ledeau c. Coulomb.

51. — Mais l'offre, sauf à parfaire, d'une somme inférieure à celle qui est due, est nulle lorsque cette somme est liquidée. — *Bourges*, 9 déc. 1830, Leclerc-Lagarenne c. Desnoyers.

52. — Jugé qu'avant le Code civil, des offres, pour être valables, devaient comprendre les frais dus au créancier. — *Cass.*, 16 ventôse an XI, Castellane c. Jacob.

53. — Les offres réelles, pour être valables, doivent contenir une somme suffisante et taxativement applicable à la totalité du capital exigible, à la totalité des arrérages ou intérêts dus, à la totalité des frais liquidés et aux frais non liquidés. — Spécialement, des offres réelles sont nulles si elles ne comprennent pas la totalité des frais liquidés. — Il en est ainsi lors même que le débiteur a offert une somme qui, en bloc, suffit pour acquitter toutes les parties de la dette, par exemple quand, ayant offert plus qu'il ne devait pour les frais non liquidés, il demande que cet excédant soit reporté sur les frais liquidés. — *Bordeaux*, 3 avr. 1835, Audi c. Freliillière.

54. — Des offres sont insuffisantes lorsque, faites en cause d'appel, elles ne s'étendent pas aux frais faits en première instance. — *Rennes*, 7 mai 1816, Bisson c. Mancel.

55. — Sont nulles les offres réelles dans lesquelles le débiteur n'a point compris, comme frais liquidés, le coût de l'enregistrement des actes qu'il a su avoir été acquitté par ce créancier. — *Paris*, 6 août 1824, Besson c. Tartairon.

56. — L'affiche d'un jugement prononcé contre une partie, non comme peine, mais à titre de réparation civile envers son adversaire, n'étant passible que du droit de timbre de 10 cent. par exemplaire, et aucune loi ne prescrivant de la constater par des procès-verbaux, il en résulte que les droits de timbre plus élevés, et les procès-verbaux d'apposition qui auraient été dressés, ne peuvent être à la charge de la partie condamnée, et que celle-ci a fait des offres suffisantes, en offrant seulement les frais d'impression et les 10 cent. par exemplaire pour timbre. — *Poitiers*, 14 juill. 1819, Labastière c. Duguet.

57. — Pour faire cesser des poursuites en expropriation forcée, le saisi est tenu d'offrir non-seulement le principal et les intérêts de la créance, mais encore une somme pour les frais de poursuite, sauf à parfaire. — *Rennes*, 2 janv. 1812, Y... c. N....

58. — Le tiers détenteur qui veut éviter les poursuites d'un créancier hypothécaire, doit comprendre dans les offres réelles qu'il lui fait signifier, outre les frais d'inscription une somme pour les frais non liquidés, sauf à parfaire d'après la taxe. — *Toulouse*, 4 févr. 1829, Dernis c. Squivier.

59. — Des offres réelles qui ne comprennent pas le montant de tous les frais à la charge du débiteur sont insuffisantes, quoique faites *sauf à parfaire*; et, *spécialement*, si elles ne comprennent pas le coût du procès-verbal de non-réalisation d'offres dressé par un notaire à la suite de la sommation faite par le débiteur au créancier de se trouver dans l'étude de ce notaire pour y recevoir le montant de sa créance et accessoires. — *Cass.*, 7 déc. 1840 (t. 1er 1841, p. 322), Lenud c. Lambert.

60. — Par exception à la règle générale : les offres, ainsi que la consignation qui en est la suite, sont valables pour obtenir l'élargissement du débiteur, encore bien qu'elles ne contiennent aucune somme pour les frais non liquidés. — Carré, *Lois de la procéd.*, no 2730; Bioche et Goujet, *Dict. de procéd.*, vo *Offres réelles*, no 26.

61. — Avant le Code civil, les offres du principal et des intérêts devaient comprendre tous les intérêts lors échus. La clause : *sauf à parfaire* ne pouvait concerner que les frais. — L. 9, C., *De solut.*; L. 19, C., *De usur.*; L. 2, C., *Debit. vend. pign.* — *Cass.*, 24 prair. an XII, Lafontaine c. Wincelins.

62. — De même aujourd'hui en matière de lettre de change, les offres qui ne renferment pas les intérêts courus depuis le jour du protêt sont insuffisantes et nulles. A cet cet égard, il ne suffirait pas de dire dans l'acte : *sauf à parfaire, augmenter ou diminuer.* — *Paris*, 25 août 1810, Formé c. Moreau.

63. — Des offres réelles du capital d'une créance, qui ne comprennent pas les intérêts de cette créance, sont insuffisantes, et par conséquent nulles. — *Bruxelles*, 7 mars 1822, d'Arquette c. Van Laethein.

64. — Lorsque la dette est payable en plusieurs termes, il suffit d'offrir le terme ou les termes échus (Pothier, *Oblig.*, no 575) avec les intérêts également échus et les frais. — Duranton, t. 12, no 206.

65. — Dans le cas où plusieurs termes seraient échus, le débiteur ferait valablement des offres de l'un d'eux seulement, même à son choix, pourvu qu'elles fussent entières de ce terme : car les différens termes sont considérés comme autant de dettes distinctes (Duranton, t. 12, no 206. — *Contrà*, Bioche et Goujet, *Dict. de proc.*, vo *Offres réelles*, no 21). — Par le motif qu'en n'exécutant pas son obligation de la manière prescrite, le débiteur a perdu le bénéfice des termes. — En tout cas cette dernière opinion devrait être suivie, si l'acte ou le jugement portait que, faute de paiement du premier terme, le créancier pourrait exiger la totalité de la créance.

66. — Les arrérages échus depuis plusieurs années d'une rente constituée ne forment pas autant de créances particulières, mais se confondent en une seule dette. Dès lors, le débiteur ne saurait être admis, pour se soustraire à la déchéance dont parle l'art. 1912 du Code civil, à n'offrir que la dernière annuité. — *Cass.*, 25 nov. 1839 (t. 1er 1839, p. 348), Sermet c. Veyan.

67. — Lorsqu'après la demande en remboursement d'une rente par défaut de paiement des arrérages le débiteur offre de payer ces arrérages, ses offres sont valables. — *Paris*, 8 janv. 1825, Petitier c. Guillier.

68. — Le débiteur d'une rente ne peut arrêter par des offres réelles la saisie immobilière sur lui pratiquée pour des annuités échues de cette rente, si ces offres ne comprennent pas tous les arrérages échus antérieurement et postérieurement à la saisie. — *Cass.*, 19 nov. 1834, Gentil c. Vermberg.

69. — Les offres faites par le débiteur d'une rente constituée, poursuivi en expropriation forcée faute de paiement des arrérages, doivent comprendre le capital avec les arrérages. — *Rouen*, 25 juin 1812, Frondeville c. Godard.

70. — Toutefois le principe que les offres réelles doivent être de la totalité des arrérages ou intérêts dus, n'est pas applicable à la simple soumission faite par le donataire ou ses ayans cause d'exécuter ou de souffrir l'exécution de toutes les charges de la donation. — *Cass.*, 14 mai 1838 (t. 2, 1838, p. 292), Beaulieu c. Thomas.

71. — Des offres réelles qui ne désintéressent pas actuellement et intégralement le créancier porteur d'un bordereau de collocation, ne peuvent arrêter les poursuites qu'il dirige contre le tiers détenteur. — *Paris*, 9 oct. 1812, Tobler c. Pennavert.

72. — Lorsqu'un jugement a permis à une partie de se mettre en possession de biens litigieux à la charge de payer provisoirement une certaine somme, les juges ne peuvent déclarer valables les offres qu'elle a faites d'une somme inférieure. — *Cass.*, 22 niv. an VII, Calvet c. Rochas.

73. — Sont, au contraire, suffisantes les offres que le débiteur de rentes en nature créées depuis le décret du 18-29 déc. 1790, et notamment sous l'empire du Code civil, fait d'un capital égal à vingt fois le produit de ces rentes; en d'autres termes, sur le pied du denier vingt. — *Poitiers*, 27 avr. 1831, Theronneau c. Commune de Saint-Sulpice.

74. — Les offres de remboursemens d'une rente exempte de retenue doivent comprendre non-seulement le capital, mais encore un dixième en sus. — *Cass.*, 24 vendém. an V, Belmont c. Lannot. — Un ordre du jour du 15 brum. an II a déclaré cette disposition applicable aux baux à locatairie perpétuelle. — Fœlix et Henrion, *Traité des rentes foncières*, p. 360.

75. — Les offres faites par un fermier du montant de ses fermages ont dû être déclarées nulles si elles ne comprenaient pas la dîme et la taille dont la loi du 10 avril 1791 le rendait comptable vis-à-vis du propriétaire. — Lois 10 déc. 1790, 10 avr. 1791.

76. — Mais des offres réelles ne sauraient être annulées sous prétexte que les intérêts n'ont pas été offerts à compter du jour où ils étaient dus, lorsque le débiteur a réparé cette omission par des offres supplétives. — *Paris*, 15 mars 1826, Lesage c. Amiot; *Cass.*, 18 nov. 1829, mêmes parties.

77. — Bien que, dans certains cas, les frais d'offres soient à la charge du créancier, l'officier ministériel ne peut les déduire sur la somme qu'il offre; car comme ces frais ne sont à la charge du créancier qu'autant qu'il laisse consigner, on ignore son intention. Par la déduction des frais, on s'exposerait à légitimer son refus. — Bioche et Goujet, *Dict. de procéd.*, vo *Offres réelles*, no 29. — *Contrà*, Pigeau, *Procéd.*, t. 2, p. 494.

78. — Cependant si le créancier avait gardé le silence, ou motivé son refus par d'autres raisons, la consignation serait valable. Mais, dans l'usage, on ne procède pas ainsi; les frais d'offres, s'ils sont à la charge du créancier, sont compris dans la liquidation des frais, qui a lieu après et non avant le procès. — Bioche et Goujet, *ibid.*

79. — Les offres sont-elles nulles, lorsqu'elles excèdent les sommes dues? Oui, selon certains auteurs, car le créancier ne peut être obligé de recevoir plus qu'il ne lui est dû, ni de s'exposer ainsi ultérieurement à une demande en restitution. — Merlin, *Rép.*, vo *Offres*, nos 2 et 3; Duranton, t. 12, no 205. — Non, selon d'autres, parce que le plus est contenu dans le moins. — Toullier, t. 7, no 193; Favard, *Rép.*, vo *Offres*, no 2. — M. Delvincourt fait des distinctions : il pense que les offres sont valables si elles sont de plusieurs choses parmi lesquelles le créancier puisse prendre celles qui lui sont dues, et laisser les autres; mais qu'elles sont nulles, si le créancier était obligé de rendre *de suo*. — Delvincourt, t. 2, p. 546.

80. — Nous croyons que les offres doivent être considérées comme nulles si le créancier a refusé parce qu'il ne pouvait rendre l'excédant, et que l'huissier ou le débiteur, au lieu de faire l'appoint, ait remporté la somme pour la consigner. Mais les offres devraient être réputées valables, si le créancier se bornait à refuser sans en dire la raison, ou s'il ne se trouvait pas à son domicile, ni personne pour lui. — Toullier, t. 7, no 194; Rolland de Villargues, *Rép.*, vo *Offres réelles*, no 30; Bioche et Goujet, *Dict. de procéd.*, vo *Offres réelles*, no 30.

81. — Ainsi : une partie n'est pas fondée à refuser pour la totalité les offres réelles que lui fait son adversaire, sous prétexte que ces offres comprennent des sommes qu'elle n'a pas le droit de recevoir par suite de la distraction accordée à son avoué. — *Nancy*, 26 déc. 1837 (t. 2 1843, p. 703), Mundavid c. Mouchot.

82. — Des offres réelles ne sont pas nulles, par cela seul que sur un point elles contiendraient un léger excédant. — *Poitiers*, 14 juill. 1819, Labastière c. Duguet.

83. — Jugé, au contraire, qu'avant le Code civil une consignation était nulle, lorsque la somme offerte en principal et intérêts était plus considérable que celle réellement due au créancier. — *Nîmes*, 21 mai 1806, Verdier c. Berard.

84. — La décision par laquelle une Cour d'appel déclare suffisantes ou insuffisantes des offres réelles constitue une appréciation de fait qui échappe à la censure de la Cour de cassation. — *Cass.*, 15 déc. 1829, Lemoine c. Boussières; 4 juill. 1838 (t. 2 1838, p. 39), de Chastenet c. Clerville.

85. — La somme offerte peut se composer soit d'espèces métalliques (or, argent ou billon dans la proportion déterminée vo MONNAIE), soit de papier-monnaie ayant cours légal. Les billets de la Banque de France, n'ayant pas alors cours forcé, pouvaient être refusés. — Avis *Cons. d'Etat*, 30 frim. an XIV.

86. — Ne sont point valables comme offres *réelles* celles par lesquelles le débiteur, au lieu d'offrir à deniers découverts à son créancier, la somme due, offre de lui consentir une délégation sur une tierce personne détentrice de fonds qui lui appartiennent. — *Bruxelles*, 5 déc. 1828, Devleeschouwer c. Willems.

§ 4. — *Des offres quand l'obligation est à terme.*

87. — Il faut que le terme soit échu *s'il a été stipulé en faveur du créancier* (C. civ., art. 1258, 4o). D'où il suit que les offres seraient valablement faites avant l'échéance, si le terme n'avait pas été stipulé en faveur du créancier. — Delvincourt, t. 2, p. 156, note 1. — *Contrà*, Duranton, t. 12, no 207.

88. — Le terme fixé pour le paiement d'une lettre de change étant stipulé dans l'intérêt du porteur aussi bien que dans celui du débiteur (C. comm., art. 146), des offres anticipées pourraient être refusées.

89. — Sous l'ancienne législation, les juges ne pouvaient déclarer valables les offres ayant pour objet le remboursement d'une somme avant le terme convenu entre les parties. — L. 23, ff. *De reg. juris*; L. 1re, § 6, ff., *Depos. vel contrà*; 1re, ff., *De pactis*; ord. 1510, 1539 (art. 134). — *Cass.*, 27 brum. an VI, Colin c. Lecointre.

§ 5. — *Des offres quand l'obligation est sous condition.*

90. — Il faut que la condition sous laquelle la dette a été contractée soit arrivée (C. civ., art. 1258, 5o). Toutefois, cela ne s'applique qu'à la condition suspensive, jusqu'à l'événement de laquelle il n'y a pas à proprement parler de dette. La condition résolutoire ne suspendant point l'obligation, le débiteur fait valablement des offres

tant que la condition ne s'est pas réalisée. — Duranton, t. 12, nos 208 et 209; Rolland de Villargues, *Rép.*, vo *Offres réelles*, nos 12 et 13.

91. — Les créanciers d'une dette contractée sous condition suspensive peut refuser les offres faites avant l'accomplissement de la condition, encore bien que le débiteur déclare d'avance renoncer à la répétition ; car alors il y aurait don, et nul n'est tenu d'accepter une donation. — Duranton, t. 12, no 208; Pigeau, *Proc.*, t. 2, p. 491.

92. — Si le débiteur, ignorant l'existence de la condition suspensive, avait fait des offres que le créancier eût acceptées, il y aurait lieu à répétition pour paiement de chose non due. Mais les offres pourraient devenir valables ultérieurement par l'accomplissement de la condition, dont l'effet rétroagirait au jour du contrat. — Pigeau, *Proc.*, t. 2, p. 491 ; Bioche et Goujet, *Dict. de proc.*, vo *Offres réelles*, no 35.

93. — Les offres réelles d'une amende, faites avant la condamnation, par un officier ministériel et spécialement par un notaire, pour contravention à la loi du 25 vent. an XI, sont nulles quand bien même le notaire serait déjà assigné pour le fait de la contravention, et quoique la quotité de l'amende fût invariablement fixée par la loi. — En pareil cas, le receveur de l'enregistrement, étant sans qualité pour recevoir cette amende, ne saurait être condamné aux dépens pour l'avoir refusée. — *Paris*, 25 juill. 1826, Cailleux.

§ 6. — *Du lieu où les offres doivent être faites et leur validité jugée.*

94. — Les offres réelles sont attributives de juridiction pour toutes parties, et la demande en validité de ces offres ne peut être formée que devant le tribunal dans l'arrondissement duquel demeure celui à qui elles sont faites. C'est en effet ce qui résulte de l'art. 815 C. proc. civ. — La demande en validité d'offres devant être formée d'après les règles établies pour les demandes principales, il en résulte que le débiteur ne peut assigner son créancier en validité d'offres que devant le tribunal du domicile de celui-ci, sans pouvoir le traduire devant le tribunal de l'arrondissement où il aura effectué la consignation. Le créancier devient défendeur à la demande en validité, et, à ce titre, il doit être ajourné devant le tribunal de son domicile : *Actor sequitur forum rei.* — *Poitiers*, 9 juin 1843 (t. 1er 1844, p. 803), Jollivet c. Staud et Monnereau.

95. — Les offres doivent être faites au lieu dont on est convenu pour le paiement; et s'il n'y a pas de convention spéciale pour le lieu du paiement, elles doivent être faites à la personne du créancier, ou à son domicile, ou au domicile élu pour l'exécution de la convention (C. civ., art. 1258, 6o). Ainsi, les offres diffèrent du paiement en ce qu'à moins de convention contraire, celui-ci se fait au domicile du débiteur, tandis que les offres se font au domicile du créancier. Le débiteur ne peut pas s'offrir à lui-même.

96. — La stipulation, dans un acte de vente, que le paiement du prix se fera en l'étude du notaire rédacteur de l'acte, emporte, de la part du débiteur, élection de domicile en ce lieu pour le paiement et, par sute, les offres réelles qui y sont faites sont valables. — *Bourges*, 6 déc. 1842 (t. 1er 1844, p. 515), Genty c. Sergaut.

97. — Jugé même que lorsque, dans une obligation, il a été stipulé un lieu pour le paiement, c'est dans ce lieu que doivent être faites non-seulement les offres réelles, mais encore la sommation d'assister à la consignation, quoiqu'un autre lieu ait été désigné pour l'exécution générale de l'acte. — *Orléans*, 4 janv. 1843 (t. 1er 1843, p. 137), Soupiron c. Simon.

98. — ... Et que le débiteur du prix d'un immeuble ne peut signifier des offres réelles de ce prix au domicile du vendeur, si l'acte de vente indique un domicile élu chez un tiers pour le paiement. — *Nancy*, 14 novemb. 1828, Guéret c. Lecoq.

99. — Sous l'édit de juin 1771 : le domicile élu par l'opposant au sceau des lettres de ratification était réputé son domicile réel, quant aux offres à lui faire et à l'assignation à lui donner pour assister à la consignation. — *Cass.*, 14 prair. an II, Maucler c. Gaudechaux.

100. — Sous les auspices de la loi du 18 déc. 1790 : les offres réelles qui ont pour objet le rachat d'une rente foncière ont dû être faites, à peine de nullité, au domicile du créancier, lorsque la rente serait portable. — *Cass.*, 23 messid. an IV, Mordelte c. Lecaillier.

101. — Les offres réelles des arrérages d'une rente constituée, faites *en parlant* au créancier trouvé dans la ville où la rente est payable, sont nulles, parce qu'elles n'ont pas été faites dans la maison même désignée pour le paiement par l'acte constitutif de la rente. — *Cass.*, 8 av. 1818, Mangin c. Delavua.

102. — Lorsque le débiteur est poursuivi par voie de saisie-exécution, il peut faire des offres réelles au domicile élu par le créancier dans le commandement (C. proc., art. 584), même dans le cas où un lieu a été convenu pour le paiement. — Delvincourt, *Cours de C. civ.*, t. 2, p. 159, note 3 ; Bioche et Goujet, *Dict. de proc.*, vo *Offres réelles*, no 46.

103. — Mais il doit réaliser les offres au lieu que la convention a déterminé pour le paiement. — *Cass.*, 28 av. 1814, Vaflard c. Duchauffour.

104. — En conséquence : les offres des arrérages d'une rente ne sont pas valablement réalisées au domicile élu par le commandement, lorsque la rente est portable ailleurs. — *Paris*, 10 avr. 1813, mêmes parties.

105. — Le débiteur peut-il également faire des offres réelles au domicile élu par le créancier dans un commandement tendant à saisie immobilière? L'affirmative nous paraît résulter de la combinaison des art. 1258 C. civ. et 673 C. pr. civ. — V., dans ce sens, *Nîmes*, 23 janv. 1827, Lattier c. Mandrin; *Cass.*, 12 janv. 1842 (t. 1er 1842, p. 374), Guebin c. de Boulen.

106. — Cependant, il a été décidé que le débiteur d'une rente constituée, poursuivi en expropriation forcée faute de paiement des arrérages, ne peut pas valablement faire des offres au domicile élu pour la poursuite. Il est tenu de les faire au domicile indiqué par le contrat de constitution. — *Rouen*, 25 juin 1812, Frondeville c. Godard.

107. — ... Que l'exception tracée à l'art. 1258 C. civ. par l'art. 584 C. proc. doit être restreinte au cas spécial de saisie-exécution et ne saurait être étendue à la saisie immobilière, régie par des règles différentes. — *Aix*, 24 fév. 1844 (t. 2, 1844, p. 471), Ricaud c. Bournaud ; *Toulouse*, 30 juill. 1844 (t. 2 1844, p. 628), Calamus c. Cargues. — V., *contrà*, *Nîmes*, 23 janv. 1827, Lattier c. Mandrin.

108. — Il en est de même lorsque les offres réelles sont faites non par le débiteur, mais, pour lui, par une caution solidaire. — *Cass.*, 12 janvier 1842 (t. 1er 1842, p. 374), Guébin c. de Boulen.

109. — La caution solidaire est autorisée à faire des offres réelles au domicile élu par le créancier dans le commandement qu'il a fait au débiteur principal. — *Orléans*, 8 déc. 1840 (t. 1er 1841, p. 468), mêmes parties.

110. — Les offres sont encore valablement faites au domicile élu par le créancier dans le commandement tendant à saisie-brandon. — Bioche et Goujet, *Dict. proc.*, vo *Offres réelles*, no 47.

111. — Si aucune élection de domicile n'a été faite dans le lieu convenu pour le paiement, Delvincourt (t. 2, p. 159, note 3) pense qu'il y a lieu d'appliquer les dispositions de l'art. 69, § 8 C. pr.; Toullier (no 197) et Favard (*Rép.*, vo *Offres*, nos 2, 6o) sont d'avis d'assigner le créancier à son domicile réel, pour le faire condamner à élire un domicile au lieu convenu : faute de quoi le débiteur pourra consigner. Il est beaucoup plus simple et non moins régulier, dirons-nous avec Bioche et Goujet (*Dict. de pr.*, vo *Offres réelles*, no 45), de faire les offres au domicile réel du créancier, en déclarant être prêt à les réaliser au domicile qu'il désignera dans le lieu du paiement.

112. — Des offres réelles sont valablement faites au domicile du créancier, en parlant à sa servante. — *Poitiers*, 14 juillet 1819, Labastière c. Duguet.

113. — L'acquéreur assigné en résolution de la vente pour défaut de paiement du prix ne peut, en offrant de payer à l'audience, couvrir la nullité des offres réelles qu'il aurait faites au domicile réel de son créancier, et qu'il devait faire au domicile élu. — *Nancy*, 14 nov. 1828, Guéret c. Lecoq.

114. — De même des offres faites *sur la barre*, en cause d'appel, ne peuvent équivaloir à des offres réelles à domicile pour éviter la peine pécuniaire encourue. — *Paris*, 24 janv. 1815, Leblond c. Surcouf.

115. — Jugé toutefois que les offres faites pour écarter un cessionnaire de droits successifs, conformément à l'art. 841 C. civ., peuvent, quoiqu'elles n'aient eu lieu que labialement, être déclarées valables, à la charge de les réaliser lors de la signification de l'arrêt. — *Colmar*, 11 mars 1807, Hertzog c. N.....

116. — Dans le cas où un créancier a été sommé par son débiteur de se trouver chez un notaire à jour et heure indiqués afin d'y recevoir les offres réelles du montant de sa créance : si, à l'heure précise qui a été donnée, le débiteur n'exhibe pas les deniers destinés au paiement, le créancier a le droit de se retirer; et, par suite, les offres faites même peu d'instans après sa retraite doivent être déclarées irrégulières et nulles. — *Cass.*, 7 déc. 1840 (t. 1er 1841, p. 322), Lenud c. Lambert.

117. — Quand le créancier demeure hors du continent ou à l'étranger, et qu'il n'a pas élu de domicile en France, il y a lieu d'appliquer les art. 68 et 69 § 8 et 9 du C. de procéd. Mais les art. 813 et 814 se trouvent nécessairement modifiés. On ne pourait présumer que le législateur ait voulu astreindre le débiteur à envoyer ses fonds et ses pouvoirs en pays étranger. — Le créancier doit s'imputer de n'avoir pas élu un domicile en France pour le paiement. Dès lors on doit considérer le silence du procureur de la République comme refus; et le débiteur peut consigner, en se conformant à l'art. 1259 C. civ. — Bioche et Goujet, *Dict. de proc.*, vo *Offres réelles*, nos 49 et 50.

118. — Le débiteur est-il obligé de remporter la chose quand le créancier refuse de la recevoir? La négative semblerait résulter de la L. 1, § 3, ff. *De peric. et commod. rei vendit.* Mais cette décision ne devrait pas être suivie parmi nous. Le débiteur ne pourrait ainsi abandonner la chose, quelque préjudice qui dût en résulter pour lui; sauf les dommages-intérêts qu'il aurait le droit de réclamer du créancier. Il devrait du moins en référer au juge, pour faire ordonner le dépôt de la chose, dans un lieu qui serait indiqué, aux frais et risques du créancier. — Rolland de Villargues *Rép.*, vo *Offres*, no 30.

119. — Si la chose due est un corps certain livrable au lieu où il se trouve, le débiteur doit sommer le créancier de l'enlever; par acte notifié à personne ou à domicile, ou au domicile élu pour l'exécution. — C. civ., 1264.

120. — Le créancier qui a fait juger les offres valables a droit de se faire rembourser des frais qu'ont occasionnés les offres faites au domicile du créancier; car il ne doit pas souffrir de la mauvaise volonté de ce dernier. — Delvincourt, t. 2, p. 157, note 8.

121. — La demande en validité des offres doit, lorsqu'elle est principale, être portée devant le tribunal du lieu où les offres ont été faites; car ce lieu est celui du domicile, soit réel, soit d'élection, du créancier, qui, dans tous les cas, doit être considéré comme le défendeur. — Carré, *Lois de la proc.*, no 2790; Lepage, p. 466; *Pratic. franç.*, t. 7, p. 67; Bioche et Goujet, *Dict. de proc.*, vo *Offres réelles*, no 71.

122. — Quand la demande en validité des offres est incidente, c'est le tribunal saisi de la contestation qui a donné lieu aux offres qui est seul compétent. — Carré, *Lois de la proc.*, no 2790; Demiau, sur l'art. 815 ; Berriat, *Proc. civ.*, p. 646; Roger, *Saisie-arrêt*, no 517; Bioche et Goujet, *Droit de proc.*, vo *Offres réelles*, no 67.

123. — Ainsi, dans le cas où, par suite d'une exception à la demande en validité d'une saisie-arrêt, le débiteur saisi a fait des offres réelles à son créancier, ce n'est pas devant le tribunal du domicile de ce créancier, mais bien devant celui qui doit statuer sur le mérite de la saisie, que doit être portée la demande en validité des offres. — *Paris*, 9 floréal an XI, Sinetty c. Brancas.

124. — Jugé qu'en matière de saisie immobilière l'élection de domicile, dans le commandement préparatoire, au lieu du domicile du débiteur, indépendamment de celle prescrite au lieu où siége le tribunal de la situation des biens, n'est pas attributive de juridiction aux juges de ce domicile éphémère, pour connaître du mérite des offres réelles que le débiteur y a faites. — *Cass.*, 16 (et non 10) déc. 1807, Cambier c. Diedman.

125. — Et que la demande en validité d'offres réelles faites au domicile élu dans un commandement tendant à saisie-exécution doit être portée non devant le tribunal de ce domicile, mais devant celui qui a rendu le jugement de l'exécution duquel il s'agit. — *Paris*, 15 juin 1814, Mariette c. Chaulieu.

§ 7. — *Quel officier a caractère pour faire les offres.*

126. — Aux termes de l'art. 1258, 7o, C. civ., les offres réelles doivent être faites par un officier ministériel ayant caractère pour ces sortes d'actes.

127. — Ces expressions désignent évidemment les huissiers.

128. — Mais, bien qu'on doive ranger dans la classe d'officiers ministériels les avoués et les greffiers, les premiers n'ont pas caractère pour dresser un procès-verbal d'offres, et les seconds ne pourraient le faire que dans le cas d'offres réelles faites à l'audience et dont le juge aurait donné acte. — Toullier, t. 7, n° 199.

129. — *Quid* des notaires? — Autrefois l'usage les admettait à rédiger les procès-verbaux d'office, concurremment avec les huissiers. — Denisart, v° *Offres*, n° 15; Duparc-Poullain, *Principes du droit*, t. 6, n° 156. — Cet usage nous paraît devoir être encore suivi. Le C. de comm. donne en effet aux notaires pouvoir de faire les protêts. D'ailleurs les notaires sont les officiers ministériels de la justice volontaire comme les huissiers le sont de la justice contentieuse. — *Agen* 17 mai 1836 (t. 1er 1837, p. 368), Agut et Libespère c. Salles; *Bordeaux*, 30 juin 1836, Laville; *Lyon*, 14 mars 1827, Lagier c. Rigaudon. — Toullier, t. 7, n° 201; Hautefeuille, p. 445; Favard, *Rép.*, v° *Offres réelles*, n° 2.

130. — Toutefois, Rolland de Villargues (*Rép.*, v° *Offres réelles*, n° 18) pense qu'une pareille interprétation de l'art. 1258 n'est pas à l'abri de toute critique; car cet arrêt ne dit pas seulement que les offres seront faites par un officier ministériel, il ajoute: *ayant caractère pour ces sortes d'actes*.

131. — Si le procès-verbal d'offres contenait, outre la sommation de les recevoir, assignation soit pour faire valider les offres, soit pour faire ordonner la consignation, un huissier seul serait compétent. — Toullier, t. 7, n° 201; Bioche et Goujet, *Dictionn. de proc.*, v° *Offres réelles*, n° 53. — Il en serait autrement d'une simple sommation d'assister à la consignation.

132. — Lorsque c'est un huissier qui fait les offres, il n'a pas besoin d'être assisté de deux témoins, bien que cela soit exigé pour les protêts (C. comm., 173) et pour les saisies-exécutions (C. pr., 585), car les nullités ne sauraient être étendues d'un cas à l'autre. — Toullier, t. 7, n° 200.

133. — Mais si c'est un notaire qui instrumente, il doit, comme pour les autres actes de son ministère, être assisté d'un notaire en second ou de deux témoins. — Bioche et Goujet, *Dict. de proc.*, v° *Offres réelles*, n° 34.

§ 8. — *Du procès-verbal d'offres. — De l'acceptation ou du refus du créancier.*

134. — Les offres réelles se font par un procès-verbal. Cette forme est employée (et non la requête signifiée d'avoué à avoué) lors même que les offres se font incidemment à une contestation existante. — Bioche et Goujet, *Dict. de proc.*, v° *Offres réelles*, n° 54.

135. — Si les parties se trouvant devant un notaire ou un juge de paix, l'une d'elles faisait des offres réelles, ces offres seraient valablement constatées par le procès-verbal qu'en dresserait le notaire ou même le juge de paix, car il y aurait preuve authentique du refus du créancier. — Thomine, t. 2, p. 405.

136. — Tout procès-verbal d'offres doit désigner l'objet offert, de manière qu'on ne puisse y en substituer un autre; et si ce sont des espèces, il doit en contenir l'énumération et la qualité. — C. proc., 812; C. civ., 1259, 3°.

137. — La nullité résultant de ce que le procès-verbal n'énumère pas les espèces offertes, n'est pas couverte par des défenses au fond. — *Besançon*, 5 mai 1813, Cretin c. Bailly.

138. — Jugé en ce sens que, pour être valables, des offres réelles faites en assignats doivent spécifier les valeur, série et numéros des assignats offerts. — *Colmar*, 9 mai 1807, Boglin c. Lutz.

139. — Un procès-verbal d'offres réelles désigne suffisamment l'objet offert, lorsque l'huissier y constate qu'il a exhibé en évidence les effets publics tels qu'ils ont été spécifiés par le contrat. — *Bruxelles*, 16 avr. 1816, Seunick c. Osy.

140. — Avant le C. civil, une consignation était nulle lorsque le titre de l'obligation était énoncé sous une fausse date dans les procès-verbaux d'offres et dépôts. — *Nîmes*, 21 mai 1806, Verdier c. Bérard. — Il nous semble qu'il n'en saurait être ainsi sous le Code civil, si, malgré la mention d'une fausse date, le créancier ne doit pas être induit en erreur sur l'obligation dont il s'agit.

141. — Si les offres consistent en choses fongibles, le procès-verbal doit en constater le poids ou la mesure, la nature ou la qualité, et s'il est possible leur valeur comparative. — Carré, *Lois de la proc.*, n° 2781; Bioche et Goujet, *Dict. de procéd.*, v° *Offres réelles*, n° 57.

142. — Le procès-verbal doit faire mention de la réponse, du refus ou de l'acceptation du créancier, et s'il a signé, refusé ou déclaré ne pouvoir signer. — C. proc., art. 813.

143. — Un procès-verbal d'offres n'est pas nul par cela seul qu'il ne fait pas mention de la réponse du créancier; on suppose alors qu'il n'en a pas fait. — Thomines, t. 2, p. 405.

144. — Lors même que le créancier n'aurait pas été trouvé chez lui, les offres n'en seraient pas moins valables. Car si l'art. 813 C. procéd. exige que le procès-verbal fasse mention de la réponse du créancier, celui-ci ne saurait avoir le pouvoir de rendre les offres impossibles en s'obstinant à ne pas se présenter. D'ailleurs l'art. 1258, 6°, permet de faire les offres au domicile comme à la personne du créancier. — Bioche et Goujet, *Dict. de proc.*, v° *Offres réelles*, n° 63.

145. — Cependant des offres réelles et une consignation faites à un avocat à une heure où il était, à la connaissance de la partie, occupé au palais, et par conséquent hors de son domicile, et lors desquelles on n'a laissé qu'un délai d'une demi-heure entre les offres et la consignation, peuvent être considérées comme nulles, quoique d'ailleurs elles soient régulières. — *Cass.*, 6 av. 1830, Lefebvre c. Pierrot.

146. — Si le créancier accepte les offres, l'officier ministériel exécute le paiement; et se charge du titre, qui lui est remis quittancé. — Toullier, t. 7, n° 203; Pigeau, t. 2 p. 494; Rolland de Villargues, *Rép.*, v° *Offres réelles*, n° 23. — Si le créancier ne savait pas signer, la mention du paiement dans le procès-verbal tiendrait lieu de quittance si ce procès-verbal était dressé par un notaire; mais il en serait autrement si le procès-verbal était reçu par un huissier. — Favart, *Rép.*, v° *Offres*, n° 4; Bioche et Goujet, *Dict. de proc.*, v° *Offres réelles*, n° 60.

147. — Bien que les procès-verbaux d'offres dressés par les huissiers fassent foi, jusqu'à inscription de faux, de l'acceptation ou du refus des offres, les autres reconnaissances ou déclarations insérées dans ces procès-verbaux ne peuvent préjudicier au créancier qui refuse de les signer. — *Douai*, 31 janv. 1839 (t. 2 1841, p. 268) Deroide c. Chassaing.

148. — Les frais des offres acceptées sont à la charge du débiteur s'il était obligé de payer au domicile du créancier, car il doit supporter les frais de paiement. — Toullier, t. 7, n° 203 et 219. — Delvincourt pense, au contraire, que ces frais sont à la charge du créancier parce qu'il est présumable que le débiteur a fait préalablement des offres amiables au créancier. — Mais une simple conjecture ne suffit pas pour faire supporter au créancier des frais que la loi met à la charge du débiteur. — Toullier, *ibid.*; Duranton, t. 12, n° 224.

149. — Si le créancier refuse, il fait mention des motifs de ce refus; et l'officier ministériel peut lui faire, par le même acte, sommation de se trouver au jour, à l'heure et au lieu indiqués pour voir procéder à la consignation. — C. proc., art. 814. — Toullier, t. 7, n° 207; Bioche et Goujet, *Dict. de proc.*, v° *Offres réelles*, n° 61.

150. — Lorsque le créancier n'accepte pas, il doit lui être laissé copie du procès-verbal d'offres; car il faut qu'il puisse méditer sur la nature des offres qui lui sont faites. — Duranton, t. 12, n° 216.

151. — Suivant les dispositions du Code de procédure, et la jurisprudence de la Cour de cassation, il doit, à peine de nullité, être donné copie des actes d'offres à chaque partie ayant un intérêt distinct et séparé; mais comme les nullités de procédure peuvent se couvrir par la conduite postérieure des parties, si les personnes à qui ces offres étaient faites les ont acceptées, en se réservant seulement de les critiquer comme insuffisantes, la nullité dont il s'agit se trouve couverte. *Besançon*, 23 déc. 1825, N...

152. — Quand le créancier n'a pas accepté les offres et que le débiteur n'a pas consigné, les frais doivent être supportés par ce dernier; car en s'abstenant de consigner il reconnaît l'insuffisance de ses offres. — Delvincourt, t. 2, p. 157, note 8; Bioche et Goujet, *Dict. de procéd.*, v° *Offres réelles*, n° 91.

153. — Lorsqu'après avoir refusé les offres, le créancier veut les accepter pour éviter la consignation, il peut le déclarer par l'intermédiaire d'un officier ministériel au domicile du débiteur, lequel paie entre ses mains et reçoit quittance. Si le débiteur n'est pas chez lui, il doit lui être fait sommation de réaliser tel jour, à telle heure et dans tel lieu la somme offerte, déclarant le créancier qu'il est prêt à en donner quittance. — Pigeau, *Procéd.*, t. 2, p. 495; Bioche et Goujet, *Dict. de procéd.*, v° *Offres réelles*, n° 64.

154. — La partie qui a fait des offres ou donné des consentemens en justice peut les retirer tant qu'ils n'ont pas été acceptés. — *Paris*, 8 fév. 1812, de Bonnay c. de Bonnay de la Rouvrelle. — V. *suprà* n° 223. — Il en est de même, encore bien que les offres aient été suivies de consignation.

155. — Des offres faites en justice ne sont point obligatoires si elles n'ont point été acceptées, surtout dans une cause intéressant les biens d'un mineur. — *Toulouse*, 29 fév. 1844 (t. 2 1844, p. 47), de Portes c. Noyers et Marquié-Cussol.

156. — Tant qu'elles n'ont point été acceptées, celui qui les a faites peut les rétracter; et, dans ce cas, l'arrêt qui refuse de donner acte desdites offres au créancier ne viole aucun contrat judiciaire. — *Cass.*, 26 déc. 1842 (t. 1er 1843, p. 628), Coste-Milliard c. Actionnaires de la société des mines du Ragny et des Perrins. — V. CONTRAT JUDICIAIRE. — V. encore sous *Cass.*, 8 avr. 1835, Razaud c. Pascal.

157. — Lorsque, pour une obligation indivisible, des offres ont été faites à plusieurs personnes, il faut, pour qu'elles ne puissent plus être rétractées, qu'elles soient acceptées par tous ceux à qui elles ont été adressées. — *Cass.*, 4 juil. 1810, Robillard c. Amey-Désaulnais.

158. — Les offres réelles qui ont été refusées ne peuvent être opposées au débiteur. Jugé en conséquence :

159. — ...Que des offres réelles faites pour échapper à des poursuites exercées en vertu d'un jugement rendu en dernier ressort, ne rendent pas non recevable à se pourvoir en cassation contre ce jugement. — *Cass.*, 20 prair. an IX, C... c. Enregistrement.

160. — ... Que si le débiteur d'une vente constituée a fait des offres de capital qui n'ont été ni acceptées ni suivies d'aucun effet, il ne saurait être pour cela ultérieurement contraint par le créancier au remboursement. — *Cass.*, 3 janv. 1809, Duteil c. Berger.

161. — ...Que celui qui, condamné en des dommages-intérêts à régler par experts, fait des offres qui ne sont pas acceptées, ne peut être ni tenu de payer plus que la somme arbitrée, quoique inférieure aux offres, ni condamné aux frais de l'expertise. — *Colmar*, 3 mai 1811, Klinglin c. Borach.

162. — ... Que des offres refusées ne sont pas obligatoires, et la partie qui les a faites ne peut être condamnée aux frais qui ont eu lieu jusqu'aux offres. — *Angers*, 26 mars 1820, Durdan c. Baudri.

163. — ... Que les offres de paiement d'une obligation qui n'ont pas été acceptées ne peuvent pas être considérées comme une exécution volontaire qui rende celui qui les a faites non recevable à demander ensuite la nullité de l'obligation. — *Cass.*, 8 avr. 1835, Razan c. Pascal.

164. — ... Qu'en droit, le juge ne doit ni poser une question ni donner des motifs sur une prétention qui ne lui est pas soumise, ni s'arrêter à une offre non acceptée, laquelle, par conséquent, ne peut ni constituer un aveu judiciaire, ni obtenir l'autorité de la chose jugée. Spécialement, lorsque, sur une demande à fin de passage, fondée uniquement sur une longue possession et sur un document écrit, le défendeur a, sans que l'offre ait été acceptée, offert le passage moyennant indemnité dans les termes de l'art. 682, on ne peut dire que l'arrêt qui se borne à rejeter la demande comme mal fondée, sans s'expliquer sur les offres et sur l'application de l'art. 682, soit nul pour défaut de motifs et ait méconnu les principes de l'aveu judiciaire. — *Cass.*, 18 déc. 1837 (t. 1er 1838, p. 48), Taté c. Coustant.

165. — Jugé cependant que des offres réelles non suivies de consignation doivent être considérées comme une reconnaissance de la dette qui interrompt la prescription. — *Paris*, 20 juil. 1808, Fournier c. Foulon.

166. — Des offres faites par une partie en première instance ne peuvent être déniées en cause d'appel, bien qu'elles ne soient constatées que par les *motifs* du jugement. — *Colmar*, 2 déc. 1815, Sutter c. Selmersheim et Hucher.

Sect. 3e. — *De la consignation.*

§ 1er. — *De la nécessité de la consignation. — Délai. — Procédure en validité.*

167. — Nous considérons ici la consignation

en tant qu'elle a lieu par suite des offres dont elle est en quelque sorte le complément; mais dans certains cas la consignation est forcée, alors elle n'a pas besoin d'être précédée d'offres réelles. — V. CONSIGNATION.

168. — Les offres réelles, même jugées valables ne suffisent pas pour opérer la libération du débiteur et tenir lieu de paiement à son égard; il faut de plus la consignation dans un dépôt public de la chose offerte, à l'exception de celles qui n'en sont pas susceptibles par leur nature. — C. civ. 1257, C. procéd. 814. — *Toulouse*, 23 mai 1835, Escaid c. Roudeille; 13 nov. 1835, Becquié c. Rousseau. — Duranton, t. 12, n° 218.

169. — En conséquence le détenteur d'immeubles à titre de réméré, qui a obtenu un délai pour rembourser, est déchu de son droit si, dans ce délai, il a seulement fait des offres sans consignation. — Même arrêt. — V. VENTE A RÉMÉRÉ.

170. — Pour que le débiteur saisi puisse faire surseoir à l'adjudication définitive qui va avoir lieu, il faut, aux termes des art. 693 et 694 C. proc. civ. et 1258 et suiv. C. civ., que les offres réelles qu'il fait, si elles sont refusées, soient consignées préalablement et égales au montant des créances inscrites. Ainsi le dépôt d'un sac d'argent sur le bureau de l'huissier audiencier, au moment de l'ouverture des enchères, ne saurait empêcher la continuation des poursuites, alors surtout que les espèces ne sont pas nombrées, qu'on n'indique pas la part afférente soit au créancier saisissant, soit au créancier intervenant, et qu'on ne leur offre qu'une somme en masse, bien qu'il soit déclaré par l'avoué du débiteur qu'elle est suffisante pour les désintéresser. — *Cass.*, 18 fév. 1840 (t. 1er 1840, p. 644), Beaumont c. Saudemont.

171. — Toutefois, pour que les offres réelles puissent empêcher l'effet de la clause résolutoire, il n'est pas indispensable qu'elles soient suivies de consignations. — *Cass.*, 18 mai 1829, Papalhiou c. Latapie.

172. — Dans tous les cas, l'arrêt qui décide l'affirmative est à l'abri de la cassation par cela seul que, indépendamment des motifs tirés du droit, il juge en fait que les offres n'étaient pas sérieuses. — Même arrêt.

173. — La consignation qui n'a été précédée que d'une simple promesse d'offres, lesquelles ont été réalisées seulement à l'audience, n'est pas valable. — *Cass.*, 28 vent. an VI, Bonnet c. Sulot.

174. — Lorsqu'un défenseur fait des offres qui paraissent suffisantes, comme de fournir le titre nouvel qu'on lui demande, les juges ne doivent pas se contenter de le renvoyer de la demande, sous le mérite de ces offres, ils doivent encore le condamner à les réaliser. — *Colmar*, 11 janv. 1821, Burger et Foccard c. Rebhuhn.

175. — La loi n'a point déterminé le temps où doit être faite la consignation. C'est donc aux juges à décider, par les circonstances, si le temps qui s'est écoulé entre les offres et la consignation suffit pour en induire que le débiteur n'a pas persisté et qu'il a continué d'employer à son profit la somme offerte ostensiblement. — Toullier, t. 7, n° 233; Rolland de Villargues, *Rép.*, v° *Consignation*, n° 19.

176. — Ainsi des offres réelles ne sont pas nulles en ce qu'elles n'auraient point été suivies de consignation dans les vingt-quatre heures, cette nullité n'étant pas prononcée par la loi. — *Cass.*, 5 déc. 1826, Chabanier c. Clermont.

177. — Avant le Code, c'était un point controversé que de savoir si le débiteur pouvait, pour se libérer, consigner sans en avoir obtenu l'autorisation de la justice. — Duranton, t. 12, n° 219.

178. — Aujourd'hui, il n'est pas nécessaire, pour la validité de la consignation, qu'elle ait été autorisée par le juge. — C. proc. 1256. — Duranton, t. 12, n° 219; Toullier, t. 7, n° 286; Merlin, *Rép.*, v° *Consignation*, n° 24.

179. — Jugé, dans ce sens, qu'avant le Code il fallait, pour qu'une consignation fût valable, qu'elle eût été préalablement autorisée par ordonnance du juge. — *Cass.*, 11 prair. an X, Tirel c. Lancry.

180. — ... Ou par un jugement. — *Metz*, 6 fév. 1819, Dubois c. Varlet.

181. — Une consignation qui, avant le Code civil et le Code de procédure, avait été autorisée par un jugement, n'était pas valable si elle n'avait pas été précédée d'offres réelles. — *Rennes*, 16 août 1820, Brillaud-Laujardière c. Monty.

182. — Jugé, au contraire, que sous l'empire du droit écrit, si un jugement avait autorisé le débiteur à consigner par suite d'offres réelles faites à l'audience, il n'était pas nécessaire pour la validité de la consignation que les offres fussent réitérées au créancier. — L. 9, C., *De solut.* — *Cass.*, 16 vent. an XI, Julien c. Michel.

183. — C'est aux tribunaux, et non à l'autorité administrative, à juger de la validité d'un dépôt fait dans la caisse du receveur de l'enregistrement, en exécution d'un ordre émané de l'autorité judiciaire. — *Cons. d'Etat*, 30 sept. 1814, Eön c. Dacosta. — Cormenin, *Droit administ.*, v° *Rentes et remboursement*, t. 2, p. 414.

184. — Lorsqu'une Cour a ordonné qu'un débiteur réaliserait après la liquidation de la créance, les offres qu'il a déjà faites, sans l'autoriser à retirer les sommes qu'il a consignées, ce débiteur peut se pourvoir devant la Cour pour être autorisé à les retirer. — *Cass.*, 25 avril 1812, Hannoye c. Boulanger.

185. — Lorsqu'une saisie a été pratiquée en vertu d'un exécutoire de dépens délivré par une Cour, le débiteur saisi ne peut, après avoir consigné la somme demandée, assigner son créancier devant la Cour en nullité de la saisie et en validité de la consignation. — *Agen*, 26 déc. 1812, Roques c. Guitlard.

186. — La nullité d'une consignation n'est pas, comme une nullité d'exploit, couverte par la procédure ultérieure. — *Rennes*, 28 avril 1813, N....

§ 2. — *Des conditions nécessaires pour la validité de la consignation.*

187. — Quatre conditions sont imposées pour la validité de la consignation. — C. civ., art. 1259.

188. — 1° Il faut que la consignation ait été précédée d'une sommation signifiée au créancier, et contenant l'indication du jour, de l'heure et du lieu où la chose offerte sera déposée (C. civ., art. 1259, 1°). — C'est pour laisser jusqu'au dernier moment au créancier la faculté de prévenir la consignation. — Toullier, t. 7, n° 207.

189. — Cette formalité n'était prescrite par aucune loi avant le Code. Toutefois, Pothier (*Oblig.*, nos 543 et 544) la considérait comme indispensable.

190. — Mais la jurisprudence n'était pas conforme à son opinion. Ainsi l'on décidait qu'il n'était pas nécessaire, pour la validité d'une consignation, qu'elle fût précédée d'une sommation au créancier d'être présent. — *Cass.*, 20 flor. an X, Jacquépée c. Leroi.

191. — ... Alors surtout que les offres réelles avaient été autorisées par un jugement. — *Cass.*, 20 brum. an XIV, Laulhé et Darracq c. Samouzet.

192. — Jugé, au contraire, qu'il fallait que le jugement qui autorisait la consignation fût signifiée au créancier avec sommation de se trouver aux jour, heure et lieu fixés pour la consignation. — *Metz*, 6 fév. 1819, Dubois c. Varlet.

193. — Avant le Code civil, la consignation faite par le débiteur le lendemain avant midi de la signification faite la veille après midi, du jugement qui autorisait cette consignation, ne pouvait être attaquée par un créancier pour cause de clandestinité et défaut d'ajournement. — *Cass.*, 20 flor. an X, Jacquépée c. Leroi.

194. — Une consignation est nulle lorsqu'elle a été faite à plusieurs reprises et que le créancier n'y a pas été appelé. — *Colmar*, 9 mai 1807, Boglin c. Lutz.

195. — Les notaires ont, comme les huissiers, qualité pour faire la sommation d'assister à la consignation des offres; car cet acte doit être considéré non comme une assignation, mais comme un simple avertissement qui n'est que la suite immédiate du procès-verbal d'offres. — *Agen*, 17 mai 1836 (t. 1er 1837, p. 368) Agut et Libespère c. Salles.

196. — 2° Il faut que le débiteur se soit dessaisi de la chose offerte en la remettant dans le dépôt indiqué par la loi pour recevoir les consignations avec les intérêts jusqu'au jour du dépôt. — C. civ., art. 1259, 2°.

197. — C'est de toute la chose offerte que le débiteur doit se dessaisir. Ainsi est nulle la consignation d'une somme inférieure à celle offerte, bien que la partie de la dette non consignée ne fût pas exigible. — *Rennes*, 21 avril 1816, N....

198. — A partir de quelle époque cessent de courir les intérêts qui doivent être consignés? — Toullier (t. 7, n° 220 à 230) est d'avis que les offres arrêtent le cours des intérêts. Il est vrai que l'art. 1259 exige que le débiteur consigne les intérêts jusqu'au jour du dépôt; ainsi il y aurait contradiction avec l'art. 1257. Mais elle disparaît en ce que l'art. 816 du C. procéd. a dérogé à l'art. 1259 en prescrivant que, dans le cas où la consignation n'aurait pas eu lieu, le jugement de validité des offres l'ordonnera et prononcera la cessation des intérêts du jour de la réalisation. — Suivant Merlin, *Rép.*, v° *Offre*, n° 3; Pigeau, *Procéd.*, t. 2, p. 503; Delaporte, *Pand. franc.*, t. 2, p. 547 et suivantes; Duranton, t. 12, nos 222 et 223, il faut entendre par réalisation l'acte par lequel le débiteur, sur la demande en validité ou en nullité des offres, les réitère à l'audience: les intérêts courent jusqu'au jour de cette réalisation; et l'art. 1259 s'applique seulement au dépôt fait sur une consignation volontaire du débiteur, sans contestation sur les offres. — Enfin, d'autres auteurs, dont l'opinion nous semble devoir être suivie, pensent que par la réalisation dont parle l'art. 816 C. proc. il faut entendre celle du dépôt et non des offres; qu'il n'y a nulle dérogation à l'art. 1259, et que dès lors c'est la consignation seule qui fait cesser le cours des intérêts. — Tarrible, *Rapport au tribunat*; Favard, *Rép.*, t. 4, p. 34; Carré, t. 3, p. 141; Demiau, p. 496; Berriat, p. 645, note; Hautefeuille, p. 449; Lepage, p. 548; Rolland de Villargues, *Rép.*, v° *Consignation*, nos 18 et 52.

199. — Jugé dans ce dernier sens que les intérêts sont dus jusqu'au jour du dépôt ou de la consignation. — *Riom*, 16 nov. 1808, Astic c. Desraymond; *Colmar*, 10 nov. 1815, Marx et Weyl c. Ricard; *Bordeaux*, 15 janv. 1833, Terrens c. Dupuy.

200. — Les offres réelles faites pour parvenir au rachat ne font pas cesser le droit aux fruits de l'acquéreur, tant qu'elles n'ont pas été suivies de consignation. — *Riom*, 12 mars 1818, Hugon c. Bonafoux.

201. — Il en était de même avant le C. civil. — *Paris*, 13 nivôse an XII, Séjean c. Fournier.

202. — ... Et sous l'empire du droit écrit. — L. 7, ff., *De usuris*; L. 19, C., *eod. tit.* — *Nîmes*, 7 mars 1816, Peytavin c. Bros. — Cependant, du temps de Dumoulin et de Loyseau, on pensait que les offres réelles suffisaient pour faire cesser le cours des intérêts, quoique non suivies de consignation: « *Sola oblatio*, dit le premier, *cursum usurarum sistit* » (*De usur.*, nis 296 *et seq.*); ce que répète le second (*Du déguerpissement*, liv. 5, chap. 9, n° 19).

203. — Toutefois, une consignation faite à la suite d'offres réelles a pu être jugée suffisante, quoiqu'elle ne comprît pas les intérêts jusqu'au jour de la consignation mais seulement jusqu'au jour des offres, si cette consignation a été retardée par le fait du créancier. — *Cass.*, 27 floréal an X, Natey c. Duvivier.

204. — Dans les consignations forcées, l'omission des intérêts n'entraîne pas la nullité de la consignation du principal. — *Toulouse*, 22 nov. 1820, Laporte c. Fauré.

205. — Sous l'empire du droit écrit, la consignation par suite d'offres réelles d'une somme, même modique, n'était point valable lorsqu'elle était faite entre les mains d'un individu sans caractère public (L. 9, C., *De solut.*). — *Cass.*, 2 messidor an X, Gardera c. Lacausse.

206. — Aujourd'hui, la consignation des sommes d'argent se fait à la caisse des dépôts et consignations. — Elle se faisait auparavant à la caisse d'amortissement. — V. CAISSE DES CONSIGNATIONS, CONSIGNATIONS.

207. — La consignation faite dans le lieu du domicile élu par l'acte de vente est valable. — *Paris*, 15 mai 1816, Porlier c. Portefin.

208. — Lorsque la chose due est un corps certain livrable au lieu où il se trouve, si le créancier, sur la sommation qui lui est faite, n'enlève pas la chose, et que le débiteur ait besoin du lieu où elle est placée, celui-ci peut obtenir de la justice la permission de la mettre en dépôt dans quelque autre lieu. — C. civ. 1264.

209. — Il y a lieu de procéder de la même manière lorsqu'il s'agit d'une chose indéterminée ou d'une quotité de choses fragiles. — Toullier, t. 7, n° 212; Duranton, t. 12, n° 221.

210. — Lorsqu'il s'agit d'un corps certain et déterminé, Delvincourt (t. 12, p. 65) pense que la sommation d'enlever équivaut à des offres et à la consignation et met la chose aux risques du créancier. Duranton (t. 12, p. 220) est d'avis que le débiteur doit faire ordonner le dépôt de la chose dans un autre lieu, pour être dégagé de toute responsabilité relative à la garde de l'objet. Enfin Toullier (t. 7, n° 212) dit que le débiteur doit faire notifier le jugement au créancier, en lui indiquant le jour où il le fera exécuter, en transportant la chose dans le lieu désigné où elle demeurera aux risques et périls de ce créancier.

211. — 3° Il faut qu'il y ait eu procès-verbal dressé par l'officier ministériel de la nature des pièces offertes, du refus du créancier, ou de sa non-comparution, et enfin du dépôt. — C. civ. 1259, 3°.

212. — Il en était de même sous l'ancienne jurisprudence. — *Metz*, 6 févr. 1819, Dubois c. Varlet.

213. — La consignation des sommes offertes doit être opérée et le procès-verbal dressé par un officier ministériel ayant caractère à cet effet. — En d'autres termes : la consignation qui aurait été faite par la partie elle-même, et le procès-verbal qui aurait été dressé par le receveur des consignations seraient nuls. — *Nîmes*, 22 août 1809, Rubin c. Eymard et Charpal.

214. — Les notaires peuvent dresser le procès-verbal de consignation comme ils peuvent dresser celui des offres. — Rolland de Villargues, *Rép.*, vo *Consignation*, no 24.

215. — 4o Enfin, il faut qu'en cas de non-comparution du créancier le procès-verbal de dépôt lui soit notifié avec sommation de retirer la chose déposée. — C. civ., art. 1259, 4o.

216. — Jugé que le créancier n'est censé remboursé qu'à dater de cette signification. — *Rennes*, 3 juill. 1821, Lebris c. Tanguy.

217. — Il en était de même sous l'ancienne jurisprudence. — *Metz*, 6 février 1819, Dubois c. Varlet.

218. — Jugé, également, qu'en Provence, et avant la publication du C. civ., une consignation était nulle si le procès-verbal de dépôt n'avait pas été notifié au créancier. — *Cass.*, 9 oct. 1811, Givatte c. Giraud.

219. — Décidé cependant que sous l'empire du décret du 1er fructid. an III il y a eu libération du moment que le débiteur s'est dessaisi par la consignation, et sans qu'il ait été besoin de notifier au créancier le procès-verbal de dépôt. — *Cass.*, 7 août 1809, Bouvier c. Lemarchand et Duval.

220. — C'est un huissier seul qui peut faire notification, lors même que le procès-verbal aurait été dressé par un notaire. — Rolland de Villargues, *Rép.*, vo *Consignation*, no 27.

Sect. 4e. — *De l'effet des offres suivies de la consignation.*

221. — Lorsque des offres régulières ont été suivies d'une consignation également régulière, le débiteur, pourvu qu'il ne retire pas sa consignation avant qu'elle ait été agréée par le créancier, ou déclarée valable par un jugement passé en force de chose jugée, est libéré, il en est de même de ses codébiteurs et de ses cautions, et ses biens sont affranchis des hypothèques attachées à la dette. — Duranton, t. 12, no 222.

222. — La consignation ne peut libérer le débiteur si le créancier n'a pas refusé de recevoir la somme qui lui était offerte, et si les offres n'ont été faites que sous une condition impossible ou illusoire. — *Rennes*, 12 mars 1821, Letournier c. Durocheret.

223. — Bien que le débiteur se soit libéré par des offres suivies de consignation ; si le créancier ne peut retirer la somme déposée qu'à la charge de remplir une certaine condition, c'est au débiteur, et non à la caisse des consignations, de discuter, et d'apprécier l'accomplissement de cette condition. — *Bordeaux*, 4 fév. 1830, Piston c. Dudon.

224. — Les offres réelles suivies de la consignation ne libèrent pas le débiteur, par cela seul que le créancier n'en a pas demandé la nullité. L'art. 815 C. proc. civ., qui donne au créancier le droit de demander cette nullité, ne le force point à suivre cette marche et lui laisse, au contraire, la faculté de continuer ses poursuites, mais à ses périls et risques. — *Cass.*, 4 juill. 1838 (t. 2 1838, p. 39), Chastenet c. Clerville.

225. — A partir de quelle époque, la chose consignée est-elle aux risques du créancier ? — Toullier (t. 7, no 225) pense que c'est à partir des offres, parce que les offres constituent le débiteur en demeure de recevoir. — Delvincourt (t. 2, p. 165 et 166) est d'avis que la libération du débiteur ne court que du jour de la signification du procès-verbal de consignation, parce que c'est le seul acte qui instruise le créancier du dépôt. — Enfin, Duranton (t. 12, no 225) soutient (et cette opinion nous paraît la mieux fondée) que la libération du débiteur a lieu, le jour même de la consignation, par le seul fait du dépôt. — Car c'est ce jour-là que le débiteur est dessaisi, et la signification du procès-verbal a un effet rétroactif au jour du dépôt. De plus, le jugement de validité n'est que déclaratif.

226. — Jugé que des offres réelles peuvent être valablement acceptées, tant qu'elles n'ont pas été retirées de la caisse des consignations ; alors même que l'acceptation directe et formelle du créancier auquel elles ont été faites est postérieure à la sommation en remise du montant de ces offres, signifiée par le débiteur à la caisse. — *Paris*, 29 juin 1825, Hérard et Bacri c. Destienne.

227. — Les créanciers du créancier lui-même pourraient, en exerçant ses droits, accepter les offres et former opposition à la remise de la consignation (C. civ., 1166). — Toutefois, il faudrait distinguer. Si ces oppositions étaient faites avant celles des créanciers du débiteur, elles devraient être acquittées par préférence à ces dernières ; car elles constitueraient une véritable acceptation au nom du créancier. Si elles étaient postérieures, elles viendraient par concurrence avec les oppositions formées par les autres créanciers du débiteur. Mais, quel que fût leur montant, elles ne pourraient représenter, dans la distribution, que celui de la créance pour laquelle les offres ont été faites. — Duranton, t. 12, no 239.

228. — La consignation est toujours à la charge des oppositions, s'il en existe, et en les dénonçant au créancier (C. proc., 817). — Il n'y a point de délai fixé pour cette dénonciation. — Carré, t. 3, p. 144 ; Berriat, *Procéd.*, p. 646, notes.

229. — L'arrêt qui valide des offres et une consignation de prix de vente, *à la charge des inscriptions grevant la transcription*, sous-entend nécessairement les mots : *si aucunes il y a*. Dès lors, on ne peut le considérer comme contrariant un premier arrêt qui aurait, dans la même cause, ordonné la radiation d'une des inscriptions grevant la transcription. — *Cass.*, 8 nov. 1830, Collin c. Soehné.

230. — Les intérêts des sommes déposées à la caisse des consignations appartiennent, au prorata de leurs créances, aux créanciers opposans dont les oppositions ont nécessité la consignation, alors surtout qu'elle a été effectuée en conséquence de décisions qui, tout en ordonnant une liquidation générale des dettes du débiteur, ont déterminé la classe de créanciers à laquelle ces sommes seraient remises. — Dans ce cas, on peut dire qu'il y a eu au profit de ces créanciers attribution d'un droit direct et privatif de copropriété. — *Cass.*, 6 janv. 1840 (t. 1er 1840, p. 153), Ouvrard.

231. — Tant que les offres et la consignation n'ont point été acceptées ou jugées valables, le débiteur reste toujours propriétaire de la chose consignée. — Pothier, *Oblig.*, no 545 ; Delvincourt, t. 2, p. 165, notes 1 et 2 ; Duranton, t. 12, nos 229 et suiv.

232. — Il suit de là : 1o que la consignation n'est point un paiement proprement dit, car le paiement renferme essentiellement la translation de la propriété de la chose payée en la personne du créancier. — Pothier, *Oblig.*, no 573 ; Duranton, t. 12, no 229.

233. — ...2o Que le débiteur peut retirer sa consignation non encore acceptée ou valable (C. civ., 1261 ; Toullier, t. 7, no 234). — Et cela encore bien que la chose consignée ait augmenté de valeur. — Duranton, t. 12, no 231. — *Contrà*, Pothier, *Oblig.*, no 545.

234. — Mais alors, la dette restant ce qu'elle était auparavant, les codébiteurs ou cautions du débiteur ne sont pas libérés (C. civ., 1261). — Par la même raison, les priviléges et hypothèques subsistent toujours, et les intérêts n'ont pas cessé de courir. — Duranton, t. 12, no 230.

235. — La preuve de l'acceptation de la consignation par le créancier peut résulter de toute espèce d'acte qui la présuppose nécessairement. — Rolland de Villargues, *Rép.*, vo *Consignation*, no 70.

236. — Le préposé de la caisse où les deniers ont été versés volontairement, doit les rendre à la première réquisition, sans pouvoir exiger autre chose que son propre récépissé revêtu de la décharge du consignateur, à moins que la consignation n'ait été suivie d'une acceptation ou d'une opposition dûment notifiée. — Avis *Cons. d'Etat*, 16 mai 1810, art. 1er. — Toullier, t. 7, no 234. — V. CAISSE DES CONSIGNATIONS.

237. — ... 3o Que le débiteur peut, jusqu'à l'acceptation, ou au jugement, retirer la chose consignée, malgré ses codébiteurs ou cautions ; car l'effet de la consignation est conditionnel, et la caution, tant qu'elle n'a point payé la dette, n'a aucune action pour poursuivre ou pour disposer de la chose. — Duranton, t. 12, no 232. — *Contrà* Pigeau.

238. — ...4o Que les autres créanciers du débiteur peuvent toujours, jusqu'à l'acceptation ou au jugement, former opposition entre les mains du consignataire. Alors, le montant de la consignation se distribuerait, entre les saisissans ou opposans, comme dans les cas ordinaires. — L'acceptation ultérieure de la consignation par le créancier ne pourrait avoir lieu au préjudice de ces oppositions. Le créancier n'a plus que le droit de former lui-même opposition. — Duranton, t. 12, nos 237 et 238.

239. — ...5o Que si le débiteur tombait en faillite avant que la consignation fût acceptée ou déclarée valable, le créancier ne pourrait plus accepter les offres. — Duranton, t. 12, no 240.

240. — Mais lorsque le débiteur a obtenu un jugement passé en force de chose jugée, qui a déclaré ses offres et sa consignation bonnes et valables, il ne peut plus, même du consentement du créancier, retirer sa consignation au préjudice de ses codébiteurs ou de ses cautions (C. civ., 1262). — Ce jugement équivaut à une acceptation du créancier ; tout est consommé, et l'action de dépôt appartient alors au créancier seul. — Duranton, t. 12, nos 233 et 235.

241. — Le créancier qui a consenti que le débiteur retirât sa consignation après qu'elle a été déclarée valable par un jugement qui a acquis force de chose jugée, ne peut plus, pour le paiement de sa créance, exercer les priviléges ou hypothèques qui y étaient attachés : il n'a plus d'hypothèque que du jour où l'acte par lequel il a consenti que la consignation fût retirée, aura été revêtu des formes requises pour emporter l'hypothèque. — C. civ. 1263. — Car c'est alors une nouvelle hypothèque soumise à toutes les conditions des hypothèques conventionnelles. — Delvincourt, t. 2 p. 156 ; Duranton, t. 12, no 234.

242. — Dans le cas d'acceptation, ou d'une opposition, le receveur des consignations ne peut rembourser qu'à la vue et sur la remise d'un jugement, ou d'un acte notarié contenant le consentement des acceptans ou opposans. — Avis *Cons. d'Etat* 16 mai 1810, art. 2 ; Toullier, t. 7, no 234. — V. CAISSE DES CONSIGNATIONS.

243. — En pareil cas, le jugement doit-il être passé en force de chose jugée ? — Ni la loi du 28 niv. an XIII, art. 4, ni l'avis du *Cons. d'État*, 16 mai 1810, art. 2, ne le disent. — Rolland de Villargues, *Rép.*, vo *Consignation*, no 72. — Cependant cela résulte de la nature des choses ; il faut que la propriété de la chose consignée ne puisse plus être remise en question. — Toullier, t. 7, no 234. — D'ailleurs c'est un jugement de cette nature qu'exigent les art. 1262 et 1263, C. civ. — Duranton, t. 12, no 236.

244. — Si le receveur, ignorant le jugement qui déclare la consignation valable a remis au consignateur la somme ou la chose consignée, le remboursement par lui fait sur la simple remise de son récépissé est valable. Mais les codébiteurs et les cautions ne sont point déchargés si la consignation a été retirée et le remboursement fait avant le jugement, car ce jugement ne peut valider une consignation qui n'existait plus. Si la consignation n'a été retirée que depuis le jugement, ils ne sont libérés qu'autant que le jugement était en dernier ressort. — Toullier, t. 7, no 234 ; Rolland de Villargues, *Rép.*, vo *Consignation*, nos 75 et 76.

245. — Quoi qu'il en soit, des oppositions pourraient encore être valablement formées jusqu'au jugement. — Rolland de Villargues *Rép.*, vo *Consignation*, no 74.

246. — Les frais des offres réelles et de la consignation sont à la charge du créancier si elles sont valables (C. civ. 1260). Mais ceux du paiement, tels que le droit proportionnel pour quittance, restent à la charge du débiteur (C. civ., 1248), puisqu'il aurait dû supporter ces frais dans le cas où il n'y aurait pas eu d'offres. — Duranton, t. 12, no 226.

247. — Jugé que les intérêts de la somme consignée, laquelle a été fournie en assignats, ne sont dus que du jour de la demande en nullité de la consignation. — *Rennes*, 16 août 1820, Brillaud-Laujardière c. Monly.

V. AVEU, CAISSE DES DÉPOTS ET CONSIGNATIONS, COMPÉTENCE COMMERCIALE.

OIE.

V. ANIMAUX, nos 20 et 32 ; FORÊTS, no 2533 ; PARCOURS ET VAINE PATURE, POUVOIR MUNICIPAL, VOLAILLE.

OIGNONS.

V. BIENS, no 44.

OISELEURS, OISELIERS.

Patentables de 7e classe. — Droit fixe basé sur

la population; droit proportionnel du 40e de la valeur locative de tous les locaux qu'ils occupent, mais seulement dans les communes de 20,000 âmes. — V. PATENTE. — V. aussi CHASSE, n° 387.

OLIM.

1. — Nom donné à la plus ancienne des séries de registres du parlement de Paris conservés à la section judiciaire des archives de la République.

2. — Les auteurs, même les plus estimés, tels que Montesquieu, Hénault, Lamare, ont pris les olim pour une compilation faite après coup, pour des copies dépourvues d'authenticité; mais cette erreur, longtemps accréditée et passée même à l'état de certitude, a été relevée par Klimrath, qui, après s'y être reporté et les avoir soigneusement compulsés, a pu leur restituer le caractère d'authenticité qui leur appartient.—V. les travaux de ce jurisconsulte sur l'*Histoire du droit français*, t. 2, *Mém. sur les olim*, p. 59.

3. — Les olim sont rédigés en latin, langue judiciaire officielle de l'époque; quelques pièces seulement y sont transcrites en français.

4. — Ils se composent de quatre volumes petit in-folio, écrits sur vélin, en caractères gothiques.

5. — Le premier volume contient 198 feuillets, et semble se diviser en deux parties : les enquêtes et les arrêts. Les arrêts commencent au f° 85 recto, avec le parlement de la Purification de la Vierge 1254. — Au verso du feuillet 90 se trouve la note suivante, écrite d'une autre main que ce qui précède : *Inferius continentur et scribuntur quædam judicia et arresta, inventa in quibusdam rotulis, scripta de manu magistri Johannis de Montelucio, antequàm inciperet arresta ponere in quaternis originalibus, inter rotulas parlamentorum in tempore ipsius magistri Johannis reservatis.*

6. — De cette note, émanée selon toute vraisemblance de la main du successeur de Jean de Montluc, résultent, suivant Klimrath (*loc. cit.*), les conséquences suivantes : 1° Quoique les jugemens et autres erremens du plaid se prouvassent par le record de la Cour et non par un acte rédigé par écrit, ainsi que le constatent tous les monumens du temps et les olim eux-mêmes, l'usage s'était néanmoins introduit de tenir note des arrêts rendus par chaque parlement sur des rôles ou rouleaux de parchemin (*rotulæ*). Cet usage existait du temps de Montluc.

7. — 2° Montluc commença de coucher les arrêts sur des cahiers originaux (*in quaternis originalibus*), c'est-à-dire sur des registres.

8. — 3° L'auteur de la note dépouilla les rôles de l'époque de Montluc, antérieurs à l'usage des cahiers, et en transcrivit la substance à la suite de cette note (*Inferius... scribuntur*).

9. — Or, les arrêts ainsi transcrits portant la date de 1257 à 1263, il en résulte évidemment que Jean de Montluc vivait à cette époque, c'est-à-dire sous saint Louis, et non sous Philippe-le-Bel ainsi que l'avance Montesquieu, et qu'il a rédigé alors les rôles du parlement, sans doute en qualité de principal greffier, ou notaire de la Cour, comme on le disait alors.

10. — Le premier volume s'arrête aux arrêts du parlement de Pentecôte de l'année 1273, époque que certaines circonstances, relevées par Klimrath (*ubi suprà*, n° 16), sembleraient faire coïncider avec la fin de l'exercice de Montluc.

11. — Le 2e volume des olim a 121 feuillets et comprend les années 1274 à 1298 inclusivement, ce volume ne contient point d'enquêtes; les arrêts commencent seulement au f° 25 recto. Les premiers feuillets sont remplis par diverses pièces, dont la première commence ainsi : *Olim homines de Bajona, regni nostri, manifestè*, etc.

12. — C'est de ce mot *olim* qui commence la première pièce dudit volume que serait venu, selon quelques-uns, le nom donné à ces vieux registres, et qu'ils portent inscrit au dos avec le numéro de chaque volume. — D'autres, avec plus de raison, peut être, dérivent tout simplement le nom des *olim* de leur ancienneté. — Klimrath, *loc. cit.*

13. — Le deuxième volume a été rédigé, ainsi qu'une partie du premier, par Nicolas de Chartres, successeur de Jean de Montluc.

14. — Les troisième et quatrième volumes des olim contiennent, l'un les arrêts, l'autre les enquêtes, des années 1299 à 1318 inclusivement : de là le nom de *livre des arrêts* donné au troisième volume, et *livre des enquêtes* donné au quatrième. — En tête du troisième se trouvent des tables et inventaires; le quatrième commence par une table de toutes les enquêtes qu'il contient. — C'est à Pierre de Bourges, successeur de Nicolas de Chartres, qu'ils sont dus.

15. — Diverses copies ont été faites des olim : il en existe notamment à la bibliothèque nationale, à la Chambre des représentans, à l'ancienne Chambre des pairs, à la Cour de cassation et chez quelques particuliers; mais elles ne paraissent pas devoir fixer l'attention, ce ne sont, à vrai dire, que des extraits. Seule, la copie de la bibliothèque de l'ancienne Chambre des pairs a été faite avec beaucoup de soin; mais elle n'embrasse que les deuxième et troisième volumes.

16. — La tenue des autres registres du parlement paraît, après les olim, avoir subi quelque irrégularité. Du moins, le premier volume des plaidoiries qui font proprement suite aux arrêts ne commence-t-il qu'en 1395. Le premier volume des jugés, qui fait suite aux enquêtes ou procédures instruites par écrit et jugées sur rapport, commence en 1319 et ne contient que par exception quelques arrêts rendus pendant les années 1324 et 1326, où il n'y eut pas de parlement en forme. — Le premier registre criminel contient un certain nombre de pièces, s'étendant de 1312 à 1329, mais éparses, se suivant sans ordre et sans raison apparente.

17. — Les olim forment donc, par leur ancienneté, leur régularité et leur authenticité non moins que par l'importance des documens qu'ils contiennent, le monument le plus remarquable et le plus justement estimé ainsi que le guide le plus sûr que nous possédions sur les premiers temps de nos parlemens. — V. PARLEMENT.

OMISSION DE STATUER.

V. ARBITRAGE, REQUÊTE CIVILE. — V. aussi CASSATION, FRAIS ET DÉPENS, JUGEMENT, PEINE.

OMNIBUS.

Entrepreneurs d'omnibus et autres voitures semblables, patentables de 2e classe; — droit fixe, et droit proportionnel du 20e de la valeur locative de l'habitation et des locaux servant à l'exercice de la profession. — V. PATENTE.

ONCLE ET TANTE.

Le mariage (sauf dispense) est prohibé en ligne collatérale entre l'oncle et la nièce, la tante et le neveu. — V. DISPENSE DE MARIAGE, ENREGISTREMENT, MARIAGE, SUCCESSION.

OPÉRA.

V. THÉATRE.

OPINION.

Avis sur une affaire. — V. ARBITRAGE, ENQUÊTE, EXPERTISE, JUGEMENT, RÉCUSATION.

OPPOSITION.

1. — Empêchement à un acte judiciaire ou extrajudiciaire.

2. — On distingue un grand nombre d'oppositions, dont les formes varient selon les actes auxquels elles se rapportent.

3. — Les principales sont : l'opposition à l'ordonnance d'*exequatur* des sentences arbitrales (V. ARBITRAGE). — L'opposition aux contraintes administratives (V. CONTRAINTE, CONTRIBUTIONS, ENREGISTREMENT).—L'opposition aux exécutions de dépens ou à la taxe des frais (V. FRAIS ET DÉPENS). — L'opposition aux jugemens ou arrêts par défaut (V. JUGEMENT PAR DÉFAUT). — L'opposition aux qualités d'un jugement (V. JUGEMENT). — L'opposition à mariage (V. MARIAGE). — L'opposition à paiement (V. SAISIE ARRÊT). — L'opposition à partage (V. PARTAGE). — L'opposition à la levée de scellés (V. SCELLÉS). — L'opposition à une vente de meubles (V. VENTE DE MEUBLES).

V. encore ACQUIESCEMENT, CHAMBRE DU CONSEIL, COMPÉTENCE ADMINISTRATIVE, DÉSISTEMENT, DISCIPLINE, EXÉCUTION DES ACTES ET JUGEMENS, FAILLITE, FORÊTS, GARDE NATIONALE, LETTRE DE CHANGE, RÉFÉRÉ, THÉATRE, TIERCE OPPOSITION, TRAITÉ, VOIRIE.

OPPOSITION A MARIAGE.

V. MARIAGE.

OPPOSITION AUX TRAVAUX AUTORISÉS PAR LE GOUVERNEMENT.

1. — L'art. 438 du Code pénal dispose, prévoit et punit l'opposition « par des voies de fait » à la *confection des travaux autorisés* par le gouvernement.

2. — Les travaux de *démolition* se trouvent compris dans les expressions de *confection de travaux*. Lors de la discussion au Conseil d'Etat, cette observation, présentée par M. Fain, fut généralement approuvée.

3. — Deux conditions sont nécessaires pour donner lieu à l'incrimination, prévue par l'art. 438 : il faut qu'il y ait eu *voies de fait* et que les travaux aient été *autorisés par le gouvernement*.

4. — Quant à l'opposition aux travaux des particuliers, elle ne constitue pas par elle-même un délit : à moins qu'elle ne revête un autre caractère. — V. DÉGRADATION, DESTRUCTION ET DOMMAGE.

5. — La rébellion, les violences, les attroupemens et autres actes matériels tendant à arrêter les travaux, constituent les *voies de fait* prévues par la loi; la loi n'a pas, du reste, défini le degré de gravité qu'elles doivent revêtir, mais elles doivent être en rapport avec le but qu'elles se proposent. La simple opposition, dégagée de toute violence, ne constituerait aucun délit.

6. — Il résulte d'un arrêt de la cour de Toulouse du 10 mars 1834 (d'Auzas) qu'il faut, pour que le délit existe, que l'opposition violente ait été pratiquée *sur les lieux mêmes où les travaux s'exécutent*, ou, tout au moins, qu'elle fût assez grave pour qu'il y ait eu impossibilité de continuer les travaux. Mais MM. Chauveau et Hélie combattent ces deux propositions. Il résulte, en effet, de l'art. 438 : 1° que la loi veut atteindre le fait de l'opposition violente, quel qu'en soit d'ailleurs le résultat; — 2° qu'elle n'exige nullement que l'opposition se soit réalisée sur les lieux mêmes. « Supposons, disent les auteurs précités, que les travaux ne puissent s'exécuter que sous la direction d'un agent spécial, et qu'on cherche à s'opposer au transport de cet agent; est-ce que le résultat de l'opposition ne sera pas le même, et le délit parfaitement identique? »

7. — Comme on l'a vu, le délit n'existe qu'autant qu'il s'agit de travaux *autorisés par le gouvernement*. — Mais que doit-on entendre par ces mots? Il a été jugé qu'il faut réputer tels non-seulement les travaux ordonnés directement par le gouvernement, mais aussi « ceux légalement autorisés par des agens du gouvernement dont le pouvoir émane du gouvernement lui-même. » — *Toulouse*, 3 mai 1834, Bertrand.

8. ... — Et qu'ainsi l'art. 438 recevait son application dans le cas d'opposition par voies de fait à la confection des travaux autorisés par le préfet d'un département — Même arrêt.

9. — Jugé encore que les individus qui s'opposent avec violences et voies de fait à la continuation de travaux pour l'élargissement d'un chemin vicinal et détruisent les ouvrages commencés se rendent coupables non-seulement de dégradation d'un chemin public, contravention punie par l'art. 479, n° 11 C. pén., mais encore d'opposition par voies de fait à la confection de travaux autorisés par le gouvernement, délit réprimé par l'art. 438 C. pén. — *Cass.*, 2 fév. 1844 (t. 1er 1844, p. 582), Louvrier et Brunet.

10. — Mais cette opinion est combattue par MM. Chauveau et Hélie (t. 8, p. 101). Suivant ces auteurs, l'art. 438 ne concerne que les travaux ordonnés *directement* par le gouvernement : attendu que le mot *gouvernement* ne veut jamais dire, en matière administrative, *agens du gouvernement*. Il nous semble que cette interprétation donne un sens par trop restreint à l'expression employée par le législateur.

11. — L'opposition cesserait-elle d'être punissable si les travaux dépassaient les bornes fixées par l'autorisation, cette circonstance enlèverait-elle à ces voies de fait leur criminalité? La négative semble résulter des termes de l'arrêt précité du 3 mai 1834. — Mais il paraît plus juste de dire, avec MM. Chauveau et Hélie (p. 102), que les travaux qui ne sont plus dans les limites tracées par l'administration cessent dès lors d'être *autorisés*, et ne doivent par conséquent plus jouir de la protection accordée par la loi.

12. — Les travaux préparatoires compris sous la dénomination générale d'études, jouissent de la protection accordée par l'art 438 (*Cass.*, 4 mars 1825, Mayot). — Chauveau et Hélie (t. 8, p. 102): alors même qu'il ne serait pas encore intervenu d'ordonnance du gouvernement pour y autoriser.

13. — Et, dans ce cas, l'opposition est passible de la loi pénale, soit qu'elle provienne d'un tiers ou du propriétaire même du terrain sur lequel les études doivent s'opérer; pourvu, toutefois, que le propriétaire ait reçu avis officiel de la

mission des agens, et sauf, bien entendu, la réparation et l'indemnité des dommages que ces travaux pourraient causer. — Même arrêt.

14. — Lorsqu'il s'agit non de travaux préparatoires, mais de *travaux définitifs*, l'art. 438 n'est-il applicable qu'autant que l'opposition procède d'un *tiers*, et non lorsqu'*elle* est le fait du *propriétaire même du terrain*? La qualité de propriétaire est-elle un obstacle à la poursuite? MM. Chauveau et Hélie (t. 8, p. 404) pensent que la loi constitutionnelle déclarant les propriétés inviolables, et la loi du 3 mai 1841 réglant les formes d'expropriation pour utilité publique et déterminant les garanties destinées à protéger les droits des propriétaires, toutes les fois que ces formes n'ont pas été appliquées le propriétaire peut repousser, même par voies de fait, la spoliation de la propriété.— Ils invoquent, au reste, à l'appui de cette opinion celle émise par M. Treilhard au Conseil d'État.

15. — M. Rauter est aussi d'avis que le propriétaire troublé, dans sa possession, sans autorisation de la justice, ne commettrait point le délit prévu par l'art. 438, s'il s'opposait par des voies de fait modérées à des actes tendant à le spolier de fait modérées à des actes tendant à le spolier de sa propriété. — Rauter, *Traité du dr. crimin.*, t. 2 p. 200.— Par des voies de fait *modérées*, l'auteur cité a sans doute voulu dire une résistance proportionnée aux moyens employés pour le déposséder : par exemple, s'il avait détruit les travaux attentatoires à sa propriété.

16. — Ainsi jugé que le fait de la part d'un propriétaire d'avoir contesté à un entrepreneur de routes le droit de ramasser du gravier sur son héritage, et d'avoir renversé les corbeilles dans son champ, à mesure qu'on les y remplissait, ne constitue pas une opposition avec voies de fait à la confection des travaux ordonnés par le gouvernement. — Toulouse, 10 mars 1834, d'Auzas.

17. — *Pénalité.* — La durée de l'emprisonnement infligé par l'art. 438 à l'existence du délit qu'il prévoit, est de trois mois à deux ans. — En outre, le condamné est passible d'une amende qui ne peut excéder les dommages-intérêts ni être moindre de 16 fr.

18. — Les *moteurs* sont passibles nécessairement du *maximum* des deux peines : le C. pénal fait ainsi exception à la règle qui punit les complices de la même peine que les auteurs principaux.

V. DÉGRADATION, DESTRUCTION, DOMMAGE.

OPTION.

Faculté ou action de choisir entre deux ou plusieurs choses qu'on ne peut avoir à la fois.

V. principalement ACTION (dr. franç.), ASSURANCE MARITIME, COMMUNAUTÉ, COUR D'ASSISES, CONTRAT DE MARIAGE, DEGRÉS DE JURIDICTION, DOT, DOUAIRE, ENREGISTREMENT, EXÉCUTION DES ACTES ET JUGEMENS, LEGS, OBLIGATION ALTERNATIVE, VENTE.

OR ET ARGENT.

V. ASSURANCES TERRESTRES, CAISSE DES DÉPÔTS ET CONSIGNATIONS, MATIÈRES D'OR ET D'ARGENT.

ORANGES, CITRONS.

Marchands expéditeurs d'oranges et citrons, — marchands d'oranges et citrons en boutique et en détail; — patentables, les premiers de 4e classe et les derniers de 6e; — droit fixe basé sur la population, — droit proportionnel du 20e de la valeur locative de l'habitation et des lieux servant à l'exercice de la profession.— V. PATENTE.

ORDALIE.

Terme générique par lequel on désignait diverses épreuves judiciaires : telles que celles du feu, du fer chaud, de l'eau bouillante, etc. — V. ÉPREUVES JUDICIAIRES, nos 4 et suiv.

ORDONNANCE D'ACQUITTEMENT.

V. ACQUITTEMENT. — COUR D'ASSISES.

ORDONNANCE D'ENVOI EN POSSESSION.

V. LEGS, TESTAMENT.

RÉP. GÉNÉR. — IX.

ORDONNANCE DE JUGE.

ORDONNANCE DE LA CHAMBRE DU CONSEIL.

V. CHAMBRE DU CONSEIL, CHAMBRE DES MISES EN ACCUSATION, 90 et suiv., ORDONNANCE DE NON-LIEU, ORDONNANCE DE PRISE DE CORPS.

ORDONNANCE D'EXEQUATUR.

V. ARBITRAGE ÉTRANGER.

ORDONNANCE DE JUGE.

Table alphabétique.

ORDONNANCE DU JUGE. — **1.** — C'est l'ordre donné à un juge, au bas d'une requête, ou d'un procès-verbal, ou dans tout autre cas prévu par la loi.

2. — L'ordonnance ne suppose donc pas en général une citation préalable donnée par une partie à une autre. Le juge agit d'office, ou sur la sollicitation d'une seule partie.

3. — Cependant on appelle ordonnance la décision que rend un juge sur une difficulté qui lui est soumise en état de référé. Il statue alors comme tribunal (V. RÉFÉRÉ); mais nous ne nous occuperons ici que de l'ordonnance dans son acception usuelle, c'est-à-dire de l'ordonnance rendue sur requête ou d'office.

4. — A la différence du jugement rendu du tribunal entier, l'ordonnance n'est rendue que par le président ou par un juge commis.

---

§ 1er. — *Cas dans lesquels il y a lieu à ordonnance. — Juge compétent pour les rendre* (no 5).

§ 2. — *Caractère et forme des ordonnances* (no 39).

§ 3. — *Exécution des ordonnances. — Voies de recours* (no 63).

---

§ 1er. — *Cas dans lesquels il y a lieu à ordonnance. — Juge compétent pour les rendre.*

5. — La loi prévoit une foule de cas où une ordonnance du juge est nécessaire soit pour être dispensé de certaines formalités ou pour être autorisé à faire certains actes, soit pour procéder à certaines voies d'instruction.

6. — Dans le premier cas, c'est au président du tribunal ou au juge qui le remplace; dans le second, c'est au juge commis pour diriger l'instruction : qu'il faut s'adresser pour obtenir l'ordonnance.

7. — Ainsi le président ou le magistrat qui le remplace ont toute qualité pour autoriser : 1° une assignation à bref délai. — V. ABRÉVIATION DE DÉLAI.

8. — ... 2° La signification d'un exploit un jour férié. — V. EXPLOIT.

9. — ... 3° Une saisie-arrêt, une saisie-revendication, ou une saisie-gagerie, quand il s'agit de saisir-gager immédiatement. — V. SAISIE-GAGERIE, SAISIE-ARRÊT, SAISIE-REVENDICATION.

10. — C'est encore le président qui ordonne les communications au ministère public, en certaines matières. — V. CONSEIL DE FAMILLE, JURIDICTION.

11. — C'est lui qui commet les juges pour les ordres ou les contributions, ou pour faire un rapport en cas d'envoi en possession des biens d'un absent, ou pour présider aux descentes de lieux, aux enquêtes, aux instructions par écrit ainsi qu'aux interrogatoires sur faits et articles. — V. ABSENCE, DESCENTE DE LIEUX, DISTRIBUTION PAR CONTRIBUTION, ENQUÊTE, INSTRUCTION PAR ÉCRIT, INTERROGATOIRE SUR FAITS ET ARTICLES, ORDRE.

12. — Il remplace également, s'il y a lieu, les uges commissaires précédemment nommés.

13. — Il signe les ordonnances pour contraindre un avoué à remettre des pièces communiquées. — V. COMMUNICATION DE PIÈCES.

14. — Pour autoriser le notaire ou le dépositaire public à délivrer copie d'un acte non enregistré ou qui est resté imparfait, ou bien à délivrer une seconde grosse exécutoire de jugement, ou une seconde grosse d'une minute d'acte, soit par forme d'expédition, soit d'une grosse déposée. — V. COPIE DE TITRES ET ACTES, nos 80 et suiv.; GROSSE, nos 60 et suiv.

15. — Il commet l'huissier pour la signification du jugement entraînant contrainte par corps (V. CONTRAINTE PAR CORPS), ou pour les notifications à faire aux créanciers inscrits. — V. PURGE.

16. — Il accorde un sauf-conduit aux débiteurs qui se trouvent cités comme témoins soit en matière civile, soit en matière criminelle. — V. CONTRAINTE PAR CORPS, ENQUÊTE.

17. — Il ordonne l'arrestation provisoire d'un débiteur étranger. — V. CONTRAINTE PAR CORPS.

18. — En cas de désistement, il délivre exécutoire, contre la partie qui s'est désistée, pour le montant des frais taxés. — V. DÉSISTEMENT, FRAIS ET DÉPENS.

19. — Il autorise la femme 1° à citer son mari pour l'autoriser à ester en justice. — V. AUTORISATION DE FEMME MARIÉE.

20. — ... 2° A poursuivre sa séparation de biens. — V. SÉPARATION DE BIENS.

21. — Il ordonne la comparution préalable des parties en son cabinet, en matière de séparation de corps. — V. SÉPARATION DE CORPS.

22. — Il permet de vendre aux enchères le mobilier dépendant d'une succession lorsqu'on le trouve dans les termes de l'art. 826 C. civ., ou quand la succession est bénéficiaire. — V. BÉNÉFICE D'INVENTAIRE, PARTAGE, VENTE DE MEUBLES.

23. — Il fait l'ouverture de testamens olographes ou mystiques, et envoie en possession des légataires universels. — V. LEGS, SUCCESSION IRRÉGULIÈRE, TESTAMENT.

24. — Il ordonne l'arrestation des enfans, dans

64

le cas où cette arrestation est requise par les père et mère ou tuteur. — V. PUISSANCE PATERNELLE, TUTELLE.

25. — En cas d'urgence, il ordonne la levée immédiate des scellés; nomme, si les héritiers sont trop éloignés, un notaire pour les représenter, et commet un ou plusieurs experts ou commissaires-priseurs pour l'estimation des objets dans le cas où les parties ne tombent pas d'accord sur le choix à faire. — V. INVENTAIRE, SCELLÉS.

26. — Il taxe les honoraires des notaires, les vacations des experts, et décerne exécutoire pour le montant de la taxe. — V. EXPERTISE, NOTAIRE.

27. — Enfin, il rend exécutoires les sentences arbitrales déposées au greffe. — V. ARBITRAGE.

28. — ... Et les jugemens émanant d'une juridiction étrangère, s'il existe à cet égard des traités diplomatiques, ou des lois politiques, etc. — V. ÉTRANGER, EXÉCUTION DES ACTES ET JUGEMENS. — V., au surplus, PRÉSIDENT.

29. — D'un autre côté : toutes les fois qu'un juge a été commis par le tribunal pour présider à une opération, c'est à ce juge que les parties présentent leurs requêtes.

30. — C'est ce qui arrive en matière d'enquête, d'expertise, de descente sur les lieux, d'interrogatoire sur faits et articles, d'instruction par écrit, de vérification d'écritures, de faux incident, d'ordre, de contribution, de reddition de compte, etc. — V. à ces divers mots.

31. — En matière commerciale, le président, bien que sa compétence soit beaucoup plus restreinte que celle du président du tribunal civil, est encore appelé à rendre des ordonnances dans un assez grand nombre de circonstances.

32. — Ainsi, notamment, il autorise les assignations à bref délai. — V. ABRÉVIATION DE DÉLAI, TRIBUNAUX DE COMMERCE. — Les saisies conservatoires. — V. SAISIES CONSERVATOIRES. — Les saisies-arrêts en matière commerciale. — V. SAISIE-ARRÊT.

33. — Il rend exécutoires les sentences arbitrales rendues par des arbitres forcés. — V. ARBITRAGE.

34. — Il nomme les experts chargés de constater l'état des marchandises dont le destinataire a pu prendre livraison. — C. comm., art. 106. — V. VOITURIER.

35. — En matière de faillite, le juge commissaire est compétent pour rendre des ordonnances dans une foule de cas prévus spécialement par la loi. — V. FAILLITE.

36. — Devant la justice de paix on est également obligé de prendre l'ordonnance ou cédule du juge pour citer à bref délai. — V. JUSTICE DE PAIX. — Et pour saisir-gager dans les cas où la saisie-gagerie ne peut avoir lieu qu'avec la permission de justice. — V. *ibid.*

37. — Le juge de paix est en outre appelé à rendre de nombreuses ordonnances dans des circonstances diverses. — V. JUSTICE DE PAIX, nos 777 et suiv.

38. — Peut-il autoriser une saisie-arrêt, si la cause est de sa compétence? — V. SAISIE-ARRÊT.

§ 2. — *Caractère et forme des ordonnances.*

39. — Nous avons dit que l'ordonnance différait du jugement en ce que celui-ci émanait du tribunal entier, tandis que l'ordonnance n'émane que du président ou du juge commissaire.

40. — Il ne dépend pas du magistrat auquel une enquête est présentée d'y répondre par un refus, sous prétexte que la loi est muette, obscure ou insuffisante. — Ce serait un déni de justice qui l'exposerait à être pris à partie. — De Belleyme, *Ordonnances*, t. 1er, p. 86. — V. PRISE A PARTIE.

41. — Il est des ordonnances que le magistrat est dans l'obligation de rendre. — Telles sont les ordonnances en matière d'enquête, de vérification d'écritures, de descente sur les lieux, d'inscription de faux, d'ordre, de contribution, de séparation de corps, etc.

42. — Il en est de même lorsqu'il s'agit d'autoriser une femme mariée à former une demande en séparation de biens. — *Lyon*, 22 mars 1836, Toty. — Pigeau, t. 1er, p. 493 ; Carré et Chauveau, quest. 2930 et 3430 (4°); Thomine, t. 2, p. 470; Demiau, p. 542. — V. SÉPARATION DE BIENS.

43. — ... Ou d'autoriser à assigner à bref délai le notaire ou le détenteur d'un titre, dans le cas de l'art. 840 du Code de procédure civile : autorisation qui ne peut être refusée. — Chauveau et Carré, quest. 3430, 4°.

44. — Il est d'autres ordonnances au contraire qui sont entièrement abandonnées au pouvoir discrétionnaire du juge. — Telles sont les ordonnances en matière de saisie-arrêt, de saisie-revendication, de saisie-gagerie, d'abréviation de délai dans le cas de l'art. 72 du Code de proc.

45. — Nous reconnaissons aussi au président le droit de dispenser une partie des préliminaires de conciliation. — V. ABRÉVIATION DE DÉLAI, n° 19. — Or, si le président jouit d'un pouvoir discrétionnaire lorsque l'on sollicite un acte de juridiction gracieuse, il faut admettre que le refus qu'il fait de répondre à la demande d'une partie n'est susceptible d'aucun recours. C'est aussi ce que nous avons enseigné v° ABRÉVIATION DE DÉLAI, nos 22 et suiv.

46. — Quand le président, usant de son droit, ne juge pas convenable, par exemple, de permettre qu'une saisie-arrêt soit pratiquée, soit que la créance ne lui paraisse pas établie, soit qu'il trouve cette voie trop rigoureuse, rien ne l'oblige à motiver son refus. Il n'y a, en effet, que les jugemens qui doivent contenir des motifs à l'appui du dispositif.

47. — Jugé, dans ce sens, à propos de l'ordonnance de dépôt d'un testament mystique. — *Montpellier*, 8 août 1839 (t. 2 1839, p. 118), de Roquefeuille c. Devic.

48. — En émettant cette solution, on comprend que nous n'avons toujours en vue que l'ordonnance intervenue sans contradiction; car s'il s'agissait d'une ordonnance de référé, la thèse changerait. L'absence de motifs serait une cause de nullité. — *Paris*, 10 frim. an XI, N.... — V. RÉFÉRÉ.

49. — L'ordonnance se rend au tribunal même. — Ce n'est qu'en cas d'urgence qu'elle peut être signée en l'hôtel du magistrat. — C. proc. civ., art. 1040.

50. — Toutefois, cette formalité n'est pas substantielle. — Carré et Chauveau, quest. 3431 *ter*; Thomine, t. 2, p. 710.

51. — L'art. 1040 veut 1° que le juge soit toujours assisté de son greffier, à moins qu'il ne soit en son hôtel ; — 2° que le greffier rédige la minute de l'acte et en délivre expédition : le tout sauf l'exécution des dispositions portées au titre des Référés. — Ces dispositions sont-elles applicables aux ordonnances sur requête?

52. — Nul doute que quand le juge ne rend pas son ordonnance au palais même, l'assistance du greffier ne soit pas exigée. — *Nîmes*, 4 mai 1824, Verdilham c. Filhol; *Toulouse*, 1er sept. 1824, Féraud c. Feline; 13 juill. 1827, Colasson c. Albaret.

53. — Mais il n'en est ainsi qu'en cas d'urgence. Cependant, un usage constant permet aux juges commis pour la taxe de répondre dans leur domicile aux requêtes en taxation.

54. — Si l'ordonnance est rendue au palais, l'assistance du greffier nous paraît exigée. La loi n'établit en effet aucune distinction entre les actes de juridiction contentieuse et les actes de juridiction gracieuse.

55. — Toutefois, nous ne pensons pas que l'ordonnance non signée par le greffier soit nulle; puisqu'en pareil cas un jugement ne serait pas nul *absolument*, d'après l'art. 138 C. proc. civ., et que, suivant les art. 37, 48 et 73 du décret du 30 mars 1808, l'omission de la signature du greffier peut être suppléée. — V. JUGEMENT (mat. civ.), nos 1433 et suiv. — Carré et Chauveau, quest. 3431 *bis*. — Thomine, t. 2, p 347. — *Contrà* Souquet, *Dict. des temps légaux*. — V. EMPRISONNEMENT, n° 17.

56. — Déjà nous avons eu occasion d'examiner cette question (V. EMPRISONNEMENT, nos 67 et suiv.) et nous avons cité plusieurs arrêts à l'appui de notre doctrine, qui a reçu la sanction des arrêts suivans : — *Toulouse*, 30 avr. 1824, Durrieux c. Savez; 19 août 1839 (t. 2 1839, p. 333), Mutel c. Ancas. — V., cependant, *contrà*, *Toulouse*, 13 janv. 1822, Manau c. Bessan ; 17 juin même année, Rouengoux c. Lebé.

57. — Quant à l'obligation de garder minute de l'ordonnance, elle semble résulter également des termes de l'art. 1040; à moins encore que l'ordonnance n'ait été rendue en l'hôtel du magistrat.

58. — Quoi qu'il en soit, cette obligation n'est pas exécutée dans la pratique. On considère au palais comme actes d'hôtel toutes les ordonnances, même celles rendues en la chambre du conseil, portant permission d'assigner à bref délai, nomination d'un juge commissaire, d'un huissier, ou indication de jour, etc. — En conséquence, elles ne sont signées que du président, et sont remises en minute aux avoués qui les ont sollicitées, et qui les font mettre à exécution sur cette minute même. Cet usage, qui n'entraîne aucun inconvénient, a pour résultat d'économiser les frais.

59. — Cependant à Paris on expédie les ordonnances portant permission de sommer les créanciers de produire dans un ordre ou dans une contribution. M. Boucher d'Argis (p. 240) blâme cette exception à l'usage généralement adopté, et fait remarquer qu'elle ne s'explique par aucun motif de différence entre ces ordonnances et les autres ordonnances rendues sur requête. — V., du reste, GREFFIER, nos 57 à 62.

60. — Lorsque le greffier assiste le juge, c'est lui qui doit tenir la plume. La loi ne le prescrit pas expressément, mais il serait contraire aux convenances que le juge écrivît lui-même l'ordonnance. — Avis minist. just. 27 sept. 1808, décis. minist. just. 11 oct. 1808. — V. GREFFIER.

61. — Les ordonnances sur requête sont soumises par les parties à la formalité de l'enregistrement, dans le même délai que les jugemens. — L. 22 frim. an VII, art. 20 et 29 ; instr. générale, 4 juill. 1809, nos 4, 36, 55, 68. — V. ENREGISTREMENT.

62. — Cependant, en cas de retard, elles ne sont pas passibles du double droit, comme les jugemens, la loi n'ayant pas prononcé d'amende. — V. ENREGISTREMENT.

§ 3. — *Exécution des ordonnances. — Voies de recours.*

63. — Les ordonnances rendues sur requête sont exécutoires comme toutes autres décisions judiciaires. — V. EXÉCUTION DES JUGEMENS.

64. — L'exécution en est toutefois poursuivie la plupart du temps sur minute, comme on vient de le voir *suprà* nos 157 et suiv.

65. — Mais cette exécution peut-elle être arrêtée par un recours? — Une double distinction est, selon nous, nécessaire. — Certaines ordonnances ne sont, en effet, susceptibles d'aucun recours; et parmi celles contre lesquelles certaines voies de réformation sont ouvertes, quelques-unes sont exécutoires par provision.

66. — Pour savoir si une ordonnance est ou n'est pas susceptible de recours, il faut, ainsi que nous l'avons indiqué *suprà* n° 46, examiner si elle émane de la juridiction contentieuse ou de la juridiction gracieuse.

67. — Quand, en effet, une partie sollicite un acte de juridiction gracieuse, la loi ne l'oblige pas à appeler son adversaire devant le magistrat; la contradiction est donc réputée superflue, et l'on ne saurait conséquemment admettre un recours contre l'ordonnance obtenue : car ce serait déclarer nécessaire après coup une défense jugée inutile dès le principe. — Au contraire, pour les actes de la juridiction contentieuse, le défendeur doit être mis en demeure de déduire ses moyens, et, s'ils ne sont pas accueillis par le juge, il est naturel de permettre un recours. Ne peuvent également, à raison du défaut d'intérêt, être attaquées par aucune voie les ordonnances qui ne sont que la conséquence nécessaire d'une procédure ou d'une opération judiciaire.

68. — Cependant l'application de cette théorie est fort controversée, et nous avons exposé, v° APPEL, nos 420 et suiv., grand nombre de cas où elle donnait lieu à des difficultés presque insurmontables. — V., au surplus, ABRÉVIATION DE DÉLAI, nos 22 et suiv., APPEL, nos 461 et suiv., 1440 et suiv., 452; COMMUNICATION DE PIÈCES, CONTRAINTE PAR CORPS, nos 518 et suiv.; ENQUÊTE, INTERROGATOIRE SUR FAITS ET ACTES, nos 101 et suiv.; JUGEMENS, nos 1251 et suiv.; LEGS, REDDITION DE COMPTE, SÉPARATION, SAISIE-ARRÊT, etc.; SAISIE CONSERVATOIRE, TESTAMENT.

69. — A l'égard des ordonnances susceptibles de réformation, la voie à suivre est en général l'appel. — V. APPEL, nos 420 et suiv.; EMPRISONNEMENT, n° 293; et les mots, ci-dessus indiqués, DISTRIBUTION PAR CONTRIBUTION, n° 252; ORDRE. — Et non l'opposition, car devant le tribunal c'est le président qui statue par ordonnance et remplace le tribunal. — *Montpellier*, 8 août 1839 (t. 2 1839, p. 118), de Roquefeuille c. Devic.

70. — Jugé encore que l'ordonnance rendue sur requête par le président d'un tribunal de commerce hors de la présence de l'autre partie et sans qu'elle ait été appelée, et portant nomination de deux experts pour procéder à une vérification, présentant la plus grande analogie avec les ordonnances de référé, est susceptible d'appel et que, d'ailleurs, il serait contraire aux principes de soumettre à un tribunal de commerce l'opposition à une ordonnance rendue par son président. — *Poitiers*, 5 août 1830, Corde c. Laurence.

71. — Néanmoins, la règle précédente souffre quelques exceptions : ainsi, c'est par voie d'opposition devant le tribunal que l'on doit attaquer l'ordonnance d'*exequatur* apposée à une sentence arbitrale. — V. ARBITRAGE, nos 943 et suiv.

72. — L'opposition devant le tribunal est encore admise, en matière de taxe, contre l'exécutoire délivré par le juge, et non devant le juge. — V. FRAIS ET DÉPENS.

73. — Dans d'autres circonstances, l'opposition doit être portée devant le président statuant en état de référé. — V. COPIE, VENTE DE MEUBLES. — Ou devant le juge commissaire qui a rendu l'ordonnance, il en est, par exemple, ainsi dans le cas où une amende a été prononcée contre un témoin défaillant. — V., au surplus, LEGS, SAISIE CONSERVATOIRE, SUCCESSION IRRÉGULIÈRE, etc.

74. — Les ordonnances sont susceptibles d'être déférées à la Cour suprême pour excès de pouvoir, incompétence ou violation des formes. — V. CASSATION.

75. — Sont exécutoires par provision 1° l'ordonnance qui rend exécutoire contre une partie qui s'est désistée la taxe des frais de l'instance, pourvu que l'exécutoire émane, non pas du président, mais du tribunal. — V. DÉSISTEMENT, nos 277 et suiv., FRAIS ET DÉPENS.

76. —... 2° Celle qui prononce une amende contre les témoins défaillans dans une enquête. — Art. 263 C. pr. civ. — V. ENQUÊTE.

77. — ... 3° Celles qui prononcent une amende contre les parties qui interrompent ou interpellent les témoins. — Art. 276 C. pr. civ. — V. ENQUÊTE.

78. — ... 4° Celles relatives aux troubles apportés à l'audience et dont la répression est confiée aux présidens par l'art. 89 C. pr. civ. — V. DÉLIT D'AUDIENCE., nos 212 et suiv.

79. — ... 5° Celles qui permettent, en cas d'urgence, de saisir les effets du débiteur commerçant aux termes de l'art. 417 C. pr. — V. SAISIE CONSERVATOIRE.,

ORDONNANCE DE NON-LIEU.

C'est l'acte par lequel, après avoir entendu le juge d'instruction dans son rapport sur l'instruction suivie contre un inculpé, la chambre du conseil, étant d'avis que le fait ne présente ni crime, ni délit, ni contravention, ou qu'il n'existe pas de charges suffisantes contre l'inculpé, déclare n'y avoir lieu à poursuivre. — V, CHAMBRE DU CONSEIL, nos 162 et suiv.; CHAMBRE DES MISES EN ACCUSATION, nos 93 et suiv.

ORDONNANCE DE PRISE DE CORPS.

1. — C'est l'acte par lequel, après avoir entendu le juge d'instruction dans son rapport sur l'instruction suivie contre un inculpé, la chambre du conseil, estimant qu'il y a contre cet inculpé charges suffisantes de faits qualifiés crimes par la loi pénale, ordonne qu'il sera appréhendé au corps et traduit devant le procureur général près la Cour d'appel, pour être procédé comme il est dit au chapitre des mises en accusation. — Art. 133, 134, 217 et suiv. du C. d'instr. crimin.

2. — Le Code du 2 brum. an IV exigeait, sous peine de nullité, que l'ordonnance de prise de corps contînt la citation de la loi en vertu de laquelle elle était rendue. — Le C. d'instr. crim. n'en renouvelle pas l'obligation d'une manière expresse, mais on doit la considérer comme inhérente à la substance même de l'ordonnance où l'art. 34 prescrit d'énoncer la nature du délit.

3. — Les auteurs (Carnot, *Instr. crimin.*, t. 1er, p. 529 ; Bourguignon, *Jur. des C. crimin.*, t. 1er, p. 289 ; Ortolan, *Du minist. public*, t. 2, p. 94 ; Legraverend, t. 1er, p. 376) ne sont pas d'accord sur la question de savoir si l'ordonnance de prise de corps décernée par la chambre du conseil contre l'inculpé resté libre, peut être mise à exécution avant d'avoir été confirmée par la chambre d'accusation.

4. — L'affirmative cependant ne semblerait devoir présenter aucune difficulté, quoiqu'à la Cour d'appel seule il appartienne de prononcer la mise en accusation ; car l'ordonnance constitue un état très-grave de prévention : à ce titre, malgré son caractère provisoire, on ne doit pas lui refuser la force nécessaire pour s'assurer immédiatement de la personne d'un inculpé qui aurait pu être arrêté par la seule volonté du juge d'instruction, et qui a un si grand intérêt à se soustraire à l'imminence des poursuites les plus rigoureuses. — V. CHAMBRE DU CONSEIL, nos 223 et suiv.

5. — C'est à la chambre d'accusation, lorsqu'elle est saisie par suite d'une opposition à l'ordonnance de la chambre du conseil, qui ordonnait la mise en liberté du prévenu, de décerner, si elle croit devoir annuler cette décision, l'ordonnance de prise de corps. — C. instr. cr., 231. — V. CHAMBRE DES MISES EN ACCUSATION, nos 300 et suiv.

ORDONNANCES DU ROI.

1. — On appelait ainsi les actes que le roi faisait, en qualité de chef de l'Etat, dans les limites de l'exercice du pouvoir exécutif. Ces actes avaient un caractère authentique. — V. ACTE AUTHENTIQUE, n° 11.

2. — Dans l'ancienne monarchie, les ordonnances des rois de France réglaient tout à la fois les objets aujourd'hui réservés au pouvoir législatif et ceux qui sont encore maintenant du domaine de la puissance exécutive.

3. — Ces ordonnances reçurent différens noms suivant l'importance et la nature de leur objet. — Les unes, les plus considérables, furent appelées *lois*, comme la *loi ripuaire*, la *loi salique*, etc. ; les autres, *édits*, *déclarations*, *lettres patentes*, *décrets* ; d'autres, enfin, *capitulaires* (V. ces différens mots). — La dénomination d'*ordonnance* fut spécialement réservée pour désigner un règlement sur différens objets de même nature, ou sur l'ensemble d'une matière.

4. — Pendant longtemps, un grand nombre d'ordonnances ne furent pas l'œuvre exclusive des rois. Elles se rendaient dans des assemblées qui étaient présidées par le roi et composées des grands du royaume. — Ce ne fut guère que lorsque la féodalité eut divisé la France en *pays de domaine du roi* et en *pays de barons* qu'on vit apparaître des ordonnances émanant directement du roi, et du roi seul.

5. — Ces dernières ordonnances n'étaient par elles-mêmes exécutoires que dans les pays soumis à l'obéissance du roi ; elles ne le devenaient dans ceux sur lesquels les seigneurs exerçaient leur empire que quand ceux-ci consentaient à les recevoir.

6. — L'autorité des ordonnances royales fut aussi plus tard contre-balancée par l'influence des parlemens, qui s'étaient attribué le droit d'arrêter l'exécution de ces actes législatifs en n'appliquant, dans leurs ressorts respectifs, que ceux dont ils avaient ordonné l'enregistrement.

7. — Il a été jugé notamment que l'ordonnance du 31 octobre 1744 n'ayant pas été enregistrée au parlement de Normandie, n'était point devenue obligatoire dans cette province ; qu'il n'avait pu même être suppléé au défaut de l'enregistrement de cette ordonnance par l'envoi qui en avait été fait au grand amiral ni par son enregistrement particulier au greffe de l'amirauté, et que, par conséquent, dans la province de Normandie la pêche au chalut avait continué d'être régie par l'ordonnance du 20 décembre 1729. — *Cass.*, 24 juill. 1834, Petit.

8. — Cet état de choses ne disparut qu'avec la révolution de 1789. — V. ENREGISTREMENT DES LOIS.

9. — La Constitution de 1791 conserva au roi le droit de faire des règlemens pour l'exécution des lois. La charte de 1814 lui réserva de nouveau ce droit. « Le roi, portait l'art. 14 de cette charte, fait les règlemens et ordonnances nécessaires pour l'exécution des lois *et la sûreté de l'Etat*. — Ces derniers mots furent remplacés, dans l'art. 13 de la charte de 1830, par ceux-ci : « sans pouvoir jamais ni suspendre les lois elles-mêmes ni dispenser de leur exécution. »

10. — Les ordonnances royales différaient donc des lois, d'abord en ce qu'elles ne contenaient ordinairement que le mode d'exécution d'une loi antérieure. Elles en différaient encore en ce qu'elles pouvaient être changées ou révoquées par le roi, qui ne pouvait changer ni abroger les lois qu'avec le concours des deux chambres et dans les formes constitutionnelles. — Toullier, t. 1er, n° 53.

11. — Ainsi, une ordonnance royale n'a pu ni modifier, ni restreindre, ni étendre les dispositions de la loi ; elle devait être renfermée dans les mêmes limites que celle-ci, et ne pouvait qu'en rappeler l'exécution. — *Cass.*, 15 mars 1832, Depouilly ; 16 janv. 1833, Douanes c. Barazer ; 20 août 1833, Monseau.

12. — C'est ce qui a été jugé spécialement par application des termes de l'art. 14 de la charte de 1814 et de l'art. 13 de la charte de 1830. — Jugement du trib. de comm. de la Seine, 28 juill. 1830, Lapelouze et Chatelain c. Laguionie ; ordonn. de référé du président du tribunal de première instance de Douai, 31 juill. 1830 (rapportée à la note sur la décision qui précède), les gérans du *Propagateur* d'Arras c. Wagner ; Cour des pairs, 21 déc. 1830, Ministres de Charles X.

13. — Les tribunaux ont au surplus le droit d'examiner la légalité des ordonnances royales, et ils peuvent en conséquence refuser d'appliquer aux espèces qu'ils ont à juger les ordonnances qu'ils reconnaissent contraires aux lois du royaume. — *Nancy*, 26 juill. 1827, Avoués de Saint-Mihiel.

14. — C'est par suite de ce principe qu'il a été jugé que les ordonnances du 25 juill. 1830, contraires à la charte, n'étaient obligatoires ni pour la personne sacrée et inviolable du roi, ni pour les citoyens aux droits desquels elles portaient atteinte.

15. — ... Que l'ordonnance royale autorisant le ministère public à poursuivre un fonctionnaire devant les tribunaux ordinaires, n'étant pas attributive de juridiction, et ne mettait pas obstacle à ce qu'un tribunal correctionnel se déclarât incompétent, s'il y avait lieu. — *Cass.*, 14 juill. 1827, Offret.

16. — ... Que l'ordonnance royale, rendue pour les colonies, n'avait pu déroger au principe que le pourvoi en cassation n'est recevable que contre les jugemens en dernier ressort. — *Cass.*, 25 juill. 1839 (t. 2 1839, p. 488), Pesnel et Moreau

17. —... Qu'une ordonnance n'avait pu enlever à la profession d'avoué, dont l'existence est garantie par une loi positive (L. 27 vent an VIII), les droits qui tiennent à son essence. — *Nancy*, 26 juill. 1827, Avoués de Saint-Mihiel.

18. — L'ordonnance royale du 6 juin 1832, qui avait mis Paris en état de siége, n'a pu également être exécutée que dans celles de ses dispositions qui n'étaient pas contraires à la Charte constitutionnelle. Ainsi, cette ordonnance n'a pu avoir pour effet d'attribuer juridiction aux conseils de guerre sur les individus qui n'étaient point militaires ni assimilés aux militaires. — *Cass.*, 29 juin 1832, Geoffroy.

19. — Mais s'il était interdit au roi d'abroger une loi ou d'y déroger par simple ordonnance, rien n'empêchait qu'il modifiât les dispositions qui n'étaient que purement réglementaires. — V. motifs de l'arrêt de *Cass.* du 6 juill. 1827, Pelicat.

20. — Spécialement l'ordonnance du 27 fév. 1822 a pu enlever aux avoués exerçant près les tribunaux de première instance séant aux chefs-lieux de département le droit de plaider les causes sommaires que leur accordait l'art. 3 du décret du 2 juill. 1812. — V. AVOUÉ, nos 233 et suiv.

21. — Décidé aussi que le décret du 6 juillet 1811 n'est qu'un règlement d'administration publique et qu'il a pu y être dérogé par l'ordonnance du 24 sept. 1828, qui a permis aux chambres correctionnelles de connaître de toutes affaires au nombre de sept conseillers. — *Cass.*, 18 mai 1831, André c. Desbrais ; 27 juin 1831, Berger c. Champeau ; 20 mars 1832, Gaudry ; 9 mai 1834, Genty c. Maingold : 10 fév. 1835, Parthiot c. Roullier ; 8 avril 1835, Razand c. Pascal.

22. — ... Que l'ordonnance du 9 avril 1819, qui a étendu les attributions des courtiers de commerce, déterminées par les décrets des 22 nov. 1811 et 19 avr. 1812, en les autorisant à vendre les meubles et effets d'un failli *hors de la Bourse* et par lots inférieurs à 2,000 fr., sous la condition d'y être autorisés par le tribunal de commerce, était simplement réglementaire, et conséquemment constitutionnelle et obligatoire pour les tribunaux. — *Paris*, 16 mars 1829, Commissaires-priseurs c. Courtiers de commerce de Paris ; *Cass.*, 9 janv. 1833, mêmes parties.

23. — ...Que l'ordonnance portant nomination d'un individu à une place d'avoué, déclarée vacante, a été rendue par le pouvoir exécutif dans les limites de son droit, et qu'il est hors des attributions du pouvoir judiciaire de juger de la constitutionnalité d'une pareille ordonnance. — *Agen*, 23 mai 1836 (t. 2 1837, p. 423), Eucausse c. Cénac.

24. — ...Que l'ordonnance du 1er sept. 1827, rendue en vertu de la loi du 1er sept. 1807, pour interpréter l'art. 11 de la loi du 21 oct. 1814, et qui décidait que la peine portée par le règlement de 1723 s'appliquait à l'exercice de la librairie sans brevet, avait la force de l'autorité législative et devait être considérée non comme statuant sur une espèce particulière, mais comme disposant pour tous les cas identiques. — *Nancy*, 23 janv. 1828, Vincenot.

25. — ...Que l'ordonnance du 10 sept. 1817, qui, en exécution de la loi du 16 sept. 1814, réglait provisoirement la franchise du port de Marseille, était légale et constitutionnelle. — *Cass.*, 9 mars 1835, Douanes c. Séguy.

26. — L'ordonnance du 17 août 1825 a pu également étendre à tout le royaume les effets de la loi du 18 mars 1806, sur les prud'hommes. — *Paris*, 26 déc. 1833, Barbet et Girard c. Gros, Odier et Roman.

27. — Enfin l'art. 50 de la charte de 1830, portant que les cours et tribunaux actuellement existans étaient maintenus, et qu'il n'y serait rien changé, qu'en vertu d'une loi, ayant eu seulement pour objet de soustraire à l'action des ordonnances et de placer sous la garantie des lois ce qui touche soit à la juridiction ou à la compétence des Cours et tribunaux, soit à l'étendue de leur territoire, soit à leur constitution ou à leur organisation hiérarchique de pouvoir judiciaire, a laissé en dehors de ses dispositions tout ce qui peut se rattacher à la discipline et à l'ordre du service intérieur des Cours et tribunaux, et n'a par conséquent porté aucune atteinte à l'art. 5 de la loi du 20 avril 1810 : d'où il suit que l'ordonnance royale du 5 août 1844, qui a prescrit de répartir entre les autres chambres des Cours d'appel les magistrats composant la chambre d'accusation, a été rendue dans les limites du pouvoir exécutif; et, par conséquent, le refus de se conformer à cette ordonnance consigné dans la délibération d'une Cour d'appel a constitué un excès de pouvoir que la Cour de cassation a dû réprimer par la voie de l'annulation, aux termes de l'art. 80 de la loi du 27 vent. an VIII. — *Cass.*, 10 août 1844 (t. 2 1844, p. 429), Procureur général de la Cour de cassation.

28. — Les ordonnances royales pouvaient non-seulement déterminer le mode d'exécution d'une loi antérieure, mais aussi rappeler une loi négligée, ou qui paraissait oubliée, et la ramener à exécution. — Toullier, t. 1er, n° 55.

29. — Mais une ordonnance royale ne pouvait établir de peine pour le cas de contravention à ses dispositions. — Arg. de l'arrêt de *Cass.* du 27 janv. 1828, Duchamois.

30. — Ainsi, les peines portées par l'ordonnance royale du 24 juill. 1816, contre les détenteurs d'armes de guerre, n'ont pu être prononcées par les tribunaux. — *Paris*, 4 déc. 1827, Vacheron; *Metz*, 25 fév. 1829, Lion-Cerf; *Paris* 30 avr. 1830, Caquati.

31. — Jugé aussi qu'une ordonnance royale n'a pu rétablir la peine de l'affiche que l'ordonnance portée par la loi du 22 juill. 1791 (art. 27) pour les contraventions commises par un boulanger, et abrogées par le Code pénal. — *Cass.*, 31 janv. 1845 (t. 2 1848, p. 537), Bujol.

32. — Une ordonnance royale ne pouvait prescrire la perception d'un impôt non voté par les chambres. — Il est cependant un cas où un impôt pouvait être suspendu ou modifié en vertu d'une ordonnance : c'est celui qui est prévu par l'art. 6 de la loi du 25-27 nov. 1814. Cette loi, après avoir, dans les art. 1er et suiv., déterminé les droits pour l'exportation des laines, et pour l'importation de celles venant de l'étranger, autorise, par l'art. 6, le gouvernement, dans l'intervalle d'une session à l'autre, si les circonstances l'exigent, à suspendre ou modifier ces droits, en présentant à la session suivante les motifs qui auraient déterminé cette mesure.

33. — L'ordonnance royale par laquelle cette suspension ou modification a eu lieu, dans l'intervalle d'une session des chambres à l'autre, a conservé toute sa force, même après la session suivante, dans laquelle le gouvernement a exposé les motifs de cette mesure, encore bien qu'il n'y ait pas été statué par une loi dans cette session. — *Cass.*, 5 juill. 1827, Douanes c. Picot frères.

34. — Les ordonnances royales des 17 fév. et 15 août 1815 n'ont pu rien changer à la rétribution universitaire fixée par les décrets des 17 mars et 17 sept. 1808 au vingtième de la pension des élèves. — *Paris*, 27 juin 1831, Université c. Loriol et Liévyns.

35. — Mais l'ordonnance royale du 14 juin 1814, qui conservait aux anciens sénateurs nés Français une pension de 36,000 fr., était susceptible, comme de munificence royale, d'être modifiée par le pouvoir qui l'avait concédée. — *Cass.*, 12 fév. 1835, de Guéhéneuc et de Saur c. liquidateur de l'ancienne liste civile.

36. — Et les tribunaux sont incompétens pour apprécier la validité d'une modification de cette nature, faite par ordonnance, et pour la réformer. — Même arrêt.

37. — En cas de contestation sur le sens d'une ordonnance, le ministre, le conseil de préfecture,

l'autorité judiciaire n'ont pu, sans excès de pouvoir, s'arroger l'interprétation de l'ordonnance et déterminer le sens de ses dispositions. C'était au roi en son Conseil d'Etat qu'appartenait exclusivement l'interprétation. — *Cons. d'Etat.* 31 janv. 1838, Commune de Braq c. Fabrique de Fontaine-le-Pin ; 14 janv. 1839, Lyonnet c. Ville de Gien ; 30 juill. 1840, Ministre des finances c. compagnie concessionnaire du pont d'Ebreuil. — De Cormenin, *Droit administratif*, 5e édit., t. 1er, p. 491, 205 et 215; les annotations de Zachariæ, t. 1er, § 76, note 13.

38. — Toutefois il n'y a pas lieu à renvoyer devant l'autorité administrative pour l'interprétation d'une ordonnance royale quand le sens en est clair et positif, surtout si le rapprochement des actes qui l'ont provoquée. Les tribunaux ordinaires sont dans ce cas compétens pour en faire l'application et en ordonner l'exécution. — *Cass.*, 7 déc. 1836 (t. 1er 1837, p. 612), Ville de Besançon, c. Bourrier. — V., en outre dans le même sens, *Cass.*, 13 mai 1824, de Maynoncourt c. Aymonet de Contreglise; 28 mars 1825, Dassonvillez c. Parant; 9 août 1825, Lenez-Cotty de Brécourt c. de Béthune-Charost; 30 mars 1831, Cuoq c. Roger; 8 juillet 1835, de Fitz-James c. Walter Boyd; 8 déc. 1835, Bureau c. Commune de Bèze.

39. — Les tribunaux peuvent et doivent même examiner la constitutionnalité de toute ordonnance royale dont on réclame devant eux l'application, encore bien qu'ils aient déjà ordonné l'exécution de cette ordonnance dans d'autres circonstances où sa légalité n'était pas mise en question. — *Nîmes*, 8 janv. 1834, Bouvier et avoués de Marvejols.

40. — Mais lorsqu'il s'élève des doutes sur la question de savoir si une ordonnance royale est applicable à telle personne, les tribunaux doivent surseoir au jugement du fond et renvoyer les parties devant le Conseil d'Etat. — *Cass.*, 31 mars 1830, de Tragin c. Lemière.

41. — Les ordonnances royales ne peuvent, dans aucun cas, être annulées ou modifiées par des décisions ministérielles. — *Cons. d'Etat*, 29 janv. 1833, Defermon. — *Aix*, 2 août 1825, Mussol d'André et les avoués d'Aix.

42. — Une ordonnance rendue pour l'exécution d'une loi est un acte purement administratif qui ne peut être déféré au Conseil d'Etat par la voie contentieuse. — *Cons. d'Etat*, 19 juin 1838, Voyer-d'Argenson c. l'Etat.

43. — L'absence dans une ordonnance de ces mots : *Notre Conseil d'Etat entendu*, ne frappe pas cette ordonnance de nullité et ne la dépouille pas de son véritable caractère d'ordonnance réglementaire et obligatoire pour tous les citoyens. C'est ce qui a été jugé spécialement au sujet de l'ordonnance du 1er août 1827, pour la mise à exécution du Code forestier. — *Cass.*, 5 juill. 1834, Commune de Marchiennes c. Forêts.

44. — Les ordonnances royales n'étaient exécutoires et obligatoires que quand elles avaient été promulguées et publiées. Ainsi l'ordonnance de 1670 n'a pas pu être appliquée dans le département du Montblanc, où elle n'a jamais été promulguée ni exécutée. — *Cass.*, 14 germ. an VII, Olivier.

45. — Mais à quelle époque une ordonnance royale est-elle devenue obligatoire? Lorsqu'elle a été insérée au *Bulletin des lois* elle est devenue obligatoire, dans le département de la Seine, un jour après que le Bulletin a été remis au ministre de la justice, et, dans les autres départements, après l'expiration du même délai augmenté d'autant de jours qu'il y a de fois dix myriamètres entre la ville capitale où la promulgation a été faite et le chef-lieu de chaque département. Quant aux ordonnances non insérées au *Bulletin des lois*, il fallait suivre les dispositions de l'avis du Conseil d'Etat du 25 prairial an XIII. Ces ordonnances ne sont donc devenues obligatoires que du jour où elles ont été portées à la connaissance de ceux qu'elles concernaient. — Zacharie, *Comm. de droit civil français*, t. 1er, p. 49.

46. — Spécialement, une ordonnance royale constitutive de droits de péage ou de tonnage dans un port n'est devenue obligatoire qu'à partir de sa promulgation par insertion au *Bulletin des lois* ou par impression ou affiche dans la forme prescrite par l'ordonnance du 18 janv. 1817. — *Cass.*, 4 août 1845 (t. 2 1845, p. 644), Labarthe c. Lavielle.

47. — N'a point été réglement promulguée, et dès lors n'est pas légalement obligatoire, l'ordonnance royale établissant un droit de péage, qu'on s'est seulement borné à envoyer officiellement au préfet, qui, de son côté, s'est contenté d'en faire la notification officielle au sous-préfet et au maire suivant le mode primitivement indiqué par l'ordonnance royale du 27 nov. 1816. —

Cass., 21 juin 1843 (t. 2 1843, p. 454), Labastie c. Lavielle.

V. ÉTABLISSEMENS DANGEREUX, INSALUBRES OU INCOMMODES, nos 23, 38 et 60.

ORDONNANCES ROYALES.

Terme employé autrefois en style de chancellerie pour distinguer les ordonnances du roi de celles des cours et tribunaux.

ORDONNATEUR.

Ordonnateur ou *commissaire ordonnateur*, chef d'administration dans les colonies, chargé, sous les ordres du gouverneur, de l'administration de la marine, de la guerre et du trésor, de la direction générale des travaux de toute nature (à la charge des communes), et de la comptabilité générale pour tous les services. — V. COLONIES.

ORDRE.

Table alphabétique.

ORDRE. — 1. — Procédure a pour but de régler le prix provenant d'une vente immobilière entre des créanciers privilégiés et hypothécaires.

2. — Les créanciers chirographaires peuvent bien figurer à l'ordre comme parties intervenantes (*infrà* nᵒˢ 76 et 475), mais ils n'y sont pas colloqués.

3. — Quand après l'épuisement des collocations privilégiées ou hypothécaires des fonds restent disponibles, c'est le cas d'ouvrir entre les créanciers chirographaires une distribution par contribution. — V. ce mot.

4. — Nous n'avons que peu de chose à dire sur l'historique de la procédure d'ordre. — Si l'on se reporte à l'ordonnance de 1667, on voit qu'elle ne s'était occupée ni des saisies réelles ni de l'ordre; on chercherait en vain une loi générale sur cette importante matière. Il y avait presque autant d'usages que de juridictions. Ainsi, dans certaines provinces de France, l'ordre se suivait avant la vente, pendant la poursuite; dans la plupart, l'ordre suivait l'adjudication. Dans quelques tribunaux, les frais montaient à des sommes excessives. Au Châtelet, les frais étaient plus élevés et la procédure était simple : comme on peut s'en convaincre en consultant Denisart.

5. — Ce fut la loi du 11 brumaire an VII qui établit une marche uniforme empruntée en grande partie aux usages du Châtelet, puis reproduite et simplifiée encore par le Code de procédure.

CHAP. Iᵉʳ. — *Caractères de l'ordre. — Cas*

dans lesquels il peut y être procédé (nᵒ 6).

CHAP. II. — *Ordre amiable* (nᵒ 57).

CHAP. III. — *Ordre judiciaire* (nᵒ 98).

SECT. 1ʳᵉ. — *Ordre ouvert par suite d'aliénation volontaire* (nᵒ 111).

SECT. 2ᵉ. — *Ordre ouvert par suite d'aliénation forcée* (nᵒ 159).

SECT. 3ᵉ. — *Quelles personnes peuvent poursuivre l'ordre. — Subrogation dans les poursuites* (nᵒ 166).

SECT. 4ᵉ. — *Tribunal compétent en matière d'ordre. — Jonction de plusieurs ordres* (nᵒ 200).

SECT. 5ᵉ. — *Ouverture de l'ordre* (nᵒ 232).

SECT. 6ᵉ. — *Sommation de produire* (nᵒ 249).

SECT. 7ᵉ. — *Production des titres. — Demande en collocation* (nᵒ 294).

SECT. 8ᵉ. — *Règlement provisoire. — Règlement supplémentaire* (nᵒ 350).

SECT. 9ᵉ. — *Dénonciation du règlement provisoire* (nᵒ 500).

SECT. 10ᵉ. — *Contredits* (nᵒ 548).

SECT. 11ᵉ. — *Renvoi à l'audience. — Jugement. — Signification* (nᵒ 613).

CHAP. IV. — *Voies des recours contre le jugement rendu sur les contredits* (nᵒ 705).

SECT. 1ʳᵉ. — *Opposition. — Défaut profit joint* (nᵒ 706).

SECT. 2ᵉ. — *Appel* (nᵒ 747).

ART. 1ᵉʳ. — *Montant des sommes* (nᵒ 748).

ART. 2. — *Qui peut appeler* (nᵒ 745).

ART. 3. — *Délais* (nᵒ 781).

ART. 4. — *Acte d'appel* (nᵒ 839).

§ 1ᵉʳ. — *Formalités* (nᵒ 839).

§ 2. — *Signification* (nᵒ 853).

ART. 5. — *Appel incident* (nᵒ 872).

ART. 6. — *Intimation* (nᵒ 890).

ART. 7. — *Procédure et frais devant la cour* (nᵒ 948).

§ 1ᵉʳ. — *Procédure* (nᵒ 948).

§ 2. — *Frais* (nᵒ 982).

ART. 8. — *Effets de l'appel* (nᵒ 986).

ART. 9. — *Voies de recours contre l'arrêt* (nᵒ 988).

SECT. 3ᵉ. — *Tierce opposition* (nᵒ 994).

SECT. 4ᵉ. — *Requête civile* (nᵒ 1016).

CHAP. V. — *Règlement définitif* (nᵒ 1019).

CHAP. VI. — *Voies de recours contre le règlement définitif* (nᵒ 1111).

CHAP. VII. — *Délivrance des bordereaux.— Paiemens* (nᵒ 1170).

CHAP. VIII. — *Sous-ordre* (nᵒ 1260).

CHAP. IX. — *Folle enchère* (nᵒ 1306).

———

CHAPITRE Iᵉʳ. — *Caractères de l'ordre. —Cas dans lesquels il peut y être procédé.*

6. — Les biens d'un débiteur sont le gage commun de ses créanciers. Ils sont distribués entre

eux par contribution ; à moins qu'il n'existe des causes légitimes de préférence, telles que des priviléges ou des hypothèques.— C. civ., art. 2093, 2094.

7. — C'est au moyen de l'*ordre* que les causes de préférence sur le prix des immeubles du débiteur sont reconnues, et que les ayans droit reçoivent la part qui leur est due.

8. — Il s'ouvre après une vente forcée ou volontaire ; encore bien que le débiteur ne soit pas en état de déconfiture ou de faillite, et que le prix de la vente soit plus que suffisant pour désintéresser tous les créanciers.

9. — Les créances colloquées dans l'ordre peuvent être pures et simples ou conditionnelles ; car ces diverses créances sont susceptibles d'être garanties par hypothèque.

10.—Elles ne peuvent pas être à terme. Ainsi, en matière d'aliénation volontaire, l'acquéreur qui notifie son contrat doit offrir d'acquitter toutes les dettes sans distinction de celles exigibles ou non exigibles. — Art. 2183, 2184 C. civ.— V. HYPOTHÈQUE.

11. — Il en est de même en matière d'aliénation forcée. — *Ibid.*

12. — Un ordre suppose toujours l'existence de créances soit hypothécaires, c'est-à-dire engendrant un droit réel sur l'immeuble, un droit de suite, soit privilégiées.

13.— S'il en était autrement, c'est-à-dire s'il ne se rencontrait que des créances chirographaires, il ne faudrait pas dire, comme M. Armand Dalloz, que le prix serait considéré comme purement mobilier, car le prix de l'immeuble n'en serait pas moins au regard des créanciers la représentation de l'immeuble aliéné; mais comme en l'absence de privilége ou d'hypothèque il n'y aurait aucune créance qui pût se prévaloir d'une cause de préférence, toutes les dettes participeraient dans des conditions égales à une distribution par contribution : c'est-à-dire au marc le franc du prix, devenu, d'après l'art. 2092 C. civ., le gage commun de tous les créanciers.

14. — Il y a plus : dans le cas où les fonds ne se trouvent pas épuisés par les créances privilégiées et hypothécaires, le juge commissaire à l'ordre ne pourrait sans excès de pouvoir procéder à la distribution des sommes restant libres entre les mains des créanciers chirographaires. — V. *infrà* n° 311.

15.— Le droit des créanciers chirographaires, en matière d'ordre, consiste à surveiller l'emploi des fonds. — V. *infrà* n° 175.

16. —Il faut aussi, pour employer l'expression de certains auteurs, qu'il y ait identité de *débiteur*. Ce qui n'implique pas nécessairement que toutes les dettes hypothéquées sur l'immeuble dont le prix est en distribution, aient été consenties par le vendeur sur lequel l'ordre se poursuit; mais ce qui doit s'entendre en ce sens que celui qui a aliéné volontairement ou forcément l'immeuble était ou obligé, comme débiteur direct ou personnel, ou tenu hypothécairement, comme détenteur, à l'acquittement des dettes hypothécaires.

17. — Aussi celui qui poursuit l'accomplissement de la procédure d'ordre ne se borne pas à y appeler les créanciers du dernier détenteur de l'immeuble, mais il doit, comme on le verra, y convoquer les créanciers du précédent propriétaire dont les hypothèques n'ont pas été purgées.

18. — L'ordre est amiable ou judiciaire.

19. —Il est amiable quand les parties intéressées mettent à profit les délais que leur accorde la loi pour régler entre eux et sans l'intervention de la justice la distribution du prix des biens. — V. nos 57 et suiv.

20. — Lorsque ces délais sont expirés sans que les créanciers soient parvenus à s'entendre, on procède à l'ordre judiciaire.—V. nos 60 et suiv.

21. — L'ordre judiciaire est poursuivi devant un juge commissaire chargé de recevoir les diverses productions, et d'en fixer le taux au moyen d'un règlement qui n'est que provisoire et qui, s'il n'est pas contesté, devient définitif.

22. — Dans certains cas, quand le nombre des créanciers inscrits n'est pas de plus de trois, on se pourvoit devant le tribunal en règlement, par voie d'action.

23. — L'ordre judiciaire constitue une instance.

24. — L'acquéreur ne peut être tenu de payer, tant que le prix n'a pas été réglé soit par voie amiable, soit par voie d'ordre, à moins d'un engagement particulier.

25. —C'est parce qu'une condition de ce genre avait été imposée à l'acquéreur, qu'a été déclarée valable l'autorisation accordée en justice, contradictoirement avec les créanciers, de se libérer d'une partie de son prix entre les mains du gouvernement. — *Turin*, 6 juill. 1813, Maffei c. Garda.

26. — Mais l'acquéreur peut être contraint de consigner son prix.

27. — D'un autre côté, rien ne l'oblige à garder son prix entre ses mains. L'art. 2186 C. civ. l'autorise à le déposer avant le règlement de l'ordre. — V. HYPOTHÈQUE.

28. — La consignation ne peut être annulée par le motif que le procès-verbal ne contient pas la désignation de la nature des espèces offertes, conformément à l'art. 1259 C. civ. — *Riom*, 19 janv. 1820, de Sartiges c. Jarrier. — Bioche et Goujet, *Dict. de proc.*, v° *Offres réelles*, n° 50 ; Chauveau sur Carré, quest. 2549 *quater*.

29. — Toutefois la clause par laquelle on impose à l'acquéreur l'obligation de ne pas consigner, est valable et obligatoire. En cas de contravention, des dommages-intérêts seront dus au vendeur.

30. — Il a le droit de requérir l'ouverture de l'ordre, comme les créanciers.

31. — On conçoit qu'un ordre ne peut s'établir que sur un prix définitif, c'est-à-dire qu'après que les délais de surenchère sont expirés. — Art. 749 et 775 C. de procéd.

32. — Si l'acquéreur d'un bien vendu volontairement ne se conforme pas au commandement de payer ou de délaisser qui lui a été signifié en notifiant son contrat, conformément aux art. 2183 et 2184 C. civ., afin de faire courir les délais de surenchère, les créanciers peuvent saisir l'immeuble. — V. HYPOTHÈQUE, PURGE.

33. — Toutefois lorsque la notification voulue par les art. 2156 et 2183 C. civ., n'a été faite par l'acquéreur ni au domicile du créancier décédé, ni à tous ses héritiers, mais seulement à l'un d'eux, ce défaut de notification n'entraîne pas la nullité absolue d'un ordre introduit par des créanciers qui, connaissant la notification faite à un héritier du décédé, et ignorant l'existence des autres cohéritiers, ont cru pouvoir ouvrir l'ordre pour la distribution du prix. — Mais, dans ce cas, la clôture de l'ordre doit être suspendue jusqu'à l'expiration du délai accordé pour surenchérir aux cohéritiers qui n'ont pas été avertis par une notification. — *Metz*, 19 nov. 1818, N....

34. — S'ils acceptent le prix et dispensent l'acquéreur de notifier, il est procédé à l'ordre.

35. — Mais ils ne sont pas tenus d'attendre pour ouvrir l'ordre, les délais fixés pour la purge légale des hypothèques. Cette purge est l'affaire personnelle de l'acquéreur. — V. PURGE LÉGALE.

36. — ... Sauf à l'acquéreur à réclamer un sursis.

37. — Les sommes sur lesquelles il y a lieu d'ouvrir un ordre sont 1° le prix ou l'évaluation de l'immeuble aliéné et grevé de priviléges ou d'hypothèques; — 2° les fruits produits avant l'aliénation et qui ont été immobilisés par la dénonciation de la saisie au débiteur; — 3° les arrérages de rentes hypothéquées avant la loi du 11 brum. an VII, échus depuis la dénonciation de la saisie du fonds de la rente; — 4° les intérêts du prix dus par l'acquéreur et représentant les fruits de l'immeuble.

38. — L'ordre ne pouvant être ouvert entre les créanciers que sur le prix de l'immeuble qui leur est hypothéqué, il s'ensuit que si une seule vente a compris plusieurs immeubles hypothéqués à des créanciers différens, le prix de la vente doit être ventilé et distribué proportionnellement entre les divers immeubles, pour reconnaître la portion de prix que représente chacun d'eux. — Tarrible, *Rép.*, v° *Saisie immobilière*, § 8, n° 1er.

39. — De même, lorsqu'une partie seulement des biens adjugés en bloc a été hypothéquée à l'un des créanciers qui se présentent à l'ordre, il faut faire une ventilation pour connaître le prix de la portion spécialement hypothéquée. — *Paris*, 9 juin 1814, Dussaux et Bénard c. Lefrançois.

40. — L'acquéreur doit opérer cette ventilation dans les notifications qu'il fait aux créanciers inscrits, en conformité des art. 2182 et 2183. — Arg. art. 2192. — V. PURGE.

41. — ... Sauf aux créanciers, si la ventilation est frauduleuse, à surenchérir. — *Grenoble*, 17 août 1831, Michalon c. Nersimian. — Mais la ventilation opérée par l'acquéreur ne peut pas être attaquée après l'expiration des délais de la surenchère. — Même arrêt.

42. — ... Ou bien à la contester en justice, en demandant une expertise. — Troplong, n° 273; Bioche, n° 34.

43. — Seraient nulles les notifications qui ne contiendraient pas de ventilation. L'expropriation pourrait être poursuivie, — *Cass.*, 19 juin 1815, Reynaud c. de Rochefort. — Delvincourt, t. 3, p. 337; Grenier, t. 2, p. 456; Troplong, n° 974. — V. PURGE.

44. — La nullité des notifications ne peut être demandée que par les créanciers inscrits ayant une hypothèque spéciale. — *Bourges*, 1er avril 1837 (t. 1er 1837, p. 584), Péras c. Nourrisson et Javon. — Chauveau et Carré, quest. 2557, 4°; Bioche, n° 39.

45. — La demande en ventilation du prix d'un immeuble, en cas de vente sur expropriation forcée, est recevable quoiqu'elle ne soit formée que dans l'instance d'ordre. — *Toulouse*, 19 fév. 1827, Saintes et Dernis c. Bernadou.

46. — Le créancier dont la collocation est contestée dans un ordre ouvert sur le prix unique de plusieurs immeubles peut, même après le délai fixé par l'art. 756 du Code de procédure, et par voie d'exception, demander la ventilation des immeubles adjugés. — Cette demande, étant introduite par le créancier contesté comme moyen de défense à l'attaque dirigée contre lui par le dire de contestation, est recevable bien que formulée non sous forme de contredit dans le procès-verbal, mais par voie d'action principale. — *Lyon*, 7 juin 1839 (t. 2 1842, p. 317), Boucaud c. Michaud.

47. — Jugé, au contraire, qu'en cas de vente sur expropriation forcée, la demande en ventilation du prix d'un immeuble doit avoir lieu au moment de l'adjudication; elle serait non recevable si elle était formée seulement après l'ouverture de l'ordre pour la distribution du prix. *Nîmes*, 26 juill. 1825, Tessier c. Puech et Goiraud.

48. — Mais elle ne pourrait être faite dans le cours de la procédure sur saisie immobilière: car le prix de l'adjudication n'étant pas encore fixé, la ventilation manquerait de base. — *Cass.*, 25 août 1828, Tessier. — Bioche, n° 35.

49. — ... A moins cependant que le cahier des charges n'ait fixé la proportion suivant laquelle le prix de l'adjudication serait applicable à tel ou tel immeuble.

50. — Une demande en collocation n'équivaut pas de la part du créancier produisant à une renonciation à la demande en ventilation. Le juge commissaire n'est pas dispensé de dresser le règlement provisoire, selon les droits résultant de l'état des inscriptions. — *Toulouse*, 19 janv. 1827, Saintes c. Bernardou; *Cass.*, 25 août 1828, Tessier. — Chauveau sur Carré, quest. 2557, 4°; Bioche, n° 37. — *Contrà*, *Nîmes*, 26 juill. 1825, Tessier

51. — Lorsqu'un premier ordre, réglé sur le précédent propriétaire, a été fait sans ventilation du prix entre les différens lots vendus, un créancier qui a figuré dans cet ordre et qui n'y a élevé aucun contredit n'est plus recevable à demander cette ventilation dans un second ordre ouvert sur l'acquéreur et auquel les créanciers du premier vendeur ont été renvoyés pour faire régler leurs droits contradictoirement avec les créanciers de cet acquéreur. — *Paris*, 2 juill. 1836 (t. 1er 1837, p. 310), Anchier c. Rougevin.

52. — La ventilation est ordinairement faite par des experts commis par le tribunal, pour estimer un ou plusieurs objets, compris dans une même vente, en proportion du prix fixé pour le tout. Le tribunal en entérinant le rapport des experts approuve la ventilation.

53. — Quand la demande en est faite au cours d'un ordre, le juge commissaire n'a pas qualité pour procéder à l'expertise. Il est tenu, en conséquence, de renvoyer l'incident devant le tribunal. — *Lyon*, 7 juin 1839 (t. 1er 1842, p. 317), Boucaud c. Michaud.— Chauveau sur Carré, *ubi suprà*.

54. — Toutefois, la Cour d'appel qui annule la ventilation, irrégulièrement faite par le juge commissaire, peut l'opérer elle-même sans recourir à des experts.— *Lyon*, 7 juin 1839, *ubi suprà*.

55. — L'appel d'un jugement qui a rejeté la demande en ventilation d'immeubles dont le prix est à distribuer est recevable à l'égard de quelques créanciers, bien qu'il ait acquis l'autorité de la chose jugée pour quelques autres. — *Cass.*, 27 mai 1834, Tessier c. Chabannel.

56. — Il n'y a pas lieu à attaquer par voie de cassation l'arrêt qui, au cas d'un ordre ouvert sur le prix de plusieurs immeubles vendus collectivement, a omis, en ordonnant la collocation d'un créancier inscrit seulement sur l'un de ces immeubles, de faire la ventilation des divers biens compris dans la vente. — *Cass.*, 10 déc. 1806, Deloince c. Chaillet.

CHAPITRE II. — *Ordre amiable.*

57. — Les créanciers et la partie saisie doivent avant de recourir aux formalités judiciaires essayer de se régler à l'amiable sur la distribution du prix.

58. — Avant d'indiquer quels sont les délais accordés par la loi pour procéder à ce règlement amiable, constatons qu'il n'est pas nécessaire pour ouvrir l'ordre que l'on justifie des tentatives faites pour arriver à un arrangement. Les délais expirés, l'ordre est ouvert.

59. — Le délai accordé pour se régler à l'amiable varie selon que la vente a été forcée ou volontaire.

60. — Lorsque la vente a eu lieu par expropriation forcée, le délai accordé aux créanciers et à la partie saisie, pour se régler sur la distribution du prix, est fixé par l'art. 749 du C. de proc. : ce doit être dans le mois de la signification du jugement d'adjudication, s'il n'est pas attaqué ; et en cas d'appel, dans le mois de la signification du jugement confirmatif.

61. — Lorsque l'aliénation est volontaire, ce délai est de trente jours à partir des délais prescrits par les articles 2185 et 2194 pour purger les hypothèques et surenchères. — C. proc. 775.

62. — Mais il peut être certain, avant l'expiration du mois, qu'il y a impossibilité de procéder à un ordre amiable, et les intéressés ne sont pas en ce cas obligés d'observer dans son intégrité le délai d'un mois. — *Rouen*, 30 déc. 1814, Dupuis c. Dubourg. — Berriat, p. 610 ; Persil, t. 2, p. 425 ; Bioche, n° 68. — *Contrà*, Pigeau, *Comm.*, t. 2, p. 413 ; Hautefeuille, p. 510.

63. — S'il y a surenchère, le délai ne court que du jour de la signification du jugement d'adjudication. — Pigeau, *Comm.*, t. 2, p. 454 ; Bioche, n° 67.

64. — L'ordre étant une exécution du jugement d'adjudication, il importe qu'il soit précédé de la signification du titre : aucun jugement ne pouvant être mis à exécution avant d'avoir été signifié. V. EXÉCUTION DES ACTES ET JUGEMENS.

65. — On a longtemps agité la question de savoir si, pour faire courir le délai fixé par l'art. 749, le jugement devait être signifié au saisi et au saisissant seulement, ou bien encore à tous les créanciers inscrits.

66. — Sous le Code de procédure de 1807, on admettait généralement que la signification du jugement d'adjudication définitive devait être faite : 1° au saisi, car c'est contre lui qu'on exécute ; 2° au créancier poursuivant la saisie, parce qu'il avait été partie au jugement d'adjudication. — *Cass.*, 13 juill. 1829, Diffange c. Pigeault. — Pigeau, *Comm.*, t. 2, p. 283 ; Bioche, v° *Ordre*, n° 37.

67. — Mais l'art. 716, revisé par la loi du 2 juin 1841, doit faire abandonner cette dernière signification au poursuivant, car cet article porte : « Le jugement d'adjudication ne sera signifié qu'à la personne ou au domicile de la partie saisie. »

68. — Quant aux créanciers, plusieurs arrêts avaient jugé que le jugement d'adjudication prononcé par suite de saisie immobilière devait être signifié à tous ceux qui étaient inscrits. — *Paris*, 12 déc. 1812, Hennequin ; 12 janvier 1813, Rouesse c. N... ; *Grenoble*, 7 févr. 1824, Davin c. Ducros-Silvain ; 20 juill. 1825, Allard ; *Bourges*, 23 juin 1826, Droin c. Robert ; *Orléans*, 26 nov. 1827, Arnaud c. Bachelier. — *Contrà*, Berriat, p. 610, note 4 ; Carré, quest. 2510 ; Pigeau, t. 2, p. 284 ; Demiau, p. 463.

69. — Jugé que c'est d'après le domicile élu par les créanciers, et non d'après leur domicile réel, qu'on doit calculer les délais à observer pour l'ouverture de l'ordre. — *Paris*, 16 nov. 1812, Worbe c. Coudevillain. — Berriat, p. 613, note 9°, n° 1er ; Chauveau sur Carré, quest. 2548 *ter*.

70. — Le tribunal de première instance de la Seine, adoptant l'opinion de Lepage (*Quest.*, t. 2, p. 232), avait décidé qu'il suffisait de faire la signification au premier créancier inscrit. — V. ce jugement, du 27 juin 1812, rapporté avec *Paris*, 12 déc. 1812, Rouesse c. Hennequin.

71. — Néanmoins la jurisprudence semblait s'être fixée en ce sens que l'adjudicataire définitif sur saisie immobilière ne devait pas notifier son jugement d'adjudication à tous les créanciers inscrits. — *Metz*, 22 mars 1817, Portier c. Mennesson ; *Rouen*, 8 déc. 1824, Thérigny c. Thocque ; *Cass.*, 7 nov. 1826, Berthelin c. Thérigny ; *Limoges*, 27 déc. 1827, Gaudois c. Brunehaut ; *Cass.*, 13 juill. 1829, Dessauge c. Vittault et Pugeault.

72. — En présence du texte formel de l'art. 716, que nous venons de rapporter, la question ne peut plus s'élever, et il faut dire que c'est à partir de la signification au saisi que court le délai d'un mois déterminé par l'art. 749 C. de proc. — Chauveau sur Carré, quest. 2540.

73. — La loi n'a pas déterminé la forme dans laquelle doit se faire l'ordre amiable ; mais il semble qu'un acte notarié est indispensable, à cause du consentement prêté par les créanciers à la radiation de leurs inscriptions. — Carré et Chauveau, quest. 2541 ; Pigeau, t. 2, p. 284.

74. — Mais l'ordre n'est régulier qu'autant que toutes les parties intéressées y ont été appelées. — Tarrible, p. 679 ; Carré et Chauveau, quest. 2541 et 2541 *bis* ; Merlin, *Rép.*, v° *Saisie immobilière*, p. 35, n° 2 ; Berriat, p. 611 ; Pigeau, t. 2, p. 414 ; Bioche, n° 99 ; Lepage, *Saisies*, t. 2, p. 235.

75. — Spécialement : il est nul si on n'y a pas appelé la partie saisie, qui peut s'opposer à l'homologation du règlement fait entre ses créanciers qui serait demandée contre elle devant le tribunal. — *Bordeaux*, 28 mars 1828, Biosse c. Gromel. — En effet, la partie saisie a tout intérêt à être appelée pour surveiller l'emploi des deniers et pour contester les créances. Il ne suffirait pas de l'assigner en homologation du règlement amiable. — Même arrêt.

76. — De même les créanciers chirographaires doivent être appelés quand ils ont formé opposition entre les mains de l'acquéreur. L'acquéreur est un tiers saisi en pareil cas ; il n'est pas juge du mérite des oppositions. — Mêmes auteurs.

77. — Il est d'usage, au surplus, de faire homologuer par le tribunal le règlement amiable, et de faire prononcer la déchéance de tous créanciers qui ayant des priviléges indépendans de l'inscription ou se trouvant omis au certificat du conservateur (art. 2198 C. civ.) n'auraient pas produit leurs titres. — Chauveau sur Carré, quest. 2541.

78. — On comprend que la nullité résultant de ce qu'une partie intéressée n'a pas été appelée à l'ordre amiable n'est pas d'ordre public, et qu'elle ne peut être opposée que par la partie elle-même. Le règlement est la loi de toutes les parties contractantes, et l'une d'elles n'est pas recevable à l'attaquer en invoquant ce moyen. — Chauveau sur Carré, quest. 2541 *ter*.

79. — La convention par laquelle quelques-uns des créanciers inscrits sur un immeuble consentent à un ordre amiable ne peut donc être attaquée par ceux qui l'ont signée, sous le prétexte qu'elle n'a pas été consentie par tous les créanciers ayant inscription. — *Lyon*, 26 avr. 1826, Boyard-Genella c. Chaponay et Lacua. — Chauveau sur Carré, n° 2541 *ter*.

80. — Les frais du procès-verbal d'ordre amiable dressé par un notaire sans que toutes les parties en fussent d'accord et eussent fait leurs productions est un acte frustratoire, dont les frais doivent rester à la charge de la partie qui l'a provoqué. — *Nancy*, 16 août 1831, Blocq c. Battaille.

81. — Pour concourir à un ordre amiable toutes les parties doivent être majeures et maîtresses de leurs droits, ou tout au moins faut-il que celles qui sont incapables se trouvent complétement désintéressées par le résultat du règlement. — Pigeau, *Comm.*, t. 2, p. 415. — Sinon le règlement ne serait définitif qu'autant qu'il aurait été dûment homologué comme une transaction concernant des mineurs, conformément à l'art. 467 C. civ. — Chauveau sur Carré, quest. 2541, 4°.

82. — De ce que l'ordre amiable est une convention libre, il suit que l'on ne peut appliquer à une distribution amiable les dispositions du Code de procédure relatives aux distributions forcées et opposer la déchéance à un créancier qui a produit après le règlement conventionnel de cette distribution. — *Metz*, 5 août 1814, Delarue c. Nardeaux. — Les restrictions du Code feraient un contre-sens là où le seul accord des parties sert de règle. — Chauveau sur Carré, quest. 2541, n° 8.

83. — La majorité ne peut lier la minorité ; aussi, il suffit qu'un seul créancier ou intéressé refuse de signer pour que l'ordre amiable ne puisse avoir lieu — Carré, quest. 2541 ; Tarrible, p. 679 ; Bioche, v° *Ordre*, n° 106.

84. — Le créancier qui ayant droit à une partie du prix n'a pas été appelé à l'ordre amiable a un recours contre les créanciers qui ont touché à son détriment et contre l'acquéreur, si celui-ci a figuré au règlement ; *secùs* s'il n'y a pas figuré. — *Cass.*, 9 nov. 1812, Tabst c. Conte. — Merlin, *Rép.*, v° *Saisie-immobilière*, § 8 ; Bioche, n° 105.

85. — Toutefois si l'acquéreur, au lieu de demander sa mise hors de cause quand il y a droit, se contente d'appeler en garantie les créanciers indûment payés, le tribunal peut le condamner à payer : sauf son recours contre ces créanciers. — *Cass.*, 9 nov. 1812, Tabst c. Conte.

86. — Les créanciers indûment colloqués, ne sont pas fondés, pour échapper au recours, à soutenir qu'ils ont remis leurs titres et consenti la radiation de leurs inscriptions. — Même arrêt. — Berriat, p. 611 ; Persil, t. 2, p. 450 ; Bioche, n° 105.

87. — Jugé encore que l'acquéreur après avoir payé aux créanciers inscrits le prix de son acquisition, en exécution d'un ordre dressé à l'amiable entre eux et le vendeur, ne peut être obligé de payer une seconde fois à d'autres créanciers omis dans l'ordre. — La perte doit uniquement retomber sur les créanciers qui, par le rang de leurs inscriptions hypothécaires, se trouvaient sans droit à la collocation. — *Cass.*, 31 janv. 1815, Daniel c. Connelet.

88. — Et que l'adjudicataire qui, après avoir payé le montant du prix de son acquisition par suite de l'état d'ordre ouvert par la distribution des deniers, est obligé de payer une seconde fois une partie de son prix à un créancier préférable en hypothèque, mais dont les titres étaient restés ignorés, peut répéter cette partie du prix contre les créanciers derniers colloqués. — *Caen*, 16 août 1842 (t. 1er 1843, p. 418), Lecieux c. Dubreuil.

89. — S'il s'élève des contestations sur l'ordre amiable, elles doivent être vidées par voie d'action principale portée devant le tribunal de première instance et il n'y aurait pas lieu de se pourvoir de suite par appel devant la Cour.

90. — Conséquemment, en cas d'homologation, l'appel d'un jugement n'a pas besoin d'être interjeté dans les dix jours qui suivent sa signification à avoué, comme le prescrit l'art. 763 du Code de procédure pour le cas d'un ordre judiciaire. — Cet appel est soumis au délai de trois mois prescrit par l'art. 443 du Code de procédure. — *Metz*, 12 août 1814, N... ; *Nancy*, 16 août 1831, Blocq c. Battaille ; *Grenoble*, 30 août 1832, Larguier c. Dourille.

91. — Nul doute que l'acquéreur qui a figuré au règlement amiable ne soit obligé de l'exécuter purement et simplement, sans autre justification.

92. — Mais, dans le cas contraire, il y a nécessité de lui notifier le règlement, ainsi que l'état des inscriptions survenues à la transcription, et la grosse de l'acte de vente ou du jugement d'adjudication, car cette grosse est le seul titre exécutoire contre lui. — Favard, t. 4, p. 53 ; Carré et Chauveau, quest. 2542, 2543 ; Pigeau, t. 2, p. 284 ; Bioche, n° 113.

93. — ... Et, en outre, de lui offrir la mainlevée et la radiation des inscriptions, en échange du paiement. — Mêmes auteurs.

94. — L'adjudicataire d'un bien vendu en justice ne peut exiger qu'il soit procédé à un ordre, lorsque, par un ordre antérieur, les créanciers ont réglé le rang de leurs hypothèques et qu'une clause du cahier des charges porte que le prix leur sera payé suivant l'ordre établi par cet acte.

95. — Mais si quelques créanciers qui n'étaient pas parties dans l'ordre amiable contestent la collocation du premier créancier, celui-ci peut être tenu de donner caution à l'adjudicataire jusqu'à concurrence de ce qui est dû au contestant. — *Turin*, 22 janv. 1812, Valperga c. Rissetti.

96. — Lorsque l'ordre amiable ne peut pas être pratiqué, il y a lieu de recourir à l'ordre judiciaire.

97. — Remarquons que la délégation du prix faite par le vendeur, soit dans l'acte de vente, soit dans le cahier des charges, soit par un acte postérieur à la vente et accepté par les créanciers inscrits (surtout s'ils sont moins de trois), ne peut être assimilée à un règlement d'ordre et dispenser de provoquer un ordre judiciaire. — *Cass.*, 9 juill. 1834, Poulain c. Levrat.

CHAPITRE III. — *Ordre judiciaire.*

98. — Nous avons dit que l'ordre judiciaire constituait une instance.

99. — En conséquence, l'assistance des avoués est nécessaire.

100. — ... Et les avoués ont le droit de demander la distraction à leur profit des frais pa eux avancés. — *Rouen*, 26 août 1845 (t. 1er 1846, p. 206), Godeller c. Cauchois.

101. — Toutefois, jugé que la procédure d'ordre, tant qu'elle a lieu devant le juge commissaire *seul*, n'est pas une instance proprement dite, dans le sens de l'art. 397, et que dès lors elle n'est pas soumise à la prescription. — *Paris*, 12 juin 1844 (t. 1er 1845, p. 169), Brion c. Rohan Rochefort.

102. — Quand il y a renvoi à l'audience des contestations, la péremption court contre la procédure d'audience.

103. — Mais l'ordre ne constitue pas un litige, de telle sorte que le débiteur d'une créance produite par un tiers à qui elle a été cédée, puisse s'en faire tenir quitte en exerçant le retrait litigieux. — Pour que la chose soit litigieuse, il faut qu'il y ait contestation sur le fond du droit. Or, des contestations sur le rang des hypothèques ne sont pas des contestations sur le fond du droit. — *Cass.*, 5 juill. 1819, Besservé c. Langlumé. — Chauveau sur Carré, quest. 2539 *bis*. — V. RETRAIT LITIGIEUX.

104. — Cette instance requiert célérité. En conséquence, la Cour suprême peut procéder au règlement de juges sur cette matière pendant vacations. — *Cass.*, 1er oct. 1825, de Brivasac c. Barincou.

105. — Les délais pour produire et contredire courent également pendant les vacances.

106. — Le règlement peut aussi se poursuivre en vacations. — *Paris*, 26 avril 1813, Brichoux c. Balleux ; *Cass.*, 10 janv. 1815, Dumolard c. Gauthier.

107. — Jugé de même qu'on peut régulièrement procéder à un ordre durant les vacances. — *Paris*, 26 avril 1813, Brichoux c. Balleux.

108. — Une procédure d'ordre est une action réelle ; elle en a tous les caractères. — V. nos 202 et suiv.

109. — En produisant à l'ordre, le créancier interrompt la prescription qui courait contre son titre. — *Grenoble*, 2 juin 1831, Pellat c. Sibert.

110. — On a vu que l'ordre judiciaire pouvait avoir lieu à la suite d'une aliénation volontaire ou à la suite d'une vente forcée. — Nous nous occuperons séparément de l'un et de l'autre cas.

Sect. Ire. — *Ordre ouvert par suite d'aliénation volontaire.*

111. — On considère comme ventes volontaires non-seulement les ventes amiables, les aliénations à titre gratuit, mais encore les ventes faites en justice des biens de mineurs, des successions vacantes ou acceptées sous bénéfice d'inventaire, ainsi que les ventes entre majeurs et mineurs ou majeurs seulement faites par suite d'indivision. — Berriat, p. 610 ; Pigeau, *Comm.*, t. 2, p. 45 ; Locré, *Esprit du C. de proc.*, t. 3, p. 366 ; Carré et Chauveau, quest. 2616 ; Bioche, no 20.

112. — Jugé que la vente autorisée en justice, faite aux enchères et précédée d'affiches, doit être considérée comme vente volontaire, et ne peut être assimilée à une vente sur saisie immobilière, après laquelle il doit être dans le mois procédé à l'ordre aux termes des art. 749 et 750 C. proc. En conséquence, à la suite d'une vente semblable, l'ordre ne peut être provoqué qu'après une sommation hypothécaire, et en suivant les formalités prescrites par les art. 2185 et 2194 du C. civ. — *Grenoble*, 31 juill. 1816, Murrat c. Marguery.

113. — ... Il en est de même pour les reventes sur surenchère après une aliénation volontaire. Il est vrai que, d'après l'art. 2187 C. civ., la procédure à suivre sur la surenchère est celle prescrite pour les aliénations forcées, mais la vente n'est pas forcée pour cela ; l'acquéreur n'est pas exproprié, seulement son droit est résolu. — Bioche, no 21.

114. — *Secùs* de la revente sur folle enchère après une aliénation volontaire. C'est une véritable expropriation.

115. — Chauveau (sur Carré, quest. 2616), qui partage cette opinion, ajoute que lorsqu'à la poursuite en expropriation forcée les parties substituent d'un commun accord la procédure tracée par l'art. 743 du C. proc., la vente n'est pas volontaire, mais judiciaire. Ce n'est pas là le cas d'appliquer à la vente, qui en est la suite, la prohibition de l'art. 775, lors même qu'il n'y aurait pas plus de trois créanciers inscrits. — Cette opinion ne nous paraît pas d'accord avec la lettre de l'art. 775, et nous ne saurions voir dans une vente à laquelle le débiteur consent, et dont il devient souvent le poursuivant, une expropriation forcée.

116. — La revente sur folle enchère annule-t-elle l'ordre qui a été la suite de la vente primitive comme elle annule cette vente, de telle sorte qu'un nouvel ordre doive être ouvert ? L'affirmative a été jugée, mais l'arrêt a été cassé. — *Cass.*, 12 nov. 1821, Léger c. Lecorf. — Chauveau sur Carré, quest. 2539, 5°.

117. — Sauf, si le second prix est supérieur au premier, à ouvrir un ordre sur l'excédant. — *Paris*, 6 juin 1812, Tardif c. Adam.

118. — En cas d'aliénation autre que celle par expropriation, l'ordre ne pourra être provoqué s'il n'y a plus de trois créanciers inscrits. — C. pr., art. 775.

119. — On comprend toute la sagesse de cette disposition, qui est empruntée à l'ancien droit. Il est facile en effet à un aussi petit nombre de créanciers de faire régler leurs droits par un simple jugement, sans avoir besoin de recourir à une procédure spéciale.

120. — Peu importe que tous les créanciers ne produisent pas. — *Besançon*, 29 mars 1816, N.

121. — L'acquéreur qui trouve plus de trois créanciers inscrits a le droit de provoquer l'ordre, et en conséquence de demander sa collocation par privilége, pour ses frais, quoique par l'événement le prix entier soit absorbé par un seul créancier. — Le privilége du vendeur ne peut nuire à ce droit. — *Paris*, 13 janv. 1814, Rivière c. Leconte.

122. — Remarquons que les trois créanciers inscrits doivent exercer leurs droits sur le même immeuble. Si l'on expropriait plusieurs immeubles, appartenant au même débiteur, mais hypothéqués à divers créanciers, l'ordre ne pourrait être ouvert s'il ne s'en trouvait pas plus de trois sur chaque immeuble. C'est le cas d'un règlement à l'audience. — Merlin, *Rép.*, vo *Saisie immobilière*, § 8, no 1er ; Carré et Chauveau, quest. 2617 ; Persil, *Quest.*, p. 391 ; Bioche, no 28.

123. — Cependant, dit M. Bioche (no 29), s'il y avait plus de trois créanciers inscrits sur l'un des immeubles, il serait possible de ne faire qu'un seul ordre pour éviter les frais. Tel n'est pas notre avis. Il y aurait une révoltante injustice à priver deux ou trois créanciers, seuls inscrits sur un des immeubles, du droit qu'ils ont d'être dispensés de suivre les formalités longues et coûteuses de l'ordre. — Carré et Chauveau, quest. 2617.

124. — Mais l'art. 775 du C. proc. n'est pas applicable au cas où il s'agit de distribuer l'indemnité accordée à un émigré entre ses divers créanciers. — Ainsi, un ordre a pu être ouvert pour la distribution de l'indemnité acquise à la succession d'un émigré, en vertu de la loi du 27 avril 1825, encore qu'il n'y eût pas plus de trois créanciers hypothécaires. — *Cass.*, 10 déc. 1833, Chastel d'Oriocourt c. Turner.

125. — Doit-on avoir égard au nombre des créanciers ou bien à celui des inscriptions ? L'article 775 précité parle du nombre des créanciers et non pas du nombre des inscriptions. C'est donc le nombre seulement des créanciers que l'on prend en considération. — Bioche, no 10 ; Carré et Chauveau, quest. 2615 *bis*.

126. — Par conséquent, lorsqu'avant l'ouverture de l'ordre entre quatre créanciers inscrits l'un d'eux cède ses droits à l'autre, il n'y a lieu à ouvrir un ordre, puisque le nombre est réduit à trois. — Chauveau, sur Carré, quest. 2615 *ter*.

127. — Si le nombre des créanciers est réduit à trois par suite du paiement de l'un d'eux ou de quelques-uns d'entre eux, on doit se pourvoir en règlement à l'audience. — *Cass.*, 26 nov. 1828, Poitrenaud c. Poupard. — Même auteur, *eod. loc.*

128. — Jugé qu'un ordre peut être poursuivi, sans contrevenir à l'art. 775 C. procéd. civ., lorsqu'il résulte de l'état des inscriptions, délivré par le conservateur, qu'il y a quatre créanciers inscrits ; et, en ce cas, le procès-verbal d'ordre est régulier quoique l'un des créanciers ait été payé auparavant, si son inscription n'a pas été radiée. — *Besançon*, 16 juill. 1808, Poncet c. Liévremont. — Chauveau sur Carré, quest. 2615 *ter*. — *Contrà*, et avec raison, Bioche, vo *Ordre*, no 25.

129. — L'ordre une fois ouvert, il est indifférent que le nombre des créanciers inscrits vienne à descendre au-dessous de trois. — *Cass.*, 5 janv. 1842 (t. 2 1842, p. 420), Drouquens c. Darrieux. — Chauveau, *ubi suprà*.

130. — Même décision, encore bien que le nombre des créanciers se trouve plus tard réduit à trois par suite d'une cession de créance. — *Cass.*, 4 juill. 1838 (t. 2 1838, p. 327), Bonnard c. Tonnellier.

131. — De même, un ordre fait amiablement entre plus de trois créanciers inscrits est nul, lors même que l'un d'eux prétendrait n'être plus en concurrence qu'avec un seul, au moyen de cessions que les autres lui auraient faites et qui n'auraient pas date certaine lors du jugement d'ordre. — *Nancy*, 16 août 1831, Blocq c. Bataille.

132. — Si l'un des trois créanciers inscrits vient à mourir laissant plusieurs héritiers qui par suite de partage fait entre eux prennent chacun une inssription pour la conservation de leurs droits particuliers, il y a nécessairement plus de quatre créanciers ; puisqu'au moyen de la divisibilité de la créance originaire chaque héritier devient créancier distinct pour sa part. Dès lors il y a lieu à ordre dans la forme prescrite par les art. 749 et suiv. — Chauveau sur Carré, quest. 2615 *bis* ; Bioche, no 7.

133. — Mais si le partage n'a pas été opéré l'hérédité continue la personne du défunt et elle ne doit compter que pour l'individu qu'elle représente. — Bioche, vo *Ordre*, no 7.

134. — Si deux inscriptions prises, par exemple, par deux créanciers solidaires conservent la même créance ; comme ces cocréanciers ne réclament que l'acquittement de la même obligation, ils ne doivent être considérés que comme un seul créancier. — Bioche, *ibid.*

135. — Il suffit que les créanciers inscrits existent réellement, peu importerait qu'ils ne fissent pas dès le principe les diligences prescrites pour réclamer leurs droits dans l'ordre. — Bioche, *ibid.*, no 15.

136. — L'art. 775 parle des hypothèques inscrites. Ainsi, les hypothèques légales non inscrites ne comptent pas ; on objecterait en vain qu'elles ne peuvent être connues qu'après que l'acquéreur a purgé légalement, et qu'il y a dès lors nécessité d'attendre l'expiration des délais de la purge : ce soin regarde l'acquéreur exclusivement. Il engage sa responsabilité en ne purgeant pas, mais il est libre de ne pas le faire. — Chauveau, quest. 2615 *ter*.

137. — Spécialement, lorsqu'à l'ouverture d'un ordre il y a plus de trois créanciers inscrits, mais que ce nombre se trouve réduit à trois par des radiations, on peut faire déclarer qu'il n'y a pas lieu à l'ouverture ; lors même qu'outre ces trois créanciers inscrits, il y en a d'autres ayant des hypothèques légales non inscrites. — *Cass.*, 26 nov. 1828, Poitrenaud c. Poupard. — Bioche, vo *Ordre*, no 12.

138. — Jugé cependant qu'on peut ouvrir un procès-verbal d'ordre sur aliénation volontaire, pourvu qu'il y ait plus de trois créanciers inscrits ; et on doit considérer comme tels tous ceux qui ont droit de se faire colloquer. — *Besançon*, 29 mars 1816. N...

139. — L'art. 775 C. procéd., qui défend d'ouvrir une procédure d'ordre s'il n'y a plus de trois créanciers inscrits, n'est pas tellement absolu que l'acquéreur ne puisse opposer la nullité de cette procédure après la clôture de l'ordre. — *Toulouse*, 19 avril 1839 (t. 3 1839, p. 332), Mutot c. Ansas. — Chauveau sur Carré, no 2615 *ter*.

140. — Lorsque, dans un ordre régulièrement ouvert, aucune des parties ne requiert la discontinuation des procédures, le juge commissaire n'a pas le droit, après la production des titres, de déclarer qu'il n'y a pas lieu de continuer la procédure d'ordre, parce qu'il n'y a pas plus de trois créanciers produisans. — *Toulouse*, 7 déc. 1826, Gleyses c. Baric. — Chauveau sur Carré, quest. 2615 *ter* ; Bioche, no 46. — Mais un créancier pourrait se rendre appelant à l'ordre irrégulièrement ouvert et faire renvoyer les parties à l'audience pour y régler la distribution du prix. — Thomines, t. 2, no 892.

141. — Au surplus, du moment où la nullité de l'ordre serait demandée, le juge commissaire devrait renvoyer la contestation à l'audience pour ne pas exposer les créanciers à des frais inutiles si l'ordre venait ensuite à être annulé. — Bioche, no 46.

142. — Il est constant que, quel que soit le nombre des créances inscrites, le vendeur peut déléguer le prix de la vente à ses créanciers, jusqu'à concurrence du montant de leurs créances. Cette délégation est valablement faite soit par l'acte de vente, soit même par un autre acte.

143. — Jugé que la délégation embrassant la totalité d'un prix de vente peut, si elle n'a été contestée par aucun des créanciers, être considérée comme un règlement sur distribution du prix, dispensant de provoquer un ordre judiciaire. — *Cass.*, 9 (et non 8) juill. 1834, Poulain c. Levrat.

144. — Jugé encore qu'un acquéreur peut s'interdire la faculté de provoquer un ordre en justice pour la distribution du prix de vente qui lui a été consentie, même dans le cas où il y a plus de trois créanciers. — Le défaut d'exécution de cette convention rend l'acquéreur passible de dommages-intérêts. — *Cass.*, 22 juill. 1819, Pinaguet c. Dupont. — *Turin*, 22 janv. 1812. — Bioche et Goujet, *Dict. de proc.*, v° *Ordre entre créanciers*, n° 18; Carré et Chauveau, quest. 2539.

145. — L'acquéreur ne peut, si la somme à distribuer se trouve insuffisante pour désintéresser tous les créanciers, payer aucun d'eux, sans s'exposer à payer deux fois.

146.—Jugé toutefois que quand, par une *clause particulière de son adjudication*, l'adjudicataire est menacé d'une éviction totale à défaut de paiement de son prix par un créancier dont les droits ne sont pas susceptibles d'être contestés, il peut, sans attendre le résultat de l'ordre, se faire autoriser en justice au paiement de la somme due à ce créancier. — *Turin*, 6 juillet 1813, Maffei c. Garda.

147.— Mais cette décision particulière ne peut se justifier que par cette circonstance que le paiement réclamé dans l'esprit de l'acquéreur se référait à une charge que lui imposait le contrat d'acquisition. Car, en règle générale, on ne saurait reconnaître à l'adjudicataire le droit de faire statuer partiellement à l'audience sur les difficultés d'un ordre dont la loi a déterminé la marche générale. — Chauveau sur Carré, n° 2543 *bis*.

148. — Nous indiquerons *infrà* n°s 166 et suiv. les formalités de la poursuite d'ordre.

149. — Quelques mots maintenant sur le règlement qui se fait à l'audience, quand il n'y a pas plus de trois créanciers inscrits.

150. — On procède par voie d'action, c'est-à-dire en assignant les parties intéressées et l'adjudicataire.

151. — Au nombre des parties intéressées figure nécessairement le vendeur.

152.— Elle est soumise au délai prescrit par l'art. 775, elle n'est valablement formée que trente jours après les délais pour surenchérir et purger les hypothèques.

153. — Mais il n'est pas nécessaire d'attendre l'expiration du délai de deux mois voulu par l'art. 2194, lorsqu'il n'a point été justifié ou allégué qu'il existât des hypothèques légales sur l'immeuble aliéné. — *Cass.*, 27 juin 1832, Bertin-Heu c. Caron.

154. — L'action est purement mobilière, puisqu'elle ne tend qu'au paiement du prix de la vente.— *Cass.*, 15 mars 1808, Pibaleau c. Achard.

155.— Par conséquent : lorsque l'adjudicataire est domicilié dans un autre arrondissement que celui de la situation des biens, la demande en attribution de prix doit être portée devant le tribunal du domicile de l'adjudicataire. — Chauveau sur Carré, n° 2618.

156. — Il n'y a pas lieu à citer en conciliation, puisqu'il y a toujours plus de deux parties en cause. — C. proc. civ., art. 49, § 6.

157. — Jugé que la demande formée devant le tribunal en distribution d'un prix d'immeuble lorsqu'il n'existe que trois créanciers inscrits, doit être considérée comme sommaire. — Dès lors, les frais auxquels peut donner lieu cette demande doivent être taxés comme en matière sommaire. — *Cass.*, 8 fév. 1843 (t. 1er 1843, p. 260), Durand c. Mozor.

158. — Quel est le délai pour appeler du jugement qui statue sur le règlement? Il est admis que le délai est de trois mois et non pas seulement de dix jours, comme pour l'ordre judiciaire. — *Caen*, 25 nov. 1824 Fourmy c. Mellion; *Amiens*, 27 nov. 1824, Chasnot c. Lorquet; *Nancy*, 8 juin 1838 (t. 1er 1839, p. 440), Simon c. de Dombasles,—*Contrà*, *Nîmes*, 24 mai 1829, Serres c. Falgues.

Sect. 2e. — *Ordre ouvert par suite d'aliénation forcée.*

159. — Après une aliénation forcée, ce qui comprend non-seulement la vente par expropriation, mais encore la vente par conversion, l'ordre est de droit. On ne consulte pas le nombre des créanciers.— Art. 749 et 775 C. proc. civ.

160. — Cependant, on a jugé que l'on ne doit pas ouvrir d'ordre à la suite d'une saisie, lors même qu'il n'existe qu'un créancier inscrit, et lors même que la nécessité de cet ordre semblerait résulter de diverses clauses insérées au cahier des charges. — *Poitiers*, 17 août 1847 (t. 2 1848, p. 33), Souchard c. Vallet.

161. — En ce cas, le créancier a le droit d'agir contre l'adjudicataire par voie de commandement, et de poursuivre, à défaut de paiement, la revente sur folle enchère, et cela sans être obligé de prendre aucun mandat de justice.

162. — Jugé aussi qu'une demande en mainlevée d'inscription hypothécaire ne peut, alors qu'il n'existe qu'un seul créancier inscrit, être assimilée à une instance d'ordre. —*Bordeaux*, 6 fév. 1844 (t. 1er 1846, p. 32), Genestat c. Soulié.

163. — On sait qu'un délai est accordé aux créanciers pour se régler à l'amiable (n°s 72 et suiv.), et que ce n'est qu'après l'expiration du délai que l'ordre judiciaire est ouvert.

164. — En cas d'expropriation, l'ordre n'est pas nul parce qu'il a été provoqué avant l'expiration du mois depuis la vente. —*Rouen*, 30 déc. 1814, Dupuis c. Dubourg. — Berriat, p. 610, n° 3; Persil, t. 2, p. 425, § 5; Bioche et Goujet, *Dict. procéd.*, v° *Ordre entre créanciers*, n° 52. — V., *contrà*, Pigeau, *Comment.* t. 2, p. 413, et Hautefeuille, p. 510.

165. — Ceci dit, il nous reste à indiquer les formalités de la procédure. C'est ce que nous ferons dans les sections suivantes.

Sect. 3e. — *Quelles personnes peuvent poursuivre l'ordre. — Subrogation dans les poursuites.*

166. — En cas d'aliénation volontaire, la poursuite appartient au créancier le plus diligent, ou à l'adjudicataire, après les délais prescrits par l'art. 755.

167. — Sous l'empire de la loi du 11 brum. an VII, la jurisprudence avait attribué au créancier le plus diligent le droit de poursuivre l'ordre. Les art. 750 et suiv. C. pr., qui déterminent les formes de l'ordre judiciaire, donnent ce droit par préférence au saisissant.

168. — Le mois expiré, faute par les créanciers et la partie saisie de s'être réglés entre eux, le saisissant dans la huitaine suivante, et, à son défaut, après ce délai, le créancier le plus diligent ou l'adjudicataire, requiert la nomination d'un juge commissaire devant lequel il sera procédé à l'ordre.

169. — Toutefois, lorsque le saisissant n'a pas fait les diligences nécessaires dans la huitaine, l'ordre est valablement ouvert à la requête : 1° du créancier le plus diligent (art. 750), sans qu'il soit besoin de se faire subroger au droit du saisissant. —Thomines, n° 857; Bioche, n° 133.

170.— ... 2° De l'adjudicataire.—*Ibid.*

171. — Les cours d'appel d'Orléans et de Caen avaient, dans leurs observations sur le projet du Code de procédure, demandé que la poursuite ne fût jamais accordée à l'adjudicataire. Elles se fondaient sur ce que l'adjudicataire, pouvant avoir intérêt à retarder l'époque du paiement de son prix, pourrait annuler les chances et les incidens pour éloigner l'instant de sa libération. Mais, d'un autre côté, l'adjudicataire devant le plus souvent avoir intérêt à se libérer, le législateur a pensé qu'il était juste de l'admettre à ouvrir et à suivre l'ordre.

172. — 3° Et même de la partie saisie, car elle est intéressée à se libérer sans retard. — Pigeau, t. 2, p. 286; Carré et Chauveau, quest. 2549; Lepage, *Saisine*, p. 507; Thomines, n° 857.

173. — Jugé que le saisi a, comme le saisissant et les créanciers, le droit de requérir l'ouverture de l'ordre. — *Bourges*, 8 août 1827, Laborde c. Defaillens.

174. — En matière de succession bénéficiaire, des créanciers peuvent requérir l'ordre nonobstant la délégation qui leur est faite du prix de la vente par l'héritier, conformément à l'art. 806 du Code civil, s'ils n'ont pas accepté cette délégation.

175. — Le créancier chirographaire a-t-il qualité pour poursuivre l'ordre? La négative résulte d'un arrêt (*Grenoble*, 12 juill. 1833, Charpenay c. Glandut) et de l'opinion de M. Bioche (n° 136) fondée sur ce que l'art. 775 en disposant que l'ordre, par suite d'une aliénation volontaire, ne sera provoqué s'il n'y a plus de trois créanciers inscrits, refuse par là même la poursuite aux chirographaires. Ces créanciers n'auraient que le droit de former opposition aux deniers.

176. — Mais il a été jugé qu'un créancier hypothécaire peut provoquer l'ouverture d'un procès-verbal d'ordre pour la distribution des deniers provenant de la vente des biens qui appartiennent à son débiteur, quoique ces biens ne lui soient pas hypothéqués. — *Besançon*, 16 juill. 1808, Poncet c. Liévremont. — Si l'on admet cette décision, qui nous paraît fondée, il faut se prononcer en faveur des créanciers chirographaires. — Chauveau sur Carré, quest. 2549 *bis*; Pigeau, t. 2, p. 286.—Le créancier chirographaire est toujours apte d'ailleurs à exercer les droits de la partie saisie. — C. civ., art. 1166.

177. —Au surplus, un tribunal ne peut annuler une poursuite d'*ordre* par le seul motif que l'inscription du créancier qui l'a introduite n'est pas jugée valable et régulière. — *Paris*, 15 avr. 1809, Panchaud c. Tourton et Ravel. — Berriat, t. 2, p. 612; Persil, t. 2, p. 326, § 6; Bioche, n° 138; Carré et Chauveau, quest. 2549 *ter*; Favard, t. 4, p. 55.

178. — En matière d'ordre et de collocation, des poursuites faites sans fraude par un prête-nom sont valables et profitent au véritable ayant droit. Celui-ci peut demander, en tout état de cause, à paraître en son nom dans l'instance et être substitué au poursuivant, sans être obligé de former une demande en intervention par requête.—*Bordeaux*, 21 nov. 1828, Madéran; *Toulouse*, 22 fév. 1828, Maffres et Laujard c. Beziat.— Bioche et Goujet, *Dict. de proc.*, v° *Intervention*, n° 30.

179. — De même, si, aux termes de l'art. 750 C. proc. civ., il faut être créancier pour pouvoir requérir l'ouverture d'un procès-verbal d'ordre, les poursuites faites par un individu non-créancier, par exemple l'acquéreur évincé par une surenchère, ne sont pas nulles quand un créancier s'y est fait subroger. — *Toulouse*, 8 juill. 1840 (t. 2 1840, p. 427), Rigailhou c. Lacoste.

180. — Dans le cas où un ordre a été ouvert sur la réquisition d'une personne sans qualité, la demande en nullité doit être formée par incident porté à l'audience, et non dans un acte de produit, surtout si le demandeur conclut subsidiairement à sa collocation, parce que, de cette manière, il se rend les poursuites communes. — même arrêt.

181. — Dans le cas où, le saisissant n'exerçant pas la poursuite, il y a concurrence entre divers créanciers pour la poursuite de l'ordre, la question de préférence est jugée par le président du tribunal (tarif, art. 95). A Paris ces sortes de différends sont portés devant la chambre de discipline des avoués près le tribunal de la Seine, qui les règle officieusement.

182. — La poursuite doit être accordée au créancier qui le premier s'est fait délivrer l'état des inscriptions; et si plusieurs l'ont obtenu le même jour, au créancier porteur du titre le plus ancien et dont la créance est la plus forte. — Art. 750. — Bioche, n° 141.

183. — On fait choix du créancier par préférence à celui qui a une hypothèque, à l'hypothécaire plus ancien sur celui qui le serait le moins, au créancier hypothécaire sur celui qui n'aurait pas d'hypothèque, et parmi les chirographaires à celui qui a un titre exécutoire par préférence sur celui qui n'a qu'un titre privé. — Carré et Chauveau, quest. 2550; Pigeau, t. 2, p. 247; Demiau p. 464; Berriat, p. 611, note 5; Favard de Langlade, t. 4, p. 54.

184. — La décision du président du tribunal sur la poursuite de l'ordre n'est susceptible ni d'opposition ni d'appel.—Thomines-Desmazures, t. 2, p. 310; Chauveau sur Carré, quest. 2250; Bioche, n° 142.

185.—On comprend que la loi n'a pas dû abandonner la poursuite d'ordre à la négligence ou au mauvais vouloir d'une partie. C'est dans ce but qu'a été édicté l'art. 779 C. proc., ainsi conçu : — « En cas de retard ou de négligence dans la poursuite d'ordre, la subrogation peut être demandée. La demande en est formée par requête insérée au procès-verbal, communiquée au poursuivant par acte d'avoué, jugée sommairement en la chambre du conseil sur le rapport du juge commissaire.— C. proc., art. 779.

186. — Le défaut de communication au poursuivant de la demande de subrogation entraînerait la nullité de la procédure, d'après M. Chauveau (quest. 2621 *bis*), quand bien même la subrogation ne serait pas contestée. Le contraire a néanmoins été jugé, mais dans une espèce où il existait des indices de fraude. — *Cass.*, 22 déc. 1834, Pitte-Glin c. Leclerc-Miley et Prestat.

187.—Tout créancier inscrit est apte à demander la subrogation.

188. — La partie saisie a également ce droit.

189.—...Ainsi que le créancier chirographaire, ne fût-ce que comme exerçant les droits de son débiteur. — Carré et Chauveau, quest. 2621.— *Contrà*, *Cass.*, 10 pluv. an XII, Levavasseur c. Depoux. — V. *suprà* n° 169.

190. — Le créancier en sous-ordre peut aussi demander la subrogation dans les poursuites comme exerçant les droits de son débiteur. — Chauveau et Carré, quest. 2621; *Praticien français*, t. 4, p. 476. —V. cependant *Cass.*, 10 pluv. an XII (précité).

191.—Le jugement qui prononce la subrogation doit évidemment ordonner que le poursuivant l'ordre remettra les pièces de la poursuite au subrogé, et que le premier sera employé dans l'état de distribution pour les frais de poursuites faites jusqu'alors. — Pigeau, t. 2, p. 190 et 154, n° 4; Carré et Chauveau, quest. 2620.

192. — En matière d'ordre, la subrogation aux poursuites ne peut être faite par un simple dire au procès-verbal; soit que la subrogation ait été contestée ou ne l'ait pas été. Il faut, dans l'un et l'autre cas, remplir les formalités prescrites par l'art. 779. Cet article est, en effet, fondé sur ce principe, que le poursuivant l'ordre remplit, dans l'intérêt de tous les créanciers, un mandat que la justice lui a donné et qu'elle peut seule par suite révoquer ou substituer. — Chauveau sur Carré, quest. 2621 *bis*.

193. — Ainsi, la subrogation à une poursuite d'ordre, même du consentement du poursuivant, n'est valable qu'autant qu'elle est prononcée dans la chambre du conseil et sur le rapport du juge commissaire. — En conséquence : toutes les opérations qui ont suivi une subrogation irrégulière sont nulles, de telle sorte qu'on ne peut les opposer aux créanciers non produisans qui n'auraient pas consenti à cette subrogation. — *Cass.*, 22 déc. 1834, Pitte-Glin c. Leclerc-Miley et Prestat. — Bioche, n° 11.

194. — Cependant, bien que, d'après l'art. 779 C. proc., un jugement sur une demande en subrogation dans la poursuite d'ordre doive être prononcé en chambre du conseil; ce jugement n'est pas nul pour avoir été prononcé à l'audience, les frais occasionnés par cette procédure doivent seulement être retranchés de la taxe. — *Bourges*, 7 fév. 1827, Martineau c. Paillard.

195. — Lorsqu'il y a lieu à se faire subroger a la poursuite d'ordre, l'ouverture d'un nouvel ordre peut équivaloir à cette subrogation. — *Bourges*, 8 août (et non 8 avril) 1827, Laborde c. Défeillens. — Pardessus, *Droit commercial*, t. 1er, p. 556, et t. 4, p. 188; Favard, *Répert.*, v° *Billet à domicile*.

196. — L'art. 779 n'attache donc pas à son inobservation la peine de nullité, mais admet au contraire des équivalens. Le plus inattaquable de tous est sans contredit l'ouverture d'un nouvel ordre. Le mode, il est vrai, donne lieu à des frais réitérés, qu'on aurait évités par une demande en subrogation pure et simple. Aussi doit-on les rejeter de la taxe comme frustratoires, et les mettre à la charge de celui qui les aura inutilement faits. — Chauveau sur Carré, quest. 2621 *ter*.

197. — Un créancier qui n'est subrogé ni volontairement ni par justice aux droits de son débiteur peut néanmoins requérir la collocation de ce débiteur dans un ordre, en vertu de l'art. 1166 C. civ. Les héritiers de ce créancier qui ont exercé collectivement l'action du débiteur n'ont pas usé d'un droit indivisible, de telle sorte que celui d'entre eux qui a laissé expirer le délai de dix jours fixé par l'art. 673, C. procéd., n'est pas relevé de la déchéance par l'appel que ces cohéritiers ont interjeté en temps utile. — *Bordeaux*, 3 juin 1829, Mazens c. H. de Laloubie.

198. — L'art. 779 C. proc. n'est applicable qu'au cas où il s'agit de la poursuite de l'ordre. — *Bordeaux*, 13 août 1834, Crouzit c. Dumontet.

199. — En cas de revente, les créanciers inscrits subrogés aux droits du premier vendeur peuvent, lorsqu'ils ne sont qu'au nombre de deux, demander et obtenir, soit contre les seconds vendeurs, soit contre les créanciers, le règlement et le paiement de leurs créances sans être renvoyés à l'ordre à ouvrir sur le prix de la revente. — *Paris*, 7 déc. 1831, Levrat c. Poullain et syndics Dumont et Gillot.

Sect. 4e. — *Tribunal compétent en matière d'ordre. — Jonction de plusieurs ordres.*

200. — C'est devant les tribunaux de première instance que sont instruites les procédures d'ordre, même lorsque les immeubles dont il s'agit de distribuer les prix proviennent d'une faillite de commerçans.

201. — L'ordre pour la distribution du prix de deux immeubles vendus par suite de la faillite devant le tribunal du lieu de l'ouverture de cette faillite, mais situés dans deux arrondissemens différens, doit être poursuivi devant le tribunal du lieu de l'ouverture de la faillite, et l'ordre ouvert devant le tribunal de la situation de l'un des immeubles vendus doit être annulé. — *Cass.*, 30 juin 1824, Raincelin c. Peuchet.

202. — L'ordre constituant une action réelle, c'est le tribunal de la situation des biens qui est compétent pour en connaître (C. pr. 59). Il en était déjà ainsi sous la loi du 11 brumaire an VII, art. 31. — *Contrà* Carré et Chauveau, quest. 2544; Bioche, n° 151; Pigeau, *Comm.*, t. 2, p. 418; Berriat, p. 612; Chabot, *Comm.*, t. 3, p. 822, n° 4.

203. — Cependant on avait jugé que dans le cas d'une vente de biens de mineurs, faite avec toutes les formalités prescrites pour les ventes de cette espèce, il devait être procédé à l'ordre et distribution du prix devant le tribunal civil, qui avait fait l'adjudication des immeubles, en suivant les formes prescrites pour les ventes judiciaires par l'art. 31 L. 11 brum. an VII. — *Cass.*, 26 frim. an XIV, prince de Salm-Kirbourg.

204. — Mais sous le Code de procédure c'est un principe constant que l'ordre sur le prix d'une vente d'immeubles est une matière réelle dont la connaissance appartient aux juges de la situation de l'immeuble, et une clause contraire du cahier d'enchère ne pourrait déroger à cette règle. — *Paris*, 31 mai 1826, Hartault c. Perrier.

205. — Peu importe que la somme à distribuer ait été consignée dans le ressort d'un tribunal autre que celui de la situation des biens. — *Liége*, 14 nov. 1815, Rœmer c. Stollenhoff.

206. — ...Ou que par suite d'un arrêt sur un incident l'adjudication ait été prononcée par un autre tribunal (C. civ., art. 3210; L. 14 nov. 1808, art. 4). — *Bourges*, 10 août 1812, Chaix c. Pelorce; 10 févr. 1813, mêmes parties.

207. — ...Que la vente ait été faite dans un autre tribunal. — *Paris*, 26 juin 1813, Dufrancastel c. Fallempin.

208. — ... Ou qu'il s'agisse du prix d'un immeuble de la succession. — *Cass.*, 18 avril 1809, Delahaye c. Saint-Clair; 3 septembre 1812, Duperron c. Leleu; *Paris*, 26 juin 1813, Dufrancastel c. Fallempin. — *Contrà Paris*, 23 mai 1810, Lavinel; *Cass.*, 21 juill. 1821, Bouthillier c. Debiac.

209. — Dans l'espèce ci-dessus, le doute vient de ce que l'art. 59 du Code de procédure en matière de succession attribue compétence au tribunal du lieu où elle s'est ouverte. Mais l'ordre et la poursuite de vente sont deux procédures bien distinctes; elles ne se rattachent l'une à l'autre que parce qu'en général l'adjudication elle-même se consomme devant le juge de la situation des biens. Quand la vente est transférée devant un autre tribunal par une disposition restrictive et exceptionnelle, par quels liens y entraînerait-elle avec elle l'instance d'ordre? dit avec raison M. Chauveau (sur Carré), quest. 2545. — Carré, *loc. cit.*; Pigeau, *Comm.*, t. 2, p. 408; Berriat, p. 612, n° 6; Favard, t. 4, p. 54; Persil, t. 2, p. 415; Bioche, n° 155; Chabot, *Success.*, art. 822, n° 4.

210. — Jugé, en conséquence, que l'ordre pour la distribution du prix d'un immeuble dépendant d'une succession bénéficiaire et dont la saisie a été convertie en vente volontaire sur licitation doit, si les créanciers produisant le requièrent, se poursuivre devant le tribunal de la situation dans le ressort duquel les inscriptions ont d'ailleurs été prises, à l'exclusion du tribunal de l'ouverture de la succession, encore bien que l'adjudication ait eu lieu devant lui. — *Cass.*, 6 janv. 1830, Bonnomet c. Anceau; 28 fév. 1842 (t. 1er 1842, p. 336), Debuire c. Desmichel.

211. — Néanmoins, il a été jugé que l'ordre pour la distribution du prix provenant de la vente des biens d'une succession bénéficiaire doit être suivi devant le tribunal du lieu de l'ouverture de la succession; et il n'y a pas lieu à ouvrir un ordre devant le tribunal de la situation des biens, si déjà plusieurs créanciers ont fait leurs productions devant le tribunal de l'ouverture de la succession. — *Rouen*, 27 fév. 1822, Chabert c. Hospices de Conchy. — Mais ces deux dernières espèces présentaient cette circonstance de fait, qui n'a pas dû être sans influence sur la décision, que l'ordre était déjà ouvert devant le tribunal de l'ouverture de la succession, et que plusieurs créanciers avaient déjà produit leurs titres.

212. — *A fortiori* en doit-il être de même en matière de licitation. — Une vente volontaire faite entre majeurs, à l'audience des criées, n'a pas dû être considérée comme vente en justice, dans le sens de l'art. 31 de la loi du 11 brum. an VII. — Dès lors : l'ordre ouvert sur le prix d'une pareille vente a dû, alors comme aujourd'hui sous le Code de procédure, être porté non devant le tribunal saisi de la vente, mais devant celui de la situation de l'immeuble vendu. — *Cass.*, 27 frim. an XIV, Calmer c. N...; 11 fév. 1806, Duplessis-Richelieu; 3 sept. 1812, Duperron c. Leleu.

213. — Mais le tribunal originairement saisi d'une question de privilége élevée contradictoirement entre une femme et les créanciers de son mari est compétent pour statuer sur cette question, bien que, depuis, l'ordre ait été renvoyé devant le tribunal dans le ressort duquel les biens sont situés. — *Limoges*, 15 avril 1817, Decroisane et Donnariat.

214. — Pareillement : la substitution d'un créancier dans les droits d'un autre qui a été désintéressé, peut être prononcée par un tribunal différent de celui qui a procédé à l'ordre. Une pareille demande n'a pas pour but de faire réformer l'ordre et de porter atteinte à la hiérarchie judiciaire; c'est l'exercice d'une action personnelle tendant à demander la place d'un créancier qui vient d'être payé. — *Angers*, 29 août 1814, Louri c. Delarue.

215. — *Secùs* de la contestation sur la quotité d'une créance hypothécaire résultant d'un crédit ouvert au débiteur par l'un des créanciers. Elle ne peut être jugée au cours de l'ordre par le tribunal de commerce ni par des arbitres, alors même qu'il y aurait un compromis; ou plutôt elle ne met pas obstacle à ce que des créanciers produisans ne contestent tout ou partie de la créance. — *Paris*, 22 fév. 1831, Daverne c. Leroy.

216. — Le tribunal devant lequel un ordre s'est ouvert est compétent pour statuer sur la demande intentée par l'un des créanciers en rectification du procès-verbal d'ordre. — *Trèves*, 14 mars 1808, N....

217. — Lorsqu'un ordre est ouvert devant un tribunal sur le prix d'un immeuble vendu, et que l'acquéreur vient à mourir dans le ressort d'un autre tribunal où il est domicilié, l'action à fin de nomination de séquestre et de consignation du prix de son acquisition, doit être portée au tribunal saisi de l'ordre, dont elle n'est qu'un incident, et non devant le tribunal de sa succession. — *Cass.*, 11 janv. 1821, Bruneau c. Babaud.

218. — La demande en nullité d'un ordre doit être portée, savoir : devant le tribunal de première instance, si le règlement provisoire n'a point été critiqué ou si, l'ayant été, le jugement qui a statué sur les contestations n'a point été attaqué ou a été confirmé sur l'appel; et devant la Cour d'appel, si le jugement a été frappé d'appel et infirmé. — Peu importe que la demande en nullité portée devant la Cour royale ait été qualifiée d'appel; il suffit, pour sa validité, que cette Cour fût compétente pour en connaître. — *Orléans*, 8 juin 1838 (t. 2 1838, p. 251), Richard d'Aubigny c. Dufraigue.

219. — Par suite des principes qui viennent d'être émis : il faut ouvrir autant d'ordres qu'il y a d'arrondissemens, si la vente comprend plusieurs immeubles situés dans des arrondissemens différens; quand bien même ils ont été hypothéqués aux mêmes créanciers. — Carré et Chauveau, quest. 2546; Pigeau, *Comm.*, t. 2, p. 419; Persil, t. 2, p. 390.

220. — ... Et quand bien même la vente en a été faite simultanément.

221. — Ainsi lorsqu'un débiteur est exproprié de plusieurs immeubles situés dans des arrondissemens différens, et qu'un ordre a été ouvert devant chacun des tribunaux de la situation des biens; des créanciers ne peuvent provoquer la jonction des ordres et leur poursuite simultanée devant l'un des tribunaux saisis, à l'exclusion des autres. — *Cass.*, 3 janv. 1810, Hecquet. — C'est l'application de l'art. 4 de la loi du 14 nov. 1808.

222. — En d'autres termes, il ne peut y avoir lieu à jonction que lorsque plusieurs ordres se trouvent ouverts devant le même tribunal. Alors, seulement, les parties intéressées peuvent demander la jonction, pour éviter les frais. — Favard, t. 4, p. 55; Bioche, n° 162.

223. — Que décider s'il s'agit de la vente d'un même corps de ferme, mais situé dans différens arrondissemens? Alors le tribunal du chef-lieu de l'arrondissement est compétent pour connaître de la distribution de la totalité du prix. — Persil, t. 2, p. 420 et suiv.; Pigeau, *Comm.*, t. 2, p. 419; Bioche, n° 161; Chauveau sur Carré, quest. 2546.

224. — On a jugé que l'ordre ouvert sur le prix d'un immeuble situé partie dans le ressort d'un tribunal et partie dans le ressort d'un autre, doit être préférablement porté devant le tribunal dans l'arrondissement duquel le vendeur avait son domicile, où par suite sa succession s'est ouverte, et dans lequel demeurent la plupart des créanciers hypothécaires. — *Bordeaux*, 9 juill. 1835, Bousquet c. Ferchaud.

225. — Jugé, toutefois, que dans le cas d'un ordre ouvert sur le prix de la vente volontaire d'une terre située sous le ressort de plusieurs tribunaux civils relevant de la même Cour d'appel, c'est à cette Cour d'appel, à l'exclusion de la Cour de cassation, qu'il faut s'adresser pour déterminer le tribunal qui restera saisi de la poursuite. — *Cass.*, 12 avr. 1808, Noailles de Poix.

226. — Si, sur le prix d'immeubles situés dans peux arrondissemens, il n'est ouvert d'ordre que devant le tribunal d'un arrondissement, on doit, sur la question de savoir à qui sont dus les frais des notifications faites dans l'autre ressort, appeler devant le tribunal où l'ordre est ouvert tant l'avoué de l'autre ressort, qui a fait signifier les notifications, que l'avoué qui les lui avait envoyées toutes préparées. — *Rennes*, 3 janv. 1831, Lorgeril c. Lebret et Loysel.

227. — Lorsque l'acquéreur a fait transcrire dans un seul bureau le contrat par lequel on lui a vendu, pour un seul et même prix, des immeubles situés dans plusieurs arrondissemens, il ne faut pas considérer comme nul l'ordre arrêté seulement entre les créanciers inscrits au bureau de la transcription : soit parce que le poursuivant n'aurait pas appelé les créanciers inscrits dans les autres bureaux, soit parce qu'il n'aurait pas déposé au greffe l'état de leurs inscriptions. — *Cass.*, 11 fructid. an XII, Goupil c. Cosson. — Pigeau, *Comment.*, t. 2, p. 422, 2e alin.; *Praticien français*, t. 4 ', p. 460; Berriat-Saint-Prix, p. 612, note 7.

228. — Quelles sont les parties intéressées à demander la jonction? Evidemment c'est d'abord la partie saisie. Quant à l'adjudicataire, il n'a pas intérêt à la jonction. Enfin les créanciers n'y ont intérêt qu'autant qu'ils sont inscrits sur tous les biens en distribution.

229. — La jonction est facultative.

230. — Il n'y a pas lieu, par exemple, d'ordonner la jonction de plusieurs ordres ouverts sur le même débiteur, lorsque parmi les créanciers inscrits un grand nombre n'ont intérêt que dans un seul de ces ordres et surtout lorsque les sommations de produire ont été faites avant la demande en jonction. — *Riom*, 20 juin 1818, Fouet c. Delarne.

231. — C'est le tribunal qui prononce la jonction. Cependant à Paris le président opère seul la jonction, en désignant le juge commissaire, ou même plus tard par une ordonnance rendue sur requête, et ce n'est qu'en cas de contestation sur l'opportunité ou la légitimité de cette mesure que le tribunal est appelé à statuer.

Sect. 5e. — *Ouverture d'ordre.*

232. — Nous avons indiqué *suprà* nos 58 et suiv. quels étaient les délais pendant lesquels l'ordre judiciaire ne pouvait avoir lieu, nous ne reviendrons donc pas sur ce point.

233. — A l'expiration des délais, la partie poursuivante requiert du président la nomination d'un juge commissaire devant lequel il est procédé à l'ordre. — Art. 750.

234. — A cet effet, il est tenu au greffe du tribunal de première instance un registre des adjudications, sur lequel le requérant l'ordre fera son réquisitoire, à la suite ou à la marge duquel le président du tribunal nommera un juge commissaire —C. pr., 751 ; *Tarif*, art. 130.

235. — La réquisition est signée d'un avoué.

236. — Aux termes de l'ordonnance du 5 juill. 1816: lorsque les fonds ont été déposés à la caisse, l'acte de réquisition doit contenir la date et le numéro de la consignation.

237. — Le décret du 25 mai 1811 permettait de charger les juges suppléans du tribunal de la Seine, concurremment avec les autres juges, de la confection des ordres; mais la loi du 23 avr. 1841 a soumis les juges suppléans de ce tribunal aux mêmes règles que les juges suppléans des autres tribunaux de première instance, qui ne peuvent remplir les fonctions de juge commissaire qu'en cas d'empêchement des juges titulaires.

238. — Les ordonnances rendues par le président du tribunal civil en matière d'ordre, et par exemple celles qui refusent de commettre un juge pour procéder à l'ordre, sont susceptibles d'appel. Dans ce cas, l'appel est valablement formé par requête présentée à la Cour. — *Bordeaux*, 14 août 1845 (t. 1er 1846, p. 13), Bégaud. — V., aussi, dans les motifs, *Montpellier*, 8 avr. 1839 (t. 2 1839, p. 118), Roquefeuille c. Devic.—Talandier, no 179.—V. APPEL, nos 420 et suiv.

239. — Le président du tribunal auquel est adressée régulièrement une requête tendant à la nomination d'un juge commissaire à l'effet de procéder à un ordre ne peut s'y refuser sous prétexte que la taxe de la remise proportionnelle accordée aux avoués en cas d'adjudication ne serait point rapportée, cette formalité n'étant point prescrite et, d'ailleurs, les difficultés qui peuvent s'élever étant dans les attributions du juge commissaire et du tribunal. — *Bordeaux*, 14 août 1845 (t. 1er 1846, p. 13), Bégaud.

240. — Lorsque le juge commissaire est nommé, le poursuivant lui présente une requête afin d'obtenir une ordonnance permettant de sommer les créanciers de produire. — Art. 752.

241. — On joint à la requête un état délivré par le conservateur de toutes inscriptions existantes. — C. proc. civ., art. 752.

242. — Ces mots *inscriptions existantes* servent à désigner les inscriptions qui auraient pu être prises postérieurement à la transcription de la saisie, et jusqu'à l'adjudication définitive. — Carré et Chauveau quest. 2552; Bioche et Goujet, no 172; Pigeau, *Comment.*, t. 2, p. 422; Thomines, no 820; Tarrible, p. 679.

243. — Si la vente est volontaire, cet état doit comprendre les inscriptions survenues depuis la quinzaine de la transcription. — C. procéd. civ., art. 834.

244. — Jugé même que l'état d'inscription à annexer au procès-verbal d'ouverture d'ordre doit régulièrement être pris le jour même où le poursuivant requiert l'ordonnance du juge commissaire, à l'effet de sommer les créanciers de produire. Il ne suffirait pas d'annexer l'état délivré lors de la transcription du contrat. — *Cass.*, 2 juin 1831, Bellavoine c. d'Aligre.

245. — Quand un état a déjà été délivré, on le fait rafraîchir et viser de nouveau par le conservateur.

246. — Sur le vu de la requête qu'il répond par une ordonnance, le juge commissaire ouvre le procès-verbal d'ordre, c'est-à-dire qu'il constate par un procès-verbal la présentation de la requête et la délivrance de son ordonnance. Il y annexe l'état des inscriptions. — C. proc. civ., art. 752 et 753.

247. — La rédaction du procès-verbal n'est pas nécessaire pour que l'ordre soit ouvert. En effet, il a été jugé qu'un ordre est ouvert quand le poursuivant a sommé les créanciers d'y produire leurs titres, et a produit les siens, lors même que le juge commissaire aurait dressé son procès-verbal à une époque ultérieure. Ainsi : l'inscription d'un créancier ne peut être déclarée périmée, par suite de l'échéance de dix ans dans l'intervalle de la production à la rédaction du procès-verbal. — *Cass.*, 30 nov. 1829, Poncet c. Joliclerc. — Bioche, no 175.

248. — Jugé même qu'un ordre a été régulièrement introduit entre plus de trois créanciers par la présentation d'une requête ayant pour but d'obtenir la nomination d'un juge commissaire, et que, par conséquent, la procédure doit être ainsi continuée quoique plus tard par suite d'une cession de créance le nombre des créanciers soit ainsi réduit à trois. — *Cass.*, 4 juill. 1838 (t. 2 1838, p. 327), Bonnard c. Tonnelier. — Chauveau sur Carré, quest. 2551.

Sect. 6e. — *Sommation de produire.*

249. — En vertu de l'ordonnance du juge commissaire, le poursuivant fait sommation aux créanciers de produire à l'ordre.

250. — Un juge commissaire aux ordres et contributions commet un excès de pouvoir en arrêtant un règlement pour déterminer les jours, lieux et heures de ses séances, et en établissant pour sanction de ce prétendu règlement des peines disciplinaires contre les officiers ministériels du siége qui manqueraient d'y assister, ou en cas d'absence non suffisamment motivée.—Les séances d'un juge commissaire ne sont pas des audiences, et dès lors l'inexactitude d'un officier ministériel à y assister ne saurait constituer une faute d'audience dans le sens de l'art. 103 du décret du 30 mars 1808. — Le juge commissaire qui, en vertu du règlement ci-dessus, prononce la peine de suspension pour un mois contre un avoué pour inexactitude et absence non suffisamment motivées à ses séances, commet un excès de pouvoir d'autant plus grave, que la peine est prononcée sans assistance du ministère public, et sans avoir appelé ni entendu l'officier ministériel inculpé.—*Cass.*, 15 juill. 1846 (t. 2 1846, p. 703), Procureur général à la Cour de cassation c. Bougel.

251. — La loi ne prescrivant pas au juge commissaire de commettre un huissier pour signifier aux créanciers les sommations de produire, on ne saurait, sans créer une nullité qui n'est pas dans la loi, critiquer une ordonnance qui ne contiendrait pas cette formalité. — Chauveau sur Carré, quest. 2552 *ter*. — Cependant, dans l'usage, il y a commission d'un huissier.

252. — Le permis est général et si, depuis son obtention, un créancier à hypothèque légale, non purgée, vient à prendre inscription, il n'est pas nécessaire d'en prendre un second. — Bioche, no 177.

253. — La sommation de produire doit être signifiée aux créanciers hypothécaires ou privilégiés inscrits; car ce sont ceux pour lesquels il peut résulter de l'ordre la consécration du droit de préférence.

254. —... Ce qui comprend non-seulement les créanciers inscrits sur le dernier propriétaire de l'immeuble; mais aussi ceux inscrits sur les propriétaires précédens, même ceux qui ont des hypothèques légales. — *Riom*, 8 juin 1811, Rouher c. Chapus,—Carré et Chauveau, quest. 2548; Persil, t. 2, p. 427, § 7; Bioche, no 178.

255. — Toutefois, c'est à l'acquéreur qui réclame, dans son intérêt, l'appel des créanciers à hypothèque légale à indiquer ceux qui doivent être appelés; et il doit répondre de l'exactitude de ses indications. — Même arrêt. — Nous avons dit que la purge légale était l'affaire de l'acquéreur.

256. — Aussi a-t-il été jugé qu'il n'est pas obligatoire pour le poursuivant d'appeler la femme dont l'hypothèque légale n'avait pas encore été inscrite à l'époque des notifications. — *Bourges*, 21 juin 1839 (t. 2 1843, p. 225), Bourdiaux c. Grégoire.

257. — Mais lorsque des enfans mineurs peuvent avoir des droits à exercer dans un ordre ouvert sur les biens de leur père il ne suffit pas, pour la régularité de l'ordre, de faire sommation de produire au procureur de la République, qui a pris inscription d'office.—L'ordonnance de clôture définitive de l'ordre rendue ainsi, sans qu'il ait été fait de sommation directe aux mineurs ou à leur subrogé tuteur, doit être annulée, alors même qu'elle a reçu son effet par la délivrance des bordereaux et que les inscriptions ont été radiées. — *Toulouse*, 17 décembre 1838 (t. 1er 1839, p. 168), Dujac c. Gombeau et Doumenc.

258. — L'acquéreur cependant pourrait même après avoir notifié son contrat demander que l'ouverture de l'ordre fût retardée jusqu'à l'expiration du délai accordé par la loi pour inscrire les hypothèques légales. — *Angers*, 14 juillet 1809, Coudol c. Berthelot; *Riom*, 8 juin 1811, Rouher c. Chapus.—Persil, *Hypoth.*, t. 2, p. 422-554; Chauveau sur Carré, quest. 2548 *bis*.—Avis du Conseil d'Etat du 9 mai 1807.—Aucune loi ne détermine, en effet, un délai pour la purge légale. V. PURGE DES HYPOTHÈQUES.

259. — Le poursuivant n'est pas non plus tenu de faire sommation aux créanciers hypothécaires non inscrits. Ceux-ci ont seulement le droit, lorsqu'ils ont vivifié leur hypothèque par l'inscription, d'intervenir, dans les délais légaux, c'est-à-dire jusqu'à la clôture de l'ordre, pour concourir avec les autres créanciers hypothécaires à la distribution des deniers. — Merlin, *Rép.*, vo *Saisie immobilière*, § 8, no 2, Bioche, no 17.

260. — Toutefois l'usage contraire a prévalu. —Chauveau, *Tarif*, t. 2, p. 236, no 79.

261. — On a soutenu que la sommation ne devait pas être faite aux créanciers chirographaires; mais en leur reconnaissant le droit d'intervenir pour contester, s'il y a lieu.—Sans doute la sommation ne les autorisera pas à produire et à demander pour eux une collocation; mais comment interviendraient-ils pour contester, s'ils ne sont pas avertis? Cette sommation vaudra pour eux avertissement. — Lepage, t. 2, p. 511; Chauveau sur Carré, quest. 2553, 5o.

262. — La loi n'ayant parlé que des créanciers comme devant être sommés de produire: il n'y a pas lieu par le poursuivant de faire sommation à l'adjudicataire, qui se libère valablement de son prix; pourvu qu'il le paie entre les mains des créanciers colloqués quels qu'ils soient.—Pigeau, t. 2, no 888.

263. — Il n'y a pas lieu de faire en matière d'ordre au vendeur ou au saisi la sommation que l'art. 659 du Code de proc. prescrit de faire à la partie sur laquelle est ouverte une distribution par contribution. En matière d'ordre, l'art. 753 ne parle que de sommer les créanciers. En matière de vente forcée : la publicité de la saisie immobilière a suffisamment averti le saisi de veiller à ses droits, dans l'ordre. D'ailleurs il s'agit dans ce cas de créances constatées, soit par des jugemens, soit par des actes authentiques, et pour lesquelles le législateur a pu penser que le contrôle n'était pas aussi nécessaire que pour les créances chirographaires, qui sont admises en matière de distribution par contribution. En matière de vente volontaire, si ces raisons n'existent pas, il ne faut pas oublier que le règlement provisoire est dénoncé au vendeur comme à la partie saisie. — *Comment.* Pigeau, t. 2, p. 423; Chauveau sur Carré, quest. 2555; Bioche, n° 183.

264. — Le créancier qui poursuit l'ordre contre un second acquéreur, n'est pas tenu d'appeler le premier propriétaire en une autre qualité que celle de créancier inscrit. Il n'est pas tenu de lui notifier l'ordonnance du juge commissaire à un autre domicile que celui élu par l'inscription d'office. — *Rouen*, 30 déc. 1814, Dupuis c. Dubourg.

265. — Dans le cas où un créancier inscrit n'aurait pas été sommé de produire, par suite d'une omission commise par le conservateur des hypothèques dans l'état d'inscription : il serait fondé à demander la nullité de l'ordre, pourvu, toutefois, que son inscription vînt en rang utile. Autrement, on appliquerait la maxime : « Pas d'intérêt, pas d'action. » — Pigeau, *Comm.*, t. 2, p. 421; Chauveau sur Carré, quest. 2552 *bis*.

266. — Il pourrait, sans demander cette nullité, poursuivre contre les derniers créanciers colloqués la restitution des deniers. — *Colmar*, 9 août 1814, Lévy c. Hueber.

267. — Voici maintenant dans quelle forme est faite la sommation :

268. — En tête de l'exploit il est d'usage de notifier copie de la requête du poursuivant et de l'ordonnance du juge commissaire (Thomines, t. 2, n° 861; Lepage, *Quest. de pr.*, t. 2, p. 511; Berriat, t. 2, p. 613; Chauveau sur Carré, quest. 2253, 4°; Bioche, n° 186). — Mais la loi ne prescrit pas cette formalité, qui, bien qu'elle soit généralement observée, n'est pas d'une incontestable utilité; puisque les créanciers, en consultant le procès-verbal, pourront toujours s'assurer de l'existence de l'ordonnance. — C'est la date de la sommation de produire qui fait courir contre eux le délai de la forclusion de produire. — Aussi a-t-il été jugé avec raison que la sommation faite par les poursuivans aux créanciers de produire à l'ordre, n'est pas nulle pour n'avoir pas été précédée de la signification de l'ordonnance du juge commissaire. — *Bruxelles*, 6 févr. 1810, Josse c. N.... — Mêmes auteurs.

269. — On n'observe pas les formalités prescrites pour les ajournemens; par exemple, rien n'oblige à constituer avoué. — *Grenoble*, 6 août 1822, Sambuc c. Anthouard; *Montpellier*, 7 déc. 1832, Maffre c. Arthus. — Chauveau sur Carré, quest. 2553 *bis*.

270. — Mais la sommation doit nécessairement réunir toutes les conditions constitutives de l'exploit. — V. EXPLOIT.

271. — Ainsi est nulle : 1° la sommation signifiée à une femme mariée, même séparée de biens, lorsque le mari n'a pas été appelé en même temps pour autoriser sa femme. — Cette nullité entraîne celle de toute la procédure d'ordre et du jugement intervenu sur les contredits, alors que la femme a continué d'y procéder sans l'autorisation de son mari. — *Lyon*, 16 juin 1843 (t. 2 1843, p. 744), Burlot c. Thomas.

272. — ... 2° Celle faite au domicile élu chez un avoué, en la personne de son successeur, est nulle, si elle ne porte pas formellement qu'elle a été notifiée en la demeure de l'avoué chez lequel domicile a été élu ou à sa personne. — *Grenoble*, 24 août 1830, Chevron c. Lombard; Chauveau sur Carré, quest. 2553 *bis*.

273. — Mais elle peut être faite à des cohéritiers en une seule copie et au domicile élu en commun dans leur inscription chez l'avoué qu'ils ont constitué dans une requête en subrogation aux poursuites de l'ordre. — *Montpellier*, 4 déc. 1832, Maffre c. Arthus. — Chauveau sur Carré, quest. 2553 *bis*.

274. — Les cohéritiers qui ont agi et pris une inscription en commun, pour une créance indivise, et seulement sous le titre de cohéritiers d'un *tel*, sont suffisamment désignés de la sorte dans la sommation à eux faite de produire dans un ordre.

275. — Elle est signifiée, non pas au domicile réel, mais au domicile élu dans l'inscription. — C. proc. civ., art. 753.

276. — ... Ou bien encore à celui des avoués, quand il en a été constitué : ce qui peut arriver en matière de saisie (*id.*, et 1038). — Mais, dans l'usage, on l'adresse au domicile élu dans l'inscription.

277. — La signification à avoué ou à domicile est-elle facultative? Oui, selon Carré (quest. 2553); Demiau Crouzilhac (p. 461). — Mais cette décision, accueillie par M. Pigeau (*Comm.*, t. 2, p. 423), en ce sens qu'il n'y aurait pas nullité de la sommation, est combattue par Chauveau sur Carré (*ibid.*) par le motif que, la loi ayant eu pour but d'éviter des frais, c'est à cet officier ministériel, lorsqu'il est constitué, qu'il faut signifier la sommation, de sorte que les frais de la sommation à domicile devraient être rejetés de la taxe au moins pour ce qui excède la caution des sommations à avoué. — V. aussi Berriat-Saint-Prix, p. 612, note 8.

278. — Il est admis par tous les auteurs que, lorsque, sur la poursuite de saisie ou de vente par suite de surenchère, les créanciers ont constitué avoué, l'ordre n'étant que l'exécution du jugement d'adjudication, les sommations de produire sont régulièrement faites au domicile de l'avoué constitué. — C. proc., 755. — Lepage, quest. p. 508; Pigeau, t. 2, p. 248; Thomines-Desmazures, p. 280; Carré et Chauveau sur Carré, quest. 2553.

279. — Est régulière et valable la sommation faite par le poursuivant à son propre domicile à d'autres créanciers qui y avaient fait élection, peu importe l'antagonisme des intérêts. — *Lyon*, 1er févr. 1823, Ducrozet c. Aucour. — Chauveau sur Carré, quest. 2553 *ter*.

280. — Nul doute encore que l'huissier chez lequel élection de domicile a été faite, peut, s'il a été chargé de sommer les créanciers de produire, faire les sommations à son domicile. — Il n'est pas tenu de charger un autre huissier de faire cette signification. — Thomines, t. 2, n° 861.

281. — L'exploit doit être signifié au domicile élu malgré le décès de la personne chez laquelle a été faite l'élection. — C. civ., art. 2156.

282. — *Vice versâ*, le décès du créancier n'empêche pas de signifier au domicile d'élection. — *Id.*

283. — Spécialement, après le décès d'un créancier inscrit, la sommation de produire à l'ordre peut être signifiée au domicile élu dans l'inscription par l'exécuteur testamentaire, bien qu'il soit lui-même décédé. — *Bruxelles*, 6 févr. 1810 Josse c. N...

284. — Elle n'est pas moins valable lorsqu'elle a été signifiée au titulaire de la créance inscrite tel qu'il est désigné par son inscription et au domicile élu dans cet acte, encore que ce titulaire soit décédé et que le poursuivant ait eu, par le fait même de la signification, connaissance de son décès. — *Cass.* 14 févr. 1843 (t. 1er 1843, p. 393), Ardoin c. Debrossard.

285. — On a jugé encore dans le même sens que la sommation de produire à un ordre signifiée au dernier domicile élu dans l'inscription, est valable; il n'est pas nécessaire de s'enquérir si, depuis l'inscription, la position du créancier a changé, s'il existe encore ou s'il est décédé, s'il est représenté par des héritiers ou par des légataires. — Les tiers n'ont point à rechercher ailleurs que dans les inscriptions la position des créanciers inscrits. — *Paris*, 15 mars 1838 (t. 1er 1838, p. 516), Ardoin c. ve Brossart.

286. — Mais une partie ne peut être liée par une élection de domicile qu'elle ignore peut-être, bien que faite dans son intérêt.

287. — Aussi est-ce avec raison qu'il a été jugé que lorsqu'un immeuble est vendu en justice, les significations relatives à l'ordre, et même celle du jugement d'ordre, doivent, à peine de nullité, être faites au domicile réel des vendeurs et non au domicile que le conservateur aurait élu de son propre mouvement dans l'inscription d'office. — *Paris*, 31 mai 1813, époux Lamy c. Carré, Marchand et Labrune. — Chauveau sur Carré, quest. 2553. — Bioche (n° 201), soutient au contraire que le pouvoir de prendre inscription emporte pour le conservateur celui de faire l'élection, puisqu'elle est nécessaire à la validité de l'inscription. — *Contrà*, *Rouen*, 30 déc. 1814, Dupuis c. Dubourg.

288. — ... Que la sommation de produire à un ordre n'est pas valablement faite au domicile élu dans l'inscription prise par le conservateur, lorsque postérieurement le créancier vendeur a pris une nouvelle inscription dans laquelle il a élu un domicile différent. — *Cass.*, 21 déc. 1824, Beslay c. Brisson-Grandjardin.

289. — ... Et que c'est au nouveau domicile élu que la sommation doit être faite quand un créancier a changé sur les registres du conservateur son élection de domicile dans l'intervalle de la transcription du contrat à l'ouverture de l'ordre. — *Cass.*, 2 juin 1831, Bellavoine c. d'Aligre.

290. — Nul doute, au surplus, que la sommation de produire à un ordre notifiée au domicile élu dans l'inscription est valable et ne peut être attaquée que par le créancier auquel les droits du créancier inscrit ont été cédés, si cette cession, fût-elle opérée par la seule force de la loi, n'a pas été notifiée au conservateur des hypothèques. — *Colmar*, 13 mars 1817, Fabrique de Rosselden c. Gros.

291. — Le chirographaire est sommé au domicile élu dans son opposition signifiée à l'adjudicataire. — Pigeau, p. 2119; Carré et Chauveau, quest. 2554.

292. — Quand la demeure de l'acquéreur est éloignée la sommation peut être faite au domicile réel du créancier, s'il est plus près.

293. — La sommation est nulle si elle n'est faite ni à la personne du créancier, ni à son domicile réel, ni au domicile élu par son inscription. — La nullité de la sommation entraîne la nullité du procès-verbal d'ordre et de tout ce qui a suivi. — Cette nullité n'est pas couverte par la production à l'ordre, si l'acte de production signale le moyen de nullité et demande qu'il y soit statué. — *Riom*, 2 déc. 1814, Sarrasin c. Bruas.

Sect. 7e. — *Production des titres. — Demande en collocation.*

294. — Avant d'énumérer les formalités à remplir, nous tenons à rappeler que l'ordre constitue une instance. — V. n° 23. — Il faut donc que les personnes qui s'y présentent réunissent toutes les conditions de capacité nécessaires pour ester en justice.

295. — Ainsi, par exemple, la femme mariée a besoin pour produire de l'autorisation de son mari ou de justice sur le prix des immeubles de celui-ci, et bien qu'elle ait produit ses titres, elle n'encourt aucune déchéance pour n'avoir pas contredit le règlement provisoire, lorsqu'elle n'a pas rempli cette condition, lorsque, d'ailleurs, le mari n'est appelé dans l'instance que postérieurement à l'expiration du délai. — *Cass.*, 21 avril 1828, Duvillard c. Colomb.

296. — Jugé de même que la déchéance des droits de la femme sommée de produire ne peut être valablement prononcée sans la mesure préalable de l'autorisation maritale ou judiciaire. — *Toulouse*, 19 mars 1833, Delrieux c. Morère. — Bioche, quest. 213.

297. — Mais une femme mariée, autorisée à la poursuite de ses droits, et qui a obtenu sa séparation de biens et la liquidation de ses reprises, peut, par suite de cette première autorisation, se présenter à l'ordre ouvert sur son mari tombé en déconfiture. — *Colmar*, 3 avril 1816, Erhard c. N....

298. — Dans le mois de la sommation dont parle l'art. 753 C. de procédure, chaque créancier est tenu de produire ses titres avec un simple acte de produit signé de son avoué et contenant demande en collocation. — C. proc. civ., art. 754.

299. — Dans le mois... Ce délai se compte du quantième d'un mois au quantième correspondant du mois suivant.

300. — On l'augmente à raison des distances entre le lieu où siége le tribunal et celui du domicile élu. Mais cette augmentation sera rare et, en tout cas, peu considérable. En effet, le domicile élu doit être choisi dans la circonscription du bureau des hypothèques où l'inscription est prise. Ce bureau est celui de la situation des biens, et c'est le tribunal de la situation des biens devant lequel l'ordre est ouvert. Si le créancier a un avoué constitué : la sommation se fera au domicile de cet avoué, situé nécessairement au chef-lieu où siége le tribunal. — Chauveau, sur Carré, quest. 2556; Bioche, n° 209; Berriat, p. 613, note 9, n° 1er; Lepage, p. 509.

301. — L'art. 754 est-il comminatoire? en un mot, la production est-elle recevable nonobstant l'expiration du délai légal? L'affirmative est certaine dans le silence de la loi. Tant que l'inscription frappe l'immeuble, il doit être permis au créancier de produire et de la faire valoir. — Berriat, p. 614; Merlin, *Rép.*, v° *Saisie immobilière*, § 8; Pigeau, t. 2, p. 293, Carré et Chauveau, quest. 2556 *bis*, 2567, 2573; Bioche, n° 212.

302. — Il a été jugé, cependant, que le créancier qui a eu un délai suffisant pour produire dans un ordre et contredire, n'est pas recevable à le faire après l'expiration de ce délai. — *Rennes*, 24 nov. 1819, Pougeolle c. Roullier.

303. — Mais l'opinion contraire a prévalu en jurisprudence. — Ainsi : le créancier qui ne produit à l'ordre qu'après le délai fixé par l'art. 754 du Code de procédure, ne peut être déclaré déchu tant que l'ordre n'est pas clos et arrêté. — *Rouen*, 30 déc. 1814, Dupuis c. Dubourg; *Riom*, 25 mars 1817, Bassignac c. Louvet; *Limoges*, 5 juin 1817, Chabrol c. Foin; *Cass.*, 9 déc. 1824, Veyrunnes c. Filhon; 9 déc. 1829, Louchet c. Obissacq. — Bioche, n° 154.

304. — Il peut donc produire avant le jugement définitif des créances contestées. — *Rouen*, 13 août 1813, Monnier c. Demire ; 30 déc. 1814, Dupuis c. Dubourg.

305. — Ou même sur l'appel du jugement qui a tranché ces contestations. — *Colmar*, 3 avril 1816, Ebrard.

306. — La production doit encore être admise lorsqu'un ordre n'a été clos que par une ordonnance illégale du juge commissaire, et qui est annulée. — *Cass.*, 9 déc. 1824, Veyrunnes c. Filhon.

307. — Spécialement tant qu'il n'a pas été procédé au règlement définitif d'un ordre, le mineur peut demander sa collocation sur les biens de son tuteur, pour les créances à raison desquelles la loi lui accorde une hypothèque légale, bien que l'acquéreur ait rempli les formalités de purge légale et qu'il n'ait pas été requis inscription dans l'intérêt du mineur. — C. proc., 757. — *Paris*, 15 janv. 1813, Fayard c. Kleff.

308. — La femme conserve également le droit de faire colloquer à son rang la créance qui lui conserve son hypothèque légale, tant que l'ordre de collocation n'est pas clos; mais elle ne peut réclamer sa collocation après la clôture de l'ordre, encore que les créanciers porteurs de bordereaux n'en aient pas reçu le montant. — *Toulouse*, 1er juill. 1828, Lacassin.

309. — Le créancier au contraire contre lequel la forclusion a été prononcée ne peut, lorsque tout est consommé, que les bordereaux de collocation ont été délivrés et soldés, attaquer le jugement d'ordre et exercer contre les créanciers colloqués une action en rapport. — *Colmar*, 13 mars 1817, Fabrique de Rosseldey c. Groy.

310. — L'art. 757 tranche souverainement la question. Il porte que les créanciers qui n'auront produit qu'après le délai supporteront, sans répétition et sans pouvoir les employer dans aucun cas, les frais auxquels leur production tardive et la déclaration d'icelle auront donné lieu, et qu'ils seront en outre garans des intérêts qui auront couru à compter du jour où ils auraient cessé si la production eût été faite dans le délai fixé.

311. — Constatons que les créanciers retardataires sont admis à produire, même après la clôture du règlement définitif, sur les fonds restant libres après le paiement de toutes les créances comprises au règlement définitif. Ils priment en ce cas les créanciers chirographaires du vendeur, qui, comme eux, ont formé une saisie-arrêt entre les mains de l'acquéreur. — *Cass.*, 10 juin 1828, Laroche-Fontenille c. Estabel. — Pigeau, t. 2, p. 297 et 298; Bioche, no 498.

312. — Dans la pratique, lorsque des productions tardives ont été faites, on dresse un règlement supplémentaire, provisoire, que l'on dénonce aux parties intéressées, et dans la même forme que le règlement provisoire ordinaire, avec sommation de prendre communication et de contredire dans les délais de droit. L'art. 136 du tarif sanctionne cette pratique. — Carré et Chauveau, quest. 2560.

313. — La dénonciation en question doit, d'après l'art. 135 du tarif, être faite généralement à tous les créanciers inscrits. Carré, se fondant sur l'art. 755 C. de proc., est d'avis que la dénonciation doit être faite aux créanciers inscrits et produisans. L'art. 136 du tarif statue sur un cas différent de celui de l'art. 755; et comme les frais de cette dénonciation doivent demeurer à la charge du créancier retardataire, on doit moins s'étonner que le législateur n'ait pas cherché à les économiser et ait prescrit la dénonciation à tous les créanciers inscrits produisans ou non produisans. — Chauveau, *Comm. Tarif*, t. 2, p. 260.

314. — L'application de la pénalité édictée par l'art. 757 est incontestée. — *Paris*, 30 août 1808, Grenonville c. Banque territoriale; *Rouen*, 30 déc. 1814, Dupuis c. Dubourg; *Riom*, 25 mars 1817, Bassignat c. Louvet; *Limoges*, 5 juin 1817, Chabrol c. Foin; *Cass.*, 9 déc. 1824, Veyrunnes c. Filhon.

315. — Néanmoins si le capital à partager n'a pas cessé de produire intérêts, et que la masse hypothécaire ne se trouve pas diminuée, les créanciers hypothécaires n'éprouvant aucun préjudice, le créancier qui produit tardivement ne peut être tenu de garantir les intérêts courus. — Merlin, *Rép.*, vo *Saisie immob.*, § 8; Bioche, no 226.

316. — Mais la loi s'oppose à ce qu'il fasse employer les frais de production dans l'ordre, ni les répéter contre le débiteur; qu'il serait injuste de rendre passible de la négligence d'un de ses créanciers, contre laquelle il n'a pu se mettre en garde. C'est ce qu'il faut entendre par ces mots de l'art. 757 : « *sans répétition* et sans pouvoir les employer dans aucun cas. » — Chauveau sur Carré, no 2570.

317. — Jugé que le créancier retardataire qui intervient dans le cours de l'instance d'ordre, doit formuler son intervention par requête conformément à l'art. 339 C. proc. — *Rouen*, 30 déc. 1814, Dupin c. Dubourg. — Nous ne partageons pas ce sentiment.

318. — Le saisi et ses ayans droit sont forclos comme les créanciers, faute de production à l'ordre ou de contestation dans les délais de la loi. — *Cass.*, 16 nov. 1831, Borel-Felline c. Anglès.

319. — L'exception de l'art. 757 ne s'applique qu'aux créanciers non produisans, et ne saurait être étendue aux créanciers produisans forclos de contredire. — *Nîmes*, 18 juin 1832, Jalaguier c. Rocheblave.

320. — Lorsque les créanciers ont laissé écouler les délais de production à un ordre, l'avoué d'une des parties produisantes est excusable de n'avoir pas demandé la clôture de l'ordre, qui eût amené la déchéance des créanciers retardataires, si cet avoué n'était pas l'avoué poursuivant l'ordre. — *Limoges*, 11 juill. 1839 (t. 1er 1840, p. 786), Constant c. Bac.

321. — La demande en collocation se fait au moyen d'une requête adressée au juge commissaire.

322. — En voici la teneur succincte « *A M..... juge commis pour procéder à la distribution du prix dont est ci-après parlé. M..... requiert qu'il vous plaise, en procédant à la distribution de la somme principale de ..... montant de la vente ...... en date du..... de colloquer à la date de son inscription prise au bureau des hypothèques le ......* 1o *pour la somme de ....., qui lui est due aux termes d'une obligation reçue M. ..., notaire, le ......;* 2o *pour deux années et l'année courante des intérêts de la somme;* 3o *pour les frais de production.* » A l'appui de sa demande le requérant produit : 1o la grosse de l'obligation susénoncée; 2o, etc... Lui déclarant que M..... avoué est constitué sur les présentes et leurs suites.

323. — Comme on le voit, la requête contient constitution d'avoué.

324. — L'administration de l'enregistrement est tenue, comme tout autre créancier, à constituer avoué, en cette matière. — *Bruxelles*, 11 av. 1810, Enregistrement c. Stapleton. — Lettre du min. just. 4e j. compl. an IX; inst. de M. Duchatel. — Chauveau sur Carré, quest. 2556 *ter;* Bioche, no 217.

325. — L'avoué qui présente la requête de production à fin de collocation peut (ainsi que nous l'avons enseigné no 100) demander à son profit la distraction des dépens.

326. — Nul doute que le même avoué ne puisse dans un ordre occuper pour divers créanciers ayant des intérêts opposés. — *Grenoble*, 6 août 1822, Sambuc c. Authouard. — Effectivement, il arrive souvent que le nombre des créanciers, ayant des intérêts divers et contraires, excède celui des avoués postulant près du tribunal où l'ordre doit être réglé.

327. — La requête n'est pas signifiée, mais simplement déposée au greffe. — Tarif, art. 133. — Berriat, t. 2, p. 613; Favard, t. 4, p. 55; Carré et Chauveau, quest. 2557.

328. — Il est fait mention de la remise au greffe sur le procès-verbal même de l'ordre. — Art. 754.

329. — Toutefois : les créanciers retardataires doivent dénoncer leur production aux créanciers et aux saisis, avec sommation d'en prendre communication et d'y contredire. — C. proc. civ., art. 257.

330. — Suivant Chauveau (*Comment. du tarif*, t. 2, p. 237, no 24) et Carré (quest. 2257), il n'est pas nécessaire que l'acte de produit contienne les conclusions et l'exposé des moyens du créancier. Il suffit qu'il ait demandé à être colloqué dans l'ordre et que cette demande soit appuyée de la production de ses titres.

331. — Toutefois, l'importance de la rédaction de cette requête ne saurait être méconnue; car il a été jugé que celui qui dans son acte de production a demandé simplement à être colloqué au rang de son hypothèque n'est plus recevable à demander, postérieurement au renvoi à l'audience, sa collocation par privilége, même pour celles de ses créances qui seraient réellement privilégiées. — *Aix*, 21 avr. 1845 (t. 2 1845, p. 446), Vidal c. Cirlot.

332. — Néanmoins, il est vrai que les formalités des actes de produit ne sont pas prescrites à peine de nullité. Le juge commissaire doit seulement refuser d'admettre la production irrégulière, ou, si elle a été admise, la faire régulariser avant le règlement provisoire. — Pigeau, *Comm.*, t. 2, no 424; Chauveau sur Carré, quest. 2557 *bis.*

333. — Quant à la production des titres, on sent combien il est important de la faire ; c'est la justification de la demande.

334. — Sous la loi du 11 brum. an VII, l'ordre devait être réglé sur l'état des inscriptions ; le créancier inscrit qui n'avait point produit dans les trente jours de l'ordre n'avait pas encouru la déchéance. — *Cass.*, 22 janv. 1806, Terrasson-Davèse c. Rossari.

335. — Par la même raison, sous cette loi le créancier inscrit pour être utilement colloqué dans l'ordre n'était pas tenu, à peine de déchéance, de produire son titre de créance. — *Paris*, 23 mess. an XII, Quetz c. Lucenay.

336. — Il en était ainsi sous cette loi lorsqu'il ne s'élevait pas de contestation contre la créance. — *Paris*, 13 fruct. an XIII, Donis c. Enregistrement.

337. — Mais il en est différemment sous le Code de procédure. Ainsi, il a été jugé que le créancier qui ne rapporte pas les titres qui établissent son droit doit être rejeté de l'ordre. — *Paris*, 21 avr. 1809, Lafontaine c. Delamarlière et Chamay.

338. — ... Et le créancier qui, n'ayant pas produit ses titres lors du règlement provisoire, a été colloqué pour mémoire seulement, doit être exclu de l'état définitif : quand même sa créance n'aurait pas été contestée. — *Bourges*, 7 juill. 1830, Piet c. Chabry.

339. — Est forclos donc le créancier produisant dans un ordre qui n'a pas fait les justifications suffisantes avant la décision intervenue sur les contestations soulevées par le règlement provisoire : la production qu'il aurait pu faire ultérieurement est tardive. — C. proc., art. 754 et 756. *Paris*, 7 juin 1834, Gauthier c. Touche de la Pelleterie et Huchet.

340. — Mais le créancier qui a produit à l'ordre ne perd pas le bénéfice de sa production parce qu'il a été obligé de retirer ses titres pour une autre affaire, quand il a exprimé le motif de son retrait et fait des réserves. — *Cass.*, 15 mars 1815, Pichot c. Vaillant. — Bioche, no 220.

341. — Un créancier ne peut demander en appel à être colloqué en vertu d'un titre qui n'a pas été produit à l'ordre pour une somme autre que celle pour laquelle il a demandé sa collocation en première instance. — *Cass.*, 14 juill. 1813 (dans ses motifs), Romagnet c. Mathey de Valfons.

342. — Le créancier hypothécaire dans le cas de revente des immeubles après le règlement provisoire, mais avant la clôture de l'ordre, ne peut se dispenser de produire dans le nouvel ordre auquel donne lieu la revente, et demander contre le dernier acquéreur l'exécution immédiate de son bordereau de collocation sans être soumis aux formes de l'ordre qui va s'ouvrir. — *Paris*, 16 avr. 1832, Caisse hypothécaire c. Desfontaines.

343. — S'il s'agit d'un privilége, la production d'un titre sous seing privé suffit souvent pour l'établir. — V. PRIVILÉGE.

344. — Lorsque la créance est hypothécaire, doit-on nécessairement produire la grosse? Non. Vainement dirait-on que la grosse non représentée peut porter quittance, et que sa remise au débiteur fait présumer l'extinction de la dette : car la *présomption* de libération ne résulte que de la présentation de la grosse par le débiteur, et encore sauf la preuve contraire. — Bioche, no 219; Merlin, *Quest.*, vo *Paiement*, § 7, no 1.

345. — Jugé, conformément à ce principe, que lorsque dans un ordre un créancier ne peut représenter la grosse de son contrat, il n'en doit pas moins être colloqué à son rang d'hypothèque sur la représentation d'une simple expédition de cet acte : un créancier contestant opposerait vainement que la grosse non représentée peut porter quittance, ou que de sa remise au débiteur peut résulter l'extinction de la dette. — *Cass.*, 13 mars 1828, Lemairrois c. Gallian.

346. — Mais lors du paiement par l'acquéreur : la remise de la grosse peut être exigée, indépendamment des bordereaux.

347. — Lorsqu'un jugement porte qu'un créancier hypothécaire sera colloqué, à la charge expresse par lui de produire la grosse de son obligation lors du règlement définitif, faute de quoi il sera définitivement rejeté, une mise en demeure doit être faite. Autrement la production pourrait avoir lieu postérieurement. — *Paris*, 3 oct. 1839 (t. 2 1839, p. 327), Regnault c. Vouty.

348. — ... Ou lorsqu'un créancier produit un titre qui lui est particulier : d'après les termes dans lesquels il a été passé, on ne peut prétendre que sa collocation doit être réduite de moitié sous le prétexte qu'à l'époque de ce contrat il avait un associé qui ne se présente pas. — *Rennes*, 7 mars 1829, Chéron de Kerlaly c. Guillet de la Brosse.

349. — La production faite à l'ordre *sous toutes réserves* ne peut être considérée comme un acquiescement volontaire de la part du surenchérisseur à la sentence qui a annulé sa surenchère. — *Cass.*, 28 novembre 1809, Gillard c. Fontaine.

Sect. 8e. — *Règlement provisoire. — Règlement supplémentaire.*

350. — Le mois expiré, et même auparavant, si les créanciers ont produit, le juge commissaire dressera ensuite de son procès-verbal un état de collocation sur les pièces produites. — C. proc., art. 755.

351. — Le juge commissaire ne serait pas fondé à se refuser d'office de procéder à l'ordre, sous prétexte que des frais étrangers à la poursuite n'auraient pas été taxés, lorsque les intéressés ne réclament pas la taxe et que ceux contre lesquels elle pourrait être demandée ne sont pas présens. D'ailleurs une distribution ne s'ouvre que sur les sommes sur lesquelles elle a été provoquée, si aucune partie ne réclame. — *Paris*, 28 fév. 1834, N....

352. — Cet état de collocation est désigné dans la pratique sous le nom de règlement provisoire.

353. — Il peut être dressé pendant les vacances. — V. no 106.

354. — ... Et même un jour de fête légale. — *Besançon*, 15 juill. 1814, Dumolard c. Gauthier. — Chauveau sur Carré, quest. 2558 *ter*.

355. — En supposant que le procès-verbal de collocation provisoire puisse être argué de nullité pour avoir été fait un dimanche: cette nullité est couverte, si elle n'a point été proposée dans le mois qui a suivi la dénonciation de ce procès-verbal. — *Cass.*, 10 janv. 1815, Dumolard c. Gauthier.

356. — Il doit contenir d'abord l'énonciation de tous les actes et de toutes les formalités nécessaires à la confection de l'ordre, tels que contrat translatif de la propriété, la transcription, les pièces de notification pour la purge des hypothèques conventionnelles, les pièces de purge légale et les pièces d'offres réelles et de consignation du prix lorsque ces formalités ont été remplies. Il suffit toutefois que ces énonciations se retrouvent dans le procès-verbal d'ouverture de l'ordre. Mais dans tous les cas le règlement provisoire doit mentionner la date du procès-verbal d'ouverture de l'ordre, le permis de sommer, et les dates des sommations de produire notifiées aux créanciers inscrits.

357. — En matière de vente volontaire, voici donc comment sera rédigé l'entête du procès-verbal. « *L'an.... nous, juge commissaire, assisté du greffier, vu 1o l'acte reçu M...., notaire à....., le....., contenant vente*, etc.; 2o *la transcription dudit acte au bureau des hypothèques de l'arrondissement de.....;* 3o *l'état des inscriptions délivré après la quinzaine de la transcription dudit contrat;* 4o *les notifications faites aux créanciers inscrits conformément aux art. 2183 et 2184 du C. civ., par exploit*, etc.; 5o *un extrait des registres du tribunal de..... délivré le..... par le greffier constatant que la copie collationnée du contrat de vente a été dûment affichée pour la purge des hypothèques légales, ensemble les notifications faites*, etc.; 6o *le certificat du conservateur des hypothèques délivr après l'expiration des délais de la purge légale*, etc.; 7o *l'ordonnance qui nous commet à l'effet de procéder au règlement dudit ordre;* 8o *notre ordonnance en date du..... portant permis de sommer les créanciers inscrits;* 9o *les sommations faites auxdits créanciers par exploit de..... en date du.....;* 10o *les productions faites par.....,* » etc.... Disons qu'attendu l'expiration des délais pour produire, il va être procédé par nous au règlement provisoire.

358. — Si des créanciers n'ont pas produit, il est d'abord donné défaut contre eux avant de procéder au règlement.

359. — ... Sauf s'ils produisent avant la clôture de l'ordre à rédiger un règlement supplémentaire, ainsi qu'on l'a dit *suprà* no 312.

360. — Les préliminaires accomplis, le juge établit d'abord l'importance de la somme à distribuer dans ces termes : « La somme à distribuer se compose 1o de celle du montant du prix de la vente susénoncée et datée; 2o des intérêts de cette somme à partir du...... date de la vente, jusqu'au jour du paiement effectif.

361. — Puis il colloque les créanciers produisans.

362. — Il est compétent pour admettre ou rejeter toutes les demandes en collocation, ou assigner aux créanciers un rang différent de celui qu'ils réclament : sauf le droit qu'a chaque créancier de contester le travail du juge commissaire. — V. nos 53, 101 et suiv.

363. — Mais la loi exige qu'il colloque tous les créanciers produisans, sans exception; l'art. 755 dispose en effet que le règlement provisoire sera dressé sur les pièces produites. — *Riom*, 8 août 1828, de Monchal c. Joly de Fleury.

364. — Il ne doit donc pas avoir égard au chiffre de la somme à distribuer pour limiter le nombre des collocations. Car il se peut que les créances admises par lui soient rejetées par suite de contredits. Alors un règlement supplémentaire serait nécessaire et cela entraînerait non-seulement des frais, mais encore des retards. — Bioche, no 236.

365. — Si l'un des créanciers produisans se désiste, le juge commissaire est-il compétent pour en donner acte ou doit-il renvoyer les parties à l'audience? — Nous estimons que le renvoi n'est utile que quand le désistement soulève la contradiction. Mais s'il est pur et simple, il suffit que les parties intéressées fassent sur le procès-verbal un dire d'acceptation. — Bioche, no 237.

366. — Au surplus : nous admettons qu'un juge commissaire est incompétent pour statuer sur la validité et les effets du désistement d'une demande en collocation, et la clôture de l'ordre qu'il a faite en conséquence est irrégulière et nulle. — *Cass.*, 9 déc. 1824, Veyrunnes c. Filhon.

367. — Le désistement d'une demande en collocation peut être signifié par un autre avoué que celui qui avait présenté cette demande. — Il doit être signifié non pas seulement au créancier poursuivant, mais à toutes les parties intéressées. — Même arrêt.

368. — Il est valablement fait sur le procès-verbal.

369. — Chaque collocation est l'objet d'un article séparé.

370. — Elle comprend 1o le principal de la créance; 2o les intérêts quand elle en produit; 3o les frais accessoires : tels que ceux d'inscription, de mise à exécution et de poursuite.

371. — Jugé que le créancier d'une rente viagère ne peut pas être colloqué, sans inscription particulière, pour plus de deux années d'arrérages échues avant l'aliénation de l'immeuble affecté à son hypothèque. — *Paris*, 26 décembre 1807, Potain c. Finkin et Bastion. — V. RENTE.

372. — Il est dû à chaque créancier : 1o deux années, et l'année courante, à la date du capital, sur le prix de la vente. — C. civ., art. 2151.

373. — La loi ne distingue pas. Elle alloue deux années. On ne doit donc pas se préoccuper de la question de savoir si ces deux années sont celles qui suivent l'inscription. — En d'autres termes : si le débiteur a payé les deux années qui suivent l'inscription, deux autres viennent au même rang que le capital. — *Cass.*, 27 mai 1816, (intérêt de la loi). — Troplong, *Hyp.*, no 752; Grenier, *eod.*, no 100; Bioche, no 269.

374. — Qu'est-ce que l'année courante? C'est une année entière, répondent MM. Persil (t. 2, p. 69) et Troplong (no 698 *ter*).

375. — MM. Duranton (t. 20, no 151), Merlin (vo *Inscription*, § 5, no 14), Pont (*Revue de législat.*, t. 2, 1846, p. 342) et les auteurs du *Dictionnaire du notariat* pensent qu'il s'agit seulement de la portion d'année comprise entre la dernière échéance et le jour où les intérêts sont dus par l'acquéreur.

376. — Supposons, en conséquence, que le créancier ait droit aux intérêts à partir du 1er juillet 1835, et que l'acquéreur en soit chargé à dater du 1er juin 1839. L'année courante pour le créancier serait comprise dans l'intervalle du 1er juillet 1838 au 1er juin 1839, soit onze mois. Ainsi l'année courante pourrait comprendre onze mois et une fraction de mois, jamais plus; et si le point de départ pour le cours des intérêts en faveur du créancier et contre l'acquéreur était le même jour, il ne serait dû que deux années. Il n'y aurait plus d'année courante.

377. — C'est à cette interprétation que nous nous rattachons; car, ainsi que le dit M. Bioche (no 270), si le législateur eût voulu conserver trois années, il n'eût pas employé les expressions *deux années seulement, et l'année courante*. Le mot *seulement* manifeste l'intention du législateur de ne conserver que deux années entières, plus quelque chose qui serait moins qu'une troisième année. Autrement il se fût agi non d'une année *courante* mais d'une année *courue*.

378. — La pratique s'est ralliée aussi à cette interprétation. La jurisprudence est également favorable.

379. — Jugé que l'art. 2151 du Code civil, d'après lequel le créancier inscrit pour un capital produisant intérêts a droit d'être colloqué pour deux années et l'année courante au même rang que pour le capital, doit être interprété en ce sens, que ce créancier doit être colloqué non pour trois années entières mais seulement pour deux années complètes et le laps de la troisième année écoulé depuis la dernière échéance d'intérêts jusqu'au jour où le créancier exerce son hypothèque. — *Caen*, 29 juin 1847 (t. 2 1847, p. 673), Moisson c. Trésor public.

380. — ... Que l'année courante des intérêts conservés par l'inscription à la date de celle-ci, est celle qui commence à la dernière échéance qui a précédé immédiatement la notification faite aux créanciers inscrits : peu importe qu'il y ait eu surenchère. — *Nancy*, 12 juin 1832, N...

381. — S'il est dû d'autres intérêts ou arrérages que ceux des deux années et de l'année courante, ils sont, à la vérité, hypothécaires, et non chirographaires, puisqu'ils sont l'accessoire du principal. — *Colmar*, 13 mars 1817, fab. de Rosselden c. Gross. — Mais ils ne sont colloqués qu'autant qu'ils ont été conservés par une inscription et à la date de cette inscription. — Bioche, no 270.

382. — Ainsi, les créanciers hypothécaires, qui ont droit d'être colloqués au même rang que le capital pour deux années d'intérêts et l'année courante, ne peuvent réclamer les intérêts échus depuis l'ouverture de la faillite qu'à titre de créance chirographaire. — *Caen*, 29 juin 1847 (t. 2 1847, p. 673), Syndics Moisson c. Trésor public.

383. — 2o Tous les intérêts échus depuis la vente.

384. — Peu importerait que le prix de la vente ne fût pas lui-même productif d'intérêts.

385. — A ce propos M. Tarrible dit (p. 679), que ces intérêts doivent être alloués au même rang que le capital, quand bien même l'ordre durerait pendant cinq ans; mais les créanciers qui se trouveraient frustrés par cet accroissement d'intérêts auraient un recours contre les auteurs du retard. — Carré et Chauveau, quest. 2601; Favard, t. 4, p. 66; Berriat, t. 2, p. 621, no 37; Troplong, t. 3, p. 699 *bis*; Bioche, no 272.

386. — Cette solution dérive de la combinaison des art. 757, 759, 767 et 770 C. proc. civ., qui sont interprétatifs de l'art. 2151 C. civ. — M. Blondeau (*Thémis* 1835, t. 2, p. 178-200) ne fait courir cependant les intérêts qu'à partir de la demande en collocation, — Delvincourt (t. 3, p. 341, no 2), repousse au contraire toute allocation autre que les deux années et l'année courante.

387. — Jugé que les créanciers hypothécaires doivent être colloqués, sur le prix de l'immeuble vendu par expropriation forcée, pour les intérêts échus depuis l'adjudication, indépendamment de ceux conservés par l'inscription. — *Cass.*, 21 nov. 1809, Chanu c. Tourton; *Paris*, 7 juill. 1818, Coste c. Labrouste; *Bourges*, 26 août 1814, Béatrix c. Rollin; *Metz*, 29 mai 1823, N... ; *Bourges*, 23 mai 1829, Potheral c. Delaforêt; *Cass.*, 2 av. 1833, Syndics Julienne c. Cavelan.

388. — ...Que le créancier hypothécaire venant en ordre utile doit être colloqué non-seulement pour les deux années d'intérêts antérieures conservées par l'inscription, mais encore pour les intérêts courus depuis l'expropriation jusqu'au terme où il a été mis en demeure de toucher le montant de sa créance. — *Paris*, 26 déc. 1807. Potain c. Finkin et Bastion. — Carré et Chauveau, quest. 3601.

389. — ...Que les intérêts échus depuis l'adjudication sont dus au créancier hypothécaire au même rang que son capital. — *Rennes*, 7 mars 1820, Chéron de Kerlaly c. Guillet de la Brosse.

390. — ...Que les intérêts qui courent depuis la clôture du procès-verbal d'ordre au profit d'un créancier colloqué pour un capital déterminé lui sont dus jusqu'au jour du paiement, malgré la disposition restrictive de l'art. 2151 C. civ., qui ne s'applique qu'aux intérêts conservés par l'inscription, et nullement à ceux qui sont dus en conformité d'une collocation arrêtée. — C. civ., art. 2151; C. proc., art. 757, 769 et 770. — En conséquence, le créancier colloqué sur un capital affecté au service d'une rente viagère, et laissé à cet effet dans les mains de l'adjudicataire, est en droit de répéter, lors de l'extinction de cette rente, non-seulement les trois années d'intérêts primitivement conservés par son inscription, mais encore tous les intérêts échus depuis sa collocation arrêtée jusqu'au jour du paiement. — *Cass.*, 14 nov. 1827, Luc Gavinet c. Maille. — V. aussi *Bordeaux*, 3 juill. 1834, Darrieux c. Massip.

391. — ...Et que celui qui, ayant produit à un ordre, n'a été colloqué que pour une portion d'intérêts auxquels il avait droit, peut, en produisant à un second ordre ouvert sur le même débiteur, se faire allouer les intérêts *omis* dans la première collocation, sans qu'il résulte de là aucune violation de la chose jugé. — *Cass.*, 27 avr. 1840 (t. 2 1840, p. 200), Bazergue c. Otard et Malignon.

392. — Ces intérêts sont dus, même lorsque la créance n'est pas productive d'intérêts. La production est une demande judiciaire qui les fait courir. — Merlin, *Rép.*, vº *Intérêts*, § 4, nº 14; Carré et Chauveau, quest. 2604.

393. — La somme des intérêts ainsi déterminés n'est pas liquidée au règlement provisoire. On la porte pour mémoire.

394. — La réquisition du créancier d'une succession à fin d'ouverture d'un ordre sur le prix des immeubles vendus sur licitation est interruptive de la prescription quinquennale des intérêts de la créance. — *Cass.*, 19 juill. 1841 (t. 2 1841, p. 659), Vezian. — V. aussi *Amiens*, 19 août 1847 (t. 1er 1848, p. 115), Bertereau c. Bouvret.

395. — Il en est de même de la production dans un ordre faite par un créancier. — *Grenoble*, 2 juin 1831, Pellat c. Sibert. — M. Troplong (*Prescription*, nos 564 et 565) critique un arrêt en sens contraire de la Cour d'Amiens (du 31 mars 1821, Deville de l'Epinay c. Thouret).

396. — En général, les frais sont portés pour mémoire et sauf taxe.

397. — S'il y en a qui sont liquidés, on les indique sous un alinéa séparé.

398. — L'enregistrement des titres de créance doit être employé dans un ordre, en frais de mises d'exécution de ces créances. — *Paris*, 23 mars 1825, Chantemesle c. de Badereau.

399. — Voyez *infrà* (nos 426 et suiv., 459 et suiv.) ce qui est relatif aux frais de contestation.

400. — Sont colloqués 1º par préférence et en première ligne les frais de délivrance de l'état des inscriptions, ceux de notification aux créanciers inscrits, d'offres réelles et de dépôt à la caisse des consignations; en un mot, les frais faits par l'acquéreur dans l'intérêt de tous les créanciers (C. proc., art. 777). Le vendeur et les créanciers sont, avant tout, tenus de la garantie vis-à-vis de l'acquéreur, et ils n'ont droit au prix qu'autant que celui-ci sera propriétaire incommutable et que l'immeuble sera libre. — Bioche, nº 241.

401. — Jugé même que l'acquéreur qui n'a point réclamé dans l'ordre le coût de l'extrait des inscriptions et des dénonciations aux créanciers inscrits, a droit néanmoins de le retenir sur son prix. — *Paris*, 14 mess. an XII, Lesterpt c. Crépi. — Chauveau sur Carré, quest. 2618, 4º.

402. — Mais les frais ordinaires de transcription et ceux de purge étant faits dans l'intérêt particulier de l'acquéreur, il est non recevable à se faire colloquer par privilége pour ces frais. — *Nîmes*, 19 août 1841 (t. 1er 1841 p. 141), Menard c. Magalon et Clément.

403. — La négligence que l'acquéreur a apportée à purger les hypothèques légales le rend passible personnellement des dépens qui ont été faits à l'occasion de la première distribution du prix. — *Limoges*, 24 fév. 1826, Lagrange-Puymauri c. Chabrier.

404. — Il ne serait pas fondé non plus à demander à être colloqué par privilége pour les frais d'enregistrement, de transcription et d'honoraires de notaire, bien qu'aux termes du contrat d'acquisition le vendeur fût tenu de les payer. Ces frais ne sont pas déclarés privilégiés par la loi, il n'a donc qu'une action personnelle contre son vendeur. — *Paris*, 24 août 1816, Montessuy c. Pichard. — Chauveau, quest. 2618, 5º.

405. — Le surenchérisseur devenu adjudicataire n'est pas fondé à être colloqué pour les frais de notification qu'il a remboursés à l'acquéreur dépossédé. — *Rouen*, 10 fév. 1827, Quénot c. Beaucousin. — Si l'acquéreur a privilége pour ces frais, c'est parce qu'il ne doit que le prix porté au contrat, et nullement les frais faits dans l'intérêt des créanciers. L'art. 2188 C. civ. forme la loi du surenchérisseur. Or, cet article l'oblige à restituer à l'acquéreur le coût de l'extrait des inscriptions et des notifications; aussi prend-il en considération, avant de surenchérir, l'importance desdits frais : admettant la solution contraire, il ne paierait pas ces frais au delà du prix, bien qu'il ait dû les prendre en considération. — Chauveau sur Carré quest. 2618 *ter*. — V. SURENCHÈRE.

406. — Nul doute aussi que l'adjudicataire, qui, après avoir rempli toutes les charges de l'adjudication, obtient une réduction sur le prix, parce que l'affiche indiquant la vente a donné aux objets vendus une contenance plus considérable que celle qu'ils ont réellement, peut retenir, par privilége sur son prix, le montant des frais qu'il a faits pour obtenir la réduction et l'excédant des droits qu'il a payés. — *Paris*, 6 février 1810, Dauger c. Vavin. — Chauveau et Carré, quest. 2618 4º.

407 — Les frais exposés par un avoué dans une défense à une demande en rescision du contrat de vente de trois immeubles, doivent être colloqués par privilége dans l'ordre ouvert ultérieurement sur le prix de la revente de ces immeubles. — *Aix*, 12 janvier 1838 (t. 1er 1838, p. 245), Drogoul c. Fusinger.

408. — En citant les deux arrêts qui précèdent et qui autorisent l'acquéreur à *retenir* sur son prix divers frais, M. Bioche (nº 245) reconnaît que l'adjudicataire a droit à son remboursement; mais, dit-il, est-ce bien par voie de *déduction* qu'il peut procéder? Il est permis d'en douter. En effet, l'art. 2186 C. civ. exige qu'il conserve son prix : c'est-à-dire son prix total. L'art. 777 C. p. civ. est exclusif de toute compensation antérieure à l'ordre, puisqu'il établit une collocation privilégiée en faveur de l'adjudicataire. La compensation n'a lieu qu'entre créances actuellemente xigibles; l'acquéreur ne serait pas admis à retenir entre ses mains le montant d'une créance, même première inscrite. Il faut les épreuves de l'ordre pour être assuré du chiffre par la taxe, et de la qualité de la créance par les épreuves de la contestation. Les créanciers privilégiés ne peuvent pas être payés avant la clôture de l'ordre. L'acquéreur se trouve dans la même position s'il veut consigner; mais s'il retient le prix entre les mains, sa *collocation* seule opérera compensation.

409. — Avant la loi du 2 juin 1841 (art. 716, Saisie immobilière), ceux de notification du jugement d'adjudication aux créanciers inscrits doivent être compris dans les frais de poursuite d'ordre alloués par le juge commissaire. Il n'en serait plus de même aujourd'hui. — *Bourges*, 23 juin 1826, Droin c. Robert.

410. — Les frais de justice doivent être colloqués sur le prix des immeubles, lorsque le créancier n'en a pas provoqué la collocation sur celui des meubles, plus que suffisant pour les acquitter. — *Paris*, 9 février 1809, Parent c. Allais et Chauvin.

411. — On admet que les frais de scellés et d'inventaire qui ont servi à la conservation du gage immobilier sont payés par privilége avant les créanciers hypothécaires. — V. DISTRIBUTION PAR CONTRIBUTION, PRIVILÉGE.

412. — *Secùs* des frais privilégiés de faillite. — *Rouen*, 2 déc. 1841 (t. 2 1842, p. 443), Vasseur c. Gautier. — V. PRIVILÉGE.

413. — 2º Les frais de poursuite d'ordre et de radiation des inscriptions. — C. civ., art. 759.

414. — Ils sont payés en second rang avant toutes autres créances, même avant celle de l'ancien vendeur. — Bioche, nº 249.

415. — Et cela quand bien même le prix aurait été délégué à un seul créancier, et que l'ordre n'aurait pour résultat que de confirmer la délégation. — *Paris*, 13 janv. 1814, Rivière c. Lecomte. — Bioche, nº 249.

416. — Aux termes de l'art. 714 du C. p. civ.: le poursuivant est colloqué pour les frais extraordinaire de saisie par privilége, lorsque l'emploi en a été ordonné par le jugement. Tels sont ceux faits sur l'appel interjeté par le saisi, du jugement en vertu duquel il est exproprié. — Bioche, nº 250.

417. — Ont encore été colloqués par privilége, les frais faits pour défendre à une demande en revendication des immeubles saisis. — *Aix*, 12 janv. 1838 (t. 1er 1838, p. 245), Drogoul c. Fusinger. — Persil, t. 1er, p. 59; Duranton, t. 19, p. 41; Troplong, *Hypothèques*, t. 1er, p. 168; Bioche, nº 252.

418. — Notons qu'il n'est pas nécessaire cependant que l'emploi par *privilége* ait été spécialement ordonné par le jugement; ce privilége résulterait suffisamment de la disposition qui prononcerait l'emploi des dépens en frais extraordinaires. C'est ainsi que les anciens règlemens étaient interprétés. — *Riom*, 3 août 1826, Servant c. Longevialle. — Bioche, nº 250.

419. — Mais les frais faits par un créancier, en vertu d'une clause de voie parée, ne doivent pas être colloqués par privilége, lorsque l'immeuble a été vendu volontairement. — *Bordeaux*, 6 juill. 1841 (t. 2 1841, p. 355), Reimonenq c. Pieck et Southard.

420. — Le paiement des frais extraordinaires de poursuite en saisie immobilière, fait entre les mains de l'avoué du créancier poursuivant, n'est pas un obstacle à leur collocation privilégiée dans l'ordre, lorsque la distraction n'en a pas été ordonnée au profit de cet avoué. — *Pau*, 31 déc. 1824, Carrère et Theaux c. Poey.

421. — Dans l'ordre ouvert sur le mari, la femme ne peut être, même pour ses reprises dotales, colloquée qu'après la collocation privilégiée des frais extraordinaires de poursuite de saisie immobilière. — *Riom*, 3 août 1826, Servant c. Longevialle.

422. — Mais le juge commissaire ne peut d'office comprendre dans la somme à distribuer les frais de poursuite de vente dont la taxe n'avait pas été faite, si d'ailleurs aucune demande spéciale n'a été formée à cet égard. — *Paris*, 28 févr. 1834, N...

423. — Le poursuivant l'ordre qui intervient dans les contestations élevées audit ordre ne doit pas être autorisé à employer ses dépens en frais de poursuite. — *Paris*, 2 juill. 1836 (t. 1er 1837, p. 310), Anchier c. Rougevin.

424. — La signification d'un jugement d'adjudication d'un capital, dont l'aliénation avait été précédemment ordonnée pour le service d'une rente viagère, ne doit pas être considérée comme frais de poursuite d'ordre. L'art. 750 s'y oppose, car il ne mentionne que les frais de poursuite d'ordre et ceux de radiation, et les frais de poursuite sont évidemment ceux qui intéressent la masse, et non ceux nécessités par des contestations particulières.

425. — Mais on colloquera ces frais conformément à l'art. 768 C. proc. civ., sur ce qui restera des deniers à distribuer, déduction faite de ceux qui auront été employés à acquitter les créances antérieures à celles contestées. — Chauveau sur Carré, quest. 2576, 4.

426. — Lorsque des contestations s'élèvent sur le règlement provisoire, l'avoué du dernier créancier colloqué est chargé de représenter tous les créanciers postérieure en ordre d'hypothèque aux créances contestées: les frais sont acquittés par préférence sur les fonds restant après l'acquittement des créances non contestées, c'est-à-dire qu'ils sont colloqués au rang de la première créance contestée et non maintenue, mais après celles qui, malgré la contestation, ont été maintenues (C. proc. civ., art. 768). — Bioche, nº 251.

427. — Ce privilége s'étend à tous les frais exposés par l'avoué, en première instance et en appel.

428. — ... Et il ne faut distinguer entre le cas où l'avoué a succombé ou a réussi dans les contestations; ce sont des frais nécessaires. — Carré et Chauveau, quest. 2605; Berriat, p. 621, nº 35; Tarrible, p. 679. — *Contrà* Pigeau, t. 2, p. 185.

429. — Mais on tomberait dans une grave erreur si l'on concluait de là que le créancier qui a succombé dans les contestations doive obtenir l'emploi de ses dépens comme frais accessoires de sa créance. Ce serait les faire supporter au débiteur, ce qui serait injuste. L'art. 766 est d'ailleurs formel sur ce point. — Berriat, Carré et Chauveau, *loc. cit.*

430. — Dans les frais de l'avoué qui représente les derniers créanciers colloqués se trouvent nécessairement compris les frais de l'huissier, car c'est l'avoué qui met en mouvement l'huissier et qui doit lui tenir compte du coût des exploits. — V. Berriat, p. 621, nº 35; Carré et Chauveau, quest. 2606.

431. — ... 3º Viennent ensuite les créances privilégiées énoncées en l'art. 2101 C. civ.; lorsque le mobilier n'a pas suffi pour les couvrir, l'art. 2104 veut qu'elles soient payées avec le prix des immeubles. — V. PRIVILÉGE.

432. — Jugé que les créanciers privilégiés sur les meubles et les immeubles, en vertu de l'art. 2101 C. civ., ne doivent être colloqués sur le prix des immeubles qu'après avoir discuté les meubles. Néanmoins, s'ils se présentent à l'ordre ouvert sur le prix des immeubles avant la discussion du mobilier, ils doivent être colloqués éventuellement pour le montant de leurs créances, à la charge par eux de discuter le mobilier dans un délai fixé, et sauf la réduction de leur collocation à ce qui restera dû. — *Amiens*, 24 avr. 1822, Auquin et Marion c. de Flavigny. — Grenier, t. 1er, p. 191.

433. — Dans ces frais privilégiés sont compris les sommes que l'héritier bénéficiaire a avancées pour dépens des procès qu'il a soutenus dans l'intérêt de la succession, et généralement pour frais légitimes d'administration (C. civ., art. 808), surtout si l'emploi en a été ordonné comme frais privilégiés. — Bioche, nº 254. — V. SUCCESSION BÉNÉFICIAIRE.

434. — Le prélèvement doit avoir lieu quand bien même l'emploi des frais n'aurait pas été autorisé par privilége. — *Amiens*, 17 août 1836 (t. 2 1837, p. 315), Bedel c. Lapierre.

435. — Ceux auxquels ces frais se trouvent dus par l'héritier bénéficiaire ont nécessairement le droit de les réclamer en son lieu et place par privilége. Sans quoi certains créanciers seraient intégralement soldés au gré de l'héritier bénéficiaire, tandis que d'autres ne seraient jamais payés peut-être. D'ailleurs c'est là une dette de l'hérédité. — Même arrêt.

436. —... 4° Les priviléges énoncés en l'art. 2103 C. civ. — V. PRIVILÉGE.

437. — Les priviléges ayant le même rang sont colloqués concurremment, et lorsque les fonds manquent pour acquitter la totalité des priviléges, ils sont payés par contribution au prorata des sommes. — V. DISTRIBUTION PAR CONTRIBUTION.

438. — Il a été jugé que bien que le vendeur non payé du prix ait le droit de demander la résolution de la vente, il ne peut prétendre, dans l'ordre ouvert sur l'acheteur, se faire colloquer avant les créanciers de ce dernier, par lequel il est primé. — *Rouen*, 21 juin 1828, Loriot c. Mareschal.

439. — Cette solution commande quelques explications.

440. — En matière d'expropriation forcée, la loi nouvelle oblige le vendeur, sous peine de déchéance, à former la demande en résolution avant l'adjudication. A cet effet, sommation lui est faite de prendre communication du cahier des charges. — C. procéd. civ., art. 692. — Il ne serait donc plus recevable à intenter son action au cours de l'ordre. — V. SAISIE IMMOBILIÈRE, PRIVILÉGE.

441. — Mais si l'on avait omis de lui faire la sommation prescrite, il conserverait le droit de demander la révocation. Ce point est incontestable. — *Ibid.*

442. — En matière de vente volontaire, le vendeur a toujours au contraire le droit de demander la résolution, si le résultat de l'ordre ne lui paraît pas satisfaisant, soit parce qu'il se trouve primé par des priviléges de premier ordre, soit parce qu'il a négligé de conserver son privilége. — *Ibid.*

443. — Jugé que le vendeur non payé qui a produit à l'ordre ouvert sur le prix de la revente faite par son acquéreur, et qui a demandé à y être colloqué pour le prix de la vente qu'il avait faite à ce dernier, est recevable, à défaut de collocation en ordre utile, à demander la résolution de cette vente. — *Orléans*, 14 août 1845 (t. 2 1845, p. 347), Mandreville c. Pays. — V. PRIVILÉGE.

444. — Nous croyons aussi que la production à l'ordre n'emporte pas renonciation à l'action résolutoire. Les art. 1184, 1654 et 1655 du Code civil ne distinguent pas. — *Bordeaux*, 29 mai 1835, Brundham c. Besse. — Merlin, v° *Option*, § 1er; Bioche, n° 260. — *Contrà*, Grenier, *Hyp.*, t. 2, p. 212, n° 397; Duvergier, t. 16, n° 447; Troplong, *Vente*, t. 2, p. 157, n° 659; *Hyp.*, t. 1er, p. 333, nos 224, 224 *bis* et 225.

445. — Le vendeur qui a touché une portion de son prix dans l'ordre ouvert par suite de la revente de son immeuble, n'est pas même réputé avoir renoncé à son action. — *Paris*, 1er août 1839. — *Cass.*, 16 mars 1840 (t. 1er 1840, p. 728), Satizelle c. Thory et Puivert.

446. — *A fortiori* en est-il ainsi si le vendeur a été déclaré forclos faute de produire. — *Cass.*, 24 août 1831, Blaise c. Gauthier; 30 juill. 1834, Laugier c. Icard.

447. — Jugé au contraire que lorsque après la clôture de l'ordre, le vendeur qui a produit a levé son bordereau, il a fait acte d'acquiescement vis-à-vis des autres créanciers et du tiers détenteur, et s'est rendu non recevable à former l'action en résiliation. — *Paris*, 19 avril 1837 (t. 1er 1837, p. 409), Bordier c. Letellier.

448. — Pour éviter toute contestation, on a l'habitude de produire en se réservant l'action résolutoire pour le cas où la créance ne serait pas payée à l'ordre.

449. — Mais de ce que le vendeur non payé a le droit de poursuivre la résolution de la vente, il ne faudrait pas conclure qu'il puisse exiger sa collocation par privilége à l'ordre, s'il est primé ou s'il n'a pas conservé son privilége. — *Cass.*, 18 juill. 1825, Strunzé c. Cocherel; *Rouen*, 21 juin 1828, Loriot c. Mareschal.

450. — Toutefois, il est un moyen d'obtenir la collocation, nonobstant la perte du privilége, c'est de produire en déclarant que si les créanciers ne consentent pas à ce que la créance soit colloquée par privilége on intentera l'action en résolution. Les créanciers, comprenant que le gage leur échappera, s'empresseront de consentir à la collocation.

451. — Le vendeur qui, dans l'acte de dénonciation aux créanciers inscrits de l'état de collocation provisoire, s'est réservé expressément, pour le cas où l'action résolutoire qu'il se propose d'intenter ne serait pas admise, de contredire cet ordre provisoire, où son privilége n'est point consacré, ne peut être considéré comme ayant renoncé soit à son privilége, soit à son hypothèque. — *Toulouse*, 7 janv. 1846 (t. 1er 1846, p. 136), Popis c. Guilhamède.

452. — La résolution ne peut être demandée à l'ordre; elle doit faire l'objet d'une action principale. — *Rouen*, 21 juin 1828, Loriot c. Mareschal.

453. — ... 5° Les hypothèques suivant la date de leurs inscriptions, si elles sont conventionnelles ou judiciaires.

454. — Par conséquent : le créancier qui a requis inscription doit être colloqué par préférence à celui dont l'hypothèque antérieure à la sienne n'a pas été inscrite, bien qu'il ait été donné connaissance au second créancier de cette hypothèque préexistante. — *Bruxelles*, 6 juin 1809, Deloos c. Rodrigue.

455. — ... Et suivant la date des titres, si elles sont légales ou dispensées d'inscription.

456. — Ainsi, les créances des mineurs ou des interdits contre leurs tuteurs prennent rang du jour de l'acceptation de la tutelle; celles des femmes mariées, du jour de la célébration du mariage, de la vente de la donation, ou bien encore de l'ouverture de la succession : selon la nature des reprises. — Art. 2135 C. civ. — V. HYPOTHÈQUE.

457. — Quant à l'hypothèque légale de l'Etat, des communes ou établissemens publics, sur les biens des receveurs ou comptables, elle ne prend rang qu'à partir de son inscription. L'art. 2135 du Code civil ne fait d'exception qu'en faveur des femmes, des mineurs ou interdits.

458. — La femme dont l'hypothèque légale a été purgée, en conformité de l'art. 2194 du Code civil, peut se présenter à l'ordre tant que le prix n'est pas distribué. — *Paris*, 12 janv. 1834, Benech c. Pihet; *Nîmes*, 12 févr. 1833, Lavie c. Pondevigne.

459. — L'enfant donataire contractuel, et qui depuis ne prend la qualité d'héritier que par bénéfice d'inventaire, est recevable à demander sa collocation dans l'ordre pour l'objet de sa donation, par préférence aux créanciers postérieurs. — *Riom*, 8 août 1828, de Montchal c. Joly de Fleury.

460. — Lorsque les hypothèques légales militant au profit de deux femmes successivement mariées au même individu se trouvent en concours sur des biens acquis par lui durant le dernier mariage, c'est à la date de chacun des mariages, et non par concurrence entre elles, que ces femmes doivent être colloquées pour leurs dots et conventions matrimoniales. — *Angers*, 25 févr. 1847 (t. 2 1847, p. 450), Ecot c. d'Ardeville.

461. — La femme devenue pour le prix de son immeuble dotal aliéné créancière de son mari, doit être colloquée dans l'ordre ouvert sur le prix des immeubles de ce dernier. — *Grenoble*, 20 janv. 1832, Barge de Certeau c. Janon.

462. — La jouissance d'une somme égale au montant de l'augment d'une femme mariée doit lui être allouée, à partir du décès de son mari, dans l'ordre ouvert sur la valeur des propriétés de celui-ci, à la charge par elle de fournir aux écranciers de son mari bonne et suffisante caution. — *Agen*, 11 juin 1809, Lavignan c. Macazas.

463. — La femme qui a droit à une indemnité à raison de l'obligation qu'elle a souscrite solidairement avec son mari peut, en cas de déconfiture de ce dernier, exiger, ou le créancier subrogé pour elle, une collocation *actuelle* sans avoir payé..... — Et sans rapporter un acte de liquidation de ses reprises. — *Amiens*, 19 et 20 déc. 1837 (t. 1er 1838, p. 345 et 347), Dubois c. Chailly et Lessieux.

464. — ..... Toutefois : si le créancier offre de rapporter cet acte de liquidation, il y a lieu d'ordonner une collocation simplement éventuelle. — *Amiens*, 20 déc. 1837 (t. 1er 1838, p. 347), Diard c. Née.

465. — La femme qui se présente, en vertu de son hypothèque légale, régulièrement inscrite, à l'ordre ouvert sur le prix d'un immeuble appartenant à son mari, n'est pas fondée à demander que la totalité du prix soit, pour la garantie de ses droits éventuels, mise en réserve ou consignée par l'acquéreur au préjudice des créanciers hypothécaires postérieurs. — Elle est tenue de justifier de ses créances alors existantes ou de ses droits ouverts, afin que le surplus du prix puisse être distribué à ses créanciers. — *Cass.*, 21 juill. 1847 (t. 1er 1848, p. 99), Boisnard c. Lemarcis. — V. HYPOTHÈQUE.

466. — La femme n'est pas admise à produire, en vertu de son hypothèque légale, sur le prix des biens de son mari, pour indemnité des échanges qu'il a faits de biens à elle appartenant. Le montant ou même la nécessité d'une indemnité ne pouvant être connus qu'à la dissolution du mariage, le droit que la femme peut y avoir ne saurait être classé parmi ceux ouverts et existans. — *Cass.*, 3 août 1848 (t. 1er 1849, p. 70), Boisnard de Grandmaison c. Lemarcis.

467. — Lorsque des filles ont été mariées sous le régime dotal pour leurs biens présens et à venir, avec réserve au partage de la succession future de leur père : si plus tard celui-ci fait donation de ses biens à tous ses enfans, et que, par l'effet d'une licitation amiable des immeubles indivis entre les codonataires, les filles dotales n'aient qu'une soulte à exercer contre le codonataire à qui les immeubles ont été attribués; cette créance conserve toujours le caractère dotal, et n'est point une simple créance de copartageant. — Dès lors les filles dotales doivent, dans l'ordre du prix des immeubles vendus sur leur codonataire, être colloquées par préférence aux créanciers de celui-ci, encore bien qu'elles n'aient pas fait inscrire leur privilége dans le délai fixé par l'art. 2109 du C. civ. — La disposition de l'art. 1558 du C. civ., qui contient un principe spécial aux biens dotaux, déroge nécessairement à l'art. 883, et par suite on ne peut attribuer à une licitation dans laquelle figure une femme mariée sous le régime dotal tous les effets du partage. — *Amiens*, 19 juin 1847 (t. 1er 1848, p. 247), Gardin et Paris c. Gandon. — V. DOT, n° 353.

468. — Le créancier qui a deux hypothèques, l'une résultant de son titre, l'autre comme subrogé dans l'hypothèque légale de la femme de son débiteur, et qui n'a d'abord demandé sa collocation qu'en vertu de la première, est recevable, jusqu'au règlement définitif de l'ordre, à requérir sa collocation en vertu de la seconde. — *Orléans*, 16 mars 1849 (t. 1er 1849, p. 390), Picault de la Feraudière c. Chandesris.

469. — La subrogation faite par la femme dans son hypothèque légale ne confère au subrogé qu'un droit éventuel, qui ne peut produire d'effet qu'autant que la femme aura des créances à recouvrer contre son mari. — En conséquence, si, au moment de la production du subrogé à un ordre ouvert sur le prix d'un immeuble, les créances que la femme avait contre son mari se trouvent éteintes par la confusion qui s'est opérée dans la personne de ses héritiers, qui sont en même temps ceux du mari, la subrogation étant devenue sans objet ne peut plus produire d'effet. — Même arrêt.

470. — Celui qui, dans un ordre ouvert pour la distribution du prix d'un immeuble, a reconnu que cet immeuble appartenait exclusivement au mari, et qui a demandé et obtenu sa collocation comme subrogé à l'hypothèque légale de la femme, est non recevable à demander ultérieurement que le même immeuble soit déclaré dépendre de la communauté qui a existé entre les époux. — *Cass.*, 16 nov. 1847 (t. 2 1847, p. 657), Debergue c. Bouthors.

471. — Le fils qui a accepté purement et simplement la succession de sa mère mariée sous le régime dotal ne doit pas, dans une procédure d'ordre et de distribution des deniers dotaux, être personnellement colloqué pour la portion à lui afférente dans ces deniers, par préférence à ses créanciers. — La tutrice, dans l'intérêt des mineurs, et le cohéritier majeur ne peuvent être dispensés du serment qu'ils ne retiennent aucun titre de libération de leur auteur envers des créanciers figurant dans ladite procédure. — *Cass.*, 5 juin 1833, Bautèze c. Pées.

472. — Le créancier qui a reçu d'un tiers agissant à la décharge du débiteur le montant de sa créance, mais qui en même temps s'est engagé au remboursement de la somme reçue, si le débiteur venait à payer lui-même sa dette, doit être admis à se faire colloquer dans l'ordre ouvert sur le prix des biens dudit débiteur. — *Bordeaux*, 21 mars 1846 (t. 1er 1848, p. 87), Laurent c. Roy.

473. — Celui qui a une hypothèque inscrite sur les biens de son débiteur décédé peut venir à l'ordre pour être colloqué à son rang encore que l'immeuble hypothéqué ait été vendu par expropriation forcée sur la tête de l'héritier, et qu'il n'ait point demandé la séparation du patrimoine de ce dernier d'avec le patrimoine du défunt. — *Pau*, 30 juin 1830, Gros c. Merill[illegible].

474. — Mais le créancier colloqué pour une portion de sa créance dans un premier ordre ouvert sur le prix d'une partie des immeubles hypothéqués ne peut invoquer l'autorité de la chose jugée pour se faire colloquer dans un second ordre ouvert sur le prix d'une autre partie de ces immeubles, lorsque, dans l'intervalle, son inscription est périmée faute de renouvellement. — *Cass.*, 15 déc. 1829, Wischer c. Fischbach.

475. — Au surplus : le créancier utilement colloqué dans un ordre, mais dont la collocation est contestée, et qui n'est pas payé, peut requérir une autre collocation dans des ordres ouverts en d'autres tribunaux; les autres créanciers ne sont pas fondés à demander la suspension de ces ordres jusqu'à la décision des difficultés élevées sur le premier. — *Bourges*, 7 juin 1810, de Berthier c. d'Arquinvilliers. — Pigeau, *Comment.*, t. 2, p. 449; Berriat, p. 615, note 16.

476. — Lorsqu'un débiteur colloqué dans un ordre rend vraisemblable sa libération vis-à-vis de quelques-uns de ses créanciers opposans, et que ceux-ci, ou leur mandataire, mis en demeure d'établir le contraire, ne l'ont pas fait; le montant de la collocation doit être attribué aux autres créanciers, alors surtout que ceux-ci, très-solvables, offrent de faire, s'il y a lieu, tous rapports ultérieurs. — Toutefois, il y a lieu d'allouer aux premiers créanciers tous les frais de poursuite faits par leur mandataire jusqu'au moment de la complète libération du débiteur. — *Caen*, 22 mars 1847 (t. 2 1847, p. 559), Delaunay c. Madeline.

477. — Il est de principe qu'un créancier ayant une hypothèque générale ne peut être contraint de produire à l'ordre ouvert sur le prix d'un des immeubles affectés à sa créance. Le tribunal ne peut, s'il ne produit pas, faire mainlevée entière de son inscription, et le priver, par là, de ses droits sur les autres immeubles qui forment son gage. — *Metz*, 20 nov. 1811, Théru c. d'Houdilot. — Berriat, p. 620, note 33, n° 3; Persil, *Hypothèques*, t. 2, p. 152; Favard, t. 4, p. 51; Bioche, n° 264. — V. HYPOTHÈQUE, nos 170 et suiv.

478. — Jugé encore que, dans le cas où plusieurs immeubles d'un même débiteur se trouvent à la fois affectés à des hypothèques générales et spéciales: si l'ordre s'ouvre dans des tribunaux différens, par suite de la situation des biens; le créancier ayant une hypothèque générale est le maître de concentrer sur un seul immeuble l'effet de son privilége, et d'absorber ainsi la totalité du prix au préjudice d'un créancier ayant une hypothèque spéciale. — *Paris*, 24 nov. 1814, Boisselin c. Boucot.

479. — Dans le même sens, lorsqu'un seul ordre est ouvert sur divers immeubles appartenant au même débiteur, grevés d'hypothèques générales et spéciales, le créancier porteur d'une hypothèque spéciale sur l'un des immeubles peut, lorsqu'il s'est rendu cessionnaire d'une hypothèque générale, invoquer l'indivisibilité de cette hypothèque, et réclamer sa collocation, surtout s'il y a intérêt, exclusivement sur un immeuble grevé d'une hypothèque spéciale antérieure à la sienne, mais postérieure à l'hypothèque générale qu'il a acquise. — *Cass.*, 4 mars 1833, Caisse hypothécaire c. Raguette-Navailles.

480. — Pourrait-il, après s'être fait colloquer dans un ordre, se désister de sa collocation, et produire à l'ordre ouvert sur d'autres immeubles? L'affirmative a été jugée. — *Paris*, 31 août 1815, Lavaudelle c. Villiers.

481. — En sens contraire, il a été décidé que le créancier porteur d'une hypothèque générale ne peut pas, après s'être fait colloquer utilement dans l'ordre ouvert sur le prix d'un des immeubles de son débiteur, se désister de cette collocation pour venir exercer son droit dans un second ordre. La collocation dans ce second ordre n'a d'effet éventuel, et pour le cas seulement où la première collocation ne pourrait recevoir son exécution pour tout autre motif, que celui résultant du désistement. — *Paris*, 15 av. 1838 (t. 1er 1838, p. 639), Lepage c. Bauer.

482. — M. Duvergier, dans sa consultation sur cette affaire, considère les réglemens provisoires et définitifs comme de véritables jugemens, n'ayant ni plus ni moins d'autorité, et rappelle qu'on ne peut se désister d'un jugement formant contrat judiciaire sans renoncer à l'action elle-même. — Bioche, n° 265. — Cette opinion doit être suivie.

483 — Nous avons indiqué (V. HYPOTHÈQUE, nos 168 et suiv.) les règles à suivre en cas de concours d'hypothèques générales et spéciales.

484. — Lorsqu'une hypothèque générale est en concours avec des hypothèques spéciales dans un ordre unique ouvert sur les biens du débiteur, le créancier dont le droit s'étend sur la généralité des immeubles peut se faire colloquer sur l'immeuble qu'il lui plaît de choisir pour assurer le paiement d'une autre créance qui lui appartient, et qui, sans ce moyen, ne viendrait pas en ordre utile, alors d'ailleurs qu'il n'y a aucune fraude à reprocher à ce créancier. — *Cass.*, 16 août 1847 (t. 2 1847, p. 621), Cromavias c. Demay. — V. HYPOTHÈQUE, n° 173.

485. — Lorsqu'un seul ordre est ouvert sur divers immeubles appartenant au même débiteur, le créancier qui a hypothèque spéciale sur certains immeubles, et hypothèque générale sur tous les autres biens, peut, en vertu du principe de l'indivisibilité de l'hypothèque, requérir la collocation de son hypothèque spéciale sur l'immeuble qu'il lui importe de choisir, de manière que, dégrevant d'autant les immeubles sur lesquels porte son hypothèque générale, il puisse donner un rang utile à toutes ses créances. — *Bordeaux*, 26 fév. 1834, Caisse hypothécaire c. Raguette-Navailles.

486. — Nous venons de citer deux espèces où le créancier à hypothèque générale avait intérêt à demander sa collocation sur un immeublé déterminée. Comment devrait-on répartir le prix, s'il était sans intérêt à ce que tel ou tel prix lui fût attribué? Evidemment de façon que les hypothèques spéciales produisent leur effet, s'il n'en résulte pas de préjudice pour lui. — V. HYPOTHÈQUES, nos 192 et suiv.

487. — Ainsi, dans le cas où le créancier à hypothèque générale produisant dans un ordre unique ouvert sur tous les biens du débiteur ne demande pas sa collocation sur un immeuble déterminé, le juge doit répartir cette hypothèque sur les biens dont le prix est en distribution, de manière à donner effet aux hypothèques spéciales suivant le rang des inscriptions. — Aucune loi n'impose en effet au juge d'instruction l'obligation de faire sur les biens hypothéqués la répartition de l'hypothèque générale au marc le franc de leur valeur. — *Cass.*, 5 août 1847 (t. 2, 1847 p. 621), Morange c. Deschamps.

488. — Le prix est-il insuffisant, alors il faut, au lieu de colloquer les hypothèques générales, au marc le franc, sur chacun des immeubles grevés, les faire porter sur les biens affectés aux hypothèques spéciales, plus récentes, en remontant successivement à ceux frappés par les plus anciennes; et ce, jusqu'à entier paiement. — *Aix*, 29 nov. 1833, Boutou c. Bouvier.; *Riom*, 11 fév. 1841 (t. 2 1841, p. 468), Clavière c. Darlaud. — V. HYPOTHÈQUE, nos 199 et suiv.

489. — Ce n'est pas là porter atteinte au principe de l'indivisibilité de l'hypothèque, mais seulement le concilier avec la faveur due à l'antériorité de l'inscription. — *Toulouse*, 5 mars 1836, (t. 1er 1837, p. 45), Tissinier c. Mieullet

490. — Dans cette hypothèse, le dernier créancier à hypothèque spéciale qui se trouve évincé de l'ordre est-il subrogé légalement aux droits du créancier à hypothèque générale? Nous inclinons pour la négative. — V. HYPOTHÈQUE, nos 183 et suiv.

491. — Cependant il a été décidé 1° que lorsqu'un créancier ayant une hypothèque générale sur les biens de son débiteur absorbe, par l'effet de sa collocation, le prix d'un immeuble sur lequel étaient inscrits, en ordre ultérieur, d'autres créanciers, ceux-ci ne peuvent, par le jugement d'ordre, être valablement subrogés dans son hypothèque générale sur d'autres immeubles dont le prix est à distribuer. — 2° La Cour d'appel dans le ressort de laquelle est situé le tribunal qui a prononcé la subrogation est compétente pour statuer en appel sur le mérite de cette subrogation et pour prévenir ainsi un conflit de juridiction et, par suite, le pourvoi en règlement de juges que nécessiterait le jugement du deuxième tribunal, dans l'arrondissement duquel se trouve l'immeuble dont le prix reste à distribuer, qui invaliderait la subrogation. — *Metz*, 25 juill. 1817, Salce c. Bonnet.

492. — Incontestablement les créanciers hypothécaires non colloqués en ordre utile sur le prix des biens hypothéqués ne sont pas subrogés légalement aux actions spéciales (telles qu'une délégation) qui pouvaient appartenir, indépendamment de leurs hypothèques, aux créanciers colloqués, comme les tenant du débiteur commun. — L'art. 1251 C. civ. n'est dans aucun de ses paragraphes applicable à ce cas. — *Nîmes*, 21 fév. 1845 (t. 24 1848, p. 8), Valat c. Peyron. — En effet, en pareil cas, il n'y a pas paiement par le créancier à un autre créancier qui lui soit préférable, circonstance exigée par l'art. 1251, § 1er, C. civ.

493. — En supposant un ordre ouvert sur le prix d'un domaine situé dans plusieurs arrondissemens, si quelques-unes des créances sont inscrites dans tous les arrondissemens à la fois, et d'autres dans quelques-uns seulement, les juges, pour déterminer la proportion dans laquelle les créances à hypothèques générales devront être payées sur les biens de chaque arrondissement, peuvent distinguer ces biens en deux classes seulement : ceux qui sont grevés de toutes les inscriptions, et ceux qui ne sont grevés que d'une partie; et, par suite, ordonner que les créances à hypothèques générales seront colloquées par moitié dans chacune de ces deux classes, au lieu d'être réparties également entre tous les arrondissemens. Il y a lieu de le décider ainsi alors même que le créancier à hypothèques générales aurait renoncé à son droit de priorité en faveur d'un créancier à hypothèques spéciales inscrit avant d'autres hypothèques générales. — *Cass.*, 8 juill. 1840 (t. 2 1840, p. 514), Bordet c. Prevost de la Chauvellière.

494. — Nous n'avons que fort peu de chose à dire sur les effets de l'hypothèque constituée pour le service d'une rente viagère ou perpétuelle. Cette matière a été traitée v° HYPOTHÈQUE, nos 235 et suiv.

495. — Il a été jugé que, lorsqu'un ordre est ouvert pour la distribution du prix d'un immeuble hypothéqué pour assurer le service d'une rente viagère, si les intérêts de la somme réservée pour servir les arrérages de la rente sont insuffisans, il faut subsidiairement entamer le capital, de manière à compléter ces arrérages. — *Agen*, 3 janv. 1844 (t. 1er 1845, p. 613), Lacoste c. Cangarpel. — V. HYPOTHÈQUE, nos 251 et suiv. — *Contrà*, Grenier, *Hyp.*, t. 1er n° 186.

496. — Les créanciers postérieurs à ceux inscrits pour des droits éventuels peuvent être colloqués provisoirement sur les deniers affectés à cette éventualité, à la charge de donner caution de rapporter s'il y a lieu. — *Cass.*, 4 frim. an XIV, Lemaigre c. Saint-Maurice.

497. — En ce cas, le créancier hypothécaire colloqué sur le prix de l'un des immeubles devant rester entre les mains de l'acquéreur pour le service d'une rente viagère, avec la clause que les créanciers colloqués sur ce prix et non payés des intérêts pendant la vie du crédi-rentier, auront, au décès de celui-ci, droit au principal de leur créance, ainsi qu'aux intérêts depuis le jour de leur collocation, ce créancier hypothécaire, disons-nous, n'est pas, à défaut de poursuite contre son débiteur pour le paiement des intérêts, privé du bénéfice de sa collocation éventuelle en ce qui les concerne, ni susceptible d'être repoussé par la prescription quinquennale. — *Amiens*, 19 août 1847 (t. 1er 1848, p. 115,) Bertereau c. Bouvret.

498. — On ne pourrait, par des considérations d'équité, imposer à un créancier colloqué pour une créance à long terme et non productive d'intérêts la double condition d'en payer, jusqu'à l'époque d'exigibilité fixée par la convention, l'intérêt aux créanciers postérieurs, sur lesquels les deniers manquent, et de fournir caution à cet effet. — *Paris*, 28 nov. 1806, Boudet c. Lequillez. — Merlin, *Rép.*, t. 8, p. 842; *Praticien français*, p. 482.

499. — Nous terminerons en disant que si les collocations n'absorbent pas le prix de la vente ce n'est pas une raison pour que le juge commissaire répartisse le solde ou reliquat au marc le franc, par voie de contribution, entre les créanciers chirographaires. Cette mission ne lui appartient pas. L'ordre et la contribution sont deux procédures distinctes. — Bioche, n° 279. — V., au surplus, DISTRIBUTION PAR CONTRIBUTION.

Sect. 9e. — *Dénonciation du règlement provisoire.*

500. — Le poursuivant dénoncera, porte l'article 755, par acte d'avoué à avoué, aux créanciers produisans et à la partie saisie la confection de l'état de collocation avec sommation d'en prendre communication et de contredire, s'il y échet, sur le procès-verbal du commissaire dans le délai d'un mois.

501. — Remarquons ces expressions *aux créanciers produisans*. Cependant, d'après l'art. 136 du tarif, la dénonciation devrait être faite aux créanciers inscrits, mais il n'y a là qu'une contradiction apparente. — Carré et Chauveau, quest. 2560; Thomines, t. 2, p. 316; Bioche, n° 282; Chauveau, *Tarif*, t. 2, p. 240, n° 34.

502. — Quant aux créanciers chirographaires opposans, nous avons admis qu'ils devaient être sommés de se présenter à l'ordre pour le surveiller. Mais nous croyons que les termes de l'art. 755 s'opposent à ce que le règlement provisoire leur soit dénoncé. Il suffit d'une première mise en demeure. — *Paris*, 11 août 1812, Pénavert c. Hubert. — Chauveau, sur Carré quest. 2560; Bioche, n° 283.

503. — ... Peu importe qu'ils aient déjà fait un dire sur le procès-verbal. — Même arrêt.

504. — Bien que la loi ne parle que de la partie saisie, on sent que, si les immeubles ont été saisis pour une dette étrangère au détenteur actuel, ce n'est pas le tiers détenteur mais le débiteur originaire qui est réputé partie saisie. Il a intérêt à faire valoir des exceptions de paiement, de prescription et autres contre certains créanciers inscrits. — *Rouen*, 8 déc. 1824, Therigny c. Tocque. — Bioche, n° 285; Thomines, n° 868; Berriat, p. 782, n° 15.

505. — On ne lève ni ne signifie l'état de collocation. — Tarif, art. 134; Pigeau, t. 2, p. 182 et 259; Carré et Chauveau, quest. 2559; Bioche, n° 281.

506. — Tout se borne à un simple acte signifié aux avoués des créanciers produisans. — C. civ., art. 755.

507. — ... Et à celui de la partie saisie, si elle en a constitué un; sinon il faut dénoncer à son domicile. En vain observerait-on que l'art. 755 ne parle que d'une dénonciation à avoué, et que l'art. 134 du tarif ne taxe que cette dénonciation; l'usage est contraire, et il est fondé. — Carré et Chauveau, quest. 2561; Pigeau, *Comment.*, t. 2, p. 426; Thomines, t. 2, p. 315; Chauveau, *Tarif*, t. 2, p. 2, p. 239, n° 32; Bioche, n° 289. — V. *Rennes*, 11 janv. 1813, Desdanots et Puissant c. Servon.

508. — Au surplus, la partie saisie est seule recevable à se prévaloir du défaut de dénonciation à domicile. — *Cass.*, 31 août 1825, Rolland c. Filleul; *Nîmes*, 18 juin 1832, Jalaguier c. Rocheblave.

509. — Jugé encore que le délai de forclusion pour les contestations à élever dans un ordre court contre les créanciers, bien que l'état de collocation n'ait pas été signifié à la partie saisie qui n'a pas constitué avoué. — *Grenoble*, 4 mai 1824, Filleul c. Rolland.

510. — ... Et qu'un créancier produisant ne peut plus arguer du défaut de la dénonciation au saisi prescrite par l'art. 755 C. proc.; surtout lorsqu'il n'existe aucune collusion, fraude ou négligence. — *Rennes*, 24 janv. 1820, Enregistrement c. Grybouska.

511. — La dénonciation à la partie saisie de l'état de collocation provisoire est suffisamment prouvée par le visa que contient l'ordonnance du juge commissaire. — *Paris*, 11 août 1812, Pénavert c. Hubert.

512. — Les significations d'avoué à avoué, et spécialement les dénonciations aux créanciers, du règlement provisoire d'un ordre, ne sont pas soumises aux formalités des exploits. — *Cass.*, 31 août 1825, Rolland c. Filleul; *Nîmes*, 18 juin 1832, Jalaguier c. Rocheblave.

513. — Il doit être signifié autant de copies qu'il y a de parties produisantes; peu importe que plusieurs d'entre elles aient constitué le même avoué. — V. *infrà* nos 691 et suiv.

514. — Jugé que la sommation de prendre connaissance de l'état de collocation provisoire et de contredire, que, suivant l'art. 755 C. proc., le poursuivant doit faire, par acte d'avoué à avoué, à chacun des créanciers produisans, est indispensable même à l'égard d'un créancier qui a pour avoué celui du poursuivant même. — Le défaut de cette notification empêche de courir contre ce créancier la forclusion prononcée par l'art. 756. — *Nîmes*, 17 mars 1819, Orsière.

515. — Toutefois, la sommation faite par l'avoué du créancier poursuivant aux avoués des autres créanciers, de prendre communication de l'état de collocation, suffit pour mettre en demeure les créanciers pour qui l'avoué du poursuivant occupe. — *Grenoble*, 6 août 1822, Sambuc c. Authouard.

516. — Lorsque tous les créanciers produisans n'ont pas été sommés de contredire l'état de collocation provisoire, l'ordonnance de clôture définitive est nulle relativement à ceux qui ne l'ont pas été; aucun délai fatal n'a pu courir contre eux. — *Poitiers*, 26 avr. 1825, Pillat de la Coupe c. Person.

517. — Au surplus, le créancier produisant qui, sur la dénonciation qui lui est faite du règlement provisoire, conteste certaines créances admises se rend non recevable à invoquer plus tard la nullité de cette dénonciation pour soutenir qu'elle n'a pas fait courir le délai de forclusion. — *Cass.*, 30 mai 1837 (t. 2 1837, p. 326), Raguet-Lépine c. Delaponce.

Sect. 10e. — *Contredits.*

518. — Dans le mois de la dénonciation dont il a été question dans la précédente section, les créanciers produisans et la partie saisie sont tenus de contredire. — Art. 755.

519. — Le délai court pendant les vacances. — *Besançon*, 15 juill. 1814, Dumolard c. Gauthier. — V. *suprà* n° 105.

520. — Mais il est suspendu pendant le cours d'une instance en résolution à raison de laquelle le sursis à la clôture de l'ordre a été ordonné. Ce délai ne reprend son cours qu'à compter du jour de la signification de l'arrêt qui termine cette instance. Dès lors le contredit formé quelques jours seulement avant cette notification l'a été en temps utile. — *Toulouse*, 7 janv. 1846 (t. 1er 1846, p. 136), Popis c. Guilhamède.

521. — Tous les auteurs reconnaissent qu'il n'est pas susceptible d'augmentation à raison des distances quand il s'agit des créanciers produisans, la dénonciation étant faite par acte d'avoué. — Bioche, n° 292; Carré et Chauveau, question 2562.

522. — *Quid* à l'égard de la partie saisie qui n'a pas constitué avoué? L'augmentation serait nécessaire d'après un arrêt (*Rennes*, 11 janv. 1813, Desdanots et Puissant c. Servon). — On verra (*infrà* n° 752) que cette partie est toujours recevable à contredire, et qu'elle n'est pas assimilée aux créanciers produisans.

523. — On compte ce délai de la même manière que celui accordé pour produire, c'est-à-dire de quantième à quantième.

524. — Le jour bissextile du mois de février est, en conséquence, censé ne faire qu'un avec le jour précédent. Il en est de même du 31e jour dans les mois qui l'admettent. — Bioche, n° 293; Berriat, p. 613, n° 11; Carré et Chauveau, quest. 2558; Thomines, t. 2, p. 318.

525. — On ne doit pas compter le jour où l'état de collocation provisoire d'un ordre a été notifié aux créanciers, dans le délai d'un mois qui leur est donné pour contester cet état. — *Cass.*, 27 fév. 1815, Gihoul c. Roussel; *Bruxelles*, 27 fév. 1830, N... — *Secùs* de celui de l'échéance. — Mêmes auteurs et arrêts.

526. — Le créancier qui a reçu la dénonciation le 30 mars, sera donc recevable à contester le 30 avril. — *Bruxelles*, 27 fév. 1830, N.... — Il serait trop tard le 1er mai. — *Cass.*, 27 fév. 1815, Gihoul c. N....

527. — Le contredit porté sur le procès-verbal du juge commissaire, pourrait même être fait après onze heures du soir le dernier jour du mois accordé pour contredire. — *Caen*, 28 déc. 1815, Gihoul c. Gosselin. — Car le décret du 30 mars 1808 (art. 90), portant que les greffes seront ouverts au moins huit heures par jour, ne s'oppose pas à ce qu'ils soient ouverts au delà de ce temps. — Bioche, n° 294.

528. — Jugé cependant que le délai pour contredire l'état de collocation provisoire est d'un mois franc à dater de la sommation. — *Lyon*, 7 déc. 1814, Sarrasin c. Bruns.

529. — Quel est le point de départ du délai dans le cas où la dénonciation n'a pas été faite en même temps aux créanciers et à la partie saisie? Du jour seulement de la dernière dénonciation: parce que tant que l'une des parties aura le droit de contester, l'exercice de ce droit modifiera souvent toutes les collocations; le créancier colloqué à une date utile et qui s'est abstenu de contredire par cette raison, ne pourra souvent conserver ses droits qu'en élevant un contredit. Il y aurait injustice à le faire. — *Rouen*, 25 janv. 1815, Lebarrois c. Defay. — Favard t. 4, p. 460; Thomines, t. 2, p. 317; Persil, t. 2, p. 429, § 8; Pigeau, *Comm.*, t. 2, p. 427; Carré et Chauveau, quest. 2558, 4°.

530. — Toutefois l'opinion contraire, soutenue par M. Bioche (n° 293), a reçu la sanction d'un arrêt. — *Caen*, 8 août 1826, Leot c. Lemoine-Dupart.

531. — Décidé aussi que le délai pour contredire la collocation provisoire commence à courir vis-à-vis de chaque créancier, du jour où cette collocation lui est dénoncée par acte d'avoué à avoué, sans qu'il soit nécessaire que la dénonciation soit faite simultanément aux créanciers et à la partie saisie, lorsque cette partie n'a pas d'avoué en cause. — *Cass.*, 21 avril 1828, Duvilard c. Colomb et Magnan.

532. — Les termes de l'art. 756 n'admettent pas d'exception. Tous les créanciers produisans doivent donc, à peine de déchéance, contredire dans le délai, sous peine de forclusion.

533. — Le créancier qui a demandé sa collocation dans un ordre, doit être considéré comme produisant: bien qu'il n'ait pas appuyé sa demande des pièces justificatives. — En conséquence il est tenu, sous peine de forclusion, de contester le règlement provisoire dans le mois de la sommation qui lui est faite par le poursuivant. — *Cass.*, 30 mai 1837 (t. 2 1837, p. 326), Raguet-Lépine c. Delaponce.

534. — Tous les créanciers produisans! Remarquons ces termes. L'art. 756 ne concerne donc pas les créanciers non poursuivans; ils peuvent produire, avons-nous dit, jusqu'à la clôture, et par conséquent contester. — *Paris*, 15 janv. 1813, Fayard c. Kleff; *Rouen*, 13 août 1813, Monnier c. Demine; *Paris*, 13 fév. 1836, Pelletier c. Dumont; *Poitiers*, 9 juin 1837 (t. 2 1842, p. 316), Desplaces c. Dumonteil. — Chauveau sur Carré, quest. 2565 *ter*; Bioche, nos 308 et suiv.

535. — Jugé que les créanciers non produisans ne sont forclos qu'autant que l'ordre est définitivement réglé; dès lors ils peuvent intervenir sur l'appel pour exercer leurs droits. — *Colmar*, 3 avr. 1816, Erhard c. N...

536. — A leur égard, il n'y a pas lieu de distinguer entre le cas où ils ont été sommés de produire et celui où les sommations ne leur auraient pas été faites: soit par un oubli de la part du poursuivant, soit parce que le conservateur aurait omis leurs inscriptions dans l'état par lui délivré.

537. — La forclusion n'atteint pas non plus l'adjudicataire qui réclame contre la fixation du prix faite par ce règlement. — *Paris*, 2 juill. 1836 (t. 1er 1837, p. 340), Anchier c. Rougevin.

538. — ... Ni les créanciers chirographaires d'un failli, qui ne sont point appelés à l'ordre, et auxquels il ne reste que le droit d'intervention pour la conservation de leurs intérêts jusqu'à la clôture définitive de l'ordre. — En conséquence, les syndics de la faillite sont recevables à intervenir dans une instance d'ordre, avant sa clôture définitive, pour arguer de nullité l'inscription d'un créancier hypothécaire et demander son rejet de l'ordre. — *Rennes*, 22 mars 1821, Gaudin.

539. — Ces créanciers ne produisent pas à l'ordre, avons-nous déjà dit, ils le surveillent; aussi peuvent-ils intervenir *de leur chef* dans l'ordre pour empêcher qu'on y admette, en qualité d'hypothécaires, des créanciers à qui ce titre n'appartiendrait pas réellement. — Ils ont également ce droit comme exerçant les droits de leur débiteur aux termes de l'art. 1166 C. civ. — *Bordeaux*, 24 janv. 1833, Charner c. Hazard; *Cass.*, 18 avr. 1838 (t. 1er 1838, p. 518), Gérard c. Hallot. — Tarrible, *Rép.*, v° *Saisie immobilière*, § 8; Rolland de Villargues, v° *Ordre*, n° 40; Berriat Saint-Prix, p. 650; Favard de Langlade, v° *Ordre*, § 3, n° 1er; Pigeau, *Proc. civ.*, t. 2, liv. 2, tit. 4, ch. 1er, p. 259 (édit. de 1808); Lepage, p. 521.

540. — Quant au poursuivant, il n'est pas plus à l'abri de la forclusion que les autres créanciers. — *Cass.*, 10 déc. 1834, Renaud c. Issanchon. — Berriat, p. 681, n° 2; Bioche, n° 298.

541. — Il a été décidé que la forclusion ne peut être prononcée contre les syndics du débiteur, agissant dans l'intérêt de la masse, même lorsque ces syndics auraient, dans l'ordre, la qualité de poursuivans. — *Agen*, 16 mai 1838 (t. 2 1842, p. 319), Lerin c. Léglise. — Bioche, n° 318.

542. — Nous n'admettons pas la doctrine de cet arrêt; mais on comprend que la demande que le syndic d'une faillite forme dans l'ordre des créanciers hypothécaires du failli, pour obliger ceux d'entre eux qui ont pris part à la distribution des sommes mobilières de leur débiteur à reverser dans la masse chirographaire le montant de leur collocation dans cet ordre, jusqu'à concurrence des sommes mobilières par eux reçues, n'est pas soumise aux règles qui régissent les contestations élevées sur l'ordre, et assujettie aux formes, délais et forclusion portés aux art. 755 et 756 C. proc. civ. — Cette demande n'est qu'une demande incidente ordinaire, qui doit être régie par les règles générales de la procédure. — *Paris*, 5 janv. 1824, Dyvrande c. Delondre et Hervieux.

543. — Il suffit, au surplus, que les syndics aient contesté spécialement certaines créances, et demandé la surséance de l'ordre en annonçant qu'un grand nombre d'individus colloqués n'étaient pas créanciers des sommes à eux allouées et n'étaient porteurs que de titres invalides, et qu'ils se soient formellement réservé de faire, soit incessamment, soit plus tard, de plus amples et de nouveaux contredits, pour qu'il n'y ait pas lieu de les déclarer forclos, quand ils produisent leurs nouvelles contestations. — *Lyon*, 30 juill. 1823, Hotelard.

544. — A l'égard de la partie saisie, la question est controversée. La forclusion lui serait applicable. — *Rennes*, 11 janv. 1813, Desdanois; *Paris*, 26 avril 1813, Brichoux c. Balleux; *Paris*, 2 déc. 1836, Gentil c. Debelle. — Carré, quest. 2563; Pigeau, *Comm.*, t. 2, p. 428. — Mais l'article 756 ne parle que des créanciers produisans, et la jurisprudence paraît s'être fixée en sens contraire. —*Limoges*, 7 fév. 1823, Reyjal c. Maisonnade; *Bordeaux*, 11 juin 1837, Bremguen c. Gillibert; *Grenoble*, 12 fév. 1818, N...; *Limoges*, 17 févr. 1823; *Caen*, 22 juill. 1822, Hommais c. Soffrey. — Persil, t. 2, p. 431; Berriat, p. 782, nº 51; Favard, t. 4, p. 60; Chauveau, quest. 2563; Thomines, nº 668; Bioche, nº 316; Chauveau sur Carré, *ubi suprà*.

545. — Jugé que la partie expropriée qui n'a pas contredit au procès-verbal d'ordre, pourrait néanmoins appeler du jugement intervenu sur une opposition formée à ce procès-verbal.—*Metz*, 22 mars 1817, Fortier c. Menusson.

546. — Que faut-il entendre par la forclusion? — La forclusion consiste, dit M. Tarrible (p. 681), en ce que les créanciers sont non recevables à élever aucune discussion sur l'ordre, le rang des hypothèques et la légitimité des créances.

547. — Une Cour a néanmoins jugé que la forclusion n'est relative qu'au droit de prendre communication des pièces. — *Grenoble*, 22 juillet 1810, Jourdon c. N...; 27 mars 1811, Barnier c. Amand. — Elle s'est fondée en cela sur l'interprétation littérale de l'art. 756; mais l'art. 755, comme l'enseigne M. Chauveau (quest. 2564 *bis*), condamne cette doctrine, car il réunit dans un même délai l'exercice de la double faculté de prendre communication et de contredire.

548. — Jugé au contraire que la forclusion prononcée par l'art. 756 C. proc., contre les créanciers produisans qui ont négligé de prendre communication du règlement provisoire dans le mois de la notification qui leur en a été faite, s'applique également à ceux qui, ayant rempli cette formalité, auraient omis de contredire dans le même délai. — *Cass.*, 10 déc. 1834, Renaud c. Issanchon. — Thomines, t. 2, nº 868; Carré et Chauveau, quest. 2564 et 2564 *bis*; Berriat, p. 613; Hervieu, *Jurisprud. hypoth.*, vº *Ordre*, nº 28; Pigeau, t. 2, p. 304.

549. — Mais ne pourrait-on pas, malgré la forclusion, plaider l'extinction de la dette soit en totalité, soit en partie? — Oui, parce que, dans ce cas, il n'y a pas un contredit dans la véritable acception du mot. En effet, il ne s'agit plus de critiquer le rang de l'hypothèque, le mérite de l'inscription, la légitimité de la créance. — Le paiement allégué peut d'ailleurs avoir été fait après l'expiration du délai de l'art. 755. — *Cass.*, 17 janv. 1827, Crépin c. Surville; *Nîmes*, 26 déc. 1830; *Paris*, 2 déc. 1836, Gentil c. Debolle. — Chauveau sur Carré, quest. 2564 *ter*.

550. — *A fortiori* doit-il en être ainsi lorsque le fait de l'extinction du droit résulte du propre aveu du créancier. — Carré, quest. 2564 *ter*.

551.—Jugé que l'un des créanciers admis dans un ordre passé en force de chose jugée n'est pas recevable à le faire réformer, en attaquant, comme frauduleux et nul, le titre d'une créance colloquée avant la sienne. Toutefois, le droit d'attaquer le titre de créance, comme consenti frauduleusement par le débiteur commun, subsiste au profit de ce créancier; mais seulement l'action en nullité doit être écartée, quant à présent, et pour défaut d'intérêt actuel, si, au moment où elle est intentée, le débiteur commun ne possède plus aucuns deniers à distribuer: soit par voie d'ordre, soit par voie de contribution. — *En d'autres termes*, la collocation dont il s'agit est inattaquable; et l'action en nullité du titre de créance dont elle résulte ne pourrait être formée à l'avenir et sans aucune influence sur l'ordre définitivement arrêté, qu'autant qu'il surviendrait un intérêt réel à intenter cette action. — *Bourges*, 13 mars 1830, Taillandier c. Rollet.

552. — Il est de toute évidence que le créancier forclos ne pourrait intervenir dans la contestation soulevée par d'autres créanciers moins négligens, à moins que ce ne soit pour soulever le règlement. Autrement, ce serait contester indirectement. — *Metz*, 15 fév. 1812, Poullain c. Paté.—Chauveau sur Carré, quest. 2564 4º.—*Contrà*, *Paris*, 11 mars 1813, Devigny c. Piller; *Toulouse*, 9 juin 1824, Avison c. Bousquet; *Douai*, 4 janvier 1829, Gros Davilliers c. de Clermont-Tonnerre.

553. — S'il intervenait pour la première fois en appel, l'intervention devrait être rejetée, *dans tous les cas*, quand bien même elle n'aurait d'autre objet que le maintien du règlement provisoire. La raison en est qu'en appel, ceux-là seuls qui auraient le droit de former tierce opposition, soit au jugement, soit à l'arrêt, ont le droit d'intervenir.—*Cass.*, 12 déc. 1814, Ronesse c. Crean d'Ormesson; *Limoges*, 5 juin 1823, Bernard c. Tixier. —Chauveau, *ubi suprà*. — V., aussi, TIERCE OPPOSITION.

554. — *Secùs*, si, le règlement provisoire étant annulé, on procédait à la confection d'un second règlement.— *Douai*, 4 janv. 1826, Gros-Davilliers c. de Clermont-Tonnerre. — Chauveau, *eod.*

555. — La simple confection d'un règlement supplémentaire ne relèverait pas le créancier de la forclusion.

556. — Jugé, en effet, que le créancier colloqué dans un règlement provisoire d'ordre contre lequel il n'a formé aucun contredit dans le délai légal est définitivement forclos du droit de le contester, et n'est pas relevé de cette déchéance par les productions ultérieures de créanciers retardataires et par le supplément de règlement auquel ces productions ont donné lieu. — Ce même créancier ne peut pas davantage profiter des décisions obtenues par les créanciers retardataires contre ceux antérieurement colloqués dans le règlement provisoire. — *Paris*, 10 nov. 1835, Mercier c. Vallée; *Grenoble*, 17 mars 1848 (t. 1er 1849, p. 593), Grange c. Jacob.

557. — Jugé, cependant, que celui qui a négligé de contredire un état de collocation provisoire dans le mois de sa notification, mais qui a contredit en temps opportun un second état de collocation fait pour servir de complément à l'insuffisance du premier, n'est point forclos. — *Riom*, 8 août 1828, de Montchal c. Joly de Fleury.

558. — Ainsi: tout créancier qui, après avoir produit dans un ordre n'a pas contesté le règlement provisoire dans le délai fixé par l'art. 755, C. procéd., est donc non recevable à le contester plus tard, bien que l'ordre ne soit pas définitivement clos. — *Caen*, 9 oct. 1815, de Gruel c. Fauvel; *Limoges*, 19 juill. 1822, Poitrenaud c. Bernard; *Bordeaux*, 24 févr. 1829, Despaigne c. Anglès; *Nîmes*, 18 juin 1832, Jalaguier c. Rocheblave.

559. — La circonstance que le créancier offrirait de supporter les frais de la contestation tardive n'autoriserait pas une exception à l'art. 757. — *Caen*, 6 mars 1821, Lainé c. Douanes; *Lyon*, 1er déc. 1826, Guillon c. Goyet.

560.—Peu importe que l'ordre ne soit pas encore clos. — *Orléans*, 29 août 1821, de Gérissay c. Leroy.

561. — Il a été jugé, en conséquence, 1º que le créancier qui, colloqué utilement, bien qu'à une date postérieure à celle par lui indiquée, n'a pas cru devoir contester le règlement provisoire, n'est point relevé de la déchéance qu'il a ainsi encourue par la collocation à un rang préférable au sien d'un créancier qui avait contesté ledit règlement. — *Paris*, 27 avril 1844 (t. 2 1844, p. 85), Chouveroux c. Picot.

562. — Mais un créancier utilement colloqué dans un règlement provisoire, et qui n'a point contredit dans le délai légal, n'en conserve pas moins le droit de combattre une contestation qui aurait pour effet de lui assigner un rang moins avantageux que celui qui lui était conféré par le règlement. Toutefois, ce créancier ne peut plus élever de contestation sur la nature du droit qui a servi de fondement à sa collocation, et demander à être colloqué non plus à titre d'hypothèque simple, mais à titre d'hypothèque légale, alors même que le contestant, venant après lui, aurait conclu à être colloqué en vertu d'une hypothèque de cette dernière nature. — *Bourges*, 27 janv. 1845 (t. 2 1846, p. 668), de Gargilesse c. Marquet.

563. — Pareillement, de ce qu'un créancier colloqué en troisième ligne dans un ordre, mais en rang utile, se serait borné, en demandant le maintien du règlement provisoire, à contester la demande en collocation d'un autre créancier non compris dans ce règlement, il n'en résulte pas qu'il se soit rendu non recevable à réclamer ultérieurement pour sa créance un rang antérieur de collocation, si le rejet de sa contestation modifie les bases primitives du règlement provisoire. On dirait en vain qu'il devait faire valoir à la fois, sous peine de déchéance, tous les moyens qui pouvaient militer en sa faveur soit pour faire écarter indéfiniment de l'ordre le créancier contesté, soit pour se faire attribuer à lui-même un rang supérieur à celui de ce créancier. On dirait vainement, en outre, que son acquiescement au règlement provisoire l'a rendu non recevable à le critiquer.—*Cass.*, 23 août 1837 (t. 1er 1838, p. 65), Richard Daubigny c. Dufraigue et Boulu; 29 mai 1843 (t. 2 1843, p 171), mêmes parties.

564. —... 2º Qu'un créancier à hypothèque spéciale qui, se trouvant en concours avec un créancier à hypothèque générale, lequel a en même temps une autre hypothèque, la dernière de toutes par son rang, a obtenu dans un ordre que l'hypothèque générale fût répartie au marc le franc sur tous les immeubles du débiteur commun, est non recevable à demander plus tard que l'effet de cette hypothèque générale soit reporté tout entier sur des immeubles autres que ceux qui forment son gage à lui, de manière à assurer à l'hypothèqus intermédiaire une préférence complète sur la dernière en date.—*Bourges*, 20 août 1844 (t. 1er 1846, p. 509), Gestat c. de Maupas.

565.—... 3º Que dans l'état provisoire d'un ordre le défaut de contestation de la collocation de la femme, pour une somme, à titre de solde de ses droits, emporte de la part des créanciers non opposants une adhésion tacite qui ferme les débats sur la légitimité de cette créance, quelque dénuée de fondement qu'elle soit, les tribunaux ne pouvant, en vertu de la force de la chose jugée, radier d'office une collocation non contredite. La femme peut néanmoins, quoiqu'elle ait obtenu en appel le rétablissement de sa collocation, être condamnée aux frais de l'instance. — *Bordeaux*, 24 janvier 1837 (t. 2 1838, p. 433), Guy-Labarthe c. Guiraud.

566. —... 4º Que celui qui n'a été colloqué dans le règlement provisoire que pour deux années d'intérêts et l'année courante demeure forclos s'il a laissé passer le délai légal sans contredire, et ne peut pas être relevé de cette déchéance par la contestation qui est faite du capital de sa créance. — *Bordeaux*, 16 janvier 1846 (t. 1er 1846, p. 475), Rochon c. Bécheaud et Lebas-Lacour.

567.— ...5º Que le créancier est non recevable, bien qu'il demande la distribution de sommes qui n'ont pas été comprises dans la collocation provisoire. — *Lyon*, 1er déc. 1826, Guillon c. Goyet.

568.—...6º Que peu importe que le créancier dont on prétend contester la collocation ait formé une demande en provision.—*Caen*, 6 mars 1821, Lainé c. Douanes.

569.—...7º Que tout est terminé par la décision souveraine intervenue sur les contestations qui ont motivé de la part du juge commissaire un renvoi à l'audience. —En conséquence, le créancier qui n'a pas contesté dans les délais de la loi est non recevable à élever une discussion sur un point nouveau après le jugement qui a souverainement statué sur les contredits. — *Toulouse*, 10 août 1844 (t. 1er 1845, p. 136), Moulis c. Rey.

570.—...8º Que la forclusion étant encourue par le créancier produisant qui n'a pas contredit dans le mois de la dénonciation du procès-verbal, ce créancier est non recevable devant le tribunal, et à plus forte raison pour la première fois devant la Cour, à contester la collocation établie au profit d'un autre créancier. — *Bourges*, 20 août 1844 (t. 1er 1846, p. 509), Gestat c. de Maupas.

571. — ... 9º Que le créancier contre lequel la forclusion a été prononcée ne peut, lorsque tout est consommé, que les bordereaux de collocation ont été délivrés et soldés, attaquer le jugement d'ordre et exercer contre les créanciers colloqués une action en rapport. — *Colmar*, 13 mars 1817, Fabrique de Rosselden c. Gross.

572. — La forclusion s'applique à tous les moyens soit de forme, soit du fond. — *Besançon*, 15 juill. 1814, Dumolard c. Gauthier.

573. — Elle peut être opposée en tout état de cause, même en appel.—*Limoges*, 4 mai 1820, Sommand c. N...; *Grenoble*, 3 mars 1821, Logerand c. Pégremorte; 4 mars 1824, Filleul c. Rolland; 9 janv. 1827, Bouvard c. Blanchet; *Cass.*, 21 avril 1828, Davilard c. Colomb; *Nîmes*, 12 août 1829, Blache c. Guérin. — Bioche, nº 301.

574. — A moins que, d'après les circonstances, on ne soit présumé y avoir renoncé. — *Limoges*, 5 juin 1823, Bernard et Audoine c. Tixier et Duchez; *Grenoble*, 9 janv. 1827, Bouvard c. Blanchet.

575. — Jugé qu'on ne peut échapper à la déchéance en opposant en appel que les créanciers qui veulent s'en prévaloir ne l'ont point requise devant le juge commissaire, ni régulièrement demandée en première instance. — *Orléans*, 29 août 1821, Gerissay c. Leroy.

576. — Le juge commissaire n'a pas qualité pour décider si un contredit a été ou non régulièrement formé, et notamment si les délais ont été observés. Il doit donc renvoyer à l'audience, même les créanciers qui auraient contesté tardivement. — *Cass.*, 9 déc. 1824, Veyrhunes c. Filhon; *Paris*, 20 juin 1835, Bidoire c. Pinchon. — Chauveau sur Carré, quest. 2574, 4º; Bioche, nº 299.

577. — Nous pensons que le moyen tiré de la forclusion n'est pas d'ordre public, et que par conséquent il ne peut être soulevé d'office par le tribunal. — Carré et Chauveau, quest. 2564, no 1er; Bioche, no 300. — *Contrà*, *Caen*, 27 juill. 1813, Biette c. Réville; *Orléans*, 29 août 1821, de Gesrisay c. Leroy.

578. — La forclusion est acquise *ipso facto*, sans nouvelle sommation ni mise en demeure. — *Caen*, 9 oct. 1815, de Gruel c. Fauvel; *Bourges*, 29 nov. 1822, Enregistrement c. Lanoivellée.

579. — Cependant il a été jugé que lorsque l'avoué d'un créancier produisant vient à se démettre de ses fonctions avant que les délais pour contredire les collocations du règlement provisoire soient expirés, il faut assigner la partie en constitution d'un nouvel avoué. — C. proc., art. 344 et 754. — Il ne suffirait pas, pour passer outre au règlement de l'ordre, de faire une sommation au successeur de l'avoué produisant de déclarer s'il a pouvoir d'occuper au lieu et place de son prédécesseur. — *Paris*, 25 mars 1835, Dalogny c. Dondet. — *Contrà*, Pigeau, *Comm.*, t. 2, p. 430; Chauveau sur Carré, quest. 2564, 5o. — Nous partageons l'avis de ces auteurs, parce que l'instance contentieuse n'est engagée que par les contredits. — V., au surplus, *Bruxelles*, 8 janv. 1829, N..., et *infrà* no 657.

580. — Le mandat donné à un avoué pour produire dans un ordre l'autorise bien à contredire les productions vicieuses des autres créanciers, sous le rapport des formes; mais il ne lui impose pas le devoir d'attaquer au fond les titres produits par ces créanciers, notamment d'en demander l'annulation pour dol et fraude: il lui faudrait pour cela un mandat spécial, à défaut duquel aucune responsabilité ne peut peser sur l'avoué. — *Bourges*, 27 juin 1831, Meillet c. Rollet. — Bioche et Goujet, *Dict. de procéd.*, vo *Distribution par contribution*, no 84.

581. — Aucune forme n'est prescrite pour les contredits. Ils sont rédigés sur le procès-verbal même, à la suite du règlement provisoire.

582. — Ils doivent, à peine de nullité, être signés d'un avoué, la signature seule du créancier contestant ne suffirait pas à leur validité. — *Dijon*, 10 mars 1828, Dessauze.

583. — Décidé, cependant, que l'existence d'un contredit fait, sur le procès-verbal d'ordre, par un créancier, contre la collocation d'un autre, est suffisamment constatée par l'écriture du greffier, par sa signature et celle du juge commissaire, bien que ce contredit ne soit signé ni par son auteur, ni par l'avoué qui le représente, surtout si le débiteur saisi a déclaré lui-même se l'approprier. — *Cass.*, 2 août 1826, Saunier c. Mathivet et Legras.

584. — Il ne faut pas, à peine de nullité, qu'elles soient données en présence du juge commissaire. — *Cass.*, 27 févr. 1815, Gihoul et Roussel c. N....

585. — Par suite: le contredit inscrit au procès-verbal fait preuve de la date qui lui est donnée, bien qu'il ne soit signé que de l'avoué du contredisant et non du juge commissaire ou du greffier. — *Caen*, 28 déc. 1815, Gihoul c. Gosselin.

586. — Il est indispensable que le contredit porte une date.

587. — ... Sous peine de nullité. — Mais cette nullité est couverte, si elle n'est proposée qu'après la discussion des moyens du contredit au fond. — *Limoges*, 3 juill. 1824, Tarrade c. Gorce.

588. — ... Et qu'il contienne l'énonciation succincte des griefs et moyens.

589. — En conséquence, le contredit est nul s'il n'indique pas les chefs de contestation et les motifs à l'appui. Il en est ainsi spécialement alors que le contestant s'est borné à déclarer dans le procès-verbal du règlement provisoire qu'il conteste ce règlement et en demande la réformation sur les chefs et par les motifs qui seront ultérieurement indiqués. — Vainement, le délai de contredire expiré, le contestant signifierait des conclusions motivées, dans lesquelles les griefs seraient précisés... : ce débat tardif ne le relèverait pas de la forclusion. — *Bordeaux*, 16 août 1844 (t. 1er 1845, p. 136), Cazaubon c. Otard. — Il est certain que le dire de contestation doit énoncer avec précision les griefs sur lesquels il se fonde, et les créances contre lesquelles il est dirigée; autrement il n'y a point de débat. — Néanmoins, il n'est point nécessaire que le contestant énonce dans le procès-verbal tous les moyens dont il prétend se servir à l'appui de sa contestation; il suffit que chacun des chefs soit nettement indiqué. — *Montpellier*, 22 déc. 1837 (t. 2 1838, p. 435), Mouret c. Méjanel.

590. — Lorsqu'un créancier a contesté diverses collocations et qu'il a terminé son dire par des réserves générales de demander la réformation du procès-verbal, il ne peut contester que les collocations qu'il a nommément désignées. — *Lyon*, 8 juill. 1823, Dubreuil c. Mondragon. — Chauveau sur Carré, no 2566 *ter*; Pigeau, *Comm.*, t. 2, p. 443.

591. — On peut intervenir par un dire sur le procès-verbal.

592. — Jugé toutefois que l'intervention dans une instance d'ordre, par voie de comparution au procès-verbal) est non recevable, si elle n'est signifiée aux parties intéressées par un acte d'avoué. — *Metz*, 17 décembre 1824, Gilbert c. Labaume.

593. — ... Et que l'intervention du premier acquéreur dans l'instance d'ordre doit être faite par requête, conformément à l'art. 339 C. proc. — *Rouen*, 30 déc. 1814, Dupuis c. Dubourg.

594. — En cas d'expropriation d'un immeuble indivis sur l'un des copropriétaires, l'autre peut demander par des conclusions directes, aussi bien que par contredit sur le procès-verbal, un sursis à l'ordre jusqu'à ce que ses droits aient été déterminés. — *Bordeaux*, 13 mars 1833, Pélissier c. Laducine.

595. — Tout créancier produisant dans un ordre a le droit de contredire les collocations provisoires faites par le juge commissaire, encore bien que le rejet des créances par lui contestées ne doive pas avoir pour résultat de le faire arriver en ordre utile. — *Pau*, 17 juin 1837 (t. 2 1838, p. 320), Mainville-Montengon c. Curet.

596. — Décidé au contraire qu'un créancier est non recevable à critiquer, dans un ordre, une collocation postérieure à la sienne. — *Cass.*, 15 janv. 1828, Delavaivre c. Bardot. — Cette solution est trop générale. Un créancier peut avoir intérêt à contester une collocation postérieure à la sienne, si lui-même est contesté.

597. — La fraude ou la simulation dont est entaché un acte produit dans un ordre peut-être opposée, même par des créanciers postérieurs à cet acte. — *Cass.*, 20 mars 1832 Berger c. Gaudry.

598. — On peut contester par voie de contredit les jugemens en vertu desquels un autre créancier a pris hypothèque et obtenu collocation. Il n'est pas nécessaire qu'on ait recours à la voie de la tierce opposition. — *Poitiers*, 31 janv. 1843 (t. 2 1843, p. 241), Opterre c. Moreau.

599. — La demande en résolution ne peut être formée incidemment sur des contestations relatives au règlement de l'ordre entre les créanciers inscrits. — *Metz*, 24 nov. 1820, Cartier c. Brulé.

600. — Lorsqu'un immeuble a été revendu par suite de folle enchère pour un prix inférieur à celui de la première vente, l'ordre ouvert sur le premier acquéreur, et arrêté par un jugement définitif, peut être l'objet de nouveaux contredits et de rectifications nouvelles. — *Bourges*, 12 janv. 1828, Lacan c. Houdaille.

601. — Mais lorsque, par suite de contestations élevées dans un premier ordre, la créance de l'un des créanciers colloqués a été fixée par un jugement devenu définitif, il y a chose jugée entre parties contestantes et contestées sur le chiffre de cette créance; et ces contestations ne peuvent plus être reproduites dans un second ordre. — *Orléans*, 28 fév. 1844 (t. 1er 1844, p. 456), Chauveau c. Malherbe.

602. — Le créancier qui conteste la demande en collocation d'un autre créancier, qui peut le primer si sa demande est accueillie, doit faire valoir à la fois et concurremment tous les moyens qui militent en sa faveur soit pour faire écarter indéfiniment ce créancier de l'ordre, soit pour se faire attribuer à lui-même un rang supérieur à celui de ce même créancier. — En conséquence: celui qui a demandé la confirmation pure et simple d'un règlement provisoire qui ne l'avait colloqué qu'à une date postérieure à celle à laquelle il prétendait avoir droit, et qui a ainsi acquiescé à ce règlement, ne peut plus, après avoir succombé dans la contestation par lui élevée contre ce créancier, attaquer le règlement définitif de l'ordre et rouvrir le débat sur la question de préférence, sous prétexte qu'il s'était borné à contester l'existence de la créance et que cette question n'avait pas fait l'objet du litige. — *Orléans*, 8 juin 1838 (t. 2 1838, p. 254), Richard d'Aubigny c. Dufraigue.

603. — Celui qui, se portant fort pour le créancier, accepte du débiteur un acte récognitif de la créance, n'est pas fondé à prendre inscription en son nom personnel et à contester dans un ordre les inscriptions requises par d'autres créanciers. — *Bruxelles*, 10 juill. 1823, Lammens c. Vandenbosche.

604. — L'adjudicataire est partie dans l'ordre que la loi lui permet de provoquer, et peut faire des contredits dans son intérêt. — *Bordeaux*, 14 avr. 1824, Tamanhan c. Detrois. — V. *suprà* no 170.

605. — Mais l'acquéreur évincé par suite d'une surenchère, simple créancier chirographaire du vendeur, pour la restitution du prix payé de la vente, est non recevable à contredire une collocation d'ordre entre des créanciers hypothécaires. — *Cass.*, 12 nov. 1834, Trouillet c. Repellin.

606. — La partie saisie est toujours recevable, même après le délai de l'art. 765, à critiquer l'ordre, a-t-on vu *suprà* no 172. Cependant il a été jugé qu'un saisi ne peut critiquer l'ordre dont aucun créancier ne se plaint. — *Rennes*, 23 janv. 1815, Préfet de la Loire-Inférieure c. N.... — Cette solution ne peut faire autorité. Autant dire qu'un débiteur est sans qualité pour plaider contre ses créanciers. — Chauveau sur Carré, quest. 2563 *bis*.

607. — Celui qui par de mauvaises contestations a retardé la distribution du prix de diverses ventes, ne doit pas cependant être condamné au paiement des intérêts pour dommages-intérêts du prix; ces intérêts étant dus par les acquéreurs, tant qu'ils n'ont pas consigné. — *Riom*, 31 déc., Issurtel c. Guimbert.

608. — En matière d'ordre, lorsqu'un créancier non utilement colloqué conteste la première collocation, sans attaquer la seconde, la somme retranchée à la première, par suite de cette contestation, profite au créancier colloqué en second ordre et non aux contestans. — *Amiens*, 24 juin 1823, Goubet et Fossier c. Ledien. — Chauveau sur Carré, no 2566 *quater*.

609. — En d'autres termes: le créancier colloqué au dernier rang dans un ordre, qui conteste seul la collocation du premier créancier en rang utile, et la fait rejeter, n'a pas le droit de venir aux lieu et place de celui qu'il a ainsi écarté de l'ordre; encore bien que les autres créanciers antérieurs à lui n'aient élevé aucun contredit. — *Cass.*, 27 déc. 1825, Brodard c. Picard. — Bioche et Goujet, *Dict. de proc.*, vo *Ordre*, no 259.

610. — De même que le mineur, l'incapable a besoin d'une autorisation pour produire; de même il ne peut contredire qu'après y avoir été autorisé. — V. *suprà*, nos 307 et 456, et vis MINEUR, AUTORISATION DE FEMME MARIÉE, COMMUNE.

611. — Une autorisation lui est pareillement nécessaire pour se désister de son contredit.

612. — Spécialement, la femme, même séparée de biens, ne peut, sans l'autorisation de son mari, ou, sur le refus de ce dernier, sans l'autorisation de la justice, se désister d'un contredit par elle élevé dans un ordre: alors même qu'il s'agirait de la distribution des biens du mari. — *Grenoble*, 10 mars 1848 (t. 1er 1849, p. 414), Ducurly c. Graillat. — V. AUTORISATION DE FEMME MARIÉE.

Sect. 11e. — *Renvoi à l'audience. — Jugement. — Signification.*

613. — L'art. 758 C. proc. civ. dispose: Si les créanciers contestent, le juge-commissaire renvoie les contestans à l'audience. Néanmoins, il arrête l'ordre pour les créances antérieures à celles contestées; et il ordonne la délivrance des bordereaux de collocation de ces créanciers, qui ne peuvent être tenus à aucun rapport à l'égard de ceux qui produiraient postérieurement. — V. *infrà* nos 102 et suiv.

614. — Il est évident que le renvoi ne doit avoir lieu qu'après l'expiration du délai d'un mois accordé pour contredire.

615. — A Paris, on ajoute au délai celui de huitaine accordé par l'art. 760 C. proc. civ. aux créanciers postérieurs aux collocations contestées pour s'entendre sur le choix d'un avoué. — Bioche, no 336. — V. aussi *suprà*, nos 102 et suiv.

616. — Les créanciers qui n'auraient pas contredit au procès-verbal d'ordre pourraient encore le faire devant le tribunal et se réunir aux autres créanciers contredisans, si l'audience avait été dénoncée avant l'expiration du délai accordé pour contredire. — *Cass.*, 15 juin 1820, Moissonnier c. Descorailles. — Carré et Chauveau, quest. 2571.

617. — Le juge rend une ordonnance à la suite du procès-verbal pour le renvoi.

618. — On appelle à l'audience les contestans, les contestés, et la partie saisie. — Arg. art. 667 C. instr. crim. — Bioche, no 344.

619. — Toutefois il a été jugé que le défendeur peut opposer à l'action intentée contre lui tous les moyens qu'il juge convenables, sans qu'il soit nécessaire que le débiteur soit appelé. — *Cass.*, 22 juin 1825, Dupuy c. Darricarrère. — Tout dépend des circonstances.

620. — Lorsqu'un créancier conteste le règlement provisoire d'un ordre, les créanciers postérieurs au contesté doivent être collectivement représentés à la contestation. — C. procéd. — Tel est le vœu de l'art. 760. — *Grenoble*, 16 août 1816, Toulon c. Guérin.

621. — Mais lorsque les difficultés n'ont pas seulement pour objet une contestation entre deux créanciers, mais qu'elles attaquent l'ordre entier, la collocation dans son ensemble, tous les créanciers doivent être mis en cause et intimés sur l'appel qui peut être interjeté. — *Bourges*, 14 nov. 1823, Blanchard c. Blin.

622.—Les créanciers postérieurs en ordre d'hypothèque aux créanciers contestés sont tenus, dans la huitaine du mois accordé pour contredire, de s'accorder entre eux sur le choix d'un avoué, sinon ils sont représentés par l'avoué du dernier créancier colloqué. — Tarrible, p. 681; Pigeau, *Comm.*, t. 2, p. 275 et 195; Berriat Saint-Prix, t. 2, p. 615 nos 17 et 18; Chauveau sur Carré, quest. 2577.

623. — Il peut se faire que ces créanciers ne soient pas intéressés à la contestation : si par exemple le créancier colloqué au second rang demande à l'être au premier, le créancier du premier rang étant placé au second. Cependant, dans l'usage, on observe toujours l'art. 760. — Bioche, no 346.

624. — Si les créanciers chirographaires se réunissent aux créanciers inscrits qui contestent, ils ne concourent pas évidemment au choix de l'avoué commun.—Bioche, no 347; Lepage, p. 521. — L'art. 760 ne parle que des créanciers inscrits et produisans.

625. — L'avoué désigné par l'art. 760 est celui du dernier créancier inscrit colloqué, et non pas celui du dernier colloqué en ordre utile. — Bioche, no 348.

626. — Aux termes de l'art. 760, l'avoué poursuivant ne saurait, en cette qualité, être appelé dans la contestation; mais il peut y être appelé en une autre qualité : pour représenter les créanciers contestans ou même les derniers créanciers. — Berriat, p. 616, no 18; Carré et Chauveau, quest. 2578; Bioche, no 349. — *Contrà, Praticien français*, t. 4, p. 170.

627. — L'audience sera poursuivie par la partie la plus diligente. — Art. 760.

628. — Il est d'usage cependant que ce soit le poursuivant qui suive l'audience, et les frais d'avenir lui sont alloués comme frais de poursuite. — Bioche, no 351.

629. — Toutefois, il peut arriver que dans le règlement définitif partiel, fait après les contestations, le poursuivant ait été compris pour les frais de sa créance. Alors il est évidemment hors de cause, et ne doit plus signer à l'ordre. — Carré et Chauveau, quest. 2774; Lepage, p. 515; Bioche, no 352.

630. — Sauf le cas où de nouveaux créanciers viendraient à produire et à former opposition aux bordereaux. — Mêmes auteurs.

631. — L'audience est poursuivie sur un simple acte d'avoué. — C. proc. civ., art. 761.

632. — Jugé qu'en matière d'ordre, lorsque le renvoi à l'audience a été prononcé par le juge commissaire, le jugement qui statue sur les contestations est nul, si l'audience n'a pas été suivie par acte d'avoué à avoué. — C. proc. civ., art. 761. — *Paris*, 20 nov. 1835, Mercier c. Vallée. — Chauveau sur Carré, quest. 2581 *ter*.

633. — Il n'est plus maintenant d'usage au tribunal de la Seine de signifier en tête de l'avenir la copie de l'ordonnance de renvoi.

634. — Doit-il être donné copie du dire de contestation? Non, l'art. 761 n'en parle pas. Le procès-verbal est toujours à la disposition des parties, qui peuvent, d'ailleurs, en prendre des extraits. — Bioche, no 362. — *Contrà*, Pigeau, t. 2, p. 184 et 259, no 7; Chauveau sur Carré, quest. 2580.

635. — Rien ne prescrit non plus de libeller l'avenir. — Bioche, *eod.*

636. — Dans le cas où le juge commissaire a fixé le jour de son rapport, le jugement n'est pas nul parce que l'avenir a été donné pour un autre jour. — *Nîmes*, 19 nov. 1819, Salles c. N....

637. — Le poursuivant a toute liberté pour fixer le jour de l'audience. — Chauveau sur Carré, quest. 2581 *ter*; Bioche, no 369.

638. — Dans le cas de remise de l'affaire à une autre audience que celle indiquée par le juge commissaire, il n'est pas besoin d'un nouvel avenir. — V. REMISE DE CAUSE.

639. — Aucun écrit n'entrerait en taxe : puisque l'art. 761 dispose que l'audience sera poursuivie sur un simple acte d'avoué, sans autre procédure. — *Paris*, 2 germin. an XIII, Guyot-Mouton et Houveaux c. Guerre, Grandin et Dalon. — Pigeau, t. 2, p. 260; *Praticien*, t. 4, p. 470; Carré et Chauveau, quest. 2381. — V., toutefois, *infrà*, no 963.

640. — On ne devrait même pas signifier de conclusions motivées.

641. — Jugé que les dupliques et les tripliques sur le procès-verbal d'ordre sont prohibées, et les frais qui en résultent ne doivent pas passer en taxe. — *Colmar*, 16 janvier 1826, Vital c. Schœngrun.

642. — Nous rappellerons qu'on ne peut, en matière d'ordre, former à l'audience, où le juge commissaire a renvoyé les contestans, des demandes qui n'ont pas été présentées dans les dires de contestation, et prendre de nouvelles conclusions. — *Nîmes*, 24 août 1819, Rigal c. Recolin.

643. — Avant les plaidoiries et la pose des qualités, le juge commissaire fait son rapport à l'audience. — Art. 762.

644. — Il n'est nullement obligé à indiquer le our où son rapport aura lieu.

645. — Ainsi, le jugement n'est pas nul parce que le rapport du juge commissaire a été fait à une audience autre que celle indiquée dans son ordonnance et dans la sommation notifiée aux avoués de la cause. — *Nîmes*, 19 nov. 1819, Salles c. N.... — Chauveau sur Carré, quest. 2581 *quater*.

646. — Jugé que le défaut de mention que le rapport a été fait, n'entache pas de nullité le jugement si le juge commissaire est au nombre de ceux qui l'ont rendu. — *Grenoble*, 28 juill. 1823, Blanchet c. N.... — C'est là un arrêt d'espèce, nous croyons qu'en principe l'inobservation de cette formalité serait un vice radical.

647. — En cas d'empêchement du juge commissaire on s'adresse au président, qui en commet un autre. — Chauveau, quest. 2581, 4°.

648. — Lorsque le juge commissaire chargé de dresser l'état de collocation d'un ordre a été appelé, par l'effet du roulement annuel, à une autre chambre que celle qui l'avait commis, il doit porter à cette nouvelle chambre la décision des contredits; encore que la première ait déjà connu de ceux qui s'étaient d'abord élevés. — *Bordeaux*, 3 juin 1829, Mazens c. de Laloubie.

649. — Toutefois, si une chambre avait déjà entendu le rapport, et connu de l'affaire, le juge passé à une autre chambre pourrait revenir siéger à la première. — V. ROULEMENT.

650. — Le rapport précède les plaidoiries.

651. — Nul doute que les parties n'aient le droit de plaider. La défensee est de droit commun. On ne juge pas en France sur procès par écrit. — *Bordeaux*, 25 juill. 1833, Bonilhac c. Lagarde; *Orléans*, 4 juill. 1843 (t. 2 1843, p. 368), Cornedecerf c. Desmarets. — Carré et Chauveau, quest. 2190 et 2581; Pigeau, *Comment.*, t. 2, p. 263-438; Delaporte, t. 2, p. 243; Thomines, no 878; Favard, t. 4, p. 63; Bioche, no 376. — *Contrà, Montpellier*, 26 fév. 1810, Albarel c. Jalabert; *Nancy*, 23 juill. 1812, Dalinbert c. Cerfber; *Orléans*, 25 fév. 1819, Deniau c. Deslandes. — Demiau, art. 668; Sudraud-Desiles, p. 237.

652. — Le ministère public doit être entendu quand même il n'y aurait pas de mineur. — Art. 762.

653. — Les conclusions du ministère public, dans les cas où elles sont requises par la loi, sont une mesure d'ordre public, qui doit être rigoureusement exécutée; et il y aurait lieu de prononcer la nullité du jugement statuant en matière d'ordre, si le ministère public n'avait pas été entendu. — Chauveau sur Carré, quest. 2581 *quinquiès*.

654. — Néanmoins, les conclusions du ministère public, lorsqu'elles ont été données en première instance, ne sont pas indispensables en appel. — *Cass.*, 15 fév. 1836, Gremaud c. Daugerans. — Chauveau sur Carré, quest. 2581 *quinquiès*.

655. — Jugé, toutefois, que le bénéfice de l'art. 762 C. proc., qui veut qu'en matière d'ordre le ministère public soit entendu, ne peut s'appliquer à un créancier ou à un adjudicataire majeur et maître de ses droits, qui agit seul contre la masse, et dont la défense a obtenu tous les développemens dont elle était susceptible. Et plus particulièrement : le créancier qui, dans une instance d'ordre, a procédé en son nom et dans son intérêt exclusif, ne peut, surtout s'il est majeur, se faire un moyen de requête civile, contre l'arrêt de condamnation, du défaut d'audition du ministère public en cause d'appel. — *Paris*, 9 août 1817, Travers c. Stevens. — Persil, *Hyp.*, t. 2, p. 432.

656. — Quand une des parties vient à décéder avant le jugement, y a-t-il lieu à reprise d'instance? — V. REPRISE D'INSTANCE.

657. — Jugé qu'en matière d'ordre l'affaire doit être réputée en état par les conclusions contradictoirement prises par toutes les parties devant le juge commissaire. — Ainsi, le décès d'une des parties ou de son avoué, arrivé entre le renvoi fait par le juge commissaire à l'audience, sur les contestations élevées devant lui, et l'époque où la cause y est poursuivie, ne peut différer le jugement de l'affaire. — *Bruxelles*, 8 janv. 1829, N...

658. — Le juge suppléant qui a été nommé commissaire à un ordre peut prendre part aux jugemens relatifs aux incidens d'ordre, avec voix délibérative, même quand les juges titulaires présens sont en nombre suffisant pour juger. — *Poitiers*, 19 avr. 1842 (t. 2 1842, p. 56), Poirault c. Fradin.

659. — Les tribunaux ne peuvent d'office rejeter une créance utilement colloquée dans l'ordre, lorsqu'il ne s'est élevé aucune contestation à cet égard. — *Bordeaux*, 24 janv. 1837 (t. 2 1838, p. 483), Guy-Labarthe c. Guiraud. — Chauveau sur Carré, quest. 2582 *ter*.

660. — Ils ne peuvent ordonner l'exécution provisoire de leurs jugemens. — *Pau*, 13 nov. 1824, Farthout c. Viviez; *Grenoble*, 23 fév. 1828, Vinay c. Alleobert. — Chauveau sur Carré, quest. 2582 *bis*.

661. — En d'autres termes : les dispositions de l'art. 135 C. proc., relatives au cas où l'exécution provisoire nonobstant appel doit ou peut être ordonnée, ne s'appliquent pas aux jugemens rendus en matière d'ordre, lesquels sont spécialement régis par les art. 749 et suivans du même Code. — *Bordeaux*, 23 juill. 1842 (t. 2 1842, p. 697), Seguin c. Allary.

662. — Mais des provisions peuvent être accordées aux créanciers utilement colloqués sur la somme à distribuer. — *Cass.*, 25 août 1847 (t. 2 1847, p. 587), Claude c. Huet et Millet.

663. — Les parties qui succombent sont condamnées aux dépens. — Art. 766.

664. — Spécialement : les frais auxquels donne lieu une demande à fin de privilége mal fondée, doivent être mis à la charge du demandeur au lieu d'être pris sur la masse. — *Bordeaux*, 6 juill. 1832, Lajonie c. Imbert.

665. — On ne peut charger la masse de l'ordre des frais faits par les créanciers qui contestent individuellement la collocation de ceux qui les priment; ils ne peuvent le faire qu'à leurs frais. — *Colmar*, 16 janv. 1826, Vital c. Schœngrun et Sée.

666. — La condamnation aux frais prononcée contre les contestans d'ordre, ne comprend que les frais de la procédure et non le coût des actes qu'ils ont été obligés de produire pour justifier de leur créance. — *Bordeaux*, 25 août 1846 (t. 2 1848, p. 229), Caisse hypothécaire c. Périer.

667. — Il est prudent, d'après Bioche (no 392), qu'en ce cas le jugement dise que ces parties ne pourront employer les dépens comme frais accessoires de leurs créances : la seconde chambre du tribunal civil de la Seine ayant décidé que l'emploi aurait lieu, dans une espèce où le jugement ne contenait pas cette disposition.

668. — On se rappelle que l'avoué représentant les derniers créanciers colloqués a un privilége pour les frais qu'il a avancés dans la contestation, alors même que ses cliens ont succombé. — V. nos 410 et suiv.

669. — Indépendamment de ce privilége, il obtient la distraction des dépens quand ses cliens ont gain de cause. Alors il a une action contre les parties qui ont succombé.

670. — C'est en vue de cette action que l'art. 769 veut que le jugement, en autorisant l'emploi des frais, prononce la subrogation au profit du créancier sur lequel les fonds manquent par suite des frais faits, ou bien encore au profit de la partie saisie, si toutes les collocations viennent en ordre utile.

671. — L'exécution doit même indiquer la partie qui profite de la subrogation. — Art. 769.

672. — En vertu de cette subrogation, le créancier, sur les fonds duquel sont pris les frais, a donc un recours contre celui qui a succombé dans sa contestation.

673. — Mais quand c'est l'avoué des derniers créanciers qui a succombé, aucune condamnation n'étant prononcée à son profit, la subrogation n'est plus possible. Il supporte donc personnellement et par voie indirecte la condamnation.

674. — Les créanciers contestans ou contestés qui obtiennent gain de cause n'ont pas le même privilége. Seulement, ils peuvent être autorisés à employer leurs frais comme accessoires de leurs créances. — Berriat, p. 621, n° 35. — Cependant M. Bioche (nos 389 et 390) n'admet cette doctrine qu'autant que le débiteur a figuré dans la contestation. En thèse générale, dit-il, les frais de contestation ne doivent pas être employés, parce que ce serait causer un préjudice au saisi, ainsi qu'aux créanciers non contestans.

675. — Les créanciers sur lesquels les fonds manquent ou le saisi ont également un recours contre ceux qui ont succombé dans la contestation, à raison des intérêts et des arrérages qui ont couru pendant la contestation. — Art. 770.

676. — Cette disposition est une peine salutaire contre la facilité qu'on pourrait apporter à élever des contestations.

677. — Elle nous semble devoir profiter naturellement aux créanciers chirographaires aussi bien qu'aux hypothécaires. Ils peuvent d'ailleurs exercer les droits de la partie saisie. — C. civ. art. 1166. — Carré et Chauveau, quest. 2608; Delaporte, t. 2, p. 348; Bioche, n° 394.

678. — Le jugement doit contenir liquidation des dépens. — Art. 762.

679. — Mais ce n'est pas à peine de nullité. — *Cass.*, 6 juin 1820, Douceur. — Chauveau sur Carré, quest. 2598 *bis*.

680. — Comment ces frais doivent-ils être taxés, est-ce comme en matière sommaire? L'affirmative est enseignée par MM. Carré, quest. 2597; Sudraud-Desiles, n° 236; le prés. Carré, *Taxe*, p. 277; Berriat, p. 617; Boucher-d'Argis, v° *Ass. sommaire*, n° 23. — *Contrà*, *Nîmes*, 8 avr. 1824, Boileau de Castelnaud c. Délienne; *Cass.*, 9 déc. 1824, Veyrunnes c. Filhon; *Colmar*, 8 fév. 1825, Klem c. Cobellelet; *Lyon*, 19 mai 1826, Corant c. Gauthier; *Riom*, 22 janv. 1831, Mabrec c. Chassegay; *Bourges*, 20 fév. 1841 (t. 2 1841, p. 625), Giraud c. Redron; *Bordeaux*, 23 juill. 1842 (t. 2 1842, p. 697), Seguin c. Allary; *Cass.*, 8 fév. 1843 (t. 1er 1843; p. 260), Durand c. Mogor. — Cabit, *Tarif*, p. 100; Wervoort, *Tarif*, p. 179.

681. — Jugé que les instances d'ordre doivent être rangées dans la classe des matières sommaires. Néanmoins, on doit passer en taxe non-seulement les déboursés; mais encore les honoraires des conclusions motivées signifiées par l'intimé en vertu de l'art. 765 C. proc. civ., pour répondre aux griefs de l'appel principal, et ceux des conclusions signifiées par l'appelant en vertu de l'art. 337 du même Code, pour répondre à l'appel incident de l'intimé. — *Orléans*, 12 mai 1846 (t. 2 1846, p. 45), Brière c. Rotillon.

682. — Le doute vient de ce que l'art 101 du tarif qui taxe les dépens de contestation en matière de contribution, suivant la nature de la contestation, ne se trouve pas reproduit au titre de l'ordre, et de ce que l'art. 404 répute matières sommaires toutes celles qui requièrent célérité. Mais on répond que si la disposition de l'art. 102 du tarif a été passée sous silence, c'est parce que, les contredits ayant presque toujours pour objet de détruire un titre, la cause est presque toujours ordinaire. — L'art. 761 n'a trait qu'au mode de poursuivre l'audience. L'art. 765 ne prohibe pas les conclusions en forme de grosse. Enfin l'article 138 du tarif, qui défend de grossoyer la requête à fin de subrogation, contient une exception qui confirme la règle. D'un autre côté, pour quelle raison un ordre serait-il taxé différemment qu'une contribution?

683. — Au tribunal de la Seine, on taxe les frais selon la nature de la contestation et son importance. — *Paris*, 13 déc. 1809, Giraud c. Fleury; 29 mars 1839 (t. 1er 1839, p. 438), Paillet c. Dubarret. — Pigeau, *Procéd.*, t. 2, p. 303; *Comm.*, t. 2, p. 443; Chauveau, *Tarif*, t. 2, p. 250. — Cette interprétation nous paraît devoir être suivie.

684. — Cette solution nous paraît *à fortiori* applicable dans le cas où l'ordre se fait à l'audience. Toutefois, il a été jugé que cette procédure était toujours sommaire. — *Cass.*, 8 fév. 1843 (t. 1er 1843, p. 260), Durand c. Mozer. — *Contrà*, Bioche, n° 380.

685. — Un jugement d'ordre fait titre en faveur de la partie avec laquelle il est déclaré commun. — *Paris*, 16 juill. 1811, Desplaces c. la Régie.

686. — Il est de principe que tout jugement doit être signifié avant d'être mis à exécution.

687. — On signifie à avoué celui qui statue sur les contestations.

688. — L'art. 763 fait courir les délais de l'appel du jour de cette signification.

689. — Les significations de jugement faites d'avoué à avoué, notamment en matière d'ordre, ne sont pas soumises aux formalités exigées par l'art. 61 C. proc. civ. pour les exploits d'ajournement. — *Limoges*, 16 nov. 1811, Gentil c. Roux; *Rennes*, 1er juin 1813, le même c. Lemoigne; *Liége*, 8 sept. 1815, Lehaut c. Lobben; *Amiens*, 31 janv. 1825, Robert c. Delacour; *Cass.*, 31 août 1825, Rolland c. Filleul; *Bordeaux*, 23 mars 1833, Bardoux c. Leroux; *Cass.*, 10 mai 1836, Nageotte c. Bouverot; *Amiens*, 30 juill. 1838 (t. 2 1838, p. 370), de Grasse c. Despaux; *Limoges*, 7 juin 1844 (t. 1er 1846, p. 123), Mosnier c. Laclaudure et Bouquet-Zolinières; *Poitiers*, 11 mai 1826, Mercier c. Defoulques; *Paris*, 10 juin 1833, Villiers c. Orri; 6 déc. 1833, de Montholon c. Laffitte; *Montpellier*, 23 avr. 1840 (t. 1er 1841, p. 456). — Chauveau sur Carré, quest. 2583. — *Contrà*, *Besançon*, 29 août 1811, Paton c. Marquet. — *Metz*, 17 août 1815, D... c. B...; 15 juin 1824, Malgret c. d'Humbepaire. — Carré, *ubi suprà*. — V. ACTE D'AVOUÉ.

690. — Jugé que la signification d'un jugement d'ordre, d'avoué à avoué, ne contenant ni le nom de l'avoué à la requête duquel elle est faite, ni la personne à qui la copie a été remise, ni la qualité de l'officier qui l'a faite, est nulle, quoique ces vices n'existent que dans la copie; en conséquence, elle ne fait point courir le délai de l'appel. — *Bordeaux*, 23 janv. 1811, Dequeux c. Serrigny.

691. — La signification est faite à toutes les parties qui figurent au jugement.

692. — ... A moins que le jugement n'ait rien statué à l'égard de l'une d'elles.

693. — La signification faite aux créanciers qui n'ont pas figuré au jugement serait un acte frustratoire, qu'il s'agit ou non de créanciers colloqués antérieurement ou postérieurement à celui dont la collocation a été contestée. — Chauveau sur Carré, quest. 2583 *bis*; Tarrible, p. 680.

694. — Une seule copie est donc signifiée aux créanciers postérieurs au dernier créancier contesté. Ils ont des intérêts communs, un avoué commun. — V. *suprà* nos 513 et suiv. — *Cass.*, 10 mai 1836, Nageotte c. Maillot. — Carré et Chauveau, quest. 2583 *bis*; Tarrible, p. 680.

695. — Mais tous les autres créanciers, contestans ou contestés, ont droit à une copie séparée. Peu importerait que plusieurs d'entre eux eussent constitué le même avoué. Leurs intérêts n'en sont pas moins distincts, et cela est si vrai que le délai d'appel est augmenté pour chacun d'eux à raison des distances. — *Cass.*, 12 juill. 1843 (t. 2 1843, p. 524), Pellagaud c. Goret; *Orléans*, 5 août 1848 (t. 2 1848, p. 190), Arthuys de Charnivay c. Videl. — Bioche, n° 396; Chauveau sur Carré, quest. 2583 *bis*. — *Contrà*, *Poitiers*, 11 mai 1826, Mercier c. Defoulques.

696. — Dès lors, bien que dans une instance d'ordre le mari et la femme, qui elle-même conteste et dont la collocation est contestée, soient représentés par le même avoué; cependant, s'ils sont séparés de biens, et que leurs intérêts soient distincts, la signification du jugement à leur avoué n'est suffisante pour faire courir les délais de l'appel qu'autant qu'elle a lieu par deux copies séparées. Ici ne s'applique pas l'art. 760 C. proc. civ. — *Cass.*, 12 juill. 1843 (t. 2 1843, p. 524), Pellagaud c. Goret.

697. — Il n'est pas non plus dans l'esprit de la loi que le jugement soit signifié à la partie poursuivante, à moins qu'elle n'ait contesté ou n'ait été contestée.

698. — Cette partie a-t-elle qualité quand elle ne figure pas au jugement pour le signifier et faire courir les délais de l'appel? Oui. Le législateur a manifesté le désir d'épargner les frais dans les instances d'ordre. Ce serait donc mal à propos qu'on obligerait les parties à se contre-dénoncer le jugement. — Chauveau sur Carré, quest. 2583 *quater*; Pigeau, *Comm.*, t. 2, p. 440; Favard, t. 4, p. 66. — *Cass.*, 28 déc. 1808, Dhaudelot c. Bachelier; *Paris*, 16 juill. 1811, Desplaces c. la Régie; *Turin*, 18 mai 1813, Pianavia c. Bertolotti; *Colmar*, 12 déc. 1816, Wolf c. Hersch; *Cass.*, 13 nov. 1821, Hersch c. Wolff.

699. — La signification faite par le poursuivant fait donc courir les délais de l'appel par rapport à la partie saisie et au poursuivant lui-même. — *Paris*, 16 juill. 1811, et *Colmar* 12 déc. 1816, mêmes arrêts.

700. — On voit par ce qui vient d'être dit que la partie saisie doit recevoir signification du jugement, quand bien même elle ne figure pas à l'ordre.

701. — Si la partie saisie n'a pas d'avoué, il faut remettre à domicile la signification.

702. — L'art. 763 ne parle que de la signification à avoué. Est-il nécessaire de signifier en outre le jugement à domicile? La négative est certaine à nos yeux. A quoi bon une double signification, puisque celle à avoué fait courir le délai d'appel! — Chauveau sur Carré, quest. 2583 *ter*.

703. — Jugé que la signification d'un jugement à domicile n'est pas prescrite par l'art. 147 du C. procéd. d'une manière absolue. Ainsi, en matière d'ordre, le jugement qui a statué sur le règlement des créanciers ne doit être signifié à parties qu'autant qu'il peut y avoir lieu à exécution d'une condamnation contre l'une d'elles. Dans le cas contraire, la signification à avoué suffit même pour faire courir le délai d'appel. — *Cass.*, 29 avril 1846 (t. 2 1846, p. 737), Gairaud c. de Bosque.

704. — Nous traitons dans le chapitre suivant des voies de recours contre le jugement.

CHAPITRE IV. — *Voies de recours contre le jugement rendu sur les contredits.*

705. — Les jugemens qui statuent sur les contestations élevées dans un ordre peuvent être réformés par les mêmes voies que celles établies pour la réformation des jugemens ordinaires. — Bioche, v° *Ordre*, n° 399. — V. JUGEMENT.

Sect. 1re. — *Opposition. — Défaut profit joint.*

706. — Un jugement d'ordre est réputé jugement sur rapport, et par conséquent non susceptible d'opposition. — *Paris*, 28 janv. 1809, Boursier c. Cuel. — Pigeau, *Comment.*, t. 2, p. 439; Carré, quest. 2582; Berriat, p. 616, note 19, n° 3; *Praticien français*, t. 4, p. 468, alin. 2; Bioche, v° *Ordre*, n° 400; Merlin, v° *Saisie immobilière*, § 8.

707. — Il en serait ainsi quand même ce jugement serait qualifié par défaut. Il est en effet rendu sur le dire du contestant et la production du contesté; il contient les conclusions des parties, et propose enfin tous les caractères des jugemens contradictoires. Voilà pourquoi les art. 669 et 763 C. proc. parlent seulement de l'appel à former contre ce jugement. — *Cass.*, 19 nov. 1811, Vannier c. Picard et Haujer; Bioche, n° 400.

708. — Ainsi jugé qu'en matière d'ordre ouvert par suite de vente par expropriation forcée, la voie de l'opposition n'est pas ouverte contre les arrêts par défaut. — *Colmar*, 26 juin 1813, Marx Samuel c. Munschina; *Grenoble*, 2 mai 1818, Tivollier c. Bornier; *Aix*, 30 nov. 1825, Coulet c. Negrel; *Cass.*, 13 juin 1827, mêmes parties; 26 fév. 1835, Dupont c. Peyramolle.

709. — De même: l'opposition formée à un jugement d'ordre depuis le C. de procéd. est nulle si elle n'a pas été réitérée par requête, bien que le jugement d'ordre ait été rendu sous la loi du 11 brum. an VII. — *Colmar*, 13 mars 1817, Fabrique de Rosselden c. Gross.

710. — Décidé dans le même sens qu'en matière d'ordre l'art. 153 C. proc. est applicable; et si un jugement a été rendu par défaut après un premier jugement prononcé aussi par défaut, le second n'est plus susceptible d'être attaqué par la voie d'opposition: même de la part des parties qui ont comparu au premier. — *Orléans*, 29 août 1814, N....

711. — L'opposition n'est pas admise contre un jugement rendu dans un ordre ouvert, même par suite d'aliénation volontaire. — *Colmar*, 5 déc. 1812, Weyl c. Walter.

712. — Une procédure d'ordre et de distribution étant une véritable procédure par écrit et sur rapport d'un juge commis, il n'est point surprenant qu'un jugement rendu en cette matière, par suite du renvoi à l'audience, qui est lui-même motivé sur la contestation d'une partie produisant à l'ordre, ne puisse être susceptible d'opposition: car, indépendamment de cette considération générale, il y a le motif déterminant que le créancier qui a produit et contesté le règlement provisoire ne peut être réputé indéfendu; sa défense est consignée dans le procès-verbal, dans la production qu'il a faite de ses titres. Son absence de l'audience n'est donc point un défaut proprement dit, puisque son dire, sa production et le rapport même du juge plaident pour lui; et puisque cette absence est une faute qu'il doit s'imputer, elle ne peut devenir pour lui un moyen de faveur qui lui serait refusé lors même qu'il n'aurait ni produit ni énoncé ses moyens de défense. — *Cass.*, 19 nov. 1811, Vannier c. Picard et Hauzer. — Carré, quest. 2583; Berriat, p. 616, note 19, n° 3; *Praticien françois*, t. 4, p. 468, alin. 2.

713. — Jugé, au contraire, qu'on peut former opposition à l'arrêt par défaut qui intervient sur l'appel d'un jugement d'ordre. — *Liége*, 19 fév. 1810, Plumier c. Huet; *Colmar*, 12 mars 1823, Martiny c. Ricklin; *Caen*, 9 mai 1837 (t. 2 1840, p. 572), Boulanger c. Vallée.

714. — Il n'en est pas comme des jugemens

des tribunaux de première instance, qui, en cette matière, ne comportent pas cette voie de recours. — *Metz*, 25 juill. 1835, Maubon c. Percheron. — Bioche, *Dict. de procéd.*, vº *Ordre entre créanciers*, nº 484.

715. — *Défaut profit joint.* — Si l'opposition ne peut être formée, il n'y a pas non plus lieu de rendre, en pareille matière, des jugemens ou arrêts par défaut profit joint. En effet, les idées d'opposition et de défaut joint sont corrélatives. — *Cass.*, 26 fév. 1838, Dupont c. Peyramolles. — Chauveau sur Carré, quest. 2582; Bioche, nº 401.

716. — Jugé que l'art. 153 C. proc., qui ordonne de prononcer un jugement de défaut profit joint, en cas de non-comparution de l'un des assignés, s'applique au cas où l'assignation a été donnée à bref délai, en vertu d'une permission du président, et aux matières d'ordre comme aux matières ordinaires. — *Pau*, 22 déc. 1834, Farthoat c. Viviez; *Metz*, 25 juill. 1835, Mauron c. Percheron.

Sect. 2e. — *Appel.*

717. — On peut attaquer le jugement qui a prononcé sur les contredits par la voie de l'appel.

ART. 1er. — *Montant des sommes.*

718. — L'appel n'est inadmissible que si les intérêts en cause se trouvent d'une valeur trop modique. — Bioche, nº 402.

719. — Ainsi, en matière d'ordre, on peut prendre la voie de l'appel pour demander la réduction d'une créance qui en est évidemment susceptible. — *Paris*, 4 août 1807, Morel c. Jumelin, Blanc-Mavit.

720. — Mais lorsque sur une contestation élevée sur un procès-verbal d'ordre, au lieu de renvoyer à l'audience pour être statué par le tribunal, le juge commissaire statue lui-même, il n'y à pas lieu à se pourvoir par appel; dans ce cas, le juge ayant fait autrement que ce que comportaient les pouvoirs qui lui étaient délégués, c'est au tribunal même qu'il faut s'adresser pour faire réformer sa décision. — *Bourges*, 17 mars 1827, Tabouet c. Rémond.

721. — Le taux du premier et du dernier ressort se détermine par la loi de l'époque où l'instance est introduite, et non par la loi de la date de l'acte donnant lieu à contestation. — *Montpellier*, 25 août 1840 (t. 2 1840, p. 799), Bouquier c. Cot. — Bioche, nº 403.

722. — En matière d'ordre : la loi du 25 avril 1838, qui fixe la compétence des tribunaux de première instance, n'est point applicable, quant à la fixation du dernier ressort, lorsque la production du créancier contesté est antérieure à sa promulgation, bien que le contredit sur lequel le tribunal est appelé à statuer ait une date postérieure. — *Toulouse*, 22 mars 1839 (t. 2 1842, p. 317), Galès.

723. — En matière d'ordre, comme en toute autre, c'est la valeur de l'objet de la contestation qui fixe le ressort. — *Bourges*, 2 mars 1842 (t. 2 1842, p. 739), Poinet c. Bert; 3 mai 1844 (t. 2 1845, p. 160), Roger c. Lefort et Pinet.

724. — Mais il s'est élevé la question de savoir d'après quelle somme devrait être établi pour le créancier le droit d'interjeter appel du jugement qui statue sur les contestations.

725. — Divers arrêts ont décidé que le montant de la somme dont on demande la collocation devait servir à déterminer s'il y avait lieu ou non à appel. — *Bruxelles*) 11 sept. 1809, Schers c. H...; *Paris*, 26 déc. 1810 (dans ses motifs), Tondu c. Leuba; *Caen*, 8 mai 1827, Clément-Lespez c. Danjou; *Orléans*, 12 mai 1846 (t. 2 1846, p. 45), Brière c. Rotillon et Pingot.

726. — En conséquence, lorsque aucune difficulté ne s'est élevée ni sur la quotité de la somme à distribuer ni sur la priorité et le rang d'hypothèques, et qu'il ne s'agit que de la fixation d'une créance ou partie de créance au-dessous du taux du dernier ressort, le jugement qui intervient n'est pas susceptible d'appel. — *Bourges*, 2 mars 1842 (t. 2 1842, p. 739), Poinet c. Bert.

727. — Si la contestation, au lieu de porter sur la quotité des créances respectives, ne roulait que sur la préférence réclamée vis-à-vis l'un de l'autre par deux créanciers, l'appel serait recevable du moment où l'une des créances dépasserait le taux du dernier ressort. — *Cass.*, 20 août 1821 (dans ses motifs), Cheverry c. Trocmé; *Douai*, 1er avr. 1826, Sagnies c. Saignils.

728. — Bien que la somme à distribuer excède le taux du dernier ressort, si la demande en collocation d'un créancier a pour objet une somme de 300 fr. seulement et qu'il n'y ait de contestation qu'au sujet de cette créance, le jugement d'ordre doit être en dernier ressort. — *Agen*, 17 nov. 1812, Sausemat c. Maréchal.

729. — Jugé de même que l'appel d'un jugement rendu sur un sous-ordre dressé par un juge commissaire à la suite de l'ordre est non recevable quand le montant de la somme colloquée à distribuer entre les opposans ne s'élève pas à 1,000 fr. — *Poitiers*, 1er juill. 1819, N... — Bioche, nº 604; Rivoire, *De l'appel*, p. 33, nº 33.

730. — D'autres arrêts au contraire décident que la somme à distribuer doit servir à déterminer si le jugement est en premier ou en dernier ressort.

731. — Ainsi jugé que l'appel d'un jugement qui admet ou rejette la collocation d'un créancier tend à déranger l'ordre entier de distribution; il n'y a donc, en matière d'ordre, que la masse entière à distribuer qui puisse servir de base pour déterminer le dernier ressort. — *Angers*, 26 juill. 1811, Gasté c. Loreau-Reulière; *Liège*, 25 avr. 1812, Bochot c. Briessen; *Riom*, 10 juill. 1813, Tribaudino c. Brun et Julien; *Metz*, 22 mars 1817, Fortier c. Mennesson; *Bourges*, 25 mars 1817, Moreau c. Domont; *Limoges*, 5 juin 1817, Chabrol c. Foin; *Orléans*, 26 avr. 1822, Beauvilliers et Bazin c. Chenard et Tondu; *Aix*, 9 fév. 1825, Gueit c. Godon-Delorme; *Rouen*, 17 juin 1826, Ducormier; *Metz*, 26 mai 1827, Dauphin c. Hennequin; *Grenoble*, 1er mai 1830, Dutrieux c. Peyrard; *Agen*, 25 janv. 1834, Daguzan c. Drouillet; *Bordeaux*, 13 août 1834, Crouzet c. Dumontel; *Grenoble*, 22 avr. 1835, Foys c. Henry; *Colmar*, 4 mars 1844 (t. 2 1844, p. 475), Hévy c. Kanh; *Limoges*, 11 déc. 1845 (t. 2 1846, p. 717), Dargendeix c. Janonet et Crapet; *Nîmes*, 9 nov. 1847 (t. 2 1848, p. 545), Apaise c. Soubrière.

732. — Jugé de même en matière de sous-ordre. — *Metz*, 18 avr. 1822, Lemoine c. Pierron; *Grenoble*, 22 avr. 1835, Foys c. Henry.

733. — De même, en matière d'ordre, le créancier qui réclame sa collocation pour une somme supérieure à 1,000 fr. a droit d'interjeter appel du jugement qui, malgré sa contestation, a maintenu une collocation qui le primait, fût-elle inférieure à 1,000 fr. — Il y a lieu à appel même en faveur de ceux dont les créances sont au-dessous de 1,000 francs. — *Liège*, 5 juill. 1811, Merrem c. Herbert; *Orléans*, 26 avr. 1822, Beauvilliers et Basin c. Chenard et Tondu; *Limoges*, 24 fév. 1826, Lagrange c. Puymaurin.

734. — Pareillement, en matière d'ordre, les demandes en collocation formées par les divers créanciers ne constituent qu'autant d'incidens particuliers de l'instance en distribution; dès lors, lorsque la somme à distribuer excède 1,000 francs, le jugement qui intervient sur une contestation, même inférieure à cette somme, est en premier ressort. — *Lyon*, 27 avr. 1825, Gillet c. Lesourd.

735. — Jugé encore dans ce sens que, en matière d'ordre, l'appel est recevable, bien que les sommes en litige ne s'élèvent pas au-dessus du taux du dernier ressort si le maintien ou l'annulation de l'ordre, portant d'ailleurs sur une somme à distribuer excédant le taux du dernier ressort, sont mis en question. — *Montpellier*, 4 déc. 1838 (t. 1er 1839, p. 167), Rivière c. Preire; *Toulouse*, 17 déc. 1838 (t. 1er 1839, p, 168), Dujac c. Gombaud et Doumenc.

736. — Cette doctrine est aussi professée par Persil, t. 2, p. 448, § 12; Thomine-Desmazures, t. 2, p. 325; Merlin, *Rép.*, vº *Dernier ressort*, § 7; Chauveau et Carré, quest. 2594; Bioche, nº 404.

737. — L'opinion de Rodière sur la manière de régler le degré de juridiction en matière d'ordre et de contribution est que l'appel doit être ouvert à tous les créanciers s'il paraît que l'un d'eux puisse éprouver, par suite des contredits, un préjudice actuel ou ultérieur de plus de 1,500 fr. en principal. Dans le cas contraire, la voie de l'appel est fermée. — V. le développement de cette opinion, t. 1er, p. 199 et suiv., *De l'exposition des lois de la compétence et de la procédure.*

738. — Lorsqu'en matière d'ordre et de privilége un contredit est élevé contre une collocation le degré de juridiction se règle en supputant non-seulement le chiffre de la créance contestée, mais encore celui de la créance du contestant. — *Lyon*, 6 mai 1842 (t. 1er 1843, p. 256), Dethours c. Gauthier.

739. — Le créancier hypothécaire d'une somme supérieure au taux du dernier ressort peut appeler du jugement d'ordre, encore que le déficit qu'il éprouve ne s'élève pas à ce taux. — *Bruxelles*, 21 août 1810, Vanhavre c. Dethiennes.

740. — Les contestations relatives au rang de, collocations entre elles, ne présentant qu'un intérêt indéterminé, ne peuvent être décidées qu'en premier ressort. — *Paris*, 3 mars 1842 (t. 1er 1842, p. 506), Violette c. Valet-Martin.

741. — En matière d'ordre : le créancier d'une somme de 100 fr. seulement est recevable à appeler du chef du jugement qui rejette sa demande en collocation, lorsque ce jugement n'a pas été rendu en dernier ressort à l'égard de tous les créanciers. — *Bourges*, 4 juin 1825, Rollin et Oudot c. Blaque-Belair.

742. — Un jugement rendu sur la demande en maintien ou en rejet d'une collocation dans un ordre, ne peut être rendu qu'en premier ressort. — *Rennes*, 30 mai 1821, Gilles c. Béranger.

743. — En matière d'ordre, les intérêts à distribuer du prix de vente d'immeubles ne doivent pas être joints au principal pour régler le taux de la compétence. — *Montpellier*, 25 août 1840 (t. 2 1840, p. 799), Bouquier c. Cot.

744. — La Cour de cassation, par arrêt du 9 mars 1840 (t. 1er 1840, p. 436), de Berny c. Tavernier, a décidé que le jugement rendu dans une instance d'ordre, sur la demande des cessionnaires de divers créanciers, est en dernier ressort, lorsque chacune des créances cédées est inférieure à 1,000 fr., encore que, réunies, elles excèdent ce taux.

ART. 2. — *Qui peut appeler.*

745. — Le droit d'appeler appartient à tout créancier qui a été partie au jugement rendu sur les contredits.

746. — En outre : tout créancier non colloqué dans un ordre peut appeler du jugement d'ordre contre les créanciers colloqués, sans être tenu d'intimer ceux qui n'ont pas été colloqués. — *Colmar*, 14 mai 1832, Schmerber c. Vonbunck.

747. — Et cet appel est recevable, quoiqu'il n'ait pas été dirigé contre tous les créanciers qui lui sont postérieurs en date. — *Bordeaux*, 26 mai 1832, Mongorgé c. Ferron, Mathon et Corbet.

748. — Le créancier en sous-ordre peut aussi appeler du jugement qui aurait rejeté sa collocation. — Chauveau et Carré, quest. 2592.

749. — Tous les créanciers d'un ordre sont recevables à appeler en masse du jugement qui accorde une collocation, lorsqu'elle n'a été contestée en première instance que par celui d'entre eux qui a poursuivi l'ordre. — *Cass.*, 13 déc. 1808, Champflour c. Chabaut. — Carré, quest. 2589. — *Contrà*, Chauveau, *ibid.*

750. — La présence de l'acquéreur au règlement de l'ordre ne le rend pas non recevable à appeler du jugement qui l'a condamné à payer aux créanciers le montant de son prix, surtout si lors de ce règlement il ne s'était pas écoulé depuis ce jugement un délai suffisant pour qu'il pût appeler et s'il a fait des protestations et réserves. — *Paris*, 17 prair. an XII, Muyroger c. Dévécalde.

751. — Lorsque dans l'ordre ouvert pour la distribution du prix d'un immeuble l'acquéreur de celui-ci a figuré non-seulement comme acquéreur et tiers détenteur, mais encore comme partie personnellement intéressée à raison de paiemens faits à divers créanciers, et d'engagemens contractés vis-à-vis d'autres, de les faire colloquer dans un rang utile, cet acquéreur a un intérêt évident à demander la réformation et, par suite, à appeler du jugement rendu sur ses contredits à l'ordre, lesquels avaient pour but d'empêcher que le prix de son acquisition ne fût attribué en premier à d'autres créanciers que ceux envers lesquels il s'était obligé ou à qui il avait déjà remis une partie de son prix d'acquisition. — *Cass.*, 27 nov. 1844 (t. 1er 1845, p. 201), Ferrand-Versaut c. Buy. — Bioche, nº 415.

752. — Le saisi a aussi le droit d'interjeter appel, quand même il aurait laissé passer les délais sans contredire; aucune forclusion ne pourrait être prononcée contre lui. — *Metz*, 22 mars 1817, Fortier c. Menusson. — Bioche, nº 414. — *Contrà*, *Paris*, 6 therm. an XIII, Sirosy et Boursault c. Baudon.

753. — Mais la partie saisie est non recevable à attaquer, sur l'appel d'un jugement d'ordre, les chefs de ce jugement qui ont rejeté ou réduit la collocation de certains créanciers, si cette partie ne s'est pas portée appelante du jugement. — *Paris*, 26 déc. 1810, Tondu c. Leuba.

754. — Les parties qui auraient pu former tierce opposition peuvent également intervenir sur l'appel. — Arg. C. proc., 466. — Bioche, nº 416.

755. — Spécialement, le créancier retardataire

qui ne figurait pas au jugement. — *Colmar*, 3 avr. 1816 (dans ses motifs).—Bioche, n° 417 ; Chauveau sur Carré, quest. 2590.

756. — Mais le créancier produisant qui aurait été forclos faute de contredire, ne pourrait intervenir sur l'appel. — *Paris*, 6 therm. an XIII, Sirons et Boursault c. Baudon ; *Metz*, 15 fév. 1812, Poullain c. Paté ; *Limoges*, 5 juin 1823, Bernard et Audoine c. Tixier et Duchez. — Carré, quest. 2590 ; Berriat, p. 612 et 616, n° 190 ; Hautefeuille, p. 422 ; *Praticien français*, t. 4, p. 471.

757. — Ainsi : le créancier qui, par suite du jugement d'ordre dans lequel il a été partie, se trouve rejeté de l'ordre, ne pourrait se rendre intervenant sur l'appel interjeté de ce jugement par d'autres créanciers. — Chauveau sur Carré, quest. 2590 *bis*.

758. — De même, le créancier qui ne s'est pas présenté à l'ordre ne peut intervenir sur l'appel du jugement d'ordre. — *Paris*, 9 fév. 1809, Parent c. Allais et Chauvin.

759. — Pareillement : le créancier qui n'a pas contredit en première instance dans les formes et délais prescrits une collocation portée dans le règlement provisoire, est sans qualité pour attaquer, par la voie de l'appel, le jugement qui maintient cette collocation ; encore bien qu'il existe sur ce chef un autre appel. — *Paris*, 7 juin 1834, Gauthier c. Touche de la Pelleterie et Huchet. — Bioche (*Dictionn. de procéd.*, v° *Ordre entre créanciers*, n° 418) n'admet cette opinion qu'autant que l'intervenant forme en appel une demande nouvelle ; s'il se borne à appuyer des conclusions déjà prises en première instance, son intervention sera recevable : il a déjà été représenté devant le tribunal par l'avoué du créancier dernier colloqué, et doit l'être encore devant la Cour.

760. — Pareillement, le créancier qui n'a pas contesté le règlement provisoire de l'ordre dans le délai de la loi ne peut se pourvoir par appel, contre le règlement définitif, en ce qu'il n'aurait pas été statué sur la chose demandée. — *Paris*, 26 nov. 1836, Bignon c. Dupré.

761. — Le créancier qui n'a pas contredit l'état de collocation provisoire dans le délai d'un mois depuis sa dénonciation, et qui n'a ni adhéré au contredit élevé par un créancier, ni déclaré à l'audience prendre les mêmes conclusions que lui, ne peut interjeter appel du jugement rendu sur le contredit. — *Limoges*, 18 mai 1840 (t. 2 1840, p. 642), Antignac et Tibeyrant c. Masoyer-Labosche.

762. — Le créancier figurant dans un ordre, et qui n'a pas contredit dans le délai légal, ne peut interjeter appel du règlement dressé par le juge-commissaire, sous le prétexte que ce magistrat aurait colloqué des individus n'ayant aucun droit sur le prix à distribuer. — *Paris*, 26 janv. 1831, Ouradon c. Lutheroth.

763. — Un créancier, bien qu'ayant été partie au jugement rendu sur les contredits, ne pourrait cependant en appeler s'il était sans intérêt, par exemple si la collocation admise ne lui causait aucun préjudice. — Bioche, n° 411.

764. — Le créancier qui a conclu devant les premiers juges au maintien du règlement provisoire, ne peut, en appel, contester la collocation d'un créancier. — *Bordeaux*, 15 déc. 1826, N....

765. — *Contrà :* le créancier qui, en première instance, s'est borné à demander la maintenue de sa collocation, est recevable, sur l'appel, à contester les collocations des autres créanciers. — *Colmar*, 25 avr. 1817, Cabriston c. N....

766. — Il n'est pas besoin que l'appelant se soit servi du mot de *contredit* dans son dire. Le Code ne fixe pas de formes sacramentelles. — V. Bioche (n° 413), qui cite, comme l'ayant ainsi décidé, un arrêt de Metz du 15 nov. 1843.

767. —Les créanciers qui ne sont point personnellement appelans du jugement d'ordre, n'ont pas le droit d'intervenir, dans l'instance d'appel, à l'effet de surveiller leurs intérêts communs. — *Paris*, 6 therm. an XIII, Giroux et Boursault c. Baudon.

768. — Ainsi un créancier ne peut appeler du jugement d'ordre vis-à-vis du poursuivant dont la collocation ne nuit pas à ses intérêts. — Il ne le peut pas davantage contre tout autre créancier, lorsqu'il n'a pas contesté dans le mois l'ordonnance du juge commissaire qui l'a éliminé de l'ordre en le déclarant forclos de produire.— *Paris*, 9 févr. 1809, Parent c. Allais et Chauvin.— *Cass.*, 14 nov. 1826, Ferrette c. Leu.

769. — Par la même raison, le créancier colloqué, à l'égard duquel le jugement d'ordre n'est pas attaqué, ne peut intervenir sur l'appel. — *Paris*, 4 août 1810, Cobler c. Gauthier et Lagarde.

770. — Lorsque l'appel d'un jugement rendu dans une instance d'ordre n'est pas recevable, l'intervention sur cet appel doit être considérée comme non avenue. — *Rennes*, 26 mai 1814, Lévêque c. Soupe.

771. — Mais un créancier inscrit qui n'est pas forclos de contredire le règlement provisoire, et qui, par exemple, est devenu créancier postérieurement au jugement d'ordre, peut intervenir sur l'appel dans une instance d'ordre. — *Rennes*, 29 août 1814, Soupe c. Guyot et Lévêque. — Bioche et Goujet, *Dict. de procéd.*, v° *Intervention*, n° 43.

772. — Les créanciers colloqués dans un ordre ont qualité pour intervenir sur l'appel introduit à la requête d'un créancier frappé de forclusion contre le jugement qui a déclaré son action non recevable. — *Cass.*, 25 août 1842 (t. 1er 1843, p. 142), Loisel c. Hauterre.

773. — Un créancier ne peut attaquer ni en son nom personnel ni au nom de son débiteur le jugement qui a rejeté la collocation qu'accordait à celui-ci un état provisoire d'ordre, alors qu'il n'intente son action qu'après que le débiteur a acquiescé à ce jugement. — L'acquéreur ne peut se prétendre subrogé légalement dans les droits des créanciers inscrits qu'autant qu'il a effectué réellement le paiement de son prix entre leurs mains, et la date de la subrogation est déterminée par celle du paiement effectif. — *Caen*, 8 juin 1847 (t. 1er 1848, p. 250), Lelasseur c. Mesguet et Lecointe.

774. — Lorsque, dans une instance d'ordre, la contestation d'un créancier non colloqué n'a eu en première instance pour objet que la validité et l'antériorité de son inscription, ce créancier est non recevable à attaquer pour la première fois, devant la Cour, les inscriptions de ses adversaires : soit dans la forme, soit dans le fond. — *Agen*, 22 nov. 1841 (t. 1er 1842, p. 229), Soulié c. Maignan.

775. — Lorsque, dans une instance d'ordre, le débiteur a laissé colloquer l'un de ses créanciers pour le montant d'une obligation sans exciper d'une contre-lettre faisant double emploi avec cette obligation, il est non recevable ultérieurement à demander par action nouvelle et principale l'exécution de la contre-lettre à l'effet de faire annuler la collocation obtenue par le créancier. Autrement ce serait violer la chose précédemment jugée. — *Cass.*, 8 août 1832, Germain c. Charmetton.

776. — Le créancier inscrit qui, quoique sommé de se présenter à l'ordre pour produire ses titres de créance, n'y avait point comparu, ne pouvait, sous la loi du 11 brum. an VII, interjeter appel du jugement d'ordre et engager un débat sur les collocations.— *Cass.*, 6 mars 1809, Thomas c. Lebreton.

777. — En matière d'ordre un créancier n'est pas recevable à interjeter appel du jugement d'ordre sur un chef à l'égard duquel il n'a ni contredit sur le procès-verbal du juge commissaire, ni plaidé devant les premiers juges lors du renvoi à l'audience. — *Paris*, 11 juill. 1836, Bureaux c. Agens de change de Paris.

778. — La jonction d'une instance d'ordre avec une autre instance liée sur une action en garantie, ne prive point la partie assignée en garantie du droit d'appeler dans les délais ordinaires. — *Grenoble*, 26 juill. 1839 (t. 2 1840, p. 359), Breynat c. Bonnichon.

779. — Le curateur à une succession vacante ne peut pas se plaindre d'avoir été débouté d'une demande en collocation dans un ordre, s'il ne se porte appelant du jugement contre ceux qui en ont provoqué le rejet. — *Rennes*, 25 avril 1820, Guénéa c. Riou-Kerhallet.

780. — On ne peut plaider devant le tribunal de première instance les incidens élevés en matière d'ordre. — *Nancy*, 12 juin 1832, N....

ART. 3. — *Délais*.

781. — L'appel du jugement qui, en matière d'ordre, statue sur les contestations élevées au règlement provisoire, doit être interjeté, à peine de nullité, dans les dix jours de la signification du jugement faite aux avoués, outre un jour par trois myriamètres de distance du domicile réel de chaque partie. — C. proc., art. 763.

782. — Le délai d'appel, fixé par l'art. 763 du Code de procédure, s'applique à tous les jugemens rendus en matière d'ordre sur des contestations, et, par exemple, au jugement qui statue sur la question de savoir si le poursuivant a qualité pour requérir l'ouverture de l'ordre. — *Metz*, 7 janv. 1814, Scaillette c. Lefèvre ; *Cass.*, 1er avril 1816, mêmes parties ; *Bordeaux*, 3 juin 1819, Mazues c. de Laboulie ; *Poitiers*, 29 (et non 17) avril 1831, Delcau c. Lascases ; *Bordeaux*, 23 mars 1833, Bardon c. Giroux. — Berriat, p. 612, n° 4 ; Bioche, v° *Ordre*, n° 423.

783. — ... Ou sur la validité d'un titre. — *Rennes*, 30 mai 1821, Filles c. Béranger.

784. — ... Ou sur la tierce opposition formée contre un jugement servant de titre à un créancier. — *Rennes*, 7 fév. 1818, Quatreforge c. Solier. — Bioche, n° 423.

785. — ... Ou sur la demande d'un créancier admis à l'ordre, tendante à ce qu'on réunît au prix à distribuer celui d'un immeuble vendu volontairement. — *Cass.*, 4 mars 1829 (dans ses motifs), Frimal c. Gazard. — Bioche, *ibid.*

786. — Ce délai s'applique aussi au jugement rendu même sur un incident. — *Toulouse*, 7 mai 1821, Dufour c. Troy.

787. — Il en est ainsi : bien que le jugement ne statue ni sur des difficultés relatives à la procédure de l'ordre, ni sur les contredits des créanciers. — *Amiens*, 10 juill. 1822, Delunel c. Lautour.

788. — Chauveau sur Carré (quest. 2586 *bis*) pense cependant que l'art. 763 statue seulement pour les jugemens rendus sur contredits dans un ordre ouvert en justice ; mais que la rapidité et la simplicité des formes qu'il introduit dans cette matière ne seraient plus que rigueur et arbitraire dans des cas différens : c'est donc, suivant cet auteur, aux seules contestations sur le règlement provisoire qu'il faut restreindre cette disposition.

789. — En matière d'ordre, le délai fixé par l'art. 763 ne doit pas être augmenté quoiqu'il y ait lieu à l'envoi et au retour des pièces. — *Metz*, 15 juin 1824, Megret de Serilly c. d'Humbepaire.

790. — Lorsqu'un jugement, en prononçant la clôture d'un ordre, a réservé cependant la décision à porter entre deux créanciers, sur le point de savoir si celui d'eux qui a été provisoirement colloqué en premier ordre, n'a pas cédé sa propriété à l'autre ; le jugement qui intervient sur cette contestation ainsi réservée est un véritable jugement d'ordre dont l'appel doit être interjeté dans le délai de dix jours, à partir de la signification à avoué. — *Liége*, 10 nov. 1823, Fournier c. Boursier.

791. — Mais l'appel doit-il être interjeté dans les dix jours de la signification à l'avoué du tuteur, en cas de jugement rendu contre un mineur non émancipé, ou bien peut-il l'être dans les trois mois à dater de la signification au subrogé tuteur ? — Bioche, (n° 423) fait observer à cet égard qu'en matière d'ordre la pensée dominante est la nécessité de terminer la procédure. L'art. 763 est spécial, il établit un droit particulier et déroge à l'art. 444. Au surplus, la procédure d'ordre offre des garanties au mineur ; elle exige, en effet, la communication au ministère public, un examen attentif de la part du juge commissaire, le concours de plusieurs créanciers, dont quelques-uns peuvent avoir des intérêts analogues à ceux du mineur. Enfin la signification est faite non au tuteur mais à un avoué, c'est-à-dire à un officier public devant se montrer d'autant plus vigilant qu'il exerce pour un incapable.

792. — Le délai de l'appel relativement au nouveau subrogé tuteur ne court que du jour où le poursuivant lui a fait la notification du jugement d'ordre. — *Rennes*, 29 août 1814, Hubert Soupe c. Guyot et Levêque.

793. — Le délai de l'appel doit être restreint à dix jours, lorsque les sommes dont un jugement ordonne la distribution entre les créanciers proviennent en partie de la vente des immeubles du débiteur et en partie de la vente du mobilier. Ce délai est le même à l'égard des créanciers en sous-ordre, et à l'égard des créanciers colloqués en leur nom personnel. — *Lyon*, 2 janv. 1811, Chabot. — Bioche et Goujet, v° *Distribution par contribution*, n° 105 ; Berriat Saint-Prix, p. 559, n° 31.

794. — Le principe que l'appel doit être formé dans les dix jours souffre néanmoins quelques exceptions.

795. — Ainsi un appel incident peut être interjeté en tout état de cause.—Arg., C. procéd., art. 444. — *Paris*, 9 juin 1814, Dussaux et Benard c. Lefrançois ; *Rouen* (dans ses motifs), 1er août 1817, Guillaume c. Morris. — Bioche, n° 424 ; Chauveau sur Carré, quest. 2586 4°.

796. — Il en est de même d'un jugement réglant à l'audience la distribution entre deux ou trois créanciers des deniers provenant de la vente que le débiteur commun a volontairement faite de l'immeuble qui leur était hypothécairement affecté. — V. *suprà* nos 89 et 104. — Bioche, nos 8 et suiv. et 427.

797. — Pareillement : en cas d'intimation de l'avoué du dernier créancier colloqué, la loi ne fixe aucun délai. L'appel doit seulement être interjeté dans les dix jours contre les créanciers personnellement en cause. — *Paris*, 27 nov. 1812, Levesque c. Parnot. — Thomines, n° 881 ; Bioche, n° 425. — *Contrà*, *Toulouse*, 8 juill. 1829, Sabatier c. Cazals.

798. — Lorsque dans un état d'ordre on contredit non le rang mais la quotité d'une créance colloquée, et qu'une instruction est ordonnée pour connaître l'importance de cette créance; le jugement qui en fixe le montant ne doit pas, à peine de déchéance, être frappé d'appel dans les dix jours de la signification à avoué. — *Rouen*, 10 mars 1824, de Saint-Paer c. d'Arlincourt. — Thomines-Desmazures, t. 2, n° 879 ; Chauveau sur Carré, quest. 2586 *bis*; Bioche, 429.

799. — De même le délai d'appel d'un jugement d'ordre, qui statue en même temps sur une demande principale, en nullité de contrat, est de trois mois. — *Rennes*, 29 janv. 1817, Hervé c. Delarue et Fromont. — Bioche, quest. 428.

800. — Le jugement d'ordre, rendu avant la promulgation du Code de procéd. civ., n'est pas non plus, bien qu'il ait été signifié depuis, soumis aux dispositions de l'art. 763, qui exige que l'appel soit interjeté dans les dix jours de la signification à avoué. — *Paris*, 4 août 1807.

801. — De même le délai pour interjeter appel d'un jugement d'ordre, rendu depuis le 1er janvier 1807, époque de la mise à exécution du Code de procédure civile, n'est pas restreint à dix jours, si le procès-verbal d'ordre a été ouvert sous la loi du 16-24 août 1790. — *Bruxelles*, 9 janv. 1808, Godfurneaux c. Stevens; *Paris*, 10 mars 1810, Desguerrais de Mauroy et Valton c. Court; *Cass.*, 2 juill. 1811, Muller c. Fourmy. — Chauveau sur Carré, quest. 2587; Bioche, n° 426.

802. — Décidé cependant que l'appel d'un jugement d'ordre, rendu sous l'empire du Code de procédure civile, doit être interjeté dans les dix jours de la signification du jugement à avoué, quoique l'ordre ait été ouvert avant la promulgation du Code. — *Nîmes*, 17 août 1807, Masmejean c. Cavalier.

803. — En matière d'ordre, le délai pour interjeter appel d'un jugement n'étant que de dix jours à partir de la signification à avoué, aux termes de l'art. 763 C. proc. civ., la disposition de l'art. 449 du même Code qui ne permet pas d'interjeter appel dans la huitaine de la prononciation du jugement n'est pas applicable. — *Bordeaux*, 15 déc. 1826, N... ; *Paris*, 10 août 1837 (t. 2 1837, p. 446), Dudin c. Philippot et Lapin. — Bioche, quest. 430.

804. — En matière d'ordre, le jour de la signification du jugement n'est pas compté dans les délais accordés pour interjeter appel. — *Cass.*, 27 fév. 1815, Gihoul et Roussel c. N... ; *Caen*, 28 déc. 1815, (dans ses motifs), Gihoul c. Gosselin; *Riom*, 31 août 1816, Chomoton c. Maurin. — Berriat, p. 616, note 18, n° 2; Bioche, n° 431 ; Chauveau sur Carré, quest. 2586 *ter*.

805. — Au contraire, l'art. 1033 C. proc., d'après lequel on ne compte ni le jour de la signification ni celui de l'échéance, ne s'applique pas au délai de dix jours fixé pour l'appel d'un jugement d'ordre; les dix jours dont parle l'art. 763 C. proc. ne sont pas francs. — *Limoges*, 16 nov. 1811, Gentil c. Roux; *Riom*, 8 janv. 1824, Monteil c. Broquin; *Aix*, 22 nov. 1826, Barthélemy c. Etienne; *Bordeaux*, 3 juin 1829, Mazens c. de Laloubie.

806. — Peu importe que le dixième jour soit férié. — Il n'en résulte pas que le délai doive être prorogé au onzième jour. — *Bordeaux*, 4 juin 1835, Baudrit c. Bonaventure. — Bioche, *Dict. de proc.*, v° *Ordre*, n° 432; Chauveau sur Carré, quest. 2586 *ter*.

807. — Le délai de dix jours pour interjeter appel doit être augmenté d'un jour par trois myriamètres de distance entre le lieu où siége le tribunal devant lequel l'ordre se poursuit et le domicile de l'appelant et en outre d'un jour par trois myriamètres de distance entre le domicile de l'appelant et celui de l'intimé. — *Grenoble*, 18 juin 1832, Chuillat c. Jourdan.

808. — L'art. 763 a voulu, en effet, que le délai d'augmentation fût entièrement consacré à la délibération. D'où il suit qu'on doit accorder à l'appelant, outre le temps nécessaire à son avoué pour l'avertir, celui indispensable pour faire signifier l'appel au domicile de l'intimé. — Bioche, n° 433; Merlin, *Quest.*, v° *Domicile élu*, § 3, n° 5; Hervieu, *Résumé de jurisprudence hypothécaire*, v° *Ordre*, n° 99.

809. — Il ne suffirait donc point, ainsi que l'a jugé la Cour de Grenoble (Dutrait c. Laplagne) le 16 juin 1824, d'augmenter le délai fixé par l'art. 763, d'un jour par trois myriamètres de distance entre le lieu où siége le tribunal saisi et le domicile de l'appelant.

810. — C'est également à tort que la Cour de

Poitiers a jugé, de son côté, que le délai de dix jours devait être augmenté d'après la distance qui se trouve entre le domicile de l'appelant et celui de l'intimé, sans qu'on prît en considération celle existant entre le lieu où siége le tribunal et le domicile de l'appelant. — *Poitiers*, 29 avr. 1831, Deleau c. Lascases.

811. — La Cour de cassation, par un arrêt du 4 août 1819 (Delarue et Fromont c. Hervé et Delaunay), a jugé que le délai de dix jours, que l'art. 763 C. proc. fixe pour l'appel d'un jugement d'ordre, doit être augmenté d'un jour par trois myriamètres de distance entre le lieu où siége le tribunal devant lequel l'ordre se poursuit et le domicile réel de l'appelant. Mais M. Bioche (*loc. cit.*) pense que cet arrêt ne contredit pas la doctrine que nous venons d'exposer; car il veut seulement dire qu'en joignant, dans l'espèce jugée, le délai supplémentaire d'un jour par 3 myriamètres de distance du domicile de chacune des parties au délai de dix jours, l'appel avait été valablement interjeté.

812. — La Cour de Riom a jugé, de son côté, que le délai de l'art. 763 doit être augmenté d'après la distance qui se trouve entre le domicile de l'appelant et celui de l'intimé le plus éloigné, sans qu'on doive tenir compte des distances existant entre les domiciles des divers intimés. — *Riom*, 8 janv. 1824, Monteil c. Broquin.

813. — De ce qu'une distance excède trois myriamètres, il n'en résulte pas qu'on doive accorder un jour de plus pour l'excédant qui n'atteint pas trois myriamètres. — Même arrêt; *Poitiers*, 29 avr. 1831, Deleau c. Lascases. — Bioche, n° 434.

814. — *Contrà* lorsqu'en sus des trois myriamètres de distance, dont parle l'art. 763 C. proc., il y a des fractions de myriamètre, le délai d'appel doit encore être augmenté d'un jour à raison de ces mêmes fractions. — *Metz*, 15 juin 1824, Megret de Sérilly c. d'Humbepaire. — Pigeau, t. 2, p. 55; Lepage, *Quest.*, p. 59 et 60.

815. — La signification nécessaire pour faire courir le délai d'appel peut être faite : soit par le poursuivant, comme chargé de tous les actes relatifs à la poursuite; soit par tout autre créancier plus diligent. Ce dernier sera alors considéré comme agissant dans l'intérêt commun. — Pigeau, *Comment.*, t. 2, n° 440; Chauveau sur Carré, quest. 2583, 4°; Bioche, n° 435; Favard, t. 4, p. 66.

816. — Ainsi : il n'est pas indispensable que le jugement d'ordre soit signifié par le *créancier poursuivant*, pour faire courir le délai de l'appel. Ce délai court du jour de la signification faite dudit jugement, par un *créancier en sous-ordre*. — *Riom*, 18 mars 1815, Lavergne c. Lapeyre.

817. — La signification d'un jugement d'ordre, faite par l'une des parties, et *spécialement* par le débiteur aux avoués de la cause, fait courir les délais de l'appel à l'égard de toutes parties indistinctement. — *Montpellier*, 4 juin 1830, Combres c. Thamalet.

818. — Lorsque, dans un ordre, un jugement a statué sur des contestations élevées par une femme séparée de biens, la simple signification à avoué, de ce jugement, n'en suffit pas moins pour faire courir les délais d'appel. — *Aix*, 22 nov. 1826, Barthélemy c. Etienne.

819. — L'avoué chargé de faire la signification peut être aussi désigné par le tribunal; mais, dans la pratique, c'est le poursuivant qui se charge de ce soin. L'usage est de lui reconnaître le droit de lever et de signifier le jugement. — Bioche, n° 436.

820. — Dans ce cas, le principe que *nul ne peut se forclore soi-même* souffre exception; et la signification faite par le poursuivant, du jugement rendu sur l'ordre, fait courir le délai de l'appel, tant contre lui que contre les autres parties. — *Colmar*, 12 déc. 1816, Wolff c. Hirsch; *Cass.*, 13 nov. 1821, Hirsch. c. Wolff; *Grenoble*, 4 fév. 1832, Gonnet c. Bourguignon; *Cass.*, 24 avril 1833, Min. de la marine c. Lavoisier et Desgraviers. — Bioche, n° 437; Berriat, n° 616; Chauveau sur Carré, quest. 2583, 4° *in fine*. — *Contrà*, *Douai*, 3 mai 1830 (rapporté sous l'arrêt de cass.).

821. — La signification du jugement fait courir le délai de l'appel, même à l'égard du créancier à la requête duquel elle a été faite. — Mêmes autorités. — *Riom*, 8 janv. 1824, Monteil c. Broquin.

822. — En conséquence, est non recevable l'appel interjeté par le poursuivant plus de dix jours après la signification du jugement faite à avoué à la requête du poursuivant lui-même. — *Colmar*, 10 déc. 1822, Dournay c. Walter-Rambourg et Gouy.

823. — La signification d'un jugement d'ordre faite par la partie principale fait courir le délai d'appel, même à l'égard du débiteur avec lequel

le jugement a été déclaré commun. — *Paris*, 16 juill. 1811, Desplaces c. la Régie.

824. — La signification à avoué d'un jugement d'ordre, notifié à l'avoué poursuivant, fait courir le délai d'appel contre toutes les parties, et ce délai est de dix jours à compter du jour de la signification du jugement à avoué. — *Rennes*, 29 août 1814, Hubert Soupe c. Guyot et Lévêque.

825. — Le délai de dix jours fixé pour l'appel du jugement rendu en matière d'ordre ne peut courir que du jour de la signification du jugement faite par l'avoué de l'intimé à celui de l'appelant, et non de la signification faite à l'avoué de l'intimé par l'appelant. — *Amiens*, 25 juin 1822, Hospice d'Hypres c. Renard.

826. — A l'expiration de ce délai, ce jugement est devenu irrévocable à l'égard de toutes les parties qui n'ont pas été intimées antérieurement. — *Grenoble*, 4 févr. 1832, Gonnet c. Bourguignon.

827. — De même la signification d'un jugement d'ordre faite à la requête du créancier poursuivant aux divers créanciers qui ont produit à l'ordre, fait courir le délai d'appel pour et contre chacun d'eux respectivement. — *Turin*, 18 mai 1813, Pianavia c. Bertolotti et Prandi; *Cass.*, 28 déc. 1808, d'Oudetot c. Bachelier d'Agès.

828. — S'il n'en était pas ainsi, il faudrait dire que chaque avoué devrait signifier le jugement à tous les autres avoués de la cause. Il en résulterait, malgré le vœu de la loi, des frais frustratoires et des lenteurs dans les procédures individuelles. — Bioche, n° 438; Berriat, n° 616, note 19.

829. — La signification à partie serait inutile et frustratoire. — Chauveau sur Carré, quest. 2583 *ter*; Bioche, n° 439.

830. — En matière d'ordre (matière exceptionnelle) les délais de l'appel ne sont pas, comme en matière ordinaire, suspendus par le décès de la partie condamnée. — ... Alors surtout que ce décès n'a pas été notifié aux parties en cause, et que, loin de là, l'avoué qui occupait antérieurement n'a pas pas cessé depuis de faire les actes de son ministère. — *Limoges*, 7 juin 1844 (t. 1er 1846, p. 123), Mosnier c. Laclaudure et Bouquet-Zolinières. — Bioche, n° 421.

831. — En cas de décès de l'avoué, une signification à domicile ferait-elle courir le délai de dix jours? — Chauveau, sur Carré (quest. 2586, 5°), contient la négative par le motif que si la loi a restreint le délai, c'est dans la pensée que l'avoué servirait de guide au plaideur inexpérimenté et l'avertirait de l'urgence de la mesure à prendre. Aussi est-il juste, lorsque les conseils de l'avoué manquent au client, d'accorder à celui-ci les délais ordinaires.

832. — Il a été jugé cependant qu'en matière d'ordre, le décès de l'avoué d'une partie, postérieur à la prononciation du jugement d'ordre, mais antérieur à ce jugement, motive suffisamment la signification à personne ou domicile: et, dans ce cas, le délai de dix jours, fixé pour l'appel, court légalement à partir de cette signification, comme si elle eût été faite à l'avoué même : la partie ne peut en faire résulter pour elle un droit au délai ordinaire de trois mois. — *Orléans*, 10 avril 1837 (t. 2 1837, p. 494), P... c. Ch...

833. — La signification du jugement n'a pas besoin de contenir les formalités des exploits: comme l'immatricule de l'huissier, etc. Il doit seulement renfermer les énonciations exigées pour la validité des actes d'avoué à avoué. — *Paris*, 12 mai 1835, Michau c. Lebon; 23 nov. 1839 (t. 2 1839, p. 649), Dubois et Gillot c. de Tilly. — Bioche, n° 440.

834. — Ainsi, il doit notamment contenir la date de la signification, cette date établissant le point de départ du délai d'appel, ainsi que la mention de la personne à qui copie de la signification a été remise. — Chauveau sur Carré, quest. 2583; Bioche, v^{is} *Exploit*, n° 12, et *Ordre*, n° 440.

835. — Mais, si les formalités prescrites pour les ajournemens ne sont pas rigoureusement exigées dans les significations d'avoué à avoué, on n'en doit pas moins signifier le jugement à l'avoué occupant pour plusieurs créanciers, en autant de copies qu'il représente de parties ayant un intérêt distinct. — Bioche, n°s 396 et 441.

836. — Un créancier colloqué ne peut exciper de la signification du jugement d'ordre faite par un autre créancier à un troisième, pour repousser comme tardif l'appel dirigé contre lui par ce troisième créancier, s'il n'a fait, de son côté, une signification qui seule aurait pû faire courir en sa faveur le délai d'appel. — *Lyon*, 1er av. 1841 (t. 2 1841, p. 671), Contributions indirectes c. Chatard.

837. — Lorsque, sur une instance d'ordre ouvert pour la distribution du prix d'un immeuble, il a été fait par le juge commissaire un règlement provisoire, *par voie d'ordre*, entre les créanciers inscrits, et un règlement, *par voie de sous-ordre*, entre les créanciers d'un créancier colloqué, le jugement qui maintient un tel état provisoire n'en est pas moins un jugement d'ordre, et non un jugement de distribution par contribution, encore bien qu'il n'y ait eu de contestations que sur le sous-ordre, et que ces contestations aient été le seul litige sur lequel le jugement ait statué. — En conséquence, à l'appel interjeté par un créancier subrogé, qui, à ce titre, réclame une collocation directe sans être passible du sous-ordre, on doit appliquer non le délai fixe de dix jours porté en l'art. 669 C. pr. civ., mais bien celui réglé par l'art. 763, qui est susceptible d'augmentation, à raison des distances. — Du reste, lorsque c'est l'art. 763 qui régit la cause, il s'applique à toute contestation, quelle qu'en soit la nature. — *Bordeaux*, 23 juin 1844 (t. 2 1844, p. 325), Froidefond-Duchatenet c. Cazamajour.

838. — Lorsqu'un premier jugement a rejeté la demande en nullité d'un ordre, et qu'un second jugement a ordonné que cet ordre serait joint à un autre: si le demandeur interjette appel de ces deux jugemens, par actes séparés; la Cour d'appel ne peut déclarer l'appel du premier jugement non recevable, en se fondant uniquement sur ce que l'appel du second a été formé hors des délais de la loi. — Dans ce cas, au contraire, la Cour d'appel, régulièrement saisie de l'appel du premier jugement, doit en examiner le mérite, l'infirmation de ce jugement entraînant nécessairement l'infirmation du second, quelque irrégulier qu'en soit l'appel. — *Cass.*, 4 mars 1829, Grimal c. Gasard.

ART. 4. — *Acte d'appel.*

§ 1er. — *Formalités.*

839. — L'acte d'appel doit contenir (indépendamment de la déclaration de la partie qu'elle entend faire réformer le jugement rendu contre elle) assignation devant la Cour compétente, et l'énonciation des griefs. — Chauveau sur Carré, quest. 2588.

840. — Comme il doit contenir assignation, il est du reste soumis à toutes les formes de l'exploit d'ajournement. — Bioche, n° 446. — V. AJOURNEMENT.

841. — L'appel d'un jugement d'ordre n'est pas nul, quoiqu'il contienne assignation à un délai plus long que le délai légal: l'intimé peut poursuivre l'audience et obtenir un arrêt par défaut contre l'appelant, après l'expiration de ce dernier délai. — *Cass.*, 13 pr. an II, Douanes c. Caye; 15 déc. 1808, Benckler; *Bruxelles*, 8 août 1810, Elinckhuys c. Vanhachren.

842. — Il n'y a pas nullité en matière de jugement d'ordre, par cela seul que l'appel en a été tardivement signifié à un créancier qui s'est désisté de la production par lui faite dans l'ordre, alors surtout que le jugement a donné acte de ce désistement, si les autres créanciers, dont la collocation était contredite, ont été intimés en temps utile. — Il n'y a pas non plus nullité en ce que l'appel n'aurait pas été signifié avec intimation à tous les créanciers postérieurs aux collocations contestées, alors que ces créanciers ne se sont pas fait représenter par un avoué: la totalité de la somme à distribuer étant plus qu'absorbée par les créanciers en cause. — *Lyon*, 7 av. 1843 (t. 2 1843, p. 748), Patissier c. de Montaigu.

843. — Les jugemens d'ordre ne peuvent être annulés pour omission dans les qualités de l'une des parties. — *Rennes*, 23 janv. 1815, Préfet de la Loire-Inférieure c. N.... — Carré, *Lois de la pr.*, quest. 2582. — Dans l'espèce on avait omis, aux qualités, le préfet de la Loire-Inférieure et l'administration du domaine, parties en cause.

844. — Le défaut d'énonciation des griefs, bien que celle-ci soit exigée par l'art. 763, n'entraîne pas la nullité de l'acte d'appel. — Arg. C. proc., art. 1030. — *Bruxelles*, 3 décemb. 1812, Blondeau c. Couppé; *Rouen*, 9 déc. 1813, N...; *Colmar*, 25 av. 1817, Corbistron; *Limoges*, 15 janv. 1820, N...; *Metz*, 29 nov. 1821, Billaudel c. Briancourt; 18 janvier 1822, Chatel c. Carquin; 18 juin 1823, N...; *Nancy*, 28 mars 1825, Plassiard c. Triboulet; *Pau*, 19 mars 1828, Biscarros; *Bruxelles*, 5 mars 1829, Warocque c. d'Hospel; *Agen*, 1er mai 1830, Goupil c. Daat-Lozeau; *Nancy*, 26 juin 1833, Follin c. Marchal. — Berriat, p. 646; Thomines, t. 2, p. 191; Souquet, *Introd.*, n° 247; Bioche, n° 443; Carré et Chauveau, quest. 2588.

845. — Ce défaut d'énonciation n'aurait pas pour effet d'entraîner la nullité de l'acte d'appel, même lorsqu'en première instance la contestation se serait étendue sur plusieurs objets différens. — *Riom*, 17 janvier 1824, Faure c. Meilleroux.

846. — Il suffit que l'appelant s'en réfère aux conclusions par lui prises en première instance. — *Bourges*, 6 déc. 1839 (t. 2 1842, p. 338), Barbier-Grandpré c. Boutillier.

847. — Ainsi l'énonciation existerait suffisamment dans un acte d'appel, où l'appelant, après avoir dit que le jugement lui infère des griefs sensibles, ajouterait qu'il en demandera la réformation et l'adjudication des conclusions par lui prises en première instance. — *Pau*, 19 mars 1828, Biscarros.

848. — L'acte d'appel dirigé contre un jugement qui a statué, après jonction des deux instances, sur les contredits à un ordre ouvert, et sur la nullité de commandement tendant à revente sur folle enchère, n'est pas nul par le seul défaut d'énonciation de griefs sur le chef qui a statué sur les contredits à l'ordre; cette énonciation étant demandée par l'art. 763 C. procéd., quand, du reste, l'opposant a suffisamment exprimé son intention d'attaquer le jugement en entier. — *Bordeaux*, 15 mars 1833, Richet c. Povis.

849. — Jugé au contraire que l'appel d'un jugement d'ordre doit, à peine de nullité, contenir l'énonciation des griefs. — *Nîmes*, 17 août 1807, Masmejean c. Cavalier; *Bruxelles*, 5 juillet 1810, Baertion c. Vanschoor.

850. — ... Qu'autant l'appelant serait non recevable à demander plus tard la réformation des chefs non attaqués dans l'acte d'appel, il serait réputé à cet égard avoir acquiescé au jugement. — *Cass.*, 29 août 1838 (t. 2 1838, p. 242), Hernes c. Bastil. — Bioche, n° 444.

851. — En matière d'ordre on peut proposer en cause d'appel d'autres griefs que ceux énoncés dans l'acte d'appel, pourvu qu'ils ne forment pas une demande nouvelle. — *Trèves*, 11 mars 1812, Wust c. Groetzinger. — Bioche, n° 445.

852. — Mais l'appelant doit supporter les frais de ce nouvel acte. — *Nancy*, 28 mars 1825 (dans ses motifs), Plassiard c. Triboulot; *Pau*, 19 mars 1828, Biscarros. — Bioche, n° 445.

§ 2. — *Signification.*

853. — En thèse générale, l'acte d'appel doit, conformément au droit commun, être signifié à personne ou à domicile. — *Paris*, 23 août 1811, Fildesoie c. Robin; *Cass.*, 27 oct. 1813, Creugiat; 13 janv. 1814, Hamoire c. Naveau; *Colmar*, 25 avril 1817, Carbistron; *Toulouse*, 6 mai 1819, Aissailly c. Beautés et Pouvillon. — Pigeau, *Comment.*, t. 2, p. 440; Persil, *Quest. hyp.*, t. 2, p. 446; Merlin, *Quest.*, v° *Domicile élu*, § 3; Bioche, nos 447 et 448; Carré, quest. 2584; Thomines, nos 763 et 880. — V., aussi, Hautefeuille, p. 422; Soret, t. 5, p. 343; Taillandier, *De l'appel*, nos 220 et 221.

854. — Ainsi il est nul s'il est signifié à avoué au lieu de l'être à personne ou domicile. — *Riom*, 20 avril 1810, Goujon c. Vassallet Brugerolle-Fressenette; *Rennes*, 5 juin 1812, Courtade c. Brout; *Bruxelles*, 1er fév. 1813, Narreau; *Colmar*, 24 fév. 1813, Ferret de Florimond; *Liége*, 22 mai 1813, N...; *Bourges*, 30 août 1815, Challumeau c. Bérard; *Rouen*, 14 nov. 1816, Courtenille c. Lecosne; *Toulouse*, 10 mars 1820, N...; *Grenoble*, 4 mars 1825, Bonnet c. Caillat; *Agen*, 27 mars 1829, Mothé-Lafon c. Pujo-Reillon. — Mêmes autorités; Chauveau sur Carré, quest. 2584.

855. — ... Ou s'il l'est au domicile de l'huissier qui a signifié le jugement. — *Colmar*, 22 fév. 1812, Jipft c. Westesholds.

856. — ... Enfin à tout domicile élu par l'intimé. — *Agen*, 18 mai 1833, Lacage.

857. — Divers arrêts ont décidé cependant que l'appel d'un jugement d'ordre peut être valablement signifié au domicile de l'avoué. — *Amiens*, 22 mai 1809, de Vissec c. de Lubersac; *Rouen*, 22 sept. 1810, Rimol c. Legemble; *Agen*, 16 mai 1811, Bulard de Buscon c. Balzac; *Grenoble*, 29 juin 1811, Fayol c. Dumas, Champion et Vallet; *Nancy*, 23 juill. 1812, Dalmbert et Bokary c. Cerfbeer; *Grenoble*, 4 mai 1820, Rey-Joly c. Lapierre.

858. — Il a été notamment jugé dans ce sens que la signification à avoué du jugement rendu en matière d'ordre ou de contribution emporte, lorsqu'elle a eu lieu sans protestation ni réserve, acquiescement au jugement, et rend la partie non recevable à en interjeter appel. — *Montpellier*, 31 janv. 1844 (t. 2 1845, p. 386), Barbas c. Villa. — V. ACQUIESCEMENT, nos 316 et suiv., 877 et suiv.

859. — Mais cette doctrine, fondée sur l'analogie tirée de l'art. 669 du C. de proc., relatif à la contribution, ne nous paraît pas fondée; l'art. 673 du C. de proc. ne contient, en effet, aucune dérogation au droit commun, et l'énonciation qu'il contient relativement à l'augmentation du délai, à raison des distances, fait nécessairement supposer que les parties doivent être assignées à leur domicile réel. — V., d'ailleurs, Thomines-Desmazures, t. 2, p. 326; Chauveau sur Carré, quest. 2584; Bioche, n° 448.

860. — L'avoué d'un subrogé tuteur décédé avant le jugement d'ordre n'a pu légalement recevoir la copie de la signification de ce jugement. — *Rennes*, 29 août 1814, Hubert Soupe c. Guyot et Levêque.

861. — L'art. 2156 C. civ. permettant d'intenter les actions auxquelles les inscriptions peuvent donner lieu contre les créanciers au domicile élu par l'acte d'inscription, il s'ensuit que l'appel d'un jugement d'ordre peut être valablement signifié au créancier au domicile par lui élu dans son inscription. — *Paris*, 17 juill. 1811, Delanoue c. Pango; *Liége*, 4 mars 1813, N...; *Cass.*, 23 avr. 1818 (et non 1817), Mayer c. Pelliet; *Cass.*, 16 mars 1820, Grandjacquot c. de Pillot; *Grenoble*, 4 mai 1820, Rey-Jolly c. Lapierre; *Limoges*, 21 juill. 1821, Dusaillant c. Fortune et Chosson; *Bourges*, 7 mars 1823, Dupin c. Béfara et Lebigre; *Metz*, 18 juin 1823, N...; *Grenoble*, 19 mai 1824, Cassan c. Constantin; *Poitiers*, 11 mai 1826, Mercier c. Defoulques; *Bordeaux*, 20 fév. 1829, Despaigne c. Anglès et de Raney; 29 avr. 1829, Laville c. Causse-Rouge; *Poitiers*, 29 (et non 17) avr. 1831, Delean c. Lascases; *Grenoble*, 17 août 1831, Michalon c. Simian et Reynaud; *Nancy*, 26 juin 1833, de Follin c. Marchal et Tardieu; *Grenoble*, 26 juill. 1839 (t. 2 1840, p. 359), Breynat c. Bonnichon; *Rouen*, 29 mai 1843 (t. 2 1844, p. 385), Mallende c. Boullais. — Carré et Chauveau, quest. 2585; Berriat, p. 616; Thomines-Desmazures, t. 2, p. 281; Merlin, *Rép.*, v° *Hypothèque*, sect. 262, art. 16; Hautefeuille, p. 422; Pigeau, *Comment.*, t. 2, p. 440; Persil, t. 2, n° 446; Carré, *Taxe*, p. 277; Favard de Langlade, *Rép.*, t. 4, p. 67; Chauveau, *Tarif*, t. 2, p. 250; Taillandier, *De l'appel*, n° 204; Bioche, n° 449; Rivoire, *De l'appel*, n° 151.

862. — Il en est ainsi même quand le créancier s'est fait colloquer en vertu d'un privilége, et il suffit que l'inscription ait donné lieu à contestation. — *Grenoble*, 18 janv. 1833, Mazade c. Leydier.

863. — En vain allèguerait-on que l'art. 763 C. proc., postérieur à l'art. 2156 C. civ., veut que l'appel soit interjeté dans les dix jours, sauf le délai des distances, avec signification au domicile réel ou à la personne de l'intimé, et que cet acte n'est plus une dépendance de l'instance première, mais une instance nouvelle. On répond avec avantage que l'art. 2156 C. civ. est spécial, et que les actes de procédure en cause d'appel doivent suivre la même marche qu'en première instance. L'art. 763 C. proc. n'a point dérogé à l'article précité, il n'est relatif qu'aux délais dans lesquels l'appel peut être interjeté en matière d'ordre. Enfin, de ces mots: Les actions auxquelles les inscriptions peuvent donner lieu contre les créanciers, seront intentées devant le tribunal compétent par exploits faits à personne, ou au dernier domicile élu sur le registre du conservateur, on doit tirer la conséquence que les actes de procédure en cause d'appel doivent suivre la même marche qu'en première instance. — *Orléans*, 19 nov. 1819, de Saint-Marceau c. Daudin.

864. — Décidé au contraire qu'est nul l'acte d'appel en matière d'ordre qui est signifié non à la personne ou au domicile réel, mais au domicile élu par l'inscription. — *Cass.*, 27 oct. 1813, Creuzial c. N...; *Toulouse*, 10 mars 1820, N...; *Riom*, 20 août 1810, Gaujoux c. Vassal et Brugerolle-Fressenette. — Thomine, n° 880.

865. — Lorsque des cohéritiers, créanciers du chef de leur auteur, ont, dans une inscription hypothécaire prise collectivement, élu un seul et même domicile, l'appel du jugement d'ordre leur est valablement notifié par une seule copie pour tous, laissée à ce domicile élu. — *Amiens*, 24 avr. 1822, Auquin et Marion c. de Flavigny.

866. — Pareillement, lorsque plusieurs parties ont élu le même domicile et produit à un ordre par le ministère du même avoué, l'acte d'appel leur est valablement signifié à ce domicile en une seule copie. — *Rouen*, 29 mai 1843 (t. 2 1844, p. 385), Mallende c. Boullais.

867. — Suivant ces autorités, il doit être donné autant de copies qu'il y a d'héritiers. L'appel serait nul, s'il n'avait été remis qu'une copie, lors même qu'on eût individuellement désigné tous les héritiers par leurs noms, prénoms, qualités et demeure. — *Grenoble*, 17 août 1831, Michalon c. Simian et Rose Reynaud; *Paris*, 10 août 1843 (t. 2 1843, p. 698), Mayer c. Magnier. — Bioche, n° 450.

868. — L'acte d'appel d'un jugement d'ordre peut être signifié au domicile élu dans le procès-verbal d'ordre. — *Cass.*, 13 déc. 1808, Champflour c. Chabaut.

869. — Dans le même sens: l'appel d'un jugement d'ordre est valablement signifié au domicile indiqué dans ce jugement et dans tous les actes de la procédure, quoique ce domicile ne soit plus celui de la partie au moment de la signification. — *Paris*, 6 fév. 1810, Danger c. Vavin.

870. — L'élection de domicile faite dans l'affiche d'expropriation forcée, conformément à l'art. 4 L. 11 brum. an VII, survivait à l'adjudication, de telle sorte qu'un créancier pouvait signifier au poursuivant, à ce domicile, l'appel du jugement qui l'avait rejeté de l'ordre. — *Cass.*, 22 janv. 1806, Terrasson-Davèze c. Rossari.

871. — Dans le cas même où l'appel est signifié au domicile élu on ne doit point tenir compte, pour l'augmentation du délai, de la distance séparant ce domicile de celui de l'appelant, mais de celle existant entre le domicile réel des deux parties. — *Poitiers*, 27 avr. 1831 (dans ses motifs), Théronneau c. com. de St-Sulpice. — Bioche, n° 451.

ART. 5. — *Appel incident.*

872. — On peut, en matière d'ordre comme en toute autre matière, interjeter appel incident. — *Rouen*, 1er août 1817, Guillaume c. Morris; *Toulouse*, 7 juin 1833 (dans ses motifs), Audric c. Bauguel.

873. — On ne lit, en effet, au titre De l'ordre aucune disposition qui s'oppose à ce qu'il en soit ainsi. — Bioche, n° 405.

874. — Ainsi, en matière d'ordre, l'appel incident est recevable de la part de tout créancier dont les droits se trouvent remis en question par suite de l'appel principal. — *Amiens*, 19 juin 1847 (t. 1er 1848, p. 247), Gardin et Paris c. Gandon.

875. — Et comme l'appel principal remet en question toutes les collocations, il en résulte une indivisibilité de fait qui empêche de dire qu'il y a chose jugée contre celui des créanciers qui, n'ayant pas appelé, veut former un appel incident. — *Toulouse*, 7 juin 1833, Audric c. Bauguel. — Bioche, n° 206.

876. — En matière d'ordre l'appel incident est recevable d'intimé à intimé, quand l'appel principal remet en question de l'un à l'autre la chose jugée en premier ressort et l'utilité de la collocation. — *Paris*, 6 janv. 1826, Boisgelin; *Cass.*, 31 juill. 1827, Dubois de la Motte c. Coigny. — Bioche, n° 407.

877. — L'appel incident est recevable même dans le cas où il est dirigé contre un chef du jugement entièrement distinct de celui qui a donné lieu à l'appel principal. — *Agen*, 15 janv. 1825, Lubesperre c. Dassy. — Bioche, n° 408.

878. — Mais l'intimé doit avoir contredit, à cet égard, sur le règlement provisoire ou plaidé lors du renvoi à l'audience. — *Paris*, 11 juill. 1836, Bureaux c. Agens de change de Paris. — Bioche, *ibid.*

879. — Un créancier est non recevable à interjeter appel du jugement d'ordre, incidemment à l'appel principal formé contre le chef de ce jugement, relatif à un autre créancier, surtout lorsque cet appel principal ne peut porter atteinte à sa collocation. — *Bordeaux*, 3 févr. 1829, Gombaud c. Modéran. — Bioche, n° 409.

880. — L'appel principal formé par le rentier pour obtenir sa collocation au taux propre à assurer le service de sa rente, ne peut donner lieu à un appel incident de la part du créancier postérieur, intéressé au maintien du capital alloué, et venant contester pour la première fois devant la cour le rang attribué au rentier viager qui le prime. — *Paris*, 10 mars 1832, la Jard c. Cleizen. — Bioche, n° 410.

881. — Aucun délai n'est fixé pour l'appel incident. L'art. 443 du C. proc. permet de l'interjeter en tout état de cause. — Bioche, n° 424. — V. APPEL INCIDENT.

882. — Par suite, l'appel incident, formé par le créancier intimé sur l'appel principal d'un jugement définitif rendu en matière d'ordre, peut être interjeté après le délai de dix jours prescrit par l'article 763 C. procéd. — *Paris*, 4 juin 1814, Dussaux et Bonnard c. Lefrançois; *Rouen*, 1er août 1817 (dans ses motifs), Guillaume c. Morrie. *Bordeaux*, 26 mai 1832, Moncorgé c. Ferron, Mathon et Corbet; *Toulouse*, 7 juin 1833, Audric c. Bauguel.

883. — Il peut être interjeté par un simple acte d'avoué à avoué, et après l'expiration du délai de dix jours fixé par l'art. 763 C. proc., même sur des chefs autres que ceux remis en question par l'appel principal. — *Agen*, 15 janv. 1825, Lubesperre c. Dassy. — Bioche, n° 408.

884. — Jugé, au contraire, qu'une tierce opposition formée dans une instance d'ordre contre un jugement servant de titre à un créancier doit être considérée comme demande incidente dans l'ordre; en conséquence, l'appel du jugement qui statue sur ce sujet doit être relevé dans les dix jours de la signification à avoué. — *Rennes*, 7 fév. 1818, Quatrefage c. Solier.

885. — La procédure d'ordre étant une procédure spéciale et sommaire, on ne peut y adjoindre, pour les faire juger incidemment, d'autres questions qui sont en dehors de l'ordre et exigent une plus ample instruction: par exemple sur une demande en nullité de l'adjudication. — *Rouen*, 6 juill. 1836, Nyon et Daubeuf c. Masse.

886. — Ainsi, les juges devant lesquels se règle un ordre ne sont pas saisis de la question de validité du titre qui a transmis la propriété au tiers détenteur dépossédé. Lorsque cette validité n'est contestée par personne, ils ne peuvent, sous prétexte que ses titres sont simulés et usuraires, ordonner que la portion libre de son prix sera comprise dans la masse à distribuer. — *Colmar*, 7 mai 1821, Meyer c. Ferry.

887. — On ne peut demander incidemment à une instance d'ordre la condamnation par corps pour cause de stellionat. — *Riom*, 8 mars 1817, Julliard c. Lamothe.

888. — L'appel du jugement qui déboute une partie de son opposition au règlement d'ordre clos ne peut saisir la cour d'une demande en annulation des procédures antérieures à la clôture de l'ordre. — *Rennes*, 11 janv. 1813, Desdanots et Puissant c. Servon.

889. — Mais la demande en résolution de la vente d'un immeuble peut être formée incidemment dans l'instance d'ordre du prix de cet immeuble. — *Amiens*, 24 mars 1821, Bouché et Vavasseur c. Beaurain de Gévécourt.

ART. 6. — *Intimation.*

890. — On doit intimer tout créancier qui a été partie en première instance. — Arg. C. proc., 667, 669.

891. — Mais il n'est pas nécessaire d'intimer, sur l'appel, les parties dont on ne conteste pas la collocation. — *Nancy*, 28 avr. 1826, Jeandel c. Rousseau et autres.

892. — Ni celles aux droits desquelles on ne porte pas préjudice. Leur intervention devrait même être considérée comme frustratoire. — Chauveau sur Carré, quest. 2592 *bis*.

893. — Ainsi, la partie saisie ne peut être intimée parce que les contraventions sur lesquelles il s'agit de statuer lui sont étrangères. — *Paris*, 4 août 1810, Tobler c. Gauthier et Lagarde; *Colmar*, 4 mars 1844 (t. 2 1844, p. 465), Lévy c. Kahn. — Chauveau sur Carré, quest. 2592 *bis*.

894. — De même, lorsqu'un jugement a réglé l'ordre entre les créanciers prétendant droit au prix de plusieurs immeubles vendus par expropriation; les parties, déboutées de leur demande en collocation, peuvent interjeter appel contre les autres créanciers, sans intimer sur l'appel les parties saisies. — *Rennes*, 20 juill. 1822, Surcouf c. Santerre. — Même auteur.

895. — *Contrà*, la partie saisie doit, à peine de nullité, être intimée sur l'appel du jugement d'ordre. — *Limoges*, 16 nov. 1811, Gentil c. Roux.

896. — ... Surtout si elle est intéressée dans les contestations élevées dans l'ordre, par exemple dans le cas où il s'agit du rejet d'une créance. — Berriat, p. 615, note 17; Pigeau, t. 2, p. 275; Bioche, n° 454.

897. — Ce dernier auteur, argumentant de l'arrêt de Paris du 4 août 1810, pense cependant que l'intérêt que peut avoir le saisi de maintenir le bien jugé, et d'éviter un procès, ne serait pas suffisant pour le rendre intimé. — *Contrà* Carré, quest. 2577; Tarrible, p. 681.

898. — Dans tous les cas, l'appelant peut se dispenser d'intimer la partie saisie sur l'appel du jugement d'ordre, lorsqu'il n'y a point de contestation sur la légitimité des créances, mais

uniquement sur le rang qu'elles doivent occuper dans l'ordre. — *Pau*, 19 mars 1828, Biscarros.

899. — Il n'est pas besoin d'intimer sur l'appel du jugement d'ordre les créanciers en sous-ordre qui figurent dans ce jugement et qui doivent profiter de la collocation. — Chauveau et Carré, quest. 2591; Pigeau, *Proc.*, t. 2, part. 5, tit. 4, chap. 1er, n° 7.

900. — En matière d'ordre l'acquéreur ne doit pas être intimé sur l'appel du jugement qui statue sur les contredits, et les frais de sa mise en cause doivent, comme frais frustratoires, rester à la charge du créancier qui l'a provoquée. — *Bordeaux*, 3 juill. 1834, Darrieu c. Massip et Constant.

901. — Egalement le vendeur et l'acquéreur d'un immeuble ne doivent pas nécessairement être mis en cause sur l'appel du jugement d'ordre, quand ils n'ont aucun intérêt à la contestation. — *Poitiers*, 19 mars 1835, Blondeau-Taptout c. Creuzé. — Berriat, p. 615, note 17; Pigeau, t. 2, p. 275; Bioche, n° 456; Chauveau sur Carré, quest. 2592 *bis*.

902. — En matière d'ordre, il ne suffit pas d'appeler devant la Cour le créancier poursuivant; il faut aussi assigner le créancier contestant. — *Bourges*, 10 mai 1816, Chaix c. Charpin.

903. — Les contestans dans une instance d'ordre sont valablement intimés en la personne de l'avoué qu'ils avaient, par un accord fait entre eux, chargé de défendre leurs intérêts. — *Paris*, 9 mars 1812, Regnard c. Perelle.

904. — Lorsque l'avoué poursuivant a été colloqué en son nom personnel pour le montant de ses frais, c'est contre lui personnellement que doit être interjeté l'appel dirigé contre sa collocation. — *Metz*, 22 mars 1817, Fortier c. Manusson. — Chauveau sur Carré, quest. 2584 *in fine*.

905. — Il est, en effet, seul intéressé à la soutenir. Mais il en serait autrement si cet avoué n'était que distractionnaire de ces frais. — Bioche, n° 457.

906. — L'avoué du dernier créancier contesté peut être intimé s'il y a lieu. — C. proc., 764.

907. — Bien que chacun des créanciers postérieurs à une collocation contestée ait conservé un avoué particulier, cependant, comme ils n'ont pas choisi d'avoué commun, l'appel peut être signifié, à l'égard de tous, à l'avoué du créancier dernier colloqué. — *Grenoble*, 19 janv. 1815, Torrent c. Hospice de Grenoble; *Lyon*, 28 mars 1828, Roche c. Lahondès et Laborie.

908. — Mais Merlin (*Rép.*, v° *Saisie immobilière*, 56) enseigne que l'avoué du dernier créancier colloqué ne doit pas être intimé, lorsqu'il n'a pas représenté les créanciers non contestans. — Il n'en serait autrement que si le créancier dernier colloqué avait individuellement contesté. — Ce système est également adopté par Berriat, p. 617, n° 20; Carré, quest. 2595; Delaporte, t. 2, p. 346; Pigeau, t. 2, p. 275.

909. — Thomines-Desmasures (n° 881) pense, de son côté, qu'il est inutile d'intimer l'avoué du dernier colloqué dans le cas où il n'a pas participé à la contestation, et s'en est, sans conclure, rapporté à justice.

910. — Enfin, un quatrième système a été produit par Demiau (459). Suivant cet auteur, on doit intimer l'avoué chaque fois que le dernier créancier colloqué est intéressé à combattre la contestation. — Ainsi, il devrait l'être lorsqu'un créancier repoussé de l'ordre demanderait à primer tous les autres. Il n'y aurait même pas lieu d'examiner si cet avoué avait ou non représenté les créanciers postérieurs aux créances contestées (760), ou s'il avait occupé sur la contestation individuelle du dernier créancier colloqué. — *Praticien français*, t. 4, p. 471.

911. — Jugé, conformément à ce système, qu'en matière d'ordre on doit, sur l'appel du jugement qui statue sur les contredits, intimer l'avoué du créancier colloqué en dernier rang, lorsque les débats portent non pas seulement sur le rang des créanciers contestans entre eux, mais sur la légitimité ou l'existence de la créance contestée. En d'autres termes, les expressions de l'art. 764 C. procéd., *s'il y a lieu*, doivent s'expliquer par celles-ci : *si les créanciers non contestans ont ou peuvent avoir intérêt.* Dans ce cas, faute par l'appelant d'avoir intimé l'avoué du créancier dernier colloqué, l'appel doit être rejeté vis-à-vis de toutes les parties. — *Toulouse*, 8 juill. 1829, Sabatier c. Cazals.

912. — Dans le même sens, l'avoué du dernier créancier colloqué ne doit être intimé sur l'appel du jugement d'ordre qu'autant que le créancier peut avoir intérêt dans la contestation renouvelée par l'appel. — *Paris*, 18 mars 1837 (t. 1er 1838, p. 97), Lecointe c. Mortier et Morel.

ORDRE, ch. 4, sect. 2e, art. 6.

913. — La Cour de cassation a jugé, en outre, que l'appelant d'un jugement d'ordre n'est pas tenu d'intimer sur son appel les créanciers qui n'ont pas été parties en première instance. — *Cass.*, 19 déc. 1837 (t. 1er 1838, p. 302), Berchut c. Saint-Didier. — V. *infrà* nos 746 et suiv.

914. — Il n'est pas nécessaire à peine de nullité que la mise en cause de l'avoué du créancier dernier colloqué ait lieu dans le délai fixé par l'appel du jugement d'ordre. — *Paris*, 27 nov. 1812, Lévesque c. Parnot. — En effet, l'art. 764 n'a fixé aucun délai pour l'intimation du créancier dernier colloqué; il suffit donc que l'intimation soit faite avant que la cause soit en état. — Bioche, no 425; Chauveau sur Carré, quest. 2595 *bis*. — *Contrà*, *Toulouse*, 8 juill. 1829, Sabatier c. Cazals.

915. — Lorsque, dans un ordre, deux créanciers privilégiés dont la collocation a été attaquée par les autres créanciers se sont eux-mêmes contesté individuellement le rang de leur privilége, celui qui a succombé doit diriger son appel non-seulement contre les créanciers en général qui ont critiqué sa collocation, mais contre celui qui lui a contesté l'autorisation de son privilége. — *Cass.*, 7 mai 1823, de Vaudemont c. Montmorency.

916. — Il ne saurait prétendre qu'il est appelé par l'intimation faite au dernier créancier colloqué. — Bioche, no 459.

917. — Lorsque les créanciers postérieurs à la collocation contestée n'ont pas d'un commun accord choisi un représentant en première instance, ils sont, sur appel, valablement intimés en la personne de l'avoué du dernier créancier colloqué. Peu importerait que cet avoué représentât aussi le créancier contesté ayant interjeté appel. — *Caen*, 16 avril 1845, dans ses motifs (t. 2 1845, p. 618), Jourdain c. Rogère-Préban. — Bioche, no 460.

918. — On ne saurait nier, au surplus, qu'il y a inadmissibilité pour l'avoué de première instance de postuler lui-même en appel. Il devra charger un avoué d'occuper pour lui, comme avoué de tous les créanciers postérieurs à la créance contestée. — Carré, quest. 2595; Bioche, no 461.

919. — Si l'on devait, en effet, intimer tous les créanciers postérieurs à la créance en contestation, il s'ensuivrait, en appel, une complication dans la procédure aussi grande par la multiplicité des parties qu'elle l'aurait été en première instance. Aussi le législateur n'a-t-il chargé qu'un seul avoué de la défense. — Bioche, *ibid.*; Lepage, quest. 5227; Carré, quest. 2595.

920. — Ainsi, l'art. 760 du C. procéd. est applicable en appel comme en première instance. En conséquence, les créanciers postérieurs en ordre d'hypothèque aux créanciers contestés doivent, sans qu'il y ait lieu de la part de ceux-ci à aucune mise en demeure, se faire même en appel représenter par un seul avoué, à peine de supporter personnellement les dépens de leur contestation. — *Grenoble*, 11 juill. 1823, Guttin c. Flandin. — Pigeau, t. 2, p. 195, no 17; Bioche, nos 345 et 461.

921. — Cet art. 760 doit être entendu en ce sens qu'on doit adjuger au créancier contestant individuellement tous les frais communs et qui n'ont pas fait double emploi, comme les actes de production et d'appel. — *Grenoble*, 1er août 1823, Guttin c. Flandin et Guillaud.

922. — Toujours dans le même sens, les créanciers colloqués dans l'ordre postérieurement au créancier contesté doivent, en appel comme en première instance, faire choix d'un seul avoué pour les représenter; faute de faire ce choix, ils sont représentés par l'avoué du dernier colloqué et les frais de leur intervention personnelle doivent, en conséquence, demeurer à leur charge comme frustratoires. — *Grenoble*, 24 mars 1835, Genissieux.

923. — Dans le cas où l'appelant obtiendrait gain de cause il y aurait lieu de signifier l'arrêt à l'avoué près la Cour ainsi qu'à l'avoué choisi en première instance sur le dernier créancier colloqué, comme représentant les créanciers postérieurs. — Carré, quest. 2595, no 462.

924. — On doit observer néanmoins que l'avoué du dernier créancier colloqué n'a qualité que pour représenter les créanciers venant en ordre d'hypothèque après ceux dont les collocations sont contestées. — Bioche, no 463.

925. — L'appel d'un jugement d'ordre formé par un créancier doit être signifié à tous les créanciers postérieurs au rang dans lequel il a été colloqué. — *Montpellier*, 4 juin 1830, Combres c. Thamalet.

926. — Celui formé par un créancier du jugement qui rejette sa collocation de l'ordre doit être interjeté contre toutes les parties qui ont intérêt au maintien de ce jugement. — *Riom*, 3 août 1826, Servant c. Longevialle.

927. — Ainsi l'appel interjeté contre une seule des parties qui ont intérêt au maintien de l'ordre n'est pas recevable. — *Grenoble*, 4 fév. 1832, Gonnet c. Bourguignon.

928. — De même encore, si les difficultés qui s'élèvent dans un ordre tendent à faire écarter de l'ordre un des créanciers; l'appel du jugement intervenu sur cette contestation doit être dirigé contre *tous* les créanciers postérieurs au rang dans lequel veut se placer l'appelant, qu'ils aient ou non contesté l'état de sa collocation provisoire. — *Riom*, 29 juin 1826, Boudon et Artis c. Boudon.

929. — Conséquemment : l'appelant qui non content de contester la créance qui le prime demande à être placé à un rang antérieur à celui qui lui a été assigné, se trouve avoir pour adversaires tous les créanciers colloqués entre le rang qu'il sollicite et celui qui lui a été désigné; et comme tous les créanciers qu'il veut primer sont intéressés au maintien du jugement, il doit former appel contre eux tous. — Bioche, no 464.

930. — Cependant l'appelant d'un jugement d'ordre n'est pas tenu d'intimer, sur son appel, *tous* les créanciers colloqués avant lui. — *Cass.*, 25 juill. 1842 (t. 2 1842, p. 225), l'Hermulière c. Martel.

931. — ... Ni tous les créanciers produisans. — *Limoges*, 11 déc. 1845 (t. 2 1846, p. 717), d'Argendeix c. Simonet et Trapet.

932. — En effet, en matière d'ordre comme en droit commun, chaque créancier veille pour soi, et ce qui regarde les autres ne doit pas l'occuper. Du reste, la divisibilité de la procédure est prévue par l'art. 758 C. proc.; cet article déclarant qu'en cas de contestation il n'y aura lieu de renvoyer à l'audience que les seuls créanciers contestans, et que l'ordre sera arrêté pour les créances antérieures. L'art. 763 n'a pu vouloir innover à la divisibilité de la procédure, qui est de droit commun : il a seulement limité le délai d'appel en matière d'ordre. On aurait tort de soutenir qu'il y aura contrariété de jugemens, car celle-ci n'a lieu qu'en ce qui concerne ce qui est jugé entre les mêmes parties (arg. C. proc., art. 480, 6o); et non au cas où une question reste jugée avec une personne en première instance, et où elle l'est différemment avec une autre sur appel. Le principe de la chose jugée, qui, aux termes de l'art. 1351 C. civ., n'a lieu qu'entre les mêmes parties, repousse en outre le système de l'indivisibilité. — Bioche, no 465; Chauveau sur Carré, quest. 2592 *bis*.

933. — Ainsi jugé qu'en matière d'ordre et de ventilation l'art. 758 C. proc. ne fait pas exception au principe général qui rend la procédure et les jugemens essentiellement divisibles. — *Bordeaux*, 26 mai 1832, Mongorgé c. Ferron, Mathon et Corbel; *Cass.*, 27 mai 1834, Tessier c. Chabannel.

934. — Aussi l'appelant ne doit intimer que les créanciers contestans et ceux dont les collocations sont contestées. A l'égard des autres, il suffit qu'ils soient intimés en la personne de l'avoué du dernier créancier colloqué. — *Paris*, 26 déc. 1844 (t. 1er 1845, p. 171), Duclos et Pillet c. Goumy.

935. — Aucune disposition de la loi n'établit l'indivisibilité de la procédure en matière d'ordre; au contraire, l'art. 758 C. proc. civ. suppose que dans cette matière la procédure et le jugement sont divisibles : en conséquence, le défaut d'intimation sur l'appel d'un jugement d'ordre de tous les créanciers ou de l'avoué du dernier créancier colloqué n'empêche pas que l'appel ne soit recevable vis-à-vis les créanciers intimés. — *Cass.*, 24 janv. 1844 (t. 1er 1844, p. 677), Charamaule c. Bricogne et de Cron.

936. — D'après le même principe : tout créancier produisant dont la collocation est contestée ne doit intimer en cause d'appel que les créanciers contestans, mais non ceux qui respectent sa collocation. — *Grenoble*, 17 fév. 1847 (t. 1er 1848, p. 494), Buisson c. Pattier.

937. — De même : l'appelant d'un jugement n'est pas obligé d'intimer les créanciers produisans, alors d'ailleurs qu'ils n'y ont aucun intérêt; ils ont, au reste, la faculté d'intervenir ou de se joindre à lui. — *Bourges*, 6 déc. 1839 (t. 2 1842, p. 338), Barbier-Grandpré c. Bouthillier.

938. — Pareillement, en matière d'ordre, l'appelant n'est tenu d'intimer que les créanciers contestans et ceux dont les collocations sont contestées; à l'égard des créanciers postérieurs en ordre d'hypothèques, bien qu'ils puissent être intéressés au résultat des contestations, il suffit qu'ils soient intimés en la personne de l'avoué du dernier créancier colloqué. — Il importe peu que l'avoué du dernier créancier colloqué se soit ou non présenté dans cette qualité devant la Cour d'appel, il suffit, pour la régularité de l'appel, qu'il y ait été appelé. — D'ailleurs l'intimation de l'avoué du dernier créancier colloqué est facultative pour l'appelant, sauf le droit de tierce opposition qui appartient aux créanciers que ce dernier n'a appelés ni directement ni par ce mandataire légal. — *Cass.*, 24 janv. 1844 (t. 1er 1844, p. 677), Charamaule c. Bricogne et de Cron.

939. — Le défaut d'intimation, soit de plusieurs créanciers contestans, soit de l'avoué le plus ancien des opposans, ne rendrait donc pas l'appel non recevable à l'égard des créanciers mis en cause; mais les créanciers non intimés pourraient former tierce opposition à l'arrêt intervenu. — *Cass.*, 30 juin 1845 (t. 2 1845, p. 657), Saint-Albin c. Gras-Préville.

940. — Par suite, les créanciers régulièrement intimés sur l'appel d'un jugement d'ordre ne peuvent se faire un moyen de nullité de ce que d'autres créanciers n'ont pas été intimés. — *Lyon*, 28 mars 1828, Roche c. Labondès et Laborie.

941. — Toute procédure d'ordre étant essentiellement divisible : le défaut d'intimation de l'avoué dernier colloqué (laquelle est purement facultative) peut l'exposer aux tierces oppositions des autres créanciers, mais ne saurait rendre son appel non recevable à l'égard de ceux qu'il a intimés. — *Cass.*, 19 déc. 1837 (t. 1er 1838, p. 302), Berchut c. Saint-Didier.

942. — Décidé de même que le défaut d'intimation de créanciers autres que ceux dont l'appelant conteste les collocations peut bien l'exposer à des tierces oppositions de leur part, mais ne saurait rendre son appel non recevable à l'égard de ceux qu'il a intimés. — *Cass.*, 25 juill. 1842 (t. 2 1842, p. 225), Lhermulière c. Martel.

943. — Le créancier qui a interjeté appel du jugement d'ordre, dans le délai de la loi, à l'égard de l'un des créanciers colloqués, n'est pas recevable à appeler du même jugement à l'égard des autres créanciers, après l'expiration du délai légal, sous prétexte que l'appel est indivisible en cette matière par suite de l'indivisibilité des faits. — *Bordeaux*, 3 fév. 1829, Gombaud c. Madéran.

944. — Décidé au contraire qu'en matière d'ordre la procédure est indivisible, de telle sorte qu'il faut nécessairement intimer sur l'appel celles des parties qui, présentes en première instance, ont intérêt au maintien d'une décision que l'appel a pour but de renverser ou de modifier. — *Toulouse*, 22 nov. 1841 (t. 2 1842, p. 339), Cumence et Guilhem c. Alba-Lasource.

945. — L'indivisibilité a été aussi reconnue par arrêt de *Riom*, 29 juin 1826, Bondon et Artis c. Bondon; *Toulouse*, 8 juill. 1829, Sabatier c. Casal; *Grenoble*, 4 fév. 1832, Gonnet c. Bourguignon.

946. — De même : l'appel d'un jugement en matière d'ordre, interjeté hors des délais utiles à l'égard de quelques-uns des créanciers, peut également être déclaré non recevable à l'égard des créanciers légalement intimés, lorsque la déchéance a été opposée par les créanciers irrégulièrement assignés. — *Riom*, 3 août 1826, Servant c. Longevialle; *Montpellier*, 4 juin 1830, Combres c. Thamalet.

947. — Un créancier intimé sur l'appel d'un jugement d'ordre peut appeler incidemment de la disposition de ce jugement relative à un autre créancier intimé comme lui, lorsque l'appel principal a pour objet de déranger les bases de la collocation. — *Bordeaux*, 3 fév. 1829, Gombaud c. Madéran.

ART. 7. — *Procédure et frais devant la cour.*

§ 1er. — *Procédure.*

948. — On ne saurait, en appel, prendre de nouvelles conclusions, même subsidiaires, à fin de contestation. — *Paris*, 2 mai 1807, de Ludre c. Custine (dans ses motifs). — Bioche, no 466.

949. — Ainsi : le créancier qui a appelé d'un jugement d'ordre ne pourrait attaquer, en cause d'appel, des collocations fixées sans contestation dans ce même jugement d'ordre, ni présenter des moyens non invoqués en première instance. — Chauveau sur Carré, quest. 2588 *bis*.

950. — Il ne peut dès lors proposer pour la première fois en cause d'appel un moyen qui ne se rattache en aucune façon aux contredits présentés en première instance. — *Bourges*, 4 mars 1831, Bural-Dubois c. Pactou. — Bioche et Goujet,

Dictionnaire de procéd., v° *Distribution par contribution*, n° 109.

951. — Il ne pourrait non plus, lorsqu'il a reconnu, soit l'existence de la créance d'un autre créancier, soit la qualité hypothécaire de cette créance, critiquer cette créance sur l'appel, même sous prétexte qu'elle serait éteinte par compensation. — *Cass.*, 18 nov. 1833, Chalambol et Chalcat c. Thomas.

952. — Pareillement, les créanciers d'un donateur ne peuvent, incidemment à l'ordre ouvert sur le prix des charges stipulées dans la donation, présenter, surtout pour la première fois en appel, et en l'absence du donateur, une demande tendant à la révocation ou à la restriction de cette donation. — *Cass.*, 2 mars 1840 (t. 1er 1840, p. 280), Laurens et Valcour de Finance c. Vernnette.

953. — On ne serait pas également admis à réclamer, en vertu de titres nouveaux, d'autres collocations que celles déjà demandées. — *Cass.*, 14 juill. 1813, de Romagnat c. Mathey de Valfons (dans ses motifs). — Bioche, *ibid.*

954. — Le créancier qui a figuré à l'état d'ordre en première instance ne peut, sur l'appel, réclamer le bénéfice du droit foncier, surtout lorsque ce créancier a lui-même poursuivi l'expropriation. — *Caen*, 19 fév. 1825, Poignant et Boullée c. bureau de bienfaisance de Cheux.

955. — La prescription quinquennale contre une créance colloquée dans le règlement provisoire ne pourrait également être opposée, en appel, pour la première fois. — *Cass.*, 10 déc. 1839 (t. 1er 1840, p. 191), Donney et Beaufils c. de la Tour d'Auvergne. — Cette demande en rejet a dû être l'objet d'un dire. — Bioche, n° 466.

956. — On serait admissible toutefois à présenter d'autres moyens que ceux qu'on aurait fait valoir dans l'acte d'intimation, cet acte n'ayant pas besoin de renfermer l'exacte énonciation des griefs. — V. *suprà* nos 843 et suiv. — Bioche, n° 467.

957. — Ainsi, on pourrait, sur l'appel d'un jugement qui a ordonné la collocation d'un créancier inscrit, demander la nullité de l'inscription de ce créancier pour la première fois. — *Cass.*, 26 oct. 1808, Richard c. Muller et Aubé.

958. — Pareillement : le créancier qui, en première instance, s'est borné à demander la maintenue de sa collocation, est recevable, sur l'appel, à contester les collocations des autres créanciers. — *Colmar*, 25 avr. 1817, Carbistron.

959. — En outre, le créancier qui, dans un ordre, a contesté le règlement provisoire est recevable à critiquer pour la première fois en appel la préférence accordée sur lui à un autre créancier. — *Orléans*, 28 fév. 1844 (t. 1er 1844, p. 456), Chauveau c. Malherbe.

960. — La défense de prendre de nouvelles conclusions ne saurait s'appliquer au créancier n'ayant été ni partie ni régulièrement appelé au jugement. — Bioche, n° 468.

961. — On ne devrait pas considérer comme demande nouvelle celle tendant à obtenir de primer un autre créancier, par cela seul qu'on s'en serait rapporté à la prudence du tribunal. — Bioche, n° 469.

962. — On peut, en appel, proposer d'autres griefs que ceux énoncés dans l'acte d'appel, pourvu qu'ils ne forment pas une demande nouvelle. — *Trèves*, 11 mars 1812, Wust c. Proelzinger. — V. *suprà* n° 851.

963. — Toutefois, l'appelant, devant énoncer ses griefs dans l'acte d'appel, ne pourrait signifier ni requête ni conclusions; et, s'il le faisait, elles ne devraient pas être passées en taxe. — V. *suprà* nos 948 et suiv. — Pigeau, t. 2 : *Proc.*, p. 186 ; *Comm.*, t. 2, p. 443 ; Chauveau et Carré, quest. 2596 ; Bioche, n° 470 ; Demiau, p. 469. — V. cependant Delaporte, t. 2, p. 246.

964. — Les intimés seraient admis, au contraire, à signifier des conclusions motivées. On ne saurait en effet leur refuser de répondre aux griefs contenus dans l'acte d'appel. La loi ne permet toutefois que de simples conclusions. — C. procéd., art. 765.

965. — Une requête ne passerait donc pas en taxe. — Carré, quest. 2596 ; Pigeau, t. 2, p. 302 ; Berriat, p. 617, n° 21 ; Bioche, n° 471.

966. — L'audience est ensuite poursuivie par la partie la plus diligente, sur un simple acte d'avoué à avoué, sans autre procédure. — C. proc., art. 761 et 765.

967. — Les difficultés de détail étant élaguées lorsque l'affaire vient en appel, le rapport d'un juge commissaire devient inutile. — Pigeau, *Comment.*, t. 2, p. 443 ; Chauveau sur Carré, quest. 2595 *bis* ; Bioche, n° 453 : où il cite, comme l'ayant ainsi décidé, un arrêt de Pau, 14 mars 1843.

968. — Il en est de même d'une instruction par écrit. C'est ce qu'enseigne Pigeau (*eod. loc.*), après avoir soutenu d'abord qu'une instruction par écrit pouvait être ordonnée, en appel, si elle était nécessaire.

969. — L'intervention du ministère public, qui d'ailleurs n'est pas exigée par la loi, n'est pas non plus nécessaire. — *Cass.*, 15 fév. 1836, Grimaud c. d'Augerans. — Pigeau et Bioche, *ibid.*; Chauveau sur Carré, quest. 2581, 5°. — *Contrà*, Lepage, p. 525, 6e quest.

970. — Jugé qu'en matière d'ordre le créancier qui conteste une collocation est non recevable à présenter à l'audience un moyen qu'il n'a point proposé dans les contredits à la suite du procès-verbal du juge commissaire. — *Aix*, 30 nov. 1833, Firminy c. Isnard. — Nous ne saurions approuver la doctrine de cet arrêt qu'avec une distinction. S'il s'agit de demandes nouvelles non formulées par les contredits, il est certain qu'elles doivent être écartées par voie de fin de non-recevoir (Pigeau, *Comm.*, t. 2, p. 427); mais si les objections produites à l'audience ne constituent pas de nouveaux chefs de conclusions et ne sont que le développement des demandes consignées dans les contredits, nous ne voyons pas par quel motif plausible on pourrait chercher à les écarter.

971. — Aussi a-t-il été décidé que les créanciers peuvent, à l'audience où il est prononcé sur les contestations, prendre de nouvelles conclusions et former des demandes non contenues dans les contredits. — *Riom*, 10 juill. 1813, Tribaudino c. Brun et Julien.

972. — Lorsqu'à une demande en collocation dans un ordre il a été opposé des faits de dol et de fraude qui, s'ils eussent été prouvés, auraient fait rejeter de l'ordre la créance dont la collocation était demandée, et que ces faits ont été l'objet de conclusions formelles, l'arrêt ne peut, sans donner aucun motif du rejet de ces conclusions, ordonner la collocation de la créance et juger par là implicitement les faits inadmissibles. — *Cass.*, 3 janv. 1825, Lemarrois c. Gallien.

973. — Lorsque la Cour a statué sur les contestations, elle renvoie les parties devant le tribunal de première instance pour procéder à l'ordre. — *Rouen*, 30 déc. 1814 (dans ses motifs), Dupuis c. Dubourg ; *Bourges*, 22 nov. 1815, Tixier-Pranct c. Marchais et Dumont-Maon. — Chauveau sur Carré, quest. 2597, 4°.

974. — Les difficultés devraient être portées devant le tribunal qui aurait rendu le jugement, quand même celui-ci aurait été infirmé. — *Bourges*, même arrêt. — L'ordre étant une matière où la loi attribue juridiction, il y a lieu d'appliquer la disposition finale de l'art. 472 du Code de procédure. — Bioche, n° 478.

975. — Le renvoi devrait, à plus forte raison, être ordonné si la discussion ne s'était engagée devant les premiers juges que sur la régularité des productions *dans la forme*. — *Rouen*, 30 déc. 1814 (dans ses motifs), Dupuis c. Dubourg. — Bioche, n° 479.

976. — La Cour d'appel qui ordonne que par suite d'une folle enchère un ordre sera rectifié, doit renvoyer la cause devant les premiers juges, qui seuls peuvent apporter à l'ordre les rectifications nécessitées par la revente. — *Bourges*, 12 janv. 1828, Lacan c. Houdaille. — Troplong, *Hypothèque*, n° 721.

977. — La Cour qui sur l'appel prononce la nullité d'un jugement, ne peut évoquer le fond qu'autant que la nullité portant sur le jugement seul, et non contre toute la procédure, la cause est en état de recevoir une décision définitive. — *Lyon*, 16 juin 1843 (t. 2 1843, p. 744), Burlot c. Thomas. — Chauveau sur Carré, *Lois de la procéd. civ.*, art. 473, quest. 1702.

978. — La Cour d'appel qui, par suite de renvoi après cassation, a statué sur les contestations relatives à un règlement d'ordre, est seule compétente pour connaître ensuite des incidens qui se rattachent à cet ordre. — Ainsi, lorsque des difficultés s'élèvent sur l'ordonnance de clôture, l'appel du jugement qui statue sur ces difficultés doit être porté non devant la Cour d'appel dans le ressort de laquelle se trouve le tribunal qui a rendu le jugement, mais devant celle à laquelle la Cour de cassation avait renvoyé l'instance relative au règlement. — *Riom*, 3 mai 1842 (t. 1er 1843, p. 450), Dumiral c. Constant. — Le principe sur lequel est basé l'arrêt de la Cour de Riom a déjà été consacré par un arrêt de la Cour de cassation, du 12 nov. 1816. — Il a même été jugé que la Cour d'appel devant laquelle les parties sont renvoyées après cassation d'un arrêt rendu sur une question préjudicielle, est saisie non-seulement de cette question préjudicielle, sur laquelle

seule avait statué l'arrêt annulé, mais encore de la demande principale et des incidens qui s'y rattachent. — *Cass.*, 15 mai 1839 (t. 2 1839, p. 449), Bayeux c. Delage.

979. — Lorsque deux jugemens rendus sur les contredits élevés dans un seul et même état d'ordre, ont été frappés d'appel par un exploit unique, et que l'infirmation de ces jugemens est demandée par un dispositif unique de conclusions, il peut être statué par un seul et même arrêt, bien que l'intimé demande la disjonction en se fondant sur ce que ses moyens, relativement au second jugement, seront différens selon ce qui sera décidé sur l'appel du premier. — *Caen*, 5 mars 1845 (t. 1er 1848, p. 212), Chancerel c. Tardif. — Bioche, *Dict. de procéd.*, v° *Jonction*. — V. APPEL, nos 1258 et suiv., et JONCTION DE CAUSES.

980. — L'arrêt est signifié à personne ou à domicile, afin de faire courir les délais de clôture de l'ordre et ceux du recours en cassation. — C. procéd., art. 767. — Bioche, n° 480.

981. — La notification d'un arrêt faite par l'avoué du dernier créancier colloqué, qui, en cette qualité représente dans l'instance ouverte sur un règlement d'ordre les créanciers produisans, n'emporte point asquiescement de la part de ces derniers, cet avoué, dont le mandat avait ses limites tracées par l'art. 760 du Code de procédure civile, étant sans pouvoir pour acquiescer audit arrêt au nom des créanciers. — *Cass.*, 4 juin 1849 (t. 1er 1849, p. 353), Gandon c. Paris et Gardin. — L'avoué ne peut en effet acquiescer à un jugement ou arrêt pour le compte des parties qu'en vertu d'un pouvoir spécial. — V. AVOUÉ, nos 458 et suiv.

§ 2. — *Frais.*

982. — L'arrêt doit contenir la liquidation des frais ; la partie qui succombe sur l'appel est condamnée aux dépens, sans pouvoir les répéter. — C. procéd., art. 766.

983. — Les règles établies pour les faits de première instance s'appliquent, du reste, aux dépens faits en appel. Il en est de même pour la subrogation du créancier sur lequel les fonds manquent, et du saisi. — Bioche, n° 475.

984. — La taxation a lieu comme en première instance. — Bioche, nos 359 et 477.

985. — Le défaut de liquidation des frais par l'arrêt, prescrite par l'art. 766, n'entraînerait pas nullité. — *Cass.*, 6 juin 1820, Douceur. — Bioche, n° 476 ; Chauveau sur Carré, quest. 2598 *bis* ; Chauveau, *Tarif*, t. 2, p. 257, n° 83.

ART. 8. — *Effets de l'appel.*

986. — L'appel du jugement statuant sur des contestations d'ordre suspend la clôture définitive de l'ordre, dans le cas même où les contestations ne s'appliqueraient qu'à des nullités de procédure. — Chauveau et Carré, quest. 2593 ; Bioche, n° 452 ; Thomines, n° 884 ; Favard, t. 4, p. 65.

987. — En conséquence, s'il s'élève dans le cours d'un ordre des contestations relatives même à des nullités de procédure, le juge commissaire qui a connaissance de l'existence de ces contestations ne peut passer outre au règlement définitif de l'ordre avant qu'il ait été statué sur l'appel auquel ces débats ont donné lieu. — *Bruxelles*, 6 mars 1811, Josse c. N...

ART. 9. — *Voies de recours contre l'arrêt.*

988. — *Opposition à l'arrêt par défaut.* — Cette opposition n'est défendue par aucune disposition du Code de procédure. L'art. 767 en ordonnant la clôture de l'ordre dans la quinzaine après la signification de l'arrêt qui a statué sur l'appel n'a voulu porter que des arrêts définitifs. — *Colmar*, 12 mars 1823, Martiny c. Ricklin ; *Caen*, 9 mai 1837 (t. 2 1840, p. 572), Bellanger c. Valée. — Chauveau et Carré, quest. 2582 et 2597, 3°.

989. — M. Bioche (n° 481) fait même observer qu'on peut ajouter qu'à la différence de ce qui se passe en première instance (V. *suprà* nos 518 et suiv.), la Cour ne statue point sur le dire de contestation. Il ne peut tenir lieu, par suite, de conclusions et, tant qu'il n'en est point pris au fond, l'arrêt rendu est par défaut.

990. — On doit, dès lors, appliquer à l'instance d'appel les règles sur le défaut profit joint, et sur la péremption. — Chauveau sur Carré, quest. 2582 ; Bioche, n° 482.

991. — *Cassation.* — Le pourvoi en cassation peut être formé, en matière d'ordre, comme en matière ordinaire. — V. *suprà* n° 978. — V. CASSATION. — Bioche, n°s 118 et 483.

992. — Mais, lorsqu'un arrêt a ordonné la collocation d'un créancier sur le prix à distribuer pour toute sa créance, d'autres créanciers sont sans intérêt et par conséquent sans droit à demander la cassation de cet arrêt, en alléguant que partie de la créance est prescrite, si la partie encore exigible absorbe la totalité de la somme à distribuer. — *Cass.*, 14 nov. 1826, Ferretic c. Leu.

993. — Il n'y a pas lieu à consigner plusieurs amendes, lorsque le pourvoi en cassation a été fait au nom de plusieurs créanciers, réunis dans l'instance d'ordre, encore qu'ils aient des intérêts distincts. — *Cass.*, 27 févr. 1815, Gihoul et Roussel c. N... — Bioche, n° 484.

Sect. 3e. — *Tierce opposition.*

994. — Le créancier hypothécaire qui n'a pas été appelé à l'ordre ouvert sur le prix de l'immeuble hypothéqué peut former tierce opposition au jugement rendu sur les difficultés auxquelles l'ordre a pu donner lieu, et réclamer sa collocation au rang de son hypothèque. — *Toulouse*, 21 janv. 1843 (t. 1er 1844, p. 201), Guilhard c. Génis. — Bioche, n° 485; Rodière, *Exposition raisonnée des lois de la compétence*, t. 3, p. 231 et 232.

995. — Mais, dans ce cas, sa tierce opposition doit être dirigée contre tous les créanciers utilement colloqués et postérieurs au rang par lui réclamé, et non pas seulement contre le créancier dernier colloqué. — Même arrêt. — Bioche, n° 486.

996. — Jugé, au contraire, que le créancier qui avait droit à être colloqué dans un ordre, mais qui ne l'a pas été, doit intenter son action en restitution contre les derniers créanciers utilement colloqués. — *Colmar*, 9 août 1814, Lévy c. Hueber.

997. — Lorsque dans un ordre un héritier figurait seul, tant pour lui que pour ses cohéritiers, et que la collocation qu'il avait requise a été, faute de justification des droits de son auteur, rejetée par un arrêt, ses cohéritiers sont recevables à attaquer cette décision par tierce opposition. — *Caen*, 8 mai 1827, Luet c. Brinet.

998. — L'arrêt qui a rejeté d'un ordre un héritier faute de justification des droits de son auteur, peut, lorsqu'il est attaqué par tierce opposition de la part des autres héritiers, être rétracté si les cohéritiers font la justification demandée. — Même arrêt.

999. — Le mandat attribué par l'art. 760 C. proc. à l'avoué du dernier créancier colloqué pour représenter tous les créanciers postérieurs aux collocations contestées cesse d'exister du moment où l'avoué s'est frauduleusement entendu avec les contestans pour faire rendre en faveur de ceux-ci une sentence préjudiciable aux intérêts de la masse; et les créanciers postérieurs peuvent, par suite, en pareil cas, former tierce opposition à cette sentence, bien qu'ils n'aient pas contredit à l'ordre. — *Caen*, 16 avr. 1845 (t. 2 1845, p. 618), Jourdain c. Rogère-Préban. — Devant la Cour on produisit une consultation délibérée par MM. Huet, avocat à la Cour de cassation, Ph. Dupin et Duvergier, dont nous croyons devoir présenter l'extrait qui suit, lequel résume les principales raisons qui tendraient à faire rejeter la tierce opposition que voudraient former les créanciers légalement représentés par l'avoué du dernier créancier colloqué. On conçoit du reste que ces raisons se trouvaient sans valeur du moment où les créanciers ainsi représentés prouvaient qu'il y avait eu collusion entre l'avoué et les créanciers contestans pour faire obtenir à ceux-ci une sentence préjudiciable à la masse. Voici l'extrait de la consultation: « D'après l'art. 474, une partie peut former tierce opposition à un jugement qui préjudicie à ses droits, et lors duquel ni elle ni ceux qu'elle représente, n'ont été appelés. La première condition c'est donc de n'avoir été ni appelé ni représenté. Si donc les contestans ont été appelés et représentés, ils sont sans qualité et sans droit pour attaquer les arrêts dont ils se plaignent. En matière d'ordre, le législateur s'est proposé un double but : diminuer les frais et éviter les retards. De là les dispositions des art. 760 et 764 C. proc. civ., qui correspondent aux art. 667 et 668 : au titre *De la distribution par contribution*. Conformément à l'art. 764, l'avoué du dernier créancier colloqué a été intimé tant sur l'appel du sieur Rogère-Préban que sur celui des époux de Cairon; il a procédé et conclu en cette qualité lors des deux arrêts de 1843 et 1844. Les contestans ont donc été représentés dans ces deux arrêts. On peut même ajouter qu'ils ont été doublement représentés, puisque le sieur de Cairon, débiteur, qui avait soulevé la contestation à laquelle d'autres créanciers ont pris part, l'a soutenue avec autant de vivacité que d'énergie: ainsi que l'attestent les mémoires imprimés signifiés au procès. D'autre part, les efforts persévérans du sieur Despierres, qui, poursuivant et contestant, a lutté jusqu'au dernier moment, prouvent que rien n'a été négligé dans l'intérêt des créanciers. L'avoué qui les représentait devant la Cour royale s'en est rapporté à justice; que pouvait-il faire de mieux? S'en rapporter, c'est contester; c'est provoquer l'examen du juge, qui, même lorsque le défendeur fait défaut, ne doit accorder les conclusions du demandeur que si elles se trouvent justes et bien vérifiées (art. 150 C. proc.). Lors de l'arrêt de 1843, comme lors de l'arrêt de 1844, l'examen des magistrats, appelé par les conclusions déposées, était commandé par la minorité des enfans Rogère-Préban, et par celle d'un des enfans Lecomte. L'art. 83, § 6 C. proc., exigeait que le ministère public prît communication des pièces et fût entendu; et lorsqu'il est constaté que ce devoir a été accompli, comment pourrait-on venir demander à la Cour de déclarer le contraire? En s'en rapportant dans ces circonstances à la justice, l'avoué du dernier créancier colloqué prenait donc, dans l'intérêt des créanciers postérieurs en hypothèques à celles contestées, la seule conclusion qu'il pût ou dût prendre. Le débat était engagé entre les sieurs de Cairon et Despierres, d'une part, qui multipliaient les écrits, les mémoires et les significations pour éclairer la Cour, et les héritiers Rogère-Préban, qui employaient les mêmes armes pour se défendre... Tous les droits, tous les moyens étaient exposés et discutés au grand jour. L'avoué représentant les créanciers ne pouvait que s'y référer et s'en rapporter. En prenant un rôle plus actif dans le procès, il n'aurait rien ajouté aux élémens de décision. Ainsi, non-seulement les contestans ont été légalement représentés; mais ils l'ont été tels qu'ils pouvaient et devaient l'être. »

1000. — La procédure d'ordre étant essentiellement divisible, le défaut d'estimation de plusieurs créanciers contestans ou de l'avoué dernier colloqué, permettait à ces derniers de former tierce opposition. — V. *suprà* n°s 132 et suiv.

1001. — Le créancier hypothécaire déchu du droit de se présenter à l'ordre peut former tierce opposition aux jugemens qui ordonnent la distribution de valeurs mobilières provenant non point du prix de l'immeuble qui était affecté à leur garantie, mais d'un tiers qui en était débiteur. — *Cass.*, 1er août 1839 (t. 2 1839, p. 418), Osmont c. Thiboult et Delivet.

1002. — Le saisi qui n'a pas été régulièrement appelé à l'ordre ouvert sur le prix de l'adjudication est recevable à former tierce opposition contre cette procédure d'ordre. — *Bordeaux*, 30 mai 1835, Marchais-Dussablon c. Deluchet.

1003. — De ce que le saisi a touché la portion du prix restant libre après la distribution par voie d'ordre entre les créanciers hypothécaires, il ne suit pas qu'il soit non recevable à former tierce opposition contre la procédure d'ordre, si dans sa quittance il a inséré des réserves indiquant qu'il n'a nullement entendu approuver cette procédure. — Même arrêt.

1004. — Le créancier qui n'a pas été sommé de produire à son véritable domicile et qui, faute de produire, a été déclaré forclos, a le droit de former tierce opposition à un jugement d'ordre. — *Cass.*, 21 déc. 1824, Beslay c. Brison Grandjardin.

1005. — Mais le créancier forclos de contredire ne peut, incidemment à l'ordre, former tierce opposition à un jugement servant de titre à l'un des créanciers colloqués. — *Cass.*, 30 mai 1837, (t. 2 1837, p. 326), Raguet-Lépine c. Delaponce.

1006. — Le créancier inscrit qui faute de production à l'ordre, malgré la sommation qui lui est faite, laisse prononcer sa forclusion et ordonner la radiation de son inscription, conformément à l'art. 759 C. proc. civ., perd d'une manière irrévocable tous les droits attachés à sa qualité de créancier inscrit, et notamment celui de former tierce opposition aux jugemens qui ont ordonné ou prononcé l'adjudication; ces jugemens étant inséparables du règlement d'ordre, qui est devenu inattaquable à son égard. — *Cass.*, 20 juin 1838 (t. 2 1838, p. 337), Borel de la Rivière c. de Berny et Vidocq.

1007. — Egalement, un créancier dont l'inscription a été omise dans l'état délivré par le conservateur des hypothèques, n'est pas recevable à former tierce opposition au jugement d'ordre. Il ne lui reste de recours que contre le conservateur, si l'omission a été commise par la faute de ce dernier. — *Bruxelles*, 15 janv. 1812, Brison c. Wattier et Catry. — Persil, *Régime hypoth.*, art. 2198, n° 6; Grenier, t. 2, p. 314, et Troplong, t. 4, n° 1005.

1008. — Les héritiers et les créanciers d'un débiteur sur les biens duquel un ordre est poursuivi, sont recevables à former opposition simple, et non tierce opposition, au jugement d'ordre auquel ils n'ont pas été appelés. — *Colmar*, 17 avril 1807, Cachter.

1009. — Le créancier hypothécaire inscrit qui n'a pas été appelé à l'ordre ouvert sur le prix de l'immeuble qui lui est hypothéqué doit attaquer, non par appel, mais par voie de tierce opposition, le procès-verbal d'ordre et le règlement de collocation. — *Montpellier*, 3 juill. 1828, Davet c. Laffon.

1010. — Le cessionnaire d'un créancier hypothécaire qui n'a pas été personnellement appelé à l'ordre peut, nonobstant la sommation de produire à l'ordre notifié à son cédant, attaquer par voie de tierce opposition le règlement définitif, bien qu'il n'ait pas fait inscrire sa subrogation. — *Paris*, 21 mai 1835, Robin Grandin.

1011. — Le créancier qui, après avoir été colloqué d'office dans le règlement provisoire, aurait été écarté ensuite dans le règlement définitif, sur la demande des autres créanciers, sans qu'il ait été appelé ni représenté, peut former tierce opposition au jugement qui a ordonné la radiation de sa collocation provisoire. — *Cass.*, 18 av. 1832, Bussières c. Esprit.

1012. — Le créancier hypothécaire qui n'a point été appelé à l'ordre des biens hypothéqués vendus par expropriation forcée n'a pas un recours contre l'adjudicataire, alors que celui-ci, étranger aux poursuites de l'ordre, a payé régulièrement son prix d'après les bordereaux de collocation. — Ce créancier n'a, dans ce cas, qu'une action en rapport par voie de tierce opposition contre les autres créanciers colloqués. — *Liége*, 13 mars 1833, Devigne c. Biollet.

1013. — La tierce opposition formée contre une procédure d'ordre pour faire annuler les paiemens faits par le dépositaire de la somme à distribuer est régulièrement dirigée contre le dépositaire seul. — *Bordeaux*, 30 mai 1835, Marchais-Dussablon c. Deluchet.

1014. — Le créancier qui n'a point contredit le règlement provisoire peut néanmoins former tierce opposition au jugement rendu sur des contestations élevées par d'autres créanciers, s'il devait être mis en cause comme créancier dernier colloqué. — *Grenoble*, 15 août 1816, Toulon c. Guérin.

1015. — Une tierce opposition formée dans une instance d'ordre contre un jugement servant de titre à un créancier doit être considérée comme demande incidente dans l'ordre; en conséquence, l'appel du jugement qui statue sur ce sujet doit être relevé dans les dix jours de la signification à avoué. — *Rennes* (et non *Nîmes*), 7 fév. 1818, Quatrefeze c. Solier.

Sect. 4e. — *Requête civile.*

1016. — La requête civile est recevable en matière d'ordre comme en matière ordinaire. — Bioche, n° 485.

1017. — Mais le créancier qui, dans une instance d'ordre, a procédé en son nom, et dans un intérêt exclusif, ne peut, surtout s'il est majeur, se faire un moyen de requête civile, contre l'arrêt de condamnation, du défaut d'audition du ministère public en cause d'appel. — *Paris*, 9 août 1817, Travers c. Stevens. — Bioche, n° 488.

1018. — Il en est de même du créancier qui n'a pas contesté le règlement provisoire de l'ordre dans le délai de la loi: il est non recevable à se pourvoir, par voie de requête civile, contre le règlement définitif, en ce qu'il n'aurait pas été statué sur chose demandée. — *Paris*, 26 nov. (et non 26 déc) 1836, Bignon c. Dupré.

CHAPITRE V. — *Règlement définitif.*

1019. — S'il ne s'élève aucune contestation sur l'état de collocation provisoire, le juge commissaire fait la clôture de l'ordre à l'expiration du mois pour contredire. — C. proc. civ., art. 759.

1020. — Le mois dont parle l'art. 759 se compte de quantième à quantième. Ainsi, commencé le

31 janvier, ce délai, dans les années bissextiles, expirerait le 29 février; et dans les années ordinaires, le 28 février. — Carré et Chauveau, quest. 2558; Thomines, t. 2, p. 318.

1021. — Si la contestation porte sur la créance colloquée au premier rang, la clôture définitive de l'ordre est suspendue en entier jusqu'à ce que toutes les contestations soient jugées. — Merlin, *Rép.*, v° *Saisie immobilière*, § 8, n° 4.

1022. — Néanmoins, décidé que le juge commissaire peut, en renvoyant à l'audience les contestations élevées sur la quotité d'une créance colloquée, clore définitivement l'ordre, non-seulement pour les créances antérieures, mais encore pour celles postérieures à la créance contestée, mais en ordonnant qu'il restera dans les mains de l'acquéreur une somme suffisante pour acquitter, s'il y a lieu, la créance contestée. — *Grenoble*, 11 déc. 1832, François Sestier c. Murinais.

1023. — Le prix de l'adjudication étant le gage exclusif des créanciers et ne pouvant être diminué à leur préjudice, il n'y a pas lieu de renvoyer l'acquéreur à faire juger dans l'ordre contradictoirement avec les créanciers inscrits la question de savoir si le montant des réparations sera remboursé par privilége sur le prix de l'adjudication. — *Paris*, 11 juin 1834, Deribes c. Denis.

1024. — Le créancier qui conteste individuellement supporte les frais auxquels sa contestation particulière donne lieu, sans pouvoir les répéter ni employer en aucun cas. — C. proc., art. 760.

1025. — Lorsqu'il n'y a pas de contestation, il n'est fait aucun dire et à l'expiration des délais le juge commissaire procède au règlement définitif de l'ordre sur les bases adoptées au règlement provisoire.

1026. — Le règlement définitif est commencé par le juge commissaire par l'énonciation des actes faits depuis le règlement provisoire, par exemple des originaux des dénonciations de ce règlement faites tant aux créanciers qu'au débiteur saisi. — Bioche, v° *Ordre*, n° 490.

1027. — Le juge commissaire fixe ensuite définitivement la somme à distribuer. Il ajoute à cet effet au prix principal les intérêts qui ont pu courir jusqu'au règlement définitif, et qui avaient figuré pour mémoire au règlement provisoire. — Bioche, n° 491.

1028. — Aux termes de l'art. 777 C. procéd., il doit placer en première ligne la collocation de l'acquéreur pour le coût de l'extrait des inscriptions et dénonciations aux créanciers inscrits.

1029. — Le chiffre de ces frais extraordinaires de transcriptions et de notifications est arrêté par la taxe du juge commissaire. — Bioche, n° 493.

1030. — Le surenchérisseur devenu adjudicataire n'a pas, comme l'acquéreur, le droit d'être employé par préférence pour les frais de notification par lui remboursés à l'acquéreur dépossédé. — Chauveau sur Carré, quest. 2618 *ter*.

1031. — L'adjudicataire qui, après avoir rempli toutes les charges de l'adjudication, fait réduire son prix par suite de fausse indication d'état et de contenance donnée dans l'affiche annonçant la vente, aux objets vendus, peut déduire, par privilége sur un prix, le montant des frais qu'il a dû faire pour obtenir la réduction et l'excédant des droits par lui payés. — Chauveau sur Carré, quest. 2618, 4°.

1032. — Lorsque le vendeur doit, aux termes du contrat de vente, payer les honoraires du notaire et les frais d'enregistrement et de transcription, on ne peut permettre à l'acquéreur qui en a fait l'avance de les retenir sur son prix, au préjudice des créanciers, en se faisant colloquer à cet effet dans l'ordre. Il ne peut qu'exercer son action personnelle contre le vendeur. — *Paris*, 24 août 1816, Montessuy c. Pichard. — Chauveau sur Carré, quest. 6218, 5°.

1033. — Le juge commissaire liquide les frais de radiation et de poursuite d'ordre, qu'il colloque en second lieu. Il fait figurer dans ces frais le coût de l'enregistrement et du timbre des règlemens provisoire et définitif et de l'extrait de l'ordonnance de radiation des inscriptions. — C. proc. civ., art. 759. — Bioche, n° 494.

1034. — Il transcrit de nouveau les collocations privilégiées. — Bioche, n° 492.

1035. — La copie des collocations du règlement provisoire est continuée en suivant le rang attribué aux différens créanciers. — Bioche, n° 495.

1036. — On fait entrer dans chaque collocation le montant des intérêts alloués jusqu'à la clôture du règlement définitif (V. *infrà* n° 1085) ainsi que la somme à laquelle ont été taxés les frais de production et de mise à exécution s'il y a lieu, et, en général, la liquidation des créances qui avaient figuré pour mémoire au règlement provisoire. — Bioche, n° 496.

1037. — Cet auteur (*eod. loco*) fait remarquer que cependant, au tribunal de la Seine, ni les frais de radiation, ni les intérêts, qui ordinairement courent jusqu'à la clôture du règlement définitif, ne sont liquidés par le juge commissaire, mais bien par le notaire rédacteur de la quittance.

1038. — Les frais de l'avoué qui a représenté les créanciers contestans sont colloqués, par préférence à toutes autres créances, sur ce qui reste de denrées à distribuer, déduction faite de ceux qui ont été employés à acquitter les créances antérieures à celles contestées. — C. procéd., art. 768.

1039. — Les frais de signification d'un jugement d'adjudication d'un capital dont l'aliénation avait été précédemment ordonnée pour le service d'une rente viagère, ne doivent pas être considérés comme frais de poursuite d'ordre. — Chauveau sur Carré, quest. 2576-4°.

1040. — L'arrêt qui autorise l'emploi des frais prononce les subrogations au profit du créancier sur lequel les fonds manquent ou de la partie saisie. L'exécution énonce cette disposition et indique la partie qui doit en profiter. — C. procéd., art. 769.

1041. — La partie saisie et le créancier sur lequel les fonds manquent ont leur recours contre ceux qui ont succombé dans la contestation, pour les intérêts et arrérages qui ont couru pendant le cours desdites contestations. — C. proc., art. 770.

1042. — L'ordonnance du juge commissaire qui a déclaré la distribution définitive et a clos le procès-verbal d'ordre est irrévocable, au point que des créanciers antérieurement opposans entre les mains du poursuivant et qui par sa négligence n'ont été ni instruits de l'ouverture de l'ordre, ni sommés de produire, ne peuvent provoquer une nouvelle distribution. — Le poursuivant est passible du tort que sa négligence a causé à ces créanciers. — *Toulouse*, 12 avril 1820, Mallafosse c. Lambert et Bonnefoi.

1043. — Il y a chose jugée sur la fixation du montant d'une créance, par cela qu'elle a été colloquée définitivement dans un ordre, sans contradiction de la part du débiteur, et qu'ensuite il y a exécution pour le paiement. — *Cass.*, 25 mai 1836, (t. 1er 1837, p. 61), Esmoing c. Dulicondès. — Bioche, n° 497.

1044. — Ainsi, l'ordonnance définitive de clôture d'ordre rendue sans opposition a pour tous les créanciers en cause l'autorité de la chose jugée. — Dès lors, la demande en réformation formée par la femme depuis cette ordonnance ne peut préjudicier aux droits des créanciers définitivement colloqués. — *Bourges*, 21 juin 1839 (t. 2 1843, p. 225), Bourdiaux c. Grégoire.

1045. — L'ordonnance du juge commissaire qui a prononcé la forclusion d'un créancier hypothécaire appelé à l'ordre et a ordonné la radiation de son hypothèque élève, par l'autorité de la chose jugée qui s'y attache (lorsqu'elle n'a été attaquée par aucuns moyens légaux), une fin de non-recevoir insurmontable, non-seulement contre l'action en maintien ou validité d'hypothèque formée depuis par ce créancier; mais encore contre les divers chefs de conclusions, qui pourraient se rattacher soit à la qualification de sa demande, soit à sa qualité de mineur émancipé dépourvu de curateur à l'époque de l'ordonnance, soit à l'inefficacité de la procédure suivie pour purger son hypothèque. — *Cass.*, 25 août 1842 (t. 1er 1843, p. 142), Loisel c. Hauterre.

1046. — Un jugement qui a réglé l'ordre du prix d'un immeuble n'a pas l'autorité de la chose jugée relativement à l'ordre du prix d'un autre fait entre les mêmes créanciers, surtout si le premier ordre a été fait antérieurement aux lois nouvelles sur le régime hypothécaire. — *Cass.*, 4 juill. 1815, Tallenay c. Herissey et Bailly-Cresset.

1047. — Cependant lorsque, après plusieurs collocations, un jugement d'ordre ordonne que sur le restant du prix un créancier sera colloqué par préférence à un autre, ce jugement acquiert entre ces deux créanciers la force de chose jugée et doit régler la distribution à faire entre eux de sommes devenues ultérieurement disponibles par suite des changemens qu'ont éprouvés les collocations des premiers créanciers. — *Cass.*, 29 avril 1813, Bachelier-d'Agès c. d'Inglemare.

1048. — Le créancier qui, dans un ordre, a demandé sa collocation à une certaine date, et qui a contesté à un autre créancier le droit d'être colloqué, peut, quoique ayant succombé sur cette contestation, demander plus tard à être colloqué à une date antérieure à celle qu'il a réclamée dans sa première demande, sans qu'on ait droit de lui opposer l'autorité de la chose jugée. — *Cass.*, 23 août 1837 (t. 1er 1838, p. 65), d'Aubigny c. Dufraigne.

1049. — Le juge commissaire prononce la déchéance des créanciers non produisans, ordonne la délivrance des bordereaux de collocation aux créanciers utilement colloqués, et la radiation des inscriptions de ceux dont la collocation n'a pas été utilement faite. Il est fait distraction en faveur de l'adjudicataire, sur le montant de chaque bordereau, des frais de radiation de l'inscription. — C. proc., art. 759.

1050. — Dans l'usage, ces frais ne sont compris dans la taxe que pour mémoire et sont réglés lors de la quittance. — Bioche, n° 499.

1051. — Quant à ceux de radiation des inscription des créanciers qui ne viennent pas en ordre utile, on les colloque par préférence au même rang que les frais de poursuite. — Arg. C. proc., art. 759. — Bioche, *ibid.*

1052. — Lorsque après la clôture de l'ordre le juge commissaire a prononcé par une ordonnance la déchéance des créanciers non produisans, et qu'en outre il a cru pouvoir ordonner la radiation des inscriptions de ces créanciers; les créanciers chirographaires du vendeur sont non recevables à se prévaloir de cette ordonnance, qui est à leur égard *res inter alios acta*? — *Cass.*, 10 juin 1828, Laroche-Fontenille c. Estabel; 22 janv. 1840 (t. 1er 1840, p. 230), dans ses motifs, Larsonnier et Gaillard c. Godefroy.

1053. — En effet, malgré la radiation ordonnée par le juge commissaire, les créanciers inscrits, qu'ils aient ou non produit, peuvent réclamer et exiger que l'acquéreur, dont le prix n'est pas épuisé, les paie différemment aux créanciers chirographaires. Car, du moment où l'acquéreur doit une portion du prix d'achat, il en doit compte aux créanciers hypothécaires, qui peuvent seuls attaquer une radiation illégalement prononcée. — Pigeau, t. 2, p. 297 et 298; Bioche, n° 498.

1054. — Aussi le créancier hypothécaire qui laisse prononcer contre lui la forclusion faute d'avoir produit à l'ordre dans les délais, ne perd pas pour cela le droit de préférence que lui confère son inscription sur les créanciers chirographaires. Il peut réclamer avant ceux-ci les sommes qui restent disponibles après l'acquittement de tous les bordereaux de collocation délivrés aux produisans. — *Cass.*, 15 fév. 1837 (t. 1er 1837, p. 120), Deslandes c. Lefebvre-Marc. — Chauveau sur Carré, quest. 2576, 3°.

1055. — De même, l'inscription d'un créancier qui n'a point produit ses titres à l'ordre, et contre lequel la déchéance a été prononcée, conserve son effet sur la portion du prix de l'immeuble qui est restée entre les mains de l'acquéreur après l'entier acquittement des bordereaux de collocation. — Par suite, ce créancier doit être payé, sur le reliquat du prix, par préférence aux créanciers chirographaires du vendeur qui ont formé, ainsi que lui, une saisie-arrêt entre les mains de l'acquéreur. — *Cass.*, 10 juin 1828, Laroche-Fontenille c. Estabel.

1056. — Quoiqu'un jugement ait statué définitivement sur les contestations élevées sur le règlement provisoire d'un ordre, le créancier hypothécaire inscrit qui n'a pas produit dans le délai fixé par l'art. 754 du C. procéd. peut toujours demander sa collocation tant que le règlement définitif n'a point été arrêté et élever des contestations sur le rang que lui a assigné le juge commissaire et sur les créanciers colloqués à son préjudice. — *Paris*, 17 fév. 1836, Pelletier c. Dumont.

1057. — Jugé encore qu'en matière d'ordre les créanciers peuvent, même après les délais de l'art. 755 C. procéd. civ. et jusqu'à la clôture de l'ordre, produire et contester le règlement provisoire, sous les peines portées par l'art. 757. — *Poitiers* 9 juin 1837 (t. 2 1842, p. 316), Desplaces c. Dumonteil. — Berriat, p. 613; Pigeau, t. 2, p. 304; Merlin, *Rép.*, v° *Saisie immobilière*, § 8; Favard, *Rép.*, v° *Ordre*, t. 5, p. 60; Carré et Chauveau, quest. 2564.

1058. — La radiation prononcée par le règlement définitif d'un ordre des inscriptions des créanciers non utilement colloqués n'a lieu que dans l'intérêt de l'acquéreur de l'immeuble dont le prix est distribué, et dans la supposition conditionnelle que la totalité du prix sera distribuée à des créanciers préférables par leur rang dans l'ordre. — Dès lors, si une ou plusieurs créances auxquelles le prix était attribué viennent à s'éteindre et à rendre libre une portion du prix :

cette portion doit profiter exclusivement aux créanciers non payés à qui elle aurait dû être distribuée dans l'ordre, sans le concours de ces créances préférables et éteintes depuis; et non pas au vendeur, qui ne peut y prétendre au préjudice des hypothèques qui grevaient les immeubles par lui vendus. — *Cass.*, 20 juin 1838 (t. 2 1838, p. 335), Giroust de Villette c. Saint-Didier.

1059. — Il résulte du principe que nous venons d'établir que les créanciers hypothécaires auraient le droit de demander l'annulation du transport fait à leur préjudice par le débiteur des fonds restés vacans. — Bioche, n° 498.

1060. — C'est ainsi qu'il a été jugé que la mainlevée des inscriptions prononcée lors de la clôture de l'ordre n'éteint pas le droit hypothécaire des créanciers. En conséquence, le créancier sur qui les fonds ont manqué peut, nonobstant la radiation de son inscription, venir, dans le rang que lui a donné l'ordre, et par préférence à tous cessionnaires ou créanciers chirographaires, exercer son droit hypothécaire sur la somme attribuée à un créancier qui le primait et qui s'est trouvé payé depuis. — *Cass.*, 8 août 1836, Cavelan c. Despierres.

1061. — Lorsque, sur une créance payable à différens termes, il a été fait divers transports avec affectation spéciale pour chaque cessionnaire des termes à échoir, et que, par suite d'un ordre, les fonds échéans aux premiers termes se trouvent absorbés par des créances hypothécaires ou par l'effet de compensations, les cessionnaires de ces premiers termes peuvent être colloqués sur les termes postérieurs, malgré l'affectation spéciale qui en a été faite à d'autres cessionnaires. Du moins, l'arrêt qui le décide ainsi échappe à la censure de la Cour de cassation. — *Cass.*, 24 déc. 1834, Auger c. Caillot et Gumin.

1062. — La partie saisie ne peut valablement transporter le montant des collocations devenues libres par le paiement, dans un autre ordre, des créanciers au profit desquels elles avaient été faites, lorsqu'il existe d'autres créanciers qui n'avaient pu être colloqués à raison de la somme à distribuer. En d'autres termes: les collocations, devenues ainsi sans objet, doivent profiter aux créanciers sur lesquels les fonds avaient manqué, suivant le rang que le règlement provisoire leur avait attribué, nonobstant la radiation de leurs inscriptions effectuées en exécution de l'art. 759 C. proc. — *Paris*, 23 avr. 1836, de Saint-Didier c. Giroust de Villette.

1063. — En cas de consignation et de jugement validant les offres sans qu'il y ait de radiation prononcée, mainlevée des inscriptions des créanciers venant ou non en ordre utile est prononcée par le juge commissaire: leur effet étant réservé sur le prix. — Bioche, n° 501.

1064. — Lorsqu'il s'est élevé des contestations, le juge commissaire arrête définitivement l'ordre des créances contestées et de celles postérieures; et cela conformément à ce qui est prescrit par l'art. 759, quinzaine après la signification de l'arrêt qui a statué sur les contestations. — C. proc. 767.

1065. — Il faut rapprocher cette disposition de celle contenue en l'art. 672, qui, en matière de distribution, fait partir le délai du jour où le jugement a été signifié. Il est du reste de principe, à moins de disposition contraire, que c'est à dater de la notification de l'acte auquel la loi fait commencer un délai, que celui-ci court: d'après la maxime *paria non esse et non significari*. S'il en était différemment, le juge commissaire pourrait arrêter définitivement son procès-verbal avant l'expiration des délais de l'appel, et même avant la signification du jugement.—Carré, quest. 2599; Berriat, p. 617, note 23; Delaporte, t. 2, p. 346; Bioche, n° 502. — *Contrà*, Demiau, p. 469; Pigeau, *Comm.*, t. 2, p. 469.

1066. — L'expiration des délais se justifie par la représentation d'un certificat de l'avoué poursuivant, indiquant à quelle date le jugement a été signifié. De plus, il est constaté par un certificat du greffier qu'on n'a pas interjeté d'appel.— Bioche, *ibid.*

1067. — Si cependant le jugement ne comportait pas d'appel, le juge commissaire pourrait, quinzaine après ce jugement, clore son procès-verbal. — Carré, quest. 2599; Bioche, n° 503.

1068. — Dans le cas où il aurait été appelé du jugement, la clôture pourrait avoir lieu quinzaine après la signification de l'arrêt statuant sur les contestations. — C. proc. 767.

1069. — Jugé que, quel que soit le silence des créanciers produisans à l'égard du règlement provisoire, quelle que soit même leur approbation, l'ordre ne peut être arrêté tant qu'il ne s'est pas écoulé un mois depuis la dénonciation du règlement provisoire. L'ordre ainsi clos, du consentement des créanciers produisans, avant l'expiration du délai pour contredire le règlement provisoire, est nul à l'égard des créanciers en retard de produire. — *Paris*, 21 mai 1835, Robin-Grandin.

1070. — Le droit de faire prononcer la clôture de l'ordre n'appartient pas exclusivement au créancier poursuivant. — *Bordeaux*, 13 août 1834, Crouzit c. Dumontet.

1071. — Et le juge commissaire peut de son propre mouvement la prononcer, et, après cette clôture, le saisi est déchu du droit de prendre communication et de contredire. — *Rennes*, 11 janvier 1813, Desdanots et Puissant c. Servon. — Carré, quest. 2563; Pigeau, *Comment.*, t. 2, p. 428; Bioche, n° 489.

1072. — Bien plus: tout créancier a le droit, après l'expiration des délais, s'il ne s'élève aucune contestation, de requérir la clôture de l'ordre. — En l'absence de toute réquisition, le juge commissaire doit y procéder d'office.—*Bordeaux*, 13 août 1834, Crouzit c. Dumontet.

1073. — Lorsque le règlement provisoire se trouve maintenu par le jugement ou l'arrêt, on procède comme s'il n'y avait pas eu contestation. On doit néanmoins mentionner le renvoi à l'audience et copier ou analyser au moins le jugement maintenant le règlement provisoire. — On doit, aussi, en déterminant les frais à supporter par chaque créancier, comprendre dans la taxe ceux dont on a autorisé l'emploi.—Bioche, n° 505.

1074. — Le juge commissaire ne peut exclure du règlement définitif les créanciers dont la collocation provisoire a été confirmée par jugement, par le motif qu'ils ne produisent plus leurs titres; il y a chose jugée à leur égard. — *Bourges*, 20 juill. 1831 (dans ses motifs), Quenisset et Sarilland c. Hollier. — Bioche, n° 506.

1075. — On devrait, en cas de modification partielle du règlement provisoire, transcrire le dispositif des jugemens ou arrêts. Il est nécessaire que le règlement définitif ne diffère pas de la décision de la justice. — Bioche, n° 507.

1076. — Si le prix ne suffisait pas pour désintéresser tous les créanciers: la somme à payer au dernier créancier sur lequel les fonds manquent serait fixée par le juge commissaire, qui devrait imputer d'abord sur cette somme les frais, puis les intérêts et subsidiairement le capital. — Bioche, n° 508.

1077. — D'après l'art. 767 C. procéd., les intérêts des diverses créances cessent de courir de plein droit à dater du jour de la clôture du procès-verbal d'ordre.

1078. — Le législateur a voulu exprimer par là qu'à partir de ce moment les intérêts des créances colloquées contre le débiteur ne courent plus en faveur des créanciers; mais que ceux-ci ont uniquement droit aux intérêts des sommes que l'ordre leur attribue, que le prix à distribuer soit resté entre les mains de l'adjudicataire ou qu'il ait été placé à la caisse des dépôts et consignations et ne produise que 3 0/0 d'intérêt.— Bioche, n° 510; Tarrible, p. 678; Carré, quest. 2600.

1079. — Ainsi, l'art. 767 C. procéd., qui porte qu'à compter de la clôture définitive d'un ordre les intérêts des créanciers utilement colloqués cesseront, fixe seulement l'époque de la cessation du cours des intérêts dont peut être grevée une masse hypothécaire. — Cette disposition est seulement en faveur du débiteur originaire. — Elle ne peut être invoquée par l'acquéreur pour arrêter le cours des intérêts de son prix. — En conséquence, l'acquéreur doit jusqu'au paiement les intérêts de son prix. — *Bordeaux*, 27 août 1834, Montauroy c. Espinasse.

1080. — Jugé pareillement que l'acquéreur, jouissant de la chose, ne peut invoquer l'art. 767 C. procéd. Il doit les intérêts de son prix tant que le paiement n'a pas été effectué. — *Paris*, 5 juin 1813, Tobler c. Pénavère; *Rennes*, 26 août 1841 (t. 2 1841, p. 482), de Boispéan c. Gaussuron. — Bioche, n° 511; Chauveau sur Carré, quest. 2601 *bis*.

1081. — Ainsi: la disposition de l'art. 767 C. procéd., qui fait cesser les intérêts et arrérages, des créances utilement colloquées, du moment où le juge commissaire a arrêté définitivement l'ordre, doit être entendue dans l'intérêt du débiteur originaire; et non dans celui de l'acquéreur, qui doit les intérêts du prix jusqu'à paiement ou consignation. — *Cass.*, 16 mars 1814, Tobler c. Pénavère.

1082. — Les créanciers utilement colloqués dans un ordre peuvent donc réclamer contre l'acquéreur les intérêts de leurs créances, même après la quinzaine de la signification du jugement ou de l'arrêt, qui statue sur les contestations, et jusqu'au jour du paiement définitif. — *Paris*, 14 mai 1825, Marcy c. Thèses.

1083. — En faisant offre du prix aux créanciers inscrits, l'acquéreur s'est rendu leur débiteur tant de ce prix que des intérêts. — *Bourges*, 26 août 1814 (dans ses motifs), Béatrix c. Rollin. — Bioche, *ibid.*

1084. — Il est évident qu'il cesserait d'en être ainsi si le cahier des charges l'avait dispensé du paiement de tout intérêt. — Bioche, *ibid.*

1085.—Les intérêts qui ont continué de courir doivent être joints à ce qui reste dû sur le capital pour remplir d'autant le créancier sur lequel les fonds manquent, ou être remis à la partie saisie. — *Paris*, 5 juin 1813 (dans ses motifs), Tobler c. Pénavère. — Bioche, n° 512; Tarrible, p. 678; Carré, quest. 2600.

1086. — L'adjudicataire ne peut exciper de ce que les intérêts des créanciers colloqués cessent dès la clôture définitive de l'ordre. — *Bordeaux*, 27 août 1833, Montauroy c. Espinasse.—Chauveau sur Carré, quest. 2601 *bis*.

1087. — Lorsqu'un ordre n'est ouvert que plusieurs années après la notification du titre aux créanciers inscrits, le tiers détenteur, s'il n'a pas consigné le prix, doit tenir compte de tous les intérêts échus jusqu'à la clôture définitive de l'ordre, même de ceux remontant au delà des cinq dernières années. — *Grenoble*, 30 août 1833, Maurel c. Long.

1088. — Les sommes qu'un tiers détenteur paie avant l'ouverture de l'ordre aux créanciers inscrits, ne sont imputables que sur ce qui leur revient hypothécairement; ce tiers détenteur ne peut exiger que les créanciers inscrits lui tiennent compte des intérêts des sommes qu'il a payées. — *Poitiers*, 12 fév. 1824, Riffard c. David.

1089. — Le créancier colloqué pour un capital productif d'intérêts doit l'être au même rang, pour les intérêts échus depuis l'adjudication jusqu'à la clôture de l'ordre. — *Bourges*, 23 mai 1829, Potheral c. de Laforêt et Champion.— Chauveau et Carré, quest. 2601; Tarrible, p. 679; Berriat, t. 2, p. 621, note 35.

1090. — On s'est demandé si c'était bien du jour de la clôture que les intérêts cessent, ou si ce n'était pas plutôt du jour de la délivrance des bordereaux. Mais les termes de l'art. 767 ne peuvent laisser aucun doute sur la première solution. — Carré et Chauveau, quest. 2603; Berriat, p. 621 et 622, note 37, n° 3.

1091. — Lorsque, dans un ordre judiciaire, une créance hypothécaire est colloquée éventuellement, les intérêts de cette créance courus depuis le règlement définitif de l'ordre doivent, lors de la réalisation de l'éventualité, être payés sur ce qui reste libre de la masse hypothécaire, par préférence aux dettes chirographaires. — L'art. 767 C. proc. civ. ne fait pas obstacle à ce qu'il en soit ainsi. — *Cass.*, 22 janv. 1840 (t. 1er 1840, p. 230), Larsonnier et Gaillard c. Godefroy.

1092. — Le créancier mineur peut demander que l'adjudicataire lui paie les intérêts de la somme qui reste entre ses mains pour une collocation éventuelle. — *Paris*, 4 août 1810, Tobler c. Gauthier et Lagarde.

1093. — Lorsque l'acquéreur ou l'adjudicataire ont réalisé les intérêts, ils ne peuvent être responsables envers le créancier hypothécaire du retard que le vendeur a mis à solder ses intérêts au créancier. — *Rennes*, 26 août 1841 (t. 2 1841, p. 482), de Boispéan c. Gaussuron.

1094. — Le greffier ayant dix jours pour délivrer les bordereaux (V. *infrà* n° 1170), et ne pouvant modifier le travail du juge, il s'ensuit, d'après Berriat (p. 621, note 37), que les créanciers perdent ces dix jours d'intérêt.

1095. — L'art. 757 qui met à la charge des créanciers négligens à produire les intérêts qui ont couru pendant le temps où ils ont été en retard, et l'art. 767 qui veut que les intérêts des créances colloquées utilement cessent dès la clôture de l'ordre, ne peuvent s'appliquer qu'au cas où l'adjudicataire a consigné. — Carré, quest. 2602; Tarrible, p. 679.

1096. — Toutes demandes en collocation font produire des intérêts même aux créances où ils ne sont pas stipulés, si toutefois le demandeur en collocation les réclame. — Carré et Chauveau, quest. 2604.

1097. — Aucune déchéance ne peut être prononcée contre un créancier retardataire de produire que par la décision du juge commissaire qui déclare que l'ordre est clos. Dès lors un créancier retardataire peut demander sa collocation dans l'ordre, même par voie d'intervention dans une instance d'appel, sous les conditions prescrites par l'art. 757 C. proc. — *Rouen*, 28 fév. 1837 (t. 1er 1838, p. 102), Lainé c. Dubourg.

1098. — Ainsi, le créancier dont la collocation à l'ordre a été contestée peut, après l'expiration du délai d'un mois prescrit par l'art. 756 C. proc. civ., et même après le renvoi à l'audience, contester lui-même la collocation de celui qui l'attaque. — La forclusion établie par l'art. 756 C. proc. civ. n'est pas applicable au cas où le contredit n'est présenté que par voie d'exception ou de défense. — *Cass.*, 18 déc. 1837 (t. 1er 1838, p. 156), de Boisville c. Tiberge.

1099. — Pour devenir définitive, l'ordonnance de clôture doit être signée et par le juge commissaire et par le greffier. — Arg. C. procéd. civ., art. 1040. — Bioche, n° 513.

1100. — *Contrà* l'art. 1040 du Code de procédure, qui exige le concours du greffier à tous les actes émanés d'un juge seul, spécialement d'une ordonnance de clôture d'ordre, n'exige point à peine de nullité la signature du greffier sur la minute. — *Toulouse*, 19 avril 1839 (t. 2 1839, p. 332), Mutel c. Ansas. — Boncenne, t. 1er, p. 569.

1101. — Tant que le juge commissaire n'a pas signé, le procès-verbal peut être modifié par le juge; et il résulte de là que les créanciers retardataires seraient encore admis à produire. — *Bourges*, 24 janv. 1838, cité par Bioche, n° 514.

1102. — Ainsi, un ordre ne doit être réputé clos que lorsque le juge commissaire a signé le procès-verbal. Jusque-là, et alors même que la rédaction en serait commencée et même terminée, ce procès-verbal n'est qu'un projet sans valeur, qui ne met pas obstacle à la production des créanciers. — L'ordonnance de clôture prononcée par le juge commissaire sans comparution d'un créancier non appelé, dont la production a été par lui rejetée comme tardivement faite après la rédaction commencée du procès-verbal, et sans décision rendue contre ce créancier, n'est pas à son égard un acte dont il puisse interjeter appel; mais il peut légalement l'attaquer par la voie de tierce opposition devant le tribunal. — *Cass.*, 10 janv. 1848 (t. 1er 1848, p. 11), Georgel c. Thiaville. — V. conf. une consultation délibérée par M. Carré le 20 mars 1827, insérée dans l'édition des *Lois de la procéd. civ.* annotée par M. Chauveau, quest. 2576.

1103. — Dès que la clôture de l'ordre est prononcée, les créanciers qui n'auraient pas produit ne seraient plus recevables à le faire, ni à former opposition sur les deniers distribués.

1104. — Il n'en serait autrement que si la clôture de l'ordre avait été illégalement prononcée. — *Cass.*, 9 déc. 1824, Veyrunnes c. Filhon.

1105. — .... Ou à moins que ces créanciers n'eussent pas été sommés de produire. — Bioche, n° 515.

1106. — M. Bioche enseigne (n° 516) que l'autorité et les effets du règlement définitif s'étendent au delà de la somme distribuée, et que dans le cas où des créanciers colloqués dans le règlement provisoire ne sont pas venus en ordre utile dans le règlement définitif, et que, plus tard, ils se présentent dans un autre ordre, ou qu'ils viennent exercer leurs droits contre leur débiteur sur les autres biens, une fin de non-recevoir ne saurait être élevée contre ce débiteur par défaut de contestation dans le premier ordre.

1107. — En matière d'ordre, les nullités ne sont pas absolues mais relatives : d'où il suit que l'état de collocation ou de clôture de la distribution dressé en l'absence d'un créancier inscrit, sans qu'il ait été sommé de produire ses titres ou se soit présenté, est valable à l'égard des autres créanciers qui ont reçu la sommation prescrite par la loi, et qu'il y a seulement lieu de procéder à un état supplémentaire de distribution entre le créancier omis et ceux qui ont été colloqués; qu'ainsi les déchéances, les radiations, tous les points jugés antérieurement, sont autant de droits acquis, auxquels ne doit rien changer l'intervention du créancier qui n'avait pas été mis en demeure d'agir. — *Montpellier*, 19 mars 1840 (t. 2 1840, p. 83), Chouchard c. Bourillon.

1108. — Lorsqu'un jugement d'ordre, ordonnant la collocation d'une rente viagère, donne aux créanciers postérieurs en hypothèque l'option de rembourser le capital de cette rente ou d'en profiter à son extinction, en laissant pour sûreté du paiement des arrérages tout le prix à distribuer entre les mains de l'adjudicataire, l'option faite par l'un des créanciers dans le délai fixé par le tribunal n'est pas obligatoire pour les autres créanciers qui ont laissé expirer le délai sans manifester leur intention à cet égard. — Chauveau sur Carré, quest. 2604 *ter*.

1109. — Lorsque, sur la somme à distribuer, il est prélevé un capital pour fournir au service d'une rente viagère, l'acquéreur a droit préférablement aux créanciers colloqués éventuellement sur ce capital de le conserver entre ses mains jusqu'à l'extinction de la rente. — Lorsque le capital ainsi réservé est insuffisant pour parfaire le service de la rente on doit, chaque année, prélever sur ce capital la somme nécessaire pour compléter les arrérages, et les intérêts de ce capital doivent diminuer à proportion de sa réduction. — *Bourges*, 25 mai 1827, Dalguzon c. Fauconneau-Dufresne.

1110. — Le capital d'une rente due par un tiers et garantie sur un immeuble dont le prix a donné lieu à l'ouverture d'un ordre, doit être partagé au marc le franc entre tous les créanciers du propriétaire de cet immeuble; il n'y a pas lieu de la part des créanciers hypothécaires qui ont été colloqués sur le prix de cet immeuble après les propriétaires de la rente de se prévaloir de leur rang hypothécaire ou de demander à leur être subrogés. — *Cass.*, 1er août 1839 (t. 2 1839, p. 418), Osmont c. Thiboult et Delivet.

CHAPITRE VI. — *Voies de recours contre le règlement définitif.*

1111. — Il est de principe que la clôture du règlement définitif une fois prononcée, les créanciers ne peuvent plus l'attaquer. En effet, si c'est après contestations qu'il a été arrêté, il n'a fait que reproduire la décision de jugemens ou arrêts ayant force de chose jugée. Si, au contraire, aucune contestation ne s'est élevée, on regarde les créanciers comme ayant acquiescé. — Merlin, *Rép.*, v° *Saisie immobilière*; Chauveau et Carré, quest. 2575; Berriat, p. 614; Bioche, n° 517; Pigeau, *Comm.*, t. 2, p. 435; Tarrible, v° *Saisie immobilière*, p. 680 et 681; Favard de Langlade, t. 4, p. 62.

1112. — L'ordonnance de clôture peut être attaquée dans certains cas. — La seule voie de recours ouverte alors aux créanciers, lorsqu'ils ont figuré à l'ordre, est celle de l'appel. Le juge commissaire, lorsqu'il procède, en effet, au règlement d'ordre n'est qu'un délégué du tribunal qu'il représente. C'est un juge qui ordonne, et non plus un simple commissaire qui examine et propose, comme lorsqu'il s'agit de régler provisoirement les droits des créanciers. — Carré et Chauveau, quest. 2576.

1113. — Si l'on permettait, en effet, de saisir le tribunal après le juge commissaire, sauf à former plus tard appel, on établirait ainsi trois degrés de juridiction. — Bioche, v° *Ordre*, n° 528; Pigeau, *Comm.* 2, 435; Thomines, n° 874; Carré, quest. 2576 *bis*.

1114. — Ainsi jugé qu'un règlement définitif d'ordre a tous les caractères d'un jugement, et ne peut être attaqué que par la voie de l'appel. — *Limoges*, 2 févr. 1843 (t. 2 1844, p. 467), Rudel-Dumiral c. Constant; *Colmar*, 4 mars 1844 (t. 2 1844, p. 475), Lévy c. Kahn; *Orléans*, 15 avr. 1845 (t. 1er 1845, p. 716), Bigot c. Rulen.

1115. — ... Et non par voie d'action principale devant le tribunal de première instance. — *Paris*, 11 janv. 1837 (t. 1er 1837, p. 370), de Moussac c. Huels.

1116. — Aussi lorsque, au lieu d'être attaquée par la voie de l'appel, cette ordonnance est attaquée par la voie de l'opposition devant le tribunal de première instance, ce tribunal doit se déclarer incompétent. — *Bourges*, 20 juill. 1831, Quenisset et Garilliaud c. Hollier; *Paris*, 11 août 1812, Pénavert c. Hubert; *Bourges*, 7 juill. 1830, Pict c. Charry; *Nancy*, 6 avr. 1832, Lapique c. Rodier-Roger; *Bordeaux*, 13 août 1834, Crouzit c. Dumontet.

1117. — On ne pourrait également attaquer par opposition devant le tribunal dont fait partie le juge commissaire, l'ordonnance par laquelle il aurait déclaré qu'il n'y avait pas lieu de continuer une procédure d'ordre. — *Toulouse*, 7 déc. 1826, Gleyses c. Baris.

1118. — Pareillement : les créanciers qui ont été sommés de produire et qui ne se sont pas présentés, ne peuvent attaquer, par voie d'opposition, l'ordonnance de clôture d'un ordre. — *Caen*, 19 janv. 1825, Errard de Saint-Remi c. Delamarre.

1119. — Il est permis d'appeler de l'ordonnance de clôture rendue par le juge commissaire, alors même que celui-ci se serait conformé aux décisions ayant fixé l'état de l'ordre. — *Paris*, 8 oct. 1839 (t. 2 1839, p. 327), Régnault c. Vouty.

1120. — Est aussi recevable l'appel d'une ordonnance du juge commissaire qui prononce la déchéance d'un créancier qui n'a pas produit à un ordre, lorsque ce créancier n'a aucune négligence à se reprocher, qu'il y a quelque irrégularité dans les notifications que le poursuivant lui a faites pour l'instruire de l'ouverture de l'ordre, ou bien enfin lorsque cette déchéance peut n'être que le résultat du dol et de la fraude. — *Nancy*, 16 mars 1809, Wolff c. Barbillot. — Carré, quest. 2575; Bioche, n° 518.

1121. — On peut aussi attaquer l'ordonnance de clôture, dans le cas où le juge a clos l'ordre, avant l'expiration du mois, pour contredire du consentement même de tous les produisans. — *Paris*, 21 mai 1835, cité par Bioche, n° 519.

1122. — On le peut également lorsque la clôture a été prononcée, en statuant sur la validité du désistement d'un créancier produisant, et sur les effets de ce désistement, au lieu de se borner à en donner acte. — *Nîmes*, 22 avr. 1823, sous *Cass.*, 9 déc. 1824, Veyrunnes c. Filhon. — Le désistement, tant qu'il n'est pas accepté, peut être rétracté, contrairement à ce qui a lieu pour l'acquiescement, — Bioche, n° 519.

1123. — Dans les deux espèces que nous venons de rapporter, les créanciers retardataires, pouvant se présenter jusqu'à la fin de l'ordre (C. Pr., 757), ont la faculté de se pourvoir contre la clôture comme prématurée. — Même arrêt.

1124. — On peut demander par la voie de l'appel la nullité d'un règlement définitif d'ordre dressé par le juge commissaire, lorsqu'il y a violation de la loi : quand, par exemple, ce magistrat, au lieu de renvoyer à l'audience les parties qui ont contesté le règlement provisoire, passe outre au règlement définitif. — *Paris*, 20 juin 1835, Bidoire c. Pinchon. — Bioche, n° 520.

1125. — L'appel est recevable même quand l'ordonnance du juge commissaire statue implicitement sur le fait d'une contestation élevée devant lui. — *Riom*, 7 juin 1817, Rossignol c. Louvet.

1126. — ... Ou lorsqu'elle rejette une demande en collocation. — *Montpellier*, 9 juin 1823, Bourrel c. Larray de Cojean.

1127. — Dans le cas où les créanciers demandant la réformation du règlement devaient être appelés et ne l'ont pas été, on ne peut leur dénier la faculté de se pourvoir contre l'ordonnance de clôture de l'ordre dans lequel ils n'ont pas été compris. — *Montpellier*, 3 juill. 1828, Davet c. Laffon (dans ses motifs). — Carré, quest. 2575; Bioche, n° 521.

1128. — Mais il importe que le poursuivant ait pu les appeler : si leur inscription a été omise dans l'état délivré par le conservateur des hypothèques, les sommations n'ont pu leur être faites et ils n'ont de recours que contre ce conservateur. — *Bruxelles*, 15 janv. 1812, Biron c. Watier et Catry. — Bioche, *ibid.*

1129. — Le cessionnaire d'une créance hypothécaire inscrite, qui aurait fait signifier avant l'ordre son acte de transport, peut se pourvoir contre le règlement définitif auquel il n'a pas été appelé. — V. Bioche (522), qui cite, comme l'ayant ainsi jugé, *Paris*, 21 mai 1835.

1130. — On pourrait objecter que le cessionnaire ayant négligé de faire inscrire son transport, le poursuivant, en faisant appel au cédant, avait rempli, dans l'espèce, tout ce qui est exigé de lui par la loi. — Bioche, *ibid.*

1131. — Dans le cas où les créanciers s'appuient, pour attaquer le règlement définitif, sur ce qu'il ne reproduit pas exactement le règlement provisoire; sur ce que les intérêts ou les frais portés seulement pour mémoire dans ce dernier règlement n'ont pas été fixés par le juge commissaire à leur juste valeur; ou encore sur ce que des erreurs ont été commises par ce dernier soit dans les déchéances prononcées contre des créanciers, soit dans la délivrance des bordereaux; comme tous ces points n'ont pas été réglés par le travail provisoire, on ne peut voir dans le silence des créanciers une approbation de leur part. — Bioche, n° 523; Pigeau, *Comm.*, t. 2, p. 435.

1132. — Ainsi jugé que quand un règlement définitif d'ordre n'est pas conforme au règlement provisoire non contredit ou aux jugemens intervenus sur les contestations, la réformation doit en être poursuivie par voie d'appel devant la Cour. — *Pau*, 9 juin 1837 (t. 2 1837, p. 329), Ducuing c. Pinson; *Nîmes*, 8 avril 1840 (t. 1er 1840, p. 677), Vaton c. Lhuillier.

1133. — Il en serait de même s'il s'était élevé des difficultés entre les produisans à l'ordre. — *Limoges*, 10 avril 1840 (t. 2 1840, p. 168), Fournier-Dufour-Lamartine c. Materre.

1134. — Si les dispositions du règlement provisoire étaient fidèlement reproduites par le règlement définitif, mais qu'une erreur eût été commise en fixant la somme réclamée, le contrat judiciaire ne serait fermé qu'en ce qui concerne l'existence de la créance. — *Limoges*, 15 avril 1817 (dans ses motifs), Ducroisanne c. Donnariat; *Rouen*, 10 mars 1824 (dans ses motifs), de Saint-Paër c. d'Arlincourt.

1135. — Les créanciers pourraient toutefois rectifier, d'un commun accord, par la quittance devant notaire, une erreur matérielle évidemment commise dans le calcul. — Bioche, nº 524.

1136. — Au surplus, s'il s'est glissé des erreurs dans la distribution du prix, ce n'est pas le cas d'annuler l'ordre et de renvoyer les parties devant un juge commissaire pour procéder à une nouvelle distribution, le tribunal saisi doit lui-même rectifier les erreurs. — *Trèves*, 14 mars 1808, N...; *Besançon*, 29 mars 1816, N...

1137. — L'ordonnance de clôture d'un ordre contenant distribution de deniers en matière immobilière, et *dans lequel il n'a pas été élevé de contestations*, est susceptible d'être attaquée par la voie de l'appel. — *Bourges*, 20 juill. 1831, Quénisset et Garillaut c. Hollier.

1138. — On ne saurait également considérer comme valable la clôture prononcée par le juge commissaire malgré l'existence de contestations non encore terminées, et la déchéance prononcée contre les créanciers qui auraient produit postérieurement à l'ordonnance serait susceptible de recours. — Chauveau sur Carré, quest. 2574, 4º.

1139. — Jugé, au contraire, qu'en thèse générale un règlement définitif d'ordre n'est pas susceptible d'appel. — *Rouen*, 25 mars 1809, Cornier c. Lutteroth et Mauguy; *Colmar*, 3 mars 1815, Fabrique de Rosselden c. Groos; *Paris*, 26 janv. 1832, Ouradon.

1140. — ... Qu'on ne peut pas attaquer par la voie d'appel le procès-verbal d'ordre, mais seulement le jugement qui statue sur les contestations élevées par les créanciers. — *Bourges*, 10 déc. 1813, Milon c. Serisier; *Toulouse*, 15 mars 1827, Lacazin c. Vinzat.

1141. — Un créancier figurant dans un ordre, et qui n'a pas contesté dans le délai prescrit par la loi, ne peut interjeter appel du règlement définitif dressé par le juge commissaire, sur le motif que le juge y aurait colloqué des créanciers qui n'avaient aucuns droit sur le prix. — *Paris*, 26 janv. 1832, Ouradon c. Lutteroth et Mauguy.

1142. — Lorsque le juge commissaire, en clôturant l'ordre, réforme en quelque point le règlement provisoire, son ordonnance est inattaquable par appel, s'il n'a fait que se conformer à la disposition d'un jugement non attaqué. — *Bourges*, 25 juin 1831, N....

1143. — De même: l'ordonnance du juge commissaire portant règlement d'un ordre, à défaut de contestation des collocations provisoires dans le temps déterminé par la loi, emporte forclusion définitive, en sorte qu'elle n'est susceptible ni d'opposition ni d'appel. — *Paris*, 3 août 1812, Manny c. Pénavert.

1144. — Jugé encore dans ce sens que le règlement définitif ne pourrait être attaqué par la voie de l'appel s'il ne s'était élevé aucune contestation entre les créanciers. — *Limoges*, 2 avr. 1840 (t. 2 1840, p. 168), Deplagne c. Allègre. — Bioche, nº 530.

1145. — Un règlement définitif d'ordre ne peut être attaqué par la voie de l'appel lorsqu'il est entièrement conforme soit au règlement provisoire, soit aux jugemens intervenus sur les contestations élevées. L'appel, au contraire, est recevable lorsque le juge commissaire y a inséré de son chef des dispositions qui modifient le règlement provisoire et portent préjudice aux créanciers. Dans ce cas, les dispositions nouvelles insérées par le juge commissaire dans le règlement définitif constituent de sa part un acte de juridiction, et une véritable décision qui, ne pouvant être soumise au tribunal, ne peut être attaquée que par la voie de l'appel. La nullité de l'acte qui a servi de fondement à ces dispositions peut être demandée pour la première fois devant la Cour: c'est là une défense à l'action principale. — *Paris*, 9 avr. 1842 (t. 1er 1842, p. 524), de Brou c. Didelot.

1146. — Le règlement définitif d'ordre arrêté par le juge commissaire en exécution d'un jugement qui, intervenu sur des contredits à l'ordre provisoire, a déterminé le rang des créanciers, ne peut être considéré comme un véritable jugement et ne peut, dès lors, être attaqué par la voie d'appel. Si, en pareil cas, les créanciers prétendent que le juge chargé d'exécuter le jugement l'a mal interprété et appliqué, c'est au tribunal qui l'a rendu, et non à la Cour d'appel, qu'il appartient de vérifier ce qui en est et d'ordonner ce que de droit. — *Caen*, 5 août 1844 (t. 2 1844, p. 595), Lecoq.

1147. — Mais on peut demander la nullité d'un règlement définitif d'ordre lorsqu'il n'est pas la reproduction du règlement provisoire non contesté ou l'expression soit du jugement qui aurait statué sur les contestations, soit de l'arrêt qui aurait infirmé ce jugement. — *Orléans*, 8 juin 1838 (t. 2 1838, p. 254), Richard d'Aubigny c. Dufraigne.

1148. — Lorsque, dans un ordre ouvert sur le prix des biens d'un failli, les syndics n'ont pas contesté la collocation d'un créancier dont l'hypothèque serait nulle pour avoir été constituée depuis la cessation de paiemens, ils sont non recevables à demander cette nullité après la clôture définitive de l'ordre. Ils prétendraient à tort que, dans la poursuite d'ordre, ils n'auraient représenté que le failli, et non les créanciers chirographaires. — *Cass.*, 6 nov. 1848 (t. 1er 1849, p 481), Labarre c. de Soultrait.

1149. — Le failli ayant été, jusqu'au jugement déclaratif de la faillite, le représentant légal de ses créanciers, les syndics sont non recevables à attaquer par la voie de la tierce opposition les décisions judiciaires, et, spécialement, une ordonnance de clôture d'ordre, rendues antérieurement à ce jugement, et qui ont acquis l'autorité de la chose jugée, si rien n'établit qu'elles soient le résultat d'un concert frauduleux pratiqué entre ceux qui les ont obtenues et le failli. — *Aix*, 9 fév. 1843 (t. 1er 1844, p. 405), Bœuf c. Roubion.

1150. — La tierce opposition formée par un créancier contre l'ordonnance de clôture d'ordre n'est recevable qu'autant qu'il eût été obligatoire de l'appeler à l'ordre dont il réclame la réformation. — *Bourges*, 21 juin 1839 (t. 2 1843, n. 223), Bourdiaux c. Grégoire.

1151. — En effet, les créanciers peuvent demander la nullité de la procédure d'ordre par voie de tierce opposition devant le tribunal (C. pr., art. 474), lorsqu'ils attaquent le règlement définitif comme n'ayant point été appelés, bien que compris sur le certificat des inscriptions. Autrement on violerait la règle des deux degrés de juridiction, en exigeant qu'ils attaquassent par la voie d'appel le règlement définitif auquel ils n'auraient pas pris part. — Bioche, nº 526.

1152. — Il n'y aurait toutefois lieu d'annuler l'ordre que relativement aux créanciers qui n'auraient pas été parties au règlement définitif, et on devrait uniquement alors procéder sur leur production à un nouveau règlement provisoire supplémentaire. — V. Bioche (nº 526), qui cite un arrêt inédit de Paris du 21 mai 1835.

1153. — Suivant Chauveau (quest. 2576) et Bioche (nº 527), les créanciers non appelés pourraient se pourvoir, même par action principale, et ouvrir un nouvel ordre. Le premier serait considéré, en ce qui les concerne, comme *res inter alios acta*. La tierce opposition est, en effet, une voie d'attaque purement facultative.

1154. — Lorsqu'un règlement définitif d'ordre a été frappé d'appel, cet appel suspend l'exécution des bordereaux de collocation et, en conséquence, en rejetant l'opposition formée par l'acquéreur à ces bordereaux, les premiers juges ne peuvent ordonner l'exécution provisoire de leur jugement. — *Orléans*, 15 avr. 1845 (t. 1er 1845, p. 716), Bigot c. Ruten. — Bioche, nº 337.

1155. — Le créancier qui n'a pas demandé avant la clôture de l'ordre la collocation de frais privilégiés par lui payés est non recevable à réclamer cette collocation sur l'appel de l'ordonnance de clôture. — *Bordeaux*, 13 août 1834, Crouzit c. Dumontet.

1156. — Celui qui avait droit à être colloqué dans un ordre, mais qui ne l'a pas été, doit intenter son action en restitution contre les derniers créanciers utilement colloqués. — Il évite ainsi un circuit d'actions. — *Colmar*, 9 août 1814, Lévy c. Hueber. — Bioche, nº 526.

1157. — Le délai d'appel est de trois mois. — *Paris*, 11 janv. 1837 (t. 1er 1837, p. 370), de Maussac c. Huet; *Pau*, 9 juin 1837 (t. 2 1837, p. 329), Duening c. Pinson; *Paris*, 11 mars 1839 (t. 1er 1839, p. 252), Garnot c. Brulée, *Nîmes*, 8 avril 1840 (t. 1er 1840, p. 677), Vaton c. Lhuillier. — Bioche, nº 531.

1158. — La Cour de Limoges a toutefois décidé qu'en cas d'appel du règlement définitif; cet appel doit être interjeté dans les dix jours de la signification à avoué de l'ordonnance de clôture. — *Limoges*, 2 fév. 1843 (t. 2 1844, p. 467), Rudel-Dumiral c. Constant.

1159. — Le délai pour appeler court du jour de la date de l'ordonnance de clôture; et non pas seulement du jour de l'enregistrement de cette ordonnance ou de la délivrance des bordereaux, non plus que de l'expiration du délai de dix jours prescrit par l'art. 771 pour la délivrance de ces bordereaux. — *Paris*, 11 janv. 1837 (t. 1er 1837, p. 370), de Maussac c. Huot; *Paris*, 11 mars 1839 (t. 1er 1839, p. 252), Garnot c. Brulée. — Bioche, nº 532.

1160. — Jugé, au contraire, que le délai de l'appel contre un règlement définitif, dans le cas où cet appel est recevable, ne peut courir que par la signification de ce règlement définitif. — *Paris*, 9 av. 1842 (t. 1er 1842, p. 524), de Brou c. Didelot.

1161. — Il court contre l'acquéreur qui est en même temps créancier, du jour de la signification qui lui est faite de l'ordonnance du juge portant bordereau de collocation. — *Pau*, 1837 (t. 2 1837, p. 329), Dueuing c. Pinson; *Nîmes*, 8 avr. 1840 (t. 1er 1840, p. 677), Vaton c. Lhuillier.

1162. — Au surplus: l'ordonnance du juge commissaire étant exécutoire par provision, l'appel peut en être valablement interjeté dans la huitaine de la prononciation. — *Montpellier*, 9 juin 1823, Bourrel c. Larrazi-Cazeaux. — Bioche, nº 533.

1163. — En matière d'ordre, la mission de l'avoué cesse dès que le règlement est clos et arrêté définitivement; il n'y a plus alors d'incident possible. Ainsi: lorsqu'un créancier veut élever une contestation après le règlement définitif de l'ordre, il ne peut pas le faire par un dire à la suite du procès-verbal d'ordre clos et arrêté par le juge commissaire; mais il doit introduire son action par exploit et à ses risques et périls, comme une instance principale. En conséquence, est radicalement nul le jugement intervenu sur un simple avenir, après le règlement définitif, encore bien que l'avoué du défendeur eût signé avec son client un dire en réponse à celui du créancier contestant. — *Colmar*, 2 mai 1835, Malnkowski c. Muhl. — Bioche, nº 534; Chauveau sur Carré, quest. 2604 *bis*.

1164. — Le règlement définitif pouvant être attaqué par les créanciers peut l'être à plus forte raison par l'adjudicataire. — Bioche, nº 535.

1165. — Jugé, par suite, que les erreurs ou omissions qui se seraient glissées dans le règlement ne pourraient imposer à l'acquéreur des engagemens ne résultant pas des conditions de la vente. — Bioche, *ibid.*

1166. — Il pourrait obtenir la réformation de ces erreurs en formant tierce opposition au règlement définitif. — *Cass.*, 13 avr. 1835 (dans ses motifs), Chevalier c. Osmont.

1167. — Il a été aussi jugé dans ce sens que l'adjudicataire qui, conformément au cahier des charges, a payé le prix de son acquisition dans les mains du notaire chargé de procéder à la vente, est recevable à attaquer par la tierce opposition un état de collocation arrêté entre les créanciers et qui aurait pour objet de lui faire payer une seconde fois le prix de son adjudication. — *Cass.*, 12 déc. 1821, Trésor c. Hottinger.

1168. — M. Bioche (nº 536) cite, en outre, un jugement rendu par le tribunal de Caen, le 10 décembre 1840, portant que l'adjudicataire qui a payé son prix peut former tierce opposition à la collocation dressée postérieurement, et l'obligeant à payer de nouveau, lors même que cet acquéreur, qui était créancier hypothécaire, a été sommé de produire en cette dernière qualité, et qu'il s'est abstenu de le faire.

1169. — D'après le même principe, le tiers acquéreur qui a produit à l'ordre comme créancier n'est pas, par le fait seul de sa production, irrecevable à attaquer comme illégale et irrégulière l'ordonnance de clôture de l'ordre. — *Toulouse*, 17 déc. 1838 (t. 1er 1839, p. 168), Dujac c. Gombaud et Doumenc. — Bioche, nº 536.

CHAPITRE VII. — *Délivrance des bordereaux. — Paiemens.*

1170. — Dix jours après l'ordonnance de clôture (quelle qu'ait été l'époque de celle-ci), les bordereaux de collocation sont délivrés par le greffier aux créanciers utilement colloqués. Ces bordereaux sont exécutoires contre l'acquéreur. — C. proc. 771.

1171. — Ces borderaux sont même délivrés avant l'expiration de ces dix jours, s'il est possible. — Pigeau, *Comm.*, t. 2, p. 448; Bioche, nº 538; Chauveau sur Carré, quest. 2603.

1172. — Le greffier qui dépasserait le terme fixé par la loi pour la délivrance des bordereaux, pourrait être poursuivi en dommages-intérêts. — Thomines, nº 888.

1173. — Il y a bien jugé de la part du tribunal qui ordonne la délivrance des bordereaux, malgré l'opposition de l'adjudicataire, fondée sur ce qu'on n'a pas réglé l'indemnité à laquelle il a droit pour cause d'éviction partielle, s'il est constant qu'après l'acquittement desdits bordereaux l'adjudicataire se trouvera avoir pris devers lui une somme suffisante pour assurer son indemnité.—*Dijon*, 8 févr. 1817, Fénéon c. Dessange (dans ses motifs). — Bioche, n° 539.

1174. — Les bordereaux doivent contenir l'extrait textuel du règlement en ce qui concerne chaque créancier, et être revêtus de la formule exécutoire.

1175. — Leur délivrance a lieu dans la même forme qu'en matière de distribution par contribution. — V. ce mot.

1176. — Il existe cette différence cependant que le créancier n'est pas dans l'obligation d'affirmer préalablement sa créance. Cette distinction vient probablement de ce qu'il est moins facile d'antidater les titres des créanciers venant à l'ordre à raison de leur authenticité et de ce qu'ils méritent conséquemment plus de confiance que ceux produits aux contributions, ceux-ci étant fréquemment sous seing privé et ayant été rédigés dans un temps voisin de la saisie. — Chauveau et Carré, quest. 2610; Pigeau, t. 2, p. 304; Demiau-Crouzilhac, p. 468.

1177. — Ces derniers titres ne consistent très-souvent aussi qu'en de simples factures. Il arrive même souvent que ces titres manquent entièrement, dans le cas, par exemple, où il s'agit de fournitures, de gages de domestique, des frais de dernière maladie. — Bioche, n° 541.

1178. — Le bordereau de collocation délivré aux créanciers est exécutoire contre l'acquéreur, sans être signé du président du tribunal, ni intitulé comme les jugemens. — *Bruxelles*, 14 juill. 1810, Stryckwant c. Bullens.

1179. — Il suffit que le bordereau soit signé du greffier (arg. du C. de procéd. 771), comme pour toute expédition. Le juge commissaire ne signe habituellement que le procès-verbal. — Bioche, n° 542.

1180. — On complète la portion du règlement délivré en forme de grosse en réunissant aux bordereaux l'extrait de l'ordonnance de radiation des inscriptions des créanciers ne venant pas en ordre utile. En lever et en signifier une expédition entière, ce serait faire double emploi. — Bioche, n° 543.

1181. — Il doit être délivré aux créanciers autant de bordereaux qu'il y a de chefs de collocation distincts. — Tarrible, p. 682; Merlin, *Rép.*, t. 12, p. 313; Chauveau et Carré, quest. 2609.

1182.— Suivant Bioche (n° 544), il est, au contraire, inutile de délivrer à chaque créancier autant de bordereaux qu'il y a de collocations distinctes en son nom. Ce serait, dit cet auteur, donner lieu à des frais frustratoires. Il suffit donc d'un seul bordereau; mais celui-ci doit spécifier, dans des articles séparés, le montant et la nature des différentes allocations attribuées à la même personne.

1183.—Il est même d'usage quelquefois, ajoute Bioche (*eod. loc.*), de délivrer un bordereau collectif à divers créanciers, lorsqu'ils le demandent, afin de diminuer les frais.

1184. — Les bordereaux de collocation délivrés dans un ordre sont productifs d'intérêts. — *Nancy*, 12 juin 1832, N....

1185. — La collocation n'emporte pas délégation parfaite au profit de chaque créancier, ni libération du débiteur; c'est seulement une indication de paiement, laissant subsister la dette avec toutes ses garanties.—V. Bioche (n° 545), qui cite comme conforme un arrêt inédit de *Cass.* du 25 fév. 1839.

1186. —L'adjudicataire doit, il est vrai, aux termes des art. 765 et 770 C. procéd., à la masse hypothécaire les intérêts de chacune des créances utilement colloquées à partir du jour de l'adjudication. C'est à partir de cette époque qu'il jouit des fruits, et les intérêts ne sont que la représentation de ceux-ci. Il ne faudrait cependant pas tirer de là cette conséquence que les créanciers colloqués ont un droit direct et immédiat sur le prix de l'adjudication. Ils se trouvent uniquement appelés, en vertu de l'indication de paiement, à exercer les droits de leur débiteur, en se faisant payer les intérêts du retard éprouvé par eux. La perte des deniers arrivés avant le paiement n'incomberait donc pas au créancier. — Berriat, p. 615, note 16; Merlin, *Rép.*, v° *Subrogation de personnes*, sect. 2, § 8, n° 7; Bioche, n° 545; Pigeau, *Comment.*, t. 2, p. 449.

1187. — Cette doctrine résulte aussi des motifs d'arrêts : de *Cass.*, 18 mai 1808, de Menon et de Montmorin c. de Noailler-Poix; et de *Paris*, 17 nov. 1815, Pichelin c. Boivin.

1188. — C'est aussi en vertu de ce principe que la Cour d'Orléans a décidé, par arrêt du 18 nov. 1836 (t. 1er 1837, p. 354), Bouchet c. Auquet : qu'à défaut de paiement par l'adjudicataire du montant des bordereaux, la résolution de la vente ne pourrait être demandée par les créanciers comme subrogés aux droits de leur débiteur, mais seulement comme agissant au nom de ce dernier, aux termes de l'art. 1166 C. civ. — Bioche, n° 536. — *Contrà*, *Cass.*, 16 mars 1840 (t. 1er 1840, p. 723), Satizelle c. Thory et Puivert.

1189. —... Et la Cour de Colmar (le 22 avr. 1815, Joeger c. Engelmann) que, la collocation dans un ordre n'étant qu'une indication de paiement et n'opérant point dès lors novation, le créancier ne perd pas son recours contre la caution solidaire par cela qu'il a produit et qu'il a été utilement colloqué dans un ordre ouvert sur le débiteur principal, et qu'ensuite il a renoncé à cette même collocation.

1190. — La collocation dans un règlement d'ordre provisoire ou définitif ne constitue au profit du créancier qui l'obtient qu'une indication de paiement, et n'opère pas novation. — En conséquence, le créancier colloqué dans deux ordres différens a droit de lever son bordereau et de solliciter son paiement dans l'un ou l'autre de ces deux ordres, indifféremment, soit pour se procurer, dans celui des deux ordres où il abandonne sa première collocation, le recouvrement d'une autre créance qui, sans cet abandon, ne viendrait pas en ordre utile, soit pour toute autre cause d'un *intérêt légitime.* — C. civ., 2124. — Néanmoins, cet intérêt cesse d'exister dans le cas où les sommes disponibles entre les mains d'un des acquéreurs suffisent à payer une portion quelconque de la créance et jusqu'à concurrence de la portion qui peut être ainsi remboursée. — *Paris*, 4 juill. 1839 (t. 2 1840, p. 713), Lemaire c. Bouillette.

1191. — L'arrêt ordonnant la restitution des sommes qui auraient pu être payées en principal *et intérêts* en vertu d'une collocation annulée doit être entendu en ce sens, que le créancier est tenu de restituer seulement les intérêts qu'il a touchés et non les intérêts des sommes qu'il a reçues. — *Cass.*, 13 juill. 1842 (t. 2 1842, p. 311), Lemaître c. Courtois.

1192. — L'acquéreur pouvant se libérer par la consignation de son prix, les bordereaux ne peuvent être exécutoires contre lui lorsque la consignation du prix a précédé la délivrance des bordereaux.— Carré et Chauveau, quest. 2612; Pigeau, t. 2, p. 246 et 247; Bioche, n° 547; Tarrible, p. 682.

1193. — Mais tant qu'il n'a pas valablement consigné, on peut le contraindre à payer par la vente sur folle enchère (V. ce mot); et même par la saisie immobilière et autres voies judiciaires, telles que la saisie-exécution.—*Paris*, 20 mars 1810, Guyet-Mouton c. Grandin; *Bruxelles*, 14 juill. 1810, Strickwans c. Bullens. — Berriat, p. 625, note 46; Bioche, n° 547; Carré et Chauveau, quest. 2611; Pigeau, t. 2, p. 146 et 262.

1194. —Des offres réelles qui ne désintéresseraient pas actuellement et intégralement le créancier porteur d'un bordereau de collocation ne pourraient arrêter les poursuites qu'il dirigerait contre le tiers détenteur.—Elles pourraient être arrêtées seulement par un paiement intégral ou des offres suffisantes.—*Paris*, 9 oct. 1812, Toble c. Pennavert. — Bioche, *ibid.*

1195.—La délivrance des bordereaux ne peut être ordonnée malgré l'opposition de l'acquéreur menacé d'éviction, si la menace est sérieuse et qu'il y ait danger réel. L'adjudicataire n'a alors d'autre garantie que la rétention de son prix. — Chauveau sur Carré, n° 2610 *bis*; Bioche, n° 548.

1196.—Mais l'acquéreur qui n'a pas à craindre d'être troublé, soit par une action hypothécaire, soit par une action en résolution, ne peut se refuser à acquitter les mandemens de collocation délivrés sur lui.—*Orléans*, 15 avr. 1845 (t. 1er 1845, p. 719), Bigot c. Buter.

1197. — Tant que les bordereaux de collocation n'ont pas été délivrés, et que l'ordre n'a pas été clôturé, le créancier qui a laissé passer les délais de droit sans faire de contredit sur le règlement provisoire est toujours recevable à opposer l'exception de paiement à un créancier antérieur, et à se faire colloquer, suivant son rang, sur la somme indûment attribuée à ce créancier.— *Nîmes*, 16 déc. 1830, Valès c. Valette.

1198. — En admettant qu'un bordereau de collocation ne soit pas un titre suffisant pour conférer hypothèque sur les biens personnels de l'adjudicataire, il le devient néanmoins lorsque, sur l'opposition de celui-ci, il est intervenu un jugement qui a déclaré le bordereau obligatoire contre lui...; et, par suite, l'inscription a pu être valablement requise non-seulement en vertu du bordereau, mais en vertu du jugement. — *Bordeaux*, 30 avr. 1840 (t. 1er 1841, p. 320), Bellot c. Lafuge.

1199. — Les oppositions formées entre les mains de l'adjudicataire sur folle enchère ne peuvent empêcher les paiemens que le jugement d'adjudication l'oblige à faire aux créanciers colloqués dans un ordre réglé antérieurement sur le prix de la vente primitive. — *Paris*, 20 mars 1810, Guyot-Mouton c. Grandin.

1200. — L'adjudicataire d'un immeuble doit-il se libérer dans les mains des porteurs de bordereaux de collocation, sans pouvoir contester la qualité ni les droits de ces porteurs ni leur imposer des conditions dont le jugement d'ordre ne fait pas mention?— *Cass.*, 25 janv. 1826, Chabas c. Vernet.—Bousquet, *Dict. des contrats et obligations*, v° *Dot*, t. 2, p. 306.

1201.—L'affirmative est généralement admise. La loi déclare, en effet, tous les bordereaux de collocation, sans distinction de rang, exécutoires contre le créancier; ce dernier ne peut donc, tant qu'il a des fonds libres, refuser d'acquitter le montant des bordereaux qu'on lui présente. Il le peut d'autant moins que les art. 759 et 772 ne permettent de délivrer des bordereaux qu'aux créanciers utilement colloqués. On comprend, en outre, les inconvéniens qu'il y aurait à laisser un adjudicataire insolvable, ou de mauvaise foi, examiner les titres des créanciers, exiger des délais et détruire indirectement ainsi les effets de l'exécution. C'est au créancier premier colloqué qui se présente tardivement à exercer un recours contre celui qui s'est fait payer à son préjudice.—Chauveau sur Carré, quest. 2611 *ter.*

1202. — Suivant Bioche (n° 550), l'adjudicataire ne pourrait même contester les droits du créancier porteur d'un bordereau; fût-ce une femme mariée sous le régime dotal et séparée de biens, colloquée pour le montant de sa dot, qu'il voudrait assurer au remploi, si celle-ci a reçu de son mari autorisation de donner quittance.

1203. — Jugé de même que l'adjudicataire sur saisie immobilière se libère valablement en payant son prix aux créanciers du saisi porteurs de bordereaux délivrés dans la forme établie par la loi. — Il n'est pas tenu d'examiner si la procédure d'ordre contient ou non des irrégularités, dont il ne saurait être responsable. — *Cass.*, 28 mars 1837 (t. 1er 1837, p. 279), Deluchet c. Marchais-Dussablon. — Bioche, n° 551.

1204. — Pareillement, l'acquéreur qui a payé son prix aux créanciers porteurs de bordereaux délivrés par suite de l'ordre ouvert pour parvenir à la distribution de ce prix, est valablement libéré, quand bien même cet ordre serait annulé ultérieurement. — *Poitiers*, 26 avr. 1825, Gillot de la Coupe c. Person.

1205. — Le vendeur ne pourrait le contraindre au rapport de son prix, sur le motif que les significations relatives à l'ordre et celle du jugement qui leur auraient été faites sont irrégulières et nulles. — *Paris*, 31 mai 1813, Lamy c. Marchand et Labrune.

1206. — Pareillement, l'adjudicataire qui paie la totalité de son prix, sans distinction de rang, aux créanciers utilement colloqués et porteurs de bordereaux exécutoires, obtient sa pleine libération, alors que, par suite des paiemens faits aux créanciers colloqués en dernier lieu, les créanciers antérieurs ne sont pas payés. — *Cass.*, 28 févr. 1827, Diouloufet c. Mouret. — Bioche, n° 549.

1207. — En conséquence, si le montant des créances colloquées dans l'ordre excède en somme le prix distribué, les créanciers antérieurs qui se seraient laissé gagner de vitesse par des créanciers postérieurs envers lesquels l'acquéreur se serait libéré du prix entier de son acquisition ne sont pas fondés à rechercher celui-ci, sous prétexte qu'il se serait mal libéré. Ces créanciers n'ont, dans ce cas, qu'une action en répétition à exercer contre ceux qui auraient été indûment colloqués et payés. — *Aix*, 19 mai 1825, Mourret c. Diouloufet.

1208. — L'acquéreur ne pourrait même refuser de payer les créanciers utilement colloqués dans un ordre et porteurs de bordereaux de collocation, sur le fondement que d'autres créanciers colloqués dans un rang antérieur n'ont pas encore été payés et qu'il ne restera peut-être pas de fonds suffisans pour les satisfaire. — Même arrêt.

1209. — Mais le paiement aux créanciers utilement colloqués ne libérerait pas l'adjudicataire, s'il avait reçu une opposition régulière au paiement; émanant, par exemple, d'un créancier omis à l'ordre. — Chauveau sur Carré, n° 2611.

1210. — L'acquéreur d'un immeuble serait aussi responsable de la nullité d'un paiement fait à un prétendu créancier hypothécaire auquel a été délivré un bordereau de collocation qui portait en lui-même la preuve du vice dont il était atteint. — *Bordeaux*, 30 mai 1835, Marchais-Dussablon c. Deluchet.

1211. — Lorsqu'après avoir jugé le montant du prix de son acquisition par suite de l'état d'ordre ouvert pour la distribution des deniers, l'adjudicataire est obligé de payer une seconde fois une partie de son prix à un créancier préférable en hypothèque, mais dont les titres étaient restés ignorés, il peut répéter cette partie du prix contre les créanciers derniers colloqués. — *Caen*, 16 août 1842 (t. 1er 1843, p. 418), , Lecien c. Dubreuil. — Bioche, n° 552.

1212. — Mais l'acquéreur qui a payé son prix au cessionnaire du vendeur ne peut le répéter de ce cessionnaire en cas d'éviction. Ici ne s'applique pas l'art. 1355 C. civ. sur la répétition d'une dette acquittée *par erreur*, par celui qui se croyait débiteur. — *Colmar*, 21 juill. 1812, Roth c. Auscher. — V. Bioche (n° 553), qui cite comme ayant décidé dans le sens contraire un jugement du tribunal de Belfort en date du 27 fév. 1843.

1213. — Lorsqu'un créancier colloqué dans un ordre a disposé, en payant ses propres dettes, des sommes qui lui ont été allouées, et pour lesquelles un mandement lui avait été délivré; si l'arrêt qui avait admis cette collocation vient ensuite à être cassé, les tiers créanciers qui ont reçu de bonne foi les sommes qui leur ont été payées ne peuvent être obligés à les restituer. — *Cass.*, 13 mai 1823.— Bioche, n° 554.

1214. — Lorsque l'adjudicataire d'un immeuble a laissé colloquer sans contradiction le cessionnaire d'un créancier qu'il avait désintéressé avant l'ouverture de l'ordre, il ne peut se refuser au nouveau paiement qu'exige le cessionnaire: parce qu'il y a contre lui chose jugée dans le jugement d'ordre auquel il était partie. — *Lyon*, 4 août 1826, Lesne c. Proton. — V. Bioche (n° 555), qui fait remarquer que, dans l'espèce, l'adjudicataire avait été partie dans l'ordre.

1215. — L'acquéreur peut opposer aux créanciers hypothécaires du vendeur les erreurs commises dans leurs bordereaux de collocation, lorsque lui, acquéreur, n'a point figuré à l'ordre, et que cet ordre est postérieur à la vente. — *Cass.*, 13 avr. 1835, Chevalier c. Osmond.

1216. — Le créancier hypothécaire non payé par l'acquéreur du montant de son bordereau de collocation, n'a contre l'acquéreur d'autre action que celle autorisée par l'art. 2169 du Code civil; mais il n'est pas fondé à demander que, pour ce motif, la vente soit résolue à son profit, lors même qu'il offrirait de payer aux autres créanciers colloqués le montant de leurs bordereaux. — *Bordeaux*, 4 avr. 1835, Saisy c. Chollet.

1217. — Bien qu'une créance ait été fixée par un arrêt souverain, cependant si, sur la demande en collocation faite par le créancier, le juge commissaire, se livrant à de nouveaux calculs, a réduit le montant de cette créance, et que, sans contestation ni réclamation aucune, la réduction ainsi opérée ait été maintenue par un arrêt rendu avec les créanciers et le débiteur saisi, et exécuté par la délivrance du bordereau, il y a désormais chose définitivement jugée sur la fixation de la créance, et le créancier ne peut plus produire dans d'autres ordres ouverts sur le même débiteur qu'en prenant pour base le montant réduit de sa première collocation. — Peu importe d'ailleurs que des créanciers autres que ceux qui figuraient dans le premier ordre soient intéressés dans le second; il suffit que l'arrêt qui maintenait le règlement ait été rendu avec le débiteur, partie essentielle et seule nécessaire dans l'instance, pour qu'il puisse être invoqué par ses créanciers. — *Cass.*, 20 juill. 1842 (t. 2 1842, p. 556), Passot c. Sillac de la Pierre

1218. — Lorsque l'adjudicataire d'immeubles dépendant d'une communauté, créancier du mari, a été colloqué comme tel, par le règlement provisoire de l'ordre, sur la portion revenant à ce dernier, et sous la réserve formelle, en faveur des héritiers de la femme, de leurs droits et actions contre l'adjudicataire pour se faire payer par lui des sommes auxquelles ils auraient droit dans le prix de l'immeuble, le juge commissaire à l'ordre n'a pu décerner un bordereau de collocation qu'en conformité du jugement qui avait maintenu le règlement provisoire; et l'autorité de la chose jugée se trouve seulement attachée à ce jugement, et non à la délivrance du bordereau de collocation. — *Cass.*, 18 juin 1834, Colmbacher c. Sommier.

1219. — Le créancier dernier colloqué dans l'ordre, qui a touché sa créance en vertu de sa collocation, n'est pas tenu d'en rapporter le montant, alors même que le vendeur non payé qui aurait été colloqué avant ce créancier, s'il avait produit à l'ordre, fait prononcer plus tard la résolution de la vente. — *Paris*, 12 fév. 1844 (t. 1er 1844, p. 309), Dusault c. Mollard et Penot-Lombard.

1220. — Le créancier qui a touché le montant d'un bordereau de collocation à lui délivré en exécution d'un jugement d'ordre non attaqué, est censé avoir reçu de bonne foi; et s'il est ensuite condamné à restituer, il ne doit les intérêts que du jour de la demande en restitution et non du jour où le paiement lui a été fait. — *Cass.*, 2 juill. 1827, Rillardon c. Blanchet.

1221. — Spécialement, des créanciers colloqués, qui ont reçu de bonne foi le montant de leur collocation, et qui ont été tenus ensuite au rapport au profit de la femme exerçant ses droits d'hypothèque légale, ne doivent les intérêts que du jour où la femme a manifesté ses prétentions. — *Colmar*, 31 août 1812, Stuppher c. Schœngrun.

1222. — L'avoué qui n'aurait été constitué que pour obtenir la collocation ne pourrait en toucher le montant ni donner quittance. Ainsi, à moins qu'il n'eût reçu une procuration spéciale, on ne pourrait contraindre le détenteur des fonds à s'acquitter entre ses mains. — Bioche, n° 536.

1223. — Lorsque le jugement déclare non recevable l'opposition aux poursuites dirigées en vertu du bordereau contre le tiers détenteur, on peut ordonner qu'il sera exécuté par provision. — Bioche, n° 557.

1224. — Mais l'exécution provisoire devrait être refusée si le bordereau était attaqué par la voie de la tierce opposition. La faveur accordée au titre authentique ne peut être invoquée si ce titre est attaqué quant à sa validité et à son essence. — *Montpellier*, 24 févr. 1835, Miquel c. Daudé. — Bioche, n° 558.

1225. — Le jugement d'ordre n'est pas pour la partie saisie un titre exécutoire contre l'adjudicataire. — En conséquence, la partie saisie ne peut, en vertu du jugement d'ordre et par voie d'exécution, contraindre l'adjudicataire au paiement de ce qui reste libre du prix de son adjudication après l'acquittement des créances colloquées. — *Bruxelles*, 13 avr. 1822, Mazy c. Dubois. — Chauveau sur Carré, quest. 2611 *bis*.

1226. — Cette partie n'a qualité ni pour attaquer les bordereaux de collocation ni pour former des oppositions entre les mains de l'adjudicataire ou du détenteur des fonds. — *Rennes*, 11 janv. 1813, Desdanot et Puissant c. Saint-Servon; *Paris*, 26 avr. 1813, Brichoux c. Balleux.

1227. — M. Bioche (n° 559) établit deux exceptions à ce principe: 1° lorsqu'on représente la quittance de tout ou partie de la somme pour laquelle a été colloqué le créancier; on peut répéter ce qui a été payé sans être dû, et mieux vaut prévenir cette action en permettant de former opposition au paiement: 2° dans le cas où il existe un double titre de la créance; un acte notarié et des billets à ordre, notamment.

1228. — « La partie saisie, ajoute cet auteur, peut demander, même après la délivrance des bordereaux, que le créancier ne reçoive le montant de la collocation qu'en remettant et l'acte notarié et les billets. »

1229. — Si la somme à distribuer a été déposée à la caisse des dépôts et consignations il suffit pour exécuter de remettre un extrait du règlement définitif énonçant les collocations au préposé de la caisse. — Ord. 3 juill. 1816, art. 17.

1230. — On remet également les bordereaux au préposé, mais il est inutile de les lui signifier. — Bioche, n° 560.

1231. — Il n'est pas besoin de produire un certificat de non-appel, mais seulement de justifier de l'ordonnance de radiation au dépositaire. L'art. 548 C. procéd. est inapplicable, l'ordonnance du juge commissaire ne devant pas être signifiée. — Bioche, n° 561. — *Contrà*, Demiau, p. 432.

1232. — Le créancier colloqué, en donnant quittance du montant de sa collocation, consentira la radiation de son inscription. — C. procéd. civ., art. 772.

1233. — Lors même que la quittance ne contiendrait pas le consentement du créancier à la radiation, l'inscription n'en devrait pas moins être rayée; la radiation est, en effet, la conséquence du paiement constaté par la quittance. — Delaporte, t. 2, p. 348; Pigeau, *Comm.*, t. 2, p. 449, 6e alin.; Chauveau sur Carré, quest. 2612 *bis*.

1234. — Il suit de là que celui qui peut recevoir, tuteur ou mandataire, a qualité pour consentir la radiation. — Chauveau sur Carré, quest. 2612 *bis*; Pigeau, *Comm.*, t. 2, p. 449, 6e alinéa; Bioche, n° 566.

1235. — L'art. 2158 C. civ. ne permettant au conservateur de rayer une inscription que sur la représentation et le dépôt d'un acte authentique, on doit consigner, dans un acte de cette nature, le consentement donné par les créanciers à la radiation de leurs inscriptions, et la quittance établissant le montant de leurs bordereaux de collocation. — Merlin, *Rép.*, v° *Saisie*, § 8; Chauveau et Carré, quest. 2613; Bioche, n° 565; Berriat, p. 624, note 44; Tarrible, p. 683. — *Contrà*, Hautefeuille, p. 424.

1236. — Au fur et à mesure du paiement des collocations, le conservateur des hypothèques, sur la représentation du bordereau et de la quittance du créancier, décharge d'office l'inscription jusqu'à concurrence de la somme acquittée. — C. procéd., art. 773.

1237. — L'inscription d'office est rayée définitivement en justifiant, par l'adjudicataire, du paiement de la totalité de son prix, soit aux créanciers utilement colloqués, soit à la partie saisie, et de l'ordonnance du juge commissaire qui prononce la radiation des inscriptions des créanciers non colloqués. — C. procéd., art. 774.

1238. — La signification à attacher aux termes de l'art. 773, *le conservateur décharge d'office l'inscription*, et à ceux de l'art. 774, *L'inscription d'office est rayée définitivement*, donne lieu à diverses interprétations. — D'après Pigeau (t. 2, p. 450) et Lepage (t. 2, p. 202) il faut entendre ces expressions en ce sens qu'elles ne se rapportent qu'à l'inscription à prendre d'office par le conservateur lors de la transcription du contrat de vente ou du jugement d'adjudication au profit du vendeur et de ses créanciers, conformément à l'art. 2108 C. civ.

1239. — M. Tarrible (*Rép.*, v° *Saisie immobilière*, p. 683) prétend, au contraire, que l'art. 773 veut seulement dire qu'on raie successivement toutes les inscriptions des créanciers utilement colloqués; et l'art. 774: qu'on raie aussi d'office celles des créanciers non utilement colloqués sur la justification du paiement et de l'ordonnance du juge. Ces articles n'ont, suivant cet auteur, nullement voulu parler de l'inscription d'office que le conservateur doit prendre aux termes de l'art. 2108 C. civ. Cette opinion est partagée par Berriat, t. 2, p. 624.

1240. — Carré émet, de son côté (quest. 2614), l'avis que l'art. 773 doit aussi s'entendre de la radiation successive des inscriptions des différens créanciers, laquelle doit être faite d'office par le conservateur, c'est-à-dire sans qu'il soit nécessaire à cet effet de réquisition, lorsqu'on représente chaque bordereau et la quittance authentique du créancier; et l'art. 774, de l'inscription d'office que prend le conservateur dans l'intérêt de la masse, conformément à l'art. 2108 C. civ., lorsqu'il y a eu transcription: inscription qui a pour effet de conserver les droits des créanciers utilement colloqués comme de ceux qui ne le sont pas, et qui ne peut être rayée, dès lors, qu'après les justifications que cet article prescrit.

1241. — M. Chauveau (*eod loc.*) fait observer que M. Carré entend l'art. 773 comme MM. Tarrible et Berriat, et l'art. 774 comme M. Pigeau. On se sent, ajoute cet auteur, porté à adopter cette explication d'autant plus volontiers que, sans faire violence au texte de la loi, elle arrive cependant au même résultat que l'opinion de M. Tarrible.

1242. — Suivant M. Bioche (n° 563), on peut distinguer trois espèces de radiations. — La première est celle des créanciers colloqués qui doivent, lors de leur paiement, consentir la radiation complète et définitive de leur inscription. C'est celle dont s'occupe l'art. 772. La loi l'impose même au créancier sur lequel les fonds manquent; elle l'oblige à donner mainlevée de son inscription, encore qu'il ne touche pas tout ce qui lui est dû. — La deuxième est la radiation partielle de l'inscription d'office, prise au profit du vendeur et de ses créanciers. Elle a lieu simultanément avec celle de l'inscription prise au profit de ces derniers seulement, à mesure que l'acquéreur justifie du paiement des bordereaux. C'est le cas des art. 772 et 773 combinés. — La troisième est la radiation définitive de cette même inscription d'office. Elle s'opère lorsqu'on justifie du paiement final au créancier qui a reçu le reliquat que sauvegardait encore cette inscription d'office, et, dans le cas où le prix d'adjudication a plus que suffi pour désintéresser tous les créanciers colloqués, justification faite du paiement du reliquat payé au saisi. Tel est le cas de l'art. 774. L'usage prescrit, dans tous les cas, de remettre au conservateur l'ordonnance de radiation des inscriptions non utilement colloquées.

1243. — Le mode de libération et de radiation prescrit par l'art. 773 n'est applicable que quand l'adjudicataire n'a pas consigné. Car s'il le fait d'une manière régulière et obtient un jugement définitif déclarant valable sa consignation, après appel de tous les intéressés, il peut obtenir la radiation de toutes les inscriptions grevant son immeuble, au cas où le jugement ne la lui a pas déjà accordée. — Pigeau, t. 2, p. 246; Berriat, t. 2, p. 625; Carré et Chauveau, quest. 2615; Tarrible, p. 683.

1244. — Mais les tribunaux voient avec défaveur cette procédure, qui entraîne beaucoup de frais à supporter en définitive par le débiteur et le créancier venant le dernier en ordre utile. L'adjudicataire doit donc hâter de préférence la conclusion de l'ordre qu'il peut poursuivre à défaut des créanciers. Il ne doit prendre une autre marche que s'il y a urgence pour lui; par exemple, pour libérer son immeuble en cas de revente. — Bioche, n° 564.

1245. — Dans le cas où un créancier colloqué ne pourrait recevoir le montant de sa collocation ou bien le refuserait, le règlement définitif n'a pas la valeur d'une complète mainlevée de son inscription. Ce règlement subordonne, en effet, la mainlevée au paiement. Mais l'adjudicataire peut alors déposer le montant de cette collocation à la caisse des consignations et donner au créancier citation en mainlevée. En pareil cas, le créancier refusant à tort est passible de tous les frais. — Pigeau, *Comm.*, p. 449; Bioche, n° 567.

1246. — D'après ce principe, si la femme mariée sous le régime dotal a été colloquée pour ses reprises, les tribunaux doivent pourvoir à ce que les fonds lui soient conservés, jusqu'à l'instant où elle pourra les recevoir et en donner quittance, soit en autorisant l'acquéreur à les retenir dans ses mains, soit en ordonnant tout autre emploi qui mette la dot en sûreté. — *Cass.*, 24 juill. 1821, de Croy-Chanel.

1247. — La nature de l'hypothèque étant l'indivisibilité, il s'ensuit que l'adjudicataire ne peut être tenu de diviser ses paiemens, et de recevoir des mainlevées partielles de l'inscription, au cas où une collocation est subdivisée entre plusieurs personnes. C'est aux créanciers à s'entendre pour lui rapporter une mainlevée générale. Ils pourront ensuite lui demander leur paiement, chacun dans la proportion de ses droits. — Pigeau, *Comm.*, t. 2, p. 450; Bioche, n° 568; Chauveau sur Carré, quest. 2612 *ter*.

1248. — Le créancier qui ne veut pas voir son inscription se périmer agit d'une manière prudente en la renouvelant jusqu'à ce qu'il ait été payé. — Bioche, n° 569.

1249. — Ainsi, en cas de vente volontaire, l'inscription dont le terme fatal expire pendant l'instance en surenchère, doit être renouvelée par le créancier surenchérisseur pour lui conserver son effet. — *Bordeaux*, 17 mars 1828, Guillemot c. Bertrand. — Bioche, *ibid.*; Troplong, *Hypothèque*, n° 723.

1250. — S'il s'agit, au contraire, d'une vente sur expropriation forcée, l'adjudication, du moment où elle est ultérieurement suivie de paiement, paraît devoir donner effet à l'hypothèque, et dispenser, par suite de renouveler, l'inscription. — V. HYPOTHÈQUE. — Bioche, *ibid.*

1251. — Il résulte toutefois, d'un arrêt de cassation (du 30 nov. 1829, Poncel c. Jolicler c) qu'il faut de plus que l'ordre soit ouvert.

1252. — Merlin (v° *Inscription hypothécaire*, § 5) exige la production des titres. — Arg., *Cass.*, 9 août 1821, Trésor public c. Duchailla; *Rouen*, 14 fév. 1836, Bacon c. Demiannay; *Toulouse*, 20 mai 1828, Fonquernie c. Causson.

1253. — On exige quelquefois, en outre, que les bordereaux de collocation soient délivrés. — Bioche, n° 569.

1254. — Celui qui est débouté d'une opposition à la délivrance d'un bordereau de collocation, et condamné aux dépens, doit se pourvoir en opposition dans le temps fixé, s'il trouve que la liquidation est excessive. — *Rennes*, 8 juill. 1819, Fercoq c. N....

1255. — Lorsque, dans une distribution par voie d'ordre, une somme a été attribuée mal à propos à un créancier inscrit qui l'a restituée au débiteur, ce dernier a pu l'imputer à l'extinction de dettes chirographaires revenant à d'autres créanciers inscrits, sans que la collocation de ces derniers puisse être diminuée du montant de la somme qui leur a été payée. — Il en doit être de même des intérêts du prix courus depuis le jour de la vente jusqu'à la notification du contrat, qui, n'ayant pas été compris dans la distribution, ont été remis au débiteur et employés par lui à la même destination. — *Bordeaux*, 30 déc. 1840 (t. 1er 1841, p. 381), Deray c. Changeur-Monneron.

1256. — Lorsque, après la clôture d'un ordre et la radiation des inscriptions, un des créanciers colloqués restitue une somme portée par erreur dans son bordereau, le montant en appartient à tous les créanciers du débiteur indistinctement et non au créancier hypothécaire sur lequel les fonds ont manqué. — *Bourges*, 13 février 1824, Grandeffe c. Andrielle.

1257. — Le créancier hypothécaire, dans le cas de revente des immeubles après le règlement provisoire, mais avant la clôture de l'ordre, ne peut se dispenser de produire dans le nouvel ordre auquel donne lieu la revente, et demander contre le dernier acquéreur l'exécution immédiate de son bordereau de collocation sans être soumis aux formes et aux lenteurs de l'ordre qui va s'ouvrir. — *Paris*, 16 avr. 1832, Caisse hypothécaire c. Desfontaines. — Troplong, *Comm. sur les priv. et hypoth.*, n° 721.

1258. — Le porteur d'un bordereau de collocation délivré sur l'acquéreur d'un immeuble est subrogé, jusqu'à concurrence du montant de sa créance, dans les droits du vendeur : dès lors, en cas de revente par l'adjudicataire, il peut demander à être payé par préférence à tous autres créanciers inscrits sur cet adjudicataire, si d'ailleurs il a conservé son privilége par une inscription régulière. — *Bourges*, 12 fév. 1841 (t. 2 1841, p. 599), Charlot c. Dechoulot et Serizier.

1259. — Lorsqu'un créancier se trouve dans la nécessité d'exproprier l'acquéreur qui ne lui paie pas le montant de son bordereau, il doit, à peine de dommages-intérêts, si le prix de la nouvelle vente n'a pas égalé celui de la première, appeler à l'instance en expropriation les créanciers colloqués postérieurement à lui. — *Grenoble*, 29 janv. 1825, Durand c. Salomon.

CHAPITRE VIII. — *Sous-ordre.*

1260. — Le sous-ordre est la répartition entre tous les ayans droit de celui à qui elle a été attribuée d'une somme colloquée dans un ordre; mais ces ayans droit doivent s'être rendus eux-mêmes intervenans dans l'ordre. — Arg. C. civ., art. 1166.

1261. — Tout créancier peut prendre inscription pour conserver les droits de son débiteur, mais le montant de la collocation du débiteur est distribué, comme chose mobilière, entre tous les créanciers inscrits ou opposans avant la clôture de l'ordre. — C. proc., art. 778.

1262. — Le sous-ordre a été aboli par la loi du 11 brum. an VII, et la collocation d'un créancier hypothécaire doit se distribuer, non par ordre d'hypothèque entre les créanciers opposans en sous-ordre, mais par contribution comme chose mobilière. — *Paris*, 10 août 1809, d'Arlhel c. d'Origny. — Bruneau, *Traité des criées*; d'Héricourt, *De la vente des immeubles par décret*; Pigeau, t. 2, p. 279, alin. 4; Carré, quest. 2619.

1263. — Jugé, au contraire, que sous la loi du 11 brum. an VII, le montant de la collocation d'un créancier hypothécaire se distribuait par ordre d'hypothèque entre les créanciers opposans en sous-ordre. — *Paris*, 15 frim. an XII, Devaisnes c. Barillon. — Pothier, *Coutum. d'Orléans*, tit. *Des criées*, n° 141.

1264. — La décision contradictoire de ces deux arrêts indique la divergence qui existait autrefois sur cette question dans la jurisprudence des tribunaux. C'est cette divergence que l'art. 778 a voulu faire disparaître par sa seconde partie.

1265. — Le montant de la collocation obtenue dans un ordre par un créancier hypothécaire ne peut régulièrement être distribué par voie de sous-ordre entre ses créanciers particuliers qu'après la clôture définitive de l'ordre. — Dès lors, il doit être sursis au jugement des contestations élevées sur le sous-ordre jusqu'à la clôture définitive de l'ordre. — *Bordeaux*, 23 juin 1841 (t. 2 1841, p. 325), Froidefond-Duchatenet c. Cazamajour. — Pigeau, t. 2, p. 306.

1266. — Une réserve annonçant l'intention de se présenter à un sous-ordre, pour produire quelque effet, doit être réalisée par un dire au procès-verbal, avant la clôture de l'ordre. — *Bourges*, 6 juin 1829, Saint-Sauveur c. Bazou. — Pigeau, t. 2, p. 306; Bioche et Goujet, *Dictionn. de procéd.*, v° *Ordre*, n° 434; Thomines, t. 2, n° 895.

1267. — Les créanciers de la femme obligée solidairement et non hypothécairement peuvent être colloqués par antériorité à elle sur les immeubles de son mari, au lieu de l'être en sous-ordre, surtout lorsqu'un autre créancier ne s'est pas présenté. En définitive, le résultat est le même. — *Bourges*, 22 mai 1838 (t. 2 1838, p. 652), Brotot c. Huntziguer. — Bioche, n° 572.

1268. — Lorsque les créanciers se rendent intervenans, comme subrogés à l'hypothèque de leur débiteur, ils exercent un droit personnel, et ils peuvent se faire directement colloquer sans avoir besoin de subir une distribution en sous-ordre. — *Paris*, 12 déc. 1817, Belin c. Barbon; *Cass.*, 17 av. 1827, Dupin c. Lautier. — Thomines, n° 815; Bioche, n° 596.

1269. — Il suit de là que le sous-ordre ne peut s'appliquer aux créanciers subrogés dans l'hypothèque de la femme mariée. Ceux-ci se trouvent colloqués non pas concurremment, mais d'après la date de leur subrogation au droit de la femme. Cette dernière peut renoncer à son droit, mais alors la subrogation fait venir le subrogé en son lieu et place. Elle ne peut donc céder ensuite ses droits à d'autres créanciers; d'où résulte que ces créanciers nouveaux ne viennent qu'après les premiers et suivant l'ordre établi par leurs créances. — Chauveau sur Carré, quest. 2619 *bis*.

1270. — L'ensemble de ces diverses collocations forme celle de la femme, qui bénéficie sur le reliquat au cas où il s'en trouve. — Bioche, n° 875.

1271. — Lorsque, dans un ordre ouvert sur un conquêt de communauté auquel la femme a renoncé, par suite de la faillite du mari, les enfans se trouvent colloqués pour la totalité de leurs dots, bien que moitié de ces dots soit à la charge personnelle de chacun des constituans, la masse de la faillite peut exercer les droits du débiteur contre la mère, et recevoir, par voie de contribution, le montant de sa collocation. — *Paris*, 9 fév. 1826, Lefort c. Sapcy.

1272. — La femme mariée sous l'empire du statut normand et séparée de biens a la libre disposition de son mobilier. Elle peut en conséquence renoncer, en faveur des créanciers de son mari, qui ont obtenu contre celui-ci des condamnations avec contrainte par corps, à prendre part à la distribution des deniers formant le montant de la collocation attribuée à son mari dans un ordre, et sur lequel elle avait formé une saisie-arrêt. — *Caen*, 22 mars 1847 (t. 2 1847, p. 559), Delaunay c. Madeline.

1273. — Lorsque deux créanciers hypothécaires, dont l'un est créancier de l'autre, sont appelés directement dans le même ordre, celui-là ne peut être subrogé aux droits de celui-ci; il peut seulement requérir une collocation en sous-ordre. — *Bordeaux*, 24 juin 1836, Chevalier c. Andrieux.

1274. — Les créanciers de celui qui peut se présenter à l'ordre, mais ne le fait pas, ont qualité pour prendre inscription en son nom, en vertu du contrat qui lui confère hypothèque. — C. civ., art. 1166; C. pr., art. 778.

1275. — Il importe peu que ces créanciers soient hypothécaires ou simples chirographaires, et que leurs titres soient authentiques ou sous seing privé. Cela résulte des termes de l'art. 778 : *Tout créancier*. — Thomines, n° 895; Carré et Chauveau, quest. 2619.

1276. — Il suffit que l'inscription soit prise dans la quinzaine de la transcription, s'il s'agit de vente volontaire (C. proc. 834); ou antérieurement à l'adjudication définitive, en cas de vente par expropriation. — Bioche, n° 575.

1277. — Il n'y aurait pas même lieu de repousser un créancier sans titre; mais il devrait, bien entendu, faire admettre et affirmer plus tard sa créance. Le sous-ordre étant une véritable contribution, la règle doit être en effet la même. — Bioche, n° 576.

1278. — Si cependant le créancier sans titre exerçait les droits d'une personne dont l'hypothèque est dispensée d'inscription : on ne pourrait l'exclure du sous-ordre, à raison de ce qu'il ne se serait pas fait inscrire; bien entendu, si les délais de la purge légale n'étaient pas écoulés. — *Paris*, 20 juill. 1833, Domaine c. Sombault. — Bioche, n° 577.

1279. — Le sous-ordre se poursuit entre les

créanciers qui ont ainsi pris inscription au nom de leur débiteur, et ceux qui ont formé opposition avant la clôture de l'ordre sur le montant de la collocation. Il n'aurait lieu qu'entre ces derniers dans le cas où le débiteur se serait fait inscrire lui-même. — Bioche, n° 578.

1280. — Les créanciers doivent être préférés à ceux qui n'ont formé opposition qu'après cette époque. La clôture de l'ordre avait opéré à leur profit transport de deniers. — Pigeau, t. 2, p. 306; Thomine, n° 895; Favard, t. 4, p. 55.

1281. — Mais, dit M. Bioche (n° 579), on peut soutenir que l'art. 778 a entendu dispenser d'appeler en cause les autres créanciers sans vouloir les frapper de déchéance.

1282.—Comme il résulte par argumentation de l'art. 778 que de nouveaux opposans peuvent se présenter tant que la clôture n'a pas été prononcée, le sous-ordre ne doit avoir lieu qu'après cette époque. Le juge commis pour l'ordre n'a pas pouvoir pour procéder au sous-ordre. Celui-ci est une véritable distribution par contribution, et la procédure en est entièrement distincte de l'ordre. Et comme les délais de l'ordre et ceux de la distribution par contribution sont différents, on ne peut faire marcher de front ces deux procédures. — Pigeau, t. 2, p. 306.

1283. — Mais il n'en est plus ainsi en matière de sous-distribution par contribution. — Bioche, n° 580.

1284. — De là cette conséquence que les créanciers appelés à concourir en sous-ordre demandent par un dire sur le procès-verba d'ordre : que le bordereau soit délivré à celui d'entre eux qui poursuivra le sous-ordre, à condition qu'il fera distribuer le montant de la collocation aux parties intéressées. Mais tous les créanciers doivent alors se mettre d'accord; sans quoi on ne s'expliquerait pas le motif qui empêcherait de suivre les règles de concurrence en matière de distribution par contribution. — Pigeau, *ibid.*; Bioche, 581.

1285. — Les créanciers peuvent intervenir à l'ordre lui-même, comme substitués aux droits de leur débiteur, avant qu'il soit procédé au sous-ordre, où ils feront valoir leurs droits personnels. — Bioche, n° 582.

1286. — Ils pourraient ainsi, au nom de leur débiteur, contredire dans les délais les collocations établies par le règlement provisoire. — Carré, quest. 2592; Bioche, n° 583.

1287. — Toutefois, la Cour de Grenoble, par arrêt du 24 décembre 1823 (Potallier c. Bontoux), a jugé : que le créancier qui ne demande qu'à être colloqué en sous-ordre n'a pas le droit de demander la réformation de l'ordre, surtout s'il n'a pas contredit le règlement provisoire dans le délai fixé par les lois.

1288. — Nonobstant la forclusion prononcée par l'art. 756 du Code de procédure civile contre les créanciers produisant à un ordre, faute d'avoir présenté les contredits dans le mois à partir de la signification de l'état de collocation; un créancier produisant peut néanmoins, après l'expiration de ce délai, demander une collocation nouvelle en sous-ordre du chef de l'un des autres créanciers. — *Riom*, 5 août 1840 (t. 1er 1841, p. 343), de Terves c. de Besse-Boisredon.

1289. — Les créanciers pourraient aussi signifier le jugement qui a statué sur les contestations d'ordre. — *Riom*, 18 mars 1815 (dans ses motifs), Lavergne c. Lapeyres. — Bioche, n° 584.

1290. — ... Ainsi qu'interjeter appel de ce jugement. — Carré, quest. 2592; Bioche, n° 585.

1291. — Cet appel doit avoir lieu dans le délai accordé à leur débiteur par l'art. 763. — Carré, quest. 2594; Bioche, *ibid.*

1292. — Les créanciers auraient aussi qualité pour intervenir sur l'appel.— *Montpellier*, 24 nov. 1831, Subé c. Sanyas (dans ses motifs).

1293.— Mais il n'est pas nécessaire que l'appel d'un jugement d'ordre soit signifié aux créanciers colloqués en sous-ordre et qui doivent profiter de la collocation.—Il suffit qu'il soit notifié aux créanciers directs colloqués à l'ordre. — *Cass.*, 2 mai 1810, Domaine c. Bouchet ; *Grenoble*, 14 déc. 1832 (dans ses motifs), Oriol c. Terrot et Eynard ; *Montpellier*, 24 nov. 1834, Subé c. Sanyas. — Bioche, n° 585; Carré, quest. 2591.

1294. — Jugé cependant que l'appel d'un jugement d'ordre est non recevable pour n'avoir pas été signifié aux créanciers en sous-ordre qui y ont figuré, et dont les droits pourraient être modifiés par suite de l'appel. — *Montpellier*, 15 mars 1831, Daydé c. Chamel.

1295. — Le créancier chirographaire, appelant du jugement qui a rejeté sa demande de collocation en sous-ordre, n'est pas tenu d'intimer tous ceux qui, en première instance, ont été défendeurs à cette demande. — *Colmar*, 5 mai 1830, Armbruster c. Héberlé. — Le sous-ordre, tel que le Code de procédure l'a institué, consiste uniquement dans l'admission à un partage au marc le franc des sommes mobilières ; il est juste de lui appliquer les règles de la distribution par contribution.

1296. — Est non recevable, comme demande nouvelle, celle du créancier qui, s'étant borné en première instance à demander une collocation directe, requiert en cause d'appel une collocation en sous-ordre contre la femme du saisi, sur le fondement qu'à raison des charges du ménage elle est débitrice de son mari. — *Bordeaux*, 24 janv. 1837 (t. 2 1838, p. 433), Guy-Labarthe c. Guiraud.

1297. — L'appel d'un jugement rendu sur un sous-ordre dressé par un juge commissaire à la suite de l'ordre, est non recevable quand le montant de la somme colloquée à distribuer entre les opposans ne s'élevait pas à 1,000 francs autrefois; aujourd'hui à 1,500 fr. — *Poitiers*, 1er juill. 1819, N... c. N... — Bioche, n° 588.

1298. — Lorsque l'ordre est clos, on procède au sous-ordre dans la forme prescrite pour la distribution par contribution. — Bioche, n° 586.

1299. — Par suite, on doit appliquer ici la forclusion qu'entraîne, d'après l'art. 660 du Code de procédure, le défaut de production dans le délai légal. — *Cass.*, 2 juin 1835, Sillac de la Pierre c. Siblain, Fagniez et Grandpierre. — Bioche, n° 587.

1300. — Il est incontestable que, la distribution en sous-ordre une fois terminée, le débiteur a droit de réclamer le reliquat qui pourrait exister, lorsqu'il a pris lui-même inscription. Il en serait de même si l'inscription avait été prise par ses créanciers ; car c'est en vertu de son titre et non des leurs qu'ils ont dû requérir cette inscription. Ainsi : l'excédant ne pourrait être réclamé par les créanciers hypothécaires postérieurs en date, ceux-ci ayant été avertis. — Bioche, n° 589. — *Contrà*, Pigeau, t. 2, p. 305.

1301. — Dans le cas cependant où les créanciers en sous-ordre n'auraient pris inscription en vertu du titre de leur débiteur que jusqu'à concurrence de leurs droits, le reliquat ne pourrait être réclamé par ce dernier. Il devait prendre une inscription plus étendue.— Bioche, n° 590.

1302.—Lorsque tous les bordereaux des créanciers colloqués dans le sous-ordre ont été acquittés, on doit rayer l'inscription prise au nom du créancier direct. — Arg. C. proc., art. 774. — Pigeau, t. 2, p. 307 ; Bioche, n° 591.

1303. — Il est loisible aux créanciers chirographaires du dernier propriétaire de l'immeuble dont le prix est distribué, d'intervenir à l'ordre afin d'en surveiller les opérations', Toutefois ils ne pourraient être colloqués à l'ordre au nom de leur débiteur, que s'il restait des fonds libres après qu'on aurait acquitté toutes les créances privilégiées et hypothécaires. Le reliquat leur serait alors partagé par contribution. — Bioche, n° 592.

1304. — Le créancier colloqué en sous-ordre doit l'être pour la totalité des intérêts de sa créance, et non pour deux années d'intérêts seulement et l'année courante. — *Bordeaux*, 3 juill. 1834, Darrieux c. Massip et Constant.

1305. — Le saisi n'est pas partie nécessaire dans une instance sur un sous-ordre. — *Bourges*, 5 juin 1829, Saint-Sauveur c. Bazou.

CHAPITRE IX. — *Folle enchère.*

1306. — Il y a lieu à folle enchère lorsque l'adjudicataire sur lequel l'ordre a été arrêté pour le prix laissé entre ses mains, ne remplit pas les obligations que son contrat lui impose.

1307. — Mais il s'est élevé, à cette occasion, la question de savoir si l'on doit ouvrir un second ordre sur le nouveau prix. Les partisans de l'affirmative font valoir que la condition de l'adjudication est le paiement ; qu'en cas d'inexécution on doit donc tenir la vente pour non avenue, et que la véritable adjudication est celle prononcée sur folle enchère. Il faut donc conclure de là que l'ordre qui a réglé le rang des créanciers hypothécaires, portant sur un prix non payé, manque de base. La collocation s'évanouit forcément avec la vente dont elle dérivait, puisqu'il ne reste plus de prix sur lequel elle puisse s'exercer. Et ces raisons sont fondées surtout lorsque la nouvelle adjudication a lieu pour un prix moins élevé que la première.

1308. — Le créancier hypothécaire dans le cas de revente sur folle enchère des immeubles, après le règlement provisoire, mais avant la clôture de l'ordre, ne peut se dispenser de produire dans le nouvel ordre auquel donne lieu la revente, et demander contre le dernier acquéreur l'exécution immédiate de son bordereau de collocation, sans être soumis aux formes et aux intérêts de l'ordre qui va s'ouvrir. — *Paris*, 16 avr. 1832, Caisse hypothécaire c. Desfontaines.

1309.—Ceux qui prétendent, au contraire, qu'il n'est pas besoin d'ouvrir un nouvel ordre, font observer que le règlement définitif est un véritable jugement (V. *sup.* nos 117 et suiv.) qui obtient force de chose jugée quand il n'est attaqué par aucune voie légale. Il fixe d'une manière irrévocable les droits, et plus particulièrement le rang que doivent occuper les créanciers. La folle enchère, qui ne résulte en rien de leur volonté, ne peut donc modifier leur position. Aussi l'ordre jugé et consenti par suite de la distribution du premier prix, reçoit un effet sur le montant de l'adjudication nouvelle. — Troplong, *Hyp.*, n° 724 ; Chauveau sur Carré, quest. 2539, 5° ; Bioche, v° *Ordre*, n° 594 ; *Vente sur folle enchère*, n° 123.

1310. — La revente sur folle enchère n'a pas pour effet d'annuler l'ordre clos et arrêté entre les divers créanciers sur le prix de la première adjudication, et ne rend pas un nouvel ordre nécessaire. — *Cass.*, 12 nov. 1821, Léger et Obbéma c. Lecerf. — V. FOLLE ENCHÈRE, n° 173.

1311. — Quant à la marche à suivre par les créanciers pour obtenir d'être payés sur le nouveau prix. M. Bioche (n° 596) fait remarquer qu'il y a une distinction à établir. Si l'ancien prix dépasse le nouveau, la marche la plus simple consiste dans un dire fait par le poursuivant, l'ordre ou la partie la plus diligente à la suite du règlement définitif et exposant l'état de la procédure. Il demande que le juge commissaire qui a procédé au règlement définitif (ou, ce qui vaut encore mieux, qu'un autre juge commissaire désigné à la place du premier par le président) procède à un règlement définitif *additionnel*. Le juge commissaire prendra pour point de départ les bases posées par le règlement définitif. Les créanciers premiers colloqués dans celui-ci le seront dans le règlement additionnel, au même rang non-seulement pour leur capital et les intérêts arrêtés par le premier règlement, mais aussi pour les intérêts échus depuis. Les bordereaux seront déclarés par le juge commissaire exécutoires contre le nouvel acquéreur, jusqu'à l'épuisement du nouveau prix. Il prononcera la radiation des inscriptions ne venant plus en ordre utile comme lors du premier règlement, et de celles prises contre le fol enchérisseur. Le nouvel adjudicataire est autorisé à prélever sur son prix le montant des frais du nouveau règlement et de la radiation des inscriptions, et il doit payer ensuite sur la représentation des anciens bordereaux et d'un extrait de l'ordonnance du juge commissaire portant règlement définitif additionnel. — Bioche, v° *Ordre*, n° 596.

1312. — Les créanciers sur lesquels les fonds manquent ont le droit, d'après l'art. 744 C. proc., de poursuivre, même par corps, le premier adjudicataire, qui doit la différence de son prix avec la nouvelle adjudication.

1313. — Dans le cas de revente sur folle enchère avec augmentation de prix, il y a lieu d'ouvrir un nouvel ordre sur le supplément du prix. — *Paris*, 6 juin 1812, Tardif c. Adam ; *Cass.*, 12 nov. 1821. — Bioche, n° 597 ; Chauveau sur Carré, quest. 2538, 5°.

1314. — Lorsqu'un ordre a été réglé après l'adjudication d'un immeuble, il doit être maintenu après la revente sur folle enchère. Si le prix de la revente sur folle enchère excède celui de la première adjudication, le créancier hypothécaire forclos faute de production dans l'ordre ne peut requérir sa collocation sur l'excédant du prix par préférence à un créancier postérieur en date qui avait produit.—*Pau*, 26 janv. 1833, Calez c. Marimpoey et Lacaze.—Troplong, *Comment. sur les hyp.*, t. 3, n° 721, et Bioche, v° *Ordre*, n° 597.

1315. — Lorsqu'un ordre a été clos, et qu'il a été acquiescé, les droits qui en résultent entre les créanciers colloqués deviennent irrévocables à l'égard du prix de l'immeuble mis en distribution, sans qu'il puisse être préjudicié par des aliénations subséquentes à la situation de ces créanciers ainsi fixée. — Dès lors, en cas de revente de l'immeuble avant que les créanciers colloqués dans un ordre régulièrement clos aient été payés : ceux-ci doivent être colloqués sur le nouveau fait, dans le même rang que sur le prix précédent; sans que ceux des créanciers dont les souscriptions ne seraient pas tombées en péremption, puissent exciper, pour primer les autres dans le nouvel ordre, du défaut de renouvellement de leurs inscriptions dans le délai légal. — *Bordeaux*, 4 juin 1835, Luguet et Renaud c. Demanez. — Pigeau, *Comment.*, t. 2, p. 614; Carré, quest. 2585.

1316. — *Enregistrement.* — La disposition d'un jugement d'ordre qui ordonne la radiation des inscriptions qui existent sur l'immeuble dont le prix est distribué étant une conséquence immédiate et nécessaire de la collocation, laquelle est soumise au droit proportionnel de demi 0/0, il n'est dû aucun autre droit particulier à raison de cette radiation. Il en est de même soit que la radiation concerne des inscriptions prises d'office ou par les créanciers utilement colloqués, soit qu'elle ait pour objet des inscriptions de créanciers qui n'aient pas produit. — *Cass.*, 21 juill. 1818, Enregistrement c. Morbaudouin.

V. APPEL, CAISSE DES DÉPÔTS ET CONSIGNATIONS, DISTRIBUTION PAR CONTRIBUTION, FAILLITE, OFFRES, PRIVILÉGES, PRODUCTION, PURGE, RADIATION, TAXE, VENTE.

ORDRE (Endosseur).

Le mot *ordre* s'emploie souvent dans le commerce pour signifier le transport qu'on fait, par endossement, d'une lettre de change ou autre effet négociable. Alors, quand l'endossement est en blanc, en dit que l'*ordre* est en blanc. — V. ENDOSSEMENT. — V., aussi, BILLET A ORDRE.

ORDRE DES AVOCATS.

V. AVOCAT, AVOCAT A LA COUR DE CASSATION.

ORDRES DE CHEVALERIE.

1. — Parmi les anciens ordres de chevalerie, il en est qui n'ont eu qu'une existence éphémère : tels que ceux de la Geneste, institué par Charles-Martel; — du Navire et du Croissant, fondé par saint Louis en 1269; — de l'Etoile, créé par le roi Jean en 1350; — de la Ceinture de l'Espérance, établi par Charles VI en 1389. — D'autres ont eu une plus longue existence, tels sont : 1° l'ordre du Saint-Esprit, institué par Henri III en 1578; — 2° l'ordre de Saint-Michel, institué par Louis XI, en 1469; — 3° l'ordre du Mérite militaire, institué par Louis XV en 1759, en faveur des officiers étrangers et non catholiques qui servaient dans les troupes françaises; — 4° l'ordre de Saint-Lazare, dont l'institution remonte aux premières croisades; — 5° l'ordre de Notre-Dame du mont Carmel, institué par Henri IV en 1607, et réuni à celui de Saint-Lazare par lettres patentes de ce prince, du mois d'avril 1608; — 6° l'ordre du Saint-Sépulcre, créé à la même époque que celui de Saint-Lazare; — 7° l'ordre de Saint-Georges, institué, sous le nom de confrérie, vers l'an 1400, par Philibert de Miolans, gentilhomme franc-comtois; — 8° l'ordre de Malte, créé pour la défense des intérêts chrétiens dans l'Orient à l'époque des croisades.

2. — De tous les ordres créés sous l'ancienne monarchie, le seul important est celui de Saint-Louis. — Cet ordre fut fondé par Louis XIV pour récompenser d'une manière éclatante la valeur militaire (édit d'avril 1693). — Divers autres édits firent subir à sa composition première, tant sous Louis XIV que sous ses successeurs, diverses modifications.

3. — Tous ceux de ces ordres qui existaient encore au moment de la révolution de 1789, ont été abolis ainsi que les prérogatives et distinctions y attachées par les décrets des 30 juill. 1791 et 16 oct. 1792.

4. — Nous avons vu (v° DÉCORATION) que quelques-uns de ces ordres furent rétablis par la Restauration; nous avons vu aussi quel sort leur fut fait par la révolution de juillet 1830.

5. — L'ordre de Saint-Louis notamment fut rétabli par la Restauration, et diverses ordonnances parurent qui le réorganisèrent. — V. Ord. 3 mai 1814, 16 janv. 1815, 22 mai 1816, 30 avril 1817.

6. — Aucune disposition formelle, intervenue depuis, n'a aboli l'ordre de Saint-Louis, en ce sens du moins que le port de la décoration n'est pas prohibé. — Mais depuis 1830 aucune décoration de Saint-Louis n'a été conférée. — V., au reste, DÉCORATION.

7. — Le seul ordre de chevalerie que la Constitution républicaine de 1848 ait reconnue expressément, est celui de la Légion d'honneur. — V. art. 108 de cette Constitution. — V., en ce qui concerne cet ordre, v° LÉGION D'HONNEUR.

ORDRE PUBLIC.

1. — Se dit des règles qui tiennent à la tranquillité et à la sécurité de la société et dont le maintien intéresse la masse des citoyens.

2. — On ne peut déroger, par des conventions particulières, aux lois qui intéressent l'ordre public. — C. civ., art. 6; L. 45, ff., *De reg. jur.* — V. OBLIGATION.

3. — Cette maxime, qui paraît évidente, dit Toullier (t. 1er, n° 103), n'est pourtant pas sans exception; par exemple l'ordre des juridictions ou la compétence des tribunaux est de droit public, cependant les particuliers soumis à la juridiction d'un tribunal ordinaire de première instance peuvent se soumettre à être jugés par un autre.

4. — La cause d'une obligation est illicite quand elle est contraire à l'ordre public. — C. civ., art. 1133. — V. OBLIGATION.

5. — Les propriétaires peuvent établir sur leurs propriétés ou en faveur de leurs propriétés telles servitudes que bon leur semble, pourvu qu'elles ne soient imposées qu'à un fonds et pour un fonds et qu'elles n'aient rien de contraire à l'ordre public. — C. civ., art. 686. — V. SERVITUDES.

6. — Les officiers du ministère public chargés de tenir la main à l'exécution des jugemens, doivent poursuivre d'office cette exécution dans toutes les dispositions qui intéressent l'ordre public. — L. 16-24 août 1790, tit. 8, art. 5. — V. MINISTÈRE PUBLIC.

V., aussi, ASSOCIATION, ATTROUPEMENT, CRIME CONTRE LA SURETÉ DE L'ÉTAT, DÉLIT DE PRESSE, GARDE NATIONALE, MOUVEMENT INSURRECTIONNEL, NULLITÉ, OFFICE, POUVOIR MUNICIPAL.

ORDRES RELIGIEUX.

Communautés régulières, composées de personnes vivant dans les monastères sous l'obligation de règles communes et liées par des vœux solennels. — V. COMMUNAUTÉS RELIGIEUSES.

ORDRES SACRÉS.

V. DIACRE, SOUS-DIACRE, PRÊTRE.

ORDRE DE SAINT-LOUIS.

V. ORDRES DE CHEVALERIE.

ORFÈVRES.

V. MATIÈRE D'OR ET D'ARGENT.

ORGANISATION ADMINISTRATIVE.

1. — Ensemble des divers services au moyen desquels il est pourvu à la sûreté de l'Etat, au maintien de l'ordre public et à la satisfaction de tous les autres besoins de la société.

2. — Au sommet de cette organisation, qui n'est, comme on le voit, qu'une émanation du pouvoir exécutif, se placent en première ligne les ministres, que la Constitution du 4 novembre 1848 associe en quelque sorte aujourd'hui au chef même de ce pouvoir, dont ils partagent la responsabilité, et à chacun desquels viennent aboutir, suivant leurs attributions respectives, une ou plusieurs branches des différens services publics.

3. — Parallèlement aux ministres il faut aujourd'hui ranger encore le Conseil d'Etat, dont la même Constitution de 1848 a fait un corps indépendant du pouvoir exécutif, dont l'intervention est maintenant nécessaire pour différens actes de haute administration, et qui exerce sur toutes les administrations publiques un pouvoir de contrôle et de surveillance. — Constitution du 4 nov. 1848, art. 71 et suiv.

4. — Différens autres conseils spéciaux sont, d'ailleurs, institués comme auxiliaires de l'administration, dont ils éclairent la marche et préparent les actes dans certains cas déterminés. — V. CONSEILS ADMINISTRATIFS.

5. — L'administration générale de l'intérieur et la police, la justice, les cultes, l'instruction publique, les travaux publics, les cours d'eau et les mines, l'agriculture et le commerce, l'administration militaire, la marine, les relations extérieures, la perception des impôts et l'administration des finances, et enfin la gestion des propriétés publiques : tels sont les nombreux objets qu'embrasse l'organisation administrative.

6. — *Administration générale de l'intérieur.* — Cette administration, qui constitue spécialement les attributions du ministre de l'intérieur, comprend : 1° l'exécution de toutes les lois relatives à notre système électif; 2° le maintien de la division du territoire, et l'examen des changemens qui peuvent, suivant les circonstances, devenir nécessaires; 3° l'exécution des lois sur le recensement de la population; 4° la direction et la surveillance de l'administration des intérêts départementaux et communaux; 5° l'exécution des lois sur les chemins vicinaux et l'entretien des petits cours d'eau; 6° l'exécution des lois relatives à la police générale de la République, à la tranquillité et à la sûreté intérieure; 7° l'exécution des lois concernant la garde nationale; 8° la création et l'administration des lignes télégraphiques; 9° la célébration des fêtes publiques; 10° la surveillance des théâtres; 11° la surveillance de l'exercice des professions d'imprimeur et de libraire; 12° la direction et la surveillance des établissemens destinés à assurer l'assistance publique; 13° la distribution des secours généraux accordés sur les fonds de l'Etat; 14° la direction et la surveillance des refuges destinés à la répression de la mendicité; 15° l'administration des maisons de répression et de détention; 16° la distribution des fonds affectés à la récompense des actions généreuses; 17° l'encouragement des beaux-arts et la fondation et l'administration des écoles qui s'y rattachent; 18° la conservation des monumens historiques et la recherche des antiquités répandues sur la surface du pays; 19° l'administration et la conservation des archives générales de la République.

7. — Pour partager le fardeau de ces nombreuses attributions, il y a sous l'autorité du ministre de l'intérieur : 1° dans chaque département un préfet avec lequel le ministre correspond directement, et qui est chargé, dans toute l'étendue du territoire dont l'administration lui est confiée, de l'exécution de toutes les lois d'intérêt général et des instructions ministérielles 2° dans chaque chef-lieu d'arrondissement un sous-préfet, placé sous l'autorité du préfet, et dont la mission particulière consiste à transmettre l'impulsion, comme à surveiller l'exécution des mesures ordonnées; 3° dans chaque commune un maire qui, placé en présence des administrés eux-mêmes, assure directement leur obéissance par la persuasion, l'autorité ou la contrainte; 4° dans les localités où le gouvernement l'a jugé nécessaire, un commissaire de police spécialement chargé de l'exécution des lois et des réglemens de police; et enfin, pour l'administration des différens établissemens d'utilité publique ou de charité, des commissions administratives ou des administrateurs spéciaux qui, par leur institution, deviennent également les délégués de l'autorité. — V. COMMISSAIRE DE POLICE, COMMISSION ADMINISTRATIVE, HOSPICES, MAIRE, PRÉFET, SOUS-PRÉFET.

8. — Il y a d'ailleurs auprès du ministère de l'intérieur différens conseils dont la mission est d'éclairer la direction de certains services que l'on a jugé nécessaire de suivre avec un intérêt tout particulier : tels sont notamment le conseil des inspecteurs généraux des établissemens de bienfaisance, le conseil des inspecteurs généraux des prisons, le conseil d'administration des lignes télégraphiques, etc. — V. TÉLÉGRAPHE.

9. — Dans la partie de son administration qui touche particulièrement aux intérêts départementaux, le préfet est assisté d'un conseil général. — V. CONSEIL GÉNÉRAL.

10. — Il y avait de même autrefois, auprès de chaque sous-préfet, un conseil d'arrondissement; mais ces conseils ont été supprimés par la Constitution de 1848, et remplacés par des conseils cantonaux. — V. CONSEILS D'ARRONDISSEMENT.

11. — Dans tout ce qui touche à l'administration des intérêts propres à la commune, le maire est assisté par un conseil municipal. — V. COMMUNE, CONSEIL MUNICIPAL, MAIRE.

12. — Enfin, l'on sait qu'il y a également auprès de chaque préfet un conseil de préfecture, dont les attributions consistent à juger les difficultés qui peuvent toucher à l'administration, et à éclairer en outre le préfet de ses avis dans certains cas déterminés par la loi. — V CONSEILS DE PRÉFECTURE, PRÉFET.

13. — *Justice.* — L'administration de la justice est, comme on le sait, confiée à des juges de paix, des tribunaux de première instance, des cours d'appel, et à une Cour de cassation, souveraine interprète de la loi. Les attributions de chacun de ces corps ont été exposées dans chacun des articles que nous leur avons consacrés. Quant à leur composition, à la hiérarchie et à la surveillance des membres qui en font partie, V. TRIBUNAUX. — V., aussi, COUR DE CASSATION, COUR ROYALE, JUSTICE DE PAIX.

14. — Il est bon toutefois d'ajouter ici qu'à l'administration de la justice viennent se rattacher différentes attributions qui, sans appartenir précisément à l'ordre juridique, ont été comme naturellement confiées au ministre de la justice, soit à cause du haut caractère de légalité qui s'y rattache, soit par suite de leur importance.

15. — C'est ainsi que le ministre de la justice, auquel, dans l'usage, on continue de donner le titre de garde des sceaux, est chargé de conserver le sceau de l'Etat, de l'apposer sur les lois, les traités et autres actes de chancellerie; de former et reviser le bulletin officiel des lois et les actes du gouvernement; de promulguer les lois et de faire tenir un registre qui constate cette formalité; de conserver les originaux des lois, etc.

16. — Le garde des sceaux a également dans ses attributions : 1° la surveillance et la tenue des registres de l'état civil et l'examen annuel des procès-verbaux de vérification desdits registres; 2° la publication des demandes et jugemens en déclaration d'absence; 3° les dispenses d'âge, de parenté et d'alliance pour mariage; 4° les changemens et additions des noms qui distinguent les familles; 5° les autorisations de servir à l'étranger; 6° la réintégration dans la qualité et les droits de citoyen français; 7° l'admission des étrangers à s'établir en France; 8° les naturalisations. — V. ABSENCE, ACTES DE L'ÉTAT CIVIL, CITOYEN, ÉTRANGERS, MARIAGE, NATURALISATION, NOMS.

17. — L'impression et l'envoi du *Bulletin des lois*, de celui de la Cour de cassation, et par suite l'administration et la direction de l'Imprimerie nationale, ainsi que le *Journal des savans*, qui s'imprime dans cet établissement, et se publie aux frais de l'Etat, sont aussi dans les attributions du ministre de la justice. — V. BULLETIN DES LOIS.

18. — Il y a d'ailleurs auprès du ministre de la justice un conseil d'administration de la justice, une commission pour les impressions gratuites, une commission pour les impressions orientales.

19. — *Cultes.* — L'administration des cultes est confiée à un directeur général, qui, n'ayant point de responsabilité propre, a été placé successivement sous l'autorité de différens ministres. En dernier lieu cette administration a été rattachée au ministère de l'instruction publique. — V., au surplus, v° CULTES.

20. — Un conseil d'administration des cultes est en outre placé auprès du ministère auquel est confiée cette haute partie de l'administration.

21. — *Instruction publique.* — Elle est confiée spécialement à un ministre qui, sous le titre de *grand maître de l'Université*, gouverne le corps de professeurs établi par les lois.

22. — Elle comprend trois différens degrés d'instruction; les écoles de premier degré ou écoles primaires; les écoles du second degré, lycées, institutions et pensions; les écoles du troisième degré, ou facultés.

23. — Aux termes de l'art. 9 de la Constitution de 1848, l'enseignement est d'ailleurs déclaré libre. Mais la liberté d'enseignement s'exerce selon les conditions de capacité et de moralité déterminées par les lois et sous la surveillance de l'Etat. Cette surveillance s'étend à tous les établissemens d'éducation et d'enseignement sans exception. — Constitution de 1848, art. 9. — V. ENSEIGNEMENT, INSTRUCTION PRIMAIRE.

24. — Le ministre de l'instruction publique a nécessairement dans ses attributions la correspondance avec l'institut, ainsi qu'avec toutes les sociétés savantes et littéraires, dont il lui appartient d'ailleurs de provoquer l'érection en établissemens d'utilité publique. — V. INSTITUT DE FRANCE.

25. — Il dirige la recherche et la publication des documens inédits relatifs à l'histoire de France, et les travaux des comités historiques institués auprès de son ministère.

26. — Enfin, l'on a encore naturellement rattaché à l'instruction publique : l'administration des bibliothèques publiques; du bureau des longitudes; des observatoires; du muséum d'histoire naturelle; du collége de France; des écoles britanniques; de l'école des langues orientales, de l'école des chartes, etc. — V. BIBLIOTHÈQUES, COLLÉGE, ÉCOLE DES JEUNES DE LANGUE, ÉCOLE DES LANGUES ORIENTALES, CHARTES (école des).

27. — Les préfets, les sous-préfets et les maires sont, comme pour l'administration de l'intérieur, les agens subordonnés du ministre de l'instruction publique pour tout ce qui concerne l'administration de ce département. — V. PRÉFETS, SOUS-PRÉFETS, MAIRES.

28. — Au ministère de l'instruction publique sont attachés : 1° un conseil supérieur de l'instruction publique; 2° divers comités d'histoire, de littérature, de philosophie, des sciences et des arts; 3° le conservatoire de la bibliothèque nationale; la commission de l'école des chartes. — V. BIBLIOTHÈQUE, CHARTES (école des), ENSEIGNEMENT.

29. — *Travaux publics.* — Leur administration, qui a été longtemps une dépendance du ministère de l'intérieur, est aujourd'hui confiée à un ministre spécial qui porte le titre de ministre des travaux publics.

30. — Ils comprennent en première ligne toutes les voies de communication destinées à servir de débouchés aux productions agricoles ou industrielles du pays, les routes dites nationales, les routes départementales, les chemins de fer, les ponts et ouvrages d'art qui en relient les différentes parties. — Par voie de conséquence, tous les travaux nécessaires à la conservation et à l'amélioration de la navigation fluviale. — V. COURS D'EAU, CHEMINS DE FER.

31. — Par suite, on a encore rattaché à l'administration des travaux publics, la création des ports de commerce à l'intérieur et sur les côtes; l'établissement des phares et des fanaux pour la sécurité du commerce maritime; la direction des eaux courantes vers un but d'utilité générale, et avec cette direction, la surveillance des moulins et usines qui empruntent aux eaux leur force motrice, ainsi que de l'exploitation des bains et bateaux de passage au travers des rivières; la construction des digues et autres travaux de défense à la mer. — V. BACS ET BATEAUX, COURS D'EAU, DIGUES, USINES.

32. — La construction de tous les édifices publics élevés aux frais de l'Etat, des départemens et des communes, est du reste placée sous la surveillance de la même administration. — V. TRAVAUX PUBLICS.

33. — L'ensemencement et la culture des dunes, le dessèchement des marais sont également des dépendances de l'administration des travaux publics. — V. DUNES, MARAIS.

34. — Il faut en dire autant de l'exploitation des mines, sur lesquelles l'Etat s'est attribué des droits particuliers, quel qu'en soit le propriétaire. — Par suite, à l'administration des travaux publics appartient encore l'autorisation des hauts fourneaux, forges et autres usines qui empruntent aux produits minéralogiques leurs matières premières ou leurs moyens de combustion. — — V. FORGES ET HAUTS FOURNEAUX, MINES, USINES.

35. — Sous les ordres immédiats du ministre des travaux publics, et pour l'exécution des divers travaux que nous venons d'indiquer, fonctionnent : une direction générale des ponts et chaussées, une direction générale des mines, une commission supérieure des chemins de fer, un conseil des bâtimens civils. — V. BATIMENS CIVILS, CHEMINS DE FER, MINES, PONTS ET CHAUSSÉES, TRAVAUX PUBLICS.

36. — Les préfets et les sous-préfets dans les départemens, ainsi que, suivant les circonstances, les maires, sont d'ailleurs chargés de seconder de leur autorité tout ce qui, dans la direction des travaux publics, se rattache à l'administration générale. — V. MAIRES, PRÉFETS, SOUS-PRÉFETS.

37. — *Agriculture et commerce.* — Tout ce qui peut protéger et encourager l'industrie agricole; tout ce qui peut contribuer à constater l'état des actes industriels et à encourager le perfectionnement des manufactures, — l'étude des questions relatives au commerce intérieur et extérieur; — la préparation des lois de douanes et la création des entrepôts; — l'encouragement du commerce extérieur et des pêches lointaines; — et enfin, la création et la surveillance de toutes les administrations sanitaires qui ont pour but de prévenir les épidémies dont la survenance pourrait paralyser l'activité et la production du pays. — Tels sont les soins importans qui constituent les principales attributions de l'administration à laquelle ces objets sont confiés.

38. — Les approvisionnemens et la surveillance du maintien de la libre circulation des subsistances; — la détermination des lieux d'échange pour le commerce, tels que des marchés, foires et bourses; — les mesures nécessaires pour assurer autant que possible la fidélité dans le débit des marchandises; — la surveillance des poids et mesures. Telles sont encore les diverses branches de l'administration publique qui rentrent dans l'ensemble du même service. — V. BOURSES DE COMMERCE, POIDS ET MESURES.

39. — A la même administration appartient aussi la délivrance des brevets d'invention ou d'importation qui garantissent aux inventeurs ou aux importateurs, pendant le temps fixé par la loi, les profits exclusifs de leur travail ou de leurs dépenses. — V. BREVETS D'INVENTION.

40. — Le ministre de l'agriculture et du commerce à qui cette administration est dévolue a pour auxiliaires incessants : un conseil d'agriculture, un conseil des haras, un conseil général et un comité consultatif des arts et manufactures, un conseil de perfectionnement du Conservatoire national et des écoles nationales des arts et métiers, un conseil supérieur et un conseil général du commerce, une commission de surveillance des sociétés et agences tontinières, un conseil supérieur de santé. — V. CONSEIL DU COMMERCE, DES MANUFACTURES ET DE L'AGRICULTURE, HARAS.

41. — Dans les départemens, et pour seconder dans la sphère des mêmes attributions le concours dû par les préfets et sous-préfets à l'administration supérieure, des chambres de commerce et des chambres consultatives des arts et manufactures sont chargées de l'examen de toutes les questions qui, soit sous le rapport de l'intérêt des localités, soit au point de vue de l'intérêt général, peuvent intéresser l'agriculture et le commerce. — V. CHAMBRES CONSULTATIVES DES MANUFACTURES, CHAMBRES DE COMMERCE, PRÉFETS, SOUS-PRÉFETS.

42. — Il y a en outre auprès des sous-préfets des commissions spécialement chargées de surveiller le travail des enfans dans les manufactures. — V. TRAVAIL DES ENFANS DANS LES MANUFACTURES.

43. — Des conseils de prud'hommes qui ressortissent à la même autorité sont chargés de vider rapidement et sans éclat les difficultés qui peuvent survenir entre les ouvriers et les entrepreneurs d'industrie. — V. PRUD'HOMMES.

44. — *Administration militaire.* — Cette vaste administration, qui est confiée au ministre de la guerre, comprend tout ce qui concerne : 1° l'organisation, le régime habituel, la justice, l'entretien et la conservation des armées; 2° la construction et la fortification des places de gurre. — V. ARMÉE, PLACES DE GUERRE.

45. — L'organisation de l'armée a pour base le recrutement par la voie du sort des jeunes citoyens qui ont atteint l'âge de porter les armes. Quant à la manière dont ce recrutement s'opère, V. RECRUTEMENT MILITAIRE.

46. — Les différens grades hiérarchiques consacrés par les lois et règlemens militaires sont au-dessus de la position des simples soldats, que l'on distingue eux-mêmes suivant les compagnies d'elite dont ils font partie, par différens noms, les grades de : caporal ou brigadier; fourrier, sergent ou maréchal des logis; sergent-major ou maréchal des logis chef; adjudant sous-officier, sous-lieutenant, lieutenant, capitaine, chef de bataillon ou chef d'escadron; major, lieutenant-colonel, colonel, général de brigade, général de division, et enfin maréchal de France.

47. — A la tête de l'armée et sous les ordres directs du ministre de la guerre, se trouve un état-major général qui se compose des maréchaux de France, d'un certain nombre de généraux de division et de généraux de brigade.

48. — Vient ensuite un corps national d'état-major composé d'un nombre déterminé de colonels, lieutenants-colonels, chefs d'escadron, capitaines et lieutenans.

49. — Enfin, l'armée proprement dite se compose de différens régimens d'infanterie, de cavalerie et d'artillerie, ainsi que d'un corps du génie et d'un corps des équipages militaires.

50 — Chaque régiment est placé sous le commandement direct d'un colonel qui est lui-même placé sous l'autorité du général qui commande le corps d'armée ou la division militaire dont son régiment fait partie. Nous avons du reste indiqué (v[is] ARMÉE ET DIVISION TERRITORIALE, n°s 37 et suiv.) comment se forment ces corps d'armée ou ces divisions.

51. — A la composition de l'armée, il faut encore rattacher le corps de la gendarmerie, sorte de milice tout à la fois civile et militaire, dont

la mission spéciale est de veiller à la sûreté publique, et d'assurer le maintien de l'ordre et l'exécution des lois. — V., au surplus, GENDARMERIE.

52. — Enfin le ministre de la guerre a également sous son autorité différentes écoles destinées soit à l'éducation des enfans des militaires sans fortune, soit à former des officiers pour les corps spéciaux : telles sont les écoles de la Flèche, de St-Cyr, de Saumur, l'école polytechnique, celles d'état-major, de l'artillerie et du génie établie à Metz; en outre, plusieurs gymnases militaires destinés à développer les forces physiques et l'agilité des troupes. — V. ÉCOLES MILITAIRES.

53. — Sous l'autorité du même ministre sont placés différens établissemens d'un haut intérêt pour l'armée, et, par exemple, le dépôt de la guerre, l'hôtel national des Invalides, le dépôt central d'artillerie, le service des poudres et salpêtres. — V. INVALIDES, POUDRES ET SALPÊTRES.

54. — L'administration proprement dite de l'armée, c'est-à-dire celle qui a pour mission spéciale de pourvoir à tous les besoins de nos soldats, est confiée particulièrement sous l'autorité du ministre, au corps de l'intendance militaire. — V. ARMÉE, INTENDANCE MILITAIRE.

55. — Au-dessous de cette administration sont également organisés militairement différens services indispensables à l'armée, tels sont : le service de santé; le service des hôpitaux militaires; le service des subsistances militaires; le service de l'habillement et du campement; le service des remontes générales.

56. — La justice militaire, qui comprend le jugement de tous les délits considérés comme portant atteinte à la discipline militaire, est exercée par des tribunaux spéciaux, auxquels on a donné le nom de *conseils de guerre*.—V. CONSEIL DE GUERRE, TRIBUNAUX MILITAIRES.

57. — La construction et la fortification des places fortes sont particulièrement confiées au corps du génie militaire.—V. PLACES DE GUERRE.

58. — Enfin, il y a auprès du ministre de la guerre, pour l'éclairer dans l'exercice de ses nombreuses attributions : 1° divers comités du génie et des fortifications, de l'artillerie, de la cavalerie, de l'infanterie et de l'état-major; 2° un conseil de santé des armées; 3° une commission mixte des travaux publics destinée principalement à concilier avec les exigences de la défense du territoire, les divers intérêts particuliers que la construction des travaux de fortifications pourrait froisser.—V. COMMISSION MIXTE DES TRAVAUX PUBLICS.

59. — *Marine.* — L'administation de la marine comprend, en première ligne, la formation de l'armée de mer, et les constructions navales; la défense des côtes maritimes et des ports militaires; la police de la navigation commerciale, du pilotage et du cabotage; celles des différentes pêches qui se font en mer sur les côtes; l'exécution des lois concernant la répression de la traite des noirs, l'exécution des règlemens concernant les armemens en course, la navigation des neutres, et les prises maritimes. — V. ARMÉE, ARMEMENT EN COURSE, CABOTAGE, PÊCHE, PORTS ET ARSENAUX, NOIRS, PRISES MARITIMES.

60. — Une école navale, une école d'application du génie maritime, une école d'hydrographie; un corps d'ingénieurs constructeurs des navires; un corps d'ingénieurs hydrographes, un établissement d'invalides de la marine, dépendent de la même administration. — V. ÉCOLE NAVALE, INVALIDES DE LA MARINE.

61.—Au ministre de la marine a été également attribuée l'administration des colonies françaises, ainsi que de tous les établissemens et comptoirs que la France possède au delà des mers.—V. COLONIES.

62. — Au même ministre ont été également attribuées l'administration et la police des bagnes.—V. BAGNE.

63. — Sous les ordres du ministre, et dans chacun des arrondissemens maritimes entre lesquels la France a été répartie, existe un préfet maritime, chargé d'exécuter dans toute l'étendue de sa circonscription les lois et règlemens qui concernent la marine. — V. PRÉFET MARITIME.

64. — Auprès de l'administration ont été d'ailleurs placés : un conseil d'amirauté, un conseil des travaux de la marine, une commission supérieure pour le perfectionnement des études à l'école navale; une commission supérieure de l'établissement des invalides de la marine; une commission relative à la répression de la traite des noirs; une commission consultative pour les affaires judiciaires des colonies, des conseils coloniaux et des conseils privés des colonies. — V. CONSEIL COLONIAL, CONSEIL PRIVÉ (colonies), ÉCOLE NAVALE, INVALIDES DE LA MARINE, NOIRS.

65. — *Relations extérieures.* — Elles sont placées sous la direction spéciale du ministre des affaires étrangères, dont la haute mission a par conséquent pour objet principal de former et entretenir de bonnes relations avec les pays étrangers, de faire avec eux des traités et des conventions d'alliance ou de commerce, de les ratifier, de les expédier, et de veiller à leur exécution. — V. TRAITÉS DIPLOMATIQUES.

66. — Des ambassadeurs, des ministres, résidens, consuls et autres agens diplomatiques, sont à l'étranger les délégués et les représentans du ministre, et sont chargés d'y faire respecter, sous son autorité, les citoyens français, comme d'y veiller à la conservation de leurs intérêts.—V. AGENT DIPLOMATIQUE, CONSUL.

67. — *Finances et gestion des propriétés publiques.* —Cette administration se divise en deux grandes parties bien distinctes, qui autrefois formaient même deux administrations séparées, et qui sont aujourd'hui réunies sous l'autorité du ministre des finances, savoir : 1° la direction et la surveillance de toutes les administrations financières, c'est-à-dire de toutes les sources de revenu public, et 2° l'administration spéciale du trésor, c'est-à-dire l'application des diverses règles qui régissent la comptabilité publique.

68. — L'établissement et la perception des impôts directs sont naturellement en tête des attributions de la première catégorie : il y a, d'ailleurs, sous les ordres du ministre dans chaque département, une direction spéciale des contributions directes, des contrôleurs et des vérificateurs. — V., au surplus, CONTRIBUTIONS DIRECTES.

69. — La direction et la surveillance des autres administrations financières comprend sept grandes directions ou régies, savoir : 1° la régie des douanes; 2° celle des impôts indirects; 3° celle de l'enregistrement et des domaines, qui est notamment chargée, entre autres attributions, de l'administration des propriétés domaniales; 4° celle des forêts nationales; 5° celle des postes; 6° celle des tabacs; 7° celle des monnaies; et généralement de toutes les régies, entreprises et baux susceptibles de produire un revenu au trésor public. — V. CONTRIBUTIONS INDIRECTES, DOUANES, ENREGISTREMENT, FORÊTS, MONNAIES, POSTES, TABACS.

70. — L'administration spéciale du trésor comprend : l'exécution des lois et règlemens qui ont pour objet de faciliter la rentrée des impôts, d'assurer les recettes et de régler les dépenses publiques; la distribution des fonds qui doivent être mis à la disposition des autres ministères; l'autorisation de payer leurs ordonnances; la tenue du grand-livre de la dette publique et du registre des pensions civiles et militaires; la surveillance et le contrôle de tous les comptables publics; les négociations qu'exigent les besoins de l'Etat; le recouvrement de tous les fonds qui doivent être versés dans les caisses; la poursuite de tous débets des comptables et autres débiteurs du trésor. — V. COMPTABLES PUBLICS, TRÉSOR PUBLIC.

71. — Sous les ordres du ministre des finances et indépendamment des préfets qui lui doivent leur concours comme à tous les autres ministres, il y a dans chaque département un receveur général qui est chargé d'assurer tous les recouvremens, et un payeur général qui est chargé d'acquitter au nom du ministre toutes les dépenses publiques; dans chaque arrondissement, un receveur particulier des finances, qui est spécialement chargé sous l'autorité et la direction du receveur général et dans toute l'étendue de sa circonscription, de la rentrée des revenus publics; et enfin, dans différentes circonscriptions communales déterminées par les règlemens, des percepteurs chargés directement de percevoir l'impôt des contribuables. — V. RECEVEURS DES FINANCES, PERCEPTEURS, PAYEURS.

72. — Tous les autres comptables, quels qu'ils soient, chargés du maniement des deniers publics, ressortissent d'ailleurs également au ministère des finances. — V., au surplus, COMPTABLES PUBLICS.

73. — Des conseils de préfecture et une Cour des comptes sont spécialement chargés, concurremment avec le ministre des finances, du jugement de toutes les difficultés que peut présenter la gestion des différens comptables. — V. CONSEIL DE PRÉFECTURE, COUR DES COMPTES.

74. — Chacune des administrations distinctes dont l'ensemble compose le ministère des finances a d'ailleurs auprès du ministre un conseil spécial. Ainsi, il y a auprès de ce ministre : le conseil d'administration de l'enregistrement et des domaines, le conseil d'administration des douanes, le conseil d'administration des contributions indirectes, le conseil d'administration des tabacs, le conseil d'administration des postes, le conseil d'administration des forêts, la commission des monnaies et médailles, la commission de surveillance de la caisse d'amortissement et de la caisse des dépôts et consignations. — V. CAISSE D'AMORTISSEMENT, CAISSE DES DÉPÔTS ET CONSIGNATIONS.

ORGANISATION JUDICIAIRE.

Nous devions exposer, sous ce mot, ce qui concerne l'organisation judiciaire; mais cette organisation étant susceptible, par l'effet du projet de loi en ce moment soumis à l'Assemblée législative, de recevoir d'assez notables modifications, nous croyons devoir en renvoyer l'examen au mot TRIBUNAUX.

ORGANISATION MUNICIPALE.

1. — Aux termes de l'art. 77 de la Constitution de 1848, l'administration de chaque commune se compose d'un *maire*, d'*adjoints* et d'un *conseil municipal*.

2. — Tout ce qui concerne la composition, le mode de nomination et les attributions des maires, adjoints et conseils municipaux, a été exposé avec développemens, v[is] COMMUNE, CONSEIL MUNICIPAL, ÉLECTIONS MUNICIPALES, MAIRE.

3. — Un décret du 3 juill. 1848 destiné à régler, jusqu'à la promulgation de la loi organique, la composition et les formes d'élection des administrations municipales, a apporté à la loi du 21 mars 1831, sur la composition du corps municipal, diverses modifications. Nous avons déjà exposé (v° MAIRE) celles de ces modifications qui se rapportent à la nomination des maires et adjoints. — Voici celles qui se rapportent aux conseils municipaux : — Art. 3. Sont abrogés les art. 11 à 16, 32 à 42, l'art. 47 et les § 2, 4, 5 et 6 de l'art. 44 de la loi du 21 mars 1831.— Ces articles, aujourd'hui abrogés, déterminaient les conditions de cens ou de position sociale qui donnaient droit à l'inscription sur les listes électorales dressées pour former les conseils municipaux.

4. — (Art. 4.) — Les élections des conseils municipaux sont faites par les citoyens ayant leur domicile réel, depuis un an, dans la commune, et appelés à nommer les représentans du peuple, selon le décret du 5 mars 1848 et l'acte du gouvernement du 8 de ce mois.

5. — (Art. 6.) A cet effet, la liste électorale, revisée par le maire en conseil municipal, doit être publiée six jours avant l'époque de la réunion de l'assemblée électorale. Les réclamations sont admises pendant cinq jours, et jugées par le conseil municipal. La clôture des listes a lieu le sixième jour.

6. — (Art. 7.) Les sections établies dans les communes, en vertu de l'art. 44 de la loi du 21 mars 1831, procèdent, par scrutin de liste, à l'élection des conseillers municipaux pour toute la commune. Les votes sont recensés au bureau de la première section. — Dans les communes où il est établi des sections en vertu de l'art. 45 de la loi du 21 mars 1831, et dans les communes régies par l'art. 44 de ladite loi, où le gouvernement croit devoir maintenir les dispositions des paragraphes 2, 4 et 5 de l'art. 44, les élections se font séparément par les électeurs des sections. — Les sections peuvent être convoquées simultanément.

7. — (Art. 8.) Sont déclarés applicables à l'élection des conseillers municipaux, les art. 20, 21, 22, 24, 27, 29 de l'instruction du 8 mars 1848 sur les élections à l'Assemblée nationale.

8. — (Art. 9.) Sont éligibles au conseil municipal les citoyens inscrits sur les listes électorales de leur commune et âgés de vingt-cinq ans, et les citoyens ayant atteint le même âge qui, sans y être domiciliés, y paient une contribution directe. — Néanmoins, suivant la proportion établie par l'art. 15 de la loi du 21 mars 1831, le nombre de ces derniers ne pourra dépasser le quart des membres du conseil.

9. — Les dispositions qui précèdent ne sont pas applicables à la ville de Paris (art. 2). — En ce moment, et jusqu'à ce qu'une loi ait statué à cet égard, la composition du conseil municipal

de cette ville est au choix direct du gouvernement. — V. VILLE DE PARIS.

ORGE.

Personnes exploitant un moulin à perler l'orge. — Patentables de 7e classe. — Droit fixe basé sur la population ; — droit proportionnel du 40e de la valeur locative de tous les locaux qu'ils occupent, mais seulement dans les communes de 20,000 âmes et au-dessus. — V. PATENTE.

ORGUES.

1. — Facteurs d'orgues d'église, facteurs d'orgues portatives pour leur compte. — Les premiers de 4e classe et les derniers de 5e. — Droit fixe basé sur la population. — droit proportionnel du 20e de la valeur locative de l'habitation et des lieux servant à l'exercice de la profession.

2. — Facteurs d'orgues portatives à façon. — Patentables de 8e classe. — Même droit fixe, sauf la différence de classe ; — droit proportionnel du 40e de la valeur locative de tous les locaux qu'ils occupent, mais seulement dans les communes de 20,000 âmes et au-dessus. — V. PATENTE.

ORIBUS.

Faiseurs et marchands d'oribus. — Patentables de 8e classe. — Droit fixe et droit proportionnel du 40e de la valeur locative de tous les locaux qu'ils occupent, mais seulement dans les communes de 20,000 âmes et au-dessus. — V. PATENTE.

ORIGINE (Certificat d').

V. DOUANES.

ORNEMANISTES, ORNEMENS.

1. — Patentables de 4e classe. — Droit fixe basé sur la population ; — droit proportionnel du 20e de la valeur locative de l'habitation et des lieux servant à l'exercice de la profession.

2. — Pour les marchands d'ornemens d'architecture, V. DÉCOR. — V. encore PATENTE.

ORPHELIN.

C'est celui qui n'a ni père ni mère. — L'orphelin, s'il est mineur non émancipé, tombe nécessairement en tutelle. — V. ENFANT TROUVÉ, HOSPICES , TUTELLE.

ORSEILLE.

Les fabriques d'orseille à vase clos, et n'employant que de l'ammoniaque ou des sels alcalins, à l'exclusion absolue de l'urine, sont rangées dans la 3e classe des établissemens insalubres par un arrêté du Conseil d'État du 6-11 mai 1849. — Auparavant elles faisaient partie de la 1re classe. — V. ÉTABLISSEMENS INSALUBRES (nomenclature).

ORTHOPÉDISTES (Médecins), RENOUEURS , REBOUTEURS, BAILLEURS.

1. — On comprend sous ce mot ceux qui se livrent spécialement au redressement de la taille. — Nul doute, selon nous, que l'orthopédie ne constitue une branche de l'art de guérir, et que dès lors celui qui l'exerce sans diplôme ne puisse être poursuivi comme coupable de l'exercice illégal de la médecine. — Aussi, ceux qui ouvrent des maisons d'orthopédie, attachent-ils à leurs établissemens des docteurs en médecine.

2. — On connaît, dans certaines campagnes, des empiriques vulgaires appelés *renoueurs, rebouteurs, bailleurs*, etc., dont le métier consiste à réduire les luxations et les fractures. — Ces opérations constituant aussi une des branches de l'art de guérir, la loi de l'an XI reçoit encore ici son application ; et, dans l'intérêt de la santé publique, les magistrats doivent veiller à son exécution. — Briand et Ern. Chaudé, *Man. comp. de med. lég.*, p. 837.

3. — On peut au reste consulter, relativement aux professions accessoires à l'art médical, et spécialement à celle de bailleur, les détails insérés Vo DENTISTE.

---

4. — Ceux qui tiennent des établissemens d'orthopédie sont soumis à la patente, et, comme tels, assujettis à un droit fixe de 100 fr. et à un droit proportionnel du 20e de la valeur locative de l'habitation et du 40e des locaux servant à l'exercice de la profession. — V. PATENTE.

OS.

1. — Marchands d'os en gros pour la fabrication du noir animal. — Patentables de 1re classe.

2. — Fabricans d'objets en os pour leur compte. — Patentables de 6e classe. — Droit fixe basé sur la population , — droit proportionnel du 40e de la valeur locative de l'habitation et des lieux servant à l'exercice de la profession.

3. — Les fabricans à façon sont patentables de 8e classe. — Même droit fixe que les précédens, sauf la différence de classe, et droit proportionnel du 40e de la valeur locative de tous les locaux qu'ils occupent, mais seulement dans les communes de 20,000 âmes et au-dessus. — V. PATENTE.

4. — Établissemens destinés à la calcination des os d'animaux. — Première classe des établissemens insalubres.

5. — Les établissemens où se fait la même opération, lorsque la fumée est brûlée ne sont rangés que dans la deuxième classe.

6. — Les établissemens consacrés au blanchiment des os pour les éventaillistes et les boutonniers font également partie de la deuxième classe. — V. ÉTABLISSEMENS INSALUBRES.

OSIER (Marchands d').

Patentables de 8e classe. — Droit fixe basé sur la population ; — droit proportionnel du 40e de la valeur locative de tous les locaux qu'ils occupent , mais seulement dans les communes de 20,000 âmes et au-dessus. — V. PATENTE.

OUATE.

Fabricans et marchands d'ouate , patentables de 7e classe. — Droit fixe basé sur la population ; — droit proportionnel du 40e de la valeur locative de tous les locaux qu'ils occupent, mais seulement dans les communes de 20,000 âmes et au-dessus. — V. PATENTE.

OURDISSEURS DE FILS.

Patentables de 8e classe. — Droit fixe basé sur la population ; — droit proportionnel du 40e de la valeur locative de tous les locaux qu'ils occupent, mais seulement dans les communes de 20,000 âmes et au-dessus. — V. PATENTE.

OUTILS.

V. BIENS, no 408 , INSTRUMENS ET ARMES LAISSÉS SUR LA VOIE PUBLIQUE OU DANS LES CHAMPS, SAISIE-EXÉCUTION.

OUTRAGE.

Table alphabétique.

OUTRAGE. — 1. — Notre législation reconnaît quatre classes d'attaques contre les personnes : la diffamation, l'injure, l'offense, et l'outrage. Tout ce qui concerne les trois premières a été expliqué sous les mots DIFFAMATION ET INJURES ET OFFENSE. Il ne sera donc question ici que de l'*outrage*.

2. — L'outrage consiste non-seulement dans l'emploi de termes de mépris, d'invectives, d'expressions simplement injurieuses ou dans des propos contenant l'allégation ou l'imputation d'un fait de nature à porter atteinte à l'honneur ou à la considération de la personne ou du corps auquel le fait est imputé, mais encore dans l'emploi de gestes ou de menaces emportant avec eux un sens injurieux ou diffamatoire.

3. — Ainsi, pris dans un sens absolu, le mot *outrage* peut être considéré comme un terme générique qui comprend à la fois la diffamation, l'injure et toute insulte humiliante, de quelque manière que ce soit qu'elles se produisent.

4. — Mais, s'il n'existe point grammaticalement parlant de différence entre l'outrage, la diffamation et l'injure, cependant, au point de vue légal, l'outrage constitue un délit particulier, distinct.

5. — Au point de vue légal, en effet, l'outrage diffère de la diffamation et de l'injure, en ce qu'il ne concerne que les fonctionnaires publics proprement dits, pris isolément ou collectivement, ou de simples particuliers investis d'une espèce de caractère public, comme les officiers ministériels, les jurés, les témoins, etc. ; tandis que l'injure et la diffamation s'appliquent aux simples particuliers. L'outrage se distingue donc de la diffamation et de l'injure par les personnes auxquelles il s'adresse.— Chassan, *Des délits de la parole*, etc., 2ᵉ édit., t. 1ᵉʳ, nᵒˢ 509 et 518 ; Bories et Bonassies, *Dictionn. de la presse*, vᵒ *outrage*, nᵒ 2. — V. DIFFAMATION ET INJURES, nᵒˢ 7, 196, 278 et suiv.

§ 1er. — *Historique.* — *Législation* (nᵒ 6).

§ 2. — *Caractères généraux de l'outrage* (nᵒ 24).

§ 3. — *Outrage dans l'exercice des fonctions* (nᵒ 92).

§ 4. — *Outrage à l'occasion de l'exercice des fonctions, ou à raison des fonctions ou de la qualité* (nᵒ 161).

§ 5. — *Outrage envers les jurés et les témoins* (nᵒ 181).

§ 6. — *Outrage envers les ministres du culte* (nᵒ 189).

§ 7. — *Outrage envers les membres de la Chambre des Pairs et des Députés ; — de l'Assemblée nationale* (nᵒ 206).

§ 8. — *Dispositions générales relatives aux outrages accompagnés d'excès ou de violences* (nᵒ 216).

§ 9. — *Outrage aux bonnes mœurs ou à la morale publique, à la morale religieuse ou à la religion, et envers les objets du culte* (nᵒ 233).

§ 10. — *Compétence, poursuite, citation (forme), preuve, excuse, prescription* (nᵒ 236).

———

§ 1er. — *Historique.* — *Législation.*

6. — Les outrages envers les fonctionnaires publics dans l'exercice de leurs fonctions ont été, dans tous les temps, l'objet de répressions très-sévères.

7. — A Rome, la personne des magistrats en fonctions était regardée comme sacrée et inviolable, parce qu'ils représentaient le peuple, et les outrages commis envers eux constituaient une espèce de crimes de lèse-majesté et étaient punis comme tels. — Dig., tit. *ad leg. majest.*, l. 4 ; Cod., *eod. tit.*, l. 5.

8. — Sous notre ancienne législation, l'outrage envers les magistrats, officiers, huissiers ou sergens, faisant, exerçant ou exécutant acte de justice, était également regardé comme un attentat direct à l'autorité et à la personne du roi. Aussi était-il fait défense, sous peine de la vie, de l'outrager les magistrats, etc., dans l'exercice de leurs fonctions.— Ord. de Blois, art. 190 ; ord. de Moulins, art. 34.— Muyart de Vouglans, *Lois crim.*, p. 351 ; Jousse, *Just. crim.*, t. 3, p. 504 et suiv.

9. — Après la révolution de 1789, les lois des 25 février, 8-17 avril et 19-22 juillet 1791, le Code pénal de la même année (2ᵉ part., tit. 1ᵉʳ, sect. 4 , art. 7) et le Code de brumaire an IV (art. 557 et 558) ont successivement réprimé l'outrage commis envers les juges, les officiers de justice et les fonctionnaires publics.

10. — Sous l'empire de cette législation, les outrages ou menaces envers les juges et les officiers de justice dans l'exercice de leurs fonctions étaient punis de huit jours d'emprisonnement ; et les outrages ou menaces par paroles ou par gestes, faits aux fonctionnaires publics dans l'exercice de leurs fonctions, d'une amende qui ne pouvait excéder dix fois la contribution mobilière et d'un emprisonnement qui ne pouvait excéder deux années. Si l'outrage avait été accompagné de violences, il était puni de deux années de détention.

11. — Il a été jugé spécialement sous la loi du 19 juill. 1791 que la pétition qu'un citoyen qui se prétendait surchargé dans l'emprunt forcé avait adressée au ministre pour se plaindre du commissaire du Directoire exécutif, qu'il croyait l'auteur de la surcharge, ne pouvait pas donner lieu à l'application des peines portées par la loi contre les outrages par paroles ou menaces envers des fonctionnaires publics dans l'exercice de leurs fonctions. — *Cass.*, 9 frim. an V, Marcillac c. Périgord.

12. — A cette législation a succédé le Code pénal de 1810, dont les art. 222 et suiv. répriment l'outrage commis par paroles, gestes ou menaces et avec violences envers les magistrats de l'ordre administratif ou judiciaire, les officiers ministériels, agens dépositaires ou commandans de l'autorité publique ; il en résultait, par application du principe que les lois pénales doivent être restreintes aux cas qu'elles prévoient, que ces articles ne pouvaient être étendus à tous autres agens de l'autorité publique. La loi du 17 mai 1819 a eu pour objet de remédier à cette lacune.

13. — Quoique commis sous le Code pénal de 1791, un délit d'outrage envers un magistrat, jugé sous l'empire du Code pénal de 1810, a dû néanmoins être puni des peines portées par ce Code comme étant plus douces que celles prononcées par le Code de 1791. — *Cass.*, 26 juill. 1811, Hubert-Renotte.

14. — Parmi les fonctionnaires dénommés dans les art. 222 et suiv., les magistrats de l'ordre administratif ou judiciaire étant les seuls qu'on pût considérer comme des agens dépositaires de l'autorité publique ; il en résultait, par application de la peine établie par ces diverses lois.

15. — D'après les art. 16 et 19 de cette loi, la diffamation et l'injure comprises l'une et l'autre comme nous l'avons vu dans le mot *outrage* en ce qu'il constitue l'une ou l'autre suivant le cas, s'applique aussi bien aux magistrats administratifs ou judiciaires, etc., comme nous l'avons vu dans le mot *outrage* envers tout dépositaire ou agent de l'autorité publique pour des faits relatifs à ses fonctions sont

punis : la diffamation d'un emprisonnement de huit jours à dix-huit mois et d'une amende de 50 fr. à 3,000 fr.; et l'injure d'un emprisonnement de cinq jours à un an et d'une amende de 25 fr. à 2,000 fr., ou de l'une de ces deux peines seulement, selon les circonstances.

16. — Toutefois, la loi du 17 mai 1819 n'a pas pourvu seulement à une lacune existant dans le Code pénal de 1810. Elle a de plus apporté une innovation à ce Code en ce que, depuis cette loi, l'outrage commis publiquement, et par l'un des moyens énoncés en son art. 1ᵉʳ, envers des magistrats de l'ordre administratif ou judiciaire pour des faits relatifs à leurs fonctions a dû être réprimé par les art. 16 et 19 de cette loi, qui comprenaient tous les agens dépositaires de l'autorité publique. — *Orléans*, 10 juill. 1843 (t. 2 1843, p. 438), Isambert.

17. — Mais les art. 222 et suiv. C. pén. sont restés en vigueur depuis la promulgation de cette loi et ont continué à régir les outrages commis même publiquement envers les magistrats administratifs ou judiciaires dans l'exercice de leurs fonctions, les outrages commis envers les mêmes personnes, mais sans publicité, à l'occasion de l'exercice de leurs fonctions, et ceux commis dans l'un et l'autre cas, sans publicité ou avec publicité, envers les officiers ministériels et les agens dépositaires ou commandans de la force publique. — *Cass.*, 17 mars 1820 , Jean Volhy; *Bourges*, 27 nov. 1823, Chauvrat ; 2 avr. 1825, Bory; 27 fév. 1832, Raspail; 17 déc. 1844 (t. 1ᵉʳ 1842, p. 477), Nicart.

18. — Depuis la loi du 17 mai 1819, l'outrage commis envers les agens de l'autorité publique, tels que les magistrats de l'ordre administratif ou judiciaire, pour des faits relatifs à leurs fonctions, autrement que par paroles ou par l'un des moyens énoncés en l'art. 1ᵉʳ de cette loi a dû également être réprimé, non par cette loi, mais par les art. 222 et suiv. C. pén.

19. — Les art. 222 et 223 C. pén. et les art. 16 et 19 L. 17 mai 1819 ont été modifiés par la loi du 25 mars 1822. D'après l'art. 6, § 1ᵉʳ de cette dernière loi, l'outrage fait publiquement, d'une manière quelconque, à raison de ses fonctions ou de sa qualité à un fonctionnaire public est puni d'un emprisonnement de quinze jours à deux ans et d'une amende de 100 fr. à 4,000 fr.

20. — La loi du 8 oct. 1830, en abrogeant par son art. 3 l'art. 18 de la loi du 25 mars 1822, qui prohibait la preuve des faits imputés n'a point abrogé la disposition pénale de l'art. 6 précité, relative à l'outrage envers les fonctionnaires publics. — *Cass.*, 19 janv. 1833, Ledien.

21. — L'art. 6 de la loi de 1822 ne statuant que pour le cas d'outrage fait *publiquement, à raison des fonctions* ou *de la qualité*, il en résulte que l'outrage commis envers des magistrats de l'ordre administratif ou judiciaire dans l'exercice de leurs fonctions, publiquement ou non, ou à l'occasion ou à raison de leurs fonctions, mais non publiquement, est encore régi par les art. 222 et 223 C. pén.; et que les art. 16 et 19 L. 17 mai 1819 continuent d'être applicables à l'outrage commis pour des faits relatifs à leurs fonctions envers les agens de l'autorité publique, qui ne peuvent être considérés comme des fonctionnaires publics.— *Cass.*, 17 mars 1830, Jean Volhy.—Chassan, t. 1ᵉʳ, nᵒ 518; de Grattier, *Commentaire de la loi de la presse*, t. 1ᵉʳ, p. 207, nᵒ 1ᵉʳ et 2 sur l'art. 16 L. 17 mai 1819, et t. 2, p. 56 et suiv.; Bories et Bonassies, vᵒ *Outrage*, nᵒˢ 27 suiv. — Les art. 222 et 223 C. pén. art. 16 et 19 de la loi du 17 mai 1819 et l'art. 6 de la loi du 25 mars 1822 sont donc susceptibles chacun d'une application distincte. — V. FONCTIONNAIRE PUBLIC, nᵒ 247.

22. — L'importance qu'il y a à bien distinguer entre les cas où ce sont les art. 222 et suiv. C. pén. qui doivent être appliqués et ceux où la loi du 17 mai 1819 ou celle du 25 mars 1822 deviennent applicables s'explique surtout par la différence de pénalité établie par ces diverses lois.

23. — Notre législation ne réprime que le délit d'outrage commis en France ; si ce délit a été commis en pays étranger envers un fonctionnaire français qui s'y trouvait accidentellement, il n'est point punissable en France.— *Douai*, 18 mars 1837 (t. 1ᵉʳ 1838, p. 104), Degauge.

§ 2. — *Caractères généraux de l'outrage.*

24. — L'outrage est réprimé, comme nous l'avons vu, suivant les circonstances, par les art. 222 et suiv. du Code pénal, par les art. 16 et 19 de la loi du 17 mai 1819 ou par l'art. 6 de la loi du 25 mars 1822. Mais quels sont les caractères constitutifs de l'outrage? Ils varient suivant qu'il s'agit d'appliquer l'une ou l'autre de ces lois.

25. — L'outrage prévu par les art. 222 et suiv. du Code pénal ne peut être punissable, conformément à ces articles, qu'autant qu'il est commis par paroles, gestes ou menaces, et qu'il tend à inculper l'honneur ou la délicatesse de la personne à laquelle il est adressé.

26. — Spécialement, la diffamation verbale ayant eu pour objet un fonctionnaire public dans l'exercice de ses fonctions a le caractère d'outrage par l'art. 222 C. pén. — *Cass.*, 7 déc. 1837 (t. 1er 1840, p. 116), Andrieu.

27. — Mais les art. 222 et suiv. C. pén. ne disposant, par leur texte, que pour le cas où l'outrage est commis par paroles, gestes ou menaces, il s'est élevé de là la question de savoir si l'outrage contenu dans une lettre ou dans un mémoire pouvait tomber sous l'application de ces articles.

28. — Sous l'empire de la loi du 19-22 juill. 1791, qui ne parlait, comme les articles ci-dessus du Code pénal actuel, que d'outrages faits par paroles, gestes ou menaces, à des fonctionnaires publics dans l'exercice de leurs fonctions, l'outrage envers des juges dans l'exercice de leurs fonctions, contenu dans un mémoire adressé au tribunal et déposé au greffe, n'était point susceptible de l'application de l'article 18 du titre 2 de la loi précitée. — *Cass.*, 1er therm. an VII, Maltin.

29. — En admettant même qu'il en fût autrement, le tribunal outragé ne pouvait prononcer qu'un emprisonnement de huit jours; il fallait, pour qu'une peine plus grave pût être infligée au prévenu, qu'il eût été procédé à une instruction criminelle ou correctionnelle, selon les dispositions du Code du 3 brumaire an IV. — Même arrêt.

30.—Pour prétendre que l'outrage par écrit rentre dans le nombre de ceux réprimés par les art. 222 et suiv. C. pén., on dit, d'une part, que le législateur a entendu simplement énoncer dans ces articles quelques-unes des circonstances dans lesquelles l'outrage pouvait se produire, mais non en restreindre l'application à ces circonstances, et, d'autre part, que, l'écriture n'étant qu'une parole écrite, l'outrage par écrit doit d'ailleurs être assimilé à l'outrage par paroles. Ce système a été plusieurs fois consacré. — *Bruxelles*, 21 nov. 1821, N...; *Cass.*, 15 juin, Palois, et 8 sept. 1837 (t. 2, 1837, p. 117 et 512), Mauduit.

31. — Il nous paraît cependant que le législateur de 1810 n'a point prévu et voulu réprimer les outrages par écrit. Les expressions *outrages par paroles* ne laissent pas le moindre doute à cet égard. Elles sont trop précises, pour qu'on puisse les étendre à l'outrage par écrit : par le motif que l'écriture est une parole écrite. Si le législateur, qui a distingué dans nombre de cas l'écrit de la parole, eût voulu comprendre dans la même répression et l'outrage par écrit et l'outrage par paroles, il eût assurément employé des expressions embrassant l'un et l'autre. La différence qui existe entre l'outrage par paroles et l'outrage par écrit peut au reste expliquer le silence du législateur à l'égard de l'outrage par écrit. Cet outrage, en effet, est de sa nature secret; la lettre qui le contient ne doit être connue que de celui à qui elle est adressé : il concerne l'homme plutôt que le fonctionnaire. L'outrage par paroles a lieu, au contraire, le plus souvent en public, il peut être entendu de témoins. Telles sont les raisons qui nous font penser que l'outrage par écrit ne constitue pas le délit prévu par les art. 222 et suiv. C. pén. — V. aussi, en ce sens, *Cass.*, 11 fév. 1839 (t. 1er 1839, p. 201), Castillon de St-Victor; 22 juin 1844 (t. 2, 1844, p. 591), Presle-Duplessis. — Chassan, t. 1er, no 566; de Grattier, t. 2, p. 65, no 11.

32. — C'est même avec raison qu'il a été décidé par l'arrêt de cassation précité du 22 juin 1844, que les outrages contenus dans une lettre missive envers un magistrat ne rentraient dans la prévision d'aucune loi pénale. Ainsi, les art. 376 et 471, § 11, C. pén., qui prononcent une peine de police contre ceux qui se rendent coupables d'une injure non publique, sont sans application dans l'espèce. Cette solution nous paraît fondée sur la saine interprétation des art. 222 et 223, qui doivent seuls être consultés lorsqu'il s'agit d'outrages envers les magistrats. Ne serait-il pas, en effet, contraire à la dignité de ces fonctionnaires de les voir comparaître devant les juges des tribunaux de simple police, pour y demander une réparation ridicule et dérisoire, à raison des insultes qui auraient pu leur être adressées dans l'exercice de leurs fonctions? L'impunité dans ce cas est bien préférable à une répression insuffisante. — V. cependant, en sens contraire, Chauveau et Hélie, *Théorie du Code pénal*, t. 1er, p. 358; de Grattier, *loc. cit.*; Chassan, t. 1er, no 522.

33. — Toutefois, on ne doit pas considérer comme étant commis par écrit l'outrage résultant d'un discours écrit, lu devant des magistrats. Car l'outrage ne consiste pas ici dans l'écriture, mais dans le fait de la lecture, de la profération verbale des expressions outrageantes. — Chassan, t. 1er, no 566.

34. — L'outrage doit, en outre, comme nous l'avons vu, tendre à inculper l'honneur ou la délicatesse. Mais aucune loi n'a défini les conditions que devait présenter l'outrage pour inculper l'honneur ou la délicatesse. — M. Chassan (t. 1er, no 565) a conclu du silence de la loi à cet égard que les dispositions des art. 222 et suiv. devaient, en ce qui concernait la portée et la signification des paroles incriminées, être prises dans un sens large.

35. — La jurisprudence ayant eu déjà d'ailleurs plusieurs fois à se prononcer sur des faits allégués comme constituant cet outrage, ses décisions peuvent servir à faire connaître ce qu'on doit entendre par ces mots : *outrage tendant à inculper l'honneur ou la délicatesse.*

36. — Ainsi jugé spécialement que le cri *A bas!* proféré contre un fonctionnaire de l'ordre administratif ou judiciaire, dans l'exercice de ses fonctions, est un outrage qui tend à inculper son honneur et sa délicatesse, en le présentant comme indigne d'occuper sa place, et constitue le délit prévu par l'art. 222 C. pén. — *Cass.*, 23 déc. 1814, Aillaud.

37. — Signaler un adjoint au maire, pendant qu'il exerce ses fonctions, comme indigne de les remplir, c'est là, à plus forte raison, un outrage dans le sens de l'art. 222 C. pén. — *Cass.*, 10 mai 1845 (t. 1er 1848, p. 698), Freslon c. Vinay.

38. — C'est commettre un outrage dans le sens du même article que de dire à un maire, en pleine séance du conseil municipal : « *Vous n'êtes pas à la hauteur de votre dignité*; » et, dans un autre moment : « *Vous êtes un menteur, je me f... de vous!* » — Chassan (2e édit., t. 1er, p. 451, note 1re), qui cite comme ayant jugé en ce sens un arrêt de cassation du 23 août 1844.

39. — ... Ou que de lui dire, dans l'exercice de ses fonctions, ou à l'occasion de cet exercice, qu'il est un *larron*. — De Grattier, t. 2, p. 58, note.

40. — ... Ou que de dire en parlant d'un adjoint au maire, à l'occasion d'un acte de ses fonctions : *qu'il faut qu'on le tue; qu'il est parti de si bas, qu'il faut qu'on le tue.* — De Grattier, *loc. cit.*

41. — ... Ou que d'imputer publiquement à un maire d'avoir fabriqué une fausse signature sur un acte de mariage. — *Cass.*, 26 nov. 1812, Georges Siblot.

42. — Mais ce n'est pas commettre envers un maire le délit d'outrage prévu par l'art. 222, que d'inscrire sur un registre de l'état civil que ce maire ne sait ni lire ni écrire. — Chassan, 2e éd., t. 1er, p. 450, note 3 *in fine*.

43. — Il y a outrage, dans le sens de l'art. 222 précité, envers un magistrat dans l'exercice de ses fonctions, dans le fait de dire à un juge *qu'il ne remplit pas ses devoirs, qu'il n'y a aucun ménagement à garder avec lui.* — Chassan, 2e édit., t. 1er, p. 411, note 1re.

44. — ... Dans le fait de dire à un juge directeur du jury : *qu'en empêchant que le prévenu se défende, il commet de l'arbitraire.* — Chassan, t. 1er, p. 450, note 3.

45. — ... Ou au ministère public, qu'il est *partial.* — Chassan, *loc. cit.*

46. — ... Ou de lui dire : « *Polisson! canaille, un procureur comme toi n'est qu'un lâche.* » — De Grattier, t. 2, p. 51, note 73; Bories et Bonassies, no 23.

47. — ... Ou de lui dire, en l'interrompant au moment où il donne à l'audience ses conclusions dans une affaire : « *Il n'est pas permis de mentir ainsi.* » — Haute Cour de Versailles, 9 nov. 1849, Schmitz.

48. — Le fait de dire à un magistrat, à l'occasion de l'exercice de ses fonctions, qu'il est un *misérable*, un *coupe-jarret*, *malheureusement procureur du roi*, et que depuis longtemps *l'honneur est rayé de son catalogue*, constitue également un outrage tendant à inculper l'honneur et la délicatesse. — *Cass.*, 2 avr. 1825, Bory. — Chauveau et Hélie, t. 4, p. 463.

49. — ... Ainsi que le fait de dire à un fonctionnaire public : « *Allez moucharder ailleurs.* » — De Grattier, t. 2, p. 51, notes; Bories et Bonassies, vo *Outrage*, no 20. — V. aussi *Cass.*, 2 janv. 1834 (motifs), Gazard.

50. — L'individu qui s'adressant à l'audience, à une Cour, au moment où elle vient de rendre un arrêt par l'organe de son président, lui dit : « *Vous venez de commettre un crime! Mes enfans n'ont plus de père...,* » commet le délit prévu par l'art. 222 C. pén. Ces paroles, en effet, sont de nature à inculper l'honneur des magistrats. — De Grattier, t. 2, p. 57.

51. — Une action peut, dans certaines circonstances, constituer par elle-même un outrage envers le tribunal. Telle serait, par exemple, l'action en diffamation ou pour injure, fondée sur ce qu'une dame aurait refusé au plaignant de danser avec lui. — Chassan, t. 1er, no 582.

52. — Le fait d'avoir dit à un commissaire de police qui explique à un individu les motifs de son expulsion d'un lieu public, qu'il en a *menti* et qu'il est un *gredin*, constitue, de la part de cet individu, l'outrage prévu par l'art. 222 C. pén. — *Cass.*, 4 juill. 1833, Lamarthonie. — De Grattier, t. 2, p. 57, note.

53. — Le fait d'avoir dit à un agent de la force publique : « *Si vous avancez! je vous tuerai*, constitue également le délit d'outrage par gestes ou menaces réprimé par l'art. 224 C. pén., et non le délit de menace verbale de mort sous condition prévu par l'art. 307 C. pén. — *Bordeaux*, 28 janv. 1835, Bion; 15 avr. 1835, Duret.

54. — Il a été jugé encore que la déclaration mensongèrement faite à la gendarmerie, d'un délit qui n'avait pas été commis, était un véritable outrage pour cette arme. — *Cass.*, 9 déc. 1808, Simon Rocher. — Quoique antérieure au Code pénal, cette décision n'en devrait pas moins être suivie aujourd'hui et il y aurait lieu alors d'appliquer l'art. 224. — Chassan, t. 1er, p. 450, note 3; De Grattier, t. 2, p. 51, notes. — V. GENDARME, GENDARMERIE, no 318.

55. — Mais de simples propos grossiers adressés à un fonctionnaire dans l'exercice de ses fonctions ne constitueraient pas le délit prévu par l'art. 222 C. pén., s'ils ne pouvaient, sous aucun rapport, inculper l'honneur ou la délicatesse de celui auquel ils étaient adressés. — *Cass.*, 16 juin 1809, N... — Chassan, t. 1er, no 565.

56. — Dire que si un magistrat qui a ordonné une descente sur les lieux s'y présente *on lui f.... la botte par le derrière* c'est commettre non le délit d'outrage par paroles tendant à inculper l'honneur ou la délicatesse d'un magistrat, mais l'outrage par menaces régi par l'art. 223 du Code pénal. — Chassan, 2e édit., t. 1er, p. 443, note 3.

57. — La loi n'ayant pas déterminé, ainsi que nous l'avons déjà fait remarquer (V. *suprà* no 2), quels seraient les propos ou les expressions qui devraient être considérés comme constitutifs de l'outrage dans le sens des art. 222 et suiv. du Code pénal, c'est, au surplus, aux tribunaux qu'il appartient d'apprécier la portée des paroles proférées contre les agens de l'autorité et de la force publique dénommés dans les articles précités, de décider si elles caractérisent le délit d'outrage qu'ils répriment; et leur décision est souveraine et échappe dès lors à la censure de la Cour de cassation. — *Cass.*, 20 mai 1813, Hudebert; 11 avril 1822, Cénac. — Chassan, t. 1er, p. 416, note 1re, et no 565; de Grattier, t. 2, p. 52; Bories et Bonassies, no 15.

58. — Lors donc qu'un arrêt décide que les faits imputés à un prévenu ne caractérisent pas le délit d'outrage prévu et puni par l'art. 222 du Code pénal, cette appréciation ne peut donner ouverture à cassation. — *Cass.*, 23 mars 1848 (t. 2 1848, p. 432), Morin.

59. — Mais il entre dans les attributions de la Cour de cassation d'examiner les qualifications données par les cours et tribunaux jugeant correctionnellement aux faits par eux déclarés, et de réprimer les violations de la loi qu'ils pourraient avoir commises dans ces qualifications. — *Cass.*, 2 avril 1825, Bory.

60. — En conséquence, lorsqu'une cour a qualifié d'injures simples des discours proférés contre un magistrat et portant en particulier qu'il était *malheureusement procureur du roi* : bien qu'elle ait reconnu en même temps que ces propos constituaient tout à la fois des expressions outrageantes, des termes de mépris et même l'imputation de faits capables de porter atteinte à l'honneur et à la considération du procureur du roi; la Cour de cassation peut considérer au contraire ces faits comme présentant le caractère d'un outrage à la dignité de la magistrature, et casser l'arrêt pour violation de l'art. 222 du Code pénal. — Même arrêt.

61. — L'outrage réprimé par la loi du 17 mai 1819, peut être commis de deux manières : par l'allégation ou l'imputation d'un fait portant atteinte à l'honneur ou à la considération du fonctionnaire auquel le fait est imputé; ou par l'emploi de toute expression outrageante, terme de mépris ou invectives ne renfermant l'imputation d'aucun fait. — Sur ce qu'on doit entendre par allégation ou imputation d'un fait qui porte atteinte à l'honneur ou à la considération de la personne, V. DIFFAMATION, INJURE.

62. — A la différence de l'outrage, dont parlent les art. 222 et suiv. du Code pénal, qui doit avoir été commis par paroles, gestes ou menaces, l'outrage prévu par l'art. 6 de la loi du 25 mars 1822 est pris dans le sens le plus étendu. Le législateur, dans cette dernière loi, ne s'est point préoccupé de la manière dont l'outrage était commis; il exige seulement qu'il soit fait *d'une manière quelconque*.

63. — Le mot *outrage*, employé dans l'art. 6 précité, résume l'ensemble des injures, expressions outrageantes, termes de mépris ou invectives réprimés par les art. 13, 14, 16, 18, 19 et 20 de la loi du 17 mai 1819. — *Cass.*, 17 juil. 1846 (t. 2 1846, p. 636), Lambert c. Muret. — De Grattier, t. 2, p. 51.

64. — Il comprend aussi bien l'outrage fait par gestes, par menaces, ou par écrit, que l'outrage par paroles. — *Cass.*, 18 juil 1828, de Magnoncourt c. de Raucourt. — Chassan, t. 1er, n° 516; de Grattier, t. 2, p. 52; Bories et Bonassies, nos 9 et 10.

65. — Un charivari contre l'une des personnes désignées par l'art. 6 de la loi du 25 mars 1822, s'il n'est point accompagné de vociférations injurieuses, rentre dans la catégorie des outrages par gestes, et, s'il est accompagné de cris injurieux, dans celle des outrages verbaux. Ainsi, dans l'un et l'autre cas, il doit être réprimé par l'art. 6 précité. — Chassan, t. 2, n° 1400; Bories et Bonassies, *loc. cit.*

66. — En punissant l'outrage public commis *d'une manière quelconque*, cet article atteint non-seulement la diffamation et l'injure telles qu'elles sont définies par les art. 13 et 14 de la loi du 17 mai 1819 (*Cass.*, 10 juill. 1834, Planta); mais encore toute insulte humiliante de quelque manière qu'elle soit faite (*Douai*, 1er mars 1831, Fourdinier). — V., aussi, sur ces deux points, *Orléans*, 5 mai 1834, Thevenard et Bidault. — De Grattier, t. 1er, p. 207, et t. 2, p. 51 et 53; Parant, *Lois de la presse*, p. 91; Pegat, *Code de la presse*, nos 36 et 77; Chauveau et Hélie, t. 4, p. 360.

67. — Spécialement, c'est outrager un fonctionnaire public que de lui dire seulement, à raison ou à l'occasion de ses fonctions : *C'est moi, imbécile!* — Chassan, 2e édit, t. 1er, p. 416, note 1re, où cet auteur cite, comme ayant consacré cette solution, un arrêt de *Cass.*, 23 août 1844.

68. — Le fait, par un sapeur-pompier, d'avoir dit à l'audience publique du juge de paix que *les officiers de sa compagnie retenaient à leur profit les amendes que les pompiers payaient lorsqu'ils manquaient à leur service* constitue également le délit d'outrage prévu et réprimé par l'art. 6 de la loi du 25 mars 1822 : peu importe que ce soit à juste titre ou non que ces officiers aient reçu les amendes que s'étaient volontairement imposées les citoyens faisant partie de la compagnie des pompiers. — *Grenoble*, 9 mai 1834, Piot c. Vidal et Bertholet. — De Grattier, t. 2, p. 51, note 2.

69. — Les deux conditions précédemment indiquées, à savoir, que l'outrage ait été commis par paroles, gestes ou menaces, et qu'il tende à inculper l'honneur ou la délicatesse, sont les seules qui soient constitutives de l'outrage prévu et puni par les art. 222 et suiv. du Code pénal. Il n'est pas nécessaire, pour l'existence de ce délit d'outrage, qu'il y ait eu publicité. Il y a outrage, dans le sens de ces articles, dès que les deux conditions ci-dessus se trouvent réunies, qu'il ait été commis publiquement ou non. — *Cass.*, 8 sept. 1837 (t. 1er 1840, p. 111), Mauduit; 17 mai 1845 (t. 2 1845, p. 431), de Theville. — Chassan, t. 1er, n° 565; Bories et Bonassies, nos 38 et 39; Chauveau et Hélie, t. 4, p. 356.

70. — Décidé, spécialement, qu'il n'est pas nécessaire que l'outrage commis envers un officier ministériel, par exemple envers un notaire dans l'exercice de ses fonctions, l'ait été dans un lieu public, pour constituer le délit prévu par l'art. 224 C. pén. — *Cass.*, 13 mars 1812, Sisterhem c. Teissen.

71. — Au contraire : la publicité est un élément essentiel de l'outrage, qui rentre dans l'application des art. 16 et 19 de la loi du 17 mai 1819.

72. — Ainsi, pour que l'outrage envers un agent de l'autorité publique, auquel il est impossible de donner la qualification de fonctionnaire public, puisse rendre applicable la loi du 17 mai 1819, il ne suffit pas que la Cour de cassation semble l'avoir décidé par son arrêt du 17 mars 1820 (Vothy), qu'il ait été commis pour des faits relatifs aux fonctions de cet agent ou à l'occasion de l'exercice de ses fonctions; il faut, de plus, qu'il ait été rendu public par l'un des moyens indiqués dans l'art. 1er de la même loi, la publicité exigée par cette loi étant restreinte à ces moyens.

73. — Il faut également, pour constituer l'outrage prévu par l'art. 6 de la loi du 25 mars 1822, qu'il ait été commis *publiquement*. Mais, en se servant de ce mot, le législateur de 1822 a voulu comprendre tous les genres de publicité. — Chassan, t. 1er, n° 515; de Grattier, t. 2, p. 52, n° 3; Bories et Bonassies, nos 11 et 40.

74. — Ainsi, pour que la condition de publicité exigée pour constituer le délit d'outrage prévu par l'art. 6 de la loi précitée soit accomplie, il n'est pas nécessaire que cette publicité ait eu lieu par l'un des moyens énoncés dans l'art. 1er de la loi du 17 mai 1819. A la publicité restreinte dont il est question en cet article, le législateur de 1822 a substitué une publicité dont il a laissé aux tribunaux l'appréciation. — *Cass.*, 18 juill. 1828, de Magnoncourt c. de Raucourt; 30 nov. 1844 (t. 1er 1845, p. 266), Duporzon. — Parant, p. 142; de Grattier, *loc. cit.*; Bories et Bonassies, *loc. cit.*

75. — Il suit de là que lorsque le jugement de condamnation constate que l'outrage a eu la plus grande publicité, le vœu de la loi se trouve rempli. — Arrêt de *Cass.* précité, 18 juill. 1828. — Bories et Bonassies, n° 14.

76. — L'outrage proféré dans un champ contre un fonctionnaire public, à raison de ses fonctions, n'est pas réputé l'avoir été publiquement dans le sens de l'art. 6 de la loi du 25 mars 1822. Cet outrage doit alors être réprimé par les art. 221 et 223 C. pén., si le fonctionnaire outragé rentre dans la classe de ceux dénommés en ces articles. Un champ n'est, en effet, ni par sa nature ni par sa destination, un lieu public. Il doit, au contraire, être considéré comme un lieu privé, par une conséquence nécessaire du droit de propriété. — *Metz*, 12 déc. 1826, N.... — *Contrà*, *Metz*, 7 nov. 1825, Hugo.

77. — Si l'outrage proféré dans un champ l'avait été en présence de plusieurs personnes qui s'y trouvaient réunies à l'occasion du transport d'un fonctionnaire (du juge de paix, par exemple) sur les lieux litigieux : il nous semble qu'il y aurait là tous les caractères propres à constituer la publicité, encore bien que le fonctionnaire ne fût plus présent au moment de l'outrage. Le rassemblement est resté public après son départ, comme il l'était avant. — Toutefois, la Cour de Metz a, par l'arrêt précité du 12 déc. 1826, consacré une décision tout à fait contraire.

78. — L'outrage adressé sur un chemin public est-il par lui-même un outrage public? M. Chassan (2e édit., t. 1er, p. 417, note 1re) s'est prononcé pour l'affirmative et a notamment déclaré public l'outrage adressé sur un chemin public à un fonctionnaire qui se trouvait dans sa propriété close de haies. Mais cette doctrine nous paraît trop absolue pour pouvoir être admise comme règle. Il ne suffit pas, en effet, pour que l'art. 6 de la loi de 1822 soit applicable, que l'outrage ait été proféré dans un lieu public; il faut, de plus, qu'il ait eu lieu *publiquement*. Or il peut bien arriver que l'outrage adressé sur un chemin public ne présente pas tous les caractères propres à le faire considérer comme ayant eu lieu publiquement.

79. — Sur la question de savoir si le greffe d'un tribunal ou d'une Cour est de sa nature un lieu public, V. DIFFAMATION, n° 105. Quelle que doive être la solution de cette question envisagée d'une manière générale, il ne saurait être douteux que le greffe ne soit un lieu public pendant le temps qu'il reste ouvert au public. — *Cass.*, 29 mars 1845 (t. 1er 1846, p. 391), Moisant. — Chauveau et Hélie, t. 6, p. 119. — Ainsi, l'outrage adressé dans un greffe pendant ce temps à un fonctionnaire public tombe sous l'application de l'art. 6 de la loi de 1822.

80. — Un cabaret, une salle de spectacle sont également des lieux publics dans le sens de la loi précitée. Mais les cabinets particuliers d'un café, d'un restaurant, n'ont point ce caractère, et l'outrage qui y serait proféré contre un fonctionnaire public à raison de ses fonctions ne pourrait être considéré comme un outrage public.

81. — Nous avons dit précédemment (V. *suprà* n° 25 et suiv.) que le législateur de 1822 ne s'était point préoccupé de la manière dont l'outrage était commis. Il suit de là que, si l'outrage commis envers des magistrats dans l'exercice de leurs fonctions ne tend point à inculper l'honneur ou la délicatesse et qu'il ait été public, il peut alors être fait application de l'art. 6 de la loi du 25 mars 1822, en considérant cet outrage comme ayant eu lieu à raison des fonctions. Mais s'il n'a point été public, il ne peut être poursuivi que comme diffamation ou injure envers un particulier. — Chassan, t. 1er, n° 572.

82. — Nous avons vu aussi que l'art. 6 précité s'appliquait à l'outrage par écrit comme à l'outrage par paroles, lorsqu'il avait eu lieu publiquement. Or, il a été jugé que c'était commettre un outrage public dans le sens de cet article, envers un fonctionnaire à raison de ses fonctions, que d'insérer dans un exploit d'huissier notifié à un juge de paix des paroles outrageantes pour ce magistrat. — *Cass.*, 30 nov. 1844 (t. 1er 1845, p. 266), Duporzon. — Parant, p. 142, n° 5; de Grattier, t. 2, p. 53; Bories et Bonassies, n° 59.

83. — ... Spécialement, que de lui imputer dans cet exploit d'avoir retenu une lettre adressée à l'une des parties et concernant un procès débattu devant lui. — *Cass.*, 5 juin 1845 (t. 1er 1846, p. 184), Duporzon.

84. — L'outrage contenu dans un acte déposé au greffe d'un tribunal ou d'une Cour renferme également le caractère de la publicité prescrit par la loi du 25 mars 1822. — Chassan, t. 1er, n° 526.

85. — Mais des expressions qui, prises en elles-mêmes et isolément, d'une manière générale et indéterminée, pourraient être considérées comme un outrage, cessent d'avoir ce caractère, lorsqu'en les rapprochant de l'écrit qui les contient, on reconnaît qu'elles ont été employées non pour attaquer ou nuire, mais pour se défendre et se justifier d'imputations odieuses. — *Riom*, 19 mars 1827, Descoutures.

86. — Il n'est pas nécessaire, pour constituer le délit d'outrage prévu soit par les art. 222 et suiv. C. pén., soit par l'art. 6 L. 25 mars 1822, que les paroles outrageantes adressées publiquement à un fonctionnaire aient été proférées en sa présence et qu'il les ait entendues. Son absence au moment où elles étaient proférées n'empêche pas le délit d'exister. — *Metz*, 15 nov. 1817, D...; *Bordeaux*, 1er fév. 1837 (t. 1er 1840, p. 249), L...; *Cass.*, 8 oct. 1842 (t. 2 1842, p. 702), Thiénot. — Parant, p. 141, n° 4, et p. 143, n° 7; de Grattier, t. 2, p. 69, n° 12; Chassan, t. 1er, nos 512 et 581. — *Contrà*, Rauter, t. 1er, n° 885; Chauveau et Hélie, 2e édit., t. 3, p. 104.

87. — Mais des imputations outrageantes renfermées dans un écrit adressé à un fonctionnaire public contre un autre fonctionnaire, son subordonné, ne peuvent pas, par cela seul, constituer le délit d'outrage public. — Chassan, t. 1er, n° 527.

88. — Au contraire, le délit d'outrage public existe lorsque l'outrage, se trouvant dans une pétition adressée à l'Assemblée législative, a été divulgué par le rapport fait à la tribune. La publicité est, en effet, imputable dans ce cas à l'auteur même de la pétition, et non au rapporteur. — Chassan, t. 1er, n° 528.

89. — Une dernière condition exigée pour qu'il y ait outrage, quelle que soit la législation par laquelle le délit doive être réprimé, c'est qu'il y ait eu de la part de l'auteur intention d'outrager, intention méchante. Cette intention se présume de droit lorsque les expressions ou imputations sont par elles-mêmes outrageantes. C'est aux tribunaux du reste qu'il appartient d'apprécier la bonne foi, qu'ils ne peuvent admettre toutefois sur une simple présomption. — Chassan, t. 1er, nos 529 et 530.

90. — Lorsque, par exemple, l'imputation outrageante dirigée contre un fonctionnaire public a été faite dans une conversation destinée à rester secrète, si plus tard celui à qui cette imputation a été confiée vient à la révéler, on ne saurait voir chez l'auteur de cette imputation une intention méchante.

91. — M. Chassan (t. 1er, n° 581) enseigne notamment que l'outrage envers un magistrat, prononcé pendant l'audience, sous le secret de la confidence, ne pourrait donner lieu à l'application des art. 222 et 223 du C. pén.

§ 3. — *Outrage dans l'exercice des fonctions.*

92. — Nous avons vu précédemment que l'outrage pouvait être commis soit dans l'exercice même des fonctions, soit à l'occasion de cet exercice, soit enfin à raison des fonctions ou de la qualité de la personne à laquelle il s'adressait. Il ne s'agit ici que du délit d'outrage commis dans l'exercice des fonctions.

93. — Ce délit est réprimé par les art. 222 et 223 du C. pén., lorsqu'il a été commis envers les magistrats de l'ordre administratif ou judiciaire, ou envers les cours ou tribunaux, et par les art. 224 et 225 du même Code, lorsqu'il a été commis envers les officiers ministériels, les agens dépositaires ou commandans de la force publique.

94. — Si l'outrage dirigé contre des magistrats de l'ordre administratif ou judiciaire a eu lieu par paroles, il est puni d'un emprisonnement d'un mois à deux ans (art. 222); s'il a été commis par gestes ou menaces, la peine est d'un mois à six mois d'emprisonnement (art. 223).

95. — Dans les deux cas, l'offenseur peut être en outre condamné à faire réparation soit à l'audience, soit par écrit, et le temps de l'emprisonnement prononcé contre lui n'est compté qu'à dater du jour où la réparation a eu lieu (C. pén., art. 226). Si l'offenseur retarde ou refuse de faire cette réparation, il peut y être contraint par corps (art. 227).

96. — Spéciales pour les magistrats de l'ordre administratif ou judiciaire, les dispositions des art. 222 et 223 du C. pén. ne peuvent être étendues à tous ceux auxquels on est dans l'habitude d'appliquer la dénomination de *fonctionnaires publics*. — Chassan, t. 1er, no 571.

97. — Quels sont donc parmi les fonctionnaires publics ceux qui sont compris dans ces expressions *magistrats de l'ordre administratif ou judiciaire!*

98. — Il a été jugé que ces expressions désignaient tous les *agens dépositaires de l'autorité publique* (*Cass.*, 19 août 1837 (t. 2 1837, p. 614), B... c. N...; *Paris*, 21 juin 1838 (t. 2 1840, p. 39), Martin). Mais cette décision est elle-même trop générale pour pouvoir être prise, acceptée comme une définition. On peut en effet encore se demander ce qu'on doit entendre par *agens dépositaires de l'autorité publique*. Il vaut mieux, ce nous semble, procéder par énumération.

99. — Ainsi, au premier rang, parmi les fonctionnaires publics auxquels s'appliquent les art. 222 et 223 du C. pén., il faut placer les membres des cours et tribunaux, les membres des parquets, les juges suppléans, les préfets, les sous-préfets, les maires et adjoints.

100. — Les maires et adjoints ne remplissent pas seulement des fonctions administratives, ils sont aussi des officiers de police judiciaire. D'où il suit qu'ils peuvent être considérés, suivant les fonctions qu'ils exercent, soit comme des magistrats de l'ordre administratif, soit comme des fonctionnaires de l'ordre judiciaire.

101. — Spécialement, le maire présidant une assemblée électorale, conformément à l'art. 36 L. du 25 juin 1833, exerce les fonctions de magistrat de l'ordre administratif. — *Agen*, 25 mai 1838 (t. 2 1838, p. 639), Alcin c. Boubée.

102. — La qualité de magistrat résultant de l'aptitude permanente qu'elle confère, et non des actes accidentels qui dérivent de cette aptitude, il s'ensuit qu'un adjoint au maire doit être réputé un magistrat de l'ordre administratif, même en dehors des actes de l'autorité temporaire, qui ne lui est attribuée que par délégation. — *Cass.*, 10 mai 1845 (t. 1er 1848, p. 698), Freslon c. Vinay.

103. — Au nombre des magistrats de l'ordre administratif et de l'ordre judiciaire, il faut comprendre encore les commissaire de police. Ces fonctionnaires ne sont en effet ni des officiers ministériels, ni des agens de la force publique (*Cass.*, 13 juin 1828, Buchot-Launay). L'outrage commis envers eux, dans l'exercice de leurs fonctions, doit donc être considéré comme fait, non à des officiers ministériels ou agens de la force publique, mais à des magistrats de l'ordre administratif ou judiciaire, selon la nature des fonctions qu'ils remplissaient au moment de l'outrage. Dès lors, cet outrage est passible des peines portées par les art. 222 et 223 du C. pén., et non de celles prononcées par l'art. 224 du même Code. — *Cass.*, 30 juill. 1812, Rasschaert; 4 juill. 1833, Lamarthonie; 9 mars 1837 (t. 1er 1837, p. 434), Gérard; 2 mars 1838 (t. 1er 1838, p. 333), même affaire. — Chassan, 2e édit., t. 1er, p. 454, note 5; Bories et Bonassies, no 49.

104. — Les commissaires de police ne sont pas investis du caractère de magistrat de l'ordre judiciaire, seulement lorsqu'ils remplissent les fonctions du ministère public près le tribunal de simple police, mais aussi lorsqu'ils procèdent soit de leur propre mouvement, soit en vertu d'une délégation, à l'instruction de crimes ou délits, et à la saisie de pièces se rattachant à une affaire en instruction ou pouvant constituer par elles-mêmes un délit. — V. cependant *Bruxelles*, 27 janv. 1827, H...

105. — Ils sont, au contraire, des magistrats de l'ordre administratif, lorsqu'ils exercent la police administrative ou municipale, par exemple, les fonctions de la police dans un théâtre. — Bories et Bonassies, nos 52 et 63. — V., au surplus, pour l'énumération des cas dans lesquels les commissaires de police agissent comme magistrats de l'ordre judiciaire ou comme magistrats de l'ordre administratif, le mot COMMISSAIRE DE POLICE.

106. — Mais les percepteurs ne sont pas des magistrats de l'ordre administratif ou judiciaire, ils sont de simples fonctionnaires publics; dès lors, les outrages qui leur sont faits dans l'exercice de leurs fonctions ne rentrent pas dans la disposition de l'art. 222 C. pén. — *Cass.*, 26 juill. 1821, Mène c. Peyré. — Chauveau et Hélie, t. 4, p. 356; Bories et Bonassies, nos 55 et 56.

107. — Lorsque l'outrage, qu'il soit fait par paroles, gestes ou menaces, est dirigé contre tout officier ministériel ou contre un agent dépositaire de la force publique dans l'exercice de leurs fonctions, il est puni d'une amende de 16 à 200 fr. — C. pén., art. 224.

108. — Sont officiers ministériels dans le sens de l'art. 224 précité, les avoués, les notaires, les huissiers, les commissaires-priseurs, ainsi que les greffiers, lorsqu'ils procèdent aux ventes mobilières. — Chauveau et Hélie, 2e édition, t. 3, p. 151; de Grattier, t. 1er, p. 208, notes; Chassan, 2e édit., t. 1er, p. 461, note 1re, et t. 2, no 1374.

109. — Jugé spécialement que l'outrage par paroles, gestes ou menaces, envers un huissier dans l'exercice de ses fonctions, constitue le délit d'outrage envers un officier ministériel, prévu par l'art. 224 C. pén. — *Cass.*, 19 mai 1827, Maréchal.

110. — Les porteurs de contraintes remplissant les fonctions d'huissiers en ont le caractère et sont par conséquent des officiers ministériels. Les outrages dont ils sont l'objet dans l'exercice de leurs fonctions doivent, par suite, être réprimés conformément à l'art. 224 C. pén. On ne concevrait pas, en effet, que les outrages faits aux huissiers de l'administration des contributions indirectes eussent moins de gravité que ceux faits aux huissiers des tribunaux. — *Cass.*, 30 juin 1832, Segaud. — De Grattier, t. 1er, p. 211, notes. — V. cependant, en sens contraire, Chauveau et Hélie, 2e édit., t. 4, p. 371.

111. — Mais les avocats, même à l'audience, dans l'exercice de leurs fonctions, ne peuvent être assimilés à des officiers ministériels. L'outrage envers eux est passible seulement des peines édictées par l'art. 91 C. proc. civ. Le législateur a entendu en effet les désigner par les mots *officiers de justice* employés dans l'article précité. — Chassan, t. 1er, no 587. — *Contrà* de Grattier, t. 1er, p. 210, note 1re. — Mais lorsqu'ils sont appelés à suppléer les juges ou les membres du parquet, ils sont, relativement à l'outrage qui leur est alors adressé, assimilés aux magistrats de l'ordre judiciaire.

112. — L'art. 224 C. pén. comprend, comme nous l'avons vu, outre les officiers ministériels, les agens de la force publique. Que doit-on entendre par ces mots *agens dépositaires de la force publique!* Il semble que ces mots doivent être pris dans un sens étendu, *lato sensu*, et que, par conséquent, ils doivent s'appliquer non-seulement aux individus enrôlés dans un régiment, mais encore à tous ceux qui, exerçant un service public extérieur, ont le droit de requérir ou d'employer la force publique dans l'exercice de leurs fonctions. — Chassan, t. 1er, no 585.

113. — Parmi les agens de la force publique figurent les gardes champêtres. L'infériorité de leurs fonctions doit, en effet, les faire considérer plutôt comme tels que comme des magistrats de l'ordre judiciaire. — Chassan, t. 1er, no 571; de Grattier, t. 1er, p. 211, notes.

114. — Il n'y a pas lieu d'établir de distinction en cette matière entre les gardes champêtres des communes et ceux des particuliers. Les uns et les autres doivent être considérés comme des agens de la force publique. — V. GARDE CHAMPÊTRE, nos 171 et suiv.

115. — Les agens ou appariteurs de police doivent également être compris parmi les agens dépositaires de la force publique, puisque non-seulement ils ont le droit de prêter main-forte aux huissiers pour l'exécution des jugemens, mais sont eux-mêmes chargés d'exécuter les mandemens de justice (C. pén., art. 186). Les outrages qui leur sont adressés dans l'exercice des fonctions qui viennent d'être définies rentrent donc dans la disposition de l'art. 224 C. pén. — *Cass.*, 28 août 1829, Guinchard; *Liége*, 15 mars 1836, Widocq. — De Grattier, t. 1er, p. 211, notes; Chassan, 2e édit., t. 1er, p. 441, note 3, et p. 461, note 2. — *Contrà*, *Bruxelles*, 9 mai 1834, W...

116. — Mais lorsqu'ils exercent en vertu des ordres de l'administration municipale qui les a institués la surveillance que cette administration leur a confiée, ils sont alors des agens de l'autorité publique. Les attaques dirigées contre eux pendant qu'ils sont dans l'exercice de ces fonctions, si elles ont eu lieu publiquement, doivent être réprimées, suivant leur nature, par les art. 16 et 19 de la loi du 17 mai 1819. — Chassan, 2e édit., t. 1er, p. 441, note 3.

117. — Si l'outrage dont ils sont l'objet dans l'exercice de ces dernières fonctions n'est pas public, ou si, public ou non, il ne contient pas l'imputation d'un vice déterminé, il est passible simplement de l'application de l'art. 471, no 11, C. pén. — *Liége*, 15 mars 1836, Widocq. — Chassan, t. 1er, no 553.

118. — Doivent encore être considérés comme agens dépositaires de la force publique dans le sens de l'art. 224 C. pén. les préposés des douanes. — Chassan, t. 1er, p. 461, note 2.

119. — ... Les employés des contributions indirectes. — *Douai*, 28 juill. 1843 (t. 2 1844, p. 362), Farine. — Chassan, *loc. cit.*

120. — Jugé, au contraire, que les employés des contributions indirectes ne sont ni officiers ministériels, ni agens dépositaires de la force publique, et que, dès lors, les outrages proférés envers eux ne sont pas passibles des peines prononcées par l'art. 224 C. pén., mais seulement des peines portées par l'art. 19 de la loi du 17 mai 1819, si ces outrages ont eu lieu publiquement. — *Cass.*, 1er mars 1844 (t. 2 1844, p. 363), Bouyer.

121. — Les contrôleurs du bureau de la garantie des matières d'or et d'argent ne rentrent point dans la classe des agens de la force publique ou des officiers ministériels protégés par l'art. 224 C. pén. En conséquence, les injures proférées contre eux dans l'exercice de leurs fonctions ne sont passibles que des peines de simple police, lorsqu'elles ne renferment pas l'imputation d'un vice déterminé, et qu'elles ne sont pas publiques. — *Lyon*, 18 mai 1840 (t. 2 1840, p. 619), J...

122. — Pris en dehors de l'exercice de leurs fonctions, les gardes nationaux sont des agens de l'autorité publique (V. *infrà* no 238). Mais, lorsqu'ils sont de service, ils peuvent être considérés comme des agens de la force publique, et l'outrage commis dans ce cas envers eux rend l'auteur de cet outrage passible des peines prononcées par l'art. 224 du C. pénal. — Chassan, t. 1er, nos 445, 585 et 587 *bis*.

123. — L'outrage dirigé contre un commandant de la force publique dans l'exercice de ses fonctions est et devait être réprimé plus rigoureusement que lorsqu'il est commis envers de simples agens dépositaires de la force publique. « La peine sera de six jours à un mois d'emprisonnement, porte l'art. 225 C. pén., si l'outrage est dirigé contre un commandant de la force publique. »

124. — L'outrage par paroles, gestes ou menaces envers un brigadier de la gendarmerie accompagné d'un gendarme dans l'exercice de ses fonctions et sur le territoire assigné à sa brigade, doit être considéré et puni comme fait à un commandant de la force publique. — *Cass.*, 14 janv. 1826, Bernard Armentier. — MM. Chauveau et Hélie (2e édit., t. 3, p. 153) critiquent cette décision, mais à tort, ce nous semble, car le titre de *commandant* ne désigne pas un grade spécial, distinct de celui d'officier ou de sous-officier. Il est pris ici dans un sens général, et s'applique à tous ceux qui sont à la tête d'un détachement quelconque. — Chassan, 2e édition, t. 1er, p. 461, note 3.

125. — Toutefois, l'agent de la force publique ne peut être réputé *commandant* dans le sens de l'art. 225 C. pén., que lorsqu'une partie de la force publique est placée sous ses ordres au moment où l'outrage lui est adressé. Ainsi, encore bien qu'un sergent soit le chef d'une garnison placée dans une ville, l'outrage dirigé contre lui dans un moment où il n'est pas de service, a lieu non envers un commandant, mais envers un simple agent de la force publique. — Chassan, t. 1er, p. 462, note; de Grattier, t. 1er, p. 211, notes.

126. — Les offenses et provocations adressées par un garde national à l'officier qui commande le poste constituent des actes d'insubordination et de désobéissance qui le rendent justiciable du conseil de discipline, et non le délit d'outrage envers un commandant de la force publique. — *Cass.*, 28 avril 1836, Barabraham.

127. — Enfin, dans le cas d'outrage envers un

officier ministériel ou agent de la force publique et envers un commandant de la force publique, comme lorsque l'outrage est commis envers un magistrat, l'offenseur peut être, indépendamment des peines portées par les art. 224 et 225 C. pén., condamné à faire réparation soit à l'audience, soit par écrit, et, en cas de retard ou de refus de sa part, y être contraint par corps. — C. pén., art. 226 et 227.

128. — Il faut, avons-nous dit, pour qu'il y ait lieu à l'application des art. 222 et suiv. C. pén., que l'outrage ait été commis *dans l'exercice des fonctions*. Ces expressions ne doivent pas s'entendre seulement de l'exercice légal des fonctions. Elles sont générales et comprennent toutes les circonstances dans lesquelles le citoyen investi des fonctions les exerce, que ce soit avec ou sans compétence dans le lieu ordinaire de l'exercice de ses fonctions ou ailleurs, pourvu que ce soit dans son ressort. — Chassan, t. 1er, n° 567.

129. — Il serait inutile de dire que les magistrats qui siégent à l'audience sont dans l'exercice de leurs fonctions, si ce n'était pour faire remarquer que le législateur a attribué un plus grand degré de gravité à l'outrage commis à l'audience envers les membres des cours ou tribunaux et prononcé pour ce cas une peine plus sévère. Ainsi l'outrage qui a lieu à l'audience par paroles est puni d'un emprisonnement de deux à cinq ans (C. pén., art. 222, § 2). S'il a lieu par gestes ou menaces, la peine est d'un mois à deux ans d'emprisonnement (art. 223).

130. — Mais, pour que l'outrage commis à l'audience soit passible des peines précitées, il faut qu'il tende à inculper l'honneur ou la délicatesse des magistrats. S'il est de toute autre nature, il n'en constitue pas moins un délit, lequel est puni d'une détention d'un mois au plus et d'une amende de 25 à 300 fr., conformément à l'art. 91 C. proc. civ., qui est resté en vigueur, pour ce cas, depuis la promulgation du Code pénal. — Chassan, t. 1er, n° 575 — *Contrà*, Carré et Chauveau, *Lois de la procédure*, quest. 435.

131. — Si, toutefois, à raison de la gravité de l'outrage, la pénalité de l'art. 91 C. proc. civ. paraissait insuffisante, les tribunaux pourraient remplacer cette pénalité par celle de l'art. 6 de la loi du 25 mars 1822. — De Grattier, t. 2, p. 59.

132. — Les art. 222 et 223 C. pén. s'appliquent aussi bien aux audiences civiles qu'aux audiences criminelles ou correctionnelles. L'art. 91 n'est pas non plus spécial pour les audiences civiles; il s'étend également aux audiences criminelles ou correctionnelles. — Chassan, t. 1er, n° 575.

133. — Il n'y a pas lieu non plus de distinguer pour l'application soit des art. 222 et 223 C. pén., soit de l'art. 91 C. pr. civ., entre les audiences publiques et celles qui ont lieu à huis clos. — Chassan, t. 1er, n° 576 *bis*; de Grattier, t. 2, p. 62.

134. — ... Ni entre les différens tribunaux. Ces articles répriment l'outrage commis à l'audience de tous les tribunaux indistinctement, à l'audience du Conseil d'État, des tribunaux de paix et de police, et même des tribunaux d'exception, comme les tribunaux de commerce, les conseils de guerre, les conseils et tribunaux maritimes, les conseils de discipline de la garde nationale. — Chassan, t. 1er, n° 576 *ter*.

135. — Mais, à l'égard des tribunaux de paix, l'art. 11 C. proc. civ., prévoit un autre genre d'infraction commise à l'audience, l'*insulte* ou l'*irrévérence envers le juge*, infraction tout à fait distincte du délit d'outrage. Cette infraction est punie d'un emprisonnement de trois jours au plus.

136. — Le délit d'outrage peut être commis à l'audience soit envers l'un des magistrats individuellement, soit envers tous les magistrats considérés collectivement. Il n'est pas nécessaire, pour l'existence de ce délit que les magistrats outragés soient nominativement désignés. — Chassan, t. 1er, n° 580; de Grattier, t. 2, p. 61, n° 8.

137. — Mais les art. 222 et 223 C. pén., ne répriment que l'outrage qui est adressé à l'audience aux magistrats qui tiennent cette audience, et non celui qui est dirigé à l'audience contre d'autres magistrats. — Chassan, t. 1er, n° 579.

138. — L'outrage est punissable, conformément aux articles précités, par cela seul qu'il est commis à l'audience. Il n'est pas nécessaire qu'il soit relatif à l'affaire dont s'occupent les magistrats. Le législateur ne se préoccupe point du motif de l'outrage. — Chassan, t. 1er, n° 578; de Grattier, t. 2, p. 62, n° 9.

139. — Lorsque, par suite des bruits tumultueux élevés dans l'auditoire, les juges ont levé l'audience et se sont retirés dans la chambre du conseil pour constater les outrages commis envers les membres du tribunal, ils conservent dans la rédaction de leur procès-verbal le caractère public nécessaire pour sa légalité et son authenticité. — *Cass.*, 31 déc. 1812, B...

140. — Les membres du ministère public sont dans l'exercice de leurs fonctions par cela seul qu'on vient les trouver au parquet pour les entretenir d'une affaire de leur ministère. Il semble donc que le magistrat qui, s'étant rendu au parquet pour faire au substitut des reproches relativement à une affaire en instruction, et recevant de lui l'injonction de se retirer, le menace et l'injurie à raison de cette injonction, commette le délit d'outrage envers un magistrat dans l'exercice de ses fonctions. Cependant la Cour de Rennes a jugé le contraire par arrêt du 9 fév. 1835, N...

141. — Un magistrat, officier ministériel, etc., qui reçoit dans son domicile et sans son costume des personnes qui s'adressent à lui à l'occasion de ses fonctions, doit être considéré comme étant dans l'exercice de ses fonctions. — Chassan, 2e édit., t. 1er, p. 453, note 2; de Grattier, t. 2, p. 69, note 3; Bories et Bonassies, n° 64.

142. — Spécialement, est dans l'exercice de ses fonctions le juge de paix au moment où il accorde au prévenu un entretien relatif à un jugement de la justice de paix dans lequel ce prévenu est partie. — Chassan, *loc. cit.*, note 2; de Grattier, *loc. cit.*; Bories et Bonassies, n° 62.

143. — Le juge de paix qui s'est rendu sur un lieu contentieux, assisté de son greffier et d'un huissier, est également dans l'exercice de ses fonctions, encore bien que les opérations ne soient pas encore commencées. — Chassan, *loc. cit.*, note 3; de Grattier, *loc. cit.*

144. — L'outrage par paroles envers un maire présidant le conseil municipal constitue le délit d'outrage envers un magistrat de l'ordre administratif dans l'exercice de ses fonctions, délit prévu par l'art. 222 C. pén. — *Cass.*, 22 août 1840 (t. 2 1840, p. 578), Boubée; 17 mai 1845 (t. 2 1845, p. 431), Alfred de Theville.

145. — Il en est de même de l'outrage proféré contre un maire pendant qu'il préside une assemblée électorale. — *Cass.*, 19 août 1837 (t. 2 1837, p 614), B... et R...; *Agen*, 25 mai 1838 (t. 2 1838, p. 639), Alem et Boubée. — De Grattier, t. 2, p. 62, n° 10.

146. — ... Ou pendant qu'il accompagne les commissaires classificateurs des propriétés imposables. — *Cass.*, 28 fév. 1828, Beaumevielle. — Parant, p. 143.

147. — Le maire étant, de droit, membre du conseil de fabrique, les outrages qu'il reçoit, lorsqu'il assiste à l'assemblée de ce conseil, sont également réputés faits à ce magistrat dans l'exercice de ses fonctions, et non à un simple particulier. — *Cass.*, 28 août 1823, Desmoncout. — De Grattier, t. 2, p. 57, note; Bories et Bonassies, n° 48.

148. — Lorsqu'un maire ou un adjoint, qui maintient le bon ordre dans un marché, ordonne qu'un perturbateur subira deux heures de détention, cette décision est une simple mesure de police, qui ne peut pas être considérée comme un jugement; et, dès lors, le perturbateur peut être poursuivi à raison des outrages par lui commis envers ce magistrat, dans l'exercice de ses fonctions, sans qu'il y ait violation de la règle *non bis in idem*. — *Cass.*, 4 nov. 1824, Faisans, dit Monsegu.

149. — L'adjoint requis, à cause de l'empêchement du maire, pour assister à l'ouverture des portes d'une maison dans laquelle il s'agit de procéder à une saisie mobilière, est dans l'exercice légal de ses fonctions, quoique rien ne constate l'empêchement du juge de paix qui doit être appelé en premier lieu. En conséquence, les outrages qui lui sont adressés dans cette assistance sont considérés comme lui ayant été faits dans l'exercice de ses fonctions et passibles des peines portées en l'art. 222 C. pén. — *Cass.*, 1er avril 1813, Carle. — De Grattier, t. 2, p. 70, note 1.

150. — Mais un adjoint n'est pas outragé dans l'exercice de ses fonctions quand l'outrage se produit dans une assemblée du conseil municipal présidée par le maire. — *Cass.*, 10 mai 1845 (t. 1er 1848, p. 698), Freslon c. Vinay.

151. — On doit considérer comme faits à un officier ministériel dans l'exercice de ses fonctions, les outrages adressés à un notaire donnant connaissance aux parties intéressées d'un testament mystique dont il est dépositaire, et au complément duquel il a concouru en rédigeant l'acte de suscription. — *Cass.*, 22 juin 1809, Vincent c. Vizieux. — De Grattier, t. 1er, p. 24, note.

152. — Il y a outrage envers un huissier dans l'exercice de ses fonctions, dans le fait de menace avec gestes de le frapper, au moment où il exécute une saisie. — *Bourges*, 13 août 1817, Bottard. — Ou lorsque l'outrage lui est adressé au moment où il procède à un recolement de meubles saisis, encore bien que l'opération soit nulle, comme faite un jour de dimanche sans la permission du juge. — *Cass.*, 20 fév. 1830, Gros. — Chassan, 2e édit., t. 1er, p. 461, note 1; de Grattier, t. 1er, p. 210, note 2.

153. — ... Ou lorsqu'il lui est fait, pendant qu'il rédige un procès-verbal constatant qu'une partie à laquelle il était chargé de faire des offres, lui ayant refusé la porte de son domicile, il a été obligé de s'y introduire. — *Paris*, 2 août 1833, Henrion c. Boisrichard.

154. — L'outrage fait par paroles dans un cabaret à un garde champêtre agissant comme officier de police judiciaire est passible des peines portées par l'art. 224 C. pén., comme fait à un agent de la force publique dans l'exercice de ses fonctions. C'est à tort que la cour de Metz a jugé le contraire par arrêt du 29 mai 1826, aff. Jean Hambourger. — V. au surplus GARDE CHAMPÊTRE, nos 458 et suiv.

155. — Lorsque des militaires, chargés de l'exécution d'un jugement de condamnation, et munis de ce jugement, pénètrent dans le domicile du condamné, malgré son refus et sans l'assistance du juge de paix ou d'un officier municipal, les expressions outrageantes qui leur sont adressées dans cette circonstance par le condamné constitue l'outrage aux agens de la force publique dans l'exercice de leurs fonctions, prévu par l'art. 224 C. pén., et non une simple injure envers des particuliers. — *Cass.*, 12 juin 1834, Marin.

156. — Il importe peu, pour l'application des art. 222 et 223 C. pén., que le fonctionnaire outragé dans l'exercice de ses fonctions ne soit pas revêtu de son costume ou des marques distinctives de sa profession, s'il est constant que l'individu qui l'a outragé connaissait sa qualité. — *Cass.*, 9 niv. an XI, Belnin; 9 fév. 1809, N...; 5 sept. 1812, Vanderlenden; 26 mars 1813, Alessio. — De Grattier, t. 2, p. 69, n° 13; Bories et Bonassies, nos 65 et 66.

157. — Mais si le fonctionnaire (commissaire de police ou maire) ne portant aucun signe de ses fonctions, n'est pas connu comme tel ou ne s'est pas fait reconnaître, l'outrage qui lui est adressé dans l'exercice de ses fonctions doit être considéré et puni comme fait à un simple particulier, et non à un fonctionnaire. — *Cass.*, 23 frim. an XIV, Taslet.

158. — Il n'est pas non plus nécessaire que l'outrage soit relatif aux fonctions de l'offensé, à sa qualité actuelle, à sa vie publique. La loi exige seulement qu'il ait été commis dans l'exercice des fonctions. Or, il peut en être ainsi, encore bien que l'outrage soit étranger à ces fonctions. — *Cass.*, 22 août 1840 (t. 2 1840, p. 578), Boubée. — Chassan, t. 1er, n° 558.

159. — Mais si l'offensé remplissait hors de son ressort des actes relatifs à ses fonctions, comme alors il était sans droit, sans qualité, l'outrage qu'il aurait reçu en pareille circonstance ne pourrait être réprimé que comme ayant été adressé à un simple particulier, et non en vertu des art. 222 et suiv. — Chassan, t. 1er, n° 568.

160. — Décidé au contraire que les outrages faits à un magistrat de l'ordre administratif ou judiciaire dans l'exercice de ses fonctions sont passibles des peines portées en l'art. 222 C. pén., encore bien que l'acte auquel le magistrat outragé concourait puisse être un jour annulé pour vice d'incompétence, ou même qu'il puisse y avoir lieu à poursuites en forfaiture contre ce fonctionnaire. — *Cass.*, 1er av. 1813, Carle. — Chauveau et Hélie, t. 4, p. 353.

§ 4. — *Outrage à l'occasion de l'exercice des fonctions, à raison des fonctions ou de la qualité.*

161. — Nous avons vu précédemment que les outrages commis envers les magistrats de l'ordre administratif ou judiciaire, à l'occasion de l'exercice de leurs fonctions ou à raison de leurs fonctions, lorsqu'ils n'avaient point été publics, étaient encore aujourd'hui passibles des peines portées aux art. 222 ou 223 C. pén., suivant qu'ils avaient eu lieu par paroles, ou par gestes ou menaces. — V. *suprà* nos 100 et suiv.

162. — Jugé spécialement que l'art. 222 est applicable à un outrage par paroles adressé à un magistrat, dans un lieu public, à l'occasion de l'exercice de ses fonctions. — *Cass.*, 23 août 1844 (t. 2 1844, p. 591), Lemoine.

163. — Doit être assimilé à un outrage verbal non public l'outrage contenu dans une lettre missive adressée à un magistrat de l'ordre administratif ou judiciaire, à raison de ses fonctions ou à l'occasion de l'exercice de ses fonctions, et, par conséquent, cet outrage doit être puni par application de l'art. 222 précité. — *Cass.*, 15 juin 1837 (t. 2 1837, p. 117), Patois; 8 sept. 1837 (t. 1er 1840, p. 111), Mauduit.

164. Il a été décidé aussi que l'outrage commis envers un magistrat, à raison de l'exercice de ses fonctions, rentre dans la disposition de cet article, alors même que ce magistrat n'aurait pas été présent. — *Cass.*, 10 avril 1817, Savin.

165. — L'outrage par paroles, gestes ou menaces, fait à un maire, à l'occasion de l'exercice de ses fonctions, par un individu qui connaissait sa qualité, est également passible des peines portées aux art. 222 et 223 C. pén., encore bien que ce fonctionnaire ne fût point revêtu de son costume au moment où il a été outragé. — *Cass.*, 5 sept. 1812, Vanderlenden.

166. — Le délit d'outrage n'étant, ainsi que nous l'avons déjà fait remarquer, soumis aux prescriptions de l'art. 6 de la loi du 25 mars 1822, c'est-à-dire passible des peines édictées par cet article, qu'autant qu'il a été commis publiquement, à raison de ses fonctions ou de sa qualité, envers un fonctionnaire public, il importe de définir, de préciser ce qu'on doit entendre, dans le sens de cette loi, par les mots *fonctionnaire public*.

167. — Sous ce nom sont compris, sans aucun doute, les magistrats de l'ordre administratif comme ceux de l'ordre judiciaire. — Ainsi, l'art. 6 précité est applicable aux outrages dirigés contre eux à l'occasion ou à raison de leurs fonctions. — Chassan, t. 1er, n° 552; de Grattier, t. 2, p. 53 et 54.

168. — Les juges suppléans sont aussi, incontestablement, des fonctionnaires publics que protége l'art. 6 de la loi de 1822, lorsqu'ils sont outragés publiquement à raison de leurs fonctions ou de leur qualité. — *Douai*, 1er mars 1831, Cressent et Lefebvre c. Fourdinier. — De Grattier, t. 2, p. 54, notes.

169. — Il en est de même des commissaires de police (*Cass.*, 13 juin 1828, Buchot-Launay). — Il est impossible, en effet, que les commissaires de police, revêtus de l'autorité publique et ayant la puissance du commandement dans le cercle des attributions qui leur sont confiées, ne soient pas compris dans l'expression de *fonctionnaires publics*. — De Grattier, t. 2, p. 54, notes; Parant, p. 142.

170. — Mais les avoués n'étant point revêtus de l'autorité publique, ne peuvent être considérés, quoiqu'ils aient un caractère public, comme fonctionnaires, dans le sens de la loi du 25 mars 1822, d'autant plus qu'ils n'exercent jamais leurs fonctions que dans des intérêts privés. — *Cass.*, 14 avr. 1831, Fourdinier c. Cressent et Lefebvre; 9 sept 1836, Fournier-Verneuil c. Hocmelle. — De Grattier, t. 2, p. 54, note 2; Chassan, 2e édit., t. 1er, p. 441, note 2. — *Contrà*, *Douai*, 1er mars 1831, Cressent et Lefebvre c. Fourdinier. — (Cassé par l'arrêt précité de *Cass.*, du 14 avril 1831.)

171. — Ainsi, les outrages adressés à un avoué à l'occasion de l'exercice de ses fonctions, constituent le délit d'outrages à un officier ministériel, quoiqu'ils aient eu lieu publiquement, par exemple dans le greffe du tribunal à une heure où le greffe est ouvert au public, et rentrent, dès lors, dans les prévisions de l'art. 224 du Code pénal. — *Cass.*, 29 mars 1845 (t. 1er 1846, p. 391), Moisant.

172. — Le motif qui nous a conduit à penser que la dénomination de fonctionnaires publics ne pouvait s'appliquer aux avoués, nous paraît également s'opposer à ce que les notaires puissent être considérés comme tels. — Déjà nous avons fait remarquer aussi qu'ils n'étaient point non plus, ainsi que les avoués, des agens de l'autorité publique, dans le sens des lois répressives de la diffamation (V. DIFFAMATION, nos 303 et suiv.). — L'art. 6 de la loi du 25 mars 1822 ne leur est donc pas davantage applicable. — *Cass.*, 9 sept. 1836, Fournier-Verneuil c. Hocmelle; 27 nov. 1840 (t. 1er 1841, p. 438), Clément c. Parmentelot, Noël et Durand.

173. — Les outrages faits à un notaire à l'occasion ou à raison de ses fonctions doivent donc, comme ceux faits à un avoué, être réprimés par l'art. 224 du Code pénal. — *Cass.*, 13 mars 1812, Sisterhem c. Teissen. — De Grattier, t. 2, p. 54, notes.

174. — Mais le rapporteur d'un conseil municipal est réputé fonctionnaire public, et l'outrage qui lui est fait publiquement, au sujet de son rapport, tombe sous l'application de l'art. 6 de la loi du 25 mars 1822. — *Cass.*, 28 avr. 1826, Descoutures; *Riom*, 19 mars 1827, mêmes parties. — De Grattier, *loc. cit.*

175. — Les membres des conseils généraux, des conseils d'arrondissement et des conseils municipaux, pris isolément, ne sont, au contraire, que de simples particuliers. D'où il suit que les injures qui leur sont adressées, même à l'occasion de l'exercice de leurs fonctions, ne peuvent être réprimées que par la loi du 17 mai 1819, et non par celle du 25 mars 1832. — V. cependant de Grattier, t. 2, p. 55, n° 6.

176. — Mais il en serait autrement à l'égard des membres des conseils municipaux, si, ayant été délégués par le maire pour le remplacer dans quelqu'une de ses fonctions, ils étaient outragés à l'occasion de l'exercice ou à raison de cette fonction; car, considérés relativement à cette fonction, ils sont de véritables agens de l'autorité publique, auxquels peut être attribué le caractère de fonctionnaires.

177. — Les officiers de la garde nationale en exercice peuvent aussi être assimilés à des fonctionnaires publics, et l'outrage qui leur es adressé à l'occasion de leurs fonctions constitue le délit prévu et puni par l'art. 6 de la loi de 1822. — C'est ce qui résulte d'un arrêt de la Cour de Grenoble, du 9 mai 1834, Piot c. Vial et Bertholet.

178. — L'outrage commis à l'occasion de l'exercice de leurs fonctions, ou à raison de leurs fonctions, contre de simples agens de l'autorité, qui ne peuvent être considérés comme des fonctionnaires publics, est puni, s'il a été public, et selon sa nature, comme diffamation ou comme injure, des peines portées aux art. 16 et 19 de la loi du 17 mai 1819. S'il n'a point été public, les peines spécifiées par l'art. 471, n° 11 du Code pénal, lui sont seules applicables. — Chassan, t. 1er, n° 553.

179. — Les fonctionnaires publics et agens de l'autorité ou de la force publique peuvent valablement dresser eux-mêmes procès-verbal des outrages qui leur sont adressés à l'occasion de l'exercice de leurs fonctions (C. instr. crim., art. 59). — Ce droit a été spécialement reconnu à un juge d'instruction par la Cour de cassation. — V. arrêt du 12 déc. 1845 (t. 1er 1846, p. 725), Gallard.

180. — ... Et le fonctionnaire ou l'agent n'est frappé, ni comme victime de l'outrage ni comme auteur du procès-verbal de l'incapacité de déposer en justice. — Même arrêt.

§ 5. — *Outrage envers les jurés et les témoins.*

181. — L'outrage fait publiquement, d'une manière quelconque, envers un juré à raison de ses fonctions, ou envers un témoin, à raison de sa déposition, est puni d'un emprisonnement de dix jours à un an et d'une amende de 50 fr. à 3,000 fr. — L. 25 mars 1822, art. 6, § 1er et 2.

182. — Il n'est pas nécessaire pour qu'il y ait outrage envers un juré ou un témoin que les paroles outrageantes aient été proférées en leur présence. La Cour de cassation a jugé, en effet, mais à l'égard d'un témoin, que l'outrage qui lui était fait publiquement, à raison de sa déposition, rentrait dans la disposition de l'art. 6, § 2 L. 25 mars 1822, encore bien que ce témoin n'ait point été présent au moment de l'outrage; et que, par conséquent, cet outrage ne pouvait être considéré comme diffamation envers un particulier. — *Cass.*, 12 sept. 1828, Jaussant.

183. — La protection spéciale accordée aux témoins par la loi de 1822 est fondée sur ce qu'ils agissent sous la foi de l'autorité publique. Mais on ne saurait conclure de là que pendant qu'ils sont placés sous la protection de l'autorité publique, les témoins doivent être assimilés à des fonctionnaires publics. Ils ne sont, en effet, ni des agens ni des représentans du pouvoir; s'ils accomplissent un acte public, c'est comme simples particuliers, et leur déposition ne les associe en rien à la puissance publique. — Chassan, t. 1er, n° 559. — V. cependant *Lyon*, 5 juin 1834, Pitrat et Jomard, arrêt que critique M. Chassan, *loc. cit.* — Nous verrons plus loin quelle est la conséquence à tirer de ce principe relativement à la compétence du tribunal chargé de réprimer l'outrage envers les témoins.

184. — Celui qui s'est rendu coupable d'un outrage envers un témoin à raison de sa déposition, n'encourt pas seulement la peine édictée par l'art. 6, § 2 de la loi du 25 mars 1822; il peut aussi être l'objet d'une action civile de la part du témoin outragé. L'art. 23 de la loi du 17 mai 1819, qui ouvre cette action au profit des tiers qui ont été diffamés, est général et ne nous paraît susceptible d'aucune distinction. Cette question s'est présentée devant la Cour de Nîmes (arrêt 27 mai 1841 [t. 2 1841, p. 136], Marnas c. Valentin), mais elle n'y a reçu aucune solution.

185. — Si l'outrage envers des jurés ou des témoins avait été commis dans le compte rendu de l'audience à laquelle ils avaient assisté, il y aurait lieu d'appliquer l'art. 6, § 2 de la loi du 25 mars 1822, et non l'art. 7 de la même loi, spécial pour le cas où au sens outrageant du compte rendu vient se joindre une narration faite avec infidélité ou mauvaise foi. — Chassan, t. 1er, n° 561.

186. — Il n'y a pas lieu de distinguer, pour l'application de l'art. 6 précité, entre les jurés en matière d'expropriation et les jurés en matière criminelle. Cet article comprend les uns et les autres, quoiqu'à l'époque de sa promulgation le jury d'expropriation n'existât point encore. C'est ce qui nous paraît résulter de la généralité des termes de cet article. — Chassan, *loc. cit.*; de Grattier, t. 2, p. 72; Bories et Bonassies, nos 75 et suiv.

187. — Quoique l'art. 6 de la loi du 25 mars 1832 ne parle que de l'outrage au juré ou au témoin, à raison de ses fonctions ou à raison de sa déposition, il pourrait être également appliqué à la répression de l'outrage commis pendant l'exercice des fonctions du juré ou pendant la déposition du témoin. — De Grattier, t. 2, p. 73; Bories et Bonassies, nos 79 et 80.

188. — Mais, pour être punissable conformément à l'art. 6 précité, l'outrage envers les jurés et les témoins doit avoir été public (V. *suprà* nos 181 et suiv.). Si l'outrage s'est produit sans publicité, quoiqu'à raison des fonctions des jurés ou de la déposition du témoin, il ne constitue plus que le délit de diffamation ou d'injures envers des particuliers. — De Grattier, *loc. cit.*; Bories et Bonassies, n° 78.

§ 6. — *Outrage envers les ministres du culte.*

189. — L'art. 262 du Code pénal de 1810 était ainsi conçu : « Toute personne qui aura, par paroles ou gestes, outragé les objets d'un culte dans les lieux destinés ou servant habituellement à son exercice, ou les ministres de ce culte dans leur fonctions, sera puni d'une amende de 16 fr. à 500 fr. et d'un emprisonnement de quinze jours à six mois. » La loi du 28 avril 1832 l'a reproduit textuellement.

190. — Cet article, comme on le voit, ne réprime l'outrage que lorsqu'il est fait par la voie de la parole ou du geste. Il est à remarquer aussi qu'il n'exige point comme une condition constitutive de l'outrage qu'il ait été commis publiquement.

191. — Avant la loi du 28 avril 1832, l'art. 262 du Code pénal de 1810 avait été modifié par la loi du 25 mars 1822. « L'outrage, porte l'art. 6, § 3 de cette dernière loi, fait à un ministre de la religion de l'Etat, ou de l'une des religions légalement reconnues en France, dans l'exercice même de ses fonctions, sera puni des peines portées par l'art. 1er de la présente loi. » Or les peines prononcées par cet article étaient un emprisonnement de trois mois à cinq ans, et une amende de 300 fr. à 6,000 fr.

192. — L'art. 6, § 3 de la loi du 25 mars 1832, ne restreignait plus l'existence du délit d'outrage comme l'art. 262 C. pén., au cas où il avait eu lieu par paroles ou gestes. Il réprimait l'outrage fait d'*une manière quelconque*. Mais, à la différence de l'art. 262 précité, qui réprimait l'outrage public et non public, l'art. 6 de la loi de 1822 exigeait qu'il eût été commis *publiquement*.

193. — L'outrage non public et fait par la voie de la parole ou du geste avait continué à être régi depuis cette loi par l'art. 262 C. pén.

194. — La loi du 28 avril 1832, en reproduisant ce dernier article, n'a point abrogé l'art. 6, § 3 de la loi du 25 mars 1822 pour les outrages publics faits d'une manière quelconque, c'est-à-dire par paroles, gestes ou autrement. Elle a laissé les choses *in statu quo*. — Chassan, t. 1er, n° 589; de Grattier, t. 2, p. 71, n° 15. — Ainsi, la disposition précitée de l'art. 6 l. 25 mars 1822 est restée en vigueur depuis la promulgation de la loi du 28 avril 1832.

195. — Il faut, pour l'application de cette disposition, comme nous l'avons déjà fait remarquer, que l'outrage ait été commis publiquement et dans l'exercice des fonctions. Lorsque l'outrage aura eu lieu non publiquement, mais par paroles ou gestes, il devra être réprimé par l'article 262 du Code pénal. — Chauveau et Hélie, 2e édit., t. 3, p. 285 et 280; de Grattier et Chassan, *loc. cit.*

196. — L'outrage fait non publiquement et de toute autre manière que par paroles ou gestes, ou fait par paroles ou gestes, mais non dans l'exercice des fonctions, n'est pas compris dans la disposition de l'art. 262; il rentre alors dans la catégorie des injures ordinaires envers les particuliers. — Chassan, 2e édit., p. 465, note 2; de Grattier, t. 2, p. 71, no 18. — V. *infrà* no 202.

197. — il est nécessaire aussi, pour que l'outrage rentre dans les dispositions de l'art. 6 de la loi du 25 mars 1822, que le culte dont le ministre a été outragé dans l'exercice de ses fonctions ait été *légalement reconnu*. L'art. 262 du Code pénal n'est également applicable, lorsqu'il y a lieu d'y recourir, quoiqu'il garde le silence à cet égard, que dans le cas où l'outrage est commis envers le ministre d'un culte *légalement autorisé*. — Arg., art. 269 C. pén. — Chauveau et Hélie, t. 3, p. 283 et 284; de Grattier, t. 2, p. 71, no 16; Chassan, t. 1er, no 590.

198. — Si le culte n'était point légalement reconnu, mais qu'au moins son existence eût été révélée au public par la déclaration officielle prescrite par la loi du 27 vendémiaire an IV, art. 2, l'art. 262 serait encore applicable. — Rauter, t. 1er, p. 540; Chassan, 2e édit., t. 1er, p. 466, note 1re.

199. — L'outrage fait publiquement, d'une manière quelconque, à raison de ses fonctions ou de sa qualité, à un ministre de la religion de l'Etat ou de l'une des religions dont l'établissement est légalement reconnu en France, était puni, d'après l'art. 6, § 1er, l. 25 mars 1822, d'un emprisonnement de quinze jours à deux ans et d'une amende de 100 fr. à 4,000 fr.

200. — Il n'avait été apporté aucune innovation ou modification à la législation qui précède par le décret du Gouvernement provisoire du 6-8 mars 1848 sur les délits de la presse.

201. Mais la disposition de l'art. 6, § 1er de la loi du 25 mars 1822 a cessé d'être en vigueur depuis la promulgation du décret de l'Assemblée constituante, du 11-12 août 1848, relatif à la répression des crimes et délits commis par la voie de la presse. L'art. 5 de ce décret, qui régit désormais l'outrage commis à raison de ses fonctions ou de sa qualité envers un ministre du culte, est ainsi conçu: « L'outrage fait publiquement, d'une manière quelconque, à raison de ses fonctions ou de sa qualité, à un ministre de l'un des cultes qui reçoivent un salaire de l'Etat, sera puni d'un emprisonnement de quinze jours à deux ans et d'une amende de 100 fr. à 4,000 fr. »

202. — Ainsi, pour que le délit d'outrage tombe sous l'application de cet article, il faut la réunion de trois circonstances essentielles: Qu'il ait été commis publiquement, qu'il l'ait été à raison des fonctions ou de la qualité, et que le ministre outragé appartienne à un culte salarié par l'Etat. Tout outrage qui a lieu envers le ministre d'un culte non salarié par l'Etat est assimilé à la diffamation ou à l'injure commise envers un simple particulier.

203. — Il y a outrage public envers un ministre du culte, à raison de sa qualité, dans le fait d'avoir tiré dans une rue sur ce ministre un coup de pistolet chargé à poudre, sans intention de le blesser, mais uniquement pour lui faire peur et attirer sur lui l'attention publique. — Chassan, 2e édit., t. 1er, p. 417, note 2.

204. — Si l'outrage commis envers un ministre du culte, à raison de ses fonctions ou de sa qualité, n'a point été public, il doit être considéré comme une injure non publique faite à un simple particulier. — Chassan, t. 1er, no 563; de Grattier, t. 2, p. 71; Bories et Bonassies, no 73. — V. *suprà* no 196.

205. — Le décret du 11-12 août 1848 n'a dérogé en rien à la législation par laquelle est réprimé l'outrage commis envers un ministre du culte dans l'exercice de ses fonctions, c'est donc encore pour ce cas à cette législation qu'il faut recourir.

§ 7. — *Outrage envers les membres de la Chambre des Pairs et des Députés; — de l'Assemblée nationale.*

206. — Le Code pénal de 1810 ne contenait aucune disposition relative à l'outrage commis envers les membres des assemblées législatives. Et il avait été jugé, spécialement, que les membres de la Chambre des députés ne pouvaient être compris sous la dénomination de magistrats de l'ordre administratif ou judiciaire, et qu'en conséquence les outrages qui leur étaient faits à l'occasion de leurs fonctions ne rentraient point dans les dispositions des art. 222 et 223 du Code pénal. — *Cass.*, 20 oct. 1820, N... — Il en était de même des membres de la Chambre des pairs et des outrages dont ils étaient l'objet.

207. — Si les pairs et les députés n'étaient point des magistrats, on aurait pu peut-être les considérer comme des dépositaires ou agens de l'autorité publique, et appliquer aux injures et diffamations les concernant les art. 16 et 19 de la loi du 17 mai 1819. Mais les outrages par gestes ou menaces dirigés contre eux seraient toujours restés sans répression.

208. — La loi du 25 mars 1822 a pourvu en partie à cette lacune. Aux termes de l'art. 6, § 1er, de cette loi, l'outrage fait publiquement, d'une manière quelconque, à raison de leurs fonctions ou de leur qualité, à un ou plusieurs membres des deux chambres, était puni d'un emprisonnement de quinze jours à deux ans et d'une amende de 100 fr. à 4,000 fr.

209. — Mais cet article exigeant que l'outrage soit fait publiquement et à raison des fonctions et de la qualité, il en résulterait que l'outrage qui manquait de l'une ou de l'autre de ces conditions n'était point l'objet d'une répression spéciale. Il ne constituait plus alors qu'une attaque contre un simple particulier. — Chassan, t. 1er, nos 328 et 344.

210. — Lors de la révision du Code pénal en 1832, les choses ont été maintenues dans cet état. Les législateurs d'alors ne songèrent point à entourer d'une protection spéciale les pairs ou députés outragés non publiquement à raison de leurs fonctions ou de leur qualité.

211. — L'art. 6, § 1er, de la loi du 25 mars 1822, a été, depuis, remplacé par l'art. 5 du décret du 11-12 août 1848, rendu par l'Assemblée constituante sur les crimes et délits commis par la voie de la presse. Ce dernier article punit de la même peine que l'art. 6 de la loi de 1822, l'outrage fait publiquement d'une manière quelconque, à raison de leurs fonctions ou de leur qualité, à un ou plusieurs membres de l'Assemblée nationale. — L'art. 5 du décret de 1848 n'est, comme on le voit, que la reproduction de l'art. 6 de la loi de 1822.

212. — Ce décret a également laissé subsister la lacune que nous avons signalée relativement à l'outrage non public.

213. — Le charivari donné à un représentant du peuple à l'occasion de l'exercice de ses fonctions ou de sa qualité peut être réputé outrage public dans le sens de l'art. 5 du décret du 11-12 août 1848, comme il l'était dans le sens de l'art. 6 de la loi du 25 mars 1822. — Bories et Bonassies, vo *Outrage*, no 21.

214. — C'est au surplus aux tribunaux qu'il appartient d'apprécier si les faits allégués sont constitutifs du délit d'outrage envers un représentant du peuple, comme envers tous ceux auxquels peut s'appliquer l'outrage. — V. *suprà* no 65.

215. — Les tribunaux peuvent, par exemple, considérer comme un outrage envers un représentant du peuple, le fait de dire que la croix qu'il porte est la récompense de votes serviles, qu'il touche les émolumens de fonctions qu'il occupe sans les remplir, et enfin qu'il prend part dans les fonds secrets. — De Grattier, t. 2, p. 51; Bories et Bonassies, vo *Outrage*, no 22.

§ 8. — *Dispositions générales relatives aux outrages accompagnés d'excès ou de violences.*

216. — L'outrage peut être accompagné d'excès ou de violences et alors il est punissable, suivant les circonstances, soit à la fois des peines portées aux art. 228 et suiv. C. pén. et 6 L. 25 mars 1822, soit seulement des peines prononcées par les art. 228 et suiv. ou de celles édictées par l'art. 6, § 4 et 5, de la loi précitée.

217. — L'outrage accompagné d'excès ou de violences, ne constitue pas un seul et même délit. — Il y a dans ce fait deux délits distincts: 1o le délit d'outrages commis par paroles, gestes ou menaces, ou autrement, et 2o le délit d'excès, coups et violences. Les excès, coups et violences, non accompagnés de paroles outrageantes, peuvent bien cependant, dans certains cas, constituer seuls par eux-mêmes le délit d'outrage. — Chassan, t. 1er, no 564. — *Contrà*, de Grattier, t. 2, p. 74, no 25.

218. — Si l'outrage, accompagné d'excès ou de violences, a été commis publiquement ou non, envers un magistrat de l'ordre administratif ou judiciaire dans l'exercice de ses fonctions, il doit être réprimé conformément aux art. 228 et 229 C. pén.

219. — « Tout individu, porte l'art. 228 précité, § 1er, qui, même sans armes, et sans qu'il en soit résulté de blessures, aura frappé un magistrat dans l'exercice de ses fonctions, ou à l'occasion de cet exercice, sera puni d'un emprisonnement de deux à cinq ans. »

220. — Et l'art. 229 ajoute: « Le coupable pourra de plus être condamné à s'éloigner, pendant cinq à dix ans, du lieu où siège le magistrat, et d'un rayon de deux myriamètres. Cette disposition aura son exécution à dater du jour où le condamné aura subi sa peine. Si le condamné enfreint cet ordre avant l'expiration du temps fixé, il sera puni du bannissement. »

221. — Le maire étant, de droit, membre du conseil de fabrique, les coups qu'il reçoit lorsqu'il assiste à l'assemblée de ce conseil, sont réputés portés à ce magistrat dans l'exercice de ses fonctions, et non à un simple particulier. — *Cass.*, 28 août 1823, Dermoncout.

222. — Si l'outrage accompagné d'excès ou de violences a eu lieu publiquement envers un magistrat ou fonctionnaire public, à l'occasion ou à raison de sa qualité, de ses fonctions ou de leur exercice, le coupable doit être puni non-seulement des peines portées au § 1er de l'art. 228 et à l'art. 229 du Code pénal, mais encore d'une amende de 100 fr. à 400 fr., conformément au § 4 de l'art. 6 de la loi du 26 mars 1822, qui a dérogé pour le cas dont il s'agit, aux articles précités du Code pénal.

223. — Mais il faut pour l'application du § 4 de l'art. 6 de la loi du 25 mars 1822, que l'outrage accompagné d'excès ou de violences, et commis à raison ou à l'occasion de la fonction ou de la qualité, ait été public. Si cet outrage a eu lieu non publiquement, il continue à être régi par les dispositions des art. 228 et 239 du Code pénal. — Chassan, t. 1er, no 564 *in fine*.

224. — Le magistrat qui se porte envers un substitut, pendant que ce dernier se trouve dans le parquet pour le servir, à une voie de fait à l'occasion d'une dénonciation qu'il aurait faite au procureur général d'une scène précédente qui avait eu lieu entre eux, commet envers ce substitut le délit d'outrage à l'occasion de l'exercice de ses fonctions prévu et puni par les art. 222 et 228 du Code pénal. — *Rennes*, 9 fév. 1835, M...

225. — Le coup porté à un maire dans une discussion relative à l'exercice de ses fonction, tombe néanmoins sous l'application de l'art. 228 du Code pénal, quoiqu'il n'ait été porté qu'à la suite d'une injure proférée par le maire (*Cass.*, 9 sept. 1837 [t. 2 1837, p. 608], Meilheurat). — La provocation n'est point, en effet, considérée comme une excuse. — V. *infrà* nos 313 et suiv.

226. — Lorsque la voie de fait a eu lieu à l'audience, envers un magistrat dans l'exercice de ses fonctions, ou à l'occasion de cet exercice, ou à raison de ses fonctions ou de sa qualité, le coupable encourt, indépendamment des peines portées aux art. 228, § 1er, et 29 du Code pénal, celle de la dégradation civique. — C. pén., art. 228, § 2; L. 25 mars 1822, art. 6, § 5.

227. — Les violences de l'espèce exprimée en l'art. 228 du Code pénal, dirigées contre un officier ministériel, un agent de la force publique ou un citoyen chargé d'un ministère de service public, si elles ont eu lieu pendant qu'ils exerçaient leur ministère ou à cette occasion, sont punies d'un emprisonnement d'un mois à six mois. — C. pén. art. 230.

228. — Lorsque l'outrage commis publiquement soit envers un juré à raison de ses fonctions, soit envers un témoin à raison de sa déposition, soit envers un membre de l'Assemblée nationale à raison de ses fonctions ou de sa qualité, a été accompagné d'excès ou de violences, il est puni des peines portées au § 1er de l'art. 228 et à l'art. 229 du Code pénal, et en outre d'une amende de 100 fr. à 4,000 fr. — L. 25 mars 1822, art. 6, § 4.

229. — L'outrage public contre le ministre d'un culte légalement reconnu en France, et dans l'exercice de ses fonctions, accompagné d'excès ou de violences, est, d'après l'art. 6, § 4, de la loi précitée, puni des mêmes peines auxquelles la loi du 28 avril 1832 (art. 263) a ajouté celle de la dégradation civile.

230. — L'art. 263 du Code pénal ne disposant que pour le cas où le ministre du culte a été frappé *dans ses fonctions*, et ne paraissant point exiger, pour son application, que les coups soient accompagnés d'un outrage par paroles ou par gestes, il s'ensuit que l'outrage public avec excès ou violences envers un ministre du culte, *à raison de l'exercice de ses fonctions*, doit être réprimé conformément au § 4 de l'art. 6 de la loi du 25 mars 1822. — Chassan, t. 1er, n° 591.

231. — Si les violences exercées contre l'une des personnes désignées dans les numéros précédens ont été la cause d'effusion de sang, de blessures ou maladies, la peine sera la réclusion; si la mort s'en est suivie dans les quarante jours, le coupable sera puni des travaux forcés à perpétuité. — Dans le cas même où ces violences n'auraient pas causé d'effusion de sang, blessures ou maladie, les coups seront punis de la réclusion s'ils ont été portés avec préméditation ou de guet-apens. — Enfin, si les coups ont été portés ou les blessures faites avec intention de donner la mort, le coupable sera puni de mort. — C. pén., art. 231, 232 et 233; L. 25 mars 1822, art. 6, § 5.

232. — Tels sont les principes généraux applicables à la répression de l'outrage accompagné d'excès ou de violences. Le développement de ces principes se trouve au mot BLESSURES ET COUPS, nos 189 et suiv., auquel, par conséquent, nous nous bornons ici, pour les détails, à renvoyer.

§ 9. — *Outrage aux bonnes mœurs ou à la morale publique, à la morale religieuse ou à la religion, et envers les objets du culte.*

233. — Le mot *outrage* n'est pas employé seulement pour désigner les délits de diffamation et d'injure commis envers les fonctionnaires publics, agens de la force publique, et autres personnes dénommées dans les paragraphes qui précèdent, dans les conditions qui y sont exprimées. Il sert aussi à désigner des délits commis autrement qu'envers des personnes. Ainsi, les attaques dirigées par paroles, par gestes ou par l'un des moyens énoncés en l'art. 1er de la loi du 17 mai 1819, contre les bonnes mœurs, la morale publique, la morale religieuse ou la religion, et les objets du culte, sont également qualifiées *outrages*.

234. — Tout ce qui concerne les outrages contre les *bonnes mœurs* et la *morale publique* a déjà été traité au mot DÉLITS DE PRESSE, nos 261 et suiv. La législation et les questions qui s'y rattachent, relatives aux outrages contre la *morale religieuse* ou la *religion*, et les *objets du culte*, ont été exposées et examinées au mot CULTE, nos 498 et suiv. Nous devons, pour tous ces points, renvoyer aux mots précités.

235. — Nous ferons remarquer ici seulement que l'art. 8 de la loi du 17 mai 1819 a continué à régir l'outrage à la morale publique depuis la promulgation de la loi du 25 mars 1822, qui ne punit que l'outrage envers la religion. — *Cass.*, 18 sept. 1829, Bertrand-Vivès.

§ 10. — *Compétence, poursuite, citation* (forme), *preuve, excuse, prescription.*

236. — *Compétence.* — Sous l'empire du Code du 3 brum. an IV, un tribunal de simple police ne pouvant prononcer d'amende que jusqu'à la valeur de trois journées de travail, était incompétent pour statuer sur les injures commises envers les juges en pleine audience, ce délit étant puni d'une amende de 6 francs. — *Cass.*, 18 vendém. an IX, intérêt de la loi.

237. — Il ne pouvait, à plus forte raison, prononcer sur les outrages envers les préposés à la perception de la taxe d'entretien des routes, ces outrages donnant lieu à une amende de 100 fr. — *Cass.*, 7 thermid. an VII, N...

238. — Le tribunal de police est également incompétent pour connaître d'un délit d'outrages commis envers des gardes nationaux dans l'exercice de leurs fonctions. — *Cass.*, 26 fruct. an VII, Lebé.

239. — ... Pour prononcer sur des outrages commis envers un adjoint au maire dans l'exercice de ses fonctions. — *Cass.*, 3 sept. 1807, Crépinel.

240. — ... Ou envers un garde champêtre dans l'exercice de ses fonctions. — *Cass.*, 9 nov. 1810, Dumontier.

241. — ... Alors même que ces outrages auraient peu de gravité et qu'ils ne seraient point publics. — *Cass.*, 23 janv. 1829, Dubreuil.

242. — Les juridictions étant de droit public, un tribunal de simple police ne peut, même du consentement des parties intéressées, connaître d'un délit d'outrages par paroles envers un fonctionnaire public dans l'exercice de ses fonctions. — *Cass.*, 7 oct. 1809, Malvernat.

243. — Lorsque l'outrage a été commis envers des magistrats en pleine audience, c'est au tribunal ou à la cour qui ont été outragés qu'il appartient d'abord de réprimer cet outrage. Mais il faut qu'après avoir immédiatement constaté les faits, ils statuent séance tenante; autrement, la connaissance de cet outrage revient à la juridiction correctionnelle ordinaire. — *Cass.*, 19 mars 1812, Lebouvier.

244. — Mais quelle est la juridiction compétente pour statuer sur le délit d'outrages commis envers les fonctionnaires publics, les agens de l'autorité publique qui ne peuvent être assimilés aux fonctionnaires, les agens ou dépositaires et commandans de la force publique, dans l'exercice de leurs fonctions, à l'occasion de l'exercice ou à raison de leurs fonctions ou de leur qualité?

245. — Aux termes de l'art. 14 L. 26 mai 1819, les delits de diffamation verbale ou d'injures verbales contre toute personne sont jugés par les tribunaux correctionnels, et la loi du 8 oct. 1830 (art. 1er) attribue aux Cours d'assises la connaissance de tous les délits commis soit par la voie de la presse, soit par tous les autres moyens de publication énoncés en l'art. 1er de la loi du 17 mai 1819. L'art. 2 de la loi précitée du 8 oct. 1830 ajoute: «Sont exceptés les cas prévus par l'art. 14 de la loi du 26 mai 1819.»

246. — Il résulte de la combinaison des art. 14, L. du 26 mai 1819; art. 1er et 2, L. du 8 oct. 1830, que la diffamation et l'injure *verbales* contre *toute personne*, c'est-à-dire aussi bien contre les fonctionnaires publics et ceux qui ont agi dans un caractère public que contre les simples particuliers, sont justiciables des tribunaux correctionnels. — V. DIFFAMATION, INJURES, nos 377 et suiv.

247. — L'outrage *verbal* commis publiquement, dans l'exercice de leurs fonctions, à l'occasion de l'exercice ou à raison de ces fonctions, contre des magistrats de l'ordre administratif ou judiciaire, des agens de l'autorité publique, et, plus généralement, contre toutes les personnes que comprend l'expression de *fonctionnaires publics*, employée dans l'art. 6 de la loi du 25 mars 1822, n'étant autre chose qu'une diffamation ou une injure verbale, il s'ensuit qu'il doit subir le même sort, et, comme elles, être soumis à la juridiction correctionnelle. — Parant, p. 240 et suiv.; de Grattier, t. 1er, p. 415 et suiv., nos 4 et 5; Chassan, t. 2, nos 1395 et 1397.

248. — La Cour de cassation n'avait point tout d'abord admis cette doctrine. Ainsi, elle décida pendant quelque temps que l'outrage verbal fait publiquement contre les agens de l'autorité publique, ou les fonctionnaires publics, était de la compétence exclusive de la Cour d'assises et non de la juridiction correctionnelle. — *Cass.*, 13 juill. 1833, Theyssier; 20 déc. 1833, Ansart; 2 janv. 1834, Gazard; 16 janv. 1834 Briois.

249. — L'outrage verbal fait à un membre de la Chambre des députés, à raison de sa qualité, fut aussi rangé par elle dans la compétence de la Cour d'assises. — *Cass.*, 22 fév. 1834, Thévenard.

250. — Mais la Cour de cassation, ayant été appelée à se prononcer en audience solennelle sur la question, a abandonné sa jurisprudence antérieure pour se prononcer, dans le cas dont il s'agit, en faveur de la compétence du tribunal de police correctionnelle (arrêt du 10 juin 1834, Briois), et, depuis, cette décision a été constamment suivie. — *Cass.*, 10 juill. 1834, Planta. — V. aussi, dans le même sens, *Colmar*, 2 et 11 juin 1834, N...

251. — La Cour d'Orléans a jugé aussi spécialement que l'outrage par parole commis publiquement envers des jurés à raison de leurs fonctions, délit prévu par les art. 16 et 19, L. 17 mai 1819, combinés avec l'art. 6, L. 25 mars 1822, était de la compétence du tribunal de police correctionnelle et non de la cour d'assises, d'après l'art. 2, L. 8 octobre 1830, qui faisait exception à son art. 1er pour les délits prévus par l'art. 14, L. 26 mai 1819. — Arrêt du 18 fév. 1834, de Malmusse. — Mais l'opinion contraire est enseignée par MM. de Grattier (t. 1er, p. 418, n° 5) et Chassan (t. 2, n° 1385). Selon ces auteurs, la Cour d'assises doit être seule compétente, parce que les jurés sont revêtus d'un caractère public et qu'ils exercent en même temps des fonctions publiques.

252. — Avant la loi du 8 oct. 1830, la Cour de cassation avait décidé que l'outrage verbal commis publiquement envers un témoin à raison de sa déposition et accompagné de violences était de la compétence de la Cour d'assises et non du tribunal correctionnel (arrêt du 31 mai 1827, Baudet). — Mais aujourd'hui c'est au tribunal de police correctionnelle qu'il appartient de connaître de ce délit (L. 8 oct. 1830, art. 2).

253. — Le témoin ne pouvant être, comme nous l'avons dit (V. *suprà* n° 181), considéré comme un fonctionnaire public, il en résulte que l'outrage qui lui est fait à raison de sa déposition, même par la voie de la presse, n'est point de la compétence de la Cour d'assises. La loi du 8 oct. 1830 n'attribue la connaissance des délits de la presse au jury que lorsqu'ils concernent des fonctionnaires publics. L'outrage à un témoin rentre dans la catégorie des délits commis par une voie de publication quelconque envers les particuliers. — Chassan, t. 1er, n° 559, et t. 2, n° 1384. — V., cependant, *Lyon*, 5 juin 1834, Pitrat et Jomard (aff. de la *Gaz. du Lyonnais*). — De Grattier, t. 1er, p. 418, n° 5.

254. — L'outrage commis envers les ministres du culte par la voie de la presse à raison de leurs fonctions, quoiqu'il soit puni de peines plus rigoureuses que la diffamation ou l'injure envers de simples particuliers, n'en tombe pas moins également sous la juridiction des tribunaux correctionnels. — *Cass.*, 10 sept. 1836, Bonnet. — Chassan, t. 2, n° 1387.

255. — Mais, à la différence de l'outrage verbal, l'outrage par la voie de la presse contre un représentant à l'Assemblée nationale à raison de sa qualité, est justiciable du jury, non pas que ce représentant soit un fonctionnaire public ou un agent de l'autorité, mais parce que ses actes, comme représentant, sont essentiellement liés à la politique. — M. Chassan (t. 2, n° 1377) le décidait ainsi, avant la révolution du 24 février 1848, à l'égard de l'outrage par la voie de la presse à un membre de la Chambre des députés.

256. — A l'égard des outrages envers les notaires, les avoués et les huissiers, qui sont des officiers ministériels, ils sont de la compétence des tribunaux correctionnels, soit qu'ils aient été commis par paroles, soit qu'ils l'aient été par la voie de la presse. — Chassan, 2e édit., t. 2, p. 161, note 4.

257. — Nous avons vu que pour que l'outrage envers un fonctionnaire public fût de la compétence de la Cour d'assises, il fallait qu'il eût été commis, ainsi que l'exige l'art. 1er de la loi du 8 oct. 1830, soit par la voie de la presse, soit par tous les autres moyens de publication énoncés en l'art. 1er de la loi du 17 mai 1819. Mais l'outrage, tendant à inculper l'honneur ou la délicatesse d'un magistrat, contenu dans un acte notifié d'avoué à avoué, n'a aucun des caractères de publicité prévus par cet article, et doit, dès lors, donner lieu à des poursuites devant la juridiction correctionnelle et non devant la Cour d'assises. — *Cass.*, 21 sept. 1838 (t. 2 1838, p. 271), Viales.

258. — L'outrage contre un juge de paix, à l'occasion de ses fonctions, contenu dans une citation dont lecture a été faite à l'audience d'une justice de paix et inséré dans une procuration présentée à l'audience publique de la justice de paix et déposée comme annexe à un procès-verbal de non-conciliation, ne rentrant pas non plus dans les cas de publicité prévus par l'art. 1er de la loi du 17 mai 1819, est également de la compétence du tribunal correctionnel et non de la Cour d'assises. — *Cass.*, 22 févr. 1839 (t. 1er 1839, p. 459), Souffron c. Faure.

259. — Le président d'un tribunal prévenu d'outrages par voie de publication envers des fonctionnaires publics est justiciable de la Cour d'assises et non de la Cour d'appel. Les art. 479 et 483 C. instr. crim. ont été, en ce point, abrogés par la loi du 8 oct. 1830. — *Douai*, 1er mars 1831, Cressent et Lefebvre c. Fourdinier.

260. — Lorsque, par sa nature, le délit correctionnel imputé à un magistrat rentre dans les attributions de la Cour d'assises, c'est à cette Cour et non à la première chambre civile de la Cour d'appel qu'il appartient d'en connaître. — *Cass.*, 2 janv. 1834, (règlem. de juges), Gazard.

261. — Si l'outrage envers une personne de la classe de celles qui sont énumérées dans l'art. 6 de la loi du 25 mars 1822, a eu lieu par *gestes*, quoique publiquement, il est toujours de la compétence correctionnelle, le *geste* n'étant pas un des moyens de publication énoncés dans l'art. 1er de la loi du 17 mai 1819. Il y a lieu d'appliquer ici l'art. 14 de la loi du 26 mai de la même année, encore bien que cet article ne comprenne littéralement que la diffamation et l'injure verbales. — Parant, p. 242; de Grattier, t. 1er, p. 417; Chassan, t. 2, n° 1398.

262. — Le charivari contre un fonctionnaire public, dans l'exercice ou à raison de ses fonctions, qu'il soit ou non accompagné de vociférations injurieuses, constitue un outrage public justiciable des tribunaux correctionnels. — Chassan, t. 2, n° 1400 ; de Grattier, t. 1er, p. 222.

263. — Avant la révolution du 24 février 1848, la législation répressive de l'outrage commis envers les fonctionnaires publics et autres personnes dénommées dans les lois spéciales précitées n'excluait point l'exercice de l'action civile. Ainsi la partie lésée pouvait saisir elle-même, par une action civile, la juridiction correctionnelle, lorsque le délit ressortissait à cette juridiction, ou se porter partie civile sur la poursuite intentée par le ministère public, soit devant le tribunal correctionnel, soit devant la Cour d'assises. Elle avait également le droit de saisir directement les tribunaux civils aux fins d'obtenir des dommages-intérêts. — *Cass.*, 23 juin 1846 (t. 1er 1848, p. 528), Adam et Peauger c. Giraud; *Montpellier*, 27 janv. 1847 (t. 1er 1849, p. 489), Lefranc c. Dubois; 5 mai 1847 (t. 1er 1848, p. 516), Marrast et Lemaignère c. Claverie et Lescun.

264. — Mais, par un décret rendu le 22 mars 1848, et encore en vigueur, le Gouvernement provisoire, considérant que les fonctions publiques sont exercées sous la surveillance et le contrôle des citoyens; que chaque citoyen a le droit et le devoir de faire connaître à tous par la voie de la presse ou par tout autre moyen de publication les actes blâmables des fonctionnaires ou des personnes revêtues d'un caractère public, sauf à répondre légalement des faits publiés; que le débat entre le fonctionnaire et le citoyen touche nécessairement à des intérêts publics; a attribué exclusivement aux cours d'assises la connaissance des délits commis par la voie de la presse ou par tout autre moyen de publication contre les fonctionnaires publics et les personnes revêtues d'un caractère public.

265. — Il a, en conséquence, par l'art. 1er du décret précité, déclaré les tribunaux civils incompétens pour connaître des diffamations, injures ou autres attaques dirigées par la voie de la presse ou par tout autre moyen de publication contre les fonctionnaires ou contre tout citoyen revêtu d'un caractère public, à raison de leurs fonctions ou de leur qualité, et prescrit à ces tribunaux, lorsqu'ils étaient saisis d'une action en dommages-intérêts fondée sur des faits de cette nature, de renvoyer devant qui de droit.

266. — La Constitution du 4 nov. 1848, après avoir (art. 83) attribué aussi exclusivement au jury la connaissance de tous les délits commis par la voie de la presse, dispose également (article 84) que « le jury statue seul sur les dommages-intérêts réclamés pour faits ou délits de presse. »

267. — Toutefois, le décret et la Constitution précités, ne statuant qu'à l'égard des délits commis par la voie de la presse ou par un moyen quelconque de publication, ont laissé subsister la législation et la jurisprudence antérieures sur la compétence des tribunaux correctionnels et civils, soit pour l'application de la peine, soit pour la prononciation des dommages-intérêts, dans le cas où l'outrage envers un fonctionnaire, ou tout autre citoyen revêtu d'un caractère public, est commis autrement que par la voie de la presse ou par un moyen quelconque de publication. — *Besançon*, 17 août 1848 (t. 2 1849, p. 240), Delacourt.

268. — Ainsi, depuis la promulgation de ces décret et Constitution, les délits de diffamation *verbale* et *publique* contre des fonctionnaires sont restés de la compétence des tribunaux correctionnels, en vertu de l'art. 14 L. 26 mai 1819, maintenu par la loi du 8 oct. 1830. — Même arrêt.

269. — *Mode de poursuite.* — Sous le Code du 3 brumaire an IV, les outrages commis envers un conseil de révision en séance pouvaient être l'objet d'une poursuite d'office; et l'action publique n'était pas liée par l'indulgence du tribunal auquel ces outrages avaient été adressés. — *Cass.*, 15 frim. an VII, Callaud.

270. — Lorsque l'outrage est commis pendant l'audience envers les cours et tribunaux, ces cours et tribunaux peuvent les réprimer séance tenante; la formalité d'une plainte ou réquisition préalable n'est pas nécessaire. — Parant, p. 212 et 213; de Grattier, t. 1er, p. 337, n° 5, et p. 342, n° 4; Chassan, t. 2, nos 1140 et 1141.

271. — Mais si ce délit n'a point été réprimé séance tenante, la poursuite n'en peut plus avoir lieu qu'après une délibération de la cour ou du tribunal requérant la poursuite. — L. 26 mai 1819, art. 4.

272. — Lorsqu'un témoin est outragé à l'audience, et pendant qu'il dépose, les tribunaux peuvent à l'instant même, d'office et sans réquisition du ministère public, comme dans le cas où ce sont les magistrats eux-mêmes qui sont outragés, réprimer ce délit, si la peine à prononcer rentre dans les limites de leur compétence. — *Cass.*, 6 nov. 1823, Leprêtre. — Parant, p. 212 et 213; Chassan, t. 2, n° 1140.

273. — Mais si ce délit n'est pas réprimé immédiatement, et que le témoin outragé ne se soit point fait faire de réserves par le tribunal, il n'est plus recevable à former plus tard, et devant une autre juridiction, une action en diffamation à raison de l'outrage dont il prétendrait avoir été l'objet. On doit alors supposer que l'outrage était commandé par les nécessités de la défense. — *Nîmes*, 27 mai 1841 (t. 2 1841, p. 146), Marnas c. Valentin.

274. — Si cependant le tribunal était incompétent pour prononcer les peines encourues par l'outrage commis devant lui, ou si le témoin outragé à raison de sa déposition eût été absent, ce témoin pourrait, dans ce cas, exercer une action directe. Il pourrait, par exemple, saisir le tribunal de police correctionnelle de la connaissance d'un outrage commis envers lui à raison de sa déposition. — *Cass.*, 6 nov. 1823, Leprêtre.

275. — Avant la loi du 25 mars 1822, la poursuite de l'outrage contre tout agent ou dépositaire de l'autorité publique ne pouvait jamais avoir lieu que sur la plainte de la partie qui se prétendait lésée. — L. 17 mai 1819, art. 5.

276. — L'art. 17 de la loi du 25 mars 1822 autorisa, au contraire, le ministère public à poursuivre d'office les délits prévus tant par ladite loi que par celle du 17 mai 1819. Et il a été jugé spécialement, sous l'empire de l'art. 17 précité, que le ministère public était recevable à poursuivre d'office, et sans avoir été provoqué par une plainte, les délits d'outrages commis publiquement envers des magistrats, à l'occasion de l'exercice de leurs fonctions. — *Cass.*, 2 févr. 1827, Georges Graff.

277. — ... Ainsi que l'outrage fait publiquement à un témoin à raison de sa déposition, encore bien que le témoin n'ait point été présent au moment de l'outrage. — *Cass.*, 12 sept. 1828, François Jaussand.

278. — Mais la loi du 8 oct. 1830 a aboli, par son art. 5, l'art. 17 de la loi du 25 mars 1822, et accordé par son art. 4, au ministère public, le droit de poursuivre d'office les délits mentionnés en son art. 1er, en se conformant aux dispositions des lois des 26 mai et 9 juin 1819. Par cette disposition, la loi du 8 octobre a fait revivre l'art. 5 de la loi du 26 mai 1819. — Chassan, t. 2, n° 1137. — V. DIFFAMATION ET INJURES, n° 495.

279. — Toutefois, cette loi du 8 oct. 1830 n'a rien statué à l'égard du délit d'outrage prévu par l'art. 6 de la loi du 25 mars 1822. Doit-on en conclure que l'art. 5 de la loi du 26 mai 1819 est applicable dans le cas d'outrages publics envers les fonctionnaires publics, les jurés ou les témoins, les ministres des cultes, à raison de leurs fonctions ou de leur qualité, comme dans le cas d'outrages envers les agens ou dépositaires de l'autorité publique, seuls mentionnés dans l'art. 5 précité, et que, par conséquent, la poursuite des uns et des autres nécessite une plainte préalable?

280. — MM. Parant (p. 211) et Rauter (n° 798 *bis*) ont soutenu l'affirmative, en se fondant sur ce que l'outrage constituant nécessairement une diffamation ou une injure, le délit d'outrage prévu par l'art. 6 de la loi du 25 mars 1822 devait être assimilé, quant au mode de poursuite, aux délits de diffamation ou d'injure prévus par l'art. 5 de la loi du 26 mai 1819. C'est aussi l'opinion écrite par M. de Grattier (t. 1er, p. 339 et suiv.).

281. — Mais la Cour de cassation a décidé que la loi du 8 oct. 1830, en gardant le silence sur le délit d'outrage prévu par l'art. 6 de la loi du 25 mars 1822, a laissé la répression de ce délit soumise au droit commun. — *Cass.*, 5 juin 1845 (t. 1er 1845, p. 184), Duporzon. — Or, aux termes du droit commun, la poursuite d'office de tous les délits appartient d'une manière générale au ministère public; et cette règle devrait plutôt être étendue que l'exception créée par l'art. 5 de la loi du 26 mai 1819.

282. — Cependant M. Chassan (t. 2, n° 1137) fait sur la question précédemment posée, une distinction qui paraît plus conforme, sinon à la lettre, au moins à l'esprit de la loi. Cet auteur distingue entre les délits déjà réprimés par les lois des 17 et 26 mai 1819, tels que les diffamations et injures ou outrages contre les agens ou dépositaires de l'autorité publique, parmi lesquels sont compris tous les fonctionnaires, et le délit d'outrages créé par la loi de 1822 en ce qui concerne les jurés ou témoins et les ministres du culte. Dans le premier cas il y aurait lieu d'appliquer l'art. 5 de la loi du 26 mai 1819, qui veut que le délit ne puisse être poursuivi qu'après une plainte de la partie lésée. Dans le second cas, une plainte préalable ne serait pas nécessaire pour motiver la poursuite; le ministère public pourrait alors l'exercer d'office.

283. — Mais cette distinction est contraire à la jurisprudence de la Cour de cassation. Cette Cour a décidé, en effet, à l'égard des outrages publics commis envers un ministre du culte, à raison de ses fonctions ou de sa qualité, que, le ministre du culte devant être assimilé dans ce cas à un simple particulier, l'action publique ne pouvait être mise en mouvement que sur sa plainte, conformément à l'art. 5 de la loi du 26 mai 1819, et qu'ainsi la répression de ce délit ne pouvait être poursuivie d'office par le ministère public. — *Cass.*, 10 janv. 1833, Godet; 25 juin 1846 (t. 2 1846, p. 552), Destrez.

284. — Quel que soit le mode de poursuite du délit d'outrages envers les jurés ou témoins et les ministres du culte, il devait évidemment être suivi dans le cas d'outrages commis contre les membres de l'Assemblée nationale à raison de leurs fonctions ou de leur qualité; le décret du 11-12 août 1848 ne contenant aucune disposition réglementaire de ce mode de poursuite.

285. — Au surplus: la formalité d'une plainte préalable n'est pas nécessaire lorsque l'outrage, public ou non, est commis contre des fonctionnaires publics dans l'exercice de leurs fonctions, ce délit continuant à être réprimé par le Code pénal (art. 222 et 223). Elle doit être restreinte aux cas d'attaques régis par les lois de la Presse. — Parant, p. 242; Rauter, t. 2, n° 793 *bis*; de Grattier, t. 1er, p. 340 et 342; Chassan, t. 2, nos 1139, 1144 et 1144 *bis*.

286. — Spécialement, les outrages par paroles, commis non publiquement envers des magistrats dans l'exercice de leurs fonctions, donnent lieu à l'application de l'art. 222 C. pén.; et non à celle des dispositions de la loi du 17 mai 1819, relatives à la diffamation: la poursuite n'en est pas subordonnée à l'existence d'une plainte. — *Cass.*, 17 mai 1845 (t. 2 1845, p. 431), Alfred de Theville.

287. — Jugé également que le ministère public a le droit de poursuivre d'office les outrages publics adressés à un desservant dans l'exercice de son ministère. — *Cass.*, 10 janv. 1833, Godet. — V. aussi, en ce sens, Parant, p. 212 et 213; de Grattier, t. 1er, p. 340; Chassan, t. 2, nos 1142 et 1144 *bis*.

288. — Le ministère public peut encore poursuivre d'office la répression du délit d'outrage envers les officiers ministériels, les agens dépositaires ou commandans de la force publique, commis non seulement dans l'exercice de leurs fonctions, mais aussi à l'occasion ou à raison de l'exercice de ces fonctions. Car à ce délit ne s'appliquent point les lois de 1819 et de 1822; il demeure régi, quant à la peine, par les art. 224 et 225 C. pén., et, quant à la poursuite, par le droit commun. — De Grattier, t. 1er, p, 342, n° 4; Chassan, t. 2, n° 1138.

289. — Les gardes nationaux, pris en dehors de l'exercice de leurs fonctions, étant, comme nous l'avons dit (V. *suprà* n° 122), des agens de l'autorité publique, l'art. 5 de la loi du 26 mai 1819 devrait être observé pour la poursuite de l'outrage dont ils auraient été l'objet à l'occasion de l'exercice de leurs fonctions ou à raison de leur qualité. Mais, étant des agens de la force publique, lorsqu'ils sont de service, l'outrage commis envers eux dans l'exercice de leurs fonctions pourrait être réprimé sur la poursuite d'office du ministère public.

290. — Considérées dans leur ensemble les gardes nationales ne sont pas des corps constitués dans le sens de l'art. 4 de la loi du 26 mai 1819, et, dès lors les outrages dirigés contre elles hors de l'exercice de leurs fonctions d'agens de la force publique et non à l'occasion de cet exercice peuvent être poursuivis d'office par le ministère public et sans qu'il soit besoin d'une plainte de leur part. — *Cass.*, 29 avril 1831, Ragon. — Mangin, *De l'action publique*, t. 1er, p. 333 et 335, et t. 2, p. 37 et 99; Chassan, t. 2, n° 1131. — *Contrà*, Parant, p. 219.

291. — Avant le décret du Gouvernement provisoire, en date du 22 mars 1848, l'action civile pour réparation du préjudice résultant de l'outrage commis, d'une manière quelconque, envers un fonctionnaire public ou tout citoyen revêtu d'un caractère public, pouvait être exercée séparément de l'action publique, et portée soit devant les mêmes juges que l'action publique, conformément à l'art. 3 C. inst. crim., soit devant les tribunaux civils. D'après l'art. 2 du décret précité, l'action civile ne peut plus, au contraire, être poursuivie séparément de l'action publique, lorsque le délit a été commis par la voie de la presse ou par tout autre moyen de publication. Mais ce décret n'a point dérogé au principe du droit commun pour le cas où l'outrage a eu lieu verbalement, soit qu'il ait été commis publiquement ou non.

292. — Quant à la forme de la citation en matière d'outrage, elle est la même que celle prescrite en matière de diffamation et d'injure. Ainsi, la citation doit, à peine de nullité de la poursuite, contenir l'articulation et la qualification des outrages à raison desquels la poursuite est intentée. — L. 26 mai 1819, art. 6. — V., au surplus, DIFFAMATION ET INJURES, nos 549 et suiv.

293. — Lorsque les faits constitutifs de la prévention ne sont énoncés que par la qualification légale avec la mention de la date, ils ne sont pas articulés d'une manière assez positive pour remplir le vœu de la loi. En conséquence : est nulle la citation portant que le cité est prévenu d'avoir tel jour outragé par paroles tendant à inculper l'honneur et la délicatesse le maire de telle commune, et d'avoir ainsi outragé ce magistrat dans l'exercice de ses fonctions et à l'occasion de cet exercice. — *Cass.*, 23 juill. 1835, P... — Parant, p. 476 ; de Grattier, t. 1er, p. 351.

294. — ...La qualification donnée par le plaignant au fait incriminé en lui par le ministère public, qui dans sa poursuite doit se conformer aux significations et distinctions établies par la loi. — Spécialement, bien qu'un magistrat ait porté plainte pour *faits calomnieux et diffamatoires*, le ministère public peut les qualifier d'*outrage public*, selon les dispositions de la loi spéciale, et appliquer le mode de poursuite relatif à la prévention. — *Cass.*, 5 juin 1845 (t. 1er 1846, p. 184), Duporzon.

295. — Lorsqu'un fait a été, sur la poursuite du ministère public, qualifié par la chambre du conseil et la chambre d'accusation, d'injures publiques envers des agens de l'autorité, le ministère public ne peut point, devant la Cour de cassation, changer la qualification et prétendre que ce fait constitue le délit de trouble à la paix publique par excitation au mépris et à la haine d'une classe de citoyens, qui peut être poursuivi sans plainte préalable de la partie lésée. — *Cass.*, 5 août 1831, Savary.

296. — Toutefois, le tribunal saisi par une citation qui articule contre le prévenu une prévention de diffamation et d'*injures publiques* envers un dépositaire de l'autorité publique, et lui impute de lui avoir adressé des expressions outrageantes, termes de mépris et invectives n'est pas lié non plus par cette articulation ; et il peut condamner le prévenu appelé devant lui pour outrages envers un fonctionnaire public. — *Cass.*, 17 juill. 1846 (t. 2 1846), p. 636), Lambert c. Muret.

297. — *Preuve, excuses.* Sous le Code pénal de 1810, qui permettait (art. 372) la preuve de la vérité des faits diffamatoires, les outrages commis envers un fonctionnaire public, dans l'exercice de ses fonctions, ne pouvaient pas être justifiés par la vérité des imputations. — *Cass.*, 27 juin 1811, Royer.

298. — Ainsi, lorsqu'un individu a été poursuivi pour avoir traité de voleur un fonctionnaire public dans l'exercice de ses fonctions, il n'y a pas lieu à surseoir au jugement de la poursuite, jusqu'à ce qu'il ait été statué sur une plainte en vol, portée par le prévenu contre ce fonctionnaire. — Même arrêt.

299. — Jugé, au contraire, qu'avant la loi du 17 mai 1819, dont l'art. 26 a abrogé l'art. 372 C. pén., si l'outrage envers un fonctionnaire public dans l'exercice de ses fonctions avait été fait par écrit, et que le prévenu eût dénoncé à la justice les faits prétendus outrageans à raison desquels il était poursuivi, il y avait lieu de surseoir à statuer sur la plainte. — *Cass.*, 15 oct. 1812, N....

300. — La loi du 26 mai 1819 (art. 20) n'autorisait la preuve de la vérité des faits diffamatoires que dans le cas d'imputation, contre des dépositaires ou agens de l'autorité ou contre toutes personnes ayant agi dans un caractère public, de faits relatifs à leurs fonctions. La loi du 25 mars 1822 (art. 18), en n'admettant, dans aucun cas, la preuve testimoniale pour établir la réalité des faits injurieux ou diffamatoires, a tacitement abrogé l'art. 20 de la loi du 26 mai 1819. Mais la loi du 8 oct. 1830 (art. 4 et 5) ayant prononcé l'abrogation de l'art. 18 de la loi de 1822 et déclaré, en outre, que la poursuite et le jugement des délits commis par la voie de la presse et par tous les autres moyens de publication énoncés en l'art. 1er de la loi du 17 mai 1819 auraient lieu conformément aux lois des 26 mai et 9 juin 1819, a remis en vigueur l'art. 20 de la loi du 26 mai 1819. Quoique cet article ne permette que la preuve de la vérité des *faits diffamatoires*, ne peut-on pas néanmoins l'étendre à l'*outrage ?*

301. — Supposons d'abord le cas où la répression de l'outrage est poursuivie devant la Cour d'assises. Nous avons vu précédemment que la qualification d'*outrage* s'employait pour désigner la *diffamation* et l'*injure* envers les fonctionnaires publics ou les agens de l'autorité. L'*outrage* n'est donc pas, d'abord, autre chose que la *diffamation* ou l'*injure*. Ces délits ne diffèrent entre eux que par les personnes auxquelles ils s'appliquent. Nous avons vu, ensuite, que l'outrage envers les fonctionnaires publics par la voie de la presse ou par l'un des moyens énoncés en l'art. 1er de la loi du 17 mai 1819 était, de même que la diffamation commise de la même manière, de la compétence des Cours d'assises. Cette assimilation doit faire appliquer à l'*outrage* toutes les dispositions, et notamment l'art. 20 de la loi du 26 mai 1819, qui concernent la *diffamation*. Ainsi, s'il y a dans l'outrage imputation de *faits diffamatoires*, la preuve de ces faits peut être autorisée comme au cas de diffamation. C'est ce qui nous paraît résulter du décret du 22 mars 1848. Mais si l'outrage ne consiste qu'en expressions outrageantes, n'emportant point imputation de faits, il n'y a plus lieu alors d'autoriser la preuve. — Parant, p. 348 ; de Grattier, t. 1er, p. 465, n° 5 ; Chassan, t. 2, n° 1800.

302. — Dans le numéro qui précède, nous avons raisonné dans l'hypothèse où l'outrage était non-seulement de la compétence de la Cour d'assises, mais encore réprimé par l'art. 6 de la loi du 25 mars 1822. Si l'outrage rentre dans les limites de la compétence du tribunal de police correctionnelle et est réprimé par les art. 222 et suiv. du C. pén., la preuve de la vérité des faits imputés ne peut jamais être admise. Les principes des lois dites de la presse sont inapplicables aux délits prévus par le C. pén. — Chassan, 2e édit., t. 2, p. 474, note 3.

303. — Jugé spécialement que, dans le cas d'outrages non publics adressés à des magistrats dans l'exercice de leurs fonctions, lesquels outrages donnent lieu à l'application de l'art. 222 C. pén., le prévenu n'est pas admissible à faire la preuve des faits qu'il a allégués. — *Cass.*, 17 mai 1845 (t. 2 1845, p. 431), Alfred de Theville. — V. aussi, en ce sens, Parant, p. 348 ; de Grattier, t. 1er, p. 466, n° 6 ; Chassan, t. 2, n° 1802, et p. 474, note 3. — Mais, V. en sens contraire, *Besançon*, 17 août 1848 (t. 2 1849, p. 240), Delacourt.

304. — Si l'outrage, réprimé par les dispositions du C. pén., rentrait à raison de la peine dont il serait passible (C. pén., art. 228, 231 et suiv.), dans la compétence des cours d'assises, la preuve de la vérité des imputations diffamatoires ne devrait pas plus être admise que si la répression était poursuivie devant le tribunal correctionnel. — Chassan, t. 2, n° 1803.

305. — L'outrage verbal commis envers des agens de l'autorité ou des individus ayant agi dans un caractère public, non dans l'exercice de leurs fonctions, mais à l'occasion de cet exercice ou pour des faits relatifs à leurs fonctions étant de la compétence du tribunal correctionnel, quoique réprimés par l'art. 6 de la loi du 25 mars 1822, il s'ensuit que la preuve de la vérité des faits diffamatoires contenus dans cet outrage est alors également interdite. — Chassan, t. 2, n° 1974. — *Contrà*, Parant, p. 356 à 359, et p. 345 ; de Grattier, t. 1er, p. 468, n° 8.

306. — Dans tous les cas où l'art. 20 de la loi du 26 mai 1819, qui accorde au prévenu la faculté de prouver la vérité des faits imputés, peut être appliqué, la preuve de la vérité de ces faits affranchit le prévenu non-seulement des condamnations pénales, mais encore des condamnations civiles. — *Cass.*, 5 mai 1847 (t. 1er 1848, p. 516), Marrast et Lemaiguère c. Claverie et Lescun.

307. — L'affranchissement de toute peine prononcée par cet article ne peut toutefois être étendue à un outrage qui n'est pas nécessairement dépendant des mêmes faits. — *Cass.*, 17 juill. 1846 (t. 2 1846, p. 636), Lambert c. Muret.

308. — L'art. 463 C. pén., qui permet aux tribunaux d'admettre des circonstances atténuantes, est applicable en matière d'outrage. Il n'y a pas lieu de distinguer à cet égard entre les délits réprimés par les art. 222 et suiv. C. pén., et ceux prévus par les lois spéciales de la presse. — Chassan, t. 1er, n° 559.

309. — Ainsi, cet article est applicable non-seulement au délit d'outrages envers un maire dans l'exercice de ses fonctions, réprimé par les art. 222 et 224 du Code pénal (*Cass.*, 6 nov. 1812, Huppin), mais encore au délit d'outrages à un fonctionnaire public à l'occasion de l'exercice de ses fonctions, puni des dispositions combinées de l'art. 6 de la loi du 25 mars 1822 et des art. 228 et 229 C. pén. — *Cass.*, 21 mars 1839 (t. 2 1839, p. 389), Lagarde.

310. — Jugé au contraire que l'atténuation de peine autorisée par l'art. 463 C. pén. ne peut être étendue au cas où la peine d'emprisonnement est prononcée par des lois postérieures qui n'ont pas expressément autorisé cette atténuation ; par exemple, aux délits d'outrages publics prévus et punis par la loi du 25 mars 1822. — *Cass.*, 5 juin 1829, Coste.

311. — Toutefois, aucun doute ne peut s'élever au sujet de l'application de l'art. 363 C. pén. aux délits d'outrages commis soit par la voie de la presse, soit par l'un des moyens énoncés dans l'art. 1er de la loi du 17 mai 1819 depuis que l'Assemblée constituante, par le décret des 11-12 oct. 1848 (art. 8), et l'Assemblée législative, par le décret du 27 juill. 1849, ont expressément déclaré cet article applicable aux délits de presse en général.

312. — Lorsqu'un individu prévenu d'avoir outragé publiquement un fonctionnaire public dans l'exercice de ses fonctions demande que les témoins soient interpellés sur le point de savoir si ce fonctionnaire n'était pas en état d'ivresse au moment où il l'a outragé, l'interpellation doit être ordonnée comme tendant à produire une circonstance atténuante en faveur du prévenu. — *Assises du Cantal*, 26 nov. 1833, Trélat.

313. — En matière de diffamation et d'injures verbales, la loi considère la provocation comme une excuse péremptoire. — V. DIFFAMATION ET INJURES, nos 249 et suiv. — Mais il n'en peut être ainsi que lorsque la diffamation ou l'injure sont adressées à un simple particulier. La provocation ne rend point excusable l'outrage commis envers un fonctionnaire ou un agent de la force publique dans l'exercice ou à raison de ses fonctions. — *Rouen*, 11 janv. 1844 (t. 2 1844, p. 122), Godalier. — Chassan, 2e édit. t. 1er, p. 431, note 1re.

314. — ... Spécialement, l'outrage adressé à un garde champêtre ou à un maire dans l'exercice de ses fonctions. — V. DIFFAMATION ET INJURES, nos 354 et suiv.

315. — Les outrages adressés à un surnuméraire de l'enregistrement, remplissant les fonctions de receveur, et à raison de ses fonctions ne peuvent également être excusés par le motif que ces outrages ont été provoqués par des injures. — *Cass.*, 19 août 1842 (t. 2 1842, p. 737), de Germigny.

316. — Celui qui a proféré publiquement des outrages contre des gendarmes conduisant un réquisitionnaire ne peut pas non plus être acquitté sur le prétendu motif qu'il n'aurait agi que par humanité. — *Cass.*, 1er pluv. an VII, Thibal.

317. — Le même fait pouvant, à l'égard d'un fonctionnaire public, renfermer à la fois le délit de diffamation et le délit d'outrage, lesquels sont essentiellement distincts quant à leur objet et à leur peine, il y a lieu, lorsque ce fait est de la compétence de la Cour d'assises, de soumettre au jury deux questions séparées relatives, l'une au délit de diffamation, l'autre au délit d'outrage. — *Cass.*, 17 juill. 1845 (t. 1er 1846, p. 156), Journal l'*Espérance de Nancy*.

318. — Si la réponse du jury est négative au chef d'outrage (réprimé par l'art. 6 L. 25 mars 1822), mais affirmative au chef de diffamation, la Cour d'assises doit appliquer la peine prononcée par l'art. 16 de la loi du 17 mai 1819, aucune contradiction n'existant entre ces deux solutions. — Même arrêt.

319. — En matière d'outrages envers des fonctionnaires publics, la loi n'autorise pas les tribunaux à ordonner l'affiche de leurs jugemens aux frais des prévenus. — *Metz*, 24 juill. 1822, Sabouret c. Mathieu.

320. — *Prescription.* — Quelle est la prescription applicable à l'action publique contre le délit d'outrage commis envers les fonctionnaires publics, les agens de la force publique et les autres personnes que protégent les art. 222 et suiv. C. pén., et les lois spéciales de la presse ? Il faut, ce nous semble, distinguer, pour la solution de cette question, entre le cas où l'outrage a été commis par la voie de la presse ou par l'un des moyens de publication énoncés dans l'art. 1er de la loi du 17 mai 1819, et celui où il a été commis, même publiquement, de toute autre manière.

321. — Dans le premier cas, l'action publique doit se prescrire par six mois révolus, à compter du fait de publication, conformément à l'art. 29 de la loi du 26 mai 1819 (*Cass.*, 16 av. 1829, Pietri); et, dans le second, par trois ans, comme l'action publique pour les délits ordinaires. — *Metz*, 24 juill. 1822, Sabouret c. Mathieu.

322. — D'après l'art. 29 de la loi du 26 mai 1829, l'action civile ne devait se prescrire, dans tous les cas, que par la révolution de trois années, à compter du fait de la publication, lorsque le délit avait été commis par la voie de la presse ou par l'un des moyens énoncés en l'art. 1er de la loi du 17 mai 1819. L'art. 2 du décret du 22 mars 1848 déclare l'action civile éteinte de plein droit par le seul fait de l'extinction de l'action publique. Cette disposition doit recevoir son application de quelque manière que le délit ait été commis.

OUTRAGE AUX MŒURS, A LA MORALE PUBLIQUE.

V. DÉLITS DE PRESSE, nos 261 et suiv.; OUTRAGE, nos 233 et suiv.

OUTRAGE A LA PUDEUR.

1. — L'outrage à la pudeur est, d'après la classification même que lui donne la loi pénale, une des variétés de l'attentat aux mœurs; ce fait constitue un délit prévu et puni par l'art. 330 C. pénal.

2. — La loi n'a pas défini ce que l'on doit entendre par outrage à la pudeur : ce délit, en effet, peut revêtir mille formes différentes. « N'est-il pas d'ailleurs facile, disait M. Monseignat dans son rapport au Corps législatif, de reconnaître les familiarités que la civilisation excuse, les discours que la galanterie autorise, de ne pas les confondre avec les expressions grossières, les attitudes éhontées et l'étalage de la corruption, l'absence ou la licence des vêtemens, l'oubli des principes et du but de la nature et tous les outrages à la pudeur et à l'honnêteté publiques ? »

3. — Il faudrait néanmoins se garder de conclure de ces paroles que les *expressions grossières* peuvent constituer un outrage à la pudeur dans le sens de la loi pénale : on doit voir là le délit d'outrage aux bonnes mœurs, prévu par la loi du 17 mai 1819. — V. OUTRAGE. — L'outrage dont parle le C. pénal est un outrage *par action*, ce qui suppose un fait matériel. — Chauveau et Hélie, *Théor. C. pén.*, t. 6, p. 113; Carnot, Comment. sur l'art. 330 C. pén., t. 2, p. 101, n° 5.

4. — Déjà il avait été jugé, sous la loi du 19-22 sept. 1791, que l'outrage public à la pudeur doit s'entendre, non de simples injures verbales, quelque grossières qu'elles soient, mais d'actions ou gestes contraires à la décence. — *Cass.*, 30 nivôse an XI, Lebas c. Cloteau.

5. — L'outrage à la pudeur doit être distingué de l'attentat à la pudeur, l'attentat à la pudeur s'entend de l'attentat s'adressant à une personne en particulier. — C'est ainsi qu'il a été jugé qu'une action dite contraire aux mœurs, exercée publiquement sur la personne d'un enfant âgé de moins de 11 ans, ne constitue pas seulement le simple délit d'outrage public à la pudeur, mais le crime d'attentat à la pudeur. — *Cass*, 5 juill. 1838 (t. 1er 1839, p. 321), Genny. — V., au reste, ATTENTAT A LA PUDEUR.

6. — Mais jugé aussi que les actes d'impudeur commis par un individu *sur sa propre personne*, à l'aide d'enfans de moins de onze ans, ne peuvent constituer que le délit d'outrage à la pudeur réprimé par l'art. 330 du Code pénal. — Ces actes ne constitueraient le crime d'attentat à la pudeur prévu par l'art. 331 qu'autant qu'ils auraient été exercés par l'accusé sur la personne même desdits enfans. — *Cass.*, 4 août 1843 (t. 2 1843, p. 720), Jaubert. — V. ATTENTAT A LA PUDEUR, n° 17.

7. — Quant à l'outrage à la pudeur, c'est l'acte qui, non accompagné de violence ou de contrainte, n'a pu blesser la pudeur de la personne sur laquelle il a été exercé; qui n'a ainsi pu offenser que les bonnes mœurs, mais qui, par sa licence et sa publicité, a dû être l'occasion d'un scandale public pour l'honnêteté et la pudeur de ceux qui, fortuitement, ont pu en être les témoins. — *Cass.*, 26 mars 1813, Smith. — Chauveau et Hélie, t. 6, p. 114. — « Cette action, dit Montesqieu, *Esprit des lois*, est bien moins fondée sur la méchanceté que sur l'oubli ou le mépris de soi-même. »

8. — C'est ainsi qu'il a été jugé que le consentement de la personne sur laquelle est commis un outrage public à la pudeur n'ôte point au fait son caractère de délit. — *Cass.*, 26 mars 1813, Smith (même arrêt).

9. — L'outrage à la pudeur ne constitue un délit qu'autant qu'il est commis publiquement. — *Cass.*, 18 flor. an IX, Louis Huvier; 9 nov. 1820, Meyer; 22 mars 1821, Vincent. — Carnot, sur l'art. 330, t. 2, p. 899, n° 1er; Bourguignon, *Jurisp. Cod. crim.*, t. 3, p. 305; Chauveau et Hélie, *loc. cit.*

10. — La définition donnée de la publicité dans l'art. 1er de la loi du 17 mai 1819 n'a aucun rapport à la matière des outrages à la pudeur. — V. DÉLITS DE PRESSE, DIFFAMATION ET INJURES.

11. — Au contraire, l'art. 330 du Code pénal se réfère à tous les genres de publicité que le fait est susceptible d'avoir, et peut être appliqué, quoique le délit n'ait pas été commis dans un lieu public. — Morin, *Dict. crim.*; v° *Attentat aux mœurs*; Chauveau et Hélie, t. 6, p. 116.

12. — L'outrage est public soit lorsqu'il se commet dans un lieu public, soit lorsque, commis hors de ce lieu, il a pu être vu du public.

13. — Les rues, les places, les chemins sont publics d'une manière absolue. « Ainsi, disent Chauveau et Hélie (t. 6, p. 118), lorsque l'outrage est commis dans un de ces lieux, la publicité résulte de la nature même du lieu. — Peu importe, en ce cas, que l'outrage ait été vu par plusieurs personnes ou par une seule (*Cass.*, 2 juill. 1812, Broudetta), ou qu'il ait été commis pendant la nuit; le passage des rues étant de droit et d'usage la nuit comme le jour. — *Cass.*, 26 mars 1813, Smith. — Carnot, t. 2, p. 109, n° 3; Morin, v° *Attentat aux mœurs*.

14. — Il est d'autres lieux qui ne sont publics qu'à certaines conditions et par intervalles, lorsqu'on les applique à l'usage du public (V., à cet égard, DIFFAMATION ET INJURES, nos 96 et suiv.). — L'outrage à la pudeur qui y serait commis pendant tout le temps qu'ils sont accessibles tomberait sous l'application de l'art. 330 du Code pénal.

15. — ...Bien que la Cour de cassation ait décidé, en matière de diffamation, qu'une diligence n'est pas un lieu public (arrêt du 27 août 1831, Pellegrin; — solution fort contestable : Chassan, *Tr. des délits de la parole*, t. 1er, p. 46; de Grattier, *Comm. sur les lois de la presse*), il faut cependant reconnaître, avec MM. Chauveau et Hélie (t. 6, p. 121), qu'un outrage à la pudeur commis dans une diligence, en présence de voyageurs, est commis publiquement et puni comme tel.

16. — De ce que la loi admet, en matière d'outrage à la pudeur, tous les genres de publicité, il en résulte qu'un fait impudique commis, même dans un lieu privé et hors d'une réunion, mais de manière à être aperçu du public, tombe sous l'application de l'art. 330 du Code pénal. — « La publicité, disent Chauveau et Hélie (t. 6, p. 122), se puise dans toutes les circonstances qui peuvent rendre plusieurs personnes faisant partie d'une réunion publique, ou fortuitement placées sur la voie publique, témoins du fait. Qu'importe donc que ce fait soit commis à une fenêtre ouvrant sur la rue, ou dans cette rue même, dans un champ près duquel passe un chemin, ou dans ce chemin; dans une réunion publique tenue dans une maison privée, ou dans la même réunion tenue dans une maison publique? Dans ces diverses hypothèses la publicité n'est-elle pas la même? »

17. — Ainsi, bien qu'il ait été jugé (V. DIFFAMATION ET INJURES, n° 116) qu'une chambre d'auberge *louée privativement* n'est pas un lieu public, quoique attenante à la salle à manger; toutefois, la Cour de cassation a décidé qu'on doit réputer public l'outrage à la pudeur commis dans une chambre d'auberge même non destinée à recevoir habituellement des voyageurs, lorsque cette chambre communique à la cuisine et à la salle à boire, par des portes restées ouvertes. — *Cass.*, 1er août 1835, Durand. — Il suffisait, en effet, que l'acte impudique pût être aperçu pour que la publicité existât.

18. — Jugé également que l'outrage à la pudeur commis dans un champ, à la vue de plusieurs personnes, est réputé public. — *Cass.*, 22 fév. 1828, Bayler.

19. — ... Et que l'instituteur primaire qui se livre à des actes habituels et personnels d'immoralité sur la personne de ses élèves, mineurs de onze ans, commet le délit d'outrage public à la pudeur, spécifié et réprimé par l'art. 330 du Code pénal, s'il est établi qu'il consommait quelques-uns de ces actes dans les champs, en voyage, dans les hôtelleries où il s'arrêtait, et que la présence des tiers n'était pas un obstacle à ses coupables excès. — *Cass.*, 19 juill. 1845 (t. 2 1845, p. 676), Lesablé.

20. — Jugé toutefois qu'un tribunal peut, sans violer aucune loi, décider que des rapports intimes avec une fille en rase campagne, *mais dans un endroit éloigné de la route*, ne constituent pas un outrage public à la pudeur. — *Cass.*, 2 janv. 1846 t. 1er 1846, p. 458), Caton.

21. — L'art. 330 ne fait aucune distinction entre les sexes ou la profession des prévenus. Ainsi, on ne saurait considérer comme un outrage à la pudeur, le fait, isolé de toute autre circonstance, de la part d'une fille publique d'accoster et de solliciter un homme sur la voie publique. — Il en serait autrement s'il y avait de sa part des actes matériels d'impudicité commis publiquement (Chauveau et Hélie, t. 6, p. 124). — On sait, au reste, qu'à cet égard l'autorité municipale est armée de pouvoirs spéciaux et en quelque sorte discrétionnaires. — V. PROSTITUTION.

22. — Le délit d'outrage public à la pudeur est puni de l'emprisonnement d'un mois à un an, et d'une amende de 16 à 200 francs. — C. pén., art. 330. — V. ATTENTAT AUX MOEURS, ATTENTAT A LA PUDEUR, EXCITATION A LA DÉBAUCHE, PROSTITUTION.

OUTRAGE A LA RELIGION.

V. DÉLITS DE PRESSE, nos 261 et suiv.; CULTE, nos 507 et suiv.; OUTRAGE, nos 233 et suiv.

OUTRES.

1. — Marchands et fabricans d'outres pour leur compte. — Patentables de 6e classe; — droit fixe basé sur la population, droit proportionnel du 20e de la valeur locative de l'habitation et des lieux servant à l'exercice de la profession.

2. — Fabricans d'outres à façon. — Patentables de 7e classe: — même droit fixe sauf la différence de classe; droit proportionnel du 40e de la valeur locative de tous les locaux qu'ils occupent, mais seulement dans les communes de 20,000 âmes et au-dessus. — V. PATENTE.

OUVERTURE DE FAILLITE.

V. FAILLITE, nos 246 et suiv.

OUVERTURE DE SUCCESSION.

V. SUCCESSION.

OUVERTURE DE TESTAMENT.

V. TESTAMENT.

OUVRAGE CONDAMNÉ.

1. — Les écrits, dessins ou gravures qui ont été condamnés ne peuvent être réimprimés, vendus ou distribués, et, afin que la condamnation puisse être connue, la loi veut qu'elle soit rendue publique dans la même forme que les jugemens portant déclaration d'absence. — L. 26 mai 1819, art. 26.

2. — Quant à la peine qu'entraîne l'infraction à cette prohibition, elle varie suivant que le fait incriminé a eu lieu après que la condamnation de l'ouvrage a été rendue publique ou avant la publication de cette condamnation.

3 — « Quiconque, porte l'art. 27 L. 26 mai 1819, après que la condamnation d'un écrit, de dessins ou gravures, sera réputée connue par la publication dans les formes prescrites..., les réimprimera, vendra ou distribuera, subira le *maximum* de la peine qu'aurait pu encourir l'auteur. »

4. — Si la réimpression ou le nouveau fait de vente ou de distribution ont précédé la publication de la condamnation, la peine est alors la peine ordinaire; le *maximum* n'est plus obligatoire. — Chassan, *Des délits et contraventions de la parole*, etc., 2e édit., t. 1er, n° 190.

5. — Le fait de réimprimer, de vendre ou de distribuer un ouvrage condamné, ne cesse donc pas d'être un délit ordinaire de la presse; seulement, lorsqu'il s'accomplit après la publication de sa condamnation, il y a dans l'infraction une circonstance aggravante du délit. Mais cette infraction ne peut jamais constituer par elle-même un délit spécial, distinct, *sui generis*. — Chassan, n° 196. — V. *infrà* n° 16.

6. — Cependant, selon de Grattier, pour que l'art. 27 précité soit applicable à la réimpression d'un ouvrage condamné, il n'est pas nécessaire que cette réimpression ait été rendue publique par l'un des moyens énoncés en l'art. 1er de la loi du 17 mai 1819, ou par tout moyen. Le fait seul de la réimpression peut faire encourir la pénalité qu'il édicte. — *Comment. des lois de la presse* (sur l'art. 27 L. 26 mai 1819, n° 2; t. 1er, p. 500).

7. — La pénalité prononcée par cet article est encourue par le fait seul de la vente ou de la distribution de l'ouvrage condamné, même d'une édition de cet ouvrage antérieure à celle qui a motivé la condamnation : encore bien qu'il n'y ait pas eu, depuis cette condamnation, de réimpression, ou que le titre de l'ouvrage ait été changé. — De Grattier, *loc. cit.*

8. — A l'égard des marchands de livres, la *mise en vente* et l'*exposition* doivent être comprises dans a prohibition de la loi; car elles sont des moyens de parvenir à la *vente*, à laquelle il est, par conséquent, juste de les assimiler. — *Amiens*, 8 mars 1823 (sol. impl.), Vernol; *Cass.*, 10 nov. 1826, Fleury et Devaux. — Chassan, n° 195; de Grattier, *loc. cit.*; Morin, *Dict. de dr. crim.*, v° *Presse*, p. 621, 1re col.

9. — Au contraire, à l'égard des personnes qui ne font pas profession de vendre des livres, la simple exposition d'un ouvrage condamné ne constitue pas un délit. — Chassan, n° 194; de Grattier, sur l'art. 27 (n° 3), t. 1er, p. 510.

10. — Il faut, pour l'application de l'art. 27, qu'il n'existe aucun doute sur les faits matériels de réimpression, vente ou distribution. Or on s'est demandé si la mention d'une vente d'ouvrages condamnés sur les registres d'un marchand suffisait seule pour prouver que la vente avait été réellement opérée, que le délit était consommé. La Cour de Paris s'est prononcée pour la négative, par arrêt du 14 janv. 1830, rapporté sous celui de *Cass.* du 23 avril même année, Langlois et Lebailly.

11. — Si dans un ouvrage il y a eu seulement quelques passages qui aient été condamnés, il est évident qu'on ne pourrait faire rentrer dans les termes de l'art. 27 la réimpression, vente ou distribution de cet ouvrage sans les parties condamnées. C'est, au reste, ce qui a été nettement expliqué à la Chambre des députés, dans la séance du 29 avril 1819 (V. *Moniteur* du 30), lors de la discussion sur l'article précité, par M. Guizot, à l'occasion d'un amendement par lequel M. Manuel proposait de ne déclarer punissable que la réimpression, vente ou distribution avec les passages condamnés. A la suite des observations de M. Guizot, cet amendement fut retiré comme inutile. — V. aussi, dans le même sens, Chassan, n° 197; de Grattier, sur l'art. 27, n° 4 (p. 310); Parant, *Lois de la presse*, *Comment.* sur l'art. 27 L. 26 mai 1819, n° 3 (édit, de 1836, p. 116).

12. — L'impression dans le réquisitoire du ministère public, de l'arrêt ou du jugement, avec les passages incriminés ou condamnés, ne constitue point non plus le délit de *réimpression* puni par la loi du 26 mai 1819, alors que ces passages ont été réellement cités dans le réquisitoire, ou bien dans le cours des débats, ou reproduits dans le jugement ou l'arrêt. Il est permis, en effet, de rendre compte des débats des d'audience et de publier les jugements et arrêts, de même que les tiers, auxquels ils appartiennent comme aux parties, puissent en discuter le mérite et la portée. — Chassan, n° 198; de Grattier, n° 5, p. 511.

13. — Le droit de publication des jugements et arrêts est tellement absolu, que la publication, après la signification qui en a été faite au prévenu, d'un arrêt de chambre d'accusation, contenant les articles incriminés, et plus tard condamnés, n'est point délit par elle-même un moyen de défense. — *Cass.*, 3 nov. 1831, Robert (aff. *Gazette du Languedoc*). — Chassan et de Grattier, *loc. cit.*

14. — Mais si l'affaire avait été instruite et plaidée à huis clos, et que le jugement ou l'arrêt ne renfermât point le texte des passages condamnés, la reproduction de ces passages avec le jugement ou l'arrêt serait alors une *réimpression* véritable dans le sens de l'article 27, dont l'application devrait avoir lieu. C'est ce que paraît également enseigner M. de Grattier (*loc. cit.*).

15. — Il s'est élevé au sujet de l'art. 27 une autre question non moins importante que les précédentes, et que la divergence des auteurs a rendue plus grave encore. Cette question est celle de savoir quel est le caractère de l'infraction

qu'il punit, et par suite quelle est la juridiction compétente pour en connaître. Est-ce donc le fait seul, le fait matériel de la réimpression, de la vente ou de la distribution d'un ouvrage condamné qui est punissable? En d'autres termes, l'infraction prévue par l'art. 27 ne constitue-t-elle qu'une contravention purement matérielle de la compétence de la juridiction correctionnelle, ou ne constitue-t-elle pas au contraire un *délit* emportant une appréciation morale du fait et de l'intention de son auteur, de la compétence par conséquent des Cours d'assises?

16. — Sous l'empire de l'art. 17 L. du 25 mars 1822, il avait été jugé que la chambre correctionnelle d'une Cour était incompétente pour connaître de l'appel d'un jugement rendu sur une poursuite intentée en vertu de l'art. 27 de la L. du 26 mai 1819, à l'occasion de l'exposition en vente d'un ouvrage précédemment condamné, et que la juridiction correctionnelle devait seule en connaître; ce qui appel devait être porté. — *Cass.*, 30 janv. 1829. — Ainsi, la Cour de cassation considérait alors l'infraction à l'art. 27 précité comme constituant non une *contravention* mais un *délit*.

17. — M. Parant, au contraire, enseigne (p. 272) que l'art. 27 précité ne réprime qu'un fait matériel. Cet article, dit-il, établit une présomption légale : toutes les formalités prescrites pour porter une condamnation à la connaissance du public ont été remplies. Donc chacun doit et chacun est en effet censé la connaître. Il n'y a plus à discuter pour décider si le prévenu a pu savoir ou ne pas savoir, s'il a eu de bonnes ou de mauvaises intentions. Et il conclut de là que la juridiction correctionnelle est *seule* compétente.

18. — M. de Grattier (n° 7, p. 513 et suiv.) pense également que l'infraction à l'article dont il s'agit consiste uniquement dans le fait matériel de la réimpression, vente ou distribution, et ne constitue qu'une contravention. Mais, selon cet auteur, la juridiction correctionnelle n'est point exclusivement compétente. Les tribunaux correctionnels connaissent de cette contravention toutes les fois que la peine à prononcer n'excède pas leurs attributions. Si le fait entraîne une peine afflictive ou infamante, il est alors de la compétence des Cours d'assises; et les jurés n'ont point à se préoccuper des caractères de moralité, mais seulement à rechercher si le prévenu a réellement réimprimé, vendu ou distribué un ouvrage condamné depuis la publication de la condamnation.

19. — Une troisième opinion a été émise par M. Chassan (t. 1er, n° 191 et suiv.). D'après ce dernier auteur, le fait de réimpression, vente ou distribution d'un ouvrage condamné, constitue non une contravention; mais un *délit*, qui ni saut la juridiction à laquelle est soumise par sa nature l'infraction renfermée dans l'écrit. — La décision qui a condamné un ouvrage ne peut avoir, en effet, au cas de réimpression, vente ou distribution nouvelle, l'autorité de la chose jugée; ces actes de réimpression, de vente ou distribution nouvelle, ne sont pas des faits purement matériels, mais de nouveaux faits dont il est impossible d'exclure toute circonstance de moralité, de bonne foi. Ils emportent une pénalité différente; les parties ne sont plus les mêmes, la position politique elle-même a pu changer. La moralité de l'ouvrage peut donc être l'objet d'un nouvel examen, de nouveaux débats. C'est ce que la Cour de cassation, consacrant la jurisprudence qu'elle avait admise en 1829 (V. *suprà* n° 3), a elle-même décidé par arrêts du 13 oct. 1837 (t. 2 1837, p. 353), Gombert; 20 juin 1840 (t. 2 1840, p. 393), Lavigne et Mallet.

20. — Ainsi la réimpression, la vente ou la distribution d'un ouvrage déjà condamné, sont des faits de la compétence des tribunaux correctionnels ou des Cours d'assises, suivant que l'infraction du contenu de l'ouvrage appartient à l'une ou à l'autre de ces juridictions. — *Cass.* 13 oct. 1837 (t. 2 1837, p. 353), Gombert.

21. — Par exemple, si l'écrit ne contient qu'une diffamation contre un particulier, la réimpression, la vente ou distribution nouvelles de cet écrit sont justiciables du tribunal correctionnel; mais elles n'en restent pas moins un délit. — Chassan, 2e édit., t. 1er, p. 149, note 1re.

22. — De ce que le fait de réimpression, vente ou distribution d'un ouvrage condamné doit donner lieu à un nouvel examen et à de nouveaux débats sur le contenu de l'écrit, il s'ensuit que la question de la moralité de l'ouvrage réimprimé est implicitement comprise dans l'arrêt de renvoi pour cause de réimpression, et qu'elle peut être posée séparément. — *Cass.*, 20 juin 1840 (t. 2 1840, p. 393), Lavigne et Mallet.

23. — Ainsi le président de la Cour d'assises peut poser séparément au jury 1° la question de savoir si l'ouvrage contient le délit, par exemple, d'outrage aux bonnes mœurs; 2° la question de savoir si le prévenu est coupable d'avoir publié cet ouvrage. — Même arrêt.

24. — Mais si le jury, tout en répondant affirmativement sur la question relative à la criminalité de l'ouvrage imprimé, déclare sur la seconde question le prévenu non coupable, la Cour d'assises ne peut, sans excès de pouvoir, prononcer la confiscation de l'ouvrage incriminé. — Même arrêt.

25. — Toutefois, la déclaration de non-culpabilité du prévenu, si d'ailleurs l'ouvrage a été définitivement condamné, n'empêche pas que la réimpression de cet ouvrage, après que l'arrêt a été rendu public, constitue l'infraction prévue et punie par l'art. 27. La loi s'attache, en effet, pour l'existence de cette infraction, à la condamnation de l'écrit plutôt qu'à celle de l'auteur. — Chassan, t. 1er, n° 199.

26. — ... Lorsqu'un ouvrage, après la publication de la condamnation qui l'a atteint, a été réimprimé sans que cette réimpression ait été l'objet d'aucune poursuite, il n'y a point là une fin de non-recevoir contre l'action dirigée à l'occasion d'une seconde réimpression. Car l'impunité dont la première a joui ne détruit point la culpabilité de la seconde. D'ailleurs le premier fait de réimpression, tant que la prescription n'est point acquise à son égard, peut toujours être poursuivi. — De Grattier, sur l'art. 27 (n° 8), t. 1er, p. 524.

27. — Jugé, spécialement, que la prescription du délit de vente d'un ouvrage condamné ne peut commencer à courir que du jour de la vente, et non pas du jour de la publication de cet ouvrage. — *Cass.*, 23 avril 1830, Langlois et Lebailly.

OUVRIERS.

Table alphabétique.

OUVRIERS. — **1.** — On désigne sous le nom d'ouvrier toute personne qui travaille de la main pour recevoir un salaire. — Merlin, *Rép.*, v° *Ouvrier*.

2. — Ainsi, le conducteur d'une locomotive de chemin de fer doit être considéré comme ouvrier de la compagnie concessionnaire.—*Paris*, 6 janv. 1844 (t. 1er 1841, p. 251), Chemin de fer de Saint-Germain c. Bolu.

3. — Il ne faut pas confondre l'ouvrier avec le domestique. — La qualité d'ouvrier déclarée et reconnue par jugement à un individu n'emporte pas nécessairement et toujours l'assimilation au domestique salarié à la journée. —*Cass.*, 12 mars 1834, Villa c. Mazars.

4. Les ouvriers se divisent en trois classes bien distinctes : apprentis, compagnons, contre-maîtres.

5. — L'apprenti est celui qui travaille pour apprendre son état. Le contrat d'apprentissage et les règles spéciales qui régissent les rapports de l'apprenti et du patron ont été par nous examinées v° APPRENTISSAGE.

6.—Le compagnon est l'ouvrier qui après avoir appris un métier va travailler avec un maître à la journée ou à ses pièces. — Merlin, *Rép.*, v° *Compagnon*;-Guyot, *Rép.*, *eod. verbo.* — V. COMPAGNON et COMPAGNONNAGE.

7. — Le contre-maître, d'ordinaire lui-même ancien compagnon, est celui qui dans les établissemens de quelque importance est préposé par le chef de l'établissement pour la direction de tout ou partie des travaux, et la surveillance des ouvriers.

8. — Aussi a-t-on jugé que la juridiction des prud'hommes n'est relative qu'aux ateliers et manufactures, et est limitée aux rapports respectifs des chefs d'atelier à leurs subordonnés ; mais qu'elle n'existe pas entre un ouvrier et un ouvrier qui n'est pas son subordonné. — *Cass.*, 12 déc. 1836 (t. 1er 1837, p. 621), Garrigou c. Rives. — V. PRUD'HOMMES.

9.—L'ouvrier véritable est donc le compagnon travaillant à la journée et à ses pièces *chez le maître qui l'emploie.* Quant à celui qui travaille chez lui, même pour le compte d'autrui, il est réputé commerçant à son propre compte; à moins, néanmoins, qu'il ne fournisse que son travail ou quelques accessoires d'une valeur modique et de beaucoup inférieure au travail, cas auquel il est considéré comme ouvrier. — V., au reste, à cet égard, les explications données v° COMMERÇANT, n°s 162 et suiv., 167 et suiv., 180 et 182, et ARTISAN.

10. — Sous l'empire de la loi du 29 brum. an VII, l'ouvrier travaillant chez lui même pour le compte d'autrui était assujetti à la patente comme le commerçant à qui il était complètement assimilé. — *Cass.*, 17 juin 1835, Porte. — V. encore *Cons. d'État*, 2 juill. 1836, Ferrand ; 18 mai 1838, Lavaulbe. — V. PATENTE.

11. — La loi du 25 avril 1844, art. 13, exempte de tous droits de patente les *ouvriers à façon et à la journée.* — Et on entend par ouvrier à façon celui qui travaille chez lui et chez les particuliers, sans compagnons, apprentis, enseigne ni boutique. Ne sont point considérés comme compagnons ou apprentis la femme travaillant avec son mari, ni les enfans non mariés travaillant avec leurs père et mère, ni le simple manœuvre dont le concours est indispensable à l'exercice de la profession. — V. PATENTE.

12. — Les ouvriers laboureurs et artisans qui travaillent à la journée ou à la tâche ne sont pas imposables pour les prestations en nature relatives aux chemins vicinaux, comme attachés à l'établissement de celui pour le compte duquel ils travaillent. — *Circul.* min. 24 juin 1836, sur la loi du 21 mai 1836. — V. CHEMINS VICINAUX, n°s 459, 483, 486.

---

§ 1er. — *Notions générales.*

13. — Nous avons précédemment donné les explications historiques nécessaires sur l'ancienne législation en ce qui concerne les ouvriers. — En supprimant les lettres de maîtrise pour toute la France et en permettant à chacun d'exercer telle profession qu'il lui conviendrait de remplir, la loi du 2 mars 1791 a établi pour les arts et mécanique la même liberté que celle qui existait déjà pour les professions libérales.— V. CORPS D'ARTS ET MÉTIERS.

14. — Nous avons également traité v° COMPAGNON, COMPAGNONNAGE, ce qui concerne les affiliations des compagnons entre eux.

15.—On a beaucoup discuté dans ces derniers temps sur ce qu'on a appelé l'*organisation du travail*, etc., l'on s'est demandé s'il n'était pas possible de remédier par des institutions législatives et réglementaires, à ce qu'on a imprudemment, sans doute, signalé sous le nom d'*exploitation de l'ouvrier par le maître.* C'est surtout depuis la révolution de 1848 que ces questions, jusqu'alors reléguées dans le domaine de la théorie, ont été amenées sur le terrain de la pratique.

16. — Il ne saurait entrer dans notre plan de les résoudre : nous devons nous borner à résumer les dispositions législatives par lesquelles on a essayé, souvent bien malheureusement, de les trancher. — Ainsi, dès le lendemain de la révolution de 1848, un décret du gouvernement provisoire, en date du 25 février, décrétait que « le gouvernement provisoire de la République française s'engageait à garantir l'existence de l'ouvrier par le travail ; il engageait à garantir du travail à tous les citoyens; il reconnaissait que les ouvriers devaient s'associer pour jouir du bénéfice du travail.

17. — Et le gouvernement, voulant réaliser de suite la promesse qu'il venait de faire, décrétait le même jour , 26 février , la création immédiate des *ateliers nationaux*, destinés à employer tous les ouvriers sans ouvrage. On sait quelles furent, pour l'ordre public, les conséquences de cette regrettable conception.

18. — Lors de la discussion de la Constitution de 1848, divers membres essayèrent de faire introduire dans la déclaration de droit qui forme le préambule, la reconnaissance du *droit au travail*; mais après une vive discussion, cette proposition fut repoussée, et l'art. 8 de ce préambule restant dans les limites du vrai et de possible, se borne à dire que « la République doit protéger le citoyen *dans son travail…* et, par une assistance fraternelle, assurer l'existence des citoyens nécessiteux, soit *en leur procurant du travail dans les limites de ses ressources*, soit en donnant, à défaut de la famille, des secours à ceux qui sont hors d'état de travailler. » V. M. Dupin, *Const.* de 1848 , p. 30.

19. — Quant à la promesse qu'avait faite le gouvernement provisoire de favoriser le développement des associations ouvrières, elle fut acceptée par l'Assemblée constituante , et divers décrets (des 5 et 15 juillet, 1er août et 15 nov. 1848) mirent à la disposition du gouvernement les fonds nécessaires pour venir en aide aux associations qui voudraient se former.

20. — En outre, l'art. 13 de la Constitution de 1848 dispose que la Constitution «garantit aux citoyens la liberté du travail et de l'industrie,» et que «la société favorise et encourage le développement du travail par l'enseignement primaire gratuit, l'éducation professionnelle, l'égalité des rapports entre le patron et l'ouvrier, les institutions de prévoyance et de crédit, les institutions agricoles, les associations volontaires et l'établissement par l'État, les départemens et les communes, de travaux publics propres à employer les bras inoccupés. » — On sait que, dans ce moment, l'Assemblée législative vient, sur la proposition de l'un de ses membres, M. Armand (de Melun), de constituer une commission chargée de préparer les lois dont le principe a été posé dans cet article 13; si ces lois, comme il faut l'espérer, sont promulguées avant l'achèvement complet de ce répertoire, nous les examinerons v° TRAVAIL.

21. — Un décret du gouvernement provisoire du 2 mars 1848, avait limité les heures de travail ; et ce décret avait reçu une sanction pénale d'un autre décret des 4 et 6 avril suivans. — Cette matière a été réglée par un décret de l'Assemblée constituante du 9 sept. 1848, lequel a été suivi d'une circulaire du ministre de l'agriculture et du commerce du 27 sept. 1848.—Ce qui

concerne l'objet de ces divers décrets sera traité v° TRAVAIL.

22.—Ce qui concerne le travail des enfans dans les manufactures est expliqué v° TRAVAIL DES ENFANS DANS LES MANUFACTURES.

§ 2. — *Rapports entre maîtres et ouvriers.* — *Contestations.* — *Compétence.* — *Privilége.* — *Prescription.*

23. — La loi du 22 germin. an XI dispose, en ce qui a trait aux rapports des maîtres avec les ouvriers que les employeront, 1° que les conventions faites de bonne foi entre les ouvriers et ceux qui les emploient seront exécutées (art. 14); 2° que l'engagement d'un ouvrier ne pourra excéder un an, à moins qu'il ne soit contre-maître, conducteur des autres ouvriers, ou qu'il n'ait un traitement et des conditions stipulées par un acte exprès. — *Ibid.*, art. 15. —V., à cet égard, LOUAGE D'OUVRAGE ET D'INDUSTRIE. — V. AUSSI APPRENTISSAGE.

24. — Quant aux contestations qui peuvent s'élever entre les maîtres et les ouvriers, la juridiction devant qui ces contestations doivent être portées comme aussi l'étendue de la compétence de ces mêmes juridictions , V. PRUD'HOMME. — V. aussi JUSTICE DE PAIX.

25. — Dans certains cas , les ouvriers ont droit à un privilége pour le paiement de leurs salaires. — V. PRIVILEGE. — V. aussi FAILLITE. — Leurs réclamations sont aussi susceptibles d'une prescription particulière.—V. PRESCRIPTION.—V. encore, en ce qui a trait à l'action directe qui leur appartient contre le propriétaire en cas de non-paiement de leurs travaux par l'entrepreneur , LOUAGE D'OUVRAGE ET D'INDUSTRIE.

§ 3. — *Réglemens de police concernant les ouvriers — Obligations.*

26. — Le droit qui appartient à l'autorité municipale, en vertu de l'art. 3, tit. XI, n° 3, de la loi du 24 août 1790, de veiller au maintien du bon ordre dans les lieux où il se fait de grands rassemblemens d'hommes, tels que les foires, marchés et autres, lui confère évidemment le pouvoir de faire tous les réglemens nécessaires pour la police des ouvriers dans ces différens endroits.

27. — Ainsi, il a été jugé que les associations entre ouvriers, connues sous le nom de *compagnonnage*, étant l'occasion de rixes et de désordres fréquens, les maires ont évidemment le droit de défendre aux ouvriers d'en porter les rubans et insignes dans les rues et lieux publics. — *Cass.*, 5 août 1836, Cazes.

28. — Les ouvriers qui auraient contrevenu à un pareil arrêté ne pourraient être excusés sous prétexte qu'ils s'étaient présentés à la mairie pour obtenir l'autorisation, mais que n'ayant pas trouvé le maire, ils s'étaient décidés à passer outre, d'autant plus qu'ils étaient prêts à cacher leurs rubans, en boutonnant leurs habits, si les circonstances l'avaient exigé. — Même arrêt. — V. COMPAGNON, COMPAGNONNAGE.

29. — Mais, outre cette surveillance générale, dont nous aurons lieu d'examiner plus tard l'étendue (V. POUVOIR MUNICIPAL), l'autorité est investie souvent de droits beaucoup plus importans à l'égard des ouvriers.

30. — C'est ainsi que certaines professions nécessitent de la part de ceux qui veulent les exercer une autorisation préalable : telles sont, par exemple, les professions d'ouvrier afficheur, crieur ou distributeur d'écrits. — V. AFFICHE, CRIEURS PUBLICS, DISTRIBUTION D'ÉCRITS IMPAIMÉS.

31. — C'est encore en vertu de ce droit qu'à Paris, le préfet de police, et dans certaines villes importantes, l'autorité municipale, ont assujetti les commissionnaires et portefaix stationnant sur la voie publique, à remplir certaines obligations et notamment à obtenir la délivrance d'une médaille marquée d'un numéro d'ordre, et presque toujours, en outre, de leur nom, médaille qu'ils doivent porter ostensiblement et sans laquelle ils ne peuvent exercer leur profession.

32. — C'est également en vertu de ce droit, qu'à Paris, en particulier, l'autorité a réservé exclusivement dans les marchés et sur les ports certains travaux à des individus nommés et commissionnés par elle. — V. FOIRES ET MARCHÉS, FACTEURS AUX HALLES ET MARCHÉS.

33.— Ainsi les forts des halles à Paris ont seuls le privilége de décharger et ranger les denrées apportées par les marchands forains sur le carreau des halles, les divers marchés y attenans ou dans les halles closes. — Ord. de police 13 mai 1831, art. 1er. — La validité de cette ordonnance n'a jamais été contestée. — V. la coll. de M. Delessert, à sa date.

34. — Au surplus, la Cour de cassation a plus d'une fois par ses arrêts sanctionné des règlemens semblables pris par des maires.— Jugé notamment que le règlement par lequel un maire dispose que tous les individus qui voudront être admis à travailler sur le port d'une commune, devront être nommés et commissionnés par lui, est pris dans le cercle de ses attributions.—*Cass.*, 12 avril 1822, Moulin; 4 mai 1823, Burn; 11 sept. 1840 (t. 1er 1841, p. 59), Bourgeois; 27 nov. 1841 (t. 1er 1842, p. 626), Lefebvre.

35. — Par les mêmes motifs, un autre arrêt a déclaré obligatoire l'arrêté d'un maire relatif au service d'un établissement d'eaux thermales, et par lequel il défendait à toutes personnes autres que les porteurs nommés par le préfet de porter les malades aux bains.—*Cass.*, 24 janv. 1840 (t. 1er 1841, p. 10), Jouanetau. — V. EAUX MINÉRALES ET THERMALES, nos 88.

36. — Mais les règlemens de l'autorité municipale ne peuvent faire obstacle à ce que les citoyens fassent par eux-mêmes, ou par les personnes de leur famille ou par leurs domestiques le service attribué exclusivement à certains individus.

37.— Spécialement, l'arrêté d'un maire portant que les travaux relatifs aux marchands de grains et farine continueront à se faire, comme par le passé, par les portefaix attachés à ce service ne met aucun obstacle à ce que les marchands fassent porter leurs sacs par les gens de leur famille ou leurs domestiques. — *Cass.*, 16 avril 1849, Broyard c. Chef des portefaix de Pont-Ste-Maxence; *Cass.*, 11 sept. 1840 (t. 1er 1841, p. 59), Bourgeois; 27 nov. 1841 (t. 1er 1842, p. 626), Lefebvre.

38. — Comme aussi le pouvoir municipal ne s'exerçant que sur la voie et dans les lieux publics, l'arrêté par lequel un maire, pour assurer et régulariser le service d'une part, aurait assujetti à certaines obligations les charretiers qui y travaillent, ne saurait recevoir d'application au service d'une cale avec magasin ou entrepôt appartenant à un particulier qui y fait arriver par la rivière et y reçoit des marchandises. — Quand bien même cette cale serait séparée de la rivière par un chemin de halage, elle ne cesserait pas pour cela d'être une propriété privée sur laquelle les charretiers commissionnés par la mairie ne pourraient pas prétendre à l'exercice de leur privilége. — *Cass.*, 24 févr. 1827, Bichet c. Abadie. — V. POUVOIR MUNICIPAL.

39. — Le droit de police qui appartient aux maires sur ouvriers travaillant sur la voie et dans les lieux publics n'irait pas jusqu'à faire considérer comme obligatoire l'arrêté d'un maire qui prescrit aux chefs d'atelier de ne recevoir aucun ouvrier non muni d'une carte de sûreté, sans en avoir fait préalablement la déclaration au bureau de police. — *Cass.*, 18 juill. 1839 (t. 2 1839, p. 200), Moreau. — Des dispositions de cette nature ne s'attacheraient ni à la loi du 24 août 1790, ni à aucune autre loi.

40. — A plus forte raison, pareille obligation ne saurait être imposée aux maîtres relativement au choix de leurs domestiques. — *Cass.*, 16 avril 1825, Hanser; 15 juill. 1830, Karches. — V. DOMESTIQUE, nos 12 et suiv.

41. — Jugé aussi qu'on ne doit pas réputer obligatoire l'arrêté municipal qui défend à tous habitans, *de quelque profession qu'ils soient*, d'employer dans leurs ateliers des ouvriers, garçons et apprentis qui ne seraient pas munis d'une carte de sûreté, et, en outre, du livret en règle pour les ouvriers, compagnons et garçons. — *Cass.* 18 juill. 1846 (t. 1er 1849, p. 357), Castenet.

42. — Mais les hôteliers, aubergistes et maîtres de maisons garnies devraient s'y soumettre parce que leurs maisons étant des lieux publics ils doivent observer les règlemens que l'autorité municipale juge nécessaires pour y maintenir le bon ordre. — *Cass.*, 10 oct. 1833, Voulliers.

43. — Les ouvriers et domestiques pourraient-ils être contraints à se présenter à la mairie des communes autres que celles de leur domicile, et dans lesquelles ils chercheraient à se placer, pour y obtenir une carte de sûreté contre le dépôt de leur passe-port? —Cette question a été posée devant la Cour de cassation, mais non résolue parce qu'elle se rattachait à une autre question qui a servi de base à l'arrêt.— *Cass.*, 26 mars 1825 (int. de la loi), Marconnet.

44. — Nous pensons, quant à nous, que si la Cour de cassation avait eu à se prononcer, elle l'aurait fait pour la négative. La délivrance d'une carte de sûreté ne se rattache à aucun des objets confiés par la loi du 24 août 1790 ou par toute autre loi à la vigilance et à l'autorité des corps municipaux. Ces sortes de cartes, délivrées à Paris par le préfet de police, en vertu de l'article 4 du décret du 12 messidor an VIII, forment un titre à la protection de l'autorité et à la bienveillance des citoyens en faveur de ceux qui les obtiennent sur leur réquisition, mais elles ne sont imposées à personne. — V. CARTE DE SURETÉ.

45. — Et c'est au surplus ce que la Cour de cassation a décidé depuis à l'égard d'un garçon épicier. — *Cass.*, 18 juill. 1846 (t. 1er 1849, p. 357), Castenet.

46. — Il faut donc tenir comme certain que la profession de domestique comme celle d'ouvrier, alors qu'elle ne s'exerce pas dans des ateliers publics, ne peut être assujettie à des obligations autres que celles déterminées par les lois.

47. — Quels que soient du reste les pouvoirs dont les lois investissent l'autorité à l'égard des ouvriers, ils ne peuvent aller jusqu'à réglementer des intérêts privés entièrement étrangers à l'ordre public. — *Cass.*, 21 juill. 1838 (t. 2 1838, p. 327), Desjobert c. Robert et Poulain. — V., au surplus, POUVOIR MUNICIPAL.

48. — Le ministère public peut requérir les ouvriers pour les travaux ordonnés par justice moyennant salaire. Les ouvriers, en pareils cas, sont tenus d'obéir, à peine de 3 jours de prison, et, en cas de récidive, de 10 à 30 jours de cette peine. — L. 22 germ. an IV; déc. 18 juin 1811, art. 114. — V. au surplus à cet égard, CHARPENTIER, ÉCHAFAUD, INCENDIES (mesure contre les), REFUS DE SERVICE.

§ 4. — *Livrets des ouvriers.*

49.—Il ne faut pas confondre la carte de sûreté, dont nous avons parlé (*suprà* no 39), avec les livrets, dont l'obligation est imposée, par la loi du 22 germ. an XI, art. 12, aux ouvriers travaillant dans les manufactures, fabriques ou ateliers.

50. — Aux termes de cette loi, encore aujourd'hui en vigueur, nul ne peut, sous peine de dommages-intérêts, recevoir un ouvrier, s'il n'est porteur d'un livret portant le certificat d'acquit de ses engagemens, déclaré par celui de chez qui il sort. — *Ibid*, art. 12.

51. — Un arrêté du gouvernement en date du 9 frim. an XII est venu réglementer ainsi qu'il suit la prescription posée en principe par la loi du 22 germ. an XI.

52. — Tout ouvrier travaillant en qualité de compagnon et de garçon doit se pourvoir d'un livret. — Déc. du gouvernement, 9 frim. an XII, art. 1er.

53. — Ce livret est en papier libre, coté et paraphé sans frais, savoir : à Paris, Lyon et Marseille, par un commissaire de police; et dans les autres villes, par le maire ou l'un de ses adjoints. Le premier feuillet porte le sceau de la municipalité et contient le nom et le prénom de l'ouvrier, son âge, le lieu de sa naissance, son signalement, la désignation de sa profession, et le nom du maître chez lequel il travaille. — *Ibid.*, art. 2.

54. — Indépendamment de l'exécution de la loi sur les passe-ports, l'ouvrier est tenu de faire viser son dernier congé par le maire ou son adjoint, et de faire indiquer le lieu où il se propose de se rendre. Tout ouvrier qui voyage sans être muni d'un livret ainsi visé, est réputé vagabond, et peut être arrêté et puni comme tel. — *Ibid.*, art. 3.

55. — Tout manufacturier, entrepreneur et généralement toutes personnes employant des ouvriers sont tenus, quand ces ouvriers sortent de chez eux, d'inscrire sur leurs livrets un congé portant acquit de leurs engagemens s'ils les ont remplis. Les congés sont inscrits sans lacune, à la suite les uns des autres; ils énoncent le jour de la sortie de l'ouvrier. — *Ibid.*, art. 4.

56. — L'ouvrier est tenu de faire inscrire le jour de son entrée sur son livret, par le maître chez lequel il se propose de travailler, ou, à son défaut, par les fonctionnaires publics désignés en l'art. 2, et sans frais, et de déposer le livret entre les mains de son maître s'il l'exige.— *Ibid.*, art. 5.

57. — Si la personne qui a occupé l'ouvrier refuse, sans motif légitime, de remettre le livret ou de délivrer le congé, il est procédé contre elle de la manière et suivant le mode établi par le titre 5 de la loi du 22 germinal pour les contestations entre maîtres et ouvriers (*suprà* no 23). En cas de condamnation, les dommages-intérêts adjugés à l'ouvrier sont payés sur-le-champ. — *Ibid.*, art. 6.

58. — L'ouvrier qui a reçu des avances sur son salaire ou contracté l'engagement de travailler un certain temps, ne peut exiger la remise de son livret et la délivrance de son congé, qu'après avoir acquitté sa dette par son travail et rempli ses engagemens, si son maître l'exige. — *Ibid.*, art. 7.

59. — S'il arrive que l'ouvrier soit obligé de se retirer parce qu'on lui refuse du travail ou son salaire, son livret et son congé lui sont remis, bien qu'il n'ait pas remboursé les avances qui lui ont été faites, le créancier a le droit alors de mentionner la dette sur le livret. — *Ibid.*, art. 8.

60. — Dans le cas de l'article précédent, ceux qui emploient ultérieurement l'ouvrier font, jusqu'à entière libération, sur le produit de son travail, une retenue au profit du créancier. Cette retenue ne peut, en aucun cas, excéder les deux dixièmes du salaire journalier de l'ouvrier. La dette acquittée, il en est fait mention sur le livret. Celui qui a exercé la retenue est tenu d'en prevenir le maître au profit duquel elle a été faite et d'en tenir le montant à sa disposition. — *Ibid.*, art. 9.

61. — Si celui pour qui l'ouvrier a travaillé ne sait ou ne peut écrire, ou s'il est décédé, le congé est délivré, après vérification par le commissaire de police, le maire du lieu ou l'un de ses adjoints, et sans frais. — *Ibid.* art. 10.

62. — Le premier livret d'un ouvrier lui est expédié 1o sur la présentation de son acquit d'apprentissage; 2o ou sur la demande de la personne chez laquelle il a travaillé; 3o ou enfin sur l'affirmation de deux citoyens patentés de sa profession et domiciliés, portant que le pétitionnaire est libre de tout engagement soit pour raison d'apprentissage, soit pour raison d'obligation de travailler comme ouvrier. — *Ibid.*, art. 11.

63. — Lorsqu'un ouvrier veut faire coter ou parapher un nouveau livret, il représente l'ancien. Le nouveau livret n'est délivré qu'après qu'il a été vérifié que l'ancien est rempli ou hors d'état de servir. Les mentions des dettes sont transportées de l'ancien livret sur le nouveau. — *Ibid.*, art. 12.

64. — Si le livret de l'ouvrier est perdu, il peut, sur la représentation de son passe-port en règle, obtenir la permission provisoire de travailler, mais sans pouvoir être autorisé à aller dans un autre lieu, et à la charge de donner à l'officier de police du lieu la preuve qu'il est libre de tout engagement, et tous les renseignemens nécessaires pour autoriser la délivrance d'un nouveau livret, sans lequel il ne peut partir. —*Ibid.*, art. 19.

65. — En ce qui concerne le séjour des ouvriers dans le ressort de la préfecture de police de Paris, une ordonnance du préfet de police, en date du 1er avril 1831, a ajouté quelques dispositions nouvelles qui ont pour but d'assurer, d'une manière plus efficace, l'exécution des dispositions prescrites par l'arrêté du 9 frimaire an XII.

66. — L'arrêté du gouvernement du 9 frimaire en XII est encore aujourd'hui en vigueur, malgré les réclamations qu'ont élevées plus d'une fois les organes des ouvriers, prétendant que l'institution des livrets était une atteinte à la liberté individuelle des ouvriers, qui se trouvaient ainsi placés dans une dépendance trop absolue des maîtres. — Si, d'ici à peu de temps, la législation sur les livrets reçoit quelques modifications, nous les indiquerons, vo TRAVAIL.

67. — Sous l'empire de l'arrêté du 9 frimaire an XII (encore en vigueur), il a été jugé : que l'obligation du livret n'est imposée qu'aux ouvriers seuls, d'où il suit qu'elle n'est pas applicable aux contre-maîtres. — *Cass.*, 22 fév. 1839 (t. 2 1839, p. 382), Perduccl; *Rennes*, 2 août 1845 (t. 2 1845, p. 446), Gillet c. de Ksabiec.

68. — ... Ni aux apprentis. — Même arrêt de *Cass.*, 22 fév. 1839.

69. — ... Ni aux journaliers, hommes de peine, qu'il ne faut pas confondre avec les ouvriers employés au mois ou à l'année. — Même arrêt.

70. — Elle n'est pas applicable non plus aux garçons de ferme ou autres gens de service attachés à la culture. — *Cass.*, 30 juin 1836, Gallois c. Magnier.

71. — ... Aux domestiques. — *Cass.*, 14 nov. 1840 (t. 2 1841, p. 244), Scynvak.

72. — Le refus par le maître de remettre le livret ou de délivrer le congé à l'ouvrier qui a satisfait à ses engagemens, donne lieu à une action en dommages-intérêts de la part de l'ouvrier. — *Cass.*, 23 juin 1812, Laviolette c. Brabandère.

73. — Jugé que le fait qu'il y aurait de la part des ouvriers coalition tendant à forcer une augmentation de salaire, peut être considéré comme motivant le refus de la délivrance du livret. — *Cass.*, 1er juill. 1824, Martin c. Tallon.

74. — Le livret ne doit faire mention que du seul fait de l'accomplissement des engagemens pris par l'ouvrier porteur. On a agité, il est vrai, la question de savoir si le maître de chez lequel un ouvrier sort peut mettre sur le livret de celui-ci des notes défavorables. — Mais la négative a été justement décidée, par cette considération qu'une pareille note serait toujours nuisible à l'ouvrier et le pousserait souvent à faire mal par suite de l'impossibilité où elle le mettrait de trouver à s'employer. Le but du livret est surtout de garantir l'acquittement des engagemens de l'ouvrier. Ce but serait dépassé si le maître pouvait autre chose que se refuser à donner un acquit des engagemens lorsqu'il n'y a pas lieu de le donner. — V. MM. Magnitot, v° *Ouvrier;* Bost, *Organ. munic.*, 2, 93; Goujet et Merger, *Dict. du comm.*, v° *Ouvrier*, n° 29; qui citent en ce sens une instruction ministérielle de novembre 1808, et un jugement du tribunal de la Seine du 14 janvier 1835.

75. — C'est une question qui n'est pas sans difficulté que celle de savoir si les contestations qui peuvent s'élever entre les ouvriers et les patrons relativement à la remise du livret, sont de la compétence de l'autorité administrative, ou doivent être déférées au tribunal de police.

76. — Par un arrêt déjà fort ancien, la Cour de cassation a décidé qu'il y avait lieu de saisir la police administrative et non le tribunal de police (*Cass.*, 23 juin 1812, Laviolette c. Brabandère). La Cour en donne pour motif que la célérité indispensable en cette matière n'est pas conciliable avec les formes et délais à observer devant les tribunaux; et que l'exécution ordonnée *sur-le-champ*, par l'arrêté de frimaire, des condamnations aux dommages-intérêts qu'il permet de prononcer, annonce que ces condamnations ne doivent pas être prononcées par les tribunaux.

77. — Beaucoup plus récemment, le Conseil d'Etat a jugé que l'article précité de la loi du 22 germinal an XI, qui investit du droit de statuer sur les remises de livrets, les commissaires généraux de police (à Paris, le préfet de police), et à leur défaut les maires et adjoints, n'a pas été, non plus que l'arrêté du 9 frim. an XII, modifié par le décret du 20 fév. 1810, concernant l'institution des conseils de prud'hommes, ni par la loi du 25 mai 1838 sur la compétence des juges de paix, ni enfin par l'art. 1041 du Code civil, applicable seulement aux lois, coutumes, usages et réglemens relatifs à la procédure civile. — *Cons. d'Etat.*, 14 juill. 1841, Girardot. — Mais la doctrine consacrée par cette décision a été combattue par le ministre de la justice, à qui le pourvoi avait été communiqué. « Les art. 13 et 19 de la loi du 22 germ. an XI, disait-il, combinés avec l'art. 6 de l'arrêté du 9 frim. an XII, ont formellement disposé que les contestations élevées entre les ouvriers et les maîtres sur la remise des livrets, la délivrance des congés, et les dommages-intérêts qui pourraient par suite être réclamés, seraient portés à Paris devant le préfet de police, devant les commissaires généraux de police dans les villes où il y en a d'établis, et dans les autres lieux devant le maire ou l'un des adjoints. Ces fonctionnaires étaient également chargés de statuer sur les affaires de simple police entre les mêmes individus. Ultérieurement la loi du 18 mai 1806, et le décret du 11 juin 1809, art. 10, 11 et 23, ont confié aux conseils de prud'hommes le soin de terminer par voie de conciliation, sinon par jugement, les *différends qui s'élèvent journellement soit entre des fabricans et des ouvriers, soit entre des chefs d'ateliers et des compagnons ou apprentis.* On en a conclu que les conseils de prud'hommes devaient, dans les lieux où il en existait, connaître des contestations relatives aux livrets; aussi, les dispositions antérieures semblaient devoir conserver leur force obligatoire pour les autres localités. La Cour de cassation s'est en effet prononcée dans ce sens par un arrêt du 23 juin 1812, Laviolette c. Brabandère. — Cependant, les doutes qui s'étaient élevés à cet égard n'ont pas été complétement dissipés par cette décision. — Ils étaient fondés, d'une part, sur un considérant de l'avis du Conseil d'Etat approuvé le 20 fév. 1810, portant que les maires n'ont, en aucun cas, à remplir les fonctions de conseils de prud'hommes. Ces doutes se fortifiaient en outre de ce que l'art. 19 de la loi du 22 germ. an XI paraissait implicitement abrogé par le Code d'instruction criminelle et par le Code pénal en ce qui concernait du moins le jugement des affaires de simple police entre les maîtres et les ouvriers. — La loi du 25 mai 1838 semble devoir mettre un terme à ces incertitudes, car elle attribue formellement aux juges de paix (art. 5, 3°) le droit de connaître des contestations relatives aux engagemens respectifs des maîtres et de leurs ouvriers, en déclarant, toutefois, qu'elle n'entend porter aucune atteinte à la juridiction des prud'hommes. Pour savoir quel était l'état des choses, j'ai consulté à ce sujet MM. les procureurs généraux de Douai, Lyon, Paris et Rouen. — Il résulte des renseignemens que m'ont adressés ces magistrats qu'avant comme depuis la loi du 25 mai 1838, les conseils de prud'hommes ont généralement, dans les villes où il en est établi, été seuls appelés à connaître des difficultés survenues entre les ouvriers et leurs maîtres concernant la remise des livrets et la délivrance des congés; que dans la majeure partie des autres cantons elles ont été portées devant les juges de paix, même avant la loi de 1838, et surtout depuis la promulgation de cette loi; mais que le plus souvent ces magistrats ne sont intervenus que par voie de conciliation; enfin, que dans quelques localités seulement les commissaires de police ou les maires ont été saisis de ces différends. A Paris, le préfet de police parait n'avoir pas exercé depuis fort longtemps la juridiction que lui conférait l'art. 19 de la loi du 22 germinal an XI.

78. — La question a divisé également les auteurs. — V., dans le sens de la jurisprudence, Carré, *Compétence*, t. 6, n° 446; Foucart, t. 1er, art. 241. — *Contrà*, Curasson, *Traité de la comp. des juges de paix*, t. 1er, art. 5, 3e partie, n° 21; Favard de Langlade, *Rép.*, v° *Apprentis*, n° 1er. — V. encore Goujet et Merger, *Dict. de dr. comm.*, v° *Ouvrier*, n° 33. — V. aussi *Cass.*, 1er juill. 1824, Martin c. Tallon. — V. PRUD'HOMME. — Curasson (*loc. cit.*) pense que depuis la loi du 25 mai 1838, qui, abolissant toutes dispositions contraires, confère aux juges de paix la *connaissance des contestations relatives aux engagemens des maîtres, de leurs ouvriers ou apprentis*, la question de compétence n'est plus susceptible de doute et doit être tranchée en faveur des juges de paix.

79. — On s'est demandé quelle peine il convenait d'appliquer aux ouvriers quittant leur atelier sans livret, comme aussi aux maîtres recevant des ouvriers non porteurs de livrets? — Convient-il de tenir encore comme en vigueur les dispositions des lettres de patente de 1749, lesquelles prononcent en pareil cas contre les ouvriers une amende de 100 livres, et contre les patrons une amende de 500 livres avec dépens et dommages-intérêts?

80. — La cour de Bourges, par arrêt du 22 sept. 1838, a décidé que l'ouvrier qui, sans avoir obtenu de son maître un congé exprès et par écrit, quitte la manufacture où il travaillait pour entrer au service d'un autre maître qui l'a embauché sans justification de congé, se rend coupable, ainsi que *celui-ci*, des délits prévus par les art. 1er et 4 des lettres patentes de 1749, non abrogées par les législations postérieures. — *Bourges*, 22 sept. 1838 (t. 2 1838, p. 291), Roa et Lafarge.

81. — Jugé également que l'arrêt du conseil du 27 déc. 1729 est encore applicable dans sa disposition qui prononce 300 francs d'amende contre l'ouvrier d'une forge qui l'abandonne alors que le fourneau est au feu. — *Bourges*, 12 déc. 1837 (t. 2 1838, p. 57), Matheron c. Tourangin.

82. — Tout en considérant comme bien rendue la décision de la cour de Bourges du 22 sept. 1838, en ce qui a trait à l'ouvrier, puisqu'à l'égard de celui-ci les lois nouvelles n'ont prononcé aucune peine, on peut se demander si elle est également juste en ce qui concerne les maîtres. On sait, en effet, qu'aux termes des articles 11 et 12 de la loi du 22 germ. an XI, « nul ne peut recevoir un apprenti sans congé d'acquit, *sous peine de dommages-intérêts;* nul ne peut, *sous les mêmes peines*, recevoir un ouvrier, s'il n'est porteur d'un livret portant certificat d'acquit de son engagement délivré par celui de chez qui il sort. » — De là ne résulte-t-il pas que la seule peine applicable aux maîtres consiste dans des dommages-intérêts?

83. — Jugé, en ce sens, que la défense faite aux maîtres ou fabricans de recevoir aucun ouvrier s'il n'est porteur d'un livret ne peut, alors même qu'elle est reproduite par un arrêté municipal, donner lieu à l'application des peines de police. — *Cass.*, 9 juill. 1829, Foisy; 9 janv. 1835, Boumens; 22 fév. 1840 (t. 1er 1840, p. 569), Velasque et Pallais; 18 juin 1846 (t. 2 1846, p. 207), Perez.

84. — Et que l'action qui résulte de la contravention à la loi du 22 germinal an XI est purement civile et se résout en dommages-intérêts. — Mêmes arrêts. — V., cependant, *contrà*, *Cass.*, 21 avril 1808, Ferrari. — V. encore Goujet et Merger, *Dict. de dr. comm.*, v° *Ouvrier*, n° 26.

85. — ... Qu'en conséquence un commissaire de police n'aurait pas qualité pour poursuivre la contravention aux lois qui imposent l'obligation du livret. — *Cass.*, 9 janv. 1835, Boumens.

86. — En ce qui concerne les dommages-intérêts, il a été jugé que le fabricant qui a reçu un ouvrier sans la production d'un livret contenant le certificat d'acquit de ses engagemens est passible, envers le chef d'établissement resté créancier de cet ouvrier, de dommages-intérêts prononcés en vertu de la loi du 22 germ. an XI, alors même que, depuis, l'ouvrier aurait été employé dans d'autres établissemens sans décharge ou sans production de son livret, et alors même aussi que, dans l'intervalle, il aurait temporairement cessé de travailler. — *Cass.*, 2 août 1848 (t. 2 1848, p. 299), Audubert c. Cazier-Bossu.

87. — ... Et encore bien que les ouvriers fussent employés auparavant à des travaux tout différens. — Même arrêt. — V. aussi *Cass.*, 19 juin 1828, Boudinier c. Daverton. — V. encore Goujet et Merger, *Dict. de dr. comm.*, v° *Ouvrier*, n° 25.

88. — Au surplus, revenant elle-même sur sa propre jurisprudence, la Cour de Bourges a depuis décidé, comme la Cour de cassation, que si l'arrêt du conseil de 1729 et l'article 1er des lettres patentes de 1749 demeurent encore applicables aux ouvriers, il n'en est pas de même de la pénalité portée par l'article 4 des mêmes lettres patentes à l'égard des maîtres. — *Bourges*, 23 août 1839 (t. 3 1844), Bigues c. Berniat et Bourdillon.

§ 6. — *Crimes, délits et contraventions spéciaux aux ouvriers.*

89. — La loi pénale a prévu et réprimé d'une manière spéciale certains crimes ou délits, lorsque celui qui s'en rend coupable est à l'égard de celui qui en est victime dans les rapports d'ouvrier à maître. Tels sont les abus de confiance et les vols. — V. ABUS DE CONFIANCE, VOL.

90. — De même, en cas de contrefaçon, la peine est aggravée quand le contrefacteur est ouvrier du breveté. — V. BREVET D'INVENTION, nos 564 et suiv.

91. — En outre, elle a prévu et réprimé certains délits spéciaux pouvant naître de la position même des ouvriers, de la connaissance qu'ils peuvent avoir des affaires du maître qui les emploie. — Art. 418 C. pén. — V. SECRET DE FABRIQUE. — V. aussi CRIMES, DÉLITS ET CONTRAVENTIONS, nos 267 et suiv.

92. — Enfin, nous avons déjà traité de ce qui concerne les coalitions d'ouvriers. — V. COALITION ENTRE MAITRES ET ENTRE OUVRIERS, nos 13 et suiv — Si, sur ce dernier point, la législation était prochainement modifiée, ainsi que cela a été proposé, nous y reviendrions sous le mot TRAVAIL.

OUVRIERS MARITIMES.

1. — On comprend sous cette dénomination les ouvriers employés à la construction des vaisseaux ou navires.

2. — On distingue parmi eux les *calfats* ou *calfateurs*, les *charpentiers*, les *perceurs de navires* et les *voiliers*. — De Beaussant, *Code maritime*, t. 1er, p. 409 à 411.

3. — Les ouvriers maritimes ne sont pas soumis à l'inscription maritime, à proprement parler (art. 44, L. du 3 brum. an IV); seulement, ils sont inscrits dans les bureaux de l'inscription sur un registre particulier, pour être requis dans les cas de guerre, de préparatifs de guerre ou de travaux extraordinaires et considérables. — De Beaussant, t. 1er, p. 52. — V., au surplus, INSCRIPTION MARITIME.

4. — La loi de brum. an IV soumettait aux mêmes obligations les *pouliers, tonneliers, cordiers* et *scieurs de long;* mais un décret du 19 mars 1808 les en a exemptés, et la loi du 21 mars 1832 sur le recrutement ne compte plus que quatre classes d'ouvriers maritimes qui soient dispensées du service militaire. — De Beaussant, t. 1er, p. 34.

5. — Toutefois les ouvriers maritimes des quatre classes dont on vient de parler peuvent contribuer au recrutement des ouvriers à employer dans les arsenaux de la marine. — Ordonn. du 7 déc. 1846, art. 1er.

6. — Ces ouvriers ont toujours le droit d'agir devant les tribunaux de commerce, dont ils sont personnellement justiciables, aux termes de l'art. 633 C. comm. — De Beaussant, t. 1er, p. 408.

7. — Pour le privilége des ouvriers qui ont été employés à la construction d'un navire, V. NA-VIRE.

OVALISTES.

Patentables de 7e classe. — Droit fixe basé sur la population ; droit proportionnel du 10e de la

valeur locative de tous les locaux qu'ils occupent mais seulement dans les communes de 20,000 âmes et au-dessus. — V. PATENTE.

OYANT.

V. REDDITION DE COMPTE.

FIN DU NEUVIÈME VOLUME.